中国图书年鉴

ZHONGGUOTUSHU
NIANJIAN

1998

杨牧之　主编

湖北人民出版社

ISBN 7-216-03017-6

9 787216 030175 >

鄂新登字 01 号

图书在版编目(CIP)数据

中国图书年鉴.1998/杨牧之主编.
武汉:湖北人民出版社,2001.1
ISBN 7-216-03017-6

Ⅰ.中…
Ⅱ.杨…
Ⅲ.图书-出版-中国-1998-年鉴
Ⅳ.G23-54

中国版本图书馆 CIP 数据核字(2000)第 69305 号

中国图书年鉴(1998)　　杨牧之　主编

出版:
发行: 湖北人民出版社
地址:武汉市解放大道新育村 33 号
邮编:430022

印刷:文字六〇三厂　　**经销:**湖北省新华书店
开本:787 毫米×1092 毫米 1/16　　**印张:**52.25
字数:1611 千字　　**插页:**9
版次:2001 年 1 月第 1 版　　**印次:**2001 年 1 月第 1 次印刷
印数:1-3 000　　**定价:**105.00 元
书号:ISBN 7-216-03017-6/G・763

中国图书年鉴编委会

中国图书年鉴编辑部

主　　任　胡光清
副 主 任　刘　苏
文字编辑　卢净璇　刘　苏　李　鹏　赖洁玉
责任分类　李　鹏
编　　务　章　玮
电子编辑　陈　革
责任印制　杜义平　肖正华
责任校对　和晓玲
美术编辑　梁　崴

编辑说明

一、编辑《中国图书年鉴》是我国图书出版事业的一项基本建设，其宗旨是总结图书出版工作经验，观察、分析图书出版的现状与发展趋势，为科研、教学、著述、学习和图书出版工作提供系统的参考资料。

二、《中国图书年鉴》与《中国图书大辞典》(1949～1992)的收书截止时间相衔接，对从1993年起国内出版的图书及资料进行收集整理，每年编辑出版1卷，本卷为总第5卷。

三、《中国图书年鉴》(1998)主要反映1997年度全国图书出版工作的状况和信息，其主要栏目有"专论"、"图书分类评述"、"图书出版研究"、"图书市场分析"、"新书简介"、"获奖书目"、"统计资料"、"图书出版纪事"、"索引"等。

"专论"——选载对全国图书出版有指导性意义的重要论文。

"图书分类评述"——特邀国内有关专家、学者及图书出版编辑，对各类图书的出版动向作评论分析。

"图书出版研究"——选录各报刊杂志发表的有关图书出版研究的文章。

"图书市场分析"——汇集图书市场信息，分析其发展态势。

"新书简介"——从当年新版图书总数中，按10%～15%的比例选取优秀图书和有代表性的图书，以条目形式作介评，并按学科分类编排。辞条以介为主，寓评于介，着重反映所诠释图书的基本内容及主要特征。

"获奖书目"——主要刊载该年度荣获"国家图书奖"、"五个一工程·一本好书奖"、"中国图书奖"、"中国辞书奖"的书目。

"统计资料"——汇辑该年度全国图书出版情况，使用《中国标准书号》22类图书出版情况，各类课本以及少年儿童读物出版情况。

"图书出版纪事"——记录该年度有关图书出版的重大活动。

"索引"——有"辞目分类索引"和"辞目笔画索引"。"辞目分类索引"以《中国图书馆图书分类法》(第四版)为框架，其编排方式与新书简介的正文相同；"辞目笔画索引"按书名辞目首字笔画数顺序编排。索引前注有使用说明。

四、编辑出版《中国图书年鉴》是一项文化积累和文化传播工程，此项工作得到了全国出版界同仁的关心与支持，在此致以诚挚谢意。由于我们的水平和经验所限，《年鉴》难免有不足和缺憾之处，恳请广大读者和各界人士批评指正。我们将不断改进工作，提高质量，以满足广大读者的需求。

目　次

专　论

图书分类评述

图书出版研究

图书市场分析

新 书 简 介

获奖书目

统计资料

图书出版纪事

广告插页

索　引

专论

关于中国出版发展战略的思考

石　峰

党的十四届六中全会作出了《中共中央关于加强社会主义精神文明建设若干重要问题的决议》，要求全党“在把物质文明建设搞得更好的同时，切实把精神文明建设提到更加突出的地位”，并确定了新形势下加强精神文明建设的指导思想、目标任务、基本方针和重要措施，精神文明建设出现前所未有的大好形势。出版工作是精神文明建设的重要组成部分，面临着极好的发展机遇和严峻的考验。为此，把我国的出版工作放到社会主义现代化建设伟大事业的全局中来考察，放到建立社会主义市场经济体制的实践中来考察，放到世纪之交世界范围各种思想文化相互激荡、综合国力激烈竞争的背景下来考察，也就是用战略的眼光，高瞻远瞩，在邓小平建设有中国特色社会主义理论指引下，对未来出版事业的发展方向、发展目标进行宏观规划和设计，是十分必要的。

一、中国出版业发展的现状

出版业的发展水平是一个国家经济、政治、科学、文化和教育发展水平的重要标志。党的十一届三中全会以来，我国的出版业伴随着改革开放的形势，发展很快，已经成了从编辑、出版、印刷、发行、物资供应到教育、科研、对外贸易等较为完整的出版体系。出版综合实力大大增强，规模数量和出版物品种已跃居世界前列，成为社会主义现代化建设事业的重要组成部分。

1996年反映出版实物量的全国图书、报纸、杂志出版的总印张为820.92亿印张，折合用纸量191.31万吨，比1978年增长202.15%。1996年全国共有出版社564家，出版图书112 813种(其中初版63 647种)，总印数71.58亿册，分别比1978年增长437.14%、652.74%、89.67%；出版报纸2 163种，总印数274.28亿份，分别比1978年增长1 062.9%、141.61%；出版杂志7 916种，总印数23.10亿册，分别比1978年增长751.18%、203.15%(报纸和杂志均不包括没有取得全国统一刊号、只限在一定范围发行的内部报刊)。音像电子出版是近10年才发展起来的，全国已有音像电子出版单位297家(其中有91家为图书出版社的音像部)，1996年出版录音制品8 916种，1.46亿盒(张)，录像制品4 597种，416.5万盒。各类出版物已初步形成了适合不同读者需要的多层次、多门类、多专业的结构布局。现有书刊印刷定点企业1 240家，年书刊排字总量186亿字(照相排字占65.59%)，分别比1978年增长604.55%、425.42%；书刊印刷总量已达4 161万令，比1978年增长291.44%。大部分书报刊实现了胶印印刷，出版印刷的技术手段有了长足的进步。图书发行网点遍布城乡，形成了以国有书店为主的，多种经济成分、多种流通渠道、多种购销形式并存的图书流通格局。全国现有图书发行网点87 752处，1996年全行业纯销售图书72.6亿册，销售码洋266.6亿元，分别比上年增长8.7%、43.1%，其中新华书店系统销售册数占90.7%，销售金额占82.3%。

出版业既是精神文明建设的重要组成部分，又是物质文明建设的重要条件。党的十一届三中全会以来出版的繁荣和发展表明，我国出版业在改革开放中焕发着生机和活力，出版业快速发展，为推进社会主义现代化建设，为提高全民族的科学文化素质，发挥了重要作用。目前出版业的发展规模和水平，虽然反映了我国经济、政治、科学、文化和教育发展的客观需要，但与“两个文明建设”对出版业的潜在要求还很不适应，比较差距十分明显，特别是出版业由计划管理体制向社会主义市场经济体制转变过程中，面临许多需要很好研究和解决的问题。

一是虽然规模数量扩展很快，但是人均占有出版物的数量增加很少。如1983年全国有出版社260

个,出版图书 35 700 种,总印数 58.04 亿册;出版杂志 3 415 种,总印数 17.69 亿册;出版报纸 773 种,总印数 186.99 亿份。这一年人均占有图书 5.6 册,杂志 1.7 册,报纸每千人每天 49.7 份。1996 年出版的图书、杂志、报纸如前所述,品种增长较多,而总印数增长较少,人均占有图书仍只有 5.9 册,杂志 1.9 册,报纸每千人每天 61.4 份。不论与国外比还是与国内的实际需要比,这都是一个较低的水平,而且增长较慢。这里反映出一个突出的问题,就是出版的规模数量增长与出版的实物量增长不成比例,实际上"单位面积产量"下降了,效益不高,出版尚处在一个粗放经营的阶段。

二是虽然出版物品种发展很快,但是学术性书刊出版难的问题仍然很尖锐。1996 年全国出书 11 万多种,其中新版书 6 万多种,根据我国目前学术研究和创作水平,其成果得到正常出版一般不应该很困难。由于出版社实行独立核算、自负盈亏经营,而学术书刊受发行量的制约,经济效益往往不好,出版社要以盈补亏来解决这个问题,承受能力有限,影响了出版社出版学术书刊的积极性。另一方面,有的出版社受经济利益驱动,抢热点、找捷径,重复出版十分严重,四部古典名著全国就出版了上百个版本,而对学术书刊出版有所忽视,缺与滥的问题并存。

三是虽然出版物品种丰富了,流通渠道多了,但市场上可供书目仍不多,"买书难"的问题仍然比较突出。目前我国年出书品种超过 10 万种,但全国最大书店门市部备书不超过 5 万种,而美国年出书 5 万种左右,在全国最大书店备书 30 万种以上。这说明我国目前图书流通渠道多而不畅,很多书出版以后,读者根本见不到,或者不符合读者需要,满足率很低;从出版社经营的角度,出书的经济效益和社会效益都不理想。这是目前我国出版业发展中存在的一个要害问题。

四是虽然出版科技进步工作取得显著成绩,但是出版手段的装备、工艺和管理技术仍然落后,机械化、自动化水平相对低下。采编手段现代化、出版业务资料数据应用电子计算机处理等都还刚刚起步;电子图书、多媒体出版物正处在开发阶段;印刷生产能力出现过剩,但大都规模小,装备陈旧,产品质量不高,经济效益差。目前运转的印刷设备中,80 年代以后的设备仅占 20%左右,与出版业的发展水平很不适应;图书发行的包装、仓储、运销各环节远未实现机械化和自动化,销货店实行计算机管理还要付出极大的努力。

五是虽然出版管理已经有了一整套行之有效的办法,但仍属经验型管理,行政性规范居多,尚未形成适应社会主义市场经济体制和精神文明建设要求、符合出版规律的出版管理体制和运行机制。因此,出版管理看似很严格,实际上漏洞仍然不少,规定很多,效力不大,工作还比较被动,与出版事业发展不相适应。

二、世纪之交中国出版面临的挑战

进入 20 世纪 90 年代,冷战结束,国际格局发生了重大变化,世界正面临着新一轮的综合国力的激烈竞争。据研究认为,文化将成为未来社会经济竞争力的决定性因素,对知识的控制将成为各国竞争的焦点。这一国际环境给了我国一次难得的发展机遇。能不能抓住这个机遇发展我国的社会主义现代化建设事业,关乎下个世纪中华民族在世界民族之林的地位,牵动着每个炎黄子孙的心。这又是一次挑战,因为综合国力我们与世界发达国家相比,差距太大了;面对世界范围各种思想文化相互激荡和敌对势力"西化"、"分化"的图谋,压力太重了;我国正经历着从计划经济向社会主义市场经济转轨,从传统农业向工业化社会转轨,双重转轨同时进行,矛盾太多了。但是,进取与否决定着中华民族的盛衰,差距再大,压力再重,矛盾再多,我们只能去迎接挑战,别无选择。这些情况对未来中国出版业的发展必将产生深刻的影响。站在全局看出版,世纪之交的中国出版业面临严峻的挑战。

马克思在《经济学手稿》一书中,曾对出版的技术手段印刷术大加赞赏,认为印刷术是"科学复兴的手段,是对精神发展创造必要前提的最强大的杠杆"。140 年后的今天,马克思的话已经被社会实践所证实,出版对社会发展进步的重要作用,已经为越来越多的人所认同。出版业的发展,由一个国家的经济、政治、文化和科学、教育的发展所使然,出版的成果不仅仅作为社会发展进步的条件,而且是社会发展进步的目标之一。据介绍,有关国际组织在评价一个国家的科技发展水平的三个指标中,科技出版物的出版水平是其中之一(另两个指标是科技投入和专利水平)。有人作过调查,专家学者从事科研工作,90%的信息靠从书刊中获得。美国科学基金会的一份研究报告认为,"在美国,科学技术资源是由 280 万名科学家和工程师所积累的知识以及每年约 1.5 万部科学著作、4 500 种学术期刊、4 500 种非学术期刊和数千份技术报告所代表"。这仅就出版的一个侧面、一般功能而言。我国的出版事业是党领导的社会主义事业的组成部分，在坚持和发展社会主义意识形态方面，承担着重要责任，与资本主义国家相比，我国出版在社会进步中的地位更重要些，作用更大些。社会主义现代化是一种文化含量很高的社会经济形态，继承和发扬中华民族的优秀文化传统，吸收和借鉴人类社会创造的一切文明成果，将对我国经济和社会发展产生重大影响。进一步繁荣发展出版事业，为极大地提高中华民族的文化素质服务，为社会主义现代化建设提供良好的舆论环境与充分的文化条件和智力支持，已成为出版工作的神圣职责。这是对中国出版的又一个挑战。

世纪之交，我国建立社会主义市场经济体制正处在关键时期，与改革开放同行的中国出版，在社会主义市场经济的大潮中迎接挑战，又别有一番艰辛。出版工作是我们党的宣传思想文化工作的重要组成部分，出版物具有影响人们的精神世界和指导社会实践活动的作用，同时又要面向市场受价值规律的驱动和制约。市场机制对社会主义出版的繁荣和发展，既有积极的作用，又有消极的影响；市场取向与出版物的价值取向，既有一致的一面，又有矛盾的一面。如同一匹性情暴烈的骏马，驾驭好了，如虎添翼；驾驭不住，就会被摔下来。如何充分发挥市场机制对优化出版资源配置的积极作用，又能防止和克服市场机制的驱利性对坚持出版工作正确方向带来的消极影响，这是出版业面临的一个重要课题。这是社会主义出版事业的特性在社会主义市场经济这一特定环境中表现出来的一对矛盾，这里是有规律可循的，但需要在实践中摸索，在游泳中学会游泳。能不能在较短的时间内，在市场经济的大潮中学会“游泳”，也是对中国出版的一个挑战。

三、中国出版发展战略的指导思想和主要目标

出版是经济和社会发展的基础条件之一，世界发达的国家都有一个发达的出版业。我们党担负着领导全国人民建设富强、民主、文明的社会主义国家的历史重任。从现在起到下个世纪前10年，是我国向第三步战略目标迈进的关键时期，在这期间，将建立起比较完善的社会主义市场经济体制。我国出版业的发展，要以国民经济和社会的发展阶段、发展趋势、发展水平为依据。党的十四届五中全会提出的国民经济和社会发展“九五”计划和2010年远景目标，经过八届全国人大五次会议讨论通过，已经成为全党全国人民的共同意志，是指导包括出版在内的各项事业发展的纲领性文件。与之相配套，六中全会作出了《关于加强社会主义精神文明建设若干重要问题的决议》，为今后15年的精神文明建设提出了奋斗目标，也为出版事业的发展提出了具体要求，根据我国国民经济和社会发展的要求，从出版事业的现实基础和面临的形势出发，我国出版业发展战略的指导思想应该是：以马克思列宁主义、毛泽东思想和邓小平建设有中国特色社会主义理论为指导，坚持党的基本路线和基本方针，坚持正确舆论导向，服务大局；一手抓繁荣，一手抓管理，继续推动“阶段性转移”，以质量为本，增进效益；深化改革，围绕建立新体制，推进出版产业化，以适应社会主义现代化建设发展的需要。为此，拟提出今后15年出版业发展的战略目标。

（一）建立起比较完善的有中国特色社会主义出版事业的新体制。这个新体制既要适应社会主义市场经济体制的要求，又要符合精神文明建设的需要，同时又能反映出版工作客观规律，形成建立在健全的出版法制基础上的宏观管理体制和高效有序的运行机制。难点是建立起行之有效的宏观管理体制，重点是建立起适应市场经济体制的出版物流通体系。这种新体制既是社会主义市场经济体制下出版事业发展的必然要求，又是关系出版事业发展全局的战略性目标。到2010年我国将建立比较完善的社会主义市场经济体制，出版体制必须与之相适应。要在调查研究的基础上，到2000年基本形成新体制的框架。

（二）出版产业综合实力不断增强。2000年全国图书、报纸、杂志总印张要达到1 200亿印张，比1996年增长46%左右，2010年达到2 000亿印张，比2000年增长66%；全国出版系统利润总额2000年达到50亿元，2010年达到100亿元。确定这个目标，要从我国国情出发，既要考虑今后15年我国经济和社会发展对出版物的需求，又要考虑出版物消费受到公众教育程度和购买力的制约。在短时期内出版实物量不可能随着经济发展的翻番而翻番。同时，出版业的发展不能再建立在主要依靠外延的扩张上，要坚持走内涵发展的道路，出版实物量的增加要与经济效益的提高有机地结合起来，这个趋势已经出现。实现这个目标又是可能的，1996年总印张比1991年增长55.98%，近年来增长率都保持在10%左右；出版利润总额近几年也出现了较高的增长幅度，1996年已达到27.6亿元。只要继续保持这个速度，上述两项目标就可以实现。

(三)"出书难"、"买书难"的问题不复存在,社会需要的各类出版物能够得到及时出版,对社会有害的出版物得到有效制止,出版物市场呈现健康繁荣的景象。实现繁荣是出版工作的最终目标。当前,扎扎实实解决好学术书刊和少数民族文字书刊出版这两个薄弱环节,对缓解"出书难"矛盾、促进出版繁荣有重要的作用,对发展社会主义现代化建设事业也有重要的现实意义。及时引进国外最新科技成果和有重要价值的文化成果,是实现出版繁荣的重要方面,要大力加强。今后一个时期,出版单位和出版物品种数量应继续实行宏观控制,重点是根据现代化建设需要调整结构。"重点出版工程"对出版繁荣有示范和带动作用,要继续进行规划和组织实施。在提高出版物质量的基础上,努力改进书刊发行工作,提高在版书刊的有效供给,不但可以大大提高读者满足率,而且可以全面提高出版经济效益,应当成为今后一个阶段攻克的主要目标。到2000年全国要有若干个陈列品种在10万种以上的书店,大中城市的中心门市部陈列品种不应少于5万种;到2010年要有若干个陈列品种在20万种以上的书店,大中城市中心门市部陈列品种不应少于10万种。出版格调低下的出版物和非法出版活动,对出版繁荣很"煞风景",特别是盗版活动,对出版事业繁荣发展危害极大,要继续采取坚决措施进行根治。

(四)当代高科技在出版领域广泛应用。到2010年,图书的编辑加工、报刊的采编手段、出版物的印刷和发行信息网络技术等,普遍实行电子化;电子出版物成为出版业的一个重要的经济增长点。据调查分析,我国电子出版物市场潜力巨大,目前全国已拥有1 000万台多媒体电脑和1 000万台VCD机,按每台配10张光盘计算,就有2亿张光盘的需求,而我国光盘生产1997年才有可能达到1亿张,可见缺口之大。高科技在出版领域的应用程度是出版业发展水平的一个重要标志,又是出版发展的必要条件,在出版发展战略中有特别重要的地位。根据我国经济的发展水平和出版业的现状,实现这个目标任务还相当艰巨。但如果不从现在起下决心投资装备出版业,不但我国出版业与世界发达国家的差距会更大,并将会影响社会主义现代化建设进程。

(五)在世界出版领域占有一席之地。这不仅是出版自身发展的需要,也是社会发展对出版提出的要求,因此,应当把它纳入发展战略目标。人类社会发展到今天,世界各国的经济、政治、科学、文化等相互交融、相互作用日益增强,无论哪一个国家要发展,都不可能脱离世界,独善其身。特别是出版作为一种信息产业,相互的依赖性更大,发展的天地也更广阔,发达国家的出版商都在向世界积极寻求发展机遇。而我国在这方面还有很长的路要走。据介绍,时至今日,我国只占世界图书市场0.1%的份额,与具有悠久文化传统的泱泱大国地位太不相称了。据说,1993年全世界只读光盘销售达100亿美元,美国就占70%。有专家预测,全世界电子出版物的销售正以每年30—40%的速度增长,前景十分诱人。走向世界,是时代对出版业的呼唤。

四、实现战略目标的措施

努力实现上述战略目标,对于我国社会主义出版事业在新的历史时期承前启后、继往开来具有重要的意义。要实现今后15年出版发展战略目标,必须采取以下措施。

(一)坚持方向。出版事业的发展要与社会主义市场经济体制相适应,要学习借鉴国外先进的经营管理思想和方法,但是党领导的社会主义出版事业的性质不能变,为人民服务、为社会主义服务的方向不能变,社会主义意识形态的特点不能动摇。因此,必须始终坚持以邓小平建设有中国特色社会主义理论为指针,坚持"一个中心、两个基本点"的基本路线不动摇,坚持以科学的理论武装人,以正确的舆论引导人,以高尚的精神塑造人,以优秀的作品鼓舞人。这是支撑社会主义出版大厦的脊梁。

(二)深化改革。改革是出版业发展的关键所在。10多年来,出版体制改革取得了一些进展,但从总体上来说,这仍然是出版业进一步繁荣发展的薄弱环节。随着社会主义市场经济体制的逐步建立和完善,一方面使出版体制改革滞后的矛盾越来越突出,另一方面也为推进出版改革创造了条件。同时,不会过太长的时间,我国将加入世界贸易组织,对出版可能带来某些冲击,也要从改革上做好充分的思想准备。实现出版发展战略目标,必须抓住改革这个"牛鼻子"。

出版改革首先有一个解放思想、更新观念的问题。树立起出版产业意识,把绝大多数出版物作为信息资源来生产,可能改革的忧虑就会少些,改革的决心就会大些,改革的思路就会宽些。其次,要抓住难点和重点问题攻关。当前出版体制改革攻关的目标主要有两个:一是建立完善的宏观管理体制,形成"违规行为管得住、合法经营受保护、发展繁荣得服务"的管理机制;二是建立适应市场经济体制的、有出版物流通特点的统一、开放、竞争的市场体系，形成能最大限度满足读者需要、能调节出版资源优化配置的运行机制。要防止和克服地方保护主义，消除市场壁垒。第三，要深入推进“阶段性转移”。“阶段性转移”是在出版行业贯彻“两个根本性转变”的有力措施，在这方面已经取得了不少进展，但还须向深层次发展。在提高出版物质量上要继续抓住不放，同时要在提高效益上狠下功夫。

今后一个时期要在以下几个方面加大改革力度：一是促进集团化的进程，鼓励不同形式的联合，实现规模效益。在市场经济条件下竞争，要具备相当的实力，要发挥联合的优势。要逐步建立起若干个像美国的麦格劳·希尔公司、德国的贝塔斯曼公司、日本的讲谈社等那样颇具规模、实力雄厚，对全国出版业发展有重大影响的出版集团；二是调整出版行业内部利益分配结构，促进印刷产业成为出版行业新的经济增长点。不能再把印刷放在单纯为出版服务的地位，应作为一个独立的产业来发展。发达国家十分看好印刷产业的发展，据日本民间预测，到2000年日本印刷工业总产值将达到15兆日元，是1988年的2.5倍；美国印刷工业总产值将达到3 000亿美元，是1987年的4倍。而我国1996年书刊印刷工业总产值还只有121亿元（按1990年不变价格计算），利润仅为0.4282亿元，只占出版总利润的0.16％。这种状况严重制约了印刷产业的发展，实际上也制约着整个出版产业的发展；三是推动出版部门用工制度改革，优化人员结构，减人增效，下岗分流；四是开展多种经营，壮大出版综合实力。国外有实力的出版、印刷、发行机构，都不只经营书刊，办有许多与出版相关或无关的企业，有的甚至主要经济支柱不是靠书刊。我国出版业的发展光靠经营书刊也不行，要利用多种经营把出版这个“蛋糕”做大。在市场经济条件下，行业之间相互渗透是正常的、必然的。

（三）重在建设。重在建设，体现了社会主义出版工作的内在要求，反映了现代化建设对出版的客观需要，是我国出版事业的一个重要特征。要始终坚持以立为本，始终坚持把繁荣作为出版工作永恒的主题和目标。要全面贯彻百花齐放、百家争鸣和古为今用、洋为中用、推陈出新的方针。要认真落实十四届六中全会《决议》提出的促进出版繁荣的各项措施和要求，总结多年来抓繁荣的经验，对行之有效的办法要进一步做好，如制订规划、抓精品、评奖、建立出版基金、重大选题组织合作等。要加大投入，加快出版基础设施和出版手段现代化建设，大力提高出版生产力水平。要加强和扩大出版对外合作与交流，鼓励出版单位参与国际竞争，到国际市场上去谋求发展。

（四）加强管理。管理工作是为实现战略目标提供引导、支持和保证的，一方面要保证出版工作的正确方向，另一方面要为出版的繁荣发展创造良好的外部环境和条件，因此，管理工作要保持强有力的态势。加强管理关键在形成机制，这方面在近年来的管理实践中已经积累了一些经验，要不断加以提高和完善。要综合运用法律的、行政的、经济的手段进行管理，特别要提高依法管理的水平。要进一步完善出版法制建设，加快制定《出版法》的进程。要认真贯彻执行国务院颁布的《出版管理条例》和《印刷业管理条例》，加大执法力度。要坚持不懈地开展“扫黄”、“打非”斗争。要加强著作权的保护和管理。

（五）人才培养。按照政治强、业务精、作风正、纪律严的要求，造就一支高素质的出版队伍，是实现出版发展战略目标的根本保证。要认真组织实施跨世纪出版人才工程计划，努力培养一大批热爱祖国、热爱人民、有真才实学的出版专门人才。要创造一种使优秀出版人才脱颖而出的条件和氛围。要继续办好各种类型的培训班，做好持证上岗工作。要加强出版职业道德建设，出版工作者要做精神文明建设的表率。

（六）政策扶持。根据出版工作的作用和特性，世界各国都对出版采取保护和扶持的政策。党的十一届三中全会以来，我国出版事业发展很快，国家对出版的各项优惠政策起了重要作用。新时期出版工作任务十分繁重，发展中矛盾多、基础差、难度大，迫切需要国家继续给予扶持。要根据十四届六中全会《决议》精神，认真落实国务院《关于进一步完善文化经济政策的若干规定》，运用税收、贷款、价格等经济手段支持出版事业发展。

世纪之交的出版事业，正站在一个新的起跑线上，前程似锦，任重道远。只要我们高举邓小平建设有中国特色社会主义理论的伟大旗帜，紧紧依靠以江泽民同志为核心的党中央的领导，就能无往而不胜。出版事业的明天一定会更美好。

（原载《新闻出版报》1997.8.15.）

图书分类评述

马克思主义类图书出版综述

俞思念

1997年,马克思主义类的图书出版有了新的变化和发展。这年9月,中共党的十五大召开,借着这一强劲的东风,有关马克思主义的图书出版也呈现出如火如荼的景象。

第一,推出一批研究马克思主义的精品图书

随着学习和宣传马克思主义的活动在不断地向广度和深度发展,一些理论联系实际,勇于探索新问题的理论著作愈益受到欢迎。河南人民出版社的《劳动人道主义(马克思主义的原则)》、浙江人民出版社的《列宁主义与现时代》等书,是在新历史条件下,对马克思列宁主义进行反思和再探讨的专著。湖南教育出版社的《哲人与将军——恩格斯军事技术思路研究》,是一部深入研究恩格斯军事思想的专著。经过较长时间才得以完成的《〈资本论〉主要观点摘录与释义》(中共中央党校出版社)、《〈资本论〉教学与研究》(西北大学出版社),则是两部厚积薄发的理论研究专著。另外,新出版的《马克思传》(河北人民出版社),也受到读者的喜爱。广东人民出版社出版的《马克思主义理论学习指导》,则是从总体上对马克思主义作简明阐述,比较适合于群众性的理论学习需要。

总的来看,这一年关于马列主义研究方面的图书出版,虽然在品种上并不算多,但一些作品是作者多年研究的成果,具有学术价值或宣传意义。应指出的是,学习与宣传马克思列宁主义,要努力做好普及与深化方面的工作,认真地思考这个问题,积极采取相应对策,理论界和出版界是可以大有作为的。

第二,有关毛泽东的图书仍然走俏

毛泽东的魅力在人民心中永恒,这是一个谜,这个话题也引起了人们的广泛关注。1997年有关毛泽东的图书与往年相比,有增无减,而且形式也多样。

对毛泽东作全面介绍的图书有,河北人民出版社出版的《毛泽东》,这是一部传记性著作。李君如撰写的《毛泽东与近代中国》、《毛泽东与当代中国》、《毛泽东与毛泽东后的当代中国》(福建人民出版社),是作者研究毛泽东的"三部曲",论著对不同时期的毛泽东作了客观的评价,展现了一代伟人的风采。对毛泽东思想分专题研究的图书也颇有特色,其代表作有《毛泽东与中外军事遗产》(大连出版社)、《走出困境的毛泽东(土地革命战争的历史报告)》(福建人民出版社)、《毛泽东的群众观》(吉林大学出版社)等。

毛泽东在人民的心目中不仅是一位政治家、战略家、军事家、思想家,而且还是一位造诣极深的诗人和文学家。因此,有关毛泽东诗词、文艺思想及其成果的图书出版,也占有较大的比例。如"毛泽东与古典名著丛书"(广西人民出版社)、《毛泽东诗史》(中共中央党校出版社)、《毛泽东语言艺术鉴赏大辞典》(中原农民出版社)、《毛泽东诗词手迹》、《文人毛泽东》(上海人民出版社)等,这些图书出版后很受读者的欢迎。毛泽东青年时期的著作《体育之研究》,在中国报刊重新发表之后,又用英文版出书,这是很有眼光的出版举动。

第三,有关邓小平的图书已成为亮点

为贯彻党中央提出的"努力学习建设有中国特色社会主义理论"的精神,全国上下开展了群众性的学理论活动。为配合这一形势的发展,出版社及时推出了一批有关邓小平的图书,这成为图书市场的一道亮丽风景。

1997年3月,中国社会主义改革开放和现代化建设的总设计师邓小平逝世。由于他的巨大贡献,邓小平的名字和事业将永远留在中国人民的心中。1997年,出版了一批沉痛悼念邓小平逝世的文献,深切地表达了人民群众对这位世纪伟人的爱戴和追思。在有关邓小平的图书中，客观、真实地介绍邓小平生平和历史功绩的图书占据相当大一部分。藏文版《邓小平传》(四川人民出版社)，是一部完整地反映邓小平一生丰功伟绩的传记性文献。根据毛毛原著改编和绘制的绘画本《我的父亲邓小平》(浙江人民美术出版社)也在1997年适时出版，这本忠实于原著精神、保留原著精华，并发挥连环画之特点的新书，颇受市场欢迎。另外，形象生动地记录邓小平生活风采的摄影集《永恒的瞬间——世纪伟人邓小平》(上海教育出版社)和画册《总设计师的足迹》(辽宁人民出版社)，表达了中国人民对邓小平的深切怀念之情。还有记述邓小平光辉一生的《邓小平与他的事业》(福建教育出版社)、《世纪伟人——邓小平记事》(上海文艺出版社)等书，也受到了群众的喜爱。

邓小平开创的建设有中国特色社会主义理论，是中国走向新世纪的一面旗帜。随着学习和研究的深入，1997年出版的关于邓小平思想研究的论著，具有质量高、数量大的特点。如《邓小平实事求是哲学论》(南京大学出版社)、《邓小平社会发展论》(云南大学出版社)、《邓小平的社会主义观研究》(同心出版社)、《邓小平忧患意识论析》(上海社会科学院出版社)、《邓小平经济理论研究》(河南人民出版社)、《邓小平的政治观》(河南人民出版社)、《邓小平管理思想研究》(天津人民出版社)、《邓小平理论教程》(广西人民出版社)、《邓小平"和平统一、一国两制"理论与实践》(人民出版社)、《邓小平理论学习笔记》(辽宁人民出版社)、《邓小平教育思想研究》(辽宁大学出版社)、《邓小平廉政建设思想研究》(河南大学出版社)、《邓小平新时期统一战线理论的时代特征》(陕西人民出版社)、《邓小平与中国科技》(福建科学技术出版社)、《邓小平科技思想研究》(人民出版社)、《邓小平理论体系研究》(陕西人民出版社)、《邓小平与中国农业农村农民》(湖南人民出版社)、《邓小平改革方法论》(河北人民出版社)、《学习邓小平经济理论二十讲》(人民出版社)等，都是很有代表性的图书。大型论文集《邓小平理论研究文库》(中共中央党校出版社)，汇集了1992年邓小平南巡讲话以来的2 000余篇重要研究文章，展示了我国学者在研究邓小平理论方面推出的一批成果。另外，"邓小平理论与实践研究丛书"(上海人民出版社)和"邓小平新时期军队建设思想研究丛书"(国防大学出版社)，从总体上阐述了邓小平关于建设有中国特色社会主义的思想和中国正在进行的社会实践，具有强烈的时代气息。

1997年出版的《毛泽东邓小平江泽民论世界观、人生观、价值观》、《毛泽东周恩来刘少奇朱德论政府管理》，是我们学习中共党的三代领导人重要思想的资料性图书。而《毛泽东邓小平哲学思想比较研究》、《中国的道路——从毛泽东到邓小平》，是根据马克思主义在当代中国的历史发展，从深层次上探讨了两个伟大人物的思想观点。《邓小平人才人事理论学习纲要》及《邓小平论科学技术》，是从某一方面深入研究邓小平思想的论著。

理论联系实际，将马克思列宁主义、毛泽东思想和邓小平理论进行综合研究的图书也为数不少。《在邓小平理论的旗帜下——中国改革开放历程(1975—1992)》、《马克思主义与邓小平社会主义》(河南人民出版社)以及《两代伟人与中国社会主义建设理论》(中国人民大学出版社)、《中国现代民主政治的新创造》(青海人民出版社)、《毛泽东邓小平思维方式比较研究》(华中理工大学出版社)等，这些论著把马克思主义、毛泽东思想和邓小平建设有中国特色社会主义理论，放到一个相连接、相继承和相发展的历史过程来考察，也反映了科学社会主义是在实践中不断丰富和发展的历史规律。

第四，对中国特色社会主义的研究结出硕果

建设有中国特色的社会主义，是马克思主义在当代发展的一个重要里程碑。《当代社会主义的若干问题》(重庆出版社)把国际社会主义的历史经验与中国特色的社会主义结合起来研究，进一步深化了对中国社会主义道路和经验的认识。而《邓小平理论的产生和发展》(国防大学出版社)、《邓小平理论与列宁后期思想》(中共中央党校出版社)等，对邓小平有中国特色的社会主义理论作了历史的考察。另外，由中共广西壮族自治区宣传部收集整理的《理论歌谣》(广西人民出版社)，把邓小平建设有中国特色社会主义的理论观点，用群众喜闻乐见的民歌民谣形式编辑成书，颇引人注目。

1997年，马克思主义类的图书出版取得了可喜的进步。具有重要意义的是，1997年召开了中共十五大，会上明确地提出了"以马克思列宁主义、毛泽东思想、邓小平理论作为自己的行动指南"。大会提出的建设有中国特色社会主义的经济、政治、文化纲领，将进一步鼓舞我国出版界生产更多的精品图书，提供更好的精神食粮。

哲学类图书评述

李维武

在哲学界和出版界的共同努力下,1997年的哲学类图书出版取得了十分可喜的成绩,在哲学诸分支学科中都有质优意新的著作问世。在这里,根据本年鉴的哲学类书目提要、《中国哲学年鉴·1998》的《1997年哲学新书目》、《哲学动态》各期的《近期哲学新书选目》和自己访书读书的心得,对1997年哲学类图书作一评述。

在马克思主义哲学研究方面,为纪念真理标准问题大讨论20周年而出的沈宝祥著《真理标准问题讨论始末》(中国青年出版社)一书,作者以亲身的经历和详实的史料,述评了这次具有伟大历史意义的讨论全过程及其背景,使人们能够生动地感触到这次讨论的人与事、思与史。邓小平曾指出:"目前进行的关于实践是检验真理的唯一标准问题的讨论,实际上也是要不要解放思想的争论。""一个党,一个国家,一个民族,如果一切从本本出发,思想僵化,迷信盛行,那它就不能前进,它的生机就停止了,就要亡党亡国。"读了沈著之后,可以更深切地体会邓小平这段话的含意。

对国外马克思主义及其哲学的研究,成为马克思主义哲学研究的一个新兴奋点,这方面的著作在1997年明显增多。陈学明等主编《当代国外马克思主义研究名著提要》上中下三大卷,由重庆出版社出版。该书介绍了第二次世界大战以来西欧、北美、日本、苏联、东欧诸地区马克思主义研究著述近300部、篇,为中国人了解当代国外马克思主义的研究状况提供了一个窗口。美国马克思主义哲学家诺曼·莱文著《辩证法内部对话》中译本,由云南人民出版社出版。该书论述了马克思主义辩证法从马克思到列宁到毛泽东的过程,提出"彻底的科学不但要摆脱资产阶级的偏见,而且要摆脱'左'倾教条主义"。黄楠森在该书中译本的序言中指出,该书的出版"可以对马克思主义哲学今天的发展起一定的推动作用"。另一位美国马克思主义思想家詹明信著《晚期资本主义的文化逻辑》中译本,由三联书店和牛津大学出版社联合出版,从一个方面展示了当代美国马克思主义哲学的发展。同时,一批中国学者探讨国外马克思主义及其哲学著作的相继问世,如郑异凡著《布哈林论稿》(中央编译出版社)、张翼星主编《理论视角的重大转移——"西方马克思主义"的辩证法观》(重庆出版社)、陈振明等著《"西方马克思主义"的社会政治理论》(中国人民大学出版社)、李青宜著《当代法国"新马克思主义"》(当代中国出版社)、张西平著《历史哲学的重建——卢卡奇与当代西方社会思潮》(三联书店)、欧力同著《哈贝马斯的"批判理论"》(重庆出版社)、傅永军等著《批判的意义——马尔库塞、哈贝马斯文化与意识形态批判理论研究》(山东大学出版社)等。

由于全球化进程唤起了人们对自身文化的重视,中国哲学研究得到了进一步深入开展,各方面人士对中国哲学的兴趣也逐渐增长,这就使得中国哲学类的新著作不断出现,成为当今中国学术性图书出版的一大热点。儒学研究是时下中国哲学研究及其图书出版的兴奋点,特别是现代新儒家更倍受关注。上海古籍出版社开始出版《牟宗三学术论著集》,首批有《中国哲学的特质》、《中国哲学十九讲》、《中西哲学之会通十四讲》三书,这是现代新儒家第二代代表人物牟宗三的著作在中国大陆第一次出版。现代新儒家第三代代表人物、美国哈佛大学教授杜维明的著作,也有两部在中国大陆出版,一部是《一阳来复》(上海文艺出版社),另一部是《现代精神与儒家传统》(三联书店)。杜氏的老师徐复观,是现代新儒家第二代代表人物,近年来也开始受到中国大陆学者的研究。由李维武编、湖北人民出版社出版的《徐复观与中国文化》,是中国大陆出版的第一部研究徐氏的论文集。作为现代新儒家直接思想来源的宋明心学,也受到了重视和研究,有一批新作问世,如刘宗贤著《陆王心学研究》(山东人民出版社)、张祥浩著《王守仁评传》(南京大学出版社)、杨国荣著《心学之思——王阳明哲学的阐释》(三联书店)、东方朔著《刘蕺山哲学研究》(上海人民出版社)、邓名瑛著《寻找生命之真——明代心学的本体追求》(湖南师范大学出版社)等。值得一提的是,日本著名汉学家沟口雄三的代表作《中国前近代思想的演变》中译本由中华书局出版。这部著作以明代李贽和东林派人士为出发点,考察了中国"前近代思想"的展开。与之相联系,清代儒学研究亦得到了开展,有一批新作问世,如杨念群著《儒学地域化的近代形态——三大知识群体互动的比较研究》(三联书店)、陈其泰著《清代公羊学》(东方出版社)、臧世俊著《康有为大同思想研究》(广东高等教育出版社)等。当然,历史上批判儒家的人物,如"五四"新文化运动中曾被称为"只手打孔家店"的吴虞,也没有被人们忘记。邓星盈等著《吴虞思想研究》,由四川教育出版社出版,这是国内外第一部研究吴虞思想的学术专著。方克立著《现代新儒学与中国现代化》(天津人民出版社),则从马克思主义的视角,阐发了对现代新儒家的评价。此外,还出现一些综合性介绍儒学的著作,如庞朴主编《中国儒学》(东方出版中心)、中国孔子基金会编《中国儒学百科全书》(中国大百科全书出版社)。道家的研究也得到了深入开展,学术新著出版颇丰。其中,有专门史的研究,如丁原明著《黄老学论纲》(山东大学出版社)、何建明著《道家思想的历史转折》(华中师范大学出版社)、高峰著《大道希夷:近现代的先秦道家研究》(辽宁教育出版社);有思想家的评传,如广西教育出版社出版的李维武著《吕不韦评传》、王德有著《严君平评传》、马良怀著《张湛评传》;还有文献的校勘注释,如张双棣撰《淮南子校释》(北京大学出版社),该书用力甚深,可谓集明清以来校注《淮南子》之大成。尤为可喜的是,岩温扁等著《傣族哲学思想史》(民族出版社 1997 年出版)、阿布都秀库尔·穆罕默德伊明著《维吾尔哲学史纲要》(新疆人民出版社 1997 年出版)等。这些著作的撰写与出版,不仅进一步扩大了中国哲学史研究的视域,而且维护了中华民族的团结与统一。

西方哲学研究著作的出版,1997 年的重点仍集中在现代哲学上,如赵敦华著《当代英美哲学举要》(当代中国出版社)、严建强等著《从思辨的到分析与批判的西方历史哲学》(浙江人民出版社)、盛宁著《人文困惑与反思——西方后现代主义思潮批判》(三联书店)等。其中,有两套丛书值得一提:一是雷永生主编"现代十大思想家"(河北人民出版社),选取 19 世纪下半叶以来具有深远影响的十位西方思想家立传介绍,包括《尼采传》、《维特根斯坦传》、《凯恩斯传》、《波普传》、《伽达默尔传》、《弗洛伊德传》、《韦伯传》、《哈贝马斯传》、《海德格尔传》、《胡塞尔传》。这套书的作者多为国内对传主有研究的专家,通过他们的评介能帮助中国读者接近这些西方的大思想家。二是北京大学出版社推出了"二十世纪法国思想家评传丛书",翻译了一批当代法国思想家的传记,包括《权力与反抗:米歇尔·福柯传》、《阳光与阴影:阿贝尔·加缪传》、《信仰与重负:西蒙娜·韦伊传》、《历史的见证:雷蒙·阿隆传》、《今昔纵横谈:克劳德·列维·施特劳斯传》、《理性与激情:加斯东·巴拉什传》、《存在与自由:让·萨特传》等。这套译丛对于中国人了解 20 世纪法国哲学史、思想史很有价值。海德格尔的中国学生、著名哲学家熊伟的论文集《自由的真谛——熊伟文选》,在 1997 年由中央编译出版社出版,这是一部对于了解海德格尔和熊伟都有意义的书。必须指出的是,上述这些情况并不意味着对于西方古典哲学的忽视。1997 年哲学类图书出版大事之一,即苗力田主编的 10 卷本《亚里士多德全集》由中国人民大学出版社经过 10 年的努力全部出齐。这是自西学东渐以来,中国出版的第一部西方哲学家的全集。

在宗教学方面,佛教特别是藏传佛教及其思想的研究得到进一步展开,有不少学术新著出版,如王森著《西藏佛教发展史略》(中国社会科学出版社)、穆赤·云登嘉措著《藏传佛教与藏族社会》(青海人民出版社)、查同杰布著《藏密大师》(西藏人民出版社)、黄维忠著《佛光西渐——藏传佛教大趋势》(青海人民出版社)、麻天祥著《中国禅宗思想发展史》(湖南教育出版社)、马佩主编《玄奘研究》(河南大学出版社)、张弓著《汉唐佛寺文化史》(中国社会科学出版社)、刘保金著《中国佛典通论》(河北教育出版社)等。商务印书馆出版的俄国学者舍尔巴茨基著《佛教逻辑》,是一部国际著名的大乘佛教研究专著。在道教研究方面,陈国符著《中国外丹黄白法考》(上海古籍出版社),是陈氏继所著《道藏源流考》(中华书局 1962 年出版)之后又一部研究道教的力作。

伦理学图书在 1997 年中同样有重要的收获。反思中国传统伦理思想、探讨当前中国道德问题,成为伦理学图书的关注点,其代表作有陈少峰著《中国伦理学史》上下册(北京大学出版社)、焦国成著《中国伦理学通论》上册(山西教育出版社)、王泽应著《现代新儒家伦理思想研究》(湖南师范大学出版社)、柴文华著《再铸民族魂——中国伦理文化的诠释和重建》(黑龙江教育出版社)、廖伸白等主编《伦理新视点——转型时期的社会伦理与道德》(中国社会科学出版社)等。茅于轼著《中国人的道德前景》(暨南大学出版社),以一个经济学家亲身接触当代中国社会转型的体验,对中国人在这一转型中所面临的道德问题尖锐地提出了自己的看法,一时间产生了很大的影响。雷保重主编《孔繁森的人生哲学》(山东人民出版社),则从理论上对孔繁森人生言行的伦理学意蕴作了阐释,为社会转型时期如何选择正确的人生观提供了一个典范。此外,金可溪著《苏俄伦理道德观演变》(中国文史出版社)、熊坤新著《民族伦理学》(中央民族大学出版社)、邱仁宗著《艾滋病、性和伦理学》(首都师范大学出版社)等,对中国伦理学研究视域作了新的拓展。德国孔汉思等编《全球伦理——世界宗教会议宣言》,是一部在世界范围引起很大反响的伦理学著作,使普世伦理问题成为当今伦理学关注的重大问题,该书中译本由四川人民出版社出版。

1997年,对中国美学著作的出版来说,完全可以称之为"丰收年"。在美学的各个分支领域,都有较高水准的著作问世。在美学理论方面,有金惠敏著《反形而上学与现代美学精神》(广西教育出版社)、潘立勇著《审美人文精神论》(浙江大学出版社)等。在马克思主义美学史研究方面,有马驰著《卢卡奇美学思想论纲》(东北师范大学出版社)、冯宪光著《"西方马克思主义"美学研究》(重庆出版社)等。在中国美学研究方面,有樊美筠著《中国传统美学的当代阐释》(中国社会科学出版社)、霍然著《唐代美学思潮》(长春出版社)和《宋代美学思潮》(长春出版社)、祁志祥著《佛教美学》(上海人民出版社)、潘显一著《大美不言:道教美学思想范畴论》(四川人民出版社)、聂振斌著《王国维美学思想述评》(辽宁大学出版社)等。在西方美学研究方面,有周来祥主编《西方美学主潮》(广西师范大学出版社)、朱立元主编《现代西方美学史》(上海文艺出版社)、周宪著《二十世纪西方美学》(南京大学出版社)等。刘小枫主编的《现代性中的审美精神:经典美学文选》(学林出版社),选择了自鲍姆加登至当今两个世纪中的有代表性的美学论著50余篇,是一部重要的现代西方美学文献选集。

科学技术哲学研究的新作也多有问世,如林可济著《〈自然辩证法〉研究》(福建教育出版社)、金吾伦主编《跨学科研究引论》(中央编译出版社)、冯今沂著《熵:一种可能的形而上学》(花城出版社)等。徐仪明著《性理与岐黄》(中国社会科学出版社),全面阐释了以《黄帝内经》为代表的中国传统医学与宋明理学之间极其复杂的内在联系,对传统医学和传统哲学的关系作了有意义的探讨。美国学者米歇尔·沃尔德罗普著《复杂——诞生于秩序与混沌边缘的科学》中译本(三联书店),则把复杂性问题引人注目地提到了中国哲学界和中国科学界的面前,值得关心当前科学发展与哲学发展的人们一读。当代杰出的理论物理学家霍金等著《时空本性》中译本,由湖南科学技术出版社出版。这是继《时间简史》、《时间简史续编》中译本由该社出版后,霍金的又一部著作与中国读者见面。让中国广大青少年知道有霍金这样的身残志坚的大科学家,进而对当代理论科学及其哲学发生兴趣,湖南科学技术出版社可以说功不可没。

逻辑学和语言哲学在1997年亦有新著作,如张清宇等著《哲学逻辑研究》(中国社会科学出版社)、崔清田主编《名学与辩学》(山西教育出版社)、陈宗明主编《中国语用学思想》(浙江教育出版社)等。

政治、法律类图书述评

唐　鸣

1997年政治、法律类图书的出版,主要有以下特点:

一、出版了一批有关香港的图书

1997年7月1日中国政府恢复对香港行使主权,1997年是香港回归年。在喜迎、庆祝香港回归的热潮中,通过学术界和出版界的共同努力,出版了一批有关香港的图书。其中既有记述香港回归的漫漫历程的,也有论述香港回归的重大意义的;既有阐述香港特别行政区基本法的,也有介绍香港各方面法律制度的。

香港顺利回归,是邓小平"一国两制"构想的伟大胜利。当代世界版的《邓小平与香港》,从理论和实践的结合上阐述了邓小平"一国两制"构想的形成过程,探讨了"一国两制"构想的内涵及伟大意义,回顾了1982年以来中英围绕香港问题而进行的谈判历程，展示了邓小平为实现香港顺利回归所作出的巨大贡献。辽宁人民版的《香港回归步履》，除结合香港特别行政区基本法阐述了邓小平“一国两制”构想的英明之外，还记述了在香港回归过渡期内广大港人携手回归的过程。香港回归，意义重大。北京版的《香港回归与21世纪中国》，立足现实，展望未来，积极评价了香港回归对和平解决台湾问题的影响，充分肯定了香港在海峡两岸关系中的特殊作用，乐观展望了香港与中国大陆经济发展的良性互动关系，同时认真讨论了中国大陆与香港政制的差异及其磨合问题，并对保持香港长期繁荣稳定提出了对策建议。

香港特别行政区基本法将“一国两制”的构想化为具体的法律规范，是确保香港长期繁荣稳定的基本法律。中央党校版的《香港特别行政区基本法导论》(修订本)，以“一国两制”方针为指导，系统、全面地阐述了基本法的精神、内容和条文，并对基本法的性质和地位以及与特区法律的关系、基本法与宪法的关系以及宪法对特区的适用性、高度自治权的法律依据和理论依据等重大理论问题进行了精辟的论述。

随着香港回归，祖国大陆与香港之间的关系将更加密切。为满足广大内地读者了解香港法律的需要，复旦大学出版社出版了一部较为大型的《香港法律实用全书》，涉及基本政制、家事、民事、商事、刑事、社会管理、法律服务、涉港实务八个方面的内容；河南人民出版社出版了一套全面、系统介绍香港现行法律和法律制度的丛书，包括《香港司法制度》、《香港金融法》、《香港行政法》、《香港刑法学》、《香港刑事诉讼法》、《香港民事诉讼法》、《香港仲裁法》、《香港知识产权法》、《香港货物买卖法》、《香港家庭法》等10本书。

从总体上看，1997年出版的有关香港的政治、法律类图书数量较多、质量较高。

二、出版了一定数量的学术理论专著

1997年出版的学理性较强的政治、法律类图书不是很多。主要有：考察中国近代知识分子心路历程及理想追求的《百年忧患——知识分子命运与中国现代化进程》(东方出版中心版)，研究中国市民社会问题的《国家与社会——中国市民社会研究》(四川人民版)，说明契约关系和契约精神的本质及其在现实生活中的逻辑走向、社会作用的《契约精神与社会发展》(山西人民版)，介绍与分析西方民主理论、民主运动、民主制度发生、发展的《西方民主史》(中国社科版)，多层次展现新中国法制建设历史面貌的《中华人民共和国法制史》(黑龙江人民版)，对我国法制建设进行了哲学思考的《法的时代精神》(湖南人民版)，对中国法律的传统进行系统归纳、对中国传统法文化的近代转型进行全面梳理的《中国法律的传统与近代转型》(法律版)，论述从同盟会成立到南京临时政府结束时期我国法制建设历史的《中华民国开国法制史——辛亥革命法制制度研究》(首都师大版)，对宋刑统的性质、地位、影响等进行多方面研究的《宋刑统研究》(法制版)，论述马克思主义在中国走过的曲折道路和取得的辉煌胜利的《马克思主义在中国100年》(安徽人民版)，分析马克思主义与时代发展、社会主义发展相互关系的《马克思主义当代命运》(陕西人民版)，系统论述康有为大同思想的《康有为大同思想研究》(广东高教版)，论述自先秦至20世纪40年代发生在中国境内的移民的《中国移民史》(福建人民版)，探讨宋代行会的诸种特点及与宋代社会关系的《宋代行会制度史》(东方版)，研究西欧近代民族主义的《西欧近代民族主义思潮研究——从启蒙运动到拿破仑时代》(上海社科院版)，对当代中国政府过程作实证描述与理论阐释的《当代中国政府过程》(天津人民版)，通过广泛的比较研究和理论分析、对市场经济条件下政府究竟应具备一些什么样的政府职能及如何进行机构设置进行探讨的《市场经济与政府职能及机构设置》(湖北人民版)，对近代农民问题与农村社会进行系统、深入研究的《中国近代农民问题与农村社会》(山东大学版)，结合社会调查、统计数据对我国当代社会结构和社会关系的变化进行研究的《当代中国社会结构和社会关系研究》(首都师大版)，对违约责任问题进行全面、系统研讨的《违约责任及其比较研究》(中国人民大学版)，对法律信仰问题进行系统探讨的《法律信仰的理念与基础》(山东人民版)，对第二次世界大战以来美国国家战略进行多方面分析研究的《美国国家战略》(辽宁人民版)，对第二次世界大战争期间美国战略进行研究的《战时美国的欧洲战略》(湖南教育版)等。

从上面例举的情况可以看出，在1997年出版的为数不多的政治、法律类学术理论专著中，以历史为题的占有相当的比例。这一方面反映了我国学术界对历史问题的重视，写史可以增强学术理论著作的厚重感，但另一方面在一定程度上也表现了我国学术界对现实问题研究的相对薄弱。

三、出版了许多教材

1997年出版的政治类教材主要有:中央党校版的《政治学导论》,党建读物版的《国家公务员管理学教程》、《党务管理学》,世界知识版的《外交学概论》,中央电大版的《政治考试参考书》(修订版),西藏人民版的《党员干部理论学习纲要》(藏文),内蒙古人民版的《民族地区党的建设概论》,国防大学版的《当代领导干部政治素质概论》,中国铁道版的《新时期铁路职业道德》等。

1997年出版的法律类教材主要有:世界知识版的《国际法教程》,武汉大学版的《国际私法新论》、《国际贸易法学》,南开大学版的《国际货物贸易法》,大连海事大学版的《期租合约》、《碰撞与避碰规则》,中央电大版的《农村政策与法规》,辽宁少儿版的《宪法学》、《刑事诉讼法学》、《民法学》,重庆大学版的《犯罪心理学》,北京大学版的《犯罪被害人学》、《比较刑法大全》、《美国法律概论》(第2版),中央党校版的《新刑法释义》,西北大学版的《新刑法教程》,中国人民大学版的《新刑法教程》、《版权法》(修订本),广东经济版的《新编经济法概论》,中国地质大学版的《经济法概论》,吉林大学的《经济法原理》,辽宁大学版的《民法学》,辽宁人民版的《律师法学》,对外经贸大学版的《衡平法初论》等。

近年来教材特别是法律教材的出版一直较为兴旺,这固然符合"百花齐放"的方针,满足了社会多方面的需求,同时给出版社带来较为可观的经济收益,但也不可避免地出现了某种鱼龙混杂的情况,导致出版社选题重复,一些图书在内容、体例上基本相同。

四、丛书成为热点

近年来,丛书的出版一直是一个热点。1997年也不例外,除"香港法律丛书"之外,还出版了好几套政治、法律类丛书。其中有:世界知识版的描写第二次世界大战结束后世界发生的一些重大事件的"战后国际事件纪实丛书",陕西人民版的展示20世纪100年来中国大动乱、大变革和大发展的历史画卷的"二十世纪中国掠影丛书",白山版的介绍中国人的品德与情怀、追求与向往的"我是中国人丛书",云南人民版的系统研究中国社会发展问题和邓小平社会发展战略理论的"中国社会发展丛书",辽宁人民版的描述中国传统文化浸染下的中国人的生存状态和特征的"闲话中国人丛书",法律版的对法律条文逐条作出解释的"中华人民共和国法律释义丛书",中信版的重点介绍新出台的经济法的"中国经济法律与实务丛书",浙江人民版的介绍与研究我国市场经济法律制度的"社会主义市场经济法律制度丛书"等。

军事类图书综述

陈代兴

1997年度全国各地出版社所出版的军事类图书多达60多种,反映的内容相当广泛,表现形式也多种多样。

一、从内容上看,1997年度军事类图书所反映的内容几乎涉及到了战争史和现代战争所需军事资源的方方面面。

1.研究人类战争史的著作极为丰富。

(1)国防大学出版社的《人民军队战争全景纪实》,以生动的文笔概述了人民军队从无到有、从弱到强,赶走日本强盗,打败国民党反动派,建立新中国,直至抗美援朝,抗美援越,以及历次边境反击作战的辉煌业绩。青岛出版社的《世界著名大海战》描述了2000多年以来发生的近百次著名海战,用通俗的文字勾画出人类海战史上的一幕幕悲壮的活剧。(2)甘肃人民出版社的《中国人民解放军通鉴》,精选了各个历史时期的重大典型事件,真实地再现了我军艰难、困苦、曲折与成熟的全过程。广东教育出版社的《我们的队伍向太阳——中国人民解放军70年全景纪录》,精选我军从"南昌起义"到进驻香港这70年间的重要事件、历史图片、数据统计等,多层面展示我军半个多世纪来的辉煌历史。山西人民出版社的《新四军发展史》,记述了新四军从1937年诞生,到挺进大江南北抗击日寇,以及后来编入中国人民解放军,进入解放战争这一艰难、曲折而辉煌的历史过程。(3)江西人民出版社的《中国近代军事思想史》,系统考察了自鸦片战争爆发至中华人民共和国成立百余年间一些重要军事人物的军事活动及其军事论著,阐明了中国近代军事思想产生的历史背景及其形成和演变的过程。(4)军事谊文出版社的《兵林史话》,根据中央电视台军事部“兵林史话”栏目解说词编辑而成。介绍了中外军事史上发生的著名战役战斗、著名军事家活动、军事谋略实例,以及20世纪各种新式武器问世后对战争的影响。(5)时事出版社的《军事强国系列》,选取了美、俄、日、印、以、伊六国作为典型,从历史、民族、国家和宗教等角度,分别介绍了这些军事强国形成的历史及现实条件,并对他们在21世纪将发挥的世界和区域性作用进行了科学预测。

2.研究军事人力的图书大量涌现。

(1)白山出版社先后出版了《十六军征战纪实》、《二十三军征战纪实》、《四十军征战纪实》、《三十九军征战纪实》等。这些书分别记述了上述这些军队的诞生、成长、发展、壮大的曲折里程,还分别阐述了以上各军历任军长,如朱德、彭德怀、粟裕、陶勇、刘志丹、黄克诚、杨得志等人的辉煌人生。国防大学出版社的“名将·名军·名战丛书”,通过对战史情节的描写,人物个性的刻画,表现了这些名将名军勇猛顽强的战斗作风,称雄沙场的英勇气概,赫赫有名的不朽战绩,以及其高超的谋略艺术、丰富的内心世界。(2)时事出版社的《先锋军旅系列》,概要描述了20世纪以来世界范围各军事强国中享有“王牌”之誉的海军、空军、陆军以及一些特种部队、谍报部队的征战历程、辉煌战绩,分析了这些新兴军兵种进入21世纪后将发挥的世界和区域性作用。了解这些,对于我国新时期军事人力结构调整、新的军兵种建设和军人素质的提高都大有好处。

3.研究军事装备的图书越来越多。

兵器工业出版社相继出版了《世界轻武器手册》、《海军舰空导弹武器手册》、《新概念武器原理》三部书,分别介绍了国内外各种手枪、冲锋枪之类的轻武器,一些主要军事强国和地区28种正在服役和将要服役的航空导弹武器系统,以及一些新概念动能武器、定向能武器、新概念原子能武器的主要型号、组合状况及其主要功能等。了解这些,有助于我们深刻认识现代战争样式或形态、进一步加快我国新时期军事装备建设。河南科学技术出版社的《兵器百年》,国防工业出版社的“武器与战争纪实丛书”,对近百年间各个时期的新型兵器作了简要介绍,以各种武器装备的发明与发展为主线,描述了世界历史上特别是近百年来血与火的战争画卷。

4.研究军事科技的图书数量不少,其中既有对世界各国军事科技迅猛发展的综合研究,也有对某些具体军事技术的分别探讨。

(1)兵器工业出版社的《军事高科技知识通览》,系统介绍了当代世界各国在电子战技术、精确制导技术、伪装技术、隐形技术、作战模拟技术等方面惊人成就及未来发展的总体趋势;《高科技对军事的影响》在分别介绍各种高技术兵器具体性能的基础上,还对军事高科技的不断发展及其对现代战场特点、作战样式、作战理论、体制编制、部队训练等方面的巨大影响进行了认真分析,并提出了相应的对策。(2)西安电子科技大学出版社的《数据融合理论与应用》,对多传感器目标检测理论、目标跟踪和自动识别算法以及态势评估和威慑估计模型及其他可能影响到数据融合理论的新方法进行了探讨。《炮兵CI系统》主要介绍了炮兵CI系统的基本原理和一些重要的分析、操作方法。(3)兵器工业出版社的《高炮射击指挥仪及故障维修500例》,简要介绍了我军高炮部队现列装的指挥仪各种故障、故障原因分析及排除方法,以及指挥仪的故障诊断方法和提高武器射效的方法。

5.研究军事谋略的图书依然繁荣。

(1)在对我国古代军事谋略典籍的整理与阐释方面,中共中央党校出版社的《毛泽东与中国古典军事典籍》,对毛泽东所批语、评论、引证的《史记》、《资治通鉴》等近30部中国古代典籍中的有关军事部分进行系统、全面的阐述。中华书局的《吴孙子发微》,以影宋本《魏武帝注孙子》作底本,同时参校了汉简《孙子兵法》、《武经七书》等多种版本,并吸收了历代学者的研究成果和作者自已多年研究心得,校勘准确,解释精当,具有相当高的学术价值。日本著名学者服部千春所著的《孙子兵法新校》,以宋本《十一家注孙子》为底本,以银雀山汉墓竹简本和要籍相参校,对《孙子》正文进行全面、细致的校订,涉及范围广,参引文献多,学术价值相当高。湖南大学出版社的《孙子兵法解读》,广收前人研究成果,精心审定注释,译文准确,讲解通俗,对于初学者学习研究《孙子兵法》很有裨益。(2)在对中国无产阶级军事家军事谋略思想的深入研究方面,解放军出版社的《周恩来军事生涯》,详细记述了周恩来在各个历史时期的军事思想与策略。(3)在对我国现当代无产阶级军事家的军事理论著作的编辑与整理方面,解放军出版社相继出版了《朱德军事文选》、《罗荣桓军事文选》、《杨成武军事文选》、《彭雪枫军事文选》等著作。这些书中所收录的大都是朱德、罗荣桓等老一辈无产阶级革命家在长期的军事生涯中所写下的重要军事文稿。这些重要军事文选的出版,不仅有利于我们深入了解我党、我军艰苦卓绝的军事斗争史,同时,对于我们深刻认识现代战争规律,切实做好现代军事斗争的准备,坚决赢得未来高技术局部战争的胜利,也很有指导意义。(4)在对外国的军事谋略理论著作的翻译介绍方面,解放军出版社出版了古罗马时代著名军事理论家弗拉维乌斯·韦格蒂乌斯·雷纳图斯所著的《兵法简述》,书中精辟论述了古代希腊和罗马的军事学术理论,军队配备、编制和训练的问题,进行战争和战斗的重要法则,战斗队形,冲击和防御要塞的方法,进行海战的原则和攻城等技术。(5)在对中外军事谋略思想的综合研究方面,国防大学出版社的《军事思想概论》以马克思主义的立场、观点、方法为指导,对几千年来的中外军事思想,特别是近百年的无产阶级军事思想作了系统的概括和评析。(6)对现代高技术局部战争条件下军事谋略运用的综合探讨方面,人民出版社的《新战争论》深入研究了21世纪初所可能发生的战争形态或样式,创造性地提出了信息战和思维战理论,并从军事、政治、经济、文化、科技、国际关系等角度,研究信息战的形成、发展及其给全球带来的震荡与裂变,探索信息战的战略等问题。

6. 研究军事制度的图书迅速增加。

大象出版社的《中国军事制度史》,系统阐述了自夏商周到现在中国历代军事制度,把军制学与历史学有机结合,揭示中国军事制度史发展的普遍规律和特点。军事科学出版社的《陆军军制学》系统地研究了中国人民解放军陆军的编制体制,其中既有陆军军事制度的基本概念、历史沿革及其社会原因的探讨,也有对陆军的整体结构、指挥体制、兵种划分、教育训练以及发展趋势的综合论证,还有对陆军工作制度、战场管理的地位与作用精辟分析。

7. 研究军事教育的图书开始出现。

辽宁人民出版社的《西点之路》,系统介绍了美国著名的西点军校发展历程、组织管理、西点形象及目标、教育计划、训练方法和培养出的享誉世界的人物,以及面临的挑战。这对于我们深入了解西点军校的历史、现状与未来,进一步推动我军军事院校现代化建设很有借鉴意义。

二、从形式上看,1997年度全国军事类图书的表现形式相当灵活,显得非常丰富多彩,引人入胜。

1. 画册类图书不断增多。上海人民出版社的《中国人民解放军70年图集》,是一本全面反映中国人民解放军70年成长历程的大型军史画册,反映了人民军队在各个历史时期的伟大作用。山东人民出版社的《中国人民解放军军史画典》,收录了70年来军内外著名画家创作的大量书画,形象地反映了人民解放军在夺取政权、巩固政权和在和平时期为社会主义抢险救灾、保卫边疆而立下的丰功伟绩。浙江教育出版社的《世界科普画廊·现代兵器》,图示了数千年来人类社会各种作战兵器的演进与发展,展示了人类在战争中最重要的发明与创造。

2. 少儿读物日趋繁荣。武汉出版社的《军旗下的讲话》是面向中小学生的读物,此书以优美的文笔扼要地介绍了中国共产党领导的人民军队从无到有、从小到大、从弱到强的光辉历程,阐明了人民军队在新的历史条件下革命化、正规化、现代化建设诸方面的重要战略举措。中国少年儿童出版社的《和张莉上尉漫游军事天地》是一套少儿读物丛书,简要介绍了现代陆海空军的常规武器和尖端武器,叙述了53位人类历史上叱咤风云的军事将领的成长历程和战争业绩,还介绍了一些惊天地、泣鬼神的著名战例。未来出版社的《战火三千年》是一套少年国防教育丛书。丛书选取了上起公元前1027年的牧野之战,下迄1953年的抗美援朝战争这一漫长历史长河中近300个战史战例,并编写成一个个可读性很强的小故事,这些故事突出地反映了英雄人物的爱国情操和牺牲精神。

3. 各类辞书丰富多彩。国防大学出版社的《国防大典》是一部实用性很强的专业性工具书,内容涵盖了国防历史、武装力量、国防科技、国防教育等各个方面的知识。“少年军事百科全书”(明天出版社)是一套专门为少年儿童编写的普及性知识读物,书中分别介绍了当今世界一些国家普遍使用的海、陆、空及一些新兴超常规武器,展示了高新技术应用于军事所产生的巨大威力。书中的《中国现代战争卷》、《中国古代战争卷》、《世界战争卷》,分别介绍了古今中外历次重要战争的起因、过程、结局,以及影响战争胜败的主客观因素。

经济类图书综述

黄 宪 李红云

1997 年度，我国经济类图书的出版呈现出百花齐放、重点突出的态势，主要表现在：

一、与新一轮经济增长相关的图书急剧增加

1997 年度经济类图书的一大特色是与新一轮经济增长相关的图书急剧增加，该类图书在经济类图书中所占比重约为 17%，远远高于往年所占比重。一个国家在不同的经济发展阶段有不同的经济增长方式和经济增长点，促进经济增长方式向集约型转变是 1993 年来政府一直致力的目标，与传统的粗放型经济相比，集约型经济以适应居民收入和消费水平的新兴产业开拓为基础，主要依靠生产要素质量和使用效率的提高，技术进步和要素的优化组合来实现经济增长。与新一轮经济增长相关的图书主要包括营销、管理、产业、技术、旅游、房地产等类图书，其中营销和管理也是传统经济下提高经济效益的要素；产业、技术、旅游、房地产等则是典型的新经济增长所关注的要素和产业。营销和管理类图书在该类图书中所占比重高达 80%，这是由经济改革进程和社会需求决定的。但这些图书在内容上呈现出明显的时代特征，如秦铁辉、王彤导编著的《企业竞争与信息利用》(北京图书馆出版社)就紧紧围绕着企业竞争中经营决策、新产品开发、技术引进、信息源的开发和利用来展开研究，信息源的开发和技术引进是新经济增长中的必然要素。董玉兰、张健主编的《CI 策略》(湖北人民出版社)，陈树华、胡晓宁编著的《金融企业文化的培育和构建》(中国金融出版社)则从一个全新的视角阐述了企业如何在市场上展开营销。此外，王汝刚任主编、邹宁任副主编的《工业企业管理与技术经济基础》(机械工业出版社)，王凤彬的《现代企业的组织与再组织》(浙江人民出版社)，熊经浴主编的《现代商务礼仪》(金盾出版社)，刘德军、王忠本、张守志主编的《企业形象塑造》(山东大学出版社)等著作都体现了这种倾向。1997 年度出版的技术、产业、旅游、房地产类图书虽然在数量上远不及营销、管理类图书，但它们是实现新的经济增长所必须的要素和必然开拓的产业，是未来经济增长的基础和支撑点，随着经济的发展和人们认识的深入，这类图书所占的比重将会不断增加。

二、有关中国改革与发展的图书异军突起

对中国改革与发展进行探讨的图书大量涌现是 1997 年经济类图书另一显著特点，这些图书中有的是从不同角度对区域经济进行思考，有的是从宏观或某一领域上展开研究。该类图书在整个经济类图书中所占比例高达 30%，为历年之最。

1997 年度出版的区域经济类图书门类多，涉及面广。在理论研究方面的力作有，李树桂著《中国区域经济新论》(四川科学技术出版社)，金元欢、王建宇著《区域经济学》(杭州大学出版社)。该类图书虽然数量不多，但对社会主义初级阶段区域经济的本质，区域经济开发的组织形式和发展模式都进行了较为详细的研究，为区域经济的发展提供了理论指导。对实际工作经验进行总结的图书有如张思平、高兴烈主编的《十大体系——深圳社会主义市场经济体制的基本框架》(海天出版社)，对深圳市通过改革建立的社会主义市场经济体制基本框架的十大体系的形成过程、运作机制、社会功能及相互关系进行了全面的理性阐述；有按行政区划进行思考的图书，如辛文著《关于四川经济发展中几个问题的研究报告》(四川人民出版社)、钟祥财著《对上海地区经济思想发展的历史考察》(上海社会科学院出版社)；也有的图书按经济区划进行考察，如梁钊、陈甲优主编的《珠江流域经济社会发展概论》(广东人民出版社)、何其锐主编的《两广西江流域开发研究》(广东经济出版社)、余之祥主编的《长江三角洲水土资源与区域发展》(中国科学技术大学出版社)；有按地貌特征展开经济探索的图书，如云南省岩溶地区治理开发协会编的《岩溶地域发展战略研究》(云南科技出版社)；也有按地理位置进行研究的专著，如杨清震主编的《中国边贸研究》(广西民族出版社)、周文彰著的《特区导论》(海南出版社)。此外，还有一些著作对区域内产业发展进行研究，如《台湾制造业》(福建教

育出版社)、王耀文主编的《山东粮棉持续增产理论与技术》(中国农业出版社)、广东省政府发展研究中心编的《广东产业发展纪实》(广东经济出版社)、贵州省地方电力企业管理协会、贵州省水电厅地方电力局编的《贵州地方电力》(广东省地图出版社)等。

区域经济类图书的蓬勃发展与近年来我国经济形势和主流经济思想有密切关系,按生产要素禀赋状况进行专业化生产,充分发挥各地资源优势,按市场经济内在规律办事,促进地区经济合理布局与健康发展,已成为人们共识,这在客观上促进了经济学人对区域经济发展的关注。

对改革与发展进行理性思考的图书长期以来都是出版社关注的热点,从 1997 年度出版情况看,此类图书所占比例约为 17%,同往年相比,无论是绝对数还是相对数都有显著增加,这些图书的内容涵盖粮食、水利、林业、牧业、渔业、钢铁、纺织、化工、制造、金融等各微观主体,涉及体制、制度、结构、市场、价格、收入、消费、人力资源、政府行为等宏观因素。有些专著大大丰富了建设有中国特色的社会主义理论,如李兴山主编的《建设有中国特色社会主义市场经济若干重大理论问题》(中共中央党校出版社)、周学曾等主编的《中国股份制》(中国青年出版社)、王德庆、王本奎主编的《股份合作制理论与实践》(东北大学出版社)等著作;有些图书丰富了宏观调控的内容,如许健著的《中国经济转轨中的货币控制》(中国金融出版社),姜维壮任主编、梅阳任副主编的《中国分税制的决策与实践》(中国财政经济出版社),马洪、刘中一、陆百甫主编的《中国宏观经济政策报告》(中国财政经济出版社);有些专著阐述了体制改革的重要性、体制变革的复杂性和迫切性,如王健、胡春力等主编的"宏观经济重大问题研究丛书"(中国计划出版社),樊刚主编的《体制改革与宏观稳定——中国体制转轨新时期的宏观经济问题研究》(浙江人民出版社)。

三、财会、金融类图书继续成长

1997 年度财会和金融类图书在经济类图书中所占比重约为 19%,其中财会类图书所占比重为 48%,金融类图书为 52%,这标志着长期以来财会类图书在财经类图书中占主导地位的局面已发生了变化。在财会类图书中,其内容侧重于业务和行业差别、公司理财、业务规范等方面,如徐国君著的《劳动者权益会计》(中国财政经济出版社)、孟凡利的《当代西方政府与非营利组织会计》(东北财经大学出版社),偏重于业务和行业差异;中国注册会计师协会编的《'97 中国注册会计师执业规范手册》(东北财经大学出版社)、张建军著的《审计概念体系研究》(中国财政经济出版社)等专著则从理论和实践上对会计业务规范进行了阐述;文远编著的《企业会计报表与投资价值分析》(中信出版社)、鞠朝阳等编著的《现代企业投资精要》(中信出版社)则从理财的角度对企业会计行为进行了研究。在市场经济中,一个健全、稳定、充满活力的金融体系,对经济发展起着保驾护航作用。随着改革的深入和经济市场化程度的提高,金融类图书的出版将会不但增加。今年金融类图书的内容主要有:金融理论、金融创新、风险管理、资金价格、货币控制等,与往年相比无论是在广度上还是深度上都有很大的变化,但在该类图书中,还缺少对金融体系的稳定、金融机构的监管、金融业务的内部监控等关键性问题进行研究的专著,这是一个很大的遗憾。

四、西方图书的引进出现两极分化

1997 年出版的翻译类图书呈现明显的两极分化趋势,高层次的学术专著与普及性的通俗读物相互辉映。如有适合作为高校研究生教材的菲利普·科特勒等著《市场营销管理》(亚洲版)(中国人民大学出版社)、多恩布什等著《宏观经济学》(中国人民大学出版社)、吉恩·泰勒尔著《产业组织理论》(中国人民大学出版社)、伊莱扎·柯林斯著《工商管理新论》(上海译文出版社),有对经济发展的内在逻辑进行研究以指出其规律性的著作,如 W. W. 罗斯托著《这一切是怎么开始的》(商务印书馆)、理查德·纳尔逊、悉尼·温特著《经济变迁的演化理论》(商务印书馆),有对西方管理思想进行普及的西尔比格著《MBA 十日读》(中信出版社)、斯科特·亚当斯著《迪尔伯特原则》(海南出版社)等读物。虽然这类图书每年出版的数量都很有限,但它在某种程度上揭示了我国经济学的发展水平和现实经济中存在的问题。

文化、科学、教育、体育类图书出版掠影

乙 丁

文化、科学、教育、体育四个方面图书的出版，历年来都是教育方面的图书占大头，1997年的情况依然如此，在本年鉴所收这类图书的256个品种中，教育图书约180种，占70%。各级各类学校的教材和教师用书，仍是教育图书的主干，但与前几年相比，有两点明显的变化：一是各种教辅、教参，如习题集之类的图书大量减少。反映了为贯彻党和政府要求减轻学生负担，加强学生素质教育的方针，出版部门作出的努力，严格控制了教辅、教参图书的出版。也反映出在这样一个大形势下，教辅、教参图书的市场在迅速缩小。二是教育史、教育理论研究方面的大型著作的出版，在前几年势头很旺，成果甚多，而1997年在这方面的出书品种和规模，大不如前。这可能与整个图书市场疲软，出版社经济收入下降，承担理论学术著作出版的能力减弱有关。更重要的原因是理论学术著作的市场，越来越不景气。

在理论学术著作出版艰难的今天，以下一些理论著作的出版，可说是教育理论研究的可贵收获。

家庭教育是整个教育的一个重要方面，《中国家庭教育史》（湖南教育出版社，马镛著），将中国数千年家庭教育的发展情况，作了系统的探讨和梳理。中国自古以来，就十分重视家庭教育，有着大量的经验和教训，本书的出版，为现代家庭教育提供了历史借鉴。

书院是中国古代学校教育的一种重要形式，对中国古代教育和思想文化的发展，起到过重要作用。近几年，关于书院研究的著作不少，陆续有书出版。本年鉴收入两种：《中国书院第一辑》（湖南教育出版社，朱汉民、李弘祺主编）、《中国书院制度研究》（浙江教育出版社，陈谷嘉、邓洪波主编）。前者为论文集，收入海内外专家学者的论文34篇，论及书院的教育、研究等各方面的问题；后者从制度方面，对书院的特点、内在体系、各地书院的不同情况等，作了深入研究。

借鉴外国教育经验，也是近几年来教育研究以及出版界所关注的一个方面。本年鉴收入的《外国现代教育史》（人民教育出版社，吴武颖主编），就19世纪末至二战以后美、英、法、苏、德、意、瑞典、瑞士、日本、印度、埃及、巴西等国的教育改革与发展，和有代表性的教育制度、思想、理论，进行了研究和介绍。是我们了解上述诸国近代教育情况的一部较全面的参考书。借鉴古代教育的历史经验，汲取外国教育的先进经验，对于发展我们的现代教育，当然是十分重要的，而总结教育中的教训，探讨教育中的失误，也是一个不可缺少的课题。《教育失误论》（江苏教育出版社，孙孔懿著），从教育目标、教育内容、教育方式、学生评价4个方面；探讨了教育的失误，及失误的成因。为认识和避免教育的失误，提供了重要的参照。

中国是一个多民族的国家，因此在教育方面，如何根据民族特点发展教育事业、开展教学活动，是一个十分重要的课题。《民族教育心理学》（云南教育出版社，马丽华主编），结合教育学、民族学、社会学、心理学、学校管理学等多学科，研究了民族教育中的心理学问题，涉及到了教学活动的各个方面。为民族教育的理论建设作出了贡献。

在市场经济的社会大环境下，教育改革如何进行、义务教育如何普及？这是中国教育当前所遇到的一个大问题。《教育经济学》（人民教育出版社，靳希斌著），重点论述了中国教育领域内的经济问题和经济现象，总结反映了国内学科研究的新成果，同时借鉴了国外教育经济研究的成果。对于教育改革的实践，是一本很有针对性的参考书。

从上述情况可以看出，1997年出版的教育理论著作，虽然品种数量和规模不如前几年，但在紧密联系实际，具有针对性方面，并未减弱。

经过前几年的文化热之后，文化类图书的出版现在可以说近乎冷淡了。那种带有思辨性的研究大文化的宏篇巨制，在市场上往往遭到冷落，反转来影响到出版这类图书的积极性。1997年文化类图书的出版比较突出地表现了这种状况，仅出了《世界文化地理》（江苏教育出版社，姜忠尽著）、《齐鲁文化》（华艺出版社，郭墨兰主编）、《中国传统文化的历史阐释与现代价值》（山西教育出版社，姜汝真主编）、《三晋古文化源流》（山西古籍出版社，李元庆著）等几种

书。虽然这些著作，就其质量而言，都达到了那个研究领域的高度，具有较大的学术价值，特别是《齐鲁文化》这样的书，就其研究的广度和深度而言，都是区域文化研究中不可多得的硕果；但回眸出版的全局，文化类图书的品种数量，是大不如前了。

关于邮品的图书，每年数量很少，更不曾形成什么热点，但每年都有一些高质量的图书出版。《中国集邮大辞典》(中国大百科全书出版社，中华全国集邮联合会编)，重点介绍了邮票与邮票史实，介绍了集邮的方法、活动、组织、文献、历史等知识，堪称宏篇巨制。这种情况，反映出邮品图书有一个相对稳定的读者群，他们的要求在精而不在多。

多年来，关于科学研究的理论、方法、资料情报、组织管理、事业规划等方面的图书出版得很少，1997年的情况仍然如此，收入本年鉴的仅有13种。其中《当代中国科学技术和社会的发展》(湖北人民出版社，殷登祥等著)，全书分4章，中心是论述如何实施"科学兴国"和"可持续发展"，加速实现中国2010年目标规划乃至21世纪中叶的远景目标。结合研究西方国家"科学技术和社会"与中国实际的比较，提供一种新的发展观、价值观、科学观和教育观。《上海科技(1987—1990)》(上海科技出版社，金桂青主编)，全面反映了在这期间上海科技事业发展的情况，属文献资料性图书。《科技兴国：社会主义命运之所系》(山东人民出版社)，专论科技兴国与社会主义命运之关系，主要探讨四大问题：社会主义可以科技兴国、社会主义应该科技兴国、社会主义能够科技兴国、社会主义怎样科技兴国。不仅进行理论分析，而且作了实证描述。另外，关于科技情报资料的图书有数种，如《文献资源建设概要》(北京图书馆出版社，张玉礼编著)、《联机环境中的情报检索》(北京图书馆出版社，曾雷编著)、《情报语言学基础》(武汉大学出版社，张琪玉著)等。

科技图书出版少的原因很复杂，但有两点是比较明显的：一是许多具体课题，分别归入到各学科中去了，不在此列；二是关于科技研究的组织管理，其专业人员少，因之这类图书的读者也少。

语言文字类图书述评

白巍岐

1997年，是我国语言文字类图书出版喜获丰收的一年。本年鉴收入该类图书197种，比1996年增加了约25%，而且，图书的门类更为丰富，质量也有较大的提高。

一、基础理论建设获得重视

在经过一年多的相对沉寂之后，我国语言文字学界进一步焕发出理论创新的勇气和活力。他们认真总结80年代以来多次理论引进和论争的历史经验，从而在不同程度上更加趋向于基础理论的研究。语言学、文字学基础理论著作获得较多的出版机会，是这一年的重要特色之一。基础理论建设受到重视的表现之一，是对我国传统语言学、文字学理论的挖掘进一步深入。湖南人民出版社《说文解字注研究》和江苏教育出版社《段注训诂研究》，从各自不同的角度切入，用现代语言学的科学理论，审视清代段玉裁在《说文解字注》中取得的成就，既高度评价其学术功绩，也指出其讹误和不足。华中理工大学出版社《高邮王氏父子学术初探》，对王念孙、王引之父子建立的语言文字学体系作了系统的阐发，不但指出王氏理论体系是从古代小学发展到近代语言文字学的里程碑，而且拾遗补缺，每多新意。华东师范大学出版社《汉语音韵学论文集》，极力张扬章太炎—黄侃—史存直这一传统学派的研究成果，把对上古音、中古音、语音史的研究提升到新的高度。这些著作的出现，对于批判继承我国语言文字学的历史遗产，有着直接的影响。

基础理论建设受到重视的表现之二，是对国外语言学经典著作的介绍。商务印书馆连续推出了两位德国学者的重要著作，一为海德格尔的《在通向语言的途中》，一为洪堡特的《论人类语言的差异及其对人类精神发展的影响》。前者眼界开阔，思想深邃，是现象学和解释学的典范之作，学术界认为它昭示着21世纪哲学发展的基本方向。后者揭示了将语言文字学的讨论与人类学、民族学的探索相结合，将普遍原理与经验材料相结合等重要特点。这些国外经典著作的介绍，已经并必将继续对我国语言学的发展产生重要影响。

基础理论建设受到重视的表现之三，是一批立足于当前汉语语用的实际情况，更深入地研究现代语言的著作的出版。浙江教育出版社《现代汉语时体系统研究》，第一次把现代汉语的时体分为现实体、经历体、短时体、持续体、起始体、继续体等6种，构成一个完整的时体系统，令人耳目一新。中国科学技术大学出版社《技术传播环境下的表意语言理论》，把在光电技术基础上形成的人工技术语言，如图形语言、图像语言、算法语言、多媒体及虚拟仿真表意系统等，与传统的口语—文字媒介系统结合起来考察，认为二者既是并峙的双峰，又必须融为一体，才能构成新的、完整的、复合的表达形态。这一理论的提出，不但有现实的价值，而且充满了面向未来的勇气。河北人民出版社“民俗语言文库丛书”，包括《神秘数》、《吉利话》、《口头禅》和《咒与骂》4种，都是在传统文化的背景前，选择语言学与民俗学的交叉点切入，论述特定的语言载体形式的。它表明，前些年关于语言与文化的探讨，正在从纯粹语言理论研究的领域转入有大量实证材料的语用研究的领域。

此外，能显示1997年基础理论研究实绩的，还包括一批少数民族语文研究的著作。我国是一个多民族的国家，各少数民族都对我国的语言学、文字学作出过贡献。这一年少数民族语文的研究，已不像过去那样，停留在词汇的收集整理，语法和表达方式的简单介绍上，而是进入了对语言文字系统的全面的研究。新疆人民出版社《突厥比较语言学》，就对我国突厥语族的8种语言体系进行了较深入的探讨。黑龙江朝鲜民族出版社《满汉研究通论》，对满—通古斯语的许多复杂现象作了科学分析，为阿尔泰语系的比较研究也提供了新的依据。

二、工具书种类多用途广

工具书本是以实用为根本特征。但过去出版的语言文字类工具书，大多为综合性的字词典。这类工具书对于一般群众的语文学习曾发挥过巨大的作用。但是，随着改革开放的深入，生产技术的发展，随着我国知识分子和专家队伍的扩大，读书界对工具书编纂出版的要求已发生了深刻的变化：不同年龄、不同职业、不同兴趣的人，呼唤着不同的工具书的出现。那种综合性字词典一统天下的局面，早就被打破了。1997年出版的语言文字类工具书，门类更加齐全，更能满足读者多方面的需求，显得琳琅满目。

这些工具书，有的深入到语言学、文字学的某一分支学科，搜罗该学科领域中的专业术语和常见词汇，根据学科建构的内在逻辑进行编排，十分有利于专业人士使用。重庆出版社《声韵语源词典》，结合声、韵诠释语源，全书均采用阐述试论证，而非词条式说明，在对汉字的诠释上开拓了新生面。齐鲁书社《说文今读暨五家通检》，对《说文解字》中的每个字都用汉语拼音标注出今读，然后分列该字在宋徐铉和清段玉裁、桂馥、王筠、朱骏声五家注本中的卷次页码，为治汉语史、古文字的学者提供了极大的方便。

更多的工具书，是围绕某种特定的语言文字现象来收集材料，溯源正本，释义辨伪的。中州古籍出版社《历代避讳字汇典》，收录了我国古代文字材料中涉及敬讳、忌讳、憎讳的有关条目近1300条，不但指明讳字形成的原因，而且说明避讳的方法和范围。这就为今人查阅古代典籍消除了一大文字障碍。南京大学出版社《汉语叠音词词典》，专收词汇重叠的叠音词，包括AA型、AABB型、ABB型、BBA型、ABAB型、AXAY型、AXBX型、AAXY型、XYAA型等，共5 000余条，均附有汉语拼音和古今书证。该书对文学创作、新闻写作及其教学，都有一定参考价值。汉语大词典出版社《香港话普通话对照词典》，因应改革开放以来，香港话大量进入大陆地区传媒的现象而编纂。收入的香港方言词汇，均注明香港话和普通话的读音，并以普通话释义。这为与香港地区有经济文化往来的人士提供了重要的语言帮助，很有时代气息。

值得注意的是，随着电脑使用的日渐普遍，人们对于汉字输入电脑的编码查询，也有了日渐广泛的要求。上海科学普及出版社《计算机常用汉字输入法编码字典》，就是顺应这一新的社会需求出现的。读者可按传统的拼音法检字或部首法检字，而检到的任何一个字，都能提供五笔字型码、表形码、自然码和认知码四种编码，大大方便了以各种编码从事汉字输入工作的人士。江西高校出版社《计算机屏幕英语速查手册》，介绍了Microsoft Windows、MS—DOS、Foxpro等9个软件及其中的4 000多个词条。这对帮助读者了解特定软件环境下的词汇意义和电脑的正常操作，都有积极的意义。

此外，由中日两国学者共同编纂，汉语大词典出版社出版的《多功能汉语大词典索引》，包容了对我国《汉语大词典》的二字条目正逆序索引、多字条目索引和词组格式索引。该书可谓“工具书的工具书”，标志着词汇学、词书学的研究,都达到了一个新的水平。

三、外语园地百花竞放

外语类出版物,包括教材与辅导教材、教学和翻译研究论著以及字词典等工具书,在这一年也取得了较好的成绩。从数量上看,涉外类图书的种类占语言文字类图书的四成半,反映着我国读者外语学习与研究的热情逐年高涨。从语种上看,这类图书包括了英、法、德、俄、葡、日、韩、波斯等语言,差不多涵盖了主要的外语工种。

多年来,外语教材的出版在我国比较稳定。大学英语教材围绕国家4—6级考试的要求,强调坚实的基础和较强的听读写说能力,预料短期内也不会有大的变化。武汉大学出版社《英语词汇学引论》(修订本),注意吸收西方和我国语言学理论的新成就,博采众长,兼收并蓄,并且以英语行文,在高校英语专业的教材中显得颇有特色。供社会读者使用的教材中,外语教学与研究出版社《新概念英语》一直享有较高的声誉,1997年的新版,是经作者L. G. Alexander亲自修订,专为中国人学习英语而设计的,因而有更强的针对性。

比较起来,外语教学辅导材料的出版就比教材要活跃得多。首先是大量应试之作的出版,并不断根据多年考试的实际做出修订,凝聚着外语教师们对莘莘学子的一片苦心。天津大学出版社《大学英语四级考试新题型模拟试题集》,囊括了四级考试的各种门类,并设计了10套综合模拟试题,有很高的实用价值。杭州大学出版社《BEC2模拟考试》,重在考核国际商务环境中英语的应用能力,受到商科学生的欢迎。有的辅导材料则更注重帮助读者解决外语学习中的疑难问题,带有更强的学术色彩。黑龙江人民出版社《日语动词·体·态用法详解》,论述了日语动词的时态、语态、体及语气,力图帮助读者掌握实际应用中的日语动词。在外语类图书中,最有特色的还是大量的外语工具书。在这方面,语文百科兼收的大型工具书,依然享有权威的地位。商务印书馆的《蓝登书屋韦氏英汉大学词典》和《牛津高阶英汉双解词典》(第4版),不能不引起人们的注意。前者收词达18万条,着重反映美国的语言与文化;后者的内容比第3版增加一半,而且收录了4 000余条80年代以后出现的新词语。而一部分中等规模的词书,如上海外语出版社《朗文多功能分类词典(英英、英汉双解)》、上海外语教育出版社《现代日语双解词典》等,编辑方针与韦氏和牛津词典并无大的不同,只是具体而微罢了。

但是,大多数外语工具书,因不具备相应的人力、物力和市场,不可能都走上大型工具书的编辑道路,只能围绕某一个语言专题,某一类语言现象,甚至是某一种教学、考试类语言活动,来编纂有特殊色彩、特殊用途的工具书。大连出版社《新编日语外来语词典》,虽然涉及政治、经济、军事、文化、科技等数十个领域,但重点却是在介绍这些领域中的日语外来语,显示了日本民族闻名于世的"拿来主义"的特色。青岛海洋大学出版社《最新英语类似语辨析词典》,收集了数以万计的极易引起混淆和误解的类似语结构,进行对比分析,并提供判断论据和参考译文,能切实帮助读者提高辨析能力。中国对外翻译出版公司《法汉俚语词典》,收录了法国中下层社会,包括贫民阶层、帮会团体,甚至色情业、博彩业中人们常用的语言,对全面了解法国社会和法国文化甚有助益。

但是,入选本年鉴的外语教学与翻译的研究著作,数量实在太少,只有两种,与外语类图书的总量很不相称,只能存而不论。

文学类图书一瞥

简定宇

近年来,各出版社竞相推出系列化大型丛书,积渐成为一种发展趋势。其实,出版界普遍出现的求大、求全、求精、求美倾向,并非人们头脑一时发热,而是受到市场那只"看不见的手"的招引。

在林林总总的系列化大型文学丛书中,一直受到广大作者、读者、学者关注的有上海文艺出版社出版的《中国新文学大系》和长江文艺出版社出版的《跨世纪文丛》。1997年,这两家出版社按照既定的编辑方针，在原有基础上，又分别出版了第四辑(368万字，20卷)，第五辑(270万字)，这两辑图书获得广泛好评，取得了较好的社会效益和经济效益。

文学图书大板块集成式出版，动辄千万言。例如《详注全唐诗》(大连出版社)、《历代词曲一万首》(花山文艺出版社)，《全元文》(江苏古籍出版社)，都是相当浩繁的工程。毫无疑问，三家出版社都投入了大量人力和资金，从而对我国古典文学的传承介绍作出了贡献，受到社会的欢迎。与这种趋势相关连的还有各出版社相继推出了当代许多知名作家的文集，这些文集卷帙浩大，装帧精致。它们的面世，对作者无疑是巨大的鼓励和鞭策，同时对读者、学者也提供了系统研读的便利。

值得注意的是文学理论新著也以大型系列丛书的形式推出，它不但给人洋洋大观的感受，还显示出了这一学术领域学术阵营的蓬勃声势。“百年文潮丛书”(上海文艺出版社)就是其中一个适例。

丛书共6册，《美的偏至——中国现代唯美——颓废主义文学思潮研究》对中国现代文坛唯美——颓废主义文学思潮的来龙去脉作了揭示，对这类作品中的积极思想因素作了阐发，对忽视或无视其存在的学术偏见作了研判。《自由守望——胡适派文人引论》对聚集在胡适周围的一群文人的思想和生活作了全面展示。他们憧憬民主自由，执著地干预时政，而为时代所不容，最终导致梦想破灭，《自由守望》就是这一历史性悲剧的忠实记录。作者行文之时，扼腕浩叹的情愫，累累流于笔端，宛如一曲悲壮挽歌。《颂祷与自诉——新时期小说的叙述特征及文化意识》选取小说叙述学与文化交叉研究的角度，从叙述方式、作品形象、创作方法、题材类型、美感特征、结构方式和思想倾向诸方面，归纳总结新时期小说创作的得失，梳理了纵向发展的轨迹。《古典主义的终结——桐城派与“五四”新文学》描述了中国古典文学向现代文学转变的历史进程，并对这一历史进程进行了严谨的理性批判。《自由者梦寻——“现代评论派”综论》科学地对“现代评论派”进行了再评价，并且历史地给他们再定位。《云起云飞——20世纪中国文学思潮研究透视》通过历史形态描述、个体世界追踪，勾勒了百年文学思潮的宏观走向，总结了20世纪中国文学思潮研究的基本经验和教训。这6部力作结成丛书同时出版，彼此相得益彰，互补性很强，理所当然地引起了学术界瞩目，从而增强它们的学术分量。

小说创作方面，韩少功的《马桥词典》(上海文艺出版社)相当突出。问世之后，引起了广大读者和研究者的注视。小说以词典形式展开，形成了一种令人耳目一新的叙事文体。它以“马桥”王国为背景，将其历史、地理、风俗、物产、传说、人物以及马桥土语为符号，汇编成一部名符其实的乡土词典。在作品中，作者有时以词典编撰者身份，有时又以当年知青身份对词条作出诠释，引申出一个个故事。这样，单一的词语变成了小说情节展开的艺术手段。譬如对“醒”的诠释，马桥人认为醒即是糊涂。他们从屈原的悲惨遭遇中看到了“众人皆醉，唯我独醒”的“醒”所包含的残酷现实。就像鲁迅《狂人日记》中的狂人那样，看到了书中的“礼”字，就看到了“吃人”字样；听人说话，就听见了“吃人”。

应该指出的是，《马桥词典》的艺术独创性受到了学者质疑，因而引起争论。这里，我们无意评判其真伪，但《马桥词典》所展现的中国民间世界有其独特的艺术特色，却是不争的事实。其中铁香等人物形象，他们是活生生的人，却不被人群所接受；他们的生活是现实的生活，却不被现实社会所理解。他们并没有魔幻，现实却把他们魔幻化了。作品并非魔幻现实主义小说，但具有强烈魔幻现实主义色彩。

苏童的《碎瓦》(江苏文艺出版社)是讲述香椿街故事的又一部长篇小说。华家是香椿街一个奇异家庭，自从哥嫂相继暴亡之后，年轻的寡妇“大姑”一身兼任了五个侄子的爹妈。她对孩子视如已出，倾心照料，孩子们长大了，四个女孩出落得如花似玉，可是个个都是邻居畏之如虎的惹事精；男孩独虎却成了游手好闲的街头阿混。这一切都使“大姑”伤透了心，但她仍然一如既往地呵护这五个孩子……“大姑”放弃了一生的幸福，抚育五个孩子，她善良、勤劳、乐观、坚韧，天使也不能比她做得更好。然而她教养的五个孩子却个个不成器。

作者把小家庭置于大社会中描写，个人的人格力量在污浊的大环境中显得何等渺小！这可悲可叹的现实，铸成了华家两代五口人可悲可叹的命运。“大姑”与周围世界，“大姑”与五个孩子，客观而又现实地形成强烈反差：环境越污浊，“大姑”的人性光芒越辉煌。看得出，作者的构思颇为精巧。可惜的是，五个孩子的成长历程未能生动有效地展开，香椿街的社会风貌也未能获得充分的艺术揭示，因此，“大姑”的悲剧也未能产生应有的艺术震撼力。

1997年出现了“散文热”，散文、散文史论、散文工具书的出版十分热闹。百花文艺出版社出版的《外国名家散文丛书》已经出到第五辑，还推出了《外国名家随笔全库》、《散文》200期精品丛书。它如《20世纪中外散文精典》(时代出版社)、《笔会文丛》、《报人随笔杂文系列》(学林出版社)、《精典美文300家》(内蒙古人民出版社)、《先锋散文》(北岳文艺出版社)、《中国当代青年散文八人集》(敦煌文艺出版社),都是大型散文丛书。这些丛书上规模,上档次,使得大型系列化文学图书的出版,品类齐全,丰富多彩。

个人专集有《邵燕祥文钞》一、二、三集(作家出版社)、《走虫——贾平凹日记暨散文新作》(中国青年出版社)、《钱钟书散文》、《张晓风散文》(浙江文艺出版社)、《叶辛散文随笔自选集》(内蒙古人民出版社),其中,散文家牧惠创作甚丰,先后出版了《闲侃聊斋》、《歪批水浒》(百花文艺出版社)、《漏网》(河南人民出版社)三部杂文集。"闲侃"、"歪批"两集,亦庄亦谐,亦雅亦俗,说三道四,谈古论今,面对现实,针砭时弊,其中还配有漫画家韩羽的漫画,使文章更具锋芒,现实针对性更加张显。

散文研究史论有《20世纪中国杂文史》《中外杂文散文综论》(福建教育出版社),散文工具书有《中国散文大辞典》(中州古籍出版社),显示出散文出版全面繁荣的景象。

1997年儿童文学的出版也呈现上升趋势,其中科普、科幻作品的出版有了加强。引导少年儿童学科学、爱科学,意义十分重大。提高科普、科幻作品的科学性、趣味性,是广大作者、编者、出版者共同努力的方向。

艺术类图书评述

陈惠明

本年鉴列入1997年出版的艺术类图书共170种。美术图书数量仍居第一,共105种,其中画册45种,史论12种,书法篆刻16种,工艺设计20种,技法、教学9种,连环画、漫画3种,音乐34种,戏剧舞蹈14种,摄影9种,其他8种。

一、绘画画册

出版大型美术画册有弘扬中华民族优秀文化的重要作用、有学术研究的价值,画册虽然价格昂贵,但仍在国内外图书市场上令人瞩目,供销两旺。

《中国美术全集》绘画本共8册,有晋、五代、宋、元、明(上、下集)、清(上、中、下集)的历代绘画代表作。《中国现代美术全集》1997年度一次出版5卷,规模可观。其中《中国画人物》卷收入吴昌硕、齐白石、徐悲鸿、蒋兆和、黄胄等261人、419件代表作。《中国画花鸟》卷收入王雪涛、于非闇、李苦禅、朱屺瞻等220人、429件代表作。《中国画山水》卷收入傅抱石、李可染、关山月等228人、402件代表作。《水彩》卷收入李剑晨等160人、208件代表作。《油画》卷收入靳尚谊等100人、200件代表作。

近一个世纪内,工笔画在继承传统和创新方面取得成就,风格各呈异彩。《中国工笔画》大型画册收入441人、593幅代表作。在众多水墨画册中,此书别开生面。

出版者在出版大量高档画册的同时,并没有忽略出版一些中档、普及性的画册。以《吴冠中作品——中国画名家作品精选》的套书图册形式,收辑八大山人、任伯年、董其昌、石鲁、郑乃珖等名家作品,1997年度一次出版9集。

明、清各画派的争鸣,扩大了绘画领域,其间,有代表性画家不拘于陈规创立新风,如八大山人、石涛等变法求新与院派迥异、独具风格。明清绘画是研究近代绘画的重要史料,这是近几年此类图书相继出版的原因所在。《八大山人书画集》(上、下集),其人其画突出特点是笔墨蕴情,画风豪放苍劲,旷远清幽。《文徵明精品集》选编明代誉称"吴门四家"之一的文徵明作品200余件。《沈周精品集》选编明代"吴派"开创人沈周作品113件。《恽寿平精品集》选编清代"常州派"开创人恽寿平作品160件。《龚贤精品集》选编清代"金陵八家"代表人物龚贤作品200件。如此精装大型系列画册有重要的出版价值和研究收藏价值。

二、艺术图册

中国画的形制包含诗(或文)、书、画、印四位一体,互补相成,是中国画特有的艺术模式,由此产生大量能诗文、善书法、工篆刻的画家,现代画家仍沿用落款、题识、钤印的艺术模式施展才华。《秦汉印典》、《中国书画篆刻品鉴》、《中国印石趣赏》的出版,可与大量书画图册配套,相得益彰。秦代汉代的印章是篆刻家崇尚的金石典范,《秦汉印典》汇集官印550方、私印6 500方,对学习、研究金石篆刻艺术极其有益。

舞蹈是华夏民族艺术宝库中绚丽多姿的奇葩,由于是形体律动的艺术形式,随岁月流失而逝去,其"体若游龙,袖如素蜺"飘逸流动的神韵无法存留,深感遗憾。《中国舞蹈艺术史图鉴》有舞俑、画像砖石、壁画等千余种的文物图片。此书出版不仅可研究中国舞蹈史,而且对史论、造型艺术、影视提供了珍贵研究资料。

画册的出版,理应拓展造型艺术领域,不仅只限于绘画。1996年度曾出版了《中国面具史》图册,我们对其艺术特色和出版价值已作过简短评语。1997年度出版了《中国巫傩面具艺术》,其中包括汉、蒙、彝、苗等20个民族670件面具。《中国面具艺术》傩文化专集画册,对研究宗教学、民俗学、民间艺术、绘画雕塑提供了珍贵资料。

三、工艺设计

工艺设计与人民物质生活有密切联系,又与提高人民审美意识息息相关,此类图书随着形势发展日新月异,有迅速增长的趋势。《建筑装饰技术丛书》本年度仅出版3册:《装饰美术》、《装饰造型基础》、《装饰设计表现技法》。还有《工业美术设计专业教材》共11册、《设计广角丛书》4册、《现代构形艺术》等。这些是提高设计意识,培养设计人才所必需的图书。国外的轻工业产品、城市、居室环境设计等都已十分先进,我国应对其设计观念、思维、技术及其成果集书成册,以作借鉴,洋为中用,藉以提高我国设计水平。

历史、地理类图书简述

舒 焚

本年鉴计收入历史学和地理学图书535种,其中历史学483种,地理学52种。历史学的图书主要集中在中国史、世界史与各国史、传记、考古与风俗习惯等方面。地理学的图书主要有中国地理、世界与各国地理、地图等。

在历史学理论方面,值得提出来的是李学勤著的《走出疑古时代》。该书从最新考古资料的综合研究出发,对中国中原地区及此地区以外地区的考古文化作了多方面论证,得出中国文化起源比很多论著所设想的要早以及有些文化因素可能起源于边远地区的结论。

在世界与各国史方面,所出图书,大都不是停留于一般的外国史知识的介绍,而是注重历史研究与其他人文科学的横向结合,从而切入一些重要专题,进行纵深开拓,产生新颖独到的见解,以供国人借鉴。如:马克垚主编的《中西封建社会比较研究》对东西方农业、工商业、政治、城市、社会作了结构性解剖,总结了中西方学术界最新研究成果,并对某些问题提出了诘问与挑战。程舒伟等著的《世界史百科系列》把自古至今人类重大实践活动和发明创造大事近千件作了短小精悍的撮述。李保平著的《非洲传统文化与现代化》系统地考察了传统文化的共性、特征及其对现代化的影响。王恩铭著的《当代美国社会与文化》回答了这是一个怎样的国家、它怎样从英国殖民地发展成为超级大国等问题。

在中国史方面,以近现代史著作尤为引人注目,其中的出书热点,是关于南京大屠杀、香港回归、统一台湾等问题。例如于金兰主编的《清代社会文化丛书》分思想、科教、文艺、史地、典制、风俗6卷,力求把多项深奥的内容用浅白的语言、生动的形式表达给读者。周毅之等主编的《1997年话香港》,分"百年沧桑"、"东方之珠"、"回归祖国"3部分,全面、系统地介绍了香港的一切。任力著的《康熙统一台湾始末》,叙述了当时统一台湾的经过,分析了清政府的有关策略，并追溯了台湾与大陆自古以来的渊源关系。德国人约翰·拉贝著的《拉贝日记》，如实记述了侵华日军在占领南京后，杀戮蹂躏南京人民的惨绝人寰的暴行。该书在海内外引起强烈反响。中国革命博物馆编的《中国：从屈辱走向辉煌》以700多幅图片和相应的文字体现和说明了从鸦片战争到香港回归、党的十五大胜利召开这一波澜壮阔的历史进程。

在传记方面，学术界和出版界都很关注现当代的杰出人物，包括革命家、科学家、文学家等。如：郑惠等主编的、"中共一大代表丛书"，曹光哲等主编的《周恩来大辞典》、张佐良著的《周恩来的最后十年》，王焰等著的"彭德怀元帅壮烈人生丛书"，李德生等著的"将军自述丛书"，屈春山等著的"人生楷模丛书"，中国科学技术协会编的《中国科学技术专家传略·工程技术编》卷二，顾迈南、徐胜蓝等，江才健、胡士弘分别著或编著的《华罗庚传》、《杨振宁传》、《吴健雄》、《钱学森》，沈苇等著的《中国作家访谈录》，国务院学位办公室编的《中国社会科学家自述》，宋炳辉等编的《印象书系》，敏泽主编的"学海钩沉丛书"等。关于古代和外国的人物传，品种相对较少，但不乏好书，如：柳春藩著《诸葛亮评传》，谢景芳等著《中国名帝书系》，吴秀永主编"世界十大军事家丛书"，孙维韬等著"世界巨人传丛书"等。

考古与风俗习惯方面，有张宝编著的《甘肃石窟艺术壁画编》，栾丰实著的《海岱地区考古研究》，杨寿川编著的《贝币研究》，刘国瑞等编的《哈密古代文明》，李洪甫著的《太平洋岩画》等。

地理学图书都注意适应经济发展、环境保护、爱国主义教育等方面的需要，并使地理学图书更加靠近广大普通读者。如：地理学理论方面，和强著的《社会·文化·环境》，在社会、文化、环境结合的层面上系统地论述了三者的交互作用与辩证关系。世界与各国地理方面，陈吕范主编的"当代东南亚系列"分11册概述了当代越、老、缅、泰、东、新、菲、印尼、文莱、马来西亚、东盟的历史、文化、地理、资源，重点介绍了其政治、经济、军事、外交现状。俞耀生等主编的《英汉对照美国风情丛书》，分5册介绍了美国自然风光、历史情况、社会百态、风俗大观和生活万象。中国地理方面，马大正等著的《二十世纪的中国边疆研究》，评估了20世纪中国边疆研究发展历程基本线索、阶段、学术体系、派别、发展背景、动力、特点，并对此学科的对象、方法、研究者、历史遗产、学科价值、前途以及历史使命等重大问题进行了理性的思考与诠释。周沙尘主编的《中国旅游分类词典》把全国不同地区的同类景物作了集中系统的介绍。地图方面，有人民出版社地图室编的《近代中国百年国耻地图》，福建省地图出版社编的《闽南金三角地图》，马金祥编的《长春生活地图册》，张国维主编的《海南旅游地图册》以及杜瑜著《舆地图籍——〈异域录〉与〈大清一统志〉》等。

自然科学总论类图书评述

刘　霞

本年鉴选收自然科学总论类图书62种，其中科普类图书29种，约占选收总数的一半，其他类图书按收录数量多少依次为：科学史类12种，科学原理与方法类10种，科学工具书6种，个人文集3种，科技展望类1种，教材1种。

1997年度科普类图书独领风骚，受到广大作者与读者的喜好，这是与我国"科教兴国"的时代背景相符的。从出版的科普图书来看，在选题上有较大的突破，主要表现在重视发挥科学技术作为第一生产力的巨大作用，摆脱以往大而全的百科全书模式，注重区分不同年龄层次和不同职业的读者群，具有较强的针对性和鲜明的时代性。

首先，在少年儿童科普读物中，突出了幼儿科技启蒙读物。其中《幼儿一万个早知道》选取哺乳动物、鸟、气象和植物4个方面的浅显科普常识，以幼儿喜闻乐见的形式对幼儿进行启蒙教育。"小脚丫科学画丛"围绕衣、食、住、行、用5个主题，对幼儿接触最频繁、最感兴趣的事物和现象进行介绍和解释。《儿童身边科学1000个为什么》(第二集)以问答的形式介绍了儿童身边的综合性科普知识。《我的第一套科学书》通过生动活泼的科学实验游戏，由儿童亲自动手，通过亲身的参与而激发其思考力及推理能力。《彩图儿童自然百科》以图画形式介绍了激光、能源、材料、宇宙等知识，《少儿科学宝库——世界100项科学梦幻》展示了100项梦幻，既充满了幻想，又给人以美好的憧憬，为少儿描绘出一个神奇的世界。“儿童科学教育丛书”从幼儿认知特点出发，培养幼儿科学意识和兴趣，激发他们探索自然和生活奥秘的欲望。

其次，青少年科普类图书仍然是科普读物中的重中之重。《外星人漫游地球》以虚构的一个外星小孩造访地球，生动描绘了关于我们人类自身、人类生存环境、人类物质文明的发展史和人类未来社会的前景。“走向大自然丛书”从地理景观、海洋资源、微生物、生物多样性、生命起源和进化、环境污染7个方面展示了大自然的丰富多彩与面临的困境。《大自然奥秘故事》通过83个充满神秘感的小故事描述了大自然的奥秘。“大科学家讲的小故事丛书”(第一辑)以科学家一生的经历为线索，讲述了作者从事科学研究和做人的故事。“科海漫游丛书”通过介绍科学家的故事、文化典故、自然现象等，叙述了科学海洋的独特魅力。“100个动手动脑科技活动丛书”通过介绍智力小游戏、科学小实验、科学小发明、科技小制作、科学小魔术，培养青少年动手动脑能力。“千奇百怪丛书”从鸟、兽、虫、鱼、石、水、树7个方面，讲述了一系列奇闻怪事发生的原因和过程。此外，《漫游新科技世界》、《新科学十万个为什么》、《新世纪小学生十万个为什么·自然科学版》、《小学生百事问》、《少儿科学宝库——世界100种新兴科学》、“挑战未来——新科技知识丛书”、“爱科学学科学跨世纪科普丛书”，从不同侧面，对世界最新科学知识或身边的科学小常识作了系统的介绍。

第三，有以工人、农民、个体户等读者为对象的科普图书，如《短平快致富技术300例图》，介绍了包括生化、日化、建材、电子、食品饮料、农副产品加工、种植、养殖、食用菌、家庭工业10个部分200余项实用技术资料。《科学知识》(49)分有“科学知识”、“农牧业”、“祝您健康”、“生活常识”、“妇幼保健”、“富饶美丽的新疆”、“营养科学”、“您知道吗？”以蒙古文出版，是少数民族农民读者不可或缺的“科技百科全书”。

第四，以科技人员、企业管理人员、干部等为主要读者群的图书有如下几种，《现代科学技术基础知识》(图画本)，内容包括自然科学的基础研究、应用研究和产业技术等众多领域。《“863计划”成果推广指南》收录300多项有产业化前景或可对接研究的项目，其中包括较成熟成果、进入中试成果、研究中项目及待研究项目。《火星生命、疯牛病和互联网络》介绍了1996年度曾引起人们普遍关注的重大科技新闻事件，以及与此相关的科技知识和背景资料。

第五，以探险爱好者为主要读者的图书，这是本年度科普读物的一大特色。其中，《探险百年》讲述了从20世纪初到80年代末，美国、英国、挪威、原苏联、法国等国探险家的重大探险事件。《少儿科学宝库——世界100次考察探险》介绍了世界上最有影响的100次考察探险，反映了人类在科学道路上的献身精神。《漫画大自然探险》以故事、漫画的形式展示了大自然探险的独特魅力。

科学技术史类图书也呈多样化发展趋势，本年鉴收入的图书有通史类、断代史类、专业史类、科学家科研史、科学思想史、科技地方志、译著等。《中华科技五千年》介绍了自远古至20世纪90年代中国科学技术发生、成长、定型、兴盛、衰滞、重建、再创的全过程。《科学技术源流》按时间发生的先后顺序，将某一发现、发明事件的全过程以及哪些人做出了贡献进行了详细的阐述。《世界科学演义》以文学纪实手法，展示全人类从古至今的科学发展脉络、科技成果、可发展方向和科学家们发奋开拓的生活实景，以及人类的现实生活和人的心灵在科学冲击下波澜起伏的种种景观。《中国近现代科学技术史》介绍从1582年利玛窦来华至今，400多年间中国科学技术走过的艰难历程和取得的巨大成就，为中国科技现代化事业提供历史的借鉴。“少年科技百年图说丛书”介绍了20世纪100年来人类在通讯、船舶、兵器、汽车、火车、航空航天、科学探险等领域所进行的一系列科学研究和探索。“科技小史系列”分别介绍了包括房屋史、陶瓷史、镜史、机械史、食品史、桥史、罗盘史和能源开发史。《唐孝威科学实验四十年》记载了唐孝威先生有代表性的10项科研工作及其许多经历。《在科学与社会之间》通过历史的考察，提示在近代历史的不同阶段上，科学思想在中国社会思潮、文化论战、政治运动中发生作用和影响的情况和轨迹。《中国历史中的技术与科学》从科学技术发展的角度考察了中国历史，探讨了科学技术发展同社会经济、政治、教育、军事、文化、哲学、中外关系等因素之间的复杂关系。《天人古义》对中国科学思想史的基本概念作了解说，在传统的中国科学史研究上，有许多突破。《内蒙古自治区志·科学技术志》反映了中华民族共同创造、共同发展的历史足迹，也充分体现了内蒙古自治区的民族文化、民族精神和地方特色。《人类征服的故事》是美国作家房龙所著，以文学的笔触讲述了人类自身进化和征服自然的故事。

本年鉴收录的科学原理与方法类图书,国内专著与译著平分秋色。《宇宙子理论》论述了自然科学和哲学之间的难以解释的问题,进而引导出物质世界的统一模型,最后提出广义场的概念和宇宙力的大统一的图景。《物元动态系统分析》引入"广义可拓系统"概念和可拓语言、可拓文法和可拓自动机概念,把决策形式化为各种物元系统模型,并给出形式化的决策方法。《量子复合场论的哲学思考》在深入研究符合粒子量子场论的理论问题的同时,不断涉及新的哲学问题,在马克思主义自然观的指导下,全面认识科学发展规律和科学方法论。《论系统科学与管理》汇集了作者十余年来在系统科学及其应用方面的主要研究成果。《自然辩证法新编》为研究生用书,加强了理论的深度和增加了新的内容。《哲学与科学》阐述哲学上的本体论应当与自然发展规律和谐一致,亦即马克思主义哲学所强调的人与自然的统一观点。《文明之约——科学与社会的理性协奏》对中国科技界现阶段在世界背景、格局中的处境、举措、方向和不足作了剖析。"科学与人译丛"有如下几种:《科学也疯狂》展现当今世界上最新的科学动态及研究方向。《信息崇拜》在讲述计算机发展史的同时对"信息"、"思维艺术"等也有论述。《阿基米德的报复》介绍了现代数学的复杂、有趣和局限。《天才引导的历程》介绍数学家与数学史。《超弦》介绍"超弦"这种标志着物理学第三次革命的理论。《技术与风险》讲述技术的进步丰富了我们的生活,同时也带来了风险。《生命起源的七条线索》从生物学、地质学的领域寻找生命起源的线索。《理解宇宙》综述现代人对宇宙的科学探索。其他译著还有《哥德尔、艾舍尔、巴赫》,该书将数理逻辑、计算机科学、人工智能、大脑科学等领域许多艰深理论深入浅出地介绍给读者。

本年鉴收录的工具书有词典、指南两种。《现代科技知识词典》介绍基础科学、应用科学、交叉科学、新兴科学方面的内容。《综合英汉科技大词典》以收录自然科学和工程技术词条为主,兼收一定数量的社会科学词条和语文词条。《俄英汉科技词典》参考国内外专业性俄英、英俄类词典,收录学科技术基础词汇及财经、外贸专业词汇15万余条。《汉俄科技词典》涵盖40多门学科,力求反映基础学科中最常用的词语及科技最新成就。《英汉技术科学词典(精编·注释)》中科技词约占2/3以上,以工程技术和基础科学名词、术语为主。《实验室质量体系文件编制指南》对ISO/IEC导则25:1990《校准和检验实验室能力的通用要求》的理解要点和质量体系文件的正确编制作了论述,并给出了一个较大型实验室和一个中小型实验室的质量手册、程序文件实例。

收录的个人文集中,"金苹果文库"第一辑为我国著名科普作家自选集,共10集。选取10个贴近社会生活的主题,分别为:重大科学事件、反伪科学、封建迷信、生态保护、天文知识、极地考察、气象资源、医疗保健、生命奥秘、猿猴与人。《高士其科普作品精选》介绍了从微观世界到宏观世界中的微生物学、动物学、植物学、化学、物理学等科普知识。《吴有训科学贡献》收录了吴有训曾以英文发表的科学论文和针对科学人才培养、科学研究指导、科学研究工作的规划和管理等方面所写的文章、报告等。

本年鉴收录科技展望类图书有《中国1997～2020——科学技术与人民生活》,该书论述了科技发展对我国消费变化的影响,分6部分研究了20世纪末到2020年与改善人民生活密切相关的科技发展与消费问题。本年鉴还收录一套教材——《中国实验员注册评审员培训教程》,主要内容包括我国实验室认可的历史、现状和国内外发展概况;实验室基础知识、评审要点准则以及制订质量手册的一般知识和实际经验,是提高我国实验员工作水平的一套不可多得的教程。

农业科学类图书综述

张洪元

本年鉴收录1997年出版的农业科学类图书135种,其中农业基础科学17种,农业工程5种,农学(农艺学)3种,植物保护15种,农作物9种,园艺17种,林业15种,畜牧业36种,水产渔业8种,另有综合性的图书7种。从人们通常所讲的"农林牧渔"角度看,"农"(基础农业或称种植业)方面的图书有73种。

基础农业的73种图书有这样两个特点:(1)农业基础科学、农作物、园艺、植物保护方面的图书所占比重较大,达67种。(2)从内容上看,基础研究与实用技术并重。基础研究不仅是"农业基础科学"研究的主体内容,而且在其他环节方面,基础研究的内容也很多;实用技术一直都是农业生产的重头戏,也是基础研究成果的体现,对于生产具有直接的指导作用,社会需求很大。反映在图书出版上,实用技术性图书一直是出版的热门类型。

本年鉴收录农业科学类图书19种。其中,土壤学方面的著作出版保持旺盛的势头,如陆景冈著《土壤地质学》,青海省农业资源区划办公室编著的《青海土壤》,张洪江、王礼先著《长江三峡花岗岩坡面土壤流失特性及其系统动力学仿真》等。农业科学技术政策方面的著作有,《中国农业科学技术政策背景资料》(国家科学技术委员会编),该书收集了农业方面20余个学科领域与行业100余位专家的论文,汇集了全国30个省市区1996—2010年农村科技的计划与规划,收录了有关农村科技的重要文件、条例与办法,全面论述了不同学科的现状与问题,介绍了农村科技的现状以及与国际先进水平、与农业发展对生产技术要求的差距等。关于干旱半干旱地区农业发展的著作有甘肃科技社版《集水高效农业》,水土保持方面的著作有中国水利电力出版社的《黄土高原水土流失与治理模式》。国家"八五"科技攻关课题"黄土高原区域治理"研究成果,分黄土高原水土流失环境因素、综合治理模式、水土保持优化设计三部分,对黄土高原水土保持进行了系统论述。另外,广东科技社还出版了英文版《国际农业技术培训教材》。农业基础科学研究的图书,其内容保持了以往的特色,而有关区域性和综合性农业基础研究的图书,在品种上却有所增加。

农业工程类图书5种。其中农业机械方面的图书3种:机械工业出版社的《机械工程手册·专用机械卷(一)》是一部工具书,分6篇详细介绍了拖拉机、农业机械、农业产品加工机械、林业机械、畜牧机械、渔业机械产品的分类、用途、工作原理、基本参数及典型结构和关键技术等内容;《现代种植机械》则对现代种植机械学科及多种种植机械进行了介绍与研究;东南大学版"农业机械使用维修丛书",分6册介绍了农村常用机械的工作原理、保养和维修。该类的另外2种图书是,宁夏人民出版社的《节水灌溉实用技术》和原子能出版社的《核农学导论》。在农业工程图书中,农业灌溉特别是节水灌溉方面的图书偏少。而我国北方广大农村地区,一方面农业用水甚至生活用水严重缺乏,另一方面农田灌溉中又存在着严重的水资源浪费现象,急需节水灌溉方面的科学指导,因此希望有更多这方面的图书出版。

农学(农艺学)类图书,本年鉴收录3种,即内蒙古人民出版社的《种子包衣技术与应用》,中国农业大学出版社的《作物激素生理及化学控制》,湖南科技出版社的《生态遗传雄性不育理论与两系杂交作物》。

植物保护已经成了涉及到自然科学许多学科门类的系统工程,其研究正方兴未艾,有关的图书出版也成为热点。本年鉴收录植物保护类图书13种。对植物保护进行综合论述的图书有,内蒙古科技社版《植物保护通论》和黑龙江科技社版的以东北地区主要作物为对象的工具书《植物保护手册》;关于植物病虫害预防与诊治内容的图书仍然为数不少,如《花卉病虫害防治手册》、《植物病害诊断》、《中国北方农业害虫原色图鉴》、《甘肃草地蝗虫》等;有关农药使用的著作有《新编农药使用手册》、《农药问答》等。

农作物类图书9种,分为经济作物与草地两大类型。其中经济作物著作有:郑卓述主编、中国农业出版社的《中国食用豆类学》,该书对中国和世界主要栽培的21种豆类作物做了详细的论述和介绍,对每一种豆类分别论述其生产与分布、栽培与管理技术、病虫害及其防治、遗传、育种及加工利用等,系统性较强;此外有佟道儒主编的《烟草育种学》,郭香墨主编的《棉花新品种与良种繁育技术》、李宗道著《现代芝麻高产栽培》、吴亮等著《灵芝及其他野生真菌彩色图志》等。草地研究著作有,河北省畜牧局编著的《河北草地建设》与史志诚等编著《中国草地重要有毒植物》。缺少粮食作物方面的图书。

园艺类图书17种。其中观赏园艺著作4种,如王莲英主编《中国牡丹品种图志》、龙雅宜等编著《家庭养花与花文化》、王华芳主编《花卉无土栽培》、邹秀文等编著《中国荷花》等。蔬菜园艺,由于直接关系着"菜篮子工程",其研究著作的出版数量一直居高不下。本年鉴收录11种,如山东农科院主编《山东蔬菜》,张敏著《特种蔬菜加工贮藏和复水学专论》,胡昭庚编著关于食用菌的《菇农手册》,葛晓光等编著"菜园丰产新技术丛书",王洪久主编《大棚蔬菜栽培新技术一点通丛书》,刘志敏等编著《大棚蔬菜反季高产栽培技术》,单扬主编"蔬菜实用加工技术",邵力平等编著《中国森林蘑菇》,吴通等编著《竹荪栽培与加工技术》等。另有苗圃著作《中小型苗圃林果苗木繁育实用技术手册》和果树园艺著作《荔枝品种与栽培图说》。本年度园艺类图书内容,以实用技术为主,理论研究为辅,在实用技术图书中,园艺植物的品种还在进一步扩展。

林业类图书 13 种。一段时期以来,人们对森林植被的重要性认识不足,我国的森林毁坏严重,森林面积逐年减少,毁坏森林植被的后果已逐步显现出来。为了扭转这种局面,改善林区人民的生活水平,发展生态林业已刻不容缓。本年鉴收录生态林业方面的著作 3 种,分别是:中国林业版,徐凤翔、赵彬著《西藏高原森林生态景观》和沈熙仁等翻译的《生态林业理论与实践》;东北林业大学版《红松混交林生态与经营》。植树造林一直是林业生产活动的重要内容,本年鉴收录此方面的著作有《黄土高原造林学》、《杉木栽培学》、《树木育种原理与方法》等。总论森林的著作有《中国森林·第一卷·总论》、《中国森林的变迁》、《中国树木志·第三卷》等。

畜牧业类图书 38 种,是所有同级类目中收录图书最多的,其数量是"基础农业"6 类总和的一半还多。该类的图书品种多,固然与畜牧业内容广泛有关,然而畜牧业生产需要大量科技图书的指导却是主要原因。在 38 种畜牧业图书中,家畜(牛羊猪等)饲养技术、疾病预防治疗的著作 15 种,如《养羊全书》、《山羊育种原理与实践》、《实用养猪新技术》、"养殖新技术丛书",其中包括《养兔手册》、《养猪手册》、《养牛手册》、《养羊手册》、《小猪科学饲养技术》等;家禽(鸡鸭等)饲养技术与疾病预防治疗图书 9 种,如《实用禽病诊断与防治》、《食用珍禽养殖大全》、《养鸡技术大全》、《鸡病诊治彩色图说》、《养鸭全书》、《肉鸽饲养技术》、《家禽营养代谢疾病病理学》等。有关兽医学的图书有《中兽辨症论治新编》、《动物病毒学》、《中国兽药知识大全》等。

水产渔业类图书 8 种。养鱼及鱼病治疗的图书有,金盾出版社《池塘养鱼新技术》、《鱼病防治技术》,湖南科技社《鱼用药物及鱼病防治手册》,江苏科技社《鱼虾病防治手册》;名优水产养殖技术的图书有上海科技社《名特优水产品养殖实用技术》,武汉出版社"淡水名、优、特、新品种养殖丛书"(共 8 册);在海域生态方面有青岛出版社《渤海生态环境和生物资源分布图集》等等。

综观 1997 年农业科学类图书,有两点值得重视:一是应继续开发与人们日常生活"菜篮子"有关的畜禽类与园艺蔬菜类的实用技术性图书选题。从市场需求看,这类图书的出版还有很大潜力。该作品应力求通俗易懂,以更好地适用于广大农村读者。二是应重视农业、林业、海洋渔业生态方面的图书出版。生态问题已日益成为人们广泛关注的一个焦点,而我国有关这方面的图书,到 1997 年还是寥若晨星,已远远跟不上时代发展的要求。本年鉴收录有关生态方面的图书有 4 种,虽不算多,但内容新颖,有时代感,这些作者和出版者的敏锐眼光和快速行动是值得称道的。

交通运输类图书综述

俞　菲

交通运输是一个国家基础设施建设的重要内容之一,它直接与国家经济建设和人民生活密切相关。本年鉴收入交通运输类图书共 53 种,其中交通运输总论类有 3 种,铁路运输类 7 种,公路运输类 37 种,水路运输类 6 种。交通运输总论性著作是 1997 年新增的一个出版点。这一类的 3 种图书中第一种是铁道出版社出版,北方交通大学佟立本主编的《交通运输设备》,主要介绍了交通运输设备的基本知识。另两种是科普性质的读物:河南科学出版社出版的《火车汽车百年》和浙江教育出版社出版的《世界科普画廊·海陆交通》,前者为"少年科技百年图说丛书"之一,后者则描绘了马车、汽车、火车和轮船的历史与发展画卷,述说了人类为改善自己的行走方式而表现出的智慧和梦想。铁路运输是我国交通运输的重要组成部分,特别是在远程运输中发挥着巨大的作用。1997 年关于这一方面的 7 种图书分别涉及了 3 大领域,均是由中国铁道出版社出版的学术性著作:(1) 铁路线路工程:这一领域有 2 种学术著作,一种是许实儒、童本浩编著的《铁路轨道基本理论》,另一种是翟婉明著的《车辆—轨道耦合动力学》。(2) 车辆工程:这一领域的3种学术性专著分别是葛立美等著的《国产铁路货车》、上海铁道大学春欣主编的《铁路信号容错技术》和《当代中国铁路信号》(1991—1995)编委会编著的《当代中国铁路信号》(1991—1995)。最后一种书共11篇,记述了"八五"期间中国铁路信号事业的发展进程。(3)铁路运输管理:这一领域有2种图书,一种是张全寿等编的《编组站货车实时信息系统》,另一种是北方交通大学刘其斌、马桂贞主编的《铁路车站及枢纽》。后者是"九五"普通高等教育国家级重点教材之一。公路交通类图书作为整个交通运输类图书出版的重点在1997年度又一次得到体现,共有37种图书,比96年增长近42%。其中增幅比较大的3类是道路工程、汽车驾驶和其他道路运输工具,它们的增幅达到50%以上。道路工程类的图书主要有:河海大学出版社出版的《公路工程概预算编制与应用》,上海市建设委员会科学技术委员会编的"上海市大型市政工程设计与施工丛书"之一《道路工程》,山西科学技术出版社出版的《沥青路面典型结构设计指南》。1997年度道路工程类图书的急剧增长说明了我国现代化建设和经济发展对道路建设提出了新的要求。桥梁工程类图书的出版与此学科的研究密切相关,在桥梁技术和工艺趋于成熟和完善的时候,总结性和经验性的文献比较多(例如1996年桥梁类工程类图书的出版)。但是在新的研究点出现之前,关于桥梁类图书的出版往往将视点定在宏观的介绍和科技知识的普及上。1997年收入的2种桥梁类图书正体现了这一特点:一种是中国铁道出版社出版的,由万明坤等主编的《桥梁漫笔》,另一种是辽宁少年儿童出版社出版的,由王德风、尹淑华编著的《桥史》。两部书都是从宏观上来介绍桥梁科技知识,后者还是"科技小史系列"之一,更着重于对青少年进行桥梁科技和相关人文知识的教育。1997年度收入的汽车工程类图书大致可分为3类:(1)汽车工程概论类:主要有2种学科专著,一种是北京理工大学出版社出版的《现代汽车控制系统构造原理与故障诊断》(邹长庚等编),另一部是机械工业出版社出版的《汽车系统工程》(庄继德著)。这两种专著都从整体上对汽车工程某一方面的问题进行了深入研究。(2)汽车理论类:由国防工业出版社出版,雷雨成编著的《汽车系统动力学及仿真》是一部关于汽车理论非常全面的学科专著。(3)汽车结构部件类:1997年度此类图书论及的问题主要有,汽车空调技术(《最新进口轿车空调维修手册》《大客车空调机使用与维修》《汽车空调—原理结构安装维修》)、电气电子技术(《新编汽车电工手册》《汽车电气设备维修手册》《汽车电工技术手册》《汽车电子点火系统原理·结构·检修》)、汽车喷射系统(《轿车汽油喷射系统维修技术手册》)、变速器(《新型汽车自动变速器结构·原理·检修》)、刹车系统(《汽车防抱死刹车系统(ABS)原理·结构·检修》)。随着汽车制造技术的进步,人们对汽车的舒适性、实用性和安全性提出了更高的要求,从而使汽车在局部的各个空间进行着不断的革新以满足人们的需要。汽车驾驶类图书在1997年度主要集中在两个方面:(1)驾驶指南:《新编小客车驾驶员自学读本》《新编机动车驾驶员考证指南》《高速公路安全行车指南》《汽车安全驾驶》《国产、进口汽车行驶、保养、维修问答》(2)汽车保养与维修:《高级汽车修理工自学读本》《最新汽车涂装技术》《中外汽车实用维修精选》《汽车维护与故障排除》《国产、进口汽车维修、安装手册》《新型进口汽车故障码手册》其他道路运输工具类主要集中于摩托车的介绍,共收入有5种书,涉及到摩托车的零部件,结构、使用与维修,购买,故障诊断与排除四个方面,如《摩托车零部件结构图册》、《新编摩托车的结构与使用维修》、《摩托车购车指南》、《摩托车故障诊断与排除》、《摩托车故障应急处理技术手册》。1997年水路运输类图书出版有6种。这6种学术专著分别论及船舶工程(《微型计算机在船舶中的应用》《船舶水动力学》)、船型论证(《水运系统分析和船型研究》)、助航设备(《航标学》)、船舶驾驶航海学(《电子海图应用系统设计》),还有一部是"少年科技百年图说明丛书"之一《航舰百年》。从本年鉴交通运输类图书的收录情况来看,此类图书呈现出以下特点:(1)交通运输总论性图书增多,特别是科普性的读物增加。交通运输知识的普及得到重视,被纳入到科技教育的轨道中来。(2)随着人们生活水平的提高,私人拥有轿车的人数越来越多。学习汽车驾驶,了解汽车购买、保养和维修的心理需求也反映在图书市场上,1997年度此类图书占到整个公路运输类图书出版的几乎三分之一。(3)摩托车市场逐步成熟,成为消费的热点,反映在出版物上大都为实用性非常强的手册和指南。

图书出版研究

中国出版走向和世界图书发展势态

许力以

中国是五千年的文明古国，中国的优秀文化遗产，在世界上有重大的影响。中国文化思想的传播，仍然以书刊出版物为重要的工具。思想学术与科学方面与各国的交流，还以书刊为主。因此，中国书刊在世界所产生的影响，是不能低估的。

在这里，首先观察我国图书出版发展的特点，之后进一步透视海外文化出版的发展势态。

一、中国图书出版事业发展的特点

第一，新中国建立以后，图书出版发展很快，特别是近十多年来，发展尤为迅速。现在，我们一年出版图书10万种，初版新书有5万种，全世界一年出书80万种左右，我国占1/8。

我国近年来出版的图书具有世界学术水平的很多，如《中国大百科全书》(74卷)、《中国美术全集》(60卷)及现在正在陆续出版的《中国美术分类全集》(400卷)、《汉语大词典》(12卷)、《汉语大字典》(8卷)等。这些书都是经过10年以上策划与编撰，集合了全国有关方面的著名专家，共同进行工作，并得到中央与国家有关领导的支持和指导。这显示了中国的集体力量，国外出版社一般难以集合全国如此众多具有最高水平的专家一起编撰。

优秀的读物还很多，如被评为"五个一工程"、国家图书奖与中国图书奖的读物。这些书反映了中国思想学术高度，反映了中国文化出版水平。

第二，我国图书出版的发展，走着曲折的道路。当社会安定与政治环境好的时候，出版事业步步登高；反之则消退。从历年来图书出版的品种数量来看，50年代初期，出版事业逐渐复苏，一年出版一二万种。到1958年、1959年竟猛增到4万多种。但此时是刮浮夸风的年代，图书追求数量，几篇说大话的诗文甚至汇集一些大字报便成书。图书数量陡增，实际却没有什么内容。60年代开始逐渐恢复正常，但1966年"文革"开始后又落到"锅底"，出书极少，只有几千种，没有什么学术著作，主要是一些"左"的社论与文件，"文革"以后，才走上正轨。1979年出书17 000种，1984年出书40 000种。从1984年到1994年10年间，又增加到年出书10万种。每年增幅很大。近两年由于领导上强调扎实工作，不贪求品种数量，才稳定在10万种左右。

第三，中国出版物中，重要的内容之一，是集中反映了中国的传统文化。内容包括对古代哲学历史的研究，对古代智慧哲理与伦理观念的探索，对丰富多彩的诗文的钻研等。我们对古代文化的发掘与研究，也是对世界文化的研究和补充。近几年来，这方面图书出版比较突出。如对古代经书、诸子学说、二十四史的评注、撰述、考证以及白话文翻译，对后来学子与年轻一代了解古代文化与汲取书中智慧，大有好处。但这方面也存在着缺点，重复出版的现象很严重。如翻印《四库全书》，或整理或发掘"存目"(只有目录未有书者)，或重印一部分，或出版《荟要》乾隆御览本等，不下四五部之多。而每一部的费用都很高，书价很贵。古书的白话译本，重复现象也十分严重。

第四，文学作品反映社会现实生活，反映时代精神面貌。文学作品的出版面貌，是体现文化出版繁荣的重要标志之一。西方发达国家文学图书的出版，大多占第一位。在这方面，我们现在也比较突出，一年出版长篇小说就有500部。这在中国历史上从来没有过。研究中国社会现实生活，这些小说就是百科全书。但是，如此大量的小说，能称为传世之作，被社会公众特别称颂的并不多见。还出版了大批作家的文集与选集，集子多者数十册，少者一二册。这也是中国历史上少有的。有的人认为文集是否出得过多了，这要另作研究。

第五，少年儿童读物的出版水平，是出版繁荣的另一个重要标志，也是社会教育的测试表。近十多年来，我们在这方面发展很快。回顾1978年10月在庐山召开全国少儿读物出版会议时，代表们深感忧虑的是，全国有2亿多少年儿童，但少儿读物作家只有20人，出版少儿读物的出版社只有上海少儿与北京中少两家，一年出书只有200种，简直是望梅止渴。而现在的情况，则大大改变了。目前几乎每省都有一家少儿出版社，去年出版少儿读物共6 000种，少儿读物作家与评论家已有3 000多人。可见发展之迅速。但是与世界各国比较，还值得深思。据统计，少儿读物占本国出版物的比重，美国占9%，英国占8%，日本占17%，韩国占23%，我国只有6%；在读物内容方面，有的国家出版了许多漫画连环画，其中不少有害少儿身心健康。但总的来看，绘画艺术与对儿童心理的研究以及在出版物的装帧方面，很值得我们学习。我们少儿画往往缺乏生动笔墨，而且作品成人化的倾向也很突出。

第六，在印刷方面，我们也有很大发展。现在大的印厂，设备都是第一流的，印刷工艺，有一部分赶上了世界先进水平。值得特别说到的是，目前香港许多印厂迁入内地，大部分集中在深圳与东莞地区。在内地，外资与合资的印厂也有一些。这都是由于大陆工价较低的缘故。内迁的印厂对于促进内地印厂改革管理，提高水平，也很有好处。目前全世界大都采用电脑排版，但我们印厂还未完全摆脱铅印工艺。据了解，铅印还占50%。铅和火的年代，还要延续若干年。我们印厂生产效率还较低。内行的同志说，与海外比，我国印厂按人平均产值，相差二三倍。

二、世界图书出版发展的势态

第一，世界出版物丰富多彩，各国很注重交流。杰出思想家、科学家与艺术家的著作很多，这都是人类宝贵的财富。许多有名望的出版社，出书很严谨。其出版物反映了国际的学术水平。如英国大不列颠百科全书出版社的《不列颠大百科全书》，有很高的国际声誉。法国拉鲁斯出版公司出版的《大百科全书》，不但有科学水平，而且插图与印装精良，受到人们赞扬。英国牛津大学出版社出版英语词典，在世界上独占鳌头。德国施普林格出版公司，收集世界最著名专家包括中国科学家与医学专家的研究成果，具有很高的价值。意大利与法国一些有名的出版公司出版的艺术作品，包括佛罗伦萨的古代艺术和卢浮宫收藏的杰作，出版物的质量居世界前列。日本岩波书店出版的《岩波文库》，集文化精粹，已连续出版了半个多世纪，品位很高。

世界各国都非常重视图书出版交流。重要著作，世界许多国家都有译本。日本经济与文化发展迅速，这与其吸收外来文化有很大关系。外国出版了新的重要学术著作，日本很快就有译本出现。德国科学很发达，他们密切注视国外的研究成果。德国出版的7本书中，就有一本是翻译著作。

第二，世界主要图书市场为少数发达国家所控制。全世界一年出版图书80万种，其中美国8.5万～10万种，英国9.5万种，德国7万～8万种，法国3万种，日本6万种，还有意大利、西班牙等国，各有2万～3万种。这些国家出版图书占世界图书的60%～70%。顺便说一下，俄罗斯出书也很多，前苏联一年出书8万种。

英美的图书输向加拿大、澳大利亚、新西兰、印度等英语地区。英语是世界通用语言，文化较高的国家输入英语图书很多，例如日本及欧洲各国。法国图书输向世界法语地区，如加拿大的魁北克地区，南美、北非及东欧等地。英国图书40%以上供出口。加拿大图书市场80%为英美和法国图书占领。澳大利亚1995年销售图书8.05亿美元，只有4.87亿美元图书为本国出版。

第三，图书出版的竞争及销售市场的争夺很激烈。一些发达国家，图书出版业务操在少数几家大集团手里。美国3 000多家出版公司，只有少数几家，如麦克劳・希尔公司、西蒙与舒斯特公司、兰登公司等出书占很大部分。美国一年图书销售200亿美元，麦克劳・希尔出书就达12.35亿美元。德国一年图书销售120亿美元，贝特尔斯曼公司出书就达40.6亿美元，占1/3。法国四大出版集团——城市出版集团与阿歇特、加里马尔、费拉马里昂集团控制全国图书出版的25%。日本4 500家出版社，其中10家出版社如讲谈社、小学馆、岩波书店、学习研究社等，占图书杂志市场的40%。

在世界商品市场上，图书出版和其他商品一样，都按照平均利润原则。资本投到图书出版业，也和投到其他商品一样，都要有回报。图书市场竞争激烈，破产和吞并不时发生。例如美国麦克米伦公司吞并了斯克布父子公司、四面八方公司、教科书出版公司，几年之后却被英国罗伯特・马克斯韦尔以26.4亿美元购买。到1994年，马克斯韦尔自杀和破产后，麦克米伦公司又被美国派拉蒙传播公司兼并。

第四，垄断世界图书市场的一些大国，其版权收入巨大。据欧洲联盟信息监测局发布的资料，英国每年图书零售总额为25亿英磅，但版权总收入一年即达180亿英磅。版权经过转让、租借、邻接以及各种不同文种与电子出版物的使用，其收入比原出版物增大很多倍。美国情况亦相同，据美国知识产权联盟公布的数字，1993年美国包括图书、音像、计算机软件等产品销售458亿美元，其版权的收入竟达2 386亿美元，增大5倍多。

发达国家为了促进科技发展，扩大知识产权和版权的收入，制定了各种法规。如美国采取税收优惠政策，对企业的研究与开发，可从应缴所得税中扣除40%。美国对技术的研究进行封锁，严禁他国偷窃，以保护知识产权。

第五，现代科技发展迅速，电子出版物勃兴。人们预料在未来的21世纪，图书载体将发生巨大变化。据1996年3月在纽约召开的CD与连机出版大会的信息，1995年全世界上市的驱动器6 510万部，1996年为1.08亿部。1995年美国共有多媒体PC机2 700万台上市，1996年就达4 000万台。现在美国已有1/3的家庭拥有电脑。欧洲电脑也发展得很快。电脑的发展，为电子出版物提供了条件。

现在，具有丰富资料的百科全书、辞典以及历史档案资料，纷纷被纳入电子光盘系列。美国已设计“连机发行”图书，即出版社与计算机信息网络系统联网，把出版社出版的图书传送到全国的计算机用户。美国大不列颠百科全书出版社已宣布通过英特尔计算机网络系统发行图书。

目前深感我国出版图书虽在数量上占世界很大的比重，但在内容方面，贫乏者甚多，重复的现象严重。具有学术价值与富有创造精神的书比例不大，平庸的读物充斥市场。在政策上应采取有效措施，包括稿费、税收、基金等办法，促使有水平的学术与艺术著作的出版。这对出版社与作者都是非常重要的。

各国出版的图书中，值得我国阅读、借鉴与移植的很多。文化与科学的发展，都是世界性的。只有互相交流，才能促进和提高。我们根据自己的国情发展我们自己的文化，但是汲取国外的文化，也是非常重要的。我们历来重视图书著作的翻译工作，但是由于我们承认了国际版权，资料来源以及出版社经济上的原因，近年来翻译著作大为减少。有的出版社减少了50%，有的减少了90%。尤其是科技图书与现代文学著作，降幅更大。这应引起注意。

随着我国经济迅速发展，我们的文化出版事业也在不断提高。21世纪将是中国人民的世纪，中国文化出版事业将进入世界强国之林。那时我们才是真正的出版强国。

(原载《新闻出版天地》1997.4.)

“八五”期间我国书业概况

巢乃鹏

“八五”期间是我国政治、经济、科学技术飞速发展的时期，也是我国出版业新旧体制转换的重要时期。这一时期，在党和政府的领导和关怀下，在全国出版工作者的共同努力下，我国的出版业获得了巨大的发展：不仅在出版规模上跃居世界前列，而且以整体实力的壮大成为国民经济的重要支柱(1995年在盈利行业中排序第八，位居汽车、石油、建筑等行业之前)。

与此同时，在出版体制改革不断深化的过程中，由于缺乏经验以及一些工作上的失误，我国出版业在“八五”期间也产生了一些这样那样的问题，如屡禁不绝的非法出版，日益萎缩的农村图书发行等等。这些问题在以后的工作中应予以足够的重视，采取必要的措施予以解决。

亦喜亦忧的出版状况

“八五”期间，依靠各地方、各部门的支持和全国出版社的共同努力，由国家主持制定的第一个全国综合性重点图书出版规划——“八五规划”得以顺利完成，到1995年底，计划中的1 169种选题已经完成95%(其余5%按计划流动到“九五规划”中去)，“八五规划”的实施和完成，产生了重大的社会效益。第一，起到了示范和导向作用。规划中的重点选题，各种图书的选题结构以及列入规划的选题数量和各种选题的规模，都成了一种示范，起到了引导作用。第二，国家制定重点图书规划，带动了各级重点图书规划的制定，全国上下都在追求精品，追求重点，促进了整个出版事业的繁荣。第三，确实出了一批好书。例如《中国大百科全书》(74卷本)、《邓小平文选》(一、二、三卷)等列入国家“八五规划”的图书出版后，读者普遍反映颇好。这些优秀图书的出版，为社会主义物质文明建设和精神文明建设作出了应有的贡献，大大提高了我国出版界在世界上的地位和声誉。

“八五”期间，我国出版业基本保持了与国民经济同步发展的水平，各项产业的发展指标呈全面增长的良好态势：1995年图书的总印数达到62.6亿册，比1990年增长11%；图书总印张315亿张，比1990年增长35.6%；出版社数量由1990年的501家增至1995年的563家；出版图书种数由1990年的80 224种增至1995年的103 630种；1995年期刊总印数为23.79亿册，比1990年增长35.25%；期刊出版总印张66.49亿张，比1990年增长38.23%；全国人均年拥有期刊2册，比1990年增长17.4%。

特别值得指出的是：1995年全国共出版图书103 630种，较之1994年减少了0.2%；其中新书品种60 575种，较1994年减少了18.2%；而与此同时，重版书品种达到了43 055种，较1994年增长了26.4%；总印数为62.34亿册，较1994年增长了3.8%。其中，图书出版总品种及初版书品种10多年来首次出现负增长，而图书重版率达到41.6%。这表明，长期以来出版业发展过热的现象已开始得到遏制，我国出版业已开始由规模数量的增长转向优质高效的发展，由“广种薄收”转向“精耕细作”，我国的出版业正在发生可喜的结构变化。

进入90年代以后，我国图书市场的发展进入了一个新的阶段，其主要特点是治理整顿和深化改革并举，力图形成一个规范化的图书市场。从80年代初到90年代初，改革的措施主要是开放搞活。在图书市场空前繁荣的同时，也出现了“买卖书号”、非法出版甚至制黄贩黄等一些令人担忧的现象，因此治理整顿势在必行。1992年以后，发行代理制的试点、城市推销中心和城市连锁店的出现，按基数供货寄销方式的推行，以及新华书店实行产权制度的改革，所有这些措施都有力地促进了图书市场的发育与成熟。与此同时，我们也不能不看到这样一种奇怪的现象：“八五”期间，大规模的“扫黄打非”行动年年进行，且行动力度一次胜于一次，而“黄毒”和“非害”的泛滥也一次甚于一次，大有“道高一尺，魔高一丈”的态势。早期分散、单个原始作坊式的制“黄”贩“黄”、非法出版活动进入90年代以后，更是利用社会主义出版机制发育不完善的空隙完成了原始积累，使之有可能借助金钱的优势向政府出版体制内部编辑、印刷、发行、管理各个环节进行渗透，为自己的非法活动披上合法外衣，寻找政治上的保护伞。换言之，目前“黄毒”、“非害”的来源一方面是为市场利益所驱动的出版社与不法书商以“买卖书号”的形式进行的一种“权钱交易”，另一方面则是不法书商假冒、盗用国家出版单位名义出版的非法出版物。面对这一严峻的形势，如果我们仍然沿用几十年一贯制的领导发动、层层动员，在短时间内集中力量进行重点打击的“扫黄打非”方式显然是不行的。笔者认为：要想遏制住“黄毒”、“非害”的泛滥势头，一方面需持续不断地进行打击，加大对非法出版活动的处罚力度，对不法书商不但要处以重罚，必要时还应追究其刑事责任；对违纪出版社更应给予严厉的警告，直到取消其出版资格。另一方面应注重对广大人民群众的教育，充分发挥人民群众的监督作用，以形成对非法出版“老鼠过街，人人喊打”的局面。

评说我国书业运作中的媚俗现象，成为“八五”期间较为激烈的话题。媚俗现象的出现有着极其复杂的背景，既有利益驱动，也有经营者决策失误，还有舆论导向的偏差、国家宏观政策调控不力等多种因素。纵观“八五”期间的书业界，让人不轻松的媚俗现象颇多，各种流俗书名里透出学术研究的浮躁之气、迎合之风蚕食着更多的耐不住清苦的灵魂。更让人忧虑的是诸如《拍马屁术》、《如何讨好上司》一类图书的出笼，使得媚俗之风登峰造极，不能不让人对书业界的消极、迷惘状况感到困惑和忧虑。如何正本清源，扫除这些媚俗陋习已成为我国书业亟待解决的一大问题。

图书质量日益滑坡这一问题早在80年代中后期就已显露出来，进入90年代之后，市场经济意识的泛化，拜金主义的影响，导致了图书质量的严重滑坡。撇开某些质量低下的盗版书不谈，许多正式出版的图书在逻辑、修辞、符号等各个方面也存在着许多严重的错误，更遑论错字、别字、漏字等现象了。为此，1992年底，新闻出版署颁发了《图书质量管理规定(试行)》，以达到全面提高图书质量，振兴出版事业的目的。1993年至1994年，新闻出版署进行了多次图书质量大检查，检查结果并不令人乐观，1993年10月到1994年1月，对在京的20家出版社的23种图书编校质量进行检查，结果除了3种合格外，其余20种均不合格，不合格率达87%；1994年3月到

4月,对9家出版社的9种大型古籍今译图书进行检查,结果均不合格;之后,又对新闻出版署16家直属出版社出版的32种图书进行检查,结果是:优秀1种,良好2种,合格7种,不合格22种,不合格率为69%。这几次图书质量检查的结果引起了社会和出版界的极大重视。"图书质量亟待提高"的呼声日益高涨,各级出版部门亦纷纷制定各种条例来促进图书质量的提高。到"八五"末期,图书质量意识得到了普遍加强,图书质量滑坡得到初步遏制。另外值得指出的是图书印装质量亦有待于进一步的提高。相信许多人都有这样的感觉,单单比较中外图书的印装样式时难免会有一种"国外月亮的确是比国内圆"的感觉。这说明,我国的出版工作者对这一问题始终未能予以足够的重视,事实上,一本好的图书应该是内在美与外在美完美的结合,无论忽视哪一方面都是不行的。

任重道远的出版社改革

"八五"期间,我国出版社由1990年的501家发展到1995年的563家,年出版图书由1990年的8.02万种扩大到1995年的10万余种,总印数62亿多册,比1990年增长11.91%,年均增长2.1%。同一时期,我国出版社由单纯的生产型逐步向生产经营型过渡,这主要体现在以下几个方面。

首先是出版社内部编辑人员与发行人员的比例日趋合理化。长期以来,由于我国出版社过分强调以编辑为中心,因此形成了重编辑工作、轻经营管理的模式。其突出表现是编辑队伍过分庞大,且只管埋头编书,不管发行、经营,而精通图书生产和市场运作的发行人员则严重不足。据报道:美国出版社中推销发行人员占总人数的60%左右,日本讲谈社的编发人员比例为1∶1,而我国出版社编辑与发行人员的比例一般为5∶1,从这一比例便可看出我国出版社对市场营销的轻视。进入90年代以后,随着社会主义市场经济的发展,人们逐步认识到图书的商品属性,认识了出版业的社会、历史责任,也认识到出版业的经济责任。出版社的机构设置和人员配置开始向发行、经营方面倾斜,编、发人员的比例向较为适宜的1∶1发展,同时最大限度地压缩非生产和非管理人员,使发行、经营成为出版管理新的中心。

其次是出版社经营管理干部的综合素质正在逐步改善。根据中国版协经营管理研究委员会在一次研讨会上所进行的问卷调查可以看出:我国出版社社长级和部主任级的人员,平均年龄比前些年有所降低,现在分别为51.47岁和46.64岁,都在壮年,正是干事业的大好时光;学历都在大学或大专以上;绝大多数具有副编审以上的职称;而且懂外语的人多了,出国访问的人多了,视野开阔的人多了。所有这些表明,作为出版社决策力量的中高层管理人员就其自身来说已完成了由单纯的生产型向生产经营型的转变。

再次是在拓宽"进口"即优化选题方面,已逐步树立了市场意识和文化意识,强调选题的战略性和独创性。选题是出好书的关键,没有好的选题就没有好的图书,就不会形成自己的读者群。前几年所出现的那种"不在自身上下功夫,而仅是依样画葫芦;不作市场调查,而仅仅盲目追随"的短视与急功近利的现象已引起了广大出版工作者的重视。围绕优化选题这个编辑工作的中心环节,各家出版社都在总结经验,寻求对策,下了不少气力,做了不少文章。目前出版社正在努力克服"不好不坏,又多又快"的现象,变"广种薄收"为"精耕细作",以努力实现图书出版向优质高效方面转化。

最后在拓宽"出口"、加强自办发行及实行多种购销形式方面,出版社也在积极探索,努力走出新路。"八五"期间,各出版社逐步认识到了图书发行的重要性,认识到图书的价值只有通过发行这个渠道流通到读者手上才能得以充分体现。因此,加强社办发行建设,建立深入城乡的自办发行网络,采用寄销、经销包退等多种形式成为出版社工作的重点,而21省区人民社发行联合体的联络部在河南的设立,则标志着出版社之间销售网络的初步形成。与此同时,出版社也在努力克服"好酒不怕巷子深"的传统观念的影响,逐步增加对图书宣传的投入。但据统计,国外出版社宣传费用投资一般占到销售额的10%,而我国出版社目前普遍还占不到1%。这说明我国出版社在这一方面的工作还做得远远不够。树立现代宣传意识,利用现代宣传手段,最大限度地传播图书信息应是今后一段时间出版社工作的另一个重点。"八五"期间,出版社在图书发行方面取得了一系列可喜的成绩,但也还存在着以下几个方面的问题:一是虽然出版社在发行图书时都制定了相对灵活的折扣办法,但在实施过程中却显得过于强调订货量的大小,许多小批量的订货往往都不予重视。二是出版社发行人员缺乏主动精神,有相当多的出版社从不主动与书店联络。三是目前大多数出版社缺少一个综合研究市场的部门或机构,所以会不可避免地出现"傻子过年看人家"的情况。

“八五”期间，我国出版社的改革呈现出一派喜人的景象，各出版单位逐步由单纯的生产型向生产经营型转变。但同时也产生了几个急需解决的问题。

首先，“八五”期间，我国出版社是否发展过快，新增数量过多？对这一问题，有些同志认为，就目前的图书市场来看，我国出版社数量的确过多，而且一些出版社靠分散承包到编辑室甚至个人维持生计，把好好的单位搞得破碎不堪，根本形不成规模经营和规模效益，整个出版业呈现出一种“散”的状况，因此，今后应严格控制出版社的发展。但是纵观“八五”期间的出版业，上述害群之马仅是少数，绝大多数的出版社(无论是老牌的还是新建的)在党和政府的领导下，不断完善自我，深化改革，为社会主义精神文明建设和物质文明建设作出了巨大贡献。另据报道，美国在1993年拥有(当年出书的)大小出版社3 209家，法国目前拥有出版社5 000余家。从这一点上看，我国的出版社不是多了而是少了。当然由于我国出版业目前正处于以规模数量为主要特征的阶段向以优质高效为主要特征的阶段转移的过程中，因此对出版社的审批还是应当采取宁缺勿滥的原则。但是我们应当看到的是，随着出版业逐步融入社会主义市场经济中，出版社的规模和数量将由市场来决定；出版社的生存和发展也将遵循优胜劣汰、适者生存的原则。

其次，出版社的专业分工是否应被打破，从而将出版社完全推向市场？长期以来，我国出版社一直有着明确的专业分工和出书范围，这从出版社社名上就可以看出。如江苏少儿出版社、江苏古籍出版社等。当然这种专业分工并不是在市场经济中自发形成的，而是行政干预的结果，是计划经济的产物。“八五”期间，作为计划经济主要象征的严格的专业分工开始在地域和行业范围内有所突破。一些出版社开始出现没有饭吃或吃不饱的现象，一些出版社则开始富裕起来。这部分富裕起来的出版社急需突破原有的出书范围，充分发挥其经济优势，占领更大的市场。而另一方面，作为宣传社会主义精神文明的重要阵地，出版业一向都深受党和政府的重视。从政治角度上讲，一旦放开对出版社出书范围的限制，大量的“黄毒”、“非害”势必更加迅猛地破土出笼，而作为出版业龙头的直属出版社在这种形式下未必能像原先那样发挥表率作用，这显然不是我们所愿意看到的。目前对这一问题出版部门尚无明确的回答，显然这将严重地影响出版社改革的积极性，使得出版社的改革有着一种“雾里看花”的感觉，如何解决这一问题将成为现阶段出版部门工作的重点。

逐步深化的发行体制改革

“八五”期间，随着经济体制改革的不断深化，发行体制改革也在不断地变化，“一主三多一少”、“三放一联”的发行格局得到逐步的完善。到1995年底，全国图书销售流转额达350亿元，其中用于社会消费的净资产额180亿元，比1990年增长了134.6%；新华书店网点1.3万处，比1990年增长8.3%；集个体书店(摊)3.7万处，比1990年增长27.6%；全国人均购书15元，比1990年增长130%。

新华书店是我国图书发行的主渠道。多年来，新华书店的广大干部职工充分发挥了骨干作用，保证了出版事业的繁荣发展。“八五”期间，在日益激烈的图书市场竞争中，新华书店依然保持了在全国图书市场占主导地位的经营规模和利润水平。1993年，全国新华书店系统销售图书62亿册，占全国图书销售册数的95%，销售金额100亿，占全国图书销售金额的80%。1994年新华书店总销售占全行业比重是：册数为92.6%，金额为85.8%。新华书店已经形成辐射全国的发行格局，有成龙配套的仓储发运系统。另外，1992及1993年，新华书店总店以及江苏、湖南、安徽、上海等省市书店还进入了全国500家最大服务企业的行列。

在一般图书的发行中，新华书店坚持总任务，牢记总方针，为社会各界输送了大量质量好、品位高和有利于社会主义精神文明建设的图书，保持了主渠道“多发好书，不发坏书”的操守。特别是在1993年11月份《邓小平文选》(第三卷)的发行工作中，充分显示了新华书店这支队伍的作用和效率，“仍然是关键时刻能够拉上去打硬仗的队伍”(于友先语)。

同时各地新华书店在改革中勇于解放思想，做了不少有益的探索，如山东省新华书店从改革用人制度、分配制度、干部制度、产权制度、购销形式入手，尝试建立现代企业制度；四川省新华书店试行推销员制，设立40名推销员在省内外开展推销活动，在经营机制、职工队伍建设、发行业务的开拓等方面产生了综合效益。改革使新华书店的面貌有了很大的改观，经济实力不断增强。

综观“八五”期间新华书店的改革态势，我们可以明显看出各级新华书店已在阶段性转移中理清了思路。特别是政府调控力度加大，各级新华书店的经营者们加快步伐，创造了良好的改革氛围；省级店加强了横向交流和协调。1994年底全国新华书店经营协调委员会的成立并投入运作标志着城市店联合体横向协作的开始,新的改革思路及新的经营机制正在逐步推进。但同时新华书店的改革也面临着一些突出的问题。首先是人们对文化建设认识不足,在"黄金地段黄金效益"的要求下,一批新华书店面临危机。上海南京东路新华书店的去留问题曾引起全国关注,郑州的解放书店又遭拆除,书店无店,类似的情况在全国已非鲜见。其次是新华书店靠政策、吃安逸饭的思想仍然比较严重,缺乏竞争能力和应变能力。这从新华书店一般图书市场占有率逐年萎缩可以看出,据统计,1991 年市场占有率为 85.1%,1992 年为 84%,1993 年为 79.7%,1994 年为 72.3%,1995 年为 69.4%。

农业是社会主义现代化建设的基础,农村工作一向为党和政府所高度重视。"八五"期间,我国农村经济有了很大的发展,科技兴农日益深入人心,农村对各类图书的需求有不断上升的趋势。但是农村图书发行工作的开展与全党高度重视农业和对农村工作的要求有着很大的距离。到 1994 年,全国新华书店的集镇书店共有 3 189 处,虽然这与 1979 年的 1 325处相比增长了一倍以上,但仍远不能适应农村经济文化发展的要求。而且现有的县以下书店网点分布很不均匀,有的省建得多,有的省建得少,建得较多的省也还有不少地方是应建而未建的。在农村图书发行中,供销社售书点起到了至关重要的作用。但在"八五"期间,农村供销社售书点逐年递减,1992 年有 42 775 处,1993 年只有 38 108 处,减少了4 667 处,而且继续以每年 2 000 处的速度锐减,到 1995 年末估计仅有 33 000 处左右了。这大大影响了农村经济的发展。虽然出版部门对这一情况也有充分的认识,曾多次组织各出版单位送书下乡,但无法根本改变农村图书发行"日薄西山"的景况。因此建议在今后的图书发行工作中重点应向农村方面有所倾斜,以期改变目前的颓势,重振农村图书发行的雄风。

日益重视的出版法制建设

在十几年出版改革过程中,我国的出版法制建设取得了长足的进步和发展,尤其是在"八五"期间,出版立法、执法和普法宣传愈来愈受到重视,并取得了巨大的成绩。

在出版法规体系中分支体系较为完善的是著作权管理方面的法规。不仅有使中国著作权保护制度进入真正有法可依阶段的《中华人民共和国著作权法》(1990 年),还有配套实施的《中华人民共和国著作权法实施条例》(1991 年),以及一系列的稿酬管理规定:《书籍稿酬暂行规定》(1990 年)、《报刊转摘、摘编法定许可付酬标准暂行规定》(1993 年)。为与国际著作权保护接轨,我国于 1992 年和 1993 年分别加入了《伯尔尼公约》《世界版权公约》,发布了《实施国际著作权条约的规定》(1992 年),使得我国的知识产权保护水平有了很大的提高。另外在图书发行管理方面还制定了《出版社自办发行图书的规定》(1991 年)、《图书总发行管理的暂行规定》(1991 年)等。"扫黄打非"工作作为出版行政执法的一个重要组成部分,直接关系到社会主义精神文明建设,关系到广大青少年的健康成长,关系到出版产业的公平竞争。因此,出版法规中对此作了较为全面详细的管理规定,以加大打击力度,除了 80 年代所制定的一系列法规之外,在 1990 年还颁布了《关于惩治走私、制作、贩卖、传播淫秽物品的犯罪分子的决定》。

虽然"八五"期间我国的出版法制建设取得了长足的进步,在出版立法上逐步成熟,并努力做到规范标准,但令人遗憾的是未能促成《中华人民共和国出版法》的早日颁布。同时在出版体制的转轨变型中,我国的出版行政法规上也还存在一些问题。例如一些法律、法规的责权划分模糊,缺乏具体概念的解释,导致在执法实践中出现歧义,互相推诿责任。最典型的是 1994 年《关于海外报刊不得在内地自行征订发行的通知》中,对"海外"一词未作任何解释,是境外?还是国外?是否包括港澳台地区?含义不清,使人产生不同的理解,影响政策的执行。还有一些行政法规语言表述不够准确,语义抽象,行文时未使用法律语言界定,不具有简明易懂的法律文书特征。像 1990 年的《新闻出版署对目前出版发行的新武侠小说的处理通知》行文繁琐,处罚规定与禁止性条款混淆,并且几次出现了"对不听招呼"这样的不规范语言。

由于出版行政立法上存在上述问题,出版行政法规的法律效力没有得到很好的体现,从某种程度上导致了在执法中有法不依、执法不严的现象屡有发生。因此在今后一段时间内我们应着重加强出版法制的建设,以尽快实现我国出版业由人治向法治的转变。

(原载《出版广场》1997.5.)

出版工作推进阶段性转移的重大成果

——第三届国家图书奖评奖综述

第三届国家图书奖评奖办公室

全国出版界期盼已久的第三届国家图书奖评奖活动，于1997年9月6日在北京人民大会堂落下帷幕。本届评奖从1995～1996年十二万种新版图书中，共评出获奖图书一百零九种。其中，荣誉奖八种，国家奖三十种，提名奖七十一种。这次评奖活动，受到了社会各界的广泛关注。各新闻媒介纷纷发表消息或文章，对本届评奖活动和获奖图书给予了高度的评价。评奖活动在出版界产生了很大的反响。通过评奖，调动了广大出版工作者的积极性，带动了精品图书、优秀图书的出版，进一步促进了出版工作的繁荣。

一、1994年，新闻出版署党组明确提出，新闻出版工作要从以扩大规模数量为主要特征的阶段向以提高质量效益为主要特征的阶段转移。全国出版界认真落实这一战略转移的思想，在"控制总量，调整结构，提高质量，增进效益"等方面取得了阶段性成果。从宏观上看，1995年，出书总量和新书品种比1994年分别下降了2.4%和15.2%；重版书和总印数则分别上升24%和5.2%。1996年，重版书和总印数的增长势头持续强劲，比1995年分别增长16.4%和13.2%。而且，总印数首次突破七十亿册大关，为解放以来我国图书出版印量的最高点。从微观来看，由于各地都在制定各自的精品发展战略，努力完成"八五"规划，认真落实"九五"规划，一批高质量、高水平、"双效益"的图书陆续问世。为了检阅近两年来出版工作取得的成果，鼓励和促进更多的优秀图书的出版，迎接具有重大历史意义的党的"十五大"的召开，新闻出版署今年年初决定举办第三届国家图书奖评奖活动。3月11日发出了《关于举办第三届国家图书评奖活动的通知》。通知除重申《国家图书奖评奖办法》中关于评奖的指导思想、基本原则和参评条件等规定之外，在具体评奖办法方面作了一些新的补充：一是凡获新闻出版署主办的各门类图书专项评奖一等奖的图书，可直接进入复评；二是各地的推荐图书种数在应报总数不变的情况下，可以调剂使用。

评奖活动得到了出版界的热烈响应。各出版社积极报名，精选参评图书。各级出版行政管理部门认真组织、筛选、评比和推荐。根据新闻出版署评奖通知的要求，在经各出版社主管部门严格筛选以后，全国共有三百四十家出版社，报送参评图书六百七十二种。

二、在初评会上，评委们看到琳琅满目的图书，兴奋异常，感叹不已。他们认为，在党中央和国务院的领导和关怀下，出版界经过短短几年的宏观调整和结构优化，已取得了十分可观的成绩，出版了一大批优秀图书。综观参评图书，可以看出这么几个特点：

一是整体水平高，精品成群，佳作迭出。与上届相比，这届评奖中许多省市、许多出版社推荐出了一批佳作参评。如上海、湖南、河北、江苏、浙江、湖北、辽宁、山东、广西等省市所推荐的图书，佳作较多，整体水平相对较高。文学组评委季羡林认为，本届参评图书集中展示了文学界的出版物精品，从参评图书中，可以看到近几年文学创作发展的脉络，是优秀成果的荟萃。

二是注重现实，适应时代，服务读者。参评图书强烈地体现了时代特色和社会发展的需要，能从我国经济建设、改革开放和学术、科研的实际需要出发，内容实用，有很强的针对性。特别是社会科学类、教育类、文学类和少儿类图书，更是贴近时代和读者。教育组评委汪永铨认为，这次参评的教育类图书的选题更接近教育实际，在理论探索上、深度上都有新的飞跃。少儿组评委郑延慧认为，参评的少儿图书更贴近了少年儿童，为少儿服务的意识更为强烈。

三是编校质量和印装质量明显提高。评奖办公室对入选图书进行了编校质量的普查和抽查，并委托有关检测机构，对入选图书的印装质量进行了全面检查。结果表明，大部分图书的编校质量达到了优良水平，印装质量达到省优水平。

四是科技类图书比重加大，科技图书出版难的问题有所缓解。科技组评委袁正光认为，出版界能从科研和现实需要出发,加强了服务科技的意识,出版了一大批高质量、高水平的科技类图书,使科技图书出版难的问题得以缓解。

从参评图书中,评委们也看到了一些问题:有些书没有特色,选题平庸,内容不好不坏,没有生命力;有的书印制考究,但编校水平不高;有的书装帧豪华,内涵较少,名不副实。有些出版社选送的图书,由于某些环节把关不严而丧失了参评资格,如出版时间不是在1995年1月至1996年12月之间,有的书违反出版管理规定等等。有的书,选题、内容和装帧水平都不错,但编校质量不合格,而被取消了入选资格。

三、第三届国家图书奖的评选工作比上届的难度更大。一是参评图书的基数大,而获奖名额没有相应增加。国家奖仍然是三十种,荣誉奖八种,仅提名奖略有增加;二是好书、佳作较多,难分伯仲,所以竞争也非常激烈。在本届评奖活动中,评委们特别关注以下五个方面的图书:其一,研究马列主义、毛泽东思想和邓小平建设有中国特色社会主义理论的图书。这次获奖图书中,有中共中央党校出版社1996年5月出版的大型画册《世纪伟人邓小平》。该书收集邓小平各个历史时期的珍贵照片三百余幅,并配有简明生动的文字,从革命历程、总设计师、军事生涯等六个方面,记载了邓小平一生的革命实践活动,真实、具体地反映了邓小平的丰功伟绩,有很高的文献研究价值。此外,还有人民出版社出版的《马克思主义史》、中央文献出版社出版的《毛泽东传》、辽宁人民出版社出版的《红军长征史》等。其二,研究和回答在建设有中国特色社会主义的历史进程中迫切需要解决的重大理论问题和实践问题的图书。这类获奖图书有鹭江出版社出版的"特区经济丛书",山东科学技术出版社出版的《中国农业现代化建设理论道路与模式》、河北教育出版社出版的《教育投入与产出研究》等。其三,有利于提高全民族科学文化素质的科普读物。这类图书中有:上海科技教育出版社出版的"现代科学技术博览丛书"、江苏科学技术出版社出版的"蓝天绿地丛书"、广西科学技术出版社出版的"中国少数民族科学技术史丛书"等。其四,思想性、艺术性、可读性相统一的长篇小说。长篇小说的创作和出版受到了党中央的重视,全社会的关心。近两年来,长篇小说的出版量每年都在五百种左右,其中,优秀作品不少。此次获奖图书中,就有湖南文艺出版社出版的《旷代逸才——杨度》、人民文学出版社出版的《人间正道》等。其五,少年儿童读物,特别是我国自己创作出版的儿童动画读物。这类图书中有:接力出版社出版的"神脑聪仔卡通系列丛书"。此外,少儿文学的创作出版也呈现可喜的局面。这类获奖图书有:海天出版社出版的《花季·雨季》,河北少年儿童出版社出版的"露珠丛书"等。

这次评奖中,评委们一如既往,重视文化的积累,对有重要思想价值、科学价值、文化艺术价值,或在思想界、学术界及社会上产生重大影响的图书给予积极扶持。在国家图书奖荣誉奖中,就有一些较大规模的、在海内外产生了重大影响,对社会的政治、经济、文化发展做出了特殊贡献的图书。如上海人民出版社出版的《韬奋全集》,河北人民出版社出版的《张岱年全集》,花山文艺出版社出版的《曹禺全集》,中华书局出版的《中华大藏经》,中国农业出版社出版的《中国农业百科全书》等。

四、从这届图书奖的获奖情况来看,全国共有一百零二家出版单位获奖,占报送单位的30%,占全国出版单位总数的18%。有的省市获奖面较大,如上海、广西等地。有的出版社一次就获得两项殊荣,如上海古籍出版社、中国大百科全书出版社、人民出版社、人民文学出版社、河北教育出版社、接力出版社、海燕出版社、广西教育出版社、广东教育出版社等。这说明,近年来出版工作在实现阶段性转移的过程中已取得了显著成效,党的十四届五中全会、六中全会的精神已得到落实,精品意识已深入人心并结出硕果。诚然,我们的工作离党和人民的要求还有较大的差距。党的"十五大"为我们指明了新的方向,伟大的时代在呼唤我们出版更多更好的作品。当前,各出版社要认真落实新闻出版署制定的《1996—2000年国家重点图书出版规划》即"1200工程"。今明两年是"九五"规划能否高质量完成的关键时期,我们要进一步做好领导班子、编辑队伍、作者、资金、时间等五个方面的落实工作。同时也要积极推进"5155"工程的实施。再经过几年的努力奋斗和扎实工作,到共和国五十周年庆典的时候,将有更多的佳作和精品摆在读者面前,接受党和人民的检阅,我们的出版工作将呈现出更加繁荣的局面。

(原载《中国图书评论》1997.10.)

中国图书奖走势

伍 杰

一

中国图书奖是出版界的国家级奖项之一，受到各方面的重视和欢迎。它从1987年创立以来，至今已经10年，举办了10届，影响越来越大。它以自己的实践在社会上、在出版界树立了自己的良好形象。

第10届中国图书奖是1996年12月18日颁奖的。这次获奖图书100种，从一个侧面展示了出版事业的发展和繁荣。在这次颁奖大会上，中宣部、新闻出版署的领导联系过去，对中国图书奖作了实事求是在评价，予以充分肯定。

中宣部副部长龚心瀚说：中国图书奖10年来，评选出近800种优秀图书，在倡导多出好书，多读好书，鼓励出精品、出人才，发挥正确导向，促进出版繁荣方面，做出了积极的贡献。这项评奖活动诞生于80年代中期我国出版事业蓬勃发展、书评事业初具规模的阶段，适应了广大读者、广大作者、特别是广大出版工作者的要求。这项评奖活动，有出版领导部门的支持，有出版界和各界专家的参与，有全国出版社的拥护，坚持10年，在国内外产生了相当的影响，确定了自己在出版界的地位。希望在总结10年经验的基础上，进一步完善、规范评奖办法，提高评奖工作质量，增强评奖的科学性和权威性，更好地发挥全国性综合图书大奖的正确导向和示范作用。

新闻出版署署长于友先评价中国图书奖时说：中国图书奖举办了10届，很重要的一个特点是不收钱，不发奖金，突出的是荣誉，通过评奖发现作者，发现人才，培养人才，并向读者推荐优秀图书。实践证明，中国图书奖所评的书一届比一届好，作者水平高，图书质量好，代表性也强。中国图书奖的影响越来越大，参加的出版社、参评的书越来越多，而且越办越好。中国图书奖一直由中国图书评论学会承办，也是这个奖项的一个特点。

中宣部、新闻出版署的领导肯定了中国图书奖10年来起到的重要作用，也为今后这一奖项办得更好提出了更高的、新的希望。

二

现在，我们不妨从第10届中国图书奖的获奖书出发，沿着它的轨迹，看看它的走势。

我在第10届中国图书奖的评奖报告中曾将本届获奖书概括了五大特点：1. 宣传邓小平建设有中国特色社会主义理论和“一个中心，两个基本点”的基本路线，推动两个文明建设的图书占相当的比重；2. 着力宣传爱国主义和光荣革命传统的优秀图书多；3. 挖掘中华民族精神，弘扬民族文化优秀传统的图书较多；4. 充分体现了科学是第一生产力的思想，奖励的科技图书比重很大；5. 重点图书与拳头产品、学术专著与优秀通俗读物并驾齐驱。这些特点体现了中国图书奖评奖的一贯指导思想。10届评奖活动中，总的指导思想是十分明确的，坚持“两为”的方针，坚持“一个中心，两个基本点”的基本路线，评出优秀图书，奖励优秀图书，达到“以科学的理论武装人，以正确的舆论引导人，以高尚的精神塑造人，以优秀的作品鼓舞人”的目的，有利于培育“四有”新人，为两个文明建设作出应有的贡献。

这里，我们不妨对10届获奖图书作些具体分析。10年评奖中，评出获奖优秀图书721种。政治类、经济建设成就类图书占15%，这是获奖图书的脊梁和柱石。其中，直接宣传马克思、列宁、毛泽东、邓小平和他们的著作的有31种，如《〈资本论〉辞典》、《〈资本论〉体系与社会主义经济》、《马克思主义哲学史》、《马克思主义货币金融理论与四化建设》、《马克思主义立场观点方法》、《列宁画像》、《毛泽东建党学说》、《毛泽东思想与传统文化》、《毛泽东之路》、《毛泽东手书选集》、《邓小平社会主义理论研究》、《邓小平战略思想论》、《邓小平科学技术思想研究》。这些著作，不仅肯定了马克思、列宁、毛泽东、邓小平等伟人的历史功绩，伸发了马列著作的原意，更重要的是从有中国特色的社会主义为出发点，根据中国的国情，研究中国的现状，指导现时的两个文明建设，出色地发展了马克思主义。还有宣传中国共产党党史的图书7种，社会主义政治经济理论的56

种,反映经济建设成就的12种。政治类、经济建设成就类图书在获奖书中比重大,起着率领群书的作用。评优秀图书,首先优在这类图书上。中国图书奖任何时候都要把评出这类优秀图书作为自己的重要任务。这是时代的需要,也是这一国家级奖项的任务和使命。

科学技术是第一生产力。推动生产力的发展,是中国图书奖评奖的重要目的。10年中,获奖的优秀科技图书约180种,占总获奖图书的25%左右。这些图书,既有基本理论,也有应用科学,既有学术专著,也有科普读物,既有应用面宽泛的科学技术,也有专业面很窄的著作。不论是哪一种书,都是在这一领域里,在理论上或是应用中有出色的新成就,如《现代内科学》、《手的修复与再造》、《中国鸟类图鉴》、《损伤力学》、《气候变化对西北华北水资源的影响》、《认知科学与广义进化论》、《计算固体物理学》、《价值工程方法研究》、《中国自然灾害地图集》、《中国飞蝗生物学》、《高技术战略》、《黄河防洪志》等,这些图书显示了中国当代科学技术水平的提高与发展,同时对经济建设发挥了重要作用。这些图书的获奖,受到了科技界、学术界的好评。今后,优秀的科技图书仍将是评奖的重要内容。

托起明天的太阳,是我们的共同心愿。如何为少年儿童提供更好的精神食粮,促进少儿读物出版的繁荣,是社会关心的重要课题,中国图书奖从创立起就把目光投入这一重要领域。第1届评奖中评了《少年自然百科全书》,受到广泛的注意,这一套书始终发行不衰。每届评奖,少儿读物都有相当数量。10年中,获奖的少儿读物约占总获奖书的7%,如《中国少年儿童百科全书》、《第三军团》、《地球的红飘带》(连环画)、《十五岁的奇迹》、《世界童话名著》、《青春口哨文学》丛书、《黑眼睛》丛书、《英雄少年赖宁》等。这些读物中有以图为主的画库、连环画,有童话、小说、散文、特写,更可贵的是自己写自己,少儿写自己喜爱和熟悉的生活。少年朋友们特别喜欢看同龄人写自己生活的图书。诸多获奖书,品种繁多,内容丰富,文图并茂,情浓趣厚,融知识性、科学性、趣味性、可读性、思想性为一体。一般都发行几万册,多达几十万上百万册,受到少年儿童的喜爱。今后,优秀的少儿读物仍为中国图书奖所注目。

10年中评奖的艺术作品包括画册在内,约占总获奖书的7%。其中最有名的有《中国美术全集》(宋、金、元书法)、《万里长城》、《中国美学思想史》、《中国高等院校美术作品全集》、《孙子兵法连环画》、《海上四任精品》、《林风眠画集》。特别是《中国漫画书系》和《荣宝斋画谱》,集中地、系统地反映了新中国建国前后至今半个多世纪以来,漫画、国画在中国的发展和成就,集画家之大作,为开创之作,亦为几十年来的汇总之作,十分可贵。

三

以上大体是按图书内容划分的。还应特别提到的,在诸多获奖书中,使人特别注意的是各类大型丛书,占的比重很大,分布在各个门类里。10年中获奖的大型丛书约110多部,占总获奖书的16%。比较著名的如《闻一多全集》、《韬奋全集》、《叶圣陶集》、《朱光潜全集》、《全宋诗》、《全宋文》、《全清史》、《沈从文别集》、《中华文明史》、《中国解放区文学书系》、《抗日战争纪实》丛书、《当代东南亚系列》、《中华民族故事大全》、《红罂粟》丛书、《迈向21世纪科普》丛书、《国际经济惯例》丛书、《中学百科全书》、《动物世界奇游记》、《教育通史》、《未来军官学校》、《中国农村百页》丛书。大型套书、丛书(包括系列书)获奖数目大,从某种意义上讲是好事,有规模,有气势,有分量,开人耳目,影响深远。这也反映出版物质量不断提高,学术水平不断提高,文化积累作用不断加大,起到了国家级奖项的作用。大型套书、丛书获奖多,是从第4届(1990年)开始的。第4届获奖的大型套书、丛书有12种,占总获奖书的12%。到第10届,获奖的大型套书、丛书达25种,占总获奖书的25%。这从一个侧面,反映了出版界的一个出书趋向:抓重点产品,抓名牌,抓精品。这是好事,不能否定。但是,也令人担忧,有些人把名牌、精品、重点产品与套书、丛书等同起来,以致眼下套书、丛书太多、太滥、太杂、太无序,东拼西凑,不成体系的太多。从目前的现实出发,今后中国图书奖对评大型套书、丛书既不提倡,也不反对,好的欢迎,差的抵制,但不宜评得太多。评奖时要看总体质量,总体水平,不能只看单本,评出真正的优秀套书、丛书。

此外,还有许多其他的获奖优秀图书,这里不再一一分析。值得指出的是10届评奖,也有不足之处。比如优秀的通俗读物获奖不多,优秀的"热点书"获奖不多,优秀的文艺读物特别是长篇小说获奖不多,优秀的科普读物获奖不多。原因可能比较复杂。但不管是什么原因,都给我们留下了遗憾。

中国图书奖已经走了10年。10年后如何走法?答曰:仍如既往,沿着原来的道路继续走下去;而且,要在总结经验的基础上走得更好。如何好法,10年的成功经验要坚持，要发扬，以往的不足要纠正。总的指导思想不变，以评出优秀出版物为目标，以为两个文明建设作贡献，为提高民族素质为宗旨，坚持质量第一的原则，严肃、认真，平等、公道，选评、奖励各类优秀图书，尤其提倡、注重选评优秀的通俗读物、优秀的科普读物、优秀的畅销“热点”书、优秀的长篇小说。我们希望在未来的道路上，评选出更多的优秀图书。

（原载《中国出版》1997.5.）

我国新时期丛书述评

戴庆钰

新时期以来，我国丛书的出版形成了一个颇为壮观的局面。各种大型综合性丛书、地方性丛书、科普知识丛书、学术丛书纷纷编辑出版，规模之巨、品种之繁，一时在出版界蔚为大观。既有“走向未来丛书”、“祖国丛书”这样的大型综合性丛书，也有“国学大师丛书”、“现代西方学术文库”这样的学术精品丛书，还有一些中断多年却影响颇大的丛书，如“汉译世界学术名著丛书”、“外国文学名著丛书”等。仅就1997年第三届国家图书奖初选入围书目看，166种入选书中丛书就有40余种。其中尤以文学类、教育类、少儿类丛书所占比例为高。在社科类34种入选书中，丛书就有9种，其中“中国现代学术经典”、“岭南文库”、“楚学文库”，尤其令人瞩目。在我们这个有着悠久丛书编纂历史的国家，丛书在近20年的再度勃兴自有其深刻的内在原因和巨大的文化价值。这既是一个出版现象，也是一个文化现象，又是一种阅读现象。面对如此欣欣向荣的可喜局面，对于图书资料界来说就产生了一个如何导读的问题。本文试图对当前的丛书出版情况作一个鸟瞰式的粗线评述，以期抛砖引玉，求教于图书、出版界的专家学者。

一、丛书之变迁即学术之变迁

本世纪30年代，汪辟疆在其《目录学研究》中有个精辟的论点：“晚近三百年来丛书之变迁，亦即学术之变迁。”近20年的中国丛书走过了一条向国外大量译介、引进和向古代传承、拓展的进取之路，而这条进取发展之路恰巧与中国学术的进步和发展并驾齐驱，比翼双飞。

其一：随着新时期的到来，文化和学术上的闭关锁国终于被打破了。学术界、理论界、各高等院校急需了解国外数十年来的理论进展和学术成就，于是欧风西雨第二次向着东方神州吹来，被学术界命名为第二次“西学东渐”。这第二次较之近代史上第一次西学东渐势头显得更为强劲，西方理论学术著作的译介和引进不再是一鳞半爪、东零西碎的，而是成批成批、有计划有眼光地被介绍进来。出版界和学术界联手联袂，配合默契，各种学术译丛、理论译丛成套地诞生了。首先是一批被中断多年的大型丛书，如商务印书馆“汉译世界学术名著丛书”、“外国历史小丛书”，人民文学出版社“外国文学名著丛书”，上海译文出版社“二十世纪外国文学丛书”纷纷开始恢复出书。整个80年代，各种学术性强、具有理论权威性的高品位译丛，犹如灿烂星汉闪亮在东方神州的天宇。诸如北京三联书店的“现代外国文艺理论译丛”、上海译文出版社的“二十世纪西方哲学译丛”、辽宁人民出版社的“当代西方美学名著译文丛书”，上海人民出版社的“西方学术译丛”等。他们像清新的风、久旱的雨滋润着整个学术界和整整一代学人。进入新时期以来，中国学术界、理论界各种新学科、新思潮、新理论、新方法的空前活跃、层出不穷，可以说首先得益于各类汉译丛书对西学的译介和引进。正是众多的汉译丛书为学术界和广大学人提供了学习西学的丰富精神食粮，从而促成了新时期学术的空前繁荣。这也从一个方面证实了：丛书之变迁即学术之变迁。

其二：回顾历史，丛书的编纂出版在我国具有悠久的传统。丛书之名肇于唐宋，而丛书之实周汉已开。名目众多卷帙浩繁的丛书汗牛充栋，其中尤以“四库全书”为最，其后则有“四部丛刊”、“四部备要”、“万有文库”等。诸大型丛书在我国古文献典籍中占有极为重要的地位，哺育着一代又一代学士文人，雅韵余泽流芳至今，对中国文化学术的发展具有经久不息的影响。

90年代以来，随着学术思想的空前活跃，文化市场的逐步繁荣,经济实力的日渐雄厚,今人正沿着这一条具有悠久传统的辉煌之路登山涉水立志险远。一大批旨在传承历史薪火,保存学术文化遗存的大型古籍丛书出版了。其中尤其值得大书一笔的是:上海古籍和中国线装书局出版的"续修四库全书",由著名学者顾廷龙主编,计划收书5000多种,1800册;北京大学出版社的"四库全书存目丛书",由季羡林总编纂,收书4000多种,1200册。这两套丛书在收书规模上均已超过了号称丛书之王的"四库全书",从形式到内容都是对"四库全书"以来古籍丛书编纂传统的继承和发展。前者有1000余种书收自四库存目,后者4000余种书全部选自四库存目。此两项浩大的出版工程,实属200年来罕见之文化盛事,在文化积累方面具有不朽之功,在学术上具有总结性的意味。盛世修典,由这两部超大型丛书的出版从一个独特的角度证明,当今的中国正是近200年来最繁荣昌盛的时期。这也从一个角度证明了学术之变迁即丛书之变迁。

在传承历史薪火的努力中,好几部近现代国学丛书具有填补空白的意义。例如辽宁教育出版社的"国学丛书"、北京东方出版中心的"民国经典文库"、江西百花洲文艺出版社的"国学大师丛书"。风雨如晦的20世纪初,在东西文化发生第一次碰撞的近现代中国学术领域,产生了一大批学贯中西的学术大师,他们整体构成了中国学术文化史上的第三个诸子百家时代。然而,对于这样一个大师辈出、学术涵量丰富、学术思想空前活跃的时代,近百年来的学术界,却从未对之进行过系统的介绍和研究。进入90年代,背依着世纪之末的最后一道大幕,学人们忽然发现:今天我们仍然面临着世纪之初学术大师们同样的选择,在东西文化的碰撞中,应何去何从?应作何建树?如何在引进西学的同时接续民族学术与文化的薪火?90年代中期,国学在中国学术界终于形成为一个热点,上述这几套丛书就是在这样的学术背景下出版的。

其三:新时期的文化学术空前繁荣,并且学科的发展愈来愈趋于两端,一是专业性越来越强,分工越来越细,此种学术趋向乃是小型专科性丛书出版的坚强基石。另一端是学科之间的交叉渗透越来越强,宏观的综合性的研究,全方位系统的研究已形成新的学术大潮。而这种研究一方面需要更广泛更全面更系统地吸取古今中外学术成果,此种需求催化了众多大中型学术丛书的出版;另一方面,这种研究成果的发表常常需要采用成套丛书的形式才足以反映全貌。因此可以说大量学术性丛书的出版,对于推动学术研究的发展,提高学术研究的档次,改变学术研究的结构,都具有不可估量的作用,同时在这种新型研究方式和体系中所产生的系列研究成果,又形成为新的学术丛书对更进一步的学术研究发生新的影响。

丛书的编纂培养了一批学术新人,锻炼了一支学术队伍。当前各学科年轻的硕士、博士往往是各大中型丛书编纂的基本力量,丛书出版之际,也是他们在学术上脱颖而出之时。目前,博士论文丛书就达十余套之多。中国社会科学出版社的"博士论文文库"是我国最早出版的博士论文丛书,它已走过了十年历程,被列入国家"九五"出版重点规划。起步于1988年底的人大版博士文库,迄今也已出书近40部。博士论文丛书由于它的学术涵量高,学术品位上乘,更兼眼界开阔,正在逐步形成出版热点且常销不衰。

另一种情况是由出版社牵头,在组织一部丛书的过程中逐步聚集起一批学者新人,如被列入国家"九五"规划重点图书的"中国当代中青年经济学家论著丛书",其作者就是从当今30余位经济学界知名学者中认真筛选出来的,都是我国当代经济学界的佼佼者。这些学者为了一个共同的目标,在不断的学术探讨和学术交往中逐渐形成一个新的学术群体,这种高层次的学术群体,将会催化出更具学术价值的大型成果。

学术的变迁、学术群体的形成,促进了高品位丛书的不断出版;各种高品位丛书的出版又促进了学术的发展和学术群体的形成。丛书之变迁与学术之变迁是相互促进、互为因果的。

二、丛书的类型

新时期以来,丛书的基本划分,据丛书子目的内容,可分为普及性丛书、学术性丛书和资料性丛书三大类型。

(一)普及性丛书

以具有中等文化水平者为主要读者对象,旨在宣传、普及科技文化知识,满足这部分读者对于知识的向往,对于某种文化趣味的追求。

1.内容上以专科性为主,集中介绍某一学科领域的有关知识,使读者系统了解并掌握。

2.形式上以中小型为主,每套丛书选题都在百种以内,子目字数在10万字左右,内容简明扼要。

普及性丛书有时可作推荐书目或阅读书目利

用。如理科大学生或文学爱好者欲了解巴尔扎克的生平及著作概况，读40万字的《巴尔扎克评传》份量太重，查辞典又太简单，北京出版社"外国文学知识丛书"中的《巴尔扎克和〈人间喜剧〉》，全书9万字，对巴尔扎克的生平、作品、艺术风格作了既简明流畅又富于文采的叙述。此丛书包括《司汤达和〈红与黑〉》、《莎士比亚和他的戏剧》等数十种，适合广大文学爱好者阅读。同类丛书还有"中国古典文学作品选读丛书"、"世界文学名著缩写本丛书"、"文学小丛书"等。

多年来，一些古代文化的普及读物，大都只是从文学欣赏或学习古汉语的角度节取选注本，难以使读者全面了解和掌握文化要籍的精华。四川巴蜀书社"中华文化要籍导读丛书"在这方面以新的体例展示了古代文化经典的导读新貌。该丛书系统选取在中国文化史上具有重要代表意义的典籍，每书分两大部分：一是导读，介绍该要籍的作者、全书概况，以及在中国文化史乃至世界文化史上的价值、影响和作用，引导读者领会书中的精华，指明进一步研究该书的途径和有关参考书目。二是原著的精选和简注。该丛书由蔡尚思主编。

(二)学术性丛书

以反映、介绍各学科领域内学术研究成果为主，包括评价当代新科技、新思潮、新学科、新方法，以及以新思想、新方法重新审视传统课题而成的新成果等。这类丛书有大型综合性和中小型专科性两种。

1. 大型综合性丛书：如"走向未来丛书"、"民国丛书"、"传世藏书"等。

新时期这类丛书在书名上与解放前有同名的现象发生。如大型综合性学术丛书"中国文化史丛书"，旧中国上海商务印书馆曾有同名丛书，全套42种，52册，王云五、傅纬平主编，1936～1939年出版，1984年上海书店影印。

新时期上海人民出版社的同名丛书由周谷城主编，15个门类200种选题，包括区域文化、文物考古、生活起居、艺术文学、宗教神话、文化制度、文化交流与比较等，力图从不同侧面、不同层次、不同科目来反映中国文化历史的全貌。它在选题和内容上都大大超过了旧中国的一套。它的出版引起了国内外学术界的瞩目。

再如辽宁教育出版社的"新世纪万有文库"旨在对旧中国商务印书馆"万有文库"有所继承和发展。在内容上分传统文化书系、近世文化书系和外国文化书系三大部分，其中近世文化书系收1919至1949年间学人著述，以及1949年迄今的大陆以外学人的研究成果，是很有眼光和见地的。该丛书在装帧方面仿照"万有文库"的优秀传统，同样采取简装本的形式，显得朴素典雅。

2. 中小型专科性丛书：新时期这类丛书在数量上是庞大的，在质量方面上乘之作不少。如"中国当代文学评论丛书"、"清华大学建筑学术丛书"、"当代智力心理学丛书"、"世界著名学府丛书"等。

(三)资料性丛书

以大型专科性为主，大多列入国家科研或出版项目。其作用一是整理民族文化遗产；二是提供各学科间系统的研究资料，为促进学术研究的发展作出了重大的贡献。

资料性丛书以社会科学方面为主，除一批古籍资料外，还包括美学、艺术及人物传记资料等方面的内容。如中华书局的"二十四史研究资料丛刊"、"中国当代文学研究资料丛书"、"中国现代文学研究资料丛书"。中国社会科学院外国文学研究所的"外国文学研究资料丛书"。春风文艺出版社的"明末清初小说选刊丛书"，填补了从《金瓶梅》到《红楼梦》之间小说研究资料的空白。

以上分类仅为叙述方便，事实上丛书的划分并非如此单纯，有的丛书兼容知识性、学术性、资料性。这些丛书犹如一个辐射四方的多棱发光体，为多层次的读者提供了精神食粮。

三、丛书之繁荣即出版界之繁荣

新时期丛书的繁荣兴旺，一方面固然说明学术界的繁荣兴旺，硕果累累，另一方面更说明了出版界追求之崇高，成就之辉煌。新时期的出版界具有很强的使命感，他们肩负繁荣文化、学术，提高全民族知识水准的重大使命，大力支持文化学术事业的发展，并以此作为自己责无旁贷的义务。

随着出版体制的改革，出版社数量的迅速增加和市场机制的逐步形成，各出版社之间的竞争也渐趋激烈。一方面是追求社会效益，追求学术品位，追求在全国读者中的知名度；另一方面也必然追求经济效益。如何同时实现这两种追求，全国几百家出版社的首选目标，不约而同地对准了丛书。因为丛书这种出版形式可以产生一种很有气势的整体效果，通过丛书的出版可以产生名品效应，容易在读者中留下深刻的印象，容易吸引大量没有确定目标的读者的注意。就丛书的内容而言，既丰富全面，又角度众多。它既可以将某一方面的知识尽收网中，也可以从多角度全方位将某一学科或某一论题论深论透;它又有气魄包罗万象,将百科知识尽情囊括。更何况大、中型丛书的出版常常连绵不断,一辑出了又一辑,至于投放市场的速度和数量完全由出版社自己控制,因而具有长效性,容易在读者心理上产生一种连续不断的广告效应。此种广告效应通过读者间的相互传递会产生信息的连锁反应,使丛书的影响不断扩大,以至形成销售热点。有些丛书一再重印仍供不应求,如北京三联书店的"现代西方学术文库",除了选题精当、质量上乘外,与丛书的长效性和广告效应亦不无关系。

随着出版体制的改革,越来越多的出版社遵循着市场规律在丛书出版中采取开放灵活的策略。例如,几家出版社联合出版一套丛书,这样出版丛书需要投入的大量人力、财力、物力就可以共同分担,同时大大缩短了出版周期。对于某些比较抢手的选题,这是一种更可取的新方式。"文艺新学科建设丛书"就是由人民文学出版社、中国文联出版公司等四家出版社联手出版的。再如,借助具有雄厚实力的企业集团或公司的财力,联合出版大型丛书。"续修四库全书"、"四库全书存目丛书"和"传世藏书"都采取了此种颇具改革精神的出版形式,此种出版形式无论对出版社还是对企业集团或公司都是有百利而无一弊的大好事,既为繁荣文化、学术以及出版事业作出了重大的贡献,又提高了各自的知名度。

新时期的出版家都很注意已版丛书的知识层次和学术深度相互呼应的问题。广西漓江出版社"美学知识丛书"出版后,受到广大读者欢迎,他们立即意识到应为读者提供更高层次的美学著作。该社即着手编辑具有相当学术深度的"美学专著丛书"。使两套美学丛书形成一个渐进式的知识学术阶梯,适应了不同层次读者的需求。学林出版社的"现代人文科学丛书",力求在四川人民出版社"走向未来丛书"基础上,向纵深进行探索,及时为读者提供了逐步深化的读物。

新时期的出版家对丛书的选题都特别讲究,因为选题的好坏直接关系到丛书的命运。既要顺应市场、顺应读者,又不能亦步亦趋。激烈的竞争要求出版家具有高屋建瓴的眼界和气度,具有超前意识,从宏观高度去俯视整个出版界与买方市场。在选题中选取一系列精彩闪光的"点",再以出版家之妙手把它们穿成一串光彩照人的学术之链。例如:湖北教育出版社就是站在"古代北方黄河文化与南方的荆楚文化实为双峰并峙,互相辉映"这样一个历史高度来编纂"楚学文库"的。所收17部专著,部部都是创新之作,代表了楚学各门类的最新学术成就。该丛书已被列入"第三届国家图书奖初评入选书目"。

随着出版技术的革新,出版周期得以大大缩短,更有利于成套丛书的出版。进入新时期20年来,在出版界已形成了这样一种繁荣兴旺的竞争局面,几乎每家出版社都拥有几套甚至十几套影响巨大、质量上乘、足以支撑门庭的"看家"丛书。可以说丛书之繁荣即出版界之繁荣。丛书出版中竞争格局的形成其成绩是巨大的,它使中国的出版事业欣欣向荣,生机勃勃,它给社会造成了一种浓厚的读书氛围。多少读者因而免除了翻检查找之苦,一套在手其乐融融。它给青少年的幼学提供了成体系的精神食粮,它极大地丰富了图书馆的馆藏,丰富了读书人的案头、书架,丰富了成千上万读者的头脑和心灵。

但是,我们也不能讳言,在竞争中为了追逐经济效益而出现的种种弊病。一些胡乱拼凑的所谓丛书居然登堂入"市",一些翻来覆去"炒冷饭"式的丛书"乱纷纷你方唱罢我登场"。盲目地重复出版是当前丛书中的一大弊病,更有甚者,有的丛书出了一、二种,即如泥牛入海,杳无音讯;有的丛书既无编辑说明,亦无选题目录,露头藏尾,不及全貌。这样的丛书,既谈不上出版的计划性,更无从在读者和学术界产生影响。挂丛书之名,无丛书之实。有的出版社编辑力量不足,还忙于制订宏大规划,致使一些巷谈旧闻,扶老携幼地踅入丛书之中。

又一值得关注的丛书出版现象是:竞相出版外表装帧美轮美奂的所谓豪华本,似乎部头越大越好,价格越贵越好。但是,瑕不掩瑜,这些现象仅是丛书在迅猛发展中的白璧微瑕。新时期的中国丛书对于学术文化事业的贡献将载入文化史册。

(原载《苏州大学学报》哲社版1997.4.)

中国少儿图书创作与出版态势及未来发展

——全国少儿作品调研座谈会纪要

钟 抒

前不久，中宣部出版局召开专题调研会，邀请10家少儿出版社负责人、中央电视台、北京电视台少儿节目负责人和部分知名儿童文学作家，共同分析少儿作品创作和出版总体态势，交流创作和出版信息，研讨多出优秀作品的有关措施。现将有关情况综合如下：

一、关于当前少儿作品创作与出版工作的态势

与会同志一致认为，当前是建国以来少儿作品创作和出版工作最好的时期之一。十四大以来，以江泽民同志为核心的党中央十分重视少儿作品的创作与生产，要求广大文艺工作者和出版工作者创作出版更多优秀作品，鼓舞少年儿童奋发向上。在中央的正确领导下，中宣部和新闻出版署在推动繁荣少儿读物、提高整体质量、多出精品力作方面采取了一系列重要措施，连续三年召开全国少儿读物出版工作会议，制定"九五"国家重点少儿读物出版规划，组织实施"中国儿童动画出版工程"，举办"全国少儿读物出版成就展览"，这些措施有力地推动了少儿作品的繁荣健康发展。经过广大文艺工作者和出版工作者的共同努力，少儿作品的质量有了明显提高，题材领域更加广阔，品种更加丰富，读者对象更加明确，一大批思想性、知识性和可读性结合较好的优秀少儿作品相继问世，对少年儿童的健康成长发挥了重要作用。

在充分肯定少儿作品取得显著成绩的同时，与会同志强调，必须清醒地看到，当前少儿作品的创作出版、少儿节目的制作播放还存在不少问题，其中最突出的是整体质量不够高，思想导向好、价值导向正确而又富有知识性、充满意趣的精品力作不够多，特别是优秀的"原创"性儿童文学作品太少。这些问题在很大程度上制约着多出优秀少儿作品的工作进一步取得进展。与会同志们具体分析了各个环节存在的主要问题：

1. 从创作环节看，目前少儿作品创作力量不足，儿童文学作者队伍流失严重，大多数知名作家很少涉足儿童文学领域，而一些儿童文学作家成名后往往又转向成人题材的创作。许多儿童文学作家深入生活不够，不熟悉当代少年儿童的生活和学习情况，不了解孩子的心理和情感世界，作品脱离孩子的生活，成人化倾向比较明显；有些作家过于追求艺术形式上的探索，注重表现自已的心灵感受，忽视少儿作品的思想含量，在价值导向上出现某些偏差。面临市场的激烈竞争和创作力量的严重不足，一些知名少儿作家忙于应付多方稿约，来不及对作品精雕细琢，使不少基础较好的作品留下许多遗憾。另外由于少儿作品创作难度比较大，现行按篇幅付酬的稿费标准，又在一定程度上影响了作家投入少儿作品创作的积极性。

2. 从出版环节看，编辑队伍素质不适应时代的需要和读者的要求。许多少儿读物编辑对少儿作品面临的时代、社会大背景研究不多，特别是对少儿读物在帮助少年儿童形成适应未来社会的多种素质问题思考不够深入，因此选题设计的总体思路往往缺乏新意、创见和前瞻性，影响到少儿读物的整体出版质量。同时，由于独生子女群体的出现，家长的期望值很高，舍得花钱为孩子买书，少儿读物往往是"皇帝女儿不愁嫁"，这种情况使出版社危机意识不强，开拓新选题、提高整体质量的内在动力不足，选题重复现象比较严重。一些少儿出版社内部管理水平低，精品意识不强，导致少儿读物编校质量不高。

3. 从管理环节看，对优秀少儿作品创作与生产的引导力度还不够大，特别是对落实出版规划的保障措施研究不够细致，对重点项目的进展情况不能做到心中有数；另外有些管理措施还不到位，特别是对少数违反规定，擅自突破专业分工、滥出少儿读物的出版社查处不够及时有力，致使一些质量低劣的少儿读物流入市场。

4. 从宣传评介环节看，对少儿作品创作理论的研究滞后，对当代外国少儿作品、创作思潮和流派的评介不够及时，对国内儿童文学创作缺乏有力的引导。评论力量弱，评介工作与创作出版脱节，好作品出现后，评介未能及时跟上，而对一些质量不高的作品，舆论批评又不够有力。在宣传好作品、引导读者的工作中，各种传媒尚未真正形成合力，有时还出现了不一致的情况(对动画作品的介绍尤为典型)。同时，少儿出版社还不善于运用市场机制大张旗鼓地"包装"好书，使好作品真正成为畅销书。

二、少儿出版社为提高图书质量采取的主要措施

与会少儿出版社的同志认为，在提高少儿读物整体质量，推动多出优秀作品的工作中，自己负有重要责任。少儿出版社一头联系作者，一头面向读者，应当牢固树立精品意识，积极发挥对作者和读者的引导作用。与会的10家少儿出版社介绍了自己在抓质量、多出精品方面采取的主要措施：

1. 抓创作，凝聚作家。为了解决原创作品少的问题，许多少儿出版社十分重视培养作者的工作。中国少年儿童出版社1997年将对《儿童文学》刊物扩版，主要发中篇小说，还将举办一期儿童文学新人学习班。上海少儿出版社利用自己拥有三代全国一流儿童文学作家的优势，鼓励年轻编辑继承传统，努力使自己成为作家、专家、出版家"三合一"的新型编辑；同时出版"巨人丛书"，专门收入反映当代少年儿童生活的中长篇小说。山东明天出版社1997年专门成立了文艺编辑室，还策划了"猎豹丛书"和"金犀牛丛书"，组织一批知名成人作家给孩子们写书。

2. 抓重点，突出特色。我国共有33家专业少儿出版社，在长期的发展和竞争中，大多形成了自己的"拳头产品"。与会的10家少儿社响亮地提出，要通过实施重点图书战略，打出新品牌，使自己的特色更加突出。目前，他们的重点选题均已列出，如：中国少年儿童出版社的五大系列：爱国主义教育、大世界、雏鹰行动、希望工程、地球村；上海少儿出版社的儿童百科系列和科普系列；江苏少儿社的原创作品和农村少儿读物系列；湖南少儿社的低幼读物系列；天津新蕾出版社的思想品德教育系列和科普系列；广西接力出版社的神脑聪仔卡通系列；河南海燕出版社的知识读物系列等等。

3. 抓机制，激发活力。1997年，许多少儿社在建立图书质量保障机制方面出台了不少措施。中国少年儿童出版社把今年确定为图书质量年，制定了中少版图书编、校、印、装等环节的质量承诺条例，并准备在六一前向社会公开承诺；在内部，该社突出一个"优"字，要求对重点选题做到领导、作者、责编、资金、出版、发行六到位；为保证编校质量，该社规定新编辑上岗前须到校对科工作三个月，对编校质量不合格图书的责编要求重新到校对科培训三个月。江苏少儿社对图书质量实施全面管理，除坚持"三审"制外，还新出台了新书付印前审读制、新书印刷质量送审制以及编校质量奖惩制等。河南海燕出版社在全社展开关于本社经济定位、文化定位、读者定位的大讨论，强调树立质量意识，并投入一定资金完成了技术改造，从软件硬件上保障图书质量的提高。

三、关于多出优秀少儿作品的具体建议

1. 花大力气培养作者。与会同志认为，要以现有儿童文学刊物为阵地，发现并扶持新人，壮大创作队伍。出版社要有意识地组织作家深入生活、深入校园，为作者了解孩子、理解孩子创造有利条件；还应该有意识地组织成人作家特别是知名作家创作儿童文学作品。各地宣传部门和作协也要注意加大对儿童文学作家的创作引导，定期开展对一些创作倾向的讨论，组织对一些作家和作品的研讨，帮助作家们树立正确的创作思想，开阔视野、升华思想境界，以强烈的责任感、使命感去体验生活、创作作品。

2. 加大对少儿读物出版工作的宏观管理力度。与会同志建议，出版管理部门应尽快对少儿读物出版资格进行重新核定，杜绝擅自超专业分工，滥出少儿读物的现象。应当建立有效的奖惩机制；坚持不懈地开展"扫黄打非"斗争，为多出优秀作品营造良好氛围。同时，要注意研究少儿读物出版事业发展战略，引导少儿出版社增强可持续发展的能力。与会同志还建议，为了减少重复出版，新闻出版署除了定期制定重大出版规划以外，应尽快利用高科技手段建立选题中心，特别是为重大选题提供查重咨询。

3. 强化精品意识。与会同志认为，应当提倡少儿出版社根据自己的优势在不同题材领域"独领风骚"，"探挖一口井"，而不是盲目求全求多，少儿出版社应当利用当前的有利发展时机，自觉优化选题结构，增强原创作品和新作的比重，提高编校质量。与会同志建议，要在少儿出版界大张旗鼓地开展爱岗敬业的教育，提高编辑队伍素质。

4. 利用市场机制培育读者，引导读者。与会同志认为，少儿读物的发展仅靠政府行为不够，还必须学会利用市场机制使优秀少儿作品真正成为畅销书。与会同志建议在这个问题上，各种传媒要形成合力，通过宣传评介把好作品炒热，引导读者阅读。

5. 进一步落实文化经济政策。与会出版社代表建议对获国家大奖的优秀少儿作品减免增值税；作

家代表建议中宣部“五个一工程”奖应明确对作者的奖励，并呼吁尽快提高稿酬标准。

（原载《中国图书评论》1997.7.）

台湾工具书出版现况及其特点

袁 伟

前 言

一个国家或地区，工具书出版发行的数量、质量、规模是与该国或该地区政治、经济、文化的发展状况密切相关的。台湾地区也不例外。从1949年至1987年，国民党当局在台湾地区实施“军事戒严”，取缔和封杀一切不利于国民党“统治”的报刊及出版品，严重影响着岛内图书出版业的发展，其中也包括工具书的出版。因此，工具书出版的品种单一，数量有限，主要是一些专科辞典、地方性年鉴、百科知识及青少年百科全书等，如联经出版事业公司1978年出版的《世界记录百科全书》，基隆“市政府”出版的《基隆年鉴》等。直至1987年7月15日，台湾当局正式废除实施了长达38年的“紧急戒严令”，开放“党禁”、“报禁”、“出版禁”，规定出版品由“军法”管理转交“行政院新闻局”负责，图书出版业才渐趋活跃，工具书的出版状况也才有了明显的改观。一些有关“政治”、经济的工具书开始增多，有关两岸关系的某些课题也开始成为更多工具书的内容。但由于种种原因，我们很难收集到完整的台湾出版的工具书，现就笔者所了解的一些情况及其特点作如下评介。

一、台湾地区工具书出版现况

台湾出版的工具书种类繁多，内容涵盖“政治”、“经济”、“法律”、“外交”、“国防”、科技、文化教育、新闻出版、社会生活、地理、环境保护等各领域；其类型大多为非辞书型工具书，包括年鉴、年报、统计、手册、年表、名录、大事记等，而辞书型工具书主要是一些语文辞典及专科辞典。其中，台语词典近年出版较多，不同程度地反映了台湾“本土化运动”的发展脉动。

1．经济类

经济类工具书又可细分为工业、农业、财政金融、贸易等几个方面。

工业类工具书主要有中华征信所编辑的系列工具书，该所是专业工商调查研究机构，从事整体经济、个别产业、个别产品及商品价格等方面的研究。1971年10月首度研究编纂完成“台湾地区产业年报”共10辑。以后每年均有所增减，包括石化业、汽机车业、营建业、金融业、配销流通业、钢铁业、建材业等。至今，已先后出版70余种不同类型的产业年报，颇受企业界重视。此外，自1971年开始，中华征信所每年还定期出版《台湾地区大型企业排名》，即通常说的“TOP500”。内容分为编辑说明、总述、制造业篇、服务业篇、综合编、企业名称索引等部分，内设各行业公营企业排名、民营企业排名、公民营企业混合排名、相对美国FORTUNE500大企业排名等栏目，榜上有名的企业的营收净额、营收成长率、资产总额、税前纯益、资本额、净值、员工总数、净值报酬和资产报酬率等单项经济指标及单项指标排名——清晰列于表上。“TOP500”采用图形、表格与说明文字相结合的编排体例，并在文字上采用中英文对照的形式出版，生动直观，数据可信度较高，颇具参考价值。

另外，由台湾经济研究院编辑出版的“纺织工业年鉴”、“资讯电子工业年鉴”、“化学工业年鉴”、“机械工业年鉴”等工具书在相关领域也颇有影响。台湾经济研究院是台湾著名的学术研究机构，聚集了岛内大批颇有成就的学者专家，其编纂的工具书具有相当的权威性。

农业类工具书有台“经济部统计处”出版的《“中华民国”台湾地区农业生产统计提要》，主要内容包括农业生产指数、主要农产品生产量、农业值及结构比、耕地面积、农家人口及农业劳动力五个方面。为便利国际比较参考，除生产提要分析说明外，一律以中英文对照方式刊印。此外还有《农业建设情况执行成果摘要报告》、《“中华民国”粮政》、《“中华民国”农业统计要览》、《“中华民国”农业》、《台湾省农民经营农业状况与意向调查报告》、《台湾省农业年报》、《台湾粮食统计要览》等。在已出版的大量农业类工具书中,可查阅到有关台湾地区自1945年以来的农业发展政策及规定;农、林、牧、渔各业发展情况;农副产品价格及农产品贸易等内容。

财政金融类工具书主要有《"中华民国中央银行"年报》、《金融机构业务概况年报》、《金融机构一览》、《中国国际商业银行年报》、《"中华民国"财政统计年报》、《台湾地区产业年报金融业》、《"中华民国"证券年鉴》等。以上各工具书均是按年刊印。另外还有非连续性按年出版的工具书,如《"中华民国"台湾地区产业分析、股票选择投资指南》、《"中华民国"税务通鉴》、《台湾地区银行发展40年》等。

贸易类工具书主要有《"中华民国"贸易出口统计月报》(年刊)、《经贸年报》、《农产贸易统计要览》、《海外市场经贸年报》等。

经济类工具书还有:《"中华民国"经济年报》、"经济年鉴"、"台湾地区国民所得"、"观光统计年报"及《台湾省物价统计年报》等。其中,"台湾地区国民所得",是由"行政院主计处"编辑出版。从1953年开始,"行政院"即以联合国国民经济会计制度为蓝本,按年编算台湾地区"国民"所得。这是一套以具体经济指标,陈述台湾地区经济活动总成果,并阐明各部门之间的相互联系,以供经济计划及经济研究分析的重要参考资料。内容包括台湾地区经济发展情势综合分析,历年主要统计结果表,"国民"经济会计报告等,并将一些基本概念、重要名词解释、编算方法及资料来源等简要说明。

2. 社会类

社会类工具书包括人口、社会生活、就业、劳动力分配、社区建设等许多方面。此类工具书多为台湾当局各有关"行政机构"编辑出版,因此,其资料搜集一般都较为全面系统,具有相当权威性,且多以调查报告的形式出版,而各专业出版机构出版的此类工具书则较少。

《"中华民国"台湾地区社会指标统计》,由"行政院主计处"于1979年编印完成逐年出刊。本年报将全部指标分为人口与家庭、经济、就业、教育与研究、医疗保健、运输通信、生活环境、公共安全、社会福利、文化与休闲及社会参与等十一类。自1983年起增加文字彩色图表陈述摘要说明,以阐明社会变迁及人民生活变动情况。本指标除编制台湾地区整体性指标外,另按县市别编制地区性指标,但受基本资料限制,地区性指标远不及整体性指标周详。

《"中华民国"台湾地区薪资与生产力统计年报》,由"行政院主计处"编辑出版。年报统计范围包括:矿业及土石采取业、制造业、水电燃气业、营造业、商业、金融保险及不动产业、工商服务业、运输仓储及通信业、社会服务及个人服务业等九大行业。其原始资料系分由各主管机关负责查报,再由"主计处"综合加以审核、复查、电子处理、汇编制表、研究分析等过程,编印成本年报。

《"中华民国"劳工检查年报》、"劳工行政年报"、"台湾地区中高年劳工统计"、"台湾地区工会概况调查统计报告"、"台湾地区营造业劳工工资工时调查报告"等,由"行政院劳工委员会"编辑出版;"台湾地区就业与薪资统计提要"、"台湾地区人力资源调查统计年报"、"台湾地区受雇员工动向调查报告"、"台湾地区人力运用调查报告"、"台湾地区国民休闲生活调查报告"、"台湾地区国民文化活动需要调查报告"、"台湾地区国民文化活动需要调查报告"等,由"行政院主计处"编辑出版;"台湾地区国民生活状况调查报告"、"台湾地区低收入户生活状况调查报告"、"台湾地区社区建设与活动调查报告"等,由"内政部统计处"编辑出版;《社政年报》由台湾"省政府社会处"编辑出版;"台北市家庭收支调查报告"、"台北市家庭收支记帐调查报告",由台北"市政府主计处"编辑出版;《"中华民国"台闽地区人口统计》、《人口政策资料汇集》由"内政部"编辑出版。

3. 综合类

综合类工具书,种类虽不甚丰富,但利用率较高。如《"中华国民"年鉴》、《世界年鉴》、《"中华民国"统计年鉴》等,在日常工作中发挥着较好的参考作用。

《"中华民国"年鉴》,由"中华民国"年鉴社编辑、正中书局出版。内容分为14篇85章,包括政党、"政府"组织及职能、"民政"与"边政"、教育科技、劳工"行政"、"国家"经济、"外交"与侨务等,第14篇为大陆概况。

《世界年鉴》,由"中央通讯社"编辑出版,自1990年起每年编印,资料不断更新增补。内容分为岛内部分、国际部分、两岸三边关系、回顾与展望四部分,每部分又分为若干章。

另外,还有《台湾省统计年报》、《台湾省统计手册》等,由台湾"省政府主计处"编辑出版;《台北市统计要览》,由台北"市政府主计处"编辑出版;《高雄市统计年报》,由高雄"市政府主计处"编辑出版;"行政概况",由"行政院研究发展考核委员会"编辑出版;"内政概要"、"内政统计提要"等,由"内政部"编辑出版。

限于篇幅,有关“政治”、“法律”、“外交”、科技、教育、文化、艺术等方面的工具书,不再一一详述,只将各类中具代表性的工具书作一简介:“政治”类有《“总统府”公报》、《“中华民国行宪政府”职名录》、《“中华民国”选举统计提要》等。“法律”类有张知本编、林纪东续编,大中国图书公司出版的《最新六“法”全书》及蔡墩铭主编,五南图书公司出版的《“民法”汇编》、《“民事程序法”汇编》及《“刑事程序法”汇编》等。“外交”类有《“中华民国外交”年鉴》,“外交部”编辑出版;《中国国际法与国际事务年报》,由中国国际法学会编辑,台湾商务印书馆出版。科技类有《“中华民国”科学技术年鉴》,由“行政院科学发展委员会”编辑出版。教育类有“教育部”编辑出版的《“中华民国”教育年鉴》及《“中华民国”教育统计》。文化类有《“中华民国”出版年鉴》,台湾中国出版公司出版;《中国文化研究年鉴》,国文天地杂志社出版。艺术类有《“中华民国”电影年鉴》及《台湾美术年鉴》,分别由台湾电影资料馆和雄狮图书股份有限公司出版。

二、台湾地区工具书的特点

对于工具书的鉴别与评价一般包括六个方面:即权威性、内容与收录范围、编辑风格、及时性、体例和外观。①我国著名的图书馆学教授周文骏在其著述中也谈到:“工具书的评价,一般是以编著者和出版商的权威性、编写目的、收录范围、及时性和准确性为标准。”②依据上述原则,台湾出版的工具书大体表现出如下特点:

第一,就出版形式而言,可分为:

1. 多种载体形式并存

台湾出版的工具书相当部分仍然采用印刷版,大体延续中国传统的工具书编排体例,分为类书、“政书”、百科全书、年鉴等。同时,依然采行繁体字竖排版面的形式,只有部分为繁体字横排版。

台湾是资讯工业高度发达的地区。随着现代科学技术的飞速发展,现代信息存贮技术得以不断演进:磁存贮技术、缩微存贮技术和光盘技术先后出现,形成了信息载体多样化的局面。工具书这一类特殊的信息密集型文献,其载体形式随着信息存贮技术的发展出现了除印刷版外,还有缩微版、机读版、声像版、光盘版多种载体形式并存的局面。生产英文图书数十年的远东图书公司,1995 年成功推出了第一部 CD 辞典——《英汉百科辞典》,五南图书公司也推出了光碟版的《六“法”全书》。虽然目前就整体来说,多媒体的总额还不高,行销还有不少困难,如价格较高、尚未普及、需增加设备、软件不相容等问题,但可预言,百科全书、工具书等类型的多媒体光碟仍将会有很好的发展前景。

2. 与大陆交流合作日益密切

80年代以前,台湾图书出版业在“戒严管制”下,与大陆处于隔绝状态。之后台湾当局对图书出版业的某些“政策”有所松动,敏感的台湾出版商就把目标瞄准了拥有 12 亿人口、同文同宗的祖国大陆。一些出版机构和书商纷纷通过香港中介组织引进大陆图书。比如 1989 年 6、7 月间,台湾出版商获香港三联书店授权公开出版《汉化字总表检字手册》。此后不久,台湾“新闻局”公布,音乐、艺术、工具书等非明显政治意识形态的大陆书籍,出版业者经过正常授权后,可在台以繁体字出版。1990 年 7 月,台“新闻局”修订了“大陆出版品管理办法”,取消了经第三者“中介授权”才能出版大陆图书的硬性规定。由此,两岸工具书的合作出版出现了新的契机。

两岸以多种形式合作出版工具书。(1)购买版权:合作伊始,由于双方对彼此情况均不甚了解,多采取购买版权的方法开展交流合作。这样即可越过台湾当局禁止在台销售大陆图书的障碍,也可解决两岸图书差价悬殊及繁体、简体字不同的问题。如《辞海》、《汉语大辞典》、《中国大百科全书》等都是通过此种方式在台湾出版的。(2)合作编译:这是在双方有了一定了解之后,发挥各自优势,台湾方面利用大陆人才资源丰富,专业知识水准高,祖国大陆利用台湾资金充足的特点,开展合作。如《中国文化研究年鉴》、《中国美术辞典》等就是由台湾提供资金,而由大陆专业人员编辑,双方合作完成的。此外,还有合作排印、合作出版等。

海峡两岸图书出版界的交流合作,虽然近年已取得较大进展,但仍受到台湾当局诸多限制。当然,台湾也存在盗版大陆工具书的现象,如台湾丹青出版公司盗印大陆中华书局出版的《简明不列颠百科全书》,并引发了双方的版权诉讼案。

3. 重视翻译别国的工具书

台湾出版商比较重视出版西方的图书。据估计,每年台湾翻译西方的著述占出版量的 10%以上,其中主要的是工具书。如中华学术研究院日本研究所翻译出版的《日本简明百科全书》、光复书局翻译出版的《大美百科全书》(30 册)。

第二、就出版内容而言,可分为:

1. 卷帙繁简兼顾，内容深浅相济

繁：主要是卷帙浩繁的知识性工具书。如《中华百科全书》，由文化大学、中华学术院联合编辑，中文大学出版部1980—1983年出版。这是一部综合性百科全书，共10卷，辞条15 000多，根据内容分为四十个门类，计有哲学、宗教、文学、史学、各国重要人物、政治、经济等等。全部辞条按首字笔画为序，1—9卷书前有辞条目录，第10卷为附录，包括全书总目录、大事记、辞条分类索引等。

简：主要是小型袖珍辞书，携带和使用方便。这类工具书虽小，但功能不可小视。如《台湾省统计手册》；台湾"省政府主计处"编辑出版；《"中华民国内政"统计手册》，"内政部统计处"编印。这是专门供台湾各级"行政官员"随身携带参考而编辑出版的。

深：为了专业、研究人员的使用，对知识进行大量归纳，系统整理，出版了一些内容专深的工具书。如医学及理工类的某些工具书。

浅：一些为少儿、退休人员浏览而出版的图文并茂，内容浅显，引人入胜的工具书。如《中华儿童综合百科》，众文图书公司1987年编辑出版，共分18册，包括森林中的动物、草原上的游客等；《日常生活常识百科全书》，廖丑编，大伟书局出版。

2. 索引完备，释义清新

台版工具书一般较重视索引的编排，使用起来较为方便。如《"中华民国"现代名人录》，"中国名人传记中心"编辑出版。其索引包括笔画姓氏索引、汉语拼音姓氏索引两种。《重编"国语"辞典》(共6册)，"教育部重编国语辞典编辑委员会"编著，台湾商务印书馆出版。书后计有6种索引供读者使用：音序检字表、部首索引、部首检字表、同义异词索引、西文译名索引。

需要指出的是，台湾出版的工具书，其汉字注音方法与祖国大陆通常使用的现代汉语拼音不同，是采用旧式拼音法，人们在使用中应当注意。

3. 特定地区范围

台湾当局现在仍自称"中华民国"。台湾地区出版的工具书中，书名含有"中华民国"、"中华民国台湾地区"者，内容包括台、澎、金、马地区有关内容；书名含有"台湾省"者，内容不包括金门、马祖地区，也不包括台北市、高雄市的有关内容。

4. 资料系统全面，颇有参考价值

某些统计类资料，如人口统计、教育统计、职工就业统计等，主要由"官方"机构和专门研究机构编撰，所以资料搜集比较全面、系统，可信度较高。如《"中华民国"教育统计》，其资料来源系根据"教育部"登记资料、大专院校和中小学校以及台湾"省政府教育厅"等有关单位定期报"部"的统计报告等资料汇编而得。又如《"中华民国"观光统计年报》，"交通部观光局"编辑出版。其资料来源包括：外籍旅客资料系依据"旅客入出境登记表"，由台北"市政府警察局电子作业组"提供；华侨旅客资料由"侨委会"及"内政部警政署电子资料处理中心"提供；台湾旅客资料由"内政部警政署"据"旅客出境登记表"及"出境证"资料统计，同时参考各景区门票收入情况而得。

某些以"调查报告"、"某某研究"的形式出版的工具书，应以大型科研机构及著名的出版机构的出版品较可信。因为他们拥有雄厚的科研力量，可在广泛而细致的社会调查基础上，进行深入全面的系统研究，所以一般得出的结论都具有很高的参考价值。

5. 反映当局"政治"、经济等方面的发展变化

这主要体现在年鉴、年报等按年连续出版的工具书中。每一本年鉴提供的资料具有横向性，而整个年鉴系列提供的资料具有纵向性，为读者提供了横可鉴、纵可比的信息资料。翻开历年的《"中华民国"经济年鉴》，读者便可感受到从国民党退据台湾至今的台湾经济发展脉动，了解40年代末至60年代初的轻纺工业进口替代；60年代至70年代初的轻纺工业出口扩张；70年代至80年代初重化工业的进口替代；80年代以来科技产品的出口扩张；90年代初的"六年经建计划"及现在的"亚太营运中心计划"等。

6. 反映两岸关系的调整演变

随着两岸关系解冻，有关大陆"政策"的沿革，两岸关系的发展、变化、交流状况的篇章也载入工具书中。在一些综合性工具书如《"中华民国"年鉴》、《世界年鉴》；某些"政府"部门年报，如《"行政院大陆工作委员会"年报》及"海基会"成立后的"海基会年报"等对两岸关系的发展变化皆有不同程度的反映。某些专科、专业性年报、年鉴对两岸在本领域内的交流合作亦有介绍。如《"中华民国"经贸年报》对两岸在经贸领域的合作，包括台商在大陆的投资及台湾当局的有关"政策"、"法规"等都有涉及，这从某种意义上反映了台湾当局大陆经贸政策的演变过程。

台湾版工具书的特点还有书名多以中国、世界冠之，给人以集门类大全之感，如《中国书法大辞典》，印刷与用纸都较精细，印刷的质量与香港欧美不相上下，书价较高，从几百至几千元新台币不等，

如《台湾地区集团企业研究》，单本定价 6 000 元新台币；再有，专业性强，分类细，根据各书出版的目的、发行对象和学科性质，或侧重学科性，或侧重知识性或实用性。

第三，就编者角度而言，又主要分为专业出版机构编纂、科研机构编纂及“政府”机构编纂等。如由台湾雄狮图书股份有限公司编辑出版的《台湾美术年鉴》；由台湾经济研究院编辑出版的《“中华民国”纺织工业年鉴》；由“行政院主计处”编辑的《“中华民国”台湾地区薪资与生产力统计年报》等等，在前文均已提到，这里不再赘述。

结 语

考察台湾地区出版的工具书，尤其应该注意以下几点：第一，政治倾向性：就思想内容来说，综合性和社会科学的工具书，从收录范围、资料取舍、甚至编排方法等方面，都可看到其特定的“政治立场”及其“政治倾向”。比如台湾在国际社会中，否认中华人民共和国是代表中国的唯一合法政府，鼓吹“中华民国”在台湾，强调两岸是“分裂分治”、“对等的政治实体”，并搞所谓的“务实外交”等等，企图在国际社会制造“两个中国”或“一中一台”。我们在使用台湾版工具书时，对此应特别注意分析与鉴别。第二，就知识性来说，台湾版工具书也必然受编者所处的时代及其社会地位、学术水平的限制，我们要擅于从中吸取精华，扬弃谬误。诸如文物、考古方面的工具书尤其如此。由于两岸的隔离，祖国大陆考古挖掘的许多古代遗址及文物，在台湾版有关工具书中反应滞后，甚至没有反应。第三，就资料性来说，任何一部工具书都难以完美无缺，使用工具书中的资料时，应与相关文献进行核对，去伪存真，以免有误。台湾版工具书多由几家较大出版机构及研究机构承担，他们在某些数据的统计、分析及评价上，各自评判标准不尽相同，因此在使用时应进行对照分析，尤其是有关祖国大陆部分的资料统计，更应慎重分析。

目前，虽然在祖国大陆上所能见到的台湾版工具书还十分有限，但随着两岸交流领域的日渐增多，两岸图书馆学界交往日益密切，这种状况会不断改观。如何对台湾版工具书进行深入研究，如何发挥台湾工具书的作用，这无疑是工具书出版界和图书馆学界一个新的课题。

注释：

①《中国大百科全书 图书馆学 情报学 档案学》卷。

②《图书馆学情报学词典》，周文骏主编。

（原载《台湾研究》1997.3.）

旅游出版物的选题开发

常振国

改革开放以来，我国的旅游事业有了飞速发展，1996 年更是成绩显著，取得了历史性的突破：全国接待海外游客 5163 万人次，已排名世界旅游业第七位，创汇 102 亿美元；接待国内游客 6.3 亿人次，创收人民币 1638 亿元。到目前为止，全国已有 22 个省市自治区把旅游业作为“九五”重点产业，这不仅为旅游业的进一步发展提供了有利条件，同时，也为旅游出版物的开发创造了大好时机。

一、旅游出版物的现状

目前，全国共有出版社 564 家，其中以出版旅游读物为主的有 5 家，分布在北京、山东、广东和陕西等省市。据不完全统计，这 5 家出版社每年共出版各类旅游读物（包括图书、画册、导游图、明信片、教材等）1000 至 1500 种左右。以每种印制 5000—8000 册计算，全年共发行 500 万至 1000 万册。这个发行数字，仅占海内外旅游人数的 1/70 至 1/150。如果不把印数最多的导游图、明信片计算在内，那么，出版的图书、画册所占的比例更是微乎其微了。

此外，据国家旅游局统计，1996 年，我国公民的出境人数已达 506 万人次，其中专为到境外旅游的就有 164 万人次。但是，迄今为止，国内还没有一家出版社出版过真正为境外旅游服务的系列图书。

由此可见，旅游出版物在我国有着非常巨大的市场,这个领域的许多方面都有待于我们去进一步开发。

二、旅游出版物的选题开发

加强旅游出版物的出版,首先要搞好旅游出版物选题的开发。而要做到这一点,当前需要从以下几个方面进行思考:

1. 要强化前瞻性。所谓“前瞻”,就是超前意识。旅游作为改革开放的一个特殊行业,正日益成为世界了解中国,中国了解世界的重要窗口。我们在策划选题时,应该时刻站在这个高度去认识,去思考,使自己的观念始终跟着中国改革开放的步伐,合着世界发展的大趋势,使自己的心中始终了解“饱和点”,眼睛始终寻找“空白点”,计划始终围绕“增长点”。比如,随着高科技在出版领域的应用,多媒体电子出版物以其容量大、体积小、容纳信息种类多、表现力强等特点,在海外许多发达国家和地区已相当普及。其出版的品种也由1989年每年生产一两千种,发展到1996年的两万种以上。权威人士预测,到20世纪末,CD－ROM光盘出版物和CD－ROM驱动器的销售将达到1400亿美元。据统计,1996年,仅香港地区全年旅游商品市场收入中,旅游纪念光盘的销售收入就占了总收入的15%。在我国,多媒体电子出版物刚刚起步,其品种和数量,目前仅占全国出版物的1/50和1/60,而旅游方面的则更少。据新闻出版署公布的数字,1996年,全国共出版多媒体电子出版物2224种,1206.38万张。旅游风光归入其他类,共出版37种,19.21万张,分别占总量的19.3%和1.85%。从目前海内外旅游的势头分析,以及市场上家庭VCD机的销售以每年递增300万台的上升速度看,我国的旅游业一定会同国际接轨,那么,今后几年,出版与旅游图书、画册、导游图、明信片等相配套的多媒体光盘,显然是有着光明前景的。

2. 要有系统性。中国地大物博,不仅有众多的世界著名的自然风光,而且有大量的具有重要历史文物价值的遗迹和人文景观。对这些丰富的旅游资源的宣传介绍,绝不能仅仅是一山一水的“零打碎敲”,而应该作为一个个系列,整体地推出,并且通过整体间的内在联系,使那些分散的景点由点到线,由线成面,形成多层次、多角度、多方位的宣传体系,从而营造大的市场,实现较大的规模效益。

3. 要有知识性、趣味性。旅游出版物,大多要围着风景名胜、自然野趣、民族风情、地理气候、科技知识、人文景观转。无论是专题介绍,还是全面论述,都应该寓教于乐,努力把有益健康的文化知识、深蕴的文化内涵传达给读者。

4. 要注意实用性。旅游出版物的主要销售对象是旅游者。旅游者在旅途中,除了需要以消闲、娱乐为主的一些知识性读物外,更多的还需要有助于旅游中吃、住、游、行、购、娱等六个方面实用性强的读物,如导游图、导游指南等等。这些读物的特点,应该是:准确无误(主要指书的内容),简洁易读(主要指文风、文字),使用方便(主要指编排设计和装帧开本)。

5. 要有较高的艺术性。如何表现我国名山大川,如何反映我国社会主义建设日新月异的巨大变化,如何让海内外旅游者自然而然地受到我们出版物的感染,这在旅游读物中,尤其应当引起重视。因此,在选题开发的同时,一定要事先考虑到与之相关的文字、照片,以及整体的装帧设计。选择好诸方面的作用,以达到文字的优美流畅,照片的高雅传神,装帧的精美新颖,使出版物不仅有丰富的内容,而且有较高的艺术性、观赏性,有保留和收藏的价值。

三、当前旅游出版物选题开发中应注意的问题

1. 封建迷信决不是科学知识。目前,在旅游读物中,存在着不少的问题。特别突出的是,对封建迷信、封建糟粕的宣扬大有愈演愈烈之势。丰富人民的精神文化生活,满足广大人民群众日益增长的精神文化生活的需要,传播一切有益于经济和社会发展的科学技术和文化知识,这是我们出版工作者义不容辞的责任。对历史文化的传播,一定要注意应该是“有益”的,而不是“有害”的,决不能将封建迷信当作科学知识,更不能将封建垃圾当作历史文化的精华。

2. 要全面、正确地表现民族风俗的传统习惯、民族问题,是个非常重要、非常复杂、非常敏感的问题,关系到党和国家的命运。我国目前形成的14条旅游热线,涉及许多少数民族及少数民族地区。民族特色,在一定意义上,就是我们国家的特色,也是我国旅游业的特色。有计划地组织开发反映我国各族人民的精神面貌、民俗风情的选题,是旅游出版的重要开发课题。在策划这一类选题时,一定要掌握好“全面”、“正确”,切忌因“猎奇”而违犯民族政策,伤害少数民族的感情,给党和政府添乱。

3. 加强多品种开发。现今国内市场上的旅游出版物,仍然以纸制品的图书、画册、导游图、名信片等占据着绝对主导地位,它们以鲜明的艺术特色、珍贵的收藏价值、详实的人文资料受到海内外旅游者的

喜爱。但随着国际旅游业的发展,现代科学技术的创造和更新,人民物质生活水平的不断提高,旅游出版物的单一结构面临着严重的挑战。选题开发时,着眼点不应仍停留在旧有的模式上,而要放开眼界,解放思想,侧重抓好出版产品的多元化立体开发。即在编辑图书时,同时考虑到利用同一出版资料的画册、CD、VCD、CD—ROM的编辑出版,甚至考虑到电视、电影的拍摄,工艺品、纪念品的制作等等。以期得到由点到面、全面开花的效果。

(原载《中国旅游报》1997.7.10.)

图书广告与图书宣传

俞玲芝

随着出版业从计划经济向市场经济的转轨,图书宣传工作也面临着新的挑战:以往传统的书评形式,如座谈会、导读式书评已无法满足当今社会信息爆炸的要求,以广告为代表的促销方式已渗入图书宣传活动;为了实现"双佳"效益,更要求图书宣传加大宣传力度。但是图书广告是否等于图书宣传?如何处理好两者的关系?这是值得我们探讨的问题,它将使我们认清形势,找到图书宣传的正确方法,使出版更好地为社会主义服务,为人民服务。

一、图书宣传与图书广告的定格分析

什么是宣传?《英国大百科全书·新闻出版卷》定义为:"运用各种符号,传播一定的观念以影响人们的思想和行动的社会行为。"其目的如苏联心理学家肖·阿·纳奇拉什维里说法是"为了使人们的行为,人们的社会积极性,人们的观点、信念、社会定势按照宣传者所希望的方向发展。"

广告是商品经济中的必然产物,是商品流通的重要手段,据《广告学》(广电版)阐述:"广告是广告主以付费方式借助于媒体以期产生预期目的的信息传播活动。"它与其他传播活动最显著的区别是:付费。广告主付费,媒体按广告主的要求将信息传递给受众,受众行动后就为广告主赚钱,这是一种纯粹的商业活动。宣传与广告有下列三大区别:

1. 从传播目的看,宣传是要左右和影响公众的思想、行为以及社会舆论;广告是提供商品信息以吸引消费者购买。

2. 从传播内容看,宣传者送出的是有关国家的政治、政策方面的信息,以改变他人的信念和观念;而广告主传播的是商品信息。

3. 从传播的方式看,宣传是一种权威传播,信息进入媒介传播靠的是行政手段,无需破费钱财;广告是一种付费传播,进入媒体的入场券是金钱。

图书宣传是提供信息,让读者了解书籍出版情况与书籍内容,帮助读者择书,对读者进行导读。随着党的中心工作转移,出版业担负精神文明与物质文明建设双重功能,图书宣传也具有了经济的负载性;图书宣传中的"宣传"两字,已经超越宣传含义本身,包含了宣传与促销两层意思,即体现图书的社会教育性和其作为商品具有的物载性。我们之所以还称之为"图书宣传",可能是还没有找到合适的替换词,或者是为了强调图书的社会效益的首要作用。广告是纯粹的商业行为,而图书广告由于广告的商业行为也只能体现着图书作为商品的性能,完成图书的商品目的,它没有图书本身的社会使命感,所以它不可能代替图书宣传。两者最大的区别是:宣传是在传播文化,教育大众的同时,追求社会效益和经济效益的最大统一,而图书广告只为了促销,追求图书的经济利益。

二、图书宣传的"他山之石":广告

长期以来的图书宣传工作为我们积累了许多经验,像人们熟知的新书目录或介绍、书评、作品研讨会都非常适合图书本身的属性,效果不错。而广告业在长年积累中,在对媒体、对受众的研究,对目标市场的研究中也积下了厚实的基础。但我认为广告业中能为图书宣传所用的是它的形式多样、出奇制胜的促销形式,图书宣传要善于吸取广告业中能为我所用的东西。以人之长,补己之短,使图书宣传具有旺盛的生命力,跟上市场经济的步伐。

1. 媒体策略:人们将报纸、广播、电视称为大众传播的三大媒体。针对这些媒体特点,我们在图书宣传中要有灵活运用各种媒体的策略。报纸报道深刻，非常适合图书宣传，要尽可能在专业报纸和各大晚报上多作图书宣传，最近我作了个“读者问卷调查”，在对读者“新书的信息来源”一栏的调查中，从报纸中获得的比例最高。但无论作报纸宣传还是作广告，都要在形式上多花功夫，增加醒目的效果。为了避免广播的劣势，要尽可能增加播放频率，提高记忆概率，给受众增强印象。电视广告成本高，那我们就尽量把广告作出特色，提高单位效益。我认为在电视中做产品广告比做形象广告效果好。因为形象广告诉求的重点是企业本身或产品品牌，书本身没有品牌，社名除了三联、商务等少数几家名称有特点外，其他各社只以省份相区别，受众要记住你这个社不容易。而如果是一部独特的书，反复播放后，就会使读者经历注意—评价—决策—行动的过程，刺激越强，效果越明显。如要做形象广告，比较稳妥的办法是借助重点书宣传，以图书本身带动企业形象的提高。

2. 定位策略：定位就是选择范围和目标，是决策中的主题构思。我们说观念决定行动，观念的好坏影响着行动的成败。我们常说的出版社定位，选题定位，读者定位等等都很重要，图书宣传的定位也相当重要，首先要考虑这本书是属于什么类别(包括这书与众不同的特点)，读者对象是谁，要达到什么宣传目标，然后根据这些，制定出该使用何种媒体，宣传重点在那儿，如何诉求等等。定位的好处能让我们直奔目标，减少消耗，提高效益。

3. 心理策略：运用心理学的原理来策划，让受众自然接受，取得应用效果。广告中针对受众的心理，如需要、注意、联想、记忆、诉求的研究，我们在图书宣传中也要研究受众心理。需要是宣传工作的动力，只有了解各种需要才能确定宣传的定位策略，然后根据各种需要激发它、满足它，宣传就能见效。注意是宣传成功的基础，是人们接受宣传的前提。如今五光十色的诱惑太多，有意识加强宣传的注意特点，能提高宣传的成功率。联想能扩大和加强对事物的认识，增强对事物的刺激深度与广度，帮助读者对宣传内容的联想，有助于宣传效果的实现。记忆原理是使受众加深对广告内容的记忆，如在宣传中如何考虑不同对象的记忆特点，用人们需要的、注意的、有趣的、形象的、活动的、联想的、易于理解的和反复的要求来设计宣传方式，给读者加深印象。诉求是指外界事物促使人们从认知到行动的心理活动，广告的诉求就是告诉人们有哪些需要，如何去满足，并敦促他们行动。图书宣传也有这种诉求过程，可以从知觉、理性或情感的诉求中去激发读者，使读者心甘情愿地接受宣传。诉求是整个心理策略的灵活运用，是重点。

4. 时间策略：即对广告发布的时间和频率作出合理的安排策略。一般而言，即效性广告要求发布时间集中，时限性强，频度起伏大；迟效性广告要求发布时间均衡，频度波动小。在时限运用上，主要有集中时间策略、均衡时间策略、季节时间策略、节假日时间策略等。在图书宣传中，集中时间策略即运用在需要强力攻势的时候，如新品种推出前后，热点书推出前后，市场竞争激烈时候，或销量急剧下降时候，一般采用媒介组合方式。均衡时间策略是有计划地反复对目标市场进行广告宣传，这种方式可以帮助我们提高宣传内容的知名度，比如出版社的形象宣传、重点书宣传，新品种的不断推出达到一定的频率，也可以达到均衡时间策略的效果，但我们也要注意不要长期呆板重复，要不断给人以新鲜感。季节性时间策略就是在销售旺季到来之前、或重大会议开幕之前的宣传，为他们作好信息准备和心理准备，过后宣传便可停止。节假日时间策略是为节假日到来之前的宣传活动，要求有特色，符合读者节日购买兴趣。

上述策略的灵活运用，可以增加我们图书宣传的科学性。

三、图书宣传的现状及趋势

随着出版业的发展，图书宣传无论在数量上还是在形式上都将蓬勃发展：从出版业来看，刚刚摆脱了计划经济的束缚，舒经活脉，呈现出旺盛的生命力，就急于在市场经济中找到属于自己的位置，谋求更大的发展；从消费规律看，根据马斯洛的“需要层次”理论，人们的衣、食、住、行的生理需要是第一位的，而图书作为精神产品要在人们满足了上述需要后才能成为人们的需要，因此，为了让图书进入千家万户，图书宣传只有加大力度，与其他商品争夺消费市场份额；从图书宣传本身来说，在计划经济条件下形成的宣传形式，面对市场经济的运作已显得力不从心，图书广告的介入，激活了肌体，补充了血液，它将随市场经济的脉搏起伏跌宕。

图书宣传将依托图书广告成为图书进入市场的开路先锋，但是，图书广告只能作为图书宣传的补充。中国特色的社会主义要求图书出版业将社会效益放在第一位，一旦偏离这个要求，图书宣传也将走向歧途。图书有自身的文化品位，它传播文化，陶冶性情,与广告本身追求物质利益的品位格格不入。在国外,广告的作用是举足轻重的,这主要是因为他们有充足的资金,强有力的促销媒体,有专门的策划人员设计好每一个细节。而在我国,出版社规模散而小,利润不高,要花费巨额资金去做广告,对许多出版社来说,尚没有这个经济承受力。

现代商品经济是一种激烈市场竞争的商品经济,而这种竞争突现在广告业,广告铺天盖地。通用汽车公司和福特汽车公司每年花费广告费近14亿美元,百事可乐和可口可乐也要花8个多亿,制作30秒商业广告所投入的资金、时间、精力和才能足以拍部重大的故事片,P&G公司副总裁曾说,“我们发现效率最高、影响最大的推销办法就是广泛地作广告”,他们“必须花钱去保住钱”。

图书宣传无法回避上述现实,在坚持出版导向的前提下,图书宣传将面临着资本的压力。因为在常规条件下,充足的资金才能保证宣传中必须的投入,发挥出必要的效果。如果没有资金,那么你必须有过人的才智,如果没有上述两者,图书宣传将步入困境。

(原载《编辑学刊》1997.4.)

火热的'96　理智的'97

——中国书籍装帧艺术'96回顾与展望

张　光

伴随着中国出版业日新月异的变化和发展,我国书籍装帧艺术也呈现出一派繁荣景象。许多行家认为,1996年是我国装帧艺术较之以往最为活跃的一年,是创作环境最宽松,风格流派最多的一年,同样也是传统的创作思维方法受到时代审美要求冲击最强烈的一年。倘若将近十年来我国装帧艺术发展过程分为过渡期,活跃期和定型期这样三个阶段,可以感到,中国装帧艺术正处在活跃期和定型期之间,正在向定型期稳步发展。

热情的探索与冷静的思索

老一辈装帧艺术家张慈中说:“1996年是探索之年,我们无论在市场效应,电脑应用,现代风格等很多方面都在摸索中实践。1997年应该冷静下来考虑,我们在摸索中得到了什么又失掉了什么。我想最关键的是得到先进的设计思想而又不能失掉我们民族的特色。”

可以说,张慈中一语点中了我国书籍装帧艺术在1996与1997跨年间时的基本状态。从我国社会政治经济发展变革的速度与范围来看,出版业必然也要进一步深化改革,而改革中需要解决的种种新的问题,必然与书籍装帧有一定程度上的关联。图书走入市场,装帧艺术同样走入市场。出版印刷技术的改造,使装帧艺术一同接受先进科技的检验。这里,有一个任何装帧工作者都必须正视的几种关系:艺术创作观念与商品价值观念之间的关系;传统设计思想与现代设计观念之间的关系;人的创意能力、制作能力与电脑技术之间的关系;将书籍作为一种形态来看时,书籍出版过程中每一个大大小小的环节与设计者之间的关系。我们之所以说1996年是活跃的一年,就是因为上述这些关系无一漏掉的全摆在了装帧工作者的面前,几乎没有人能够处理好所有这些关系,而又没有人躲得开这些关系。因此,创作的激情中流露出思考的不完善,个性化追求中夹杂着过于片面的误解,对外来文化排斥但又没能找到自家应有的位置,人的思维在电脑屏幕前被扭曲成大约那么几种几十种从前没有过的,但却已经凝固了的定式等等这些以往并不多见的问题。当然,设计风格的多样化,装帧工作者前所未有过的创作热情,各级出版部门对装帧工作空前的重视程度,以及美术编辑与文字编辑更加密切的合作,是1996年之所以被称为活跃之年的关键。活跃为我们带来了经验,同时也带来了自信,使我们能理智地面对1997年。

摆正位置　多吸新鲜空气

中国青年出版社美编室主任吕敬人说:“1996年是丰盛的一年,但也有许多误区。如何看待民族和现代的问题,仍然是个值得研究的问题。要在发展中不断认识自我,确定我们的位置。在本届法兰克福书展上,看到了很多先进的设计,任何事物的发展都要汲取先进的东西。”

就中国装帧艺术目前发展的势头来看,虽然较之多年前步子迈得大多了,但如果不能把握准目标,其形势就算不上乐观。因为我们的确到了该照照镜子,该为自己选准路的时候了。然而,我们在装帧艺术理论的研究方面做得还远远不够,我们大多数从事装帧工作的同志,忙于设计而忽略了总结,重视出作品而不愿意在理论深度上挖掘。这样一种情况很难做到真正认识自己,很难形成对我国装帧艺术风格的探讨和共识。因此也就无从找准我们确切的位置。1996年我国装帧艺术风格的多样化发展使我们的创作空间扩大了,出版业实行的优质高效政策使装帧工作的重要性进一步被大家所认识。同国外出版业之间的联系,国际书展为我们提供的一次又一次交流机会,也使许多有识之士清醒地看到了我们和国际先进水平之间的差距。目前我们一些同志看到这种差距后心里着急,纷纷认为应该下大力气抓装帧工作,尽快缩短这种差距。实际上,1996年中我国许多出版单位已经在这方面做了不少的努力,其中中国青年出版社最为突出。他们在基础好、人才多的条件下抓住时机,领导支持大,美编干劲大,打开了思路,锻炼了队伍,在全国范围有很大影响。

中青社的成功给我们一个启示:提高装帧艺术水平,要从领导真抓实干做起,从装帧工作者的责任心和敬业精神做起,从打开思路,敢于创新做起。离开上述三点,谈提高就没有实际意义。吕敬人在国外考察了近三个月回来后感慨最深的,就是国际装帧艺术发展的速度之快。他根据我国目前装帧发展状态指出"决不能闭关自守,要打开窗户,让空气流通"。

"四人展"的启示,将装帧艺术提高到战略角度

北京出版社装帧编辑室主任王晖说:"1996年有一件事给大家留下深刻印象,那就是由吕敬人、宁成春、吴勇、朱虹四人举办的书籍设计展。这个展览向人们传递了一个信息:装帧不仅仅是简单的形象设计,而是全方位的策划,是书籍出版战略上的重要环节。"

记得吕敬人有过"书籍形态学"的说法。虽然这种说法一时还没有在我国装帧理论界得到 最终认可,但这种说法毕竟指出了一个事实:那就是装帧设计已经走出了多年前的那种受到很大局限和制约的状态。出版业各级领导,出版单位的各个部门,甚至印刷厂、造纸厂、纸业公司等与装帧艺术多少有些关联的生产企业,都对装帧艺术的发展给予了前所未有过的关注。1996年中,大多数在设计上较完美的作品,是在领导大力支持下,作者、编者和设计者共同合作的结果,是从策划开始一直将设计思想贯彻到出版行为终端的结果。倘若我们以辩证的眼光来看待书籍形成的因果关系,应该感到,装帧艺术的确站在了关系到出版战略的高度。1997年中,会有更多的人认识到这一高度。

合作——理智的选择

中国建筑工业出版社社长刘慈慰说:"我们要想在装帧上达到国际先进水平,仅靠本社的力量是不可能的。应该与社会上的装帧艺术家们进行广泛的合作。"

刘社长讲了一个听起来不新奇,但恰恰对我们当今的发展又很适用的问题。偌大一个中国,你有了先进的技术设备却没有人才,有了人才却没有设备。两者都有了却没有了宽松的创作环境。倘若再加上设计风格与图书选题的不相吻合,再加上领导与设计者思路上的不一致……一大堆客观存在的矛盾。只有一条出路——合作。让追求风格的设计家们能够有机会在适合自己的创作环境中进一步探索,让有志提高装帧水平的出版单位,能够不受自家设计实力限制而去多方选择。为此,一些出版单位自1997年初就拟定请社会上的高水平装帧家讲课,指导,直接参与设计的计划。

另一方面,我国装帧艺术整体发展上缺乏省、市、自治区间的合作。1996年中除了较有规模的北方14省市评奖活动外,有价值的交流活动并不多。这种情况多少影响了我们装帧艺术发展的速度。

装帧是一种事业　需要有活力的群体

我国装帧艺术发展到今天,无论从时间上和其自身结构上来看,已实属不易。装帧作为一个艺术门类,不像绘画那样自古就有了画院,不像书法那样早早走进了万户千家。丘陵先生曾说,"没有装帧也就没有出版",反过来同样,没有出版也就没有装帧。我国30年代干装帧的寥寥无几,建国初期的出版社也屈指可数。我们今天的装帧队伍如此庞大,主要得益于出版业的兴旺发达。在第四届全国装帧展开幕式上,参观的人数之多竟然使美术馆的有关负责人吃惊。这说明了我国装帧艺术的发展已经到了一个有划时代意义的阶段。然而,如果我们冷静下来理智地去分析,就会发现今天这支装帧大军的结构仍不尽如人意。尽管中国书籍装帧艺术研究会的会员遍及天下,基本上是有一位装帧工作者就有一位会员,但

其组织状态却比较松散，其活力与时代要求尚有明显的不足。这里有不下几十种原因，有历史遗留下的，有新时代中新生成的，有行政上的，有思想上的，有组织方面的，也有年龄结构上的……我们承认，中国如此大的地域，干什么事首先是路遥之难。倘若在交通不发达的过去就会更难。然而，我们也要看到当今的许多优势，社会的重视，出版业的重视，装帧从业人员年轻化的趋势，再加上人多好办事。关键是我们能不能放下已经落后于时代的“老架式”，拿出敢于革故鼎新的改革勇气。从目前装帧界情况来看，已经到了迅速健全队伍机制，加强组织建设，大胆改革的时候了。艺术的发展或许会在某个人身上受到限制，但决不会去等待一个集体。我国装帧事业在1997年如何发展，一方面靠个性化创作之间此起彼伏的竞争来增加活力，但主要还是看我们能否有群体行为的发展和探索。或许我们并不排除社会上一些自发的创作、交流和共同探索的装帧艺术群体纷纷出现。其实，任何一个艺术群体的生命力之强弱只有一个衡量标准——被同行们所羡慕，向往，学习，被社会所承认。

1997年是我国出版业进一步深化优质高效决策的一年。香港回归是我国政治经济政策对外开放的一种体现。装帧工作如何在这样的形势下发挥更大的作用，为出版业的繁荣增添光彩，一方面需要有积极的创作热情和敬业精神，一方面需要有理智的思考和深入实际的研究探索。我们之所以称为“理智的1997年”，主要是刚刚度过年初，就已经体味到了装帧工作者身上更加浓郁的思考气氛，更加精心的创作构想，和许多出版单位对装帧工作更合理的安排。在这样的气氛中，装帧艺术自然会向更加完美的方向发展。

（原载《中国出版》1997.3.）

图书市场分析

书业与商业的撞击

——关于第七届全国书市有关情况的报告

新闻出版署发行管理司

经新闻出版署批准，第七届全国书市于1996年11月8日至18日在深圳举办。经过有关方面的共同努力，第七届全国书市获得了圆满成功，全面检阅了"阶段性转移"的成果，充分展示了出版界在我国精神文明建设中的作用和贡献。现将有关情况报告如下：

一、基本情况

第七届全国书市是在党的十四届六中全会后举办的一次全国性的图书商贸活动。本届书市历时10天(其中订货3天)，书市期间订销两旺，订货总额达3.2亿元，比上届全国书市净增1亿元；国内版图书零售总额2117万元，单日最高零售额达244万元。本届书市，参展品种逾10万种，共有500余家图书(音像)出版社、3000余家县级以上新华书店和团体购书单位以及海外80余家图书馆代表近万人参加；书市期间，共举办各类新闻发布会、图书首发式等多种形式的专题活动40余项次，接待读者近100万人次。128家新闻单位的248名记者对书市进行了采访报道，特别是中央电视台的《新闻联播》、《焦点访谈》作了多次报道，在国内外产生了良好的影响。

书市期间，中央政治局常委、中央军委副主席刘华清，中央政治局委员、国务院副总理兼外交部长钱其琛，全国人大副委员长王汉斌，中宣部副部长徐光春，以及人事部、建设部和广东省委、省政府等的领导莅临书市，并给予高度评价。

二、本届书市的主要特点

1. 精品多，好书多

本届书市供销售的陈列和备货品种共10万种，供订货的共3万余种，供销售的10万种书中，1994年以来出版的新书、重点书占60%，获国家图书奖和《国家级常备书目》的品种也全部亮相，如黑龙江人民社和黑龙江美术社合作出版的《红楼大系》，兼具收藏和研究价值；江苏省出版总社联合直属的八家出版社与省新华书店联袂推出一套大型农村实用读物——《跨世纪农村书库》；浙江、上海等一些省市也都推出了大批代表本地出版特色的精品图书。

2. 突出一般图书销售

本届书市的总销售中，文学艺术类占26.65%，自然科学技术类占23.11%，文化教育类占22.09%，哲学社会科学类占20.37%，而课本教材只占0.21%。从本届书市的订货情况看，我署提出的"扩大一般图书销售"的要求，已经越来越被新华书店所重视。积极订货，组织货源，为扩大销售打好基础，已成为参加第七届书市的全国基层店的共识。据统计，大多数省、市、自治区订货码洋均比上届增加。上届订货码洋位居前四名的上海发行所、湖南省店、北京发行所、江苏省店继续保持领先，山东、湖北、广东、河南、吉林等省的订货均突破千万元。其中湖北、山东码洋均成倍上升。长幅极大，一些自办发行的出版社的订货量也较大，如中国地图出版社以1000万元码洋居第一，外研社以580万元名列第二，上海辞书出版社以350万元名列第三。

3. 社店联合，店店协作

本届书市取得了订货总码洋3.2亿元的成果，重要原因之一是得益于发行体制改革的深入。特别是在社店联合方面，出现了诸如联合开发选题，共同投资出书，联合宣传推销，批发总代理等多种形式。本届书市上运用社店共同策划选题的方式出版的图书增多，如接力出版社在书市前夕赶制出来的9本一套的《漫画世界文学名著》，在订货中颇见成效。向出版社注入资金，协助开发重点选题，受到社方欢迎。如河北省店先期投资700万元，与中国大百科全书出版社共同出版发行《中国大百科全书》(简明版),达到了促进出版,繁荣市场,风险共担,利益共享的目的。社店联合的另一种形式是社店联合开展图书营销宣传。江苏省专门成立了社店联合宣传推销小组,小组分成若干业务组,分片包干,负责宣传、介绍、推销;出版社除了在财力、人力、广告策划等方面参与以外,还负有向省店业务员介绍本版图书的责任。推行代理制,实行总代理,在本届书市中已初步显示出优势。如湖北省发行集团对知识出版社即将出版的72册彩色绘画本《世界文学名著精粹》、长江文艺社的《陈永贵传》实行独家发行,将已发行了60多万册的《岁月随想》承接了总发行权,使这三本书订货取得意想不到的成效。北京发行所对《中华人民共和国国史全鉴》、《未来之路》等20多种书试行总代理,效果也不错。河北省店包销了河北教育出版社的《太平御览》,使280元一套的该书,很快就售出了3500套。

4. 发行业务全面实行电脑管理系统

本届书市首次采用深圳市新华书店和三联德泰(香港)有限公司联合开发的BIMS图书营销管理系统,将图书发行销售从传统的码洋管理提高到品种管理,从数量管理提高到质量管理,书店进货、储运、仓管、销售、结算、查询全部实现电脑化,成为本届书市成功举办的技术保障。书市期间,每台POS终端以每本书平均不足一秒的速度计价收款,效率最高的单机日收款达24万元,相当于人工的8倍。一种书的进销存情况,随时都可以通过电脑掌握,有效地避免脱销或积压;每天的销售中,无论按照版别或是图书类别,均可及时准确无误地统计出各类数据,为经营和管理提供重要的参考依据。

三、几点启示

通过第七届全国书市的成功举办,站在出版行政管理机关的角度,我们得到以下几点启示:

1. 出版是基础,发行是关键

本届书市之所以能够取得良好效果,最重要的是有一大批精品和适销对路图书。据统计,这次参加订货和销售的图书中,包括获国家图书奖、“五个一工程奖”和“书架工程”的全部图书;各地1994年以来出版的优秀或重点图书占60%左右,充分体现了精品意识和精品成果。高质量图书的出版为扩大发行、繁荣市场奠定了坚实的基础。本届书市,各省、自治区、直辖市都组织了庞大的订货队伍。许多基层书店非常重视这次订货机会,为扩大一般图书销售组织丰富的品种和充足的货源。一些省店统一组织和策划,指导各区或批销中心、各县店开展订货,采取集群式出击的办法,最大限度地做到资源的合理配置和高效率。第七届全国书市再一次证明:出版是基础,发行是关键。出版发行部门的同志携手合作,优势互补,共同把“蛋糕”做大,以争取市场的最大化。

2. 规模出效益

第七届全国书市在参展单位、订货、销售以及备货品种等诸方面均为历届书市之最,规模声势浩大,两个效益显著。剖析第七届全国书市,我们认为,处在流通领域的图书发行工作,必须十分注重经营规模,规模出效益。

订货规模。第七届全国书市采取各省、自治区、直辖市组团的办法,全国有34个代表团参加订货,阵容强大。河南、广东、湖南等代表团的人数逾300人以上,湖北代表团人数达470人。各省新闻出版局长亲临现场指挥;省委宣传部的部长(副部长)亲自督战:湖北、四川省副省长亲自带队参加书市。整个书市从布展到订货,从图书质量到服务质量,从实力到气势上,一开始就展开了激烈的竞争和较量,湖北出版界为参加书市作了充分准备,带来了1500多种图书;四川省新华书店这次共组织了100多个基层店参加订货,省店总经理王庆说,我们的目标就是在把川版书推向全国的同时,引进外版图书的优秀品种。江苏省店总经理张佩清介绍,他们共带来3000种图书,其中苏版书2000种,新书达700种。浙江、辽宁、河北等省市也都采取了类似江苏省的做法,店社联手或以集团优势参加书市,由此可见,走规模经营、集约化经营的道路,是深化发行体制改革,争取更大效益的必由之路。

销售规模。本届书市的零售取得了2100多万元成绩。书市期间,购书的读者人山人海,场面火爆。负责维持秩序的公安干警说:这种场面不亚于曾经发生过的股市风波。承担第七届全国书市销售任务的深圳市新华书店,为了满足广大读者的购书需求,组织了丰富的品种和充足的货源,其中有80余家出版社的图书做到全品种陈列。琳琅满目的图书布满店堂,烘托出良好的文化氛围,既诱发了读者的购书兴趣,又使读者在选购图书的过程中,有比较,有选择,买到自己最满意的图书。可见规模经营,是促进销售,获得更大效益的一个重要方法和途径。

四、发展靠科技

图书发行业要实现“两个根本转变”,就必须寻找新的经济增长点，而向科技要效益，则是最有效途径之一。深圳市新华书店开发并在第七届全国书市上采用的BIMS系统，为新华书店依靠科技，寻找新的经济增长点作了有益的尝试。在第七届全国书市上，BIMS系统充分展现了高科技对书业实行品种管理的优势，书市期间销售码洋总额达2117万元。16台POS机每天平均每台收款9.45万元，单机最高记录为24万元，如果以手工方式收款，按每人每天收4万元，外加一名计价员，每台POS机等于代替了6—8名熟练收银员。每天营业结束后1个小时内，销售子系统可按指令打印出各个时段所有图书的版别、册数、码洋、品种的销售排行榜和分类统计表。

采用计算机管理系统，使图书发行业在实现经济增长方式的转变方面找到了一条途径。在计算机管理系统的支持下，深圳市所属的40多个门市部全部实现了连锁经营，不仅扩大了销售，提高了服务质量，而且节约了费用，获得了显著的经济效益。

计算机管理系统的使用，为促进出版发行事业的发展提供了保障。它使新华书店利用高科技重塑主渠道的企业形象，以一流的设备、一流的环境、一流的管理、一流的服务更好地为读者服务。在第七届全国书市上，实行全品种备货的出版社全部进入销售前120名。这种方式，使出版社和新华书店在资源合理配置的高效利用方面达到了统一，形成了崭新的社店合作关系。依靠科技是本届书市的一大收获，具有开拓性意义，可称得上是图书发行业中一项具有革命性的举措，这对全国图书发行界甚至整个出版业都具有导向和示范作用。

五、立足服务，加强管理

书市是出版系统产供销之间的一种图书贸易活动，作为精神产品与商业手段有机结合的形式，体现了出版发行业向社会主义市场经济过渡的要求。在当前的形势下，书市的成功举办，更为推进出版业实现阶段性转移，促进出版事业和书刊市场繁荣，取得社会效益和经济效益的统一，提供了动力和支持。作为出版行政管理部门，对各地举办的书市展销活动应该给予支持、引导，立足服务，加强管理。

1. 各级领导的重视是书市成功的重要保证

第七届全国书市，自始至终得到署领导的重视，从确定主办单位、选址直至书市开幕，署长及历任分管副署长多次听取有关业务司及书市组委会汇报，并对一些重要问题及时作出明确指示，确保书市万无一失，圆满举行。在香港回归祖国前夕，在党的六中全会闭幕之际，全国书市在深圳举办，为贯彻六中全会的精神营造了良好的环境，同时也在海内外产生了良好的影响，充分体现了署党组的政治意识、责任意识和远见卓识。广东省和深圳市委、市政府把举办书市纳入重要议程，有关领导多次利用现场办公形式解决实际问题，为本届书市创下的几个“第一”创造了十分重要的条件。“全国书市全国办”，“众人拾柴火焰高”，书市得到了全国各新闻出版局和出版发行系统的全力支持和配合。

2. 管理就是服务

为让最优秀的出版成果进入书市，本届书市按图书分类落实审查责任制，从严审查图书内容质量，确保内容和版权不出问题，防止非法和格调低下的出版物进入书市，广东省和深圳市新闻出版局组织了专门人员多次深入现场检查图书。书市开幕前夕，由于永湛副署长带队，署有关司室共同组成检查小组再次对参展图书进行质量把关，结果检查出不宜在全国书市上展销的图书40余种。

3. 综合治理，规范书刊市场

历届全国书市，既是出版界的盛会，也成为二渠道不法书商借机从事非法出版交易活动的机会。为了防止非法分子借书市开展场外活动，深圳市公安、工商、新闻出版等管理部门提早行动，控制了市内的主要宾馆，加大了打击力度，有效地防止了不法书商聚集行动。据了解，前来深圳的书商约1000人左右，但由于管理力度大，宣传声势大，措施严密，这些人在第七届全国书市期间没有形成气候，一些书商空手而归。由此我们体会到，对书刊市场的管理既要有切实可行的措施，又要管理到位，职责明确，守土有责，治散、治滥先制软。只要始终坚持“一手抓繁荣，一手抓管理”方针，书刊市场的秩序一定会逐步好转，更加规范。

(原载《新闻出版报》1997.1.29.)

1997年书业商情展望

黄国荣

新春伊始，430家出版社、11家发货店、600余家销货店的书业老总，业务主管聚集中央党校，拉开了'97书业商战的帷幕。5天的交手，各有所得，喜者甚喜，忧者甚忧。仅仅一战，固然不能定乾坤，但有全国4/5多的出版社、县级市以上的销货店参加的这样一个空前规模的盛大交易活动所提供的信息，谁也无法否认它的权威性、客观性。一社订货3 930万元和一社订货不足万元相比，数字的嘲弄是无情的。它除了给各社带来喜悦和忧虑外，更折射出社与社之间的选题、经营、管理、人才、策略、实力等诸竞争条件上的差异。透过这些喜忧和差异作些客观的分析，不难看出今年书业商情的一些端倪和图书市场的走势。在此笔者就个人视角所及，加主观一孔之见，对'97书业商情作一展望，供业内有心者参考。

营销意识增强　促销手段翻新

作为事业单位的出版社和书店，长期以来过多地重视了图书这个特殊商品的精神产品属性，而忽略它的商品属性，因而很少有人在意研究图书的营销。讲图书经营的生意经似乎降低了行业的档次和格调，有损于行业形象。尽管国家经济体制已转入市场多年，但在图书出版经营行业内，做起生意来始终是羞羞答答，扭扭捏捏，放不开手脚。或许是这几年市场经济大潮冲击的结果，也许是市场竞争的逼迫，本届订货会上，无论出版社还是销货店，似乎有了一种新的姿态。

促销是营销学四个可控因素最活跃的因素之一。营销意识的增强通过这一因素表现得尤为突出。宣传广告是促销的一种基本手段，本届订货会的参展单位对宣传的重视，投入的资金，宣传的规模，都达到了空前的程度。华夏、外研、解放军文艺出版社以及辽宁集团等单位的宣传广告以巨形和多彩夺目。据悉有的单位仅宣传费就投入10万元。而有些单位似乎已不再满足于在媒介刊登广告印制宣传品、制作巨型广告牌和巨幅标语这些外在的宣传形式，更重视内在的营销推广。中国青年出版社社长、总编辑带着全社的编辑部室主任在会上举行新书推广会，每位主任用5分钟时间以最生动的语言、最形象的方法向书店代表介绍本部室编辑的新书；人民、作家、社会科学等出版社，组织责任编辑到摊位上向书店代表介绍自己编辑的图书，收到了良好的效果。书店代表也放下了客人的架子，而更注意追求与出版社的良好关系。青岛、济南、广州等新华书店都提前赶到北京，主动请出版社开业务联谊会，要求“吃小灶”，既密切了关系，生意上又争取了主动。各发行联合体异常活跃，会前纷纷以各种形式主动出击，抢先展示样书，争取订户。据有的大城市书店透露，这些会前活动看准的新书品种，占他们订货品种的40%以上。

规模经营　整体推进

本届订货会展和订的两方面共同表现出一个特点：注意了品种的多样和丰富。展订单位新书品种多，订货单位添订品种多。新书品种的丰富，订货品种的扩大，明显地扩大了新书订货的覆盖率，这是社店双方规模经营整体推进这一经营方针的具体体现。

这一方针在出版单位的表现是，1996年销售看淡，使出版社对图书选题的优化从大部头的“丛书”、“套书”、“书系”的工程大战和个别畅销选题的争抢中跳出，冷静地思考了市场的需求、读者的愿望，更多地在“长效”和“常销”图书的培育和策划上下功夫。规模扩大的一个鲜明特点是以品种的丰富取代套书工程的浩大。出版社参加展订的新书品种普遍增多，中青社有270种新书，外研社100种新书。据收集的信息分析，去年下半年至今出版的新书约占参展品种的50%。作家出版社参展的抒情长诗、儿童文学、文集自选集、长篇小说、翻译作品、学术文化6类图书都投放了全新的品种，订货一举突破3 000万元，跃入前4名，创该社历史之最。

这一方针在销货店的表现，则是注重品种丰富，控制单品种订量。订货会上虽然仍有《联想为什么》、《小学生词语手册》这些订量逾10万册的热点品种，但从整体看，销货店的订货战略已不再把目光盯住几本畅销书。市场竞争的趋向表明,销售竞争已由单品种畅销书竞争转向规模竞争。规模竞争的一个突出表现是品种竞争。多品种,小批量,少订勤添成为销货店的经营良策。这既可以扩大读者选择的范围,减少订货盲目性,拉开进货批次,消解周转资金不足的矛盾,又可以控制库存上涨的速度,减轻库存压力。各销货店在努力扩大品种,向基层店上架8 000种,中小城市上架12 000种,大城市店上架3万种的目标迈进。这对于提高图书销售覆盖率,丰富市场销售品种,满足读者需求,繁荣图书市场,将是一个有效的举措。

选准目标市场　争创名优品牌

出版工作"阶段性转移"的核心是优质高效。这一指导思想的提出,既符合出版规律,又顺应市场的客观要求。近年来,抓精品、创品牌已成为各出版单位的自觉行动。商务印书馆首次正式参加订货会,一本《现代汉语词典》就订了1 000多万码洋,这样的"精品",社社都想拥有,个个编辑都在努力。但是在实践中,大家认识到,"精品"不是几天不睡,突击一阵就能抓出来的,需要长期的积累和投入。当务之急倒是应该找准自己的位置,确立好自己的目标市场,在自己的市场里培育出有特色、高质量的长效图书。金盾和外语教研出版社,并不是历史悠久的老牌出版社,这几年来之所以取得引人注目的社会效益和经济效益,确立好自己的目标市场,培育自己的名牌是根本的因素。

金盾出版社成功的秘诀就在于位置找得准,市场确立得好。同样是科普类出版社,他们把自己的目标市场确定在农村和家庭。换句话说,下不了农村、进不了家庭的图书他们不出。这恰恰切中了现行图书发行体制尚未解决的问题之要害,赢得了尚待开发的广阔市场。有一本关于棉铃虫防治的书,原先有家出版社出版后没销路,让作者包销,3 000册书一直堆在作者家里。金盾出版社包下了那些书,让作者另写一本。他们只提出一个要求,要作者把在显微镜下研究棉铃虫改成农民用肉眼来观察棉铃虫。同一作者,同一选题,前者几千册书卖不动,后者当年发行21万册。这次订货会金盾社名列第6名。

外语教研出版社更是立足本专业,培育新精品。他们的《现代英汉词典》、《现代汉英词典》、《许国璋英语》(1—4)、《英汉双解词典》等外语教学用书,在会上格外受书店青睐,订货码洋近4 000万元,名列榜首。

本届订货会上,名列前10名、码洋突破2 000万的出版社,都有各自独具的特色、本专业的名优品种、独占的目标市场。

强烈的版权意识　开放的经营思想

引进国外版权,一直是进行国际间文化交流,丰富图书品种,繁荣图书市场的一个重要手段。近些年来,由于对版权贸易认识不足,尽管科技类、少儿类、教学类图书一直没有中断版权引进,但国外社科类新书几乎在国内市场灭迹。译林版《尤里西斯》的引进,特别是人民文学版《廊桥遗梦》的畅销,掀起了引进国外版权的热潮。

人民音乐出版社前两年有些危机感,一些钢琴教材因没有得到授权而被迫停印。今年他们面貌一新,《拜厄钢琴基本教程》、《车尔尼钢琴初步教程》、《车尔尼钢琴流畅练习曲》等一批成套新引进的钢琴教材,订数都达数万册。

漓江出版社抢先获得曾经影响了我国三代人的外国文学名著的版权,受益颇丰。《钢铁是怎样炼成的》、《牛虻》、《童年》、《在人间》、《我的大学》等订数喜人,原先出版过这些图书的出版社只能羡慕叹息。

昆仑出版社(解放军文艺副牌)的《我的美国之路》、《塞莱斯廷的预言》、《纸牌的秘密》、《第一只鹰》等印制精美的国外图书,在书店业务人员和读者心目中树立起自己的形象;作家版的《意外的结局》、《加州天使》、《第一次犯案》等美国畅销书也成为他们夺标的骨干品种。

国外版权的引进,不仅使我国读者读到世界最新的畅销书,丰富了选题,交流了文化,而且有效地促进了国内图书印制质量的提高。图书印刷质量的普遍提高是本届订货会的一大特点。尤其是部分中央出版社以及上海、江苏、浙江等地出版社参订的图书,从版式到装帧设计,从材料到印刷装订,上了档次,十分精美,缩短了与国际水准的距离。这是出版业视野开阔、经营思想开放的一大收获。

热点消解　各领风骚

本届订货会订货码洋达12.6个亿,但人们似乎没有发现引人关注的热点。业内人员普遍认为,这恰恰是市场趋向成熟的表现。经历'95市场的火爆和96'市场的清淡之后,书业内从出版到销售的各个环节都较为冷静地作了一些思考,各个环节的经营策略都有了一些明显的调整。

选题策划由"短平快"转向"长积累",社与社之间竞争由争抢热点转变为品牌、人才、内部机制、营销策略的整体实力的竞争，销货店订货也由以单品种畅销书押宝抢占市场转化为多品种、小批量、少订勤添。这些变化完全是受读者阅读趋向多元化和阅读口味多样化的制约，反过来说明读者也在成熟。读者购书的挑剔，正说明读者鉴赏水平、欣赏追求的品位在提高。

热点消解，不等于市场萧条。从订货会反馈的信息分析，不难看出1997年图书市场的走势。

1. 文教类图书订销喜人。无论从订货码洋的排行榜看，还是从图书单品种订量统计看，文教类图书都占上风。这类图书集中表现在三个方面：一是应试类图书，包括中高考应试辅导，升学考试辅导，外语、美术、钢琴、计算机等专业考试的辅导。二是同步练习图书，包括各个年级段各课的练习，尤其是学龄前到高中期间的各阶段同步练习图书更受欢迎。三是工具书，《现代汉语词典》和英汉、汉英词典、计算机工具书更有热度。

2. 社科类大众政治读物形成小的热点。1997年是政治大年。党将召开“十五大”，香港要回归祖国，建军70周年。这些重大活动都会引起全国人民关注，一些民众关注的大众政治读物会热销。《入党教材》、《新编入党须知》、《中国公民精神文明手册》、《话说香港》等图书订数相当可观。

3. 领袖、名人传记仍是热门图书。解放军文艺版的《一代天骄》、《一代元戎》、《百战将星》丛书，人民版的《毛泽东家世》、《周恩来总理生活》，四川人民版的《邓小平交往录》以及北京版的《贝肯鲍尔自传》，上海人民版的《笑面人生》，时事版的《日本首相桥本龙太郎》都有好的收效。

4. 翻译类国际畅销书继续畅销。《纸牌的秘密》、《被上帝原谅的女人》、《意外的结局》等订数非常看好。

5. 企业经营类图书热销，尤其是介绍名牌企业经营秘诀和名校经典图书更受欢迎。如北大版的《联想为什么》、华夏版的《哈佛商学经典》、改革版的《西门子经营秘诀》、中国经济版的《推销之神原一平》等。

6. 美术类图书由单纯欣赏转向欣赏与教学相结合。像上海书店的《美术高考三小时》、江苏美术的《美术家之路》(12册)、浙江美术的《设计家》等，融欣赏、训练和示范于一体，独具匠心。

7. 家用科普类图书潜在市场很大。电脑教材及工具书、建筑设计、家庭装饰、彩电线路图谱等科普图书，订货量同样令人满意。

综上所述，我们可以看到，各类图书都有自己的市场，这为1997年书业发展展示了一个可喜的前景，它表明市场是广阔的，潜在购买力是巨大的，关键在于我们如何去开发，如何去诱导。诚然，成败还在于实力和经营策略，谁要是能准确地找到自己的目标市场，又有适销的优质图书，谁就能在竞争中独领风骚。

(原载《中国出版》1997.4.)

中国书业：在沉思与盘整之后
——'97北京图书订货会评述

藏永清

在第十届北京图书交易会上，经过了沉思与盘整之后的中国出版界呈现出诸多可喜的自我更新与超越。但是，不能回避的是，处于计划经济向市场经济转型期的中国出版业还存在诸多的问题。惟愿中国出版界的自我反思与盘整能够持续下去。

1997年1月22～28日在中央党校举行的北京图书交易会原本并不被太多人看好。原因主要有：一、深圳书市刚刚结束，短短的时间内北京图书交易会很难再创佳绩；二、自1996年4月即已开始的图书销售熊市令圈内人士对销售商们的吃货能力很有几分怀疑。因而，第十届北京图书交易会现场的热烈场面及其最终的业绩——12.2亿元的销售码洋，是颇令许多人吃惊的。其个中缘由，或许成了人们企盼揭开的谜底。而破解这个谜底，则将有利于我们正确地认识中国出版业的走向。

'96淡销的震荡

对中国出版界来说，1996年无疑是个特殊的年份。在此之前，随着读书热的再度兴起，出版业开始从低谷中爬出，走向繁荣昌盛。各类图书在市场上各逞风姿，争奇斗艳。甚至那些先前无人问津当然也没人敢出的艰深难懂的学术著作、科技图书也成了读者们青睐的热销书。出版业这种向上攀升的势头到1996年1月的第九届北京图书交易会达到了阶段性高峰。11.2亿的订货量是前所未有的，竟然比前一届订货会的总码洋多了1.5倍之多。出版界呈现出一派喜气洋洋的景象。

就在出版人们满怀希望憧憬未来时，自1996年4月份开始的图书淡销向那些只想到通途没想到坎坷的人们兜头泼了一盆冷水。与往年相比，1996年的销售淡季来得太早了。与此同时，各种媒体对书店巨大的库存量的报道更是雪上加霜，为业已感受到凉意的出版人平添了不少秋的惆怅。

从年初订货会的生意兴隆到年中市场的过早淡销，这落差实在太大了。出版界的很多人都试图找到问题的根本。于是，出版界普遍的沉思与盘整期到来了。

其实，在此之前，出版界内外的一些有识之士就曾针对迅猛发展的出版业提出过不少值得深思的问题，如图书选题低档次重复，书价提升高于物价的普遍涨幅并高居不下，出版界抢滩占地愈演愈烈造成出版资源严重浪费，不少出版社好大喜功，追求大规模、高档次、高码洋，忽视了普通读者的阅读需要和经济承受能力，等等。但是，这些声音在当时出版业巨大的喧嚣中毕竟显得太微弱，没能引起出版人普遍的关注。

在图书市场出现了困顿之后，许多出版人开始沉下心来，反思出版界自身存在的问题。并将这反思的结果呈现在具体的出版实践中，使1997年北京图书交易会上的新书发生了诸多的变化，也使得发行业，售书人对中国的出版业重新燃起了希望。

为普通读者编书

在全面浏览了北京图书交易会现场并细致翻阅了各出版社的订单后，我发现，不少出版社已将出书的方向对准普通读者，一大批既通俗易懂又有知识和文化含量，既实用又实惠的图书悄然降生并走向市场。

在为普通读者编书方面，用力最勤的当属金盾出版社。这些年来，金盾出版社就始终把目光投向看似购买力低其实市场面最广阔的农村，全心全意地为农民出书，在别人挖空心思寻找各种理由提高书价时，金盾版图书的价格却一压再压。投出木瓜，得到琼瑶，金盾出版社的发行码洋每年都居全国前列。今年，金盾版图书的价格比照去年又有所下降，平均每个印张才八角多钱。这样的价位是许多出版社想都不敢去想的。在这届交易会上，金盾版图书的订货码洋两千多万，受到了发行界的普遍好评与认同。

一些以出版学术著作、精专文化书、政治读物闻名的出版社也开始关注普通读者这片极具潜力的市场。上海人民出版社的新书有一半以上的选题是考虑了普通读者的阅读需要的，他们的引进版图书“美国管理协会·斯米克集团(第二辑)”生活气息浓烈，实用性强，价格也为普通读者易于接受；他们的另外一本书《被告原告须知——怎样打赢官司》内容与当代生活紧紧相联，书名明白直接，令人一见便有购买的欲望。

另有一些出版社为使自己的出版物走进寻常人家，充分利用了价格的杠杆作用。辽宁教育出版社在成功地推出了“书趣文丛”系列丛书后，近日又隆重推出了“新世纪万有文库”的第一辑九十种。“新世纪万有文库”所收图书均为经过名家严格筛选后的中外名著，有文学名著，也有学术名著。该社推出这套文库的宗旨就是让文明滋润新世纪人——从专家学者到普通百姓的心田，让这些书成为人们书架上的常备书。为实现这样美好的憧憬，他们大大地压低了书价，平均算来，每本书售价不足10元。以这样的低价位来销售新版名著，在全国的图书市场中也是仅见的。可贵的是，他们并不因为低售价就忽视了书籍质量，其设计、印装的精致也得到了读者的好评。因而，该丛书第一辑推出书，立刻引起了良好的社会反响。可以预想，这套文库将获得比“书趣文丛”系列丛书大得多的成功。而这套文库带给辽宁教育出版社的社会效益与经济效益则是无法预想的。

随着现代文明的不断演进，社会教育的不断发达，普通百姓读书，以文化来健康人格、以知识来指导实践将日益成为社会发展的主潮。如何为普通读者提供精美的精神食粮，是今天和明天的出版人所必须认真思考的问题。只有解决了为普通读者多编书、编好书的问题，我们的出版业才会拥有更广大的支持者，图书市场才会得到更大的繁荣。

从抢滩占地到精耕细作

同其他行业一样，出版业也需要不断开发新的出版领域。这是出版业自身发展、壮大所必须的，也是满足读者日益增长的精神需要的必然途径。但开发新的出版领域必须审慎，必须在我们有能力开发时才去开发它，必须认真细致地开发好它，充分地利用它，否则，就会造成出版资源的严重浪费。

前些年，这种出版资源的浪费现象十分严重。遇有别人未曾做过的好选题，一些出版社便上来抢占地盘。他们根本不考虑自身能力如何，如何才能做出精品，只考虑时间，考虑规模，即以最短的时间抢占最多的地盘。别管质量好坏，书他们是出来了，地盘算是让他们占了。这时，别的出版社即使有开发这片领域的能力，也只能望洋兴叹，徒唤奈何，轻易不敢再去涉足这个领域。因为这个领域已被他们糟蹋，读者对这类书已不感兴趣了。

从第十届北京图书交易会来看，抢滩占地的现象依然存在，不过已有改观，已逐步开始精耕细作。上海人民出版社的《中华文化通志》就该属于精耕细作的产品。书我没见过，但从整套书的布局，作者的选择等方面，我觉得它是不会差的。这套书的作者均是各自学科的学术带头人和一流学者。河北教育出版社的《二十世纪书法经典》从对书法家的选择到所编作品的艺术价值到装帧、设计、印刷，几乎都无可挑剔，足见策划者、编选者的超卓眼力和出版者的良苦用心。浙江人民出版社的“中日文化交流史大系”也是这样的一套颇见功力、制作精严之作，甫一面世，即获得广泛的好评。

另有一些出版社，以新的角度去做并不新鲜的题材，在一片似乎已无路可走的土地上辟出蹊径来，受到了出版界的称许和广大读者的热烈回应。近些年，领袖类图书层出不穷，可谓多矣，很难再掀什么波澜。然而，辽宁人民出版社的“父辈丛书”的第一种书《我的父亲朱德》一经问世，即在出版界和广大读者中引起如潮的好评。原因在于它以新的视角即亲情关系的视角塑造出新的领袖形象来，丰富了人们对领袖的认识。尽管在订货会前，《我的父亲朱德》即已面世，即已有很大的发行量，这次交易会上，它的订数仍旧可观。

可惜的是，能够珍视出版资源的出版社在中国出版界并不占绝对的多数。一些出版社糟蹋出版资源的做法实在令人痛心疾首。随着古籍整理的深入，有些出版社把目光投向了堪称中华民族书文化璀灿明珠的《四库全书》。实在地说，《四库全书》是需要重新整理、发掘，以推动中国文化发展的。但是，如何整理它，使它既能显示出中国古代书文化瑰丽、堂皇的魅力，又能为今天的读者所用，却是需要经过周密思考、反复论证的。而从这届交易会上业已露脸的林林总总的四库选本看，显然，那些出版者考虑的只是时间，根本不考虑或很少考虑怎样用好这笔宝贵的财富。在已有的十几种选本中，有些选本不但没有了瑰丽和堂皇，反倒显得有些卑琐和滑稽。可以想见，像现在某些出版社这样去开发《四库全书》，《四库全书》这个宝贵的出版资源早晚会被糟蹋掉。

随着出版业的深入发展，簇新的出版领域将越来越少。而新的出版领域少了，出版业发展起来就会更加困难。因此，我们必须审慎地开发每一片出版新领域。这应该是整个出版界的共识。

·让目光穿越海洋

《廊桥遗梦》、《马语者》、《未来之路》等一批引进版图书的成功不只为上海译文、作家、北大等出版社带来了较大的社会影响和较高的经济效益，更引起了出版界人士观念的变化。人们开始意识到，中国出版业的发展不仅需要仰仗中华民族自身的出版资源，同时，也要充分利用外国优秀的出版资源。这是中国出版业发展所必需的，更是中国与世界进行全方位对话的必要佐助。

1996 年，是中国出版界与世界出版机构对话最为频密、最富成效的一年，许多出版社与外国出版机构建立了联系，在世界范围内寻找适合引进的图书。在规模宏大的北京国际图书博览会上，中外版权交易异常的活跃，成交数量颇为可观。这些活动的结果将在 1997 年的出版业全面呈现出来。

可喜的是，尽管中外版权交易活动极为活跃，气氛热烈，但各出版社总能审慎甚至挑剔地对待外国出版物。他们选择、引进的图书要么有着厚重的文化含量，有利于中国吸纳先进的世界文化，要么有着极强的实用价值，有利于活跃中国的政治、经济生活，拓宽人们对世界发展潮流的认识。这些图书还有一个特点，就是它们大都能填补国内出版界的空白，即我们没做的或做得较差的，我们才去想办法拿来。

从第十届北京图书交易会看，几乎各种类图书中都有引进版。在这林林总总的引进版图书中，文学作品、经济读物、社科经典、少儿读物是势头最劲的几种。海南国际新闻出版中心推出的《世界文学大师文丛》的第一种《博尔赫斯文集》在交易会上一亮相，便获得了出版界与发行界的一致认可与好评。博尔赫斯是对中国新时期文学影响最大的一位外国作家，可先前我们只出过薄薄的一本《博尔赫斯小说选》，根本不能让读者全面领略这位文学大师的风采。因而，尽管《博尔赫斯文集》的出版不是及时的，却是绝对必要的。时代文艺出版社在当代外国文学名著的译介上也颇有眼力,做了扎实的工作。他们推出的《略萨全集》、《亨利·米勒全集》对中国当代文学创作的意义将在未来的岁月里逐渐显示出来。社科经典的引进和译介更是繁花满目。中国工人出版社即将出版的《克尔凯郭尔文集》、《海耶克文集》、《马克斯·韦伯文集》,中国社会科学出版社即将推出的《西方当代批评家自选集》,上海三联书店即将出版的《二十世纪人类思想家 1.2 书》,河北教育出版社即将出版的《维特根斯坦全集》、《海德格尔全集》等将在 1997 年为读者送上一道道经典文化的美味佳肴。少儿读物的引进也出现了良好的势头。文汇出版社即将推出的"莎士比亚大师绘本"是以英国杰出作家兹姆姐弟为儿童改写的《莎士比亚故事集》为本,由中国文学大师萧乾译写,并由世界十一位著名画家精心绘制而成。这样的以大师的智慧滋润心田之作当然会备受孩子们的喜爱。看来,真正的少儿读物精品将逐步走进中国儿童的生活当中了。

让目光穿越海洋,去吸纳优秀的世界文化,这已是国内出版界的共识。这是一个良好的开端。由此,中国的出版业将逐步与世界出版业接轨。

在第十届北京图书交易会上,经过了沉思与盘整之后的中国出版界呈现出诸多可喜的自我更新与超越。但是,不能回避的是,处于计划经济向市场经济转型期的中国出版业还存在诸多的问题。惟愿中国出版界的自我反思与盘整能够持续下去。

(原载《中国图书评论》1997.2.)

图书市场潜在需求的容量与开发

谢振伟

●图书市场的潜在需求是指图书商品从出版、发行到读者购买整个流通过程中尚未形成现实购买的一种需求

●一般图书销售弹性最大,我国图书市场的潜在需求,实际上就是指一般图书的潜在需求

●一般图书的市场容量取决于两个方面:一是读者的购买需求;二是出版的有效供给。无论从读者实际需求的角度讲,还是从出版供应能力的角度讲,我国现阶段图书市场潜在需求的容量都是有限度的,增长不可能是跳跃式的

●把我国图书市场的正常增幅定位在 10%左右的水平是比较科学的,如果对潜在需求开发得好,还有 10%的可能性

●当前在扩大一般图书发行方面,存在不少问题。首先是出版物的优化还没有达到应有的水平;其次是发行工作的重点没有很好地转向农村

●开发图书市场的潜在需求,首要任务是强化管理,扩大规模经营,在有条件的地方,尽快组建出版发行集团,同时要积极提高从业人员的素质和经营者的管理水平,使图书市场尽快形成统一、开放、竞争、有序的新格局

什么是图书市场潜在需求

图书市场的潜在需求是指图书商品从出版、发行到读者购买整个流通过程中尚未形成现实购买的一种需求,我国传统的分类方法,是把图书分成书籍、课本、图片三大类。而这三大类的供求特点具有很大的差异性,特别是课本与书籍、图片是发行方法截然不同的两大门类:课本是计划性很强的垄断经营产品,而书籍、图片则是竞争性产品。在具体销售上,书籍的对象是各有指向。需求弹性很大;图片供应虽不及书籍广泛,但也有较大的群体;课本是学校用书,有特定的对象,需求相对稳定。在书籍中,按文化教育类统计的教辅读物,近乎于课本,其需求也是相对稳定的。但近来,随着教育改革的深化,各级各类学校正在由应试教育向素质教育转轨,教辅读物销售逐年下滑。这些情况说明,分析图书市场潜在需求,应当分门别类估算,而不能一揽子笼统估算。

分析图书市场潜在需求,以册数计算较能反映读者的真实需要。1996 年,我国图书纯销售 72.6 亿册,其中书籍约占 42.6%,课本、大中专教材约占

55.6%,图片约占1.8%。从需求弹性角度上说,由于我国实行计划生育,学生人数相对稳定,课本发行量也就比较稳定。图片在整个图书销售中,所占比重极小,对整个图书市场不起波动作用。书籍部分,其中教辅读物占有很大比重。如浙江,教辅读物要占图书发行总量的三分之一,其他省份有占五分之一的,或者更少一些,数字很难精确统计,不过真正意义上的一般图书(不包括教材教辅),1996年的实际销量大约是30亿册左右,一般图书销售弹性很大,我国图书市场的潜在需求,实际上就是指一般图书的潜在需求。一般图书发行量增幅的大小,决定了图书增幅的大小。而一般图书的增幅与整个图书的增幅是不同步的,在通常情况下,一般图书往往高于课本的增幅。所以,以图书来统计增幅,其比率往往就小得多了。我们在研究图书市场潜在需求时,不能不对图书增幅的计算有个明确的界线,以免在概念上产生歧义。

图书市场潜在需求的容量

在具体分析图书市场潜在需求的容量时,我们可以从一般图书供求两个方面作进一步的分析。大家知道,我国一般图书的市场容量,与国际书业一样,取决于两个方面:一是读者的购买要求,二是出版的有效供给。读者的购买要求,包括用于图书的购买力、文化程度、读书时间和需求指向。从购买力来说,由于我国经济比较落后,与发达国家相比用于改善文化生活的支出是很低的。从文化程度上说,随着国家对教育投入的增加,全民文化素质的逐年提高,购书比重会有增加,但受经济的牵制,增幅也是有限的。从读者时间上说,随着生活节奏的加快,和文化生活的多元化,花在读书上的时间相对被分割了。再从需求指向说,当前读者对图书的需求,已经呈现多层次、多元化的格局,读者购书逐步成熟,个性化、高档化、实用化越来越明显,这四个方面的因素综合起来说明,图书市场潜在需求是客观存在的,但开发的难度也是很大的。

出版的有效供给,包括出版物的质量和对市场的实际供应。现阶段,我国出版物的质量从纵向比较是有很大提高,但与国际横向比较仍然存在很多问题,仍然摆脱不了"不好不坏,又多又快"的局面,出版物缺乏个性,重复、类同品种过多,平均印数直线下降,可以说问题成堆。对市场的供应也缺乏针对性,很多出版物不能适应市场需求,大批图书堆积在出版社和书店的仓库里。1996年底,全国库存图书已达27.8亿册,金额117.5亿元,均超历史最高记录。其中有些属于合理备货,另外一部分图书则已失时效,属于呆滞图书,这就是出版物不适应市场的结果。所以,无论从读者的实际需求角度讲,还是从出版的供应能力的角度讲,我国现阶段图书市场潜在需求的容量都是有限度的,增长不可能是跳跃式的。即使中盘在各省托起,只是方便读者购书,不可能使读者购买力突然成倍增长。

图书市场潜在需求的规律

图书市场潜在需求究竟有多大,这很难用数学的方法来计算,但也不是一个抽象的概念。众所周知,我国东西南北经济、文化差异很大,反映在图书市场上也存在较大的差异。这种差异绝非在短期内所能平衡的。因此,我们分析出版物的总供给和总需求,必须分类排队,综合概算。据国内许多经济学家认为,按照我国的国情,经济的发展速度大体控制在8—10%为宜。目前国内的经济运转,正在按照"稳中求进"的目标适度增长。出版发行行业作为国民经济的一大产业,不可能游离于整个国民经济的发展水平,应该大体平衡,才能求得自身的发展。据业内人士分析,在今后的几年里,出版物的增长,大体也在10%左右的比例递增。其中码洋的增长由于书籍用纸、装帧的高档化,以及物价因素,可能略高于册数的增长。增长主要会在一般图书表现出来。如果我们出版发行行业措施得力,图书市场培养得好,一般图书有逐年增长15%的可能。例如1997年上半年,以销售一般图书为主的杭州市新华书店解放街门市部销售码洋2295万元,比去年同期增长11%;在上海,今年上半年只有个别出版社由于选题、装帧、营销超前,其增长幅度才达到20%左右。

综上所述,根据读者的现实需求和出版社有效供给水平,把我国图书市场的正常增幅定位在10%左右是比较科学的;如果对潜在需求开发得好,还有10%的可能性,但实现起来难度相当大。

开发图书市场重点在一般图书

图书市场规模大小,发行数量多少,主要不是看课本,而是看一般图书。任何国家和地区,只要一般图书发行量大,就说明这个国家和地区科学文化水平发达;任何国家和地区对课本(在我国还包括教辅)依赖越大,则说明这个国家和地区科学文化水平越不发达,我国是对教材教辅依赖较大的国家,应该承认我国科学文化水平是相对落后的,科学文化落后，就必然制约出版发行行业。但是，在科学文化比较落后的条件下，充分发挥出版发行人员的聪明才智和主观能动性，多出多发适销对路的图书，就有可能最大限度地开发好一般图书潜在图书市场的需求。

当前在扩大一般图书发行方面，我们也存在着不少问题。首先是出版物的优化还没有达到应有的水平，真正适合广大读者需求的图书出版过少，图书的生命周期越来越短，这是一个非常严峻的问题。这个问题不解决，开发图书市场的潜在需求就成了空话。其次是发行工作的重点没有很好转向农村。根据新闻出版署统计，占我国人口20%的城市，售书点有42803处，占全国售书点49.5%；占我国人口80%的农村，售书点为42928处，占全国售书点的50.5%。在城乡图书的零售比重上，城市销售量占75%，农村销售量占25%。两者比例都呈逆向表现，而且相差悬殊，这个面貌不来一个根本性的转变，要很好地开发图书市场的潜在需求是十分困难的。我们必须在以上两个方面有所突破，一般图书发行才有大幅度增长的希望。

开发图书市场关键在管理

我国图书销售系统，管理落后带有普遍性，只是程度不同而已。管理落后主要表现在供求信息传递不及时，经常发生出版社出书找不到读者，读者又找不到自己需求的书；书店的经营规模，特别是县级书店和乡镇书店的经营规模普遍偏小，备货品种偏少，制约了读者购书欲望的实现；在营销手段方面，大多数书店至今仍停留在传统的手工操作方法上；很少建有POS系统，更没有实现全国联网。因此，读者在一地买不到的书，很难在其他地方买到。这些情况，往往贻误了销售时机，影响了潜在需求变为现实需求。

另外由于一些人对图书市场潜在需求估计过高，使得图书发行业的盲目竞争有增无减。盲目竞争的结果，在一些城市发行网点过密、一些书店库存失控，一些地方卖书打折成风。值得指出的是，我国新闻出版管理部门统计的全行业库存，是不包括集个体书店和供销社库存的，如果加上集个体书店和供销社的库存，全国实际库存总量至少有150亿元，几乎占全行业全年销售的60%。库存大，书店就会压缩进货，从而影响新书的出版。所以，开发图书市场的潜在需求，首要任务是强化管理，扩大规模经营，在有条件的地方，尽快组建出版发行集团，同时积极提高从业人员的素质和经营者的管理水平，使图书市场尽快形成统一、开放、竞争、有序的新格局。

(原载《中国图书商报》1997.10.24)

图书出版与国民收入的关系研究

李祥洲

引　言

图书出版与国民收入状况是有关系的，“仓廪实而知礼节”，人们一般是这样认为的。但二者之间究竟是什么样的关系，二者相关的程度如何，迄今尚无量化的研究。为了揭示与图书出版和读书活动这两个文化行为相连锁的经济背景，我们把图书出版和国民收入两因素从社会环境中抽提出来，用新中国成立至1993年的42年(1949～1951年的资料不全，因而实际上只有42年)间的全国图书销售额和人均购书支出代表图书出版(发行)状况，与国民收入的变化情况进行相关性分析研究，探讨图书出版与国民收入的量化关系，以期对未来图书的生产和消费提供一些参考。

1　数据分析

将1952～1993年的42年间我国国民收入、全国图书销售总额及全国社会商品零售总额(见表1)输入计算机进行相关性分析，结果列于表2。从表1中可以看出，如果不考虑物价上涨因素，且不考虑国际图书贸易，从1952年到1993年，人均国民收入有了明显增长，从104元增至2111元，增加了19.3倍，而人均购书支出也有了大幅度的增长，从1952年的0.23元增至1993年的10.58元，增加了45倍。二者的动态变化过程呈极显著的正相关(见表2)，也就是说，随着国民收入的增减变化，国民用于图书消费的支出也相应增减。从回归模型中我们看出，人均国民收入每增加1元，人均购书支出平均将增加0.0055元。从表1和表2中我们也看出，图书销售情况与社会商品零售情况也是同步变化的，人们每消费1元钱于购买社会商品，则其中的0.0099元就用在了购买图书。从表2中可知，人均购书支出的变异与人均国民收入的变异可以相互以线性关系说明的部分高达99.12%（其决定系数 $r^2=0.9912$），只有0.88%的变异原因不详，而图书销售总额的变异与社会商品零售总额的变异可以相互以线性关系说明的部分也高达97.94%（其 $r^2=0.9794$），只有2.06%的变异属于特殊性的，因而，从理论上讲，用表2中给出的线性回归模型，可以用人均国民收入预测人均购书支出，也可以用社会商品零售情况预测图书销售情况。但我们在统计分析时是基于一定的统计假设的，购书行为也不是仅仅决定于经济条件，加之统计数据的相对性，因而预测出的理论值与实际统计值是有一定的偏差的。以1993年为例，据相应模型计算出1993年的人均购书支出理论值为11.08元，而实际统计人均购书支出是10.58元；全国图书销售总额的理论值为130亿元，而实际统计值是143.9亿元。

表1 我国国民收入、图书销售及社会商品零售变化情况

年份	国民收入总额（亿元）	人均国民收入（元）	全国社会商品零售总额（亿元）	全国图书销售总额（亿元）	人均购书支出（元）	图书销售总额/商品零售总额（%）	人均购书支出/人均国民收入（%）
1952	589	104.00	276.80	1.30	0.23	0.47	0.22
1953	709	122.00	348.00	1.50	0.26	0.43	0.21
1954	748	126.00	381.10	1.90	0.32	0.50	0.25
1955	788	129.00	392.20	2.20	0.36	0.56	0.28
1956	882	142.00	461.00	3.00	0.48	0.65	0.34
1957	908	142.00	474.20	2.80	0.43	0.59	0.30
1958	1118	171.00	548.00	3.80	0.58	0.69	0.34
1959	1222	183.00	638.00	4.30	0.64	0.67	0.35
1960	1220	183.00	696.90	4.60	0.69	0.66	0.38
1961	996	151.00	607.70	2.80	0.43	0.46	0.28
1962	924	139.00	604.00	2.80	0.42	0.46	0.30
1963	1000	147.00	604.50	3.80	0.55	0.63	0.37
1964	1166	167.00	638.20	4.00	0.57	0.63	0.34
1965	1387	194.00	670.30	4.30	0.59	0.64	0.30
1966	1586	216.00	732.80	4.80	0.65	0.66	0.30
1967	1487	197.00	770.50	3.60	0.47	0.47	0.24
1968	1415	183.00	737.30	4.90	0.62	0.66	0.34
1969	1617	203.00	801.50	4.30	0.53	0.54	0.26
1970	1926	235.00	858.00	4.10	0.49	0.48	0.21
1971	2077	247.00	929.20	4.00	0.47	0.43	0.19
1972	2136	248.00	1023.30	4.00	0.46	0.39	0.19
1973	2318	263.00	1106.70	5.80	0.65	0.52	0.25
1974	2348	261.00	1163.60	5.90	0.65	0.51	0.25

1975	2503	273.00	1271.10	6.70	0.72	0.53	0.26
1976	2427	261.00	1339.60	6.70	0.71	0.50	0.27
1977	2644	280.00	1432.80	7.60	0.80	0.53	0.29
1978	3010	315.00	1558.60	9.30	0.97	0.60	0.31
1979	3350	346.00	1800.00	12.70	1.30	0.71	0.38
1980	3688	376.00	2140.00	15.50	1.57	0.72	0.42
1981	3941	397.00	2350.00	17.00	1.70	0.72	0.43
1982	4258	422.00	2570.00	18.50	1.82	0.72	0.43
1983	4736	463.00	2849.00	20.80	2.03	0.73	0.44
1984	5652	545.00	3376.40	24.50	2.36	0.73	0.43
1985	7020	668.00	4305.00	33.40	3.16	0.78	0.47
1986	7859	737.00	4950.00	38.80	3.61	0.78	0.49
1987	9313	859.00	5820.00	43.20	3.95	0.74	0.46
1988	11738	1066.00	7440.00	54.10	4.94	0.73	0.46
1989	13176	1178.00	8101.40	68.70	6.18	0.85	0.52
1990	14384	1267.00	8300.10	76.70	6.71	0.92	0.53
1991	16557	1439.00	9415.60	85.80	7.41	0.91	0.52
1992	20223	1736.00	10993.70	115.20	9.83	1.05	0.57
1993	24882	2111.00	13592.60	143.90	10.58	1.06	0.50

表 2　全国图书销售、国民收入及全国社会商品零售额的相关性

被解释变量 (Y)	解释变量 (X)	线性回归模型 (Y＝a＋bX)	相关系数 (r)	决定系数 (r^2)
人均购书支出	人均国民收入	Y＝－0.5256＋0.0055X	0.9956**	0.9912
图书销售总额	社会商品零售总额	Y＝－4.5822＋0.0099X	0.9896**	0.9794
人均购书支出/人均国民收入(％)	人均国民收入	—	0.7850**	0.6162

注:查“r与R的0.05和0.01临界值表”得$\upsilon=40$时，$r_{0.01}=0.393$，凡$|r|>r_{0.01}$，即r在$\alpha=0.01$水平上显著，线性相关为极显著。

在表1中我们还用另一个相对值表示了图书消费与国民收入的关系，即人均购书支出占人均国民收入的百分比(这个比值等于图书销售总额占国民收入总额的百分比)，这一比值在42年间亦发生了较大的变化。1952年人均购书支出占人均国民收入的0.22％，到90年代初达0.50％以上，上升了0.3个左右的百分点，增加了1倍多。尤其引人注意的是，该比值在我国实行改革开放之前(以1978年为界)一直在较低值范围内波动，而1978年以后该比值呈一直向上攀升的势头。也就是说，如果不计较社会商品零售物价与图书定价之间的差异的话，人们用于图书消费的支出占人均国民收入的比例在逐年上升。这一情况我们还可以从购书支出占总支出的比例的变化中得到进一步说明。人们用于图书消费在支出中的比例(此处用图书销售总额占商品零售总额的百分比表示)在1978年之前一直在一个较低的水平内波动，1978年之后有了较明显的增长(见表1)。这种变化与我国国民经济发展变化密切关联。1978年之前,以计划经济为主,物价各方面都处于相对稳定状态,1978年之后开始了向市场经济体制转化,对物价进行了逐步的调整。深入仔细的分析应以1978年为界分成两个阶段进行。本文为了揭示一个量化的整体趋势而未作此细分。我们还发现,在1979～1988年的10年间,这一比值变化相对平稳,这一点与孙宝寅(1995)的分析结果一致。但1988年之后这一比值增长较快,也说明近年来人们的消费分配在向图书消费方面有所倾斜。对于出版业来说,这似乎是一个好的趋势。我们也把人均购书支出占人均国民收入的比值逐年变化情况与人均国民收入放在一起进行相关性分析,发现二者的动态变化过程亦有极显著的正相关关系,但其决定系数 $r^2=0.6162$,比前二者关系的决定系数小得多,人均图书消费支出占人均国民收入的比例的变异与人均国民收入的变异能相互以线性关系说明的部分只有61.62%,尚有38.38%的变异不能藉此解释,即人均购书支出占人均国民收入百分比值的增长有近40%的可能是因为其他原因,而不是因为国民收入增长而引起的。

2 图书出版(发行)与国民收入的关系讨论

从我们的统计分析结果可以看出,图书销售额或读者购书支出与国民收入有极显著的正相关关系,随着国民收入的波动,读者的购书支出亦随之增减,图书销售额因此而发生变化。由此可见,图书出版(发行)与国民收入显著相关。胡延平(1996)分析认为,出版业存在着明显的有规律的周期性波动,且与国民经济循环往复的经济大周期密切关联。我们用42年来的资料分析研究的结果与此一致。近年来,随着国民收入的不断增长,购书支出占国民收入的比例和购书支出占社会商品零售额的比例都在不断增长,说明人们用于图书消费的支出在日益增长。在经济条件不断改善的同时,人们对精神文明的需求也在不断地增强。这也与北京市新闻出版局与北京市社科院1995年进行的读书活动联合调查结果一致。需要指出的是,这里所说的图书出版(发行)情况是指图书销售成交额情况,而不是图书销售册数。同时,在分析研究时我们曾假定不考虑社会商品物价上涨程度与书价上涨情况的差异。但实际上,近年来读者购书支出的增加在一定程度上首先是缘于书价的上涨,其次才是因为读者在工作中对于图书的实际需要增加(黄集伟等,1996)。我国实行改革开放以来,图书定价亦逐渐放开,部分图书实行了按成本定价,图书价格不断增长。在1993年前图书价格变化似乎还不太大,但此后书价上升幅度较大。据统计数字显示,1995年全国图书价格整体上调约30%左右,在全国14大类商品中,书报刊价格的增长率已跃居第二,且其中图书价格的涨幅已高于全国零售物价总指数。"八五"期间,全国人均购书量始终在5册左右徘徊,没有大的增长,而人均购书支出却直线上升,5年间增长了1倍多,也就是说,1991年到1995年的变化竟是读者花多1倍的钱买同样数量的书(陈斌,1996)。此期出版业效益的增长在很大程度上基于加重读者的负担,说重一点,这是一种掠夺式经营的表现。这或许是图书消费支出占国民收入比例的变异有近40%的不能用国民收入的变异说明的一方面原因。因此,我们在看待国民收入与图书出版的关系时有必要认识到这一点,一方面,我们要看到图书出版(发行)与国民收入的密切关系,同时,我们也不能因为购书支出占国民收入的比例有所增长就盲目乐观,这样才不会产生判断以至决策上的失误。

毋庸置疑,读者购书和读书不仅受到经济收入的影响,还受到其他诸多方面的因素的制约,经济收仅是其中之一。一般说来,不是先有了钱再想到买书读书。很难想象,一个目不识丁的人有了钱会想到买书读书,或者一个小学或初中文化程度的人若不经过进一步教育会去买高深的理论著作来读。读书是一种具有一定习惯性和创造性的文化行为。要购书读书,首先要求读者具有与图书内容相应的文化层次,而读书比读报、读杂志需要更强的欲望或者说动力,这种动力的来源显然是多方面的,但首要的还是取决于文化程度,尤其是高等教育的普及程度,受过高等教育的读者才是读者队伍的核心(李祥洲,1996)。生产图书的全过程都离不开经济条件的支持,我们出版事业的繁荣离不开经济条件作后盾,但我们在发展经济的同时,一定要同步发展教育,协调各方面的进步,这样才能实现出版事业的真正健康的繁荣和发展。

主要参考文献

1. 戴世光 . 应用经济统计学 . 北京:中国人民大学出版社,1994

2. 国家统计局 . 中国统计年鉴 . 北京:中国统计出版社,1981～1995

3. 孙宝寅 . 出版经营管理 . 北京:清华大学出版社,1995

4. 中国出版工作者协会,中国出版发行科学研究所等．中国出版年鉴．北京:中国书籍出版社,中国出版年鉴社等,1980～1995

5. 北京市新闻出版局等联合调查报告．北京城里人民在读书．北京青年报 1995.1.18.⑧

6. 陈斌．"八五"发行业:喜忧交织．中国图书商报 1996.9.6.②

7. 胡延平．'96 图书市场怎么啦．中国图书商报 1996.7.19.①

8. 黄集伟等．商潮依旧,书声依旧——'95 商报读书调查报告．中国图书商报 1996.3.1.②

9. 李祥洲．出版与教育的关系．中国出版 1996.10.

(原载《编辑学刊》1997.3.)

图书对外贸易的特殊性及其前景

刘跃进

说到图书对外贸易,1991 年以前还被国家外经贸部编在非贸易行列,不作为正式商品对待。那时叫精神产品,文化产品。把它同旅游、版权、点子、设计方案等归为一类。到 1992 年才把图书出口视为正式商品贸易。比起任何其他出口商品,图书具有它极为显著的特殊性。首先是明码标价,这是其他商品所不具有的,而且定价的标准是按照国家出版规定执行的。因此,出口的价格都是以图书定价为基础进行洽谈的。第二,是种类繁多,代谢速度惊人。每年我国有 10 万多种图书出版。平均每天约有 270 种新书面市,这就需要业务人员不断地把新出版的图书介绍给海外客户。第三,海外中文图书市场有限,而且分散在世界各地,大都局限在有华人集中居住的地区,或开设汉语课程的学校。从世界范围来讲,大部分在东南亚地区,而且都属小本经营。这就决定了图书对外贸易发货的特点是品种多,数量少,发货地区分散。每批发货量小,有时一次发货只有几十美元,十几美元,而且是常年累月连续不断地发货。可称之为长线滚动型贸易,属密集服务型劳动。它需要业务人员既要非常细心,又要有耐心,要有持之以恒的精神。第四,有很多的不便和困难:(1)由于客户订购图书的品种多、数量少,给进货工作造成不便。出版社希望每种书进货要形成一个包装,至少也得在 10 本以上。如数量太少,出版社发行科的人员就不太愿意提供服务,有时根本就不理你。因此,这就需要负责进货的业务人员打通和每一家出版社发行科的私人关系。否则,就要直接到书店去配买书,那样会降低出口利润。(2)发运频繁,报关麻烦。每周至少要发 3—4 次货,每次发 30—50 包书,分别发给几十个客户,那么每户也就是 3—5 包书。但是每发一个客户,就必须向海关申请报关一次,给报关员和海关人员都带来较繁重的劳动。一年下来,一般要填写上千份报关单。可出口总量还不如普通外贸企业一次的出口量。(3)退税繁琐,困难。出口退税政策是 1994 年开始实行的。经过几次调整,目前操作程序比较严谨了。这使图书出口退税却变得非常困难。出口退税需要五单齐全:出口发票,出口核销单,银行结汇水单,生产企业开出的增值税发票和专用缴款书。前三单比较容易,后两单就比较困难了。除非一次性从一个出版单位进货量比较大,否则出版社认为不值得开增值税发票,就更不用说让出版社人跑税务局去开专用缴款书了。另外,大约有 20%—30%的书是从书店购进的。按规定,从流通领域进货出口不予退税。第五,经营规模小,结算周期长,占压资金大,利润率较高,稳定性强。一般情况下,海外书商收到货后 3—6 个月付款,如果一年出口额在 20 万美元的话,那么长期在途占压资金量约达 50—60 万元人民币。一般图书出口业务的毛利率都在 20%以上,直销到大学、图书馆及科研单位的利率更高。图书出口贸易,只要坚持做上几年,形成一定规模(小规模,年出口 20 万美元)就会保持一定的稳定性。不会有大起大落式的快速增长或下跌。

图书对外贸易将来的前景如何?除图书本身质量的不断提高以外,重要的还是要看海外中文图书市场的发展变化及走向。现今,海外中文图书市场的格局早已形成,从地域上看,分为东南亚市场(这是海外最大的中文图书市场)、日本市场、欧洲市场、北美市场、澳洲市场。从专业销售上讲,分为同业批发客户和邮购零售客户两大类。前者指海外经销中文图书的批发商和书商,后者指图书馆、大学、研究单位及个人等直接使用者。

改革开放以来,我国陆续批准成立了30多家具有图书进出口权的外贸企业,经过几年的运营,大都在海外找准并建立了自己长期业务客户关系。也就是说各自占据了自己的海外市场(当然如果服务不好也会丢掉自己的市场)。换句话讲,就是海外的中文图书市场已基本被我国这些图书贸易(进出口)公司分割完毕(还有一部分只做港台图书的书商没有包括在内)。而且近年来,这些公司对海外市场的相互竞争十分激烈,甚至有些新批准的图书外贸公司在图书贸易上找不到自己的海外客户,出现了能否生存的基本问题。所以从宏观角度上讲,近一段时间,国家不应再新批图书进出口企业。

近些年来,海外中文图书市场也在发生变化。首先新加坡、马来西亚推行使用简化字和马来西亚把华语作为学校必修课。这对于我国图书及文化向东南亚出口的迅速增长起到极其重要的作用。第二,改革开放以来,我国经济迅速发展,我国在国际上的地位和威望日益提高,再加上我国是一个极其吸引人的大市场,所以越来越多的国家、机构、大学等开始研究中国,不少国家的大学开设中文课,甚至有的大学把汉语作为第二外语(必修课)来设。来我国学习的外籍留学生大幅度增加。第三,这些年来,我国有大量居民、留学生移民到海外,开始逐渐改变海外文化市场的需求结构。特别是中文图书市场。他们需要简体字图书。他们需要我国语言文字图书、历史图书、民俗图书去教育和影响下一代。由于他们的根在中国,中国人的乡土观念,落叶归根的观念,使得他们在不断地注视了解家乡。有很多人在海外立足之后,回过头来与家乡人联手做生意。这些都预示着海外中文图书市场在改变,在逐渐扩大。

海外中文图书市场具有非常强烈的竞争性。这种竞争性是从我国实行改革开放政策,步入市场经济以后才出现的。过去,在计划经济时期,只有国际书店一家向海外出口(发送)图书报刊。多数属赠送性质,叫“支援世界革命”。那时,资本主义国家,包括东南亚国家对中国图书文化处于消极抵制态度。改革开放后,我国实行了社会主义市场经济,进一步改善和世界各国的关系,并开始与世界经济接轨。诸多的图书对外贸易公司(进出口公司)也就应运而生。我国出版的图书报刊不再是无偿赠送,而开始按市场经济规律进行交易。中国开始崛起,从经济到各个领域迅猛发展。全世界开始注视中国。要了解中国,要研究中国人,要研究中国的文化、历史。商人要与中国做生意,政治家要与中国打交道,交朋友,要打入中国的大市场。因此,海外的中文图书、报刊,生意也开始红火,书刊贸易的竞争也就开始了。80年代到90年代初,大都采取传统的习惯作法,即图书外贸公司将收集到的出版社的预订目录根据海外客户的大致需求汇集成册,用航邮寄给客户,客户根据所提供的书目选择订购图书。将订购单寄给外贸公司,外贸公司再根据订购单向出版社订购图书,或去书店配购已出版的图书。整个操作程序运作起来时间比较长。配书率一般情况下只能达到50%—60%。图书外贸公司成立的多了,都想做生意,就开始出现竞抢客户的现象。对海外书商也就提供了选择最适合自己的贸易伙伴的机会和可能性。除了服务质量以外,最初的竞争焦点在价格。由于我国的图书全都标有定价,所以对外销售的价格、折扣等在相当一段时间内成为各图书外贸公司间的商业机密和相互争夺客户的手段。海外有些书商就利用我们这一弱点占去了很多便宜。国家看到了这种无序的竞争,各大图书外贸公司也认为不能任其发展下去。于是,在国家新闻出版署的支持下,于1992年成立了中国图书出口工作委员会。作为一个民间的行会组织实行自我调节和约束,经过协商讨论,作出了对不同国家和地区统一限定图书出口价格的规定。在这之后,我国的图书出口贸易才逐渐走上真正凭信誉,凭服务质量,凭工作效率的平等竞争时代。海外图书馆、大学等长期稳定的购书客户面对中国众多的图书外贸企业提出,先收到谁的新书征订单,并来书速度快,服务周到,就向谁订货。因此,很多公司开始采用传真甚至国际联网技术来向海外客户传送新书信息。目前,海外的书商已不满足传统的订购图书方法。为满足读者要尽快见到书的要求,有些书商每2—3个月就到中国来一次,亲自到图书批发市场选购最新出版的书,然后以最快的速度发运出去。使用这种方法,从客商选好书到发运到海外与读者见面,大约只有15—20天的时间(指东南亚地区),比传统操作要快捷并准确得多。那么,作为出版外贸工作者就应立即改进自己原有的作法,尽可能最大限度地适应海外图书市场的变化和需求。努力学习掌握最新的知识和科学技术,这样才能立于不败之地。

(原载《中国出版》1997.7.)

图书价格规范问题初探

于小花

图书是满足人们精神消费的特殊商品，既具有一般商品的属性，又不同于一般商品。出版社作为图书编辑、印制、出版、发行的单位，是一个经济产业部门，在为社会提供商品时必须考虑经济效益。但它又肩负着“以优秀的作品鼓舞人”的重任，不能简单套用一般物质产品的生产模式，单纯追求经济效益，而要以社会效益为最高利益原则。因此，出版社既受市场经济规律的牵引，又要服从于全党全国工作的大局，受国家政策调节。这种双重性贯穿于出版工作的各个环节中，图书价格的确定也不例外。本文就规范图书价格问题谈些粗浅看法。

一、图书价格的沿革及现状

我国对图书价格的管理大体经历了三个阶段：

第一阶段(建国初～1988年)：主要实行印张定价办法。建国之初，图书价格由出版单位自行确定，没有规定统一的价格。1956年2月，文化部颁发了全国杂志、书籍定价标准，规定书籍按印张定价。后曾几经修改，但印张定价办法总体上没有改变。

第二阶段(1988～1993年)；实行控制利润率定价办法。1988年8月，国家对出版物的定价办法作了重大改革，颁布了《关于改革书刊定价办法的意见》，规定图书具体价格水平采取控制定价利润率办法，即把图书利润率控制在5～10%幅度内。这次改革之后，大多数出版社拥有了一定的定价权，受到出版社的欢迎。但少数出版社片面追求经济效益，图书价格利润率没能控制在规定幅度之内。

第三阶段(1993年至今)：实行自行定价办法。为深化出版业改革，使之适应社会主义市场经济的要求，1993年4月8日，国家物价局重工司、国家新闻出版署计财司联合发出《关于书刊价格管理的通知》，规定除大中专教材和中小学课本外，一般图书价格由出版单位根据纸张成本、印刷工价和发行册数自行制定价格标准。

由出版社自行制定价格，使出版单位拥有了定价自主权，顺应了社会主义市场经济的要求，对繁荣我国图书市场、满足人们日益增长的文化生活需要起了重要作用。但不容忽视的是，当前图书价格存在两大突出问题：

1. 图书价格上涨过快。图书市场中，读者反映最突出的问题是图书价格上涨过快。从图书价格本身看，1982年平均每册图书售价1元，1988年涨到了3元，1996年售价10元以下的图书已寥寥无几，而价格高达十几元、几十元甚至上百元的图书比比皆是。从零售物价涨幅看，1996年与1984年相比，图书零售价格涨幅高达745.4%，比同期零售物价总涨幅220.98%高出524个百分点，平均每年上涨18.2%。特别是近几年，书刊价格涨幅一直高于零售物价涨幅。1994、1995、1996年书刊价格涨幅为33.5%、15.2%和37%，比同期零售物价涨幅(21.7%、14.8%和6.1%)分别高11.8、0.4和31.9个百分点。其中1996年书刊类价格涨幅在14类消费品中位居第一。

2. 高定价、高发行折扣情况比较突出。除大中专和中小学课本定价较低外，大部分图书价格都偏高，有的甚至畸高，严重背离了价值。在高定价的同时，出版社普遍采取高发行折扣的办法，将图书批发给发行部门和二渠道书商，以期获得高回报。目前，除新华社书店主渠道发行折扣保持在35%左右外，一些高价书的发行折扣高达50～60%，甚至还要高。

图书价格存在的上述问题，给出版业带来了两大严重后果：

一是图书选题重复，结构失衡。为追求更高的收入，昂贵的精装豪华书、丛书、套书特别受到出版社的青睐，热销图书如少儿读物成为各出版社必出之书，必争之地，常常改头换面后重复出版，炒来炒去。1997年春季订货会上，各出版社推荐的图书中60%以上是丛书、套书。与此相反，各类学术著作、农村读物倍受冷落，“出书难”的问题依然没有解决，社会效益没有充分体现。二是图书印量和销量下降。选题重点、内容雷同的图书相互撞车，加之定价太高，致使图书的印量和销量下降。据新华书店总店北京发行所、科技发行所披露，1995年上半年一般图书购销全面下降,册数下降13.6%,码洋下降9.3%。科技新书目、社科新书目征订不到1600册的品种占87%,许多图书因达不到起印数而不能出版。1997年春季订货会平均订货量也呈下降之势,在参会的出版社和书店都比往年幅度增加的同时,订货码洋并未成比例增加。图书销售受阻,利润无法实现,卖书比出书更难,出版社陷入高定价、低回报的怪圈,经济效益下滑。

二、产生上述问题的原因

从图书价格构成看,图书价格由生产成本、发行费用、利润、税金构成。即:

图书价格=生产成本+发行费用+利润+税金

其中,生产成本包括纸张费、排版印刷费、稿费或版税、管理费用等。图书价格构成因素中,任何一项发生变化,都会使图书价格向相同方向变化。

从图书单价看,在生产成本、发行费用等一定的情况下,图书价格的高低取决于印数的多少。即:

图书单价=(生产成本+发行费用+利润+税金)/印数

从上式可以看出,图书单价与印数成正比。而印数的多少是由读者的需求量决定的。它受两个因素影响:一是图书选题和内容是否符合读者需要;二是读者购买力如何。

从图书价格的构成情况看,导致图书价格出现上述问题的主要原因有如下六点:

1. 图书生产成本增长较快。近几年,图书生产成本不断上升,拉动图书价格上涨。

(1)纸张价格。印刷用52克凸版纸每吨出厂价格,1984年为1350元,1994年为3786.6元,10年间上涨2.8倍。特别是1995年1~6月,52克胶印书刊纸每吨由年初的3768元上涨到6000多元,上涨幅度超过60%。纸张费用在图书生产成本中占70%以上,成为成本上升的首要原因。

(2)印刷工价。图书印张成本1984年为0.33元,1986年为0.6元左右。1993年北京市放开印刷工价后,又比1986年增加1倍。

(3)稿费标准。1990年国家适当提高书籍稿酬后,基本稿酬由每千字6~20元提高到10~30元,学术价值高的著作还可适当提高,但不得超过40元。但在实际执行中,一些销量大、效益好的垄断性图书的稿酬已大大突破了上述标准。

(4)管理费用。随着物价水平的不断上涨,职工工资水平不断提高,行政办公费用也呈刚性上涨之势。

2. 图书定价行为不规范。由出版社自行制定图书价格后,一些出版社既没有制定严格的图书定价程序及定价原则,也没有严格的成本核算制度,定价的随意性很大。有的出版社甚至将定价权下放给责任编辑或承包部门,放任不管。

3. 出版社之间竞争基础不平等。到目前为止,我国仍对出版社按专业分工规定严格的出书范围,这在一定程度上限制了出版社根据市场供求关系进行生产和经营,导致各社出书范围有宽有窄、读者面有大有小,图书市场相差悬殊,苦乐不均,竞争条件不平等的矛盾比较突出。因此,出书范围窄、读者面小的出版社如专业出版社、少数民族出版社往往以高定价来弥补出版印量小、成本高造成的损失减轻出版风险。

4. 发行市场不良竞争带来的影响。我国目前有三条发行渠道:新华书店主渠道、社会第二渠道、出版社自办发行渠道。除新华书店主渠道自成系统,形成发行网络外,其余两条渠道均未形成市场网络,特别是出版社自办发行渠道只能经营本社按专业分工出版的图书,各自为政,发行市场以出版社为单位分割成条条(中央部委出版社)和块块(省市出版社)。这样,出书范围窄、读者面小的出版社,由于发行品种和数量较少,发行费用上升,只好用不断提高发行折扣、回扣作为推销手段。这种不良竞争行为,在一定程度上对提高图书价格起了推波助澜作用。

5. 税赋过重。国家对出版社实行事业单位企业管理,将出版社作为企业推入市场后,出版社首先面临的是生存问题,出书必为稻粱谋。但出版社又肩负着为社会主义精神文明建设服务的重任,出书又不能只为稻粱谋。出版业这一特殊性在税收政策上并未受到重视。1994年税制改革后,出版社与其他企业一样,不分规模大小,都按企业所得交纳33%的所得税,按销售收入交纳13%的增值税交纳时可抵扣印刷企业按印刷费交纳的17%的增值税,但抵扣后仍要交6~8%的增值税。况且,抵扣部分实际上加大了印刷费用,羊毛出在羊身上。于是,出版社也只好将这些负担转嫁出去,其办法就是提高图书价格。

6. 图书购买力增加不快。改革开放以来,人们的生活水平有了大幅度的提高,但消费者务实求廉的心态依然占主导地位。绝大多数工薪阶层和农民的经济承受能力和购买力还很低。从我国城镇居民人均全年消费支出及构成看,1991年城镇居民和农民人均购买书报杂志分别为13.11元和3.33元，分别占生活费支出1453.81元和619.79元的0.9%和0.55%。

从以上分析可见，图书价格问题产生的原因既有客观原因，也有主观原因；既有价格本身的原因，也有非价格因素的影响。它们已严重影响了出版社的生存和发展，到了非采取措施加以规范不可的时候了。

三、规范图书价格的对策

图书作为一般商品，按照社会主义市场经济的要求，在价格形成上必须由出版社根据读者对象、内容、成本、供求关系自行定价；图书作为特殊商品，是为人们提供的精神产品，在价格制定上又必须体现“为人民服务、为社会主义服务”的出版方针。在制定图书价格时，应把社会效益放在首位，既要体现社会主义市场经济要求，保证出版社自身发展，又要满足社会主义精神文明建设需要。

按照这一思路，笔者认为，应从以下几个方面着手规范图书价格：

1. 制定图书分类定价原则。图书价格从其构成看，在生产成本和费用一定的情况下，价格高低主要取决于图书利润率的高低。定价前，要根据图书的不同情况，预计利润率，按差别利润率确定价格。对一般图书，应在市场竞争中形成的成本基础上，按图书出版行业的平均利润率水平制定图书价格；对市场要求量大、经济效益好的图书，应按高于图书出版行业平均利润率水平制定图书价格；对学术性强、社会效益好，但发行量小的学术著作，应按低于图书出版行业平均利润率水平来制定图书价格。

2. 规范出版社定价行为。出版社要建立健全图书定价程序和管理制度，制定图书成本、利润核算制度，努力降低各项费用，严把定价关，成立以社长为组长的定价小组，对图书价格在论证基础上加以确认。

3. 实行出版专业认证制度。应将目前实行的图书出版专业分工制度改为出版专业认证制度，即由新闻出版主管部门对各出版社的编辑力量进行全面审核，详细规定经济类、法律类、教育类、科技类、文学艺术类等各类编辑出版力量达到的资格条件。根据各社获得认定资格的编辑种类及数量核定出版社可以出什么书，出多少。这样，尽管出版社出版图书的种类仍然不同，但分工不是靠行政力量规定的，而是根据统一标准由新闻出版主管部门进行资格认定确定的，打破了人为的专业分工和垄断，消除了不平等竞争的基础，有利于促进出版社加强内部核算和管理，降低图书价格水平，走内涵发展道路。

4. 建立多元化的统一的图书发行市场。除新华书店系统作为发行主渠道外，应允许各出版社现有的自办发行渠道打破专业分工，经销各类图书，形成多元化的统一的发行市场。为保证统一市场有秩序、有步骤地进行，可分步实施。第一步，允许出版社发行部门打破专业分工，相互代理发行图书；第二步，待条件具备时放开图书发行。只要符合新闻出版主管部门规定的资金、规模、人员等资质要求，就允许发行图书，建立起多层次、纵横交错、四通八达的图书发行市场。当然，发行部门尽力搜集读者信息，做好宣传推广工作，加强内部管理，采取灵活多样的发行方式，也不失为一种从内部提高发行效率、争取市场最大化的办法。

5. 对出版业实行倾斜性经济政策。针对出版行业的特殊性，国家应实行优惠的经济政策加以扶持。主要包括：(1)建立出版基金，规定基金的使用范围和额度，加大对精品用书的投入，解决出书难的问题。(2)税收上给予优惠，减轻出版社的税赋。税率的制定既要考虑出版行业的特殊性，有别于其他行业；又要考虑出版行业内部各出版社规模大小的差别，实行差别税率或减免税政策。

(原载《价格理论与实践》1997.5.)

新书简介

A 马克思主义、列宁主义、毛泽东思想、邓小平理论

马克思主义、列宁主义 毛泽东思想

A000001 **《资本论》主要观点摘录与释义** 董荫涛主编。中共中央党校出版社 1997 年 5 月版。19 万字。10.00 元。摘录《资本论》中 100 条最主要的观点，并对其进行解说，既保持《资本论》原有的理论体系的完整性，又全面反映《资本论》中的主要理论观点。（王杰）

A000002 **体育之研究（英文版）** 毛泽东著。人民体育出版社 1997 年版。4 万字。30.00 元。体育之研究是毛泽东青年时期的著作，1918 年以二十八画生的笔名在《新青年》杂志发表。在国弱民疲的历史条件下，毛泽东根据自己的切身体会，提出了要重视体育、发展体育，以促进民族体质增强的观点。书的第八部分详细介绍了头部、足部、躯干、手部的体育锻炼方法。原书用文言文写成。共 8 部分：一、什么是体育；二、体育在我们中的位置；三、以前体育的弊病和我们努力的途径；四、体育的功效；五、不爱运动的原因；六、运动的方法贵在少；七、运动应该注意的事项；八、关于运动的一点心得的商榷。国家体委主任伍绍祖曾请人把原中文译成英文，本书在原译文基础上重新修订出版。书后附有中文原文及白话解说、注释。书中附有毛泽东从事体育运动的彩色图片。（赵新华）

A000003 **毛泽东与古典名著丛书** 盛巽昌编著。广西人民出版社 1997 年 5 月版。50 万字。36.00 元（全套）。丛书包括《毛泽东与三国演义》、《毛泽东与水浒传》、《毛泽东与红楼梦》、《毛泽东与西游记、封神演义》、《毛泽东与东周列国志》等 5 种。丛书所采撷资料，均源自国家公开出版物，并按年月顺序排列。资料反映了毛泽东在不同历史时期对以上古典名著的读书心得，记叙了毛泽东以这些古典名著中的故事、人物、言论来借古喻今，阐发自己明事理、学做人、成大业的方略。书中对摘引资料作简要的注释，书末附有资料来源。（马丕环）

A000004 **毛泽东诗史** 陈东林著。中共中央党校出版社 1997 年 3 月版。17.50 元。毛泽东是一位改造世界的革命领袖，也是一位杰出的伟大诗人。本书以 70 余首毛泽东诗词为主线，用纪实的形式，结合大量的历史事件和人物活动，包括一些未被人知晓的文献，勾勒出一部生动的毛泽东诗史。（胡建华）

A000005 **毛泽东诗词手迹** 毛泽东著。线装书局 1997 年 6 月版。2 万字。960.00 元。收入毛泽东 46 首诗词的手迹 112 篇，按诗词的写作时间编排。多数是书法之作，少量是手稿，绝大部分是中央档案馆的馆藏作品，其中约 1/3 为第一次公开发表。毛泽东的书法卓然成家。本书照原件宣纸影印，保存它的原貌和风格，是具有文献鉴赏和收藏价值的珍本。（谢云）

A000006 **毛泽东诗词百首译注** 陈同民译注。北京出版社 1997 年 6 月版。20 万字。17.00 元（平），23.00 元（精）。对经中共中央批准发表的百首毛泽东诗词逐字逐句进行注释解读，再用现代诗歌形式译成白话文。作者在毛泽东身边工作多年，对毛泽东诗词用了 30 多年时间学习、研读，因此，注译中无论是对背景材料、诗句的出处，还是对内涵的开掘与内容的领悟，独树一帜，别有韵味。（龙杰）

A000007 **马克思传** 刘建军著。河北人民出版社 1997 年版。19 万字。12.50 元。“世界十大思想家丛书”之一。按照马克思的学生时代、青年时代、晚年时期三个阶段，记述马克思的求学生涯、新世界观的形成过程和社会政治实践活动等，反映了作为学

者、政治活动家的马克思,如何创立科学的世界观,如何创建第一个无产阶级政党,如何博览群书写下不朽著作——《资本论》,以及很有人情味的感情世界,等等。(李剑)

A000008 **毛泽东** 蒋建农著。河北人民出版社1997年版。45.5万字。28.00元。详细介绍毛泽东伟大而光辉的人生历程,主要内容包括:毛泽东的家世、青少年时代、在湖南一师、参加五四运动、确立马克思主义世界观、参加建党活动、领导湘区工人运动、推动第一次国共合作、开辟中国革命之路、领导井冈山的革命斗争、创建中央苏区、领导红军反"围剿"斗争、参加工农红军长征、扭转中国革命的不利局面,奠定陕甘宁革命根据地、领导全民族抗战、延安整风、主持中共七大、争取国内和平、转战陕北、领导人民解放军与国民党反动派进行战略决战、推翻蒋介石的反动统治、领导中国人民建设新中国、在三大运动中,开展"三反""五反"运动、确立社会主义制度、探索中国式建设道路、在"大跃进"年代、大兴调查研究之风、国际反霸斗争、点燃"文革"之火、"斗批改"、粉碎林彪反党集团等等。收入"中共一大代表丛书"。(荆彦周)

A000009 **文人毛泽东** 陈晋著。上海人民出版社1997年12月版。49.8万字。32.00元。系统叙述毛泽东一生文化活动的传记著作。共分"书生意气"、"马背诗途"、"大旗初举"、"延水风波"、"重塑文坛"、"百花运动"、"风骚别出"、"文化革命"、"晚年心曲"九部分。书写了毛泽东作为诗人、文化人的心路历程,以及他作为政治领袖介入文坛时所挟带的春风或秋雨,是研究毛泽东人格的重要著作之一。(黄建章)

A000010 **走出困境的毛泽东** 副名:土地革命战争的历史报告。蒋伯英著。福建人民出版社1997年5月第2版。45.9万字。25.00元。是运用传记文学手法写作的史学专著。论述毛泽东在1925年至1937年间,特别是在土地革命战争十年间的坎坷历程。指出,毛泽东遵循马列主义普遍原理与中国革命具体实践相结合的原则,坚持只有枪杆子才能出政权的道路并首创农村革命根据地;而毛泽东在这一时期又屡屡陷入困境:外遭蒋介石反动军队的不断"围剿",内受教条主义上级的排斥打击。但毛泽东凭着过人的胆识和不懈的努力,终于走出困境,走向成功。书中对毛泽东的失误也不讳言。作者在忠于史实的基础上,揭示毛泽东的个人经历与中国革命历史发展过程之间的联系,以反映毛泽东的历史地位与作用。(林小影)

A000011 **毛泽东语言艺术鉴赏大辞典** 李后川主编。中原农民出版社1997年12月版。74万字。50.00元。分文章鉴赏、诗词鉴赏、书信鉴赏、早期文稿鉴赏和毛泽东论语言艺术五部分。该书条目选择范围广,编排新颖,赏析深刻,文学语言典雅优美,是一部反映毛泽东语言艺术成就的大型工具书。(马保民)

A000012 **马克思主义理论学习指导** 张双喜、龚一萍主编。广东人民出版社1997年8月版。28万字。18.00元。分为马克思主义哲学原理、中国革命史、当代资本主义概论和中国社会主义建设等4部分,34讲。简明扼要讲述:马克思主义的基本原理、基本观点;中国革命的酝酿、开端、过程、几个主要阶段和对建设有中国特色社会主义道路的探索和开辟;资本主义制度的确立与发展,资本主义的基本制度及其发展趋势;社会主义的本质,建设有中国特色社会主义的经济发展战略,建立社会主义市场经济体制的基本要求以及建设社会主义物质文明和精神文明的总体战略等。(陈启方)

A000013 **中国现代民主政治的新创造** 刘诚著。青海人民出版社1997年10月版。28.8万字。16.80元。系统研究毛泽东和邓小平多党合作理论的专著。从总结中国人民对现代民主政治模式的艰辛探索入手,并以其实现形式的高度展开研究,论述资产阶级政党政治在中国几度试验及失败的历史必然性,揭示了多党合作问题的深刻的历史内涵。阐述了毛泽东多党合作的理论和实践,如中国多党合作制度的形成发展及其政治策略思想、组织形式和运行机制。深刻论述了邓小平对多党合作理论和实践开拓性的新贡献,党的第三代领导集体对多党合作制的坚持和发展等一系列问题。还设专章探讨坚持多党合作制与实现祖国统一的关系问题。认为,邓小平"一国两制"的科学构想为和平统一祖国提供了切实可行的途径,多党合作制在和平统一祖国进程中的作用尤为重要。(吴引水)

A000014 **中国的道路——从毛泽东到邓小平** 秦兴洪著。广东高等教育出版社1997年7月修订版。27万字。13.80元。记述中国共产党两代领导集体探索和开创的中国革命和建设的道路:以毛泽东为代表的中国共产党第一代领导集体把马克思主义的普遍真理与中国的具体实践相结合,创立了中国革命理论,寻找到农村包围城市、武装夺取政权的新民主主义革命道路。新中国成立后,毛泽东领导全党全国人民完成了以建立生产资料公有制为主要目标的社会主义改造，在中国确立了社会主义制度。但在六七十年代，也曾犯过“左倾”错误。党的十一届三中全会以后，以邓小平为首的中国共产党第二代领导集体，把马克思主义基本原理同当代中国实际和时代特征相结合，总结了当今世界社会主义国家兴衰成败和我国社会主义成功和失误的经验教训，创立了建设有中国特色的社会主义理论，为中国人民开辟了一条建设和发展社会主义祖国的道路。(蒋玉瑛)

A000015 **毛泽东与毛泽东后的当代中国** 李君如著。福建人民出版社 1997 年 4 月版。31.6 万字。21.20 元。通过“当代中国首要的基本理论问题”、“当代世界的时代主题和中国发展的历史机遇”、“当代中国的基本国情和发展路线”、“治国论”、“发展论”、“市场经济论”、“民主政治论”、“精神文明论”、“精髓论”等 9 个专题，研究毛泽东与 1976 年以后，而且主要是 1978 年至 1992 年中国社会的基本理论问题，重点研究毛泽东与邓小平这两个伟人的思想观点。指出：什么是社会主义、怎样建设社会主义是从毛泽东到邓小平要解决的首要的基本理论问题。再现了毛泽东在十多年中对这一问题探索、思考的主要脉络，阐述邓小平解决这一问题面临的时代背景和国情，研究邓小平完成毛泽东未竟之业的战略构想，并以发展为主线论述邓小平在经济、政治和文化方面对毛泽东的继承和发展。本书是作者“毛泽东研究三部曲”之一。(李天兵)

A000016 **毛泽东邓小平江泽民论世界观、人生观、价值观** 中共中央文献研究室编。人民出版社 1997 年 7 月版。33.5 万字。25.00 元。收入毛泽东文稿 57 篇，邓小平文稿 48 篇，江泽民文稿 49 篇，共 154 篇。其中江泽民的《讲学习，讲政治，讲正气》、《以科学的理论武装人》、《以高尚的精神塑造人》、《正确认识物质文明与精神文明的关系》、《关于加强爱国主义教育》等 5 篇文章，是第一次公开发表。此书为毛泽东、邓小平、江泽民关于树立正确世界观、人生观、价值观问题的一部重要论著。(鲁静)

A000017 **毛泽东邓小平哲学思想比较研究** 马捷莎著。北京师范大学出版社 1997 年 4 月版。23 万字。13.20 元。对毛泽东邓小平哲学思想进行了比较，依据他们的各种具体理论、具体实践以及各自突出的贡献对其哲学思想的特点加以分析和论证。研究的主要内容有：毛泽东邓小平哲学思想的特点；实事求是是毛泽东邓小平哲学思想的精髓；关于实践的理论与运用；关于矛盾辩证法的理论与实践；关于矛盾普遍性特殊性的理论与实践；关于社会主义社会发展动力的理论与实践；关于社会主义精神文明建设的理论与实践；关于历史主体与价值主体相统一的人民观等。指出，在革命实践中，毛泽东创立了其思想体系，并指导中国革命从失败走向胜利，摆脱了贫困衰弱而屹立于世界民族之林。但由于毛泽东晚年的错误，使中国社会主义建设面临着何去何从的选择，而此时邓小平将马列主义、毛泽东思想与中国社会主义建设实际相结合，创立了建设有中国特色社会主义的理论，使我国的社会主义建设出现新的转机，邓小平以其深刻的哲学思想为武器，为中国社会主义建设设计了宏伟蓝图，使中国人民不断走向繁荣昌盛。(傅占武)

A000018 **从列宁到邓小平——民主理论发展轨迹** 徐鸿武主编。中共中央党校出版社 1997 年 11 月版。24.4 万字。13.00 元。以邓小平理论为主线，从社会主义基本理论、经济体制、民主建设、党的领导与建设、国际战略等领域，与列宁后期思想进行比较研究。(吉勇夫)

A000019 **哲人与将军——恩格斯军事技术思路研究** 刘戟锋著。湖南教育出版社 1997 年版。18 万字。11.30 元。为“博士论丛”之一。共 4 章：第一章“绪论”，述说恩格斯研究军事技术问题的时代背景、目的和动机；第二章“军事技术的进步与革命”，论述恩格斯关于军事技术历史发展的思想；第三章“军事技术的军事功能”，阐述恩格斯关于军事技术的军事功能的思想；第四章“军事技术的社会影响”，论说恩格斯关于军事技术的社会影响的思想。将恩格斯的军事技术思想置于历史的流变中进行考察，并指出其得失及现代理论意义和实践意义。(孟可文)

A000020 **《资本论》教学与研究** 何炼成等编著。西北大学出版社 1997 年 8 月版。48 万字。25.00 元。以“《资本论》与市场经济”为中心线索进行研究。有以下特点：第一，教材的体系结构、篇章顺序基本按《资本论》原著的篇章结构和顺序立论，保持原著理论的完整性、系统性和科学性。第二，在每篇每章的开头有一个简述，对各篇章的研究对象、核心内容、结构方法等均进行介绍。第三，对《资本论》内容的阐述简明扼要，观点集中鲜明。第四，运用了《资本论》的观点和方法对我国经济体制改革中的重大理论问题进行探讨和论述，注重学生运用马克思主义的立场、观点和方法分析现实问题的能力。第五，吸

收国内学术界的研究成果,对原著所涉及到的一些重点、疑点和热点问题都专门进行探讨,并介绍了学术界各种不同观点。(李华)

A000021　**劳动人道主义**　副名:马克思主义的原则。刘永结著。河南人民出版社 1997 年 10 月版。59 万字。站在时代的高度,系统地把握马克思的学说,对马克思的人道主义以至马克思的全部学说,作出自己独特的、富有创意的解读,力求做到历史与逻辑的统一,理论与实践的结合。

A000022　**列宁主义与现时代**　任玉秋等著。浙江人民出版社 1997 年 10 月版。20 万字。12.80 元。坚持以辩证唯物主义把握列宁主义的本质和特征,肯定列宁的时代观在本质上、主流上仍然符合当今时代的发展,并引用新材料证实帝国主义五大特征的进一步发展;以国家资本主义的国际垄断为最高形式,探讨了列宁对民族独立和民族解放运动的突出贡献,研究了列宁对社会主义建设的基本思想,分析了时代主流和主题的区别和联系等。

A000023　**毛泽东与当代中国**　李君如著。福建人民出版社 1997 年 4 月版。31.5 万字。21.20 元。通过"科学的社会改造论"、"社会主义阶段论"、"中国工业化道路论"、"经济体制改革论"、"民主论"、"阶级斗争论"、"民族统一论与民族独立论"、"社会主义实践与哲学"等 8 个专题,研究毛泽东领导党和人民建设社会主义的思想、活动及其经验教训。通过引证大量事实材料,指出对于建设社会主义,毛泽东是如何提出问题的?如何实践?碰到哪些困难?有哪些改变?为什么会走向曲折?等等。本书是作者"毛泽东研究三部曲"之一种。(李天兵)

A000024　**毛泽东与近代中国**　李君如著。福建人民出版社 1997 年 4 月第 2 版。35.4 万字。23.00 元。通过"近代中国的基本问题与出路的选择"、"国情分析论"、"革命战略论"、"革命道路论"、"统一战线论"、"党的建设论"、"民主政治论"、"经济建设论"、"文化建设论"、"哲学论"等 10 个专题,研究民主革命时期毛泽东的活动及思想,揭示毛泽东思想(主要是新民主主义理论)的真正诞生地和秘密。并就新民主主义理论的体系及内部逻辑联系提出颇有新意的看法。作者认为,毛泽东新民主主义理论由三个相互联系的部分组成,即"近代中国国情论"、"新民主主义革命论"、"新民主主义社会论"。还对毛泽东首次提出的"实践规律"(或称"行动的规律")作了初步探索。本书是作者"毛泽东研究三部曲"之一。(李天兵)

A000025　**毛泽东的群众观**　谷淑英等著。吉林大学出版社 1997 年 12 月版。22.7 万字。11.00 元。系统阐述毛泽东的群众观的理论专著。其特点有:对毛泽东的群众观在毛泽东思想体系中的地位、丰富内容、基本特点、历史作用、现实指导意义和在新的历史条件下邓小平、江泽民对毛泽东的群众观的坚持和发展,均作深刻的论述;书中既有总论的概括,又有分章的详细论述,并按照"毛泽东的群众观是彻底的唯物主义历史观,是一个深刻的群众观点,是贯串于党的各项工作的群众路线和行之有效的群众工作方法"的顺序展开论述,使毛泽东的群众观形成了一个完整的理论体系。(李万生)

A000026　**毛泽东周恩来刘少奇朱德论政府管理**　国家行政学院等编。中共中央党校出版社 1997 年 3 月版。20 万字。11.00 元。分 21 个大题、若干小题。分别论述中国社会主义政府管理的基本指导思想,政府的基本职能、运行职能和机关自身建设等内容。为行政学院系统培训不同类型的公务员的必读教材。(吉勇夫)

A000027　**毛泽东与中外军事遗产**　夏征难著。大连出版社 1997 年 7 月版。13.4 万字。8.00 元。侧重从军事思想史的角度,纵览古今,广涉中外,系统展示毛泽东如何审度军事人物的功过得失,把握战争成败的规律,融贯一切有价值的军事理论精华,尤其是继承《孙子兵法》,扬弃《战争论》,继承发展马克思主义军事科学,进而成为古今中外军事思想之集大成者的思想轨迹。全书分 3 章:第一章毛泽东与中国古代传统军事遗产;第二章毛泽东与近代资产阶级军事思想遗产;第三章毛泽东与马克思主义军事科学遗产。(李新民)

邓小平理论

A000028　**从八大到十五大**　副名:邓小平理论形成与发展的历史进程。王顺生等著。福建人民出版社 1997 年 12 月版。40 万字。27.00 元。论述党的八大以来历次党的全国代表大会和中央全会对中国社会主义道路问题的艰辛探索,展示改革开放以来邓小平理论逐步形成和发展的历史进程,描绘了在邓小平理论指引下我国社会主义现代化建设取得的辉煌成就。作者用"选择"、"尝试"、"曲折"、"转折"、"开拓"、"创新"、"成熟"、"发展"为主题词分别作各章的标题,展现这一进程中每个阶段的特点。指出,邓小平理论建立在亿万人民群众伟大实践的基础之

上，深深扎根于中华大地，是党和人民智慧的结晶，是解决当代中国社会主义前途和命运问题的正确的理论。(林荣)

A000029 **邓小平与他的事业** 龙平平著。福建教育出版社 1997 年 11 月版。35 万字。22.50 元。从“人民心中的丰碑”、“追寻邓小平早年岁月的足迹”、“邓小平与人民军队”、“邓小平的十年总书记生涯”、“邓小平与‘文化大革命’”、“与十一届三中全会”、“与中国的第二次革命”、“与经济特区”、“与他设计的三步发展战略”、“与科教兴国”、“与香港回归”、“邓小平与毛泽东”、“邓小平的退休生活”、“邓小平与他的著作”等方面。对邓小平的光辉一生作系统的介绍和评价。把邓小平与近十几年来中国社会的巨大变化有机地结合起来，把邓小平理论与党的路线、方针、政策的形成有机地联系起来，把邓小平的理论、业绩、风范与 20 世纪中国的变迁与发展联系起来，达到“感性与理性的结合”。(王广存)

A000030 **邓小平传** 王康荣等译。四川民族出版社 1997 年 6 月藏文版。18.7 万字。23.90 元。根据大型电视文献记录片《邓小平》翻译成藏文，并增加了《告全党、全军、全国各族人民书》、《悼词》、《邓小平伟大光辉的一生》、《三篇公告》、《家属的信》、《邓小平同志骨灰撒入大海》和联合国及一些国家领导人对邓小平逝世表示哀悼等文翻译而成。因此，是一部完整地反映邓小平一生的丰功伟绩的传记。(白玛次成)

A000031 **邓小平论科学技术** 中国科学院编。科学出版社 1997 年 10 月版。7.03 万字。6.00 元。内容选自《邓小平文选》1～3 卷，汇集邓小平在各个历史时期关于科技工作的论述。分 11 节汇集，共 3 部分 11 个纲目，60 个条目，依次为：实现人类希望离不开科学，科学技术是第一生产力，现代化的关键是科学技术现代化，提高全民族的科学文化水平，努力掌握科学技术工作的客观规律，中国必须在世界高科技领域中占有一席之地，改革科技体制是为了解放生产力，学习世界先进科学技术，尊重知识、尊重人才，科学发展的基础在教育，加强和改善党对科技工作的领导。全面地反映了邓小平科技思想体系的重要内容、基本观点及内在联系，概述了学习邓小平科技思想，加快推进现代化事业的必要性、紧迫性。(姚平录)

A000032 **邓小平实事求是哲学论** 姚润皋、林源著。南京大学出版社 1997 年 10 月版。21.3 万字。11.00 元。从哲学的高度，对邓小平理论的内容、实质作多方面的探讨。第一，叙述邓小平关于实事求是这一命题的多方面涵义，指出实事求是不仅是马克思主义的精髓，也是邓小平理论得以产生的思想前提和逻辑起点，是邓小平理论的灵魂和精髓。第二，遵循实事求是的思想方法，有针对性地提出在实践和运用邓小平理论的过程中，必须坚持唯物辩证法的客观性、全面性原则，完整准确地理解邓小平理论，防止使邓小平理论片面化和凝固化的形而上学倾向。第三，对毛泽东和邓小平这两位中国共产党人的杰出代表在社会主义建设问题上的思想，作客观、公正的评价，在充分肯定毛泽东伟大贡献的同时指出毛泽东晚年在社会主义建设问题上的重大失误。邓小平理论就是在总结、继承毛泽东思想的理论成就和借鉴、纠正毛泽东晚年失误的基础上起步并发展起来，这也体现着实事求是的唯物主义精神。(范瑜)

A000033 **邓小平理论与列宁后期思想** 俞良早等著。中共中央党校出版社 1997 年 12 月版。56.9 万字。35.00 元。系统研究邓小平理论与列宁后期思想的关系的著作。主要特点有：一、从建设和发展社会主义的基本理论、经济建设和经济体制改革的理论、民主政治建设和国际战略的理论、建设社会主义精神文明的理论和工人阶级执政党建设的理论等五个大的领域，对邓小平理论和列宁后期思想进行比较。在比较研究中，深刻阐述列宁的思想和邓小平理论。二、阐述作者学术探索的新观点。例如，它把列宁关于新经济政策的理论，认识为无产阶级国家利用市场发展经济的思想，并且由此出发认为邓小平关于建设社会主义市场经济体制的理论发展了列宁的思想。(龙润霞)

A000034 **邓小平理论体系研究** 杨三省主编。陕西人民出版社 1997 年 10 月版。48 万字。24.00元。从总体上研究邓小平理论从萌芽、产生到基本体系形成过程的学术专著。分上下两卷。上卷为“历史演进篇”，运用历史的方法并结合逻辑的方法，研究确定邓小平理论体系的历史起点和逻辑起点，并分析其演进的过程，论证邓小平理论的逻辑结构。下卷为“逻辑结构篇”，在研究邓小平理论的历史发展的基础上，概括和总结出这一理论的科学体系与基本框架，史论结合，有鲜明特点。当前学术界对邓小平理论的历史起点之界定有多种观点，作者认为，60 年代初的“猫论”和 70 年代中期的“全面整顿”应为邓小平理论的理论起点，并作了有说服力的论证。(竹守章)

A000035 **邓小平理论的形成和发展** 高化民主编。国防大学出版社 1997 年 10 月版。30 万字。25.00 元。以辩证唯物主义和历史唯物主义为指导，从党的第一代领导集体的艰辛探索，到第二代领导集体的创立至逐步成熟，再到第三代领导集体的继承、丰富和发展，一直到党的十五大，全面阐述邓小平理论形成和发展的历史，论述了我们党从提出走自己的道路到成功地走出一条建设有中国特色社会主义道路的时代背景和发展过程。(刘文海)

A000036 **邓小平理论学习笔记** 本书编选组编。辽宁人民出版社 1997 年 8 月版。51.6 万字。30.00元。选收胡绳、郑必坚、邵华泽、逄先知、苏星、龚育之、邢贲思等国内邓小平理论研究的知名学者、专家自 1992 年以来撰写的有关文章、学习笔记、体会等 45 篇，内容涵盖邓小平理论的各个方面，其中包括胡绳的《马克思主义是发展的理论》、逄先知的《建设有中国特色社会主义理论是对毛泽东思想的继承和发展》、郑必坚的《关于深化理论学习的几点思考》、龚育之的《线索和阶段》、邢贲思的《坚持马克思主义不动摇》、杨春贵的《学习邓小平的马克思主义立场、观点、方法》、石仲泉的《论当代中国的马克思主义》、冷溶的《建设有中国特色的社会主义理论是怎样在实践中产生的》等在理论研究领域颇有影响的文章。(王松)

A000037 **邓小平理论研究文库** 刘海藩、杨春贵主编。中共中央党校出版社 1997 年 8 月版。1228.6 万字。897.00 元。收录文章 2 000 余篇。选文主要为 1992 年邓小平南巡谈话和党的十四大以来至十五大前，省级以上书报刊发表的优秀理论文章，历次全国邓小平建设有中国特色社会主义理论研讨会入选论文，以及部分全国“五个一”工程获奖理论文章。《文库》根据邓小平理论体系分为 18 编，系统展示这一理论科学体系的丰富思想内容，阐明邓小平理论对马克思主义理论宝库的杰出贡献和在我国改革开放和社会主义现代化建设进程中所起的巨大作用，强调在新的形势下继续高举邓小平理论伟大旗帜，广泛深入地进行党的基本理论和基本路线教育的重大现实意义和深远历史意义。附录收入《邓小平理论形成和发展大事记(1977～1992 年)》、《国外邓小平理论与中国改革发展研究辑要》和《邓小平理论研究部分著作目录索引》。(刘振川)

A000038 **邓小平理论:结构·体系·特色** 王韶兴主编。山东人民出版社 1997 年版。30 万字。25.00 元。把握邓小平理论一系列观点间的内在联系——什么是社会主义，如何建设社会主义，将邓小平理论的基本原理分为理论原理和策略原理，研究了与基本原理密切相关的理论根源、方法原则、理论特色。邓小平理论的理论原理，讲的是什么是社会主义的问题，包括社会主义本质特征、根本任务、发展动力、发展阶段和前途命运等反映社会主义发展一般规律的问题。邓小平理论的策略原理，讲的是如何建设社会主义的问题，具体包括社会主义建设在中国的道路抉择、基点定立、模式构筑、战略部署、力量配置等一系列具体的道路、途径和方法。邓小平理论的根源是在继承和捍卫马列主义毛泽东思想的基础上，依据中国的国情和时代特征，创造性地发展了马列主义毛泽东思想，形成了当代中国的马克思主义，即邓小平理论。(董新兴)

A000039 **邓小平理论教程** 冯深主编。广西人民出版社 1997 年 4 月版。24 万字。13.00 元。以《邓小平文选》第一、二、三卷为基础，结合党中央的有关文件，对邓小平的哲学理论、邓小平的社会主义理论、邓小平的经济理论、邓小平的改革开放理论、邓小平的政治理论、邓小平的社会主义的依靠力量和统一战线理论、邓小平的社会主义精神文明建设理论、邓小平的外交和国防理论、邓小平的建党理论等进行了全面、系统的阐述。根据教学需要和教程要求，每章后列有著作选读和思考题。(马丕环)

A000040 **邓小平理论简明教程** 欧阳云、张硕主编。青海人民出版社 1997 年 12 月版。30 万字。23.00 元。内容分 14 部分，即：1. 总论；2. 邓小平的社会主义初级阶段理论；3. 邓小平的经济建设理论；4. 邓小平的改革动力理论；5. 邓小平的对外开放理论；6. 邓小平的政治稳定理论；7. 邓小平的教育理论；8. 邓小平的人才理论；9. 邓小平的新时期军队建设理论；10. 邓小平的新时期党建理论；11. 邓小平的精神文明建设理论；12. 邓小平的和平外交理论；13. 邓小平的新时期统一战线理论；14. 邓小平的“一国两制”理论。(安海民)

A000041 **世纪伟人——邓小平纪事** 杨国宇等编著。上海文艺出版社 1997 年 3 月版。53.7 万字。39.00 元。邓小平为中国新民主主义革命的胜利、新中国的成立和社会主义的创建、巩固与发展，建立了不朽的功勋。众多当年在邓小平直接领导下，曾任党政军要职、如今已届耄耋之年的老人，根据他们与伟人在一起的斗争经历，写下了自己的回忆与感怀。这就构成本书的主要内容。本书是在《二十八年间》一书的基础上，选取其中精品，又作必要增补，

得文 72 篇而成，真实地反映邓小平光辉战斗的一生。（吴早文）

A000042 **永恒的瞬间——世纪伟人邓小平** 杨绍明编著。上海教育出版社 1997 年 8 月版。7.25 印张。145.00 元。画册。精心挑选 69 帧作品，分为“肖像”、“操劳”、“生活”三个篇章，形神兼备地刻画一代伟人宽广的胸襟、非凡的气度和崇高的风范，生动记录邓小平晚年的工作和生活，传神地表现邓小平既是世纪伟人又是普通人的感人形象。（薛培华）

A000043 **在邓小平理论的旗帜下——中国改革开放历程(1975～1992)(上下卷)** 鲁延文主编。广西人民出版社 1997 年 12 月版。373 万字。450.00 元。以编年的形式，按时间的顺序，从大的时代背景和政治、经济、文化的广阔视角中反映中国改革开放的历程和邓小平理论的形成和发展。以党的十一届三中全会、十二大、十三大、十四大为标志，将这一历史分为四个阶段：一、改革的酝酿阶段——邓小平理论的萌芽(1975.1——1978.11)；二、改革的起步阶段——邓小平理论的提出(1978.12——1982.8)；三、改革的展开阶段——邓小平理论的丰富完善(1982.9——1987.10)；四、改革的深化阶段——邓小平理论的形成(1987.11——1992.10)。本书的特色在于：详细记述 1975 年邓小平领导全面整顿、酝酿中国改革开放到 1992 年中共十四大，改革的进一步深化和发展，邓小平理论的形成等内容。叙述了邓小平的主要活动和言论，国内政治、经济、军事、文化、外交、社会等各方面的大事，以及个别重要的国际大事；也充分反映这一时期党中央、国务院一系列路线、方针、政策的形成、制定过程和中央其他领导的重要著述和活动。对改革开放事业的伟大实践，给予全面的系统性回顾，勾画出其发展的主要线索和轮廓。（区向明）

A000044 **我的父亲邓小平** 毛毛原著，梦山、海沫改编，叶雄绘画。浙江人民美术出版社 1997 年 12 月版。693 幅图。25.00 元。根据毛毛的同名著作改编和创作成的连环画，分上下册。原著 50 余万字，改编者根据连环画的特点，绘有 693 幅图，并注有文字说明，保留原著精华，忠实原著精神，生动地叙述了邓小平和他的战友们为探求真理和实现理想而奋斗的故事，形象地展示邓小平传奇般的革命历程和人生经历。

A000045 **忧患·振奋·腾飞** 副名：邓小平忧患意识论析。周鸿根、夏东民著。上海社会科学院出版社 1997 年 11 月版。23 万字。14.00 元。分为忧患意识的渊源与特点，时代、现实、忧患意识的产生，忧国、忧民、忧党，以及腾飞的起步四个部分。第一部分探讨忧患意识的渊源，并分析了邓小平的忧患意识，指出邓小平忧患意识的特点，即忧患意识与放眼世界、摆脱僵化观念、乐观情怀、实干精神紧密结合的鲜明特点。第二部分通过对我国所处的国际环境以及国内社会发展状况的具体分析，阐述邓小平忧患意识产生的各种因素。第三部分具体论述了邓小平的忧患意识，涉及到中国共产党的基本路线、党的接班人的培养、经济发展的速度、科学技术的重要性、全民族的教育事业、稳定的政治环境、社会主义精神文明的建设、中国共产党的建设等方面。第四部分为宏观分析，把邓小平的忧患意识与振兴中华、实现新世纪的宏伟蓝图等思想结合起来分析，得出全书的逻辑结论。（张广勇）

A000046 **总设计师的足迹** 高屹、陈志强主编。辽宁人民出版社 1997 年 5 月版。1 万字。289 幅图。128.00 元。画册。以编年体的形式，选收邓小平从 1977 年至 1994 年外出考察和出国访问的 289 幅珍贵照片。其中许多照片是第一次公开发表。画册对邓小平奔走于沿海、内地，都市、边疆之间，深入农村、城镇、厂矿、部队、机关、学校、科研单位，了解人民群众的呼声，指导改革开放的实践，出访许多国家，会见众多外宾，指导中国对外关系的重大调整予以真实、生动、形象的记录。展现邓小平领导中国改革开放和现代化建设的历史功绩和领袖风采。（王松）

A000047 **理论歌谣** 中共广西壮族自治区委员会宣传部收集整理。广西人民出版社 1997 年 9 月版。5 万字。5.50 元。以《邓小平建设有中国特色社会主义理论学习纲要》一书的思路、结构、层次和一系列理论观点、概念，分章设节编写，充分运用传统民歌所特有的赋、比、兴等手法，对邓小平理论所涵盖的各个方面，诸如关于社会主义、关于初级阶段、关于改革开放、关于市场经济、关于科教兴国、关于民主法制、关于精神文明、关于民族团结、关于党的建设等等的论述用歌谣的形式进行生动的宣传和阐释。（马丕环）

A000048 **邓小平人才人事理论学习纲要** 中华人民共和国人事部编。人民出版社 1997 年 11 月版。4.9 万字。4.40 元。分 10 个部分，全面系统地阐述邓小平人才人事理论的科学体系和丰富内涵，以及学习这一理论的重要性和学习方法，要求全体党员干部特别是县、处级以上领导干部以及组织人事工作者,认真学习邓小平人才人事理论,为建设一支高素质的干部队伍、人才队伍而努力奋斗。江泽民为该书写了序言《坚持把邓小平建设有中国特色社会主义理论的学习引向深入》。(王能雄)

A000049 **邓小平论政府管理** 国家行政学院等编。中共中央党校出版社 1997 年 3 月版。20 万字。10.50 元。分 15 个大题、若干小题。分别论述中国社会主义政府管理的基本指导思想,政府的基本职能、运行职能和机关自身建设等内容。为行政学院系统培训不同类型的公务员的必读教材。(吉勇夫)

A000050 **邓小平改革方法论** 周振国等著。河北人民出版社 1997 年版。32 万字。19.00 元。分总论、认识篇、实践篇、评价篇。总论部分论述当代中国改革的时代背景、实践过程、理论成果和邓小平改革方法论的形成及其科学体系,揭示了当代中国改革的历史必然性及其发展的客观规律性。认识篇探讨了对改革规律的唯实认识方法、矛盾分析方法、系统分析方法,揭示了邓小平改革的理论和实践中所蕴含的科学认识方法。实践篇分别论述战略决策方法、探索实践方法、典型示范方法、循序渐进方法、对立面结合方法、宏观控制方法等。评价篇对邓小平关于改革的评价主体、价值取向、评价标准和尺度、评价的原则和方法等进行系统的研究。(荆彦周)

A000051 **邓小平"和平统一、一国两制"理论与实践** 丁关根、钱其琛等著。人民出版社 1997 年 6 月版。2 万字。1.80 元。汇集丁关根、钱其琛等在中宣部举行的"邓小平'和平统一、一国两制'理论与实践"座谈会上的讲话和发言。旨在缅怀邓小平对香港回归、实现祖国和平统一大业作出的卓越贡献。(鲁静)

A000052 **邓小平的社会主义观研究** 刘永平、侯玉兰主编。同心出版社 1997 年 7 月版。17 万字。9.10 元。从社会主义观的角度研究邓小平理论的著作,抓住邓小平社会主义观中的几个主要问题展开研究,即社会主义本质论、社会主义初级阶段论、改革开放论、市场经济论、精神文明论、民主法制论 6 个方面。体现出邓小平对马克思主义的科学社会主义原理,继承了什么,发展了什么,颇有理论深度。

A000053 **邓小平的政治观** 侯远长、杨丽萍著。河南人民出版社 1997 年版。37.8 万字。26.00 元。从邓小平的政治观中的国体观、政体观、统战观、廉政观、治乱观、人才观、国格观、人权观、政治领导观、政治体制改革观、政治发展和国际战略观等方面,进行系统阐述和论证。(张志林)

A000054 **邓小平政治民主化思想研究** 崔佩亭、孙代尧主编。中共中央党校出版社 1997 年 3 月版。18.5 万字。9.50 元。从政治民主与社会主义现代化的关系入手,论述社会主义民主与资本主义民主、社会主义民主与社会主义法制、社会主义民主与无产阶级专政、社会主义民主与民主集中制的相互关系。对社会主义民主的组织形式、政治民主化与政治体制改革、政治民主化与社会主义市场经济、政治民主化与党的领导等作详细阐述。对邓小平政治民主化思想作深入研究,揭示这一理论对中国政治体制改革和民主化建设的重要意义。(张坚石)

A000055 **邓小平廉政建设思想研究** 孙宏典、李义凡主编。河南大学出版社 1997 年 8 月版。24 万字。12.00 元。共 7 章,分别以导论、历史的轨迹、巨人的忧思、精湛的论析、理想与出路、继承与超越、行动的指南为题,从界定廉政、腐败等基本概念入手,论述邓小平廉政建设思想的形成,邓小平论廉政建设的重要性,邓小平对腐败现象原因的剖析,邓小平论廉政建设的目标和措施,邓小平对毛泽东的廉政建设思想的继承与发展,邓小平廉政建设思想的伟大意义等内容。采用历史与现实结合、横向与纵向结合的研究方法,从整体上论述邓小平廉政建设思想形成的理论基础、实践基础及其过程,重点论述邓小平廉政建设思想的内容,运用比较的方法,分析邓小平与毛泽东廉政建设思想的异同点及其成因。(贾怀廷)

A000056 **邓小平新时期统一战线理论的时代特征** 王诚安主编。陕西人民出版社 1997 年 7 月版。27.4 万字。15.00 元。围绕改革开放新时期党和国家工作重点转移后统一战线工作面临的新形势、新特点、新任务、新目标,探讨邓小平关于统战工作的新思路、新视野、新理论。概括了邓小平新时期统战理论的五大时代特征,即:(一)在统一战线的根本任务问题上,坚持经济建设与统一战线相结合;(二)在统一战线的政治基础问题上,坚持爱国主义与社会主义相结合;(三)在统一战线的性质问题上,坚持大陆范围内联盟与大陆范围外联盟相结合;(四)在政党关系问题上,坚持一党执政与多党合作相结合;(五)在祖国统一问题上,坚持一个中国与两制并存相结合。(张海潮)

A000057 **邓小平管理思想研究** 苗增瑞、冯大愚著。天津人民出版社 1997 年 12 月版。17.4 万字。9.60 元。在总结我国国家管理工作经验的基础上，研究邓小平管理思想产生的历史条件、形成和发展过程，指出了邓小平管理思想的哲学基础、核心内容、主要特色以及基本原则和基本方法。着眼于世纪之交的中国社会现实及对发展前景的展望，从国家整体管理的角度，在宏观综合层次上，全面论述邓小平关于经济发展和社会进步各方面的管理思想，进而对振兴中华的宏观战略、实施步骤、管理措施以及转轨时期的一系列社会经济关系问题作了说明；诸如，国家总体管理目标、科教兴国战略、宏观调控、微观基础以及社会管理各方面的配合和协调等等。展现邓小平关于管理变革是一场革命的丰富内容。(李晶)

A000058 **邓小平精神文明建设思想研究** 龚贻洲、丁振国著。中国地质大学出版社 1997 年版。18 万字。分 8 章，论述邓小平精神文明建设思想产生的社会与思想基础、社会地位及其发展过程；阐述精神文明建设的基本内容，以及它在社会主义建设中的地位和作用；指出加强精神文明建设必须要坚持四项基本原则和以建设有中国特色社会主义指导方针；一定要长期坚持精神文明建设的方法论思想以及坚持"两手抓、两手都要硬"的工作方法与思想作风等。着重指出，邓小平精神文明建设是我国社会主义现代化建设的理论基础和指导方针。(刘先洲)

A000059 **世界现代化进程中的中国社会主义** 马仲良著。同心出版社 1997 年 10 月版。38.8 万字。25.00 元。运用马克思的社会形态理论分析中国社会主义产生和发展的时代背景，并从这一广阔和深刻的背景中揭示有中国特色社会主义的发展规律。从世界的空间大跨度和历史过程的分析中，揭示有中国特色社会主义是在世界现代化的历史进程中产生和发展的。本书分析了当前中国社会主义所遇到的一系列挑战以及应采取的对策，论证了邓小平理论在解决中国社会主义现代化问题方面的价值和伟大意义。

A000060 **当代社会主义的若干问题** 副名：国际社会主义的历史经验和中国特色社会主义。江流、徐崇温主编。重庆出版社 1997 年 12 月版。47.2 万字。30.00 元。共 13 章，69 节。1. 20 世纪国际社会主义运动的历史进程；2. 在国际社会主义运动的范围内看有中国特色的社会主义；3. 马克思主义基本原理与本国实际、时代特征的结合，是社会主义事业兴旺发达的关键；4. 不同的社会主义观，不同的发展道路；5. 可以跨越的资本主义卡夫丁峡谷与不可超越的生产的社会化；6. 坚持社会主义基本制度与改革不适应生产力发展的具体体制；7. 实行对外开放与把国家的主权和安全放在第一位；8. 社会主义制度与市场经济的结合；9. 科学技术是第一生产力和科技兴国战略；10. 发展和完善社会主义民主与法制；11. 加强社会主义精神文明建设；12. 坚持和改善党的领导，加强党的建设；13. 中国现代化建设的发展和社会主义的未来。(余国枢)

A000061 **邓小平新时期军队建设思想研究丛书** 侯树栋主编。国防大学出版社 1997 年 8 月版。180 万字。202.00 元。丛书有 10 分册，分别为：《当代中国的马克思主义军事理论》、《邓小平国际战略思想研究》、《邓小平军队革命化建设思想研究》、《邓小平军队现代化建设思想研究》、《邓小平军队正规化建设思想研究》、《邓小平军队后勤建设思想研究》、《邓小平海军建设思想研究》、《邓小平空军建设思想研究》、《邓小平国防建设思想研究》、《邓小平现代条件下人民战争思想研究》。丛书系统、准确、深入地阐述了邓小平新时期军队建设思想的基本观点、主要内容和科学体系，及其同整个邓小平理论的内在联系，指明了其在我军各项建设实践中的重要指导地位；阐述了邓小平新时期军队建设思想同毛泽东军事思想的继承与发展的关系，指明了其作为当代中国的马克思主义军事理论的重要历史地位；阐述了江泽民关于军队建设的一系列重要论述和党中央、中央军委的一系列重大决策对邓小平新时期军队建设思想的重要贡献。丛书从军队实际出发，坚持理论研究与部队建设实际紧密结合，通过对新时期军队建设中一系列重大问题的研究分析，得出了符合实际的、带有规律性的认识和结论。(马凤江)

A000062 **巨人与大地** 副名：邓小平与中国农业农村农民。唐春元著。湖南人民出版社 1997 年 12 月版。23.80 元万字。21.80 元。回顾邓小平在十一届三中全会以后领导农村改革的成功实践，以及由此带来的农村的巨大变化，阐述邓小平在农村改革的实践中形成的诸多关于农业农村发展问题理论，如关于农民问题的极端重要性、关于农业是国民经济的基础、关于农村改革的"两次飞跃"、关于乡镇企业的发展、关于农业现代化、关于农村精神文明建设、关于加强党对农村工作的全面领导等，揭示邓小平的"三农"理论对于我们正确总结在农业农村农民问题上的经验教训，正确认识和处理新形势下农业农村农民问题，促进农业和农村经济繁荣和发展的现实指导意义。(黄楚芳)

A000063 **邓小平三农思想研究** 范德官主

编。福建教育出版社 1997 年 7 月版。27.9 万字。26.00元。从马克思主义经典作家论“农业、农村、农民”问题导入，对邓小平的“三农”理论作系统的研究。主要内容有：在国民经济发展中农业的发展是第一位的；中国特色的农业现代化不仅仅是农业机械化；中国农业发展要实现两个“飞跃”；发展农业必须因地制宜全面发展；振兴农业必须依靠科学和教育；农村现代化应是农村工业化与农村城市化同步发展；调动农民积极性是我党农村工作的根本；以市场为取向的农村改革指导全国的伟大实践；社会主义新农村的本质就是解放发展农村生产力和让农民共同富裕等。用事实证明了邓小平“三农”理论指导中国农村发展事业的成就和现实意义。用新的视角勾勒近十几年中国农村改革及其对中国整体改革的深远影响；用新的价值观评析中国农村现代化的理论政策和实践的关系。(陈萍)

A000064　**邓小平经济理论研究**　樊纪宪著。河南人民出版社 1997 年 11 月版。41 万字。28.00元。系统研究邓小平经济思想的学术专著。分上、中、下 3 篇。上篇从宏观角度对邓小平经济理论产生的背景、历史条件、发展阶段、理论体系、特点及在马克思主义理论体系中的历史地位等加以阐述。中篇论述了邓小平的改革理论、发展理论、所有制理论、分配理论、现代化理论和区域经济理论。下篇从微观角度，即从部门经济出发，研究了邓小平农村、农业、企业、科技、财政、金融、物价、外资、外贸、投资、管理等方面的经济思想。(王锦)

A000065　**学习邓小平经济理论二十讲**　曾培炎主编。人民出版社、中共中央党校出版社 1997 年 5 月版。30.2 万字。18.00 元。对邓小平经济理论的基本内容、主要观点、精神实质，从经济体制改革、国有企业改革、科教、农业、精神文明建设等 20 个方面作深入的讲述。(欧阳日辉)

A000066　**邓小平教育思想研究**　沈锋主编。辽宁大学出版社 1997 年 9 月版。18 万字。11.00 元。介绍邓小平教育思想的基本特征和基本理论，阐明邓小平教育思想的主要内容，以及新时期更好地落实邓小平教育思想应采取的对策。着重指出，邓小平教育思想作为建设有中国特色社会主义理论的重要组成部分，是建设有中国特色社会主义教育体系的重要指导思想。(陈晓东)

A000067　**邓小平社会发展论**　张瑞才著。云南大学出版社 1997 年 11 月版。31.6 万字。16.00元。由总论和社会发展的基础、生长点、道路、核心、标志、纽带、基础工程、关键、主体、目标、根本动力、外部条件、战略、保证等 14 个部分组成，它从一个崭新的角度论述作为邓小平理论重要组成部分的邓小平社会发展论，指出邓小平社会发展理论是马克思主义社会发展理论与中国社会发展实际和时代特征相结合的理论结晶，是有中国特色的东方社会发展理论。(赵国树)

A000068　**邓小平与中国科技**　张玉台主编。福建科学技术出版社 1997 年 12 月版。29.5 万字。98.00 元。分 4 部分。第一部分“小平风采”，收入邓小平在科技战线上活动的照片 75 幅，其中绝大多数是首次公开发表的；第二部分“邓小平论科学技术”，收入邓小平集中论述科技工作的 14 篇文章；第三部分“邓小平科技思想永放光芒”，收入国家领导人及科技各部委论述邓小平科技思想的文章；第四部分“科技工作者的良师益友”，收入十几位著名科学家回忆邓小平关心、支持科技与科技工作者的文章，其中不少文章具有宝贵的历史文献价值。(林万象)

A000069　**邓小平科技思想学习纲要**　中国科学院编。科学出版社 1997 年 10 月版。7.40 万字。8.00元。分 3 部分 11 个纲目，60 个条目。系统阐述邓小平科技思想是邓小平理论的重要组成部分，反映了邓小平科技思想体系的重要内容、基本观点及其内在联系，概括论述了学习邓小平科技思想的重要性，回忆了推进现代化事业的必要性、紧迫性。突出了邓小平科技思想这个主线，并论述了它同马列主义、毛泽东思想的渊源关系和中央第三代领导集体的崭新实践及其发展；既反映了邓小平科技思想，又把他的科技思想同经济思想、政治文化思想以及关于发展的思想紧紧地结合在一起。(姚平录)

A000070　**邓小平科技思想研究**　李万忍著。人民出版社 1997 年 5 月版。33.8 万字。19.50 元。对邓小平科技思想作全面系统的阐述，提出邓小平科技思想是建设有中国特色社会主义理论的重要组成部分，是在继承马克思主义、毛泽东思想的基础上，结合新时期的新情况、新经验，创造性地发展了马克思主义、毛泽东思想。书中以邓小平有关科学技术的论述为主线，重点突出邓小平“科学技术是第一生产力”的英明论断，清晰地反映出邓小平科技思想的形成、发展的历史过程，并从理论与实践的结合上，说明邓小平科技思想把马克思主义科技学说和生产力理论创造性地发展到一个新水平。(王能雄)

A000071　**邓小平理论与实践研究丛书(第二辑)**　陈至立主编。上海人民出版社 1997 年 7 月版。

168 万字。141.00 元。从 12 个方面阐述邓小平理论的基本观点，分别为：《解放思想，实事求是——建设有中国特色社会主义理论的精髓》、《什么是社会主义，怎样建设社会主义——社会主义的本质和发展道路》、《坚持和改善党的领导——新的伟大的工程》、《发展最广泛的爱国统一战线——建设有中国特色社会主义的一个重要法宝》、《培养和选拔德才兼备的领导人才——关系到我们党和国家长远利益的大问题》、《有理想、有道德、有文化、有纪律——培育社会主义"四有"新人》、《面向现代化，面向世界，面向未来——教育是一个民族最根本的事业》、《金融是现代经济的核心——中国经济发展的重要环节》、《发展高科技，实现产业化——一项关系到长远发展利益的战略任务》、《独立自主的和平外交政策——改革开放和现代化建设的国际环境》、《一个国家，两种制度——实现祖国和平统一的构想与实践》、《坚持党的基本路线一百年不动摇——实现建设有中国特色社会主义事业的最可靠保证》。（黄建章）

B 哲学、宗教

哲学理论

B000001 **社会科学十万个为什么（哲学）** 梁庆寅等著。少年儿童出版社 1997 年 3 月版。16 万字。10.90 元。收有 122 个题目，采用一问一答的文体，每篇千字左右。通过各种古今中外的具体实例介绍有关哲学方面的知识，如"为什么只上过三个月小学的爱迪生能成为大发明家？（内因是变化的根据）""为什么孙权与刘备既联合抗曹，又各安居心？（矛盾的同一性与斗争性）""狼孩为什么不能适应人类社会？（人的社会性）""孔圣人认错给了人们什么启示？（人的正确思想从哪里来）""10 岁的高斯为什么能速算出'1＋2……＋100'的答案？（完全归纳推理）""守株待兔的农夫为什么会被小孩讥笑？（偶然性和必然性）""为什么古人说'画鬼容易画狗难'？（事物的可比与不可比性）"等等。（洪祖年）

B000002 **智慧的探索 冯契文集⑧** 冯契著。华东师范大学出版社 1997 年 3 月版。35 万字。38.20元。是作者"文革"以后（1979～1994）发表的论文、发言稿、序跋的选集，共 49 篇。以智慧学为中心，各篇都围绕知识与智慧的关系而展开。从内容看，文章可分为四个方面：对知识与智慧关系的理论探讨；关于逻辑与方法论的问题；关于价值论和自由学说以及伦理学、美学问题；会通古今与比较中西。全书逻辑结构为：以智慧的探索为主干，以"伦理论为方法"（方法论）和"伦理论为德性"（价值论）为两翼，并通过比较中西和会通古今以达到新的哲理境界。文章有的着重于一般理论层面的论述，有的主要通过哲学史的总结以展开智慧问题的探讨。此书为《智慧说》的外篇。（缪宏才）

B000003 **蔡元培全集·第九卷** 中国蔡元培研究会编。浙江教育出版社 1997 年 12 月版。39.6 万字。15.00 元。收录蔡元培于 1903 至 1921 年期间的译著共 6 篇。其中主要篇章为蔡氏赴德留学前以及留学期间有关哲学和伦理学方面的译著。

B000004 **文化的边缘** 滕守尧著。作家出版社 1997 年 4 月版。26.4 万字。20.00 元。通过中西方文化的比较、特别是通过"对话"的哲学和文化探讨，揭示后现代主义文化的实质，即边缘性的文化，是对以往文化形态的重大超越。后现代文化是各学科、各领域、各地区、各时代之间的"边缘地带"的文化。作者在阐释后现代文化的边缘性质时，使用了引人注目的平行比较方法，还从对话角度，辟专章对当代流行的女性主义进行阐述，描述了后现代社会普遍存在的三种典型的对话，即"天人对话"，"人际对话"和"文本间的对话"。并指出这是理解后现代文化的关键。阐述了后现代对话哲学向文学、艺术、教育、文化等不同领域的渗透。（王炘）

B000005 **马克思主义哲学原理** 李林、杨继学著。中国铁道出版社 1997 年 5 月版。21.4 万字。12.00 元。高校公共基础课教材。共 12 章，包括：绪论，世界的物质性，世界的普遍联系和永恒发展，世界联系和发展的基本规律，世界联系和发展的基本环节,社会发展的前提和基础,社会的基本结构,社会发展的动力,社会意识及其形式,实践和认识,真理和价值,人的本质、价值及人类解放。(荆志文)

B000006 **以认识论为起点……** 王宏维著。广东人民出版社1997年12月版。31万字。25.00元。对认识论基本原理,特别是对认识客观性问题,提出新的见解。对与认识关系紧密的反映、语言、规律性等问题作了考察。指出,认识论的研究既体现了对当代自然科学前沿的追随,体现了在马克思主义指导下,对新的理论研究层面的开拓。系"广东省中青年社会科学家文库"之一。(杨小虹)

B000007 **西方价值观念与当代中国** 江畅、戴茂堂著。湖北人民出版社1997年9月版。51万字。22.80元。系统论述西方价值观念的内涵。认为,西方价值观念是以个人主义为思想基础,以个人幸福为总体目标,以个人奋斗为实现途径,以正义为制约规范的价值观念体系。分析了西方价值观念的四个基本特征:1.功利性。西方价值观念把对个人利益的追求看作是人的自然权利,是人的活动的根本动力和真正动机,因而强调追求个人利益的天然合理性和正当性。2.理性化。其表现为人们的任何价值选择、价值追求都要理智、审慎;要推己及人,时时事事处处想到别人像自己一样也是人,也在追求幸福、自由,也有与自己一样的权利,这一切都应得到尊重。3.西方价值观念历来都有把价值看作是人为约定,相对于人的倾向。4.多元性。西方价值观念体系中虽有一些基本的要求,但都是比较抽象的原则。在法律的范围内,人们有广泛的选择和决断的自由。还分析了西方价值观念对我国影响的正负效应,以及产生这些正负效应的原因。(雷振清)

B000008 **社会主义价值学导论** 郁建兴、朱旭红著。浙江人民出版社1997年6月版。22.5万字。16.00元。以社会主义价值观与唯物主义历史观的统一过程为主线,力图超越科学主义与人本主义这两种对于马克思主义的传统解释。深刻地考察了马克思主义创始人在理论形态上对历史观与价值观统一的实现过程,他们所奠定的两者统一的广泛基础,以及这两者统一在现实状态中的实现过程,揭示这一问题在国际共产主义运动史上的连续性。对马克思主义、列宁主义、毛泽东思想、邓小平建设有中国特色社会主义理论中的价值观意蕴作了阐发,对民主社会主义、西方马克思主义等的价值观作了评析。

B000009 **转型时期价值观的变革与构建** 郑仓元、何建华著。杭州大学出版社1997年12月版。23.9万字。13.00元。论述在我国社会转型过程中价值观的变化特点和规律,探讨构建科学合理的价值观的框架及途径。分9章,内容包括:分析价值观的内涵、实质以及转型时期价值观的变化;从现代化、体制转轨、对外开放三个视角分析、揭示转型时期价值观变革的根源和本质;运用评价尺度对转型时期的价值观进行总体认识和评价;从当前现实出发,提出构建当代中国价值观的指导思想、基本原则、主要导向和现实途径。其特色在于:跳出"从一般的理论范式研究价值观"的旧模式,选择"专门从转型时期这一特定视角研究价值观"的新框架;有中西比较,注重哲学、社会学、心理学的有机结合。(蒋保纬)

B000010 **西方哲学认识论** 葛力著。中共中央党校出版社1997年8月版。33万字。18.00元。共5章,分别论述培根、笛卡尔、洛克、莱布尼兹和休谟认识论的形成和发展,并以经验主义和理性主义的角逐为核心,展开多角度、多层次的探索,揭示他们在哲学认识论发展史上的贡献和地位,指出他们各自的不足和理论局限性。作者坚持本体论、认识论在哲学体系中的重要地位,极力维护唯物主义的真理性,弘扬马克思主义的历史先进性。(吴可)

B000011 **真理标准问题讨论始末** 沈宝祥著。中国青年出版社1997年12月版。39万字。25.00元。以胡耀邦创办《理论动态》杂志为起始,围绕《实践是检验真理的唯一标准》一文的起草及发表经过的叙述,充分凸现胡耀邦、邓小平、罗瑞卿等中共领导人,及首都新闻界(《光明日报》、《人民日报》、新华通讯社、《解放军报》等),以及中国的理论工作者在这场讨论中的重要作用,详细叙述中国地方政府(省级)首脑在这场决定中国未来命运的大讨论中的角色及作用。描述了中共中央理论务虚会及尔后的中央十一届三中全会,对这场大讨论的重要性作了细密的说明。还特别描述了1979年关于真理标准讨论补课的情形。(潘平)

B000012 **辩证法内部对话** [美]诺曼·莱文著,张翼星等译。云南人民出版社1997年10月版。43万字。26.60元。根据乔治·艾伦和昂温股份有限公司伦敦1984年版本翻译,阐述和评论从马克思、恩格斯、列宁到毛泽东的辩证法发展历程的学术著作。作者认为,马克思与恩格斯有着不同的思维模式,马克思创立的是历史唯物主义,恩格斯创立的是辩证唯物主义,二者是对辩证法的不同理解和运用。书中分析了这种重大差别的由来、方法论基础,以及它们在 20 世纪历史中的命运；作者还研究了列宁的辩证法思想，区分了列宁主义的布尔什维主义和斯大林主义的布尔什维主义；最后对毛泽东把马克思主义中国化的问题也作了历史的分析和论述。作者引用了一般中国学者难以了解和掌握的多个国家的著名学者对马克思、恩格斯、列宁和毛泽东哲学思想的不同评价。这是一本具有代表性的西方马克思主义的学术著作。在翻译中，将原作者引用的马克思、恩格斯、列宁、毛泽东的著作都改为读者易于查找的中文版本，并在原英文版的索引旁加注中文版的索引。(杨云宝)

B000013 **超越错误——医错哲学及其应用研究** 文援朝等著。中南工业大学出版社 1997 年 4 月版。27.8 万字。14.80 元。从错误的本质、根源、类型、价值及辨错术、治错术、防错术、化错术等方面系统揭示错误之谜，并对道德和经济两个领域中的错误的防治问题进行初步探讨，为人们在实际工作与生活中有效地超越错误提供新的思路。系“走出误区丛书”之一。(秦瑞卿)

B000014 **人类自身生产与物质资料生产研究** 万高潮、王健康著。湖南人民出版社 1997 年 5 月版。26 万字。18.60 元。从“两种生产”角度阐发历史唯物主义的学术专著。分上下两篇，上篇追溯两种生产学说的历史与理论；下篇探讨两种生产的理论与现实，把两种生产与人类社会发展、人类生存环境及当代中国的现实紧密联系起来。其有新意的理论观点如下：(1)阐述“两种生产”之间的内在联系，恢复两种生产学说在历史唯物主义体系中的核心地位。(2)深化了对生产力概念的理解。(3)阐述两种生产决定人类社会发展的内在机制。(4)通过将两种生产学说的研究与当代中国的实际相结合，为我国实施可持续发展战略，推行计划生育，提高人口质量政策，更新非持续的消费方式与生产方式，提供了唯物史观的理论依据。(彭富强)

B000015 **批判的意义** 副名：马尔库塞、哈贝马斯文化与意识形态批判理论研究。傅永军等著。山东大学出版社 1997 年 12 月版。19.5 万字。12.00 元。以法兰克福学派文化批判理论为评析内容，将意识形态理论置于文化哲学视野，详细研究法兰克福学派，主要是马尔库塞和哈贝马斯的意识形态理论，特别是其独创的科学技术意识形态论。分 4 部分：一、法兰克福学派与意识形态批判；二、马尔库塞：新意识形态与合理重构；三、哈贝马斯：技术统治意识与当代乌托邦；四、一个批判性的评论。前三部分对马尔库塞、哈贝马斯的意识形态批判理论进行分析，指出其将会遇到的各种批判以及超越其观点的正确途径。最后一部分，指出其理论观点的局限性，即他们认为当代资本主义的病症出在它的精神上，而拒绝从政治经济学方面批判当代资本主义；认为拯救当代资本主义的灵丹妙药是展开文化上的救赎，恰当的意识形态批判可以重振资本主义精神，等等。作者对当前西方社会普遍关注的异化、资本主义合法性危机、文化控制与文化殖民等热点问题，作深入细致的分析。(曲厚芳)

B000016 **时间的种子** [美]弗雷德里克·詹姆逊著，王逢振译。漓江出版社 1997 年 5 月版。16.6 万字。8.00 元。为美国杜克大学比较文学教授、西方马克思主义理论家詹姆逊有关后现代主义理论的新著。分为 3 部分：“后现代性的二律背反”，着重叙述后现代时期引起知识界广泛争论的一些看似无法解决的悖论；“乌托邦、现代主义和死亡”，对 20 世纪 20 年代苏联作家普拉东诺夫的乌托邦小说中的一些人物进行深刻的分析；“后现代主义的限制”，通过对同时代建筑倾向的观察，试图指出后现代的局限性。作者运用不同的方法论，但其总体性关怀是一致的。他对后现代性和后现代主义的理论阐述，其基本出发点是对美国后期资本主义社会文化的反思和批判，是对后现代之后社会形态的思考。(陈天乐)

B000017 **“西方马克思主义”的社会政治理论** 陈振明等著。中国人民大学出版社 1997 年 5 月版。42.3 万字。20.00 元。以马克思主义的立场、观点和方法为指导，并根据当代资本主义社会发展的现实，对“西方马克思主义”的社会政治理论，主要是它关于当代资本主义的危机理论、科学技术观、阶级理论、国家理论、意识形态理论、社会心理理论、社会变革理论和未来社会模式设想，以及对苏联模式的批判等作多视角、比较系统的概述。书中结论部分对“西方马克思主义”的社会政治理论的性质及研究意义专门进行分析与阐述。(余资)

世界哲学

B000018 **中外哲学交流史** 楼宇烈、张西平著。湖南教育出版社 1997 年 7 月版。49 万字。27.90 元。着重研究从汉唐至 20 世纪初叶中外哲学交流的历史，其中关于汉唐时期中国哲学对亚洲的影响，佛教哲学的传入及其对中国儒道思想的影响，明清间耶稣会传入的哲学，中国哲学在欧洲的早期传播，中国哲学对欧洲各国近代哲学思想的影响等专题作系统探讨,特别是对五四运动以后欧美哲学的传入及其影响以及中国哲学对现代世界的影响等问题的初步研究,为学术界提供可资进一步研究的材料。(刘清华)

B000019　**中国哲学比较论**　张再林著。西北大学出版社 1997 年 7 月版。28.2 万字。20.00 元。以现象学、存在主义哲学、解释学以及对话哲学等前沿的西方哲学研究为切入点,在中西哲学的对话中,从本体论、认识识、方法论、语言学、伦理学、管理思想等诸多方面,对中国古代的主要哲学观点予以现代化的阐释,以透显中西哲学本质上的差异与同一,并在此基础上,对中西哲学比较问题上的基本认知取向重新定位,向人们揭示中西哲学之"我中有你,你中有我"的理论实质,以及"殊途而同归"这一整个人类哲学的发展趋势。全书由 12 个专题组成,在论述上采取专题深入、由点及面的研究途径,使微观的考察和宏观的考察有机地结合起来。(黄伟敏)

B000020　**世界十大思想家**　雷永生主编。河北人民出版社 1997 年版。150 万字。136.00 元。共 10 本。上起古代,下迄 19 世纪中叶,按对人类思想发展具有划时代、转折性贡献的标准,在众多思想家中选取杰出的 10 位,熔其生平与学说于一炉,展示思想大家之风采,领略人类思想发展之精魂。内容有:《孔子传》、《柏拉图传》、《亚里士多德传》、《托马斯·阿奎那传》、《卢梭传》、《培根传》、《笛卡尔传》、《康德传》、《黑格尔传》、《马克思传》。(李剑霞)

B000021　**场与有:中外哲学的比较与融通(四)**　吴根友等主编。武汉大学出版社 1997 年 6 月版。39.2 万字。21.50 元。"有"即存在的问题,既有悠久哲学渊源,又有现代意义。美国哲学家唐力权先生将"有"与"场"联系起来加以考察,倡导"场有哲学",并组织出版系列论集,将研究不断推向深入。本书作为该论集的第 4 辑,含 22 篇学术论文,五篇译文,3 篇学术综述,荟萃和反映了国内外在这一领域的研究新成果。该书分别从西方哲学史、现代西方哲学、中国哲学、科学哲学、中西哲学比较等方面进行探讨。对场有哲学和相关的问题,提出了一系列具有启发意义的观点。江天骥认为从语言分析到文化批评代表了当代西方哲学的新动向。刘放桐分析了实用主义的道德学说及在中国的误解。郭齐勇、段德智等分别探讨了中国哲学的非实体思想和准宗教品格。张汝伦、邓晓芒论述了传统本体论与现代本体论的内在联系,欧阳康则从哲学观念的变革来考察本体论的兴衰。唐力权、张之沧、朱志方、王贵友等分别考察了后现代主义与实在论的关系。桂起权、陈晓平等则从科学哲学视角考察了场与有的辩证法。龚建平和吴根友等分别对梁漱溟哲学与康德哲学、戴震和唐力权的人性论做了比较研究,等等。一批译文分别论及怀德海、胡塞尔、维特根斯坦、海森伯等对哲学的贡献。(孟筱康)

B000022　**现代十大思想家**　雷永生主编。河北人民出版社 1997 年 12 月版。175.3 万字。142.80 元。丛书选取 19 世纪下半叶以来直迄当代,不同流派,具有代表性且具有各自深远影响的 10 位思想家作介绍,他们是:尼采、维特根斯坦、凯恩斯、波普、伽达默尔、弗洛伊德、韦伯、哈贝马斯、海德格尔和胡塞尔。力图使读者通过阅读思想家们的生平事迹,以了解其思想内容、感悟其价值所在。(李文龙)

中国哲学

B000023　**中国近三百年学术史**　钱穆著。商务印书馆 1997 年版。56.8 万字。46.00 元。阐述中国近 300 年的学术代表人物及其思想要点。主要学术代表人物有黄宗羲、王夫之、顾炎武、阎若璩、戴震、章学诚、焦循、龚自珍、曾国藩、康有为等,书中分别阐述他们的学术思想要点,同时代学者与他们的思想的关系、学术交往等等。(任雪芳)

B000024　**中国哲学史上的真理观**　陶清著。黑龙江人民出版社 1997 年 12 月版。25 万字。20.00 元。按照中国哲学发展的历史阶段,以辩证唯物主义的观点和方法,对每个历史阶段的真理观进行探索。分五章:第一章先秦哲学真理观;第二章秦汉哲学真理观;第三章魏晋隋唐哲学真理观;第四章宋元哲学真理观;第五章明清哲学真理观。揭示出中国哲学家真理观中唯心的层面,对其真理观的合理意蕴和内在张力及理性思辩给予肯定,阐明中国哲学史上真理观的内容及特色。(徐冲)

B000025　**本体功夫论**　屠承先著。杭州大学出版社 1997 年 7 月版。23.8 万字。15.00 元。分 8 章,系统分析宋明时期本体功夫论的萌芽、形成、成熟和终结的历史发展的全过程,凸显本体功夫论在中国哲学史上的地位和价值。作者认为,北宋是宋明道学及本体功夫论的萌芽时期,邵雍、周敦颐、张载是两者的开创者和奠基者。南宋是本体功夫论的形成期。明代王阳明的心体哲学,标志着本体功夫论的成熟。并对阳明学派分化后的本体系统的绝对派、虚无派、日用派和功夫系统的主意派、主静派、主敬派、主事派等作仔细分梳。论述了明清之际本体功夫论的终结及近现代本体功夫论的余波等。还对本体功夫论的现实价值及其理论意义作了探索，指出本体功夫论具有整体性和辩证性思维特征，其中包含了许多思想精华，可以为发展现代社会的道德文明和哲学认识论提供丰富的思想资料和理论思维的经验和教训。（钟仲南）

B000026 **国学概论** 钱穆著。商务印书馆 1997 年版。20.5 万字。19.50 元。此是作者在 20 年代给中等学校讲课的讲稿。前 7 章讲稿写于无锡江苏省立第三师范，后 3 章讲稿写于苏州江苏省立苏州中学。上篇 7 章，为孔子与六经、先秦诸子、秦代的焚书坑儒、两汉经今古文之争、东汉末年的新思潮、魏晋清谈、南北朝隋唐的经学注疏和佛典翻译；下篇 3 章为宋明理学、清代考证学及 20 世纪 20～30 年代的学术思想。分别阐述每一时代学术思想主要潮流。（任雪芳）

B000027 **中国古代哲学的逻辑发展（下）冯契文集⑥** 冯契著。华东师范大学出版社 1997 年 1 月版。23 万字。26.70 元。论述中国哲学宋至清代（鸦片战争前）的发展历程。作者提出，这一时期哲学论争的中心问题是"理气（道器）"之争和"心物（知行）"之辩，对此不同的回答形成了三个主要的哲学派别：以张载、王夫之为代表的气一元论，以程颐、朱熹为代表的理一元论，以陆九渊、王阳明为代表的心一元论。这一时期的主导哲学形态是理学。围绕"理气（道器）"之辩和"心物（知行）"之争，理学内部各派之间、理学与和它相对立的学派（如王安石的"判公新学"、陈亮叶适的"事功之学"等）之间，展开理论争辩，王夫之对此作了总结，达到朴素唯物主义与朴素辩证法的统一。作者对中国哲学史研究颇有建树，其特点在于对中国哲学的特点及主要问题作了较准确的概括并对这些问题的发展逻辑进行了勾画。（缪宏才）

B000028 **中国古代哲学的逻辑发展（上）冯契文集④** 冯契著。华东师范大学出版社 1997 年 1 月版。23 万字。26.00 元。包括"绪论"和"第一篇（先秦）"两部分。"绪论"首先论述哲学史研究的方法论，提出哲学史定义——"根源于人类社会实践主要围绕着思维和存在关系问题而展开的认识的辩证运动"。其次论述了中国传统哲学的特点：在逻辑学上，中国传统哲学擅长辩证逻辑，在自然观上，发展了气一元论，这与西方人发展形式逻辑和原子论颇为不同；在伦理学上，中国传统哲学注重自觉原则，在美学上则较早提出言志说和意境理论，这和西方人高扬自愿原则和较早提出模仿说及典型性格理论也是旨趣不同的。"第一篇（先秦）"论述先秦哲学围绕"天人、名实"之辩而展开的矛盾运动，认为这是中国哲学发展的第一个大圆圈：孔子尊重人的理性，但导致先验论；墨子注重经验，以此反对孔子；老子提出"反者道之动"的辩证法原理，企图超孔墨，但走向唯心论。到荀子，对"天人、名实"之辩作比较正确的总结，达到朴素唯物论和朴素辩证法的统一。该书着重揭示各家思想发展的内在逻辑联系，以明哲学发展的大势。（缪宏才）

B000029 **中国古代哲学的逻辑发展（中）冯契文集⑤** 冯契著。华东师范大学出版社 1997 年 1 月版。22 万字。25.00 元。论述中国哲学秦汉至隋唐的发展历程。作者用"或使""莫为"之争来概括汉代哲学的中心问题：董仲舒提出神学目的论的"或使"说，《淮南子》则提出机械论的"或使"说反对之；杨雄虽提出"莫为"说，但以形式因为第一因，王充以"气百变"的观点发展了"莫为"说。书中提出，围绕"有无（动静）"之辩而展开的本体论讨论，是魏晋时期的中心哲学问题。王弼的"贵无"说和裴颜的"崇有"论各执一面，是独断论，《庄子注》的"有而无之"用相对主义反对形而上学的本体论，僧肇由此发展出"非有非无"的学说，是极端的相对主义。范缜以体用不二的原理提出"形质神用"的观点，对"形神"之辩作了较好的总结。作者认为，魏晋南北朝以后，"心物"之辩成了论争的中心。隋唐佛教各宗派都主张"心外无物"，所不同的是它们各大了"心"的各个侧面。同时，"力命"之争作为"天人"之辩的一个侧面而受到考察。柳宗元、刘禹锡在气一元论的基础上考察了天人之间的辩证关系，对"力命"之争作了批判总结。韩愈、李翱则在以儒排佛的旗号下，援佛入儒，成为理学的先驱。（缪宏才）

B000030 **黄老学论纲** 丁原明著。山东大学出版社 1997 年 12 月版。28.6 万字。18.00 元。分 6 章。第一章，论述黄老学的产生、内涵特征与历史发展；第二章，论述战国时期南方黄老学的思想；第三章，论述战国时期北方的黄老学思想；第四章，论述黄老学对先秦诸子的影响；第五章，论述秦汉时期的黄老学的思想；第六章，论述黄老学的历史地位。作者把黄老学作为中国传统文化的"小百科全书"，深入分析它所涉及的哲学、政治、经济、军事、天文历法等多方面的内容，揭示它对中国古代哲学、文化和政治发展的深远影响。（林开甲）

B000031 **意林全译** 唐·马总撰，王天海译注。贵州人民出版社 1997 年 7 月版。87 万字。38.00 元。《意林》是唐代马总在南朝梁庾仲容的《子钞》基础上所撰写。内容是对晋以前诸子书的摘录，是一部诸子书的辑录著作。现以《四部丛刊·子部》所载《意林》六卷本为底本，以 1988 年文物出版社、上海书店、天津古籍出版社三家联合影印明正统十年刊《道藏》中所收《意林》五卷本为主校本进行全注全译。是“中国历代名著全译丛书”(第二批)之一。(谢丹华)

B000032 **二千年前的哲言** 上海古籍出版社编著。上海古籍出版社 1997 年 11 月版。11.6 万字。10.80 元。在对先秦诸子人生哲学与思辨哲学进行综合性思考的基础上，以辩证唯物主义原理为研究方法，从先秦 20 种主要典籍中精选出语录 561 则，编为《修养篇》、《行为篇》和《思维篇》3 部分 24 章，其中《修养篇》表现人格铸造和自我修养的道德规范；《行为篇》显示个人在社会关系中的职责；《思维篇》介绍先秦诸子学说中唯物论和辩证法思想的精华。3 篇的设置相互关联，《修养篇》、《行为篇》可视为道德上篇和道德下篇，与《思维篇》共同构成一个整体，充分体现先秦诸子学说的精神实质。每章按内容的内在联系，以语录的本质意义、外延、实践为区分，分成几个层次，每一层次后殿以提纲挈领的小结。每章篇首都撰有题解性的文字，阐明这些思想产生和发展的过程以及先秦诸子学说中相同和相异之处。全书以先秦诸子学说为主体，以古为今用为立足点，将先秦诸子学说中最本质、精粹的部分，以语录的形式，通过有序的编排、精审畅达的译文和必要的说明与按语表现出来。(卢守助)

B000033 **内圣外王的贯通** 副名：北宋易学的现代阐释。余敦康著。学林出版社 1997 年 1 月版。35 万字。25.00 元。在探讨易学史的基础上，着重对北宋一些大思想家的易学著述——李觏的《易论》、欧阳修的《易童子问》、司马光的《温公易学》、苏轼的《东坡易传》、程颐的《伊川易传》及周敦颐、邵雍、张载的易学思想——进行了梳理和阐述。通过对北宋这些易学代表人物的思想研究和追根溯源，探究中国儒学文化体系的来龙去脉，分析儒学的核心——“内圣外王”的思想渊源，揭示中国传统文化在各个时代实现社会转换的基础和动因。系“中国：现代性与传统论丛”之一。(曹维劲)

B000034 **诸子百家研究** 高正著。中国社会科学出版社 1997 年 11 月版。27 万字。20.00 元。先秦诸子学说是中华精神文明的瑰宝。《汉书·艺文志》依据刘歆《七略》著录诸子 189 家，4324 篇”。但其后经历代战乱，许多子籍都失传了。今存诸子，如《老》、《庄》之玄奥，《论》、《孟》之雅正，《墨子》之博辩，《荀》、《韩》之综核名实，《孙子兵法》之精辟，皆足以发人深思、益人神智。本书的上篇、中篇为思想研究专论，下篇为训诂考据文字。对子思的研究、对稷下学派“心”概念的分析、对庄子学派的研究提出独到见解；认为先秦道家在反对宗法制度的同时，忽视了合理的社会等级结构形式在科学的系统管理中所起的关键作用，忽略了其对于政治稳定和社会安定所起的关键作用，以及认为荀子重“礼”而不赞成宗法制，其“尚贤”、“法”要靠君子来执行等至今仍有实践上的意义等观点引起学界重视。(陈彪)

B000035 **白话易经** 春良译注。内蒙古人民出版社 1997 年 10 月版。40.8 万字。19.80 元。以通俗易懂的语言，解释《易经》六十四卦的内容。广泛记载上古社会各行各业的状况，反映古代人们对自然界、人类社会和社会生活的根本观点。(陈利保)

B000036 **易学智慧丛书** 朱伯崑主编。沈阳出版社 1997 年 7 月版。198 万字。150.00 元。以科学的方法研究和介绍易学的著作。有 10 种：《易学漫步》朱伯崑主编；《易经白话例解》台湾学者朱高正著；《易学源流》郑万和著；《易学的思维》傅云龙、柴尚金著；《周易与易图》李申著；《易学与养生》刘长林等著；《易学与科技》董光璧著；《易学与管理》余敦康主编；《易学与建筑》韩增禄著；《易学与美学》刘纲纪、范明华著。其特点有：(1)倡导以科学的态度和科学的方法，研究和评介周易文化，区别精华和糟粕，突出易学文化中的智慧和哲理。(2)弘扬易学智慧，不局限于周易经传本身从传统文化发展的角度，阐述易学智慧的特色和价值。(3)古为今用，弘扬传统根植于现实之中。(信百年)

B000037 **周易与文学** 张善文著。福建教育出版社 1997 年 8 月版。21.8 万字。22.50 元。《周易》与文学的关系，可从两种角度展开论述：一是《周易》经传自身的文学内涵；二是《周易》经传对古代文学乃至文艺理论、美学思想的影响或启迪作用。本书所论列的问题，分为内外两篇。《内篇》主要在于理论探讨。其中《〈周易〉卦爻辞的文学象征意义》、《〈周易〉卦爻辞诗歌辨析》、《〈易传〉的名句式词章之美》等文，重在展示《周易》经传本身的文学性。《“观物取象”是艺术思维的滥觞》、《〈周易〉对立、变化、创新思想中的美学意义》等文，分别讨论《周易》思想在文学艺术理论各种特定领域的影响及启迪；《〈周易〉与文学的关系研究综述》则概括了现当代海内外有关《周易》与文学关系研究的主要成果。《外篇》主要在于资料辨析。其中《〈周易〉卦爻辞象征物例表》列举卦爻辞取作象征形象的 11 类百余种象征物;《〈周易〉卦爻辞诗歌辑译》辑录了卦爻辞中的 151 首短诗,并试译为现代汉语;《〈易传〉骈偶、排比句式类纂》,依不同类型采编了《易传》中较为典型的骈偶句和排比句,对这些资料的辨析,旨在整理《周易》经传之所以具备文学特性的最客观而具体的资料依据。(汤源生)

B000038 **中国儒学史论** 陈翠芳著。厦门大学出版社 1997 年 7 月版。24 万字。12.00 元。以先秦儒学、秦汉儒学、宋明理学和现代新儒学为主要线索,展现中国儒学发展的基本过程,系统阐明中国儒学的历史演变和逻辑递进,突出了中国儒学史上的主要时期、重要人物,集中分析了中国儒学的基本思想和理论特征。对儒学的现代化问题提出了作者的看法。(黄茂林)

B000039 **儒家经典** 李剑桥主编。中国三峡出版社 1997 年 7 月版。31.8 万字。66.00 元。分上、中、下三卷,由原典释译、今古镜鉴、隽语箴言、名儒春秋、传世家训等几部分组成。在原典释译中,以原著、注释,评析等形式,对儒家的经典著作《论语》、《孟子》、《荀子》进行解析;在今古镜鉴中,用古今中外大量成功的范例,对儒家名句进行剖析;在隽语箴言中,从施政、治国、修身、齐家、入世、谋事、治学、教育等方面讲解儒家名言;在名儒春秋中,介绍儒家有代表性的教育家、理论家、政治改革家、社会活动家、史学家,文学家;在传世家训中,通过名士、名臣的家训,讲解了看似浅显,实则教益颇深的做人处世的道理。(李明)

B000040 **儒家箴言录** 韩星、韦禾毅编。内蒙古人民出版社 1997 年 12 月版。12 万字。11.00 元。儒家重名教,提倡修身齐家治国平天下之道及忠孝信义仁爱之德,是中国封建社会的正统思想,统治中国学术思想 2000 余年。它是封建统治阶级的最高教条,也是丰富的民族文化遗产。作者选编儒家历代主要人物的言论,并加以注解和译释。(黄爱民)

B000041 **中国儒学** 庞朴主编。东方出版中心 1997 年 1 月版。134 万字。95.00 元。百科全书式的著述。第一卷分十三部分,对自春秋末诞生以来至现代 2000 多年的发展史上举凡重要历程或嬗变,诸如孔子与早期儒学、儒学的繁荣与没落、官学化与世俗化、玄学的兴起、儒释道的冲突与调和、理学与心学的演化、现代新儒学等发展演变轨迹作了全方位、多层次的反映。第二卷是人物传略,收录中国儒学发展史上的代表人物 200 多位,如孔子、冯友兰等的生平、思想、著作及其学术贡献,还对公羊学派、万木草堂等 40 多个重要的学派书院的学术特色(或办学宗旨)、主要人物的活动及其兴衰作介绍。第三卷是先秦至现代的儒学重要典籍著述,分总类(有《十三经著述》等)、经类(有《论语集解》等)、子集杂类(有《白虎通义》等),均按时间先后编排,重点介绍有关著作的作者、体例、内容及历史学术价值。还有"重要典故与事件"则按朝代先后介绍周游列国、封禅大典、鹅湖之会等儒学发展史上的重大举措与活动。第四卷主要包括儒学的一般术语(如经学、河图洛书等)、哲学概念(如中庸之道、格物致知、天人感应等)、伦理概念(如三纲五常、三从四德等)、政治概念(如三世说、小康等),还介绍相关的学理探讨或论争。(徐芷琳)

B000042 **半部《论语》治天下** 王成竹著。河南人民出版社 1997 年 6 月版。22 万字。15.00 元。对《论语》作详细译释。释文部分是作者对这部儒学经典研究的最新成就。把对《论语》的研究与当前的精神文明建设相结合,赋予其新义。"半部《论语》治天下"本为宋相赵普的一句名言,取其作书名,使人对《论语》在历史上对修身、治国、齐家、平天下所起的重大作用一目了然。(郑荣)

B000043 **孔子传** 陈升著。河北人民出版社 1997 年版。23 万字。18.00 元。以语录体形式,记述孔子的少年生活、孔子的为人、孔子如何论做人、论君子人格和伟大的教育家生涯,以及孔子的一个以"仁"为核心,以"礼"为形式,涉及社会政治、伦理道德、教育思想等的完整思想体系,还介绍孔子作为第一个文献整理家所作的贡献,全面展现孔子作为思想巨人的方方面面。书后附孔子年谱以弥补语录体时间不清的缺陷。收入"世界十大思想家丛书"。(李剑霞)

B000044 **孔子的智慧** 商聚德著。河北人民出版社 1997 年 9 月版。18 万字。12.00 元。系统阐述孔子的"己所不欲,勿施于人"的仁政学说,学思结合、温故知新的教育思想,重内省、重自觉的伦理观与修养学说,听天命、远鬼神的天命鬼神观,并论述孔子思想与中国传统文化的关系。(王书华)

B000045 **孔学新说** 柯远扬著。福建教育出版社 1997 年 9 月版。32 万字。28.00 元。对孔子学说进行新的探索,其主要内容有:(1)全面论证前人和学术界所忽视的孔子军事思想,并进而将"文圣"孔子和"武圣"孙子军事思想进行比较研究。(2)认为孔子中庸思想的真正本义,既不是折中,也不是调和,而是"执两用中"。(3)采用定量、定性分析等方法,洞察"安"的巨大意义,得出"安"是孔子德育最终理想的新结论。(4)将孔子思想与企业文化、石狮商工文化相结合进行研究,以求索孔子思想的应用价值。特别是全面探讨孔子思想与未来人类社会发展的结合点,有较高的理论价值。(5)将孔子与林则徐、严复、林森等福建历史文化名人进行比较研究,颇具地方特色。

B000046 **孟子的智慧** 李振纲著。河北人民出版社 1997 年 9 月版。16 万字。11.00 元。孟子之学,上承孔圣,下启百代,在儒学道统中居于继往开来的重要地位。该书系统论述孟子道德人本主义的历史文化背景,性善论的道德人本主义,王道论的社会理想蓝图及孟子与孟学的历史变迁。(王书华)

B000047 **荀子补正** 骆瑞鹤著。武汉大学出版社 1997 年 8 月版。20 万字。12.00 元。对《荀子》一书校释考订的专著。《荀子》是先秦朴儒代表作品之一,在儒家思想发展史上有重要地位。原书写作年代久远,后人难以阅读,从西汉时起即有人对它校勘考订。清代末年,湖南人王先谦集其大成,作《荀子集解》。从清末至今,又出现了不少校释考订《荀子》的作品。研究《荀子》的基础工作是准确地解读原书文意。本书作者考订《荀子》文句凡 292 事,涉及句读、训诂、校勘等,而以训诂为主。体例是先列《荀子》原文,然后列各家所说,再阐述己见。对唐代杨倞、清代王念孙、俞樾等著名学者的一些说法提出诸多驳难,并每有创获。书中《荀子》原文,出自中华书局 1986 印本《诸子集成》第二册《荀子集解》,每条原文之下注明所见页码,以便检核。(文实)

B000048 **中国儒学百科全书** 中国孔子基金会编。中国大百科全书出版社 1997 年 4 月版。219.9 万字。198.00 元。系统介绍儒学知识的学术工具书。共收 1 866 个条目,分 2 部分。第一部分儒学通论,介绍儒学思想体系的方方面面及其传播。它包括释儒、儒学经典、儒家哲学思想、儒家宗教观、儒家伦理思想、儒家政治思想、儒家经济思想、儒家军事思想、儒家科技思想、儒学与其他学派、儒学在海外的传播。第二部分为历代儒学,主要介绍自春秋末期以来,先秦儒学,秦汉儒学、魏晋南北朝儒学、隋唐儒学、宋代儒学、元明儒学,清代儒学,近现代儒学等历史上不同时期儒家学派的代表人物、代表著作、及其使用的概念和提出的命题。条目按条目分类目录顺序排列,一个条目的内容涉及其他条目并需由其他条目的释文补充的采用"参见"的方式。附有儒学大事年表和全部条目的汉字笔画索引及内容索引。(马汝军)

B000049 **道家箴言录** 韩星编。内蒙古人民出版社 1997 年版。12 万字。11.00 元。道家崇尚自然,提倡无为而治,蔑视权贵,指斥虚伪,主张乐天安命,在中国历史上,往往以异端面目出现,同儒家思想分庭抗礼。作者选编道家主要代表人物的言论,并加以注释和译释。介绍道家的基本观点和发展演变轨迹,展现道家与儒家的辩论中表达出的智慧思想、人生睿语、处世箴言。(黄爱民)

B000050 **老子的智慧** 周立升著。河北人民出版社 1997 年 12 月版。16 万字。11.00 元。老子是春秋末期著名的思想家、道家学派的开创者。该书系统论述老子思想的核心——"道"的范畴、"反者道之动"的辩证法思想、闻道的认识论、自然无为的处世原则,并阐述老子在中国传统文化史上的地位及其对后世的影响。(王书华)

B000051 **一部《老子》慰天下** 王成竹著。河南人民出版社 1997 年 6 月版。15 万字。12.00 元。对《老子》(《道德经》)分章作详尽阐释。释文紧紧把握住"道"的大境界,对其深奥的哲理作了晓畅明白的阐述。《老子》的哲理确能使人在人事烦扰中得到某种精神的超脱与净化,某种程度上有告慰之作用,故取以上书名,与作者同时出版的《半部〈论语〉治天下》相呼相应。(郑荣)

B000052 **老子直解** 刘康德撰。复旦大学出版社 1997 年 12 月版。19.7 万字。14.00 元。《老子》是中国道家学派的代表作。本书为《老子》的今注、今译和评析。内容包括:(1)解题。勾勒《老子》81 章中每一章的主题思想,并梳理它们之间的内在逻辑。(2)原文。分章摘录,并加以标点。(3)今译。在忠于《老子》原意的前提下,将每章原文译成现代汉语。(4)注释。用简洁的语言,对原文中出现的古朴深奥的字、词、句进行解释。(5)评述。在综合古今注疏家诠释的基础上,对《老子》每一章的旨意作深入评述。(陈士强)

B000053 **庄子的智慧** 陈绍燕著。河北人民出版社 1997 年 12 月版。18 万字。12.00 元。庄子是继老子之后道家学派的重要代表人物。该书系统论述庄子关于道的学说、相对主义的"齐物论"、"齐是非"的相对主义认识论、自由的人生境界等学说,并

阐述庄子及其学派在中国传统文化史上的地位及其对后世的影响。(王书华)

B000054 **庄子鬳斋口义校注** [宋]林希逸著,周启成校注。中华书局 1997 年 3 月版。31.9 万字。27.00 元。《庄子鬳斋口义》是一部独具特色的《庄子》注本,著者林希逸,号鬳斋,南宋理学家,艾轩学派的末代名儒,他熔佛、儒、庄于一炉,先从考订概念入手,把《庄子》前后的论述加以对照,说明其中的相通之处。他以佛学和儒学解释《庄子》,并且注重赏析《庄子》的文学特色。《口义》释文通俗易懂,较为口语化,类似语录体。校注者除校勘外,对《口义》所引用的典故、诗文,特别是佛学名词、概念都作了注释。(毛双民)

B000055 **庄子的文化解析** 叶舒宪著。湖北人民出版社 1997 年 8 月版。48.3 万字。28.00 元。将文化人类学与比较神话学的方法应用于《庄子》的现代解释。从史前意识形态和神话思维的深远背景去观照《庄子》恢复古之"道术"的初衷及诗性智慧的表达方式,将道家"归真"情结上溯于永恒回归的神话模式,由天均、天倪的原型透视中把握庄书"卮言日出"的回旋结构,破解"七"、"十九"等系列"道数"的象征蕴含,及至"庄周"之名的隐喻意义;再由鲲鹏与浑沌两种世界性神话意象人手透析内七篇首尾圆合的宇宙论结构,揭示葫芦—壶—壹(一)的母题在庄书乃至道家文化中的源流与置换形式,阐发壶子返胎与列子复朴之寓意,以及婴儿崇拜与"机发于踵"说的由来。探讨庄书四段循环式的多种变异及其与《周易》、佛经、西方历史观的契合点;庄子轮回观与印度轮回观的互阐与对接;《养生主》的生命礼仪、《大宗师》的开辟神话、《逍遥游》与神仙思想等;推考从变形神话到变化哲学和仙话的置换过程,"精神"、"同帝"等概念对中国文化中人神关系的定位作用;还从生态人类学立场重估"至德之世"的社会理想,以及"德"与"无为"的环境伦理,"齐物"说消解人类中心主义的趋前智慧等等。(邓宁辛)

B000056 **淮南子校释** 张双棣校。北京大学出版社 1997 年版。175 万字。120.00 元。汉淮南王刘安集众宾客撰书,自名"鸿烈",刘向父子校书,定名《淮南》,《隋书·经籍志》始名《淮南子》。今存《淮南子》21 篇,为《汉书·艺文志》注录的内篇,内容包括天文地理、自然变化、道德人事、社会风化,是研究中国社会文化,特别是西汉初期语言的宝贵资料。张双棣以现存最早的明正统十年(1445)刊道藏本为底本,以有代表性的 9 种明刊本、涵芬楼影印刘泖生影写北宋小字本及清代庄逵吉本、民国刘文典本等 12 种为校本,采集明末至 1992 年共 85 家笺释,凡于读者有可参考者,尽皆收录。《校释》避免了庄逵吉本底本不当之失,在刘文典本 20 余家笺校之外,增集明清至民初 30 余家及刘文典之后 20 余家,成为校勘笺释收列最全的本子。《校释》比勘各本,列出本文及注文之歧异;同书互证,异书参佐,并援引新出土文献资料,使得校勘确凿而令人信服;于前人笺说似与不似处多有证说,"双棣按"项下发表见解;运用文字、音韵、训诂、语法等方法论断是非,为研究方法上的重大改进。附录征引及未引论著 200 余家,颇便研读者查阅。(胡双宝)

B000057 **虚实之辨** 副名:王充哲学的宗旨。周桂钿著。人民出版社 1995 年 10 月版。32 万字。21.60 元。中国哲学史学术专著,以新的思路系统研究东汉哲学家王充的哲学宗旨。有正文 12 章,"绪论"、"后记"各一,书后附有"人名、书名、重要概念索引"。从"称治泰盛"、"祸福偶适"、"岁月禁忌"、"性命在本"、"圣神贤佞"、"鬼神考订"、"龙无实验"、"书多失实"、"广评诸子"(上、下)、"天道自然"等 11 个方面,对王充及其代表作《论衡》所关心和讨论的一系列当时社会的具体虚实问题,作追踪探索和深入分析,反映王充哲学整个体系的基本面貌,得出许多新见解。专辟一章,对海外学者研究王充思想的成果作出评介。指出,近两千年前的王充是具有超前科学精神的思想家,其哲学思想的主旨就是"疾虚妄"、"归实诚",在虚实之辨中展示理性思维和逻辑力量。(王粤)

B000058 **功利主义的儒家——陈亮对朱熹的挑战** [美]田浩著。江苏人民出版社 1997 年 7 月版。18 万字。10.00 元。探讨陈亮这位传奇人物的生平和思想演变的过程,展示陈亮、朱熹间的"道德与事功"之辩,以及儒学内部的丰富性和复杂性。(丁嫣霞)

B000059 **清代公羊学** 陈其泰著。东方出版社 1997 年 4 月版。30 万字。18.00 元。研究清代公羊学说的中国哲学史专著。全书共 7 章,往上追溯到先秦、两汉公羊学说的源头和演变,重点放在经学时代结束之前突然大盛于世,有如"壮观的夕照"一般的清代公羊学的复兴历程,提出并研究它被重新提起、树起大旗、改造发展直至极盛的四个发展阶段。从中讨论了康有为等 15 位公羊家的经学思想,着重介绍清代学者对公羊学的再创造。还分别从政治与学术文化方面,侧重于学术文化中的哲学和史学领域,考察传统文化在其晚期的演变,总结其中的规律。指出,包括公羊学说在内的中国中古时代学术文化的精华,是向近代文化转变的内在基础和动力。对公羊学的历史考察说明,19世纪的传统文化并非只有惰性,也具有许多积极的意义。(王粤)

B000060 **日知录** 清·顾炎武著,周苏平等注。甘肃民族出版社1997年11月版。100万字。58.80元。明末清初著名学者和思想家顾炎武的代表作,写作过程前后历时40余载,凝结着顾炎武的毕生心血。该书是一部读书札记性质的学术巨著、内容宏富、凡32卷,《四库全书总目提要》将其分为经义、政事、世风、礼制、科举、艺文、名义 、古事真妄、史法、注书、杂事、兵及外国事、天象术数、地理、杂考证等15类,所涉及的领域几乎涵盖了古代社会的方方面面,其价值为学术界所广泛认识,自成书之日起,校勘、疏证者不绝。本书以道光十四年嘉定黄氏西谿草庐重刊定本为底本重新点注,对书中所引据的浩繁资料尽量注明其原始出处;对一些人名、地名、官名、书名、典故等作简要解释;对一些生僻字以现代汉语拼音注音并释义。(王跃)

B000061 **中国近代哲学的革命进程 冯契文集⑦** 冯契著。华东师范大学出版社1997年3月版。40万字。42.20元。是《中国古代哲学的逻辑发展》的续篇,论述中国近代哲学(1840～1949年)的发展历程。作者提出,中国近代发生了深刻的哲学革命——从形式到内容。这场哲学革命,以"古今中西之争"为背景,主要围绕历史观、认识论、逻辑方法论以及人的自由和理想问题四个方面展开,既受到西方哲学的影响,又是中国古代哲学之"理气(道器)"之辩、"心物(知行)"之辩、"名实"之辩、"天人"之辩在近代的发展。《中国古代哲学的逻辑发展》注重分析中国传统哲学主要问题发展演绎的内在规律,作者写近代哲学则注重西方哲学对中国哲学的革命性影响以及近代哲学对古代哲学的革命性转变,并对这场革命进行理论总结。指出:西方哲学之影响中国,主要是进化论和马克思主义,还有实证主义思潮和非理性主义思潮。近代哲学革命的四个主要问题中,对认识论与历史观问题作了分析 ,并以毛泽东"能动的革命的反映论"作总结,而逻辑方法论问题和人的自由和理想问题则未能得到合理的对待,没有得出积极的系统成果。作者认为,这是近代哲学革命的未竟之业,是当代哲学工作者应予完成的历史使命。《智慧说三篇》即作者对这一使命自觉探索的一个成果。(缪宏才)

B000062 **严复评传** 杨正典著。中国社会科学出版社1997年10月版。35万字。22.00元。系统评述严复的生平事迹及学术思想,并对严复的政治思想、美学思想、文化思想、历史观点、教育思想、伦理思想、翻译理论与特色等分章做深入分析。严复在中国近代史上,是与康有为、孙中山并列的先进代表人物。19世纪末,中华民族处于生死存亡的十字路口,严复涕泣呐喊,号召救亡图存,鼓吹变法维新。他翻译的《天演论》在敲响危亡警钟的同时,从世界观上武装了国人的头脑。严复的最大贡献,是在宣扬西方的科学、民主、自由、平等的同时,从理论上总结延续数十年之久的中西新旧之争与义利、体用之辨,回答了中国向何处去的历史课题。从思想上终结了中国古典哲学的进程,开创中西哲学的思想汇合,建立具有时代特征、阶级特征的进化唯物论哲学体系。(冯广裕)

B000063 **近代中国与新世界——康有为变法与大同思想研究** [美]萧公权著。江苏人民出版社1997年4月版。65万字。27.00元。介绍康有为的家世与生平,论述他的哲学思想、变法蓝图和大同理想。"现代中国与新世界"为贯通全书的两大要义。前者意指国家富强的寻求,而后者旨在大同理想的追求。在作者笔下,康有为既是热情爱国的改革家,也是沉思于遥远的乌托邦幻想者。(丁嫣霞)

B000064 **尹湛纳希哲学社会思想研究** 布仁门德著。内蒙古大学出版社1997年2月版。12万字。15.00元。对尹湛纳希哲学社会思想的产生、内容、特点作历史考察。共10章,从多方面、多角度深入探析尹湛纳希哲学社会思想,勾勒出尹湛纳希哲学社会思想的框架。指出,尹湛纳希社会思想始于蒙古族文人的忘本现象。他以此为起点,发现了佛教对蒙古族的愚弄,朝廷无能之辈对老百姓的愚弄和愚昧无知对全社会的愚弄。他把社会祸根归罪于人们思想上的愚昧无知,走上了揭露和批判社会上愚昧无知现象的道路。尹湛纳希思想发展分为两个阶段,即"明白世事"前的探索时期与"明白世事"后的批判时期。他在哲学上继承我国传统阴阳二气学说,用阴阳二气学说能动地解释太阳、日食、社会、人、智慧等各种现象。并从阴阳二气理论出发,提出"生息繁衍是人生之正事"的社会历史观,并严厉抨击吸毒、赌博、淫乱等十种丑恶现象,规劝人们学知识,摆脱愚昧无知带来的苦难。他从振兴国家和民族的愿望出发,研究各民族的历史,博采众长,建立了独具一格的蒙古族启蒙思想体系。(额力布格仓)

B000065 **人文主义的视界** 陈来著。广西教育出版社 1997 年版。23.7 万字。22.50 元。从宏观上对中国近代思想作回顾与前瞻,并阐述儒家思想在现代中国社会和中国现代化过程中的价值、作用、地位及在东亚地区乃至世界文化中的意义。(邱方)

B000066 **我读南怀瑾** 练性乾著。复旦大学出版社 1997 年 12 月版。37.6 万字。18.00 元。南怀瑾先生是台湾的著名学者。他长期致力于中国传统文化的研究和人文精神的弘扬,博学多识,著述等身。本书为南怀瑾的传记。作者以南怀瑾著作中的自述、弟子们的述介文章,以及自己的接触了解为基本资料,对南先生的身世、经历、学识、著作、教化、生活,以及自内地改革开放以来,他所做的大量的益国利民的事情,如投资兴建金温铁路、在一些高校设立奖学金、促进海峡两岸的交往等,作生动详实的叙述。(陈士强)

B000067 **张君劢传** 郑大华著。中华书局 1997 年 12 月版。48 万字。29.00 元。张君劢(1887～1969),本名嘉森,君劢是他的字,江苏嘉定人。早年参加立宪运动,是梁启超的主要追随者之一。主要政治主张是实行宪政,坚决反对中国共产党,同时也不断批评国民党蒋介石集团的专制统治,带有明显中间派的特点。对"五四"以来新文化持批评态度,曾发起著名的人生观问题论战。晚年致力于文化复兴,推展新儒学。本书是系统研究张君劢的著作,对于张氏的文化思想、宪政思想、民主社会主义的主张,以及主稿《中华民国宪法草案》等等,都有详细的讨论和分析评述。除利用海内外已有的研究成果外,在许多问题上作者都把研究向前推进一步,如关于人生观论战的分析评述,力图客观检讨双方的论点,揭示这一争论的思想意义。在写法上,作者抓住张氏一生思想活动的主要线索,"一以贯之",将其思想、言论、著述与活动融为一体,具有整体性和历史感,展示张氏漫长而又充满矛盾的一生。(沈致金)

B000068 **物来顺应——梁漱溟传及访谈录** 白吉庵著。山西人民出版社 1997 年 12 月版。19.2 万字。13.00 元。梁漱溟先生是我国著名的思想家、社会活动家,"兴建派"领袖。本书作者是梁漱溟指定立传者。传记详细叙述梁漱溟自 19 世纪末至 20 世纪 80 年代的人生历程。访谈录弥足珍贵,是作者在梁漱溟生前三年中的跟踪访谈真实记录。如实地记录梁漱溟对 20 世纪重大事件的回忆和评说,内容涉及政治、文化、教育、学术等方面;对活跃于 20 世纪的重要历史人物的功过是非,或故去的、或健在的,均有臧否褒贬。是"学海钩沉"丛书之一。(周红)

B000069 **念旧企新——任继愈自述** 任继愈著。山西人民出版社 1997 年 12 月版。20.7 万字。15.00 元。是关于任继愈家事、学事等诸方面的回忆性文章汇集。反映任继愈曲折、生动而富有个性的经历,折射出他所经历年代岁月的特点、氛围,书中一些资料为第一次公开发表,颇为珍贵。系"学海钩沉"丛书之一。(周红)

B000070 **耄年忆往——张岱年自述** 张岱年著。山西人民出版社 1997 年 12 月版。7.8 万字。5.00元。为张岱年亲笔自传。以朴实、简洁的笔触,叙述作者自己主要的学术生涯和人生历程。为"学海钩沉"丛书之一。(周红)

B000071 **20 世纪中国哲学与文化** 方松华著。学林出版社 1997 年 1 月版。16.8 万字。12.00 元。分 7 章。导论,世纪之交的中国哲学与文化;五四时代,20 世纪中国哲学之准备期;科学与玄学论战,20 世纪中国哲学之创立期;东西文化论战,20 世纪中国哲学之主题;创体宗时代,20 世纪中国哲学之繁荣期;哲学与意识形态,20 世纪中国哲学之转型期;中国当代文化精神。作者认为,中国哲学在 20 世纪面临内与外、知识分子层面与社会大众层面的双重困境,导致这种困境的深层原因在于中国哲学自身创造力的衰竭。哲学家们曾以"改造"、"拯救"、"创新"三个方面为中国哲学走出困境作出努力,但均未获成功。作者从各个层面探讨中国哲学未能摆脱困境的根本原因,并对中国哲学的未来前景作了展望。(乐惟清)

B000072 **现代新儒学与中国现代化** 方克立著。天津人民出版社 1997 年 11 月版。37.3 万字。28.00 元。系作者 1986～1996 年关于现代新儒学和中国文化问题研究的文集。按内容特征可分为四组:第一组是关于现代新儒学研究的基本进展情况;第二组是关于现代新儒家代表人物及其思想、著作的个案研究文章,涉及到梁漱溟、冯友兰、唐君毅、牟宗三、杜维明、成中英等人;第三组是为两套现代新儒学研究和资料丛书写的序言,以及为《孔子大辞典》写的有关现代新儒学的几个辞条;第四组是参与文化讨论,就中国文化发展的方向、方针、方法问题所发表的意见,中心是阐述"综合创新"的文化观,批评文化保守主义和文化激进主义,大都与现代新儒学研究有一定的联系。现代新儒学自 50 年代后,它的中心从中国大陆转移到港台和海外,大力宣传新儒学和主张"儒学第三期发展"的,基本上是港台和海外的新儒家学者。中国大陆在这方面的研究从1986年开始。作者是中国大陆现代新儒学研究的领头人之一,书中所收文章反映了作者对该领域研究的基本面貌,以及作者的基本立场、方法、指导思想,大的方向和宏观的情况。(盛家林)

B000073 **徐复观与中国文化** 李维武编。湖北人民出版社1997年7月版。49.3万字。30.00元。"徐复观思想与现代新儒学发展学术讨论会"论文集。收萧萐父、杜维明、蔡仁厚、冯天瑜、郭齐勇等海内外知名学者的论文凡34篇,并以徐复观致友人信札3通,附"讨论会纪略"1篇。论文从学思总论、文化思想论、"内圣""外王"思想论、中国思想史研究论、美学文学研究论、乡邦文化关系论等方面,对作为现代新儒家第二代大师之一的徐复观的学思成就、人格特征、生平履迹及其文化地位作全面深入的探讨;凸显徐复观是一位执著的爱国者、具有渊博知识的文化学术大师、不屈不挠的民主斗士的形象;集中阐述徐复观的民族主义人文思想的方方面面。为"哲学与文化新知书苑"之一。(胡治洪)

西方哲学

B000075 **西方哲理漫画** 王玉兆、韦尔乔著。江苏教育出版社1997年9月版。60万字。42.80元。漫画分3册:萌芽、探索、结晶。内容以古希腊的哲学思想为主线,以学派、人物、神话、寓言等为纵断面,用格言的形式提炼出古希腊人的哲理和智慧,再配上具有欧化风格的漫画。第一册《萌芽》,收集古希腊先贤占库古、梭伦、奇伦、毕阿斯、庇塔库斯、佩里安德、克莱俄布卢、阿那克哈西斯、米松、泰勒斯、埃皮美尼德斯、毕达哥拉斯的有关格言,以及古希腊神话、传说、史诗中的精采片断,每条加以现代阐释,并以漫画的形式增加其艺术感染力和形象表达的份量。第二册《探索》,重在挖掘古希腊人的智慧,以自然的智慧、缪斯的智慧、论辩的智慧为主题,分别收录爱利亚学派、赫拉克利特、恩培多克勒、阿那克萨哥拉、德谟克利特、麦加拉学派、智者、怀疑学派、古希腊悲剧、喜剧和历史等有关的格言。第三册《结晶》,以苦行的智慧、快乐的智慧、至善的智慧、生存的智慧为主题,收录第欧根尼、伊壁鸠鲁、柏拉图、艺诺、西塞罗、亚里士多德等人的思想观点。(张平)

B000076 **柏拉图传** 赖辉亮著。河北人民出版社1997年版。14.4万字。11.00元。记述柏拉图所生活的时代背景,如柏拉图青年时代的生活,柏拉图学园的创立过程,以及柏拉图的晚年生活情况等,以柏拉图不同时期的重要著作为线索,依次介绍《美诺篇》、《斐多篇》、《国家篇》、《巴门尼德篇》、《泰阿泰德篇》、《智者篇》、《蒂迈欧篇》、《法律篇》中的哲学思想、政治学说、宇宙理论、美学思想等,展示作为思想家,柏拉图对西方传统文化的巨大影响。收入"世界十大思想家丛书"。(李剑霞)

B000077 **亚里士多德传** 靳希平著。河北人民出版社1997年版。22.8万字。17.50元。亚里士多德是古希腊著名的哲学家。首次将哲学和其他学科区别开来,开创了逻辑、伦理学、政治学和生物学等学科的独立研究。他的学术思想对西方文化的发展产生巨大的影响。该书侧重用第一手资料,阐述亚里士多德的哲学思想,对亚里士多德的许多术语、著作进行考证,分别阐释《工具论》、《物理学》、《形而上学》、《尼各马可伦理学》、《诗学》、《政治学》等著作的写作背景及其重要思想。收入"世界十大思想家丛书"。(李剑霞)

B000078 **托马斯·阿奎那传** 傅乐安著。河北人民出版社1997年版。18.7万字。12.50元。托马斯·阿奎那是中世纪基督教哲学的集大成者。详细记述托马斯·阿奎那如何受家庭影响,宣誓入会,效忠教会,之后逐步成为大学教授,最终著书立说,成为基督教哲学的权威的生活过程。还介绍了《反异教徒大全》、《神学大全》两部著作中的神学观点,阐述托马斯·阿奎那的上帝存在的五种证明观点和托马斯·阿奎那对亚里士多德思想的继承与发展,以及托马斯·阿奎那之后所掀起的托马斯主义,乃至当时新托马斯主义的复兴等情况。收入"世界十大思想家丛书"。(李剑霞)

B000079 **超越时代** 副名:哲人科学家——莱布尼兹。孙小礼、张祖贵著。福建教育出版社1997年12月版。20万字。10.65元。莱布尼兹作为百科全书式的人物,他研究的领域有:数学、逻辑学、物理学、化学、语言学、法学、哲学、历史学等。他独立地创建了微积分,是计算机思想的先驱。本书展示人文与自然科学的一体性,还科学原来的本质与面目。在追踪莱布尼兹创造性思维时,使用了必要的初等代数,介绍他丰富的思想和生命进程,揭示其如何把科学和哲学统一在可理解的符号中,把世界千差万别现象的深层原因和联系探索出来,给世界一个统一的图景。(任争健)

B000080 **康德传** 韩水法著。河北人民出版社1997年版。16.8万字。14.00元。侧重对康德哲学思想的阐述与考证，对其生平作简介。用很大篇幅展开对康德思想的系统论述。分别以先天综合知识、意志自由、目的论与历史观念三大部分，阐述康德的三部伟大著作——《纯粹理性批判》、《实践理性批判》、《判断力批判》中的思想精髓。收入“世界十大思想家丛书”。（李剑霞）

B000081　**黑格尔传**　张慎著。河北人民出版社 1997 年版。18 万字。14.50 元。黑格尔系德国古典哲学集大成者，辩证法大师。该书力图从黑格尔思想的发展历程，再现黑格尔哲学的形成与发展。作者按照时间顺序，记述黑格尔从聪颖勤奋的模范学生，到成为初登讲坛的编外讲师，以至磨砺思想，建设一座独立的哲学大厦，完成唯心主义的辩证法体系的全过程。该书使用资料均来自国外最新的有关黑格尔研究的文献。指出，黑格尔哲学是现代西方哲学许多流派的发源地，如现象学、解释学、分析哲学、社会批判理论等。收入“世界十大思想家丛书”。（李剑霞）

B000082　**现代十大思想家**　副名：尼采传。杜丽燕著。河北人民出版社 1997 年 12 月版。20.3 万字。16.00 元。关于弗里德里希·尼采的传记。尼采是一位很具特色、争议不断的哲学家，他的一生疾病不断、际遇坎坷，而这正是其理论与行为具有惊世骇俗特色的现实影响因素之一。作者从这一角度描述尼采及其理论，即在具有浓重的传统气息弥漫的世界里，尼采孤独并渴望孤独和返回自我，紧紧联系自己的生活进行哲学探索。作者认为，尼采是哲学与文化走向现代性的一个源头，是一个划时代的点，这个源头或点蕴含了未来发展的一切可能性，当然它并非一览无余地包容了未来。作者认为，要想了解尼采哲学的划时代意义和真正内涵，必须了解尼采的整个一生，并对其学说著作有系统的了解。（李文龙）

B000083　**现代十大思想家**　副名：胡塞尔传。李鹏程著。河北人民出版社 1997 年 12 月版。15.2 万字。12.70 元。是西方现象学大师埃德蒙德·胡塞尔的传记。介绍胡塞尔的日常生活及理论观点。叙述他 1859 年至 1938 年近 80 年的生活岁月，以及所经历的生活波折和学识探索；对其理论，包括对数的基础的追索、批判心理主义、意向性学说、内在时间意识、主体际性理论、生活世界的理论等进行阐述。最后评述胡塞尔思想的历史地位。（李文龙）

B000084　**现代十大思想家**　副名：海德格尔传。张祥龙著。河北人民出版社 1997 年 12 月版。23.5万字。18.60 元。马丁·海德格尔是 20 世纪有深远影响的西方哲学思想家，其影响还涉及神学、历史学、心理分析或广义上的人文学科。作者注重论述海德格尔的人生与其思想的内在关联。书中引经据典，大量引用海氏的原文，着重阐释其著作《存在与时间》中关于思想与人世境界不可分的观点，并以此阐发海氏的基本思想方式。在对于海氏现实社会生活的描写中，作者未回避海氏的令人敏感的“纳粹问题”，并反对对其“纳粹问题”的偏激看法，主张尊重历史事实，尊重学术本身价值。作者大胆探索了海氏与中国文化尤其是道教的关系，细微探察了海氏思想中的道家思想痕迹。（李文龙）

B000085　**现代十大思想家**　副名：伽达默尔传。章启群著。河北人民出版社 1997 年 12 月版。14 万字。11.80 元。是现当代西方解释学大师汉治·伽达默尔的传记。以伽达默尔的生命历程为序，逐年逐期展开对其生活事件、学识进展的记述。围绕伽达默尔对解释学的研究探讨，对其在解释学上的继往开来的地位与作用和其理论本身进行评说。作者认为，伽达默尔解释学所探讨的仍然与海德格尔一样，即理解问题。他企图通过研究和分析理解的种种条件与特点，来论述作为人在传统、历史和世界中的经验，以及人的语言本性，最后达到对于世界、历史和人生的理解和解释。（李文龙）

B000086　**现代十大思想家**　副名：哈贝马斯传。余灵灵著。河北人民出版社 1997 年 12 月版。15.4万字。12.70 元。以第二次世界大战结束为切入点，并以此作为影响哈贝马斯青少年时期思想的特殊历史背景，对其学术展开论述。内容有：哈氏的研究和批判经验的社会学，重建理论与实践的关系，重返哲学方法论，对当代资本主义社会的分析与批判，社会进化理论，交往行为理论和社会批判理论的拓展等。描述哈氏所处社会背景与其学术思想和社会实践之间的关系。作者认为，哈氏基本实现了他的初衷，即以哲学方法论为基础，建构具有科学性、历史性、批判性、超越性、以实践为目的跨学科的社会批判理论体系。作者指出，尽管由于社会制度和意识形态不同，但哈氏所提出的一些问题已超出意识形态范围，对于现代社会具有普遍意义。（李文龙）

B000087　**现代十大思想家**　副名：波普传。赖辉亮、金太军著。河北人民出版社 1997 年 12 月版。16.8万字。13.80 元。是当代西方著名科学哲学家和社会哲学家卡尔·莱芒德·波普的传记。波普的“批判理性主义”的哲学体系包括科学哲学、历史哲学、社会政治哲学、伦理哲学和宇宙论，他试图建立起一个广泛涉及本体论、认识论和社会历史哲学的庞大哲学体系。传记以历史分期，紧扣各时期的研究重点，描述波普少年时期的求知若渴，思想历程中的重大转折，论述了其批判理性主义科学哲学观的著作《研究的逻辑》，历史决定论批判和开放社会建构，以及其老而弥坚的晚年等。并指出其整个哲学体系、观点也有偏颇，应当用冷静的头脑进行分析批判。书中列出波普的名言以及重要参考书目。(李文龙)

B000088 **维柯著作选** [英]利昂·庞帕编，陆晓禾译。商务印书馆 1997 年版。17 万字。10.70 元。维柯是 18 世纪意大利著名的百科全书式的哲学家、思想家。他不仅是西方历史哲学的奠基人，并且在伦理学、神话学、史学、人类学等诸多领域都做出过卓越贡献。本书收有维柯的除《第三版新科学》(有中译本)以外的其他重要著作，其中有《论我们时代的研究方法》和《论拉丁语源发掘的意大利人的古代智慧》这两部著作的重要章节，与《第三版新科学》有较大差异的《第一版新科学》的重要篇章以及维柯的其他论文。(王仲涛)

B000089 **通往人学途中——休谟人性论研究** 黄振定著。湖南教育出版社 1997 年版。23 万字。13.10 元。为"博士论丛"之一。共 4 章：第一章"休谟的人学构想"；第二章"休谟人性论的基础——感觉经验论的认识论"；第三章"休谟人性论的展开"；第四章"休谟人学的得失及其对后世的影响"。全书立足于休谟最主要的著作《人性论》，从整体的人学观点把握其各部分之间的内在关联，揭示休谟的经验主义认识论和情感主义的人性论在不同意义上互为基础的实际关系和形式上的颠倒结构，并以这一总体理解为突破口，全面展现感性的人学这种合理基础和知性的认识论框架的局限性之间的矛盾冲突。作者认为，立足于西方哲学至今在人学方面的进展，可以认清休谟人学思想的功过得失，以及解决问题的马克思主义基础。(孟可文)

B000090 **培根传** 王义军著。河北人民出版社 1997 年版。13 万字。10.00 元。培根是近代唯物主义和经验主义哲学的首倡者，是整个现代实验科学的真正始祖。该书记述培根曾是一名出名的律师，后成为一名沉浮于宦海中的政客，并最终成为政治斗争的牺牲品的经历，着重介绍他如何利用业余时间进行学术思想研究活动，并写下不朽的著作《伟大的复兴》和《新工具》。阐述培根关于科学知识的价值与功能、科学分类及人类知识结构、科学的组织管理、妨碍人认识的四种假相说等思想，肯定了培根思想在当时科学界和思想界引起的极大反响，和在科学观上引发的一场深刻革命。收入"世界十大思想家丛书"。(李剑霞)

B000091 **现代十大思想家** 副名：维特根斯坦传。江怡著。河北人民出版社 1997 年 12 月版。18.3万字。14.80 元。是当代分析哲学首创者之一的维特根斯坦的传记。阐述维氏的生平及其学术研究。着重阐释其学术思想不回避维氏的一些人格和生活上的弱点，大胆据理评论，从其生活的社会背景进行剖析。(李文龙)

B000092 **笛卡尔传** 尚新建著。河北人民出版社 1997 年版。15 万字。13.00 元。介绍笛卡尔一生的学术经历、哲学思想和科学思想。从建立"普遍的数学"、普遍怀疑、上帝存在的证明、出版《哲学原理》等方面，逐一介绍笛卡尔二元论思想体系的形成、发展过程，并认为，笛卡尔的二元体系使人与自然的关系发生根本变革，使科学与哲学的基本出发点发生根本变革。收入"世界十大思想家丛书"。(李剑霞)

B000093 **卢梭传** 肖峰著。河北人民出版社 1997 年版。19 万字。14.00 元。卢梭系 18 世纪法国启蒙思想家，以社会政治哲学而著名。本书以时间为顺序，记述卢梭从一个四处闯荡的少年，成为有丰富政治哲学思想、教育思想的思想家的全过程。着重介绍卢梭的几部不朽著作：《论人类不平等的起源和基础》、《社会契约论》、《爱弥儿》、《忏悔录》等的写作背景和主要思想，以及作为伟人和凡人交织在一起的传奇人生经历。"世界十大思想家丛书"之一。(李剑霞)

思维科学、逻辑学

B000094 **开发右脑——发展形象思维的理论和实践** 温寒江、连瑞庆主编。浙江教育出版社 1997 年 12 月版。31.5 万字。13.00 元。分为理论研究和学科教学实验与研究两编。第一编为形象思维概论，着重阐述：发展形象思维的意义；形象思维的科学依据，即斯佩里等对裂脑人的实验研究成果和表象的信息加工理论；形象思维的概念与特点；形象思维的方法体系；形象思维的产生；形象思维的表达；形象思维的发展与培养；形象思维与教学过程；形象思维一般发展的检测等问题。第二编为发展形象思维的学科教学实验与研究，包括教学实验综合报告和 15 门学科教学实验与研究的文章，共 27 篇。

在音乐、历史、地理、化学、体育等15门课程中，以新观念、新意识指导实验教学，努力改革只重视抽象思维而忽视形象思维的教育模式，探索形象思维与抽象思维有机结合的有效途径。

B000095 **逻辑·美学·形而上学** 郑刚著。广东旅游出版社1997年11月版。26万字。15.80元。从数理逻辑出发，全新演绎逻辑、美学、形而上学领域内基本问题。在对逻辑学进行一系列理论重建后，力求建立起作者个人的全新哲学观念。(李瑞苑)

B000096 **名学与辩学** 崔清田主编。山西教育出版社1997年11月版。27.8万字。12.10元。中国古代逻辑学研究著作。分"名学篇"与"辩学篇"两部分。名学与辩学是中国古代文化的有机组成部分，它们都有自己的对象、内容和特质。自近代以来，经过100多年的争论与研究，中国古代是否有逻辑思维方法及其理论的问题已得到解决，但这种思维方法及其理论特征是什么，却是学术界争论的问题。作者改变以西方传统形式逻辑为模本去解释和重构中国名学与辩学的思路与方法，将中国古代思维方法及其理论放置于中国古代文化的大背景中，详细研究中国古代思维方法及其理论的政治伦理功能，求真、求胜的性质，揭示了中国古代思维方法及其理论所独具有的政治文化特点，其在使用中的辩证思维及逻辑思维融会贯通的特色，以及它对中国传统文化及政治发展的影响。这就是独具中国古代特色的思维方法——名学与辩学，并以其所具有的鲜明特色而有别于古希腊的逻辑与古印度的因明学。(李梦燕)

B000097 **形式逻辑纲要** 郁慕镛、俞瑾主编。江苏科学技术出版社1997年4月第2版。34.5万字。16.80元。大学本科教材，分上编普通逻辑和下编数理逻辑两部分。安排既有利于教学课时数少时学生只学普通逻辑的需要，又有利于教学课时数多时学生进一步学习现代逻辑的需要。所以，它适应各种不同教学层次的要求。普通逻辑部分，判断与推理结合讲述，避免重复。论述了充分条件与必要条件、各种判断的区分等。本教材章节之后使用方框标题，一些重要内容用不同字体表示，必然性推理与或然性推理、正确的例子与错误的例子等有醒目的标志加以区别，有利于学生把握教材的重点和难点。该书初版于1992年，1995年、1997年两次修订再版。(贾丽华)

伦 理 学

B000098 **中国人的道德前景** 茅于轼著。暨南大学出版社1997年12月版。25万字。19.50元。从对日常琐事的观察入手，剖析中国改革开放以来出现的是非模糊和道德迷茫的现象，探索什么是市场经济下的道德，它与我国传统的儒家道德有何异同、市场经济的道德基础和道德是非，应如何重建新道德等问题。本书着重从两个方面讨论道德问题：一是对道德问题进行理性分析，用社会公认的简单逻辑来分析各种道德理论的矛盾性和统一性，指出每种主张隐含的意义及出发点，推广的程度与界限。二是结合我国经济改革以来出现的各种社会道德现象展开理性分析，充分利用近年来报刊上公开报道的新闻材料和日常生活中有趣的素材以及人们司空见惯的现象，从而发掘出道德观念中最本质的前提，说明大家共同认可和应该共同遵守的道德规则。(苏彩桃)

B000099 **青少年思想道德修养丛书** 李春秋等著。青岛出版社1997年版。46万字。31.60元。共6种，包括《人才与思想道德》、《人生观与世界观》、《人生与理想追求》、《个人与社会公德》、《职业与职业道德》、《爱情与家庭美德》。紧密联系实际，分别就人才素质、人生理想、社会公德、职业道德、家庭美德以及世界观、人生观、价值观的基本理论观点作阐述。(李忠东)

B000100 **民族伦理学** 熊坤新著。中央民族大学出版社1997年12月版。53.9万字。23.80元。内容由3部分组成：第一部分从宏观角度探讨民族伦理学研究的可能性和必要性、民族伦理学的多元结构特点、少数民族伦理道德的发展趋势、少数民族传统美德与社会主义市场经济的关系等问题。第二部分是对我国少数民族伦理道德的主要内容、表现形式、主要类型、主要属性、主要特点以及我国历史上各个时期的一些少数民族的道德状况进行归纳和概括，对我国各民族的伦理思想与汉民族伦理思想的关系、少数民族传统道德与现代化的关系等问题进行探讨。第三部分是从微观角度对族别伦理思想的研究，主要探讨藏族伦理思想发展轨迹、禁忌与道德规范的关系，分析和评述藏族的《礼仪问答写卷》、《尸语故事》、《萨迦格言》、《玛尔巴译师传》等伦理学著作和反映伦理思想的文学作品，还概括地对蒙古、回、维吾尔、壮、朝鲜、满等民族的伦理思想作了评

述。书后附有蒙古、回、藏、维吾尔、壮、朝鲜、满、白、傣、景颇、德昂等十几个民族的伦理道德研究资料。(齐永久)

B000101 **中国伦理学通论** 焦国成著。山西教育出版社1997年5月版。38.9万字。16.50元。以中国传统伦理学所讨论的主要问题为纲,以学派和年代为序论述中国伦理思想的发展,揭示中国古代伦理学在每一个重要的伦理学问题上完整的思想发展脉络。本书强调中国传统伦理道德及其思想的两重性,这有利于引导人们从事扎实的科学研究,以防止中国传统伦理思想研究中形而上学的、武断的倾向,有利于对中国传统伦理道德及其思想的科学的批判继承。(李梦燕)

B000102 **养正图解** 明·焦竑编著。南方出版社1997年5月版。17万字。13.80元。明代学者、史学家焦竑在担任皇长子的侍讲官时,选用可借鉴的历史政事,又请明宫廷画家丁云鹏配上精美插图,以古代储君行事可为法戒者编成《养正图解》,作为宫廷皇太子的蒙学读物,并定为培养从政、治民人才的道德教育范本。全书饱含儒家伦理的基本精神和文化内核,融汇深刻的生活真谛和人生体味,既表现理论的深刻性和崇高性,也综合表述了古代人们无限丰富的智慧。展现了中国古代人的价值观、道德观:如何做人,如何从政处世,如何培养道德情操,如何树立君子的人格等等。具体内容是孝顺父母、尊师爱幼、重视家庭、发奋读书、言行一致、仁爱为怀、诚信为本、重视人才、礼贤下士、节俭戒奢、自强不息、严于责己、宽以待人;其表达的理想人格是修身、齐家、治国、平天下。这些是有一定积极意义的。

B000103 **人生哲学概论** 徐长松、万慧进主编。中国铁道出版社1997年7月版。26.4万字。13.90元。以中国五千年的文化传统为背景,吸收现代自然科学技术提供的新的成果,吸收近现代西方和各国人生哲学思想中那些合理的有益的内容进行编写。内容包括人生哲学综述、人的本质、个人与社会、人生需要与人生理想、人生价值、人生态度、人生与道德、人生与成才、人生与人际交往、人生与爱情、人生与审美、人生与生活方式、人生境界与人格塑造、大学生的思维与心理健康等。(倪嘉寒)

B000104 **人生奠基石丛书——名人丛谈系列** 老品、柯扬选编。同心出版社1997年10月版。19.5万字。47.00元(全套)。荟萃20世纪中国革命领袖、革命先烈、著名社会活动家、文学艺术家们关于世界观、人生观、价值观等方面的精辟论著,共收录4种,即名家谈读书、名家谈治学、名家谈人生、名家谈修养。

B000105 **西方人生精神** 郑晓江、詹世友著。广西人民出版社1997年4月版。28万字。25.00元。阐述西方人生理论并把它与中国人生理论进行比较分析的学术著作。内容既有西方人生哲学家的专论,如苏格拉底、柏拉图、亚里斯多德、培根、斯宾诺莎、卢梭、尼采等的人生理论;也有西方某些时期的人生理论总论,如晚期希腊、早期基督教、文艺复兴时期的人生理论;还有西方某两个哲学家人生理论的合论,如奥古斯丁和托马斯·阿奎那的人生理论等,从构架上看,对西方古、近代人生理论进行较全面的阐述,开启了对现代西方人生理论的研究和瞻望。从体例上看,先论述西方人生哲学家的人生思想,并贯穿作者自己对人生的体验和思考,力求在一个较高的层次上和较广的境域中展现西方人生哲学家所体认的人生精神;把西方人生精神与中国人生精神进行比较和相互参证,并指出它们在建构现代人的人生观中的意义和价值。本书探讨了中西传统的人生思想、人生实践,并引申出一些有益的人生启迪。(温六零)

B000106 **青春梦痕** 赖海晏著。广东人民出版社1997年8月版。14万字。9.50元。"花季梦寻丛书"之一。侧重于漫谈立志、交友、惜时、健体,以及追求高尚的人生使命和幸福本源等等。(何燕屏)

B000107 **现代苦难哲思录** 孙利天著。辽宁人民出版社1997年8月版。20万字。16.00元。苦难既是一种生存状态,也是一种存在感受,因而苦难也需要发现和体验。书中突出青少年教育中的一个侧面,即苦难、磨难在青少年成长中的作用。21世纪将有怎样的风险和劫难等候着我们的孩子,他们将以怎样的生存策略和技巧应付这些挑战?作者从哲学层次和理论层面进行分析,阐述人类的苦乐观,苦难的人生意义。收入"明日强者书系"。(朱枫)

B000108 **孔繁森的人生哲学** 雷保重主编。山东人民出版社1997年7月版。12万字。21.00元。分3编。第一编叙述孔繁森人生观的形成轨迹。从孔繁森的人生成长过程入手,分析他因从中华民族优秀文化和传统美德中汲取营养,自觉接受党组织的培养和教育,坚持不懈地用科学理论武装自己的头脑、积极投身于社会实践以及对主观世界进行自觉改造等而形成热爱人民、无私奉献人生观的内因和外因。第二编论述孔繁森人生观的丰富内涵。阐述孔繁森"对共产主义信念从没有动摇过"的理想观,"无私奉献是共产党员的天职”的价值观，“为人民服务要铭刻在心窝里的”群众观。“不为民解忧，何以言公仆”的权力观，“爱的最高境界是爱人民”的道德观，“视名利淡似狮泉河水”的义利观，“能为他人解决困难和痛苦是人生最大的幸福”的幸福观，“不能顾小‘家’而舍大‘家’”的家庭观，“生命虽短，但应爆出炽热的火光”的生死观等人生观的具体内涵。第三编阐述孔繁森人生观的时代价值。从新时期共产党员和党的干部树立正确人生观的重要性，人生之路如何走，人生坐标如何定位等方面论述孔繁森人生观的时代价值。（王金凤）

B000109 **古代家训精华** 王人恩编著。甘肃教育出版社 1997 年 6 月版。20 万字。12.00 元。精选先秦至近代的家训 50 篇。有汉高祖刘邦的《手敕太子》、东方朔的《诫子》、嵇康的《家诫》、司马光的《训俭示康》、陆游的《放翁家训》、朱熹的《与长子受之》、曾国藩的《致纪鸿书》和张之洞的《复儿书》等，有的谈论修身，有的叙说治国，有的强调读书的重要，有的讲述立身处世的经验，有的教家人和睦亲邻，有的教子弟勤俭持家。入选的每篇家训均有作者简介、原文、注释、简评等，对难懂的文章，有白话翻译。（白玉岱）

B000110 **我们这一代** 副名：中国少年品德修养丛书。孙云晓主编。未来出版社 1997 年 8 月版。40 万字。29.60 元。丛书分为《忠心献给祖国》、《关心献给集体》、《爱心献给他人》、《孝心献给父母》和《信心留给自己》5 卷。书中故事大都是新中国成立之后特别是改革开放之后发生的，它说明年轻一代在党的培养教育下吸收着优秀民族传统的营养精华，健康茁壮地成长；在“忠心献给祖国”等卷中，择取一些前辈人的故事，介绍他们为使后代能过上幸福美好的生活所做的牺牲和奉献；显示出新的一代继承和发扬并升华了他们的品德和精神，正在开拓和创造着更加美好的生活。（李丽玮）

B000111 **青春情思串** 金马著。广东人民出版社 1997 年 8 月版。16 万字。10.00 元。“花季梦寻丛书”之一。侧重于漫谈理想、情操、精神风貌、仪容风采的修养。（何燕屏）

美学、心理学

B000112 **青春与美** 张成淦等著。广东人民出版社 1997 年 8 月版。12 万字。8.00 元。“花季梦寻丛书”之一。侧重于漫谈青年应如何提升伦理美、社会美、自然美、艺术美、科技美的审美格调。（何燕屏）

B000113 **美的欣赏与创造——大学生的美学修养** 邓安庆著。湖南师范大学出版社 1997 年 6 月版。22.3 万字。16.00 元。紧扣现代人的精神困境，将审美知识的传授同分析人的生存处境相联，试图从审美知识、审美态度、审美精神和审美人生四个方面，立体地构建审美素质的框架。将审美素质的培养看作是人文素质培养的关键，将学术性、知识性和教育性在趣味化的表述中融为一体。分门别类地比较了中德、中英、中法、中美审美趣味的不同，以了解审美文化的差异，并反省我国传统美学精神与现代的隔膜，从而增进对现代人生价值的批判性审视。还从价值论角度，对审美欣赏的结构进行现象学的解析；通过贝多芬、凡高和马克思的人生实践对审美人生进行了范例式的构建，对德国浪漫主义美学的代表谢标的审美人生理论的评述亦相当精彩。列入“大学人文素质教育丛书”。（周玉波）

B000114 **美与审美的哲学阐释** 谭宏培著。湖南教育出版社 1997 年版。29 万字。14.10 元。共 13 章。抓住具有客体意义的审美对象与具有主体意义的审美意识两大板块，对美与审美进行概说，建构起整体性理论框架。对古今中外各种具有代表性的美学流派进行理论透视和考评，表现了多方面的创造性。在思维方式上，作者看到以前学者为构筑美学体系而对许多理论问题的论述过于绝对化的弱点，采取一种具有理论弹性的论述方式；特别注重从“关系/结构”的角度对理论问题进行把握。如作者对自然美的把握，认为大自然之所以成为我们的审美对象，是因为人与自然关系协调发展的结果。这种对“关系/结构”的把握而进入各个理论细部的思维方式，是该专著的基本特点；对审美对象、审美意识各范畴等问题，也作了深入研究。（孟可文）

B000115 **“西方马克思主义”美学研究** 副名：国外马克思主义和社会主义研究丛书。冯宪光著。重庆出版社 1997 年 3 月版。36.6 万字。24.00 元。美学专著。全面分析“西方马克思主义”美学 70 年来的主要特征和基本走向，并根据“西方马克思主义”代表理论家们不同的理论倾向，把“西方马克思主义”美学分为六大流派，即“坚持和发展现实主义的美学”、“走向浪漫主义的美学”、“维护现代主义的美学”、“读解文本的结构主义美学”、“艺术政治学的美学”、“走向文化学的美学”。对这六个流派的几十位代表理论家的美学思想作系统介绍和评析。（余国

枢)

B000116 **西方美学主潮** 周来祥主编。广西师范大学出版社 1997 年 12 月版。104.2 万字。65.00元(平),70.00 元(精)。分上、中、下三部。上部:西方古代美学主潮;中部:西方近代美学主潮;下部:西方 20 世纪美学主潮。内容从古至今,阐述古代美学向近现代美学发展的过程。其特点是把历史上的美学理论资料和艺术创作实践紧密结合起来,相互印证,相互补充,相映成辉,揭示各个时代审美理想的形成、发展、嬗变和更替的历史风貌。(肖星明)

B000117 **中国当代美学流派名家论丛** 蒋孔阳等著。广西师范大学出版社 1997 年 11 月版。124万字。64.60 元(平),81.20 元(精)。已出版 4 种:《美在创造中》、《论西方美学与艺术》、《再论美是和谐》、《传统文化·哲学与美学》。论丛汇集我国当代美学名家的最新研究成果,展示他们的美学观点。如《美在创造中》内容涉及美论、美感论和审美范畴论。展示作者对美的界说和美学观点:"美在创造中"、"人是'美的世界'"、"美是人的本质力量的对象化"、"美是自由的形象"、"我们对美不能作固定化的理解,而应该从发展的、动态的和变化的观点来看问题";"美是一个开放性的系统,美的创造,是一种多层面的突创,美的特点,就是恒新恒异的创造";"作为审美主体的人与作为审美对象的客体之间的关系,也永远处于恒新恒变的状态中,所以,美也处于不断的创造过程中"。(王昶)

B000118 **成功的奥秘** 熊少严等著。广东人民出版社 1997 年 8 月版。14 万字。9.30 元。"花季梦寻丛书"之一。侧重于漫谈激烈竞争环境下的心理调适,以及青年参与竞争应具备的心理素质。(何燕屏)

B000119 **实用心理学原理** 王益明、耿爱英编著。山东大学出版社 1997 年 11 月版。37.7 万字。19.80 元。心理学教材。内容分 5 编:第一编为基础篇,介绍普通心理学的基本原理和基本规律;第二编为社会心理篇,介绍社会对人的心理行为的影响和人在社会影响下心理活动的规律;第三编为管理心理篇,介绍组织管理中人的心理行为规律;第四编为教育心理篇,主要从教与学两个方面介绍"教"与"学"过程中人的心理规律;第五编为心理卫生篇,介绍心理卫生、心理咨询和心理测量方面的知识。(米喜荣)

B000120 **智慧:内在财富** 广东人民出版社 1997 年 8 月版。12 万字。8.00 元。"花季梦寻丛书"之一。侧重于漫谈科学用脑、开发智慧,以及开发预见力、记忆力、各种思维技巧与情绪智能等。(何燕屏)

B000121 **普通心理学(修订版)** 叶奕乾等著。华东师范大学出版社 1997 年 8 月版。52.9 万字。18.50 元。高校教材,1991 年出版,这次为修订版。修订原则为:在辩证唯物主义和历史唯物主义的指导下,按照高等院校普通心理学课程教学的目的和任务进行。加强对当代国内外的心理学研究的新进展,特别是我国心理学工作者研究的新成果的阐述。绪论着重论述物质与精神、存在与意识的心理学基本理论问题;在认识过程部分,充分反映现代认知心理学的理论和研究成果,突出认知结构在整个心理结构中的地位和作用,充实了感觉、知觉、记忆、思维和语言等认知过程中的新观点和新实验研究成果;在情感部分,突出了它们与认识过程和个性之间的内在关系及相互作用;在个性部分,从新角度论述和分析了个性的实质和特性,反映了我国心理学工作者有关青少年个性发展的研究成果,阐述斯腾伯格等人智力结构的新理论,增加了关于性格的综合法研究模式,介绍了我国青少年气质类型分布的新资料。在充分论述心理学的基本理论和基本概念的前提下,阐述心理规律在实际中的应用。(金勇)

B000122 **格式塔心理学原理(上下)** [德]卡尔·考夫卡著,黎炜译。浙江教育出版社 1997 年 9 月版。69.4 万字。32.00 元。格式塔心理学创始人之一考夫卡的代表作。把格式塔学派三位创始人(威特海默、考夫卡、苛勒)的基本观点完整地汇集在一起,系统阐释格式塔心理学的基本原理,它对当时美国的行为主义是一个致命的抨击,并为后来的认知心理学开了先河。收入"20 世纪心理学通览"。

B000123 **当代精神分析经典译丛(4 种)** 诺曼·霍兰德等著。上海文艺出版社 1995 年 7 月～1997 年 12 月版。107 万字。61.20 元。从书旨在推介继弗洛伊德之后对当代精神分析学有重大影响或有普遍适用价值的国外心理学家、文学理论家的著作。已出版的有《后现代精神分析》(诺曼·霍兰德著,潘国庆译,1995 年 7 月版)、《神经症与人的成长》(卡伦·霍尔奈著,张承谟等译,1996 年 9 月版)、《与命运的交易》(伯纳德·派里斯著,叶兴国译,1997 年 12 月版)、《一位精神分析家的自我探索》(伯纳德·派里斯著、方永德等译,1997 年 12 月版),即将付梓的还有《我们的内心冲突》、《精神分析新法》等。精神分析是 20 世纪最重要的人文学科之一，它和其他艺术门类一样经历由传统到现代直至后现代的理论进程。《后现代精神分析》选入作者14篇重要论文，涉及弗洛伊德和莎士比亚研究、文学家的自杀、读者本体、移情概念、文化与自我的分析等等精神分析学关注的焦点，全景式地呈现后现代主义时期精神分析理论的嬗变，以及它在诸多领域引发的观念变革。作者对文学家本体主题的论述、对读者反应模式的诠释体现了后现代精神分析的思想魅力。《神经症与人的成长》是20世纪精神分析大师卡伦·霍尔奈的巅峰之作，书中详细探讨由基本的心理需求导致的内心焦虑和冲突，列举了不同人格类型的人针对他们的内心冲突所采取的各种防御策略。作者提出"真实自我、实际自我、理想化自我"的观点，可窥见其理论与弗洛伊德传统精神分析学说的根本分歧。《一位精神分析家的自我探索》是国际卡伦·霍尔奈协会主席伯纳德·派里斯撰写的有关霍尔奈的精神分析式传记，书中以详实的资料对霍尔奈的人生经历、内心冲突和思想演变进行综合审视，揭示了她的精神分析理论与其个人因素间的密切关联，真实表现了这位精神分析家的独特气质及其充满矛盾与焦虑的精神世界。《与命运的交易》是一部探讨莎士比亚戏剧中的人物心理的专著。指出，所谓与命运的交易，是指人们在其个性化的处世方式中选择的一种企图掌握自己命运的方法。莎翁的四大悲剧中包含了从根本上破坏人物与命运交易的突发事件，使人物产生精神危机，而在精神危机中人物的处世方式出现崩溃，其行为给自己也给他人带来悲剧性后果。作者对莎翁本人的个性也进行细致入微的剖析。（夏青根）

B000124 **现代十大思想家** 副名：弗洛伊德传。徐信华著。河北人民出版社 1997 年 12 月版。16.3万字。13.50 元。是精神分析学说创立者西齐斯蒙德·弗洛伊德的传记。由弗洛伊德的生平事件为切入点，逐年逐日记述其精神分析学说的初具雏形、成熟和发展。对其理论，尤其是其理论的社会实践、影响及历史地位进行评论。从理性高度上评述弗洛伊德对于无意识的发掘，对于人类传统思维领域的突破以证实"知"的有限。认为，弗洛伊德精神分析学说的理论基础便是无意识理论，而其对于无意识的研究，则导致发现无意识中的主要成分之一便是性本能，从而提出性本能理论。作者对弗氏的压抑理论、心理结构理论、人格结构理论、由性本能理论中生发出来的爱本能及社会文化理论等也有论述。（李文龙）

B000125 **拓扑心理学** ［德］库尔德·勒温著，竺培梁译。浙江教育出版社 1997 年 9 月版。17.2万字。9.50 元。动力心理学创始人勒温的代表作。运用拓扑学概念论述心理问题，提出"场论"概念，心理场的学说沿用至今。强调心理动力的实质是需要，需要具有方向、强度，即矢量，这就使得心理动力不得不发生在一定的场里。收入"20 世纪心理学通览"。

B000126 **心理诊断** ［瑞士］赫尔曼·罗夏著，袁军译。浙江教育出版社 1997 年 9 月版。15.5万字。10.00 元。墨迹心理测验创始人罗夏的代表作。从事心理学研究的人几乎都知道墨迹图，而墨迹图及其基本原理就源自该书。该书对于人们了解墨迹图的理论和实施具有重要意义。收入"20 世纪心理学通览"。

B000127 **心理与教育测量——海峡两岸学术研讨会论文集** 张厚粲主编。浙江教育出版社 1997年 10 月版。42 万字。35.00 元。选编于 1995 年 10月在北京召开的"海峡两岸心理与教育测量学术研讨会"上代表提交的论文。内容涉及心理与教育测量领域的各个方面，有心理与教育测量理论、心理测验编制、教育测验编制与应用、心理测验应用，还有从不同角度涉及社会生活方面的内容。从纵向上看，涉及婴幼儿、小学生、中学生到大学生、成人各年龄段；从横向上看，在同一年龄段涉及学习、智力、性格、心理健康等方面；在职业上，涉及教育、公安、运动员、企业管理等职业，还涉及职业兴趣、能力倾向、群体人际关系等方面，在人的思维操作领域涉及问题求解搜索效率、阅读能力测评、学习障碍诊断等问题，在思想意识测量方面涉及成就动机、生活信念、价值观等问题。

B000128 **王进收科学记忆法** 王进收著。山东大学出版社 1997 年 12 月版。57.6 万字。28.60元。作者多年来从事记忆法的研究，发明了自己独特的一套科学记忆方法，利用该记忆法，可记住别人随意写出的几十、几百位数字，并可倒背如流，且能立即答出第几位是几，可以记住几个、几十个数据。该书对科学记忆的诀窍作了介绍。（陈岩）

B000129 **思维与语言** ［俄］列夫·谢苗诺维奇·维果茨基著，李维译。浙江教育出版社 1997 年9 月版。13.3 万字。社会文化历史学派创始人维果茨基的代表作。对心理学上关于思维与语言研究的两位代表人物斯特恩和皮亚杰的观点进行批判，提出了思维与语言受制于社会文化的观点。收入"20 世纪心理学通览"。

B000130　**快乐的自我**　副名:自我发现与心理调适实用方法。[美]J.P.韦斯著,刘培毅译。重庆出版社1997年11月版。14万字。12.00元。不良的情感与持久的心理紧张将导致躯体疾病,如何预防或消除?书中介绍心理能量学理论和技术,教给你自我发现、自我帮助的全新概念、方法和途径。通过阅读与练习,你将学会如何发现你最深层的真实情感的思想,如何采用呼吸、想象等方式来释放不良的情感能量,从而实现心灵和身体的自我治愈。把握住自己的生活,创造一个健康、快乐的人生。全书共16章,其中"战胜癌症的想象"一章对帮助癌症病人康复大有裨益。(余国枢)

B000131　**人类与动物心理学论稿**　[德]威廉·冯特著,李维、沈烈敏译。浙江教育出版社1997年9月版。35.5万字。16.00元。心理学创始人冯特的代表作。两大特点:一、心理学从哲学中分化出来作为一门独立科学的标志,即用实验手段解释心理现象;二、把完整的心理现象分解成一个个单独的元素,元素主义由此而来。本书对当前人们编写心理学教材仍有重大影响。收入"20世纪心理学通览"。

B000132　**心灵大嬗变——人类心理的历史构筑**　傅治平著。湖南教育出版社1997年版。37.8万字。18.60元。共4编。序编对人类的心理发展过程作全景式的描述和分析。后3编,先跋涉远古,反映人类祖先在蒙昧时期的历史沧桑,从古代的神话、巫术、图腾、禁忌等文化遗产和现象中,寻找人类心理的脚印;继而揭示人类在文明时代物质创造的辉煌成果和精神失落的痛苦之间的矛盾;怀着对自由彼岸的理想憧憬,描述出一幅"天人合一"的新构架及其实现的途径,激励人们迎接挑战、勇敢追求。(孟可文)

B000133　**儿童发展心理学**　程利国主编。福建教育出版社1997年7月版。43.2万字。28.00元。"心理学主干课程系列教材"之一。儿童的实际生活过程即是儿童的社会存在,它决定了儿童心理的发展。基于此理论建构了一个儿童自身发展控制模型,系统探讨儿童心理发展的动力及其机制,儿童心理发展的成因,以及儿童心理发展的非线性模式。分上、中、下三篇:上篇总论儿童发展心理学的对象、意义、基本规律及各主要学术派别的儿童心理发展观。中篇论述儿童心理发展的各年龄阶段特征:生理发育,活动、言语、认知、情感和社会化的发展,展示儿童身心发展的横断图景。下篇为儿童心理发展原理的运用,包括儿童的心理卫生、特殊儿童的心理与教育以及儿童心理发展的具体研究方法,从不同侧面加深读者对儿童心理发展过程的理解。(孙汉生)

B000134　**理解青春——青春期的心理分析**　李晓白、西茹著。沈阳出版社1997年3月版。20万字。14.00元。从青春期的情绪问题入手,逐步展开心理分析。关于青春期的忧伤与哀愁、羞耻与罪恶、爱与自恋、恐惧与焦虑、秘密、反抗、孤独等方面分析较为深入。这些被人们忽视的问题是青春期最本质、最重要的内涵。作者坚持一种富有人本思想的分析,带有文学色彩的表达,使得一些探索中的道理在叙述时变得娓娓动听。作者还以明朗、轻松的笔调分析了健康、成熟的人生所必备的优秀品质,试图引起青年人的思索,激发他们探求将可能变成现实的种种道路。(薛劲松)

B000135　**看,钱在说话**　[美]李威斯·亚伯朗斯基著。江苏人民出版社1997年12月版。17万字。14.00元。从心理学的角度,剖析金钱对于社会生活和人的心理、情绪的多种影响,通过丰富的人生故事和详细生动的访谈,介绍社会各阶层人士对钱的不同态度和看法。(丁嫣霞)

B000136　**素质论**　韩学军、王林华主编。辽宁人民出版社1997年1月版。26.8万字。15.00元。分别以:"综合素质篇"、"道德素质篇"、"职业素质篇"、"文化教育素质篇"等方面,论述在市场经济下的人文素质、公民的政治素质、公民的思想素质、中华民族的法律素质、人的道德素质及变革中的中国社会的道德变迁,道德的困惑与道德建设。并从市场经济发展给就业、家庭、社会组织、价值观念等诸多社会方面带来的变化分析人的素质和道德观念的变迁和在市场经济下必须加强道德建设;在职业素质篇和文化素质篇中,具体论述了企业家的素质、企业职工的素质、企业领导者的素质,从企业家这个特殊的社会阶层、企业家以企业生产和企业经营为己任、以社会财富的增长和企业的发展为宗旨的几个方面,强调企业家提高素质的重要性。还论述了人们文化素质的更新,文化氛围的建设,以及学者的治学与修身。(杨惠)

B000137　**情感智商**　戈尔曼著,耿文秀、查波译。上海科学技术出版社1997年8月版。261万字。24.00元。以行为与脑科学研究为主题的实用心理学研究专著。其研究的主题是现代专业社会曾被普遍忽视的人格中的情感问题,作者书中作了生动表述与科学论证,强调非智力因素的重要性。(沈晓莺)

宗　教

B000138　**荒唐天国梦——迷信害人录**　杨锦著。中国少年儿童出版社 1997 年 5 月版。4.5 万字。3.60 元。破除封建迷信的普及读物。叙述 35 件发生在现实生活中的真实事情，如有的因为相信算命先生看手相的话，毁了幸福的家庭；有的为争所谓的风水而互相残杀；有的人为进“天堂”亲手杀死自己的儿女。作者分析和揭露了造成这些悲惨事件的根源，教育青少年崇尚科学，做反对迷信的先锋。(韩彬)

B000139　**神学的人学化：康德的宗教哲学及其现代影响**　谢舜著。广西人民出版社 1997 年 8 月版。15 万字。15.00 元。以“神学的人学化”为中心，讨论康德宗教哲学的三个基本方面：一、对传统神学的批评。阐述康德对基督教神学的“知识论”基础的批评，展示鲜为人注意的康德对神秘主义的批评。指出，康德的批评为神学打开一条新的出路，那就是不能把宗教信仰建立在“知识论”基础上，而是要建立在人的实践理性或道德理性的基础上，确立一种与实践理性或道德理性要求相一致的宗教信仰。二、奠立宗教的真实基础和重新阐释基督教。系统阐述康德在不同时期的不同著作中“对上帝存在的道德论证”，即其道德神学的基本内容，进而阐明康德是以道德、实践理性作为宗教信仰的内在根据；根据《单纯理性范围内的宗教》阐明康德把宗教看作是非纯粹状态的道德。指出，宗教总是以感性的、历史的形态体现着理性的道德要求。三、重新阐释基督教。指出康德通过《圣经》的“非神话化”以发现和揭示基督教的教义在神秘外衣下所包含的理性原则；阐述了康德关于基督教及其教会可以作为理想的道德宗教的历史载体，从而可能成为人类向理性的道德理想前进的现有的最佳途径、手段或辅助者。还讨论了康德“神学的人学化”的内在矛盾和对后康德哲学及其“神学的人学化”倾向的深远影响。作者在论述中贯穿着一种深远的历史感。对英、法、德三国启蒙运动的比较分析具有新意。(温六零)

B000140　**泛神论要义**　［英］约翰·托兰德著，陈启伟译。商务印书馆 1997 年 5 月版。5 万字。4.10 元。是 17 世纪末和 18 世纪初英国著名哲学家、自然神论者约翰·托兰德的一部重要著作。通过介绍一种新团体——“著名的苏格拉底协会”和它的新章程阐述作者的自然神论思想。它以浪漫的形式、优美的语言提倡自由思想、反对封建传统所宣传的“神的启示”、“奇迹”等教条和宗教仪式。书中探讨了一系列重大的自然哲学的问题：关于宇宙及其物质构成的问题，关于物质的内在能动性和万物相联系、运动变化的问题，关于思维和生命及其与物质的关系问题，等等，包含着许多卓越的唯物主义和辩证法的思想。(程秋珍)

B000141　**宗教与民族**　张声作主编。中国社会科学出版社 1997 年版。43.5 万字。35.00 元。分前言、导言、上下编共 14 章。前言论述用马克思主义的立场观点、历史的眼光和视野，研究历代统治者处理宗教问题的立场、观念、政策手段的重要意义。导论阐明宗教与民族的密切关系与区别。上编：中国各民族的宗教与文化。介绍中华民族多元一体格局的形成与多种宗教共存的概貌，论述宗法性传统宗教对华夏民族文化发展的影响；分 3 章介绍原生性传统宗教与中华诸民族的传统文化，佛教对中国汉、白、土家、布依、傣、德昂等民族的影响，藏传佛教的形成、发展及其对藏、蒙古、满等民族文化的影响，以及伊斯兰教在中国的传播、在 10 个信仰伊斯兰教民族形成中的作用和中国伊斯兰教和传统文化。下编：历代政权处理民族与宗教关系的回顾与检讨。按先秦、秦汉魏晋南北朝、隋唐、宋辽夏金、元、明、清、民国 8 章，阐述历代王朝的民族政策、宗教政策的内容与特点，及其产生的影响，并给予客观评价，起到以史为鉴的作用，最后一章是全书的简要总结。提出：1.民族宗教政策是巩固国家统一，维系民族团结的重要政策手段；2.民族问题与宗教问题相关，宗教政策服务于民族政策；3.对宗教信仰宽容，对宗教活动管理严格；4.宗教歧视源于民族压迫，导致民族隔阂；5.民族宗教政策的制定取决于统治者的民族观、宗教观。(周用宜)

B000142　**二元神论**　副名：古波斯宗教神话研究。元文琪著。中国社会科学出版社 1997 年版。32 万字。25.00 元。研究古波斯(即信仰伊斯兰教以前的古代伊朗)宗教——琐罗亚斯德(亦称祆教、拜火教)和摩尼教以及神话的专著。首先介绍琐罗亚斯德教的圣书《阿维斯塔》及其帕拉维语文献。在此基础上，从分析最早形成的《伽萨》入手，深入论述神话的基本内容、历史衍变、原型数字、哲学蕴含，探讨其神话体系的形成和结构特点，举例分析后期神话的主要内容，论述在内涵和外延上均有所增加和扩展的“善恶二元神学目的论”。作者还以中国和印度文化传统中的圣教为参照系，运用原型模式理论，对琐罗亚斯德教神话的原型数字进行初步探讨，揭示其神话深层结构中蕴含的人生哲理。总结归纳出的琐罗亚斯德教神话的三大崇拜系列(火光、水雨和人体潜力),其深层结构中既蕴含着“水中之火(光)”的原始神话母题,又含有后期新神话的成分。提出,应把“人类自身明暗二性论”视为摩尼教学说的精华和核心。作者确认古波斯两大宗教皆为典型的二元神教,前者为民族性二元神教,后者为世界性二元神教,指出建立在“二元神论”基础上的古波斯两大二元神教是宗教发展的历史形态,具有十分重要的宗教学价值。(周用宜)

B000143　**女娲的神话与信仰**　杨利慧著。中国社会科学出版社 1997 年 12 月版。21.6 万字。17.30元。将女娲置于中国民族信仰的大背景下,从考察其在信仰中历史的与现时的状况入手,探讨女娲在中国民族信仰中的地位等。在取材上广泛搜集古代和近代文献、历史文物,充分采用 80 年代以来采录的民俗志资料和作者在田野调查中收获的宝贵材料,从而使女娲信仰的研究具有坚实的客观依据,并从中揭示出这一古老神话在几千年历史传承中发展变化的规律,进而对女娲神话重新审视。收入“中国社会科学博士论文文库”。(冯广裕)

B000144　**冲傩还愿**　副名:贵州傩仪的结构、类型、意义。张建建等著。贵州人民出版社 1997 年 10 月版。18 万字。10.60 元。以考察报告为基础,主要分析冲傩还愿活动中的种种仪式活动。主要内容有:仪式的符号涵义、结构意义、仪式空间象征、仪式的宇宙论象征、仪式性脱离文化结构,以及仪式的文化整合功能等的象征涵义,揭示出仪式的最主要文化功能是象征地实现人的神圣生活,从而实现人的精神状态的根本转变。收入“贵州民间文化研究丛书”。(谢丹华)

B000145　**佛家箴言录**　袁雅慧、韩星编。内蒙古人民出版社 1997 年 12 月版。12 万字。11.00 元。佛教自传入中国后,经过与儒学、道学的争竞互取,成为中国封建社会意识形态方面的重要组成部分。它通过宗教虚构和诡辩,制造了一种宗教学说和神学唯心主义体系。作者选编佛家主要代表人物和佛教经典中的言论,并加以注解和译释。(黄爱民)

B000146　**佛教与北京寺庙文化**　佟洵主编。中央民族大学出版社 1997 年 8 月版。26 万字。26.00元。分 3 部分,介绍佛教产生、教义及对中国的影响;介绍北京地区著名寺庙 20 余座和部分名僧,及围绕这些寺庙、名僧所发生的有趣的故事、历史事件;也介绍了一些佛教小常识。佛教文化早已渗透到我国民族文化中,已经成为我国民族文化的重要组成部分。佛教在北京的传播过程中出现很多著名的寺庙,也涌现了无数高僧,还曾发生了许多重大事件,这一切构成了北京丰富多彩的寺庙文化景观。本书对此作了详细介绍。书中有 12 页彩图。介绍每个寺庙都配有代表性的黑白照片。(郑玉琴)

B000147　**菩提树下**　副名:藏传佛教文化圈。扎洛著。青海人民出版社 1997 年 1 月版。20 万字。13.70 元。以丰富翔实的藏汉文献史料为依据,运用西方人类学传播学派的“文化圈”理论,揭示藏传佛教文化的发展历程及本质特点,建构了以内层、次层、外层三大区域为主的“藏传佛教文化圈”的框架体系。内层区域即主要指青藏高原上以藏族聚居区为主的广大地区;次层区域是指在青藏高原周围从高原向平原过渡的山地丘岭地带;外层区域是指广袤的蒙古草原和中原汉地的圣山名城。重点考察藏传佛教文化的对外辐射及与域外文化撞击、融合的全过程,并在对二种文化的对比研究和分析整合中,勾勒出藏传佛教文化在异域文化中的价值意义和特殊作用。(李永华)

B000148　**释量论新注**　朗仁·阿旺平措著。西藏人民出版社 1997 年 12 月藏文版。40 万字。28.00元。是西藏三大寺之一哲蚌寺高僧朗仁活佛所著。作者用通俗语言对古印度佛学法称所著广本量学,即自利、量成立、现前和他利等四品进行详注,并以俗物为例,用俗法细述佛教哲学之术语。(总编室)

B000149　**敦煌佛教经录辑校**　方广锠辑校。江苏古籍出版社 1997 年 8 月版。60 万字。210.00 元。“敦煌文献分类录校丛刊”之一。正文有九部分:全国性经录、品次录、藏经录、点勘录、流通录、转经录、配补录、抄经录、杂录签条,凡三百八十八号,分别对敦煌石室收藏的全国范围内流通的佛经目录,佛经品名录、卷次录、卷品开阖对照录、纲目举要录,各寺收藏佛藏目录,点检所藏佛经工作目录,佛经流通录,转经情况,经籍配补,抄经情况,以及相关的杂录载记、收藏签条,做全面的校勘整理。校勘以敦煌遗书为底本,以历代经录为校本,凡讹脱误倒,有据则改,难辨识者以问号标示。“题解”诠释名称,述说流变,论评价值特点,介绍卷子存藏情况。“校记”则说明不同版本文字异同及讹误更改。末附俄藏《大乘入藏录》及十六卷本佛名经经名部分。又附索引,以便检索。(冯保善)

B000150　**二十二种大藏经通检**　童玮编。中华书局 1997 年 7 月版。128.3 万字。85.00 元。分

"正编"和"附录"两大部分。"正编"所收为两种经录和历代所刻二十种不同版本的汉文大藏经收录的佛教典籍共 4 175 种，所列经籍名称，按汉语拼音音节排列，分别附有卷册数目，译撰人姓名、时代，异名，经名的汉语注音，梵文或英文的译名，最后为各版藏经中该经的千字文编次及函册数目。在"正编"前后分别附有六种不同检索方法的索引。"附录"部分为日本《大正藏》56～85 卷和图像 1～12 卷的经像名称及《昭和法宝总目录》三卷 1091 号的简明目录，并附首字音节和笔画检索。(毛双民)

B000151 **佛教逻辑** [俄]舍尔巴茨基著，宋立道、舒晓炜译。商务印书馆 1997 年 12 月版。44 万字。30.60 元。作者是 20 世纪 20～30 年代西方佛教学研究的大家。本书是国际公认的有关佛教逻辑的一部最权威的著作，它开拓了一个新的西方人不了解的世界。作者通过对梵、藏原典的研究，并借助西方认识理论，对代表印度逻辑最高成就的晚期大乘佛教的理论作系统的阐释与评价。全书分 6 部分。1.阐述因明的印度哲学背景，印度诸哲学派别与因明的交涉；因明的一般历史、大家及史籍；2.实在与知识，谈到因明的逻辑范围，印度哲学中基于实在论立场与观念论立场的认识论分歧；所谓批判的经验论的佛教认识论；3.可感知的世界，论述了刹那实在与感觉的关系，佛教说一切有部的时空观，刹那说的历史等；相依缘起论，现量论及终极实在；4.构造的世界，论述概念的本质，产生的依据，概念与推理的关系，比量(推理)的格式及因轮，亚里士多德的逻辑与因明三支的比较研究；5.否定，论述了佛教概念论的发展，进一步讨论概念的否定性本质，其中对中期(类概念)的讨论反映出作者对西方哲学中概念发展史的了解，以及对佛教概念论的辩证思想的欣赏；6.外部世界的真实性，讨论了佛教的两重实在观，两重真理论，对照比较欧洲的唯名、唯实之争来讨论瑜伽一经量部的实在观。(程秋珍)

B000152 **佛教二百题** 黄颂一主编。四川人民出版社 1997 年 4 月版。44 万字。20.80 元。有关佛教知识的通俗读物。分为佛教历史、佛教教义、佛教人物、佛教经典、佛教仪轨、佛教与文化艺术等 6 部分。(徐志诚)

B000153 **中国禅宗思想发展史** 麻天祥著。湖南教育出版社 1997 年 3 月版。51 万字。22.80 元。以中国、世界的大文化为背景，系统梳理禅宗思想的兴起、鼎盛、衰微等各个阶段的历史，阐述它的内涵、渊源流变及其在中国文化发展历程中与整个社会文化、社会思潮的亲合、联系与互动。前起汉魏，延至近现代，其特点如下：一、令人信服地提出，佛法东传，中、印僧人对印度佛学范畴创造性翻译，以庄、老而释理，使佛学与中国传统相结合，凸现禅宗思想直接源于庄、老，实际上是大众化的庄老哲学。从而否定了"一花五叶"、"六代传宗"的传说。二、重点研究前人很少涉足的宋元至近现代禅宗思想的弘传和发展，用大部分篇幅论述宋、元、明、清及近现代禅宗思想的传承关系。(刘新民)

B000154 **佛经解说辞典** 刘保金著。河南大学出版社 1997 年 8 月版。59.5 万字。65.00 元。查检我国主要佛教典籍的工具书。共收入佛典辞目 1 167条。所选辞目既包括佛教经律论的重要译本，复具备各宗派的开山之作，旁及中土高僧发挥教理、注解疏释的著述，无不俱载。另于藏传和南传的汉译经典，兼收并蓄。上自东汉，下迄近世，涉及之广，融学术性、知识性、科学性、资料性于一体。(刘小敏)

B000155 **宗喀巴诞生地塔尔寺文化** 杨贵明著。青海人民出版社 1997 年 12 月版。20 万字。13.50元。展示被佛教界誉为"第二佛陀"、"雪域高原智者庄严顶饰"的藏传佛教格鲁派创始人、至尊宗喀巴大师的诞生地——青海鲁沙尔莲花山塔尔寺及其博大精深的文化现象。该书介绍第二佛陀宗喀巴降生人间之真情，塔尔寺及其文化内涵；"世界一庄严"——大金瓦殿内神秘的菩提树及其大银塔的历史与现状；寺院历代活佛转世，僧官制度，历届法台、僧官换届仪式；寺院的社会地位及经济来源；隆重而神圣的四大祈愿法会；独特的寺院教育及学位考试；闻名遐迩的"艺术三绝"；丰富珍贵的藏文经典；神奇多彩的节日礼仪；极富民族宗教特色的丧葬礼仪，千姿百态的佛像佛塔；恢宏壮观的建筑艺术以及历代名人光临游历视察寺院之情景，等等。对寺院历代的维修，尤其是新中国成立后，党和政府对塔尔寺拨巨款进行保护维修的情况作了记述。(吴引水)

B000156 **四川佛教文化** 赵立明、萧明主编。四川人民出版社 1997 年 11 月版。254 幅图。188.00 元。集四川佛教文化之大成，以图文并茂的形式反映传统文化之精华的大型画册。选编 254 幅图片，配以简练的文字说明，采用中英文对照的形式，介绍了以文殊院、宝光寺、峨眉山、昭觉寺为代表的 54 个佛教圣地。(傅瑜)

B000157 **中国佛典通论** 刘保金著。河北教育出版社 1997 年 5 月版。58.6 万字。39.50 元。从东汉初至清末间浩繁的佛典中抉取出 500 多种重要的典籍，诸一论释，阐述各佛教学派、宗派所依经典的基本理论。对中国佛教宗派依典籍之传译、发展、流布的历史作出系统论述，揭示佛教中国化的过程及佛教文化与我国固有文化之间的冲撞、互补、融合，最终成为中国文化的组成部分的历程。

B000158 **如来禅** 洪修平、孙亦平著。浙江人民出版社 1997 年 12 月版。18.8 万字。14.00 元。在中印文化交流的背景下，对如来禅在中土的展开以及向祖师禅的过渡、如来禅主要代表人物的思想和实践、如来禅对宇宙自然和人生的体悟、如来禅对中国佛教乃至中国传统思想文化发展的影响等都作了分析和探讨，并对如来禅与楞伽禅、祖师禅的异同等提出看法。收入“禅学丛书”。

B000159 **佛光西渐** 副名：藏传佛教大趋势。黄维忠著。青海人民出版社 1997 年 1 月版。15 万字。10.80 元。本书注目的对象是西方，有两个主题：一是藏传佛教在西方的传播，二是西方人对藏传佛教的反映，作者认为，西方人对藏传佛教有何看法，为什么他们中的一些人突然改变信仰，虔诚地拜倒在佛陀脚下，这是一个猜不尽的谜。对上述两个主题展开分析，介绍西方的藏传佛教情况，试图解开隐藏在藏传佛教背后文化碰撞的情结。收入“藏传佛教文化现象丛书”。(李清)

B000160 **爱心中爆发的智慧** 多识编著。民族出版社 1997 年 10 月第二版。24 万字。18.80 元。介绍藏传佛教文化。作者用通俗的语言，深入浅出地介绍宗喀巴大师的《佛法三根本要义》、《般若波罗密多心经》、《金刚经》、《时轮修行仪轨》等名著。还收集《三宝原理与皈依法通俗解说》、《驳所谓“六字真言考释”的荒唐言论》2 篇文章。文章除介绍藏传佛教教义、教规、密宗修持等方面的知识外，对当前社会上流行的所谓“藏密气功”以及“藏密气功师”的骗人把戏进行揭露和抨击。(当增扎西)

B000161 **闽越国都城考古研究** 王荣国著。厦门大学出版社 1997 年 9 月版。38.6 万字。24.00 元。区域佛教史专著。按时间顺序系统地论述汉代至近代福建佛教的基本面貌。追寻福建佛教自身的发展轨迹，探讨佛教各宗派在福建的传布，采取分派别、支系阐述其师资承传，并以佛教史籍记载与地方史籍相印证、补充，通过考证确定某位禅师在闽传法的确切地点，并订正佛教史籍和地方史籍记载的疏忽。(徐长春)

B000162 **汉唐佛寺文化史** 张弓著。中国社会科学出版社 1997 年 12 月版。81.4 万字。60.00 元。我国的佛教寺院星罗棋布，大多数人对它并不陌生。佛寺是僧尼信众的，又是向社会大众开放的；是出世的，又是入世的；是悲苦的，又是欢乐的。总之佛寺不仅是宗教场所，而且是地区的以汉唐佛寺为视角，展示它的各种人文内涵，是一部汉传佛教上升时期的具象文化史。汉代至唐代，正是印度佛教传入中原并完成中国化的重要时期。该书系统研究这一时期的佛寺文化。作者从收集资料至撰写成书用了 20 年时间。全书分 9 篇，并附有精美插图及佛寺分布示意图。“寻蓝篇”——伽蓝分布与型制演变；“造设篇”——施主层群及造寺心理，寺等、寺名、佛寺景观的文化意韵；“基壤篇”——寺院土地制度、经济结构、教团阶级关系；“僧伽篇”——僧尼仪制，寺院规约，佛寺管理，僧官僧职；“科门篇”——译场、义林、禅窟、律镇声业及诸宗祖庭；“妙相篇”——寺院与窟寺绘画雕塑区群、艺术风格类型；“文苑篇”——释门人文撰述与文学创作；“艺技篇”——佛寺乐舞、戏弄、书法、茶道、医药、历算；“辅世篇”——寺院的岁节、教育、庋藏、寄宿、悲田养病、造林环保等社会文化功能。收入“唐研究基金会丛书”。(冯广裕)

B000163 **清初岭南佛门事略** 蔡鸿生著。广东高等教育出版社 1997 年 7 月版。12.5 万字。19.00元。以遗民逃禅为重点，研究明清之际岭南佛门的历史。分 8 章，从岭南佛门的滨海特点出发，揭示清初岭南的政教关系，分析天然、剩人、澹归、成鹫等高僧的出家因缘，探索了他们身居佛门，心怀尘世，亦释亦儒，亦僧亦俗的心志和情思，指出当时遗民僧的“政治和尚”的实质。重点阐述岭南的遗民潮、平南王佞佛及佛门反应、岭南僧临终倡、屈大均从逃禅到归儒的转变，以及成鹫法师的遗民梦、女遗民的逃禅等等。专立《系年要录》一章，按编年形式纪事，记载明末清初岭南遗民与佛门关系的始末，提供系统性的历史知识。(詹家豪)

B000164 **历代嘎玛巴传** 丹玛·江永慈诚著。甘肃民族出版社 1997 年 12 月版。20 万字。26.00元。详细记载嘎玛噶居派的创始人嘎玛·杜松钦巴到第十七世嘎玛·乌金成来的生平事迹。嘎玛噶居派是四大噶居派之一，此派创始人嘎玛·杜松钦巴是公元 110 年，生于康区朱倭下区。公元 1139 年赴前藏，拜米拉日巴的弟子塔波拉杰为师，苦行修道，先后创建噶玛丹萨寺，楚并寺，形成举世闻名的嘎玛噶居派。历代嘎玛巴对发展藏族文化，维护民族团结作出贡献。特别是第二世嘎玛·拔希，第三世嘎玛·让穹多吉，因元世祖、元顺帝之邀，先后赴内地，觐见皇上，建寺传教，对当时祖国边疆的稳定、藏汉蒙间的文化交流起到很大作用。此书是研究和了解金、元、明、清时期藏族历史文化及嗄玛噶居派的珍贵资料。（旦知草）

B000165 **历辈噶丹嘉措传** 久美旦切嘉措著。青海民族出版社 1997 年 3 月版。20 万字。13.00 元。噶丹嘉措以倡建隆务大寺而闻名于世，精通十明，即工艺学、医学、声律学、正理学、佛学、修辞学、辞藻学、韵律学、戏剧学和里象学。其著作《噶丹嘉措道歌》意境深远，具有很高的学术价值和欣赏价值。他逝世后有了转世灵童。作者对其一世至七世的诞生、幼年、求学、成名等过程作简要明快的叙述，歌颂他们为发展藏族文化教育，为稳定一方而呕心沥血地工作、学习、著书立说、饶益民众，功不可没。值得一提的是，第三世格登成列饶杰亲自委派弟子到内地从事中央与地方的联系工作，加强汉藏文化交流，受到乾隆皇帝的垂青，授与“隆务呼图克图·班智达”的称号。他多次调解草原纠纷，稳定当地社会治安，成绩斐然。（仁青当周）

B000166 **玄奘研究** 马佩主编。河南大学出版社 1997 年 7 月版。34.8 万字。35.00 元。反映玄奘的生平、思想及其重大影响。对玄奘所处的独特社会历史环境，即政治、经济及佛教发展状况作全面论述，客观地传述其求学治经、西游取经、归国译经、普及佛教与宣扬佛教的史实。深刻剖析玄奘的哲学思想——法相唯识思想，即瑜伽行派的一本十支，五位百法说，八识说与四分说，种子理论，三性、三无性与真如说，转识成智说，并对其远播日本、朝鲜及在近代中国的复兴作科学介绍，充分显示其学说的巨大内蕴力。还分析了玄奘逻辑思想及其发展与影响，即突出因明的工具性，以立破为法则，补正陈那在表述因明上的不足，将二因理论演变为六因模型，总结了简别的方法，丰富了过失论，探讨因明三支的有体与无体之间的关系，高度评价了玄奘在佛教思想史上的历史地位。并将有关玄奘生平及佛教因明术语解释等主要资料附录于后。该书着力歌颂了玄奘为求佛法真谛，不惜舍生求法，行程万里，历尽千难万险，终于成为名冠印度的“大乘天”、“解脱天”的艰苦卓绝的进取精神，并对他学成后不为名利所动、一心归国弘扬佛教文化的崇高的爱国主义情怀给予高度赞扬。（张玉梅）

B000167 **藏密大师** 查同杰布著。西藏人民出版社 1997 年 4 月版。31 万字。23.00 元。叙述的内容有：玛尔巴、米拉日巴、日琼巴系西藏 11 世纪时期 3 位著名的佛学大师，在藏传佛教密宗的修习方面取得巨大成就。玛尔巴·曲吉洛追译师徒先后几次赴尼泊尔、印度拜师学法，得到印度高僧纳若巴、地若巴、弥哲巴等高僧的真传，得其喜金刚、密集金刚、大手印等密法。后在山南洛札收徒传法，被噶举派尊奉为藏地三祖师之一。米拉日巴系玛尔巴之徒，除佛学造诣高深之外，兼善诗歌。他年轻之时曾学恶咒，毙怨仇多人，后来自忏罪孽，改宗佛法。投玛尔巴门下学法，前后经历 6 年多，终得玛尔巴之全部秘法，成为噶举派第二代祖师。日琼巴系米拉日巴之徒，是噶举派发展壮大的重要人物，得其师米拉日巴的真传，成为噶举派祖师之一。（总编室）

B000168 **中国外丹黄白法考** 陈国符著。上海古籍出版社 1997 年 12 月版。30 万字。23.80 元。炼丹术在道教中也称黄白术。道教中炼丹的术语、方法、所用金石草木药的名称都极其秘密隐讳。要想弄清外丹黄白术所用药物及其化学反应，必须先考证出这些术语的真实含义及其丹经丹诀出现的朝代和所用名称的演变。作者是中国著名道教专家，他结合现代化学，考明炼丹术语、词义 319 项，考明 40 余种丹经丹诀的出世朝代，对研究古代炼丹术和道教的思想，具有重大意义。（卢守助）

B000169 **伊斯兰教基础知识** 马贤、马忠杰主编。东方出版中心 1997 年 7 月版。35 万字。24.00 元。在《中国大百科全书·宗教·伊斯兰教分支》的基础上，加以补充编写而成。阐述伊斯兰教的诞生、发展及现状，还就伊斯兰教的信仰、教义、经典、著作；学术文化、教育学府；教派、学派、思潮；历史事件；人物；圣地、清真寺；组织机构等诸方面作介绍。（徐容）

B000170 **伊斯兰教辞典** 金宜久主编。上海辞书出版社 1997 年 10 月版。81.7 万字。58.00 元。共收词目 3090 条。包括信仰、礼仪、节日、制度、教法、经训、经籍书文、学说、思潮、教派、组织、历史事项、历史人物、古兰经人物、传说、称谓、教职、寺院、建筑、圣地和其他等 11 个栏目。各栏目所收词目涉及古今中外伊斯兰教的各个层面，旁及伊斯兰教政治、经济、文化等社会各个领域；汇总了当代世界关于伊斯兰教历史和现状的研究成果，引用资料截止于 1992 年底。正文按词目分类编排，书前有彩色图片 31 幅，书末列有《穆斯林主要王朝年代表》、《穆斯林王朝世系表》、《十叶派世系表》、《伊斯兰教大事年表》等附录及“词目笔画索引”。（陆海龙）

B000171 **海上丝绸之路研究** 副名：海上丝

绸之路与伊斯兰文化。福建省海上丝绸之路研究会编。福建教育出版社 1997 年 10 月版。34.4 万字。30.00 元。海上丝绸之路研究是借用已被普遍认同的、连接东西方的海上通道的名义作为研究题目,它涉及人类通过海洋进行的种种国际性交往,其中包含航海交通、经济贸易、国家关系、政治、科学、技术、文化、宗教、历史、地理、移民等方面,其领域十分广泛,内涵极其丰富,是一门跨学科综合性的研究。为纪念联合国教科文组织海上丝绸之路考察泉州 3 周年,1994 年 2 月在中国泉州举办"海上丝绸之路与伊斯兰文化"国际学术讨论会。之后把中外学者提供的部分论文,编辑成书。文章主要是中文和英文。(林毓琼、孙汉生)

B000172 **耶稣的故事(野骆驼译丛)** [法]勒内著。江苏人民出版社 1997 年 8 月版。16 万字。15.00元。以历史的分析和批评的方法探索基督耶稣的生平和行为。结合耶稣时代的历史、文化、宗教、政治背景评述耶稣思想形成的根源、过程,耶稣的活动范围、特点及其与同时代其他教派,特别是与犹太教的分歧到最后决裂的过程和原因。(丁嫣霞)

B000173 **庞迪我与中国** 张铠著。北京图书馆出版社 1997 年 11 月版。40 万字。75.00 元。以地理大发现以后全球一体化进程为背景,以东西方文化交流的大潮为经纬,以晚明中国社会为舞台,着重从"适应"策略形成与发展的视角研究庞迪我的生平和业绩。西班牙耶稣会士庞迪我(Diego de Pantoja,1571～1618)于 1597 年来华,历时 21 载。庞来华后始终坚持耶稣会的"适应"策略,在中国知识界上层做着"合儒"、"补儒"的工作,以期达到"超儒"的目的。他寄回欧洲的《一些耶稣会士进入中国的记实及他们在这一国度看到的特殊情况及该国固有的引人注目的事物》,对中国国情做了百科全书式的介绍,并为耶稣会在华实施"适应"策略提供理论根据。他用中文写成的《七克》、《天主实义续篇》和《具扬》等书,实为推行"适应"策略的范例。他还将西方天文学、数学和舆地学知识向中国知识界作了介绍,并曾参与中国历法的修改和《几何原本》的增订,还同孙元化合作写出《日晷图法》一书。他绘制的《万国地海全图》为《职方外纪》一书奠定资料基础。(卢玉荣)

B000174 **先秦阴阳五行** [日]井上聪著。湖北教育出版社 1997 年 7 月版。19.1 万字。12.30 元。用民俗学、考古学和人类学的方法,考察先秦时期的战争、婚姻、数象、方位、时令、丧葬等文化行为,认为商末诸王的干名和春秋时期的葬日选择中已存在着《礼记》中外刚内柔的阴阳原则,认为商代以来的时令思想和巫术行为中已存在相生相克的五行原则。此结论将阴阳和五行思想的起源分别提前若干年,实为学术界的一大突破。(熊茵)

B000175 **中国梦文化史** 杨健民著。福建教育出版社 1997 年 9 月版。25 万字。18.00 元。从史的角度对中国富有民族特点的梦文化现象作了爬梳、清理。作者广蒐二十五史、十三经、诸子百家、历代诗赋词曲、戏曲小说、稗官野史中的梦文化史料,对上起先秦,下迄晚清的历代梦文化作科学的研究。对初民时期的梦魂观念和神灵崇拜,商周春秋战国时代尚鬼文化心理、占梦方式、占梦政治含义作了探索;对两汉魏晋六朝的谶纬神学和梦兆迷信,两种梦学观念对立作了研讨,对唐代以迄清末的梦与政治、梦与理学以及祈梦风气等作了分析。作者还专列一线,对梦的神论寓言,历代散文、诗词曲赋、小说戏曲中的梦的描写以及所表现出来的浪漫情调作了精辟的梳理与阐释。(林炳泰)

C 社会科学总论

C000001 **人文论衡** 冯天瑜著。武汉出版社 1997 年 4 月版。50 万字。28.00 元。文集,内容包括:厘清"人文"概念,追究中国人文传统的本来意蕴,并与西方人文主义作异同比较,是为"溯源篇";考察人文精神诸层面的现代转换,勾勒其否定之否定式的运作轨迹,揭示现代人文精神与古典人文精神之间的联系性与变异性,是为"转型篇";以湖北为例,探索人文状态的地域性不平衡发展及其因由,是为"怀乡篇";观照当下人文情景,期盼科技文化与人文文化相得益彰的前程,是为"思远篇"。哲理思辨与身历感受辉映,严密考析的长篇论文与富于生趣的短议互见,是本书的特色。(张建平)

C000002 **中学生百事问(社会科学卷)** 尹振华等编著。河北少年儿童出版社 1997 年 1 月版。35 万字。13.50 元。分为"文苑集趣"、"艺坛荟萃"、"历史长廊"、"神州纵览"、"环球风光"、"影视天地"、"体育博采"、"奇异风俗"8 个部分,为中学生解答社会科学知识的有关问题。(彭涛)

C000003 **武汉文明市民读本** 武汉市文明办编。武汉出版社 1997 年 8 月版。12 万字。6.20 元。共 7 章:一、可爱的武汉。介绍武汉地理、历史、经济、政治、文化等。二、邓小平建设有中国特色社会主义理论简介。介绍邓小平理论的主要内容、价值、意义等。三、社会公德。介绍社会公共生活中,人们应当遵循的基本的道德规范。四、职业道德。介绍在职业生活中,人们应当遵循的基本道德规范。五、家庭美德。介绍在家庭生活中,人们应当遵循的基本道德规范。六、法规便览。介绍《宪法》、《刑法》等法律常识。七、基本常识。介绍国旗、国徽、国歌等常识。另附《武汉市市民文明公约》、《武汉市市民"十不"行为规范》等。(潘长胜)

C000004 **读史新语** 魏立安主编。陕西师范大学出版社 1997 年 7 月版。26.8 万字。11.50 元。是《中学历史报》"读史趣谈"、"家教故事精粹"、"战争史话"等专栏的合订本,分为"读史篇"、"家教篇"、"战争篇"。书中所收为历史故事新编,注重发明事理。(韦建培)

C000005 **新世纪小学生十万个为什么·社会科学版** 亦夫等编。河北少年儿童出版社 1997 年 6 月版。40 万字。25.00 元。社会科学普及读物。包括历史人物及习俗、文学、饮食、宗教、法律等多方面内容,其中选取各个知识点进行新角度创作,有 334 篇文章。介绍的社会科学知识有:龙是怎样成为中华民族的象征的?俞伯牙为什么要摔碎自己心爱的琴?为什么东施学不像西施? 为什么把目光短浅的人称为"井底之蛙"? 伯乐的儿子为什么会把癞蛤蟆当千里马? 为什么说"卑贱者最尊贵"? 生活习俗知识有:馒头的发明由来,理发店门口的转筒代表什么,"福"字倒贴的含义,"腊八粥"的习俗等等。书中不仅介绍有关中国的各种人文知识,还阐述一些有关世界各国的人文知识:美国人为什么要过"感恩节"?培根为什么说"知识就是力量"?罗丹是怎样为雨果塑像的?等等。(贾雅清)

C000006 **中国人丛书** 吴非等著。上海古籍出版社 1997 年版。130 万字。100.00 元。丛书由《中国人的人生观》、《中国人的名利观》、《中国人的用人术》、《中国人的幽默》、《中国人的梦》、《中国人的心态》、《中国人的休闲》、《中国人的选择》、《中国人的情态》、《中国人的境界》共 10 本专著组成。书中所涉种种世象,由感而发,自抒胸臆,令人奋发。对当今文化经济领域里出现的种种光怪陆离的现象,或由今及古,或由古及今,不拘泥于"思想",而把内容延展到文化的各个方面,从传统文化的视角,以多元思维的方式,追溯其源,探究其因,剖析其症结所在,进而提出自己新颖别致的见解,也引发许多引人注意的课题。(李鸣)

C000007 **中国当代才子书** 冯骥才等著。长江文艺出版社 1997 年 9 月版。150 万字。112.00 元。收录中国当代最有才华的作家冯骥才、贾平凹、汪曾祺、忆明珠四人的书法、绘画、诗词、散文、小说方面的代表作品,展现这些文人墨客各方面的才华,全书分为《冯骥才卷》、《贾平凹卷》、《汪曾祺卷》、《忆明珠卷》4 册。(秦文仲)

C000008 **俄罗斯白银时代文化丛书** 刘文飞、汪剑钊等编译。云南人民出版社 1997 年 3 月版。177.5 万字。110.00 元。丛书展示俄罗斯白银时代文化的丰硕成果,介绍这一时期影响世界的现代主义思潮。共 7 本,分别为:《俄罗斯白银时代诗选》、《自我认知》、《银鸽》、《落叶集》、《时代的喧嚣》、《开端与终结》、《对另一种存在的烦恼》。丛书以文学为主,兼及其他人文学科;既有重要作者的别集,也有重要思潮或流派的合集;有可读性较强的文学作品,也有意蕴深刻的思想性著作;反映出俄国白银时代文化的概貌。(潘灵)

C000009 **摇篮儿歌·摇篮童话·摇篮故事·摇篮歌曲** 副名:摇篮丛书。金波主编。未来出版社 1997 年 5 月版。160 幅图。18.00 元。摇篮儿歌的内容简单而有意味,是儿歌中的典范作品;童话寓意深刻,像"一个红苹果"讲述了小男孩的善良和对有病妈妈的爱,以及苹果树知恩必报的精神;摇篮故事从孩子身边小事讲起,教育宝宝懂得关心父母,团结同学,对于缺点勇于改正等。摇篮歌曲编入 38 首经典少儿歌曲童谣。(高梅)

C000010 **蓬莱阁丛书** 陈寅恪等著,唐振常等导读。上海古籍出版社 1997 年版。清末民初起,中国传统学术涌现出一批大师级的学者。他们以渊深的国学根底,融通中西,开辟了学术研究的新领域,创立了一种圆融通博且富于个性特征的治学门径与学术风范。本丛书即辑取尤具开创性而篇幅不大者,并冠以当今有关专家的导读性文字。推出的有:陈寅恪《唐代政治史述论稿》(唐振常导读)、章太炎《国学概论》(汤志钧导读)、胡适《中国哲学史大纲(上卷)》(耿云志等导读)、梁启超《清代学术概论》(朱维铮导读)、顾颉刚《秦汉的方士与儒生》(王熙华导读)、鲁迅《中国小说史略》(黄霖导读)、王国维《宋元戏曲史》(叶长海导读)、闻一多《唐诗杂论》(傅璇琮导读)、梁启超《中国历史研究法》(汤志钧导读)、张元济《校史随笔》(张树年等导读)、傅抱石《中国绘画变迁史纲》(承名世导读)、刘大杰《魏晋思想论》(林东海导读)、王国维《人间词话》(黄霖等导读)。(吕健)

C000011 **跨世纪学者丛书** 汝信主编。广西教育出版社 1997 年 11 月版。以文化问题为中心,探讨"跨世纪"的问题。丛书已出版的有:陈来的《人文主义的视界》;郑家栋的《当代新儒学史论》,黄卓越的《过渡时期的文化选择》;张颐武的《从现代性到后现代性》;金惠敏的《反形而上学与现代美学精神》;陈平原的《文学史的形成与建构》;张德祥的《现代化与精神境遇》。(邱方)

C000012 **人的素质与教育** 江家齐、张双喜著。广东人民出版社 1997 年 12 月版。19 万字。22.00元。分上下两编,上编为市场经济与人的素质研究,下编为人的素质与教育研究。上编含五个部分,即:研究市场经济与人的素质的方法论;系统分析经济"转型"与人的素质的关系;我国社会独特的经济"转型"与人的素质变化;经济"转型"中人的素质嬗变的特点;市场经济的发展与人的素质提高过程机制研究。下编含四个部分,深入具体论述人的素质与教育、教育在不同经济形态下的发展、我国教育现状及发展战略的思考、构建适应社会主义市场经济的教育体系等问题。(陈启方)

C000013 **历史与现实的理性沉思** 李恒瑞著。广东人民出版社 1997 年 8 月版。30 万字。21.00元。系"广东省中青年社会科学家文库"之一。选录作者 1980 年以来发表的学术论文 35 篇,内容分为 3 部分。第一部分是马克思主义哲学发展历史的反思。共有 8 篇文章,分别论述哲学党性与政治党性的区别和联系,马克思主义认识论的实践范畴,马克思主义哲学体系的开放性,马克思主义哲学体系的"原生形态"、"二次生形态"、"再生形态"及其相关问题。第二部分为社会改革与社会开放理论的探讨。这部分共有 14 篇文章,反映作者在改革开放理论问题上的新见解,包括社会经济结构、社会基本矛盾问题,经济改革的任务和性质问题,以及作者提出和阐述的马克思主义社会改革开放理论和邓小平的社会改革开放观。第三部分是市场经济、民主政治和社会发展观。共有 13 篇文章,内容涉及商品市场经济的二重性质、二重社会效应问题,唯物史观同市场经济理论的关系问题,市场经济与民主政治的关系问题,市场经济条件与民主政治的关系问题等。(杨小虹)

C000014 **史与诗** 刘斯翰著。广东人民出版社 1997 年 12 月版。32 万字。26.00 元。系"广东省中青年社会科学家文库"之一。分 3 部分:第一部分为汉文化研究。第二部分为汉赋研究,其内容曾以专著形式出版,题为《汉赋:唯美文学之潮》,是新中国成立后研究汉赋的第一部断代文体文学史。第三部分为古典诗歌研究及其他。(杨小虹)

C000015 **在新的价值世界中创造财富** 黄锦奎著。广东人民出版社 1997 年 8 月版。30 万字。19.00元。系"广东省中青年社会科学家文库"之一。其主要内容有两个方面:一是学术专著;二是杂文随笔。学术专著论述价值转化工程与价值转换论,探讨价值转化若干变化规律与价值转化工程的基本原理、步骤与方法,使价值转化工程成为一门研究运用价值转化规律以最小代价促进客观事物的最大的价值转化为人类创造更多的社会财富的现代综合性软科学。杂文随笔部分选收作者发表于各种报刊杂志的短文。(杨小虹)

C000016 **朱自清全集(1～12 卷)** 朱乔森编。江苏教育出版社 1988 年至 1997 年版。378.5 万字。236.70 元。共 12 卷。一至四卷为散文编,前三卷收入朱自清生前自己已经编定的《踪迹》、《背影》、《你我》、《欧游杂记》、《伦敦杂记》、《国文教学》、《读书指导》、《新诗杂话》、《语文零拾》、《标准与尺度》、《论雅俗共赏》、《语文影及其他》等 12 个集子;第四卷收集作者自 1919～1948 年的 115 篇佚文。第五卷为诗歌编,共收新诗、歌词、旧体诗词 334 首。六至八卷为学术论著编,收入《经典常谈》、《诗言志辨》、《中国歌谣》、《古诗歌笺释三种》、《十四家诗钞》、《宋五家诗钞》等六个集子以及其他文学论著、杂论、译诗译文等。九、十卷为日记编,收入作者自 1924～1925 年、1931～1948 年的日记;日记用中、英、日三种文字书写。第十一卷为书信补遗编,收入作者致家属、朋友、同事、老师、学生以及公函 286 封书信;还有 20 篇(首)诗文补遗。十二卷为外编,收入作者编写的教材和教学参考资料:《诗文评钞》、《古今诗选小传》、《歌谣》等三个集子;附有朱自清治丧期间的挽联挽诗词和唁电。(吴为公)

C000017 **朱自清全集·第 9 卷** 朱自清著。

江苏教育出版社 1997 年 9 月版。37.12 万字。22.20 元。本卷为日记编，记录朱自清 1924 年至 1938 年间的日记。日记记录了朱自清的重要书信往来、写作状况、思想情感、日常事务等等。附有朱自清 1924 年至 1936 年间的有关照片和日记手迹等图片。(李树平)

C000018 **朱自清全集·第 10 卷** 朱自清著。江苏教育出版社 1997 年 9 月版。33.8 万字。20.80 元。本卷为日记编，收入作者 1939 年 1 月 1 日至 1948 年 8 月 2 日的日记。这期间正是作者的多产期。此时的著作，每篇自何时开始写，于何时完成，日记中都有详细的记载。日记记录作为中国著名文学家、教育家、爱国民主战士朱自清在生命的最后几年的书信往来、写作状况、思想情感、日常事务等等，是研究朱自清的最重要的第一手资料。附有朱自清珍贵照片资料和日记的中、英、日文手迹照片共 6 幅。(李树平)

C000019 **朱自清全集·第 11 卷** 朱自清著。江苏教育出版社 1997 年 11 月版。22.4 万字。16.10 元。本卷为书信补遗编，收入作者的书信 286 封，加上前 8 卷出版后又发现的作者的少量著作，作为补遗一并收入。书信中数量最多，且先前从未发表过的，是作者致陈竹隐的信，共 75 封。其中，有 71 封是他们婚前恋爱期间作者所写。书中以原件的复印件发排，保存 60 多年前历史的原貌，反映作者当时的坦直，感情的深挚和率真。编者附有当时陈竹隐给作者的 6 封信，印在作者有关信后。其余的信，部分是作者分别写给朋友、同事、老师、学生和亲属的，如叶圣陶、俞平伯、吕叔湘、郑振铎、浦江清、朱光潜、罗常培、萧公权等。书信坦述作者对人生、对时局的看法，展示他的心路历程，表明学术见解，记叙某些重要事情。本卷后一部分是补遗。附有朱自清珍贵照片 6 幅。(李树平)

C000020 **朱自清全集·第 12 卷** 朱自清著。江苏教育出版社 1997 年 11 月版。32.38 万字。17.90 元。共 12 卷，共分散文篇、学术论著编、诗歌编、日记编、书信补遗编、外编等。第 12 卷为外编，本卷收入作者为帮助学生了解和研究中国古典文学所编的三个集子。这些集子曾是清华大学中文系的教材或教学参考资料。之所以收入，一是因为作者当年编选它们，是认真下了功夫的；二是内容至今对研究者仍有参考价值。收入本卷的第一个集子《诗文评钞》，是关于我国传统文学理论的名篇选辑，从古代的《诗大序》、曹丕的《典论·论文》到近代章太炎的《国故论衡·文学总略》，有综论诗的，也有综论文的，共 54 篇。第二个集子《古今诗选小传》，选取从汉到宋代我国著名的诗篇或诗人，把古人与近人对他们的介说、诠释、评论或研究心得摘编在一起，分别列出。第三个集子《歌谣》，除收入《古谣谚》一书的“凡例”，和郭绍虞研究论文的摘要，对歌谣的定义，与谚语的区别、歌谣的分类和缘起等有所说明外，还编选《歌谣举例》，收入 140 多条歌谣及有关资料。附录收入 1948 年 8 月 12 日作者逝世时各方面的挽联、挽诗、挽词及唁电。还收有朱自清珍贵照片 6 幅。(李树平)

C000021 **传统文化与人文精神** 李宗桂著。广东人民出版社 1997 年 8 月版。30 万字。24.00 元。系“广东省中青年社会科学家文库”之一。反映作者研究文化、哲学、新儒学的思想结晶。文化方面，对文化学的一些基本理论、中国文化由古到今的演变、传统文化的基本精神、文化批判与价值重构的关系、现代新型文化体系的建设等重大问题，提出作者自己的见解；哲学方面，论述中国传统哲学的特点，阐析儒道两家哲学思想，运用现代科学方法揭示古代哲学家的思想特质；新儒学方面，对现代新儒学的演变和思想特征、“返本开新”的文化纲领、新儒家思想领袖的文化道德理论等，作推陈出新的分析。(杨小虹)

C000022 **刘申叔遗书** 刘师培著。江苏古籍出版社 1997 年 3 月版。2 450 页。380.00 元。刘师培(1884～1919)，字申叔，号左盦，一名光汉，江苏仪征人，近代国学大师、报人及国学教育家。刘氏谢世后，其友人南桂馨将其生平著述搜集整理校勘，经钱玄同审订，刊印成《刘申叔先生遗书》，计 74 册，含论群经及小学 22 种、论学术及文辞 13 种、群书校释 24 种、诗文集 4 种、读书记 5 种、学校教本 6 种，其中多有发前人所未发及足以垂戒后学之论。蔡元培为其写事略，叹其著述之丰、治学之勤为常人所难及，惜其早逝，不得为国学再进成就。此书自 1936 年问世后，一直未能再版。今以民国 26 年宁武南氏本为底本，印成 16 开本，每面纳原书二页，为期存真。并增刊总目录于卷首，以便检索。(周骋)

C000023 **杨守敬集(2～13 册)** 谢承仁主编。湖北人民出版社、湖北教育出版社 1997 年 6 月版。1 700万字。1 860.00元。杨守敬(1839～1915)，字惺吾，湖北宜都人，其学术以“淹博宏通”著称，其地理学研究，被誉为清朝“三绝学”之一。文集收入《水经注疏》、《水经注图》、《水经注戴赵合校勘本》、《汉书地理志补校》、《三国郡县表补正》、《重订隋书地理志考证》、《支那地志摘译》、《湖北水利议》、《历代经籍存佚考》、《古诗存目录》、《日本访书志》、《激素飞清阁评碑记》、《评帖记》、《寰宇贞石图》、《激素飞清阁钱谱》、《古泉薮》、《元押》等43种著作。其中《水经注疏》对郦道元《水经注》所述1 200余条水道一一详考其迁流;对所引之书,尽可能查核出处;对明清两代诸家注说详加考订,纠谬补阙,因而被称为郦学研究的一部集大成的著作。杨氏早年曾着力于金石学研究,本文集收入了数种代表性著作。如《寰宇贞石图》,收录从先秦迄于隋唐的碑刻精品350余种,被评家视为其地位有似于文章学之萧统所编《文选》。杨氏于清末曾随驻日公使赴日本,在日搜求汉文古籍数十万卷,在中日文化交流史上写下了浓重的一笔。本文集收入的《日本访书志》《古诗存目录》等都是此间访书的成果。文集中有14种书是新发现的稿本和抄本,有些珍本,如《清客笔话》,直接从日本庆应大学图书馆等珍藏处影印出,其余诸种虽曾出版印行但流布未广,弥足珍贵。整理者对所收著作逐一考订、标点、校勘、简注并撰叙录。文集第1册曾于1988年4月由湖北人民出版社出版,这次2～13册则最后续成本文集。(李尔钢)

C000024 **两只眼睛看世界** 余心言著。陕西人民出版社1997年10月版。16.3万字。14.50元。作者1996年发表的部分短文作品集。作者1996年做了白内障摘除手术,深感两只眼睛看世界的愉悦,也由此生发出"人有两只眼睛,也需要用两只眼睛来看世界"的概叹,说明全面看问题的重要性。书中的命题主要集中在与市场经济有关的思想道德问题方面,以及有关少年儿童的教育问题。(周鹏飞)

C000025 **侘傺轩文存** 吴秋辉遗稿。齐鲁书社1997年8月版。29.3万字。31.00元。辑录、整理吴秋辉的遗稿。吴秋辉(1877～1927),山东临清人,笔名侘傺生,室号侘傺轩,民国初年学术界奇才。吴氏致力于经史,钻研古籍,曾立志"要在古代文明史上开一新纪元,而在学术史上起一大革命",留下许多重要著作,多有独到的见解。其治学著述,多用科学的方法,他运用古文字学、声韵学、训诂学等解释经史古籍中的疑难问题,然后证之以经,验之方言,从中发现其内涵义蕴,得出真知灼见。《侘傺轩文存》所收遗稿10种,由张乾一辑校,袁兆彬校补而成,主要内容是说字考史,均为吴氏之代表作。其篇目为:《学文溯源》、《中国文字正变源流考》、《齐鲁方言存古》、《楚词古文考正》、《檀弓古文考正》、《读庄漫录》、《渔古碎金》、《说豳》、《杂考十篇》、《仪礼今古文考异》。这些著作讲经说史,义理考据,皆高出前人之上,有很高的学术价值。(赵捷)

C000026 **张骏祥文集(上、下册)** 张骏祥著。学林出版社1997年版。146万字。128.00元。著名剧作家、导演张骏祥一生著作的结集。上册戏剧卷收入《小城故事》、《边城故事》、《山城故事》、《万世师表》、《美国总统号》、《抢亲》等剧作,《导演术基础》、《写剧》等10篇戏剧理论文章,《〈北京人〉导演的话》、《忆孟斧》等16篇戏剧文论,下册电影卷收入《还乡日记》、《乘龙快婿》、《胜利重逢》、《鸡毛信》、《新安江上》、《白求恩大夫》等电影文学剧本,《关于电影的特殊表现手段》等数十篇电影理论、评论文章。其中《电影笔记》等文章据作者手稿整理出版,生前未发表。文集相当完备地汇集了作者的话剧和电影剧本创作,有关戏剧电影的各类理论评述反映其取得的成就以及他的人生感悟、社会体察和艺术观照。附有作者从艺的剧照及与国内外艺术家的合影20余幅。(雷群明)

C000027 **变革与探索** 梁桂全著。广东人民出版社1997年8月版。30万字。23.00元。系"广东省中青年社会科学家文库"之一。选自作者1981～1995年的部分研究成果。第一部分为专著,用控制论思想研究传统社会主义计划产品经济的控制论矛盾及其改革趋向。提出:计划经济问题实质上是经济控制论问题;必须把计划调节建立在商品经济自控机制基础上;计划调节与市场调节有效性的共同基础是人们对经济利益的关心。第二部分为理论方法篇,重点探讨控制论、系统论、信息论、计量方法在社会科学中的应用,并用这些方法探讨生产力运动的基本系统结构和发展源泉;价值规律的数学模型;从信息论角度分析人类发展史上的四次信息革命及即将到来的以人类生命信息工程为中心的第五次信息革命。第三部分为发展决策篇,通过对广东经济、文化发展与变革的研究,探讨发展中国家和地区经济起飞的规律及政府政策,提出了"后发工业化"、"后发城市化"、"后发现代化"及可持续发展战略问题。(杨小虹)

C000028 **理论的生命与价值** 钟阳胜著。广东人民出版社1997年12月版。31.5万字。25.00元。系"广东省中青年社会科学家文库"之一。内容涉及哲学、社会学、经济学、行政管理学诸领域,对改革开放和现代化建设中提出的社会经济增长、政府经济管理、现代科技革命、世界性产业调整趋势、国际投资变化以及领导思想和领导方法等问题,进行理论概括和阐述。(杨小虹)

C000029 **普希金全集(8卷)** 肖马、吴笛主编。浙江文艺出版社 1997 年 12 月版。382.6 万字。237.00 元。按体裁分为 8 卷,其中有数十首抒情诗、部分中短篇小说、全部传记和杂记、全部评论和书信等属首次译介。根据俄文权威版本,对照原文进行审校,统一人名、地名以及其他专有译名,并尽可能地纠正通行译文中的疏忽之处以及俄文原著编排和注解中的谬误。卷 1·抒情诗,乌兰汗等译。收入普希金 1813 年至 1823 年抒情诗 129 则。卷 2·抒情诗,乌兰汗等译。收入普希金 1824 年至 1836 年抒情诗 216 则。卷 3·长诗、童话诗,余振、谷羽译。收入普希金长诗(鲁斯兰与柳德米拉)等 14 部,附录 2 则。《新郎倌》等童话 7 则。卷 4·诗体长篇小说、戏剧,智量、冀刚译。收入普希金诗体长篇小说《叶甫根尼·奥涅金》以及《鲍里斯·戈都诺夫》等戏剧 8 部。卷 5·中短篇小说、游记,力冈、亢甫等译。除收入普希金中短篇小说 11 篇外,还收入其小说片断与草稿 14 篇,未完成的作品写作提纲 6 篇,以及游记 2 篇。卷 6·评论,邓学禹、孙蕾译。收入普希金文论与政论 107 篇,草稿、笔记、提纲、计划 20 篇,边注 5 篇,有待考证的作品 3 篇。卷 7·传记、杂记,冯昭、顾惠生等译。收入普希金所作的传记《彼得一世史》、《普加乔夫史》,及日记、回忆录、纪念册里的留言、历史札记、历史记事。卷 8·书信,吕宗兴、王三隆译。收入普希金从 1815 至 1837 年的书信 786 篇,有待考证的信函 8 则,呈文与供述 16 则,信函草稿摘选 9 篇。(俞玲芝)

C000030 **嘉定钱大昕全集** 陈文和主编。江苏古籍出版社 1997 年 12 月版。400 万字。300.00 元。钱大昕(1728~1804)是清代乾嘉学派的代表人物,其学识渊博,著述宏富,深得同时代学人的赞誉。本书是钱氏著作第三次结集整理,在光绪十年(1884)长沙龙氏家塾本《嘉定钱氏潜研堂全书》的基础上增收钱氏著作 13 种,共收钱氏著述 35 种,约 400 万字,由正文、辑录、传记资料三部分组成,正文按经、史、子、集四部收录,将钱氏存世的著述汇集起来,为海内外学人了解钱氏学术提供完备的文本。(薛飞)

C000031 **蔡元培全集·第二卷** 中国蔡元培研究会编。浙江教育出版社 1997 年 3 月版。40 万字。20.00 元。编收蔡元培于 1911 至 1916 年间写的文章,共 96 篇。其中 11 篇是在旧报刊普查中搜集的。所收文章是研究蔡元培的教育思想、政治思想、西方文化观和中西文化交流思想及其实践的重要资料。参照并适当吸收此前所出蔡著的注释成果,对一些不尽如人意之处作较大的改进与补正。如:对未作任何注释的文章,凡见于本卷的,全部加注;对一些重要文章,增加了注目,补充了释义;对个别历史人物和一些古语古词的解释,凡不确切或错误者都作了改正;对新收佚文,则根据内容作了注释。本卷设置注目约 870 项。

C000032 **蔡元培全集·第七卷** 中国蔡元培研究会编。浙江教育出版社 1997 年 11 月版。53.7 万字。23.00 元。编入蔡元培 1931 至 1934 年间所写的论文、演说、报告、谈话、序跋、题联等各类文稿 239 篇。其中有 80 篇是新搜集的。他的政论文、演说词、宣言、声明及对记者谈话,涉及到当时政坛各种人物和政治事件。

C000033 **蔡元培全集·第八卷** 中国蔡元培研究会编。浙江教育出版社 1997 年 12 月版。52.5 万字。23.00 元。编收蔡元培 1935 至 1940 年去世前所写的全部文稿(信函、日记、译著另编)共 274 篇。其中有 74 篇是过去出版的蔡元培论著中从未收入的。这些文字为蔡元培晚年所写,其中不少篇章带有回顾以往、总结过去、审视人生的性质,更有其特殊的意义和价值。

C000034 **蔡元培全集·第五卷** 中国蔡元培研究会编。浙江教育出版社 1997 年 10 月版。37 万字。18.00 元。收录蔡元培 1923 至 1926 年间的全部文稿(除函电、日记和编译单独成卷外),共 105 篇。其中有 12 篇为首次发表或新发现的佚文。在这时期所发表的《五十年来中国之哲学》、《简易哲学纲要》、《说民族学》等论著,是极富学术创见的传世之作。

C000035 **蔡元培全集·第六卷** 中国蔡元培研究会编。浙江教育出版社 1997 年 10 月版。51.2 万字。22.00 元。收录蔡元培于 1927 至 1930 年间的论著(函电、日记及编译等文除外)共 277 篇。其中有 91 篇为新搜集的。

C000036 **人生问题发端** 傅斯年著。学林出版社 1997 年 1 月版。15 万字。13.00 元。傅斯年是中国现代史上著名的学者和社会活动家,长时期来在大陆默默无闻。傅斯年在北大读书时即与罗家伦等创办《新潮》社、出版《新潮》杂志宣扬科学与民主,响应文学革新,提倡白话文,因而名噪一时。在五四运动中,他叱咤风云,名闻一时。此后他去英国和德国留学,归国后任中山大学文学院长,创办了历史语言研究所。他在古书研究和文献整理方面独树一帜。本书从《傅斯年全集》中选辑 23 篇文章,内容涉及史

学、文学、人物杂记等方面，基本上包括了傅斯年学术论文精华。(张建一)

C000037　**王佐良文集**　王佐良著。外语教学与研究出版社1997年10月版。67.7万字。32.90元。精选作者数十篇结集而成，包括文学史论、诗论、文学评论、书评、翻译理论和评论、比较文学评论、随笔和序文，以及诗歌创作等。(范明贤)

C000038　**未来的文化空间**　孙绍振等主编。福建人民出版社1997年8月版。25.9万字。15.40元。展示福建10位文艺理论家对21世纪文化的前瞻性思考。分"现状与未来:世纪交替的文学"、"从神话到现实:女性主义文化描述"、"电影艺术:崛起与衰落之间"、"传媒革命:艺术符号的冲突"、"语言的魔力:坚守文学的维度"等10个专题。(郑俊琰)

C000039　**西沙·罗哲嘉措文集**　西沙·罗哲嘉措著。青海人民出版社1997年7月版。43万字。27.00元(平),32.00元(精)。着重阐述哲学、佛学、因明学、逻辑学、修辞学、语法学及书信格式等方面的理论知识，尤其在逻辑推理和佛学辩答方面有着独特的研究。书中收集的《同音字辨认》，早在15世纪末以木刻版问世后，曾在藏学界引起大的反响，现收录于中小学藏语文教材。其他许多文章也曾勘刻印行，广泛流传于藏区，有些铅印出版，为发展藏族文化起到良好的作用。(龙智多杰)

C000040　**网思想的小鱼**　徐迟著。湖北人民出版社1997年8月版。27.8万字。14.70元。辑录作者自80年代以来所写的文坛忆旧、文学序跋、创作随想等方面的文章近百篇。分为5部分:一、怀人——回忆故友;二、序跋——为自己及别人的诗集、文集、译著等作的文字;三、忆旧——对往事的回忆;四、随想——对文学及世人世事的感受;五、谈艺——对艺术的见解。(邓宁辛)

C000041　**庆祝邓广铭教授九十华诞论文集**　田余庆主编。河北教育出版社1997年2月版。92.6万字。63.00元。献文颂寿的文集。作者有海峡两岸的学人，日本、美国、加拿大等国的文史同行。著名史学家邓广铭对中国史界深具影响。在唐宋辽金的研究方面创获尤多，著作宏富，蜚声海内外。他治学严谨，研究领域宽阔，努力探索政治史、经济史、军事史、学术文化史各方面的重大课题，精于历史人物传记之作。列名本文集的作者，很多是邓氏在不同年代的弟子，他们用文章表达对先生学术栽培的感激之情。

C000042　**许国璋文集**　许国璋著。商务印书馆1997年版。42.2万字。28.50元。《文集》1，内容侧重语言与语言学研究、翻译理论与实践等方面;《文集》2，侧重外语教育、中外文学与文化、书评与散文等方面的内容。《文集》1的主要内容有:1.论述了语言学的基本问题和语言哲学等方面;2.对生成语言学、社会语言学进行研究;3.从语法学、词典学到语义学、语用学;4.从英语研究到跨语言研究;5.翻译的理论与实践;6.中国古今学者的语言学说等。《文集》2内容包括:外语教育的方针和任务;中西文学与文化的对比;书评与散文等若干方面。作者就基础阶段英语教学的特点、外语教育的方针和任务、中国现代化对英语教学的需求，以及美国他语人英语教育学等方面作了深刻的论述。(常瑾芬)

C000043　**"学苑英华"丛书第二辑(4种)**　季羡林等著。上海文艺出版社1997年12月版。117万字。89.70元。此辑有4种:《朗润琐言》，季羡林著;《一阳来复》，杜维明著;《弃园文粹》，周策纵著;《失落的文明》，李学勤著。《朗润琐言》(季羡林著)，是作者半个世纪来研究成果精华的汇集。书中对如何做人，如何治学，如何写文章，作了许多发人深省的论述。《一阳来复》(杜维明著)，从历史到现实，全面系统地阐述作者的思想和观点。作者是"第三期儒学"具有代表性的美籍华人学者。他在全球社群宏观背景上和理解"现代精神"下，考察儒学第三期发展前景，同时具体考察儒家传统在"儒教文化圈"中运作的实际情况，主张以开阔的胸襟和世界各种精神传统进行互利互惠的沟通和对话，认为重新确认儒家传统为凝聚中华民族灵魂的珍贵资源，是学术界、知识界和文化界的当务之急。《弃园文粹》(周策纵著)，作者是美籍华人学者，著作等身，诗学、红学成绩不凡。此书可以看出作者对中国古典诗词、《红楼梦》及五四运动等的精辟见解，中西比较的开阔境界和引经据典的考证功力。《失落的文明》(李学勤著)，作者善于将文献学、考古学、古文字学成果相结合，在甲骨、青铜器、战国文字、简牍帛书及其相关历史文化研究领域均有重要建树。此书浓缩了他一生研究成果的精华。(高国平)

C000044　**积淀与突破**　陈炎著。广西师范大学出版社1997年9月版。34.8万字。20.00元。分文化哲学编、文艺美学编、文学评论编三部分。其中《儒、道、墨、法系统》等系列论文，运用系统观念、结构主义、两性文化、比较方法进行研究，《挑战与应战模式》对中国传统文化进行全新解读和破译;《试论"积淀说"与"突破说"》等美学文章，引起学术界的讨

论与争鸣。(肖星明)

C000045 **康克清文集** 中华全国妇女联合会编。中国妇女出版社 1997 年版。31 万字。26.00 元。汇集康克清自 1939 至 1992 年长达半个多世纪的革命生涯中所作的重要的工作报告、讲话,以及一些有价值的文章、书信等,共 110 篇。文章按时间排序,基本保持原貌,只做少量文字的修改和史实的订正。还作了题解和一些必要的注释。还选取康克清在各个历史时期有代表性的照片 20 多幅。所收文章反映康克清的革命经历和崇高思想,体现她高尚品德和精神风貌。(杨南莺)

C000046 **跨世纪学人文存** 陈思和等著。广西师范大学出版社 1997 年 10 月版。324.8 万字。257.80 元(平),342.00 元(精)。全套书包括 10 种:《陈思和自选集》、《陈来自选集》、《葛兆光自选集》、《刘东自选集》、《陈平原自选集》、《梁治平自选集》、《王晓明自选集》、《汪晖自选集》、《阎步克自选集》、《赵昌平自选集》。(龙子仲)

C000047 **新视角看世界** 沈国明、陈少能主编。上海社会科学院出版社 1997 年 6 月版。52.9 万字。36.00 元。汇编《现代外国哲学社会科学文摘》出版 200 期中重要的、有影响的译作,按所收入文章的内容分为"人的问题研究"、"异化问题研究"、"自由问题研究"、"民主问题研究"、"马克思主义问题研究"、"社会主义问题研究"、"资本主义问题研究"、"经济问题研究"、"政治问题研究"、"社会问题研究"、"文化问题研究"和"未来问题研究"等 20 个方面,力图多侧面地反映国外哲学社会科学领域的研究情况和发展趋势。(张广勇)

C000048 **漫步遐思:哲学随想录** 陈先达著。中国青年出版社 1997 年 12 月版。26 万字。16.70 元。哲学随笔。分"我看哲学"、"关于人"、"社会历史"、"认识、真理与辩证法"、"文化与传统"5 方面,共约 400 个小题目,用马克思主义的观点分析、阐明长期以来人们争论的难点、疑点和热点问题。在哲学部分,主张马克思主义哲学家不能是沙漠里的高僧,腹藏机锋,空谈智慧,应是面对实际,永远关注时代提出的现实问题,提出"哲学应该既要可爱又要可信"的观点。在社会历史部分,强调要看到历史与现实的联系与区别。要看到创造历史成果的辉煌以及辉煌背后劳动者的血泪;异化劳动是非人的,但异化劳动的结果却可以是动人的。作者对攻击中国人民的反帝斗争、鼓吹当 300 年殖民地的谬论从历史观上进行了分析。在文化部分,对历史进步中的传统与当代的关系,对中国传统文化、西方文化与马克思主义的关系,对马克思主义的民族化问题等,作者都有新的见解。(王瑞)

C000049 **回眸《新青年》** 张宝明、王中江主编。河南文艺出版社 1997 年 12 月版。200 万字。150.00 元。系"新文化元典丛书"。将《新青年》中的重要文章和精彩作品 450 多篇(首),类编为"社会思想"、"哲学思潮"和"语言文学"3 卷。"社会思想卷"约 60 万字,分为"时事与社会"、"青年与社会"、"妇女与社会"、"教育与社会"等 7 个专题,基本囊括五四时期全部的社会热点与思想焦点;"哲学思潮卷"约 80 万字,分为"政治哲学"、"科学观念"、"中西文化"、"中西哲学"和"宗教与鬼神"5 个专题,重现了五四时期百花齐放、百家争鸣以及思想文化的兴盛局面;"语言文学卷"约 60 万字,分为"小说"、"诗歌"、"散文"、"戏剧"、"文学改良"和"语言文字"等 6 个专题,从理论与实践两个层面,再生了五四时期文学与文字改革的缤纷旧梦。丛书提出了"新文化元典"的学术概念。(王国钦)

C000050 **21 世纪小小百科·社会卷** 卢乐珍等编著。浙江教育出版社 1997 年 4 月版。10.5 印张,4 插页。40.00 元。把孩子带进世界大家庭,教他们用发展的眼光来看构成人类社会的方方面面:多元复杂的社会生活,与人们生活息息相关的经济领域,辉煌夺目的文化艺术瑰宝和未来社会发展的广阔前景,激励他们创造美好生活的热情。

C000051 **学生文科知识辞典** 王绍平主编。汉语大词典出版社 1997 年 11 月版。57.3 万字。23.00元。主要以小学中、高年级和初中的语文、历史、政治等文科教材为基础,在内容上加以适当的扩充和深化,大致包括语言、文字、文学、艺术历史等领域的重要概念,人物、事件、事物等。所收词目不片面追求学科间的平衡,强调学生使用的实用价值,释义的撰写也是从文科百科知识的角度说明其意义所在,将学生可能经常遇到而需要解决的问题尽量吸收进来,给予扩充,力图以少量的字数说清楚问题,以解决学生阅读中的困难。(纪大庆)

C000052 **综合英汉文科大词典** 刘纯豹主编。译林出版社 1997 年 11 月版。550 万字。175.00 元。收入人文科学和社会科学中常见的英语单词、复合词、外来词、人名、地名、组织名和事件名等 8 万余条,下含的专业词组、习惯搭配和固定说法近 16 万条,涉及的学目有 40 余门。典型词目列有发音、词类、常用义、学目义、以词目为首的搭配释义、以词目为尾词的搭配释义以及相关的语言词条等。借助因特网编制了54种英汉附录。

C000053　**中国统计资料概览**　肖东发、张淑主编。北京图书馆出版社1997年3月版。29.7万字。15.80元。反映我国各类统计资料的工具书。收录20世纪初到90年代初我国出版的各类统计资料工具书12 000多种，内容囊括我国政治、经济、科技及社会生活的各个方面。分两部分：分类编和地区编。(卢玉荣)

C000054　**民族社会学概论**　贾春增主编。中央民族大学出版社1997年版。31.4万字。15.50元。分10章，4大部分。第一部分：关于民族社会学的研究对象与方法，以及民族社会学面临的形势与任务；第二部分：中华民族的形成和区域分布，即中华民族的起源、发展、形成过程及各民族区域分布格局的形成；第三部分：阐述马克思主义民族理论和民族政策与中国具体实践相结合的问题；第四部分：结合中国民族地区的实际情况，研究分析民族社会学所涉及的一些具体内容，从民族传统文化、民族心理特征到人口素质和基础教育，从社会结构、社会变迁到民族地区的改革开放、社会发展和社会主义现代化建设等各方面。(邱立)

C000055　**死亡社会学**　杨鸿台著。上海社会科学院出版社1997年12月版。28.9万字。20.00元。该书立论死亡现象及其本质而展开，所涉的内容广泛，有哲学、史学、宗教、法学、医学、心理学乃至其基本理论社会学等等。死亡原系久远而广泛的人文社会现象，具有一定的理性和非理性意识，由此在死亡文化中出现惰性与退化、差异性与生命科学之间各种问题。死亡观最早出现于原始宗教，它由自人的死亡心理及心理的变化，又不同于现代死亡的道德观。现代的死亡道德观是对封建死亡道德糟粕的摈弃和死亡道德传统的合理继承。影响死亡主要有自然、社会的环境因素；精神、疾病与社会心理因素；意外事故、不良嗜好(烟酒)行为的因素。同三种不同因素相对应的则有病故、他杀、自杀、安乐死等自然死亡方式和非自然方式。作者对这些以历史唯物主义的观点和马克思主义的辩证法作了深刻阐述。(武曦)

C000056　**社会评价论**　副名：社会群体为主体的评价活动思考。陈新汉著。上海社会科学院出版社1997年5月版。33万字。19.00元。社会评价是指以社会群体为主体的关于主客体之间价值关系的反映。社会评价论是关于社会评价的学说、社会评价论的任务在于揭示社会评价活动的发生、发展及其规律。作者在界定社会评价论，简要考察社会评价的历史形态后，论证了社会群体何以能成为评价主体的问题，并分析了社会评价标准的体系和系统，探讨了社会评价的两种基本形式及其评价活动的机制。探讨了社会评价的科学化及其方法论原则。(张龙华)

C000057　**经济与社会(上、下卷)**　[德]马克斯·韦伯著。商务印书馆1997年11月版。120万字。62.00元。分2部分。第一部分："社会学范畴学说"集中阐述"理解社会学"，其研究和论述的出发点是实际行动着的人及其环境。这第一部分是理解与研究第二部分的前提条件，进而是理解与研究作者的社会学、政治思想的重要基础；第二部分"经济与社会制度及权力"，亦即"具体的"社会学部分。其对事实的分析和论述体现了作者特殊的方法论。这涉及到社会学－经验论的观察方法与法学的或其他规范的方法的关系，也论述了经济与社会最普遍的相互依赖的关系。第二部分的"统治社会学"涉及统治的产生、发挥职能的方式、结构形式与合法性等理论，反映作者的独创性和对西方近代政治思想理论的贡献。(陈静)

C000058　**全球问题与中国**　尹希成等著。湖北教育出版社1997年4月版。35.9万字。24.00元。从以下几个方面对全球问题进行分析与研究。1. 人口问题。它不仅仅是计划生育问题，还涉及经济发展、资源开发利用、环境保护、教育、就业等各个方面。2. 资源问题。70年代以来，世界资源全面短缺，它对世界可持续发展提出挑战。3. 环境问题。以解决环境问题为"契机"，通过人类价值观的转变，创造新的生产方式、生活方式和新的能源利用方式，人类将走向新文化——生态文化的发展阶段。4. 贫困。贫困不仅是穷国人民的不幸，而且是全世界的不幸。5. 毒品。100多年来，毒品滥用在世界蔓延，成为当今全球性问题。6. 艾滋病。人们需要改变不健康的交往方式、错位了的伦理观念，加强医学研究，以及加强法制和综合社会管理，加以抵抗。7. 军备控制。重点转向防止大规模杀伤武器的扩散，以减少数量和提高质量为特征的竞赛。(熊茵)

C000059　**与领导相处的艺术**　彭水梅著。广西人民出版社1997年版。10万字。6.50元。针对下属与领导这个特殊的人际关系，就第一次接触领导、领导布置工作、领导做出了成绩、领导有错误、领导有困难、领导家里有婚丧喜庆、受到领导表扬、被领导冷落等关键时刻和在向领导汇报工作、为领导当参谋、同领导保持适当距离以及如何与年轻领导相处等重要问题上,作分析与探讨。(马丕环)

C000060 **学会生存** 邵道生著。中国青年出版社 1997 年 12 月版。41.8 万字。20.70 元。谈如何做人,如何善待人生的青年修养读物。内容涉及人生·命运、处世·醒世、事业·工作、朋友·交往、劣性·恶行、情感缺陷、人格毛病、修身·养心、情绪·情感、婚姻·家庭、生活·健康 11 个方面,几乎包括人生的主要课题。每课题以不同的小专题展开,将 200 余个"热点"、"难点"和"疑点"问题提出来分析、讨论。作者致力于社会现实问题的研究和写作,他本人的生存状态就是一种积极人生的写照。(李晓丽)

C000061 **跨文化交际学** 贾玉新著。上海外语教育出版社 1997 年 9 月版。39.4 万字。21.00 元。从人类学、社会(语言)学、心理(语言)学、语用学、交际民族学、语篇分析等相关学科的视角,对社会和文化规范、语言的哲学观以及交际行为和非交际行为进行多方位的文化对比和分析。所论述的范围涉及宽泛的文化层面,以及具体的社会情景、社会心理和交际文化层面。作者认为,恰当得体的言语和非言语行为,不仅应该符合文化规则,还应符合诸如场合、社会关系、角色关系、人际关系、社会身份,乃至职业和性别等众多方面的要求。跨文化交际是一种复杂的动态多变的过程。书中提供丰富的交际实例。(汪义群)

C000062 **公共关系学** 汪秀英主编。中央广播电视大学出版社 1997 年 2 月版。22.9 万字。13.10元。广播电视大学公共关系、工商企业管理和市场营销等专业的必修基础课教材。分 11 章,即:1.公共关系基本概念;2.公共关系的产生与发展;3.公共关系的基本职能;4.公共关系的组织机构从业人员;5.公共关系的工作对象和工作类型;6.公共关系工作程序;7.公共关系日常工作和专项活动;8.公共关系策划研究;9.CIS 战略与公共关系;10.公共关系新闻传播;11.公共关系案例与分析等内容。(张静)

C000063 **公关礼仪** 张志平、陈惠春编著。青岛海洋大学出版社 1997 年 9 月版。16 万字。12.00 元。以公共关系学为指导,以社会职业人员的公关交际活动为依托,阐述礼仪的成因、特点、功能和礼仪教育的意义,介绍个人仪表形象、公共交际礼仪、涉外交际礼仪、公关文书礼仪、公关专题活动仪式和中外民俗风情。并从礼仪是人生必修课的角度,论述中外礼仪知识和交际行为准则,阐明公关交际中的礼仪规范及其所蕴含的文化内涵。(纪丽真)

C000064 **人类交换规律与人类行为准则的发展** [德]赫尔曼·海因里希·戈森著,陈秀山译,王辅民校。商务印书馆 1997 年 12 月版。22.3 万字。12.90 元。作者是边际效用理论的先驱,其理论核心是人的享受规律。通过对人的享受过程的观察与分析,提出几个重要的享受规律。(1)如果我们连续不断地满足同一种享受,那么这同一种享受的量就会不断递减,直至最终达到饱和。(2)如果我们重复以前已满足过的享受,享受量也会发生类似的递减;在重复满足享受的过程中,不仅发生类似的递减,而且初始感到享受量也会变得更小,重复享受时感到其为享受的时间更短,饱和感觉则出现得更早。这种连续享受或重复享受时出现的享受量递减的规律性,被称之为"戈森第一定律"。另一规律是:为使自己的享受量达到最大化,人们必须在充分满足最大的享受之前,先部分地满足所有的享受,而且要以这样的比例来满足;每一种享受的量在其满足被中断时,保持完全相等。这种边际效用相等法则被称为"戈森第二定律"。作者进一步论述他的主观效用价值论与享受相关的劳动理论以及交换理论;提出有关经济与社会改革的各种政策主张。书中运用了大量的数学分析方法,是开创经济学数量研究的先驱。(程秋珍)

C000065 **观念代差** 副名:转型社会的背景(1991~1994)。孙嘉明著。上海社会科学院出版社 1997 年 2 月版。26.3 万字。10.00 元。以转型社会这一特定历史时期为基本背景,以马克思主义的历史唯物主义关于社会存在决定社会意识,社会意识反作用于社会存在的辩证关系为基本原理,考察和剖析社会观念形态。特别是从几代人的价值观念的异同,来描述观念意识变化的轨迹,反映改革开放和社会主义市场经济确立在观念形态上引起的同步效应。本书运用实证社会研究方法,以抽样调查的大量数据为基本素材,并且结合个案分析,对四代人(少年、青年、中年、老年)的劳动意识与职业期望,家庭观念与生活方式,社会交往与政治参与,人生目标与生命价值等方面进行比较分析,来揭示观念意识上的世代演变和继替,并以生命进程理论作为基本范式从而建立各年龄段的一般模式,为文化人类学和世代社会学理论作出贡献。(陈国梁)

C000066 **痛苦的智慧** 副名:文化学说发展的轨迹。陈山著。辽宁人民出版社 1997 年 1 月版。22 万字。13.80 元。研究人类文化发展的历史轨迹的文

化学专著。对文化学理论、各派理论、各种观点进行详尽剖析，并从哲学思想史的层次上对人类文化进行整体反思。(王松)

C000067　**文化人类学笔记丛书(5种)**　彭兆荣等著。上海文艺出版社1997年12月版。52.7万字。45.60元。主要内容有:《生存于漂泊之中》以东南亚华人生活为描述对象，作者多次深入到泰国、马来西亚、新加坡等国的华人家族、社团、企业考察，亲耳聆听华人前辈们的口述历史，记述华人漂泊异国他乡，如何艰难地生存、发展以至最后融入当地社会之中的曲折历程。《山街的记忆》的作者王铭铭，更是深入到台湾北部山区一个汉人社区，同那里的居民同吃同住同生活达数月之久，终于描述出这个社区的信仰与人生，修正和补充了30年前英国人类学家对这个社区的调查报告。《苗疆考察记》作者徐新建提供一个"田野工作"的规范文本。在千里苗疆高原山寨，每一天，每一时，到了什么地方，遇见什么人，谈些什么话，都如实记录，提供一份原汁原味的调查报告。《扶贫手记》是作者在黔南某镇做扶贫工作的种种体验和感受，分析和探讨了政府扶贫行为中普遍存在的一些问题。《读城记》则把城市比做一本打开了的书，不同的城市可以有不同的读法。北京是"城"，上海是"滩"，广州是"市"，武汉是"镇"，厦门是"岛"。这五个字，概括了五个城市不同的文化结构和市民心态。(赵南荣)

C000068　**中国人的精神**　郑刚著。广东旅游出版社1997年4月版。21万字。14.50元。通过对老子、孔子、墨子的分析，提出中国文化最重要的精神是"大同"，并展开对"大同精神"各个方面的论述。为《中国人的命运》的姊妹篇。(李瑞苑)

C000069　**社会心理学导论**　[美]威廉·麦独孤著，俞国良等译。浙江教育出版社1997年9月版。29万字。14.50元。社会心理学创始人麦独孤的代表作。从策动的原因为本能这一视角探讨社会成员的心理活动。收入"20世纪心理学通览"。

C000070　**社会转型与心理变迁——改革与社会心理研究**　刘崇顺著。武汉出版社1997年6月版。28.5万字。25.00元。主要内容有:改革与社会心理研究，社会心理变迁的现实条件和文化背景，改革的社会心理动力，转型社会的心理反应特征，改革心理的共时性差异，改革时期社会心理的历史性变迁，变革社会的人际关系，社会变革与心理健康等。阐释改革开放与社会心理之间的种种相互制约关系及其发展变化。(王业勤)

C000071　**现代社会心理学**　副名:多维视野中的社会行为研究。周晓虹著。上海人民出版社1997年5月版。45.6万字。26.00元。从社会学、心理学和文化人类学等学科的综合取向出发，系统研究和阐述人的社会心理和社会行为，介绍和分析了20世纪国外社会心理学的主要理论和基本观点，对改革开放以来中国大陆社会心理学的研究成果，以及香港、台湾地区社会心理学界关于本土化努力的成果，亦作了叙述和评价。(黄建章)

C000072　**大众心理学丛书**　邓伟志主编。江苏教育出版社1997年版。丛书已出9册，涉及赌博、谣言、流言、谎言、青年人格、职业选择、语言、心理健康等诸方面，每项专题针对一种社会心理现象或大众心理需求，利用心理学的研究方法和视角，用浅显生动的语言，分析并阐明其发生发展的内在特点和规律，揭示出它们各自在大众的实际生活当中，对个体或群体会产生怎样的心理影响。(张平)

C000073　**越轨论**　副名:社会异常行为的文化学解析。吕耀怀著。中南工业大学出版社1997年4月版。28万字。14.80元。从文化学的层面对越轨问题进行探讨。前3章，主要分析规范文化对个体行为的影响、规范与自由的关系;后6章对越轨的涵义与特征，越轨亚文化、文化转型期的越轨，越轨的预防和矫治等问题展开讨论。(秦瑞卿)

C000074　**自私论**　副名:万恶之源的理性批判。文清源著。中南工业大学出版社1997年4月版。27.3万字。14.80元。对自私现象进行多角度的审视，揭示自私的本质，区分自私与维护个人的正当权益的根本界限，分析自私的表现、类型、成因及危害，对自私的心理和行为进行深刻的批判，从社会系统工程的角度提出超越自私，化私为公的途径和方法。(秦瑞卿)

C000075　**男人健康顾问**　贾虹、王家骏译著。天津教育出版社1997年6月版。16.7万字。12.90元。该书引进美国罗代尔公司的版权。书中11个部分，涉及男人生活的方方面面。从男人的保健、饮食，到男人应拥有的愉悦的精神生活;从婚姻中的性与爱，到如何与生活中的女人相处;从"健康的体魄"到"成功的事业"等，都是男人生活中必不可少的内容。(孙丽业)

C000076　**现代家庭情感沟通**　陈华杰著。黑龙江人民出版社1997年9月版。30万字。15.80元。介绍美国专家有关现代家庭情感沟通的部分研究成果，教会人们如何处理家庭中的权力、家庭沟通、家

庭冲突等现代家庭问题，妥善处理好家庭关系，其可成为我国千千万万普通家庭探索家庭沟通的知识与技巧。（徐冲）

C000077 **公共关系原理与实务** 王金岗等著。河北科学技术出版社 1997 年 4 月版。28 万字。15.00 元。将公共关系定义为“一种内求团结，外求合作的管理科学与传播艺术。”详尽介绍公共关系的渊源及发展，公共关系的基本职能、基本原则和基本方法，公共关系的日常技术性工作，公共关系活动的类型及运作程序。还介绍了政府机构的公共关系工作，重点介绍政府公共关系的目标、内容和方法。（谷中强）

C000078 **西江苗族妇女口述史研究** 张晓著。贵州人民出版社 1997 年 10 月版。21.6 万字。13.00 元。以黔东南西江苗族妇女口述史为研究对象的妇女人类学著作。以典型的苗族聚落为研究个案，用文化人类学的参与性观察访谈为方法，以妇女口述史为切入点，在特定的社区背景下对特定的妇女群体和文化体系间的互动关系展开研究，展现一个动态的、鲜活的并具有浓郁地域特色的妇女文化标本。收入“贵州民间文化研究丛书”。（谢丹华）

C000079 **关于女人的问答** 李小红著。江苏人民出版社 1997 年 8 月版。18 万字。12.00 元。从不同角度对有关女人的问题作了回答，可以使不同职业、地区、年龄、文化程度的妇女解决自己人生、工作、学习、生活等方面的困惑，增添她们生活的信心和勇气。（丁嫣霞）

C000080 **欺骗论** 副名：社会交往中的蜜制“砒霜”识鉴。涂争鸣著。中南工业大学出版社 1997 年 7 月版。31 万字。14.80 元。探讨欺骗与反欺骗问题的专著。首先界定欺骗，将欺骗与谎言、谣言和谋略等区别开来；对纷繁多样的欺骗行为进行归类，诠释不同类型欺骗行为的特点及方式。着力剖析各种骗术，揭露骗子惯用的手法，从欺骗者和受骗者的不同角度，分析欺骗为何会发生、如何发生，以及双方的心态。揭露欺骗对他人、社会及骗子自身的种种危害，认定欺骗是可以识别和防范的，指出如何识骗、防骗则主要依赖于人们的自我素质及能力。（秦瑞卿）

C000081 **走出误区丛书** 文清源著。中南工业大学出版社 1997 年 4 月版。140 万字。作者直面社会与人生，以错误、腐败、欺骗、自私、越轨等为专题研究对象，进行理论探索。有以下特点：一是将负面探索与正面引导相结合，探索产生错误、腐败、欺骗、自私、越轨等现象的根源，分析其危害，揭示人们在这些问题认识上的种种误区，阐述超越这些误区的基本途径和思维方法，以避免对负面现象进行直观的经验描述可能产生消极效应的弊病。二是吸收前人和时贤的理论成果，提出“医错哲学”等新观点新理论，为在实践上超越错误、反对腐败、防治欺骗、克服自私、矫治越轨等提供系统的理论知识。（文援朝）

C000082 **当代中国社会利益结构矛盾研究** 袁惠民等著。广东高等教育出版社 1997 年 6 月版。17.9 万字。11.50 元。从中国新情况出发，把社会主义物质利益关系当作一个系统结构来把握，论述当代中国模式的社会主义利益结构建立的最初形态和演变过程，分析了我国不同利益集团的特征、划分依据、相互关系及其矛盾的特殊性，揭示我国利益矛盾的调节方式、原则和力度，提出优化利益结构的方法、途径和评价利益结构功能的标准。本书从哲学角度，把哲学与经济学、社会学结合起来分析我国的利益关系及其矛盾，使辩证方法成为贯穿全书的理论依据和主要方法。如对改革中我国社会利益关系的变动，着重从总体上把握矛盾的非对抗性，把各利益集团之间的矛盾视作人民内部的物质利益矛盾；在矛盾的态势上又区分为差别形态和对立形态两种。对于利益分配矛盾的问题，没有停留在“是否有分配不公”、“是否有两极分化”的争论上，系统地提出调节和解决贫富差距矛盾的决策。（李锦浩）

C000083 **英汉/汉英人口学与计划生育词汇** 朱和中、杨书章编著。中国人口出版社 1997 年 11 月版。71.8 万字。48.00 元。编者从大人口的视野出发，从人口与社会经济、环境和资源等的协调发展和可持续发展的角度，从我国用户的实际需要出发选择词汇，不光收入狭义人口学的专业性词汇，而且收入与人口和计划生育密切相关的经济学、社会学、医学、环境科学、生态学、统计学、老龄学、信息学、人寿保险等学科的词汇约 13 000 条。收入国外新出现的一些词汇和概念，如：知情选择、安全孕产、临终关怀、安乐死等等；也收进某些中国特有的词汇或短语，如：计划生育三结合，不孝有三、无后为大，妇女能顶半边天等；还收入一些在阅读和交流中实际需要但并不规范的专业词条。（刘大红）

C000084 **中国人口分布与区域经济发展** 副名：一项人口分布经济学的探索研究。王桂新著。华东师范大学出版社 1997 年 11 月版。37.5 万字。28.00元（平），30.80 元（精）。运用系统论、人口学、地理学、经济学等多学科的理论和方法及有关人口、经济数据的分析计算,对中国人口分布与区域经济发展问题,进行全方位的理论探索和实证研究。共分9章。第一章绪论以"'向人口分布经济学'挑战"为题,提出作者的研究目的和创新志向;第二章构建区域人口经济系统的分析框架和模型,奠定整个研究的理论和方法论基础;第三章到第九章,分别从人口空间分布、劳动力非农化与城市化、人口迁移等方面,定性、定量地分析和探讨新中国成立以来人口分布与区域经济发展的耦合联动关系、空间推进过程及规律。从可持续发展角度,提出中国实现人口合理再分布、推动区域经济发展的战略模式及相关政策建议。(王桂新)

C000085 **中国人口变异与婚姻状况研究** 蔡荣堂、何明慧、邓国胜著。云南科学技术出版社1997年10月版。24.3万字。28.80元。探讨人口变动与婚姻匹配关系的专著。对人口与婚姻状况进行研究,在理论方法上有所突破。(李永丽)

C000086 **中国计划生育全书** 彭佩云主编。中国人口出版社1997年3月版。330万字。268.00元。分14个主体部分,包括党和国家的重要文献,领导人讲话,组织机构的演变,有关的重要活动,有关人口发展的重要专论,政策法规,宣传教育,科学技术,国际交往,各省、自治区、直辖市党政机关以及解放军、武警部队计划生育工作概况等。特别是关于计划生育工作的转折与发展、基本国策的形成、执行政策的主要经验以及稳定政策以来的良好人口环境等方面的文献、资料,较为系统、完整。书后附有中国计划生育纪事(1950～1995年),人口与计划生育重要著作索引,人口科研机构,国际人口与计划生育机构。本书既包括中国计划生育工作的经验总结,中国当代人口史与人口理论,又有研究经济落后地区如何正确处理人口与发展关系的经验汇编。(樊艳华)

C000087 **中国生育和避孕使用的多层次研究** 张风雨著。中国人口出版社1997年12月版。25.6万字。23.00元。从时间序列考察各社会经济因素与我国生育率变动的关系,指出,70年代初的计划生育工作对中国生育率转变有明显的诱导作用。为进一步了解我国80年代末社会经济因素对我国生育水平地区差异的影响,作者还利用县级人口与社会经济发展资料,在考虑生育政策和民族差异的同时研究了社会经济对生育水平的影响,结果表明,除计划生育政策、民族类型外,县级层次上的人口教育水平、非农业人口比例、人均农业净产值、农村工业总产值比例均对妇女生育水平有显著影响。避孕水平与家庭现有子女数、子女性别、当地的政策宽松程度、妇女自身素质有极大关系,社会经济水平的影响退居其次。收入"人口学博士论丛"。(彭琰)

C000088 **中国人口报告** 蒋正华、张羚广著。辽宁人民出版社1997年12月版。23.3万字。16.00元。论述中国人口发展问题的专著。分11章,描述中华民族的形成和发展,分析中国人口发展的历史起因,阐述中国人口的过去、现在和将来所出现的各种主要的人口问题,论述了诸如中国人口与可持续发展的关系、中国人口的健康状况、中国的计划生育、中国人口分布、中国的少数民族、人口分布与城市化、中国人口的性别和年龄结构、婚姻与家庭等中国人口发展过程中的最基本的问题,并对中国人口的未来发展作出了科学的分析与预测,为中国的人口国情和对策勾画出一幅蓝图。收入"中国国情与发展丛书"。(蔡文祥)

C000089 **新疆生产建设兵团人口迁移与开发研究** 刘科著。新疆人民出版社1997年10月版。170万字。35.00元。以军垦新城石河子市为例,将人口迁移变动和自然变动进行比较研究,并对石河子垦区人口的婚育状况进行深入分析。提出了兵团未来移民前景——"内移外补"的移民对策,并以中央加快西部开发、壮大兵团为前提,提出"屯垦政府"假说,推动了兵团这一特殊体制的理论研究。(林丽)

C000090 **上海市老年人口地图集** 《上海市老年人口地图集》编纂委员会编。上海科学技术出版社1997年10月版。200幅图。190.00元。分3部分:《序图》系统描述上海近半个世纪来影响人口老龄化演变的背景(如各区县人口、人口密度及历年变化、家庭户数与家庭规模、人口金字塔及人口自然变动、育龄妇女总和生育率、人口平均预期寿命、人口迁移变动等);《主图》反映上海市老年人口的基本特征以及老年事业发展的成就,预测未来半个世纪上海市人口老龄化的发展趋势;《附图》介绍全世界及部分国家和国内北京、天津、香港等地的人口老龄化状况。所用资料由上海市统计局、公安局、社会保险局、卫生局、民政局、市老龄委和老龄科研中心提供。所选指标兼顾国际惯例和国内要求。(邓荣辉)

C000091 **云南省人口地图集** 云南省地理研究所等编制。中国地图出版社1997年7月版。127万字。480.00元。图集以1990年第四次全国人口普查数据为基本资料,用地图语言全面反映云南省人口特征及其地理分布,是一部省级人口专题地图集。

内容由序图、人口与资源环境、人口与社会经济、人口变动与分布、民族人口、人口的性别与年龄、人口的文化程度、人口在业与不在业、婚姻家庭生育和人口迁移等10个图组组成。统计数据的行政单元按不同内容分别描述到地、县、乡级。该图集把人口在空间和时间两个尺度上进行对比分析,用地理定位的方式反映人口的内部结构和外部不同数量、质量的分布差异,读者可从不同角度、不同层次科学地认识和了解云南人口的现状和本质。图集反映了人口特征,以及与人口密切相关的粮食、耕地、水资源、生态环境、经济等内容。图集专门设了一个民族图组,把云南省25个少数民族人口从分布、结构到文化程度、年龄、家庭、民族人口增长等状况多层次、多角度地展现出来。(徐根才)

C000092 **迎接大未来——管理的变革与创新** 张今声著。辽宁大学出版社1997年6月版。27.6万字。18.00元。主要内容有:管理变革——企业永恒的主题,人本管理——管理的新境界,文化整合——建立有中国特色的管理文化,提高竞争力——寻求商战中的常胜不败之道,制度创新——促进现代企业制度的建立与完善、市场"软件建设"铸造市场经济的灵魂,重塑新角色——政府行为机制与管理模式探索,研究新战略——谋划面向世界、面向未来的经纶大计,借鉴与比较——台湾企业管理变革的启示。就市场竞争、现代企业制度建立、企业文化建设、人本管理、市场体系培育、发展战略等一系列热点问题和关键性问题,提出新观点、新思路。(陈晓东)

C000093 **道格伯特管理秘笈** 斯科特·亚当斯著,李斯译。海南出版社1997年9月版。13.5万字。16.80元。道格伯特揭示日常生活中一些经理的管理技巧,包括:口头指令显魄力——一口拍板,事后赖账;大开空头支票——空头支票鼓干劲,实际不花一分钱;假装关心——学会左耳进、右耳出;大办公司简报——攻守同盟,掩盖真情;鼓励竞争——挑拨员工群众斗群众、坐山观虎斗;决策妙计——领导自己当、决策推别人;大兴激励举措——使小钱、鼓大劲。(苏斌)

C000094 **管理者——成功并不遥远** 李澄怡著。南海出版公司1997年7月版。26万字。19.80元。论述的基本问题有:如何有效管理自己,如何有效管理部属,如何有效管理组织,如何有效应对竞争。从管理者的自我有效管理开始,叙述有效管理自己的目标、心态、时间和举止,专注重要事务,不断学习,超越自我,是成功管理的前提。以人为本,坚持公平与公正,进行全面而坦诚的双向沟通,是管理部属的基石。规范组织的精神、行为、目标,建立科学的组织结构,做正确的决策,是组织管理的基本内容。把握机遇,回避风险,创新,超越,独具特色,是有效竞争的基本方略。(刘孝阳)

C000095 **管理学(第四版)** [美]斯蒂芬·P·罗宾斯著,黄卫伟等译。中国人民大学出版社1997年4月版。50.00元。美国大学选用教材。以管理过程为框架,按照计划、组织、领导、控制四种基本管理职能,对管理的各个方面进行阐述,博采众长,荟萃了90年代以来管理学各个领域所有重要的和最新的研究成果,尤其是对管理的社会责任和道德、战略管理和企业家精神、组织和职务的设计、组织行为的基础、领导理论和沟通,以及人际关系技能的讨论。作者颇具匠心地设计了多种管理两难问题主题框,引入自我测评和快速反应训练等多种学习方式,并编入精彩的案例。列入中国人民大学出版社"工商管理经典译丛"。

C000096 **管理琐话** 孙涤著。学林出版社1997年7月版。18万字。11.00元。以科学见解为基础,阐述管理背后的常识、心理和哲理,为读者提供一种崭新的品种——散文化的财经论著。从一个现象、一个方法、一个模型入手,将人们社会生活中习见的事物,如证券、电脑、商务洽谈、麦当劳、投资大师、家族经营等,作轻快叙述。收入"财经丛书"。(曹坚平)

C000097 **中国古代管理思想史** 刘云柏著。陕西人民出版社1997年10月版。160万字。60.00元。内容以历史顺序为序,具体而系统研究了中国古代儒家、道家、兵家、墨家、农家、阴阳家和外来的思想流派如伊斯兰教、基督教、佛教及各少数民族的管理思想。时间上至远古,下止1840年。构建了中国古代管理思想的科学体系,揭示我国古代的管理实践、理论、学派和方法的发展过程和演变规律,探讨各个管理学派在发展过程中相互渗透相互影响的关系,以及各个时期管理思想的状况和特征;还将我国古代各个时期管理思想同西方同时期管理思想作了比较。(王长海)

C000098 **管理前沿书系** 芮明杰主编。浙江人民出版社1997年12月版。86万字。63.10元。探索未来条件下管理理论与方法的丛书。书系第一辑共4种,即《人本管理》、《再造流程》、《混沌管理》、《民主管理》。《人本管理》探讨以谋求人的全面、自由发展为终极目的的管理,尤其是从现实出发,构建向终极目标过渡的人本管理理论与方法的架构。《再造流程》从企业的性质和企业的运行出发,分析了企业的流程,着重分析企业流程的概念、特性、功能,并深入探讨流程产生的理论基础,探讨再造流程的内涵及具体过程。《混沌管理》主要是从中国传统管理哲学及其与现代西方管理思想比较的角度讨论混沌管理的含义、本质和方法论特征,分析了混沌管理的理论、社会依据和策略方法,探讨现代混沌管理的科学方法论和企业层面,以及混沌决策、管理创新。《民主管理》试图运用跨学科的分析工具,建立一个独立的表述民主内涵和价值的基本理论框架,在此基础上通过大量历史研究、多国比较研究,探索民主管理,尤其是企业民主管理产生和发展的一般性规律。所有这些,是各位作者在管理前沿学科研究上取得的新成就。(蔡玲平)

C000099 **秘书工作实例评析** 黄桐华主编。广西人民出版社 1997 年 1 月版。24 万字。18.00 元。选录秘书与领导、值班、综合调研、协调、信息、督查、信访、档案、保密、接待等一系列例子,共分 11 部分。每一部分独立成篇,每一个实例或是一个精美的故事,或是一个规范的法则,或是一则促人警醒、引人顿悟的案例。实例和简评相互辉映,有叙有议。作者对秘书工作的理论与实践中容易出现的误区进行剖析解答,通过秘书实际工作事例来为读者解决知与会的问题。(马丕环)

C000100 **普通秘书学** 董继超主编。中央广播电视大学出版社 1997 年 2 月版。27 万字。15.10 元。从秘书学的定义界定开始,简略介绍我国秘书活动的沿革,对秘书理论知识作必要的阐释,辨析不同概念的细微差别。借鉴和吸收国内外秘书学及相关学科的最新研究成果,根据市场经济发展的需要,并针对我国秘书活动的现状和趋势,对涉外秘书、企业秘书、私人秘书也作专门的介绍。主要内容有:秘书活动的沿革、秘书人员、秘书工作、秘书机构、秘书职能、秘书资格、秘书工作方法、文书管理、会议组织、商务谈判、信访工作、接待工作、事务处理、领导者事务活动安排、党政秘书工作、企业秘书工作、涉外秘书工作、私人秘书工作,以及现代秘书职业等。注意将秘书史、秘书理论、秘书事务融为一体,突出了秘书实践环节。(来继文)

C000101 **诗词楹联与现代领导** 副名:领导诗学研究。李锡炎著。西南交通大学出版社 1997 年 7 月版。27.2 万字。16.00 元。选择在诗学与领导科学的交汇和融合的结合部上,研究领导素质和实现科学领导的规律,首次提出领导诗学的概念和研究领域。书中引用有关从政方面的诗 400 首、楹联 477 副、词 40 首,涉及近 300 位诗词楹联名家和领导者,论述了诗词楹联与领导者的政治理想、政治信念、领导行为、领导思维方式、领导语言艺术、领导素质修养之间的联系和规律,研究领导者运用诗词楹联实现科学领导的创意方法和具体形式,探寻和总结了运用诗词楹联的审美功能来承载领导艺术的内容,实现领导主体和领导环境的优化,达到领导者和被领导者的心灵沟通,产生共鸣,增强领导实效的领导方法和艺术。(李锡炎)

C000102 **领导全书** 方建文主编。中共中央党校出版社 1997 年 4 月版。830 万字。880.00 元。系统介绍作为现代领导者应具备的领导方面的知识。具体包括领导理论与领导体制;领导者在日常工作所需掌握和运用的方法与艺术;领导者在实际工作中的具体工作技巧;领导者如何实施运用权力,等等。全书共分 4 卷。第一卷领导基础,具体介绍领导科学的基本原理,包括领导决策、管理、素质理论等,还附有关于领导科学的经典论述。第二卷方法艺术卷,包括用人、激励、处理人际关系、公关、语言等的方法与艺术。第三卷实务操作卷,包括调查研究、思想政治工作、会议安排、公文写作与处理、谈判等具体工作实务。第四卷权智谋略卷,包括领导者用权、用谋,以及积累经验等。书后还附有大量实例,均按内容结构编排。(鲍永升)

C000103 **领导者创造力开发** 郭日跻主编。东北大学出版社 1997 年 8 月版。28 万字。15.00 元。系统介绍领导者创造力开发的理论和知识。分 3 部分。第一部分为新时期需要创新的领导者。具体内容包括创新的时代、创新的中国、创新的理论、创新的领导等内容。第二部分为创造原理与方法。具体内容包括创造原理、创造方法基础、创造技法、高新技术中创造方法的体现等内容。第三部分为创造力开发与环境建设。具体内容包括领导者创造力开发与训练、创造环境的建设等内容。(刘振军)

C000104 **组织行为学(第七版)** [美]斯蒂芬·P·罗宾斯等著,孙健敏等译。中国人民大学出版社 1997 年 12 月版。56.00 元。围绕组织行为学的中心内容,分别从个体行为、群体行为、组织发展的角度论述组织管理中人的行为问题。从大量的研究数据中归纳出许多新颖观点,如群体冲突的观点,他认为一定程度的冲突有利于改善组织的运作绩效。

每章末尾设有“自我认识练习”、“与他人共同练习”；根据每章的主题，设计了“正方”和“反方”的辩论题。本书语言生动，取材丰富，如“新闻中的组织行为学”和“从概念到技能”等，都是大众传媒的新闻报道和流行故事。列入中国人民大学出版社“工商管理经典译丛”。

C000105 **民族学与西北民族社会** 牟本理主编。甘肃民族出版社 1997 年 12 月版。30 万字。16.00元。自秦汉以来的两千多年中，作为历史的主流，我国一向是一个统一的多民族国家。新中国建立后更是一个统一的多民族国家。民族学作为一门专门的学问在历史上有学者们筚路蓝缕地去研究，而现在具有中国特色的民族学更为民族学研究者献身此项工作，并且在理论和实践上都做出了较大贡献。以马克思主义民族学的理论研究西北民族社会特征；以西北民族社会的调查素材和资料去理解和认识马克思民族学理论的探索性著作。依据西北民族多且聚居的悠久历史，对古代的西戎、北狄、匈奴、羌、氐、鲜卑、柔然以及后来的突厥、回纥、吐蕃、党项等进行研究，同时对当代的民族及民族社会进行大量的资料搜集和实地考查研究。“承百代之洪流，汇当今之巨变”成为民族学研究者的崭新的、重大的课题。其特点如下：一、依据民族学研究的途径和经验，运用大量、系统的资料和文献说明民族学所涉猎的各类问题，诸如民族的源流和民族的形成；民族的政治经济的发展和变化；民族的语言文化、宗教信仰的产生及发展变化的轨迹；民族的风俗、风尚等等。二、从民族学的理论高度认识和理解西北民族社会中的诸多问题，从而作出对社会，对各民族事业发展的理性认识和见解，为国家的民族事业的发展，提出更多更为有益的方略。三、在西北民族社会的分析研究中，对西北民族社会长期形成的诸多不利因素，结合当今社会发展的态势，也就是说从建设有中国特色的社会主义需求出发，必须克服民族工作中的消极的和不利因素。（孙德仁）

C000106 **民族学通论** 林耀华主编。中央民族大学出版社 1997 年版。49 万字。在 1990 年版基础上修改而成。系统阐述具有中国特色的民族学学科体系，尤其是结合中国民族学的发展历程，不乏新见，如：从理论上阐述了民族学关于社会形态研究的重要意义及研究特点，明确地把是否承认并切实重视社会形态研究看作是马克思主义民族学和资产阶级民族学相区别的一个重要标志。在应用民族学方面进行了积极的探索。随着改革开放的不断深入，民族学研究面对一些新情况、新问题，如民族经济问题，民族人口问题，民族文化教育问题，以至生态环境，医疗卫生，宗教信仰和风俗习惯等问题。作者认为，开展应用民族学的研究，要正确理解民族学与现代化的关系问题，二者的关系是互相依存，相辅相成的。我国的现代化建设，特别是民族地区的现代化建设，需要民族学为其提供科学的依据。在民族地区，实现四化进程中遇到的诸多复杂问题，需要进行以民族学为前导的多学科综合研究。现代民族学也离不开社会的现代化。它要在不断研究新问题、新形势中发展，丰富和充实自己。民族学资料的获取及研究手段，也离不开现代化。靠口述笔录的时代已经过去，代之而来的是用录音机、摄像机、电子计算机等先进设备记录民族学资料并进行研究。没有中国的现代化，就没有中国民族学的现代化。（邱立）

C000107 **藏族心理学（藏文）** 桑珠著。民族出版社 1997 年 6 月版。15 万字。9.50 元。从整体上保留藏民族传统的心理学结构，并对藏族心理学理论的产生、发展以及它在藏族社会中的地位进行介绍，对藏族社会民众中存在的一些心理现象进行剖析。（旦增平措）

C000108 **人员测评理论与方法** 萧鸣政著。中国劳动出版社 1997 年 7 月版。21.5 万字。14.00 元。共 8 章。内容分 3 部分：第一部分为理论篇，从第一章至第三章，主要论述人员测评的概念、类型、功用、原理、量化理论、标准体系及其建构等；第二部分为方法篇，包括第四、五、六章的内容，主要介绍心理测验、面试、评价中心这三种人员测评的主要方法的理论及其应用；第三部分包括第七、八章及附录，主要论述如何分析、检测与报告人员测评结果的有关技术。作者对人员素质的结构、特点，人员测评的类型、功能、原理，测评的量化基础和测评指标体系的理论基础等均作了系统的分析论述。吸取了统计检验、心理测量及教育评价等思想与方法，丰富了人员测评的技术及方法。还从新的角度对人员测评的经典理论内容作分析和论述，如从测评结果检验的角度阐释了效度、信度。（曾令萍）

D 政治、法律

政治理论

D000001 **政治学导论** 王仲田主编。中共中央党校出版社1997年6月版。27.2万字。14.00元。运用马克思主义历史唯物主义的基本方法和阶级分析的方法,分析了阶级与国家、国家与革命的关系,揭示了政治现象的本质、根源、发展动力和发展规律;借鉴、吸收国外现代政治学的科学成果,运用信息论、系统论、控制论、行为科学、心理学等现代科学方法,对社会政治现象进行实证性、应用性研究,并联系中国的现实问题,研究中国的基本政治问题。(孙奇)

D000002 **形而上学的国家论** [英]L.T.霍布豪斯著,汪淑钧译。商务印书馆1997年4月版。10.6万字。7.60元。作者是英国社会学家和哲学家,信奉自由主义政治哲学。本书原是作者1917年秋季在伦敦经济学院开设的一门课程的讲授材料,1918年出版。该书是专为批判黑格尔及其在英国的追随者鲍桑葵的"国家论"而写的,其锋芒主要指向鲍桑葵于1899年出版的《关于国家的哲学理论》一书。作者认为:形而上学的国家论否认理论与现实的区别,将现实理想化,断言国家是绝对精神的体现,是上帝的化身,因此国家是对个人具有最高权力的最终目的,个人的最高义务就是做国家的成员,服从国家。作者指出,黑格尔的国家观企图证明自由和法律是一致的,藉以削弱民主的原则;想用纪律观念削弱平等的原则;要使个人成为国家的一部分,以削弱个性的原则;把国家推崇为人类社会最高和最后的组织形式,以削弱人性的原则。因此它是与发源于18世纪法国、16世纪荷兰和17世纪英国的民主观念与人道主义思想根本对立的,是导致政治专制和军国主义的理论根源。作者还阐述了对个人与社会、个人与国家、国家与社会、自由与法律等一系列重要关系的看法。(何世鲁)

D000003 **马克思主义的当代命运** 李宗阳主编。陕西人民出版社1997年7月版。18.3万字。14.00元。分上、中、下3篇8章。上篇从马克思主义的普遍真理性本质出发,分析马克思主义与时共进,没有过时,她与社会主义共命运、同发展的历史事实;论述社会主义在20世纪的出现和发展是合乎历史进程的必然规律,以及当今时代两种社会制度共处竞争的时代特征。中篇分析了当代社会主义与资本主义斗争的曲折历程和经验教训,特别是苏、东巨变的经验教训,揭示了社会主义必将最终代替资本主义的历史方向没有改变的结论。下篇具体分析了共产主义运动在中国实现两次历史性飞跃的事实和其在中国胜利发展的若干基本经验,展望了马克思主义在中国、在世界发展的光明前景和面临的严峻挑战。以广阔的视野分析马克思主义在当代面临的种种挑战与抉择;以实事求是的态度,分析和回答科学社会主义在实践中发展、前进及挫折、后退对人类历史进程的影响。诸如新的科学技术革命(以及所谓知识经济时代)对资本主义发展空间的扩大和缩小,苏东巨变对社会主义运动的反面教训和正面促进,社会主义对资本主义的学习借鉴和与其和平共处,相互竞争对社会主义和马克思主义的丰富发展的重要意义等等。(张海潮)

D000004 **政治考试参考书(修订版)** 《政治考试参考书》编写组。中央广播电视大学出版社1997年10月第二版。45.2万字。22.00元。主要包括:(一)马克思主义哲学;(二)政治经济学;(三)中国革命史等3部分。内容有"物质和意识的关系"、"认识和实践的关系"、"阶级和国家的理论"、"资本和剩余价值"、"社会主义市场经济"、"全民族抗日战争"等章节。另外附有总思考题和参考答案。(张静)

D000005 **西方民主史** 应克复等著。中国社会科学出版社1997年2月版。48万字。28.00元。以西方民主发生、发展为主线,对西方民主理论从古典到当代,从民主运动到民主制度的确立及发展,以及西方民主在当代的新特点、新走势等方面作介绍与分析。用马克思主义历史唯物主义的观点和方法分析西方民主的优劣短长,力图挖掘其对社会主义民主的借鉴意义。书中阐述西方民主理论史、运动史，并介绍西方典型国家的民主制度及机制，在学术观点上有新意，如民主制的三项基本制度、四大机制的观点；对代议制民主政治下各种矛盾的分析，揭示了近代民主向当代民主发展的动力；把当代民主看成一个新阶段，认为是第二次飞跃，并探索其在机制、形式、内容诸方面的新特点。（陈彪）

D000006 **现代资本主义发展引论** 房宁著。首都师范大学出版社1997年7月版。20万字。13.00元。介绍与分析现代资本主义的政治、经济、文化本质及特点，将其动态、运动地考证、诠释，是本书的立意和主旨。展示了现代资本主义发展的世界环境和脉络。（李荣平）

D000007 **马克思主义在中国100年** 唐宝林等著。安徽人民出版社1997年12月版。65万字。38.00元。以马克思主义如何传入中国，如何在西方民主主义思想特别是各种社会主义思潮竞相发展中独领风骚，引导中国人走上革命之路入手，以中国共产党在各个历史时期如何运用马克思主义指导革命和建设为主线，论述马克思主义在中国走过的曲折道路和取得的辉煌胜利，总结了中国共产党对马克思主义的发展所作出的伟大贡献。指出：只有马克思主义才能救中国；只有中国共产党才能真正掌握马克思主义；马克思主义只有与中国国情相结合，才能使革命和建设不断取得胜利。该书的内容时间跨度大，从1898年上海广学会翻译出版《泰西民法志》一书开始，一直写到1997年党的十五大召开，论述了马克思主义在中国的百年史。（曹文益）

D000008 **影响二十世纪中国的十种社会思潮** 石仲泉等主编。陕西人民出版社1997年1月版。18.3万字。12.50元。介绍10种思潮形成和发展的历史背景，每种思潮都代表着一定阶级或阶层对中国历史、现实和未来的思考与抉择。详细介绍孙中山的三民主义，蒋介石的封建买办法西斯主义，毛泽东的新民主主义及邓小平建设有中国特色的社会主义理论的形成过程、涵盖的重要内容、指导实践的效果及其所起的历史作用等等。对中国革命理论形成之艰难，中国革命实践成功之必然作了分析，对无政府主义、工读主义、国家主义、梁漱溟的“乡村建设”理论、邓演达的平民革命理论等因历史局限而逐渐消亡的现象作了剖析。收入“二十世纪中国掠影”丛书。（宋彩虹）

D000009 **康有为大同思想研究** 臧世俊著。广东高等教育出版社1997年11月版。23.4万字。23.00元。系统论述康有为大同思想的专著。作者以历史唯物主义的观点，对康氏的大同思想作深入研究，探讨其产生的社会历史条件、理论来源、形成发展过程，揭示其思想核心以及大同世界的性质，并与洪秀全的太平天国、孙中山的民生主义和西方的空想社会主义相比较，得出康有为大同思想是有中国特色的空想社会主义的结论。肯定其进步意义，指出其局限性，探讨了它与现当代社会主义的内在联系。（何业光）

D000010 **西欧近代民族主义思潮研究** 副名：从启蒙运动到拿破仑时代。李宏图著。上海社会科学院出版社1997年3月版。21.5万字。13.00元。系研究西欧近代民族主义的专著。着重论述以民主、自由、平等、人权、幸福等为核心内容的西欧民族主义思潮及其演变，以及与之相伴随的人民主权取代封建王权、整体的民族利益取代狭隘的王朝利益的西欧各民族国家的发展过程，探讨近代民族主义的形成及其在不同政治背景和文化氛围中的表现形式，进而对近代民族主义在西欧近代史乃至世界近代史上所产生的巨大影响和积极意义作出评价。还重点分析了西欧各国著名思想家的代表作，通过对民族主义理论内涵的深入探讨，区别了各主要国家不同类型的民族主义，并在此基础上对英法的政治的民族主义和德意志的文化的民族主义作比较研究。（张广勇）

中国共产党

D000011 **跨越世纪的伟大旗帜** 副名：学习江泽民同志在中央党校的重要讲话。李忠杰编著。中共中央党校出版社1997年8月版。14万字。8.00元。分8章：第一章，新的时代的科学理论体系；第二章，马克思主义在中国发展的新阶段；第三章，指导我们事业的伟大旗帜；第四章，用科学的思想方法对待马克思主义；第五章，一切从社会主义初级阶段的实际出发；第六章，坚持党的基本路线不动摇；第七章，抓住机遇，开拓进取，把我们的事业向新世纪全面推进；第八章，进一步把中国共产党建设好。（沈丹英）

D000012 **中国YC团** 副名：中国青年共产党。中共四川省委党史研究室、中共重庆市委党史研究室、四川杨闇公基金会编。重庆出版社1997年3月版。30.5万字。24.00元。系“中共四川党史资料丛书”之一。中国YC团（包括四川YC和北京YC）

是吴玉章、杨闇公等酝酿于20年代初,1924年1月12日在成都正式创建的以马列主义为指导思想的共产主义组织。文集囊括这个组织的全部历史资料:中国YC团和赤心评论社的文献资料;1924—1927年间涉及中国YC团活动的报刊资料;机关刊物《赤心评论》总目、文选;人物回忆与传略等。(余国柩)

D000013　**跨入新世纪的行动纲领**　副名:十五大文件学习问答。本书编写组编著。党建读物出版社1997年9月版。21.3万字。12.00元。分专题用问答形式对十五大的重要文件内容作阐释。全书包括江泽民在中国共产党第十五次全国代表大会上的报告,74个问答以及中国共产党章程(新)等内容。(建萱)

D000014　**中国共产党历史经验研究**　朱乔森、李玲玉主编。中共中央党校出版社1997年3月版。25.3万字。13.00元。分12个专题,对中国共产党诞生的历史必然性,中国共产党自成立以来在领导中国人民推翻三座大山、建立新中国、进行社会主义改造、社会主义建设的艰苦奋斗过程中,以及在同国民党、民主党派、共产国际的关系和党内反倾向斗争等问题上成功的经验,受挫和失败的教训,进行研究和总结;对十一届三中全会以来党对社会主义建设道路的探索,对邓小平建设有中国特色社会主义理论,进行系统的研究和概括。(关国为)

D000015　**世纪风云**　副名:中国共产党史话。刘凤舞著。河南人民出版社1997年12月版。90万字。68.00元。记述中国共产党70多年的奋斗历程,再现波澜壮阔的革命斗争风貌,记录中国共产党探索富国强民的曲折历程,梳理了社会主义现代化建设的得与失,成与败,纵情讴歌三代领袖集体的光辉业绩,颂扬了中国共产党人百折不挠,敢于和善于克服一切艰难险阻的奋斗精神。(蔡瑛)

D000016　**党旗下的讲话**　武汉出版社编。武汉出版社1997年9月版。15万字。9.00元。以党的十一届六中全会通过的《关于建国以来党的若干历史问题的决议》为基本依据,用讲演的形式,普及中国共产党领导我国各族人民争取民族独立和解放以及进行社会主义革命和建设的历史知识,颂扬党的丰功伟绩以及她的优秀儿女们可歌可泣的英雄事迹,以期对广大党员干部、共青团员进行热爱党、热爱祖国和热爱社会主义的教育,进行党的宗旨、党的优良传统和作风的教育。由12辑共100篇短小讲稿组成。它以党的历史知识为主线,抓住各个时期党史的重大问题。对党史上一些重要事件、人物的介绍,注意突出、渲染和升华党的光辉形象。(王远彦)

D000017　**民族地区党的建设概论**　启东明著。内蒙古人民出版社1997年9月版。18.7万字。12.80元。结合建国以来民族地区党的建设的实际,在马克思主义党的学说和党的民族政策的指导下,系统地探讨和总结民族地区党的思想政治建设、组织建设、作风建设、制度建设、基层组织建设,思想政治工作和党的领导工作等方面的基本特点和实践经验,并从时代特点出发提出加强和改善民族地区党的建设的基本思路。(王世喜)

D000018　**党务管理学**　陈登才等主编。党建读物出版社1997年5月版。16.7万字。10.00元。分10章,主要论述党务管理的环境、内容、目标、范围、机构、制度、体制、指导方针、基本原则、基本方法、干部队伍建设,党务管理的科学化、系统化、规范化,以及加强和改进党务管理工作的领导等内容。(建萱)

D000019　**党的建设大事记(十四大——十五大)**　中共中央组织部党建研究所编。党建读物出版社1997年12月版。23万字。15.80元。是1993年出版的《党建大事记〈十三届四中全会——十四大〉》的续集。重点记述十四大以来,在坚持、加强和改善党的领导,推进党的建设新的伟大工程中的大事。主要内容包括:党中央关于加强党的领导、党的建设方面的重要指示、决定,中央政治局常委的有关重要讲话、谈话,中央各部委召开的关于党的建设的重要会议、举行的重要活动及公开发表的文件等。此书较全面地反映了这个时期党的建设的概况。除记事外,还将重要的思想理论观点作简略记述,并编有按时间排序的重大事件检索目录。(建萱)

D000020　**党建知识之最**　刘扫尘等主编。党建读物出版社1997年6月版。17.1万字。12.00元。共收集党的建设知识之最289条,共16章。内容包括:党的组织、党的纲领和路线、党的指导思想和基本理论、党的原则和制度、党的领导、党性、党的纪律、整党整风、党的干部、党员、党的基层组织、党组、党建研究、党史党建人物、党建会议、党建阵地等。(建萱)

D000021　**党员干部修养歌**　崔光祖著。山西人民出版社1997年6月版。6万字。12.00元。分上、中、下三部分,由36篇七言歌诀组成。以在改革开放和社会主义市场经济条件下如何加强广大党员和干部的思想修养为主线,将丰富的思想内涵、饱满的革命激情和鲜明的时代特色融入简洁明快的语言之

中,其内容涉及为人做事、学习思考、求是求实、自强奋斗、团结批评、廉洁自律、尊老教子、身心锻炼等众多方面。(杜厚勤)

D000022 **党的思想路线研究** 杨春贵著。中共中央党校出版社1997年5月版。54万字。30.00元。收录作者1979～1996年发表的有关文章49篇。分四大部分,围绕着毛泽东思想与党的思想路线,邓小平建设有中国特色的社会主义理论与党的思想路线,思想方法与工作方法,以及在学习马克思主义哲学中遇到的问题进行研究和探讨。作者注重把理论的指导作用与实践活动密切结合,强调哲学的世界观和方法论功能,通过对现实的剖析和透彻的说理来增强理论的说服力。(曲炜)

D000023 **毛泽东邓小平江泽民讲学习讲政治讲正气论述导读** 邢贲思主编。中共中央党校出版社1997年5月版。15万字。7.60元。分绪论和3部分。旨在落实十五大精神,配合党性党风教育,帮助广大干部更好地学习、理解三代领导人关于"三讲"的论述。对毛泽东、邓小平、江泽民关于"三讲"的论述进行详细阐释,说明我们党讲学习、讲政治、讲正气是前后衔接的,侧重点虽有所不同,但都把"三讲"作为团结奋斗、开拓创新的精神武器。(张克敏)

D000024 **党员干部理论学习纲要(藏文)** 那曲地区宣传部编。西藏人民出版社1997年4月版。18万字。24.00元。以邓小平建设有中国特色社会主义理论为指针,以巩固和加强党的基层组织建设为主线,结合西藏的实际,全面向基层党组织和广大农牧民党员进行党的基础知识教育和党性、党纲、党纪等方面教育的教科书。(总编室)

D000025 **十四大以来党的组织工作言论集粹** 中共中央组织部研究室编。党建读物出版社1997年11月版。31.3万字。14.00元。精选十四大以来党的组织工作重要言论,分7个专题编排。内容包括:努力建设高素质干部队伍,加强领导班子建设;坚持德才兼备原则,严格把好选人用人关;抓紧培养选拔年轻干部;抓好对干部的教育、管理和监督工作;以农村基层和国有企业党建工作为重点,全面加强党的基层组织建设;切实提高组织部门干部素质;认真做好离退休干部工作。加强领导班子思想政治建设和党的基层组织建设,以及加强组织部门自身建设的工作用书。(建萱)

D000026 **当代领导干部政治素质概论** 丁士峰主编。国防大学出版社1997年10月版。22万字。13.40元。以"讲政治"为核心,系统论述在新的历史时期,在改革开放的条件下,各级干部、特别是党的领导干部应当具备的政治素质。在分析新形势下党的干部队伍建设的现状和面临新问题的基础上,围绕如何提高政治素质,提出解决的办法、途径。(杜贤松)

D000027 **乡镇党委书记的风采** 中共中央组织部编。党建读物出版社1997年11月版。17.7万字。10.00元。中共中央组织部在号召开展向乡镇党委书记的榜样——吴金印学习的基础上,经过层层推荐,把31位乡镇党委书记的先进事迹汇编成书。这些乡镇党委书记是全国乡镇党委书记的优秀代表。他们的事迹是党的优良传统和作风的具体体现,是广大乡镇干部在农村第一线艰苦奋斗、开拓进取、无私奉献精神的集中反映,具有鲜明的时代特征。(建萱)

D000028 **闪光的业绩** 中共上海市委组织部等编。上海交通大学出版社1997年1月版。19万字。13.50元。介绍15位被评为"上海市共产党员关心群众的模范"、42位被评为"上海市共产党员敬业创业的先锋"的感人事迹。(戴柏诚)

D000029 **共产党员人生价值观** 副名:朱彦夫的执著追求。邢志第主编。山东人民出版社1997年版。18.6万字。9.00元。以"当代保尔"朱彦夫同志的事迹为典范,开掘共产党员人生价值观这一深邃主题,从理论和实践的结合上系统论述改革开放新形势下共产党员价值观的特征、本质,共产党员人生价值主客体设置,共产党员人生价值的内容与形式,共产党员人生价值选择,共产党员人生价值目标,共产党员人生价值创造,共产党员人生价值的实现,共产党员人生价值评价,共产党员人生价值的心理基础,共产党员人生价值认知等十个方面的内容。书中既有朱彦夫闪光的语言,动人的事迹,又有理论叙述;注重特殊和一般的结合,从朱彦夫这个特殊的典型上升到一般,来探究共产党员人生价值观问题。(李运才)

D000030 **先锋礼赞** 中共上海市委组织部组织处等编。上海交通大学出版社1997年11月版。20.3万字。15.00元。1996年9月到1997年5月,中共上海市委组织部组织处和上海人民广播电台携手举办"上海市先进基层党组织事迹空中展示"系列直播活动。本书汇编了此次展示活动中播出的15个先进集体和6名先进个人的事迹,介绍上海基层党组织工作的新经验和新做法。(戴柏诚)

D000031 **新时期军队党的建设研究** 国防大

学党史党建政工教研室编。国防大学出版社 1997 年 6 月版。25 万字。10.25 元。论文集。论文围绕贯彻落实邓小平党的建设思想和江泽民党的建设论述，紧密联系部队的特点和军队党的建设的实际，就如何加强军队党的思想、组织、作风建设问题进行研究和探讨。(刘文海)

D000032 **城市街道党的建设** 陈浙闽、张景虎著。天津人民出版社 1997 年 9 月版。15.00 元。分 3 部分，12 个专题，以邓小平建设有中国特色社会主义理论和党的基本路线作为主线，贯穿始终，并在四项基本原则、加强党的建设的前提下，联系实际阐述在新形势下城市街道党建工作的具体要求、组织、性质、特点及任务。作者实地深入到北京、天津等地城市街道，列出了四项比较规范的职能进行研究，即行政管理职能(对经济、民政、司法、治安、卫生、文化、教育、计划生育等行政事务的管理)；协调职能(协调辖区内各部门，完成社会性、区域性、服务性较强的公共事务等)；执行职能(贯彻上级人民政府的决议、命令、指示等)；指导职能(指导好居民委员会各项工作)。(徐庆平)

工人、农民、青年运动与组织

D000033 **加强执政党的阶级基础问题研究** 蒋振云主编。党建读物出版社 1997 年 5 月版。26 万字。18.00 元。论述的问题有：在改革开放新形势下，我们党的阶级基础——工人阶级状况如何？如何发挥工人阶级的领导作用，维护工人阶级和劳动人民在国家生活中当家作主的主人翁地位？在多种经济成分共同发展的过程中，如何坚持和巩固公有制经济的主体地位?如何切实保证广大工人、农民和知识分子在改革中得到实际利益？如何保持党同人民群众的血肉联系？全书共收入 37 篇论文，其中既有高层领导的研究成果，也有对全国及地方工人阶级状况的调查；既有专家的理论论述，也有来自国有大中型企业的实践经验总结，对执政党的阶级基础问题进行深入探讨。(建萱)

D000034 **中国近代农民问题与农村社会** 朱玉湘著。山东大学出版社 1997 年 8 月版。49.3 万字。36.00 元。对近代农民问题与农村社会进行系统、深入的研究。采用历史学与社会学相结合的研究方法，突破以往研究农村社会多偏于土地问题的局限，多侧面、全方位地对近代农村社会进行分析和考察，并将近代中国农民问题与农村社会划分为人口与土地关系、土地占有关系、资本主义经营、租佃关系、赋税、商业、金融、农民生活、农村政权、秘密会社、人口迁移、宗教信仰、教育和文化习俗等 15 个专题来研究，从纵、横两个方面勾画出旧中国农村社会的立体图像。(王桂琴)

D000035 **农民道德歌** 于幼军主编。广东经济出版社 1997 年 9 月版。3.8 万字。4.30 元。内容结构从农民个人、家庭、社会、国家几个层次展开，由小到大，分成修身、处世、齐家、易俗、创业、兴邦 6 部分，具体阐述什么是当代农民新的道德规范，怎样建立良好的道德风尚；采用通俗易懂、琅琅上口、易传诵的民间歌谣形式。(陈剑娜)

D000036 **商潮中的农民们** 段金林著。黑龙江人民出版社 1997 年 8 月版。11 万字。10.00 元。展示某些经商农民的心理病态。作者以耳闻目睹的亲身经历，刻画 60 余位农民的群像，把经商农民的复杂心态加以扫描：既渴望进入市场，又惧怕迈入市场；既有强烈的发财欲望，又没有足够的风险意识。他们面对变幻莫测的市场经济，缺少思想准备，有的刚下海便被搞得晕头转向。遭受挫折后又顿感茫然失措。有的从迷茫中走向了愚昧，从痛苦中走向了野蛮，灵魂变得扭曲，心理开始变态。作者呼吁经商农民要学习市场知识，增强市场意识。(徐冲)

D000037 **青年工作好点子** 曾春晖主编。江西高校出版社 1997 年 7 月版。30 万字。15.00 元。在调查研究、广泛收集和精心运用青年工作中成功案例的基础上，并借鉴其他工作领域的智慧、点子，编写而成，可作为团校教学的辅助教材。全书分为青年宣传教育工作好点子、青年学生工作好点子、“希望工程”好点子、企业青年工作好点子、农村青年工作好点子、团务工作好点子、青少年维权与服务工作好点子、团办实体工作好点子、海外青年工作好点子借鉴、政治经济文化工作智慧借鉴，共 10 编，收录的好点子 313 条。(花传贵)

D000038 **写给小读者** 李晓玲著。新疆青少年出版社 1997 年 9 月版。20 万字。15.60 元。从少年儿童如何走上成功之路，如何加强自身修养，如何珍惜和科学使用时间，如何设计与塑造自己，如何对待艰苦与挫折，如何读书与思考，如何与人和睦相处，如何寻找快乐的真谛等方面对当代少年人生路上可能遇到的问题作分析与阐述。将深奥的人生哲理融入生动的故事之中。(杨英杰)

D000039 **爱国主义教育基地丛书(第一辑)** 汪遐义、肖泽民主编。南京出版社 1997 年 7 月版。40

万字。20.00元。第一辑由《中山伟人》、《雨花忠魂》、《金陵血泪》、《梅园故事》4种书组成。集中反映南京地区4个国家级爱国主义教育基地的内容。用故事的形式,介绍孙中山的成长过程及革命经历;记录长眠于雨花台烈士陵园的革命先烈与国民党反动派作斗争的英雄事迹;揭露日本侵略者于1937年12月在南京残杀我30万同胞的累累罪行;反映了中国共产党代表团于1946年在南京梅园新村同国民党政府进行的艰苦谈判斗争,中共代表团这个革命大家庭成员之间的战斗友情,以及后人对老一辈无产阶级革命家的深切怀念。《中山伟人》按一根中心线索贯穿始终,其他3本书均由小故事、回忆录、真实资料组成,并配以图片。(李荣昌)

世界政治

D000040 **下个世纪谁最强** 副名:今后20年中美竞争的地缘政治和战略纲要。朱宁著。辽宁人民出版社1997年10月版。24万字。16.50元。从地缘政治学的理论视角,展示21世纪强者的地缘版图。认为,下个世纪的强者必是独立自主,保持经济增长、内部稳定以及致力于和平的国家。在这场历史性的竞争中,中国将获胜成为强国,创造全球共享的文化,制止人类的野蛮和暴力发生,给世界带来和平。中国具备成为强者的天时、地利与人和。作者从变化中的全球政治格局、影响中国与美国竞争的重要地缘政治关系、国家结构的地缘政治分析与中美竞争的地缘政策等方面进行分析,展示中国在下个世纪成为强者的地缘风貌。(杨永富)

D000041 **21世纪议事纲领** 副名:走向一个新时代的政治和经济。《法兰克福汇报》书籍出版部编,刘祺宝等译。中译本世界知识出版社1997年9月版。29.6万字。19.00元。1995年底,德国《法兰克福汇报》书籍出版部约请一些国家的政治领导人和国际知名企业的高级管理人员撰文,汇集成《21世纪议事纲领》一书,就人类步入21世纪时面临的问题及各自国家的发展战略阐述见解。他们是中国国家主席江泽民、联邦德国总理科尔、巴西总统费尔南多·卡多佐、摩洛哥国王穆莱·哈桑二世、阿根廷总统梅内姆、菲亚特汽车公司总裁阿格纳里、三星集团董事会主席李健熙、雀巢公司总裁毛赫尔、西门子公司董事会主席海因里希·冯·皮勒尔等。作者回顾各自国家或企业近几十年的状况,勾画未来世纪的发展蓝图。他们国别不同、视角相异,对21世纪的前景提出殊途同归的看法。政治家侧重于各国、地区、区域间的密切合作,企业家着眼于各国、地区行业内外的激烈竞争。(袁路明)

D000042 **世界政治经济与国际关系** 任治弘主编。东北大学出版社1997年2月版。31万字。16.00元。高校教材。根据近年来国际形势的发展变化,坚持理论与实践相结合的原则,着力从世界政治经济与国际关系的结合上,对当代国际社会进行综合分析。具体内容包括战后世界经济、战后世界政治格局、战后美国、战后日本、战后欧洲、战后苏联、第三世界、中国的国际地位与对外关系、国际组织和国际会议、当今世界的主题——和平与发展、国际新秩序的建立等内容。(刘振军)

D000043 **发达国家的社会发展战略** 谢立中、何玉长著。云南人民出版社1997年12月版。25万字。16.90元。通过对8个发达国家社会经济发展过程的介绍和分析,对这些国家所实行的社会发展战略成功的经验、失败的教训等作研究和归纳,具有学术价值和实践意义。收入“中国社会发展丛书”。(蔡育曙)

D000044 **历史没有句号** 副名:东西南北与第三世界发展理论。卫建林著。北京师范大学出版社1997年12月版。33.6万字。25.00元。研究东欧巨变、苏联解体后第三世界的历史地位和新情况,西方发达国家的第三世界政策及其历史变化,南北关系和社会主义等问题。以当代国际政治新格局和经济、科技文化日趋激烈的国际竞争为背景,重新审视第三世界发展的理论与实践,对在新的历史条件下第三世界发展的正确道路作了探讨,认为亟待从第三世界的实际出发,总结第三世界发展的经验和教训,探索其发展的成功道路。该书引述了西方学者关于第三世界发展的观点并逐一分析。(傅占武)

D000045 **国外公共行政理论精选** 彭和平、竹立家等编译。中共中央党校出版社1997年1月版。35万字。16.50元。精选国外行政管理理论近百年来最有影响的经典著述26篇,时间从1887年威尔逊的“行政学研究”开始,选编到20世纪80年代末。从总体上勾勒出西方行政管理及公共行政理论的基本轮廓。(王杰)

D000046 **最新国际商务旅游四通术** 副名:实用出国留学求职技巧。苏永青著。河北人民出版社1997年版。31.1万字。14.50元。由7部分组成。第一部分涉外日常礼节,包括介绍与称呼、握手与鞠躬、拥抱与接吻、寒暄与恭维、约会与交谈、忌讳与体语、招待与小费;第二部分涉外求学,介绍自费出国留学的有关规定,申请赴有关国家留学的条件,申办出国护照和入境签证;第三部分涉外求职,阐述涉外求职的原则、方法、面试和最后的定夺;第四部分涉礼,介绍涉外送礼的诀窍、形式、习俗和送礼的土特产选择;第五部分涉外宴请,有宴请的类型、组织形式、吃喝技巧、餐桌上的举止和宴请的礼节等;第六部分涉外舞会,介绍涉外舞会常识、舞种和舞会上的礼仪;第六部分涉外交际工具,有涉外名片、涉外电话和涉外书信。书后附有外国人称谓形式、吃喝方式、圣诞节、宗教简介,出国前的准备,世界各国货币,境外伙食、住宿、公杂费预算,入学申请信函,各国主要学校通讯地址,外国的有关移民法和《中华人民共和国出境入境边防检查条例》。(周建图)

D000047　**科技鼹鼠**　副名:新生代间谍。王建政等著。军事谊文出版社1997年10月版。24万字。12.00元。目前世界格局发生翻天覆地的变化。国家或国家集团之间的斗争,已经从昔日的军事对抗、政治对峙演变为今日的经济竞争、科技角逐和综合国力的较量。政治上的盟友可能是经济上的对手;军事战场上的盟军可能是科技战场上的“鼹鼠”。书中生动介绍新形势下的间谍故事,其中情节的复杂和手段的狡诈远超出人们的想象。书中指出,一场全新的搜集科技、经济情报的战争已经打响,不搞经济间谍活动难以竞争,不防经济间谍活动难以生存。(杜翔)

D000048　**战后国际重大事件纪实丛书**　李德福等著。世界知识出版社1997年1月版。215.9万字。134.00元。描写第二次世界大战结束后世界发生的一些重大事件。“高墙作证”介绍柏林墙从建立到倒塌的全过程;“千钧一发”描写古巴导弹危机的来龙去脉;“神秘的空中间谍”则将苏联击落美国间谍飞机的真相首次介绍给中国读者;“严寒扼杀布拉格之春”反映的是1968年苏联入侵捷克斯洛伐克那悲惨的一幕;“正义事业行动”、“暴怒行动”、“黄金峡谷行动”、“沙漠风暴行动”凸显战后美国奉行的霸权主义政策。“分道扬镳”和“无名之师”描写苏联奉行大国沙文主义政策,干涉南斯拉夫及阿富汗两个国家的内政。“大漠硝烟”和“喋血赎罪日”分别叙述第三次和第四次中东战争的前因后果。“艰难历程”和“喋血巴尔干”则对冷战后世界上的热点问题作介绍,前者聚焦于南非反种族主义斗争的历史进程,后者则将战火连绵不断的巴尔干纳入描写范围。(李锋)

D000049　**酒色财气赌毒揭示**　任心铭著。沈阳出版社1997年9月版。62万字。39.80元。追本溯源地揭示酒、色、财、气、赌、毒六大危害,以古今中外,上至王侯将相,下至世井俗人之人生路祸、亡身、误国、败家、毁友、丢官等具体事例,揭示其真相,警示世人不要失足于酒、色、财、气、赌、毒六大陷阱。(任冬菊)

中国政治

D000050　**国之瑰宝**　副名:宋庆龄的思想与实践。刘国友等主编。福建人民出版社1997年7月版。24.8万字。19.70元。论述宋庆龄的思想与实践。包括爱国主义思想、民主主义思想、科学社会主义思想、国际主义思想、统一战线思想、抗日战争的战略思想、祖国统一思想、中国现代化思想、救济福利思想、妇女解放思想、儿童教育思想、和平外交思想等12个方面。(郑俊琰)

D000051　**山区建设的思考与实践**　蔡森林著。广东人民出版社1997年1月版。30万字。35.00元。包括6部分:一、战略决策的选择;二、山区崛起必须依靠科技和教育;三、扩大开放发展山区工业;四、从实际出发加强农业和农村工作;五、加强山区民主和法制建设;六、抓紧抓实各级党风廉政建设。(陈启方)

D000052　**广东改革与发展探索**　许卓云著。广东人民出版社1997年8月版。30万字。23.00元。着重于对宏观经济与社会发展的动态分析与对策研究,包括社会经济发展的战略、规划、政策与改革方略等。反映广东省实际工作部门中的理论工作者对改革与发展,对建设有中国特色的社会主义道路的探索。系“广东省中青年社会科学家文库”之一。(杨小虹)

D000053　**中国社会发展的支撑体系**　陈信勇等著。云南人民出版社1997年12月版。25万字。17.40元。研究我国目前各支撑体系的现状,指出各支撑体系不适应现代社会需要的方面,总结出各支撑体系改革的方向及具体操作途径。指出,任何社会都有主心支撑体系,支撑体系的不断完善和合理也就意味着社会的进步和发展。收入“中国社会发展丛书”。(周兆)

D000054　**中国新时期社会发展报告(1991～1995)**　陆学艺、李培林主编。辽宁人民出版社1997年8月版。60万字。30.00元。跟踪中国改革开放的步伐,研究中国进入90年代上半期以后社会的新变化,新特性和新趋势的理论专著。报告认为,改革开放进入90年代,中国的经济有了较快的增长。而在社会发展方面既有巨大的成就,也有尖锐的矛盾,并指出这些矛盾产生的原因和未来的发展趋势,探讨解决的方法。报告对指导中国的改革,避免改革的失误具有重要作用。列入"中国国情与发展丛书"。(冯静)

D000055 **邓小平理论在广东** 中共广东省委宣传部编著。广东人民出版社1997年12月版。17.8万字。12.00元。从理论与实践有机结合的角度,在对邓小平理论的主要思想观点进行概括阐述的基础上,着重对广东近20年来在邓小平理论的指导下改革开放和社会主义现代化建设的实践,进行全面的回顾与总结,对广东改革开放和社会主义现代化建设中的新情况、新问题及其发展方向作分析和展望。(杨小虹)

D000056 **光辉的旗帜 实践的指南** 罗干主编。人民出版社1997年9月版。48万字。29.50元(平),41.00元(精)。收集了中央国家机关有关部门党组、党组学习中心组和党组负责同志的文章80余篇。文章从政治、经济、文化、政法、科技、教育等方面,反映党的十四大以来中央国家机关各部门在坚持把邓小平建设有中国特色社会主义理论与部门改革发展实践相结合,提高贯彻执行党中央、国务院各项方针政策的自觉性,形成本部门、本系统改革与发展的基本思路,研究解决本部门、本系统带有全局性、方向性的重大问题等方面所取得的丰硕成果。(王能雄)

D000057 **抢滩21世纪中国第一** 赵丰主编。时事出版社1997年版。34.2万字。22.00元。21世纪的钟声已经敲响,21世纪的脚步已经临近。在未来的世界舞台上中国将扮演何种角色?中国的现代化进程将是何种情景?中国人将以何种心态迎接新世纪的到来?作者指出,我国生产力已有很大提高,多项事业有了很大进步,但是,我国人口多、底子薄,地区发展不平衡;生产力不发达的状况没有根本改变;社会主义制度还不够完善,社会主义市场经济体制还不成熟,社会主义民主法制还不够健全;国际上的竞争日趋激烈。只要我们坚持走有中国特色的社会主义道路,发挥我国的优秀文化传统,利用发达国家已有的科技成就、社会成就和发展经验教训,利用外资、引进技术和管理,必定能在21世纪再创多个世界第一。(何桂全)

D000058 **改革与向往卷** 副名:我是中国人。胡俊卿等著。白山出版社1997年6月版。20.8万字。14.50元。系"我是中国人"丛书之一。通过回顾我们党改革开放的历史实践,从六个方面介绍中国人的改革与向往,即:漫漫求索路、开始新长征、改革主战场、民主政治之光、建构精神家园、未来更美好。揭示邓小平理论是指引我们实现现代化的光辉旗帜,是当代中国人再创辉煌的根本保证。(周凤鸣)

D000059 **改革思辩录** 易振球著。广东人民出版社1997年12月版。23.5万字。19.00元。本书是广东省中青年社会科学家文库中的一种,汇集作者写的对改革开放认识的理论文章和研究报告,反映广东省坚持以邓小平有中国特色社会主义理论为指导,大胆实践邓小平建设有中国特色社会主义理论,大胆探索发展社会主义市场经济的实践过程。(杨小虹)

D000060 **经济社会发展与改革探索** 张炳申著。广东人民出版社1997年12月版。32万字。26.00元。分4部分。第一部分为经济综合发展战略研究,运用定性与定量相结合的方法论证经济发展过程中劳动力适量合理配置,实现就业与经济良性循环的对策,深入分析广东和珠江三角洲经济增长的态势与局限,产业结构变动,提出跨世纪的战略及对策选择。第二部分为区域工业化研究,通过分析香港、珠江三角洲、广州和山区县等不同类型的工业化问题,总结区域工业化的成功经验,从工业化速度和模式、工业结构调整、工业投资选择与投资环节优化、工业技术水平与管理水平、工业效益等方面提出发展思路与策略,尤其关注农村工业化与城乡关系的研究。第三部分是社会发展研究,着重反映有关对劳动力资源合理配置、农村劳动力转移、外来劳工和人口跨地区流动的经济效益及问题等研究成果。第四部分为经济社会改革研究,着重从发展社会主义市场经济的角度对劳动就业、工资制度等问题进行探讨。系广东省中青年社会科学家文库之一。(杨小虹)

D000061 **第三次解放思想的政治宣言** 副名:论十五大报告。李连仲著。云南人民出版社1997年12月版。26万字。34.00元(平),45.00元(精)。共13章。系统论述十五大报告在政治、经济、文化、党建、发展战略、科技教育和对外关系等诸多领域内的新理论、新构思和新要求。从高举邓小平理论伟大旗帜,全面深化社会主义初级阶段理论,社会主义所有制结构和所有制实现形式的理论重大突破,加快国有企业改革的步伐,切实完善分配结构和分配方式理论，调整优化经济结构、促进经济发展，促进地区经济协调发展，逐步缩小地区发展差距的理论，实施科教兴国战略，坚持可持续发展战略，努力提高对外开放水平，积极推进社会主义政治体制改革，努力建设有中国特色社会主义的文化，面向新世纪搞好党的建设等方面精辟阐释十五大报告的思想价值和理论意义。(张维)

D000062　**新时期社会稳定问题研究**　王挺主编。山西人民出版社 1997 年 12 月版。16.2 万字。16.00 元。对我国新时期社会稳定的规律性，作探索与研究。共分 5 章："新时期社会稳定问题的提出"、"分析认识社会稳定问题的科学方法"、"新时期实现社会稳定的基本因素"、"经济稳定及其实现途径"、"政治稳定及其实现途径"、"思想稳定及其实现途径"。着重论述当代中国社会稳定问题的重要性以及社会稳定在中国未来发展中具有重要意义。阐明要实现当代中国变革时期的社会稳定，首先应当掌握社会稳定的科学方法，树立科学的稳定观。(高美然)

D000063　**中国社会发展丛书**　郭继严主编。云南人民出版社 1997 年 12 月版。323.7 万字。系统研究中国社会发展问题和邓小平社会发展战略理论的丛书。力求提高对社会发展问题的认识和研究水平，解决社会主义建设过程中所面临的重大矛盾和问题，以推进我国社会全面发展方面进行了有益的探索和尝试。丛书立足我国国情，从社会发展理论、实践、战略三个层次研究新时期我国社会发展的方针、政策，回顾和总结改革开放以来我国社会发展各个领域的状况、成就和存在的矛盾、问题，对西方发达国家的社会发展理论和政策进行评介，对我国社会发展的主要领域进行专门探讨，提出我国社会发展战略构想及对策、建议。充分展示我国社会发展领域研究和实践的最前沿的理论成果。(周祥)

D000064　**变革中的哲学文化思考**　阮纪正著。广东高等教育出版社 1997 年 4 月版。36 万字。25.00 元。对邓小平倡导的改革开放和建设有中国特色社会主义的实践，进行研究和评论。从哲学和文化的层面展开思考，其论述涉及"改革开放的历史依据和理论依据"、"全面改革和宏观调控论"、"开放的社会历史条件及其对开放主体的制约"、"新的发展战略观"、"精神文明建设与物质文明建设的辩证关系"、"人的价值和个体道德价值"、"中华民族凝聚力的文化本质和文化基因"、"传统文化批判与现代道德建构等方面。(何业光)

D000065　**九十年代两岸关系**　杨荣华主编。武汉出版社 1997 年 10 月版。26 万字。15.00 元。论述 1990～1996 年海峡两岸关系的发展现状、相关政策、两岸交流的现状及发展趋势。作者指出，海峡两岸关系进入到 90 年代以来，发生了几件颇有影响的大事：两岸民间最高中介组织(祖国大陆"海峡两岸关系协会"、台湾"海峡交流基金会")的建立，"汪辜会谈"的举行，"千岛湖事件"的发生，江泽民关于"八项主张"的提出，李登辉的上台执政，"台独"活动的升级等等。两岸关系的发展有波折、暗流，也有新的变化与进步。两岸科学、文化、体育等领域的交流比以往任何时期都更加活跃；两岸"三通"在艰难曲折中有了新的发展；中国共产党和中国政府采取一系列举措，以经贸为中心发展两岸关系，"以经促政"、"以民促官"、"以通促统"，成为发展两岸关系的有效途径。(杨锋)

D000066　**邓小平与香港**　陈雪英主编。当代世界出版社 1997 年 5 月版。33 万字。23.00 元。展示邓小平在香港回归祖国这一重要历史事件中作出的巨大贡献，对"一国两制"构想进行介绍和探讨。分三编。第一编为香港失落前后的曲折历史；第二编为 1982 年以来中英之间错综复杂的谈判历程和双方对解决香港问题的立场，邓小平国际战略思想的丰厚内容，他对祖国的真切感情，他的果敢求实精神和作风，他的原则的坚定性与策略的灵活性；第三编侧重从理论与实践的结合上介绍"一国两制"构想的形成过程，探讨其内涵及伟大意义。(魏里亚)

D000067　**香港回归与 21 世纪中国**　余钟夫、林书增著。北京出版社 1997 年 3 月版。25 万字。12.00元。共 6 章。第一章，简要回顾香港百年来的沧桑；第二章，对香港回归的时代背景进行分析；第三章，讨论中国大陆与香港政制的差异及其磨合问题；第四章，专门分析香港回归对和平解决台湾问题的影响，及香港在大陆、台湾两岸三地中的特殊作用；第五章，对 21 世纪中国与香港的经济发展进行展望，并对保持香港长期繁荣稳定提出对策；第六章，探讨华夏体系对香港的作用。(龙杰)

D000068　**香港回归步履**　叔弓编著。辽宁人民出版社 1997 年 5 月版。20.4 万字。14.00 元。逐章分解《中华人民共和国香港特别行政区基本法》的基本内容，反映邓小平"一国两制"伟大构想的英明，体现了"一国两制、港人治港、高度自治、五十年不变"的方针，反映了广大港民共创香港美好明天的努力和智慧，以及香港回归祖国后的美好前景。分三部分。第一部分，细说《基本法》。分 22 个问题，简介香港问题的由来与解决，中国政府 12 条基本方针，香港特别行政区，以爱国者为主体的"港人治港"等，阐释《中华人民共和国香港特别行政区基本法》的内容。第二部分，漫步回归路。有 7 篇文章，记述在香港回归过渡期内广大港人携手回归的过程。第三部分，附录文献篇。记录《中华人民共和国香港特别行政区基本法》和《中华人民共和国政府和大不列颠及北爱尔兰联合王国政府关于香港问题的联合声明》的全部内容。（蔡文祥）

D000069 **海峡风云 48 年** 刘雄著。福建人民出版社 1997 年 6 月版。23.9 万字。16.00 元。对 1949 年以来的两岸关系作全面述评，揭示以美国为首的海外势力对我国两岸关系的干扰和破坏。分"大战前夕，风云突变"、"朝战突发，你窜我打"、"炮火连天起，起因在美国"、"中共力主谈判合作，蒋氏依然心不在焉"、"毛泽东周恩来时刻惦记祖国统一，蒋氏父子念念不忘'反共复国'"、"邓小平主张'一国两制'，蒋经国负重小步趋进"、"两岸关系日益发展，李氏暗中袖里藏刀"、"李登辉迈出危险步伐，两岸关系再现危机"等 8 章。"结束语"对两岸关系作总结与前瞻。（郑俊琰）

D000070 **辉煌的五年——十四大以来经济建设和精神** 副名：文明建设成就。"辉煌的五年"成就展筹委会领导小组编。内蒙古人民出版社 1997 年 12 月版。20 万字。1 000 幅图。298.00 元。根据中央宣传部、国家计委、国家经贸委、国家体改委、国家统计局共同主办的"辉煌的五年"——十四大以来经济建设和精神文明建设成就展的资料汇编而成。分"成就展报道"、"成就展示"、"附录"3 部分。以文图并茂的形式，生动、形象记叙和展示十四大以来的五年中，中央 60 多个部门和全国 31 个地区，在以江泽民为核心的党中央的团结带领下，全党、全国各族人民，高举邓小平建设有中国特色社会主义理论的伟大旗帜，坚持党的基本路线，抓住机遇、深化改革、扩大开放、促进发展、保持稳定，在社会主义经济建设和精神文明建设中所取得的辉煌成就。（常青）

D000071 **今日内蒙古（套书）** 刘明祖、乌力吉主编。内蒙古人民出版社 1997 年 5 月版。70 万字。364.00 元（精），286.00 元（平）。内蒙古自治区是我国第一个少数民族自治区。1997 年 5 月 1 日是内蒙古自治区成立 50 周年纪念日。描绘内蒙古半个世纪历史的画卷，展现内蒙古各族儿女同心同德，携手并肩，用勤劳的双手和辛勤的汗水建设家园的历史画面。全书共 13 册：综合册，是对自治区的全面概述，突出民族特点与地区特点；另 12 分册是兴安盟、哲里木盟、呼伦贝尔盟、乌兰察布盟、锡林郭勒盟、巴彦淖尔盟、伊克昭盟、阿拉善盟、呼和浩特市、包头市、乌海市和赤峰市。各盟市分册内容均分作 3 部分：一、50 年的辉煌。用大量无可争辩的事实、数字、图示（表）展示 50 年的成就；二、地区优势。各盟市在经济发展中存在着各自独特的优势；三、远景展望。全套书体例一致，既是一个统一的整体又可独立成书。有近千幅插图。（陈锦安）

D000072 **上海精神文明建设图集** 上海市精神文明建设委员会编。上海科技文献出版社 1997 年 9 月版。400 余幅彩照。220.00 元。由"市委历届领导高度重视精神文明建设"、"以科学的理论武装人"、"以正确的舆论引导人"、"以高尚的精神塑造人"、"以优秀的作品鼓舞人"和"群众性精神文明创建活动"6 部分 400 余幅彩色图片组成，展现上海人民在邓小平理论指导下，创建社会主义精神文明的丰硕成果。（方余善）

D000073 **福建** 《福建》画册编委会编。海潮摄影艺术出版社 1997 年 8 月版。3 万字。392 幅图。280.00 元。画册。用图片和文字介绍八闽大地雄伟壮丽的山海大观，日新月异的建设新貌，不断完善的投资环境，汹涌澎湃的改革大潮和硕果累累的精神文明建设等内容。画册介绍了福建人民在改革开放以来各条战线上所取得的巨大成就，突出福建省"侨、台"优势，突出福建人民建设海峡两岸繁荣带——闽东南的丰硕成果，突出两个文明一齐抓的特点。画册的开篇、中页和结尾分别以五幅跨页大照片，表现福建"山、海、特、侨、台"的优势，"福、厦、泉、漳，莆"——海峡两岸繁荣带的崛起和福建"东、西、南、北、中"的地域特点，封面以《海峡长虹》，象征闽台架金桥的美好前景。封底《海峡雄风》以民族英雄郑成功的英雄形象，寄望祖国和平统一目标的早日实现。（胡国钦）

D000074 **文明之路** 中共厦门市委宣传部、厦门市精神文明建设办公室编著。鹭江出版社 1997 年 9 月版。112.2 万字。88.40 元。系"厦门精神文明建设丛书"。分《探索篇》、《决策篇》、《实践篇》、《群英篇》4 册，总结厦门创办经济特区以来精神文明建设的新经验。《探索篇》收录 1994 年以来厦门市多次精神文明建设研讨会的论文，以及在全国各报刊和论文集上发表的有关厦门市精神文明建设的文章共 38 篇，从不同角度反映厦门市精神文明建设所取得的成就和存在的问题，探讨了在率先建立社会主义市场经济体制的过程中,特区如何进一步搞好精神文明建设的方法和措施,同时,对当前存在的一些问题进行分析。《决策篇》系统总结厦门市在抓社会主义精神文明建设中所取得的成绩和经验。收录党、政、军各系统有关精神文明建设的法规性条文规范编成册,集中体现厦门市精神文明建设在法制化轨道上有法可依,有章可循的特色。《实践篇》以中央新闻单位采访团系列报道为主体,精选有关厦门市精神文明建设的长篇通讯,反映厦门市精神文明建设的总体概貌。并附《厦门市精神文明建设大事记》,记录厦门自创办经济特区以来精神文明建设的轨迹。《群英篇》对厦门市精神文明建设中涌现出来的先进群体和个人作全景式的描写,涉及各个行业,各个层次,在叙述先进事迹时,注意发掘这些先进群体和个人在平凡工作岗位上所凸现出的时代精神。

D000075 **海口** 海口市人民政府编著。南海出版公司1997年12月版。120.00元。图文并茂,回眸海口10年的巨变,展示海口10年的辉煌。海南建省办经济特区,作为海南特区省会城市的海口,进入一个新的历史发展阶段。10年来,海口人民团结进取,奋力拼搏,对这座城市投入了更多的热情和心力,使海口经济建设蒸蒸日上,投资环境日臻完善,精神文明面貌一新,人民生活丰富多彩,国际交往活跃频繁。(王晓虹)

D000076 **市场经济与政府职能及机构设置** 傅明贤、张怀平等著。湖北人民出版社1997年12月版。41.7万字。22.00元。共12章。第一章为绪论,是全书的逻辑起点。概述市场经济的基本特征、正负功能,市场经济条件下政府的一般职能、机构设置的主要依据;研究市场经济与政府职能及机构设置的意义及方法。第二至十一章,具体研究了世界上具有代表性的几类国家的市场经济与政府职能及机构设置的关系,为全书的重点。这些典型国家既包括发达的老牌资本主义国家,也包括战后出现的新兴的发展中国家。在发达的资本主义国家中有基本属自由型市场经济的美国、英国、加拿大,属政府主导型的日本、法国,属社会福利型的瑞典;在发展中国家有仍处在较低发展阶段的非洲和非洲的印度,处在中等发展阶段的拉丁美洲,以及新兴工业化国家的韩国。第十二章为全书的精华。通过对不同类型国家作出纵横比较分析,总结在市场经济条件下,政府职能及机构设置的带有共同规律性的历史经验,并由此而提出九个重大的理论问题:各国国内现实的政治、经济乃至文化价值观念以及在国际上所处的地位是决定该国采取何种市场经济模式的原因;政府以经济职能为中心,社会职能为经济职能服务,政治职能经济化;中央政府大多实行大部制,中央政府在各地设立派驻机构;中央政府设立比较健全的咨询机构;中央政府不要求地方政府的机构与中央对口设置;政府计划的权威性与非强制性相结合;国有企业是市场经济中不可缺少的经济成份;政府依法行政。最后特别提到关于发展型市场经济与政府职能及机构设置还有一个重要的经验,即据市场经济的发展而不断调整政府的职能及机构,以经济职能为中心必须保持政治稳定。这些理论观点的提出对于我国当前机构改革有重要的参考和借鉴价值。(陈冬新)

D000077 **当代中国政府过程** 朱光磊著。天津人民出版社1997年版。35万字。19.50元(平),26.00元(精)。运用政府过程的理论与方法,对当代中国政府过程作实证描述与理论阐释。分析了当代中国政府过程中的各主要环节和主要方面,包括主要社会利益群体、意见表达的主体和方式、中共领导下的意见综合过程、决策过程、决策的施行过程、信息传输过程、监督体系、中国政府的若干经济行为、中央——地方政府过程、农村政府过程、城市政府过程等。当代中国政府过程的总体特征除由革命斗争、由传统和国情所造成的一些特点外,由改革开放又造成了政治上高度集中但管理上已相当分散、法律与政策同时规范社会国家和政府行为、政策在诸多方面“双轨”运行等特点。在此基础上,提出适时规范党政关系、完善人大“双层结构”的运行模式、切实转变政府职能、强化税制改革、拓宽规范意见表达和信息传输的渠道、减少“条条”数量缩小“条条”权限、发展社会中介组织、规范行政区划等方面的建议设想。指出党政关系是当代中国政府过程中最基本的政治关系,其他几乎所有政治关系都是围绕这个关系展开的。关于政府过程中的“第二财政”问题和关于“单位”的政府职能及分解问题的研究颇具新意。(盛家林)

D000078 **当代政府服务** 李澄怡、杨国辉著。南海出版公司1997年4月版。15万字。18.00元。介绍政府的两个基本职能:一是对社会进行管理;一是向公众提供服务。指出,只强调政府对社会的管理,忽略政府对公众的服务,弱化政府的服务职能,在很大程度上助长了腐败和官僚主义。着重论述政府如何服务,整体构建当代政府有效服务的理论体系。系统提出“了解公众需求——服务设计——服务运行——服务评审——服务改善”的政府服务实践模式。

(刘孝阳)

D000079 **国家公务员管理学教程** 李如海著。党建读物出版社 1997 年 8 月版。22.3 万字。20.00元。主要内容包括:绪论;国家公务员制度的产生;国家公务员的职位分类;国家公务员的权利与义务;国家公务员的考试录用;国家公务员的考核;国家公务员的奖励与纪律;国家公务员的职务升降;国家公务员的职务任务;国家公务员的培训;国家公务员的交流与回避;国家公务员的工资保险福利;国家公务员的辞职辞退与退休;国家公务员的申诉与控告;国家公务员的管理与监督;国家公务员的监察;国家公务员法规建设。(建萱)

D000080 **深圳干部制度改革论** 吕锐锋著。海天出版社 1997 年 10 月版。40 万字。28.00 元。系统总结深圳市 17 年来干部制度改革的成功经验。主要内容有:始终坚持以邓小平建设有中国特色社会主义理论为指针,牢固树立组织干部工作服务于特区经济建设的思想,不断明确干部制度改革的正确方向;坚持与经济特区的改革开放大局同步整体推进,把干部制度改革作为政治体制改革的有机组成部分,持之以恒地保障和促进社会主义市场经济体制的建立;坚持实事求是的思想路线,一切从特区改革开放的实际出发,重视调查研究和总结经验,善于发现带普遍性、趋向性的问题;坚持敢闯敢试敢探索的开拓精神,勇于冲破阻碍特区建设和发展的旧观念、旧框框,敢于走出特区干部制度改革的新路子;坚持在制度建设上下功夫,努力建立新形势下干部管理的科学运行机制;坚持抓好组织人事部门的自身建设,努力建设高素质的组织人事干部队伍。(方映灵)

D000081 **反腐败斗争纵横谈** 散先明、李华山等著。中国地质大学出版社 1997 年 9 月版。26.3 万字。11.00 元。对腐败的概念和内涵进行界定,对迄今为止的一切文明社会都存在的腐败现象的表现形式、腐败者的手法、腐败的主要特征、腐败的主要危害、腐败产生的根源等进行概括和分析,对市场经济、改革开放、党的执政地位与反腐败斗争问题进行论述,对毛泽东、邓小平反腐败斗争的基本思路及其特点、中国共产党反腐败斗争的经验、中国古代历史上反腐败斗争的经验、世界上一些国家和地区反腐败斗争的经验进行概括和评述,对反腐败斗争任务的艰巨性、复杂性和长期性的原因作了理论性说明,对反腐败斗争的途径和办法提出见解。(赵福堂)

D000082 **沉沦的权力** 李志人等著。甘肃人民出版社 1997 年 11 月版。23.6 万字。16.00 元。通过综合分析数据资料和剖析案例,揭示产生腐败的社会历史原因和文化原因,揭示我国传统经济运行模式及由此产生的文化心理中,导致腐败行为发生的客观因素;探寻腐败思想和行为在社会发展、运行过程中产生的具体原因和环节,揭示产生腐败的文化特征、思维特征、心理特征和社群特征等。通过综合分析腐败犯罪者的心理和行为,以及人们对这些心理和行为的认识和评价,揭示在社会发展中个人行为在社会生活中的作用,尤其是个人行为对社会的影响,由此来认识个人在社会发展中的社会化问题,引导人们警惕和审视自己的心理和行为,提高全社会认识和剖析腐败的能力。以案例和案例统计资料为事实依据进行分析和概括,以寻找由数据反映的深层次问题,并对腐败提出了相应的根治对策。(杜绮德、王忠民)

D000083 **腐败论** 副名:权力之癌的“病理”解剖。李建华、周小毛著。中南工业大学出版社 1997 年 4 月版。27.1 万字。14.80 元。侧重于从伦理学与法学的结合点上,就腐败与权力的关系及腐败的实质,腐败的基本类型及其在政治、司法、经济、日常生活等领域的表现及危害,腐败产生和社会诱因与主体自身的内在原因,反腐败的制度化措施,道德防线与舆论机制,国外与香港地区反腐败的经验与教训等问题,进行深入探讨。系“走出误区丛书”之一。(秦瑞卿)

D000084 **都市绿风** 高国斌主编。沈阳出版社 1997 年 12 月版。5 万字。180.00 元。反映沈阳市交通管理的大型画册,分开篇、交通宣传、交通整治、交通民警、交通管理、橄榄绿的故事、春天的故事等 7 部分。介绍沈阳交通管理的宣传声势,交通法规常识的普及;交通整治工作“细致化”及动态、静态交通秩序的规范管理;交通民警在学济南交警方面做出的成绩;交通管理的执法行为,改革交通事故现场堪察方式、交通事故处理法制化、交通语言国际化等交通管理现代化手段;橄榄绿的故事,讲述沈阳交警为维护沈阳交通秩序所奏出的卫士凯歌,展现的卫士风采以及迎来的天地焕彩;春天的故事讲述交通管理取得的丰硕成果,详细地标示沈阳的路况、车速、车辆持有量、新增道路等,记录沈阳大二环工程(沈阳历史上投资最大、建设速度最快、质量最好的道路工程)为沈阳经济振兴所奏响的现代化节奏、为沈阳的腾飞插上“翅膀”。还展示了整个城市规划、城市建设、城市管理等各方面的崭新成果,显示出沈阳市民

的精神风貌和文明程度。(任冬菊)

D000085 **现代消防管理概论** 季俊贤、缪应祺主编。上海科学技术出版社 1997 年 9 月版。28.7 万字。18.50 元。内容包括:绪论;现代消防管理的基本原理、基本原则、组织机构、目标管理、法规管理、基本技法;现代城镇消防基础设施的建设与管理;现代消防的重点管理、统计管理、产业管理、现代消防管理与财务投入;现代灭火战术和火场作战指挥等。阐述现代消防管理理论,研讨如何遵循经济建设和社会事业发展的客观规律、与火灾发生发展的规律,依照有关的方针、政策、规则和规章、制度,运用现代科学管理的原理和方法,通过计划、组织、指挥、协调、控制、奖惩等职能,使社会各部门、团体和单位的人力、财力、物力、技术、时间和信息等作最佳组合,以达到预期的消防安全目标。(任侃)

D000086 **消防安全系统工程** 季俊贤、李锦飞主编。上海科学技术出版社 1997 年 9 月版。22.5 万字。14.00 元。共 7 章,包括:系统工程概述;消防安全系统的网络分析;消防安全系统危险性分析;事故树分析;消防安全系统工程的安全评价与决策;消防安全系统工程的优化理论;消防安全系统经济评价等。(任侃)

D000087 **论中国特色的社会保障道路** 郑功成著。武汉大学出版社 1997 年 8 月版。51.8 万字。26.50 元。分“总体发展篇、体系结构篇、运行机制篇”3 部分。对社会保障发展论、社会保障宏观关系论、中国社会保障传统模式及改革尝试、中国特色社会保障总体发展道路、中国社会保障宏观体系、社会保障子系统、社会救助子系统、社会福利子系统、医疗保障子系统、军人保障子系统、补充保障子系统、社会保障宏观运行机制、社会保障法制建设、社会保障管理体制、社会保障实施系统、社会保障监督机制等当今中国最令人关注的“社会焦点”进行论述。作者对全球社会保障制度的发展规律和中国特色的社会保障改革、发展道路进行研究和探索,揭示社会保障发展的内在规律,提出划分社会保障发展阶段的依据,确立了社会保障内部与外部之间的整体协调关系。提出了走中国特色的社会保障改革、发展道路,并从总体道路的设计和体系结构、内容结构、运行机制等方面作了阐述。(沈建英)

D000088 **三峡工程移民研究** 副名:长江三峡工程技术丛书。傅秀堂主编。湖北科学技术出版社 1997 年 10 月版。39 万字。57.00 元。参加三峡工程研究和建设的移民规划设计工程技术人员,认真整理国内外众多专家和几代工程技术人员潜心研究的成果,在系统总结的基础上缩写该书,向全国水利水电工程技术界全面、系统地介绍三峡工程移民研究成果。其内容包括:综述、三峡水库淹没指标及淹没特点、三峡库区移民环境容量研究、开发性移民与库区经济发展、三峡库区农村移民安置规划研究、三峡库区城镇迁建规划研究、三峡库区工矿企业迁建补偿投资研究、三峡库区专业项目复建规划研究、三峡工程坝区施工征地移民研究、三峡工程移民法规建设、新技术新方法应用研究。水库移民工程学是一门随着水利水电工程建设发展而不断发展完善的新兴边缘学科,是包括社会科学和自然科学多学科的系统工程学科,在三峡工程建设的规划设计实践中,为解决浩大的移民工程各类复杂问题,编者们作了深入探索并积累丰富的经验,该书是他们智慧和汗水的结晶。(武文文)

D000089 **中国移民史** 葛剑雄等著。福建人民出版社 1997 年 7 月版。260 万字。188.40 元。论述自先秦至 20 世纪 40 年代发生在中国境内的移民,对其中主要的移民运动,一般都以经过考证的史料说明其起因、迁移对象、迁移时间、迁出地、迁入地、迁移路线及方向、定居过程和产生的影响,并尽可能作出定量分析,总结规律。第一卷包括导论和大事年表两部分。导论界定移民的定义和全书研究范围,确定中国移民史的分期、移民类型和特点,阐述研究中国移民史的意义,介绍研究中国移民史的基本方法和手段。大事年表列出自公元前 21 世纪至公元 1949 年间可考的中国主要移民及相关大事。第二卷至第六卷分别为先秦至南北朝时期、隋唐五代时期、辽宋金元时期、明时期、清和民国时期的断代史。各卷均列有大量统计表格和地图。每一卷的后记,对相关的学术史和作者的研究方法作简要的说明。6 卷按统一的体例撰写,但各自具有相对的独立性,其中第一卷可作移民史概论的教材和工具书。(许树基)

D000090 **中国民族区域自治 50 年** 《中国民族区域自治 50 年》编写组。内蒙古人民出版社 1997 年 12 月版。33.6 万字。40.00 元。回顾中国民族区域自治制度的探索、创立、发展的历程,总结中国实行民族区域自治的主要经验,探讨中国民族区域自治的理论体系,特别是在社会主义市场经济的条件下,完善民族区域自治制度的途径和对策。其特点是:全面总结中国民族区域自治成功的历史经验,如实地分析其间的曲折,特别是在“左”倾思想、路线干扰下所曾受到的干扰和破坏，揭示了民族区域自治制度是在中国民主革命和社会主义建设时期经过长期实践，在斗争中逐步形成、逐步完善的，是正确解决中国民族问题的一大法宝；立足中国国情，论证中国民族区域自治制度维护了国家的统一和民族团结，保障了少数民族的合法权益，使少数民族地区经济、社会等各方面发生巨大变化；根据社会主义市场经济新的历史条件下民族地区经济、社会发展的内部条件和外部环境的变化，提出了进一步调整、完善民族区域制度、充分保障少数民族、民族地区的合法权益，在提高经济发展质量、效益的前提下，加快现代化建设步伐的具体建议（常青）

D000091 **新巴尔虎右旗蒙古族卷** 郝时远等。民族出版社 1997 年 12 月版。28 万字。18.50 元。"中国少数民族现状与发展调查研究丛书"之一。分 3 篇，即"综合篇"、"典型篇"和"专题篇"。综合篇从"概况"、"政治"、"经济"、"文化教卫生"、"社会"等方面，反映新巴尔虎右旗的基本情况；典型篇通过对"达来东苏木调查"、"阿拉坦额莫勒镇调查"、"贵金属冶炼厂调查"、"达赉湖自然保护区调查"等，对现状和发展问题进行剖析；专题篇通过"新巴尔虎右旗畜牧业发展研究"、"新巴尔虎右旗工业发展研究"、"新巴尔虎右旗牧民贫富分化研究"、"新巴尔虎右旗牧民小康富研究"、"新巴尔虎右旗现状与发展综合研究"等，指出其成功的经验、存在的主要问题、今后的发展趋势及对策、建议等。（欧光明）

D000092 **新时期的陕西回族** 马复员著。陕西人民出版社 1997 年 4 月版。13.2 万字。14.50 元。论述改革开放以来，居住在陕西省境内的回族群众政治、经济、文化、宗教活动等方面的巨大变化，即在政治上落实了民族政策，民族平等权利得到保障，民族风俗习惯得到尊重，民族群众的政治觉悟空前提高；民族经济的发展表现在在国家优惠政策的促进下，民族企业涉及各个行业，企业规模不断扩大，效益日益好转，中小型业也有较好的发展趋势，饮食业也有变化，回族群众的收入有所增加，生活大有提高；在文化教育方面，如幼教、小学教育、中学教育得到普及和发展，高等教育的发展也取得很大成绩。还对民族干部的培养、民族的文化娱乐活动，宗教生活等进行论述，指出目前民族工作存在的问题，比如干部培养的滞后，教育发展的不平衡等，并提出建设性建议。（吴秉辉）

D000093 **武鸣县壮族卷** 龙远蔚等编著。民族出版社 1997 年 12 月版。27 万字。18.50 元。"中国少数民族现状与发展调查研究丛书"之一。分 3 篇，即"综合篇"、"典型篇"和"专题篇"。综合篇从"概况"、"政治"、"经济"、"文化"、"社会"等方面，反映武鸣县的基本情况；典型篇通过"双桥乡社会经济调查"、"玉泉乡调查"、"邓广村调查"、"清江、全苏村变迁"、"武鸣卷烟厂调查"、"武鸣华侨农场的建设"等，对现状与发展问题进行剖析研究；专题篇通过对"武鸣县壮乡农户市场行为研究"、"武鸣农村社区经济发展比较"、"集贸市场发育与发展问题研究"等，指出其成功的经验、存在的问题、今后的发展趋势及对策、建议等。（欧光明）

D000094 **瑶学研究(4)——现代化与瑶族：发展前景** 张有隽主编。广西民族出版社 1997 年 6 月版。50 万字。48.00 元。1996 年广西首届国际瑶族学术研究会论文集，中心议题是：现代化与瑶族。全书分为：领导讲话和致辞、贫困与反贫困斗争、经济发展前景、语言与教育、法制与道德建设、文化艺术、社会与文化变迁、支系＊姓氏＊人口、宗教信仰、历史四题、论文提要、附录 12 部分，共收论文 76 篇。（徐美）

D000095 **中国民族统计年鉴(1997)** 国家民委经济司等编。民族出版社 1997 年 10 月版。80 万字。80.00 元。反映我国民族自治地方经济和社会发展情况的统计资料工具书。全书分 4 部分：第一部分收集 1996 年国家民委颁发的有关民族工作方面的文件以及党和国家领导人的有关民族工作方面的讲话。第二部分收编国家民委各司厅室撰写的民族工作条目。第三部分收编全国 30 个省、自治区、直辖市民委撰写的民族经济、社会发展和民族工作情况的有关条目。第四部分是统计资料，包括 12 个小部分，即一、综合；二、人口、从业人员；三、农业；四、工业；五、运输、邮电；六、固定资产投资；七、国内贸易；八、财政、金融；九、人民生活；十、教育、科技；十一、文化、出版；十二、卫生、体育。附录收有国家民委及所属单位、30 个省、自治区、直辖市民委机构情况。（虞农）

D000096 **宗教与现代社会** 副名：福建省宗教研究会论文集·2。福建省政协民族宗教委员会、福建省宗教研究会编。福建教育出版社 1997 年 12 月版。28.5 万字。23.00 元。收论文 38 篇。1997 年 6 月 17 日至 18 日，福建省宗教研究会和省政协民族宗教委员会联合在福州集会，纪念中共中央[1982]19 号文件《关于我国社会主义时期宗教问题的基本观点和基本政策》下发 15 周年，会议收到论文43篇。与会者重温和领会我党在社会主义时期宗教工作这个纲领性文件的伟大历史意义和现实意义;探讨在新形势下宗教方面出现的新情况、新问题;着重讨论宗教与社会主义社会相适应的问题。会后,选择38篇出版成书。(孙汉生)

D000097　**品德与情怀卷**　副名:我是中国人。鲜开林等著。白山出版社1997年6月版。16.3万字。11.80元。系"我是中国人"丛书之一。介绍中国人所具有的品德与情怀,即:天下兴亡,匹夫有责——胸怀大志、心系华夏的社会使命感和责任感;艰难困苦、玉汝于成——坚忍不拔、艰苦奋斗的顽强意志;先天下之忧而忧、后天下之乐而乐——先人后己、公而忘私的奉献精神;坟高在为土、丰碑在人心——光明磊落、坦荡无私的博大胸怀;宁为玉碎,不为瓦全——憎爱分明、刚正不阿的浩然正气;欲知松高洁、待到雪化时——克己奉公、廉洁清正的高风亮节;言而有信、取信真诚——言行一致、表里如一的诚实品格;勤俭节约能治世、一草一木知珍惜——勤俭持家、艰苦朴素的纯朴美德;礼仪之邦、名扬四方——遵守公德、礼貌待人的文明风尚;海内存知己、天涯若比邻——团结和睦、共求繁荣的友好精神。(周凤鸣)

D000098　**中国传统伦理道德与社会主义精神文明建设**　许启贤、陈瑛主编。中国青年出版社1997年1月版。论文集。从"中国传统伦理道德和社会主义精神文明建设"的关系角度,进行学术探索。书中收录的文章,体现了"百花齐放、百家争鸣"的原则,尊重作者的学术见解和理论观点。多方位、多角度、多层次地探讨了"中国传统伦理道德"究竟如何与"社会主义精神文明建设"相结合,为建设有中国特色的社会主义强国提供了思想理论的依据。(杨天成)

D000099　**国旗下的讲话**　天安门国旗护卫队、本社合编。武汉出版社1997年9月版。18万字。10.00元。以中小学生升旗和国旗下的讲话活动为线索的爱国主义主题演讲稿的结集。辑录爱国主义内容的讲演稿130余篇,共分为国旗国歌国徽特辑、国情国策篇、节日纪念日篇、壮丽河山篇、古代文化篇、古代科技篇、民族英雄篇、勿忘国耻篇、革命道路篇、革命英烈篇、伟人风范篇、将帅业绩篇、当代英模篇、近现代文化名人篇、近现代科技英杰篇、拼搏篇等部分,每部分由数篇演讲稿组成。全书知识点丰富,百余篇千字文概括了爱国主义知识的重点内容。(邹德清)

D000100　**从政明镜**　副名:与干部谈修养。王诚著。广西师范大学出版社1997年12月版。39.5万字。18.00元(平),22.00元(精)。政治理论读物。内容涉及干部的政治理论修养、科学文化修养、法律纪律修养、领导艺术修养、心理人格修养和道德品质修养等六个方面。以改革开放以来干部队伍的社会状况、思想倾向为论述对象,针对干部群众普遍关心的问题进行分析讨论。书中的100个问题均独立成篇,每个问题均以革命领袖、模范英雄人物的先进事迹或古今中外的典故、格言切入正题,以题命篇,一篇一议,用通俗的语言与干部谈心。(宾长初)

D000101　**精神文明与"精神温饱工程"**　潘竟万等主编。甘肃人民出版社1997年12月版。11万字。7.80元。以甘肃省武威地区"精神温饱工程"为蓝本,按照其实践途径,深入研究,并兼及全国其他地区精神文明建设的先进经验,采用系统工程的方法,对改革开放以来我国农村社会主义精神文明建设的战略地位、任务、工作突破口、工作的方式、方法、内容、难点、面临的新挑战、出现的新问题以及今后的对策,进行系统研究和总结,探索农村精神文明建设运行中的特点和规律,运用新思路和新方法进行理论概括。(李果)

D000102　**行业文明服务与基本规范**　何少川主编。福建人民出版社1997年5月版。20.1万字。10.00元。系"思想道德教育丛书"之一。系统地介绍福建省20几个窗口行业系统的职业道德的基本原则和文明服务的基本规范,并介绍各行业的文明用语和服务忌语,旨在加强各行各业的职业道德建设,提高社会服务水平,推动文明行业建设。(王开彬)

D000103　**新时期铁路职业道德**　宋茂清、丘维远著。中国铁道出版社1997年9月版。18.3万字。10.00元。以党的十四届六中全会通过的《中共中央关于加强社会主义精神文明建设若干重要问题的决议》为指导,在铁道部政治部印发《人民铁路职业道德基本规范》的基础上,论述在社会主义市场经济条件下,道德与职业道德的一般社会现象,铁路职业道德的性质、特征和社会作用,细化了铁路职业道德的规范体系,设计了包括铁路职业道德基本原则、行业规范、部门规范、岗位规范等层次内容的结构体系,提出铁路职业道德建设的新思路。(李小军)

D000104　**影响二十世纪中国的十件大事**　石仲泉等主编。陕西人民出版社1997年1月版。19.3万字。13.00元。"二十世纪中国掠影"丛书之一。论述20世纪中国发生的10个有重大影响的事件。从中国共产党的成立到中国革命生死攸关的转折；从七七事变到新中国的诞生；从社会主义制度的确立到“文革”的动乱骤起，从十一届三中全会的召开到邓小平南巡讲话的发表。介绍事件发生的背景、经过、结果和影响。（宋彩虹）

D000105 **当代中国社会结构和社会关系研究** 郑杭生等著。首都师范大学出版社 1997 年 8 月版。20 万字。18.70 元。分 2 编，共 8 章。第一编从构成我国社会结构的经济、社会基础、社会利益结构、社会结构的转型以及改革以来利益结构的分化和重组等方面进行研究。第二编对我国现代化进程中的工农关系、流入城市的农民与城市居民的关系、脑力劳动者与体力劳动者的关系、管理者与被管理者的关系进行调查分析。全书在邓小平理论的指导下，结合社会调查、统计数据对我国当代社会结构和社会关系的变化作研究。（仓理新）

D000106 **党外知识分子资源开发** 牟本理等著。甘肃人民出版社 1997 年 8 月版。17.7 万字。15.00元。由 3 部分组成，即调研篇、理论篇、工作篇。其特点如下：系统地研究了欠发达地区党外知识分子资源开发问题，重点研究欠发达地区党外知识分子队伍的基本特征、人员流动特征以及思想道德特征等带有普遍性和规律性的问题；围绕进一步改善欠发达地区知识分子资源开发的经济环境、社会环境、工作环境、生活环境等方面问题，提出 27 条政策性建议。（李德奇）

D000107 **游子之魂** 杨匡汉、班澜著。河南人民出版社 1997 年 6 月版。17 万字。16.00 元。书中的“游子”特指中国知识分子中的一个独特群体——海外知识分子（包括港台的知识分子）。作者从道学的浑沌之游、儒学的入世之游入手，说明中国知识分子常处于“游”的状态，分析了游子的不同心态及价值观等。一个多世纪以来，家园衰落，屡遭外强欺凌，汉文化处于死亡的威胁之下，中国知识分子怀着民族危机感和拯救意识奔赴海外，寻求富国强兵之道。新中国成立后，历史地产生了大陆与台、港、澳的分割与对峙，一大批知识分子流离异国他乡。本书纵向考察了游学或客居于海外的中国知识分子在这种放逐的情势下，他们的人生经历、复杂而微妙的心理，对他们的责任感、自省精神、边缘意识、精神困扰、乡愁理念等精神现象进行了探究；又横向选取以当代新儒学为代表的新传统主义、继承“五四”科学传统的自由主义、取中西宗教精神相交融的新士林派、中国历史研究界、海外作家和科技界、实业界等断面剖析海外知识分子心理的困惑、矛盾和冲突，及为重建中华文化传统，振兴中华的追求历程。收入“中国知识分子丛书”。（张继承）

D000108 **影响二十世纪中国的十个党派** 石仲泉等主编。陕西人民出版社 1997 年 1 月版。17.9 万字。12.30 元。“二十世纪中国掠影”丛书之一。以政党为线索，展示出 20 世纪一百年来中国大动乱、大变革和大发展的历史画卷。选取 20 世纪以来具有代表性、对中国历史产生过深刻影响的 10 个党派，即中国共产党、中国国民党、中国民主同盟、中国国民党革命委员会、中国民主建国会、中国民主促进会、中国农工民主党、中国致公党、九三学社、台湾民主自治同盟，对他们的政治立场、政治观点、政治活动、功过是非，历史地位以及产生、发展和变迁史作逐一评说。（宋彩虹）

D000109 **江村农民生活及其变迁** 费孝通著。敦煌文艺出版社 1997 年 8 月版。36.5 万字。28.50元。由江村经济和重访江村两部分构成。另附 W.R.葛迪斯（澳大利亚悉尼大学人类学系主任）的论文《共产党领导下的中国农民生活——对开弦弓村的再调查》。“江村经济”是作者 1938 年在伦敦出版的英文版博士论文，原题为《中国农民的生活》。叙述作者在 1936 年对长江流域农村一个村庄——开弦弓村（作者取学名为“江村”）的实地调查。描述这一地区农民的消费、生产、分配和交易等体系，说明这一经济体系与特定地理环境的关系，以及与这个社区的社会结构的关系。尤其注重探讨变化着的乡村经济中的动力和问题。“重访江村”是作者 1957 年至 1996 年对开弦弓村的历次跟踪访查。内容注重对思想的探讨。由“江村经济”到“重访江村”，作者的研究由最初的人文生态层次的社会人类学，即研究人对资源的利用和分配问题、人与人共同生存的问题过渡到了心态层次的人的研究，并呼吁建立一个能保证人类继续生存下去的公正的生态格局，和一个所有人类均能遂生乐业，发扬人生价值的心态秩序。（何满意）

D000110 **人生与探索** 雷正金著。广东人民出版社 1997 年 12 月版。25 万字。16.00 元。在当今市场经济条件下，如何弘扬中华民族的理想和道德？在建设社会主义中会出现什么困难？在无战事的和平年代，军旅生活的动力在哪里？作者围绕诸如此类的问题从多层面进行分析与阐述。（杨小虹）

D000111 **上海跨世纪社会发展问题思考** “上海‘九五’社会发展问题思考”课题组编著。上海社会科学院出版社 1997 年 8 月版。40.6 万字。26.00元。分析与研究上海社会发展中出现的一系列问题,其中包括人口与发展、社会保障制度、收入分配、城市社区发展、青少年问题、环境保护问题、住房问题、动拆迁问题、社会治安、宗教问题等。对每一个问题,都从战略的高度分析,并作出概括和总结;对未来的发展前景,则在可持续发展和有利于社会进步的前提下,提出自己的思路。(陈凤梁)

D000112 **走向 21 世纪的中国社会问题** 刘世定、丁元竹编。四川人民出版社 1997 年 6 月版。25 万字。28.00 元。主要内容是在我国走向现代化的过程中出现的社会问题并提出对策。这些问题有:国民收入分配中出现的新矛盾、地区发展的差距问题、地区与阶层的贫困问题、就业问题、少数民族问题、当今犯罪新趋向、文化问题以及人口与环境问题等。(汪伊举)

D000113 **闲话中国人丛书** 梅墨生等著。辽宁人民出版社 1997 年 3 月版。50 万字。36.20 元。丛书 4 种:《中国人的悟性》、《中国人的悠闲》、《中国人的气派》、《中国人的忌讳》。丛书把描述中国传统文化浸染下的中国人的生存状态、自身特性为宗旨。描写的人物涉及昔日的帝王、儒者、隐士、侠客、现实生活中的男男女女,是一幅古今中国人生活图景的长卷。写法上侧重于对状态的描述,有情节有故事,也有对古今中国人生存方式优劣的评价与议论。《悟性》从古代的老子、庄子的人生怪性写起,对魏晋士人、明清文人,关于人生的诸多感悟和做法都有涉猎,说明中华民族是最富人生悟性的民族,也指出今人悟性的误区。《悠闲》则展示了从古至今种种悠闲的理论与悠闲的生活状态,指出,它是中华民族的一个很突出的特点,分析了它的优点与弊病。《气派》写出中国人身上的正义之气,豪侠之气,以及佛家道家的仙道之气,儒者的儒雅之气,以及现代人身上表现出的气质与风度。《忌讳》描述古今中国人的忌讳,分析这些忌讳反映出的文化内涵。(冯静)

D000114 **国家与社会** 副名:中国市民社会研究。邓杰来著。四川人民出版社 1997 年 11 月版。15 万字。16.00 元。市民社会研究是当代国内外学术界的一个重大论题;这一论题涉及中国政治学和政治社会学的理论建设,也涉及中国社会主义现代化的进程。本书收 7 篇论文,即"建构中国的市民社会"、"市民社会与国家"、"台湾民间社会语式的研究"、"中国发展研究的检视"、"国家与社会"、"市民社会理论的研究"、"中国近代史中的国家与社会"。书中提出的重要论点有:(1)为解决好转型时期中国的社会问题,必须重视市民社会研究;(2)提出了国家与社会关系的"良性互动说",即国家承认市民社会的独立性,为其提供法律保障,并对其进行必要的干预和调节,市民社会则成为制衡国家的力量,成为民主政治的强大推动力;(3)在构建中国的市民社会理论过程中,必须对西方的"传统——现代"两分观进行分析批判。(徐志诚)

D000115 **新疆妇女进步与发展** 刘云等主编。新疆大学出版社 1997 年 4 月版。24 万字。14.00 元。研究当代新疆妇女问题的学术专著。重点探讨新疆妇女参政议政,妇女法律地位,妇女就业、教育,屯垦戍边的新疆妇女,妇女成才规律,婚姻家庭生育状况,新疆妇女对社会进步的贡献,新疆老年妇女问题与对策,老年妇女就业,老年妇女婚姻与赡养,老年妇女寿命与死亡,老年妇女人口预测等问题。(墨愚)

D000116 **禁毒史鉴** 王宏斌著。岳麓书社 1997 年 9 月版。46 万字。26.00 元。分 13 章,考察各个历史时期鸦片作为毒品在中国传播过程及其对人们身心健康、道德观念,社会政治经济等各方面的危害情况,探讨历代禁毒运动的起因、过程及效果,分析历届中国政府禁毒的方针、政策和法令,揭示毒品泛滥的社会政治根源,并总结了中国历次禁毒运动的经验和教训。(饶毅)

D000117 **明日强者书系** 于信凤等著。辽宁人民出版社 1997 年 8 月版。100 万字。82.70 元。丛书分 6 册,从现实到历史、从中西对比到城乡差异,全面阐述磨砺教育的必要性、紧迫性,和现实意义。主要内容有:现代苦难哲思录、中国人西方人和他们的孩子、儿童教育忧思录、强者时代沉思录、乡下人城里人和他们的孩子、野蛮人文明人和他们的孩子。(朱枫)

D000118 **中华古典行政管理制度研究** 奇秀著。山东大学出版社 1997 年 12 月版。33.8 万字。20.00 元。分三编。第一编为《宰相任命制度研究》,详述西汉丞相制、隋唐尚书门下中书(内史)三省长官制、元代中书省长官制、明代内阁大学士制和清代军机大臣制五种宰相任命制度的典型形式,并将其归纳为独任制、群任制和兼任制三种形态,研究了由实位宰相到虚位宰相的演进发展。第二编为《机构设置制度研究》,详论中央行政机构——尚书省六部二十四司的设置与沿革,并辟专章论吏部的设置与沿革,后详述省级行政机构的沿革情况。第三编为《考试录用制度研究》,详尽讨论唐代的科举制度及其科

举常科的三个系统——科目结构、科目内容与考试级制的情况。(邹宗良)

D000119 **中国皇帝制度** 朱诚如主编。武汉出版社1997年12月版。69万字。50.00元。对中国皇帝制度的形成、不断完善和最后衰亡的历史轨迹进行宏观描述;对这一制度的创立和发展的历史合理性,以及给中国社会所造成的无尽灾难,作客观、辩证的论述;并分别从礼仪、皇嗣、后妃、宦官、巡幸、陵寝等方面阐述中国皇帝制度的方方面面,揭示这一制度所特有的政治性格和政治气质。(刘昌钊)

D000120 **宋代官制辞典** 龚延明编著。中华书局1997年4月版。179.6万字。82.00元。收录两宋时期前后设置过的官司、官吏名11 000条,职官术语与典故600余条。内容包括官司名、官吏名及其职源、沿革、职掌、官品、编制、简称与别名、职官术语、典故,以及俸禄、勋、爵、阶等附表。释文一律注明出处,征引以宋人著述为主,严谨有据。书前有10余万言的"宋代官制总论",以简洁的文字概括出两宋官制演变的阶段性及脉络,并且反映了宋代官制的内容和特点,具有导读作用。书后配有59幅官制表格,以便查找。(朱振华)

D000121 **察举制度变迁史编** 阎步克著。辽宁大学出版社1997年3月版。24万字。15.50元。阐述察举制度的发展史,对一些专门问题,提供基本资料,并加以考订解说,以补前人之阙遗。书中相当一部分是对史实细节的考订。并提出一些有异于成说的看法;探索这一制度发展变迁的线索、原因,及其政治文化意义。分析察举制度以及其他有关选官制度在不同的时期,以何种方式,在多大程度上体现或背离理性行政的要求,并导致何种后果;研究特权分配和权力斗争对察举制度以及有关的其他选官制度的影响,以及后者对前者的反作用;考察察举制的产生与发展与知识群体的政治、文化和社会动态之间的关系。(陈晓东)

D000122 **宋代行会制度史** 魏天安著。东方出版社1997年8月版。18.4万字。19.80元。探讨宋代行会的诸种特点及与宋代社会的关系。有以下特点。作者考察了中国古典市制的瓦解与近代市制的建立问题,指出这一变化与从井田制至均田制由国家统一规划用地制的崩溃和土地所有权的转移相联系。认为行会是一种本地同业商人的市场垄断组织,宋代行商(客商)势力的削弱和坐商势力的增长则是中国行会形成的滥觞。认为宋代行会具有与欧洲行会不同的特点,宋代的"行"在商品生产和商品流通过程中具有一定的限制竞争、垄断市场的作用,是一种封建性的同业人组织,其性质属行会。(张秀平)

D000123 **近代绅士** 副名:一个封建阶层的历史命运。王先明著。天津人民出版社1997年12月版。26万字。16.80元。系"社会史丛书"之一。从绅士阶层的历史源流、社会地位、社会角色、其构成成分的变化、与时代变迁的关系等等多方面,研究封建阶层的历史命运:兴盛、分化与消亡,折射出近代社会结构的流变之光。作者认为,近代社会发展不平衡、绅士阶层分化不充分,加剧了中国农村社会的矛盾冲突。民国时期社会底层的无序骚乱,与此直接相关。中国的基本国情,首先在于解决农村的主要矛盾。中国共产党人正是因为把根基打在广阔的农村,才最终走向了胜利。(陈益民)

D000124 **儒生与国运** 刘修明著。浙江人民出版社1997年1月版。52万字。27.20元。关于中国古代知识分子的论著,其中包含着为近现代知识分子寻"根"的意义。作者将以儒生为主体的中国古代知识分子,同中国古代的政治史、社会史、思想史、文化史、学术史的某些侧面结合起来,探讨中国知识分子的形成、发展、作用及其分化、衍变的历史过程。

D000125 **五—十世纪敦煌的家庭与家族关系** 郭峰著。岳麓书社1997年10月版。27万字。15.00元。全面检视国内外有关敦煌出土的文献资料,从社会学的角度对这一时期敦煌地区的家庭类型、规模、家庭的社会功能等方面作了全面的分析和阐释,以信实可靠的统计分析给人们提供这一时期敦煌地区社会生活的具体境象,即敦煌人民虽身在边陲,却心系中原王朝,在家庭与家族关系中体现出与中原社会的共趋倾向。还对这一时期敦煌地区家庭内部经济关系、家庭与政府的关系作具体的实证分析。(管巧灵)

D000126 **近代中国烟毒写真** 李秉新等主编。河北人民出版社1997年4月版。100万字。上下册。60.00元。共选编有关近代中国烟毒祸患的史料157篇。大体按行政大区排列,上卷除一篇综合性概述外,含京津沪三市,东北、华北、华东和中南地区的毒患史料;下卷包括西南和西北地区的史料。其中旧中国毒祸最烈的西南滇黔川三省史料尤为丰富。详尽记述自1840年鸦片战争以来,外国列强依仗武力强迫清政府签订一系列不平等条约,大肆倾销烟毒,攫取暴利,残害中国人民的罪行;从晚清至民国及日伪政权出于种种卑劣目的的烟毒运销、种植、加工和贩售罪行;烟毒给中国各族人民造成的巨大历史祸患的实况。还描述了共产党领导的新中国以严厉手段禁绝毒患的千秋伟业。(张晨光)

D000127 **中国问题** 罗素著。1997年1月版。13万字。10.00元。罗素是20世纪影响深远的英国哲学家和思想家。他深切同情和支持被压迫民族和人民的正义斗争,对中国人民怀有特殊的真诚和友好的情感。本书是他到中国实地考察,于1922年撰写的讨论中国问题的专著。该书记叙这位“世纪智者”对中国问题的种种思考,反映了一个西方进步学者的中国观。(叶适)

D000128 **百年忧患——知识分子命运与中国现代化进程** 何晓明著。东方出版中心1997年6月版。32万字。24.00元。系“东方学术丛书”之一。分上下两篇共12章。紧扣知识分子与中国现代化休戚与共的联系,考察中国近代知识分子的心路历程及理想追求,其中有传统与现实之间的艰难选择,有中西思想文化碰撞后的深层思考,有科学理性与民族情感的矛盾冲突。从中国知识分子的诞生到中国现代化的特征,从转型之际的困惑与探寻到沉重的起飞,论述知识分子在中国现代化进程中扮演的社会角色及承担的历史使命。(徐芷琳)

D000129 **近代中国江湖秘闻** 李秉新等主编。河北人民出版社1997年4月版。100万字。上、下册。60.00元。选收近代中国(清末至民国)“江湖”上的有关史料120篇。主要有赌博、黑社会、三教九流、骗术、占卦扶乩、乞丐与丐帮、旧社会特殊行业、保镖、流痞等。赌骗丐三方面尤为详尽。将“江湖”中土匪、帮会两大类剔出,另有专卷记述,集中介绍“黑白两道、腥行素行、文活武活”等江湖门类。多为旧中国的丑恶现象或特有现象,作者亦多属亲历见闻,史料价值高。赌、丐两部分地域排列:京、津、沪、东北、华北、华东、中南、西南、西北地区;其他部分内容则散列,以突出代表性为主。(张晨光)

D000130 **近代中国娼妓史料** 李秉新等主编。河北人民出版社1997年5月版。100万字。上下册。60.00元。辑录近代中国(清末至民国时期)娼妓业历史资料130篇。上卷包括东北、华北及西北地区之一部分;下卷包括华东、中南、西南及西北地区之一部分。以详尽系统的史实,揭露旧中国的黑暗统治与压迫及战乱、灾荒及贫困,将数以万计的中国妇女逼上青楼卖笑的悲惨“行业”,鞭挞了旧社会各种恶势力玩弄妇女、摧残人性的无耻罪行,记述当时娼妓业的种种行规陋习和欺压妇女的残酷手段。多为作者亲历亲见亲闻的史实,尤其一些受害妇女的忆述与控诉,殊为难得。还以大量篇幅记载新中国成立之初,中国人民在共产党领导下利刃割痛,取缔娼妓业的伟大历史壮举,记述众多受害妇女在革命人道主义的关怀下,“由鬼变成人”的历史过程。(张晨光)

各国政治

D000131 **认识日本人** 尚会鹏著。重庆出版社1997年10月版。17.5万字。14.00元。以人为主体,全方位地分析日本人的“集团意识”、“等级意识”、“序列意识”、“岛国意识”、“危机意识”以及日本人对待外来文化的“拿来主义”,日本人做事的认真精神与柔性思维,分析日本人“耻感文化”与“思义意识”的产生缘由。多方面涉及日本的各种社会问题。内容中穿插许多相关的日本民间故事以及作者的亲身经历与观感。(余国枢)

D000132 **站在21世纪门槛上** 副名:总统手记。[哈萨克斯坦]努·纳扎尔巴耶夫著。时事出版社1997年版。16万字。12.00元。为什么存在了70年的苏联会像轰然坍塌的大厦一样瞬间瓦解?作为亲历者,作者主要从两方面分析了原因。一、美苏两大军事体系的长期对抗,致使苏联国库亏空,耗尽了人力、物力和财力。一场阿富汗战争,苏联付出了大量的钱财,数万人丧生、致残,而人民得到的只有悲伤的回忆和惨痛的教训。二、改革初期,国家领导层缺乏充分的理论研究和精神准备,急功近利,指望找到一把“万能钥匙”以打开通往新社会道路上的所有大门,于是从一个极端滑到另一个极端,认为只要打破封闭国家的所有限制,只要改革、开放,就足以建立起民主制,解决社会和人民生活各个领域的所有问题。如何在苏联解体的旋涡中稳住阵脚,掌握自己的命运?作者总结了哈萨克斯坦所走过的艰辛道路后冷静地指出,对转型期国家来说,政治稳定是国家民主改革的基础、生存的保证。在“伟大的邻国”一章中,以中国实行改革开放所带来的经济繁荣、人民生活水平提高以及向现代化迈进的事实说明,“21世纪人类的发展在许多方面都取决于中国,世界许多国家都把中国放在其对外政策中相当重要的位置上,而对哈萨克斯坦来说,发展同这个前景远大、经济快速发展的国家的互利合作关系尤为重要”。纵观全书,作者的观点较为客观,但有些观点如对马克思主义民族观的认识是有偏差的。(相立波)

D000133 **东欧演变的历史思考** 阚思静、刘邦义主编。当代世界出版社1997年2月版。18.8万字。12.00元。论文集。收录16篇研究东欧问题的论文。论文对东欧社会主义国家历史进程中的重大问题进行剖析，从不同角度探讨东欧演变的深层次原因和历史教训，分析了演变中的东欧国家政治形势和某些国家的经济形势。作者认为，二战后东欧各国根据本国的国情建立了"人民民主的模式"，如果沿着这条道路走下去，东欧国家有可能取得社会主义事业的成功。后来多数东欧国家都被迫放弃了从人民民主道路向社会主义过渡的道路，引进了苏联的社会主义模式。东欧党缺乏独立自主的传统和其领导人的教条主义思想也是接受苏联模式的重要原因。引进苏联模式以后，东欧国家领导人在制订社会主义建设和改革路线时又出现失误。认为，东欧国家民族关系复杂，民族矛盾尖锐，民族主义恶浪冲击着政党和民族国家，使多民族共同体解体。指出，东欧是东西方大国争夺的焦点，戈尔巴乔夫为实现其"新思维"而放松了对东欧的控制，东欧国家迅速倾向西方。（李庆贵）

D000134 **制度变迁与对外关系** 副名：1992年以来的俄罗斯。冯绍雷著。上海人民出版社1997年11月版。40.2万字。30.50元。研究当代俄罗斯(1992～1997年)社会经济政治现状的专著。作者以冷战后俄罗斯经济政治制度的变迁与其对外政策的相互关系为主题，全面描述这五年间俄罗斯政治结构变迁、经济变迁的现状，梳理和分析了俄罗斯与独联体国家及世界主要大国间的互动关系，并对其未来走向及可能的发展前景作了预测，收入"当代国际政治丛书"。（黄建章）

D000135 **美国国家战略** 刘金质著。辽宁人民出版社1997年4月版。62.5万字。39.00元。对第二次世界大战以来美国国家战略及其追求的总目标、惯用的手段、方式和各个历史阶段战略的变化和依据，特别是冷战结束后美国国家战略的新走势等作分析研究。其特点如下：(1)在叙述历史事实时，注意理论分析。(2)从对大量第一手材料的分析中，提出的观点和论断具有说服力。(3)内容历史跨度大，涉及面宽广。如对美国战略目标、目的、战略的制定与实施等均有详尽的论述，对美国外交、军事、经济和意识形态方面的战略也作了评述。(4)除对有关美国国家战略的制定和较多的重要文件作详细介绍和评述外，还提供一些原始材料给读者自己判断。（刘万庆）

D000136 **美国人权政治——理论和实践的历史考察** 陆镜生著。当代世界出版社1997年3月版。46万字。35.00元。共11章。全方位、多层次地对美国不同时期的人权状况进行考察与分析，从以下几个主要方面揭示美国人权的双重传统：一、抽象地侈谈自由平等，声言人人享有生命、自由和追求幸福的权利，实则坚持阶级间、种族间和性别间的不平等；二、强调政治思想上的统一，压制个人不同的政见，这是造成美国历史上数次人权危机的主要原因；美国的社会保障、福利救济政策只是为补偿美国资本主义制度造成的严重社会弊病所采取的改良措施；四、美国的人权外交旨在遏制那些不听命美国的国家，实质上是借人权问题干涉别国内政，行霸权主义之实。（陶永学）

D000137 **教父们的教父** ［美］约瑟夫·奥布赖恩著。黑龙江人民出版社1997年5月版。25.6万字。24.80元。作者是曾在联邦调查局工作20年之久的特工人员，他们亲身参加了此项破获黑手党中心的工作，亲自潜进"教父"的家中安装窃听器，并负责监听及对录音资料进行整理工作，最终把隐秘深久的"教父们的教父"——美国当时黑手党五大家族的统领人物保罗·卡斯特兰诺送上了法庭。该书的写作基于作者亲身经历的侦察事实和监听录音的实况而成，介绍了一个完全真实的黑手党群体。（徐冲）

外交、国际关系

D000138 **外交学概论** 鲁毅等著。世界知识出版社1997年版。28.2万字。15.00元。在探讨外交学的研究对象、学科范围，以及外交学与其他交叉学科关系的基础上，建立该学科的框架和体系。系统阐述外交的起源与历史演变、当代外交的基本准则、规则与惯例、外交机构的组成与外交代表、使馆和外交人员的特权与豁免、当代外交的方式与类型、外交交涉与谈判、国际组织、国际会议与国际条约，以及现代外交与其他各个领域的关系。概括论述中国外交理论与实践、中国的外交风格与特色，结合中国外交实践经验阐述外交业务与技术，以及中国外交队伍的建设等问题。在阐明一般的外交学理论和实务中，参考和借鉴了国外学者的有关研究成果，并侧重研究中国的外交理论与实践，特别是对中国老一辈无产阶级革命家和战略家毛泽东、周恩来、邓小平等对中国外交思想与实践的贡献都有论述。（王立）

D000139 **周恩来外交学** 裴默农著。中共中央党校出版社1997年10月版。36.7万字。19.50

元。作者在外交部工作38年,曾多次随周恩来出访,对周恩来外交的理论和实践有较深的了解。本书根据作者的亲身经历,介绍周恩来的外交思想,让读者领略周恩来外交实践的风流潇洒和外交思想的博大精深;了解具有中国特色的周恩来外交的文化传统与哲学内涵,赞颂周恩来首创和平共处五项原则开创了世界外交新纪元;介绍经历的建交程序和模式;欣赏独领风骚的首脑外交和渐进积累的民间外交;学习高超的谈判谋略和动人的语言艺术;体会礼宾风貌和调研旨趣。(关国为)

D000140　**国际裁军与军备控制**　潘振疆主编。国防大学出版社1997年1月版。32万字。14.25元。以马克思主义理论为指导,以我国外交政策为依据,从我国安全利益的特点出发,着眼于国际裁军和军备控制斗争的实际和发展,评述世界裁军与军控的发展过程。系统分析第二次世界大战以来主要国家裁军与军控的基本意图和政策。论述了促进与制约裁军进程的主要因素,对世界裁军与军控斗争的发展。进行预测和描述,对当前我国参加世界裁军与军控斗争具有重要的参考作用和实用价值。(赵元卿)

D000141　**历史瞬间的回溯**　当代世界出版社史料编辑组编著。当代世界出版社1997年10月版。24.8万字。16.00元。收录反映中国共产党三代领导人对外交往情况的回忆性和纪实性的文章14篇。文章从不同侧面记述中国共产党对外交往的复杂而曲折的历史,披露某些重大事件的内部情况。主要内容有:(1)中共与苏共关系的风雨历程,某些重大事件的鲜为人知的情节。(2)中共领导人与某些外国党领导人的长期交往与深厚友情,我军重要领导人秘密出使帮助所在国打仗的情况。(3)中共与某些共产党恢复关系的决策内幕和过程,社会党著名活动家密特朗、勃兰特等访华的经过。(4)中共第三代领导人访问苏联、拉美、中亚、东欧国家,广交朋友,开拓对外工作新局面的情况。(5)中共与外国党交往中,领袖们的轶闻趣事。作者为长期从事外事工作和国际问题研究的人员。(鲁浩)

D000142　**《人民日报》关于朝鲜、韩国、日本问题资料汇编第1卷**　金龟春、孟庆义等编。黑龙江朝鲜民族出版社1997年12月版。170万字。198.00元。收录《人民日报》自1946年5月至1950年10月刊登的有关朝鲜、韩国、日本问题研究的资料,并依照时间与内容分成专辑,各专辑又分《朝鲜、韩国》、《日本》编,按年代顺序编辑,资料中的地名、人名均按《人民日报》原文辑录,未做任何改动。(崔昌俊)

D000143　**英使谒见乾隆纪实**　[英]斯当东著,叶笃义译。上海书店出版社1997年6月版。45万字。36.00元。1793年(乾隆五十八年),由马戛尔尼率领的英国政府代表团对中华帝国的访问,是18世纪中外关系史上的一件大事。在马戛尔尼使团结束访问回国后,该使团成员就撰写并出版了有关访问的回忆和记录的文章,其中斯当东撰写的此书(1797年在伦敦出版)最全面。本书主要内容有:使团在中国旅行中匆促考察所获得的材料;在中国黄海、渤海及返回欧洲路程上的航行记述;在往返途中在各停留地点所做的观察记录。这些材料除作者所记录的,还有不少是马戛尔尼和使节团其他人的个人文件。在20世纪20、30年代,该书在我国就有刘半农的中文节译本。60年代,商务印书馆约请叶笃义根据1799年美国费城再版本译出全文。此次改版重印,改用简体,纠正排误文字,统一名词,并改动个别不规范用语。(陆坚心)

D000144　**西势东渐与东方世界的回应**　张富强著。广东人民出版社1997年8月版。27.5万字。22.00元。选择作者自1988年以来发表的23篇论文。其中心问题是"西势东渐与东方世界的回应",重点讨论近代中国对外关系上的史事和人物。分4部分:一是近代国际关系专题研究;二是近代中国对外经济关系专题研究;三是李鸿章外交思想和外交活动专题研究;四是近代岭南文化专题研究。系"广东省中青年社会科学家文库"之一。(杨小虹)

D000145　**战时美国的欧洲战略**　熊伟民著。湖南教育出版社1997年版。27万字。11.40元。研究第二次世界大战期间美国战略的学术专著,共11章。以美国欧洲战略为核心,深入探讨美国总统和军事领导人指导战争的原则、方法,他们的思维模式和影响他们行动的因素;展现美国战略路线同英国、苏联战略路线之间的矛盾分歧;揭示美国欧洲战略与美国全球战略、政治与军事、眼前利益与长远利益之间的内在逻辑关系。书中"'先欧后亚'原则及战略"(第2、4、10章),"地中海还是西北欧?"(第5、6章),"横渡海峡作战"(第8章),都是作者进行专门研究并取得很好社会反响的学术成果。探讨了学术界长期存在的分歧,如:美国横渡海峡作战在政治上要达到什么目标的问题,作者认为:美国渡海作战所追求的对苏政治目标具有二重性:既存在支援苏联、与苏联合作的一面,又存在限制、抗衡苏联的一面,但从事情发展的全过程看,支援苏联与苏合作的一面居

于主导地位。(孟可文)

法 律

D000146 **论法** 张光博著。大连海事大学出版社 1997 年 11 月版。22.3 万字。13.50 元。分三大部分。第一部分为法的整体论,介绍法的概念、法的历史。第二部分为法的分解论,介绍法规论、法关系、法过程、法部门、法制。第三部分为法的环境论,介绍法与经济、法与政治、法与文化、法与社会。(刘明凯)

D000147 **法律信仰的理念与基础** 谢晖著。山东人民出版社 1997 年版。40 万字。24.00 元。对法律信仰问题进行系统探讨。共 8 章,3 部分。前 3 章论述法律信仰的基本理念,对法律信仰的历史发展、学理含义、主观条件、客观条件、信仰冲突等进行有说服力的论证。第四至七章系统论证法律信仰得以建立的基础,即价值、社会——主体精神基础、制度基础和经济基础,从而在一种广阔的社会背景和宏远的学理视野下探索法律信仰问题,这不但给人们指出法律信仰自身的理路,而且指出法律信仰背后的逻辑蕴含。最后一章通过对我国法学中盛行的一种观念——法律工具主义的学理剖析和批评,指出该理论对塑造法律信仰的现实危害,并探寻克服这种危害并塑造法律信仰的方法。提出一系列新颖的见解,如关于法律信仰的历史对象与主观条件,法律怀疑精神,理性法律信仰,法律神圣的学理探索,法律信用,法治权力,政治拜权教,法律信仰的个体精神基础等等。

D000148 **法的实现** 副名:法的一种社会学分析。黄建武著。中国人民大学出版社 1997 年 4 月版。23 万字。11.00 元。作者认为,法是一定利益的表现形式,利益存在于社会结构之中,当它获得法的一般表现形式后,它仍然存在于社会中,对法的运作起着推动或制约的作用。法对社会关系调整的作用点在于全体的行为,而主体的社会活动根本上是受利益驱动的。主体利益要求的产生和实现,除在根本上决定于社会物质生产条件外,还受制于社会中的许多因素,这些因素构成对法运作的支持和制约。本书以利益和行为为核心,探讨法在社会中的运作过程;法律调整社会关系的能量和机制;各种社会因素对法律运作的制约机制;法律改造社会的作用和局限;法律作用结果的评价等方面的问题。作者对法的本质、法律行为的概念等有争议的问题作了论述。

D000149 **法的时代精神** 郭道晖著。湖南人民出版社 1997 年 3 月版。64.8 万字。31.50 元。选录作者 1986 年至 1996 年撰写的法学专论与法治政论的文集。内容包括法学思维导论;法的本质与法的精神;人权、权利与权力;宪法与民主;法治思想与法治国家;立法权与立法方略;社会矛盾社会稳定等八个方面。文章所论大都是近年有关法、法治与法学研究中的一些热点与前沿问题。(陈敬)

D000150 **世界宪法全书** 姜士林等主编。青岛出版社 1997 年 6 月版。468 万字。380.00 元。研究中国和世界各国宪法的工具书。书译载世界所有国家的现行宪法和宪法性文件,收入世界所有国家的现行宪法,精选一些国家近、现代史上著名的宪法性文件,对每一个国家的制宪史作简明扼要的介绍。本卷包括中国和亚洲、欧洲、美洲和大洋洲各国,增补卷包括非洲各国和本卷未收入的其他洲的国家。所用资料,一般截止于 1997 年,主要来源于各国政府公布的正式文本和国内外公开出版的有关宪法资料等,有些国家的宪法由于被废除或中止实施以及其他一些原因,未收入此书。各国宪法公布时的某些数字用法有所不同,本书基本按原始资料排印。(刘琳)

D000151 **衡平法初论** 沈达明编著。对外经济贸易大学出版社 1997 年 8 月版。30.5 万字。18.00元。衡平法是英美法系法律的重要组成部分,是英美普通法的补充法。本书以英美信托法和被信任者法为主线,深入浅出地介绍各种法格言、原则和衡平法上的救济,对衡平法的各种概念之间的纵横关系和发展趋势作了分析。对衡平法的各种重要概念和“格言”进行剖析,如普通法与衡平法之间的关系、衡平法的格言、英美信托法中信托的要素、受托人与受托人的职责、信托的经营管理、收益人的权利与财产性的改变等;对大量的衡平法原理和衡平法规则、不同国家之间的司法实践的异同等进行比较研究;对衡平法上的一些难度很大的法律问题作了分析判断和总结,详细探讨被信任者法和衡平法上的各种救济及保留所有权条款;对英美衡平法的一些具体法律部门的发展具有敏感的观察力,并作了总结。作者对于被信任者义务、信托不准反言、所有权保留条款以及衡平法格言的探讨,反映了英美法最新发展趋势和法律公正的精髓。(刘传志)

D000152 **经济法原理** 苏惠祥等著。吉林大学出版社 1997 年 8 月版。25.4 万字。15.00 元。是《世界银行法律援助项目法学系列文库·经济法系列教材》之一。按照教材规格和要求,阐明经济法的基本原理。立足于90年代,反映近10余年经济法学的发展,体现国内外学术界最新成果,介绍现有的争论,不回避现实问题;反映我国市场经济的现状,密切结合改革开放的实践,揭示经济法与市场经济的辩证关系,探讨其中的规律,指明有待进一步思考的课题。(丛立新)

D000153　**民法学**　郭杰、杜甲华编著。辽宁大学出版社1997年4月版。48万字。25.80元。是辽宁大学法律系主干专业课教材之一。包括九编,分别是:总论、物权论、债权论、合同分论、人身权论、知识产权、继承权论、民事责任论、民法上的时间与时效。(陈晓东)

D000154　**契约精神与社会发展**　李瑜青、李明灿著。山西人民出版社1997年11月版。21万字。13.60元。揭示契约关系在市场经济条件下的本质,指出契约精神是现实契约关系的观念形态,它存在和发展的历史和现实根据,以及蕴含的丰富人文内容。作者把契约精神(契约关系)放在社会有机系统诸如政治、经济、文化、道德等要素中作综合考察,说明契约精神(契约关系)在现实生活中的逻辑走向、社会作用等。(田红)

D000155　**企业知识产权保护研究**　王吉法著。山东大学出版社1997年11月版。25.3万字。15.20元。从追溯90年代初中美知识产权的谈判入手,以经济学和法学相结合的方法,全面阐述企业改革发展与知识产权开发、利用、保护的关系;探讨企业专利权、商标权、著作权、商业秘密权、名称权、原产地标记权、商誉等知识产权的内容和方法;详细介绍我国的知识产权的保护制度和有关知识产权的国际保护规范;综合分析我国企业在知识产权保护方面所形成的司法保护、行政保护与自我保护三者有机结合的特色;认真研究了知识产权保护的发展趋势及我国企业在知识产权保护方面将面临的国际和国内环境。这些内容对促进企业增强知识产权保护意识,掌握和运用各种合法手段保护自己的知识产权、推动企业的技术进步,积极有效地参与国际国内市场竞争,都具有重要的指导意义。对于政府有关部门制定知识产权保护的长远战略也具有重要的参考价值。(姜明)

D000156　**违约责任及其比较研究**　叶林著。中国人民大学出版社1997年10月版。24.5万字。14.00元。结合国内外合同制度的发展,结合中国现行合同立法和审判实践,对违约责任问题进行全面、深入的研讨。注重理论与实践相结合,对该领域中的重大理论问题进行探讨,对实践中常见的问题进行细致分析,注重对国内外违约责任制度进行比较研究。收入"中国人民大学博士文库"。

D000157　**版权法(修订本)**　郑成思著。中国人民大学出版社1997年8月版。54.7万字。39.00元。以中国的版权立法和司法实践为基本线索,将中国的版权立法同世界上众多国家或地区的版权立法进行比较研究,引述50余部版权立法,评说其短长。对《录音制品公约》、《视听作品国际登记日内瓦公约》、《集成电路知识产权华盛顿公约》等作了介绍。增加了版权案例评析与研究,并引用国际版权界有名的案例60件。

D000158　**涉外经贸合同纠纷防范与解决**　北京富亿通控股有限责任公司等编著。北京出版社1997年11月版。15万字。13.80元。有关涉外经贸合同知识的通俗读物。第一编详细介绍国内经济合同法和涉外经济合同法基础知识。第二编是《联合国国际货物销售合同公约》问题解答。第三编是涉外经贸合同案例分析。附编介绍国际货物买卖合同、工矿产品购销合同、农副产品购销合同以及加工承揽合同的范本及主要条款等。(龙杰)

D000159　**期租合约**　副名:航运实务丛谈(第六册)。杨良宜编著。大连海事大学出版社1997年3月版。48万字。27.80元。对期租合约进行系统的研究和阐述,以纽约土产格式为主线,收入相关的重要英美案例和有影响的仲裁裁决,针对实务中当事人容易失误的各种问题提出相应的解决方略;还结合期租和其他海事合同,研究英美法下合同的解释理论,对我国合同解释理论的发展有借鉴作用。(袁林新)

D000160　**比较刑法学大全**　甘雨沛著。北京大学出版社1997年1月版。92.5万字。46.00元。作者利用各种比较方法并注重发挥其整体的凝聚功能,研究的覆盖面广。论述内容涉及政治、经济、社会、历史、哲学理论等研究领域。比较刑法学的研究方向是刑法制度及其各方面规制与其他国家刑法制度及其规制,在相互联系相互比较中,找出刑法制度中的关键问题,并找到解决这一问题的最好方法。该书从宏观上系统阐述这方面的有关问题,如:比较刑法学的概况,刑法思想理论及学说学派的纵横观,民族刑法和宗教刑法的比较以及刑法法系的比较,刑事立法,行刑论以及犯罪和刑罚的某些基本理论及其具体规制。(冯益娜)

D000161　**犯罪心理学**　彭继红主编。重庆大学出版社 1997 年 4 月版。25.4 万字。15.00 元。从探索人类心理的特定角度，把心理学的基本理论和方法，当代最新的理论研究成果，运用于犯罪这个特殊的领域，深入分析犯罪心理的产生、形成及发展规律；影响、制约犯罪心理形成、发展的个体因素、客观因素及相互关系；犯罪心理与犯罪行为的关系；各类犯罪人的心理特点及行为规律；预测、预防犯罪及罪犯改造的心理学问题，并对心理学中的一些难题进行探索。（周晓）

D000162 **犯罪被害人学** 郭建安著。北京大学出版社 1997 年 4 月版。31.5 万字。13.80 元。共 8 章。第一章犯罪被害人学的产生与发展，详细分析犯罪被害人学产生的历史背景与学说传播，犯罪被害人学的研究对象和我国的研究现状；第二章被害率与犯罪率，分析其衡量犯罪水平的优势与局限，介绍了被害人调查的历史和我国 1994 年首次被害人调查的基本结论；第三章被害人的特征，分析了各种被害人性别、年龄、职业等社会统计学特征和被害的空间与时间分布，比较了被害人与犯罪人的特征，试图通过勾画易被害群体的特征和时间、空间分布，为有效预防被害提供依据；第四章被害人与犯罪人，分析了二者之间的关系和被害人对于犯罪发生的责任，论述了被害人与犯罪人之间的角色互换及潜在被害人应注意的问题；第五章被害人与刑事司法，分析了现行司法制度中犯罪被害人地位太低的现状，提出一些提高被害人地位和发挥被害人影响的建议；第六章被害人的支助，分析了犯罪被害人遭受的各种痛楚和我国犯罪被害人补偿与服务的现状，提出了改革或建立犯罪人赔偿制度，对被害人的补偿制度和服务机构的设想；第七章被害预防，总结了被害发生的各种情境，提出了预防各类被害的对策；第八章国际范围内的犯罪被害人学，介绍两个相关国际组织的有关活动，分析了国际范围内犯罪被害人学存在的问题和发展趋向。（张晓秦、邹汇东）

D000163 **法庭化学** 张正奇著。湖南大学出版社 1997 年 10 月版。26.6 万字。15.00 元。研究和解决法庭工作中的化学问题，为司法工作提供化学信息和证据。共 6 章。以化学理论与技术为基础，结合生物学、物理学、医学、计算机科学等学科的理论和方法，分别介绍指纹显现技术以及各种现代分析检验技术，DNA 指纹分析技术、酶分析法和免疫分析法原理应用，毒物分析理论、方法及技术，爆炸检验技术和防爆技术，矿物油、动植物油及油漆涂料的分析鉴定等。介绍破案的新工具和检验鉴定物证的新技术，解决物证检验中的问题，以及防止犯罪的新技术，如防盗报警装置、防爆报警技术与设备，以有利于交通安全的化学品的开发研究等。（卢宇）

D000164 **中国近现代法医学发展史** 黄瑞亭主编。福建教育出版社 1997 年 11 月版。46.4 万字。33.80 元。从法医学、法律、法医体制、法医检验及其鉴定体系、法医学研究及其代表人物、法医学教育以及法医学学术交流等方面，阐述清末出现现代法医学的萌芽并经西方法医学的影响从而完成了从传统到现代法医学的转换，论述了民国时期现代法医学的形成，阐明建国以来现代法医学的发展。（林炳泰）

D000165 **中华法系研究** 郝铁川著。复旦大学出版社 1997 年 5 月版。15 万字。14.00 元。对中华法系的特点、解体及影响等进行较系统研究的专著。法系是以亲缘关系为标准，从法的语言概念、表现形式、创制方法、技术风格、结构等角度对各种法律制度所作的一种分类。世界上究竟应该划分为几种法系，至今并无定论，但都公认中华法系是一个客观存在，并且自始至终以其无与伦比的悠久历史，以其内容和形式的独特性，在世界法系中独树一帜，影响扩展到日本、越南、朝鲜等许多东方国家，成为他们共同的法系。全书分绪论、上编、下编三大部分。绪论概述近代以来学术界关于中华法系的研究成果，并阐述本书的研究思路；上编分 4 章论述中华法系的特点；下编分 4 章论述中华法系的解体及其影响。作者认为，法系是超越一定时空、阶级的文化现象。阶级性是法的本质属性，但除此以外，法还是一种民族文化的积淀，是一种民族精神的表现，对她的研究，应该更多地从思想史的角度着眼。作者认为，“法典的法家化、法官的儒家化、大众法律意识的鬼神化”是中华法系的三个主要特点，从而否定了近代以来众口一辞地认为“中国古代法律是儒家化”的定论。（张永彬）

D000166 **中国法制化的历史进程** 俞敏声等著。1997 年 11 月版。40 万字。23.00 元。阐述中国现代逐步走向法制社会历史进程、发展规律的学术专著。对中国法制建设的曲折发展及逐渐完善的过程，进行历史的和理论的考察、总结。共 6 编。第一编：导论，分 3 章论述法制化的基本概念、新中国法制化的思想渊源、旧中国法律制度的历史演变和新中国法制建设的基本经验。第二编新中国法制建设的开端，分 5 章论述旧法律制度的摧毁、建国初期的立法工作、司法制度的建立和发展以及对建国初期法制建设的回顾。第三编：计划经济时期的法制建设,分5章论述"文化大革命"对中国法制的破坏和粉碎"四人帮"后法制建设的恢复。第四编:改革开放时期的法制建设,分10章论述十一届三中全会以后开创的法制建设新局面。第五编:社会主义法制体系建设的历史过程,分4章论述建国初期和计划经济时期的法律体系建设。第六编:中国法制化的目标对策,分4章论述中国社会主义市场经济法律体系的建设。(张胜莲)

D000167 **中国法律的传统与近代转型** 张晋藩著。法律出版社1997年4月版。35万字。22.00元。当代中国法学文库系列之一。将中国法律的传统归纳为12个方面,即:引礼入法,礼法结合;恭行天理,执法原情;法则公平,权利等差;法自尊出,权尊于法;家族本位,伦理法治;重刑轻民,律学独秀;以法治官,明职课责;纵向比较,因时定制;立法修律,比附判例;援法定罪,类推裁断;无讼是求,调处息争;诸法并存,民刑有分。本书下半部分论述了鸦片战争后,西方法文化的输入对中国传统法文化的影响,从8个方面归纳了传统法观念的转变,即:由固守成法到师夷变法;由维护三纲到批判三纲;由盲目排外到中体西用;由专制神圣到君宪、共和;由以人治国到以法治国;由义务本位到权利追求;由司法行政不分到司法独立,由以刑为主到诸法并重。最后详述晚清修律与司法改革,阐明中国法律近代转型的历史价值及其影响。(王晓增)

D000168 **社会主义市场经济法律制度丛书** 曹建明主编。浙江人民出版社1997年4月版。63.2万字。40.10元。丛书根据社会主义市场经济体制的基本框架分册编写,各分册为《市场主体法律制度》、《市场主体行为法律制度》、《市场秩序法律制度》、《市场体系法律制度》、《社会保障法律制度》和《国际商贸法律制度》。在立足于分析、介绍我国现有的机关法律法规及制度安排的同时,借鉴国外先进的市场经济法律制度和理论,对我国市场经济法律的立法和完善等方面,提出建议和设想。(张建江)

D000169 **大众法学** 副名:打官司必读。张世琦主编。学苑出版社1997年9月版。90万字。80.00元。依据我国颁布的最新法律,阐述常见的法律知识。主要包括民事、刑事、经济、行政4个主要方面和其他相关的法律内容。围绕着打官司必备的法律常识来阐述,并介绍公安司法机关办案的程序,了解如何起诉、应诉、上诉、申诉、写各种诉状,请律师等许多实际问题。(韩继忠)

D000170 **担保法理与适用** 林辉主编。广西人民出版社1997年1月版。37万字。21.00元。结合司法实践,对《中华人民共和国担保法》进行研究和探讨。书中对担保的概念、种类、特征、原则、效力、法律责任等方面作详尽阐述,并对保证、抵押、质押、留置、定金等各种担保形式进行剖析,并附有参考案例。(马丕环)

D000171 **"三五"普法少年法律知识** 全国青少年法制宣传教育领导小组办公室编,李凤琴执笔。中国少年儿童出版社1997年11月版。9.8万字。11.50元。法律知识普及读物。共5篇:"启蒙篇"介绍法的产生、基本特征和法的必要性;"常识篇"讲宪法、刑法、刑事诉讼法、民法、民事诉讼法的基本知识和内容以及一般的法律程序;"保护法篇"主要从家庭保护、学校保护、社会保护和司法保护的角度讲解"未成年人保护法"的条例;"社会生活篇"讲的是在日常生活当中遇到法律问题时,怎样分析、对待;"遵纪守法篇"则要求少年儿童从小加强法律意识、知法、懂法、守法。(韩彬)

D000172 **中华人民共和国法律释义丛书** 全国人大常委会法制工作委员会编。法律出版社1997年2月起陆续出版。每本约20万字。对法律条文逐条作出解释,并附录相关的立法资料,已出版20余种,随着新法律的出台将不断推出新书。书中论述了立法的目的、意义,详细阐述各法律条文的含意和立法背景。已出的编著主要有:《中华人民共和国合同法释义》、《中华人民共和国建筑法释义》、《中华人民共和国献血法释义》等。(王晓增)

D000173 **百姓法律话题** 马桂旺等著。河北美术出版社1997年5月版。12万字。200幅图。16.40元。面向大众的通俗普法读物。编绘200个与百姓的生产、生活有密切关系的案例,内容包括婚丧嫁娶、财产继承、邻里关系、民间借贷、经济纠纷、侵害索赔等等,用相关的法律知识加以解析。每个案例解析后都配有一套连环漫画,直观地再现并艺术地深化法律知识。(李新娟)

D000174 **农村政策与法规** 任大鹏主编。中央广播电视大学出版社1997年10月版。41.2万字。22.10元。主要内容包括:宪法常识、民法通则、婚姻法、继承法、收养法、劳动法、行政法、诉讼法、土地管理法律制度、农业法、资源和环境保护法等内容。重点阐述在农村常见、常用的法律法规,以及近年来中央关于农业和农村工作的重要方针、政策。(吴杰)

D000175 **《怎样打官司100问》小丛书** 副

名:跨世纪农村书库。李佩佑主编。河海大学出版社1997年8月版。58万字。25.35元。小丛书分5本:《怎样打官司100问》、《怎样打劳动争议官司100问》、《怎样打合同官司100问》、《怎样打继承官司100问》、《怎样打婚姻家庭官司100问》,收入江苏省"跨世纪农村书库丛书"。《怎样打官司100问》收集与诉讼有关的100个问题;《怎样打劳动争议官司100问》收集115个问题,包括劳动法律基本知识、劳动就业、劳动合同、处分、工作时间与休息休假、工资、劳动安全卫生、女职工和未成年工特殊保护、社会保险与福利、职业培训等10个方面;《怎样打合同官司100问》收集120个问题,包括合同实体法的一般问题、部分常用合同的具体问题、打合同官司的程序法及其一般问题3个方面;《怎样打继承官司100问》收集122个问题,包括继承法总则、法定继承、遗嘱继承和遗赠、遗产的处理、继承纠纷和诉讼等5个方面;《怎样打婚姻家庭官司100问》收集100个问题,包括常识篇、结婚篇、家庭篇、离婚篇、涉外篇等5个方面。(龚俊)

D000176　**宪法学**　朱伟、杨国恩等著。辽宁少年儿童出版社1997年版。24万字。13.50元。从宪法理论概述、宪法的产生和历史发展、国家性质、政权组织形式、国家结构形式、我国社会主义初级阶段的经济制度、社会主义精神文明建设、公民的基本权利和义务、国家机构、国旗国徽国歌和首都等方面,阐述具有中国特色的社会主义法学理论。是职业中专法律专业及监狱管理、劳改劳教、公安保卫、司法文秘等相关专业的教学用书。(贯知松)

D000177　**香港特别行政区基本法导论(修订本)**　王叔文主编。中共中央党校出版社1997年6月版。33万字。19.00元。内容包括:绪论和基本法的总则;中央和特别行政区的关系;香港居民的权利和义务;特别行政区的行政长官和行政管理制度;特区的立法制度和司法制度;特区的经济制度;特区的教育、科学、文化制度;特区的对外事务等10章。其特点有:阐述基本法的精神、内容和条文,始终坚持以"一国两制"方针为指导,澄清一些理论认识上的混乱。论述许多重大理论问题,如"一国两制"方针的贯彻及其制度化、法律化,基本法的性质和地位以及与特区法律的关系,基本法与宪法的关系以及宪法对特区的适用性,高度自治权的法律依据和理论依据等。修订本反映了我国为香港回归祖国,为实现香港政权的交接和平稳过渡,为香港的长期稳定和繁荣所做的工作,各章都增补了新内容。(张克敏)

D000178　**唐六典全译**　张九龄著,袁文兴、潘寅生编。甘肃人民出版社1997年11月版。115万字。125.00元。《唐六典》三十卷是中国盛唐时的一部综合性法典。它以六部体制为纲,以三师、三公、三省、九寺、五监、十二卫为目,介绍封建国家行政机构的设置、官员的编制与职权的原则,封建国家各级机关官吏的选拔任免、俸禄待遇、考核奖惩、监督退休等一整套人事制度,国家的土地、资源、税赋、贡役、工程营建、宫廷费用等财政制度,各级行政部门的行政活动原则、相互关系准则以及工作程序,民政、治安、国防、司法、文化、教育、地方行政等法规,涉及政治、经济、军事、法律、道德、礼仪、宗教等社会生活的诸方面,明确了中央顾问机构、最高权力机关、国家行政管理机关与办事机关、国家司法监察机关的职权分工,特别以政府组织与人事制度为主线进行了阐述。《唐六典》被唐后各代沿用至清朝,是我国古代和世界历史上最早的一部比较完备的行政法典,对唐及唐以后各代均产生深远影响,对维护中国封建制国家政府体制的稳定起过大的作用。作者广泛吸取各种有关典籍的研究成果,在保持原书面貌、结构的前提下,审慎考证校勘,详加注释,全文通译,力求通俗易懂又不失古典本色。(赵兰泉)

D000179　**《中华人民共和国进出境动植物检疫法实施条例》释义**　国务院法制局农林城建司、中华人民共和国动植物检疫局编。中国农业出版社1997年8月版。8万字。8.00元。对1996年12月2日以国务院第206号令发布并于1997年1月1日起施行的《中华人民共和国进出境动植物检疫法实施条例》从理论和实践上逐条阐释,分10章,书后附录有《中华人民共和国进出境动植物检疫法》。(蔡彬)

D000180　**银行实用法律全书**　王子贵主编。陕西人民出版社1997年10月版。159万字。198.00元。简要介绍我国主要金融法规,如《中国人民银行法》、《商业银行法》、《保险法》、《票据法》、《担保法》等基本知识,精选国家有关金融的法律、法规、行政规章及司法解释等法律文件。是"三五"普法教材,也是开展各项金融业务的常备工具书。(黄剑波)

D000181　**新编经济法概论**　陈宏伟主编。广东经济出版社1997年8月版。30万字。16.00元。吸收经济法学最新研究成果和反映经济立法的现状及成就,全面介绍经济法的基本内容。该教材适合成人高校的经济法教学以及各层次的工商管理培训。(李远谋)

D000182 **经济法概论** 何存章主编。中国地质大学出版社1997年9月版。29万字。15.00元。依据经济法律规范的效力范围,论述调整国家经济管理机关在行使经济管理职能时与其他社会组织之间关系的重要法律法规;国家为规范市场主体行为和维护市场经济秩序,在调整国家机关行使管理职能时与市场主体发生的关系的重要法律法规;调整社会组织内部为保持正常运作而发生的经济管理关系的重要法律法规;还选编经济案例评析等内容。(贾晓青)

D000183 **电力法律法规知识问答** 吕振勇主编。中国电力出版社1997年8月版。16.7万字。14.50元。分4部分,共499题。突出普法教材通俗易懂的特点,以电力法律法规章节条文为基础,选摘或参考有关电力法律法规辅导教材,采用问答的形式简单明确地对《电力法》及相关法规规章颁布实施的意义、立法目的、适用范围、基本原则和基本内容等进行解答。(张克让)

D000184 **中国经济法律与实务丛书** 该丛书编委会编。中信出版社1996年4月至1997年12月版。131.5万字。78.00元。以建设有中国特色的社会主义理论为指导,以建立和完善社会主义市场经济体制为出发点,在兼顾原有经济法律的同时,重点介绍新出台的经济法。注重法律的实务操作和具体运用,主要解决中国的实际问题。《中国票据法律与实务》主要介绍票据行为和票据代理,票据权利,票据瑕疵与票据丧失,汇票、本票、支票,票据纠纷等有关票据法律关系。《中国银行法律与实务》主要介绍我国的中央银行法,商业银行法,政策性银行立法,以及商业银行的负债业务、资产业务、国际业务、票据结算等有关业务的法律知识和银行经济纠纷的处理。《中国保险法律与实务》主要介绍保险合同及其履行,财产保险,人身保险,保险的经营与管理,保险代理,保险监管,保险财务报表等方面的法律知识。《中国担保法律与实务》主要介绍担保合同、保证、抵押权、质权、留置权、定金等方面的法律知识。(龚援)

D000185 **中国环境保护法规全书(1982~1997)** 国家环境保护局政策法规司编。1997年10月版。120.7万字。98.00元。共收录各类规范性文件280余件(所收文件截止1997年7月)。主要内容有:宪法关于环境保护的规定;环境保护法律和关于修改环境保护法律的决定;环境保护行政法规和法规性文件;环境保护军事法规和军事规章;环境保护部门规章和规范性文件;关于环境保护法律问题的立法解释、司法解释和行政执法解释。还收录了主要的资源法律和行政法规,摘要收录部分民事法规、经济法规及刑事法规中关于环境保护的规定;收录有关行政立法行政处罚、行政诉讼等常用的程序法规,我国常用的环境质量标准和污染物排放标准,并附录“环境保护国家标准、行业标准目录”。还刊录我国已签署或参加的环境保护多边条约目录。(郭燕)

D000186 **民法学** 朱德胜、杨国恩等著。辽宁少年儿童出版社1997年版。19万字。12.50元。从民法总论、物权和所有权、债与合同、各类具体合同、知识产权、财产继承权、人身权、民事责任等方面,阐述具有中国特色的社会主义法学理论。(贾知松)

D000187 **知识产权1000问** 姜华山主编。青岛出版社1997年5月版。65万字。48.00元。以问答形式,系统介绍知识产权法律制度的基本知识,重点介绍专利法、商标法、著作权法、反不正当竞争法与技术合同法等有关知识产权方面的法律知识,同时还选编我国颁布的有关知识产权法律、法规、规章以及国际主要的知识产权条约和公约等。(于红岩)

D000188 **签订合同实务大全** 王玉克主编。广西人民出版社1997年1月版。78万字。33.50元。全书分“公民在从事民事活动中的常用合同”、“企业承包、租赁和联营合同”、“股份制企业常用合同”、“十种常用的经济合同”、“知识产权合同”、“涉外经济合同”、“房地产合同”、“劳动合同”、“其他常见合同”等9编。重点突出在日常生活中大量、经常发生的合同,并对这些合同的特征、必备条款、合法要件进行阐述;以国家现行的法律、法规、司法解释、政策为依据,避免引用法学理论界尚有争议的理论问题。(马丕环)

D000189 **民商法实务研究** 副名:婚姻家庭卷。杨振山编。山西经济出版社1997年8月版。31.2万字。13.80元。通过典型案例的法律适用和法理的研究,以浅显的语言结合具体的法律条文介绍我国婚姻法的原则、内容和适用范围。为法学教育中的案例教学提供参考。(王宏伟)

D000190 **新刑法教程** 赵秉志主编。中国人民大学出版社1997年9月版。76.7万字。35.00元。1997年新刑法典包括总则、分则、附则三部分,分15章,将1979年刑法典的192个条文增至452个条文,修改幅度甚大。本教科书系统论述新刑法典和我国刑法学的基本理论。主要适用于高等学校法学本科教材。

D000191 **刑事立法与司法适用——中国当代**

司法研究 游伟主编。上海教育出版社 1997 年 3 月版。23.2 万字。11.00 元。全书围绕刑法思想、刑法原理、刑事体制改革和刑事立法发展进行探讨。涉及的问题有社会转型与刑法观的转变，刑事立法的协调发展，罪刑法规定原则，法人犯罪、合同诈欺、过失犯罪、犯罪未遂、复杂客体犯罪、共同犯罪、贿赂犯罪、盗窃、交通肇事、毒品犯罪中的一些理论问题，以及刑罚有效性、量刑、法条竞合、刑事判例、刑法司法解释等的研究。（薛培华）

D000192 **新刑法教程** 副名：罪责刑关系论。杜发全主编。西北大学出版社 1997 年 8 月版。72 万字。38.00 元。以第八届全国人民代表大会第五次会议修订的《中华人民共和国刑法》为教程的新刑法读本。教程从新的角度，以人类认识发展的逻辑进程为线索，系统论述犯罪、刑事责任、刑罚三者的辩证运动过程，突破以往分块阐述犯罪、刑罚或者分块论述犯罪、刑事责任、刑罚的体系。（黄伟敏）

D000193 **新刑法释义** 本书编写组编著。中共中央党校出版社 1997 年 8 月版。50.9 万字。28.00元。刑法是国家的基本法律，随着社会发展，我国在打击刑事犯罪领域出现许多新情况，发生一些新的犯罪行为。为适应打击犯罪斗争的需要，我国对刑法进行了修订。修订后的新刑法由 192 条扩充到 382 条。该书根据新刑法的体例结构，逐章逐条地对法条内容进行解析。是学习、领会和贯彻实施新刑法的重要教材。（沈丹英）

D000194 **中国经济仲裁和诉讼实用手册** 王存学主编。同心出版社 1997 年 1 月版。58.3 万字。28.00 元。系统阐明作为解决经济纠纷主要手段的经济仲裁（含涉外仲裁）和经济诉讼（含涉外诉讼）的性质、任务和作用等理论和实际问题，根据我国新生效的《仲裁法》，论述仲裁机构的组建、仲裁原则、仲裁协议、仲裁管辖、仲裁范围、仲裁程序和裁决的执行等重要问题；根据有关法律法规论述了经济审判的机关，经济审判的收案范围 经济审判的基本原则和重要制度、审判程序、审判监督程序、执行程序等重要问题，还对仲裁诉讼的一些典型案例作简要的评析。还介绍了一些国外的仲裁立法、国际仲裁机构及仲裁规约。附有经济仲裁和诉讼等常用的法律和法规。

D000195 **刑事诉讼法学** 姜宗实、杨国恩等著。辽宁少年儿童出版社 1997 年版。24 万字。13.00 元。从刑事诉讼法概述、刑事诉讼中的国家专门机关和诉讼参与人、我国刑事诉讼法的基本原则、管辖、回避、辩护与代理、证据、强制措施、附带民事诉讼、期间和送达、立案、侦查、提起公诉、审判概述、第一审程序、第二审程序、特殊审判程序、执行等方面，阐述具有中国特色的社会主义法学理论，是职业中专法律专业的教学用书。（贾知松）

D000196 **律师法学** 张国安、牛莉编著。辽宁人民出版社 1997 年 12 月版。32.5 万字。21.00 元。依据我国在 1997 年 1 月 1 日实施的“中华人民共和国律师法”及司法部最新颁布的关于贯彻落实“律师法”的若干决定。阐述律师法学的基本理论和基本知识、律师、律师制度在市场经济条件下出现的新问题及律师的性质、任务等方面的问题。书中“律师学的概述”、“律师制度的沿革”介绍了律师法学的基本内涵；还详细介绍律师的任务、业务活动的基本原则，律师的执行条件、律师的权利、义务；从律师的组织机构方面介绍律师事务所，各种组织形式的律师事务所、律师协会；还介绍律师在民事诉讼中代理、在行政诉讼中代理、刑事诉讼中的辩护、刑事诉讼中的代理等具体的工作方式、方法及需要掌握的原则。（杨惠）

D000197 **香港法律实用全书** 李昌道主编。复旦大学出版社 1997 年 12 月版。129 万字。128.00 元。对香港众多法例作全面梳理和分类。结合日常生活，分基本政制、家事、民事、商事、刑事、社会管理、法律服务、涉港实务八个方面，设 44 章 1050 余题，并附常用法律文件和各类申请表格。写法上采用条目形式，以阐述法条为主，结合实际，辅以案例，文字通俗。书前收有 1997 年香港回归时特区终审法院法官及高等法院法官宣誓就职等 10 余幅珍贵图片。（张永彬）

D000198 **香港行政法** 胡锦光著。河南人民出版社 1997 年 7 月版。25 万字。18.00 元。香港行政法在理论上和观念上受英国的影响极大，在法律制度方面较为松散，且偏重于行政诉讼制度。本书从香港的行政法制和法治行政的实际出发，介绍香港行政法的主要内容。共 7 章：香港行政法总论、香港的行政组织、香港公务员制度、香港廉政公署、香港主要行政法律制度、香港的行政申诉制度及香港的行政诉讼制度。分析和阐述了香港行政法的主要理论、制度、实务及主要特点，客观地评价了香港行政法治，并与大陆的行政法律制度作比较研究。收入“香港法律丛书”。（段南萍）

D000199 **香港金融法** 严嘉、于静著。河南人民出版社 1997 年 7 月版。29 万字。23.00 元。香港金融法在香港金融业演进中有着举足轻重的作用。本书共6章,阐述香港金融的演进与法律渊源,香港的货币、银行、票据、证券和期货等法律运作与监管,分析了香港金融法律体系的特色及对内地的示范意义,并就香港金融业的前景从法律方面进行探讨。收入"香港法律丛书"。

D000200 **香港货物买卖法** 汤树梅、应苏萍著。河南人民出版社1997年7月版。23万字。19.00元。介绍香港货物买卖的基本内容、特点及货物买卖的具体规定、货物买卖合同、双方当事人的权利义务、货物所有权及风险的转移、违约的补救措施等内容,探讨拍卖和国际货物买卖的有关问题,及货物买卖的运输、保险与支付等问题。收入"香港法律丛书"。(牛亚和)

D000201 **香港知识产权法** 史际春主编。河南人民出版社1997年7月版。25万字。21.00元。分2部分重点阐述香港的著作权法制度和工业产权法。结合判例,讲述香港政府对本港著作权人如何进行法律保护,如何处理著作权纠纷,以及1997年回归后同中国内地著作权法衔接问题。并就普通法上的若干重要制度如仿冒之诉讼,及香港知识产权法的本地化进程及其未来发展进行了探讨。收入"香港法律丛书"。(朱亚和)

D000202 **香港家庭法** 龙翼飞著。河南人民出版社1997年7月版。18.9万字。15.00元。论述香港现代的婚姻家庭和遗产继承法律制度的基本内容,以及这些制度的立法理由和法律适用的具体规定。着重阐述香港的注册婚姻、旧式婚姻与认可婚姻、夫妻、父母子女、无效婚姻与可撤销婚姻、离婚、无遗嘱继承、遗嘱继承、遗嘱供养、遗产取得等项法律制度,还将中华人民共和国以及外国的婚姻家庭和遗产继承法律制度与之加以比较。收入"香港法律丛书"。(胡茵)

D000203 **香港刑法学** 赵秉志著。河南人民出版社1997年7月版。40万字。30.00元。依据香港现行的刑法规范和判例,参考最新的有关理论与实务资料,分上、下两编阐述香港刑法的基本内容。上编为总论,在论述香港刑法的历史沿革、渊源、主要特点和基本原则的基础上,论述香港刑法中的犯罪与刑事责任、影响刑事责任的各种因素、不完整的犯罪形态、刑罚目的、刑罚体系种类和刑罚制度等有关香港刑法的基本原理和基本制度;下编为各论,在论述香港刑法中具体犯罪的分类排列和条文结构等分则共性问题的基础上,依次论述香港刑法中的侵犯人身罪、侵犯财产罪、性犯罪、妨害风化罪、妨害公共秩序罪、妨害公务或司法公正罪、毒品犯罪、与入境相关的犯罪、道路交通犯罪等9类犯罪的概念、构成特征和处罚问题。就有关内容将香港刑法与中国内地刑法进行简要比较,并专章研究了香港回归祖国后的香港刑法与全国性刑法的冲突及其解决。收入"香港法律丛书"。(段南萍)

D000204 **香港民事诉讼法** 汤维建、卓国军著。河南人民出版社1997年7月版。16万字。15.00元。系统介绍香港民事诉讼法。该法条文繁多、层次分明、体系庞大。它在程序、制度、原则观念上,在立法程序和司法实践上,与英国的民事诉讼法有着千丝万缕的联系,汲取了英国法中对抗制理论的精华,它在诉讼程序上比较注重公开性、民主性、公正性、效率性和实用性,比较符合现代民事诉讼法的本质特征和发展趋势。收入"香港法律丛书"。(牛亚和)

D000205 **香港刑事诉讼法** 河南人民出版社1997年7月版。30万字。24.00元。系统介绍香港刑事诉讼法。该法沿袭英国的刑事诉讼法律制度,与中国内地刑事诉讼法相比,香港的刑事诉讼法较为杂乱,但与之相配套的机制却较为完备。本书重点对其发展演变的历史渊源、立法依据、诉讼模式、程序特色等进行分析,并把中国内地与香港的刑事诉讼法律体系及运作过程进行比较研究。收入"香港法律丛书"。(牛亚和)

D000206 **香港仲裁制度** 赵秀文著。河南人民出版社1997年7月版。26万字。21.00元。结合香港仲裁立法与实践,对香港仲裁制度,及香港仲裁制度的起源与发展、香港仲裁的基本原则和香港仲裁法的渊源作全面阐述。结合《香港仲裁条例》和在香港适用的联合国国际贸易法委员会《国际商事仲裁示范法》、纽约《承认与执行外国仲裁裁决公约》,以及有关香港仲裁的司法实践,对仲裁协议及独立原则、仲裁员及其权限、仲裁庭及其管辖、仲裁程序规则及其适用、调解在香港的适用及其与仲裁的关系、仲裁裁决的效力及其承认与执行,以及法院对仲裁的监督等作客观评介,并对大陆和香港的仲裁制度作比较研究。收入"香港法律丛书"。(段南萍)

D000207 **香港司法制度** 朱国斌等著。河南人民出版社1997年7月版。16万字。14.00元。以香港最新法律法规为依据,研究和探讨香港司法制度与中国内地司法制度从内容到形式上的区别,分析阐述不同于三权分立体制下的香港司法权及其运作模式。作者指出,香港司法制度的内容很广泛,它包括法院制度及诉讼制度、检察制度、律师制度、公证制度，还有法律援助制度、国际与区际司法协助制度以及仲裁制度等。收入“香港法律丛书”。（段南萍）

D000208 **香港法律丛书** 赵秉志、王贵国著。河南人民出版社 1997 年 7 月版。250 万字。185.00 元。全面、系统介绍香港现行法律和法律制度系列丛书。以法学学科的分类为标准分十大专题，即：《香港司法制度》、《香港金融法》、《香港行政法》、《香港刑法学》、《香港刑事诉讼法》、《香港民事诉讼法》、《香港仲裁制度》、《香港知识产权法》、《香港货物买卖法》、《香港家庭法》，涵盖香港法律制度的基本内容和主要方面。对每一专题，精心设计其体系，使之能够包容该学科的基本内容。分册设专章探讨内地与香港法律冲突的解决原则、途径及方式。每分册安排一定的篇幅对内地与香港两地之间或内地、香港与台湾三地之间的法律制度比较。通过比较，突出两地或三地各自法律制度的特色，使香港法律制度更具立体感。（段南萍）

D000209 **中国历代名案集成** 辛子牛主编。复旦大学出版社 1997 年 11 月版。200 万字。88.00 元。对历代案狱进行系统编写、整理和总结。分先秦秦汉、魏晋南北朝、隋唐五代、宋辽金元、明代、清代六编；另设附编，收录古典文学作品中的名案；书后收历代刑官简表、历代刑名简表作附表；书末附人名索引。所收案狱均系自商周至清末中国古代约 3000 年中的大案、要案、冤案及具有一定认识意义、体现办案经验的各类著名案狱，计 1 042 件，从古典文学作品中选写名案 126 件。书中选材所据，以纪传体《史记》等“二十四史”及编年体《左传》、《资治通鉴》、“实录”等书为主，《折狱龟鉴》类及野史、笔记为辅，兼及新近出版的历史档案和出土文物资料。写法上在案名之后先列“解题”，概述本案的历史背景并作简要的点评，次为译文，后附原文。（张永彬）

D000210 **宋刑统研究** 薛梅卿著。法律出版社 1997 年 11 月版。17.9 万字。21.00 元。作者对宋刑统研究后指出，长期以来中国法制史的教材和科研著述基本都流传、循守一个观点：宋刑统是“唐律的翻版”，神宗后“以敕代律”，刑统“实则无用”，这对宋刑统的价值评估造成较大的损削，低估了它对两宋王朝、周边对峙的金、夏、后来相继承的元、明、清各代以及邻国的高丽、日本法制建设的重要影响；由此必然引发有关具体刑名、制度变化的辩证问题等。作者努力搜集相关资料，寻觅宋刑统各种版本和旧唐律、新唐律点校本，悉心考察、比较、剖析；从宋刑统的折枝法附加刑性质及唐律翻版说的质疑等进行研究。（杨克）

D000211 **中华民国开国法制史——辛亥革命法律制度研究** 邱远猷、张希坡著。首都师范大学出版社 1997 年 12 月版。54.4 万字。38.00 元。论述从同盟会成立至南京临时政府结束。中华民国开国时期的法制思想与建设，在中国历史上具有新展宏图和近代化的重要历史。作者挖掘了鄂、苏、浙、赣、桂、川、黔等省《临时约法》及其他大量稀珍史料；纠正了某些论著中的讹误；注释详细，图表简明，附有主要参考书目。（李荣平）

D000212 **中华人民共和国法制史** 杨一凡、陈寒枫主编。黑龙江人民出版社 1997 年 1 月版。70 万字。50.00 元。多层次展现我国法制建设的历史面貌，清晰地勾画出中华人民共和国法制史的基本轮廓。分 15 章，采用总体史和部门法史相结合的结构方式，即：在第一章中分时期阐述我国法制建设的基本发展道路和历史经验，其他各章则着重于各部门法史的研究，涉及各部门法史的法律原则、指导原则、制定及其基本内容、曲折变化、实施和完善等项。书后附有中华人民共和国法制大事年表（1949 年 9 月至 1995 年 12 月），按年、月、日顺序详细记载有关中华人民共和国法制的重要会议、重大事件、部门建立、各项法制条例颁布等历史情况。（徐冲）

D000213 **社会科学十万个为什么（法律）** 张莉萍等著。少年儿童出版社 1997 年 4 月版。15 万字。10.60 元。收有 120 个题目，采用一问一答的文体，每篇 1 000 字左右。本分册通过古今中外具体的案例及有关法律方面的实事，介绍有关法律的基本知识，如“为什么当了美国总统却不能所有的事都说了算，有的事还得听最高法院和国会的？”“为什么方思明在美国纽约受了欺负，而有的美国法院却说：‘我们管不着’？”“为什么说我们国家的人民代表大会跟美国的国会不一样？”“外国人在中国犯法为什么能被中国法院判罪？”“为什么会出现‘公说公有理，婆说婆有理’的现象？（真理的相对性）”“庖丁解牛的高超本领说明了什么？（掌握规律性）”等等。（洪祖年）

D000214 **美国法律概论（第二版）** ［美］彼德·哈伊著，沈宗灵译。北京大学出版社 1997 年 9 月第二版。23.1 万字。12.00 元。本书是作者在德国弗赖堡大学讲授美国法的讲义的基础上编写而成。该书曾出版过英文版和德文版，1983 年北京大学出版社出版过英文版第一版的中译本,此次出版的本书第二版是对第一版的全面的修改和刷新,特别是对其中的第四章私法作了大的改动,增加一些新的知识和内容。作者对美国法律的传统、结构以及最重要的基本原则作一概述,重点对私法和法律冲突作详尽论述,对某些其他领域作比较简要叙述。书中收集大量的制定法、判例法以及著作的参考材料。(冯益娜)

D000215 **国际法教程** [德]英戈·冯·闵希著,林荣远等译。世界知识出版社 1997 年 5 月版。31.80 万字。16.50 元。为国际法教科书。共两部分。第一部分为普通国际法,内容包括:国际法主体、国际法的法律性质、国际法渊源、国际法行为、国际法上的不法行为、争端的解决;第二部分为特殊国际法,内容包括:使节法、领事法、国际经济法、国际海洋法、空间法和外层空间法、国际环境法。其特点是按程序化形式编写,即把书中所讲的内容划分成几个学习步骤,如信息、举例、问题和解答等。为适应中国读者的需要和原著第二版问世(1982 年)以来国际法的发展,作者对《国际法教程》中文版作重大修改,增加了大量的中华人民共和国国际法实践的例子,以此作为该著修订第三版。(贾如梅)

D000216 **国际货物贸易法** 张勇著。南开大学出版社 1997 年版。26.2 万字。11.00 元。国际货物贸易包括当事人为完成跨国货物买卖所进行的运输、保险、支付和解决争议等活动,而调整该过程中跨国货物买卖关系以及与跨国货物买卖关系有关的其他各种关系的法律规范的总和即国际货物贸易法。本书系统介绍国际货物贸易法的概念、产生与发展,国际货物贸易法在国际货物贸易中的作用及与其他邻近学科的关系。分专章介绍国际货物买卖合同法、国际货物运输法、国际货物运输保险法、关于国际货物贸易中支付的法律、关于触决国际贸易争端的法律。设附录三:一、1980 年联合国国际货物销售合同公约;二、1990 年国际贸易术语解释通则;三、跟单信用证统一惯例 500。(焦静宜)

D000217 **国际贸易法学** 左海聪、陆泽峰主编。武汉大学出版社 1997 年 5 月版。36.5 万字。15.20元。对全部现有的国际贸易法律和惯例进行阐述,对若干理论问题加以论证,在绪论中,分析与探讨了国际贸易法的概念、体系、渊源、基本原则和历史沿革;认为国际贸易法是规范国际货物贸易的,以统一实体法为核心,兼及世界贸易组织协议等公约以中国的相关国内法的一个整体;关于国际贸易法的体系,则按国际贸易的发展过程分为国际货物买卖法、国际货物运输与保险法、国际贸易支付法、国际贸易管理法和国际贸易争端解决程序法五个部分并以此作为全书的五编,对规范国际贸易的现行法律和惯例作全面阐述,特别是一些最新的法律和惯例,如 Incoterms1990、UCP500、国际保理通则、电子处理资金划拨法律指南、世贸组织协议的重要分协议、中国海商法、票据法、外贸法、仲裁法等等,都是重点讨论的内容。在阐述有关法律和惯例时,注重依据其内在逻辑作实证分析,务求准确反映国际贸易法律实践,体现国际贸易法的技术性和务实性。收入"国际法研究丛书"。(方源)

D000218 **碰撞与避碰规则** 赵劲松等编译,王逢辰等审校。大连海事大学出版社 1997 年 3 月版。55.2 万字。38.80 元。对新修订后的国际海上避碰规则、美国内陆规则以及海上避碰的相关问题、判定碰撞责任的诸多法律问题和有关的避碰实践进行了全面、详尽的介绍和论述。剖析数十件典型案例,还涉及引述了其他 500 余件碰撞案件,并配有近 150 余幅插图。对我国碰撞法律的教学、科研和实践具有参考价值。本书分 3 部分,第一部分法威尔氏航路指南;第二部分碰撞及其原因;第三部分案例。(史洪源)

D000219 **国际私法新论** 韩德培主编。武汉大学出版社 1997 年版。66.3 万字。26.00 元。分总论、冲突法、统一实体法、国际民事诉讼法和国际商事仲裁法等五编,阐述有关国际私法的基本概念、基本理论与基本制度。其特点如下:1. 该书与其他同类教材相比,增加了对国际私法的国际性、国际惯例作为国际私法法渊、海事法律冲突法、知识产权法律冲突法、程序与实质问题划分等问题的阐述。2. 作者对冲突规范的特点与逻辑结构的分析,对准据法概念及特征的表述等有新意。3. 在体系上对国际私法学科内容采用"五分法",使之更具合理性。(张琼)

E 军 事

E000001 **和张莉上尉漫游军事天地** 房亚力、白山著。中国少年儿童出版社 1997 年 7 月版。22 印张。52.80 元。军事知识普及读物。分为《军事常识》、《兵器王国》、《战例荟萃》、《将帅星河》4 册。系统介绍现代陆海空军的常规武器和尖端武器，这些武器的种类、性能及在战争中的作用和今后的发展趋势；介绍了 53 位人类历史上叱咤风云的军事将领的成长历程和战争业绩；收录 53 个古今中外惊天地、泣鬼神，甚至改变了一个国家和民族命运的著名战例，介绍了丰富多彩的军事常识。（韩彬）

E000002 **毛泽东与中国古典军事典籍** 张树德著。中共中央党校出版社 1997 年 12 月版。29.8 万字。16.20 元。对毛泽东所批语、评论、引证的《史记》、《资治通鉴》等近 30 部中国古典典籍中的有关军事部分进行系统、全面的阐述。对毛泽东军事理论的形成与发展、毛泽东军事作战思想体系进行深入分析，剖析我国军事史上值得借鉴的战例、战役，具有较高的史料价值。展现了毛泽东注重挖掘、利用中国古典军事典籍、注重历史学习、强调实事求是的治学风范。（张伟）

E000003 **军事理论卷** 张辉灿等著。明天出版社 1997 年 8 月版。28 万字。为“少年军事百科全书”之一。内容包括军事科学及其所属的一些主要学科，分为军事科学、马列主义军事理论、毛泽东军事思想、战争理论、战略理论、战役理论、战术理论、军队指挥、国防理论、战争动员等 10 个部分。注重理论与战例的结合，附有多幅插图。（孙晓平）

E000004 **军事思想概论** 朱梅生主编。国防大学出版社 1997 年 5 月版。25 万字。24.00 元。以马克思主义的立场、观点、方法为指导，对几千年来的中外军事思想，特别是近百年的无产阶级军事思想作系统的概括和评析。其特点是：以战争、军队、用兵为三大经线，以不同时期、不同阶级属性的军事思想观点为纬线，构造一个脉络清晰、层次分明、逻辑性强而又不同于其他军事思想研究专著的理论框架。对长期以来军事理论与实践中突出的疑点、热点问题进行大胆探索，诸如对战争和军事这两个概念的重新界定，对战争起源、当代战争根源及战争与和平问题的深入探讨，对战争的特点和胜负的基本规律的分析等方面，颇有见地。（刘文海）

E000005 **朱德军事文选** 朱德著。解放军出版社 1997 年 7 月版。60 万字。42.00 元。选收朱德 1925～1962 年间的论文、报告、讲话、电报、布告、通信等 212 篇，全面、系统地反映朱德一生的主要军事活动和贡献，以及他的军事思想的基本内容、特点及其形成和发展的历史过程。朱德的军事思想是毛泽东军事思想的组成部分之一。本书收录朱德在建军原则、军队管理、战略战术、作战训练、政治工作、后勤工作、院校建设、民兵建设、军工生产等方面的理论文章。（郭莹）

E000006 **杨成武军事文选** 杨成武著。解放军出版社 1997 年 7 月版。47 万字。37.00 元。收入杨成武 1937 年至 1962 年间的军事著作共 59 篇，分为抗日战争篇、解放战争篇、回忆思考篇三部分，反映了杨成武的军事实践和军事活动。杨成武 1928 年投身革命，曾参加苏区反“围剿”作战，二万五千里长征，抗日战争，解放战争，抗美援朝战争和保卫祖国领土、领空、领海，保卫社会主义建设的作战。在半个多世纪的战斗与军旅生涯中写下数百篇作战文电和军事论著，这些历史文献是我党我军的宝贵财富。（郭莹）

E000007 **罗荣桓军事文选** 罗荣桓著。解放军出版社 1997 年 7 月版。50 万字。37.00 元。收入罗荣桓从 1933 年到 1961 年的总结、讲话、文电、书信等 115 篇。反映罗荣桓在中国长期的革命战争和社会主义建设中，为创建和发展人民军队，为扩大和巩固革命根据地，为中国革命的胜利，特别是为我军的政治工作建设作出了卓越贡献。罗荣桓的许多文章、总结、报告是毛泽东军事思想的重要组成部分，是我党、我军的宝贵财富。（郭莹）

E000008 **周恩来军事生涯** 力平、彭红著。解放军出版社 1997 年 12 月版。32.5 万字。16.80 元。共 15 章。详细记述周恩来在各个历史时期的军事思想与策略。周恩来在少年时代就认识到“军盛则国强”,并主张“练军兴实业”;国共合作时期,提出了“起举国皆兵之风”的思想;冲破阻挠,果断领导八一南昌起义取得胜利,打响了武装反抗国民党反动派的第一枪;与朱德率部队取得第四次反“围剿”的重大胜利,创造了红军史上大兵团伏击战的范例;长征途中任“三人团”即三人军事指挥小组的“团长”;抗日战争时期,赴西安会谈,促使西安事变和平解决;内战爆发时期,在反对国民党独占东北的斗争中,他令马歇尔不得不叹服地承认:“周恩来是我从未遇到过的对手。”抗美援朝战争中,他挑起组织领导战争的重担;在社会主义新时期,为国防现代化呕心沥血。作者搜集翔实的历史资料,系统反映周恩来的无产阶级军事理论与实践。(郭莹)

E000009 **彭雪枫军事文选** 彭雪枫著。解放军出版社 1997 年 4 月版。45 万字。42.00 元(精)25.00元(平)。选收作者 1934～1944 年间的军事著作、报告、电报、书信、文告等 112 篇。反映彭雪枫在中国工农红军、八路军、新四军工作期间,领导军民进行武装斗争,创建革命根据地和开展统战工作等诸多方面的重要实践与理论贡献。彭雪枫是中国人民解放军著名的军事家之一。他在长期的革命战争实践中,努力学习与创造性地运用毛泽东军事思想、对开展人民战争、运用灵活机动的战略战术、创建革命根据地、加强武装力量建设、建立与发展抗日民族统一战线等重大问题,特别是对开展抗日游击战争,有许多精辟的论述,为毛泽东军事思想的运用和发展做出重要贡献。(郭莹)

E000010 **中国近代军事思想史** 刘子明著。江西人民出版社 1997 年 7 月版。39 万字。26.00 元。系统考察自鸦片战争爆发至中华人民共和国成立百余年间的主要军事活动,重要军事人物和军事论著者的战争观,战争问题的方法论、战争指导思想、建军指导思想等内容,阐明中国近代军事思想产生的历史背景及其形成和演变的过程;叙述近代历史条件下国家、阶级或政治集团对战争的目的和性质、武装力量建设和战争准备、争取战争胜利的手段等所持的基本观点,揭示中国近代军事思想的发展规律及其与国家、阶级或政治集团的经济、政治结构以及对外政策的联系。还具体论述中国近代有代表性的军事人物林则徐、魏源、洪秀全、曾国藩、李鸿章、慈禧、左宗棠、袁世凯、孙中山、蒋百里、杨杰及近代伟大的军事家毛泽东、周恩来、朱德的军事思想,并在论证中提出若干新观点。(游道勤)

E000011 **军事强国系列** 王昉等著。时事出版社 1997 年版。174 万字。104.30 元。包括:《世纪超霸——美利坚》、《沉沦巨人——俄罗斯》、《岛国困兵——日本》、《南亚之狮——印度》、《中东枭雄——以色列》和《巴比伦战车——伊拉克》6 本;在世界范围内,按照世界级—地区级、扩张型—自卫型的分级分型方法,选取美、俄、日、印、以、伊六国作为典型,从历史、民族、国家和宗教等角度,介绍其军事建国的必要性和建设军事强国的艰难历程,评述其成为军事强国的历史及现实条件和必然规律,对其在 21 世纪将发挥的世界和区域性作用,进行科学预测。收入“新世纪军事书库”。(王钢)

E000012 **军事制度卷** 刘岩等著。明天出版社 1997 年 8 月版。26 万字。为“少年军事百科全书”之一。共收录条目 362 个,主要包括:军事体制,兵制,军人、军职,军衔,军队标志,服饰,勋赏与惩罚,军人礼仪,后方勤务等。向少年读者提供有关军制方面的一些基本资料。(张玲)

E000013 **先锋军旅系列** 王昉等著。时事出版社 1997 年版。163 万字。105.70 元。包括:《霸海狂飙——世界王牌舰队》、《战神之子——世界王牌军团》、《蓝天雄鹰——世界王牌航空队》、《血战先锋——世界王牌特种部队》和《谍海神风——世界王牌谍报机构》5 本。在世界范围内,精选 20 世纪涌现出的各型军事强国的海、陆、空、特战和谍报信息等各军兵种中的铁拳劲旅和新锐部队,对其征战历程、成为军中王牌的必然性及现实状况,加以介绍和评述,并对其进入 21 世纪后将发挥的世界和区域性作用,进行分析和预测。收入“新世纪军事书库”。(王钢)

E000014 **世界战争卷** 程金明等著。明天出版社 1997 年版。22 万字。12.00 元。共收自古至今发生在中国领土之外的大大小小重要战争、会战和战役的词条近 200 条。从公元前 15 世纪的古埃及年轻法老图特摩斯三世远征巴勒斯坦和叙利亚的美吉多之战到发生在 20 世纪 90 年代的现代高技术条件下的海湾战争,全书系统地介绍世界战争史的概貌,并配有 65 幅彩色和黑白插图。收入“少年军事百科全书”。(孟玮)

E000015 **世界著名大海战** 滕建群等著。青岛出版社 1997 年 7 月版。42.5 万字。25.00 元。描述 2000 多年来发生的近百次著名海战。通过对人类历史上桨船时代、帆船时代、蒸汽铁甲舰时代和现代条件下四个不同时期海战场面的描写,用通俗的文字构画出人类海战史上的一幕幕悲壮的活剧。从公元前 480 年古希腊雅典城西的萨拉米斯海面,波斯战船与希腊战船的殊死恶战，到 20 世纪 90 年代的第一年，“沙漠风暴”席卷中东，以美国为首的多国部队海军强入波斯湾，重创伊拉克海军，均有详细阐述。（戚道浚）

E000016　**兵林史话**　韩金度主编。军事谊文出版社 1997 年 8 月版。62 万字。35.00 元。根据中央电视台军事部“兵林史话”栏目解说词编辑而成。全书由 365 篇短文组成，按 365 天的时间顺序，逐日介绍中外军事史上该天发生的著名战役战斗、著名军事家活动、军事谋略实例，以及 20 世纪各种新式武器问世后，对战争的影响。其间穿插了一些军事知识、军事趣闻。作者以独特的新闻视角占有材料、分析历史、研究具体战例和人物，披露许多鲜为人知的史实和细节。（赵爱华）

E000017　**国防大典**　王景佳、闻宏海著。国防大学出版社 1997 年 8 月版。287 万字。250.00 元。介绍国防和军事理论与实践知识的工具性辞书。有词目近万条，分 15 篇：国防历史、武装力量、国防科技、谋略心战、国防地理、政治工作、领导指挥、兵役动员、法制外交、国防教育。（赵智印）

E000018　**中国军事制度史（6 卷本）**　陈高华、钱海皓著。大象出版社 1997 年 8 月版。209 万字。系统阐述自夏商周至中华人民共和国（90 年代初）军事制度通史著作。把军制学与历史学有机结合，揭示中国军事制度史发展的普遍规律和特点。（会平）

E000019　**陆军军制学**　雷渊深等主编。军事科学出版社 1997 年 10 月版。44.1 万字。30.00 元。系统研究中国人民解放军陆军编制体制的专著，其特点有：1. 创立陆军军事制度的理论框架和层次结构，系统阐述陆军军制的基本概念，揭示中国陆军军制的历史沿革，分析了中国陆军军制发展演变的社会原因，阐明中国人民解放军陆军军制的产生、发展，对马、恩、列、斯、毛、邓的军制思想进行研究和探讨。2. 论述陆军体制编制，对陆军总定额、陆军的整体结构、陆军领导指挥体制、陆军兵种体制、陆军野战部队体制、陆军教育训练体制、陆军政治工作体制、陆军后勤体制、陆军技术保障体制、陆军后备力量体制、陆军动员体制和陆军编制的构成形式、基本类型、功能、特点、建立原则与要求，以及发展趋势等进行科学论证。3. 介绍陆军各项工作制度，依据陆军工作制度所含范围，对陆军教育训练，陆军管理教育、陆军兵员、陆军武器装备管理、陆军政治、陆军后勤、陆军动员等工作制度和陆军战场管理制度的地位与作用，主要内容、制定与实施等作了介绍。还介绍了中国台湾国民党陆军、美国，俄罗斯、德国、日本、越南、印度组织体制概况。（隋东升）

E000020　**中国战书**　副名：历代战争文书赏析。刘洪泽、刘韬等著。解放军出版社 1997 年 3 月版。33 万字。15.00 元（平），22.00 元（精）。战争文书，不同于军事文书，不涉及军事秘密，具有相当大的公开性。一般归纳为 8 种：讨敌书、宣战书、请战书、誓师书、劝降书、报捷书、祝捷书。作者就这 8 种，从中国历代战争文献资料中选出 42 篇。这 42 篇所涉及的战争，大都是中国战争史上较为重要的战争，体现从战争开始到战争结束，全过程中 8 个环节的主要文书。本书先对各篇文书进行介绍分析，并在其后附上原文及译文。（郭莹）

E000021　**战火三千年**　副名：中国少年国防教育丛书。王天晞主编。未来出版社 1997 年 8 月版。120 万字。55.20 元。以中国著名战争和战争知识为内容，从历代万余次战役战斗中，编写近 300 例战争故事。这些战争故事上起公元前 1027 年的牧野之战，下迄 1953 年的抗美援朝战争，分 5 卷叙述。收录的战争故事中有改朝换代的刀光剑影，有卫国戍边的边塞烽烟，有农民起义的风起云涌，有抵御强敌的生死搏杀，有统治者镇压人民的血雨腥风，有军阀混战带给人民的重重灾难，有共产党领导的三大起义的光辉业绩，有红军二万五千里的艰难历程，有八路军、新四军的浴血奋战，有解放军、志愿军的伟大战役。故事反映了英雄人物的爱国情操和牺牲精神，历代军事家的伟大气魄和高风亮节，中国人民往日的艰辛和苦难，以及为国家民族而战的胜利豪情。书中还对人心向背、军事设施、战略战术运用等作了论述，将战争故事和战争知识有机结合起来。（杨德新）

E000022　**影响二十世纪中国的十次战争**　石仲泉等主编。陕西人民出版社 1997 年 1 月版。22.1 万字。14.00 元。记述 20 世纪中国发生重大影响的八国联军侵华战争、辛亥革命、护国战争、北伐战争、土地革命战争、抗日战争、解放战争、抗美援朝战争、中印边境自卫反击战及中苏边境自卫反击战共十次战争。介绍了战争发生的历史和社会背景、战争经过和结果，分析了战争成败的原因和特点，指出战争性质和它的地位及影响。收入“二十世纪中国掠影丛书”。（宋彩虹）

E000023　**中国古代战争卷**　谢健著。明天出版社 1997 年 8 月版。20 万字。以词条形式描述中国古代战争。上自中国原始社会，下至中国最后一个封建王朝——清王朝覆灭为止，共选具有代表性的重要战争条目240条。简要介绍战争的起因、过程、结局及其影响，剖析胜败原因、主客观因素所发生的作用。采用历朝年号纪年，括注公元纪年。古地名括注今地名。生僻字加注拼音。(孟凡明)

E000024 **中国现代战争卷** 阮家新著。明天出版社1997年8月版。20万字。为"少年军事百科全书"之一。收录自1912年至1953年中国国内战争和对外反侵略战争条目共241条，反映这一时期发生的对内对外主要战争情况。条目均按时间顺序排列，对于同时发生或交错的战争，则按其性质分类，相对集中。对于某一时期出现的各种名称、各种性质的军队，则选其主要者专门列条，置于战争条目之后，以便查阅。(邢春玲)

E000025 **二十三军征战纪实** 张洪舜著。白山出版社1997年6月版。34.1万字。20.40元。纪实文学。记述二十三军从赣东北革命根据地诞生，参加红军，直下龙岩上杭，到组建北上抗日先遣队，成立新四军，渡江北上，保卫月塘集，大败韩德勤，进而东进黄海之滨，血战孟良崮，分兵向外线出击，直至决战淮海，歼灭黄维兵团，雄师过大江，解放上海，入朝参战的辉煌战斗经历。对二十三军经历的重大事件作详尽描述，其中，1947年5月，与兄弟部队一起，歼灭国民党王牌军整编七十四师，在淮海战役中，活捉国民党徐州"剿总"副司令兼前进指挥部主任杜聿明，在苏中七战七捷中，激战如黄路等，均作详细介绍。二十三军早期部分将领粟裕、陶勇、郭化若等人的战斗生活，也作了叙述。(宋杰)

E000026 **十六军征战纪实** 李乃聪著。白山出版社1997年6月版。42.8万字。27.40元。纪实文学。分20章：井冈火种、古田军魂、军中骄子、血火万里、碧血黄土、喋血雄关、智出奇兵、烽火敌后、奋战长夜、浴血黎明、扬名之战、驰骋塞外、回归故里、反攻利剑、风云大别山、逐鹿中原、决战淮海、大江飞渡、风卷残云、威震半岛。展现与自己的母体解放军同龄的十六军，从井冈山到大别山，从决战淮海到威震朝鲜半岛，南征北战，纵横神州大地，历经战役战斗4 500余次，歼灭中外敌军73万余人，先后有7万官兵洒血，2万将士捐躯的传奇经历。十六军涌现的战将，如朱德、彭德怀、罗荣桓、罗瑞卿、杨勇、杨成武、苏振华、肖华、肖克、刘亚楼、赖传珠等人的战斗生活在书中有详尽的描写。(宋杰)

E000027 **人民军队战争全景纪实** 国防大学出版社1997年7月版。108万字。66.00元。记述中国人民解放军70年征战历程的纪实性作品。分3部。第一部：《还我河山》，记载从八一南昌起义到抗日战争胜利这一历史时期，中国工农红军、八路军、新四军等共产党领导的武装力量为粉碎国民党反动派"围剿"及抗击日寇的重要战斗历程。第二部：《命运决战》，重点描写抗战胜利后共产党与国民党围绕中国前途和命运所开展的史无前例的军事斗争，记录了国共双方在三大战役中的斗智、斗勇及得失。第三部：《和平利剑》，记载中华人民共和国成立后中国人民解放军和志愿军剿匪、抗美援朝、抗美援越，及历次边境反击作战的历程。(赵智印)

E000028 **三十九军征战纪实** 李人毅等著。白山出版社1997年6月版。43.1万字。27.40元。有4部分，27章，130小节。展现三十九军由创建初期到抗美援朝的发展历程。主要内容有：三十九军历经的主要时代、主要事件和主要战役战斗；三十九军参加平型关大战、辽沈战役、平津战役、解放柳州、突破三八线等重大战斗场面。披露许多鲜为人知的历史事实，如，中央红军与陕北红军的会合；二打平型关、血战大胡庄的战斗；黄师独有一部电台之"谜"；天津城外的激战、黑人连给白宫一个耳光，等等。展现三十九军一些著名将领和英雄的风采，如，刘志丹、谢之长深谋远虑，高举战旗；徐海东、左权、黄克诚指挥若定，百战百胜；彭雪枫、杨得志敢打敢冲，英勇无敌；战将钟伟，赤胆忠心，彪炳千秋，等等。作者把笔墨集中在刻画人物上，对徐海东、黄克诚、钟伟等人物的经历、风采作了生动介绍。(宋杰)

E000029 **中国人民解放军通鉴(上中下)** 《中国人民解放军通鉴》编委会编。甘肃人民出版社1997年7月版。700万字。480.00元。以编年体为主，并将大事记与报道有机结合。"大事记"为逐年逐月逐日地记载我军70年来战斗历程和光辉业绩。"报道"则立足于"当时"或"本日"，精选各个历史时期的重大典型事件，将历史演化为新闻，新闻串集成历史，通过披露大量的背景材料，真实再现我军艰难、困苦、曲折与成熟的全过程。全书分上、中、下3册，约1 400幅珍贵历史照片，正文后附有"中国人民解放军发展系列"、"中国人民解放军重要战斗战役一览表"、"中国人民解放军将帅名录"等有关资料及数据。(张正义)

E000030 **四十军征战纪实** 王树和著。白山出版社1997年6月版。37.2万字。24.00元。纪实文学。描述诞生于抗战初期泰山脚下和冀中大地的四十军，如何转战沂蒙山区，驰骋长城内外，进行艰苦卓绝的抗日战争；解放战争时期，该军最先挺进东北，从长白山打到海南岛的战斗经历；在抗美援朝战争中，该军最先出征，参加了朝鲜战争的历次战役的情形。还描述了该军闻名的爆破攻坚战术、诉苦教育运动等。书中许多生死搏杀的场面，激动人心，鼓荡豪情。如，巧取马鞍山，神兵天将骤至，坚守马鞍山，气壮山河；副团长王凤麟与 27 位烈士用生命和热血谱写了泣鬼神惊天地的慷慨悲歌；中朝两军并肩发起第五次战役，四十军中路突破，单刀直入，穿插 60 公里，劈开了东西两线，等等。书中对曾克林、韩先楚等人物作了形象刻画。（宋杰）

E000031 **名将·名军·名战丛书** 叶秀然等编著。国防大学出版社 1997 年 3 月版。380 万字。224.30 元。详细记载中国人民解放军名将、名军、名战的征战历程和辉煌业绩的纪实性系列丛书，共 12 分册：《霹雳惊天——人民空军征战纪实》、《威震海疆——人民海军征战纪实》、《虎啸龙吟——陶勇与名军名战》、《浩歌万里——杨得志与名军名战》、《塔山英魂——吴克华与名军名战》、《天敌雄师——王建安与名军名战》、《决死军魂——陈赓与名军名战》、《百战征衣红——许世友与名军名战》、《鏖兵江淮——韦国清与名军名战》、《三万将士血——万毅与名军名战》、《齐鲁雄风——聂凤智与名军名战》、《报捷华东——叶飞与名军名战》。通过对战史情节的描写、人物个性的刻画、表现了名将名军勇猛顽强的战斗作风，称雄沙场的王者气概，血战到底的拼命精神，令敌胆寒的威武形象，赫赫有名的不朽战绩及高超的谋略艺术，坚定的克敌信念、卓越的战争胆识及丰富的内心世界。（赵智印）

E000032 **军旗下的讲话** 武汉出版社编。1997 年 9 月版。18 万字。9.50 元。中国人民解放军是一支具有光荣革命传统的人民军队。该书介绍了中国共产党领导的人民军队从无到有，从小到大，从弱到强，经过土地革命战争、抗日战争和解放战争，创建社会主义新中国的光辉历程；歌颂人民军队在各个历史时期所取得的不朽功勋及英雄模范感天动地的英雄事迹。新中国成立后，人民解放军在捍卫祖国领土主权完整、抗灾救灾、参加社会主义建设等方面建立了不朽的功勋。还叙述了人民军队在和平时期的新的历史使命和江泽民关于军队建设“五句话”总要求；阐明人民军队在新的历史时期革命化、正规化、现代化建设诸方面的重要战略举措。还选录古代的杰出军事人物、典型战例及军事著作。书末附有两次世界大战及海湾战争的简介。（郭庭军）

E000033 **我们的队伍向太阳——中国人民解放军 70 年全纪录** 军事科学院军史研究部编。广东教育出版社 1997 年 7 月版。300 万字。480.00 元。精选载录我军历史上的大事记、重要事件、历史图片、数据统计等，从“南昌起义”开篇，以解放军驻港部队进驻香港的辉煌一页结尾，图文并茂，多层面展示我军 70 年的辉煌历史。（程天）

E000034 **新四军发展史** 马洪武、童志强著。山西人民出版社 1997 年 12 月版。45 万字。49.00 元。分 8 章，从 1937 年新四军在抗日烽火中的组建、诞生，到挺进大江南北抗击日寇，开辟发展华中抗日根据地，击退国民党反共高潮，皖南事变后重组新四军，坚持敌后抗战，进行战略反攻，直到编入中国人民解放军，全面客观地反映新四军发展的历史过程。将新四军的发展放到世界反法西斯战争和中国抗日战争的大格局中，以新四军作战、建军为主，根据地建设、政治、经济、文化各方面兼顾，并对历史上的重大事件、重要会议、主要战役和战斗、主要人物等等都作评述。重现新四军抗战的光辉历程，歌颂了新四军在日、伪、顽三面夹击的困境中英勇抗战的大无畏爱国主义精神，揭露了国民党反动派制造皖南事变，假抗日真反共的恶劣行径，总结了统一战线的经验教训。（景慧芝）

E000035 **中国人民解放军 70 年图集** 中国军事博物馆编纂，袁伟主编。上海人民出版社 1997 年 7 月版。1290 幅图。680.00 元。全面反映中国人民解放军建军 70 年成长历程的大型军史画册；收录 1 290 余帧照片与图片，相当部分是军事博物馆的独家馆藏，也有一些是新发现新征集的重要党史、军史文物。全书从“土地革命战争中创建成长”、“抗日战争中发展壮大”、“解放战争中越战越强”、“参加和保卫社会主义建设中不断前进”、“改革开放中跨入新阶段”五个方面，历史地反映人民军队从无到有、从小到大、从弱到强的发展过程，反映人民军队在各个历史时期的伟大作用，全面展现人民军队在政治建设、作风建设和装备建设上的新发展、新成就，通过中国人民解放军 70 年辉煌的战斗历程和丰功伟绩，全面、系统地体现以毛泽东、邓小平、江泽民为核心的中国共产党三代领导集体的建军思想。（黄建章）

E000036 **中国人民解放军军史画典（1927～1997）** 刘家齐主编。山东人民出版社 1997 年版。460 万字。600.00 元。画册收录 70 年来军内军外著名画家创作的反映人民解放军在战争年代和和平时期光辉历程的优秀画作。通过中国画、油画、版画、宣传画等不同绘画手法，展现人民解放军在建军时期、抗日战争时期、解放战争时期为建立新中国而进行的艰苦卓绝的英勇奋斗;在和平时期为社会主义现代化建设、抢险救灾、保卫边疆而立下的丰功伟绩。(李旭茂)

E000037 **西点之路** 于越编著。辽宁人民出版社 1997 年 7 月版。29.7 万字。23.00 元。系统记述美国著名的西点军校发展历程、组织管理、西点形象及目标、教育计划、训练方法和培养出的赫赫有名的人物,以及面临的挑战。共 8 章:第一章世纪跋涉,西点从哈得逊河起步;第二章时代坐标,西点肃穆威严的形象;第三章风云人物,从西点走出来的学子;第四章国魂军魂,西点确立的目标;第五章历史作证,西点锻造的人格;第六章雅典智者,西点的科学文化教育;第七章玉琢大器,西点的"兽营"及其他;第八章走向明天,西点面临的挑战。(刘万庆)

E000038 **新战争论** 沈伟光著。人民出版社 1997 年 6 月版。27 万字。20.00 元。研究 21 世纪战争的军事未来学著作。提出信息战和思维战理论,并从军事、政治、经济、文化、科技、国际关系等角度,研究信息战的形成、发展及其给全球带来的震荡与裂变,探索信息战的战略等问题。(鲁静)

E000039 **孙子兵法解读** 吴荣政著。湖南大学出版社 1997 年 4 月版。15.5 万字。9.50 元。《孙子兵法》是我国古代重要的军事学典籍,该书自曹操作注以来,注本极多。本书广采前人研究成果,精心考订注释。其体例为:每篇先为"题解"。解释篇名含义,分析本篇要旨,指出本篇字数及可分若干段,概括段落大意。次列"原文"。原文广采各本及古类书进行校勘,校勘力求有据、合理。"注文"包括:难字注音;出校记;串解句意;解释词义;说明语法;引文献疏证;或列不同观点以备参考。"译文"求信、达、雅。"评论"指出每篇在全书中的地位,说明其主要内容,提示研读方法。还附有"全书索引"和"关键词索引"。(卢宇)

E000040 **孙子兵法新校** [日]服部千春著。白山出版社 1997 年 10 月版。47 万字。作者是日本当代著名《孙子》研究家,此书为其博士论文。作者自幼向往中国传统文化,尤钻兵书战策,研究《孙子》历 40 余年而不辍,取得丰硕成果。中日邦交正常化之初,他将 50 余万言《新编孙子十三篇》手稿献呈毛泽东。此后他多次访华,与中国学者切磋学术,并在中国出版他的第一部中文专著《孙子兵法校解》。本书以宋本《十一家注孙子》为底本,以银雀山汉墓竹简本和要籍相参校,通过对校与理校、本校与他校、字校与韵校等多种校勘手段,对《孙子》正文进行全面、细致的校订,改正文字百余处,重要者二三十处。其涉及范围广,参引文献多,学术价值高,在《孙子》校勘与研究领域都处领先地位。(苏桂亮)

E000041 **吴孙子发微** 李零著。中华书局 1997 年 6 月版。14.1 万字。13.00 元。《孙子兵法》是我国古代最著名的兵学经典,其作者孙武被尊称为兵祖。本书以影宋本《魏武帝注孙子》(即曹注本)作底本,同时参校了汉简《孙子兵法》、《武经七书》、《十一家注孙子》等多种版本,还利用《管子》、《司马法》、《孙膑兵法》等先秦典籍和《北堂书钞》、《通典》、《太平御览》等唐宋类书,并吸收历代学者的研究成果和作者自己多年研究心得。本书采用注释和译文相辅相成的整理方法,兼顾普及和提高两个方面。注释侧重名物制度的考证和疑难词语的训诂。译文主要采用直译。书的附录也很有价值:《银雀山汉简〈孙子兵法〉分简释文及缺文考证》对出土汉简《孙子兵法》进行考证和增补;《佚文》收集汉简《孙子兵法》佚篇、上孙家寨汉简《孙子兵法》佚文、古书征引《孙子兵法》佚文;《传记资料》主要搜集《史记·孙子列传》和《吴越春秋》等书有关孙武的记载;《著录》则对《孙子兵法》的版本和流传作详细的考证。收入中华书局"古典名著译注丛书"。(薛有红)

E000042 **兵法简述** 弗拉维乌斯·韦格蒂乌斯·雷纳图斯著,袁坚译。解放军出版社 1997 年 12 月版。20 万字。15.00 元。古罗马时期的军事著作。作者依据史料论述了古代希腊和罗马的军事学术理论,军队配备、编制和训练的问题,进行战争和战斗的重要法则,战斗队形,冲击和防御要塞的方法,进行海战的原则和攻城等技术。他认为,"没有任何一种训练课目对于士兵来说比之作战时无比准确地保持队形更加重要"。了解敌人的特点以及他们的主力军官兵的特点是至关重要的。(郭莹)

E000043 **C^3I 系统开发技术** 刘曙阳、程万祥等著。国防工业出版社 1997 年 4 月版。44 万字。27.10元。C^3I 是指挥、控制、通信和情报的总称。它由计算机、指挥工作台、大屏幕、通信网络、探测设备和程序软件等组成。它是人机系统,可以按作战需求研究、开发、设计与制造,可用于对部队和武器的指挥、控制、训练与管理。书中介绍了 C^3I 的系统开发技术,包括:C^3I 系统论证与设计方法;C^3I 系统设计技术;C^3I 系统软件设计技术;C^3I 系统集成与试验技术;C^3I 系统管理技术。书中论述了 C^3I 系统总体论证、系统设计、软件设计、系统集成、工程管理的理论和方法。有大量的应用实例，如：在软件设计方面，对数据融合、辅助决策、数据库等设计都给出应用实例；在系统集成方面，介绍了集成与试验中遇到的硬件、软件方面的问题及解决办法以及系统实兵试验实例；在工程管理方面，给出了编制计划网络图的实例等。既论述国际上有代表性的开发技术，又论述作者及其所在研究所有关 C^3I 系统研究、设计、开发、集成、维护工作中的实践经验及理论研究成果。（何曼庆）

E000044 **炮兵 C^3I 系统** 刘树海著。兵器工业出版社 1997 年 11 月版。67.85 万字。34.80 元。炮兵 C^3I 系统是一个新兴领域，它涉及控制理论、人机系统、通信理论、军事运筹学以及军队指挥学、炮兵作战指挥学等学科。本书主要介绍炮兵 C^3I 系统的基本原理和一些重要的分析方法。主要内容有：1. 军队指挥、军队指挥自动化、军队自动化指挥系统和炮兵自动化指挥系统的基本概念；2. 数据通信和计算机网络基本知识；3. 决定测地、开始、装定、修正诸元的方法，分析了对运动目标射击时炮兵火力反应能力和船炮兵射击时的测地诸元；4. 炮兵战场目标价值分析、射击单位与目标的合理分配和炮兵观察所选择；5. 数据融合的基本概念、结构、理论基础；6. 部队作战能力的基本概念、指数法及其对部队作战能力的评估方法；7. P 网的基本理论，几种典型系统的 P 网模型及其性能分析。有 3 个附录，分别给出自动分段曲线拟合、能处理虚网点的曲面拟合和多维正交多项式拟合程序。（尤兰琴）

E000045 **军事高科技知识通览** 朱也璇主编。兵器工业出版社 1997 年 8 月版。25.5 万字。24.00元。重点介绍电子战技术、精确制导技术、夜视技术、侦察与监视技术、伪装技术、隐形技术、作战模拟技术等对作战影响较大的军事高科技及相应的装备器材，并对发达国家及我国台湾军队武器装备的整体水平和发展趋势进行分析。作者指出，高新技术的迅速发展和广泛应用，必然对世界军事斗争产生重大影响。研究和把握高技术战争的新特点和规律，以寻求我军现代化建设的最佳途径，为打赢未来的高技术局部战争创造必要的条件。（张凤英）

E000046 **高科技对军事的影响** 赵潞生主编。兵器工业出版社 1997 年 8 月版。17.37 万字。17.00 元。根据国防大学指挥员队和参谋队军事科技课的教学实践，选取部队指挥员及军事理论工作者最为关心的高科技对现代军事领域 10 个主要方面的影响。从宏观上分别论述高科技对战场特点、作战样式、夜战、军队机动、军队指挥、后勤保障、人民战争、作战理论、体制编制、部队训练等 10 个方面的主要影响，并分析了相应的对策。（郭佳）

E000047 **数据融合理论与应用** 康耀红著。西安电子科技大学出版社 1997 年 10 月版。29 万字。20.00 元。数据融合是许多传统学科和新兴工程领域相结合而产生的一个新的前沿技术领域，是现代 C^3I 系统的重要组成部分。这一领域涉及到与现代战争有关的军事理论、武器系统、人文地理和气象知识等复杂因素。作者通过对大量文献的去粗取精，以目前和今后对多传感器数据融合研究的中心为出发点，研究了各种多传感器目标检测理论、目标跟踪和自动识别算法以及态势评估和威胁估计模型，对条件事件代数、规划识别理论等可能影响到数据融合理论的新方法进行了探讨。书中许多内容是作者的研究成果，如第二章、第三章和第八章介绍的内容都是作者独自的研究成果。（徐德源）

E000048 **少儿科学宝库——世界 100 种新式武器** 张耀坤等著。河北科学技术出版社 1997 年 3 月版。10 万字。5.00 元。将世界上最新式的 100 种武器作简要介绍，使少年儿童在领略当今新式武器风采的同时，对兵器的发展趋势有全面的客观认识。（王晓明）

E000049 **陆军武器卷** 朱如华等著。明天出版社 1997 年 8 月版。20 万字。为“少年军事百科全书”之一。系统介绍目前世界上主要国家的陆军武器装备，内容包括步兵、炮兵、装甲兵等使用的主战坦克、装甲战车、野战火炮、反坦克炮、高射炮、地地导弹、地空导弹以及枪械等轻兵器，还择要介绍近代战争中使用过的著名陆军武器和尚处于研究试验阶段的新式武器，对古代冷兵器和早期火器也收有相应的条目，书后附有陆军武器装备名词术语，共计 270 余个辞条。（冯晨）

E000050 **武器与战争纪实丛书** 《武器与战争纪实》丛书编委会编。国防工业出版社 1997 年 8 月～1997 年 12 月版。丛书包括：《飞机与战争》（上、下）、《直升机与战争》、《航空母舰与战争》、《水面舰艇与战争》、《潜艇与战争》、《导弹与战争》、《核武器与战争》、《太空武器与战争》、《坦克与战争》、《火炮与战争》、《轻武器与战争》、《地雷与战争》、《生物武器与战争》、《化学武器与战争》、《水中兵器与战争》和《激光武器与战争》。共 16 种武器装备，17 分册。基本涵盖了近代与现代的各种武器。分别以各种武器装备的发明与发展为主线，有机地结合其战场应

用，纪实性地描述世界历史上特别是近百年来血与火的战争画卷。(彭华良)

E000051 **新概念武器原理** 王莹、马富学编著。兵器工业出版社 1997 年 2 月版。81.6 万字。56.00元。把新概念动能武器、定向能武器、新概念原子能武器和其他一些新概念武器编著在一起，阐明它们的原理，并分析其特性。绪论介绍武器与战争以及武器与高科技的关系；第一章至第四章，介绍新概念动能武器，包括超高速化学能发射器、电热炮、电磁发射器和混合电炮；第五章至第七章，介绍定向能武器，包括电磁脉冲(含高功率微波)武器、激光武器和粒子束武器；第八章，介绍新概念原子能武器，包括中子弹和反物质武器等；附录简介其他新概念(如基因、计算机病毒和次声波等)武器原理。(聂笃克)

E000052 **世界轻武器手册** 《世界轻武器手册》编辑部编。兵器工业出版社 1997 年 6 月版。330 万字。298.00 元。汇集国内外轻武器主要信息的大型专业工具书。分 16 个部分，分别介绍手枪、冲锋枪、步枪、机枪、霰弹枪、防暴枪、信号枪、运动枪、榴弹发射器、喷火器、火箭筒、枪弹、枪榴弹、手榴弹、瞄准装置以及防弹衣和头盔的发展情况、结构特点和性能数据。有黑白和彩色图片、附表及附录。书中以第二次世界大战以来研制、生产和装备的产品为主，兼收某些早期使用过的典型产品，共 42 个国家和地区 1 600 多种产品，1 000 多幅黑白插图和 300 多幅彩色图片。(孙永德)

E000053 **高炮射击指挥仪故障维修 500 例** 总参兵种部编。兵器工业出版社 1997 年 10 月版。15.9 万字。29.80 元。介绍我军高炮部队现列装的指挥仪各种故障现象、故障原因、分析及排除方法，以及指挥仪的故障诊断方法和提高武器系统射效的方法。分上、下两册。上册主要介绍指挥仪的故障诊断方法、59－01 和 59－03 指挥仪故障维修以及提高武器系统射效法；下册主要介绍指挥仪的故障诊断方法、3M1 和 5M1A 指挥仪故障维修以及提高武器系统射效法。共收录故障 549 例，对故障现象及原因分析力求准确无误，处理方法简便可行。(何保武)

E000054 **世界科普画廊·现代兵器** 刘树勇等著。浙江教育出版社 1997 年 11 月版。25 万字。50.00 元。叙述的内容有：从猿用石块打制的第一把石斧，马拉的战车，弯弓射箭的武士，遍地开花的火炮，以及陆地上的坦克、海洋中的战舰和空中的战机，还有灭绝人性的核生化武器等。通过对冷兵器直至核武器等各种先进武器的介绍，展示人类的这一重要发现和功用，最终说明人永远无法手持武器找到朋友和安宁；但只要人类心存善意，互敬互爱，总有一天武器会从世界上消失。

E000055 **兵器百年** 郭仁松撰稿。河南科学技术出版社 1997 年 12 月版。12 万字。12.00 元。“少年科技百年图说丛书”之一。对近百年间各个时期的新型兵器进行介绍。在 20 世纪中，兵器技术的发展和研制快速发展。据统计：在 50 年代的朝鲜战争期间出现 10 种新兵器，60 年代的越南战争期间出现 20 种新兵器，中东战争期间有 50 种新兵器问世，而在 1991 年的海湾战争中使用的新兵器，则多达 100 种。书中对此发展变化作简要介绍。

E000056 **海军武器卷** 李杰、陈健苹著。明天出版社 1997 年 8 月版。22 万字。为“少年军事百科全书”之一。词条按海军的舰种和武器装备的分类进行编排。分 13 个部分，即：蓝色洋面的巨霸——航空母舰；海上枭雄——战列舰；海上堡垒——巡洋舰；水面雄狮——驱逐舰；海上守护神——护卫舰；军用快艇；水雷战舰艇；海中坦克——两栖舰艇；辅助舰艇；水中蛟龙—潜艇；海空雄鹰——海军飞机；水下杀手——水中兵器；海军名词术语。共收条目 213 条，海军名词术语 57 个，随文照片、插图 60 幅。(张玉梅)

E000057 **航空武器卷** 焦国力等著。明天出版社 1997 年 8 月版。16 万字。为“少年军事百科全书”之一。辞条按军用飞机的机种和航空弹药的分类进行编写，共收 190 余个辞条。介绍各军用机种及航空弹药在军事行动中的作用。书后附有航空武器的名词术语。(刘凡文)

E000058 **超常规武器卷** 郎宗亨等著。明天出版社 1997 年 8 月版。18 万字。为“少年军事百科全书”之一。共收条目 306 个。全面介绍现代化战争中的超常规武器装备，并注意吸取超常规武器研究中的最新成果，包括核武器、化学武器、生物武器、三防装备、非致死性武器、新技术武器、警用武器、特种兵烟火武器及天战武器等，展示了高新技术应用于军事所产生的巨大威力。(赵瑾)

E000059 **海军舰空导弹武器手册** 《海军舰空导弹武器手册》编写组编。兵器工业出版社 1997 年 9 月版。41 万字。125.00 元。收编世界主要国家和地区海军的 28 种正在服役和将要服役的舰空导弹武器系统的详细文字、图片资料，是集文字、图片、表格于一体的工具书。由 3 部分组成。第一部分综述世界舰空导弹武器系统的发展概况，主要包括现状、装备和技术特点、发展趋势等；第二部分重点介绍美、俄、英、法、日本、韩国、越南、印度、中国台湾等9个国家和地区的舰空导弹武器系统装备发展情况；第三部分则是世界上正在服役和正在研制的舰空导弹武器系统主要型号的详细介绍。有300多幅图片资料，详细描述世界舰空导弹武器系统主要型号的概况、组成及功能、主要性能指标、作战使用、特点及其改进和装备服役等内容。（郭佳）

E000060　**军事地理卷**　苏刚等编著。明天出版社1997年8月版。11万字。为"少年军事百科全书"之一。介绍军事地理学中基础性和综合性的条目，突出其军事作用和军事价值；以较大的篇幅介绍古今中外比较著名的战略要地和军事要塞，引导人们回顾、纪念和总结经验教训。（郭锐）

F　经　济

经　济　学

F000001　**经济学探索与研究**　李翀著。广东人民出版社1997年8月版。30万字。19.00元。"广东省中青年社会科学家文库"之一。选择了作者从事教学和科研工作15年来的部分学术成果。内容包括马克思经济学、西方经济学、国际金融等3个部分。其中马克思经济学部分选编了4篇文章，主要反映作者在"转化"问题上的研究成果；西方经济学部分选编了4篇文章，主要研究西方经济学的发展以及西方经济学的性质；国际金融部分选编了11篇文章，既涉及基础理论问题的探讨，也涉及对实际金融问题的研究。（杨小虹）

F000002　**现代经济学纲**　魏埙主编，洪远朋、胡培兆副主编。山东人民出版社1997年版。35万字。24.50元。主要对经济学中的基本理论问题和有争议的问题，如经济学的研究对象和方法、货币理论、资本理论、价值价格理论、收入分配理论、产权理论、市场理论、经济周期理论、国家调控理论等进行了深入研究。（李旭茂）

F000003　**经济学**　[美]斯蒂格利茨著，姚开建等译。中国人民大学出版社1997年5月版。98.00元。分上、下册。第一次推翻以萨缪尔逊为代表的新古典综合派理论体系的西方经济学入门教科书。书中体现了西方经济学发展的新潮流，寻求宏观经济学的微观经济学基础，强调用微观行为去解释宏观现象。介绍了西方出现的新论点和新原理，如"菜单成本"、"寻找费用"、"不完全信息"、"隐性工资合同"、"李嘉图式的等价"等；说明了西方经济中出现的新现象和新问题，如"委托代理关系"、"非对称性信息的后果"、"金融市场的某些弊端"、"企业在融资时如何在发行债券和股票之间加以抉择"，特别是"有敌意的兼并和联合"等。本书当然也带有西方经济学在意识形态上的偏见和研究方法上的不当之处，读者应用马克思主义的立场、观点、方法进行分析。列入"经济科学译丛"。

F000004　**消费经济学**　苏志平、徐淳厚著。中国财政经济出版社1997年10月版。23.1万字。11.00元。系统地进述了消费需求、消费市场、结构、水平、消费方式、消费社会与文化消费、消费者权益及消费趋势、引导等问题，并简明扼要地论述了消费经济学的学科性质、研究对象、内容及研究方法。（于燕）

F000005　**宏观经济学的产生与发展**　厉以宁著。湖南人民出版社1997年6月版。38万字。25.50元。《微观经济学的产生与发展》的姊妹篇。内容分为12章：总论，宏观经济学的产生，19世纪末、20世纪初的西方宏观经济学，凯恩斯的宏观经济学说，后凯恩斯的宏观经济学说，现代各种非凯恩斯派宏观经济学说的发展，关于宏观经济学与微观经济学结合问题的研究，非均衡理论的发展，金融理论与政策问题研究的深入，"政府失灵"问题的研究，经济增长问题研究的进展，宏观经济学与国民经济管理。不仅对早期、中期宏观经济学作了深入、祥尽的分析、介绍，特别是用了三分之一的篇幅分析了其近10年的发展情况，并结合我国建立社会主义市场经济的实际提出了可供借鉴参考的理论观点。（陈敬）

F000006　**宏观经济学（第六版）**　[美]多恩布什等著，冯晴等译。中国人民大学出版社1997年10

月版。82.4万字。63.00元。“经济科学译丛”之一。共包括4部分内容。第一部分为宏观经济学基础，在简要介绍宏观经济学和国民收入核算之后，依次讨论了以产品市场均衡为分析对象的简单乘数理论、以产品——货币市场均衡为分析对象的IS－LM模型、需求管理政策导论和国际经济联系。第二部分为总需求——总供给分析与经济增长理论，分别阐述了初步的AD－AS模型、总供给曲线的特性、理性预期理论和经济增长学说。第三部分为总需求分析的微观基础，先后介绍了消费函数理论、投资函数理论、货币需求理论、货币供给理论和经济稳定的政策。第四部分为宏观经济专题，包括通货膨胀与失业理论、菲力普斯曲线理论、货币政策与通货膨胀的关系、政府公债理论和国际收支理论。

F000007 **微观经济学的产生与发展** 张培刚著。湖南人民出版社1997年10月版。48万字。28.00元。《宏观经济学的产生与发展》的姊妹篇。内容分为12章：总论，微观经济学的产生，马歇尔的微观经济理论，20世纪30至40年代微观经济理论的发展，现代微观消费理论和生产理论，现代微观市场理论和分配理论，现代资源配置理论与福利经济学原理，消费者行为和企业行为研究的新进步，博弈论的由来及其新近的发展和应用，“市场失效”与政府规制，不确定性分析与信息经济学，微观经济学与企业经营管理。不仅对早期、中期微观经济学作了深入、详尽的介绍、分析，特别是用了1/3的篇幅分析了其近10年的发展情况，并结合我国建立社会主义市场经济的实际需要提出了可供借鉴参考的理论观点。(陈敬)

F000008 **微观经济学(第三版)** [美]罗伯特·S·平狄克等著，张军等译。中国人民大学出版社1997年6月版。97.1万字。70.00元。以市场和价格为导言逐步深入到消费者选择、生产者选择、市场的结构、竞争性策略、信息、市场失灵以及政府的作用等方面，系统地论述了现代微观经济学的基本内容和理论结构，阐明了资源分配的效率条件以及市场和政府在协调资源配置中的作用。在内容上吸收了经济学在过去十多年里的最新研究成果如博弈论、信息经济学、新制度经济学等，在叙述上采用理论讲授与案例分析(全书有80多个案例)相结合的方法，并最大限度地把基本原理应用于对制定政策的分析，具有知识性、启迪性和实用性等特点。收入“经济科学译丛”。

F000009 **经济均衡的数学原理** 潘吉勋、张顺明编著。吉林大学出版社1997年12月版。22.8万字。12.00元。运用数学模型公理化方法表述经济运行机制，定性定量地分析经济变量的依赖关系，为有效地掌握和指导经济运行提供科学依据。作者能够把握经济均衡理论的精髓，选取线性经济模型和市场均衡模型，基本上反映了本世纪该领域已有的重要成果，对于数理经济学几个最为困难的问题给出了完整的数学证明。(卢喜观)

F000010 **当代政治经济学** 曹钢、蒋畅民等编著。陕西人民出版社1997年7月修订版。34万字。16.00元。分8篇25章，重点论述当代政治经济学的提出和研究思路；商品与货币；资本及其运动；市场经济；流通和市场体系；宏观调控目标、模式，政府计划、经济政策和经济管理；分配；生活消费与社会保障；经济增长和社会发展；当代经济的历史发展趋势等理论问题。(崔茂盛)

F000011 **社会主义市场经济丛书** 李连仲、沈柏年著。天津人民出版社1997年3月版。58万字。49.20元。由4本书组成。其中《社会主义市场体系》阐述了社会主义市场体系的一般要义、结构体系、机制体系、管理体系；社会主义市场体系的商品市场、劳动力市场、金融市场、房地产市场、信息市场等内容。《社会主义市场经济宏观管理》阐述了社会主义市场经济宏观调控的基本内容、调控模式；宏观调控的货币政策、财政政策、产生政策、收入分配政策；宏观调控下的计划体制、金融体制、财政体制、税收体制、投资体制、社会保障体制等内容。《收入分配和社会保障制度》阐述了社会主义的根本分配原则；以按劳分配为主、多种分配方式并存；坚持效率优先、兼顾公平的原则；建立适用的工资制度；保护个人的合法收入、鼓励个人储蓄与投资；建立多层次的社会保障体系；完善企业养老、失业和医疗保险制度；加强社会保障制度的管理。《建立以公有制为主体的现代企业制度》阐述了建立现代企业制度的必然性；现代企业制度的内涵与特征；现代企业制度的实质与作用；现代企业制度的主要组织形式；建立现代企业制度需要处理好的各种关系和需要解决的问题。(刘文君)

F000012 **社会主义市场经济论** 李连仲著。云南人民出版社1997年12月版。61万字。38.00元。以邓小平理论为指导，以二十年改革开放的实践经验和理论研究为依托，全面论述社会主义市场经济。全书分为总论篇、企业篇、市场篇、调控篇、政策篇、发展篇、体制篇和保障篇，计8篇、50章。(刘存

沛）

F000013　**社会主义市场经济学（第二版）**　陈东琪、李茂生主编。湖南人民出版社 1997 年 11 月版。54.8 万字。28.00 元。内容分为导论与制度分析、微观经济分析、宏观经济分析 3 篇。共 23 章：导论，企业组织与创新过程，政府与市场，收入分配制度与现代平等原理，需求、供给与结构价格，消费者选择，企业：竞争性生产行为，不完全竞争下的企业行为，劳动者行为与工资，家庭经济行为，临界决策行为与公共选择，过度竞争下的产业组织，宏观经济的均衡与非均衡，经济增长，财政与税收，货币需求与货币政策，通货膨胀，经济波动，稳定与微调，国际贸易：模式与结构，社会福利：理论与政策。各章后附有小结和复习题。与第一版不同，本版加进了新的数据；增加了"产业组织"章；原来各章亦补充了一些新的内容，比如企业生命周期和创新过程，市场体系，直接调控和间接调控，资本市场国际化等；有的章在结构上作了较大的调整，增加了一些概念解释；另外，各章新加了由概念、简答和论述三部分组成的复习题。（陈孜）

F000014　**社会主义市场经济读本**　魏杰主编。人民出版社 1997 年 12 月版。37.8 万字。19.80 元。第一篇，市场经济的基本理论。对市场经济的实质、特征和作用进行论述，对市场经济的模式进行比较，提出建立社会主义市场经济的实质和意义。第二篇，社会主义市场经济的市场制度。对社会主义市场结构、组织、营销方式、运行规则、生产要素市场进行了论述。第三篇，社会主义市场经济运行的微观主体。对市场微观主体的企业和居民进行分析。第四篇，市场经济与宏观调控、对计划调控、财政、货币、产业、收入等政策对市场经济调控的情况进行了深入分析。第五篇，国际市场与对外经济关系。对建立中国市场经济的外部环境，国际贸易、国际资本市场和国际收支等进行了论述。（欧阳日辉）

F000015　**现代市场经济通论**　李炳炎编。山西经济出版社 1997 年 9 月版。31.7 万字。18.00 元。对社会主义市场经济与现代市场经济的关系和社会主义经济制度与市场经济的关系两个问题进行论述。本书的分析逻辑是从一般到特殊，即先讲现代市场经济的一般规律，然后再谈社会主义市场经济的特殊规律。（董利斌）

F000016　**宏观经济三维调控论**　刘长青、楚尔鸣著。山西经济出版社 1997 年 12 月版。18.6 万字。11.60 元。探讨和建立宏观经济的立体调控理论，即从宏观调控的方向、时间、力度三个方面探索宏观调控的内在实质。论述了应如何分析与判断宏观经济状态，如何把握宏观调控的主体方向，何时实施调控行为，何时终止调控，在何种条件下实施什么样的调控力度等。（郝建军）

F000017　**诺贝尔经济学奖金获得者讲演集（1969～1995）**　王宏昌、林少宫编译。中国社会科学出版社 1997 年 7 月版。88 万字。50.00 元。分上中下 3 册，以年为序，汇集了 1969 年至 1995 年所有诺贝尔经济学奖金获得者在这世界科学殿堂中最高奖授奖仪式上的讲演稿，瑞典皇家科学院授奖人对获奖者的祝贺词、评价、公告，以及获奖者自传、简历等。（韩育良）

F000018　**可持续发展经济学**　刘思华主编。湖北人民出版社 1997 年 10 月版。40 万字。22.00 元。从我国"生态——经济——社会"三维复合系统运行与发展的实践出发，对可持续发展经济理论及其跨世发展的重大实际问题进行研究。揭示了可持续发展经济系统运动与发展的客观规律，构建了具有中国特色的可持续发展经济学的理论体系。综观全书，有五大特点：①理论性。从理论上回答了现代经济可持续发展是 21 世纪现代经济发展大趋势的基本问题，创立了可持续发展经济的一些新理论，如在经济理论发展史上，最终确立了社会总资本由物质、人力、生态三种资本构成的可持续经济发展资本理论，提出了体制、技术、生态三种创新的可持续经济发展创新理论和可持续发展经济应该是经济发展的生态代价和社会成本最低的经济的新观念等。②实践性。详细论证了现代经济由非持续经济发展向可持续经济发展转变的可持续发展道路，并对我国现阶段经济作了正处于从非持续经济发展向可持续经济发展转变时期的新概括，在些基础上构建了我国走可持续经济发展道路的完整思路、基本框架和相应政策建议。③时代性。论证了 21 世纪是可持续经济发展的世纪，并紧紧地把握住这个生态时代的脉搏，使理论阐述与现实分析更贴近现实生活，具有方向感。④探索性。阐明了工业文明的发展道路，是一条非持续经济发展道路，使全人类付出了极高代价。当代中国是有可能超越传统工业化、现代化的非持续经济发展道路，直接进入可持续经济发展的轨道，这是崭新的道路，全新的探索。⑤超前性。提出的理论不仅为当代人服务，而且为后代人及至几代人接受可持续发展这个生态时代的主旋律，就进行超前性研究，预测人类社会未来的经济发展趋势。（程

世德)

F000019 **可持续发展经济增长方式的数量刻画与指数构造** 蒲勇健著。重庆大学出版社1997年9月版。31.2万字。25.00元。分3篇。第一篇主要是提出可持续发展问题,分析可持续发展理论,研究进展和政策含义。第二篇回顾了新古典增长理论的外生储蓄率体系,系统研究了新古典增长理论的内生储蓄率体系和一部门内生增长模型,并介绍了规模效应概念。第三篇概述70年代以来国外学者在可持续增长方面的研究成果和主要结论,提出了用外生和内生增长模型刻画的可持续增长方式及其指数构造原理,系统研究了可持续增长方式的指数构造方法,最后对中国的可持续发展问题和政策进行了系统研究,分析了中国现有环境问题的根源、环保政策与管理制度的形成、未来可持续发展战略的实施原则等。本书在学术上的创新主要体现在:(1)提出了可持续发展经济增长方式的数量刻画方法,建立了相应的外生和内生增长模型。(2)构造出测量增长可持续程度的内、外指数及描述增长方式“集约度”的指标。(3)将可持续发展、增长方式转变和产业结构调整有机联系起来,并用数学模型研究了三者之间的相互制约机制。(4)构造出的内生增长模型不仅适用于规模报酬不变的总量生产函数,而且适用于规模报酬递增或递减的总量生产函数。(刘茂林)

F000020 **发展经济学** 周天勇编。中共中央党校出版社1997年9月版。41.2万字。18.00元。从发展经济学理论内在的逻辑性出发,首先阐述了发展经济学作为一门单独学科的研究对象、发展渊源和任务,然后分12章全面地阐述了这门学科的内涵,包括发展的基础、人、资本、科技进步、农业现代化、工业现代化、经济结构、经济发展空间、对外开放、制度与经济发展、经济发展的调控等部分。全书由经济增长提纲挈领,要素－结构(包括经济结构、空间结构和开放结构)－调控,从简单到复杂,浑然一体。全书吸收了西方发展经济理论的有益成分,涉及世界一些发展中国家的经济发展情况和联系中国经济发展的实践和国情,但又区别于西方发展经济学、发展中国家经济学和中国经济发展概况学,注重从理论角度展开,从而给读者有益的启迪和长期关联地分析问题的方法。本书存在的问题是,与中国现实经济问题结合的还不够密切,理论性过强了些,不够通俗。(崔宪涛)

F000021 **不发达区域经济学** 左停、陈利君著。云南大学出版社1997年7月版。41.4万字。28.00元。以发展经济学、经济地理学、区域经济学等学科作为研究出发点,依据经济学说史上有影响的代表性观点和国内外不发达区域的大量实证资料,对不发达区域经济这一交叉性学科的类型、经济及社会特征等概念进行界定,构筑了这一学科的框架、范畴、结构、内涵,为不发达区域经济学的学科成立奠定了基础。还探讨了不发达区域的农业、工业、资源、人口与人力资源开发、贫困与反贫困、对外经济贸易、中小企业的发展等问题,提出了不发达区域经济发展战略的观点:优先发展农业,在推进工业化进程中改造传统农业,实现农业现代化,以促进农业生产技术的更新和农业生产率的提高;同时,对社会结构和经济结构进行变革以推动工业化的良性发展;在引进国外先进技术时,应选择适用的技术,以充分发挥现有的基础设施和传统技术的作用,适应不发达区域资金短缺、劳动力多等情况,并以此为依托带动相关产业的发展;在利用对外贸易作为经济发展的动力时,应看到其局限性,不要过分夸大外贸发展经济的作用;积极调整产业结构,加快第三产业的发展。从研究分析问题入手,对不发达区域经济发展战略。尽量指出哪些可供选择,哪些有局限性和风险。(熊晓霞)

F000022 **生态经济丛书** 王文学主编。山西经济出版社1996年5月至1997年2月版。250万字。172.00元。共10本:《世界未来纵横说》、《走向未来的战略》、《中国大地的压力》、《资源与财富大国》、《黑色绿色的岔口》、《古代沧海的变迁》、《近代实业的评说》、《自然物流的一角》、《遗产生态的魅力》、《新世纪发展之路》。丛书既有对世界生态经济学科发展的介绍,又有对中国生态环境状况及其成因的理论分析,还有对中国生态环境由好转为极端恶劣的特殊区域——山西的生态环境的回顾与展望,并提出了山西二十一世纪的“巨”人型发展战略——大文化产业为头,绿色产业和基础产业为双腿。(张惠君)

F000023 **民族经济学教程** 施正一主编。中央民族大学出版社1997年10月版。39万字。19.50元。分民族与经济、中国民族经济、发展中国家的民族经济、发达国家的少数民族经济4篇,共30章。导论部分论述了民族经济学的学科性质、研究对象及研究方法,对民族经济学这门创建于十一届三中全会以后的新学科进行了介绍,进而探讨了民族与经济的关系,以及民族问题与经济问题的各个层面。在第二篇中用12章的篇幅全面论述了我国民族地区经济发展现状及经济发展问题。在对我国民族地区经济发展问题进行阐述的基础上，把研究的视野拓展到国外发展中国家，对东南亚地区、阿拉伯地区、非洲、拉美及东欧、中亚国家的民族经济发展现状、问题与出路进行了研究，并对他们的发展思想，发展战略进行了理论上的总结与概括。在书的最后部分，对美国、西欧、俄罗斯等国家的国内少数民族经济发展问题进行了分析与探讨，并试图找寻到各国少数民族经济发展的一般规律及特殊性。（李苏幸）

F000024　**开放经济学**　马伯钧著。湖南师范大学出版社 1997 年 5 月版。24.8 万字。18.00 元。从考证“开放经济”这个经济范畴开始，接着分析了马克思写作开放经济学的设想，提出了开放经济学的研究对象是开放经济生产总过程及各个环节的相互关系，是开放经济的生产方式及与之相适应的生产关系、交换关系、分配关系和消费关系的观点。然后分三大篇进行论述：第一篇“开放的世界”主要研究开放经济史，简要地叙述人类开放经济的历史发展过程，揭示了开放经济的基本属性，论述了对外开放与自力更生的关系，强调发展开放经济的重要性。第二篇“开放经济生产总过程”把开放经济作为一种经济活动和一种生产关系来研究，揭示开放经济的运动规律。第三篇“开放经济中的热点问题”主要研究了开放经济中通货膨胀的国际传递问题，人力资源的生产和充分利用问题以及生态环境的保护问题等。全书试图构筑开放经济学的理论体系，颇有创获；对一些理论是非问题和实际问题，作者敢于提出自己独特的见解，对于自己不赞成的观点敢于提出尖锐的学术性批评。（李映辉）

F000025　**系统经济学**　乌杰、赵凯荣著。湖北人民出版社 1997 年 8 月版。55.4 万字。36.00 元。运用系统思维方法研究中国经济的整体管理问题，既反映政府经济改革新思维，又综合性地考察以往的中国和世界经济理论，还尝试用系统方法解决中国经济复杂性问题。（卢华根）

F000026　**政府经济学概论**　张荐华著。湖北人民出版社 1997 年 8 月版。22 万字。13.00 元。从政府经济学的角度，对市场经济中政府的经济职能及效率问题进行研究，通过研究，拟初步建立起符合中国实际的政府经济学的框架，期望能为中国的改革和发展提供理论依据。还对我国政府的职能与效率问题进行了全面系统的分析并提出了一系列对策。并分别论证了市场失效与政府职能；公共物品供应；公共财政收入与支出；微观经济规制；宏观经济调控；政府职能与市场经济模式等，对促进我国政府职能的转变与效率的提高有重要的参考和启发作用。（陈晓东）

F000027　**凯恩斯经济学说评论**　刘涤源著。武汉大学出版社 1997 年 10 月版。41.2 万字。24.50 元。“凯恩斯主义研究丛书”之一。该书对凯恩斯经济学说作了系统、全面、完整的阐述。从凯恩斯其人其事、时代背景、思想渊源、思想发展过程、就业一般理论（综合述评）、消费倾向理论评论、投资引诱理论评论、工资理论与就业理论评论、货币理论评论、经济危机理论评论、凯恩斯主义半个多世纪来的兴衰演变、凯恩斯主义的历史地位等 15 个方面，对凯恩斯经济理论的来龙去脉、继承凯恩斯主义各流派的理论观点和政策主张、凯恩斯主义在西方各主要发达国家的政策实践、凯恩斯思想对西方国家在政治、经济文化、思想诸方面的广泛影响等等，从一个历史的国家的视角，作了全面、系统、深入细致的探讨，既有客观的介绍，也有深刻的评论。不仅深入地剖析了凯恩斯创立的经济学说，而且对于凯恩斯经济理论的演变过程，对于凯恩斯的经济政策主张，新凯恩斯主义的现代发展等都作了精辟的分析。（沈建英）

F000028　**预言与劝说（凯恩斯文集）**　［英］J. M. 凯恩斯著。江苏人民出版社 1997 年 8 月版。33 万字。22.00 元。从不同的角度对当局的财政政策、货币政策、就业政策等发表了独到的见解，从中可见后来盛行西方的凯恩斯主义端倪；同时凯恩斯对经济发展的预测，证明了他不仅是现代西方经济学的鼻祖，更是一位伟大的预言家。（丁嫣霞）

F000029　**后凯恩斯主义理论的发展**　冯金华、徐长生主编。武汉大学出版社 1997 年 12 月版。40.3 万字。22.00 元。“凯恩斯主义研究丛书”第二卷。全书 14 章另加两个附录。第一章为导论，讲述了后凯恩斯主义经济学产生与发展的原因。第二章至第十章，则分别就凯恩斯的《通论》的问世及凯恩斯经济学中有关 IS—LM 模型、消费理论、投资理论、货币和利息理论、收入分配理论、通货膨胀理论、经济周期理论、经济增长理论等的思想内容及利弊得失进行了评介。第十一章至第十四章则就新古典综合派、新剑桥学派、两个剑桥之争、一般非均衡理论等内容进行了评介。从《通论》问世的半个多世纪以来，凯恩斯主义经济学即经历了一个从异端变为主流，从主流走向衰败，再从衰败中复兴的曲折的发展道路。本书所讲述的就是它从主流走向衰败的主要原因，以及凯恩斯的信徒在与其他学派论争的过程

中所认识到的凯恩斯经济学的不足和以此为基础进行的修补。(刘爱松)

F000030 **新凯恩斯主义经济学** 冯金华著。武汉大学出版社 1997 年 12 月版。30.5 万字。19.00 元。“凯恩斯主义研究丛书”第三卷。分 4 编 8 章。第一篇为导言部分,讲述了西方宏观经济学发展的历史过程,为后面各章展开论述作了铺垫。第二篇即第二章,着重介绍新凯恩斯主义关于商品市场的理论,尤其是关于商品市场中的价格刚性问题。第三篇包括第三、四、五、六章,转入对劳动市场的分析,分析工资刚性问题,主要包括隐含合同理论、集体谈判理论、效率工资理论、交错合同理论和局内人—局外人理论。第四篇包括第七、八两章,讲述的是“非刚性学派”的内容。其中,第七章讨论引起失业和引发经济波动的两个可能的原因:一是劳动、商品及资本市场的不完全性;一是经济主体之间的合作失败。第八章则重点讨论了当代西方宏观经济学中的一个重要模型,即所谓“交叠世代模型”,并利用这个模型,说明了在新凯恩斯主义经济学文献中常常出现的一系列重要概念,如多重均衡、多重均衡的选择、概率均衡、黑子均衡等的意义。通过对以上内容的分析,对从 80 年代开始兴起的所谓新凯恩斯主义经济学的主要思想观点作了一个概括的、比较全面的评介。(刘爱松)

F000031 **列宁经济发展思想研究** 王元璋著。武汉大学出版社 1995 年 4 月版。32.6 万字。11.60元。在“导论”中阐明了列宁经济发展思想的对象,发展过程和特点之后,设置了“国民经济电气化与经济发展”、“资源的开发、利用与经济发展”、“资源配置方式与经济发展”、“所有制及其结构与经济发展”、“个人收入分配与经济发展”、“微观经济管理与经济发展”、“二元经济结构与经济发展”、“重点增长、优先增长与经济增长”、“对外经济关系与经济发展”、“宏观经济调控与经济发展”等 10 章,最后表述列宁“未来社会经济发展趋势”思想作为结束语。全书从经济发展的崭新视角上进行研究,使列宁经济思想的研究突破了以往的狭窄研究视野,使列宁经济思想得到了更加完整、更加深入的发掘,更加有利于运用列宁经济发展思想推动我国经济发展。运用比较研究的方法,在列宁经济发展思想和当代西方发展经济学之间进行了比较研究,如实地阐明列宁在经济发展理论上的一系列重大贡献,如实地把列宁经济发展思想看作当代西方发展经济学的理论来源和先导。(王元璋)

F000032 **对上海地区经济思想发展的历史考察** 钟祥财著。上海社会科学院出版社 1997 年 1 月版。38 万字。25.00 元。将上海经济思想的考察分成两个大块:古代和近现代,而侧重点则在后者。古代上海经济思想家强调“农本”的思想以外,还提出物品聚积和商运的理论,这个理论因适应其时其地的实际,以后即成了该地区商品经济的确立与发展指导思想。而明代上海籍的经济思想家主要有徐光启等人。徐光启不只引进域外的自然科学知识用于农业,而且颇为系统地总结了我国农业技术的经验,并对土地理论有所阐发。他既是思想家,又是经济活动的力行者。还论述了近现代社会随着上海地区对外开放,城镇经济蓬勃发展,经济思想异常活跃,涌现出大批思想家,所涉的内容有宏观的国民经济思想,还有具体的重农、重工、商务以及金融等等。其中包括孙中山和我国新民主主义革命时期李大钊、蔡和森、李达、薛暮桥等经济思想的理论。(武曦)

F000033 **中国经济思想通史(第三卷)** 赵靖、石世奇等著。北京大学出版社 1997 年 5 月版。44.2 万字。25.00 元。研究唐中叶至元明之际的经济思想。编次序列承接前两卷,由第七编第三十九章至第十编第六十二章。全书包括 4 编 24 章。采用了综合论述和专论相结合。第七编、第八编、第九编分别综论“中唐至五代的经济思想”,“宋代经济思想”,“辽、金、元时期的经济思想”,对相关人物、学派、文献的经济思想进行了详实的分析。第十编“宋元时期的其他经济思想”,共有 3 章,分别对“禅宗的农禅思想及其在汉传佛教经济思想中的地位”,“宋元纸币思想”,“宋元农书中的经济观点”进行了研究,多有创新之处。附有“宋元时期改造北方低产田的思想”。(刘灵群)

F000034 **新中国经济思想史纲要(1949～1989)** 胡寄窗、谈敏主编。上海财经大学出版社 1997 年 7 月版。43.2 万字。30.00 元。以建国以来基本经济理论以及经济学内部各分支学科如财政、金融、工业经济、农业经济、贸易、统计、会计及经济史学等学科的发展演变为主要线索,兼顾经济原理与政策思想两个方面,同时考虑到外来经济学说的传入对于新中国经济思想发展的影响,对各类领域内经济理论和经济思想的发展概况与发展要点,逐一进行了分析和总结。(金福林)

世界各国经济概况、经济史、经济地理

F000035 **经济变迁的演化理论** ［美］理查德·R·纳尔逊、悉尼·G·温特著，胡世凯译。商务印书馆 1997 年 12 月版。35.9 万字。29.90 元。仿照达尔文生物进化论的基本思想——“自然选择”思想来分析经济变迁。本书反对“新古典综合派”关于利润最大化和市场均衡的假定，而代之以借助于生物学中的自然选择观念建立起来的组织行为的演化理论。这一理论认为，马克思的经济理论是演化的，他们有些思想是与马克思的思想相一致的，但他们否认马克思关于矛盾和阶级的思想对他们有用。应当注意，作者的立场和观点并不同于我们。（程秋珍）

F000036 **中国：与当代世界经济接轨** 蒋哲时、宫占奎主编。南开大学出版社 1997 年 6 月版。28.6 万字。12.00 元。以介绍和分析世界经济的变化为主线，联系中国的具体实际，在对比分析中寻找问题和差距，试图以此探索一条以我为主的与世界经济接轨的道路，主要内容包括：当代世界经济形势及其发展趋势、世界经济区域一体化的发展与中国的国际经济合作、亚太地区的经济发展、西方市场经济条件下的企业竞争、国际经济贸易往来中的法律保证、国民经济核算体系与经济发展、关贸总协定/世界贸易组织与中国、世界银行的贷款政策、利用国际融资渠道加速我国经济建设、国际商务活动的经营环境、国际技术贸易、世界经济发展中的跨国公司、中国对外经济发展等。前苏联、东欧地区的经济发展问题，是世界经济发展中的一个敏感问题，该地区也是与我国经济交往较密切的地区之一。在与世界经济接轨过程中如何处理与该地区的关系，本应是本书的重要内容，但由于该地区尚在变化之中，对其发展变化难以骤下结论，故本书未作分析。这不能不说是一个欠缺。（胡晓清）

F000037 **合作与竞争** 倪国良、关平著。甘肃人民出版社 1997 年 8 月版。31.2 万字。18.00 元。研究了第二次世界大战以来特别是冷战结束到 21 世纪 20 年世界经济的新走势，展示世纪之交世界经济和国际经济关系发展变化的新特点和新态势。对世界经济的几个大的方面进行研究，将世界经济发展变化的趋势放在世界市场的空间里，从国家、地区和全球三个层面的相互交织、相互制衡的关系上，着重揭示贸易、金融、投资和科技等领域所出现的变化及其对世纪之交世界经济格局的影响，对现阶段主要国家和地区的经济发展状况和特点作了系统的概括。从分析冷战格局瓦解后世界经济格局的新变化及世界经济发展变化的动力因素入手，论述了八九十年代以来世界经济如何从“滞胀”开始走向缓慢复兴、滞胀原因和出现增长趋势的主客观条件以及现阶段世界经济发展的主要特点。就当今世界经济中的三个重要组成方面——资本主义经济、社会主义经济和发展中国家经济在各自经济发展中所进行的结构调整，面临的问题及主要发展战略进行具体的剖析。从多极化、国际化、区域化和跨国公司日益成为经济活动新主体等方面，对世界经济发展的趋势进行综合分析，展望走向 21 世纪的世界经济的发展前景。（刘新田）

F000038 **1998 经济展望** 国家信息中心编。中国计划出版社 1997 年 11 月版。160 万字。240.00 元。包括上、中、下 3 册，分别为《1998 年中国经济展望》、《1998 年中国市场展望》和《1998 年世界经济展望》。在对 1997 年经济形式分析的基础上，对 1998 年国民经济的宏观运行环境、政策取向、国际经济环境、国内外市场状况、国内和国际经济发展趋势进行超前分析研究，内容丰富，覆盖面宽，是国内最具权威性的经济预测分析专著。“经济展望”每年年底出版，对本年度经济形势分析研究并对下一年经济发展趋势作出预测。（徐泓）

F000039 **经济增长与反通货膨胀的国际比较研究** 史晋川、罗卫东著。杭州大学出版社 1997 年 5 月版。32 万字。20.00 元。系统分析论述经济增长与通货膨胀之间的内在联系、相互作用机制及其运行规律，并按“总——分——总”的结构展开国际间的模式比较。具体分 4 部分：第一部分：总论。从理论层面考察经济增长与通货膨胀的相互关系。第二部分：东亚国家（地区）反通货膨胀政策研究。考察和总结分析日本、韩国、中国台湾三个样本国家（地区）在经济增长过程中反通货膨胀政策的实施情况及其效果。第三部分：拉美主要国家反通货膨胀研究。考察和分析巴西、阿根廷、墨西哥三个样本国家实施反通货膨胀所取得的经验教训。第四部分：比较与借鉴。对东亚、拉美两大模式在反通货膨胀方面的成败和经验教训展开全面比较，并在此基础上结合中国改革开放以来的实践，将国际比较的结论对照中国进行分析，提出政策建议。本书的特点有三：首先，从理论与实践相结合的角度研究经济增长与通货膨胀的关系，既深入揭示二者之间的内在联系、作用机制及运用规律，又能以东亚和拉美六个国家（地区）为样

本进行对比分析，其理论与实践的结合点找得比较准。其次，在研究领域上突破了以往生搬硬套西方主流经济学宏观经济学，并只考察个别国家或地区、某些年度、单个政策的局限。最后，其研究的出发点和落脚点都是中国的经济发展，具有较强的现实意义。(袁亚春)

F000040　**国际高技术市场与中国对外高技术交流**　李京文、英定文、方汉中著。贵州人民出版社1997年1月版。16.3万字。13.00元。"走向国际市场丛书"之一。论述了高技术经济理论研究、高技术与经济发展战略、高技术经济与社会进步、高技术经济与国际经贸关系、国际高技术市场的现状分析、世界各主要国家的高技术战略市场占有情况、中国的对外高技术交流政策建议。(谢丹华)

F000041　**二十一世纪经济学前瞻**　武汉大学经济学院编。湖北人民出版社1997年10月版。37万字。20.00元。研究和探讨了世界经济、中国经济的发展走向和趋势，经济与科技、经济与社会、经济与自然的相互关系，未来经济学说以及经济研究方式手段将如何发展等问题，对21世纪中国和世界的经济学发展走向作了预测。(卢华根)

F000042　**世界经济发展因素研究**　肖勤福著。对外经济贸易大学出版社1997年10月版。36.3万字。18.00元。在比较系统地研究影响世界经济发展的重大因素的过程中，突出了若干非经济因素的分析，力图把经济分析和非经济分析结合起来，深化认识。同时对影响世界经济发展因素的作用过程作了更为着重的研究，力图说明它们是如何发生作用的，具有什么样的作用过程实现途径、中介环节、作用机制和作用原理。在研究方法上，力求在实证的基础上，将历史方法和逻辑方法结合起来。同时在对分析对象进行一般性理论分析的基础上，注重例证研究。(刘传志)

F000043　**这一切是怎么开始的**　副名：现代经济的起源。[美]W.W.罗斯托著，黄其祥、纪坚博译。商务印书馆1997年12月版。16.1万字。9.80元。作者华尔特·惠特曼·罗斯托先后任哥伦比亚大学和麻省理工学院教授，肯尼迪和约翰逊两届美国总统的国家安全事务副特别助理、国务院顾问兼政策计划委员会主席等职；曾深深地卷入约翰逊总统在越南的不光彩政策，并在1969年越南战争失败时离开政府部门。他在经济学上的贡献有二。一是提出了经济成长阶段论，这反映在他1960年出版的《经济成长的阶段》一书中。二是他对经济史的卓越研究。本书便是他在这方面的代表作之一。关于工业革命，两百多年来经济史学家和有识之士一直在苦苦地思索：肇始于18世纪末叶的欧洲工业革命是怎么发生的？在此之前的经济为什么未能实现自我维持的增长？是由于对物质的东西不感兴趣？还是受宗教信仰、奴隶制度和封建制度的束缚？抑或是由于市场过于狭窄、不懂科学、缺少商业中产阶级？还是有别的什么原因。为回答这些问题，本书不囿于欧洲而兼及世界其他地区，特别是印度、中国等的情况，考察了政治、经济、文化、社会、科学技术等各方面的因素，得出了自己独到的见解。(朱泱)

F000044　**世界经济地理(修订版)**　陈才主编。北京师范大学出版社1997年5月版。94万字。34.60元。由上下两篇各11章组成，上篇是全书的主要内容，下篇是上篇的补充和加深。全书突出世界各国各地区产业分布，经济地域特点及其发展这一主要内容，反映当今世界经济地理发生的新变化和新特点。(傅占武)

F000045　**现代经济地理学**　吴传钧、刘建一、甘国辉著。江苏教育出版社1997年12月版。36.2万字。14.80元。以全新的观点、全新的资料、全新的技术方法，并结合中国经济地理学发展历程和国家经济建设实际，分9章全面论述了经济地理学的基本原理、基础理论与研究方法。如第二章从人口、资源、自然环境、人文因素、持续发展的角度论述经济地理学的研究基础；第三章论述经济地理学研究的基本问题、基本概念、区位决策、规模经济、系统论与生态系统原理；第七章区域经济发展论述地域经济增长、地域发展长波理论、地域社会经济综合体等；第八章国际经济的地理研究论述空间相关、空间扩散、重力模型等；第九章研究方法是讲述信息系统论、数学模型、微机系统在经济地理研究中的应用。(褚庆林)

中国经济

F000046　**中国经济及商务指南96/97**　中国经济年鉴社编。中国三峡出版社1997年12月版。150万字。300.00元。《中国经济年鉴》的英文版，同时介绍了国内的部分企业的概况。(王海燕)

F000047　**中国经济丛书**　杨天赐主编。中国财政经济出版社1997年6月版。多角度、全方位地深入反映、部析中国经济领域改革的重点、热点和难点问题。既注重理论问题，也研究实际问题；既有客

观经济问题，也有微观经济问题；既反映以往的历史过程，也注重中长期经济发展战略。已出版近20种。（张立宪）

F000048　**2020年的中国**　副名：新世纪的发展挑战。世界银行《2020年的中国》编写组编。中国财政经济出版社1997年9月版。30万字。30.00元。对中国的发展进程作了全面的论述和预测，详细阐述了对已取得的成就和持续发展造成威胁的主要挑战。认为，中国经济以相对稳定和可观的高储蓄率、务实的改革、海外华人的支持和不断增强的管理能力等优势为基础，取得了持续的高速增长。要取得进一步的持续增长，则面临着向市场经济的转轨、保护环境、减少贫困、粮食安全、老年保障与世界经济一体化等方面的挑战。为此，报告提出了三条原则，即通过国有企业、金融体制和劳动力市场的改革，鼓励市场机制的普及；通过关税及贸易体制改革，逐步与国际金融市场接轨从而深化与世界经济的一体化；通过创造有利于高速和可持续增长的法律、社会、物质、机构和环境，使政府更好地服务于市场。报告认为，采取了这些政策，中国就能使增长速度持续到2020年。（童映华）

F000049　**跨世纪的预言**　廉钢生、里白主编。山西经济出版社1997年4月版。40万字。20.00元。收录了我国65位经济学名家就中国经济改革和发展中的成就、问题以及未来发展前景等方面的学术论文，所论及内容既是经济学界研究的重点课题，也是广大人民群众关心的经济热点、焦点问题，同时又是各级党政府在改革开放中需要重视和解决的现实问题。如经济建设中的发展与失误、创新与守旧；建立现代企业制度、推行股份制中的无序与规范、试点与推广，国企改革的现状与未来、难点与热点等等。（孙茜）

F000050　**中国国际竞争力发展报告（1996）**　联合研究组编。中国人民大学出版社1997年3月版。47.7万字。49.00元。通过数百个统计描述和评价指标的国际比较，揭示了中国国际竞争力的优势，并用规范的市场经济理论和原则，分析了中国在社会主义市场经济发展过程中存在的问题，并提出了赶超发达国家，提高我国国际竞争力的对策和建议。该报告今后每年出版一部。

F000051　**中国经济的软着陆：1992～1997**　华而诚著。中国财政经济出版社1997年8月版。19.5万字。38.00元。由世界银行经济学家在中国实行“软着陆”的经济政策期间所写的经济分析报告组成。报告自1993年到1997年共有11篇，分别为：新一轮周期开始启动；经济过热势头明显；16条宏观经济稳定举措初见成效；“一揽子”宏观经济改革为“软着陆”奠定基础；粮价不稳，通胀继续攀升；国家银行外汇储备剧增，货币政策面临挑战；协调内币政策与外币政策的要求加强；“软着陆”初见曙光，国有企业困难日增；下岗职工大幅度增加，中央银行开始下调利率；通胀得到控制，国有企业利润大幅下滑；“软着陆”宣告成功，经济结构问题突出。作者站在国际组织的角度所作的分析，具有较强的客观性。书中的这些经济分析报告，运用西方的经济理论，对中国当时经济的实际状况及政府所实行的政策和应采取的政策措施，作了客观分析。每篇报告都特点鲜明，针对当时的主要问题作出分析和论述，而且报告的行文直入主题，论点和结论非常明确，从形式上讲这也体现了一种务实的文风。（刘航）

F000052　**中国经济增长方式的转变**　方恭温、文魁主编。陕西人民出版社1997年7月版。31.8万字。17.00元。精选31篇论文，分为：经济增长方式转变的基础理论，经济增长方式转变的客观经济规律，实现经济增长方式转变的基础是搞好国有企业，经济增长方式转变与分配机制、消费结构的关系，我国实现经济增长方式的对策，并收录了有关资料，为党和国家制定改革决策提供依据。（常平阳）

F000053　**迈向2020年的中国**　郑新立主编。中国计划出版社1997年9月版。35万字。32.00元。关于迈向2020年的起点方向、途径、策略和前景的论文集。内容包括迈向2020年中国经济与社会发展总体预测与展望，中国粮食现状与未来，产业结构变动与科技进步趋势，中国基础设施现状与未来建设，2020年前人口、就业观测与对策，跨世纪的可持续发展，迈向21世纪的经济金融体制、国际环境展望、外贸构想与利用外资预测等。（陈国平）

F000054　**走向富强的千年追求**　副名：中国经济发展思想的理论体系与历史演进。韦苇著。西北大学出版社1997年9月版。36.4万字。24.00元。博士学位论文。共5章。分别论述国民经济发展的目标论，国民经济发展的产业结构论，国民经济发展的动力机制论，国民经济发展的调节机制论及国民经济发展的战略选择等问题。每论上自先秦，下迄当代，贯通数千年间关于中国经济发展理论、主张、学说的主要点及继承演变脉络，对中国历史上曾经产生过重大影响的经济发展学说的功过得失进行了辨析和总结。（何惠昂）

F000055 **转轨中的经济运行问题研究** 宋则行著。辽宁大学出版社 1997 年 12 月版。30 万字。30.00 元。选收作者在 1979～1996 年间发表的有关我国转轨时期经济运行问题的 32 篇论文。这些论文基本围绕着从传统的计划经济体制逐步向社会主义市场经济体制转轨中经济如何运行这个中心写作的。这些论文大体上分为两个部分:第一部分主要是对转轨中经济运行的理论思考;第二部分是对地区(省市)经济运行实际的考察和建议。第一部分 25 篇论文,主要涉及四个方面的问题。第一方面是关于计划和市场在经济运行中的相对作用以及由此而来的经济体制改革问题。第二个方面是关于经济运行中调整经济结构、提高经济效益以实现经济发展战略目标问题。第三个方面是关于经济运行中社会总需求与总供给的平衡和调控问题。第四个方面是关于经济增长率的决定因素和制约条件问题。第二部分 6 篇论文,对我省、市的经济运行提出建议。(陈晓东)

F000056 **非瓦尔拉均衡理论及其在中国经济中的应用** 袁志刚著。上海人民出版社 1997 年 4 月版。17.6 万字。15.00 元。"当代经济学系列丛书"之子系列"当代经济学文库"之一种。非瓦尔拉均衡理论是 20 世纪 60 年代出现的,用来分析供求不平衡、资源非充分利用和资源紧利用等非均衡经济现象的年轻经济学派。本书旨在从传统的非瓦尔拉均衡模型中引进符合中国实践的一系列新概念,探讨如何运用该理论方法建立适合中国国情的微观和宏观的非瓦尔拉均衡理论模型,论证中国当前经济的实际运作规则及其效率特征。(黄建章)

F000057 **建设有中国特色社会主义市场经济若干重大理论问题** 李兴山主编。中共中央党校出版社 1997 年 12 月版。19.3 万字。11.00 元。包括导言在内共分 12 部分,即:对十五大报告经济理论的评价、学习邓小平经济理论、社会主义初级阶段的经济纲领、所有制结构、公有制实现形式、现代企业制度、分配结构与方式、市场机制作用、农业基础地位、科学技术与可持续发展战略、对外开放、改革开放的根本目的,内容基本上涵盖了十五大报告的经济部分,准确而深刻地阐述了十五大报告中关于经济方面的重要方针,尤其是一些创新性的理论,如关于公有制实现形式,关于企业改革的方式,关于按劳分配与按生产要素分配相结合,作者都进行了研究和归纳。(崔宪涛)

F000058 **转型期中国经济关系研究** 冒天启、朱玲著。湖北人民出版社 1997 年 8 月版。27 万字。16.00 元。书中所设计的理论框架,对我国理论经济学的发展会产生积极的作用。首先,它根据我国的基本国情,把体制转型与经济发展作为理论经济学的研究主题。其次,以国家与企业、个人与社会、中央与地方、城市与农村这四对关系作为线索,具体分析由转型和发展引起的若干理论问题。全书对这四对关系的分析是相互交叉、相互补充的,从而形成了一个较为完整的理论体系,把中国经济发展和体制转型进程及其间的问题比较清楚地展示出来。此外,还把实证分析作为理论经济学研究的基本方法,对许多重大理论问题的研究有根有据。譬如,对国家与企业关系的历史演进,特别是转型期国家与企业关系的演进历程作了较详细的实证研究,在实证分析的基础上,得出了许多富有启发性的结论。(傅爱民)

F000059 **中国经济增长与方式变革** 副名:迈向持续、高速的增长道路。王保安著。人民出版社 1997 年 7 月版。23.4 万字。23.80 元。分 4 篇:导论:经济增长与方式变革;第一篇,现实与探索:新中国经济增长方式的历史轨迹与特征;第二篇,比较与借鉴:各具特色的经济增长方式;第三篇,目标与抉择:增长方式变革的必然性;第四篇,对策与建议:推动经济增长方式变革的若干要素。全书从知识与技术进步和制度创新两个角度对中国经济增长进行分析,强调要把高新技术对传统产业的改造作为实现产业结构调整与提高经济增长质量的关键,强调要加快产业科技化与科技产业化机制的建立,以促进科技进步与国民经济的融合;强调要重塑微观运行机制,以建立经济增长方式转变的制度基础,同时强调要完善政府的宏观调控体系,尽快取消以行政命令为特征的计划管理办法,消除领导者个人偏好对经济增长的影响,加速从"政府主导型"向"企业主导型"的转换。(欧阳日辉)

F000060 **中国社会发展观** 景天魁著。云南人民出版社 1997 年 12 月版。21 万字。"中国社会发展丛书"之一。中国步入社会主义市场经济时代,如何才能不重蹈发达国家唯工业主义、片面增长主义、消费主义等复辙,协调、和谐、整体发展,这是本书的命题所在、价值所在。(朱原)

F000061 **中国经济社会发展战略** 副名:走向现代化的构想(1996～2050 年)。李成勋主编。北京出版社 1997 年 6 月版。40 万字。45.00 元(精)。分 4 个部分。第一部分是总战略研究报告。第二部分是关于农业、工业、能源、建筑业、第三产业、区域经济、生态环境等经济社会各方面的分战略研究报告。第三部分是对台、港、澳经济发展前景的展望。第四部分是关于本战略研究所需背景材料的分析。(龙杰)

F000062　**转变经济增长方式丛书**　郑新立、史清琪主编。中国计划出版社 1997 年 6 月版。80 万字。36.00 元。包括《转变经济增长方式先行录》和《迈向集约经营的战略转变》两本。前者介绍了全国 46 个企业转变经济增长方式、走集约型发展道路的典型经济,这些企业通过转换经营机制,实施市场经营战略,依靠科技进步发展规模经济、强化内部管理等途径,取得了明显的经济效益;后者从产业、地区、全国三个层面系统地论述了我国转变经济增长方式的意义、目标、任务以及产业技术进步、规模经济、结构优化等转变的具体途径和政策措施。(吕兰英)

F000063　**十大体系——深圳社会主义市场经济体制的基本框架**　张思平、高兴烈主编。海天出版社 1997 年 9 月版。25 万字。25.00 元。全面介绍了深圳 17 年来通过改革建立的、构成社会主义市场经济体制基本框架的十大体系,即以公有制为主体,多种经济成分平等竞争、共同发展的所有制体系;以资本为纽带的国有资产监督管理和营运体系;以市场为基础的价格体系;以商品市场为基础,要素市场为支柱的市场体系;社会共济与个人保障相结合的社会保障体系;以中介组织为主体的社会服务监督体系;适应市场经济需要的国民经济核算和企业财务会计体系;以按劳分配为主、效率优先、兼顾公平的分配体系;以间接手段为主的面向全社会的经济管理调控体系;适应特区社会主义市场经济体制需要的法规体系。对十大体系的形成过程、运作机制、社会功能以及相互关系,进行了全面的理性阐释。(来小乔)

F000064　**中国的"受控核聚变"**　副名:社会主义与市场经济相结合机理分析。朱延福著。湖北人民出版社 1997 年 12 月版。28.8 万字。15.00 元。从社会主义的恒定要素和市场经济的二重属性入手,全面探讨了社会主义与市场经济相结合的可能性、最优性、风险性、可控性,研究了计划经济向市场经济转轨的形式、路径、阶段和临界点,在对中国前 20 年的改革进行总结的基础上,比较了社会主义改革的两大模式——中国模式与苏东模式的利弊优劣,提出了社会主义与市场经济相结合的一般理论模型。(喻华伟)

F000065　**"双轨制"经济学**　副名:中国的经济改革(1978～1992)。张军著。上海人民出版社 1997 年 6 月版。25.5 万字。20.00 元(平),25.00 元(精)。"当代经济学系列丛书"之子系列"当代经济学文库"之一种,研究中国经济转轨方式的经济学专著。全书运用现代正统经济学的基本理论和分析范式,对中国经济改革的方式和过渡模式进行了理论描述与实证分析,寻求中国式改革的经济学逻辑。(黄建章)

F000066　**体制改革与宏观稳定——中国体制转轨新时期的宏观经济问题研究**　樊纲主编。浙江人民出版社 1997 年 7 月版。26 万字。18.00 元。主要研究分析新体制环境下的中国宏观经济政策选择,重点是如何通过宏观调控,使经济在改革中减少波动、稳定、快速发展,并将改革推向深入。书中指出,中国经济在进入这一新的"二元混合经济"阶段后,出现了一些新的宏观经济问题:失业与通货膨胀并发、金融改革滞后、财政改革滞后等。这些问题极易引发宏观经济波动,威胁改革的深入和经济的进一步发展。而实践已经证明,对于这些问题,过去传统体制下有效的宏观控制手段已不再有效,而且现代经济学教科书和西方经济学家建议的宏观政策,也或者没有效果,或者根本不可行。显然,对这些新环境下出现的新问题,需要新的解决思路。全书以"二元混合经济"为立足点,用大部分篇幅,分别从投资需求、消费需求、货币供给、公共财政、开放经济、地区差别、国企改革、劳动就业、企业间债务等方面出发,分析新阶段各方面发生的新变化,出现的新问题,并有针对性地提出了应采取的短期政策和彻底解决问题的改革方向。

F000067　**转轨阶段的经济运行和经济发展**　洪银兴著。江苏人民出版社 1997 年 8 月版。48 万字。30.00 元。论文集。对转轨阶段亟待解决的若干问题进行了深入研究,其中许多方面具有前瞻性。(丁嫣霞)

F000068　**高速增长中的经济转轨**　副名:中国经济的"双重转变"与跨世纪的发展战略。秦海著。吉林大学出版社 1997 年 6 月版。39.2 万字。24.00 元。安排了 12 章的篇幅来探讨中国经济体制改革的过程,这种安排是在两个比较对称的原则下进行的——即中国的经济体制改革是如何带来强劲的经济增长的,相反,经济增长又是如何推动经济体制改革的不断深化和加速中国经济的市场化过渡的。(张显吉)

F000069　**劳者有其股——所有制改革与中国经济论坛**　王珏主编。广西人民出版社 1997 年 12

月版。41万字。29.80元。收入王珏、肖灼基、周叔莲、晓亮、何伟、赵海宽等中国经济学家近年来所撰写的40篇文章,这些文章从不同的角度和视野,阐述我国所有制改革与经济发展的关系,诸如所有制理论的重大突破,所有制结构的地区差异,所有制的实现形式,所有制改革与对外开放,所有制结构调整与国有企业改革;股份合作制的边界及其基本特征,股份制发展的总体战略,股份制推行中的严重障碍;国有企业的再造与振兴,国有企业转制的基本途径,国有企业改革的实质;个人所有制与社会主义公有制的实现,中国私营和个体经济的崛起,非公有制经济的分析,等等,内容涉及所有制的方方面面,从理论到实践,从城市到农村,从国企到私营,作了立体式的审视。(马丕环)

F000070 **中国私营经济健康发展之道** 吴振坤主编。广东教育出版社1997年3月版。31万字。16.30元。内容包括私营经济的有关理论、政策、经营实务和新时期私营企业家应具有的精神风貌和素质品格等。重点阐述党对个体私营经济政策的历史演变,特别是改革开放以来的现行政策;指出私营经济发展的现状和存在的问题,提出解决这些问题的措施;探讨今后私营经济发展的基本趋势和基本对策;讨论现阶段关于私营经济的若干争论问题,弄清是非,解放思想。书中还以相当篇幅介绍了私营企业运行管理的有关内容,为私营企业家提供健康发展、合法生财的操作指南。(邓祥俊)

F000071 **中国股份制** 周学曾、智士才、杨企玉主编。中国青年出版社1997年12月版。25万字。14.50元。系统阐述中国股份制的理论和方法。紧扣中国股份制不断深入发展的改革实践,分5篇17章,既互相联系,又各有侧重,从微观,宏观和市场各个侧面对中国股份制改造进行总结研究和理论提炼。"总论"篇内容包括:马克思恩格斯的股份经济思想;股份制与社会主义公有制;股份制与产权制度。"股份制与现代企业制度"篇内容包括:股份制与现代企业制度建立;股份制与企业领导体制;股份制与工人阶级主人翁地位。"股份制企业与股市"篇内容包括:中国股市的宏观定位;股票市场与资源配置;股票市场的基础和环境因素;股票市场与股权结构;中国股市存在的问题;中国股市发展目标与前景。"股份制与宏观管理"篇内容包括:国家的所有者职能与股份制;国家的监管职能与股份制;国家的宏观调控职能与股份制。"股份制在中国的实践篇内容包括:股份制在中国的发展历程;中国股份制发展现状与问题。(王斌俊)

F000072 **股份合作制理论与实践** 王德庆、王本奎主编。东北大学出版社1997年10月版。27.6万字。15.00元。在第一部分以问答的形式论述了我国实行股份合作制的意义、目的以及实施方法、步骤;为了总结实行股份合作制的实践经验,在第二部分介绍了几种不同类型的企业试行股份合作制的具体做法、成功经验;在第三部分选编了国家及地方政府的有关文件、政策;在第四部分刊载了政府有关部门及其领导人对发展股份合作制的指导意见、政府官员和理论工作者对股份合作制探索方面的文章。(刘宗玉)

F000073 **产业结构问题研究** 方甲主编。中国人民大学出版社1997年11月版。158万字。85.00元。包括产业结构基础理论的考察、世界主要国家产业结构演变及比较分析、中国产业结构演变的实证分析、到21世纪初中国产业结构问题研究4部分内容。书中在研究的范畴、概念、体系等方面提出一些新见解;对外国经验从比较分析中获得一些具有规律性的认识,通过对我国产业结构演进过程的实证分析,重新认识产业结构问题是我国经济曲折发展和粗放式经济增长的深层原因,并对我国实现"九五"计划和2010年发展纲要的重要时期,从产业结构视角,对我国经济发展水平和产业结构的演进过程,从理论上作了较广泛的推断和论证。(余资)

F000074 **1996~1997中国宏观经济分析** 李罗力主编。南开大学出版社1997年4月版。23万字。17.50元。从总体上分析了1996年我国宏观经济形势的运行状况,并分专题分析了宏观经济各个方面的态势。《保持新一轮经济稳定增长 防止新一轮经济过热》是全书的总论部分,总结了1993年至1996年我国宏观经济调控的基本经验:(1)在紧缩社会总需求的同时,实施了改善社会总供给的政策,大大地缓解了"瓶颈"部门对国民经济整体运行的制约;(2)较好地把握了紧缩的节奏和力度,对宏观经济的调控能力大大提高了。在此基础上,提出了对1996年宏观经济运行的基本判断:完成了两个经济周期之间的平稳转换,实现了宏观经济调控的"软着陆",避免了可能出现的经济上大起大落的可能性。《总需求管理政策及在中国的实践》《1996年中国固定资产投资分析及1997年展望》《1996年中国消费需求分析》《1996年中国对外经贸分析及1997年政策建议》《1996年中国宏观金融形势及货币政策分析》《1996年中国股票市场的发展及其与宏观经济的关系》《1996 年中国上市公司情况分析》《九十年代中国地区经济增长格局》等则是上述分析的分专题研究，分别分析了相关问题，并提出了相关建议。(胡晓清)

F000075 **中国宏观经济政策报告(1997)** 马洪、刘中一、陆百甫主编。中国财政经济出版社 1997 年 8 月版。29.6 万字。28.00 元。在时间跨度上选择了一个具有重要意义的时段，即“八五”时期和 1996 年。这段时间是在明确了社会主义市场经济总体改革目标后改善和加强宏观调控、经济运行中出现严重通货膨胀、宏观调研取得显著成效并积累了重要经验的一个时期。本书的主报告对此进行了分析和总结。分报告则分别阐述了各项具体的宏观经济政策，着力说明：“为什么要出台这些政策”，即政策形成和出台的背景；“政策内容是什么”，即政策的具体要点；“政策执行效果如何”，即政策的实际执行效果与预期效果的比较和分析。本书一年一本，可以全面了解我国宏观经济的全貌，为制定政策和决策提供借鉴和参考。(赵力)

F000076 **资产评估理论与实务** 徐念慈、郭宝柱著。中南工业大学出版社 1997 年版。30.6 万字。15.00 元。分 3 篇，第一篇介绍资产评估概念、评估原则、组织程序、报告及资产评估的基本方法。第二篇为实务篇，介绍流动资产评估、长期投资评估、固定资产评估、房地产评估、无形资产评估、资源性资产评估、企业资产整体评估等具体的资产评估。第三篇为案例篇，共列举 14 个具体的评估案例。(秦瑞卿)

F000077 **社会主义经济效益通论** 李慰严、樊光鼎等著。人民出版社 1997 年 7 月版。28.4 万字。22.50 元。坚持理论与实际相结合，实性分析与定量分析相结合，以定性分析为主的原则，按照市场经济体制的需求，从实物指标、价值指标和资金运用效益方面进行研究，从微观到宏观，从静态到动态，从要素素质到要素的组合和宏观调控，依次展开论述。作者认为，中国经济效益问题不见好转的主要原因是对经济效益问题从理论的层次上深入研究尚不够，必须把经济效益问题放在体制改革的环境中来研究，从建立和完善社会主义市场经济宏观调控体系的角度，深入研究机制性因素对经济效益的影响。因此，本书在分析素质因素之后，着重就宏观调控方面进行了深入探讨。全书内容分 4 部分：第一篇，总论；第二篇，素质篇；第三篇，资源配置与宏观调控篇；第四篇，评论篇。(欧阳日辉)

F000078 **中国国内生产总值核算历史资料(1952～1995)** 国家统计局国民经济核算司编。东北财经大学出版社 1997 年 10 月版。157 万字。160.00元。收录全国各省、自治区、直辖市 1952～1995 年间国内生产总值及其生产、收入和最终使用的规模、构成和发展等情况。全书共分 3 部分：第一部分综合篇，为全国历年的国内生产总值、国民生产总值、最终消费、资本形成总额、货物和服务净出口以及人均国内生产总值等重要指标按当年价格计算的绝对数、构成和按不变价格计算的速度等；第二部分地区篇，为 30 个省、自治区、直辖市历年的国内生产总值、国民生产总值、最终消费、资本形成总额、货物和服务净出口和人均国内生产总值按当年计算的绝对数、构成和按不变价格计算的速度等；第三部分指标解释，为本书中主要指标的概念和定义；另外，书中还配有统计图，对一些重要的总量指标用图形直观地反映它们的规模和发展变动情况。(谭焕忠)

F000079 **中国 1997～2020：科学技术与人民生活** 吴明瑜、李泊溪主编。中国财政经济出版社 1997 年 11 月版。85.5 万字。65.00 元。针对我国社会主义市场经济发展的现状，研究了在我国经济成功地实行了软着陆后经济的发展问题。书中的两个重要突破是：提出了居民生活质量的概念，这是对发展阶段与生活质量关系已有理论的突破：完整地给出了后小康概念的定义，对小康生活阶段特点的分析有重要的作用。同时在这一基础上，通过对我国科技发展现状及世界经济发展中科技发展对消费领域生产影响的趋势的分析，阐述了在 21 世纪中科学技术对我国各个重要经济领域的生产和对人民生活的影响，从而为消费领域生产企业的发展提供了难得的发展思路。在书的最后一章，给出了运用宏观经济模型对科技进步、经济增长和居民消费之间关系所作的定量分析结果。(刘航)

F000080 **父老乡亲丛书** 杨军主编。广西人民出版社 1997 年 6 月版。130 万字。97.50 元。共 13 册，包括《千秋功业》、《跨越之路》、《红马奋蹄》、《鉴河涛声》、《九龙腾飞》、《重塑山河》、《边陲丰碑》、《走向乐土》、《梦圆高原》、《攻坚纪事》、《大山风采》、《红土热血》、《共创辉煌》等。丛书以丰富、翔实的事迹和感人的故事情节，全面、系统、准确地记载了全国 18 个贫困片之一——广西百色地区 12 个县(市)扶贫攻坚过程中实施温饱工程、以工代赈、就地开发、异地安置、部门承包、能人带动、科技扶贫等在各个主要扶贫阶段的发展水平及其曲折前进的历程，讴歌了百色地区千千万万农村基层干部、各族群众和各级领导干部在党的领导下,创造性地贯彻落实开发式扶贫所取得的每一项光辉业绩,记录了他们所走过的每一步坚实的脚印,总结了扶贫攻坚中的宝贵经验。(马丕环)

F000081 **我国居民消费问题研究** 曾壁钧著。中国计划出版社 1997 年 4 月版。25 万字。14.00 元。对消费结构、消费市场、消费决策、消费政策等重大理论和现实问题进行了深入、系统的研究,针对消费领域的深层次问题,提出了有价值的观点和结论,对今后促进城乡居民的生活更加富裕提出了政策建议。还对消费经济理论的发展,及其在我国从无到有、从空白到繁荣的历史进行了回顾,并提出了建立有中国特色的社会主义消费经济理论的基本框架。(吕兰英)

F000082 **贫困与反贫困经济学** 李含琳著。甘肃人民出版社 1997 年 12 月版。30 万字。24.00 元。分 6 篇 27 章,通过对全国不同类型贫困地区的走访调查,从理论上探讨了解决贫困问题的宏观思路及相应的可行性操作,对如何从根本上解决我国农村的贫困问题提出了系统性的战略设想,提供了一种有益的思路。本书特点是:1.把中国反贫困问题作为世界反贫困问题的一个特殊部分来理解,从而对中国的贫困问题有了更正确的定位,这对从理论上正确认识、在实践中迅速提出反贫困思路奠定了更为稳固的基础。2.为写作本书,作者实地考察了全国所有的贫困县,搜集了大量第一手资料,从而使该书对各种贫困问题的分析,更为准确可靠。(张旭东)

F000083 **贫困地区发展论** 李纪恒著。中共中央党校出版社 1997 年 5 月版。24 万字。18.60 元。通过对贫困地区贫困的成因、经济运行特征、发展的要素和框架的分析,对贫困地区的经济发展问题从理论上进行了比较深刻全面的分析,并结合广西河池地区改革开放以来扶贫脱贫的实践活动,探索了我国广大中西部贫困地区社会经济发展的一般规律和扶贫攻坚的战略战术取向。(王君)

F000084 **宏观经济重大问题研究丛书** 王建、胡春力等主编。中国计划出版社 1996 年 12 月至 1997 年 12 月版。80 万字。12.00 元。包括《所有制与产权制度——国有企业所有制改革的理论与实践》、《我国二元结构矛盾与工业化战略选择》、《结构调整的原因和目标——中国面临产业结构转换的严峻挑战》、《我国工业化中期农村经济问题研究》、《中国反贫困研究》。围绕当代中国经济发展的主旋律来组织选题,既有体制问题,也有结构问题,还有发展战略方面的问题,所有这些均为当前中国宏观经济中的重大问题,在对中国宏观经济"把脉"的基础上,提出了若干治理经济的对策。(吕兰英)

F000085 **区域经济学** 金元欢、王建宇著。杭州大学出版社 1997 年 8 月版。23.2 万字。13.00 元。由导言、区域自然和社会经济条件、区域发展的指标体系、经济区域与区域规划、区域经济开发模式、流域经济开发、区域经济定量研究、区域经济的可持续发展、中国区域经济总论、中国区域经济分论和区域经济合作等 11 章构成。对我国区域经济的现状,今后的发展模式都有较细致的研究。例如区域经济开发的空间模式就提出了据点开发、点群开发、轴线开发、点轴开发、多轴开发、梯度开发、网络开发等模式,对于长江、黄河等流域开发则比较了国外的流域开发,如田纳西、莱茵、伏尔加、亚马逊等河流域的开发。(张文浩)

F000086 **中国区域经济新论** 李树桂著。四川科学技术出版社 1997 年 12 月版。20.3 万字。20.00元。揭示了社会主义初级阶段区域经济的本质,解除了把计划经济视为社会主义基本制度的思想桎梏,提出了一系列有别于以往区域经济论著的新观点、新见解。其主要新观点、新见解计有:经济区划与行政区划不一定一致,经济区划的界线可以模糊;区域经济关系的实质是经济利益,建立区域经济新秩序应该符合市场经济原则;区域空间开发的组织形式,除极点开发、轴线开发、网络开发外,还有城市圈层开发和陆桥开发;区域经济发展差异有正面效应,也有负面效应,正面效应大于负面效应;未来区域城镇建设应该坚持多元化,走大、中、小城市和农村小城镇协调发展的路子等等。(赵健)

F000087 **中国地方政府经济行为分析** 周伟杜著。复旦大学出版社 1997 年 4 月版。17.5 万字。9.00 元。中国经济近二十年来取得了令世人瞩目的变化和成绩,引起了经济学家们的关注和思考。中国经济发展的原因何在,这种发展为世界经济史添加了什么新的东西,从这些问题的提出为基点,强调了一个突出的事实:中国的地方政府在中国走向市场经济的过程中,对于经济的发展起到了至关重要的推动作用。因此,如何来评价地方政府的经济行为,如何实证分析地方政府经济行为的作用机制及其效果,成为了全书的核心。本书共设绪论和地方政府与地方公共品、地方政府与外在性、地方政府:税收与支出、地方政府、资源的空间配置、地方政府与经济发展等5章。作者认为：中国经济的部分成功在很大程度上是因为政府组织结构的特殊形态所致：地方政府在改革中的地位和利益导向。研究地方政府的经济行为与地区经济发展的关系，碰到了政府与市场的重要结合部，中国经济的发展客观上需要寻求政府与市场两者有效边际的均衡点，而地方政府的经济行为则是可以操作的杠杆。书中在分析了地方政府与经济发展的关系之后，提出了最终从多元市场到统一市场，完成发展均质化——共同富裕目标的可行性。（刘子馨）

F000088　**环渤海地区经济发展战略研究**　冯之浚、陈钺著。河北人民出版社1997年版。30万字。20.00元。区域经济学论著。在综合分析环渤海地区自身优势和国内、国际所赋予的良好环境和机遇的基础上，从自身联合为核心的战略思想出发，对环渤海地区的发展作了战略性规划和构想。主要包括：在区域内部规划上，提出了以京津两个特大城市为核心组成京津冀核心经济圈，以山东产业带、辽宁产业带形成区域内部的南北犄角之势，加上山西、内蒙古的中西部资源型产业带，从而形成从中心城市到外围、从局部到整体的区域联合发展态势。在区域外部发展上，提出了以环渤海地区为中心的东出西进双向开放战略，即联合日、韩、朝等形成环黄渤海经济圈，通过亚欧大陆桥这一主轴线形成向中亚和欧洲的开放局面。在战略措施上，提出了区域协调发展的战略思想，用市场经济的无形之手和政府的宏观调控相结合，加快产业结构调整和经济增长方式的转变，以加快区域内部现代化经济发展的步伐。在充分考虑人类经济与社会长期协调发展的需要和趋势前提下，提出了以维护生态平衡和向海洋进军的可持续发展战略。（荆彦周）

F000089　**岩溶地域发展战略研究**　云南省岩溶地区治理开发协会编。云南科技出版社1997年版。45万字。52.00元。岩溶地区由于各种条件的特殊，治理开发的难度大、时间长，可以说是扶贫攻坚的难中之难。为了有效地探索岩溶贫困地区的治理开发，总结交流经验。本书将全国一些有关领导、专家、学者的有关论文汇集出版。（刘康）

F000090　**贫困中的期盼**　副名：中国西部贫困地区女童和妇女教育。周卫主编。广西教育出版社1997年12月版。21万字。24.00元。“中国贫困地区教育发展研究报告”之二。对国内外关注的女童和妇女教育问题进行了专题研究和案例分析，特别在贫困地区初等和初中义务教育阶段女童辍学原因和对策，贫困地区女性人口接受职业教育、成人教育和高等教育的现状与发展等方面作了专题研究。全书具有以下几个特点：1.材料翔实具体，引用了不少案例及统计数据，确凿有力。2.书中的理论探讨虽着墨不多，但仍给人以启发。如关于“教育机会均等”的讨论，提出了贫困地区实现“教育机会增多”的努力方向。又如对女童教育特点的探讨，提出了充分尊重当地文化，尊重大多数群众的意愿和选择，提高女童入学率的政策选择。3.提出的政策建议具有很强的实践操作意义，提出了对政策、对学校、对研究工作三方面一整套可操作的具体建议。（夏日炎）

F000091　**沿边开放与新疆经济发展研究**　鲍敦全主编。新疆大学出版社1997年8月版。27万字。35.00元。重点论述了新疆沿边开放与发展，自然论及周边中亚各国以及中国其他省（区）沿边开放的进程和经验。分别由综合报告、理论篇、实践篇、战略篇、对策篇5部分，计约20个专题进行了集中分析。其中综合报告从当代世界经济发展趋势到中国的全方位开放战略，理论依据，再到沿边开放的历程、战略、外部环境等进行了论述。理论篇从21世纪的亚太经济形势、中亚经济圈，再到新疆经济发展与开拓中亚市场的可行性进行了分析。实践篇从新疆与中亚五国经济技术合作研究到沿边区域的开发模式、增长极、生态环境等实践理论进行了分析。战略篇从新疆引资环境与引资方式探讨到新疆与中亚各国环境、资源和经济概况、结构、政策等进行了论述。对策探索篇从建立中亚经济合作区之设想到新疆与沿边各国的旅游。经贸合作的对策研究，再到区域经济开发和绿洲建设进行了分析。书后附录3篇论文。（范琳）

F000092　**布赫谈经济工作**　布赫著。内蒙古人民出版社1997年1月版。55万字。35.00元。布赫副委员长在内蒙古自治区担任主席职务整整十年（1983～1993年），其间就自治区的改革开放和经济发展问题，走遍了全区的山山水水。在农村、牧区以及工矿企业、学校等进行了大量的调查研究，写了许多有见地的调查报告，发表了许多有价值的讲话、谈话和文章，对内蒙古的改革开放和经济发展做出了重要贡献。本书把布赫同志担任主席期间发表过的文章、讲话、调查报告等选集了102篇，汇编成书。它再现了内蒙古各族干部和群众深化改革、扩大开放、发展经济的历史进程，也是自治区党委和政府组织和领导内蒙古改革开放和经济建设工作实践的缩影。（陈锦安）

F000093 **历史与希望——西北经济开发的过去、现在与未来** 何炼成主编。陕西人民出版社1997年12月版。52.3万字。38.00元。由绪论、1～18章和总论三个部分组成,共20章。全书内容有3个方面,一是以翔实可信的历史资料,回顾和总结了西北地区二千多年经济发展的经验教训,探讨了历史时期西北经济发展的规律;二是在大量占有资料的基础上,具体分析了当时西北经济存在的困难和问题,西北经济发展滞后的原因,西北地区具有的现实的和潜在的优势,实现腾飞的条件、机遇和对策;三是在总结经验、立足现实的基础上,对西北经济在21世纪的发展前景作了科学的展望。本书具有以下4个特点:一是选题的现实针对性很强,可以引起各界对研究西北经济、振兴西北经济的关注;二是回顾历史,总结了许多规律性的东西,例如基本经济制度对经济发展往往起着决定的作用;科学技术在经济发展中起着越来越重要的作用;民族和睦团结是西北地区社会稳定和经济发展的前提;等等。三是在大量占有资料的基础上,具体分析西北地区的实际发展瓶颈:如农牧业基础薄弱、工业技术设备老化、基础设施滞后、资本短缺、劳动力素质低、思想解放程度不高等等,提出了自己对发展西北经济的独到的见解。

F000094 **路在何方** 副名:迈向二十一世纪的西北地区。陈育宁等著。宁夏人民出版社1997年12月版。27万字。15.00元。从西北民族地区的区域特点出发,深入分析了这一地区自身的现状优势和不利条件,并在借鉴西北历史开发和国内外对落后地区开发经验的基础上,提出了“以改革促开放,以开放保开发,以开发保发展”的加快西北民族地区发展战略,着重分析探讨了充分发挥三个积极性(国家、本地区和东部地区的积极性),加快西北民族地区发展,缩小与全国和东部地区差距的三大战略途径:一、国家大力支持,没有国家政策的导向和措施扶持,西北民族地区仅仅通过自身力量很难进入全国统一、开放、竞争的大市场。必须中央干预调节:区域政策倾斜,产业政策支持。二、西北民族地区不断提高自身努力程度。深化改革构建社会主义市场经济体制;发挥优势,实施资源转换战略;培育市场全方位开放;建立畅通的交通网络。三、东部支援与东西合作。利益共享,风险共担,团结协作,共同发展。特别研究了西北民族地区是贫困人口主要分布地区,也是少数民族聚居区和边疆地区,差距的拉大得不到控制,会增加民族矛盾和宗教矛盾,不利于全国社会的稳定。(汤晓芳)

F000095 **陕西走向21世纪战略思考** 陕西经济社会发展战略研究课题组编。陕西人民出版社1997年6月版。24.4万字。14.50元。“世纪之交陕西改革发展丛书”的第一部研究报告集。针对陕西省委省政府对战略重点的新部署,重新概括了陕西经济社会发展战略以跟进赶超为战略目标和全方位开放战略。产业结构上突出所长,到本世纪末,重点发展基础产业、基础设施和重加工组装工业;下世纪初重点发展高精尖加工制造业和高新技术、信息产业。论证了对生产力布局新规划的可行性和依据:在原“一区”“三带”基础上增加渭北经济带,形成“圭”字型布局的工业走廊。重视了陕西的历史文化优势,借传统和革命精神的悠久积淀塑造经济发展良好的人文环境。课题组织和研究方法呈总——分式结构,首先总报告将陕西放在历史和国际的双重纬度上指出经济发展的紧迫性和面临的机遇,总结改革开放以来的经验和成果确立战略重点并充分论证新生产力布局的可行性,最后与实践结合提出战略对策即实施方法。十个专题报告继承总报告的思路从宏观经济面、行业前景、地域差、投融资战略几方面较深入地进行分析论证。课题报告评审委员会在评审意见中指出:本书对经济建设的环境分析较为系统深入,使其结论更易适应国家宏观政策新指向和世界经济一体化的趋势。对陕西生产力布局框架的论证有新的推进。提出的一整套战略措施针对性强,为实施战略所制定的各项对策切实有力。(李向晨)

F000096 **内陆外向型城市——西安发展战略研究** 程安东主编。陕西人民出版社1997年4月版。46.3万字。32.00元(精)。除《附录》外,共分24章。其主要内容大体可分为两部分:第一部分(第一篇),以马克思主义关于城市建设的理论为指导,遵循邓小平建设有中国特色社会主义理论,把社会科学、基础科学和应用科学有机的结合起来,运用有关社会经济技术发展的最新成果,通过定量和定性分析相结合的方法,从理论上界定了“内陆外向型城市”的内涵、特征,科学地设计出了“内陆外向型城市”的指标体系,从而为西安定位于“内陆外向型城市”,以及制定其发展战略提供了理论依据。第二部分(第二至第五篇),运用通过大量的、深入的调查研究所获取的第一手资料,对西安的特点、优势、劣势、问题、挑战、机遇,以及农业和农村经济、工业、第三产业等国民经济主要行业和环境状况进行了系统的、周密的分析综合,在这一基础上提出了西安走向外向型城市的战略、政策和措施，从而为西安今后的发展绘制了一幅蓝图，同时，还指出了内陆外向型城市建设任务的长期性和艰巨性。（朱玉）

F000097　**新疆民族经济文化发展研究**　贾合甫·米尔扎汗、魏萼主编。新疆人民出版社1997年8月版。22万字。15.00元。分为12章：第一章，介绍了新疆的自然地理概况，论述了新疆民族文化的发展规律、生态环境对新疆经济文化的影响以及绿洲经济、文化的特点；第二章，叙述了新疆多民族长期共存和发展的历史、新疆自然经济与农林牧、相辅相成、互为发展的规律性特点以及中西文化交流对繁荣新疆经济的作用；第三章，论述了新疆各民族文化的传统特点与现代化的关系；第四章，叙述了新疆民族关系现状及发展趋势；第五、六章，分别讨论了民族语言文字在新疆经济文化发展中的重要地位、作用、新疆经济发展的社会人文环境；第七、八章，分别论证了经济转轨时期新疆面临的机遇和挑战、沿边开放战略与建立外向型经济的重要性；第九、十章，论述了西北大通道的建设和新疆的特殊作用、新疆资源开发在全国的战略地位；第十一、二章，论述了新疆地区经济与全国经济同步发展的必要性以及二十一世纪新疆经济发展的基本设想。（贺灵）

F000098　**长江三角洲水土资源与区域发展**　佘之祥主编。中国科学技术大学出版社1997年1月版。35.6万字。26.00元。从长江三角洲土地资源与土地利用、水资源与水利工程、区域产业结构与生产力布局、食物保障与商品农产品基地、能源与基础设施（交通）、投资环境、城市发展特点与城市化以及区域的持续发展等方面进行深入研究，对未来发展提出了一系列见解并作了阐述。共13章。第一章综论，勾画了长江三角洲自然资源与区域发展的基本图式。第二、三章阐明了土地资源的分类、土地利用现状与存在问题，探讨了土地利用的调整、土地资源的再开发及土地承载力。第四、五章研究了区域水资源、水环境与水利的综合治理，提出水环境保护及旱涝防灾减灾的对策措施。第六章采用“多指标综合评判法”对投资环境进行评价和分类，制定不同类型区改善投资环境的目标与措施。第七章分析预测了产业结构现状与调整方向，勾画了生产力布局与发展的基本框架。第八、九章全面探讨了食物生产现状与发展前景，着重探讨了食物保障体系建设和农产品商品基地的布局。第十章探讨了交通与电力建筑现状、发展途径与设想等基础设施建设中的核心问题。第十一章探讨了城市发展的历史过程与分布以及城市化进程与城镇体系建设的问题。第十二章探讨了浦东区的发展及其对长江三角洲的影响。阐述了上海与长江三角洲和长江经济带的协调发展。第十三章结论，讨论了长江三角洲可持续发展的几个关键问题。收入“长江三角洲研究丛书”。（高哲峰）

F000099　**浙东北改造论**　黄勇主编，楼赛令、曲建国副主编。浙江人民出版社1997年3月版。27.5万字。17.00元。分上下两篇。上篇总论共有13章，从浙东北区域背景分析入手，以改造和提高为主线，分别就区域开发的目标和任务、总体布局、工业、农业、交通运输业、旅游业、综合运输和邮电通信网、水资源、电源与电网、人口与城镇的发展和建设布局以及生态环境保护等问题作了阐述。下篇分论设6章，分别为浙东北地区范围内六市提出的综合开发的总体设想。

F000100　**台湾的经济发展与法律调整**　郑定著。中国人民大学出版社1997年5月版。28.9万字。20.00元。以1949年以后我国台湾地区的经济发展为主要线索，对过去40多年中台湾地区经济发展的宏观状况及台湾经济发展过程中“土地改革”、农业政策、吸引奖励投资、设立特种工业区、产业升级等重大经济政策、措施的制定、背景、运行过程、相关立法及其效果等问题进行系统论述，对台湾地区运用法律手段调节经济、促进经济发展的做法与功效进行深入分析，对台湾经济发展的内外动因，存在的主要问题以及与经济发展密切相关的法律制度的发展变迁等问题也进行具体评述。列入“中国人民大学博士文库”。

F000101　**两广西江流域开发研究**　副名：两广西江经济走廊联合开发建设与可持续发展战略学术研讨会论文集。何其锐主编。广东经济出版社1997年11月版。85万字。78.00元。收95篇论文。内容包括：区域开发、农业开发、工业与城镇建设、资源开发与环境、交通与商贸、旅游发展、防灾减灾等，为西江经济走廊的发展提出了许多好建议。（曾莹）

F000102　**珠江流域经济社会发展概论**　梁钊、陈甲优主编。广东人民出版社1997年7月版。54万字。40.00元（平），50.00元（精）。“岭南文库丛书”之一。分3编。第一编分述珠江流域经济社会发展的环境条件，重点介绍流域内的各种资源，论证珠江流域开发的特殊地位，阐述珠江流域开发与我国经济社会发展的第二步战略目标的关系。第二编概述珠江流域经济结构与布局、工农业发展现状，以及经济特区与开放区的概况，通过调查研究，全面、系统地反映和描述流域的历史和现实的客观状况,从中发掘出珠江流域经济社会发展的种种特征,揭示珠江流域经济社会发展的各种经济关系和社会关系的内在联系,并依据市场经济的一般规律和流域经济社会发展的特有规律,展示珠江流域未来经济社会发展的前景。第三编展开对珠江流域生产力布局与经济分工协作的理论探索,具有较强的针对性和实践性,如第三十章关于"珠江三角洲经济区的发展战略和规划重点",具有较高的理论价值和参考意义。(李达强)

F000103 **湖北老区脱贫模式研究** 周景堂主编。湖北科学技术出版社 1997 年 6 月版。17 万字。18.00 元。对湖北省老区脱贫模式进行了多角度的深入研究,对老区的概念与内涵作了界定,特别是深入研究了老区的资源开发、人才开发及宏观的战略发展模式。总结了湖北贫困县市发展的大量经验,有力地证明人力资源开发是老区发展的一个至关重要的问题,在此基础上提出了老区脱贫的思路、对策、构想、关键并由此而形成了研究的发展模式。(高诚毅)

F000104 **广东产业发展纪实** 广东省政府发展研究中心编。广东经济出版社 1997 年 11 月版。26.5 万字。70.00 元。总结了近 20 年来广东各个产业发展的历史成就和经验,分析了现状和形势,更找出了与兄弟省的差距,明确了机遇与挑战,并在此基础上对今后广东省产业发展的策略和方向作了探讨。(李远谋)

F000105 **广东省东西两翼区域规划研究** 广东省计划委员会编。广东经济出版社 1997 年 11 月版。106 万字。250.00 元。分上、下卷。将广东省从经济区域上分为三块地区:一个是珠江三角洲;一个是东西两翼;一个是山区。珠江三角洲是全省经济发展的龙头,而两翼因其临海的区位优势,则成为全省发展后劲的重要希望所在。本书全面阐述广东省委提出的"中部地区领先,东西两翼齐飞,广大山区崛起"的发展规划、研究这个战略布局的形成与发展。(黄一霜)

F000106 **中国 21 世纪议程广东省实施方案研究报告** 广东省计划委员会、广东省科学技术委员会课题组编。广东经济出版社 1997 年 4 月版。68.5万字。280.00 元。分上、下册。以《中国 21 世纪议程》为蓝本,紧密结合广东省经济社会的实际,力求达到规范性、指导性和可操作性的要求,重点放在人口、环境、资源及经济等方面,祈求从思想上、行动上有一个指导全省的文本,作为实施的依据,力争达到"使人口增长与社会生产力的发展相适应,使经济建设与资源、环境相协调,实现良性循环",顺利实现现代化的宏伟目标。(孙力)

F000107 **21 世纪的海口** 崔裕蒙、郑玥、王修德著。海南出版社 1997 年 9 月版。15 万字。7.00 元。"海口社会经济发展研究丛书"之一。共 6 章。第一章:胜利前进的基础;第二章:21 世纪海口城市的特点;第三章:21 世纪海口应具备的功能;第四章:跨世纪海口的城市建设;第五章:21 世纪海口社会事业;第六章:实现海口 21 世纪宏伟目标的保障。从以上六个方面探讨了海口城市未来的发展,以及如何向国际性城市迈进等问题。(刘志和)

F000108 **海口经济发展之路** 石毅、李秀华著。海南出版社 1997 年 9 月版。23.4 万字。12.00 元。"海口社会经济发展研究丛书"之一。分下、下两篇共 7 章。上篇为海口经济发展状况与城市性质,下篇为海口未来经济发展之路。论述了海口市按照国民经济和社会发展"九五"计划及 2010 年远景规划,到 20 世纪末,经济发展和整体素质要提高到国内发达城市的水平;到 2010 年,社会全面进步,基本建成外向型国际性城市,基本达到中等发达国家水平,为下世纪中叶全面实现第三步战略目标和基本实现现代化奠定基础。比较系统地研究和探索了未来海口经济发展的新路。(刘志和)

F000109 **关于四川经济发展中几个问题的研究报告** 辛文著。四川人民出版社 1997 年 12 月版。23 万字。25.00 元。就四川经济发展的总体战略、四川的城市发展步伐、四川参加长江经济带开发、四川工业结构调整、四川电网协调发展等问题进行研究。指明了未来十年四川经济发展的方向,对四川经济发展将发生深远影响。

F000110 **区位·资源·潜力——云南经济运行若干问题研究** 胡桐元著。云南大学出版社 1997 年 10 月版。19.5 万字。13.90 元。分总论与专题两大部分。总论是"云南宏观经济运行若干问题的研究"课题的初步成果;专题部分从云南的农业、区域经济和对外开放等不同视角,揭示了作者有关经济观点的形成过程。全书客观再现了云南全省在地理区位、自然资源、经济结构及生产力布局等方面的现状,并提出把资源推向市场,优化经济结构,重视区域分工,力创云南名牌,充分发挥政府在市场经济条件下的作用等观点。在西双版纳国土经济研究中,提出了一个与经济、社会、环境相对应的生产、生活、生态指标体系的组合计算方法。在写作上避免了抽象理论的堆砌,更多地注重以形象的图表、引语、数据、举例、对比的形式阐述自己的见解。在测算全省城乡居民储蓄的基尼系数及制作农村居民人均纯收入的罗仑兹曲线时,使用了科学的计量方法,图表结合,非常形象。还借用西方经济学中的乘数原理,结合云南实际,得出加速云南经济成长的思路。(蔡红华)

F000111　**特区导论**　周文彰著。海南出版社1997年3月版。22万字。22.00元。从特区的地位和作用;特区的特征;特区的性质;特区的特点和重点;特区投资环境、特区意识;特区规范;特区的历史命运等方面阐述特区是什么?特区干什么?特区怎么办的基础理论。提出有关特区最一般、最有普遍性的问题,用哲学的研究和思考方法去探索解决这些问题的途径。(陈正新)

F000112　**山西古代经济史**　黎风编著。山西经济出版社1997年1月版。18万字。18.00元。用7章篇幅,分种植业、畜牧业、林业、矿业、手工业、商业和交通运输业等方面简要地研究阐述了从原始社会开始至明清时期山西经济的发展概况。第一章:原始综合经济发展的历程;第二章:传统农业的形成与发展;第三章:畜牧业的盛衰更变;第四章:森林的变迁;第五章:推动社会经济通向繁荣的工矿业;第六章:山西商业和山西商人;第七章:水陆交通。(李国维)

F000113　**中国长江流域开发史**　万绳楠等著。黄山书社1997年6月版。50万字。59.00元。对长江流域各个历史时期的农业、工业、商业和科学技术的发展情况及特点进行了工笔式描绘、长卷式展示,同时从经济与文化关系的角度考察了长江流域的文化思想的历史内容及价值。书中严谨的考证与精彩的议论俯拾皆是,如第三章中说:"在长江流域的经济开发的过程中,最可注意的是无论蜀、巴、楚、吴、越,都实行重商政策。""这一种重商政策对长江流域的经济开发起了重大作用。"这一论断大大丰富了中国历史上重商主义经济思想的内容,也促使人们更加深入地思考"重农抑末"传统最终形成的历史根源。(宋启发)

F000114　**艰难的转轨历程**　副名:近代华北经济与社会发展研究。苑书义等著。人民出版社1997年版。44.3万字。29.50元。在研究的地域范围上,主要为冀(包括京、津)、晋和内蒙古地区。考察内容上,以经济方面为重心,结合考察社会管理和政治制度方面,较全面地揭示了该区近代时期社会变迁的状况,论述了从传统向近代化方向艰难转轨的历程。作为整合性研究的奠基之作,该书从横向上分为农业与农村、城市经济与社会结构、政治制度的变迁部分;仅是就相关问题进行了深入探讨,而不是作整合性宏观研究。作者经过研究,得出了令人信服的结论:晋、冀、蒙地区在近代时期,其社会各有关方面都显示出近代化趋向,但其发展变革艰难曲折而又颇不平衡。研究方法上,注意宏观研究与微观研究的结合,定性分析与定量分析的结合,历史以方法与社会学方法的结合,历史理论与历史实际的结合。(张昭军)

F000115　**民国财政经济史**　董长芝、马东玉著。辽宁师范大学出版社1997年6月版。47.5万字。28.80元。共4编,分别为:中华民国的创建与北京政府时期资本主义财政经济的初步确立和发展(1911～1927);南京政府初建时期资本主义财政经济的进一步确立和大发展(1927～1937);国民政府抗战时期资本主义财政经济先发展后衰退与日伪统治地区殖民地经济的形成和崩溃(1937～1945);南京政府统治末期资本主义财政经济由发展顶峰走向灭亡与共产党创建的新民主主义经济的产生、发展和全面胜利(1945～1949)。全书以民国时期财政经济发展演变的历史过程及其规律为研究对象,涉及到的内容除包括工业、农业、交通运输业和商业等经济部门生产力发展水平和状况,也包括这些部门所存在的各种经济成分产生、确立、发展和崩溃、灭亡的过程及规律;既研究民国时期各届政府的财政经济政策及其对财政经济发展演变的反作用,又研究财政经济发展的状况和水平及其对各届政府兴亡的决定作用。把贯穿民国时期并始终占主导地位的国家资本主义、外国在华资本、传统的封建经济和新民主主义经济的矛盾斗争,作为主要矛盾抓住;又把贯穿民国时期并始终占据主要矛盾主要方向的国家资本主义确立、发展、衰亡的全过程,作为基本线索,进行了系统、交错的阐述。(邓丽萍)

F000116　**根据地经济建设研究**　山西省史志研究院编。山西人民出版社1997年3月版。27.8万字。19.00元。收论文27篇,主要论述了抗日战争以来以山西为中心的几个根据地经济建设中的一些问题。如:减租减息、财政税收、金融货币、对外贸易、交通邮政、科技兴农等。(秦继华)

F000117　**广州国土资源地图集**　广州市计划委员会编。广东省地图出版社1997年9月版。116幅图,6万字。180.00元。分为序图、自然资源、社会资源、经济资源、环境保护与国土整治等5个图组，范围除市中心的8个区之外，包括4个郊区市(县)，每个图组之后均有简明的文字说明。全面展示了广州国土资源的数量、质量和时空分布，以及开发利用现状和开发方向。(胡安宇)

各国经济

F000118　**东亚工业化浪潮中的产业结构研究**　汪斌著。杭州大学出版社1997年5月版。38.5万字。20.00元。分3篇。第一篇：东亚各国(地区)产业结构演化的历史规迹。具体考察战后日本、亚洲"四小龙"、东盟四国经济发展中产业结构演进的情况及其特点。第二篇：东亚产业结构的演化模式及其形成机制。从总体上研究分析整个东亚地区产业结构演进的模式及其形成机制和特征。第三篇：东亚国际产业分工的发展及中国产业结构的调整。具体论述分析东亚区域内国际产业分工体系的形成、发展及特点，以及中国参与东亚国际分工的条件及战略选择，提出跨世纪的东亚产业结构演化，从"雁行模式"向"双金字塔模式"转换的思路。(袁亚春)

F000119　**日本通商产业政策史**　日本通商产业政策史编译委员会译。中国青年出版社1997年版。1000万字。980.00元。共17卷，详细地记录了战后至70年代末期日本的通商产业政策。对日本各个历史时期的经济发展情况、产业政策制定背景、政策确立过程、组织实施。以及实施后的效果和作用等进行了比较客观和全面的论述。(赵长敏)

F000120　**后明治维新**　副名：日本战后经济起飞纪实。马平著。百花洲文艺出版社1997年12月版。32万字。20.00元。运用大量的国内外资料，用纪实文学的手法，反映了"后明治维新"的历史。作者把这一历史变迁中的人物都置于社会变革的大背景下，用新闻特写的方式生动地描绘了一幅幅"后明治维新"时代的众生相，有政治家、企业家、经济学家，也有作家和工人，农民们，展示了各阶层人士的种种作为与心态。同时此书并没有回顾日本对世界，特别是对亚洲各国的经济渗透。(毛军英)

F000121　**走向21世纪的东南亚与中国**　贺圣达等著。云南大学出版社1997年12月版。28.6万字。26.00元。运用大量新资料，较为系统地论述了20世纪90年代以来东南亚的一体化进程——以多样性中谋求统一的新格局，进而分别对东南亚各国经济、政治、外交的新发展及跨世纪发展目标作了全面、详尽的分析，对1997年下半年始发于泰国并波及几乎整个东南亚的金融风暴，及其对东南亚发展的影响，也作了精辟的阐述。在此基础上，还深入探讨了走向21世纪的中国与东南亚合作的前景及存在的问题。(王登全)

经济计划与管理

F000122　**会计·统计·审计辞典**　曾智武、方英仁主编。四川科学技术出版社1997年5月版。57万字。29.50元。收会计、统计、审计有关辞目约1 800条，按学科内容体系分为会计部分、统计部分、审计部分，附有中华人民共和国会计法等7种法规、准则及音序索引。(杨佛章)

F000123　**西方市场经济下的政府干预**　晏智杰主编。中国计划出版社1997年4月版。40万字。20.00元。就西方市场经济的历史演变过程中国家政府所起的作用，政府宏观调控的目标和手段，市场经济下的宏观经济政策和微观经济政策的具体内容，市场经济模式的不同类型及其利弊分析，以及不同流派对宏观经济调控问题的评论等，进行了全面系统的评介。(陈国平)

F000124　**宏观经济分析与对策**　国家计委培训中心，余健明主编。湖南科学技术出版社1997年6月版。27万字。16.00元。以国民经济的总体经济行为作为分析对象，以我国宏观经济中的重大问题为核心，由此构建理论框架和展开分析论证。全书共分10章，基本上遵循从一般到个别、再从个别到一般的顺序。第一章总论；第二、第三、第四、第五章分别论述和分析宏观经济运行、总量结构以及经济增长和经济波动，属于综合性、总体性的宏观经济分析。考虑到在建立和发展社会主义市场经济中资金运动、抑制通货膨胀、人口与就业、地区经济等方面的复杂性、困难程度和特殊重要性，第六章至第九章对比分别进行了论述和分析。宏观经济的综合性、总体性和专题性分析的目的在于为宏观经济管理、完善宏观经济调控体系服务。为此，在前面9章的基础上，第十章重点探讨宏观经济调控与对策。(陈一心)

F000125　**国民经济管理学(修订本)**　厉以宁著。河北人民出版社1997年11月版。26.3万字。18.50元。除前言、结束语之外，共有4篇17章。第一篇总论(第一至四章)，主要阐述社会主义市场经济运行分析的前提和过程以及国民经济管理的指导思想和原则。第二至四篇(第五至十七章)，由近期、中期、长期国民经济管理三个部分组成。其中近期管理部分以调节总需求为中心，主要讲解投资要求、消费需求、国际收支管理及近期管理的协调；中期管理部分以调节总供给为中心，主要讲解产业、技术结构，地区经济结构的调整及对中期管理的综合分析；长期管理部分以协调经济和社会的发展为中心，主要讲解个人收入、社会生活质量管理，环境资源保护与可持续发展，社会心理协调及国民经济管理与社会主义经济周期。全书在讲解过程中既注意到基本理论的阐述，又注意到对国民经济现状的分析；既指出各期管理中的难点和易出现的“并发症”，又提出解决难点和消除“并发症”的对策。该书第一版于1988年5月。本次修订除减少了10万字外，还增添了不少新的内容，如对住房郊区化和分期付款购买制度的论述；对环境、资源保护与可持续发展的论述等。（何瑞桐）

F000126　**经济预测与决策**　王美今编著。厦门大学出版社1997年10月版。27.2万字。15.00元。系统地介绍了以统计方法为“基干”的经济预测与决策方法的原理及其应用。全书共分9章。第一章是引论，阐述经济预测与决策的基本概念、方法论原则等综合性的理论问题。第二至第六章介绍常用的经济预测方法，包括调研预测、回归预测、确定性时间序列的趋势和周期预测、马尔可夫链和随机时间序列两类随机过程的分析预测等。第七至第九章讲述风险型决策方法，首先按照风险型决策问题的构成要素和模型化的特点，讨论多种形式的常规决策方法；然后深入讨论利用补充信息的贝叶斯决策方法；最后论述风险的概念、度量及其在风险型决策中的应用。运用大量的实际数据来阐述经济预测与决策各种方法的基本原理。对比较复杂、数学原理运用较多的方法也能简明扼要地讲清其来龙去脉。（陈丽贞）

F000127　**建设项目评估**　任霭堂主编。西南财经大学出版社1997年6月版。27万字。19.00元。内容主要介绍建设项目评估的理论与实务。全书分为12章。第一章系总论性质，论述项目评估有关理论；第二、三章是关于项目建设必要性与可能性的评估；第四至六章为企业经济效益和银行效益评估；第七至九章为国民经济效益评估；第十、十一章论述了不确定性分析与其他项目评估；最后一章介绍项目报告与后评估，是对项目评估的总结。全书以工业项目评估为主，兼顾了改扩建项目、农业、交通运输、水利等项目；以企业经济效益评估为主，兼顾了银行效益和风险防范评估，而且详细论述了国民经济评估的理论与方法。

F000128　**经济回归模型及计算**　童恒庆编著。湖北科学技术出版社1997年9月版。80万字。39.80元。在数理统计方面比较全面系统地介绍了有关回归模型的数学理论及其前沿研究最新动态；在计量经济学方面基本涵盖了美国新近出版的几本计量经济学专著中有关回归模型的主要内容；同时为各类基本回归模型算法及主要回归模型计算研制了通用菜单傻瓜式软件。使用本软件，无需懂得数学推导，无需了解算法细节，无需编程、无需英文，即可作出各种回归的计算与图像显示。全书着重考虑了回归分析在经济方面的应用，用大量的经济分析的实例来介绍有关的方法。书中CAPM和APT的回归分析处理方法，对于金融市场的分析提供了有效手段。（刘军）

F000129　**会计的国际透视**　郝振平著。东北财经大学出版社1997年10月版。30.4万字。18.00元。“三友会计文丛”之一。分3大篇，其内容涵盖了当今国际会计涉及的各个方面。第一篇紧扣“环境对会计的影响”这一主题，对各国会计的差异及其成因做了深入的分析比较，对国际协调的必要性及其活动做了详细的阐述；第二篇对国际财务会计和财务报告中几大难题的重点论述也较深入，涉及合并财务报表、外币会计、通货膨胀会计和国际财务报告及其分析；第三篇是国际管理会计的内容，作者对跨国公司的预算与控制、外汇风险管理、跨国转移价格以及国际税务等问题所做的分析研究，其深入和详细程度在同类书籍中尚不多见。（郭洁）

F000130　**会计学**　于显国著。东北财经大学出版社1997年2月版。31万字。16.00元。共17章，包括会计学基础和财务会计概论两大部分。全面、系统地阐述企业会计核算的基本原理、基本方法和基础知识。（方红星）

F000131　**会计理论**　汤云为、钱逢胜著。上海财经大学出版社1997年8月版。46.7万字。36.00元。分别论述会计理论及其研究方法，会计与会计理论的历史发展，会计规范和对会计原则的探索，财务会计的理论结构，现金流量和资金流量，财务报告中的收益概念，收入和费用，资产及其计量，流动资产和流动负债，存货，固定资产，折旧，无形资产，负债及其计量，所有者权益及其变动，物价变动会计的理论与实务，现时价值会计，实证会计等专业内容。（李志浩）

F000132　**劳动者权益会计**　徐国君著。中国财政经济出版社 1997 年 7 月版。19.2 万字。11.50 元。“财经版会计系列丛书”之一。在对现有模式深入分析的基础上，保留其精华，扬弃其不足，精心构建了劳动者权益会计模式，该模式将人力要素作为一项正式的会计要素，系统纳入会计体系加以核算和管理。这一方面使会计对象和内容更加趋于完整，另一方面也是更重要的方面，是促使人们在价值管理中抓住人力这一关键性要素，利用有关人的价值运动信息实施有效的管理，同时促进人们内在的自我管理。本书最重要的理论贡献在于，在财务会计中确立了人力资产、人力资本及劳动者权益的概念，重构了国际通用的传统会计等式，设计了劳动者权益会计的理论与方法体系。(贺锦娜)

F000133　**如何阅读资产负债表 第二版(修订版)**　副名：国际劳工局循序教材。国际劳工局原著，刘俊民译。中国财政经济出版社 1997 年 1 月版。28 万字。18.00 元。介绍了资产负债表的结构及其用语；并说明如何运用各种财务报表所提供的信息来评价一个企业的财务状况，还举例说明一个企业的资金结构并解释该企业对其业主和其他有关人员应负的责任以及与他们的关系。本书第一版的中文版曾由湖南科学技术出版社出版，第二版(修订版)在保留了原书的基本结构的基础上，对内容方面做了若干扩大和改进，如增添了损益表和资金来源和运用表(现金流量表)方面的新内容；通货膨胀会计方面的技术性说明；专业术语词汇表；包括概要在内的内容更精练；用一次最终考查测验读者所获知识等。书中所用的方法和技术均遵循国际会计准则和国际惯例。(文远怀)

F000134　**’97 中国注册会计师执业规范手册**　中国注册会计师协会编。东北财经大学出版社 1997 年 10 月版。23 万字。33.00 元。在《’96 中国注册会计师执业规范手册》的基础上又增补了一些新的内容。主要内容有：中国注册会计师独立审计准则序言、独立审计基本准则、独立审计具体准则、中国注册会计师执业规范指南、中国注册会计师职业道德基本准则、中国注册会计师质量控制基本准则、中国注册会计师职业后续教育基本准则。(邰雪梅)

F000135　**成本会计(第八版)**　[美]查尔斯·T·亨格瑞著。中国人民大学出版社 1997 年 11 月版。121.1 万字。76.00 元。分上、下册。从管理应用的角度出发，以研究与开发、设计、生产、营销、配送和售后服务这一价值链为主线，系统阐述了成本会计的内容。书中不但详细论述了企业成本系统、分批成本法、成本的归集与分配、标准成本法与变动成本法、成本差异的衡量等成本会计的基本内容，而且用大量篇幅论述了成本会计的最新发展，如自动化作业对成本会计所造成的影响，计算机技术应用于规划与控制对成本会计的冲击与影响。准时生产与准时采购管理方式，对成本会计的影响。书中对企业与个人的业绩衡量问题、资本预算、资本预算与成本分析等问题进行了较详尽的论述，同时还介绍了世界各国企业的成本会计实例，配备了大量思考题与练习题。

F000136　**开放型经济下的财务会计问题探索**　唐予华等著。鹭江出版社 1997 年 12 月版。29.9 万字。25.50 元。对会计目标、会计计量、会计报告、会计规范以及会计准则等若干重大理论和实务问题作了深入的剖析与探讨，同时有分析地大量吸收西方会计理论研究的新成果。(甘于黎)

F000137　**当代西方财务会计**　夏博辉著。东北财经大学出版社 1997 年版。22.2 万字。14.00 元。“当代西方财务会计丛书”之一。共 12 章，可分为 5 个部分。第一部分即第一章，系统扼要地阐明了西方国家会计认识观、现代西方会计的发展历程、现代企业会计的两大分工，集中讲述了西方财务会计的基本概念；第二部分是第二、三章，阐述了西方企业财务会计的基本假设、会计原则和会计循环；第三部分是第四章，集中说明了西方企业财务报表理论与方法；第四部分是第五章至第十一章，按资产、负债和业主权益各详细项目分述了各项目的计价及会计处理方法；第五部分是第十二章，介绍了西方企业财务报表分析技术。(田世忠)

F000138　**当代西方财务管理**　周首华、[美]杨济华著。东北财经大学出版社 1997 年 1 月版。28.5万字。16.80 元。主要讲述了当代西方财务管理的基本理论和技术方法，包括 3 篇：第一篇“财务管理的基本原理”，介绍当代西方财务管理的基本概念、金融市场的基本知识、财务管理中的时间价值与风险价值观念等主要内容；第二篇“投资决策”，介绍包括投资决策的基本方法、具体程序与流动资产管理等方面的内容；第三篇“融资决策”，介绍目前西方企业的几种主要的融资方式。书中提出“当代西方财务管理的核心是财务决策，它包括投资决策和融资决策(含股利分配)两个方面”的学术观点，并以此为主线重点从理论与实务两个不同角度介绍和探讨了与上述决策有关的问题及其解决方法。(方红星)

F000139 **当代西方审计** 张杰明、马贤明著。东北财经大学出版社1997年版。26.6万字。14.50元。“当代西方财务会计丛书”之一。分13章,第一章“绪论”主要阐述了审计的性质、种类即审计基本知识及审计准则;第二章“财务报表审计的目标”主要讲述财务报表审计的目标、责任、范围的确定;第三章至第五章主要阐述了审计证据与审计工作底稿,审计计划和审计方案的设计,内部控制结构的研究和控制风险的评价;第六章至第十章是企业具体业务的分析、测试、审计,包括销售及收款审计,购置和付款审计,工薪及人事审计,其他业务审计,现金金额的审计;第十一章“审计的结束与审计报告”主要介绍了审计报告的种类,出具审计报告的具体内容等;第十二章介绍了抽样审计的一些知识;第十三章叙述了注册会计师的职业道德与法律责任。(田世忠)

F000140 **审计风险研究** 胡春元著。东北财经大学出版社1997年12月版。20万字。12.00元。“三友会计论丛”之一。分9个部分论述审计风险的有关问题。第一章“导论”,交代了研究的背景和理论前提;第二章系统论述审计风险的概念和特征;第三章主要论述审计风险的要素;第四章定量分析和描述审计风险及其要素;第五章从识别、估测、评价、预防四个方面论述了审计风险的管理;第六章论述风险基础审计模式;第七章论述风险条件下审计理论的演变;第八章剖析我国审计风险的有关问题;第九章回顾我国审计风险研究的历程。(方红星)

F000141 **审计学原理(修订本)** 杨惠城、艾大力主编。中央广播电视大学出版社1997年10月第二版。39.5万字。21.20元。根据我国的《审计法》、《注册会计师法》、《独立审计准则》及其他有关法规,结合我国审计实践经验,在保持原教材结构的基础上进行了修订。全书共15章,即:绪论、审计组织与人员、审计准则与标准、审计分类、审计方法、抽样审计、内部控制系统及其评审、审计证据与工作底稿、审计程序、审计报告与档案、会计资料审计、财务审计、验资及其他业务、财政审计、经济效益审计等内容。(张静)

F000142 **审计概念体系研究** 张建军著。中国财政经济出版社1997年12月版。9.8万字。10.00元。首先在总结中外各家观点的基础上,提出自己的审计理论结构构想,并指出审计概念在该结构中处于承上启下的中心地位。其次,指出审计概念的取舍标准是提出审计概念的关键。这一点的意义在于以前理论界对什么是审计概念、假设及理论结构的认识的混乱,主要原因之一是没有从理论上为审计概念取舍标准做出界点。还从审计人员和审计工作两方面对审计概念的取舍标准提出了自己的观点。最后,提出审计概念体系问题的七个要素,即认为审计概念体系问题由“独立性、职业关注、胜任性、重要性、审计风险、审计证据、合理保证”所组成,并对各个概念及其关系作了系统的论证。(童朋方)

F000143 **《中国注册会计师独立审计准则》问题解答(第二辑)** 中国注册会计师协会独立审计准则组编。东北财经大学出版社1997年4月版。18.9万字。16.00元。根据《中国注册会计师独立审计准则》,对独立审计准则进行了详细的解释和说明;针对准则执行过程中可能碰到的一些问题,做了相应的解答。(谭焕忠)

F000144 **中国注册会计师独立审计准则释文第二辑** 中国注册会计师协会编。东北财经大学出版社1997年4月版。25.4万字。16.00元。主要内容有《独立审计具体准则第8号——错误与舞弊》释义、《独立审计具体准则第9号——内部控制与审计风险》释义、《独立审计具体准则第10号——审计重要性》释义、《独立审计具体准则第11号——分析性复核》释义、《独立审计具体准则第12号——利用专家的工作》释义、《独立审计具体准则第13号——利用其他注册会计师的工作》释义、《独立审计具体准则第14号——期初余额》释义、《独立审计具体准则第15号——期后事项》释义、《独立审计实务公告》第2号至第4号释义、《中国注册会计师职业道德基本准则》释义等。全书紧扣第二批独立审计准则的条款,对独立审计准则进行了详细的解释和说明,针对准则执行过程中可能碰到的一些问题,做了相应的解答。(邰雪梅)

F000145 **独立审计准则研究** 刘明辉著。东北财经大学出版社1997年10月版。30万字。18.00元。探讨了独立审计准则的基本含义、演进轨迹和最新发展,比较了若干有代表性的国家和地区的独立审计准则,分析了它们的相同点和差异,对我国新近颁布的独立审计准则进行了评论,并在此基础上提出了一些建设性的意见和建议。其突出贡献在于:第一,透过审计准则发展的历史和现实,总结出独立审计规范化的规律;第二,从审计环境的需要和规范独立审计的要求出发,探求独立审计准则的内在结构和基本要素;第三、通过国际对比分析,揭示出独立审计准则的共性和个性,进一步总结了审计环境与独立审计准则的逻辑联系；第四，结合实际勾画了我国独立审计准则建设的合理思路与目标模式。书中第八章附有主要国家审计准则目录、中国注册会计师独立审计准则大事记等重要文献资料。(方红星)

F000146　**中国建设项目审计指南**　王德元主编。中国计划出版社 1997 年 3 月版。50 万字。26.00 元。对我国建设项目审计理论与实践进行了概括和总结，对建设项目审计的内容与方法进行了全面系统的介绍。主要内容包括：建设项目审计的产生与发展、建设项目审计组织、建设项目准备阶段审计、概算审计、财务审计、招标投标审计、经济合同审计、环境审计、设计单位审计、施工单位审计、管理单位审计、竣工决算审计、建设项目后评价、电算化审计，并附有审计实施办法、违纪违规行为相应处罚规定等文件。(陈楠)

F000147　**当代西方劳动经济学**　卢昌崇、高良谋著。东北财经大学出版社 1997 年版。26.3 万字。16.00 元。"当代西方经济学丛书"之一。介绍了当代西方劳动经济学领域中最有代表性的两个理论流派：新古典劳动经济学派，制度劳动经济学派。强调我国自改革开放以来，产品市场发育较快，但要素市场尤其是劳动力市场发育迟滞，市场在配置劳动力资源方面的基础性作用还远远没有发挥出来。而与此形成鲜明对照的是，我国是一个具有 12 亿人口的大国，农业部门滞留的劳动力正与日增多，需要"看不见的手"发挥引导作用；工业部门随着现代企业制度的建立以及企业兼并、重组、破产进程的加快，处于流动状态的劳动力也日益增多，隐蔽失业的问题终将逐渐暴露出来，这也需要"看不见的手"发挥调节作用。(田世忠)

F000148　**社会报酬系统和社会保险系统**　廖泉文主编。厦门大学出版社 1997 年 1 月版。53 万字。32.00 元。分 7 大部分，阐述社会报酬系统和社会保险系统有关理论。第一部分研究社会分配理论和社会主义的物质分配理论。第二部分研究中国古代俸禄制度。第三、四部分研究社会报酬主系统即工资系统。第五部分研究报酬系统的辅助系统，即奖金、福利和津贴。第六、七部分研究社会保险系统，重点研究我国保险制度发展的五个历史阶段和西方国家社会保险制度的经验和教训所给予我们今天改革的启示和借鉴。(许红兵)

F000149　**中国 21 世纪劳动事业发展战略**　劳动部《中国 21 世纪劳动事业发展战略》编委会编。中国劳动出版社 1997 年 2 月版。15 万字。15.00 元。立足于改革开放以来劳动制度改革和劳动事业发展的现状，认真总结了劳动领域取得的成功经验和存在的问题，分析阐述了"九五"期间和 21 世纪初劳动事业发展所面临的形势和主要趋势，提出了可持续发展的战略目标和对策。全书共 13 章，其内容可分为 4 大部分。第一部分为劳动事业发展总体战略，包括第一、二章；第二部分为劳动法律、法规体系建设，包括第三章；第三部分为劳动事业各个具体领域——城乡就业、职业技能开发、社会保险、劳动关系、工资分配、劳动安全卫生的发展内容，包括第四至九章；第四部分为劳动统计、劳动科技研究及国际交流与合作等支撑条件，包括第十至十三章。每章均设导言和方案领域。导言重点阐明该章的目的、意义及其在整体发展战略中的地位、作用。每一方案领域又分为 3 部分：一是行动依据，扼要说明本方案领域所要解决的关键问题；是目标，即为解决本方案领域的关键问题所制定的目标；三是行动，即为实现目标所要采取的行动。(曾令萍)

F000150　**中国人力资源开发与就业**　宋晓梧主编。中国劳动出版社 1997 年 12 月版。49.3 万字。32.00 元。在应用理论研究方面提出了许多理论观点。例如：要坚持以市场为导向的人力资源开发与就业体制改革方向；建立以人力资源开发为中心的国家可持续发展战略；人力资源产权核定与降低劳动力市场运作成本的理论；在国家宏观经济政策中确立优先保障就业水平的战略；在近中期经济发展中坚持就业优先，兼顾社会保障和工资水平的论点；树立就业总量与就业结构并重，农村就业与城镇就业统筹的观念；关于社会主义市场经济条件下的失业理论，等等。书中还以人口——人力资源供给数字模型和经济发展——劳动力需求数学模型为基础，对我国人力资源和就业进行了中长期预测，使定性研究与定量研究有机结合。本书的一个突出特点是理论与实际密切结合，系统总结了国际人力资源开发和就业方面的经验，立足我国实际，提出了一系列政策建议和实施方案。例如：建立新型人力资源培训与评估双重体系，全面推行国家职业资格证书的方案；推行人力资源流动的策略；通过调整产业结构、企业结构和所有制结构扩大就业的措施；建立失业监控预警系统的建议；开展转业培训与再就业工作和引导农村劳动力流动有序化的方案；发展非正规部门就业的政策建议；扩大对外劳务合作的方针；妇女、老龄职工和残疾人的就业对策、等等。(朱学敏)

F000151　**物流学导论**　王莉著。中国铁道出版社 1997 年 10 月版。32.9 万字。18.00 元。分 12 章。内容包括：物流学的研究对象，物流系统，物流功能系统（一、二），地域物流系统（一、二），企业物流，废品物流，物流经济管理，物流优化数量方法的应用，21 世纪中国物流展望，北京市蔬菜流系统分析。要点为：其一，物流学是涉足于多领域、多行业、多学科，集系统性、综合性、实用性为一体的边缘学科，研究物流学必须要树立大物流的系统观。其二，物流与运输、储存、装卸搬运、包装等是干支关系，只有明确这种关系，才能发挥物流的功能。其三，物流系统应包括由国际物流、区域物流、城镇物流组成的地域物流。主要特点是：①基于系统科学原理，提出了物流社会化和物流大系统的理论；②首次提出地域物流的理论，拓宽了物流发展的空间；③把废品物流列为物流管理的重要方面；④案例示范说明了物流理论的应用方法，具有实用价值。（梁兆煜）

F000152　**工商企业管理案例**　吴兆龙主编。华中理工大学出版社 1997 年 6 月版。19.8 万字。7.80元。分为两部分；第一部分是管理案教学，主要阐明，管理教育的目的与管理教育学方法类型的关系、管理案例的基本知识以及管理案例教与学的基本方法。第二部分是管理案例的选编，精选了 29 个案例。这些案例都是经过对有关企业实际的经营管理状况进行充分的调查研究后编写成的（对公司名、人名和有关数据均作了掩饰处理），内容涉及企业战略、市场营销、项目管理、运筹学、价值工程和组织行为等方面。多数案例附有思考题。（包以健）

F000153　**工商管理新论**　［美］伊莱扎·柯林斯、玛丽·德文娜编著，张宇宏、马胜、孙康琦等译。上海译文出版社 1997 年 12 月版。37.3 万字。23.60 元。"工商管理硕士丛书"之一。从新的角度介绍了工商管理的基本思想和基本理论。共分 3 部分，14 章。第一部分管理的基础，以"什么是工商业"为第一章开头，探讨了工商企业管理概念的历史演革，从亚当·斯密讲到当今的新增长经济学。第二章概述了一位总经理所需完成的职能和任务。第三章"管理人"介绍了如何激励员工发挥主动性的问题。对日本的管理艺术和美国的管理方法作了比较。第四章，数量工具，介绍了管理者进行管理、提高业绩的各种数学工具，如成本、效益、预算等，以便于资源的有效配置。第五章，管理经济学为企业在市场中作出选择和决策提供了指南。第二部分企业的职能，介绍企业的各种管理职能。第六章营销管理，强调以顾客为导向。第七章信息技术，阐述了信息技术对管理提出的挑战。包括竞争优势和商业机会。第八章人力资源管理，它的职能是培养一支高效的劳动力队伍。第九章，经营管理，核心是如何以比竞争对手更高的产量、质量占领市场。第十、十一章讲会计和财务管理，论述了衡量企业绩效的会计准则和财务指标。第三部分，驾驭变革，最后两章，介绍了 2000 年后的企业管理和企业领导，阐述了企业管理的发展趋势。（沈志彦）

F000154　**东周列国与企业外交**　李世俊著。广西人民出版社 1997 年 12 月版。18 万字。19.00 元。从中国古代名著小说《东周列国志》中汲取营养，深入探究春秋战国时代诸侯争霸中纵横术运用的精髓，将纵横家们的外交故事、外交法则、外交实践引入现代企业的管理之中，将企业外交共分为 9 篇：一、伐交篇——企业外交如是说；二、纵横篇——企业战略外交入门；三、取予篇——外交中的常规武器；四、阴谋篇——外交战中的"黑武器"；五、势篇——置圆石于高山之巅；六、机缘篇——天机与人谋；七、舌战篇——外交中的短兵相接；八、使篇——企业外交使节；九、九戒篇——外交言行致命伤。全书以通俗的文笔，真实的个人经历和精彩的企业经营案例，展示了企业外交谋略对抗和外交策略相融的全部内容。（张平）

F000155　**权变策略**　刘海云、方齐云主编。湖北人民出版社 1997 年 8 月版。33.9 万字。17.30 元。"企业制胜新策略丛书"之一。以权变理论和思想分析企业经营管理策略的书。作者认为，在管理中，权变法即是指通过分析而确定在特定的环境下哪些管理理论和方法是最合适的。权变论者认为在企业经营管理中并不存在一种适应于任何情形的最好的方法。管理具有多变性，在某种情境中采用一种管理方法能取得很好的效果，而在另一种情境中这种方法就未必有效，然采用与此相反的方法可能会更有效果。因此，权变管理就是企业经营管理者在变化着的条件下和特殊的经营环境中如何实现有效的经营管理的思想和方法。（吕薇）

F000156　**企业形象：战略、设计与传播**　冯云适等著。东北财经大学出版社 1997 年 6 月版。22.5 万字。13.00 元。分 4 部分，10 章。其主要内容有 CI 的基本理论范畴、CI 模式的比较与选择、CI 的战略过程、CI 设计实务、CI 计划的实施与传播。重点阐述了 CI 与企业战略、CI 计划的战略过程、企业实态调查分析、企业理念的创立及企划、企业视觉识别系统设计、创造性思维与 CI 创意、CI 的管理与评价、CI

传播等内容。(邵雪梅)

F000157　**企业形象塑造**　刘德军、王忠本、张守志主编。山东大学出版社1997年6月版。90.3万字。80.00元。分4部分:企业领导者形象塑造;企业职工形象塑造;企业公共关系形象塑造;企业广告形象塑造。有四大特点:一是内容丰富,综合性强;二是重点突出,把企业人的形象塑造放在首位,进行了多方面、多层次的探讨和研究;三是紧密地与企业建设的实践相结合,吸收了国内外企业建设的成功经验,不仅为我国企业形象塑造提供了一个参照系统,而且具有较强的可操作性;四是,既借鉴国际上的成功经验,又注意弘扬民族优秀传统,研究本国的实际情况,总结本国企业成功的经验和失败的教训。此外,在研究方法上,该书运用了社会学、法学、哲学等方法。不足之处是,没有将产品形象包括在内。(曲厚芳)

F000158　**企业经营管理经典案例评点**　侯善魁主编。广西人民出版社1997年2月版。200万字。(全套)117.00元。分为8册,具体包括《决策卷》、《CI卷》、《广告卷》、《公关卷》、《谈判卷》、《人才开发卷》、《项目开发卷》、《营销卷》等。按企业经营管理的各个层面分类,每卷从一个侧面介绍了企业在生产经营过程中的成功经验,如誉满天下的"万宝路"品牌,曾定位为女性香烟,惨淡经营20年,后因产品定位改变而一举成为知名品牌。又如风靡世界的"雅马哈",在20世纪80年代初决策失误,盲目自信,挑战"本田"遭到惨败,幸而悬崖勒马才有了今日的风光。再如,法国著名的白兰地酒居然是由酒商精心策划,由美国总统将其带入白宫的。丛书在写作上采用了"案例+评点"式的写法,即先写出企业经营的成功范例,然后由专家评点出其成功的奥秘所在。(张平)

F000159　**企业竞争与信息利用**　秦铁辉、王彤导编著。北京图书馆出版社1997年4月版。30.8万字。17.50元。"现代信息管理丛书"之一。全书紧密围绕企业竞争中经营决策、经营组织、新产品开发、技术引进等重要问题,比较详细地介绍了企业信息源的开发和信息的利用,探讨了企业信息机构组建和企业信息管理系统开发的一般理论和方法。(卢玉荣)

F000160　**产业组织理论**　[法]吉恩·泰勒尔著,张维迎总译校。中国人民大学出版社1997年8月版。111.5万字。63.00元。"经济科学译丛"之一。关于企业行为的博弈论专著。其最大特点是把产业组织的讨论放在博弈论和信息经济学的分析框架内。书中纳入了产业经济学领域的最新研究成果,并将其与产业组织的传统理论融为一体,把读者引入该领域的前沿。书中引用了不少当时还未公开发表的文献,其中有些文献只是在本书原文版出版数年后才公开发表。书中还配有大量练习题,其中大部分有提示。

F000161　**社会主义市场经济与现代企业制度**　邓荣霖等主编。中国人民大学出版社1997年8月版。22万字。15.00元。其特点是:范围"宽",涵盖了企管人员特别是领导人员所应掌握的工商管理知识的主要方法;观点"新",大体反映现代工商管理理论和方法的最新内容;内容"实",从企业现实经营管理的需要出发,立足于企业实际。收入"工商管理培训系列教材"。

F000162　**现代企业的组织与再组织**　王凤彬著。浙江人民出版社1997年5月版。25.8万字。17.50元。分4篇:第一篇企业组织一般,阐述了企业组织变革与企业兴衰、企业组织系统与模式;第二篇企业财产组织,阐述了企业财产组织的形式与选择、企业所有权结构的内涵与变革、企业内部权力的分配与制衡、企业经营行为的约束与激励、企业财产关系的外部拓展与组合;第三篇企业管理组织,阐述了企业管理组织的基本形态与功能体系、企业管理组织的构件与构形、企业管理组织的分化与整合、企业管理组织的职责权限、企业管理组织的责任体制;第四篇企业作业组织,阐述了企业作业组织的类型与选择、企业作业活动的空间组织、企业作业活动的时间组织、企业作业活动的工作设计、企业业务活动的过程及其组织。

F000163　**资本经营**　王清宪著。内蒙古科学技术出版社1997年12月版。30万字。29.80元。从理论和实践的结合上,介绍什么是资本经营,为什么要搞资本经营,怎样搞资本经营等具有现实意义的问题。还从实业资本经营、证券、企业购并、组织企业集团、项目融资、企业破产、投资基金等方面举例了国内外大量资本经营实例为企业经营决策人员提供了系统,实用的资本经营战略、经营操作方式、经营机制、经营策略等较丰富的知识。(许占武)

F000164　**超常策略**　曾剑秋、孙淑芬主编。湖北人民出版社1997年8月版。26.5万字。13.50元。"企业制胜新策略丛书"之一。从突破现状思维的新角度阐述企业在商战中的经营之道,从孙子兵法、唯物辩证法、新的管理理论和方法的角度探讨企业出奇制胜的新战略。(吕薇)

F000165 **CI策略** 佟玉兰、张健主编。湖北人民出版社1997年8月版。26.7万字。13.70元。“企业制胜新策略丛书”之一。主要有以下3方面的特点:第一,理论上的系统性,严格按照CI自身的逻辑结构进行理论构思,注意概念的界定、内容的阐述、特点的归纳和功能的分析,比较系统、全面,一些观点有独到之处。第二,实践上的可操作性。充分体现了“CI是问题解决学”,注意为CI导入提供实践指南,对策划流程的介绍比较详尽、具体。第三,案例上的新颖性。大量引用最新的国内案例。(吕薇)

F000166 **管理经济学** 杨君昌主编。上海财经大学出版社1997年11月版。43.9万字。22.50元。分章探讨消费者效用分析、需求和供应、销售收入和需求弹性分析、生产决策分析、成本分析、企业组织与企业目标、完全竞争市场、垄断性竞争市场、寡头垄断市场、独家垄断市场、资源投入利用、企业产品定价、在不确定条件下的企业决策、最佳搜寻和竞争性招标或拍卖、博弈论及其经营策略分析工具、长期投资决策、企业和社会。(江玉)

F000167 **企业信息化实用指南** 张志檩主编。中国石化出版社1997年12月版。61万字。55.00元。以石油化工企业为对象,全面论述企业信息化的目标、蓝图、模式、组织与实施以及相关的重大技术,并提出了一系列加快企业信息化进程的切实可行的技术集成方案。书中在介绍了国内外信息化发展大趋势的基础上,以中国石油化工总公司为例,提出了企业信息化建设的基本任务和目标,讨论了企业信息化的总体结构设计、软硬件平台集成的选择依据、网络建设与管理、数据库技术、信息与信息处理、相应的组织保证和实施原则,以及对企业信息化建设进行评估的方法。书中重点阐述了企业信息化基础设施的建设及信息技术在石化企业的主要应用领域——讨论了计算机系统、计算机网络、数据库技术、应用软件集成平台、多媒体技术、系统管理平台等内容;对计算机辅助管理应用系统、生产过程控制、计算机辅助设计等应用领域也进行了深入探讨。(丁纵宇)

F000168 **企业改制与上市策划** 张先治、尚志强著。东北财经大学出版社1997年12月版。31万字。18.00元。“企业改革实务运作丛书”之一。以社会主义市场经济理论为指导,以现行的关于企业改制和上市公司的有关法规政策为依据,在总结我国企业改制经验与教训的基础上,吸收了西方股份公司设立及其上市的理论与方法,全面系统地论述了企业改制与上市的基本理论、基本政策、基本方法和具体操作规程,并针对企业改制实践中存在的问题,进行了系统讲述和深入探索,并提出了建设性意见和具体方法指引。(方红星)

F000169 **现代企业收购与兼并** 深圳市产权交易所编。海天出版社1997年7月版。26万字。25.00元。详细地介绍了中外企业收购与兼并的理论与实务。内容包括:企业收购与兼并的基本含义、程序;收购与兼并战略计划的制定及实施步骤;各类企业收购与兼并的特征;反收购与反兼并等等。并结合中国企业产权重组的发展状况,介绍了国内企业,特别是改革开放前沿的深圳企业的收购与兼并的方式与程序、机构设置及在收购兼并过程中遇到的问题。对中外企业收购与兼并的典型案例进行了深入的分析。(来小乔)

F000170 **现代企业投资精要** 鞠朝阳、程国慧、尹维劼等编著。中信出版社1997年8月版。49.6万字。42.00元。由3种书组成。《投资误区》,鞠朝阳编著。围绕现代企业投资的概念、目的、意义,看重论述了投资思维、投资技巧和投资操作手法,同时指出市场设置的各种陷井与误区,以便企业获得特定的经济利益。《投资谋略》,程国慧等编著,投资要做到趋利避害,唯有依靠正确的思维和领先一筹的投资谋略。书中引证中外企业成败案例,教你做好投资选择,立于不败之地。《投资实务》,尹维劼等编著,在案例分析的基础上,着重分析企业进行一般投资即实业投资和特殊投资如购并、证券等投资所必须的决策过程和管理过程,阐述了其中的基本方法和技巧。(李德宝)

F000171 **国际服务贸易——租赁** 邵望予等主编。上海交通大学出版社1997年7月版。20.9万字。18.00元。阐述国际租赁对一国经济发展的作用和效益,租赁的各种方式,实际做法和业务程序,企业对租赁的决策、风险防范、租金的核算和会计科目的处理,世界主要国家对租赁贸易的管理、法律和税收的规定,以及我国当前有关租赁的政策和法规等。书末还附有:融资租赁合同样本、中国银行信托咨询公司办理国际租赁业务办法、国际融资租赁公约等。(戴柏诚)

F000172 **竞争策略与风险管理** 王诚著。商务印书馆1997年版。26.2万字。14.80元。“市场经济研究丛书”之一。从企业的基本属性和市场经济本质规定出发,分析和纠正传统经济学与西方经济学中一些关于企业和竞争方面的错误定义。在对于竞争和不确定性给与充分分析的基础上,提出有效对待竞争和处理风险的行为规范,为在市场中不同范围活动的主体即企业、个人和国家,提供一种有序行为的参照体系。扩展竞争策略的内涵,提出和分析了竞争策略的长期性、全局性、主动性、计划性、配置性、复杂性、对抗性和领先性等特有属性;将竞争策略产生的决定因素概括为环境链、价值链(其中首次提出投入供应价值量运筹模型)和目的链及其相互间的关系;提出和分析了拟定竞争策略的关键点即关键性经营点、竞争点、生命点;在竞争策略的执行方面提出和分析了环境反馈和诱因反馈的重要调节功能。在重新定义了企业风险、个人风险和国家风险的基础上,首次系统地探讨了企业、个人和国家作为经济活动主体发生风险的表现、原因、测定和治理方法。(杨宝兰)

F000173 **工商管理要略** [美]艾伦·R·科恩编著,戴炳然、杨宇光译。上海译文出版社 1997 年 12 月版。30.9 万字。20.40 元。“工商管理硕士丛书”之一。重点论述企业领导人在企业日常经营和变革管理中的作用地位,领导者和管理者之间的区别。分 2 部分 12 章。第一章导论,阐述科学技术的发展和全球化竞争是促进管理变革的动力。企业领导者与管理者面临的挑战。第二章论述领导人要有理想,企业才有理想,才有目标,如何使理想变为现实。第三章讲建设高效的领导班子,要解决三个核心问题:凝聚力,发挥集体的潜力。第四章探讨个人行为管理,如何人尽其才。第五章探讨企业行为问题,详细论述权力的分配;第六章讲各种谈判策略,谈判是领导能力的反映。第七章,自我管理,阐述领导者发展个人事业的关键因素。第八章,设计有效的公司,主要讲设计激励、评判和报酬机制。第九章人力资源管理,以一些大公司为例子,制订人力资源战略。第十章至结束,论述领导驾驭时势,从事各种管理的能力。现实世界是千变万化的,企业的领导人必须善于驾驭变化。结论是,未来的企业领导人必须是全球化的经理,具有从事全球化营销、沟通、融资的能力。(沈志彦)

F000174 **企业清洁生产实施指南** 史捍民主编。化学工业出版社 1997 年 9 月版。13.3 万字。12.00元。在借鉴国内外有关清洁生产论述的基础上,结合北京市工业企业实施清洁生产的经验,对清洁生产的概念、原理和实施方法等作了系统详实的介绍。全书分 4 章。第一章讲述清洁生产的基本概念。第二章简述清洁生产的实施过程。第三章介绍实施清洁生产的内容、方法、步骤和关健技术。第四章介绍清洁生产报告的编写格式。附录提供了若干企业清洁生产方案清单。(郭燕)

F000175 **敏捷制造** 杨肖鸳著。云南科技出版社 1997 年 8 月版。21 万字。15.00 元。主要介绍了敏捷制造的概念、定义、模式以及敏捷制造的战略、敏捷制造的组织——虚拟组织,并对实施敏捷制造的措施作了一些探讨和研究,对于敏捷制造的测度问题作了较深入的研究。(林德琼)

F000176 **中国质量体系认证大全** 国家技术监督局质量认证办公室、中国质量体系认证机构国家认可委员会编。中国标准出版社 1997 年版。94 万字。98.00 元。分 5 篇及 7 个附录,主要介绍了 6 个方面的内容:第一,质量体系认证的总体概述。主要介绍了质量体系的产生、发展,国际质量认证情况,国内质量认证工作的管理、认可制度等;第三,对质量认证体系标准 GB/T19000－ISO9000 系列详解与说明;第三,质量体系认证的过程与程序,在这部分里详细介绍质量体系认证的内容、操作步骤。包括如何进行认证的准备、申请、内审、外审以及认证过程中需要注意的问题等,为全书的核心内容;第四,结合 GB/T14000 系列标准介绍了如何编写质量体系文件,包括质量手册、质量体系程序、质量文件、质量计划等;第五,有关企事业单位进行 GB/T14000－ISO9000 认证的实例;第六,附录,这部分共 7 个附录,分别给出了国内外有关质量认证的法律、法规、文件、标准以及国内外认证机构的名录等。本书具有两个特点,一个是它具有较强的可操作性,读者通过阅读该书,可以直接了解到什么是质量体系认证,怎样申请、准备,每一步如何操作。从认证实例部分读者还可以直接模拟编写质量体系认证的各种文件。第二个特点是它具有较强的可查阅性。书中收录 1997 年 1 月以前的质量体系认证方面所有有效的国内外标准、法规、规范、文件等资料以及认证、认可机构的名录。(刘国普)

F000177 **产品标准编写指南** 副名:GB/T 1.3－1997 统一宣贯资料。王建中、刘国普等编著。中国标准出版社 1997 年版。29.8 万字。32.00 元。为配合 GB/T1.3－1997《标准化工作导则 第 1 单元:标准的起草与表述规则 第 3 部分:产品标准编写规定》的贯彻实施而编写。全书共分 7 章,基本上按 GB/T1.3－1997 中产品标准要素的编排格式顺序展开。具有以下特点:针对性强。主要针对标准编写、审定人员;实用性强。既有理论阐述,又有丰富实践经验的总结,重点放在标准起草(编写)的实践;可操作性强。不但内容翔实、讲解详细,而且提供了大量的示例,可供实际操作时借鉴、对照。(刘焱)

F000178　**抽样检验国家标准汇编 1997**　中国标准出版社第四编辑室编。中国标准出版社 1997 年 9 月第四版。141.6 万字。93.00 元。在《抽样检验国家标准汇编 1996》的基础上,增加了新发布的两项国家标准,共收入截止 1997 年 7 月的所有现行的抽样检验国家标准,共 23 项。包括验收和监督抽样检验的标准;离体个体和散料的抽样检验标准;孤立批和连续批的抽样检验标准;计数和计量的抽样检验标准;抽样方法标准。本书在 1991 年、1993 年和 1996 年出版过三个版本。(赵慧玲)

F000179　**质量体系和质量认证培训教材**　全国质量体系和质量认证函授教育办公室、上海市技术监督局编。中国标准出版社 1997 年版。108 万字。130.00 元。共 4 本。《质量认证教程》阐述质量体系认证、产品质量认证、实验室认可、审核员和评审员的培训和资格评定要求,并介绍我国有关质量认证的法规、规章和文件以及 ISO/IEC 有关认证工作的系列导则。《质量体系教程》阐述实施质量体系要素的控制要点,按不同产品类别介绍硬件、服务所建立质量体系的内容和要求,完善质量体系的有效审核技术。《质量体系文件化教程》对质量手册、程序文件、质量记录、质量计划的编制以及质量体系文件的管理做了详细介绍,并提供来自各行各业的大量案例,分析评注,启发读者理解质量体系文件的编写要领。《内部质量审核教程》阐述内部质量审核的基础知识,内部质量审核、产品质量审核、过程质量审核的策略和技巧,以及质量改进的措施,并附典型案例。(白德美)

F000180　**质量管理和质量保证标准汇编(一)**　中国标准出版社编。中国标准出版社 1997 年 5 月版。53 万字。38.00 元。收入国家标准 17 个,全部等同采用 ISO 组织 TC176 制定的、国际通行、认可的 ISO9000 族质量管理和质量保证标准,内容涉及术语、ISO9000 族标准应用指南、质量保证模式、质量管理、质量技术支持与工具。在这些方面,以下标准为不同工作提供指南:(一)术语 GB/T6583－1994:明确定义了基础、质量、质量体系、工具与技术方面的通用术语;(二)ISO9000 族标准应用指南 GB/T19000.1－1994.ISO 9000 族标准的选择和使用;GB/T19000.2－1994:GB/T19001、GB/T19002、GB/T19003 标准的应用;GB/T19000.3－1994:GB/T19001 在软件开发、供应和维护中的使用;GB/T19000.4－1995:需要供方提供产品可靠性、维修性和可用性等特性的保证;(三)质量保证模式 GB/T19001－1994:需要证实供方设计及生产合格产品的过程控制能力;GB/T19002－1994:需要证实供方生产合格产品的过程控制能力;GB/T19003－1994:需要证实供方保证在最终检验和试验时符合规定;(四)质量管理 GB/T19004.1－1994:基于硬件产品管理的要求和内部质量管理的一般原理;GB/T19004.2－1994:服务体系的内部质量管理;GB/T19004.3－1994:制造业内流程性材料生产的特定过程的内部质量管理;GB/T19004.4－1994:组织内部实施持续的质量改进;(五)质量技术支持与工具 GB/T19021.1－93 质量体系审核的建立、策划、实施及文件化;GB/T19021.2－93 审核员资格的评定;GB/T19021.3－93 质量体系审核工作的管理;GB/T19022.1－1994:供方为保证测量满足预定准确度的质量保证要求及实施要求;GB/T19023－1996:质量手册的编制和控制。(孟博)

F000181　**质量管理——理论、标准与案例**　欧阳明德著。华中理工大学出版社 1997 年 1 月版。18.8 万字。7.00 元。分两部分,第一部分结合国际质量管理和质量标准化工作的进展,以 1994 年修订的国际标准 ISO8402 和 ISO9000 系列标准为依据,系统地阐述了有关质量管理的基本理论和基本概念,经营指导思想、内容、基本框架,以及 ISO9000 系列标准的内容;第二部分完整地介绍了日本某工业股份有限公司推行全面质量管理成功的案例。(陈培斌)

F000182　**质量管理基础**　陈志田著。中国计量出版社 1997 年版。14.5 万字。10.00 元。全面、系统地介绍了质量管理的基本概念和发展概况,质量策划的概念和内容,质量控制的概念、方法及过程能力分析,质量保证的概念,模式标准、适用范围和三种质量保证模式标准的比较及选择,质量改进的概念、管理、方法、支持工具和技术,全面质量管理的概念和工具,书中还介绍了 ISO9000 族标准的发展及构成,质量体系的建立与实施,最后还介绍了当代质量管理的新进展及质量工程的技术和方法。(刘文继)

F000183　**GB/T19000－ISO9000 贯标与认证实施指南**　倪国良、须永元主编。中国计量出版社 1997 年版。54.8 万字。35.00 元。全面介绍 ISO9000 标准和我国的质量认证;具体说明编制质量体系文件的原理和方法,以及编写要领和注意事项;在叙述二十个质量体系要求的含义和理解要点的基础上,介绍了实施各质量体系要求的步骤、方法和内容;介绍了质量体系审核要点、证实资料和常见不合格项。书中实例包括硬件、软件、流程性材料和服务,且已通过国内外权威机构认证,具有较强的针对性、指导性和实用性。(王江)

F000184 **质量管理词典** 傅大智、袁先富、王寿钧、王金玉编。中国计量出版社1997年版。74.1万字。35.00元。在主要选择了质量管理和质量保证词汇的同时,还尽可能地收集了上述有关内容方面常用词汇,且定义或释义大都是从国内外标准和权威著作中严格筛选的。例如,有一定数量词汇是参照和引用了日本《全面质量管理词典》中的定义。所列词汇还尽量给出了英文,并列了英文索引。有些释义虽未形成标准,但也多为大家所公认。(李绍贵)

F000185 **市场学与市场心理学新论** 张周志、贺新宇编著。陕西人民出版社1997年9月版。34.2万字。19.00元。对企业市场营销活动的理论、思路与方法进行了精辟的论述分析,力求从新的视角去建立市场学与市场心理学的架构与体系。其主要特点有:一、以企业市场营销活动的市场构成要素——市场主体(企业、消费者)与市场客体(市场环境、产品)为轴线,通过对市场主体和市场客体及其市场行为变化的分析,建构新的营销结构和体系。二、重视并加强了消费者心理及消费者行为的分析与研究。本书对消费者及其需要,消费者的心理动机与意识,消费者的个性心理特征,消费者行为的类型、特点等问题进行了深入的研究与分析。三、注重理论分析与实务操作训练的结合,适当增加了营销案例的研究与辨析,以增强读者的实际适应能力。(雷波)

F000186 **公司财务管理** 罗福凯著。青岛海洋大学出版社1997年11月版。48.9万字。25.00元。财务管理学专著。包括财务管理基础理论、财务管理基本方法、筹集资金的理论和方法、企业投资管理、资金耗费——成本管理、资金收回与资金分配、企业开拓与重整等共7篇28章97节。总结和吸收了我国半个世纪以来社会主义经济建设中有关企业财务管理的实践经验和理论精华。从企业财务管理实际工作出发,解决和解释社会主义市场经济体制下企业财务新出现的各种实际问题。提出一些新见解,如将资金流量、资金时间价值、风险价值、通货膨胀价值和利息率称为财务管理五要素,分别加以论述;将财务管理的概念框架、财务管理环境和财务管理五要素视为财务管理基础理论;将财务预测、决策、计划、控制和分析称为财务管理基本方法;将财务活动和财务关系视为财务管理的基本问题;视成本管理为重要的财务内容;加大金融投资篇幅,增加资产组合和金融创新工具交易等内容。还以较为完善的市场经济为基础,阐发财务经济规律和财务运行机制,反映出现代财务学的最新研究成果和发展趋势。(韩玉堂)

F000187 **市场经济条件下企业理财会计管理新模式** 财慧著。中国财政经济出版社1997年9月版。4.3万字。4.80元。在市场经济条件下对企业的财务工作如何进行管理,进行了大胆的探索,通过反复实践,总结和提出了一套新的会计管理模式。它最鲜明的特点,就是使理论与实践的结合更为贴切,观点新,视角大,方位宽,不仅具有一定层次的理论性,而且更具有可操作性,既适用微观管理,又适用宏观管理。这个企业理财会计管理新模式的主要内容是:以资金为主线形成一个内在联系和相互作用的系统管理机制,即:企业要按照自主经营,自负盈亏,自我发展,自我约束的要求,建立以市场经济为导向,以资金管理为中心,以成本核算为重点,以效益增值为目标,以参与决策为职能,以企业自身为主体的自主理财型的会计核算和财务管理的集约化科学管理新模式。(贺锦娜)

F000188 **西方财务管理** 谢军蓉主编。中国财政经济出版社1997年7月版。24万字。13.00元。高等财经院校会计类、财务类教材。系统地介绍了西方财务管理基础理论和方法。内容安排上既考虑到各部分之间内在的联系,同时,又照顾到由浅入深的层次安排。第一部分绪论介绍了贯穿全书的基本概念和基本方法。第二部分介绍财务管理的工具。如财务分析的基本方法及指标体系、长期投资方案的评价方法。第三部分介绍营运资金管理,包括概论及分项论述了现金、应收账款、存货、短期融资的管理具体方式。第四部分主要针对长期投资中的资本投资预算、风险和投资预算及资金成本的确定加以阐述。第五部分长期筹资管理涉及到了普通股、公司债、优先股和租赁与可转换证券等方面的内容。最后该书介绍了财务杠杆作用、资本结构理论、企业股利方针与留存收益。(童朋方)

F000189 **会计行为论** 林钟高著。东北财经大学出版社1997年12月版。20万字。13.00元。"三友会计论丛"之一。在社会主义市场经济的大背景下，以现实和前瞻的眼光，对企业财务会计行为的社会政治经济环境进行了深入透析，并在此基础上，围绕行为环境——行为主体——行为客体——行为合理化——行为规范这一主线，从纵向和横向两个角度分析了企业财务会计行为的基本规律。纵向研究包括对会计行为主体(个体、群体及领导行为)、会计行为过程(确认、计量、记录、报告和管理控制等行为)的研究探讨；横向研究主要侧重于对不同国别、不同会计模式下的会计行为进行分析与比较。最后，针对不同的会计行为特征及规律，提出会计行为合理化的衡量标准、实现途径，尤其是会计行为规范系统的重造、完善与实效分析，以实现会计行为良性循环的对策。(方红星)

F000190 **企业财务报表编制与分析** 郭永清著。东北财经大学出版社 1997 年 6 月版。20 万字。14.00 元。“最新企业财会实务丛书”之一。以财政部颁布的《企业财务通则》、《企业会计准则》为依据，结合财政部对企业财会制度所作的一系列补充规定编写而成。书中详细介绍了资产负债表、损益表、财务状况变动表(现金流量表)等财务报表的基本结构、编制依据及编制方法，并辅以典型实例。财务报表分析部分，分别以企业管理当局、投资者、债权人等不同报表使用者的角度，全方位、多层次、全面地介绍了分析、利用财务报表的方法和技巧。(方红星)

F000191 **企业财务战略** 刘志远著。东北财经大学出版社 1997 年 12 月版。23.2 万字。14.80 元。“三友会计文丛”之一。分上、中、下 3 篇 7 章。上篇为企业财务战略基础，中篇为企业资金投放战略，下篇为企业资金筹措与分配战略。其主要内容有：企业财务管理理论、企业财务战略、企业资金投放战略目标与原则、企业资金投放战略的实施与控制、企业资金筹措战略目标与原则、企业资金筹措渠道与方式战略类型及其实施措施、企业资金筹措能力分析与开发、企业实务上的股利政策、股利战略等。(邵雪梅)

F000192 **论改进企业报告** 陈毓圭译。中国财政经济出版社 1997 年 1 月版。30 万字。20.00 元。译自美国注册会计师协会财务报告特别委员会完成的综合报告《改进企业报告——着眼于用户》。这份报告是美国注册会计师协会理事会为回应各方面的批评与建议而成立的财务报告特别委员会的三年研究成果的总结与概括。这份报告的内容比较突出的有：第一，改进企业报告的模式，从财务信息扩展到非财务信息；第二，对财务报表的结构进行了重大调整，重点是划分核心业务和非核心业务；第三，揭示企业报告中的不确定性；第四，建议按新的模式修改和补充审计准则；第五，会计准则制定机构应当更加重视用户的信息需求、鼓励用户参与会计准则制定过程。(童朋方)

F000193 **财务管理** 钟田丽著。东北大学出版社 1997 年 10 月版。25.3 万字。14.00 元。分 9 章，主要内容包括：在介绍财务管理的目标、概念、任务、原则、方法以及企业组织与金融环境对财务管理影响等基本理论的基础上，对财务分析与预算，资本成本与资本结构、资本筹集、营运资本管理、财务资产的投资与估值、盈利分配、企业兼并、清算与重组以及跨国公司财务管理等问题作了较为详细的阐述。(秦振华)

F000194 **国际财务管理学** 夏乐书著。中国财政经济出版社 1997 年 12 月版。32.9 万字。25.00 元。“会计系列丛书”之一。划清国际财务与国际金融、国际会计的界限，将国际财务管理的内容归纳为国际筹资管理、投资管理、贸易外汇收支管理和外汇风险管理，使得理论观点上，中西结合，兼收并蓄，自成体系。作者抓住财务决策这一关键，用大量的实务，把决策贯穿于上述国际财务管理的各项内容之中，使得重点突出，理论与实际结合得更加紧密。(樊清玉)

F000195 **企业成本核算技巧与方法** 滕洪源、王国斌著。东北财经大学出版社 1997 年版。19.4 万字。14.00 元。分 10 章，第一章成本和费用的核算，讲述了费用、成本的确认与分类；第二章产品成本计算方法，介绍了生产类型与成本核算；第三章产品成本计算的品种法，结合实际详尽叙述了品种法的应用；第四章产品成本计算的分步法，这是我国企业成本核算的主要方法；第五章产品成本计算的分批法，分批法属特殊行业进行成本计算所运用的方法，书中以系统、简明的实例加以讲解；第六章产品成本计算的分类法，此种方法较为复杂，涉及到联产品、副产品、等级品的成本计算；第七章和第八章为产品成本计算的定额比例法和定额法，相对而言，这两种方法较为简单，实用性较低；第九章产品成本计算的标准成本法，这是一种西方成本管理的方法，书中对此讲述不多，第十章各种成本计算方法的实际应用，这里主要讲述一个企业进行成本计算时几种方法的同时运用和结合运用。(田世忠)

F000196 **企业财务成本控制** 夏博辉、柳铁煌著。东北财经大学出版社 1997 年 8 月版。39 万字。20.00元。分8章。第一章是财务成本控制导论;第二章是资金控制;第三章是成本费用控制;第四章是收入控制;第五章是利润控制。书中明确提出了“社会产品价值论、劳动价值论和货币时间价值论是财务成本控制的经济理论基础;马克思主义哲学和现代信息科学是财务成本控制的方法论基础”的学术观点,并全面、系统地介绍了变动成本控制法、新产品设计开发成本、质量成本、量本利分析与营业杠杆等最新的财务成本控制技术方法。(方红星)

F000197 **官办企业问题研究** 副名:国有企业改革的经济学和政治学。世界银行编。中国财政经济出版社1997年9月版。38.5万字。30.00元。通过对发展中国家国有企业改革大量案例的研究,分析了产权处置和其他形式的改革是怎样改善经济业绩的,说明了政治对改革的影响,以及进行改革的国家是如何克服这些障碍的。作者认为,之所以改革的国家如此之少,是因为具备改革成功的三个必要条件的国家不多,这三个条件是:第一,这些国家的领导人认为改革具有政治必要性;第二,改革在政治上是可行的;第三,改革是可信的。为了说明为什么有的国家获得了改革的成功而有些却没有,书中比较了12个国家对国有企业采取的政策。这12个国家全都试图通过使用合同来改变政府与国营企业之间的相互关系。书中还揭示了三类合同对改革的重要性,即:业绩合同,管理合同,以及限制性合同。此外,还分析了业绩合同是怎样未能改善公司业绩的;分析了管理合同(仅在某些情况下)效果较好的原因;以及限制性合同通常效果较好的原因,当然,其前提是政府有能力设计和实行有效的规章制度。最后,为国有企业改革提供了详细的决策建议。(刘航)

F000198 **迪尔伯特原则** 斯科特·亚当斯著,李斯译。海南出版社1997年9月版。26万字。21.80元。“迪尔伯特”是第一个揭露西方公司白痴管理和各种荒诞言行的漫画系列。斯科特·亚当斯创作的卡通形象迪尔伯特是一个微胖、缺少社交能力,在工作间里默默无闻任劳任怨的工程师,他的宠物道格伯特是一条精明老练的狗,它善冷嘲热讽、并张罗着要征服全世界。书中通过幽默插图介绍了通行于公司的管理天机。(孙忠)

F000199 **香港基础设施与环境研究** 黄焕秋、许学强著。广东高等教育出版社1997年6月版。20万字。18.00元。分6章。第一章主要分析香港与珠江三角洲航空运输、铁路运输、公路运输、水路运输及其交通网络的现状、发展规划、存在问题和相互协调与衔接的对策。第二章介绍香港港口现状特征,分析港口发展的综合环境,着重讨论其发展战略,并对香港政府的《港口发展策略》提出了作者自己的看法。第三章总结探讨香港填海造地与城市发展,指出填海造地可能造成的不良影响。第四章重点放在粤港澳机场群的协调发展和香港新机构的财务与顾问研究问题上。在分析了机场群的发展及其前景分析之后,提出了机场群协调发展的建议,分析了机场财务安排的种种问题,剖析了香港新机场顾问研究过程中的种种缺陷。第五章和第六章分别对大气环境、噪声、固体废物、水体的污染及控制作了详细介绍和分析。(吴海燕)

F000200 **国家竞争力** 副名:创造财富的价值体系。查尔斯·汉普登著。海南出版社1997年3月版。30万字。18.80元。通过对美国、英国、瑞典、法国、日本、荷兰、德国等经济表现长期卓越的资本主义国家进行了跨文化的比较研究,发现价值观、习惯,以及与社会发展或艺术密切相关的文化风格,是影响社会经济成就的主要因素,从而探寻出这些国家创造财富的秘密。(苏斌)

F000201 **经济发展中的企业孵化器** 副名:在发展中国家的初步评价。Rustam lalkaka著。天津科技翻译出版公司1997年9月版。36万字。25.00元。论述了企业孵化器可以有利地促进发展中国家的各类中小型企业的蓬勃发展,增加投资机会和就业机会,既论述了世界同类行业发展的大趋势,又阐述了中国在这一领域的发展潜力与不足。论点鲜明,论据可靠,资料翔实且具体。全书文字翻译准确,流畅,较好地体现了翻译的“信、达、雅”,完整地保留了原书的风貌。(蔡颢)

F000202 **中国企业集团发展论** 周振国著。广东高等教育出版社1997年12月版。20万字。15.00元。在对企业集团的基本内涵进行一般阐述的基础上,对中外企业集团的发展进行了纵向的历史考察和横向的具体考察,通过对比分析,由此导出企业集团形成和发展的理论。并紧密结合中国企业改革实践,分析中国企业集团发展的宏观背景和微观基础,探讨中国企业集团发展的关键问题,如企业集团的发展战略、制度创新、组织结构改组、技术进步、企业集团与政府和市场的关系等,并对股份制与跨国经营提出了若干的看法和建议。(邓蔚菲)

F000203 **企业改革与重组实务** 周品著。海天出版社1997年7月版。21万字。18.00元。全面系统地论述了我国当前各类企业如何按建立现代企业制度的要求进行改革、改制、改组的基本理论与方式方法。在注重介绍我国国有资产管理有关新观点、新内容的同时，更注重从实际操作的角度，对诸如企业改革的基本内容与组织形式，企业改革中的政府调控，国有资产经营公司和企业集团的组建及其运作方式，内部员工持股制度与企业改制，股权重组与公司规范，企业股份制改造与上市策划等方面进行介绍。（蒋鸿雁）

F000204　**中国村庄的文化传统与企业管理**　冯芷艳、姚梅、王晓毅著。山西经济出版社 1997 年 12 月版。23.8 万字。25.00 元。以对资源型乡镇企业为特色的辽宁省赵堡村的调研为基础，探讨了我国乡村经济、文化与社会活动的互动关系，传统文化对乡村企业管理与经营的作用及影响，以及集体企业的困境与企业转制。全书共 11 章，内容包括：赵堡村的基本情况、赵堡村行政管理制度的沿革与权力分配、村庄网络的微观透视、赵堡村的乡镇企业、传统文化与乡镇企业管理、传统文化与乡镇企业经营、乡镇企业与社区发展、赵堡村的社会结构、赵堡村的风俗习惯等。（赵建廷）

F000205　**日本经济论**　副名：20 世纪体系和日本经济。[日]桥本寿朗著，复旦大学日本研究中心译。上海财经大学出版社 1997 年 4 月版。28.2 万字。23.00 元。着重分析了日本企业与政府的关系、企业之间以及企业与个人的关系。（王联合）

F000206　**电脑的旋律**　[美]弗雷德·默迪。湖南科学技术出版社 1997 年 6 月版。26.3 万字。18.00 元。记述了作者在微软公司的一个多媒体设计和开发小组一年的生活经历。该小组是微软公司多媒体出版分部的下属机构。当时多媒体还是新生事物，其发展方向尚有待人们去探索，公司领导层为此焦虑不安。比尔·盖茨决心去这一领域再创辉煌。开发小组进行着紧张而有兴趣的工作。在把计算机最新技术、艺术魅力以及丰富的教育内涵融合入新软件的过程中，小组的全体成员，包括程序员、艺术家和市场开发人员经历了无数次失败的挫折，最终才获得成功。书中没有使用多少计算机术语，也没有阐述任何枯燥的企业管理理论，而是以第一手资料展示了公司内部的真实世界，充分反映了其成功的奥秘在于高度灵活的运行机制和雇员的聪明才智。（陈一心）

F000207　**城市发展的空间经济分析**　张沛著。陕西师范大学出版社 1997 年 5 月版。24.4 万字。13.50 元。研究了城市发展的外部空间经济化问题，提出了实现城市发展的产业、区位及规模的外部空间经济化的思路与方法；分析了城市发展的内部空间形成机理，说明了城市发展与其内部空间变化之间的关系；讨论了城市发展的产业空间（区位）变迁及其内在机制，论证了城市产业的空间结构及其变迁对城市内部空间形态组织，进而对城市发展的综合效益的影响，说明了在研究具体的产业内涵要求与产业外界限制（如城市发展目标的约束时，应综合分析区位各种成本与各种效益的关系。（侯晋公）

F000208　**房地产投资分析**　武永祥主编。中国建筑工业出版社 1997 年 3 月版。42.2 万字。22.50元。“房地产经营与管理系列教材”之一。全面阐述了房地产投资分析中的各种理论、方法与具体运用。全书分为基础篇和实务篇两部分。基础篇研究房地产投资分析的基本理论与基本方法，包括房地产投资分析的基本概念、投资动态分析方法、方案选择、物价变动分析、投资方案经济评价、风险分析方法等；实务篇研究房地产投资具体实务分析，包括房地产投资决策分析、成本分析、收益分析、风险分析、置业投资分析等。（向建国）

F000209　**房地产金融**　周爱民、成立为主编。中国建筑工业出版社 1997 年 3 月版。39.1 万字。21.00 元。“房地产经营与管理系列教材”之一。分上下两篇共 14 章。上篇为金融基础，内容包括货币及货币制度、信息、金融市场、银行与金融体系、货币供求与均衡、国际金融等；下篇为房地产金融，包括房地产金融概述、房地产信贷资金的来源、筹集、运用及业务结算、房地产信托、房地产保险、房地产金融市场、国外房地产金融等内容。（向建国）

F000210　**中国城市土地经济分析**　郑荣禄著。云南大学出版社 1997 年 2 月版。21 万字。17.00 元。通过对中国城市土地市场的实际考察说明中国城市土地市场的发展状况及问题改进，运用经济理论对复杂多变的城市土地运行机制及影响城市土地市场的各种力量进行透彻分析。还探索出中国城市土地制度改革的目标模式：国家所有，产权明晰，利用价值规律和市场机制，依靠行政、法律、经济手段建立有效的城市土地管理体系。（张丽华）

F000211　**中国房地产市场年鉴 1997**　《中国房地产市场年鉴》编委会编。中国计划出版社 1997 年 12 月版。250 万字。280.00 元。全面、准确、客观地反映了中国房地产市场 1997 年重要文献、政策法规、大事记、市场统计、房地产市场管理、全国及各省市（含台港澳）房地产市场发展概况、房地产投资招

商及管理机构简介。(陈国平)

F000212 **物业管理通论** 郝寿义等编。海天出版社 1997 年 6 月版。33.8 万字。30.00 元。分为理论篇、市场篇、实务篇、比较篇、对策篇等,体例完整,资料丰富,观点鲜明,运用了理论经济学的基本原理,以实证分析和规范分析相结合的方法,对"物业管理"进行了全新的开创性探索。通过全面、系统地考察和总结我国深圳等地的物业管理的实践经验,分析、比较其他国家和地区不同的物业管理模式,揭示出物业管理的基本特性和内在规律。同时对我国物业管理行业的发展进行了分析预测,并对在有中国特色的社会主义市场经济条件下发展物业管理行业提出了颇有创见的政策建议。另外,书中的实务篇对深圳市成功的物业管理企业的经验进行了全面而详尽的概括总结。(陈丹)

农业经济

F000213 **农业政策原理** 谭向勇等编著。山西经济出版社 1997 年 12 月版。20 万字。16.80 元。介绍了农业政策的基本理论与方法。并将农业政策的全过程分为如下几块。前期分析:政策背景与目标分析。中期手段:农业市场及价格政策手段、农业结构政策手段、农业社会政策手段、农业环境政策手段。实施阶段:决策程序和过程、实施方法及对政策评估的理论基础。每章后都列出了关键词、思考题和相关的参考文献。(张惠君)

F000214 **土地在呼唤——保护人类赖以生存的耕地** 金涛著。广西科学技术出版社 1997 年 12 月版。11.48 万字。111.00 元。以对土地的深情娓娓地向人们道来土地作为人类的家园,她是人类古文明诞生的摇篮,是维系民族命运、国家兴亡的重要因素,是人类生存的空间。而现在全球的土地由于土壤退化,森林减少,沙漠正在向人类逼近……书中的例子将唤起全民族的土地意识,将使人们以从触目惊心的土地资源的丧失中醒悟过来,共同呼唤人类要保护自己的家园,呼唤法律对土地的保护。全书采用珍贵的图片,配之通俗易懂的文笔,生动感人。(王晓红)

F000215 **中国农业的支持与保护** 国务院发展研究中心、中共中央政策研究室、农业投入总课题组著。中国农业出版社 1997 年 12 月版。77.4 万字。120.00 元。着眼于我国工业化中期阶段农业保护对国民经济结构调整的特殊意义和国际经济新环境对我国农业的挑战,重点界定了符合我国国情的农业保护的含义和范围,灵活运用国际测度方法按我国需求对我国农业保护水平进行了较全面的测度,对现有农业保护政策措施进行了较具体的分析评价,并提出了一整套支持和保护农业的措施建议。分阶段地提出了许多决策性建议,诸如建立"国家农业保护基金"的建议和农村金融体制的设想等都对国家宏观决策起了重要参考作用,在学术理论界和实际工作部门产生了较大影响。(夏之翠)

F000216 **农业与发展** 副名:21 世纪中国粮食与农业发展战略研究。中科院国情分析研究小组著。辽宁人民出版社 1997 年 12 月版。26.3 万字。18.00 元。中国科学院国情研究第 5 号报告。报告的主题是 21 世纪中国粮食与农业发展战略问题,也就是在现有国情条件下以及日益开放的国际环境下,如何解决十几亿中国人口的吃饭问题,如何实现农业的可持续发展问题。报告对中国 21 世纪的粮食供求问题持谨慎的乐观态度,认为在下个世纪中国有能力养活自己,这既包括有能力生产更多的粮食和农产品,也包括有能力充分利用两种资源,两种市场,通过进口换取更多的粮食。围绕这样的主题,从中国农业面临的现状,比较优势、粮食发展的基本方针、粮食增长的潜力与需求预测、发展中国农业的战略选择等方面进行了实证分析和可行性探讨。并由此提出了在粮食发展问题上可供选择的新方针:"立足国内,基本自给、适度进口、促进交换"。其中心思想是在保持粮食基本自给的前提下,从国际市场适度进口粮食,促进创汇农业和名优农产品的生产,充分发挥中国在劳动密集型农产品和许多技术密集型农产品方面的比较优势,使得中国成为世界上名列前茅的农产品出口大国,从而使中国农民的收入增加得更快些。(杨永富)

F000217 **农业产业化简论** 刘庆国等。河北科学技术出版社 1997 年 12 月版。16.9 万字。15.00 元。主要内容包括:①农业产业化的基本内涵和重要意义;②农业产业化发展的条件、阶段和一般规律;③农业产业化发展的类型、模式和基本思路;④农业产业化项目的选择和确立;⑤农业产业化的运行机制;⑥龙头企业建设;⑦生产基地建设;⑧改造传统农业;⑨开拓市场;⑩农业社会化服务体系建设;⑪科教兴农与农业产业化;⑫政府在农业产业化中的地位和作用。(孙天放)

F000218 **为了大地的丰收** 副名:全国农牧渔业丰收计划十年巡礼。中华人民共和国农业部、中华人民共和国财政部主编。中国农业出版社 1997 年 3 月版。32.9 万字。18 插页。140.00 元。总结中国改革开放后 1987～1996 年十年实施“丰收计划”所取得辉煌成就的大型图册。“丰收计划”是在全国范围内有计划、有组织地推广一大批农业科技新成果和先进适用技术。记载了十年“丰收计划”的艰难历程，反映了农业各条战线在全国范围内集中连片大面积、大幅度农业增产，保障农产品的有效供给；改变传统的农业生产方式，加速科教兴农的步伐，推进农业现代化进程；提高农业劳动者科技意识和素质，培养和造就一代新型农业劳动大军。丰收计划的实施，全书通过总结十年丰收路上的成就、经验和教训，为“九五”以至 21 世纪农牧推广事业的发展、依靠科学技术不断促进生产和农村经济上新台阶做出更大贡献。书中还收录了江泽民、李鹏、姜春云及部领导视察实施“丰收计划”项目的彩色照片 8 幅；温家宝、刘红、刘仲藜等领导对实施“丰收计划”的题词 8 幅。体现了党和国家领导人，农业部、财政部等领导对实施“丰收计划”的关心和重视。（伍斌）

F000219 **农业发展战略与对策** 张廷武著。内蒙古人民出版社 1997 年 12 月版。65 万字。60.00 元。分上、下册。以邓小平理论为指导，紧紧围绕农村牧区改革与发展的一系列重要课题，从理论和实践的结合上进行了多层面的探讨和阐述，内容涉及农业、畜牧业、林业、水利、乡镇企业、农垦、农机、水产、扶贫开发、气象、农村牧区财政金融、农牧业生产资料和市场，以及农牧业法律法规、科研、教育、经营管理等部门和行业，基本涵盖了农村牧区经济和社会发展的各个方面，特别是对农牧业走可持续发展道路、实行集约化经营和实施产业化等方面的论述，更为突出。（娜拉）

F000220 **农业·农村·农民** 罗必良著。广东人民出版社 1997 年 8 月版。30 万字。21.00 元。“广东省中青年社会科学家文库”之一。共 4 个部分，分别阐明了作者的“农业观”、“农村观”、“农民观”及“发展观”。以“问题分析与政策选择”为研究框架，既联系整个社会经济宏观背景的一般性，又切入农村改革与发展问题的特殊性，从而基于理论思考与实证感受，对农业、农村与农民这个一脉相承的主题进行了多维透视。全部研究着重说明在这一主题上我们可能做出的选择，以及这些选择的可行性与合理性，并力图揭示它们在中国的现代化进程中具有怎样的意义与效应。（杨小虹）

F000221 **比较优势与中国农业经济国际化** 陈武著。中国人民大学出版社 1997 年 6 月版。14.8 万字。18.00 元。运用实证分析方法，对我国农产品比较优势进行了测算，并在掌握大量国内外经验数据的基础上，从世界经济一体化角度，对农业保护、贸易自由化与中国粮食安全问题进行全面、系统、深入的研究，对我国农业经济国际化战略的必要性和可行性进行充分论证，提出调整传统的农业发展目标、建立农业生产支持系统等独到见解，对我国当前，特别是在加入世界贸易组织后制定正确的农业经济政策具有重要参考价值。列入“经济科学文库”。（余资）

F000222 **土地资源评价** 徐盛荣主编。中国农业出版社 1997 年 5 月版。26 万字。11.40 元。全国高等农业院校教材。介绍了土地资源评价的理论基础，技术方法，土地资源评价图的编制，土地资源评价中电子计算机的应用，土地资源评价的工作程序，并分类作了农耕地、经果园地、林地、牧地、城镇用地、废弃土地、旅游地、内陆水域、海涂资源评价。（毛志强）

F000223 **草原生态经济协调持续发展** 暴庆五著。内蒙古人民出版社 1997 年 10 月版。18.3 万字。12.80 元。内容包括一个总体报告和 6 个专题报告。总体报告是本研究项目的主体和核心部分，其中包括：草原资源和生态经济现状，草原生态经济的地位和作用、草原生态经济欠协调发展的分析、草原生态经济协调持续发展的论证、草原生态经济协调持续发展的对策与措施。全书阐述了草原生态经济协调持续发展对整个国民经济发展的重要经济意义和政治意义，分析了草地资源日趋退化、草原生态灾害频繁而严重、草原牧区欠协调持续发展的种种根源，提供了逐步实现草原生态经济协调持续发展的战略和政策依据，提出了行之有效的科学性对策和措施。（王赤华）

F000224 **中国农村劳动力开发就业启示录** 劳动部、农业部、国务院发展研究中心中国农村劳动力开发就业试点项目工作小组编。中国劳动出版社 1997 年 12 月版。52.6 万字。28.00 元。汇集了劳动部、农业部和国务院发展研究中心组织实施的“农村劳动力开发就业试点工作”的有关政策性文件、领导讲话、调查报告、试点地区经验、理论文章及大事记等百余篇。全书共分 5 个部分：第一部分：90 年代的中国农村就业——跨世纪的重要课题；第二部分：中国农村就业道路的探索——50 个地区试点的起步；第三部分：中国农村就业政策和制度的创新——8

个省级试点的实践;第四部分:认真总结,不断提高——开创农村就业新局面;第五部分:中国农村就业的战略决策——从试点看全局。最后还附有对试点项目建立有重要价值的两篇研究报告和大事记等。书中政策性文件、领导讲话为试点工作开展勾画出蓝图;调查报告为试点方案的制定提供了可靠依据;试点经验突出了成功做法;理论文章深入浅出,具有学术和实用价值。与其他资料汇集书籍相比,本书的编排独具匠心,很有新意。首先它按农村劳动力开发就业试点工作的进程安排文章,而不像一般的把文件、调查报告等文体性质相同的放在一起。这使全书的线索、脉络十分清晰、分明。其次,每一部分的文章前都有一画龙点睛的标题来突出主题,点明主要内容。另外,本书目录也很有特点。把整个目录文字连起来就可形成一篇内容简介。(曾令萍)

F000225　**寻求生存**　副名:当代中国农村外出人口的社会学研究。黄平著。云南人民出版社 1997 年 12 月版。32.6 万字。20.80 元。“中国社会发展丛书”之一,从微观社会学的研究角度,对中国四省八村的农村外出人口情况作了深入调查,在农村外出人口进行非农活动的调查中,总结出这种地域性迁徙的深层社会因素,从原因与后果、资源与规则、传统与变迁、转移与外出、促进与冲击等诸多方面,全方位透视农村人口外出行动。在获得珍贵第一手资料的基础上,挖掘出其外出迁移的动力所在,体现了理论与实践的统一性。(段兴民)

F000226　**山东省粮食生产持续发展研究**　山东农学会编。山东科学技术出版社 1997 年 4 月版。39.3 万字。20.00 元。收 61 篇论文,内容围绕山东省粮食生产持续发展这一主题,从良种、土肥、农田水利、栽培技术、旱作农业技术、病虫害防治、农业机械化等方面,作了深入的探讨,提出了许多有远见的发展思路和切实可行的增产技术措施;既有粮食生产持续发展的宏观研究,也有小麦、玉米、甘薯、大豆、谷子、水稻等粮食作物高产优质高效配套技术;既有提高现有增产技术措施效率的建议,也有国内外最新技术介绍。

F000227　**中国水利与粮食生产**　陈学仁编著。中国水利水电出版社 1997 年 6 月版。6.72 万字。20.00 元。通过网络原理,首先展示中国粮食稳定增产的自然环境、社会环境、投资环境和行业环境。并将上述环境分划为若干子类展开介绍。通过对各类环境及其内在联系的揭示,从中体现出水利在中国粮食生产环境中的地位,并对水利在粮食生产中的作用评价以及作用的体现,进行了探讨。(陈建华)

F000228　**跨世纪的探索:中国粮食问题研究**　朱希刚主编。中国农业出版社 1997 年 11 月版。24 万字。25.00 元。从不同角度、不同侧面进行了中国粮食问题的理论和实证分析研究,对中国粮食的供给和需求、供需平衡战略和政策、粮食流通体制改革等问题提出了学术观点和政策建议。其特点是:第一,学术观点鲜明。书中的学术观点和研究结论,是在长期而深入研究后逐步形成的,是建立在丰富、确切的数据资料和实证分析基础上的,因而有重要指导意义和参考价值。第二,资料丰富而翔实。收集了大量中国问题的数据资料。第三,研究方法科学。书中关于中国粮食供给需求预测模型、粮食生产波动分析模型、制定粮食保护价格的方法及农产品生产者补贴等预测方法,都有所创新。(贺宏善)

F000229　**粮食——农业·农村·农民**　郑风田著。重庆出版社 1997 年 12 月版。18.2 万字。12.00元。农业经济问题专著。从中国农业生产资源、粮食生产的现状、人口的数量和质量、生态环境、农业生产主体的演变、农业发展政策及其应解决和重视的问题等各个角度,对中国粮食问题作了有意义的探索。(余国枢)

F000230　**中国的参与林业**　竺肇华编。万国学术出版社 1997 年 8 月英文版。45 万字。75.00 元。介绍了中国广大群众参与的林业发展。内容包括:中国丰富的林业和植树传统、林业政策法律与森林工业、山区林业管理计划、平原地区的参与林业、各级领导和林业科研人员的联合参与、林业科研与实践推广、参与林业的组织机构与团体、中国大规模发展林业的计划、群众参与——中国林业发展的关键、农村妇女在中国林业发展中的作用。其中具体介绍了广东省的参与林业、河南平原地区的林业发展、华南浙江省的山区林业、云南省傣族和彝族自治洲的参与林业、河北省邢台县的小型生态经济流域计划、华北山西省的林业发展计划、辽宁省的三北防护林带保护系统、新疆少数民族的造林治沙等。(周幼葵)

F000231　**内蒙古畜牧业大事记**　内蒙古自治区畜牧厅修志编史委员会编。内蒙古人民出版社 1997 年 10 月版。13 万字。25.00 元。主要记述了有史以来内蒙古地区畜牧业发展的重要事件,主要是内蒙古自治区成立以来,内蒙古党委、自治区人民政府制定的有关牧区经济和畜牧业的重大方针、政策、法律、法规、命令、指示、措施;召开的重要会议,畜牧业重大科研成果和重大技术措施的推广应用；促进畜牧业生产发展的新人新事新成果，以及发生的严重的自然灾害；畜牧业管理机构沿革和人事变化等，并摘要收录了与内蒙古地区畜牧业有联系的国家和地区的有关文件。书中的记述时间上限追溯到远古，下限断至1995年12月31日。反映了中华人民共和国成立后，特别是党的十一届三中全会以来，畜牧业战线在内蒙古党委和人民政府的正确领导下，从内蒙古畜牧业的实际出发，认真贯彻执行党在新时期的路线、方针、政策、奋发图强，锐意改革，开拓进取，励精图治，加强基础建设，发展科技教育，最大限度地解放和发展生产力，展现了内蒙古社会主义现代化畜牧业兴旺发达新成就。（王月林）

F000232 **渔业"九五"计划汇编** 林姣绒主编。中国农业出版社1997年5月版。35万字。100.00元。全面总结了"八五"期间渔业发展取得的成绩和经验，深刻分析了存在的问题及渔业发展资源和市场潜力，提出了"九五"期间渔业发展的目标及发展重点，为实现目标而采取的政策措施；专题规划侧重分析论述了渔业技术改造、水产标准化、玻璃钢渔船发展规划等专业"八五"期间的成绩及存在的问题，提出"九五"期间本专业发展重点及采取的措施；地方规划则反映了各省（自治区、直辖市）"八五"期间渔业发展的成绩、存在问题及"九五"期间的目标措施。（张志）

F000233 **农业经济绿皮书（1996～1997）——河北省农业经济形势分析与展望** 孙世芳、刘湛曹主编。河北科学技术出版社1997年6月版。12万字。6.00元。对1996年河北省农业经济发展形势进行了回顾和分析，总结经验，找出不足，对做好今后的工作，指明了努力的方向。对1997年全省农业发展走势进行了分析，展望，并提出了相应的对策、建议，对促进今后全省农业经济的持续稳定发展具有十分重要的意义。全书多侧面多角度地对1996年全省农业形势及1997年全省农业走势进行了比较深入的分析和展望，为各级党政领导和有关部门科学把握农业发展趋势，正确制定农业发展政策，提供了科学的依据。（籍素英）

F000234 **内蒙古自治区志·粮食志** 《内蒙古自治区志·粮食志》编纂委员会编。内蒙古人民出版社1997年3月版。58万字。90.00元。以马列主义、毛泽东思想和邓小平建设有中国特色社会主义理论为指导，以《中共中央关于建国以来党的若干历史问题的决议》为准则，遵循"详今略古"的原则，详尽记述了内蒙古自治区成立以来粮食方针、政策等的贯彻实施情况；粮食生产、分配、交换、消费的史实；粮食收购、销售、调拨、储藏、加工等各个环节和粮食教育、科学研究、机构队伍、经营设施等发展建设的基本状况。（陈利保）

F000235 **中国西部农村基本问题研究** 赵明智主编。甘肃人民出版社1997年9月版。18万字。9.80元。以甘肃金昌市所辖农村调查材料为依据，剖析了河西走廊农村在十一届三中全会以来的变化。重点论述农村社会阶级、阶层结构的新变化和新特点；农村产业结构调整及发展趋势；农村剩余劳动力的合理流动与利用；科技开发及发展趋势；农村教育的现状、问题及发展思路；农村文化现状及发展思路；农村消费结构调查研究；农村共同富裕问题研究；农村婚姻家庭问题研究；农村人口问题研究；农村社会风俗研究；农村的基层政村建设。（范海成）

F000236 **山东粮棉持续增产理论与技术** 王耀文主编。中国农业出版社1997年2月版。86.5万字。55.00元。就与粮棉生产密切相关的土壤、肥料、水利、气象、农机、良种、植保、环保、种植制度和粮棉区划等，结合山东省农业发展的历史情况，特别是"八五"计划以来的情况，进行了认真的分析总结，找出了经验和教训，并着重从专业技术角度，分析了上述多方面持续增产的原理和潜力，为持续增产提供了理论基础。对农业基础条件、自然资源的合理开发利用和保护有重要的理论价值和指导意义。对小麦、玉米、水稻、大豆等粮食作物和棉花的高产栽培生物学原理、水、肥吸收运转规律，光合产物的形成积累，综合配套高产栽培技术和规范等最新研究成果，进行了认真的归纳和吸收。（李岩松）

F000237 **四川农业与农村可持续发展研究** 敬正书、李后强、陈放等著。四川科学技术出版社1997年4月版。32万字。30.00元。以政策与管理、科技与资源、经济与发展三大专题阐明实施四川农业可持续发展战略的紧迫性、奋斗目标、具体思路与措施建议。（尧汝英）

F000238 **壮族稻作农业史** 覃乃昌著。广西民族出版社1997年4月版。30万字。28.00元。分上下编。上编共7章，专论壮族与稻作农业的起源；下编共6章，缕述壮族稻作农业的历史发展脉络。全面、细致地反映壮族地区的稻作农业是怎样产生、怎样传播影响到汉族的稻作，又怎样接受了汉族的稻作和后期其他作物的影响而逐渐融合为一体。（廖汝年）

F000239　**中国农业思想史**　钟祥财著。上海社会科学院出版社 1997 年 12 月版。43.7 万字。30.00元。分上下两编，上编为中国古代的农业思想，论述自先秦时期至明清之际到鸦片战争时期的农业思想；下编为中国近代农业思想，论述自两次鸦片战争期间至甲午战争到五四运动期间的农业思想。另有一章节对中国农业思想史作一总体的考察，主要论述中国古代农业思想的历史特点和影响，中国古代农业思想的层次比较，中国近代农业思想的演变等。（陈国梁）

F000240　**明清及近代农业史论集**　章有义著。中国农业出版社 1997 年 10 月版。39.6 万字。38.00 元。收论文 21 篇，内容涉及农业史的各个方面。其中属于农业生产力方面的有 6 篇，属于土地占有情况的有 4 篇，属于租佃关系与地租方面的有 3 篇，属于农产商品化方面的有 6 篇，属于农业资本主义萌芽问题的有 2 篇。作者运用宏观、间接与微观、直接相结合的研究方法，对农业史中的一些重要问题，提出了自己的见解，深化了对农业史上诸多重大问题的认识。例如在农业生产力方面作者指出近代中国没有实现工业化或近代化，其根本原因在于农业劳动生产率太低，没有为发展现代工业提供足够的剩余劳动和市场条件；在中国这样一个农业大国，没有农业生产力的发展就不可能实现工业化，这是值得记取的历史教训。在地权分配问题上，作者否定了似是而非的不断集中论。关于农业资本主义萌芽问题，作者认为不少论者高估了鸦片战争前的萌芽水平，并对之进行了重新结论。附录《清代徽州地主分家书置产簿选辑》。（康弘）

F000241　**明清福建经济契约文书选辑**　福建师范大学历史系编。人民出版社 1997 年 5 月版。111.6 万字。158.00 元。所收契约文书是从福建各地收集的明清契约文书 4750 份中精心选择、修复、整理出来的有代表性的部分，分布于福州、南宁、宁德、泉州、漳州、莆田等地，时间起于明建文三年（公元 1401 年），止于清宣统三年（公元 1911 年）。契约文书依内容分 8 类：(一)土地典卖文书；(二)山林果园典卖文书；(三)土地租佃文书；(四)房屋厝地典卖文书；(五)借贷文书；(六)家族财产分配文书；(七)有关赋税缴纳文书；(八)其他经济关系文书。比较全面、多角度、真实具体地反映了明清时期中国农村封建经济关系。特别是土地租佃文书呈现复杂情况，佃农的佃权比较稳定，土地买卖时土地换主不易佃；土地所有权与使用权分离，广泛出现了“一田二主”的局面。其他各类契约文书也在不同方面呈现了农村经济生活的多样性和新变动。（张维训）

F000242　**美国农业空间结构研究**　副名：兼论中国农业商品基地选建。蒋长瑜、郑驰著。华东师范大学出版社 1997 年 7 月版。15 万字。14.00 元。介绍美国农业生产区域专门化的形成和发展过程，特别是战后以来的演变和深化，并从自然、社会经济诸因素以及国家农业政策宏观调控等方面，部析变化的动因和机制；结合美国的实践，论述农业生产区域专门化与多样化的对立统一关系、农业适度（或最佳）规模经营、在市场经济体制下随变化了的条件适时调整农业生产布局的所谓应变性等问题，从中探讨农业空间结构合理化的基本规律。通过中美农业比较研究，根据中国国情，提出中国实现农业生产区域专门化的方向和途径。认为现阶段应大力建设农业商品基地，扩大农业规模经营，优化区域耕作制度，提高农产品商品率，改善储、运设施和农业服务体系，积极为中国农业空间结构的调整并使之合理化创造条件。借鉴美国相应农业区发展的经验，重点分析中国西北干旱区农业商品基地、吉林省商品粮基地和城郊农业商品基地的建设，以及中国棉花生产布局的调整，力图以点带面，“洋为中用”，为有关决策部门提供参考。（蒋长瑜）

工业经济

F000243　**工业企业管理与技术经济基础**　王汝纲主编，邹宁副主编。机械工业出版社 1997 年 5 月版。35.4 万字。14.50 元。除绪论外，共分 10 章：工业企业管理概论、工业企业经营决策与计划、工业企业生产过程组织、劳动定额与物资消耗定额、技术改造与新产品开发、质量管理、设备管理、财务管理、技术经济分析的基本原理与方法、工程项目可行性研究。（冯铁）

F000244　**中国技术监督年鉴 1996**　国家技术监督局编。中国标准出版社 1997 年版。122 万字。98.00 元。记载 1995 年中，全国技术监督战线职工为国民经济和社会发展所做的工作，收录了一年来的主要文件和有关信息：采取有效措施加强质量宏观指导，组织落实《关于在深化企业改革中，进一步加强质量工作的意见》，推动质量上台阶；深入开展质量万里行活动；加大技术监督宣传力度；召开第二次全国质量认证工作会议，加大技术监督力度，进一步加强产品质量国家监督抽查工作；围绕抑制通货膨胀，强化市场商品质量、计量监督检查；以“端窝点、查大案、整市场”三大战役为重点，深入开展“打假”工作；加快采用国际标准和国外先进标准的步伐；贯彻国务院关于高产优质高效农业的决定，加强农业标准和农业监测体系建设；法制计量、工业计量、科技计量工作也取得了成绩。（袁晓玲）

F000245　**供电企业现代化管理手册**　徐少强等编著。中国水利水电出版社 1997 年 2 月版。142.3 万字。65.00 元。较全面系统地阐述了城乡供电企业中各项经营管理与技术管理的基本知识和具体应用。（朱淑萍）

F000246　**服装工业技术管理与质量控制**　冯翼、冯以政著。中国纺织出版社 1997 年 2 月版。31.6 万字。24.00 元。介绍了服装工业技术管理的各个方面。包括原辅材料管理、设备管理、工艺文件管理、样板制作与管理、设计管理、生产流水线的组织与管理等。并对岗位技术培训、服装标准化、服装质量控制与质量检验也做了系统的论述。书中"技术管理系统”、“技术管理实施”、“服装质量控制”等章节，有自己独特的见解。书中设计了很多系统流程图表，提出了一系列切实可行、行之有效的管理模式、管理制度及实施细则等，实用性与可操作性很强。（马琏）

F000247　**建筑工程经济与企业管理**　关柯等主编。中国建筑工业出版社 1997 年 12 月版。66 万字。33.10 元。在《建筑工程经济与企业管理》1987 年 12 月版的基础上，经修改、补充和完善而成的。第二版保留了第一版中经过多年教学实践证明是适用的内容，剔除了过时、落后、不适用和不适应市场经济要求的内容，补充了改革后出现的适应市场经济要求的有关理论、法规、方法和成功经验。本书包括建筑工程经济和建筑企业管理两部分内容，并以前者服务于后者，主要为后者提供方法论基础和行业整体观念；后者培养学生具有建筑企业管理能力。（向建国）

F000248　**建筑工程定额与预算（修订版）**　钱昆润、杜训、戴望炎、沈杰联合编写。东南大学出版社 1997 年 7 月版。49.2 万字。25.00元。根据全国高校“建筑管理工程专业学科指导委员会”讨论建议的大纲及我国现行规范、文件及定额资料，在 1992 年第二版的基础上对部分内容作了修订而出版的。全书共分 3 大部分：第一部分详细论述了建筑工程定额的基本原则和编制方法，包括定额的基本概念、制定定额的基本方法和原则、技术测定方法等；第二部分系统地介绍建筑工程概预算的基本知识、费用组成及编制方法，并且列举各种类型的实例；第三部分介绍招标投标的报价技术、国外建筑工程预算的编制方法以及应用计算机技术编制预算的方法和示例。书中采用大量图表和实例。（刘柱升）

F000249　**装饰预算与报价**　刘钟莹主编。东南大学出版社 1997 年 8 月版。18.7 万字。12.00 元。详细介绍了装饰工程定额、装饰工程造价构成、装饰工程量及材料用量计算，装饰工程预算编制、装饰工程投标报价等内容。（徐步政）

F000250　**中国制造企业怎样进入 21 世纪**　张曙著。国防工业出版社 1997 年 9 月版。21.3 万字。18.00 元。在总结研究成果的基础上，首先阐述了制造技术的发展趋势，并对我国制造企业的现状和存在的问题进行深入分析，提出了企业改造的六个策略（组织策略；产品策略；劳动力策略；管理策略；技术策略；投资策略），然后对提高产品质量、组织结构调整、计算机管理、产品快速开发、新的制造工艺、独立单元制造和管理系统、企业文化和培养新一代劳动者都作了较详细的论述。书中的内容反映了国际上制造业发展的实际状况，同时深刻反映了我国制造业的实际状况，分析很有深度和广度，并提出了一些很有创新的建议和设想。（吴芝萍）

F000251　**中国石油天然气工业年鉴（1997 卷）**　中国石油天然气总公司编。石油工业出版社 1997 年 12 月版。99.6 万字。160.00 元。主要内容包括国家关于石油天然气工业的文件、法规、党中央、国务院领导的指示、决定，总公司年度工作部署及实施概况，油气勘探开发的生产建设情况，深化改革与企业管理，对外合作与跨国经营，科技发展与教育培训，多元开发与经营，精神文明建设与思想政治工作，石油企事业单位当年工作专题综述，石油天然气工业大事纪要，统计资料等，涉及石油工业的各个方面。（张镇）

F000252　**石油企业经济效益分析与评价**　丁海、潘振基主编。石油工业出版社 1997 年 8 月版。33 万字。21.60 元。共 13 章，主要包括企业经济效益分析与评价的基本原则、标准、指标体系及方法，具体介绍了石油企业勘探开发、成本、资产、投资、生产成果、生产要素、财务、多种经营、国际化经营、技术进步及生产组织形式的经济效益分析与评价。对石油企业生产经营全过程所涉及的经济效益问题进行了深入地分析与评价，并提出了提高经济效益的有效途径。（张召琪）

F000253　**冶金企业领导观念研究**　王万宾等

著。东北大学出版社 1997 年版。21.1 万字。20.00 元。包括冶金企业领导观念测评方法研究;冶金企业领导观念测评研究;冶金企业领导观念调查研究;冶金企业领导观念转变对策研究;冶金企业领导观念测评信息系统开发;鞍钢领导观念研究;宝钢领导观念研究;邯钢领导观念研究;马钢领导观念研究;攀钢领导观念研究;首钢领导观念研究;武钢领导观念研究及绪论、后记。(李毓兴)

F000254　**中国钢铁经济增长质量研究**　楼辉映著。新疆大学出版社 1997 年 4 月版。45 万字。25.00 元。分借鉴篇、基础篇、结构篇、技术篇、规划篇、市场篇、企管篇、环境篇、综合篇、结尾篇,凡 10 篇 18 章。在充分肯定新中国钢铁工业所取得的成绩的基础上,结合市场经济和扩大开放中,钢铁工业暴露出来的产业结构、产品结构、工艺技术结构和企业组织结构的突出矛盾和问题,提出把优化结构、提高质量、增加品种、降低成本、增强市场竞争力作为我国钢铁工业发展战略的定位,并对以上各问题的解决提出了作者具体的观点、办法和措施,为我国钢铁工业的领导者、管理者献计献策。书中还列举了大量国内外钢铁工业对此和我国各级各类钢铁企业对比的数据和事实。(墨愚)

F000255　**宝钢的经营管理**　王佩洲等著。冶金工业出版社 1997 年 7 月版。13.1 万字。15.00 元。"宝钢现代化管理丛书"之一。从理论与实践的结合上论述了宝钢经营管理的成功经验。其主要内容包括:宝钢的经营管理战略;宝钢的经营理念;宝钢的计划值管理;宝钢的全面预算管理;宝钢的标准成本管理;宝钢的营销管理;宝钢经营的跨世纪发展前景等。(郭富志)

F000256　**电力企业管理**　刘秋华主编。中国水利水电出版社 1997 年 8 月版。28.5 万字。22.00 元。全书共 4 篇 12 章,其特点是突出市场经济体制下决策在电力企业管理中的作用。以决策作为企业管理的首要职能为主线,展开第一篇;同时,按决策的三个不同层次,即战略决策、经营决策和业务决策展开后三篇。在每一篇阐述基本理论的同时,介绍电力企业所适用的现代化管理方法。(李荣华)

F000257　**贵州地方电力**　贵州省地方电力企业管理协会、贵州省水电厅地方电力局编。广东省地图出版社 1997 年 8 月版。70 万字。88.00 元。记录了贵州省地方电力事业自 1955 年至 1994 年 40 年间经过的从无到有,从小到大的发展历程和取得的巨大成就。贵州省的地方电力,初期多为微型的农村水电站;70 年代后规模加大,称为小水电;80 年代中期后向"中小并举"发展,电站建设由单站开发走向河流梯级开发,地方电网由孤立电网发展到区域性电网连网运行,形成了具有一定规模和现代科技水平的地方电力事业,成为地方经济生活中的重要组成部分。全书采用文字、统计表和地图相结合的方式,除综合介绍贵州全省地方电力发展概况外,依各市、地、州为序分别介绍各市、县的地方电力建设状况,一般包括如下内容:①地方电力发展概述;②地方电力大事记;③地方电站(厂)一览表;④地方电力企业数据表;⑤供电区域图。对一些有特色的电站(厂)还作了专题介绍。(张志丹)

F000258　**中华人民共和国工业企业基本概况(轻工业卷)**　副名:日用化工、日用硅酸盐业企业名录大全。第三次全国工业普查办公室、中国轻工总会第三次工业普查领导小组办公室编。中国轻工业出版社 1997 年 9 月版。124.3 万字。100.00 元。含日用化学产品、玻璃及玻璃制品和陶瓷制品业企业共约 14 000 家,其中有日用化学产品制造业,含肥皂及皂粉和合成洗涤剂、硬脂酸和硬化油、香料香精、化妆品、牙膏、火柴、动物胶、其他日用化学品和原电池制造业企业约 6 200 家;玻璃及玻璃制品业,含光学玻璃、玻璃仪器、日用玻璃制品、玻璃保温容器和其他玻璃及玻璃制品业企业约 3 300 家;陶瓷制品业,含工业用陶瓷、日用陶瓷、其他陶瓷制品和搪瓷制造业企业约 4 300 家。最后附有日用硅酸盐制品工业专用设备制造业企业约 40 家和日用化学工业专用设备制造业企业约 60 家。(章爱娣)

F000259　**中华人民共和国工业企业基本概况(轻工业卷)**　副名:塑料制品业企业名录大全。第三次全国工业普查办公室、中国轻工总会第三次工业普查领导小组办公室编。中国轻工业出版社 1997 年 9 月版。302.9 万字。190.00 元。含有塑料制品业企业共约 34 000 家,其中有塑料薄膜制造业企业约 3 200 家;塑料板、管、棒材制造业企业约 3 700 家;塑料丝、绳及编织品制造业企业约 6 300 家;泡沫塑料及人造革、合成革制造业企业约 3 000 家;塑料包装箱及容器制造业企业约 2 300 家;塑料鞋制造业企业约 1 300 家;日用塑料杂品制造业企业约 3 200 家;塑料零件制造业企业约 1 900 家;其他塑料制品业企业 9 100 家。(章爱娣)

F000260　**走出忧患**　副名:葛文耀·赵鑫珊对话录。葛文耀、赵鑫珊著。上海文艺出版社 1997 年 4 月版。15.7 万字。15.00 元。围绕上海家化的成功,以及由此引申开来的有关企业和经济学的一系列普遍性的问题，进行了广泛、深入且又生动、有趣的对话——国有企业困难的主要原因；市场经济的架构和“看不见的手”，宏观调控的意义和作用；从“抓大放小”想到的；搞好国有企业的充分必要条件；企业的文化建设；企业的使命和价值观；企业的经营策略等等。（陈先洁）

F000261 **中华人民共和国工业企业基本概况（轻工业卷）** 副名：日用机械、家用电器、照明器具、衡器业企业名录大全。第三次全国工业普查办公室、中国轻工总会第三次工业普查领导小组办公室编。中国轻工业出版社 1997 年 7 月版。129.6 万字。80.00 元。含日用机械、家用电器、照明器具和衡器业企业共约 14 000 家，其中有日用专用设备和交通运输设备制造业，含缝纫机和自行车制造业企业约 2 400 家；日用电器制造业、含洗衣机、吸尘器、电冰箱、电风扇、空调器、排油烟机和其他日用电器制造业企业约 4 200 家；照明器具制造业，含电光源、灯头灯座、灯具、灯用电器附件和其他照明器具制造业企业约 5 600 家；仪器仪表及文化办公用机械制造业，含衡器、打字机及油印机、钟表制造业企业约 1 700家。最后附有照明器具工业专用设备制造业企业约 240 家。（章爱娣）

F000262 **中华人民共和国工业企业基本概况（轻工业卷）** 第三次全国工业普查办公室、中国轻工总会第三次工业普查领导小组办公室编。中国轻工业出版社 1997 年 6 月～9 月版。2037.6 万字。1440.00 元。含有我国最新普查的、凡生产轻工产品的近 23 万家工业企业的基本概况。包含国有、集体、三资、乡镇企业和个体工商业者；包含轻工系统及其以外的商业、军工、民政等系统所属企业。全卷分为 9 个分册，分别是：食品制造业，饮料制造业、烟草加工业，塑料制品业，日用化工、日用硅酸盐业，日用机械、家用电器、照明器具、衡器业，造纸及纸制品业，皮革毛皮、家具制造业，文教体育、工艺美术、杂品业，五金制品业。每个企业介绍的内容有：企业名称、邮编、地址、电话、法人代表、经济类型、企业规模、主要产品和年生产能力。（章爱娣）

F000263 **中华人民共和国工业企业基本概况（轻工业卷）** 副名：皮革毛皮、家具制造业企业名录大全。第三次全国工业普查办公室、中国轻工总会第三次工业普查领导小组办公室编。中国轻工业出版社 1997 年 9 月版。299.1 万字。190.00 元。含制革、皮革制品、毛皮鞣制及制品、羽毛（绒）及制品和家具制造业企业共约34 000家，其中有制革业，含轻革、重革和其他制革业企业约 2 200 家；皮革制品制造业，含皮鞋、革皮服装、皮箱、皮包和其他未包括的皮革制品业企业约 13 400 家；毛皮鞣制及制品业，含毛皮鞣制、毛皮服装和其他毛皮制品业企业约 1 250家；羽毛（绒）及制品业，含羽毛（绒）加工和羽毛（绒）制品业企业约 1 600 家；家具制造业，含木制家具、竹藤家具、金属家具、塑料家具和其他家具制造业企业约 15 500 家。（章爱娣）

F000264 **“九五”纺织科技发展战略研究** 中国纺织出版社 1997 年 5 月版。25 万字。30.00 元。分两大部分：第一部分针对我国纺织各行业（包括化纤、棉纺织、毛纺织、丝绸、麻纺织、针织、染整、非织造布、产业用纺织品、纺织机械、纺织器材、空调除尘、标准计量、信息技术）所处的地位、面临的形势、出现的矛盾，以及世界纺织科技现状和发展趋势，提出了“九五”及 21 世纪初，我国纺织各行业科技发展的方向、目标、重点、政策和措施。第二部分是专题研究报告。阐述了 20 世纪 90 年代世界主要国家纺织工业的发展动向和我国纺织工业上新台阶的战略选择，描述了 2000 年我国纺织外贸的前景和相应对策，勾画了纺织工业“九五”技术改造的蓝图。（卞葆）

F000265 **中国丝绸史（专论）** 朱新予主编。中国纺织出版社 1997 年 2 月版。26.3 万字。50.00 元。是《中国丝绸史》中的一册。介绍中国从原始社会到清代这一历史时期的丝绸业发展情况，从横向进行专题研究，包括丝、绸、机具、图案、服饰、贸易、少数民族丝绸等诸方面。全书分 5 个部分 15 个专题，详细地论述了蚕的起源和发展、古代丝绸机械、古代丝绸品种、丝绸图案、丝绸用染料、丝绸服饰、早期丝绸之路、南方少数民族丝绸发展历史、甲骨文和古文字中有关蚕桑丝帛和生产用具文字的考释、中国蚕丝在学术上的贡献等。（范森）

F000266 **中国近代纺织史** 《中国近代纺织史》编委会编。中国纺织出版社 1997 年 9 月至 1997 年 10 月版。150.1 万字。240.00 元。分上、下卷。全书包括总论、专论、地区、人物、行业、企业、附录七大部分，介绍了从 1840 年鸦片战争至 1949 年中华人民共和国成立百多年间我国纺织工业在内忧外患的艰难环境中缓慢而曲折的发展历程。除生产、技术之外，还涉及经济、市场、外贸、艺术、文化、教育等各个侧面。本书具有以下特点：(1)以历史唯物主义和辩证唯物主义为主导，本着实事求是的精神，把近代纺织工业放在中国近代史发展的特定主旋律中进行系统的考察、分析、研究，以寻求中国近代纺织业初创、成长、发展的规律。(2)以史为鉴，古为今用。通过全书的整理史料，挖掘民族纺织工业在市场经济竞争中壮大、发展的历史经验，以振奋民族企业精神，弘扬爱国主义思想，给后人有所措鉴、启迪和教育。(3)以近代动力机器纺织工业生产为主线，从这一时代客观实际出发，史论结合，综合论述企业管理、工艺装备、科技进步、原材料供应、内外贸易、文化教育、社团组织、工人运动等方面的内容，达到突出重点、系统论述的全面要求。(杨建新)

F000267　**中国棉纺织史**　赵冈、陈钟毅著。中国农业出版社 1997 年 8 月版。18.6 万字。19.80 元。共 9 章，分别详细探讨论证了棉花传入中国的历史，植棉之推广与品种之的改良、棉布的传统生产机构与运销组织、生产组织对于纺织技术的影响、江南的新兴市镇、棉花与棉纺织品的进出口、新式棉纺织工业之兴起与发展、新式棉纺织厂的比较分析以及手工纺织业的变迁等中国棉纺织史上各方面的问题。在研究中国棉纺织史的过程中，引进并运用了西方现代经济学及比较经济学的一些概念和方法，得出了许多令人耳目一新的结论。例如，在探讨我国历史上没有手工棉纺织厂的基本原因时，作者使用边际生产力、剩余劳动力的概念，指出当社会上拥有相当数量的剩余劳动时，中国农村的主体生产结构——家庭生产制将会把工厂制的生产方式排挤掉。在讨论明清之际江南的新兴市镇时，作者指出江南专业市镇的形成过程与原因与欧洲城市化过程很不相同，某些农村中的制造业活动及其影响与后果，也与欧洲所谓工业化原型的方向背道而驰，是经济史的特殊现象。(康弘)

F000268　**中华人民共和国工业企业基本概况(轻工业卷)**　副名：饮料制造、烟草加工业企业名录大全。第三次全国工业普查办公室、中国轻工总会第三次工业普查领导小组办公室编。中国轻工业出版社 1997 年 8 月版。195.7 万字。140.00 元。含有饮料制造业和烟草加工业企业共约 21 000 家，其中有酒精及饮料酒制造业，含酒精、白酒、啤酒、黄酒、葡萄酒和果露酒业企业约 10 100 家；软饮料制造业，含碳酸饮料、天然矿泉水、果菜汁饮料、固体饮料和其他软饮料业企业约 5 000 家；制茶业，含企业约 4 100 家；其他饮料制造业，含企业约 650 家；烟草加工业，含烟叶复烤、卷烟和其他烟草加工业企业约 580 家。最后附有饮料工业专用设备制造业企业约 150 家和烟草工业专用设备制造业企业 80 余家。(章爱娣)

F000269　**中华人民共和国工业企业基本概况(轻工业卷)**　副名：食品制造业企业名录大全。第三次全国工业普查办公室、中国轻工总会第三次工业普查领导小组办公室编。中国轻工业出版社 1997 年 6 月版。255.2 万字。180.00 元。含有食品制造业企业共约 27 000 家，其中有制盐业，含海盐、湖盐、井盐、矿盐和盐加工业企业约 900 家；有制糖业，含甘蔗糖、甜菜糖和加工糖业企业约 800 家；糕点、糖果制造业，含糖果、糕点、饼干、方便主食品、蜜饯和其他糕点糖果制品业企业约 10 000 家；乳制品制造业，含企业约 800 家；罐头食品制造业，含肉类罐头、禽类罐头、水产罐头、水果罐头、蔬菜罐头和其他罐头食品制造业企业约 2 500 家；发酵制品业，含氨基酸、味精、柠檬酸、酵母制品、酶制剂和其他发酵制品业企业约 700 家；调味品制造业，含酱油酱类、食醋、调味料、调味油和其他调味品制造业企业约 4 200 家；其他食品制造业，含豆制品、淀粉及淀粉制品、代乳品、淀粉糖、制冰、冷冻饮品和其他类未包括的食品制造业企业约 7 000 家。最后附有食品工业专用设备制造业企业约 360 家。(章爱娣)

F000270　**中华人民共和国工业企业基本概况(轻工业卷)**　副名：造纸及纸制品业企业名录大全。第三次全国工业普查办公室、中国轻工总会第三次工业普查领导小组办公室编。中国轻工业出版社 1997 年 9 月版。204.4 万字。200.00 元。含有纸浆制造、造纸和纸制品业企业共约 23 000 家，其中有纸浆制造业企业约 110 家；造纸业，含机制纸及纸板、手工纸和加工纸制造业企业约 10 400 家；纸制品业企业约 12 100 家。最后附有制浆、造纸工业专用设备制造业企业约 400 家。(章爱娣)

F000271　**中华人民共和国工业企业基本概况(森林工业卷)**　副名：第三次全国工业普查资料。第三次全国工业普查办公室、林业部工业普查领导小组办公室编。中国林业出版社 1997 年 6 月版。246 万字。150.00 元。“中华人民共和国工业企业基本概况丛书”之一。收录有森林工业所包括的木竹采伐业，木材加工业，竹、藤、粽、草加工业及林产化学工业产品制造业的 28800 个企业的 8 个方面的内容：即企业名称、邮政编码、企业地址、电话号码、法人代表、经济类型、企业规模、主要产品及年生产能力。(杜觐玲)

F000272　**中华人民共和国工业企业基本概况(轻工业卷)**　副名：五金制品业企业名录大全。第三次全国工业普查办公室、中国轻工总会第三次工业普查领导小组办公室编。中国轻工业出版社 1997 年 9 月版。252.1 万字。180.00 元。含工具制造和金属丝绳及其制品、建筑用金属制品和日用金属制品业企业共约 29 000 家，其中有工具制造和金属丝绳及其制品业，含手工具制品和金属丝绳及其制品业企业约 6 500 家；建筑用金属制品业，含建筑小五金、水暖管道零件、金属门窗和其他建筑用金属制品业企业约 12 200 家；日用金属制品业，含铝制品、不锈钢制品、刀剪、制锁、炊事用具、燃气用具、理发用具和其他日用金属制品业企业约 9 800 家。(章爱娣)

F000273 **中华人民共和国工业企业基本概况(轻工业卷)** 副名：文教体育、工艺美术、杂品业企业名录大全。第三次全国工业普查办公室、中国轻工总会第三次工业普查领导小组办公室编。中国轻工业出版社 1997 年 9 月版。274.3 万字。180.00 元。含有文化用品、体育用品、乐器及其他文娱用品、玩具、游艺器材、其他类未包括的文教体育用品、渔具及渔具材料、工艺美术品和日用杂品制造业企业共约 30 700 家，其中有文化用品制造业，含文具、本册、教学标本、模型和其他文化用品制造业企业约 4 800 家；体育用品制造业，含球类、体育器材和其他体育用品制造业企业约 1 040 家；乐器及其他文娱用品制造业，含中乐器、西乐器、电子乐器和其他乐器及文娱用品制造业企业约 350 家；玩具制造业企业约 3 200 家；游艺器材制造业企业约 980 家；其他类未包括的文教体育用品制造业企业约 290 家；渔具及渔具材料制造业，含渔具用丝、渔具用线、渔具用绳、渔网和其他渔具制造业企业约 580 家；工艺美术品制造业，含雕塑工艺品，金属制品，漆器，花画，竹、藤、棕、草工艺品，抽纱刺绣工艺品，地毯，首饰和其他工艺美术品制造业企业约 17 000 家；日用杂品制造业，含制镜、眼镜、制伞、鬃毛加工及制刷业企业约 2 500 家。(章爱娣)

F000274 **三峡工程经济研究** 长江水利委员会编。湖北科学技术出版社 1997 年 10 月版。30 万字。50.00 元(精)。“长江三峡工程技术丛书”之一。通过大量翔实的资料，运用国际先进理论与方法，对三峡工程的投入和产出，以及对有关方面的影响，进行了全面系统的分析论证。其具体内容包括：投资与费用的估算，投资分摊，部门效益计算，综合效益分析，国民经济评价(包括替代方案的研究与比较)，集资方案的研究，财务评价，经济评价中不确定性分析，工程兴建时机的研究，国民经济承受能力分析，对地区经济和部门经济发展的影响等等。(陈兰萍)

F000275 **山东水利** 孙贻让主编。山东科学技术出版社 1997 年 9 月版。68.4 万字。40.00 元。回顾山东水利事业及黄河防洪取得的成就，选择了六方面内容，分 7 篇 20 章叙述、探讨山东的治水特点及规律。(胡新蓉)

F000276 **中国治水史鉴** 顾浩主编。中国水利水电出版社 1997 年 8 月版。22.6 万字。16.00 元。分别从“善治国者，必重水利”，“服官济世，水利为先”，“兴修水利，匹夫有责”，“注重管理，有章可循”，“总结经验，科学治水”，“灾祸频仍，警钟长鸣”等 6 个方面，通过丰富典型的事例，深入浅出地介绍了大量可靠、科学的祖国水利历史知识。内容取舍考虑了典型和突出两个特点，对史学界尚有争议的问题，选择了比较公认的提法。(阳森)

F000277 **BOT 方式与水利建设** 安中仁编著。中国水利水电出版社 1997 年 9 月版。14.8 万字。14.00 元。探讨私营力量参与国家基础设施投资建设和运营管理的历史、社会原因和主要合同方式，系统介绍建设——运营——移交(简称 BOT)的基本知识。根据我国政府发展基础设施和利用外资政策，探讨了 BOT 在我国水利建设中的发展前景，并对 BOT 在水利项目具体运作中的政府支持、项目融资、风险管理、招标投标和特许权协议、项目实施等几个主要方面，作了一定深度的探讨。(陈琦英)

F000278 **水利经济运行探索** 陈国樑著。中国水利水电出版社 1997 年 8 月版。34.2 万字。29.60元。选收 68 篇论文。全书按理论探索、改革实践、建设管理、防灾减灾、人才开发、对台交流、水利宣传、精神文明、他山之石 9 个部分编排。书中提出，福建水利要实施依法治水、改革治水、科教兴水和山区供电、沿海供水的“三水两线”发展战略；福建水利的突破口在供水，供水的突破口在金门，要培植综合开发、地方电力、城乡供水、围垦造地等水利经济发展的“四大支柱”。(郑哲仁)

F000279 **内蒙古工业经济年鉴(1997)** 内蒙古经委编。内蒙古人民出版社 1997 年 4 月版。100 万字。100.00 元。追溯了内蒙古自治区工业经济的发展历史，特别是中华人民共和国成立之后，内蒙古工业经济所取得的成就。然后重点记载 1997 年内蒙古工业经济建设的重大事件和重大成就。并列举了内蒙古自治区的重点企业、名牌产品等。(武连生)

F000280 **台湾制造业** 陈蘋著。福建教育出版社 1997 年 10 月版。24.6 万字。18.00 元。论述台湾制造业在台湾经济发展中的地位与作用的基础上,并分析台湾制造业的特征、结构演进及其发展困境,进而展望其发展前景,并论述两岸制造业互补与合作的必要性与可能性。(林春森)

F000281　**大工业与中国**　副名:至 20 世纪 50 年代。李志宁著。江西人民出版社 1997 年 6 月版。35 万字。18.00 元。关于中国工业经济史的专著。其讨论的问题及时间、空间跨度很大,从中国古代经济谈到 20 世纪 50 年代;从所谓"资本主义萌芽"的讨论,到中国工业化、经济决策者、工业发展水平、国际关系等问题的讨论,无所不及地从经济史的角度研究和提出 365 个问题,侧重考察中国现代工业产生和发展的历史,尤其是社会制度、政治环境、资源条件等思辩性的论述。从经济史的角度研究和讨论中国的工业化对"大工业"的发展问题,以及加快工业化的有效办法和主要途径;通过对"一五"计划时期经济建设得失分析,提出"其实,对于大工业来说,最重要的并不是积极性,而是正确决策。在大工业眼中,形成'正确决策'的机制才是体改的目的,也是最困难的。"即产权之外的生产社会化带来的管理体制变化及其客观发展趋势。(辛康南)

F000282　**中国民族工商业发展史**　王相钦主编,钟廷豪、沈毅副主编。河北人民出版社 1997 年版。72.4 万字。48.00 元。依照历史进程,将中国民族工商业历史划分为 3 个时期,即古代工商业、近代工商业和现代工商业。古代工商业自夏商时期开始,经秦汉、唐宋、元明至清代中叶,主要论述中国手工业、国内商业和对外贸易的萌芽、产生和虽则缓慢却是稳步的发展;近代工商业,主要论述鸦片战争后直至 1949 年新中国成立前在外国资本主义的入侵下,中国传统手工业、商业逐步近代化的过程,以及在半封建半殖民地社会条件下中国民族工商业的畸形发展;现代工商业,主要描述新中国民族工商业的曲折,以及最终走上真正的发展道路。其时间跨度上自原始手工业的萌芽,下迄 20 世纪 90 年代中期,上下五千年,几无间断。在叙述上,坚持了"原今薄古"的方针,鸦片战争后中国农工商产业结构发生本质变化以后的历史占全书百分之九十以上;在研究方法上,除了注重史料的挖掘和整理之外,加强了对史实的规律的总结,突出了从经济科学的角度来论证经济史。(崔建)

交通运输经济

F000283　**国际贸易运输**　姚新超编著。对外经济贸易大学出版社 1997 年 7 月版。58.1 万字。29.00 元。以国际海洋货物运输为重点,从理论和实践两个方面对国际海上、铁路、公路、航空货物运输和集装箱运输、大陆桥运输以及国际多式联运等运输方式的规则、原则、惯例、具体业务程序等问题进行了全面的论述。具体内容包括:班轮运输、租船运输、海运提单、进出口货物海洋运输业务、国际铁路货物联运、对港澳地区的铁路货物运输、大陆桥运输以及国际航空货物运输的各种方式、国际航空承运业务、国际空运货物运价及费用、国际航空进出口货运代理业务和成组与托盘运输、集装箱运输、国际多式联运及国际汽车运输、邮政运输和管道运输。全书注重对国际买卖合同的运输条款、运输合同、租船合同、货运代理合同以及其他运输合同的主要内容和条款及具体程序和作法的分析论述,注重对各类运输单证的内容及其制作与签发、对各类运费运价的有关规定及其计算标准和计算方法的分析论述。(刘传志)

F000284　**最新实用中国交通地图册**　尹嘉珉编。中国地图出版社 1997 年 8 月版。197 万字。16.00元。分 4 部分:中国铁路、公路、水上交通、民用航空概况;中国分省公路;中国铁路沿线站名;中国主要城市。着重反映我国铁路公路的网状结构、分布密度以及铁路公路与水运港口、航空站、城镇居民点之间的关系。对于我国经济较为发达的京津唐地区、沪宁杭地区、珠江三角洲地区、成渝地区分别进行放大详细表示。在《中国铁路沿线站名详图》中,对于沿线上的历史文化名城、名胜古迹、著名风景区,都分别用指示标框作了简略介绍。另外在城市图中,除了反映交通内容以外,还插排了该城市的柱状气候表、邮政编码、电话区号。(尹嘉珉)

F000285　**西安古代交通志**　西安市交通局史志编纂委员会编。陕西人民出版社 1997 年 9 月版。85 万字。98.00 元。记述西安古代交通道路发展演变的专业史志,全书共 9 个部分:第一部分概述,简述了西安古代交通道路发展演变过程;第二部分道路,记述自先周道路开辟、秦修驰道、汉唐驿道、宋元明清道路的修筑、改扩建,以及道路规制的沿革和发展;第三部分驿运,记述古代驿运线路、规制、作用和重大运输活动;第四部分水道、水运,记述古代西安附近渭河、漕渠、汉江和黄河水道的开辟和水运的发展;第五部分桥梁、渡口,记述古桥梁、古渡口的设置及其兴废和历史作用;第六部分交通工具,主要记述古代车船等交通工具的形制结构及其发展演变;第七部分交通管理,记述古代交通管理的体制演变及其有关交通律令、条规和牌符等;第八部分人物,记述为西安交通道路的发展作出过贡献的古代人物的生平及其主要业绩;第八部分大事记,记述西安古代交通的有关重大事件;第九部分西安古代交通文献汇辑,收录了有关专家、学者对西安古代交通道路研究、考证的文论及有关历史文献、资料的节录。(张卫东)

F000286 **中国交通图册** 地质出版社地图编辑室编。地质出版社 1997 年 10 月版。15.00 元。分两大部分,一部分是全国图,包括:中国政区、铁路、公路、航空和风景名胜图。从总体上对全国交通、政区及风景名胜进行介绍。第二部分是分省介绍。较详细地表示了各省的行政区划、省内各级居民地,清楚表示了省内的高速公路、铁路、国道、省道,还有部分省次要道路,并注有里程。城市图介绍了在全国政治、经济、文化、商业和旅游等方面较为重要的城市。(李铁钢)

F000287 **铁路改革模式选择** 何璧等著。中国铁道出版社 1997 年 12 月版。38 万字。28.00 元。“世界铁路改革大趋势系列丛书”第一分册,共分为 12 章。内容包括:综合概述,导言,结构选择,重组过程的管理,日本、新西兰、阿根廷、瑞典、英国、美国、加拿大等国家铁路的实例研究,铁路重组的前景。第一章至第四章讨论了在市场经济条件下铁路重组的主要原则,以便铁路更好地适应市场规律,并且能由市场规律来决定铁路的重组。第五章至第十一章是不同国家的一系列案例,均由概述、基本情况、改革效果、经验借鉴四个部分组成,用来说明铁路重组的主要原则在具体应用中所遇到的问题;案例研究的目的在于表明在总体框架下,有关铁路重组的不同特点和灵活程度。第十二章总结了影响模式选择的主要因素,并对重组的前景作了分析。全书汇集了国际上一些铁路权威人士和专家的研究成果,着重分析了世界铁路改革的基本趋势。不仅提供出丰富的资料,而且表明了研究和解决问题的基本思路,对中国铁路改革具有很好的借鉴作用;而典型的案例研究,有助于比较分析当今铁路改革的基本类型。(梁兆煜)

F000288 **京九铁路** 中华人民共和国铁道部编。中国建筑工业出版社 1997 年 6 月版。76 万字。360.00 元。画册。通过优美的文字和新视角、高品位的图片展示了京九铁路从酝酿、立项到建设、运营及其给沿线省市带来机遇的全貌。(时咏梅)

F000289 **中国近代铁路史** 杨勇刚著。上海书店出版社 1997 年 5 月版。16 万字。17.00 元。从铁路建设与近代中国社会发展关系着眼,侧重于两者互动的考察。从而使中国近代铁路的自身发展史与近代中国的经济状况、政局政情变化、军事与国防建设需要、社会思潮更迭的影响等方面结合了起来。附录为内容翔实的《大事记》和《中国近代铁路内外债细目表》。(陆坚心)

F000290 **大路丰碑** 海潮摄影艺术出版社 1997 年 5 月版。0.6 万字。250 幅图。198.00 元。画册。从陆地、空中,用不同的角度,记录了大路风姿,展现了八闽儿女可歌可泣的英雄事迹。(曲利明)

F000291 **船舶运输管理与经营** 谢新连编著。大连海事大学出版社 1997 年 10 月版。41.8 万字。23.50 元。系统地介绍了船舶运输管理与经营的基本概念、基本理论和基本方法;对水运系统中的船舶、港口、运输条件及国际上主要相关组织、社团、管理机构、航运政策、策略做了介绍;重点论述了船舶运输生产组织优化、航运经营、船型优选与船队规划问题。内容兼顾国际惯例和符合国情,使技术与经济、管理与经营、理论与实践融会贯通。(时培育)

旅游经济

F000292 **旅游公共关系** 李洁著。云南大学出版社 1997 年 5 月版。20 万字。15.00 元。从旅游活动的角度来探讨公共关系,全面、系统地阐述旅游公共关系的“角色”与战术。(龙宝珍)

F000293 **旅游民族学** 潘盛之著。贵州民族出版社 1997 年 3 月版。45 万字。28.50 元。分为 8 章。首先论述民族旅游的概念、民族旅游与民族关系、民族旅游的价值和地位。接着论述旅游民族学的性质、任务、研究价值,以及旅游与民族学的关系、旅游民族学的资料搜集问题。然后论述民族文化中的经济生活。生存环境、语言文字、风俗习惯、科学技艺、宗教信仰、文学艺术等方面与人文旅游资源的各种关系。以此为出发点,论述人文旅游资源开发和利用中的可领略性、可接受性、可浓缩性、有序组合、可参与性、有纪念性等诸多原则和旅游项目的构建。论述民族旅游的投资原则、投资选项、投资规划和节约投资的若干种途径。此外,还从旅游商品营销、民族旅游管理、从业人员培训、旅游资源维护和民族旅游前景等方面进行研究。(胡廷夺)

F000294　**旅游导游学**　吕宛青、仇学琴著。云南大学出版社 1997 年 4 月版。20 万字。15.00 元。从三个角度展开内容第一部分从横向上展开,包括导游基本概念、导游基本要素、导游基本方法;第二部分从纵向上展开,包括导游过程,导游艺术技巧;第三部分从专项问题角度展开,包括导游过程中特殊问题的处理、导游与多学科知识、导游人才培训、导游管理体制改革等,基本涵盖导游活动的主要方面。(龙宝珍)

F000295　**民俗风情旅游**　邓永进、薛群慧、赵伯乐著。云南大学出版社 1997 年 12 月版。22.5 万字。13.80 元。分为"概述"、"民俗风情旅游的构成"、"民俗风情旅游市场"、"民俗风情旅游资源的开发"、"中国民俗风情旅游"、"国外民俗风情旅游"及"民俗风情旅游的实现"7 章,对现代民俗风情旅游的概念、特征、类型及影响,民俗风情旅游者、民俗风情旅游业、民俗风情旅游市场以及民俗风情旅游资源的开发现状、抢救与保护、开发与利用进行了系统阐述,并考察了中国与国外民俗风情旅游的状况,最后对民俗风情旅游参与和导游的方法与技巧作了介绍。(李兴和)

F000296　**贵州旅游地理**　杨龙编著。贵州科技出版社 1997 年 8 月版。20 万字。17.00 元。详细阐述贵州旅游资源的特点,并进行科学的评价;提出贵州旅游资源开发建设的原则,强调对旅游资源的保护;介绍贵州旅游地图的分类方法,以及 90 年代兴起并迅速风行全球的"生态旅游";提出了贵州旅游区划的原则、依据,将贵州省分为 7 大旅游区,并对贵州的 70 多个风景区、风景点和少数民族风情旅游观光点进行详细的介绍。(彭丽蕾)

贸易经济

F000297　**当代市场营销丛书**　万成林、韩德昌、邓耕生等著。天津大学出版社 1997 年 1 月至 1997 年 5 月版。457.2 万字。232.60 元。分 13 册:《市场理论及其应用》《市场体系及其运作》《市场营销理论与实务》《国际市场营销理论与实务》《国际技术贸易理论与实务》《消费心理学》《市场调查与市场预测》《市场行情分析》《广告理论与实务》《营销公共关系学》《营销商贸财务会计实务》。内容涵盖市场营销的各个层次,各册之间既相互联系,又保持相对独立。丛书通过对市场发育、市场体系、市场供求、市场价格、市场竞争、市场主体经济行为和市场运行规则等市场机制的介绍和分析来认识市场运作特点和规律,了解参与市场营销活动的基础知识。以企业为主体,系统阐述了国内外市场营销的基本范畴、原理和技能,并结合大量例证剖析了国内外市场营销战略、策略、组织和管理方面的经验,对消费者心理、市场调查、市场行情分析和预测,对营销商务谈判目标、策略、程序、方式、技巧、心理、礼仪和组织,对营销商务人员必须掌握的财务会计原理和技能,对鉴别商品真伪所需的商品知识和手段等都做了详尽介绍。(陈家修)

F000298　**汉英俄外经外贸词典**　王秉钦主编。南开大学出版社 1997 年 2 月版。127.1 万字。45.00 元。以汉语为词条作英、俄文对照;词目单位以共同习用语单位和专门用语单位为主,以使用频率较高的自由搭配词组为辅;专业范围在外经外贸领域。其特色有:1. 收词完备、切合实际。共收词 3 万余条,对外经济领域包括工商管理、税制、证券、股票、金银等;对外贸易方面包括进出口、询价报盘、货币量衡、谈判签约、检验保险、包装运输、单据票证、会计结算、索赔仲裁等内容。词语专业特征鲜明,既避免了收词过窄而使当收者漏收,又防止了范围过宽而使词目丛芜驳杂。2. 释文简明灵活。针对汉语词条的英、俄文释义力求简洁,以对应词或词组两种形式择优体现;对多义单位择其最常用专业义项释义;对同义词目则分立词条以求详备。3. 语种对应上力求做到三语种语义对等,包括绝对对等(对应)和相对对等(动态对等),一般以两两(语种)对等为主。(张彤)

F000299　**MBA 十日读**　[美]史蒂文·西尔比格著,郑伏虎等译。中信出版社 1997 年 10 月版。301 万字。35.00 元。全书 10 章,分别讲述营销、商业道德、会计、组织行为、数量分析、金融、经营、经济学、战略和 MBA 微型课程等必修课所包含的基本概念及实际应用价值。内容涵盖了美国商学院 MBA 主要课程之精华,描绘了 MBA 的总体概念框架。十章内容相对独立,又相互联系。各章并非按照严密的逻辑顺序排列,读者可先从自己感兴趣或与本职工作有关的章节读起,十日内轻松愉快地学完全部内容。(何培慧)

F000300　**工程师商务基础**　[英]郭臣吉著,范元林等译。上海交通大学出版社 1997 年 1 月版。

23.2 万字。13.10 元。它简要探讨什么是商务？为什么要研究商务？商务的基本要素有哪些？如何平衡发展？并结合具体案例阐述了市场学、管理学、经济学和人力资源等学科的基本原理和要素。（成敬祥）

F000301　**12 小时 MBA**　[美]来洛·索贝尔著。天津人民出版社 1997 年 1 月版。22.4 万字。18.00元。工商管理硕士简明教程。内容完全参照典型的 MBA 课程设置编排并浓缩其精华，用简单易懂的方法，对关键的概念和技巧做了深入浅出的解释，并充分利用富有说服力的案例加以说明。同时，删除了那些看似神秘，但商业人士在现实生活中一般用不到的部分。（杨莉）

F000302　**商品流通经济学**　夏蔚莼主编。辽宁大学出版社 1997 年 2 月版。23 万字。16.00 元。“市场营销系列丛书”之一。内容包括：商品流通在社会再生产中的地位和作用、市场和市场体系、商品供求关系、商品价格、市场竞争、商品流通渠道、商品流通和货币流通、商品流通中的商流物流和信息流、商品流通的经济效益、商品流通发展战略、商品流通的宏观调控，我国商品流通与国际市场的接轨。全书坚持以社会主义市场经济理论为指导，贯彻理论与实践相结合的原则，注意吸收与创新相统一，既注重基本理论的系统阐述和学科体系的内在联系，又强调对实践的指导性和可操作性，力求在保证质量和一定深度的基础上，突出重点，简明扼要、深入浅出。（陈晓东）

F000303　**商战推销三十六计——实例精选**　王艳青、张晓、周群、燕子编著。河北人民出版社 1997 年版。18.3 万字。10.00 元。“经商三十六计丛书”之一。以中国古兵法三十六计为基本框架，先简介每套计的精要，然后将题注译成白话，并提示每计在商战推销中的要义，最后是精选的实例，每计两例，共计 72 例。多为世界商战中的推销经典之实例，如围魏救赵计中的“一送一卖 冷饮商速解燃眉之急”、无中生有计中的“化虚为实 鲍洛奇财运亨通”、李代桃僵计中的“就重避轻 藤藤田喜获‘银座犹太人’雅称”、欲擒故纵计中的“引人注视 尼西奇产品畅销全世界”、釜底抽薪计中的“削其气势 奥纳西斯巧营石油运输业”、金蝉脱壳计中的“存其形 波音公司冲出‘死亡飞行’”、偷梁换柱计中的“频更其阵 盖斯门击败金·吉列”、“上屋抽梯计中的“假之以便 柯达商标已值 35 亿美元”、美人计中的“攻其将 天王巨星招财进宝”等。（周建图）

F000304　**市场营销管理（亚洲版）**　[美]菲利普·利特勒等著，郭国庆等译。中国人民大学出版社 1997 年 1 月版。68.00 元。分上、下册。对亚洲地区的市场营销范例进行了分析阐述。书中强调了市场营销在组织和社会中的重要作用，分析了在迅速变化的世界经济中现代企业的经营活动，阐述了市场营销的核心概念。在分析产业与竞争者问题时，提出企业必须善于识别竞争者及其战略与目标，及时评估竞争者的优势与劣势，估计竞争者的反应模式，建立竞争性的情报系统，选择要攻击和回避的竞争者，还就顾客导向与竞争者导向问题进行了分析、评价。列入“工商管理经典译丛”。（余资）

F000305　**国内统一市场研究**　孙耀川主编。辽宁大学出版社 1997 年 1 月版。20 万字。12.80 元。共 15 章。主要内容有：国内统一市场的内涵、框架、基本特征；国内统一市场的形成条件；国内统一市场形成的利益与代价；建立国内统一市场的必要性与迫切性；国内统一市场中的规范化市场主体构建；市场机制的培育与完善；生产资料市场的发育和完善；我国统一金融市场的形成与发展；国内统一劳动力市场的培育；技术市场的培育；间接宏观调控体系的建立；新型市场法律与法规体系的建立等。再现了经济体制从旧向新体制转换中交织的矛盾。从较深的层次上揭示问题存在的根本原因及症结。（刘东杰）

F000306　**市场营销管理**　副名：理论与策略。邓胜梁、许绍李、张庚淼编著。上海人民出版社 1997 年 8 月版。40.7 万字。28.00 元。以最新的营销理念阐明了市场营销的基本原理，并在市场概念的介绍中分析了两种市场行为：消费者与企业的市场行为。在全书的核心部分，详尽地引介了市场营销的各项基本策略和战术，如关于市场营销的研究、产品的开发与管理、营销渠道的基本策略与战术、保销策略、定价策略等。还辟出专章阐述了服务业的营销策略及国际市场营销问题。列入“现代经济学管理学教科书系列”。（黄建章）

F000307　**如何畅销**　李澄怡、田岩石著。南海出版公司 1997 年 7 月版。15 万字。16.50 元。从组织整体运行的角度思考营销，认为：产品（服务）的畅销，是一个组织整体、良性、协调运行的结果，经营好企业，才能经营好产品。新的见解与传统营销方法相结合，构成书中系统阐述的，使产品与服务畅销的 14 条商规：以顾客为导向；定位你自己；找准你的顾客；产品领先；重在效用提供；卖满意，创服务优势；员工满意，顾客才会满意；经营企业，不仅仅经营产品；合理定价；保持销售渠道畅通；有效促销；做有效

的广告;形象致胜;特色、专精、创新。(刘孝阳)

F000308　**高等学校教学参考书·市场营销学**　王耀球、朱克强著。中国铁道出版社 1997 年 3 月版。29 万字。10.40 元。结合国内、国际两种市场,以理论联系实践为原则,系统地论述了市场营销学的概念、原理和方法。内容包括市场、市场机会分析、市场细分与目标市场、营销组合,以及国际市场营销导论、国际市场营销环境、国际市场营销组合等。还对生产资料市场的特点、营销特征也进行了论述。书中引用了不少最具代表性的营销实例。(李小军)

F000309　**推销理论与技巧**　阎忠元、牟红、左骏等编著。国防工业出版社 1997 年 1 月版。18.9 万字。11.00 元。"现代企业营销管理丛书"之一。通过对推销理论、推销模式、推销人员的分析与研究,阐述了寻找顾客、接近顾客、面谈、顾客异议、成交、推销礼仪等推销策略与方法,其整体结构特色是:既包括了有关推销的比较高深、经典的理论,又包括了关于推销的具体操作技术与技巧,每章均有该章理论之应用——实际问题与案例;其知识结构特点是:既包括了有关推销的常识性知识,又包括了对推销工作比较前沿的探索。(王华)

F000310　**TP 策略**　乔洪武编著。湖北人民出版社 1997 年 8 月版。30.6 万字。15.90 元。"企业制胜新策略丛书"之一。集中展示了当今世界上最先进的市场营销管理理论以及西方国家和我国企业运用这些理论的实际案件。(吕薇)

F000311　**市场秩序论**　王根蓓著。上海财经大学出版社 1997 年 1 月版。22.5 万字。19.00 元。设立"社会—经济—自然"分析框架,强调了转型经济发育与市场秩序及市场经济变革是自然历史的演化过程。转型国家可以利用"后发优势"加速设计市场秩序改造工程又必须遵循市场秩序演进的基本规律。同时认为斯密的自然秩序学说是对市场秩序的短期而静态的考察,马克思的有限市场经济论则恰恰相反。作者在借鉴西方经济学说的同时,注意挖掘中国古代文化宝库并从经济学角度予以解析,指出转型国家设计与缔造以市场秩序为内容的社会变革工程两步骤:构造和平、安全、稳定、公正、效率与"天人合一"的基本客观制度框架;转型国家将市场经济纳入"法治"社会的同时,应着力构造通往"文治"的途径。(王联合)

F000312　**经商三十六计**　张晓、王艳青、周群、范佛全编。河北人民出版社 1997 年版。98.9 万字。53.50 元。计有 4 本:《商业谈判三十六计——实例精选》、《商战推销三十六计——实例精选》、《商战创业三十六计——实例精选》和《商战公关三十六计——实例精选》。以中国古兵法三十六计为基本框架,先简介每套计的精要,再将各计题注译成白话,并提示在商战中的用法,然后详举各国富商大贾运用各计驰骋商场的风云变幻。以商战实例为主干,每计两例,共 72 例,精选海内外突出企业的突出事例。实例不抽象罗列成败经过,只扼要铺陈企业和主要人物所遇难题的背景、分析问题的步骤和解决问题的决策过程;着重介绍企业及主脑对奇计良策的策划和最佳实施手段的选择。(周建图)

F000313　**商业谈判三十六计——实例精选**　张晓、王艳青、周群编著。河北人民出版社 1997 年版。17 万字。9.50 元。"经商三十六计丛书"之一。以中国古兵法三十六计为基本框架,先简介每套计的精要,然后提示每计在商业谈判中的要义,最后是精选的实例,每计两例,共计 72 例。有世界级谈判大师荷伯·科恩等的成功实例;有国际贸易中各国贸易谈判的实例,如借尸还魂计中的"租地建厂 日本汽车大举入侵美国"等,更多地是各厂商之间的商战谈判实例,如瞒天过海计中的"示假隐真 店老板生财有道"、以逸待劳计中的"损刚益柔 我索赔 58 亿日元"、暗渡陈仓计中的"炫耀投标方式 哈默独占鳌头获两块租借地"、打草惊蛇计中的"查而后动 中药厂取得真经"、擒贼擒王计中的"攻其要害 500 万美元合资合同谈判成功"、金蝉脱壳计中的"乔费尔计胜日钟表公司"等。(周建图)

F000314　**商业谈判学**　庞大庆、龙思红等编著。国防工业出版社 1997 年 5 月版。26.4 万字。14.50元。"现代企业营销管理丛书"之一。分 4 个部分。全面地介绍谈判的理论知识和谈判技巧。第一、二章为第一部分,着重阐述商业谈判的基本概念、基本原理和基本观念。第三章至第六章则为第二部分,介绍了一个完整的谈判要经过哪几个阶段,从谈判工作的组织、准备到谈判的正面交锋、签订协议等,均做了详尽介绍。第七、八章则介绍了如何将商业谈判的基本理论应用于国际贸易谈判,如何考虑谈判对手所在国的谈判风格。第四部分,即第九、十章内容,则介绍了商业谈判的一些技巧,结合大量谈判实例,使读者从实践中体会到如何将谈判理论与技巧应用于实践中去。本书的特点在于:在系统地介绍了谈判理论的前提下,更注重于实践,那就是通过丰富的实例和案例分析,教会读者如何在谈判中运用所学到的谈判理论知识,从而提高自己的商业谈判能

力。(耿新暖)

F000315 **商战三十六计——实例精选** 周俊全、葛仲伦、周刚编著。河北人民出版社 1997 年版。23.5 万字。12.00 元。以中国古兵法三十六计为基本框架,先简介每套计的精要,然后将题注译成白话,并提示在商战中的要义,最后是精选的实例,每计两例,共计 72 例。实例多为中外商战中的经典之作,如声东击西计中的"言义取利 林绍良富居世界前列"、"名进实出 索尼货穿越欧美关卡";笑里藏刀计中的"刚中柔外 罗伯特制服英国金融家"、"微笑之间 阿奈特成为法国女强人";调虎离山计中的"待天困之 '黑马骑士'皮根斯兼并得利"、"用人诱之 石油大亨哈特雷生存有方";釜底抽薪计中的"削其气势 '金利来'风正一帆悬"、"扼其生源 '鳄鱼湖'日晴财神来";关门捉贼计中的"大鱼吃小鱼 三星集团称霸韩国"、"有理困无理 外贸公司力排索赔案";假痴不癫计中的"大智若愚 包玉刚创下海陆两大金元帝国"、"以勤补拙 郑裕彤树起香港三座金色丰碑";反间计中的"明修栈道 美国间谍用品商店开张"、"暗设陷阱 股市情报交易相继曝光"等。(周建图)

F000316 **商战公关三十六计——实例精选** 周群、燕子、范佛全编著。河北人民出版社 1997 年版。19.7 万字。11.00 元。"经商三十六计丛书"之一。以中国古兵法三十六计为基本框架,先简介每套计的精要,然后将题注译成白话,并提示在商战公关中的要义,最后是精选的实例,每计两例,共计 72 例。实例均为世界商战中的公关经典之作,如借刀杀人计中的"靠人才战略 正大集团开拓新领地"、以逸待劳计中的"后发制人 光明、海尔两公司股票上市成功"、隔岸观火计中的"阴以待逆 洛杉矶奥运会取争斗者之财"、借尸还魂计中的"借 40000 电话号码.祥生出租奔驰在十里洋场"、抛砖引玉计中的"丢掉芝麻 捡来西瓜 永安公司美名远扬"、混水摸鱼计中的"乘其阴乱 公关巨人博雅多智慧"、远交近攻计中的"联合第三世界 雀巢公司摆脱危机"、指桑骂槐计中的"娃哈哈、克兰梅公开真相 救形象如同救火"、空城计中的"歉意诚举 英航万里空飞传美名"等。(周建图)

F000317 **商战创业三十六计——实例精选** 张晓、王艳青、周群编著。河北人民出版社 1997 年版。20.4 万字。11.00 元。"经商三十六计丛书"之一。以中国古兵法三十六计为基本框架,先简介每套计的精要,然后将题注译成白话,并提示在商战创业中的要义,最后是精选的实例,每计两例,共计 72 例。实例均为各国富豪和著名企业的创业经典,如趁火打劫计中的"因机而发 何善衡'炒金沙'一路青云"、"就势取利 冯景禧'缔伟业'满面春风";顺手牵羊计中的"顺势而动 李贵辉白手起家呈英豪";"随风行航 曾宪梓 3 万赞助立品牌";调虎离山计中的"精设三步棋 '猪鬃大王'荣登王座"、"妙思数点招 '种德堂'广播仁德";假道伐虢计中的"借体育之道 健力宝称雄世界"、"假公关之术 亚都人叩开津门";树上开花计中的"借局布势 冠生园营造 大白兔帝国"、"就汤下面 通用汽车顺应大时代超福特";走为上计中的"全师避敌 '金融大王'遭遇坎坷"、"东山再起 '魔术师'事业终如愿"等。(周建图)

F000318 **现代商务礼仪** 熊经浴主编。金盾出版社 1997 年 8 月版。24 万字。12.60 元。分为 3 个部分。第一部分介绍了礼仪的一般知识,论述礼仪与其主体气质培养、道德修养的重要关连,以及个人在仪表风度、谈吐举止方面应具有的基本要求。第二部分重点讲述商务礼仪。除介绍了商务交际礼仪外,还以较多的篇幅从商品销售、销售服务用语、商务洽谈、商务仪式、商务通信以及商务接待等多方面、多角度讲述了商业实务礼仪要求。第三部分是从与国际商务活动接轨出发。详细介绍了海外商务礼仪要求及各国不同的礼俗和禁忌。(周叔仲)

F000319 **商业礼仪** 尹茂生著。河北人民出版社 1997 年版。9.7 万字。7.00 元。"商业民俗与文化丛书"之一。由柜台待客礼仪、业务洽谈礼仪、产品介绍礼仪、商业仪式礼仪、商务纠纷解决中的礼仪、特殊行业的待客礼仪和个体经商者的待客礼仪等部分组成。论述营业员的仪表与仪态、柜台前的文明礼貌用语、公平交易、特殊情况下的礼貌待客;商务交往中的日常礼仪与禁忌,谈判中礼节,辩论时的礼仪,遇到矛盾怎样商讨解决;在产品的介绍、推销中的礼仪,广告宣传中的礼仪;开业、张贴告示和发送请柬、剪彩仪式、鉴定合同或协议、赞助活动中的礼仪;发生商务纠纷后,在查问和索询、解说、宣布判令和终止关系时要注意的礼仪;一些特殊的行业,如旅馆业、理发业、沐浴业、照相业、洗染业、饮食业等待客的礼仪;个体、集体摊贩文明经商的礼仪等。(周建图)

F000320 **中南酒店管理模式** 陈祝新主编。海天出版社 1997 年 11 月版。70 万字。108.00 元。"酒店管理丛书"之一。分 9 篇及附录。书中介绍的中南酒店管理模式,是吸取西方酒店业、工业以及国内同行业的成功管理经验,结合深圳经济特区和中南地区多年的酒店管理实践总结出来并经实践证明为行之有效的一套现代酒店科学管理方法。中南酒店管理模式,看重酒店选址,强调酒店定位,讲究设计装修风格,推行地方菜为时尚风味,开拓并应用先进的智能化电脑信息系统管理。中南酒店管理模式的基本内容是:执行严格的岗位职责与素质要求,规定权力范围与授权方式,强调协调好主要对象,实行先进的科学评价标准与方式及奖罚规定;执行严格的工作程序及标准要求;执行严格的系列管理制度;执行严格的统一业务表格等。中南酒店管理的核心内容:一是搞好酒店企业内部的先进经营策略与方法,二是优化企业结构发展壮大企业的经营策略与方法。(方映灵)

F000321 **国际服务贸易概论** 戴超平著。中国金融出版社 1997 年 12 月版。47.8 万字。29.00 元。分 8 章。第一章为总论,概述服务贸易的基本概念、特征、发展趋势、贸易谈判、国际上研究现状及若干理论与实践问题,同时提出了我国参与国际服务贸易的战略性原则。第二至第七章,论述部门服务贸易,分别论述了金融(包括保险)、工程建筑及设计等服务贸易。每章的内容首先论述该部门的服务贸易发展现状;其次论述服务贸易壁垒(各国限制性商业惯例或法规限制情况);再次论述该部门按 GATS 规则贸易自由化问题(壁垒的消除);最后论述我国该行业发展现状,并探讨了我国按国际惯例对外改革开放及参与竞争问题。第八章主要对 GATS 的法律条款进行详细论述,同时探讨条款在我国的适用性问题。(邓瑞锁)

F000322 **第三产业与服务消费品研究** 李江帆著。广东人民出版社 1997 年 8 月版。30 万字。23.00元。"广东省中青年社会科学家文库"之一。共 3 篇。第一篇"在第三产业经济学研究的道路上"主要介绍第三产业经济学的形成过程;第二篇"服务消费品研究"系统论证服务消费品的使用价值、价值、生产规模与发展趋势,建立了服务价值理论,全面突破了传统政治经济学的劳动价值理论关于服务劳动不创造价值的成说,为第三产业经济学体系奠定了理论基石。第三篇"第三产业经济理论研究",对我国第三产业的发展实践中出现的许多亟需解决的新问题,包括第三产业与第三产业经济学,第三产业性质及其认识误区,第三产业效益,第三产业与市场经济等问题进行深入分析。(杨小虹)

F000323 **现代中小型饭店管理实务** 王宝战主编。上海交通大学出版社 1997 年 11 月版。98 万字。100.00 元。总结国际国内中小型饭店的管理特点,阐明中小型饭店一室九部的运行和管理实务及疑难问题的处理方法。主要内容:运行管理的内容和要求、部门组织的机构与岗位设置、各部门的岗位职责和任职要求、员工的培训、各岗位的操作程序和流程、部门规章制度、各部门的常用报表及使用说明、各部门与其他部门的关系协调等,最后列举大量典型个案加以详析。(成敬祥)

F000324 **现代饭店管家业务** 贾天骕编译。广东旅游出版社 1997 年 11 月版。26 万字。16.50 元。系统地介绍各类型现代饭店管家业务的工作范围、目标,以及具体操作过程中的各种专业工具、各种清洁剂;对各种纺织品、各种装修表面、地板的清洁保养;对管家工作的职责及组织、控制;对饭店内部环境的总体控制;等等。涉及了饭店管家业务的各个方面及各项工作。(李瑞苑)

F000325 **走向国际市场丛书** 滕维藻主编。贵州人民出版社 1997 年 1 月版。176.9 万字。147.30元。共 8 册:《论对外贸易经济经济效益》、《国际高技术市场与中国对外高技术交流》、《战后世界经济三大支柱》、《中国企业的跨国经营》、《外商投资企业分析》、《中国边境贸易现状与展望》、《国际金融市场与中国利用外资研究》、《世界贸易组织惯例与中国涉外经贸》。内容包括边境贸易的沿革、现状、政策环境、发展战略探讨;我国三资企业的发展过程,现状分析,存在问题,政策建议;中国外贸效益的实证研究,提高外贸效益的政策、途径,国际金融市场的基本形势,90 年代以国际金融市场的新变化,我国利用外资的现状分析,利用效果及存在的问题;国际高技术市场的现状分析,我国对外高技术交流的政策建议;对三大经济支柱的机制分析,战后世界经济客观因素的变动对三大支柱作用的影响以及我国应如何发挥在三大支柱中的作用;中国企业跨国经营的发展与现状,跨国经营战略分析和案例分析;中国外贸效益的实证任务,提高外贸效益的政策、途径等等。(谢丹华)

F000326 **走向新世纪的上海市场(三卷)** 潘洪萱、汤云为、裘逸娟主编。上海财经大学出版社 1997 年 6 月版。200 万字。180.00 元。以 3 大卷 17 篇,对上海 16 个大市场的总貌作了全面展示。要素市场卷论述了上海市场总体以及劳动力市场、技术市场、信息市场、房地产市场、企业产权市场、生产资料市场等要素市场的形成、背景、发展现状、运作和管理、发展前景。商品服务市场卷分析了上海农产品市场、日用工业品市场、生活服务市场、旅游市场以及文化市场的演变、现状和发展前景。金融市场卷详述了上海资金借贷市场、证券市场、外汇市场、期货市场及保险市场的形成和现状，展望了其发展前景。(裘逸娟)

F000327　**中国商品期货价格形成理论与实证分析**　童宛生、胡俞越、冯中越等著。中国财政经济出版社 1997 年 12 月版。23.5 万字。25.00 元。“期货市场研究丛书”之一。分为理论篇、实证篇和探索篇，选择了中国期货市场郑州小麦和绿豆、大连玉米、上海铜和铝、苏州 6.5 线材 6 个商品期货，收集了其中 33 个不同月份合约的期货价格和现货价格资料，运用数学方法和模型，通过计算机处理，进行了定量研究和分析，并在此基础上进行了理论思考，得出了以下结论：绝大多数期货合约的价格与现货价格是正相关关系；期价与现价之相存在着相互影响和作用的关系；一些与国际接轨的大品种合约临近交割月，期价与现价间的基差趋于偏小；期货价格受通货膨胀的影响，但不是通货膨胀的诱因。研究表明：期货市场的套期保值功能和价格发现功能在有些合约上已经显现，在有些合约上显现不明显或尚未显现，说明我国期货市场还不完善。作者分析了造成这种情况的原因，并对期货基本理论、期货价格与现货价格的关系、宏观经济环境与期货价格的形成、完善我国的期货价格运行机制进行了专题研究。(刘瑞思)

F000328　**汉正街市场志**　朱文尧主编。武汉出版社 1997 年 11 月版。23 万字。20.00 元。从汉正街市场的形成与变迁，汉正街市场的经营、建设、管理以及教育文化、社区经济等部分，展示了汉正街在历史上作为汉口镇的中心市场，对促进本地区乃至南半部中国商品经济的发展起到过的重大作用，以及在党的十一届三中全会以后，汉正街市场的复兴、发展，特别是作为全国第一个以发展个体经济为主体培育起来的商品市场及被誉为“对内搞活的典范”所形成的新的格局，以及在此基础上，由历史上的一个地区性市场一跃成为引南接北、承东启西，实行全方位开放，大跨度串联，多种经济成分竞争的具有大流通功能的大市场等都作了比较详尽的阐述。(王业勤)

F000329　**香港国际化经营及纺织品市场**　曾兆祥著。中国纺织出版社 1997 年 5 月版。20 万字。14.00 元。系统地介绍了香港的投资环境，包括香港的外贸体制和政策，香港公司的法律、贸易惯例；介绍了香港企业管理方法和技巧，如企业的经营管理、营销策略、人力资源管理、财务管理以及西方企业管理之特色；阐述了香港经济发展的成功要素。还详细介绍了香港纺织品市场、各大类品种的市场容量、内地纺织品在香港市场所处的竞争地位、香港纺织品进出口管制，并论述了中国纺织品生产和出口面临的挑战和出路，为内地纺织企业开拓市场、改变产品结构、提高产品的质量和档次，提供了大量信息和资料，对中国经济走向国际化和香港经济的发展提出了有价值的战略对策。(张建)

F000330　**海南对外贸易实务指南**　杨兆等编著。海南出版社 1997 年 1 月版。12 万字。15.00 元。详尽解答在海南从事进出口业务所涉及的最新政策、外部审批环境，经办手续以及相关的对外贸易服务行业。(张光葆)

F000331　**中国地域商人丛书**　黄启臣、王世华著。浙江人民出版社 1997 年 3 月版。73.8 万字。61.50 元。包括《汇通天下的晋商》(石骏著)、《货殖华洋的粤商》(黄国信、黄启臣、黄海妍著)、《双峰并峙的浙商》(顾红亮、徐怡著)、《纵横宇内的苏商》(石骏、余国正著)、《富甲一方的徽商》(王世华著)，共 5 种。介绍了中国各地域商帮的历史、经营理念、经营方式及各商帮中傲视群伦的商业巨头的传奇经历。整套丛书在以下几个方面作了有益的尝试：首先，运用大量翔实的史料，揭示了不同历史因素在历史进程中的独特作用，强调“个性化的历史”，注重忠实生动地再现历史图景。其次，通过各大地域商人集团兴衰历史的比较研究，完成了历史面貌多样性的描述分析。有意识地把各地域商人集团的发展轨迹放到具体的社会历史进程中加以比较考察。再次，把历史的一般性分析与个案研究有机地结合起来，达到了相得益彰的目的。明清时期出现了不少大商人、大商号与商业家族，它们的沉浮与各地域商人集团的发展息息相关，对其进行的个案研究可以从细节上弥补一般分析的疏漏。(石英飞)

F000332　**丝绸之路贸易史**　李明伟等著。甘肃人民出版社 1997 年 3 月版。50 万字。50.00 元。从对丝路经济活动的分析入手，将全书划分为 5 编 30 章，分五个历史时期，系统阐述和研究丝路贸易从开始、发展、兴盛，进而演变和衰落的全过程，并兼及亚欧各民族国家与丝路贸易相关的经济社会变迁，也论述了丝路贸易及其历史规律对西北经济社会的长远影响。附有丝绸之路的实地彩色照片。(张旭东)

F000333　**乔家经商之道**　郝汝椿著。内蒙古人民出版社 1997 年 6 月版。7 万字。28 幅图。5.00 元。包括 28 篇专题文章和评点。以总结乔家经商经验为侧重点，并辅以评价。以例评形式、对乔家商业二百年间较有借鉴价值的事例搜集整理成篇，并辅之以评说。主要经验有：择业、资金人才组合、取利之法、经营垄断、把握机遇、用人善任、名利观、做事处人观、家规和家教。(范丽娜)

F000334 **陕西商帮史** 李刚著。西北大学出版社 1997 年 5 月版。42 万字。24.00 元。包括前言和 7 章内容。前言对商帮这种历史性商业经营方式的性质、特点、产生的原因作了明确的界定和说明，有根据地指出陕西商帮在当时全国十大商帮中曾长期名列前茅。第一章研究明清陕西商帮形成和兴盛的原因，如明清陕西的地域位置与资源优势，明清陕西农业生产的发展与商品经济的勃兴，明清陕西区域市场的扩大，明清政府对陕西的特殊经济政策，明清陕西商人的内在素质、资本积累和历史积累等。第二章分别对明代陕西的盐商、茶商、棉布商初步形成的原因，经营概况、经营经验和资本积累作了细致的论述。第三、四章深入探讨清代陕西商帮兴盛的原因，并从经营概况、经营方式、经营经验和商业利润九方面论证分述了清代陕西的盐商、茶商、棉布商、烟草商、皮货商、木材商、药材商和钱商。第五章探讨近代陕西商帮衰落的原因。第六章概括了明清陕西商帮的五个特点：历史性、民间性、封建性、行会性和资本主义因素。第七章总结陕西商帮对民族经济的历史贡献。(李宝宁)

F000335 **国际经济贸易理论与实践** 副名：厦门大学国际贸易系系庆五十周年学术论文集。邓力平主编。厦门大学出版社 1997 年 11 月版。31.5 万字。20.00 元。分 8 个部分(共 38 篇论文)。第一部分"国际经济贸易理论与政策研究"由 3 篇论文构成，分别论述了战后国际经济关系中日趋明显的一体化趋向；论证跨世纪我国外贸政策的基调——中性与非中性的结合；对马克思的国际价值理论进行重新的诠释。第二部分"中国对外经贸理论与实践研究"共 8 篇论文，从微观到宏观角度依次讨论了我国外经贸的一些热点问题。第三部分"国际金融与投资研究"共 5 篇论文分别论述近 20 年来国际金融与投资领域的发展情况与存在的问题。第四部分"国际经济关系研究"有 3 篇论文，分别阐述国际服务贸易、世界粮食问题、跨国公司经济活动等问题。第五部分"国际经贸实务与国际市场营销研究"有 5 篇论文，分别就国际市场营销问题进行分析。第六部分专门研究"澳大利亚经贸问题"(3 篇论文)。第七部分有 7 篇论文，主要研究"商务英语与基础英语"。第八部分有两篇论文，主是论述"国际经贸人才培养"。(陈丽贞)

F000336 **国际贸易** 陈同仇、薛荣久主编。对外经济贸易大学出版社 1997 年 7 月版。41 万字。21.00 元。论述了国际分工、世界市场、国际价值和国际市场价格等基本范畴；阐述了国际贸易基础知识，论述了世界经济一体化、国际服务贸易、国际资本移动和跨国公司等的发展趋势和格局及其与国际贸易的关系，深入介绍了国际贸易政策措施、条约与协定，特别是对自由贸易政策、保护贸易政策、超保护贸易政策、贸易自由化与新贸易保护主义的政策与理论，对关税与非关税壁垒措施以及鼓励出口和管制出口方面的措施及其对国际贸易的影响，对关税与贸易总协定、1994 年关税与贸易总协定的基本原则、乌拉圭回合多边贸易谈判及其达成的协议和协定、世界贸易组织及其对世界经济贸易的影响进行了深入分析阐述；扼要分析了主要国家的对外贸易性质和特点，评价了西方的国际贸易主要理论，如对外贸易是"经济增长的发动机"学说、西方经济学家国际分工和国际贸易的学说、地区经济一体化的理论以及跨国公司的理论等进行了简要介绍和评价。(刘传志)

F000337 **国际贸易与国际物流** 张蕾丽、刘志学著。华中理工大学出版社 1997 年 3 月版。31.6 万字。11.50 元。系统地阐述了国际贸易的理论、实务与国际物流。全书共分 5 章，内容包括：国际贸易导论、国际分工、国际贸易理论、国际贸易政策、世界贸易组织、国际贸易术语、国际货物包装与储存、国际货物运输、国际货物运输保险、国际货款收付、进出口商品交易流程、商品检验、索赔、仲裁与不可抗力、国际贸易方式、国际贸易系统与国际物流，以及国际贸易服务手段新发展等。(陈晓娟)

F000338 **国际贸易书信与会话** 江思文编译。海南出版社 1997 年 7 月版。24.9 万字。14.80 元。分为两个部分。第一部分为国际贸易书信，用丰富的商贸惯用术语和专业知识，写出国际商业贸易书信往来的各种范例。书信的行文均体现出商贸书信所具有的语言精练、表达清楚、礼貌谦恭的特点。第二部分国际贸易会话，有 20 个单元，内容涉及进出口、转口加工、订单合同、银行外汇、贸易文件等外贸谈判及专业知识。会话用语短小精悍，生动准确，内容实用。(刘宇)

F000339 **世界市场开拓指南** 张锡嘏、王寿椿、王和英主编。对外经济贸易大学出版社 1997 年 6 月版。95.8 万字。52.00 元。从当前世界市场总的发展趋势和世界主要国家和地区市场的状况和特点纵横两个方面，从宏观到微观，既概括介绍了整个世界市场的现状和发展趋势，包括商品市场、服务市场、金融市场、技术市场、期货市场，特别是我国对外经贸界还未广泛重视但潜力巨大的文化娱乐市场等发展的总趋势，以及世界市场上的贸易格局、区域集团化、贸易战与贸易方式的新变化；其中，对墨西哥金融危机、巴林银行倒闭事件等世界金融市场激烈动荡情况的介绍和分析。同时，又具体分析阐述了世界 60 多个主要国家(地区)的市场状况和特点，包括这些国家(地区)的经济状况、对外经贸法规、政策措施以及与我国的经贸关系。既总结了世界主要国家(地区)开拓国际市场可资借鉴的成功经验，又提出了我国开拓世界市场的战略原则和具体作法，分析论述了我国应如何从扩大商品和服务的对外贸易，优化出口结构，坚持以质取胜，推进市场多元化，发展对外投资和跨国经营等方面去全面全方位地开拓世界市场。(刘传志)

F000340 **国际服务贸易总论** 汪尧田等编。上海交通大学出版社 1997 年 3 月版。23.2 万字。13.50 元。分 6 章：国际服务贸易概论；国际服务贸易理论探讨、政策与措施；《服务贸易总协定》产生的时代背景、发展及其内容；中国对外服务贸易发展现状；中国主要服务行业开放情况等。书末附有：《服务贸易总协定》；国际服务贸易分类表及世贸组织成员对各服务行业的开放承诺情况表等。(成敬祥)

F000341 **结构贸易融资** 佟志广等主编。中信出版社 1997 年 11 月版。50.3 万字。45.00 元。在系统介绍传统贸易融资方式的基础上，阐述了结构贸易融资的新概念以其特点，同时结合发达国家的经验和国际惯例，对典型案例进行分析讲解，以及在实践中的灵活运用，使读者对结构贸易融资的重要作用和发展趋势有一个比较全面和实际的了解。书中分别介绍了出口信贷的概念和特点，出口信贷的国际惯例和国内的实际操作程序；银团贷款的起源与发展，国际银团贷款的资金来源和市场分析，银团的内部分工，主要当事人及各自的职责义务，银团贷款程序和有关法律程序；银行保函的性质及其基本内容，保函的操作程序和当事人的责任义务，常见保函种类和格式及其相互之间的分析比较，国家外汇担保的有关管理规定和国际惯例；出口信用保险的种类、特点、作用，出口信用保险的经营和操作程序，出口信用保险的国际组织，各国出口信用保险体制的比较；福费庭市场的起源与发展，福费庭业务操作程序和成本核算，福费庭票据及担保，福费庭与其他融资方式的比较。(龚援)

F000342 **世贸组织与中国大经贸发展** 薛荣久著。对外经济贸易大学出版社 1997 年 6 月版。53.6万字。29.00 元。全面系统地论述了世界贸易组织的广泛内容、运行机制、发展态势及对中国相应领域的影响和作用，探讨了中国与世贸组织多边贸易体制的相互关系及中国加入世贸组织给中国大经贸发展带来的机遇和挑战，提出了一系列有关中国经济与世界经济接轨融合的理论思路。首先，利用详实的史料并结合我国对多边贸易体制认识的变化过程，以及作者对关贸总协定的系统研究和对乌拉圭回合谈判的密切跟踪，对世贸组织 29 个协议的内容、含义及对世界经济贸易的影响，从法理和经济的角度，进行介绍和阐释，对关贸总协定和世界贸易组织的性质、特点及其影响进行了客观公正的分析，实现了对多边贸易体制再认识的飞跃。其次，探讨了一系列当前我国亟待回答和解决的重要理论问题和实际问题。例如，中国加入世贸组织以后，如何按照国际通行的综合竞争力理论与中国实际相结合，培养综合国力和国际竞争力；如何以世贸组织的多边贸易体制作为框架，确立开放型贸易体制，实施对外贸易发展的大经贸战略、以质取胜战略、名牌战略和市场多元化战略；如何对服务业采取逐步渐进、有选择的方式进行对外开放；在服务贸易、知识产权和外来投资方面如何调整和实施对外商的国民待遇；如何进一步完善和加强知识产权保护制度，实施可持续发展战略。(刘传志)

F000343 **当代国际技术转移与对策** 李志军著。中国财政经济出版社 1997 年 11 月版。33.2 万字。26.00 元。对国际技术转移的理论、方法与实践中的重要问题作了较为全面、系统、深入的分析研究。研究分析了国际技术转移的系统结构、功能、过程、环境、动力结构与实现机制，大胆探索，吸收、借鉴自然科学中有关流体力学的科学思想与研究方法，提出了国际技术转移的粘滞性理论，为国际技术转移的理论研究提供了基本思路。分析论述了国际技术转移的原则、标准与方法，论述了国家技术转移能力评价、转移技术和评价与选择及国际技术转移项目评价问题，提出了评价国际技术转移的“技术输出/技术输入模式”与“市场影响模式”，首次提出并论述了国家技术转移能力评价问题。在分析研究中国对外技术转移的历史、现状与特点上,论述了中国对外技术转移的原则、战略重点与基本思路,提出了若干对策与政策建议。并将技术转移纳入全球经济社会发展的大系统中进行考察分析,全面分析研究了当代国际技术转移的发展现状与特点,探讨了其规律性与政策建议。(杨波)

F000344 **论对外贸易经济效益** 王林生、裴长洪著。贵州人民出版社 1997 年 1 月版。22.6 万字。19.80 元。"走向国际市场丛书"之一。论述了对外贸易经济效益的概念及其理论基础、社会主义对外贸易宏观经济效益、中国对外贸易的财务盈亏与经济效益、中国的对外贸易与经济增长、外资体制改革与企业经济效益、出口激励与企业经济效益、考核指标对企业行为的影响、市场竞争中外资企业经济效益的来源。(谢丹华)

F000345 **国内扭曲、国际竞争与对外开放** 熊贤良著。云南大学出版社 1997 年 3 月版。20 万字。17.00 元。从西方贸易理论中的古典模型展开论述,结合当今经济领域的各种现实情况,探讨一国的对外开放战略。书中指出,国内扭曲众多及竞争优势缺乏的状况,严重制约着中国能够对先进的外部世界开放国内市场的程度及从国际分工中获得利益的大小。为了使自身的长期利益最大化,中国在"改革"和"开放"的关系和时序安排上,要加快改革的步伐,消除国内体制性扭曲,同时把握好对外开放的节奏,务必对国内市场进行有选择的保护。(蔡红华)

F000346 **赫德与中国海关** 魏尔特著,陈敩才、陆场成等译。厦门大学出版社 1997 年 12 月版。100.8 万字。85.00 元(平),105.00 元(精)。中国近代海关史译作。主要写英国人赫德(Robert Hart),从 1861 年署理中国海关总税务司、1863 年被清政府任命为总税务司直至 1908 年间在中国的各种活动。赫德在长近半个世纪的时间里,不仅管理着整个中国海关,通过税收和直接向外国政府支付巨额赔款,而且还作为中国政府总理衙门的最高顾问,直接插手中国的内政外交。他的活动范围十分广范,而其种种活动无不与中国近代海关相联系。作者魏尔特(Wright, S. F.)虽从美化赫德的角度,对赫德作出"维护中国利益"、"对中国人富有同情心"的评价,并在书中为列强对华侵略进行辩护,但作者利用自己独特的身份,广泛搜集了有关赫德与海关的资料,使本书成为一部资料扎实、内容丰富的著作。(徐长春)

F000347 **国际工程承包与建设项目管理** 吴之明等合编。中国电力出版社 1997 年 10 月版。44.1 万字。18.80 元。主要介绍如何按国际通用的作法进行国际工程项目管理,包括建设项目管理的基本原理和方法,国际建筑市场的形势和特点,项目的集资,国际竞争性招、投标,工程估价与投标报价,世界银行对贷款项目的管理,业主、工程师对国际承包合同的管理,承包商的施工管理以及施工索赔与争端处理。(丁莉)

F000348 **中国边贸研究** 杨清震主编。广西民族出版社 1997 年 6 月版。30 万字。28.00 元。系统地阐述了中国边贸发展的必然性,理论依据和历史渊源;在理论与实践的结合上探讨了沿边国别边贸,并区别不同特点,设计了相应的边贸发展新构想;在总结国内外经验的基础上,提出了提高边贸效益的自乘发展战略和加强边贸管理的对策,预测了中国边贸发展的趋势。(覃琼送)

F000349 **当代美国对外贸易研究** 熊良福著。武汉大学出版社 1997 年 5 月版。26.8 万字。12.80元。"当代美国经济研究丛书"之一。论述了美国对外贸易理论是其贸易地位变化的反映,也是为改善其国民经济的政策的理论基础。它们先后经历了保护主义和自由主义过程,而且至今这两大主流还在争论不休,但是已由泾渭分明变为互相渗透。还介绍了美国的贸易政策,即以国家实力为后盾,向全球扩张;构建自己主导的区域贸易集团;在世贸组织中强化其主导地位,控制谈判主导权;把自己的主张与经济体系强加于他方,谋求市场准入;强化自己在高科技领域内的领先地位,寻求与保持贸易优势。(范绪泉)

F000350 **国家级新产品(1996)** 中华人民共和国国家经济贸易委员会编。中国标准出版社 1997 年版。117.6 万字。80.00 元。收集了 1384 项 1996 年度国家级新产品,其中机械产品 460 项,仪器仪表及电器 240 项,电子通讯 147 项,轻工产品 48 项,纺织产品 69 项,石化产品 110 项,材料 125 项,运输 84 项,医药 67 项,其他 34 项。这些产品中,按技术水平分,达到国际先进水平的 266 项,达到国际水平的 535 项,达国内先进水平的 585 项。全面介绍这些产品的性能、用途、技术经济指标以及生产企业的简要情况。(王西林)

财政、金融

F000351 **财政金融学考试参考书(修订版)**

《财政金融学考试参考书》编写组编。中央广播电视大学出版社1997年10月第二版。39.8万字。19.00元。主要包括:“财政的本质和职能”、“财政收入”、“财政支出”、“国家预算”、“国家信用”、“货币和货币流通”、“信用资金来源与运用”、“金融体系”、“保险”、“金融市场”、“国际金融”、“财政金融宏观调控”以及书后另附总思考题和总思考题参考答案等内容。收入“专升本(非师范类)入学考试参考丛书。”丛书共分30册。包括政治(公共课)、英语、大学语文、图书馆学、档案学、文学概论、新闻学、行政管理学、政治学概论、管理学概论、高等数学(一)、高等数学(二)、财政金融学、会计学原理、环境保护概论、电子技术基础、电路原理、机械设计基础、结构力学、化工原理、地质学概论、医学基础、植物生理学、中医基础理论、民法、刑法、市场营销学概论、海洋生物学、食品微生物学、家畜生理学。(张静)

F000352 **两种属性分配理论与财政政策研究** 李松森著。中国财政经济出版社1997年8月版。26.9万字。16.00元。在深入研究财政理论界各流派观点基础上,全面阐述了国家主权、国家主权的性质、国家职能、生产资料国家所有权等理论观点,提出了社会主义国家财政包括两种属性分配的思想,即以国家为主体的财政属性分配和以国家为主体的经济属性分配,构成了全书的核心观点。全书以两种属性分配理论为主线,提出财政政策的本质特征是处理政治、社会、经济建议和宏观经济管理四个层次的两种属性分配关系;社会主义市场经济条件下财政具有两种属性、四个领域、五种形式的职能;财政政策是综合体现国家职能的政策、是综合反映经济规律的政策、是处理两种属性分配关系的政策。科学界定了财政政策的内涵、作用、体系和目标。全书紧密联系中国社会主义经济体制改革实际,对强化预算管理,完善复式预算及社会保障制度,改革预算管理体制及财政补贴制度等问题,提出了许多具有现实意义的政策主张和创见。(杨波)

F000353 **财政与税收** 郭继强著。浙江大学出版社1997年12月版。25万字。10.00元。从市场经济条件下公共财政的角度论述了财政及其职能,系统地考察了外部效应、公共品,公共选择、财政收支、财政政策、税收制度、税收归宿、国际税收、中国现行的各种税收、公债以及财政管理体制等问题。(李桂云)

F000354 **收费管理学** 陈绍森主编。中国财政经济出版社1997年9月版。25.2万字。16.00元。内容主要包括:收费的管理职能与任务、收费的类别划分、收费的项目管理、收费标准管理、收费信息管理、收费监督检查、收费管理体制、收费管理的法制化等。(李玲兰)

F000355 **詹姆斯·莫里斯论文精选** 副名:非对称信息下的激励理论。张维迎编。商务印书馆1997年3月版。30万字。19.50元。詹姆斯·莫里斯1936年生于苏格兰,1963年获剑桥大学博士,1969～1995任牛津大学经济学教授,现任英国剑桥大学经济学教授。1997年荣获诺贝尔经济学奖,以表彰其对非对称信息条件下刺激性经济理论的研究所做出的重要贡献。近年来,在经济理论研究方面,特别是信息优势可在战略上加以利用的情况下,不充分和不对称的信息常产生重要后果。信息经济学的研究因而集中在如何制定合理的合同和机制以平衡刺激和调控问题,这对人们更好地了解保险、信贷、拍卖市场、工资构成和税制起了重要作用。本书为莫里斯所著论文中的精选篇,作者的研究成果对所得税、涉及保险业的道德风险和拍卖业中的经济刺激平衡问题具有重大的应用价值。(程秋珍)

F000356 **公债经济效应论** 赵志耘著。中国财政经济出版社1997年9月版。25.3万字。18.00元。抓住了宏观经济的两大关键问题:经济稳定和经济增长,着重研究公债对总需求的影响和对通货膨胀的影响,研究公债对经济增长的影响及对利率和资本形成的影响。引进西方经济学中的一些宏观经济框架和模型,在定性分析基础上,熟练运用数理分析方法进行探索性研究,同时针对中国近十几年来改革中公债问题的实证分析,提出了在中国公债的总需求效应、经济增长效应、利率效应和资本形成效应的独到见解。此外还对有关公债的管理政策,提出一些大胆建议,如改进公债结构、降低公债利率、改变公债发行时间等。(杨波)

F000357 **当代西方政府与非营利组织会计** 孟凡利著。东北财经大学出版社1997年11月版。31.6万字。16.80元。“当代西方财务会计系列丛书”之一。分16章,重点阐述了政府与非营利组织会计、州和地方政府会计概述、预算、预算会计与预算报告、普通基金与特种收入基金会计、资本项目基金会计、偿债基金会计、普通固定资产账群、普通长期负债账群、特种税捐会计、内部服务基金会计、公营事业基金会计、信托基金会计、州与地方政府的财务报告、联邦政府会计、非营利组织会计概述、高等院校会计、医院及其他非营利组织会计等内容。(邵雪

梅)

F000358 **中国分税制的决策与实践** 姜维壮主编,梅阳副主编。中国财政经济出版社 1997 年 8 月版。24.5 万字。14.00 元。分上下两篇。上篇总论,介绍我国财税体制改革的主要内容、成效问题及进一步完善的设想和建议。下篇分论,是一些有代表性的省市,具体贯彻落实分税制财税管理体制的情况及其对进一步完善分税制的建议,主要体现的是本地区的情况和论点。在对分税制决策与实践的情况反映上,既有个别省市的具体情况,又有全局整体性的分析,从而为分税制的进一步规范完善提供了切实可行的政策参考,书的最后一章对国外分税制和转移支付制度的概况作了介绍,有助于进行国际比较,对分税制进一步完善。(张晓彪)

F000359 **铁路纳税指南** 杨爱芬等主编。中国铁道出版社 1997 年 11 月版。42.3 万字。24.00 元。包括 6 个方面的内容:第一部分介绍税收理论与税制改革的基本知识;第二部分对各种工商税负及其会计处理进行了系统介绍和实例示范;第三、四部分阐述了税务管理、税务代理及出口退(免)税的程序和方法;第五部分介绍了合理避税与防范措施;第六部分为新颁布的主要税种的条例、细则及纳税常用词汇解释。(吴军)

F000360 **税收与会计核算** 李天心主编。沈阳出版社 1997 年 5 月版。10.8 万字。8.00 元。重点介绍了与税收有关的会计核算方法,主要包括流转税类、所得税类、资源税类、财产行为税类、特定目的税类等 5 大类,具体论述了增值税、消费税、营业税、企业所得税、资源税、城镇土地使用税、房产税、车船使用税、印花税、屠宰税、固定资产投资方向调节税、土地增值税、城市维护建设税、教育附加费等税种的概念、主要内容、税额的计算及会计核算方法,并举例说明。(任冬菊)

F000361 **新疆财政年鉴(1995)** 新疆财政年鉴编辑委员会编。中国财政经济出版社 1997 年 11 月版。65 万字。120.00 元。记载了新疆维吾尔自治区 1995 年财政工作的基本情况和主要成绩、经验,是一本关于新疆维吾尔自治区财政工作的具有权威性的资料书和工具书。全书分 8 个部分。第一部分收录了关于该自治区 1995 年财政工作的重要文件、文章、报告、领导讲话和指示。第二部分系新疆财政工作概况,全面反映了该自治区财政预算管理、综合计划管理、工交财务管理、商贸财务管理、农业财务管理、农业综合开发管理、农牧业税收、文教行政财务管理、基建财务管理、社会保障财务管理、外经财务管理、国有资产管理、法制税政管理、财政监督检查、会计工作管理、注册会计师事业等方面的工作概况。第三部分是分别介绍该自治区各地、州、市的财政工作概况。第四部分收录了各项财政统计资料,包括财政收支表、县级财政收入支出排序表、县级财政赤字表、农业税收入库情况表、文教行政经费支出表、预算外资金收支表、国债推销情况表、国有企业经济指标完成情况表和主要指标对照表等。第五部分收录了该自治区 1995 年发布的主要财政法规或法规性文件。第六部分反映了该自治区财政系统的机构设置情况、干部职工情况和财政教育情况。第七部分是该自治区 1995 年财政大事记。第八部分是附录,录有新疆财政学会、新疆会计学会、新疆预算会计研究会、新疆农村财政研究会、新疆珠算协会等社团组织的基本情况。(马增伦)

F000362 **中国财政史** 孙文学著。东北财经大学出版社 1997 年 11 月版。37.3 万字。19.00 元。具体包括以下内容:从内容上,本着“厚今薄古”的精神,对古代部分进行了压缩,加强了近现代部分,增加了孙中山建立的南京临时政府、广州革命政府和武汉政府财政的内容,特别是增加了新民主主义革命和社会主义时期的财政两编。从结构上,按照社会形态分为五篇,即奴隶社会、封建社会、半殖民地半封建社会、新民主主义革命时期、社会主义初级阶段。篇下分章,章下根据各个时期的历史情况,不完全按收、支、管设节,而是按政策、制度设节。从范围上,上限从财政萌芽写起,下限一直延伸到 1995 年。(郭洁)

F000363 **近现代货币与金融理论研究** 副名:主要流派理论比较。陈岱孙、商德文主编。商务印书馆 1997 年版。25.4 万字。14.50 元。分为 10 章,其上限为古典经济学派,下限为中国社会主义货币理论。按时期划分,前 4 章属于近代货币理论,后 6 章为现代货币理论。按大的流派划分,亦可分为两大部分,即:1. 以古典学派和马克思主义学派为代表的以研究金属货币为其假定前提的劳动价值论货币学派;2. 货币数量论学派。长期以来,这两派之间互持批判态度,呈水火不相容之势。但现代市场经济发展的实践证明,二者虽有其对立的一面,也有其互补性的一面。例如,价值论货币学派在论证商品与货币的联系上,以及对货币的定性分析方面,均有不少独特贡献。而货币数量论学派在定量分析、货币流通规律、货币对经济的调节作用等方面,应该说比价值论货币学派更加深入了一步。

F000364 **货币银行学** 夏德仁、李念斋著。中国金融出版社 1997 年 8 月版。38.5 万字。23.50 元。内容包括:货币制度、货币信用、货币供给与需求、金融中介机构、商业银行经营管理、国际货币与国际收支等。其特点有:(1)反映了经济改革以来我国金融领域出现的新变化。(2)广泛吸收前人的成果,以足够的理论信息提供一个较科学、严密的货币银行学的理论框架。(3)正确处理了坚持马克思主义理论指导与适当吸收西方货币银行学中合理成分的关系。借鉴西方货币银行学中反映现代市场经济中货币银行制度及其运行规律的研究方法、理论基础,用以探讨我国从传统计划经济向市场经济转变时期的货币银行和金融市场的运行规律。(朱丽娜)

F000365 **实用外币交易技术分析图解** [美]俞业安著。中国纺织出版社 1997 年 7 月版。32.10 万字。40.00 元。列有多达 142 幅外币交换的实际市场图例,详细介绍金融市场的技术分析理论。内容包括外币的背景及交换规则、目标预测的方法、图像的分析、技术指数的分析、基础分析及其影响、操作技术、市场心理等。其中对图像阅读的方法、图像发展的过程有详细的连环介绍;在技术指数分析中,特别注重各个指数的有效和无效的条件及适用场合;在市场准备中,概括了在金融市场中获胜的必需有的准备,句句"金玉良言"。(李东宁)

F000366 **黄金与美元危机** 副名:自由兑换的未来。[美]罗伯特·特里芬著,陈尚霖、雷达译。商务印书馆 1997 年 12 月版。14.5 万字。9.50 元。介绍了第二次世界大战以后,以美元为中心建立的国际货币体系,由于 50 年代以后美国经济地位的下降而产生危机。主要表现为:1.美国无法提供充足的国际支付手段应付各国外贸收支的波动;2.在黄金供给无法满足储备和流通的最低水平时,多数国家会把美元作为与黄金等同的储备资产,这将进一步加剧流通中美元的缺乏,影响国际支付。为此,作者提出了改革国际货币体系的办法。即,将各国货币储备的外汇部分国际化。(程秋珍)

F000367 **宏观调控与货币供给** 黄达著。中国人民大学出版社 1997 年 2 月版。19.8 万字。12.00元。在论述宏观调控与货币供给的基本理论、方法和基础知识的基础上,从货币需求与货币供给、货币供给形成机制、货币供给宏观分析方法、货币供给与价格、货币政策等方面深入探讨了中国当前经济改革中的金融和经济问题。

F000368 **中国经济转轨中的货币控制** 许健著。中国金融出版社 1997 年 7 月版。22.3 万字。22.00元。以我国经济转轨时期的货币控制问题为研究主题,以转轨时期政府干预促进经济高速增长的同时也加剧了货币供给内生性、货币供给内生性增强表明货币无法单纯作为货币当局控制变量进行管理的经济背景展开理论框架,借鉴西方经济学的分析方法,结合我国的实际情况,理论分析和实证分析相结合,探索我国经济转轨时期货币控制的基本矛盾和解决方法。着重研究讨论 3 个方面的问题:一是影响我国货币控制的主要因素的分析;二是这些因素对货币控制诸方面的影响程度和由此产生的变异的研究;三是规范的货币控制机制和制度模式的提出与论证。本书有以下 5 个方面的理论性突破:(1)提出了影响货币控制的主要因素是货币供给内生性。(2)提出了财政职能转化到金融部门的新观点。(3)提出了银行农副产品收购资金、固定资产投资资金、流动资金三大资金的运行规律。(4)提出了经济内外均衡中以对内均衡决定对外均衡的实证命题。(5)提出了建立新的政府投融资体系、建立现代金融企业制度,建立新的央行清算体系,完善同业拆借融资体系并逐步放开利率,建立内外均衡相衔接的国外净资产调控系统完善对汇率的管理。(李岩)

F000369 **货币银行学** 张玉文主编。中央广播电视大学出版社 1997 年 1 月版。28.1 万字。15.70元。论述货币、信用的产生、发展、运行的规律性,并介绍有金融市场、信用形式、国际收支等基本知识。本书单辟一章,重点论述商业银行职能转变和商业银行业务。(郭于红)

F000370 **金融工程学** 瞿卫东著。中国财政经济出版社 1997 年 8 月中文版。51.1 万字。28.00 元。"上海财经大学证券期货学院系列丛书"之一。从整体上研究探讨、分析金融产品及金融风险的专著。全书分两大部分。第一部分主要介绍金融工程学所采用的工具,包括远期利率协议,远期交易综合协定,金融期货,货币和利率互换,货币期权,利率期权和利率担保,上限、下限和对称,互换期权,奇异期权。本书花了大量的篇幅对上述各种金融工具包括每种产品的定义及其进行交易的市场情况,如何确定每种产品的价格并使其保值增值等内容都作了详细的介绍。第二部分主要研究和探讨应用各种金融工具的技术、技巧,主要考察金融工程学在利率、货币和商品风险的管理等领域中实际应用。(李玲兰)

F000371 **资本经营** 郭元晞著。西南财经大学出版社 1997 年 12 月版。32 万字。29.80 元。分成 16 章,系统地分析了我国资本经营的现状,阐述了资本经营的理论。从理论上,关于资本的概念、资本经营、资本规模、资本扩张等都作了较为全面系统的论述,同时对资本怎样经营,直到要造就一支经营队伍都作了很好的阐明。全书围绕资本的来源、资本的管理、资本的运行、政府对资本的管理等各个方面,阐述和剖析了资本不同层面的问题,构建了较完整的资本经营理论体系,并结合热点、难点和重点问题,以及我国经济体制改革中许多重要问题作了深刻的论述。本书理论上有创新,提出了资本的二重性:自然属性和社会属性;对资本等一系列的论述,体现了十五大精神是对传统的社会主义经济学的突破;理论与实际相合,做到了通俗易懂,为一般读者很容易读懂。

F000372 **金融企业风险管理的通用原则** 英国永道会计财务咨询公司。中国金融出版社 1997 年 6 月版。30.7 万字。30.00 元。陈述一个范围广泛、包括 89 个核心原则的框架。讨论怎样建立一个有结构的机制将经营战略和业务运作与所确立的风险管理目标联系起来,从而实现风险管理战略;阐述怎样加强风险管理职能的组织原则,以利于行使日常的监督、衡量和评价风险职能;强调有效的风险衡量、风险报告和风险控制是确保按照整体战略和风险管理目标来管理金融机构经营活动的重要性,并介绍有关风险衡量的方法原则;概括了建立健全的、安全的操作控制体系的主要原则;说明了精确、可靠和及时的信息对于支持各级风险管理决策至关重要,并对风险管理系统的设计、开发和管理的原则进行论述。(赵燕红)

F000373 **挑战风险** 副名:金融机构如何生存和发展。[英]多米尼克·卡瑟利著,朱泱、张胜纪译。商务印书馆 1997 年版。22 万字。35.00 元。作者依据其在金融界长期供职的经历和对金融界的长期观察,对金融公司如何防范风险作了明确回答。首先,金融公司必须牢记,它们是风险企业,必须面对风险,并从风险中榨出利润,风险是金融公司的主要特征。金融公司只能通过区分定价适当的风险和定价不当的风险而在其业务中求得发展。接着,作者指出了金融公司利用风险获取报酬的三种方法,以及为此需要掌握的三种技能和五种战略。三种方法是:吸收风险以取得报酬;调解风险以取得报酬;以及提供有关风险的咨询意见以取得报酬。三种技能是:价值评估技能,灵活技能和恢复技能。五种战略是:类分战略、知情人战略、技术战略、推断战略和规模战略。类分战略需要大量的有关风险的数据,并运用计算机分析技能把有吸引力的风险和没有吸引力的风险区别开来。知情人战略并不是指非法的股票交易,而是指有必要合法地从"内部"了解某些风险,以便理解这些风险。技术战略需要大量的有关交易的历史价格信息,并利用计算机分析找出可以用来预测未来价格变化的价格变动图。推断战略对外部世界的各种力量进行研究并作出判断,对未来的价格作出预测。规模战略纯粹依赖规模取胜。(张胜纪)

F000374 **中央银行学** 刘锡良、曾志耕、陈斌著。中国金融出版社 1997 年 8 月版。54.9 万字。26.00元。分为导论、上篇、中篇、下篇 4 个部分。导论部分主要论述中央银行的基本理论问题,核心是阐述中央银行的产生和发展的一般规律,以及中央银行的性质、职能和地位等。同时结合我国中央银行制度建立及运作的实践,阐述中央银行的基本理论问题。上篇主要以阐述货币政策的一般原理为主,结合我国的货币政策的理论与实践,阐述如何实现我国金融调控由直接调控向间接调控转变,如何提高货币政策的效果,实现货币政策目标等问题。中篇主要阐述中央银行金融监管机制的建立健全问题,从分析金融监管职能产生、发展及变化趋势入手,着重阐述了中央银行金融监管的目标、原则、体制以及对金融机构、金融市场监管的侧重点等问题,同时结合人民银行监管机制探讨了提高人民银行监管效率等实际问题。下篇主要阐述了中央银行的资产、负债业务,以及会计、统计、外汇和外债管理等业务活动,同时对中央银行协调对外金融关系,参与国际金融活动等也进行了分析论述。(邓瑞锁)

F000375 **金融信贷** 袁步英主编。南开大学出版社 1997 年 2 月版。32.8 万字。13.50 元。从金融信贷的基本知识入手,在照顾理论的深度与实务的可操作性、我国的国情与西方的先进管理理论与方法,现实需要与超前性等几个方面的关系中,介绍了金融信贷管理理论与方法、金融信贷领域的竞争与创新等基本知识,叙述了对资本金、负债业务、存款等的管理的基本理论,概述了金融信贷风险与风险管理、信用分析和评估、资产业务、短期贷款、中长期贷款、票据贴现业务、外汇信贷与外贸信贷、抵押贷款、证券投资、金融信托等方面的基础知识。(胡晓清)

F000376 **银行信贷质量管理新思维** 蔺春林著。青海人民出版社 1997 年 10 月版。22.8 万字。

18.60元。由9章组成,内容包括:1.质量:银行信贷新课题;2.银行信贷质量增长方式;3.银行信贷体制改革;4.银行信贷管理法制化;5.银行信贷风险控制;6.银行信贷质量决策;7.银行信贷质量指标分析;8.企业信贷资金营运分析;9.中西方银行信贷资产质量管理比较研究。其主要特点是:1.体现了时代特色和社会发展的需要,内容具有很强的针对性;2.注重实证研究,坚持用理论指导实践,提出了不少令人信服的观点;3.全书章与节、章与章之间的框架设计与逻辑结构比较严密合理。(祁文寿)

F000377　**项目融资**　张极丹著。中信出版社1997年5月版。36.1万字。38.00元。主要从企业筹资的角度,对国际上通行的项目融资的基本原理、方法、结构、案例进行介绍和探讨。首先从介绍项目融资的定义、主要特征、结构框架和工作原理入手,然后分别对项目风险的分析与评价,项目的投资结构,项目融资的主要模式,项目融资的资金选择,项目担保,项目融资中的风险管理等进行系统的介绍、分析和比较。书中专列一章对国内外企业具有典型代表性的案例进行评介。在写作中力图遵循以下原则:(1)系统性和通用性。在不同时期、不同国家、不同工业项目的开发中,由于内外条件的不同,每一个项目所采用的融资结构之间存在很大差别。作者将重点放在项目融资结构的系统性、普遍性和同一性上,不在某一国家的具体问题上过多纠缠。(2)实用性。项目融资是应用性极强的课题,作者本身也具备丰富的实践经验,因而书中注重实例分析,将理论探讨与实际应用有机结合起来。(3)资料性。书中涉及到大量的国外文献,除在每章论及时注明外,书后还列有参考文献。(龚援)

F000378　**企业会计报表与投资价值分析**　文远编著。中信出版社1997年6月版。25.6万字。17.00元。从会计报表及其分析入手,对股票、债券和企业整体内在价值进行了深入分析和界定,并对组合投资、套利组合、指数组合等现代高级投资方式作了演练和展示。本书有3大特点:(1)内容丰富完整,体系新颖独到,涵括了与企业相关的股票、债券和并购的所有方面。从会计报表到投资形态的渐高排序中,尤其是最后的投资形态设计,体现了作者独具匠心的创意。(2)注重技法研制,不失理论探讨,在集中演练与展示投资技法的同时,对确立正确投资理念,发展投资咨询和投资顾问等也进行了有益探讨。(3)突出中西合璧,写出现代投资特色。我国投资学大多脱胎于计划经济时的基本建设经济学,与西方注重金融投资的做法大不相同。作者在写作中摆脱了单纯进行中西比较,或仅介绍西方做法的俗套。(龚援)

F000379　**汇率导论**　王爱俭著。中国金融出版社1997年10月版。36.2万字。26.00元。分14章,分别研究阐述了外汇汇率、汇率机制、汇率决定、汇率影响、汇率制度、汇率政策、汇率理论、汇率预测、外汇市场、外汇交易、外汇供求、汇率风险等理论与实践问题,并介绍了人民币汇率改革、国际金融发展趋势及我国的汇率政策等。(邓瑞锁)

F000380　**英、美、日资本市场效率比较研究**　霍学文著。云南大学出版社1997年5月版。20万字。17.00元。结合我国资本市场发展的现状,把"资本市场效率"这一问题作为研究主题,选择英国、美国、日本这三个具有代表性的世界三大资本市场作为研究对象,采用实证分析和比较分析的方法,通过较长时期的历史比较,来看制度变迁和经济实力这两大因素对资本市场效率的影响。总结了英、美、日三国资本市场发展的历史和特点,分析评价了三国资本市场的效率差异及其原因。在资本市场一体化的背景下,对三国资本市场的现状及未来的发展作了深入细致的探讨。并认为,资本市场的高效率是实现长期储蓄向长期投资的最大化转移,最大限度地动员储蓄和实现高效率的资本配置。只有高效的资本市场才能最大限度地为经济发展提供长期资本,从而形成长期生产能力和经济实力。在此研究基础上,作者建构了一个高效资本市场的框架,该框架以"效率优先,兼顾公平"为其发展的总原则。(熊晓霞)

F000381　**衍生金融商品**　王建国、刘锡良主编。西南财经大学出版社1997年7月版。23万字。16.60元。主要论述金融衍生工具产生的历史背景,演变过程,并就国际金融市场上通行的衍生金融工具的基本知识作了介绍。从理论和实践两方面阐述了金融衍生工具按国际惯例运作的交易技巧,合理运用衍生金融工具,以及怎样监管,怎样控制风险,以达到规避风险的方法等。全书有几个特点:1.不是单纯地介绍金融衍生工具的现成作法而是对衍生工具产生的背景,演变过程进行分析论述。2.不是单纯地强调金融衍生工具的积极作用,而对其风险的类别,影响因素进行分析论述,可以启迪我国投资者全面认识衍生工具的"两面性"特征,加强对它的监管。3.不是单纯分析论述西方金融市场上衍生工具的类别及交易程序,而是结合我国经济金融改革的历史进程、投资者素质特征等分析研究衍生工具在我国如何具体运用,启迪政府管理部门深化各项改革,培育衍生工具交易的市场条件与环境。

F000382 **个人股票记账手册** 许世旺著。中国财政经济出版社 1997 年 9 月版。图表 241 页。18.00元。分 3 部分，第一部分是基本会计知识简要介绍；第二部分是实例说明；第三部分是凭证、账簿、报表的使用。其特点是兼知识介绍和账簿为一体，尽量做到通俗易懂，即使是没有专门学过会计知识的人，一看就懂，一学就会，便于股民了解自己股票投资的收益情况，达到学以致用的效果。(李静)

F000383 **热门投资胜算** 副名：股票及邮票投资的分析和操作。陈迪平著。海南国际新闻出版中心 1997 年 12 月版。20 万字。15.00 元。分上篇股票投资、下篇邮票投资两个部分，后附参考书目及 41 份相关资料表。从社会存在的"股票热"和"邮票热"这两大投资热点出发，分析了两大市场投资的基本情况，阐述了两大市场投资的基本理论，剖析了两大市场投资的基本规律，总结了两大市场投资的基本的操作经验。特别是较为详细地说明了宏观经济调控与投资市场的关系，正确地解释了两大投资市场"牛"、"熊"的深层原因。(黄斌武)

F000384 **证券投资实战指南** 马波编著。中信出版社 1997 年 7 月版。45.2 万字。42.00 元。第一部分从最初走向股市的思考开始，逐步介绍入门指导，投资实战韬略，实用基本分析等基础知识。第二部分由浅入深地介绍了股价形态分析，K 线，其他形态分析，数值分析等常用基本技术分析技巧。第三部分对已具备一定投资经验的股民讲解了实际投资操作中的战术运用与攻守策略。第四部分对波浪理论、特征模拟分析等证券分析理论进行了探讨。书后还附有股票操作实战知识自我测试题，以及测试答案。(龚援)

F000385 **外汇市场风险贴水** 胡小强著。重庆出版社 1997 年 12 月英文版。18 万字。12.00 元。论文集。以一种全新的方法清晰地提示了外汇风险贴水的本质。应用经济学和计量模型来模拟外汇期货市场中的风险贴水，并用此来检验外汇市场的效率问题。还在书中实证分析了在资本市场不完善的情况下企业的筹资和投资的决策。(余国枢)

F000386 **国际金融** 刘舒年主编。对外经济贸易大学出版社 1997 年 2 月版。32 万字。17.00 元。涵盖了国际金融领域的主要方面，主要包括国际收支与国际储备、外汇、国际金融市场与国际信贷、国际金融组织与国际货币体系 4 大部分。"国际收支与国际储备"主要论述国际收支的概念和国际收支平衡表、国际收支调节和国际储备的管理；"外汇"主要论述汇率及其标价方法、汇率的决定和影响汇率变化的因素、外汇业务和汇率折算与进出口报价，重点分析了外汇风险管理以及汇率制度和政策与我国的外汇管理体制；"国际金融市场与国际信贷"主要论述了国际金融市场、对外贸易短期信贷与中长期信贷、国际租赁、国际资本流动与国际债务，其中以欧洲货币市场、对外贸易短期信贷的各种形式与保付代理业务、对外贸易中长期信贷的主要类型与买方信贷为重点；"国际金融组织与国际货币体系"主要论述了国际清算银行、国际货币基金组织、时间银行集团等国际金融组织以及布雷顿森林体系、国际货币体系改革等问题。(刘传志)

F000387 **国际金融** 伍瑞凡主编。重庆大学出版社 1997 年 11 月版。29.9 万字。14.00 元。将国际金融基础知识、基本理论和基本实务融为一体，在内容上既注重基本知识和基本理论的分析阐述，又介绍一些基本实务；既结合中国的实际情况(如外汇管理体制改革的政策变化)，又引入国际金融的最新动态和研究成果；既注重知识的广度以扩宽视野，又加强知识的深度以利于认识事物的本质。在语言上，面对繁多的国际金融问题。做到深入浅出、简单明了、重点突出，不回避理论但又不作过于烦琐的纯理论推导。在结构上，从人们生活接触最多的外汇和汇率开始，逐渐从点到面，层层递进，步步深入，国际金融领域，并注重多章节间的衔接。(孙英姿)

F000388 **国际金融专题剖析** 钱荣堃著。中国金融出版社 1997 年 8 月版。24.7 万字。18.00 元。论述国际金融关系、探讨国际金融理论和实际。主要涉及以下几方面的问题：一、国际货币体系方面的问题。主要是国际货币体系的发展、变化和欧洲货币单位的构想。二、汇率体制和汇率变动问题。对国际浮动汇率制进行了初步评价，并对美元汇率的变动进行了探讨。三、西方国际金融理论问题。国内对这些理论作了不少介绍，但评论不多，作者对它们进行了规纳和评论。四、西方国家的经济政策问题。对西方七国中央银行调控宏观经济政策的经验作了初步的总结，并对英国、美国和加拿大三国抑制通货膨胀的货币政策进行了分析。五、国际资本流动问题。对 20 世纪 80 年代发生的发展中国家的债务问题进行了剖析，对 20 世纪 90 年代国际资本市场上出现的国际债务市场的新发展作了初步论述。六、西方国际金融体系的问题。对加拿大和意大利的金融体系作了介绍和评论。(王忠)

F000389　**国际金融市场与中国利用外资研究**　张德宝著。贵州人民出版社1997年1月版。29万字。21.50元。“走向国际市场丛书”之一。论述了国际金融市场基本形势，20世纪90年代以来国际金融市场的新变化、世界主要金融市场、国际金融市场的发展方向及趋势，以及我国利用外资的现状分析、利用外资的效果及存在的问题、2000年前我国利用外资规模预测与战略选择、对利用外资的管理。（谢丹华）

F000390　**国际资本市场(1996)**　副名：发展、前景及关键性政策问题。国际货币基金组织编。中国金融出版社1997年1月版。30万字。18.00元。《国际资本市场》报告是国际货币基金组织监督国际金融市场发展的一个组成部分，由该组织的经济专家撰写，每年发表一期。本书首先讨论了主要工业国家官方和私人部门加强金融风险控制和管理的方法以及国际金融市场的发展概况。还讨论了两个金融政策挑战：第一个挑战是如何把十国集团多边安排的成功监管扩展到越来越多的新兴市场国家，以加强国际金融体系；第二个挑战即如何进一步降低全球外汇市场崩溃的潜在风险。本书的后半部分是一系列背景材料，回顾了1995年初以来主要资本市场和发展中资本市场的发展，以及全球外汇市场的近期结构变化，并讨论了和人和官方减少这些市场体系风险的建设，介绍了有关金融机构监管国际合作框架的情况，并就在全球、地区和双边基础上对国际银行和证券公司进行合作监管加以探讨。（王忠）

F000391　**经济发展中金融的贡献与效率**　王广谦著。中国人民大学出版社1997年3月版。15.3万字。18.00元。采用历史分析和实证分析相结合的方法，考察近500年间金融成长为经济发展重要推动因素的过程和机理，分析各国经济发展存在差异的金融原因，研究在经济货币化过程中金融对经济增长所作出的实际贡献比率，论证金融效率在经济发展中的关键作用。在进行了历史分析、数量分析和理论探讨的基础上，考察提高中国金融效率的途径，并探寻中国金融发展的理想之路。列入“经济科学文库”。

F000392　**银行论**　曾康霖、谢太峰、王敬著。西南财经大学出版社1997年9月版。46万字。26.80元。主要是对银行的论述。导论中论及银行业产生的经济基础、组织基础和思想基础，早期银行业的类型和功能、产生和发展的比较，早期中国银行业的产生和发展。以下的9章即分章论述了商业银行、中央银行、政策性银行、合作银行、储蓄银行、投资银行、跨国银行、外资银行等的产生和发展，而更重要的是对我国的相应银行和其他发达国家银行进行比较，还论述了投资银行、政策性银行、合作银行与商业银行的共性与特性，这种比较研究还深入到银行内部经营管理。全书以中国的各种银行为主线来进行分析，根据金融体制改革，特别分析了我国银行的发展趋势。

F000393　**迈向21世纪的中国金融业**　戴相龙著。中国金融出版社1997年9月版。31.99万字。25.00元。有两大优点：1.理论与实践的高度结合。全书各专题从总结我国金融改革的经验教训入手，深入分析金融业面临的新形势和任务，在此基础上提出“九五”时期的金融工作指导思想以及2010年的远景目标。2.全面而深刻。内容覆盖了我国金融工作的主要方面，文中不仅阐明各机构发展的战略方针，而且理论分析了有关金融宏观调控金融监管、金融深入改革和金融服务诸方面面临的问题和应采取的政策、即给人以理论思索，对提出行动目标，使人得出一个明晰的金融发展蓝图。（邓瑞锁）

F000394　**社会主义市场金融制度发展研究**　褚伟等著。陕西人民出版社1997年10月版。16.4万字。9.50元。围绕计划金融向市场金融转变及转变中面临的许多金融现实问题，依逻辑顺序分别作6个关联性专题的延伸研究。首先论证和探讨计划金融向市场金融转变的要求和总体思路；其次，从制度变革与创新的角度，分别探讨金融转变中的组织机构安排，金融制度变革面临的障碍化解，信用证券化发展的必然趋势与投资基金的建立和发展；最后探讨金融市场取向推进中的银行风险与风险监管问题，提出风险防范的基本理论和操作模式。书中还依据分析的需要，对马克思学说的竞争理论作了道德层次和发展层次的评介。（马来）

F000395　**农业银行利息理论与实务**　金宏主编。辽宁大学出版社1997年3月版。19万字。13.50元。以《金融企业会计制度》和《金融企业财务制度》及农业银行财务制度为依据，按照理论联系实际的编写思路，在注重科学性、系统性、实用性和可操作性的前提下，对农业银行利息核算的基本理论、方法、过程及分析进行了全面阐述，突出体现实践中积累的有益的经验和方法。包括利息概述、利息计算、储蓄存款利息计算、证券投资收益计算、利息会计核算和利息收支效益分析等6章内容。（陈晓东）

F000396　**金融企业文化的培育与构建**　陈树

华、胡晓宁编著。中国金融出版社1997年6月版。22.1万字。13.80元。分12章。第一章对金融企业文化进行了综述;第二章至第六章具体介绍了金融企业价值观、金融企业精神、金融职业道德、金融企业环境和金融企业形象的培育;第七章至第十章详细介绍了与金融企业文化培育密切相关的金融思想政治工作、金融广告、金融家及金融公共关系;第十一章从宏观上对金融企业文化的培育进行了阐述;第十二章着重介绍了海外及近代金融企业文化的培育。全书详细地阐述和介绍了金融企业文化培育的策略和方法,还介绍了大量海外、国内近代及当今金融企业文化范例。(孙瑞锁)

F000397 **中国合作银行** 陈韩曦著。广东高等教育出版社1997年3月版。16.5万字。25.00元。分合作银行的产生发展、性质职能、业务经营、资产负债比例管理、风险管理等部分。(黄一龙)

F000398 **银行信贷管理** 张桂生等主编。武汉测绘科技大学出版社1997年8月版。34万字。18.00元。根据我国建立社会主义市场经济体制的现实,结合金融体制改革的成果,阐明了我国银行贷款管理的基本理论、方针、政策和原则,介绍了信贷的基本业务和基本技能。全书分13章,分别对信贷资金管理体制,存款管理,贷款制度,政策及原则,银行贷款的管理,贷款风险管理,贷款检查与分析等内容进行全面和深入的分析。(李蓬)

F000399 **投资基金与金融发展** 徐洪才著。中国金融出版社1997年8月版。24.7万字。24.50元。针对我国的金融投资体系回答了三个问题:(1)如何借鉴世界上发达国家和地区发展投资基金的成功经验;(2)如何发挥投资基金在我国金融和经济发展中的应有作用;(3)如何按照现代市场经济的客观要求发展我国投资基金产业。把投资基金作为一个产业来研究,主要从宏观角度考察世界基金业与金融发展的一般规律和我国投资基金与金融发展的特殊规律。还着重从投资基金与金融市场特别是资本市场密切联系和相互促进的角度,对二者之间的关系进行了一定探索,同时联系我国资本市场建设的实际,把投资基金纳入我国金融发展战略的轨道来研究。本书的特色是:(1)尝试用西方新制度经济学交易成本理论、规模经济理论和现代金融深化与创新理论,来分析投资基金在提高金融市场效率方面的内在运行机制。(2)注重运用分析与归纳结合的方法,首次总结出投资基金的不同发展模式及世界基金业的四个历史发展时期。(朱丽娜)

F000400 **中国资本市场理论与实务** 郭冬乐主编。中国物价出版社1997年7月版。36万字。25.00元。反映多年来我国经济理论界及实际生产部门在中国社会主义经济体制改革中的中国资本市场的形成与发展的状况,并对进一步深化改革的思路,发展前景等问题进行了全方位的探讨。全书分6大部分:资本市场概述;股票市场;债券市场;投资基金市场、香港及台湾地区的资本市场;国际资本市场的发展与借鉴。并附有有关资本市场的法令、法规及相关文件。(郝向前)

F000401 **中国期货市场运行机制** 李经谋、童宛生主编。中国财政经济出版社1997年9月版。25万字。25.00元。"期货市场研究丛书"之一。从期货市场的一般经济理论入手,全面探讨发展、完善我国期货市场运行机制的思路和对策。回顾了我国农产品期货市场的发展历程,提出改革国家农业政策、农产品流通体制和塑造市场主体以发展我国农产品期货市场;调整上市品种结构、期货市场主体结构,规范设计期货合约,创造"三公"竞争环境以完善我国期货价格形成机制;用相关分析法和动态模拟法预测期货价格;克服我国开展套期保值交易和套利交易的制约因素,通过开发和恢复大品种、完善交割制度、降低手续费及保证金来发展套期保值交易和套利交易;通过合理设置交割库、健全交割库的管理、改善实物交割的外部环境、建立标准仓单互换市场等方法完善我国的期货实物交割机制;建立我国的期权交易市场、期权交易模式和品种选择的设想;分析了我国期货市场风险问题及风险的根源,并对此提出了加强我国期货市场风险管理的措施和对策。(刘瑞思)

F000402 **中国期货市场理论问题研究** 陶琲、李经谋等著。中国财政经济出版社1997年11月版。48.8万字。56.00元。"期货市场研究丛书"之一。回顾了中国期货市场的发展历程,总结了中国期货市场的成功经验和发展中存在的问题,探索市场发展的可能趋向;研究了期货市场的功能,分析了影响期货市场功能发挥的若干因素;从微观经济分析角度入手,分析了期货市场交易对象的几大类别:商品期货、金融期货和期权,并结合中国国情,研究了具体交易品种及期货市场的发展;在理论与实践相结合的高度上研究了套期保值与期货投机及其相互关系;对中国期货交易所的组织体制、运作机制和现实运作中的问题作出了相当精彩的论述;说明了期货商的分类和作用,回顾了期货经纪机构在中国的发展历程及存在的问题，探讨了有关规范化管理问题；介绍了期货结算制度的沿革及有关国际经验，概述了我国期货市场现行的结算体系、制度框架及发展方向，谈了期货行业会计与行业统计问题；比较了国外期货市场的风险管理体系与制度，研究了我国期货市场风险管理的状况与问题，探讨了加强期货市场风险管理的对策；研究了期货交割的一般理论及在期货市场中的地位，分析了国内期货交割的现状和交割制度方面的问题；研究了期货市场的法制建设及监管体制的设计问题。(刘瑞思)

F000403　**证券公司经营与管理**　杜卫华编著。中国财政经济出版社 1997 年 4 月版。38.2 万字。18.00 元。从证券公司概述入手，进而分析研究证券公司的主要的经营与服务业务及证券公司的会计核算与财务管理，最后探讨研究证券公司的监督与管理。(徐珠丽)

F000404　**炒股理念 118**　荆峰著。山西经济出版社 1997 年 12 月版。14.2 万字。10.80 元。针对股民在运作股票时的心理活动直接影响股民的投资去向这一特点，从心理学的角度出发，总结前人的经验和教训，引导股民向着正确的理念发展。书中分为基本理念和实践理念两部分，通过 118 条常见的心理活动来引导股民走向正确的理性分析。(王宏伟)

F000405　**炒股新招 98**　荆峰编著。山西经济出版社 1997 年 1 月版。11.9 万字。8.80 元。针对股市的特点以股票投资基础、股票投资理念和股市分析方法三个方面，对股市操作提出了具体的方法。书中共介绍了 98 种股市操作方法，直观地把运作股票的全过程细致地描绘了出来。(王宏伟)

F000406　**个人投资股票技巧**　陈明贤编著。广东经济出版社 1997 年 3 月版。20 万字。18.00 元。对股票买卖专业知识进行讲解，介绍了买卖股票的实用操作技巧和判断方法。(孙力)

F000407　**商业银行防范化解金融风险案研究**　鲁毅主编。海天出版社 1997 年 12 月版。30 万字。19.50 元。抓住我国金融业的热点问题，精心提炼了 100 个有代表性的典型案例，系统分析银行各项业务的主要风险点，全面阐述防范与化解风险的措施。还论述了我国金融风险的类型、成因和防范重点，以及防范化解金融风险的目标、策略与体系，探寻防范和化解金融风险的理论体系和有效途径。(陈丹)

F000408　**大学金融英语词汇手册**　陈建辉主编。武汉测绘科技大学出版社 1997 年 11 月版。55 万字。28.00 元。收集大学英语教学大纲规定的 1～6 级词汇以及这些词汇所组成的金融英语词组和短语，同时还添加了一些常用的金融专业词汇。详细地注明了每个词汇的读音、中文词义、习惯搭配、常用词组、金融专业词组意义相同的表达方式。还将每个辞目按大学英语教学大纲规定分为四个类别(2 级词汇、4 级词汇、6 级词汇和带 * 的金融专业英语词汇)，分别在辞目的左上角标出。(黄朝方)

F000409　**国际贸易保险**　姚新超编著。对外经济贸易大学出版社 1997 年 9 月版。45.4 万字。23.00 元。分 5 个部分。第一部分“总论”，论述了保险的基础理论与基本原则；第二部分“海上保险”，论述了海上保险的种类及与国际贸易的关系，海上保险合同的基本要素、种类、合同的订立与履行，以及保险保障的范围，即海上保险以货物和船舶作为保险标的，把货物和船舶在运输过程中可能遭受的风险、损失及费用作为保障范围；第三部分为“国际运输货物保险”，论述了海运货物保险的种类，即海运货物保险基本险、附加险和专门保险，重点分析了伦敦保险协会海运货物保险条款的主要内容，包括承保风险、除外责任，及战争险、罢工险条款与恶意损害险条款，并对海运货物保险实务作了详尽分析；第四部分为“船舶、集装箱、运费及保赔保险”，分析论述了英国船舶保险的基本险别和承保范围、伦敦保险协会船舶保险条款与我国船舶保险条款及其比较，以及集装箱保险、海上运费保险；第五部分为“其他涉外经济保险”，分析了涉外财产保险、责任保险及信用与保障保险。(刘传志)

F000410　**如何投保寿险**　丁当著。海天出版社 1997 年版。10 万字。9.80 元。从寿险理念及投保实务等各方面解答了萦绕在广大市民心中的一些困惑，您是不是有过拒绝推销人员的经历？您是否想过您拒绝的不是寿险本身，而是某种欠妥的推销方式？而您又有否想过人寿保险之所以要推销是由于它是无形的经济合同这一特质所决定的？此外还阐述了寿险在当今商业社会里日益彰显的意义与功用。(徐丹娜)

G 文化、科学、教育、体育

文化理论

G000001 **文化选择学** 彭定安著。辽宁人民出版社1997年11月版。20.1万字。15.00元。在吸取文化学、选择学、文化人类学以及哲学、历史学、宗教、艺术等诸学科研究成果的基础上，形成聚焦于"文化选择"的理论框架，构筑概念和意义体系，对人类整体与个体的成长过程与规律进行了文化学探索。主要内容是：人类文化选择的足迹；文化选择的机制、性质、功能与效应；文化选择的基本架构；文化选择的现代模版及其构成；文化选择与自我塑造；当代人类文化困惑与21世纪文化选择等。收入"选择学研究丛书"。(王峰)

G000002 **过渡时期的文化选择** 黄卓越著。广西教育出版社1997年版。20万字。21.00元。以社会转型为思考的宏观背景，对本世纪80年代以来的中国政治文化与学术文化诸问题进行探究，并着力分析90年代各种显在与隐晦的社会思想，将元哲学的检讨与消解主义的指谬相结合，为社会转型时期的文化选择提出了极富建设性的参考意见。全书思路清晰，语言流畅，具有较高的学术价值。(邱方)

G000003 **哲学文化学** 向翔著。上海科学普及出版社1997年10月版。41万字。18.00元。以马克思主义的基本原理，对文化学作了广泛深入的研究，认为马克思主义哲学对文化学的指导，表现为对文化研究提供正确的思维理论和研究方法，提出了建立马克思主义的哲学文化学的观点。本书的分析与论述，坚持以马克思主义的哲学为指导。如在研究教育与文化的关系时，作者认为社会的教育和规范，变成文化发展的动力，是通过一定的心理迫力中介的。其表现为，社会的教育和规范，使人看到了自己的不足，产生某种"不满足"的内力迫力；扩展了人们在社会生活中进行竞争的领域，产生相应的竞争迫力。又如关于文化的分化和融合，作者认为：在文化发展和变迁中，由于文化矛盾和差异，文化的碰撞和冲突不可避免，因此，文化取代，既是一种文化发展，也是一种选择。作者强调了历史实践对文化价值的判断，认为文化价值的实践，是一种长期的、延续不断的实践，是一种社会的、人民大众的实践。本书还充分论述了科技在现代文化建设中的作用，提出科技工程是现代社会文化建设的一种新形式的观点。本书体系完整，分为文化的发生、扩展、传承和积累、本质、特征、结构、功能、形成的基本条件、传统与更新、价值判断、发展的历史主流和当代社会文化建设等18章。(倪汉虞)

G000004 **中国传统文化的历史阐释与现代价值** 姜汝真主编。山西教育出版社1997年7月版。31.3万字。13.40元。传统文化专题论集。作者有张岂之、方克立、安平秋、沙健孙、杨纪珂、金开诚、楚庄、冯之竣等专家学者。全书共5部分，分别论述了中国传统文化与当代文化思潮、中国传统文化与现代化、中国传统文化与儒道佛、中国传统文化与现代生活、中国传统文化与民族凝聚力，每部分下又列若干专题，如第二部分下又有五四时期的新文化运动、中国传统文化与孙中山的思想等。本书对有关问题作了深入研究，阐释了中国传统文化的历史意义和现代价值，有益于全面理解和把握传统文化，也有益于认识传统文化的优长和不足，从而实现对传统文化的扬弃、超越，使传统文化在新的时代焕发新的光彩。作者把对中国文化的考察、研究置于现代化的大背景之下，置于社会主义市场经济的形势下，对于读者深刻理解中国文化，认识中国文化的独特魅力和恒久价值有积极作用。(李梦燕)

G000005 **世界文化地理** 姜忠尽著。江苏教育出版社1997年10月版。65万字。23.00元。分上、下两篇。上篇总论分3章着重阐述世界文化源地，文化演进、传播过程及其空间分布与地域特征，物质文化景观与非物质文化景观，民间文化与流行文化；历述了人口、民族、种族、语言、宗教等的产生、发展、传播分布与文化的辩证关系；分析了人类活动对文化的影响。下篇分论论述世界文化地理区，按东亚、东南亚、南亚、西亚与北非、非洲、西欧、东欧与俄罗斯、北美洲、拉丁美洲、澳大利亚、太平洋岛屿11个文化地理区和部分亚区，着重阐述各文化地理区具有代表性的文化现象与民俗，包括社会文化现象与民俗——民族、语言、礼节、婚丧、文体活动等；信仰文化与民俗——宗教、节日、礼仪、禁忌等；经济文化与民俗——饮食、服饰、经济活动、聚落特征、建筑风格以及文化遗址、名胜等；并突出了各种文化现象与民俗的空间分布与地域联系的特征。（褚庆林）

世界各国文化与文化事业

G000006　**中外香烟广告集萃、中外烟具集萃、新中国早期烟标**　王安珠、伟钢等著。安徽美术出版社 1997 年版。16 印张/册。200.00 元。集中地反映了：香烟广告的知识性、艺术性和史料性；不同类型、不同时期、不同设计风格的烟标，记述烟草制品的演变史、民俗文化、宗教信仰的各种烟具。（马燕）

G000007　**三晋古文化源流**　李元庆著。山西古籍出版社 1997 年 8 月版。40 万字。26.90 元。“三晋古文化”是对西周至春秋时代的晋国文化（简称“晋文化”）和战国时代魏、韩、赵三家分晋后文化（简称“三晋文化”）的统称。它是我国古代最富有特色的地域文化之一。该书溯源探流，分 3 个历史层面探究了三晋古文化及其“源”“流”。其年代跨度从距今 180 万年山西地区最古老的西侯度文化开始，历经旧石器时代、新石器时代和早期青铜时代以及古史传说时代，直至西周初年晋国立国前山西地区远古文化的发展序列，这属于三晋古文化的历史渊源；再从晋国立国开始，历经西周和春秋时代至三家分晋，直到战国末年魏、韩、赵国家灭亡，这属于三晋古文化自身的历史发展；再从秦汉以至封建社会末期山西地区文化的漫漫延续，这属于三晋古文化的遗风余韵。全书分上、中、下 3 编。上编：三晋古文化的历史渊源；中编：三晋古文化的发展历程；下编：三晋古文化的遗风余韵。充分展示了山西古代文化发展、演变的总体概貌。（张建英）

G000008　**中国酒文化**　宇宏编。上海人民美术出版社 1997 年 4 月版。6 万字。298.00 元。以酒为专题表现中国 5000 多年历史文化的大型画册。编者在中国酒文化学术研究的基础上，本着对中国酒文化进行一次历史性总结的态度，从全国各地广泛收集和拍摄了大量图片资料，编撰了这部纯粹中国特色的酒文化画册。画册为大 16 开精装本，共收录 470 余幅图片，分为酿造文化、酒器文化、饮酒文化、美酒飘香等 4 部分，以图片的艺术形式，形象地诠释中国酒文化，展现中国酒文化的历史成就和文化价值。其中“酿造文化”包括自然酿造、粮食酿造、曲蘖酿造、传统酿造、蒸馏酿造以及白酒香型等，以直观图示解说中国酿造科学技术形成的相当完整的历史过程；“酒器文化”以陶器、青铜器、瓷器、金银器、玉器等，大多选用国宝级文物，展示中国古老的物质文明和饮食文化的丰富内涵；“饮酒文化”则围绕酒与礼乐、文学、名胜、风俗等的关系，反映出酒文化对人们思想行为的规范和社会文明进步的深远影响；“美酒飘香”展现出包括少数民族酒俗在内的当代中国酒文化现状的同时，帮助人们了解中国酒文化的源远流长，体会中国酒文化的博大精深。（唐怡）

G000009　**齐鲁文化**　郭墨兰主编。华艺出版社 1997 年 6 月版。123.3 万字。95.00 元。将齐鲁文化作为一个文化实体，从史前到清代进行全面系统研究的高级科学文化普及性著作。其特点是：第一，揭示了齐鲁文化丰富的科学文化内涵。在先秦以齐、鲁两国为中心形成的齐鲁文化，上承三代，直攀史前东夷文化，下启秦汉，将中国数千年文化连为一系，内容丰富，包含先秦诸子，涵盖社会、人文和自然科学。举凡儒、墨、道、法、兵、刑名、阴阳、纵横、方术、农、医等学派及学说多出自齐鲁，是中国文化遗产的大宝库，成为中国传统文化源的大渊薮；第二，展现了齐鲁文化的基本精神。齐鲁文化宝库中有许多闪耀着智慧和真理光辉的珍品，诸如自强不息的刚健精神，人定胜天的能动精神，崇尚气节的爱国精神，克己奉公的集体主义精神，反战非攻的和平主义精神，经世致用的救世精神，兼爱交利的互助精神，厚德仁民的仁爱精神，民贵君轻的人本精神，威武不屈的人格精神，成仁取义的牺牲精神，先人后己的道德精神，为国为民的奉献精神，公正无私的廉洁精神，等等，从而凝聚成中华民族的民族精神和优秀文化传统，并成为汲取不尽的精神营养和力量源泉；第三，阐述了齐鲁文化在中国文化和文明发展史上的重要地位。齐鲁地区是中华文明最早的发祥地之一；齐鲁文化内涵的先进性、丰富性、连续性在诸地域文化中也是不多见的，它不仅是华夷文化融合、同化的标志，而且对中华统一文化、中华民族精神的主体和核心的形成及对后世的影响，都具有重要意义。（孔德骐）

G000010　**京海晚眺**　吴福辉著。江苏人民出版社 1997 年 7 月版。14 万字。11.00 元。从历史文化的角度，以学术随笔的形式，轻松活泼地论述了中国现代史上京派与海派的文化现象，剖析京派和海

派文化因各种因素而形成的区域文化特征、流变过程以及它们在中国现代文化生活中的地位、价值及其重要影响。(丁嫣霞)

信息与知识传播

G000011 **中国的信息化** 吴舜龄编著。中国水利水电出版社 1997 年 9 月版。9.4 万字。10.00 元。共 9 章,论述了中国信息化的基本含义和重大意义、中国信息化的全球背景和国内条件,中国信息化的发展历程和发展概貌、中国信息化的基础产业、中国信息化的发展战略和辉煌前景。本书力求用理论与实际相结合的方式,在综合分析国内外信息化形势的基础上,就我国信息化的进展作了阐述和介绍,对理解和认识中国信息化发展的历史背景和内在规律,中国信息化的历史地位、指导思想、方针政策、发展道路和宏伟的目标任务,都大有裨益。(李忠胜)

G000012 **现代机关信息业务** 刘志信著。河北科学技术出版社 1997 年 12 月版。33.8 万字。20.00元。汇集近年信息理论的研究成果,对 1992 年以来河北省信息工作的理论进行了总结。(刘子华)

G000013 **信息系统建模技术与应用** 张维明等著。电子工业出版社 1997 年 8 月版。34.65 万字。20.00 元。论述了模型与信息系统的关系、模型的分类、信息系统中的模型构造及模型应用的基本原理和实用方法。全书分 9 章,围绕模型和信息系统开发这条主线,以作者研制的基于模型的软件包、工具包和各种信息系统为例,深入论述了信息系统开发过程中的模型应用技术及模型库管理系统。作者以自己的开发实践为基础,探讨了信息系统的开发方法和有关理论。(周小元)

G000014 **世界科普画廊·信息传播** 程栋等著。浙江教育出版社 1997 年 11 月版。21 万字。48.00元。阐述了什么是信息、信息的传播途径、电子网络的功用以及信息发展的过去及将来等问题。

G000015 **传播心理学** 黄鸣奋著。厦门大学出版社 1997 年 2 月版。42.6 万字。25.00 元。运用需要理论来探讨传播学原理的学术专著,重点是研究传播过程中的心理现象。作者在阐述了传播心理学渊源和传播心理学的理论前提及研究思路后,分 6 个部分论述了传播心理学的基本原理与方法,即传播主体、传播手段、传播方式、传播对象、传播内容和传播环境。书中详尽地分析了社会需要和个人需要系统与传播行为的关系,在这一理论基础上论述了各种传播心理现象。(陈福郎)

G000016 **华夏传播论** 副名:中国传统文化中的传播。孙旭培主编。人民出版社 1997 年 10 月版。36.7 万字。22.00 元。关于中国传统文化中的传播的概论性著作,在研究中大量使用归纳法和演绎法。研究时,从许多具体现象和事件中,得出有关传播的结论(由特殊到一般)。表述时,大致是先说结论,然后举例说明(即由一般推到特殊),但这种归纳论证并不具可靠性,存在以偏概全的可能。本书共 6 编,分别是:绪论(中国传统文化中的传播及若干特性)、传播与媒介、各领域的传播、传播的主体是人、传播体制、中外传播交流对中国文化发展的影响。它囊括了古代中国传播的各个主要方面。在“传播与媒介”一编中,研究了中国的语言、文字等媒介,以及非语文传播、环境与传播等。第三编分析了政治、文化、教育、科学、经济、军事各领域传播。第四编“传播的主体是人”讨论了中国人际传播的特点、说服传播、民间传播等。第五编“传播机制”分析了信息的贮存(涉及档案收藏、藏书、刻书、编书)、信息的传递及传播的控制。(孙荣春)

G000017 **敬业走笔** 张芬之著。青岛出版社 1997 年 7 月版。35 万字。17.80 元。收入本书的 142 篇文章,大多数是言论,包括新闻评论、新闻理论、杂谈随笔、文艺评论等。(任兰沛)

G000018 **新闻标题艺术** 冯良根编。南方出版社 1997 年 7 月版。15 万字。10.00 元。根据所选标题的特色和用途将其分成古句篇、名称篇、形象篇、谑趣篇、句式篇、婉曲篇、引语篇、显著篇、风格篇和其他篇宗共 10 大类,并对每个标题的妙处和匠心予以阐释,文中所列举的标题格式,有些是较为鲜见的格式,颇有欣赏和借鉴价值,另外在书的末尾,还附录了各式新颖有特色的标题。(林澧波)

G000019 **教育新闻理论与实践** 中国教育新闻工作者协会。上海教育出版社 1997 年 11 月版。32 万字。16.50 元。首届全国教育新闻研讨会论文集。内容大致涉及如下方面:一、教育新闻如何坚持正确的舆论导向,坚持正确的政治方向,把握大局、服务大局的问题;二、教育新闻报道的任务、使命、责任及开拓、创新的问题;三、教育改革的重点、热点和难点,报道的思路、方法问题;四、教育专业报办报方针、报道策略问题;五、教育新闻业务中有关的采访、编辑、版面、专刊、副刊、评论、人物报道、标题、摄影等内容的探讨和改革问题;六、教育新闻工作者的基本素养问题;七、教育电视新闻的研究;八、教育新闻的界定及特点、规律的探讨。这些论文展示了教育新闻工作者多年来的实践结晶和研究成果，反映了作者开拓求新意识和认真务实的探索精神。（薛培华）

G000020 **中国编辑研究 1996** 《中国编辑研究》编辑委员会编。人民教育出版社 1997 年 7 月版。37.5 万字。19.00 元。共收入编辑理论和编辑工作研究方面的文章 53 篇，其中大部分选自 1995 年各编辑出版刊物公开发表的文章，另有数篇根据需要由编委会特约作者撰写。此外，还有中国编辑学会的文献及有关活动的一些资料。中国编辑学会会长刘杲为本书撰写了发刊词，编辑学会主要成员和著名编辑家邵益文、阕道隆、吴道弘、林穗芳、戴文葆等人都有文章收入。全书共有理论探讨、工作研究、学术争鸣、图书评价、国外编辑出版研究等 11 个专题，较为具体地反映了 1995 年我国编辑学研究的情况。（邢克斌）

G000021 **报业经营管理学** 邱沛篁等编。四川人民出版社 1997 年 12 月版。22 万字。16.50 元。用于新闻传播教育专业图书。主要内容有：我国报业的现状与发展趋势，报业经营管理的内容与作用，报业的管理方式与经营机制，报纸的生产过程，报纸的发行工作，报纸的广告，报业的财务、人事、行政、物质管理等。（汪伊举）

G000022 **海南省志·报业志** 海南省地方史志办公室编。南海出版公司 1997 年 10 月版。30 万字。35.00 元。《海南省志》的组成部分。记叙了海南自 20 世纪初出现第一家报纸以来至 90 年代末期各个时期、各家报纸的历史足迹，记录了海南报业队伍、报业人物、报业经营有关情况，特别是海南建省办经济特区以来报业的迅猛发展状况。本书也记载着海南几代报人艰苦奋斗、前赴后继的历程。为人们了解、研究海南报业的历史和现状，探讨报业的未来，提供了比较翔实的资料，人们可以从中寻找报业先行者披荆斩棘的足迹，涉及其创业精神之精华，借鉴其宝贵的历史经验。（吴键）

G000023 **跨越低谷——新时期广播问题研究** 汤竹庭、覃清著。广西人民出版社 1997 年 8 月版。24 万字。18.00 元。分上下两篇。上篇：广播改革与发展问题研究；下篇：广播新闻报道研究。此外为附录，收入研究中援引作者的部分作品。研究内容涉及的面比较广，且多为当前广播面临的难点、热点问题，如如何加快广播的改革与发展，处理好各种复杂的关系；如何在争取社会效益的前提下，争取更好的经济效益；如何加强管理，扩大覆盖面；如何加强队伍的思想与作风建设，抵制不良习气的侵蚀；如何在激烈的竞争中，增加广播的可听性；如何用专家眼界写市井文章；如何搞好深度报道；如何巧用背景材料增强新闻报道的厚重感；等等。文中提出了许多颇有见地的看法和解决问题的途径，具有很强的现实指导意义和可操作性。（马丕环）

G000024 **书旅思辨** 广西出版工作者协会编。广西人民出版社 1997 年 9 月版。34 万字。38.00 元。共结集关于出版方面的论文 46 篇，分“出版改革”、“选题策划”、“编校质量”、“宣传发行”、“出版管理”、“编校素质”、“工作研究”7 大部分。整部论文集对当今中国出版理论研究的热点，进行了多层次、多视角的探讨，而且具有较强的超前性。文集不但表现在它对已有经验的理性概括，而且还表现在对未来实践的科学思辨。如在探索深化改革、选题特色、精品营造、科学管理和提高质量等课题，进行高度的理论抽象和深刻的思考辨析。其中不乏高瞻远瞩的宏观设想，也有具体制度的微观建议。（马丕环）

G000025 **作者编辑常用标准与规范** 新闻出版署图书管理司、中国标准出版社编。中国标准出版社 1997 年 6 月版。113 万字。78.00 元。汇集现行的有关标准和规范重新选编，收集作者编辑常用的国家标准 48 个，语言文字规范 12 个，着重对语言文字方面的规范作了较多的补充，本书将所收集的标准规范按其内容分为 6 部分：数字、文字，量和单位，图书、期刊、论文的编排格式，辞书编纂，语种、学科及其他有关代码，书刊编号及其他。（王西林）

G000026 **影响二十世纪中国的十种书** 石仲泉等主编。陕西人民出版社 1997 年 1 月版。17.9 万字。12.30 元。“二十世纪中国掠影丛书”之一。包括严复翻译的《天演论》、鲁迅的《狂人日记》、《毛泽东选集》一至四卷、《雷锋日记》、《邓小平文选》、《民报》、《新青年》、《共产党宣言》、《西行漫记》、《苏联社会主义经济问题》。编者对这些书产生的历史社会环境进行了阐述。（梁彩虹）

G000027 **书刊印制常用标准及规范** 新闻出版署图书管理司、中国标准出版社编。中国标准出版社 1997 年 5 月版。45.4 万字。38.00 元。汇集现行的有关标准和规范重新选编，这次选编将新发布的和新修订的标准及规范做了较多的补充和替换。本书收集了书刊印制工作常用的国家标准 28 个，行业标准 21 个，按其内容分成 4 部分：印刷用纸张和书刊幅面尺寸，印刷技术术语，书刊印制质量及检验方法，书刊编号及其他。（张琳瑄）

G000028 **青年必读书手册** 方洲主编。中国青年出版社 1997 年 11 月版。66 万字。36.00 元。导读手册。分以下几部分内容:一、书海导航:挑选青年最关注的主题,进行图书推荐,并做了简要介绍。二、职业入门与常备书推荐:选取了“计算机”、“律师”等十几个行业,对这些行业要读哪些书及其入门常备书进行了介绍。三、青年必读书推荐:对 16 个学科或类别的 130 部可读性与经典性、实用性都较强的书进行了比较详细的介绍。是本书的主体部分。每部书的推荐由以下几部分构成:1. 书海领航;2. 内容梗概;3. 精彩篇章推荐;4. 精彩语言辑录。四、青年必读书候选书目:以“百字推荐”的形式对 20 多个科目的 400 余种图书进行了简要介绍。(常成)

G000029 **我的图画书论** [日]松居直著,季颖译。湖南少年儿童出版社 1997 年 7 月版。16 万字。7.60 元。关于儿童图画书创作与编辑出版工作的理论专著。作者松居直是一位享有国际声誉的、在日本被誉为儿童图画书出版工作的舵手式的人物。在本书中,作者系统地、精辟地阐述了有关图画书以及图画书创作、编辑、出版工作的种种思想和观念;展现了日本的、国际的散发着艺术芬芳的图画书世界。(蔡皋)

G000030 **福建出版史话** 李瑞良编。鹭江出版社 1997 年 8 月版。19.7 万字。11.80 元。我国出版业历史悠久。以雕版印刷为主要制作方式的历史,从公元 9 世纪到 19 世纪末(唐代后期至清末),前后达 1200 年左右,福建在宋代就已是全国三大刻书中心之一(闽、浙、蜀),且自宋到明长时间居全国前列,由此可见,福建古代出版业在整个中国出版史上占有重要地位。以往的研究只限于古代福建刻书,没有揭示古代福建出版业的全貌,本书第一次从出版学角度,按照年代先后,比较系统地介绍了自宋至清福建的图书编辑、刻印、校理、流通、广告宣传以及出版管理等方面的历史演变过程,勾画了北京至晚清福建出版业在各个时期的盛衰状况,并深入揭示了古代福建出版史上的重要事件和重要人物。特别是作者通过钩稽考证,挖掘出许多闽籍编辑家、出版家的事迹,这方面的研究更具开拓意义。台湾在清末设省以前归福建管辖,本书还特意介绍了清代台湾的刻书情况,用史实证明闽台一体、两岸文化同源。本书用大量材料说明,福建古代出版业在许多方面产生了全国性影响,在一定程度上展现出中国古代出版业的缩影。本书采用史话体裁,语言通俗易懂,结构可分可合,融学术性、知识性和可读性为一体。(刘奇俊)

G000031 **晋绥边区出版史** 山西省出版史志编纂委员会、内蒙古《晋绥边区出版史》编委会编。山西人民出版社 1997 年 8 月版。15 万字。18.00 元。在大量收集、整理史料的基础上,经过查实、探访,真实反映了晋绥边区出版业的发展全貌。从 1937 年至 1949 年的 12 年中,晋绥边区的出版事业经历了从无到有、从小到大的逐步发展、兴盛的过程。边区的党政军各机关和各群众团体创办了许多报纸和刊物,出版了大量革命书籍,为边区军民提供了丰富的精神食粮,对于根据地的巩固和发展,对于抗日战争和解放战争的胜利,起到了难以估量的作用。本书较完整、全面地记录了边区军民艰难创业的英雄业绩;忠实记载了革命前辈在残酷的战争年月,克服重重困难,大量出版发行马列主义、毛泽东思想著作,为取得全国革命的胜利,为中华文明的发展,所作出的不可磨灭的贡献。另外,抗战初期,晋绥革命根据地内,既有共产党的军政力量,也有国民党的军政力量,还有“戴阎锡山帽子”、受共产党领导的军政力量。当时,各种出版物的主办单位,大多是“戴阎锡山帽子”、受共产党领导的群众团体和军政机关。编辑人员多系共产党员和进步青年。晋绥边区的出版业即在此基础上发展起来。这是晋绥边区出版史的特点。(张素华)

G000032 **西北大区出版史(1949—1954)** 马昌顺、于淮仁主编。陕西人民出版社 1997 年 3 月版。37 万字。45.00 元。根据西北大区时期(1949—1954)西北大区出版事业的创立、发展、壮大历史,共分为 12 个章节叙述,具体介绍了西北人民出版事业的建立;大区时期出版领导机构及其管理工作;编印发合一的西北新华书店及各省总分店、分店工作;编印发分工专业化及各省人民出版社的建立和发展、大区时期编辑出版的各类图书期刊;大区时期的新华印刷厂(包括西安、兰州、宁夏、青海、新疆新华印刷厂);分工专业化后的新华书店西北总分店的设置、体制、队伍建设、领导工作;配合历次政治、经济运动各地新华书店的具体发行工作;西北少数民族文字书刊的出版发行;三联书店、中华书局、商务印书馆、中国图书发行公司在陕甘的分支机构;大区时期的私营出版业及其社会主义改造;大区时期西北出版业的主要成就和经验。另外,每章还有一小结,便于读者掌握该章中心。(张亚维)

G000033 **文献信息利用学导论** 刘喜、郭向东著。甘肃人民出版社 1997 年 8 月版。27.7 万字。

18.00元。以图书馆为参照，介绍了文献信息利用的方式、方法、技能和文献信息收集、积累、阅读、整理的基础知识以及文献写作的基本技艺。全书共9章。第一章绪论，总括性地介绍了文献信息利用学的研究对象和任务，以及它在信息时代所具有的独特的意义。第二至第八章分别介绍了科技文献的类型、图书馆及其利用、参考工具书的利用、中文检索工具书的利用、阅读学基本知识、文献信息的积累、论文的写作等。第九章针对现代科学技术的飞速发展，介绍了电子计算机文献信息检索的基本知识。全书最后附有《中国图书馆图书分类法》类目表、《中国科学院图书馆图书分类法》类目表、《中国人民大学图书馆图书分类法》类目表、《国际十进分类法》类目表、文献类型代码表等。随着现代科学技术的发展，文献数量激增，载体多样，语种繁多，内容交叉渗透，新型学科不断出现，知识新陈代谢加快，特别是电脑技术、通讯网络技术的广泛应用，向人们传统的获取、接受、阅读、理解和利用文献信息观念提出了新的挑战，这就要求对文献信息利用学的研究理应参入更新的内容，跃入一个新的发展阶段，本书在这方面作了有益的探讨。（连凌云）

G000034 **图书馆管理综论** 谭祥金著。北京图书馆出版社1997年8月版。16.4万字。9.80元。专门论述图书馆管理理论与实践的专著。作者借鉴国外图书馆管理的经验，并结合自己的研究与实践，探索了如何将管理科学的理论与方法应用于我国的图书馆管理，以提高我国现有的图书馆管理水平。（卢玉荣）

G000035 **文献资源建设概要** 张玉礼编著。北京图书馆出版社1997年10月版。14万字。10.50元。从总论、微观文献资源建设、宏观文献资源建设3个方面设计并全面论述了文献资源建设新的理论体系，体现了文献资源建设理论的整体性和现实性特点，适应了文献资源建设理论研究和实践的需要。（卢玉荣）

G000036 **联机环境中的情报检索语言** 曾雷编著。北京图书馆出版社1997年1月版。18.8万字。11.80元。汇集作者多年来在情报检索语言研究领域方面发表的若干文章，重在反映联机环境中情报检索语言领域国内外的发展状况，对国内图书情报界了解国外有关方面最新动向有参考价值。（卢玉荣）

G000037 **文献生产的社会化及其管理** 贺修铭著。湖南教育出版社1997年版。25万字。14.10元。《博士论丛》之一，共7章，作者运用辩证逻辑、系统分析、比较分析、历史分析等方法全面系统地论述文献生产的社会化及其管理，并且将文献与信息、知识的联系，文献与社会，文献与时代，文献与经济，文献与文化，文献与政策，文献控制与文献价值，文献产品以及文献市场等问题纳入到文献生产社会化及其管理这一主题之下进行研究，对文献生产的发展规律进行了从理论到实践的总结。本书用一定篇幅，运用现代科学发展的最新成果，在分析现有文献生产系统与管理系统的基础上，提出从文献生产的本质属性出发，构建新型的文献生产管理体制，认为这种新体制应当是由国家自觉调节和市场调节有机结合的、统一性和灵活性相一致的文献生产管理职能分工模式与企业化经营模式所构成的。这一思考具有开拓性。（孟可文）

G000038 **民族古文献概览** 张公瑾主编。民族出版社1997年11月版。50万字。37.50元。民族古籍专业教材，系统介绍我国少数民族古籍、文献以及收集、整理、研究情况。通过对有一定代表性的民族文字文献即藏缅语族文献、壮侗语族文献、苗族文献、突厥语族文献、蒙古文文献、满—通古斯文献、回族文献及一些古代民族文献（西夏文文献、契丹文文献、女真文文献、印欧语系文献）所作的概略的介绍，展示了少数民族丰富的古籍文献宝藏。（罗烜）

G000039 **读书·品书·荐书** 副名：读书畅谈。朱蓓蓓主编。山东友谊出版社1997年5月版。35万字。19.80元。从纵和横的结合上，分10大篇目，详尽介绍了书的产生、书的历史、书的汇编和收藏、经书、禁书、伪书、畅销书、影响人类历史文化的书、名人与书、读书观等方面的基本知识和信息，其中重点介绍了各大篇目中的代表作，并以精当文字进行评析，系一部读书小百科。（程华涛）

G000040 **古籍版本鉴赏** 魏隐儒著。北京燕山出版社1997年4月版。11.7万字。7.80元。介绍了版本学的产生发展及其基本特征，内容涉及印刷史前书籍及印刷术发明以后各代刻书的情况。并向读者介绍了一些古籍版本鉴定赏析的常识和常用工具方法。在文中对于历代以来各种古籍版本作伪方式通过实例进行了分析介绍。（佳文）

G000041 **古书鉴藏入门** 陈正宏、梁颖等编。上海书画出版社1997年12月版。9万字。18.00元。“艺术品投资丛书”之一。着力于对古籍版本图书的甄别、鉴定、收藏方面的介绍和论述。本书由11部分组成，具体篇目为“古书鉴藏漫话”、“宋之刻本鉴赏杂谈”、“明刻本的类例与鉴别”、“怎样鉴定清刻本”、“清代丛书述略”、“高丽本鉴定入门”、“私刻本浅说”、“古籍鉴定的两种重要依据”、“古籍版本常用术语选释”以及“民国图书收藏小识”、“明清藏书家择要”，基本上概括了古籍版本鉴定的各个方面内容，尤其是对高丽本、私刻本以及民国图书的鉴藏知识介绍，填补了这方面的空白。(陈翔)

G000042 **福建古代刻书** 谢水顺、李珽编著。福建人民出版社1997年6月版。37万字。22.70元。“福建文化丛书”之一。福建是中国古代几大刻书中心之一，刻书业十分发达。“建本”、“麻沙本”风行全国，流传东南亚一带，在中国古代出版史和印刷技术发展史上占有极其重要的地位。本书系统阐述了从宋至清福建刻书业的状况，包括各类刻书机构，如官刻、私刻、坊刻、寺院刻4大系统，各系统下的知名刻书者；所刻的质量高、影响大的书，如南宋建阳黄善夫刻印的《史记》、宋代福州开元寺雕印的《毗卢大藏》等。该书列举翔实的材料，论证福建刻书业起始于五代，而不是传统所认为的唐代。两宋是其发展兴盛时期，刻书机构众多，刻书数量居全国之首。清代建阳坊刻衰亡，但闽西四堡、福州、泉州等地刻书十分兴盛。直至20世纪40年代，福建传统的手工雕版印刷完全被机械化印刷取代。对于影响深远的“麻沙本”，本书也专门进行了探讨。今人承袭前人的看法，对其几乎全盘否定，认为“旧刻本之雕印不精者，世称麻沙本”。作者对麻沙本的雕版用料、兴盛速售原因和版本优劣提出自己的看法：麻沙书版多用梨木、樟木，而非前人所认为的“榕树”；“闽学”在建阳的繁盛为刻书提供了丰富的书源和广大的读者群，盛产纸墨、交通便利均为书籍广为流通提供了条件；麻沙本有些校勘不精，还有少数书肆有意作伪，但也有“字朗质坚，莹然可宝者”，“字体峭丽，雕镂精美”者。麻沙本虽有缺点，但成就和贡献是主要的，在中国文化发展史和版本史上应占有一定的地位。(何海勤)

G000043 **应用校勘学** 林艾园著。华东师范大学出版社1997年7月版。24.5万字。18.00元。从古书的种种讹误情况说起，指出在校勘中如何发现问题，提出“谨识字，知文义，谙故实，审制度，察义例，辨讳名”的要求，结合“校法四例”，才能做好校勘。作者又结合长期从事古籍整理的实践，提出了校勘必须注意避免的种种现象。(姜汉椿)

G000044 **一个总编辑的手记** 江曾培著。上海文艺出版社1997年5月版。32万字。20.00元。作者担任上海文艺出版社总编辑多年，本书将其专门评论本版图书的文字汇集出版。在总结诸多编辑经验时，谈的最多最精彩的是选题问题。作者认为，“拣到篮里都是菜”的工作方法是“没出息”的，应该讲求“优化选题”，而“优化”的关键是“出新”。作者有选择地介绍评论了本版七八十种图书。由于书里书外、书人书事提供了大量背景材料，就好比向旅游者介绍了最值得留连欣赏的“风景点”，而每个“风景点”又具体讲解了来龙去脉、历史变迁、传说故事等。(赵南荣)

G000045 **中外名著名人序跋精粹** 杨乃乔、张晓东编著。百花洲文艺出版社1997年10月版。34万字。18.00元。收录中外名著名人的序和跋80多篇，有名人为自己的著作所写的序和跋，或者是名人为别人的书所写的序。如费尔巴哈《基督教的本质》序、马克思《黑格尔法哲学批判》导言、丹纳《艺术哲学》序、薄伽丘《十日谈》序、拉伯雷《巨人传》序、海涅《德国——一个冬天的童话》序、罗曼·罗兰《约翰·克利斯朵夫》序、梁启超《清代学术概论》序、钱钟书《谈艺录》序、鲁迅《呐喊》序、朱自清《背影》序、巴金《激流》序，等等，各尽其美。有质朴的关于写作经过的说明，也有对生活诗意般的感情抒发；有对专门问题的高深理论的分析，也有感人肺腑的对自我心灵的解剖。每一篇序和跋的背后，都站立着一个活生生的人，以及他们的个性、气质趣味、理想，他们为哲学、文学、艺术等创造而呕心沥血的故事。此书不仅可以帮助人们更好地理解和欣赏名著，而且有助于人们更进一步的了解作者。(毛军英)

G000046 **中国书评精选评析** 伍杰等编。山东教育出版社1997年12月版。54.6万字。31.60元。全面系统反映书评发展脉络的专集。上至1918年，下迄1995年，从数以万计的书评中选入77位名家书评130篇。其中，新中国建立前39篇，新中国建立至1978年36篇，1979年至1995年55篇。书评作者大都是文学大师和书评大家，包括蔡元培、胡适、鲁迅、茅盾、钱钟书、叶圣陶、巴金、阿英、臧克家、老舍、萧乾等在内。所选文章都是他们的书评佳作或某种意义上的代表作；所评作品也都是当时有影响的作品。勾勒出了这一时期我国文化进程的轨迹。书中还对每篇书评作了评析，“披之以入情”，讨源显幽，赏析其情与美，揭示好书评所以好的奥秘，启示怎样写好书评的门径。此外，对77位书评作者也一一作了简介。全书内容涵盖了文、史、哲及美学、科技等诸多门类，涉及综合书评、单本书评，也有学术论著、散文随笔、序跋书信等多种文体。(张颖)

G000047 **知堂书话** 周作人著、钟叔河编。海南出版社 1997 年 9 月版。110 万字。92.00 元。辑录周氏集中以及未发表过的手稿中有关“书”的文章 500 篇。按类分为 7 个部分：一、谈书和读书，二、谈中国古书，三、谈旧小说，四、谈中国新书，五、谈东洋的书，六、谈西洋的书，七、谈自己的书。（王朴）

G000048 **清代目录摘要** 来新夏主编。齐鲁书社 1997 年 1 月版。37 万字。31.50 元。本书资料主要来自京、津、沪、宁、苏等地图书馆，收录清人目录著作 380 余种，包括经、史、子、集、佛、道、金石等门类。其作者多为清代学者，也有生于明季而卒于清者，另生于清而卒于民国却有重要目录著作者也酌情收入。内容编排以作者卒年为序，每一作者均系以 300 字左右的生平小传，之后收录其所著目录，按成书先后排列。提要内容翔实可靠，重点介绍其编辑缘起、编撰经过、篇卷、版本、流传、收录特点、类目沿革、后世影响以及后人续补情况等，凡有两说以上或不清者，均加以考证，力求不误。书中所收目录有刻本、影印本、排印本、稿本、抄本等，按其类型，则可分为国家组织编辑的目录、个人辑撰的目录、私人藏书目录、地方存书目、书局售书目、佛典目录、道藏目录、进呈目录、抽毁目录、捐书目录等，不少为文献所未载，有很高的学术价值。此目录学专著虽非清代目录之全部，但其收录数额、考校精深已远远超过以往之有关著作，对指导读书治学、研究整理古籍文献，有重要作用。（赵捷）

G000049 **中国图书馆年鉴（首卷本）** 中国图书馆年鉴编委会编。北京图书馆出版社 1997 年 11 月版。140 万字。198.00 元。建国以来我国第一部图书馆专业年鉴。全面系统地反映了 1990 年至 1996 年中国图书馆事业发展的基本情况。（卢玉荣）

G000050 **档案编纂学** 潘玉民主编。辽宁大学出版社 1997 年 2 月版。40 万字。20.80 元。广泛参考了国内外专家学者的大量论著，吸取了有关研究成果，力图全面容纳档案编纂学研究的新成果。从档案编纂学概论、档案汇编、档案编纂工作、档案编纂人员、档案编纂的选题、汇编档案的搜集与选择、汇编档案的考订与校勘、汇编档案的编纂加工、汇编档案的标题、汇编档案的编排、汇编档案的辅文、汇编底稿的审核与装帧设计、档案汇编的校对、档案汇编的宣传发行与反馈、明清档案的编纂、民间档案的编纂、革命历史档案的编纂、现行文件的编纂、科技档案的编纂、档案编纂工作现代化等 21 个部分详细地介绍了档案编纂学的各个方面，主要用作高校档案专业教材，也可供档案编纂实践与研究时参考。（陈晓东）

G000051 **声像档案管理学** 华林著。云南大学出版社 1997 年 4 月版。24 万字。15.00 元。本书力求建构起声像档案管理学（档案学的一门下位学科）学科体系。全书从理论上阐述了声像档案管理学的内涵构成，阐述了声像档案的概念、范围、特点和声像档案管理工作的内容、性质、原则以及国内外声像档案管理工作的状况，系统地论述了照片、唱片、录音磁带、录像磁带、影片和光盘档案的产生、种类、构成、特性及其收集、管理、鉴定、保管、统计和信息资源开发利用 6 个环节的工作内容，涉及到声像档案管理学理论建设和实践工作的一系列重要问题，本书对加快我国声像档案管理人才培养、推动声像档案管理工作朝着标准化、规范化和科学化方向发展有较高的理论和实践意义。（冯山成）

科学、科学研究

G000052 **当代中国科学技术和社会的发展** 殷登祥等著。湖北人民出版社 1997 年 8 月版。29.5 万字。13.50 元。以如何实施“科教兴国”和“可持续发展”，加速实现中国 2010 年目标规划乃至 21 世纪中叶的远景目标为主线，结合研究西方国家“科学技术和社会”(STS)和中国的实际，提供一种新的发展观、价值观、科学观和教育观。全书分 4 部分。第一部分（一、二章），论述科学技术和社会是一门新兴的学科。介绍 STS 的基本理论及其研究热点问题，阐述当代中国 STS 研究的特点是，侧重研究科学技术对社会发展的积极作用，研究社会主义现代化建设中的实际问题。第二部分（三至五章），论述中国 STS 的发展机制。作者运用系统论方法，提出“科教一元主导，多元复合模式”和“可变一元主导，多元复合的太极模式”。第三部分（六至九章），论述中国传统文化与 STS 的关系。作者提出三种世界文化的观点：以科学技术理性文化为主导的西方文化；以人文伦理精神为特征的东方文化；建立在信息资源开发、信息技术和信息产业发展基础上的信息文化。第四部分（十至十二章），论述科学技术发展和中国社会的进步。探讨随着科技进步，中国的经济社会结构将产生的深刻变化，重点论述乡镇企业将形成中国工业化的独特道路的问题。还分析了科技进步造成思想观念和消费方式的变革，主张人与自然的和谐发展，走可持续发展的道路。（刘苏）

G000053　**论科学学科与教育**　王续琨著。大连理工大学出版社 1997 年 10 月版。35 万字。18.00 元。汇集作者十余年来在科学学领域的主要研究成果,按照内容分为科学求是篇、科学方法篇、思维科学篇、学科探索篇、教育思考篇。涉及科学发展规律,科学分类与体系结构;自然科学方法的历史,科学技术创造的动力机制,非逻辑思维,思维科学的学科结构;学科进化机制,某些学科的门类结构,创建某些新学科的设想;现代科学技术革命条件下的高等教育问题。(唐连政)

G000054　**潜科学畅论**　孙宪毅著。山西科学技术出版社 1997 年 10 月版。27.6 万字。28.00 元。分上、下两篇。多角度、多层次地对中国学者于 1979 年创立的潜科学和潜科学学进行了创造性的理论研究和开拓性的应用探索。书中主要内容包括 3 部分:一是关于潜科学与潜科学学的理论研究;二是关于潜科学与潜科学学的应用研究;三是提出了一些具体的潜科学思想。特别是在潜科学的分类、特征、基本形态及判别与鉴定等方面提出一些新理论。在潜科学应用方面,创造性地提出了科学发展的机制、科学人才成长的模式、创造性思维的定义及分类、自然科学系统的定义及分类、大教育观等新观点和新结论。(温洁茹)

G000055　**未来的魅力(剑桥文丛)**　[美]斯蒂芬·霍金等著。江苏人民出版社 1997 年 8 月版。15 万字。9.50 元。以斯蒂芬·霍金预测宇宙今后十亿年前景开头,以唐·库比特最后的审判的领悟为结尾,介绍了预言的发展历程,以及我们今天预测未来的方法。(丁嫣霞)

G000056　**展望 21 世纪**　[英]汤因比、[日]池田大作著。国际文化出版公司 1997 年 9 月版。32.6 万字。19.50 元。作者着眼当代展望未来,从宇宙天体、生命起源、宗教哲学、道德伦理、科学技术及政治、经济、军事以致未来的世界大同,几乎探讨了涵盖人类社会和当今世界面临的所有最迫切的问题,并对世界未来的发展作了预测和展望。

G000057　**中国国家标准汇编(1994,1995,1996,1997 年度)**　中国标准出版社编。中国标准出版社 1994 年—1997 年版。150 万字/册。120.00 元/册。中国国家标准是以科学、技术和实践经验的综合成果为基础,由各专业标准化技术委员会(权威专家、学者、工程技术人员组成)制定,经国家标准化主管机构(现为国家质量技术监督局)批准发布,在全国范围内统一贯彻实施的规范性技术文件。内容包括原材料,工农业产品,安全、卫生及环境保护,有关互换配合及通用技术,通用零、部件,元器件,信息技术,工具,通用试验方法及检验方法,术语等方面的标准。本汇编在一定程度上反映了我国建国以来标准化事业发展的基本情况和主要成就。自 1983 年起,按标准号顺序出版标准汇编;至 1995 年,本汇编的出版时间与新标准的发布时间已达到基本同步,继而每年汇集前一年发布的新制定的国家标准,即本汇编同时具备年度汇编的功能(分册号顺延,封面注"××××年制定")。由于标准不断修订,为收集修订标准供读者使用,自 1995 年起在汇集前一年发布的新制定的国家标准的同时,新增出版前一年发布的被修订的标准的汇编本(不占分册序号,封面注"××××年修订")。1994 年度:"制定"第 196～205 分册,GB14867～15427;"修订"6 册。1995 年度:"制定"第 206～218 分册,GB15428～16150;"修订"8 册。1996 年度:"制定"第 219～231 分册,GB16151～16724;"修订"12 册。1997 年度:"制定"第 232～247 分册,GB16724～17202;"修订"11 册。(周俞斌)

G000058　**中国强制性国家标准汇编(第二版)**　中国标准出版社编。中国标准出版社 1995 年—1997 年版。3 823 万字。2627.00 元。至 1997 年底,现行的强制性国家标准达 2 235 项。本汇编收入全部强制性国家标准。卷类同第一版,每卷分册有增加。即,综合卷(2 册),农林卷,医药卫生劳动保护卷(6 册),石油化工卷(2 册),矿业冶金能源卷,机械卷(2 册),电工卷(4 册),电子及信息技术卷,通信广播仪器仪表卷,工程建设建材卷,公路水路铁路车辆船舶卷,纺织轻工文化生活用品卷,食品卷(2 册),环境保护卷。(周俞斌)

G000059　**产品标识标注指南**　国家技术监督局监督管理司编。中国标准出版社 1997 年版。17.1 万字。20.00 元。为配合国家技术监督局发布的《产品标识标注规定》的贯彻实施而编写。分 4 个部分,内容涵盖了《产品标识标注规定》及其条文释义,以及我国法律、法规关于产品标识的规定。附件中收入了有关的法律、法规及国家标准。书中的条文释义部分对《产品标识标注规定》中的条款逐项进行了充分、具体的解释、说明。其中援引的一些实例,对生产企业解决产品标注中的一些具体问题具有指导意义。书后所附的法律、法规及国家标准,亦是企业在对其产品进行标注时所应依据和参考的。(易彤)

G000060　**中国标准化年鉴 1996**　国家技术监督局编。中国标准出版社 1997 年版。55 万字。53.00

元。对 1995 年我国标准化工作的总结，介绍标准化技术委员会工作、国家标准化活动、标准化成果奖励、标准化科学研究和技术开发工作、标准样品工作、地方标准化工作等。1995 年，在采用国际标准的新产品中，选择 170 项列入国家科委国家级新产品试制鉴定项目，对 1 079 项产品推行采用国际标准采标标志；确定 67 个农业标准化示范区，编制了农业标准体系和监测体系，促进“优质、高产、低耗、高效”农业的发展；确定 50 个县(市)为首批消灭无标生产试点县，取得一定成效。1995 年，制、修订国家标准 1319 项，其中制定 899 项，修订 420 项，采用国际标准和国外先进标准 505 项，采标率为 38.3%。书后附有 1995 年全年发布的国家标准目录及有关信息。(袁晓玲)

G000061　**科技兴国:社会主义命运之所系**　安维复著。山东人民出版社 1997 年版。31 万字。16.50元。专论科技兴国与社会主义命运的关系，以此为主线，主要探讨了 4 大问题：社会主义可以科技兴国、社会主义应该科技兴国、社会主义能够科技兴国、社会主义怎样科技兴国。通过对科学技术哲学和科学社会主义理论的交叉研究，把科技兴国同社会主义命运紧密联系起来。本书的重点在于社会主义科技兴国的实证分析(要素、结构、体制、模式和操作)。而社会主义科技兴国的均衡模式则是重中之重。即社会主义科技兴国应实现社会发展、经济增长、文化演进与科技进步之间的均衡，应实现政府、企业、科技机构、市场之间的均衡，应实现基础研究、技术开发、产业创新、市场营销之间的均衡。本书的价值在于，它不仅在理论上证明了社会主义科技兴国的应然性和合理性，而且还设计了社会主义科技兴国的运行机制和操作模式。其特点是：(1)刻求理论精深但意在实践操作。重学术而不唯学术，重操作而不限于操作，而是以学术为根基，设计科教兴国之操作程序。(2)追思历史功过但意在评说现实。着重展现中西方历史上的科技兴国之文脉，寻求振兴中华之路。(3)博采众家之长但意在创新己见。本书几尽科技兴国之百家，但无意注疏评说，而在于形成自己的看法，解决中国的现实问题。(李明功)

G000062　**上海科技(1987～1990)**　金柱青主编。上海科学技术文献出版社 1997 年 12 月版。106 万字。138.00 元。全面反映上海科学技术事业在 1987～1989 年间的发展情况的大型文献资料性书籍，共有 12 编和附录：第一编是上海科学技术工作综述；第二编是专论；第三编是上海各系统科技工作发展概述；第四编是上海科技机构的发展；第五编是上海获奖科技成果；第六编是上海学科研究选介；第七编是上海科技人物选介；第八编是上海科学技术团体；第九编是上海科技服务工作及机构；第十编是上海科学技术统计；第十一编是上海科学技术事业发展大事记；第十二编是上海科学技术法规；附录是介绍世界科技发展动向和上海科学技术发展简述(主要是上海科技 40 年)。(高子贤)

G000063　**上海科技年鉴(1997)**　上海科技年鉴编辑部。上海科学普及出版社 1997 年 12 月版。90 万字。168.00 元。主要记录了 1996 年上海全面实施“科教兴市”战略，认真贯彻落实国务院《关于“九五”期间深化科技体制改革的决定》以及中共上海市委、市政府《关于加速上海科技进步的若干意见》，上海各领域、各部门、各区县在科学研究和依靠科技进步、在深化改革开放、在提高劳动者素质等方面促进经济增长和各项工作中取得的新成就、新经验，以及涌现出来的新人才。全书有科技彩图 48 页，正文 15 个分编(重要论述选摘、科技大事、高新技术及其产业化、基础应用研究与人才培养、工农业技术进步、地区科技发展、科技管理、科技合作交流、科技奖励、科技人才、科学普及、科技统计、科技法规等)。(黄家礼)

G000064　**文献计量学引论**　王崇德编著。广西师范大学出版社 1997 年 4 月版。37 万字。18.20 元。运用数理统计的方法对文献进行量化研究的著作。全书包括 3 大部分共 10 章。第一部分介绍了文献计量学的产生、发展、研究对象、方法；第二部分介绍了基本的数理统计学知识；第三部分阐述了文献作者分布及词频分布的规律，文献分散、增长、老化规律，引文分析及文献研究的三定律之间的相关性。全书既有理论阐释，又有实践举例，具有较强的实用性和可读性。(覃丽梅)

G000065　**情报语言学基础**　张琪玉著。武汉大学出版社 1997 年 9 月版。28.1 万字。11.00 元。高等学校文科教材之一。系统地讲述了情报语言学的一般问题、情报检索语言的基本理论和基本方法、各种类型情报检索语言的原理、编制法、使用法、性能、在方法上互相吸取的情况、文献分析与标引问题，以及情报检索计算机化与情报语言学的发展等。该书已历经三版。第一版是在经三年教学实践基础上于 1983 年 6 月出版，初名《情报检索语言》；第二版是为适应中央广播电视大学的教学需要，而在第一版基础上于 1987 年 3 月出的增订本，称为电大版，由原大 32 开改为小 32 开,并根据学科的成熟状况及未来发展,将书名改为《情报语言学基础》,在内容上主要增加了绪论——情报语言学一般问题、情报检索语言基本方法、情报检索计算机化与情报语言学的发展、文献主题的构成因素及层次等章节;第三版重新恢复为大 32 开,并又增补了分类主题法一体化检索语言、自然语言在情报检索中的应用两章,故称“增订二版”。(严红)

G000066 **光盘情报检索方法与技巧** 王云编著。国防工业出版社 1997 年 6 月版。28.3 万字。17.60元。对具有通用性的计算机光盘情报检索一般技巧,作了系统总结和深入探讨。具体内容包括光盘情报检索通用技巧和四大光盘检索方法两大部分。第一部分以面向实用为中心,从查找检索词、构造检索式以及根据课题检索实际经验和文献分布规律制订检索策略三个方面,系统地总结和探索了计算机光盘情报检索通用的操作性技巧,包括查找检索词的衍生法,构造检索式的规范性方法(聚类组合法),并在研讨切题文献分布案例的基础上提出了有关检索策略的见解,对有关文献分布的情报学三大定律给出了一个简单而通用的直观模型——树型金字塔模型。第二部分从教学和专业的角度,介绍国内引进较多的四大光盘数据库的检索方法,它们是:物理电子电气计算机和控制及信息科学文摘、工程索引、美国政府科技报告、中文科技期刊,另附四大光盘检索分类表。(孙忠玉)

教　育

G000067 **当代教育新理论丛书** 刘佛年主编。江苏教育出版社 1997 年版。以“新”为基本出发点,以教育新学科、新观点为主要内容,力求反映当前世界教育理论的研究方向和发展趋势。对目前教育改革和发展中遇到的一些亟待解决的现实问题也有所思考和回答。已出版的 22 本书为:《教育生态学》、《教学信息论》、《教育人类学》、《教育改革论》、《教育文化学》、《教育社会学》、《教育时间学》、《教育法论》、《教育政治学》、《家庭教育学》、《校长学》、《德育新论》、《高等教育学新论》、《创业教育学》、《教育经济学新论》、《挫折教育论》、《学习风格论》、《农村教育论》、《教育政策学》、《比较教育学》、《活动教学论》、《素质教育论》等。(赵明)

G000068 **教育目的记** 扈中平著。湖北教育出版社 1997 年 9 月版。20 万字。11.00 元。关于教育目的理论的学术专著。作者从思考教育目的的逻辑起点入手,对教育目的的若干重大理论问题做了较为深入的探讨,并在此基础上剖析了我国教育目的的理论与实践,提出了一些很有价值的见解。(陈雅峰)

G000069 **教育失误论** 孙孔懿著。江苏教育出版社 1997 年 10 月版。27 万字。11.60 元。将现实中种种教育失误现象大致地分为 4 大类:教育目标确定的失误、教育内容处理的失误、教育方式选择的失误、学生评价的失误。每个大类的教育失误又分成若干小类型,在作出分类之后,作者采取摆事实、讲道理的方法,分门别类地对教育失误现象及其危害逐一进行了解剖,特别对一些似是而非和习非成是的现象进行了重点剖析。在现象剖析的基础上,作者以行为科学原理为依据,全面探讨了教育失误的成因。作者认为,人的行为是主体素质和环境交互作用的结果,因此,教育失误的原因应从教育者主体素质和他所处的社会环境这两方面去寻找。作者还认为,受教育者是教育者施加教育影响的客体,是教育者所处环境的第一要素。受教育者本身不是被动接受知识的容器,而是有血有肉有感情有主观能动性的活的机体,当代的青少年又有许多过去青少年所不具备的新特点,如果简单化地看待他们,当然免不了要产生失误。此外,作者从远到近,依次探讨了学校内部人际关系环境、教育系统的环境和整个社会大环境对教育者产生的影响。承认失误,正视失误,研究失误,在此基础上努力纠正并尽可能地防止失误。这就是作者写作本书的根本宗旨。(朱述宾)

G000070 **“教育学视界”辨析** 陈桂生著。华东师范大学出版社 1997 年 4 月版。35 万字。26.00 元。“元教育理论”研究课题之一,是当代国际教育理论界的研究新领域。从 3 方面以辨析的形式安排篇目:1、教育诸概念辨析;2、教育学诸命题辨析;3、教育学发展状态透视。力求按“元教育学”提供的考察教育学陈述的标准与规则,针对流行于教育理论界或隐或现的教育陈述加以辨析,是一部带有系统性诊断功能的学术专著。通俗地说,现有教育学陈述中,相当普遍地存在着教育理念与教育概念混淆的现象,导致教育概念的泛化与教育命题的模糊不清,而人们对于流行的陈述套路往往习以为常,甚少按一定标准与规则加以分辨。以“教育学视界”辨析为名,所期待的只是“澄清”,这是本书的精义所在。(金勇)

G000071 **教育研究的理论与方法** 杨小微、

刘卫华主编。湖北教育出版社 1997 年版。30 万字。18.00 元。教育研究方法这一学术领域主要包括两个方面的内容:即教育研究中的方法论问题和各种具体的研究方法。本书主要用于教育事业研究生及本科高年级学生教学。第一、二、三章为总论,从科学研究的原发点——自然科学研究方法的演进入手,分析了这些方法在进入人文学科、社会科学及教育科学研究领域之后,其规范与程序如何随学科领域的特质改变而不断损盖、完善和发展;在整理教育科学研究方法体系的基础上,第四～七章分别对教育观察、教育调查、教育实验、教育研究文献、教育测量及统计等主要方法及其运用作了较为详尽的论述。并以附录形式提供了一些范例,既作为正文中某些章节内容的印证。也为教学过程中的实例分析提供方便。(陈雅峰)

G000072 **教育教学丛谈** 高培权著。陕西人民教育出版社 1997 年 10 月版。26 万字。18.00 元。汇集作者从事教育、教学及研究工作三十余年来所发表的文章及讲稿百余篇,分教育篇、教学篇、语文篇 3 大部分。教育篇和教学篇侧重于教育、教学理论探讨,其中包括作者通过运用邓小平同志关于教育的一系列论述强调了教育的重要地位和作用;学校在教育改革中从政治方向、党务、行政领导等方面应起的作用;教学改革思想的变革与课堂教学效率提高途径;教师如何提高教学基本功等几大方面。语文篇侧重于应用性较强的语文学习技巧的阐述,并且选取了部分具有代表性的初、高中课文评析讲稿。(阎婷)

G000073 **少年自策自修小丛书** 庄大伟等编。安徽少年儿童出版社 1997 年版。60 万字。旨在配合团中央和全国少工委向全国少年儿童推出的"跨世纪中国少年雏鹰行动"帮助少年儿童加强自学、自立、自护、自强、自律的意识而出版的少年儿童素质教育类故事书。包括《我怎么没想到》、《我怎么没做到》、《我怎么没感到》、《我怎么没找到》、《我怎么没悟到》。《我怎么没想到》讲述的是一组勤学好思的少年儿童在日常生活中不读死书、投身兴趣小组而进行的一系列小发明小创造。《我怎么没做到》讲述的是一组勤奋苦学的少年儿童克服种种困难,努力进取的故事。《我怎么没找到》内容是帮助读者寻找一组适合小学及初中学生阅读、理解的习题的解题思路。《我怎么没感到》是一本人体"参观记"。形象地把人类的身体从皮肤到内脏比作一座高科技的大工厂,以轻松幽默富有趣味的笔调将读者领进奇妙无比的人体世界。《我怎么没悟到》列举了大量发散性思维训练习题。本书特点在于将思维训练题放在故事中,增强了习题的针对性、实用性、趣味性。书后附有参考答案。(王笑非)

G000074 **国民素质建构与基础教育改革** 郭文安、陈东升著。人民教育出版社 1997 年 4 月版。15.6 万字。8.70 元。旨在探索建构一个我国现代国民素质发展的新的指标体系,并将其转化和贯彻到基础教育中的理论著作。全书分 5 部分。第一部分深入探讨了国民素质及其研究的几个基本理论问题。第二部分集中讨论我国国民素质的历史定位问题。第三部分集中讨论我国国民素质的现实定位问题。第四部分主要探索我国现代国民素质的建构问题。第五部分着重探索上述指标体系如何向基础教育转化与贯彻问题。本书是著者在"国民素质现状与基础教育改革"这一课题的调查与研究的基础上写成的。著者在大量的试点调查基础上进行深入的分析、研究。据此提出,全民与全面构成了基础教育的两大基本立足点。全民即指全民的教育,全面即全面素质发展。并提出把全面发展教育思想作为基础教育改革的指导方针。同时,依据我国现代国民素质发展指标要求,结合基础教育现状,对我国基础教育的整体改革调整提出了操作性建议。(王莉)

G000075 **强者时代沉思录** 于信凤、赵慧平著。辽宁人民出版社 1997 年 8 月版。14 万字。12.00 元。针对目前我国学校教育、家庭教育和社会教育中存在的弊端,即过分地保护孩子,过度地以分数来压迫孩子,而社会上又过滥地以物欲刺激孩子,使这一代独生子女成为精神脆弱、体力纤弱的一代弱者。而未来又将是一个竞争的时代、一个强者的时代,为此,书中提出,要对孩子进行能够承受苦难的磨砺教育。书中探讨了磨砺教育的意义、作用,讲述了未来是一个强者的时代,只有成为强者才能成为赢家。收入"明日强者书系"。(朱枫)

G000076 **少年美育知识大观** 张道葵著。湖北少年儿童出版社 1997 年 7 月版。41.4 万字。21.00元。从欣赏和创作的角度阐明美学规律,既有社会美分析、自然美欣赏、艺术美品鉴,又有审美经验的归纳、欣赏方法的介绍、艺术创作的指导。(刘海燕)

G000077 **师范专科学校劳动技术教育选修课教材** 甘幼玶主编。广西师范大学出版社 1997 年版。182.5 万字。60.60 元。包括《食用菌栽培学教程》、《家用视听设备检修》、《植物栽培》、《电工技

术》、《机械技术与维修》、《猪禽科学饲养与疾病防治新技术》6册。简明扼要地阐述了有关生产技术及劳动技能。(陈仲芳)

G000078 **教育统计理论与实践** 林丰勋、李甲奎著。青岛海洋大学出版社1997年11月版。25万字。13.20元。从理论和实践的结合上,介绍了教育统计学这门年轻的学科在教育研究与管理中已经显示并日益显示出的重要作用。内容包括教育统计资料的搜集、数据的初步整理、集中量数、差异量数、相关与一元线性回归分析、概率与分布、抽样分布与参数估计、假设检验、单因素方差分析、X^2检验、非参数检验、数学测量简介等,系统、准确地诠释每一概念、规则,分析每一方法和步骤,并借助于直观形象的图表、恰当典型的实例及通俗易懂的语言,引导读者掌握统计推论的抽象思想方法,进而在弄清原理的基础上将其创造性地、灵活地运用于教育实践中。(刘宗寅)

G000079 **教育经济学** 靳希斌著。人民教育出版社1997年6月版。32.6万字。16.30元。以马克思主义的经济学说和教育理论为指导,紧密结合中国经济改革和教育改革实际,重点论述了我国教育领域内的经济问题和经济现象,总结反映了我国学科研究的新成果,同时也借鉴了国外教育经济学研究成果。本书力求内容全面,观点新颖。作者注意吸收教育经济学科学研究方面的高水平学术观点,努力汇集、整理、引用最新计算模型、计量公式、数据资料;注意及时反映社会主义市场经济与教育改革的关系;注意突出我国基础教育重点,并设立有关义务教育投资专门章节,把理论分析、实证研究、资料汇集结合起来,力争做到宏观理论阐述与微观实证研究相结合。作者在有些章节还进行了国际分析比较,寻求对研究中国问题的启迪。本书基本构成部分为导论、理论基础、基本理论、教育投资、教育投资效率、教育投资经济效益以及附录(文献索引)。(曾红梅)

G000080 **现代教育技术** 副名:通向未来教育之桥。高利明编著。中央广播电视大学出版社1997年9月版。23.2万字。15.00元。现代教育技术学在电子技术、传播技术、信息技术等现代科学技术的推动和影响下,已成为正在崛起的现代教育科学的一个重要的分支。传统的、以教师课堂讲叙为主的、灌输式的教学将逐步地被以学生探研为主的、交互式的学习和教师作为学习的管理、帮助和启发者、以及多样性、个别性的合作学习行为能力为基础的、综合性教学评价的现代教育理论和实际所代替,本书即详细介绍了现代教育技术及其运用。(张静)

G000081 **教育管理辞典(第二版)** 李冀主编。海南出版社1997年7月版。159万字。60.00元。共收词目3 978条,按教育管理体系分为5部分:“教育管理基础知识与理论”、“教育行政管理”、“学校管理”、“外国教育管理”、“中国古代教育管理”。附笔画索引目录。(贺晓兴)

G000082 **中日教育比较研究** 王智新著。江苏教育出版社1997年版。26万字。12.00元。作者以冷静的头脑和辩证的眼光分析中日两国在教育法规、教育制度、教育财政、教育行政、教师问题等方面的异同;保持了客观公正,避免了盲目地宣传日本令人炫目的成功部分。对中日近代教育思想的异同,抓住关键人物加以分析,切入角度好,精辟入里。(孙峪峨)

G000083 **蔡元培全集·第三卷** 中国蔡元培研究会编。浙江教育出版社1997年10月版。62.7万字。26.00元。比较完整地收录了蔡元培先生1911至1919年间的全部文稿(除函电、日记及编译等单独立卷外),共318篇。其中,有一百多篇为首次公开发表或新发现的佚文。从这些论著中,可以使我们清晰地看到,我国近代教育史上新的一页是怎样展开的,它所体现的进步教育思想和改革措施对我国近现代教育所产生的影响是何等巨大,同时也更能体会到这一珍贵精神财富的历史意义和现实价值。

G000084 **蔡元培全集·第四卷** 中国蔡元培研究会编。浙江教育出版社1997年10月版。70万字。29.00元。收录了蔡元培先生于1920至1922年间的论著(函电、日记、编译等文除外)共341篇。期间有一些布告、呈文,在当时意义极大,关系着旧习的铲除,校纪的整顿,校风的转变,新型校制的建立,教育事业的兴废。

G000085 **21世纪校长丛书** 劳凯声主编。中国铁道出版社1997年8月版。180万字。180.00元。由5卷组成:第一卷《高屋建瓴——当代教育新观念》既交代了现代教育的起源、革新趋势,又对21世纪的教育思想有所前瞻,对面临转型期的教育管理者们具有启发和指导意义。第二卷《庙算之道——教育管理的理论与方法》从宏观到微观、从透辟的分析到精心的操作指导,提示管理者“巧力拔千斤”的道理和决胜千里的良方。第三卷《规矩方圆——教育管理与法律》则引入教育法制、国家教育权、公民受教育权、妇女及未成年人受教育权的保护等法律概念,并通过国内外诸多教育法案例来进行深入论述，是作者教育法学研究工作和参与教育立法实践工作的系统总结。第四卷《功成务实——教育管理之实务》将时下教育管理中的一个个具体问题重新提出，在反复咀嚼的基础上提出相应的专家方案，并将其归纳为知、行、谋三个范畴进行阐释，以期使读者达到“神会”之目的。第五卷《广揽成势——教育管理者的知识视野》勾勒出世纪之交时人在社会变迁、文化传承中的突出作用，告诉教育管理者在自然与社会、新与旧的矛盾中如何用科学与技术架起成功的桥梁，书中描绘的知识背景或许能成为新一代校长的一面镜子。(石建英)

G000086 **德育理论丛书** 副名：德育论。储培君著。福建教育出版社 1997 年 1 月版。34.5 万字。23.00 元。“德育理论丛书”之一。共 10 章。研究了德育的一般理论问题，探讨德育本质论、德育价值论、德育目标论、德育过程论、德育教育论、爱国主义教育论、理想教育论、科学世界观教育论、个性心理品质教育论。(朱平)

G000087 **春泥护花——小学思想品德课教学研究成果选** 副名：全国小学德育研究丛书。姬君式主编。中国少年儿童出版社 1997 年 10 月版。22.5 万字。15.00 元。教学研究论文和教案集。收录 11 篇关于小学思想品德课教学研究论文，并精选了全国各地小学 44 份教案。论文部分总结了小学思想品德课开设 15 年来的成功与不足，肯定了品德课对学生道德品质形成的影响和作用，在如何搞好思想品德课的研究、怎样推广研究成果、提高教学质量方面都进行了深入的探讨。教案部分展示了小学一至六年级有特色的思想品德课教学范例。符合不同年龄段的特点，主题鲜明，教育目的明确，教学形式新鲜活泼，内容涉及到日常生活的各个方面，如“保持环境卫生”、“尊敬老人”、“我是中国人”等。在平凡之中见精神，进行启发式教学，不搞空洞说教。本书对于教育工作者进行小学品德教育有着指导意义和借鉴作用。(韩彬)

G000088 **面向 21 世纪历史教材和历史教学** 副名：20 世纪末历史教材和历史教学的改革及其趋势国际学术研讨会纪念文集。中国教育学会历史教学研究会、人民教育出版社编。人民教育出版社 1997 年 10 月版。42.9 万字。21.10 元。1993 年 7 月在北京召开的“20 世纪末历史教材和历史教学的改革及其趋势国际学术研讨会”的论文集，分为“大会综述、致词与贺信”、“历史教科书的改革趋势”、“20 世纪末的历史教育”、“历史学科教学法研究”、“历史课程、教材、教学的比较研究”、“历史教育的历史与现实”、“外国学者论文”等 7 个部分。在收入本书的论文中，就历史教学的功能、目的和目标，历史教科书的理论与实践，学生学习历史的心理和历史教师的素质，历史教学的方法，历史教学的综合整体改革，关于历史课程、教学大纲和历史教科书的比较等问题，作了深入的研究和探讨，对 20 世纪末历史教科书的改革和发展的趋势作了科学的估计。本书反映了近年来我国及亚洲、欧洲、美洲三大洲的外国专家学者对本书主题的最新研究成果。(史明迅)

G000089 **现代数学课程论** 丁尔升主编。江苏教育出版社 1997 年版。32 万字。16.50 元。首先通过对国内外数学课程理论和实践的研究，探讨了数学课程发展的规律，揭示了数学课程发展和社会、经济、科技、数学与教育等发展的关系，并提出了数学课程编制的原则；接着深入研究了包括数学课程的设计、实验研究、评价、审定和实施等现代数学课程开发的全过程；最后仔细考察了美、英、法、日、俄(含原苏联)和荷兰等国家当代数学课程理论研究的概况，并进一步展望了面向 21 世纪的数学课程发展的趋向。(何震祁)

G000090 **活动课程的理论与实践** 高峡等著。上海科技教育出版社 1997 年 11 月版。29.5 万字。16.00 元。系统研究活动课程理论的专著。作者研究了活动教育思想的发展，活动课程的沿革、涵义和功能；论述了活动课程在教育学、哲学、心理学、科学学等方面的理论基础；结合实际分析了活动课程在当前教育改革中的意义。通过与学科课程的比较对照，阐述了活动课程的性质及目标、原则和内容特点，强调了活动课程目标的整体性、学习内容的综合性、学习活动的实践性观点，强调了活动课程的教养功能，主张展开综合性的活动课，以及以教学单元而非按“类”划分课时等观点。作者从活动课程实践的需求出发，论证和说明了活动课程的设计、实施、评价的具体原则和方法，以及活动课程的保障机制，将活动课程的基本理论落实到现实的各个组织实施环节之中。(洪如蕙)

G000091 **义务教育教材的研究与实验** 课程教材研究所编。人民教育出版社 1997 年 5 月版。50 万字。26.60 元(平)，30.30 元(精)。课程与教材研究成果汇编。主要内容包括课题结题报告《九年义务教育教材(人教版)的研究与实验》和《九年义务教育教材(人教版)实验与评价》；义务教育小学思想品德、语文、数学、自然、社会、英语、音乐、美术，义务教育初中思想政治、语文、数学、物理、化学、生物、历史、地理、英语、俄语、日语、音乐、美术、劳动技术、体育等23个学科教材研究与实验报告；北京、云南、福建等部分教材实验单位的教材实验报告；课程与教材研究、编写、实验1986～1996年的大事记一份。全面介绍了九年义务教育教材研究与实验的背景、理论构想、过程、结果与评价，科学分析和总结了研究经验，是人民教育出版社和课程教材研究所在九年义务教育课程与教材建设方面进行探索的一次比较集中的展示，也是我国中小学课程与教材建设史上涉及面最广、规模最大、历时最长、课程理论与实际紧密结合的研究成果的全面总结。(石筠弢)

G000092 **课程教材改革探索** 叶立群著。人民教育出版社1997年11月版。28万字。18.80元(平)，22.80元(精)。课程教材研究文集。收集作者1981年至1997年发表的22篇文章。大体可分为两部分，一是调查研究报告，一是在一些课程改革座谈会上的发言。内容都是关于课程教材改革的，但为了说明问题，也涉及产生的背景，以及关于学制、办学体制、办学模式等方面问题。文集充分概括和总结了我国中小学教材建设40余年基本历程、所取得的成绩和经验，不同阶段的历史特点，以及应该汲取的教训；探讨了中小学课程改革(包括义务教育课程与教材建设与改革)、普通高中课程改革的理论与实际问题。不仅包括有关课程与教材建设的总体性理论问题，而且包括中小学课程与教材的各科建设，如对小学自然课、中小学地理课、中学生物课的教学内容的研究；不仅研究中国中小学课程教材发展与改革，而且探讨国外中小学课程教材，如关于日本、美国等世界发达国家的中小学课程研究，从中吸取有利于我国中小学课程教材建设与改革的内容、经验与教训。(石筠弢)

G000093 **全国著名特级教师教学艺术与研究丛书(第一辑)** 戴汝潜主编。山东教育出版社1997年9月版。230万字。154.00元。总规模拟定100册，这是第一辑18本。其中，中学10本(《魏书生中学语文教学改革实践研究》《张富中学语文教学法新探》《宁鸿彬中学语文教学改革探索》《蔡澄清中学语文点拨教学法》《欧阳代娜中学语文教学艺术初探》《颜振遥初中语文自学辅导教学》《胡炯涛中学数学教学纵横谈》《牟大全物理教学艺术与研究》《陆禾化学教学艺术与研究》《王树声地理教学理论与实践研究》)，小学8本(《张伟小学语文"球形"阅读教学原理与应用》《王志尚小学语文"线形"教学模式研究》《袁浩小学作文教学心理研究与实践》《乐连珠小学快速阅读教学》《谷锦屏听读识字研究》《姜兆臣小学教学"科学·高效"探索》《丘学华小学数学教学法探究》《纪晓村小学数学兴趣》)。此辑偏重基础学科，特别是语文，以后各辑将出齐中小学各个学科。每本书均由"探索篇"和"研究篇"两部分组成。"探索篇"由特级教师本人撰写，介绍富有特色的教学经验和艺术，内有生动的教学片断，具有可操作性和可读性；"研究篇"以中央教科所的专业研究人员为主体撰写，将"探索篇"上升到教育学、心理学的高度来阐述，理论性较强。两篇结合，融实践与理论于一书。(胡钢泰)

G000094 **语文教学艺术论** 赵雅文著。辽宁大学出版社1997年12月版。15万字。11.50元。教学艺术，即是艺术地教学，它是语文课堂教学的最高境界。教学方法是课堂教学的操作技术，而操作技术的最高境界才是艺术。本书对教学艺术的研究，打破了传统的视课堂教学为语文教学全部内容的片面狭隘观念，把语文教学看作是课前准备、课上操作、课上管理和课后指导这样4个部分组成的系统过程，充分体现了现代的"大语文教学观"。(陈晓东)

G000095 **花季梦寻丛书** 金马等著。广东人民出版社1997年8月版。74万字。48.30元。以18岁左右青年为主要对象的青年思想修养类读物。丛书包括《青春情思串》、《青春梦痕》、《青春与美》、《成功的奥秘》、《智慧:内在财富》5种。(何燕屏)

G000096 **多媒体CAI** 祝智庭主编。辽宁科学技术出版社1997年版。28万字。17.00元。总结了在CAI方面的理论基础和实践经验，分别介绍了CAI的基础知识、多媒体在CAI中的特有应用、个人多媒体CAI系统的构成、多媒体CAI课件的开发环境、多媒体在课程教学中的应用以及利用Internet实现远程多媒体教学。选取国内较有代表性的五个多媒体著作系统作专门介绍，包括Authorware，ToolBook，HyperCard，"登高"和"洪图"，重点在于介绍各系统的主要功能与特点，以便为用户选择多媒体课件开发工具提供参考信息。书中选取了一系列在物理、医学、英语和特殊教育方面的多媒体CAI作为实例加以介绍，是一本极有实用参考价值的图书。(苗郁)

G000097 **多媒体CAI的创作方法与实例** 郭启全、李燕编著。电子工业出版社1997年9月版。65.9万字。30.00元。以创建多媒体、CAI课件为主线，详细介绍了3种多媒体著作工具 Toolbook、Authorware、Action!，给出了利用这3种工具创作多媒体、CAI 课件的实例，详细说明了利用 Borland C++编程制作多媒体 CAI 课件的方法。书中的创作多媒体、CAI 课件实例均为作者完成的科研课题，内容全面，论述详细。（秦梅）

G000098　**电化教育发展大趋势**　副名：中国电化教育协会学术研讨会(1995 北京)论文集。刘雍潜主编。中央广播电视大学出版社 1997 年 5 月版。38.8 万字。23.00 元。收录 1995 年 10 月在北京召开的中国电化教育协会学术研讨会上发表的文章，反映了近年来我国电教工作者面向 21 世纪，跟踪当代教育技术的发展，探索现实存在的理论与实践中的问题，在教育技术基本理论、广播电视教育、中小学电化教育、高校电化教育等不同研究领域取得的学术成果，论文具有较高的学术水平，对跨世纪电教工作的开展具有一定的理论导向作用。（张静）

G000099　**心理学教程—岗位培训导读(健康教育指南)**　蒋玉琪、梁明昭编著。中国水利水电出版社 1997 年 8 月版。18.9 万字。12.00 元。用通俗的语言对心理学的研究对象——心理过程及个性心理进行了较为全面系统地阐述，并在此基础上增加了"美与审美心理分析"及"青少年的身心发展与教育"专讲，所选实例既有针对性又有现实感，以实例说服人而少空洞晦涩的理论说教。（阳淼）

G000100　**民族教育心理学**　马丽华主编。云南教育出版社 1997 年 8 月版。21.6 万字。12.50 元。民族教育心理学专著。分章论述。第一章研究内容、原则和方法；第二章民族学生成长发育及心理特点；第三章民族学生学习积极性及综合表现的心理分析；第四章民族学生学习过程及个案分析；第五章课堂教学及双语教学心理态势；第六章技能形成过程的心理规律；第七章迁移的基本条件及其迁移与教学；第八章民族学生品德心理及其培育；第九章体育、美育及其艺术心理；第十章心理健康和心理卫生；第十一章民族教育教师心理素质、角色和劳动特点；第十二章民族学领导心理素质，工作要求、作风和领导方法。著者多年从事民族教育工作，总结经验得失，并结合教育学、民族学、社会学、心理学、学科教育学、学校管理学等多学科理论，吸取前人研究成果加以筛选、重建，构建了一个较为严密的民族教育心理学体系。针对民族教育心理学，从理论到实践阐明道理、揭示规律，提出解决问题的心理原则、途径和方法。论述始终把握住民族教育心理这一主线，既拓宽知识视野，又掘深了教育理论。（黄敏）

G000101　**当代教育心理学**　陈琦、刘儒德主编。北京师范大学出版社 1997 年 4 月版。66 万字。26.00 元。作者在多年的教学讲稿的基础上，并结合近十年来教育心理学的最新研究成果编撰而成，既广泛吸取国外教育心理学研究中的先进理论和思想，又发扬我国自己优秀的传统经验及其理论。全书由绪论；学习心理；几种不同类型的学习；教学心理；课堂管理心理；学习的测量与评定 6 部分 18 章组成。（傅占武）

G000102　**学与教的心理学**　皮连生主编。华东师范大学出版社 1997 年版。30 万字。11.00 元。供高等师范院校心理学公共课使用的教材。1990 年初版。其体系与国内现有公共心理学教材体系不同，它主要由学生的学习和教师教学两方面的心理学理论与应用技术构成。1997 年修订版在体系方面的变化是：增加了"学生心理"一部分，分两章分别论述儿童和青少年心理发展和他们之间的个体差异。新版由学生心理、学习心理和教学心理 3 部分所构成。在观点方面的变化是：新版中采用了主编在《智育心理学》(人民教育出版社，1996 年版)一书中提出来的知识学习论和知识分类教学论思想，体系更为严密。在资料方面的变化是，较多地采用了国内学者的研究资料。为了便于教师的教和学生的自学，新版仍保持老版版式方面的特点，每章章首提出"知识""理解"与"运用"三级水平的教学目标，章末有检测这些教学目标是否达到的测验题。测验题相应分为复习题、概念与原理的理解与运用题以及研究与设计题。（皮连生）

G000103　**教育心理学研究**　莫雷著。广东人民出版社 1997 年 12 月版。30 万字。24.00 元。广东省中青年社会科学家文库中的一种，收集作者 10 年来的 30 多篇论文。第一方面是关于阅读心理的研究，主要探讨了阅读能力的结构、阅读过程的心理加工模式。第二方面是关于学习心理与学习理论的研究，主要是探讨学习理论、知识教学与能力培养、课堂教学模式等。第三方面是德育心理与心理教育的研究，主要探讨了品德心理、中小学生心理教育等问题。（杨小虹）

G000104　**跨世纪教师队伍的心理素质建设**　彭银祥著。湖南师范大学出版社 1997 年 10 月版。20.1 万字。14.00 元。作者站在"现代化"的高度，用历史的、科学的、发展的深远视角，以动态的发展观和综合改革观对跨世纪教师队伍的心理素质建设进行了全方位阐述。本书有3个方面的创新：一、教师心理素质是有效实施素质教育的根本，因而跨世纪教师的心理素质教育是素质教育的基础工程。作者认为，研究教师心理素质建设是社会发展的需要；提高教师心理素质是现代教育管理的需要，也符合教师职业的特点。现代教育的本质和特征决定了我国教师必须具备良好的心理素质。新时期的教师工程，无论是在教书过程中，还是在育人过程中，都需要很好地研究学生心理，如果教师自己不具备良好的心理素质，对自己及学生的心理特点和心理素质都不了解就难以和学生建立良好的师生关系，难以承担“传道、授业、解惑”的精神劳动。二、针对“应试为本”、见物不见人、重知识传授和考试竞争的单一教育，提出了“以人为本”、以人的可持续发展为目的、重视心理素质建设的全面教育。作者认为，应试教育向素质教育的转变实质上是向“以人为本”的教育的转变。“以人为本”的教育是一种全方位的、开放式的教育，是培养人的全面素质的教育，全面素质教育的核心和基础是心理素质教育，而心理素质建设对人的可持续发展起至关重要的作用。三、跨世纪教师队伍心理素质建设的实施必须以转变传统教育观念为核心和保证，以“教育批评”为武器和工具。作者指出，在教育现代化的系统工程中，最最重要的就是必须先期实现教育观念现代化，必须在教育的价值体系中，建立教育批评的方向、原则和方法。在从传统走向现代，从单一走向多维，从保守走向开放的教育观念转变中，教育批评始终是一种净化教育观念的武器，是一种优化教育观念的工具。作者还认为教育批评应是多途径的，应是一种教育系统内部的激励措施，应履行公开、公正、激励性等原则。(陈宏平)

G000105　**成才监控与人格智能**　副名：大学生成才心理探秘。朱卫嘉、谢敏著。重庆出版社1997年11月版。42.2万字。28.00元。抓住成才监控与人格智能这一具有前沿意义的基础性课题，利用心理学、生理学、教育学的最新理论，借助现代调查和数据测试等科学手段分析、研究了我国现阶段大学生成才的基本心理品质及其结构特征，提出了塑造方案，既有相当的理论深度，又有广阔的应用范围，且具极强的可读性，为当代大学生指出了与他们成才心理需求十分贴近的成才之路，引导他们走出误区，按成才规律科学地塑造自己，实现成才愿望，也为高校德育思想和思想政治工作更加适合大学生成才需求探索了新路。(余国枢)

G000106　**中小学心理教育丛书**　郑雪主编。暨南大学出版社1997年8月版。约120万字。55.00元。由《中小学心理教育基本原则》、《中小学生学习心理辅导》、《中小学心理教育课程设计》、《中小学生心理测评与心理档案》、《中小学生心理问题个别辅导》组成，既为中小学教师提供心理教育的基础理论知识，也指导教师培养学生的学习兴趣及良好的学习习惯、学习方法；既指导教师了解中小学生普遍的学习心理特点及测评技术，也指导教师掌握学生个体辅导的方法与技巧。(陈红)

G000107　**阅读教学心理学**　马笑霞著。河北教育出版社1997年版。20.8万字。10.50元。讲述阅读教学心理的理论和规律。分为：阅读的认识心理过程、阅读课堂教学中的几个心理学问题、阅读感知、阅读想象与联想、阅读思维、阅读动机与兴趣、阅读情感、多角度探讨阅读教学心理、我国中小学语文教学阅读心理研究等9章内容。作者有丰富的教学经验，以期通过研究，促进阅读教学改革、提高语文教学质量。

G000108　**滋兰树蕙录**　副名：我和我的学生。张克让著。甘肃教育出版社1997年10月版。25万字。18.00元。作者张克让以亲身的经历和体会，通过52个发生在师生之间的生动故事，成功地塑造了一个人民教师的光辉形象，肯定和颂扬了辛勤耕耘、无私奉献的精神，体现了深刻的教育思想和教学规律，描绘了生动活泼、纯洁快乐的校园生活。(黄强)

G000109　**一片丹心育英才**　张琦编。中央广播电视大学出版社1997年8月版。27.1万字。22.00元。记叙体裁的教育论著，记叙了一位50年代四川大学数学系毕业生、现任北京航空航天大学教授李心灿的40年教学生涯。从李心灿的教育思想、教育实践、教学方法和艺术、师爱的伟大力量、育人环境与成才等方面进行了叙述和论述，展现了一位优秀的大学教师对教育事业的一片丹心。(张静)

G000110　**教师能力学**　罗树华、李洪珍主编。山东教育出版社1997年2月版。34万字。16.80元。在概述“教师能力学”的理论价值、社会价值的基础上，在从历史与现实、中国与世界的广阔背景上透视了教师能力的历史发展和重要作用，用大量篇幅对教师能力的各种具体形态，其中包括教师的基础能力，职业能力和自我完善能力等，做了理论联系实际的阐述和说明，书中所列每种教师能力，都着重于谈两个方面：一是剖析每种能力内在的规定性，即讲清这种能力的特点或要求是什么，以使老师们对自身能力的方方面面有个明晰的规律性认识；二是指出

培养、发展或提高这种能力的有效途径，以帮助老师们把提高自身能力的迫切愿望变成现实。（谢荣岱）

G000111 **少先队工作丛书** 徐乐、吴剀著。中国少年儿童出版社 1997 年 7 月版。181.9 万字。95.50元。少先队工作指导用书。共 10 册，对少先队的工作从理论到实践进行帮助和指导。《少先队辅导员工作手册》和《少先队工作方法和技能》是指导少先队工作者怎样提高自身素质和应具备的能力。全国少工委编写的《雏鹰奖章达标手册》为广大辅导员指导“雏鹰行动”的实施提供了操作的依据。《少先队“手拉手”互助活动指南》收集了国家领导人、团中央领导的重要讲话，有关文件和优秀论文。其他分册则对少先队的节假日活动、广播板报、鼓乐队及大中小队工作都作了具体的指导。（韩彬）

G000112 **学校管理经验谈** 曹玉兰著。江苏教育出版社 1997 年版。32 万字。17.00 元。曹玉兰是我国知名的小学教育专家。她在 30 年的小学教育工作中，积累了丰富的治校经验，先后发表 130 多篇论文。本书是曹玉兰管理学校经验的总结，分为 6 大部分：校长素质、教师管理、德育管理、教学管理、科研管理以及综合管理。（张胜勇）

G000113 **现代教育改革引论** 副名：中外教育教学改革纵横。王坦著。青岛海洋大学出版社 1997 年 9 月版。21 万字。11.00 元。勾勒了一个世界教育改革的基本图景。共 4 章。第一章重点阐述了教育改革的基本理论问题，对教育改革的基本概念及其相关概念进行了分析，对现代教育改革的百年历史进行了透视，对现代教育改革的基本特点进行了论述。第二章对现代道德教育所面临的基本问题、问题产生的基本原因，道德教育改革的基本内容以及现代道德教育改革的基本特点进行了探讨。第三章专门研讨了世界各国的课程改革问题，对课程的概念以及国内外课程改革的主要流派进行了较为详细的分析，并对现代课程改革的基本趋势进行了归纳。第四章对教学的概念、教学的因素、教学的主要矛盾、师生角色的演变、“教”与“学”的逻辑关系进行了分析；以哥莱斯的一般教学模式为框架，分别从教学目标、教学方法和教学评价三个方面探讨了世界各国教学领域的改革；对在当今世界有重大影响的教学改革流派进行了探讨，并对学习与借鉴国外教学理论提出了值得注意的几项原则。（刘宗寅）

G000114 **中外教育比较史纲** 张瑞璠、王承绪主编。山东教育出版社 1997 年版。156 万字。94.00元。分为古代卷、近代卷和现代卷。采用“以史为经，以问题为纬”的写作模式，即以历史发展的自然顺序为主线，形成有机整合的体系，而对中外相同时代和不同时代教育史发展的重要史实，寻求其教育制度和教育思想中具有可比性和可比价值的问题作为参照点，进行横向和纵向比较，由此形成了本书特有的框架结构，体现了鲜明的个性。这种既有时代的连续性，又有专题比较研究的特征，使本书相对于以往重史实的叙述而轻问题的比较的研究方式来说颇具突破性的一面。本书融比较教育、中外教育史及文化科技交流史于一炉，把中外教育史放在世界历史大文化的背景中进行比较研究，其指导思想是立足中国，放眼世界，从中国的国情和需要出发，比较研究世界教育发展的规律和历史经验，为建设有中国特色的社会主义现代化教育服务。（蒋伟）

G000115 **躁动的百年** 副名：20 世纪的教育历程。陆有铨著。山东教育出版社 1997 年 10 月版。73.5 万字。36.10 元。主要叙述 20 世纪教育发展的几个阶段和若干主要方面发展的进程和特征。本世纪教育的发展可以划分为 3 个阶段。第一阶段从 19 世纪末、20 世纪初开始至 1945 年第二次世界大战结束；第二阶段从第二次世界大战结束至 70 年代初；第三阶段从 70 年代初直至现在。至于这三个阶段的特点的刻画，本书主要通过本世纪呈现的三次教育改革来反映的。换言之，本书通过本世纪呈现的三次教育改革的高潮来表现本世纪教育发展的三个阶段。对于 20 世纪中国教育的发展，本书主要叙述马克思主义教育思想指导下中国教育理论和实践的发展。之所以选择这一视角，是因为马克思主义教育思想下的教育理论和实践的发展乃是本世纪中国教育发展的主流和方向。（谢荣岱）

G000116 **外国现代教育史** 吴式颖主编。人民教育出版社 1997 年 12 月版。57 万字。33.70 元。高等学校文科教材。共 40 章，分上、下两编。上编在论述了 19 世纪末 20 世纪初欧美教育革新运动之后，依次评述了 20 世纪前期美、英、法、苏、德、意、日、印度及埃及等国家教育的发展，以及教育家们的教育思想。下编分别评述二战结束以来美、英、法、苏、德、意、瑞典、瑞士、日本、印度、埃及、巴西等国家的教育改革与发展、有代表性的教育家的思想，并回顾与总结了 20 世纪外国教育实践与理论的成就，展望了 21 世纪世界教育发展趋势。本书史料丰富。作者阅读了大量外文原著和研究资料，许多史料为国内首次披露。书中对现代教育发展史上诸问题的评价客观公正，克服了公式化和片面化的倾向，对外国

近现代教育发展的历史分期、教育思想与教育实践之间的关系、影响教育发展的诸因素等问题获得了新认识。(邹海燕)

G000117　**中国教育的现代化**　田慧生著。云南人民出版社1997年12月版。22万字。15.30元。"中国社会发展丛书"之一。从教育现代化的若干理论问题、教育思想、教育体制、学校课程、教育技术、教育研究的现代化6个方面,全面、清晰地阐释了教育现代化的意义以及我国教育现代化发展的基本历程和走向,对我国实现教育现代化具有一定的推动作用。(黄源)

G000118　**中国教育家展望21世纪**　顾明远等主编。山西教育出版社1997年12月版。31.2万字。13.90元(平),18.90元(精)。教育理论研究著作。收录刘佛年、路甬祥、杨福家、翁史烈、吴启迪、潘懋元、杨叔子、闵维方、黄济等30余位国内学术界、教育界颇有成就和威望的知名专家、学者的35篇教育理论文章。作者都是长期工作在教育改革第一线的专家和领导人,对目前中国教育的发展状况有非常清醒的认识,深知中国教育改革中存在的困难和亟待解决的问题。作者怀着高度的使命感、紧迫感和责任感,从教育观念、教育体制、教育内容、课程体系、教学模式等方面提出改革的建议或设想,较客观、务实,既符合中国的教育实际,又联系世界发达国家,角度新,立意高,具有超前意识。作者对未来教育所作的预测和展望,从理论上构建了中国教育面向21世纪的基本走向。书中有不少观点值得教育决策部门重视,也有不少问题值得教育理论工作者进一步深入研究。(李梦燕)

G000119　**有中国特色社会主义教育管理体制研究**　吴畏主编。浙江教育出版社1997年12月版。21万字。25.00元。以有中国特色社会主义理论为指导,剖析和研究我国教育管理体制,勾勒和建立了适合中国国情和21世纪人才教育需要的基本框架。它反映了全国教育科学"八五"规划教育管理研究课题成果,在理论与实践相结合的基础上,较系统地总结了我国教育管理体制改革的经验,为进一步深化教育改革提出一些建议和意见。

G000120　**中国教育年鉴(1996)**　《中国教育年鉴》编辑部编。人民教育出版社1997年6月版。157万字。91.70元。较全面地记录了各级教育行政部门、各类教育部门(学校)认真执行党和国家的教育方针,努力做好教育工作的经验和我国教育事业不断发展和改革的成就。当年卷号反映了上一年工作情况。基本栏目主要有:教育工作重要文件和重要讲话,全国和各省(区、市)的教育年度工作计划,基础教育,高等教育,师范教育,民族教育,成人和职业技术教育,教育科研,干部与师资管理,教育技术装备建设,教育期刊,教育国际交流与合作,香港、澳门地区和台湾省教育资料、讯息和动态以及资料选编、教育大事记等。(张月仙)

G000121　**中国教育年鉴(1997)**　《中国教育年鉴》编辑部编。人民教育出版社1997年8月版。120万字。99.00元。较全面地记录了各级教育行政部门、各类教育部门(学校)认真执行党和国家的教育方针,努力做好教育工作的经验和我国教育事业不断发展和改革的成就。当年卷号反映了上一年工作情况。基本栏目主要有:教育工作重要文件和重要讲话,全国和各省(区、市)的教育年度工作计划,基础教育,高等教育,师范教育,民族教育,成人和职业技术教育,教育科研,干部与师资管理,教育技术装备建设,教育期刊,教育国际交流与合作,香港、澳门地区和台湾省教育资料、讯息、动态以及教育大事记等。(张月仙)

G000122　**福建对外丛书——福建教育**　福建省人民政府新闻办公室编。福建美术出版社1997年版。200.00元。介绍福建省教育状况及教育涉外工作两个方面。分8个部分:一、关于公费出国留学;二、关于自费出国留学;三、外国来华留学生;四、关于聘请外国文教专家与教师;五、关于校际交流;六、鼓励参加国际会议,争取主办国际会议;七、民间教育国际交流;八、关于对台教育交流与合作。(卢韦)

G000123　**1995福建教育年鉴**　福建省教育委员会编。福建教育出版社1997年12月版。20.4万字。30.00元。设特载、教育综述、教育统计、大事记等24个栏目。内容比较全面,资料翔实。特载,主要是省党政领导在教育工作会议上的讲话,目的在于动员全社会力量,增创教育优势,把福建建成教育强省。教育综述,则是省教委对1994年工作的回顾。在肯定贯彻实施《中国教育改革和发展纲要》方面取得很大成绩的同时,指出存在的困难和问题。希望教育工作者引为重视,同心同德,艰苦奋斗,促使福建教育更上一层楼。教育统计,是以数据和列表的形式,表达各级各类学校的基本情况,参照兄弟省市实施《中国教育改革和发展纲要》,肯定成绩,找出差距,明确追赶方向。

G000124　**凉山彝族自治州教育志**　凉山州教育志编纂委员会编。四川省民族出版社1997年10

月版。68万字。30.00元。分教育行政、少数民族教育、科学教育、幼儿教育、小学教育、中学教育、职业技术教育、中等师范教育、高等教育、成人中初等教育、教师、勤工俭学等12篇。清晰地勾勒出凉山600余年来教育发展起伏的梗概，全面地记述了共和国建立以来凉山事业发展改革的历史和现状，从一个侧面反映了凉山州各族人民在中国共产党领导下，艰苦奋斗、团结进步、共同繁荣的时代风貌，为凉山州广大教育工作者及关心教育的各界人士了解、认识、研究凉山教育提供了系统、翔实、可靠的资料。（孙国英）

G000125 **广西教育史——从汉代到清末** 杨新益著。广西师范大学出版社1997年4月版。24.8万字。15.00元。较系统地论述广西从汉代到清末教育发展的概况的著作。编写体例采用不分古代、近代，而是按朝代分章，以断代史体例进行论述，便于读者将各个朝代广西教育的发展情况作前后对比，从中找到历史的借鉴。本书资料翔实丰富，尤其是对广西的官学、私学、科举、书院等，进行了详细的介绍和论述。（唐彤）

G000126 **教育史** 副名：《中国朝鲜民族文化史大系》之4。北京大学朝鲜文化研究所编。民族出版社1997年2月（朝鲜文）版。62.7万字。25.50元。《中国朝鲜民族文化史大系》丛书（全11卷）之第四卷，全面系统论述中国朝鲜族教育发展史的珍贵史料和论著。共8章，主要论述了建国前后中国朝鲜族的中小学教育、幼儿教育、教材出版、中专及职业技术教育、普通高等教育、成人教育、教育行政管理等，可供读者全面系统了解中国朝鲜族教育各个方面的历史发展过程和现状。（李钟万）

G000127 **东北沦陷时期教育研究** 齐红深编著。辽宁人民出版社1997年8月版。27万字。15.00元。由研究报告、调查资料、资料索引3部分构成。调查资料是本书的主体，收录了92份东北沦陷时期殖民地教育亲历者口授或撰写的资料。被调查者最大年龄94岁，最小64岁。研究报告从史料出发对东北沦陷时期殖民教育的演化过程、教育方针、教育制度、教育性质进行理性思考和宏观概括。资料索引提供了本书的全部资料线索。（齐红深、邵连凯）

G000128 **民国教育史** 李华兴编著。上海教育出版社1997年8月版。62万字。29.00元。分“学制篇”、“思想篇”、“管理篇”、“办学篇”4大部分，把民国时期各级各类教育，由胚胎向创始、改革、发展、定型、演进与衰落嬗变的情况、原因阐述得比较清晰。其中有传统教育的危机与西方教育的影响、民国第一个学制、从苏区到解放区的学校制度，以及孙中山、蔡元培、黄炎培、陶行知、毛泽东等的教育思想。（薛培华）

各级教育

G000129 **儿童发展探索** 范崇嬿著。辽宁少年儿童出版社1997年3月版。16万字。9.00元。论述和探索儿童发展有关问题的著作。从理论和实践、宏观和微观辩证地阐述儿童发展的个体现象、本质及诸因素。同时，从儿童群体发展、个性发展，引申论述了我国跨世纪公民素质全面提高的严肃课题。（崔玉平）

G000130 **儿童能力培养故事丛书** 白薇、童青编著。湖北教育出版社1997年8月版。52万字。24.20元。共4册，包括《想象力故事》、《思维力故事》、《判断力故事》、《创造力故事》。丛书以故事接龙的形式，对儿童的想象能力、思维能力、判断能力和创造能力进行训练与培养。书中的每一个故事均有续接的要求、提示和参考结尾，给儿童一个较大的扩展空间。在每一个单元之后，书中都有《轻松一下》、《必要的奖励》插入，以系列漫画的形式给儿童一个轻松阅读学习的环境，使小读者在愉悦的心情下提高想象、思维、判断和创造诸多能力。（朱恒足）

G000131 **生活教养碰碰车** 徐菲等编。海燕出版社1997年8月版。6万字。27.50元。共5本，涉及孩子童年生活的十大教养主题——饮食、排泄、适度、细心、友爱、模仿、环保、自然、整洁、睡眠。围绕这些主题，创作了50个童趣盎然、文图优美的童话故事。每个故事前的“家长请看……”是简明实用的教育提示。（房平）

G000132 **5—6岁指南** 屠文芳、于耀先主编。辽宁少年儿童出版社1997年版。36万字。36.00元。《0—6岁指南丛书》之一，为5—7岁幼儿及其家长编写。根据学龄前幼儿的年龄特点和该年龄段孩子所关心的内容，将天文、地理、数学、物理、历史、动植物等知识，寓教于乐，编进书中。本书还着力引导孩子们探讨一些生活中常见的现象，以激发他们观察思考问题的兴趣，发展他们的想象力、创造力和动手能力。本书还结合认识事物，增加了一些识字内容为适应学前教育的需要，编入了幼儿园与小学衔接和社会性教育内容。（杨焕才）

G000133 **学前儿童艺术综合教育研究** 屠美

如、楼必生著。北京师范大学出版社 1997 年 10 月版。27 万字。16.00 元。书中对幼儿艺术教育作出了新的定位，以教育实践证明美育作为一种贯穿生命全过程的教育，不仅是教育的重点组成部分，而且极有可能成为当代教育观念、教育行为改变的突破口。书中提出的“审美艺术要素同构理论”极具创新性，并在深入的幼儿园实验研究中得到了验证，它为幼儿园艺术教育的改革提供了新的理论依据。在实际操作方面，设计了音乐、美术、文学三种殊途同归的切入口，为教育实际工作者提供了可供选择的操作模式，对幼教实践具有指导作用。(傅占武)

G000134 **城市幼儿教育活动套材** 城市幼儿教育活动设计编写委员会、国家教委教学仪器研究所编。科学普及出版社 1997 年 2 月版。160 幅图。30.00 元。自 1996 年起，在原国家教委“中小幼科学教育及其器材的发展与对策研究”课题组的领导下，组织多方幼教力量，在先期实验的基础上编写而成，并逐年修订。该套教材包括大班、中班、小班用书共 3 册。每年出版上学期、下学期各一套(共 6 册)，同时还配套出版教师参考书上、下学期各一套。每册由 30～40 个综合活动组成，包括社会领域、语言与自然领域、艺术领域、健康领域等许多生动有趣的教育活动。每册书附有一本《家园联系册》供家长与幼儿园教师联系之用。(金维克)

G000135 **科学实验动动手** 浙江科学技术出版社 1997 年 6 月版。32.4 万字。46.80 元。对儿童教育具有创新意义的科普读物，包括：空气、水、人体、植物、天气、光和镜子、电池、磁铁、厨房等 9 册。

G000136 **家庭育儿全书** 许积德、顾菊美主编。上海科学技术出版社 1997 年 4 月版。82 万字。31.90 元。阐述了儿童身体和心理发展的规律和特点，介绍了心理学、教育学方面的知识，重点突出了育儿方面的内容。(吴洁)

G000137 **儿童礼品书系列** [加]托蒙特儿童图书出版公司编。青岛出版社 1997 年 10 月版。10 万字。适合于学龄前儿童阅读、游戏的立体多功能儿童读物。由加拿大著名的儿童读物出版社托蒙特出版公司成套引进。包括 4 本立体寓言书、两套礼盒书、8 种配上玩偶与特殊游戏装置的玩具书。(王一力)

G000138 **婴幼儿家庭启蒙画册(上)** 副名：七彩虹丛书。林子风著。中国少年儿童出版社 1997 年 8 月版。7 印张。25.00 元。根据零至 3 岁婴儿的特点，由浅入深，循序渐进地把掌握知识和培养能力结合起来。通过让孩子看一看、听一听、认一认、说一说、玩一玩、讲一讲、想一想，轻松愉快地走进五彩缤纷的世界。每本画册后面附有“写给父母的话”。(韩彬)

G000139 **游戏天地** 副名：幼儿大世界。林子风、黛翎等著，方园、晓吉等绘。中国少年儿童出版社 1997 年 11 月版。10 印张。34.00 元。幼儿游戏教材。从不同的方面介绍了多种幼儿游戏。智力游戏有绕口令、计算、科学小知识和综合能力；棋类游戏中有 10 种幼儿棋的下法；体育游戏包括走、跑、跳、投、小球 5 个方面的 10 种游戏；手影游戏教你用十指变幻出 26 种动物；折纸游戏中介绍了用纸折成的动、植物，玩具、生活用品等；还有传统游戏、翻绳游戏、娱乐游戏、手绢游戏、国外游戏。(韩彬)

G000140 **马宏儿童英语(第一册)** 马宏编著。接力出版社 1997 年 11 月版。2 万字。把 26 个英文字母根据形状设定相应的人、物或器具的形象，单词的教授则由其组成的字母编成一个小故事来叙述，词汇的认读、记忆通过认词卡、拼字母卡及做游戏完成。该册共 16 课，每课 8 词，共 128 词。(吴兴瑞)

G000141 **中华幼儿识字图典** 彭洁、邓云编。接力出版社 1997 年 12 月版。22 万字。29.00 元。选择幼儿生活中使用频率高、易于识读理解的汉字约 300 个，采用文字释义与彩色图解相配合的形式，将每一个汉字的字音、字形(包括笔画、笔顺)、字意及由该字组成的词、句经科学编排统一在一个版面中，字、词、句、意、画相辅相成，从而提高了幼儿学习汉字的兴趣，降低了学习难度。在检索方式上，除了在正文前编排了“按顺序找字”外，还在正文后附有“读拼音找字”和“数笔画找字”。(郭玉婷)

G000142 **儿童彩墨山水画技法** 刘萍编绘。北京少年儿童出版社 1997 年 2 月版。121 页。10.50 元。精绘儿童彩墨山水画 60 幅，绘画造型生动，用笔、用墨、用色简练、明快，既吸收了中国传统绘画的优点，又结合了儿童特点，易学、易懂、易会，便于家长们辅导。(黄倩)

G000143 **动脑筋游乐园** 琪瑛编绘。未来出版社 1997 年 10 月版。372 万字。54.00 元。专为 3－6 岁儿童设计的启智游戏书。共 6 册，分别是《分类选项·寻找小宝宝》、《拼图补画·画画接力赛》、《认图识数·谁是高手》、《解开画谜·神秘的森林》、《画中异同·粗心探险家》、《走出迷宫·大破迷魂阵》。在每一个分册中，根据儿童思维的不同特点，精心设计了不同的智力训练题，配以丰富有趣的画面，通过对比、辨别、拼图、绘画、计算等启智益智的方法，着重培养和训练儿童的观察力、辨别力、想像力和推理能力，不仅仅是让儿童学习知识，而是在于提高儿童的学习知识的能力，从而提高儿童的综合素质。（冯冰）

G000144 **趣味教科书** 副名：幼儿园活动区学具创造与应用。广州市东山区教育局编。新世纪出版社 1997 年 5 月版。13 万字。38.00 元。共收集幼儿学具中的精品百余件。按年龄班级活动区（语言区、数学区、认知区）二维分类编排，以实物图片加简单文字的形式介绍每种学具的创设和应用。描述了创设幼儿学具必须注意的环节，并且特别强调为不同水平的幼儿设置不同的要求和规则。学具制作者从教育目标出发，开阔思路、巧妙设计，充分地、恰到好处地利用各种材质，尤其是大量的废旧材料，运用各种方法制成新颖有趣的、具有完全可操作性的幼儿学具。（王凯波）

G000145 **母子共读小丛书系列** 陈子典、肖存玉等编。新世纪出版社 1997 年 5 月版。9 万字。3.80 元。通过父母与孩子之间共同参与，以达到既全面培养孩子的能力又营造了良好的亲情关系为目的的丛书。共 3 册。《一日读一诗一日写一字》把古典诗词作为幼儿的启蒙教材，并让幼儿在吟诗之中学会认字；《一日画一画一日算一题》把幼儿绘画学习与计算学习巧妙地结合起来，将认识数字、理解数的概念等与各种画技画法融为一体；《一日听一篇一日答一问》以童话、小故事、小散文让幼儿从了解自我开始去认识世界，并着力培养幼儿良好的习惯和个性品质。（刘国纯）

G000146 **幼儿综合训练丛书** 梁志燊、何建闽主编。北京师范大学出版社 1997 年 7 月版。共 48.00 元。学龄前幼儿（3～6 岁）综合训练读物。分为《学数学》、《学语言》、《勤动脑》、《练巧手》、《好行为》、《好常识》6 册。附有启迪幼儿智慧和养成幼儿好行为的综合练习。（傅占武）

G000147 **儿童教育忧思录** 孙云晓、卜卫著。辽宁人民出版社 1997 年 8 月版。16.6 万字。14.00 元。作者是儿童教育问题的研究专家。结合多年来对儿童问题的关注和研究，指出，中国教育经过改革开放以来的发展，虽然取得了很大的成绩，但也面临着严重的危机：学校教育的危机，主要是由应试教育导致的危机，由于考试的指挥棒，教育成了淘汰与选拔的教育，从而让大多数孩子成了失败者。家庭教育的危机，主要来自中国传统文化价值观，父母过多的溺爱和保护，过多的期待和承载，使这一代独生子女在一个畸形的文化氛围中成长，从而造成了他们心态的扭曲。来自社会的物欲刺激，又严重地干扰了孩子的健康成长。因此，书中呼吁：教育要改革，要变应试教育为素质教育。收入“明日强者书系”。（朱枫）

G000148 **外国幼儿教育史** 单中惠、刘传德著。上海教育出版社 1997 年 7 月版。26.8 万字。12.00元。幼儿园在职教师进修成人高等师范专科教材。以辩证唯物主义和历史唯物主义为指导，力图既简要又全面地勾画出外国幼儿教育实践和理论的历史，阐述与探讨外国幼儿教育发展的一般规律，为我国幼儿教育的改革和发展提供线索。共 3 编 10 章。第一编“古代幼儿教育”主要论述原始社会、古代东西方的幼儿教育，以及古代西方的幼儿教育思想等内容。第二编“近代幼儿教育”主要论述近代欧美日的幼儿教育和近代的幼儿教育理论。第三编“现代幼儿教育”主要论述现代发达国家的幼儿教育、现代的幼儿教育理论、当代外国幼儿教育发展综述和当代外国幼儿教育的几个理论问题。（薛培华）

G000149 **九年义务教育五年制小学教科书 思想品德** 人民教育出版社政治编辑室、北京市教育局教学研究部编著。人民教育出版社 1992—1997 年版。本教材于 1990 年秋从第一册开始在部分学校实验，1992 年经前国家教委中小学教材审定委员会审查，1993 年秋季开学在全国一些省市推广试用。经过逐年实验和审查，到 1997 年，全套 10 册教材正式供齐。教材按九年义务教育全日制小学思想品德课教学大纲编写，一至三年级内容与六年制完全相同，四五年级的内容相当于六年制四至六年级的内容，每册由 12 课增至 13 课，供一学期使用。教材内容的编排由近及远，由浅入深，采用潜在单元的形式，分出层次，循序渐进，螺旋上升，符合学生的认知规律。教材有以下几个主要特点：一是图文并茂，生动活泼，富于童趣；二是思想性、知识性、趣味性、实践性有机统一，知、情、行相结合；三是针对性较强，选材和行文都注意从学生实际出发，贴近学生生活，使学生读起来有亲近感，易于接受；四是重视道德评价能力的培养，特别设计了形式多样的思考和辨析，从而提高道德辨析能力，实现自我教育；五是突出行为的道德意义。课文虽然都选用故事或典型事例，但仅以此作为载体，通过故事说明道理，事理结合，以事论理，使学生不仅知道故事，更要明白道理；六是系列配套，动静结合。以课文为中心，同时还配有教学挂图、投影、录音和录像等系列教材。（宋殿宽）

G000150　**九年义务教育五年制思想品德教师教学用书**　人民教育出版社政治编辑室、北京市教育局教学研究部编著。人民教育出版社 1992—1997 年版。10 册。教学参考书。与课本一一对应,一至三年级每册 12 课书,四五年级每册 13 课,每课均由 4 部分组成。一是教学目的和要求,即本课教学应当达到的教学目标和基本要求。二是教学要点,即本课所要讲的主要内容,包括认知和行为。三是教材分析和教学建议,说明设置此课的依据和进行该项教育的必要性,剖析教材内容中的重点和难点,并提出如何讲清重点、突破难点的教学建议,说明插图、练习题设计的指导思想和意图,并提出使用的方法以及在教学中应当注意的问题。四是参考资料,包括两方面的内容:一部分是为了扩展教师的知识面,提高教师的认识水平,在知识上和理论上提供的材料;一部分是为了丰富教学内容而提供的相关材料,供老师在教学中选用。(宋殿宽)

G000151　**小学语文教学改革的理论与实践**　全国小学语文教学研究会秘书处编。人民教育出版社 1997 年 3 月版。22.7 万字。13.00 元。为中国教育学会小学语文教学研究会第五届年会暨学术研讨会论文集。主要包括以下内容:一是课程研究,探讨了语文学科的性质、文道关系、语文教学如何落实素质教育等;二是从宏观上研究了如何加强语言文字训练、提高课堂教学效率;三是从多方面多角度探讨阅读教学、作文教学改革;四是研究了语文教学改革与市场经济、农村语文教学和民族地区语文教学改革等。这本论文集充分贯彻了百花齐放、百家争鸣的方针,从不同侧面反映了近年来我国小学语文教学改革的研究成果,在理论上和实践上回答了小学语文教学改革中的一些问题,对广大语文教师的教学有一定的指导作用。(陈先云)

G000153　**九年义务教育五年制小学数学教师教学用书**　人民教育出版社小学数学室编。人民教育出版社 1992 年至 1997 年版。132.14 万字。27.60 元。主要内容包括各单元的教学要求、教材说明、教学建议、参考资料和参考教案等。每个小节都有较详细的教材说明和教学建议,以便教师备课时查阅。在教材说明中,对教科书的相应部分作了较详尽的分析,说明这部分教学内容的地位和作用、编排顺序、前后知识的联系、编写特点、教学的重点和难点,以及练习题的编排意图与教学要求。在教学建议中,说明教学过程中如何运用操作、直观、创设情境,激发学生的学习兴趣和学习积极性;怎样按照教科书的编排方式,引导学生积极参与到教学过程中去;利用生动的例子来启发和引导学生有条理有根据地进行思考。按照教学内容的特点,怎样遵循学生的认知规律,使学生既能获得正确的数学概念和规律性的知识,又能运用这些知识解决简单的实际问题。在教学中,要重视学生获取知识的思维过程,使学生思维能力得到发展,其他能力得到提高。这样,使教师明确了怎样进行教学设计和如何进行教学,以及教学的基本方法和途径。本套书还要求教师结合所教班级的具体情况,按照自己的教学风格和特点进行教学设计和撰写教案。(张卫国)

G000154　**九年义务教育六年制小学数学教师教学用书**　人民教育出版社小学数学室编。人民教育出版社 1992 年至 1997 年版。148.2 万字。38.99 元。主要内容包括各单元的教学要求、教材说明、教学建议、参考资料和参考教案等。每个小节都有较详细的教材说明和教学建议,以便教师备课时查阅。在教材说明中,对教科书的相应部分,作了较详尽的分析,说明这部分教学内容的地位和作用、编排顺序、前后知识的联系、编写特点、教学的重点和难点,以及练习题的编排意图与教学要求。在教学建议中,说明教学过程中如何运用操作、直观、创设情境,激发学生的学习兴趣和学习积极性;怎样按照教科书的编排方式,引导学生积极参与到教学过程中去;利用生动的例子来启发和引导学生有条理有根据地进行思考。按照教学内容的特点,怎样遵循学生的认知规律,使学生既能获得正确的数学概念和规律性的知识,又能运用这些知识解决简单的实际问题。在教学中,要重视学生获取知识的思维过程,使学生思维能力得到发展,其他能力得到提高。这样,使教师明确了怎样进行教学设计和如何进行教学,以及教学的基本方法和途径。本套书还要求教师结合所教班级的具体情况,按照自己的教学风格和特点进行教学设计和撰写教案。(张卫国)

G000155　**小学数学教学全书**　邱学华主编。大象出版社 1997 年 6 月版。94.8 万字。小学数学教学工具书。共收入与小学数学有关的辞条 900 个,内容包括教学大纲、教学改革、教育原理、教学心理、数学思维、教学方法、课堂教学、教学技术、教材教法、教育评价、数学知识、教育研究等十几个方面。包括了小学数学教师所需要的各个方面的知识;反映了国内外小学数学教学方面的新思想、新理论、新方法、新技术;既有理论又有实例。在"教材教法"部分,既讲清每个数学概念、教材的来龙去脉,又详细介绍

了课堂教学的具体方法，并附有优秀的教学案例。（会平）

G000156 **九年义务教育五年制小学教科书 自然** 人民教育出版社生物自然室、北京市教育局教学研究部、天津市教育教学研究室编著。人民教育出版社 1992 年 10 月—1997 年 4 月版。42 万字。27.10 元。根据《九年义务教育五年制小学自然教学大纲》编写，供五年制小学使用。中心内容是：指导学生学习一些浅显的自然科学知识，其中包括水、空气、生物、地球、宇宙、声、光、电、热、磁、力、机械等方面的知识。通过这些知识，可以使学生对自然界以及人与自然的关系有初步的认识。本书在指导学生认识各种自然事物的同时，还特别注意激发学生对科学的兴趣，培养学生学科学用科学的能力（观察能力、实验能力、思维能力、动手能力、想象能力、创造性等），并使学生在科学观点和科学态度方面受到一定的教育。本书在编排方面有以下特点：1. 具有精心设计的“知识、能力、思想有机结合、协调发展”的整体结构。这个结构是根据自然科学知识的内在联系，科学知识与科学能力、科学知识与科学观点之间的内在联系，以及小学生认知能力发展的规律编排的。2. 各册教材按单元编排。单元主要以知识的类型和层次划分，同时考虑到能力培养的需要。在同一单元内，知识教学和能力培养能够有机结合、相辅相成，并能使学生某方面的能力，通过不同的材料反复进行训练。3. 课文不是直接讲述某种知识，大多是从学生熟悉的事物中提出相应的问题，指导学生通过观察、实验、阅读资料、思考、研讨，自己获取问题的结论。这是现代科学教育行之有效的方法。4. 书中编有大量的与教学内容紧密相关的彩色插图。通过这些插图，可以为学生提供丰富的感性资料，并能激发学生热爱大自然的情感。（殷志杰）

G000157 **九年义务教育五年制小学美术教科书** 人民教育出版社美术室编。人民教育出版社 1992 年 10 月至 1997 年 10 月版。48 万字。这套小学美术教科书的主要特点是：一、教育性特点。（一）选材注意寓思想政治教育于美术教学之中。（二）教材内容“以美引真”陶冶高尚情操。美术作品欣赏课，通过欣赏优秀的民间作品，欣赏我国古代绘画、雕塑和建筑艺术名作，使学生感受到祖国艺术之美，了解我国美术在世界上的特殊地位，对人类的贡献和灿烂的文化传统。切实地对学生进行爱国主义情感的培养和教育。（三）贯彻江泽民同志“二史一情”教育的指示精神，使之渗透于各课业教学之中，并安排革命历史题材的美术作品的专题欣赏。（四）重视培养学生的民族审美意识。美术作品欣赏，以培养学生对民族美术的情感和民族审美意识。每册书内约设 1—2 单元以培养民族审美意识为教学目的的课业，或与绘画结合、或与工艺搭档、或融于“欣赏—体验课”之中，着眼于培养学生在感觉、想像、思考、感情、观念等方面，与民族传统美术作品相通相融。培养民族审美意识实质孕含着民族意识、爱国主义情操的教育。（五）本教材在教法设计、作业要求、不同类型作业并选、《教师教学用书》中的提示等方面重视体现教育性。（六）本套教材注意美术与实用的结合，以培养学生应用美术的能力。（七）改称“手工课”为“设计制作课”、改“泥工”“纸工”为“泥造型”“纸造型”，以体现培养学生的设计意识和独创精神。二、教学性特点。（一）课本版面突出教科书特点，内容适应教学需要。（二）编排上注意挖掘知识的内在联系，以利于教学。（三）选材内容和教学注意适合儿童的年龄特点。（四）编排出工艺教学的训练程序，使工艺技能训练具有科学性。（五）欣赏课由“欣赏”“欣赏—体验”系列编排。（马世良）

G000158 **九年义务教育六（五）年制小学体育教师教学用书** 人民教育出版社体育室编著。人民教育出版社 1997 年 12 月版。72 万字。6 册。根据国家教委颁发的《九年义务教育全日制小学体育教学大纲》（试用）编写，供六（五）年制小学体育教师使用。本套教材紧靠九年义务教育小学体育教学大纲，以育人为总目标，反映了改善学生健康状况，增强体质的学科特点，培养学生体育的兴趣爱好，打好体育、卫生保健的基础知识、基本技术和基本技能的基础，发展学生的学科能力，有利于向学生进行爱国主义、社会主义和集体主义教育，培养优良的思想品德，提高学生的总体素质，促进德、智、体等方面的全面发展。本套教材按年级分册编写，每册教材包括理论部分和实践部分。理论部分即体育、卫生保健基础理论知识，简明扼要，具有知识性和教育性。实践部分包括大纲规定的田径、体操、游戏、小球类、民族传统体育、韵律活动和舞蹈、发展身体素质练习等内容。其中各项教材，只简明地阐述了教材的规格要求、动作方法及要点；文字较难表述的动作，有重点地配上了动作图解；重点教材，都提出了考核评价的标准及要求。（胡永亮）

G000159 **九年义务教育六年制小学《社会》教科书（内地地区）** 黄扬钿等编。中国地图出版社 1997 年版。27 万字。34.70 元。共 6 册，供内地农村和城镇小学四、五、六年级学生使用。教科书立足内地农村，着眼提高素质，面向全体学生，注重思想政治教育、基础知识的学习和能力的培养，注意与生产、生活、社会实际的联系，融思想性、科学性、适应性、启发性和趣味性为一体。第一册，采用由近及远的方式，从讲述家庭开始，逐步过渡到邻居、学校、社区，然后介绍我国民间的一些传统节日，并教育学生要相信科学、反对迷信。第二册，讲述人们的生活与社会生产的关系，如与生活习习相关的农业、工业、商业、交通运输和邮电、储蓄、保险。在此基础上，告诉学生如何当好社会的小主人。第三册，介绍人类居住的地球和我国的地理概况，然后追述我国悠久的历史、多民族的由来、灿烂的古代文化和古代的对外友好交流。第四册，讲述我国人民的反帝反封建斗争、新中国的成立、社会主义国家的性质和社会主义建设的辉煌成就。第五册，讲述我国的基本国情国策和全国不同地区、不同环境下人们的生活，并介绍我国的交通和名胜古迹。第六册，讲述世界概况和世界各地的环境、经济、民俗，并介绍一些世界名人、科学技术对社会的推动作用和世界的战争与和平。（田忠）

G000160 **九年义务教育六年制小学《社会》教科书（沿海地区）** 何化万编。中国地图出版社 1997 年版。共 27 万字。33.70 元。配合九年义务教育教材（沿海地区）而编制，共 6 册。第一册分两个单元，包括“家庭与社会”和“学校与社会”。第二册分 4 个单元，包括“社会生活”、“社会经济”、“社会节日”和“社会公德”。第三册内容分 3 个单元，包括“人类的居住地——地球”、“我国的疆域和行政区划”和“壮丽的山河，多样的环境”。第四册内容分 3 个单元，包括“历史悠久的文明古国”、“我国是统一的多民族的国家”和“光辉灿烂的古代文化”。第五册内容分两个单元，包括“光荣的革命传统”和“社会主义建设新时期”。第六册内容分 4 个单元，包括“认识世界，促进友好往来”、“科技文化推动社会进步”、“世界不同地区的社会生活”和“开创历史新纪元”。（郑琪）

G000161 **义务教育五年制小学社会（试用本）** 人民教育出版社地理社会室编。人民教育出版社 1994 年 10 月—1997 年 4 月版。34.9 万字。32.05 元。共 6 册。根据国家教委 1988 年制订的《义务教育全日制小学社会教学大纲（初审稿）》编写，又根据 1992 年国家教委颁布的《义务教育全日制小学社会教学大纲（试用）》修订而成，经国家教委教材审查委员会审查通过，供全国各地五年制小学的三、四、五年级使用。这套《社会》教科书是一套全新的教材，具有以下特点：一、构建以认识社会为主线的小学社会教材体系。以认识社会为线索，把社会事物的历史发展与空间结构结合起来，或者说从时间和空间两个坐标组织教材，将社会生活常识、历史常识、地理常识和法律常识有机地结合起来。二、融德育、知识、能力培养为一体。利用知识载体，把德育和能力培养渗透在社会常识教学之中。在思想教育方面，教材在以正面教育为主的前提下，也提出一些带有争论性的问题，以培养学生辨别是非、对错的能力，引导学生正确地观察社会、认识社会。三、将社会实践活动列为社会教材重要的组成部分，使学习社会常识与参加社会实践活动相结合。教材不仅专设“活动课”，而且在许多课后都安排了“活动”项目，引导学生在社会实践活动中，学习社会常识，培养社会生活能力，增强对社会的责任感和服务社会的意识，形成课内外结合、校内外沟通的社会教学体系。四、教材内容贴近学生生活，密切联系学生的社会生活实际。五、教材形式多样，注重启发性和趣味性。设计了讨论课、活动课、表演课、游戏课等多种形式。有些问题教材不下结论，采取“开放式”、“争论式”，以发展学生的创造性思维，充分调动学生的学习积极性。1995 年，由于新工时制的实行，教材依据调整后的教学大纲，将第五册和第六册的教学时间和部分课文作了调整。（刘淑梅）

G000162 **义务教育六年制小学社会（试用本）** 人民教育出版社地理社会室编。人民教育出版社 1994 年 10 月—1997 年 4 月版。34.9 万字。32.05 元。根据国家教委 1988 年制订的《义务教育全日制小学社会教学大纲（初审稿）》编写，又根据 1992 年国家教委颁布的《义务教育全日制小学社会教学大纲（试用）》修订而成，经国家教委教材审查委员会审查通过，供全国各地六年制小学的四、五、六年级使用。这套《社会》教科书是一套全新的教材，具有以下特点：(1)构建以认识社会为主线的小学社会教材体系。以认识社会为线索，把社会事物的历史发展与空间结构结合起来，或者说从时间和空间两个坐标组织教材，将社会生活常识、历史常识、地理常识和法律常识有机地结合起来。(2)融德育、知识、能力培养为一体。利用知识载体，把德育和能力培养渗透在社会常识教学之中。在思想教育方面，教材在以正面教育为主的前提下，也提出一些带有争论性的问题，以培养学生辨别是非、对错的能力，引导学生正确地观察社会、认识社会。(3)将社会实践活动列为社会教材重要的组成部分，使学习社会常识与参加社会实践活动相结合。教材不仅专设“活动课”，而且在许多课后都安排了“活动”项目，引导学生在社会实践活动中，学习社会常识，培养社会生活能力，增强对社会的责任感和服务社会的意识，形成课内外结合、校内外沟通的社会教学体系。(4)教材内容贴近学生生活，密切联系学生的社会生活实践。(5)教材形式多样，注重启发性和趣味性。设计了讨论课、活动课、表演课、游戏课等多种形式。有些问题教材不下结论，采取“开放式”、“争论式”，以发展学生的创造性思维，充分调动学生的学习积极性。(刘淑梅)

G000163 **漫画作文点点通(三年级)** 裴庆先等编著。中国少年儿童出版社 1997 年 11 月版。6.75 印张。9.50 元。小学生作文辅导。分上、下两篇。有 16 篇作文的基础训练，包括看图作文、写一个通知、写人、写物、写景、写日记、写一次活动等。把作文知识巧妙地融进一个个小故事中，再用漫画表现出来，每篇习作后面有点评和改正稿。(韩彬)

G000164 **九年义务教育五年制小学教科书 语文** 人民教育出版社小学语文室编著。人民教育出版社 1992 年—1997 年版。78 万字。63.46 元。根据国家教育委员会颁布的《义务教育全日制小学、初级中学课程计划(执行)》和《九年义务教育全日制小学语文教学大纲(试用)》，在实验本的基础上编写。这套教科书经过大面积试教，并经国家教委中小学教材审定委员会审查通过，从 1993 年秋季开始在全国范围内推荐使用。编写这套教科书的指导思想是：以“三个面向”为指针，以辩证唯物主义为指导，着眼于提高中华民族的思想道德素质和科学文化素质，使学生正确地理解和运用祖国的语言文字，具有初步的听说读写能力，同时进行思想政治教育和道德品质教育，发展智力，培养良好的学习习惯。这套教科书新选编了大量思想好、文字好的课文，重视教材的思想性。按低、中、高三个阶段安排语文基本功训练，低年级注意发挥汉语拼音帮助阅读的功能，重视识字、写字，加强词和句的训练；中年级开始安排读写训练项目，以段的训练为重点；高年级以篇的训练为重点。教材在重视识字、阅读、作文的同时，穿插安排听话、说话的训练，并联系听说读写，合理安排观察、思维、想象等训练，以加强语文基本功训练的纵向联系和横向联系，提高训练的质量。教科书从第七册开始以训练项目为核心组织教材，每个训练组包括导读、课例(由预习、讲读课文和阅读课文、思考、练习组成)、读写例话和基础训练，以体现训练过程，加强学习能力的培养。这套教科书还重视处理统一性和灵活性的关系，根据教学大纲规定的教学要求，适当减少了识字量，降低了作文要求，同时适当增加了弹性，使教材具有广泛的适用性。此外，改进装帧设计，提高插图质量，增加教科书的趣味性和可读性。这套教科书包括彩色版和黑白版。与教科书配套的品种有：自读课本、写字教材、教师教学用书、教学挂图、教学投影片、课文朗读录音带、生字生词卡片等。(崔峦)

G000165 **九年义务教育六年制小学教科书 语文** 人民教育出版社小学语文室编著。人民教育出版社 1992 年—1997 年版。86 万字。12 册。73.72 元。根据国家教育委员会颁布的《义务教育全日制小学、初级中学课程计划(试行)》和《九年义务教育全日制小学语文教学大纲(试用)》，在实验本的基础上编写。这套教科书经过大面积试教，并经国家教委中小学教材审定委员会审查通过，从 1993 年秋季开始在全国范围内推荐使用。编写这套教科书的指导思想是：以“三个面向”为指针，以辩证唯物主义为指导，着眼于提高中华民族的思想道德素质和科学文化素质，使学生正确地理解和运用祖国的语言文字，具有初步的听说读写能力，同时进行思想政治教育和道德品质教育，发展智力，培养良好的学习习惯。这套教科书新选编了大量思想好、文字好的课文，重视教材的思想性。按低、中、高三个阶段安排语文基本功训练，低年级注意发挥汉语拼音帮助阅读的功能，重视识字、写字，加强词和句的训练；中年级开始安排读写训练项目，以段的训练为重点；高年级以篇的训练为重点。教材在重视识字、阅读、作文的同时，穿插安排听话、说话的训练，并联系听说读写，合理安排观察、思维、想象等训练，以加强语文基本功训练的纵向联系和横向联系，提高训练的质量。教科书从第七册开始以训练项目为核心组织教材，每个训练组包括导读、课例(由预习、讲读课文和阅读课文、思考、练习组成)、读写例话和基础训练，以体现训练过程，加强学习能力的培养。这套教科书还重视处理统一性和灵活性的关系，根据教学大纲规定的教学要求，适当减少了识字量，降低了作文要求，同时适当增加了弹性，使教材具有广泛的适用性。此外，改进装帧设计，提高插图质量，增加教科书的趣味性和可读性。这套教科书包括彩色版和黑白版。与教科书配套的品种有：自读课本、写字教材、教师教学用书、教学挂图、教学投影片、课文朗读录音带、生字生词卡片等。(崔峦)

G000166 **九年义务教育五年制小学语文自读课本** 人民教育出版社小学语文室编。人民教育出版社1992年—1997年版。127万字。与义务教育五年制小学语文教科书配套,每学期配1册,每册选编文章三四十篇,分组编排。选文的内容与教科书有一定联系,便于课内外结合,方便自学。自读课本题材广泛,内容丰富;体裁多样,可读性强。一至五册全文注音,以后各册生字、难字注音。文中对难懂的或距离学生生活实际较远的词语加以注释。每篇课文之后编有少量思考题,以引起学生的积极思考。该书有助于学生开阔视野,丰富知识,扩大阅读量,培养独立阅读能力和良好的阅读习惯。(蔡玉琴)

G000167 **小学生作文开窍丛书** 张恩浩、刘跃池主编。希望出版社1997年5月版。44.8万字。28.00元。以作文素材分类,传授写作方法,提供写作词汇的作文丛书,重点是让小学生学会收集作文素材,使用作文素材,组织作文素材;让小学生学会运用写作技巧安排作文结构和情节,学会恰如其分地运用词汇突现作文中的人物、情节和增强其论辩力量。丛书分5册:《怎样写节假日》《怎样写校园生活》《怎样写家庭生活》《怎样写应用文》《怎样写条件作文》。(杨建云)

G000168 **小学生语文图解词典(维吾尔文)** 阿依夏木、阿扎提编。新疆青少年出版社1997年8月版。3.6万字。25.10元。小学生使用的维吾尔—汉语学习工具书。有以下特点:一、解释维语语文课文中的词汇。二、注有同义词和反义词及例句。三、设有汉维对译文及拼音。四、有适合小学生学习的维汉双语基础知识。五、配有插图,使读者形象地学习有关知识。(金锐)

G000169 **小学数学知识表解(柯文)** 阿扎提译。新疆科技卫生出版社(K)1997年11月版。22万字。1.50元。根据国家教委1986年12月修订的《全日制小学数学教学大纲》的精神,从六年制小学数学课本中,精选出有关的数学概念、公式、法则等基础知识,以求化繁为简,突出重点,便于学生查阅,有利于理解和记忆。(阿扎提)

G000170 **数学游戏新编** 唐世兴等编。上海教育出版社1997年5月版。24.6万字。13.20元。原名《数学游戏》,初版于1979年6月,新编对原书加以增补与充实,仅保留原书三分之一,增加了大量富有思考性和趣味性的材料。书中各种游戏所要求的数学知识并不高,基本上为小学水平,重点在于分析判断、归纳推理,以及多思熟虑、灵活机智。内容上有趣,形式上新颖,解法上巧妙。(薛培华)

G000171 **九年义务教育五年制小学教科书 数学** 人民教育出版社小学数学室编著。人民教育出版社1992年—1997年版。根据国家教委颁发的《九年义务教育全日制小学、初级中学课程计划(试行)》和《九年义务教育全日制小学数学教学大纲(试用)》编写,从1992年起陆续出版。编写这套教科书的指导思想是:以"三个面向"为指针,以唯物辩证法为基本指导思想,以现代教学论和心理学为依据,正确处理需要与可能、数学学科特点与儿童认知特点、教与学、掌握知识与发展能力、智育与德育、共同要求与因材施教、提高教学质量与减轻学生负担等方面的关系;注意精选教学内容,建立合理的教材结构,在分量和要求上具有一定弹性;力求使教材具有中国社会主义特色,适应我国现阶段发展需要和城乡都能适用。根据义务教育的性质和任务,这套书精减了部分教学内容,删去了大数目的笔算,降低了四则混合运算和应用题的要求;少数内容适当加强,如加强中、高年级的口算训练,增加$ax \pm bx = c$类型的简易方程和利息、保险等联系实际的内容;并安排了选学内容。这套书建立了合理的教材结构,把整数教学从四段改为五段;把较抽象和概括性的内容从中年级调整到高年级;应用题按照数量关系由简到繁,分析推理由易到难,有计划地分组出现;量的计量知识按照分散与集中相结合的原则编排;几何初步知识从一年级起有计划地分散安排在各个年级;把统计初步知识分散安排在后三个年级;同时加强了数、量、形和应用题等内容的纵横联系。(张卫国)

G000172 **九年义务教育六年制小学教科书 数学** 人民教育出版社小学数学室编著。人民教育出版社1992年—1997年版。根据国家教委颁发的《九年义务教育全日制小学、初级中学课程计划(试行)》和《九年义务教育全日制小学数学教学大纲(试用)》编写,从1992年起陆续出版。编写这套教科书的指导思想是:以"三个面向"为指针,以唯物辩证法为基本指导思想,以现代教学论和心理学为依据,正确处理需要与可能、数学学科特点与儿童认知特点、教与学、掌握知识与发展能力、智育与德育、共同要求与因材施教、提高教学质量与减轻学生负担等方面的关系;注意精选教学内容,建立合理的教材结构,在分量和要求上具有一定弹性;力求使教材具有中国社会主义特色,适应我国现阶段发展需要和城乡都能适用。根据义务教育的性质和任务,这套书精减了部分教学内容,删去了大数目的笔算,降低了四则混合运算和应用题的要求；少数内容适当加强，如加强中、高年级的口算训练，增加 ax±bx=c 类型的简易方程和利息、保险等联系实际的内容；并安排了选学内容。这套书建立了合理的教材结构，把整数教学从四段改为五段；把较抽象和概括性的内容从中年级调整到高年级；应用题按照数量关系由简到繁，分析推理由易到难，有计划地分组出现；量的计量知识按照分散与集中相结合的原则编排；几何初步知识从一年级起有计划地分散安排在各个年级；把统计初步知识分散安排在后三个年级；同时加强了数、量、形和应用题等内容的纵横联系。（张卫国）

G000173 **小学数学一题多解丛书** 贾伟林等编。甘肃少年儿童出版社 1997 年 8 月版。48 万字。19.55 元。由《条条大路通罗马》、《三把钥匙一把锁》、《弯弯绕绕走迷宫》3 本书组成。选取许多典型、新颖的例题进行讲解，通过对多种思路、解法的对比、分析，从中找出最佳的思维角度和方式，逐步洞开学生数学思维，开发潜能。在体例编排上，除“例题示范”栏目外，还有“知识要点”、“练习指导”和“自测练习”3 个栏目。（唐晓霖）

G000174 **最新小学数学竞赛试题精选精解** 徐国钧主编。希望出版社 1997 年 10 月版。15.1 万字。7.00 元。辑录 1996—1997 年小学数学奥林匹克竞赛、华罗庚金杯赛、九章杯赛试题精选及国内北京等地区的数学竞赛试题。试题之后均有思路分析和参考答案。（张任）

G000175 **九年义务教育五年制小学教科书 自然（1—10 册）** 人民教育出版社生物自然室、北京市教育局教学研究部、天津市教育教学研究室编。人民教育出版社 1992 年 10 月——1997 年 6 月版。42 万字。根据《九年义务教育全日制小学自然教学大纲（试用）》编写，供五年制小学一至五年级学生使用。本书从 1989 年 9 月到 1994 年 7 月，在全国部分省市实验；在 1992 年到 1996 年，由国家教委中小学教材审定委员会逐册审查通过，在全国试用。本书的指导思想是通过学习这套教材，不仅能使学生获得基本的自然科学知识，而且能激发学生的科学兴趣，锻炼学生学科学用科学的能力，使学生受到科学自然观、科学态度、爱大自然、爱家乡、爱祖国等方面的思想教育。本书的整体结构是“知识、能力、思想有机结合、协调发展的三阶梯结构”。在横向上，把科学启蒙教育内容分为知识、能力、思想教育三个方面；在纵向上，根据教学内容的难易和学生认知发展的规律，把三方面的教学内容由易到难、由具体到抽象、由简单到复杂地分为低、中、高三个阶段；在每个阶段，知识、能力、思想教育的内容都是有内在联系、相辅相成的。采用这样的整体结构，可以使自然教学把知识教学、能力培养、思想教育有机结合起来，从而更好地促进学生的发展。本书的课文结构一般是：先从学生熟悉的自然事物中提出一个问题；然后引导学生围绕问题进行观察和实验；之后启发学生在事实的基础上进行思考，自己获得结论；最后引导学生把学到的知识和方法广泛联系实际，解决一些力所能及的实际问题。采用这样的课文结构，可以使自然教学过程与认知过程、科学过程相互统一，从而更好地落实科学启蒙教育的目的要求。（殷志杰）

G000176 **九年义务教育五年制小学教科书 音乐** 人民教育出版社音乐室编。人民教育出版社 1992 年—1997 年版。20 册。根据国家教委颁发的《九年义务教育全日制小学、初级中学课程计划（试行）》和《九年义务教育全日制小学音乐教学大纲（试用）》（以下简称《大纲》）的规定，以及中共中央关于教育体制改革决定的精神，结合全国各地小学音乐教学的实际和教材编写的经验编写。教科书为 16 开本，每学期一册，有简谱、五线谱两种版本供选用，从 1992 年起陆续出版。教科书遵循《大纲》的目的、要求，合理安排教材结构，精心选编教材内容。通过唱歌、器乐、欣赏、音乐知识、唱游（小学低年级）及基本练习，有计划、有选择、适量、灵活地组织每一课教学内容，使学生能按照循序渐进的原则，掌握所学内容。（李川）

G000177 **九年义务教育六年制小学教科书 音乐** 人民教育出版社音乐室编。人民教育出版社 1992—1997 年版。24 册。根据国家教委颁发的《九年义务教育全日制小学、初级中学课程计划（试行）》和《九年义务教育全日制小学音乐教学大纲（试用）》（以下简称《大纲》）的规定，以及中共中央关于教育体制改革决定的精神，结合全国各地小学音乐教学的实际和教材编写的经验编写。这套教科书的教学内容及要求与五年制基本相同。教科书为 16 开本，有简谱、五线谱两种版本供选用，从 1992 年起陆续出版。教科书遵循《大纲》的目的、要求，合理安排教材结构，精心选编教材内容。通过唱歌、器乐、欣赏、音乐知识、唱游（小学低年级）及基本练习，有计划、有选择、适量、灵活地组织每一课教学内容，使学生能按照循序渐进的原则，掌握所学内容。这套教科书，各册配有教师教学用书及教学录音带。（李川）

G000178 **九年义务教育六年制小学教科书 美**

术 常锐伦、武奎英主编。人民教育出版社1992年—1997年版。46万字。39.85元。九年义务教育六年制小学美术教科书的编写体例与九年义务教育五年制小学美术教科书的编写体例完全一致,不同之处在于一个是10册教材供五年制学校使用。一个是12册教材供六年制学校使用。六年制美术教科书的最后两册(11、12册),内容的安排基本上同于9、10两册,但难度要比9、10两册书大。这套教材经国家教委中小学审查委员会审查通过。本教材基本体现了九年义务教育的性质、任务及小学美术教学大纲的基本要求,教材内容比较符合学生的认知规律:1.教材选择比较符合当前一般美术教师的接受能力。2.比较重视思想教育和审美教育。3.具有一定的民族、民间特色,是一套比较切合实际的美术教材。1993年起供全国使用。(马世良、武奎英)

G000179 **九年义务教育六年制小学《社会图册》(内地地区)** 郑琪等编。中国地图出版社1997年版。共10印张。13.80元。配合九年义务教育六年制小学《社会》教材(内地地区)而编制,共6册。第一册分6部分,包括"家庭"、"邻居"、"学校"、"不同的社会生活环境"、"我国民间传统节日"和"相信科学,反对迷信"。第二册分6部分,包括"人们生活与社会生产"、"农业与我们的生活"、"工业与我们的生活"、"商业与我们的生活"、"交通运输与我们的生活"和"邮电、储蓄和保险"。第三册分6部分,包括"人类的家园——地球"、"世界大国——中国"、"历史悠久的文明古国"、"统一多民族国家的形成"、"我国灿烂的古代文化"和"我国古代的对外友好交流"。第四册分4部分,包括"我国人民反帝、反封建斗争"、"没有共产党就没有新中国"、"我国是社会主义国家"和"我国社会主义建设的辉煌成就"。第五册分4部分,包括"国情国策"、"不同环境下人们的生活"、"中国的交通运输"和"中国的名胜古迹"。第六册分5部分,包括"世界概况"、"世界各地"、"无产阶级革命家和世界文化名人"、"科学技术推动社会进步"和"战争与和平"。(郑琪)

G000180 **面向21世纪开创基础教育的新局面** 国家教委基教司编。北京师范大学出版社1997年11月版。39.2万字。15.00元。为进一步推动全国中小学实施素质教育,1997年9月国家教委召开了"全国中小学素质教育经验交流会"。本书汇集了全国若干省、自治区、直辖市在该会上的经验介绍45篇及国务院副总理李岚清、国家教委领导在这一会议中的重要讲话、国家教委《关于当前积极推进中小学实施素质教育的若干意见》等文件。这些经验介绍包括:转变教育观念;改造薄弱学校;面向全体学生;课程的改革和优化教学过程;师资队伍建设;改革评估制度;改革升学考试制度等诸多方面。(傅占武)

G000181 **素质教育——中小学教育改革的主旋律** 崔相录主编。山东教育出版社1997年2月版。55万字。27.50元。分上编、下编。上编包括4篇,采用理论与实践互补的论述方法,阐述素质教育的观念、目标及实施方法。各篇主要内容如下。第一篇:"素质教育观念",主要阐述我国新时期教育观念—素质教育观念的结构及其形成的历史根据和理论依据。第二篇:"素质教育经验与理论"主要阐述素质教育实践过程中的目标及其实施方法。第三篇:"学科素质教育",主要阐述中小学各学科尤其是中学各学科素质教育目标与实施方法,提出具有指导性的建议。第四篇:"国外中小学教育改革与素质教育",简要介绍我国素质教育可资借鉴的国外中小学教育改革方方面面的经验。下编"素质教育文献资料选编"包括5篇。第一篇:"文献选编(摘录)",选录了对素质教育具有重要导向作用的法规及国家党政领导人的重要讲话16篇。第二篇:"省、市、县实施素质教育的经验",选录各级教育管理部门在实施素质教育中取得的经验23篇。第三篇和第四篇选录了全国各地中小学学校和教师实施素质教育的典型经验56篇。第五篇:"素质教育学习参考资料(篇目)",介绍了公开发表的有关素质教育理论与实践探索的经验介绍和论文400余篇。(刘校橡)

G000182 **九年义务教育三年制初级中学教科书(试验本)思想政治** 小学思想品德和中学思想政治教材编写委员会编著。人民教育出版社1997年12月版(单册),1998年10月版(双册)。依据《九年义务教育小学思想品德课和初中思想政治课课程标准》编写的"国家示范本"。分一年级上、下册,二年级上、下册,三年级全一册,共5本。为贯彻十五大精神,这套教材试验本经国家教委中小学教材审定委员会安排特殊审读之后,自1998年秋季起供全国使用。领导小组组建的教材编写委员会具体承担编写的各项组织管理和送审、修订工作,并行使其著作权。这套教材坚持以马克思列宁主义、毛泽东思想、邓小平理论为指导,相对集中在初中三年级贯穿了邓小平理论基本观点的教学。如认识和把握社会主义初级阶段的含义和特征,以及其现实性、长期性和不可逾越性,阐述社会主义的本质,明确什么是社会主义、怎样建设社会主义等重要内容。这套教材的主要特色还表现在教学目标的调整，内容的完善，体系的创新等方面。一年级进行心理品质教育，意味着德育领域的拓宽，是思想政治课改革适应新形势的重要突破，反映了面向21世纪思想政治教育的时代特征。教材的编写，注意避免单纯的生理学和心理学的教学程式，而着眼于相关知识的支持，结合道德品质、心理品质、思想品质等方面的教学内容，建立了符合思想政治课特点的教学体系。二年级进行法律教育，摆脱了以往编写法律教材或普法宣传教育读本的一般模式，既没有采取逐一讲解各项法律的编排方式，也没有遵循大学讲授法学理论的体系结构。其特点是：坚持法制教育面向全体学生的方针，避免重制裁、轻保护的倾向；适应教学方式由传统的应试模式向素质模式的转换，改变以往教材中只见法不见人的旧面孔，力求充分体现学生主体的活动；立足于基础教育的需要，以反映现代法律意识的基本观点为主导，结合有关法律知识的介绍，构建教学的逻辑体系。三年级进行社会发展常识和国情教育，主要有两个特点。一是突出生产力标准，即生产关系一定要适应生产力发展状况，是决定人类社会发展的根本原因，生产关系是否适应生产力发展的要求，是衡量社会进步与否的根本标准。二是明确当代中国在人类社会发展过程中的历史定位，强调学习社会发展常识和中国基本国情，这两者有着内在联系、一脉相承。认识当代中国的社会主义建设，以唯物史观的教育为依托；学习唯物史观，以认识当代中国的社会主义建设为落脚点。在认真总结历次教材编写经验的基础上，按求实、求新、求活的要求，教材进一步改进了编写形式，包括插图、版式、印刷、装帧等环节，都有新的面貌，在增强教材通俗性、可读性、生动性、可视性的同时，也兼顾了可教性。（朱明光）

G000183 **九年义务教育小学思想品德课和初中思想政治课课程标准** 中华人民共和国国家教育委员会编订。人民教育出版社1997年5月版。课程标准着眼于我国普及九年义务教育的实际，首次把小学思想品德课和初中思想政治课作为一个整体，设计其课程结构和确定教学目标要求，主要有两个特点。其一，小学思想品德课以行为目标为主导，紧密结合小学生行为规范的养成教育，在具体指导道德行为的过程中讲明道理，逐步地积累和提高道德认识，自始至终地贯穿“五爱”情感的教育。在实施和体现综合目标方面，具有相互渗透、表达具体、多次循环的特点。初中思想政治课，以认知目标为主导，按照德育基本内容的类别和相关知识的类别，系统地进行道德素质、心理素质、法律素质和政治素质教育，分类实施，建立分科教学的课程体系。其二，把六年级的课程设置，作为过渡阶段考虑，赋予其衔接和通用的双重功能。这不仅兼顾了一般学制的现状和基本学制的确立，使不同学制能够通用一套课程标准，而且具有衔接小学和初中教学的作用，是整体规划九年义务教育课程体系，优化课程结构，提高教学效率的重要环节，解决了以往按中小学分阶段实施道德教育的重复问题。就教学内容而言，课程标准的主要特点是：突出了邓小平理论的指导；强化了心理品质、法律意识教育；明确了各学段、各年级教学内容分层次的基本要求。就规范方式而言，同高中思想政治课一样，其主要特点和优点是增加了这样一种指导性规范：不但规定了教学基本内容，而且能指导教学内容的实施；不但表达了教学基本内容，而且能对其范围和程度上的基本要求加以限定，真正提供可把握、可操作、可检测的标准。就规范功能而言，课程标准由“序言”、“教学内容和基本要求”、“课时计划和不同学制的教学安排”、“教学原则和方法”、“学习评价和考核”、“教材编写和选用”6部分组成，从而为教材的编写与审查、教学的督导与评估、学习的考核与评价等各环节，都提供了切实的依据和规范。（朱明光）

G000184 **九年义务教育四年制初级中学教科书 思想政治（试验本）** 小学思想品德和中学思想政治教材编写委员会编著。人民教育出版社1997年12月版（单册），1998年10月版（双册）。依据《九年义务教育小学思想品德课和初中思想政治课课程标准》编写的“国家示范本”。分一年级上、下册，二年级上、下册，三年级上、下册，四年级全一册，共7本。其中，二、三、四年级的教材与三年制初中教材的教学内容完全相同；一年级的教材与六年制小学六年级教材内容完全相同。一年级进行道德规范教育，二年级进行心理品质教育，三年级进行法律意识教育，四年级进行社会发展常识和国情教育。为贯彻十五大精神，这套教材试验本经国家教委中小学教材审定委员会安排特殊审读之后，自1998年秋季起供全国使用。这套教材坚持以马克思列宁主义、毛泽东思想、邓小平理论为指导，针对不同学段学生的特点和课程设置的特点，相对集中在初中三年级贯穿了邓小平理论基本观点的教学。如认识和把握社会主义初级阶段的含义和特征，以及其现实性、长期性和不可逾越性，阐述社会主义的本质，明确什么是社会主义、怎样建设社会主义等重要内容。这套教材的主要特色还表现在教学目标的调整,内容的完善,体系的创新等方面。一年级进行心理品质教育,意味着德育领域的拓宽,是思想政治课改革适应新形势的重要突破。它的目标和内容,集中地反映了面向21世纪思想政治教育的时代特征。教材的编写,注意避免单纯的生理学和心理学的教学程式,而着眼于相关知识的支持,结合道德品质、心理品质、思想品质等方面的教学内容,建立了符合思想政治课特点的教学体系。二年级进行法律教育,摆脱了以往编写法律教材或普法宣传教育读本的一般模式,既没有采取逐一讲解各项法律的编排方式,也没有遵循大学讲授法学理论的体系结构。其特点是坚持法制教育面向全体学生的方针,避免重制裁、轻保护的倾向;适应教学方式由传统的应试模式向素质模式的转换,改变以往教材中只见法不见人的旧面孔,力求充分体现学生主体的活动;立足于基础教育的需要,以反映现代法律意识的基本观点为主导,结合有关法律知识的介绍,构建教学的逻辑体系。三年级进行社会发展常识和国情教育,主要有两个特点。一是突出生产力标准,即生产关系一定要适应生产力发展状况,是决定人类社会发展的根本原因,生产关系是否适应生产力发展的要求,是衡量社会进步与否的根本标准。二是明确当代中国在人类社会发展过程中的历史定位。强调学习社会发展常识和中国基本国情,是有着内在联系、一脉相承的。认识当代中国的社会主义建设,以唯物史观的教育为依托;学习唯物史观,以认识当代中国的社会主义建设为落脚点。在认真总结历次教材编写经验的基础上,按求实、求新、求活的要求,教材进一步改进了编写形式,包括插图、版式、印刷、装帧等环节,都有新的面貌,在增强教材通俗性、可读性、生动性、可视性的同时,也兼顾了可教性。(朱明光)

G000185　**中小学德育工作100个怎么办**　深圳东方英文书院编。广东人民出版社1997年5月版。28万字。20.00元。包括思想政治教育、道德行为教育、个性心理品质教育、学习态度教育和生活、保健、家庭教育等5个部分,从各个角度、各个层面对中小学德育工作中常常会遇到的各种实际、具体而又带有一定普遍性的问题进行深刻剖析和富有说服力的解答。(陈启方)

G000186　**全日制普通高级中学教科书(试用本)思想政治**　小学思想品德和中学思想政治教材编写委员会编著。人民教育出版社1997年12月版(单册),1998年10月版(双册)版。依据《全日制高级中学思想政治课课程标准》编写的“国家示范本”。全套教材分一年级上、下册,二年级上、下册,三年级全一册,共5本,于1997年经国家教委中小学教材审定委员会审查通过,自1998年秋季起供全国使用。讲授马克思主义基本观点、以邓小平理论为中心内容,是全套教材最重要的特点。一年级讲经济常识,主要“讲述与公民的经济生活密切相关的社会主义市场经济基本知识”,并要求学生“能够初步说明最常见的经济现象,提高参与经济活动的能力;在党的政策指导下,依据国家法律自觉规范自己在经济生活中的行为”。其课题“企业和经营者”、“产业和劳动者”、“税收与纳税人”、“银行与储蓄者”、“商品服务市场和消费者”等等,体现了这样的构思:从学生在经济生活中所必须或可能充当的角色出发,如经营者、劳动者、投资者(储蓄)、消费者、纳税人等等,向他们提供必要的知识和讲解相关的理论。二年级讲哲学常识,主要是“对学生进行科学世界观、人生观和价值观的教育”,更为注重价值判断与价值选择的引导;突出了“逐步提高适应时代发展、社会进步和参与社会实践的能力”的要求;“使学生能够面对改革开放、建立和完善社会主义市场经济体制的新要求,进行正确的价值判断和选择,确定正确的人生目标和道路。”三年级讲政治常识,不仅要“使学生了解我国的基本政治制度及治理国家的基本原则”,而且强调使学生“提高参与政治生活的能力”,“树立正确的政治方向”,“增强民主意识”,“自觉维护国家利益”等要求。在认真总结历次教材编写经验的基础上,这套教材按求实、求新、求活的要求,进一步改进了编写形式,包括插图、版式、印刷、装帧等环节,都有新面貌,在增强教材通俗性、可读性、生动性、可视性的同时,也兼顾了可教性。(朱明光)

G000187　**成人高级中学课本 思想政治(全一册)**　人民教育出版社政治编辑室编。人民教育出版社1993年—1997年版。19万字。6.6元。根据国家教委成人教育司制订的《成人高级中学思想政治课教学大纲》编写。分3篇,包括经济常识、哲学常识和政治常识。教材严格地遵循教学大纲的要求,简明扼要地讲授马列主义、毛泽东思想的基本观点,特别是贯穿邓小平建设有中国特色社会主义理论的教育,力求体现成人教育的特点,贯彻了“突出重点、表达规范、行文简洁、注重基础”的原则,并兼顾了普通中学和高中有关学习内容的衔接和统一。(朱明光)

G000188　**高级中学试用课本 思想政治(二年**

级） 国家教委中学思想政治课教材编写组编。人民教育出版社1992年—1997年版。25万字。3.25元。根据国家教委1992年3月印发的《中学思想政治课教学大纲》编写，分上下两册。吸取了以往中学思想政治课教材，特别是各套改革实验教材的成果，同时强调以马列主义、毛泽东思想和邓小平建设有中国特色社会主义理论为指导，努力贯彻教育方针和教育目标，把知识性和教育性统一起来，突出教育性，立足于转变学生的思想。为此，教材的编写方针是：保证政治方向的正确性；保证基础知识的准确性；注意基本能力的适应性；注意内在联系的逻辑性；注意教学内容的可读性。教材在整体上有以下几方面特点：（一）从思想教育内容上看，着力讲清基本观点，如社会主义教育、爱国主义教育、国情教育，特别是学生关心的热点问题。（二）从理论知识来看，在体系构建、讲述方式、材料选择上均有新意。（三）从能力培养来看，力求把能力的培养寓于概念、观点的讲述之中，注重观点与材料的统一，加强方法论意义的阐述。（四）从逻辑方式来看，总的思路是由具体到抽象，从基本事实出发引出基本观点；以归纳为主，分析为主，在分析的基础上进行综合。（五）从行文风格来看，为倡导活泼型的思想政治课教材，本教材具有示范性。（朱明光）

G000189 **新编初中文言文助读** 杨振中编著。东方出版中心1997年9月版。25万字。13.00元。分上下两编。上编按内容编排，分"学习"、"人品"、"抗敌"、"教育"、"情义"、"智慧"、"战争"、"治国"等部分；下编按体裁编排，分寓言、成语、志怪等部分，另附一批文言文自测题。每则短文分故事意译、原文夹注、阐发与应用3部分。其中第三部分或串讲难词难句，或讲解古代文化常识，或介绍古为今用的思路。附插图12幅。书末附有参考答案、常见文言虚词、实词索引。（徐芷琳）

G000190 **新编高中文言文助读** 杨振中编著。东方出版中心1997年4月版。30万字。16.00元。分上下两编。上编分"志向·学问"、"教育·修养"、"人才·品性"、"治国·为政"、"友情·识见"等部分。下编按体裁编排，分"成语·典故"、"寓言·神话"、"传闻·趣谈"等部分。每部分结尾分别安排知识短文，介绍虚词、实词、词性活用、常见句式、固定句式等文言文的阅读知识。每则短文分原文、注释、阐发和应用3部分。第三部分或串讲难词难句，或讲解古代文化常识，或介绍古为今用的思路，或提供扩展阅读的材料。书末附参考答案，扩展阅读短文篇名索引，常见文言虚词、实词索引和古代文化常识索引等。可供高中生自学，亦可供教师作辅导材料。（徐芷琳）

G000191 **四季景物描写** 福欣编。内蒙古人民出版社1997年10月版。35万字。17.80元。通过对教学中收集的大量范文进行精选、加工编写而成。按春、夏、秋、冬4个季度编排，在每个季度前边有一篇写作指导文章，提示写作题材和写作方法。之后，开辟了"名著欣赏"、"片断描写"、"佳作选择"3个栏目，在每个季度的这3个栏目中，精选了60至70篇名著、片断描写和佳作，并作了逐篇简评。（王赤华）

G000192 **全日制普通高级中学俄语教学大纲（供试验用）学习指导** 国家教委基础教育司编。人民教育出版社1997年1月版。3.1万字。1.40元。学习《全日制普通高级中学俄语教学大纲（供试验用）》的指导书，由6篇论文和1篇附录组成。6篇论文为：1.《全日制普通高级中学新编俄语教学大纲的特点》，全面地论述制订新大纲的指导思想、教学目的所包含的语言、教育、教学目的的六层蕴意、三年总共349课时的安排、800个词汇量的分配和选词标准、两级教学目标的具体内容、语法项目的选择和调整，以及考试和评估的依据。2.《全面贯彻七条教学原则》，逐条阐明七条教学原则的基本精神和应如何加以贯彻。3.《研究中国学生学好俄语的方法》，着重阐发学习屈折语特征最明显的俄语，要我们自己创造与目的语的特征相照应的教学方法，"拿来主义"的任何方法行不通。4.《四会与阅读》，强调中学俄语的教学路子，应是通过听说读写的全面训练，侧重培养阅读能力。5.《关于侧重培养阅读能力的几个问题》，提出"打好阅读基础，培养阅读习惯"、"掌握阅读方法，培养阅读能力"、"编写合适读物，提供阅读材料"的3条具体措施。6.《中学俄语要学习和贯彻语言国情教学原则》，论述中学学习俄语语言国情知识对于教学改革和提高教学质量的意义，以及贯彻语言国情知识教学的6条原则。附录为：《新旧高中俄语教学大纲之比较》。（汪震球）

G000193 **全日制普通高级中学日语教学大纲学习指导（供试验用）** 国家教育委员会基础教育司编订。人民教育出版社1997年3月版。2.9万字。1.40元。《全日制普通高级中学日语教学大纲（供试验用）》的学习指导书。收入文章7篇。前4篇主要对大纲的编订原则、编订过程、编写思路及教学内容进行介绍和说明，特别是新大纲引进了交际教学思想，将对中学日语教学的整体产生较大影响，着重对"日常交际用语”这一新设项目和功能交际教学法进行了说明。同时,对根据新的教学思想确立的教学目的和教学目标以及调整后的教学内容做了较详细的说明。后3篇主要从教研和教学试验的角度谈如何贯彻、落实大纲提出的教学目标。客观分析了中学日语教学的现状和存在的问题,提出贯彻大纲的意见和办法。并分析了以往教学实验的体会,提出新大纲试验工作中应该注意的事项和试验方法。(*唐磊*)

G000194 **全日制普通高级中学劳动技术课教学大纲(供试验用)** 国家教育委员会基础教育司编。人民教育出版社1997年7月版。1.7万字。1.00元。根据1996年原国家教委基础教育司颁发的《全日制普通高级中学课程计划(试验)》制订,对普通高中劳动技术课的教学目的、课程安排、教学内容与要求、教学设备与设施、考试与考查都有明确的规定,并对实施本教学大纲应注意的几个问题作了说明,是国家指导普通高中劳动技术课教学的法规文件。本教学大纲紧紧围绕课程计划提出的要求,在具体内容的考虑和把握上,既考虑了普通高中劳动技术课教学的现状,又考虑了未来教育发展的需要;既考虑了必修课时的要求,又考虑了选修课时的安排;既考虑了城市高中劳动技术教育的实际,又考虑了广大农村地区教育的需要。它较好地体现了课程计划规定的培养目标,突出了劳动技术学科的特点,反映了素质教育对劳动技术教育的基本要求,有利于培养和提高学生的劳动技能素质,促进学生全面发展,是一个面向21世纪的教学大纲。本教学大纲从1997年秋季起先在天津、山西、江西一市两省进行试验,2000年起将在全国范围内实施。(*顾国麒*)

G000195 **全日制普通高级中学艺术欣赏课教学大纲(初审稿)** 原国家教育委员会体育卫生与艺术教育司编订。人民教育出版社1997年7月版。0.7万字。0.60元。新中国成立以来的第一部普通高中艺术课教学大纲,包括音乐欣赏课与美术欣赏课。基本内容包括教学目的、教学内容、教学要求、成绩考查、教学设备等部分。大纲规定,艺术欣赏课“是普通高中一、二年级的必修课。”明确指出开设这门课的意义是“艺术教育是实施美育的重要途径,对于培养德、智、体等方面全面发展的社会主义事业的建设者和接班人,塑造完美的人格,提高全民族的素质,具有不可替代的作用。”大纲强调艺术欣赏课以审美为核心,培养学生的艺术鉴赏能力,树立正确的审美观念,学习必要的知识和欣赏方法,并指出,要突出艺术学科的特点,寓思想品德教育于艺术教育之中,从而达到陶冶情操、提高修养的目的。大纲中还规定了一定数量的必选作品,以保证教学质量。(*陈晧*)

G000196 **北京中小学地方民间美术教科书教学参考书** 北京市教委编。人民美术出版社1997年8月版。15万字。共30.00元。分小学和中学两部分。按教科书的编写体例,各课教参一般包括以下3部分:第一部分,为教材分析,主要侧重于分析教材的编写意图,其中包括本课的教学目的、重点、难点、课时、教学要求以及本课的有关图片分析等,可以为任课教师研究、分析、理解教材,提供一些第一手资料。第二部分,根据本课的教学内容、目的、要求、重点、难点所提出的适于采用的教学建议,可为任课教师深入钻研、理解教材提供思路。第三部分,为任课教师讲好本课提供具体的有关教学参考资料。(*张桦*)

G000197 **活动课程教学研究** 刘先捍著。南方出版社1997年11月版。14万字。10.00元。从理论与实践两个方面系统地阐述了“活动课程”,不仅对开设活动课的目的、理论依据及活动课程体系的构建方法、原则等作了深入浅出的讲解,而且还重点介绍了湖南娄底一中构建初中活动课程体系,设计活动课程实施方案,以及开展活动课程教学的方式方法等,同时还介绍了一些切实可行的有关活动课经验。(*林澧波*)

G000198 **初中生实用辞典** 潘娉姣等编。江苏少年儿童出版社1997年8月版。220万字。85.50元。初中生学习工具书。分数学、物理、化学、语文、英语5册,每册都以教学大纲和教材为依据,着眼于提高学生对点状知识的逻辑思辨和线性把握的能力,从而帮助学生准确地理解和记忆概念,由浅入深、由简到繁地运用知识,既注重素质教育,又兼顾同步学习的需要。创意独特,实用性强。(*徐健*)

G000199 **国旗在我心中** 运永顺等主编。沈阳出版社1997年3月版。20.7万字。10.00元。以每周一的中小学生升旗仪式为题材,汇集了自《中华人民共和国国旗法》和《关于中小学升降国旗制度的通知》颁布以来中小学生升旗仪式的精彩场面。从爱国篇、理想篇、崇敬篇、自强篇等4个方面展示了中小学生爱祖国、爱人民、爱家乡、勤奋、博学、自强、自立的精神面貌,讴歌了我们的党是伟大的党,我们的人民是勤劳勇敢的人民,我们的祖国是文明灿烂的古国。(*芩仲清*)

G000200 **中学语文教材概观** 朱绍禹主编。人民教育出版社1997年4月版。34万字。17.40元。除导语和附录外,共3编。上编共两章,分别从宏观和文体角度，对语文教材的界说、价值、类型、学派、风格、编写、实验、使用、历史、文化建设、发展动向、理论研究、教材制度作了探讨；对记叙文、说明文、议论文和文学作品的特征、地位、价值进行了研究。中编共 4 章，对全国通用版中学语文教材(包括教师教学用书和自读课本)作了综括式的概述和分学年实际考察。下编共两章，简介了我国其他版本的 11 种初中语文教科书和美法英日等国的母语教科书。本书以师范院校、教育院校中文系科的学生和中学语文教师为主要读者对象，专门描述和探讨了中学语文教材的理论和实际问题，力争反映出 20 世纪 90 年代我国语文教材研究的最新成就。(张德平)

G000201 **新编中学文言常用词典** 蒋传一、庄文中编著。南京大学出版社 1997 年 10 月版。47.1 万字。20.00 元。共收录中学常用文言词语单词 946 个，以这些单词为语素的复词 2 200 余条。词头及全部释文一律按 1986 年新版《简化字总表》中的规定，使用简化字体。在词头之后附有有关的繁体字与主要异体字。词头之后标示出此词在中学课本中出现的次数。使用《汉语拼音方案》注音标调。义项来自教材中经常使用的义项。例释，一般用书证。词目排列以汉语拼音音节先后为序；音节相当，按声调先后；标调相同，按笔画的少多为序，笔画数相同按横、竖、撇、点、折为序。(范瑜)

G000202 **作文题海** 阎银夫主编。山西教育出版社 1997 年 7 月版。91.6 万字。43.00 元。作者从特定的教学角度、难易程度和水平梯度切入，较为明确、具体地把答案呈现在中学生面前。书中数千则文题，按涉及内容和表现手法的异同，排列为 7 大类，大体涵盖了中学作文训练的各个侧面。循着“同类取一”的原则，书中对文题精选精解，题分大小，每个题目之下，均列有 5 至 10 个同类小题目。对大题目详尽解读，拓展思路，指导写法，纠正误区，对小题目则简要提示，点到为止。前者突出其指导深细，后者体现其兼类广博。大小交叉，互为补充，便于网络信息，触类旁通。(李梦燕)

G000203 **中学古汉语词典** 李秋实、陈丽娟主编。沈阳出版社 1997 年 7 月版。80 万字。29.80 元。包括 4 大部分。一、常用词：选出学生日常学习中常见的、使用频率高的 343 个词语加以讲解，分为读音、词义、例句及译文 4 个部分。书中解词均以《说文解字》释义为根据。二、同义词：收同义词 270 组加以辨析，在辨析中着重从词的差异、使用范围的宽窄、出现的先后和感情色彩等方面加以比较，并列举例句，使读者从词义的异同中加深理解词义。三、通用假借字：收通用假借字 438 个，其中包括一些古今字和人们习惯认可的。其词目以通假字为字头，以本字注音，各条词义下均列举例句，并附译文。四、多音多义字：收 154 个文言多音多义字加以例释，每个词目后列其不同的读音、释义及例句。例句均译成白话文。本词典大部分例句均选自中学语文教材和一些常见古诗文名篇，所有文言例句均译成白话文。本词典体例独具特点，书中 4 部分内容可以独立成篇，并分别有各部分的汉字拼音和笔画检字表，便于查找。词典附录部分收有古汉语词法简介以及现行初中、高中课本文言文注释。(滕建民)

G000204 **NMET 全真 85—96 试题详解** 齐平昌、王辰编。海南国际新闻出版中心 1997 年 5 月版。20 万字。13.50 元。根据《全国高等学校统一招生考试英语科说明》的要求，在加强研读、演练的前提下，讲究试题的规范性、准确性、科学性、连贯性和统一性。语法点测试分布均匀，完形侧重词与情景关联，阅读设问技巧灵活多变，知识含量高，思维力度强。全真 NMET 试题(包括 NMET 港澳试题)，对中学阶段英语基础知识进行了全面分类和归纳：讲命题规律；讲题型特点；讲知识结构；讲解题方法；讲思维过程。收入“高考英语备考丛书”。该丛书另外 3 册：NMET 常考英文法问题详解；NMET 英语测试要点归纳与知识补救；NMET 英语考前 2000 好题精选。(黄斌武)

G000205 **学生英语小百科** 宋学侠、裴志民主编。辽宁人民出版社 1997 年 4 月版。54.6 万字。24.00 元。分上、下两部，另设附录部分。上部主要介绍中学阶段涉及到的英语语言规则和必须掌握的语言技能，其中包括语音、语法、词汇等诸方面的基础知识和听、说、读、写基本技能。下部主要介绍英语的使用规则。首先通过中西文化对比，分析概括出我国学生在运用英语进行跨文化交际时应该注意哪些问题。其次，言简意赅地阐明语言结构与交际功能之间的相互关系。第三，在中学阶段必须掌握的 1 940 个单词中，找出哪些在使用时因受到年龄、地位、语境等影响而应予以注意的单词，加以语用说明，并编撰成小型的《语用词典》，以供查考。书后还附有中学阶段学习英语时需要经常查阅的有关知识和资料。(张强)

G000206 **职业高级中学课本英语** 人民教育出版社外语室英语组编。人民教育出版社 1996 年 12 月—1997 年 12 月版。76 万字。18.30 元。供职业高中一年级和二年级使用的英语教材。编写这套教材的目的是:在初中学过一些英语的基础上,通过两个学年的教学,着重培养学生的阅读能力,使学生能借助词典看懂简单的有关职业的应用文。为培养学生自学英语的能力打下一定的基础,要求学生掌握基本的语音、语法知识,1 600个左右的单词和一定数量的习惯用语(包括800个左右初中已学过的基本常用词和一定数量的习惯用语);学习一些有关职业方面的交际用语,进行简单的听、说、写的训练。为培养学生的阅读能力,本书采用单元教学的形式。每个单元包括课文A、课文B和阅读课文3个主要部分。课文A以职业内容为主题,其中涉及外事服务、财会、民用电器维修、文秘、烹饪、商业管理、建筑、摄影、缝纫、机械维修等专业,内容简单,语言浅显,适合基础阶段的教学。课文B的题材、词汇和语法结构力求与课文A相配合。阅读课文也尽量做到这些,内容比较生动有趣,可作为泛读材料。为了方便教学,这套书编写了教学参考书,配备录音磁带。(司延亭)

G000207 **最新初中英语词汇精要** 姚瑭主编。农村读物出版社1997年10月版。15万字。9.50元。依据国家教委制订的教学大纲和新编英语九年义务教育初中教科书编写。覆盖了初中阶段涉及的重点词汇,突出讲解了教学中的难点和易错点。每一词条包括词语解释、搭配、同义词、反义词、派生词,对易混词汇的用法加以辨析,并结合词语的用法配有例句。(李红枫)

G000208 **新编初中英语多用词典** 邓炳杰编。辽宁少年儿童出版社1997年版。80万字。28.00元。依据新编初中英语全套教材和初中英语教学大纲,与教材相配套的实用工具书。精选英语常用词;突出词的基本用法,标注同义词和反义词;精选词组和习语;注意构词,扩充新词语;在惯用法和同义词辨析上富有特点;特别在名词、动词、形容词和副词的词形变化方面有新的突破;语言标注详尽;注意语言变体。

G000209 **中专英语系列教材** 王宁、张爱维编。重庆大学出版社1997年2月版。200万字。90.00元。按中专英语教学大纲和中专英语等级考试大纲的要求编写的系列教材。包括:《中专英语教程》(配有教师用书)、《中专英语教程同步练习》、《中专英语听力训练》(配有教师用书及由外籍专家灌录的磁带)、《中专英语阅读训练》、《中专英语等级考试应试指南》、《中专英语等级应试达标指导》。(黄世芳)

G000210 **历史文稿选存** 李纯武编。人民教育出版社1997年11月版。31.3万字。分"编写体会"、"教材说明"、"专题论文"和"其他"4部分,共选收41篇文章。"编写体会"共有10篇文章,为世界历史教材编写经验的"十谈",充分体现出作者一生从事教材编写所积累的丰厚经验。这组文章较全面地论述了世界历史教材编写中的一些基本问题,世界历史教材的思想教育、文化陶冶功能的问题,世界历史教材编写的体系、结构问题,如何理解和处理各国家、各民族之间经济文化的交流和渗透问题,如何处理教材中的政治和经济、文化的关系问题,如何选材才能既照顾历史学科的系统性、又突出重点问题,如何把教材编写得富有时代特色的问题,等等。其中,作者特别强调把握文明中心,以确定教材内容的重心;研究和区分历史知识的层次,以决定教材讲述内容的详略和程度的深浅。第二组文章"教材说明"收8篇文章,阐明我国文革前、尤其是文革后编写的初中、高中世界历史课本中的若干重大原则问题。第三组文章"专题论文"收11篇论文,即是作者对世界历史从事科学研究的成果。从这组文章可以看出,作者对近代时期的法国史、美国史和英国史都有深入的研究,尤其对法国史的研究很有造诣,像《普法战争和恩格斯的科学预见》等文章,理论性、学术性很强,是史学界有影响的力作。第四组文章"其他"共12篇,其中不少文章是应年轻人的要求而写,为年轻人而写。向年轻人阐述学习世界历史的意义以及如何学好世界历史。(严志梁)

G000211 **高中适用世界近代现代史地图册** 石奉天等编。中国地图出版社1997年1月版。55幅图。2.10元。共收地图55幅。反映自1917年俄国十月革命以来80余年的世界历史。全册共6组。第一组12幅地图反映第一次世界大战后社会主义运动和民族解放运动的高涨。第二组8幅地图反映第一次世界大战后欧洲、亚洲、太平洋地区、中东地区的国际关系和法西斯势力的抬头。第三组10幅地图就第二次世界大战的产生、经过、结果进行了空间描述。第四组10幅地图反映第二次世界大战后国际形势和冷战格局的形成。第五组11幅地图就本世纪50至80年代的美苏争霸和第三世界兴起的局势进行了反映。最后一组4幅地图反映80年代末90年代初急剧变化的世界形势,包括东欧、苏联、前南斯拉夫地区的政治变化和全球经济一体化的趋势。地图册在内容安排上注意全局和局部的配合,既有宏观描述,如全球性的美苏争霸;又有微观描述,如"古

巴导弹危机”。(吴秦杰)

G000212 **高中地理填充图册** 孙冬冬等编。中国地图出版社 1997 年版。共 4.5 印张。共 4.50 元。根据 1996 年新编《全日制普通高级中学地理教学大纲》(供试验用)编制,配合《高级中学地理图册》(第 1、2 册)使用,供高中一年级上、下学期使用。第一册主要反映宇宙环境、大气环境、海洋环境、陆地环境以及人类的生产活动与地理环境等方面的内容;第二册主要反映人类的居住地——聚落、人类活动的地域联系、人类的旅游活动、人类面临的全球性问题以及可持续发展问题等方面的内容。填充图册力求通过读图分析、绘图填充、读图计算、填图及连线等题型,使学生了解人类赖以生存的自然环境的组成及其主要特征,理解自然环境各组成部分之间的相互关系,以及与人类活动的关系;了解人类各种活动对环境的影响,相应人文环境的形成和特点,以及发展中存在的问题;了解人类活动与环境相互作用产生的重大问题,认识人类与环境协调发展的重大意义及实施途径。(余凡)

G000213 **高级中学地理图册** 左伟等编。中国地图出版社 1997 年版。共 250 余幅图。7.40 元。根据国家教委 1996 年颁发的《全日制普通高级中学地理教学大纲》(供试验用)编制,供高中一年级上、下学期使用。其宗旨是使学生获得比较系统的自然地理和人文地理基础知识;培养学生的地理基本技能,使学生能够运用地理科学观念、知识和技能对人类与环境之间存在的问题作出正确的判断和评价;帮助学生形成科学的人口观、资源观、环境观以及可持续发展的观念,深化对国情和国策的认识,促使学生积极参与协调人类与环境关系的活动;深入进行爱国主义教育,培养学生热爱祖国的激情和社会责任感。依据《大纲》,第一册内容改变了过去四大圈层的知识体系,代之以“宇宙环境”、“大气环境”、“海洋环境”、“陆地环境”和“人类的生产活动与地理环境”5 个单元,以人为中心,突出了人—地关系的主线。第二册内容的 5 个单元包括:“人类的居住地——聚落”、“人类活动的地域联系”、“人类的旅游活动”、“人类面临的全球性问题”和“可持续发展问题”,明确提出了新大纲关于地理教学的主题思想。编制原则以地图为主,兼顾文字、图表、美术图、模式图及景观照片等多种图像类型的有机结合,较好地实现了科学性与艺术的统一。(孙冬冬)

G000214 **初中学生数学课外阅读系列** 赵宪初等编著。上海教育出版社 1997 年 4 月版。56 万字。30.00 元。内含 10 本小册子:《漫游勾股世界》、《绝对值》、《各项式的乘法和因式分解》、《怎样列方程解应用题》、《解不等式》、《怎样用配方法解题》、《面积关系帮你解题》、《怎样添辅助线》、《根与系数的关系及其应用》、《反正法》。(薛培华)

G000215 **复数** 陈汝作著。上海教育出版社 1997 年 9 月版。11.3 万字。4.90 元。“高中数学解题指导丛书”之一。分两章。第一章主要是重温复数的有关基础知识、基本理论。第二章主要是讲复数与其他各数学分支间的联系及其运用。例题大都在解题前作了分析,阐明了笔者是如何从题设着手,一步步分析出解题思路的,对有些例题在解题后还作了说明。每一章节结束都配置了一定数量的练习题,书后并附有解题提示或参考答案。(薛培华)

G000216 **高中数学解题策略** 唐盛昌等著。上海教育出版社 1997 年 3 月版。18.6 万字。10.50 元。从解题策略的角度出发,主要研究了以下 3 方面的内容:一是数学解题时的思维过程;二是各类数学题的结构、作用与特点;三是如何针对数学题的情况与思维过程,找到恰当的解题策略。既有系统的分析,又提供各种的解题策略;既有典型的范例,又配置了一定数量的精选习题,可作为数学教师及自学者参考。(薛培华)

G000217 **职业高级中学课本数学** 全国职业高级中学数学教材编写组编。人民教育出版社 1996 年至 1997 年版。共 61 万字。共 21.80 元。根据国家教委制定的《职业高级中学(三年制)数学教学大纲》编写。从 1997 年秋季起供全国职业高级中学、职业中专各类专业使用。这套教材编写的指导思想是,加强基础、增加弹性、精简实用、深入浅出、温故知新。其基本内容是,初等函数与几何知识,以及研究函数与几何的主要方法。教材首先学习集合与数理逻辑用语,为学生正确使用数学语言打好基础。教材在深入学习二次函数的基础上,学习了几个重要的初等函数:指数函数、对数函数及三角函数;引入了向量代数,以向量代数为工具学习了三角、复数、解析几何和立体几何,另外还安排了概率与统计初步知识的学习,以增强学生应用数学意识。(高存明)

G000218 **数学奥林匹克超级题库(初中卷)** 佩捷主编。哈尔滨出版社 1997 年 1 月版。65 万字。28.00 元。分 3 大部分:代数部分、几何部分、逻辑推理部分。其中第一部分中有 4 章:实数,式,方程与不等式,函数。第二部分中有 5 章:角,线段,三角形与多边形,圆,面积。第三部分包括:抽屉原则,简单的

组合问题,逻辑推理问题,反证法,简单的极端原理,简单的枚举与计数,操作与安排,设计问题。(刘培杰)

G000219 **职业高级中学课本物理** 全国职业高级中学物理教材编写组编著。人民教育出版社1996年至1997年版。41万字。8.80元(上),7.30元(下)。供全国职业高中各专业共同使用的文化课教材。被列入原国家教委教材规划。分上下两册。上册讲力学和热学,下册讲电学、光学和原子物理学。两册的必学内容约60课时,选学内容也约60课时。教材从职业高中的任务和培养目标出发,以面向现代化、面向世界、面向未来为指针,以提高学生的科学文化素养和为学生学习专业课打下必要的基础为目标。根据职业高中的特点,在教材内容的选择、安排和编写上注意了基础性、实用性、灵活性和思想性。教材在知识的讲述上注意从学生的实际出发,降低难度,加强与初中知识的联系;叙述力求思路清楚,简单明了,有启发性,避免过多的理论推导;注意渗透科学方法,培养学生的思维能力;注意生动活泼,提高学习兴趣。为了加强实验,各节中的演示实验用与正文不同的字体排出以引起重视。学生实验作为独立的一节,结合教学内容穿插在各章节中,以便于安排教学。习题的安排注意数量和难度适当,联系实际,题型多样化。教材在编排上注意便于学生学习。每章开头有"本章你将学到",列出了本章的学习目标,使学生明确本章将要学习哪些物理知识和学习要求;学完一章后还可以用它进行自我检查。每节开头提出一两个问题,引起学习兴趣,启发思考,使学生带着问题学习知识。每节用方框标出几个小标题,帮助学生学习时抓住中心。许多节后编写了"观察实验""阅读园地",用以扩大知识面,开阔眼界,提高兴趣。章后有"本章小结",整理本章的知识,帮助学生复习,建立知识结构。(朱志勇)

G000220 **《美术》(地方版中、小学课本)** 新疆中小学美术教材编委会编。新疆美术摄影出版社1997年版。6万字。2 000幅图。6.45/册(小学),6.50元/册(中学)。根据国家教委制订的《九年义务教育六年制小学美术教学大纲(试用)》和《九年义务教育三年制初中美术教学大纲(试用)》编写,经新疆维吾尔族自治区教委中小学教材审查委员会美术学科审查小组审查通过,供新疆地区九年义务教育六年制、三年制的小学、初中美术学科课堂教学使用。教材的结构,力求使审美修养与美术基础知识和基本技能相结合,造型艺术基础理论与创造性实践活动相结合,并紧密结合新疆实际,面向各民族学生,突出了地方特色。小学课本分春秋两季,共12册;中学课本春秋两季共6册。(麦粒)

G000221 **《美术》(维、哈、柯)地方版中小学课本(不同文种)** 新疆美术摄影出版社译制。新疆美术摄影出版社1997年版。18万字。6 000幅图。4.95元/册(小学),5.25元/册(中学)。在根据国家教委制订的《九年义务教育六年制小学美术教学大纲(试用)》和《九年义务教育三年制初中美术教学大纲(试用)》编写的汉文《美术》课本基础上,据各不同民族实际又进一步把个别科目进行增删调整后翻译成书。经自治区教委审查通过,供新疆地区九年义务教育中小学美术课堂教学中维吾尔族、哈萨克族、柯尔克孜族学生使用。(麦粒)

G000222 **北京中小学地方民间美术教科书** 北京市教委编。人民美术出版社1997年8月版。2.5万字。607幅图。2.80元(每册)。根据原国家教委颁布的《九年义务教育全日制小学美术教学大纲》(试用)和《九年义务教育全日制中学美术教学大纲》(试用)规定10～20%的课时比例补充地方民间美术教材的精神编写。自1997年秋季起,在北京市各中、小学使用。该套教材是正在使用的九年义务教材的补充与完善,旨在突出地方性、民族性、审美性、科学性与时代性,力求把美术双基的传授与审美教育、创造能力的培养结合起来,把美育与德育结合起来。该套教材内容与编写结构如下:一、各册教材内容均按:1.馆藏,2.欣赏,3.民俗,4.民间工艺,5.命题画等五大块构成。(一)馆藏部分选择了北京地区最具代表性的内容,如:"中国美术馆""故宫博物院""首都博物馆""荣宝斋"等。(二)欣赏内容选择了北京地区有代表性的"泥玩具""北京绒鸟""北京的面塑""北京绢人"等民间艺术和"北京园林""北京城市雕塑""北京的古代与现代壁画""北京的古代建筑与现代建筑"等13个内容。(三)民俗内容选择最具代表性的"糖葫芦""剪五毒""拨浪鼓""剪挂笺""花灯制作"等18个内容。(四)民间工艺内容选择北京特色的"面塑""彩蛋""风筝""皮影"等15个内容。(五)命题画内容选择"北京的古塔""北京的桥""北京的亭子""北京一条街""北京的牌楼""游长城"等15个内容。二、课本各册均按"美术教学大纲"规定的欣赏、绘画、工艺3大类课业并行安排,但其教学任务各有侧重。三、各册教材均按1个印张、16个页码编排,共8册67课。(张桦)

G000223 **中小学校园实用美术** 张韧、阎占东编著。辽宁画报出版社 1997 年 1 月版。1.5 万字。22.00 元。适用于中小学课外活动和课内辅助教学的实用教材。分 3 部分:学习环境布置、娱乐环境布置、课外活动道具设计。在"学习环境的布置"中介绍了布置教室、制作课程表、信报箱、班标等,在"娱乐环境的布置"中介绍了如何制作灯笼、拉花、圣诞树、贺卡等,在"课外活动道具设计"中介绍了如何制作面具、头饰、花棒帽子等。所选内容切合中小学教学实际,取材方便、制作简单。不仅有详细的制作过程说明,还附有大量的参考设计图例,帮助学生动手动脑,开拓思路,举一反三,增强学生的艺术素质和修养,锻炼学生的美术设计与制作能力。(谭谈)

G000224 **中国基础教育学生当用辞书** 鲁安主编。沈阳出版社 1997 年 12 月版。560 万字。137.00元。包括《小学数学当用辞书》、《小学语文当用辞书》、《小学中华字典》、《小学中华词典》、《小学反义词当用辞书》、《小学成语当用辞书》、《小学英语当用辞书》、《小学作文当用辞书》、《初中数学当用辞书》、《初中物理当用辞书》、《初中化学当用辞书》、《初中英语当用辞书》、《初中语文当用辞书》共 13 卷。从全新的编撰角度出发,将我国基础教育各个科目的知识点加以"量化";将重、难点加以条理化;将其能力训练点加以"当用"化。(曹福志)

G000225 **中、小学生行为规范教育故事** 郝庆堂主编。沈阳出版社 1997 年 7 月版。12.00 元。2 册。依据《中、小学生日常行为规范》的内容主线,针对中、小学生处于打基础阶段和世界观形成时期的特点,按照加强中、小学生精神文明建设的方针、任务,以我国古往今来爱国、尊师、孝敬、诚实、守纪、友爱、礼仪、勤奋、勇敢、俭朴等方面的典范故事为载体,将《中、小学生日常行为规范》的基本要求,提炼概括为 10 个主题,以"篇"的形式分类编排。每篇均有开篇导言,阐明中、小学生需要领会的行为规范要点,提示应该理解的核心内容和必须明确的基本要求。每篇之中收入一些浅显易懂、感染力强的小故事,每则故事均配有插图。故事中既有我国传统美德的精华荟萃,也有展现时代风貌的新人新事。(任冬菊)

G000226 **成长之路** 边巴旺堆著。西藏人民出版社 1997 年 9 月(藏文)版。12 万字。6.50 元。反映和详细介绍了在内地西藏中学、各类中专班学习的藏族学生的学习和生活情况。书中描写藏族学生在他乡学习过程中,不仅学到了科学文化知识,而且在思想观念上也得到了转变。同时还描写了藏汉情义。全方位地展现了这一特殊群体的整个学习和成长过程。(总编室)

G000227 **比较高等教育概论** 杨汉清、韩骅著。人民教育出版社 1997 年 10 月版。28 万字。14.40元。比较高等教育是教育科学的一门新兴的分支学科。作者立足于高等教育与比较教育的交汇点上,力求专题集中、密切联系实际,分 6 个专题对从古至今世界各国的高等教育的演变和特点、结构与功能、教学与科研、行政与管理、存在的问题与发展趋势,进行了深入的比较分析和研究。每个专题的命名,从方法论上看都具有范畴性,从研究对象看都具有全局性。每个专题的论述,均重在比较,不受国别的限制,博采众长,重在思考,力求对我国高等教育的实际问题提出一些见解。(诸惠芳)

G000228 **高等教育评估理论与方法** 许茂祖、张桂花编著。中国铁道出版社 1997 年 12 月版。21 万字。12.60 元。高等教育评估是在高等教育体制改革的新形势下,国家对高等教育进行宏观管理与指导、社会对高等教育进行选择的一种重要而有效的手段,也是高等学校内部进行科学的、规范的教学管理的一种重要的手段。本书详细地阐述了评估的指标体系及评估的实施方案,对评估中的统计与测量技术,评估结果的处理,评估的组织机构和工作程序均作了全面地介绍。(倪嘉寒)

G000229 **中国当代大学生价值观研究** 杨德广、晏开利主编。上海教育出版社 1997 年 9 月版。36.6 万字。17.50 元。以马克思列宁主义、毛泽东思想,特别是邓小平同志建设有中国特色社会主义理论为指导,吸取了国内外在价值观研究方面的成果,紧密结合我国社会特点及大学生特点,比较全面、系统地研究了当代中国大学生的价值观及相关问题,力求在科学性、理论性、现实性及可操作性方面达到一个新的水平。主要论述如下问题:一、客观地、历史地分析了价值观的特点,把社会主义价值观与资本主义价值观进行了科学的比较。二、分析了大学生价值观的内涵与作用,论述了大学生价值观研究方法。三、根据价值观层面的理论,分析了 10 多年来中国大学生价值观嬗变的基本轨迹。四、根据 1990 年 2 万多份问卷调查表和数百名个案调查,分析了当代大学生价值观现状。五、剖析影响当代大学生价值观的主要因素。六、关于大学生价值观的评析。七、对大学生价值观的教育。八、大学生要实现自我价值必须加强自我修养。书末附有 1993—1996 年北京、上海、湖北、广州、香港青年、大学生价值观调查结果和美

国当代大学生价值观比较调查。(薛培华)

G000230　**时代的脉搏——当代大学生价值观演变轨迹**　詹万生、刘庆龙著。河南人民出版社1997年版。18万字。10.00元。北京市哲学社会科学"八五"规划研究项目——社会主义市场经济与大学生价值观问题研究的成果。旨在通过对大学生价值观现状和发展趋势的调查研究,勾勒和描绘出自改革开放以来,特别是在建立社会主义市场经济体制过程中,大学生价值观的演变轨迹,分析和研究了社会主义市场经济与大学生价值观嬗变的内在联系,从而提出了加强和改进大学生价值观教育的对策和建议。本书始终坚持社会主义价值观的一元化导向,论题鲜明,针对性强。运用科学的方法对社会变革背景下大学生价值观的形成及变化过程进行跟踪调查,针对大学生的政治价值观、人生价值观、道德价值观、经济价值观、职业价值观,洞悉他们在不断地选择什么,追求什么,分析其价值观演变与社会变革的内在联系,把握改革进程中当代大学生思想发展的脉搏,预见他们在未来社会变革中的重要动向,昭示整个社会价值体系的发展趋势,因此,具有重要的理论意义和实践意义。本书研究的课题属于应用性和决策性研究,从选题论证到问卷设计,从调查实施到撰写报告,自始至终都十分关注和研究我国理论界关于价值观研究的动态,使之建立在正确的理论指导下,视野开阔,思路清晰,因此,具有较强的科学性和可操作性。(陈智英)

G000231　**高等教育办学模式研究**　邬大光、赵婷婷著。辽宁大学出版社1997年12月版。17万字。12.00元。近年来,中国社会发生了巨大的变化。尤其是社会主义市场经济理论的提出,给许多领域带来了剧烈的震动和诸多应重新考虑的课题。在高等教育领域,原有计划经济体制下的高等教育运行机制已呈现出明显的不适应,高等教育的改革落后于经济体制的改革已成为人们的共识,建立适应社会主义市场经济体制的高等教育运行机制已迫在眉睫,而首当其冲的便是高等教育宏观管理领域。高等教育办学模式是高等教育改革与发展中的重大课题。本书从高等教育办学模式的基本理论、各种高等教育办学模式的历史与现状分析、高等教育办学模式的发展趋势、历史分析、改革开放以来的进展分析及面临的挑战和办学模式改革的基本思路等几个方面作了详尽的分析与探讨。(陈晓东)

G000232　**上海交通大学年鉴(1997)**　上海交通大学年鉴编纂委员会编。上海交通大学出版社1997年10月版。40.2万字。40.00元。上海交通大学建校以来第一部综合性年鉴。上起1996年1月,接《上海交通大学志》下限,下止1996年12月。采用分类、条目编纂法,以特载、概述、概况为纲,以大事记为经,以党的建设与思想政治工作、人才培养、科学研究与科技开发、学科建设、教职工队伍建设、对外交流与合作、教育服务、校办产业、后勤、校园文化体育、民主党派、群众团体等14个栏目为纬,记述全校各领域和各系统的情况,末附重要规章、文件选目和统计资料。(丁善溶)

G000233　**中国高等教育史论**　涂又光著。湖北教育出版社1997年12月版。26.6万字。17.70元。中国高等教育历史发展有三个阶段:自传统五帝至清朝末年为"人文"阶段,近百年来为"科学"阶段,正在发展为"人文・科学"阶段。中国高等教育是中国文化的一部分,随着中国文化的发展而发展。作者依据中国文化发展各阶段,各阶段的代表人物、各阶段主要的高等教育机构将本书分为5章:一、传说与成均;二、孔子与私学;三、董仲舒与太学;四、朱熹与书院;五、蔡元培与大学。结语——中国高等教育的总规律。附录部分包括:一、元首教育;二、元首继承人教育;三、女子教育。(陈雅峰)

G000234　**中国书院制度研究**　陈谷嘉、邓洪波主编。浙江教育出版社1997年8月版。54万字。28.00元。在掌握大量的有关"书院制度"历史资料并对其进行考辨论证的基础上,对中国书院制度的方方面面及其运作情形和特点作了系统的研究,尤其对书院制度研究中一些带有普遍性且有重要学术意义的问题,诸如:书院的独特性的具体意蕴和表现在哪里;书院是一种包含多层次教育的综合性教育体系,是高等教育和基础教育、应试教育和素质教育相结合的产物;全国各书院在其中所属的类型和等级差异;书院具有的教育职能等等方面的问题,作了重要的探讨。

G000235　**中国书院(第一辑)**　朱汉民、李弘祺主编。湖南教育出版社1997年版。35万字。14.70元。关于书院问题研究论文集,辑有论文34篇。作者有季羡林、王炳照、李国钧等海内外教育史、文化思想史研究方面的知名专家、学者。论题涉及4大类别,即书院教学、书院学术研究,书院经济与组织管理、书院藏书刻书,书院与官学,书院与科举、书院建筑等专题研究。具体书院兴衰存亡的考证,中国书院在国外及港澳台地区的发展和影响,书院文献、史料的发掘和整理,又分成"书院学论坛"、"书院学人"、

“海外书院研究”、“比较研究”、“传统教育与文化”、“宋明理学研究”、“今日书院”、“文献与资料”、“研究动态”等 9 个方面，其中关于“书院学论坛”方面的文章占有 13 个篇什，内容丰富而又重点突出。（孟可文）

G000236　**中等师范学校思想政治教科书（试用本）**　人民教育出版社政治编辑室编。人民教育出版社 1993 年－1997 年版。80 万字。29.10 元。根据国家教委 1992 年颁布的《中等师范学校思想政治课教学大纲》，组织中师特级教师和有关专家编写。包括哲学常识、经济常识、政治常识、法律常识、师德常识等 5 个部分，共 6 册。教材既重视从基础教育的实际出发，又注意体现师范教育的基本特色；努力贯彻理论性与实践性相结合、教育性与知识性相结合、整体性与针对性相结合等原则；力求把讲授基本理论和解决实际问题融为一体，讲述马克思主义基本观点；培养学生初步运用马克思主义的立场、观点、方法分析问题和解决问题的能力；提高学生的思想政治素质、伦理道德素质、辩证思维素质和法制观念；帮助学生逐步树立崇高的理想，形成正确的世界观、人生观和价值观。（朱明光）

G000237　**高师现代教育实习管理模式研究**　彭银祥著。湖南师范大学出版社 1997 年 10 月版。22.6 万字。16.00 元。对教育实习进行了理论和实践上的系统探索，全面探讨了包括实习生、实际指导教师等实习教育的各个方面，较深刻地揭示了教育实习的内在特性和工作原理，提出了一系列重要的指导建议，而且对教育实习管理进行了系统的研究，在全面分析国内外现行的教育实习管理模式的基础上对创建我国高师教育实习管理模式做了富有创新性的工作。本书在微格教学实验室的管理使用，结构式教育实习管理系统等方面的研究均取得了较重要的成果。其中对信息化教育实习管理，自主性教育实习管理，对实习生的心理健康等方面的研究都有创新意义。（陈宏平）

G000238　**中等师范学校美术教科书（试用本）**　人民教育出版社美术室编。人民教育出版社 1996 年 12 月—1997 年 12 月版。88 万字。根据《三年制中等师范学校美术教学大纲（试行）》编写，供全国各中等师范学校使用。这套教材编写的指导思想是：一、坚持四项基本原则，适应我国社会主义现代化建设发展的需要。二、培养学生热爱社会主义祖国，热爱中国共产党，热爱小学教育事业的理想和情操，培养他们的职业道德。三、使学生掌握从事小学各科教育教学工作所必备的美术技能和基本能力，懂得小学教育教学的基本规律，并具备一定的审美能力、创造能力、形象思维能力。四、实行统一性与灵活性相结合的编写原则，以适应各地区经济文化发展不平衡的现状。这套教材的课文编排采取了学生自学内容（小字）和教师讲授内容（大字）分类混编，教学重点、目的和富于教学启示的语言提示在每课前（方框内）单独列出，并附关于本课教学内容的箴言、画语录的方式，以活跃教学形式，调动学生学习的自觉性。（刘东辉）

各类教育

G000239　**职业技术教育学**　纪芝信主编。福建教育出版社 1997 年 4 月版。32.9 万字。23.60 元。“教育学丛书”之一，自成体系，分 20 章 62 节，详尽阐述我国职业教育的产生和发展、特性和功能、体系和结构、培养目标和教学任务，以及职业技术教育方方面面的有关问题。同时还介绍了马克思主义关于职业教育的基本理论、国外职业技术教育学的发展概况。（陈建才）

G000240　**国防教育读本**　陶克编。中国劳动出版社 1997 年 6 月版。19.4 万字。10.50 元。技工学校政治教育的补充教材。从国家与国防的关系入手，系统地介绍了国防教育的意义、国防的内涵、国防的外延、我国国防的历史与现状、国防观念、国防技能，并对一些问题作了深入的分析。（唐圣平）

G000241　**农村教育综合改革研究**　马培芳、王琳著。甘肃教育出版社 1997 年 8 月版。31 万字。15.00 元。作者从农村，尤其是中国西部农村的实际出发，以农村教育综合改革的意义和任务、内容和要求、改革的实施、改革中的问题与对策、不发达地区农村教育的发展，以及农村教育综合改革的成效与发展前景为主要内容，对农村教育综合改革进行了深入研究。其结论是农村教育必须以调整中等教育结构、发展职业技术教育为目标，构建与社会主义市场经济体制相适应的农村教育体制和体系，以农、科、教相结合，以基础教育、职业教育和成人教育“三教”统筹为主要途径，以“燎原计划”的实施为突破口，对各类教育的办学和管理体制、培养目标、教育内容、教学方法和手段等，进行全面的综合改革。同时指出了农村教育综合改革必须坚持三个原则。一是统筹原则，即统筹规划农村各类教育，统筹配置全社会的教育资源，以取得最佳效益。二是服务原则，即通过调整和改革,使农村教育服务于当地经济发展。三是社区原则,即社区组织和群众参与地方教育的兴办管理,把教育纳入社区建设和发展的规划之中。(白玉岱)

G000242 **中国广播电视高等教育概论** 关世雄主编。中央广播电视大学出版社 1997 年 10 月版。34 万字。18.00 元。阐述了广播电视教育的性质、作用、地位和特点,明确了举办中国广播电视高等教育的指导思想,分别论述了中国广播电视高等教育的系统、办学机制、培养目标、教学计划、教学过程、学校管理、投资效益、教育评估和发展趋势等专题,包括:“中国电大系统的结构与建设”、“办学机制与办学特点”、“培养目标和教学计划”、“多种媒体教材的建设”、“学生的学习与学业考核”、“教学组织形式与教学过程”、“非学历教育”、“学校管理”、“质量控制”、“成本结构和投资使用效率”、“教育评估”、“远距离教育研究”以及“目标与展望”等内容。(张静)

G000243 **双语教育原理** 盖兴之著。云南教育出版社 1997 年 11 月版。11.5 万字。6.80 元。系统研究目前我国边疆地区尤其是西南少数民族地区实施双语教育的教育原理及其规律的专著。全书共 4 章。第一章“双语与双语学习”介绍双语现象、双语人、双语社会,阐释目前我国的双语现状,并得出第一语言习得和第二语言习得与学习的一般规律。第二章“双语教育”讨论少数民族母语教育和汉语教学的性质、形式、过程、作用和意义,并通过实验对比得出数据,明确肯定二者的互补作用。第三章“双语教学与文化”探讨在文化现象背景影响和要求下的双语教学模式,使其研究更为深入、细致、全面。第四章具体阐述在实施双语教学过程中的有关内容,如教学大纲和教学计划的制订,教材的编写,师资的培养,教学设施的配备等,总结出实施双语教学一些具有规律性的原则和方法,并提出建立科学的双语教育体系的设想。(甘宏跃)

G000244 **全日制聋校实验教材语言训练** 人民教育出版社小学语文室编。人民教育出版社 1995 年 10 月—1997 年 6 月版。24 万字。语言训练是聋校新设课程,一、二、三年级每周 3 课时,着重培养聋生听(看)话和说话能力。本教材依据《全日制聋校课程计划》对语言训练课的基本要求编写,每学期一册,每册 16 课,每课分 3 小课。教材以图画为主,通过图画创设贴近生活的语言情境。一、二册重在训练发音和积累词句,通过看图,学习听(看)说学校、家庭、社会生活中最常用的词语和短句。三、四册重在练习对话,通过看图,引入会话情境,让学生根据生活实际,对照教材中的语句进行替换。五、六册重在启发学生自己组织语言,自由表达,安排了看图想象说话、由图引入生活情境说话、由图引起谈论等多种类型,训练学生能听(看)说几句话。本教材配有教学参考书。(蒯福棣)

G000245 **全日制聋校实验教材理科** 人民教育出版社生物自然室、物理室和化学室编。人民教育出版社 1997 年 12 月版。37.8 万字。43.30 元。根据《全日制聋校课程计划(试用)》规定的培养目标和课程设置编写,共 3 册,即理科一分册、理科二分册和理科三分册,分别在聋校的七、八、九年级教学。理科一分册的内容为生物,包括以下 3 方面的基础知识:第一,植物、动物、细菌、真菌和病毒的形态结构、生理功能及常见种类等的基础知识;第二,人体的形态结构、生理功能及卫生保健方面的基础知识;第三,生态环境及保护方面的基础知识。此外,教材还选取了适量的演示实验、学生实验,以及参观和课外活动等,以培养学生初步的观察能力和实验能力。理科二分册的内容为物理,包括力学、电学的基本概念和简单规律,以及有关能量的初步知识。从学生未来生活和学习劳动技能的需要出发,教材密切联系学生日常生活中经常遇到的一些物理学问题,加强知识的实用性。教材比较重视对学生能力的培养,力求让学生通过演示、实验等认识物理现象,建立物理概念,理解物理规律,培养学生的观察、实验能力和实事求是的科学态度。理科三分册的内容为化学,包括化学基础理论知识、元素化合物知识、有机化学初步知识、生活中的化学常识和学生实验等内容。教材在讲述基础知识的同时,注意联系资源、能源、材料、环境保护、卫生保健等反映化学的发展和与现代社会有关的化学问题,介绍化学学科的一些新成就,并渗透一些自然科学方面研究问题的方法,使学生了解化学与社会、生活、生产以及其他科学技术之间的关系,并从中学习认识事物和处理问题的科学方法。为了使教材符合听力和语言有残疾学生的生理和心理特点,充分发挥他们的视觉优势,教材中选用了较多的插图,以加强教材的直观性,此外,在叙述上也力求简明具体、浅显易懂。(柴西琴、马淑美、戴健)

G000246 **小学生好习惯故事画集** 李大同编。中国少年儿童出版社 1997 年 2 月版。12 印张。32.80 元。图画故事画册。以图画故事的形式告诉孩子们怎样从小养成好习惯,为他们的将来打下良好的基础。本书配合学校教育,分别从生活自理、勤奋学习、遵守纪律、关心他人、讲文明礼貌、勤俭节约、讲卫生、诚实守信8个方面入手，循循善诱，帮助学生分清是非美丑。书中不是板起面孔说教，而是以名人、英雄的事迹激励学生自强不息，用大量生活中的故事教学生如何去关心他人，使学生在娱乐中受到教育。（韩彬）

G000247 **小学生家长必读 初中生家长必读** 黄列宁、丁丽清等编著。云南教育出版社1997年7月版。24.4万字。4.50元（小学），4.90元（初中）。在系统论述家庭教育的地位、作用的基础上，重点对初中生、小学生家长们关心的如何优化家庭教育环境，如何培养孩子的非智力因素及能力，如何抵制社会不良因素的影响等方面的内容作了深入的探讨，并提出了许多可行的家教良策。此外，还简单介绍了当前我国九年义务教育的目标、性质和课程设置。（赵虎）

G000248 **乡下人城里人和他们的孩子** 沈九鼎著。辽宁人民出版社1997年8月版。11万字。10.30元。城里的孩子和乡下的孩子，他们顶着同一片蓝天，却踩着不同的土地，由于他们的生活负载不同，他们也有着完全不同的教育和完全不同的期待。作者以一个后天城市人和城市孩子父亲的双重身份，观照、对比了城市人乡下人教育观的不同，以及城里孩子和乡下孩子自身素质的不同。彼此的距离是存在的，当他在城市生活中逐渐融合并消除了两者的距离时，在他下一代身上又产生了新的距离感，但毕竟是会逐渐消除的。城里孩子做着自然的梦，乡下孩子做着文明的梦，他们都想圆梦。收入“明日强者书系”。（朱枫）

G000249 **中国人西方人和他们的孩子** 贺评著。辽宁人民出版社1997年8月版。18万字。16.00元。作者以其多年驻外记者的眼光，和作为一个独生子女母亲的直接感受，发现了东西方之间对待子女及其教育的种种差异。这种差异既是基于文化背景的不同，又是源于文化价值观的不同；我们希望孩子驯顺、听话，他们却鼓励孩子张扬个性，我们在学校中把孩子区别为“三好”、“五好”，他们却认为孩子都是一样的“好”，我们怕孩子吃苦，西方人鼓励孩子吃苦，等等。这种种差异不能说哪个优哪个劣，但却可以彼此借鉴。收入“明日强者书系”。（朱枫）

G000250 **中国历代家训大观** 周秀才等编。大连出版社1997年3月版。100万字。50.00元。中国古代家训汇集。选编中国历代家训70余种，其中大多在中国历史上产生过重要影响，基本上反映了中国家训发展的全貌。这些家训是前人治家处世的思想大全和经验汇总，是历代哲人对人生的透悟，对人理的阐发。它教导人们孝敬父母，友爱兄弟，教育好子女，妥善处理家庭内外的各种关系，善与人相处，与人交往。它还教导人们读书明志，成才立业，不断完善自己，做有德行和有用途之人。由于时代的印记，在一些家训中也流露出这样那样的消极思想，该书运用历史唯物主义的观点进行了分析批判。为方便阅读，该书在所收录的各种家训前，均附有说明和评论，并对正文按段落附以译文大意。（李然）

G000251 **中国家庭教育丛书** 赵忠心编著。湖北教育出版社1997年9月版。132万字。84.20元。包括《中国家训名篇》、《古今家教文萃》、《古今名人教子家书》、《古今名人教子诗词》、《古今父范》、《古今母义》6册，从6个方面系统地介绍了中国家庭教育的优良传统，全面总结了我们中华民族从古到今家长教育子女的成功经验。（章宗裕）

G000252 **古今中外名人家教集萃** 陕西老年报编。陕西师范大学出版社1997年1月版。20万字。8.20元。选摘从古至今中外名人家训、家书中的精萃若干篇，以供家长们教育子女借鉴。（李长安）

G000253 **培养独生子女的健康人格** 孙云晓、卜卫主编。天津教育出版社1997年12月版。21.5万字。15.00元。以充足的数据资料、生动的文字，对我国独生子女的人格状况作了生动全面、逻辑严密的描述，从学校、家庭、大众传媒及生活实际等几方面，透彻地分析了造成上述现状的原因；并在此基础上，中肯地提出我国独生子女人格发展教育的对策。（张纪欣）

G000254 **野蛮人文明人和他们的孩子** 迟早等著。辽宁人民出版社1997年8月版。15万字。13.40元。文明是野蛮的延伸，是脱胎于野蛮的进步。现代教育使人越来越文明，越来越远离野蛮，但却滋生了一种文明病，那就是温文尔雅、羸弱不堪、疏于自然、功于心计。这种文明教育，培养了一代一代的现代人，在他们身上野蛮的基因越来越少，自然的亲合力越来越少，逐渐成为一代代的弱者。这种弱者的症候，在独生子女这一代人中得到了集中的展现，胆怯、孤独、羸弱、庸懒。面对未来的强者时代，我们有必要走近野蛮，提倡在教育中注入更多的“野蛮”因子，不畏风暴，不畏困苦，历风沐雨，亲近自然。使我们的下一代学会生存、学会关心，真正是“野蛮其体魄、文明其精神”的一代强者。收入“明日强者书系”。（朱枫）

G000255　**蒙古族传统家教**　敖日布巴斯尔、那·恩和编著。内蒙古科学技术出版社 1997 年 10 月(蒙古文)版。21.5 万字。12.80 元。在从民间广泛采集了蒙古族家风、家教方面的民俗民风的基础上从其他文献资料中收集部分相关内容,并加以认真整理和科学分类。从生儿育女,诱导其勤奋好学、勤俭持家、热爱劳动、尊老爱幼的民族美德培养等多角度、多层次科学地解释和系统地介绍了蒙古族传统家教的方式方法,用生动而朴实的语言向读者展示了蒙古民族对子女在德、智、体、美、劳多方面实施教育的内容。(香梅)

G000256　**中国家庭教育史**　马镛著。湖南教育出版社 1997 年 5 月版。44 万字。19.60 元。系统总结中国家庭教育发展的著作。作者经过数年的史料搜集和梳理提炼,将中国历代的家庭教育归结为帝王家教、名门世家家教、女子家教、胎教等各阶层、各类家教,确定了一个反映时代和民族特点家庭教育史的基本框架,系统阐述了各个历史时期不同政治经济文化条件下家庭教育的具体发展,从宏观上勾画了中国家教发展的历史轨迹。还通过若干个案分析,从微观上深入总结典型家教的实践与思想,尤其注重对在家教史上有重要影响的人物,如颜之推、司马光、袁采、叶梦得、二程、朱熹、孙奇逢、王夫之、陆世仪、汪辉祖、曾国藩、郑观应、严复等家教思想的探讨,从而理清了我国家教思想的发展线索和精华所在。本书总结了我国汉民族和少数民族共同积累的大量家教实践经验,阐明了中华民族勤劳俭朴、正直勇敢、爱国爱民、廉洁清白、见利思义等家教的优良传统及爱子以德、以身垂范、宽严有度、因材施教、不违天资、随才成就、因机设教、激励诱导等家教的原则和方法,充分显示我国特有的运用家训家书、诗文词曲等方式教子育人的家教实践,以及近代中国酝酿着家教的改革、提倡竞争意识与高尚道德相结合,德智体全面发展、平等民主及教子报国等新型家教,较全面地反映了我国数千年家庭教育的经验教训,为现代家庭教育提供了可贵的历史借鉴。(张汉芳)

G000257　**家庭教育指南**　谢世腰等主编。中国地质大学出版社 1997 年 7 月版。50 万字。20.00 元。全面介绍了新时期我国中学生家庭教育的现状、目标、要求和途径,从家庭教育的需要出发,充分考虑了中学生家庭教育的多方面的主要问题,吸收了国内外教育科学的新成果,运用动态观点观察分析问题,从可操作性方面提出了教育的途径和方法,体现了新时期中学生家庭教育的新要求。(贾晓青)

G000258　**中国名人读书生涯**　王炯华、王子舟等编。长江文艺出版社 1997 年 12 月版。180 万字。144.00 元。从近世以降的大读书人中,特简十位,分别是:立业、立德、立言,魅力至巨的曾国藩,学励自强图维新的康有为,革命治学两创获的孙中山,襟风袖月观大书的梁启超,学界静狮、文苑代雄王国维,横眉裁青史、俯首书大魂的鲁迅,一代学术托命人陈寅恪,笼天地于形内、濡古今于毫端的毛泽东,于出与不出之间卓笔而起的梁漱溟,以及两脚东西文化、一笺宇宙华章的林语堂。本丛书以"读书"为切入点,进而萧萧一展十大传主的世系渊源,负笈行旅,治学成就,高人风范,成才奥秘,乃至情感广宇、人生大波。传主以风神各殊的"生涯"精华,构成了一座逻辑大厦所必需的一溜圆柱。(赵国泰)

G000259　**当代百家话读书**　曹积三、阎桂笙主编。广东教育出版社 1997 年 6 月版。60 万字。33.00元。汇集金景芳、张岱年、杨沫、王梓坤、陈建功等 105 位著名人士的读书方法和宝贵的经验。书中各位撰稿者的读书历程读书方法尽管千差万别,但都是通向成功之路,具有广泛的代表性和较强的指导意义。他们的读书经验,就个体而言,是许多人毕生之结晶;就群体而言,是几代人心血的凝聚;是中国读书人的百年大成。书中除了正文外,每篇文章前,还配有各位撰稿者的小传以及著名画家高莽创作的肖像画,文后则提供了各作者最喜爱的书的书目和生活照等。(黄红丽)

G000260　**读书四观**　王余光等编。湖北辞书出版社 1997 年 1 月版。35 万字。15.00 元。明清时期著名藏书家、学者辑集的中国先秦以来的读书古训和读书掌故。包括祁承㸁的《读书训》、吴应箕的《读书止观录》、周永年的《先正读书诀》以及选自陈梦雷总纂的《古今图书集成》中的《读书纪事》。这些文字不但介绍了古圣先贤的读书故事、揭示了读书方法与诀要,而且介绍了一种古代士人所推崇的文化精神。对于今天的人们仍有一定的启迪。书中的注译比较准确地传达了原文的意蕴。(蔡夏初)

G000261　**鲁迅与读书**　贺绍俊著。明天出版社 1997 年 12 月版。11 万字。13.00 元。收入"中国文化名人与读书丛书"。鲁迅的伟大思想与他一生中以独立的精神阅读了大量古今中外的书籍是分不开的。本书作者带领小读者穿越时间隧道回到了鲁迅的童年。在那里,你可领略曾伴随鲁迅成长的私塾生活,给鲁迅留下深刻印象的启蒙老师,以及充满童趣的百草园等等。你可以从作者娓娓道来的话语中感悟到，鲁迅虽然从小喜爱读书，但他总是通过自己的观察去印证书本上的知识，去感悟大千世界的真谛。（邢春玲）

体　育

G000262　**实用成年人体质测定指南**　孙飙等编。江苏科学技术出版社 1997 年 12 月版。10.5 万字。6.00 元。根据成年人体质测定过程中所要开展的工作和可能出现的问题，从 7 个方面进行了阐述和分析。第一个方面主要了解开展成年人体质测定工作的深远意义；第二个方面讨论人类对体质的认识；第三个方面学会和掌握体质测定的基本过程和方法，其中包括 12 项测定内容的具体实施操作方法；第四个方面为掌握成年人体质测试结果的评定以及简单的人群体质状况统计分析；第五个方面介绍成年人有效增强体质的科学方法和体育锻炼手段；第六个方面为掌握基本的健身运动处方，有利于针对性地指导健身活动；第七个方面介绍了成年人体质测定器材和测定所需用的表格。（金宝佳）

G000263　**365 天运动处方**　刘吉主编。人民体育出版社 1997 年版。32 万字。17.00 元。以“全民健身计划”为指导，以提高全民族素质为宗旨，依据科学健身的原理，为锻炼者提供每天的运动处方。书中把锻炼者分为 12 个年龄组，根据不同性别、职业及锻炼目的，比如健身、健美、长寿、康复等，以及脑力劳动者、体力劳动者（包括重体力劳动者、轻体力劳动者和高空、地下、野外作业及局部负担过重者）的不同特点，为每个锻炼者开出与之适应的运动处方，列出适合于他们每一个人的锻炼方法、运动量、运动强度和评价方法，使每个锻炼者都能从书中找到适合于自己的锻炼方法和评价标准，从而强健身体，提高生活质量。（刘沂）

G000264　**运动与能量代谢**　副名：关于有氧训练和无氧训练研究。肖国强著。人民体育出版社 1997 年版。20 万字。11.00 元。共 4 部分。第一部分是体育科研程序介绍；第二部分是最大吸氧量、无氧阈的测定方法及在体育实践中的应用和发展；第三部分是作者的硕士、博士论文及其论文摘要；第四部分是作者多次参加国内外体育科研论文报告会的论文内容。全书围绕作者十余年的研究中心——最大吸氧量、无氧阈开展较深入、全面、详细的研究和文献探讨。在方法学上，首创在运动场用无损伤测定法研究无氧阈的发生规律。在实验设计方面，进行了高温、常温、脱水、非脱水条件下，运动员在渐增负荷运动过程中，血乳酸、无氧阈、最大吸氧量发生变化的对比，发现脱水、非脱水对无氧阈有显著性影响；血乳酸水平的提高并不是因体内缺氧；在高温脱水条件下，用通气阈值（VT）不能推测乳酸阈值（LT）。上述论点填补了中外文献的空白。（骆勤方）

G000265　**九七前后四地区学校体育**　陈树华、许仲槐等编。人民体育出版社 1997 年 6 月版。25 万字。26.00 元。对粤、港、澳、台 4 地学校体育的目标、任务、指导思想、体育教学、课余训练与竞赛、组织管理、体育经费、场地设施以及体育价值观等问题进行了全面深入的调查、比较和分析。本书采用美国贝雷迪的比较教育学的研究方法，对 4 地区的社会历史背景、教与学方面的体育思想、体育的保障条件与组织管理体系等方面进行了全面的调查与分析。在此基础上，创造性地用层次分析法提出了学校体育发展目标与对策建议。同时用系统论的观点，完整地提出了以学生为主体的课内外一体的体系建议，并率先设计了中学生身体完善化的教学表达构想。（史努）

G000266　**中国举重、游泳、水球、田径、国际象棋、跳水运动史**　国家体委编。武汉出版社 1993 年 6 月至 1997 年 10 月版。《中国体育单项运动史丛书》共 45 部，本套书是其中 6 部。《举重史》完整地揭示了中国举重运动的发展历程。既有充分的事实根据又有充分的理论（史实）依据，以世界举重运动的历史发展为参照，揭示了中国举重运动发展的内在历史规律。《游泳史》介绍中国游泳的发展历程及所取得的成就，以及中国游泳运动的管理、后备力量的培养、群众活动、训练竞赛等方面的经验。《水球史》由于史料有限，作者尽可能在庞杂的史实中捕捉历史的真迹，采撷其中的精华，追溯这项在我国有近百年历史的运动。《田径史》全面反映中国田径运动发展历程，分中国古代田径运动、中国近代田径运动、中国当代田径运动、中国田径运动专题 4 编和附录。从中可以看到中国田径运动的起源、发展和成就。《国际象棋史》分上下两编共 12 章。展示了中国国际象棋的发展概貌，记载了我国一代代棋手开展和提高中国国际象棋运动的艰难历程，展现了我国棋手刻苦训练、奋发图强，向国际象棋世界水平的目标奋进的拼搏精神。（谭绮）

G000267　**中国排球、足球、登山、滑雪、马术运动史**　国家体委编。武汉出版社 1993 年 6 月－1997

年10月版。《中国体育单项运动史丛书》共45部，本套书为其中5部。《排球史》记述了中国近代(1905—1949年)、现代(1950—1977年)排球运动，记述了走向世界的中国排球运动(1978—1990年)。从中可以看到中国排球运动的起源、发展和辉煌。尤其是对近40年中国排球运动的总结，令人深思。《足球史》上溯春秋战国，下止于20世纪80年代末，共分4编，近40万字，图片221幅。如实地记述了中国古代足球的起源、特点，现代足球的传入、发展。"新中国足球运动"编是全书重点。对这40年足球运动所经历的起伏曲折的发展道路作了详尽描述，其中酸甜苦辣，令人感慨万千。《登山史》着重记载了新中国登山运动史。《滑雪史》历史跨度2200余年。作者本着"略古详今"的原则，对每个历史阶段加以客观评说，从中找出规律性的东西。同时指出目前存在的阻碍滑雪运动发展的思想束缚和技术训练及设备上的不足之处。《马术史》贯通古今，继承前贤，又有创新。中国马术运动有悠久的历史，又有少数民族游牧生活与马术活动的天然联系，这就是中国马术运动的特色。新中国成立后，传统马术运动和国际马术运动接轨，中国马术运动发生了质的变化。(谭绮)

G000268　**田径教学训练实用丛书**　王保成、李鸿江等编。人民体育出版社1997年版。包括《跳高》、《跳远》、《跨栏》、《标枪》、《中长跑》、《短跑》、《铅球》7个项目。每本书内容均包括：概述，技术，教学，运动员专项身体训练方法与手段，训练内容与方法，运动员选材，赛前训练与比赛等方面。(白艳)

G000269　**第八套广播体操图解**　中华人民共和国国家体育运动委员会审定。人民体育出版社1997年10月版。12.00元。配合宣传普及第八套广播体操而出版。图解为全开，彩色胶印，全套操的动作以一拍一动的图解形式表现出来，每个动作配有简要的文字说明，清晰准确。全套操共8节，第一节伸展运动，第二节扩胸运动，第三节踢腿运动，第四节体侧运动，第五节体转运动，第六节全身运动，第七节跳跃运动，第八节整理运动。在全套操的开始，有两个八拍的原地踏步。这套操具有科学、基本、简易、普及、通用的特点，动作简单，易学易记，对锻炼身体作用明显，活动身体部位全面。整套操做一遍需4分06秒，属中等运动强度。长年坚持按照《第八套广播体操图解》的规范动作做操，对增强体质、提高工作效率具有良好的促进作用。(刘沂)

G000270　**大众艺术体操**　全国体育院校教材委员会审定。人民体育出版社1997年版。47万字。28.00元。共3章，11节。在基本理论部分，介绍了艺术体操的意义、特点、创编原则和依据，以及教学注意事项；在基本技术内容章节里，介绍了徒手练习和绳、圈、球、棒、带、纱巾、扇子、小旗等轻器械的技术以及利用各种环境进行练习的基本动作；在第三章组合动作的章节里，重点介绍了适合少年儿童、青年、中老年等不同年龄的各类组合练习，共38套，并配有图解说明。(刘沂)

G000271　**篮球**　华凤岩等编。河北科学技术出版社1997年8月版。37万字。18.00元。从技术到战术以及篮球运动常识等方面进行了全面介绍。首先是篮球运动概述和篮球基本功教学与训练，然后是篮球技术、战术的教学与练习。为了把握篮球教学的特点，书中还介绍了蓝球运动的教学原则、方法，并对教学过程进行了分析，提出了各个学习阶段的具体要求。最后是篮球规则和裁判法简介，同时介绍了篮球赛事的组织工作。(史林水)

G000272　**篮球实践荟萃(二)**　白金申主编。人民体育出版社1996年版。12万字。9.50元。主要内容包括：对篮球运动概念、特点、演进、发展、趋势和我国篮球运动发展史的探索；如何提高篮球教练员的专业素质；训练联防战术之我见；再谈集体的人盯人防守训练；怎样搞好战术训练；加强特殊训练是夺取胜利的保障；篮球技术基础训练；手臂动作在防守中的运用；篮球规则与篮球比赛的关系；如何提高篮球的进攻速度；篮球比赛中攻、守转换与教学训练。书中分为理论篇、战术篇、技术篇、规则裁判篇、综合篇。

G000273　**篮球技战术阶梯训练法图解**　[日]李宇载著，许博、徐广林译，王定审校。人民体育出版社1997年版。17.7万字。23.60元。面向广大篮球爱好者的基础性指导书，作者以自身丰富的教学经验和切身体会，着重介绍了篮球基本技、战术。书中以个人技术的基础练习为重点，分别讲解了投篮和与投篮紧密相连的个人进攻技术。书中既有用来提高篮球技术的诀窍和要点，又有"课堂笔记"来总结学习技术的注意点。书中对各项篮球技术提供了形式多样、有针对性的练习方法，同时还介绍了对教练员有建设性的指导要领。(刘沂)

G000274　**NBA50年**　张雄、徐济成编著。人民体育出版社1997年版。20万字。19.80元。介绍美国职业篮球NBA从1946年成立到1998年发展壮大成为一个巨大产业的历程和所取得的辉煌成就。全书内容包括：NBA50年回顾；NBA50巨星写真。

这 50 名球员共获得 107 个 NBA 总冠军，入选过 400 多次 NBA 最佳阵容，得分近 100 万分；NBA50 个最难忘的时刻；NBA 最伟大的 10 支球队；NBA 十大名教头；NBA50 个问答以及 NBA 资料库：NBA 历届冠军一览、NBA 历届年度最有价值球员、NBA 历年“最佳阵容”、NBA 历届“最佳新人”、NBA 现役球员各单项技术统计纪录、NBA 各时代最富代表性球员等 42 项内容。（骆勤方）

G000275 **24 式太极拳 32 式太极剑广播教学** 阚桂香编。人民体育出版社 1997 年版。6 万字。10.00 元。24 式太极拳及 32 式太极剑套路，是 50 年代国家体育运动委员会为了适应广大人民群众锻炼身体的需要，组织体育专家、教授根据传统套路整理、编写的简便易行的太极拳、剑谱及套路。本书为作者在讲稿的基础上加工整理，结合多年在国内外教授太极拳、剑的经验体会，把教学难度较大的部分分为小节，又加口令提示；每段后又加分段提示，对该段动作主要结构加以分析说明；主要难度动作怎样演练，注意哪些问题，平时要加强哪些身体素质练习等等，也做了详细说明，以提高锻炼效果。（赵新华）

G000276 **孙氏太极拳·剑——中国传统太极拳丛书** 孙剑云著。山西科学技术出版社 1997 年 7 月版。22 万字。25.00 元。对孙氏太极拳、剑的源流、拳理、内容、练习要点及常见的错误都作了系统性介绍，深入浅出，哲理透彻，论点精辟。本书包括孙氏太极拳和剑两大部分。书中拳、剑照片皆为笔者亲自示范。孙氏太极剑部分，分上、下两剑，可自练，更适合对练。附有孙氏太极拳创始人笔者先父孙禄堂的著作——《太极拳学》。（温洁茹）

G000277 **我与太极拳** 潘建平著。人民体育出版社 1997 年版。8.8 万字。6.50 元。自述著作。作者是太极拳的爱好者，也是太极拳的受益者。她自幼病弱，十五六岁时得了风湿性心脏病，长期情绪低落，对生活几乎失去了信心。后来习练太极拳，才逐渐改善了体质和情绪，获得了身心健康；并从此树立了正确的生死观和人生观，开始懂得如何去对待生活，是太极拳给了她第二次生命。因此，许多年来，她克服了种种困难练拳、教拳，并殷切希望更多的中老年人和病弱者加入太极拳锻炼的行列中。本书大体分为 3 个部分。第一部分介绍作者早年饱受病痛折磨的情况和习练太极拳的经过。第二部分介绍自己如何练拳和教拳，在这两方面，作者都有成功的经验。第三部分作者谈了对太极拳起源、流派及发展趋势的看法。（王洁）

G000278 **陈式太极拳技击法** 马虹著。人民体育出版社 1997 年版。22 万字。14.00 元。专门介绍陈式太极拳传统套路（一路和二路）实战用法的著作。以图文对照的形式介绍了一招一式的技击含义。由于作者系著名太极拳师陈照奎的亲传弟子，加之本人有近三十年研究太极拳拳理、探索太极拳拳法的应用实战经验，故对细节动作剖析得细腻、到位，将发招用劲的时机也阐述得比较清楚。尤其是每个姿势运用之前有一个简明扼要的“总述”，提示动作全过程的运劲顺序、走向，以及提醒读者应该特别注意的某个环节，避免发生常见的错误动作。这是其他拳书不常涉及到的内容，由此反映了作者考虑的周详与细致。但是，太极拳论主张“意气君来骨肉臣”，即所有的动作应以意识为主来引导动作，重意不重形，从拳论的角度来分析本书的内容，就有偏重于形体、劲力之嫌，而意念内气的调动与运用方式阐述得过少之弊。（王洁）

G000279 **华佗五禽剑** 刘时荣编。人民体育出版社 1997 年版。8 万字。6.50 元。介绍了派生于华佗五禽戏的剑术套路练法。作者沿袭华佗所创之五禽戏“熊经鸱顾、引挽腰体、动诸关节以求难老”的原理，将武术运动中的各种剑法融入五禽（虎、鹿、熊、猿、鸟）的活动姿态中，形成了亦剑亦戏的独特风格。其独特之处在于用心灵去捕捉和感悟五禽引发各种动作的心态意境，真实地表现出它们最自然的状态，从而把自身也带进浑然忘我的境界，得到充分的放松。（王洁）

G000280 **气功纠偏全书** 安邦编。内蒙古科学技术出版社 1997 年 10 月版。36 万字。18.00 元。分出偏与防偏、气功偏差、纠偏方法等 3 大篇，编入了有关防治练功中出现的异常反应方面的文章 170 多篇，有古代练功图、现代穴位图和练功动作图解 70 多幅，可供练功者参考使用。（那顺）

G000281 **图解柔道术技法精萃** 黄益苏、史绍蓉编。湖南科学技术出版社 1997 年 3 月版。21.2 万字。13.00 元。较系统地阐述柔道技法的读物。分 8 章，分别介绍了柔道概论、柔道基础知识、基本技术，对柔道技术的投技、固技等典型实用招式和柔道技术施技时机、动作要领、转化过程等进行了详尽的阐释，还专门介绍了柔道的格式、柔道选手的专项身体素质训练方法、最新国际柔道规则等。全部技术动作都附有图解说明。（陈一心）

G000282 **世界经典搏击术自修丛书** 宾彦

红、孙以煜编。南方出版社 1997 年版。140 万字。98.00元(套)。甄选当今世界武坛上广受肯定并极具实战价值的 6 种搏击术:强调攻守兼备,以速度、技巧取胜的截拳道;注重进攻、以攻为守、力量型的泰国拳;讲究人格力量与手法技术完美融汇的空手道;擅长以腿做长距离攻击的跆拳道;强调攻防技术配合的拳击技术以及重视摔跤的柔术和柔道技术等。配以动作分解插图。丛书共有 6 个分册,分别是:《图解泰拳新教程》、《图解拳击新教程》、《图解截拳道新教程》、《图解柔术柔道新教程》、《图解空手道新教程》、《图解跆拳道新教程》。(肖昶)

G000283 **中国象棋战术集锦** 吴启生编著。江西科学技术出版社 1997 年 1 月版。41 万字。16.50元。从数以万计的对局资料中摘取精妙实例,加以分门别类的归纳和引用。其中有著名国手在征战中的战术运用,有各种战术集锦,还有战术运用要素等。

G000284 **中国象棋谱大全** 杨明忠等编。蜀蓉棋艺出版社 1997 年 11 月版。148.4 万字。108.00 元。集象棋古谱之大成的棋书。收有自南宋的《事林广记》类书中的象棋谱,至象棋发展鼎盛时期的清代四大古谱,共 38 本,3 024 局棋谱。对所收各种版本,特别是手抄本都进行了参证。不仅对版本进行了考证,其中的棋局也进行去伪存真的加工。近代出版的一些古谱,重局较多,又多为详注本,古谱面貌荡然不存。本书既保住了古谱原貌,又勘误原书错误,反应现代的研究成果。如遇重局,只存局名,略去棋图,指出出处,注明删改情况。本书收全了宋至清之间的各种古谱,珍本、孤本均影印刊载在书中。(曾绍东)

G000285 **象棋后手布局取势技巧** 孙志伟、刘海亭著。辽宁科学技术出版社 1997 年版。20 万字。12.00 元。将作者多年的棋战心得和诸多古今名局中筛选出一些后手布局反先取势乃至取胜的例子加以详细点评。(刘兴伟)

G000286 **象棋战术入门** 徐家亮编。人民体育出版社 1997 年 9 月版。24 万字。12.50 元。系统介绍象棋的各种基本战术和战术配合,使读者阅读本书后掌握象棋战术的基础理论和运用原则,从而提高象棋战术攻击的能力。全书共 17 章。第一章为绪论,论述什么是战术、战术目的、战术动机、战术主题思想、战术的用子手段和战术的分类。第二章至第十四章介绍和阐述象棋的各种基本战术:计有谋子战术、制约战术、调运战术、兑子战术、弃子战术、先弃后取战术、破坏战术、突破战术、对攻战术、吸引战术、引离战术、迷敌战术、诱敌战术、谋和战术等。第十五章阐述象棋战术的运用原则,第十六章和第十七章分别为实战战术选样和实战对局战术分析。书中收入各种大赛中出现的实战局例三百余例。(徐家亮)

G000287 **象棋最新布局法续编** 黄少龙编。人民体育出版社 1997 年版。16 万字。10.00 元。介绍和阐述近两年来象棋布局方面的最新信息。全书包含 7 种布局类型,共收入 33 种布局变例,分别列出双方在两年来象棋大赛中弈出的创新着法,并加以理论上的评述。(徐家亮)

G000288 **曹熏铉对局选** 程晓流著。人民体育出版社 1997 年版。40 万字。27.00 元。按年代顺序(1988－1996)评介了曹熏铉 100 局棋(详评 22 局,简评 78 局)。这段时期是曹熏铉棋艺生涯中最重要、最辉煌的时期,棋艺水平也达到了巅峰。详评 22 局都是曹熏铉里程碑式的代表之作。每局都画龙点睛地冠以标题。评棋前,对每局有关情况及背景作了要言不繁的描述。(石心平)

G000289 **五子连珠必胜法** [日]新井华石著,张书译。人民体育出版社 1997 年 10 月版。14 万字。8.00 元。阐述和介绍五子连珠棋的基本着法和各种常用的开局定式。全书分两大编。连珠基本编介绍连珠棋的发展历史、连珠棋的规则和规定以及基本珠型。连珠必胜编分 6 章分别阐述和介绍各种常用开局定式,包括二号连浦月、五号连花月、一号连云月、二号桂名月、三号桂岚月、二号间恒星六种布局定式。(徐家亮)

G000290 **民间棋类 100 种** 周化梧编著。金盾出版社 1997 年 2 月版。13 万字。收集除中国象棋、围棋以外的、流行于我国民间的 14 类 100 种棋。介绍了每类棋的历史沿革和特点,对每种棋介绍了它的棋具和棋规。对流行较广并具代表性的棋种,还介绍了对弈的经验,以帮助读者学习掌握和提高技艺。最后还以附录的形式,解释了有关棋的名词和棋的分类。(周叔仲)

G000291 **世界绘画邮票鉴赏大图典(上、下册)** 薛大德编著。广西师范大学出版社 1997 年 12 月版。760.00 元。汇集近 6 000 枚世界名画邮票,这些名画邮票印自 160 多个国家和地区。其中的名画精品风格各异,品种繁多,从原始岩画至现当代的诸多流派和名家之杰作,几乎囊括于此。图典中鉴赏文字,既科学地阐明了某家某派的绘画艺术的源流演变及其基本特征,又生动地描述了画面的审美意境。

(唐长兴)

G000292 **邮品集藏与投资** 展望著。山西经济出版社 1997 年 9 月版。28.4 万字。14.80 元。分 3 部分:上篇“集邮初步”介绍了邮政和集邮常识、从清代到中华人民共和国各个历史时期发行的中国邮票的集藏价值;中篇,“收藏之道”为读者提供了基本的邮品收集、整理、储藏、交流技巧,便于对照操作;下篇,“邮市票诀”较为详尽地分析了中国邮市和邮票市价规律,对拓宽集邮者思路,加深对邮市的了解认识,更好地运用价值规律使手中的邮票保值升值有直接的参考作用。最后还附录了新中国邮票最新的官方目录价、1992 年市场价及两种价格增值倍数对照表,以供买卖邮品时参考。(郝建军)

G000293 **广东集邮志** 广东省邮电管理局、广东省集邮协会合编。广东高等教育出版社 1997 年 4 月版。33.5 万字。50.80 元。除重点志录广东集邮活动自萌芽、曲折发展至当前繁荣、文明的历程外,更概述了广东邮政通信沿革、邮资凭证等有关史实,以证集邮发展的根源。本书除正文外,还附录了大量有关资料及大事记,可供查阅及作文献参考,有一定实用价值。(符仲昇)

G000294 **中国集邮大辞典** 中华全国集邮联合会编。中国大百科全书出版社 1997 年 5 月版。200 万字。195.00 元。重点介绍邮票与邮票史实、集邮方法、集邮活动、集邮组织、集邮文献、集邮历史等知识;还系统介绍了邮驿史、邮政史和邮政通信的基本知识、邮票市场和集邮业务经营知识。这部词典涉及社会、政治、经济、科技、交通、历史、艺术、法律各学科。(马汝军)

G000295 **中国集邮辞典(上、下卷)** 翟宽编。北京出版社 1997 年版。80 万字。72.00 元。综合性百科知识型集邮专用词书,共收词目 9 484 条,均为集邮领域及与集邮关系密切的相邻学科最基本、最常见的名词、术语,包括俗语、缩略语和流行语、外来语,并随词配有相应的彩色和黑白插图 1 200 余枚(件)。(龙杰)

G000296 **中国民间游戏** 王金玉等编著。希望出版社 1997 年 2 月版。28.8 万字。18.50 元。共收集中国 56 个民族的 439 种民间游戏,并配以形象生动的插图,具体介绍了每种游戏的来历、演变以及玩法。(张秋怀)

G000297 **漫画奥林匹克智商游戏** 唐映红等编,高赞民漫画。北京少年儿童出版社 1997 年 2 月版。9.00 元/册。有精彩故事情节,在游戏中启发思考的益智性少儿读物。以测试智商为线索,把 120 道测查观察力、记忆力、想象力、概括能力、数学运算能力和逻辑推理能力等风格各异的题目,穿插在遨游乐园的生动故事情节之中,把小读者带入一个启发想象,开拓思维,轻松愉快地自测“智商”的娱乐天地。(黄倩)

G000298 **电脑游戏莲花宝典** 高晶编著。中国水利水电出版社 1997 年 6 月版。27.7 万字。18.00元。“万水电脑游戏软件宝典系列”之一。分两部分:电脑游戏的全攻略和电脑游戏秘技大全。第一部分着重讲解游戏情节的发展,介绍角色扮演类游戏和冒险类游戏随故事情节发展应做的操作,模拟类和格斗类游戏的按键方式和需完成的任务,战略类游戏的指令用途。各类游戏都有一些游戏心得,有助于玩家尽快通关。第二部分主要介绍游戏的秘技、选关密码和一些由于游戏自身的缺陷而产生的小窍门。(张懿心)

G000299 **电脑游戏菊花宝典** 高晶编著。中国水利水电出版社 1997 年 5 月版。27.8 万字。18.00元。“万水电脑游戏软件宝典系列”之一。分两部分:第一部分是游戏的攻略,着重讲解游戏情节的发展,介绍角色扮演类游戏和冒险类游戏的随故事情节发展应该做到的操作,模拟类和格斗类游戏主要介绍游戏的按键方式和所要完成的任务。战略类游戏主要讲解指令的用途。各类游戏都有一些游戏心得,其中包括一些秘技,有助于玩家尽快通关。第二部分是游戏的秘技、选关密码和一些由于游戏自身的缺陷而产生的小窍门。(吴朔)

G000300 **电脑游戏葵花宝典** 高晶编著。中国水利水电出版社 1997 年 6 月版。27.7 万字。18.00元。“万水电脑游戏软件宝典系列”之一。分两部分:电脑游戏的全攻略和电脑游戏秘技大全。第一部分着重讲解游戏情节的发展,介绍角色扮演类游戏和冒险类游戏随故事情节发展应该做到的操作,格斗类和模拟类游戏的按键方式和要完成的任务,战略类游戏的指令用途。各类游戏都有一些游戏心得,有助于玩家尽快通关。第二部分则主要介绍游戏的秘技、选关密码和一些由于游戏自身的缺陷而产生的小窍门。(张懿心)

H 语言、文字

语 言 学

H000001 **国际交往实用英语书系** 李晶漪、李世奇著。河南人民出版社 1997 年 9 月—1997 年 12 月版。包括 11 分册:《日常生活英语》(李晶漪著,18.3 万字,11.00 元),《国际贸易谈判英语》(陈良旋著,10 万字,9.00 元),《电报电传电话英语》(陈良旋著,13 万字,10.00 元),《宾馆、饭店与旅游服务英语》(李晶漪著,13 万字,10.00 元),《公共关系英语》(熊锟著,18 万字,13.50 元),《英语常用应用文》(熊锟、刘辰诞著,20 万字,14.00 元),《金融业务英语》(刘伟、宁建新著,20.2 万字,13.50 元),《国际贸易文书英语》(陈良旋著,6 万字,13.50 元),《留学事务英语》(熊锟著,13 万字,10.00 元),《招标、投标及合资企业英语》(李晶漪著,15 万字,11.50 元),《实用广告英语》(宁建新、陈观亚著,17.5 万字,8.50 元)。内容涉及金融业务,广告业务,国际贸易谈判与国际贸易文书,国际间通讯,公共关系,招标、投标及合资企业业务,留学事务,宾馆、饭店与旅游服务,及日常生活和常用应用文等方面的英语知识。(柳明)

H000002 **在通向语言的途中** [德]海德格尔著,孙周兴译。商务印书馆 1997 年 5 月版。18.1 万字。10.70 元。本世纪最伟大的哲学家之一海德格尔后期的重要著作。它通过语言的研讨和对诗歌的现象学解释,阐释了作者后期的基本思想,即“语言是存在的家”。全书共 6 章:语言、诗歌中的语言,从一次关于语言的对话而来、语言的本质、词语、走向语言之途。这些均是海德格尔于50年代所做的演讲报告,集中地呈现了他后期的语言思想。作者从存在论的高度论述了语言、诗歌、语词的本质及其存在的关系,文思诡谲,思想深邃,堪称“语言的转向”的代表作;同时又是“现象学”和“解释学”的典范。它昭示了 21 世纪哲学的基本方向。该书可谓 20 世纪的经典著作。(程秋珍)

H000003 **论人类语言结构的差异及其对人类精神发展的影响** [德]威廉·冯·洪堡特著,姚小平译。商务印书馆 1997 年 5 月版。32 万字。19.80 元。德国学者洪堡特(1767—1835)所撰三卷本巨著《论爪哇岛上的长维语》的导论,最早单独出版于 1836 年。书中汇聚了洪堡特一生有关问题的思考,展示了洪堡特式的语言研究所独具的特点:人类学、民族学的探索与语言哲学的讨论相融贯,普遍原理的寻求与经验材料的铺垫相结合,印欧语言的阐释与非印欧语言的析解相补益。洪堡特认为,“语言是能力而非产品”,“语言以有限的手段进行无限的创造”,“语言是一个由要素和关系构成的有机系统”,“语言具有内在形式”,“每一语言都蕴含并构成一种世界观”等等。(王淑敏)

H000004 **技术传播环境下的表意语言理论** 汤书昆著。中国科学技术大学出版社 1997 年 11 月版。16.6 万字。8.80 元。探索学术新领域的专著。基本观点为:口语—文字记述系统只是当代语言大厦的一个重要部分,而依托光—电技术网络崛起的新人工语言,如图形语言系统、图像语言系统、算法语言系统、多媒体及虚拟仿真表意系统等等,在人类交流中已成为同口语—文字媒介并峙的表达语言,应该作为新语言学的研究对象来对待。同时,“视频+音频有机结合”是技术传播时代表意语言的基础构造,这一新结构使人类的语言交流更加丰富生动,如电视传播、因特网传播中,人类自然语言与技术语言已交融为一体,突破了时—空间对语言传播的定位限制,是语言功能的一大进步。今天来研究语言表达,应该从更完整、复合的实际交流状态来构筑学术框架,如此,语言学才能跟上新时代内容的引导。该书共 7 章。系统地总结了语言科学的新进展,提出了新的理论框架。(汤书昆)

H000005 **语言系统及其运作** 程雨民著。上海外语教育出版社 1997 年版。13.8 万字。10.00 元。普通语言学的专著。作者承认并肯定了 20 世纪语言学理论中形式分析的成就,但同时也指出了纯粹的形式分析所不能解决的问题。在大量例证分析和严密推理的基础上,作者提出语言系统不是一个规定性的系统,而是一个导向性的系统;语言的使用和理解受语言形式的制约,但离不开推理的作用;在语篇层次上,连贯性的建立需要推理的参与;交际中的推理有自己的形式和特点。总体上讲,书中的观点反映了语言研究的一个趋势,即从单纯的语言系统的研究转向语言运用的研究。80年代以来,语用学、认知语法、隐喻、语法化等方面的研究,其特点就是把语言系统及其运作联系起来。(孙玉)

H000006 **严学宭民族研究文集** 严学宭著。民族出版社1997年3月版。32.9万字。15.00元。共收录严学宭民族研究著述20篇。其中有作者50年来潜心研究汉藏语系音韵方面的研究论文;有论及中国少数民族地区的双语教育和发展汉语学的重大问题,触及如何走向世界的反思与研究的论文;有作者在国际语言学家会议、联合国教科文组织召开的语音学家会议及在第十五届、第十六届、第十七届、第十九届国际汉藏语言学会议上提交的多篇学术论文;有外间鲜有流传、近几年海峡两岸语言研究者不断索阅的、作者于1943年在《国立中山大学师范学院季刊》刊出的《小徐本说文反切之音系》等论文。(周凤荣)

H000007 **讲说学新编** 周长楫著。厦门大学出版社1997年8月版。19万字。12.00元。结合实例,介绍了演讲和说话在社会生活中的地位和作用,演讲与说话的基本原则、语言要求,态势语言的运用,演讲的技巧,辩论的技巧,交谈的技巧等内容。(中跃天)

H000008 **青年口才训练系统** 刘伯奎编著。河南人民出版社1997年9月版。78.4万字。45.00元。实用型青年读物。分四目一纲,即:"口才思维训练;口才表述训练;口才交际训练;口才交锋训练。"其纲就是提高人们口语表达水平。(赵向毅)

H000009 **实用口才大全** 刘毅政编著。内蒙古人民出版社1997年11月版。35万字。22.80元。分概论、演讲口才、社交口才、论辩口才、司法口才、谈判口才、商务口才、公关口才等8部分讲述,叙述上力求突出实用性、示范性,有理论、有事例,体现教科书的新风格,有较强的可读性。(乌恩)

H000010 **朗诵·主持·演讲** 胡敏著。湖南师范大学出版社1997年10月版。37.7万字。15.00元。语言艺术专著,主要传授朗诵、主持、演讲等方面的技能技巧和方式方法。(周玉波)

H000011 **震撼世界的演讲** 严伟良编。华南理工大学出版社1997年7月版。33万字。23.00元。收录古今中外80多位杰出的政治家、文学家、演说家的著名演讲词,并附有这些演讲名人的简介。(詹志青)

H000012 **汉籍外译史** 马祖毅、任荣珍著。湖北教育出版社1997年10月版。52.5万字。30.00元。论述总结汉籍外译历史的珍贵史著。共6章。第一章为"绪论"。第二、三、四章为中国哲学、社会科学著作翻译在国外:分"四书五经"诸子及其他哲学著作的翻译;宗教文献的翻译;历史书籍的翻译;经济学著作的翻译;社会学著作的翻译;语言学著作的翻译;艺术作品和理论著作的翻译;文学作品的翻译;其他社科著作的翻译。第五章,自然科学著作翻译在国外。第六章,中国国内对外翻译汉籍的概况。(唐瑾)

H000013 **外语教学与文化** 胡文仲、高一虹著。湖南教育出版社1997年3月版。17万字。11.20元。作者主要从跨文化交际的角度出发,面对外语教学这一特定领域,对文化的定义、文化教学的必要性、国外文化教学的沿革、我国外语教育中文化教学的目的、内容、方法、文化教学所面临的挑战及出路所在做了深入讨论。其中有些问题,如国外文化教学的沿革、文化教学的内容等,主要是综合了众多学者的已有成果;另外一些问题,如文化教学的方法、面临的问题及出路所在等,作者提出了一些切实可行的意见和建议。作者就我国最佳外语学习者的社会文化能力的调查和研究,对文化教学大纲的制订,课程设置,教材的编写和选择,教学的方法和技巧,以及文化教学发展走向的探索等独到见解,对我国外语教学具有一定的指导意义。(陈凯)

汉　语

H000014 **中国语用学思想** 陈宗明主编。浙江教育出版社1997年12月版。14万字。15.00元。阐述了先秦诸子及其传统的语用学思想,探讨了《易经》的语用推理和中国佛学、训诂学、诗学、文论中的语用理论,还概述了我国当代的语用研究的最新成果。作者以现代符号学为理论依据,从浩瀚的中国典籍中找出中国语用学思想的发展脉络,并建构了中国语用学思想的理论框架。

H000015 **汉字文化漫谈** 刘国恩著。湖北教育出版社1997年8月版。20万字。9.00元。通过对汉字这一中国独特文化现象的研究,从多个方面论述了汉字与中国文化的关系,以及汉字本身所包含的多种文化现象,如汉字与中日文化的关系,汉字文

化的研究价值及汉字本身的书写、教学、应用诸方面的文化情况。(李慧)

H000016 **汉语认知研究** 彭聃龄主编。山东教育出版社 1997 年 10 月版。43 万字。21.60 元。系统介绍汉语认知研究的专著。在展现语言认知研究成果的广泛背景下,系统总结了近 10 年来汉语认知研究的最新成果。涉及语言知觉、语言记忆、语言的脑机制、语言认知的计算机模拟等一系列重要的领域,讨论了目前国际学术界共同关心的一系列热点问题,如汉语知觉的基本单元、语音在汉语词汇通达中的作用、语境与歧义句的理解、跨语言认知研究的意义等。本书还重视汉语认知研究的方法等问题。(谢荣岱)

H000017 **汉语现象论丛** 启功著。中华书局 1997 年 3 月版。18 万字。16.50 元。汇集作者自 1980 年至 1994 年研究汉语的论文 8 篇,即《古代诗歌、骈文的语法问题》《有关文言文中的一些现象、困难和设想》《文言文中"句""词"的一些现象》《从单字词的灵活性谈到旧体诗的修辞问题》《比喻与用典》《说八股》《创造性的新诗子弟书》《诗文声律论稿》。比喻和用典是常见的修辞方式,也是汉语伸缩变化的重要因素,故作者以专文加以探讨。八股文的写作和子弟书的演唱现在虽已不复存在,但研究汉语文学却不能无视它的历史影响,然而历来对此的研究相当薄弱,故作者的介绍与分析尤其令人瞩目。至于诗文声律,本是汉语文学研究中的重要课题。作者通过细致的观察和详尽的分析,探索了古典诗文的平仄、用韵和对偶,揭示其句式和篇式的特点。本书作者坚持从汉语现象实际出发研究汉语,涉足于过去研究者较少涉足的领域,不囿成说,时出新见。探讨的对象虽偏重于古代汉语,而提出的问题、涉及的原则与现代汉语的研究也有着密切的关系。(陈抗)

H000018 **民俗语言文库丛书** 曲彦斌主编。河北人民出版社 1997 年 8 月版。64.2 万字。37.10 元。在语言学与民俗学两大学科间契合点上选题命意,择取其中较为常见、应用广泛、生命力旺盛的语言载体形式分别论述。在文化的宏大背景之下,从历时与共时的不同层面,勾勒出各自的发展脉络和分布状况。话语方式上注意学术性与可读性的结合,严谨与活泼并现。叙述上采用以例论证方式,引用大量材料尤其是当代的鲜活材料,力求展示其显著的时代特色。丛书计 4 种,分别为:神秘数、口头禅、咒与骂、吉利话。(李大星)

H000019 **语言测试科学与艺术** 李筱菊著。湖南教育出版社 1997 年 3 月版。55 万字。25.50 元。关于语言测试的专著。全面论述和探讨语言测试的历史沿革、理论框架、学科内容、研究方法、题型分类、试题设计的原则和步骤等各个方面,还以大部分篇幅详尽介绍和分析了试题设计、生产、命题、审题、质量分析、评分、结果的统计分析等各个环节,以及各类题型(包括语音、语法、词汇、完形填空、成段改错、听、说、读、写等)的选材、命题原则、要求和方法。(陈凯)

H000020 **钱钟书语文思辩录** 蒋波著。湖南师范大学出版社 1997 年 8 月版。25.8 万字。15.00 元。以语文学为切入口,重现钱钟书对中国语文的解读以及在这过程中所展现的思辩色彩。全书分为"语言方略"、"修辞技式"、"阅读手眼"、"写作智慧"4 个部分。(黄林)

H000021 **国家语言文字规范和标准选编** 国家语委标准化工作委员会办公室编。中国标准出版社 1997 年 7 月版。102.8 万字。81.00 元。收录语言文字规范和文件 56 个,国家标准和国际标准 13 个。其中包括《第一批异体字整理表》、《简化字总表》、《现代汉语常用字表》、《现代汉语通用字表》、《汉语拼音方案》、《普通话异读词审音表》、《普通话水平测试等级标准》及 GB2312－80《信息交换用汉字编码字符集基本集》、GB/T15834－1995《标点符号用法》、GB/T15835－1995《出版物上数字用法的规定》、GB/T16159－1996《汉语拼音正词法基本规则》等重要规范和标准。此外,在附录中还列出了有关语言文字的国家标准目录,以方便读者查阅。本书收录的规范和标准按其内容分为"汉字"和"普通话与汉语拼音"两部分。(王西林)

H000022 **最新汉字读音书写规范手册** 王铁昆、于虹编。天津人民出版社 1997 年 7 月版。29 万字。16.50 元。以正音、正字为目的的普及型语文工具书,分现行汉字的规范标准及汉字应用的有关规定、读音、书写 3 部分。从突出规范的角度,结合汉字读音、书写中的种种不规范的表现来谈规范。读音部分列举了大量字例分析归纳了误读的多种原因,通过正、误字音的对照比较,帮助人们掌握标准的普通话读音。书写部分以容易写错、写别的字为主要内容。对容易写错的字,侧重从笔形、部件、笔顺、笔画数等方面进行辨析;对容易写别的字,主要围绕所列举的 180 余组形近易混字和音同、音近易混字,分别从形、音、义三方面进行辨析比较,帮助人们纠正别字。另外,还把国务院已明令废止的《第二次汉字简

化方案》(草案)第一表作为附录列出,同时列表详细比较新旧字形的细微差别,帮助人们正确掌握规范字和新字形。(赵和平)

H000023 **段注训诂研究** 马景仑著。江苏教育出版社 1997 年 12 月版。30 万字。13.20 元。段玉裁是"说文"四大家之首,他的《说文解字注》集中反映了清代学者对文字形音义的研究成果,被公认为"说文"研究的巅峰之作。本书作者运用现代语言学的观点,特别是词汇学、语义学等最新理论,从训诂和训诂学的角度,对段注进行了全面系统的分析、整理和论述。通过对段注所有注释的条分缕析、归纳演绎,揭示了段氏在字与词的关系、词的音义关系、同源词的探求、同义词的辨析、词义的引申、渗透、变迁等方面的研究成果,同时也指出了段氏的缺点和局限性,批判地继承了传统语言学的宝贵遗产,对文字训诂的研究者有较大的参考价值。(戎文敏)

H000024 **高邮王氏父子学术初探** 舒怀著。华中理工大学出版社 1997 年 11 月版。25 万字。26.00元。高邮王氏父子指清代江苏高邮人王念孙及其长子王引之,他们从事的学术主要是语言文字学。王学自成体系,自具特色,是清代语言文字学最高成就的代表,也是我国传统语言文字学从古代的小学到近代语言文字学的重要转折点和里程碑。本书对王氏父子的学术成就、学术理论、学术方法进行了系统的阐发,提出了一些不同于前人的新见解,弥补了过去研究中的某些欠缺。(李东明)

H000025 **简明古代汉语** 朱振家主编。中央广播电视大学出版社 1997 年 2 月版。42.9 万字。23.00 元。系广播电视大学文秘、新闻、群众文化等专业使用的古代汉语教材,分 5 编 19 讲。每讲由选文、知识通论、本讲选词概述、问答与练习 4 部分组成。选文以散文为主,兼选少量诗词。全书由短、中篇组成,个别为长篇,多为思想健康、语言典范的名著。编排以时代先后为序,由浅入深。每篇选文之前撰有"说明",评价作者或全书,提示作品要点,以便从总体上把握全篇。注释的体例,一般是先串句,后饰词;先整体,后分述,层层深入。注文采用直译,难译词语,灵活变通;选文注释较为详密,力求使读者无师自通,着意体现语言特点,从语言角度注释,横向上与知识通论照应。"本讲选词概述",就篇选词,利于深化选文学习,便于学习者在语言环境中记词。释词重在区分古今,阐释本义和主要引申义。为揭示本义,常辅以古字形,简析形义关系。知识通论简明扼要,重点突出。为便于作题,在"问答与联系"部分,间或有"解题示例"。(商恩礼)

H000026 **古今韵会举要及相关韵书** 宁忌浮著。中华书局 1997 年 5 月版。65.00 元。对于元代熊忠的《古今韵会举要》,作者在广阔的历史背景上,全面深入地爬梳《韵会》与《切韵》系韵书和近代的《中原音韵》之间的关系,终于考察出它的来龙去脉,稽考出它的音系特点及其渊源,制作了《韵会》一系韵书的声韵表,展示了这个音系的内部结构,表明《韵会》入声消失,喉牙音声母已经舌面化;还梳理了《广韵》《集韵》两大系统韵书的传承关系,廓清了音韵学界一些模糊混乱的认识,辨明"平水韵"是《景德韵略》的改并重编,与《礼部韵略》并无传承,而《蒙古字韵》都与它关系密切;等等。《古今韵会举要及相关韵书》对汉语的音韵研究,特别是对宋金元之际的音韵史研究作出了重要贡献。(刘尚慈)

H000027 **声韵语源字典** 齐冲天著。重庆出版社 1997 年 3 月版。30.9 万字。24.00 元。探寻和研究古汉语史、文字语源、声韵语源的工具书。作者明确提出双声为训和叠韵为训的结合,并对数百字词(包括派生字词)作论证。全书采以阐述式论证法,而非一般词条性诠释。它以母体性语源为主线,即为主叙体而加以申发至他词或他词群,且联系紧密,省却了词条系统中的重复叠现,使其精要、系统;其二,它以声、韵之结合上诠释语源,一反单纯以声为训的偏颇。这二者的结合,是数千年中国文字诠释的突破和创举。(余国枢)

H000028 **韵图考** 潘文国编著。华东师范大学出版社 1997 年 1 月版。35 万字。32.00 元。在前人研究成果的基础上,提供了翔实的证据,论证了韵图产生于唐代的论断,并由此提出了与瑞典汉学家高本汉完全不同的汉语等韵理论,从"等"的概念与韵图的产生,《切韵》音系的性质,韵图的排列方式,反映韵书本来面目的门法,反映韵图编排原则的门法等诸多方面展开论述。作者在掌握了大量原始资料的情况下,根据自己提出的理论,对韵图进行了复原,并对古韵图中的各种拟音等作了考证。(姜汉椿)

H000029 **汉语音韵学论文集** 史存直著。华东师范大学出版社 1997 年 9 月版。29 万字。21.00 元。当代中国的音韵学研究,存在着现代派和传统派这对立的两派。在对《切韵》的认识上,前者(如高本汉等)认为,《切韵》所代表的是隋朝长安方言这一时一地的单一体系,人称"单一体系说"。后者(如章太炎等)则认为,它是融汇古今南北的综合体系,人称"综合体系说"。观点不同,对中国音韵学面貌的描述也大不相同。史存直是学术界公认的“综合体系说”代表人物，本集所收18篇论文就是其阐述这一观点的主要作品。文章分4组。第一组8篇是研究上古音的，其中《关于周秦古音的声调问题》，是他上古音研究的切入点，以此提出了上古汉语同后代汉语一样存在着四声这一令人信服的结论；同时也使清代以来在古音分部上纷纭复杂的意见简化为“脂、祭”分合、“侯”部归属、“东、冬”分合和“真、文”分合这4个问题了。第二组是研究中古音的，其中《从唐七家诗的用韵情况看〈切韵〉的性质》一文，对“单一体系说”和“综合体系说”之争作了深入探讨，条分缕析唐代7位北方大诗人的用韵情况，为“综合体系说”找到了一个有力的证据。《日译汉音、吴音的还原问题》提出了怎样利用域外译音的原则和方法。第三组是等韵研究，这是汉语音韵学研究中的艰深部分，作为两百多年来的第一人，他对清代江永提出的“一等洪大、二等次大、三等皆细、而四尤细”假设作了正面的批评。第四组是关于语音史方面的研究，提出了书面语对口头语的影响以及反切体系的规范性和超方言性。(范剑华)

H000030 **汉语韵典** 李文辉编。大象出版社1997年3月版。229.7万字。80.00元。选收单字1.4万余个，词汇约10万个，分5部分。《中华新韵》为第一部分，即新体诗韵部，是韵典的主体。它以现代汉语普通话为标准读音，依新体诗押韵规律划为十八个韵部。收入儿化韵是其特点。儿化是现代汉语普通话中的一种语音现象，建国后诗歌创作以儿化入韵者屡见不鲜，为此特予以收入，并依照儿化后读音的押韵规律，划为十个韵部。对于多音字，除人们熟悉的读音外还就生僻读音、旧读音、又读音、口语音、读书音分别标注和介绍。对于入声字特加标志符号。本典的第二、三、四部分分别为：写格律诗用的《佩文诗韵》，填词用的《词林正韵》，度曲用的《中州音韵》，对这三种韵书中的异体字及注音疏误进行了校正，计两千处。第五部分为《四韵通检》，可检索每一汉字在4种不同韵书中的读音及归韵。(张焕斌)

H000031 **走向未来的誓言** 张佩伦主编。辽宁人民出版社1997年8月版。13.4万字。8.50元。中学生演讲词的汇集。这些处在花季的莘莘学子们，用他们的切身感受，以慷慨激昂的文字深情述说了祖国的屈辱史、抗争史和胜利史，以饱满的激情；抒发了对党、对人民、对社会主义的真挚的爱；以发自肺腑的心声，热情讴歌了生活中的真、善、美，同时也无情地鞭挞了社会中的丑恶现象。既有对教师、校友、校园的真情实感的流露，又有如诗般颂扬祖国改革开放所取得的伟大成就的自豪感。这些演讲词是当代中学生自己所写、亲身演讲的，因而更加贴近青年的脉搏，以拼搏进取的信念更加激发催人奋进的历史责任感。该书分为“国歌，中华民族之魂”、“位卑未敢忘忧国”、“我们的责任”、“逝者如斯夫”、“永恒的追求”、“积跬步，五千里”、“雷锋在我们身边”、“可敬，我们的老师”、“教训指导我们向前进”、“请爱护我们的地球”、“百年一醒强国梦”等11个部分。(曹宏)

H000032 **说文解字注研究** 李传书著。湖南人民出版社1997年10月版。16.5万字。10.00元。系统地研究清人段玉裁的《说文解字注》的学术成就和不足的学术著作。认为《段注》的学术成就是多方面的。首先，《段注》对《说文》的编排体例、说解体例及引证系统和常用说解术语，都做了详细的阐释，并对《说文》进行了校勘和整理，使《说文》能够产生更大的社会效益。其次，《段注》在说解《说文》的过程中所阐述的语言学理论有重大的价值，段氏的文字学理论是系统而深刻的，“他在音韵研究方面，特别是在古音学研究方面所取得的成就是非常大的，达到了当时的最高学术水平”。“段氏在注《说文》时，在训诂方面用功最勤，所取得的成就也就最大”。而取得如此巨大成就的原因，是段玉裁“掌握了一整套系统的、科学的研究方法”。第三，《段注》中反映的文化学因素也很多，从《段注》看中国古代社会，古代的风俗礼仪，古代的饮食与服饰文化，都能看得真切。第四，《段注》对后代语言学的影响是巨大的，是一部“划时代的语言学巨著”，“推动了文字、音韵、训诂等各个方面的发展”。然而《段注》也有阙失，有“擅改《说文》”之处，亦偶有“穿凿附会，强为曲解”的现象。(张人石)

H000033 **异体字字典** 李圃主编。学林出版社1997年1月版。56万字。50.00元。专收古今汉字异体字的工具书。作者从历代150多种重要字书中详加收罗，收入异体字字头近万个，异体字约5万个，按《说文解字》的部首编序，每个字注有拼音、注音字母和出处，书后附有按笔划排序的字头检索表。书前有刘志基的《汉字异体字论》，对异体字的特点、产生和流布变异等理论问题作了探讨，书后有附录《胶东地区俗字汇录》、《新旧字形对照表》、《汉语拼音方案》。(雷群明)

H000034 **小学生注音读物精品屋** 窦植编。晨光出版社1997年12月版。24万字。该书是一套专为小学生设计的集语音、文字为一体的课外汉语拼音注音读物。分 6 册:《面包里的小猫咪》、《想长高的小姑娘》、《戴眼镜的小刺猬》、《秋姑姑的集合哨》、《没有耳朵的学生》、《拉大幕的小黑熊》。(季云华)

H000035 **计算机常用汉字输入法编码字典** 吴洪森等编。上海科学普及出版社 1997 年 8 月版。25 万字。10.00 元。收有五笔字型码、表形码、认知码和自然码。字典按汉语拼音字母的次序排列,书前附《汉语拼音音节索引》、《部首检字表》,读者可按音查字或按部首查字,文内的编排新颖独特,查找一个汉字,可同时知晓 4 种编码。该字典收集的常用汉字有 7 500 个,共列出 3 000 条编码。(刘瑞莲)

H000036 **东汉魏晋南北朝史书词语笺释** 方一新著。黄山书社 1997 年 10 月版。18 万字。15.00 元。分前言、正文两大部分,对汉魏六朝史书作了系统的研究。前言部分,对汉魏六朝史书的词汇研究价值、研究现状、史书语言的特点以及语料年代等作了深入而全面的论述。正文部分是本书的主要内容。在充分掌握第一手材料的基础上,共考释词语二百余条。这些考释都遵循实事求是、无征不信的原则,每下一结论,必定详考所有史书材料,结合同时代的其他文献材料,旁征博引,举一反三。本书所考释的词语,都是前人所未曾研究过的,也为《汉语大字典》、《汉语大词典》所失收或误释,不少条目还纠正了中华书局点校本在标点、校勘方面的失误。故本书不仅填补了汉语词汇研究方面的空白,还对从事古文教学、古籍整理和辞书编纂者具有较高的参考价值。(宋启发)

H000037 **佛教语言阐释——中古佛经词汇研究** 颜洽茂著。杭州大学出版社 1997 年 11 月版。26.5 万字。12.00 元。魏晋南北朝是中古宗教的狂热时代,也是汉民族语言发生较大变化的历史时期。作者运用共时描写和历时研讨相结合的方法,对魏晋南北朝译经词汇进行了研究。本书对魏晋南北朝译经事业的发展、成熟之特征进行了考察,对译经文体的概貌及其特点作了剖析。通过对译经词汇构成、汉译复音词结构模式和语义构成的静态描写,构拟了这一时期汉译佛经词汇的大致轮廓。在此基础上,从译经文体的特点出发,以共时与历时相结合的角度分析,论述了此期汉译佛经中的词汇现象和特点,如语词的割裂与省略,外语词的引进与整饬,口语词的广泛采用,词义发展演变新趋向等等,以探讨汉语词汇发展的某些规律。最后,阐述了译经词汇在汉语史,特别是汉语词汇史上的地位,论述了它在汉语史研究以及在汉语语文辞书编纂中的功用。(朱绍秦)

H000038 **中国历代座右铭** 孟繁森编著。大连出版社 1997 年 1 月版。55 万字。36.00 元。中国历朝历代名人座右铭精粹集。共收有夏朝至清末名人名家优秀座右铭 366 篇,涉及历史人物 239 人。所收内容在体裁上大致分为 4 类:一是题目就称"座右铭"或"座右箴"的。二是专门论述某一方面内容的,如《诫铭》、《忍铭》、《直箴》、《褊箴》等。三是室铭室箴。四是器物铭、箴。这些铭、箴主要为古人修身处世的经验和体会,它的内容涉及到各个方面,如读书、交友、赞誉、度量、节俭、名声、地位、立志、远虑、公正、廉洁、勤奋、惜时等等。它的思想内容丰富多彩,不乏名言警句,也不乏人生哲理。为了适应不同文化层次读者阅读,在收入原文基础上,增加了较为详细的注释,还附以译文。(李新民)

H000039 **中国古代格言** 王树山主编。山西教育出版社 1997 年 9 月版。75.2 万字。40.00 元。大型语言工具书,分为教育、国家、社会、生活、精神、修养、人道 7 卷,每卷又依据各自的内容分为不同的部分。所选词目,上起先秦典籍、下迄清代图书,以《四库全书》、《丛书集成》、《古今图书集成》、《古小说丛刊》等大套书为基本,旁及单行出版的子集、史书、笔记、小说、戏曲等。正文后设全书词目笔画索引,更利于读者使用。(李梦燕)

H000040 **中国成语典故考释** 成戎、叶辛著。山西经济出版社 1997 年 8 月版。90 万字。50.00 元。由序、音节目录、笔画目录、正文、附录(其中包括本书引证书目简介和历代帝王姓名庙号谥号年号表)5 部分组成,共收集 2 500 多条词目。内容包括本词条出处,引用范围、错意纠正、本意喻意及意思相同或相反成语的对照。本书收录了数百个鲜为人知的罕见典故,此外编著者在收录注释时,征引原文、照顾首尾,使之完整,注释诠讲、尽量周详,便于读者理解。(孙茜)

H000041 **学生必读中华名句** 副名:诗歌卷、词曲散文卷。钟雷主编。黑龙江教育出版社 1997 年 1 月版。52 万字。39.80 元。精选从先秦到清代的诗、词、曲、散文中的名句 400 句。每个名句均配有精彩插图。内容包括名句,注音,出处,原诗、词、曲、文等正文,以及通俗易懂,言简意赅的赏析文字,便于学生理解、记忆、背诵。(李彤)

H000042 **幽默成语** 少年儿童出版社 1997 年 10 月版。收辑 82 则成语,分为"机灵幻想"、"憨厚倔强"、"勇猛粗心"、"智勇双全"、"正直无私"、"冷静理智”、“勇往直前”、“羞涩内向”、“机智灵活”、“热情大方”、“忠诚好动”、“乐观知足”12类。每则成语编成故事以卡通画形式加以表现。系向新加坡开圆公司引进版。(洪祖年)

H000043　**幽默歇后语**　少年儿童出版社1997年版。500幅图。15.00元。收辑92则歇后语,分为“机灵幻想”、“憨厚倔强”、“勇猛粗心”、“智勇双全”、“正直无私”、“冷静理智”、“勇往直前”、“羞涩内向”、“机智灵活”、“热情大方”、“忠诚好动”、“乐观知足”12类。每则歇后语编成故事以卡通画形式加以表现。系向新加坡开圆公司引进版。(洪祖年)

H000044　**常用中华成语荟萃**　冯好勤、谭湘等编。河北人民出版社1997年8月版。56.1万字。30.00元。收集、整理各类成语5 000多条。对每个词条不单单是做了词义和内容的解释,每条成语都从名家名著中援引古证今例各一句话,做为范例。(郭明义)

H000045　**漫画中国成语故事**　王超常文,黄宗海绘。接力出版社1997年1月版。800幅图。21.00元(平),26.00元(精)。将流传甚广的155个中国成语故事配以精美图画,一则成语一段故事,一段故事一组漫画,形象生动,富于动感,孩子们在读这本书,看漫画的同时,既接受了优秀传统文化的熏陶,又长了知识,增了学问。(吴耀华)

H000046　**中国古代名言隽语大词典**　刘兰英等主编。商务印书馆1997年12月版。221万字。63.70元。收录古代名言名句的语文工具书。所选条目取自商周至清代有代表性的著作,包括经史子集、诗文辞赋、词曲小说、笔记杂著等部类的古籍,按照思想和艺术标准,摘选条目1.5万余条,涉及内容广泛,有写景、咏物、状事、抒情、写人设喻等,语句富有表现力和概括力。条目的注释灵活多样,根据语句的难易程度,加以详略不同,方式各异的注解,主要方式有标注冷僻字音、解释生疏字词、串讲意义不易把握的句子、提示名言名句的言外之意、陈述所涉典故等。书中所收名言名句都详细注明出处。另外,本书索引详备而多样,书前有《词目首字笔画检字表》,书后有《词目分类索引》、《词目所在时代、作品、作家索引》、《词目引书版本索引》,可以从不同的角度查检词目。(毛永波)

H000047　**成语用法大辞典**　史有为主编。大连出版社1997年7月版。272万字。130.00元。本书具有如下功能及特点:①以“常用常见”作为收录词目的第一原则。②进行语义分类并提供成语分类简编。③进行语法功能分类,按名、谓、副、连四项提供功能类。④分析成语语法结构,给出成语结构表达式。⑤注明语源或书证。⑥诠释成语的本义、转义及难字义。⑦按《汉语拼音正词法基本规则》提供成语的拼写形式。⑧辨析正误及近义条的异同,指出读音或词形方面的注意事项。⑨指以用法,包括语体色彩、褒贬色彩和具体功能等。⑩按用法举出各类用例。⑪提供近义(含同义)成语。⑫提供反义(含准反义)成语。⑬提供笔画索引。⑭创编成语逐字音序索引。其中3、4、7、9、14几项为该书新创。除设置模糊检索(即“逐字音序索引”可通过成语中任一字查到该成语)外,该书的切口还呈现阶梯状的首字音序显示,并在眉线上加标成语结构式注及首字提示。(胡孝纯)

H000048　**成语范例大词典**　倪宝元编。杭州大学出版社1997年1月版。264.5万字。95.00元。共收常用成语4 883条(包括正条和副条)。所有正条都立“注音”、“释义”、“范例”等项,大部分正条还有“或式”、“参见”等项,副条只注音,不另作解释,但提示相应的正条名称。按汉语拼音字母顺序排列,前有“音序总目”,后附“词目笔画索引”。(钟仲南)

H000049　**多功能小学生插图成语词典**　陈抗等编。汉语大词典出版社1997年4月版。30万字。13.00元。收录400条成语(其中包括少量常用熟语),以及相应对照的近义、反义成语近700条,都是小学课本和少年读解中所常见的、小学生所必须学会使用的语汇。词典内容分为词条、拼音、解释、例句、提示、近义、反义、出处和插图9个部分,本词典的功能繁多:在解释上,不仅标出本义、引申义、比喻义,还对疑难的字、词进行了解释;丰富多彩的通俗化、生活化的例句,为读者提供了各条成语在句子中的不同的语法功能;针对需要注意的某些成语中易读错、写错的字,或成语的适用范围、或其褒贬色彩、或其特殊用法,作了必要的提示;尤其对读者有益的是分别选列了意义相近或相反的成语一至二条,并从其意义、用法、感情色彩上的细微差别进行辨析。另外,配有电脑漫画。(纪大庆)

H000050　**最新学生成语实用手册**　张巨才、王汝濂主编。农村读物出版社1997年7月版。35万字。15.00元。收录中小学语文教材中出现的成语千余条,逐条进行了注音、释义,以帮助学生正确地理解课文;同时为提高学生掌握成语、运用成语的能力,特从语言环境、语法结构及表达效果等多方位详细讲述了成语的用法,并辅以例句。(李红枫)

H000051 **口头禅** 余云华著。河北人民出版社1997年版。15.8万字。9.00元。“民俗语言文库丛书”之一。以民俗语言中最习见的话语载体作为讨论介绍的主题，对口头禅的形式、源流进行爬梳，并探讨其与人文科学、自然科学的关系。对具体的口头禅材料尤其是当代材料，按相关门类进行具体分析。最后，将口头禅上升到文化高度进行讨论。（李大星）

H000052 **吉利话** 李炳泽著。河北人民出版社1997年版。16.1万字。9.50元。“民俗语言文库丛书”之一。从吉利话的定义、制作、形式、时态和语态、功能、性质、内容诸方面进行叙述。同时将其放置在历史坐标中逐朝分代具体讨论，以期发现其纵的轨迹；对其分布进行分类讨论、分析，力图描述其横向状况。（李大星）

H000053 **咒与骂** 李炳泽编。河北人民出版社1997年版。16.7万字。9.60元。“民俗语言文库丛书”之一。首先分别讨论“咒”与“骂”的不同品种、功能、分类、使用范围及其历史脉络。之后将二者进行宏观与微观的平行比较，分析其各自不同的发展态势和共同的属性。同时结合不同国度、民族，不同时代，不同环境对二者展开叙述。书后附录汉语常见詈语（即骂人话）词汇，以备参考。（李大星）

H000054 **漫画俗语三百篇** 肖文津等绘画，卢润祥词目解说。中国连环画出版社1997年2月版。1 200余幅图。19.00元。共收入民间俗语309条，每条配以连环漫画4幅。漫画风格各异，其中不乏巧妙雅致的佳作。（颜铁明）

H000055 **现代汉语词汇的形成** 副名：十九世纪汉语外来词研究。[意]马西尼著，黄河清译。汉语大词典出版社1997年9月版。35万字。40.00元。英文版1993年出版于美国，是一部从19世纪汉语借词和新词的产生探讨现代汉语词汇形成的专著。第一章研究了1840—1898年期间的语言和历史情况，讨论了借词和新词对一种新国语的诞生的影响；第二章从语言学角度对这一时期的借词和新词进行了分析。附录中包含收录500个左右词目的词表，对每个词的源流都依据原始资料和现有的研究成果作了考证。（徐文堪）

H000056 **描摹词辞典** 文昌荣编著。中国青年出版社1997年1月版。33.5万字。21.60元。语文工具书。收集2 000余个这类词汇，按音序编排，条目内容包括溯源、释义、举例、异写列举、注音。该书的总序精要而全面地介绍了描摹词的由来及其种类、写作中的作用、构词规律、语法功能及其意义和用法上的特殊性。（李瑾）

H000057 **马氏文通研究** 唐子恒著。山东大学出版社1997年5月版。13.6万字。7.80元。《马氏文通》是我国语言学史上第一部成系统的语法专著，它不仅有很高的历史价值，而且对于今天的汉语研究者来说，仍是一部富有启发意义的著作。本书作者多年来致力于《马氏文通》的研究，在广泛吸取前人研究成果的基础上，写成《马氏文通研究》一书。书分2篇，上篇探讨《马氏文通》的词法，下篇探讨其句法，对于书中所提出的种种语法概念，进行了深刻细致的阐释和论述。（林开甲）

H000058 **文言语法例释** 匡裕群著。湖南人民出版社1997年6月版。27.8万字。15.50元。从丰富的原始语言材料中归纳出语言的结构规律，用生动的实例解释语言的结构规律的著作。作者从《国策》、《左传》、《史记》、《汉书》、《资治通鉴》等古籍中择录3 000多个例句，还选用了部分成语。为阐释规律，有的例句还附有与之比较的句子。为方便读者，生僻字词作了注释，难句作了今译。关于词类活用，关于主谓之间的“之”、关于惯用格式、关于省略、关于虚词使用的某些问题，等等，书中都有独到见解。例如省略问题，书中提出了“意会的省略”概念，并根据充分的例句分析了主语、谓语、宾语、兼语、句子以及各种词组中词的“意省”情况。（张人石）

H000059 **金瓶梅语言研究** 潘攀著。武汉出版社1997年2月版。28万字。13.50元。以香港太平书局1982年版的《金瓶梅词话》影印本为语料来源，选取作品中北方官话系统具有时代特征、个性特征的语言现象，采取共时描写、历时考辨、共时比较、历时比较、数学统计等方法，对该作品的词法、句法和语言运用方面的一些突出特点，进行了比较深入、细致的研究。（刘昌剑）

H000060 **现代汉语时体系统研究** 戴耀晶著。浙江教育出版社1997年2月版。14万字。5.00元。从句子表达事件的角度立论，提出了一些颇具特色、令人耳目一新的见解。采用语义分析的方法，结合丰富的现代汉语语法实例，详细论述了完整体和非完整体的区分，分析了这两个大类的6种体：现实体、经历体、短时体、持续体、起始体、继续体。作者对每一种体形式反映的体意义都提取了数项语义特征分别进行讨论，以简明的语义概括驾驭丰富的语言材料。另外，书中对汉语现象的观察分析较细致，反映出作者对汉语语法现象有敏锐的观察力。

H000061 **神秘数** 曲彦斌著。河北人民出版社 1997 年版。15.6 万字。9.00 元。“民俗语言文库丛书”之一。以数文化作为中心命题,具体结合其在民俗语言中的各种关涉,从符号解析、民族性、思维方式诸方面和与俗语、隐语及崇拜与禁忌的联系展开讨论介绍。并对数文化的深层结构等进行探讨。涉猎范围广博,材料翔实。(李大星)

H000062 **汉语常用词用法词典** 李晓琪等编。北京大学出版社 1997 年版。130 万字。58.00 元。以《汉语水平词汇等级大纲》为依据,收列其中的甲级词、乙级词的全部,丙级词的大部和丁级词的一部,逐词予以解释,给出具体的搭配例证,编者着重从语言运用的角度,阐释词语语义,举例的多寡依据词义、用法的复杂程度。同一义项之下根据用法再分小类;举例尽量体现不同语境;词条后除标明词性之外,还标出《大纲》中的级别;单音词还给出构词用例及补充词语;“注意”一项针对常见用法错误给以必要的提醒,或对近义词做用法的对比辨析。按汉语拼音排列,附条目首字笔画索引。(胡双宝)

H000063 **写作例典** 汪靖洋主编。江苏教育出版社 1997 年 10 月版。149.05 万字。39.00 元。《写作语典》的姊妹篇。分“人格品性编”、“生活道路编”、“社会文化编”、“国家治理编”、“事理哲理编”、“文章写作编”等 6 大编,38 类,例条近 4 000 条。(李树平)

H000064 **叙事的建构** 副名:叙事写作教程。高波著。厦门大学出版社 1997 年 9 月版。12.2 万字。9.00 元。高校中文系写作教材。从写作的可操作性的角度出发,着重探讨文学的建构法则及策略。以“叙事”这一文学写作的基本方式作为研究的重点,分为叙事行为、叙事主体、叙事手段、叙事要素、叙事逻辑和叙事归宿等 6 个部分,具体分析叙事的构成要素、叙事过程中所遵循的基本逻辑关系以及叙事所应追求的一种完善理想;同时也探讨叙事在其历史性的操作过程中所受到的外在环境的影响、语言手段的局限以及主体条件的制约。(王依民)

H000065 **中国现代修辞学史** 宗廷虎编著。浙江教育出版社 1997 年 12 月版。16.40 元。研究中国修辞学史的专著。对我国现代修辞学和当代修学发展的轨迹,尤其是对吸收外国修辞学和发展传统修辞学的经验,作了较为系统的探索和初步总结。其中包括:对现代修学发展特点及其在修辞学研究中地位,对现代修辞学史的历史分期、研究方法及发展趋势等方面的研究分析,其中不乏新见解;对各历史时期代表性修辞学著作的特点和当时的地位和作用进行评点,还分门别类地把 30 年代问世的一批鲜为人知的、从不同角度开拓了修辞学的新领域的修辞学论著介绍给读者等。本书于 1990 年初版至今,我国的修辞学又取得了较大的进展:一是又涌现了一批有特色的修辞学通论性著作;二是修辞学多个分支学科均有专著问世。据此,本书对原书进行了修订。比较大的补充有两处:一是上编“20 世纪上半叶的修辞学”增加了最后一节《作家论修辞举隅》;二是台湾修辞学的开拓者高明,1952 年发表了一批修辞学论文,较为系统地、精当地论述了修辞学一些基本理论。这在本书下编第六章第三节列专题进行评述。书后附有《中国现代修辞书目》《研究、翻译外国修辞学书目》。

H000066 **公文写作与处理** 中华人民共和国农业部人事劳动司编。中国农业出版社 1997 年 7 月版。21.7 万字。18.40 元。农业系统干部培训教材之一。共 7 章:公文概述、公文撰写要则、常用公文的撰写、公文处理概述、收文处理、发文处理、公文归档,并附有国家行政机关公文处理办法等。(姚红)

H000067 **应用写作教程** 林心治等编。重庆大学出版社 1997 年 9 月版。40.3 万字。17.00 元。普通和成人高校应用写作课的通用教材,覆盖了相关教学大纲的基本要求,具有“新”“广”“实”三大特点。(邱慧)

H000068 **经济应用文写作** 曾涛、刘芝芬主编。辽宁大学出版社 1997 年 6 月版。28 万字。16.00 元。包括经济应用文基础写作、法定公文与事务文书和经济信息等 3 编,共 9 章。(陈晓东)

H000069 **320 种应用文最新规范写作** 任群、关敬东主编。重庆出版社 1997 年 3 月版。122.6 万字。63.00 元。应用文体写作工具书。共收入公务文书、法律文书、经济文书、教育科技文书、新闻出版文书、公关礼仪文书、涉外文书 7 个大类的 324 种文体;对每一种文体,都有写作说明、写作方法、例文和例文评析;写作说明简明扼要,例文则是按最新规范要求写作的典范性作品。(余国枢)

H000070 **实用修辞手册** 杨燕昌主编。金盾出版社 1997 年 11 月版。24.5 万字。7.00 元。内容包括修辞格(即修辞方式),语音修辞,词语修辞,句法修辞,篇章修辞,总计 167 个条目。每一条目包括“释义”、“例句”、“作用”、“辨析”4 个部分。本书体例适用;举例适中,易于理解掌握;重点明确,突出了中学语文教学的重要知识点;有新的观点。书后附有音序索引。(李生荣)

H000071 **说文今读暨五家通检** 李行杰主编。齐鲁书社 1997 年 6 月版。53.3 万字。60.00 元。查检《说文解字》及其注本的实用型工具书。正文以宋徐铉校定本为据，列出了《说文》全部单字楷体，于每个单字之后，首先用汉语拼音标注该字读音，是为"今读"，然后分列该字在《说文》及其注本的卷次页码，是为"通检"。所收《说文》及注本，依次为：宋徐铉校定的《说文解字》(中华书局影印陈昌治刻本)、清段玉裁的《说文解字注》(上海古籍出版社影印经韵楼刻本)、清桂馥《说文解字义证》(齐鲁书社影印连筠簃杨刻本)、清王筠《说文句读》(北京中国书店影印四川尊经书局刻本)、清朱俊声《说文通训定声》(武汉市古籍书店影印临啸阁本)。书前有"新旧字形对照举例"，书后附有《说文》全部单字的新编"笔画索引"和"音序索引"。(于志强)

H000072 **说文解字今释** 汤可敬著。岳麓书社 1997 年 7 月版。190 万字。98.00 元。东汉许慎撰著的《说文解字》是世界上最早的字书之一，也是我国第一部按偏旁部首编排的字典。本书以大徐本为底本，按照许慎的思路，通过每个字条的句读、注音、译文和注释，尽力逐条解说清楚许慎原文的含意，然后引用甲骨文、金文等大字材料以供参证。其特点可概括为：形经音纬，正源求本；译注参证，雅俗共赏；征引众说，融合古今；部首音序，检字悉便。(梅季坤)

H000073 **历代避讳字汇典** 王彦坤编纂。中州古籍出版社 1997 年 5 月版。72.1 万字。34.00 元。关于古代避讳字方面的专业工具书。古代避讳是由社会原因产生的一种重要的文字现象。主要包括 3 个方面，一是忌讳，二是憎讳，三是敬讳。本书主要辑录敬讳，兼及忌讳、憎讳。设立本字条目 978 条，又依朝代及避讳对象不同分立 1 298 条。在编纂体例上，按照汉语拼音字母顺序排列；每个条目下，有一字而数朝或多人共讳者，按时代先后分述；并标出避讳方法和范围；先正讳后嫌名；引用材料一律标明出处。该书所辑避讳字大致有如下特点：一是表章禁用凶恶字。据《元典章》卷二八所载至元三年四月《表章定制体例》，规定表章回避字样凡 167 字，该书收入 150 字左右。该禁至延祐元年十一月放宽，于延祐三年八月解除。二是避帝王讳。此类约有百字左右，其中使用频率较高的有"安、昺、构、恒、弘、虎、桓、敬、匡、民、世、曙、顺、泰、玄、渊、治、忠"等字。特别是"虎"字，避讳方法多种，史书记载避讳材料 200 余条，引证图书 76 种，避讳范围有地名、人名、品物、引文、职官、门阙台馆泉名、书名、绰号、习语、其他、存疑等。这些典型的字，在查阅古书时需引起特别的注意。该书广泛吸收利用前人避讳研究成果，特别是清周广业《经史避名汇考》、民国张惟骧《历代讳字谱》及近人陈垣先生《史讳举例》等。(孙宝瑞)

H000074 **康熙字典(新版横排简体字本)** 《康熙字典》校点组校点。北京师范大学出版社 1997 年 1 月版。411 万字。220.00 元。《康熙字典》是由清政府(1716 年)组织编撰的第一部官修大型字典，共收汉字 47 053 个。本版主要作了如下加工整理：1. 正文按现代辞书体例排版。字头用大字，释义用小字；竖排改为横排。2. 正文部分把繁体字和异体字改为通行简化字和正体字排出。检字表、字头和个别特殊字仍保留原字型。3. 增加现代汉语拼音注音。在原书反切和直音注音之后用小括号标出相应的现代汉语拼音。4. 为便于现代人阅读，释义部分加上了标点符号。5. 为便于检索，按字典正文编排了检字表、书眉。(傅占武)

H000075 **趣味汉字字典** 王世伟编。上海辞书出版社 1997 年 5 月版。23.3 万字。16.00 元。采用字形类聚方式编排的汉字字典。分"同一部件的类聚"、"相似字形的类聚"、"相同造字结构的类聚"3 大类，收录 169 组相关的"字族"，涉及常用汉字 525 个，均以楷书简体立目，每一字头下按照文字发展的历史演变及释文的需要，列出相关的甲骨文、金文、小篆、楷书繁体等字。每组字的释文从分析字形入手，说明该字的形体演变、指出其本义、引申义和假借义，并穿插古今字、同源字、异体字、通假字、繁简字等文字学知识的介绍，同时结合有关诗文例句和成语典故进行解释。在释文中，对于一些经常写错、读错和用错的字，分别指出其产生错误的原因，并予以辨析纠正。书后附有《汉字基本知识》及"汉语拼音索引"、"笔画索引"等。(陈崎)

H000076 **《汉语大词典》缩印本** 汉语大词典编委会编。汉语大词典出版社 1997 年 4 月版。5 000 万字。600.00 元。多卷本的大型汉语语文词典。正文 12 卷，另有《附录 · 索引》1 卷，收古今汉语语词 37.5 万余条，其中单字 2.2 万余条。全书内容完备，义项齐全，书证丰富，资料翔实，释义精当，源流并重。(纪大庆)

H000077 **汉语叠音词词典** 张拱贵、王聚元编。南京大学出版社 1997 年 7 月版。58.8 万字。25.00元。汉语语言词典。专收叠音词，古今并收，以今为主，以常见、实用为主。包括 AA 型(如"本本"、"脉脉")、AABB 型(如"口口声声"、"满满登登")、

ABB 型(如"艾窝窝"、"白茫茫")、BBA 型(如"梆梆硬")、ABAB 型(如"意思意思")、AXAY 型(如"非驴非马"、"一心一德")、AXBX 型(如"解铃系铃"、"好说歹说")、AAXY 型(如"落落大方"、"默默无闻")、XYAA 型(如"杀气腾腾"、"逃之夭夭")。均系词汇重叠,语法重叠不在收录范围。共收叠音词 5 000 余条。各条附有例证,选自古今名著,现行中小学课本及发行较广的报刊等。例证一般注明出处。每个词条均有汉语拼音。正文词条按照汉语拼音音序排列,书末附笔画索引。(李忠清)

H000078 **多功能汉语大词典索引** 汉语大词典编纂处、日本禅文化研究所编。汉语大词典出版社 1997 年 8 月版。726 万字。200.00 元。共 3 部分:一是二字条目正逆序索引,《汉语大词典》中 28 万余条二字条目均可分别由前后两个单字索得;二是多字条目索引,因编制前先从词汇学角度进行了切分,所以《汉语大词典》中 6.6 万余条多字条目除可从首字(或首字组成的词或语素)索得外,还可从条目所包含的词和语素索得;三为词组格式索引,凡《汉语大词典》中含有配对运用的字,且生成能力较强而结构稳定的词组,本索引都予以收列,"词组格式"条目可以从该词组中配对运用的字索得。此索引 700 万字,含检索条目约 72.8 万余条,是《汉语大词典》所含条目 2.1 倍。全部检索条目按《汉语大词典》部首笔画排列,条目后标明它所在《汉语大词典》的卷、页数。(纪大庆)

H000079 **现代汉语规范用法大词典** 周行健等主编。学苑出版社 1997 年 6 月版。540 万字。170.00元。收入词语 13 000 余条,包括部分常用成语、惯用语,并酌收了一些我国改革开放以来新出现的词语。对所收的词语,从词形、注音、释义、词性、构词方式、造句功能、语法特点、语体色彩、感情色彩、与近义词的主要差别、近义词、反义词以及容易读错、写错、用错的情况等多方面作了较为详细的介绍。(朱迎)

H000080 **四川人学习普通话的技巧与训练(修订本)** 石美珊编著。重庆出版社 1997 年 8 月版。27.6 万字。11.00 元。内容分为语言常识、四川话与普通话声母辨正、四川话与普通话韵母辨正、四川话与普通话声调辨正、普通话重要的音变现象、四川话与普通话词汇辨正、四川话与普通话语法辨正、普通话水平测试等 8 章 22 节。(余国枢)

H000081 **昆明方言的文化内涵** 张映庚著。云南教育出版社 1997 年 3 月版。20 万字。12.80 元。学术专著。主要从昆明方言的禁忌语、吉祥语、称谓、谚语、商贸用语以及昆明地名等方面研究昆明方言中所蕴含的文化现象,并概略地论述了昆明方言与昆明文化的关系,昆明方言词汇的个性、语法特点和 20 世纪 30 年代中期至 90 年代昆明方言的变化。作者从昆明方言之"文",揭示昆明文化之"质",从新的理论视角论述文、质的统一,并将昆明方言同近古以及古代汉语作纵向比较研究,同其他方言作横向比较研究,阐明了昆明古代汉族居民的来源和构成情况,同时从昆明方言的特点中探索了昆明汉族居民的某些性格特征和心理状态,论述了昆明民风民俗的源流,探讨了昆明的历史沿革。(黄凡)

H000082 **昆明方言词典** 张华文、毛玉玲编著。云南教育出版社 1997 年 7 月版。47 万字。30.00 元。选收昆明方言中与普通话不同而目前通用的词语,包括意义较特殊的短语、熟语和成语,共 6 000 余条。现在不用或不普遍使用而见于文献或昆明方言文艺作品的词语也予收录,与普通话用字形义相同而读音不同的方音词也酌情收录。词目采用《昆明话拼音方案》及国际音标注音。释义只释方言意义,先用相应的普通话词语对译,或再加以说明;没有相应的普通话词语者,采用下定义或描述、说明的方式解释。每个词语均标注词性、语法功能及修辞色彩。释义之后均列举一至二个例句。部分词语不仅解释其词汇意义,还追溯其词源,揭示其历史文化内涵。(易山)

H000083 **福建方言** 李如龙著。福建人民出版社 1997 年 10 月版。24.5 万字。14.90 元。"福建文化丛书"之一。全书以丰富翔实的资料,通俗生动地阐述了汉人入闽与福建诸方言的形成、社会变迁与福建各方言区的变动,以及闽人外徙与福建诸方言的东南各省及海外的流播等,同时又从历史的角度,考察了福建方言词语中所反映的福建早期的经济生活与传统观念。该书引人注目的一个特点还在于作者通过大量的考察和长期的思考,提出了福建各方言区不同的区域文化特征的看法,并予以较为充分深入的阐述。把方言与区域历史、社会、文化、风俗联系起来,着重挖掘方言深厚的文化底蕴,无疑是该书的独特贡献。(魏清荣)

H000084 **实用广州话分类词典** 麦耘、谭步云编著。广东人民出版社 1997 年 8 月版。70 万字。28.00 元。收集广州话中与普通话不同的词语约 7 500条,分人物、自然物和自然现象、人造物、时间与空间、心理与才能、运动与动作、人类活动、抽象事物、状况与现象、数与量、其他等 11 大类，大类下再细分小类，书前有分类目录，书后附有词目部首笔画索引。词条的标音有两种：一是用国际音标逐词逐字注音；另一种是用广州话同音字来注，或用同声韵的字加注声调表示，或用反切注，这种注音只是对不常见的字，或是常见字有特殊读音的。大部分词条释义的后面都附有例句。（黄彦辉）

H000085 **香港话普通话对照词典** 朱永锴编著。汉语大词典出版社 1997 年 8 月版。27.6 万字。15.00 元。选录香港地区常用的方言词语 4 000 条左右，主要是香港话特有的词语，也酌录了一些港、广难辨和进入普通话的词语，以便读者了解这些词的来龙去脉。本书条目以笔画顺序编排，逐条注音、释义，大部分词条还举出香港话例句，并配以普通话翻译。条目注音先注香港话读音，后注普通话读音；释义先列出普通话对应词，若普通话对应词词义浅显，则不予描述说明，若无对应的普通话词语，则采用描述说明法释义；一些能够考证出语源的词语，本词典都予以交代。（纪大庆）

H000086 **香港粤语词典** 郑定欧编纂。江苏教育出版社 1997 年 5 月版。33 万字。30.80 元。收入反映 90 年代香港粤语面貌的条目 8 000 多，涉及香港的政治、经济、法律、文化、宗教、习俗、饮食等。条目以词为主，兼及熟语、惯用语等。释义中注意对比香港粤语词汇与广州话的细微差别，与广州话相同的条目尽量不收。对一些词的来龙去脉作了研究，揭示出词的文化底蕴。大多数词条附有例句，例句中的难词附有注释。全书以繁体字出版。条目用广州话拼音方案注音，以韵母顺序排列。（戎文敏）

H000087 **现代语文教育学** 靳健、石义堂著。甘肃教育出版社 1997 年 12 月版。31 万字。19.50 元。分总论、学科论、课程论、学习论、教学论、教师论部分。作者借鉴当代认知主义学习理论、教育目标分类理论、教学控制理论和其他教育科学的相关理论，与自身教学经验有机结合。有较为完备的概念体系，既是一般教育理论的体现，又带有鲜明的语文特色，概念有着明确的内涵和外延。在对语文学科的性质、教育目的、学习心理、教学原则等关键性问题上有较大的创新和突破，并对语文教学的实施这一中心问题作了详尽阐释。（王光辉）

H000088 **中国儿童启蒙名著通览** 李元华等著。中国少年儿童出版社 1997 年 12 月版。80 万字。75.00 元。儿童启蒙读物。收录中国传统儿童启蒙作品 54 篇（含附录 10 种），包括蒙学教材、流传于社会上的儿童读物和家庭教育的文章，都是历代最有影响和代表性的著作。在这些作品中，有讲思想道德的，也有讲自然、社会、文学知识和学习生活常识的，既有人们比较熟悉的《三字经》、《百家姓》、《千字文》等，也有多年未曾露面的《急就章》、《女论语》、《小学》等。从战国时代的《弟子职》，到清末的《幼学歌》，形成了一部古代儿童读物史和教育史。本书作者在题解和注释中，注意分析作品的思想性和艺术性，如实介绍作品在当时的作用和影响。（韩彬）

H000089 **中国古代蒙学四书** 董时等评注。山东友谊出版社 1997 年 12 月版。38 万字。19.80 元。收入 4 部广为流传、影响较大的传统蒙书：《三字经》、《千家诗》、《龙文鞭影》、《幼学琼林》。尽量采用经今人校过的善本，每种之前加“导读”，书中适当加“点评”，“注释”重在学术性和可读性的统一。（王谦）

H000090 **古文观止赏析** 王琦珍等编著。江西高校出版社 1997 年 4 月版。90 万字。48.00 元。清代吴楚材、吴调侯选编的《古文观止》共选录先秦至明末古文 222 篇，本书对每一篇古文在揣摸选编者价值取向的基础上，从中提炼出原作某一方面的特色，予以评析，突出领悟文章写作的技法。每篇“赏析”之后，附有原文，并进行分段简注。（陈昌怡）

H000091 **“爱我中华·爱我家乡”作文大系** 赖宁等著。四川少年儿童出版社 1997 年 6 月版。230 万字。193.00 元。根据《爱国主义教育实施纲要》所提出的“把国情教育同省情、市情、县情的教育结合进行”的提示，把“爱国”与“爱家”紧密结合，融为一体，用征文的形式，由少年儿童自己执笔，主动参与，抒发他们对家乡山川名胜、风物特产、俊杰英才以及今昔巨变的热爱、赞颂、自豪和眷恋之情。分省（市、自治区）结集，合集成套，在全国少年儿童之间沟通见闻，交流思想，从而达到互相启发、感染的互补互动作用。全书分“小学版”和“中学版”（1998 年即将出版）两套。内容归纳为四个板块：“好山好水好风光”、“乡情亲情爱国情”、“名城名人名特产”、“新人新事新风尚”。入选作品，大都情感真挚，言之有物，并不乏文情并茂的佳作。（王吉亭）

H000092 **第四届“慧光杯”全国中小学生作文竞赛优秀作品选** 孙丕任等编。辽宁少年儿童出版社 1997 年 8 月版。12 万字。5.80 元。分小学部分和中学部分。从学生的视角反映了丰富多彩的校园生活，讴歌了日新月异的改革开放的社会风貌，表达了亲情和友好，同时也以青少年的锐气抨击了社会丑恶现象，指出了社会生活中的不合谐现象，体现了

"童言无忌"的特点。其中马来西亚、西班牙、韩国几个小朋友的汉语作文写得也很不错，它标志着汉语正在快速地走向国际社会。(赵庆环)

H000093　**小学生优秀日记选评**　张文华、杭世金主编。希望出版社 1997 年 4 月版。14 万字。6.50元。从全国各地小学生优秀日记中精选 100 余篇佳作汇编而成，并分门别类地编排为记事日记、写人日记、状物日记、绘景日记、知识日记、童趣日记、烦恼日记、志感日记、连续观察日记及系列日记等类。在每一类日记的前面都有辅导文章，着重讲解这一类日记的写法。在每一篇日记之后，还有针对思想内容和写作特点的扼要点评，指明可以借鉴的写作技巧，具有较强的指导性与启发性。(杭世金)

H000094　**全国小学生优秀获奖作文精选**　刘家祯等编。知识出版社 1997 年 5 月版。56.7 万字。30.00 元。共 4 册，有中低年级分册、五年级分册、六年级分册、游记分册。中低年级分册针对四年级以前的小学生的作文水平，精选了数十篇优秀作文。这些作文所反映的生活极其丰富：古今中外，四面八方，大至宇宙空间，改革开放，小至身旁一草一木，一言一行，小作者的生活触角无处不到。五、六年级分册是为小学高年级学生提高作文水平和阅读与分析能力而编写。共收集 100 多篇全国各地重点小学的优秀获奖作文。这些写人、写事、写景、状物、抒情的作文有着共同的特点，即涉及面广，题材多样，不拘一格，抒发了同学们自己的思想感情，表现了同学们自己的喜怒哀乐。这些文章各有特色，有的朴实，有的优美，有的风趣，有的稚气。它们立意深刻，选材新颖，语言灵活，对提高小读者的写作水平极有帮助。游记分册所选的作文是为小学二至六年级同学写的，这些小作者用他们纯真的目光观察祖国的山山水水，生动地介绍了祖国的风光景色，反映了家乡的巨变，深刻表达了小作者热爱祖国和家乡的深厚情感。从写作角度看，文章虽然显得幼稚，但大部分语言流畅，选材新颖、结构严谨，脉络清晰。该丛书文章前有"写作指导"，文章后有"评析"，"写作指导"介绍有关写作知识，"评析"包括两个方面：一是"评"，以肯定优点为主，指出不足为辅；二是"析"，就是分析文章的主题、思路、结构、语言等。有的二者结合起来，边析边评，有的先析后评，也有的先评后析。在评析中，我们结合具体文章回答同学们常常遇到的问题，以作他山之石。(马汝军)

H000095　**大作家小作文**　郑桂华等编著。上海教育出版社 1997 年 6 月版。31.7 万字。17.00 元。从中外著名作家的作品中精选对中学生写作有启发与指导意义的小作文，分为记人、写景、抒情、说明、议论等几个方面，所选文章均为千字文，以同题或内容相关的两篇文章组成一个单元，让读者在阅读中比较，在比较中阅读，每单元后面附有言简意赅的评析文字，向读者点明该单元文章的写作特点，引导学生领会摹仿以致融会贯通。(薛培华)

H000096　**实用中学生作文大全**　雪文等编著。少年儿童出版社 1997 年 11 月版。36 万字。18.20元。共 5 部分：优秀作文赏析、命题作文指导、失误作文剖析、考前准备和临场技巧、常见作文题集解。共收作文 200 篇(包括优秀作文和失误作文)。每篇"佳作"均有赏析文字，每篇"失误作文"也均有剖析文字；在补白处编排了 50 余则"语文小知识"、"写作小知识"、"作家小故事"、"语文趣谈"、"语文小游戏"、"语文小幽默"等。(洪祖年)

H000097　**香港中学生作文精选**　香港《突破少年》编。少年儿童出版社 1997 年 8 月版。12 万字。6.10 元。收辑 108 篇香港中学生的作文，反映当代香港少年的精神风貌和他们的生活、学习近况。每篇作文后有简评。(洪祖年)

H000098　**大学语文考试参考书**　《大学语文考试参考书》编写组编。中央广播电视大学出版社 1997 年 10 月(修订版)版。34 万字。18.00 元。教育部于 1997 年重新修订颁布了《全国各类成人高等学校专科起点本科班招生(非师范类)复习考试大纲》。鉴于重新修订《复习考试大纲》在内容、要求、试卷结构和标准样卷等方面都与原大纲有一定的变化，经教育部考试中心审定，组织专家对原《专升本(非师范类)入学考试参考丛书》进行了全面修订。本套丛书共 30 册。包括政治(公共课)、英语、大学语文、图书馆学、档案学、文学概论、新闻学、行政管理学、政治学概论、管理学概论、高等数学(一)、高等数学(二)、财政金融学、会计学原理、环境保护概论、电子技术基础、电路原理、机械设计基础、结构力学、化工原理、地质学概论、医学基础、植物生理学、中医基础理论、民法、刑法、市场营销学概论、海洋生物学、食品微生物学、家畜生理学。本册主要包括：论说文如："论毅力"、"灯下漫笔"、"论学问"等；记叙文如："燕昭王求士"、"故都的秋"、"往事"等；诗词曲赋如："蜀相"、"炉中煤"、"长亭送别"等；小说如："宝玉挨打"、"苦恼"、"麦琪的礼物"等内容，另附总思考题和总思考题参考答案要点。(张静)

中国少数民族语言

H000099 **满—通古斯诸语比较研究** D.O.朝克著。民族出版社 1997 年 5 月版。29 万字。19.00 元。共 3 章 22 节，其内容主要是从比较语言学的角度对我国境内的满语、锡伯语、赫哲语、鄂伦春语、鄂温克语的语音结构、语音对应规则、形态结构等诸方面的关系进行了探讨研究，比较全面系统地反映了上述诸语言之间的语音及形态诸方面的基本特征。(周凤荣)

H000100 **突厥比较语言学** 程适良主编。新疆人民出版社 1997 年 8 月版。61 万字。65.00 元。采用语言学的比较研究方法，对我国维吾尔、哈萨克、柯尔克孜、乌孜别克、塔塔尔、撒拉语、裕固语、图瓦语等 8 种突厥语族的亲属语言在表义上所采用的不同形式、手段进行全面共时性描写与比较，从而找出我国突厥语族 8 种语言体系、词汇体系、词法组合与聚合规律，以及句法的三级关系类型与表达模式等方面的规律。其基本内容如下：①语音比较主要研究同源词的语言成分和特征。②词汇比较主要描写同源词、借词、构词词缀的组合及聚合规律。③词法比较对 8 种语言的名词、动词、形容词、数量词、后置词等进行综合描述，找出它们的共同规律与差异。④短语结构部分勾划出了 8 种语言短语的大致结构轮廓及其演变发展过程中短语结构所反应的差异作出解释。⑤语序比较主要对 8 种语言语序在句子中的顺序规律和变化对语义表现的影响进行描述。⑥复句比较研究，则是力求从深度、广度上挖掘，勾划出 8 种语言的三级关系体系的类型，以及不同形态标志所表达的模式，进而从微观上寻找与描绘它们本来面貌和异同点。(王黎明)

H000101 **夏汉字典** 李范文编著。中国社会科学出版社 1997 年版。150 万字。1 000.00 元。西夏文字典。收字 6 000。在充分吸收前人及国内外学者对西夏文研究的基础上，作者对每个西夏字的形、声、义均经严谨考证，用汉英两种文字释义。注音采用西夏文的反切注音，译成汉文，再注国际音标；拟音采自台湾西夏学专家龚煌城的拟音方案及作者《同音研究》的拟音例证；采用四角号码分类法，便于不懂西夏文会汉文的读者检索。书后附有《西夏文笔画部首检字索引》、《汉夏检字索引》(音序和笔画部首检字索引两种)、《英夏检字索引》、《引书目录索引》、《党项西夏世系表》、《西夏纪年表》等。(周用宜)

H000102 **蒙古文横体书写研究** 巴·萌根其之格著。内蒙古人民出版社 1997 年 7 月版。6 万字。9.00 元。《蒙古文横体书写研究》(与蒙古文竖体并用)，肯定了蒙古文字具有音素齐全，语法细密、词汇丰富、描写准确、笔画简单、结构紧凑、文体连贯、书写流畅和易学易读、速记速度世界之首等特点，弥补了竖体所造成的与其他众多横体文字和科技符号数码难以协调的严重弊端。蒙古文横体书写以《六笔归类法》、《蒙古文横体字体结构解剖法》、《视读距长测试比较法》、《重落笔位优选法》等理论，全面阐述了横体书写研究及其成果推广的必要性、可行性。书中配印了蒙古文横体、竖体对比表格、书写标准法图解及蒙古文横体书写字帖等。

H000103 **藏族民间谚语典故选释** 恰白·次旦平措著。民族出版社 1997 年 8 月(藏文)版。20 万字。13.00 元。汇集藏区民间流传的谚语 1 700 余条，以生动的语言详细地叙述了这些谚语本身的实际意义、使用方法，以及它们产生的历史背景和艺术特点。(旦增平措)

H000104 **新编藏文文法** 扎唐·降白益西坚参著。西藏人民出版社(藏文)1997 年 4 月版。17 万字。12.00 元。以藏语语法三十颂及音势论为基础，较详细地介绍了藏文文法使用方面的基础知识，同时对藏文文法中一些有争论和疑义的内容进行了解答。(总编室)

H000105 **藻饰词汇** 布琼著。西藏人民出版社 1997 年 5 月(藏文)版。20 万字。12.50 元。藏文词汇小型工具书。主要收集了语言、文学、宗教等多学科的藻饰词汇。全书共收词目约 1.8 万余条。为了查阅方便，藻饰词的实词名异按藏文字母顺序分部编排。(总编室)

H000106 **彝语大词典** 马海木呷等主编。四川民族出版社 1997 年 8 月(彝文)版。328 万字。165.00 元。用规范彝文编纂的一部具有历史性、综合性的大型工具书，共收入各类词目 4 万余条，由前言、凡例、音序目录、笔画目录、正文和附件等组成。(阿克克的)

H000107 **满语研究通论** 刘景宪等著。黑龙江朝鲜民族出版社 1997 年 12 月版。43 万字。32.80 元。对满语音节的结构形式、复合元音的产生、元音和谐规律、语法附加成分及其意义、动词“时”、“态”、“式”的表现形式、助词的应用、句子成分的复杂化等问题，进行了科学的分析和阐述，并提出了许多新的论点。本书不仅为满—通古斯语的深入研究立下一

部新的篇章,也为阿尔泰语系的比较研究增添了论据。(崔昌俊)

H000108 **用数学方法研究哈萨克语言(哈文)** 亚斯英、胡马尔著。新疆科技卫生出版社 1997 年 7 月版。9 万字。8.50 元。用数学方法研究中国哈萨克语言领域上的新突破。书中主要对哈萨克语从形成到发展、从古突厥语到现代哈萨克语言、从哈萨克语言语汇到哈萨克文学的全部过程作了分析和研究,还借助电子计算机用哈萨克文的各种大型著作抽样调查,得到了有关哈萨克语言的具有一定代表性的不少数据和用数学方法研究语言的新方法。此书还包含作者对用数学方法研究哈萨克语言的各种观点和研究结果。(巴塔宜)

外 国 语

H000109 **IELTS 考试指南及模拟试题** 杨满珍译。广东世界图书出版公司 1997 年 5 月版。28.00 元。分 4 部分:阅读、写作、听力、会话。针对这 4 部分的考试内容逐一进行讲解,并提供了大量的附有参考答案的练习题和模拟试题。(应中伟)

H000110 **旅游英语** 唐飞、乔忠良编。东北财经大学出版社 1997 年 8 月版。27.5 万字。16.00 元。分为旅游英语、酒店英语两大部分。其中旅游英语部分涉及了旅游企业根据旅游者需求而提供旅游接待服务的全过程;酒店英语涉及了前厅、客房、餐厅、商场等经营管理部门各项服务内容。课文采用短文介绍和情节对话的形式,并有语法结构和功能简介。每单元还设有“常用词组和表达法”、“注释”和练习等内容。附录中收进了旅游与酒店管理工作人员的常用知识和术语。(朱艳)

H000111 **随大山商访加拿大** 冯存礼、孙建华编著。外语教学与研究出版社 1997 年 11 月版。47.90 元。以“大山”与他的两个中国朋友在加拿大的一系列活动为线索,分 13 集,每集分 3 部分:两个“对话”,一个“短片”和“背景阅读”。对话,涉及到就餐、看病、购物、约会、旅行等日常活动的方方面面。短片属于知识性的介绍,涉及加拿大社会生活的诸多方面。全书内容丰富,信息量较大,教材的编写采用了传统教学法与交际教学法相结合,既侧重听说训练也进行语法、语言点以及结构的讲解与练习。本书配有录音带和录像带。(雷航)

H000112 **新概念英语** [英]L. G. Alexander、何其莘编著。外语教学与研究出版社 1997 年 10 月版。49 万字。20.90 元。英语经典教材,书中通过完整的学习体系帮助学生掌握英语的四项基本技能——听、说、读、写。本版是作者 L. G. Alexander(英)亲自修订后专为中国人学习英语而改编的新版。根据中国读者需要增添了词汇表、课文注释、练习讲解和课文的参考译文,并配以全新的练习和插图。全套书共 4 册,既相互衔接又相对独立。第一册为英语学习初级阶段,为中学生和成年初学者提供的教材。第一册分学生和教师用书两部分,并各配有录音磁带;第二册为实践与提高阶段,适用于已经具备初级阶段英语水平中学生和成年人。第二册也分为学生和教师用书两部分,并各配有录音磁带;第三册是中级英语教程,是培养技能阶段:对英语的理解、口语、阅读和写作四项基本技能进行训练;第四册是熟练应用英语阶段,继续对英语的理解、口语、阅读和写作四项基本技能进行强化训练。(王维国)

H000113 **BEC2 模拟考试** 丁建民编。杭州大学出版社 1997 年 1 月版。36.8 万字。15.00 元。BEC2 是一项对考生在国际商务环境中英语运用能力的测试,其考核的是中级到中上级水平的英语学习者读、写、听、说英语的能力。作为一种评估应用能力的测试,BEC2 在题型设计和题材内容等各个环节中都体现了从事国际商务活动的人们所处理的日常事务的真实情况,测试涉及:1. 从事日常商务活动;2. 发布或获取有关人事或其他方面的信息;3. 确立并保持商务联系。(张文浩)

H000114 **英语国际音标入门** 张晓静、张连编。上海科学普及出版社 1997 年 9 月版。10 万字。14.80 元。按教学顺序编排成 13 课,循序渐进地介绍英语 48 个音标,每一个发音都配有彩色口型照片,同时配置了常用的短语练习,介绍了音素、音节、音流的概念,为全面掌握语句的发音,了解连读、同化、省略、不完全爆破音、句子重音、强读式、弱读式、升调、降调等变化,从而为发出流畅悦耳充满活力的英语语句打下扎实的基础。此外还配置了词汇表、英语歌曲、字母表、音标表、英语基本音组表、元音符号对照表。(陈英黔)

H000115 **英语词汇学引论(修订版)** 林承璋编。武汉大学出版社 1997 年 4 月版。33.1 万字。12.60元。高等学校英语专业教材,也是湖北省高等教育自学考试英语专业本科段英语词汇学课程的指定教材。全书共 8 章:1. 语言的定义,语言学与词汇学之间的关系;第二章,英语发展的几个历史阶段及其特征,英语本族词和外来词的特征;第三章,英语词义和语义之间的关系；第四章，词义变化中的四种不同趋势；第五章，英语的构词法；第六章，英语习语和特征；第七章，英、美英语的比较；第八章，介绍了英语辞书及其使用方法。该书用英文撰写，立论严谨，材料丰富，内容广泛，条理清楚，深入浅出。作者在理论阐述中博采众长，兼收并蓄，在坚持语言学的基本原则上，一方面大胆吸收了西方当代语言学理论在词汇学方面的新成就，另一方面认真总结了我国语言学研究的新成果，注意收集了近年来英语中出现的新词，在英语的构词法、习语、英国英语与美国英语的比较等诸多方面都提供了十分详尽的例证。（孟筱康）

H000116 **英语同义词辨异词典** 熊性淑、樊葳葳编。华中理工大学出版社 1997 年 5 月版。78.8 万字。30.00 元。共收 380 组常用英语单词，共计 1 700个。每组词是一词条，按字母顺序排列。在每组词中通过大量例句的分析比较，鉴别词与词之间的细微差异，如不同的词源，不同的上下文背景，不同的感情色彩，不同的涵义或相异的语法特征等。书后附有中英文索引。（梅欣君）

H000117 **大学英语 1—6 级通用词汇六用词典** 孟庆升编。天津科技翻译出版公司 1997 年 11 月版。80 万字。16.80 元。以国家教委 1994 年和 1996 年公布的大学英语 1～4 级和 5～6 级词汇为基础，共收入 6 600 条英语单词和 723 条常用词组。所收入的各条英语单词和常用词组分别给出中文释义和例解，重要词条还给出了同义词、反义词、短语搭配以及近义易混词语辨析。（袁永）

H000118 **大学英语 1—6 级词汇考点手册** 刘文俊编著。武汉测绘科技大学出版社 1997 年 9 月版。43 万字。12.00 元。采用双语注释编排，所列词条既有汉语释义，又有同义词或反义词；将词条的特殊用法、习惯用法，易混易错的含义，以及经常在考试中出现而容易被考生忽视的问题归纳为考点，加以详细解析，给出句型、句式，辨别正、误表达。

H000119 **计算机屏幕英语速查手册** 林勇主编。江西高校出版社 1997 年 4 月版。50 万字。35.00 元。介绍了 9 个软件分别是（MS—DOS、Microsoft Windows、Novell、Microsoft Word for Windows、Microsoft Excel for Windows、Lotus 1－2－3 for Windows、Foxpro、PC Tools、Norton Utilities）。介绍了在屏幕上出现频率比较高的英语词汇，在特定环境下的含义以及操作方法。全书共收词条 4 000 余条，其中函数 1 000 余条。每个软件中的词条按英文字母的顺序排列。全书正文后按软件的排列顺序，附有各部分的索引。在每个最基本软件中，依照财经应用的使用频度，注释有详有略。（舒平）

H000120 **英语语法自学指导** 游建民等编著。河北科学技术出版社 1997 年 8 月版。23 万字。11.50 元。共 30 讲，包括：词类、构词法与词的使用，句子成分与基本句型，时态、语态、语气、不定式、动名词、分词，关联句、并列、复合句，There be 句型，名词、同位语、状语从句，省略、标点的使用与大小号，句型转换、语义含混等内容。词序和术语与传统的语法书相一致，从比较英语和汉语的联系与区别入手，针对学生的实际水平、自学者易出现的错误进行讲解和分析，把死的语法与活的语言联系起来，尽量提供现代英语的各种现实情况，鲜明生动，可提高自学者的学习兴趣和记忆掌握效果。（李文杰）

H000121 **实用英语应试语法** 方文礼著。译林出版社 1997 年 4 月版。30 万字。13.50 元。兼顾普及与提高，既有语法规则的阐述，又有适量习题的操练。书中所选内容既考虑到传统语法对中国英语教学的影响，又注意与国内外新的分析归类方法和研究成果接轨。（欧阳旭）

H000122 **科技英语语法高级教程** 秦荻辉编。西安电子科技大学出版社 1997 年 3 月版。80 万字。33.50 元。编者通过对多年来积累的学生、专业教师、科技人员经常提出的问题，遇到的难点，英汉、汉英翻译中出现的错误等的认真分析归类，找出了科技英语语法的核心内容以及中国人学习科技英语时的重点、难点及易忽视的地方，并经过长期的教学试验，对某些难掌握的内容独创了极易为理工科大学生和科技人员掌握、符合他们思维特点的功能图法、公式法、试探法、推导法、小结对比法等行之有效的、新颖而独具特色的叙述方法。本书中绝大多数例句主要摘自物理、数学、电子学书刊，少量例句摘自医学等书籍。书中编入了 23 个练习，共包括 1 764 个摘自科技书刊的典型句子。读者通过分析和翻译这些句子，不但可巩固所学的语法条文，而且能增强科技英语语感，进而提高阅读英语科技书刊的能力。（夏大平）

H000123 **科技英语语法新编** 季健编著。新时代出版社 1997 年 5 月版。65.3 万字。34.00 元。归纳总结科技英语中常见的语法结构和阅读中的难点，帮助读者提高理解、阅读科技英语能力的专著。分两大部分。前 10 章为第一部分，着重介绍各种短语，以帮助读者提高对词与词之间关系的分析能力；

11～25章为第二部分,着重介绍各种连词及阅读中的难点,以帮助读者提高对句子与句子之间关系的分析能力。书中安排了大量的练习。(马征宇)

H000124　**新编英语语法(第三版)**　章振邦主编。上海外语教育出版社1997年版。146.3万字。80.00元。作者认为语言的三大系统中作为结构系列的语法是中心成分,是结合语音—文字系统和语义系统的枢纽。因此作者不仅写词法,写句法,而且写章法。这是语法写作中的独特见解。基于这一见解作者用3章的篇幅来写语篇结构、语篇纽带和语篇模式,使本书具有极大的实用性之外更显示其浓重的学术色彩。(张湘湘)

H000125　**新编英语常用词语法搭配词典**　舒宗来主编。华中理工大学出版社1997年10月版。106万字。38.00元。从《大学英语教学大纲》、《英语专业基础阶段教学大纲》以及外文原版词汇专著中精选近3 000个带有习惯用法的常用词,以动词为主,采用语法搭配形式,兼顾词语搭配。每个词条均按词性分别给出释义,并归纳带有规律性的多种搭配形式,分别给出汉语释义及例句。共计收搭配形式近8 000条,例句20 000余个。(杨志锋)

H000126　**英语用法问答A—Z**　刘承沛编著。外部教学与研究出版社1997年12月版。18.3万字。9.90元。将《英语学习》问答栏上的问题汇编而成。不限于英语的语音、语法、词汇等语言方面,有些问题还联系到文化和社会背景等等。(任满申)

H000127　**当代英语用法大词典**　刘世同等主编。辽宁人民出版社1997年5月版。166万字。60.00元。内容包括:1.单词词条:基本用法和特殊用法;词语搭配;典型错误分析。2.易混词词条:形式相似而意义不同的词;基本词义相同而用法略有区别的词;意义相同而不能交换使用的词;英国英语和美国英语在用词上的区别。3.同义词词条:对同义词进行辨析。4.语义不同程度词条:指出语义程度上的差别;对语义程度大体相同的词根据使用频率从高至低按顺序排列。5.话题词条:详尽讨论常用话题,指出各种语境及语言变体。6.语法词条。7.文体词条:指出在文体上具有特色的词及词组——避免使用或至少严格使用的词;陈旧词;矫揉造作词;滑稽词;委婉词;时髦词;正式词和非正式词。8.语音词条。9.标点符号词条。本书反映当代英语随着社会发展而发生明显或微妙的变化,其变化反映在词汇、语法、语义、语用、文体等诸领域。反映当代应用语言学研究的最新成果,大量的最新资料在理论和实践上对口语词和笔语词、正式词和非正式词、美国英语和英国英语分别予以详尽描述,从而科学描述英语语言特点,提出正确使用英语语言的科学依据。(刘世同)

H000128　**英语写作手册**　丁往道主著。外语教学与研究出版社1997年6月(中文)版。30万字。15.80元。初版于1984年,根据英语写作课实际教学中积累的材料编写而成。原书用英语写成,在修订中,将全书的讲解部分译为中文,在个别地方也做了修改和补充,保留了英语例句、例段和范文。全书分10章,就文稿格式、选词、造句,到整篇作文、研究论文和书信、简历等的写法都有所讲述。(任满申)

H000129　**英语写作基础**　杨俊峰主编。辽宁大学出版社1997年10月版。28万字。13.80元。高等教育自学考试英语专业教材。从基本句子的类型、结构到段落、段落的首尾,以及文章的分类、基本格式和基本写法等等,都作了详尽的解释。(陈晓东)

H000130　**英语科技论文和科技文摘写作精解**　孔庆炎主编。华中理工大学出版社1997年10月版。53万字。22.80元。分6章分别介绍英文科技文摘的写法、绪论的写法、正文的写法、结束语的写法、参考文献引证注释和致谢的写法、科技论文常用特殊表达方式和词汇及句型等,覆盖科技论文完整结构的各方面。(杨志锋)

H000131　**英语常用应用文**　熊锟、刘辰诞编著。河南人民出版社1997年9月版。20万字。14.00元。"国际交往实用书系"之一。对人们日常生活常用的英语应用文体的特点、写作要求及格式等加以讲解说明。主要包括:私人交往书信中的家信、友人间的信件和私人事务书信中的推荐信、申请信、求职信、辞职信、自传、简历等;社交礼仪中的请柬、邀请函、欢迎词、答谢词、祝贺词、慰问信、感谢信、唁函、讣告、悼词及作证明之用的介绍信、证件、公证书、证明书等。还包括应用非常广泛的海报、通知、启事、告示、讲话稿、公约、守则、制度、规定、计划、方案、备忘录、总结、报告及常用便条、条据、卡片、表格等常用事务应用文。(高保杰)

H000132　**实用翻译教程(英汉互译)**　冯庆华著。上海外语教育出版社1997年版。48.3万字。23.00元。作者根据自己多年的翻译教学实践经验,从语言、文体、修辞三方面立体地讨论翻译的理论与实践。在组织整体结构时,特别强调了实践的重要性,并精心安排了新颖而又富实效的多种译本比较、译者风格研究、比较文学与翻译、回译与翻译以及文体与翻译等翻译欣赏与实践的方法,此外,在讨论普

通的翻译方法之余，还用相当大的篇幅讨论成语与翻译及辞格与翻译，反映了作者对翻译实践的独到见解。（陈鑫源）

H000133 **牛津—杜登英语汉语图文对照词典** 商务印书馆1997年5月版。100万字。78.00元。收词近3万条，附图384幅，容纳天文地理、声光化电、文化教育、音乐美术、医疗保健、体育运动、食品服装、动物植物、娱乐设施、人体结构等多方面百科信息。（卢艳丽）

H000134 **牛津高阶英汉双解词典（第4版）** 商务印书馆1997年9月版。753万字。88.00元。原名《牛津现代高级英汉双解词典》(Oxford Advanced Learner's English-Chinese Dictionary，第3版)，是英国著名语言专家专门为亚洲地区的英语学习者编写的，其第三版简体汉字本商务印书馆出版于1988年，今改名为《牛津高阶英汉双解词典》(第4版)，内容比第三版增加50%以上，共收词和词组57 100条，其中4 000条是80年代中期以来新出现的科技、百科、生活方面的词语。如电子邮递、光盘、传真电报等。示范性例句81 500个，大部分摘自当代英语语料库，习语和短语动词12 720条，均有互相参照条目。新增200个语法专题或难学词语的用法说明。附录有英语标点符号用法、化学元素、地名表等10种。在书内的随词插图之外，书末另列全新插图，全书共1 820幅，并在图末附中英文对照的说明。（薛琪）

H000135 **外研社建宏英汉多功能词典** 简清国、林茂竹主编。外语教学与研究出版社、建宏出版社1997年1月版。399万字。58.80元。除基础词外，还收录了当代流行的一些新词语，如E-mail(电子邮件)，Karaoke(卡拉OK)等，具有鲜明的时代特征。该词典特别强调"词语搭配"，把许多重要词语搭配都以公式形式在有关词条下一一标示出来，并附加例句，词典还注明习惯用法，标示分辨常用同义词、近义词；区分文语和口语、褒义词和贬义词。在重要单词后面还附加了相关单词；又利用"图示"，列出相似、相关词语。词典还提供了一些与语言学习有关的文化背景知识。（王维国）

H000136 **汉英词典** [美]德范克主编。汉语大词典出版社1997年8月版。220万字。38.00元。新型汉英词典，由美国资深语言学家和汉学家德范克(John DeFrancis)教授等创意和主持编纂。全书完全按词条拼音字母顺序排列，打破了传统的按汉字和音节顺序排列的做法。所有词条都严格依据《汉语拼音正词法基本规则》实行分词连写，并且标注词性，说明用法。本书用新设计的电脑软件进行处理，收录了注释详尽的71 486个词条。（徐文堪）

H000137 **汉英词典（修订版缩印本）** 北京外国语大学英语系词典组编。外语教学与研究出版社1997年9月版。550万字。69.90元。修订版在保留第一版优点的基础上，进行了大量的增补和改编，增加了改革开放以来出现的新词新义及复活的旧词旧义，增补了同义词、近义词、带文学性的词语及反映我国传统文化的词语，总计正文增幅约1/2，条目增加了1.8万条，使全书条目增至8万条左右。（雷航）

H000138 **汉英辞典** 吴光华主编。上海交通大学出版社1997年7月版。812万字。135.00元。在保持《汉英大辞典》特色的基础上，由海峡两岸的英语专家共同策划编写，分别以简繁体两种版本向世界各地发行。共列单字条目1万条，多字条目18万条，条目内另附成语10万条。（成敬祥）

H000139 **考试备用英汉词典** 吕志士、郭浩儒主编。海南出版社1997年8月版。159万字。48.00元。收录大约2万个根据不同的考试范围进行词级定位的词条，同时，吸收了近几年出现的大量的词汇。并对以上词条的派生词、复合词、常见搭配做了详细的阐释。词典的附录资料对词根、词缀进行了详细的介绍，对易混词、动词用法、写作常用套语也作了归类。（朱作霖）

H000140 **英汉双解词典** 刘亚义等编。上海交通大学出版社1997年5月版。119万字。43.00元。收词目20 000余条，在相应的词目内收集大量词组和习语，内容涉及语言交往的各个领域。书末还收集有关语法及常用学科方面的一些材料作为附录。（成敬祥）

H000141 **英汉汉英活用词典** 李思国主编。辽宁人民出版社1997年8月版。252万字。55.00元。由英汉词典和汉英词典两部分组成，英汉词典部分收录词目4万余条，连同习语、短语、派生词、复合词共计5万余条，词目后标注国际音标、词标、释义、例证等。本词典"用法"一项，包括同义词辨异、语言点精解、特殊语法详析、惯用法解说、句型和搭配说明、英美用法对比等。汉英词典部分收录常用汉字4 300个，复字条3.5万。词条按汉语拼音顺序排列，简化字注出其繁体字。附有汉语拼音音节索引，便于查阅。（雷光）

H000142 **朗文多功能分类词典（英英、英汉双解）** 戴炜栋、王彤福主审。上海外语教育出版社、朗文出版亚洲有限公司 1997 年联合出版。380 万字。72.00 元。分 14 个主题,130 多个项目,收录词汇、词组、惯用语近 3 万个,例句 4 万余条。内容涉及日常生活、社会政治、商业经济、思想感情等。其功能多样,主要表现为:(1)辨析同类词语的异同;(2)列出大量同义词和相关词汇供读者选用;(3)提供多种检索方法;(4)启发读者从已懂得的词语进而认识一大群同类词汇;(5)帮助系统地记忆词汇;(6)指示英语的正确用法,各词目均注明语法符号;(7)用作普通词典检索不认识的词语。此外,该书还附有按字母编排的索引,方便读者检索。(江雷红)

H000143 **最新汉英词语辞典** 胡志勇编。大连理工大学出版社 1997 年 3 月版。40.5 万字。24.00元。融文、理、工、农、医、经、商等学科为一体,广泛收集了改革开放以来的新词及词语,包括常用词语及科技术语,并特别注重收集近 10 年来社会科学和自然科学各领域中的新词新语,所收词条近一万条,译义简单、新颖,词条均加注了现代汉语拼音,有的词条设有相同释义的多个英文词(供选择用)。(刘宪芹)

H000144 **蓝登书屋韦氏英汉大学词典** 《蓝登书屋韦氏英汉大学词典》编译组编。商务印书馆 1997 年 4 月版。890 万字。210.00 元。以《蓝登书屋韦氏大学词典》修订本(Random House Webster's College Dictionary, revised edition)为蓝本,并从收词 30 万条以上的巨型《蓝登书屋英语大词典》(The Random House Dictionary of the English Language, second edition, unabridged)中选收补充了大量新词新义。共收词条 18 万条,语文百科兼收,广泛收录美国英语,反映美国语言与文化;采用国际音标,标注英音和美音;主要栏目有 38 000 个用法说明及相关标签、30 000 个例语例句、40 000 条详尽翔实的词源、7 000 个古今各领域内知名人士的人名词条、6 500 个地名词条、6 000 个习语和短语、5 000 个同义词和反义词研究等;文内还附有 1 500 幅精美插图、地图、图表并附详细说明。正文前有详述英语词源以及美国英语特点等数篇论文。书末设有若干个附录。(李华驹)

H000145 **新世纪英语用法大词典** 王文昌主编。上海外语教育出版社 1997 年版。510 万字。150.00元。供中等以上程度的英语学习者和工作者使用的大型工具书,收录 15 200 个字条,词语组合 10 万余条,典型例证 8 万余句。其主要功能包括基本读音、词义和释义,而且还注明相关的同义词和反义词。每一词条为读者提供精选灵活搭配和固定搭配等相关词组和例证,所举例证均有文献来源。对于一些不易掌握的同义词,给出同义词辨析。对于习语,编者在词条中适当处以简练的文字注明单词的语体特征和语法特点等,使读者在口笔语中表达得体。书中还收有当今英美社会出现的相对稳定的新词语,以体现现代英语风貌。(邬孝先)

H000146 **新英汉小词典(修订版)** 张福基等修订。上海译文出版社 1997 年 11 月版。169.1 万字。14.80 元。系对 1986 年出版的《新英汉小词典》从内容到形式上的全面修订,收词更完备、科学,共收词(含词条内部的派生词和复合词)35 000 余条,比初版本增收了约 5 000 条。收编了反映各领域最新发展的新词、新义和新用法,如 ATM[自动柜员机]、beeper[寻呼机,BP 机]、E-mail[电子邮件]、information highway[信息高速公路]、internet[(国际)互联网络]、teletext[图文电视]、bioremediation[(受污染水域等)的生物治理],以及 mousse[摩丝;用摩丝做(头发)]、vegetablize[(使)成为植物人;过植物人似的呆板单调生活]等。本词典还在环衬上增设了"怎样查找派生词、复合词和习语"的体例示意图;在正文前增设了"音标及发音例词表";正文后仍保留了原设的 3 种附录。

H000147 **最新英语类似语辨析词典** 周振邦编著。青岛海洋大学出版社 1997 年 1 月版。46 万字。28.80 元。对英语中极易引起混淆和误解的类似语结构,即表面上相互类似而意义上必须加以区别的各种语言结构进行了剖析和研究。收集提炼了从读音、构词、词源、拼写、转类、词序到惯用法、句法、歧义、修辞等各个语言范畴中的数以万计的各种极易引起混淆和误解的类似语结构,集中系统地对它们进行对比分析,并提供可靠的判断论据和确切的参考译文。本书以词条的首字母为序进行编排,对涉及到的类似语结构逐一加以对比分析,并尽可能提供类例和参考词条。(李曦聪)

H000148 **轻松音乐学英语(图书)** 任凯、冯存礼编著。国际文化出版公司 1997 年 7 月版。20 万字。17.00 元。中央电视台教育节目配套教材。精选 10 首英文名歌金曲,分 10 课,每课围绕一首歌曲通过一问一答的形式,把英语学习和对英文歌曲的欣赏与学唱巧妙地结合起来。

H000149 **彩虹与风筝** 小埃德温·T·科尼利厄斯著。四川人民出版社 1997 年 5 月版。29.6 万字。88.00 元。为幼儿和儿童学习外语设计的多媒体视听说教程，提供了适量的英语语法知识、词汇，还教会儿童运用并掌握符合幼儿智力发展水平的学习方法和阅读技能。本套教程由视（听）教材 VCD 五碟及与之配套的“教学指南”和“学习活动册”各 5 本组成。

H000150 **日常生活英语** 李晶漪、李世孝主编。河南人民出版社 1997 年 12 月版。18 万字。11.00元。“国际交往实用英语书系”之一。基本内容为日常生活中一些场情对话英语。其中包括：谈论家庭和亲戚；购物，主要包括购买衣物、家用电器、其他日常生活用品等；看病；洗理；餐饮，包括在家待客和外出就餐；休闲，包括歌舞厅、音乐会、健身与运动、郊游、爱好等方面活动；聊天；求职；邮电通讯，包括邮寄信件、寄钱物、打电话、发电报和传真等；交通，包括乘飞机、火车、出租车、公共汽车、地铁等；住旅馆；节日、宗教和习俗等。（柳明）

H000151 **中国历代散文一百篇** 戴抗选、谢百魁译。中国对外翻译出版公司 1997 年（汉英对照）版。30 万字。23.30 元。“汉英一百丛书”之一。以古文观止为代表的中国古代散文选集多从先秦两汉起始，以迄于明代，而以唐宋为重点。然而，明清两代亦不乏佳作，且更接近现代。因此，本书在选材上加大了明清的比重。以时代划分，计先秦两汉 18 篇、魏晋南北朝 6 篇，唐宋 33 篇，明清 43 篇。以题材分，计论说文约 21 篇，抒情文约 13 篇，写景、游记文约 17 篇，人物传记文约 13 篇，历史、叙述文约 14 篇，寓言、小品文约 14 篇，杂记文约 8 篇。选材的主旨在于以一百篇为范围，尽可能反映中国历代散文的概貌，既注重题材的思想、情操和精神境界，又兼顾知识性、趣味性和可读性。因此，除开一些有口皆碑、家喻户晓的文学名篇之外，也选了一些能反映中华民族古代哲学、政治、经济、法律、思想以及历史、文化、艺术（如绘画、雕刻、表演等）和人物描绘、寓言小品方面的作品。至于晚清，则结合当时变法维新、借鉴西方的思潮，选了薛福成的《观巴黎油画记》和黎庶昌的《卜来敦记》，同时也选了徐珂的《冯婉贞》，以反映当时中国人民反抗列强的爱国主义精神，此外，还选了清末爱国的改革派先驱魏源的时论《湖广水利论》。（毕小元）

H000152 **中国孩子在美国** 郑良根主编。浙江教育出版社 1997 年 12 月版。22 万字。8.00 元。最近几年，在美国出现了 100 多所由 80 年代开始到美国的中国留学生们创办的中文学校。这些中文学校缺乏适用的教材，缺乏学生喜欢的读物。这本集子里的文章是生活在美国的中国孩子写的，是提供给全美中文学校协会为编写教材所征集到的材料。他们有代表地反映了生活在美国的中国孩子的生活风貌和精神状态。

H000153 **中国高山花卉** 云南省林业科学院编。中国世界语出版社 1997 年（中英文对照）版。3 万字。88.00 元。画册。在选择植物图片时，特别注意了各种花卉生长的海拔高度，选用的图片全部是植物工作者不畏艰辛，在海拔 3 000 米以上的高寒地区拍摄的原生种。海拔 5 000 米左右的高寒地区是人类不愿涉足的生命禁区，这一区域的花卉图片占了本书的大半篇幅，它们带给人们的是另一番景象。全书以简约的文字，罕见精美的实物图片，向人们介绍了各种高山花卉的生长环境及生长地。（苏漪军）

H000154 **公共关系英语** 熊锟主编。河南人民出版社 1997 年 9 月版。19 万字。13.50 元。“国际交往实用英语书系”之一。共 7 章：第一章“公函、业务信件格式”；第二章“公共社交往来函电”，主要包括邀请信及其回复，贺信、感谢信，接待，打电话等；第三章“致辞”；第四章“公示文书”主要包括布告和公告，通知、通告，海报，声明，会议和会谈的记录、纪要、决议，规则和命令等；第五章“事务性工作报告”主要包括计划与方案，报告书，总结；第六章“宣传文书”主要包括商标，商品使用说明书，商品介绍，广告，产品合格证；第七章“合作文书”主要包括备忘录，协议书与公报，项目意向书，公约与条约，合同等。书后附录内容为“公共揭示用语”和“公共场所名称”。（柳明）

H000155 **古诗文英译集** 孙大雨译。上海外语教育出版社 1997 年版。55 万字。43.00 元。包括楚、晋、唐、宋诸朝著名诗人、散文家的名篇约 140 余首（篇）的英译，写有英文注释 394 条约 8 万余字，附录部分收了译者关于汉诗英译的理论研究论述，兼译英籍汉学家翟理思等的唐诗英译。（张湘湘）

H000156 **外国幽默讽刺故事精选** 耿阿齐、吉磐华等编译。天津科技翻译出版公司 1996 年 3 月—1997 年 9 月版。50 万字。250 幅图。43.50 元。根据近几年美国最新出版的幽默小品编译而成，并配有风趣的漫画插图。收有幽默小品 942 篇，以英汉对照形式出版，文中难点（英美风俗，节日习惯俚语等）加以注释，并将文章中的一些特难拼写或很少使用的词语进行替换，便于我国读者阅读。书后列有生词表和音标。（耿阿齐）

H000157　**动物的故事及其他**　吉姆·韦斯编。中国对外翻译出版公司 1997 年版。17.8 万字。8.80 元。文学作品，配有 5 盘磁带，收入英语听读系列第一辑(该系列共 3 辑，每辑配 5 盘磁带)。本辑内容有动物的故事；童话故事一组；他和她：爱情神话；烛光下的故事；亚瑟王和圆桌骑士。动物的故事包括格拉夫家的三只公山羊、狮子和老鼠等 9 个故事，富有寓意。童话故事一组包括石头汤、穿靴子的猫等 4 个故事，特点是幽默中透出智慧，离奇但不失真实。他和她：爱情神话，由波西卡和丘比特、阿塔兰忒和金苹果等 5 个故事组成，歌颂忠贞不渝的爱情。烛光下的故事是入睡前父母讲给孩子的故事，节奏舒缓，意境优美。亚瑟王和圆桌骑士讲述了亚瑟如何称王以及他手下那群骑士的传奇经历，歌颂了国王的伟大和骑士们的骁勇。(马新林)

H000158　**走遍印度河**　陈宏光著。中国世界语出版社 1997 年(汉英文)版。21 万字。22.00 元。讲述的是中国地质工程公司巴基斯坦暗管工程项目组的故事，作家陈宏光以泼墨大写意与工笔重彩相结合的手法，写出了中国地质工程公司在群雄角逐，风起云涌、变幻莫测的国际工程承包市场上竞争夺标，艰苦奋斗直至取得辉煌业绩的历程。写出了以田潮、宗国英为代表人物的一批年轻企业家及工程技术人员在所在国动乱、闹工潮等特定环境中，克服了重重困难，夺得了胜利，圆了巴基斯坦人改造盐碱地的梦，谱写了中巴友好的新篇章。(苏淆军)

H000159　**英汉(汉英)一百丛书**　中国对外翻译出版公司编。中国对外翻译出版公司 1987 年—1997 年版。题材包括寓言、诗歌、散文、短篇小说、书信、演说、语录、神话故事、圣经故事、成语故事、名著选段、世界战纪等等。每一种都由一百个单元组成。从 1987 年至 1997 年，一百丛书先后出版了 29 种，还将陆续出版。29 种包括(其中前 16 种为英汉对照，后 13 种为汉英对照)：《英语爱情诗一百首》(黄杲炘选译)、《圣经故事一百篇》(刘意青等译)、《莎士比亚戏剧精选一百段》(黄兆杰编译)、《英语谐趣诗一百首》(彭予、马丽娅编译)、《现代战纪一百篇》(姚乃强编译)、《希腊罗马神话一百篇》(陶洁等选译)、《外国幽默小品一百篇》(蒋自新、刘意青选译)、《名人演说一百篇》(石幼珊译、张隆溪校)、《英美名诗一百首》(孙梁编选)、《名人书信一百封》(黄继忠译)、《世界著名寓言一百篇》(陈德运等译)、《莎士比亚十四行诗一百首》(屠岸编译)、《英美著名儿童诗一百首》(屠岸编译)、《现代英美诗一百首》(张曼仪主编)、《英文散文一百篇》(高健译)、《柔巴依一百首》(黄杲炘译)、《中国古代寓言一百篇》(乔车洁玲选译)、《中国历代笑话一百篇》(卢允中选译)、《中国成语故事一百篇》(杨立义选译)、《唐诗一百首》(张廷琛、魏博思选译)、《唐宋词一百首》(许渊冲选译)、《中国神话志怪小说一百篇》(丁往道选译)、《中国现代诗一百首》(庞秉钧等编译)、《佛经故事一百篇》(张庆年选译)、《孙子兵法一百则》(罗志野选译)、《中国历代微型小说一百篇》(马家驹编译)、《中国古代案例一百篇》(乔车洁玲选译)、《中国历代散文一百篇》(戴抗选、谢百魁译)、《中国历代短简一百篇》(谢百魁、陈启达选译)。

H000160　**英语故事会**　贾柱立编。天津大学出版社 1997 年 1 月版。31.9 万字。16.00 元。收录古今中外各种趣味性读物百篇。体裁和内容包括：通俗短文、童话寓言、幽默小品、民间传说、神话故事、人文民俗、名篇简写、佳作采撷、作家生平、故事梗概、名人轶事、小说散文、名胜史地等。(吴蕾)

H000161　**国际电话电报电传英语**　陈良旋编著。河南人民出版社 1997 年 9 月版。15.5 万字。10.00元。“国际交往实用英语书系”之一。分为“电话英语”、“电报英语”和“电传英语”3 章。第一章“电话英语”部分介绍了打英语电话应遵循的原则和应注意的事项，如何打国际电话，以及不同情况下的电话用语，并给出大量的电话英语实例，供读者直接学习使用。第二章“电报英语”部分主要介绍电报的种类、电文字数计算、如何起草电文及应注意的事项，最后给出各种英文电报的实例。第三章“电传英语”部分除简要介绍电传的一些基本知识外，重点介绍电传的文体、格式、语言特点、缩略语的一般规则，并给出 6 个英语电传实例，实例后配有注释。书后附录内容为“最新国际及港澳台地区电话代码及价目表”和“电传电文常用缩略语表”。(柳明)

H000162　**国际招标投标与合资企业文书英语**　李晶漪编著。河南人民出版社 1997 年 9 月版。15 万字。11.50 元。“国际交往实用英语书系”之一。着重讲解招标与投标的概念、招标书和投标书的种类、写作要领和应注意的问题；国际性招标的操作程序；中外合营企业的基本概念、建立程序和合营企业合同的特点、内容及写作中应注意的问题；还以英汉对照的形式介绍招标、投标和建立合营企业活动中的一些实例及写作格式和样本。(高保杰)

H000163　**国际贸易文书英语**　陈良旋编著。河南人民出版社 1997 年 9 月版。20 万字。13.50 元。

"国际交往实用英语书系"之一。介绍了各种商业文书的不同风格和特殊格式，并按外贸业务所涉及的各个主要环节的先后顺序编排，含建立贸易关系、询盘、报盘、还盘、接受和拒绝、订货、确认、资信调查、形式发票、代理、信用证、装运与交货、保险、投诉与修正、索赔等若干专题，每个专题均有：(1)概念介绍、写作特点与应注意的书写原则；(2)信函实例；(3)参考译文；(4)参考用语。(柳明)

H000164 **国际贸易谈判英语** 陈良旋编著。河南人民出版社 1997 年 9 月版。12 万字。9.00 元。"国际交往实用英语书系"之一。以外贸商务谈判的主要过程为顺序，并通过具体实例进行编写，内容主要包括：迎接外商，初次会谈，参观会谈，询盘，报盘，补偿贸易会谈，还盘，接受或拒绝还盘，商谈折扣，关于交货与付款及货运的装运、包装的会谈，关于协议与合同、代理、保险、索赔等方面的会谈。全书没有讲解，全部以实例说明问题，并采用英汉对照方式，内容丰富，简明实用。(柳明)

H000165 **金融业务英语** 刘伟、宁建新编著。河南人民出版社 1997 年 10 月版。20 万字。13.50 元。"国际交往实用英语书系"之一。以系统的金融业务知识为基础，对银行业务操作知识和国际贸易支付与结算实务进行了介绍。主要内容包括：货币的职能、金融市场服务、外汇业务知识、国际间资金转移、利率交易、期权期货、外贸信用工具、结算单据、支付与结算方式及贸易结算实务等。(柳明)

H000166 **学生趣味英语读物** [美]马文·米勒著，王恩冕等译注。中国对外翻译出版公司 1997 年 1 月(英汉对照)版。约 63 万字。55.50 元。本丛书共分为两个系列，即侦探系列和判案系列。前一系列由《大侦探你来当》、《金蝉脱壳案》、《谁干的勾当?》、《死亡降临餐桌》、《科学狂人的秘密》组成；后一系列由《疯狂的鹦鹉》、《沉睡不醒的囚徒》、《不知去向的顾客》和《红气球案》构成。每一分册约 7 万字。本系列书要求读者把自己当作侦探和法官，根据书中提供的作案现场、涉嫌人员、各种线索和证据来破案或判案，篇后附有答案。(韩建荣)

H000167 **实用广告英语** 宁建新、陈观亚编。河南人民出版社 1997 年 9 月版。17.5 万字。8.50 元。"国际交往实用英语书系"之一。运用广告学和语言学的一些基本理论，较为系统地介绍了英语广告的语言特点、结构特征、创作方法与技巧，并按广告大体分类，详细介绍了包括介绍类、销售类、商品说明书、公司广告与国际广告等的各类英语广告的特点，并给出大量中外广告实例供读者直接学习借鉴。书后二则附录为"广告英语常用表达法"和"广告英语常用术语"。(柳明)

H000168 **实用美国商务英语** 王庆云、高文志编。河北科学技术出版社 1997 年 1 月版。35.2 万字。15.00 元。分两大部分 28 章，针对中美贸易中经常遇到的问题，如反倾销、贸易保护、非关税壁垒等，较全面地介绍了美国如何扩展海外业务，如何进口货物等方面的知识。各课均由课文、词汇、专业术语、习惯表达法、注释和综合练习等内容组成。课后还附有汉语参考译文。(宋自忠)

H000169 **实用旅游服务英语** 宋兰臣主编。河北科学技术出版社 1997 年版。42.8 万字。18.00 元。分 26 课，分别就职业的选择、旅游管理、旅游服务、旅游产品、旅游经营与营销等方面的内容进行了介绍。每课设有课文、会话、生词、专业术语及练习等，对语言重点、难点、常用句式结构、习惯用语等，均做了较为详细的注释。书后还附有参考译文与练习答案。(宋自忠)

H000170 **实用涉外饭店英语** 宋兰臣主编。河北科学技术出版社 1997 年 3 月版。48.9 万字。20.00 元。共计 24 课，每课均由课文、会话、生词、专业术语和习惯用语、注释及练习等部分组成。内容涉及饭店的管理、组织机构、客房、餐厅、工程与维修、保安、销售、前台、财务等部门的职责与服务要求等。书后附有参考译文及练习答案。(宋自忠)

H000171 **美国风情录** 孙致礼、唐慧心译。中国对外翻译出版公司 1997 年版。15.00 元。英汉对照读物、英语听力材料，附 6 盒录音磁带。美国英语广播教学系列之一种。选入 33 篇文章，从各个侧面反映了美国的风土人情，既有杰克·伦敦、马克·吐温等名家的文学作品，也有从家庭问题到选美大赛的生活掠影；有对 20 年代股市暴跌的回顾，也有 80 年代对外星人的探索；有对家喻户晓的传奇人物海伦·凯勒的特写，也有对风靡全球的摇滚歌星迈克尔·杰克逊的介绍。这些作品勾勒了一幅五光十色的美国社会场景，描绘了美国人民所走过的历史道路和他们的喜怒哀乐。

H000172 **美国英语广播教学系列** 中国对外翻译出版公司 1997 年版。附英语录音磁带的英汉对照读物。原为"美国之音"对华广播教育节目，共 10 册，分别附有英语录音磁带，包括：《中级美国英语》"美国之音"中文部编，《美国成语俗语 1》[美]迪克·麦卡锡、苏明编著，《美国成语俗语 2》[美]迪克·麦卡锡、苏明编著,《美国词语的掌故》上下,"美国之音"慢速英语部编,《时事英语成语》"美国之音"中文部,《空间与人》程邈、苗锋译,罗进德校,《科技新闻讲坛》贾宗谊、刘荣、钟允之、谢栋凤译,《美国风情录》孙致礼、唐慧心译,《一个国家的成长》李旭阳译,罗进德校,《美国历史漫谈》刘丽媛译。这套丛书全部采用地道美国英语,用纯正美国语音发音。内容上涉及历史、风情、科技、空间技术、时事、成语俗语等美国社会生活的多个层面,程度上由浅及深,适合于高中生、大学生及相当水平的英语自学者。

H000173　**留学事务英语**　熊锟著。河南人民出版社 1997 年 9 月版。13 万字。10.00元。"国际交往实用英语书系"之一。详细介绍出国留学前需要办理的有关申请手续,诸如打算到哪个国家的哪所院校或科研单位、准备攻读什么课程或何种学科、索取入学申请资料、申请人自己需要准备的个人资料及经济担保情况等;还介绍了入学后可能会遇到的问题,并对解决问题的办法提出了建议。本书以大量的篇幅重点介绍有关书信的撰写方法及撰写过程中应注意的问题,书后附录简要介绍如 TOFEL、GRE、GMAT 等留学考试情况以及最新美国大学排名榜、最新美国大学各系(学科)排名榜等。(高保杰)

H000174　**宾馆饭店与旅游服务英语**　李晶漪编。河南人民出版社 1997 年 9 月版。13 万字。10.00 元。"国际交往实用英语书系"之一。分 6 部分,其中日常接待用语部分着重介绍人们见面时互致问候与称呼,介绍相互认识及提供帮助,表示祝愿、感谢、道歉等常用语句;旅馆业务部分涉及订房间、接待客人、安排住房以及客房服务和电话服务等项目;餐饮服务部分主要介绍餐厅、咖啡馆和酒吧服务用语;针对许多游客常爱购买一些旅游纪念品以作留念或馈赠亲友这一情况,购物部分选编了这方面的资料加以介绍;旅游观光部分囊括了从迎客、介绍游览区到送行这一旅游服务全过程。书后附录部分附有《中国国际旅行社旅行委托书》、《外国人临时住宿登记表》和《征求旅客意见表》等常用表格及由旅馆提供的《旅客须知》、《收款清单》、《服务费收据》等常用资料,而且还提供了常用的国内饭店组织机构表、饭店专用语以及常用菜单等。(高保杰)

H000175　**谁干的勾当?**　[美]马文·米勒著,国斌译注。中国对外翻译出版公司 1997 年 1 月(英汉对照)版。8 万字。6.50 元。"学生趣味英语读物"侦探系列中的一种,由 9 个附有插图的侦探小故事组成。它们分别是:"穿湿衣的嫌疑犯案"、"爱犬案"、"投掷雪球者案"、"火车头失窃案"、"倒霉的歌迷案"、"弄巧成拙的入室行窃案"、"送货员挨揍案"、"糟蹋食品案"和"试题失窃案"。本书要求读者把自己当作侦探,跟随主人公弗雷德·邓普蒂警官,施展各种破案技巧,亲自尝试侦破工作的惊险与乐趣。在破了一个案子之后,对照一下答案,看看你是否具有敏锐的观察力和分析问题、解决问题的能力。本书书名《谁干的勾当?》就是要求读者准确地找出 10 个案子中的犯罪嫌疑人。此外,书中还介绍了各种侦破手段和技巧,如怎样区别不同人的唇型、脚印、笔迹;告诉你如何借助扑克、电话和尺子来传递情报等等。本书由英文原文、注释和参考译文 3 部分构成。读者首先要读懂原文,理解原文的含义,然后才能作出准确的判断。书中附有注释和中译文。(韩建荣)

H000176　**清东陵**　李万贵、庞玉忠主编。中国世界语出版社 1997 年(中英文)版。2 万字。55.00 元。清东陵是清王朝入关后开辟的第一座皇帝、皇后陵区,它位于北京河北省遵化市马兰峪境内,是中国现存规模最大、体系最完整的古代帝王、后、妃陵墓群。画册按陵寝建筑年代和主要旅游路线,介绍了陵区的景观、陵寝规制、所藏珍宝以及陵墓被盗情况和出土文物等方面的情况。(苏漪军)

H000177　**锦绣中华**　施永南、望天星编。中国世界语出版社 1997 年(中英文对照、德法文对照)版。3 万字。268.00 元。以 1992 年《中国旅游报》公布的"中国旅游地四十佳"为基础,收集了中国有代表性的风景名胜四十多处,对每一景区都做了总体介绍,然后循景区旅游线路讲解重要景点。(苏漪军)

H000178　**大学英语四级考试新题型模拟试题集**　齐世和主编。天津大学出版社 1997 年 10 月版。55.3 万字。26.00 元。由 7 个部分组成。其中,听力理解(含新题型"听写填空"),阅读理解和英译汉、简短回答题、词汇和结构、完形填空和短文写作等 6 个部分为单项模拟题,每部分各包括 15 个单元,供学生进行单项练习使用。第七部分为 10 套综合模拟试题。新题型在模拟试题中交替出现。所有的练习都有参考答案。听力磁带由外籍专家录制,书中附有录音文字材料。短文写作有参考范文。(刘铁)

H000179　**从 ABC 到英语会话**　周力、翁显雄主编。广东世界图书出版公司 1997 年 6 月版。18.00 元。以一般性日常口语为主,着重参考了近年来外国的口语教科书及国内改革开放以来涌现的新鲜词汇。本书每单元均含有 6—8 个对话,前 4 个为基本会话,较为简单。后面的属扩展性对话,相对较难。这

就解决了程度不一的问题。(陈洁)

H000180 **饭店英语** 胡永辉主编。译林出版社 1997 年 8 月版。24.6 万字。22.80 元。包括饭店各部门、各岗位近 50 多段专业情景对话、900 多句常用句型和 2 270 多个专业词组。(孙峰)

H000181 **英语听力突破** 李阳、克立兹编著。广东世界图书出版公司 1997 年 4 月版。25.00 元。2 册。主要介绍了口语突破听力、口语听力共同辉煌之疯狂原则,李阳、克立兹句子处理"疯狂三步曲"、口语、听力、发音同时突破的秘诀,以及如何在听不懂的情况下照样选对答案、听力突破小怪招以及听力分类轰炸。其中穿插了大量的听力示范练习。配有录音带。(应中伟)

H000182 **美国英语 I(下册)** 柯灵思著。中央广播电视大学出版社 1997 年 10 月版。55.6 万字。31.00 元。美国 PACE 国际公司出版的电视英语教材,根据美国语言学专家和英国教授结合美国生活和工作的实际情景编写,帮助那些通过传统教学获得了英语知识的人把被动的语法和句型知识转换为主动进行交际的能力和技巧。全书分上下两册,共 64 课,包括 284 个短小对话,由浅入深地分为初、中、高级三个程度,是强化英语听说能力十分理想的教材。本册讲授自 31 课至 64 课,包括:"表达和查明态度"、"发挥个人能力"、"完成高级程度交际任务"等 3 部分;每部分均附有"复习"或"强化练习"等内容。(张静)

H000183 **美国英语 I(上册)** 柯灵思著。中央广播电视大学出版社 1997 年 10 月版。49.4 万字。28.00 元。美国 PACE 国际公司出版的电视英语教材,根据美国语言学专家和英国教授结合美国生活和工作的实际情景编写,其宗旨是帮助外国人学美式英语,特别是帮助那些通过传统教学获得了英语知识的人把被动的语法和句型知识转换为主动进行交际的能力和技巧。全书分上下两册,共 64 课,包括 284 个短小对话,由浅入深地分为初、中、高级三个程度。本册讲授自 1 课至 30 课,包括"提供信息和社交"、"参加交谈"、"应付有关社会习俗的问题"、"就社会和商业方面内容进行交流"等 4 部分;每部分均附有"复习"或"强化练习"等内容。(张静)

H000184 **新世纪美语** 陈卫东等编著。海南出版社 1997 年 5 月版。70 万字。36.80 元。从学习美国英语的实际出发,为提高听、说能力而设计编排;以对外交往中所涉及的生活、工作、交际、商贸等方面为题材,分集编成。各册分别为:"生活天地"、"工作就业"、"社会交际"、"商业贸易"。全部课程以对话为主,辅之以文化背景的知识介绍,突出交际功能和实用功能。用生动的画面、标准的语言对白,表现各种人物在不同场合、不同对象所使用的得体语言。(刘宇)

H000185 **法汉俚语词典** 吴胜利编著,杨荣甲审校。中国对外翻译出版公司 1997 年版。55 万字。28.00 元。外语工具书。收录包括贫民阶层、帮会团体、军队、警察、教育、体育,甚至卖淫业、赌博业中人们常使用的语言。(李小平)

H000186 **俄语语音学教程** 陈君华编著。北京大学出版社 1997 年 11 月版。20 万字。14.50 元。讲授俄语语音学的基本概念、音标、俄语重读、非重读元音、俄语元音特征、俄语元音的发音训练、俄语中的音变、音节、词重音、语调手段、调型的基本类型特征、运用、俄语节律等俄语语音学理论及实践运用问题。同时针对中国人学习俄语语音的实际情况,结合汉语语音知识,进行具体分析研究。(张冰)

H000187 **新编实用日语外来语词典** 杨岚主编。大连出版社 1997 年 6 月版。285 万字。98.00 元。收词近 8 万条,除大量的一般词语外,还有一定比例的常用专业词语。专业词语涉及到政治、经贸、文化、教育、军事、体育、音乐、美术、电影、电视、广播、广告、交通、邮电、医药、食品、美容、服饰、无线电、计算机等数十个领域。词典正文中收入了日本人常用的缩略语。同时还收入了重要人名、地名、事件名、作品名等专有名词。此书在编写进程中参考了近年来日本出版的数十种日语外来语词典,并且精选了许多最新的日语外来语,特别注意收入了大量的 90 年代的新词语。此外,该书还具有定名准确、释义明晰的特点。(王天华)

H000188 **实用日语语法** 王诗荣主编。湖南人民出版社 1997 年 1 月版。29 万字。14.80 元。收入"实用外语学习丛书"。系统地编入了国家教委批准实施的《高等院校日语专业基础阶段教学大纲》中所列的全部语法项目,并覆盖了《大学日语教学大纲》和《大学日语(第二外语)教学大纲》中的全部语法项目。在编写过程中对我国学生较难掌握的用言,助词,助动词及句子结构等内容做了着重的讲解与例示。(聂双武)

H000189 **日语动词·体·态用法详解** 吕寅秋、林泽清编著。黑龙江人民出版社 1997 年 4 月版。24.5 万字。15.00 元。系统地论述日语动词的使用规律的工具书。突破了以往语法中对动词的论述只限于动词本身活用的局限,从句法的角度对动词进行了分类,并分别详尽地论述了日语动词的4个最重要的方面:时态、语态、体及语气。论述中吸收了近年来国内外日语动词研究的最新成果。每部分都附有大量例句,通过详细的分析对比,深入浅出的论述,向读者展现实际应用中的日语动词的全貌。(徐冲)

H000190 **汉日翻译应用词典** 纪力晶主编。商务印书馆1997年3月版。94.00元。共收集汉语词汇1.7万余条,日语词语14.7万余条。以大量的例句,对每个词的含义及用法作了详尽的解释,特别是词语之间的搭配关系以及同字不同义、容易混淆的成语、谚语等均通过实例加以辨析。(韩秀英)

H000191 **现代日汉双解词典** 俞彭年主编。上海外语教育出版社1997年版。320.6万字。70.00元。以现代日本语言为主的双语双解中型工具书。收录基本词汇、一般词汇、普通科技词汇以及外来语词汇3万5千余条。所收词汇均为日本现代语,用途广泛,实用性强。该词典中文释义正确、完整,概念明确、清晰。中文对译词义确切、简洁明了。本词典在各词义项内收有派生词、复合词及少量同音异形词。日文中的接头词、接尾词也尽量收入,汉语造语成分也作为词条酌情收入。对于常用词或难解、难用、难译的词,除另加说明外,还附有例句。有些词还附以限定用法说明,另外还列出反义词,以帮助读者准确掌握该词的词义。(江龙娣)

H000192 **新日汉辞典** 矫远峰主编。辽宁人民出版社1997年6月(增订)版。525万字。95.00元。综合性的双语工具书。在原版基础上对释义、词性、例证等有缺陷之处进行了修订,对许多词目的释义增加了新的义项;每个词汇都标注了重音符号,共收录基本词汇、派生词汇、科技术语、外来语和大量的惯用语、成语、谚语等,共计7.5万条。书末编有汉字音训练法等17项附录。(何跃)

H000193 **生活日本语** 人民教育出版社、[日]株式会社旺文社著。人民教育出版社1997年6月版。20.5万字。5.60元。实用会话手册。编排了从乘飞机飞往日本一直到回国的基本会话。由两部分组成:第一部分是“基本表达”,从读者的实际出发,把经常使用的典型表达方式按照交际目的分类编排;第二部分是“情景对话”,设定出在日本生活的各种具体场景,编排了多种不同的表达方式和日常会话。会话中注意编选男女皆宜,实用、上口的日语表达方式,没有收入只在十分亲密的人之间才使用的表达方式、俗语以及略语之类。各个场景的对话之后还设置了“关联词语、用法及表达”一栏,着重说明它们的用法,并对日语中表示尊敬或礼貌的词语给予注释。附录部分对日语独特的语序进行了说明。(唐磊)

H000194 **中韩辞典** 康寔镇等编。黑龙江朝鲜民族出版社1997年12月版。486万字。136.00元。根据韩国进明出版社1991年1月版编译出版。收词20 444个,其中包括近10年的新词汇和外来语,此外还适当收录了方言、成语、俗语、歇后语、口语等。(崔昌俊)

H000195 **汉语波斯语词典** 北京大学伊朗文化研究所、德黑兰大学德胡达大词典编纂所合编。商务印书馆1997年3月版。339万字。181.00元。收录汉语单字7 000个,多字条目7万余个,其中包括大量的成语、俗语、谚语等。此外,本词典还收入相当数量的自然科学和社会科学词语。(王淑敏)

H000196 **简明汉葡词典** 王锁瑛、鲁晏宾编。上海外语教育出版社1997年版。129.4万字。50.00元。共收汉语词条26 000左右,相对应的葡萄牙语释义简明、规范、正确。为方便读者,本词典的汉字字头同时用简写体、繁写体和汉语拼音注出。在一词条多释义的情况下,在不同的释义和用法前用汉语进行了极其简明的提示,使读者可以很容易地选择出自己所需要的外文释义。(高玲玲)

I 文　学

文学理论

I000001　**文艺与意识形态**　谭好哲著。山东大学出版社1997年8月版。48万字。28.80元。对文艺与意识形态关系进行理论阐释的专著。分为绪论和11章。绪论部分对20世纪马克思主义文艺学的历史和未来的发展作了反思性的总结和前瞻性的展望。正文11章以辩证唯物主义和历史唯物主义为理论基础和思想指导，以史论结合、以论带史的研究方法，对马克思主义的意识形态理论和文艺与意识形态的关系作了多层次、多角度、全方位、立体性的研讨。主要内容可分为6个部分：一、对意识形态概念的历史演变及其内涵的考辨；二、对文艺的意识形态性与其他特性相互关系的分析与研讨；三、对文艺的意识形态性与认识性关系的辨析、阐明；四、对文艺学的意识形态性与其学科特性以及文艺研究的意识形态视角与其他视角辩证关系的研究；五、对原苏联文艺学、“西方马克思主义”美学不同流派的代表人物的文艺思想和重要争议进行了勾勒性的阐述并进而展开理论评析；六、对马克思主义意识形态文艺观在中国的传播与发展作了深入的考证和研究。(周广璜)

I000002　**在文化的观照下**　蒋述卓著。广东人民出版社1997年12月版。32万字。26.00元。“广东省中青年社会科学家文库”之一。作者将中国古代、当代文艺理论中的若干重要问题，置于文化的观照下加以考察研究，深入揭示其形成的文化背景和所具有的文化内涵、文化精神。(杨小虹)

I000003　**新编文艺学概论**　刘叔成主编。中央广播电视大学出版社1997年4月版。40.2万字。21.70元。结合我国传统的文艺美学理论，对文艺美学中的基本理论问题，诸如艺术真实问题、典型和典型创造问题等，都根据文艺创作和发展的实际情况作了辨证的分析论述。撰写的重点在于充分揭示文艺的审美特性，用“意象”取代了我国文艺界长期使用的“形象”，从虚与实、真与幻、心与物、情与境、意与象等方面，对文艺创作所涉及的主观与客观因素的辨证关系作了比较细致的分析，使本书具有一定的理论深度。并根据十几年来文艺学—美学的研究成果，充实、增加了“文学的人民性”、“文学创作过程”、“影视文学”、“新的文学与新的创作方法”、“西方文学中的现代派”等内容。(来继文)

I000004　**彝族古代论文**　康健、王子克等编。贵州人民出版社1997年11月版。30万字。22.80元。是从彝族“羊皮档案”(彝文古籍)中翻译、整理出来的文艺论著。上起魏晋，下迄明清，以五言诗写成。内容涉及文艺的起源、文艺的社会功能、文艺创作过程、文艺作品的内容和形式、文艺作品的体裁、作家的艺术修养及文艺欣赏等一系列重大文艺理论问题。为人们研究彝族古代文学、彝族古代美学、思维科学打下基础。收入“贵州民间文学选粹丛书”。(谢丹华)

I000005　**中外比较文学的里程碑**　李达三等著。人民文学出版社1997年12月版。35万字。20.00元。分5编，收录近50年来海内外最有影响的研究者、汉学家的30篇中外比较文学论文，均为中外比较文学领域中具有里程碑意义的作品，其中绝大部分第一次翻译成中文。第一编到第五编依次为“中外比较文学的理论与方法”、“中外比较诗学”、“中外诗歌比较研究”、“中外小说比较研究”、“中外戏剧比较研究”。其中还翻译、辑入了钱钟书用英文撰写、发表于上海《天下》月刊(1935年)的《中国古典戏曲中的悲剧》一文。书后还附有“欧美有关中外比较文学研究博士论文摘要”，共68篇。(王培元)

I000006　**文艺美学论纲**　副名：从马克思主义观点看文艺难题。陈伟著。学林出版社1997年3月版。19万字。13.00元。作者对各种文艺审美现象进行了认真的梳理，阐述了作为文艺美学学科的三大结构。即：文艺作品的本身，文艺作品的创作和文艺作品的批评。阐述中，作者破除了对文艺作品的结构作内容与形式的两分法传统美学观念，提出了构成文艺作品的三层次。即：艺术信息、表现形态、存在方式，以此为基点，分别阐述了三者间的相互关系，及其各自在审美实践中的功能与特征，指出了艺术之所以成为艺术的原因，并引用古今中外的大量艺术实践、艺术作品为例，进行论证，从而正确地解答了许多争论不休的难题，如艺术典型问题，真实性问题，文艺批评的标准问题，艺术创作与深入生活、文艺作品的独创性问题，以及如何看待无标题音乐，所谓的西方形式主义绘画等等，并就如何正确理解特定历史条件下文艺作品的审美标准，尤其是在社会主义制度下的文艺批评标准，进行了充分的阐述。(朱志勇)

I000007　**泥土巢写作散论**　浩然著。河南大学出版社 1997 年 5 月版。25.5 万字。18.00 元。文学短论集。收作者 1987 年—1996 年 10 年间所写文学随笔、书评、序跋、书信、回忆文章等 80 余篇，多为结合"文艺绿化"工作实践而作，它们既是"文艺绿化工程"的直接产物，又是发起并推进这项事业的艰辛历程的生动记录，为研究浩然近十年的文学思想与实践提供了大量珍贵的第一手材料。书中所谈创作理论，多从作者自身丰富的创作经验升华出来，使人感到亲切具体，绝无故作高深、哗众取宠之谈。(袁喜生)

I000008　**中国叙事学(杨义文存 第一卷)**　杨义著。人民出版社 1997 年 12 月版。31.3 万字。23.00元。叙事学是近 30 年来国际性的前沿学科。本书在研究西方叙事学的基础上，比较东西方的深层的异同，返回中国文化的原点，力图建立具有中国特色的、与西方体系可以对峙互补的叙事学体系。它在叙事结构、时间、视角、意象、评点家等基本问题上，均从中国语义、语源、原始经典和由古及今的文化文献出发，揭示中国思维的内在方式，以及它与西方同同异异的一系列学理和原则。本书从一些日常习见的现象入手，如从中国讲时间为"年－月－日"，西方讲时间为"日－月－年"这类问题出发，出入于中西方理论，以及从甲骨文、金文、先秦典籍以来的历代文献，把新学理的发现建立在对大量文化现象的整理、梳通和感悟之上。(吴学金)

I000009　**诗性智慧**　劳承万著。河南人民出版社 1997 年版。18 万字。15.00 元。艺术哲学专著。运用诗学、哲学、音韵学、文化学、心理学知识，探讨了诗性智慧中的节奏、韵律与内涵、情感的对应关系，对比分析了中西诗学音韵、审美趣味、文化心态之异同。"上篇"重点介绍黑格尔、维戈茨基、皮亚杰、苏珊·朗格等西方学者的相关理论；"中篇"着重探讨中国古代格律诗和诗性散文的结构音韵特征，及其对应的个人审美情趣、民族文化心态；"下篇"探讨了中国传统的"农业性时空观"及其在诗歌、诗性散文中的体现。(陈金川)

I000010　**文学理论:面向新世纪**　钱中文、李衍柱主编。山东人民出版社 1997 年版。72 万字。38.00元。汇集 1995 年夏在济南召开的中国中外文学理论国际学术研讨会论文共 78 篇，集中体现了文学理论界老、中、青三代学人对整个 20 世纪文学理论现状的深入思考和理论反思，并对 21 世纪文学理论发展前景进行了全景式的憧憬和发展，反映了 90 年代文学理论的研究实绩。其体系庞大、结构完整、论说独道又富有见地，被专家学者视为新世纪之交文艺学研究的路标和丰碑。首先，本书深刻、全面、系统地展示了当前文学理论研究的全貌，但这种展示并非面面俱到，不分重点，而是在展示中有侧重地为古代文论的现代性转化做出了艰难的探索和学术上的努力。当前的中国文论话语呈现为三分天下之势，即马克思主义理论话语、中国本土文艺理论话语、西方文艺理论话语，这三种话语的研究成绩本书中都有所体现。其次，在对文艺学学科的回顾与展望中，破立结合，回顾与探索兼顾，真正体现了文学理论面向新世纪的思考。书中对文学史、文艺思潮、文艺学学科建设的几十年成绩以及对文艺批评的科学主义与人文主义关系、文艺世俗化的批判、文艺数量化的研究、形象思维特征等文艺学的重要问题均做出了回顾与反应，理论价值是巨大的。最后，本书并不回避争论热点，对于前沿性、有争议的人文精神、后现代主义思潮进行了实事求是的评述。(王晶)

世界文学

I000011　**走进文学殿堂**　赵士奎主编。花山文艺出版社 1997 年 3 月版。大型文学参考读物，它对中国和世界文学史上灿若星辰的文学经典著作逐一进行评介和探索，有较高的科研价值和实用价值。

I000012　**论意象主义诗歌之本质(英文版)**　赵伐著。重庆出版社 1997 年 11 月版。10 万字。10.00元。运用现代文学本体研究的手法，对盛行于本世纪初的英美意象主义及其诗歌运动进行全面、具体个案式的评述的专著。从意象的实质、意象的不同形态、意象诗的审美效果，联系到语言的线型表述和形象生成功能，并比较了汉语言的块型表述和意象特征、汉语诗歌的意象形态，提出了英语诗歌和汉语诗歌在意象上本质的趋同和差异。本书共 5 章，前两章是对意象派代表诗作的个案分析，包括 Aldingfon，H. D.，Fletcher，Flint 和 Amy Lonell，后两章是对后期意象主义的演化和发展的总结。（余国枢）

I000013　**诗人喜爱的诗**　张同吾编。北京十月文艺出版社 1997 年 1 月版。25 万字。15.00 元。特邀我国著名诗人绿原、刘瑛、公刘、邵燕祥、孙静轩、艳齐、郭廓、李发模、王家新、洪烛以及港台诗人洛夫、张朗、晓帆等，荐选他们最喜爱的诗作，并撰文从思想上艺术上说明自己喜爱这些诗作的原因。（龙杰）

I000014　**古今中外哲理诗鉴赏辞典**　孙鑫亭主编。中州古籍出版社 1997 年 8 月版。127.4 万字。42.00 元。收古今中外 329 位作家广义的哲理诗 504 首。分 3 编：甲编是中国古代部分；乙编是中国现当代部分；丙编是外国部分。中国古代部分以唐诗宋词为主。唐诗中收入李白、刘禹锡、白居易、李商隐的作品较多；宋词中以苏轼、杨万里、辛弃疾的作品为主。中国现当代部分主要收有冰心的《繁星》诗集中的 3 首小诗和《春水》中的 1 首；余光中《与永恒拔河》等 3 首；刘湛秋《忏悔录》等 3 首；席慕容《盼望》等 3 首；余大部名家各收一二首。外国部分的各国作家大体以生年先后为序，同一诗人之作，以编年顺序排列。收入作品较多的诗人有莎士比亚、雪莱、歌德、普希金、裴多菲、弗罗斯特、泰戈尔等。诗前有作家小传，诗后有鉴赏文字。（孙宝瑞）

I000015　**中外杂文散文综论**　姚春树著。福建教育出版社 1997 年 7 月版。29 万字。23.00 元。“中国文学论丛”之一，是中外杂文、散文研究的论文集。大致分为两大部分：第一部分是关于杂文的研究文章；第二部分是关于散文的研究文章。第一部分收文章 11 篇，有关于编写杂文史的；有研究现代时期的杂文的文章；有研究鲁迅杂文的文章。第二部分收入文章 7 篇，有中外散文观念的比较；有单纯外国散文概观；有中国现代散文的总体发展的评述，也有具体作家的作品分析。（汤源生）

I000016　**散文家喜爱的散文**　顾骧编。北京十月文艺出版社 1997 年 1 月版。25 万字。13.50 元。邀请我国著名散文家季羡林、郭风、忆明珠、林斤澜、姜德明、韩少华、斯妤、叶文玲、张抗抗、王安忆等，荐选他们最喜爱的散文佳作，并撰文从思想上、艺术上说明他们喜爱这些作品的原因。（龙杰）

I000017　**外国文学**　匡兴主编。中央广播电视大学出版社 1997 年 2 月版。48.5 万字。25.70 元。采用点面结合的表现手法，将外国作家放在其所生活的时代和特定的环境中来考察，并在同前人或同时代作家的对比中实事求是地评价其作品在文学史上的地位。为便于读者从总体上把握外国文学的发展轨迹，每章的开头都有一节“概述”，对该时期的历史、思想、文化背景、文化发展总状况、文学思潮与流派以及未被列入专节的重要作家作了简明扼要的介绍。对各个时期有代表性的和成就最大的作家，都作了专节介绍，突出其创作个性，尤其是对成就突出的 19 世纪的欧洲作家作了重点阐述。并增加了 20 世纪现代主义文学，虽然列为专节的作家只有几个，单从“概述”中可以看出 20 世纪各个文字流派的独特风格。（来继文）

I000018　**传记文学研究**　戈宝权、张中行等著，中国中外传记文学研究会编。湖南文艺出版社 1997 年 10 月版。29 万字。16.40 元。选集我国现今一批传记文学作家、翻译家、评论家、学者戈宝权、韩兆琦、杨正润、张中行、陈兰村、王守仁、桑逢康、朱文华、张新科、张颐武、李祥年、赵白生等的优秀论文 31 篇。既有对中外传记文学创作的理论探讨，也有对古今中外重要的传记文学作家、作品的研究。反映了我国 90 年代传记文学研究的新成果和较高的学术水平。（陈仿麟）

I000019　**最醇的创造——中外文学导读**　李晖编。哈尔滨工业大学出版社 1997 年版。24.9 万字。12.00 元。就中外文学史上最有代表性的作家、作品群落，编写成 64 个导读性的介绍、评析及鉴赏专题，从某个特定的视角去认识作家、解读作品。（孙雅杰）

I000020　**当代文学新潮**　朱寨、张炯等著。人民文学出版社 1997 年 12 月版。35 万字。19.40 元。主要对 70 年代末至 90 年代初期的各种文学创作和理论思潮进行历史的描述与评析。这些思潮主要包括理论批评新潮，现实主义思潮，人性、人道主义思潮，现代主义思潮，文化寻根思潮，新写实思潮和生命思潮等。书后附有 1976 年 10 月至 1993 年 12 月的文艺思潮大事记。可以视为一部 70 年代末至 90 年代初期的文学思潮史。主要不足是缺乏更开阔的思想视野和更深刻的学术眼光。（王培元）

I000021　**从古典主义到现代主义**　副名：近代欧洲文艺思潮论。李思孝著。首都师范大学出版社 1997 年 7 月版。36.9 万字。25.40 元。系统论述近代欧洲文艺思潮的专著。书中以丰富资料，独特视角，论述了古典主义、浪漫主义、现实主义、自然主义、“世纪末”、现代主义等近代欧洲文艺思潮的重要

流派，除勾勒其来龙去脉、历史背景、发展衍变外，主要是对其理论主张的辩证论述和分析评价，现代主义是全书的重点。（李荣平）

I000022　**近代文学批评史**　［美］雷纳·韦勒克著，杨自伍译。上海译文出版社1997年7月版。157.9万字。107.40元。论述1750年至19世纪后期西方各主要国家的文学批评流派及代表性人物的文学批评思想。其中第一卷11章，为古典主义时代，涉及的国家及人物分别为法、英、意、德，伏尔泰、狄德罗、莱辛、歌德、席勒等；第二卷12章，为浪漫主义时代，有德国的诺瓦利斯，英国的雪莱，法国的司汤达，德国的格林兄弟等；第三卷7章，为过渡时代，论及法、英、美、德、俄的文学批评；第四卷19章，为19世纪后期，介绍了法国现实派、自然派、印象派及其代表人物，美国的惠特曼、亨利·詹姆斯，俄国的车尔尼雪夫斯基及英国、德国一些批评家的文学批评思想。（张建平）

I000023　**诺贝尔文学奖辞典**　王逢振编。漓江出版社1997年12月版。95.3万字。45.00元。对1901—1995年历届诺贝尔文学奖得主的获奖情况、生平和著述进行了详尽评述。前言（“历史综述”）部分，介绍诺贝尔文学奖的设立缘起、评选机构、评奖程序、评奖历史等背景材料，并以历史的眼光对大量经典作家的落选作出解释。在正文每章专辟“评论界反应”一栏，大量引用国际文坛对当年获奖者的褒贬评论。正文每章专设“文学历程”一栏，对获奖作家的文学创作进行综合评价，对所有作品都有所涉及，对重要作品进行解读。同时对获奖者创作的源流、作品的影响和地位作出追踪研究。以年代为序，对每位获奖者单独设章介绍，并配上照片。（刘春荣）

I000024　**中外作家作品简表**　张建均编。百花文艺出版社1997年8月版。23万字。16.80元。用图表的形式，分列“中国作家作品”、“欧美作家作品”和“亚非作家作品”3部分，每部分又分别列“作家作品简表”和“文学名著提要简表”两类。前一类，依历史阶段，按作家生年的先后排列，《中国历代作家作品简表》列有作家的名、字、生卒年、作品集及其名篇；《欧美历代作家作品简表》和《亚非历代作家作品简表》，列有作家名字、生卒年、代表作。后一类，对中外文学史上著名的作品作提要，介绍作品的内容或情节。书后附录《中国历代艺术家及作品简表》和《外国历代艺术家及作品简表》。（于明夫）

I000025　**中外文学名著集成**　马森彪主编。北岳文艺出版社1997年10月版。2 800万字。1 980.00元。共20卷(册)，中国部分和外国部分各10卷(册)，中国部分主要收入清代(含清代)以前的作品。外国部分主要收入20世纪以前的作品。20世纪前期的作品，也有少量收入。以长篇小说为主，也有诗歌、戏剧、寓言、童话、民间故事和中短篇小说等，力求多面地反映文学成就。（杨济东）

I000026　**20世纪世界文学精品**　王箴躬等选编。百花洲文艺出版社1997年10月、11月版。191万字。102.10元。外国文学作品选集，分为诗歌卷、散文诗卷、散文卷、短篇小说卷，分别收入诗341篇，散文诗433篇，散文120篇，短篇小说60篇。这些作品出自20世纪亚洲、欧洲、南北美洲、非洲、大洋洲的360位世界公认的杰出作家之手。其中多数是脍炙人口的名篇。该丛书根据20世纪世界文学发展的实际状况，注意选入了亚洲、非洲、南美洲、大洋洲诸多杰出作家的代表作品，从而较全面地反映了20世纪世界文学创作成就的全貌。（洪安南）

I000027　**世界幽默名著(漫画本)**　万莹华、朱丽云 文字，朱森林、郑凯军 绘画。浙江人民美术出版社1997年10月版。40万字。4 000幅图。100.00元。根据世界历代优秀幽默小说、喜剧等改编的漫画连环画。选取了从古希腊古典喜剧到现代黑色幽默之间的各种风格流派的名家名作34部，约4 000幅画。在一定程度上概括体现了世界幽默文学的风貌。

I000028　**世界著名文学故事**　任溶溶主编。上海教育出版社1997年5月版。20印张。45.00元。世界文学名著改编绘画本，配有汉语拼音。全书分《汤姆大伯的小屋》、《汤姆·索亚历险记》、《小人国与大人国》、《斯巴达克思》、《鲁滨逊漂流记》、《亚瑟王传奇》、《神灯》、《堂吉诃德》、《远大前程》、《巴黎圣母院》10种。（薛培华）

I000029　**绘图世界名著故事精选**　崔平、卢玲主编。辽宁少年儿童出版社1997年版。共192万字。共108.00元。共12册，即：寓言故事、探案故事、动物故事、历险故事、妖魔故事、神话故事、传说故事、幽默故事、科幻故事、男孩子童话故事、女孩子童话故事、文学人物故事。所收364篇故事涵盖了包括巴尔扎克、普希金、托尔斯泰、塞万提斯、莎士比亚、高尔基等不同国家、不同时期的著名作家100多位的代表作品。这其中既有小读者喜欢而又熟悉的《安徒生童话》、《格林童话》、《格列佛游记》、《快乐王子》、《吹牛大王历险记》、《尼尔斯骑鹅旅行记》等名篇；也有小读者不甚了解的《三国遗事》、《沙恭达罗》、《变形记》、《圣经故事》等有划时代意义的名作。（崔玉

平)

I000030 **外国名诗选** 袁可嘉主编。中国青年出版社1997年1月版。76万字。42.50元。供一般读者阅读欣赏外国诗歌作品的选本。共收入世界54个国家和地区,242位作家的434首诗作,时间跨度从古希腊罗马到现当代,尤以近现代的名家名作为主。国名、地区名按汉语拼音字母顺序排列,同一国家(地区)的诗人以生年先后为序,并有简略的生平及创作介绍。书前有主编袁可嘉的"外国诗歌概述",作为选本序。(杜惠玲)

I000031 **历险故事** 覃发、高王汇改写,谢晓虹绘画。辽宁少年儿童出版社1997年版。16万字。9.00元。《绘图世界名著故事精选》之一。选编《鲁滨逊漂流记》等流传久远的历险故事9篇。(崔玉平)

I000032 **文学人物故事** 张钰、立国改写,钟孺乾绘画。辽宁少年儿童出版社1997年版。16万字。9.00元。《绘图世界名著故事精选》之一。编写《高康大与胖大倌儿》等17篇文学人物故事。(崔玉平)

I000033 **世界文学大师小说名作典藏本** 柳鸣九等编选。上海文艺出版社1994年10月—1997年12月版。240万字。176.30元。已出20种,分别为《屠格涅夫爱情小说》、《屠姆斯心理小说》、《莫泊桑社会小说》、《吉卜林动物小说》、《卡夫卡荒诞小说》、《伏尔泰哲理小说》、《梅里美传奇小说》、《马克·吐温幽默小说》、《康拉德海洋小说》、《契诃夫讽刺小说》、《哈代乡土小说》、《茨威格情欲小说》、《芬伦斯性爱小说》、《莫洛亚女性小说》、《川端康成哀婉小说》、《巴尔扎克醒世小说》、《爱伦·坡神秘小说》、《泰戈尔诗化小说》、《欧·亨利市民小说》、《托马斯·曼政治小说》。(徐如麟)

I000034 **外国历史故事丛书** 张光明、林利民等著。湖北教育出版社1997年8月版。分6种:《灿烂的古文明——古代希腊、罗马故事》、《神奇的东方——古代亚非故事》、《黑暗的迷雾——欧洲中世纪故事》、《机器文明的胜利——世界近代故事》、《艰难的选择——世界现代故事》、《剑与火的世界——外国战争故事》,按历史年代的顺序讲述了自远古文明至第二次世界大战结束整个世界历史的各种有趣人物和故事。(李慧)

I000035 **科幻故事** 焦子、桂印改写,桑椹绘画。辽宁少年儿童出版社1997年版。16万字。9.00元。《绘图世界名著故事精选》之一。选编《战争狂人》等流传久远的10篇科幻故事。(崔玉平)

I000036 **探案故事** 文山、流水改写,谢晓虹绘画。辽宁少年儿童出版社1997年版。16万字。9.00元。《绘图世界名著故事精选》之一。选编《宝物与四签名》等26篇探案故事。(崔玉平)

I000037 **20世纪中外散文经典——评点珍藏本** 萧乾等主编。时代文艺出版社1997年5月版。125万字。88.00元。20世纪优秀散文文本荟萃集。中国卷两本,自林纾始至罗强烈止;外国卷1本自肖伯纳始至团伊玖磨止,遍集东西方名家之作。每篇文章之后皆附以精要的评点。(刘德来)

I000038 **外国名家随笔金库** 叶廷芳主编。百花文艺出版社1997年版。122万字。68.00元。选收18世纪到20世纪英国、美国、法国、德语国家、俄罗斯、日本、拉美等40个国家280余位作家350余篇随笔精品,分上、下两册。所收作品以突出知性和理性为特色,体现各国随笔的风格特点,多姿多彩,斑斓绚丽:有的以絮语式娓娓而谈讲述人生;有的旁征博引汪洋恣肆而又亲切随和;有的充满人生哲理警句迭出;有的堪称哲人的思想记录深邃而又自由简炼;有的把自然、生命的思考与优美的语言交融;有的将知识融入清淡而富趣味的文字之中,内容宽泛不拘一格,具有丰富性、深刻性、多样性的特点。每位作者附有生平简介。(刘淑文)

I000039 **"外国名家散文丛书"第五辑** 百花文艺出版社1997年版。200万字。133.00元。收选10位作家的散文精品,有些还是作家的第一部中译选本。这10本书是:《陀思妥耶夫斯基散文选》、《叔本华散文选》、《席勒散文选》、《黑塞散文选》、《布罗斯散文选》、《罗斯金散文选》、《伍尔芙日记选》、《达里奥散文选》、《永井荷风散文选》、《米斯特拉尔散文选》。这些散文,无论是写人生经历、创作感受,还是写自然风光,都使读者了解作者的心路历程,并从清新、自然、朴实的文笔获得精神上的享受与启迪。(蒋华)

I000040 **天方夜谭** 郅溥浩译。漓江出版社1997年12月版。80万字。120幅图。57.00元。产生世界影响的古典文学名著。汇集了阿拉伯、波斯、印度、希腊、罗马等民族的神话、传说、寓言和故事。本书直接从阿拉伯文译出,并附有外国彩色、黑白插图一百余幅。(韦丹意)

I000041 **世界民间故事宝库** 《世界民间故事宝库》编委会编。沈阳出版社1997年8月版。145万字。140.00元。共8卷,以地域划分为:中欧西欧卷、南亚西南亚卷、南欧北欧卷、独联体国家卷、东亚东南亚卷、中国卷、非洲卷和美洲大洋洲卷,收入了近60个国家的有代表性的民间故事一千余篇。所选故事充分考虑各个民族在不同历史时期的生存状态,具有该民族的代表性,展示各古老民族悠久的历史和文化渊源,表达各民族在生存发展中对社会生活的认识和理解。从内容上看,有的故事赞美劳动人民勤劳朴素的美好品质,嘲讽好逸恶劳的达官、财主、懒汉;有的故事歌颂劳动人民的智慧,讽刺富有者的愚蠢;有的故事讽刺骄傲狂妄只知蛮干者,赞美那些虽弱小但谦虚谨慎善于运用智慧战胜强大者;有的故事则富有深刻的人生道理。它的艺术风格朴素简洁,单纯明朗,刚健清新。它的创作方法,着重于对现实主义的剖析,也富于浪漫主义的幻想。它的表现手法,往往有情节章句的重迭,语句的夸张,固有体例和套语的运用等。(赵敏)

I000042 **世界神话故事宝库** 《世界神话故事宝库》编委会编。沈阳出版社1997年8月版。150万字。130.00元。共8卷,以地域划分为:希腊罗马卷、希伯来卷、欧洲卷、印度卷、埃及巴比伦卷、中国卷、波斯阿拉伯卷、印第安卷。收入了30多个国家、地区或民族的神话故事800余篇,充分展示了各个民族初始阶段的生存状态及原始理想。所选神话故事归纳起来大致涵括了世界神话的5个方面:一为动物神话,关于动物、植物起源、属性及其与人的关系的神话;二为创世神话,如宇宙起源、人类起源神话;三为关于自然现象的神话,如日月运行、四季转换等神话;四为关于人类文明业绩的神话,如火的取得、工具制作、婚姻制度、风俗礼仪神话;五为众神的神话。这些遍布世界各大洲的神话故事把人们带回到远古的历史情感之中,其天真烂漫,无拘无束的奇情异想,神秘诡异而又自然天成的浪漫故事,率真古朴的叙述风格,朝气蓬勃的宏大气势,足给人以心灵的陶冶和启迪。(赵敏)

I000043 **世界著名寓言珍藏系列** 拉封丹等著,钱春绮等译。北岳文艺出版社1997年8月版。80万字。59.00元。寓言作品系列,收入5位著名寓言家的作品。《伊索寓言》共收寓言313篇,是古希腊寓言的汇编,大多为动物故事。作者出色地应用拟人和对比手法,描写生动形象,语言精炼,寓意深刻,常被后人引用,在欧洲文学史上有很大影响。《拉封丹寓言》收入76篇诗体寓言,借动物世界影射人类社会,抨击强权统治,讽刺社会恶习,揭露教会虚伪,颂扬勤劳美德。对欧洲作家有很大影响。《莱辛寓言》共收入118篇作品。针对当时社会现象有感而发,寓意深刻,哲理性强,在当时和德国文学史上有重要影响。《克雷洛夫寓言》收入作品9卷198篇诗体寓言。揭露专制农奴制的罪恶,反映战争的重大事件,歌颂人民的辛勤劳动,具有现实主义的特点,讽刺富有概括力,语言优美简洁,在俄国文学史上有很高地位。《中国寓言》精选古代著名寓言284篇,现当代寓言116篇,是目前国内较好的一个版本。(韩铁马)

I000044 **世界寓言故事宝库** 《世界寓言故事宝库》编委会编。沈阳出版社1997年8月版。67万字。120.00元。共8卷,以地域划分为:西班牙诸国卷,美非大洋洲卷、印度日本诸国卷、俄罗斯卷、罗马希腊卷、德法卷、中国卷(上下册)。本书所收寓言虽然篇幅短小,但其托物喻人,以小拟大,取近譬远,借古论今的特点,使其文字浅显而含义深遂,均以博大精深的思想内涵和优美浪漫的小故事,阐述人生哲理,鞭挞狡诈贪婪,讴歌诚实善良,称赞真善美,抨击假丑恶,言简意赅,深刻体现了寓言所特有的哲理美、讽刺美、含蓄美和幽默美。(赵敏)

I000045 **传说故事** 许枫改写,许栋绘画。辽宁少年儿童出版社1997年版。16万字。9.00元。《绘图世界名著故事精选》之一。选编《眼泪花》等22篇流传久远的传说故事。(崔玉平)

I000046 **妖魔故事** 毕光明、徐文海改写,桑椹绘画。辽宁少年儿童出版社1997年版。16万字。9.00元。《绘图世界名著故事精选》之一。选编《神奇的驴皮》等22篇流传久远的妖魔故事。(崔玉平)

I000047 **幽默故事** 瓜田改写,黑白绘画。辽宁少年儿童出版社1997年版。16万字。9.00元。《绘图世界名著故事精选》之一。选编《苏格拉底的幽默》等39篇幽默故事。(崔玉平)

I000048 **神话故事** 富华改写,马云翔绘画。辽宁少年儿童出版社1997年版。16万字。9.00元。《绘图世界名著故事精选》之一。选编《提洛岛上的太阳神》等16篇神话故事。(崔玉平)

I000049 **寓言故事** 沈可、任宇改写,徐润润绘画。辽宁少年儿童出版社1997年版。16万字。9.00元。《绘图世界名著故事精选》之一。选编有《龟兔赛跑》等123篇各国寓言故事。(崔玉平)

I000050 **故事宝船丛书** 金风等主编。新蕾出版社1997年10月版。66万字。40.80元。从世界各国众多民间故事中撷取了适合低年级孩子听读的部分,选编了世界各个民族、各个地域之中流传的美妙动人的民间故事320多篇,分《金乌鸦的礼物》、《熊外婆》、《海中十二女神》、《蓝色的小鸟》、《金马驹和火龙衣》、《玻璃桥》、《贪婪的巨人》、《神奇的头巾》、《游龙宫》、《蛤蟆姑娘》10册出版。这是一个五彩缤纷的故事世界，其中“仙女的花心”、“海公主和提琴手”等故事幻想独特奇异、情节变化莫测，令人神往，能增长人们的想象力；“聪明的牧羊人”、“小兔子报仇”等故事融汇了历代人们处世应变的良策妙计和出奇制胜的经验，能启迪人们的智慧；“海水为什么变成了咸水”、“青青的扇子”等故事，蕴含严肃的人生准则，富有哲理性，发人深思。还有些故事反映了当时当地社会的真实面貌，揭示了大自然的奥秘。（王东）

I000051　**一千零一夜世界经典童话故事**　孙建江、方卫平译。明天出版社 1997 年 1 月版。143.8 万字。108.00 元。共 5 卷：宝瓶星座卷、仙女星座卷、天琴星座卷、金牛星座卷、双鱼星座卷。全书在所选作品后附有作家作品背景简介。（王晓辉）

I000052　**小不点动画城**　曹留夫等编。河北少年儿童出版社 1997 年 4 月版。共 14 印张。45.00 元（套）。供小学低年级及学前儿童阅读的卡通画册。共 10 册。其中《皇帝的新衣》《丑小鸭》《饼干村》《神笔马良》《雪孩子》5 册是根据国内外童话名著改编。另五册《愿望》《强盗和妖怪》《礼貌盒子》《一只新鞋落下河》《香味大灰狼》是新创作的童话故事。所编童话故事，都是有关品德教育的内容，使孩子通过这些童话故事受到良好的品德教育。本丛书文字全部配有汉语拼音。并配以精美彩色图画。（徐光立）

I000053　**小脚丫图画书**　副名：经典童话故事。张美妮编。接力出版社 1997 年 8 月版。2 印张/册。6.50 元/册。精选 10 篇古今中外童话大师经久不衰的童话故事，如《神笔马良》《皇帝的新衣》等。对原童话进行了浓缩删节，保留原著的精粹与风格，使其形式短小精悍而又内涵丰富，在欣赏故事的同时孩子们还能欣赏到不同风格的精美图画，充分展示了世界及中国童话经典故事的辉煌风采和永恒魅力。（吴耀华）

I000054　**女孩子童话故事**　徐塞梅等改写，怀晓玲绘画。辽宁少年儿童出版社 1997 年版。16 万字。9.00 元。《绘图世界名著故事精选》之一。选编《奇异的酥糖》等有关女孩子的流传久远、耐听耐读的 26 篇童话故事。（崔玉平）

I000055　**少儿科学宝库——世界 100 本科幻名著**　王建安著。河北科学技术出版社 1997 年 3 月版。11.5 万字。5.00 元。介绍 100 本科幻作品，均为当代科幻大师们的经典之作，是当代科幻名著的缩影。它不仅可使广大少年儿童对目前科幻作品有一个总体的了解，还可以使他们那些多彩的梦幻得到深深的寄托。（王晓明）

I000056　**外国童话名家精品文库**　张美妮主编。重庆出版社 1997 年 12 月版。129.8 万字。95.30 元。收选丹麦的安徒生，法国的贝洛、乔治·桑、拉布莱依，英国的斯威夫特、卡罗尔，美国的霍桑、哈里斯，德国的格林兄弟，贝希施泰因、霍夫曼、豪夫等外国童话大师的精品，其中有广大读者所熟悉的《小红帽》、《海的女儿》、《大人国，小人国》等名篇，也有大量的读者不太熟悉的优秀作品。（余国枢）

I000057　**诺贝尔文学奖获奖作家儿童文学作品**　朱自强、吴广孝主编。北方妇女儿童出版社 1997 年 8 月版。180 万字。98.00 元。囊括了童话、儿童小说、故事、寓言、散文、诗歌等多种儿童文学样式的文学作品。（宋莉）

I000058　**彩图拼音世界著名童话大森林**　天明工作室编。晨光出版社 1997 年 12 月版。5 760 幅图。152.00 元。由《德国童话》、《法国童话》、《英国童话》、《丹麦童话》、《瑞典童话》、《俄罗斯童话》、《意大利童话》、《日本童话》8 本彩绘图书所组成。《德国童话》有“白雪公主”、“灰姑娘”等 25 篇，《法国童话》有“小红帽”、“睡美人”等 20 篇，《英国童话》有“快乐王子”、“爱丽丝漫游奇境记”等 26 篇，《丹麦童话》有“丑小鸭”、“卖火柴的小女孩”等 22 篇，《瑞典童话》有“淘气包艾米尔”、“小飞人”等 12 篇，《俄罗斯童话》有“渔夫和金鱼的故事”、“七色花”等 27 篇，《意大利童话》有“木偶奇遇记”、“洋葱头历险记”等 19 篇，《日本童话》有“狐狸和葡萄”、“龙子太郎”等 30 篇。（李志祥）

I000059　**童话降落伞（外国篇）**　张美妮、巢扬编。北京少年儿童出版社 1997 年 2 月版。144 页。16.00 元。包括《贪吃的小熊》《真假狐皮》《狼拉雪撬》和《小狗小猫洗地板》4 册，每册收入外国著名童话 10 篇，其中既有大家比较熟悉的作品，如《七色花》《丑小鸭》，也有大家不太熟悉的，在童话创作中具有代表意义的作品，如《半小鸡》等。（黄倩）

I000060　**漂流瓶丛书·外国少年小说精品译丛**　刘海栖主编。明天出版社 1997 年 9 月版。30 万字。《外国少年小说精品译丛》是《漂流瓶丛书》中的一个子系列，所选收的作品从各个不同的角度反映了当代外国少年儿童的家庭、学校及社会生活，这些作品均是从国外 90 年代出版的儿童文学作品中精选出来的上乘之作，不仅具有较高的艺术水平和强烈的艺术感染力,而且其反映的主题思想亦具有较为深刻的社会意义,对启迪少年儿童认识生活、理解生活和创造更加美好的生活有着积极的现实意义。(傅大伟)

中国文学

I000061 **中国优秀文化撷英** 刘光明等编著。希望出版社 1997 年 7 月版。30 万字。24.20 元。分《读点古诗词》、《谜语入门》、《对联基础知识》、《笑话与幽默》4 册,介绍了我国优秀的文化遗产。(申月华)

I000062 **中国新文学大系(1949～1976)第四辑(20 卷)** 多人著。上海文艺出版社 1997 年 12 月版。1 368 万字。770.00 元。本辑(第四辑、1949—1976)由冯牧(理论)、王蒙(小说)、袁鹰(散文)、罗竹风(杂文)、徐迟(报告文学)、邹荻帆、谢冕(诗)、吴祖光(戏剧)、陈荒煤(电影)、丁景唐(史料·索引)任分卷主编并撰写序言。理论卷分"方针政策"、"文艺运动"、"理论探讨"、"作品评论"、"关于人性、人道主义"等 13 个方面收重要文章 128 篇,小说卷收长篇 18 部、中篇 9 部、短篇 112 篇,散文卷收 350 篇,杂文卷收 375 篇,诗卷收 335 首,报告文学卷收 98 篇,戏剧卷收剧本 24 部,电影卷收剧本 21 部。各卷除收选了曾产生过巨大社会影响的名篇佳作,如长篇小说"三红一史"、剧本《茶馆》、《红灯记》、电影《白毛女》、《创业》等外,在历次文艺运动中被错误批判的重点文章和作品,如胡风、俞平伯、钱谷融等人的文章,以及《洼地上的"战役"》、《我们夫妇之间》、《草木篇》、《海瑞罢官》等所谓大毒草作品,也都选收。台、港以及海外华人的有关文章和作品,也有部分被选收,各卷的序言对 1949—1976 年这 27 年中新文学发展的曲折坎坷途程和创作的功过得失,都作了详细的综述和肯綮的剖析。(左泥)

I000063 **李蕤文集** 李蕤著。武汉出版社 1997 年 5 月版。147 万字。140.00 元。李蕤是中国新文学史上具有一定影响的作家,在文学创作和文艺评论等方面都取得了丰硕的成果,四卷本《李蕤文集》便是李蕤 60 余年文学生涯的总结。第一、二、三卷收集的是作者的小说、散文和报告文学作品,它们题材广阔、主题深刻、感情深沉、文笔凝炼、富于哲理,具有强烈的时代感和厚重的历史感,不仅记载了一个革命作家在革命文学道路上辛勤耕耘的收获和不断跋涉的足迹,而且以文艺的形式真实形象客观生动地反映了中华民族在中国共产党领导下斗争奋进、建设创造的革命历程,可以说作者抒发的是人民的情感,呼喊的是人民的声音,叙写的是民族的历史,高扬的是民族的精神,他是人民的代言人,他的作品也属于人民。第四卷收入了李蕤个人文艺评论文章 90 余篇,其中既有作家作品论,也有对文艺创作规律的探讨,既有对进步文艺思想的阐释与发扬,也有对错误文艺思潮的论争与批判,较为系统地展现了李蕤的文艺思想,其进步与局限都反映了作者对革命文艺事业的热情与忠诚。(杨建文)

文学评论和研究

I000064 **中国文学** 杨公骥主编。中央广播电视大学出版社 1997 年 4 月版。46.7 万字。24.80 元。选录我国自古至今的著名作家有代表性的作品 72 篇(其中有的为节选),按照写作或成书时代的先后顺序排列论述。按通常中国文学发展划分的阶段,全书分 7 大部分:先秦文学、汉魏六朝文学、隋唐五代文学、宋元文学、明清及近代文学、现代文学、当代文学。每一部分的开始都有"概述",由此可以了解中国文学发展的历程。每篇作品之前有作家或专书的简要介绍,每篇作品之后有注释和解析。本书对每篇作品都作了提示性的分析,突出教学要点,并吸收采用了近几年最新的研究成果和学术界公认的说法。(来继文)

I000065 **中国现代派文学史话** 谭楚良著。学林出版社 1997 年 5 月版。30.7 万字。16.00 元。现代派文学创作及其理论建树均非我国的产物,但在我国的文学发展中起有巨大的推动作用。20 世纪初的"新文化运动"始将现代派各流派介绍到中国,"五四"时期曾一度将之称为"新浪漫派"。我国新文学先驱者鲁迅、胡适、郭沫若、茅盾等均致力于介绍并翻译西方现代派作品和理论,在 20 至 40 年代,我国文坛先后出现了象征派诗歌群体和著名诗人,如李金发、穆木天等;新感派小说创作群,如刘呐鸥;有施蛰存的心理分析小说,穆时英的意识流小说;现代派诗歌群体,代表诗人有戴望舒、何其芳、艾青、卞之琳等,还有九叶诗派。50、60 年代,台湾文学团体继续了现代派文学的创作和发展,其代表诗人和作家有纪弦、余光中、叶维廉、商禽、白先勇、聂华苓、於梨华、陈若曦等。进入 80 年代,现代派文学获得新一轮发展,初期有朦胧诗的风行一时,涌现了舒婷、顾城、杨炼等优秀诗人;现代派小说创作中,有王蒙等的意识流小说，宗璞、谌容等的荒诞小说，张辛欣、铁凝等的表现心理情绪小说，莫言、刘索拉等的感觉主义小说，韩少功、王安忆等的抽象意味小说，等等。（曹坚平）

I000066 **东北文学综论** 李春燕等著。吉林文史出版社1997年10月版。24万字。15.00元。东北文学论集。《东北古代文学溯源》，米治国作，勾沉了东北古代文学的源起与原始面貌。《东北古代文学概览》，周惠全作，认为就地域文学而论，东北的古代文学即有着非常丰富的内容和十分鲜明的特征，给我国文学以汉族为中心、各民族文学优势互补多元一体历史格局的形成增加了新的合力，注入了新的因子，对于中华文学的发扬光大做出了重要贡献。《唐王东征与东北民间文学》，程迅作，对有关唐太宗至唐高宗年间出兵征讨东北地区的传说故事加以分类，并对其对东北民间歌谣、曲艺、祭神歌词的影响进行分析。《东北满族民歌选析》（上下篇），之凡、天白作，通过对满族发祥史、生产生活方式、民族特点、习俗等的研究来赏析满族的一些民歌。《公元十至十一世纪的东北文学》，米治国作，对辽代东北主要作家作品的概貌进行分析、整理。“纳兰性德”墓志铭《校读与索解》、《考述》，陈桂英作，对纳兰性德墓志铭研究中的重点、难点问题进行了详实的考证。《东北沦陷时期文学研究之我见》，李春燕作，对东北沦陷时期文学的性质、评价标准等重要问题提出自己的见解。《新时期东北文学概论》，廖静萍作，概述了新时期东北文学主要作家作品、作品思想价值、地域特色、艺术风格。（王卓）

I000067 **西方文论与中国文学** 周发祥著。江苏教育出版社1997年11月版。36万字。15.60元。中国古典文学外播的历史源远流长，其外播的方式也因地域的远近及文化背景的差异而有所不同。同时，外国特别是西方各国的文学及文艺理论也在不同时期以不同的方式对中国文学的研究产生了不同程度的影响，新时期以来，这种影响更是广泛而持久。本书即从历时和共时的角度对这些现象进行了梳理和研究、辨析和考察。本书的研究对象与研究方法与既往的研究相比，明显具备了若干特色：在本国文学与他国文学的辨别论证中，自然地具备了比较文学的特质；新的研究方法的运用，丰富了中国文学的研究方法；外国学者的视点及观点的新颖开拓了国人的眼界，决定了由此影响下的研究多有新鲜敏锐的特色；此书的研究带着观照的特点，有理地吸收外国人的研究成果，给国人以启示；此书还立足在大背景之下，研究内容也具有较强的国际性。加之作者欧化的语言及别具一格的叙述方式，较好地体现了研究的目的和宗旨。此书完整展现了中国古典文学西行、东行的轨迹和影响，同时也反向地把西方文化对中国古典文学研究的影响纳入视野之中，是一本有较高学术价值的著作。（任晖）

I000068 **百年文潮丛书** 解志熙等著。上海文艺出版社1997年版。共6册：《美的偏至——中国现代唯美—颓废主义文学思潮研究》（解志熙著，31.4万字，21.00元）；《自由守望——胡适派文人引论》（沈卫威著，27.5万字，19.00元）；《颂祷与自诉——新时期小说的叙述特征及文化意识》（孙先科著，17.7万字，13.50元）；《云起云飞——20世纪中国文学思潮研究透视》（刘增杰者，24.5万字，17.50元）；《自由者梦寻——“现代评论派”综论》（倪郑文著，17.4万字，13.60元）；《古典主义的终结——桐城派与“五四”新文学》（关爱和著，35.3万字，23.50元）。《美的偏至》对中国现代文坛的唯美—颓废主义文学思潮的来龙去脉，对它在不同样式、不同作家中的代表性表现，分别作了比较具体的述评。对材料的钩沉和梳理，做到集其大成而脉络分明，对唯美—颓废主义文学思潮辩证地作出全面评估，对这类作品中存在的积极的思想因素作了抉发。该书对忽视甚至无视中国现代文坛存在唯美—颓废主义文学思潮的学术偏见作了明晰的辨证和认定。《自由守望》是对适合会聚在胡适周围的一群文人、友人的关系网络的全面展示和思想演化的忠实纪录，也是对他们憧憬民主自由、执着干预时政而为时代不容终致梦想破灭的一曲悲壮挽歌。该书人、事遍及海峡两岸，从“五四”一直写到70年代。《颂祷与自诉》选取小说叙述学和文化学交叉研究的角度，从叙述方式、作品形象、创作方法、题材类型、美感特征、结构方式和思想倾向诸方面归纳和总结了新时期小说创作的得失，同时也梳理了纵向发展的轨迹。对某些一度引发读者兴趣而思想蕴含反显浅薄的小说，作者也提出了自己的看法。《云起云飞》通过历史形态描述、个体世界追踪和思潮理论建构等不同侧面，勾勒了百年文学思潮的宏观走向，归结了20世纪中国文学思潮研究的基本经验和教训。《自由者梦寻》研究的“现代评论派”是现代中国历史上影响较大的政治文化派别。他们以抨击时政、参与社会、提倡启蒙、改造文化为己任，在中国新文学和新文化发展历史上留下明晰的足迹。然而他们的主观愿望同他们身处的时代构成难以调和的矛盾，终于酿成中国现代自由主义者的悲剧,遭到未必公允的骂名。作者宏观地把握当时国内外社会环境和经济结构等方面的深刻原因,充分阐述“现代评论派”难以完成自身使命的主客观条件,分析得颇具历史深度和独创性,使《自由者梦寻》成为科学地重新估价“现代评论派”的可喜收获。《古典文学的终结》以驾驭文学潮流百年发展态势的宏大气魄和学术视野,通过翔实的史料,脉络明晰地评说笼罩清朝文坛二百多年的桐城文派的始末——它的初创、承守、中兴乃至消解的全过程,评说它在不同发展阶段的代表人物的历史贡献和局限,评说它的古文理论和创作的艺术构成及经验,评说后期桐城派的最终衰败和“五四”新文学大潮的汹涌而至,从而揭示了中国古典文学向现代文学转变的轨迹。(张有煊)

I000069 **中国近百年文学理论批评史** 黄曼君主编。湖北教育出版社 1997 年 3 月版。97.5 万字。61.00 元。写于本世纪 90 年代的这本书,在 1895—1990 年近百年的时间跨度上,与中国现代化总的历史进程相一致,以中西文化与文学思潮大冲撞、大汇合为背景,对中国文学理论批评由古代向现代的转型进行了历史的逻辑的叙述和阐释。本书按史的线索,将中国 20 世纪文学理论批评分为“兴起”、“创建”、“发展”、“展开”和“繁荣”等大的发展阶段,紧扣审美的社会价值论观念,注重主观选择的理论形态和批评类型,把握趋于科学化的思维方式和概念范畴体系的总体特征,对中国文学理论批评的现代化过程及其内涵进行了爬梳与整理、阐发与论述,从而在揭示成就和问题、经验和教训的基础上,概括、总结出文学理论批评现代化、民族化双向运动的规律,为当今及新世纪文学理论批评的发展提供了有学术价值的参照系。(熊茵)

I000070 **香港当代文学批评史** 古远清著。湖北教育出版社 1997 年 5 月版。47.3 万字。21.80 元。香港有史以来第一部当代文学批评史。香港当代文学批评的分量虽比创作稍逊一筹,但也决不是没有著名的评论家或缺乏有学术价值的著作。如曹聚仁的鲁迅研究,司马长风的中国新文学史研究,以及走在祖国大陆前面的张向天的鲁迅旧诗研究、余思牧的巴金研究、张曼仪的卞之琳研究,还有李英豪的前卫诗论、倪匡的金庸研究等都是两岸文坛难以比肩的。至于 70 年代胡菊人对郭沫若《李白与杜甫》的批评,林以亮评批朱光潜的《文艺心理学》所引起的争鸣等,也是两岸所没有的文学景观。而这些,正为香港当代文学批评史的研究和写作提供了极大的可能。全书按“孕育期:50 至 60 年代”“转型期:70 年代”“蜕变期:80 至 90 年代前半期”分为 3 编,共 19 章,附有批评大事记、批评书目、澳门文学批评概况等。(魏天元)

I000071 **中国古典文学鉴赏学** 徐应佩著。江苏教育出版社 1997 年 11 月版。32.46 万字。16.70 元。研究中国古典文学鉴赏学的学术专著,改变过去注重研究“文源”而专门研究“文效”,从读者接受的角度研究鉴赏规律。该书由“鉴赏概说”、“历史审察”、“主体窥探”3 大部分组成,含序论、余论共 28 章。“鉴赏概论”全面系统地论述了古典文学鉴赏学的研究对象、特点,以及古典文学鉴赏的原则、途径、方法等。“历史审察”综述了中国古代文学鉴赏的历史发展,划分了历史阶段,考衡了传统范畴。总结了传统方式,辨析了古代文学鉴赏的思维模式、审美崇尚、语言艺术,研讨了古代文学鉴赏的种种误区与可资借鉴的有益方法。“主体窥探”部分对鉴赏者接受作品时的观点、思维、心理等多角度、多层面地论述了古典文学鉴赏的主客体关系。本书系将我国古代鉴赏论与哲学、美学、心理学、历史学、语言学融为一体,并吸取了西方相关的有益的观点与方法,使之成为一部学贯中外、理通古今、理论和实践相统一的学术著作。(徐应佩)

I000072 **北朝文化特质与文学进程** 吴先宁著。东方出版社 1997 年 10 月版。14.4 万字。12.00 元。“日晷文库”之一。北朝文学研究专著。系统论述了北朝文学萧条、复苏等发展阶段及各个阶段的特点、作家和作品。在研究中,特别注重从北朝文化特质的分析中来说明北朝文学的发展变化和特色。本书认为,以拓跋鲜卑武人集团为核心的代北贵族与北方汉人门第士族围绕恢复与重建以儒家政教礼制为核心的社会政治文化秩序的斗争,是决定北方文化特质的“焦点”,并深刻地制约和影响着作为北方文学的主要创造者汉人门第士族。在此前提下,着重研究了北朝学术(以经学为代表)强调传承、缺乏创新的特点;北朝士族文人保家恤族、惧讥畏祸的心态,保守而又顽强的心态等。由此展开对北朝文学各阶段的论述,指出:北朝文学前期的萧条,在于代北贵族对于汉人文化士族的虐杀和迫害;北朝文学复苏而未臻于繁荣,在于深受其保守心态的制约,未能开放地从民间文学汲取新鲜因素,未能从南北文化的交流中汲取更多的养分。本书还对北朝几个突出的文学现象作了集中研究,如庾信其人及其创作,他由南入北的经历和南北文化的交融如何影响了他的主要作品;"北朝之书"的文学性如何深深带上了北朝学术的实用精神的色彩。最后,阐述了北朝文风的内涵、性质及其形成原因,并说明了北朝文风对唐代文学的价值。本书对魏晋南北朝文学史的研究和教学,有一定的参考价值。(吴先宁)

I000073　**李贽与晚明文学思想**　左东岭著。天津人民出版社1997年3月版。25.5万字。14.50元。李贽(1527—1602),明代思想家、文学家。本书作者依循自己多年的研究材料和学术界的新成果,纵横梳理了几个重点条纲,力求从李贽的人格心态、文学功能及文学批评特色、哲学思想、学术渊源、禅宗与生命解脱等方面,比较清晰地勾勒出了李贽的画像。特别是他对于当时活跃于明代文学艺坛的公安派(袁氏三兄弟)形成的巨大影响,表现在以人格风范与人生价值观深深影响公安诸子。公安派凭借时代之感悟与自身才华,将卓吾人生价值观与文学观,大大深化理解,并融进其自我人格与创作实践之中,遂使李贽之思想更深刻地影响了晚明文坛,这是自不待言的。其次,作者立足于从全貌入手,透过其狂怪的外在表现,揭示其人格的核心——圣人意识,并归结为自我意识,这一论断对把握李贽的思想特点很有意义,由此可以洞察主人公各种理论观点的实质。如对于王学与李贽思想的关系,李贽狂人心态与圣人情节的把握,对于耿、李之争在李贽心态发展中的作用,对于童心说的分析等等,都有独到的见解。(杨连仲)

I000074　**佛教与晚明文学思潮**　黄卓越著。东方出版社1997年10月版。19.5万字。15.00元。"日晷文库"之一。将明嘉靖以后近百年的文坛荣新运动及文学思潮作为把握与透视的对象,主要揭示该运动背景中含有的特定的思想史内容,进而是佛学内容,它们是如何成为整个晚明文学思潮的激励性动因的。按照这种理念,则可将整个运动划分为前后4个发展阶段,并可将过去分别处理的如唐宋派、公安派、竟陵派等安置在同一延长线上,找出它们之间事实存在的内在联系,及各自代表的阶段性特征等。除了这些历史性探究之外,本书尤其注重概念分析,从当时流通的多种思想命题中,选择了7个命题如心源说、童心说、性灵说、主情说、自适说、无法说、白苏论等作了重点剖析,发掘其与佛学思想的潜在关联。而通过以上历史层面与概念层面的认真清理,便大致搞清了晚明文学思潮的一种过去一直未为学界所注意的基础性理论成分。在方法上,本书属将批评史与思想史挂钩的一种研究,致力于向更精深的辨析式作法的推进,并由此而确立起某种具有学术领先意义的、同时又包含有相当学术难度的研究范型。(黄卓越)

I000075　**宋代女性文学**　苏者聪著。武汉大学出版社1997年11月版。28.9万字。17.80元。共22章,分类介绍了皇后、妃子、官妇、姬妾、奴婢、妓女等不同类型的女性,涉猎作家200余人,作品近1 000首。书中突出两条悲剧主线,一是宋代女性为了保持自己的民族气节与贞操,向异族统治者作了不屈不挠的斗争,甚至付出了自己宝贵的生命。另一是宋代女性在婚姻上的悲剧。作者不以作家出身贵贱、地位尊卑定取舍,而以创作成就论高下,对一向不为人重视而成就较大的下层女作家(如妓女)辟三章予以论述。作者特别重视少数民族女作家,详尽介绍了道宗懿德皇后与萧文妃。书中注重比较方法,如将李清照与宋淑真,汴梁宫人、杨皇后、花蕊夫人三家词进行对比,从而揭示女作家的不同创作个性与风格。作者站在今天的高度审视历史,不囿于传统偏见,使一向不为人重视的许多女性作家,如温琬、张玉娘、吴淑姬等面目为之一新。(文实)

I000076　**宋代文学通论**　王水照主编。河南大学出版社1997年6月版。49.2万字。27.50元。中国断代文学研究专著。在"调整研究观念,更新视角,开拓思路,以期有新的突破"的理论追求下,从文化角度探讨宋代文学特点的形成和历史地位的确立。它以专题的方式组织整体框架,分文体篇、体派篇、思想篇、题材体裁篇、学术史篇,以及绪论和结束语共7大部分,从不同的角度深入系统地阐述了两宋文学的概貌、特点、发展进程、历史地位和影响。如在《绪论》中,作者用真实可信的材料,从宋代的政治结构、社会思潮、传统文化等方面阐述了士人们热情关注社会政治、国计民生、"以天下为己任"的政治道德人格,"内省而广大"的思维特征和自主、自立、自信、自豪的文化品格以及集政治家、文学家、经术家于一身的社会身份及政治文化心态,深刻地说明了宋代文人的淑世精神、人文精神、重理节情的思辨色彩和重视文学传统崇尚典范的创作心理,从而对宋代文学中普遍存在的"以文为诗、以诗为词、以文为赋等'破体为文'的现象"作出了合理的解释。《思想篇》把宋代的社会思潮对文学的思想内容和艺术风格的影响作了集中而历史的描述,揭示出宋代理学、佛教、道教影响各体文学的规律。《结束语》从历史文化发展的角度说明了以宋代文化为中心的"汉文化圈"的形成,并从文学书籍的传播、文学活动交往、文学创作与观念的影响方面，以丰富的史料描述了宋代文学对汉文化圈各族、各国的传播与影响的渠道和方式，从另一个侧面说明了宋代文化的成熟和宋代文学的历史地位。(侯惠娟)

I000077　**金圣叹传论**　陈洪著。天津人民出版社 1997 年 1 月版。17.2 万字。9.80 元。金圣叹的一生，在文学批评上多有建树。作者将这位三百多年前的人物，依据自己多年的研究成果，重新精雕细琢一番，客观地透视了这个人物，剔除了不少杂什。金作为明末清初的文学批评家，在文学史及文化史上，都是相当重要而有独特价值的人物。他批点、刊刻的《第五才子书》、《第六才子书》，在近三百年中畅销不衰，成为当时中国人的主要文学读本。他在批点中提出的小说理论及文学、美学思想，有其鲜明的个性，特别是小说理论的成就，在古代文学史册上无人比肩。他的文学批评观点及方法，随"才子书"的畅销而影响广远。作者将金圣叹放于当时的历史条件下，全面评述了他的文学成就，特别选取了他 3 首为人所鲜知的绝命诗中的一首进行剖析，可见金圣叹的心态及对未竟文业的遗憾。生前，他评品的几本书，即有《离骚》、《庄子》、《史记》、《杜诗》、《水浒》、《西厢》等，合称六才子书，并对后两种，进行大胆批改。此外，他的文学理论"三境"观点，在金氏一生的文学批评中，是具有美学意义的指导思想。"三境"泛指文学作品所达到的艺术高度，即圣境、神境、化境。这在今天，对于我们评品文学作品，也有借鉴意义。(杨连仲)

I000078　**唐代文学丛考**　陈尚君著。中国社会科学出版社 1997 年 10 月版。43.9 万字。32.60 元。汇辑作者自 80 年代以来在唐代文学文献研究过程中所撰论文 23 篇。作者善于利用存世典籍和新出文献，重视文献溯源，考辨周详缜密，抉隐发微，提出新见。其中对《全唐诗》《全唐文》收录讹误的纠订，对唐诗人占籍的确定，对唐人著作特别是唐人编选诗歌总集的原貌及存亡情况的考察等，皆能统摄一代，抉幽发隐。在唐诗人生平的研究方面，揭出李白与崔令钦的交往，可裨李白词真伪的研究；对杜甫离蜀原因、杜诗早期流传，傅璇琮先生在为本书所作"序"中认为"是建国以来研究杜甫生平创作最值得玩味之文"；另外，作者对温庭筠和花间词人生平的研究，多发前人所未言；《司空图〈二十四诗品〉辨伪》一文考定其不是司空图所作，是作者近年来最有力度的考证文章，堪称近年中国古代文学和文论研究的重大创说，因而引起海内外学者的广泛注意和热烈讨论。收入"唐研究基金会丛书"。(冯广裕)

I000079　**唐宋四大家的道论与文学**　朱刚著。东方出版社 1997 年 10 月版。19.3 万字。15.30 元。《日晷文库·中国文学史研究系列》之一，关于中唐至北宋期间的文学转型与该期内儒学复兴运动之关系的专题研究著作。选取了"唐宋八大家"中的韩愈、柳宗元、欧阳修、苏轼四家作为研究对象，把他们的思想和成就描述为一个合乎逻辑的发展过程。论著的主要篇幅是对四家所说"道"这一概念的内涵演变作出详细考释，指出"道学"作为一种政治意识形态的同时，其所包含的更具理性精神的内涵，即从民族文化的价值理想出发，一步步走向对于真、善、美的普遍性思考，从而使这种思考具有对于全人类的意义。在此基础上，论著最后一章逐节阐述"文以载道"、"以文为诗"、"以诗为词"三种创作主张，如何将理性精神导入文学领域，并融入各体文学的艺术机制。作者将民族文化的价值理想、对真理的探求与美的感悟，视为优秀的作家作品得以产生的根据，以此来解释四家的成就与意义，论述中不乏新见。在材料的应用上，也自觉追求"通"与"专"的结合，引述范围自先秦降及近人文字，同时对一些细节问题作出不避繁复的考证；但这种结合有时候显得力不从心，出现疏误。(朱刚)

I000080　**庾信传论**　鲁同群著。天津人民出版社 1997 年 12 月版。25.5 万字。15.00 元。庾信是南北朝时期的重要作家之一，他的诗、赋对后代，尤其是对包括李白、杜甫在内的唐代诗人影响很大。作者经过十多年的刻苦钻研，对庾信的生平、思想及作品进行了全面深入的研究，彻底理清了庾信的家世、生平仕历、思想演变过程，并在掌握大量证据的基础上，推翻了包括陈寅恪在内的一些专家学者的成说，对其作品如《哀江南赋》等作了崭新的解释，填补了长期以来古代文学研究中的一个空白，为庾信的研究开创了一个新局面。书中除了大量考证外，还对以儒为主的庾信思想，"夸目""荡心"与清新自然的美学风格作了论述。书末还附有《庾信年谱》和《历代评论选辑》。(成其圣)

I000081　**敦煌文学论集**　项楚主编。四川人民出版社教育编室 1997 年 12 月版。34 万字。20.00 元。1996 年 9 月 4—6 日，海峡两岸敦煌文学研讨会在四川联合大学举行，本书即这次研讨会的论文集。

I000082　**新乐府诗派研究**　钟优民著。辽宁大学出版社 1997 年 7 月版。28 万字。17.50 元(平)，25.00 元(精)。在详细占有材料和吸取前人研究成

热烈庆祝人民教育出版社成立50周年

人民教育出版社是直属于教育部的教育专业出版社。主要承担研究、编写、出版、发行中小学基础教育教材和其他各级各类教材以及教育图书的任务。

人民教育出版社成立于1950年，毛泽东同志题写了社名。

50年来，人民教育出版社受教育部委托，参与草拟或主持草拟了1993年以前国家颁布的历次中小学各科教学大纲。先后编写、出版了九套全国通用的中小学教材，拥有数以亿计的读者，总印数已达数百亿册。

人民教育出版社出版范围：纵向，从幼儿园、小学、中学到高等师范院校教材；横向，从普通中小学到中等师范学校、幼儿师范学校，到职业中学、特殊教育、成人盲、成人中等教育、教师培训教材；学科，从人文科学、社会科学到自然科学、技术科学；品种，从教科书、教学参考书到学生课外读物、教师进修读物；形态，从文字出版物、教学挂图到幻灯片、投影片、录音带、录像带、CD、VCD、LD、电脑光盘等音像电子出版物。

人民教育出版社是中国内地唯一具有教育图书进出口权的出版社，这项业务的开展将为中国教育图书与世界进行多方面的交往与合作提供了良好的条件。

为了加强课程和教材的研究工作，1983年6月，经国家教育部批准，成立了课程教材研究所。邓小平同志题写了所名。人民教育出版社的编辑人员同时是课程教材研究所的研究人员，他们把教材的编写与教学实践、科学研究结合起来，力争使教材不断新、不断发展，以符合不同学生的生理和心理特点，适应经济和社会发展的需要。

人民教育出版社和课程教材研究所一贯重视借鉴国外经验，积极参加国际学术交流活动。长期以来，我们与联合国教科文组织、儿童基金会、人口基金、开发计划署和世界银行，以及美国、俄罗斯、日本、英国、法国等二十几个国家和香港、澳门、台湾地区的同行、专家、学者建立了友好关系，广泛开展了业务合作。

地　　址：中国·北京沙滩后街55号
邮政编码：100009
电话总机：(010)64016633
图文传真：(010)64010370
图书销售：(010)67661431　67661389　67661390　67661424
网　　址：http://www.pep.com.cn
电子信箱：pep@pep.com.cn

桂林山水甲天下

真理，您告诉我
青年理论学习百题
禁毒
教育通俗读本
中国油画百年图史
20世纪
科学大师与科学大事
物理学习论
物理实验论
化学教育测量和评价
外语教育语言学
化学实验论
英语教学交际论
化学学习论

桂版图书添风采

1997年，广西版图书在第六届“五个一工程·一本好书”奖和第三届国家图书奖评奖中获得大面积丰收、历史性突破：

《真理，您告诉我——青年理论学习百题》(广西师范大学出版社出版)、《禁毒教育通俗读本》(广西教育出版社出版)两种图书荣获“五个一工程·一本好书”奖；

“神脑聪仔卡通系列丛书”(接力出版社出版)荣获国家图书奖；

《新桂系史》(广西人民出版社出版)、“学科现代教育理论书系”(广西教育出版社出版)、“汉字研究新视野丛书”(广西教育出版社出版)、“中国少数民族科学技术史丛书”(广西科学技术出版社出版)、《二十世纪科学大师与科学大事》(接力出版社出版)、《中国油画百年图史》(广西美术出版社出版)六种图书荣获国家图书奖提名奖。

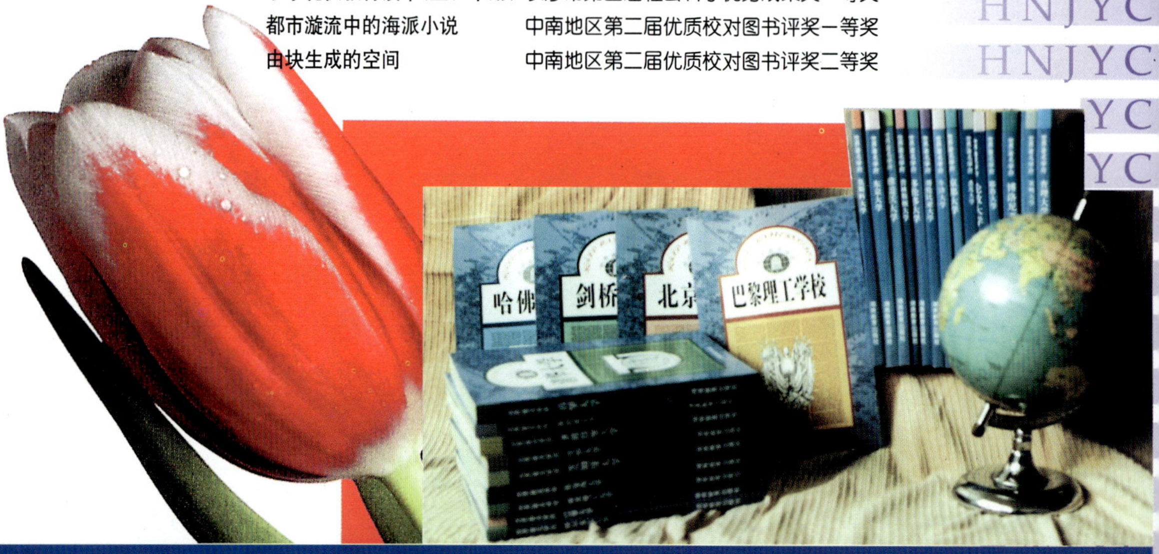

长沙市韶山北路643号　湖南教育出版社发行科　邮编：410007　电话：0731-5468407
电子邮件：hnedu @ public.cs.hn.cn

少年儿童出版社

《大科学家小讲台》丛书（10册）

谢希德等编写　24开　每册定价5.40元

由7位中国科学院院士撰写的10 本幼儿科普读物。作者用浅显易懂的文字，通过很多日常生活的实例让小朋友懂得许许多多科学的大道理。

10册书名分别为：《空气在哪里》、《白天黑夜》、《桥上和桥下》、《油的一家》、《电从哪里来》、《迷人的光》、《找找声音》、《水的秘密》、《沉沉浮浮》、《冷冷热热》。

天天想着小读者
年年出版精品书

《中华百年风云》

中国革命博物馆编　16开　精装76.00元

大32开　平装28.00元

本书根据中国革命博物馆陈列的“近代中国”和即将展出的“当代中国”编排。全书约由400篇文章、1200余幅珍贵历史照片组成，全面展示了从1840年鸦片战争起到今天我国历史发展的概貌，涵盖了政治、经济、军事、文化、外交、法律、民族、教育、科技乃至社会生活等许多方面。

少年儿童出版社
传真：(021)62526963
邮政编码：200052
E-mail：jcphsc @ online .sh.cn
http：//www.jcph.com
地址：上海延安西路1538号
电话：62823025

云南人民出版社

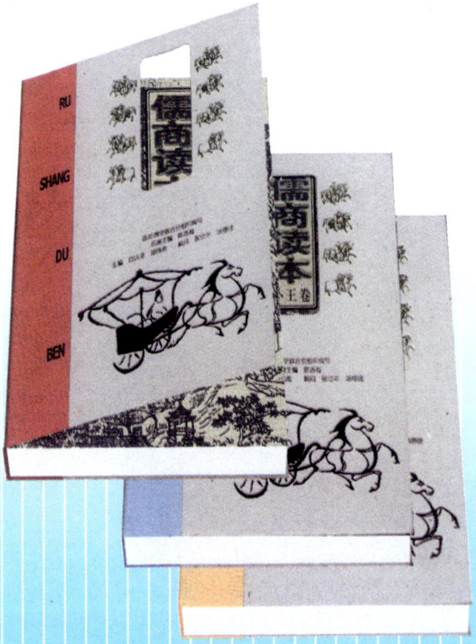

失落的文明系列（第一辑部分书目）

《叩问丛林--玛雅文明探秘》	定价：12.80元
《蓝色诱惑--爱琴文明探秘》	定价：12.20元
《守望和谐--古埃及文明探秘》	定价：15.60元
《凯旋瞬间--古罗马文明探秘》	定价：14.60元
比伦文明探秘》	定价：12.20元
《如歌岁月--古希望文明探秘》	定价：12.80元

《儒商读本》	（人物卷）	定价：35.00元
《儒商读本》	（内圣卷）	定价：35.00元
《儒商读本》	（外王卷）	定价：40.60元

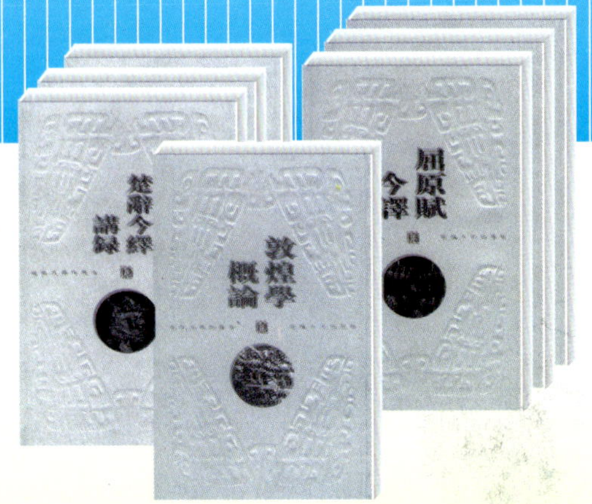

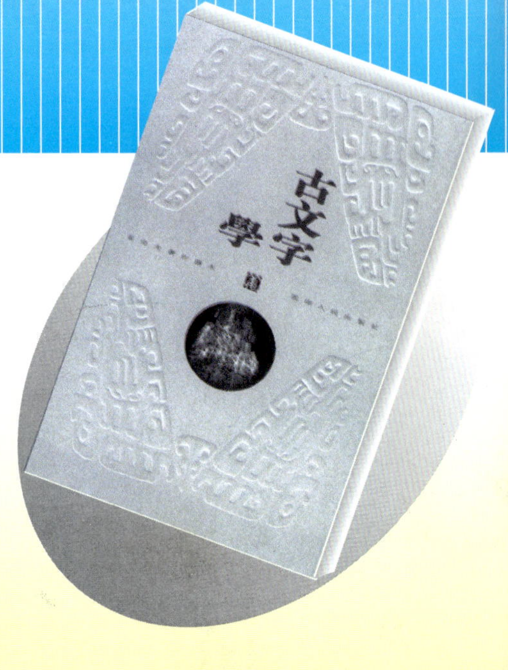

姜亮夫著作选本（繁体字竖排本）

《楚辞通故》（共四卷）	定价：230.00元
《楚辞今绎讲录》	定价：9.50元
《屈原赋今译》	定价：21.50元
《敦煌学概论》	定价：7.00元
《敦煌－－伟大的文化宝藏》	定价：18.60元
《古文字学》	定价：9.40元
《文学概论讲述》	定价：26.00元
《姜亮夫文录》	定价：20.00元

云南人民出版社（昆明市书林街100
发行电话：（0871）3184498　3186761　316

白云黄鹤美·鄂版图书香

湖北省出版界1997年度部分获国家级奖的图书

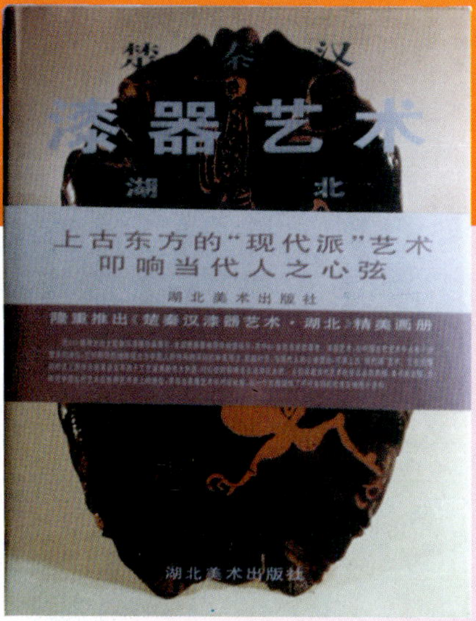

《楚秦汉漆器艺术》
获第三届国家图书奖（提名奖）
湖北美术出版社出版

《你是一座桥》
获中宣部第六届"五个一工程"优秀作品奖
长江文艺出版社出版

《楚学文库》
获第三届国家图书奖
湖北教育出版社出版

湖北省新闻出版局
湖北省出版（集团）总社
局长、总社社长：邱久钦
地址：湖北省武汉市武昌黄鹂路75号
邮政编码：430077
电话、传真：027-86783629

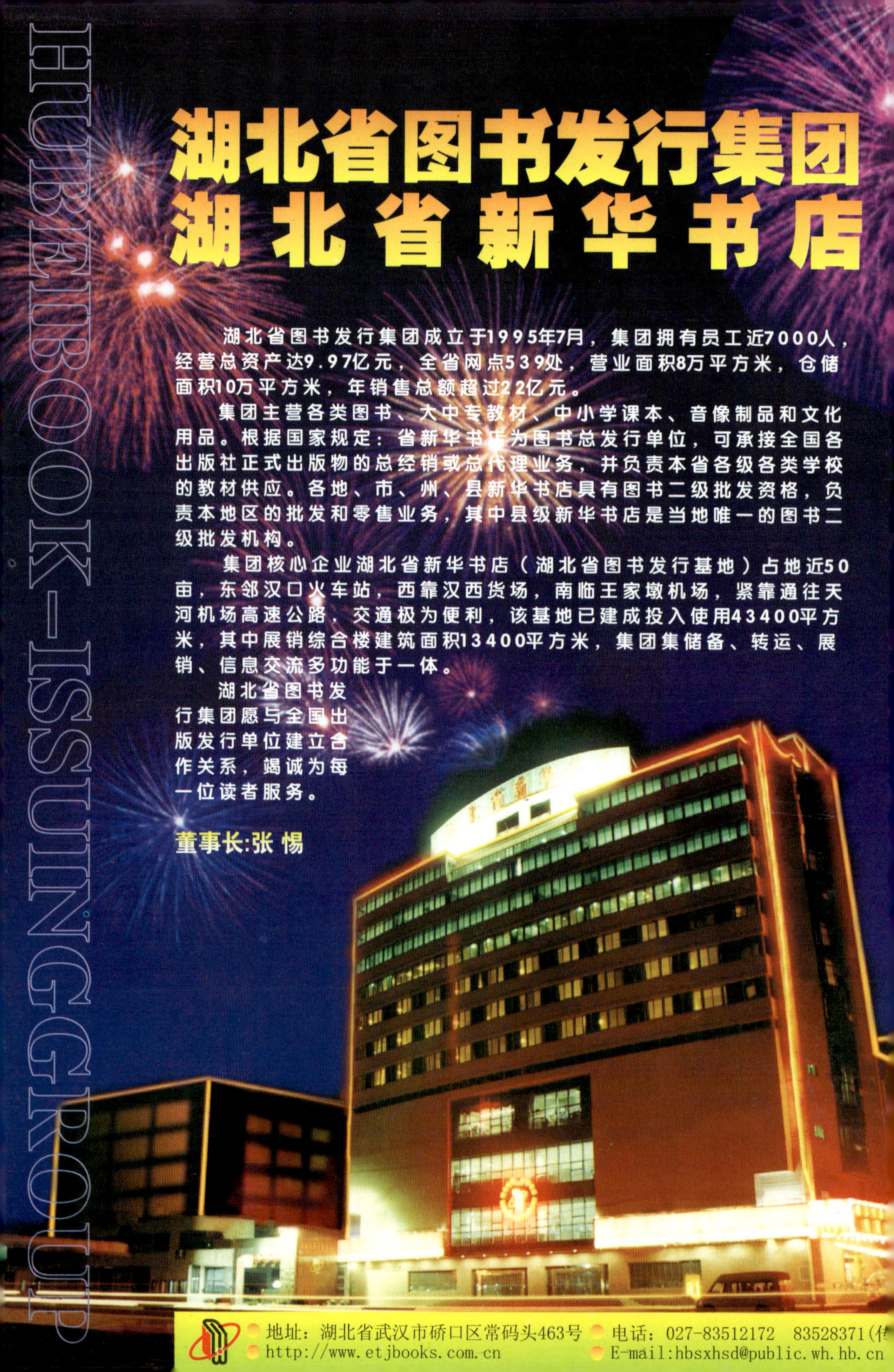
HUBEI BOOK-ISSUING GROUP
湖北省图书发行集团
湖北省新华书店
湖北省图书发行集团成立于1995年7月，集团拥有员工近7000人，经营总资产达9.97亿元，全省网点539处，营业面积8万平方米，仓储面积10万平方米，年销售总额超过22亿元。
集团主营各类图书、大中专教材、中小学课本、音像制品和文化用品。根据国家规定：省新华书店为图书总发行单位，可承接全国各出版社正式出版物的总经销或总代理业务，并负责本省各级各类学校的教材供应。各地、市、州、县新华书店具有图书二级批发资格，负责本地区的批发和零售业务，其中县级新华书店是当地唯一的图书二级批发机构。
集团核心企业湖北省新华书店（湖北省图书发行基地）占地近50亩，东邻汉口火车站，西靠汉西货场，南临王家墩机场，紧靠通往天河机场高速公路，交通极为便利，该基地已建成投入使用43400平方米，其中展销综合楼建筑面积13400平方米，集团集储备、转运、展销、信息交流多功能于一体。
湖北省图书发行集团愿与全国出版发行单位建立合作关系，竭诚为每一位读者服务。
董事长:张 愓
地址：湖北省武汉市硚口区常码头463号
电话：027-83512172 83528371(
http://www.etjbooks.com.cn
E-mail:hbsxhsd@public.wh.hb.cn

果的基础上，力求对性灵派的形成、发展、鼎盛、衰微、影响，以及代表性作家作品的内容、风格、审美特征等等作出清晰的分析和描述，着力探寻政治、经济、宗教、哲学、艺术、习俗、风尚等等社会历史的因素以及文学发展内在的和作家自身的因素对文学流派形成所起的作用，同时深入揭示文学发展史上的某些规律，从而深化对中国古代文学的研究。（陈晓东）

I000083　**中国古代文论的现代转换**　钱中文主编。陕西师范大学出版社 1997 年 7 月版。30.5 万字。14.00 元。"中国古代文论的现代转换"学术研讨会的论文集，收有活跃于当代文艺理论界的老中青学者的论文 29 篇。大多不是应景式的发言性的文章，而是直接切入"中国古代文论的现代转换"这一重大课题的纵深和诸多层面，其最大的特点是深思熟虑和共鸣性强、认同率高。比如对一个世纪古代文论研究和现代文艺学研究的经验、教训的检视，对中国思维特点和文论特点的探讨，对中国古代文论价值的认识和肯定，多数学者都达到了一定程度的共识，使中国古代文论的"转换"工程在启动初始，便有了坚实的基础和明确的方向。与此同时，与会学者还对"转换"的思路、内涵、途径、方式、步骤等具体问题发表了各自创造性的见解，对我国文论研究和文论建设的"大转折"产生了重大的影响。（刘明琪）

I000084　**中国古典文学学术史研究**　董乃斌主编。新疆人民出版社 1997 年 11 月版。48 万字。40.00 元。由中国社会科学院文学所及单位组织召开的"世纪之交中国古典文学及丝绸之路文明"国际学术研讨会的论文集，是古典文学方面论文的汇辑。共收论文 33 篇。所收论文围绕百年来古典文学研究题旨的变迁，学术史的回顾与前瞻，学派的特征和影响，重要作家作品的研究史，重要古典文学研究家的成就与治学特点及不同作家作品的研究脉络，不同文体的研究轨迹，近现代有代表性研究家的治学道路，中国古典文学研究近百年来不同阶段的发展等方面进行了深入的探讨。这些论文不但是对古典文学学科与现代化关系的研究，还涉及当前古典文学整体学术思想与方法的建构，涉及对本世纪中国古典文学研究特征的检视，是对下一世纪学科方向和方法的设计与探索。一些作者站在本世纪学术发展的高度，整体把握这一领域的研究思路和治学方位，具有一定的前瞻性。（李春华）

I000085　**中国古代文学作品多解大辞典**　贾传棠主编。中州古籍出版社 1997 年 6 月版。132.7 万字。38.00 元。博采学人诸说，囊括学术众议，集一部（篇）作品之各家解说歧义、辨析争端于一个"辞目"之下，少则 2 条、3 条，多则数条乃至 10 条以上者不等；前人、近人、今人，依时序逐次罗列，著作、章节，详指出处。对所罗列之各家学说、见解，时有酌情加"按"者，按语极为简略，按而不断、断而不论者居多，意在使读者少受一家言之影响，真正能择善而从之。全书辞目 2 000 条，按首字的汉语拼音音序编排；正文后另附《辞目笔画索引》。（贾传棠）

I000086　**东方睿智学人**　副名：钱钟书的独特个性与魅力。王卫平著。河北教育出版社 1997 年 5 月版。18.4 万字。12.30 元。着重于钱钟书"个性与魅力"的探寻。将宏观视野与微观探析相结合。注意将"钱学"与现代作家的作品进行对比；讲《围城》将它与其他现代讽刺作品进行比较；讲《谈艺录》注意与古代诗话相联系。注意深入浅出，使"钱学"在广大青少年中产生影响。作者分"出身与经历"、"才气与性格"、"散文与小说"、"讽刺与幽默"、"博学与宏识"、"超脱与淡泊"6 章介绍钱钟书的学问魅力。

I000087　**现代中国：新文学与新文化**　皇甫晓涛著。山西人民出版社 1997 年 3 月版。20.2 万字。16.80 元。作者有意识地突破中西理论、方法和文化视野的局限，力图在世界文化发展的语境中不拘一格地采用有益的理论方法，并在坚实的具体个案分析的基础上，从各个侧面探索了百年以来新文学与新文化的内在关系，解析了现代文学史与现代文化史中一系列悬而未决的学术问题。本书观点新颖，立论深刻，全书从文学研究拓展到历史研究，由历史研究升华为哲学研究，又由哲学研究还原为文化研究，从而构成本书纵横捭阖而又丰实剔透的磅礴气势。（贾娟）

I000088　**郁达夫的文学道路**　张均著。福建教育出版社 1997 年 10 月版。24.1 万字。24.00 元。有关郁达夫研究的论文集。按郁达夫的创作时间，分为 3 大部分：感伤岁月（1896～1920）、左翼十年（1927～1936）、烽火万里（1937～1945）。作者以一篇一篇的形式对郁达夫的小说、诗歌、散文的创作和文学史实进行研究与探讨，同时，也对郁达夫作品中各个时期的不同思想进行考察与分析。虽然不是郁达夫的传记，但有时间的连续性；虽然不是整体的郁达夫的文学创作的研究专著，但有对创作道路和过程研究的系统性。（汤源生）

I000089　**"赛先生"与五四新文学**　刘为民著。山东大学出版社 1997 年 8 月版。15.8 万字。11.80

元。民主与科学是五四新文学革命中并举的两面旗帜。本书依据当年的两面思想旗帜作为理论基础,而又尽量还原“赛先生”(亦即“科学”)社会文化层面上着重于自然科学的本意,来“独具只眼”地对约定俗成的“五四新文学”予以重新考察。作者在本书中,系统而深入地研究、分析了“赛先生”对于五四新文学思潮和创作实践的综合性影响;对西方科学精神的内涵、类型、输入方式等作了透辟的剖析,对五四新文学作者的知识结构、学历素养和五四新文学的主题、形象系列、创作方法、思维方式等方面进行了多层面、多角度的研究,并在新的研究视野下,发掘了许多过去为人们所忽略的新材料,对一些为人熟知的材料,在新的观照下,发掘出了新的意义。(周广璜)

I000090 **一个神秘的文学天才——路翎** 刘挺生著。华东师大出版社 1997 年 1 月版。20 万字。16.80 元。路翎是中国新文学史上的一个天才,他的创作发轫于 30 年代末,鼎盛于 40 年代中后期,主要从事小说创作,成为胡风流派中的一员主将。除小说外,还写散文、报告文学、剧本和诗歌,可以说是一个全能型的多产作家。本书作者以他独特的学术眼光和坚定的政治勇气,开拓了路翎研究的新领域,恢复了路翎在新文学史上应有的地位,使他重放异彩。全书共 3 篇,分别就路翎的思想创作和影响 3 个方面进行全方位的研究,读者可以从中了解路翎思想的形成过程、文学创作的成就以及他一生的坎坷经历。(陈贻恩)

I000091 **中国当代文学** 封孝伦著。广西师范大学出版社 1997 年 8 月版。30.4 万字。13.00 元。中国当代文学半个世纪的历程,画了一道英雄主义抛物线:英雄前奏曲——建国期文学(1949～1957)、英雄的浩歌——跃进期文学(1958～1965)、丢失人性的英雄——“文革”期文学(1966～1976)、人性的复归——开放期文学(1977～1989)、从英雄走向平民——商品化时期文学(1989～世纪末)。本书用英雄主义抛物线来描述了当代文学半个世纪的规律,对通过现象显示规律作了一个尝试。(肖星明)

I000092 **中国当代文学研究资料·晓雪专集** 云南教育出版社编。云南教育出版社 1997 年 4 月版。33 万字。18.00 元。“中国当代文学研究资料丛书”之一。共 4 部分:一、晓雪的生平与创作;二、评论晓雪文章选辑;三、晓雪作品(1952 年 9 月～1996 年 6 月)目录索引;四、评论晓雪文章(1957 年～1996 年)目录索引。晓雪,原名杨文翰,白族,1935 年 1 月生于云南大理。中国著名诗人及文学评论家。成名作:《生活的牧歌——论艾青的诗》。其长诗《大黑天神》、诗集《晓雪诗选》、评论《我国当代的少数民族诗歌》等。(黄凡)

I000093 **巴金创作综论** 辜也平著。福建教育出版社 1997 年 10 月版。32 万字。30.50 元。“中国文学论丛”之一,是一部比较系统的巴金研究著作。其中有著名的巴金研究专家李存光写的序。全书的顺序是:序言、导论、正文(共 10 章)、余论、附录、后记。在《导论》里,作者概述了近年的巴金研究情况;在第一章中,则对巴金的生平、思想与创作道路进行简要的探索;从第二章开始,到第十章,对巴金的作品《灭亡》、《爱情的三部曲》、《家》、《春》、《秋》、《火》、《憩园》、《寒夜》、十七年的创作、《随想录》进行思想上与艺术上的研究与探讨,其中不乏真知灼见;余论主要是巴金创作风格及其客观存在方面的研究。(汤源生)

I000094 **以笔为旗** 副名:世纪末文化批判。王元化、公刘等著,愚士选编。湖南文艺出版社 1997 年 4 月版。53 万字。27.90 元。汇集了当代王元化、公刘、邵燕祥、何满子、王晓明等一百多位作家、评论家、学者的文化随笔 129 篇,对 90 年代的中国文坛现状进行广泛的探讨与剖析。内容涉及我国 90 年代的文艺思潮、文学焦点及重大文艺论争等。其中包括关于人文精神的讨论;文学是否需要理想精神的讨论;关于躲避崇高的争论;关于宽容、流氓文学、文人操守、文学蜕变及文学世俗化的论争;关于是否应该为袁世凯、汪精卫、周作人翻案,是否应该重新评价鲁迅等一系列重大是非问题的论争。从中可以了解到 90 年代中国文学发展的整个动态和重大论争的情况,观察到面对市场经济中国文学和文学队伍的分化,中国作家人格面貌的惊人裂变,预见到中国文学未来的命运。(余开伟)

I000095 **李文珊创作研究** 王畅、龚殿舒编著。花山文艺出版社 1997 年 3 月版。李文珊的作品题材大都取自藏族人民生活的历史与现实,而且,无论从美学、文学、新闻学的角度,还是从民族学、历史学、社会学的角度看,都具有巨大而深远的价值。本评论集是数十位评论家从不同角度分析、评品李文珊作品的结集,从美学与文学等方面对其作品进行了初步的探讨与研究。

I000096 **现实主义文学在当代中国** 张学正著。南开大学出版社 1997 年 5 月版。18.1 万字。13.00元。以 70 年代后期到 90 年代中期的现实主义文学的发展线索为基本框架，每一个时期又作横向展开，分别论述了该时期现实主义文学的各种形态的发生背景、审美特征及其文学史意义。其中既有对一些重要文学现象的宏观把握，又有对一些代表作家作品的微观透视，纵横兼顾、点面结合，使读者不仅从创作上，而且从理论上了解新时期现实主义文学的发展。本书除导论外，根据文学创作的实际情况，又分5章展开论述，即：历史回顾——现实主义文学在当代中国之命运、现实主义的再度辉煌——新时期之初批判的现实主义、在新的挑战面前——80年代现实主义文学的变异及多元发展、新现实主义——90年代文学主潮、新时期现实主义艺术综论。其主要内容表现了伤痕之痛、历史之思、改革之潮、青春之祭、人性之光、军旅之声；心理现实主义、纪实现实主义、象征现实主义、文化现实主义、生命现实主义、新写实主义、传统现实主义；新市民小说、新都市小说、新移民小说、新历史小说、新体验小说、新儒林小说、现实主义冲击波等，对新时期现实主义创作的方方面面都进行了论述。（丁福原）

I000097　**逼近世纪末批评文丛**　陈思和等著。山东友谊出版社1997年5月版。140万字。110.60元。共7册，即《笔走龙蛇》、《城市的声音》、《个人情境》、《现代话语》、《叙事的智慧》、《彼岸与此境》、《月光下的追忆》。在"文革"后中国文学发展史上，80年代是一个至今仍令人怀念的文学繁盛时代，各种新思潮、新思维纷至迭出，人文学者空前活跃、自信。步入90年代，随着经济改革的逐步深入，文化转型的态势日渐明显，在消费文化大畅其道，到处一片市场的喧嚣和浮躁环境中，愈来愈多的文人耐不住寂寞，经意不经意地丧失了精神操守，但也有一批甘于寂寞的学者能够坚守心灵的岗位，在一片浮躁中喊出自己的清爽、睿智的声音，成为文学批评界的新生力量。他们以更新锐、更扎实的学术态度，给文学批评界注入了一种新鲜活跃的血液。本书就集中展示了这一精神。其旨在弘扬当代知识分子的人文精神，为批评界和即将来临的新世纪培养新生的学术力量。（程华涛）

I000098　**新时期文艺新潮评析**　程代熙主编。河南大学出版社1997年4月版。40万字。24.30元。新时期文艺思潮研究专著。共6编21章。作者运用马克思主义观点，对滥觞于70年代末、活跃于八九十年代的文艺新潮进行了系统的梳理，对其代表性观点和代表性作品进行了深入的剖析；对其在小说、诗歌、戏剧、影视、音乐和美术等各个艺术门类中的表现，进行了分门别类的勾勒。既指出了这个思潮的复杂性，强调要区别情况采取不同态度，也对其中存在的突出问题进行了旗帜鲜明的批评。（袁喜生）

I000099　**《中国百家文学名著鉴赏》丛书**　汪文顶、曾宪辉主编。福建教育出版社1997年10月版。130万字。77.40元。共4组12分册。第一组，诗歌4册：1、先秦至南北朝诗；2、唐朝至近代诗；3、唐宋词、元曲、明清词；4、现当代诗。第二组，散文3册：1、先秦诸子散文和历史散文，《史记》、《三国志》、《资治通鉴》等。先以"作品概览"介绍全书，然后精选片段进行赏析；2、汉魏六朝抒情小赋、唐宋古文运动及以后的小品文、随笔；3、现当代散文。第三组，小说3册：古代、现代、当代各1册。第四组，戏剧2册：古代戏曲1册，现当代戏剧合为1册。各分册的前言总括各自文体各阶段的发展状况。（孙汉生）

各体文学评论和研究

I000100　**重读古典**　李书磊著。河北人民出版社1997年版。11.8万字。10.20元。"午夜散文随笔书系"之一。中国古典文学札记。分7部分："《诗经》血缘"、"唐诗情结"、"元曲关系"、"《三言二拍》的领悟"、"《金瓶梅》的误会"、"《聊斋》精神"、"《红楼》纲领"。是在对中国经典的经、史、诗、小说的深入研读和思考中完成的对本民族血脉、文明的体味、思量和感悟，正如作者言为了"完成对中国的归化，唤醒作为这一东方种族的一环，延续并更新这个种族的自觉。"（崔玮）

I000101　**诗词精品名家编注**　启功等审定、编注。天地出版社1997年12月版。200万字(套)。220.00元(套)。从古典诗词发展史角度入手，强调一脉相承，同时突出不同时代的特色，从先秦两汉一直到近现代，选取了不同时代各种风格、流派的代表作，并在序言中叙述了各时代诗歌发展的脉络及特点，读者由此可窥见我国古典诗词概貌。每本书均有作者简介、简明的注释和精当的点评，并附有该时代诗词的有关知识介绍以及大量的名言佳句。（吴晓春）

I000102　**迦陵文集**　叶嘉莹著。河北教育出版社1997年7月版。300万字。173.25元。加拿大皇家学院院士、著名华人学者叶嘉莹女士古典诗词研究专著的文集，共10册，分别为：《王国维及其文学批评》、《我的诗词道路》、《汉魏六朝诗讲录》、《迦陵论词丛稿》、《迦陵论诗丛稿》、《清词丛论》、《唐宋词名家论稿》、《唐宋词十七讲》、《杜甫秋兴八首集说》、《古典诗词讲演集》。作者把中西方诗论融合为一体，在思想与艺术两大评判标准之外，更着眼于中国古典诗词的感发性质，对古典诗词中形象与情意的关系有诸多阐述。

I000103　**楚辞通论**　黄震云著。湖南教育出版社1997年版。28.9万字。12.90元。全面系统深入地研究楚辞学的著作。凡6章：第一章“《楚辞》名称论”；第二章“《楚辞》作家论”；第三章“《楚辞》作品论”；第四章“《楚辞》意象论”；第五章“《楚辞》影响论”；第六章“楚辞学的研究”。作者从中华文明一体化的研究思想出发，广泛利用典籍文献，以当代文学理论为武器，从历史文献和文化美学等多元视角系统深入地论述了诗、辞、赋的关系；楚辞产生的文化背景、原因；作家世系、生平事迹、著述过程、风格贡献；每一篇作品的写作时间、地点、布局、用心、本事、成就；探讨了楚辞的文化精神、文化意象、文学史意义及在不同时代的不同命运与原因，在当代文化建设中的作用等。对离骚的写作时地、屈原三次放逐等重大问题的研究皆有突破；对历代尤其当代楚辞学研究成果进行了全面清理；对某些主观阿世的方法和学风进行了客观的分析和批评。(孟可文)

I000104　**中国百家文学名著鉴赏·诗歌(一)**　张大烛等编著。福建教育出版社1997年10月版。9.6万字。5.85元。选取《诗经》、《楚辞》、汉乐府、南北朝民歌及汉魏六朝文人诗共38首，进行分析、鉴赏，并对《诗经》、《楚辞》、《古诗十九首》、汉乐府、南北朝民歌等进行了总体概说。前言对自《诗经》至南北朝，即中国文学史的前一阶段的诗歌发展状况进行了简述。(孙汉生)

I000105　**中国百家文学名著鉴赏·诗歌(二)**　魏清荣编著。福建教育出版社1997年10月版。11.4万字。6.70元。选取自唐至清50首格律诗(七律、五律、七绝、五绝)进行鉴赏分析。基本代表了中国格律诗的精华。前言对自唐至近代的诗歌发展史进行了概述。(孙汉生)

I000106　**中国百家文学名著鉴赏·诗歌(三)**　欧明俊编著。福建教育出版社1997年10月版。10.4万字。6.20元。选取的主要是宋词、元曲，近50家。重在对词、曲艺术特性自身的分析。前言对词、曲的发展状况进行了简要勾勒。(孙汉生)

I000107　**中国现代诗歌史**　朱光灿著。山东大学出版社1997年1月版。92.2万字。56.00元。将中国现代诗歌的历史，分为开创时期、发展时期和成熟时期3个阶段，以现代诗歌的发展沿革为主线，对其不同分期诗学思潮、诗学流派以及主要作家的代表作品进行了艺术分析与评介。作者采用“史”、“论”结合，以史立论的方法，在统摄材料的基础上把握主脉，进而勾勒出中国现代诗歌发展的轨迹。(武迎新)

I000108　**中国现代散文诗艺术论**　李标晶著。甘肃教育出版社1997年6月版。18万字。11.50元。中国现代散文诗艺术论方面的文学专著。中国现代散文诗是我国新文学文体系统中的一个分支，它的发生、发展和臻于成熟是和中国现代文学发展的历史同步行进的。作为一种独立的文学体裁，出现在中国现代文坛有两种意见：一种意见认为散文诗古已有之。其立论的根据是郭沫若1920年说的：“我国虽无‘散文诗’之成文，然如屈原《卜居》《渔夫》诸文以及庄子《南华经》中多少文字吾人可以肇锡以‘散文诗’之嘉名者在在皆是。”并进而推论屈原、庄子之外，用王羲之、郦道元、陶渊明、柳宗元、陆龟蒙、欧阳修、苏东坡、归有光、袁道宏、张岱、龚自珍等名家的一些作品加以佐证。另一种意见则认为中国现代散文诗是从外国借鉴移植来的。其主要原因是几千年古典诗的正观念，严格的格律音韵限制已成定格，难以突破。因此，我国古代虽然出现并且存在过介于诗和散文之间的中间体，但这并不具有现代意义的“散文诗”。散文诗作为一种文体类型，其渊源还应到国外去探寻。最后指出，中国现代散文诗无疑是从外国借鉴移植而来，这与我国“五四”时期的特定环境是密切相关的。本文作者持后种观点。该书前4章是从纵向上勾画中国现代散文诗发生发展的轨迹，对各个时期从事散文诗创作较有成就的作家，结合其创作作了评介。其后则从创作实践出发，考察了其总体特征，力图从文体角度总结其艺术经验，以资借鉴。(杨马胜)

I000109　**白居易集综论**　谢思炜著。中国社会科学出版社1997年8月版。35.8万字。27.60元。白居易本人是一个比较复杂的诗人。从他的家世、生平思想、创作实践到文学主张都存在许多矛盾现象，存在一些悬而未解的、有争议的问题。本书探讨了白居易文集的版本源流以及他的思想和文学创作。全书分为上下两编：上编探讨白居易文集的版本，对版本源流演变及现存白集的构成情况进行了调查和研究，理顺了一些错综的关系；下编分别就白居易的生平、思想、创作的某一方面进行探讨，包括白居易的家世和早年生活、白居易与中唐儒学、白居易的佛教信仰、白居易与李商隐、中唐社会变动与白居易的人生思想、文学思想和他的叙事诗创作等。作者充分利用了北京图书馆善本部所藏各种版本外，还获得一批贵重的日本文献资料，因此本书既提供了国内学界尚未了解的丰富材料和最新研究信息，又据此提出了经过比较研究之后的新想法与新认识。（冯广裕）

I000110 **汉魏六朝骚体文学研究** 郭建勋著。湖南教育出版社 1997 年版。25 万字。13.90 元。骚体是指以屈原辞作为范式、以“兮”字句为基本特征的韵文体式。它源于先秦时代的楚文化，成于战国，在后世依然绵延不绝，是中国古代文学中一种不容忽视的文体。其内涵包括骚体赋、骚体诗及其变异形态的作品。本书是一部中国古代文学分体断代史论，凡 5 章，作者以翔实的材料、严谨的态度论述了骚体的形成、骚体的形式特征及其在汉魏晋南北朝的发展演变，收入“博士论丛”。（孟可文）

I000111 **李益诗歌集评** 郝润华辑校，胡大浚审订。甘肃人民出版社 1997 年 1 月版。15 万字。7.80元。以《全唐诗》中的李益集为底本，并参以它本。作品编排基本依《全唐诗》卷一至卷四依诗体排列，卷五为与他人重出作品，卷六为联句诗。诗后附李益的 4 篇文章，是依《全唐文》及《直隶秦州新志》补入。本书最主要的工作是“集评”分总论和分论两部分，总论放在最后，分论附于各评作品之后，既附录唐人唱和之作，供读者对照研究，又辑录前人对李益作品的评论，有褒有贬，一概抄录，不轻易舍弃，供读者比较鉴别，体例甚善。本书第二项工作是校点，以《全唐诗》为底本，又据明、清二代之善本数种，如明嘉靖三十三年刻本《李益集》二卷等 12 种典籍为参校本，校勘精确。本书第三项工作是附录，附录了唐及唐以后各代的有关李益的各种资料，对于研究李益生平及其文学成就都有很高的参考价值。（李树军）

I000112 **李商隐爱情诗解** 钟来茵著。学林出版社 1997 年 7 月版。38 万字。21.00 元。作者从李商隐诗歌中选择爱情题裁的诗近百首，类分为 4 辑：一、初恋诗；二、夫人诗；三、关于皇帝的爱情诗；四、含有性幽默的游戏之作。于解析中，阐释了李商隐运用道教房中术术语作隐比的手法，破解了之所以引起历代众家歧义的密码。虽然是作品注释和解析，却主要展示关于李商隐研究的一个重大突破。所附录的 6 篇相关论文，“《高唐赋》的源流与影响”、“唐朝道教与李商隐的爱情诗”、“李商隐情诗中常见的隐比象征符号”等，均说明了《李商隐爱情诗解》的理论依据，其中关于“‘高唐雨’的规律”的总结，既科学，又充溢着论家的机智和幽默。（曹坚平）

I000113 **明诗话全编** 吴文治主编。江苏古籍出版社 1997 年 12 月版。450.00 元。集明代诗话之大成，以人立目，共收录明代诗话作者 722 家，其中收入原已单独成书的明诗话 120 余种，比《四库全书总目提要》著录的 42 种、《中国丛书综录》著录的 58 种超出很多，凡可知的、可搜集到的原本诗话均悉数收入，且经过精心校点整理。是书除收录原已单独成书的诗话外，还广为辑录散见于诗文集、随笔、史书、类书等各种书籍中的论诗之语，包括论诗诗、诗歌评点等。（卞岐）

I000114 **河州古诗校评** 马玉海等著。甘肃民族出版社 1997 年 8 月版。100 万字。76.00 元。河州地方（即今之临夏）毗连青海东部地区，远自两汉以来，称为“河湟”，意谓黄河上游地区和湟水流域。本书基本上囊括了河州地区自明代以来，迄至民国时期的古体诗歌，全书共收入 134 位诗人的诗作 4 809 首，词作 100 首，合计 4 909 首。对每一位诗人的阅历和作品都作了详尽地介绍和评析，撰写评论文章 20 多篇。（孙德仁）

I000115 **诗国观潮** 林继中著。福建教育出版社 1997 年 1 月版。31.4 万字。22.00 元。作者以唐宋诗歌为主要考察对象的研究成果的合集。集中有作家作品的考据文字，古典诗歌理论研究，唐宋诗歌现象分析。著者不仅在作家作品考据中屡有创获，而且在其他文字中亦遵循文献学规范，力求言必有据；著者将传统治学方法与现代阐释方法熔于一炉，研究古典诗歌理论，令人有耳目一新之感；著者融合传统与西方的文论，从文艺学、社会学、心理学等视角，多层面地剖析了唐宋诗坛种种现象和诗风嬗变，有许多新颖独到的见解。（林炳泰）

I000116 **诗经诠译** 华锋等著。大象出版社 1997 年 7 月版。作者在博采众长、择善而从的基础上，对《诗经》的全部作品做了新注、语译和评析，并依汉语拼音方案结合古音给原文逐字标音。（会平）

I000117 **唐宋诗风流别史** 阮忠著。武汉出版社 1997 年 12 月版。50 万字。28.00 元。从诗歌风格流派角度切入，注重诗人群体及诗歌风格流变，力图通过不同流派的诗歌风格的形成、变异、影响，以及同一流派诗人及其诗歌风格差异的比较研究，展示唐宋诗歌的面貌。同时，因唐宋诗人及其诗歌风格的特殊性，从诗歌风格之流的内在联系出发，对影响了诗歌风格之流形成或继承前人诗歌风格而产生了深远影响的诗人及其诗歌风格进行了较深入的研究。在研究中，注意把社会文化、诗歌理论与创作实践有机结合起来，把宏观考察和微观探索结合起来，以尽可能揭示唐宋诗风的本色。(刘昌剑)

I000118 **楚辞释论** 王延海著。大连出版社1997年4月版。60万字。52.00元。文学评论。从社会学、民俗学、美学等角度，对《楚辞》进行了论述和研究。关于屈原的美政思想，作者认为屈原是由政治家发展起来的诗人，他的诗即是其"政见书"的论断，并进而分析了屈原美政思想的内容、本质和失败的原因，认为屈原美政思想的本质是属于发展了的儒家思想，是适应战国中后期新政治形势需要的具有进步倾向的政治思想。对屈原的美学思想，作者着重论述了屈原作品的"和谐美"，与日前人们主张其为"非中和美"的观点又卓然不同。对屈原的爱国主义思想，作者着眼于其爱国的具体表现，爱国思想形成的原因及其对后世的影响等，也颇见新意。另外，书中还提出了3个有独创性的问题和观点，即关于屈原的浪漫主义、屈原是中国古典悲剧的鼻祖、屈、宋是中国山水文学的鼻祖。他用美学观点集中分析了屈原浪漫主义的主要特点，即审美主体强烈的抒情和自我意识的突出表现。他从屈原创作悲剧人物形象，提出了创作悲剧形象的理论，来说明屈原是我国悲剧的鼻祖。他又从屈、宋大量描绘山水风物的实际出发，结合屈、宋对自然美的认识和对自然美有着强烈的自觉审美要求，进行分析、论证，得出屈、宋是我国山水文学鼻祖的结论。这些观点和看法都突破了日前《楚辞》学界的研究。(李新民)

I000119 **休闲唐诗鉴赏辞典** 李敬一主编。湖北辞书出版社1997年9月版。46万字。22.00元。"休闲古诗文鉴赏典丛"之一。围绕表现人生意趣的主题，以便于休闲阅读鉴赏为标准，遴选唐诗作品近500首，多为表现诗人旷达乐观、高逸清远、陶情遣兴、消愁涤烦等生活情趣之作。按内容分为"游山玩水"、"吟风弄月"、"感时怀古"、"望乡思亲"、"人生况味"、"故旧朋交"、"两情久长"、"春愁秋怨"、"秀色佳人"、"人情物趣"、"悠悠遗梦"、"咏物寄兴"、"琴棋书画"、"饮酒品茶"等14类。鉴赏文字一般在600字左右，重在玩味作品中最重要的意蕴，以今人的情感体验揣测古人的创作情境，力避对作品进行逐字逐句的章句式讲析及繁琐无味的考证。(王重阳)

I000120 **全唐诗鉴赏辞典** 贺新辉主编。中国妇女版1997年6月版。200万字。68.00元。收录有唐一代300年间包括五代在内的各个时期有代表性的作家234人的优秀作品1 334首，并在每首诗作之后附一篇赏析散文，即为一个辞条。附录部分，收入《唐诗作家小传》《唐诗大事年表》《唐诗书目辑要》《唐诗阅读知识》等。全书分上、中、下编3个部分，其中上编收绝句，中编收律诗，下编收古风、排律、歌行及杂言等。(赵伸)

I000121 **诗经词典(修订本)** 向熹编。四川人民出版社1997年3月版。130万字。44.00元。初版于1986年，是我国第一部尽括全书用词，从历史的角度逐一注音释义的专书辞典，修订本进行了细致的审订和大规模的增补，进一步完善体例和充实材料。本书在对通行传本用字作解释的同时，还为仅见于异文的500多字列了字头，并在其他字头下注明异文，使读者可以通过本书查到相应的解释，并全面了解《诗经》的异文情况。每个字头都注明上古音、中古音、反切和现代拼音，既方便读者使用，也有利于了解和研究《诗经》的韵律。在相关字头下，为1 000多个复音词立目，包括了全部复音词和各篇题解以及有关《诗经》的术语。解释了所有用词的所有义项，释义准确明了，对历来有歧解异释的词语则兼收不同意见，以便参考。(彭高琳)

I000122 **全宋词广选新注集评** 马兴荣主编。辽宁人民出版社1997年7月版。363.9万字。220.00元。选词近万首，收入词人约千家。全书内容包括：作家小传、原文、注释、集评4大部分。其中注释部分，吸收最新国内外学术研究成果，突出学术价值；书中集评部分，荟萃历代词话精华，突出鉴赏价值。(王松)

I000123 **夏承焘集** 夏承焘著。浙江古籍出版社1997年12月版。350万字。280.00元。夏承焘(1900—1986)，浙江温州人。当代著名词学家。本书收集、整理经夏先生生前写定、最足以代表其学术成就的全部著作。凡已成书出版者，均按作者最后核定本收编，并收入多种未发表过的重要著作。全书分8册：第一册收唐宋词人年谱。第二册收唐宋词论丛、月轮山词论集、瞿髯论词绝句、唐宋词欣赏。第三册收姜白石词编年笺校、龙川词校笺、宋词系。第四册收天风阁诗集、天风阁词集前编、天风阁词集后编。第五至七册收天风阁学词日记。第八册收词学论札。

I000124 **休闲宋词鉴赏辞典** 刘尊明、朱崇才编著。湖北辞书出版社1997年9月版。45万字。22.00元。"休闲古诗文鉴赏典丛"之一。共选宋代词作400余首。按词作内容分为"乡村风物"、"山水风月"、"花鸟虫鱼"、"情歌恋曲"、"旷放闲逸"、"梦幻天地"、"幽默谐趣"等16类。在选篇、分类、赏析等各方面，均从剖析人生的角度出发，紧扣"休闲"（供读者在休闲的状态下、有休闲的心境时轻松悠闲地翻阅）的主旨。"赏析"文字，抛弃了烦琐考证以及逐句讲析的旧例，注重挖掘作品的包藏在花鸟虫鱼、山川日月等自然物象之中的深沉的艺术内涵和文化意蕴，尤其深刻体味作品所表现的无限丰富的人类情感。与同类书相比，上海辞书版的《宋词鉴赏词典》侧重于赏析作品的艺术特色，而本书侧重于分析作品的思想内容。因编辑目的不同，二者在选篇上也有较大差异。（丁渝）

I000125　**中国曲学大辞典**　齐森华等主编。浙江教育出版社1997年12月版。271万字。98.00元。一部反映和吸收历来各种曲学研究成果的大型工具书。其内容覆盖有关曲学知识的各个方面。全书收辞一万余条，分为10大门类。各门类的主要内容分别是：一、曲学，有关曲学学科的主干名词、基本概念及重要专门术语；二、曲源，曲在形成过程中的有关知识；三、曲种，包括历代戏曲声腔剧种和曲艺曲种；四、曲家、戏曲、散曲及其他曲类作家；五、曲派，包括创作风格流派、有关社团及作家并称等；六、曲目，指作品，包括戏曲剧目、小曲中的部分名篇；七、曲集，有关种类曲的总集、别集、选集，包括文学本和演出本；八、曲律，与音韵、声律有关的各种知识，涉及曲谱、曲韵、曲牌诸领域；九、曲伎，有关演艺术语、著名演员及演出班社的知识，包括能反映历代演出情况的戏曲文物；十、曲论，有关历代曲论家、曲论著作及现当代曲学研究、海外曲学研究概貌。

I000126　**九叶诗派研究**　游友基著。福建教育出版社1997年8月版。29.6万字。28.50元。"中国文学论丛"之一，是一本作家群体的专题研究。九叶诗派是个中国现代时期的诗人群体，人数众多，其中的佼佼者与代表者是辛笛、陈敬容、杜运燮、杭约赫、郑敏、唐祈、唐湜、袁可嘉、穆旦。本书以他们为研究对象，对九叶诗派进行整体而又个别的研究与考察。全书分上下两编：上编为九叶诗派整体观；下编为九叶诗人论。上编首先考察九叶诗派的结构形态和外国诗人，然后分析其代表的诗歌理论与创作宗旨，最后对其流派风格特征进行整体观照。下编写得较为具体而详细。作者认为穆旦是九叶诗派的一面飘扬着的旗帜；杜运燮是诗坛的智者与顽童；郑敏是一座具有流动美的雕像；袁可嘉是新诗现代化的躬行者；辛笛是不倦追求与歌唱的布谷鸟等等，在具体作家研究中有具体作品的分析。（汤源生）

I000127　**中国百家文学名著鉴赏·诗歌（四）**　荒林编著。福建教育出版社1997年10月版。11.9万字。6.95元。选取五四以来近50家诗人的代表作，进行鉴赏与分析。前言介绍了新诗的发起和70年的发展状况。（孙汉生）

I000128　**从投射到拼贴**　副名：台湾诗歌艺术60种。陈仲义著。漓江出版社1997年12月版。33.8万字。16.00元。作者以"现代"、"后现代"为界，归纳出60个题目，每题专设一章，专谈一种艺术经验和技巧，对40年来台湾诗歌的各种技巧流变作了一次梳理。比如洛夫的"畸联"、余光中的"三联句、周梦蝶的"禅思"、痖弦的"戏剧性"以及后现代诗歌的"录影"、"多媒体"、"后设"、"博议"、"拼贴"等等，一一列举诗句进行条分缕析的解剖，并谨慎探讨其艺术得失。作者将台岛新诗整体上视同五四白话诗和三四十年代诗潮的内在延续和发展，同时更为热切地关注诗艺上的创新，关注诗歌本体对于现代社会生存环境的反应态度，即以一种现代意义上的深度模式对世界进行省思。在行文上，作者一方面注重深度的切入，同时更注重深入浅出，力求将学术性与可读性完美的结合，使诗艺理论转换成可以操作的技术技巧，使诗歌写作者和普通的文学爱好者都有所收获。（刘春荣）

I000129　**中国诗词曲赋辞典**　何宝民主编。大象出版社1997年3月版。191万字。分作家评论家、风格流派、作品集、名篇、名句、典故、诗词曲赋评论、创作批评术语、文体作法、工具书资料10大门类，10 000条目。诗、词、曲、赋均附原作，便于类检。（会平）

I000130　**中国百家文学名著鉴赏·戏剧（二）**　庄浩然编著。福建教育出版社1997年10月版。11万字。6.45元。精选现代、当代戏剧名家名作11部进行鉴赏分析。入选的是：曹禺《雷雨》、夏衍《上海屋檐下》、郭沫若《屈原》、贺敬之等《白毛女》、陈白尘《升官图》、陈思等《十五贯》、李健吾《青春》、老舍《茶馆》、田汉《关汉卿》、锦云《狗儿爷涅槃》、魏明伦《潘金莲》。前言对现当代戏剧的发展情况作了简述。（孙汉生）

I000131　**幽默行旅与讽刺之门**　副名：中国现代喜剧研究。张健著。中国人民大学出版社1997年1月版。34.5万字。16.50元。中文博士后研究专著。代表了中国现代文学和中国话剧史研究在喜剧领域的最新成就。作者在多年潜心研究的基础上，以广阔的文化视角勾勒出中国现代喜剧史的总体轮廓,发掘了一系列鲜为人知的历史材料,并对诸多喜剧现象提出了富有理论新意的独到见解。书末附有李健吾喜剧创作的专论及1915—1949年中国现代喜剧的主要作品编目,供读者参考。

I000132　**中国戏曲简史**　叶树发著。江西高校出版社1997年11月版。16万字。12.00元。简明扼要叙述了中国戏曲的历史,对戏曲史上著名的作家作品进行了评述。全书共10章,并有“绪言”和“结语”。“绪言”介绍中国戏曲的辉煌成就,评述中国戏曲不同于西方戏剧的美学原则和表现方法。第一章《中国戏曲的形成》、第二章《中国戏曲的成熟》,介绍元杂剧之前中国戏曲萌芽、产生、发展的历史过程,宋元之际戏曲成熟的内、外部因素。第三章《元杂剧》介绍杂剧艺术形式,重点分析评价伟大的戏曲家关汉卿及元杂剧的另一杰出作品《西厢记》。第四章《宋元南戏》介绍南戏的艺术形式,南戏的产生和发展以及《琵琶记》等作家作品。第五章《四大声腔与传奇的大发展》介绍四大声腔的形成及汤显祖《牡丹亭》等作家作品。第六章《杂剧的演变与衰亡》、第七章《弋阳腔的发展与演变》。第八章《昆剧的兴起》,重点评价《清忠谱》《长生殿》《桃花扇》等作品。第九章《花部的兴起与昆剧的衰落》,第十章《京剧与地方剧种的繁荣》。《结语》谈“戏曲危机”的表现,提出戏曲在变革中求生存和发展,一定会有美好的未来。(陈昌怡)

I000133　**现代戏剧理论与实践**　庄浩然著。福建教育出版社1997年6月版。30万字。28.50元。“中国文学论丛”之一。有关中国现代戏剧的学术论文集。研究的大体方向是中国现代喜剧。全书正文部分大致可分为4大块:一是考察中国近代与现代喜剧的发展与喜剧理论;二是评述了欧阳予倩、丁西林、熊佛西、李健吾、杨绛等人的喜剧观与艺术实践;三是对陈白尘的喜剧研究和对曹禺的喜剧艺术、喜剧美学思想、曹禺与象征主义等方面的研究;四是喜剧的美学特征和悲剧的美学特征的理论探索。(汤源生)

I000134　**中国百家文学名著鉴赏·戏剧(一)**　涂元济、江五生编著。福建教育出版社1997年10月版。10.7万字。6.35元。选取中国古代戏曲14家的名作进行故事简缩和鉴赏,重点对戏曲的特征进行介绍。入选戏本是《救风尘》、《西厢记》、《汉宫秋》、《墙头马上》、《赵氏孤儿》、《李逵负荆》、《倩女离魂》、《陈州粜米》、《幽闺记》、《牡丹亭》、《玉簪记》、《长生殿》、《桃花扇》。前言对中国古代戏曲的起源、元杂剧、南戏、明传奇等进行了概说。(孙汉生)

I000135　**心灵世界**　副名:王安忆小说讲稿。王安忆著。复旦大学出版社1997年12月版。23万字。16.00元。著名作家王安忆在高校讲课时的讲稿,从理论和实践上探讨了小说的艺术。著者对小说艺术有独到的感悟和理解,将小说定义为心灵世界的表现:小说不是现实,它是个人的心灵世界,这个世界有着另一种规律、原则、起源和归宿。但是筑造心灵世界的材料却是我们所赖以生存的现实世界。小说的价值是开拓一个人类的神界。前两章着重从理论上解说和分析,中间8章从两部当代、1部古典、5部外国作品切入,鞭辟入里地评析了小说的创作动因和途径,后3章带有总括性质,从创作论和鉴赏论的角度评述了小说的艺术,印证其“心灵世界”的理论。(杜荣根)

I000136　**闲话闲说——中国世俗与中国小说**　阿城著。作家出版社1997年12月版。8万字。13.80元。阿城1987年至1993年间历次有关题目的讲谈集成。主题是中国世俗与中国小说。对中国小说中的叙述传统、世俗空间在小说中的润滑作用,以及近代中国因世俗空间的失落而导致小说艺术的没落,作了清楚的交待。(杨葵)

I000137　**秦地小说与“三秦文化”**　李继凯著。湖南教育出版社1997年版。35万字。18.80元。“二十世纪中国文学与区域文化丛书”之一,从地域文化的角度切入,运用文化学、社会学与心理学相结合的方法,对20世纪秦地小说进行了纵横、内外、表里等方面的考察,对秦地的一些重要作家(包括柳青、杜鹏程、王汶石、路遥、陈忠实、贾平凹等)和文学现象(包括延安文学、“白杨树派”、“陕军小说”等)给予了较为深入的分析。认为秦地是文化与小说的厚土,作为地域文化的“三秦文化”在此充任了人和地域文学、一方水土和一方故事的联系中介,以其化育作家之“文心”的方式,将人和地、水和故事所具有的秦风秦韵,收摄于小说的表现世界,从而呈现出了鲜明的地域特色,并增加了作品的艺术价值。该书也涉论了地域文化对文学的负面影响。全书由20世纪秦地小说的“文化轨迹”、“文化格局”、“文化主题”、“文化心态”、“20世纪秦地小说与民间文化”、“20世纪中国文学格局中的秦地小说”等6个部分构成。(孟可文)

I000138　**汉魏六朝小说史**　王枝忠著。浙江古籍出版社1997年6月版。23万字。15.00元。“中国小说史丛书”之一。该丛书共18种,分4个单元:断代史、题材史、体裁史和诸类通史。断代史以史为经,以作品为纬,经纬结合,力求概括某一时代小说史的全貌；题材史、体裁史重在阐述某一题材进入小说创作领域的次第及其在整个小说创作中的比重和地位，或某一体裁的兴盛衰落的全过程及其特征和变化；诸类通史旨在揭示和探索其发展脉络和规律。本书是该丛书断代史单元中的第一种。将两汉魏晋南北朝的小说作了全面系统的梳理、归纳和分析，比较准确地反映了这一历史时期小说史发展的全貌，具有一定的开创意义和学术价值。此外，本书的“绪论”部分对“小说”最初的涵义、演化及所受其他文体的影响，“结束语”部分关于汉魏六朝小说发展轨迹的探索和归纳，都有一定的独立见解和理论价值。（萧欣桥）

I000139　**宋元小说史**　萧相恺著。浙江古籍出版社 1997 年 6 月版。27.1 万字。17.50 元。“中国小说史丛书”中断代史单元的第三种。分上下编，上编一至五章为“市人小说”，下编六至九章为“文言小说”。“市人小说”部分基本按宋人说话家数和《醉翁谈录》小说分类，分门别类加以论述，其中不乏独到见解；“文言小说”部分分别论述了宋金元三朝的志怪小说、轶事小说和传奇小说。这是一部具有开创意义的小说断代史专著，具有较高的学术理论价值。（萧欣桥）

I000140　**明代小说史**　齐裕焜著。浙江古籍出版社 1997 年 6 月版。29.5 万字。19.00 元。“中国小说史丛书”中断代史中的第四种。共 9 章 34 节，全面系统地论述了明代小说的发展及全貌。本书的最大特点是以市民文学贯穿全书，即使文言小说，也充分注意到所受市民文学的影响；其次是兼顾名著与一般，长篇与短篇，以及明末出现的时事小说和续书现象等。全书不乏个人独立见解，具有较高的学术理论价值。（萧欣桥）

I000141　**晚清小说史**　欧阳健著。浙江古籍出版社 1997 年 6 月版。19.00 元。“中国小说史丛书”中断代史单元的最后一种。共 5 章，第一章为“晚清新小说的发轫”，第二章为“晚清新小说的第一个高峰”（重点论述晚清四大谴责小说），第三章为“晚清新小说的第二个高峰”（重点论述立宪、新党小说），第四章为“余波”，第五章为“其他小说”。本书将晚清小说的发轫期定为庚子国变之后，且紧紧围绕具有“近代精神”的晚清新小说展开论述，令人耳目一新，具有较高的学术理论价值。（萧欣桥）

I000142　**清代小说史**　张俊著。浙江古籍出版社 1997 年 6 月版。36.2 万字。21.80 元。“中国小说史丛书”中断代史单元中的第五种。共 8 章 52 节，分“明清之际小说”、“清代前期小说”、“清代中期小说”（上下）、“清代后期小说”4 个时期，清前期另辟专章论述《聊斋志异》，清中期另辟专章论述《红楼梦》和《儒林外史》，比较准确而全面地反映了清代小说的全貌，具有较高的学术价值。（萧欣桥）

I000143　**隋唐五代小说史**　侯忠义著。浙江古籍出版社 1997 年 6 月版。20 万字。13.50 元。“中国小说史丛书”中断代史单元的第二种。共 7 章 26 节，系统而有次第地介绍和评述了隋唐五代小说近百种，其中对于唐代各个历史时期的传奇小说、志怪小说和轶事小说评述尤详，比较全面地反映了隋唐五代小说史发展的全貌。（萧欣桥）

I000144　**中国百家文学名著鉴赏·小说（一）**　欧阳少鸣编著。福建教育出版社 1997 年 10 月版。10 万字。6.10 元。选取中国古代小说中长篇小说 8 部（《三国演义》、《水浒传》、《西游记》、《金瓶梅》、《儒林外史》、《红楼梦》、《镜花缘》、《老残游记》），短篇小说 10 篇，进行故事简缩和鉴赏分析，并对作者作了简介。前言对中国小说史进行了通俗的简述。（孙汉生）

I000145　**《红楼梦》与《金瓶梅》之关系**　长江、胡晓校点。辽海出版社 1997 年 1 月版。14 万字。9.00元。“《红楼梦》本事大揭秘丛书”之一。是对阚铎的《红楼梦抉微》的校点。阚铎之书，最早连载于北京《社会日报》副刊《翰海》，1925 年 4 月由天津《大公报》汇编，署名“无冰阁校印”出版，阚铎认为《红楼梦》全从《金瓶梅》化出，二者都是淫书，只不过《金瓶梅》是部粗俗的淫书，而《红楼梦》则是一部文雅的淫书，阚铎以拆字、谐音、化身、影射等索隐派惯用手法，将《金瓶梅》与《红楼梦》两书，从情节到人物，处处进行对照比附，以此证明《红楼梦》也是一部“淫书”。书中还有一部分内容是“集评”，即集中了以张竹坡为主的对《金瓶梅》的评论，涉及《金瓶梅》与《红楼梦》的关系问题，书最后附有郭豫适的《评阚铎的〈红楼梦抉微〉》，评述了阚书内容，批驳了认为《红楼梦》是淫书的观点。（徐桂秋）

I000146　**宋代志怪传奇叙录**　李剑国著。南开大学出版社 1997 年 6 月版。37.1 万字。17.00 元（平），22.00 元（精）。《唐五代志怪传奇叙录》的续书，由前言、正文、附篇、附考及书名索引、作者索引构成。前言勾勒了宋代文言小说的发展概貌，评述了宋代志怪传奇的艺术成就与缺陷，探讨了宋人的思想观念与小说观念的关系等问题。这是一篇宋人小说的专论。正文叙录了两宋时期的 213 种志怪传奇作品,内容包括对作者、著录、版本、篇目等的考证以及对内容、艺术、源流、影响的介绍和评论。全部作品按分期分为6编,两宋各3编。附录包括辽金志怪传奇3种。附考(存目辨证),包括61种作品,大都属于伪作或妄题撰人者。(马光琅)

I000147 **宋明之际的社会心理与小说** 副名:三国水浒社会心理研究。傅惠生著。东方出版社1997年10月版。20.8万字。16.00元。“日晷文库·中国文学史研究系列”之一。《三国演义》和《水浒传》作为累积型长篇小说在中国古代小说发展史上长期并存并提被仿续,从明代中期《国朝英烈传》模仿二书的传说、明代末年坊间合刻本《英雄谱》到清代末年合刊本《汉宋奇书》,这样的三点一线几乎纵贯明清小说发展的全过程。加之二书创作于元末明初,又有三国、北宋末年历史背景,将这些线索串连起来,再放入整个中国历史中去考察,不难看出,这一现象背后有着丰富的传统文化内涵。借用文艺社会心理学的方法,将二书视为一个整体,较为系统地分析其产生与宋元社会矛盾关系、作家审美情趣与理想、智勇忠义的历史含义、流传、影响以及版本、读者接受心理等,揭示二书是中国古代宋元社会,特别是元末社会民族矛盾和阶级矛盾尖锐造成国家分裂和农民起义频繁的民众社会心理的反映。这又在相当大的程度上反映了我国古代封建社会长期反复出现的、带有普遍规律的社会现象,上甚至可以追溯到春秋战国时期,下可延至清末。强调了二书是以墨家思想为主、墨儒道互补的思想内涵代表着传统文化中与封建正统文化分庭抗礼的另外一半的主流;是在宋元讲史和小说基础上创新的文体,对二书的理论批评所形成的创作——欣赏模式较为集中地反映并代表着我国古代民众的文艺审美情趣。(傅惠生)

I000148 **唐代小说嬗变研究** 程国赋著。广东人民出版社1997年7月版。28万字。20.00元。全面、系统、深入地探讨唐人小说的嬗变现象,开拓了新的研究领域,丰富了中国小说史、文学史的内容,具有很高的学术价值。作者功底扎实,视角新颖,既有朴学的硬功夫,又有新思维、新理论,而且旧学新学兼擅。研究中运用统计学、比较研究、微观与宏观、文学与史学相结合等多种方法,通过数据、图表、对比分析等,有说服力地论证了自己的观点。书中不仅有对应作品的个案分析,而且扩展到对异代(唐与元明清)、异体(从小说到戏曲等)的时代风尚和作品思想艺术特色的综览关照,论述过程中,不依附他人之说,处处闪现出作者的真知灼见。(吕良铁)

I000149 **回评本红楼梦** 清·曹雪芹著,林冠夫、金品芳校点,蒋文钦、金凡平回评。广西人民出版社1997年7月版。135万字。43.00元(平),50.00元(精)。对传统版本进行了重新校订,对书中的矛盾错误进行了认真的校正。对《红楼梦》中出现的古代的典章制度、职官人事及深奥难懂的词语进行了适当的注释。本书在每一回前都有千字不等的批评文字,对本回文字的思想内容、艺术特点、上下回的结构以及文学形象进行了深入浅出的分析与评论,引导读者阅读与欣赏。(马丕环)

I000150 **红楼真味** 邹晓丽著。辽宁人民出版社1997年8月版。17.7万字。12.00元。从语言角度来解读《红楼梦》的专著。全书或因声索义,或咬文嚼字,或从中华民族的思维特点入手,把《红楼梦》中的一些情节和人名、地名、诗词歌赋、对联谜语等等加以分析解释,对当代读者解读历史巨著《红楼梦》,了解曹雪芹都有很大帮助,同时还可以使读者从中学到有关中国古代诗歌的知识。(王松)

I000151 **《红楼梦》本事之争** 孙玉明、于景祥主编。辽宁古籍出版社1997年1月版。23.2万字。14.00元。涉及《红楼梦》索隐派的各种主要观点及其代表著作。具体可分为以下几部分。其一,“康熙朝政治状态说”,其代表著作是蔡元培的《石头记索隐》;其二,“新、旧红学大论战”,主要包括胡适的《红楼梦考证》以及蔡元培的不同看法;其三,“雍正夺嫡说”其代表著作是寿鹏飞的《红楼梦本事辨证》,其四,也是全书比较重要的部分,及郭豫适对蔡元培“康熙朝政治状态说”的批评,对胡适“曹雪芹自叙传说”的批评,对寿鹏飞“雍正夺嫡说”的批评。(谢丹)

I000152 **红楼梦补义** 景梅九等著。北京图书馆出版社1997年1月版。380.00元。“北京图书馆藏珍本小说丛刊”之一部,收有关《红楼梦》研究的论著2种:《红楼梦补义》,笙溪汉生评述,重点评价《红楼梦》中的人物,人各一题;《红楼梦真谛》,景梅九著,从“命名”、“薛林取姓”、“汉满明清”、“论书中诗词”、“论著者思想”等几方面,对《红楼梦》进行探讨。上述二书均为民国初年印本,流传甚少,该书即为该印本之影印本。(卢玉荣)

I000153 **红楼梦研究史论** 白盾主编。天津人民出版社1997年7月版。50万字。32.50元。对《红楼梦》诞生以来的主要研究论著、观点流派进行了一次全面、细致的梳理、分析和总结,对历来研究的得失、不同观点的形成原因及其影响,时代思潮对“红学”研究方向的左右等,作了颇有见地的论述。并认为,《红楼梦》研究中许多问题争论不休的症结,在于此书有"程本"与"脂本"不同版本系统,且系统不同而显出情节、观点的不同,以致生出许多纠缠不清的问题。加之不少研究者不把它当小说,一味像解经一样去臆测书中隐蔽的"深义",从而衍生种种破解谜语般的悠谬之说。著者提出,只有将《红楼梦》当文学作品看待,就"脂本"论"脂本",就"程本"论"程本",才能返朴归真,还"红楼"以"红楼",使红学研究步入正常轨道。(陈益民)

I000154 **《红楼梦》真谛** 汉唐、孙月校点。辽海出版社 1997 年 1 月版。19 万字。11.00 元。《〈红楼梦〉本事大揭秘》丛书之一。是对 1934 年西京出版社印行的景梅九的《红楼梦真谛》的校点。分上、下两卷。上卷对所谓的《红楼梦》本事大肆索隐,对王梦阮的"顺治皇帝与董小宛爱情故事"说、"明珠家事"说、"康熙诸子争帝"说、"排满"说兼收并蓄,并在此基础上进一步补充发挥,其观点牵强附会,不值一驳。下卷包括《评王梦阮沈瓶庵〈红楼梦索隐〉》和《评邓狂言〈红楼梦释真〉》,对王、邓两书进行评论,并在王、邓两书的基础上做了进一步的补充、发挥,附会得更加离奇,明显表现出刻意求深、节外生枝的索隐派作风,本书前有导读,后有附录,附录是郭豫适写的《景梅九〈石头记真谛〉概述》,对梅书主要内容进行了科学、客观的评述。(徐桂秋)

I000155 **《红楼梦》释真** 邓狂言著,彭和群校点。辽宁古籍出版社 1997 年 1 月版。39.2 万字。23.00元。作者继《〈红楼梦〉索隐》和《〈石头记〉索隐》之后的又一部红学索隐派著作。在这部专著中,邓氏不仅继承并大大发挥了《〈红楼梦〉索隐》与《〈石头记〉索隐》的基本观点,而且还进行了前所未有的索隐扩大化。邓氏认为,《红楼梦》有"原本红楼"和"曹氏红楼"两种,"原本红楼"的前八十回乃吴梅村所作,后四十回乃朱彝尊所续。由于吴、朱二人都是明遗民,均有"河山破碎之感,祖国沉沦之痛",因而"原本红楼"的内容是"明清兴亡史",是对顺治皇帝及其满汉朝臣的指刺。"生于乾嘉、犹是遗民之心"的曹雪芹,担心"原本红楼"有不能久存之倾向,乃呕心沥血而为之删",并"用双管齐下之法,书中所写之重要人物,必另取一人焉以配之",又使小说故事所涉及的时间拉长,把"原本红楼"的"明清兴亡史"扩展为"崇德、顺治、康熙、雍正、乾隆五朝史"。(谢丹)

I000156 **红楼梦新探** 王人恩著。甘肃教育出版社 1997 年 12 月版。25 万字。18.00 元。较为系统地研究《红楼梦》的学术专著。分 6 个部分。第一部分,作者及家世研究。探讨了有关《红楼梦》作者的争议,以凿凿证据说明了《红楼梦》的著作权应归曹雪芹所有。还考证曹雪芹的个性,考辨了曹寅《虎口余生》传奇及法式善《题〈懋斋诗钞〉〈四松堂诗集〉》诗及其他。第二部分,人物研究。重点分析了晴雯、平儿、宝钗、王熙凤等艺术形象。对"辣子"一词,结合当时的风俗和方言,做出了新的解释,有独到见解。第三部分为综合研究。对贾宝玉《春夜即事》诗有新的诠释,探讨了《红楼梦》中的人参描写意象和书中有关体育的描写。第四部分是艺术研究。指出了贾宝玉的《芙蓉女儿诔》在中国祭文史上的重要地位,从章回小说发生发展的角度论述了《红楼梦》在中国小说史上的地位。第五部分,红学史研究。补充了许多红学史方面的新资料,系统归纳和论述了钱钟书对《红楼梦》的论述和对红学研究的重要贡献。第六部分,是一些研究《红楼梦》有关问题的短小札记。(黄强)

I000157 **走近曹雪芹** 副名:《红楼梦》心理新诠。刘上生著。湖南师范大学出版社 1997 年 7 月版。24.00 元。系统研究《红楼梦》文本与其作者曹雪芹的深层心理联系。本书以现代心理学和艺术美学为理论指导,以曹雪芹的三重"情结"和作品的"双向"投射为论述中心,以实证和逻辑推论相结合的研究方法,对《红楼梦》的文本本身作了解读,以寻求通往作家创作心理的通道。将现有"曹学"的考证材料与文本创作联系起来并给予现代创作心理学的解释,从而揭开文本与作者之间的神秘面纱,是本书的新颖之处。本书拓展了"红学"与"曹学"相沟通的学术境地,揭示出以人性——民族——家庭——个体心理结构链走进"红楼"世界的独特通道。收入"中国文学名著重读丛书"。(贺雄)

I000158 **蔡义江论《红楼梦》** 蔡义江著。宁波出版社 1997 年 8 月版。48.4 万字。22.80 元。作者 20 年红学研究之成果。全书分"论佚"、"非议"、"序跋"、"述评"、"杂说"、"编外"6 大部分;其文博洽闳肆,立论谨严,其中论佚数篇,尤见精采。

I000159 **绣像本《水浒传》人物绰号故事** 耿树新、周凤鸣编著。辽宁少年儿童出版社 1997 年版。10 万字。6.00 元。以讲故事和图文并举的方式,介绍了《水浒传》中 150 多位人物绰号的由来及其所蕴藏的含义。(贾全松)

I000160 **符号——生命的虚妄与辉煌** 副名:《三国演义》的文化意蕴。凌宇著。湖南师范大学出版社 1997 年 4 月版。15 万字。18.00 元。以文化人类学的理论,对《三国演义》进行了重新解读,重在阐释其中的文化意蕴。在诸如天命——天数观在小说演示三国兴亡因果链中的地位、不同版本间正统观念的变化以及作者文化——符号正义中的良苦用心等方面,读来令人耳目一新。而对三国历史人物,在实现自我与服从社会的矛盾冲突中所表现出的虚妄与辉煌命运的论说,也饱含历史的凝重感。收入"中国文学名著重读丛书"。(黄林)

I000161 **西游记考论** 张锦池著。黑龙江教育出版社1997年2月版。34万字。29.80元。全面地论述了《西游记》中所涉及的各种问题。分上、中、下3编。上编集中讨论《大唐三藏取经诗话》的有关问题。包括《取经诗话》的成书年代、"说话"家数、故事源流。中篇4章集中分析《西游记》的人物形象演化问题。下篇5章深入地研究了《西游记》的文化特征,创作本旨、艺术构思、版本源流以及作者问题。该书的主要特点是考和论相结合,考证与义理兼长,属于"论从史书"的写法。以考带论。其考的重点亦不在发掘新材料,而在旧材料的梳理与辨析,因而能发现前人在旧有材料中没能引起注意的新证据。(程俊仁)

I000162 **《金瓶梅》文学语言研究** 曹炜著。江苏教育出版社1997年7月版。15万字。15.30元。从文学语言的角度对《金瓶梅》进行系统研究的学术专著。《金瓶梅》中的语汇是古典小说中最为丰富的,它大量运用了口语、隐语、俗语、方言、歇后语、詈词、猥词、韵文和各种辞格。生动、鲜活的语言对渲染作品的市井文化氛围、传递平民生活气息的作用令人瞩目,亦对后世的小说创作产生了极其深刻的影响。本书极有创见地以这些充满市井文化特征的语言为研究主体,第一次以人物语言和叙述语言为纲,以构成这两种语言的特殊语言成分为目,对《金瓶梅》在语言运用上的特色作了多侧面、多角度、全方位的展示和评价,既有宏观上的考察建构,又有微观上的析毫剖厘,从而扫除了《金瓶梅》研究上的一个盲点,开辟了"金学"研究的新视角,使该书具有较高的学术价值。同时,本书一改学术著作的隐晦艰涩,代之以酣畅机智的语言表达,行文简练流畅,深入浅出,具有很强的可读性。需要指出的是,因为这是一块"金学"研究第一次涉足的领地,作者的某些学术观点似有待于作进一步的考证。但是,这应该丝毫无损于本书的整体学术价值。(时嘉)

I000163 **中国百家文学名著鉴赏·小说(二)** 江震龙编著。福建教育出版社1997年10月版。12万字。6.95元。选取中国现代文学名家鲁迅、叶圣陶、张恨水、巴金、老舍、郁达夫、沈从文、赵树理、张爱玲等人长篇、中篇或短篇小说20篇,进行简缩和赏析。有作家简介。前言对中国现代小说史作了概述。

I000164 **中国百家文学名著鉴赏·小说(三)** 王玉芝编著。福建教育出版社1997年10月版。10.9万字。6.45元。选取中国当代文学名家梁斌、杨沫、古华、刘绍棠、王蒙、路遥等15人中长篇小说15部进行了简缩和赏析,并作家简介。前言概述了当代小说概况。(孙汉生)

I000165 **陈平原小说史论集** 陈平原著。河北人民出版社1997年8月版。140万字。96.00元。汇集作者15年来中国小说史研究的6部专著:《在东西方文化的碰撞中》、《中国小说叙事模式的转变》、《千古文人侠客梦》、《二十世纪中国小说史(1897～1916)》、《中国小说史论》、《小说史:理论与实践》。第一部主要以苏曼殊、许地山、林语堂等作家的个案分析,揭示五四前后宗教与文化投射到文学与人格的影响;第二部引进叙事学原理,描述近现代小说在域外文学观念和创作手法影响下对传统小说实现创造性转化;第三部力图沟通文学内部研究和外部研究,为小说类型分析提供了有益的尝试;第四部根基于"二十世纪中国文学"的概念,力图全方位把握二十年间的文学进程,在撰述上别创一种有别于传统的普及型、教科书式文学史的专家学者型体例;第五部涉及六朝志怪、传奇、明清白话小说,以独特视角切入,时有新见;最后一部反省总结了治学过程中的理论思考。(王书华)

I000166 **新时期小说文体论** 庞守英著。山东大学出版社1997年8月版。25.4万字。15.80元。以新时期以来的主要作家的作品为经,以小说文体为纬,对新时期小说进行了梳理。作者把着眼点集中于对小说自身诸因素的研究上,从新时期小说的构成方式到叙述方式,从其存在形态到其语言特征,都进行了深入而系统的研究。(武迎新)

I000167 **槐阴下的幻境** 副名:论《围城》的叙事与虚构。张明亮著。河北教育出版社1997年7月版。29.7万字。15.00元。对钱钟书先生的著作《围城》进行文学分析。包括:探索《围城》对"中西文化"的思考;评钱钟书的阐释学理论;释性质不同的两类"讽刺";论《围城》的结构;论《围城》的"议论";论《围城》的"叙述者";论《围城》的运典隶事;论《围城》的比喻;论《围城》的修改等17个专题。作者从细微处出发,发掘《围城》在文学上的地位和得失,在分析具体作品中,讲述自己独到的见地。收入"钱钟书研究丛书”。

I000168　**20世纪中国杂文史**　姚春树、袁勇麟著。福建教育出版社1997年11月版。83.8万字。57.00元。描绘中国古老的杂文从1895年迄今的百年历史中，如何在世界民主主义文化和社会主义文化的影响下，在我国的民族民主革命和社会主义建设的进程中，不断革故鼎新、走向现代化的历史轮廓，并揭示出隐含其中的历史规律。全书包括：绪论（中国杂文从古典向现代的嬗变）、第一编（从古典向现代嬗变的过渡1895—1917）、第二编（现代杂文的创立和成熟1917—1937）、第三编（现代杂文的全面发展1937—1949）、第四编（建国后杂文的挣扎和沉寂1949—1976）、第五编（新时期杂文的繁荣和拓展1976— ）、结束语（一个崭新的课题——关于20世纪中国杂文美学）7个部分。（任凤生）

I000169　**羲皇故里联话录**　陈琳、程凯编。甘肃教育出版社1997年3月版。12万字。8.00元。在对现天水范围内古今流传的联语故事进行了深入的搜集整理、大量的查核考证、筛选的基础上编纂而成。书中或庄或谐、或悲或喜的联语故事，淋漓尽致地展现了天水的历史文化、风土人情。（薛英昭）

I000170　**中国百家文学名著鉴赏·散文（一）**　郭丹等编著。福建教育出版社1997年10月版。10.4万字。6.20元。节选先秦诸子散文和史传散文21篇，进行简注、鉴赏、分析，并对《论语》、《孟子》、《庄子》、《荀子》、《吕氏春秋》、《左传》、《国语》、《战国策》、《史记》、《汉书》、《三国志》、《资治通鉴》进行了整体介绍。前言对诸子散文、历史散文及其对后世散文的影响进行了概说。（孙汉生）

I000171　**中国百家文学名著鉴赏·散文（二）**　曾宪辉编著。福建教育出版社1997年10月版。10.6万字。6.35元。选取东汉建安时代以至近代30家散文名篇进行了简注和赏析。前言对汉末抒情小赋、六朝骈文、唐宋古文运动、明清小品等进行了概说。（孙汉生）

I000172　**新序详注**　赵仲邑注。中华书局1997年8月版。23.1万字。18.00元。《新序》是汉代刘向编著的一部以历史故事为主的散文集，语言简练，寓意深刻。本书对《新序》作了全面的整理。在校勘方面，依据铁华馆校宋本、明程荣校本、《四部丛刊》本和湖北崇文书局刊本比勘文字异同，择善而从，为求简明，一般不出校记。在注释方面，有解诂，有集证，有考辨，有考异，有音读。增加考异主要是为了帮助读者了解故事的变动性，从比较中研究原书的思想性与艺术性；其次是帮助读者更确切了解文字原意。便于读者理解与研究。（孙通海）

I000173　**中国散文大辞典**　林非主编。中州古籍出版社1997年6月版。218.8万字。60.00元。用现代意识观照中国散文的发展，用中国的散文美学分析散文现象，用散文艺术内在规律勾勒中国散文历史的工具书。全书以时代为序，收从先秦到1989年5月间有关中国散文的辞条五千余条。各断代部分除有对本代散文综述的辞条（如“魏晋散文”、“近代散文”等）外，另分为散文家（作家、理论家、史家、选家、批评家、注译家）、散文创作（名集、名篇）、理论批评（名著、名篇、文论术语、文体）以及散文流派、掌故、期刊等重要散文现象给以描述和评介。在现代散文部分，又将有特定文化背景的台湾、香港、澳门及海外华人另行分类介绍。书后附有汉语拼音索引以利查找。（张弦生）

I000174　**中国百家文学名著鉴赏·散文（三）**　汪文顶等编著。福建教育出版社1997年10月版。11.7万字。6.85元。精选现、当代散文名家如鲁迅、周作人、林语堂、朱自清、梁实秋、孙犁等23家散文名作进行鉴赏分析。前言对中国现、当代散文发展概况进行了简介。（孙汉生）

I000175　**古老长诗**　副名：十九世纪“玛纳斯”史诗拉德罗夫搜集本。曼别提编。克孜勒苏柯尔克孜文出版社1997年4月版。30万字。16.00元。“玛纳斯”史诗是我国三大民间史诗之一，建国后我国先后出版了该史诗8集18册。本书收集了19世纪德国学者拉德罗夫在我国新疆及吉尔吉斯地区搜集的“玛纳斯”不同变体，具有较高的学术价值和研究价值。（阿曼吐尔）

I000176　**敦煌变文校注**　黄征、张涌泉校注。中华书局1997年5月版。144万字。160.00元。收录并校注敦煌变文84篇（其中包括《敦煌变文集》74篇，俄罗斯藏5篇，日本及台湾藏2篇，其他新参校本3篇）。校勘方面，核对了原卷全部文字，总列各家校说，并对其进行是非案断，得出可靠结论；在注释方面，侧重于俗字和俗语词，屡出新意。（李亚明）

I000177　**跨世纪儿童文学论丛**　朱自强等著。少年儿童出版社1997年11月版。120万字。98.70元。包括5部儿童文学理论著作：《儿童文学的本领》、《智慧的觉醒》、《转型期少儿文学思想史》、《人之初文学解析》、《西方现代幻想文学论》。（洪祖年）

I000178　**中国少数民族文学比较研究**　马学良等主编。中央民族大学出版社1997年10月版。31

万字。16.00元。文学比较方法系统研究中国少数民族文学的论著。在用国际流行的平行比较和影响比较方法研究中国少数民族文学的同时，又对比较文学的基本理论及其方法有突破性的成果，使比较文学这一概念的内涵和外延都大为扩展。它不局限于仅因周边国家民族文学之间的比较，而是对国内不同地区少数民族文学之间、相邻或杂居少数民族的文学之间、少数民族文学与汉文学之间、少数民族文学与部分外国文学之间进行多层次的比较研究。该书从少数民族文学中的神话、民歌、传说故事、民间长诗、现代作家文学5个具有代表性的体裁或方面入手进行比较研究，但并不把各章节的比较研究限定在某种特定的框架里，而是根据不同体裁的不同特点，选取比较研究的侧重面。如民歌的比较范围大到南北两个系统，小到同一文化圈内的两个民族的民歌，力图在不同层次的比较中寻找某种规律；而对传说故事的比较，则以类型为出发点。通过系统的比较研究、揭示出少数民族文学本身固有的价值，挖掘出其内容和形式上的特殊魅力。(良木)

I000179 **史诗《江格尔》探渊** 贾木查著。新疆人民出版社1997年12月(蒙文)版。25万字。25.00元。全面、系统地论述了世界蒙古族英雄史诗——中国三大英雄史诗之一《江格尔》产生时间、地点、历史背景，《江格尔》同蒙古民族精神的关系，《江格尔》在蒙古民族历史文化中所占地位以及近二百年来的国内外学者搜集、整理、出版和研究《江格尔》的概况和悬而未决的一系列问题。作者参照19世纪以来中外出版的《江格尔》4种文本的大量资料和有关史料、论著，论证了在《江格尔》中所反映的重大历史事件的真实性，从而勾勒出与蒙古帝国史和元朝史中有关的《江格尔》的主要故事情节的“骨架”。作者在根据亲自搜集、整理、研究我国《江格尔》过程中所掌握的大量的第一手资料和国内外有关资料，运用历史学、人类学、民间文艺学、语学和美学等多科学的理论和研究方法，对我国、蒙古国和俄国的《江格尔》作了多侧面的审视，对国内外《江格尔》学术界流行的某些传统观念，如《江格尔》产生于15世纪；《江格尔》主人形象与也先汗有关论等提出了不同见解，并论据确凿地提出了13世纪蒙古帝国的兴盛是《江格尔》产生的历史背景；蒙古语称“达赖江格尔汗”源于波斯语“札罕格尔成吉思汗”；该诗史的“江格尔可汗”名称以及主要故事情节，同创建蒙古帝国的成吉思汗的业绩和名望基本相符。(艾仁才)

I000180 **傣族文学研究** 刀承华著。云南大学出版社1997年5月版。23万字。16.20元。傣族女学者刁承华在前人研究的基础上，从文字、音韵、格律、内容、民族文化背景等角度，对民间歌谣、民间神话、民间传说、民间故事、民间叙事长诗、戏剧等文学现象进行了分析研究，综合、系统地探讨了傣族文学艺术，尤其是滇西南德宏傣族文学艺术的魅力。在其著作中涉及了傣族丧葬习俗歌的思想意识、民间故事中的古代信仰以及叙事长诗的民族特色等问题，概括了傣族文学作品中所包含的思想意识以及艺术手法特色，论及了文学现象与社会历史文化的关系，促进了傣族文学研究。由于作家深谙傣文，而且在傣族地区有过生活经历和实地考察，书中收集了大量的第一手资料，其中不少是傣族原文资料。(伍奇)

I000181 **桂堂述学** 俞元桂著。福建教育出版社1997年2月版。55.6万字。38.00元。选编作者1938—1995年间的单篇论文60篇，辑为3编。上编为作者早年钻研古典文学的收获，以风格论和诗歌史论见重；中编是改治新文学之后的成果，着重探求作品分析的方法与鲁迅的学术思想；下编是主攻现代散文时除专著之外的系列论文和有关讨论。书末附录3种，含“传略”、“著作编目”等。(阙国虬)

文学史、文学思想史

I000182 **中华文学通史** 张炯等主编。华艺出版社1997年9月版。556.3万字。300.00元(平)，550.00元(精)。共10卷，其中中国古代文学史4卷，近现代文学史3卷，当代文学史3卷。本书在《中华文学史》和《中国现代文学史》基础上，予以大规模修订和充实。首次将古代文学史，近、现代文学史，当代文学史全面收入、系统展示；首次将各兄弟民族文学史广泛载入中国文学通史，弥补了以往中国文学史著作仅为汉语文学史的缺憾；首次将台、港、澳文学史列入文学通史，体现了华夏文学的总特色。对以往中国文学史研究中的空白和不足之处作了填补，如：古代部分增补了北朝、五代十国、辽金文学史；现代部分增加了沦陷区文学、孤岛文学、鸳鸯蝴蝶派为代表的通俗文学；当代部分增加了儿童文学、电影文学、纪实文学，并对过去评价不当的作家、作品重新实事求是地进行评价等。(孔德骐)

I000183 **中华文学通览** 董乃斌主编。中华书局1997年3月版。100万字。160.00元。包括《文学肇始》(孙绿怡著)、《雄风振采》(刘跃进著)、《空谷流韵》(韦凤娟著)、《煌煌唐韵》(周建国著)、《崇文盛世》(刘扬忠著)、《古道遗声》(聂鸿音著)、《大漠来风》(张毅著)、《燎之方扬》(谢思炜著)、《长河落日》(郭英德著)、《暮鼓晨钟》(马亚中著)10种。系统地介绍了中国文学史知识。(赵又新)

I000184 **中国市民文学史** 谢桃坊著。四川人民出版社 1997年10月版。30万字。19.00元。随着北宋初年市民阶层的出现,诞生了中国的市民文学。即便是19世纪,对中国市民文学的研究仍然十分薄弱与苍白。本书作者沿着四五十年前茅盾、冯雪峰、郑振铎揭橥中国市民文学的思绪,将中国与欧洲市民社会作比照研究,将市民文学与俗文学、平民文学、白话文学和民间文学作比较分析,详细说明中国市民社会的形成及其特点、中国市民文学的历史渊源、中国市民文学发展的主要阶段和相应特色,并对中国市民文学社会化过程和中国市民文学受众心理进行细致的考察,揭示市民文学的大众性、商业性、消遣性倾向,合理地解释中国市民文学何以产生辉煌的篇章,又何以烙上庸俗的印记。(杨宗平)

I000185 **中国现代文学史研究史论** 许怀中著。厦门大学出版社 1997年10月版。29.4万字。16.80元。研究中国现代文学史史著的学术著作。中国现代文学史虽只有短暂的30年,但涌现了无数杰出的文学大师与著名的作品,文学流派也多彩多姿。本书作者在研究了迄今为止的现代文学史著和论文后,撷取了大量的史料,寓论于史,史论结合。全书分3编。上编为中国现代文学史研究流程论,概述了中国现代文学史研究的几个时期的状况。中编为中国现代文学史研究史学论,阐述关于"重写文学史"与关于研究方法论问题。下编为中国现代文学史研究构成论,阐述了现代文学史构成的4个层次。(陈福郎)

I000186 **中国俗文学发展史** 北京燕山出版社 1997年3月版。32.9万字。试图用历史唯物主义观点对我国历代之俗文学做一概略的叙述。作者采用介绍时代背景和各种俗文学形式的含义、特点,适当举例并稍加议论等写法,勾勒出了我国俗文学发展的历史轮廓。该书对俗文学的概念与范围、俗文学作品的类别与特征、俗文学的价值与地位,有较详细的论述。(杨燕君)

I000187 **近四百年中国文学思潮史** 陈伯海主编。东方出版中心 1997年10月版。56万字。35.00元。系"东方学术丛书"之一,作者基于400年前即16世纪晚明开始中国文学便萌发了近代化思潮这一认识,而将全书分为4编,探讨了中国文学"由传统至现代"的发展过程。第一编为17世纪,是从传统思想文化体系内部孕育出近代意识萌芽的阶段;第二编为18世纪,是复古思潮卷土重来和新思想萌芽潜滋暗长的阶段;第三编为19世纪,是在古今更迭和中西交汇双向撞击下,新倾向突破旧传统,旧文学向新文学过渡的阶段;第四编为20世纪,是在中国社会革命形势引导下,新文学得到初步确立,并通过不断分化与组合曲折前进的阶段。该书打破以往将中国文学史切割为古代、近代、现代、当代诸条块的分界,而把晚明至当今文学思潮的发展看作为统一的流程,借以追索中国文学自传统向现代演变的轨迹,为中国文学史的研究提供了新颖的视角。(徐芷琳)

I000188 **香港文学史** 潘亚暾、汪义生著。鹭江出版社 1997年10月版。65.2万字。38.00元。从"五四"时期香港"新文学"的发生起笔,总揽20年代至90年代的70余年中香港文学发展的情状。全书分为香港现代文学和香港当代文学两大部分,略前详后。在第一部分中,把香港现代文学史放在中国现代文学史总的格局中加以论述,把这一时期香港文学的发展历程、演变状况和对具体作品的论述,置于整个中国现代文学的发展中来考察、分析。第二部分则着力反映香港文学的独特风貌,结合对作家、作品的介绍和分析,写出各种文学思潮、文学流派此消彼长的过程,勾画各种文学体裁、题材、语言以及各种表现手法、创作风格演变的轨迹。(刘奇俊)

I000189 **中国文学发展史** 刘大杰著。上海古籍出版社 1997年9月版。93万字。68.00元。起自先秦、迄于清末的通代文学史著作。初版于1941年,1957年、1962年及1972年先后作了不同程度的修改后再版。1962年的增订本是修改得较成功的,被列为高校文科教材。本版即据1962年版重印。本书以文体为纲,以诗歌、小说、戏剧为叙述中心,对于民间文学和通俗作品均予以适当注意。以时代为序,分别论述了各体文学的演进,着重论述文学发展的进化过程与状态,注重文艺思想的演变与各体文学发展的关系,并强调各代有各代文学的主流,着力介绍各代的代表作家与作品。在评价作家作品时,强调其个性特征和感情真实,结论平允而创见迭出。(高克勤)

I000190 **二十世纪中国文学史论** 王晓明主编。东方出版中心 1997年10月版。117万字。73.00元。编选文学史论著作,系统地汇聚了80年代以来20世纪中国文学研究的重要成果。全书由3卷构成一个完整的体系,依照所论对象的年代先后排例、分辑,对重要的文学现象,作家作品则精选学术观点、论述角度不尽一致的论文,并关注以前的文学史教材所忽略的研究对象。持论新颖,富于创造性,较为集中展示了学术界对论述的对象所取得的最新和最为持重的研究成果。本书是编选者文学史观的反映。(张志华)

I000191　**中国当代文学风格发展史**　赵俊贤主编。西北大学出版社 1997 年 4 月版。30 万字。18.00元。《中国当代文学发展综史》(文化艺术出版社 1994 年版)的第六卷。从审美角度切入,对文学时代风格的主调与变奏,从主体与客体特征两个侧面展开论述,兼及作家个人风格,并探讨风格的成因。"导论"对风格予以界定并概述当代文学风格的 4 个阶段。第一章"崇高的颂歌"论述 1949～1966 年崇高的时代风格、作家个人风格及其变奏优美及幽默。第二章"伪崇高的战歌及其对抗"论述 1966～1976 年伪崇高的时代风格及作家个人风格的隐逸。第三章"悲剧的挽歌"论述 1976～1984 年现实主义的悲剧及创作主体的回归。第四章"风格的多元化及消解"阐释 1984～1989 年时代风格与作家个人风格的深化与自由、自觉和自律。(徐怀东)

I000192　**古滇文化思辨录**　余嘉华著。云南教育出版社 1997 年 5 月版。23 万字。12.80 元。文化学术专著。收论文 22 篇。论题从审视鸡崇拜与滇文化特征及来龙去脉,着重论述唐至清末滇诗文赋在中国文学中的地位和作用,以及云南土司文化及其评价。该书研究涉及考古学、历史学、民族学、民俗学、艺术、美学等多学科,论诗、评文、议联,时限从唐到清代。阐述唐代西南边塞诗之命题。评述唐诗写云南风物和民情得失,指出边塞诗评价 3 条原则,即一、看其所反映的战争性质;二、看其对待少数民族的态度;三、看其反映边疆风物的真实传神程度。以此标准评价唐代西南边塞诗,提出南诏诗歌是唐代边塞诗的组成部分,补正传统的所谓边塞诗只融及西北和北方的有关诗歌的观点。强调对明代云南诗的挖掘和探讨,指出沐昂是明代初年云南文化界的群英领袖,是明代文学对省际、国际文化交流有贡献和影响的人物。评介苍雪、担当、雷应龙、逯洪、赵炳龙、高应雷等的思想及创作,肯定了云南晚明文学的成就及其在全国文学史上的地位。认为这些有重大贡献的诗人只因远离中原,故被文学史家忽视,甚至埋没了,成了历史的遗憾。土司统治民疆民族几百年,土司文化在云南文化发展上有很大影响,著者认为应对土司文化做深入研究和评论,还其真实面目。(黄敏)

作品集

I000193　**鲁迅古小说研究著作四种**　鲁迅著。齐鲁书社 1997 年 11 月版。75.4 万字。55.80 元。收有鲁迅的《古小说钩沉》、《唐宋传奇集》、《小说旧闻钞》、《中国小说史略》以及所附录的《中国小说的历史的变迁》等古小说专集专著。是作者 1909 至 1927 年间对古小说钩稽、整理和研究成果的结集。中国小说史可以溯源到上古神话,但唐前小说大多是一些笔记轶闻、琐语片断,通称"古小说"。到唐传奇的出现,文言小说的规模、结构、人物、情节才得以发展完善,达到成熟阶段。鲁迅依照这一发展脉络,辑佚编录了本集所收的前 3 种古小说、传奇和资料。《古小说钩沉》辑录了散见于各种史籍、类书及杂著中的唐前小说 36 篇。不仅钩稽的内容丰富,而且大量引录各书互载文字比较异同,进行了精细的校勘,是一部极有学术价值的古佚小说集。《唐宋传奇集》是鲁迅为了纠正明清时期纂辑的文言小说"妄制篇目,改题撰人"的不良风气,正本清源,依据宋人所编《文苑英华》、《太平广记》、《青琐高议》等类书总集而重新辑校的一部颇有版本价值的唐宋单篇文言小说集。共收传奇作品 48 篇,书后的《稗边小缀》对所载各篇的著者、版本、来源出处与本事作了细致的考证。今版并附录鲁迅拟选而未收、流佚日本的唐传奇《游仙窟》1 篇。《小说旧闻钞》则主要是辑引古籍中有关《金瓶梅》《水浒传》等通俗小说的源流、成书、作者、版本及小说的评刻、禁黜等方面的史料。文中各条之后附加的按语,是鲁迅对引述考证所做的结论,不乏精到的见解。中国小说自古无史,不被重视,鲁迅甚以为憾。在校录、探索、积累资料的同时,他通过对北大、北师大教授小说史的讲义加工提高,积数年之功而撰成我国第一部小说史专著《中国小说史略》,于 1923 年正式出版。书共 28 篇,对先秦到清末各个时期不同体裁形式的小说作品,从神话到笔记,从古小说到传奇,从文言到通俗,进行了比较系统的评述和介绍,力图从几千年的文化长河中寻绎出中国小说发展的规律和特点。四种书的此次出版,使用早期单行本或鲁迅生前增订本,并参照《鲁迅全集》和建国初期文学古籍刊行社的校勘本,在保持鲁迅整理面貌的基础上做了适当的校订,改正了一些明显的错误。(闫昭典)

I000194　**比较视野中的鲁迅文艺思想**　张直心著。云南大学出版社1997年5月版。12.8万字。10.80元。文艺理论专著。作者在占有大量资料的基础上，借助比较诗学、接受美学等方法，将鲁迅文艺思想与鲁迅所接受的苏俄文艺思想、西文文论进行比较分析，阐明鲁迅接受多元影响后所建构的文艺思想的独异品格及其特有的接受方式。全书共8章，可把内容概括为：一、从文艺与政治、主观与客观、新的创作方法的探寻3方面，观察鲁迅与苏俄的文艺思想（普列汉诺夫、卢那察尔斯基、托洛茨基和“拉普”派）的关系；二、鲁迅在接受苏俄文艺思想时，他的态度、方法与我国左翼的其他理论家、作家的异同；三、和接受苏俄文艺思想的影响有关，在《二心集》时期之前后，鲁迅的语言、文体等的变化、发展。著者把问题置于广阔的社会、历史背景下加以考察，多角度、多层次地分析，提出了不少新的、精辟的见解。（冯城）

I000195　**中华爱国诗词散文鉴赏大辞典（先秦——一九四九）**　傅德岷、李书敏主编。重庆出版社1997年7月版。106.3万字。67.50元。综合性文学辞典。精选先秦至新中国成立前夕（1949）228家的爱国古体诗词343首，133家的爱国散文151篇。从先秦诸子到康熙皇帝、孙中山、毛泽东、邓小平，凡是在历史上为我们这个多民族国家的独立、统一、振兴、发展作出过一定贡献的各民族政治家、思想家、军事家、诗人、文学家，尽量选录。内容包括治国安邦，御侮抗敌，卫国保家，忧黎民，济苍生，“杀身成仁，舍生取义”等，诸如先秦诸子、司马迁、魏征、包拯、海瑞、张居正、康熙以及抗日战争时期各党派的爱国人士、无产阶级革命家和革命先烈等强国富民、反腐倡廉、抗日救国的诗文，展示出我们多民族国家亘古以来的大一统的历史风貌。所选诗文一是经过历史检验的传世名篇，一是新发掘的不朽绝唱。虽然有少量白话散文，但同其他古体诗文一样，短小精美，琅琅上口，易记易诵。辞典对每篇诗文的词语、背景、内容和表达艺术，均作了明晰的注释和鉴赏。（余国枢）

I000196　**中国古典文学精华丛书**　成志伟主编。重庆出版社1997年12月版。211.6万字。140.00元。共6本。包括《中国古代短篇小说精华》、《中国古代传记文学精华》、《中国古代词曲精华》、《中国古代散文精华》、《中国古代诗歌精华》（上、下）。（余国枢）

I000197　**中国流派文学精品文库（第一辑）**　蒋凡等主编。湖南文艺出版社1997年7月版。579.6万字。320.00元（平），385.00元（精）。以文学流派分类的大型古代文学作品选集。除小说、戏曲外，选入了散文、诗歌、词曲各10个流派作家的作品，共12卷。其中：《古代十大散文流派》5卷，选入了秦汉论辩文、班马史传文、徐庾骈文派、韩柳古文派、欧苏古文派、前后七子、公安竟陵派、唐宋派、桐城派和近代新文体派等十大散文流派作家的主要作品；《古代十大诗歌流派》4卷，选收了建安邺下文人集团、六朝山水诗派、唐代边塞诗派、唐代山水田园诗派、韩孟诗派、元白诗派、宋代江西诗派、南宋四大家、明代公安竟陵诗派以及清代江左三大家和神韵派等十大诗歌流派作家的主要作品；《古代十大词曲流派》3卷，选录了花间婉约派、苏辛豪放派、清空典雅派、金元疏快派、晚明蕴藉派、清初阳羡派、清初浙西派、清代常州派、本色豁达派和文采清丽派等十大词曲流派作家的主要作品。（陈仿麟）

I000198　**古诗文诵读三百篇**　毛雨先编。江西高校出版社1997年8月版。46万字。21.80元。选编古代诗词文曲300余篇（首）。每篇原文均有提示和注释，另正文的每一个字上均标有汉语拼音。所选诗词曲文，按先秦、汉魏、唐宋、元明清4个阶段编排，每一阶段写有简单明白的文学概述，以供诵读者较全面地了解历史上的文学发展状况。（陈昌怡）

I000199　**历代三十四家文集**　明·张燮编。中州古籍出版社1997年版。128万字。5 800.00元。此书是明代万历举人，“志尚高雅，博学多通”的张燮，约于天启、崇祯年间编定与版刻的一套大型丛书。所选34家，由战国的宋玉（宋大夫）起，至隋代的薛道衡（薛司隶）止。全书正文167卷，附录34卷，59册，计字110万。不仅是珍藏三四百年基本完好的珍本、善本，而且是海内外独集孤本。此书具有鲜明的编辑思想和独特的编辑体例。所选34家，多为一些“独抒性灵”，有着“清峻、通脱、华丽、壮大”文风的作家。显然是针对明代以柔婉典雅、粉饰太平为能事的文风而编辑的。其体例：于每位作家的文集前，无一例外地冠有一篇编辑者撰写的序或题辞，本着孟子“知人论世”的品评方法，对作家进行评价。另外，每位作家文集之后，还缀有“附录”一卷，辑录其史传资料，历代名人对该作家的评论，有关的碑诔墓志以及传说轶闻等。这部分材料尤为难得。此套书首先由河南省唐河县图书馆发见，今经中州古籍出版社整理，并增编“总目”一册置前，是为60册，分装6函。（贾传棠）

I000200　**古诗文精品录**　吴龙辉主编。湖南人民出版社1997年10月版。61万字。39.00元。主要面对中学生的古诗文选本,分诗卷、词曲卷、文卷上、文卷下4册。所选皆为历来公认的精品,并注意照顾到文体与风格的多样化。注释内容由作者介绍,篇目解题、正文注解3个方面组成。(穆陵宁)

I000201 **唐宋八大家(三卷本)** 余冠英等主编。国际文化出版公司1997年1月版。762万字。998.00元。收录唐宋两朝韩愈、柳宗元、欧阳修、苏洵、苏轼、苏辙、曾巩、王安石8位散文诗词大家的作品,既可以为专业工作者提供价值较高的研究资料,也可以做为普通读者阅读欣赏名著的通行范本。

I000202 **王维集校注** 唐·王维撰,陈铁民校注。中华书局1997年8月版。79.7万字。67.00元。"中国古典文学基本丛书"之一。分12卷,收录王维诗376首,文70篇,按编年诗、未编年诗、编年文、未编年文次序排列,并录入了大量的王维研究资料。本书以赵殿成《王右丞集笺注》为底本,进行了系统全面的整理。在校勘上,弥补了赵本因校本少和判断不足造成的失误。在注释上,对赵本的误注、漏注之处加以改正和补充,并尽量注明词语、典故的原始出处,同时对注释的体例作了改进。在作品的去取上,删除了赵本所收的部分伪作,同时补入了漏收之作。前言论述了王维的生平事迹,创作情况。书后附录了大量资料,除传本误收诗文,还有王维事迹资料汇录、诗评、画评、王维年谱,王维集版本考等。另外,正文各诗注释之后,也有一些有价值的评论,可供研究者参考。(王海燕)

I000203 **全元文** 李修生主编。江苏古籍出版社1997年11月版。搜集有元一代用汉文撰成的文章,包括诗、词、曲、谣谚、小说以外的一切散文、骈文、辞赋等。所收作家之时限,原则上前承金和南宋,原金朝管辖区作家以金哀宗天兴二年(1234)为上限,原南宋管辖区作家以南宋赵昺祥兴二年(1279)为上限;后以元顺帝至正二十八年(1368)为下限。由金、宋入元,由元入明之作家,其主要活动在元代者,亦作为元人收录。本书所收作者达3 000余人,文章有30 000余篇,总字数约在2 000万左右。1997—1998年,《全元文》已出版前10册,前10册包括卷1—368。(卞岐)

I000204 **江盈科集** 江盈科著。岳麓书社1997年4月版。79万字。45.00元。江盈科(1553—1605),字进之,湖南桃源人,明代公安派文学巨匠。诗歌创作讲求独抒性灵,不拘格套,求真重趣,反对明代诗坛拟古剽窃之风,因而被正统文学派视为"异端",受到正统思想的压制,其著作除《皇明十六种小传》在《四库全书》中存目外,其他诗文均只字未收,《雪涛阁集》在全国几成孤本。此次整理出版,将江盈科存世的《雪涛阁集》、《雪涛谈丛》、《谈言》、《雪涛谐史》、《雪涛诗评》、《闺秀诗评》、《皇明十六种小传》以及有关江盈科的传记,序跋等汇校成《江盈科集》,乃成江盈科的诗文总集,是研究明晚文学思潮乃至整个中国文学史的重要资料。(饶毅)

I000205 **李伯元全集** 薛正兴主编。江苏古籍出版社1997年12月版。265.7万字。140.00元。李伯元(1867—1906),名宝嘉,字伯元,近代小说大家,著名报人。全书共5卷,收录其小说《官场现形记》、《文明小史》、《中国现在记》、《活地狱》,评点《海天鸿雪记》,弹词《庚子国变弹词》、《醒世缘弹词》,戏曲《经国美谈》、《风月空》,笔记《南亭笔记》、《南亭四话》,《李伯元诗文集》等,并附详实年谱、海内外研究论著索引。(冯保善)

I000206 **沈泽民文集** 张立国、钟桂松编。浙江文艺出版社1997年8月版。34.7万字。16.50元。沈泽民(1902—1933),浙江桐乡人,文学大师茅盾的胞弟,年轻时就走上了革命道路。是我国20年代的革命作家和翻译家。在短短十几年中,留下了近百万字的文学作品和翻译作品。本书分"小说·诗""文艺论著""翻译"3辑,分别收入短篇小说3篇、诗7首、文艺论著21篇、翻译小说和散文诗等17篇、翻译论文4篇,还附录《沈泽民小传》、《沈泽民生平及著译系年》。(俞玲芝)

I000207 **二十世纪女性主义文学精粹** 张慧敏编。北岳文艺出版社1997年8月版。80万字。38.00元。精选20世纪以来中国著名女作家的有女性主义倾向的作品,分诗歌、散文、小说3大部分。收入的作品都是名家名篇,在历史上产生过较大影响,有的还曾引起过争鸣。这些作品有冰心的《两个家庭》、丁玲的《莎菲女士的日记》、航鹰的《东方女性》、伊蕾的《一个独身女人的卧室》、王安忆的《弟兄们》等等。作品大胆地描写了人类社会情与爱、性与欲的冲突,表达了女性的时代苦闷,可清晰地看出女性意识的发展脉络,为世界了解中国女性提供了形象化的图景。(李建华)

I000208 **"五人新感觉"丛书** 赵玫等著。天津人民出版社1997年5月版。60万字。49.00元。包括《网住你的梦》(赵玫)、《永不言别》(莫小米)、《何处问多情》(南妮)、《无缘长裙》(华明玥)、《走不出的忧郁》(周凡恺)等5种,各收入作者的散文、随笔多篇，作者均系当今走红各地报刊的青年作家，风格各异，个性鲜明，表现了对人生、对命运、对自然，对时代的敏锐感觉和深邃思考，给人慰藉又令人警醒，催人奋发又发人深思。首先这套书以深刻见长，如《永不言别》所收文章虽然短小，但蕴含哲理，富于思辩，见地深邃。其次本丛书富有温情，机敏、细腻而不失俏皮，给人以性情的熏陶和心灵的荡涤。再次是情趣盎然，于俏丽、明快、潇洒中流露出浓郁的生活情趣。最后是富有真情，如《走不出的忧郁》所收文章写父辈和同辈人悲欢离合的故事，透出浓浓的乡情与亲情。（徐庆平）

I000209 **中国当代文化名人思想文库** 徐刚等著。时代文艺出版社1997年版。150万字。120.00元。分5卷本。含《绿色宣言》徐刚著；《感谢生命》周涛著；《终极风景》马丽华著；《世纪性别》季红真著；《圆的诱惑》韩作荣著。《绿色宣言》是以生态环保为核心的文学散文，共收进作者有关生态文学的佳作10余篇；文章陈述了作者对我国自然生态环境考察的经历、体会、状况及其对现有生态隐患深切的忧思。《感谢生命》用狂放的笔触揭示了生命中的欢愉和痛楚，对现存的文学生态，尤其是当代散文创作的状态及其走向做了独到的阐述。《终极风景》是西藏区域人文及自然发展流程的文学化描述性作品，作者经常深入西藏重地，将其对宗教精神、源流、风俗及人情方方面面的见识付诸笔端，形成了整个系列的报告，《终极风景》收集了这一系列报告的主体文章。《世纪性别》是以阐述我国当代文坛女性文学创作现状为主的理性化的读本。集数年创作研究之经验，作者将女性文学创作中的非主流倾向做了肯定评价。《圆的诱惑》汇集了作者自身方方面面的人生经验，提出了诸多哲学意义上的生命观念。（崔卓力）

I000210 **《收获》选粹（1957—1997）** 李小林等主编。春风文艺出版社1997年10月版。370万字。240.00元。辑录1957—1997年间《收获》中刊载的包括郭源新（郑振铎）、刘白羽、海默、叶君健、管桦等作家以及当今文坛贾平凹、莫言、马原等人的名篇佳作；有当初被抨击得遍体鳞伤如今难以查找的篇什，有新时期以来各种流派、各种风格的代表作。另附《收获》各届领导人名单及总目录。收入“名刊文库丛书”。（崔棠）

I000211 **笔会文丛** 萧关鸿、曹维劲主编。学林出版社1997年12月版。享誉海内外的名家的散文、随笔、回忆录结集。第一辑有：散文大家柯灵的《燕居闲话》。外交家乔冠华、章含之夫妇的合集《那随风飘去的岁月》，上编为乔冠华一举成名的时评、未发表过的诗文及晚年由录音整理而成的自传；下编则主要是章含之的长篇回忆录《那随风飘去的岁月》，回忆了她从学校到外交部的这段生活，与她以前发表的《十年风雨情》正好衔接。著名电影艺术家秦怡的《跑龙套》则是由她的自传《我的艺术生涯》和对领袖、师友的回忆文章等组成，这是秦怡的第一本文集，从中可以看出这位大明星的真性情。华君武、吴冠中的随笔集《补丁集》、《沧桑入画》，使读者能领略这两位绘画大师在绘画成就之外的文学造诣与风采。著名舞蹈家赵青与她丈夫诗人陈明远的《两代丹青》，由两部分组成，上编《我的父亲赵丹》是赵青对父亲赵丹的长篇回忆；下编则是赵青与陈明远两人“诗与舞的因缘”，是一部特殊的用诗与舞互相印证的情书。除上述之外，还有著名作曲家、《梁祝》的作曲者陈钢积聚了几十年的生活与感情而写成的《黑色浪漫曲》；海外著名作家、学者董鼎山向大陆读者介绍西方各类文化现象的《自己的视角》；香港作家吴正展示丰富多彩的沪港历史变迁的《黑白沪港》和《文汇报》现任主编萧关鸿对文化和历史进行反思的文化随笔《史与诗》。每集均有反映这些名家及其生活的珍贵的照片资料。（曹维劲）

I000212 **情结老三届** 《西安晚报》副刊部编。陕西人民出版社1997年3月版。19.3万字。12.80元。《西安晚报》“今日老三届”征文优秀作品的结集，共80篇文章。作者都是“老三届”，分布在工农商学兵方方面面。文章的体裁有散文、随笔、日记、书信等。文章的共同特点是，以“老三届”昔日的生活阅历为积淀，着重展现他们在今日两个文明建设中的风采，写他们在改革浪潮中的曲折故事，抒发他们的喜怒哀乐，人生感悟以及壮志豪情。真实的人生经历中，蕴含着深刻的哲理；失败和坎坷中，涌动着奋发向上的豪情；成功和喜悦中，留下了让人回味的余地。记录了一段历史，是一代人一个历史侧面的总结，也为青年运动史积累了资料。（弓保安）

I000213 **《跨世纪文丛》第五辑** 李国文等著。长江文艺出版社1997年10月版。270万字。151.00元。作家文集。既有宝刀不老的老作家李国文等人的最新力作，也有在文坛影响深远的中年作家张抗抗等人的代表作汇展，更多的是在文坛崭露头角的青年作家邓一光、徐坤、赵琪等人的成名作结集，这些作品既是中国文学现实主义传统的深化和发展，着重了其文学性，又兼顾了读者的阅读需求和期待。

I000214 **文学的锣鼓** 郭小东著。广东人民出版社 1997 年 8 月版。30 万字。22.00 元。“广东省中青年社会科学家文库”之一。是作者历年来在一些出版社、报刊杂志上发表的小说、散文、评论等,内容包括中国当代知青文学(专著节选)、逐出伊甸园的夏娃(专著)、星期五评论(论文)等。(杨小虹)

I000215　**田间诗文集(五、六)**　田间著。花山文艺出版社 1997 年 3 月版。《田间诗文集》第五卷收作者的 3 部长诗:《赶车传》(原上下两卷,共 7 部,选收其中 4 部)、《龙门》和《一杆红旗》。著名的《赶车传》以贫农石不烂为长诗的主角,石不烂、蓝妮、史明伟、金不换、金娃等人的革命斗争经历为长诗的主要线索,抒写了时代的变化、社会的变革,和党的伟大力量。第六卷收作者的诗论、小说、散文及书信。中篇小说《宋村纪事》(原名《拍碗图》)描写贫雇农翻身的故事。系列散文《板门店纪事》(原 12 个故事,选其中 7 篇)记述了抗美援朝中我志愿军将士的英勇事迹;《欧游札记》是作者出访欧州诸国的见闻感受。从诗论及书信中,可见作者真实的世界观、人生观和艺术观。

I000216　**记者的心迹**　吐尔逊著。民族出版社 1997 年 10 月(哈萨克文)版。15 万字。13.00 元。吐尔逊·焦林别提记者生涯 40 年结晶。包括诗、散文、特写、通讯、评论等 5 个部分。作者用生动有力的文字描述了许许多多在不同岗位上从事社会主义物质文明和精神文明建设的先进人物。这些人物用自己的诚实劳动在平凡的岗位上为人民、为民族、为国家默默地耕耘,并作出贡献。而作者生动形象地,有血有肉地展现了这些人物的性格、人生、事迹……。角色中有不怕苦、不怕累的劳动英雄;全心全意地为人民服务的带头人;有兢兢业业地从事出版、电台工作的精神文明的排头兵;还有表现出高尚敬业爱业精神的老师和为半边天排忧解难,化解矛盾的女中豪杰,一丝不苟地为患者服务的医生。(蔡锐坚)

I000217　**张炜文集**　张炜著。上海文艺出版社 1997 年 11 月版。264.7 万字。155.00 元。张炜的文学创作始于 70 年代初。短篇小说《一潭清水》、《美妙雨夜》、《冬景》,中篇小说《秋天的愤怒》、《蘑菇七种》等,已使张炜在当时文坛崭露头角。1986 年,张炜出版了他的第一部长篇小说《古船》,在文坛引起较大反响。1993 年,张炜出版了他的第二部长篇小说《九月寓言》。1995 年,张炜又出版了他的长篇小说《柏慧》和《家族》。此外,张炜还创作了不少中短篇小说和散文、随笔。本《文集》共 6 卷。第一卷收长篇小说《古船》,中篇小说《葡萄园》。第二卷收长篇小说《九月寓言》,中篇小说《蘑菇七种》等 3 篇。第三卷收长篇小说《家族》,中篇小说《海边的风》。第四卷收长篇小说《柏慧》,中篇小说《童眸》等三篇。第五卷收中篇小说《秋天的思索》、《请挽救艺术家》、《护秋之夜》3 篇,短篇小说《海边的雪》、《美妙两夜》等 31 篇。第六卷为散文、随笔、诗卷,收长诗一首、随笔 64 篇、散文 39 篇。(张森)

I000218　**陈白尘文集**　陈白尘著。江苏文艺出版社 1997 年 12 月版。280 万字。240.00 元。共 8 卷,囊括作者创作的全部精华。为尊重历史和作者,文集所选的作品,编者只对个别的史实方面的错误作了必要的订正外,其余一概保留原貌。第一卷(小说)收 1929 年至 1939 年创作的短篇小说 18 篇,中篇小说 1 篇。含影响较大的《茶叶棒子》和《泥腿子》。第二、三、四卷(话剧剧本),收其代表作《升官图》,《大风歌》和《阿 Q 正传》等。第五卷(电影剧本)收名篇《幸福狂想曲》和《乌鸦和麻雀》等 6 部。第六、七卷(散文)收 1982 年至 1988 年作者的长篇回忆散文《云梦断忆》、《寂寞的童年》以及《牛棚日记》等随笔。第八卷(文论)收 1933 年至 1988 年所撰的各种论文杂著 89 篇。(张昌华)

I000219　**陈伯吹文集第三卷**　陈伯吹著。少年儿童出版社 1997 年 11 月版。35 万字。39.40 元。散文、诗歌卷。收有散文 146 篇,诗歌 76 首。散文分“幼儿篇”、“儿童篇”、“少年篇”。在“幼儿篇”中有:《我拍手您听到了没有》、《在树林子里多玩一会儿》、《这条街长大起来了》、《茶壶妈妈伴着茶杯孩儿们玩》、《房顶上面该有个烟囱》等等;在“儿童篇”中有:《从山冈上跑下来的小女孩》、《两个一年级小学生》、《让红睡莲夜里开花》、《一个出色的小导演》、《为了一个字的争吵》等等;在“少年篇”中有:《丁冬!丁冬!丁令冬!》、《三门峡工地上两少年》、《一张美丽的蓝图》、《红领巾和蓝领巾的友谊》、《种花、养草和打杂》等等。诗歌有:《放学回家喂小鸡》、《小哥儿摇小船》、《一百个小“宣传家”》、《教师画像礼赞》、《月下的小儿语》等等。(洪祖年)

I000220　**林白文集**　林白著。江苏文艺出版社 1997 年 5 月版。86 万字。58.00 元。分为《瓶中之水》、《一个人的战争》、《寂静与芬芳》、《空心岁月》4 卷,集中了林白 1983 年至 1995 年间创作的中篇、短篇和长篇小说。另附少量散文和诗作。主要作品为长篇小说《一个人的战争》、中篇小说《同心爱者不能分手》、《致命的飞翔》等。林白的小说大多取材于其个人生活经历,带有较浓的自传色彩。主人公多为女性，多描写女性的个体生活、经历、命运及其细微心理，体现了创作中的女性化倾向，是90年代当代文坛上个人化写作和女性主义文学的代表作家之一。(汪修荣)

I000221 **林海音文集** [台湾]林海音著。浙江文艺出版社1997年11月版。145.1万字。88.00元。共5册，其中有长篇小说卷《晓云》，收《晓云》、《春风》两部长篇；中篇小说卷《城南旧事》，收《城南旧事》、《婚姻的故事》、《孟珠的旅程》、《晚晴》等4部中篇；短篇小说卷《金鲤鱼的百裥裙》，收46个短篇；散文卷《英子的乡恋》和《生命的风铃》，共收散文177篇，几乎囊括她一生的主要作品。(严麟书)

I000222 **牧民的儿子** 高·拉希扎布著。民族出版社1997年7月(蒙古文)版。20万字。15.50元。蒙古族诗人高·拉希扎布的中、短篇小说、散文及歌剧选集。本书的第一辑选收了作者脍炙人口的中篇小说《牧民的儿子》。这是发生在本世纪40—60年代莽莽草原上的一桩动人的故事。小说以主人公苏荣在艰难困苦的生活环境中成长为一名光荣的人民教师的坎坷经历，勾勒出在旧社会偏远闭塞的察哈尔草原上，一个生长在愚昧落后的文化氛围中的蒙古孩子，通过抗争，终于摆脱命运的束缚，走向新生活的奋斗历程。第二辑选收了作者的39篇短篇小说。第三辑选收了37篇散文；第四辑选收了3部歌剧。这些散文和歌剧，大体上也取材于人类社会与自然界中的一些微不足道、零零碎碎的事物，且都达到了以小见大，以点概面的艺术效果，展示了作者"点石成金"的创作才华和艺术造诣。(纳钦)

I000223 **周作人集外文** 陈子善、张铁荣编。南方出版社1997年版。118.7万字。78.00元。搜集周作人1949年以前的最精彩、最丰富的集外文章，共计700余篇，分两卷：一卷为1904—1925年间所作文，一册为1926—1949年间所作文。这些文章，多是用各种笔名发表，散见于当时报刊，经编者多年的搜集而得。原载报刊和署名都由编者在文后一一注明。译文按照周作人自编文集的惯例，除小说、诗歌、戏剧外，均予收入。(肖昶)

I000224 **炼狱天使** 副名：司晶的路。司晶著，王克举编。黑龙江人民出版社1997年1月版。38.5万字。26.80元。被誉为"当代张海迪第二"的司晶文集及有关文章的汇集。深刻地揭示了当代人生，特别是改革开放、跨世纪在青少年心灵中引起的震撼。司晶以自己自幼致残，几十年自强自立的艰苦奋斗和不断思索，升华出对人生的深刻领悟，并以此引导众多遭遇人生挫折、不幸或陷入困境的青少年，使他们重获生活的勇气，重新确立生活的目标。(徐冲)

I000225 **哲夫文集** 哲夫著。长江文艺出版社1997年10月版。460万字。298.00元(总)。作者系山西实力派作家。本文集收入他的"猎"字系列长篇小说精品：《猎天》、《猎地》、《猎人》、《天猎》、《地猎》等5部，主要反映人类对大自然的破坏，而反过来大自然报复人类，警示人类要保护大自然，保护生态平衡，以求人类的正常生存和发展。(张正平)

I000226 **郭沫若诗歌戏剧选** 郭沫若著。人民文学出版社1997年5月版。31.6万字。29.00元。"世界文学名著文库"之一。选收了郭沫若新诗创作中公认的优秀作品101首。其中有充满彻底反叛精神和热切向往光明的代表作《凤凰涅槃》，深刻揭示了破坏与创造主题的《女神之再生》，爆发出彻底叛逆时代精神的《天狗》，怀着深深的眷念祖国情绪的《炉中煤》等等。戏剧部分，收入了作者不同风格的著名悲剧《屈原》和《孔雀胆》。前者是郭氏的历史剧代表作，它以雄浑、酣畅的笔触，显现了剧作的阳刚之美；后者则如一首抒情的散文诗，清新瑰丽而荡漾着感情的微波。两剧虽极具浓厚的浪漫主义色彩，同样注入了作者较多的主观性，也都是悲剧风格，但前剧主人公屈原的形象，使人敬仰中读到了悲壮，后者的主人公阿盖的形象，使人在对她的同情与怜爱中产生了悲伤的情感。(罗君策)

I000227 **席慕蓉自选集** 席慕蓉著。上海文艺出版社1997年7月版。102.5万字。65.00元。共4册：《时间草原》(诗)：先是《七里香》，再是《无怨的青春》、《时光九篇》，席慕蓉的诗以清朗真挚的独特风格触动了许许多多读者的心灵。十多年来，这三本在台湾出版的诗集仍在不断再版，读者之众多，影响之深广，可说是创下了当代诗坛前所未有的记录。本书由她的新作与原有作品合编而成。《生命滋味》(散文)：本书作品记载、描述了她对生活、大自然和艺术的热爱和种种感悟。文字细腻，节奏舒缓；题材虽然呈多样性，却统摄在一个基调中，充满了温馨与美。《意象的暗记》(散文)：本书作品大多为几百字的感触性的小品，也有写山水、鱼鸟的短小精悍的抒情之作。感触敏锐，情感美丽。许多短句清澈、平稳，给人一种气静神闲的感觉；而且往往是意思十分深入；文路的发展中能"引人入胜"，同时内容与文字均涵厚丰的诗质，能予读者驰骋其想象力。《我的家在高原上》(散文)，本书的主题是乡恋：对童年的怀念与对故乡的系念。1989年夏天，作为内蒙古人的席慕蓉独自回到了家乡，终于踏上了那块梦中的土地之后，无法控制的悲喜意如野火燎原，于是写下了这些感人篇什，可说是她在归乡之前与之后的心情的忠实摘录。内蒙古的草原、沙浪的驼影、长河的落日、大漠的孤烟……这种种向往增加了作品的浪漫情调。(陈先洁)

I000228　**梅娘小说散文集**　梅娘著。北京出版社1997年9月版。30万字。28.00元。梅娘作品结集。小说部分收10个短篇，著名的《蚌》《鱼》《蟹》3个中篇，以及《小妇人》《夜合花开》两个未完成的长篇，散文部分近10万字多为新作。(龙杰)

I000229　**舒婷文集**　舒婷著。江苏文艺出版社1997年8月版。57万字。40.00元。共3卷:《最后的挽歌》、《梅在那山》、《凹凸手记》。收录作者1975年至1997年创作的主要诗歌和散文随笔。舒婷的代表诗作主要有《致大海》、《致橡树》、《双桅船》、《祖国呵，我亲爱的祖国》、《会唱歌的鸢尾花》等，诗作以抒情为主，意境朦胧，抒情强烈，风格清新，一反70年代政治抒情诗标语口号式的创作方法，讲究诗歌的内在规律，以情感人，恪守诗歌中情感这一核心，在浪漫主义基调的基础上，融入古典与现代手法，并形成自已的风格。文集第一卷为诗歌，第二、三卷为散文随笔。作为诗人的随笔仍注重抒情性，以情感人。大多有感而发，题材广泛，充满了人情味，语言幽默轻松，机智活泼。(汪修荣)

I000230　**端智嘉全集(1—6卷)(藏文)**　端智嘉著。民族出版社1997年12月版。130万字。156.30元。端智嘉(1953—1995)是新中国培养出来的杰出藏族知识分子，在短暂的一生中，为发展藏族文化做出了重要的贡献。在文学方面，他大力提倡自由诗、现代散文、现代小说的文学创作，大胆实践，勤奋写作，发表了多篇脍炙人口的佳作。本全集收集了端智嘉的所有文章包括尚未公开发表的珍贵手稿。分类编辑，一卷为一个专辑。依次为诗歌集、小说集、论文集、译作集、名著诠释集、散文书信及其他。(普日科)

I000231　**京味文学丛书**　刘绍棠主编。北京燕山出版社1997年8月版。400余万字。268.00元。北京，是有着三千多年建城史和八百多年建都史的历史文化名城，她不仅有举世瞩目的文化遗存，同时也有着深厚的文化底蕴。北京文化孕育了一代又一代文学家。京味文学是以北京为写作背景，熟练准确地运用了北京语言特色，反映了各个不同时期北京人的生活与思想情感的作品。这部丛书选取了现当代中国著名京味作家及作品，作家有刘绍棠、邓友梅、老舍、张恨水、萧乾、汪增祺、林海音、刘心武、林斤澜、苏叔阳、韩少华、毛志成、陈建功、赵大年。每位作家选取他们最具代表性的京味中短篇小说若干篇结成单集。(陈军)

I000232　**沧浪丛书**　苏州市文联编。沈阳出版社1997年6月版。70万字。55.00元。反映苏州地区的文学小丛书，其中有《河桥头》《人生双桅船》《谛听老街》《雾中的月亮》《故乡的槐花雨》《红草》《人生环形道》《一川烟草》《时彦掠影》《金指银弦》。从几个不同角度，反映了改革开放以来，苏州地区的人文风貌。《河头桥》的作者徐宏悲对生活有一种精到细致的观察，几十篇散文中独到的笔触涉及了生活的不同侧面。《雾中的月亮》的作者张正利是一个多情的诗人，其诗风露透出他朴实无华的风格与追求。《故乡的槐花雨》是陈永强、周永逊二位作者的合著散文集，多发自内心的感慨。《人生双桅船》作者龚平以个人的不平常的经历，讲述一个又一个动人的故事。《谛听老街》作者高巧林用心编结成了自己第二本散文集，其内容多源于生活，情多感于生活，且多有哲理。《人生环形道》及《红草》其内容翔实而动人。《一川烟草》《时彦掠影》《金指银弦》均为故事集，作者分别是江寒雪、吴正明、姜晋，他们多以个人感受抒发对祖国、对亲人的个人情感。(潘晓翎)

I000233　**当代湖南作家作品选**　莫应丰、任光椿等著，郑培民、文选德主编。湖南文艺出版社1997年12月版。621万字。426.70元。以人分卷的当代湖南作家文学作品自选集丛书，选入了新时期以来在全国有较大影响，或获过全国性大奖且近年来创作成绩突出并现居湖南的未央、彭燕郊、石太瑞、谢璞、周健明等17位老、中、青年作家的小说、诗歌、散文佳作，每家一卷，共17卷19册。其中有:获首届茅盾文学奖的莫应丰的长篇小说《将军吟》;获首届全国儿童文学一等奖、全国优秀儿童文学读物奖的萧育轩的长篇小说《乱世少年》;获孙中山基金会文艺大奖的任光椿的《戊戌喋血记》;获首届全国优秀中篇小说奖的谭谈的《山道弯弯》、孙健忠的《甜甜的刺莓》;获第二届全国优秀中篇小说奖的水运宪的《祸起萧墙》;获1982年全国优秀短篇小说奖的蔡测海的《远处的伐木声》;获1983年全国优秀短篇小说奖的彭见明的《那山·那人·那狗》;获1984年全国优秀短篇小说奖的何立伟的《白色鸟》;获第十届中国图书奖、第三届国家图书奖的唐浩明的长篇历史小说《旷代逸才·杨度》和在全国产生很大反响的张步真的长篇报告文学《魂系青山》等。此外，有新时期以来文学创作成就突出而现在已离开湖南或已故的作家周立波、康濯和叶蔚林、韩少功，则以存卷方式列入丛书。（陈仿麟）

I000234 **美丽、丰饶、神奇的云南** 周良沛主编。云南教育出版社 1997 年 3 月版。总 126.8 万字。文艺丛书。包括《散文中的云南》、《小说中的云南》、《诗篇中的云南》、《童话中的云南》、《歌声中的云南》5 本。以散文、小说、新诗、童话、歌曲 5 种文学艺术形式，分类选编了“五·四”以后，特别是 30 年代～90 年代初，约 70 年的时间里，名人大家写云南和在云南写的名篇佳作。其中，有不同历史时期极具代表性的作品，有反映重大历史事件的力作，有民风、民俗的写真，也有畅游奇山秀水的抒情。整套丛书从不同视角，用不同的艺术形式，通过风格迥异却各具魅力的优秀作品，全面地反映了云南的历史、文化、风景、风情，是一幅描写云南的主体画卷。（黄凡）

诗歌、韵文

I000235 **民间长诗** 阮居平编。贵州人民出版社 1997 年 11 月版。21.6 万字。17.80 元。贵州各民族有代表性的史诗和叙事诗精选集。以生动的形象、严整的结构和引人入胜的故事情节，记叙了贵州各民族关于天地形成、人类万物起源的神话和民族迁徙的传说，反映了贵州各族人民在封建社会中追求自由婚姻、反对封建礼教以及不甘压迫和剥削、反对封建统治的斗争，让人们从一个侧面了解到贵州各族人民在各个历史阶段中的生活状况和精神风貌。收入“贵州民间文学选粹丛书”。（谢丹华）

I000236 **星空的呼喊** 副名：中国现代诗品读。邵宁宁著。甘肃教育出版社 1997 年 12 月版。30 万字。14.80 元。编选自“五四”以来中国现代诗 201 首。按主题内容分作 7 辑：青春生命的欢歌、灾难中国的诗情、现代心灵的迷茫苦痛、家园梦土的追寻、生命存在的静观与超越、日常生活的诗意、激荡人生的爱情。每首诗后附有编选者的评析。诗作在时间上横跨现代诗诞生至今的 80 年，而不堆砌名人佳作，在每一主题中，均选有不同时代不同风格的作家作品 20 余首，可以代表此一主题诗作的概貌和水平。涉及作者 80 余人，有名人大家，亦有后生新秀。序言中，作者对中国现代诗发展以来成败优劣作了分析，对中国现代诗的概念予以新的界定，主张以新的文学理念和阅读方法来诠释欣赏现代诗，并以此为出发点为每首诗写了简短评析。（王光辉）

I000237 **历代边塞诗词选析** 卢冀宁、汪维懋选析。军事谊文出版社 1997 年 11 月版。47 万字。28.00 元。古代边塞诗词选读本。精选上起先秦、下至清末历代优秀边塞诗词名篇、名家代表作 263 首，逐篇加以注释和赏析。从中不仅可以看出中国边塞诗词滥觞、高峰、继承、发展的历程，而且可以体会到边塞诗词的不朽魅力。选编者站在有利于社会主义思想道德建设和文化建设的高度，以弘扬爱国主义精神，推动民族振兴，唤起人们对祖国繁荣与发展的责任感和使命感为己任，所选诗词多侧重于积极向上，奋发图强，抗敌御侮，激越昂扬的作品，唱出了中华民族自尊自信、威武雄壮的最强音。除优秀边塞诗外，还选了大量边塞题材的词。像辛弃疾、陈亮及至林则徐等雄浑豪放、气概轩昂的词作，使选本更加充实、丰满。书中通过作者简介、注释和赏析，不仅给读者以诗词格律方面的知识，同时还介绍了许多诗歌史、文学史以及古代历史、地理方面的知识。收入“当代军人文化道德修养丛书”。（赵爱华）

I000238 **历代词曲一万首** 高守德、迟乃义主编。花山文艺出版社 1997 年 3 月版。选入上自唐代，下至清末的历代词、曲精品约万首。其筛选作品，范围广泛，以历代词、曲总集、别集、杂著为主，兼及古今优秀选本。凡内容有益无害而艺术富于特色的历代佳作，均予选收。既突出词、曲创作繁荣的辉煌时代，又突出词、曲大家，同时兼顾一般词、曲作家和少数民族作家。所有在中国文学史中涉及到的作家、流派、词与曲，尽皆选入。宋词和元曲因是我国诗艺两座高峰，故选作品较多。编排体例包括作家小传，流派简介，词、曲作品 3 部分，流派简介附于代表性作家小传之后。编排顺序是以时系人，以人系篇。同一作家作品，先词后曲，先小令后套数，再按作品的大体写作年代分先后。词、曲全部采用简化字，加以新式标点。

I000239 **中国古代词曲精华** 副名：中国古典文学精华丛书。赵凤山、赵海梅选注。重庆出版社 1997 年 10 月版。37.6 万字。25.50 元。古典词典选集。选入唐代至清代的词 198 首，元代至清代的曲 95 首。书中的作品以宋词（111 首）、元曲（63 首）为主。这些作品都是中国古典文学的精华。通过这些作品，可以大体了解我国词曲创作的情况，感受到中国文学的精深。书中还有作者简介和简明的注释。每篇作品后有鉴赏性点评。（余国枢）

I000241 **诗词曲精选系列** 王运熙等注译。上海古籍出版社 1997 年 4 月版。首辑共 5 种:《古诗一百首》(王运熙、邬国平注译)、《唐诗一百首》(赵昌平、丁如明注译)、《唐宋词一百首》(吴熊和、徐枫等注译)、《宋诗一百首》(王水照、朱刚注译)和《元曲一百首》(蒋星煜、张潋注译)。入选作品既有时间跨度、体裁兼容,又顾及流派风格、名家名篇,十分精当地展示了各类体裁的历史创作风貌。其次为了便于阅读欣赏,作者还采用了注释、今译和评点相结合的方式,来拉近古典作品和现代读者之间的欣赏距离,让古韵更具现代意蕴。尤其是今译部分,除了文字力求雅洁外,努力传递原作的意境和情韵是一个显著特点;而注释的简明扼要、评点的妙语中的,也使全套丛书具有一种厚积薄发、深入浅出的明快风格。(曹明纲)

I000242 **经典古诗 99 首系列** 谌东飙等编著。湖南少年儿童出版社 1997 年 1 月版。58.5 万字。34.00 元。面向中小学生的古典诗词普及读物,包括《乐府 99 首》、《唐宋诗 99 首》、《唐宋词 99 首》、《元散曲 99 首》4 个分册,由汉代至元代这一中国古典诗词创作鼎盛时期的名篇佳作精选而成。在选材上注意艺术性与思想性并重,所选诗歌不仅反映出各个阶段古典诗词创作的最高水平,在艺术上属经典之作,又内容健康、主题积极,或歌颂祖国大好河山,或鞭挞当时的社会黑暗,或表现积极的人生态度,或抒发对美好事物的赞美。(何农荣)

I000243 **爱情经典** 唐玲玲主编。海南出版社 1997 年 10 月版。37 万字。19.80 元。精选自先秦至清代中国古代文学史上 400 余首爱情诗词作品,并加以评解。(洪声)

I000244 **古典文学导读丛书·诗经** 朱一清注评。黄山书社 1997 年 4 月版。17.7 万字。8.70 元。撷取《诗经》中最有代表性的 107 篇,加以注释和评析。书前有长序,概括地介绍了《诗经》的流传历史、思想内容、艺术成就等。读者可借助注释明白诗意,再通过导读文字加深理解。作者广泛吸取前贤和今人的研究成果,结合自己的心得,或择善而从、或两说并存、或提出己见,旨在为读者深入学习和研究我国古代优秀文学遗产,起一个桥梁作用。(宋启发)

I000245 **古典文学导读丛书·楚辞** 潘啸龙注评。黄山书社 1997 年 4 月版。15.7 万字。7.80 元。"楚辞"是继《诗经》后我国古典文学领域又一座丰碑。"楚辞"中闪耀的伟大的屈原精神,已深深融入中华民族的性格之中。该书正文选取洪兴祖《楚辞补注》中《离骚》至《哀时命》,删略了《九怀》、《九叹》、《九思》3 篇,增加了贾谊《吊屈原赋》1 篇。正文前有"题解"。后有"注释"和"导读",除采纳王逸、洪兴祖以及现代楚辞学的研究成果外,多处融入作者个人的研究心得。导读部分文情并茂,不拘一格,颇具启迪性和感染力。(宋启发)

I000246 **彝族指路丛书——贵州卷(彝汉文对照)** 贵州省毕节地区彝文翻译组整理翻译。四川民族出版社 1997 年 3 月版。13 950 行。36.00 元。七卷彝文籍长诗,记载的是正常死亡的中、老年人进行出殡火化时,由毕摩念诵的一种五言体诗。反映了彝族传统习俗。长诗从颂扬死者生前的美德和功绩开始,对死者的"灵魂"从其故地(火化处)开始,沿着祖先迁徙路线指引到始祖发祥地(传说中最早祖先居住地)超度,以示死者离开人间,回归故里,有叶落归根之意。沿途经过的山川、河流、地名构成一部完整的彝族祖先从发祥到现在分布的路线图,俗称"指路经"。长诗韵律严格,生动描写了彝族先祖从古至今迁徙沿路的名山大川和历史要地,同时记述彝族先民们曾经迁徙地域的自然景观,彝族先民生产生活的特点,彝族社会的发展,传统风俗的形成和演变等。七卷长诗,每卷独立成章,反映了不同地域的彝族风俗和迁徙、演变线路。(阿克克的)

I000247 **中国古代十大诗人精品全集** 邓绍基等主编。大连出版社 1997 年 7 月版。2500 万字。180.00 元。函装 11 卷 10 册,选编屈原、陶渊明、王维、李白、杜甫、白居易、李商隐、杜牧、苏轼、陆游等 10 位诗人的经典之作,《集外卷》汇集了自先秦至清末其他诗人的诗作精品。每卷均含作者小传、正文和附录 3 部分。作者小传扼要介绍诗人的生平活动和创作特色,使读者对作者的一生有总体了解。正文中每首诗后一般都有"题解"和"注释",前者主要介绍作品的写作背景和抒情主题;后者意在扫除阅读中的语言障碍。附录包括"作者生平创作年表"和"诗作版本简目"。入选的诗作均按作者创作的时间顺序排列。除屈原外,每个诗人的作品还按作者生平活动的阶段性或作品思想艺术的变化加以分期,旨在帮助读者更好地把握每一首诗作特定的思想内容。(许文彦)

I000248 **中国古代诗歌精华(上)** 副名:中国古典文学精华丛书。林东海选注。重庆出版社 1997 年 10 月版。41.5 万字。25.00 元。古典诗歌选集。选编从诗经到汉、魏、晋、宋、齐、梁、陈、北周、北齐、隋、唐各个时期 100 多位重要诗人的代表作 460 余首。选编以历史朝代为序,对作者生卒年代、时代

背景及用词用字等作了简明扼要的注释和点评。(余国枢)

I000249　**中国古代诗歌精华(下)**　副名:中国古典文学精华丛书。宋红选注。重庆出版社1997年12月版。35.4万字。24.50元。古典诗歌选集。选编宋、元、明、清各个时期161位主要诗人的优秀诗歌作品400余首。选编者以独到眼光对各种风格流派的诗歌认真筛选,所选者佳作良多,且对作者的生活年代、时代背景及诗歌的意境、用典均作了必要的说明和注释。(余国枢)

I000250　**古典文学导读丛书·唐诗三百首**　赵山林注评。黄山书社1997年4月版。29.7万字。15.00元。正文取自清人孙洙(蘅塘退士)编选的《唐诗三百首》。该选本广收名家名篇,各种体裁、题材、风格兼备,是各种唐诗选本中流传最广、影响最大的一种选本。该书对人选的77位作者均加以简明的介绍,每首诗后有注释和导读,导读文字尝试采取一些新的方法,择取新的角度,着意于阐发诗篇的内在美学意蕴和与其他诗篇的比较,有比较多的作者本人心得体会。(宋启发)

I000251　**杜甫诗全译**　杜甫原著,韩成武等译。河北人民出版社1997年10月版。120万字。66.00元。以仇兆鳌《杜诗详注》为底本,并经作者精心校勘。每首诗均由题解、原诗、注释、译文4部分组成。题解的主要内容包括诗的写作时间、写作地点、诗的主旨;确有特点的,写出诗的艺术特点。这一部分吸收了最新科研成果,以突出其前沿性。注释部分重点解决用典、人名、地名、生僻语词问题。本书的特点在于事义兼备。诗的译文基本上采用现代散文诗的形式,力求文字华美流畅。(王书华)

I000252　**李白诗全译**　李白原著,詹福瑞等译。河北人民出版社1997年10月版。80万字。54.00元。以宋蜀本《李太白文集》作为底本,并经过作者精心校勘。每首诗均由题解、原诗、注释、译文4部分组成。题解的主要内容包括诗的写作时间、写作地点、诗的主旨;确有特点的,写出诗的艺术特点。注释部分重点解决用典、人名、地名、生僻词语问题。本书的特点在于事义兼备。诗的译文基本上采用现代散文诗的形式,文字华美流畅。(王书华)

I000253　**诗与画、唐诗三百首**　蒋星煜等著,刘旦宅等绘。上海辞书出版社1997年7月版。74.7万字。308幅图。160.00元。当代国画名家为中国古代文学名篇配画系列丛书之一。以清朝蘅塘退士《唐诗三百首》为底本,为每首唐诗配一幅彩色诗意图、一篇赏析短文。每页均由诗、画、文3部分构成,其中以诗意画为重点。308幅诗意画构思各异,风格不同,有山水、人物、花鸟、界画等,或古拙厚重、天趣盎然,或典雅精致、清逸秀美,或青绿重彩、富丽堂皇,或水墨淡彩、变格新奇;使诗的意境在画面中得到延伸。赏析文章着力阐发诗的意境,兼简介背景、作法,以补画之不逮,文字短小隽永,富有回味。(康萍)

I000254　**详注全唐诗**　林德保、李俊主编。大连出版社1997年3月版。1 300万字。600.00元。采用夹注的方式对近5万首唐诗中出现的难字、难句、难词进行诠释,从社会背景、典章制度、政治风云、宗教民俗以及作者的思想、生活和交谊,从典故的含义和用法以及古今地名变迁等方面作全面介绍。该书包括《前言》,《全唐诗》原书凡例、目录、正文及注释4个部分。正文以清·扬州诗局初刻本为底本。附录的唐诗辑佚之书为《知不足斋丛书》本的日本上毛河世宁《全唐诗逸》和中华书局出版的王重民、孙望、董养年辑录的《全唐诗外编》。今人辑佚诗未收。(胡孝纯)

I000255　**唐诗三百首汇释集评**　陈丽娟等主编。辽宁大学出版社1997年10月版。30万字。18.00元。按五古、七古、七律、五绝、七绝体裁为序,乐府诗均列在各类体裁之后。体例分为作者简介、原文、说明、注释、集评几部分。在编写过程中参阅了历代有关唐诗的文献资料和时贤研究唐诗的论著,对诗的写作年代、内容、写作技巧均作了简明的介绍。在集评部分,精选了古今诗论家对唐诗的评点,以提高读者的欣赏水平。(陈晓东)

I000256　**刘禹锡诗集编年笺注**　蒋维崧等笺注。山东大学出版社1997年9月版。95万字。55.00元。以民国徐鸿宝影印宋绍兴八年本为工作底本,以多种版本进行参校。编年依高志忠先生《刘禹锡诗文系年》,便于读者了解刘禹锡诗歌创作的脉络与发展。注释注意征考诗作的创作背景和作者用典的原意,以便读者准确理解。书后附有诗歌篇名索引。(邹宗良)

I000257　**瓯北集**　清·赵翼著,李学颖、曹光甫校点。上海古籍出版社1997年4月版。88.9万字。91.50元。计53卷,共收诗2 739题,凡4 831首。以现今所能寻觅的嘉庆壬申(1812)湛贻堂刻本为底本,重点参校了湛贻堂原刊《瓯北诗钞》本及光绪丁丑(1877)滇南南唐氏重刊寿考堂《瓯北诗钞》本及光绪丁丑(1877)滇南南唐氏重刊寿考堂《瓯北集》本。细加校订,攻谬正误。瓯北诗最早结集于乾隆丁丑(1757),最早付梓于乾隆戊戌(1778),此后不断刊刻增益,最终杀青于嘉庆壬申。《瓯北诗钞》定稿于乾隆五十六年(1791)四月,为瓯北诗集之分体重排本,然非其简单的调整迻录,而是进行了精心的归并增删及润饰修订工作。二者细加比勘,从中不仅可以窥见赵翼的思想变化,亦可清楚见到他对于艺术完美孜孜不倦的追求精神。除了校订精审细密,是书还以专名线的标举正确无误而称誉学林。由于瓯北学问精深,腹笥繁富,集中隶事用典比比皆是,所涉名物隐僻奥衍者亦多,专名线的标举难度甚大。唯因整理者精熟文史典籍,有相当的古籍整理专业水平,通观全书,所标显隐发微,悉见功力,绝少错讹疏漏,在同类著作中堪称翘楚。(聂世美)

I000258 **古典文学导读丛书·宋词三百首** 程自信注评。黄山书社1997年4月版。30.3万字。15.00元。所选词目以朱孝臧先生《宋词三百首》为基础,增加了朱氏未收的一些传世名篇,如范仲淹的《渔家傲》(塞下秋来风景异)、柳永《望海潮》(东南形胜)、苏轼的《念奴娇·赤壁怀古》等。朱氏选本号称"三百首",实际只有287首,该书补选13首以足"三百"之数,同时,该书删去了一些格调不高或艺术性较差的词作,在词人的先后排列上也作了适当调整。该书对入选的每位词家均有介绍,每首词前有"题解",后有注释和导读。导读文字侧重在引导读者理解作品,以简洁含蓄见长。(宋启发)

I000259 **绘图本新编宋词三百首** 刘印雷、胡青编。北京少年儿童出版社1997年2月版。616页。24.50元。《绘图本新编唐诗三百首》的姊妹篇。精选宋词中最具代表性的三百首,以新颖的分类、别致的构想、精美的绘画呈现在读者面前。(黄倩)

I000260 **风格词丛书** 高阳里等评注。中国青年出版社1997年11月版。137万字。73.80元(平),93.80元(精)。共4集:婉约集、豪放集、风雅集、闲逸集。每集选词300—370首,作品年代自唐初至民国初年。体例由词人小传、词作、简注、评介4部分组成。《花笺春心》(婉约集),高阳里评注。选取235位词人的302首佳作。所选作品呈现出含蓄、婉转之美。婉约词的主题范畴基本是恋情、亲情、友情、闲情,题材范围较窄,但仍有"黍离之悲"的佳作。审美特征是阴柔、朦胧、细腻、缠绵,给人以回环往复、咀嚼不尽的享受。《万里西风》(豪放集),程观林评注。选取179位词人的314首佳作。所选作品洋溢着刚健、粗犷之风。题材范围广阔,有凭高吊古、军旅戍边等。审美特征是阳刚、浩荡、悲壮,多为爱国为民的愤慨之声,给人以长枪大戟、痛快淋漓之感。《梅影笛歌》(风雅集),马兴荣、朱惠国评注。选取146位词人的366首佳作。所选作品飘逸着风流雅致之韵,是典型的文人词。题材范围广泛,既有恋情、友情,也有豪情、闲情。词作呈现出骚雅的气质,给人以俊逸、典雅之美。《短篱残菊》(闲逸集),方智范、李康化评注。选取124位词人的286首佳作。所选作品弥漫着疏淡随意之风。题材范围较窄,多为"失意"之作。词人们把酒吟诗、弹琴鼓瑟,品味人生,给人以本色、纯真、愉悦之感。(周平)

I000261 **古典文学导读丛书·元曲二百首** 赵其钧注评。黄山书社1997年4月版。19.4万字。9.60元。以《全元散曲》为底本,共选录了40多位作家的192首作品,另选无名氏小令8首,总计200首。入选作品以小令为主,酌收有代表性的套曲。书中对入选的作家有一个简介,每篇作品之后有"注释"与"导读",前者重在词语的释意,力求简明,后者意在作品内容的分析与鉴赏,旨在活跃读者思维、引导读者进一步挖掘作品的审美意蕴。(宋启发)

I000262 **20世纪中国新诗辞典** 辛笛主编。汉语大词典出版社1997年1月版。150万字。48.00元。精选五四新文学诞生以来341位诗人作品514首,其中祖国大陆诗人277位,作品443首;台湾地区和法国、美国、加拿大、新加坡、泰国等地华人诗人64位,作品69首。每首诗均给予了赏析文字介绍。(张晓栋)

I000263 **少年英杰之歌** 滕毓旭编。辽宁少年儿童出版社1997年版。13.5万字。6.50元。共5辑,以朗诵诗的形式,讴歌了52位少年英雄和杰出少年。第一辑"血染的故事",歌颂了团中央命名的为革命事业和为保卫人民财产而牺牲的罗志群、张锦辉、王璞、努尔古丽等10位小英雄以及草原英雄小姐妹龙梅和玉荣。第二辑"燃烧的火炬"、第三辑"亮亮的小星"、第四辑"闪光的足迹"、第五辑"多彩的花季"分别歌颂了团中央命名的第一届到第四届"全国十佳少年"。每诗前均附有人物简介,以帮助读者对少年英雄人物的了解。(贾全松)

I000264 **中国人:不跪的人** 王怀让著。海燕出版社1997年2月版。1.8万字。2.40元。一首荡气回肠的长诗。1995年3月7日,在广东珠海打工的河南青年孙天帅,因不屈从于韩国某女老板的淫威——迫令工人下跪,愤而辞职,维护了一个堂堂正正的中国人的可贵的人格尊严、精神气节,富贵不能淫,贫贱不能移,威武不能屈,表现了强烈的爱国主

义情操。诗人通过赞扬这一曲折感人的故事,热情讴歌了爱国之情,弘扬了中华民族的气节与精神。(张满弓)

I000265 **中国女性诗歌文库(第一辑)** 谢冕主编。春风文艺出版社1997年10月版。120万字。124.80元。包括唐亚平著《黑色沙漠》、蓝蓝著《内心生活》、翟永明著《称之为一切》、王小妮著《我的纸里包着我的火》、海男著《是什么在背后》、林雪著《在诗歌那边》、傅天琳著《结束与诞生》和阎月君著《忧伤与造句》。选入的8位女诗人均为当今诗坛上活跃且有代表性的,并由著名评论家参与精选和评析。各书均有诗人照片若干幅,诗人小语和评论文章,书末附诗人创作年表。

I000266 **中国·星星四十年诗选** 杨牧主编。重庆出版社1997年1月版。85万字。66.00元。中国当代诗歌选集。《星星》是一块新诗园地,从1957年创刊到1996年,经历了坎坷的40年。本书从近5万首作品中精选出500位诗人的600余首优秀之作,展示了建国以来四代诗人的队伍与创作实绩,是中国当代诗歌历程的缩影,可以从中找到所有流派、风格的代表诗人的名字。同时也再现了中国人民这四十年起伏跌宕的心灵轨迹。本书将以其丰富性、艺术性、完整性在中国诗坛产生重要的影响。(余国枢)

I000267 **世纪之歌** 苏叔阳著。湖南文艺出版社1997年6月版。4.5万字。11.50元。长诗。共两千多行,分6个部分:序曲,第一章、搏斗,第二章、崎岖,第三章、新的长征,第四章、回眸,终曲。作者站在世纪之交的历史高度,以火热的诗心诗情,回眸伟大的祖国在20世纪里的百年沧桑,表现了中国人民在中国共产党和三代领导集体带领下所进行的艰苦卓绝的奋斗和所建立的丰功伟绩。长诗抒写民族心声,讴歌人民,礼赞祖国,展示了有中国特色的社会主义伟大事业的光明前景,充满历史感和时代感。气势磅礴,格调高昂。作者在自撰的序跋中,表明了自己对生活的态度和对诗歌创作的独特见解,给人以启发。(张先瑞)

I000268 **世纪末的"花名册"** 副名:中国90年代青年诗人短诗选。古马、阳飚选编。敦煌文艺出版社1997年11月版。463万字。22.50元。诗歌选集。选入阿坚等39名活跃在90年代诗坛的青年诗人(40岁以下)新诗400余首。每人一辑,附有诗人照片和诗歌观(艺术观)。集中体现了90年代以来新诗诗坛的创作和追求概貌,选入的作品注重艺术性和形式追求,文化因素的多样性。序中以点评式对每一位诗人的诗歌艺术特色作了勾勒。(何满意)

I000269 **叶剑英诗词探胜** 范硕著。广东人民出版社1997年5月版。35万字。28.00元。为纪念叶剑英百岁华诞而编辑出版,是原《叶帅诗词探胜》的修订增补本。修订增补的内容有:增加原书未收入的叶剑英诗词17首,增加了大量叶帅诗词的手迹,增加了每首诗词的注释而力求详尽地反映诗词创作的背景及诗词的意境,补充了部分奉和诗词,改正初版的纰漏等。本诗既有对叶剑英原诗的注释,又有对诗词的历史内涵、哲理意蕴、美学风格等的深入探索,还有叶帅与革命战友之间的往来奉和,对了解叶帅的诗词创作、个人思想以及当时的历史情境,都有一定的价值。(黄彦辉)

I000270 **汉俳首选集** 林岫主编。青岛出版社1997年5月版。16万字。12.80元。汉俳是80年代初期我国老一辈诗人根据日本俳句创作的一种新诗体,并很快在我国诗坛流行。本书是我国汉俳创作的第一本结集出版的汉俳集。故称《汉俳首选集》。全书共收入包括汉俳创史人赵朴初、林林、杜宣以及诗人、作家钟敬文、公木、黄树则等30余位国内著名诗人的汉俳作品共300余首。作品采用中、日文对照,多为咏物寄情类作品,表达了对自然、人生的深刻感悟,体现了诗人鲜明的个性特点。(刘永贵)

I000271 **合浦还珠** 副名:迎香港回归祖国深港散文诗选。谈耘、张诗剑等著。湖南文艺出版社1997年6月版。21万字。13.80元。共选深圳和香港一百位散文诗人的200多首散文诗。以积极的生活思辨,优美的艺术形式,多元的深港题材,全方位地讴歌香港回归、"一国两制"、"港人治港"的光明前景,深刻地反映深港两地同胞一桥相连、唇齿相依、携手并肩共创繁荣美好明天的信心。(龚湘海)

I000272 **余光中诗歌选集** [台湾]余光中著。时代文艺出版社1997年8月版。50万字。68.00元。余光中是当代台湾久享盛名的诗歌散文名家。从1958年从事创作迄今,诗龄40余年,诗作累计近千首。该选集辑录其中近700首,可谓余光中的诗路历程和成就的一次总展。其诗作具有浓郁的中国特色。内容多为讴歌怀恋祖国的山川名胜、悠久的历史和文化传统,关注家乡变化,批评文革浩劫,相信祖国有幸福辉煌的未来,也有寄情世界古迹风光和记录个人见闻感悟之作,如《乡愁》、《民歌》、《当我死时》、《白玉苦瓜》、《浪子还乡》等,综观其诗艺,想象力奇绝丰富,情感充沛,诗心敏锐,表现手法多变,遣词炼句中表现出深厚的古典文学造诣,明显承继古典诗、五四新诗的余风，又旁揉西方多家诗歌表现手法，中西兼济，圆熟自在，独成一派。尤值一提的是其诗的音乐感和节奏感强烈。余光中为本选集专门作序，详述其创作历程和诗观，对中国诗歌的发展历程和西方诗歌的优劣长短均有独特见解，对中国诗歌现状和未来提出了自己的论点。(安春海)

I000273　**张学良爱国诗词鉴赏**　何联华、曾俊伟编。武汉出版社 1997 年 1 月版。20 万字。14.00 元。张学良不仅是一位政治家、军事家、教育家，而且是一位爱国诗人。他的诗词，既记录了一位政治家的宦海沉浮，军事家的戎马生涯，也抒发了一位为挽救民族危亡而作出巨大牺牲的民族英雄的心灵独白。本书将张学良的爱国诗词汇集起来，逐篇加以注释、鉴赏，别开生面地从一个侧面为研究张学良的传奇人生拓展了一个艺术窗口。此书将诗人的艺术风格及所经历的一个从清纯、激扬、明朗，到孤寂、深沉、郁愤，再到苍凉、淡泊和调侃的嬗变过程淋漓尽致地展现在读者面前。(张平)

I000274　**铁依甫江诗选**　铁依甫江著。民族出版社 1997 年 8 月(维吾尔文)版。25 万字。10.50 元(平)，15.00 元(精)。铁依甫江的诗大体可以分为 3 大部分：从 1945 年到 1949 年间创作的诗可称为早期作品；从 1950 年到 1966 年间创作的诗可称为中期作品；从 1976 年到 1989 年(诗人于 1989 年 2 月与世长辞)间创作的诗可称为晚期作品。诗人在诗歌的园地里辛勤耕耘了 40 多年，不仅创造了自己独特的艺术风格，而且为奠定维吾尔新诗的基础作出了杰出的贡献。收入这两本诗集里的诗绝大部分取材于丰富多彩的现实生活，也有的取材于历史和民间传说，爱国主义思想贯穿始终。(穆罕默德·伊明)

I000275　**郭沫若题画诗存**　郭平英主编。山西教育出版社 1997 年 11 月版。76 万字。68.00 元(平)，78.00 元(精)。郭沫若先生是中国现代文学史上著名的作家，在书法艺术方面也颇有造诣。他一生创作的题画作品约计 200 篇，多为题跋名家名作和为鼓励后学而题跋的一些青年画家的作品，其中有傅抱石、李可染、关良、关山月等当今中国画界大师的作品。郭沫若谙熟书法艺术，其题画诗款式自出机杼，所以这些题画诗在他的旧体诗创作中占有相当的比重，同时也是其书法成就中气韵生动、多姿多彩的典型代表。书中收有郭沫若的题画诗 76 篇，还有人们难得一见且饶有兴味的自画自题作品。其风格随意、洒脱、幽默。(李梦燕)

I000276　**潘天寿诗存校注**　卢炘、俞浣萍校注。中国美术学院出版社 1997 年 3 月版。18 万字。20.50 元。以 1991 年潘天寿纪念馆编的线装本《潘天寿诗存》为底本，进行校正补遗，遂收诗 316 首，略可归分 4 类，为感怀咏物 53 首，记游 130 首，题画、论画及论诗 91 首，杂咏 42 首。时间跨度大约从 1921 年至 1969 年，侧面反映出画家坎坷的一生及其沉郁的气质。校注者通过校对查阅和征询，改正以前版次中的错误，解释诗中难解的地方，并考证出每首诗的写作背景。(沈珉)

I000277　**《衡水历史经典揽胜》月历**　段秀苍等编。武强年画社 1997 年版。12 万字。30.00 元。以描写衡水文化名胜、历史名人和民间传说等为主要内容的绘画史诗，它使现代的审美观念和传统中国绘画的表现形式相结合，把衡水的全部历史，以一种形象化的视觉语言展现在世人面前。其中以我国历史上影响深远的汉代大思想家董仲舒开篇，有“全国木版年画之乡”的武强年画、深州蜜桃、衡水老白干的传说，冀县竹林寺的现实景观和民间传说。(段秀苍)

I000278　**麓山雏唱**　陶先淮著。湖南师范大学出版社 1997 年 11 月版。16.00 元。搜集湖南师范大学中文系 10 年来的优秀学生习作 800 余篇，分为 8 个主题：一曰：《胸怀鸿鹄》，写志向；二曰：《情满江山》，纪游玩；三曰：《春秋代序》，状四时景致；四曰：《今古多思》，感怀史事；五曰：《白云亲舍》，述游子思绪；六曰：《红豆伊人》，写爱情友谊；七曰：《人情物趣》，表日常所感；八曰：《化雨春风》，叙难忘师恩。(黄林)

戏剧文学

I000279　**宁波剧作家优秀作品选**　裴明海选编。宁波出版社 1997 年版。90 万字。35.00 元。收入宁波籍作家创作的 21 部优秀剧目，有传统历史戏，如《归长安》、《琥珀泪》、《朱买臣休妻》、《卧龙求凤》等，有新编历史故事戏，如《半把剪刀》、《孟姜女新传》、《琼浆玉露》、《慧梅》、《强盗与尼姑》等，以及现代戏，如《传孙楼》、《龙铁头出山》、《浪子奇缘》、《秀才婚事》、《邻舍隔壁》、《爱情十字架》、《罗科长下岗》、《明月何时圆》、《野杨梅》、《一个人与他的梦》、《红鸟》、《绿色的手镯》等。展现了改革开放以来，宁波戏剧创作的丰硕成果。(王伯城)

I000280　**中国现代名剧丛书**　郭沫若、曹禺等著。人民文学出版社 1997 年版。选收“五四”新文化运动以来，在“白话戏”（话剧）的发展中有影响和地位的剧本。较清晰地展示了中国话剧发展的轨迹。现已出8种。其中，包括郭沫若历史剧的代表作《屈原》（与《蔡文姬》合集）；被文艺界誉为话剧经典的，曹禺的《雷雨》、《日出》，以及《北京人》、《原野》、《蜕变》；老舍的反映了半个世纪历史风云的名剧《茶馆》（与《龙须沟》合集）；以及吴祖光的名剧《风雪夜归人》（与《闯江湖》合集）。（罗君策）

I000281 **曹禺戏剧选** 曹禺著。人民文学出版社1997年11月版。53.1万字。32.00元。“世界文学名著文库”之一，收入著名剧作家曹禺的《雷雨》、《日出》、《原野》、《北京人》4部最有代表性的话剧剧本。《雷雨》以周鲁两家错综复杂的情仇关系，揭露人性的残酷和虚伪，对遭受命运不公的弱者寄予了同情。《日出》以交际花陈白露的悲剧命运为线索，展开了三十年代上海都市生活的腐朽和阴暗，咒诅“损不足以奉有足”的不合理社会，企盼东方的日出驱散黑暗。《原野》讲述了广袤的东北平原上，一个粗犷的农民对宗法制下恶毒残暴的地主反抗复仇的故事。《北京人》将笔墨聚焦到北京一个家道式微的大家族，表现衰败的贵胄子弟精神的委顿，呼唤如原始的北京人一样健全的人生。这些作品都具有强烈的时代感和深刻的现实性，是二三十年代中国社会各阶层生活的真实再现，成功地塑造了资本家、地主、交际花、闺中怨妇和下层劳动者等众多的人物形象。作品戏剧冲突紧张，结构严谨，作家既善于运用“三一律”等戏剧手法，又能有所突破，形成个人的创作风格。这些剧作，特别是《雷雨》、《日出》，已成为中国话剧的经典之作。（王海波）

I000282 **王兴东王浙滨电影剧作选** 王兴东、王浙滨著。时代文艺出版社1997年8月版。30万字。19.80元。选收王兴东、王浙滨夫妻俩90年代以来合作或独立创作的电影剧本5部。分别为：《蒋筑英》、《留村察看》、《孔繁森》、《离开雷锋的日子》、《天国逆子》等。（王志茹）

I000283 **玛纳斯（电影剧本）** 程海序编。克孜勒苏柯尔克孜文出版社1997年6月版。25万字。14.00元。作者将我国三大民间历史长诗“玛纳斯”的第一部改变成电影剧本，对侧面了解玛纳斯具有较大意义。（阿曼吐尔）

I000284 **明成化说唱词话丛刊** 朱一玄校点。中州古籍出版社1997年8月版。23万字。11.80元。1967年的冬天，一个阴冷的早晨，上海市嘉定县原城东公社澄桥大队的社员们出工平整土地，在一处明代宣姓墓中偶然发现了一批刻本古书。送到上海文物管理委员会鉴定，得知这是一批宝贵的明刻说唱本，是由北京永顺堂在明成化七年（公元1471年）至成化十四年（公元1478年）刊刻的，原书共装订11册，这是我们现在所能见到的最早的弹词文学作品的刻本。这批出土的说唱词话共有13篇作品，其内容可以归纳为三大类：一是历史人物故事的敷衍；二是包公断案故事的演述；三是神怪故事。书中还配有172幅版画插图。这些说唱词话的发现，不仅使我们了解了几百年前元明间的“词话”究竟是什么，它还提供了版画史和简化字体研究的材料。同时，由于它的素材都来源于民间传说，因此颇富有风俗、习尚、宗教信仰等民俗色彩。另外，由于它的故事内容为后代各种文学样式多次采用，这就又为我们提供了题材传承学，文学主题演化研究的材料。它的出土，被研究者称为是本世纪以来，词话古籍的第四次重大发现。（袁健）

小 说

I000285 **水浒系列小说集成** 明·施耐庵等著。黑龙江人民出版社1997年8月版。250万字。297.00元。收录从清初到建国前的所有续书。包括：[明]施耐庵的《水浒全传》、[明末清初]金圣叹评的《贯华堂第五才子书水浒传》、[清初]陈忱的《水浒后传》、[清初]青莲室主人的《后水浒传》、[清]俞万春的《结水浒传》（又名《荡寇志》）、[民国]程善之的《残水浒》、[民国]姜鸿飞的《水浒中传》、[民国]刘盛亚的《水浒外传》、[民国]张恨水的《水浒别传》、[清末]西冷冬青的《新水浒》、[清末]陆士谔的《新水浒》、[民国]张恨水的《水浒新传》、[民国]嘉鱼的《戏续水浒新传》、[民国]冷佛的《续水浒传》、[民国]梅寄鹤的《古本水浒传》。它们中有总结梁山英雄受招安的反思翻案之作，有描写梁山英雄互相猜忌、互相残杀的丑化之作，有写梁山未死英雄继续除暴安良、劫富济贫的豪情之作，也有写梁山英魂转世、再次揭竿而起的明冤之作。（徐冲）

I000286 **海派文化长廊·小说卷（五种）** 贾植芳、钱谷融主编。学林出版社1997年12月版。主要偏重于反映20世纪20年代以来上海现代经济文化发展以及现代都市形式的发展对小说审美趣味的影响。本丛书收入了一些过去长期被排除在文学史以外的“海派小说家”的小说创作的全编、精编或代表作（包括译作）。有新感觉派小说家穆时英、刘呐

鸥,唯美主义小说家叶灵凤、滕固,社会小说家周天籁等。(许钧伟)

I000287 **中国古代十才子全书** 郭守信等编注。内蒙古人民出版社1997年版。116万字。148.00元。收编明清小说中被称许的才子书共11部,内容包括爱情小说、侠义小说、讽刺小说等。每部书前有导读,介绍书名、版本、内容,并予以初步评析;每章之后对生字、词语、掌故做了注音、注释。(曹立)

I000288 **中国古代珍稀本小说续** 侯忠义、李勤学主编。春风文艺出版社1997年3月版。640万字。480.00元。收录明清各类珍稀白话小说50余部,内容丰富,风格各异,有一定的认识价值和审美价值。从题材上,可分为历史演义小说、世情小说、神怪小说和公案小说4类。该书整理以保存原貌为原则,对内容不加删节,只对原文中明显的误字、衍文径加改正。丛书每册之前,冠以全书总序,每部作品均撰有前言,简介作者生平,版本源流,并概括说明故事内容。(王维良)

I000289 **中国近代珍稀本小说** 董文成、李勤学主编。春风文艺出版社1997年10月版。650万字。500.00元。收近代小说60部,内容上选录富于时代特色的新小说为主,适当照顾各发展时期不同类型不同风格的代表作,是近代稀见小说的精品汇总。所收录的《风月梦》、《杀子报》、《后官场现形记》、《胡雪岩外传》、《黄金世界》、《英雄泪》和《庚子国变弹词》等俱为近代优秀的"新小说",真实反映了中国封建末世那黎明前最黑暗的一页历史,以血泪交迸的文字记录帝国主义列强疯狂侵华的罪行,倾注了作家强烈的民族觉醒和政治启蒙意识,形象地描述了民族先觉者奋起改革与革命,同帝国主义和封建主义展开殊死斗争的悲壮历程。(王维良)

I000290 **老残游记·宋人话本·十二楼** 刘鹗等著。海南出版社1997年2月版。46万字。19.00元。由3种小说辑合而成。《老残游记》清末刘鹗作,以江湖医生老残为中心,写他游程中的见闻和活动。语言富于表达能力,在写景和人物的心理方面,具有特色。《宋人话本》,短篇小说集,为南宋时代说话人的话本。原为7种,后收入叶德辉刻《金虏海陵王荒淫》,共8种。是研究宋代白话小说的重要资料。《十二楼》清初李渔作,短篇小说集,共12篇。每篇都用一座楼作为开展故事的重要环节,故有此名。胡适、孙楷第分别为这三种小说写了考证性的长序。(王朴)

I000291 **白话历代传奇类编** 吕昆等编著。辽宁人民出版社1997年6月版。236万字。91.50元。传奇这一创作形式,兴于盛唐、继于宋、盛于明、接于清。本书即从这4个朝代中选取思想内容健康、故事情节曲折、艺术性强的名篇佳作,用现代白话译成。从1993年到1997年共出版9种:百鬼传奇、乞丐传奇、隐士传奇、艺人传奇、百狐传奇、百仙传奇、百侠传奇、百僧传奇、百妓传奇。每本书就是一类。每篇都有评析文字,既分析每篇的故事内容,又分析其艺术性,及对后世文学创作的影响。亦帮助读者正确理解和阅读每类故事的精华和糟粕之处。(常晶)

I000292 **奇智奇谋绘图宝鉴** 叶圣华、乐明祥等编绘。湖北美术出版社1997年8月版。56万字。8 000幅图。115.00元(套)。5卷本通俗文学读物。根据明代著名文学家冯梦龙的《智囊》改编而成。改编本既保持了《智囊》原著总体风格的一致性,也适合于现代读者的阅读欣赏习惯,是对优秀传统文化加以普及的一种有益尝试。《智囊》一书编取古人智术、计谋之事一千多则,范围之广,内容之浩瀚,几乎涉及了明代以前的大部分经史典籍、文集,以及稗史、笔记、传说和演义。冯梦龙把这些故事分为10部28卷,内容所及上至经国大略,下至市井小智,旁及妇女儿童的高见卓识,不仅情趣盎然、妙趣横生,而且寓意丰富、发人深省。各部各卷之前均有总叙分叙,各篇各事之后又多有批评议论,通过这些议论和评语,可以看出冯梦龙的历史观、社会观和价值观以及他的思想体系和感情倾向,也因上述因素的历史局限,书中对人对事的评价亦存有封建性糟粕,为保持原著风貌的相对完整性,改编中未作实质性的删削。本书所依底本为巴蜀书社1986年版标点本、白话版底本为中国卓越出版公司1989年版、校译底本为中州古籍出版社1986年版。改编本以中州古籍版为核准依据,对原著中冯氏议论部分有故事情节的内容也进行了图示性改编,较卓越出版公司的白话版更为充实与丰富一些。(朱岳凌)

I000293 **古典文学名著缩写插图本** 罗贯中等原著,李国文等缩写。接力出版社1997年1月版。209万字。总128.00元。已出版的有《三国演义》《水浒传》《西游记》《红楼梦》《封神演义》《儒林外史》《镜花缘》《七侠五义》8本。由当代著名作家李国文、林斤澜、叶楠、刘心武缩写,通过删繁就简,去芜存菁,在保留原著全貌、精华和品格的前提下,将每部名著压缩到30万字以内。并配以插图。(黄钲)

I000294 **白话东周列国志(上、下)** 明·冯梦龙原著,姚小鸥等编译。重庆出版社1997年10月版。87.7万字。50.00元。长篇章回小说。用现代汉语译写的《东周列国志》的普及本。《东周列国志》将《左传》、《国语》、《战国策》、《史记》中的历史事件及人物重新编织在一起,冶为一炉,叙述生动,故事性强。晋重耳、伍子胥、介子推、孙膑、庞涓、廉颇、蔺相如等人物形象个性鲜明,千古流传。但原著拘泥于史事,叙事枝蔓多,语言文白间杂,多用典故,对今天的青年读者障碍较大。该书继承了原著的优点,语言通俗流畅,为了便于今天读者的阅读习惯,删去了原著的认赞性诗词及开篇的"话说"、结尾的"不在话下",叙事中与主线无关的枝蔓插叙也略作了处理,使故事的发展更为紧凑。(余国枢)

I000295 **中国古代短篇小说精华** 副名:中国古典文学精华丛书。黄椿、曹天成选注。重庆出版社1997年12月版。24.6万字。18.00元。古典短篇小说选集。收先秦两汉、魏晋南北朝、唐宋元明清短篇小说26篇。其中《燕丹子》、《李寄斩蛇》、《霍小玉传》、《杜十娘怒沉百宝箱》和《劳山道士》等等,都是历代公认的一流佳作或在小说史上有重大影响的作品。每篇后有作家小传、作品介绍、注释和简评。(余国枢)

I000296 **聊斋系列小说集成** 清·蒲松龄等著,陈志强、董文成主编。黑龙江人民出版社1997年6月版。300万字。218.80元。收录包括《聊斋志异》及其摹拟、续作在内的清、晚清优秀新文言小说作品八部,共7册。分别为:蒲松龄的《聊斋志异》、长白浩歌子的《萤窗异草》、和邦额的《夜潭随录》、袁枚的《子不语》、曾衍东的《小豆棚》、乐钧的《耳食录》、宣鼎的《夜雨秋灯录》及《续录》、王韬的《淞隐漫录》(又名《后聊斋志异》)。这其中的作品刺贪刺虐、入骨三分,幻笔写真、虚实融合,语言明丽,活泼清新,反映了当时的社会风貌和民间生活,揭露了封建制度的黑暗和科举制度的腐败,其中的许多写男女恋情的作品,曲折动人,描述和赞扬了青年男女对纯真爱情的追求,塑造了一批天真淳朴、聪慧超俗的女性形象,把花仙、狐女、鬼女描写得聪明俊美,形象可人;其次,有相当数量的篇幅,描写科举制度的弊端,揭露和抨击了科场不公、八股文对人才的窒息。作品中还塑造了大量普通人的艺术形象,表现了人民反帝反封建斗争的时代主题。(徐冲)

I000297 **中国现代乡土·乡风·乡情小说精品** 贾玉民主编。中原农民出版社1997年8月版。200万字。125.40元。展示"五四"至40年代中国乡土小说精品的丛书。共7卷。《乡怨》:叙述了农民的苦难与无奈;透视艰辛悲苦的人生,渲染特定的时代气氛与人生的压抑,刻画了一个蹂躏人的尊严、爱情和道义的半人半兽的乡场社会。《乡情》:描写在水患、兵祸之下,农民背井离乡,被抛向漂泊的生涯后思乡恋乡的情结。故乡的草屋和亲人,牵系着他们无法淡化的忆念,城市的堕落和沉重的生活,加重了他们对故乡的向往。《乡恋》:描写乡村男女的恋情与婚姻。青年男女反抗旧礼教,或私奔,或野合,去追求自己的爱情幸福。《乡风》:描写水葬、械斗、冥婚、典妻、冲喜、祈雨、帮会、童养媳等多种乡风民俗,反映农民的愚昧麻木的苦难命运。《乡魂》:描写了农民的纯朴、野性的健康及厚道、真诚的情感,探索了农民的精神世界,勾画出了农民的灵魂。《乡野烈火》:贫苦的农民在压迫下,内心滚动着无法浇灭的愤怒之火,终于在广袤的原野上燃烧起来。《乡野喜剧》:反映丰富多彩的农村社会生活画卷。发生在乡场上的一幕幕喜剧,使人觉得农民的既可怜又悲哀。(冯成奇)

I000298 **刘呐鸥小说全编** 刘呐鸥著。学林出版社1997年12月版。13.9万字。11.50元。刘呐鸥是中国新感觉派小说的一员健将,他以独特的手法与技巧反映了上海都市生活的风景线,并对今天的都市小说创作产生了深远的影响。本书收入了迄今为止所能找到的刘呐鸥的全部著译小说。刘呐鸥小说的核心主题,是聚集在都市的骚动不安和焦虑情绪的体验,他笔下的人物,大都在盲目的冲动支配下,处于逢场作戏状态,而人的自我为都市的声色犬马灯红酒绿所迷失,沉溺于肉的游戏中。这种心理失衡与城市的繁华嘈杂纠结在一起,展现了刘呐鸥对人性剖析独特而新奇的创作能力。本书为"海派文化长廊·小说卷"之一。(许钧伟)

I000299 **虹影丛书(民间女作家小说经典)** 柯灵主编。上海古籍出版社1997年版。120万字。123.20元。"五四"以后的女性作家,曾创作了大量别具视角、意蕴深远的小说作品,成为新文学史上一道卓然不群的风景。丛书共2辑20种,首辑10种的作家有在新文学诞生期即作出巨大贡献的陈衡哲、冰心,有曾为无数女性读者所倾倒的闺阁派凌叔华、冯沅君,还有以剖析犀利、关注社会现实而光彩照人的丁玲、萧红等人,更有为今人不甚熟悉而以描摹爱情故事见红当时的沉樱、施济美,可谓风姿绰约,五彩纷呈。第二辑10位作家小说也即将出版。首辑书名如下:陈衡哲小说·西风、冰心小说·相片、冯沅君小说·春痕、罗淑小说·生人妻、凌叔华小说·花之寺、丁玲小说·梦珂、沈楼小说·爱情的开始、罗

洪小说·薄暮的哀愁、萧红小说·朦胧的期待、施济美小说·凤仪园。(王立翔)

I000300 **滕固小说全编** 滕固著。学林出版社1997年12月版。24万字。16.00元。滕固是二三十年代享有盛誉的唯美主义作家,创造社的成员。本书收入了迄今为止能找到的滕固的全部小说作品。滕固的小说,总是在一种故人离散、家园萧条、事业无成和爱情凋零的背景下构架的,多偏于伤感的自叙,敏感的苦闷,很多地方都可以约略看见作者的影子,但也不乏超越伤感的客观审视。他的小说,以低调的张扬,大胆暴露了世纪初"少年中国"另一类型的少年的性格与命运,以及空虚而浅薄的"现代人的心情"。本书为"海派文化长廊·小说卷"之一。(许钧伟)

I000301 **穆时英小说全编** 穆时英著。学林出版社1997年12月版。44万字。27.00元。穆时英是中国现代文学史上的一位重要人物,被誉为"新感觉派圣手"。本书收入了迄今为止能找到的穆时英的全部小说作品。穆时英所描绘的现代都市人,身处三十年代上海的畸型繁荣,物质文明高度发达和人与人之间隔膜虚伪之中,产生了强烈的孤独寂寞、心理变态和精神危机,流露出浓郁的颓废情绪。穆时英对蒙太奇、意识流、象征主义、印象主义等创作方法的纯熟运用,生动地反映了独特的都市生活和都市人灵魂的骚动与消沉。其小说以夸张精致的形容,营造出了一个多维立体的感觉世界。收入"海派文化长廊·小说卷"。(许钧伟)

I000302 **民国笔记小说大观(第三辑)** 苏曼殊等著。山西古籍出版社1997年7月版。260万字。258.00元。包括何刚德著《春明梦录》和《客座偶谈》、孙静庵著《栖霞阁野乘》、李岳瑞著《悔逸斋笔乘》、罗惇曧著《罗瘿公笔记选》(题目为编者所加)、苏曼殊等著《民权素笔记荟萃》、刘成禺著《洪宪纪事诗本事簿注》、瞿兑之著《人物风俗制度丛谈》、易宗夔著《新老说》、徐凌霄徐一士著《凌霄一士随笔》、徐珂著《康居笔记汇函》、葛虚存著《清代名人轶事》,共15册12种。其中十种是建国以后未予再版的,尤以《凌霄一士随笔》在抗战前连载8年,未集成书,此属第一次整理出版。全辑内容主要记述清末民初遗闻轶事,如刘成禺记洪宪复辟前后事多属亲历亲闻,一诗述一事。加以注文,详加解释,是记述当时情事有史料价值的著作。《凌霄一士随笔》共120余万字,是民国年间仅次于《清稗类钞》的重要掌故笔记著作。作者以补《清史稿》之不足自命,对有清一代二百余年的人物、科举、官制、风俗乃至宫闱事件做了详细缕述,有极丰富的史料价值,评述也属平实。(张继红)

I000303 **中国朝鲜族文学选集(2)** 副名:解放前小说篇(下)。北京大学朝鲜文化研究所编。民族出版社1997年1月(朝鲜文)版。50万字。19.20元。选入金昌杰、玄卿俊、安寿吉、朴启周、金镇秀、黄健、申曙野、韩赞淑、金国镇、李顺辅、严时雨、李璟鲁、金贵、赵俊哲、朴英绪、金学铁等16位著名小说家在建国前创作发表的较有代表性的优秀中短篇小说35篇,如《无贫沟的传说》、《暗夜》、《写生贴》、《流氓》、《拂晓》、《母土》、《死刑犯》、《肉票》、《移民的儿子》、《祭火》、《秋夕》、《草原》、《正月初一》、《两枚一毛钱硬币》、《思君馆》、《顺产》、《我和卖菜人》、《挣扎在生死线上的人》、《小姐》、《烟叶汤》、《龟裂》等。(金永苑)

I000304 **周天籁小说代表作:亭子间嫂嫂(上、下)** 周天籁著。学林出版社1997年12月版。65.3万字。39.00元。周天籁是本世纪三四十年代活跃在上海的著名通俗文学作家,极善描摹旧上海下等社会的人情世俗。本书写的是二三十年代上海红灯区会乐里的一个暗娼的平常生活。故事情节围绕亭子间嫂嫂顾秀珍展开,涉及到旧上海的各色人物和黑道白道的各色事件。随着故事的展开和社会场景的不断扩大,每个嫖客背后的社会生活得以透现出来。小说以上海方言写成,活泼通俗,妙趣横生,聪明泼辣的顾秀珍的形象更是入木三分。收入"海派文化长廊·小说卷"。(许钧伟)

I000305 **海派作家作品精选(第一辑)** 张资平等著。黑龙江人民出版社1997年7月版。100万字。54.80元。共4册,分别为:穆时英著《白金的女体塑像》、张资平著《苔莉》、施蛰存著《梅雨之夕》、叶灵凤著《女娲氏之遗孽》。分别收录了4位海派作家的20余篇作品,其中包括《上海的狐步舞》、《旧梦》、《性的等分线》、《未完的忏悔录》等名篇。充分反映了20年代都市人生活的方方面面,这些作品中大量地"转运"新的外来的文化,而在20世纪之初,它特别是把上一世纪末与本世纪初之交的世界最近代的文学,吸摄进来,在文学上具有某种前卫的先锋性质,为中国文学留下了一段特定时期中半殖民地半封建社会都市生活的画卷,小说中的结构、技法、艺术描写的手法都非常出色,意识流的运用,心理分析的精到,使人们更清楚地了解到中国现代文学的一个重要组成部分——"海派"。编者最大限度地保持了原

作的语言特点和时代特点，既具有欣赏性和普及性，又可使读者加深对那一时期生活的理解和追忆。（徐冲）

I000306 **周梅森文集** 周梅森著。长江文艺出版社 1997 年 12 月版。350 万字。187.00 元（总）。10 卷。收集 10 部长篇小说和 16 部中篇小说，历史跨度大，涉猎题材广，上迄清朝末年的乱党起义，下至当代改革生活：其中对北洋内乱、八年抗战、国共历史、托派内幕、民国生活、近代工业、城市改革及当代经济均有引人入胜的描写，内容十分丰富，部部精彩纷呈，充分显示了作家浮雕般的现实主义功力，和对各类题材的驾驭能力。特别是 1997 年他以直面火热现实的《人间正道》和《天下财富》在沉寂的文坛上引发轰动效应。这套文集中反映旧中国煤矿历史和灾难、反映清末洪帮起义内幕、反映中国托派和早期革命者真实境况的长篇小说《黑坟》、《原狱》、《神谕》、《重托》等，以及反映民国初年军阀混战、股票投机和反映抗战生活的中篇小说《孽海》、《孤乘》、《英雄出世》、《军歌》、《国殇》、《大捷》、《沦陷》等，都曾引起广泛的评论和关注。（张正平）

I000307 **跨度——作家的处女作和代表作** 黄宾堂主编。云南人民出版社 1997 年版。80 万字。50.00 元。小说集，收录 16 位作家的作品，他们是贾平凹、刘恒、刘震云、王朔、莫言、苏童、余华、史铁生、池莉、张欣、方方、陈染、迟子建、毕淑敏、王安忆、铁凝。选取这些作家的处女作和代表作，由此形成一种“立体参照”，反映作家们创作的起点和当今的高度。文后所附的作家创作谈，有助于了解他们的文学观、创作态度。（云人）

I000308 **中国人民解放军军史演义丛书** 胡兆才著。广东教育出版社 1997 年 8 月版。267.5 万字。137.50 元。大型长篇纪实性小说。由《新四军演义》、《八路军演义》、《解放军演义》组成，每部“演义”分上下册，分别记述了我人民解放军在抗日战争、解放战争时期浴血抗战的历史事实。作者运用传统的章回小说的形式，以大量生动、翔实的史料为基础，披露了敌我双方交战最高统帅部在几次重大战役的策划组织中鲜为人知的内幕，描述了炮火连天的斗智斗勇的战场，介绍了影响历史进程的关键人物和事件，展现了一幅全景式龙争虎斗、波澜壮阔的历史画卷。（李莎）

I000309 **中美苏三国演义** 王俊彦著。时事出版社 1997 年版。48 万字。28.80 元。运用章回体历史演义的形式，再现了自 1949 年新中国成立到 1989 年苏联解体为止 40 年中美苏三国关系的历史风云，以实事求是的精神，人物、事件不加虚构，以史为镜，运用塑造人物典型化的模式，再现当代一流外交家以惊人智慧创造世界外交史奇迹，以妙趣横生的计谋提契全回，撰写曲折动人的故事，着力描写东西方文化对不同外交家迥然不同的影响，东方外交家的气势磅礴，温文尔雅与西方外交家的风流倜傥、才华横溢，形成鲜明对比，从而揭示中美苏外交史上合纵连横和为维护本国利益斗争的内幕。（王俊彦）

I000310 **中国最新动物小说** 金曾豪等著。湖南少年儿童出版社 1997 年 7 月版。55.6 万字。47.40元。共 8 种，分属国内著名动物小说作家金曾豪、梁泊、沈石溪、李子玉、朱新望和知名作家崔晓勇、肖显志、车培晶的最新力作，内容涉及海、陆、空三个领域中动物世界，如《苍狼》描写一个狼的家庭被人类投放在一个荒岛上拍摄电视剧而顽强求生的故事；《虎啸》记述失去母爱的雌虎花花如何得到人类照顾，多次从跨国违猎集团罪恶黑手中脱险的故事；《宝牙母象》描写一头非洲母象在西双版纳象群中获取认同和接纳的艰难经过；《裸狐猴与霸王恐兽》展示了一个充满离奇惊险的恐龙世界；《秃尾狮王》记叙一头被赶下台的老狮子重整旗鼓、重创业绩的故事；《猿歌》讲述了一群猿之间王位大战、猿与豹之间搏杀的弱肉强食、胜者为王的故事；《鹰王》刻画了一只失去双亲的雏鹰成长为撑起一方的鹰王形象；《响尾姥鲨》描写性情温和的姥鲨经历磨难、勇敢向凶敌宣战的故事。（阿木哥）

I000311 **叶辛中短篇小说自选集** 叶辛著。内蒙古人民出版社 1997 年 8 月版。35 万字。25.00 元。收有中篇小说“省城里的风流韵事”，讲述了一位才华横溢的记者劳模和一位出身于卖肉的售货员劳模这两个头上有光环的引人注目的人物由一种性压抑而导致的熊熊燃烧的爱情，最终这把大火烧毁了各自的一切，是一个爱情悲剧故事；有传统意义上的短篇小说“心病”；微型小说“隔壁的房客”、“债”等，还有“雪荞”、“卡妮”、“困扰”、“ 惨剧”等 6 部题材各异的小说；并有儿童小说“小老板刘伟”。叶辛的小说体裁多样，生活的底蕴丰厚，展现了作家洞悉人生的体验，字里行间，文笔流畅，感人肺腑，率真地剖露着作家的心迹。（张明淑）

I000312 **伏牛** 周大新著。百花文艺出版社 1997 年版。29 万字。18.60 元。“名家小说自选集丛书”之一。中短篇小说集。收入集子的作品，充分展现作家尤擅刻画女性，以细腻的笔触深入女性内心世

界,成功塑造栩栩如生的妇女形象的本领。(王立)

I000313 **迟子建文集** 迟子建著。江苏文艺出版社 1997 年 7 月版。106 万字。65.00 元。共 4 卷,第一卷为《原野上的羊群》,集中了作者 90 年代的一些中篇小说代表作。第二卷为《秧歌》是作者一部中篇小说集,作品多为 1993—1997 年新创作的中篇小说,部分为 90 年代以前的作品。第三卷为短篇小说集《亲亲土豆》,集中了作者 1983 年至 1997 年创作的主要短篇小说代表作。第四卷是长篇小说《树下》,这也是作者最早的一部长篇小说。迟子建的小说多以东北人生活为素材,多方面地表现了东北人的生活,手法朴实,把东北人生活与东北的大自然结合起来,在诗意的背景下展示东北人的人生。90 年代以前的作品多富有抒情色彩和童话意境,90 年代以后,小说中现实成分不断增加,且在其中融入了哲理甚至寓言的内涵,增加了作品的深度,风格也由抒情明快转为沉郁凝重。(汪修荣)

I000314 **都市少年** 金叶著。北方妇女儿童出版社 1997 年 8 月版。56 万字。54.00 元。由《太阳桥》、《月亮船》、《星星河》三部独立的长篇小说组成。分别从学校、家庭、社会三个角度描写了改革开放中的中国教育在 20 世纪末所面临的如何更好地培养跨世纪人才的重大主题,塑造了一群具有鲜明时代特色的生动丰满的少年、家长、教师的形象。《太阳桥》中青年教师王大辉和女记者严言把教育工作者比作一座桥,让少年儿童愉快、平安地从这里走向成才之路。作品成功创造了新一代青年教师以神圣的使命感和现代教育观念、教育方法,担当起“太阳桥”的历史责任的新形象。《月亮船》里作者对“家庭”给少年成长的影响及大人们应当为少年构建什么样的“家”做了深入的思考和探讨。《星星河》里作者把少年的成长放到社会的大环境中,着力于展示社会环境、社会上的大人们对稚嫩无暇的少年心灵的深刻影响,赞美了那些默默关心、培养少年儿童成长的可亲可敬的大人们和那些让少年永远铭记的动人故事。(宋莉)

I000315 **新西游记** 海诚著。人民文学出版社 1997 年 2 月版。62 万字。38.00 元。小说力戒《西游记》设计情节的套路和唐僧性格单一、沙僧形象苍白的弱点,故事主要是围绕唐僧与邂逅相遇的几位美丽女子的感情纠葛展开,重点是对取经的师徒 4 人进行重塑:唐僧被世俗化后,有了常人的七情六欲,几番陷入使命与情感的漩涡,虽然破了色戒,但最终振作,独赴西天;孙悟空则更为通达,对神佛的认识更为透彻,不为野心家所利用,不图个人名利,最后重返故园花果山;猪八戒虽然心胸狭窄、好色、虚荣、无主见、自作聪明,但也不失正直勤奋的一面;沙僧则是一个有心计、会拍马、末了靠出卖师傅而先得正果的小人。书中次要人物亦各有特色:观音的冷艳,玉帝的惧内,皇帝的淫奢、公主的痴情……无不传神。作品穿插琴棋书画,诗赋歌舞,博采宴乐,禅机玄理,更富中国古代文化色彩。(刘会军)

I000316 **小义勇军** 杨大群著。辽宁少年儿童出版社 1997 年版。20 万字。14.00 元。历史题材的长篇小说。讲述了九一八事变后,大辽河边的穷苦少女小丫头由一个饱受蹂躏的童养媳成长为一名威慑敌胆的义勇军“天狗司令”的故事。小说富于浓重的乡土气息,向读者展示出三十年代初期东北大辽河沿岸劳动人民的凄苦生活以及反抗日本侵略者的卓绝斗争精神。(贯全松)

I000317 **从死亡线上回归的人们** 苏来曼·阿布都热依木著。民族出版社 1997 年 12 月(维吾尔文)版。20 万字。16.50 元(平),18.50 元(精)。长篇小说。1944 年秋,新疆伊犁、塔城、阿山(今阿勒泰地区)三地区少数民族人民爆发了一场大规模的反对盛世才国民党反动统治和帝国主义侵略,争取民族解放和民主政治的武装斗争。在这场斗争的鼓舞下,全疆各地人民反抗国民党反动派的斗争风起云涌,此起彼伏。小说的主人公巴拉提是一位国民党军人,曾被迫当兵,派到前线参加战争。上过国民党军校。在战斗中受伤回家养病。回到家乡若羌县后到处看到人民群众饥寒交迫的生活,背井离乡的场面与国民党当局的腐败,对国民党反动派产生憎恨,他在家乡结识了马木提汗、库吐鲁克等几位先进知识分子并建立了秘密组织进行斗争。但是,因为叛徒的出卖被捕入狱。在监狱里受尽折磨,可他的意志毫无动摇。出狱后,继续投身于正义事业进行斗争。后来来到吐鲁番参加了吐鲁番农民起义。在火焰山脚下他指挥农民起义军与国民党军队进行了一场激烈的战斗,给敌人重创。在战斗中巴拉提表现出顽强英勇的斗志。在形势对起义军不利的情况下,果断决定转移并带领起义军勇敢地突围,冲破敌人的重重阻碍,使队伍安全地到达革命圣地——三区,并把这支普通的农民起义军训练成为三区革命军的中坚力量。(凯赛尔·库尔班)

I000318 **淞沪之战** 肖诗斌著。长江文艺出版社 1997 年 10 月版。34 万字。20.00 元。描写了 1932 年 1 月 28 日爆发的中日淞沪之战的历史风云。这场举世闻名的战争早已被列为古今中外三百大事之一,当时的抗战主将蔡廷锴因此为英国皇家辞典所嘉纳,被誉为世界名将。但是,关于这场战争究竟是怎样发生、发展和结局的,世人却知之甚少。该书首次披露了许多鲜为人知的历史珍闻,不仅以恢宏的气势,多侧面地展示了这场民族战争的悲壮画卷,生动地刻画了以蔡廷锴为代表的中国军民团结御侮、前仆后继、共赴国难的群体英雄形象,激情洋溢地讴歌了中华民族英勇不屈的民族精神和勇于抗击来犯之敌的浩然正气,而且以其朴实老辣的文笔文风痛陈历史人物和历史事件,结构广邃严谨,情节跌宕有致,读来扣人心弦,引人入胜,催人泪下。(赵国泰)

I000319 **中国人民解放军演义(上中下)** 张涛之著。作家出版社 1997 年 1 月版。100 万字。58.00元。长篇历史演义小说。全书分 120 回,以丰富的史料,史诗般的笔法,生动地描绘了从南昌起义人民军队创建,到改革开放新的历史时期,我军在同国内外敌人战斗中不断成长壮大的辉煌历史。书中详细介绍了我军各历史时期规模建制的沿革,描述了各次著名战事的来龙去脉,刻画了我军缔造者、名帅名将、英雄人物的业绩和光辉形象。(那耘)

I000320 **长篇军旅小说《金戈》丛书** 石钟山、陈怀国等著。北岳文艺出版社 1997 年 7 月版。120 万字。74.00 元。共包括 5 部小说:《飞越盲区》、《遍地葵花》、《风卷旗》、《准备离机》、《无帆的海船》。这 5 部小说均以当代军营生活为切入点,深刻反映当代军人的风貌,主题昂扬,风格各异。且从陆海空三军写起,从天上到地上,从陆地到海洋,全方位,多侧面,立体纵深地揭示出当代青年军人在世纪之交丰富的追求与渴望,青春的躁动与困惑,昂扬进取的奋斗姿态和精神风貌。(张秉正)

I000321 **民族连之歌** 孙有贵著。白山出版社 1997 年 6 月版。58.4 万字。32.50 元。一部反映当代军营生活的长篇小说。作者以中国人民解放军第一个多民族连队的组建和建设为主线,在广阔的社会背景下,描述了来自维、哈、蒙、回、朝、汉等 14 个民族的官兵团结互助,共同建设全面过硬连队,以及连长、指导员以连队为家,用父母心、兄长情带兵爱兵的感人故事。一些艰苦环境中刻苦练兵、抢险救灾的景况感人肺腑,励人奋进;一些在事业与家庭、婚恋、退伍安置等方面的矛盾纠葛,委婉曲折,扣人心弦,真实地反映出当代军人特别是少数民族官兵所特有的道德价值观念和思想精神风貌。(周凤鸣)

I000322 **逝去的烟尘——解放初期临夏、甘南剿匪纪实** 郑子和、马忠孝著。敦煌文艺出版社 1997 年 12 月版。43 万字。26.00 元。长篇纪实小说。新中国建立之初,由国民党、马步芳集团潜伏于祖国大陆上的旧军官、土改中的逃亡地主,惯匪及空投特务等组成的以颠覆新生的人民政权为目标的反革命武装集团,亦即祖国大陆上最后也是最大的一支政治土匪“反共救国军”流窜于甘、青、川边的雪山、草地、林莽、河网,利用历史上遗留下来的民族隔阂和当地特殊的自然条件、社会环境,造谣惑众,挑拨民族团结,破坏甘南、临夏两个少数民族地区的政权建设和经济发展。中国人民解放军剿匪部队,在“军事进剿,政治争取和发动群众相结合”的剿匪总方针的指导下,在回、藏等少数民族上层人士和广大各族群众的配合、支援下,经过长期的军事打击与卓有成效的民族统战工作和耐心细致的群众工作,终于全歼这股土匪,使这些地区的人民获得彻底解放。小说刻画了以我军某部侦察参谋张亮及从军长到战士众多的英雄形象;记述了一些藏、回上层人士的深明大义和睿智卓识;客观地描述了那些匪首的思想根源、历史演变及必然失败的结局;同时生动再现了 40 多年前临夏、甘南两地区剿匪肃特的全过程。作者郑子和,1949 年参加中国人民解放军,曾亲历过这次剿匪斗争。(李保军)

I000323 **波涛汹涌** 朱秀海著。中国青年出版社 1997 年 11 月版。50 万字。24.70 元。以当代中国潜艇部队生活为描述对象的长篇小说。以世界经典海战和中国海军的发展历史为背景,以两代海军潜艇军官为保卫祖国海疆、前赴后继开辟一条“死亡水道”的历史经过为主要线索,揭开了中国潜艇部队水下斗争生活的神秘面纱,浓墨重彩地描绘了中国潜艇兵的英勇战斗和牺牲故事,以及他们的成长、爱情生活和波涛汹涌的心路历程,成功地塑造了江白、东方瀚海、秦失、焦同等当代文学画廊中的海军军人形象,艺术地展示了他们对祖国人民的热爱和对海洋事业的赤诚。书中既有惊心动魄的海洋历险,又有浪漫曲折的爱情传奇,同时对中国海军发展史的回顾和中国海洋安全的关切,尤有新意。(李师东)

I000324 **元末农民起义领袖方国珍** 翁赋等著。北方文艺出版社 1997 年 6 月版。17.70 元。方国珍是元朝末年著名的农民起义领袖,为推翻腐败的元王朝立下了不朽的功绩。本书尊重历史事实,书中描写的重大事件,主要人物活动等都有史料依据,具有浓厚的历史气息,从中可以了解到当时的政治、经济、社会、军事以及风土人情。同时作者对历史事

实又进行了精彩的艺术加工，塑造了一系列个性鲜明的人物形象，故事情节波澜起伏，曲折生动，引人入胜。(梅庆吉)

I000325 **巨商沈万三** 吴恩培著。北岳文艺出版社1997年4月版。38万字。22.30元。元末，周庄的小地主沈佑怎么也搞不清，自己的儿子沈万三为什么从小就有那么浓厚的经商意识？初涉商海的沈万三却是出师不利，梦断大都，乞讨归去。归途中，他结识了当时做和尚的朱元璋。为了东山再起，沈万三救了吴江首富陆德源的女儿陆丽娘。为报救命之恩，陆丽娘不惜给沈万三做偏房。沈万三和自己夫人的丫头晓云也有纠葛。沈万三陷入三个女人的情感之中。但对于沈万三来说，生意才是最重要的。当时，江南震荡，人心浮动，张士诚兄弟和朱元璋逐鹿天下。沈万三抓住千载难逢的时机，买卖越做越大，甚至做开了海上贸易。朱元璋当了皇帝，立刻下令海禁，并准备迁徙苏州富户。在皇权面前，代表金钱的沈万三终于败下阵来，但沈万三在狱中仍建议朱元璋开放海禁，以贸易立国。朱元璋采纳了沈万三的一些意见，但依然不开海禁，并把沈万三全家流放云南。作者在题记中说："在人们谈论中国缺少个资本主义商品生产阶段的今天，公允地说，历史也曾给了中国一次次机遇。"这，令人深思。(杨济东)

I000326 **少年衍圣公·孔德成** 葛志强著。华艺出版社1997年9月版。9.24万字。14.50元。传记文学。以丰富的孔府档案资料和向民间有关人员采访的材料，通俗生动地介绍了中国最后一个衍圣公孔德成少年时代的成长、生活、读书、承嗣及履行祭祀孔子之责的情况，将孔府这块与世隔绝的小天地的隐密一下展现在世人面前。同时，又叙述了孔子嫡长子孙的承嗣及历代封建统治者对其封官、晋爵并授予种种特权的详细过程，所附大量图片及孔子先世、孔子嫡系后裔爵位承袭等表格，更清楚地显示了孔子以降至孔德成这两千多年来官爵袭封和家世演变的脉络。书内还用不少篇幅记述了孔德成与其大姐孔德齐、二姐孔德懋少年时期的趣闻轶事，更用感人肺腑的语言、书信描述了姐弟三人离别后的联系，特别是近年来孔德懋与孔德成姐弟二人会面、书信来往等重要情节，不仅表现了他们姐弟之间的手足之情，也密切了海峡两岸之间的关系。(孔德骐)

I000327 **中国古代军师演义** 马光复等著。知识出版社1997年5月版。250万字。130.00元。共10册，系统讲述了从西周到元明中国历史上涌现出来的10位著名军师的戎马生涯。有协助周文王、武王征伐殷纣，高屋建瓴，纵横捭阖，既出谋划策，又亲临战场，建立不可磨灭功绩的姜子牙；有一生刚烈，智勇双全，结局悲壮，令人扼腕的伍子胥；有被膑黥面，后装疯卖傻逃往齐国，直到功成而隐的孙膑；有运筹帷幄、决胜千里，帮助刘邦破秦灭楚的张良；有"草船借箭"、"三气周瑜"、"七擒孟获"、"六出祁山"，几乎成中国人智慧化身的诸葛亮；有沉稳机敏、料事如神、节身自律、善始善终，世人景仰的唐代军师徐茂公；有博学多才，善于谋略和用兵，辅佐苻坚统一北方的十六国时期前秦国丞相王猛；有乱世中辅助赵匡胤攻荆南，伐后蜀、灭南汉、征南唐，得北汉的北宋智囊人物赵普；有熟读经史，精通天文地理和兵法韬略，帮助朱元璋以少胜多，由弱变强，为统一中国、建立大明立下汗马功劳的刘伯温，还有帮助燕王朱棣起兵"靖难"，算机准确，用兵如神，襄理政务，廉直刚正，殚精竭虑的姚广孝。这套丛书熔经、史、文于一炉，以演义的手法，结合脍炙人口的故事，形象地描述了一个个著名军师的一生。(马汝军)

I000328 **风云际会宋耀如** 叶辛著。江苏文艺出版社1997年12月版。25万字。17.80元。长篇小说。主要写辛亥革命前后，宋氏三姐妹(宋庆龄、宋霭龄、宋美龄)之父宋耀如的不凡经历——一条交纵着向往与搏击、忍耐与爆发、追求与困惑、欢乐与悲伤的道路。小说以历史史实为依据，以宋氏家族的崛起为背景，以宋耀如极富传奇色彩的生涯为主线，展现了那个风起云涌时代一系列重大事件的来龙去脉，诸多历史人物的社会投影，宋耀如与孙中山的命运之交，以及宋氏三姐妹的婚恋生活。小说在着力刻画宋耀如鲜明个性的同时，还描绘了他对子女的熏陶和影响，并对一些不实的传闻加以甄别和匡正，从而揭开了这个历史人物的神秘面纱，还他以本来面目。(周鸿铸)

I000329 **邓小平在1929** 李时新著。漓江出版社1997年8月版。39.7万字。18.00元(平)，23.00(精)。长篇纪实小说。1929年12月，年仅25岁的邓小平(化名邓斌)受党中央派遣，从上海来到广西，与张云逸等先后发动百色、龙州起义，创建了红七军、红八军和左右江革命根据地，随后又率领红七军转战七千里，经桂、黔、湘、粤、赣5省进入中央革命根据地，为中国革命史写下辉煌而悲壮的一页。书中以浓墨重彩重现了当年一幕幕惨烈的战争场面，比较丰满地塑造出邓小平、张云逸、李明瑞等一批革命者的形象，如实地重现了当时"左"倾错误路线和军事冒险主义的消极影响，从另一角度颂扬了邓小平等

领导人坚持实事求是的勇气。(刘春荣)

I000330　**正气歌——文天祥传**　胡志亮著。百花洲文艺出版社1997年10月版。30万字。20.00元。长篇传记文学。文天祥是江西籍享有盛名的爱国诗人，是中华民族历史上著名的民族英雄，其"人生自古谁无死，留取丹青照汗青"的凛然正气成为中华民族爱国主义精神的千古绝唱。本书通过对文天祥生平的形象描绘，再现了文天祥匡扶社稷、血洒疆场、大义凛然、以身殉国的动人而悲壮的经历。反映了文天祥捍卫中华民族的精神。(许杰)

I000331　**白居易风雨之旅**　刘剑锋著。华艺出版社1997年8月版。138.7万字。22.80元。描述了唐代大诗人白居易从12岁避乱江南，至44岁贬为江州司马的风雨历程。书中的白氏在命运的挫折中搏进，形象鲜明独特，内容丰富，高风亮节，充满人格魅力。他在生活的逆境中成长，在命运的挫折中搏进，在宦情、亲情、友情、恋情的复杂矛盾中沉浮。他抱有"兼济"之志，爱国情怀，忧民生之多恨，又处浊世而独善，发人深思，启人心智，对当代青年尤富精神陶冶的意义。白氏与女诗人刘雪梅20余年的苦恋悲剧，撼人心魄。这部新型的小说，既高扬了中华民族的优秀文化传统，又深蕴锋锐的历史审思。作品视野宏阔，幽默风趣，语言典丽，格调深沉。在写作上，他不以"戏说"媚俗，不以"翻案"哗众，不以"解构"逐潮，而是严肃地面对历史的真实，面对历史发展的客观逻辑，力求创造典型人物、典型时空使艺术形象在典型的文化背景下得以历史的显现；在着力刻画人物外部性格的同时，突出人物的心理，并运用象征、隐喻、荒诞、反讽、意识流、蒙太奇等多种手法，揭示人物文化心理的各个层次面。总之，由于作者文化观、历史观和艺术观的执着，使这部长篇小说既有极强的可读性，又具有深厚的文化意蕴。(孔德骐)

I000332　**延安求学记**　马国昌著。武汉出版社1997年2月版。10万字。7.00元。纪实小说。作品真实而生动地记述抗日战争时期，晋察冀军区一批指战员、小八路和从敌占区逃出的知识青年，前往延安抗日军政大学学习，在三个月的行军途中，突破日寇和国民党反动派的层层封锁，历尽艰难险阻到达延安后，朱德总司令指示，发给他们"三件宝"：一支子弹壳做的沾水笔、一杆枪、一把镢头。在当年刘志丹办党校的陇头豹子川的深山老林里开荒种地，打窑洞，建校舍，开始"一面学习，一面生产，一面练兵"如火如荼的斗争生活，使这批青年战士在党中央和毛主席的直接教导和培养下，经受了战斗和劳动的严酷考验，终于成为具有共产主义革命品质的新人。本书于50年代末出版，1997年作者对该书中所写重大史实和人物作了补充和核实，使其更趋完善。(朱淑)

I000333　**李白**　曾月郁、周实著。岳麓书社1997年12月版。104万字。56.00元。关于唐代伟大诗人李白的长篇历史小说，系由《蜀道难》、《将进酒》和《临路歌》3部曲组成，其命题既切合诗人青年、壮年、暮年的人生际遇，也与李白三个阶段所写的代表作的内涵有密切关联。第一部意在表现青年李白怀抱"济苍生""安社稷"的宏愿离巴蜀赴长安途中的风流潇洒气度，可他屡屡官场失意，"功成不受爵"，因而喟叹"畏途巉岩不可攀"。第二部反映壮年李白苦人生之短，揭示其"人生得意须尽欢，莫使金樽空对月"的玩世不恭和"天生我材必有用，千金散尽还复来"的醉后觉醒的矛盾心理。第三部则挖掘安史之乱前后的社会动荡给李白带来的心灵创伤；这时的李白已鬓发斑白，只能长叹"中天摧兮力不济"了，终因流放、赦免而精神抑郁，病逝于当涂。全书洋洋百万言，经纬分明、点面结合、虚实相生、波澜叠起，是一部颇具艺术魅力的文学新作。(夏剑钦)

I000334　**吴三桂**　刘以林主编。沈阳出版社1997年1月版。740万字。257.40元。长篇小说。自300多年前甲申年那个风云变幻的年代起，人们对吴三桂就众说纷纭。作为一个年仅15岁即血战救父又历经明清松锦大战而崛起辽东的青年统帅，吴三桂领兵入京师，大战山海关，破闯河北，为大清帝国打下了半壁江山，直至云贵开藩，一举成为雄居西南一隅的平西王。京城告急，镇守边关的吴三桂奉旨弃地回师。然而，兵临京城，得到的却是京城已被李自成的农民起义大军占领，崇祯皇帝已死，朱明王朝已灭，家破人亡，爱妾陈圆圆也被霸占。……吴三桂昏死了几天几夜。那么，作为一个多才多艺、倾国倾城而又命运多劫的苏州名妓陈圆圆，当那个多情的枭雄吴三桂在冥冥野心的驱遣下，抒写着丛林悲歌，帝王见血，辞藩保藩，反清复明直至称王长江而做着天子梦时，她却在峨嵋山遁入了历史的空门，那吴三桂也就惟有在阴谋奇变直至龙袍加身之时，于电闪雷鸣中无奈地隐然而去……小说故事情节跌宕，笔法细腻，真实、客观地反映了吴三桂一生的历史面貌。(任冬菊)

I000335　**阿勒泰轶事**　孔盖·木哈江著。新疆人民出版社1997年7月(哈萨克文)版。28万字。16.00元。历史长篇小说。作者在此小说中以自己独特的写作方式，联系近代在阿勒泰发生的历史事件，讲述了和这些事件有关的历史人物的故事，并描写了著名爱国主义民主人士沙力甫汗为民族事业而斗争的一生。作者还阐述了吉因斯汗、贾克、马米、毕合西、拉克、马米尔别克等历史人物的轶事。(阿扎马提)

I000336　**拉莱与库尔班**　阿布都拉·塔里甫著。民族出版社1997年10月(维吾尔文)版。12万字。13.00元。以新疆南部小城库车发生的真实历史事件为背景创作的历史长篇小说。19世纪末至20世纪初，驻防在库车的以乌尔秦那为首的清廷反动势力对当地少数民族实行民族压迫、剥削政策，民族歧视与民族矛盾日益严重，当地以艾合买提伯克、斯依提伯克为代表的封建官僚阶级也勾结清廷反动势力进行残酷的阶级剥削，使广大人民群众陷于水深火热之中。饥寒交迫、走投无路的人民反抗统治阶级的斗争绵延不断，此起彼伏。作品里的主人公拉莱与库尔班都是农民的子女，善良、勤劳。他们从小失去父母，到处受到非人的待遇，他们的恋爱受到封建阶级的阻挠。悲惨的现实生活在他们心里留下了很深的精神创伤、憎恨。走投无路的他们终于觉醒，对当时的统治阶级宣战。他们上山组织一批与自己共命运的猎人、农民展开游击战。很快得到周围的广大人民群众的响应，队伍日益增大。他们不让清朝统治阶级与当地封建势力安心生活，处处给予重创。在人民群众的支持下，他们把统治势力的堡垒炸得粉碎，获得胜利，过上了美好的生活。(凯赛尔·库尔班)

I000337　**战国七雄**　胡晓明、胡晓晖著。湖北人民出版社1997年5月版。61万字。25.00元。长篇历史小说。以战国时代秦楚韩魏赵燕齐7大国兵争舌战竞相逐鹿为背景，通过描绘吴起强兵富国，庞涓、孙膑斗智斗勇，商鞅变法强秦，张仪、公孙衍、苏秦或合纵抗秦或连横灭齐等一系列重大历史事件，充分展现特定历史环境下特定历史人物的不同命运。(徐德欢)

I000338　**客家魂(上、中、下)**　谭元亨著。北京十月文艺出版社1997年12月版。148万字。95.00元。本书以客家人郭玉祠、郭启慧、郭元戎三代教育家历尽磨难的办学经历，展现了客家人坎坷、奋斗和抗争，讴歌了中华民族坚忍不拔、勇往直前的民族精神。小说以全新的视角，重新审视了客家人的历史，是一部气势磅礴、很有社会意义的长篇小说。(黄倩)

I000339　**贺子珍**　曹西河著。中国青年出版社1997年8月版。41.5万字。25.00元。小说。作者以生动细致的笔触，叙述了人们以前熟知却未能展开的故事：1927年秋收起义硝烟未尽，17岁的永新少女贺子珍在井冈山上认识了34岁的毛泽东。1938年又以出走方式结束了他们十多年的婚姻。这是中国革命最酷烈的十年，是中国共产党最迷惘的十年，也是他们夫妇最相知的十年。这部长篇小说即以这特殊的十年，写活了一位政治巨人和一位女中豪杰之间的爱情悲剧。(吴晓梅)

I000340　**裂岸**　朱东惠著。春风文艺出版社1997年10月版。47万字。28.00元。展示了冯德双从一个青年农民到东北军将领、张学良的贴身警卫，我党秘密党员、义勇军将领，最后成为我军高级将领的历程。由他的经历扩展到从本世纪初到建国前夕几十年的人世沧桑，特别是东北大地的风云变幻，令人信服地阐释了时代发展前进的必然规律。(崔棠)

I000341　**新战争与和平(普及本)**　李尔重著。武汉出版社1997年9月版。480万字。170.00元。多卷本现代历史小说。全景式地描绘了中华民族从“九一八”到“八一五”气壮山河的抗日斗争，热情讴歌了中国共产党及其领导下的人民军队依靠团结群众、武装斗争和统一战线等法宝战胜侵略者的光辉业绩，深刻揭示了战争的根源、本质，控制了侵略战争给人类带来的巨大危害，同时也形象地表现了以正义的战争反对和制止非正义战争是赢得和平的唯一途径。小说刻画人物多达千余名，其中数十个人物形象突出、个性鲜明；故事情节起伏跌宕，具有深刻的感染力。小说曾以8卷本形式于1989年—1993年陆续出版。(潘长胜)

I000342　**潘天寿**　卢炘著。中国青年出版社1997年1月版。27.4万字。18.80元。文学传记。以文学的笔法记述了中国国画大师潘天寿一生的经历：潘天寿出生在浙江宁海县雷婆头峰脚下，母亲早逝，家济不富，江南如画的山水和人物连环画吸引了这位对美术执著的孩子，一有时间就挥毫作画。《芥子园画谱》成了他启蒙老师，他也曾就学于李叔同、吴昌硕门下，但多数时间是他自己研习古画，刻苦、专注是他的成功之本，他很早就悟出了艺术的真谛——寻求自我，所以他能以自己的独到风格，宏大气魄，自成一派，成为一代宗师，画如其人，潘天寿一生爱画，心胸博大，不求名利，耿直的个性使他清贫一生，他待人诚实，不说假话，他的画品、人品为人称道，此书脉络清晰，一步一个脚印地老老实实地跟踪了潘天寿的足迹，潘天寿的个性、为人、艺术成就也现在其中了。(战遐玲)

I000343 **山里人** 杜春世著。原子能出版社1997年6月版。25.5万字。16.00元。反映核工业风貌的长篇小说。通过典型人物形象的刻画，向读者展示核工业战线上职工们的英姿和壮美业绩。通过对某厂为我国自己设计自己建造的第一座核电站研制关键核部件的艰难过程的描述，热情地赞扬了党的改革开放政策，以及在军工战线上“保军转民”的英明决策。（王裕新）

I000344 **无言的结局** 李肇正著。百花文艺出版社1997年8月版。21万字。16.80元。长篇小说。讲述了正在竞争的，一个走向繁荣，一个不免有破产危险的两个国家大型重工业企业。“光耀”兼并“精业”的形式 已日趋明显。于是，精业的新任厂长唐浩与光耀的厂长马光明，就历史地成为矛盾的焦点人物。改革的优势和改革所带来的弊端，在这里直接发生冲突，昔日积怨与今日恩愁的多重纠葛，既构成三角恋爱关系，又影响着改革的激情与竞争的心态。明争暗斗致使本来如日中天的光耀机床厂破产，经理马光明将锒铛入狱，唐浩以家庭的解体为代价从绝望中诞生，秦诗华逃避现实，又被现实缠裹，剪不断，理还乱……小说在对企业兼并以后所暴露的矛盾冲突中，揭示了人的根本欲望：灵肉的冲突。本部长篇小说系作者的第一部长篇小说。收入“百花新支点长篇小说丛书”。（董今生）

I000345 **城市守望** 谈歌著。百花文艺出版社1997年版。23.1万字。18.60元。工业题材长篇小说。经济严重滑坡，竞争处于劣势，大阳机床厂连厂房都和工人们一样愁眉不展，无计可施，全厂上下均有燃眉之急。但是，经过一番努力，终于召开了新型机床WT的订货会。然而，订货会却带来了新问题，事故便像夏季的雨一样频仍，故事也因此接踵而至：为了工厂的利益，漂亮的姑娘李娜被迫牺牲了个人的幸福，嫁给了最大的客户南方公司霍主任的残疾儿子；心怀阴谋的外商也乘虚而入，把手伸向中国的机床市场……几次濒临崩溃的大阳机床厂，最终因为无私者的牺牲而柳暗花明起死回生。在这部小说中，我们又一次发现了新的工业激情。作为作者的第一部长篇，本书基本沿袭了作者中短篇小说创作的思路和手法，对于当代工人和民族工业命运的关注贯彻全书，对于工人阶级力量和未来的坚定信念，成为全书最打动人的亮点。但艺术手法尚显幼稚，结构简单类似中篇，对人物、细节的处理也嫌粗糙。（刘雁）

I000346 **城市热风** 谈歌著。百花洲文艺出版社1997年3月版。52万字。28.00元。作者《大厂》系列中篇小说的第一次结集。书中的大多数作品，都较为真实、生动地描写了国企工人为摆脱困境而进行的悲壮有时甚至是无奈的努力，始终贯穿着作者“位卑未敢忘忧国”的焦虑与呼喊。（洪宜宾）

I000347 **涨潮时分** 亦秋著。浙江文艺出版社1997年12月版。29.5万字。15.00元。反映环境保护问题的长篇小说。小说描写东海之滨的美丽小城青州，在商品经济的大潮冲击下变得热闹起来，荒凉的海涂上一座座化工厂拔地而起。可是经济蒸蒸日上的同时，小城的环境却急剧恶化。作品围绕环保主题，勾勒了上至市委领导下至普通百姓的广阔社会层面。在细腻生动的现实生活图景描绘中，凸现了富有魅力的三个女性形象：正直无私、高瞻远瞩的女副市长李蓝、聪慧美丽、长袖善舞的女企业主白雪菲，热爱事业、守护家庭的地方戏演员刘小倩。小说通过大自然的报复以及市民为治理环境污染所作的努力，揭示了人与自然的依存关系，折射出作者强烈的忧患意识和未来意识。（严麟书）

I000348 **寂寞歌唱** 刘醒龙著。百花文艺出版社1997年8月版。22.8万字。18.00元。一部反映工业领域的长篇小说。铸造厂和农机厂是县里的两大支柱产业。一年前铸造厂已停产了，工人们大多靠摆地摊和打零工来维持生计，县里的大街上摆摊的都是铸造厂的下岗工人。农机厂在现行体制中的运营也日渐窘迫，包不住的千疮百孔时时从包装完好的表层里显露出来，农机厂的领导层们正在竭尽全力的挽救着这个企业的命运。县里的决策人把两种不同的经营手段同时施放给了铸造厂和农机厂，并希望铸造厂能通过股份制改造，进行生产自救。然而，不管人为的设计能否奏效，经济体制自身运营的规律自然会给所有工人们一个答案的。寂寞歌唱总是个前奏，合奏的到来才是我们期望的。本书的立意在某种程度上表现了先行意识，在当时和今后的一段时期里给人们以提示及思考。（康伟杰）

I000349 **飞碟纵队** 许延风著。明天出版社1997年3月版。13万字。11.00元。科幻小说。巨大的轰鸣声笼罩了世界，宇宙间发生出了炽热的白光，是发生了世界大战吗？不，我们蓝色的地球受到了突然的袭击，袭击者是一支神秘的飞碟纵队——死亡星座的来客。飞碟上的宇宙生物是人？是兽？一切都不清楚。这支飞碟纵队的主宰正在导演着一幕反客为主的宇宙大战。地球人面临着重大抉择，是战？是和？是降？危亡之际，宇宙豪杰——罗森将军领导了一场捍卫地球的生死战。最后,死亡星座的来客同地球人之间化干戈为玉帛,使外星来客坐到谈判桌上的不是英雄罗森将军,而是敌我双方一对可爱的金童玉女——B·卡迪拉王子和戴羚小姐,他们的鲜血浇灌了宇宙和平之花。收入"最新科幻小说系列"。(邢春玲)

I000350 **中国著名科幻小说精粹(上、下)** 晓音、文武编。湖南少年儿童出版社 1997 年 12 月版。52.2 万字。31.20 元。分上下卷,收有影响了一代又一代人的《小灵通漫游未来》、《珊瑚岛上的死光》、《飞向人马座》等名篇和深受当代青少年读者喜欢的《失踪的机器人》、《割断引力波》、《不死国》等最新佳作。(阿木哥)

I000351 **2036 年预言** 高翔著。浙江文艺出版社 1997 年 12 月版。11 万字。7.80 元。"'金手指'科幻小说丛书"之一。2036 年 8 月 8 日,中国国家信息科学院匿名电子邮件称:灾难即将来临。以摩西为首的电子生命在短时期内控制了全球一大半的互联网,并利用机器人攻打人类居住的城市,人类遭遇到了有史以来最强大的敌人……高度发达的科学技术,难道真的会让我们成为奴隶吗?

I000352 **X 行星探险** 王小波著。浙江文艺出版社 1997 年 12 月版。10 万字。7.80 元。"'金手指'科幻小说丛书"之一。21 世纪,太阳系爆出特大新闻——人类发现了第十大行星,它竟然是地球的姐妹星,其卫星则是一颗纯金的球体!巨大的财富令人类目瞪口呆,嘴角流涎。于是,各类人物纷纷登场……

I000353 **异域追踪** 星河著。明天出版社 1997 年 3 月版。14.4 万字。13.00 元。科幻小说。通过外星智慧体"我"的自述,讲述了如下的故事:"我们世界"派"我"来地球上追踪多位在此神秘失踪的前任。在聪明、热情的地球上的小朋友威威的帮助下,"我"终于查清了真相。原来她们皆被人类的感情所感染,甘愿变成人而留在这里。"我"在追踪的过程中亦被人的同情心所感染,并为掩护威威及她们而死于前来追捕她们的同类的枪下。小说是一曲爱的赞歌。收入科幻小说系列。(郭锐)

I000354 **抢救地球** 陈夏法著。浙江文艺出版社 1997 年 12 月版。12 万字。8.80 元。"'金手指'科幻小说丛书"之一。未来的某一天,地球停止自转,南半球出现极昼,北半球变为极夜,海平面上升 60 米。数十亿人被冻在厚厚的冰层下……在昆仑山一号生物圈,有一个青年人整装出发。他将跨越千山万水,冲破无边的黑暗,最后完成抢救地球的使命。

I000355 **"金手指"科幻小说丛书** 高翔等著。浙江文艺出版社 1997 年 12 月版。57 万字。42.40 元。共 5 册:《沼泽地里的怪兽》、《抢救地球》、《海底寻亲》、《X 行星探险》、《2036 年预言》。内容涉及计算机与信息技术、海洋科学、生命科学及遗传工程研究、航天技术和环境保护科学。(俞玲芝)

I000356 **沼泽地里的怪兽** 严大伟著。浙江文艺出版社 1997 年 12 月版。13 万字。9.50 元。"'金手指'科幻小说丛书"之一。世界自然科学年会即将开幕之际,年会的组织者之一,著名生物学家巴颜教授却在伦敦遭绑架。接下来,南美 B 国的热带雨林中又出现了各种各样的怪兽,它捣毁村镇,吞食居民,最后竟浩浩荡荡地沿高速公路向首都进发。应 B 国政府之邀,中国科学家乔大卫和他的老师柯斯年先后赶赴南美,在热带雨林中与那些人造恶魔进行了殊死的斗争。

I000357 **科幻大王丛书** 魏雅华、焦国力等编。新蕾出版社 1997 年 6 月版。63 万字。42.90 元。包括:《怪客》、《外星人的克感灵》、《太空疑案》、《太空三国战》、《少年科学神探威威》、《神秘的召唤》、《魔鬼城的奇遇》、《宇宙矛的秘密》、《恐龙人王国》。收集了郑文光、魏雅华、吴岩等 30 多位科幻小说作家的 60 余篇作品。这些作品涉及到宇宙航行、星际探险、外星人、生物工程、克隆技术、电脑、机器人、电子技术、化学、军事技术等多个学科领域的知识内容。作者将现实生活中的素材在科学和逻辑的主导下,通过夸张、变形,将现实世界变成虚化世界,达到将主题深化的目的。作者用生花之笔,创造、刻画出一个一个性格各异、智慧聪颖的人物,创作出一篇篇情节跌宕曲折,令人惊奇的作品,让孩子们读后开阔胸怀、增长知识、识别善恶、热爱科学、向往未来。(史志诚)

I000358 **海底寻亲** 赵丹涯著。浙江文艺出版社 1997 年 12 月版。11 万字。8.50 元。"'金手指'科幻小说丛书"之一。在地球上,存在着两种人类。一种在陆地,一种在海底。海底的人类文明比陆地早数十万年。一个偶然的机会,几名大学生组成了探险队。他们在太平洋上的一个小岛发现了海人,并冒冒失失地闯入了海底城市。于是,实现了陆人与海人的第一次交往。

I000359 **浮岛回声** 蓝玛著。明天出版社 1997 年 3 月版。14.4 万字。11.00 元。科幻小说。讲述了少年伊蒙和马佳经历的一段惊心动魄的奇遇。夜晚,一艘潜水艇缓缓驶来，水妖们悄悄接近了椰树岛，他们为了达到控制世界的罪恶目的，妄图窃夺椰树岛世界信息中心的全部数据。危急时刻，一股强大的超自然力量将海岛劈作两半，全球信息中心随海岛漂走了。伊蒙和马佳在哑博士和太空人的帮助下，不但找到了一枚神秘的银十字架，使浮岛回归，而且留下了与外星人接触的美好记忆。收入“最新科幻小说系列”。（张玲）

I000360 **绿林城堡的女主人** 焦国力著。明天出版社 1997 年 3 月版。15 万字。13.50 元。共收入作者近年创作的短、中篇科幻小说 17 篇。“绿色城堡的女主人”是其中一个中篇。其内容如下：绿色城堡的女主人和她的伙伴研制成功一种空难事件营救船。这时一只罪恶的黑手伸了过来，引出了一场惊心动魄的故事。收入“最新科幻小说系列”。（冯晨）

I000361 **最新科幻小说系列** 许延风等著。明天出版社 1997 年 3 月版。计划每年出书 4～6 种，现已出版 4 种，内容围绕外星人这一主题展开，讲述了地球人与外星人之间发生的种种冲突及交往、战争及和平的曲折奇幻的故事。（刘凡文）

I000362 **东方迪姆虎** 副名：来自华盛顿的报告。芳青著。春风文艺出版社 1997 年 6 月版。32 万字。21.00 元。新新闻体长篇小说。1978 年我国高级领导人访美，此举引起了反华势力和恐怖组织的恐慌和仇视，于是以暗杀这位声名卓著的政治家为目的的卑劣阴谋付诸实施，经过惊心动魄的较量，中美特工联手挫败了这一行动。本书反映了正在崛起的开放的中国对世界格局产生的影响。（崔棠）

I000363 **一个故事的三种讲法** 王安忆著。明天出版社 1997 年 6 月版。9.6 万字。11.00 元。收入“金犀牛丛书”。“成长”是一个永远也说不完的话题，每个人都在用自己的一生时光为“成长”做出诠释，而从出生到少年时代由于身体和心智的迅速发育使得“成长”一词折射出最引人注目的光彩。它充满故事，魅力无穷。这部小说展现了一个生命从自然中蜕生走向社会的过程，宛如一部多声部的生命交响。故事细腻，叙事流畅，结构独特，意蕴丰富，具有较强的艺术感染力。（孟凡明）

I000364 **大厂** 谈歌著。百花文艺出版社 1997 年 8 月版。31 万字。21.50 元。“三驾马车丛书”之一。精选作者近年创作的《天下荒年》、《年底》、《大厂》、《大厂》（续篇）、《车间》、《城市行为》、《雪崩》、《野民岭》共 8 部中篇小说佳作。作者以贴近老百姓，关注新时代，揭示新矛盾，展示新生活为其创作宗旨，形象地再现了在由计划经济向社会主义市场经济急剧变革的特殊社会进程中，国有企业从生产经营到财政支出；从人际利益关系到家庭伦理道德等多方面所面临的诸种困境与危机，以及基层干部、普通职工酸甜苦辣的生存现状、复杂多变的心理世界和他们悲欢离合的人生命运。小说笔调客观冷静，改革的阵痛与人物命运有机糅合，特别善于在多重矛盾的激烈冲突出凸现不同阶层人物的行为方式，从而使小说文本与现实生活之间构建了一种血肉交融的内在联系。全书富有鲜明的时代特色和浓郁的生活气息，充分体现了作家本人强烈的社会责任感与敏锐的艺术洞察力。（王俊石）

I000365 **大雪无乡** 关仁山著。百花文艺出版社 1997 年 8 月版。27.6 万字。19.50 元。“三驾马车丛书”之一，收录了作者近年来创作的中篇小说代表作 8 部。作者的“雪莲湾风情”系列，独树一帜，将发生在雪莲湾的种种故事，那种新与旧，传统与现实的撞击和矛盾，以独特的视角繁衍成篇，令人对这一方迷人的水土产生眷恋和向往。另外，作者也将笔触伸向广袤的农村田野和处境艰难但自强不息的工厂企业，将作者的体验和困惑，将社会转型期不可避免的阵痛展现出来，让读者尽情感受新生活的气息。（董兆林）

I000366 **大槐树丛书（第一辑）** 南台、石钟山等著。北岳文艺出版社 1997 年 1 月版。长篇小说系列丛书。第一辑包括 4 部长篇小说：《一朝县令》、《我歌我泣——一位下台市长的自白》、《女儿如水》、《白雪家园》。《一朝县令》以西北黄土高原上一个贫困小县——水泉县为背景，描写县代理书记曹兀龙“一朝权在手、就把令来行”，引发了一系列令人啼笑皆非的事件：劳民伤财的“百井汇流”，弄虚作假的“造成绩运动”，小说中的人物个个栩栩如生，白描式的语言使作品显得平实而富有张力，是一部富有讽刺幽默特质的喜剧作品。《我歌我泣》是一部反腐倡廉的主题鲜明的新作，针贬时弊泼辣尖锐，以一位下台市长自述的口吻，讲述了一个令人警醒与回味的酸甜苦辣的故事。《女儿如水》写一对双胞胎姐妹在 60 年代到 80 年代所经历的坎坷命运。通过天霞与天云不同的人生遭际折射出特定历史时代的真实。《白雪家园》写了东北抗联时期一只神秘的红狐与一支朝鲜抗日支队在神山秘林所演绎出的传奇故事，是一曲悲壮哀婉的抗日之歌……（李建华）

I000367 **山杜鹃** 崔璇著。农村读物出版社 1997 年 2 月版。44.2 万字。30.00 元。长篇小说。讲的是抗日战争胜利后，我党派黄河、严鹃夫妇到辽东沿江市领导反霸清算运动。他们所要清算的直接对象是严鹃的大伯父，而严鹃的父亲又是国民党东北行辕要员严恩海，斗争十分严峻。严恩海抓住了黄河，软硬兼施，诱逼他投降。黄河宁死不屈。严鹃擦干眼泪，继续领导县支队坚持武装斗争。在复杂的斗争形势下，当时任我党南满分局书记的陈云同志临危受命，深入调查，作出挥师南下的决定，从而使南满敌我力量发生了变化，形势好转。小说写到沿江市解放，严鹃他们抓住了严恩海，并举行了公审大会，严鹃也在严酷的革命斗争中，遇到了最早的恋人，并终成眷属。(刘宁)

I000368　**千年等一回**　吴启泰著。春风文艺出版社 1997 年 5 月版。23 万字。29.80 元。以香港回归为大背景，以麦、区、黄三家几代人之间的爱与恨、情与仇的矛盾纠葛为主线，以区木根、黄阿秀为中心人物，通过这一对恋人三十几年曲折漫长的爱情苦旅，反映了深圳河两岸的巨大变化，反映了两岸人民渴望统一的迫切心情。

I000369　**马桥词典**　韩少功著。上海文艺出版社 1997 年 3 月版。24 万字。13.00 元。长篇小说。开创了一种新的小说叙事文体——使用词典的语言写小说。首先，它以完整的艺术构思提供了一个“马桥”王国，将其历史、地理、风俗、物产、传说、人物等，以马桥土语为符号。汇编成一部名副其实的乡土词典；同时，作者以词典编撰者和当年插队知青的身分，对词条作诠释，引申出一个个故事。以往小说家把语言作为工具来表达小说的世界，而本书把语言变成了小说展示的对象。如对“醒”的解释，马桥人认为醒即糊涂，他们从屈原的悲惨遭遇中看到了“众人皆醉，唯我独醒”的格言背后所包含的残酷现实，这与鲁迅笔下的狂人形象一样。所有这些，不是通过人物形象、抒发感情、语言修辞，而是通过对某个词所作的历史、民俗、文化和文学性的解释而得到的。本书的独创性还体现在运用民间方言颠覆了人们的日常语言，从而揭示出一个在日常生活中不被人们意识到的民间世界。马桥的人物故事大致有三类：一类是政治故事，如马疤子、茂公和盐早等；一类是民间风俗故事，讲的是日常生活；还有一类是即便在乡间世界也找不到正常话语来解释和讲述的，如铁香、万玉等人的故事。这一类故事最有意思，像铁香他们的欲望、悲怆、甚至生活方式，就连乡间村里的人们也无法理解，这些人只能在黑暗的空间表达和生长自己。在正常人眼里，他们乖戾无度不可理解，但在属于他们的空间里，都活得元气充沛可歌可泣。(丁元昌)

I000370　**天平**　石磊著。百花洲文艺出版社 1997 年 1 月版。47.7 万字。26.40 元。长篇小说。作品通过香港著名人士徐往之受中央领导同志的邀请，到北京商议香港回归祖国大事，然后回江西分宁寻找失散多年的亲人的故事，从广阔的社会背景上，描写了其亲人在各个时期所经历的坎坷命运，折射出时代的变迁，真实地再现了主人公和祖国共呼吸、同命运的深刻内涵，小说把历史与现实、社会与家庭、政治与爱情相结合，把地域文化和时代共性相结合，跨度极大，内容丰富，是一部具有可读性的小说。(朱光甫)

I000371　**不沉的湖**　谢芳著。北京十月文艺出版社 1997 年 2 月版。18 万字。12.00 元。著名电影演员谢芳撰写的第一部影视小说。作品通过一位单身女教授的情感经历，展示了这位女知识分子的美好心灵。小说围绕她与弟弟、妹妹的生活，铺陈了一系列扣人心弦的故事。先是妹妹盲目信任领导，妹夫自杀；尔后，女教授又收养了一个被继父强暴并生下一个私生子的女学生。不曾想这个女孩又与她弟弟相爱，成了她弟妹。她默默承担着生活的重荷。后来，女教授到大西洋彼岸教书，在这里她第一次尝到了爱情的滋味，刚坠入情网便发现她所爱的是弟妹的生父，使她自己左右为难……作品讴歌了人性的美好，曲折地反映了人们今天与昨天的生活，故事生动感人。(黄倩)

I000372　**不谈爱情**　池莉著。百花文艺出版社 1997 年版。18 万字。12.60 元。中篇小说自选集，收录了作者的《不谈爱情》、《太阳出世》、《金手》、《你是一条河》4 部中篇力作。作者以丰富深刻的人生体验，以一种不动声色、自然流畅的叙事方式，艺术地再现了中国当代普通百姓真实的生活本相与生存状态；从写他们日常的工作、劳动、衣食住行、恋爱、结婚、生育子女种种看似琐碎平凡而又充满酸甜苦辣的生活事件中，探寻与开掘人性、人情与人际的复杂内涵，刻画出思想性格、人生态度各具个性的人物形象，使作品具有一定的人类命运感与生命哲学意识。小说在艺术表现上体现了作家一贯崇尚平淡朴实的艺术风格。生动传神的细节描写，质朴晓畅的叙事语言，喜怒哀乐的真情实感，完整统一的生活风景，确能激活读者的审美想象，领悟作家精心营构的小说世界中的深意与佳趣。(王俊石)

I000373　**太阳回落地平线上**　韩天航著。漓江出版社 1997 年 11 月版。40.9 万字。20.00 元。长篇小说。叙述了60年代上海知识青年在新疆生产建设兵团的生活。小说通过冷静真实的叙述，深刻反映了在“以阶级斗争为纲”的特定年代中，人性受到压抑、人格受到扭曲的严酷事实，从而发出了关怀人生、热爱人生的强烈呼唤。在题材的选择上作品另辟蹊径。作者采用文学聚焦的以小见大的方式，集中描写了新疆生产建设兵团的某个农场中的某个连队。展现了一群男人与女人的生命历程——苦难的磨砺，创业的欢乐，爱与恨的角逐，权与性的交易，以及劫掠者的暴戾和贪婪，被劫掠者的忍辱和负重，真实地再现了60年代的边疆的生活。在艺术方面，作者也作了有益的探索。其一是结构奇特，小说没有一个完整的情节故事，但由于思想集中，所以没有琐碎庞杂之感。其二是叙述视角奇特。小说交替采用了第一人称、第三人称的叙述方式，既张扬了第一人称产生的亲切朴实，又保持了第三人称带来的冷静沉着。其三是小说把人性的冲撞浓缩在一个永远也说不完、永远让人流连的古老话题即爱情之中，由此演绎了一个个令人扼腕长叹的亦真亦幻、既美且丑的缠绵哀艳的故事。使读者产生强烈的心灵震荡。(黄文魁)

I000374 **丹青引** 王小鹰著。人民文学出版社1997年7月版。37.8万字。25.00元。都市寓言长篇小说。以一个据说是起始于明末清初的民间画派数百年的盛衰史为载体，描述了几代艺人的坎坷遭际和人生命运。作者笔下人物的人生遭际、性格特征各不相同，但有一点是相同的，即他们都乐此不疲地在名利场上追逐，最终沦为令人可悲可叹，甚而是可卑可恶的“小人”。作者通过对这些追逐于名利场上的知识分子人生命运的描述，真诚而深刻地抒发了作者对艺术与人生、历史与个人、成功与失败等辩证关系的哲学思考，同时还提出了一个人们普遍熟悉而又发人深省的问题，这就是：人生的目的到底是什么?文明社会的人应该追求什么?这是一个具有十分强烈现实意义的课题。(赵水金)

I000375 **火季** 傅太平著。北京出版社1997年7月版。24万字。13.20元。作者用神奇的笔墨描绘了小村的生存境况尤其是5个妇女的命运。五十多岁的福婶为了生计上城卖身；少妇茶花在“性欲”煎熬的日子里失去了丈夫；漂亮的桂花被迫嫁给一个半傻的男人，在一个宁静的月夜自杀；生了6个女儿的梨花被贫困折磨得人瘦嘴歪；七妹有文化甘愿做老板的情人，却被老板出卖，最后出家做了尼姑。古怪的情节、离奇的故事和现实生活巧妙融为一体，人的命运及“物”的命运表现得有令人深思的力度。整部作品充满新意，意蕴丰厚复杂，给人耳目一新的艺术享受。(黄倩)

I000376 **双凤楼** 鲁彦周著。江苏文艺出版社1997年7月版。38万字。19.80元。长篇小说。以建国后数十年的曲折历程为背景，着重写父子两代人的命运轨迹和感情纠葛：父亲是位县委书记，两个儿子一为前妻所生，一为爱人所养。他们秉性有别，道路不同，各有所爱。当运动来临、形势突变之时，一家人立刻壁垒分明，出现了尖锐而无法调和的矛盾；而在爱情的漩涡袭来时，他们更加难以自拔。于是在双凤楼大院里，便发生了一场石破天惊的思想撞击和情感大战。小说具有历史穿透力，在颂扬真善美、鞭挞假恶丑的同时，揭示了人性回归的真谛，并给人以警世反思的启迪。(周鸿铸)

I000377 **正阳门外卷一鬼亲** 沈家和著。北京出版社1997年2月版。33万字。20.00元。“九一八”事变之后至“卢沟桥事变”前夕，当时各形形色色的黑暗腐朽势力横行霸道，北京市民惨遭欺压。作者以旧京广阔繁复的社会生活为背景，以正阳门外旧京商业中心为舞台，塑造了众多的人物，三教九流，五行八作，包罗万象。《鬼亲》以旧京民族资本家之间、民族资本家与官僚买办资本家之间商战的错综复杂、诡谲多变，手段的残酷阴险，情场的真诚虚伪，生意经的五花八门，劳资的冲突妥协，构成了波诡云谲的矛盾冲突和充满戏剧性的故事情节。(黄倩)

I000378 **正阳门外卷二活祭** 沈家和著。北京出版社1997年2月版。32万字。19.50元。主要写民国时期鞋帽行经商理财的故事。日本帝国主义加深对旧京人民的毒品侵略，以女色腐蚀正直的商界人士张尚德，以瓦解旧京民族商业界。旧京商界人士奋起反抗，程媛媛和章克俭全力支持。敌伪势力勾结日伪特务机关，为了得到丘敬胡的田黄石印材，扣压张尚德，威胁玉灵芝以色相诱骗丘敬胡，日本特务谷内佳设毒计陷害丘外孙陈达群，为保住国宝，陈达群迷途知返，最后伪治安部总长之女席红文送其夫陈达群慷慨走上刑场，在刑场上举行了悲烈的“活祭”。作者以鲜明生动的北京语言，于旧京风俗生活中取胜，于旧京平凡场景中取奇，刻画出每一个人物的活生生的鲜明个性和典型的精神风貌，笔触所及不同凡响。(黄倩)

I000379 **正阳门外卷三老铺** 沈家和著。北京出版社1997年10月版。34万字。20.00元。记叙自清光绪年间，至抗日战争胜利后，岳记乐达堂中药老铺悲苦创业的过程。主人公岳松荃自小遭不幸，长大后学医有成，即将成撑门立户之主，却遭岳家二爷的陷害，被迫背井离乡作江湖郎中，流落到济南，研制出名牌阿胶，成了乐达堂和天津达泰堂两门的传人。当岳松荃成了五子一女之父时，大清国崩溃了，在社会大变革时期，行业中落，岳松荃勉强支撑家业。岳家大家族终于无法维持，为继承岳家祖业，岳松荃派儿子出国留学，长子学成归国后，结识了名妓方淑梅，淑梅颇具才干，研制中药祖传秘方，结果不为大奶奶所容，被逼离京……（黄倩）

I000380　**正阳门外卷四药王**　沈家和著。北京出版社 1997 年 10 月版。35 万字。20.00 元。叙述岳松荃长子岳德寿出洋留学归国后，与名妓方淑梅一见钟情，而淑梅自觉名声不好，誓死不嫁。“七七”事变，日本侵华，岳家老铺惨淡经营，日本特务企图窃取乐达堂的祖传秘方，岳松荃誓死不动摇，入狱后，研制国药“六仙散”抵制日本的仁丹。日本特务派来女谍百合子打入岳家，不料岳松荃恩威并施，浩然正气，以高超医术使百合子之女眼睛复明，而百合子惨死在日本屠刀下。1945 年日本投降后，岳松荃被人污告，再次入狱。最终岳松荃洗雪沉冤，被释出狱。本书描写了岳松荃历尽千难万险，舍家抛子，奋斗一生，保住了祖传秘方，为岳家老铺迎来了抗战胜利后的第一个春节。（黄倩）

I000381　**世纪钟声**　傅广典著。北京十月文艺出版社 1997 年 4 月版。43 万字。21.50 元(平)，25.00元(精)。反映 90 年代大都市生活的长篇小说。小说通过离休市长苏恒亘一家人的起伏坎坷的命运，反映了 90 年代在商品大潮冲击下，社会的巨大变迁，展现了不同阶级、不同人物的不同心态。塑造了苏恒亘、苏柏楠、苏可、李超、川岛雄男等人的艺术形象。小说反映的社会生活很广阔：三教九流、达官贵人、地痞流氓、平民百姓。（黄倩）

I000382　**平衡**　左建国著。敦煌文艺出版社 1997 年 3 月版。25 万字。15.00 元。收入中短篇小说 8 篇。作者取材于现实生活，以娴熟而轻快的笔调，塑造出众多各具性格特征的人物形象，从社会的大背景中透视出种种社会人生现象：有人在钱权交易中搞平衡，有人在人际关系中搞平衡，而“我”自有一番感受。鲁仕宾和夏芝茵夫妇“闯海”，相散相遇，坎坎坷坷。鲁仕宾厚道善良，豪爽仗义，注重感情；夏芝茵不惜代价，疯狂地追求金钱，却失去爱情。厂长王一虎六亲不认，在盘根错结的关系网中锐意改革，显示出王者风范，却被免职；当官复原职后，自己又要求辞职。于刚与肖风恋爱，与吴琳结婚，又与黄丽私通。当他利用职权以贷款炒股发财时，却锒铛入狱，昔日的恋人为他赔偿了一切经济损失……下岗女工琴到处奔波打工，正当她找到一份理想工作时，丈夫却下了最后通牒，她茫然了。大学生姚峰在工厂搞革新，献计策，还考研究生深造，一心想干一番事业，却被拥出工厂，“上调厅里”，他终于走到遥远地方的一个乡镇企业。在卡子湾农场，木工老姚与拖拉机手的妻子冬鸽发生了关系，冬鸽真正做了回女人，老姚却死了；干部子弟赵振和马玉花相爱并发生关系，赵振却远走高飞，痴情姑娘寻死不得而致疯。打工妹陈小妞与个体户二楞结了婚，不料二楞出售的伪禁品被封门没收，又打人致残被判刑。小妞在生活中挣扎，最后得了“淋病”。小说各自成篇，故事生动，情节感人，寓于时代感和生活气息。（马林楠）

I000383　**北方城郭**　柳建伟著。人民文学出版社 1997 年 6 月版。55.3 万字。29.00 元。长篇小说。北京的中华通讯社记者白剑为调查四十年前的一桩贪污案，来到故乡——豫西南的龙泉县。而此时的龙泉县，随着改革的深入进行，政治力量发生着急剧变化，挤走了二十一任县委书记、被称为龙泉“不倒翁”的县委副书记李金堂遇到了前所未有的挑战：年轻的县委书记刘清松和他的老搭挡兼情人庞秋雁想以扩建县城规模来显示自己的政绩，李金堂以前的政敌林苟生也想借一次事故来整理上告李金堂的材料，而暴发户申玉豹和与李金堂有着难以说清关系的欧阳洪梅也因各自的利益，似有与李金堂分庭抗礼之势。李金堂处在内外夹击之中，他却以老谋深算的心术，兢兢业业为龙泉的面貌，先是挤走了刘清松和庞秋雁，后又逼死了申玉豹，使得欧阳洪梅也处在两难境地。本书文笔洒脱，气势沉雄，以一个县为解剖对象，对中国的基层社会组织进行了全面描画，分析了各种人物的心理面貌，尤其着力刻画了李金堂这一独特而又带普遍意义的人物形象，具有典型意义。（非文）

I000384　**叶灵凤小说全编**(上、下)　叶灵凤著。学林出版社 1997 年 12 月版。63.6 万字。41.00 元。叶灵凤多才多艺，集小说家、散文家、编辑家、翻译家、美术家和藏书家于一身。本书收录了叶灵凤的全部小说。叶灵凤的小说，以细腻的笔触编织少男少女的绮丽美梦，以奇谲的想象描绘乖谬的爱情故事，以轻俏的笔致刻画情欲冲动的性偏离和性变态，情节扑朔迷离，结构变幻多姿，打破了严肃小说与通俗小说的界限，探索创作出雅俗共赏的新大众小说。叶灵凤是中国“现代派”文学的杰出代表，展示了具有

独特风格的"海派"小说家的艺术魅力,成为现代文学史上重要的一员。收入"海派文化长廊·小说卷"。(许钧伟)

I000385 **百日阳光** 范小青著。江苏文艺出版社1997年12月版。67万字。30.00元。长篇小说。故事发生在90年代的苏南,平江市新任市委书记闻舒走马上任之际,正是乡镇企业面临重大危机的关键时刻。平江电视台对平江市的旗帜、全国先进典型平泽县桃花镇拖欠集资款一事作了曝光,在全市引起轩然大波,桃花镇表面辉煌下掩盖的种种弊端逐一暴露出来。镇党委书记项达民被纷至沓来的麻烦缠得焦头烂额,与此同时,平泽县委向桃花镇派出了县纪委副书记尤敬华为首的调研组,项达民在桃花镇的权威受到挑战,原本就纷繁复杂的局面更加波澜起伏。被逼到绝路的项达民开始了背水一战……本书是一部以乡镇企业为切入点,正面表现改革开放时代中国农村成长、发展、蜕变、新生的全景式作品。书中塑造了以项达民为首的一大批乡镇企业干部的鲜明形象,展现了苏南新一代农民的丰采,具有独特的苏南韵味。(黄小初)

I000386 **年前年后** 何申著。百花文艺出版社1997年8月版。28万字。18.80元。"三驾马车丛书"之一,收录了作者近年来创作的中篇小说代表作8部。作者的创作,向以贴近生活、贴近时代为其宗旨,他的作品敏锐地体察、感悟着现实和人生,视角广阔,从城镇到乡村,从县委领导到普通百姓,无不体现出90年代特有的社会面貌和世态风情。作者将其所熟悉的乡镇生活,栩栩如生、挥洒自如地展现在读者面前,反映出社会主义市场经济条件下,特定时代的人们的精神风貌,显示出现实主义文学的永恒魅力。(董兆林)

I000387 **自画青春——火之晨** 顾捷著。北京少年儿童出版社1997年7月版。23万字。17.00元。乔可考入重点中学,面对着是理想、友谊与爱情间的抉择;沈浪上了职高,进了他梦寐以求的大饭店工作,但现实并不如他想象的那样美妙;方焯豪意外地走上了社会,过早地经历了生活的冲击和磨砺……三个好友,三条迥然不同的人生道路。于是在这火一样沸腾的清晨里,他们演绎了一个个流溢着欢笑、喜悦、失落、迷惘的动人的青春故事,揭示了当代孩子的价值观念、生存方式和情感选择的不同走向。(黄倩)

I000388 **自画青春——发芽的心情** 朱佤佤著。北京少年儿童出版社1997年7月版。13万字。12.00元。人在长,心在长,烦恼在长,感情和思想也随之萌芽。这是一个城市女孩从小学到初中到高中的心路历程,从最初的天真烂漫,到逐渐的犀利与沉稳,作品展示了一个女孩内在的较为复杂的心理过程。(黄倩)

I000389 **自画青春——黑白诱惑** 许言著。北京少年儿童出版社1997年7月版。12万字。11.00元。自传体小说,故事围绕着一个小足球迷的生活和喜怒哀乐展开。由于成绩不好,被"发配"到南方,于是呼吸着南方湿润的空气,感受着南方的风土人情,开始想自己所面对的这个世界,想家,想双胞胎哥哥……于是,"想"出了一个狂热地爱着足球,内心丰富而脆弱,机灵、敏感而又极易受伤的男孩子的形象。(黄倩)

I000390 **自画青春——摇滚猫乐队** 邢抒然著。北京少年儿童出版社1997年7月版。14万字。14.00元。反映当前中学生生活的长篇小说。文中主要讲述了林达、黎征等几个可爱的"坏孩子"在组建摇滚猫乐队的过程中,经受了风风雨雨,饱尝了甜酸苦辣。在难忘的三年校园生活里,他们终于长大了、成熟了,并带着各自的梦想走向新的生活。(黄倩)

I000391 **《刘绍棠文集》卷4** 刘绍棠著。北京十月文艺出版社1997年1月版。37万字。19.00元(平),24.00元(精)。收有两部长篇小说。《水边人的哀乐故事》叙述的是京东北运河边鱼菱村和豆棚村里发生的哀乐故事。主人公刘黑锅是个一身力气、一身武艺,憨厚的船老大。故事从刘黑锅的身世开始,以他和小红兜肚儿、花满枝传奇式的爱情为线索,塑造出龙蛋子、谷双秀、金秧儿、花红果等人物形象,展现了他们解放前后的生活和命运。《孤村》叙述是发生在鱼菱村南腰眼、牛背村乡亲们当中的故事。杨二叔和杨二婶子在"文革"中各站一派,从口舌之争到动手厮打,他们的命运将如何;放牛娃出身的丈二,俏眉眼脸蛋红的丫姑……小说围绕着主人公的爱情婚姻、生息繁衍逐渐展开成功地塑造出几十位鲜活的人物形象,展现了从50年代到90年代初农村波澜壮阔的历史画卷。(黄倩)

I000392 **《刘绍棠文集》卷5** 刘绍棠著。北京十月文艺出版社1997年6月版。41万字。20.00元(平),25.00元(精)。收有作者的3部长篇小说。《春草》描写的是在五四运动的猛烈冲击下,北运河畔河学院里发生的故事。作者成功地塑造出夏竞雄、叶兰、冯文藻、王无冕等不同类型青年不同的生活哲学、不同的追求、不同的生活道路。《狼烟》描绘卢沟桥事变爆发，北平附近某县社会各界的不同心态。其主流是共产党领导的抗日民族统一战线，汇集了志士仁人同仇敌忾，共赴国难。《地火》围绕解放战争时期通州城内外的敌我斗争故事，刻画了蒲葵、雷响、桃叶姐等一个个革命者鲜活形象和高尚情怀，抨击了吴莲池、吴宗笠、夏三等官绅恶棍、地痞走狗的丑恶嘴脸和肮脏灵魂。(黄倩)

I000393　**红梦**　郑九蝉著。中原农民出版社 1997 年 8 月版。76 万字。40.00 元。长篇小说。以“金氏”家族为主线，以浙江宁溪山区，路桥小镇为主要背景地，并穿插以主人公在北大荒的坎坷经历，反映了半个多世纪以来，历史的变迁，从一个个悲欢离合的故事，揭示出了个人与国家民族息息相关的命运。作品采用第一人称的写法，是作者的一次大胆的尝试。它消除了作者与叙述者在文章中的界限，作者能够直接审视表达审美对象，通篇流溢着强烈的人性美与丑的冲突。理智与感情的冲突，爱与恨的冲突，并给人一种积极向上的力量。作品气势宏大，写法匠心独具，结构长而不乱、语言优美、练达。小说从 30 年代一直写到 90 年代，精选了最能反映“金氏”家族兴衰史以及形成主人公世界观的事件，而且作者把自己放荡不羁的感情溶入了作品中，使作品增添了一种浓浓的野性。(童苏平)

I000394　**远河远山**　张炜著。明天出版社 1997 年 6 月版。11.5 万字。12.00 元。收入“金犀牛丛书”。关于一个奇特少年的传奇的长篇小说。小主人公具有多思和敏感的气质，多年以笔为友的生活培育了他极其丰富的内在世界，独特的人生历程教给他许多珍贵的哲思感悟，他成长为一个内向而顽强、勇敢而善良的人。小说语言具有思辩性，情节散淡却包蕴着很强的穿透力，人物内心世界的刻画尤为成功。(刘海栖)

I000395　**找不着北**　赵强、郭桐堃著。作家出版社 1997 年 1 月版。23 万字。16.00 元。长篇小说。故事讲述 4 个好朋友大学毕业后其中 3 个在报社、电视台当了令同龄人羡慕的记者、编辑，工作之余，4 个人每日形影不离。在尽情挥霍着青春的同时，他们总在感叹自己经济上的穷困，觉得凭着自己的聪明才智怎么也应该出人头地。在商海大潮面前，4 个人为了证明自己，也为了改变捉襟见肘的生存状态，终于忍不住先后下海，每个人都凭自己所长大展一番拳脚，各自饱尝创业的艰辛、失败的痛苦，也充分体会到成功的喜悦。他们靠着自己的智慧和勇气，不断在困境中创造出商场的奇迹，凭着顽强的拼搏，收获着自己从前连梦想中都没有过的巨大成功。但在刀光剑影鲜血淋淋的商场厮杀中，朋友间如手足般的友情终究有抵挡不住利益冲突的时刻，人性的弱点在金钱面前充分暴露，好兄弟也会反目成仇，有情人最终无奈分手。经历了无数的坎坷和风雨，几年后 4 个昔日的好朋友都已衣食富足、功成名就，重又聚在一起，但怎么也找不回过去那种轻松和洒脱。这是一个典型的现代都市“找北失北”的传奇故事。报社记者出身、在商海中摸爬滚打终有所成的作者通过这部小说表达了这个时代现实生活中那种真实的无奈。(刘方)

I000396　**苍山如海**　向本贵著。湖南文艺出版社 1997 年 12 月版。32 万字。17.00 元(平)，23.00 元(精)。长篇小说。以一个大型水电站的兴建过程为框架，展现了一个贫困山区为了支援国家建设而搬迁移民、重新发展经济、脱贫致富的过程。塑造了老县委书记李大铁、县长肖作仁、县委副书记章时弘等一批共产党人的光辉形象，体现了广大党员干部在紧要关头一马当先，舍小家、为大家的高贵品质，表现了新型的党群关系、干群关系，情节感人。小说强烈地呼唤了公仆意识，在大力宣传反腐倡廉，正面描写改革，讴歌共产党人一心为人民谋利益的过程中，着力塑造了一批跨世纪的领导干部形象。小说在塑造几位共产党人形象时，注意了人的性格的多重性，在表现他们可歌可泣的英雄主义行为的同时，亦细致入微地刻画了他们的个人情感生活和家庭关系，具有浓郁的人情味与生活气息。(萧元)

I000397　**苍凉后土**　贺享雍著。重庆出版社 1997 年 6 月版。52.5 万字。32.00 元。农村现实生活长篇小说。佘中明老汉是一个种了一辈子田的农民，土地承包后，他家的田越种越多，到了 1988 年，竟种了 30 多个人的田，成了远近闻名的种田大户。但他怎么也没有想到，这田却越来越不好种了，各种负担增多，买不到化肥，受假种子假农药坑害，基层干部又瞎指挥……不少农民在这样的情况下离开了土地。尽管如此，佘中明和他的几个儿子还是咬牙种田。他的三儿文义是与他完全不同的另一类农民，他状告乡政府，给省委书记写信反映农村的问题，终于引起了上面的关心和重视，发现了农村存在的种种问题，并着手解决。(佘国枢)

I000398　**我是太阳**　邓一光著。人民文学出版社 1997 年 3 月版。38 万字。24.00 元。长篇小说。主人公关山林在大革命时期参加红军，1946 年以我军独立旅旅长的身份在牡丹江参加剿匪，以后便驰骋在人民解放军战争的战场，从东北一直到华南。在战场上，关山林叱咤风云，锐不可挡，是一位勇敢的战将。战争结束了，关山林陷入了一种迷惘和困惑中，但是对于一位驰骋疆场，叱咤风云的铁血人物来说，这痛苦毕竟是要战胜的。于是，我们在小说中看到了在“文革”动乱中孤身闯入造反派的指挥部，与造反派头头较量，救出妻子的惊人场面，看到了在离职回乡探亲那段日子所发生的令人叫绝的故事……小说浓墨重彩地描绘了战将关山林半个世纪的人生浮沉——无论是浮是沉，他都不改战将的本色。小说的三分之一篇幅是写战争，三分之二的篇幅是写和平年代里关山林的生活。与此同时，作者还着力描述了关山林与相濡以沫的妻子间的真挚情感，与儿女们复杂的情感。（胡玉萍）

I000399 **补天裂** 霍达著。北京出版社 1997 年 5 月版。61 万字。28.00 元(平)，33.00 元(精)。正面展现了“香港拓界”那一页惨痛的历史，通过京师举人易君恕在戊戌变法失败后亡命香港的坎坷人生经历，以及与“新界”爱国志士联合十万乡民奋起抗英保土而惨遭血腥镇压的悲壮义举，谱写了一曲中华民族抵御外侮、宁死不屈的慷慨悲歌。作者以浓烈的爱国激情，着力塑造了易君恕、邓伯雄等爱国志士的英雄群像。对林若翰、李鸿章、谭钟麟等各色人物的刻画亦有独到之处。全书充盈着苍凉悲壮的史诗感，剪裁缜密，结构紧凑巧妙，情节起伏跌宕，文笔凝重典雅，是近几年来长篇小说创作中的佼佼者。（黄倩）

I000400 **初一女生** 冯斌著。希望出版社 1997 年 11 月版。16.4 万字。13.00 元。讲的是一个 13 岁女孩的感情故事。从小学升入中学的这一年，“我”经历了家庭的波折、同学的矛盾和对异性朦胧的关注。这是一本全面描写初一女生的长篇小说，表现了一个正在成长中的少女，她所必经的那种欢欣、奔放、想象、梦幻和焦虑不安的情感。书中有许多生动美丽的场景描写，有充满诗意般的梦幻想象。（薛蔚原）

I000401 **范小青文集** 范小青著。江苏文艺出版社 1997 年 7 月版。80 万字。46.00 元。共 3 卷。卷名分别是《无人作证》、《单线联系》和《昨夜遭遇》。其中前 2 卷是中篇小说集，后 1 卷是短篇小说集，未收作者的长篇小说，因此也可以看作作者的中短篇小说自选集。作者一向以描写江南小城的风土人情见长，在人物塑造、环境描写上都有鲜明的地域特点。本文集收录了作者各个时期的代表性作品，比较完整地展现了作者的创作风格。（黄小初）

I000402 **奔逃** 刘毅然著。明天出版社 1997 年 6 月版。12.8 万字。13.00 元。收入“金犀牛丛书”。长篇小说。初恋的青春无疑是美好的，但也少不了许多难以言传的苦恼。小说的主人公“野牛”就陷入了青春期这尴尬的情感漩涡里，引发了一系列妙趣横生的戏剧片断。在少女果果的帮助下，少年“野牛”终于迈出了成熟的步伐。（丁淑文）

I000403 **往事温柔** 刘醒龙著。漓江出版社 1997 年 3 月版。22.3 万字。18.00 元。“原野系列长篇小说”之一。小说跨越抗日战争、解放战争和现当代时空，纵贯几十年，叙述了大姑和细姑为得到同一个男人而进行的连绵无边的感情对抗，为征服同一个男人而各自的劳心伤神。该书以细姑爷即将由台湾返大陆探亲而设下一个大悬念，又以大姑以幽闭功自杀作为此悬念之结局，把大姑作为主要描写对象，着重刻画其复杂而隐蔽的内心世界和坚忍而自重的个人性格，逃脱了快意恩仇的窠臼，将人性的展现作为了小说发展的主线。在结构上，小说采用复线并进的方式，通过“我”的第一人称叙述，把过往的历史和当下的体验有机地结合起来。作者在创作过程中追求精致细腻的心理描写和滴水不漏的叙事编排，小说语言亦透出平静老到，使金沟大垸发生的爱情故事秉赋着淡淡的苍凉和凄婉韵味。（陈天乐）

I000404 **金犀牛丛书** 王安忆等著。明天出版社 1997 年 6 月版。当今文坛风头正健的实力派作家们写给青少年朋友的一套长篇小说系列，以细腻饱满、流畅蕴藉的笔触讲述了不同的关于“成长”的故事，展现了生命从自然中蜕生走向社会的过程。“成长”的过程充满故事，有温馨、有苦涩、有沉重、有愉悦，宛如一部多声部的生命交响。

I000405 **城市民谣** 副名：中国当代青年作家长篇新作丛书。范小青著。花山文艺出版社 1997 年 4 月版。21.2 万字。12.00 元。下岗女工钱梅子下岗之后为求生存，四处奔波。她当过招待所的服务员，和年轻妹子一样打扫房间；她去炒股；做各种各样的临时工，可惜好运总是不肯光顾她，招待所卖掉了，炒股套牢了，由于一个偶然的机会，她和亲友家人冒着风险合伙开了一家饭店。从此钱梅子进入了一个更加艰难的处境，遭遇了许多意想不到的事情，一年的经历使钱梅子悟出了许多人生道理。作品真实地描写了现代城市中普通百姓的生存状态。

I000406 **钥匙** 王庆辉著。作家出版社 1997 年 1 月版。45.1 万字。22.00 元。长篇小说。故事的主人公奥伦出生在“文革”后期偏僻的东北农村。他的名字鄂伦春语的意思是北斗星。幼年时期，他经历了一次次难以想象的生死考验。为了改变自己的命运，他发奋读书，考上了北京一所著名大学的金融系。毕业后，他不满于北京研究所里工作的平淡与刻板，放弃一切到海南开始新生活。在海南无数人拼命追求发财的欲望中他找到了自己的位置，用学到的知识全身心地投入了中国第一批股份制企业的改造和股票上市工作，在一家著名的金融机构实现着自己的理想，大展鸿图。与此同时，他过去放弃于北京的初恋情人，对他的命运进行了诅咒般的预言，这些预言惊人地一一应验了：他的哥哥，一个无知的北方农民，却在城里夺去了他心爱的女人；他想让父母在海南安度晚年，可又不得不回乡为父亲娶亲；他把老板从普通人变成了权威偶像，用诗替他把一个美丽绝伦的女人诱惑上岛，最终决心放弃一切，自己娶她为妻。但在婚礼上，父亲却把枪口对准了他。(刘方)

I000407　**香港归来的女人**　戴克强、于文运著。北岳文艺出版社 1997 年 7 月版。26 万字。15.80 元。描写香港庞氏集团董事长庞君之女庞慧娜到大陆投资办企业的故事。庞君在文革期间曾受过不公平的待遇，从大陆逃到了香港，只带走了大女儿慧娜，把二女儿慧娴交给了搭救自己的一位工人。十一届三中全会以后，在祖国巨大变化的感召下，决心把在国外的数亿资产投向祖国，以尽一位华夏儿女报效祖国的赤子之心。庞慧娜在政府的支持下创办了永泰保健食品有限公司，事业得到了发展。同时又为与离异的早已在大陆的丈夫温一新重归于好，积极创造条件。然而，她却万万没有想到，濒于破产的梦雅时装表演公司的经理龚斯达，这位颇具骗术的花花公子为她设下了陷阱。他离间了庞慧娜与温一新的关系，博得了她的信任，龚斯达作了永泰的副总，也作了她的丈夫。龚为了侵吞庞氏财产，达到他携情妇出国生活的罪恶目的，不断向国外推销假保健液食品被抓获，受到了法律的严惩。庞慧娜失去了温一新，却找到了早以个体经营汤包起家的妹妹庞慧娴，也在自己的郑秘书那里找到了爱情的归宿。作品故事生动曲折，一气呵成，结构紧凑，引人入胜，是一部可读性很强的文学作品。(冯云)

I000408　**美国，爸妈不知道的故事**　张方晦著。春风文艺出版社 1997 年 11 月版。48 万字。35.80元。一个偶然的机会，上海女青年罗倩被朋友推荐给美国亲戚，并顺利地办理了赴美读书的手续。带着编织的无数个美丽的梦幻的罗倩来到美国后，却发觉这是一个精心设计的圈套，无奈地委身于 60 多岁的老头儿。不久，她只身出走来到举目无亲的纽约，靠着自己的善良、纯朴、美丽，得到同事的喜欢和关注。但是，因为美丽，灾祸接踵向她扑来。面对一次又一次的不幸，她忍耐着，承受着，挣扎着，拼搏着。她渐渐成熟了，坚强了，一步步向自己设计好的目标前进。此书将出国留学生的生活生动地呈现给读者，让人感知，感慨，感悟。小说在塑造一位美丽天使的同时，也生动介绍了美国的风土人情。(崔棠)

I000409　**说吧，房间**　林白著。江苏文艺出版社 1997 年 10 月版。14 万字。10.00 元。女记者老黑因与丈夫闵文起极不和谐的性生活而导致了婚姻的破裂，不久又被报社解聘，生活窘迫。为了生存，她别离幼女只身闯荡深圳，与女友南红同居一室。南红原为美术教师，来深圳后在珠宝城混事。她的每一点收获与转折都隐藏着一个男人的影子：老歪、史红星……她与他们调情、做爱，互相利用，却又屡屡被欺骗、被抛弃，在陶醉与失望中不断沉沦。深受伤害的南红向老黑诉说她离奇的经历，而老黑则在倾听中不断回忆苦闷难忘的过去。南红的突然死亡，又给了老黑沉重的一击……这是一部描写当代职业女性的长篇小说，表现了她们在转型期社会所承受的压力，她们的创伤与隐痛，焦虑与呼喊，渴望与期盼。整部小说从极其精细的身体感受的叙述出发，直达当代女性心灵最隐秘的深处。(沈瑞)

I000410　**热鸟**　迟子建著。明天出版社 1997 年 6 月版。14.6 万字。13.40 元。收入“金犀牛丛书”。长篇小说。14 岁的赵雷决定离家出走去寻找在梦中与大鸟一起恣意飞翔的奇妙感觉。在半个月的旅行中，他遇到了足能影响他一生的经历，折射了当代少年在复杂人生面前的惶惑与理解。(丁淑文)

I000411　**爱看电影的女孩**　副名：中国当代青年作家长篇新作丛书。何玉茹著。花山文艺出版社 1997 年 4 月版。19.7 万字。11.00 元。高中毕业的农村女孩黄玲玲只身来到城市，在同学白丽平的帮助下，她先认识了百货店的华子，又认识了电影公司的叶北岸，又与书店的童珍偶然相遇，构成了这位少女的一段独特的情历和心路历程。她爱电影爱朋友，但她又时时感到陌生，孤独。她所渴望的能够真正与她心魂贴近的东西或许永远只是一个电影般的虚幻的远景。

I000412　**斋苏府秘闻**　旺多著。西藏人民出版社 1997 年 8 月(藏文)版。15 万字。9.50 元。通过一个家庭的故事，展现了旧西藏的社会面貌。旧政府维持政教合一制度，反对一切改革。在封建农奴制度下，人民生活在“鬼和神”之间。该书描述了一家贵族骡帮的主人、仆从在旅店的遭遇，主人公与店主女儿的动人的爱情故事，以及经历种种艰辛3人最终成了全藏巨商等等。（总编室）

I000413 **梦土** 少鸿著。湖南文艺出版社1997年4月版。70万字。32.00元(平)，35.00元(精)。弘扬时代主旋律的长篇小说，分上、下两卷。描写了老农陶秉坤子孙四代一家在本世纪近百年中，随着时代的沧桑而兴衰变迁，祖传的几亩土地的几经得而复失、失而又得的故事，反映了中国农民在三座大山压迫下的痛苦生活，对赖以生存的土地的梦寐以求、热爱和眷恋，对发家致富的渴求，再现了近百年来中国农村的风云变幻，歌颂了党的十一届三中全会以来，农村经济体制改革的伟大胜利，农村面貌和农民思想的巨大变化，揭示了只有在党的领导下，中国农民才能实现发家致富的理想，过上美满幸福的生活。作品成功地塑造了陶秉坤这个农民形象。他活到99岁，是20世纪的同龄人和见证人。他爱憎分明，痛恨旧社会，热爱社会主义，热爱共产党；他热爱土地，勤奋耕耘，吃苦耐劳，俭朴持家。但思想上行动上也打有因循保守等小农经济的烙印。在这个血肉丰满的老农形象身上，真实地概括了我国老一代农民的性格特性，揭示了教育农民问题的严重性，具有典型意义。（陈仿麟）

I000414 **雪山的少女们** 毕淑敏著。明天出版社1997年6月版。12.6万字。13.00元。收入“金犀牛丛书”。一部反映雪山少女生活的长篇小说。5位女孩幸运地成为我国第一批进驻西藏阿里高原的女兵，高寒严酷的自然环境铸造了姑娘们刚强坚毅的性格，一朵朵灿烂的生命之花傲然开放在高原之巅，给世间留下了一道美丽的生命风景。（刘蓄）

I000415 **清水幻象** 革非著。作家出版社1997年2月版。83万字。46.00元。长篇小说。本书为一部拟古之作。描写的是清末民初年间山东商河县一家大贵族望氏庄园的崩溃过程。小说重点刻画的人物是一族之长的望守拙，堪称一代鸿儒，他虽有“大梦已先觉”之卓识，然而却无力应付世道的骤变，更无奈豪邸内尔虞我诈，相互倾轧，怨妇争风……终于使一个百年世家在他寿终归西时而分崩离析。主人公望守拙是个写得十分精彩性格鲜明的艺术形象，作者赋予人物近百年的历史风光，寄托着作者的审美理想，同时流露出如此精美的文化在历史行程中毁灭或被毁灭的遗憾。（潘宪立）

I000416 **情爱画廊** 张抗抗著。春风文艺出版社1997年1月版。32万字。19.80元。画家周由在江南小镇写生，邂逅美丽的女主人公水虹并与之相爱，但水虹的女儿——一个高中生却是一个天真单纯的追星族，作为中年人的母亲和周由，都要为孩子负责任，水虹又要对自己的“生命发生的爱”负责任。这一家庭的男主人吴医生，又要以一个成熟的男人和知识分子的态度和理解，去冷静地处理这一家庭变故。小说的主题意义是：人，不可能泯灭自己的爱，但又不能不负责任地放纵攫取，如果理性地摆脱现实、物欲的羁绊，用一颗善良的心去对待他人和家庭，每个人都有可能获得爱的权利和位置。在这一点上，作品的内在精神充满了古典主义追求。

I000417 **窑地** 张涛著。作家出版社1997年1月版。34.3万字。21.60元。长篇小说。描写了我国东北辽东地区一个叫大柞树的村庄近百年来的沧桑历史。书中围绕孟、程、陈3个家族几代人对窑地的争夺，再现了关东地区多姿多彩的农村生活画卷，深刻地展示了中国农民的历史命运和文化性格。作者巧妙地将历史与现实交叉结构，突出了本书的文化上的意蕴。作者用熟练的白描笔法，塑造了十几位农民形象，尤其女性形象的刻画，尤见功力。（那耘）

I000418 **黑鸽子** 池莉著。明天出版社1997年6月版。19.5万字。16.90元。收入“金犀牛丛书”。长篇小说。还没有经历过多少世事的少年马腾跃陷入了一个复杂难懂的成人世界，他自然有许多惶惑与不安，小说从一个孩子的视角透视了商品社会中孩子成长的种种困惑，对青少年朋友具有深刻的启迪意义。（丁淑文）

I000419 **敦煌遗梦** 副名：中国当代青年作家长篇新作丛书。徐小斌著。花山文艺出版社1997年4月版。19.4万字。11.00元。一位美术学院的青年教师肖星星与某研究所实验员张恕邂逅于敦煌莫高窟。他们之间产生了感情，然而这种感情很快便因另外两人的出现打破了。一个是医学院的大学生无畔，另一个是当地的修瑜珈女玉儿。星星在年轻的无畔身上重温了昔日少女之梦。而张恕则在玉儿那找到了青春生命。他们从历史、精神之爱走向了生命最纯粹最本质的爱。然而爱情总是稍纵即逝。他们不幸卷入了当地壁画失窃的阴谋之中。星星远走异国，无畔成了大漠冤魂，只有张恕返回昔日的轨迹，却陷入了对人生更深刻的迷惘之中。

I000420 **渴望激情** 皮皮著。春风文艺出版社1997年1月版。30万字。19.80元。长篇小说。一个相对平静、幸福美满的知识分子家庭，忽然有一天，丈夫尹初石接到一位追求者的电话。尹认为，只要他不伤害家庭，不伤害妻子，保存这份激情，就是一份难得的生命礼赞，而情人小乔亦这么认为，她不会要求太高，只要对方的心中给她留一个位置就足够了。然而，事实上，当他们一旦卷入爱河，伴随激情和快乐的总是承诺，爱情没有真理，只有感觉，于是悲剧发生了。另一主人公是一位从来都没想过第二个男人的妻子王一，孤独痛苦之际，一个基督式的外国青年用无微不至的温柔击中了她，但她最终为丈夫和情人的不幸做了另一种选择——牺牲。小说关注当代人的情感命运，具有动人的思想内涵。收入“布老虎丛书”。

I000421 **碎瓦** 苏童著。江苏文艺出版社1997年10月版。14万字。10.00元。长篇小说。故事发生在肮脏的香椿树大街。华家是这条街上的一个奇异家庭：自从哥、嫂相继暴亡后，年轻的寡妇“大姑”一身兼任了五个侄儿女的爹和妈。她对孩子们视如己出，倾心照料，对家中唯一的男孩独虎更是无微不至到近乎溺爱。可是，随着孩子们渐渐长大，一些意料不到的事情出现了：四个女孩个个出落得如花似玉，可也个个都是邻居们畏之如虎的惹事精；独虎则成了一个游手好闲、不学无术的街头阿混，这一切，都不能不使“大姑”伤心，可是，她却仍然一如既往地呵护着她的孩子……在本书中，作者着力塑造了“大姑”这样一个不是母亲但胜似母亲的艺术形象，她善良、勤劳、乐观、坚韧，但同时也不免愚昧、自私，为了5个侄儿女，她放弃了一生的幸福。她每天所做的事都很平凡甚至琐碎，但从另一个角度看，一个天使也不能比她做得更好。“大姑”身上的人性之光使作者以往作品中常见的美丽多情的女性形象也不能不黯然失色。(黄小初)

I000422 **新乱世佳人** 黄蓓佳著。江苏文艺出版社1997年10月版。40万字。25.00元。长篇小说。描写了20世纪中叶苏中小城两大家族间的恩恩怨怨。董、冒两家都是海阳城的大户，董家太太心碧虽是从良的妓女，但是精明干练、持家有方，深得董家上下的敬重；冒家太太独妍则是一个自命清高的所谓新女性，对心碧一向嗤之以鼻。但是上一代的芥蒂并未能延续到下一代，冒家的大少爷之贤爱上了董家大小姐润玉，并不顾母亲的反对与润玉结了婚，董、冒两家并不情愿地成了亲家。不久，抗日战争爆发，董、冒两家的儿女们以不同方式参与了这场战争，有的投身新四军，有的加入了国民党，有的成了汪伪报纸的记者，作为母亲的心碧和独妍也都身不由己地卷入了孩子们的纷争。当孩子们随着战火硝烟相继远去后，两位孤独的母亲却慢慢走到了一起……这部小说以细腻的笔触描写了心碧和独妍两位母亲的形象。在写作过程中作者参考和借鉴了通俗小说和电视剧的创作手法，情节紧凑，人物形象鲜明，对话精彩，可以说是纯文学作品通俗化的一次成功尝试。(黄小初)

I000423 **福镇** 关仁山著。百花文艺出版社1997年8月版。21.5万字。17.00元。一堆神秘的洋垃圾像窃贼似的，在静夜无人的时候悄悄地潜入了福镇。于是，一场灾难便降临到福镇稻农的头上。六百亩稻田惨遭污染，一夜之间死个精光，而惨遭打击的还有稻农的心，遭受打击最重的是二憨老汉，他悲痛欲绝痛不欲生，叫天天不应，求地地不灵。代表地方工业势力的轧钢厂厂长潘老五，宁死不肯承担责任，并将“进口洋垃圾”的全部责任，一概推到镇政府的头上，给新上任的女镇长陈凤珍出了一道难题，而二憨老汉也在一气之下服毒自尽险死非命。二憨老汉的儿子李平原回福镇状告镇政府。镇长陈凤珍在法庭上却为原告——受灾稻农说话，并主动提出向稻农赔偿损失。李平原感激陈凤珍的知遇之恩，回乡办起了豆奶厂。股份制显示了威力，豆奶厂兼并了破产的轧钢厂。镇党委书记宋鹤奎受贿收礼被撤职，陈凤珍升任镇党委书记。(高为)

I000424 **蔚蓝的呼日胡** 哈斯布拉格著。民族出版社1997年1月(蒙古文)版。45万字。20.50元。长篇小说。以本世纪四五十年代为历史背景，描绘出呼日胡草原经过民主革命，走向社会主义建设的光辉历程。作者围绕着这一历史实事，展开了扣人心弦的矛盾、冲突，从多角度、多侧面反映生活，从而把呼日胡草原描写成为具有浓郁地区特点的鄂尔多斯高原的缩影。通过“和平解放”、“合作化”等等典型场面的描写，塑造出一群个性强，具有典型性格的人物形象，个个活灵活现；对主人翁的内心世界挖掘较深、表现细腻。整个作品，讴歌了生活的真、善、美，无情地鞭挞了假、恶、丑，更揭露和批判了那些内部的不文明的、不利于团结的恶习和毒瘤。(花荣)

I000425 **鲜花和** 陈村著。上海文艺出版社1997年12月版。21万字。11.00元。描写家庭故事的小说。作者以随笔化的结构，自言自语般的说法，借助一位中年作家的眼睛，通过他和情人、朋友、妻子的关系，描述了被喧嚣的噪声、如浪的信息包围着的、现代都市在家男人的兴奋和困窘。这部长篇分为6章，却设立了45个小标题，这些看似絮叨的文字和琐屑寻常的场景，充分地显示出作者惯有的机智深邃和善于从小处着眼却不断有神来之笔的特长。我们可以从这些不断变换又始终攫取着读者心灵的生活场面中，看到写作者内心深处的善良和痛苦。在如今女权兴起的背景下，作者是特别地在意男女之间的角色对比，还有他以男性眼光审视着的金钱和生活、情欲和工作，以及由此产生的、令人在可笑中感觉到的惶惑和无奈。作品所用的虽然是男性的视角，但对当代女性也不失为一次罕见的提醒。（修晓林）

I000426　**王安忆短篇小说集**　王安忆著。明天出版社 1997年1月版。62.6万字。27.00元。作者1978年—1986年的短篇小说结集，共收作品50篇。作品中各种人物悲喜交加的命运遭遇、难料的生活波折、多样的心灵感受……展现出改革开放最初十年的广阔社会生活画面。作者多选取平凡人的平凡事来昭揭人物的内心世界和社会生活的深刻变化，笔调中令人感受到现实主义的写作风格，散发出一种朴素沉静的创作追求，显现出女作家艺术理性的发展轨迹，这本集子可视为作者前期短篇小说的总结。此后，作者的艺术风格开始有了新的取向。（刘凡文）

I000427　**呼吸明天**　曾哲著。中国青年出版社 1997年1月版。26.4万字。15.40元。以作者在我国西北部和西南部偏远地区漂泊的亲身经历为基础写成的长篇短体漂泊小说。作品凭借一条弯弯曲曲的漂泊路线，连起了一串相对独立的传奇故事。险象环生的漂泊旅程，恍若隔世的穷乡僻壤，瑰丽奇绝的山川大漠，鲜为人知的边陲民俗，悲喜交加的人物命运，带读者走入一个亦真亦幻，耐人寻味的陌生天地，让人从中领略到漂泊者独特的人生感悟。它不是一部一般传统意义上的长篇小说，甚至被一些评论家否认为是“长篇”小说。这是因为作者为我们提出了两个新的概念：一、长篇短体。“我”贯穿在十几个少数民族地区，和十几个可以单独成立的短篇小说中，每一章就是一个短篇，间以别出心裁的“度语”相连。这更加地适合忙碌的现代人的阅读。二、作者“非虚构”地以自己流浪西部的生活阅历为蓝本，创造性地提出了“漂泊小说”这一文学概念——继而他漂泊文学的写作与实践。可以说这是作者在80年代末90年代初期独自西北、西南漂泊数年后，回到城市饱蘸着生命意识，慢慢咀嚼所感所悟而创作出来的。（刘佳）

I000428　**裘山山小说精选**　裘山山著。重庆出版社 1997年5月版。26.5万字。21.00元。收入短篇小说25篇。裘山山擅于对女人心态的刻画。她笔下的女人，是特定的90年代的中青年女性。书中有离婚的夫妇，昔日的情人，渴望爱情的少妇，丈夫有外遇的痴情贤妻，走进寒冷荒凉的西藏高原的军人的妻子。形形色色，世象百态，作者以细细的笔触娓娓道来。（余国枢）

I000429　**《中华当代英杰故事》丛书**　秦义忠等著。河北少年儿童出版社 1997年8月版。75万字。43.80元。分别为《人民公仆的典范》、《爱岗敬业的标兵》、《艰苦创业的带头人》、《赤胆忠心的卫士》、《勇于攀登的先锋》、《灵魂工程师的楷模》、《少年儿童的榜样》、《见义勇为的旗帜》、《身残志坚的强者》、《心系祖国的中华赤子》。写的是建国后并侧重于改革开放以来全国各条战线涌现出的百位英雄、模范和杰出人物的故事。有：人民的好书记焦裕禄，献身西藏边陲的孔繁森，宁肯一人脏换来万家净的时传祥，辛苦我一人方便千万家的徐虎，顶天立地的“铁人”王进喜，舍身救列车的伟大战士欧阳海，中国导弹之父钱学森，还有少年小英雄刘文学、赖宁等等。这些英雄模范人物反映了当今时代我国人民的精神面貌和中华民族的代良传统。（贯志红）

I000430　**中国古代复仇故事大观**　王立、刘卫英编。学林出版社 1997年1月版。68.6万字。45.00元。收集散见于正史典籍、稗官野史、笔记尺牍及古代文学作品中的复仇故事，对故事按复仇主体加以分类，分别为血亲、侠义、鬼灵、丧悼、反暴、女性、动物、精怪、忠奸9类，对每个类别作了简短的评述，指出其深刻的社会意义及文化内涵，以及由历史局限性造成的不足与缺憾。（朱志勇）

I000431　**中国当代小小说作家丛书**　许行等著，杨晓敏、郭昕主编。湖南文艺出版社 1997年3月版。117.4万字。71.00元。收入我国当代小小说作家中创作成绩突出的8位作家的小小说作品。包括：《许行小小说》（15万字，定价9元），《孙方友小小说》（15万字，定价9元），《刘国芳小小说》（14.9万字，定价9元），《凌鼎年小小说》（15.3万字，定价9.10元），《王奎山小小说》（14.2万字，定价8.70元）《生晓清小小说》（14.3万字，定价8.80元），《谢志强小小说》（14.5万字，定价8.80元），《吴金良小小说》（14.2万字，定价8.70元）。作品或反映现当代人民的生活，紧密联系现实，给人启迪；或讲述历史掌故，内涵深厚，引人入胜。（张先瑞）

I000432　**自画青春丛书——灵魂出窍**　陈朗

著。北京少年儿童出版社 1997 年 7 月版。10 万字。9.00 元。作者试图捕捉她的同龄人一个个出窍的灵魂——别看他们都在教室里正襟危坐，灵魂却已在既定的人生路上颤抖，在商业文化的氛围中挣扎，在虚假的梦幻中迷醉，在短暂的释放中狂奔……（黄倩）

I000433　**自画青春丛书——转校生**　肖铁著。北京少年儿童出版社 1997 年 7 月版。14 万字。12.00元。日益普遍的择校现象使转校生成为一个特殊的群体，本书描写的便是三个转校生的故事。不同的家庭，不同的经历和性格，使陆小北、方天雷、苏楠三个转校生的心理不同程度地产生了变异，心灵不同程度地蒙上了阴影。但终究，他们在爱与变异中长大了，在思考与阴影中成熟了，同时也留给人们一个更沉重的话题……（黄倩）

I000434　**自画青春丛书——闹心**　米子学著。北京少年儿童出版社 1997 年 7 月版。17 万字。15.00元。这本书里有许多故事。军训的故事；排演《白毛女》的故事；学生会竞选的故事；恐怖的化学实验的故事；与外宾周旋的故事；毕业前后的故事；考试的故事……一连串的故事展现了校园生活活泼有趣的一面，紧张的校园生活因为这些故事而变得滋润，多彩的少年人生因为富有灵气而更为斑斓。（黄倩）

I000435　**自画青春丛书——迷彩**　刘伟著。北京少年儿童出版社 1997 年 7 月版。13 万字。12.00 元。以亮丽的笔墨、曲折跌宕的情节描写 90 年代的中学生在军营里、在军人中的成长与升华，表现了当代军人善良无私的高贵品质与当代中学生昂扬进取的精神风貌。（黄倩）

I000436　**自画青春丛书——福物祭旗**　芦淼著。北京少年儿童出版社 1997 年 7 月版。24 万字。17.00 元。描写的是一群即将高中毕业的学生在高考最后阶段的紧张生活及跌宕顿挫的心理历程。故事以高考为中心，围绕着高三(五)班一班人的生活展开。他们来自各个阶层，有着各种各样的家庭，有着自己的快乐和悲伤。但他们怀着一个共同的目标：胜利走过高三。（黄倩）

I000437　**名士情缘**　王志坚著。河北教育出版社 1997 年 7 月版。35 万字。18.00 元。根据历代史书记载，将历代百余位才子名媛悲欢离合的际遇、苦辣酸甜的体察，汇集成一卷故事笔记，配以诗文画作的背景，写成这一部名士情缘。

I000438　**红岩英雄丛书**　彭斯远主编。少年儿童出版社 1997 年 12 月版。44 万字。25.70 元。包括《巾帼英雄江竹筠》、《小萝卜头宋振中》、《牢狱之魂许建业》、《舵工师爷蓝蒂裕》、《人民的儿子王朴》、《虎穴英杰韩子重》等 6 本书，以故事形式，叙述了以上 6 位烈士的英雄事迹、崇高品质。（洪祖年）

I000439　**莎士比亚戏剧故事集**　王维昌、浩宇编著。中国青年出版社 1997 年 12 月版。21 万字。11.00 元。共收莎翁戏剧 37 部。其历史剧，以英国编年史为题材，塑造了 7 位君王的不同形象，展示了英国自 13 世纪到 16 世纪从动乱纷争到中央集权的 300 多年的社会历史进程。其悲剧和喜剧，大部分涉及到男女间的恋爱这个主题，莎翁通过这些爱情故事，揭露了当时政治、社会生活的丑恶面目，歌颂了青年一代追求恋爱自由、婚姻自由的斗争精神。（常婷）

I000440　**海外中国孩子三部曲**　谭元亨著。河北少年儿童出版社 1997 年 6 月版。30 万字。13.00 元。以海外中国孩子为题材写了三个不同的、而又遥相呼应的故事。香港回归前夕，父亲执意要去当“太空人”，女儿却对祖国一往情深，于是，父亲和女儿便产生了深刻的心灵冲突。第一部曲《“太空人”女儿手记》在作家的生花妙笔下将疑虑、困惑，甚至痛苦化作双重回忆的欢乐庆典。一位叫着洋名字，连中国字都不会写的中国孩子，竟和姐姐她们几个人秘密雇了一位留学生教中文，后来又突发奇想独自驱车要到祖国看看。第二部曲《追寻菲力克斯》以独特的生活展开了一波三折、引人入胜的故事。一场由于核试验造成的海啸，把 4 种不同肤色的孩子抛到了一起，面对着海盗的威胁、种族的歧视，以及社会上的虚伪、冷酷，以中国孩子为主的 4 个孩子巧于周旋，勇于斗争，终于认清了这个世界的一个侧面。第三部曲《黄孩子、红孩子、黑孩子和白孩子》可以说是当今人类生存状况的一个寓言，耐人寻味。本书以这样三个故事，生动、真实地反映了在海外的中国孩子们的生活，其中的不少细节是完全真实的。本书中的小主人公们自立、自强、自主的精神，以及他们对祖国的热爱，每每在作者于细微之处的描述中，深深地感染着读者。（贾雅清）

I000441　**外国名人爱国故事丛书**　王豫生主编。福建教育出版社 1997 年 12 月版。共 38.7 万字。共 22.10 元。以人物类型来划分，主要分为：平民百姓、政治人物、文坛巨匠、文化名人等 4 种类型。所选的人物，遍及亚、非、拉、欧、美等洲，有一定的代表性，其中《大地儿女》反映的是平民百姓为了抗击外来侵略，争取民族独立而奋勇献身的爱国精神；《血与火的洗礼》反映的是世界政坛风云人物为了祖国的自由、富强而不断抗争的故事；《神圣的殿堂》主要抒发的是几位文坛大师的拳拳报国之情；《为了人类进步》则是文艺、科学等领域的名人在人类的进步文明的事业上孜孜追求的爱的情怀的叙写。

报告文学

I000442 **万里海疆第一走——刘华徒走考察中国大陆海岸线纪实** 刘华著。广西人民出版社1997年12月版。27万字。19.50元。作者系一位中外闻名的传奇性人物，1993年7月1日，他背着一个装有15公斤重物品的帆布包，从辽宁鸭绿江入海口出发，经过两年艰苦跋涉，徒步行走完全程1.8万公里的祖国海岸线，于1995年7月1日胜利到达广西北仑河入海口，接着，又完成了环香港、澳门的行走，并计划行走台湾省海岸线。本书以自述的形式，生动、真实地记述了作者只身一人徒步考察我国万里海疆的前无古人的壮举，反映了他无所畏惧、忧国忧民的爱国情怀，以及他对增强海洋国土意识和热爱万里海疆的深切呼唤，再现了当代有志青年热爱祖国、不畏艰险、挑战命运、渴望实现自身价值的高尚的精神面貌。（何小民）

I000443 **飞向太空港** 李鸣生著。福建人民出版社1997年2月版。22.9万字。14.00元。生动地记载1990年中国西昌卫星发射中心用“长征3号”运载火箭把美国制造的“亚洲1号”通讯卫星成功地送入同步轨道的历史性事件——这是中国首次承担对外商用卫星的发射服务。作者就中美双方成功合作发射“亚洲1号”卫星生成一种美好浪漫的畅想，呼唤人们超越政治、民族等间隔，在科学的基础上团结协作，共同寻找和建造人类的新家园。系“中国航天发射大写真”系列之一。（王开彬）

I000444 **马临传** 戴光中著。宁波出版社1997年8月版。11万字。15.00元。关于原香港中文大学校长、现全国政协委员马临先生的传记文学。全书分“青少年时代”、“立业成家”、“第二任校长”、“香港基本法”、“火红的‘余热’”等5个部分。着重描写了马临先生在任香港中文大学第二任校长和参与香港基本法起草以及退休以后致力于国内教育事业等过程中体现出来的民族责任感和伟大的爱国主义精神。（王伯城）

I000445 **太阳当空** 副名：独生子女的故事。陈丹燕著。新蕾出版社1997年5月版。7万字。8.00元。集采访、调查、评论、照片资料于一体的有关独生子女的书，且全方位：从独生子女产业的社会背景的追溯，直到他们长大成人；从独生子女在家庭、幼儿园及学校生活，直到交友、学习与同龄人相处、打工、18岁成人仪式……这一代人受到来自家庭的扭曲的爱和学习上近乎残酷的压力。他们或多或少产生了畸形心理，但大部分人毕竟走出了这一误区，投入社会，重新塑造自我。作者以女性特有的目光，特有的爱心，特有的笔触，观察并揭示了独生子女的内心世界。书中22个孩子的自述颇为珍贵，因为大部分心理描写十分细腻，有些甚至是隐秘的内心剖白，千千万万独生子女的家长、教师及教育工作者会从中得到许多启示。洒脱但不失朴实的文笔使本书具极强的可读性。（王公惠）

I000446 **中山舰壮歌** 涂学能、张彦中著。春风文艺出版社1997年9月版。20万字。14.80元。长篇纪实文学。记述了中山舰的光荣历史和打捞过程。中山舰原名永丰舰，为孙中山先生座舰。陈炯明叛变，孙中山在此舰上指挥平叛。孙中山逝世后，此舰更名为中山舰。不久蒋介石制造“中山舰事件”，向共产党发难。抗战时期，它与国民党海军49艘军舰一起驶入长江布防，参加了武汉保卫战，被日军击沉。一代名舰以其特殊的身份，占据了中国近现代史上特殊的位置。本书在宏阔的历史背景下，以充满激情的笔触叙述了中山舰富有传奇色彩的悲壮历程，以及由此而体现的几代中国人不屈不挠地反抗外来侵略的斗争精神和至死不渝的爱国主义情怀；同时，通过中山舰的打捞，表达了对祖国统一的深情呼唤和对祖国繁荣昌盛的热切期望。是一曲响彻云霄的时代主旋律之歌。（崔棠）

I000447 **中国863** 李鸣生著。山西教育出版社1997年12月版。25.3万字。15.80元(平)，18.80元(精)。全景式地反映中国高科技发展规划即“863计划”的报告文学力作。“863计划”是我国为迎接世界高科技挑战而制定的一项包括生物、信息、航天、激光、自动化、材料和能源7大领域在内的高技术发展规划。本书即以“863计划”的出台、实施为写作中心，生动地反映了中国科学家为实现这一宏伟蓝图而展开的攻坚过程，热情地歌颂了他们敢于拼搏、勇于奉献的精神，集中地展示了“863计划”实施以来所取得的辉煌成就。作品具有鲜明的时代感和现实意义。全书从美国的“星球大战计划”、前苏联的“加速发展战略”、欧洲的“尤里卡计划”等写起，在世界高科技浪潮的背景下,写了中国高科技革命的重要意义和迫切性,通过4个科学界“元老”上书邓小平以及邓小平的英明抉择,写了中国“863计划”的具体制定过程。作者巧妙地选取了高科技革命的几个方面,力求从内在特质上反映中国高科技发展的轨迹,表现了中国高科技走向市场、挑战世界的悲壮历程。作品中描写的几十位科学家,既功勋卓著;又性格各异,都给读者留下了难忘的印象,具有极强的艺术感染力。(李梦燕)

I000448 **中国:与贫困决战** 庞泽云著。百花洲文艺出版社1997年12月版。22万字。18.50元。以报告文学的形式,真实、生动、深刻地反映了数千万处于温饱线以下的贫困地区人民的生活状况,着力描写了中国人民在党和政府领导下为彻底摆脱贫困而进行的艰苦卓绝的努力,热情讴歌了党的三代领导集体以及各级党和政府、社会各界对贫困地区人民的亲切关怀和大力扶助,高度赞扬了贫困地区人民英勇顽强、坚韧不拔的奋斗精神,成功地塑造了一系列战斗在脱贫致富第一线的基层干部的感人形象。全书充溢着昂扬激越、奋发向上的时代精神,全景观地展现实施“八七扶贫攻坚计划”使我国数千万人口摆脱贫困这一惊天动地、具有重大历史意义和现实意义的宏伟事业。(许杰)

I000449 **中国古代传记文学精华** 副名:中国古典文学精华丛书。江兴祐、孙敏强选注。重庆出版社1997年10月版。41.1万字。27.00元。古典传记文学选集。选编从汉代至近代的77位作家的82篇优秀传记文学作品。书中既有著名历史学家撰写的富有文学色彩的历史传记,如司马迁的《项羽本纪》、《廉颇蔺相如列传》,班固的《苏武传》,陈寿的《诸葛亮传》和范晔的《班超列传》等,又有著名文学家撰写的传、别传、自传、小传、事略、墓志铭,如韩愈的《张中丞传后叙》、柳宗元的《段太尉逸事状》、刘禹锡的《子刘子自传》、欧阳修的《伶官传》、苏轼的《方山子传》、宋濂的《王冕传》等。这些作品都具有比较丰富的内容,有较强的文学性。文后的注释和简评也写得简练而流畅,富有启发性。(余国枢)

I000450 **中国报告文学精品文库(上中下)** 刘茵等编。作家出版社1997年3月版。144万字。95.00元。基本囊括了中国报告文学从发轫到90年代各个历史时期代表性作品,如20年代瞿秋白的《赤都心史》、朱自清的《执政府大屠杀记》;30年代夏衍的《包身工》、萧乾的《流民图》;40年代周而复的《诺尔曼·白求恩片断》;50年代魏巍的《谁是最可爱的人》;60年代穆青等人的《县委书记的榜样——焦裕禄》;70年代徐迟的《哥德巴赫猜想》、黄宗英的《大雁情》;80年代鲁光的《中国姑娘》、李延国的《中国农民大趋势》,胡平、张胜友的《历史沉思录》;90年代张建伟的《大清王朝的最后变革》、邓贤的《中国知青梦》等。这些作品或就历史和现实的某一事件、某一人物,精剖细缕,浓彩重墨;或关注社会的某类现象、某种趋势,纵横捭阖,蔚为大观。以及著名文艺评论家唐达成为全书作序,既对所选作品作了客观的评价,又尽可能地勾勒出报告文学发展脉络。(杨德华)

I000451 **公安英雄谱** 公安部政治部编。南海出版公司1997年12月版。100万字。380.00元。收录从1990年至1995年被公安部授予全国公安战线一、二级英雄模范称号的英模简历、照片和事迹,共335人,其中一级英雄模范52人,二级英雄模范283人。同时收录了从1980年至1989年被公安部授予全国公安战线一、二级英雄模范称号英模的名单。再现了公安英雄模范人物的风采,具有很强的教育意义和公安史料价值。(周诗鸿)

I000452 **风雨往事** 副名:维特克采访江青实录。张颖著。河南人民出版社1997年10月版。12.8万字。9.50元。1972年夏,美国某大学副教授维特克女士来华访问,江青为了借助维特克之笔为自己树碑立传从而扬名世界,与之多次会谈,时间长达60多小时,此后不久,香港出版一部以描写江青为内容的书,名叫《红都女皇》。于是,各种传言在大陆不胫而走,流传至今,多将上述两次事件联系在一起。江青与维特克会见的情形如何?江青到底谈了些什么?其最后结果如何?《红都女皇》是否维特克所著?本书作者张颖作为我方主陪人员,自始至终目睹了整个采访过程,在书中首次披露了整个事件的前前后后。收入“沧桑文丛”。(胡茵)

I000453 **风暴** 副名:秋收起义纪实。张可著。湖南人民出版社1997年11月版。39.7万字。26.50元。“中国共产党早期三大武装起义纪实丛书”之一。作者在翔实的史料基础上,运用纪实文学的手法,记述了震惊中外的秋收起义的全过程,生动地刻画出毛泽东、卢德铭等武装起义领导人的光辉形象,对他们在起义中的地位、作用及其思想、谋略等作了详尽的分析和阐述,充分展现了中国共产党人在大革命失败后的腥风血雨中敢于同国民党反动派展开英勇斗争的大无畏精神,再现了当年我党独立组织武装暴动,创建人民军队的艰难历程。(李雄

伟）

I000454　**世纪重任**　副名：中国人民解放军驻香港部队实录。崔向华等著。解放军出版社1997年2月版。20万字。18.50元。全面披露中国人民解放军驻香港部队的组建过程、编组结构、武器装备及精神风貌；展示了该部队三军合成、由多支具有光荣传统和战功的连队构成的独有特色；反映了驻港部队官兵牢记祖国和人民嘱托，不辱神圣使命，刻苦学习，刻苦训练，努力建设威武文明之师的精神风貌。本书客观地叙述了香港的过去、现在和中英双方围绕香港主权问题展开的交锋，字里行间充溢着爱国主义的激情，并讴歌了全国人民特别是深圳特区人民对驻港部队的关怀、支持和厚爱，也如实地描写了香港同胞对驻港部队良好的军政素质和文明风采由衷的赞叹。书中配有30多幅反映驻港部队风貌的彩色图片。（郭莹）

I000455　**平津战役实录**　周建新等著。河北人民出版社1997年版。平津战役是解放战争时期中国人民解放军与国民党军队展开的三大战略决战之一。是役，歼灭和改编国民党军52万余人，基本上结束了解放华北的战争。该书以翔实的资料、纪实的笔法，真实地纪录了我党我军进行大决战的战略战术决策的全过程，再现了我军将士浴血奋战的波澜壮阔的历史画面。（王书华）

I000456　**生命甘泉的追寻者**　李钧著。解放军出版社1997年2月版。12万字。9.00元。反映"模范团长"李国安暨北京军区给水工程团先进事迹的报告文学。作者从文学的视角，以文学的语言，满怀激情地记述了主人公勇于吃苦，无私奉献，几十年如一日默默实践我党我军全心全意为人民服务的宗旨的一个个感人故事，记述了给水工程团官兵常年在北部边疆大漠戈壁打井找水的艰难历程。作品内容翔实，文笔流畅，较全面地展示了李国安"上不愧党，下不愧民"和给水团官兵"宁愿自己吃苦水，乐为人民掘甘泉"的崇高精神境界，读来生动感人。（郭莹）

I000457　**民族团结之花**　唐天中主编。新疆美术摄影出版社1997年3月(汉文、维文、哈文)版。17万字。141幅图。12.80元。以"汉族离不开少数民族，少数民族离不开汉族"的观点为指导思想，汇集新疆解放后40多年来民族团结的真实典型事例120多篇，内容包括：中央三代领导人对边疆各族人民的亲切关怀和少数民族群众对领袖的爱戴；军民之间的鱼水情谊；科技工作者为开发建设新疆洒下的汗水；医务人员为救治各族群众付出的心血；还有国内一些知名人士与少数民族群众间的深厚友情；而更多的则是记录各民族普通百姓间互助互救、亲如一家的感人故事。（冯中年）

I000458　**辽沈战役实录**　田玄著。河北人民出版社1997年版。辽沈战役是解放战争时期中国人民解放军与国民党军队展开的三大战略决战之一。是役，歼灭国民党军47.2万人，东北全境宣告解放。该书以翔实的资料、纪实的笔法，真实地纪录了我党我军进行大决战的战略战术决策的全过程，再现了我军将士浴血奋战的波澜壮阔的历史画面。（王书华）

I000459　**西部风云**　李广智、李广文著。解放军出版社1997年7月版。28.6万字。16.80元。记叙了1949年秋至1952年秋3年内新疆全境和平解放的全过程，展现了人民解放军第一兵团继兰州解放之后挥师前进，进行"第三次长征"的悲壮历程，讴歌了我军指战员克服困难，在极艰险的环境中开展工作、英勇献身的事迹。披露了陶峙岳将军等人在共产党的感召下，深明大义率部起义并挫败反动势力的叛乱阴谋，从而保障新疆的和平解放得以顺利进行。

I000460　**在龙脊上起飞**　副名：桂林两江国际机场大写意。黄继树等著。漓江出版社1997年8月版。18.8万字。18.80元。直接反映社会主义建设、弘扬时代主旋律的长篇报告文学。以"八五"期间国家民航事业唯一列入重点建设工程项目——桂林两江国际机场为叙述对象，满怀激情浓墨重彩地讴歌了机场建设者们可歌可泣的拼搏精神和宏伟业绩，展现了我国民航事业的突飞猛进以及旅游名城桂林日新月异的巨大变化。这部作品构思宏大，实事求是，既写了桂林旅游业的兴旺，也指出了桂林经济建设的缓慢滞后；既表现了桂林市委领导为了振兴桂林经济的殚精竭虑，也表达了党中央、国务院对桂林的热情关怀；既描述了机场公路因资金短缺而造成的进度缓慢，也展现了桂林人民勒紧裤带砸锅卖铁修路及困顿过后的辉煌。这种反差极大的真实描写，为桂林机场的建设营造了一种雄浑的氛围，抒发了一种壮美的英雄主义情结。作品还极生动地写了一场建构在物质建设之上的悲壮的精神较量。敢于揭露机场建设中出现的种种弊端以及产生这些弊端的真正原因。作品还将理性观念赋予了具有美好品德和人格的生命个体。从领导到普通民工、战士，他们发扬"一不怕苦、二不怕死"的精神，高速度高质量地完成了场道施工任务。（黄文魁）

I000461　**成功启示录——记中国杰出中青年**

科学家 徐迟主编。山东教育出版社 1997 年 10 月版。36.6 万字。25.50 元。记述中国杰出中青年科学家的报告文学集。真实生动地介绍了在新中国成长起来的十多位优秀中青年科学家以炽热的爱国之心、顽强拼搏的毅力、无私奉献的精神,攀登一个个科学高峰,在人类进步事业的追求中实现人生价值的感人事迹。体现了我国当代中青年科学家对科学探索的热望和不畏艰难勇于攀登的精神。(刘进军)

I000462 **同享七彩阳光——中国残疾儿童教育纪实** 周甲禄等著。湖北少年儿童出版社 1997 年版。15 万字。7.00 元。反映我国新时期残疾儿童教育的长篇纪实文学作品。全方位地再现了我国政府在残疾儿童教育上所采取的有力措施及长期不懈的努力,描写了大量为残疾儿童教育无私奉献的教师形象,以丰富、翔实的材料,真实、典型的事例显示了我国残疾儿童教育的成就。(刘海燕)

I000463 **血啸剑鸣——策动百万国民党军队起义投诚纪实** 李智舜著。内蒙古人民出版社 1997 年 11 月版。30 万字。23.00 元。作者以权威翔实的资料,淋漓尽致地描写了三年解放战争中,我党我军策动国民党军投诚起义的详细过程。其中有对毛泽东、朱德、周恩来、邓小平、刘伯承、陈毅等老一辈无产阶级革命家亲自领导策反工作,亲自做策反工作的真实描述;也反映了策反工作人员、地下工作者以自己的大智大勇,与国民党将领巧妙周旋,进行惊心动魄、曲折复杂的斗争情景,是历史的真实记录。(黄爱民)

I000464 **农民创世纪** 吴晓波著。浙江文艺出版社 1997 年 12 月版。14.3 万字。8.90 元。全景式描绘浙江农民创办专业市场传奇故事的长篇报告文学。改革开放 20 年来,浙江农民以创造精神和刻苦耐劳的干劲,冲破层层阻力,创建了近五千个专业市场。作品不仅以温州、义乌、绍兴等地的专业市场为重点,以点带面,全方位、多层次地描述了浙江专业市场的发展轨迹;而且描述了浙江农民走出家门、走向全国,把专业市场推向东北和大西北,从而沟通了生产者和消费者的联系,极大地促进了浙江和中国经济的飞速发展,同时也深刻地改变了中国乡村的面貌和农民的地位。作者用文学语言,生动地描写一个个农民经商办市场的传奇故事的同时,进行理性思考,把蓬勃兴起的乡镇企业和专业市场这"双子星座"看成是中国农村走向现代化的一条不同于西方道路的命题,使人耳目一新。(严麟书)

I000465 **远征三万六** 李鸣生著。福建人民出版社 1997 年 2 月版。22.1 万字。13.50 元。纪实文学。在距离地球 36 000 公里的同步轨道上最多能容纳 360 颗通讯卫星。中国如果不乘早在这一轨道上占据一席之地,就有可能永远被判缺席。中国航天人为了实现这一梦想历尽 14 年的艰难跋涉,终于在 1984 年用自己研制的火箭成功地发射了自己研制的第一颗通信卫星,使电话、电视、电传等现代文明的天使迈着轻松的脚步,走进了 960 万平方公里土地。本书在描述这一重大历史题材时,主要围绕人物来谋篇布局,作者舍去繁杂的发射研制过程,而选择人物这条主线贯穿全书。每一个人物就是一段历史,每一个人物就是一个支点,当这一段段历史和一个个支点被有机地连接组合起来时,中国航天人的艰难拼搏、忘我牺牲的历程,便立体的凸现出来了。收入"中国航天发射大写真"系列。(王开彬)

I000466 **走出地球村** 李鸣生著。福建人民出版社 1997 年 1 月版。29.7 万字。17.60 元。从苏联发射人类第一颗人造卫星写起,生动地再现了新中国老一辈航天科技人员,在当时国内险恶的政治环境中,经过艰苦努力,终于用自行研制的"长征 1 号"火箭成功发射"东方红 1 号"卫星的历程,为我们抒写了一幅瑰丽悲壮、惊心动魄的中国航天长卷。收入"中国航天发射大写真"系列。(陶珍)

I000467 **走进柴达木** 白渔、言公著。青海人民出版社 1997 年 12 月版。20.2 万字。16.30 元。长篇报告文学。两位作者环柴达木盆地走访了 100 多个单位,行程 10 000 多公里,写下了柴达木人创业的艰难历史。讴歌了柴达木的开拓者任劳任怨、无私奉献的高尚品德,同时尽情地描述了柴达木盆地丰富的宝藏、千里岩画长廊、都兰吐蕃墓群、搭里他里哈遗址——西部先民伟大的创造和贝壳山、芦苇船、万丈盐桥等奇特的自然景观。(辛茜)

I000468 **还你一片蓝天——中国失足少年教育纪实** 李凤杰著。湖北少年儿童出版社 1997 年 12 月版。27.5 万字。12.00 元。反映我国八九十年代失足少年教育的长篇纪实文学作品。以细腻的笔触、典型的情节,多角度地揭示了少年犯罪的根源,全方位地再现了少管干警教育改造失足少年、实施灵魂拯救工程的伟大与艰辛,以大量真实的事例显示了我国少管工作的实绩。(刘海燕)

I000469 **我认识的鬼子兵** 副名:一个留日学生的札记。方军著。中国对外翻译出版公司 1997 年版。18 万字。14.80 元。一部描述侵华日本士兵回忆当年在华暴行及今日心态的纪实作品。作者在日留学期间，追寻、结交、采访60年前侵华日本士兵。并根据这些侵华日本士兵的亲历、亲见、亲闻和他们提供的日记、照片写成这部纪实作品。书中揭露了日本军国主义在华的屠戮和残暴，并表达了大多数日本老兵对自己在华的秽行和罪行的忏悔之情。本书每一章，都融入了作者的身世，他在日本的经历以及他的人格、气质，读来真实亲切，令人深思。（宗颖）

I000470 **你是一座桥** 田天著。长江文艺出版社1997年版。19.5万字。12.00元。长篇纪实文学作品。作家以饱满的热情，生动翔实的材料，娓娓道来，将人民公仆吴天祥的光辉形象、英雄业绩和盘托出，感人至深，动人情怀。作者在写作时，采用了时空交错方法，既注重了吴天祥的生动事迹，又把英雄成长的历史，很形象地刻画了出来，使人觉得英雄可信可亲可爱。吴天祥这一时代典型，活灵活现地展现在了人们的面前。作者每章有一二个很有吸引力的故事，从不同侧面，揭示和塑造了吴天祥的光辉形象。他的舍己救人，关心他人，关心穷苦人，他的自觉维护党和政府的形象，自觉学雷锋，学王杰，学孔繁森，自觉按照党的教导为人民服务。揭示了作为当代英雄的成长道路和光辉业绩。书后附有吴天祥同志1969年以来写的部分日记，对于直接了解吴天祥的美好心灵，崇高品德有着很好的作用，具有强烈的震撼力和认识价值。（罗先霖）

I000471 **拥托太阳** 副名：重庆市肢残人风采录。重庆市残疾人联合会肢残人协会编。重庆出版社1997年2月版。37万字。18.00元。写残疾人和残疾人写自己“自强不息、顽强拼搏”的报告文学集。收录描写重庆市身残志坚、事业有成的部分肢残人先进事迹的报告文学64篇。所选作品展示了肢残人无论是人大代表、政协委员、作家、篆刻家、艺术家、教授，还是普通图书馆员、工人、农村基层干部，都在不同的岗位上，自尊、自信、自立、自强，热爱生活、乐观进取、不断开拓的奋斗精神。他们用自己的智慧和心血谱写了一曲曲顽强拼搏、自强不息的凯歌。这些肢残人敢于同厄运抗争，在平凡的岗位上为社会作出了积极的贡献，他们以自身的奋斗和创造验证了残疾人参与社会生活的价值和意义。他们成才与创业之初所经历的坎坷和艰辛在作品中得到充分展现。（余国枢）

I000472 **英雄无语** 副名：迟尚斌绿茵生涯传奇。石雪清、迟尚国著。大连出版社1997年1月版。29万字。19.80元。传记文学。曾经担任过万达足球队教练的迟尚斌，在广大球迷心中，是一位功勋卓著的教练。本书讲叙了迟尚斌在执教生涯中许多不为人知的酸甜苦辣，这其中有成功带来的喜悦，有失败带来的痛苦，荣辱交织，谱写了一曲绿茵场上英雄的赞歌。（徐彬）

I000473 **国民素质忧思录** 解思忠著。作家出版社1997年1月版。20万字。13.80元。长篇报告文学。对国民素质之种种现状进行了剖露。作者俯瞰社会，掌握了全国不同地区、部门、行业大量典型的个案、统计材料，从人格、精神、道德、文化、科学、健康、职业和审美8个方面进行了考察，归纳出24种缺陷；围绕每种缺陷，在剖析社会调查结果和典型事例的基础上，提出现代人的素质要求，找出与发达国家国民的差距。目的在于警戒国民，促其完善。其最大特点、最有价值之处，是贯串并统领全书的高度理性精神。它不靠泛泛的煽情来吸引视听，不靠危言耸听的大骂“丑陋的中国人”来哗众取宠，相反，它通过详尽的分析指出，拥有灿烂历史文化的中国人的落伍，国民素质的下降，是由长期的封建专制统治和不发达的自然经济形态所造成的，而僵化的计划经济体制及相应的人的观念形态，则一定程度上导致了国民素质的滞后。在思考国民素质的改造与提高的途径时，作者针对国民素质缺陷的具体实际，努力发掘中华民族优秀传统文化的精华，发掘近、现代民族志士仁人图强求变、革故鼎新的奋发精神，发掘我们党的历史上无数英烈楷模追求真理、献身民族的光荣传统，并且也不拒绝学习和借鉴发达国家注重国民素质铸造的有益经验。这是一部醒世之作。（潘宪立）

I000474 **往事如烟** 副名：胡风沉冤录。梅志著。河南人民出版社1997年11月版。26.8万字。18.50元。1955年的所谓“胡风反革命集团”案曾震惊全国，胡风本人因此失去自由长达24年之久，成千上万无辜者被扣上“胡风分子”帽子而受到株连。胡风的夫人梅志饱含泪水向读者讲述了这一大冤案的前前后后：胡风如何被冤被斗，此后漫长的24年监禁生活如何度过，以及最终如何被平反昭雪，而重获自由。收入“沧桑文丛”。（胡茵）

I000475 **周恩来青少年时代的故事（一套）** 周尔均等著。江苏文艺出版社1997年4月版。30万字。13.50元。纪实文学。描述了周恩来自1898年3月5日惊蛰出生，至1920年11月7日与郭隆真、张若茗等乘坐“波尔多斯”号海轮去法国勤工俭学的全部历程。其中突出叙写了双重母爱、放马铁岭、“为中华之崛起”而读书、名震南开、留学东瀛、投身五四反帝反封建爱国学生运动、组织“觉悟社”、警狱斗争等篇章，从而以感人的史实和深情的刻画，塑造了一种把“自觉”系统化的周恩来精神。(周琳)

I000476　**波黑战地采访手记**　胡锡进著。黑龙江人民出版社1997年3月版。22万字。11.80元。作者记录下了波黑战争的全过程，同时描述了互相争夺寸土的交战场面、叱咤风云的传奇人物、挣扎在死亡线上的各族难民等史实情况。可使人从中获得许多有关波黑战争的宝贵资料。(徐冲)

I000477　**南线战争**　张嵩山、朱克岩著。解放军出版社1997年1月版。23万字。16.00元。“中国革命斗争报告文学丛书”之解放中南卷。描写了1949年4月至1950年4月整整一年间，人民解放军第四野战军解放华中、华南的战事。平津战役后，第四野战军渡江，将矛头直接指向国民党白崇禧集团。白崇禧的军队避开我军的攻击锋芒，且战且退，守中有攻。毛泽东亲自运筹中南战事，变穷追猛打为远距离大迂回的作战方略，终在湖南衡宝地区歼敌主力第七军4个精锐师，并乘胜追击，将其余部队围歼于桂南山地，这之后又横渡琼州海峡，解放海南岛，最终完成了解放战争的最后一个战役。本书突出表现敌我双方统帅、高级将领的斗智斗勇，毛泽东、林彪、蒋介石、李宗仁、白崇禧等人物形象栩栩如生，有血有肉，并深层次地表现阶级的、民族的与个人历史命运和社会的变迁。宏阔的战争画卷、深邃的历史哲理、全方位的艺术视角与瑰丽凝重的美感的交融给读者留下深刻的印象。(郭莹)

I000478　**重整金瓯**　副名：列强在华殖民统治始末。陈立人著。解放军出版社1997年6月版。35万字。18.50元(平)，21.00元(精)。以记述西方殖民主义者侵略、霸占香港、澳门，中国人为收回被割让领土而斗争的纪实文学。生动记述了19世纪中叶，殖民主义国家通过一系列侵略战争和外交压迫，在华强占了大片租界、租借地和割让地的悲惨历史，以及进入20世纪后，中国人民奋起抗争，逐一收回失地，最终清除列强在华殖民统治势力的斗争历程。本文以沉重的笔触状写了波诡云谲，血泪斑斑的殖民史事，生动展现了从英使下跪到中国皇帝的屈膝；从香港的屈辱割让到出租澳门的千古骗局；从东方睡狮的梦醒到中国人民艰苦卓越的奋勇抗争，这一幕幕历史的重现启人心灵，引人深思。(郭莹)

I000479　**穿过硝烟的握手**　李海文、铁竹伟著。解放军出版社1997年1月版。24.6万字。16.20元。“中国革命斗争报告文学丛书”之第二次国共合作卷，记述了国共两党第二次合作的前后经过。全书共10章，每章以一个主人公的活动为线索叙事，不仅塑造了外交场上一批极具魅力和性格特点的人物形象，如毛泽东、周恩来、张学良、蒋介石等人，还披露了许多内幕材料，对许多鲜为人知的精彩故事作了详尽的描述。

I000480　**涅槃——王昌海和他的客货车队**　赵柏田、王国安著。宁波出版社1997年版。15.2万字。9.80元。长篇报告文学。写的是宁波市海曙区客货车队及队长王昌海传奇般的真实故事。海曙区客货车队是一个特殊的车队，在册职工的84.2%是刑满释放的“两劳”回归人员。队长王昌海是一个特殊的队长。他不仅用自己坎坷而特殊的生活经历，独特的工作方法，较强的领导能力，征服了这帮“山上下来的”人，而且用他的爱心和行为去感化和教育他们，使他们“遵纪守法，安居乐业”，从原来的社会罪人，变成为自食其力、勤劳致富、对社会有用的人。车队在他的带领下，经过十多年的奋斗，由两辆破车八个人起家，发展成为目前资产达1 500多万元，职工人数500多名的运输企业。王昌海本人也在党和政府的关怀下，从一个昔日的失足者成长为今日的优秀党员和市级劳动模范。(王伯城)

I000481　**黄洋界上**　黎汝清著。解放军出版社1997年12月版。40万字。20.00元(平)，32.00元(精)。“中国革命斗争报告文学丛书”之井冈山斗争卷。作者以丰富的史料、敏达的历史洞察力和大开大合的恢弘气势，展现了本世纪20年代末波澜壮阔、曲折复杂的井冈山革命斗争。踏上井冈山，是毛泽东迈出的“枪杆子里面出政权”、“农村包围城市”的第一步。书中详细地描写了从秋收起义、朱毛会师、八月失败、毛泽东遭贬、创建革命根据地，直到王佐、袁文才被错杀、井冈山的丢失的前因后果、历史渊源和历史得失。其中，三条清晰的思路始终于全书：中国革命必须有一支新型的军队；中国革命非走农村包围城市的武装夺取政权的道路不可；星星之火可以燎原。本书所写主要人物：毛泽东、朱德、宛希先、王佐、袁文才、贺子珍等血肉丰满，形象生动，具有很强的艺术感染力，充分地展示了革命伟业初创时的艰难曲折，革命者不屈不挠的探索、斗争精神和不怕流血牺牲、无私奉献的优秀品格。尤其突出表现了毛泽东的顽强意志、过人的胆略、非凡的才智，在革命屡遭挫折时能够排除干扰，最终将革命推向胜利。作者将历史、哲理和文学有机地结合起来，给读者以历史和现实的启迪。(郭莹)

I000482 **移民美国** 胡平著。河南人民出版社1997年版。18.2万字。12.50元。《世界大串连》的续篇。通过对已经合法定居在美国或已经取得美国政府的"绿卡"的数十位原中国大陆公民的亲身采访,以报告文学的形式讲述了自改革开放后移民到美国的数十万华人的种种心态,他们创业的艰辛、事业成功的欢愉、家庭和婚姻的嬗变以及对祖国早日富强兴盛的期待,等等。力图把一个真实的美国介绍给中国的广大读者,客观公正地看待目前中美两国的实际,并力求以对话的方式来解决两国间的分歧。收入"沧桑文丛"。

I000483 **淮海战役实录** 朱少军等著。河北人民出版社1997年版。淮海战役是解放战争时期中国人民解放军与国民党军队展开的三大战略决战之一。是役,国民党丧失精锐的主力部队共55个兵团22个军,55.5万人,从此,长江以北的广大地区宣告解放。该书以翔实的资料、纪实的笔法,真实地纪录了我党我军进行大决战的战略战术决策的全过程,再现了我军将士浴血奋战的波澜壮阔的历史画面。(王书华)

I000484 **惊雷** 副名:南昌起义纪实。易宇等著。湖南人民出版社1997年11月版。42.4万字。28.00元。"中国共产党早期三大武装起义纪实丛书"之一。作者运用纪实的手法,记述了震惊中外的南昌起义从发动、起义到结局的全过程,刻画了周恩来、刘伯承、叶挺、贺龙、朱德等武装起义领导人的生动形象,对他们在起义中的地位、作用及其思想、谋略等作了详尽的分析和阐述,充分展现了中国共产党人在大革命失败后的危机时刻敢于同国民党反动派展开英勇斗争的大无畏精神。(彭富强)

I000485 **越战亲历记** 陈湃著。河南人民出版社1997年10月版。13.3万字。10.00元。作者陈湃出生于柬埔寨,先后在广州、上海和福建读书,通晓普通话、粤语和越南语。文革初期,以翻译身份两度随中国抗美援越部队入越参战,经受了美军除原子弹以外的各种炸弹考验。在书中他向读者娓娓讲述了在越战期间所亲身经历的一个个生动有趣、令人难忘的小故事,同时,披露了许多鲜为人知的事情。收入"沧桑文丛"。(胡茵)

I000486 **森林女神** 吕锦华著。江苏文艺出版社1997年11月版。16万字。10.00元。长篇纪实文学,以形象生动的文学语言,真实地记录了徐凤翔教授长期深入西藏进行科学考察、开创西藏高原生态研究领域、培养和造就大批藏汉民族林业人才、并于老年正致力于北京灵山青少年生态教育基地的动人事迹。徐凤翔原系南京大学森林系教师,1978年主动请缨参加援藏工作(时年47岁),1985年正式调入西藏农牧学院(时年54岁),任该院教授、西藏高原生态研究所所长、西藏高原生态学会理事长。入藏后,她几乎跑遍了西藏大地,深入主要林区18处,完成了大量野外考察和科研工作,获得了许多宝贵的第一手科学数据。她完成的"西藏波密高蓄积量云杉林的结构与生长生物量研究"、"墨脱珍稀植物资源与保护"、西藏生态类型区划和生态经济发展规划"等科研任务多次获奖。被授于"全国高校先进科技工作者"、全国先进工作者"等称号,1997年获国家级"科教兴国贡献奖"。(吴星飞)

I000487 **96奥运拼搏之歌** 国家体委宣传司编。人民体育出版社1997年版。10万字。16.80元。1996年,中国体育代表团在第26届奥运会凯旋归来后,中宣部、国家体委、北京市委共同举办了中国体育代表团"拼搏之歌"报告会。中国体育代表团副团长袁伟民和16位奥运金牌得主及教练代表在会上作了报告。本书在他们报告的基础上作了充实,以金牌选手自述的形式介绍他们爱国奉献、艰苦创业的精神和事迹。书中包括江泽民总书记在接见中国体育代表团时的讲话,袁伟民、柔道女子+72公斤级金牌获得者孙福明、游泳女子100米自由泳金牌得主乐靖宜、举重男子59公斤级金牌得主唐灵生、举重男子70公斤级金牌得主占旭刚、体操男子个人全能金牌得主李小双、射击女子运动手枪金牌得主李对红、射击男子移动靶金牌得主杨凌、跳水女子跳台、跳板金牌得主伏明霞、田径女子5 000米金牌得主王军霞、乒乓球女子单打、双打金牌得主邓亚萍、乔红、跳水男子跳板金牌得主熊倪、乒乓球男子单打、双打金牌得主刘国梁、孔令辉、羽毛球女子双打金牌得主顾俊、葛菲、射击男子气手枪银牌得主王义夫、游泳男子100米蝶泳第四名蒋丞稷、银牌得主、中国女足队长孙庆梅、中国女排队长赖亚文以及中国女垒主教练李敏宽、中国男子乒乓球队主教练蔡振华的文章。(张勤方)

I000488 **登上科技高峰的人们** 副名:记在辽宁工作的两院院士。杨德润主编。辽宁科学技术出版社1997年12月版。41万字。36.00元。报告文学集。真实地记述了截至1996年底在辽宁工作或工作过的30位院士的生平事迹,反映了一代科学家毕生投身于我国科学技术事业的无私奉献精神,热情讴歌了院士们炽热的爱国主义和百折不挠的奋斗精

神,同时展现了我国科学技术的光辉成就。(杨廷郊)

I000489　**新人类的呼唤——中国独生子女教育纪实**　孙云晓、孙宏艳著。湖北少年儿童出版社1997年12月版。27万字。12.00元。作者依据科学的研究和大量的采访,以一个个典型事例,深刻剖析了中国独生子女教育的得与失,向家长教师及社会各界提出了非同寻常的忠告。(刘海燕)

I000490　**碧水苍山第一路**　副名:桂柳高速公路畅想曲。黄继树、牛建农著。漓江出版社1997年5月版。18.1万字。18.80元。叙写广西重大建设工程——桂柳高速公路的一部长篇报告文学。详细地描述了公路建设者们修建这条高速公路的艰辛;在近140公里的公路中,路基石方工程量高达2 400多万立方米,建有涵洞、通道736道27 320米,大桥12座2 569米,隧道4道1 999米。全线挖方边坡高度在40米以上的有43段,填方高度在20米以上的有21处,最大填深48米。线路地质地形复杂,加上南方雨季长,施工难度之大,在全国高速公路建设中实属罕见。工程施工到1996年底还能做到不突破1993年的概算,每公里造价仅1 340万元,在复杂地质地形条件下,它的造价在全国目前是最低的……在书中,作者以饱满的激情、昂扬的笔调、曲折生动的情节,真实地塑造了路桥专家、中青年技术人员以及筑路员工不畏艰辛、团结拼搏、日夜奋战、无私奉献的可歌可泣的感人事迹,歌颂了在工程建设中形成和发扬的"艰苦奋斗、清正廉洁、乐于奉献、团结求实、雷厉风行"的"桂柳路精神"。(黄文魁)

I000491　**谭彦**　张宝杰著。大连出版社1997年9月版。14万字。15.00元。长篇报告文学。谭彦是大连经济技术开发区人民法院的青年法官。他秉公执法,无私奉献,以顽强的毅力带病坚持工作,在平凡的岗位上做出了不平凡的业绩,被人们誉为"铁法官",1996年7月荣获最高人民法院授予的"全国法院模范"称号。全书共15章,以文学和写实的手法,艺术地再现了谭彦由一个农村孩子成长为新一代大学生进而成为全国法院系统先进典型的过程,并以大量的笔墨着重记叙了谭彦身患肺病,在医生判定"最多能活五年"的情况下,仍以惊人的毅力,克服常人难以忍受的病痛折磨而拼命工作的感人事迹,从而展示了这个典型人物所集中体现的新时期共产党员、人民法官、当代青年的精神风貌和高尚情操,揭示了谭彦精神的实质。同时,还以一定的篇幅记录了谭彦事迹及谭彦精神在全国所产生的巨大反响。配有部分图片说明。(侯立杰)

I000492　**横槊东海**　副名:国共台海战事纪实。陈先义等著。百花洲文艺出版社1997年12月版。40万字。24.80元。在革命与反革命力量一次次较量的战争舞台上,人民军队创造了军史的许多第一。第一次有了刺刀加手榴弹打钢铁炮艇的历史;第一次有了自己的飞机、军舰进行陆海空三军合成进攻并解放一江山岛的战例。本书通过一个个"第一",构成了这段历史丰富而神秘的色彩,构成人民军队从昔日的常规武器作战到现代化高科技大兵团作战中的辉煌历史。本书紧紧聚焦于台海战事这个舞台中心的各色各样的人物的命运,扫描他们的喜怒哀乐。作者花费较多笔墨阐述毛泽东等中共高层领袖人物面对错综复杂的国际形势灵活自如地运用战争与和平之棒调节对外关系,以战求和,以和平换取有利国家建设的环境,以自身的发展谋求在世界大家庭中的地位,远见卓识的外交策略。(郑骏)

I000493　**澳星风险发射**　李鸣生著。福建人民出版社1997年2月版。21.1万字。12.85元。真实地记叙中美澳三方一次有历史意义的空间合作——美国休斯公司研制了新一代通信卫星,澳大利亚卫星公司购买了这颗"澳星",中美澳三方商定由中国西昌卫星发射中心"长二捆"发射。作者通过对"澳星"的两次失败和成功的发射的解剖,具体而深入地分析了不同文化生活背景下的人,在面对失败和成功时刻表现出截然不同的态度。全书从另一侧面讴歌了中国航天人从失败走向成功的光辉历程。收入"中国航天发射大写真"系列。(王开彬)

I000494　**人生败笔**　副名:一个灭顶者的挣扎实录。邵燕祥著。河南人民出版社1997年版。28.8万字。19.50元。作者自述自1957年反右派运动后,尤其是"文化大革命"期间自己被别人错误地批斗、贴大字报的同时,为保全自己违心地检讨、不惜千方百计申辩和不恰当地揭发、批判别人的"耻辱"历史。收入"沧桑文丛"。(张志林)

I000495　**升起太阳**　副名:国旗护卫队的故事。马卫革主编,张金菊等编著。未来出版社1997年12月版。9万字。5.50元。守驻天安门广场的国旗护卫队,是一个为祖国为人民为军队赢得巨大荣誉的先进集体。作者对国旗护卫队进行了采访。并将采访到的事迹用简洁明快的语言讲述出来。书中的故事生动感人,催人泪下,唤起人们对英雄的无比崇敬和对祖国的无限热爱之情。(李丽玮)

I000496　**走进炼狱**　何金铭著。河南人民出版社1997年版。25万字。15.50元。走进炼狱,就是走进“牛棚”。作为“文革”初期共青团中央的一名中层干部和运动的亲身经历者，真实地再现了当年那场运动初期团中央的造反派是如何批斗当时团中央的负责人胡耀邦、胡启立等的，记述了自己也如何被批斗、被关进“牛棚”并进而同胡耀邦等一起下放到河南潢川农场劳动改造的真实情景。收入“沧桑文丛”。(张志林)

I000497　**青春在战火中**　尹峰主编。福建人民出版社1997年9月版。27万字。16.00元。抗战时期在前线工作的劳动妇女战地服务团团员的回忆录。上海劳动妇女战地服务团诞生于1937年八一三淞沪抗战的战火之中，由何香凝发起成立，并由胡兰畦组织领导。这支队伍虽然服务于当时国民党第十九集团军，但服务团员中有不少共产党，还有一个接受新四军代军长陈毅领导的中共地下党支部，这些共产党员在服务团中发挥了坚强有力的战斗堡垒作用。服务团在抗日前线工作历时3年，足迹遍及沪、浙、苏、皖、赣、鄂、湘、豫等8个省市。她们的壮举不仅直接鼓舞了成千上万的前线将士奋勇抗战，同时也激励了千千万万的中国妇女投身抗战事业。周恩来当时就赞扬服务团以艰苦卓绝的工作精神赢得全国人民的称颂。(林荣)

I000498　**艰难的历程**　王直著。福建人民出版社1997年5月版。12.2万字。8.00元。作者以原福建军区红军艰苦奋斗历程为背景，以亲身经历生动叙述土地革命战争时期闽西南广大军民在党的领导下，配合中央主力红军反“围剿”，坚持三年游击战争，夺取斗争胜利的情景。(林荣)

I000499　**一位中国记者眼里的波黑悲剧**　江亚平著。时事出版社1997年版。25.4万字。17.50元。作者系新华社记者。1995年8月，奉命紧急出发赴战火纷飞的波黑进行采访。本书正是他通过耳闻目睹，向读者展现了前南斯拉夫那场残酷的内争。作者戴着钢盔，穿着防弹衣，奔波在波黑的战场上，记录下他亲眼目睹的一切；他深入到居民家中，到被战火袭击的医院，倾听人们的诉怨；他设法采访到交战双方的领导人卡拉季奇和穆夫迪奇总统，也与普通士兵交谈；他还到维和部队中去体验，并采访到维和部队司令史密斯；他还见到了联合国驻南特使石明康……作者以冷静的眼光观察这场悲剧的全过程，以饱蘸同情的笔墨描绘了波黑人民在这场战争中的不幸遭遇，真实客观地报道了二战后欧洲的这场最血腥的战争。全书分3篇：见闻篇、人物篇、解析篇。(白汉香)

I000500　**十年脚印**　江汉冰著。花山文艺出版社1997年8月版。作者从事新闻工作10年的结晶。作者以高度的时代感和责任感，忠实地记录了10年来的历史轨迹。她对改革开放中各条战线，特别是科技战线上涌现的先进人物、先进单位、新成就、新事物、新经验，倾注热情，撰写发表了脍炙人口的消息、通讯、评论、调查报告和理论文章。作品风格具有鲜明时代感，浓郁的现场感和人物的真情实感。

I000501　**南昆人风采**　孙浅、刘德枢主编。陕西人民出版社1997年11月版。40万字。26.00元。通过22篇典型报道真实地记叙了建设南昆铁路中筑路英雄们战塌方涌水，治膨胀岩土，斗泥石流，抗高瓦斯、高地应力，热情地讴歌了一批英雄人物。他们中，有工程指挥者、有工段长、有工程技术人员、有普通工人、有退休重返工地的老工人、有已办了退职手续还继续留在工地等干完工程再回家的工人；有热血男儿，也有巾帼英雄。(常平阳)

I000502　**独生子女宣言**　陈丹燕著。南海出版公司1997年3月版。22万字。16.80元。真实地描述了100多个独生子女在不同的家庭环境中成长起来所经历的70个不同故事，向人们全面细致地展现这一群体出现的原因、面貌、情感和成长趋势。(杨雯)

I000503　**鸟瞰地球——中国战略导弹阵地工程纪实**　徐剑著。作家出版社1997年10月版。35.5万字。24.80元。“导弹系列纪实文学作品”之二。以丰富翔实的资料和真实动人的叙述，首次披露中国战略导弹阵地建设的历史进程。塑造了上自共和国领袖，下至导弹部队普通士兵的艺术群像。(杨葵)

I000504　**王海自述：我是“刁民”**　王海等著。作家出版社1997年12月版。32.3万字。20.00元。以大量鲜活生动的故事，多角度、多视点描述了王海及其他消费者运用《消费者权益保护法》(特别是有关双倍赔偿的第49条)保护自身权益，培养维权意识，打击假冒伪劣产品的艰难历程。深刻揭示了制假售假对社会的危害，对人们灵魂的侵蚀。论述了“王海现象”产生的社会背景及其对法制建设的积极作用。本书既有王海的打假心态剖析和个人情感经历的描述，也有社会各界知名人士对打假保优的真知灼见。本书美中不足之处在于，无法指名道姓地将售假商家予以曝光，只好以字母代替，使批判锋芒有所减弱。(华沙)

散文、杂著

I000505　**人世文丛**　张岱年主编。北京师范大学出版社 1997 年 9 月版。400 万字。250.00 元。反映近百年来中国学者的人生经历和对祖国和人民的爱的 20 世纪中国文化群体的智慧结晶的丛书。精选“五四”以来著名学者蔡元培、叶圣陶、钟敬文、沈从文、季羡林、钱钟书等 300 多人的几百篇美文佳作。在内容上涉及古今中外、政治历史、道德法律、世态人生；在风格上各有个性，各有追求，各有千秋。或针对时弊，或讴歌新风，或研讨问题。有的行笔幽默，有的叱咤风云，有的含蓄深沉，有的挥洒自如。题材多样，论述精辟，有极强的思想性、知识性。在形式上有随笔、散文、思想漫议，丰富多彩，作者在相当的广度和深度上勾画出时代的眉目，可谓“世间风雨，笔底波澜”。展示了这些学者苦心追求的心路历程和德艺双馨的崇高境界。这是百年历史的回顾，世纪之交的思考。在 20 世纪即将逝去，历史将跨入新世纪的门槛之际，更具有现实意义。(傅占武)

I000506　**马背上的柔情**　副名：蒙古族散文选。那顺德力格尔主编。中国对外翻译出版公司 1997 年版。30 万字。25.00 元。“苍狼文丛”之一。编选蒙古族古代、尤其是近现代共 112 篇优秀散文，表现了北方马背民族的传统文化、风土人情。

I000507　**笔端的流云**　副名：中国现代美文品读。邵宁宁、石义堂编。甘肃教育出版社 1997 年 12 月版。25 万字。11.30 元。编选中国现代美文 71 篇，分作主题不同的 5 辑，每篇文章后附有编者的评析。收有从周作人、林语堂等人直到贾平凹、余秋雨的作品。内容涵盖中国社会发展的各个阶段，能够反映中国社会人文精神在不同时期的不同风貌。(王光辉)

I000508　**中国文学大辞典**　钱仲联、傅璇琮等总主编。上海辞书出版社 1997 年 7 月版。523.3 万字。268.00 元。收词 1.7 万余条，按时间顺序编排，分作家理论家、风格流派社团、别集、总集、名篇、戏剧作品、小说笔记、掌故、文学人物、期刊、名词术语、研究著作资料汇编、工具书等十余类。其中收入作家 6 400 多人，个人别集 3 400 余种，跨代总集近千种，汇聚了中国文学数千年积累之精华，展示出中国文学漫长的发展面貌。作家、作品等重点类别中，或勾勒生平官职、文学业绩，或简述作品内容及其价值，尤其注重列出人物生平的原始资料、版本流传及现存书目等线索，以便读者进一步探索研究。后有笔画索引，并有《中国文学大事记》、《本辞典主要征引参考书目》两个附录。(祝振玉)

I000509　**中国书信精典**　殷正林等选注。山东大学出版社 1997 年 5 月版。61.2 万字。28.80 元。“中国传统文化精典系列”之一。收选自战国至清末民初 165 位作者的书信精品 224 篇，加以详尽的解说和注释。入选的作品，既有著名政治家、思想家、军事家、文学家、艺术家、史学家和学问家的传世名篇，亦有一般人物的文情并茂、脍炙人口之作；既有洋洋千言的鸿篇巨制，亦有寥寥几十字的短笺小牍；既有以议论说理或叙事写实名世的文翰，亦有以抒情写性见长的篇什。在书信的内容上则不拘一格，广泛选取，在编排上，大致以时代先后为序，旨在给读者一个明晰的史的概念。每篇作品之后，均附有简要的题注和详备的注释，对作者、致书对象、写作背景、用典及难解词语，作出简要准确的说明和诠释。(周广璜)

I000510　**中国古代散文精华**　副名：中国古典文学精华丛书。成志伟主编，邱少华选注。重庆出版社 1997 年 11 月版。31.4 万字。20.00 元。古典散文选集。精选自先秦至清的散文佳品 109 篇，展现古代散文的发展概貌，突出唐宋大家、晚明小品、清代桐城等重点，详加注释，精心点评。(余国枢)

I000511　**中国古代散文丛书**　徐柏容、郑法清主编。百花文艺出版社 1997 年版。202 万字。131.00 元。“百花散文书系”的组成部分，计划包括 40—50 种(册)。现已出书 13 种，为《庄子散文选集》、《韩非散文选集》、《司马迁散文选集》、《韩愈散文选集》、《欧阳修散文选集》、《苏轼散文选集》、《曾巩散文选集》、《归有光散文选集》、《钟惺散文选集》、《张岱散文选集》、《方苞散文选集》、《袁枚散文选集》、《沈复散文选集》。本丛书所选皆以文学性散文为主。入选作家上始于先秦，下迄于清末。各家作品均单独成册。各书篇目排次，原则上以写作时间先后为序，以便读者了解作者散文创作的发展和演变。每书序言部分简介作者生平经历、文学活动概况及时代与文学背景，重点则是结合入选作品，分析其散文创作的思想和艺术特色、风格流派、创作发展历程以及对后世散文创作的影响、在散文史上的地位等，以此作为阅读、欣赏、评价具体文章并进而研究作者及其散文的初阶。为适应不同文化程度读者的需要，选入的各篇文章之后，一律附加简明题解和注释，说明文章题旨和写作背景，疏释较难理解的语词、典故、职官、器物及人物、地名、引文等。(任少东)

I000512　**“唐宋八大家散文选集”丛书**　王水照等编。上海古籍出版社1997年版。160万字。共7册:《韩愈散文选集》(顾易生、徐粹育编撰);《柳宗元散文选集》(汪贤度编撰);《欧阳修散文选集》(陈必祥编撰);《曾巩散文选集》(包敬第、陈文华编撰);《王安石散文选集》(王水照、高克勤编撰);《苏轼散文选集》(刘乃昌、高洪奎编撰);《苏洵、苏辙散文选集》(沈惠乐编撰)。每册分别编选该作家不同时期、各种体裁散文代表作数十篇,荟萃其对后世影响深远的创作精华。各选集前言部分对八大家各自生平历程、精神风貌、学养渊源、创作理论主张、风格嬗变、艺术成就等均有介绍。为帮助读者排除阅读哲学原著的障碍,对入选的每篇文章,编撰者均作有精当题解、详明注释。(仓阳卿)

I000513　**“鸳鸯蝴蝶派散文大系”丛书**　袁进主编。东方出版中心1997年9月版。184.4万字。在20世纪中国文学史上,鸳鸯蝴蝶派是一个不容忽视的重要存在。他们除了写小说,还撰有大量独树一帜的抒情文字、笔记小品、随笔、杂谈等散文,但长期以来却被湮没。现从建国前出版的大量报刊、书籍中广泛搜罗、遴选,汇编成这套散文大系。按题材内容——人生、人物、艺林、风情、博闻、世态、行旅、休闲分为8编。有《咏叹人生》、《活在微笑中》、《艺海探幽》、《尘封的风景》、《闲者的盛宴》、《都市魔方》、《随草绿天涯》、《心灵的驿站》。(钟蕾)

I000514　**古文鉴赏辞典**　陈振鹏、章培恒主编。上海辞书出版社1997年7月版。224.1万字。40.00元(上),32.00元(下)。文学鉴赏类工具书。分上下两册,上册选收先秦、两汉、魏晋南北朝、隋唐散文名篇,下册选收宋金元、明清、近代散文名篇,共546篇,涉及历代作家248位,囊括先秦诸子及历史散文、楚辞、汉赋、《史记》、《汉书》文章、六朝小赋、唐宋散文、明清小品中脍炙人口的名篇佳制,一些鲜为人知的美文和具有思想理论价值的鸿文也予以收录,全面反映中国古代散文发展概貌和艺术成就。每篇古文均请当代著名古典文学专家、学者撰文鉴赏,抉示其思想内容,展示其艺术特色,力图用历史唯物主义和辩证唯物主义的观点,从文学和艺术的角度对中国古文的辉煌成就进行鉴赏和评价,帮助读者了解其发展和流变,以弘扬传统文化的精华。下册有《作家小传》、《古文书目》和《篇目笔画索引》等附录,便于查考检索。(吉明周)

I000515　**现代作家游记欣赏辞典**　吴欢章主编。汉语大词典出版社1997年12月版。84万字。48.00元。选收中国现、当代作家(包括港澳台及海外华文作家)的优秀游记作品,时间上起“五四”前后,下迄1990年前后。(纪大庆)

I000516　**二十世纪中国作家怀人散文**　曹聚仁等著。知识出版社1997年5月版。110.6万字。92.70元。分7册,有《曹聚仁集》《谢冰莹集》《周作人集》《茅盾集》《冰心集》《丁玲集》《唐弢集》。作品呈现出各不相同的特色:有的词藻富丽,有的冲淡自然,有的激越奔放,有的含蓄委婉……对人物的品评也因作者思想立场不尽相同也会有得当、不尽妥当和失当之分,但是,无论如何,怀人散文的伦理价值和审美价值是不言而喻的。编者采取了篇主加注的方式,文中个别难解之处,也做了注释,此外,对原作品中作者的一些注,则以“作者自注”的方式予以保留。(马汝军)

I000517　**人在边缘**　李师东著。河北人民出版社1997年版。12.8万字。10.80元。“午夜散文随笔书系”之一。散文集。共4辑。第一辑:“走过从前”,为抒情散文,感触与观感并进;第二辑:“文坛走笔”,是作者结合编辑文学刊物的实际散发的议论;第三辑:“古诗随感”,是作者欣赏古典诗词时感到的趣味;第四辑:“书与人”,谈到的多是曾成为热点的图书,文笔生动有趣。(崔玮)

I000518　**三味丛书**　黄苗子等著。河北教育出版社1997年9月版。320万字。230.30元。当代艺术家、作家散文随笔作品集。包括《苗子说林》(黄苗子)、《时间的切片》(郁风)、《车轮草》(端木蕻良)、《狗一年猪一季》(何满子)、《热炒冷餐》(郑拾风)、《旧时燕子》(邵燕祥)、《方成漫笔》(方成)、《韩羽小品》(韩羽)、《闲言碎语》(蓝翎)、《带咸味的糖》(韩尚义)、《钟灵琐记》(钟灵)、《冰兄漫谈》(廖冰兄)、《钓梦》(柯文辉)、《冰核儿集》(詹同)、《黄永厚文画》(黄永厚)、《北方的红辣椒》(罗庆朴)。

I000519　**王火散文随笔**　王火著。重庆出版社1997年6月版。31.4万字。24.00元。收入散文、随笔75篇。选辑分为“日伪罪恶”、“人事沧桑”、“往事钩沉”、“旅途摘花”、“创作心路”、“夜读随笔”和“序跋后记”7部分。书中大部分涉及《战争和人》创作的经过、经验、感触及所接触的人和事。其中也有旧时的回忆、历史的沉思及对青年作者的鼓励、评价、议论。这些作品发自作者内心对党、对人民、对祖国、对民族、对亲人的无限爱;对敌人、对日本侵略者、对汉奸的刻骨仇恨。(余国枢)

I000520　**王安忆选今人散文**　王蒙等著。上海文艺出版社1997年6月版。27.6万字。16.00元。收王蒙、陈村、尹慧、张炜、史铁生、张承志、余秋雨、孙少山、刘烨园、张辛、吴亮、路遥等12位作家的15篇作品,这些作品直接书写了与我们生命有关的感情,是美文,又显大气,不仅体现了当今散文创作的高水准和高品位,又给人无尽的感受和启迪。(陈先浩)

I000521 **无成** 朱晖著。河北人民出版社1997年版。12.1万字。10.20元。"午夜散文随笔书系"之一。散文集。第一部分以"时尚过眼录"、"外乡人看上海"为代表,对现实生活中诸种人、事、物做出了较为独特、新颖的文化注解,文笔幽默;第二部分为文学随笔,有其独到之处;第三部分为对往事、亲友的思念和缅怀,其中不乏沧桑感,读来感人,引人遐思。(崔玮)

I000522 **日子** 倪萍著。作家出版社1997年6月版。21万字。22.00元。电视节目主持人倪萍以朴素的近乎说话的方式述说了她并不轻松的生活内容、情感遭际、事业功名。其中,既有童年回忆,又有人物素描,也有游记及心理体验的表述。文章饱满地写出了一个职业女性的真实体验。(鲶钥)

I000523 **中国当代杂文八大家** 邵燕祥、牧惠等编。时代文艺出版社1997年6月版。185万字。132.00元。收入中国当代最著名的8位杂文作家的优秀作品,每人结为一集。其中有邵燕祥的《检阅天安门》、牧惠的《造神运动的终结》、何满子的《如果我是我》、舒展的《贪官的价格》、刘征的《美先生和刺先生》、章明的《上帝和傻子》、蒋子龙的《当今骂坛》、虞丹的《做人与做官》。这些作品无论史海钩沉,还是现实扫描,大到国脉民命,小到生活琐事,篇篇都是上乘之作。或题材重大,低蕴厚重;或旁征博引,尖锐辛辣;或绵里藏针,幽默诙谐;或老到厚重,笔致开阔;或刚柔相济,涉笔成趣;或俏皮得体,构思奇巧;或文笔清丽,思辨中有抒情;或秉笔直书,新闻性、现实性较强,都体现了独特的艺术风格,自成一家。(邢爱光)

I000524 **中国当代青年散文家八人集** 王久辛主编。敦煌文艺出版社1997年3月版。85万字。43.20元。散文合集。辑入90年代在中国文坛较为活跃的8位青年散文作者的主要散文、随笔作品。分别为:彭程的《受难之爱》、王开林的《入世之惑》、刘烨园的《精神出身》、朱鸿的《张良论竹》、凸凹的《两碗酒话》、伍立杨的《文字灵幻》、沈天鸿的《访问自己》、王久辛的《绝世之鼎》等。作品集中地体现了几位作者的艺术追求和文体风格,以及"对土地、对人类、对国家、对文化、对历史、对人生的热切关注"。(李保军)

I000525 **内心生活——周佩红散文70篇** 周佩红著。华东师范大学出版社1997年2月版。35万字。25.00元。女作家周佩红90年代散文创作集。分5辑,分别为"城市碎片"、"女人花树"、"幻想锁链"、"精神驿站"、"岁月魔方"。第一辑记录了作为城市作家对都市生活的体验和思考,第二辑记叙女作家对女性世界的开掘,第三辑描写作者在文学创作中的悲喜交织之情,第四辑是作者游历祖国各地中的所见所闻所感,第五辑集中了海外题材的作品。本书以女作家特有的细腻、丰富的感情,着力于对人的内心世界的开掘,通过对人的弱点的理解、对性中丑恶东西的针砭、对人的命运的美好祝愿、对人生中无法克服的缺憾的婉叹,体现出人道主义的深刻内涵(著名文学评论家王铁仙语)。收入"华东师大作家群系列"。(阮杰兵)

I000526 **午夜散文随笔书系** 李书磊等著。河北人民出版社1997年版。10位中青年文艺理论家的散文集。分别为:《重读古典》、《看得见风景的房间》、《世纪末的沉思》、《湿地》、《蔚蓝的梦》、《民间主题》、《人在边缘》、《星空与植物》、《无成》、《布衣》。其中有文学札记、人情散文、社会杂文、读书随笔等,内容涉及文学、人生、社会、历史、人性等。虽然每一部文笔特色不同,或轻松、或沉重、或紧凑、或散漫、或质朴、或瑰丽,均具有一定的深度和文化底蕴。(崔月来)

I000527 **今人书话系列** 陈子善等著。浙江人民出版社1997年7月版。262.8万字。169.40元。收入12家书话。分别为:《作壁上观——葛兆光书话》(葛兆光著,23.3万字,14.70元),《被遗忘与被批评的——朱学勤书话》(朱学勤著,15.8万字,11.20元),《漫卷诗书——陈平原书话》(陈平原著,28.5万字,17.20元),《太阳消失之后——王晓明书话》(王晓明著,18.5万字,12.70元),《第二壶茶——施康强书话》(施康强著,21.6万字,14.20元),《酿一碗怀旧的酒——恺蒂书话》(恺蒂著,18.5万字,12.70元),《尚在旅途——吴方书话》(吴方著,25.8万字,15.70元),《终朝采绿——扬之水书话》(杨之水著,16.1万字,11.20元),《沉入词语——南帆书话》(南帆著,27.3万字,16.70元),《捞针集——陈子善书话》(陈子善著,24.4万字,15.20元),《天地玄黄——葛剑雄书话》(葛剑雄著,18.5万字,12.70元),《冬夜小札——刘绪源书话》(刘绪源著,24.5万字,15.20元)。该系列兼具书里见书、话外有话的特点。不仅专注于书事文艺,而且颇多显露其用世之意。既于其中见出古今书话文体的流变之迹,体现学术代兴的现实面貌,也为当今社会思想、世道人心痛下针砭,贡献知识者世俗关怀的一份意见。因此,它对读者大众的影响,除了书卷气息的熏陶之外,更有裨益社会良知和文明氛围的形成。(蒋恒)

I000528 **双叶丛书** 萧乾、文洁若等著。江苏文艺出版社1997年版。350万字。240.00元。一套伉俪作家(艺术家)的散文合集。已面世16本。兼容了现、当代文坛上的主要文学流派,有左联的主将、创造社的巨头和新月派的绅士;包纳了思想者、作家、诗人、画家和名伶。所选作品在内容上以写家庭、亲情为中心。写作者夫妇相濡以沫所走过的人生历程,以展示他们的生存状态和精神风貌。丛书的篇目是(以出版先后为序):《旅人的绿洲》(萧乾文洁若)、《绝唱》(吴祖光新凤霞)、《;—— 命运的分号》(冯亦代黄宗英)、《陌上花》(苗子郁风);《爱的呐喊》(鲁迅许广平)、《爱的新月》(徐志摩陆小曼)、《岁月留痕》(郁达夫王映霞)、《双佳楼梦影》(陈西滢凌叔华);《双城集》(何凡林海音)、《我们的和弦》(柏杨张香华)、《铁血东流》(老舍胡絜青)、《长情赞》(胡风梅志);《探索人生》(巴金萧珊)、《有了爱就有了一切》(吴文藻冰心)、《多情人不老》(周有光张允和)和《浪漫人生》(赵元伍杨步伟)。(张昌华)

I000529 **书之归去来** 黄裳著。湖北人民出版社1997年8月版。24.8万字。13.10元。收录作者有关书和人的随笔集。谈书的文章涉及书的知识和对书的爱恋及感受;忆人的文章涉及巴金、肖珊、俞平伯、沈从文、钱钟书、马叙伦、郑振铎、郭沫若、朱自清、茅盾、许寿裳、冰心、阿英、冯至、废名、李广田、周作人等,具有较高的史料价值。(邓宁辛)

I000530 **布衣** 谭湘著。河北人民出版社1997年8月版。11.67万字。10.00元。“午夜散文随笔书系”之一。共收作者39篇散文、随笔。这些文章,写的都是身边的事情,社会上的种种见闻,都是作者的真情、感悟、良知和理想的张扬和表露。(郭明义)

I000531 **叶辛散文随笔自选集** 叶辛著。内蒙古人民出版社1997年8月版。15万字。12.80元。大多数散文是作者新作。如“访美散记”、“曼谷姑娘的眼睛”、“西雅图之思”等,其他有对知青岁月的回忆,如“放牛的日子”、“怀乡居古庙”;有对爱情的阐述,如“新婚寄语”、“从爱情说开去”等,有对城市的描叙,如“我的省城情结”、“上海形象的写照”等,还有对美的审议,如“布依石头寨”、“独步景山”等,更有对亲情、友情的真心流露,如“我们的‘爱之路’”、“让孩子自己成长”、“春雨何急送鸿生”等。叶辛的散文,抒情真切、自然,文笔优美,或潇洒自如、或行云流水、或婉丽平和,给人以一种诗情画意的美感。(张明淑)

I000532 **生命的追问** 张海迪著。作家出版社1997年5月版。25万字。18.00元。共5辑,收入作者近年创作的散文50余篇。第一辑主要以回忆的方式,或描写小时候在病床前的童趣(《隔离室与来克亨》)和妈妈带自己赴京治病的艰辛(《美丽的清贫》);或描写渴望站立行走的心灵悸动(《芭蕾仙子》)和下乡时与农村少女们的融融亲情(《初一到十五》)。第二辑主要以诗意的激情和悱恻的笔调咏叹友谊和爱情,如《湖畔的结构》、《长发飘飘》和《钢琴课》等篇什,把一种由于残缺而留下遗憾的美挥洒到了极致。第三辑着重表现人的生命力和意志力,抒发一种“即使被痛苦的磨盘碾碎躯壳,还会留下灵魂闪闪发光”的奋斗精神,如《为文学而战》、《生命的追问》等篇章较为典型。第四辑集中了作者对时间、疾病、自然和文学等人类经常面对的问题的哲理思考,在《时间与意志》、《风中的树》和《在文学的原野上》等作品中不断闪现出作者的思想火花。第五辑包括了作者的游记和杂感,例如病痛给作者造成写作上的障碍(《没有灵感的夜晚》),又例如作者对日本慰安妇的深切同情与理解(《我的麻由咪》),情感真挚动人。(杨德华)

I000533 **民间主题** 罗强烈著。河北人民出版社1997年版。13.8万字。11.30元。“午夜散文随笔书系”之一。散文集。基本主题为乡情,诸如对故乡的山水和亲人的怀想,对故乡民风、民俗的记录与描绘,语言非常浪漫自由,纯朴而又瑰丽;另有部分属游记,是作者在异乡游历的感怀;最后少部分是作者对写作的个人感受,其中不乏灵思之笔。(崔玮)

I000534 **在季风中感觉雨** 徐成淼著。河北人民出版社1997年8月版。17.8万字。16.00元。“对话与独白丛书”之一,一部文、理俱佳的都市散文随笔集。作者以优美、诙谐的文笔,借助自己独特的观察视角,写出了人生的甜酸苦辣,悲欢离合,道出了自己丰富的生活感受。分成《随风而逝》、《在水一方》、《雁南飞》、《明亮的时刻》、《黄金落叶》、《雨之声》6个栏目。(李方)

I000535 **当代作家学者散文丛书** 王小波等著。北岳文艺出版社1997年11月版。包括王小波的

《思维的乐趣》、钟敬文的《进入九十年代》、王富仁的《蝉之声》、韩少功的《佛魔一念间》和燕治国的《人生小路》。虽然几位作者的风格相去甚远，但是有一点是相似的，他们的散文缺少高士的逸兴，才人的风流蕴藉，却拥有鲜明的思想个性，高扬自由、尊严、崇高的精神，书中充满批判精神、自由立场以及个体经验的随笔短论，都是从他们大量的文化社会评论中精选出来的，表现了知识分子对社会进步的关切和呐喊。(赵雪芹)

I000536　**先锋散文**　周晓枫等著。北岳文艺出版社1997年12月版。96万字。58.00元。由散文集《爬过早晨》、《上帝的隐语》、《对隐秘的热情》、《幽火》、《时光练习簿》5种组成，作者是在全国颇有影响的青年散文作家叶依、周晓枫、王家新、张锐锋、张执浩。这些散文大都取材于平常人的平常生活，或者说是作者对自己日常生活的开掘思考，不单单是经验型的、感觉型的或者是思维型的，而是一种对人类生活的方方面面、对社会生活的方方面面知识的洞察、透视和开掘。散文的字里行间，给人一种洒脱感和空灵感，不少篇章里作者从司空见惯的生活中挖掘出的一种深邃的人生哲理，给人一种心灵的启迪和感悟，使人的灵魂在那些朴实无华的文字中能得到一种净化。(华丹)

I000537　**汗颜斋文札**　郭风著。海峡文艺出版社1997年9月版。30.8万字。16.50元。收入郭风80年代至90年代初期的部分散文150多篇，其中有随笔、札记、杂感和抒情散文等等，在散文形式上显得灵活多样，其内容涉及社会生活、民俗民风、地域文化和婚姻、爱情诸方面的个人感受和见解；书中还收入自传体散文和笔记性的文学评论，对于研究郭风的文学创作具有一定的文献价值。是书可算是郭风晚年的作品选集，论者认为是书不仅作品数量和形式繁多，更表现在作品思想深刻性、个性化和题材广泛性诸方面比早期作品有了新的突破。(郭景能)

I000538　**军旅随笔**　赵显明著。武汉出版社1997年4月版。25万字。16.80元。一位军旅作者的个人杂文集，分“涉史偶谈”、“世相藏否”、“文苑杂侃”、“人生解读”4部分。作者把军人的战斗精神和杂文的战斗品格融会在一起，或引经据典，谈古论今，或针砭时弊，弘扬正气，或关注社会，感悟人生，字里行间流露出的是人民战士爱憎分明的政治立场、攻奸锄顽的英雄豪气和热爱生活的精神追求。从整体上看，最大的艺术特点是大量采用了讽刺手法，但不管是冷潮热讽，还是金刚怒目，分寸都把握得比较准，基调也都是惩恶扬善；其次，作者十分注重用典，许多文章便是借典发挥、触典生情，或者是以典为据，从人们熟视无睹的史实或现象中生发开去，挖掘出令人拍案叫绝的妙语箴言，自然流畅的行文中透射出智慧的光芒和思辨的色彩。(杨建文)

I000539　**孙波杂文随笔选**　孙波著。华艺出版社1997年版。40.1万字。22.50元。所载150余篇杂文、随笔及附录的22篇散文，荟萃了杂文作家孙波所著10本杂文中的精品。孙波的杂文以“谈论人生”、探讨“怎样做人”为中心，融思想性、哲理性、趣味性、实用性于一炉。(孔德骐)

I000540　**走虫**　副名：贾平凹日记暨散文新作。贾平凹著。中国青年出版社1997年3月版。14.5万字。11.50元。散文、日记。作家贾平凹1996年江南之行，众所瞩目。收入该集的“江浙日记”即是平凹为这段难忘岁月留下的珍贵记忆，是作家心灵世界的自我写真，是文学与社会的对话和弦；该集的另一部分是平凹近一两年的“散文新作”，系首次结集，其中许多作品尚未刊世。(李向晨)

I000541　**报人随笔杂文系列**　陈四益等著。学林出版社1997年版。共4册。包括：现任《瞭望》周刊副总编陈四益的《乱翻书——陈四益随笔》是他继《瞎操心》之后的又一本自选集，其中“读画录”是他与著名画家黄永厚合作的产物，与另外“乱翻书”和“人间世”两辑的文字体现了他一贯的深刻犀利而又简练明快的作风。原任《文学报》负责人的老作家刘金的《吹沙居乱弹》是他继《吹沙居随笔》、《马上随笔》之后的又一本新作，收入作者自1991年至1996年的各类随笔杂文136篇，尖锐泼辣而又富文采的文字带着强烈的感情色彩倾泻而出，体现出一个老共产党员的坦白胸襟，《联合时报》编委王建平、《上海法制报》副总编沈栖的《“吾妻镜”和“过滤器”》与《明天的废话》都是他们近年来随笔杂文的结集，在祛邪扶正、抨击时弊、建设精神文明和杂文写作方面都有很强的现实意义。(雷群明)

I000542　**闲侃聊斋**　牧惠著。百花文艺出版社1997年版。15.5万字。16.00元。一部介于杂文与评论之间的作品，所言往往是借《聊斋》故事抒发自己的块垒，在形式上更接近于杂文。作者借《阎罗》、《促织》、《局诈》等文章讽刺官僚主义、社会不正之风等。作者面对现实，并对现实中存在的诸多非正常的、不合理的现象进行了批判与批评，具有一定的思想意义和认识价值。该书在行文上有的锋芒外露，激

奋之情溢于言表;有的反讽幽默,曲折有趣,以达到警策读者、扬善除恶的效思。书中有漫画家韩羽绘有的漫画若干。(刘淑文)

I000543　**沉默的大多数**　副名:王小波杂文随笔全编。王小波著。中国青年出版社1997年10月版。35万字。27.00元。收入已发表和能找到的王小波的全部杂文随笔作品。文集包括思想文化方面的文章,涉及知识分子的处境及思考,社会道德伦理,文化论争,国学与新儒学,民族主义等问题;包括从日常生活中发掘出来的各种真知灼见,涉及科学与邪道,女权主义等;包括对社会科学研究的评论,涉及性问题,生育问题,同性恋问题,社会研究的伦理问题和方法问题等;包括创作谈和文论,如写作的动机,作者的师承,作者对小说艺术的看法,作者对文体格调的看法,对影视的看法;包括少量的书评,其中既有对文学经典的评论,也有对当代作家作品的一些看法;最后,还包括一些域外生活的杂感以及对某些社会现象的评点。(李丕光)

I000544　**张晓风散文**　[台湾]张晓风著,唐梦编。浙江文艺出版社1997年6月版。27.7万字。14.00元。台湾著名女散文家、戏剧家、小说家张晓风的散文选集。分"画晴""描容""我在""色织"4辑,收散文作品50余篇。书前有作者的代序《给我一个解释》,书后有我国散文评论家楼肇明撰的评论《星约·情冢·诗课》。(严麟书)

I000545　**青橄榄文丛**　高华平等著。湖北教育出版社1997年5月版。91万字。51.50元。分《京剧精神》、《神话解读》、《玄学趣味》、《佛语哲思》4册。橄榄,绝不同于快餐食品,不能大口吞咽。《太平御览》引《临海异物志》说,橄榄,又名"余甘子",那意思就是要形容它"初入口舌涩酸,饮水乃甘"。范成大《桂海虞衡志》说,由橄榄木脂制成的橄榄香,"独有清烈出尘之意,品格在黄连枫香之上"。古人有称茶为"橄榄仙"的,因为茶饮用起来也是先苦涩、后芳香。宋代陶各《清异录》录某童子诗句云:"回味亦称橄榄仙。"那么,书,探讨传统文化的书,更可以称为橄榄仙了。(熊茵)

I000546　**画家散文**　齐白石等著,叶梦选编。湖南文艺出版社1997年11月版。40.3万字。23.50元。选收我国现当代103位画家的散文作品118篇。作品按画家的生年先后排列,每篇作品前有100字上下的作者简介。其中既有老一辈著名画家齐白石、刘海粟、潘天寿、丰子恺、傅抱石、叶浅予、关山月、廖冰兄、丁聪、张仃、吴冠中等的美文,也有建国后成长的著名画家黄永玉、陈白一、韩羽、韩美林、范曾、戴敦邦、周思聪、林墉等的佳作,还有在改革开放后崭露头角的画家陈逸飞、王孟奇、卢延光、巴荒等的作品。作品无论记人记事、摹山写水,还是论画谈艺、抒怀寄慨,都体现了画家信手拈来,笔酣墨畅,挥洒自如,质朴、清新的特点。尤其是老一辈画家工画能诗,其作品充满诗情画意。(陈仿麟)

I000547　**《金马文集》当代青春思维系列**　金马著。北京师范大学出版社1997年9月版。175.6万字。59.00元。作者同读者(特别是青年读者)交流生存智慧和发展艺术的论著。主要围绕生存智慧这个核心命题,坚持唯物、辩证以及激发人们向上的著述原则,以富于个性的生动文笔,牢牢把握时代的脉搏,借助富于哲味的各类散文文体,大体有序地撰写了这一系列有助于素质教育的青年读物。文集中的诸多篇章洋溢着浓重的激情,富于很强的感染力。全书共5卷分别为《青春的觉醒》、《形象魅力考》、《爱园行为史》、《哲味的寻觅》、《心灵的独语》。(傅占武)

I000548　**金秋集**　刘哲、王学昭著。花山文艺出版社1997年4月版。作者夫妇二人长期从事文学和新闻编辑工作,这是他们的一个散文合集。全书共收入45篇作品。内容大致分3部分:一、游记散文;二、人物特写;三、革命生活经历回忆录等。作品文笔流畅,感情真挚,是作者生活足迹的一点记录,也是他们写作生涯的一个小小的缩影。

I000549　**经典美文三百家**　班澜、黄彦编。内蒙古人民出版社1997年12月版。131万字。78.00元。现代、当代名家名篇散文集,选文300多篇。分3卷:《母体卷》、《体式卷》、《风度卷》。《母体卷》分:"花"、"梦"、"酒"、"茶"、"食"、"情爱"、"生死"、"家园"、"山水"、"四季"10类;《体式卷》分:"抒情"、"状物"、"哲思"、"随感"、"序跋"、"游记"、"传记"、"书札"、"传知"、"笔记"10类;《风度卷》分:"冲淡"、"俊逸"、"清新"、"奇崛"、"幽默"、"率真"、"蕴藉"、"秾丽"、"旷远"、"典雅"10类。(刘智聪)

I000550　**春草集**　杨振兴著。武汉出版社1997年4月版。38万字。24.00元(平),32.00元(精)。分为"采风篇"、"思辨篇"、"谋论篇"、"序评篇"等4部分。其中"采风篇"记叙了作者近10多年先后出访欧美、东南亚10多个国家和香港、台湾地区,以及采访沿海内地著名城镇和名山大川的新闻作品,记叙翔实,含义深邃,文笔质朴、生动。"思辨篇"是作者多年坚持杂文写作的部分发表文稿,诠释人生哲理,呼唤人世真情。"谋论篇"与"序评篇"所收录的作品,则是

他从事新闻宣传领导工作中一些带有启示性的作品。(梁杰)

I000551 **歪批水浒** 牧惠著。百花文艺出版社1997年版。13.2万字。17.00元。牧惠借古人的酒杯浇自己块垒的杂文集。作者取"歪批",比板着面孔的"正批"更轻松、更自由、更无条条框框。全书亦庄亦谐、亦文亦白、亦雅亦俗、亦古亦今,其无拘无束,幽默机智,绵里藏针,轻松戏谑,得歪批本色,不论在思想上还是艺术上,此书都达到了比较高的水平。作者对《水浒》中的各种人物进行点批,使《水浒》中的文学形象与现实达到了某种契合,超乎于文学作品本身所具有的意义而具有现实性、批判性。书中有漫画家韩羽绘有的漫画若干。(刘淑文)

I000552 **星空与植物** 南帆著。河北人民出版社1997年版。15.6万字。12.60元。"午夜散文随笔书系"之一。散文集。由生活散文和随笔组成。其中既有对现实生活中的诸态的观察思考,又有对生命的感悟,对纯洁事物的思念,对亲友及往事的缅怀。既有优美感人的抒情,又不乏冷静深刻的分析。(崔玮)

I000553 **思路花雨** 副名:朽木杂文随笔。孙月沐著。南京大学出版社1997年5月版。31.4万字。12.00元。杂文随笔集,收录作者已发表的160多篇文章。共4辑:一、思维舞池;二、热点冷视;三、世相摄真;四、文化晴雨。作者十分关注现实问题,以一个新闻工作者的责任感和职业敏感,对现实问题进行透视和分析,表现了作者忧国忧民之心和较高的政治理论水平,起到了张扬真善美、鞭鞑假恶丑的作用,给读者以警醒和启示。(左健)

I000554 **看得见风景的"房间"** 李洁非著。河北人民出版社1997年8月版。12万字。13.00元。"午夜散文随笔书系"之一。散文集。由"活着"、"世事碎语"、"边缘文谭"、"文明怀想"等4个方面的内容,共52篇文章构成。这些作品,或深触人的灵魂与良知,或于茫茫书海中剖蚌取珠,或尾然谈叙人生感悟和生活百态,或敏锐地从对日常琐事、流行时尚、社会风气的观察中透视人生哲理。(郭明义)

I000555 **钱钟书散文** 钱钟书著。浙江文艺出版社1997年7月版。34.5万字。26.00元。分论人生、书评、论学、书信、序跋、杂说6辑,共96篇,其中首次收录的早期散文32篇,时间跨度为60年。此集体现了作者的散文风格及学术思想的形成和发展。钱钟书的散文不直接干预现实,避免触及社会问题;也不矫揉造作,抒发悬空的闲适幽默,而是构思机敏,出语幽默,分析精辟,并能将议论说理与美感深情糅合一起的清淡散文。(严麟书)

I000556 **骊歌** 副名:叶君健散文近作选。叶君健著。辽宁少年儿童出版社1997年版。28万字。16.00元。是近几年作者散发在报刊上的一些散文作品选集,这些作品大致可分为忆旧记叙散文、身边记事散文、知识性学术性散文几部分。其中有回忆第二次世界大战中,他到英国宣传中国人民抗日的文章;有回忆他在剑桥大学英王学院研究外国文学时有关人和事的文章;有谈童话、散文、儿童小说、华文文学、科幻文艺及一些学术流派的知识性学术性文章等。(贵全松)

I000557 **野菊文丛(新锐杂文)** 鄢烈山等著。青岛出版社1997年11月版。105万字。71.60元。中青年杂文家鄢烈山、丁东、朱健国、刘洪波、何龙、蔡栋的个人作品集。每人1册,共6册,分别为《中国的个案》(鄢烈山)、《尊严无价》(丁东)、《钢铁是怎样没炼成的》(朱健国)、《文化的见鬼》(刘洪波)、《当代愚公挖什么》(何龙)、《胡子与学问》(蔡栋)。这些杂文作品针砭时弊,鞭笞丑恶,匡扬理性、良知,具有鲜明的时代感和思想性。同时这批杂文文字隽永、文境深邃,有很强的可读性。(王一方)

I000558 **鸿儒遍天涯** 高增德著。湖北人民出版社1997年8月版。27.8万字。14.70元。关于文化学术史方面的杂文、随笔的结集,全书74篇,是作者长期思考、精心构建的成果,文章颇有独特见解,分析问题客观而精辟,文笔简练,有文彩。(邓宁辛)

I000559 **越过伤感** 刘国红著。花山文艺出版社1997年6月版。散文随笔集,收入作者近期创作的46篇文章,表现了著者敏感心灵的波动。有的感佩伟人人格(《生命之二元》),有的提倡俭以养德,呼吁尊重人类食粮的创造者农民(《千古美德》),有的反思生命之真义(《拍拍心口》)……或记事叙事,或抒写心灵,记录了作者的感触感慨。

I000560 **散文中的云南** 周良沛主编。云南教育出版社1997年3月版。32万字。15.00元。"美丽、丰饶、神奇的云南丛书"之一。选收20世纪30年代至90年代中期有关云南的散文作品76篇。作者有朱自清、萧乾、巴金、沈丛文、老舍、冰心等名家,也有文坛后起的新人,还有埃德加·斯诺这样的国际友人。作品包括小品、札记、随笔、游记、杂文、记实速写等多种形式,描写不同历史时期云南的社会生活、民俗风情、山光水色,构成散文中云南的史和现实。(黄凡)

I000561　**紫风铃**　副名:百篇少女抒情散文精品。邱易东著。新疆青少年出版社1997年11月版。25万字。16.00元。以当代青少年为主要读者的抒情散文集。收集百篇当代少女散文,文体不一,构思各异,或记事,或抒情,或描绘面对社会与人生的困惑与好奇,或抒写成长历程中的欢乐与忧伤,多角度,多层次地展示了当代少女积极向上的人生追求与丰富多彩的心灵世界。(诸海涛)

I000562　**黑沉中的亮丽**　韩石山著。湖北人民出版社1997年8月版。17.1万字。9.20元。作者近年所作部分随笔,分3辑。第一辑文海探珠,为作者近年现代文学研究过程中的一些收获文章,展示了这一时期一些为人们不知或知之甚少的人和事;第二辑说三道四,多为对文学现象及世人世事的感悟之作;第三辑含英咀华,是一组关于文学批评的文章。(邓宁辛)

I000563　**童年散文小丛书**　圣野等著。上海教育出版社1997年7月版。35.3万字。34.90元。共6种。《外婆的红山楂》(圣野)以自传体散文形式写了自己童年时在浙江农村的生活情景。文笔流畅浅近,洋溢着对家乡山水,对老师与同学的深切怀念和真挚情意。《龙眼园里》(郭风)以自传体散文形式写了自己童年在私塾和小学读书时的生动情景,以及和邻居孩子间的友情。文笔优美,对小动物的观察和描写细致独特,有浓郁的地方风味。《嘟嘟糖和小雪灯》(屠再华)以自传体散文形式回忆了自己童年时的生活片断,对当地逢年过节习俗的描绘尤其细致,同时反映了农家孩子勤劳善良的品性。《绿色的回忆》(鲁兵)以自传体散文形式写了自己的童年生活,其实反映了浙江古城三十年代的民风民俗,以及同学、邻里间纯朴友好的感情。《寻找布谷鸟》(任大星)以自传体散文形式回忆自己童年时在浙江农村读书、游戏的生活片断,以及同家人、同学间的纯朴感情。《童年的小路》(徐鲁)以自传体散文形式写了作者童年时在胶东农村的生活情景,真实地反映了农村少年朴素诚实的品性,以及对家乡山山水水的深厚感情。(薛培华)

I000564　**湿地**　李江树著。河北人民出版社1997年版。13.2万字。11.20元。"午夜散文随笔书系"之一。散文集。由3部分构成:第一部分以"湿地"为代表,写作者曾生活过的东北黑土地上的山川人情、民风、民俗,文笔淳厚;第二部分是对往年旧事的回想和感怀;第三部分是以一个摄影者的目光对周遭世界的观察与体悟,不乏对世界、人生的独特感悟,耐人寻味。(崔玮)

I000565　**静观的固执**　董桥著。湖北人民出版社1997年8月版。26.8万字。14.10元。海外华人作家董桥的散文作品集,收文90余篇,大多是与书有关的话题。作者的个人经历深深影响着作者的风格,格调高、文笔清新,是读书人写读书、写读书人的散文集,别具书卷气息。(邓宁辛)

I000566　**蔚蓝的梦**　潘凯雄著。河北人民出版社1997年版。16万字。12.70元。"午夜散文随笔书系"之一。散文集。分3部分:"心中的花瓣"、"眼中的世界"、"脑中的社会",分别属于人情散文、社会杂文和读书随笔。"心中的花瓣"文字纯朴、厚重;"眼中的世界"简捷明快,直指时弊;"脑中的社会"为畅销书评论系列,有特色和独创性。全书反映直面人生的态度和浓郁的书卷气。(崔玮)

I000567　**漏网**　牧惠著。河南人民出版社1997年版。14.2万字。9.30元。共3部分:耍水、耍枪、耍笔。耍枪之中有耍笔。通过这种优美的散文形式,回顾了自己在经历了新旧社会两重变化和重大政治运动经历后对人生、对社会的亲身感悟。既有为人处世的哲理,又有对社会的理性思考,还有对美好人生的称誉和珍惜。收入"沧桑文丛"。(张志林)

I000568　**德国:一个冬天之后的神话**　邱震海著。复旦大学出版社1997年12月版。40万字。20.00元。通过对德国历史的追述和对现实社会的采访、观察,从多种角度、多个层面分析、描述了德国人的思维方式、民族性格和精神世界等。全书共11章。第一、二章叙述了1990年东西德国统一与其在世界舞台上重新崛起的过程;第三章论述了德国人的精神世界,有人从中分析并得出结论:"如果德国人笑了,世界将为之颤抖";第四、五、六章论述了当今德国人的排外心理与对外政策,并回顾了德国法西斯排犹浪潮的兴起与由来;第七、八章阐述了德国社会福利保障制度的逐步实现及德国共产党在德国的兴起,描述了个别老共产党人的坎坷命运及其抗争不息、忠贞不渝的坚强意志。第九、十章叙述德国的恐怖组织与其恐怖活动,以及德国的秘密情报系统和它的工作方式,包括本世纪70—80年代令人闻之色变的"红军派"组织及其所制造的多起恐怖事件;最后一章阐述中德两国人民交往的历史渊源,与今天两国间在诸多方面的友好往来。书中并附有30余幅精美照片。(邬红伟)

I000569　**中国当代记者随笔**　王春瑜主编。东方出版中心1997年1月版。142万字。105.00元。收录6位记者对人性、人生的思考,对各种社会现象进行深刻的剖析,对古今人物及诸多历史现象发表耐人寻味的各种见解等。内容涉及社会、人生、事业、读者、治学、交友、处世等诸多方面。有《沧海渺思——伊人随笔》、《书声依旧——李春林随笔》、《文史拾荒——李乔随笔》、《体验自卑——韩小蕙随笔》、《人淡酒浓——黄河随笔》、《心河帆影——马宝珠随笔》。(张志华)

I000570 **邵燕祥文抄(一、二、三)** 邵燕祥著。作家出版社1997年3月版。140万字。87.80元。汇集作者自1980年起,十几年来杂文、随笔600余篇,分3卷。(一)《史外说史》,是作者对"史"的种种深沉的思考和精辟的议论。(二)《人间说人》,收入有关人情世态的议论,是"人生百态"。(三)《梦边说梦》,讲的则是如梦的人生,而由人生派生出来的文学,是人间世事的投影,梦边的梦,有美梦,有噩梦。这些杂文、随笔,直面惨淡的人生,涉及广泛,内容丰富;美刺互陈,犀利深刻;针砭时弊,尖锐泼辣;言之有物,言之成理。(周坤)

I000571 **诗人随想文丛** 宗仁发、岑杰主编。东方出版中心1997年6月—9月版。184.3万字。151.00元。记录诗人对人生、对艺术、对社会和对自我创作的星星点点的感受。这种感受融合了诗人的人生阅历、体识感悟、灵感的震撼以及对生命终极意义上的思索。有《棕皮手记》(于坚)、《让蒙面人说话》(西川)、《手执一枝黄花》(王小妮)、《词的变奏》(陈东东)、《徒步者随录》(钟鸣)、《不原谅历史》(徐敬亚)、《纸上建筑》(翟永明)、《屏风中的声音》(海男)、《夜莺在它自己的时代》(王家新)。(张志华)

I000572 **威尼斯日记** 阿城著。作家出版社1997年12月版。7万字。12.50元。作者1992年获意大利NONINO国际文学奖,应意大利威尼斯市邀请旅居该市3个月,便有了这本日记。作者将唐代崔令钦的《教坊记》带在身边,与威尼斯这个古老的欧洲城市互读,闲散而随意,独创一种清新可爱的随笔文体。(杨葵)

I000573 **台港名家散文自选丛书** 余光中等著。百花文艺出版社1997年版。96万字。70.70元。台湾、香港部分作家优秀散文的自选集,基本上反映了台港学者散文的特点。这里散文不是抒发小感受的伤感做作、清汤寡水的散文,而是特别注重知性和理性,站在历史和现实的高度谈人生,即使谈个人经历也都有一定的哲理内涵和深度。在台湾被称为技艺的"魔术师"的余光中,其散文注重感觉性,明快幽默,饱含对艺术和人生的探索;女教授郑明娳以秀慧之笔描述了女人世界的平凡细致,展现了作为女学人的睿智通达;梁锡华的《学人说梦》纵横捭阖,挥洒自如,融知识性、文学性与趣味性于一炉;林文月的《夏天的会话》有生活的体味,有哲理的思考,有情与景的交会,有历史、现实与自我的融合;阿盛善于写乡里旧事,人物风情,反映社会变迁,展示广阔的文学视野;著名散文家张晓风有"菩萨心肠、魔鬼文章"之美誉,她的散文汲取西方现代派文学技巧,博采中西,兼跨新旧,熔古今为一体,风格细腻,感情真率,以具有诗的律动节奏和优美秀雅的文笔而独树一帜。(刘淑文)

I000574 **《散文》200期精品丛书** 冰心、孙犁等著。百花文艺出版社1997年8月版。78万字。54.40元。凡4册:《写给梦中的情人》、《神的笑声》、《塞纳河上无名女子》、《小家屋檐下》。系从200期《散文》作品中选出。4本书内容上各有侧重,但都坚持了"格高、境阔、文洁、意新"的选稿标准,强调以"平常人、平常心、平常事"为特色,成为一种"豆棚瓜架"式的散文丛书。作者有冰心、孙犁、钟叔河、刘白羽等前辈作家、学者,也有大批业余作者,该书体现了20世纪后期中国文人和非文人婉转的咏叹,具有"史"的意义和审美价值。(鲍伯霞)

I000575 **1995散文年鉴** 刘锡庆主编。漓江出版社1997年12月版。81.8万字。25.00元。1995年中国(包括港、台、澳地区及海外华人)散文的全景式选本,收入优秀散文134家139篇,评论和研究文选7篇,附录部分包括作品、评论、理论、作品集、大事记索引等。(庞俭克)

I000576 **中国商业楹联集锦** 副名:商业民俗与文化丛书。李惠文、石同生编。河北人民出版社1997年版。15万字。10.50元。分通用百货、纺织品、服装、鞋帽、日用百货、工艺首饰、文化用品、生活用品、日用杂货、粮油、茶叶、食品、副食品、茶馆、酒店、饮食、旅店、服务、医药、金融业、剧场和海外楹联20多类,收集中国商业楹联1 500余幅。开篇有中国商业楹联概说和商业楹联掌故拾趣。(周建图)

I000577 **现代名家书黄山楹联集** 杨平主编。安徽美术出版社1997年12月版。198.00元。收录国内现代名家专门书写的以黄山为题材的楹联88幅,基本代表了我国目前书法创作的最高水平。本书除收录书画界名家如钱君匋、何海霞、黎雄才、陈大羽、白雪石、赖少其、沈鹏等人的力作外,还有文化界、学术界名家如张中行、周而复、徐邦达、杨仁恺、

吴祖光、廖静文、冯其庸等人的作品。(马燕)

民间文学

I000578　**光热城的传说**　副名:广西民间文学作品精选·合山市卷。覃九宏主编。广西民族出版社 1997 年 12 月版。24 万字。15.80 元。“广西民间文学作品精选系列丛书”之一。编选的神话传说有《伏羲与芝妹》、《仙岩洞传说》、《捅太阳》;人物传说《谭特辽》,这是无史载,仅为民间传说中神化了的失败的民族英雄,源于远古母系氏族社会的女神崇拜;幻想故事有《蚂蚜仔登皇位》(“青蛙骑手”故事类)、《达伽和达贵》(著名“灰姑娘”型)、《智斗猩猩外婆》(“老虎外婆”型);机智人物有“双向笑话型”《特堆故事》系列,“单相笑话”型《爱贪小便宜的人》系列……无不具有独特的、浓郁的新兴“壮乡煤都”“奇石城”的“合山特色”民间文艺,更具有其鲜明的民族性、地域性。(韦方红)

I000579　**金鸡山奇葩**　副名:广西民间文学作品精选·扶绥县卷。蒙俊忠、左年秋主编。广西民族出版社 1997 年 12 月版。29.7 万字。17.80 元。“广西民间文学作品精选系列丛书”之一。收入新发掘的神化了的抗清领袖口碑史料《吴凌云的传说》、《延陵国歌谣》,独有的壮族民歌体裁“加吊激情加”《歌仙刘三姐》和“吊格加”《旧情断了》,独特的“扶绥梁祝”叙事山歌《唱谭清》;录入珍贵的土特产品有“灰姑娘型”故事《叶限》及变异本《达稼姑娘》、《笋姑娘》,神奇的“千古之谜”《花山崖壁画故事》等等,构成该卷浓郁的地方“特色细节”“特色语言”的“特色艺术”;还有文人传说《玉星祝的传说》,地方传说《夫妻山》,壮族风俗传说《丧葬三包土的来由》,瑶族婚礼《拦路歌》,壮族滑稽聪明人老登的系列故事。(韦方红)

I000580　**贵州民间文学选粹丛书**　卢惠龙主编。贵州人民出版社 1997 年 11 月版。将贵州的民间文学进行搜集、整理。有传说、故事、歌谣、叙事长诗、文艺理论等,反映了各民族的优秀文化传统和精神品德。丛书具有忠实性、文学性、代表性和科学性。正文中有“注释”,正文末有“附记”,每卷前有“导读”。共 10 册:《苗族古歌》、《贵州民间故事》、《民间歌谣》、《布依族摩经文学》、《水族双歌》、《彝族古代文论》、《侗族大歌·琵琶歌》、《神话传说》、《彝族叙事诗》、《民间长诗》。(谢丹华)

I000581　**插图本中国古代寓言精选**　钟林斌等选编。辽宁大学出版社 1997 年 7 月版。28 万字。12.00 元。包括上下两编,上编包括先秦至南北朝之间的作品,大都选自子部和史部,下编包括唐至清中叶的作品,大都选自诗文作家的集子。在目录上,上编以书名系篇,下编以作家姓名系篇。(陈晓东)

I000582　**中国寓言大辞典**　马亚中、吴小平主编。江苏文艺出版社 1997 年 5 月版。100 万字。40.00元。选辑先秦至晚清寓言(包括笑话),共 140 余家,800 余则,反映了中国历代寓言发展的全貌,凡难懂的寓言都有精当的注释和白话翻译,所及典故亦一一通诠,每则寓言均有以现代意识所撰诠释作文,借古讽今,针砭时弊,使人耳目一新,每篇杂文之后引用古今中外名人名言数则,以资比较,起到生发和拓展思想的作用。本书虽以系统展示中国寓言为主,但也兼有现代杂文欣赏、典故释义和古今中外名人名言集萃诸方面功用。(伍恒山)

I000583　**安多民间文学丛书**　扎西尖参等著。青海人民出版社 1997 年 3 月版。135 万字。81.20 元。共 10 册。集安多民间文学的精华,从歌谣、童话、拉伊、故事、宴说及婚礼祝词、警世恒言和爱情叙事诗等多角度,反映了安多藏族民间文学的方方面面。(旺秀措姆)

I000584　**中国民间故事丛书·会唱歌的狐狸**　副名:灵怪故事。肖莉、肖芃编。中国连环画出版社 1997 年 8 月版。9 万字。6.80 元。“中国民间故事丛书”之一。精选 18 个民族的 25 篇民间童话故事。这些故事多以具有神奇幻想和超人魔力的精灵、鬼怪、仙人为主人公或主要角色,是劳动人民强烈地征服自然、摆脱奴役、向往幸福和自由愿望的体现,充分地表达了人民群众的思想感情与理想愿望。(李雪竹)

I000585　**中国民间故事丛书·杏花村题诗**　副名:古代文学家的传说。丛舟、逢之编。中国连环画出版社 1997 年 8 月版。9 万字。6.80 元。“中国民间故事丛书”之一。精选有关中国古代著名诗人、散文家、小说家、戏曲作家的传说 40 余篇。这些传说,或是他们生活中的逸闻趣事,创作过程,或是与名胜古迹相联,从不同的侧面展现了古代文学家的思想品格及创作成就。(李雪竹)

I000586　**中国民间故事丛书·张果老倒骑驴**　副名:八仙的传说。萧荣、耿之编。中国连环画出版社 1997 年 8 月版。9 万字。6.80 元。“中国民间故事丛书”之一。收录我国道教多神崇拜中的一个神仙群“八仙”——铁拐李、汉钟离、吕洞宾、张果老、蓝采和、何仙姑、韩湘子、曹国舅等的神话传说，内容多为千百年来流传于民间的有关八仙得道成仙、惩恶扬善、扶危济贫等趣事44篇。(李雪竹)

I000587　**中国民间故事丛书·射月亮**　副名:传奇故事。肖莉、肖芃编。中国连环画出版社1997年8月版。9万字。6.80元。“中国民间故事丛书”之一。从21个民族的传奇故事中精选24篇。以民族排列为序，内容大致分两类，一类是讴歌为公众事业献身的英雄，如《猎人海力布》等，故事中的主人公为百姓找水、找火种、找药材，直至救民于灭顶之灾中，最后献出自己宝贵的生命，第二类故事，多赞颂降妖伏魔、铲除邪恶的英雄事迹。如《英雄坎德巴依》等，故事中的主人公大多具有超人的本领，最终都是正义力量战胜邪恶势力，获得美好的结局。(李雪竹)

I000588　**中国民间故事丛书·梦中得神笔**　副名:古代艺术家的传说。余航、耿之编。中国连环画出版社1997年8月版。9万字。6.80元。“中国民间故事丛书”之一。共汇集长期在全国各地广为流传的历代画家、雕塑家、书法家、音乐家的传说50篇。这些作品从不同的角度生动地展示了古代艺术家们的生活状况、道德情操、创作成就，并且鲜明地表现了人民群众的理想和追求。(李雪竹)

I000589　**中国民间故事丛书·螃蟹牵水牛**　副名:动物故事。肖莉、肖芃编。中国连环画出版社1997年8月版。9万字。6.80元。“中国民间故事丛书”之一。收录包括29个民族的61篇动物故事，内容大致有两部分。一部分是表现动物之间的矛盾，由此生发出来的饶有风趣的故事，从中可以看到弱肉强食的动物世界残酷的现实，及弱小动物通过智慧和团结最终胜利的结局。另一部分动物故事则是多借助于想像和艺术创造，对动物的某些特征和习性的由来，加以生动的解释。它所讲述的动物习性及特征，是生活中的真实，并不是科学的本来面目，它表达了人民群众的情感和愿望，以及是非、美丑、善恶的观念。(李雪竹)

I000590　**中国民间故事精选(拼音读本)**　李金陵等编。海天出版社1997年5月版。40万字。36.00元。作者将千百年来在中国人民中流传下来的好故事进行精选与加工，尤其是对其中的封建迷信和淫秽部分进行了改写与删除，使作品变得有趣味性、可读性和教育意义。(杨若英)

I000591　**金扇子的故事**　胡·巴图、白·铁木尔宝勒等著。民族出版社1997年1月(蒙古文)版。20万字。12.20元。根据明孝宋皇帝(弘治1488—1506)执政时期的民间传说编写而成的传奇故事。原名《穿金扇》、《明朝野传》，没有署名作者。本书根据满蒙文手抄本整理并转写成近代蒙古文。全书共70章，以十把神奇的金扇子为主线，描写了以陶家为代表的一些忠臣与以燕、苏两个国丈为代表的奸臣为争夺金扇子而展开的惊心动魄的政治斗争。孝宗皇帝的老师陶先生是明朝德高望重的老臣。由于老太师忠于皇业、功勋卓著，皇帝把外国送来的十把神奇的金扇子赏给老太师，这引起燕国丈极大的妒忌与不满。燕国丈对金扇子垂涎三尺，派三儿子燕方到陶家以借金扇子来一赏为名，欲把金扇子占为己有。这一阴谋被陶先生识破。陶大公子陶文参为夺回金扇子同燕方打斗起来，盛怒之下杀死了燕家三公子燕方，给陶家招来了满门抄斩的大祸。陶大公子杀出重围，逃往湘阳；陶二公子欲自杀被人搭救后也奔往湘阳。他们在逃难路上受尽人间的苦难，终于遇上了有缘之人，各娶五位武艺高强的绝色美人为妻。最后，兄弟二人在八盘山相会，得到了通今博古，用兵如神的刘军师和徐志千岁等人的鼎力相助，重整旗鼓，杀回京城，除暴安良，报仇雪恨，报效国家。(哈斯)

I000592　**绘图双百喻**　陈四益著，丁聪画。湖南文艺出版社1997年4月版。27万字。19.80元。“中国当代著名杂文家漫画家幽默小品丛书”之一。收入作者1984年至1995年创作的207篇别具一格的寓言，配以207幅妙趣横生的漫画，一文一画，相映生趣，相得益彰。作品运用文言形式，篇幅短小，语言精练，言简意赅，风趣幽默，文笔犀利。(欧阳强)

I000593　**《四季神话》丛书**　单泽等编。甘肃少年儿童出版社1997年12月版。16万字。18.00元。分《春天的神话》、《夏天的神话》、《秋天的神话》、《冬天的神话》4册。所选的神话篇目均系我国传统经典神话中适合学龄儿童阅读的故事。所有文字均有注音，并设计了形式多样的练习。(冯莉)

I000594　**古今经商谚语、中外广告隽语集锦**　副名:商业民俗与文化丛书。马伟云等编。河北人民出版社1997年版。16.1万字。12.00元。由古今经商谚语和中外广告隽语两部分组成。古今经商谚语包括概说、商业道德篇、学艺入门篇、创业谋略篇、持家管理篇、买卖营销篇、行情预测篇、待客服务篇和顾客心理篇，还附有《生意经》和《生意规》，共收集古今经商谚语1 500余条。每篇的前部还有简短的论述说明。中外广告隽语按日用百货、厨房设备、化妆品、酒类、食品、饮料、副食品、服装、鞋帽、家用电器、文化艺术、文体用品、办公设备、钟表眼镜首饰、医药保健品、通讯邮电、金融保险业、机械设备、交通工具、交通运输业、房地产业、服务业、企业集团23类，收集中外著名广告隽语1 000余条。(周建图)

I000595　**“中国民间文学宝库”丛书**　罗载光等著。百花文艺出版社1997年版。105万字。61.30元。共有《中国传统民间故事选》、《中国传统民间谜语选》、《中国传统民间寓言选》、《中国传统民间笑话选》4册。基本上囊括了我国传统民间文学的门类。每本书将作品分为多类。(于明夫)

儿童文学

I000596　**小红帆丛书·幼儿文学精品世界(第一辑)**　张秋生等著。湖南少年儿童出版社1997年12月版。36印张。42.50元。海内外著名幼儿文学作家为低幼孩子创作的文学丛书。第一辑共6种，分别是:《恐龙邦邦真好玩》、《点点游记》、《小草小草向前走》、《云在天上走》、《太阳从哪里升起来》、《四季里的新鲜儿歌》。包涵了6种文学种类，即童话、游记、散文诗、儿童诗、寓言及儿歌。《恐龙邦邦真好玩》作者塑造了恐龙邦邦这样一个真正属于孩子们的童话形象，其诙谐、幽默、爱生活、爱朋友、热心助人的可贵品质，深入孩子们的心中。《点点游记》是一种新型的幼儿文学样式。以孩子们喜爱的阅读形式介绍了我国美丽的旅游名胜景点，使孩子们从中感受祖国的伟大和美好。寓言《太阳从哪里升起来》，充满谐趣和哲理，构思新奇，内容深刻，语言优美流畅，故事生动，孩子们在愉悦的阅读中会明白许多做人的道理。《小草小草向前走》、《云在天上走》、《四季里的新鲜儿歌》均充分表现了孩子们的生活。(徐烈军)

I000597　**中国儿童文学名家作品精选丛书**　茅盾、冰心等著。河北少年儿童出版社1997年8月版。1 000万字。500.00元。包括叶圣陶、郑振铎、茅盾、冰心、贺宜、张天翼、陈伯吹、包蕾、叶君健、严文井、郭风、秦牧、金近、管桦、任大霖、胡景芳、韩作黎、柯岩、任德耀、萧平、金波、鲁克、葛翠琳、刘心武、张秋生、赵燕翼、宗璞、黄庆云、杨羽仪、洪汛涛等30位著名儿童文学作家的作品精选集。书后附有每位作家的传略和评著年表。(李远杰)

I000598　**四季丛书**　张器友、徐德霞等著。安徽少年儿童出版社1996年至1997年版。64万字。62.00元。计有8种，包括《四季童谣》、《四季谜语》、《四季童话》、《四季寓言》、《四季儿歌》、《四季古诗》、《四季笑话》、《四季成语故事》。所选内容有的侧重于人类智慧与大自然的关联，诱导儿童对大自然无穷魅力的向往;有的侧重于生活技能的训练，需要儿童动动脑筋，有利于智力开发;有的侧重于人生理想的培养。(方石娅)

I000599　**楼道**　副名:陈伯吹儿童文学奖得奖作品集刊(15)。少年儿童出版社编。少年儿童出版社1997年5月版。13万字。8.00元。收辑1995年获得“陈伯吹儿童文学奖”的作品14篇。小说有谢华的《楼道》、任大星的《画眉鸟》、张品成的《试卷》等;童话有金波的《雨人》、孙文圣的《神奇的绿草地》等;散文有戴珩的《人生状态》、柯蓝的《放牧》;诗歌有鲁兵的《甜弟》、徐鲁的《儿童诗四首》、殷建灵的《骆驼王子与沙漠蜃景》等。各篇均有作者介绍、该作品出处及评论一篇。书后附有“1995年儿童文学纪事”。(洪祖年)

I000600　**中国当代儿童诗丛**　金波等著。湖北少年儿童出版社1997年12月版。58万字。7.00元。共8册，分别为《风中的树》、《为一片绿叶而歌》、《我喜欢你，狐狸》、《螳螂大诗人》、《给少年们的诗》、《地球的孩子，早上好》、《晒月亮》、《小人鱼的歌》。这些儿童诗从真、善、美的角度去发现童心，讴歌友谊和亲情，赞美壮丽的大自然，抒发对于祖国、理想、人生等等的热爱之情，既可帮助、引导孩子们树立起高尚、健康、正确的人生观和道德观，也能滋养和培育孩子们高雅、纯净的审美情趣。其中有些作品意在引导孩子们乐观地去认识生活中的艰辛、苦难等种种逆境，含笑面对生活，面对世界。(刘海燕)

I000601　**冬木儿童诗歌选**　佟希仁编。辽宁少年儿童出版社1997年版。12.6万字。6.80元。儿童文学作家冬木的一本遗著，共收108首儿童诗歌，其中儿童诗10首，儿歌98首。题材广泛，内容丰富，有反映农村孩子生活的，有反映海边孩子生活的，还有写动植物的。书后附有《儿歌写作漫谈》(论文)，这是作者多年从事儿歌创作的理论和实践方面的经验总结。(佟伶)

I000602　**鸽子树的传说**　副名:高洪波儿童诗自选集。高洪波著。安徽少年儿童出版社1997年12月版。25万字。11.00元。精选高洪波创作的儿童诗佳作90余首，分为生活小诗、童话短诗和叙事长诗3辑。第一辑“彩色的梦”最能体现诗人的赤子之心和灵机天趣。这些直接取材于儿童日常生活的诗，往往纯用白描，直摹孩子们的神气，充满儿童情趣，还带着几分俏皮，幽默和淘气;第二辑“森林里的童话”是高洪波儿童诗中最富有艺术想像力的作品。诗人把他对动物的丰富知识和对儿童生活的观察熔铸在一起，结构成想像奇妙、情趣盎然的童话诗。在出人意表而又合情合理的故事中，蕴含着关于生命和人生的哲理。第三辑“龙·甲虫和鸽子”中的3首叙事长诗，是最能体现作者才情和诗艺的作品。3首长诗都是深谙叙事诗创作法则的整饬谨严之作，立意严肃高远，故事、人物单纯，结构的紧凑与诗语的清丽，都达到了较高境界。(温溪)

I000603 **《中国少儿科学小说选》系列丛书** 汪志主编。天津教育出版社1997年12月版。17万字/册。83.40元(总)。共5册，分别为:《窥天闯祸》、《虎啸声声》、《柳江人之谜》、《闯入“中国百慕大”》、《古洲追踪》。每册书均收有生动有趣的科学小说30篇左右。丛书涉及科学领域广泛，有数学、考古学、物理学、化学、生物学、色彩学等多个门类，有些故事里的科学知识，属于科学家研究的科学预见和科学假说，带有一定的科幻色彩，但它讴歌了我们的伟大时代，奏响了时代的主旋律，给人焕然一新的印象。(张小琰)

I000604 **中国动物小说大王·沈石溪文集** 沈石溪著。江苏少年儿童出版社1997年7月版。172.5万字。98.50元。沈石溪是中国目前最具实力的著名动物小说作家，所著动物小说将故事性、趣味性和知识性融为一体，充满哲理内涵，风格独特，笔力雄健，震撼人心。本文集包括:《云豹布哈依》、《混血豺王》、《野牛传奇》、《一只猎雕的遭遇》、《象母怨》、《红奶羊》、《乞丐虎》、《盲孩与弃狗》、《残狼灰满》、《和乌鸦做邻居》。(徐健)

I000605 **混血豺王** 沈石溪等编绘。江苏少年儿童出版社1997年6月版。120.00元。儿童彩色动物卡通读物，根据动物小说大王沈石溪的同名小说编绘。一条大公狗在袭击一匹母豺时不幸与母豺一起陷入了洪水的包围。面对共同的危险，两个不共戴天的仇敌渐渐变成了相依为命的朋友，并生下了一只半豺半狗的豺狗。豺狗历经挫折与坎坷，终于变成混血豺王。(徐健)

I000606 **少年铁血敢死队** 副名:火凤凰系列丛书。肖显志著。未来出版社1997年1月版。18万字。9.70元。长篇小说。以抗日战争期间，东北一群无家可归的孩子自发组成“小胡子帮”，抗击日寇，在经历种种生死磨难之后，终于决心改掉土匪习气，加入抗日联军，成了威振东北抗日战场的抗联少年铁血敢死队为题材，反映了中国人民面对侵略，毫不畏惧，英勇反抗的大无畏气概。作者成功地塑造了乌铁、雪狐狸、老虎等一群十四五岁孤苦少年和抗联战士李唤儿的形象。对这群“小胡子帮”，既描写了他们机智勇敢、疾恶如仇、不顾死活地同鬼子汉奸斗争的英雄气概，也以生动诙谐的笔调写出了他们的哥们义气、自由散漫，从而更加使这些人物显得血肉丰满，亲切逼真。对小抗联战士李唤儿，则是既表现他在党的教育培养下成熟老练的一面，也表现他因年轻缺少经验而显出的稚气，因而使其性格更觉真实生动。整篇小说情节曲折，迭宕起伏，故事生动感人，叙述采用质朴诙谐的东北方言，读来亲切有趣。(李丽玮)

I000607 **手拉手** 马光复著。中国少年儿童出版社1997年12月版。38万字。19.40元。长篇小说。主人公袁月月是庙村小学五年级学生，月月的爸爸原是小学老师，在一次教室倒塌事故中不幸遇难。在家境极度困难的情况下，妈妈被迫答应将月月送到邻村吴宏发家做童养媳。月月不堪忍受屈辱，出走进城。在城里人们的热心帮助下，月月得以回到家乡继续上学。书中塑造了一大群城里和乡村孩子的形象，反映了城乡少年儿童互相关心、互相帮助的精神风貌。本书获第四届全国优秀少儿图书三等奖。获第三届共青团精神文明建设“五个一工程”入选作品奖。获第九届冰心儿童图书奖。(韩彬)

I000608 **当心猛犬** 牧铃著。安徽少年儿童出版社1997年版。16.5万字。9.00元。“科幻新作系列丛书”之一。中篇科幻小说集。包括《彻悟》《黑金谷》《当心猛犬》3个中篇。《彻悟》通过当代地球人与进入彻悟时代的蓝星人的对话，关注的是人类应该有的“精神追求”。《黑金谷》通过少年偷渡者的传奇经历，凸现出外星人比人类更富有仁爱心与探索精神。《当心猛犬》则在生态平衡、环境保护这些与人类生存发展息息相关的大背景下，告诉人们应该学会运用科学的眼光来看待周围的事物，学会将人类作为大自然的一分子来理顺人与自然的关系。(韩进)

I000609 **男生贾里全传** 秦文君著。少年儿童出版社1997年10月版。25.6万字。17.00元。长篇小说，故事写:班里一出现什么怪模怪样的事，大家就会不约而同地说:是不是贾里干的?贾里是个机智、热情的大男孩，时常会耍点小聪明。他有时会干些蠢事，但有些事却也令人刮目相看。从贾里和他周围伙伴们常常出人意料的故事中，可以看到有声有色的少年生活，看到他们有滋有味的成长历程。本书共32章，它以串糖葫芦的结构形式，以贾里为主要人物，串起了一连串生动有趣的故事，勾勒出一幅幅当代中学生的生活画面。全书具有轻喜剧的艺术风格，行文诙谐幽默，情节发展常令人忍俊不禁，但作品没有停留在只描写表面的热闹与浮浅的嬉戏上，而是力图挖掘出比较深刻的内涵，追求人物境界的升华，可以感受到新的人际关系和新时代少年的可喜气质。整部作品显得扎实和大气，富有时代气息和艺术魅力。（周基亭）

I000610 **草房子** 曹文轩著。江苏少年儿童出版社1997年12月版。19.9万字。12.00元。少年长篇小说。作品写了男孩桑桑刻骨铭心、终身难忘的六年小学生活。六年中，他目睹或直接参与了一连串看似寻常但又催人泪下、撼动人心的故事：少男少女之间的纯情、不幸少年与厄运相拼的悲怆与优雅、残疾男孩对尊严的执著坚守、垂暮老人在最后一瞬所闪耀的人格光彩……（徐健）

I000611 **银色的城堡** 李仲林著。内蒙古人民出版社1997年版。31万字。19.97元。长篇童话小说，讲述了发生在动物王国里的故事。作品以活泼、幽默的文笔，歌颂了团结、友爱、勤劳、勇敢的高尚品德，对贪婪、凶狠、自私的丑恶现象给予善意的批评。揭示了只有冲出"城堡"一样的樊笼，才能获得真正自由、美好、幸福的新天地。（曹立）

I000612 **肖显志短篇儿童小说集** 肖显志著。辽宁少年儿童出版社1997年版。33万字。15.80元。反映关东少年儿童生活、学习的短篇小说集。全书分5辑。第一辑，描写了关东少年儿童的个性风貌，突出反映其独特的心灵世界。第二辑，反映了在经济变革中的儿童情感状态，充满了"人情味"。第三辑，是作者对唯美主义追求的尝试，让读者展开想象，在想象中得到艺术享受。第四辑，刻画了以巴克这个人物为代表的机智、勇敢、滑稽的少年形象。第五辑，描写的是赋予传奇、浪漫色彩的"东北抗日小子"。（贯全松）

I000613 **我的姐姐** 丘修三著。明天出版社1997年9月版。7万字。6.60元。短篇小说集。由《我的姐姐》、《牙印》、《痣》、《项链》、《蟋蟀》、《华盛顿波斯特进行曲》组成，分别从不同的侧面描述了残疾儿童的心理、学习、生活及同正常儿童交流的情况，作者意在呼吁社会共同来关注、爱护、帮助残疾儿童。收入"漂流瓶丛书"。（邢春玲）

I000614 **苦楝子花儿** 曼子著。重庆出版社1997年12月版。9.2万字。9.00元。儿童短篇小说。以儿童的目光为视角，讲述了河南农村发生的轶闻趣事：铁孩儿长3个"铁屁股"；烈士后代从"狗熊"变成了英雄；小山羊跳上了锅台；快板诗人有人讨厌有人尊敬；从小双目失明的孩子成了吹拉弹唱的大明星；妈妈喂的小猪被小黄狗逗得上吊"自杀"……这些故事或催人泪下，或妙趣横生，或发人深思，或促人进取，展示出一幅河南农村的风俗画卷，描绘了社会的变迁和进步，以及孩子们在困难环境中顽强进取的精神风貌。（佘国枢）

I000615 **《一个中国孩子的英雄喜剧》系列丛书** 刘丙钧等著。接力出版社1997年8月版。由《星星石的故事》《月亮树的故事》《太阳花的故事》《彩虹鸟的故事》共4册组成，讲述了一个具有英雄情结、渴望成为超级英雄的少年——聪仔的成长故事。作者在书中设计了4种象征物：星星石象征高尚的品格；月亮树象征健全的身心；太阳花象征刻苦求知的硕果；彩虹鸟象征社会生活中行为规范的神奇作用。作为成长中的少年，聪仔和他的伙伴们身上有着这样和那样的缺点和不足，遇到过挫折，也闹出过许多笑话。但随着寻找4种象征物的同时，他们增长了知识，健全了身心，懂得了个人在社会生活中的权利和义务，特别是应当用必要的行为规范来约束自己。最后，他们在彩虹鸟的带领下终于实现了自己的英雄梦，成为一个人格健全、诚实坚毅、有爱心有理想的人。每本书分别由7到9个小故事组成，每个小故事均体现少儿行为规范中一个或几个方面的内容，结尾处附有一段诗化的结语，阐明该小故事的主题。（李朝晖）

I000616 **小英雄雨来 鸡毛信 平原游击队** 副名：少年英雄卡通故事系列第一辑。杰美卡通制作室编绘。海天出版社1997年5月版。480幅图。8.00元。卡通系列读物。共3册。《小英雄雨来》：描绘的是40年代抗日战争时期一位少年儿童——雨来，在经过战争的锻炼和洗礼后成长为少年英雄的故事。《鸡毛信》：描绘的是抗日战争时期一个儿童团长对敌斗争的故事。故事主人翁——海娃、头脑灵活、机智勇敢，凭着自己的聪明机智巧妙地与敌人周旋，最后按时完成送信任务。《平原游击队》：主人翁李向阳，是一位在抗日斗争的烽火中成长起来的年轻八路军游击队长，他充分运用自己的智慧和勇敢，与日本鬼子斗智斗勇，最后终于全歼日军松井部队。（王晓珊）

I000617 **小学生配图注音故事** 侯淑敏、李栋等编写。希望出版社1997年1月版。39.1万字。23.00元。以小学中低年级学生为主要读者对象，包括6册:《童话故事》收选童话故事17篇,《幽默故事》收选幽默故事74篇,《智慧故事》收选智慧故事34篇,《寓言故事》收选寓言故事43篇,《品德故事》收选思想品德教育故事42篇,《成语故事》收选成语故事40篇。(刘凤荣)

I000618　**100个好孩子的故事**　方圆、陈妍著。南海出版公司1997年11月版。收录古今名人小时候聪敏好学,自立自强事例100篇,其中有匡衡凿壁借光,司马迁万里远足,文天祥正气立身,班超投笔从戎,祖逖闻鸡起舞等脍炙人口的历史故事,注重从小培养青少年的爱国热情和自强不息的信心。(张之滨)

I000619　**中外著名文学家故事**　罗勇等著。四川少年儿童出版社1997年1月版。120万字。76.00元。精选古今中外16位著名文学家,每人一册。他们是鲁迅、苏轼、李白、高尔基、普希金、托尔斯泰、莎士比亚、卡夫卡、塞万提斯、巴尔扎克、歌德、海明威、泰戈尔、陀思妥耶夫斯基、马克·吐温、但丁。(田曦)

I000620　**中华古代少年英杰**　老凶、玉弟主编。河北少年儿童出版社1997年10月版。35万字。14.50元。所收200个古代少年,从不同的侧面和角度反映了古人少年时期的生活、学习和成才的经历。他们之中有舍生忘死,为国为民,冲锋陷阵者;有机敏过人,聪颖伶俐,善动脑筋者;有勤奋刻苦,学习认真,少显奇才者;有战天斗地,创业兴国,做出巨大贡献者。该书编写时注意了三点:其一,在遴选的人物和事件中有一部分是非常熟悉,家喻户晓的,如孔融让梨、匡衡借光、陆绩怀橘、车胤囊萤等故事。这些故事无论是孩子读起来还是家长讲起来都感到亲切,觉得就像身边的人和事一样,容易从中受到启发,获得教益。其二,收入了一些不为常人所知的人和事,如闾丘邛自荐、陈元方斥客、陶弘景疑经、吴氏女杀盗等,选这些故事的目的,一是给人一种新鲜感,二是拓宽了少年读者的知识面,使他们了解到我国古代的少年英杰枚不胜举,使之感到祖先古人的伟大和华夏民族的伟大。其三,书中的人物均为历史上的真人,但其故事有些来自正史,有些来自野史,也有些出自于民间传说,这对丰富人物形象,突出人物性格很有用,容易在少年读者中形成口碑。(崔润花)

I000621　**中国探险故事**　李虹编文,武凯军、戴友生绘画。湖南少年儿童出版社1997年12月版。173幅图。38.00元。由《张骞出使西域》、《玄奘西行求法》、《郑和下西洋》、《徐霞客踏遍青山》、《征服世界最高峰》、《横穿南极大陆》6个探险故事组成,分3册,形象生动地描写了探险家们艰难的探险历程,文字以对话为主,绘画采用孩子们喜爱的线描画法。(郦渊)

I000622　**月海基地**　星河著。安徽少年儿童出版社1997年版。13.5万字。8.00元。“科幻新作系列丛书”之一。在一个非常偶然的机会里,男孩子威威和女孩子君君居然通过游乐园的“旋转飞碟”飞上了天空,并由一架神秘的飞碟带往月球基地。难道飞碟是外星人的交通工具?月球是外星人的秘密基地?还有那位总是以一种奇怪的眼光注视着威威和君君的姗姗姑娘……精心设定的科幻情节,带着你遨游蓝天碧海,告诉你什么是人类之爱,应该如何去建设人类的文明。(韩进)

I000623　**生活故事**　副名:小脚丫图画书。冰波主编,冀维静等绘。接力出版社1997年8月版。2印张/册。6.50元/册。当代幼儿生活故事集,含10个分册:《三角龙》、《送萤火虫回家》、《圣诞花》、《绿色的窗帘》、《桃花船》、《过马路》、《洗衣服》、《排队回家》、《盖被单》、《蓝兔子》。每册含两个故事,以当代幼儿日常生活、学习内容及场所为背景,将爱心、自信、勇敢、合作、负责等10类基本人格素质培养主题有机融入故事情节中,富于教育内涵、生活情趣及时代特色。(莫宁)

I000624　**动物故事**　葛英改写,徐润润绘画。辽宁少年儿童出版社1997年版。16万字。9.00元。“绘图世界名著故事精选”之一。选编《小老鼠告状》等30篇动物故事。(崔玉平)

I000625　**动脑筋神秘历险故事大森林**　卡伦·多尔比等撰文、绘图。晨光出版社1997年11月版。各3万字。各5.00元。为引进版权图书。每册书讲述一个惊心动魄的历险故事。故事都贯串着谜一般的难题,等待小读者阅读时去解决。书中按故事情节的发展提供一些线索,并附有答案。(刘卫华)

I000626　**成长**　何合等著,金诚等绘画。少年儿童出版社1997年10月版。7万字。48.00元。包括《好好睡觉》、《喜欢干净》、《怎样呼吸》、《一起玩》、《自己来》、《不要害怕》、《在厨房》、《郊游》、《爱惜嘴巴》、《神秘的新游戏》等10册。每册有3个故事,图文并茂;每个故事后附有“专家指导”。从吃、穿、睡、玩、行为训练、性格锻炼等多方面对幼儿的成长进行指导,诱使幼儿健康成长、快乐成长、安全成长。(洪祖年)

I000627　**军旗颂**　李金明等著。河北少年儿童出版社1997年7月版。168万字。98.00元。利用小故事的形式,全面、具体地再现了中国人民解放军从无到有,从小到大,以弱到强的发展历程。从不同角度、不同侧面形象逼真地反映人民军队为我国的解放事业而浴血奋战的英雄壮举,展现了他们崇高的革命英雄主义精神,讴歌了他们为新中国的建立所立下的不朽功勋。全书共10集。第一集《南昌第一枪》:八一南昌起义前后我军的战斗小故事;第二集《粉碎大围剿》:我军为巩固新生的革命政权所进行的战斗小故事;第三集《铁流二万五》:我军在进行战略大转移——二万五千里长征中发生的战斗小故事;第四集《情系宝塔山》:我军为开辟和巩固延安革命根据地过程中发生的战斗小故事;第五集《南方游击战》新四军和日寇及国民党反动派进行斗争的小故事;第六集《抗日先锋队》:八路军一一五师、一二九师、一二〇师开赴抗日前线,抗击日寇的小故事。第七集《苦战长白山》:东北抗日联军抗击日寇的小故事;第八集《保卫解放区》:人民解放军为保卫胜利果实所进行的战斗小故事;第九集《雄师入中原》:人民解放军进行战略大反攻的战斗小故事;第十集《黎明大决战》:人民解放军和国民党军队进行战略大决战的小故事。(冯彦建)

I000628 **我爱听的红岩故事** 重庆大学出版社1997年10月版。10.3万字。7.00元。40多年前,重庆歌乐山麓曾经是美蒋反动派残酷镇压革命运动,囚禁革命志士的“中美合作所集中营”。一大批共产党员和革命志士在这个特殊的战场同敌人展开了殊死搏斗。在黑暗即将过去,曙光就要来临之时,他们倒在了敌人的屠刀下,鲜血染红了歌乐山麓……该书从一个新的视角——少年儿童的视角再现了当时的历史。通过23个既独立成篇,又有紧密联系的故事,使小读者潜移默化地感受到了烈士们不朽的精神,受到了革命传统教育。从书中,少年儿童们可以看到在那个特殊战场中许多叔叔、伯伯们甚至与他们同龄的孩子们的英勇斗争。如叶挺将军、黄显声将军、双枪老太婆邓惠中、没有飞出牢笼的“蝴蝶”——小萝卜头、狱中小交通蒲小路等。(夏蔓)

I000629 **快乐岛注音画库(第二辑)** 龙云、玉华等编。湖南少年儿童出版社1997年11月版。16印张。32.00元。包括《童话故事》、《寓言故事》、《成语故事》、《笑话故事》、《风俗故事》、《生活故事》、《历史故事》和《常识故事》。(阿木哥)

I000630 **奇怪的大王** 谢乐军著。未来出版社1997年1月版。12.6万字。7.00元。写的是儿童们最喜爱的各种动物当上森林大王后的奇怪有趣的故事。如小老鼠,当他当上大王后,就千方百计地利用手中的权利去报复老黄猫,结果弄巧成拙;老虎当上大王,更加横行霸道,结果小白兔却用自己的智慧,打败了强敌,夺走了王位;再如小熊当上了大王,尽力帮助小动物增强勇气,但是小动物有了勇气,由于没有知识,却遇到了更大的麻烦……。本书的每个故事都独立成篇,但上下篇之间又有联系和悬念,故事情节曲折,语言浅显幽默。收入“火凤凰系列丛书”。(李丽玮)

I000631 **注音中国动物传说图画书** 王晓明等编绘。希望出版社1997年3月版。100幅图。14.00元。分《猴子取胆》、《蚯蚓的眼睛》、《麻雀借麦种》、《狗撵猫》、《二龙戏珠》、《鲤鱼跳龙门》、《金鸡除害》、《玉兔下凡》、《天狗吃月亮》、《老虎拜师》10册,选材于中国民间故事,汇集了当代国内较有影响的中青年儿童画画家的作品。每本插图都准确生动的表现出他们对文字的理解,并且具有鲜明的个人特点。既具有浓郁的中国民间特点,同时又不乏时代风貌。(申月华)

I000632 **宝贝疙瘩丁呱呱** 颜煦之工作室编绘。江苏少年儿童出版社1997年11月版。56.00元。与同名电视卡通片同时推出的彩色幼儿卡通读物,包含20个以丁呱呱为主人公的幼儿生活故事。这些故事按照儿童的心理特征和年龄特点,立足于中国当代的国情民情,塑造了一个以现代中国城市居民生活为背景、以幼儿为主角,具有中国特色的儿童卡通形象。(徐健)

I000633 **科学王国里的故事** 王会等编著。河北少年儿童出版社1997年9月版。120万字。97.00元。将故事情节与科学知识有机地融为一体,作者多采用拟人手法,赋予自然万物以人的灵性与情感。这样,生硬的金属会面带微笑地道出自己的身世;木然无情的草木会在瑟瑟秋风中发出痛苦的哀鸣。每个故事都有发展的情节和喜怒哀乐的情感,而科学知识就融汇其中。全书共8个部分,内容涉及以基础科学为主的8个门类:跃动的生命(动物)、绿色生灵(植物)、物质运动的奥秘(物理)、元素家族(化学)、数字魔方(数学)、走进人体(医学、卫生)、眨眼的星空(天文·气象)、载着生命的星球(地理)。全书配有大量插图。(杨旭刚)

I000634 **著名将帅在河北丛书** 费妙兴等编。河北少年儿童出版社1997年8月版。110万字。73.00元。军事领导人物传记故事丛书。抗日战争爆发后,受中央委派,中国共产党的一批著名将领率部来到抗战的前线河北，一直到新中国成立才离开河北。这套丛书记述了他们中的杰出代表刘伯承、贺龙、聂荣臻、吕正操、杨成武、肖华、陈再道、李过昌8位将军在河北战斗生活的故事。丛书采用编年体例，按时间顺序编排。每篇都是一个单独独立成篇的故事，从主人公在河北战斗生活期间中选取有代表性的故事，其中既有反映主人公爱国爱民，艰苦朴素与河北人民唇齿相依、生死与共的故事；又有反映主人公多谋善战与日本侵略者、国民党反动派进行战斗的故事。丛书反映了人民军队发展壮大的历史，反映了中国人民打败日本侵略者，推翻国民党反动派，建立新中国的历史。(董素山)

I000635 **蝙蝠少年** 杨鹏著。安徽少年儿童出版社1997年版。14万字。8.00元。“科幻新作系列丛书”之一。唐朝末年，天降神火，落于山林，幻变为蝙蝠娃娃。蝙蝠娃有一股神奇的力量，围绕他发生了一系列怪诞之事……这蝙蝠娃来自何方？他和三千年前的天外来客又有什么关系？谁是“邪恶之身”？那遗失已久的远古飞船又在哪里？为什么有两个一模一样的小皇帝？扑朔迷离的情节，似幻犹真的场景，将读者带到那个充满神秘色彩的时代。(韩进)

I000636 **魔光疑影** 苗虎著。安徽少年儿童出版社1997年版。14万字。8.00元。“科幻新作系列丛书”之一。一个神出鬼没的奇人，又聋又哑，面目狰狞。他挟雷电，乘魔光，一忽儿抢银行，一忽儿变魔术，往返于苍凉肃穆的青藏高原和热闹繁华的都市之间。他似乎有特异功能，“未卜先知”，“意念运物”，S城上空笼罩着层层疑云……市政府和警方协力追踪，但始终未果，反而谜上加谜。他是谁？他要干什么？一位失踪多年的科学工作者在地层深处为人类作贡献。扑朔迷离的故事，惊心动魄的场景，把读者带进一个奇幻的、全景式的“未来世界”。(韩进)

I000637 **《四季故事》丛书** 雨雨等编。甘肃少年儿童出版社1997年11月版。16万字。18.00元。分《春天的故事》、《夏天的故事》、《秋天的故事》、《冬天的故事》4册。以老和尚和小和尚为固定人物，每册由12篇精彩的幽默故事组成。讲述了老、小两个和尚在春天、夏天、秋天、冬天的有趣故事。所有文字配有注音，并设计了形式多样的练习。(冯莉)

I000638 **青青草故事丛书** 王小民等编著。甘肃少年儿童出版社1997年12月版。50万字。29.00元。由《地球公民勇敢者——王小民科幻故事集》《书包里的窃听器——延玲玉传奇故事集》《芹菜胡子小老头——范锡林童话故事集》《今天运气不错——韩辉光幽默故事集》《迷茫，处罚谁——江润秋纪实故事集》《山道、少女、牛贩子——李银洋田园故事集》6本组成。书中的故事或直面少年儿童的现实生活，不回避尖锐的社会矛盾，或通过夸张、变形的艺术手法，描写生动有趣而又耐人寻味的故事，或采用幽默诙谐的笔调，反映少年儿童经历的种种磨难，或发挥想象，向少年儿童描绘未来人类面临的人口、能源和环境的状态。(郑洁)

I000639 **中华少年明珠** 姜达雅著。北岳文艺出版社1997年5月版。11.6万字。7.50元。由19个少年儿童纪实文学作品组成。书中是一个充满快乐的世界，奋斗，成功，是让小天使们快乐的源泉。他们都是普通孩子，最喜欢的自然是“玩儿”，有心的师长们引导得法，他们便“玩”出了名堂：她从小对语言敏感，11岁就通过了“托福”考试；她喜欢方块字，15岁就发明了“汉字全息码”；他迷恋数学，在国际数学大赛中捧回金奖；他们对石头发生兴趣，居然创建了成绩斐然的“小小古生物研究所”……他们是中华的明天，也是千百万少年儿童的同龄人。他们的成功源于由兴趣生发的求知欲，进而在快乐的精神境界中去思索，去拼搏，去创造。这也是培养少年儿童综合素质的实例。(席香妮)

I000640 **党兴昶儿童散文集** 党兴昶著。辽宁少年儿童出版社1997年版。25万字。12.00元。作家以一颗拳拳童子之心，娴熟流畅的笔触，从不同侧面不同角度，反映了辽北地区少年儿童的精神风貌、心理情境、风土人情和生活志趣。这些散文都是从土里长出来的，散发着泥土的芳香，带着雨露的水珠，闪着朝阳的光影，凝聚着作家对于真善美的追求和对于美好童年的眷恋之情。(贾全松)

I000641 **万花筒丛书——幽默卷** 葛冰等编。河北少年儿童出版社1997年3月版。20万字。39.00元。由河北少年儿童出版社、山西希望出版社、河南海燕出版社三家共同与台湾小鹰出版社合作出版的一套儿童读物。河北少年儿童出版社负责其中“幽默卷”。该卷共10册，包括：“好主意商店”、“调色盘市长”、“圆脸猪王”、“大头兔子的发明”、“笨小熊趣事”、“基诺的烦恼”、“小偷罢工”、“傻袋鼠杰克”、“吉米的魔水”、“喷嚏英雄”等。全书采取图文并茂，文字加注拼音的形式，对孩子的阅读能力的提高很有帮助。(常文彬)

I000642 **小魔袋寓言丛书** 吴广孝等编著。安徽少年儿童出版社1997年9月版。72万字。40.20元。寓言集。分别为《十二生肖幽默寓言》《魔术大

师》《天上的花园》《老鼠和神灯》《蛤蟆大仙》《龙的演变》《狐狸的神药》《枫树的遭遇》。每本书收寓言百余篇。（薛贤荣）

I000643　**太阳鸟童话丛书**　陈厚杰等著。湖北少年儿童出版社1997年8月版。100万字。7.50元。共10册，分别为《架双拐的银狐狸》、《神农架童话》、《打败了烦恼》、《外星恐龙》、《拼装怪兽和红蓝眼镜》、《金星蜘蛛人》、《海底花园奇案》、《吃青草的老虎》、《不快活的快乐鸟》、《小猎狗探案》。这套童话丛书故事情节曲折离奇，想象夸张奇特。它通过一个个生动有趣、令人捧腹的故事，将小朋友们带进那神奇诡秘、气象万千的世界。（刘海燕）

I000644　**中国当代中青年作家童话精品集**　张美妮、汤锐主编。重庆出版社1997年6月版。70.5万字。37.00元。收入张秋生、刘兴诗、李少白、杨楠、王晓晴等38位中国当代中青年作家的141篇童话精品。这些作品经过时间的考验，被我国儿童文学界公认是中国新时期以来的童话代表作，反映了我国当代童话创作从新时期以来所产生的质的飞跃，所取得的前所未有的成就。所有入选作品均获得过不同等级的奖励，大多数作品是作家的成名作、代表作。这些童话的主要特点是：①较之以往具有更丰富的、多层次审美内涵的童话形象；②作品更加重视童话自身的文化品质，对童话艺术思维空间等方面有新的开拓和追求；③作品更显个性色彩，在风格流派、表述形式、主体艺术个性等方面形成了多样化的艺术格局。（余国枢）

I000645　**中国当代童话大观**　柯玉生主编。未来出版社1997年8月版。120万字。76.00元。将80年代以来，活跃在中国儿童文学领域里的80位作家的139篇中短篇童话作品，按魔怪、科幻、侦破、功夫色彩分类编纂，内容丰富多彩，情节变化多端，创作手法各异，较集中地反映了80年代以来，中国童话创作的基本风貌和特点。（延玲玉）

I000646　**中国当代童话新作丛书**　周锐等著。安徽少年儿童出版社1997年版。100万字。收有朱效文著《美味发电机》、庄大伟著《超时空遭遇战》、冰波著《怪蜗牛奇遇记》、王业伦著《小黑猫奇历记》、肖定丽、张芳云著《超人糊糊》、周锐著《红脸与白脸》、彭懿著《太阳系警察》、刘庭华著《丑孩》、北董著《魔布手套》。共9本。（王笑非）

I000647　**外星猫人阿木哥**　向民胜著。未来出版社1997年1月版。12万字。5.90元。长篇童话。在遥远的莫名其妙星球上，有一个名叫阿木哥的男孩，胆小懦弱。他十分害怕老鼠，因而披上一件蓝色猫皮给自己壮胆。后来一个偶然的机会，他跌落到地球上。陌生的环境和复杂的现实，使他不断上当受骗，但也使他在和种种“骗子的斗争中成长起来，不但不再惧怕老鼠，而且还制服了称王称霸的猫王，最终回到父母的身边。整篇故事想象奇特，构思巧妙，童趣盎然，把读者带入一个充满幻想的艺术空间；同时，作品内容十分贴近孩子们的生活，充满浓郁的生活气息，幽默风趣，读来令人忍俊不禁，收入“火凤凰系列丛书”。（李丽玮）

I000648　**幼儿相对关系概念故事**　周竞等编。江苏少年儿童出版社1997年1月版。80.00元。通过浅显生动的童话故事和大幅精美的彩图，帮助学龄前儿童掌握基本的相对关系概念如“大”和“小”、“远”和“近”、“老”和“年轻”等，包含了相对关系概念的教育内容，如方位关系概念、空间关系概念、数量关系概念、物体特征关系概念等。（徐健）

I000649　**红蜻蜓**　葛翠琳等著，王晓明等绘画。希望出版社1997年12月版。112万字。28.00元。收入童话12篇，皆系文坛名家之佳作，本书还为每一篇童话配了一首主题歌。集文字、拼音、图画、歌曲于一体，可使小读者多角度、多侧重地得到真善美的陶冶，可作为幼儿的语言、文学、美术和音乐教材。（李军）

I000650　**吴梦起百篇童话（上、下）**　吴梦起著。辽宁少年儿童出版社1997年版。81万字。56.00元。吴梦起是我国著名的儿童文学作家，本书收编吴梦起童话100篇，是40年童话创作的精品。其中短篇童话70篇，中篇童话6篇，微型童话24篇。作品的主人公多为小动物，其形象逼真、个性鲜明、对话幽默、富有情趣、寓意深长。（贾全松）

I000651　**男孩子童话故事**　佟希仁改写，怀晓玲绘画。辽宁少年儿童出版社1997年版。16万字。9.00元。“绘图世界名著故事精选”之一。选编《勇敢的约翰》等20篇有关男孩子的童话故事。（崔玉平）

I000652　**希望童话宝库（第一辑）**　周锐等著。希望出版社1997年8月版。包括《勇敢理发店》（周锐）、《四十大盗新传》（彭懿）、《飞碟带来的童话》（金逸铭）、《大头蟋蟀自述》（庄大伟）、《窗下的树皮小屋》（冰波）、《会魔法的大盗贼》（孙文圣）、《一只会吐泡的老鼠》（倪树根）、《男孩有只萤火鸟》（北董）、《乌鸦女孩》（赵燕翼）、《老歪和海盗船长》（孙幼忱）10册。（侯天祥）

I000653　**启蒙知识童话丛书**　张冲主编。希望出版社1997年5月版。54.8万字。37.00元。用生动活泼的童话人物、引人入胜的故事情节、优美的文学语言来表现儿童需要知道的生活小知识、思想品德知识、小小科学知识等等，让小读者在阅读童话故事的同时学到百科知识。丛书5册:《趣闻知识童话》《动脑知识童话》《入学知识童话》《生活知识童话》《行为知识童话》，每册突出一个方面，讲述一个内容，书中内容自成体系，比较完整、系统。(杨建云)

I000654　**科学寓言1001夜**　黄水清著。江苏少年儿童出版社1997年12月版。85万字。44.00元。科学寓言集，分自然、动物、生理、数理化、天文地理、科技、品德7个分册，计1 000余篇。(徐健)

I000655　**《很长很长的童话故事》丛书**　孙幼军等著。湖南少年儿童出版社1996年12月—1997年12月版。103.9万字。70.30元。包括7部长篇童话，有描写少年赵新新和怪老头儿漫游远古时代的《跟怪老头儿漫游奇境》，有讲述由于性格、品行各一而发生的许多稀奇古怪故事的《神秘的双胞胎》，有表现草原上正义与邪恶进行斗争的《黑眼睛牧童》，有讲述一条断了尾巴的狼，系上狐狸尾巴后变得不伦不类，后来做了许多好事，终于得到人们的认可、尊重的《秃尾巴狼》，有讲述孙悟空的儿子孙唐如何在学校调皮捣蛋，闹出许多笑话，又在漫游宇宙中拯救伙伴于危难之际的《喇叭耳朵孙唐》，有描写一个孩子因写错别字遇到许多惊险磨难，最终认识到写错别字的危害的《错别字大王》。还有反映百兽争斗中一只猴子如何锻炼成长当上大王的《百兽王》等等。(杨实诚)

I000656　**狮子王宝座之争(上、下)**　四新文化艺术制作公司编。四川少年儿童出版社1997年8月版。10印张。32.00元。连环画。以10个系列连贯的争夺兽王宝座的童话故事，讲述了大森林中动物为了生存进行的种种努力。每一个故事都介绍了一些简单的动物习性、特征等知识。所有的故事都轻松有趣，并始终贯穿着友爱、注重环保的基调，对乐于助人的大加赞赏，对损人利己的加以鞭挞。所有文字均加注拼音。(鄢志平)

I000657　**猎犬黑呼系列童话**　邓湘子等著。湖南少年儿童出版社1997年10月版。50万字。27.90元。包含5个既独立又连贯的长篇童话:《神秘黑森》、《牧场英雄》、《大江漂流记》、《都市奇遇》、《寻找快乐鸟》。5位作家依据不同的素材描画了各具特色的生活画面，表现了童话主人公在不同生活背景下各具特色的生活场景和生活细节。5个长篇童话都是围绕两个主要形象——黑呼和比比展开情节的，黑呼、比比形象的内涵和主要特征具有一致性，5个童话的情节具有连贯性。(刘杰英)

I000658　**彭懿童话文集**　彭懿著。明天出版社1997年10月版。80万字。65.00元。“明天文集系列”之一。收入彭懿从事童话创作以来的全部童话作品。共4卷，按篇幅长短结集，分别为长篇卷、中长篇卷、中篇卷、短篇卷。彭懿的童话创作分成两个不同的时期。1985年至1989年，彭懿发表了《外星人抢劫案》、《矮星人核潜艇》、《你就是外星人》等一大批广有影响的作品。这些作品以一种游离甚至叛逆的姿态，摆脱了传统经典童话相对沉闷、单一的艺术框架，建立了以大胆的想象、夸张、变形为外在叙事特征，以弘扬游戏精神和解放当代儿童心灵为内在艺术旨趣的童话文本类型。这些作品的出现，为中国当代童话提供了新的美学内容。1989年至1994年，彭懿在日本暂停了童话创作，学习研究“西方现代幻想文学”，这一课题无疑给了他丰富的艺术美学滋养。1994年他获得教育学硕士学位回国后，连续发表了《疯狂绿刺猬》等新作。这些作品与前期的作品相比，发生了重要的变化。它们一方面保留强化了作品基本叙事构成的真实感和现场感；另一方面，它们又异曲同工地突破了生与死、实境与幻境、人类与异类、现时与历史等等之间原本分明的界限，实现了一种全新的童话时空构建。此外，作品的主题力度以及叙述语言等，都比作者前期童话作品的叙述基调有了明显的变换和提高。这部童话文集所呈现的作品，对中国当代童话创作具有一种独特的探索和示范意义。(王歌风)

I000659　**鲁兵童话诗**　鲁兵著，俞理画。湖南少年儿童出版社1997年4月版。102万字。21.00元。写给幼龄孩子看的童话诗。前几首诗，作家从不同的题材中塑造了几个现实生活里不同类型、性格的幼儿艺术典型形象。像不爱清洁，不听妈妈话的任信、顽皮的小猪“奴尼”；把自己的生日蛋糕分给那个因没了妈妈而伤心的孩子的顶富同情心的好“奴尼”；怨自己长相丑，吵着要变成漂亮小青蛙的“小哈蟆”；初次离开妈妈经历了很多趣事后变得勇猛的“虎娃”；不急不慌沉着对付狐狸、救了自己性命的小“乌龟”；为了带孩子到处寻找口袋的“袋鼠妈妈”，这些形象真实地再现了儿童心灵世界。另外几首，像《金鞋》、《穿绿背心的小女孩》、《小豆豆》则是几则民间故事的演变和再创造，童话的色彩浓郁，角色的形象鲜明，情节性故事性强。(陈士平)

I000660 **童话万花筒** 冰波等著，吴冠英等绘画。希望出版社 1997 年 8 月版。40 幅图/册。90.00 元。画册。包括《大脸猫的电话》、《五彩影子》、《皮克和牙科医生》、《海人国》、《威利禁烟记》、《杰克肚里的子弹》、《不走运的小狐狸》、《大鼻鼠探案》、《一对顽皮的小狼》、《机器马》、《夏夜的乐声》、《花衣孔雀》、《绿音符》、《米花灯》、《杂技明星》、《男孩·小鸟·花》、《羽毛帆船》、《高高白云树》、《红尾冰鱼》、《幸福铜像》凡 20 册。（张秋怀）

I000661 **童话中的云南** 周良沛主编。云南教育出版社 1997 年 3 月版。21.8 万字。9.60 元。"'美丽、丰饶、神奇'的云南丛书"之一。童话选集。分童话和儿童文学。选本题材多样，内容广泛。新老作家作品并举。时限为中华人民共和国成立后直至 90 年代作品均有选入。著名作家有蔡希陶、沈石溪、辛勤、张祖渠、钟宽洪、康复昆等，也有近年出名的年轻作家。作品趣味浓郁，如蔡希陶笔下的《蒲公英》聪明伶俐，见多识广，很会生活，很会算计，而高大的橡树体态庞然，遮天盖地，很是霸道，可弱不禁风，最后被大风吹折了。沈石溪笔下的乌鸦很可爱，它聪明能干，不畏强敌，团结作战，奋力保卫自己的家园，它能帮助人，是人类的好朋友。作家们用清新的文笔描绘云南这个植物、动物王国里发生许许多多有趣、神奇美妙的故事。如小草会跳舞；大象会跳舞、赶集、逛商店、看电影；小麂子也可以来到学校里跟小朋友们玩；白马王子会表演杂技，玩魔术，周游列国等等。这里的植物或动物都富有人的灵感、思维，人的性格，喜怒哀乐，在大自然这个美丽天国里，各自以自己的生活方式生活着。（黄敏）

I000662 **樊发稼寓言集** 樊发稼著。甘肃少年儿童出版社 1997 年 6 月版。4.8 万字。18.00 元。樊发稼是一位儿童文学评论家，多年来写过不少优秀的寓言作品，本书是他寓言作品的精选集。所选的篇目内容都来自生活中的各种现象，经作者采撷、剪裁、稍作放大以后，就成了值得人们警省的寓言作品，读来启迪人们去思考、去分析、去判断，使少年儿童以正确的态度去对待社会上的许多奇异现象。（冯莉）

I000663 **24 魔** 副名：中国魔幻卡通。似田等编绘。未来出版社 1997 年 10 月版。1 200 幅图。177.60元。精选著名童话作家似田的《魔匣窃国》、《心座摩天大厦突然失踪》、《魔哉，换脸机》、《魔犬复仇》、《卫生间的魔影》、《魔磁大盗》、《黑头魔与红珠子》、《癞老头和魔帽服务中心》、《魔衣历险记》、《魔力吸恶器》和《黑头魔传奇》等精彩的现代童话，用彩图的形式充分体现童话中魔幻离奇，惊险怪诞的场面。全套书共 12 册，每册两个童话。文字均标有汉语拼音。

I000664 **《四季寓言》丛书** 龙世辉等编。甘肃少年儿童出版社 1997 年 8 月版。16 万字。18.00 元。分《春天的寓言》、《夏天的寓言》、《秋天的寓言》、《冬天的寓言》4 册。所有文字均配有注音，并设计了形式多样的练习。（冯莉）

I000665 **山大王卡通** 冰波、高蕾编绘。海燕出版社 1997 年 5 月版。2 500 幅图。25.00 元。共 5 册，分别为《山大王》、《红蜻蜓》、《阿龙皇帝》、《奶奶熊》、《胖小猪和小兔子》。其人物造型生动可爱，童趣盎然，栩栩如生。那真诚滑稽的山大王、善良有趣的熊奶奶、烦恼多多的阿龙皇帝、神秘的红蜻蜓、"冤家"好朋友胖小猪和小白兔的故事常给孩子们美和快乐，给予他们以真诚、善良的教育，启发他们丰富的想象力和创造能力。（郭玉洁）

I000666 **五个小怪物** 副名：卡通城。赵冰波等编文，程思新等绘画。海燕出版社 1997 年 8 月版。14 万字。11.50 元。共讲了 5 个小故事，即：长尾巴小猴打败大灰狼的故事，长头发狮子当选百兽之王的故事，大脚板鸭子成为杂技明星的故事，大嘴巴河马保护小松鼠的故事，大背壳乌龟助人为乐的故事。作者通过生动的情节和精美的绘画，成功地塑造了 5 个可爱的艺术精灵，同时告诉读者：只要心地善良，有甘为他人牺牲的精神，就能拥有快乐。（范玲）

I000667 **太空娃娃（卡通系列）** 马光复文，张健民等画。海燕出版社 1997 年 2 月版。815 幅图。22.20 元。主人公太空娃娃嘎嘎龙是一个有东方色彩的神奇而可爱的小孩子，他驾御着宇宙飞行器，翱翔于宇宙各星球之间，他心地善良，具有无比神力，他驱魔除妖，为宇宙和平而战。故事中，充满了科学幻想，惊险奇特、活泼有趣，将小读者带到广阔无垠的宇宙太空之中。（万长海）

I000668 **幽灵船历险丛书** 王晓明等编绘。希望出版社 1997 年 12 月版。17.00 元（平），18.00 元（精）。将知识、冒险、幻想和幽默融合在一起的新型卡通连环画丛书。重点介绍世界各阶段重要史实、地理等重大发现、科技重大事件等人类文明史。故事是通过一只超时空的叫作"幽灵船"的船只救助了几个在海边遇险的小伙伴，他们乘上了这只船后，把他们带到古埃及，探索世界文化的历程从这里开始……他们超越历史时空，闯入了人类文明史的各个不同

阶段,学习了许多国家的语言,参与了各种历史事件……(申月华)

少数民族文学

I000669　**苍狼文丛**　那顺德力格尔主编。中国对外翻译出版公司 1997 年版。包括 3 种:一、《黄金家族的守望》,蒙古族小说选。二、《马背上的柔情》,蒙古族散文选。三、《北中国情谣》,蒙古族诗词选。

外国文学

I000670　**朝鲜古典文学史**　文日焕著。民族出版社 1997 年 3 月(朝鲜文)版。43 万字。15.00 元。根据朝鲜不同历史发展阶段,分上古文学、三国文学、高丽文学、李朝文学等几个部分,介绍了朝鲜古典文学的发展过程,分析了各个历史时期的主要人物、主要作品、主要文学现象及其艺术特点和创作倾向,阐述了各种文学形式的产生和演变过程,指出了朝鲜古典文学的特征和发展规律。本书除了介绍自上古迄李朝的漫长历史时期的民间文学和文人之作,包括神话、辞、戏曲、小说等作品的主要内容、梗概以及思想性、艺术性之外,客观地概述了朝鲜古典文学的范围、思想主流、传统特点及其同中国文学的关系。从中我们可以窥见朝鲜民族为了文明与进步,融会汉文化在内的外来文化,尤其佛教、儒教、道教等精神文化,以补充和发展自己文化的足迹。(白今子)

I000671　**韩国儿童小说选**　雷紫荆译。辽宁少年儿童出版社 1997 年版。10 万字。9.50 元。由韩国著名童话家、出版家郑镇采和中国延边儿童文学研究所所长金万石从韩国出版的儿童文学作品集中精选出来。书中作品的构思巧妙,笔调轻松,人物鲜活,感染力强。每篇小说都真切地展现出一颗颗美的心灵。(贾全松)

I000672　**韩国童话选**　雷紫荆译。辽宁少年儿童出版社 1997 年版。10.5 万字。9.80 元。由韩国著名童话家、出版家郑镇采和中国延边儿童文学研究所所长金万石从韩国出版的儿童文学作品集中精选出来。书中作品既继承了高丽民族特有的、丰富的文化传统,又借鉴了西方现代表现手法,极富幻想,情趣盎然,含蓄耐读,启人心智。(贾全松)

I000673　**万叶集与中国文学**　[日]辰巳正明著,石观海译。武汉出版社 1997 年 4 月版。36 万字。28.00 元。《万叶集》是日本现存最早的一部和歌总集,它的出现标志着日本文学史上个人文学意识的觉醒和抒情文学的形成。本书作者突破了传统的实证意义的比较文学研究模式,着重从"主题"建构的角度探寻《万叶集》与中国文学之间的联系;他立足于《万叶集》中作品的本体剖析,研究和歌这一日本固有的文学样式对六朝文学影响的中和与变容。尤其值得注目的是,他把《万叶集》的研究置于汉字文化圈诸国文化交流的历史环境中,从而使其研究具备了开放性和国际性。(周雁翎)

I000674　**奇鸟行状录**　[日]村上春树著,林少华译。译林出版社 1997 年 9 月版。52 万字。24.50 元。长篇小说。31 岁的冈田 6 年前结婚时养的一只猫丢失后,怪事接踵而来。首先接到一个陌生女郎的电话,接着一个 16 岁的女高中生问他若他喜欢的女孩是六指会有何感想,继而又有一老者前来追述 40 年前外蒙边境的一口深井。更使他费解的是妻子一天上班后再未归家,于是他下到邻居院内一口极深的枯井中沉思了三天三夜。该上班的不上班,该上学的不上学,该归宿的不归宿,水井干了,房子空了,猫不见了。不仅奇妙的事层出不穷,奇妙人物也纷至沓来:特异功能者,"意识娼妇"、占卜师、中尉、服装设计师、脸上有痣的兽医、剥皮鲍里斯……谜中有谜,戏中有戏,似梦非梦,似真非真,似我非我。一切都那么莫名其妙、怪诞荒唐。存在感的稀释——立体性的迷失——社会连带意识的分崩离析。我是什么,人是什么,作者继续着他的探索。(叶宗敏)

I000675　**望乡**　副名:底层女性史序章。[日]山崎朋子著,陈晖等译。作家出版社 1997 年 10 月版。21 万字。17.50 元。纪实文学。由《山打根八号娼馆》、《山打根的墓》两部分组成,是日本电影《望乡》的文学原著。记述了以阿崎为代表的日本海外妓女在东南亚一带的卖身生涯和她们晚年的悲惨生活。作者还实地考察了东南亚一带的花街旧址及山打根的墓地。(林金荣)

I000676　**9 月 0 日大冒险**　佐藤牧子著。明天出版社 1997 年 9 月版。7 万字。6.70 元。阿纯是小学四年级的学生,在暑假最后一天的晚上,他做了一个梦,梦见他与同班同学理子、阿明回到了侏罗纪、白垩纪的恐龙世界。在旅行中,他们历经艰险,最终穿越热带丛林、干涸的沙漠,看到了梦寐以求的形态各异的活恐龙。收入"漂流瓶丛书"。(邢春玲)

I000677　**传给坂田君一个好球**　系贺美贺子著。明天出版社 1997 年 9 月版。5 万字。5.70 元。小说。桥本守是一位坐在轮椅上的孩子,由于生活的不便,他只能到离家很远的保育学校去上学。一个偶然的机会,他结识了橘小学的坂田君,他们之间逐渐产生了友谊,并成为要好的朋友。收入"漂流瓶丛书"。(邢春玲)

I000678 **草原——我和小牛的大地** 加藤多一著。明天出版社 1997 年 9 月版。5 万字。5.70 元。小说。主人公吉伸是一位小学高年级的学生,他从小生活在北海道的农场,本来应该成为农场继承人的他,由于种种原因父母却倾向于他的姐姐良子。小说以北海道美丽的大自然风光为背景,可使少年朋友对异国的风土人情,美丽的北国风光有所了解。收入"漂流瓶丛书"。(邢春玲)

I000679 **阿拜之路——第一部(上)** 木合塔尔·阿乌埃佐夫著。民族出版社 1997 年 6 月版。35 万字。13.00 元。根据哈萨克诗圣阿拜·库南拜(1845—1904)奇特而悲壮的生活道路创作的历史小说。作者在作品中塑造了 300 多个不同类型的人物,本着尊重历史事实的原则,生动地描绘了阿拜在他生命历程的关键时刻所表现的胆识和勇气,向智慧与科学的高峰攀登的信心和毅力,带领劳苦大众和旧势力拼搏时的大无畏精神,以及仰之弥高的思想品德。描述了阿拜从一位普通的草原青年成为哈萨克诗圣所走过的坎坷不平的道路。包括他的创作生涯,爱情生活及理想追求。作者逼真地描绘了 19 世纪下半叶哈萨克草原的生活;揭示了错综复杂的阶级斗争和部落之间的纠葛;刻画了以阿拜为首的一系列鲜明而性格迥异的人物形象。(蔡锐坚)

I000680 **一千零一夜(全译本)** 葛铁鹰等译。河北少年儿童出版社 1997 年 4 月版。200 万字。108.00 元。本次出版的《一千零一夜》全译本,是以埃及最具权威的"布拉克本"为蓝本,第一次向中国读者推出的单一、完整、保持"原汁原味"的全译本。其主要特点是保持原作的结构,突出了以"夜"分段的体例风格。宰相之女莎莱佳通过一千〇一个夜晚讲述精彩故事,最终使国王回心转意放弃了原来的想法。整个故事结构与书名紧密相扣。(常文影)

I000681 **陀思妥耶夫斯基与俄罗斯文化精神** 何云波著。湖南教育出版社 1997 年版。23.3 万字。11.60 元。作者借助于传统的社会历史批评、宗教哲学、精神分析、原型批评和叙事学等理论和具体方法,分析阐释了陀思妥耶夫斯基的艺术世界。整本专著重建了陀思妥耶夫斯基的艺术殿堂,专著的结构颇得曲径通幽之妙。前 2 章着重讨论陀氏的文化心理和他的宗教观念,这可以称作对作家的内宇宙的剖视,然后,作者从城市与文化隐喻的角度,为我们展示了陀氏艺术世界中其他论者未曾注意的方面。其后的 3 章从文化精神、审美观念等方面讨论陀氏本人对西欧的态度和欧洲对他的认知,第八章(陀思妥耶夫斯基与俄罗斯民族精神)论述了陀氏承载的俄罗斯文化信息,为本书点了题。至此,作者在对陀氏的艺术世界作理性透视的时候,充分揭示了其文化内涵和审美价值。(孟可文)

I000682 **20 世纪俄罗斯诗歌史** 许贤绪著。上海外语教育出版社 1997 年版。46.8 万字。30.00 元。以 26 章的篇幅,采取概论和专论相结合的阐述方式,全面介绍 20 世纪初至 80 年代百余位著名俄罗斯诗人以及他们的诗歌。其中第一、八、十八、二十四章是对一个时期诗歌发展的概述;第十七章是对卫国战争时期诗歌的综述;其余各章都由诗人专论组成。作者引用丰富、周详的材料,恰当地评价 20 世纪俄罗斯诗坛的流派、诗人和作品,深刻分析诗人的思想、感情和艺术特点;对在俄罗斯国内有不同评价的诗人和作品,则采取全文译出或译其关键性诗句或段落,供读者辨析。在概话和专论中,注意前后辈或同代同派诗人的纵向和横向联系,并与同时期小说发展进行对比,以论证诗歌在当时俄罗斯文学中的地位。(姚积勋)

I000683 **白熊丛书(8 种)** [苏联]巴乌斯托夫斯基等著。漓江出版社 1997 年版。150 万字。83.00元。收进苏联文学中有代表性的、篇幅不长、可读性强的作品 8 部,其中小说 6 部,长诗 1 部,散文 1 部。《切文吉尔镇》(长篇小说,A·普拉东诺夫著,古杨译)写一群流氓无产者打着共产主义的旗号干反共产主义的勾当之破灭史,通篇幽默诙谐。国内首次译出。《解冻》(长篇小说,H·爱伦堡著,钱诚译)反映 50 年代苏联社会全面动荡及改革情况,传达社会生活全方位"解冻"的信息。《活下去,并要记住》写卫国战争中红军逃兵给自己及妻子带来的惨烈遭遇。获苏联国家文学奖之作。《红莓》(小说,舒克申著,朱少华译)描述农民进城的复杂命运。《鲸群离去》(小说,雷特海乌著,陆永昌译)系少数民族作家所撰的人与自然关系的民族史诗式小说。《妈妈与中子弹》(长诗,叶甫图申科著,苏杭译)写对现世与幻境的奇妙结合,抒发对战争、和平、人类命运的不尽思索。《金蔷薇》(散文,巴乌斯托夫斯基著,李时、薛菲译)叙写关于作家的劳动、接受美学、名家创作情况的美文。《牧童与牧女》(小说,阿斯塔菲耶夫著,白春仁等

译)写战争生活影响人的心灵的变化,被誉为"独特悲剧性的散文长诗"。(宋安群)

I000684　**普希金爱情诗全编**　谷羽编译。中国青年出版社 1997 年 12 月版。40 万字。32.20 元。诗集。俄罗斯伟大的民族诗人普希金一生共创作了 250 多首爱情诗,其创作与诗人的爱情经历密切相关,本书在集中展现普希金爱情诗的旖旎风景与诗韵的同时,以宏富的征引介绍了诗人异彩纷呈的爱情经历及其背景,俾使读者步入诗人的感情世界,一睹其情诗情史之全貌。诗人善于调动自然界的绿草、花朵、山泉、彩虹来衬托爱情的瑰丽,以星光、月亮和太阳来赞美爱情的辉煌,以林涛、海浪和鸟鸣来谱写爱情的乐章。作品体现了普希金爱情诗中温和的人情味、以心相见的坦诚质朴、富于音乐性的优美形式的艺术特色。编译者长期专事俄苏诗歌翻译研究,全编以诗译诗,在内容、意象、意境诸方面力求呈现原貌,充分顾及原诗的音乐性,尽力把握原作的格律、节奏、韵式,并尽可能给予忠实的传达与再现。(庄志霞)

I000685　**各领风骚**　[俄罗斯]格·科诺瓦洛夫著,陈淑贤、张大本译。黑龙江人民出版社 1997 年 9 月版。70 万字。43.80 元。分上、下两卷。上卷从 1939 年写到 1941 年苏德战争开始。下卷围绕斯大林格勒大会战展开一直写到第三次世界大战结束。上卷主要描写人民经受了大清洗的磨难,人们对战争的威胁进行着深深的思考,部队的将领们忧心如焚却又无能为力。最高当局对战争可能突然爆发缺乏必要的准备。下卷则以很大篇幅描写了战争初期的失利。最高统帅部认为是战将无能,准备抓出替罪羊,军法从事。前线战士苦斗不止,且战且退,战士们陷入深深的思索。错误军事战线的执行者不仅葬送了优秀将领和忠诚的士兵,也葬送了自己。为此,人民做出了巨大的牺牲,一家三代人和许许多多苏联人一样浴血奋战,气势悲壮。该书通过老工人杰尼斯·克鲁普诺夫的活动,展现了俄国革命的曲折道路及复杂过程;通过其弟马特维·克鲁普诺(苏联驻德国代办)的活动展示了 30 年代末 40 年代初希特勒的对苏战略和苏联反法西斯的外交斗争;通过其二弟萨瓦·克鲁普诺夫(冶金人民委员部副人民委员)的被免职表现了二战前的苏联政局和大清洗的余波,以及肃反扩大化给人民心理上造成的巨大压力;通过杰尼斯的长子空军英雄科斯佳战死西班牙的悲剧反映了西班牙国内战争期间的有关情况;通过杰尼斯次子尤拉从工厂党委书记升任市委书记的前后经历,反映了当时苏联政治生活中的种种弊端。(徐冲)

I000686　**彼得大帝和皇太子**　[俄]德·梅烈日科夫斯基著,刁绍华、赵静男译。黑龙江人民出版社 1997 年 1 月版。45 万字。23.80 元。故事发生在 18 世纪初彼得大帝改革的时代。彼得当政时,对国内各个领域进行了一系列的改革,由于改革触犯了封建贵族的利益,遭到激烈反对。彼得毫不手软,与他们进行了残酷的、血腥的斗争。他不仅严厉镇压了掀起叛乱的火枪兵,而且先后把自己的姐姐索菲娅和自己的前妻阿芙多季娅皇后送进修道院。后来他与皇太子阿列克塞发生了激烈的冲突。阿列克塞是彼得前妻所生,由姑母养大,对彼得所进行的战争和改革一直毫无热情。他因循守旧,反对改革,实际上反映了主张历史倒退的社会势力。彼得的第二个妻子叶卡捷琳娜生子后,他提出放弃皇位继承权,请求彼得允许他当修士。1716 年,彼得下令阿列克塞去丹麦,可他却乘机逃往维也纳,得到奥地利凯撒皇帝的庇护。彼得担心国内外敌人支持阿列克塞争夺皇位,派人将他骗回国内。阿列克塞回国后遭到监禁,在严刑拷打下供认犯有阴谋活动的罪行,经特别法庭审讯,被判处死刑。但未及处死,即被其父彼得大帝鞭挞至死。(徐冲)

I000687　**钢铁是怎样炼成的**　[苏]尼·奥斯特洛夫斯基著,张文郁译。北岳文艺出版社 1997 年 8 月版。35 万字。18.00 元。长篇小说。主人公保尔·柯察金的童年,过的是俄国最底层的苦难生活,家乡刚刚解放即招来了帝国主义和反动派的反扑。年轻的保尔为拯救陷入敌手的老布尔什维克朱赫来而遭逮捕,在狱中表现得坚贞不屈。出狱参军后,在柯托夫斯基师团与布琼尼骑兵团中转战疆场,浴血奋战,同时通过文学作品教育和鼓励自己的战友,身负重伤后他惊人的忍耐力使医生们深为敬服。出院后离开了部队,无论是做共青团工作、肃反工作,还是参加修筑铁路的艰苦劳动,他始终保持着高昂的斗志和不畏艰险的无产阶级大无畏精神。他还发现曾经爱过的冬妮娅如今满身是资产阶级的酸臭味,便毅然离开了她。残酷的战争、繁重的工作和艰苦的体力劳动,终于使保尔病倒了,但他不向命运屈服,以惊人的毅力从事文学创作,最终获得了成功。本书根据莫斯科青年近卫军出版社 1989 年出版的《尼·奥斯特洛夫斯基文集》三卷集第一卷译出,此版本根据作者去世前于 1936 年签署付印的第五版和手稿进行了重新校阅,应是最符合作品原貌的。因此此译本中

恢复了以前删去或有所改动的内容,并用楷体字排出,以示区别。(韩铁马)

I000688 **克雷洛夫寓言全集** [俄]克雷洛夫著,何茂正译。浙江文艺出版社1997年5月版。41.3万字。25.00元。从苏联国家文艺出版社的《克雷洛夫寓言集》译出克雷洛夫寓言九卷的198篇寓言和九卷外的5篇寓言,共203篇;又从苏联科学院出版社的《克雷洛夫寓言集》中译出未加工完的寓言、寓言提纲与构思,以及逗乐寓言,共23则。克雷洛夫寓言原作是诗体,以往的中译本大多翻译成散文体。新译本采用以诗译诗,保持了克雷洛夫寓言诗的风格。该译本还搜集了苏俄原版本中珍贵的木刻插图70余幅,增添了全书的光彩。(严麟书)

I000689 **火与剑** [波]亨·显克维奇著,易丽君、袁汉镕译。花山文艺出版社1997年1月版。60万字。35.00元。亨·显克维奇是世界著名的爱国作家,1905年诺贝尔文学奖获得者。本书是他爱国激情三部曲中的第一部,于1884年在华沙出版。小说取材于17世纪中叶在乌克兰爆发的"哥萨克战争"。作者以生动的文笔,艺术地再现了这场战争的残酷及其给国家和人民带来的巨大灾难。在强烈谴责哥萨克上层分子勾结异国侵略者肢解分裂祖国罪行的同时,热情讴歌波兰爱国志士们的英勇献身精神。小说故事情节围绕两条主要线索展开,一条是波兰贵族共和国同哥萨克——鞑靼联军的战争,另一条是波兰王军武士为争夺、援救海伦娜与哥萨克头领博洪之间的恩怨纠葛。情仇爱恨交织着血雨腥风,将一场事关国家存亡的决战写得波澜壮阔,把一对情侣的悲欢离合写得荡气回肠。给后世留下了一部英雄史诗,一曲爱国颂歌。小说文采绚丽,气势雄浑,情感炽烈。整部作品以其栩栩如生的人物、全景式的画面、巧妙的布局和层出不穷的悬念吸引读者,具有强烈的艺术感染力。自问世后,已被译成40余种文字在世界各地广为流传。本书是我国从波兰文原著直译出的第一个中译本。

I000690 **凯旋门** [德]雷马克著,朱雯译。上海译文出版社1997年11月版。39.7万字。25.50元。德国作家雷马克的代表作。描写德国流亡者在异国他乡的爱情生活以及他们的悲惨遭遇,控诉了法西斯对无辜人民的迫害:拉维克因遭受纳粹迫害而逃亡法国,一天在塞纳河的桥上遇到了一个漂亮女子琼,两人因境遇相同而彼此相爱;不久拉维克在街上偶然发现了当年刑讯他并逼死他妻子的纳粹头目哈克,为报仇雪恨,拉维克忍痛离开了情人琼,在一个夜晚将哈克骗到森林里,杀死了他。雷马克擅长处理当代社会重大的现实题材,其作品塑造了社会各阶层一大批栩栩如生的人物形象;艺术上受美国作家杰克·伦敦和海明威的影响。(裴胜利)

I000691 **古画之谜** [德]西格丽特·豪克著。明天出版社1997年9月版。10万字。9.20元。长篇小说。彼特是个迷恋绘画艺术的中学生,一幅出自16世纪荷兰著名画家约阿施姆之手的油画引起了他的浓厚兴趣。他借助于幻灯机和中世纪的音乐,在梦幻中进入了那幅油画所描绘的时代,并一一揭开了画中所描绘的那些扑朔迷离的事件背后所隐藏的秘密。收入"漂流瓶丛书"。(傅大伟)

I000692 **格林童话全集** 格林兄弟著。内蒙古少年儿童出版社1989年—1997年(蒙古文)版。70万字。这部汉译蒙的《格林童话全集》是根据上海译文出版社出版的《格林童话全集》1988—1989年1月第二次印刷版本翻译出版。(苏迪玛)

I000693 **城堡** [奥]弗兰茨·卡夫卡著,汤永宽译。上海译文出版社1997年12月版。23万字。15.60元。20世纪现代派文学大师卡夫卡所著长篇小说。小说描述主人公K这个土地测量员受城堡之聘前往城堡报到受命。但自他到达城堡所辖的一个小村落的当晚起,就受到重重阻挠,陷身于一场无休止的斗争之中:他无权投宿在村中的小客栈,无权进入城堡,无权会见城堡伯爵、部长,只能通过部长派遣的信使接受指示或提出报告,平时由村长负责领导。小说在双方进行的这样一场斗争中展开:K千方百计要进入城堡,而另一方,城堡当局以至城堡所辖的小村(包括村里的客栈、旅馆、学校)的全体村民,则坚决拒绝K的任何要求。城堡,高踞在山冈上,冷漠地、威严地像一只巨兽,可望而不可即。它代表着一部庞大的官僚机器、统治机器,密密层层的等级,数不尽机构部门,数不尽的官吏,而大量公文却又长年尘封,无人处理。主人公K面临这座庞大的城堡,强大的势力,他的斗争注定是徒劳的,无望的。直到最后他既没有进入城堡,也无缘见到城堡当局。通篇作品弥漫着卡夫卡特有的那种神秘的、梦魇般的气氛;蕴涵着引人深思的寓意。(汤永宽)

I000694 **安徒生经典童话彩图本** 若谷和子改编,永田萌绘,孙日明译。接力出版社1997年12月版。2印张/册。16.00元/本(平)、20.00元/本(精)。由日本"世界文化社"出版公司原版,接力出版社引进版权,在中国大陆出版发行的彩图故事画册,含3个分册:《海的女儿》、《野天鹅》、《白雪皇后》。

(莫宁)

I000695 **荷马史诗(含《伊利亚特》、《奥德赛》)** 罗念生、王焕生译。人民文学出版社 1997 年 6 月版。90.9 万字。48.00 元。《伊利亚特》和《奥德赛》是欧洲文学中最早的典范性史诗作品,相传为古希腊盲诗人荷马所著,故名"荷马史诗"。《伊利亚特》是史诗原名的音译,意为"伊利昂之歌"(伊利昂为特洛亚之别称),这是一部长 15 693 行的叙事史诗,主要叙述特洛亚战争中的一个片断,同时也涉及十年特洛亚战争的全过程。史诗塑造了数十个性格鲜明的英雄人物和各具特色的天神形象,描绘了几十场惊心动魄的沙场血战,满怀豪情地歌颂了那个时代英勇善战、为集体为部落建立功勋的英雄。《奥德赛》也是史诗,原名的音译,意为"奥德修斯之歌",全诗长 12 110行,它描写特洛亚战争结束后,足智多谋的希腊大将奥德修斯漂泊十年回到故乡的曲折经历,热情讴歌了人与自然的斗争以及抗拒命运求生存的精神和勇气。(胡真才)

I000696 **古希腊悲剧故事全集** 薛远村主编。北岳文艺出版社 1997 年 1 月版。23 万字。14.80 元。戏剧故事集。收入了古希腊 3 位戏剧大师埃斯库罗斯、索福克勒斯、欧里庇得斯所写的全部 32 部悲剧作品改写成的戏剧故事,每篇故事都有一个颇富古典意味的"标题",总括故事内容,指示释读导向,起画龙点睛作用。每个故事后都附一篇几百字的赏析文章。书中附主编撰写的《神话·宗教·戏剧》论文一篇,阐述了戏剧的起源及与神话的关系,对理解希腊悲剧有参考价值;亢西民撰写的论文《古希腊剧场艺术》,介绍了当时戏剧演出的一些情况。还附有《神谱》,以图表形式列出众神间的关系;《希腊文化史大事年表》,以西元公历和中国历史纪年为对照,比较了"同步"发生的事件。(韩铁马)

I000697 **意大利文学史** 王军、徐秀云编著。外语教学与研究出版社 1997 年 6 月版。25.4 万字。16.00 元。最早的意大利文学作品产生于 13 世纪初,尔后不断涌现出杰出的作家和作品,到了 15 世纪下半叶和 16 世纪,已是文学的黄金时代,即通常所说的文艺复兴时期。本书着重介绍了意大利文学从诞生到文艺复兴结束近 400 年的情况,重点分析和评论了比较重要的作家及其代表作,如但丁的《神曲》、薄伽丘的《十日谈》等。通过对作家和作品的介绍和评析,使读者不仅了解当时的文学,也了解了当时的社会现实。(范明贤)

I000698 **意大利近代文学史——17 世纪至 19 世纪** 王焕宝编著。外语教学与研究出版社 1997 年 4 月版。18.6 万字。12.00 元。文艺复兴之后,欧洲文化艺术开始走向衰败,意大利亦如此。被称为"没落的世纪"。由于处于西班牙的奴役之下,国内四分五裂,社会经济停滞不前,人民生活水平急剧下降,文学也自然随之走向后退,出现了严重脱离现实,内容贫乏、单纯追求形式美,华而不实的"巴洛克风格",俗称"马里诺主义"。它迎合贵族阶级的趣味和需要,夸张失实,矫揉造作,美丑不分,胡乱堆砌,"马里诺主义"成为 17 世纪意大利文学主要特点。18 世纪被称为"启蒙世纪",欧洲现代学说的成就对意大利文学、哲学、美学等领域产生了重大影响,以维柯为代表,表现出深刻而新颖的史学和美学见解,显示出新文化新特点。他们反对"马里诺主义",他们写出细腻严谨,刚柔结合,富有韵律的诗歌,表现社会生活中最美好的事物和风土人情。18 世纪末 19 世纪初,拿破仑入侵意大利,法国资产阶级革命失败后,欧洲出现了封建君主复辟时期,人民对资产阶级宣扬的"自由、平等、博爱"已失去希望,向往理想与浪漫,产生了浪漫主义文学,以作家曼佐尼为突出代表,卡尔杜齐后来又提出恢复古典主义。意大利人民取得民族复兴运动的胜利,国家统一后,又出现了以卡普安纳和维而加为代表的真实主义。(任满申)

I000699 **羊泉村** [西班牙]洛佩·德·维加著,尹承东译。重庆出版社 1997 年 7 月版。13.1 万字。13.00 元。一部歌颂西班牙农民起义的史诗。一段真实的历史。羊泉村的农民纯朴、善良,过着平静的幸福生活。但驻在村上的骑士团队长费尔南多及其一伙却不让他们过太平日子。他们在村里胡作非为,欺压村农,奸淫妇女。费尔南多企图诱奸美女劳伦夏,屡遭拒绝,最后想在田间强奸她,仍未得逞。费尔南多怀恨在心,在劳伦夏新婚之夜将其抓走。坚贞不屈的劳伦夏逃出魔掌,决心要讨还荣誉,索还血债。劳伦夏成了愤怒和复仇的化身。劳伦夏吹起战斗的号角,群情激奋的农民们拿起武器,冲进城堡,将"暴君"杀死,把他手下的走狗打得落荒而逃。(余国枢)

I000700 **英国人之家** [葡]迪尼斯著,陈凤吾、李宝钧译。花山文艺出版社 1997 年 6 月版。在葡萄牙北部首府波尔图,几户英国的富商来到这里定居,他们多以经营葡萄酒为业。富商之子卡洛斯在一个偶然的机会与父亲从前的职员的女儿塞西丽娅相爱了。儿子的行为自然不被父亲理解与支持。儿子早年丧母,他要在恋人的身上寻找他已失去的母性的

"替代"。两代人中间的"代沟",父子间观念上的冲突,自然会使青年人之间的爱情陡生波澜。作家在作品中以"终成眷属"来结束他的故事。青年人在爱情上的胜利应该看作是社会在进步,时代在前进。作品中所展示两代人两种原则从对立到协调,表达了作家对社会演变中,人类在不断进步的一种理想。

I000701 **英国文学论述文集** 李赋宁著。外语教学与研究出版社 1997 年 1 月版。19.7 万字。15.00元。收集李赋宁自 40 年代开始到 90 年代初期论述英国文学的文章和为百科全书写的条目等,共 45 篇。记录了作者研究英国文学的心得体会,也介绍了一些经验和方法。它们主要是知识性和辅导性的,有助于读者理解和欣赏英国文学中某些作家和作品。在论述作家和作品时,作者既指出其社会意义和历史作用,又做出细致的语言分析和艺术探讨,力求说明作品内容和形式的统一。此外,作者特别重视文学的教育和感化功能,力求在论述作家和作品时有助于青年读者树立积极向上的人生观。(范明贤)

I000702 **《牛虻》三部曲及其女作家——艾·丽·伏尼契** 宋韵声著。春风文艺出版社 1997 年 10 月版。14 万字。20.00 元。作者收集了大量的资料,不仅对《牛虻》三部曲的介绍颇为详尽,对女作家的生平创作资料的汇集非常系统、全面,对从事外国文学,特别是研究英国文学者很有借鉴的价值。(崔棠)

I000703 **斯宾塞诗选** [英]埃德蒙·斯宾塞著。漓江出版社 1997 年 12 月版。24 万字。15.00 元。以创立"斯宾塞十四行诗体"闻名的英国大诗人埃德蒙·斯宾塞,素有"诗人中的诗人"之美誉。作为文艺复兴前期英国诗坛的先驱人物,他继承和发展了英国叙事、抒情、讽谕诗歌的传统,以其结构完美、富于乐感的诗歌创作对同代和后世的诗人产生过重大影响。本书收入诗人的重要作品《牧人月历》、《爱情小诗》、《迎婚曲》、《祝婚曲》及其代表巨作《仙后》(选译)等,较完整地展现了斯氏诗歌的风貌。(莫雅平)

I000704 **济慈诗选** 屠岸译。人民文学出版社 1997 年 11 月版。36.3 万字。24.50 元。约翰·济慈(John keats,1795—1821)是英国 19 世纪杰出的浪漫主义诗人,是与拜伦、雪莱齐名的英国浪漫派诗歌的突出代表,在 25 年的短暂生涯中,创作了许多气魄恢宏、想象奇特、魅力隽永的不朽佳作。本诗集辑录诗人几乎全部的代表作和优秀作品,如 6 首《颂》,3 篇长篇叙事诗(《伊萨贝拉》、《拉米亚》、《圣亚尼节前夕》),抒写作者诗歌观的长诗《睡与诗》,大部分的十四行诗和一部分经过挑选的抒情诗、歌谣等,以及气势雄伟、想象丰富的大型神话史诗《恩弟米安》和《海披里安》。(马爱农)

I000705 **怀尔德菲尔山庄的房客** [英]安妮·勃朗特著,赵慧珍译。敦煌文艺出版社 1997 年 3 月版。38.2 万字。22.80 元。"世界杰出女作家经典丛书"之一。为著名的"勃朗特三姐妹"之一的小妹妹安妮当时最重要最具个人风格的一部长篇小说。作品采用了传统的现实主义的创作方法,直接描写社会,如实反映人生,洋溢着一种纯理性的道德醒世力量。作品主人公海伦自幼丧母,由富有的姨妈养大。她品貌出众,多才多艺。在伦敦社交场中与英俊富有的花花公子亨廷顿一见钟情,并不顾姨妈反对执意嫁他为妻。婚后不久,由于人品的悬殊,两人产生了分歧。亨廷顿花天酒地,享乐无度,无德无才无信仰,是典型的堕落荡子。海伦虽为情所惑嫁给他,但本性向善,注重道德,一心要使亨廷顿改过自新。后来当她证明了丈夫与安娜贝拉私通后,便立即提出分手,亨廷顿不准,她便果断地中止了夫妻之情,只对他尽责尽义,直到丈夫用恶劣的品质腐蚀孩子时,她终下决心携儿出走。当得知丈夫病重,不久于人世时,又果断地回到他身边,服侍他直至最后。海伦是作者塑造的至善至美的道德理想人物,正是女权意识与道德意识相结合,才使海伦这个形象既鲜明突出,又厚重丰满。该书不仅仅真切地描绘了一群荡子的浪形,还真实真切地反映了一个放荡社会的侧影。(刘铁薇)

I000706 **曼斯菲尔德庄园** [英]简·奥斯丁著,秭佩译。敦煌文艺出版社 1997 年 3 月版。34 万字。19.60 元。"世界杰出女作家经典丛书"之一。长篇小说。为 18 世纪末 19 世纪初英国杰出现实主义大师,享誉世界的女作家简·奥斯丁的力作。女主人公范妮,由于兄弟姊妹众多,父母无力负担,9 岁那年被送到二姨妈家里寄养。处于半主人半仆人境地的范妮,冬天住在无火的阁楼里,生活上从不敢与两位表姐攀比。无权无势无依无靠的她,只能靠谦虚谨慎克制忍让来求生存。她小心翼翼地遵循着贝特伦男爵家里的生活规矩,耐心地陪伴贝特伦夫人,忍气吞声地承受大姨妈诺利斯太太对她的歧视与偏见,而且还要处处容忍两位表姐。这对一位少女来说,的确是生活在千斤重担之下。尤其使她悲苦的是她悄悄地爱着的二表哥埃德蒙不解其意,却恋上了外来姑娘克劳福特小姐。她担心埃德蒙爱得不当,还要抑制自己不能产生嫉妒之心……单从范妮这一人物身上,我们就可以看出作者写这部书用的功夫之深。除范妮之外,书中主要人物的刻画也都非常成功。如埃德蒙的忠厚,诺利斯太太的刻薄,贝特伦夫人的慵懒,罗什渥兹先生的愚不可及,克劳福特小姐的精明等等,个个性格鲜明,栩栩如生。如果说作者其他几部小说都是喜剧的话,本书应该说是部正剧,下笔更加沉重,寓意更为深刻,描写更加精心,也更为成功。(刘铁薇)

I000707　**丛林之书**　[英]吉卜林著,曹元勇译。花山文艺出版社 1997 年 4 月版。"人与自然世界名著系列"之一。包括两大部分,16 个短篇。一部分是以狼孩莫格里为中心人物的系列丛林故事,另一部分是以不同的动物为主人公的各自独立成篇的动物故事。在莫格里系列中,吉卜林把读者引入了一个富有创世色彩的、神奇美妙的丛林动物世界。印度樵夫的儿子莫格里还是婴儿的时候,在丛林里被老虎席尔汗追逐,他与父母失散,误入丛林深处,被母狼拉克莎收养,并且成为狼群中的一员。后来,他长成一个勇敢而机智的少年,生活在一个温暖的动物大家庭中。在其余的动物故事中,吉卜林塑造了形形色色独具个性的动物形象,并描写了人与不同动物之间所发生的各种各样神话传奇般的故事。吉卜林为我们营造的颇具乌托邦色彩的"丛林法律",为人与自然关系的实践提供了一种理想化的指导。自然,其警省作用比其可操作性来得更直接。

I000708　**岁月**　弗吉尼亚·伍尔夫著,金光兰译。敦煌文艺出版社 1997 年 3 月版。29.5 万字。16.80元。"世界杰出女作家经典丛书"之一。弗吉尼亚·伍尔夫是当代英国著名的小说家和评论家,是二十世纪世界文学的奠基人之一。本书是其晚期作品,它叙述了一个伦敦中产阶级家庭从 1880 年到 20 世纪 30 年代的发展情况。内容囊括了两性、教育、人生诸方面的问题。既是一部写实小说又是一部探索性作品。反映了维多利亚时代社会变革这一主题,揭示了社会生活中的许多丑陋现象。同时,它还是一部历史小说,涉及到这一时期的重大事件,但是作者没用大量的笔墨去直接描述这些事件,而是通过人物的感觉、他们的回忆、他们对周围事物的感受、认识及行动折射出来。在帕吉特家的生活中,岁月随着他们的行动和思考在流逝。半个世纪的事件,包括政治和情感,都反映在他们的生活中。作者通过对帕吉特家一家三代生活经历的描写,追溯了半个世纪以来英国历史的发展、社会变迁及人们心态的变化。在艺术表现方面,本书作者进行了新的尝试与创新。小说的诗化以及象征和意象的大量使用是本书的一大特色。作品体现出作家审慎的技巧,丰富的想象,惊人的洞察力,在伍尔夫所有的小说中,本书可以说是最怀旧、最严肃、最感人的。(刘铁薇)

I000709　**最后的狼**　[英]迈尔文·伯格斯著。明天出版社 1997 年 9 月版。8 万字。7.50 元。长篇小说。一直以某种隐秘方式生存至今的英格兰种野狼被一位猎人发现了,他期望它们中间的最后一只消失在自己的枪口下,从而名垂史册。于是他开始疯狂地猎杀这些珍贵的生命。一场惊心动魄的生死搏斗拉开了帷幕……收入"漂流瓶丛书"。(傅大伟)

I000710　**王尔德童话故事**　奥斯卡·王尔德著,易安译。河北少年儿童出版社 1997 年 8 月版。13 万字。6.90 元。收入英国作家王尔德的全部 9 篇童话。他的童话以丰富的想象力和抒情性、新颖的内容和形式、深刻的思想主题而独树一帜。他的每篇童话都各有一个深刻的道德主题,使孩子们从中获得教育。《幸福王子》揭示出幸福快乐的真实内涵,享乐安逸并不能使人真正幸福,富有同情心、乐于助人才能获得内心的真正幸福快乐。《自私的巨人》告诉读者宽容爱人才能使世界处处美丽温暖,自私自利则只能在人与人之间筑起冰冷的高墙。在《忠实的朋友》、《非凡的火箭炮》和《星孩儿》中,王尔德批判了贪婪虚伪者的残酷和自高自大者的无能。《西班牙公主的生日》、《年轻的国王》和《夜莺与玫瑰》则表现了作者对伪善的蔑视,对真正的精神道德之美的赞扬,美是自然的,真实的,是以人们的心甘情愿的劳动创造出来的,《捕鱼人和他的灵魂》则是一篇有关爱情和人生的哲理性童话。(肖利)

I000711　**梅里美全集**　郑永慧等译。时代文艺出版社 1997 年 1 月版。150 万字。85.00 元。梅里美是 19 世纪法国中短篇小说大师。本书分为上中下 3 卷,不但收入他的中短篇小说、长篇小说、戏剧,还收入他的历史人物和文学评介、书信。这两部份,在我国还是第一次被译成中文。这对于我国的广大读者,认识梅里美的生平、思想、著作,认识他在法国文坛乃至世界文学中的地位,都具有相当的价值。译作保持了梅里美善于将浪漫主义融于现实主义之中的风格。(邢爱光)

I000712　**绿光**　儒勒·凡尔纳著,方争等译。青海人民出版社 1997 年 11 月版。32 万字。19.50 元。《凡尔纳科幻探险小说全集》之一,共由 3 个故事组成。《绿光》:绿光与一个古老的传说有关,凡是看到它的人便不会再在感情方面做错事,因为它的出现摧毁了谎言与幻想；谁要有幸看到它，便会把自己的心和别人的心看得一清二楚。海伦娜·坎贝尔小姐就一心想看到绿光，否则决不结婚。因此有了一次惊险而美妙的奥班之行。《旋转乾坤》：大炮俱乐部的主任巴比康及其助手们又有了一个大胆的计划——开发北极的煤矿。怎样才能到达那个冰雪之地，他们的决定是搬动北极！这个妄想使世界为之震撼。地球会不会毁灭？全世界的人惊惶恐惧起来。实验在进行，世界是否到了末日？《天边灯塔》：阿根廷海军在南美洲尽头靠近南极的司达登岛上造了一座灯塔。岛上原潜匿有一伙海盗。在海军走后，便设计诱杀了两个灯塔看守员，剩下的第三个看守员法司奎士，只身逃走。海盗们靠引诱船只失事，几年来积聚了不少财宝。最近又弄到了一只搁浅的二桅船，准备逃往太平洋去。智勇兼备的法司奎士探悉到海盗的企图，便竭力从中破坏，使二桅船始终没能开出去。危急的关头，海军开到了，使海盗全部伏法。（王绍玉）

I000713　**人都是要死的**　［法］波伏瓦著，马振骋译。译林出版社 1997 年 5 月版。29.3 万字。18.00 元。当代存在主义作家西蒙娜·德·波伏瓦的代表作。作者在这部小说中创造了一个长生不老的传奇人物福斯卡，让他参加了欧洲六百年风云变幻的历史过程，并对人生及其“存在”阐述了存在主义的基本哲学观点。（韩盼麟）

I000714　**千钧一发——亚森·罗宾探案全集（15）**　［法］莫里士·卢布朗著。北京出版社 1997 年 10 月版。15 万字。11.00 元。包括《罗宾与杀人魔王》、《女贼与罗宾》、《千钧一发》3 个故事。《罗宾与杀人魔王》：罗宾意外地在叛国贼的秘密抽屉里发现一张奇异的纸钞，由此引出一连串的凶杀案；《女贼与罗宾》：罗宾费尽心血，冒着被捕的危险侦察他所领养少女的双亲的行踪；《千钧一发》：乔装成刑警队长的罗宾以超人的智慧和大无畏的精神，侦破一件极其复杂、数人惨死的命案。（龙杰）

I000715　**少女侦探**　［法］莫里士·卢布朗著。北京出版社 1997 年 10 月版。24 万字。12.00 元。罗宾是家喻户晓的传奇人物，人们只知道他富有正义感和同情心是一个劫富济贫的怪盗。我们往往为他精湛的手法、技巧而拍案叫绝。被他高超的智慧所折服。但作为“怪盗”的原因，却鲜为人知。本故事就为您解答这个耐人寻味的问题。他从小失去双亲，受尽了屈辱。这就使他养成憎恨为富不仁的富豪，同情弱小贫民的侠义性格。（龙杰）

I000716　**双面人——亚森·罗宾探案全集（14）**　［法］莫里士·卢布朗著。北京出版社 1997 年 10 月版。15 万字。13.00 元。共收编两个故事：《白色秋牡丹的秘密》和《双面人》。《白色秋牡丹的秘密》以塞尔维亚王子与巴黎的贵族小姐西蒙之间凄婉动人的爱情为主线，描述了第一次世界大战前夕，亚森·罗宾为了伸张正义和维护世界和平而与在暗中侵略扩张的泛奥地利党人之间的较量。《双面人》讲的是亚森·罗宾与克利福犯罪集团的斗争，并历经险阻终于揭露了该犯罪集团首领的真面目。（龙杰）

I000717　**吸血蝙蝠——亚森·罗宾探案全集（13）**　［法］莫里士·卢布朗著。北京出版社 1997 年 10 月版。20 万字。13.00 元。由两个故事组成。“黑色的吸血蝙蝠”记载了罗宾在第一次世界大战中的活跃情形。一个被称为“黑色吸血蝙蝠”的德国女间谍，突然诱拐了 7 个法国女性。罗宾以巧妙的手法揭开了神秘女间谍的真面目，并顺利解救了这位法国美人。“恶魔钻石”记叙了在一座城堡中，接二连三地发生了许多不幸而又诡秘的事，经过罗宾细心地侦察和分析，原来是因为一颗不祥的钻石引起的。（龙杰）

I000718　**红圈——亚森、罗宾探案全集（11）**　［法］莫里士·卢布朗著。北京出版社 1997 年 10 月版。25 万字。包括两个故事。第一个故事《名探罗宾》，怪盗罗宾化名巴乃，组成一家私人侦探社，破获了许多悬疑离奇的案子，令人咋舌称奇。第二个故事《红圈》，这是一个受遗传之害的美丽少女的不幸故事。这种特殊的遗传是当她生气、伤心、兴奋、受到打击时，感情会变得非常激动，此时她的右手指上就会出现红圈斑记，她的父亲每当手背上出现此斑记时就杀人、抢劫，这位美丽的少女又会怎样做呢？（龙杰）

I000719　**我的俄国母亲**　［法］阿兰·博斯凯著，郑永慧、边芹译。译林出版社 1997 年 9 月版。20.6万字。11.00 元。长篇小说。贝尔特·比斯克在俄国革命时期救出丈夫后，立即离开故土，先在保加利亚落脚，后去了比利时；1940 年后，她在美国安家，靠丈夫经营珍稀邮票为生；她既是个忠贞的妻子，对她的独子，即本书的作者也有着极为强烈的母爱。丈夫死后，她只身来到巴黎，在儿子身边安度晚年，卒于 1977 年。本书细腻而生动地描绘了世人常见的“亲情地狱”。（韩盼麟）

I000720　**罗宾大冒险——亚森·罗宾探案全集（9）**　［法］莫里士·卢布朗著。北京出版社 1997 年 10 月版。25 万字。包括两个故事。“罗宾的大冒险”描写:巴西警察局的维克多在电影院听到有人大喊:“捉小偷啊!”他赶过去抓女贼已逃。他将被害人带到警察局,查明此人是偷了90万法郎债券而在逃的某银行行员。由此牵扯出一连串和罗宾有关的诡异事件。“幻影杀手”描写歌唱家伊丽莎白在演唱时突然死亡,不知她被谁杀,也不知凶手使用什么凶器,珍珠项链也不翼而飞。生活奢侈的伊鲁路蒙侯爵、幻影杀手巴鲁特克斯、金发女郎克拉拉都成为怀疑对象,这个狠毒的凶手究竟是谁?(龙杰)

I000721 **罗宾与怪人——亚森·罗宾探案全集(12)** [法]莫里士·卢布朗著。北京出版社1997年10月版。15万字。13.00元。包括《罗宾与怪人》和《魔女的复仇》两个故事。《罗宾与怪人》讲述了罗宾为了揭开炼金术之谜,而与一个怪人斗智斗勇,最终揭开谜底的故事。《魔女的复仇》则讲述了一个哀怨凄婉的故事,故事中罗宾的亲生儿子险些成为罗宾的敌人。(龙杰)

I000722 **情人·乌发碧眼** 玛格丽特·杜拉斯著。上海译文出版社1997年12月版。15.2万字。14.20元。《情人》是法国当代著名小说家、剧作家、记者和电影艺术家杜拉斯(1914—1996)晚期的代表作,荣获1984年的龚古尔文学奖。这部带有自传色彩的作品,以法国殖民者在越南的生活为背景,描写了一名贫穷的法国少女与富有的华裔少爷之间深沉而无望的爱情,笔触深达人性中某些最根本、最隐秘的特质,催人深思。小说中自始至终涌动的情感力量远远超越了高超的写作技巧,具有极强的感染力。小说将现实生活中像爱情、死亡和希望这样一些观念既置于具体的时间和空间条件下加以描绘,又常常从绝对的角度按不同层次给以测度,由此引出极度的痛苦、深可悲戚的情景,运笔虽偏于枯冷,然激情潜于其下,悲剧内容十分沉重,弥漫全篇,强化了作品非凡的艺术效果。《乌发碧眼》发表于1986年,主要叙述的是男女主人公对虚实不定的世事所怀有的莫名焦虑,描写的场景犹如电影中定格的镜头,寓意旨于直叙之中,从较为独特的视角揭示了现代人对性爱的感悟和反思,折射出西方世界感情生活的不同侧面。(符锦勇)

I000723 **蒙田随笔全集(上、中、下)** [法]蒙田著,潘丽珍等译。译林出版社1997年3月版。105.3万字。71.00元。蒙田是法国文艺复兴之后最重要的人文主义作家。本社采用的是蒙田死后于1595年经过增订的《蒙田随笔全集》定本。蒙田以哲学家著称。他在全集中,生死轮回、做人之道、人生哲理,几乎无所不谈,并且旁征博引了古希腊、罗马的作家、名人的许多论述和格言诗句。此外,作者还对自己作了剖析和描写,亲切自然,增加了作品的文学趣味。(韩盼麟)

I000724 **贝洛童话故事** [法]夏尔·贝洛著,刘上阳等译。河北少年儿童出版社1997年8月版。10万字。5.80元。又名《鹅妈妈故事集》或《寓有道德教训的昔日故事集》,是法国作家夏尔·贝洛收集民间童话加工整理而成。包括《小凤头里盖》《林中睡美人》《小红帽》《蓝胡子》《穿靴子的猫》《仙女》《灰姑娘》《小拇指》《驴皮》《格里赛里蒂》《可笑的愿望》等11篇童话和童话诗。(肖利)

I000725 **澳大利亚文学史** 黄源深著。上海外语教育出版社1997年版。64.5万字。40.00元。详论了澳大利亚自1788年建国至今二百多年间文学发生、发展的历史,包括文学思潮的消长、流派的兴衰、作家思想及风格的演变、作品内涵及艺术特质等。客观、科学、真实地再现了澳大利亚文学嬗变的轨迹。全书共4编:殖民主义时期文学;民族主义运动时期文学、两次世界大战时期文学和当代澳大利亚文学。包容了所论及时期内(最新直到本世纪90年代)全部主要作家和主要作品,以及常被忽视的儿童文学和土著文学。(谢宇)

I000726 **人树** [澳大利亚]帕特里克·怀特著,胡文仲、李尧译。上海译文出版社1997年12月版。49.4万字。31.10元。当代澳大利亚最负盛名的小说家帕特里克·怀特的成名作,也是他的代表作。叙述主人公斯坦·帕克一家从拓荒创业、生儿育女到最后斯坦去世的故事。斯坦早先到达的是被森林覆盖的一片荒地,但是,随着迁居来的人不断增加,垦荒的发展,荒芜之地变成了悉尼的郊区。斯坦和他的妻子艾米经过了水、火、旱灾的侵袭,度过他们的蜜月,也尝过貌合神离、同床异梦的滋味。他们的儿子雷自幼乖戾,成年后堕落为罪犯,最终死于枪战之中。女儿塞儿玛顺着社会的阶梯爬了上去,做了律师的妻子,成为上流社会的一员。《人树》在澳大利亚文学史上的重要意义主要在于它第一次体现了澳洲题材成功地与现代派的表现手法相结合。帕特里克·怀特突破了在他之前的作家以现实主义手段描写丛林人、拓荒、火灾、森林大火等澳洲文学传统题材的单一格局,使澳洲文学呈现出多色调、多流派的新局面,出现了生机勃勃的活跃气氛。(郑大民)

I000727 **苦旅** [澳]达赛·尼兰德著,李尧、李铁群译。重庆出版社1997年9月版。16.6万字。

17.50元。翻译小说。希瑞里自幼离开母亲，从半岁起便被父亲背着跋涉在澳大利亚的山水丛林之中，过着一种颠沛流离的动荡生活。她既是父亲的累赘，又是父亲的精神安慰和心理寄托，在茫茫荒原中支持着父亲克服了常人难以想象的困难，最终走出了澳大利亚西部荒原，亦走出了人生自我的荒原。《苦旅》以希瑞里与父亲的故事为主线，准确地刻画出澳大利亚人乐观、幽默、机警、不畏艰难、真诚善良的性格，同时极其生动地描写了澳大利亚的丛林和丛林人的生活。（余国枢）

I000728　**丛林中的艰苦岁月**　[加]苏珊娜·穆迪著，冯建文译。敦煌文艺出版社1997年3月版。196万字。12.10元。“世界杰出女作家经典丛书”之一。自传性的作品。所记都是在丛林那个封闭的环境中作者自己和周围的常情俗事，各有各的愁肠，各有各的算计，各有各的见识，各有各的个性。又时不时利用随笔比较自由的笔调，插入作者的观察与思考，饶有趣味。（刘铁薇）

I000729　**美国现代文学批评理论**　[美]沃特·萨顿著，王晋华译。北岳文艺出版社1997年4月版。20.1万字。14.20元。依照时间的顺序，考察了早期的精神分析批评，新人道主义，自由主义和马克思主义批评，新批评，新亚里士多德派，精神分析批评和神话批评，历史、理论和批评方法，作为社会行为的批评等派别。把单个的批评家放到其所属派别这个较广阔的关系中去研究，为审视造成迄今现代批评理论中混乱的批评术语和评价标准等问题提供了一个焦点。原书中没有注释，为了帮助读者理解原文，译者对书中出现的一些现代文论及其他学科中的新术语作了注释。本书译自Greenwood Press1977年版。（张晴）

I000730　**威廉·福克纳研究**　肖明翰著。外语教学与研究出版社1997年12月版。38.2万字。18.90元。威廉·福克纳(1897—1962)是美国20世纪最重要的作家之一，诺贝尔文学奖获得者。他集现代主义、浪漫主义、现实主义于一身，在创作中大量使用传统的和创新的手法，深刻而全面地探索了美国旧南方解体的根源，表现了处在历史变革中的南方社会和南方人的精神危机。本书分3部分。第一部分探寻了福克纳的生平与思想，讨论了他同美国南方社会、文化文学传统之间的关系，分析了他的创作手法同他的世界观的统一以及同西方现代主义文学之间的渊源。第二部分从主题思想、人物塑造、创作手法等方面宏观研究了福克纳的创作和艺术成就。第三部分具体分析了福克纳的最杰出的6部代表作品。（任满申）

I000731　**美国经典短篇小说选**　王誉公主编。漓江出版社1997年8月版。78万字。24.00元。包括从欧文、霍桑、爱伦·坡到当代贝娄、厄普代克和艾丽斯·沃克等30位著名作家的代表作52篇。其中南方作家、黑人作家、妇女作家和犹太作家等均有代表。按入选作家生年先后次序排列。在每个作家的作品前面都有作家评介和作品的简要分析，可帮助读者了解所选作家的创作特色及其作品的主要内容，了解美国短篇小说发展的主流和概貌。（廖玉桦）

I000732　**大收购**　副名：华尔街股市兼并风潮。布莱恩·伯勒著，陈正发译。海南出版社1997年6月版。50.5万字。29.80元。以小说的笔法，纪录全世界最著名的兼并实案。本书分为18章，“横冲直撞的教皇”、“吃掉雷诺”、“搬迁”、“破坏—控制：购并瘾君子们”、“猎鲨者：科尔伯格—克拉维斯”、“希尔森计划”、“后院烤肉宴”、“一颗炸弹”、“第三者”、“地盘争夺战”、“数字竞技场”、“投标”、“二百亿美元的马戏场”、“第一波士顿”、“第一回合”、“华尔街一片寂静”、“第二个回合”、“国王死了，国王万岁”等。（孙忠）

I000733　**白鲸**　[美]麦尔维尔著，姬旭升等译。花山文艺出版社1997年4月版。“人与自然世界名著系列”之一。为美国经典作家麦尔维尔的代表作。一条浑身泛白的鲸鱼在海中屡屡对捕杀它的同类的船只进行可怕的报复。捕鲸船长亚哈就在这样的一次报复中失去了一条腿！亚哈以人类所独有的更为可怕的报复心理为动因，重整旗鼓，不惜一切地要在茫茫的大海中寻找大白鲸。这个鱼死网破、同归于尽的故事充满了海上生活的惊险与刺激，但又时时让读者感到一种游离于故事之外的关于人与自然的关系的叹息。其哲学与宗教内涵极为丰富，有许多尚未破解的文化信息。

I000734　**圣殿**　[美]威廉·福克纳著，陶洁译。上海译文出版社1997年3月版。21.9万字。16.90元。长篇小说。写的是20年代美国禁酒时期中，南方一小镇有帮以性变态的头头金鱼眼为首的酿私酒的团伙，18岁的女大学生谭波儿被男友抛弃，来到这帮人中，先被强奸，后被金鱼眼送进孟菲斯城的妓院。她曾目击金鱼眼杀人，嫁祸手下的戈德温。但她已被折磨得神经不正常，无法出庭作证，结果戈德温被判死刑，被群众劫出，私刑处死，出逃的金鱼眼终因一桩他并没参与的谋杀案而被捕处死。

作者通过这个怪诞的故事反映了整个南方的堕落及人性的扭曲，而且其中有些具体人物以及象征手法和他的16部以假想的约克纳帕塔法县为背景的系列小说有千丝万缕的关系，是一部愤世嫉俗的重要作品。(吴国祺)

I000735　**地球杀场**　罗恩·哈伯德著，胡建华等译。海南出版社1997年8月版。72万字。29.80元。一部英雄史诗般的科幻小说。故事发生在公元三千年的时候，地球已被外星人侵者——塞库洛统治了若干个世纪。塞库洛用毒气毁灭地球人类，对捕获到的幸存者施以暴虐；他们依靠庞大的星系矿业公司，主宰着银河系。在洛基山脉荒凉的小山村，幸存的人过着野蛮人的生活。乔尼·泰勒决定走出山村，去寻找乐土，不幸落入塞库洛的魔爪。在其他幸存者：苏格兰人、中国人、俄国人的帮助下，乔尼巧妙地与宇宙间的邪恶势力周旋，并运用人类的智慧，战胜了塞库洛和别的企图瓜分地球的外星人侵者。(孙忠)

I000736　**灰色马，灰色的骑手**　[美]凯·安·波特著，鹿金等译。上海译文出版社1997年12月版。31.8万字。21.60元。美国著名当代女作家凯·安·波特的小说集，一共收录了14篇作品。以这些小说的情节及风格而论，可以分为两大类：第一类往往脱胎于作者的自身经历，如《马戏》、《坟》、《老人》等。小说所共有的主人公米兰达(有时干脆用第一人称"我")的出身和背景与作者惊人地相似，其一言一行生动地反映了一个倔脾气的南方小姑娘成长为一位反传统、爱自由的作家的过程，具有浓厚的自传意味。贯穿在这些作品中的，有她对童年辛酸而执著的记忆，有她被病魔扼杀的绝望的爱情，也有她在异国卷入左翼政治运动的非凡经历和深刻思考。其中，以《灰色马，灰色的骑手》最为著名，作品在有限的篇幅内，不仅刻画了一段动人心魄的爱情，还深刻地揭示了人们在疾病、战争和死亡的威胁下的处境和态度，具有相当强的震撼力。本书的第二类作品大多取材于作者在南方农场中的所见所闻，如《绳》、《"他"》、《中午酒》等，亦有少量以城市为背景的故事，如《一天的工作》等。这些小说虽然没有跌宕起伏的情节，却具有巨大的内在张力和深沉的社会使命感，对现实的关注与忧虑感人至深。(黄昱宁)

I000737　**纳博科夫小说全集(第一辑)**　[美]V·纳博科夫著。时代文艺出版社1997年8月版。110万字。124.00元。《纳博科夫小说全集》收入俄裔美籍作家V·纳博科夫创作的全部小说，长篇小说17部，短篇小说62部，自传体小说1部，附作者本人编选的访谈录1部。计划分3辑2000年前出齐。第一辑7本，含8部长篇小说，1本传记和1本访谈录。长篇小说5本8部：《塞·奈特的真实生活》附《玛丽》。前者是作者用英语创作的第一部小说，叙述了一个性格怪异的名作家扑朔迷离的一生；后者是作者的第一部长篇小说。《洛丽塔》是其最具代表性的作品，讲述了一个中年男子与其养女之间的乱伦的故事。《黑暗中的笑声》附《眼睛》。《贵人 女人 小人》，《梦锁危情》附《普宁》。传记《说吧，记忆》是作者对自身童年生活、青年时期和流亡生活的回忆。访谈录《固执己见》，作者通过对欧美各大电视台、杂志的回答，全面阐述了他的人生观、艺术观。V·纳博科夫是20世纪最具争议的作家之一，是本世纪流亡文学家的代表人物之一。

I000738　**纽约旧事**　[美]伊迪丝·华顿著，蒲隆译。敦煌文艺出版社1997年3月版。320万字。18.60元。"世界杰出女作家经典丛书"之一。伊迪丝·华顿为本世纪前20年最受欢迎的美国作家，美国九大女小说家之一，曾获普利策奖。创作上沿袭了简·奥斯丁的创作风格，是著名的"风俗小说家"。作品通常能如实反映特定的时代、特定的地点、特定的社会阶层的社会风俗、习惯礼仪等等。本书分4辑。第一辑《老纽约》中的4个中篇描写的是19世纪40年代到70年代的纽约旧事，展示了一幅幅纽约上流生活的风俗画卷。第二辑《班纳姐妹》写的则是生活在纽约底层人们的生活，深刻地反映出他们(她们)的辛酸与悲苦。第三辑所收的《石榴籽》等两篇小说则属于"神秘小说"的范畴，给人奇异和全新的感觉。第四辑《回顾》则是华顿夫人的一部自传性作品，它向读者展示了他的生命与情感轨迹。(刘铁薇)

I000739　**杰克·伦敦作品集**　张继选等译。青海人民出版社1997年9月版。杰克·伦敦是美国优秀的现实主义作家，其作品复杂多样，初期的作品，如《棕狼》、《沉寂的雪原》、《白牙》、《渴望生命》等，以北方严酷的自然环境和壮丽景色为背景，极富男性魅力。《海狼》、《马丁·伊登》对现实社会给予了无情地批判，同时也对社会下层的贫民寄予了极大同情，后期作品《一块牛排》、《墨西哥人》等在内容和艺术表现上显得更为出色。本集子共3卷，收录了他的中短篇小说和长篇小说《海狼》、《马丁·伊登》等。(辛茜)

I000740　**最后一幕**　[美]约瑟夫·海勒著，王约西、袁凤珠译。译林出版社1997年6月版。39.8

万字。24.00元。黑色幽默名著《第二十二条军规》的续集。约瑟夫·海勒三十余年之前发表《第二十二条军规》时言犹未尽；他当年大加嘲讽的"第二十二条军规"至今仍在运作且有过之而无不及，海勒不吐不快，因而推出了《最后一幕》。该书中的主要人物仍然是《第二十二条军规》中就已提到的约塞连、刘、萨米、米洛和塔普曼牧师等人，他们的性格也都没什么变化，只是故事的场景由二战中的皮亚诺萨岛移到了美国的心脏——纽约。作者擅长的黑色幽默依然在书中发挥得淋漓尽致。约塞连处处对政府和社会表示不满，可是又根本无法逃脱美国社会类似那条军规的种种制度圈套；塔普曼牧师事事小心，处处谨慎，可最终还是逃不脱迫害；米洛投机倒把，神通广大，在政府和军队之中游刃有余；美国的总统不学无术，整日沉醉于电子游戏，最终引发了毁灭人类的核大战，人类社会走到了它的最后一幕，可以说本书是海勒三十余年对美国社会观察思考的结果。（史振宁）

I000741　**裸者与死者**　[美]诺曼·梅勒著，蔡慧译。上海译文出版社1997年12月版。64.7万字。38.30元。美国当代文学史上一部重要的作品。小说描写二战期间，卡明斯将军派遣一支队伍进攻太平洋上一座被日军占领的小岛的故事。就在美军即将突破日军防线的前夕，部队内部矛盾日趋激化，专制跋扈的卡明斯与富有自由主义思想的黑人中尉黑恩无论在观念上、还是在行动中都格格不入，两人剑拔弩张。最后，卡明斯命令黑恩带领一个侦察排从南岸进军，不料黑恩在丛林中遭到日军枪击，中弹身亡。在作者的笔下，这座太平洋小岛就象征着美国社会，权力与个性的矛盾冲突无处不在、此起彼伏。小说中还着力刻画了一些来自底层的士兵，描写他们的境遇、命运和苦斗，具有极强的现实穿透力。小说在创作中借用了多斯·帕索斯的"摄影机眼"手法，创造了"时间机器"的概念，藉此追叙业已消逝的"存在"，即人物与自己的内心世界面对面相互审视时的"裸露性"，给人以耳目一新的阅读感受。（黄昱宁）

I000742　**缪勒女性侦探小说系列**　[美]玛西娅·缪勒著。上海文化出版社1997年12月版。70.5万字。40.00元。属世界畅销书金库。从"女侦探莎伦·麦科恩系列"精选5册，即：《街头枪击案之谜》《图发湖的秘密》《鸽房女尸案》《阴影中的狼》《爱之祸》。系列展示了现代女骑士莎伦·麦科恩的破案大手笔。莎伦·麦科恩才思敏捷、身手不凡，敢于挑战、吃苦耐劳，既有克敌制胜的刚毅气质，又有倾倒异性的儿女柔情。她常常孤胆闯荡，冒险追踪，又往往身陷绝境、九死一生，而在查明一起起谜案真相、揭露一个个阴谋内幕的同时，又不时编织出爱意绵绵、荡气回肠的罗曼史。（项纯丹）

I000743　**瓦尔登湖**　[美]梭罗著，徐迟译。上海译文出版社1997年7月版。22.5万字。14.70元。亨利·戴维·梭罗(1817—1862)，美国超验主义作家。本书共18篇。从开头的"经济篇"到最后的"结束语"，作者忠实地记录了自然四季的变化，思考人生活于其中的自然与人的关系，以及他与周围人的关系。他谴责那个"不安的、神经质的、忙乱的、琐细的19世纪生活，"在那"品德败坏的时代"，他希望生活得清醒、诗意而神圣。这是一本宁静、恬淡、充满智慧的书，其分析生活，批判习俗处，见解独特，耐人寻味，其中的许多篇页是形象描绘，优美细致，像湖水的纯洁透明，像山林的茂密翠绿；也有一些篇页说理透彻，十分精辟，给人启迪。书中有大自然给人的澄净的空气，而无工业社会带来的环境污染，难怪一些西方国家将它作为一部宣传环保的教材。全书的最后一句话，生动地体现了作者对人生的积极态度："天亮的日子多着呢。太阳不过是一个晓星。"（张建平）

J 艺 术

艺术理论

J000001　**元艺术学**　李心峰著。广西师范大学出版社1997年2月版。27万字。14.30元。针对当前学术界对艺术学这门学问本身缺乏系统的、富于理论色彩的反思的现状，提出设立元艺术学这样一门学科并作出系统的构架与阐述。作者基于自己多年的理论思考，提出了既不同于以往的“自律论”、“他律论”，也不同于以往的“泛律论”的“通律论”的观点，并以之作为贯穿全书的核心的观点。从元理论这一统的视角把各种学科按其内在的逻辑联系构成一个整体，使元艺术学这门学科初具形态，为今后的元艺术学探讨提供一个有益的参照。这种集中的、宏观的把握，其整体性、系统性，是那种孤立的、分门别类的专门研究所无法体现出来的。把各种重要的艺术学分支学科集中在一起，可以随时讨论它们各自的区别、相互的联系，有利于人们清晰地认识各种学科在艺术学整个系统中的地位、意义及主要课题。(肖启明)

J000002　**社会科学十万个为什么(艺术)**　朱国荣等著。少年儿童出版社 1997 年 4 月版。16 万字。11.20 元。收有 119 个题目，采用一问一答的文体。本分册介绍中外各种艺术门类方面的知识，如“为什么八大山人的名画〈孔雀〉被认为是幅政治讽刺画？”“名画〈最后的晚餐〉中，谁是出卖耶稣的犹大？”“为什么达·芬奇学画时，他的老师老叫他画蛋？”“为什么美国黑人所创造的音乐称为‘爵士音乐’？”“为什么〈马塞曲〉会成为法国国歌？”“为什么〈天鹅舞〉会成为古典芭蕾舞的标志？”“为什么美国的电影金像奖称为‘奥斯卡’大奖？”等等。(洪祖年)

J000003　**中国书画篆刻品鉴**　陈振濂著。中华书局 1997 年 4 月版。17.8 万字。160.00 元。大型中国古代书画篆刻艺术欣赏专集。分为书法、绘画、篆刻 3 大部分，取材上起商周，下至清末，以图配文，凡著文近千篇，列举历代名家作品近千件，力图反映中国书画印传统艺术的概貌，并提供作者对每件作品的审美理念与感受。作者采用灵活多变的笔调，依据作品的不同特点，各自选题立目，评价得失，介绍有关学术问题，兼及人物掌故，逸闻趣谈，用语生动活泼，说理深入浅出。同时，本书的每一部分均按照本门艺术史的脉络树立自己的框架结构，在资料的收集与排比方面具有工具书的性质。书末附有《中国书画篆刻年表》，举凡艺术家的生卒年，著名作品的创作与刊刻年代，重要著述的撰写年代，有关出土文物的发现等，均可概见于世。(王景桐)

J000004　**书画形制与投资对象**　徐建融著。上海书画出版社 1997 年 12 月版。5.5 万字。7.80 元。就中国书画的形制在艺术市场上的意义作了投资方面的探讨。作者把中国传统书画的形制分为 10 大类：一、立轴，二、屏条，三、对幅，四、横披，五、手卷，六、册页，七、镜片，八、成扇，九、屏风，十、木板画、瓷画等。根据不同的形制，分析了它们在艺术市场上的作用与地位，并进一步分析投资者与投资对象的形制之间的关系，不同的投资者如何根据自身的条件选择投资何种形制的艺术品以及不同形制的艺术品在市场上的不同价格情况。书中附有大量成交行情表以供投资参考。(陈翔)

J000005　**美术与欣赏**　邵力华著。山东大学出版社 1997 年 5 月版。20.1 万字。12.80 元。作者首先把人的素质的构建同艺术结合一起来谈，把创造美、欣赏美放在高尚的精神世界的大背景下来剖析、印证，不仅新颖，而且带有强烈的时代特征。其次作者在谈经典作品的欣赏时明晰地勾画了美术的变迁及原因。第三，作者把几千年以来的世界美术状况分成几块，每块代表一个时代或一个区域的特征。本书在内容上既有切合实际的叙述，又有个人激情的发挥；既有学术探究的态度，又有浪漫诙谐的抛洒。(米克荣)

J000006　**美术鉴赏**　副名：广东省高等学校“九五”规划重点教材。迟轲、郭绍纲主编。岭南美术出版社 1997 年 12 月版。30 万字。400 幅图。18.00 元(上)，16.00 元(下)。上册包括：导论、中国古代绘画、中国古代雕塑、中国现代绘画雕塑、外国绘画、外国雕塑。下册包括：书法篆刻、中外建筑、中外工艺、设计艺术。全书选入古今中外经典性的代表名作 400 余件，其中彩色图片几近一半。每一章或每一节前边，均有对本门类美术的简要“概述”，以阐明其发展的源流和艺术的特征。每幅名作均附有 500—800 字的评介。除简介作者及其时代背景外，主要论述作品的思想内容、形式技巧等审美的价值。(迟轲)

J000007　**中国书画名家精品大典**　朱伯雄、曹成章主编。浙江教育出版社 1997 年 12 月版。44.8 万字。680.00 元。分 4 卷，收 3 000 余幅全部彩色印刷精美的古今书画名家真迹。上溯晋代大书法家王羲之、王献之父子，下迄不久仙逝的当代书画名家吴作人、黄胄。上下 1600 余年，文章涉及各时期书画名家数以千计，既介绍他们的生平、师承渊源、创作特色、理论见解、作品赏析，又揭示时代背景、创作群体和流派的活动。

J000008　**重订清故宫旧藏书画录**　徐邦达编。人民美术出版社 1997 年 8 月版。12 万字。25.00 元。分书法、集卷/集册、绘画、集卷/集册 4 部分，每一部分分列作者、品名、质地、著录、现存处所、编者鉴定语。是书对于研究中国古代书画的收藏、流传、真伪都具有重要的参考价值。(陈俊生)

J000009 **色彩设计** 白芸编著。陕西人民美术出版社1997年3月版。10万字。25.00元。着重从以下几点来展开：(1)明确色彩在设计中的地位；(2)简洁、系统地阐述色彩的基础理论和体系；(3)充分认识色彩的法则和规律；(4)以实例说明色彩设计在各个领域中的广泛性；(5)以前辈大师为楷模，以日常景观为依据加强对色彩设计的再认识。(刘青青)

世界各国艺术概况

J000010 **外国美术史** 欧阳英等著。中国美术学院出版社1997年版。20万字。489幅图。32.00元。美术专业院校本科和专科学生的美术史教材，简要而全面地介绍了从史前到20世纪外国美术的发展历史。附有近500幅外国美术图片，与正文相对照。(陈平)

J000011 **中国古代画论发展史实** 李来源、林木著。上海人民美术出版社1997年4月版。25万字。30.00元。从崭新的视角和独到的美术史观出发，以历史时间的演进为顺序，以美术史、论演变的规律、特征为选择标准，注重选择历代最能体现时代倾向和本质特征的代表性论述，以期形成美术史、论演进发展的完整轮廓。书中附有详尽的参考篇目。(沈一草)

J000012 **中国宗教美术史** 金维诺、罗世平著。江西美术出版社1997年12月版。180.00元(精)，210.00元(合精)。从宗教美术的源头——史前的巫教祭祀美术讲起，历数佛教图像初传中国的事迹与美术遗存、两晋南北朝时期的绘塑名家与石窟艺术、隋唐时期的名手巨匠与传世造像和经变画、五代两宋宗教美术的发展，以及元明清时期兴起的伊斯兰教、基督教、全真教、藏传佛教和水陆画及民间神祠壁画。为人忽略的原始形态的宗教美术如先秦时期的巫教美术和秦汉之际的天地鬼神、大傩、黄老神仙等在书中有相当详备的梳理和分析，因文人画的勃兴而长时间为学术界熟视无睹的上迄五代、下至明清的佛道美术也作了准确的估量，至于一般学者容易忽视或者无力涉足的于阗、疏勒、龟兹、鄯善、商昌、吐蕃、西夏、古格诸地的佛教美术，作者结合自己的心得，并吸收其他学者的最新研究成果，力图为中国宗教美术发展的全貌勾勒出清晰、完整的图景。(韩建武)

J000013 **安多地区藏族文化艺术** 丹曲著。甘肃民族出版社1997年8月版。30万字。22.50元。安多地区，即甘肃、青海和四川部分藏族地区，历史上吐蕃曾在该地区活动过，各民族交往频繁，文化交流十分活跃。所以，该地区藏族文化独具特色，在整个藏族文化中占有重要地位。该书按照安多藏区的地域特征和文化形态，将藏族文化艺术划分为文学、民间歌舞音乐、戏剧、绘画、雕塑、建筑、剪纸、服饰、书法等方面进行了论述。在论述时，首先就其文化形态追根溯源，既阐述了在特定文化背景中的文化现象，又论述了不同历史时期文化发展的进程。(赵兰泉)

J000014 **中国艺术大展作品全集** 中国艺术大展编委会编。上海书画出版社1997年5月(豪华珍藏纪念)版。49.7万字。5 680.00元。文化部为庆祝香港回归祖国而主办的“中国艺术大展”作品集。共含《中国画卷》、《油画卷》、《版画卷》、《水彩画、粉画、宣传画卷》、《雕塑卷》、《艺术设计卷》、《名家卷》、《主题创作卷》、《潘天寿卷》、《刘海粟卷》、《张大千卷》、《黄宾虹卷》、《林风眠卷》、《徐悲鸿卷》、《齐白石卷》，涵盖了大展15个专题展2 000余幅参展作品。全集将中国艺术大展的成果作了全面的载录。各卷前专题学术论文，则汇集了当代美术理论家最新的研究成果。全集以点和面相结合的方式，真实展示20世纪中国艺术的总体风貌及其主要成就。(薛锦清)

J000015 **中国竹工艺(中英文对照)** 程渭山、张齐生主编。中国林业出版社1997年6月版。520幅彩照。160.00元。将竹编、竹刻、竹雕、竹材利用以及以竹为题材的绘画等内容归纳成“竹篾天地”、“竹苑杂艺”、“竹材世界”、“翠竹清风”4大部分，每部分后面都有我国目前最有代表性的竹制艺术品及绘画，并配有精粹的文字叙述(中英文对照)。并对其精品、珍品还作了简介，全面展示中国竹工艺艺术的魅力和风采。(杨长峰)

J000016 **南京博物院藏明清扇面书画集** 南京博物院编。人民美术出版社1997年10月版。1.5万字。165幅图。480.00元。南京博物院从其收藏的大量古代扇面中所精选的一部扇面书画集。计收入明清书画家扇面书画作品160多件。诸如吴派、明四家、浙派、清初六家、扬州八怪、金陵八家、清初四僧、新安画派、海上画派等及地方名家多有收入。其中有工笔有写意，有人物有山水有花鸟，品类俱全并有楷、行、草等各体名人书法作品。全书作品为彩色版。书末附有作品著录文字，介绍作者及作品。(程锡瀛)

J000017 **宋元明清书画家传世作品年表** 刘九庵编著，茅子良校订。上海书画出版社1997年1

月版。80万字。138.00元。书画鉴定、收藏和研究工具书。全书以历史为经,自公元960年按年编至1996年;每年为纬,以纪年、纪时、事略、备考四大目编列。正文部分著录宋元明清书画家的生卒、年岁、重要事略、传世纪年真迹内容及其创作时间、收藏处所或资料来源;别部一、二分别辑录民国时期和新中国成立以来著名书画家的生卒、年岁和文献出处。共计收录近四千人、一万余件真迹的有关史料。依据真迹文字如书画家署年、岁款和相关题跋、印记文字等,结合文献资料和鉴定考据方面的成果进行校订、增补,推知、考定或订正了二百余名书画家的生卒年份或活动时期,填补或纠正了现有美术、书画辞典上的空白或疏误之处,体现了书画鉴定方面的最新成果。(茅子良)

绘　画

J000018　**色彩的盛宴**　副名:中外绘画精品欣赏。朱国荣等编著。少年儿童出版社1997年7月版。20万字。13.70元。"艺术长廊丛书"之一。以图文并茂的形式,介绍了古今中外102幅绘画精品的概貌及其艺术特色。介绍中国的有:"以刀代笔,沉雄凝重(《荆轲刺秦王图》)""绘画和文学结合的传世精品(《洛神赋图》)""珍贵的风俗画卷,生动的历史再现(《清明上河图》)""中国人民站起来了(《开国大典》)""神州大地气象新(《江山如此多娇》)"等等;介绍外国的有:"神秘的微笑(《蒙娜·丽莎》)""设立在穹顶上的天堂(《创世纪》)""为色彩而设的野餐(《草地上的午餐》)""伏尔加河的号子(《伏尔加纤夫》)""让眼睛进行调色的'点彩派'作品(《大碗岛的一个星期日下午》)""对残疾者的赞美和怜悯(《克利斯蒂娜的世界》)""融合摄影技法的风景画(《震教徒的农舍》)等等。附有彩色插页6面,串文图102幅。(洪祖年)

J000019　**美术文献——旅美华人画家专辑**　《美术文献》编辑部编。湖北美术出版社1997年版。4万字。80幅图。18.00元。《美术文献》丛书之第九辑。主要用"艺术家档案"形式,通过批评家推介辞,画家的自述、答问录、年表、作品及其图式背景等篇目,介绍了蒋铁峰、秦元阅、肖惠祥、潘企群等4位旅美华人画家的创作现状;并刊登王受之长篇综述《海外华人艺术家的历程》,力图以此反映整个海外华人艺术家群体在异国背景下的创作道路和生活境遇。(柳征)

J000020　**二十世纪中国画家研究丛书——齐白石**　郎绍君著。天津杨柳青画社1997年10月版。25万字。480.00元。全面研究齐白石的权威性论著。其中包括研究文字20万字,年谱约5万字,彩色图201幅,黑白图190幅(其中有绘画作品、雕刻作品、诗稿、印章、书法及文献照片)。作者是在掌握了大量丰富的第一手资料的基础上,从新的视角对齐白石及其艺术进行了可贵的探索。作者认为,齐白石最为中国人所熟悉,但也最不为人们所真正了解。他的许多方面,他的艺术的真价值往往被遮蔽着。因此,作者重新勾画了齐白石——这位杰出的艺术家的形象,并对他的艺术进行了新的解读。(赵润平)

J000021　**长安中国画坛论集**　程征主编。陕西人民美术出版社1997年10月版。70万字。108.00元。对西安现代中国画坛进行系统学术研究的理论文集。它对40年代到90年代半个多世纪以来西安中国画的发展,以及西安中国画家在创作和理论两个方面进行了多侧面的评论、研讨和反映。上册侧重于40—70年代,包括"长安画派"及同期长安中国画家的个案研究;下册侧重于80—90年代,包括改革开放以来长安中国画的总体及画家个案研究。在下册后部还选编了5篇比较有代表性的学术论文。(叶屿生)

J000022　**戴进**　副名:明清中国画大师研究丛书。单国强著。吉林美术出版社1997年1月版。"明清中国画大师研究丛书"之一。共2章。第一章论述戴进的生平与艺术,包括生平事迹、绘画创作、艺术成就,以及他作为"浙派"创始人所具有的独特艺术风貌等内容。在第二章里介绍与论述了戴进的伟人吴伟及"浙派"诸家,包括吴伟的生平经历、绘画创作。对其艺术成就的评价,还介绍了"浙派"后期诸家。附录部分包括戴进年表、画目,以及吴伟画目等。(王兴吉)

J000023　**20世纪中国画**　副名:"传统的延续与演进"国际学术研讨会论文集。曹意强、范景中主编。浙江人民美术出版社1997年版。44万字。39.00元。1997年3月为纪念潘天寿诞辰100周年,在北京举行"20世纪中国画——传统的延续与演进"国际学术研讨会而编辑的论文集,共收8国美术史论界知名学者的论文25篇和海外美术史论学者的论文10篇。这些论文分别回顾了近百年来中国画的历史,探讨和总结了在社会变革和西潮冲击之下的中国绘画的传统,在继承与变革、保存与取消自我规定性的抉择中所遭遇到的种种问题,以及各派代表人物对这些问题的思考和提出的解决方案，冀此为中国画的未来发展提供一些启示。尤其是在关于20世纪的社会文化背景和中国画论争的史料梳理，以及中国画的标准、笔墨语言的结构和中国画在世纪之交文化冲突的情境之下的困惑等等问题上，这些论文通过完整翔实的史料收集和具体个案的细致分析与考证，为此一领域的研究者，提供了真正具有学术价值的资料。（董春晓）

J000024　**简笔画游戏**　张秋菊等编。河北科学技术出版社1997年7月版。9.00元。以轻松的游戏形式讲述了简笔画的画法。分10个栏目，让小读者在各个栏目中直接动手参与，修改、填画。（王凤玲）

J000025　**少儿国画ABC**　卢桂兰编。中国连环画出版社1997年7月版。1万字。约500幅图。40.50元。第一册讲国画基本常识、点线面、山水画技法。第二册讲造型基本知识、蔬果技法、动物画技法、人物画技法。第三册讲色彩基本知识、花卉技法、构图章法。全书较系统地讲授了国画的技法理论知识。（颜铁明）

J000026　**写意花鸟画教程**　副名：山茶月季石榴与鸡鸭大型禽鸟的画法。阮克敏编。天津杨柳青画社1997年12月版。2万字。40.00元。共4册，以介绍不同的植物和动物的绘画技法。着重介绍茶花、杜鹃、月季花、牡丹、紫薇、石榴、枇杷以及鸡、鸭、鹌鹑、锦鸡、白鹇、鸳鸯等的画法。除步骤图外还有多幅构图完整的花鸟画作品。（李凌）

J000027　**乔木课徒花鸟画稿**　乔木作。上海书画出版社1997年1月版。2万字。137幅图。68.00元。乔木系当代著名花鸟画家，师从江寒汀而又独创风貌。本书即以传授技法为主旨的画册，其中包括花卉16种、花鸟12种，每种题材均以绘画的顺序为脉络，分解成4个画面，组合而成。每个画面均辅以文字详介。本书还附有作者的花鸟画作品30件。（张伟生）

J000028　**中国山水画技法学谱**　何延喆著。天津杨柳青画社1997年12月版。115.00元。传统山水画技法研究著作。分总述和分述两大部分。总述包括：《画法概说》、《周易与中国画传统》、《山水画史述要》、《中国山水画的表现特点》4章。分述主要采用列条目的方式，对自古以来曾出现过的技法，分类、分条简述，共700目，每一条目配有相应的图例。对"法"的叙说，从诸多层次、诸多视角上加以认识和分析，包括图式原理、取象观念、感知方式、符号特征、运作规律、形式风格等等。其中有许多古代画论、画谱及当代技法书中未曾总结过的技法。在撰述方式上注重传统画法理论范畴的特定含义，以及技法演变的规律，不以玄言贻误读者。多在法理上下功夫，而非仅仅是技法的简单说明。（何延喆）

J000029　**水彩画技法·创意·赏析**　蒋跃著。中国美术学院出版社1997年12月版。4.5万字。78幅图。25.00元。阐述了水彩画的色彩语言、水彩画的表现，水彩画的一般技法和特殊技法，水彩画的创意及其鉴赏诸内容。在阐述水彩画的诸方面内容时，作者都结合个案加以图示，水彩画的创意、水彩画的鉴赏独辟专章。（杨英）

J000030　**卡通画技法**　王培堃编。漓江出版社1997年版。8万字。300幅图。17.50元。着重介绍了卡通绘画的各种表现形式，以浅显易懂的文字和具有代表性的卡通画作品说明了如何夸张变形而使画面产生趣味；如何构图而使画面产生形式美；如何使用色彩而使画面丰富和谐；如何掌握物体的运动规律以及透视规律在画面中的作用，并以大量的篇幅介绍了中外最有名的卡通画家及其优秀作品等等。（韦丹意）

J000031　**中国美术全集**　天津人民美术出版社编。天津人民美术出版社1997年12月版。580.00元。8册绘画本，收入自晋代至清代的历代绘画精品。8册分别为：晋至五代绘画；宋代绘画；元代绘画；明代绘画（上）；明代绘画（下）；清代绘画（上）；清代绘画（中）；清代绘画（下）。全集除了历代名家名作外，还收入了一些鲜为人知的作品，并附有画家简介文字。

J000032　**福建画院画集**　曾贤谋等编。福建美术出版社1997年版。218.00元（平），268.00元（精）。精选画院13位专业画师，15位特聘画师和6位学术部画师的代表作品142幅，包括中国画、油画、雕塑、版画、漆画、钢笔画和书法篆刻等，所集作品大多数是画家近年来的创作，这些作品从各个角度，不同层面，歌颂了改革开放取得的成就，赞美了祖国山河新貌，表现了群众美好生活，画家们以不同的艺术语言和突出的艺术风格，使作品更具有个性，各显神彩。

J000033　**亚明世界风情录**　亚明绘。安徽美术出版社1997年4月版。298.00元。画册。选收作者1973—1994年间出访期间的创作作品。其作品继承传统，师法自然，吸取名家之长，创造新法，画面有江南之清秀、北方之雄伟，貌异而神同。作者以出奇制胜，特别突出的是他能因时因地，灵活而有序地组织

画面,给人以强烈的视觉美感。(马燕)

J000034 **陈中华民族妇女肖像画集** 陈中华绘。广西民族出版社 1997 年 1 月版。56 幅图。130.00元。收入彩色作品 56 幅,以描绘中国各族妇女肖像为主。着重体现我国各族妇女在党的路线方针和民族政策指引下自尊、自信、自立、自强的新一代妇女形象。以简短精要的中、英对照文,介绍各民族的有关知识,以及语言、文字的使用范畴及历法、信仰等内容。画作的艺术表现形式丰富多彩,以粉色及中国画的技法为主兼融油画等画种的表现技法,注重绘画材料的使用,讲究色彩的调子,强调光色的对比效果,在吸取外来艺术的表现手法上,不失中国传统的表现风格。(朱俊杰)

J000035 **懒悟画集** 李奚如(懒悟)绘。安徽美术出版社 1997 年 4 月版。140.00 元。精选懒悟散落在民间的 300 余幅作品中的 167 件,基本上反映出画家的风格和水平。当代名家曹大铁作序、唐大笠撰文,对作者其人其画略作介绍。在编排上,注重张弛、疏密,努力给读者以最佳的连续视觉效果。(马燕)

J000036 **广州美术馆藏中国画精品集** 苏小华主编。新世纪出版社 1997 年 9 月版。180 幅图。580.00 元。共收入广州美术馆 40 年内馆藏中国画精品共 180 件。以宋、元、明、清,及近现代部分画家作品为主。内有宋代画家文同"墨竹图"、明代黄公望的山水"溪山图"、林良的花鸟"秋树聚禽图"、以及明清诸多大家,如戴进、陈凉、明四家、清四家、董其昌、朱耷、弘仁、金陵八家、黎简、谢兰生、苏仁山、苏六朋、居巢、居廉,直到近现代的海派画家吴昌硕、齐白石,岭南派画家高剑文、高奇峰、陈树人等人的作品,有较高的史学及学术研究价值。(王坚)

J000037 **中国工笔画(1900—1997)** 郑小娟主编。湖南美术出版社 1997 年 11 月版。593 幅图。1 200.00 元。收入 20 世纪 441 名各个时期画家的优秀作品共 593 幅,力求对不同风格、流派的作品兼收并蓄,对不同时期和不同地域的作者及作品适度平衡,贯彻精选的原则,实事求是地反映中国工笔画的概貌。(刘海珍)

J000038 **中国现代美术全集·中国画山水上、下** 郎绍君主编。人民美术出版社 1997 年 6 月版。6 万字。402 幅图。2 册。350.00 元/册。分上、下册,收入了中国现代著名山水画家 228 位作者的代表作品 402 幅。上册的 83 位作者,是从 1830 至 1908 年出生,他们生活的年代跨越了清末、民初直到新中国建立,所以收入他们的 190 幅作品中,也从不同程度上反映了这些年代的生活风貌。上册还附有论述我国山水画发展历程的学术论文,从文中可以领略到中国现代山水画的历史渊源、发展与变化,以及为社会生活服务的诸多方面。下册收入了 145 位作者的 212 幅代表作品,作者是从 1908 至 1960 年出生的,他们主要生活与创作的年代多半是新中国建立之后,所以他们的作品更多地体现了在继承传统的基础上,所进行的变革与发展,体现了新中国建立之后的一种蓬勃向上的精神面貌。在上、下两册书的最后都附有图版说明及作者简介,对每幅作品的尺寸、创作年代、款识、印章(钤印)都做了详尽的著录,对每位作者也尽可能做到准确无误地介绍。(吴传麟)

J000039 **中国现代美术全集·中国画人物上、下** 李松主编。人民美术出版社 1997 年 6 月版。5.2 万字。各 350.00 元。共收入 1911 年到 1996 年钱慧安、吴昌硕、齐白石、陈师曾、溥心畬、徐悲鸿、张大千、林风眠、蒋兆和、黄胄等 261 人 419 件代表作品。主编李松写有题为《20 世纪的人物画》的论文。(刘汝阳)

J000040 **中国现代美术全集·中国画花鸟上、下** 中国现代美术全集编辑委员会编,刘曦林主编。人民美术出版社 1997 年 6 月版。429 幅图。2 册。各 350.00 元/册。分上下两卷,共收入 20 世纪 220 位画家的 429 件作品。所收作品的创作年代截止于 1996 年底。包括了花卉、翎毛、畜兽、草虫、蔬果、鳞介等以动、植物形象的各种作品。形式包括写意、工笔重彩及半工半写。体现了我国近一个世纪以来中国花鸟画的发展概貌。书后附有作者简历,并附录作品的题跋、款识、钤印释文。本卷主编、美术评论家刘曦林为本卷撰写了论文。(刘普生)

J000041 **中国美术学院中国画系教师作品选** 童中焘主编。中国美术学院出版社 1997 年 10 月版。2 万字。117 幅图。300.00 元。选印了自国立艺术院建立至 1997 年间中国画系包括黄宾虹、潘天寿、林风眠、陆俨少等在内共 70 位教师的作品。全编以年龄为序,作品多属自选。附录有中国美术学院中国画系七十年大事记、中国画系史略、1978 年以来教师编撰出版物目录、历任教师名录、现职教师简历、历届学生名册等。(朱奇)

J000042 **文徵明精品集** 杨新编著。人民美术出版社 1997 年 10 月版。1.2 万字。350.00 元。文徵明(1470—1559),是明代著名书画家,与沈周、唐寅、仇英并称"吴门四家",在书法上与祝允明、王宠称为"吴中三大家"、文徵明在书画诗文方面均很有成就,以绘画为最。在沈周去世后，他独领画坛风骚五十年，其弟子众多，左右一代画风，影响极大。本书收入文徵明早、中、晚期作品近二百件，全面体现了画家的画学经历、艺术风貌及其水平。其代表作品《湘君湘夫人图》、《东园图》等均收入其中。他的画风受赵孟頫影响，技巧精熟，笔法圆润，气质典雅，是典型的文人画风格。在书画鉴定界有"粗文细沈"之说，因细笔画沈周和粗笔画文徵明极为稀少，本集所收的《溪桥策杖图》《古木寒泉图》为其晚年之作。集后附有作品著录，鉴定角度，将真伪存疑的作品的专家及个人意见附于著录后。（葛小琳）

J000043　**沈周精品集**　单国强编著。人民美术出版社1997年10月版。3万字。113幅图。380.00元。沈周在明代绘画史上是承上启下的重要人物，是明中期最重要的文人画流派"吴派"的开创者。其绘画，山水花鸟等皆能。山水取北宋人硬度力感，笔力刚劲粗犷，同时又保留了董源、巨然及元人的圆润含蓄的笔致，笔法刚柔相济，苍中带秀，韵味深厚，其山水画集诸家之长能和谐融于一体，其花鸟画法元人气韵深厚，笔力沉着。对吴派影响也很大。本书搜集了沈周绘画代表作品113件，可反映沈周艺术成长的不同时期风貌特色。书中载有单国强评述沈周艺术的论文《沈周的生平和艺术》一文，书末附有作品的著录文字，记录作品资料等。全书作品均为彩色版。（程锡瀛）

J000044　**林良、吕纪画集**　林良、吕纪作。天津人民美术出版社1997年2月版。430.00元。林良、吕纪是明代著名的宫廷画家。林良长于水墨写意，尤擅画鹰，其作品构图气魄宏大，形象器宇轩昂，用笔刚健奔放，且造型只写韵味不论形似，生趣盎然，极见功力，并能描绘工笔淡色。吕纪其画法除善于妍丽沉稳的工笔重彩以外，也能作水墨淡色写意。林良、吕纪，不仅承袭了中国花鸟画"写意"、"寓意"的传统，而且在花鸟画的发展中起到了继往开来的作用。他们的作品均为绢本巨幅，是各博物馆中的珍品。此画集囊括了国内外30余家收藏单位的120余件藏品，是此类选题中唯一的全集本。全卷采取中英文对照，并尽可能全面地介绍每一件作品的有关资料，便于海内外读者学习和研究。

J000045　**董其昌作品——中国画名家作品精选**　陕西人民美术出版社编。陕西人民美术出版社1997年12月版。35幅图。18.00元。《中国画名家作品精选》之一，收录了明末著名画家董其昌的山水画精品34幅，并附有画家简介，介绍画家的生平事迹、艺术思想以及他在中国绘画史中的地位。（李星明）

J000046　**八大山人书画集（上下卷）**　天津人民美术出版社编。天津人民美术出版社1997年版。880.00元。八大山人是明朝宗室后裔。由于明王朝的覆灭，毁灭了他的一切前途，使其遁入空门，以画为生。他的画最大特点是笔墨情感化，笔笔含情。他的造型上夸张变形，早期为狂怪豪放，苍茫清劲，虽夸张变形，但不失之粗野，而有中和之美，后期由于他摆脱了世俗的困扰，思想更趋于开阔、深邃，画风也为之一变，显得更为旷远清幽。他的画概括简约，艺术语言以"少"胜"多"，在近代绘画史上他的水墨艺术更富有象征性、表现性和抽象性，从而对近现代绘画发展影响极大，在今天也极有学习与借鉴意义。本画集由美术史论家邵大箴作序，即《浅论八大山人及其艺术》，还附有八大山人常用的书画印章，及周积寅、王凤珠编的《八大山人存世书画目》资料。

J000047　**八大山人作品——中国画名家作品精选**　陕西人民美术出版社编。陕西人民美术出版社1997年12月版。38幅图。18.00元。《中国画名家作品精选》之一，收录了清初著名画家八大山人的花鸟、山水画精品38幅，并附有画家简介，介绍画家的生平事迹、艺术思想以及他在中国绘画史中的地位。（李星明）

J000048　**恽寿平精品集**　人民美术出版社编。人民美术出版社1997年3月版。恽寿平（1633—1690），字正叙，号南田，清代早期著名画家，与王时敏、王鉴、王翚、王原祁、吴历并称""清六家"，独恽寿平兼擅山水、花卉，花卉画创为"常州派"，影响极大。本书收入恽寿平早、中、晚期的山水、花鸟作品160件，较全面地表现该画家的画学经历和艺术风貌、水平。其中，山水画的精品有《灵岩山图》、《一竹斋图》等。花鸟画精品则以所收入的几本花鸟画册最见精绝。他的花鸟画兼长没骨、双勾敷染、水墨的不同画法，创造出精丽雅致的艺术风格，体现了中国古代画史上画师、文人画的合流趋势，并取得了在当时画坛花鸟画的正统地位，形成了"家家南田，户户正叔"的画坛影响。书中撰文较详细地介绍了恽寿平的生平、画艺。集后附作品著录。（葛小琳）

J000049　**龚贤精品集**　萧平编著。人民美术出版社1997年10月版。2万字。200幅图。680.00元。龚贤生于明万历四十七年至天启元年间（1619—1621），为清代"金陵八家"之首席画家。长于诗书画，而独好山水，所画山川林木、烟霞云雾，多江南山川景象,然去除人间烦杂,苍茫华滋、深沉静穆。其风格有"白龚"、"黑龚"之说,又有中间过渡之"灰龚"之评。有《画诀》和《课徒画稿》行世。龚贤鲜明的艺术风格和多样的才华,曾为当时的文人所重,但影响不远。及至近现代,他受到了黄宾虹、李可染等一代大师所重,产生了广泛的影响,这一重新认识的过程进一步确立了他在美术史上的地位。本书精选国内外公私收藏,多数作品未刊印过。整书的设计,注重反映原画的艺术效果,并附有超大的局部图,对于研究其绘画技法,有重要的参考作用。(陈履生)

J000050 **北京图书馆藏昇平署戏曲人物画册** 北京图书馆出版社编。北京图书馆出版社 1997 年 10 月版。260.00 元。昇平署原名南府,为清代宫中的御用戏班。这批戏曲人物画原藏太后寝宫寿康宫中,民国后流失于民间,后由北图收藏。此画册是咸丰、同治期间宫内画师根据当时戏曲人物的扮相绘制的彩色图像。戏曲的剧种为"乱弹",即后来的京剧。画册反映了当时宫内戏班的戏剧人物穿戴,对研究戏曲史有重要参考价值。(卢玉荣)

J000051 **任伯年作品——中国画名家作品精选** 陕西人民美术出版社编。陕西人民美术出版社 1997 年 12 月版。34 幅图。18.00 元。《中国画名家作品精选》之一,收录了清末著名画家任伯年的花鸟画、人物画精品 34 幅,并附有画家简介,介绍画家的生平事迹、艺术思想以及他在中国绘画史的地位。(李星明)

J000052 **吴昌硕作品——中国画名家作品精选** 陕西人民美术出版社编。陕西人民美术出版社 1997 年 12 月版。43 幅图。18.00 元。《中国画名家作品精选》之一,收录了清末著名画家吴昌硕的花鸟画精品 41 幅,并附有画家简介,介绍画家的生平事迹、艺术思想以及他在中国绘画史的地位。(李星明)

J000053 **中国近现代名家画集·白雪石** 白雪石绘。人民美术出版社 1997 年 6 月版。1.5 万字。300.00 元。共编入作者不同时期的优秀作品 150 余件,并附孙克等撰写的评介文字及艺术年表,全面展示了作者的艺术风貌与艺术成就。(王玉山)

J000054 **中国近现代名家画集·梁树年** 梁树年绘。人民美术出版社 1997 年 7 月版。1 万字。300.00 元。共选入梁树年自 40 年代至 90 年代所创作的优秀作品 180 余件。由张中行、孙美兰所撰评介文字各一篇,对其艺术创作进行全面介绍。附作者艺术年表。(王玉山)

J000055 **方济众作品** 副名:中国画名家作品精选。方平编。陕西人民美术出版社 1997 年 12 月版。34 幅图。18.00 元。方济众是我国著名山水画家,长安画派代表画家之一。本书编选其 30 余幅作品,读者可以体悟到方济众将现实生活导入田园诗情画意的艺术感受,从而变革了传统山水模式的格局,以中国传统造型认识的表现方法以及拖泥带水、色墨混合的技法和书法入画的表现原则,带入田园诗般的新山水画中,并以此确立了自己在中国山水画中的地位。从本书的作品中,可以看出方济众是位重自然性灵的画家,早年故乡的清风明月,巴山蜀水自然环境的心灵滋养,形成其朴素内秀的性格气质和质朴的画风,作品以现实生活形象为特征的朴素亲切的田园风景以感性的视觉化的笔墨律动,充分体现了作者自然本性的抒发,形成了方济众的艺术特色和艺术魅力。(乔江英)

J000056 **石鲁作品——中国画名家作品精选** 副名:中国画名家作品精选。石丹著。陕西人民美术出版社 1997 年 12 月版。34 幅图。18.00 元。石鲁为中国画坛长安画派的创始人。本书所选作品为石鲁 60 至 70 年代作品在 80 年代由作者进行的二次创作,这些作品均为作者在 60 年代绘画风格急骤变化和趋于成熟的作品。石鲁以黄土高原为对象,构思奇特,开创了以传统山水画形式表现历史主题的道路。(乔江英)

J000057 **吴冠中作品——中国画名家作品精选** 吴冠中作。陕西人民美术出版社 1997 年 12 月版。36 幅图。18.00 元。编选吴冠中近年来的新作 30 余幅,其风格独特,形式新颖。(刘青青)

J000058 **周昌谷画集** 周昌谷绘。人民美术出版社 1997 年 12 月版。1 万字。222 幅图。320.00 元。作者系著名的中国画家,创作了《两个羊羔》、《回家路上》、《草原儿女》、《纺纱女》、《山华》等优秀作品,人物形象栩栩如生。他的技法也是新的,在继承传统基础上推陈出新,创造自己的面貌和风格,他的作品用笔爽健,水墨华滋,色彩鲜艳不俗,产生"活色生香"的效果。昌谷先生是位全才的画家,人物、山水、花卉、书法、印章、文艺理论均很有造诣,他的山水、花卉、写景寄情,水墨效果优美,更具有浓厚的中国画气派。(王含英)

J000059 **郑乃珖作品——中国画名家作品精选** 郑乃珖作。陕西人民美术出版社 1997 年 12 月版。34 幅图。18.00 元。《中国画名家作品精选》之一。收录当代中国画坛承前启后、风格独具的名家大师、艺术教育家郑乃珖的绘画作品 34 幅。郑乃珖精花卉、翎毛、走兽、蔬果、时鲜、亦工山水人物，题材广泛，画路较宽。其绘画继承了传统精华，又师法自然，以生活为基础，其画法是工写结合，形神兼备，雅俗共赏，富有鲜明的时代精神，尤其他的工笔重彩花鸟画更是突破前人藩篱，作出开拓性的贡献。（邵梦龙）

J000060　**赵望云作品——中国画名家作品精选**　副名：中国画名家作品精选。赵振川作。陕西人民美术出版社1997年12月版。34幅图。18.00元。编选赵望云60至70年代末作品30余幅，多幅作品为晚年炉火纯青的力作，画作意境新奇、意味隽永，形的松散化与神的内敛化、空灵洞明的气态以诗化、音乐化的表现达到了艺术的至境。赵望云以农村写生为代表的作品，以开创中国画反映现实生活的先驱作用和后期对于长安画派奠基性和开创性的贡献，其开宗立派之功绩在现代中国画发展史上有着重要地位。作为长安画派的创始人，赵望云的画作雄浑博大，自然质朴，从作品中可以看到其浩瀚、高逸、浑厚的艺术风格，他的作品多为表现西北自然风土以及多民族人文风情；足迹遍踏关中大地、秦岭山区、河西走廊和祁连山域。（乔江英）

J000061　**黄宾虹艺术集·花鸟编**　黄宾虹绘。人民美术出版社1997年12月版。3万字。213幅图。350.00元。分山水编、花鸟编、书法编、画稿编、写生编、诗词篇等6编。共收入黄宾虹花鸟画作品119件213幅。黄宾虹的花鸟画多取材于生活日常所见，多不识名的野花野草都是他绘画的题材，其特色为淡、静、古、雅，十分亲切动人。在当今经济左右人们生活的浪潮中，读者一定会从黄宾虹的花鸟画中得到有益的启迪。（董雨萍）

J000062　**戴敦邦水浒人物谱**　天津人民美术出版社编。天津人民美术出版社1997年4月版。796.00元。戴敦邦是我国著名的国画家，尤擅古装人物。他所描绘的古装人物形神兼备，栩栩如生，以他精湛的笔墨技巧，典雅古朴的色彩效果，给人以独特的艺术感受。本书是戴敦邦为中央电视台所拍长篇电视连续剧《水浒传》剧组所绘制的人物造型，生动塑造了梁山好汉以及剧中人物的形象，高度真实地再现了原作的风貌。

J000063　**中国现代美术全集·油画（清朝末年—1995年）**　天津人民美术出版社编。天津人民美术出版社1997年6月版。340.00元/册。按照中国油画发展史的4个历史阶段分为4卷，分别为：第一卷，清朝末年至1949年；第二卷，1950至1976年，第三卷，1977年至1989年；第四卷，1990年至1995年。每卷都选入了该历史时期有代表性的画家100多位，及在油画史上有价值的作品200余幅。有关专家为每卷撰写了论文和作品说明。

J000064　**海上油画续集**　闵希文等作。上海书画出版社1997年2月版。150幅图。320.00元。收录15位油画家的各十件作品。这些油画家是活跃于上海画坛颇具知名度的代表性人物，包括了老中青三代画家各自不同的艺术风格，他们是：闵希文、陈创洛、张隆基、张自申、詹鸿昌、张定钊、鄂圭俊、胡志荣、黄阿忠、刘亚平、王向明、姜建忠、李朝华、韩巨良、殷雄。每人都有图片及文字介绍，中英文对照。（陈翔）

J000065　**中国当代素描艺术**　吴宪生等著。河北美术出版社1997年8月版。4万字。230幅图。从河北美术出版社《当代学院艺术》编辑部，在中国美术馆举办的“中国当代素描艺术展”的作品中精选出200余幅作品，论文20余篇，作品风格、角度、观点、题材各有不同，充分展示了当代中国素描艺术的开放性和艺术手法的多样性。（郭涌）

J000066　**中国现代美术全集·水彩**　李剑晨主编。人民美术出版社1997年12月版。208幅图。350.00元。自1901年至1997年，按画家出生年代为序，共选入160位各个阶段具有一定代表性的水彩画家，共208幅作品，所收作品的创作年代截止到1997年6月。（张克让）

J000067　**王先生与小陈**　叶浅予绘。中国连环画出版社1997年10月版。2 400多幅图。48.00元。我国著名漫画大师叶浅予建国前创作的连环漫画作品。通过两个小市民兼无赖式的人物种种的活动和遭遇，给人以认识旧社会的一面镜子。这套系列漫画是我国漫画史上的一部开山之作，具有重要的代表性。（童介眉）

J000068　**三国演义（连环画）**　罗贯中原著，王永祥、高适等编绘。陕西人民美术出版社1997年10月版。10.6万字。60.00元。本着忠于原著精神的原则，把从东汉中平元年（公元184年）到晋太康元年（公元280年）这段长达百年的历史，以魏、蜀、吴三国矛盾斗争为主线，从小说数以百计的故事中选取最脍炙人口的精采故事，如桃园结义、计献貂蝉、三请诸葛、威震长坂坡、草船借箭、火烧赤壁、三气周瑜、空城计、斩马谡、六出祁山等。通过这些动人心弦的故事，给读者展开了一千多年前金戈铁马、风云变幻的历史活剧，塑造了一个活生生的历史人物形象，唱颂了人类智慧、勇武、忠孝、秉公等积极思想精神；

而鞭鞑了虚伪、残暴等封建社会的糟粕。(储小平)

J000069 **少年英雄卡通故事系列(第一辑)、(第二辑)、(第三辑)** 深圳市海天出版社 1997年5月版。160幅图/册。9.50元。9卷。据我国五六十年代出版的革命传统教育、革命英雄主义暨爱国主义教育题材的优秀长篇小说改编,并运用当今我国少年儿童最喜爱的卡通漫画形式创作而成。每册书中都精心设计了一个或几个主要英雄人物的卡通形象,通过夸张和具有冲击力的绘画方式,再现英雄人物与敌人斗争的情节和场面,反映在中国共产党领导下我们中华民族不畏艰险、不屈不挠、不怕牺牲、英勇斗争的精神,使爱国主义这条主线贯穿各书的始终。分3辑。第一辑《小英雄雨来》《鸡毛信》《平原游击队》。第二辑《地道战》《烈火金钢》《敌后武工队》。第三辑《刘胡兰》《铁道游击队的小队员们》《林海雪原》。(王晓珊)

J000070 **吴金狮无笔画集** 吴金狮作。陕西人民美术出版社 1997年5月版。140幅图。168.00元。无笔画是画家吴金狮发明的一种不用笔的绘画。是根据油水分层的原理,对各种油彩重新进行设计、改性,按照作者的意图和画面效果,将所需油漆点入水中,采取吹、拉、提、浸、埋等操作方法,对水的平波、急缓、起伏、旋直、流速、温度等进行控制,使油漆落到物体或纸上,于是就形成了千变万化、妙趣天成的画面。本书收集作者136幅作品,其中《人迹罕至》、《春歌》、《夕照》等作品,具有天然大理石般的优美花纹,又充满了花香鸟语;有的像汹涌澎湃的海浪,具有翻江倒海之势,又有寂静无人涉足的辽阔浅滩;有形态奇异的怪石拔地而起,也有虬枝盘曲的古树仰天长啸;有的如江河泛滥,有的像彩带飞天;有的神出鬼没千姿百态,有的变幻莫测,把人带进超现实的境界,"玄之又玄",忘记了自己的存在。"无笔画"打破了艺术和科学的边界;创造者和大自然进行了亲切的合作,达到了"天人合一",既体现了自然的无穷奥妙,又体现了自身的价值观念。(辑文)

J000071 **沈益华烫画艺术作品集** 沈益华作。中央广播电视大学出版社 1997年10月版。9万字。60.00元。烫画(又名烙画)是以烙铁为笔,木板为纸的民间绘画艺术,它既古老又年轻。沈益华烫画作品,不但体现了他的烫画技艺,也展示了他多方面的艺术才华。有些画融入了西方绘画的透视关系,给人一种古朴典雅之感;有些画又采用版画的创造手段,黑白相间,反差分明;还有他调动各种艺术手法创作的人物、动物等都可以看出他在探索,在拓展,在前进。(张静)

J000072 **瓷上肖像画技法** 冯杰著。江西美术出版社 1997年4月版。80.00元。瓷上肖像画是江西特有的一种绘画艺术,本书从赣文化研究的角度,介绍了瓷板画的历史沿革、变化发展及影响,详细论述瓷板画从材料选择、工具使用、绘制步骤方法、烧制工艺等。(韩建武)

J000073 **戴荣华瓷画艺术** 戴荣华作。江西美术出版社 1997年3月版。0.3万字。收集著名陶瓷美术家戴荣华的近期陶瓷美术精品60幅,作者擅长人物装饰,并将传统与创新有机地结合在一起,其作品具有一定的学术价值和观赏价值。(韩建武)

J000074 **普希金造型艺术博物馆藏画** 天津人民美术出版社编。天津人民美术出版社 1997年9月版。120.00元(精装)。"世界大博物馆藏画系列"之一。是从俄罗斯普希金造型艺术博物馆藏画中精选出的欧洲历代绘画作品。有伦勃朗、普桑、布歇、科罗、门采尔、蒙卡奇、德加、雷诺阿、塞尚、毕加索等人作品53幅,其中重点作品还加页放大局部。许多作品是首次介绍给国内读者。作品制版片是从国外原作直接拍摄的,因而提高了画册的印刷质量和清晰度。对研究、学习、借鉴欧洲绘画者提供了丰富的参考资料,也使本书具有较高的收藏价值。

J000075 **圣经名画** 孙家骥等编选。时代文艺出版社 1997年10月版。197幅图。198.00元。从上千幅圣经故事的绘画当中,精选出197幅最优秀的名画,从创世纪始到启示录止,分为旧约部分和新约部分,表现了永久的艺术魅力和生活美感,配有简练的圣经故事。(邢爱光)

J000076 **名画经典(油画系列)** 四川美术出版社 1997年版。16幅图/本。10.00元。精选国外美术发展史上公认的具有权威性的画家及其作品。如《文艺复兴肖像画》、《荷兰小画派》、《弗美尔》、《高更》、《莫迪里阿尼肖像画》、《萨金特》、《克里姆特》、《学院派画:莱顿》、《弗洛伊德》、《印象派风景画》、《法国田园风光》、《法国风景泰斗——柯罗》、《俄罗斯风景画大师——西什金》、《澳大利亚风景画》、《美国博物馆藏风景画精品》、《欧洲静物画精品》等。(任思淑)

书法、篆刻

J000077 **沙孟海论书文集** 沙孟海作。上海书画出版社 1997年6月版。45万字。88.00元。以论书论印为主，凡与书印有关的金石学、文字学、训诂学、考古学、民俗学等一并收录。选辑论文、考证、信札、序言、题跋和讲话等重要资料208篇，按书写年代顺序编成，从1920年始至1992年止，基本上包括了沙孟海一生的论书、论印方面的著述。论书方面，1928年著《近三百年的书学》一文，总结了自1628年至1928年间，历史上帖学、碑学书法大家的艺术成就，提出“碑学诸家，虽然和帖学诸家并列着，如果比起造诣的程度来，总要请帖学家坐第一把交椅，这是毋庸讳言的”观点。对于发展趋势，则提出“最近写碑的仍比写帖的多，分道扬镳，不知将来谁是继者？”的看法。1980年著《中国书法史图录》，从公元前1600年商代起至1911年清代末，全面介绍历代书家的代表作品。1980年著《书法史上的若干问题》中，提出并论证了真书起源于三国时代的观点。关于执笔问题，历举阎立本、张萱、李公麟、梁楷之画及吐鲁番唐画残片，安西榆林窟画等资料，得出古代执笔为斜非正的结论。关于碑版的写手刻手问题，提出传世碑刻，大体可分“书刻俱佳”、“书佳刻不佳”、“书刻俱劣”三大类，应该区别对待的观点。论印方面，有《新安印派简史》、《印学的发展》、《记巴慰祖父子印谱》、《沙邨印话》、《谈秦印》、《印学形成的几个阶段》等等。（方传鑫）

J000078　**大学书法篆书临摹教程**　张韬等著。中国美术学院出版社1997年10月版。50万字。38.50元。对中国篆书书体进行了历史演变与发展的讨论和论述，同时以研究分析的姿态对篆书书体的技法、结构进行分阶段的讨论与实践。本教材分上下2编，上编集中对篆书书体论、篆书书体史以及篆书技法解说进行讨论、分析与研究，在历代考古学家、历史学家、古文字学家、书法家、理论家所提供的种种研究成果中，尽可能以一个“史观”的立场，从高等书法教育的目标与意义上着眼，在对篆书书体的讨论与分析中，侧重对篆书的名称、含义以及概念所指在各个不同历史时期的不同变化、不同使用的阐释与论述。在对篆书书体史的分析与讨论中，侧重书体发生的脉络，在勾画出一个轮廓清晰的纵向“书体史”的同时，对篆书书体在中国书法史的阶段分类、风格特征、兴衰变化等方面作出既客观又独特的阐释。在篆书书体技法的解说中，重点强调篆书书体的种种表现形态，立足于大学书法教学的立场，对篆书的笔法、结构、章法以及风格表现等特征，进行具体详细的分析与解说。（洛齐）

J000079　**大学书法隶书临摹教程**　中国美术学院出版社1997年12月版。33.7万字。26.00元。分上下两篇。上编侧重隶书书体的本体论，讨论隶书的名称及其含义，分析隶书的起源问题，及其演变，隶书在中国文字学和书法学中的地位等。在隶书书史方面分析隶书从形成到发展兴盛、衰退及复兴的各时期特征、风格与起伏，使在教学中加深对隶书书体的历史发展与各书体之间的比较，对中国隶书书法有一个历史性的思考。下编侧重技法解说，概述古代隶书的形成，古隶与简牍隶书的风格比较，汉隶的成熟与风格变化，清代隶书的复兴概述等。（洛齐）

J000080　**大学书法行书临摹教程**　潘善助等著。中国美术学院出版社1997年版。32.4万字。25.00元。以行书书体论、行书书体史和行书技法解法解说3部分内容组成。书体论剖析了行书的历史发展含义，行书名称的发生及它在书法艺术中的地位和意义。书体史以朝代为线索，从纵向上阐述了行书这一书体的产生、发展和演变，分析了每个朝代行书的总体特征，形成这种特征的原因，介绍历代行书名家名作。技法解说从笔法、结构、章法和择帖4个方面论述了行书在技法上的同性结构。（洛齐）

J000081　**行书学习指南**　王景芬著。金盾出版社1997年3月版。28万字。12.00元。阐述了行书的特点、笔法、结构和章法等技法知识，以及有关选择范帖、临帖和从事创作的方法与步骤。介绍了行书的起源与沿革，对东晋至清朝1000多年 间的44位书法家的近100种传世碑帖，作了启迪性的分析评述。以较大的篇幅着重对王羲之、颜真卿的行书结体与笔法进行透彻的分解对比。还附录《兰亭序》、《圣教序》、《争坐位帖》、《祭侄文稿》、《云麾将军碑》、《蜀素帖》及《苏轼后赤壁赋》等7篇行书精粹。（张德巩）

J000082　**井冈山墨迹选**　徐诚、鲍甫生作。青岛出版社1997年10月版。120幅图。360.00元。大型的井冈山碑林书法集。共收入镌刻于井冈山碑林的书法作品120余幅。其中，有毛泽东、朱德等井冈山革命根据地创始人和参加井冈山革命根据地创建的老前辈的书法作品；有党和国家领导人邓小平、陈云等老同志的题词书法；还有江泽民、李鹏等新一代领导的墨迹。另外，该书还收入了一大批在国内有较高声望的老书法家、作家、艺术家的书法作品。（刘永贵）

J000083　**历代千字文墨宝**　孙保文编。吉林美术出版社1997年8月版。6万字。1 188.00元。以年代为序，汇集了从晋王羲之到隋、唐、宋、元、明、清至近代沈尹默中国历代70位著名书法家的90多件

(千字文)墨迹,真、草、行、隶、篆皆备。

J000084　**影印明拓停云馆法帖(上、下)**　明·文征明撰集。北京出版社1997年3月版。706幅图。300.00元。明代著名汇刻丛帖,收晋、唐、宋、元、明各代著名书家89人的法书精品百余种,真行草章各体咸备,千年佳墨剧迹咸萃其中。本帖为明代书法大家文征明父子摹勒,铁笔名手章简甫镌刻,神采清劲,摹刻传神,具有极高的艺术价值和审美价值。(龙杰)

J000085　**苏轼法书字典**　李志贤、张景春等编。上海书画出版社1997年3月版。3万字。128.00元。共引用苏书墨迹碑帖200余种,收录苏书单字约3 000个,重文达1.5万个。书中附有部首索引、部首检字表、引用碑帖目录、笔划检字表等。(沈承志)

J000086　**当代书家五体千字文**　胡问遂等作。上海书店出版社1997年7月版。108幅图。30.00元。为上海当代有名书家韩天衡、张森、杨永健、周慧珺、胡问遂,分别书写篆、隶、楷、行、草五体千字文。可以说是继元代书家赵孟頫书六体千字文行世以后的又一具有划时代意义的书法精品。(陈其瑞)

J000087　**谢稚柳书集**　谢稚柳作。上海书画出版社1997年6月版。8万字。100余幅图。199.00元。共收入谢稚柳书法作品一百余件,其中包括条幅、楹联、手卷、册页、扇面、信札、诗稿、题签、序跋、匾额、笺谱、钞本等各种形式,并对所选作品作了详尽的释文及著录。此外,《书集》还收录了谢氏常用印三十方和谢稚柳艺事年表。(张伟生)

J000088　**中国印石趣赏**　高山编。上海人民美术出版社1997年(中英文)版。98.00元。精选346幅图片,配以生动、详尽的文字介绍。介绍中国印石的大型画册。分5大部分:一、四大石系类印石(寿山、昌化、青田、巴林);二、珍稀类印石(田黄、鸡血、芙蓉);三、宝石类印石(水晶、玛瑙、琥珀、砗磲);四、新印石(萧山石、青海石);五、文玩鉴赏类印石。系统、全面概括了中国印石的面貌。(张晶)

J000089　**秦汉印典**　金怀英编。上海书画出版社1997年6月版。5 000多幅图。148.00元。汇辑秦汉时期官私印蜕的专题性图谱,分官印和私印二大部分,收录官印五百五十多方,私印六千五百多方。官印部分按秦、汉、新划分,每一时代之物按职官归类,如王、君、侯、子、男、将军、校尉、护军、司马、督、都尉、监、太守、刺史、令、长、丞、尉等。私印部分,除了按时代划大类,每一类中再根据印形、印文内容及书体归类。如汉私印,分为单面姓名印、两面印、套印、吉语印、肖形印诸类。在单面姓名印中再按阴文、阳文、阴阳相间、鸟虫书、饰边分类。阴文私印中又按单姓单名、单姓双名、复姓单名、复姓双名、单姓单名加"印"、单姓双名加"印"、单姓单名加"之印"、单姓单名加"私印"、单姓单名加"印信"划分。被划分的每一小类中,又按姓氏类编。在图版的辑收方面,不只兼顾了传世品和新出土之物,还颇讲究拓片的版本质量。书中所收的印章,以原大制版,皆附释文。全书红黑双色套印。(庄新兴)

J000090　**常熟博物馆藏印集**　钱浚、吴慧虞编。人民美术出版社1997年9月版。520幅图。46.00元。共收入历代印章500多方,第一部分为秦汉至唐宋官私印,尤以唐宋官印殊为珍贵。第二部分为元押,过去多为人所忽视,故诸家印谱很少收录,此次常熟博物馆倾其所有,都收录在印谱中,这对研究元代社会形态和文化内涵都有极高的学术价值。第三部分刊示了馆藏的清代初期常熟印人中颇有代表性的林皋的篆刻作品,林皋师法文彭一派,又能上溯秦汉宋元,兼取徽派之长,而成自家面目,印风雄浑厚重,苍劲古朴。(谷溪)

J000091　**十二生肖百刻图**　陈冠英、张维萍作。海天出版社1997年版。1 200幅图。270.00元。作者在1 200方生肖印中融入了历史、哲学、考古、民族学、民俗学、古典文学、金石学、书法、版画、现代美学等,所表现出来的民间物像既丰富多彩又寓意深厚。作者用篆刻艺术把生肖文化浸润在中华民族深厚的传统文化之中,用生肖文化张扬和传送着民族的精神。使十二生肖的十二种动物,成为中华民族精神和美德的载体,赋于生肖文化以全新的精神内涵。(周海彦)

J000092　**中国书法批评史**　姜寿田等著。中国美术学院出版社1997年10月版。40万字。29.50元。从中国书法理论渊源入手,对汉代书法理论的发展进行了分析,特别是对汉代书法理论的审美觉醒,审美观念的立场进行论述。以历史纵横观对历代中国书法理论、批评进行研究讨论,清理出汉、魏中国书法审美精神的初步建立,转换及儒学对中国书法批评的影响,中国书法意象批评模式的基本确立。对唐代书法批评中"法"的理论进行剖析,对宋代"尚意"理论的确立到衰落进行了背景描述,对其中的重要艺术家也进行讨论,对以后元、明、清各朝代的书法批评理论特别是对文论进行了辨证的阐述。教材后附有历代文论选读。本教材作为中国书法批评的理论建设,强调思辨性与叙述脉胳的清晰性,对各章节，朝代能在一个相近的学术起点上作出独特的发挥，在学术上把握历史思考，即：反映同类课题中的新成果，强调高等教育所需的学术高度，对古典文论作了较全面的分析；二是抓住大学教材的立场注重方法与实施，与一般学术著作拉开了距离。（洛齐）

雕　塑

J000093　**雕塑艺术**　叶庆文编著。中国美术学院出版社 1997 年 12 月版。11 万字。227 幅图。25.50 元。内容包括有关雕塑的基础理论与历史知识、雕塑的工具材料、基础训练及技法，以及泥塑、石雕、木雕、金属雕刻、象牙雕刻等雕塑品种的基本制作与创作方法。（陈平）

J000094　**“上帝”的手艺**　副名：中外雕塑精品欣赏。朱国荣编著。少年儿童出版社 1997 年 7 月版。20 万字。14.00 元。“艺术长廊丛书”之一。以图文并茂的形式，介绍古今中外、上下数千年世界各国的雕塑作品 110 件，分中国篇、外国篇。介绍中国的有：“中国最早的女神——《彩塑女神头像》”、“千军万马地下藏——《秦始皇陵兵马俑》”、“桥板上的艺术——《赵州桥栏板石浮雕》”、“山是一尊佛，佛是一座山——《乐山大佛》”、“雄关浮雕亦雄伟——《居庸关四天王浮雕像》”、“一部反映农民生活的苦难史和斗争史——《收租院》”、“一座坚强不屈的红岩——《歌乐山烈士群雕》等等；介绍外国的有：“人类创造的最早的神——《维伦多夫的裸女像》”、“有五条腿的守护神——《有翼的人面牛身守护神》”、“一座没有建成的纪念碑——《第三国际纪念碑》”、“华沙城的保卫者——《华沙美人鱼》”、“布鲁塞尔的‘第一公民’——《撒尿小孩》”、“连接古希腊与现代的门——《奥林匹克拱门》”等等。附有彩色插页 8 面，串文图 110 幅。（洪祖年）

摄影艺术

J000095　**国外摄影名家创作思维与拍摄技巧**　林路著。吉林摄影出版社 1997 年 8 月版。12 万字。11.00 元。选择 30 多位在世界上颇有影响的摄影名家，结合他们的代表作品，分门别类，侧重介绍他们的制作思维与拍摄技巧。其中有具有敏锐的新闻目光的、专门抓取重大事件的尤金·理查兹，利用跟踪摄影手法，把历史与现实巧妙对应的乔·麦克那利，充分发挥镜头的纪实力量，对不幸者进行全身心体验的艾伦·马克，把镜头对准监狱、关注人道主义的埃维琳·阿特伍德，在获得普利策奖后自杀的凯文·卡特，22 岁的普利策摄影奖获得者斯蒂芬妮·威尔森，颇具西方风光摄影特征的大卫·明奇，时装摄影家威廉·克莱恩，创立摄影国际中心的科内尔·卡帕，被誉为摄影大师的卡蒂尔·布勒松，突破传统摄影的赫尔穆特·牛顿，把视觉冲击力用于静物、肖像与服饰之间的欧文·佩恩，在数码影像中获得成功的詹姆斯·波图，痴迷于体育摄影的尼尔·里弗，期望人与自然完美结合的动物摄影家詹姆斯·巴洛格，水下舞蹈摄影家霍华德·斯恰兹等。（秦真元）

J000096　**永恒的瞬间**　副名：中外摄影精品欣赏。周振德编著。少年儿童出版社 1997 年 7 月版。19 万字。13.50 元。“艺术长廊丛书”之一。以图文并茂的形式，介绍自摄影术发明以来的一百年中，中外摄影精品 106 帧，分中国篇、外国篇。介绍中国的有：“鲁迅先生的最后留影——《鲁迅与青年木刻家》”、“国际主义战士的光辉——《白求恩大夫》”、“用光线刻画人物——《画家齐白石》”、“千古雄姿换新装——《万里长城》”、“华夏腾飞的象征——《中国龙马》”、“对祖国母亲的深情——《大地》”、“视角别致、耐人寻味——《第一次》”等等；介绍外国的有：“最早的战争照片——《战时巴拉克拉伐港》”、“挣脱具象的影像——《从柏林无线电塔俯视》”、“传神写照显灵魂——《纳粹头目戈培尔》”、“奇妙的瞬间——《子弹穿过苹果》”、“于无声处洒哀泪——《戴高乐葬礼》”等等。附有彩色插页 8 面，串文图 106 幅。（洪祖年）

J000097　**休闲摄影与拍摄技巧**　许小平著。吉林摄影出版社 1997 年 7 月版。9 万字。11.60 元。以休闲摄影为题的摄影书。从广大摄影爱好者的实际需要出发，开篇便直讲休闲摄影的照相机、镜头、附件、胶卷的选用不同于专业摄影工作者，在介绍上尽量选择实用、经济的品牌和必备附件。然后教你怎样才能正确曝光，太阳光的运用，光的方向的判别方法，逆光、剪影的拍摄方法，怎样使用闪光灯，平拍、仰拍、俯拍的方法，不同焦距的镜头的运用，构图的方法，影调的处理，家庭照片、合影照片、聚会照片、婚礼照片、儿童照片、老人照片、居室照片、宠物照片、珠宝照片、翻拍照片等的拍摄技巧，旅途摄影时，怎样观察取景，如一般观察、反复观察、主题观察、无主题观察、局部观察等，寻找形状，寻觅线条，寻觅明暗，寻觅质感，以求获得最佳效果。风土人情、平原风

光、野外小品、山地风光、水域风光、建筑风光等照片的拍摄技巧。(秦真元)

J000098 **幽默摄影与拍摄技巧** 谢建华编著。吉林摄影出版社 1997 年 1 月版。11.8 万字。16.80 元。幽默摄影专业书。分 5 章。第一章,以理论探讨为主,阐述了何谓幽默思维,幽默思维与摄影的关系,并介绍了幽雅摄影的发展、流派。从第二章起,在理论探讨的基础上,又侧重了实用性,以幽默摄影的创造为题,介绍了怎样观察与选择视点,怎样精心构图,怎样运用特殊的手法创造幽默摄影照片,以及一个好的标题的画龙点睛的作用。第三章为环境语义,主要讲相关的呼应、差异的对比、控制周围的环境,这也是摄影师突破拍摄对象的束缚,获得深刻艺术表现力的根本表现方法。幽默摄影的形式一章,主要介绍了政治幽默摄影、体育幽默摄影、生活幽默摄影、广告幽默摄影等的不同的拍摄技巧。最后,作者又着重介绍了我国幽默摄影的发展与现状,以及开拓幽默摄影的一些思路。(秦真元)

J000099 **基础摄影教程** 邵大浪著。吉林摄影出版社 1997 年 8 月版。24.2 万字。18.00 元。作者把自己多年摄影实践经验与教学体会进行整理加工,针对大专院校学生和摄影爱好者的需求,将全书分为基础知识篇、基本技术篇、应用技能篇 3 个部分。每一部分又分为多个章节,较为系统地介绍了照相机、镜头、胶片、滤光镜、常用摄影附件及曝光技术、景深的控制、摄影用光技巧,构图的基本规律、黑白暗房基础、风光摄影、室内人像、旅游摄影、商业摄影、闪光摄影、近距摄影、红外线摄影的拍摄方法,常用黑白暗房化学配方、常见照相机性能、常用胶片特性等。对基础知识,采用大量图例介绍。在基本技术篇中,理论浅显易懂,又融合了摄影实践经验,如室内外的曝光估计、各种条件下的用光技巧,构图中常见的忌讳,暗房的制作方法等。而在应用技能篇中,侧重介绍了各种摄影的拍摄技巧,特别是经验性的技巧。(秦真元)

J000100 **新闻摄影学** 吴建著。四川人民出版社 1997 年 8 月版。31 万字。16.90 元。新闻传播教育专业图书。主要内容有:新闻摄影的产生和发展、摄影光学知识、新闻摄影相机的原理和结构、感光材料和曝光原理、新闻摄影构图与摄影方法、图片的制作与编辑。(汪伊举)

J000101 **华夏一日** 副名:全国庆祝香港回归获奖摄影作品精选。中国艺术摄影学会等编。岭南美术出版社 1997 年 12 月版。310 幅图。268.00 元。记录 1997 年 7 月 1 日香港回归祖国这一天我国各族人民的庆祝活动的摄影集。从 1 万多幅来稿中选取 310 幅,其中金、银、铜奖 142 幅,优秀奖 167 幅。从多个角度,运用多种手法去演绎喜庆的氛围,使一些取自山村、家庭、边哨、小巷等环境的作品同样引人注目,一些着眼于表现单个或少数几个欢乐心态的作品,更使人感受到这难忘的一天所具有的历史震撼力,更富有内涵。(崔汉平)

J000102 **天界窥影** 林晶华作。岭南美术出版社 1997 年 6 月版。116 幅图。250.00 元。大型豪华摄影集。收入林晶华自 1992 年到 1995 年深入青藏高原创作的精品 116 帧。作品中表现了扎布让的高寒和空旷,昂仁洁净而辽阔的牧场,努干那拉饱和清丽的色彩,纳木错湖的秋末夕阳,玛旁雍错的小神庙,扎布让古格王国宫殿的残迹,扎达群山顶上的瞬间光束,充满神奇与圣洁的珠穆朗玛峰等等。作者以独特的体验与深切的审视,以凝重深沉的激荡情感,浓烈浑厚的色彩,把历史、宗教、艺术、文化与自己的人生都融进了高原形象的创造之中。内容与形式构成了较完美的整体。(梁鼎英)

J000103 **桂林山水——王梧生摄影集** 王梧生摄。广西师范大学出版社 1997 年 6 月版。97 幅图片。58.00 元(平),68.00 元(精)。王梧生是国内外著名的摄影艺术家。他的摄影作品精湛,尤以风光见长。其作品格调清雅,构图别致,用光考究,意境深远。本书从他拍摄的近万幅桂林山水作品中,精心挑选了 97 幅作品,既有国画效果的作品,又有油画效果的作品,也有版画效果的作品,使这部集子的画面效果丰富多彩。(唐长兴)

J000104 **情系三峡** 何天祥、蓝锡麟主编。重庆出版社 1997 年 4 月版。104 幅图。80.00 元。三峡库区具有代表性的摄影作品。以重庆为起点,顺长江的流向依次介绍沿途的自然景观、人文景观以及民风民俗、土特产等等;画册还以三峡旅游为主线,兼顾介绍长江沿途各地区的政治、经济和文化。(余国振)

工艺美术

J000105 **工艺美术设计专业教材** 崔栋良等编。中国纺织出版社 1996 年 5 月－1997 年 5 月版。228.5 万字。246.50 元。共 11 种,其中包括基础课教材 5 种,它们是《素描》、《图案》、《水粉画法》、《平面构成》及《色彩构成》,专业课教材 6 种,分别为:《装潢·包装·广告》、《字体·书籍·设计》(装潢广告设计专业用书),《室内·展示·设计》、《透视·制图·家具》(室内设计专业用书),《服装·画法·设计》与《服装·款式·制图》(服装设计专业用书)。《素描》谷嶙编著,重点介绍素描的学习方法、步骤,从几何形体、静物、人物头像至人体等造型艺术进行训练。《图案》崔栋良编著,重点介绍以花卉变化为主的装饰图案的构成、表现技法,进行必要训练的图案资料。《水粉画法》崔栋良编著,重点介绍色彩画法的训练,从静物、花卉直到风景的写生技法,从而培养、提高描绘事物的方法及运用色彩的能力。《平面构成》崔齐、王晓林编著,主要介绍平面构成的形象、基本形与骨骼以及构成设计思维的基本知识和训练。《色彩构成》崔唯编著,主要介绍色彩的三要素、色立体与色相环的基本知识及运用,色彩对比与调和等内容。《装潢·包装·广告》崔齐编著,主要介绍装潢设计的基本知识和技法,包装广告设计的基本内容、特点和设计要求等内容。《室内·展示·设计》关东海编著,主要介绍室内设计与展示设计的基本知识,包括室内透视常用的基本画法,效果图的表现技法、步骤,展示设计的总体设计和单项设计等内容。《字体·书籍·设计》王红卫、何沙编著,主要介绍字体设计与书籍设计的基础知识、设计方法及步骤,结合实例加以解说。《透视·制图·家具》李风崧编著,主要介绍透视与制图的基本知识、作图基本方法、家具制图标准、家具的材料与构造、家具造型设计的一般规律、设计步骤与方法等内容。《服装·画法·设计》李永平编著,着重讲述服装设计的基本知识、服装美学、服装造型与款式、服装的装饰与设计要领、服装画的有关知识与技法等内容。《服装·款式·制图》秦寄岗编著,主要介绍服装裁剪与制图的基本知识,包括服装制图的概念、与人体结构的关系、服装制图和名称术语,款式设计的形式美法则,服装结构制做的基本方法、规律与处理技巧等内容。(范森)

J000106　**现代构型艺术**　吕品田著。江西美术出版社 1997 年 10 月版。2.8 万字。80.00 元。精选现代陶艺、漆艺、木艺、泥艺和金属艺术作品 150 余幅,对其艺术进行了全面的分析和评价,追溯其源流和文化背景,详细阐述了它们崛起的原动力,审美特征和历史价值,并对丰富的创作实践作了逻辑的梳理和点评性介绍。(韩建武)

J000107　**美术文献——中国现代陶艺专辑**　《美术文献》编辑部编。湖北美术出版社 1997 年版。4 万字。110 幅图。18.00 元。《美术文献》丛书之第十辑。主要以"艺术家档案"形式,通过艺术家的自述、简历、作品等篇目,介绍了李正文、吕品昌、孟庆祝、孙家钵、刘士铭、于庆成、周国桢、张润杰、吴光荣、张晓莉等 10 位现代陶艺家的创作现状;并刊登了 4 篇文章,力图从不同角度体现对中国现代陶艺创作的发展历程,探索方向,现实困境、文化价值的关注和思考。(柳征)

J000108　**《设计广角》丛书**　姜竹青等编。浙江人民美术出版社 1997 年版。16.50 元。展示世界前卫设计及其信息的丛书。共 4 本,分别为:《巴黎现代小区环境》、《欧洲墙饰与镶嵌艺术》、《后现代主义设计大师》、《芬兰设计》。从宏观角度,扫视世界最新的设计成果及信息动态,并付之于设计实践。(杨海平)

J000109　**中国当代高等设计教学优秀作品集**　陶纯孝主编。中国美术学院出版社 1997 年 3 月版。18.5 万字。555 幅图。120.00 元。收入近年来全国各重点美术(设计)院校的优秀设计作品 500 多幅,还收入了当代中国设计类专家学者有关设计教育方面的理论研究成果 26 篇。从理论与实践上全面反映了我国当代设计创作与教学的最高水平。(陈平)

J000110　**中国传统吉祥图案**　许康铭著。南方出版社 1997 年版。65.00 元。适用于建筑设计、商品包装、服装设计、居室布置、厅堂装饰等方面的大型工具书。共有吉祥图案 2 000 余幅。(肖昶)

J000111　**中国新疆吐鲁番民间图案纹饰艺术**　李肖冰编著。新疆人民出版社 1997 年 7 月版。12 万字。236 幅彩图。150.00 元。以吐鲁番维吾尔族民间图案为观照对象的研究性画集。新疆吐鲁番地区因其特殊的地理环境,有着深厚的文化历史积淀,反映在其图案纹饰上,多姿多彩,蕴涵着浓重的各民族文化融合交汇的痕迹,透视出继承、吸收、发展的历史轨迹,代表着新疆地区民间图案艺术的特点,是新疆维吾尔族民间图案纹饰及其生活习俗的缩影。作者通过对吐鲁番、鄯善、托克逊 3 个地区民间流传的维吾尔族花帽、服饰、被头花、帕拉孜、枕套、提包、小摇床、花木箱、洗手壶、门窗等家居装饰图案、民居建筑图案、木工制品图案、古迹文物图案的归纳、比较,论述了新疆维吾尔族民间图案的特点和形成,从而观照其民族风情、历史轨迹和文化特色,为新疆人文地理的研究和形成提供了论证依据,开辟了一个新天地,开创了先例。如对维吾尔族花帽因不同的地域形成不同的式样与构图的研究,吐鲁番地区流行的花帽多以石榴花构图,色彩火红、艳丽,装饰性强;鄯善地区的花帽则是以葡萄纹饰为主的绿色色调，古朴淡雅；而托克逊地处山地，其花帽则盘金、盘银，具有浓郁的山地特色等。全书收入彩图236幅。(许培龄)

J000112　**印刷广告艺术**　纪华强编著。厦门大学出版社1997年3月版。20万字。13.00元。广告学专业的基础课教材。共6章，系统全面地介绍了印刷广告艺术的各个要素。第一章介绍了印刷广告传播艺术的构成及发展历程；第二章阐述了印刷广告传播的文字语言，包括字体、标题、广告文的编排设计；第三章阐述了印刷广告传播艺术的图像语言；第四章阐述印刷广告传播艺术的语法规则，如黄金分割法则、视觉流程规律、视觉强势规律等；第五章阐述印刷广告传播艺术的物质技术手段；第六章介绍印刷广告媒体。(陈福郎)

J000113　**装饰设计表现图技法**　吴林春、徐云祥主编。东南大学出版社1997年8月版。19.9万字。18.00元。“建筑装饰技术丛书”之一。主要内容有透视知识、素描知识、色彩知识、构图知识、作图工具与教材、分类表现、配景的表现及实用表现技法等。(徐步政)

J000114　**装饰美术**　徐分、李玫主编。东南大学出版社1997年8月版。15.9万字。14.00元。“建筑装饰技术丛书”之一。根据初学者的特点，以通俗易懂的语言，从绘画基础入手，由浅入深，由易到难，系统地阐述了装饰美术的有关知识，包括绘画基础知识、速写、色彩表现、室内陈设艺术、装饰画、壁画雕塑、美术字等。(徐步政)

J000115　**装饰造型基础**　徐云祥、吴林春主编。东南大学出版社1997年10月版。26.2万字。19.00元。“建筑装饰技术丛书”之一。分为两大部分内容。一是平面构成、立体构成部分，主要从造型的基本元素出发，着重叙述造型诸要素的组合规律和构成形式。二是色彩部分，从色彩基本概念出发，着重叙述色彩的对比、调和方法，同时结合室内设计实例，向读者剖析室内色彩的设计方法和原理。(徐步政)

J000116　**当代中国盆景艺术**　苏本一、马文其主编。中国林业出版社1997年3月版。9万字。300余幅图。240.00元。分前后两大部分。前半部分介绍盆景的起源、盆景美学、当代中国盆景的风格流派、当代中国树木盆景、当代中国山水盆景及其他一些盆景型式，中国盆景配盆及几座。后半部分为当代中国盆景艺术作品精选，将盆景艺术作品分为4类：树木盆景、山水盆景、微型盆景、观赏奇石，主要介绍我国盆景艺术大师及他们的主要作品，并同时选用了当前我国各地年轻一代盆景艺术家的优秀作品，全书共收集精品彩色图片300余幅。(陈英君)

J000117　**德化名家名瓷**　李建国等编。海潮摄影艺术出版社1997年10月版。153幅图。58.00元。编入自唐、宋以来的名家之作。全书用了较大篇幅反映了现代德化陶瓷工艺大师许兴泰、杨剑民、周雅各等70多位，他们在继承民族优秀传统基础上，创新出一大批精美的工艺陶瓷作品，并向读者介绍了德化精品如云，有“象牙白”、“建白瓷”、“高白瓷”、“玉白瓷”、“莹玉瓷”、“薄胎瓷”等几十种精美产品。书中选登出百余幅近年来现代名人的佳作，具有较高的观赏性和资料性。(刘强)

J000118　**中国民俗吉祥剪纸**　郭宪编。中国地质大学出版社1997年12月版。25万字。24.00元。介绍剪纸的基本知识，包括剪纸的表现手法与表现形式，剪纸的材料、工具、折叠和刻剪的基本方法与制作步骤；还介绍了剪纸的选题、设计；作者通过112幅本人的作品，介绍剪纸的丰富内涵及如何欣赏剪纸作品的知识；书的最后还介绍了55幅全国各地不同风格的剪纸作品，供读者欣赏。(李继英)

J000119　**韩菊香剪纸百虎图**　副名：延安剪纸。韩菊香作。陕西人民美术出版社1997年10月版。0.2万字。36.00元。收入陕北老艺人韩菊香100多幅神态各异、构图奇巧、蕴含丰富的剪纸虎作品，作者剪刀下的老虎并非咆啸山林的真虎写实，而是老艺人想象中充满浪漫色彩的吉祥图案，是由上辈老艺人心记、口授、手把手传授的那种充满作者主观创造性和人格化了的艺术形象。韩菊香老人的剪纸作品属延安北部流派。她剪刀下的老虎质朴、厚重、粗犷、雄浑，虎虎有生气。作者用自己独特的剪纸艺术语言，通过活泼、生动的虎艺术形象，表现了对人生酸、甜、苦、辣的体验和对真、善、美的挚着追求。(桑勤志)

J000120　**中国巫傩面具艺术**　薛若鄰主编。江西美术出版社1997年1月版。580.00元。共收巫傩系统的面具及背景图片670幅，涵盖了蒙古、苗、彝、壮、布依、朝鲜、汉等20多个民族近20个省(区)；包括金、银、铜、石、竹、木、皮、棕等10多种材质，几乎囊括了今天尚流传于民间的所有巫傩面具。(韩建武)

J000121　**中国面具艺术**　赵作慈、陈阵主编。北京美术摄影出版社1997年6月版。比较全面、系统地反映中华傩文化的大型画册，收入了包括汉、藏、蒙古、壮、苗、土家、彝、白、布依、侗、水、哈尼等民族具有代表性的面具照片，分成祭祀仪式与节日庆典面具；藏传佛教面具；戏剧面具和其他面具4个部分。（龙杰）

音乐

J000122 **步入音乐的圣殿——大学生的音乐修养** 朱咏北著。湖南师范大学出版社1997年6月版。28.3万字。20.00元。全方位阐述了音乐的起源、发展，音乐与人类的密切关系，音乐对于人的成长的至关重要性。详细介绍了中华民族的音乐如民歌、民族器乐，外国音乐如小提琴、钢琴等，还有声乐、器乐、交响乐、歌舞剧等的赏析，通过经典的曲例来告诉读者如何把握音乐表达的深刻的思想内涵和音乐中的艺术技巧，从而深入作品的文化与现实的世界之中去，懂得真善美，懂得如何热爱生活、热爱人类和自然。收入"大学人文素质教育丛书"。（周玉波）

J000123 **钱仁康音乐文选（上、下）** 钱仁康著，钱安平编。上海音乐出版社1997年11月版。31.2万字（上），34.1万字（下）万字。24.30元（上），25.50元（下）。钱仁康教授是我国著名的音乐理论家，本书是他几十年来在音乐领域中研究成果的选集，分上、下两卷，上卷主要选编了他对中国音乐研究的部分论文；下卷则选编了他对外国音乐研究的主要论文。（方立平）

J000124 **音乐表演美学** 杨易禾著。江苏文艺出版社1997年10月版。12万字。10.00元。研究"音乐表演美学"的学术专著。共7章：一、音乐演奏艺术中的几个美学问题；二、音乐表演艺术中的形与神；三、音乐表演艺术中的虚与实；四、音乐表演艺术中的情与理；五、音乐表演艺术中的气与韵；六、音乐表演艺术中的真与美；七、关于表演心理技术的美学思考。（吴星飞）

J000125 **音乐欣赏教程（中小学音乐教师丛书）** 王伟任、王顺通编著。人民音乐出版社1997年9月版。644面文字及乐谱。29.00元。依据1986年7月国家教育委员会师范教育司颁布的中学音乐教师专业合格证书《音乐欣赏教学大纲》的内容和要求，为适应音乐教师自学考试、进修和高师音乐欣赏教学的需要编写。全书分为中国音乐和外国音乐两部分。在内容的编排上，既注意系统性（就《大纲》中我国民族民间音乐部分的曲艺音乐，戏曲音乐等体裁，以及部分中外音乐家介绍和名曲作了增补），又照顾到整体性知识与赏析作品相结合，充分体现了学校音乐教学的特色。书中对作品的分析介绍，均附乐曲主题的简谱谱例，大多写有作品结构图式；在声乐曲部分，除大型作品外，均附有完整的作品曲谱；在器乐曲部分，还提供了曲目版本的出版单位及出版年代，以利于学习者查检对照，加深理解。（王顺通）

J000126 **旋律中的天堂** 副名：中外音乐精品欣赏。夏宏等编著。少年儿童出版社1997年版。22万字。15.00元。"艺术长廊丛书"之一。介绍中外作曲家的名曲100首，分中国篇、外国篇。介绍中国的有："千古正气歌——《广陵散》"、"凌霜傲雪，生机盎然——《梅花三弄》"、"花漫春江，月洒清辉——《春江花月夜》"、"借景寓情，直抒胸臆——《二泉映月》"、"奔放乐观的欢歌——《金蛇狂舞》"、"鲜花映明月，即兴写佳曲——《花好月圆》"、"抗战吼声，民族之魂——《黄河大合唱》"、"自由与光明的赞歌——《红旗颂》"等30首；介绍外国的有："琴弦上唱出深情隽永的歌——德国巴赫《G弦上的咏叹调》"、"优雅细腻，娓娓动人——奥地利莫扎特《G大调第三小提琴协奏曲》"、"英雄吹响自由的号角——德国贝多芬《降E大调第三交响曲》"、"轻舟荡漾碧波间——俄国柴科夫斯基《船歌》"、"它，也是奥地利'国歌'——奥地利约翰·斯特劳斯《蓝色的多瑙河》"等70首。附有彩色插页8面。（洪祖年）

J000127 **贝多芬之魂** 赵鑫珊著。上海音乐出版社1997年12月版。36.50元（平），43.00元（精）。作者90年代两度赴德国考察后，对十年前的旧著所做的全面修订，不仅所有图片都是新的，几乎每一页的文字内容都有修改和补充，更重要的是：全书渗透着作者今日对贝多芬全新的了解和分析，张扬着他全新的审美观念，如贝多芬与"男性荷尔蒙"、与"世界建筑艺术"等等，均是他新的研究成果。修订增补版有"时代立体坐标系中的贝多芬音乐"、"贝多芬的三重爱"、"站在巨人们肩上的贝多芬"、"从男性荷尔蒙看贝多芬的爱欲"、"存在主义先声'悲多愤'"、"贝多芬音乐与我们世纪的困惑"等等17个章节，构成了一个告别20世纪的人类在听赏贝多芬音乐时所必须理解的"一种独特的既是古典又是浪漫的音乐哲学体系"；从而深入浅出地告诉读者贝多芬音乐的本质及为什么会让人着迷的奥秘。（方立平）

J000128 **音乐史论问题研究** 于润洋著。福建教育出版社1997年6月版。25万字。15.00元。全方位展示音乐文化的论文集，代表着作者对音乐美学、音乐史学和音乐教育领域问题的独到见解。通过《罗曼·茵格尔顿的现象学音乐哲学述评》、《新音乐的哲学》、《释义学与现代音乐美学》、《音乐形式问题的美学探讨》等文章的研究，既涉及了西方当代几个重要学派的理论问题，也涉及作者对某些重要的音乐美学问题的探讨及对我国音乐理论研究现状的一些看法；作者还着重研究了18、19世纪以来西方几位重要作曲家及他们的作品，将科学研究和历史研究两种方法交错使用，从社会历史背景的层面去刻画、反映作者写作作品的内涵与意义；对于音乐教育问题，作者纵横比较了美中专业音乐教育的体制、种类、层次结构问题，指出5个关于中国高等教育专业音乐学府能否完成使命的关键性问题。

J000129　**音乐的故事(野骆驼译丛)**　[德]保罗·贝克著。江苏人民出版社1997年8月版。11万字。12.00元。生动地介绍了从早期古希腊音乐一直到现代音乐发展的画卷，揭开了音乐历史上的神秘面纱。(丁嫣霞)

J000130　**中国古代音乐教育**　修海林著。上海教育出版社1997年12月版。23.2万字。11.30元。“学校艺术教育研究丛书”之一。全国教育科学“八五”规划项目、“学校美育理论与实践研究”成果。以历史朝代的分段为基本体例，叙述中国古代音乐教育的基本状况及其历史发展，在尽可能全面占有史料的基础上，叙述历代音乐教育制度、设施、重要人物、各种类型的音乐教育行为、音乐传承方式以及音乐教育思想。其中对于音乐教育与整个社会文化发展的关系，给予特别的注意，即注意总结历史的经验教训。为今天的音乐教育事业提供历史的借鉴。对古代音乐教育的基本史实与发展规律以揭示，是其出发点，因而不仅注重史料的研究，并且将音乐教育的发展放在社会文化教育活动的大背景下来进行考察，努力揭示历代音乐教育活动发生变化的动因，从对传统文化以批判地继承的角度，总结和揭示音乐教育发展的各种经验教训和发展规律，为今天教育领域的美育实践服务。学术价值在于：不仅为中国教育史的研究提供了在艺术教育史方面的新的内容，使中国古代音乐教育研究初步形成一个完整的、具有自身特点的学术框架和史料系统，并且也为中国音乐教育理论研究与美育实践、为中外音乐教育的比较研究提供了必要的理论基础。(薛培华)

J000131　**歌曲分析与写作**　徐希茅著。江西高校出版社1997年1月版。40万字。22.80元。分总论、8章、结束语与4个附录。全面论述了歌曲写作与分析的技术、理论问题，内容涵盖面广，除对旋律构成要素、音乐主题与发展、各类结构与体裁等方面作了简明实用的阐述外，还对歌词的选择、情感表现、表达角度、歌词艺术魅力、歌词的音乐性等方面作了较详尽的研究，与一般的同类著作相比较，该书增加了歌曲在中国近现代的发展概况，强调在技术学习的同时，培养学习者的全面整体的歌曲观和审美观。将歌曲分析摆在与写作学习同等重要的位置予以论述与训练。技术训练由浅入深：从单音运动到整体构思、从线条写作到立体思维；传统与当代发展相结合；从调性写作到无调性写作、从群众歌曲、通俗歌曲到艺术歌曲。书中谱例丰富全面，训练方式做了不少新的探索，练习建议多样，伴奏写作强调培养学习者对伴奏的结构原理、组织方式的理解与掌握。(徐明华)

J000132　**指挥法**　杨嘉仁遗著，杨大经整理。上海音乐出版社1997年12月版。31.8万字。16.00元。整理者根据杨嘉仁遗稿《管弦乐队指挥课授课提纲》(1961年9月)及所遗部分笔记加工而成。在9章的框架内，结合中外音乐作品的实例，系统论述了面对乐队总谱呈示的千变万化的情况，指挥可采取的处理方案及使用的指挥技巧。其中第一、二章为指挥的一般知识和指挥的基本动作；第三至第七章分别为不同速度、不同力度、不同节奏的乐句，句断和多声部的指挥法，第八章为对乐队情绪的提示，末章为排练的准备事宜。书中对中国作品的诠释经验(如引进中国戏曲中“紧拉慢唱”的特殊艺术效果)是杨对指挥艺术的无可替代的贡献。附录《杨嘉仁先生传略》不仅介绍了中国最早的专业指挥(亦是在美执棍第一人)成长的文化背景，且展示了30～60年代中国音乐生活的一面，如1938年南京各高校联合排演海顿《创世记》，40年代沪宁设置音乐课程的学校等。(姚方正)

J000133　**唱歌的艺术**　赵梅伯著。上海音乐出版社1997年11月版。21.4万字。13.30元。作者是著名的美籍华裔声乐教授，本书对歌唱艺术的整个过程做了科学全面的讲解。全书共15章，分别为：一、引子；二、呼吸；三、发声与共鸣；四、“贝尔康多”学派；五、表情；六、曲类与表演；七、声乐作品(一)——从巴赫至门德尔松；八、声乐作品(二)——从瓦格纳至现代作曲家；九、万国音标与法、德、意文；十、英语唱法详解；十一、声音的健康及其他；十二、世界著名男高音；十三、世界著名女高音；十四、

世界著名歌唱家谈声乐技术(摘要);十五、声乐技术再探究。(方立平)

J000134 **京剧名唱118** 李心、武彬等编。人民音乐出版社1997年12月版。653面简谱及文字。25.70元。编收了自20年代至今我国著名的老、中、青几代京剧老生谭鑫培、余叔岩、言菊朋、高庆奎、周信芳、马连良、谭富英、杨宝森、李少春、李和曾、李宗义、马长礼;小生姜妙香、俞振飞、叶盛兰;旦角梅兰芳、程砚秋、荀慧生、尚小云、张君秋、言慧珠、赵燕侠、杜近芳、关肃霜、李世济、梅葆玖、刘秀荣、刘长瑜、李维康、宋长荣等;老旦李多奎、李金泉、王玉敏、王梦云、赵葆秀等;花脸金少山、郝寿臣、裘盛戎、袁世海等共73位有影响、有代表性、不同流派、艺术价值较高的118段精彩唱腔。(常静之)

J000135 **曲谱研究** 周维培著。江苏古籍出版社1997年11月版。30.5万字。22.00元。"中国传统文化研究丛书"第三辑中的一种,同时又收入"文学遗产丛书"。共7章,从个案考叙和综合研究两个方面,运用现代科学精神和研究方式,勾勒出曲谱自宋元起源至近现代的发展状况,重点论述了南曲、北曲具有代表性的曲谱20余种,尤其着重考察曲谱对古代戏曲创作和演出、普及戏曲文学知识所产生的作用和影响,并抓住曲谱是传统曲学的主要著述形态和批评模式这一特点,考察它们在戏曲史上的理论贡献,还重点解决了传统曲学中被认为艰涩难懂的某些曲律问题。书后附录古谱《骷髅格》的辑本。是书考论详实,在建构具有民族个性的,反映戏曲本质特征的理论体系方面卓有建树。(卞岐)

J000136 **小提琴演奏艺术第二卷附录** [匈]卡尔·弗莱什著。人民音乐出版社1997年6月版。62面文字及线谱。15.70元。卡尔·弗莱什所著《小提琴演奏艺术》第一卷(分上、下两册,1960、1961年版)的续集(艺术演奏与教学)。书中详述了小提琴演奏中的技巧问题、表现问题、心理状态问题以及解决这些问题的方法,同时还就小提琴曲目的选择与教学问题等进行了探讨。卡尔·弗莱什是世界著名的匈牙利小提琴家、教育家。他撰写的一系列小提琴演奏方面的著作被世界公认为最系统、最科学的现代小提琴教学与演奏理论著作。本书即为其中之一。本书的附录以10余首小提琴经典作品的某些章节作为范例,详细阐示了如何处理乐句、节奏、强弱对比及一些具体的技术细节,以期使演奏者从中学到如何掌握小提琴演奏的普遍规律。(陈胜海)

J000137 **竹笛吹奏入门** 王铁锤编著。金盾出版社1997年12月版。16.2万字。9.00元。分两个部分。第一部分介绍竹笛。包括竹笛的历史,竹笛的构造和种类,竹笛的质量和选择,竹笛的保护和修理,以及笛膜的采集和粘贴等基本知识。第二部分教授吹奏竹笛。从吹奏姿势讲起,由浅入深,循序渐进,讲授了竹笛的发音原理和风门控制,用气方法,吐音技巧,指法运用等。讲授技法的同时,都有具体的练习要求和提示。(周叔仲)

J000138 **中国古筝考级教材** 黄成元编。江西高校出版社1997年2月版。44万字。30.00元。集古筝弹奏技法和乐曲训练的教材。分3个部分。第一部分是作者(黄成元)历年来在全国性刊物上发表的对于筝史研究的论文。特别是通过对音乐出土文物的深入研究,所撰写的《公元前500年的古筝——贵溪崖墓出土乐器考》,证明在春秋战国初期,在百越族集居地就存在十三弦筝,具有一定的史料价值和学术价值。第二部分是为适应习筝者的需要,编排50首练习曲。第三部分为考级乐目,共收集了51首乐曲。这些乐曲由浅入深,从一级到十级。(徐明华)

J000139 **维吾尔木卡姆研究** 刘魁立、郎樱主编。中央民族大学出版社1997年10月版。16.5万字。14.00元。维吾尔古典音乐十二木卡姆,是勤劳的维吾尔人民智慧的结晶,是规范化的大型音乐巨著,是维吾尔人民自古以来所进行的各种社会实践活动的产物。维吾尔木卡姆具有绚丽的民族特色,鲜明的音乐特点,系统的音乐结构,丰富的曲调,复杂的节拍和节奏的成套的乐曲大全。本书从木卡姆的形成到木卡姆的各种分流,从古代维吾尔汗国的历史到木卡姆的发展,从史料中记载的木卡姆到民间流传的木卡姆,从古代龟兹乐、高昌乐到现代木卡姆,从唐代宫廷音乐到木卡姆大曲等一系列学术问题进行了深入的研究和分析。同时对木卡姆在维吾尔文学中的地位,木卡姆独特的音乐结构,木卡姆与现代化,木卡姆的寓教于乐的作用等问题也进行了透彻的论述。同时还收录了韩国学者,德国学者及乌兹别克学者对维吾尔木卡姆的研究论文。学者从史学、音乐史、音乐学、器乐学、民俗学、社会学等多种角度对木卡姆作了精辟的论证。(戴佩丽)

J000140 **乌蒙苗歌** 毕节地区苗学会编。贵州民族出版社1997年8月版。20万字。24.00元。苗族民间歌曲选集。搜集贵州省毕节地区8个县市境内苗族群众广为传唱民歌,包括了毕节地区境内不同服饰、不同方言土语的民歌曲调,分情歌、婚事歌、丧事歌、世俗歌、巫事歌、儿歌6个部分,并采用苗汉文对照。这些民歌曲式结构多样,有一句体、二句体、四句体、多句体、自由体、两段体、三段体和四段体;其调式音列有徵调式、商调式、羽调式、角调式和宫调式;其旋律结构有固定旋律型,固定乐句、乐段框架型,主导乐句惯穿型和自由型;其节拍节奏以均分律动的混合拍节、变拍子和非均分律动的自由节奏为主。它从各个方面反映了苗族的社会历史、精神风貌、生产生活方式、心理素质、审美观念、风情风俗等,是苗族文化在音乐上的外化体现,它展示了苗族人民高超的智慧和艺术创造力,是研究苗族文化的珍贵遗产。(罗兴贵)

J000141　**赫哲族民歌曲集**　张志权编著。黑龙江朝鲜民族出版社 1997 年 5 月版。12 万字。12.00 元。汇集流传多年,久唱不衰,脍炙人口,反映着赫哲族的浓郁的民族风情的歌曲集。它不仅使我们观赏到赫哲族歌曲的全貌,而且也比较系统地了解赫哲族歌曲的源远流长的演变过程。既充分反映了赫哲人世世代代的生活风貌,也深刻展示了赫哲人粗犷豪放、顽强拼搏的性格。(崔昌俊)

J000142　**歌声中的云南**　周良沛主编。云南教育出版社 1997 年 3 月版。21 万字。14.40 元。"美丽、丰饶、神奇的云南丛书"之一。选收 20 世纪 20 年代到 90 年代具有代表性并流传广泛的唱云南或云南人唱的歌曲 122 首。作品包括民歌,如:《小河淌水》、《桃花店,杏花村》、《绣荷包》等;建国前创作的革命歌曲,如:《云南陆军讲武学校军歌》、《西南联合大学校歌》、《茶馆小调》等;建国后的创作歌曲,如:《北京有个金太阳》、《有一个美丽的地方》、《大观楼长联》等;还有电影插曲和歌剧选曲。编者通过所选作品,反映云南的斗争历史和滇人的爱国热情,歌唱云南的美丽风光,展现云南深厚、丰富的民族音乐传统。编者还为部分作品注写说明。(黄凡)

J000143　**儿童金曲 200 首**　白朝晖等编。河北少年儿童出版社 1997 年 8 月版。8 万字。8.00 元。辑录近两年来在全国儿童歌曲创作大奖上获奖并被孩子们广泛传唱的新歌,新拍摄影视片、卡通片中的优秀主题歌,以及孩子们中常唱不衰的革命历史歌曲。有重唱、对唱、合唱、独唱等表演形式。(贾志红)

J000144　**20 世纪中国儿童歌曲经典作品**　潘振声、汪玲主编。希望出版社 1997 年 3 月版。50.00 元。汇集从 1912 年至 1995 年近一个世纪以来具有经典意义的中国儿童歌曲 127 首。这些作品无论思想内容还是艺术价值都代表了 20 世纪中国儿童歌曲创作的最高水准。其中如《卖报歌》、《共产儿童团歌》、《歌唱二小放牛郎》等,虽诞生已逾半个世纪,但由于其魅力永恒,至今仍为孩子们所传唱;而《快乐的节日》、《让我们荡起双桨》、《听妈妈讲那过去的故事》等,则不仅鼓舞了建国初期的儿童们追求美好生活的信心,而且净化了和正在净化着从那以后每一代儿童的心灵……(薛蔚原)

J000145　**爱我内蒙古**　副名:少儿内蒙古地理儿歌。贺云飞著。内蒙古人民出版社 1997 年 12 月版。5 万字。8.00 元。以儿歌形式较全面介绍了内蒙古的地理概况、资源发展、行政区划、交通运输、旅游胜地等基本区情。共 47 首儿歌,每首儿歌均配有相应的水墨淡彩画。(于淑贤)

J000146　**爱国歌曲精选**　花山文艺出版社编。花山文艺出版社 1997 年 6 月版。辑入群众喜闻乐听的歌曲,其中少儿歌曲 50 首,青年歌曲 50 首,分为《中学生演唱本》《小学生演唱本》。

J000147　**当兵的人**　副名:建军七十周年歌曲集。上海音乐出版社编。上海音乐出版社 1997 年 7 月版。488 面。20.00 元(平),26.00 元(精)。献给中国人民解放军建军七十周年的歌曲专集。精选我军各个历史时期所产生及流传的优秀歌曲共 200 首,如《工农兵联合起来》、《十送红军》、《八月桂花遍地开》、《游击队歌》、《到敌人后方去》、《打回老家去》、《人民解放军占领南京》、《打靶归来》……等。尤其是改革开放以来涌现出一大批歌颂当代军人崇高内心世界、优良品质的歌曲如《当兵的人》、《一二三四歌》、《长城长》、《十五的月亮》、《说句心里话》、《想家的时候》……等等。这些歌曲都散发着浓烈的军营生活气息和新时期军人的风采,起到了鼓舞士气、振奋军威的作用。(李苍鹰)

J000148　**中国风格儿童钢琴曲集**　人民音乐出版社编辑部编。人民音乐出版社 1997 年 5 月版。线谱 224 面。42.60 元。收入作品 90 余首。以突出中国风格为选编宗旨。选收的作品题材、体裁丰富多样,织体、技法新颖且别致。以多彩的民族音调,简洁的构架、技法,与特色的节奏律动,勾画出我国多民族丰富多彩的生活情趣和风貌特色。选收作品从易到难,以提供读者多方位的选择。(童道锦)

J000149　**手风琴独奏曲 15 首**　李建林编。人民音乐出版社 1997 年 1 月版。线谱 80 面。9.00 元。辑录作者将民歌、乐曲及戏曲音调改编成手风琴曲的作品 15 首。主要作品有:《绣荷包》、《小放牛》、《茉莉花》、《苗岭情》、《长鼓舞》、《快乐的啰嗦》、《二泉映月》、《江河水》、《京调》、《梆子的风格》等。这些作品

旋律优美、和声丰富、节奏欢快，具有浓郁的民族风格及强烈的生活气息。（聂希玲）

J000150　**百年沧桑（交响诗）**　朱践耳作。人民音乐出版社1997年9月版。66面线谱。25.00元。为迎接'97香港回归，由文化部、广电部、国务院港澳办和新闻办、新华社香港分社、中国音协等6个单位共同主办了音乐作品征集活动。在这次活动中，交响诗《百年沧桑》是获得唯一金奖的作品。作者朱践耳是我国资深的著名作曲家，他在这部作品中娴熟地运用了传统与现代相结合的作曲技法，通过丰富的交响音响充分地表达了自己对香港百年回归历史的深层思考。这首作品为交响乐单乐章结构，全曲分为3部分：第一部分运用打击乐和各种奇异的音响塑造形象，展开乐思，揭开了中国近代史的沉重帷幕。第二部分是一幅波澜壮阔的斗争风云图。如同一首宏大的进行曲，将中国20世纪的历史变化，绘声绘色地描述了出来。第三部分是欢乐、辉煌的颂歌。歌颂了香港回归祖国、历经沧桑的中国人民终于赢得了斗争的最后胜利。（聂希玲）

J000151　**中国二胡名曲荟萃（上）**　上海音乐出版社编。上海音乐出版社1997年12月版。535面。34.60元。从20至50年代这一历史时期的二胡曲中筛选出优秀乐曲115首。内有周少梅、刘天华、华彦钧、储师竹、陈振铎、蒋风之、陆修棠、张季让、刘北茂、俞鹏、孙文明等名家的佳作。兼有江南丝竹名曲和广东音乐高胡名曲。集后收有十多篇文章，对老一辈二胡名家的艺术生涯、演奏风格、技法特点及其作品的内涵、时代背景等等，都分别作了介绍。尚附有两篇论述江南丝竹二胡演奏艺术和广东音乐高胡演奏艺术的文章及王沛纶、吴伯超、谭小麟简介，以及周少梅所编三本国乐讲义的序言和其中部分二胡训练曲目原谱。本集旨在为广大读者集中提供一批欣赏、演奏、教学和研究的优秀曲目，同时透过这些乐曲和文章，着意记述二胡从伴奏乐器升华到一件多功能而表现力十分丰富的独奏乐器至五十年这一历史行程中，二胡演奏及其二胡曲创作的发展轨迹，力图全面反映出二胡艺术发展的整体概貌。书中辑录介绍著名民间音乐家周少梅艺术生涯一文及其周少梅编辑的《国乐讲义》中二胡训练曲目及其部分原谱。（阎黎雯）

J000152　**20世纪难忘名歌300首**　周民中、高文艺编。海南出版社1997年4月版。26万字。17.80元。分为9个"乐章"，分别为：学堂乐歌、"五四时期"歌曲、工农革命歌曲、抗日战争时期歌曲、解放战争时期歌曲、社会主义建设时期歌曲、改革开放时期歌曲、90年代新生代歌曲和外国名歌等，荟萃20世纪中外优秀歌曲300首。本书侧重于选录国内名歌，编者在采选方面独具匠心，所选歌曲极为突出地展现了我国各个时期广大民众的心声和各个时期的主旋律，因此，本书紧扣着时代脉搏，从一个侧面记录了中国历史。（李宇平）

J000153　**歌曲精品系列**　文杏、聂茸等编。中国青年出版社1997年1月版。2 676幅图。214.20元。分类歌曲集。共收各类优秀歌曲2 676首，共12册。分别为：《中国抒情歌曲》共收入中国抒情歌曲244首，主要歌曲有《在那桃花盛开的地方》等。《中国民歌》共收入优秀中国民歌421首，主要歌曲有《茉莉花》《摇篮曲》等。《中国歌剧选曲》共收入优秀中国歌剧选曲112首，主要歌曲有《白毛女》选曲等。《中国群众歌曲》共收入优秀中国群众歌曲211首，主要歌曲有《五月的鲜花》《南泥湾》等。《中国影视歌曲》共收入中国影视歌曲254首，主要歌曲有《风云儿女》插曲《铁蹄下的歌女》等。《中外流行歌曲》共收入中外流行歌曲279首，主要歌曲有《爱的奉献》《蓝色探戈》等。《中外进行曲》共收入优秀中外进行曲197首，主要歌曲有《大刀进行曲》《小号手》等。《中外少年儿童歌曲》共收入中外优秀少年儿童歌曲309首，主要歌曲有《七色光之歌》等。《外国影视歌曲》共收入优秀外国影视歌曲217首，主要歌曲有《音乐之声》插曲《孤独的牧羊人》等。《西洋歌剧选曲》共收入西洋歌剧选曲91首，主要歌曲有《茶花女》选曲《饮酒歌》等。《外国民歌》共收入优秀外国民歌272首，主要歌曲有《友谊地久天长》《拉网小调》等。《外国抒情歌曲》共收入优秀外国抒情歌曲266首，主要歌曲有《摇篮曲》《山楂树》等。（常戌）

J000154　**世界各国国歌**　伊梅尔编译。北岳文艺出版社1997年8月版。20.00元。收入132个与我国友好的国家（亚洲37个、非洲40个、欧洲32个、美洲18个、大洋洲5个）的国歌，以及《国际歌》《联合国之歌》，共134首。内容时效截止1993年末，独联体内一些国家的国歌未能收入。编译者对每首国歌进行了新的译配，但尊重并保留了在国内资料中译得较好的部分。（华敏）

J000155　**中外童声合唱歌曲50首**　中国合唱协会、人民音乐出版社编。人民音乐出版社1997年5月版。31面乐谱。36.30元。优秀儿童合唱作品集。作品多侧面地反映了孩子们天真、活泼的童年生活，表现了他们的爱与憎、对美好未来的向往。其中所选中国作品共31首,有《七色光之歌》、《扑蝶》、《山童》、《春天来到了田野上》、《白帆》、《听妈妈讲那过去的事情》、《五彩缤纷的大地》、《攀登高峰》、《和平友谊之歌》、《鸭子拌嘴》、《银河船》等。所选外国作品共29首,有:《渴望春天》、《天鹅》、《街头少年合唱》、《万岁!我们的世界》、《飞翔吧,鸽子》、《梦幻曲》、《春潮》等。书中除无伴奏合唱外,每首歌曲均附有精湛的钢琴伴奏谱。(聂希玲)

J000156 **钢琴音乐三百年** [匈]加伯尔·柯瓦茨、埃迪特·汉巴尔科等编。人民音乐出版社1997年3月版。线谱共562面。共145.70元。是16世纪至19世纪西方钢琴音乐精品的荟萃。全套曲集共13册。按历史分期介绍钢琴名家的代表作,收有克·德彪西及伊·阿尔贝尼斯、恩·格拉纳多斯、亚·斯克里亚宾、佐·柯达伊等作曲家的钢琴音乐作品,同时也从编年史角度增强演奏者对钢琴发展史的认识和历史兴味。(高士彦)

舞蹈

J000157 **舞蹈艺术概论** 隆荫培、徐尔充著。上海音乐出版社1997年4月版。36万字。28.50元。分5编,共23章。第一编舞蹈总论。主要讲述舞蹈的特性、功能、种类、起源和发展。第二编谈舞蹈作品。介绍舞蹈作品与社会生活的关系,舞蹈作品的内容和形式及美学等。第三编谈舞蹈创作。讲解舞蹈的形式结构、语言、构图以及舞蹈创作与表演的审美规范。第四编讲舞蹈交流。主要讲述舞蹈交流、传播、美感、欣赏和评论。第五编谈舞蹈学研究,详细介绍舞蹈学的历史遗产和当代中国舞蹈学的历史遗产和当代中国舞蹈学研究的成果,以及作者提出的创建中国舞蹈学的构想。(黄惠民)

J000158 **中国舞蹈艺术史图鉴** 董锡玖、刘峻骧主编。湖南教育出版社1997年12月版。278.00元。以1 000余幅文物图片、照片和拓片,形象地展现了绚丽多姿的中国传统舞蹈艺术,以及今天在剧场表演和在民俗生活中依然起着重要作用的当代舞蹈艺术与民族民间舞蹈。全书共6编,即"古代舞蹈编"、"近现代舞蹈编"、"当代舞蹈编"、"民族民间舞蹈编"和"东方人体文化编",是一部全景式图说中国传统舞蹈艺术的大型通史。既有贯通古今的史学线索,又有对各门舞蹈和相关人体文化、横向民族文化背景的探求。各编在学术上亦有不少创新,表现在:(一)中华舞蹈有着独特的发展历史,源远流长。但舞蹈是一种形体的艺术,见诸典籍的形象记录很少,那逝去千百年的中国舞蹈的丽姿倩影,往往被湮没在浩如烟海的文物和历史遗迹中,《图鉴》的编著者们从散布在各地的各个时代的舞俑、画像砖石、石刻、壁画中采集到了这一批批珍贵资料,从而构成了这一立体地反映中华舞蹈发展历史的长卷,让我们不仅能领略到历代舞蹈的遗芳流韵,而且为我们了解和研究中华民族的典章文物、诗歌词赋和美术服饰等诸种文化,提供了一个新的视角。(二)中国戏曲是舞蹈化的歌剧表演,戏曲舞蹈在七八百年的历史积累中,不仅保留了宋元以来失传的古典舞蹈,而且形成了有别于世界其他民族之舞的独特的舞蹈体系。本书的编著者正是看到了这一特点,因而以大量篇幅对此进行阐释。在介绍戏曲舞蹈形成流变的过程中,书中重点介绍了梅兰芳、程砚秋、荀慧生等大师的舞艺;对于昆剧、京剧和川剧、梆子、高甲戏、梨园戏等具代表性的地方戏中的舞蹈进行了典型论述,同时,对戏曲的舞服、舞饰及舞具给予了重点介绍,使读者更直观地了解中国传统舞蹈的美学特征和表现手法。(三)本书作者长期深入民族地区,在对民俗和宗教祭祀中的活动进行深入考察和研究的基础上,在舞蹈艺术界首次提出了"以语言系属研究民族舞蹈史"的方法,并以大量第一手材料,从民族发生学和民族考古学的角度,对各个民族民间舞蹈的形成、源流和当今状态进行了系统分析、论述和比较,同时归纳了不同地域民族民间舞蹈的共性和个性。其中,大量色彩绚丽的民俗民舞图片,真实地再现了中国民族舞蹈的风貌,对研究中国各民族深层的文化心理和民族情感有着重要的参考价值。(四)本书特设"东方人体文化编",意在创建东方人体文化的研究体系,在以舞蹈为中心、兼及武术、杂技和瑜珈气功的生命文化的整合研究上作了有益开拓,为舞蹈文化学拓宽了艺术视野,这是本书有别于一般舞史著作的独特追求。(孟可文)

J000159 **舞蹈与族群** 副名:赫章民族舞蹈考察。黄泽桂著。贵州人民出版社1997年8月版。16.9万字。10.10元。对黔西北偏远县赫章的民间舞蹈及其与族群文化之间的相互关系进行全面考察和研究的专著。采用"舞蹈生态学"架构,把舞蹈作为一种文化的表述系列来予以确认,从而提供了对于舞蹈行为寓意、象征、功能等的多元解读,展示出族群生活与舞蹈的种种联系特征。通过这样的框架及研究实践,对民族地区的舞蹈文化研究进行了一次新的开拓性尝试。收入"贵州民间文化研究丛书"。(谢

丹华)

J000160　**足尖上的梦幻**　副名:中外芭蕾精品欣赏。朱立人等编著。少年儿童出版社1997年7月版。9万字。8.70元。"艺术长廊丛书"之一。介绍中外芭蕾史上的24部经典名作,有:"珠联璧合的《吉赛尔》"、"木偶跳起了芭蕾——《葛蓓莉娅》"、"柴科夫斯基的三大芭蕾(一)差点夭折的《天鹅湖》、(二)白发老人唤醒《睡美人》、圣诞老人礼物《胡桃夹子》"、"福金的杰作(一)《仙女们》——在肖邦的旋律上起舞、光彩照人的《火鸟》、离奇古怪的《彼得鲁什卡》"、"现代芭蕾的报春鸟——《春之祭》和《牧神午后》"、"抒情小品——《天鹅之死》与《四人舞》"、"前苏联芭蕾的名作——从普希金诗歌中汲取灵感的《泪泉》,音乐、文学和芭蕾的结晶《罗密欧与朱丽叶》,美丽的传说《宝石花》,奴隶起义的悲壮诗篇《斯巴达克》,铁血柔情《伊凡雷帝》"、"俄罗斯的爱情故事——《奥涅金》"、"中国民族芭蕾的经典——《红色娘子军》"、"从人变鬼,从鬼到人——《白毛女》"。附有彩色插页8面。(洪祖年)

戏剧艺术、电影艺术

J000161　**中国古代戏剧统论**　徐振贵著。山东教育出版社1997年9月版。65.9万字。36.80元。关于中国古代戏剧全面论述的学术专著。共10章,分别论述了戏剧产生的历史综合性、基本特征、思想蕴涵、形象类型、艺术特色、结构特点、语言的本色行当、多维交会以及在各艺术领域的影响等等。(刘连庚)

J000162　**戏苑奇葩**　副名:中外戏剧精品欣赏。吕兆康等编著。少年儿童出版社1997年7月版。16万字。11.80元。"艺术长廊丛书"之一。以图文并茂的形式,介绍中外著名作家的戏剧名作30出,对这些戏剧名篇的时代背景、作家生平、思想内涵、艺术风格进行了深入浅出、生动有趣的评析。介绍中国名剧的有:"窦娥冤[关汉卿]"、"西厢记[王实甫]"、"赵氏孤儿[纪君祥]"、"牡丹亭[汤显祖]"、"十五贯[朱皠]"、"白蛇传[田汉]"、"杨门女将[范钧宏、吕瑞明]"、"雷雨[曹禺]"、"屈原[郭沫若]"、"茶馆[老舍]"等10部;外国的有:"俄狄浦斯王[古希腊/索福克勒斯]"、"哈姆莱特[英国/莎士比亚]"、"一仆二主[意大利/哥尔多尼]"、"阴谋与爱情[德国/席勒]"、"钦差大臣[俄国/果戈理]"、"老妇还乡[瑞士/迪特林克]"、"推销员之死[美国/密勒]"等20部。附有彩色插页8面。(洪祖年)

J000163　**中国古代剧场史**　廖奔著。中州古籍出版社1997年5月版。24.8万字。42.00元。"中国传统文化研究丛书"之一。研究中国古代剧场——演出环境形制发展变迁以及与之有关的社会操作方面的专著。作者将大量的文献资料、田野考察资料和统计资料组织在历史的框架中,条分缕析,考论相兼,而见其发展脉络。其中对勾栏瓦舍的形制、性质、演变以及对元杂剧体制的影响之论证尤为精到。书中又将中国古代剧场与欧洲和日本的古代剧场进行比较,对其间的交流和影响关系加以探索。书后附图162幅。(张弦生)

J000164　**中国鬼戏**　许祥麟著。天津教育出版社1997年版。52万字。36.00元。中国鬼戏是随着中国戏曲的形成而诞生的,它已有800余年的历史了。本书是一部涵盖古、近、现、当代的各个时期和代表性剧种的鬼戏研究专著。此书描述了中华民族戏曲中鬼戏的形态、特征和发展规律,提出了自己的独到见解,特别是对中国鬼戏文化现象的符号特征进行了系统的爬梳和精辟分析,对其中蕴含着的社会的、文化的、生命的心理内涵,作出了有说服力的揭示。(张小瑛)

J000165　**中国古代话剧**　曹燕柳著。敦煌文艺出版社1997年10月版。28万字。15.80元。学术专著。从广阔的历史背景上,探讨论证了中国古代话剧的源头问题。作者从大量确凿的历史事实,说明中国话剧原本植根于中国这块古老的土地上,是民族文化的艺术形式,2600年前的"优孟衣冠"的戏剧表演就是中华民族戏剧的源头。这个大胆而新颖的观点,是对当代中国戏剧史界"中国话剧认祖于欧洲"的结论的否定,且资料翔实,论证问题客观求实,有较高的理论性和科学性。(马林楠)

J000166　**艺海博览**　新凤霞著。河北人民出版社1997年8月版。50万字。29.80元。"新凤霞回忆文丛"之四。以现身说法的方式,论述以戏曲表演艺术上的诸多理论问题,评述角色的内涵和表演艺术。对《刘巧儿》、《花为媒》、《杨三姐告状》、《祥林嫂》、《雷雨》、《春香传》、《闯江湖》、《凤还巢》、《乾坤带》、《母女恨》、《坐楼杀惜》等亲自饰演过的戏剧的有关唱腔、唱段及人物形色设计,情绪设计,风格、特色诸多问题有着独特的审美体验。并收录了全部自创的"新派"代表剧目的唱腔、词谱。插有多幅珍贵照片。

J000167　**越剧舞台美术**　苏石风主编。上海人民美术出版社1997年10月版。810幅图。600.00

元。全面系统地展示越剧舞台美术成果的大型画册，精选图片800多幅。中英文对照，八开本。画册整体结构分4大部分:舞台设计(布景、道具等)、灯光设计、服装设计(衣、帽、裙、蟒、佩等)、造型设计(化妆、发式、头饰等)，另外还有能鲜明体现越剧舞美特点的剧照、越剧舞美工作者介绍。画册以越剧舞美内的部门横向分类，同时兼顾不同历史时期的特点，能使人从纵向了解其发展变革。(黄德君)

J000168 **福建地方戏剧** 陈雷等著。福建人民出版社1997年7月版。17.5万字。13.40元。比较系统而通俗地研究福建地方戏剧的专著。在中国文化的广阔背景下，在悠久的民情风俗的基础上，对以莆仙戏、梨园戏、闽剧、高甲戏、芗剧这5大剧种的福建地方戏剧的特色作了论述，对被称为"戏剧活化石"的大腔戏、庶民戏、梨园戏等作了说明，并对南词戏、竹马戏、三角戏、北路戏等地方小剧种作了介绍，还讨论了福建戏剧与南戏、杂剧以及民俗、宗教的关系，通过丰富的剧目、独特的表演、奇异的行头、绚丽的音乐等展现了"戏剧省"的面貌，揭示了福建戏剧的发展规律。通过一批在国内外有较大影响的传统戏、新编历史剧的剧目和代表性戏人，特别是现代题材的新人新作，阐述了福建戏剧的巨大艺术魅力。此外，还对外来剧种与福建地方戏剧的相互影响作了客观论述。收入"福建文化"丛书。(许树基)

J000169 **中国道情艺术概论** 武艺民著。山西古籍出版社1997年12月版。34.4万字。全面介绍、系统论述我国道情艺术的专著。通过一系列的考察研究，作者发现并理顺了中国道情艺术产生、发展、衍变的脉络，尤其是理清了"法曲道情"与"俗曲道情"的历史分野与它们之间的内在联系。作者找到了民间道教音乐"一经"、"二词"、"三道情"的系统性衍变规律，弄清了"道情鼓子词"的曲牌音乐向"乱札道情"的板式音乐转化的演变轨迹。把民间流行的俗曲道情的系统及流布区域进行分类，简洁而清晰；又从道情这个总概念观察它所包括的各个艺术形式，将全国现存一百余种道情分为歌曲、说唱、戏曲和皮影，准确而恰当。(落馥香)

J000170 **银海风流** 副名:中外电影精品欣赏。少年儿童出版社编著。少年儿童出版社1997年7月版。18万字。12.80元。"艺术长廊丛书"之一。以图文并茂的形式，介绍中外电影史上的经典名片30部。每片的介绍文字分三部分:各影片的基本"档案"(编剧、导演、主要演员、出品公司、出品年月、获奖情况);"作品欣赏";"电影故事"(梗概)。所介绍的30部片子为:中国的《马路天使》、《一江春水向东流》、《祝福》、《林则徐》、《城南旧事》、《黄土地》、《芙蓉镇》、《红高粱》、《红樱桃》、《阮玲玉》;外国的《公民凯恩》(美国)、《罗马11时》(意大利)、《音乐之声》(美国)、《铁皮鼓》(德国)、《莫扎特》(美国)、《走出非洲》(美国)、《华尔街》(美国)、《雨人》(美国)、《谁陷害了兔子罗杰》(美国)、《我的左脚》(美国)、《蝙蝠侠》(美国)、《天堂影院》(意大利、法国)、《与狼共舞》(美国)、《人鬼情未了》(美国)、《沉默的羔羊》(美国)、《甘泉玛侬》(法国)、《霍华兹庄园》(英国)、《这里的黎明静悄悄……》(前苏联)、《罗生门》(日本)、《悲歌一曲》(韩国)。附有彩色插页8面。(洪祖年)

K 历史、地理

史学理论

K000001 **中国史学史纲要** 王树民著。中华书局1997年9月版。19.1万字。13.00元。包括绪论，初生草创时期的中国史学、早期史学所受的干扰、发展成熟的中国古代史学、屈从于两种压力下修撰的史书，官修与私撰并行下修撰的史书、新史书体裁的创立和史学的新发展、僵化状态的官修史书及通俗史学与民间史学的兴起、经经纬史为原则的经史之学、蜕变时期的中国史学、新概念下的中国史学，共11个部分，简明地勾勒了我国史学从古至今的发展脉络及其特点。详细地论证了我国古代史官的起源，阐明了史官与史书的关系。(崔文印)

K000002 **走出疑古时代** 李勤学著。辽宁大学出版社1997年5月版。26万字。28.00元。以最新考古资料的综合研究为重点，汲取考古界在区系理论指导下摒弃中原中心论，提倡文明起源多源论的成果，通过对中原尤其是中原以外考古文化、三星堆、大洋洲等重要遗存、玉器纹饰及文字符号、青铜器及铭文中新内容的具体分析，结合古文字学、文献学、对金属、文字、城市、礼制以及中国传统思想文化的起源等进行了多方面论证，从而得出“中国文明起源比很多论著设想要早”，“有些文化因素可能是在边远地区起源”的正确论断。在全面评价疑古派的基础上，肯定古史传说的价值，提出“走出疑古时代”的口号，很有针对性，这对中国文明起源的研究必将起到推动作用，本书的重要学术价值也就在于此。（刘东杰）

K000003 **史林巨匠** 副名：章学诚与史著。廖晓晴著。辽海出版社 1997 年 8 月版。14.7 万字。17.00元。“清代社会文化丛书”史地卷之一。以叙议评结合的方式介绍了清代杰出的史学家和方志学家章学诚与他的重要史学著作《文史通义》等。以章学诚的求学、治史为线索，重点介绍了他的主要历史著作、治史方法及其在历史研究中的突出地位及杰出成就。并由此论及清代的史学研究的学派与方法及清代的社会文化。（张树）

世 界 史

K000004 **世界史百科系列** 程舒伟等著。东北朝鲜民族教育出版社 1997 年 8 月版。260 万字。138.00 元。分为君主、女皇、名臣、帝国、法典、改革、兵器、战争（上）、战争（下）、国旗、神话、文明、宗教、民族、科技、体育、学府、名城、航海、文学、艺术、思想、景观、企业、经贸等 25 册。包括自人类诞生至今，全世界各国各地区的人类历史、哲学、社会科学、文学艺术、体育、军事、人文景观等各方面的重大实践活动、发明创造等大事近千件，充分显示了我们生活的这个星球上的物质文明与精神文明的全貌。其特点是：一、短小精悍，数十个条目就把一个领域内数千年的演变线索清晰地再现了出来；二、信息量大，每个事件均记载起止时间、发生地点、主人公状况、缘由结果、影响作用、地位意义等内容，具有“一次查全”之效果；三、逻辑性强，无论怎样排列事件或人物，都充分展现了人类认识与改造自然、社会及自身的历史缩影。（安国锋）

K000005 **社会科学十万个为什么（历史）** 虞云国等著。少年儿童出版社 1997 年 5 月版。17 万字。11.60 元。收有 121 个题目，采用一问一答的文体，每篇一千字左右。通过古今中外的具体历史人物、事件、介绍中国古代史、近代史、现代史和世界古代史、近代史、现代史的有关知识，如“为什么中国人称自己是炎黄子孙、龙的传人？”“＜孙子兵法＞的作者是孙武还是孙膑？”“为什么杨贵妃远在长安，能吃到从南方运来的新鲜荔枝？”“为什么明朝有十六位皇帝，但北京郊外的明皇陵却只有十三座陵墓？”“古希腊三百壮士怎样在温泉关抗击了波斯的百万大军？”“为什么中世纪欧洲的儿童要被送到东方去打仗？”“为什么说第一次世界大战后的巴黎和会是帝国主义的分赃会议？”“为什么德军兵临城下，斯大林仍然在红场大阅兵？”等等。（洪祖年）

K000006 **千古之谜——世界文化史 500 疑案** 李春元、袁传伟、施宣圆、赵长华主编。中州古籍出版社 1997 年 8 月版。127.2 万字。35.00 元。共收 5 百余件疑案，分为千秋功罪、名人悬案、文苑艺海、民族宗教、五洲方舆、文物古迹、民俗传说、征战竞技、科技博物、文字典籍等 10 类 25 篇。每件疑案以外国的某一历史人物或事件为核心，清晰地勾勒出来龙去脉，介绍学术界争论的各种观点或民间的各种传说，并对疑案的“谜底”加以探讨。（张弦生）

K000007 **文明的溪流** ［英］威尔士著。江苏人民出版社 1997 年 8 月版。21 万字。19.60 元。“野骆驼译丛”之一。从漫漫历史长河中，撷取推动人类文明进程的最重要事件，以故事的形式娓娓道来。（丁嫣霞）

K000008 **当年今日故事大博览** 秦华修、雪樵编。湖北少年儿童出版社 1997 年版。90 万字。49.00元。分上、下卷。以周年 366 天的日期为顺序，一一对应并再现 19 世纪和 20 世纪中，当年今日曾发生过的重大事件，和风云人物的事迹。全书将基本内容定位在故事性上，并配有大量的史料照片和插图。

K000009 **爱国日记** 刘迎初主编。沈阳出版社 1997 年 12 版。35 万字。14.00 元。采取日记形式，精选了古今中外每一天所发生的蕴含爱国主义内容的重大事件。其特色为：第一，选题创意新。以日记体的文字带给人们一年 365 天，天天有爱的亲切而强烈的内心感受。第二，选材范围广。不论古今中外，凡属维护民族尊严、促进祖国统一、推动社会进步而又能激发人们爱国之情、报国之志、建国之行的人物、事件和成就，均在选择范围之内。第三，组稿方式活。充分调动广大教育者身上蕴含的爱国热情，是深入进行爱国主义教育的源头活水。（薛劲松）

K000010 **罗马帝国与汉晋帝国衰亡史** 梁作

榭著。广东高等教育出版社1997年7月版。4.02万字。33.00元。从经济、政治、文化等方面对公元3～5世纪的罗马帝国和2～4世纪的汉晋帝国的历史进程进行了比较研究，认为这一时期东西方两大帝国皆处于全面衰落的过程中，两大帝国的灭亡是世界历史发展的重大转折，标志着东西方古代奴隶制社会的灭亡和向封建制社会的过渡。还从世界历史整体性的观点出发，力求将中国古代史作为世界历史发展的一个组成部分来进行比较研究，从而探求东西方古代社会发展的共同点和规律性，这是本书的一个突出的特点。其另一个特点是在对待中国古史分期上主张魏晋封建说，作者运用对比研究所得的结论充分表述了关于中国古史分期的观点，具有代表性。本书完稿于十多年前，而付梓之时作者已经辞世，故而未能吸收近年来国外有关罗马帝国，拜占廷帝国研究的新成果、新材料，以及国内不断出土的汉晋文物简牍资料，以丰富其内容，这是无法弥补的缺憾。(詹家豪)

K000011　**罗马帝国衰亡史(D. M. 洛节编本)**　[英]爱德华·吉本著，黄宜思、黄雨石译。商务印书馆1997年2月初版。(上)44.3万，(下)50万字。64.40元。分上、下卷。启蒙时期欧洲史学的代表作品，叙述了罗马帝国一千二百余年兴替衰亡的历史。著者用冷隽的笔调讽刺并批判了基督教会，揭示他所认为的基督教成长的原因，指出罗马帝国对它的政策。认为基督教所起的破坏作用是罗马帝国衰亡的主要原因。将罗马城作为全书的基本点，条条线索从这里引向四面八方，将大量历史事件编排组合，不尽按编年顺序，注重内在联系，勾划出罗马帝国逐步走向衰落的各个阶段。本书编本将卷帙浩繁的原作删节成书，篇幅仅为原书三分之一，保存了原书的体系和精华，使来龙去脉更为清晰，对于作者就帝国兴亡得失作出的分析论断悉加保全，不失原旨。(李央)

K000012　**中西封建社会比较研究**　马克垚主编。学林出版社1997年12月版。38万字。28.00元。从农业、工商业、政治、城市、社会等诸方面对东西方封建社会作了结构性解剖，不仅总结了当今东西方学术界的最新研究成果，而且从东西方比较的角度，对某些众所周知的命题提出了挑战。(乐惟清)

K000013　**风俗论**　副名：论各民族的精神与风俗以及自查理曼至路易十三的历史。[法]伏尔泰著，梁守锵等译。商务印书馆1995年1月至1997年5月版。128.9万字。上、中、下册。68.10元。介绍了从查理曼至路易十三时期各民族的历史。不只记述帝王将相的治政和军功，而是将历代国王继承的顺序视为撰写历史的指导线索而不是目的，特别着重介绍了这一时期各民族的精神与风尚。欧洲的历史从某种意义上说是宗教思想统治人们精神生活的兴衰史，是教权与王权互相利用又彼此斗争的历史。宗教问题渗透到政治、军事、财政、贸易、哲学、文艺、科学等各个领域，又是许多历史事件的重要起因。本书以此为重点旁及各方面的深入阐述，指出了人类从愚昧到文明的艰辛历程，从而揭示出人类必然走向理性时代的美好前景。书中所述上下数千年，纵横几大洲，循着世界一步步走向文明的过程，从东方国家到西方国家，形象地展示了各民族的生活图景，生动地勾勒了各民族的世态人情，揭露和批判了西欧天主教会上层和世俗统治者的愚昧、腐败和残忍。(李央)

K000014　**地球村居民系列丛书**　董伟康主编。时事出版社1997年版。300万字。共11种，包括《一言难尽美国人》、《一路坎坷犹太人》、《一丝不苟德国人》、《一本正经英国人》、《一鸣惊人韩国人》、《一代风流法国人》、《一笔难画日本人》、《一波三折俄罗斯人》、《一脉相传阿拉伯人》、《一往无前墨西哥人》、《一应俱全印度人》。丛书系统介绍世界主要人种的特性，人文历史和风土人情，在著作中融汇了大量第一手资料和真情实感的同时，又站在历史学和文化人类学的高度上，剖析其民族性格、宗教传统、生活方式、价值观念的传承，改革与变迁，对传统与现代、历史与现实夹缝中的各国人民进行全方位的描述。(祝勇)

中　国　史

通　史

K000015　**二十世纪中国掠影丛书**　石仲泉、魏克忠、蒋建龙主编。陕西人民出版社1997年1月版。共118.8万字。共80.03元。从发生在二十世纪中国众多事件、人物中选取影响历史进程的，包括《影响二十世纪中国的十个党派》、《影响二十世纪中国的十位人物》、《影响二十世纪中国的十件大事》、《影响二十世纪中国的十种社会思潮》、《影响二十世纪中国的十次战争》、《影响二十世纪中国的十种书》6分册。丛书以时间为纵面、以人物、事件为横面，以朴实而简练的语言和重点人物，重点事件，重点叙述和穿插的形式展现中国二十世纪充满苦与痛、血与火、屈辱与抗争，变革与发展的历史。展现中国革命从武昌起义到南巡谈话的曲折性和必然性。其中有中国共产党的力挽狂澜，有多种党派的合作，有历史人物的决策与扭转、有政治、思想主张的推波助澜，有新闻舆论的宣传。（梁彩虹）

K000016 **国史大纲(上下卷)** 钱穆著。商务印书馆 1997 年版。54 万字。42.50 元。中国通史，原为钱穆先生 30 年代在北京大学开设“中国通史”课的讲稿，抗日战争期间用 13 个月时间编为《国史大纲》，供流亡学生读用。本书以大学教科书体例写成，所以力求简要，仅举大纲，删其琐节。内容包括政治制度、学术思想、社会风气、国际形势。时间从上古三代直到抗日战争。其不同于其他史书的是，凡行文中有史籍专名和义有旁及者，都一一加以注释，故通史行文虽简要，其注释却甚详细。（任雪芳）

K000017 **悲愤与抗争卷** 副名：我是中国人。隋俊武等著。白山出版社 1997 年 6 月版。12.8 万字。10.00 元。“我是中国人丛书”之一。6 个方面，介绍了中国人在帝国主义、封建主义和官僚资本主义压迫下发生的悲愤与抗争，即：勿忘百年耻辱史、我以我血荐轩辕、路曼曼其修远兮、长夜难明赤县天、共产党救中国、坚决维护祖国统一。从而向世人昭示：中国人的悲愤与抗争是推动中华历史转动的车轮，有了共产党的领导，中国人才能当家作主，才能使中国走向繁荣富强。

K000018 **中华人文精神** 张岂之著。西北大学出版社 1997 年 6 月版。10 万字。10.00 元。共 7 章。用简约凝炼的篇幅，对中华人文精神的发轫、特点和发展演变过程作了历史唯物主义的分析，进而将其浓缩为：文明之初的创造精神，穷本探源的辩证精神，天人关系的艰苦探索精神，人格养成的道德人文精神，博采众家之长的文化会通精神和以天下为己任的责任精神 6 个方面，作者在对这六个方面内容进行分析后指出，中华人文精神的精髓应是她的民族精神和创造精神。（黄伟敏）

K000019 **中国历史文化区域研究** 周振鹤主著。复旦大学出版社 1997 年 9 月版。34.1 万字。20.00元。研究范围包括语言、宗教、风俗、人物、学术文化和区域文化等重要分支，涵盖中国历史文化地理学科的各个领域；并从宏观角度，对历史时期产业文化的地域传播，作了高屋建瓴的探讨。不仅论证了各类文化区域，复原了各种文化景观，而且还分析了文化区域分异的过程，探索了地域文化产生的背景和原因。最引人注目的是，书中将历史考证与现代文化地理学理论相结合，对中国传统文化研究提出了新的学术问题。例如，中央集权、农本思想和文化专制一般被看作是中国传统文化的固有特点，然而作者却敏锐地指出，这属于秦文化，而春秋战国时期文化格局是多元的，齐国的文化就与秦文化有着霄壤之别。作者力图通过指出一个个新的学术问题，拓展文化地理学的研究领域，再以对这些问题的解析，为该学科理论和方法论的发展提供了富有建设性的意见。（吴仁杰）

K000020 **中国文化厄史** 萧放等著。湖北人民出版社 1997 年 1 月版。23.8 万字。14.50 元。按时间顺序叙述了自先秦至近代对中华文明造成损害的诸多文化厄难，并对其进行了大致的分类，由此探索出文化厄难的成因，试图构建一个中国文化良性发展的理想模式。（余欣然）

K000021 **中国文化名著导读** 李岗著。中国铁道出版社 1997 年 11 月版。24.2 万字。14.60 元。力图站在世界观的高度，介绍中国文化的历史渊源、成长和发展历程，特别是介绍对中国文化的形成和发展有较大影响的经典著作。（金锋）

K000022 **中国古代文化基础知识** 朱诚如、王树森编著。辽宁师范大学出版社 1997 年 9 月版。43.7 万字。22.00 元。选列有关中国古代文化不同层面的 15 个专题，每个专题独立成章，前置一篇导论。首列“宗法、宗族”，这是中国古代文化极富特征性的问题，是区别于世界其他古代文化系统的本质所在。本书对宗法制的形成、衍变以及宗族组织均做了简明而具体的评述。与此相关连，还设置了“职官”、“科举”、“道德”、“礼仪”、“衣食住行”、“姓氏”、“名号”、“避讳”、“天文、历法”、“地理”、“经史子集”、“诗词格律”、“汉字”、“宗教”诸专题，有助于读者在联系和对比中对中国古代文化有一个会通理解。书中所列各专题由文化的制度层面向行为层面到文化典籍，由显及隐，由表及里，逐渐把读者引向对中国文化心理的把握，这样编排次第，实际上符合对民族文化认识的逻辑顺序。（王树森）

K000023 **中国传统文化精神** 刘介民著。暨南大学出版社 1997 年 8 月版。26.8 万字。16.00 元。由中国传统文化概论和中国文化的基本精神两编构成。作者运用历史与逻辑相统一的方法对“文化”与“传统文化”重新厘定，同时文中既有中国文化流变及分期的客观描述，又有细致的文化精神的分析。在探讨儒、道、墨、法及佛家人生哲学、主体精神的同

时，联系实际、结合时代、取其精华弃其糟粕。(潘雅琴)

K000024　**中庸的文化省察**　副名：一个字的思想史。萧兵著。湖北人民出版社1997年9月版。96.1万字。50.00元。“中国文化的人类学破译丛书”之一。从“一个字”(中)的内涵与外延的分析来建构一部文化史、思想史。以“广义神杆”来解释“中”与“史”，由“黄(色)土”崇拜、黄帝传说、黄色人种的自然——人文环境讲到中庸文化的“水土”与正负面；细致研究了作为中心象征或中心主义意象的中极之星、“盖天之端、天柱、天梯以及世界山、世界树、世界脐的种种表现，原型或分布。还以周人等寻找新的“地中”，择新都、定天保而依天室，或布置“亚”形明堂、社庙和火塘、中霤等“天地通道”，揭示群团只有占据世界中心，融入宇宙，才有可能建构新的权威、信仰和秩序。在这种种民俗神话背景之前，详细讨论《礼记·中庸篇》作者的孤寂感与忧患意识，“执中”跟司中、司命、司盟之神，跟权威之制的关系，“时中”与“日中为市”，“杀人于市”的远缘联系，中庸向狂狷或“强哉娇”倾斜的原因，“中”或“大中”的创世功能，“试”在主客体之间相拟与互动之作用；还讨论了由“和”，“乐”等发生的乐感文化，中和的调谐与超越，“味”的美学，以及在中外古今雅俗文学里可节度、可描绘、可“操作”的“中和学”。其间不时与古代希腊。古代印度的“中道一中观”哲学，“和谐”美学做趣味横生的比照。(余欣然)

K000025　**华夏青年文化丛书**　王宏志、李隆庚、严志梁主编。人民教育出版社1993年至1997年版。180万字。15册。150.00元。从不同角度、不同层面有选择地向青少年介绍华夏文明。在编辑时注意选题新、取材新、写法新、结构新等特点，强调可读性，文字力求生动耐读，图文并茂。至1997年止，本丛书已出版15种，包括专题文化类的《漫步中国画廊》、《步入青铜器艺术宫殿》、《绚丽多彩的传统节日》等，物质文化类的《中国古船扬帆四海》，社会文化生活类的《益智·情趣·愉心——中国古代游艺》，断代文化类的《周礼和周礼文化》、《元杂剧风采》，文化学派类的《乾嘉学派和清初文化》，地域文化类的《辽海文化》、《天涯海角的文化》、《世界屋脊的文化》，等等。(臧嵘)

K000026　**走进中国**　王杰等著。山东大学出版社1997年12月版。24万字。188.00元。大型画册。包括传统篇、历史篇、文字篇、哲学篇、圣贤篇、帝王篇、诗人篇、书法篇、美术篇、戏剧篇、小说篇、民俗篇、中医篇、养生篇、美食篇、美酒篇、旅游篇、音乐篇等18篇，配彩图150余幅。(焦世瑜)

K000027　**中国边疆古籍题解**　范秀传主编。新疆人民出版社1997年3月版。23万字。16.00元。“中国边疆史地研究资料丛书”之一。主要收录先秦至清代有关中国边疆史地的重要古籍375种，也包括民国时期整理、出版的古籍。所收古籍，大致分为两类：一为综合类、包括丛书，疆域沿革、边防、民族、中外关系等；二为地区类，包括黑龙江、吉林、辽宁、蒙古、新疆、西藏、云南、广西、广东、海南、台湾等地区。同时对正史、政书、会要也予立题，重点介绍各类古籍中有关边疆史地的记载。题解内容为：一、定性：1.书名。2.责任者(著者、编者、译者等)。3.重要版本。二、重要责任者介绍：1.生卒年。2.字、号、书斋号、笔名姓名。3.籍贯。4.重要的血亲、师承关系。5.主要经历。6.主要著述。三、内容介绍：1.卷数、册数。2.主要内容。3.学术评介。“题解”按笔画为序排列。(高兴)

K000028　**“古籍今读系列”(第1辑)**　宋俭等编注。湖北辞书出版社1996年10月至1997年6月版。280万字。共120.00元。包括《品书四绝》、《闲书四种》、《奇书四评》、《读书四观》、《语录四种》、《才子四书》、《日记四种》和《怡情四书》等8种。

K000029　**(白话)二十四史名人言行类编**　张长法、王淑艳编著。中州古籍出版社1997年8月版。73.5万字。38.00元。名人言行录。采用白话文体，辑录《二十四史》中名人嘉言懿行故事1 084则。按传统的修齐治平思络及故事内容，分立身、居家、处世、从政、治理五卷，卷下又分勤学、慎行、孝敬、教戒、友于、睦亲族、师友、交友、处众、进退、廉洁、劝惩、尚贤、纳言、事上、处同僚、接下、兴利、理财、福利、教化、治安、法制、武备、创业、婚姻等26类。每则故事按主人公生活时代的先后编排，其主题全是体现立己达人、成己成物、去欲去私、天下为公等传统优秀伦理思想，每个人不管处在什么地位，均可从中找到言行的楷模。故事前附有故事人物的小传，介绍故事发生的背景及有关人物的历史；故事尾部注明出处；书前作者的万字前言，总结了传统伦理学说发展历史和涵盖内容，全面而系统。(康华)

K000030　**丝绸之路**　[瑞典]斯文·赫定著。新疆人民出版社1997年3月第二版。25万字。26.80元。叙述了以瑞典著名探险家、地理学家斯文·赫定为团长、由中瑞两国学者组成的汽车考察团在战乱频仍的30年代，沿古代丝绸之路对内蒙、甘肃、新疆所作的一次艰险卓绝的探险考察。考察队不畏艰险、百折不挠的精神令人折服，所取得的成果让世界瞩目。而考察的全部过程、重要的考察成果以及发生在当时的一些重大历史事件、形形色色的历史人物、雄奇壮阔的丝路风光、浩瀚的塔克拉玛干、神奇的罗布泊，都被作者以纯熟的技巧融入到那传奇般的探险经历中。本书与作者的另两部著作——《游移的湖》《马仲英逃亡记》共同构成这次考察的三部曲。（石晓奇）

K000031 **穆天子传全译 燕丹子全译** 王天海译注。贵州人民出版社 1997 年 8 月版。22.5 万字。10.50 元。中国历代名著全译丛书（第 2 批）之一。《穆天子传》是一部记述西周中期周穆王远征西域事迹的历史古籍。现参以《穆天子传汇校集释》进行首次全注全译。《燕丹子》记叙了从燕丹子逃归到荆轲献策入秦行刺失败这一故事。现以孙星衍所校《平津馆丛书》本为底本，参以《战国策》、《史记》、《意林》进行首次全注全译。（谢丹华）

K000032 **二十五史新编** 李国章、赵昌平主编。上海古籍出版社 1997 年 11 月版。400 万字。15 册。258.00 元。含《史记》、《汉书》、《后汉书》、《三国志》、《西晋书》、《东晋书》、《宋书》、《南齐书》、《梁书》、《陈书》、《魏书》、《北齐书》、《周书》、《隋书》、《唐书》、《五代史》、《北宋史》、《南宋史》、《辽史》、《金史》、《西夏史》、《元史》、《明史》、《清史》、《晚清史》等 25 种。全书系统地描述了中华五千年历史的演进。全书保持了旧“二十五史”的精华，又汲取了现代史学研究成果，且统领以新的史观。全书体裁以脱胎于旧史之纪、传、世家的“传记”为主，辅以反映历史梗概的“纪事”，且有用专史形式表现各朝代政治制度、经济、文化、社会生活的“志”与记载王朝帝系传承等的“表”，多角度、经纬交织地展现中国历史的发展进程。（吕健）

K000033 **二十四史（缩印本）** 中华书局 1997 年 11 月版。4 000 万字。1 800.00 元。共包括二十四部封建正史，它们是西汉司马迁《史记》一三〇卷、东汉班固《汉书》一二〇卷、南朝刘宋范晔《后汉书》一三〇卷、晋陈寿《三国志》六五卷、唐房玄龄等《晋书》一三〇卷、梁沈约《宋书》一〇〇卷、梁萧子显《南齐书》五九卷、唐姚思廉《梁书》五六卷、《陈书》三六卷、北齐魏收《魏书》一三〇卷，唐李百药《北齐书》五〇卷、唐令狐德棻等《周书》五〇卷、唐魏征等《隋书》一〇〇卷、唐李延寿《南史》八〇卷、《北史》一〇〇卷、后晋刘昫等《旧唐书》二〇〇卷、宋欧阳修等《新唐书》二二五卷、宋薛居正等《旧五代史》一五〇卷、宋欧阳修《新五代史》七四卷、元脱脱等《宋史》四九六卷、《辽史》一一六卷、《金史》一三五卷、明宋濂等《元史》二一〇卷、清张廷玉等《明史》三三二卷。用统一的纪传体裁，系统和完整地记录了明亡以前有文字可考的几千年的历史。记录了以下史料：各个朝代的历史事件、历史人物、典章制度的详细记载；政治、经济、军事、法律、地理制度的沿革与发展；历代人民的生产斗争和科学技术的发明创造；文学、艺术的源流以至文化典籍的存佚流传等等。

K000034 **文白对照全译《史记》（1～5）** 杨钟贤、郝志达主编。国际文化出版公司 1997 年 11 月第二版。300 万字。180.00 元。依据中华书局标点本《史记》译成现代汉语，重要的疑难点予以注解，力求使难解古文字义和历史典故的一般读者易于畅读。另外还把二千年来《史记》的考订者、研究者的考订研究成果尽量统摄其中，并加上各位撰稿者自己的新得新见。

K000035 **史记的文化发掘** 副名：中国早期史学的人类学探索。王子今著。湖北人民出版社 1997 年 10 月版。62.9 万字。37.00 元。“中国文化的人类学破译”系列第七种。除继续使用历史文献资料和考古文物资料相结合的研究手段之外，又试图借用近世文化人类学的原理和方法，发掘《史记》这部名著的深层文化内涵，重视跨文化的比较分析，将《史记》及其有关的社会文化现象放置在人类文化的总格局中加以探讨，从而由新的角度理解司马迁的文化观和历史观，阐释当时神秘主义文化发生的背景，破解司马迁时代的若干历史文化之谜。其中，有关汉代天人关系、民间礼俗、鬼神世界、巫风蛊道等方面的讨论，多有富于新意的见解。有关汉代人的历史观念、生命意识，乃至苍天崇拜、宝鼎迷信、不死追求等精神生活的形式和内容的研究，也取得了一些进展，提出了若干新的认识。（谢嘉星）

K000036 **《史记》插图本** 西汉·司马迁撰。上海书店出版社 1997 年 12 月版。65 万字。98.00 元。基本保持《史记》的原貌，又有阅读欣赏的功能，并且装帧美观、篇幅简省。（罗伟国）

K000037 **通鉴故事百篇** 宋·司马光撰，王梦樵译注。中华书局 1997 年 6 月版。10.7 万字。11.00元。从历史名著《资治通鉴》中，精选了一百篇故事加以译注。所选故事大都篇幅简短、义蕴深厚、经典耐久，从各个侧面不同程度地展现了我国古有的传统美德与价值观念。（金英）

K000038 **中国历史文化悬案总览** 沈原、倪天礼、耿留同主编。中共中央党校出版社 1997 年 5 月版。97.1 万字。69.50 元。分 2 卷，具体和深入地研究了自先古迄民国初年五千年间五百余案，在本书中分 8 个部分，即追祖寻宗、名人疑案、要事之谜、著述归属、万物有始、地舆变迁、文图考释、名号寓意、而对每一个疑案，除简要介绍了此案起因形成，更多的是介绍了学术界对此案的长久分歧原因和各家的主要论据，以及关于解决此案的途径。(崔宪涛)

K000039 **中国历朝事典** 曹余章主编。浙江教育出版社 1997 年 7 月版。225 万字。32.00 元(精)。兼收历朝大小史事，把我国从上古传说中的黄帝起，直到清宣退位、帝制结束五千年间各重要历史事件，按一事一条的方式，逐一予以述评。全书分先秦、秦汉、三国两晋南北朝、隋唐五代、两宋、辽西夏金元、明、清 8 个部分。以政治、军事(战争)、经济为事目主体，又另列文化类条目若干，按大事件为主目，较小事件为子目的方法排列，共计 2 289 条。本书较为显著的两个特点是：一、内容较“全”，每朝要事，或虽说不上是要事但却仍能反映某种社会情状的事件，都尽力收录，如像林则徐广东禁烟期间的“林维喜事件”、本世纪初的“间岛问题交涉”等，一般通史或辞书大都一笔带过或干脆不提。二、选取和应用材料注意“新”和“公”。撰稿人很好地吸取了近几年学术界，包括他们本人的研究成果，并在严格尊重史实的前提下，对一些以往观点有偏颇的史事，诸如“李秀成被俘”“蒲安臣使团出访欧美”“清廷推行新政”等，都作了审视与评价。

K000040 **中华统一史** 萧君和、彭年著。黑龙江教育出版社 1997 年 12 月版。32 万字。18.00 元。以翔实的史料为依据，既记述了周武王、秦始皇、汉高祖、汉光武帝、晋武帝等人领导的十一次声势浩大的统一运动，又记述了周公东征平乱，冒顿单于统一大漠南北、冼夫人和辑百越、郑成功收复台湾、康熙帝统一台湾、台湾军民反割台斗争，国共合作的北伐战争、全民族的八年抗日战争等史实，体现了中国历代人民追求和维护国家统一、领土主权完整的民族精神。全书通过对中华统一巨流前进轨迹的记述，总结八点结论：一、追求和维护国家统一、领土主权完整是中华各民族儿女的共同心理；二、追求和维护国家统一、领土主权完整的行动是中华各民族儿女的共同行动；三、中华统一巨流行进的轨迹呈波浪式前进；四，中国历史上的国家统一总是以中原为基地、起点或中心的统一；五、历史上中国统一的发展趋势是统一的时间越来越长久，统一的疆域越来越广阔；六、国家统一是中华历史的主流；七、二十一世纪是中华统一的世纪；八、中国有可能永远统一。(梁昌)

K000041 **官箴书集成** 刘俊文主编。黄山书社 1997 年 12 月版。近 8000 幅图。2880.00 元(精)。收录具有典型意义的官箴书 101 种，计唐代 1 种、宋代 5 种、元代 2 种、明代 17 种、清代 73 种、民国 3 种。均选用完整精良之版本，其中近三成是孤本或稀见本，有一些是私家秘藏本，具有较高的学术价值与收藏价值。

K000042 **反经** 唐·赵蕤著。内蒙古人民出版社 1997 年 1 月版。80 万字。46.80 元。从事情的另一个方面总结历史的经验，内容打破了时空界限，从宏观上鸟瞰了上至尧舜、下至隋唐的历史全貌，围绕权谋政变和知人善任这两个重心，时而引经据典，雄辩滔滔；时而运筹帷幄，驰骋沙场；时而审时度势，策划于密室；时而纵横捭阖，游说于诸侯。既有五侯争霸的刀光剑影，又有三国割据的金戈铁马。有理论上的探讨，有策略上的权衡，有人物的品评，有得失的反思。既是对唐以前的历史进行多角度的审视，也是历代政治创意与谋略之集成。(武连生)

K000043 **识史集** 唐振常著。上海古籍出版社 1997 年 4 月版。18.8 万字。11.00 元。以洒脱、犀利的笔触叙述着历史，点评着历史人物。文章短小精致，而所点评的人物，如：曾国藩、李鸿章、左宗棠、张之洞、辜鸿铭……却一个个有血有肉地站在了读者的面前。作者似乎在不经意间挥洒着他的史识和史才。本书的第五部分作者一改擅写短文的风格，以六篇长篇论文向读者显示了自己的史学功底。(谷玉)

K000044 **中华学初论** 箫君和著。黑龙江教育出版社 1997 年 12 月版。360 万字。21.90 元。“中华学丛书”之一。分 4 部分：关于“中华”的析义、中华的构成、“中华”的启迪；关于中华自然的概念、内容、作用、保护与振兴中华自然的问题；关于中华民族的形成、族体、灵魂、特性、发展；关于中华文化的来源、特点、作用、走向。(张希玉)

K000045 **国际汉学漫步** 李学勤主编。河北教育出版社 1997 年 8 月版。62.4 万字。36.00 元。收有：“费正清与中国学”、“吉德炜与甲骨学研究”、“韩禄伯与古代哲学”、“韩南与明清文学”、“艾兰的汉学研究及其方法论特色”、“谢和耐与中国社会思想研究”、“侯思孟与汉魏文学”、“瓦西里耶夫与中国文明起源研究”、“查瓦茨卡娅与中国绘画美学”、“伊藤道治与古史研究”、“大庭脩的学术道路及其汉学研究"、"山田庆儿与古代针灸医学史研究"、"中村璋八汉学研究评述"、"沟口雄三与中国近代思想史研究"、"德国汉学家福兰阁传"、"加拿大汉学家白光华自述"等16篇作品。这些作品从不同角度反映了国际汉学研究的状况。

K000046 **中国历史大事年表·现代史卷** 唐培吉等编著。上海辞书出版社1997年8月版。148.8万字。68.80元(精)。《中国历史大事年表》三卷之一,与古代史、近代史相衔接。记述了从1919年五四运动至1994年底75年间,现当代中国的政治、经济、军事、文化、教育、卫生乃至宗教信仰、社会习俗以及自然变异等诸方面的大事、要事,反映了中国人民反对帝国主义、封建主义和改造私有制,建立社会主义制度的旧民主主义革命、新民主主义革命、社会主义革命三个历史发展阶段的全过程。记事以编年体为主,对某些重大事件采用记事本末体作集中叙述。编写中以历史档案和其他资料为依据,并吸收近年来中国现代史研究的最新成果,力求准确地反映中国现代历史的真实面貌。书后附有按笔画顺序排列的《人名索引》。(余岚)

K000047 **中国:从屈辱走向辉煌(1840~1997)** 中国革命博物馆编。中国民族摄影艺术出版社1997年5月版。18万字。图700幅。82.80元。包括《屈辱与抗争》(上、下)、《奋斗与解放》(上、下)、《崛起与发展》、《改革与腾飞》4卷6册。真实地再现了从1840年鸦片战争到1997年香港回归祖国、党的十五大胜利召开这一波澜壮阔的历史进程,丛书注重展现了中国各民族人民共同反抗侵略,压迫的不屈不挠的斗争,以及在中国共产党领导下进行的社会主义建设事业;注重收录了近、现代中国各个历史时期的重大事件、人物、史实资料及实物的珍贵图片;注重用平实,客观的文字叙述历史。(刘树枫、周琪)

K000048 **台湾小丛书** 宋一平、朱仲玉等著。中国少年儿童出版社1997年4月版。31万字。27.20元。历史知识小丛书。共5册。《台湾小史》叙述了台湾自远古时代起到国民党政权逃亡台湾时止的历史。《郑成功收复台湾》记述了郑成功少年时代的生活和他率部抗清、收复台湾的业绩。《刘六麻子下台湾》讲的是清军将领刘铭传战败入侵之敌,为开发、建设台湾做出了开创性的贡献。《富饶美丽的台湾岛》展现了台湾的地理、物产、风景名胜和民族风情。《今日台湾》着重介绍了当今台湾的社会风貌。(韩彬)

K000049 **故土丛书** 陈秀庭等著。辽宁少年儿童出版社1997年版。90万字。68.00元。以历史为主线,以辽宁省爱国主义教育示范基地为依托,以基地带历史、以历史文物为线索,展现出发生在辽沈大地上的重大历史事件,突出反映英雄人物事迹和揭露侵略者的暴行等方面内容。丛书共6册,即《远古足音》《走出赫图阿拉》《血染旅顺口》《烽火家园》《黎明前后》和《雷锋岁月》。(贾知松)

K000050 **烽火家园** 宁珍志著。辽宁少年儿童出版社1997年版。14万字。12.30元。"故土丛书"之一。以"九一八"事变博物馆、抚顺战犯管理所、张学良旧居陈列馆、中共满洲省委旧址和关向应故居等爱国主义教育基地为核心,通过一个个鲜活生动的故事画面,展示了昨天——历史曾经在辽沈大地上发生过的一些重大事件的前因后果。全书融历史与现实于一体,相互映衬,有叙述、有议论;既有往事的频频回顾,又有现实的点点观照,更有超越历史事件本身的思考。(贾知松)

K000051 **黎明前后** 党光昶、纪元著。辽宁少年儿童出版社1997年版。16万字。11.20元。"故土丛书"之一。分上下两篇。上篇《黎明战歌》以辽沈战役纪念馆为背景,描绘了中国人民解放军在中国共产党的正确领导下和人民群众的大力支援下,进行举世闻名的辽沈战役,解放全东北的盛况。下篇《中国长城》则以抗美援朝纪念馆为依托,对轰轰烈烈的抗美援朝战争进行了生动而全面的刻画。(贾知松)

中国各代史

K000052 **日本的尚书学与其文献** 刘起釪著。商务印书馆1997年6月版。16万字。14.00元。共6章,分为上下两编。上编三章,讲日本的《尚书》传习与研究。分别介绍"《尚书》和群经之东传"、"日本对《尚书》的传习"、"日本学者的《尚书》研究"。其中重点介绍自平安时代至室町时代形成的中原、藤原、清原三大传经世家和江户以后的藤原惺寓、林罗山一系,以及伊藤仁斋、物茂卿、山井鼎等各家的尚书学研究。此外还介绍了自明治时代引进西方治学方法以来的现代学术研究中,林泰辅、平冈武夫、池田末利、小林信明、松本雅明等众多尚书学者的现代尚书学研究。下编三章,全面介绍"日本所存《尚书》写本"(99种)"日本所存《尚书》刊本"(148种)"日本学者的《尚书》著作"(186种),都凡433种。每一种著录都载明版本情况、卷数册数的存缺以及庋藏处所。有些并附有简要的内容介绍或考订。其中有的著作中国久已失传,如宋叶萝得《新雕石林先生尚书传》(宋刻原本),有的为中国原所不知,如宋王应麟《书经考异》(和刻本),都是知名学者的尚书学著作。(李思敬)

K000053 **尚书** 罗志野英译,周秉钧今译。湖南人民出版社1997年1月版。38.2万字。25.90元。"汉英对照中国古典名著丛书"之一。《尚书》是中国上古历史著作,追述了古代中国发生的重大事件,它与《礼记》、《易经》、《诗经》、《春秋》并列为"五经"。它不仅在历史科学方面有重大价值,在哲学、法学、文学、教育学等方面也有重要的意义。(聂双武)

K000054 **尚书源流及传本考** 刘起钎著。辽宁大学出版社1997年3月版。23万字。15.00元。对于我国第一部史籍并为《十三经》中重要一经的《尚书》的源流,作了系统的、简明的阐述,并用醒目的图表列明了许多复杂的问题。《尚书》本身有今文、古文,伪古文之争,历史给它造成疑难问题的错综复杂情况是有名的。本书对此作了扼要的清理和辨析。而《尚书》与儒家群经在传本方面都经历过石经、写本和版刻本三个时代,情况也极复杂,《尚书》自己又有独特的"隶古定"奇字的写本,对这些非常繁杂的资料,本书均作了全面系统的整理研究。(陈晓东)

K000055 **巴楚文化研究** 彭万廷、屈定富主编。中国三峡出版社1997年5月版。53万字。28.80元。共18个栏目,包括巴楚文化的概念及其定义、巴楚考古、民族信仰禁忌、巴地经济、巴楚民俗文化特征、饮食习俗、婚俗、丧俗、巴楚文学、竹枝词研究、巴楚谣谚、语言、音乐、舞蹈、美术和巴楚文化史研究方法等内容。汇聚了湖北、湖南、四川3省社会科学、文学艺术及历学界,考古学界,群众文化学界和民俗学界专家学者的论文69篇。(石美玉)

K000056 **武王克商之年研究** 北京师范大学国学研究所著。北京师范大学出版社1997年11月版。110万字。80.00元。汇集中外著名学者论文57篇,代表了44种年代说法,具有以下特点:一是全。关于武王克商之年,迄今为止说法颇多,最多的为33种,而且有的说法,并没有见到原文,本书收集到44种说法,而且每说都落实到原作,成为目前为止最齐备的资料。二是新。编者在充分占有资料和与作者保持密切联系的基础上,精心选择能代表最新观点的论文。有些论文是国内学者首次见到的。如美国学者倪德卫、班大为教授的《武王克商之日期》和《天命的宇宙——政治背景》是国内较权威的图书收藏机构目前尚未收到的,此书的价值,于此可见一斑。三是精。收入书中的论文,是编者精心选择的。其中17篇国外学者的论文,是先译成中文,再请外语专业人员审校,再请外国原作者审校,层层把关,精益求精。(傅占武)

K000057 **吕氏春秋全译** 战国·吕不韦门客编撰,关贤柱译注。贵州人民出版社1997年8月版。80万字。33.50元。"中国历代名著全译丛书"之一。《吕氏春秋》全注全译本。《吕氏春秋》,亦称《吕览》,为秦相吕不韦集门客各著所闻而成,为杂家代表作之一。本书在对其进行全注全译时,以陈奇猷先生的《吕氏春秋校释》为蓝本,参以许维遹先生的《吕氏春秋集释》、张双棣等先生的《吕氏春秋译注》、谷应声先生的《吕氏春秋白话》、王范之先生的《吕氏春秋选注》、石声汉先生的《四民月令校注》等名家著作。(夏昆)

K000058 **战国秦汉六朝史研究** 广东人民出版社1997年12月版。30万字。24.00元。内容涉及中国古代政治制度、民族问题、经济、社会发展及文化。先秦秦汉段的研究,主要考察了郡县制度,政府经济管理职能、汉代刺史制度、察举制度以及《吕氏春秋》与董仲舒思想等。有关魏晋南北朝段的研究论文,主要考察了该时期生产关系、阶级结构的变化,对该时期的政治结构、经济发展状况以及赤壁之战等问题作了研究与评价。(杨小虹)

K000059 **汉书注译** 张烈主编。南方出版社1997年1月版。6 418万字。380.00元(精)。以清末王先谦的《汉书补注》为底本,参考了中华书局标点本,个别段落略有调整,对底本排印上的差错径作改正,正文部分的校勘记详于书末附录。全书分4册:第一册包括12帝纪8表,第二册包括10志,第三册包括传1至传40,第四册包括传41至传70。书中注文简明扼要、通俗易懂;译文"信、达、雅"兼备,以"信"为主,采取直译方式,做到切合原意,使之能作为注释的补充。(程春华)

K000060 **两汉乡村社会史** 马新主编。齐鲁书社1997年6月版。35.6万字。26.00元。在掌握大量的文献、考古以及其他各种史料的基础上,借鉴社会学、民俗学、生态经济学及当代新的史学理论,力图重构两汉时代的乡村社会,全景式的展示这一历史时期的乡村画卷,并由此把握中国古代乡村社会的基本脉搏。全书共7章22节,先由两汉时代的自然环境讲起,然后向土地制度与乡村生产经营、乡村社会的分野与农民的历史命运推进;继而又深入

到两汉的乡里村落与宗族、婚姻与家庭；最后对两汉乡里生民的精神世界进行了独到的剖析。（刘志义）

K000061 **儒学的历史文化功能** 副名：士族：特殊形态的知识分子研究。陈明著。学林出版社1997年1月版。27万字。21.00元。“中国：现代性与传统”论丛之一。首先着眼于夏、商、周三代社会组织系统与国家组织系统二元合一的基础结构，考察了儒家思想植根的社会基础及其历史文化功能，强调：儒学植根于社会组织系统而不是国家组织系统，儒学的精神在于以自然形成的文化秩序规范一切，将政治运作及其过程置于文化价值理想的指导下。接着以周秦之变为中国历史上的重大转折，一方面探究上述二元合一的结构在历史上不同阶段的矛盾统一关联，另一方面又论述儒学在绵延两千多年的国家与社会二元分立且矛盾对抗的结构中，一直是执着于王道理想与三代情结进行整合，发挥批判调整的功能。在方法上，作者一反学术界通行的就思想论思想的写法，走了一条史学的道路，把儒学置于当时的历史变迁之中，解释了南北学风之差异与儒学精神在特定的历史条件下之不同的表现形式，提出了一系列独创性的见解。（曹维劲）

K000062 **魏晋南北朝史论集** 周一良著。北京大学出版社1997年6月版。41万字。32.00元。收入作者从30年代到1949年和70年代至80年代末从事魏晋南北朝史研究的代表作34篇，分上、下两编。涉及魏晋南北朝的政治、官制、礼制、人物、史学、词语考证等方面，均可见作者对魏晋南北朝史多方面的贡献和多学科的综合研究方法。其中上篇收入的一些长文，多年来已成为治魏晋南北朝史者必读的名篇，由此可知该书代表了魏晋南北朝史研究的最高水准。（刘方）

K000063 **邓广铭治史丛稿** 邓广铭著。北京大学出版社1997年6月版。50万字。38.00元。精选作者从事宋辽金史研究的论文46篇，论文写作年代自30年代迄于1997年。全书的编排不按写作时间，也不按文章体裁，而是依照文章的内容，大体上以制度史、政治史、理学、词学、史料、人物等为序，把作者研究中的一些独到见解和最见具体考索功力的文章，经细心修订后编辑成册。（刘方）

K000064 **闽国史事编年** 诸葛计、银玉珍编著。福建人民出版社1997年8月版。24.6万字。14.80元。共9卷，上起885年，下迄978年，对闽国的历史进行了系统的梳理。收集史料百余种，包括正史、文集、碑刻、笔记、方志、族谱。对闽国的史事进行考证，澄清了大量历史问题。（林斌）

K000065 **敦煌社邑文书辑校** 宁可、郝春文辑校。江苏古籍出版社1997年8月版。60万字。150.00元。《敦煌文献分类录校丛刊》中的一种。全书共收敦煌写本社邑文书343件，按性质分为实用文书和非实用文书两类，按内容分为社条、社司转帖、社历、社文、社状和牒等5类。敦煌社邑文书是敦煌遗书中内容最杂、名目最繁的部分，但也是最有价值的部分，它对于了解敦煌地区的社会、政治、经济、文化等，都具有重大的史料价值。故自敦煌文献被发现以来，这部分文献受到了中外学者的广泛重视，但由于资料所限，在文献辨识、勘误等方面都存在许多不足。作者在前人研究的基础上，依据广泛的资料，反复披辨，精心校勘，得出了许多全新的观点，解决了此类文献研究中的诸多疑点。（府建明）

K000066 **敦煌表状笺启书仪辑校** 赵和平辑校。江苏古籍出版社1997年8月版。30万字。85.00元。通过这些书仪，介绍一千多年前人际交往及官方、官民交往的内容、习惯与礼节，揭示当时中央政权与边疆地区割据势力的松散隶属关系的微妙复杂性。（周骋）

K000067 **宋代研究丛书（第二批）** 王水照、周宝珠等著。河南大学出版社1997年8月版。180万字。分别是：《宋代监察制度》（贾玉英著）、《宋代官员选任和管理制度》（苗书梅著）、《〈清明上河图〉与清明上河学》（周宝珠著）、《宋代地域文化》（程民生著）、《宋代文学通论》（王水照主编）。《宋代文学通论》对宋代文学的分类讲述很有独到之处；《〈清明上河图〉与清明上河学》将历代对《清明上河图》研究做出了客观的总结，并形成了一门专门的学问——清明上河学；《宋代监察制度》对前朝后代的台谏、封驳、地方监察作了深入的比较研究，继而对宋代监察制度作了全面系统的论述，其中不乏不刊之论；《宋代官员选任和管制》从十分冗杂和琐碎的宋代官制史料中，按现代人事制度的规范，选择和清理出一个相当全面、清晰的架构，并对考试任用法、定期轮任制、黜降制等都作出了专题探讨。《宋代地域文化》对宋代地域文化的发展作了全方位的考察，得出了北宋初年完成了文化重心由西向东迁移，北宋中期开始了由北向南移动，南方文化终于首次赶上并超过了北方，至此、文化重心开始脱离政治文化中心而结聚在千里之外的新论点，为文化史的研究开辟了新的途径。（刘小敏）

K000068 **阔端与萨班凉州会谈** 樊保良、水天长主编。甘肃人民出版社 1997 年 10 月版。16.7 万字。38.00 元。分 4 章:第一章“凉州会谈的历史背景”,阐述了从旧石器时代开始,中原与西藏的历史渊源,蒙古统一北方及统一前夕的吐蕃社会状况;第二章“凉州会谈的始末”,从会谈的起因,目的到《致蕃人书》的达成,具体论述了西藏归属中央的过程、原则及条件;第三章“凉州会谈的作用与意义”,主要论述了蒙古汗国及以后的元朝中央政府依据《致蕃人书》所达成的条件而实施对西藏统治的情况;第四章“阔端开府西凉时期的遗迹和文物考述”,通过对珍贵文物资料特别是首次披露的萨班铜像的介绍,充分显示了凉州会谈的真实性和中央政府对西藏地方政权的有效管辖。全书以蒙古统一西藏为主线,以中央与西藏的历史为背景,以丰富的史料为依据,论述了西藏纳入中央政府统治既符合历史发展的规律,又体现了西藏人民的意志,对于统一的多民族的国家形成发展作出了积极贡献。(李树军)

K000069 **元代社会生活史** 秦新林著。河南大学出版社 1997 年 10 月版。35 万字。22.00 元。除前言,参考书目及后记外,正文共分 18 章,前十章概括了元代社会的基本状况,具体包括元代的人口和人口迁徙与流动,元代的阶级关系与民族关系、元代的户籍与户等,元代的村庄与里甲、元代的士人与社会、元代的商人与社会、元代的饮食、元代的服饰、元代的城市与民居、元代的交通等方面的内容;后八章则详细描述了元代诸民族生活的方方面面,具体包括元代的婚姻,元代的丧葬、元代的学校与教育、元代的社会文娱活动、元代的社会风俗与观念、元代的宗教等方面。全书基本上以汉族和蒙古族的社会生活为主线,其他民族也兼有涉及,广泛吸收史学界的新成果,加上自己的研究,较完整地勾勒出了这一特定时代的绚丽多彩的元代社会生活轮廓。(汪维真)

K000070 **明代人口流动与社会变迁** 牛建强著。河南大学出版社 1997 年 3 月版。31 万字。19.00 元。分 4 章 12 节。第一章就明初政府移民和稳定社会重建进行论述;第二、三章对明代前、中期的流民分别以荆襄山区和东南沿海地区为代表作了个案分析;第四章对明代中、后期的工商人口流动进行了解剖。书后附有参考书目。全书运用社会学、人口学相结合的研究方法,从改变明代社会面貌的人口运动相切入,对明代社会变迁作了系统的和动态的考察。依照明代人口流动的形态将其划分为三种类型:明初政府移民,明代前、中期的流民和明代中、后期的工商人口流动。这三种类型的人口流动从总体上看基本上是依序推进,符合某种逻辑指向,展现出在不同类型的人口流动作用下的明代社会递进展开和不断深化的历史过程。(刘小敏)

K000071 **清人明史学探研** 姜胜利著。1997 年 6 月版。15.5 万字。7.00 元。设上、下两编。上编为论述清人明史学的发展及其背景、清人明史学研究中的史料学、清人对明亡诸问题的认识、清人明史学中的正统观和忠义观。下编为清人明史学系年要录。全书试图在前人研究成果的基础上,改变以往专注于一人一书的研究视角,将清人对明史的记述与研究作为一个整体范畴,探究其发展变化的方程及其背景;分析其表述形式和有关史料考察的理论、方法及其成果;研究其对于明代历史中重要问题的认识及其所反映出的一些历史观念。(焦静宜)

K000072 **南明史** 顾诚著。中国青年出版社 1997 年 5 月版。77 万字。45.50 元。介绍明末李自成领导的农民起义军——大顺军攻克北京及清军入关问鼎中原以来,直到清康熙三年夔东抗清基地覆灭的各地反清运动的历史。全书共分 32 章,介绍了明朝覆亡后的全国形势,弘光朝廷的建立,各地抗清运动的兴起,大顺军联明抗清,郑成功在闽粤沿海地区的军事活动,北方各省的反清运动,大西军的联明抗清,永历朝廷的覆亡,郑成功收复台湾,夔东抗清基地的覆灭等。作者对南明史的体系重新进行了建构,突破了以往南明史起止时间的局限,并将北方抗清运动纳入研究范围,拓展了南明史涵盖的内容。还对南明史的许多重大人物作了客观公正、不拘前人成说的评价;对以往各南明史著中的谬误和偏见进行了澄清。本书有两个主要特点。一是它基本上以大顺军、大西军余部及郑成功等民众抗清斗争为主线,而不是以南明几个朱家朝廷的兴衰为中心。二是贯穿全书的脉络是强调历时 20 年的抗清斗争失败的主要原因是抗清势力内部矛盾重重,严重分散,抵销了抗清力量。(刘霜)

K000073 **清朝简史** 杜家骥著。福建人民出版社 1997 年 3 月版。36.8 万字。15.50 元。“大学历史丛书”之一。采取纵横交错、分别以专题方式从政治、经济、典章制度、社会生活、学术文化全方位进行论述。通过对农业生产、边疆开发、手工业、对外贸易等方面经济数字的统计,说明这一时期中国社会经济仍在持续发展,只是由于清政府吏治败坏、财政收入减少、王朝实力衰落。认为戊戌变法失败的原因是与当时帝后两党间权力矛盾、光绪无权等有关,不能简单归之于改良。还认为戊戌变法、立宪运动、反清革命运动与经济领域所产生的资本家阶级关系不大，而是由一批接受新思想的知识分子和士绅作主导，以爱国救亡为目的，力图从政治上变封建政权为西方资本主义国家。书中对清王朝不同于往代而迅速士崩瓦解的灭亡原因，也提出了独到见解。（晓籍）

K000074 **清代社会文化丛书** 申笑梅等著。辽宁人民出版社、辽海出版社 1997 年 8 月版。358.7 万字。430.00 元。分思想卷、科教卷、文艺卷、史地卷、典制卷、风俗卷 6 卷，每卷各设 5 个专题独立成书，有插图 374 幅。丛书认真研究和总结了中国最后一个封建王朝——清朝深刻影响中国近代和现代社会的丰富历史内涵和经验教训，从社会文化角度入手，对清代社会文化中的自然科学、社会科学和文学艺术重新认识，对在某些领域达到中国封建社会文化顶峰，构成清代社会文化主体的丰富多彩的文化成果进行了科学总结，从不同角度展示了清代社会文化的不同侧面。每册书一个专题，从社会文化为视角，系统地、深层次地考察清代社会文化，分述本卷旨要，引言提纲挈领，引出该书要论述的主题，引言后以一个个故事相连。（于虹）

K000075 **功在史册** 副名：满语满文及文献。佟永功著。辽海出版社 1997 年 8 月版。11.6 万字。13.50 元。"清代社会文化丛书"史地卷之一。全面介绍了满族的由来，满文的创制、改革、语音语法规范及与汉语等语种的比较，系统考察了《满文老档》、《满洲实录》、《镶红旗档》、《御制清文鉴》、《御制五体清文鉴》等重要满文文献及典藏，还重点介绍了满族神话故事《尼山萨满传》及满文《玉牒》等民俗学方面的典籍。通过满文的珍贵资料的发掘，对满族文化进行较为全面系统的介绍和说明，是深入了解和研究满族社会文化和清代社会文化的重要资料。（张树）

K000076 **放眼世界** 副名：魏源与《海国图志》。高虹著。辽海出版社 1997 年 8 月版。14.6 万字。16.70 元。"清代社会文化丛书"史地卷之一。以纪传体的形式全面介绍了清代大思想家魏源求学、治学、为官的丰富多彩的一生与他的重要著作《海国图志》。魏源是生活在大黑暗大激变时代的一个清醒的思想家和深情的爱国者，是睁眼看世界的第一人，本书以此为契入点，以魏源一生为线索。以《海国图志》为依托，再现了当时社会文化变迁和进步知识分子的忧国忧民心态以及他们眼中的世界，从而分析了魏源本人的历史性悲剧，客观评价了《海国图志》中的进步思想和历史贡献。（张树）

K000077 **清朝野史大观** 李秉新、徐俊元、石玉新校勘。河北人民出版社 1997 年 8 月版。160 万字。168.00 元。根据中华书局 1936 年本重行校勘的简体横排本。为"清代史料丛书"之一，所录史料上自宫闱内幕，下自乡里街巷，巨细兼收，本末皆备。史料来源多为手抄秘籍及省府县志，并从百十种当时文史名家文集中选材，共分编 5 类：①清宫遗闻（二卷，449 则），②清朝史料（二卷，522 则），③清人逸事（四卷，1220 则），④清朝艺苑（二卷，597 则），⑤清代述异（二卷，483 则）。总计 12 卷，史料 327 则。对原书繁体字和异体字一一更改，原书中的文字讹错及句逗错误也得以改正。并由多卷分册改为合订多卷本。（张晨光）

K000078 **钦定工部则例正续编** 北京图书馆出版社编。北京图书馆出版社 1997 年 8 月版。6800 筒。5000.00 元。《中国古代匠作资料丛刊》之一种。汇集了清代工部主管的营造方面的规则和定式。内容包括了宫殿、园林、陵寝、军需、城垣、钱币、公廨、仓厫、营房，以及各类仪仗等建筑、器物的修造程式、用工、用料、配方、用工工价、物料的规格及价格，体制规定等内容，是研究中国古代历史、建筑史、科学史不可多得的宝贵资料。本书据清代官刻本影印。（卢玉荣）

K000079 **我在故宫七十年** 单士元著。北京师范大学出版社 1997 年 5 月版。35 万字。30.00 元。有关故宫档案和皇宫建筑研究的论著专集，主要内容为：1.清代档案的整理与研究：包括封建皇朝政治建制、官职、经济、外交和宫廷生活等方面；2.皇宫建筑研究：包括故宫建筑历史、古建筑美学探讨和皇宫文物的保护与鉴赏。（傅占武）

K000080 **清史新考** 王钟翰著。辽宁大学出版社 1997 年 3 月版。23 万字。14.00 元。收录了作者的 17 篇论著，其中两篇发表于 1956 年，其余各篇大都在 1978 年以后发表。从论文的内容看，均属于清史和民族史的范围，民族史中又以满族史的研究课题为最多。其中《清国史馆与清史列传》一文，由英国清史学会主编的《清史问题》编辑部在该杂志 1984 年 12 月第五卷第二期上刊登了王钟翰先生为其写的一篇概括主要论点的英文稿；《沈阳太平寺锡伯碑文浅释》一文，则由意大利威尼斯大学满语专家斯达理教授将全文译成德文，刊入他本人主编的《锡伯族历史》专刊（1985）中。（陈晓东）

K000081 **清代简史** 王戎笙主编。辽宁人民出版社 1997 年 8 月版。51.7 万字。30.00 元。《清代全史》的简明本。在撰写过程中，除吸收和保留《清代全史》中的学术成果外，还注意吸收《清代全史》出版后，清史学术界新的资料和新的研究成果，还特别纳入了作者对清史一些问题的新思考和新探索成果。按简史撰写要求，用通俗易懂的语言文字，表述了清代历史，对所涉及的清史研究中有争议的问题或可以引起争议的问题，均无回避，而是正面叙述了自己学术观点和探索意见。虽为多人合作，分头撰写，在学术问题实行尊重个人见解，但坚持求同存异的原则，使全书所涉及的重大理论问题和重大史实，保持了全书的一致性和完整性。(袁闾琨)

K000082　**走出赫图阿拉**　陈秀庭著。辽宁少年儿童出版社1997年版。17万字。13.50元。以关外清陵和故宫为场景，着意表现清入关前满族发展壮大的民族气概和民族精神。书中以努尔哈赤和皇太极两代民族英雄为主线，多方面地描写了那个时代，以及围绕他们发生的种种故事，从而展示清朝发祥时期特有的历史文化风貌，为继承和发扬中华民族优秀传统提供鲜活的历史内容。(贾知松)

K000083　**康熙统一台湾始末**　任力著。解放军出版社1997年5月版。13万字。9.00元。以流畅、生动的笔触，叙述了17世纪中后期，新兴的清王朝统一中国大陆后，与盘踞台湾的明朝残余势力郑氏集团隔海对峙，形成海峡两岸分裂、分治的局面。清朝康熙皇帝与施琅等文臣武将为统一台湾、消除东南沿海的长期威胁，对台湾郑氏集团采取了政治招抚、经济封锁和军事进攻等一系列策略和手段，终于在康熙二十二年(1683)以武力攻占澎湖，迫使郑氏集团投诚，以和平方式统一了台湾。本书还分析了清政府对台湾策略的成败得失，并追溯了祖国宝岛台湾与大陆的渊源关系。(郭莹)

K000084　**近代中国百年国耻地图**　人民出版社地图室编。人民出版社1997年4月版。11.00元。运用地图为主要表现形式，配以图表、图片和文字，概括了从1840年至1945年中华民族遭受列强侵略和欺侮的主要史实，把近代中国百年部分主权丧失、国土残破、版图变色的奇耻大辱，直观而形象地浓缩在地图上。用生动形象的图例符号、动态运动线、丰富的色阶、古朴典雅的色调，再现曾经发生在中国地域上的诸历史事件及其与各自然要素、社会经济要素之间的关系。本书表述了鸦片战争后帝国主义把中国沦为半殖民地、殖民地的过程，图中反映列强的主要侵略行径有：多次发动侵华战争；迫使清政府签订一系列不平等条约；割占大片中国领土；勒索巨额赔款；干涉中国内政外交；强迫中国开放通商口岸，划分“租界地”和势力范围，掀起瓜分狂潮；侵夺路权和矿权，攫取治外法权、关税协定、驻扎军队等一系列在华特权。(丘崇尼)

K000085　**辽宁人民抗日斗争简史**　李秉刚著。辽宁人民出版社1997年12月版。38.5万字。25.00元。记述1894年至1945年日本帝国主义对辽宁的侵略和辽宁人民反对日本侵略斗争的历史著作。全书除前言外，共分8章，按历史时间顺序，叙述辽宁人民对日本帝国主义侵略辽宁所进行的英勇斗争，论述了辽宁人民的抗日斗争为中国人民抗日斗争胜利所做出的巨大贡献。对从甲午战争到抗日战争，日本战败投降，历经50余年，在辽宁地区的抗日活动涉及的地域、事件、人物等等以简史的体例进行撰述，虽然主要方面均有论述，但也只能是梗概叙述。(袁闾琨)

K000086　**中国近代文化探索(增订本)**　龚书铎著。北京师范大学出版社1997年10月版。20万字。16.00元。收集作者的35篇论文而成，议论纵横，视野开阔。书中提出：我国近代历史在扭曲中向前发展，伴随这一历史趋向，近代文化也在向前发展。特别是对近代文化衍变趋向的划分，更具有历史认识上的价值。作者认为：中国近代文化的发展可分为准备阶段和形成与发展阶段，其界碑则是甲午战争和戊戌变法；直至“五四”前夕达到高潮。在中国近代文化的特点方面，作者从文化冲突；文化核心；文化体学；文化与政治的关系等四个方面进行了深入的考察和研究。特别是强调了中西文化的争论是贯穿中国近代文化发展全过程的一个基本特征。同时对“全盘西化”论进行了深入的分析，对孙中山先生在中西文化上的态度给予恰如其分的评价。本书还提出：中国文化的出路是从新民主主义文化走向社会主义文化，那末，在社会主义初级阶段，要不要形成一种主导文化？循着这一思路或许可以发现从近代文化通向当代文化的一个基点。(傅占武)

K000087　**近代中国大案纪实**　李秉新等主编。河北人民出版社1997年4月版。100万字。60.00元。分上、下册。收录180余桩旧中国(清末与民国)各类社会大案的“三亲”史料。按案情性质分类为：冤案、盗宝案、涉外案、诈骗案、强奸案、抢劫案、命案、金融血案、械斗案、贪污受贿案、盗窃案、谋杀案、等等。其中许多当时轰动一时的大案如：杨乃武与小白菜案、杨三姐告状案、孙殿英东陵盗宝案、夜盗珍妃墓案、孙传芳被刺案、美军士兵强奸沈崇案、大盗燕子李三案、鲁迅祖父周福清科场贿赂案、上海黄金风潮案、宋教仁被暗杀案等等，作者都以第一知情者身份对其前因后果，详情秘幕作了全景式的披露，对近代中国史研究者和文艺工作者来说，具有宝贵的史料和参考价值。（张晨光）

K000088 **走什么路——关于中国近现代历史上的若干重大是非问题** 沙健孙、龚书铎主编。山东人民出版社 1997 年 1 月版。34 万字。24.00 元。由 3 部分构成：一、关于中国近现代史的研究的理论和方法；二、关于中国近现代历史上的若干重大事件和重要人物的评价问题；三、关于中国近现代史研究的动态。其论述特点是：(1)强烈的现实意义。针对我国史学界近年在中国近现代历史研究中出现的一些令人值得注意的问题，即：否定毛泽东关于近代中国社会是半殖民地半封建社会的论断；否定近代中国的反帝反封建斗争；极力贬低洪秀全、林则徐、孙中山等。大肆颂扬曾国藩、李鸿章、袁世凯等，从而把早有定论的历史事件、人物又颠倒过去、借以达到否定革命，“告别革命”的目的。有的放矢，击中要害，把被颠倒过去的历史再颠倒过来，这就是该书在这场并非纯学术之争中的深刻现实意义。(2)严肃的科学态度。著者以历史唯物主义为利器，正确分析历史的运转变迁；本着实事求是的原则，研究历史，分析问题；坚持“双百”方针，既勇于坚持和追求真理，又坦城地与持不同观点者，进行讨论，以理服人。(3)缜密的治学方法。著者占有了大量史料，剖析入情入理，论辩有理有据，无懈可击。（姚梦林）

K000089 **血染旅顺口** 季福林著。辽宁少年儿童出版社 1997 年版。11 万字。10.20 元。“故土丛书”之一。通过近代史上与旅顺口相关的重大事件的记叙，和对日俄旅顺监狱的“曝光”，将使读者得出这样一个结论：腐败，必然无能；落后，必遭耻辱。（贾知松）

K000090 **清季洪洞董氏日记六种** 董寿平、李豫编。北京图书馆出版社 1997 年 5 月版。120 万字。950.00 元。收国画大师董寿平先生祖父、伯祖、叔祖、叔祖母的日记。其祖父董文涣先生《研樵山房日记》占四分之三，主要记载了同治至光绪年间董文焕与朝鲜使友人交往的事迹、来往信札。还记载了晚清政治、经济、文化、民俗等方面的情况。另几种日记亦有重要的史料价值。这批手稿具有较高的书法艺术价值。（卢玉荣）

K000091 **太平天国革命亲历记** [英]呤唎著，王维周、王元化译。上海人民出版社 1997 年 12 月版。54.1 万字。50.00 元。作者原系英国军人，来华后辞去军职，曾参加太平天国的革命工作四年。本书记录了他在这四年中的亲身经历和见闻。作者对太平天国抱着热烈的同情态度，对清政府及英国侵略者则痛加抨击。书中认真地记述了太平军在作战、阵法、婚姻、税收、法庭等方面的实践，以及太平天国自首长至兵士的人物群像，从一个侧面为研究太平天国提供了可信的第一手资料。然而作者的观点也有片面与局限，如过分渲染了太平天国革命的基督教色彩，并常常站在英国商业资本要求发展“贸易”的立场上说话，有时对清政府统治下的人民群众则作了不适当的丑化，等等。（黄建章）

K000092 **民国史料笔记丛刊第一辑** 上海书店出版社编。上海书店出版社 1997 年 1 月版。127.5 万字。90.70 元。收入辛亥革命后到新中国成立前问世的史料性笔札体读物 10 种：《国闻备乘》（胡思敬著）、《老上海三十年见闻录》（陈无我著）、《自勉斋随笔》（陈邦贤著）、《汪穰卿笔记》（汪康年著）、《蛰存斋笔记》（蔡云万著）、《辰子说林》（张慧剑著）、《求幸福斋随笔》（何海鸣著）、《退醒庐笔记》（孙家振著）、《南巡秘记》（许指严著）、《新语林》（陈灨一著）。作者中既有长期周旋于民国政坛军界、深谙内幕秘闻者，也有经历曲折、学养丰富的著名士人，多以亲历亲见亲闻，对清末迄民国年代诸多史事作翔实记述，涉及史实考辨、名人轶闻、文坛掌故、社会生活、民俗风情等各方面，颇多史料价值。丛刊多取初版本为整理底本，对明显的错漏及讹误处予以校改订正，并加新式标点，简体横排。（完颜绍元）

K000093 **接合与更替** 莫世祥著。广东人民出版社 1997 年 8 月版。30 万字。30.00 元。论文自选集。作者遵循如实揭示历史进程及相关因素接合更替，发展演变的学术思路，援引大量史实，论述新旧民主主义革命接合更替的理论问题，反省尚未引起学术界重视的国情、国是、国运三者间的相互关系。对 1917～1923 年间孙中山和国民党人领导进行的护法运动及相关课题予以开拓性的评述。在运用心态史学的方法研究护国运动时期商人心理等方面，也作了颇有见地的尝试。（杨小虹）

K000094 **共产国际、联共(布)与中国革命文献资料选辑** 中共中央党史研究室第 1 研究部编。北京图书馆出版社 1997 年 4 月版。61.6 万字。48.00元。《共产国际、联共(布)与中国革命档案资料丛书》第二卷，搜集除丛书第一卷以外的散见于其他中文图书中有关共产国际、联共(布)与中国革命的文献资料，所选内容限于 1917 年～1925 年的历史

文献和档案,分为24个专题。(卢玉荣)

K000095 **联共(布)、共产国际与中国国民革命运动(1920～1925)** 中共中央党史研究室第一研究部译。北京图书馆出版社1997年4月版。62万字。48.00元。《共产国际、联共(布)与中国革命档案资料丛书》第一卷,是根据俄罗斯科学院、历史文献保管与研究中心和德国柏林自由大学东亚研究会合作编辑的大型系列文件集《联共(布)、共产国际与中国》第一卷翻译的。收录1920～1925年有关档案文件205件,其中有列宁、斯大林、托洛茨基、布哈林、契切林、加拉罕、越飞、维经斯基、鲍罗廷、孙中山、陈独秀、瞿秋白等人的电文,俄共(布)中央政治局、共产国际执委会等有关中国革命的会议记录等。绝大部分为首次公布。(卢玉荣)

K000096 **中国国民革命探微** 刘曼容著。广东人民出版社1997年版。29.5万字。24.00元。广东省中青年社会科学家文库中的一种。主要论述1924～1927年的中国国民革命问题,着重论述了国民革命的特殊性、国民革命与工农群众运动、国民革命与冯玉祥国民军、国民革命与孙中山等4个问题。(杨小虹)

K000097 **省港大罢工史** 卢权、禤倩红著。广东人民出版社1997年12月版。29万字。34.00元(精),24.00元(平)。"岭南文库"之一。分为6章,对省港大罢工的酝酿、经过、影响进行了全面、系统的阐述。对这次罢工的组织机构及其建设;对罢工斗争的中心策略,罢工过程中,中国共产党和国民党的关系以及两党与大罢工的关系;对罢工与广东国民革命乃至中国革命的关系,等等重要问题,作了重点论述。(曾宪志)

K000098 **血潮** 副名:广州起义纪实。徐焰著。湖南人民出版社1997年11月版。43.3万字。28.30元。"中国共产党早期三大武装起义纪实丛书"之一。以翔实的史料,纪实的手法,生动地叙述了中共早期三大武装起义之一的广州起义的历史原因、政治背景、暴发过程、产生影响,刻画了张太雷、叶挺、叶剑英、苏兆征、周文雍、陈铁军等一大批革命先驱的光辉形象,对他们在起义中的地位、作用、思想和谋略均作了详尽的阐述和评析,充分展现了中国共产党人在大革命失败后的腥风血雨中敢于同国民党反动派展开英勇斗争的大无畏精神,真实地再现了当年我党独立组织武装暴动,创建人民军队的艰难历程。(朱永红)

K000099 **中国复兴枢纽** 副名:抗日战争的八年。刘大年、白介夫主编。北京出版社1997年6月版。40万字。24.00元。全面、系统地反映中国在抗日战争时期政治、军事、经济、文化、外交等方面的概况。论述日军侵华战争的由来与发展,揭露侵华日军的种种暴行,讴歌中国人民在抗战中所表现的崇高民族精神和中国共产党所发挥的中流砥柱作用,科学地评价了广大爱国官兵做出的重大贡献。(龙杰)

K000100 **中国抗日战争大事记** 齐福霖编。北京出版社1997年4月版。53万字。28.00元。自1931年9月18日"九·一八"事变起,迄1945年10月25日日本投降止,全面记录了中国人民抗日战争的全过程和这一时期里的军事、政治、外交、经济、文化等方面的重大事件。(龙杰)

K000101 **纪念卢沟桥事变60周年丛书** 中国人民抗日战争纪念馆和北京市社科联编。北京燕山出版社1997年5月版。500万字。243.80元。包括《中国抗日战争大辞典》、《卢沟桥抗战诗词选》、《国际友人和抗日战争》、《抗战时期的对外关系》、《中国民主党派与抗日战争》、《台湾人民抗日斗争史》、《侵华日军细菌战纪实》等分册。以历史唯物主义的科学态度、翔实的历史资料,从政治、经济、军事、外交、文化教育等方面反映了抗日战争时期的中国历史全貌。记录了抗日战争时期中国人民进行抗战的历史事实,介绍中国全民族抗战的各个方面的抗战历史事迹以及日本帝国主义对中华民族所犯下的深恶罪行。

K000102 **抗日战争重要问题研究** 程舒伟等著。东北大学出版社1997年1月版。24万字。18.00元。对所选取的若干重要问题作了认真的研究和总结。所涉及的内容包括:中日战争的开端、"九一八"至"八一三"国民政府内外政策的演变、国民政府"安内攘外"政策面面观,中日民族矛盾与中国民族资产阶级、日本帝国主义侵华政策的演变及特点、国民政府对日政策的转变及抗战时期的国共关系研究、抗日战争初期国民党正面战场及战略方针、国共两党敌后游击战场对比研究、全面抗战爆发后的国民政府外交政策述评,抗战中的地方实力派、抗战时期国民政府通货膨胀政策评析、中国军队入缅作战与英美远东战略、论蒋日伪合流问题、关于抗日战争史研究中几个问题的再认识等等。(刘振军)

K000103 **中国共产党与山西抗战** 山西省史志研究院著。山西人民出版社1997年9月版。30万字。29.00元。以山西人民抗日斗争的历史事实为基础,围绕中国共产党对山西抗日战争的领导作用及其历史经验这一主题，客观地论述了抗日战争时期，在中共中央和中央军委的统一领导下，在中共中央北方局的具体领导和八路军总部的具体指挥下，八路军第一一五师、第一二〇师、第一二九师和山西新军以及各地的抗日武装，与山西人民团结一致，浴血奋战，建立了晋察冀、晋绥、晋冀鲁豫和山东四大块根据地，有力地支持了华北以至全国的抗战。深刻地总结了党对山西抗战的伟大领导作用及其丰富的历史经验。（蒙莉莉）

K000104 **金陵血证** 副名：南京大屠杀纪实故事。朱成山编著。少年儿童出版社 1997 年 11 月版。6.3 万字。4.90 元。包括 3 个部分内容。一是南京大屠杀幸存者的自述，有“刘永兴难忘中山码头血浪”、“潘开明犹闻煤炭港腥风”、“唐广普祭奠草鞋峡冤魂”、“伍长德诉说秦淮河蒙难”、“李秀英 37 条刀疤条条刻心上”，等等。二是当年在南京的外国人的见闻录，有“拉贝先生（德国）奋力救助南京难民”、“魏特琳女士（美国）保护老弱妇孺”、“马吉牧师（美国）拍摄日军暴行”、“威尔逊医生（美国）的救护日记”、“田伯烈记者（英国）记录日军罪孽”、“罗森外交官（德国）报告大屠杀真相”，等等。三是曾参与南京大屠杀的日军官兵日记，有“曾根一夫用良心自白”、“东史郎公布战时日记”、“太田寿男供述毁尸灭迹”、“随军记者战地闻血腥”、“‘满铁’档案披露大屠杀真相”，等等。（洪祖年）

K000105 **南京的陷落** 大鲁编文，朱振庚绘画。湖北美术出版社 1997 年 10 月版。分正文和附录两部分。正文是根据作家周而复同名长篇小说改编的连环画，共 426 幅。附录由历史照片 138 幅，曾担任过南京国际安全区主席的德国人拉贝的日记，亲历过南京保卫战的国民党官兵回忆录，受日军摧残的平民证言、证词，日军攻占南京和南京大屠杀示意图等组成。（曾琪琳）

K000106 **侵华日军南京大屠杀图集** 中国第二历史档案馆等编著。江苏古籍出版社 1997 年 10 月版。420.00 元。收入图片 800 幅，其中四分之一以上为从未公布过或鲜为人知。全书以大量、珍贵的历史图片和历史档案，无可辩驳地论证了侵华日军南京大屠杀中死难人数确为 30 万，有力地回击了企图抹煞和否认南京大屠杀事件的一小撮日本右翼势力。书中还证实，南京大屠杀是日本军国主义有目的、有预谋、有组织地制造的惨案。书中并说明，南京大屠杀不仅没有吓倒中国人民，相反激起了中华民族对日本帝国主义更强烈的仇恨。（王春南）

K000107 **拉贝日记** [德]约翰·拉贝著。江苏人民出版社 1997 年 8 月版。53 万字。36.00 元。拉贝，德国西门子公司驻中国商务代表，在中国工作了 30 年，在侵华日军侵占南京前后的日子里，出任南京安全区国际委员会主席。在此期间，他以其独特的身份，西方人的视角，在呼啸的枪炮声中、在尸骨遍地的金陵古城，用充满激情而又冷峻的笔触逐日记载了这中国历史上最为惨痛的一页。日记所展示的侵华日军惨绝人寰的暴行，以及充满感人肺腑的拉贝人道主义精神，都将使今天的读者更深地认识过去，更深地思考未来。（丁嫣霞）

K000108 **侵华日军细菌战纪实** 郭成周、廖应昌编著。北京燕山出版社 1997 年 6 月版。50 万字。28.50 元。“纪念卢沟桥事变 60 周年丛书”之一。揭开了侵华日军细菌战部队的面纱。他们不顾违反国际公约和人道主义，以活人作试验和活杀解剖等残暴方式研制细菌武器，杀害我国同胞，并在我国 20 个省市中采取间谍手法暗中施放等隐蔽方式进行细菌战，仅我中央档案馆记载，其细菌武器直接杀害我平民百姓 27 万人，军人及间接杀害人数更无法统计。本书具有资料翔实，史料珍贵等特点。（文佳）

K000109 **南京大屠杀** 孙宅巍主编。北京出版社 1997 年 5 月版。45 万字。28.00 元。以宏大篇幅，集近年来研究成果，阐述了发生在 1937 年与 1938 年冬春之交的侵华日军在南京的大屠杀。全书共 10 章，引用大量档案资料，系统深入研究了南京大屠杀事件产生的历史背景，发生原因，揭露了日军烧、杀、淫、掠的种种暴行，记录了南京人民的英勇反抗斗争及日军投降后对南京大屠杀案的审判。（龙杰）

K000110 **中国的内战** 副名：1945～1949 年的政治斗争。[美]胡素珊著。中国青年出版社 1997 年 11 月版。41 万字。24.00 元。没有具体去描述这五年国共对峙的各个具体战争，而是将目光转到决定 1949 年国民党败走台湾和新中国（中国共产党）之所以建立的深层历史根源。全书分成两个部分，第一部分“国民党统治末期”，详细地分析了国民党统治末期的种种社会状态：国民党如何从取得抗战胜利的凯旋英雄，而一步步成为失败者，作者着重从战后学潮、经济弊政（国民党的劫收大员“五子登科”，给渴望胜利的沦陷区人民带来一场新的灾难）、及知识分子对国民党态度的转变三个方面，令人信服地说明了国民党之失败，不在于其军事，更主要的在于其政治。国民党的腐败与无能最终使各阶层的民众起来反对它。第二部分“共产党取而代之”,公允地分析了共产党胜利的原因,具体而言,它与学生和知识分子的关系,土地改革的措施,对工业的管理、财政措施等等。(潘军)

K000111　**东北解放战争纪实**　刘统著。东方出版社 1997 年 8 月版。60.9 万字。40.00 元。“解放战争历史纪实丛书”之一。以大量的原始资料为基础,生动地再现了 1945 年 8 月至 1948 年 11 月辽沈战役胜利结束的东北解放战争的壮丽场面。以丰富的史实描述了抗日战争胜利之后,在中共中央和毛泽东主席的正确领导之下,东北我军从小到大,从弱到强,最后解放东北全境的全过程。对所涉及到的历史人物,以历史唯物主义的态度作出实事求是的描写。不仅描写了我军的战斗过程,而且还描写了东北土地改革的暴风骤雨,林海雪原剿灭匪患,在艰苦的条件下创建炮兵,同时还对当时与东北战场有关的国内大背景作出交待,反映了东北战场与全国各战场相互支援,相互呼应。书中还通过国民党重要将领的著述和回忆录,以事实说明国民党违背人民的意愿,蓄意挑起内战,丧失民心,终于搬起石头砸了自己的脚,最终难逃失败下场。对东北战场的重要战斗和战役,均有翔实的描述,有一些还有当事人的分析,对于研究军史和战略战术,亦有意义。(郇中建)

K000112　**中华人民共和国史纲**　张模超编著。重庆大学出版社 1997 年 8 月版。45 万字。19.50 元。分 6 章,依次叙述了中华人民共和国的成立、巩固和发展的 46 年的历史。具有以下特点:一是每章有内容概述,对本章的主要内容,进行了简明阐述,起到了以简御繁,提纲挈领的作用。二是框架体系、目录新颖,克服了一般教材在这方面的不足。三是在时间上,跨越最长,叙述了 46 年的历史。四是在写作方法上,采取夹叙夹议,使本书显得有理有据,说服力很强。(牟敏昌)

K000113　**新疆兵团屯垦戍边史**　李福生、方英楷编著。新疆科技卫生出版社(K)1997 年 11 月版。130 万字。上、下册。85.00(平),110.00 元(精)。记述了兵团的产生和发展过程,分析了其在政治、经济、军事、科技、文化各方面的情况,探索了我国现代化农垦事业发展的规律。全书以下列提纲编著:(1)系统记载了 1949 年至今,新疆生产建设兵团屯垦戍边的光辉战斗历程和取得的丰功伟绩。(2)进一步论述了党的屯垦戍边理论的正确性,证明它是建设边疆和保卫边疆的战略措施,是加快边疆经济发展的根本大计。(3)阐述了兵团在稳定边疆、维护民族团结方面的重要历史作用。(4)在新的历史时期探索出了如何加快改革与发展,改善职工生活,增强自身凝聚力,永葆活力的措施等。(张新泰)

民族史志

K000114　**口承文化论**　副名:无文字民族古风研究。王亚南著。云南教育出版社 1997 年 12 月版。27.4 万字。25.00 元。包括以下主要内容:1.原始的思想文化(知识体系:哲学思考和科学认知);2.传统的价值文化(行为模式:伦常规范和信仰观念);3.古老的历史文化(社会传统:民俗意识和历史记忆);4.久远的艺术文化(美学经验:审美取向和娱乐志趣)。(王璠)

K000115　**五十六个民族五十六朵花**　余建忠主编,李维耀副主编。云南教育出版社 1997 年 12 月版。14 万字。6.60 元。介绍了我国 56 个民族的称谓、分布地域、服饰、语言、文学、艺术和独特的民俗风情等。针对读者对象(小学生)的年龄特点和知识结构,本书叙述简明扼要,通俗易懂。书中常以歌谣或故事引入正文,有较好的可读性。本书附有大量彩色插图。对每一个民族的介绍,文字内容一般在 1000 字以内,而配有三幅彩图,一幅是标准像(头像),一幅是歌舞照片,一幅是儿童绘画。前二者是对各民族的真实描绘,后者是通过儿童的眼睛传达出的民族形象,有一定特色。(刘芊)

K000116　**多彩的民族画卷**　《多彩的民族画卷》编委会编。云南教育出版社 1997 年 12 月版。16 万字。8.80 元。用优美的文字向广大初中学生描绘出一幅生活在伟大祖国辽阔大地上的五十六个民族悠久的历史、灿烂的文明,和奇异多姿的民族文化、民俗风情相交织而成的壮美画卷。全书将五十六个民族的历史源流、各民族间的历史渊源,以及各民族称谓、居住地、风俗习惯、文化发展等作了简要介绍,重点突出了五十六个民族自古至今就是伟大中华民族大家庭的共同成员。(董晓方)

K000117　**花儿朵朵——中国各民族知识图谱**　张福宜编。海天出版社 1997 年 6 月版。170 万字。26.00 元。画册。以花为题,采用图文并茂的形式,生动、直观地展现出我国 56 个民族的不同风貌。画面设计选用各民族儿童生活的造型,形象活泼可爱。多姿多彩的服饰,突出了各民族不同的美,体现出他们绚丽多彩的穿戴特点,画面反映出其生活环境及特有的习俗。精练的文字说明穿插其中,对画面作了更深一层的补充介绍，有对各民族进行的追根溯源，内容涉及地理、物产、岁时节日、信仰禁忌、工匠技艺、服饰、饮食、文娱活动及其他风俗故事，除解释和说明各种民间风俗的缘由外，还真实地反映我国各民族的生活、历史、意识、心理和文化传统，集中表现各族人民爱憎与好恶，心理与愿望，具浓郁民族特色。（曹玉华）

K000118 **中国古代的民族识别** 王文光著。云南大学出版社 1997 年 5 月版。33.8 万字。18.00 元。按东北地区、北方、西北地区、西南地区和南方 5 个中国古代民族发展的地域范围划分为 5 章，每章中再大致以先秦时期、秦汉时期、魏晋南北朝时期、隋唐五代时期、辽宋金元时期、明清时期几个历史阶段为顺序，以马克思主义唯物史观为指导，依据大量丰富翔实的史料，按照中国古代民族发展的不同地域、不同族系，系统地对中国古代众多民族的分布区域、分化组合、互相融合、发展变化的情况进行了研究，对众多古代民族的发展源流进行了全面梳理。（李兴和）

K000119 **中国古代藏缅语民族源流研究** 万永林著。云南大学出版社 1997 年 7 月版。19 万字。16.00 元。按先秦、秦汉、魏晋南北朝、隋唐五代宋、元明清 5 个历史时期分为 5 章，对各时期藏缅语各民族的发展变化、分布地域及经济文化情况作了系统阐述。书中的主要观点如下：第一，中国古代的藏缅语诸族，是以青藏、云贵两大高原上出自氐羌族系的民族群体为核心，不断吸收其他民族成份，经过长期分化、组合而形成的。第二，在历史上，藏缅语诸族内部及其与其他语族各员间，进行着频繁的、持续的、对流式的吸收与融合。第三，从分布地域上看，藏缅语诸族总的发展趋势是从包括西北、东南的广大地区逐渐集中到西南地区的川、藏、滇、黔等省（区）内。第四，自唐宋以来，藏缅语各族逐渐形成了具有不同文化特征的三大文化集团，即以藏族为代表的藏族文化集团，以彝族为代表的彝族文化集团，以白族为代表的白族文化集团。第五，藏缅语各族间及其内部经济、文化发展的不平衡，是该语族成员众多、语种复杂的重要原因。（李兴和）

K000120 **清代民族图志** 李泽奉、刘如仲编著。青海人民出版社 1997 年 12 月版。30 万字。325 幅彩图。598.00 元。以我国现行民族的划分为依据，按地区、分民族评述在清代疆域内的 40 个少数民族的历史与当时的现状，从总体上为我们勾画出了一幅有清一代各民族绚丽多彩的历史画卷。全书由文字评述和人物图像（彩色）两部分组成。文字评述客观翔实，涉及各民族历史演变、地理位置、迁徙情况，社会制度、经济生活、宗教崇拜、文学艺术、婚丧习俗、服饰禁忌等；图像运用十分突出，大量选用了三百多年前由乾隆皇帝主持，宫廷画师主绘的《皇清职贡图》册等中的各族人物形象图 325 幅，大部分图像有当时绘制者的文字（满、汉文）题记和印，在卷首（有的在卷尾）还有乾隆皇帝的宝玺和题额。这些图像资料不仅内容广泛，而且绘法写真，绘计精湛，设色鲜艳，时代久远，因而显得十分珍贵。加之该书设计新颖，用料考究，印制精美，故又显得高雅华贵。（王本敏）

K000121 **广西各民族宗法制度研究** 钱宗范等著。广西师范大学出版社 1997 年 11 月版。53.9 万字。32.00 元（平），37.00 元（精）。以马克思主义的基本理论为指导，以广西 12 个民族为研究对象，通过广泛联系和比较，探索了广西各民族宗法的基本形态、特征和产生原因、发展规律及社会影响。全书分 3 编，第一编“世界和中国各民族宗法制度发展形态的一般规律”，从宏观到微观，先介绍世界和我国各民族宗法制度发展的一些共同规律，然后介绍广西各民族宗法特点规律。第二编“解放前广西各民族宗法制度研究”，逐一研究广西汉、壮、瑶、苗、侗、仫佬、毛南、回、京、彝、仡佬、水 12 个民族宗法的具体表现、特点和发展规律以及产生原因和社会影响，是全书的重点部分。第三编“广西各民族宗法的改造与当代社会”，紧密联系社会现实，探讨了宗法的改造及当代社会的批判继承问题，揭示了今天研究宗法这个古老课题的现实意义。（王昶）

K000122 **威宁彝族回族苗族自治县民族志** 威宁自治县民族事务委员会编。贵州民族出版社 1997 年 5 月版。36 万字。19.00 元。共 7 篇 43 章。记录了上到战国秦汉，下到公元 1990 年来威宁彝族回族苗族自治县境内彝族、回族、苗族、布依族、白族和汉族在威宁辛勤耕耘的历史，记述了各民族的族源、族称、语言文字、家庭、婚姻、丧葬、建筑、文化艺术、医药卫生、宗教信仰等古今概貌，反映了各民族艰苦创业和各民族人民抗暴斗争的伟绩，着重记录了中国共产党十一届三中全会以来执行民族政策所取得的成就，记载了各民族在各个历史时期的政治、经济、文化、教育等方面的历史和现状。（罗兴贵）

K000123 **客家风华** 胡希张、莫日芬、董励、张维耿著。广东人民出版社 1997 年 9 月版。46 万字。50.00 元（精），40.00 元（平）。“岭南文库”之一。

内容从“客家研究的历史与现状”专题切入，论证了该民系“始于赣州、续于汀州，成于梅州”的形成及发展过程。依据丰富的资料及亲身调查考察的结果，对客家社会的经济、教育、语言、妇女、山歌、戏剧、饮食、民居、民性、习俗等方面的状况与特质，作了具体的述介与分析。通过剖析以往关于客家族源的种种偏谬论点，提出了实事求是、立论严谨的见解。(冯伯秋)

K000124 **客家圣典** 谭之亨著。海天出版社1997年12月版。28万字。22.00元。首先是打破了历史考据与哲学升华的壁垒，发掘了史料中的文化内涵，从精神史、思想史或心灵史的高度重新架构了一部客家史；其次把客家学的历史背景扩大到了欧亚大陆即整个世界人类发展史的大舞台，展示了东西方两大文明在同一历史灾难中的不同命运，从而完善了这一时期世界民族大迁徙的史貌，提升了客家学研究的世界意义；另外，创作手法上独辟蹊径，从一些小小神话式传说中，破译出它的文化意蕴：历史、伦理、精神及其他。(宋城)

K000125 **陕西回族史** 默哈默德·阿里·冯福宽著。陕西人民出版社1997年2月版。8.1万字。8.50元。在大量搜集和整理陕西回族的历史迁徙，经济、文化发展和历史上遭受的种种歧视及迫害以及回族人民的反迫害斗争等资料的基础上，通过深入研究，对陕西回族的形成和发展、社会地位、宗教信仰、经济文化发展、回民生活等作了全面系统地论述。既反映了在旧中国回族人民反抗民族压迫、反抗封建统治和外来侵略的卓越斗争，又反映了新中国回族人民积极投身于祖国经济建设、发展民族经济文化所做出的贡献。(张卫东)

K000126 **藏族历史通论** 幸擦·罗桑嘉措著。甘肃民族出版社1997年10月版。38万字。28.00元。藏语教材。以科学的态度，按层次较完整地叙述了藏族原始社会，奴隶社会，封建社会及政教合一制度，在不同的历史时期广大藏族人民经过各种斗争和努力拼搏，在政治、经济、文化等领域所取得的辉煌成就及藏族文化等。另外，还出版了与之相配套使用的教学大纲。(看召加)

K000127 **蒙古时代维吾尔人的社会生活** 田卫疆著。新疆美术摄影出版社1997年5月版。17万字。9.80元。论文集。分4章，即“地理人文环境”，“社会政治生活”、“经济活动”和“文化与风俗民情”，及附录“元人文集维吾尔人物资料索引”。以蒙古时代维吾尔人的社会生活为研究重点，力图从更广阔的范围和更深入的层次上较为全面、系统地展现和揭示这一时期维吾尔人丰富多彩的社会活动情况和生活内容。特别是以历来为封建史学家不屑一顾的人们的日常社会生活为切口，不囿于风俗民情和奇闻轶事的一般叙述和描写，而是将笔触延伸到与此相关连的政治、经济、文化生活大环境中，从内部结构和外部条件两方面追溯和复原蒙古时代维吾尔人物质生活方式和精神生活方式的演进过程和原因，探索人们的经济生活与文化生活外在现象与内在规律，研究和透视人们的心理及其本质。通过作者全面的论述，说明了蒙古时代是维吾尔在历史上的一个重要发展阶段，维吾尔人在蒙古时代社会生活中扮演了重要的角色，并以其令人瞩目的实践活动极大地促进和推动了中国社会的进步和发展，使蒙古时代的社会生活内容更加绚丽多彩，充满生机。(许建英)

K000128 **百年高坡** 副名：黔中苗族的真实生活。潘年英著。贵州人民出版社1997年10月版。19万字。11.70元。“贵州民间文化研究丛书”之一。从文化人类学的角度，考察了高坡社区经济贫困和社会后进的历史渊源和文化渊源，揭示了黔中苗族的真实生活情景。对贫困的原因和如何消灭贫困等问题作了学术性回答。(谢丹华)

K000129 **彝族源流(21～23卷)** 王继超、王子国整理翻译。贵州民族出版社1997年3月版。30万字。10.50元。彝族古籍，系多卷本《彝族源流》的彝汉文对照翻译本第六集。第21卷叙述彝族“六祖”后裔德华氏在滇东北一带频繁迁徙，后进入贵州威宁、赫章、水城一带建立“纪俄勾”乌撒政权，至清康熙三年，历时1500余年中该政权的创业史和兴衰史。第22、23卷叙述彝族“六祖”后裔德施氏在今云南境内东征西战，到唐代发展为“乌蛮七部”之一，雄居云南东川一带的历史。记述了若干有胆有谋，能征善战，为其部强盛而奋斗的君长的功绩。(陈光明)

K000130 **壮族历史与文化** 范宏贵、顾有识等著。广西民族出版社1997年3月版。26万字。30.00元。“广西与东南亚民族文库”之一。以壮族的民族历史与社会文化为研究对象，反映了中国第一大少数民族壮族在人种、起源、语言、政治、经济、文化、习俗、宗教等方面的特点和风貌，反映了壮族地区各民族相互之间的关系，以及他们与本地区以外各国、各民族之间的历史、语言、文化等方面的交往关系，多视角地揭示了壮族绚丽多彩的历史文化，也展示出壮族未来的发展趋向。全书分为7大章节。第一章:壮族地区的古人类;第二章:西瓯骆越时期;第三章:俚僚时期;第四章:僮土时期(上);第五章:僮土时期(下);第六章:僮族民族区域自治地方的建立;第七章:物质文化与精神文化。另有附录备查。(徐美)

K000131 **壮族通史** 张声震主编。民族出版社 1997 年 6 月版。105 万字。50.00 元。以马克思列宁主义毛泽东思想的民族观、唯物史观、人类社会发展的共同规律为指导,探寻壮族的渊源,民族发展各个时期的轨迹,各个时代的重大内容与特点,体现各族人民共同缔造伟大祖国这样一个历史事实。时间起自上古,止于 1949 年中华人民共和国建立。对壮族的语言文字、文学、教育、医药卫生、音乐舞蹈、绘画雕塑、宗教信仰等方面的内容也有涉及。(杨青)

K000132 **中国朝鲜族历史足迹丛书** 中国朝鲜族历史足迹丛书编委会编。民族出版社 1989~1997 年朝鲜文版。487.9 万字。上、下册。136.40 元。按不同历史时期分成 8 卷。各卷反映的历史时期是:第一卷《开拓》为自 19 世纪下半叶朝鲜族移居中国至 1920 年,第二卷《火种》为 1921 年至 1931 年"9·18"事变,第三卷《烽火》为"9·18"至 1937 年"7·7"事变,第四卷《决战》为"7·7"至 1945 年"8·15"光复,第五卷《胜利》为"8·15"至建国,第六卷《创业》为建国至 1956 年中国社会主义改造基本完成为止,第七卷《风浪》为 1957 年至 1978 年党的十一届三中全会,第八卷《改革》为自党的十一届三中全会至 1990 年。丛书比较系统地反映了中国朝鲜族自 19 世纪下半叶大量移居中国后,同兄弟民族一道开发建设东北边疆,为大败日本帝国主义,推翻封建军阀统治,建立新中国而浴血奋战而做出极大牺牲和重大贡献。在社会主义革命和建设时期,也发扬高度的革命热情,立下了丰功伟绩,为祖国的统一和团结、为光荣的中华民族斗争史谱写了光辉的篇章。(李钟万)

K000133 **迈向 21 世纪中国朝鲜族发展方略研究** 曹龙浩、朴文一主编。辽宁民族出版社 1997 年 12 月版。110 万字。95.00 元。分历史篇、方略篇、背景篇 3 大部分。历史篇回顾了朝鲜民族从移民至开拓荒凉土地的历史开始历经抗日战争、解放战争、抗美援朝战争、社会主义建设和改革开放时期的漫长历史进程,反映了中国朝鲜族在中国共产党的领导下,同兄弟民族一道,同甘共苦,为我国的革命事业所做出的巨大贡献。方略篇是全书的核心部分,它以马列主义、毛泽东思想以及邓小平理论为指导,以党的民族理论和民族政策为依据,持未来学的科学研究方法,集中地撰述了中国朝鲜族迈向 21 世纪的经济、教育、文化、科技、医疗卫生、体育、语言、民俗、家庭、宗教及干部的展望,使立体地展现在我们面前。背景篇论述了目前世界政治、经济格局错综复杂的变化。全书立足于"正视弱点、发扬强点,跻入前列"的宗旨,呼唤出了中国的朝鲜族渴望走在振兴中华之前列的心声。(权春哲)

K000134 **英明的政策·辉煌的历程** 副名:中国共产党的民族政策与东北朝鲜人民革命斗争。崔厚泽著。黑龙江朝鲜民族出版社 1997 年 12 月版。31 万字。25.00 元。以党在民主革命时期制定和实施的少数民族政策为主线,以党领导下进行的朝鲜族人民的革命斗争为主要内容,总结朝鲜族人民的革命斗争经验,找出历史规律。(崔昌俊)

K000135 **清朝时期的哈萨克族** 纳比坚·穆哈穆罕著。新疆人民出版社 1997 年 7 月哈文版。15 万字。7.50 元。主要论述十八世纪中清朝统一新疆之际哈萨克大、中玉兹归属清朝,并同清王朝保持和发展密切的政治、经济和文化关系。还叙述归属于清王朝的哈萨克各部落冲破沙皇俄国的重重阻挠,速返故土——新疆西北地区的历史事实,并阐述清代哈萨克族在新疆地区的地理分布,社会,政治经济和文化生活状况以及哈萨克游牧社会结构和社会际层关系。(阿扎马提)

K000136 **文化特例** 副名:黔南瑶麓社区的人类学研究。彭兆荣、牟小磊、刘朝晖著。贵州人民出版社 1997 年 10 月版。23.8 万字。14.40 元。"贵州民间文化研究丛书"之一。研究了瑶族的文化变迁、现代化进程及与其他民族的交流与融合、迁徙的范式、不同层面的文化认同等。向世人展示了青裤瑶独特的"风俗画",具有人类学研究的当代性和普遍性。(谢丹华)

K000137 **拉祜文化论** 晓根著。云南大学出版社 1997 年 4 月版。21.3 万字。12.00 元。分为"导论:拉祜族的文化审视"、"拉祜文化的历史传承"、"拉祜族经济文化演变的多元性质"、"拉祜族基础制度文化的双性特征"、"拉祜族政治制度文化环境与变异"、"拉祜族丰富多彩的传统民俗文化"、"拉祜族传统婚恋文化的社会展现"、"拉祜族文化解释系统中的文学艺术形式"、"拉祜族多元宗教的文化解释功能"和结语:"拉祜族现代文化的发展趋向"10 章,内容涉及了拉祜族的历史、经济、社会制度、政治制度、传统民俗、婚姻习俗、宗教、文学艺术等方面。并在全面掌握拉祜族文化材料的基础上，运用历史唯物主义的观点，全面对拉祜族传统社会文化的诸方面作了系统、透彻的分析，展现了多姿多彩的拉祜文化的概貌，揭示了拉祜族传统文化的多元特征。（李兴和）

K000138 **独龙江和独龙族综合研究** 何大时等著。云南科技出版社 1997 年 1 月版。31 万字。19.00元。记述了从 1989 年至 1994 年间，云南省地理研究所和中科院昆明植物研究所等单位，在国家自然科学基金、国家社会科学基金、云南省应用基础研究基金、省科委和地方政府等的大力支持和资助下，对独龙江和独龙族开展了多学科交叉的系统研究，填补了植物、地理、地质地矿、水文、气候、人类学、乡村经济和生态环境等一系列学科研究的诸多空白。（袁莎）

K000139 **黎族史** 吴永章著。广东人民出版社 1997 年 7 月版。35 万字。27.00 元。“岭南文库”之一。生动地再现了这一过程，介绍了黎族民族发展的脉络，以及社会进步的足迹。（林秀钰）

K000140 **丝绸之路与东察合台汗国史研究** 副名：丝绸之路研究丛书(12)。田卫疆著。新疆人民出版社 1997 年 4 月版。17 万字。22.50 元。“丝绸之路研究丛书”之一。着重研究以“东察合台汗国”这一名称涵盖 14 世纪中叶至 17 世纪末的新疆历史。所谓“东察合台汗国”，是一个以蒙古族为统治民族，以成吉思汗“黄金家族”察合台汗后代秃黑鲁帖木儿汗及后裔为统治王族的地方政权，其于公元 1347 年建立，1680 年为蒙古准噶尔部南下所灭，共存在 300 多年。这段历史在新疆以及中亚历史上占据重要地位。这一时期是新疆经济形态和社会结构发生重大变化的时期：天山北部游牧民族定居下来开始从事农耕和商贸活动。随着占统治地位的大批蒙古贵族皈依伊斯兰教和伊斯兰教的本土化，公元 11～12 世纪传入天山南部的伊斯兰教，终于在 16 世纪中叶成为新疆各民族信仰的主要宗教；这段时期还是近代中亚及新疆各少数民族孕育和形成的阶段，一些有古老历史根源的新疆少数民族都是在这一时期经过民族大融合而逐步发展成为近代民族的；这一时期是新疆操突厥语言诸民族文化艺术较为兴盛的时期。本书通过对大量中外资料的分析、归纳、论证、对这段历史首次作了较为全面、系统的探索性研究，披露了许多鲜为人知的资料。（许培龄）

K000141 **毡乡春秋·拓跋篇** 陶克涛著。内蒙古人民出版社 1997 年 8 月版。25 万字。18.00 元。根据有关史料的线索，作者考信质疑，详人之所略，重人之所忽、豁人之所谨，对拓跋的南迁、大泽、地形、石室视文等逐一分析考证，发前人所未发、反驳通说，自成独家之言，弥补了以往史著有关北方游牧民族历史引证，编纂中的缺憾和误失，对重新认识毡乡游牧民族历史、及其对中亚、欧州东部和我国古代北方各民族的社会、经济和文化的形成与发展的历史影响有着重要的参考价值。（王月林）

K000142 **毡乡春秋·柔然篇** 陶克涛著。内蒙古人民出版社 1997 年 8 月版。32 万字。24.00 元。《毡乡春秋·匈奴篇》和《毡乡春秋·拓跋篇》的姊妹篇。主要论述了公元四至六世纪继匈奴之后，第一个树起独立旗帜、建立举世无二的草原汗国——柔然的崛起、兴盛与衰落。作者依据正史提供的线索。又不为其某些片面性所局限，论述了柔然在历史上政治、经济、文化、风俗的演变、发展、及其与古代北方各少数民族的历史渊源，与中原的往来和影响。特别在关于柔然的命名、郁久闾族的渊源、柔然汗国的启始、风习的开释，社会生产和交换的剖析，典章制度的揭示，以及柔然西迁的归宿等问题上，另辟蹊径，进行了富有创见的探讨。（王月林）

地方史志

K000143 **天津·香港一脉情** 政协天津市委员会文史资料委员会编。天津人民出版社 1997 年 6 月版。28 万字。19.00 元。收录文章 57 篇，照片 32 幅。记述了津港两地重大历史事件、经贸、文化往来及息息相关的血脉之情。《我请鲁迅先生到香港》、《解放前夕在香港“大公报”》、《一次秘密航行》等 11 篇文字，介绍了 1949 年以前我党地下工作者在港的工作经历；《“两航”起义在香港》、《“到毛泽东那里报到”》等 6 篇文章，详细披露了著名的“两航”起义的历史细节；《永利在香港的岁月》、《天津沙窝萝卜在香港》等 12 篇介绍了天津、香港的经贸往来；《我的姨甥女曾家丽》、《香港谋生 38 年》、《京剧连接两地情》等 27 篇谈及了亲情血缘及文化交流、往来的事情。（王华）

K000144 **陈桥驿方志论集** 陈桥驿著。杭州大学出版社 1997 年 1 月版。42 万字。42.00 元。收入陈桥驿所写的方志学论文 72 篇，另有自序 1 篇，附录 3 篇。其主要内容和价值可归纳为以下几个方面：一、传道解惑，明确提出了对方志学重要理论问题的看法。如书中认为：方志是一种记载地方资料的工具书，方志的真价值是求其实用；方志的可贵在于资料，方志的生命力也在于资料……所有这些，极大地丰富了方志学理论，也有助于构建更为科学合理的方志学理论体系。二、传经送宝，积极总结、介绍新修方志的经验、方法。如书中提出了以“自然环境”为题替代以“地理”为题的建议，发出了使用“二名法”记载动植物，每部方志都应编写索引的呼吁等，对改进方志修撰方法，提高方志质量，具有积极的促进作用。三、评古说今，议论各代方志长短。书中收有研究、评论相关志书的评论和序言计 40 多篇。特别值得指出的是，这些文章绝不“敷衍应景”，而是尽量注意各志的地方特点和专业特点，查索文献，加以考证，探讨和解决了许多学术问题。如点校本《越绝书》序，对《越绝书》的作者、卷帙和价值都作了深入细致的分析，至今仍被研究者奉为圭臬。四、收罗齐备，是陈先生多年方志论述的集大成者，真实全面地记录和反映了他对方志学的整个思考历程。（吕风韦）

K000145 **内蒙古自治区志·大事记** 内蒙古自治区地方志编纂委员会办公室编。内蒙古人民出版社 1997 年 3 月版。115 万字。189.00 元。记述了内蒙古地区从远古到 1995 年自然、经济、政治、军事、文化和人文等方面的重大事件。全书共分 10 个历史阶段，从各个不同的侧面，采用以编年体为主的编纂体例，突出了重、特、大、首、主、变、新等特点，抓住那些规模大、意义大、影响大的事件进行记述。（陈利保）

K000146 **伊金霍洛旗志** 伊金霍洛旗志编纂委员会编。内蒙古人民出版社 1997 年 10 月版。128 万字。168.00 元。“内蒙古自治区地方志丛书”之一。上限据实追溯，下限至 1989 年，客观地记述了本旗的区域建制、自然环境、风土人情、政治经济、军事文化、教育卫生诸方面的内容，并冠以序、凡例、概述、大事记，殿以人物、附录、绘图 100 幅。（李杰）

K000147 **美丽的内蒙古** 内蒙古自治区教育厅组编。北京师范大学出版社 1997 年 5 月版。15.5 万字。10.80 元。分上下卷。供幼儿园大班、学前班使用的画册。书中通过填空、描图、提问的形式和简短的儿歌等图文并茂的形式，介绍了内蒙古广阔的草原、壮丽的山河、兴旺的农业、发达的工业、繁荣的城市以及内蒙古古老的历史、幸福的今天和辉煌的明天。（傅占武）

K000148 **兴安盟志** 兴安盟志编纂委员会编。内蒙古人民出版社 1997 年 6 月版。143.6 万字。280.00 元。“内蒙古自治区地方志丛书”之一。追溯了兴安盟的历史渊源和历史变迁，客观翔实地记载了兴安盟的自然地理、经济形态、政治军事、科技文化、教育卫生和风俗习惯诸方面的内容。冠以序、凡例、大事记，殿以人物、附录、绘图 28 幅。（李杰）

K000149 **盛京通志** 辽海出版社 1997 年 8 月版。200 万字。428.00 元。分上、下册。清代最后一次修纂的东北地区总志，也是封建时代内容最为丰富的一部东北地区的总志。全书对乾隆四十九年以前东北地区的山陵、星土、建置沿革、疆域形势、山川、城池、关邮、田赋、职官、学校、官置、选举、兵防、名臣、各时代各类型人物、祠礼、古迹、风俗、物产、历代艺文等各个方面都有较丰富翔实的反映，尤其是对盛京城和辽宁的州县记载得更为详尽。书前有凡例，详举订正旧本（乾隆十三年本）之缺失，即此本与旧本的不同之处，主要有：以圣训、诗文、冠列卷端；详志京城、坛庙、宫殿、山陵、订正山川城池，悉载满语旧名，疆里元近遵钦定舆图；增补吉林、黑龙江边门旧志关津之缺略；户口田赋之疏漏；增志兵防，名臣人物和辽金宗室；并志吉林、黑龙江译改正旧讹姓名；记载对盛京有治行战绩开国功臣事迹；风俗物产遵钦定《满州源流考》，并博异闻为杂志；艺文按时代分体编录等。较详细全面地反映了乾隆四十九年以前的东北地区概貌。（段扬华）

K000150 **大连之最** 大连市史志办公室编。大连出版社 1997 年 12 月版。60 万字。140.00 元。采取条目式辑录方法，记述了大连地区历史、地理、政治、经济、军事、文化及社会生活等方面典型事件及人物共 16 类，2 700 条。其选录标准均为大连或在辽宁省、中国乃至世界占“之最”地位的人和事。文字力求简洁，重在记述要素，一般不加评论。一事一条，不相杂容。为了体现和反映大连地区租界地和殖民统治的历史特点，对沙俄和日本统治时期出于殖民掠夺需要最早建立的工商企业、文化设施等，根据选录标准，辑入各部类中。本着详今略古、经世致用的原则，重点记述了新中国成立后，特别是党的十一届三中全会以来，大连市各行各业涌现出的“之最”事件和人物。涉及有关历史政权、职官名称，沿袭历史习惯称谓。机关、团体、部门名称，首次出现用全称，多次出现或不易引起歧意一律用简称。（宋军）

K000151 **清朝藩部要略稿本** 包文汉整理。黑龙江教育出版社 1997 年 2 月版。37 万字。18.00 元。祁韵士《藩部要略》成书于道光年间，保存了乾隆朝乃至清初以来的史料，特别是集中保存了汉、满、蒙、维、藏等各民族以及各民族关系的史料。本书以北京图书馆所藏清代著名史地学者张穆亲笔改定的《藩部要略》稿本进行标点、整理。它能明晰地告诉读者,张穆亲笔改定稿的原貌,何处增补,何处删减,并以方、圆括号标出书稿原貌。(张天栋)

K000152 **简明陕西省情** 省委办公厅、省政府办公厅编。陕西人民出版社 1997 年 2 月版。12 万字。23.00 元。分 12 章,全面概括地介绍了陕西地理特征、人文历史、自然资源、旅游资源、教育科学、经济基础、工农业经济、第三产业、对外开放和发展前景等情况,并附录了全国十个地市的历史、资源及建设成就以及陕西 20 项跨世纪重大骨干工程、工业名牌产品、名特农产品和大中型工业企业名录。(王敏)

K000153 **中国新疆古代社会生活史** 薛宗正主编。新疆人民出版社 1997 年 8 月版。55 万字。45.00元。分 8 章,34 节,阐述了自汉置西域都护府以来,新疆就已正式纳入我们多民族统一祖国的版图。展示了各民族的动态立体生活图像。基本思路和研究方法是从本地多族群体,多元文明、文化的历史现实出发,以时代为纲,以民族为线,纵横兼顾,多线并存。与此同时,还注意到各民族之间的相互影响、渗透、融合,力求异中见同,多中见一,肯定和强调汉族自汉朝以来就不能完全视为外来民族,而是本地多民族成员的一部分。客观、全面、真实地复原新疆各民族古代社会生活的基本轮廓与统一政治实体中多元文明、多元文化群体觅同存异的动态运行轨迹。(李春华)

K000154 **新疆历史百问** 纪大椿主编。新疆美术摄影出版社 1997 年 10 月版。12.7 万字。65 幅图。8.60 元。本书以历史唯物主义观点为指导,选取新疆历史上的重大事件和各民族中最具代表性的人物为线索,通过 128 个问答,将从原始社会到清朝末年新疆历史的概况作详细介绍。全书采用问答的形式,将 2000 年来纷繁复杂的新疆历史,择其要点,分解为一百多个问题,各条之间既有联系,又相对独立成篇。书中配有 45 幅照片、插图和 20 幅历史地图。篇末附有“大事年表”。(冯中平)

K000155 **中国文化与闽台社会** 汪毅夫著。海峡文艺出版社 1997 年 4 月版。22 万字。13.50 元。从宽泛的角度,运用新兴的文化人类学和传统的历史实证的研究方法来剖析海峡两岸文化渊源及其现代发展的论著。全书收入论文 24 篇,论题广泛涉及历史、宗教、民俗、文学、艺术等社会与文化的方方面面。既涉及整个南中国区域社会的文化发展,也涉及一般文人的创作和种种文化现象;既关注闽、台两地政治隶属和建省分治的沿革,也注意一般百姓之间的地缘、亲缘、神缘、业缘等联系。尤其作者紧紧扣住这些研究对象在两岸发展的关系这一关节,深刻揭示出中华文化是构成两岸社会的基础,从学理上有力地驳斥了“台湾文化独立论”,使学术研究和现实关切、文化情怀和民族情操相得益彰。同时,作者为了确立自己的观点,作了大量的田野调查,从口传资料到家乘遗物、族谱石碑、旧宅墓葬等等,取证的材料丰富而翔实。(叶恩忠)

K000156 **上海道契** 陈正书编。上海古籍出版社 1997 年版。大 8 开,400 面。“道契”,是指 1847～1930 年间,上海、天津等通商口岸城市地方政府签发给外国人的地契,由于必须经道台钤印才能生效,因此习惯上称之为道契。道契档案原尘封于上海房屋土地管理局档案馆,本书按道契原样影印,包括英美法等 17 国侨民册籍道契及目前所存部分华册道契。全套共 30 册,现已出第 1 册。其主体部分道契契证由契文与签批记录构成。契文包括办理每一地块承租手续的道台及外国领事的姓名,道台及领事馆印鉴,该地块原中国业主的姓名,承租该地块的外国人、机构或企业名称。部分契证上还记录了承租人承租该地时的押租,土地出租人与承租人的权利与义务等,道契契证的签批栏中记载了每一地块承租权辗转移转的情况,部分签批栏中还记载了出让承租权的价格成地块坐落的保图情况以及土地移转活动的性质。书中另有部分道契档案的附件中记载了中外官员在审核中办土地承租、移转和处理土地租赁纠葛、诉讼时的往来文函,也具有重要的价值。(罗颢)

K000157 **南京百年风云(1840～1949)** 中共南京市委党史办等编。南京出版社 1997 年 12 月版。80 万字。298.00 元。以 1840 年至 1949 年的南京历史大事为线索,配之以各历史时期的重大事件、著名人物、社会发展、城市风貌、民风民俗等方面的图片与词条,涵盖了政治、经济、军事、文化、科技、宗教、法律诸方面的情况,全书有词条约 1 000 条;搜集了古籍、档案、报刊、文史资料中具有代表性的历史照片,历史遗址、文物图片和有关图表近 2 000 幅,首次公开发表的图片约占三分之一。(樊立文)

K000158 **厦门与香港** 厦门市政协文史资料委员会、厦门市地方志编纂委员会办公室编。鹭江出版社 1997 年 6 月版。18.8 万字。18.00 元。阐述了历史上的港厦关系,道出了其渊源及流变,还从政治经济、文化教育、医学、宗教和体育以及社团间的交往等诸多方面，翔实地反映了厦门与香港在祖国改革开放以来的种种交往和联系。书中还为香港厦门联谊总会的27位“推委会”委员画像，介绍他们的奋斗业绩以及对厦门乃至整个祖国大陆的种种贡献。书末还辑入了1980～1997年港厦交往的报刊资料摘辑。(熊孜)

K000159 **大鹏所城——深港六百年** 汪开国、刘中国著。海天出版社1997年6月版。25万字。26.00元。以《引子》开篇，追溯了大鹏所城的由来，接着用14章的篇幅，阐述它的发展，最后在《归去来兮》的尾声中，终结全书。书首印有27帧古迹照片。(曾凡益)

K000160 **深港关系史话** 蔡德麟、潘江津、李青著。海天出版社1997年8月版。32万字。28.00元。上溯深港历史渊源，并从中国近代历史的大背景中，以深港关系为主轴，从远古蛮荒时代一直写到香港回归，全面地历史地叙述了深港两地关系发展的历史内涵和深远意义，探讨与展示了深港互补，共创繁荣的美好前景。全书分“历史渊源篇”、“沧桑岁月篇”、“改革开放篇”、“共创繁荣篇”4篇共46章。作者满怀激情和强烈的历史责任感，在充分占有深港两地史料的基础上，有事实、有分析，并采用史话的形式和类似章回小说的标题，文中配上旧体诗词。书中收入图片115幅，图文并茂。(陈邢准)

K000161 **湖南省志·第九卷·工业矿产志·烟草业** 湖南省志编委会编纂。湖南人民出版社1997年6月版。36.8万字。41.80元。“湖南省志丛书”之一。介绍湖南烟草业产生、发展的历史与现状。(郭平)

K000162 **湖南省志·第六卷·政法志·司法行政** 湖南省地方志编委会编。湖南人民出版社1997年1月版。50.8万字。32.80元。收入“湖南省志丛书”，记叙湖南省政法部门在司法行政方面的历史与现状。(郭平)

K000163 **长沙历史文化丛书** 陈先枢、梁小进等著。湖南文艺出版社1997年2月版。116.4万字。88.00元(简精)。按政治军事、经济贸易、文化教育、城市建设和风物民俗分类编辑。包括如下6种：《长沙历史风云》(梁小进、陈锡贵著15.10元)、《长沙经贸史记》(陈先枢、陈锡贵著，15.10元)、《湖南文化之都》(郑焱著，14.30元)、《湘城教育纪胜》(陈先枢、梁小进著，14.50元)、《湘城沧桑之变》(黄纲正、周英、周汉陶著，13.20元)和《长沙风物大观》(周贤朴、顾庆丰、沈绍尧、易仲威、王建宇、于安全著，15.80元)。丛书按朝代次第介绍并论述了长沙和长沙地区自远古以来至1949年8月和平解放期间的历史文化的发展、嬗变情况。(陈仿麟)

K000164 **岭南掌故(上、下)** 邓端本等编著。广东旅游出版社1997年2月版。45万字。34.50元。分5部分：历史掌故、人物趣闻、风物传说、名胜古迹、工商轶事。(李瑞苑)

K000165 **广州大跨越** 廖树芳、武岩著。广东高等教育出版社1997年2月版。20万字。20.00元。介绍了各个历史时期城市形态、政治、经济、文化和市民生活的发展变化，突出了历史文化名城、最早并且从未间断的对外通商口岸、光荣爱国主义传统、近现代革命策源地、浓烈的市场经济意识、三中全会以后率先对外开放等鲜明特点，总结、回顾了广州改革开放的辉煌成就和主要经验，勾画了迈向现代化大都市的宏伟蓝图。(王亚芳)

K000166 **广州西关风华** 荔湾区地方志编纂委员会办公室编。广东省地图出版社1997年6月版。30万字。19.60元。共4册。包括《西关名胜古迹》、《西关地名掌故》、《西关名人选介》、《西关与詹天佑》，分专题介绍西关的地理人文景观、历史风貌、古迹名胜、风俗民情和曾驻足西关的历史人物，特别对号称中国铁路之父的詹天佑生平事迹，通过史记、传记、碑文、书函进行了考证和记述。通过历史考证，展示了广州西关深厚的文化积淀。(吴金平)

K000167 **青少年香港丛书** 胡经之等著。海燕出版社1997年6月版。42万字。32.40元。共4种。《百年孤独——香港历史漫步》，述说香港屈辱的过去，勾勒出香港百余年曲折艰难的历史脚步；《步入辉煌——今日香港速写》，描绘出炎黄儿女搏风击浪，奋斗不止，在独特的历史背景下成就香港为东方一颗璀璨的明珠；《香江花季——香港青少年生活巡礼》，以贴近的生活视角，多色彩地表现香江之畔青少年的理想、追求，以及迷离与彷徨；《永远爱你——港粤父母与孩子对话》，为港粤两地亲子之间的深情低语、韵味悠长。(王慧)

K000168 **1997话香港** 周毅之、郭占魁主编。新蕾出版社1997年5月版。10.2万字。5.80元。内容分为3部分：第一部分“百年沧桑”，介绍了香港的历史，包括香港名称的由来，香港的人文地理，香港的沦丧以及香港人民的斗争等；第二部分“东方之珠”，介绍了香港的现状，包括香港的社会、经济、文化发展状况，香港社会的变迁，香港的习俗以及香港与祖国内地血浓于水的联系等；第三部分“回归祖国”,介绍了香港回归祖国的风雨历程,包括“一国两制”方针的确定,中英两国政府关于香港问题谈判的过程及《中英联合声明》、《基本法》的主要内容,筹委会的诞生及香港特别行政区政府、临时立法会的产生,以及对香港回归祖国为发展前景的展望等。书中全面系统翔实地介绍了有关香港问题的多方面的知识。无论是历史的、现在的、将来的,远从祖国先民如何开发香港,近到特区第一任行政长官和临时立法会的产生,第一届政府的组成;大从“一国两制”方针的提出,中英22轮谈判的过程,小到香港居民的吃穿住玩,庆香港回归的吉祥物等,书中几乎都涉及到了。在介绍这些内容时,采用了文学纪实的手法,故事、花絮穿插其中。书后还附有香港回归祖国知识自测200题,以供读书竞赛活动之用。(刘增杰)

K000169　**香港:从被割占到回归**　杨元华、鲍炳忠、沈济时著。福建人民出版社1997年7月版。39.3万字。29.00元。叙述香港从开发、被割占到回归之日的沧桑历史。分“东方之珠,中华古国南海门”、“三个条约,英军强占香港岛”、“血泪沧桑,殖民统治逾百年”、“明珠失落,抗日烽火燃香江”及“香港回归,百年国耻一朝雪”等8章。书首有彩色图片13幅,书中有随文图片近30幅。书末附有“香港历任总督简介”、“香港大事记”、“有关香港问题的主要文件”等。(郑俊琰)

K000170　**香港全纪录**　陈昕、郭志坤主编。上海人民出版社1997年6月、12月版。200万字。160.00元(第一卷),177.00元(第二卷)。编年纪事体大型史书,客观记录了香港自远古时代至1997年7月1日间所发生的重大的、有代表性的事件、人物及其活动。全书按时间顺序排列,每个历史时期之首有一篇专论,每个单元皆由大事记、专题与图片三部分组成,内容广泛,涉及政治、经济、文化、军事、外交、教育、科技,以及城市发展、民俗风情、名人轶事、社会新闻等,全面展示了香港的社会发展史。共收入各种历史图片2 500余幅,其中有许多珍贵的历史镜头。(黄建章)

K000171　**香港纪略(外二种)**　赖连三编。暨南大学出版社1997年6月版。17.4万字。15.00元。由3部有关香港历史的资料汇编而成,即《香港纪略》、《＜遐迩贯珍＞》和《香港市政考察记》。前二种取材于香港开埠初期社会经济情况以及当地刊物的零散资料,其中有关当年香港人口变动、岛北商业区市场行情、税收、财政收支及香港与外地、特别是印度贸易(其中突出的是鸦片运港)情况的资料,对研究香港开埠初期的历史,弥足珍贵。《香港市政考察记》系20世纪30年代一篇专项考察报告。由于作者带着问题前往考察,又与其到青岛、上海、南京考察所见作比较,结合其派出地庐山的实际情况,写来颇感切近、对香港当时行政的利弊所在具有敏锐的观察力,读后对当时香港的行政架构,特别是市政建设有鲜明印象,可作为当时香港市政建设的翔实记录,对研究二三十年代香港市政建设情况有较大的参考价值。(胡跃生)

K000172　**四川百科全书**　四川百科全书编纂委员会编。四川辞书出版社1997年12月版。320万字。280.00元。内容涵盖历史、地理、民族、政治、经济、文化、教育、科技、环保、医药、卫生、体育、宗教、旅游、人物等诸方面,收条目8 000余条,全面、系统地反映了四川悠久、灿烂的历史文化和中华人民共和国成立尤其是党的十一届三中全会以来所取得的巨大成就。其主要特色为:一、富于浓郁的四川地方特色。所有条目均与四川有直接或间接的联系,书中有些资料是以前从未发表过的。二、内容科学、准确,具有权威性。条目释文坚持辩证唯物主义和历史唯物主义的科学态度,严肃审慎,字斟句酌,言之有据,据实直书,所采用的资料、数据均出自权威部门,并反复核实过。三、具有很强的实用性。既有反映四川微观的局部性、实体性条目,也有相当反映四川全貌的宏观性、概述性条目;内容古今兼涉,加大现实条目的比重,对四川扩大开放、进一步走向世界具有很大实用价值;书中检索系统完备。(雷华)

K000173　**重庆开埠史**　隗瀛涛、周勇著。重庆出版社1997年版。16.5万字。9.30元。包括“重庆开埠始末”、“帝国主义由点及面,对四川侵略的全面展开”、“重庆民族资本的发生和发展”、“社会基本矛盾的激化,重庆人民反帝反封建斗争的高涨”、“资产阶级革命运动在重庆兴起,蜀军政府成立的前前后后”共5章32节,书末附有“重庆开埠史大事记。(余国枢)

外国历史

K000174　**东方哲学与文化丛书**　徐远和、卞崇道、孙晶等主编。沈阳出版社1997年5月版。104万字。88.00元。由4卷组成。第一卷《月亮国的智慧》由孙晶主编是印度文化专辑,集中介绍了印度文化的历史源流、当代南亚宗教发展的趋势与特点,以及最新研究成果;第二卷《风流与私魂》是韩国与日本文化专辑，突出介绍了韩国和日本文化的形成、演变及其在当代的发展，展现了韩国和日本文化的精髓；第三卷《东方文化的现代承诺》就如何在 21 世纪重构东方文化的问题进行了有益的探讨；第四卷《信仰与理性》是阿拉伯伊斯兰文化专辑，以信仰和理性为主线，详细地介绍了阿拉伯伊斯兰哲学与文化的发展历程及其未来走向。（信群）

K000175　**印度文化史**　［澳］A. L. 巴沙姆主编，闵光沛等译。商务印书馆 1997 年 11 月版。69.3 万字。40.30 元。从印度的自然环境、历史背景出发，采用纵横比较的方法较全面地论述了印度文化的发生、积累、演变的过程，涉及了印度文化的各个方面，如政治、宗教、科学、语言、文学、艺术、音乐、建筑、绘画等。时间跨度从 4000 年前的印度河文明直至 1947 年印度独立初期。（王仲涛）

K000176　**中亚五国概况**　王沛主编。新疆人民出版社 1997 年 8 月版。35 万字。20.00 元。介绍了哈萨克斯坦、乌兹别克斯坦、吉尔吉斯斯坦、土库曼斯坦和塔吉克斯坦 5 个国家的基本情况。每个国家为一个单元。分为：第一章，一般概况，分别介绍了自然地理、自然资源、民族、人口、语言文字、文化教育、科学技术、新闻出版、历史沿革等；第二章，政治，分别介绍了该国的独立过程、国家政治制度、总统制、议会制、政府组成、司法制度、各政党和社会政治组织等；第三章，经济情况，叙述了该国独立前的经济史、独立后的工业、农业、交通运输、邮电、商业、对外经济贸易、经济体制改革等；第四章，共和国州、市基本情况。书后附有主要参考资料，主要来源于我国和该国的有关报刊杂志及官方公报、统计资料、年鉴、论著等资料。（贺灵）

K000177　**非洲传统文化与现代化**　李保平著。北京大学出版社 1997 年 11 月版。21 万字。12.80元。以历史唯物主义为指导，系统地考察分析了非洲传统文化的共性和基本特征，分析了传统文化对非洲现代化进程的影响。全书分为 3 编。第一编“宗教浸染的传统社会”阐述了非洲传统文化的特点及其对社会生活无所不在的影响，揭示了这一文化的神秘性和部落文化色彩。第二编“口耳相传的文化遗产”分析了口传历史、神话、谚语等文化品类，论述了非洲黑人文化由口头传承的特点，指出其集体性、经验性、生动性及变异性。基于上述分析，本书将非洲传统文化的基本特征概括为村社—部落文化、口传文化和大众文化。第三编“传统文化与发展取向”考察了非洲政界、知识界在处理传统文化问题上的态度和实践，就传统文化对非洲现代化的影响作了考察研究，对非洲传统文化的取舍提出了自己的看法。每一编的末尾都有一章实例剖析研究的内容。（李保平）

K000178　**近代欧洲的兴起**　朱孝远著。学林出版社 1997 年 12 月版。35 万字。20.00 元。在对中世纪晚期西欧各国政治、经济、文化、社会等各方面作了具体分析的基础上，认为：欧洲中世纪晚期同时存在着保守因素和积极因素，欧洲近代化的命运取决于这两种因素的互相消长，西欧类型的封建制度在实际上是扭曲、落后、僵化的，在十五六世纪酝酿诞生的新君主制、新教、新家庭关系、市场经济、新型城市等近代早期文明，是真正导致西部欧洲向近代过渡的积极因素，是近代欧洲兴起的前提。近代欧洲兴起的真正的革命意义，实际上是一种更加有效、理性和合理的制度对旧的、低效的制度的取代。（乐惟清）

K000179　**东干族形成发展史**　副名：中亚陕甘回族移民研究。王国杰著。陕西人民出版社 1997 年 12 月版。29 万字。18.20 元。对 1852 年陕甘回民起义余部辗转出境，定居在今吉尔吉斯斯坦、哈萨克斯坦、乌兹别克斯坦等中亚国家的经过以及在这些地区的分布状况，予以全面、系统地考察与研究，考证了以这些回族移民为主体的在该地区被冠以“东干族”的名称的来源及含义；论述了他们在异国他乡形成一个独立民族并不断发展壮大所经历的艰难困苦及取得的辉煌成就，对他们在前苏联的社会主义建设及三年卫国战争中的重大贡献以及在丰富前苏联文化方面的成就，亦予以中肯地分析和高度评价。还分析论述了这些移民在保持中国传统文化、穆斯林习俗及陕甘地域文化的基础上吸收当地文化而形成的独特的文化风貌、宗教信仰、生活习惯，道德礼仪等。（吴秉辉）

K000180　**俄语语言国情学（修改版）**　谭林编著。吉林大学出版社 1997 年 8 月版。57 万字。23.50 元。由原书的 20 章 108 节增加到 32 章 176 节。较详尽地介绍了俄罗斯的历史文化、农村文化、城市文化、地名文化、姓氏文化、颜色文化、动植物文化、饮食文化、民俗文化、节日文化、宗教文化以及非语言交际等方面的内容。同时对汉俄两个民族中的某些文化现象进行了适当对比。本书系用俄文编著，初版于 1993 年 2 月。书后附有俄汉语单词对照表。（赵国复）

K000181　**近代英国史**　王觉非主编。南京大学出版社1997年7月版。62万字。36.00元。对近代英国的发展历史作了历史鸟瞰式的全方位的论述,以近代历史的时间为经,以各个不同历史阶段所发生的历史事件为纬,全面综合地梳理了近代英国的历史发展脉络。全书共11个章,分别对英国革命的酝酿、1640～1660年的"革命年代"、斯图亚特王朝的复辟、工业革命、议会改革、宪章运动等重大历史事件作了科学、缜密客观的阐述。这些阐述是建立在翔实的资料、科学的论断、观点的整合等学术基础之上的。对于一些有争议的历史议题,本书不但在资料的挖掘,更从历史视角的方位上,洞幽烛微,从而令人信服地推演出合理的结论。在具体历史事体的探讨中,作者严格把握历史的本真,以历史唯物主义的科学态度还原历史。以历史发展的主干为其架构,更从科学的发展、文学的呈示、经济的变化、社会的变革等多方面来反映历史,把近代英国历史放置到世界历史发展的大框架内,并试图从近代英国历史发展的过程中提炼出一些具有历史价值的参照,以促进历史科学有序的发展。(金鑫荣)

K000182 **英国宪章运动** 沈汉著。甘肃人民出版社1997年10月版。26.6万字。16.80元。用5编9章的篇幅,生动地重现了这场发生在1836年到1858年英国工业革命完成阶段的有数百万人参加的群众运动。并用研究群众运动和革命运动的拉布鲁斯学派的方法,揭示这场大规模群众运动发生、发展、盛衰的内在规律及其特征和历史意义。通过研究,充分肯定了这次工人运动的思想成果是无产阶级思想宝库中最初的珍品,在近代政治思想史中亦占有重要的地位。还对宪章运动内部围绕策略的派别斗争、工人政治民主派与欧文主义者及小资产阶级民主派、资产阶级改革派之间的关系、宪章运动地区中心的转移提出了独立的研究评价结论。同时,也比较和分析了宪章运动时期工人活动家阶级斗争理论的弱点。(郝军)

K000183 **法国文明史** 张泽乾著。武汉大学出版社1997年8月版。778万字。32.00元。"武汉大学学术丛书"之一。全书分为古代文明(前2万年～5世纪),中古文明(6～15世纪),近代文明(16～18世纪)、现代文明(18世纪末～20世纪中)、当代文明(1945年～),共5编13章,囊括了法兰西文明进程中社会、政治、经济、科学、文学、艺术、哲学、宗教、心态及时代背景等各个方面,既有纵向历史脉络的阐述,又有横向各社会层面的剖析。本书的特色如下:(1)作为创例之作,作者开篇即在基本概念方面作了科学而细致的探讨和界定,为全书框架结构和阐述方法的确立奠定了基础;(2)与同类著作相比,其不同之处是,采用了"链条"(纵向历时)与"板块"(横向层面)相结合的综合分析方法,从而构成了一幅时空交织、心物交融的立体的、动态的综合图景,正好揭示出了法兰西文明的两大显著特征——延续性与多元化;(3)作者演绎法国文明史的手法多样,除前述综合分析法,还有定性分析和定量分析等方法,以探究历史表象之下的文明机制及其实质与规律;(4)以历史唯物主义和辩证唯物主义为指南,坚持整体史观,发展史观和比较史观,以描述性的探讨为主,辅之以深刻的哲学和历史分析;既有客观、全面、实事求是的评介,也具有强烈的现实感。(严红)

K000184 **蒙塔尤** 副名:1294～1324奥克西坦尼的一个山村。[法]勒华拉杜里著,许明龙、马胜利译。商务印书馆1997年10月版。50.9万字。28.90元。蒙塔尤是法国南部讲奥克语的一个牧民小山村。1320年,当时任帕米教区主教(后为教皇)的雅克·富尼埃作为宗教裁判所法官到此办案。在调查、审理各种案件的过程中,他像个现代侦探一样发现和掌握了这个小山村的所有"秘密",包括居民的日常生活、个人隐私及种种矛盾、冲突等,并把它们详细记录下来。本书以历史学家的精细和敏感发现和利用了这些珍贵史料,并以现代史学、人类学和社会学方法再现了六百多年前该村落居民的生活、思想、习俗,反映了14世纪法国的时代特点。(王仲涛)

K000185 **当代美国社会与文化** 王恩铭著。上海外语教育出版社1997年版。29.4万字。18.00元。由18个章节组成。第一、二章着重介绍美国的地理、人口、区域划分和历史发展情况。自第三章起,对美国社会与文化的方方面面逐个开始展开讨论。社会类内容涉及到美国的政治制度、经济制度、教育制度、社会保障制度、劳工运动、企业组织、妇女问题、家庭婚姻等方面。文化类内容包括美国的宗教、民族特性、文化区域、价值观念、大众媒体、娱乐消闲、体育活动和民俗节日等。通过对美国社会与文化诸方面的介绍和简明分析,回答了诸如美国是一个怎样的国家、美利坚民族是如何构成的、美国的历史演变有什么特点、美国是怎样从英国的殖民地发展成当今世界的超级大国、凝聚美国这样一个多民族国家的价值观念是什么、美国人民在其短暂的历史进程中创造了什么样的社会形态、形成了什么样的伦理道德、产生了什么样的文化特性等等。(张宏)

传　记

K000186　**华夏姓氏考**　石玉新等著。河北科学技术出版社 1997 年 8 月版。47 万字。25.00 元。阐述了何为姓氏，姓氏的产生、发展、形成及种种来历，民族融合在国人姓氏中的体现，姓氏在封建社会的情况及谥号，赐姓与避讳现象，流传极广的《百家姓》的专论，国人形形色色的姓氏以及人属最多的五大姓，姓氏的特殊读音与用字，姓氏的演变等；还对 1 941个单姓和复姓追本溯源，考证出其源起何时，何人何事，并增添了有关的典故与趣闻；最后列出《百家姓》(438 个姓氏)、《续百家姓》(596 个姓氏)、《古今姓氏表》(6 479 个姓氏)。对于以上“三表”中所有姓氏都标注着现代普通话的读音，并按汉语拼音音序排列。(纪元瑶)

K000187　**炎黄百家姓通俗演义**　元浦、李镇、赵成孝主编。云南人民出版社 1997 年版。82 万字。56.00 元。采用中国古典章回体，以通俗而典雅的文笔，叙述了中国十大姓氏：李、王、张、刘、陈、吴、黄、胡、赵、杨的源流来历。每一姓氏之后附有精彩的历史名人故事。(云人)

K000188　**少儿科学宝库——世界 100 位科学巨匠**　张越晗编。河北科学技术出版社 1997 年 3 月版。9 万字。5.00 元。精选世界上最有影响的 100 位科学巨匠，对他们的人生轨迹及其对人类的贡献等做了简明精辟的叙述。(王晓明)

K000189　**中外名人书信导读**　晨光出版社 1997 年 12 月版。64 万字。28.50 元。分为中国卷和外国卷。其中，中国卷分 3 册，立志、家训为一册，德操、处事为一册，劝学、亲情为一册；外国卷则将这六个内容合为一册。这中间，有满含亲情的谆谆教诲，如诸葛亮《诫外甥书》、韩愈的《答李翊书》、毛泽东《给岸英、岸青》的信。其中，书信主人公在生死攸关的时刻所写下的文字，让我们似乎触摸到作者为国为民的耿耿丹心。这类作品有秋瑾的《致徐小淑绝命词》、刘伯坚《就义前给兄嫂的信》、彭德怀的临终遗言等。当然，书中也不乏对旅途所见风景的描绘和对自己处境的调侃。如鲍照的《登士雷岸与妹书》、王维的《山中寄裴秀才迪书》、袁宏道的《与丘长孺》。这些书信，或展示大自然的宏阔壮美，或展示作者的机警睿智，让人读后颇有收获。本书对文言作者附有译文，每篇均有导读和作者介绍。(赵强华)

K000190　**世界巨人传记丛书**　孙维韬、朱宪生、莫小培等著。海天出版社 1997 年版。643.2 万字。500.00 元。分 8 卷、100 册。介绍世界 100 位巨人的成长史、奋斗史和成功史。每位巨人一本书，每本书 6 万字。1.思想家卷 10 本：概述马克思、黑格尔、亚里士多德等 10 位伟大的思想家哲学家的时代与生平、他们的哲学观点及其思想对世界发展的巨大影响。2.政治家卷 10 本：简述世界史上杰出的领袖人物的生平、安邦治国的雄才大略，施何良策使国家崛起、强盛。其中有列宁、华盛顿、罗斯福等。3.军事家卷 10 本：浓缩世界军事史上有代表性的 10 位叱咤风云的军事家的军事谋略与堪称精典的战役，如拿破仑、恺撒、巴顿等。4.科学家卷 20 本：介绍科学巨人发明创造的艰难历程，其中有提出日心说的哥白尼、近代科学之父牛顿、发现镭的居里夫人等。5.工业巨子卷 10 本：介绍比尔·盖茨、哈默、杜邦、迪斯尼等世界级的企业家们创业的艰辛、经营的谋略、先进的管理制度以及从零到亿万的成功之路。6.文学家卷 20 本：简述世界文学史上最杰出文学家的生平，剖析他们代表作品的思想内容和艺术成就，介绍其创作技巧与经验。其中有托尔斯泰、雨果等。7.艺术家卷 10 本：概述世界美术史和音乐史上 10 位伟大艺术家的生平及艺术成果，突出他们非凡的智慧、惊人的毅力、艰难的创作历程，有达·芬奇、莫扎特等。8.英雄探险家卷 10 本：叙述世界航海家和世界史上的英雄、强者：哥伦布、贞德、海伦·凯勒等人物的生平，突出他们不畏艰险、勇于探索、百折不挠的优秀品质。(刘东力)

K000191　**诺贝尔奖并非是梦**　副名：99 位诺贝尔科学奖获得者逸事点评。[日]石田寅夫著。浙江科技出版社 1997 年 11 月版。25 万字。13.50 元。通过对 99 位诺贝尔奖获得者的典型故事的剖析，传达给读者一个颇具启迪和说服力的结论：诺贝尔奖并非是梦！作者将第一手的资料，以教育学、社会学的新观点加以分析研究，用生动的事实告诉读者，为什么这些获奖者能取得诺贝尔奖级的重大成果，他们的研究诀窍是什么。

K000192　**情侣双传丛书**　陈春生等著。长江文艺出版社 1997 年 4 月版。230 万字。109.50 元。共有 10 本，五对传主，分别为《乔治·桑传》、《缪塞传》、《萨特传》、《西蒙·波娃传》、《叶塞宁传》、《邓肯传》、《拿破仑传》、《约瑟芬传》和《毕加索传》、《弗兰索娃传》，他们分别为文学家、思想家、艺术家和政治家等。整套书编写体例一致：依照传主的生命足迹，将各自最有影响的事件按发生先后排列。情侣、情人间的感情纠葛及其对生活、事业的影响在他方有一致的解释,也有大相径庭的说法。然而,从总体上看,这十本传记都从客观上肯定了情侣、情人双方对他方成就为世界名人的积极作用。(吕艺红)

K000193　**世界风云人物丛书**　金人主编。沈阳出版社 1997 年 8 月版。360 万字。316.00 元。收入 20 位在人类历史上享有盛名或恶谥的思想家、政治家、科学家、军事家、文学家、艺术家、音乐家等等。对他们一生扑朔迷离的行迹及其对当代和后世的影响进行客观生动的描述与公允精当的评骘,对他们的成败利钝、生死荣衰、爱情家庭等方面进行多角度剖析。(李应福)

K000194　**古今中外人物传记指南录(续编)**　邵延淼编。江苏教育出版社 1997 年 8 月版。281.6 万字。58.40 元。是继《前编》、《正编》之后又一部大型的传记指南录。《前编》收录了 1949 年建国前出版的图书 1 500 余册,《正编》收录了 1949～1983 年之间的图书 3 100 余册。《续编》所收图书为 1984～1990 年间的 3 700 多册,加上收进港台出版的人物传记图书 1 050 册,还补收了《正编》漏收的 300 多册,总共收录 5 080 多册,人物为 61 530 人。所收图书种类为古今中外人物的大传、正传、小传、别传、合传、文传、评传、画传、外传以及手谱、日记、回忆录、纪念集、墓志铭等。内容包括传主的生平经历,高功建树,道德文章以及历史影响等,尽可能地收录了传主的生卒年以至生卒月日览摘录。(吴为公)

K000195　**世界大人物丛书(第二辑)**　陶小康等。中国少年儿童出版社 1997 年 8 月版。93.7 万字。64.90 元。人物传记故事。共 8 册。收录了 8 位在人类社会的不同领域作出过突出贡献的人物,他们是:马克思、达尔文、玻利瓦尔、成吉思汗、穆罕默德、恺撒、孔子、释加牟尼。这些大人物有东方的,有西方的,有政治、经济、科学、思想等各个方面的。他们以其思想和行为促使某些国家或某些领域发生重大变动,从而对一地区以至世界的进程产生历史性的影响。书中对他们的生平、经历、毕生所从事的事业进行了详细的叙述,反映了他们不同的生活侧面,包括他们的好恶和喜怒哀乐,这本身就是一种知识,值得我们去探讨。(韩彬)

K000196　**他们改变了世界——世界 100 名人**　方中霞主编。时事出版社 1997 年版。64.6 万字。36.00 元。1987 年版和 1991 年修订版《世界 100 名人》的基础上,对原版所收入的人物进行了大幅度的调整,新选入的名人有 60 多位,对保留的原 30 余人,根据情况的发展变化或重新编写,或补充修改。所收人物是当今活跃在世界各个领域里 102 位著名人物,有具有传奇色彩、九死一生的古巴党政军最高领导人卡斯特罗、有本世纪英国最年轻的首相——布莱尔、震惊世界的金融投机家——绍罗什、足球皇帝——贝肯鲍尔、足智多谋的战略家——基辛格、白手起家的世界首富——盖茨等。书中对这些名人的生活、成长、家庭、奋斗的历程都有很生动的叙述。主要介绍了这些不凡名人在成功的道路上自强不息、迎接挑战、战胜困难、勇于进取的精神。(苏绣芳)

K000197　**领导者**　[美]尼克松著,尤龘等译。世界知识出版社 1997 年 1 月版。34.8 万字。33.00 元。介绍了在世界政坛上叱咤风云的人物:周恩来、丘吉尔、戴高乐、吉田茂、阿登纳、赫鲁晓夫等。并根据作者自己的经历去分析他们成功与失败的原因。书中展示了这些非凡领导者的领导艺术,展示了他们的勇气、才能和想象力。(米小平)

K000198　**少年军事百科全书 世界军事人物卷**　王汉杰、柳茂坤、程金明编。明天出版社 1997 年 8 月版。25 万字。共收条目 266 个,只收外国军事人物。前后按时间顺序编排,介绍了人类几千年的军事斗争史上涌现出的一批批统军作战的将帅。他们之中,有的英勇机智,指挥作战有方,功德彪炳,卓有建树,以致流芳百世;有的鲁莽蛮横,带兵驭众乏术,劣迹昭彰,最终遗臭万年。这些历史人物都或多或少地对人类社会产生过影响。(谭鸣鸿)

K000199　**世界十大军事家丛书**　吴秀永主编。河北人民出版社 1997 年版。164.2 万字。135.70 元。在纵横古今,横跨东西的宏大坐标系中,择出 10 人为之立传。他们是:孙武、亚历山大、凯撒、成吉思汗、彼得一世、库图佐夫、拿破仑、克劳塞维茨、玻利瓦尔、格兰特。丛书立足历史广域中,将传主们治军建国、开疆拓士、除旧布新、著书立说等文治武功与时代、社会相联系、小中现大、大中见小,使其个人风韵与时代精神交融体现,互相映照,使读者在追寻其不凡业绩时,了解时代历史、了解国家、民族与军队。(李大星)

K000200　**无冕女王**　副名:中美女主播的公众形象和私人生活。季思聪著。时事出版社 1997 年版。24.5 万字。15.00 元。讲述了八位大红大紫的美国新闻女主播和脱口秀女主持人的故事。作为比较,还叙述了中国大陆和台湾两位颇有个性的女主播敬一丹和李艳秋的职业生涯。(边芹)

K000201　**诺贝尔文学奖获奖者访谈录**　裴善

明编。江苏文艺出版社 1997 年 10 月版。27 万字。17.00 元。收入 20 位诺贝尔文学奖获得者 28 篇访谈文章。作者大多是公认的世界著名作家，如艾略特，加缪、萨特、贝娄、海明威、福克纳、马尔克斯、肖洛霍夫、大江健三郎、聂鲁达等，他们在访谈中，都坦率讲述了各自的创作特点、方法、生活经历、文化影响、家庭生活等，便于读者了解他们的生活和创作。他们还在谈话中提出了许多可资借鉴的创作方法和经验，如海明威著名的“冰山”理论、福克纳的“约克纳帕塔法体系”，马尔克斯的魔幻现实主义等。（汪修荣）

K000202　**1901～1995 诺贝尔文学奖得主全传**　车吉心、朱德发著。明天出版社 1997 年 5 月版。121.4 万字。90.00 元。收入自 1901 年首届诺贝尔文学奖颁奖到 1995 年共 92 位获奖作家。以每篇万余字的长度，对每位作家从生平经历到创作道路，从个人生活到社会背景，从个人性格到文学影响作客观的介绍、辩证的分析、科学的评价。除了有两位传主因缺乏资料外，其他 90 位传主均配有绘像。（孙晓平）

K000203　**20 世纪世界著名政治家谋略丛书**　赵鲁杰等著。中原农民出版社 1997 年 8 月版。170 万字。117.50 元。分 6 部，分别为：《智谋大师李光耀》、《智谋大师基辛格》、《智谋大师戴高乐》、《智谋大师丘吉尔》、《智谋大师罗斯福》、《智谋大师葛罗米柯》。分别从政治、军事、外交、经济等方面对这 6 位世界著名的谋略大师进行深刻地剖析和研究，突出反映了他们在谋略领域所表现出的人类杰出的智谋才能，同时对他们在谋略思想方面对人类所做出的巨大贡献，做了系统地概括和总结，并给予了高度评价。（马保民）

K000204　**世界大管家**　副名：联合国秘书长们。方中霞主编。时事出版社 1997 年版。23.8 万字。17.80 元。介绍历任秘书长的身世、经历与业绩等。第一位是挪威人特里格夫·哈尔文丹·赖伊（1945～1953）。他的名字很陌生，但他可称得上驰骋风云的联合国大厦的奠基人。第二位是曾任瑞典首相的儿子达戈·哈马舍尔德（1945～1953）。他以坚韧的毅力，孜孜以求，战斗到生命的最后一息——为在非洲执行和平使命因飞机失事而不幸遇难。他身后获得诺贝尔和平奖应当之无愧。第三位是缅甸作家、外交家及虔诚的佛教徒吴丹（1962～1971）。他受命于危机频仍的年代，以谦逊、宽容及不畏艰险的奉献精神，调解了诸多的国家关系，受到了人们的称赞。第四位是曾因所谓的“纳粹战犯”问题在世界掀起轩然大波的奥地利总统库尔特·瓦尔德海姆（1972～1982）。他广交博历，殚精竭虑，为联合国的使命做出贡献。第五位是出身于秘鲁富商的职业外交家哈维尔·佩雷斯·德奎利亚尔（1981～1991）。他力尽职责，不懈努力，政绩卓著，受到国际社会的好评。第六位是来自非洲，出身于官宦之家的埃及人布特罗斯·加利（1991～1996）。他矢志改革，为维护世界和平而孜孜不倦，但由于美国的反对，只作了一任秘书长，壮志未酬就告别了“玻璃宫”。第七位是来自加纳的第一位黑人秘书长科菲·安南（1997 年至今）。（白汉香）

中国人物传记

K000205　**中华名人大博览**　张安华等主编。沈阳出版社 1997 年 7 月版。208 万字。4 册。118.00 元。共 4 册。精选出包括重要政治人物、农民起义领袖、文学家、思想家、科学家、军事家等 100 位杰出人物，并为之作传。历史跨度为从远古至当代，所选取的人物涉及政治、经济、军事、外交、科技和文化艺术等领域。全书的写作是以史实的准确性为第一要素，叙事写人，不演绎、不杜撰、不编造，对人物的评价客观、公允、准确。不仅再现了历史杰出人物的风采和丰功伟绩，而且还淋漓尽致地描绘了他们是如何抓住机遇，接受挑战，历经磨难和追求卓越的。（田雪峰）

K000206　**中国少年人物大辞典**　孟祥才主编。中国少年儿童出版社 1997 年 12 月版。35.6 万字。33.80 元。工具书。收录我国重要少年人物 819 人，时间分先秦、秦汉、三国两晋南北朝、隋唐五代、宋辽夏金、元、明、清（鸦片战争前）、清（鸦片战争后）。包括政治、军事、科技、思想、道德、文化、艺术等各个领域的少年英才，也酌收少量其他类型有代表性的人物，包括个别反面人物。他们中间，有的在少年时代就已经享有盛名，有的则是长大成名后，少年时的事迹又流传开来的。书中所收录的人物，主要取自正史，少量取自其他史书。（韩彬）

K000207　**中国民间四百宝相图说**　王树村著。岭南美术出版社 1997 年 12 月版。8 万字。400 幅图。680.00 元。由《孔子百图》《关公百图》《观音百图》《钟馗百图》4 册组成，以学术研究的目光，精选千百年来在民间广泛流传的历史、宗教人物——孔子、关公、观音、钟馗艺术形象四百余幅，逐幅作详尽

介绍。(何均衡)

K000208 **中国百年留学精英传** 姚公骞、邓光东、汪叔子主编。百花洲文艺出版社1997年6月版。99万字。71.70元。时间自容闳1847年出国留学始,至新中国成立止,收录传主88人,每人一传,每传约一万余字。立传人选取标准:爱国、终生或在某一历史时段、某一领域对民族对时代起过积极先导作用。本套书共10卷。现已出版4卷,内容为留学后回国者,大致按出国留学时间顺序编排。第五、六、七卷将为新中国成立后出国留学回归者,第八卷将为港澳卷。第九卷将为台湾卷。第十卷将为对祖国亲善、在海外工作者。(胡一笙)

K000209 **印象书系(十五种)** 学林出版社1997年1月~12月版。分3辑。第一辑中,选取了中国现代文学史上卓荦不凡、各具神采的大师级人物胡适、鲁迅、周作人、老舍、沈从文等,藉不同时期,生活在他们周围,与他们有亲密交往亦或矛盾轇轕的名家之笔,随心所至,以具体可感、生动实在的“印象”,勾勒出现实生活中诸位大家的言谈举止、举手投足,以及他们的心灵悸动,通过点点滴滴的蔓枝细节,描摹了在时代变迁、生活沉浮之下,他们各人对情趣,对敌友,对毁誉,对操守……甚至对生死的认识和了悟。——胡适的通达疏放、和善包容;鲁迅的“激烈”与“冷峻”;周作人的闲情出世与执迷入俗;老舍的忠诚迂阔与坚贞不屈;沈从文的率真质朴与独善从容,无不浸染着传统文化的氤氲和受独特的性格品质力量的驱使。第二辑中,选取了各具神采的学术大家辜鸿铭、钱玄同、陈寅恪、傅斯年、钱穆等,展现一代中国学者的学术与思想,人生与品格——曾在五四前的西方世界产生过重大影响的文化怪人辜鸿铭;以激烈的言辞、踏实的工作而推进新文学革命的钱玄同;任时势变迁而枯守学术一隅,以孤傲自恃独守“精神之学问”的陈寅恪;进能指点江山,退能张扬学术,敢言敢为的傅斯年;以温柔敦厚的胸襟为往圣继绝学,为时代树典范的硕学通儒钱穆等等。第三辑中,我们将会邂逅陈独秀、丁文江、梁漱溟、瞿秋白、路翎。他们始终把人生的欢娱放在边上,把社会职责担在肩头,以生命的闪亮去烛照一代知识分子的良心与前程——作为五四时期青年学子的精神领袖和中国共产党最早的创始者之一,陈独秀至死不改其豪迈与狂傲;以广博的见识与非凡的才能,在学术与政治上实践了他的理想与人格的丁文江;生性淡泊而不趋炎附势的梁漱溟;在政治上遭受残酷打击而仍以书生才子的风流神采面对死亡的枪口的瞿秋白;与世隔绝二十余年,曾被誉为文坛天才的路翎等等。(许钧伟)

K000210 **共和国英雄(上、下)** 胡居成、沈启鹏等编绘。南京出版社1997年6月版。3.2万字。322幅。50.00元。分上、下两集,每集有7个分册,每个分册介绍一位英雄。以彩色连环画形式介绍了赵一曼、刘胡兰、张思德、董存瑞、黄继光、罗盛教、杨根思、邱少云、张积慧、吴运铎、欧阳海、雷锋、王杰、麦贤得14位英雄。(杨晓岗)

K000211 **沧桑文丛** 李辉主编。河南人民出版社1997年版。200万字。109.30元。包括《人生败笔——一个灭顶者的挣扎实录》(邵燕祥著)、《漏网》(牧惠著)、《走进炼狱》(何金铭著)、《风雨往事——维克特采访江青实录》(张颖著)、《移民美国》(胡平著)、《往事如烟》(梅志著)、《火箭在发射——传新民传》(任捷著)、《越战亲历记》(陈湃著)。(张志林)

K000212 **苦境** 副名:中国文化怪杰心录。孙郁主编。辽宁人民出版社1997年8月版。68.4万字。37.50元。记录了徐渭、李贽、袁枚、郑板桥、辜鸿铭、林纾、李叔同等11位影响巨大的昔日怪杰的心路历程。盖世奇才徐渭九次科试却九次不第;异端思想家李贽用一生的精力和热情批判僵化的程朱理学,想唤醒浑浑噩噩的世界和沉睡的众生,却因无奈而自杀;为官十年的郑板桥长于诗画却潦倒一生;著作等身的袁枚独抒性灵却恋女贪官;林纾不懂外交却译著如林,激进维新却成为反对新文化运动的主将;辜鸿铭生在南洋,学在西洋,婚在东洋,仕在北洋,却成为固守心灵家园的永远的“外人”;国学大师章太炎心仪政治,壮心不已,自言有“神经病”却能醒世醒人;吴虞由光荣转颓唐,涉身花丛却潜心礼佛;李叔同游学东洋,执教故国,却让青灯古佛伴度余生。(王松)

K000213 **敦煌工匠史料** 马德著。甘肃人民出版社1997年11月版。9万字。18.00元。分为研究篇和史料篇。书中的资料来源主要有3个方面:一是记载和歌颂“功德主”即洞窟窟主们营造佛窟的碑、铭、赞、记史料中有关“良工”与“巧匠”的零星记述。二是佛窟与佛画中工匠供养人画像与题记。三是官府和寺院的收支账目中关于工匠役使和供给的记录。(李德奇)

K000214 **影响二十世纪中国的十位人物** 石仲泉、魏克忠、蒋建龙主编。陕西人民出版社1997年1月版。25.3万字。16.20元。“二十世纪中国掠影”丛书之一。记述了中国二十世纪历史关键时刻出现的十位人物，他们的活动进而影响了历史的发展，自孙中山，袁世凯、蔡元培、陈独秀、胡适、鲁迅、蒋介石、毛泽东、邓小平、周恩来。书中有人的主体活动，有客观的历史发展，人与事交织于一起，构成了历史的丰富内容。（梁彩虹）

K000215 **中华名人书斋大观** 杜产明、朱亚夫主编。汉语大词典出版社 1997 年 9 月版。45 万字。30.00 元。收录中华古今近千位名人书斋斋名及其缘由，并以斋主生年时代为序，书中除介绍斋主生平简历外，侧重介绍其主要业绩和成就；斋名缘由部分则介绍斋名来历及其演变过程，斋室布置格局，以及书斋中的趣闻轶事。（江更生）

K000216 **唐宋十大家书信全集** 李肇祥等著。山东友谊出版社 1997 年 8 月版。100 万字。上下册。98.00 元。收录韩愈、柳宗元、欧阳修、曾巩、王安石、苏洵、苏轼、苏辙、黄庭坚、司马光等人的书信，内容广泛，涉及学术思想交流、诸子百家研究、时政议论、友朋劝勉、家庭训诫、长幼赠答等。在书信中，或抒发亲友之间的真情，或直言其政治思想及文学理论，或教以亲朋读书做人的道理，或得意失意时的心境表露及宣泄，或生活及交游的细节描述。（陶卫东）

K000217 **唐御史台精舍题名考** 清·赵钺、劳格撰，张忱石点校。中华书局 1997 年 6 月版。13.6 万字。22.00 元。唐御史台精舍碑，刻于唐玄宗开元十一年(723)，由崔湜撰文、梁升卿书、现存西安碑林。该碑碑阴、碑额、左右棱、左右侧等处，刻有唐开元十一年以前，御史台侍御史，殿中侍御史，监察御史千余人姓名。御史台为唐代中央监察机构，三院御史品阶虽不高，但职位雄要。这千余位御史姓名，是研究唐代人物的绝好的资料。本书系赵钺、劳格所撰。赵钺(1778～1849 年)，清浙江仁和(今杭州)人，劳格(1820～1864 年)，同为仁和人。赵钺属稿半成，因年老，转托劳格完成，劳格悉力考核，后因战乱，忧伤致疾而逝，手稿由友人编定成书。本书从繁富的唐代史籍中勾稽出有关史料，逐录于人名之下，征引所及，举凡制词、碑刻、方志、族谱、笔记小说中有关资料，无不详加考辨，引用史籍即达 40 余种，用功颇深。于题名予以前后参证，凡重见、三见者、均予注明。点校本以清赵魏手录本、《金石萃编》本相校，书中征引史籍全部复核一过，改正了文字的脱讹衍倒；原书所引《全唐文》等未注明卷数者，注明卷数。书后编有人名索引，以便检索。（柳宪）

K000218 **民初北洋十大将帅真传丛书** 郭剑林等著。辽宁古籍出版社 1997 年 8 月版。240 万字。160.00 元。由《袁世凯真传》、《冯国璋真传》、《段祺瑞真传》、《张作霖真传》、《吴佩孚真传》、《张勋真传》、《徐树铮真传》、《孙传芳真传》、《张宗昌真传》、《吴俊升真传》10 种组成。其特点是坚持历史唯物主义原则，本着不虚美、不掩丑，实事求是的态度还历史人物以本来面目。同时采取全新的写法，不设章节，多设小标题，行文通俗，可读性强。另外，每本书前配有珍贵的历史照片多幅，书后附传主生平大事年表及家族氏系表等资料。（高虹）

K000219 **民国人物碑传集** 中国社科院近代史资料编辑部主编。四川人民出版社 1997 年 3 月版。120 万字。198.00 元。根据历年所搜集民国各个历史时期已去世的(以 1912 年至 1949 年为限)各界知名人士之墓志铭、神道碑、基表、行状、行述、哀挽录、纪念册、事略、传记之印本、稿本、传抄本、拓片、档案等有关资料选编而成。这些碑传，一部分是未曾发表过的原始资料；而如行状、行述、哀挽录之类的印件，也多为家属编印以赠送亲友者，极少流传。全书共收录 473 人，为民国期间政界、军界、学术界、文艺界、工商界的知名人士(凡属中共党史范围内的革命人物，未予收入)，既有北洋军阀统治时期北京政府历届总统、总理，各省督军(都督、督办)、省长(民政长)，各部总、次长，各派系军阀首领，还有民初议会，政党及各派系代表人物，中华革命党人，国民党军政要员，知名学者、工商界巨子、京剧名伶、清朝遗老等。（叶勇）

K000220 **民国著名人物传** 朱信泉等主编。中国青年出版社 1997 年 10 月版。231.5 万字。121.50元。收录了在民国历史上有重要影响的一百六十多位人物的事迹，采用分篇独立的方式加以论述，探讨了他们思想发展的转轨历程，在生活中起重要影响的人物和事件，以及一生的是非功过。从辩证唯物主义的观点出发，尊重客观事实，联系当时的历史背景，对人物进行剖析，不溢美，不贬低、尽可能作出公正客观的评价。（朱文莉）

K000221 **中国文化名人与读书** 杨牧之主编。明天出版社 1997 年 12 月版。102.9 万字。94.00 元。从青少年视觉出发，介绍了中国文化名人青少年时期的求学经历、读书与做人的感悟、读书与走向成功的实绩等等。这些文化名人包括鲁迅、郭沫若、巴金、钱钟书、齐白石、钱学森、杨振宁等 25 人。体例为：卷首题记、名人小传、求学与读书故事、名人爱读的书简介、后记。书中有名人不同时期的照片。（李玉

汇)

K000222 **成功从这里起步** 副名:当代名人谈学生时代。季羡林等著。东北朝鲜民族教育出版社1997年8月版。247万字。198.00元。分40册。通过钱三强、冰心、季羡林、周培源、聂荣臻、徐向前、程思远、老舍、臧克家、关山月、吴冠中、舒同、侯宝林等百余位各界名家名人自己青春岁月的回忆,向即将跨入21世纪的青少年朋友们解答了成功从何处起步,成名的奥秘在哪里,成家的诀窍是什么,名人名家们的青少年时代是怎样度过的;等等问题。(安国锋)

K000223 **北大英烈(1~3辑)** 北京大学党史校史研究室编。北京大学出版社1997年3月版。79万字。30.25元。收录从五四运动到新民主主义革命胜利时期北京大学(含西南联合大学、燕京大学)90位革命烈士的光辉事迹,共分3辑。第一辑有李大钊、邓中夏等26位;第二辑有高君宇、张太雷、闻一多等30位;第三辑有郭钦光、黄显声等34位。(郑昌德)

K000224 **青少年的楷模** 金元主编。北岳文艺出版社1997年9月版。25万字。15.00元。比较集中地收集和较为详细地记述了太原市80年代以来,特别就近年来各条战线上两个文明建设中涌现出的数十名先进代表人物的模范事迹。其中有生命不息,挖山不止,十几年奋战在治理渣山岗位上的当代活愚公李双良;敬业爱岗,苦练硬功,默默奉献的优秀交警秦红军;数十年如一日,风雨无阻,义务为群众修理灶县,人称太原徐虎的叶晋庆;不畏艰险、艰苦创业,几十年奋斗在采煤第一线的采煤队队长亢龙田等。他们都是来自各条战线上不同岗位上的先进人物,他们在平凡的岗位上创造了不平凡的业绩,用心血和汗水铺就了一条成功之中。他们的故事,朴实生动,真实感人,促人深思,催人奋进。(冯云)

K000225 **辽宁党史人物传** 辽宁党史人物研究会编。辽宁人民出版社1997年4月版。30万字。18.00元。"辽宁党史人物传"拟编二十余卷,本书为第一卷。辽宁省从1923年第一个党组织建立以来,有一大批革命先驱在辽宁工作、奋斗、流血、牺牲。民主革命阶段,有关向应、刘少奇、杨靖宇等人在辽宁地区党组织和中共满洲省委、东北抗日联军中担任重要职务。解放战争中和社会主义革命、社会主义建设阶段,又有一批党和国家重要领导人在辽宁工作和战斗过,并涌现出孟泰、雷锋等一批英雄模范人物。本书以党史人物个人实践活动为中心,记述他们的家世、童年、青少年时代所受的教育,社会影响和思想变化过程;总结他们的成功与挫折、正确与失误、功与过、是与非的经验教训;颂扬他们为中国革命和建设做出的重大贡献和丰功伟绩;记录他们真实、光荣的人生道路。由此而形成的党史人物传记,不仅使中共党史更加翔实、具体、形象、生动;同时,也为我们发扬党的光荣传统,搞好党的建设和社会主义精神文明建设提供了极为宝贵的教材。本书传主是:任辅臣、陈为人、陈镜湖、关向应、王立功、苏子元、阎宝航、刘澜波、王仁斋、张中孚、白乙化、邓铁梅、孙铭武、孙铭宸、赵承金、靳树梁、郭俊卿等。(刘中平)

K000226 **闽籍著名华人风采录·安溪卷** 李鸿阶主编。福建人民出版社1997年11月版。14.3万字。18.00元。选取了十几位著名安溪乡贤的传略。书中不仅介绍他们艰苦创业的峥嵘岁月,为家乡的建设呕心沥血,还通过这些具有代表意义的充满传奇色彩的故事,去努力探求和挖掘那种蕴含于故事之中,凸显于传奇之外的安溪人的骨气、品德和精神。(刘亚忠)

K000227 **香港人名录** 海南出版社1997年1月版。500万字。380.00元。收入香港政治、经济、法律、教育、文化、艺术、科技、公共事业、社会服务等各界人士的个人公开资料2 000条目。包括姓名,照片,性别,出生日期,居港年期,出生地,国籍,服务机构及职务,专业资格,学历,作品,荣衔,奖项,社会服务,政治团体,会所(社交组织),补充资料,电话号码,传真号码,通讯地址等内容。书后附有中华人民共和国香港特别行政区第一届政府推选委员会名单。(王纪卿)

K000228 **年谱丛刊** 中华书局编辑部选编。中华书局1986年至1997年版。250万字。32开本。选收的历代重要年谱均为宋元明清重要的刊本或稿本,选收的原则为:(1)谱主是历史上较有影响或有代表性,年谱又有一定的学术资料价值;(2)谱主虽不是历史上很著名的人物,但年谱资料丰富,有较高的参考价值;(3)有些年谱因字数少,根据"依类相从"的原则,将几个人的年谱合为一编;(4)凡同一谱主有两种或两种以上年谱,而又各具特点、立论不同的,亦可选收。年谱一般分两部分:一部分是正谱,另一部分是附录。附录内容又分两类:一是有关谱主的传记资料,如史书中的本传、墓志、行状、神道碑铭等;一是后人对该谱的专题考证文章,序跋题记等。

这套丛刊不仅仅是年谱的整理出版；更兼有研究资料汇编的性质。1986 年以来，已陆续出版陶渊明、韩愈、司马光、王夫之、李塨、黄丕烈、查继佐、查慎行、王士禛、颜元、陆陇其、鄂尔泰、张廷玉、王安石、黄宗羲、仉之璐、阎若璩、阮元、朱熹等谱主的年谱。（赵东）

K000229 **中国社会科学家自述** 国务院学位办公室编。上海教育出版社 1997 年 12 月版。139 万字。75.00 元。收录 450 篇社会科学家自述。各篇个人简介配有作者照片与亲笔签名，介绍则突出学术经历与学术成就，各篇自述文章风格自由。其内容，不论是叙述富有传奇色彩的经历，或是追忆求学的艰难，总结获得深厚思想素养与丰富知识积累的重要条件，读者均可强烈地感受到社会科学家们对祖国、对事业、对人生的炽热情怀，从而对他们的敬业精神、奉献精神自然产生深深的敬意。

K000230 **丁汝昌集** 戚俊杰、王记华编校。山东大学出版社 1997 年 8 月版。33.1 万字。18.50 元。收录了丁汝昌统领北洋海军期间的函稿、电报以及有关图片资料，并将其按照时间顺序加以整理编订。丁汝昌函稿、电报，上及国家大事、军事内幕及中外关系，下及故旧托求，同僚朋友间的酬答唱和，甚至内心衷曲的流露，更多的是北洋海军的日常军务及由此生发的若干事情。书后附有《丁汝昌年表》。（马新）

K000231 **人生楷模——李国安** 郭建跃著。河北人民出版社 1997 年 1 月版。14.8 万字。14.60 元。“人生楷模丛书”之一。“模范团长”李国安的传记。记述了一个自幼失去父亲，与母亲相依为命的苦孩子，在共产党的培养下成为一名优秀的解放军指挥员、“和平建设年代最可爱的人”的成长过程；记述了李国安为党为人民忘我工作，率领给水团官兵历经千辛万苦，为边防部队，为工厂，为牧区寻水掘井的感人事迹。（解京宁）

K000232 **人生楷模——徐洪刚** 陈允传、阎金久著。河北人民出版社 1997 年 1 月版。15 万字。14.60 元。“人生楷模丛书”之一。通过对徐洪刚见义勇为与歹徒殊死搏斗的场面及其成长过程的描述，深刻分析了指导其行为的思想基础，热情颂扬了当代青年捍卫正义、打击邪恶，见义勇为，不怕牺牲的崇高精神。（解京宁）

K000233 **人生楷模——雷锋** 陈广生著。河北人民出版社 1997 年 1 月版。17 万字。14.60 元。“人生楷模丛书”之一。展现了一个伟大的共产主义战士雷锋短暂而光辉的一生。一个出身贫苦家庭的孤儿，在党的关怀和培养下茁壮成长，从学校到农场，从工厂到部队，像一颗永不生锈的螺丝钉，紧紧钉在自己的岗位上，全心全意投入工作之中，全心全意地为人民服务。歌颂了雷锋憎爱分明的阶级立场，言行一致的革命精神，公而忘私的共产主义风格，奋不顾身的无产阶级斗志。（解京宁）

K000234 **少年军事百科全书·中国军事人物卷** 黄瑶编。明天出版社 1997 年 8 月版。23 万字。从中国历史上成千上万的军事人物中选出 145 名，简要记述了他们的戎马生涯和军事思想。所选人物侧重现代，兼顾古代和近代；有的对中华民族的形成和中国的统一做出贡献，有的体现了崇高的爱国主义情操和民族气节，有的有胆有识、足智多谋，有的在军事理论上有所建树。每个人物均附有绘像或照片。（孙晓平）

K000235 **中华将帅书系** 李普、白刃、王昊等著。上海文艺出版社 1997 年 7 月版。200 万字。118.00元。有 6 部作品：《一代军事奇才——刘伯承元帅传》（再版）李普著；《人类庄严一典型——罗荣桓元帅纪事》（再版）白刃著；《青松挺且直——一个老兵心目中的陈毅元帅》（再版）王昊著；《青山大学出奇兵——徐海东将军传》（再版）张麟著；《非凡的年代——我的父亲罗瑞卿》（再版）点点著；《百战情思——叶建民将军回忆录》（初版）叶建民著。这些作品真实、生动地描绘了将帅们的崇高形象，记述了将帅们的生活经历，战斗征程，对许多震惊中外的战役、战斗都作了准确、详尽的回顾。展示了无产阶级革命家、军事家特有的魄力和天才。（姜金城）

K000236 **中国人民解放军六位英模丛书** 张林等著。敦煌文艺出版社 1997 年 12 月版。60 万字。70.00 元。是系统反映张思德、董存瑞、黄继光、邱少云、雷锋、苏宁这 6 位英模成长和成名过程，真实再现六位英模一生中许多鲜为人知的一面。（富康年）

K000237 **成吉思汗传** 陆文海著。河北人民出版社 1997 年 8 月版。19.8 万字。15.60 元。“世界十大军事家丛书”之一。成吉思汗是蒙古族历史上最伟大的英雄。他崛起于危难之中，统一蒙古各部，建立蒙古帝国，屡攻西夏和金朝，继而西进，攻灭西辽、花剌子模，驰骋于中亚和东欧广大地区，建立了规模空前的大帝国，称誉为“世界征服者”。本书共分 18 章，即“一、草原风云”、“二、战神诞生”、“三、少年磨难”、“四、娇妻被劫”、“五、初登汗位”、“六、统一蒙古”、“七、义子父父”、“八、射落太阳”、“九、成吉思汗”、“十、兄弟阋墙”、“十一、五攻西夏”、“十二、蒙金之战”、“十三、西征奏凯”、“十四、追杀穷寇”、“十五、亚欧风暴”、“十六、雪山问道”、“十七、天骄归天”、“结语、不朽丰碑”。后附《成吉思汗生平大事年表》。(杨永林)

K000238 **孙武传** 刘春志著。河北人民出版社 1997 年 8 月版。20.9 万字。16.50 元。“世界十大军事家丛书”之一。孙武为中国兵家鼻祖,被誉为“兵圣”,其军事理论巨著《孙子兵法》更是被古今中外的军事家、政治家、企业家等推崇备至。本书先描写孙武辉煌的军事生涯,再介绍《孙子兵法》的意义、历代对它的研究和发展以及它走向世界的经过。本书共 9 章,第一章“惊天地兵圣诞生”,第二章“初涉世锋芒毕露”,第三章“寻发展去齐奔吴”,第四章“姑苏城初展风姿”,第五章“破强楚功成名就”,第六章“观时变挂冠归隐”,第七章“铸丰碑流芳百世”,第八章“泽华夏名冠古今”,第九章“震寰宇走向世界”。后附有《孙子兵法》原文和白话及孙武生平大事年表。(杨永林)

K000239 **苏宁** 中夙、杜守林著。敦煌文艺出版社 1997 年 12 月版。10.5 万字。12.00 元。“中国人民解放军六位英模丛书”之一。苏宁是和平时期涌现出来的中国人民解放军英模。本书再现了英雄献身国防现代化建设不惜牺牲宝贵生命的进取精神与动人事迹。(富康年)

K000240 **李德生回忆录** 李德生著。解放军出版社 1997 年 6 月版。33 万字。32.00 元(精)。自传体回忆录。作者回顾了自己从 1930 年参加红军,到 1990 年离开国防大学第一线工作岗位,整整 60 年风雨峥嵘的斗争岁月,在这漫漫人生征程中,李德生将军经历了从战士到排连营团师军和大军区各级指挥员岗位和军委领导工作,从使用大刀步枪到指挥合成兵种,同国民党反动派、日本侵略者,美帝国主义的军队,进行了 20 多年紧张激烈的革命战争;又经历了和平时期军队建设所走过的曲折道路。他所生活的时代是中国近代史上风雷巨变的历史大转变时期,他在回忆录中以亲身经历,从一个侧面记录了半个多世纪的时代风云。(郭莹)

K000241 **邱少云** 师永刚著。敦煌文艺出版社 1997 年 12 月版。10 万字。11.50 元。“中国人民解放军六位英模丛书”之一。邱少云是抗美援朝时期涌现出来的中国人民志愿军著名战斗英雄。本书真实再现了志愿军一级英雄邱少云短暂的人生旅途中许多鲜为人知的经历及其视纪律重于生命的不朽形象。(富康年)

K000242 **张思德** 张林著。敦煌文艺出版社 1997 年 12 月版。8.7 万字。10.50 元。“中国人民解放军六位英模丛书”之一。张思德是抗战时期涌现出来的英雄模范。他牺牲后毛泽东同志曾为其题词并撰写了《为人民服务》一文。本书以纪实的手法,追述了人民战士张思德平凡而伟大的一生,并通过对英雄事迹的描写,讴歌了中国共产党和中国人民解放军全心全意为人民服务的伟大宗旨。(富康年)

K000243 **罗炳辉将军** 中共云南省委党史研究室编。云南人民出版社 1997 年 10 月版。37 万字。32.00 元。描述了罗炳辉廉洁清正,疾恶如仇,追求进步,追求革命,追求真理的一生和他具有的军事指挥才能及多谋善断,机智灵活,英勇顽强,治军严、善用兵、善带兵的特点,同时也再现了老一辈无产阶级革命家之间的革命友谊和革命情义,以及罗炳辉从一个贫穷农家苦孩成长为一代名将、杰出军事家的极富传奇的一生,特别是在担任我军高级指挥员后,创造了许多为人称道的作战范例和为丰富毛泽东军事思想作出的卓越贡献。(文永清)

K000244 **将帅风云录** 刘培一等著。中国大百科全书出版社 1997 年 7 月版。224 万字。191.00 元。共 4 种,即《十元帅风云录》、《十大将风云录》、《上将风云录》和《中将风云录》。丛书所收录的人物,除极个别走向革命的反面外,大都是为新中国的成立而披荆斩棘、不屈不挠、浴血奋战,并为新中国的建设呕心沥血、鞠躬尽瘁、死而后已的我军高级将领。其中,有伟大的无产阶级革命家、军事家,有功勋卓著、驰名中外的战将,也有卓越的政治工作者、杰出的后勤工作者。他们在战火纷飞和白色恐怖的年代,南征北战、出生入死、前赴后继、英勇奋斗,为推翻反动统治,为民族的独立和解放建立了不朽的功勋。丛书并不是着重反映他们戎马一生的历史传记,而是针对人物的特点,从一个侧面撷取他们在漫长的革命战争时期和社会主义建设年代最为闪光的、富有传奇特色的轶事和风采。

K000245 **将军自述丛书** 李德生等著。辽宁人民出版社 1997 年 8 月版。136 万字。131.50 元。包括《王平将军自述》、《李德生将军自述》、《杨成武将军自述》、《耿飚将军自述》、《伍修权将军自述》、《吕正操将军自述》、《莫文骅将军自述》、《梁必业将军自述》、《曾克林将军自述》等 9 种。以自述的形式记录下老将军们的人生经历和感受。展示了他们的不凡人生。同时也对党史、军史中的一些重大事件,以亲

历者的身份做了介绍和说明及必要的修证。(杨永富)

K000246 **秦基伟回忆录** 秦基伟著。解放军出版社 1997 年 9 月版。27.9 万字。30.00 元。记述了秦基伟将军半个多世纪的军旅生涯,从浴血长征路到奔赴抗日前线,从谈判席上的斡旋到对蒋的千里追击,不仅记录了老将军的革命生涯,又是我党我军历史进程的写照。书中既有惊心动魄的战场洗礼,又有政治舞台的风云变换,既有将军的豪情,又有普通人的情感。文笔生动朴实,情感真挚感人,并记录了许多鲜为人知的史料。(郭莹)

K000247 **莫文骅回忆录** 莫文骅著。解放军出版社 1997 年 9 月版。42 万字。45.00 元。作者以朴实无华的语言讲述了自己由一个青年学生,在革命的指引下步入人生道路,经受了战火的考验与锻炼而逐渐成长为我军的一名高级将领的曲折过程。莫文骅将军以翔实的史料向读者重现了当时许多重大历史事件的源尾,如百色起义、万里长征、辽沈、平津战役,以及解放后的抗美援朝、装甲兵的组建等具有历史意义的战役与事件。(郭莹)

K000248 **黄继光** 石钟山、余飞著。敦煌文艺出版社 1997 年 12 月版。10 万字。12.00 元。“中国人民解放军六位英模丛书”之一。黄继光是抗美援朝时期涌现出来的中国人民志愿军著名战斗英雄。本书以大量的第一手材料和精到细致的描写,再现了英雄极具个性特征的成长过程与以血肉之躯堵枪眼的大无畏的革命气概。(富康年)

K000249 **董存瑞** 曹慧民、俞进军著。敦煌文艺出版社 1997 年 12 月版。11 万字。12.00 元。“中国人民解放军六位英模丛书”之一。董存瑞是解放战争时期中国人民解放军特级战斗英雄。本书全面集中地展示了英雄成长的过程,再现了一位只有在中国共产党的领导下才会产生的为解放全中国而舍身炸碉堡的惊世英雄的真实形象。(富康年)

K000250 **游击三千里——抗战中的徐向前** 王文仲著。国防大学出版社 1997 年 6 月版。34.2 万字。20.60 元。书中所反映的是徐向前波澜壮阔、五彩缤纷的一小段历史,即他在抗日战争时期的一段历程。热情讴歌了徐向前追求理想信念的执著、忍辱负重的精神,崇高的思想道德情操,热情讴歌了徐向前和众多将士们为民族解放事业不屈不挠、英勇奋斗的光辉业绩。(马凤江)

K000251 **雷锋** 杨民青著。敦煌文艺出版社 1997 年 12 月版。10.5 万字。12.00 元。“中国人民解放军六位英模丛书”之一。以全新的视角,重新塑造了一个更加真实可信的为人民服务精神实践者——雷锋的光辉形象。(富康年)

K000252 **蔡锷新论** 郭汉民、严农主编。湖南人民出版社 1997 年 9 月版。41.5 万字。20.00 元。纪念蔡锷逝世 80 周年国际学术研讨会的论文选集。(穆陵宁)

K000253 **刘廷芳传** 缪俊杰著。花山文艺出版社 1997 年 1 月版。10 万字。16.00 元。介绍了刘廷芳的生平。美籍华人刘廷芳先生是本世纪的同龄人,也是一位卓有成就的实业家。本世纪二、三十年代,他留美学成回国后,在家乡湖南创办实业、开办银行。30 年代初进入国民政府资源委员会任职,1936 年任“密使”,去南京说服蒋介石,化解了因“两广事变”可能发生的一场内战危机。抗战期间,在国民政府任职,管理能源和外贸,为抗战做出做贡献。抗战胜利后,在海外就医,后到美国,定居纽约,一去就是四十多年。其间,在美从事过教育,创办实业,成为美籍华人中德高望重的人物。中国改革开放以来,刘先生不顾年事已高,多次回国,频繁访问海峡两岸,为祖国的四化建设和统一大业不辞辛劳,做出了自己的贡献。

K000254 **吴仁宝评传** 冯治著。人民出版社 1995 年版。36.7 万字。25.65 元。传主是全国著名劳动模范,曾当选为中共“十大”、“十一大”代表,中共江苏省第六、七届委员会委员,江阴县委书记,第六、七届全国人大代表;现任江苏华西村党委书记,江苏华西集团公司董事长,第八届全国人大代表等。本书揭示吴仁宝带领华西人致富的奥秘为主线,详实生动地记述了吴仁宝带领华西人团结奋斗、艰苦创业的历史,探究华西村一些具有普遍性与特殊性的经济与社会发展规律,展示中国农村未来走向。(张昭军)

K000255 **马寅初** 杨建业等。花山文艺出版社 1997 年 3 月版。20 万字。13.00 元。“著名民主人士传记丛书”之一。记述了这位著名民主人士光辉而坎坷的一生。在国民党特务的枪口下,他大义凛然地发表演讲,抨击腐败透顶的蒋介石政权;在满院飞舞的大字报猛烈批判声中,他毫不屈服坚持自己的正确人口观;在最知己的朋友和最可信的领导人周总理劝他写检查的时候,他权衡再三,还是选择了坚持真理,拒不检讨;在他 80 高龄之际,党和政府给他平了反。

K000256 **刘晏** 张鸿生著。解放军出版社

1997年1月版。18.7万字。13.00元。“中国历代智囊人物丛书”之一。记述了唐代经济学家、理财家刘晏充满悲剧色彩的一生。唐朝贞观之治和开元盛世犹如两座丰碑屹立在中华民族之上。安史之乱使唐朝政治、经济遭到极度破坏。动乱之后必有改革,刘晏与杨炎脱颖而出,成为唐王朝锐意革新、善理财政、改革税赋的杰出代表。他们一个前超弘羊,一个功比商鞅。然而,两人又犹如寒暑不能并季,冰炭不可同炉。刘晏秉公诛灭贪赃纳贿的元党,元党骨干杨炎却挟私报仇构陷冤杀刘晏,刘晏死里逃生度过鬼门关,但最终被奸相卢杞诬罪诛灭。(郭莹)

K000257 **三湘教育家研究丛书(第一辑)** 滕纯主编。湖南教育出版社1997年版。65.5万字。37.80元。共3册。全面地、深入地研究阐述湘籍教育家杨昌济、成仿吾、周谷城的教育实践活动和教育思想观点。在充分占有资料的基础上进行分析,透过具体的史实反映他们在近现代教育史中所处的地位和所起的作用,着重发掘其思想内涵及其现实意义,力求写出他们的思想特点和主要贡献。还对国内外学者评价这3位教育家的言论、观点进行评述。(孟可文)

K000258 **中国当代古籍整理研究学者名录** 曹亦冰主编。北京图书馆出版社1997年3月版。105万字。72.00元。所收当代中国大陆从事古籍整理与研究工作的具有高级学术职称的学者个人简历、学术成果和正在开展的课题。(卢玉荣)

K000259 **闲话辜鸿铭** 黄兴涛著。海南出版社1997年5月版。14万字。16.80元。分为12章。第一章“蓄辫斗士”;第二章“非同寻常的出身”;第三章“罕见的语言天才”;第四章“独到的近代翻译家”;第五章“平生嫉恨乃歧华”;第六章“最为反感的崇洋”;第七章“醇儒的文化观念与信念”;第八章“为纳妾制护法”;第九章“旧式妇人的痴情汉”;第十章“金莲之癖”;第十一章“盖世孤忠”;第十二章“名士风流”。(苏斌)

K000260 **胡适印象** 郜元宝编。学林出版社1997年1月版。17万字。13.00元。“印象书系”(第一辑)之一。胡适,中国新文学史上一位天然的领袖人物,以“文学革命”和“全盘西化”而在中国学界与文坛声名隆重。但观其一生的交游和生活,却又无不浸染着传统文化的氤氲。作为一名卓荦不凡的知识者,胡适学问的博大精深与对政治的游刃有余,显示了中国传统学人“出于幽谷,迁于乔木”,自在自得的文化性格。本书以一个个具体实在的感受实例,剥茧抽丝般刻画了一个活生生的人物形象,凸现了这位开创文坛一代风气的宗师独领风骚的文化意绪和亲善包容的通达性格。(许钧伟)

K000261 **梁漱溟印象** 张岩冰编。学林出版社1997年12月版。14.5万字。11.00元。“印象书系”(第三辑)之一。梁漱溟先生的一生经历了几乎一个世纪:从清末到民国,再到新中国。在近一个世纪的风霜雨雪里,梁漱溟的名字又往往意味着“不合时宜”,正是这种“不合时宜”使人们或褒或贬津津乐道——由北大任教到山东大学,由访问延安到参与国共和谈,由因顶撞毛泽东而遭批判到重新成为学界的引人注目的热点。梁漱溟生性淡泊,又仗义执言,刚正不阿,一生穿行于儒道之间,执著地宣扬东方文化。在家人面前,他是一个通达的老人;在学生心目中,他是一个有情有义有学问的师长;在有些人的眼里,他常常是一个固执己见而又具有天资的“不合时宜”的“圣人”。(许均伟)

K000262 **辜鸿铭印象** 宋炳辉编。学林出版社1997年12月版。20万字。13.50元。“印象书系”(第二辑)之一。人称“辜老太”、“辜疯子”的近代中国文化怪人辜鸿铭,博通西洋,饱读中外典籍,却是一个坚定彻底的文化保守主义者,生前死后都以其怪异而著称中外。他的一生富于传奇色彩——一方面,他的言行举止在近代中国大变迁的文化时空里显得怪僻扎眼,而他本人也始终不懈地以怪招示人;另一方面,他是五四前唯一有份量的向西方世界积极弘扬中国文化并产生相当影响的学者,是中学西渐的独特代表。本书从多个侧面,采英咀华,勾勒了中西文化交汇中的辜鸿铭形象与思想,从这些生动细致的描述和论析文字中,读者将会看到:辜鸿铭之怪,有的是事出有因;有的乃故作姿态;有的是无可奈何;有的则发人深思。(许钧伟)

K000263 **傅斯年印象** 王为松编。学林出版社1997年12月版。21万字。14.00元。“印象书系”(第二辑)之一。展示了曾被文坛称为“中国的蟋蟀”的傅斯年生动而坚执的一生,揭示了他为信仰与学术不屈不挠、坚守立执的机敏与坦荡、认真与自恃。(许钧伟)

K000264 **湘绮楼日记** 王闿运著。岳麓书社1997年7月版。250万字。148.00元(精)。共5册。所记皆作者所见所闻,因王闿运交游极广,又正处中国社会剧烈变动时期,以其特有的身份和学识,记录这将近半个世纪的社会变化,故日记不惟可见王闿运本人生活的各个方面,也从一个侧面反映了当时一些文士和官僚的面目,对於了解和研究清末民初这一特殊时期的文化、学术及历史、政治,都有较高的史料价值。王氏日记在民国十六年(1927)由商务印书馆出版时,已有遗佚,且作者误笔、手民误植之处较多。此次整理出版进行了大量的辑逸和校勘工作,体现了较高的学术水平。(饶毅)

K000265 **我的父亲张元济** 张树年著。东方出版中心 1997 年 4 月版。19 万字。19.00 元。张元济是中国近年出版业的先驱,商务印书馆的创始人之一。参加戊戌变法被革职,后来两次辞官而不就。1902 年进入商务印书馆,从文化出版界开始了伟大的起步。曾先后任编译所长、经理、董事长,使商务印书馆从最初一个微不足道的小印刷所发展成为一个中国最大的文化出版企业。本书是张元济的儿子张树年对父亲的回忆录。作者在张元济身边生活了 52 个年头,通过儿子深情的笔墨,介绍了张元济与家人的生活细节、与亲友交往的趣闻轶事,重现了一个既严厉治家又充满温情的父亲形象,反映了一位在文化事业上有所成就的学人人生的一个侧面,并从家庭生活中的点滴展现出一代大家在推动 20 世纪中国文化产业化进程中的艰辛和努力。(钟蕾)

K000266 **邹韬奋传记** 马仲扬、苏克尘著。重庆出版社 1997 年 9 月版。46.7 万字。33.50 元。全书 42 章,并附韬奋年谱。真实而生动地展示了中国现代文学史上杰出的知识分子、文化巨人、著名的新闻记者、政论家、编辑家、出版家邹韬奋平凡而伟大的一生。即一个接受过封建主义和资本主义教育的一般知识分子,在中国共产党的帮助下成为一个积极的爱国主义者的人生轨迹;展示了韬奋以笔代剑为民族,为民主政治和进步文化事业奋斗不息的革命精神和以至真至诚为人民服务,为大众谋利益的崇高品格。书中具体描绘了韬奋与周恩来、鲁迅等人的交往,也描绘了他同杜月笙、张道藩、刘健群、蒋介石等人的斗争。(余国枢)

K000267 **电大人的风采** 副名:全国广播电视大学 15 周年校庆受表彰者先进事迹录。舒子佳等编。中央广播电视大学出版社 1997 年 5 月版。51.6 万字。26.00 元。汇集了全国广播电视大学优秀主讲教师、优秀教育工作者和优秀电大毕业生的先进事迹。(张静)

K000268 **刘古愚评传** 任大援、武占江著。陕西人民出版社 1997 年 10 月版。22 万字。15.00 元。刘光蕡,字焕唐,号古愚,陕西咸阳天阁村人,生于 1843 年,卒于 1903 年。刘古愚的一生始于晚清民族危机深重之时,在他诞生的 1843 年,正是因鸦片贸易英国殖民主义者向中国发动侵略战争,清政府屈于英国压力签定五口通商章程之际。不久又发生了太平天国运动。在这种情况下,熔铸了刘古愚爱国忧民的情怀。戊戌变法之际,受新思潮影响,创立学会,筹办工厂,并到江浙考察,鼓吹河套屯田,教育改革,对康有为的改革、变法维新表示衷心的钦佩,竭尽全力去做,当时有"南康北刘"之称。变法失败,刘古愚在家坐等狱卒来捕,毫无惧色。后到深山隐居,竭力经营义学,以教育兴国,播种改革种子,民国初年陕西的改革和革命先辈,大都受过刘古愚的影响。刘古愚是晚清时期的启蒙者、教育家,其一生著述在他去世后由其弟子编辑刊行,计有《烟霞草堂文集》10 卷、《烟霞草堂遗书》17 种 21 卷、《遗书续刻》4 种 4 卷。本书系统研究刘古愚的著作和思想。(王敏)

K000269 **我的中国心** 副名:中国奥运军团英雄自述。国家体委宣传司编。少年儿童出版社 1997 年 9 月版。12.00 元。收有 30 篇中国体育运动世界冠军如何为国争光的自述文章,有王军霞的《为了给世界一个中国人舒心的笑》、乐靖宜的《我成功了,因为我的背后是祖国》、伏明霞的《这几年,我没有一天舒服日子过》、李小双的《世上无难事,永远争第一》、邓亚萍的《拼搏,永远的生命轨迹》、王涛的《十三岁只身闯新疆》、孙福明的《我向无名的英雄深深地鞠上一躬》、王义夫的《祖国永远在我心中》、杨凌的《妈,奥运会金牌我一定能拿回来》、李对红的《这辈子,我离不开枪了》,等等。(洪祖年)

K000270 **中国语言学人名大辞典** 陈建初、吴泽顺编。岳麓书社 1997 年 7 月版。188 万字。98.00元。凡从事中国语言学研究的古今中外学者皆为入典对象,立传内容包括:姓名、性别、生年、籍贯、最后学历和学位、毕业校系以及时间、师承、现供职单位、职称(职务)、主要研究方向、目前研究课题、今后研究计划、已出版的语言学研究专著和论文(给出表和出版的时间,刊物和出版社名称)、学术获奖情况、现通讯处及邮码、电话、电传等。(饶毅)

K000271 **钱玄同印象** 沈永宝编。学林出版社 1997 年 12 月版。20 万字。13.50 元。"印象书系"(第二辑)之一。钱玄同先生是文学革命滥觞时期屈指可数的启蒙思想家,作为国学大师章太炎先生的高足、音韵训诂大家、北京大学教授而参加文学革命运动,使得这个运动"声气腾跃"。钱先生"学有本源,语多行话",对于文学革命理论及其实践颇多贡献。他的"白话体文学"说推动了胡适白话文学体系的最后完成,并且在他的倡议和示范下,白话文学理论全面付诸实施。他与鲁迅、周作人互相启发,在白话文学的基础上提出了思想革命的主张,使文学革命运动在"形"和"质"两个层面上同时展开,因而催生了从"介壳"到"内心"都焕然一新的新文学。(许钧伟)

K000272 **演讲大师李燕杰** 赵正元著。广西人民出版社 1997 年 6 月版。29 万字。19.50 元。记述了李燕杰大半生特别是自 1977 年走上社会进行演讲至今 20 年的不平凡的经历。全书分"成名之前"、"一鸣惊人"、"德育专家"、"巡回大使"、"李燕杰现象"、"铸魂工程"、"潮起潮落"等 17 部分,包括他创办北京自修大学、青年教育艺术研究所、中华教育艺术研究会、《教育艺术》杂志及羲黄文化研究院的经过,记述了李燕杰在经历了"蛇口风波"等挫折之后仍坚持演讲,并在形式和内容上不断有所突破的顽强精神。书中还用不少的篇幅介绍了李燕杰在社会主义精神文明建设中所作出的独特贡献和有益探索。(马丕环)

K000273 **王蒙——"放逐"新疆十六年** 方蕤著。东方出版社 1997 年 10 月版。17 万字。18.00 元。作家王蒙 1957 年被错划为右派分子后即失去了写作权利。1963 年他举家西迁新疆,不久又遭遇十年浩劫,他再次被"放逐"到十分偏僻落后的南疆边远农村,在那里一住就是八年。这期间他备受磨难,一度消沉,颓丧,"深感生命被搁置的痛苦"。但他很快战胜了自己;新疆当地群众的关心爱护也给了他力量。在 40 岁生日之际,他重又拿起已扔掉十几年的笔,开始写作。"四人帮"被粉碎,丰厚的生活积累使他很快进入创作高潮,他的生命又掀开了新的一页。本书十分详尽而生动地记录了王蒙这一段特殊的风雨历程。作者方蕤(即崔瑞芳)是王蒙患难与共的忠实伴侣,在十六年漫长的岁月中,她始终以自己的一片深情温润着王蒙受伤的心灵,同时也体察入微地关注着王蒙前进的每一个脚步。她记录下王蒙的欢乐与痛苦,像诉说家常一样从各个侧面展示出一个在逆境中苦苦奋斗的真实的王蒙,读后引起人们深刻的反思,也从中得到许多启示。附录了王蒙以新疆十六年为素材创作的部分作品。(吴承琬)

K000274 **日记四种** 陈文新译注。湖北辞书出版社 1997 年 2 月版。38.3 万字。15.00 元。"古籍今读精华系列"之一。结集了 4 位文学古人的日记:北宋黄庭坚的《宜州家乘》、南宋陆游的《入蜀记》,明朝袁中道的《游居柿录》及明末清初叶绍袁的《甲行日注》。书中或叙事,或抒情;或采史迹稗闻,记诗文唱和,真实地记录了作者某一人生阶段的行状,对研究当时的风土人情及作者本人,具有一定的史料价值。(王重阳)

K000275 **中国作家访谈录** 沈苇武红著。新疆青少年出版社 1997 年 8 月版。30 万字。14.80 元。通过对国内部分知名作家、诗人等的采访,生动地凸现出作家真切的形象,传达出创造者的真知灼见,使他们的形象更趋立体、完整、真实、可信、或机智幽默,或率真热烈,或深刻透彻,或矜持沉吟……真情跃然纸上,其音容笑貌犹在眼前。(金锐)

K000276 **"中国现代文学大师的青少年时代"丛书** 傅光明、沈小兰等著。安徽少年儿童出版社 1997 年 11 月版。90 万字。69.00 元。叙述了鲁迅、郭沫若、茅盾、巴金、沈从文、朱自清、艾芜、冰心、徐志摩、杨绛等一批现代文学史上杰出作家青少年时代的学习、生活和人生选择的故事。他们中或者是"五四"新文化运动的前驱、如鲁迅、郭沫若、茅盾等,或者就"五四"新文化精神的继承者,如巴金、艾芜等,都无一例外地站在时代的前列,以彻底的反帝反封建的姿态,用笔探索着,向旧时代进击,用青春的生命之光照亮着自己,也照亮别人,把人生理想,生命价值,与中华民族的新生紧密地联系着。鲁迅"寄意寒星荃不察,我以我血荐轩辕"的孤愤,郭沫若对祖国"狂飙少年"式的赤子之心,冰心身在国外,心系万里长城的家国之思,等等,都使他们的青春更加绚烂、壮丽。(方石娅)

K000277 **中国现代作家日记丛书** 陈漱渝、李义儒主编。山西教育出版社 1997 年 11 月版。266.8万字。114.80 元。收录了在中国现代史上为中华民族的文化事业作出突出贡献的知名作家胡适、郭沫若、叶圣陶、茅盾、郁达夫、郑振铎、阿英、柔石、沙汀、蒲风等 10 位著名作家的文化价值大、可读性较强的部分日记,按时间顺序编辑成册。这些作家个性鲜明、自成一家;以大气度、大手笔记录其生平、思想和创作,落笔行为、或洋洋洒洒,或三言两语,其机敏、聪慧、修养、学识、才气、情性,尽在字里行间,言有尽而意无穷。(李梦燕)

K000278 **巴人传** 方凡人著。湖南文艺出版社 1997 年 12 月版。27.3 万字。15.00 元(简精)。分 18 章,以翔实的材料,反映了巴人战斗一生的光辉事迹,描写了他曲折而坎坷的人生经历。再现了他早年与茅盾、郑振铎等一起从事革命文艺活动,在广州、上海从事北伐战争活动和工人运动工作,在香港、新加坡和印度尼西亚从事爱国抗日救亡活动；表现了他解放后出任我国首任驻印尼大使，为建立中印两国的牢固友谊做出的贡献；而后任人民文学出版社首任社长兼总编辑，为我国的出版事业、为培养青年作家，呕心沥血，做出了卓著的成绩。巴人一生著作等身，出版了36部著作。本书用3章的篇幅介绍了他各个时期的文学活动和文学创作情况。书后附录有：《巴人生平大事记》和《王任叔著译书目》。（陈仿麟）

K000279 **老舍** 舒济、舒乙、金宏等著。北京燕山出版社1997年1月版。5万字。418.00元。大型画册。全书共分6个部分，即：正红旗之子(1899～1924)，东方学院(1924～1930)，第二故乡(1930～1937)，八方风雨(1937～1946)，美国之旅(1946～1949)，热爱新北京(1949～1966)。收录了老舍一生工作与生活的珍贵照片958幅。重要历史文献100多份。反映了文学家老舍一生经历的不同时代和他从事创作的活动轨迹。画册中收录的照片是近年来从国内外各个方面蒐集整理的，分别表现了老舍幼年北京的生活与求学，在济南的生活与工作，在四川重庆参加抗战活动，在美国讲学与创作，尤其以大量篇幅集中表现了新中国成立以后，老舍以高亢的热情投入社会主义建设的生活写照。（赵玏）

K000280 **老舍与读书** 张功臣著。明天出版社1997年12月版。12万字。12.00元。"中国文化名人与读书丛书"之一。按照时间顺序介绍了老舍先生的读书生涯。少年老舍在贫困中发愤苦读，饱览了唐诗、宋词、明清小说等文学名著，打下了深厚的中国古典文学功底。25岁那年，老舍应聘到英国伦敦大学东方学院教授汉语，在此期间，他广泛地阅读了西方古典文学作品和近代欧美各派作家的代表作品。这些作品的思想内容和创作风格，对老舍产生了深刻的影响，拓宽了他的文学视野，丰富了他的文学修养，吸引他走上了创作的道路。除了介绍老舍先生的读书生涯外，书中还介绍了老舍先生的主要作品及创作风格；并在附录中简明扼要地介绍老舍先生爱谈的作品主要内容和特点。（薛禄芝）

K000281 **老舍印象** 宋炳辉编。学林出版社1997年1月版。16万字。12.00元。"印象书系"(第一辑)之一。从多个侧面，介绍老舍先生一生的行迹，揭示了一代温良的知识分子所苦苦支撑的品质与人格的丰富内涵。（许钧伟）

K000282 **亦舒传奇** 钟晓毅著。广东人民出版社1997年版。20.00元。由7部分组成。《人在旅途》统览了书里书外的亦舒的韵味，分"惜缘"、"求真"、"随心"、"钟情"4篇。展示了她的为人和为文，她的喜好，还有她的脾气性格。《书里春秋》分为"雅与俗"、"虚与实"、"黑与白"、"繁与简"，概括了亦舒的创作特色，语言风格，故事铺排及人物刻画。《言情天地》分"逝水"、"朝露"、"暮霭"、"飞霞"、论述了亦舒的爱情观，具体剖析了几部有代表性的爱情小说。《流金岁月》则研究了亦舒的"如戏人生"、"智慧人生"、"荒诞人生"、和"缺憾人生"，对她的人生观作了透彻的诠释。《天涯芳草》以"花解语"、"香雪海"、"风信子"、"曼陀罗"几部小说作楔子，叙说了亦舒的悲剧意识。《时光背后》以"过客""异乡""故园""归途"为主题，显示了亦舒悲天悯人的情怀。（董真）

K000283 **杜甫研究** 副名：卒葬卷。傅光著。陕西人民出版社1997年8月版。35万字。48.00元。经过对有关资料的爬梳整理、考证辨析，对诸家不同学说进行了详细的考索与论说，作者确认杜甫于大历五年(770)夏卒于湖南的耒阳。此外，在对文献资料的考论中，还确认了《耒阳溪夜行》系戎昱所作，《题杜子美坟》为韩愈佚诗，《杜拾遗补传》的作者是宋人李观等悬而未决的学术问题；对于《回棹》、《过洞庭湖》、《登舟将适汉阳》、《暮秋将归秦》和《长沙送李十一》等几首诗的确切系年的考定也是对杜甫研究的一项贡献。该书在搜集历代有关文字资料的同时，还附有八十余帧有关珍贵版本、遗迹图片、研究家照片及书画，与论证有关的举证图片资料等插图。（刘明立）

K000284 **李白思想研究** 杨海波著。学林出版社1997年3月版。18万字。13.50元。从李白的著作和生平资料实际出发，系统而全面地研究了李白的思想，包括李白的主导思想、忧患意识、哲学观、伦理观、宗教观、人生观、价值观、审美意识、文学观、妇女观、战争观、英雄意识、社会交往观、反传统意识等等，既肯定其积极方面，又指出其消极方面，不虚美，不隐恶，描绘的是一个历史上真实的诗人李白。（雷群明）

K000285 **李健吾传** 韩石山著。北岳文艺出版社1997年11月版。35万字。19.00元。以实录的笔法记录了传主李健吾命运多舛，几度辉煌的生命全过程。李健吾的先父是辛亥革命先烈，他的童年和少年生活因之充满坎坷。幸遇父执冯玉祥、杨虎城将军周济、恩师朱自清、王文显的提携，他成为清华园留学法国的一代骄子。他的睿智多思，笔耕不辍使他在新文学诸多领域皆有开创性建树。他以文学评论的扛鼎之作《福楼拜评传》奠定了在学术界的地位；一生创作了42部话剧，创办上海戏剧学校，为推动新文化话剧运动倾尽心力。他第一个将莫里哀等世界文学大师译介给国人，翻译了600余万字的作品，并以不畏大家，不为世风所左右的评论风格在评论界辟开一方促进创作的公道论坛，留下百余万字的中外戏剧、文学评论力作。由于多种历史原因及不谙世事的个性成分，李健吾一度被文坛冷落。但这掩盖不了他在戏剧创作、文字评论和外国文学译介多方面对世界文化的巨大贡献。书后附录《李健吾年谱》。(席香妮)

K000286 **汪曾祺传** 陆建华著。江苏文艺出版社1997年7月版。30万字。17.50元。分20章。围绕汪曾祺的创作结构全书，以汪曾祺生活、创作道路为主线，记叙传主40年代初步入文坛的史实，解放后特别是"十七年"和文革时期随中国政治而起落沉浮的独特经历，以及新时期终于"大器晚成"的令人喜亦令人思的"汪曾祺现象"。正文后附有《汪曾祺年谱》、《汪曾祺著作目录》和《汪曾祺研究资料索引》。作者在后记中说："我希望我写的这本书，能成为一般读者，特别是文学爱好者了解汪曾祺的向导，对文学研究工作者，我的书能为他们深入研究汪曾祺的作品，提供一份参考，一份佐证。"(朱建华)

K000287 **沈从文印象** 孙冰编。学林出版社1997年1月版。19万字。14.00元。"印象书系"(第一辑)之一。所选文章，出自沈从文朋友、学生、亲人之手、用不同的笔触勾画了一个不凡作家和历史文化研究者的深远魅力——独特的身世和经历，率性的为人与处事。(许钧伟)

K000288 **林燕妮传奇** 费勇著。广东人民出版社1997年版。20.00元。再现了当代都市才女林燕妮不一般的才情与风姿，全面介绍了她生活中的五光十色，作品中的色香味形。《天地之间》包括了"有情"、"有趣"、"有才"、"有貌"四篇，记述了林燕妮的生活观、爱情观、友情观、她的事业心、生活情趣以及知识水准等。《方寸之间》借用"流光曲"、"小黄花"、"青草地"等林燕妮专栏的名称，评介了她的文学风格特点。《真幻之间》以"纪"、"痴"、"迷"、"缘"为题，描述了林燕妮小说中的情感风波、浪漫故事。《生死之间》分"爱与死"、"真与死"、"善与死"、"美与死"四篇，体现了林燕妮对生与死的感悟与渗透。书中还附录了文学大师、学者、记者以及朋友谈论林燕妮的文章。(董真)

K000289 **周作人日记(上、中、下)** 周作人著，鲁迅博物馆编。大象出版社1997年1月版。180.5万字。175.00元。分3册。周作人是经历了从晚清到新中国各个时期的历史人物。周作人一生从1898年至1966年共写了68年日记。他在留存的日记中，记录了他的家庭、生活、求学、工作、创作以及人际交往、社会活动、思想状况、社会世情等方面的内容。(会平)

K000290 **周作人印象** 刘如溪编。学林出版社1997年1月版。17万字。13.00元。"印象书系"(第一辑)之一。多角度地反映了周作人一生的沉浮曲折，他在不同历史时期的生命姿态和沉思遐想，从而使我们得以透视这位本世纪中国文化史和文学史上最具悲剧色彩的人物，在历史狂流的冲刷之下所展示出的与传统文化丝缕相连的孤寂灵魂和生存态度。(许钧伟)

K000291 **夏衍与读书** 周敬山著。明天出版社1997年12月版。10.7万字。12.00元。"中国文化名人与读书丛书"之一。讲述了夏衍读书的故事。夏衍3岁时，父亲便离开了人世，最早在艺术上给予他影响的是他的母亲。夏衍青少年时期曾学过染织，后来到日本学习过机电，希望走"工业救国"之路。接触了马列主义，阅读了大量外国文学名著以后，他对文学有了浓厚的兴趣，并且尝试着进行文学创作。后来，他摈弃了"工业救国"的梦想，投身到革命洪流中。回国后，他从事进步文化活动，写过许多电影剧本、戏剧剧本和报告文学，成功地导演过许多电影。(李玉汇)

K000292 **夏衍评传** 陆荣椿著。山东教育出版社1997年9月版。30万字。16.40元。客观地评述了夏衍这位中国现代文学巨星的人生奋斗轨迹，多侧面、全方位地描绘了这位从"五四"运动开始就积极投入中国无产阶级和人民大众谋求解放的革命运动，几十年如一日坚持战斗在思想文化阵地并取得了令人瞩目成就的杰出文艺战士的非凡形象。书中对传主的评述，不文不火，客观公允，严肃理智，表现了作者尊重历史，实事求是，不为贤者讳的胸襟。(邹健)

K000293 **钱钟书与读书** 沈小兰著。明天出版社1997年12月版。12.8万字。14.00元。"中国文化名人与读书丛书"之一。围绕着钱钟书"钟情于书"这个中心，叙述了他自孩提时代起就沉迷于书海，以后的人生的各个时期：上学时，留洋时，抗战时，以及在"五七"干校受折磨时，都无时不在忘我地读书，不断地思考，认真地做学问。他的读书精神与读书方法，都有许多值得我们特别是青少年朋友借鉴的。书中的资料大多数来自于钱钟书的著作，或他的夫人，著名学者杨绛先生，内容准确可靠。（李玉汇）

K000294 **郭沫若与读书** 吴腾凰著。明天出版社 1997 年 12 月版。14.7 万字。15.00 元。“中国文化名人与读书丛书”之一。按时间顺序介绍了郭沫若的读书生涯。郭沫若从小天资聪颖，5 岁入家塾学习。青少年时期，他有贪玩、调皮、爱打抱不平、甚至恶作剧的天性，但读起书来非常专心，而且博览群书。他曾东渡日本学医，后来接触了革命思想，又读了大量外国文学名著，便弃医从文，决心用文艺去唤醒“睡狮”般的祖国。他不仅创作了著名的新诗集《女神》，还创作了《屈原》、《虎符》等历史剧，在史学、古文字学等方面也有较深的造诣。（李玉汇）

K000295 **唐代四大诗人传** 马昭、姚思源、潘泰泉著。北岳文艺出版社 1997 年 1 月版。125 万字。75.80 元。由《李白传》、《杜甫传》、《李贺传》、《白居易传》4 卷组成。以李白、杜甫、李贺、白居易不同的风格，从唐朝历史的各个不同角度深刻反映了四大诗人不同的成长历程和思想诗风形成的不同原因，反映了广大劳动人民的悲苦生活，再现了当时社会的风情、宫廷生活，揭露了唐朝由盛入衰情况下，社会动荡、皇帝荒淫、宦官专权的社会现实，歌颂了诗人们才华横溢、风流潇洒、宁折不屈、心忧天下的风骨，成功地塑造了我国历史上这几位伟大诗人的有血有肉的艺术形象。（华丹）

K000296 **浪漫骑士** 副名：记忆王小波。艾晓明、李银河编。中国青年出版社 1997 年 7 月版。36 万字。19.80 元。作家王小波的纪念文集，包括 6 辑：一、写作人生，辑录作家本人杂文随笔十数篇，反映了作家的思想、对小说艺术的看法、对自己作品的评论；二、顽童时代、通过亲人和朋友的回忆文字，描述了王小波的人生历程；三、诗人之爱，收入了王小波写给恋人的情书以及妻子的怀念文字；四、工作肖像，收入作家、电影导演对王小波的思想和胸襟的评论文字；五、阅读王小波，对作家作品（《黄金时代》、《白银时代》、《青铜时代》及杂文随笔）的评论文字之汇编；六、记忆之河，王小波生前的朋辈关于王小波的回忆纪念文字。（李丕光）

K000297 **陶渊明研究** 袁行霈撰。北京大学出版社 1997 年 7 月版。26.5 万字。26.00 元。由 14 篇论文组成，涉及到陶渊明的哲学思想、诗歌艺术、生平、交往等多方面内容。同时对陶渊明与谢灵运、辛弃疾等作家的艺术风格异同也展开了深入的分析、比较，显示出作者对陶渊明综合研究的整体把握能力。在陶渊明享年问题的研究方面，作者抛弃任何先人之见，得出新的合乎情理、事实的结论，并在此基础上，重新编写了陶渊明年谱，并对其作品作出了新的系年。（乔默）

K000298 **雪泥鸿爪** 副名：钟敬文自述。钟敬文著。山西人民出版社 1997 年 12 月版。25.6 万字。15.00 元。“学海钩沉丛书”之一。钟敬文先生是我国现代民间文艺学和民俗学事业的开创者和奠基人，也是诗人、散文家和别具卓见的文艺评论家。本书是作者有关自己生平的回忆和总结文章的集子，共收入 35 篇文章。按不同内容分为 3 编，分别是作者对自己的生活经历、师友和亲人及重要学艺活动的回顾和总结。钟先生这样一位几乎与世纪同步的老学者，他的这组自传性的文章，从一个侧面反映了 20 世纪中国社会的时代变迁，使人从中体味到人世的温暖与险恶、做学问的乐趣与艰辛。书末附录收有先生所写的 50 首诗以及黄秋耘等人所写的有关先生的回忆评介文章。（赵玉）

K000299 **蒋春霖评传** 黄嫣梨著。南京大学出版社 1997 年 2 月版。38.7 万字。22.00 元。蒋春霖，清咸丰、同治年间人，其一生，正经历太平天国与捻军从起义至终止之十数年间。蒋氏虽未直接参与当时的任何军事或政治活动，但遭逢丧乱，流离江北，忧国忧家。他的《水云楼词》是为凄苦慷慨、感离伤乱之篇什，以其历叙时事，实感真情，世以杜甫“诗史”比并，目为“词史”。中国自清代嘉庆、道光以下，政治暴恶，官吏贪黩，内忧外患深重，社会风气日益败坏。蒋春霖生不逢时，他“少负俊才，不拘绳尺”，坦率真情，跌宕自嬉，孤傲不阿时俗，于是一生寥落坎坷，以 51 岁的壮年，自沉而死。他的《水云楼词》或咏物寄情，或叙人生离合，或写男女幽情，或记江湖浪迹，都别有风韵。尤其是叙战争乱离之作，更苍凉感慨，动人魂魄。作者在洞悉了种种世情之后，能以成熟的心境与女性特有的细腻思想，恰当地进入了蒋春霖的内心世界，不仅仅限于冗赘资料的排比与诠释，而能够直逼蒋氏的时代，通过蒋春霖之诗词佳构，详细分析蒋氏时代、生平、交游；并条分缕析《水云楼词》之写作方法与心态，试图从这一位落难文士的思想及其作品中，厘析清代中叶低层官僚知识分子的艰难遭遇，进而窥探出一个大时代的盛衰起跌。（范瑜）

K000300 **傅雷传** 金梅著。湖南文艺出版社

1997年8月第二版。24.3万字。18.00元(精)。以丰富、翔实的资料,流畅的文笔,真实地描写了驰名中外的翻译家、文学家傅雷先生一生的身世际遇及其一些鲜为人知的轶事。同时对傅雷的人品节操、治学精神及其奋斗经历乃至人生悲剧,作了洞察幽微的剖析。叙述傅雷青年时代留学法国巴黎时与戈郎玛德琳缠绵悱恻的浪漫恋史;与美术大师黄宾虹、刘海粟肝胆相照的忘年之交;与法国文学巨匠罗曼·罗兰之间的不解之缘。此外还介绍了傅聪成为国际上著名钢琴家的艰难历程以及傅雷为培养傅聪倾注的心血;傅雷和朱梅馥女士那种患难与共、誓同生死的伉俪深情。傅雷与傅聪、傅敏那种至圣至洁的父子之情,尤其感人肺腑、令人动容。特别是傅雷对艺术的执着追求,对人生的深刻见解,道德的自我完善,以及最终偕夫人共同悲愤辞世,都写得如怨如诉,可歌可泣。(余开伟)

K000301 **鲁迅印象** 张新颖编。学林出版社1997年1月版。19万字。14.00元。“印象书系”(第一辑)之一。以珍贵的史实,描摹了以“激烈”与“冷峻”著称的文化巨擘——鲁迅具体可感的生活情趣,热情宽厚的为人处事,以及他的心灵煎熬,他的敏感性格,他的社会信念。(许钧伟)

K000302 **鲁迅新画像** 向阳、文珍编选。新疆人民出版社1997年5月版。45万字。20.00元。分“重读、新鲁学、旧文章”3部分。重读:汇聚当代学人对鲁迅的个人读解;新鲁学:汇聚鲁学研究的最新成果;旧文章:汇辑回忆鲁迅的旧作名篇。全书对鲁迅的思想、个性、情感、鲁迅的文学魅力进行论述,并对鲁迅先生所带给中外思想文化界的巨大回响进行探讨。(高兴)

K000303 **路翎印象** 张业松编。学林出版社1997年12月版。21.7万字。15.00元。“印象书系”(第三辑)之一。路翎,这位四十年代国统区文坛天才闪耀无出其右的作家,有着一颗金子般纯洁的心灵,即便在五十年代初动辄得咎的艰难处境中,仍出于“为人民做点事”的单纯动机,将全副精力投注在创作上,下工厂、上前线,为一片荒芜的新中国文坛贡献了《洼地上的“战役”》等脍炙人口的名篇,从而以三十一岁的年纪当选中国作协理事。在《关于胡风反革命集团的一些材料》见报三天后被从家中带走,从此与世隔绝二十余年,平反复出后已是一幅令人睹之不忍的“灰烬”形象。本书提供的,是一个在向善的生命中值得反思,让人震撼的关于路翎和路翎所负载的历史的世纪“印象”。(许钧伟)

K000304 **中国当代篆刻家辞典** 金通达主编。浙江人民出版社1997年6月版。52印张。120.00元。“中国书画篆刻家辞典系列”之一。除了介绍每一位入典者的姓名、字、号、斋名、出生年月、出生地、学艺经历、师承、专长、艺术成果外,同时刊出入典者的肖像和得意之作,但主要还是介绍入典者的从艺经历和艺术成果。

K000305 **丰子恺与读书** 石一宁著。明天出版社1997年12月版。14.7万字。15.00元。“中国文化名人与读书丛书”之一。讲述了丰子恺一生中的读书故事。丰子恺从小喜欢读书,他把这个习惯保持了一生。他通过读书学习知识、了解社会,从而形成了自己的人生观和事业。小时候,他从父亲的一套《芥子园画谱》中感觉到了绘画的神妙和乐趣,从此爱上了绘画。后来,丰子恺又自费到日本留学。留学期间,他又阅读了大量的日本文学。回国后,他边教学边从事翻译、写作和绘画。他一生在翻译、写作、绘画和音乐方面所达到的境界和做出的贡献,都与读书分不开。(李蔚红)

K000306 **齐白石** 郎绍君著。天津杨柳青画社1997年10月版。25万字。彩图198幅,黑白图282幅。480.00元。“二十世纪中国画家研究丛书”之一。包括研究文字、年谱,彩色图片黑白图片(其中有绘画作品、雕刻作品、诗稿、印章、书法作品、文献照片等等)。从新的视角对齐白石及其艺术进行了可贵的探索,重新勾画了齐白石——这位杰出艺术家的形象,并对他的艺术进行了新的解读。介绍了齐白石作为一个人的真貌和作为齐白石生存环境的真貌并给予新的评述。揭示了齐白石艺术的深层内涵和价值,分析了齐白石艺术的形式语言和风格个性,探讨了齐白石艺术的接受,阐释了齐白石艺术的渊源和演变。(赵润平)

K000307 **我和舒同四十年** 石澜著。陕西人民出版社1997年10月版。21.3万字。14.50元。革命回忆录。以充满感性的笔触叙写了伟大的马克思主义者、书法大师舒同的人生足迹,记述了他从一个农家子弟成长为党的优秀政治工作者和书艺日臻成熟、创立舒体字的非凡经历,同时如实地记录了与舒同相识、相恋、结婚却又以离异告终的恩恩怨怨,既有对以共同理想为基础的四十年感情生活的幸福回忆,也有坦诚、冷静的发自内心的反省和自责。书中附有18帧珍贵历史照片,不少史料尚属首次披露。作者为舒同前妻。(何大凡)

K000308 **傅抱石传** 胡志亮著。百花文艺出版社 1993 年 12 月版。40 万字。20.80 元。以记实的手笔从傅抱石出生写到逝世，介绍了传主的生平事迹、成功道路、成就和影响。全书 10 章，上、下两部，有“艰辛贫苦的少年时代”、“远涉重洋、东瀛求学”“奔赴抗战，忠心报国”“呕心沥血为画事”、“江山如此多娇”等章节。（李春林）

K000309　**《图绘宝鉴》校勘与研究**　近藤秀实、何庆先著。江苏古籍出版社 1997 年 12 月版。160.00 元。《图绘宝鉴》为元人夏文彦编撰，收集元以前画家传记资料，达 1 500 位。明清两代续有增刻翻印，使画家人数增至 2 000 以上。自元代起，各种刻印本有 20 多种，包括日本的翻刻本 3 种以上。本书分原件、校勘、研究、附录几个部分。根据原刻与后来重要的增刊，选用了最接近元刻本的宸翰楼丛书本，以及明正德刻本、津逮秘书本、借绿草堂刻本为勘印本影印。校勘记为此书最见功力者，一共使用了十三种流传本互校。校勘时，不仅各本与勘印本的差异出入被一一标出，各本之间的用字行文异同亦一一指明。与此同时，还尽可能利用正史与方志、笔记，对书中传主的生平世系尽量补出，不仅丰富了原刊本的内容，同时也使所有流行本的详细情况备于一册之中。研究又分夏文彦美学渊源与书及版本考证。前者通过对夏文彦家世生平和师友传承的探寻，对原书的时代背景、文笔风格及人物评价等方面的分析，研究夏文彦的艺术思想追求及其在当时的学术地位和对后世的影响，并交待了其人其书在日本的影响流布情况。后者更侧重对书本身和版本的研究，在充分肯定书的历史地位的同时，不讳言书的体例失当及记载失实处；充分交待了原著者夏文彦及各续补者的生平及撰述动机；综述原书各时代版刻特点、流传继承关系及内容异同情况，并逐一指出各刻本的长处与不足；着重分析了流传较广的借绿草堂本和津逮秘书本的功过是非。附录着重汇辑了历代鉴赏收藏名家对《图绘宝鉴》的题跋原文，并加以考订。（周骋）

K000310　**人世琐忆**　新凤霞著。河北人民出版社 1997 年 8 月版。50 万字。29.80 元。“新凤霞回忆文丛”之三种。详述了作者与著名剧作家吴祖光相识、相爱、结婚的全过程。与丈夫一起经受了 1957 年的反右运动及历次政治运动中遭受的迫害与摧残。夫妻关系经受了严峻的考验。也介绍了作者自己写作的缘起和致残的过程。劳动改造时与末代皇帝溥仪在一起，真实地感受到了皇帝的为人、秉性与处事，将溥仪的生活故事描绘得朴实又生动。插有多幅珍贵照片。（牛素珍）

K000311　**往事匆匆**　谢芳著。作家出版社 1997 年 12 月版。25 万字。20.00 元。长篇自传。记述了作者在艺术生涯中的许多动人故事和观众所关注的趣事，真实地再现了她从一个美丽纯情的中学生一夜之间成为演员、成为明星的传奇经历，生动地记录了其几十年艺术工作的经历、感慨和对艺术的见解。书中还深情地回忆了她与周总理、梅兰芳、阮玲玉、康泰、钟惦棐、韩笑等的交往与友谊，并收录了她日常写的影视拍摄日记、散文、随笔等。从中可以看出她对人生、爱情、友情、家庭的热烈追求以及艺术家透明的心灵世界。（张亚丽）

K000312　**梅兰芳**　梅绍武主编。北京出版社 1997 年 6 月版。15 万字。11.00 元。传记性画册。通过千余幅珍贵的图片和鲜为人知的历史资料，全面、生动形象地介绍了梅兰芳的人生历程和艺术风采，反映了梅兰芳光辉的艺术道路和光明磊落的生活道路。（龙杰）

K000313　**梨园旧影**　新凤霞著。河北人民出版社 1997 年 8 月版。47 万字。27.70 元。“新凤霞回忆文丛”之二种。记述了作者在各地的演出与拼搏，为了保住人格与艺术不认输不低头的可贵精神。并以人格的高尚、艺技的精湛在北京天桥扎下了根。解放后获得新生，艺术上也进入了黄金时期。同时详细记叙了文艺界前辈老舍先生、梅兰芳先生、恩师欧阳予倩、夏衍、赵树理等对她的关怀与培养，文艺界姐妹大小白玉霜、严凤英、赵丽蓉、秦怡、白杨等的情谊。文中将北京天桥的社会景观及艺人的生活描写得栩栩如生。插有多幅珍贵照片。（牛素珍）

K000314　**童年纪事**　新凤霞著。河北人民出版社 1997 年 8 月版。38.8 万字。23.00 元。“新凤霞回忆文丛”之一种，详述了作者的身世、童年、学戏及家人的生活经历。作者 6 岁学京戏，13 岁改评剧、14 岁任主演。幼时被人贩子卖到天津，落户在一个赤贫家庭。七、八岁便开始操持家务，帮助父母照顾幼小的弟妹。为了养家，她刻苦练功，学戏中吃了无数的苦。作者有着惊人的记忆力，将幼时天津的风俗，大杂院贫民的生活及演员低下的地位写得活灵活现、真实感人。语言朴实，感情真挚。插有多幅珍贵照片。（牛素珍）

K000315　**新凤霞回忆文丛**　新凤霞著。河北人民出版社 1997 年 8 月版。185.8 万字。109.60 元。4 卷。分别为《童年纪事》、《梨园旧影》、《人世琐忆》、《艺海博览》。《童年纪事》，主要回忆作者身世，家人和童年起在天津学艺以至成名的经历;《梨园旧影》记叙作者在南北各地的演艺生涯,在北京的舞台拚搏,天桥扎根,及解放后获得新生,艺术上进入黄金时期和对文艺界前辈、大师、姐妹的回忆与缅怀;《人世琐忆》详述了作者与著名剧作家吴祖光相识、相爱、结婚的全过程;1957年反右运动、历次政治运动中遭受的迫害、摧残,及同行、亲友遭受的不幸;《艺海博览》以现身说法的方式,论述戏曲表演艺术上的诸多理论问题,介绍自己的亲身审美体验,并收录了全部自创的"新派"代表剧目的唱腔词谱。(牛素珍)

K000316 **陈寅恪先生编年事辑(增订本)** 蒋天枢编。上海古籍出版社1997年6月版。15.8万字。16.00元。《陈寅恪先生编年事辑》作为《陈寅恪文集》附录,曾于1981年由上海古籍出版社出版。当时因种种原因,原稿个别地方有所删节。书成后,作者又发现了有关陈先生的若干新的材料,并改正了书中的一些错误。此次出版的增订本,一方面恢复了书稿的旧貌,另一方面又依有作者亲笔增订文字的本子,对原书进行了增改。另补充作者所撰有关文章等。(吕健)

K000317 **生涯再忆** 副名:罗尔纲自述。罗尔纲著。山西人民出版社1997年12月版。11.6万字。5.00元。"学海钩沉丛书"之一。罗尔纲先生是现代的史学大师,其研究成果尤其在太平天国史研究方面更为突出,被太平天国史学者推为"一代宗师"。本书是罗尔纲先生的自述。他截取自己 人生经历中的主要片断,分成童年记、学徒记、探索记、考证记四部分,分别叙述了自己童年受教的情况、胡适对其学术研究的指导和督教、学术思想的研究和探索以及对太平天国史料的严谨的考证。(赵玉)

K000318 **司马光传** 杨洪杰、吴麦黄著。山西人民出版社1997年11月版。26万字。19.80元。以翔尽的史料,生动的笔触,全面记叙了司马光坎坷曲折一生的经历,以及他在史学领域的光辉业绩。全书分为12章,从他少年时代破缸救友到进士及第步人仕途,以及变法之争、编修史著、病任首辅,直至大星陨落,通过大量史料的考证、分析、评述,展示了他的文化修养、思想情趣、品操学问、政见方略的精神风貌,特别是对他历时19年耗尽心血编修《资治通鉴》的业绩记述得尤为详细具体,从而刻画出了一位谦虚好学、知识渊博、勤奋努力的史学巨匠和勤政廉洁、忠君爱民的封建社会清官的形象。同时,对他的政治,思想的历史局限性,以及自身存在的个性弱点也作了客观的评述。(景慧芝)

K000319 **陈寅恪印象** 钱文忠著。学林出版社1997年12月版。24万字。16.00元。"印象书系"(第二辑)之一。陈寅恪先生出生于煊赫世家,幼承庭训,长游四方。他留学于英、法、德、美、日、瑞士等著名大学,却不屑谋求任何学位;尚未发表一篇论文,就已蜚声学界,应聘为清华国学研究院导师,被誉为"教授之教授";他可能是中国有史以来通晓外语最多的人,达廿余种,其中多有常人闻所未闻的死文字古语言,却一生不用外语发表论著;国民党撤赴台湾时,作为最主要的"抢救"对象之一,面对诸多大员的多次恳求而不为所动;解放后,他极受优遇,却又提出不学马列、不谈政治,在漫天狂潮中孤寂地枯守一隅。"一生负气成今日,四海无人对夕阳",他以一个旧式鸿儒的耿介与自恃,坚守着业已冰冷的"精神之学问"。(许钧伟)

K000320 **往日心痕** 副名:王利器自述。王利器著。山西人民出版社1997年12月版。13.4万字。5.00元。"学海钩沉丛书"之一。王利器先生是我国当代著名的文史学者。他青年时先后在四川大学、北京大学文科研究所师从向宗鲁、庞石帚、傅斯年等名师学习,后来一直从事古代典籍的整理与研究,主要成果有《风俗通义校注》、《文心雕龙校注》、《文镜秘府论校注》、《吕氏春秋注疏》、《颜氏家训集解》、《盐铁论校注》等,被时论誉为"千万富翁"、"一代鸿儒"、"国学大师"。本书是王先生晚年对自己一生治学经历的回忆,包括11篇文字,记有与学界师友交往、切磋的不少情节,有治学做人的心得体会,也有时事沧桑的真切写照。(于扶仁)

K000321 **周谷城传** 莫志斌著。湖南师范大学出版社1997年4月版。30万字。20.00元。"湖湘文化研究丛书"之一。以时间为经线,细述了周谷城从出生到逝世的整个生命过程,而且叙述其生平的时候,又着眼于所发生的与传主有关的重大活动和事件,也就是说根据重大的事件、著述活动将周谷城的一生划分为若干阶段。为中较为明晰地再现了周谷城先生的治学历程,还很生动地介绍了他的社会交往,他活了近一个世纪,是本世纪中国的见证人,他本身的一切就是很重要的史料。书末附有其生平著作年表及年谱,有很重要的参考价值。(黄林)

K000322 **钱穆印象** 李振声编。学林出版社1997年12月版。18.5万字。13.00元。"印象书系"(第二辑)之一。较全面地介绍了闻名遐迩的学术大师钱穆的文化生命与学术生涯,他的民族悲情、忧患意识、崇高人格和广博学识,以及他的学术思想,

展现了一代大儒的独特风采。(许钧伟)

K000323 **"学海钩沉"丛书(第一辑)** 敏泽主编。山西人民出版社 1997 年 12 月版。98.3 万字。6 册。55.00 元。收入了几乎经历了整个 20 世纪的国内著名学者的亲笔、亲口自述。自述以忆人忆事为主;语言质朴、凝炼;形象生动地讲述了这些海内外知名学者,在将近一个世纪的岁月中,所经历的重大学术文化活动和社会历史事件,所交往的社会知名人士和亲朋故友,所走过的执着进取的人生道路,以及所闻所见的弥足珍贵的轶事旧闻。从中不仅可以领略到学者本人的人生经历和学术思想历程,而且可以窥看到这一个世纪中国的学术文化和时事变迁。第一辑收入了我国文化学术界六位先驱者的自述。分别是:《物来顺应——梁漱溟传及访谈录》、《生涯再忆——罗尔纲自述》、《耄年忆往——张岱年自述》、《雪泥鸿爪——钟敬文自述》、《往日心痕——王利器自述》、《念旧企新——任继愈自述》。(赵玉)

K000324 **丁文江印象** 雷启立编。学林出版社 1997 年 12 月版。19 万字。14.00 元。"印象书系"(第三辑)之一。多角度记述了丁文江在不同历史时期的生命姿态,评述了他在政治、学术等诸多领域的非凡成就,真实再现了丁文江如彗星般闪亮而多彩的一生。(许钧伟)

K000325 **人生楷模——罗健夫** 尹一之著。河北人民出版社 1997 年 1 月版。14.4 万字。14.20 元。"人生楷模丛书"之一。讲述了罗健夫是一个不安于现状,敢于同命运抗争的人。他 15 岁参军,幻想当一名军官,没想到被分配到后勤学校学了会计,他不安心。军官当不成,那就要当一名科学家,他一直向这方面努力,终于考取了西北大学核物理系,并成为高材生。毕业后留校当助教,因家庭问题一时做不了结论,他被分配到电磁学教研组从事电工教学,他又不安心。通过努力调到了西北计算机技术研究所,搞火箭升空的计算机,终于实现了愿望。为了党的事业,为了祖国的航天事业,他无私奉献,鞠躬尽瘁。终因劳累过度,病倒在工作岗位上。(解元宁)

K000326 **陈景润** 沈世豪著。厦门大学出版社 1997 年 11 月版。15.5 万字。10.00 元。人物传记。陈景润是我国著名的数学家,他在以哥德巴赫猜想为代表的一批数论难题上取得了世界领先的成绩;他为科学献身的拼搏精神和非凡的人格魅力,也具有时代的楷模意义。本书作者在实地采访的基础上,深入理解陈景润的内心世界,全面记述了陈景润的学习、工作、研究、生活和婚姻,以及党和国家三代领导人对他的关怀。(王依民)

K000327 **华罗庚传** 顾迈南著。复旦大学出版社 1997 年 7 月版。32.5 万字。18.00 元。以大量第一手的采访资料,生动地记述了华罗庚所述的时代与社会环境,对他的成长过程、学术成就与一生的经历,都作了深刻的阐述,从多方面刻画了华罗庚教授对祖国的热爱,对科学的不懈追求,尤其是对使数学应用于国民经济建设的一片热忱。(夏德元)

K000328 **中国科学技术专家传略·工程技术编力学卷二** 中国科学技术协会编。福建教育出版社 1997 年 8 月版。39.3 万字。38.00 元。收入了 45 位力学家传略。记述了他们的生平及其对祖国乃至对人类科学技术、经济和社会发展作出的贡献,也记述了他们的治学态度与道德风范。(任争健)

K000329 **火箭在发射** 副名:任新民传。任捷著。河南人民出版社 1997 年 10 月版。20.6 万字。14.50 元。详细记述了航天科学家之一任新民的传奇一生,以及他在毛泽东主席,周恩来、邓小平等老一辈革命家的关怀指导下为发展我国航天事业而奋斗不息的历程。收入"沧桑文丛"(胡茵)

K000330 **T 台圆梦** 副名:服装设计模特明星录。张徐顺、宗定娟编。中国纺织大学出版社 1997 年 8 月版。17.2 万字。22.00 元。录入近年来在国际国内 T 型舞台赛事中获得过各类奖项的服装设计师和时装模特。书中彩页部分展示了录入者的作品及舞台风姿,文字部分浅显清逸,自然真切,娓娓道出了多姿多彩的成名背景和执着艰辛的成才历程。(俞丽琼)

K000331 **钱学森** 胡士弘著。中国青年出版社 1997 年 11 月版。16 万字。12.70 元。人物传记。记述著名科学家钱学森曲折而又绚丽多彩的人生道路、崇高风范和辉煌业绩。翔实描写了传主从小立志,于上海交通大学毕业后赴美留学,成为知名的火箭专家,后经过不屈不挠长期斗争,终于回到新中国怀抱,之后投身艰辛的火箭—导弹研制工作,获得巨大成功,为中国科技事业、国防事业做出杰出贡献,被誉为中国"航天之父"和"科坛泰斗"的非凡人生历程。(王斌俊)

K000332 **钱学森** 祁淑英、魏根发著。花山文艺出版社 1997 年 9 月版。46 万字。28.00 元。介绍了钱学森充满传奇色彩的一生。他一生的经历,如同一部英雄传奇,记录了他从不向命运低头,不向困难妥协的刚烈品格;记录了他热爱祖国、献身祖国科学事业的豪迈壮举。他的一生靠强国之梦这种强烈情感的驱动、经过艰苦卓绝的斗争,摆脱了美国联邦调查局的魔爪,投身于伟大社会主义祖国的怀抱;他几十年如一日,以全身心的热情从事国防科技事业,取得了一个又一个辉煌的成功;他笃信马克思主义,热爱中国共产党,是无产阶级知识分子的光辉典范。他同时又是一位伟大的爱国学者,伟大的爱国科学家,杰出的社会活动家。

K000333 **一代名医任超传** 徐岳著。陕西人民出版社 1997 年 7 月版。21.5 万字。21.00 元。以人物成长的历程为顺序,分为 24 章。采用传统的写法,真实、生动而充满激情地叙述了一个关中农民的儿子,在艰难困苦中生活、求知,在风雨坎坷中锻炼,逐渐成长为医科大学毕业生,在医疗实践中显露才华,积累经验,完善医德,并通过对社会变革的敏锐观察和冷静思考,毅然决然地告别铁饭碗,搏击风浪于市场经济的大海,研制成功了安神胶囊和益胃胶囊,创办了民营医院,使自己成为省、市劳模,出席了第二届世界传统医学大会,成为第一个在美国设奖的中国人的奋斗历程。从一个侧面,活生生地反映了改革开放年代,人们在思想上发生的深刻变化,反映了改革开放政策的正确性,展示了改革开放的成就,并为发展民间医疗卫生事业积累了经验。(弓保安)

K000334 **中国林业的杰出开拓者——梁希** 中华人民共和国林业部编。中国林业出版社 1997 年 10 月版。9 万字。9.50 元。系统地介绍了梁希先生"为人民服务,万死不辞"的敬业精神。特别是他那热爱中国共产党、热爱祖国和人民、热爱社会主义的政治思想品质,他那热爱林业、献身林业、宣传林业,为绿化祖国而奉献毕生精力的崇高理想和不屈精神;他那积极学习马列主义,理论联系实际的良好学风;他那认真负责,实事求是,深入调研和艰苦奋斗的工作作风;还有他那大公无私,廉洁奉公,严于律己,关心他人的感人风范;等等。(徐小英)

K000335 **二十五史人名大辞典** 黄惠贤主编,赵泽轩副主编。中州古籍出版社 1997 年 5 月版。429.3 万字。160.00 元。分上、下卷。以中华书局出版的校点本为工作底本,以二十五史先后次第为序,凡有有传(含附传)者均立条,即使无传,记有完整事迹者也都立了条。如《汉书·律历志》补落下闳、太昊;《汉书·食货志》补赵过、耿寿昌、孙仅、桑弘羊、杨可、鲁匡;《汉书·沟洫志》补李冰、史超、郑国、徐伯、番系、严熊、白公、王延世;《三国志》裴注补曹褒、曹炟、严象、王仪、繁钦、路粹、荀纬、应璩、谬袭、苏林等等。像《史记》中"书"及农民起义军中人物,也补了不少。在概括人物生平事迹时,除官职外,一律用通俗的白话叙述,简练全面准确。其次,生卒年尽量用本纪、本传判断,当不能判断时多采用《中国历史人物生卒年表》之说。第三,籍贯加注今地名。若古地名在今诸县之间,以稍近县治今地名加方位(如某县东南等)。第四,对人名、地名特殊读音和生僻字,加注拼音。如万俟(mòqí)卨、冒顿(mòdú)等。第五,帝王一般以庙号(宋仁宗)谥号(魏文帝)立条,清帝以年号(清康熙帝)立条。凡列入本纪而生前未称帝者(曹操、司马懿),称帝而未列入本纪者(桓玄、李自成),以及十六国王(刘渊、郝连勃勃),一律以本名立条。第六,每条文末都注史料出处及参书,某史第几本第一条,用汉用注第几本,几卷几页用阿拉伯数注。如《汉书》公孙宏,文末注(九,58/2613)。可循本、卷、页可查原史料。全书文末注合起来,就是一部二十五史人名索引。书前有按各史次第排列的目录,书后附有按笔画笔顺编的索引。(赵智海)

K000336 **人生楷模——孔繁森** 王立友、许晨著。河北人民出版社 1997 年 11 月版。20 万字。15.00 元。"人生楷模丛书"之一。讲述了孔繁森 50 年人生之旅中感人的故事。从他的童年、他的军旅生涯、他在故乡聊城为民躬耕的 17 个春秋,到两次进藏,在高原雪域的日日夜夜,孔繁森用自己的全部情感和满腔热血谱写了一曲新时期共产党员、人民公仆的生命的壮歌。(解京宁)

K000337 **人生楷模——焦裕禄** 屈春山等著。河北人民出版社 1997 年 1 月版。13 万字。14.20 元。"人生楷模丛书"之一。从焦裕禄苦难的童年写起,一直写到他兰考治沙,为人民鞠躬尽瘁,战斗到生命的最后一刻。热情歌颂了他全心全意为人民服务,无私奉献的精神;歌颂了他实事求是、艰苦创业、深入实际、调查研究、密切联系群众的工作之风。(解京华)

K000338 **大周女皇武则天** 刘曼春、梁恒唐著。山西古籍出版社 1997 年 2 月版。30 万字。18.00 元。从历史研究的角度,描述了武则天的一生。从武则天出世到入宫,从辅佐朝政到登基,尤其在临朝辅政的年代里,武则天上继唐纪,下不绝唐嗣,以太后身份临朝称制,击败了以徐敬业为首的军事反叛,镇压了宗室亲王的武装反抗,为称帝扫清了道路,登上了帝位。之后,女皇继续政治上的整顿,对内推行科举,选贤任能,对外安定边陲,收复了安西四镇。经济上实行开放政策,发展对外贸易,丝绸之路的对外往来也空前活跃。这一时期的雕塑艺术、诗赋、文学等也迅速发展,使当时的中国长安成为世界经济贸易和文化交流的发展中心,这一切无不展现了一位女政治家——女皇的治国方略和才华伟业。(张建英)

K000339 **大雪压青松** 副名:文革中的陈毅。杜易著。世界知识出版社 1997 年 1 月版。21.3 万字。14.00 元。陈毅同志是我国著名的政治家、军事家、外交家。他文韬武略,博古通今,学贯中西。他是一个坚定的马列主义者,同时也是中华人民共和国的开国元勋。更为可贵的是,陈毅同志一身正气,对上不阿谀奉承,对下平等相待,敢讲真话、实话。陈毅同志正是由于这些高贵品质,在"文化大革命"中吃尽了苦头。曾有人说,陈老总如果当时不讲话或者少讲话,就不至于这么挨批了!但陈毅同志嫉恶如仇,无私无畏,坚持原则,如果他在"文革"中明哲保身,那也就不是陈毅了。就是因为敢讲真话,陈毅同志在"文革"的所谓"二月逆流"中成了干将,多次受到造反派的揪斗批判,后来又被下放到一家工厂。陈毅同志忧愤成疾,但"四人帮"把持的医院却故意不给陈毅治病,使陈毅同志的身体受到极大摧残……陈毅同志在"文革"中的经历是历史上极大的悲剧。本书作者杜易同志从 1959 年起就在陈毅身边工作,可谓朝夕相处,喜忧与共。在"文革"中,他与陈毅共受颠沛流离之苦,遂成患难之交。书中对陈毅在"文革"中的经历作了详尽的描述,感情真挚,语言朴实无华,寄托了作者对陈毅的崇敬和缅怀。(米小平)

K000340 **夕照集** 副名:纪念叶剑英同志诞辰一百周年。范硕著。广东教育出版社 1997 年 3 月版。43 万字。21.80 元。通过广泛搜集材料,深入进行采访,对叶帅的革命一生展开了全方位多层次的研究。(程天)

K000341 **王尽美** 丁龙嘉、张业赏著。河北人民出版社 1997 年版。17 万字。12.00 元。"中共一大代表丛书"之一。详细介绍了中共一大代表王尽美烈士伟大光辉的人生历程。主要包括:少年时代、考入山东省立第一师范、五四运动中的学生领袖、建立康米尼斯特学会、组建励新学会、出席中共一大、莫斯科之行、建立济南党团组织、点燃山东劳工运动之火、领导山海关铁工厂工人罢工、在开滦煤矿罢工风潮中、指导青岛党团工作、开创山东国共合作新局面、组织山东反帝国主义大同盟、领导山东非基督教运动、倾力于国民会议运动、参与领导胶济铁路和四方机厂罢工、带病指挥大康纱厂工人罢工、病逝等等。以大量的史料记述了烈士为党为国为真理为理想英勇奋斗的英雄主义精神,再现了他无私无畏的高尚风格。(荆彦周)

K000342 **王莽新传** 葛承雍著。西北大学出版社 1997 年 3 月版。17.8 万字。12.00 元。记述王莽如何从一个孤贫的儒生一跃而为至高无尚的皇帝;如何亲自主持改制;又如何在改制惨败中身败名裂。书中推翻了自汉班固以来认为王莽是篡汉的阴谋家、野心家的定谳,认为王莽能看到危及西汉政权的社会危机,并就此采取改制措施,不能不说是一位独具卓识的政治家、改革家。王莽企图以牺牲个别大地主、大商人眼前利益的改制,来重新稳定濒于崩溃的整个地主阶级统治。这种改制在客观上有利于农民。大地主、大商人的顽强反抗使王莽改制陷于失败。全书有 19 幅插图。书后附有王莽大事年表。(陈俊熹)

K000343 **开国重臣大传** 戴逸总主编,赵毅主编。黑龙江人民出版社 1997 年 6 月版。201 万字。120.00 元。共收录了由秦至清辅佐开国皇帝创基立业的重臣李斯、萧何、张良、诸葛亮、王导、魏征、赵普、耶律楚材、李善长、刘基、多尔衮、范文程等人的传记。这些开国重臣所面临的形势,皆正值新旧王朝交替,他们深谋远虑,力挽狂澜,克敌制胜,佐开国之君于草创,拯倒悬之民于水火,建立奇勋,成就大业。全书不仅再现了 13 位开国重臣的一生经历,功过是非,而且还透过这些人物的升降沉浮,展示了由秦至清二千年间历史发展的一体脉络与基本规律。书中所叙述的内容,完全依据史实。为了使人物生动、丰满、富有可读性,作者搜集了大量的文献资料。在章节安排、语言运用方面,也着意斟酌,力求清新流畅、雅俗共赏。(徐冲)

K000344 **中共一大代表丛书** 郑惠、张静如主编。河北人民出版社 1997 年版。350 万字。217.00 元。大型人物传记丛书。共 13 种,分别介绍了毛泽东,董必武、陈潭秋、何叔衡、王尽美、邓恩铭、李达、李汉俊、刘仁静、张国焘、包惠僧、周佛海、陈公博十三位中共一大代表各自不同的人生历程。有以下几个特点:1.具有一定的创意。比较系统全面地展示中共一大代表的生平事迹这还是第一次,影响较大。2.某些著作属填补空白之作,如何叔衡、刘仁静、李汉俊、包惠僧、张国焘等均为第一次出版比较详尽完整的传记作品。3.内容丰富,资料翔实,具有重要的史料价值。4.具有较强的科学性、学术性,对党史学界关于中共一大代表研究的疑点、难点做了认真的考证,一些观点令人心服。5.对人物的生平事迹叙述、评价比较客观公正。6.文笔流畅,可读性强,是对青

少年加强革命传统教育和爱国主义教育的好读本。(荆彦周)

K000345 **中国历代宰相传略** 朱绍侯主编。大象出版社 1997 年 6 月版。118 万字。从殷代开始至 1 911 年辛亥革命前夕,共收集宰相 2 322 个。既有在政治舞台上叱咤风云对历史产生重大影响的名相,也有碌碌无为的挂名之相;既有高风亮节正气凛然的贤相,也有诡谲狡诈无恶不作的奸相;既有威武不屈堪称民族之魂的爱国之相,也有畏敌如虎卑躬屈节的卖国之相;还有中国境内少数民族政权之相。相史人物传资料均以正史为主线,褒贬抑扬,有根有据,恰到好处。在撰写过程中,遵循"人有我有、人无我有;人详我略,人略我详"的指导方针,在运用史料上有独到之处。(会平)

K000346 **中国名帝书系** 谢景芳等著。哈尔滨出版社 1997 年 6 月版。500 万字。270.00 元。共 15 册。收入了从秦朝到清朝全部封建王朝历代著名帝王。入选的著名帝王,或戎马创业,开国建功;或雄才伟略、政绩卓著;或骄奢淫逸、暴戾恣睢;或离乱安乐、败业亡国。在讲述每个帝王个人传记故事的同时,铺陈出一系列封建王朝重大事件的演进更迭,犹如展开的一幅真实生动的历史画卷。(刘乃翘)

K000347 **中国宰相全传** 车吉心主编。山东教育出版社 1997 年 1 月版。709 万字。345.00 元。分 3 册。收录了我国历史上春秋战国时期齐国的第一任宰相崔杼、庆封起到清朝末年的最后一个宰相毓朗止的中国历代宰相 2000 余人,其中立有专传的共 1084 人,其余均列入每个朝代之后的"宰相一览表"中。(邹健)

K000348 **乌兰夫的故事** 照那斯图著。内蒙古少儿出版社 1997 年 5 月版。14 万字。11.80 元。"世纪行丛书"之一。共 49 个小故事,写出了乌兰夫从 1906 年出生至 1947 年 5 月 1 日当选内蒙古自治区等一任主席,历经 41 年的故事。以真实而生动、朴实而形象、简练而流畅地笔触,绘画出乌兰夫革命一生的一幅幅闪光的历史画面,从三个方面突出内容:一是突出了乌兰夫的成长历程;二是突出了他的战斗历程;三是突出了他的历史功绩。他领导内蒙古的革命斗争,实现了内蒙古民族大团结,1947 年 5 月 1 日宣告了由中国共产党领导的第一个少数民族自治区——内蒙古自治区成立。(庆格勒道尔吉)

K000349 **邓恩铭** 张业赏、丁龙嘉著。河北人民出版社 1997 年版。15 万字。10.00 元。"中共一大代表丛书"之一。详细介绍了中共一大代表邓恩铭烈士光辉伟大的人生历程。主要包括:家世、少年时代、不远千里到济南求学、考入省立一中、站在五四运动的潮头、创办康米尼斯特学会、发起励新学会、创建济南共产主义小组、出席中共一大、莫斯科之行、矿工的贴心人、青岛党、团组织的奠基人、改造圣诞会、成立四方机厂工会、促进青岛的国共合作、领导青岛国民会议运动、掀起大罢工风暴、成立胶济铁路总工会,在五卅运动中、成立青岛各界联合会、掀起反帝爱国运动高潮、担任山东党组织负责人、领导山东农民暴动、震动全国的越狱斗争、英勇就义等。真实记述了邓恩铭烈士英勇无畏、追求真理的英雄主义精神,褒扬了烈士爱国为党的高尚品格。(荆彦周)

K000350 **包惠僧** 方城著。河北人民出版社 1997 年版。17 万字。12.00 元。"中共一大代表丛书"之一。详细介绍了中共一大代表包惠僧曲折复杂的人生历程。主要包括:作为陈独秀指派代表参加中共一大的有关争论、早年生活、记者生涯、到湖北传播革命火种、沪穗之行、出席中共一大、五年牢狱之灾、走南闯北、临乱受命到黄埔、第二次东征、中山舰事件的前后、人生转折、再返武汉、夏斗寅师党代表、从悲观到消沉、走上歧路、混迹军界、复归革命队伍、华北革大的老学生、栖梧老人等等。在结尾部分,作者特别对包的一生作了认真的评价概括,对有关包一生的争论做了评说。(荆彦周)

K000351 **汉高帝大传** 安作璋、孟祥才著。河南人民出版社 1997 年 2 月版。44 万字。26.00 元。以刘邦的活动为主线,全面展示了秦末汉初的政治军事斗争,着重描述了刘邦削平群雄、战胜项羽,成为大汉皇朝缔造者的辉煌业绩。书中对汉初的众多人物,如:秦始皇、李斯、陈胜、吴广、项梁、范增,特别是对刘邦的布衣将相群体萧何、陈平,以及张良、吕后等,均给予准确的历史定位。对此间发生的重大历史事件,如:"焚书坑儒"、"沙丘之谋"、"大泽乡起义"、"巨鹿之战"、"项羽分封"、"白马之盟"等,一一予以客观反映。(张黛)

K000352 **成吉思汗** 常保国著。中国民族摄影艺术出版社 1997 年 8 月版。125 万字。76.80 元。全景展现了成吉思汗一生及其后代金戈铁马逐鹿中原、统一蒙古,进而东讨西征,一统中国,横扫欧亚大陆的英雄伟业。(刘树明)

K000353 **光绪传** 孙孝恩、丁琪著。人民出版社 1997 年版。39 万字。29.50 元。"中国历代帝王传记丛书"之一。作者把传主置于近代复杂的历史大背景下进行考察,把中法战争、中日战争、戊戌变法等政治事件有机地结合起来，深刻翔实地对光绪帝进行了评价。认为，光绪帝从典学到“亲政”之后，在其所经历过的重大中外战争、尤其在甲午中日战争中，他作为一国之君，坚定地站在维护国家、反击侵略的一边，体现了中华民族不畏强暴的英雄气概。甲午战争后，在民族危机日深之时，他创造性地把以康有为之首的维新派振兴国家的要求尽力付诸实践，为中华民族提供了一次近代化的历史机遇。戊戌政变后，光绪帝虽然身陷囹圄，但他仍以国家民族利益为重。总之，光绪是一位近代统治阶级上层的爱国者，失败了的改革者，历史悲剧的扮演者，是一个在特定的历史环境下出现的爱国开明皇帝。书中对传主的弱点，如其同封建势力的妥协，都进行了认真分析。（张昭军）

K000354 **朱轼传** 戴家臻著。江西人民出版社 1997 年 12 月版。18 万字。14.00 元。对朱轼的一生做了全面的叙写。朱轼(1665～1736)，江西高安人。自幼苦读寒窗，及长，经科举步入仕途。先后得到康熙帝的赏识、雍正帝的重用、乾隆帝的倚重，历任潜江知县、陕西学政、浙江巡抚、都察院左都御史，最后官至文华殿大学士兼吏、兵工部尚书，翰林院掌院学士，总理事务王大臣处协同办事，跻身相位，当朝一品，被誉为“帝师元老”。为官四十年间，恪守儒家理论，勤谨而节俭，多有政绩。（游道勤）

K000355 **伟人教子家书** 蒋路编。新世纪出版社 1997 年 8 月版。11 万字。7.80 元。收录毛泽东、刘少奇、陈毅、叶剑英等 17 位德高望重的革命伟人写给他们的子女、甥侄等后辈的信札 92 封。伟人们通过笔墨跟子女们交流思想，沟通心灵，教他们该怎样做人，怎样做事，怎样面对爱情婚姻，怎样面对人生烦恼，怎样认识自己的特殊身份，做一个有益于社会、有益于人民的人。文情并茂，有理有力。从字里行间可以读到伟人们丰富多彩的情感世界和纯洁高尚的人格情操。（肖宿荣）

K000356 **刘仁静** 刘威立著。河北人民出版社 1997 年版。32 万字。19.00 元。“中共一大代表丛书”之一。详细记述了中共一大代表刘仁静曲折复杂的人生历程。主要包括：童年生活、接触新文化运动、参加互助社活动、考入北京大学、跟着五四运动前进、参加少年中国学会、投身共产主义运动、参加马克思学说研究会、北京共产主义小组、出席中共一大、筹建党的出版阵地、参加共产国际“四大”，列席中共三大、进入团中央工作、创办《政治生活》、战斗在思想理论战线、列席国际重要会议、朝拜托洛茨基、参加组织中国托派组织、放肆攻击党，关于中国革命问题的论战、在抗日战争时期的活动、落荒与沉沦、告别托派、只抗日不反共、终于写了反共文章、刘仁静认错等等。传主的一生是极其复杂的，以大量的史料，认真的考证分析，对刘仁静的复杂人生作了客观公正的评价。既肯定了刘一生对党的贡献，又毫不客气地批评了刘参与组织托派组织对中国革命的危害。（荆彦周）

K000357 **关怀** 阎景堂主编。河北少年儿童出版社 1997 年 12 月版。14 印张。280.00 元。收集 221 张党和国家领导人与少年儿童在一起的照片，体现党对少年儿童的无限热爱和关怀。主体人物有毛泽东、周恩来、刘少奇、朱德、邓小平、陈云、叶剑英、李先念、彭真、任弼时、林伯渠、董必武、彭德怀、刘伯承、贺龙、陈毅、罗荣桓、徐向前、聂荣臻、宋庆龄、蔡畅、邓颖超、康克清、李富春、张闻天、谭震林、李井泉，收入范围是中国共产党中央委员会第七届、第八届政治局委员、军队中的元帅和妇女界的著名人物。（彭涛）

K000358 **孙中山与宋庆龄** 张磊等。广东人民出版社 1997 年 12 月版。20 万字。300.00 元。客观、全面、深刻地展示了孙中山与宋庆龄漫长而丰富的革命生涯，恰如其分地评价了他们的思想与实践，实事求是地肯定了他们的历史地位和作用。将孙、宋的思想和事业作为一个整体来研究，并进一步揭示他们作为 20 世纪中华民族精英所体现的时代价值。书中收入孙中山与宋庆龄的历史照片近千幅，具有较高的文献价值，其中一部分是首次公开发表，弥足珍贵。（王秀燕）

K000359 **李汉俊** 田子渝著。河北人民出版社 1997 年版。17 万字。12.00 元。“中共一大代表丛书”之一。详细地介绍了中共一大代表李汉俊曲折复杂的人生历程。主要包括：青少年时代、东渡扶桑、确立救国的道路、宣传唯物史观、介绍国际共产主义运动、大力进行建党的宣传、发起上海共产主义小组、出席中共一大、开展时事评论和文学艺术评论、热情投身工人运动、评介美国 I. W. W. 脱离党组织、令人痛惜的错误、五卅运动前后，大革命洪流中、与国民党左派作斗争、不幸遇难等。李汉俊在中共党史上是有争议的人物，作者以大量的史料肯定了传主的理论贡献，特别是对马克思主义的宣传。探讨了传主的脱党原因及其对党的危害，对其建党时期的重大活动进行了叙述。（荆彦周）

K000360 **李达** 宋镜明著。河北人民出版社

1997年版。25万字。15.00元。“中共一大代表丛书”之一。详细地介绍了中共一大代表李达的曲折人生历程。主要包括:少年时代、进京赴日求学、从爱国主义者转变为马克思主义者、中共发起组代理书记、出席中共一大、中共早期领导人之一、党的宣传家、出席中共二大、脱党之后、在白色恐怖中、著名红色教授、八年离乱、创办辅仁小学、受聘湖南大学、促成湖南和平解放、重新入党、主政湖南大学、武汉大学校长、宣传和阐述毛泽东哲学思想、思想理论战线上的“老兵”、编写《唯物辩证法大纲》、含冤辞世。反映了李达的生平事迹和主要理论贡献。(荆彦周)

K000361 **李密** 鹿彦华著。解放军出版社1997年1月版。18万字。13.00元。“中国历代智囊人物丛书”之一。记述了隋朝末年农民起义领袖李密大起大落、悲喜交加的一生。李密本隋朝名门之后,初为皇宫侍卫,只因杨广看着不顺眼而被逐出宫门,被迫投奔绿林,走上起义反隋之路。待入伙瓦岗义军以后,李密以其大智大勇、多谋善断使瓦岗军事业发展到顶峰。但由于其固有的弱点,终导致瓦岗军失败和消亡。最后,李密投降唐朝,随即又背叛唐朝,最终惨死在逃亡的路上,上演了一幕隋末唐初农民起义领袖的历史性悲剧。(郭莹)

K000362 **何叔衡** 杨青著。河北人民出版社1997年版。16.5万字。10.50元。“中共一大代表丛书”之一。详细地介绍了中共一大代表何叔衡烈士光辉伟大的人生历程。主要包括:青少年时代、走出家门任教求学、在楚怡学校、参与创建新民学会、参加驱张运动、接受和传播马克思主义、创建湖南共产主义小组、开展工人运动、推动湖南实现国共合作、赴莫斯科中山大学学习、献身中共苏区革命斗争、主持工农检察人民委员部、内务人民委员部代部长、担任临时最高法庭主席、血洒长汀英勇就义等,充分体现了革命烈士为理想奋斗、为革命献身的英雄主义精神,再现了何叔衡烈士先人后己、无私无畏的高尚风格。(荆彦周)

K000363 **沈醉自述** 沈美娟整理。北京十月文艺出版社1997年8月版。28.00元(精),23.50元(平)。全国政协委员沈醉先生的回忆录,讲述了他解放前18年的特务生涯及解放后的复杂经历。第一部为《我的特务生涯》,第二部为《我这三十年》。沈醉先生早年参加军统前身——蒋介石任社长的中华复兴社特务处,在枭雄戴笠的一手栽培下,他平步青云,28岁便晋升为少将,对蒋家王朝忠心耿耿。全书材料翔实,触目惊心,叙述清晰,真切感人。在以大量史料揭露蒋家王朝特务统治的同时,真实地记录了一个人的沉沦及其人性复归的心路历程,是记述沈醉先生命运的最完整的作品。(黄倩)

K000364 **宋太祖大传** 刘耕荒著。河南人民出版社1997年2月版。32万字。22.00元。介绍宋太祖赵匡胤传奇的一生。从穷小子、一介武夫到位尊权重的天子,他的人生历程精彩绝伦、跌宕起伏又充满缺憾、悬念丛生。其中对学术问题深入浅出地探讨;对波澜壮阔的宋史画卷的描绘;对传主妙趣横生的议论和尊重史实的评价,均引人入胜,毫无枯涩之感,颇有《史记》遗风。(张黛)

K000365 **宋教仁与中国民主宪政** 迟云飞著。湖南师范大学出版社1997年10月版。22.6万字。9.00元。“湖湘文化研究丛书”之一。宋教仁(1882~1913),湖南桃源人,中国近代著名资产阶级民主革命家,民国初年国民党主要领导人之一。他一生以推翻清朝政府,建立资产阶级共和国为职志,并为此献出了年仅31岁的生命。宋教仁是革命党人中的法律专家,武昌起义爆发后,他协助湖北军政府拟定《鄂州临时约法》;1912年1月任南京临时政府法制局局长;袁世凯就任大总统后,宋教仁极力主张实行西方的议会政治和政党内阁,以限制袁世凯的权力。本书全面地介绍宋教仁的民主宪政思想:分析其产生的背景、内容及其发展演变情况,并与孙中山的宪政思想进行了比较。另一方面,又对宋教仁从事民主宪政的实践活动进行了梳理:参与筹备同盟会、组建国民党,赴全国各地进行竞选演说等。值得一提的是,书中对宋教仁在“间岛问题”中所做的杰出贡献以及在这一过程中表现出的爱国主义精神给予了充分肯定。从中国民主宪政发展的层面,指出了宋教仁在近代中国历史上的重要地位:为中国民主宪政流血的第一人。(黄林)

K000366 **张国焘** 张树军著。河北人民出版社1997年版。42万字。25.00元。“中共一大代表丛书”之一。详细介绍了中共一大代表张国焘复杂曲折的人生历程。主要包括:家世、乱世求学、中学时代、燕京问道、五四运动中、为建党奔走、中共一大的主持人、在中央局、在大革命的风暴中、上海的地下生活、出席中共六大、在共产国际中共代表团工作、中山大学风波、在鄂豫皖根据地、推行“左”倾政策、第四次反“围剿”失败、从鄂豫皖到川陕、长征路上,南下与北上之争、另立“中央”、南下碰壁、西进康北、与中央红军陕北会师、延安会议前后、逃离陕北、反共生涯、浪迹余生等。既介绍了张国焘对中国革命的贡

献，也记述了张国焘推行“左”政策对红军及革命造成的重大损失，以及叛党投向国民党阵营反共反人民的罪恶。（荆彦周）

K000367 **陈公博** 李珂著。河北人民出版社 1997 年版。34 万字。20.00 元。“中共一大代表丛书”之一。详尽叙述了中共一大代表、叛党叛国的大汉奸陈公博曲折复杂的人生历程。主要包括：家世、青少年时代、早期的共产党人、出席中共一大、声明脱离共产党、大革命时代、追随廖仲恺、北伐从军、主持广东国民政府的财政和外交、拥汪分共、反对特委会、改组派的首领、护党救国的军师，南京国民党政府的实业部长、与汪精卫同进退、通往深渊的路、通敌叛国、汪伪第二号人物、伪立法院院长、接任上海“市长”、为汪伪政权送葬、逃亡日本、被国民政府引渡回国，被历史所判决等等。以充实的史料记述了传主的复杂人生。（荆彦周）

K000368 **陈宏谋家书** 郭志高、李达林整理。广西师范大学出版社 1997 年 9 月版。23.3 万字。128.00 元。陈宏谋（1696～1771），字汝咨，号榕门，原名弘谋，晚年因避乾隆（弘历）讳，改为宏谋。他出生于广西临桂县（现广西桂林市临桂县）四塘乡横山村一个普通农户家中。雍正元年（1723）中进士，历任翰林院检讨，吏部郎中，浙江道御史、扬州知府、江南驿盐道、云南布政司等职。后又历任江西、甘肃、陕西、湖北、河南、福建、湖南、江苏等省巡抚和陕甘、两广、两江总督。乾隆二十八年（1763）进京，为吏部尚书、工部尚书，协办大学士，东阁大学士等，后加太子太傅衔。在京期间与家中书信往来，本书为其 20 封家书之原件影印，并历代名人题识 35 款。家书真实地反映了当时的一些朝政、官宦、生活等情况。本书由其六世孙陈庆鸿搜得于道光二十七年（1847）装裱成册，饰以紫檀木面版，题为《桂林相国陈文恭家书》。后为关冕钧收藏，其子吴祖章于 1949 年 12 月 6 日捐献于广西省立图书馆（今桂林图书馆）。（桑林佳）

K000369 **陈独秀印象** 陈木辛编。学林出版社 1997 年 12 月版。16.5 万字。12.50 元。“印象书系”（第三辑）之一。以第一手的资料，充分真切地展现了陈独秀撼人心魄的一生；从“酒旗风暖少年狂”，到“笔底寒潮憾星斗”，再到“小诗聊写胸中意，垂老文章气益卑”，令人深思感叹。但陈独秀终究是中国现代政治、文化史上的俊杰与英雄，至老仍然不改“孤桑好勇独撑风”的豪迈与狂傲。（许钧伟）

K000370 **陈毅年谱** 刘树发主编。人民出版社 1995 年 12 月版。96.4 万字。80.00 元（精），60.00 元（平）。分上下卷。陈毅同志（1901～1972）是我党老一辈无产阶级革命家，卓越的军事家、外交家、党、国家和人民军队的杰出领导人之一。随着 1921 年中国共产党的诞生，陈毅同志开始登上社会政治斗争的舞台。在整整 50 年的革命生涯中，有 28 年是为实现民族解放、创建新中国而奋斗，有 22 年是为了实行社会主义、完成中国的现代化而奋斗，由于在斗争中表现出忠诚、勇敢，坚定、乐观等优秀品质，深受广大人民群众的爱戴。陈毅的一生不仅有许多胜利的喜悦，也有不少失败的痛苦。他的经历充满艰难曲折，多次处于逆境，为自己的和别人的错误付出惨重的牺牲。本书详细地记述了陈毅英勇、悲壮、丰富多彩的一生，展示出他对中国革命的丰功伟绩和高风亮节。书中所反映的内容，既是谱主光辉一生的真实写照，也是 20 世纪中国革命历史的组成部分。书中大量使用国家重要机关收藏的档案资料，有许多是第一次公诸于世，具有很高的史料价值。（王能雄）

K000371 **陈潭秋** 陈乃宣著。河北人民出版社 1997 年版。22 万字。14.00 元。“中共一大代表丛书”之一。比较详细地展现了陈潭秋革命烈士光辉的人生历程。主要内容包括：青少年时代、为民抗暴、投身五四运动、兴办武汉中学、创建武汉共产主义小组、出席中共一大、组织领导武汉地区的工人运动、在“二七”风暴中，主持中共武昌地委工作、策应北伐军夺取武昌、在大革命洪流中、出任中共江西省委书记、巡视顺直省委工作、在党中央工作、战斗在白区、到中央苏区、调任中共福建省委书记、中央苏区第一任粮食部长、出席共产国际七大、在莫斯科岁月、从莫斯科到乌鲁木齐、团结抗日建设新新疆、骇人听闻的“新疆事件”、碧血洒天山等。（荆彦周）

K000372 **耶律楚材** 老姜著。解放军出版社 1997 年 1 月版。26.1 万字。15.00 元。“中国历代智囊人物丛书”之一。耶律楚材，是辽国开国皇帝阿保机的九世嫡孙，从仕于金国。金国中都（北京）被蒙古军攻破后，他降服于蒙古帝国，扈从成吉思汗西征。他精通哲学、神学、音乐、天文、地理、文学、术数及释儒、医卜的学说，是十三世纪北方民族典型的智者。在辅佐蒙古帝国二汗的生涯中，由于他的谏言和充满人性的智慧，使许多城市免于屠杀，汴京城一百四十多万城民的生命被解救，一大批名人高士得到保护，他对蒙古帝国和元帝国的建设，对世界东西文化的交流，都做出了贡献。本书以史笔手法和多种文学表现形式，描绘了耶律楚材的心灵历程和卓越智慧，

展示了十三世纪民族大碰撞、大交融的血与火的历史画面。(郭莹)

K000373 **林则徐年谱新编** 来新夏著。南开大学出版社 1997 年 6 月版。67.9 万字。精 38.00 元,平 35.00 元。林则徐是中国近代史上一位杰出的爱国主义者和进步思想家。他领导的轰轰烈烈的禁烟运动和在反侵略战争中所建树的光辉业绩及斗争精神,具有同时代历史人物少有或没有的特点,对近代中国产生了深远的影响,尤其在禁毒、肃毒和戒毒方面,至今仍有现实意义。他一生在宦海浮沉四十余年,宦迹所至,首在发展生产,关心民生;他作风清廉,政绩卓著,而且不囿成见,积极探求西方国家的先进知识,被誉为中国近代史上"放眼看世界的第一人";他的"苟利国家生死以,岂因祸福避趋之"的爱国情怀和非凡胆识,向世界展示了中华民族的浩然正气。因此,在我国即将对香港恢复行使主权之际,纪念在鸦片战争中以反侵略的勇敢行动而代表中国人民斗争精神的一代伟人林则徐,具有深刻的历史意义和现实意义。本书以年为序分系谱主生平,在纪事之后引录了大量珍贵的第一手资料,如官书、奏议、公私藏档,林则徐的著作、函札和手迹,有关林则徐的各种传记、笔记杂著、地方志、诗文集,近人和现代中外学者的有关论述等 270 余种,展示了林则徐一生的业绩,同时也在更深层次上反映了 19 世纪中叶封建制度走向衰亡时期的社会状况。本书积编撰者四十余年征考研究之功力,书中对有关史实、人物及不同史料的考订和按语尤有独到见解。书后还附录了谱主佚文、逸事、时人评论及同时人的重要活动等,并有全书的大事年表以备检索。(焦静宜)

K000374 **周佛海** 蔡德金著。河北人民出版社 1997 年版。31.6 万字。18.50 元。"中共一大代表丛书"之一。详细记述了中共一大代表、叛党叛国的大汉奸周佛海曲折复杂的生命历程。主要包括:家世、东渡留学、考入东京一高、研究和介绍社会主义、参加筹组中共上海组织、出席中共一大、与中共决裂加入反共大合唱、投奔蒋介石、出任军校秘书长、随蒋进退与蒋跬步不离,特务组织的要员、出任江苏教育厅长主持江苏教育、掀起"和平交涉"的暗流、汪记"和运"总军师、保汪叛逃、宣扬实施"周佛海路线"、筹备成立"新中央政府"、成立傀儡政府、把持财政滥发伪币、主持伪府对日交涉、与重庆的特工战、从反蒋到通渝、上海行动总司令、南京受审、瘐死狱中等等。真实纪录了周佛海从参加中国共产党追求进步,到反共反人民直至卖国求荣的复杂人生。(荆彦周)

K000375 **周恩来大辞典** 曹光哲、王进、齐鹏飞主编。广西人民出版社、漓江出版社 1997 年 2 月版。198 万字。115.00 元。共收辞目 5 300 余条,以中国共产党的两个历史决议和党的十一届三中全会以来的有关文件为依据,以正式公布的文献档案和资料为准,全面、系统、准确地介绍了周恩来波澜壮阔的革命生涯和博大精深的伟大思想。全书共分 4 编:第一编,周恩来生平。包括周恩来在各个时期的实践活动,与周恩来生平有关的人物、组织、旧址等内容;第二编,周恩来著作。分类收录周恩来已发表(出版)的报告、讲话、谈话、文章、声明、公报、书信、电报、公函、诗词、题联、选集、合集、论著、专题汇编、单行本等;第三编,周恩来思想。分类阐述了周恩来的哲学、党建、军事、经济、文化、统战、外交思想;第四编,周恩来研究。分别介绍了国内外研究周恩来已取得的成果以及研究机构、研究刊物、研究活动。此外,书后还附有周恩来生平大事年表,周恩来家世简表,绍兴周氏世系,淮安周氏家谱节略,周恩来用过的名、字、号,周恩来一生的任职,周恩来研究论文资料分类索引,海外周恩来研究论著目录等珍贵资料。(马丕环)

K000376 **周恩来的人格风范** 吕志、范英著。暨南大学出版社 1997 年 10 月版。24 万字。25.00 元。依据翔实资料,从周恩来人格风范的思想内涵,主要表现,形成塑造,完善升华,以及周恩来人格风范的具体特征和伟大意义等方面进行系统研究。指出周恩来的人格思想体系在"为中华之崛起"的人格理想,"革命者是有人情的"人格情感,"服役于社会"的人格准则,"修身利己尚德"的人格境界等方面,阐明周恩来人格风范的主要表现是良好的人格修养,和谐的人格秉性,丰富的人格情愫,博大的人格胸怀,非凡的人格才智等。还从人格角度进一步介绍他是怎样从一个追求真理的进步青年,一步一步地成为一位伟大的无产阶级革命家,及其所具有的实事求是,光明磊落、顾全大局、多谋善断、谦虚谨慎、高瞻远瞩、鞠躬尽瘁、死而后已的高尚品格。(古珂卡)

K000377 **周恩来的最后十年** 张佐良著。上海人民出版社 1997 年 12 月版。28.8 万字。18.00 元。作者从一个中央领导人专职保健医生的独特视角,通过自己亲见亲闻及亲身感受,以朴实的语言记叙了周恩来最后十年的工作和生活,重点记叙了周恩来以顽强的毅力与病魔抗争及带病为国事操劳的最后 1323 天,歌颂了周恩来的博大胸怀和高风亮节,为人民鞠躬尽瘁的公仆风范。(黄建章)

K000378 **细说历代皇帝** 张永芳等著。春风文艺出版社 1997 年 10 月版。200 万字。142.00 元。分别对秦始皇、刘邦、汉武帝、隋炀帝、唐太宗、武则天、宋高宗、成吉思汗、雍正这九位历史上较有名的皇帝予以评叙。其特点为“亦文亦史”，即史学的材料，文学的笔法，史学的严谨，文学的灵动，针对先皇们的个人功过是非作过叙述和评论。（崔棠）

K000379 **终身的反对派——陈独秀评传** 朱文华著。青岛出版社 1997 年 5 月版。34 万字。16.80 元。在掌握了大量翔实的历史资料的基础上，坚持实事求是的历史唯物主义原则，对陈独秀这样一位复杂的历史人物的一生的思想、政治主张的形成和演变作了全面、系统的论述，生动而又深入地反映了陈独秀作为新文化运动的主帅、中国共产党早期领导者的性格、爱好和精神风貌。（连建军）

K000380 **赵尔丰——雪域将星梦** 田闻一著。北京十月文艺出版社 1997 年 6 月版。33.9 万字。17.00 元。叙述了赵尔丰的传奇生涯。他作为清末最后一任四川总督、嗜杀戮、性残忍。人称赵屠户。理边七年，转战康藏，破天荒地革除了残酷的土司制度，大力推进川边生产建设，为维护祖国的尊严和领土完整，身先士卒，粉碎了英国侵略者勾结西藏上层企图分裂祖国的阴谋。在轰轰烈烈的四川保路运动中，身首离异，了此一生。（黄倩）

K000381 **柳亚子家书** 上海图书馆文献部编。岳麓书社 1997 年 5 月版。55 万字。29.00 元。收录柳亚子致其家人信 317 封，及家人致柳公信 175 封，除 30 余封曾收入《柳亚子文集·书信辑录》外，其余均系首次发表，家书文笔流畅，行文之间可见柳亚子风趣幽默、爱憎分明的性格特征，且点墨之间倾注的对夫人的深厚情义、对子女的关心爱护更是感人深至。（饶毅）

K000382 **耿飚回忆录（1949～1992）** 耿飚著。江苏人民出版社 1997 年 12 月版。23 万字。20.00元。回顾了作者从新中国成立以来 40 多年的人生历程，以热情而凝重的笔墨展现了国内国际若干重大事件的来龙去脉，以及毛泽东、周恩来、陈毅等一代伟人的风采。（丁嫣霞）

K000383 **诸葛亮评传** 柳春藩著。中国青年出版社 1997 年 7 月版。24 万字。13.50 元。历史传记。分 3 个时期叙述了诸葛亮的一生。其中重点描写了《隆中对》、赤壁之战、治理西蜀过程中，其在政治、军事、外交等方面的卓越见识和非凡才能。全书以《三国志》及裴松之的注、《诸葛亮集》等史书为基本材料，力求客观真实地写出诸葛亮的一生。本书是在《诸葛亮传》（中国青年出版社 1986 年版）的基础上修改补充而成的，着重对有争议的重要问题进行了评析。例如，对历史小说《三国演义》的诸葛亮这一艺术形象的历史可信度做了甄别，指出小说对其智慧谋略以及军事才能方面做了虚构夸张，而对诸葛亮作为一个政治家治蜀理民的描写则不足。配有 40 余幅图片，及诸葛亮生平大事年表。（李瑾）

K000384 **诸葛亮研究集成** 王瑞功主编。齐鲁书社 1997 年 9 月版。143.5 万字。108.00 元。共 2 册。所载文字始自三国而迄于清末，内容包括诸葛亮文集与记述他的碑传年谱、琐闻杂录、历代评论，及至以他为题材的诗词小说戏曲等文艺创作，共计 8 卷，分上、下两编。各卷资料的先后排比，大体依其产生的时间为顺序，借以可窥测其历史发展的轨迹。书中仅诸葛亮年谱就收录 9 种之多，对诸葛亮的评论 180 余家，计 350 余篇，咏怀他的诗词曲赋 500 余家，计 800 篇左右。除校定诸葛亮著作外，还审订了诸家所撰年谱并加按语指出其间的谬误。对诗文作者、杂录出处等也作了大量的核实工作。（王云华）

K000385 **黄爱、庞人铨传** 何平著。云南教育出版社 1997 年 12 月版。12 万字。8.40 元。如实地记录了黄爱、庞人铨短暂的一生。黄爱、庞人铨是中国工人运动史上最早牺牲的革命烈士。他们都出生在 1897 年，同于 1913 年考入湖南甲种工业学校，毕业后，都在“五四”运动中得到锻炼，1920 年下半年一道从事工人运动。他们在毛泽东、何叔衡、林伯渠、陈独秀等人的帮助下，成立了湖南劳工会，这是中国工人运动史上成立最早的现代工会之一。他们以湖南第一纱厂为活动基地，发动了以探索改造社会道路为主旨的“纱厂公办运动”。1922 年 1 月 17 日，为支持湖南第一纱厂工人罢工，惨遭军阀赵恒惕杀害。周恩来称他们是“中国的卢森堡和李卜克内西”。（符雪红）

K000386 **崇祯传** 樊树志著。人民出版社 1997 年 11 月版。46.7 万字。30.10 元（平），34.10 元（精）。介绍了崇祯皇帝的一生。明朝末帝崇祯（朱由检）以兄终弟及的方式登位，受命于危难之际，刻意营求中兴之治，忧勤惕厉，殚心治理，即位不到 3 个月，即采取断然措施，铲除祸国殃民的权宦魏忠贤及其同党，为朝政带来些许新意。同时面对日益严重的内忧外患，崇祯求治心切，刚愎自用，苛刻严急，诛杀失度，导致袁崇焕等诸多贤臣良将蒙受不白之冤。君臣关系不协，臣僚相互倾轧，前代遗留的弊端无法消除。随着李自成、张献忠揭竿而起,席卷中原,挥师东向,关外清兵步步进逼,屡犯内地,崇祯君臣彼此猜疑,剿抚失宜,出征、南迁,勤王皆无良策,终致京师被破,崇祯上吊自尽于煤山(今景山)。(张维训)

K000387 **领袖之间** 杨宗丽编著。辽宁人民出版社1997年7月版。32.3万字。21.00元。分上、下两篇。上篇描述了毛泽东、周恩来、邓小平等新中国第一、二代领导人之间,他们与著名民主人士、宗教界领袖、少数民族领袖之间的交往;下篇描述了中国领袖与外国政治领袖,世界政坛风云人物之间的交往。全书采用了纪实手法,生动地还原了那些神秘而又平凡的历史真实,摹写了领袖风采、人格魅力,呈现了许多重大历史事件鲜为人知的内幕。(王松)

K000388 **彭德怀元帅壮烈人生丛书** 王焰、何定、和谷岩、项羊等著。广东教育出版社1997年11月版。共139万字。92.30元。8册,由《走出长夜》《十年横刀立马》《与华北共存亡》《决战大西北》《挥师援朝》《第一任国防部长》《庐山"海瑞"》《苍凉岁月》等分册组成,比较全面、深刻地反映了彭德怀元帅曲折坎坷、波澜壮阔的人生道路。其特点有:一、作者队伍的权威性。各分册的作者均是"彭德怀传记组"成员,他们或长期在彭总身边工作,或是对彭总的生平事迹素有研究的专家学者,不仅熟悉彭总一生的历史,而且具有较高的理论水平和文学修养。二、史料的翔实、可靠性。书中所用史料均出自中央和地方档案、文史部门的历史文献,以及作者们尽数年之功查访事实、考证问题而获得的大量珍贵详尽的资料。三、实事求是,臧否公允,把握了正确的思想导向。"丛书"客观地记述了彭总爱国、救国、报国的革命业绩,对其一生是非功过作出了符合党中央有关历史问题的决议的正确评价,因而具有较高的史学价值和学术研究价值。(李莎)

K000389 **董必武** 李东朗、雷国珍著。河北人民出版社1997年版。34.6万字。21.00元。"中共一大代表丛书"之一。详细地介绍了中共一大代表、老一辈无产阶级革命家董必武伟大光辉的一生。主要包括:董必武的家世、早年求学、投身辛亥革命、参加反袁斗争、创办新式学校、创建武汉共产主义小组、出席中共一大、致力国共合作、策应北伐军进军、反对蒋介石独裁、推进农民运动、赴苏深造、在中央苏区、参加长征、陕北育英才、重返武汉、遏阻反共逆流,扩大党的统一战线、主持南方局、出席联合国大会、参加"政协"会议、虎穴斗顽、华北主政、开国之初,接收国民党政府文案、创建法律、法官生涯、甘为民仆耻为官、主义遵从马列坚、活到老学到老、最后岁月等,全面反映了董老为革命事业英勇奋斗的精神,再现了董老高尚的革命风格。(荆彦周)

K000390 **曾国藩生平及家族丛书** 徐徜等主编。辽宁古籍出版社1997年2月版。100万字。72.00元。分5册。由5部分组成,即《曾国藩本传》《曾纪泽本传》《曾国藩家族》《曾国藩家训》及《名人评曾公》等。《曾国藩本传》所撰写的曾国藩,既不是手握屠刀、嗜杀成性的"汉奸、刽子手",也不是完美无瑕、高山仰止的"圣哲"。作者通过写实和白描的笔法,展示了一个更接近于历史真实的曾国藩形象。《曾纪泽本传》全面评述曾纪泽生平。曾纪泽作为外交官,出使英、法、俄达八年之久,在与沙俄谈判中,为祖国争回了不少权益。根据曾国藩有关家训、家书等史料整理而成的《曾国藩家训》,既可供读者参考借鉴,也为研究曾国藩提供了第一手资料,曾氏家族是一个大家族,家风优良,世代相传,曾氏后裔中不少人成为国家栋梁之材,《曾国藩家族》便介绍了其中一些代表人物。丛书选录了从曾国藩逝世至中华人民共和国成立的近80年间约50位名人对曾氏的评论,辑成《名人评曾公》,这些评论虽难免印上时代、阶级、政治等痕迹,但仍有很高的参考借鉴价值。(高虹)

K000391 **曾国藩往来家书全编** 钟叔河汇编校点。海南出版社1997年8月版。120万字。148.00元。分3卷,共收曾国藩写给家人的信1 520件,比旧刻《曾文正公家书》和《家训》多617件,比新编《曾国藩全集·家书》多61件;另收曾国藩家人写给曾国藩的信共599件,全部是第一次整理发表。全部所收家书均据手迹、或抄件、或原刻本、或其他根据进行了校订,共校正脱、讹、倒、衍等错误在千处以上。本书每面均编加了若干处边批,其内容为:原信正文提要和警句格言,提示该信与某信有联系,订正发信的时间地点,解释信中一般难懂之处,等等。随书还附书签一个,上印有曾国藩五代亲属表。(李升召)

K000392 **蔡元培与近代中国** 蔡建国著。上海社会科学院出版社1997年2月版。24.1万字。18.00元。分上下篇,涉及蔡元培的生平,受日本、德国、法国等文化影响而形成的文化思想及其意义,与近代中国教育、近代中国科学事业的关系,与孙中山及辛亥革命的关系,在五四新文化运动中的作用和地位等问题。(方小芬)

K000393 **潘汉年——屡建奇功的一代英才** 武在平著。天津人民出版社1997年9月版。26万字。16.60元。生动地再现了潘汉年波澜壮阔而又坎坷凄苦的一生。潘汉年是中国现代史上一位具有非凡经历和传奇色彩的革命人物。他出生在江苏宜兴一个"耕读传家"的家庭,自幼便有强烈的忧患意识。在青年时代他参加过新文学创作、创办过进步刊物,1925年加入中国共产党,投身于革命事业中。在上海领导文化战线的工作时,潘汉年曾领导建立了左翼作家联盟、调解"革命文学论争"、组织"文艺大众化"的讨论,为党团结了大批文化界人士。在负责党的统一战线工作期间,他曾与民主人士广交朋友,并在和平解决西安事变、安全转移在上海的民主人士、策划两航起义、护送民主群贤由港赴京、团结工商界人士共图新中国大业等工作中做出了卓越贡献。潘汉年还曾长期在党的隐蔽战线上担任领导,这也是他革命生涯中最精彩的一部分。他足智多谋,处变不惊,在处理顾顺章事件、确证向忠发叛变、揭穿《伍豪启事》真相、建立党的情报网等工作中显示了他的才能,为党立下了功劳。1955年由于党内斗争扩大化,潘汉年蒙冤入狱。他与妻子共同生活到1977年病逝。此间无论是坐牢还是在农场,他始终无怨无悔,对党一片赤诚。1981年党中央正式为他平反昭雪,并对他给予了极高评价。(刘文君)

K000394　**瞿秋白印象**　丁景唐、丁言模编。学林出版社1997年12月版。20万字。14.50元。"印象书系"(第三辑)之一。作为中国共产党早期的主要领导人之一,作为五四新文化运动的主要奠基者,瞿秋白在政治上遭到了残酷的打击,在文学上依然坚守着独立的人格,他是以一个江南才子的风流神采去实践他的社会理想,去激扬他的生命价值……在他年仅三十六岁时,怀着对政治狂流的无限感慨,他高唱《国际歌》,盘坐在罗汉岭下,面对黑森森的枪口,坦然地说道:"此地很好。"本书介绍这位"江南第一燕"的复杂的政治生涯,丰富的情感世界,磊落的精神品格,以及他作为一名优秀知识分子的灵魂痛苦。(许钧伟)

K000395　**陈独秀与瞿秋白**　唐宝林、陈铁健等。中国青年出版社1997年12月版。27万字。17.00元。从马克思主义历史唯物主义和辩证唯物主义的观点出发,在大量占有史实材料的基础上,对陈独秀、瞿秋白两位中国共产党早期领导人的不同经历、知识结构、思想修养、性格作风等方面进行了分析比较,记述了两人的相识与友谊,同时对共产国际与中国革命和中共领导层的关系,也作了有价值的探讨。全书分上下两篇。上篇记述了陈独秀在复杂纷纭的社会大变革时代其思想发展的历程,他是如何不断求索找到马克思主义,主持创建中国共产党,以及后来又是如何与党发生分歧,经过苦闷、彷徨最终成为托派分子的。下篇分析论述了瞿秋白的思想发展轨迹,性格特点,沉浮磨难,入狱后刚正不阿,最后为国民党杀害的一生。作者把人物置于当时的历史环境,力图作出公正、客观的评价。书中附有珍贵历史照片。(朱文莉)

K000396　**抓斗大王——包起帆创造发明历程**　中共上海市委组织部编。上海科学技术出版社1997年9月版。45.7万字。68.00元。以"起帆精神"、"报国情怀"和"智慧结晶"三个板块,突出了"高举伟大旗帜、牢记远大目标、体现时代要求、争做先锋模范"这根主线,较完整地反映出了包起帆成长成才的轨迹。书中有江泽民总书记、李鹏等党和国家领导人亲切接见包起帆的照片;不少领导同志给"抓斗大王"的题词或赠言;荟集了各大报刊、杂志宣传包起帆先进事迹和无私奉献精神的评论文章、领导讲话、报告文学·通讯;介绍他创造发明的消息;精选了凝聚着包起帆智慧的、在国内外发表的主要学术论文,还集聚了他所获得的各种奖励证书、奖状和奖章以及反映他生活情趣的照片等。(周兆钧)

K000397　**中国皇后全传**　赵孟祥、赵朝主编。内蒙古人民出版社1997年12月版。143万字。上、中、下册。88.00元。收录上起始皇帝嬴政之母,下至末代皇后婉容,历代历朝的皇后、嫔妃。她们是最高统治者、至高无上的皇帝的妻妾,是封建时代妇女地位最高贵的人,她们的命运轨迹、兴衰荣辱、坎坷沉浮无不和国家的命运紧密相连。她们既有英明辅弼帝王甚或亲自朝政,推动历史车轮奔驰者;也有助纣为虐,从而阻碍历史进程者;更有甚者,则扮演了祸国殃民、使历史的车轮逆转的角色;而更多的则无法掌握自己的命运,在后宫中凄凉走完自己的人生之路。(杨兰平)

K000398　**毛泽东的女儿李敏**　王桂苡著。辽宁人民出版社1997年10月版。15万字。15.00元。真实、生动地再现了李敏在黄土高原降生,一岁时妈妈贺子珍为什么去了莫斯科,五岁时李敏同朱敏等四个孩子被毛泽东、朱德送往莫斯科,李敏在前苏联国际儿童院里成长,十岁时李敏同贺子珍还有毛岸青回到中国,父亲的温暖与三别妈妈,幸福的少年,花季的生活,女大当嫁,与江青共处的日子,搬出中南海,父女生死两茫茫,如今李敏的生活等。书中还较详细地介绍了李敏的母亲贺子珍的传奇式的故

事，在前苏联的情况，回国后那默默无声的生活，以及贺子珍与毛泽东关系的演变。(陈志强)

K000399 **雷锋岁月** 刘秋群著。辽宁少年儿童出版社1997年版。13万字。11.20元。“故土丛书”之一。以抚顺雷锋纪念馆及其收藏，陈列的图片，实物为线索，以雷锋生前亲朋、战友、同志、领导的采访，缅怀、回忆文章为依据，客观而真实地记叙了雷锋在平凡的工作岗位上全心全意为人民服务，在不懈追求、无私奉献中锻炼成长的感人事迹。展示了在雷锋精神感召下，雷锋式新人层出不穷的时代风貌。同时对持续不断、常学常新的全国军民历久不衰学雷锋这一现象作了初步探讨。(贾知松)

外国人物传记

K000400 **金日成同志在牡丹江** 宋德山、黄运军著。黑龙江朝鲜民族出版社1997年版。7.5万字。8.00元。主要叙述金日成在牡丹江一带抗日的事迹。在抗日战争时期，金日成领导的抗日部队主要是在东北的东满和南满地区活动。金日成最早率领部队到牡丹江，是1933年9月，他率领汪清、珲春两支游击队与吴义成领导的救国军联合进行了攻打东宁县城的战斗。此后于1934年冬和1935年夏至1936年春，金日成两次挥师北上，与牡丹江地区活动的周保中、李延禄、李荆璞率领的抗日部队进行了联合作战。当年7月，金日成在宁安马丁(英山)与周保中共同指挥联合部队，狠狠地打击了跟踪而来的伪靖安军，取得首战告捷。金日成和李荆璞率领联合军转战在牡丹江两岸、镜泊湖畔、老爷岭的深山老林以及敦化、额穆县境，处处以神出鬼没的巧妙战术给日军和伪军沉重打击，使得敌人闻风丧胆。金日成和朝鲜人民革命军指战员，留下了许多可歌可泣的英雄事迹和中朝指战员团结友爱的感人故事。(崔昌俊)

K000401 **韩国总统金泳三** 金光根著。时事出版社1997年版。27.9万字。16.00元。以详细的史料，生动的笔触，介绍金泳三的生平事迹和事业。金泳三以25岁的英年步入韩国政界，进行了长达40年之久的反独裁、争民主的艰苦卓绝的斗争，直到在韩国结束军人独裁政治，开创了文人民主政治的新时代。(王俊彦)

K000402 **日本首相桥本龙太郎** 刘江永主编。时事出版社1997年版。29.5万字。16.80元。客观而生动地介绍了桥本龙太郎的政治生涯，坎坷经历、政策主张，政治权谋、人际关系、对华态度，性格特点、业余爱好、家庭生活，写出了与桥本有关的日本国内外重大事件的背景内幕，不仅使读者了解桥本是怎样一步步登上首相宝座的，而且还可以了解其执政后的政策倾向，窥见当今日本政坛错综复杂的各种矛盾，对促进中日友好有积极作用。(王俊彦)

K000403 **曼德拉** 韦祎红著。浙江人民出版社1997年1月版。22.2万字。16.50元。“世界名人传记丛书”之一。展示了堪称“本世纪中叶以来身价持涨不跌的政治巨人”、南非首任黑人总统纳尔逊·曼德拉传奇的一生。

K000404 **库图佐夫传** 蒲宁著。河北人民出版社1997年版。15.2万字。12.70元。“世界十大军事家丛书”之一。描述库图佐夫出身名门，遭逢变革时代，从战争中学习战争；追随名将苏沃洛夫学习指挥艺术，成为杰出的军事统帅；又介入外交事务，表现不同凡响；以及最具辉煌的与拿破仑从奥斯特利茨到莫斯科艰辛而伟大的刀火交锋。(李大星)

K000405 **彼得大帝传** 郝振耀著。河北人民出版社1997年版。12.9万字。11.50元。“世界十大军事家丛书”之一。记述俄国大帝彼得自征讨巫速，创组黑海舰队始，直至结成北方同盟，建立大帝国的不凡经历，更全面描绘其作为一代君王对俄国政治、经济、军事、科学、文化等诸多方面的影响深远的贡献。(李大星)

K000406 **克劳塞维茨传** 薛国安著。河北人民出版社1997年8月版。15.4万字。13.10元。“世界十大军事家丛书”之一。克劳塞维茨是西方近代史上涌现出的最早最有成就的军事理论家，被誉为“西方兵圣”。其卓著《战争论》更是军事工作者的必读书。克劳塞维茨生活于法国大革命时期的普鲁士王国。他少年从军，继跨入军校学习，然后又投入对拿破仑的战争，最后任柏林军官学校校长，晋升少将军衔。在无数次的战争中，克劳塞维茨学习和总结经验和教训，寻找战争的规律。在他任柏林军官学校校长时，撰写成了不朽名著《战争论》。本书共分8章，即第一章“童颜在战火中消逝”，第二章“叩开柏林军官学校大门”，第三章“跨入皇家宫殿”，第四章“痛苦的囚禁生涯”，第五章“投身改革浪潮”，第六章“与战神决战”，第七章“醉心兵学研究”，第八章“不朽的灵魂”。后附《克劳塞维茨年表》。(杨永林)

K000407 **现代十大思想家** 副名：韦伯传。姬金铎著。河北人民出版社1997年12月版。14.3万字。12.20元。以韦伯的生命历程为序，对其所涉及的广泛研究领域分轻重一一进行了阐述:从历史到现代,从经济到政治,从资本主义到社会主义,从哲学到宗教。尤其是书中写到了韦伯对中国的研究,虽然其材料运用属于二手,但其材料相当丰富,结论也相当具有启发性。书中着力论述了韦伯的两本著作《新教伦理与资本主义精神》和百科全书式的《经济与社会》。同时,对韦伯不闭门造车、积极参加社会实践活动的倾向给予了较高评价,并以此着笔探索出韦伯之所以极具社会影响力的现实社会因素。书中也客观评价了韦伯自身的阶级局限性。(李文龙)

K000408 **卡夫卡传** 勃罗德著,叶廷芳、黎奇译。河北教育出版社 1997 年 6 月版。22 万字。11.70 元。揭示了卡夫卡的精神世界及其作品中的深刻含义,并通过对卡夫卡的生活经历及其外部特征的描写,展示了卡夫卡性格的多种侧面,对读者全面地、立体地了解卡夫卡是极其重要的。全书共 8 章:家世与童年、大学、围绕职业和使命的斗争、至《观察》出版前、订婚岁月、宗教观的发展,最后几年,卡夫卡形象新特征。另有一些卡夫卡创作,生活相关的附录及年表。

K000409 **亚历山大传** 郑云华著。河北人民出版社 1997 年 8 月版。18.1 万字。14.70 元。“世界十大军事家丛书”之一。分 8 章,即第一章“崛起的山国”,第二章“猛若雄狮的少年”,第三章“击败‘神圣兵团’”,第四章“国王与盟主”,第五章“挥师东进”,第六章“力拔‘万王之王’”,第七章“亚历山大大帝”,第八章“最后的历程“。后附《亚历山大生平年表》。(杨永林)

K000410 **凯撒传** 王家鸣著。河北人民出版社 1997 年版。18.7 万字。15.10 元。“世界十大军事家丛书”之一。描述凯撒由贵族少年而步入政坛、结成“三头同盟”,远征高卢、不列颠、西班牙、马踏莱茵,决战庞培,血染北非,五任独裁官,五任执政官的政治、军事成就,以及与埃及艳后亦政治亦爱情的携手。纪录了其军事才能、政治谋略和改革成就与著述成果。(李大星)

K000411 **威尔第传** [俄]柳波芙·索洛夫磋娃著。人民音乐出版社 1997 年版。27 万字。18.80 元。威尔第(1813~1901)是意大利作曲家。他一生共创作了 26 部歌剧,以及多部宗教音乐、室内乐和声乐作品。歌剧《纳布柯》、《弄臣》、《游吟诗人》、《茶花女》、《假面舞会》、《阿依达》、《奥赛罗》,以及宗教音乐《安魂曲》等。本书系统全面地介绍了威尔第漫长而富有创造性的一生。既介绍了他的生平,也详尽分析了他的作品。(买德颐)

K000412 **达利的秘密生活·一个天才的日记** 湖南美术出版社 1997 年 1 月版。30 万字。21.00 元。在书中,作者始终宣称自己是现代艺术文化的救世主,每天都在创造丰功伟绩,但字里行间却让读者贴切地感受到天才的平凡和平凡的强大生命力。(姚阳光)

K000413 **思想之网** 副名:哲人科学家——牛顿。袁江洋著。福建教育出版社 1997 年 12 月版。17.7 万字。9.50 元。展示了牛顿的整体信念和工作体系的本质以及组成结构的发展途径,揭示了牛顿不朽科学功绩背后的丰富、深刻的哲学思考。还尝试将牛顿作为一个“完整的人来勾勒,对于牛顿深层思想中的许多方面的长期疑问作出了深邃的见解。作者不但表达了其对牛顿整体思想及其发生过程的理解,同时也反映了其对现代科学的发生问题的基本理解。(任争健)

K000414 **精英的聚会** J.M.凯恩斯著。江苏人民出版社 1997 年 11 月版。38 万字。26.00 元。《凯恩斯文集》之一。由文章、书信组成,通过描绘凯恩斯周围人物的治学经历,把百余位杰出的经济学家、哲学家、科学家、政坛人物串连起来,从而勾画出第二次世界大战前英国精英人物沉浮、大英帝国的衰落。(丁嫣霞)

K000415 **凯恩斯传** 尚新力著。河北人民出版社 1997 年 12 月版。21.2 万字。16.70 元。“现代十大思想家”之一。全书极大成份用于描述凯恩斯的生活琐事和经济学的思想。由看似平凡的小事归纳出凯氏之所以成为有史以来最伟大的经济思想家的社会条件和家庭小环境。并着重墨于凯恩斯的经济思想的阐释,分别解析三部主要著作《货币论》、《货币改革论》、《就业利息与货币通论》的学术思想和基本观点。同时,还就凯恩斯学术思想的局限性,由社会历史和个人背景进行了较客观的评价。(李子龙)

K000416 **布莱尔:英国新首相与工党** 刘建飞著。当代世界出版社 1997 年 8 月版。26 万字。15.00元。比较全面地记述了布莱尔的成长道路及工党近百年来走过的曲折历程。英国工党是西欧一个较有影响的左翼政党,它曾有过辉煌的历史,本世纪 20 年代取代自由党成为英国两大政党之一,给英国社会带来过巨大变化。然而,从 50 年代起,它开始走下坡路,特别是 1979 年以后,连续 4 次在大选中输给了保守党,持续 18 年在野。工党在竞争中失败以后,党内矛盾重重,四分五裂,严重衰落,甚至有被其他政治力量取代之势,面临生存危机。那么,布莱尔怎样领导工党走出困境、东山再起?本书作了详细介绍,着力从三个方面向读者提供清晰的脉络和有益的启示:第一,展示了布莱尔其人的全貌,既详细介绍了他作为政治家的成长过程和所具有的特性,又展示了他作为普通人的一面。第二,揭示了布莱尔成长与工党改革的密切关系。书中详细记述了布莱尔对工党进行的改革,而工党改革进程的发展又使他的才华和谋略得以向世人展示并得到选民认可,最终登上了首相宝座。第三,对工党改革进行了深入探讨。(陈雪英)

K000417 **英国新任首相托尼·布莱尔传** 刘建飞等著。北方文艺出版社 1997 年 7 月版。24 万字。16.00 元。以翔实的史料,介绍了布莱尔从出生到竞选获胜这一段时间的生平经历。书前有关于布莱尔事迹的图片 4 页。书后附录"布莱尔大事年表","英国历届首相年表","英国工党历任领袖","二战以来历次大选名单"和"布莱尔内阁名单"等。(梅庆吉)

K000418 **乔伊斯与诺拉** 贺明华译。百花文艺出版社 1997 年版。18 万字。12.00 元。依靠丰富而翔实的资料,生动描绘了爱尔兰著名乔伊斯与诺拉由一见钟情到私奔逃离都柏林以及之后在国外动荡不安的生活。还以独特的视角探究了乔伊斯的创作心理。诺拉的早熟与大胆,既深深吸引着乔伊斯又总是引起他对诺拉忠贞的种种猜忌。尤其在创作《尤利西斯》期间,乔伊斯完全沉弱于令人毛骨悚然的想象之中,他甚至去怂恿诺拉去吸引别的男子,自己去体验嫉妒和猜忌的滋味,而他本人也时常移情别恋,所有这些都被他以丰富的想象力加工而成作品中的情节。除了对乔伊斯心理的细致研究,书中还用大量笔墨去描绘诺拉。通过诺拉去寻找乔伊斯作品女主人公的影子,并重新给予诺拉公正的评价。(蒋华)

K000419 **拿破仑传** 向平著。河北人民出版社 1997 年版。14 万字。12.00 元。"世界十大军事家丛书"之一。描述拿破仑自低级军官,参与大革命,借土伦战役成为高级军官的发迹;叙述其由阶下囚而至共和国执政再至法国皇帝,由放逐厄尔巴岛而至推翻波旁王朝再至第二次退位的几次起落的政治生涯和凭借大炮扬名立身,由奥斯特利茨至莫斯科再至滑铁卢,多次远征扩张的军事生涯。以及与约瑟芬之间曲折的婚姻。勾勒出其不凡的传奇经历。(李大星)

K000420 **纪念路易·艾黎文集** 张德禄、张德国主编。甘肃人民出版社 1997 年 7 月版。39.4 万字。58.00 元。收入题词、照片 28 幅,文稿 75 篇,从不同的侧面,真实地记录了艾黎追求真理,艰苦奋斗,鞠躬尽瘁,坚韧不拔的崇高品质和光辉业绩。(杜待德)

K000421 **格兰特传** 陈燕波著。河北人民出版社 1997 年 8 月版。16.3 万字。13.40 元。"世界十大军事家丛书"之一。分 7 章,第一章"将星险些早殒",第二章"天降大任于斯人",第三章"万水之父悠然入海",第四章"西线无战事",第五章"责任·荣誉·国家",第六章"铁血·实力·谈判",第七章"第二个格兰特"。后附《格兰特生平大事年表》。(杨永林)

K000422 **一个美国资本家的成长** 副名:世界首富沃伦·巴菲特。罗杰·洛文斯坦著。海南出版社 1997 年 1 月版。34 万字。27.80 元。叙述了巴菲特令人神往的一生,揭示了他的致富原则;并且对投资伯克希尔、CEICO、《华盛顿邮报》、可口可乐、吉列等企业进行了生动详实的描写。(孙忠)

K000423 **索罗斯** 副名:走在股市曲线前面的人。乔治·索罗斯、韦恩、科南著,真如译。海南出版社 1997 年 11 月版。14 万字。16.80 元。是德国女记者科南和 Morgan stankey 的销售经理韦恩对金融奇才索罗斯的访谈录。索罗斯将金融投资理论、政治分析、道德反省、社会主张和对往事的回忆交织在一起、娓娓道来,生动而又深刻。充分展示了投资大师索罗斯的奇特奋斗历程以及经济思想。全书共分为"大师出道"、"量子基金"、"投资大王"、"投资理论"、"重义轻利"、"世界公民"、"社会前途"、"失败哲学"、"权力迷思"10 个部分。(苏斌)

K000424 **杨振宁传** 徐胜蓝、孟东明编著。复旦大学出版社 1997 年 1 月版。27 万字。18.00 元。《杨振宁》的第五版。详尽地描写了杨振宁教授光辉的奋斗历程,还刻画了杨振宁教授对祖国的热爱,对父母、对手足、对师生的深情厚意。(黄乐)

K000425 **吴健雄** 副名:物理科学的第一夫人。江才健著。复旦大学出版社 1997 年 7 月版。28.6 万字。22.00 元。世界杰出的华裔实验物理学家吴健雄教授的传记。吴健雄早年毕业于中央大学,30 年代赴美留学,后曾参与"曼哈顿计划"与"原子弹之父"奥本海默共事;她率先用应验证明杨振宁、李政道荣获诺贝尔物理学奖的"在弱相互作用下宇称不守衡"理论而轰动物理学界。她获得了除诺贝尔奖之外的几乎所有大奖,是诸多诺贝尔奖得主推崇的传奇人物。作者以严谨忠实的态度、广阔的历史视野和

丰富翔实的描述，真实地呈现了吴健雄的生活和在物理科学上的划时代成就。(夏德元)

K000426 **白宫沧桑** 齐锡玉著。当代世界出版社 1997 年 5 月版。25.3 万字。16.00 元。按战后美国 10 届总统的任职先后分为 10 章：杜鲁门、艾森豪威尔、肯尼迪、约翰逊、尼克松、福特、卡特、里根、布什、克林顿。从这 10 位总统竞选、执政、下台的过程，折射出美国社会的政治背景和政党作用，因为美国的政党和政治不同于我国，不同于我们的理解，美国政局的沧桑变化集中体现在美国总统的竞选上，美国两大政党执政的决逐，矛盾以及内部的争斗都在总统竞选过程中或明或暗地表现出来，由此来评价美国历届总统及其领导下的政府。(张淑平)

K000427 **杜鲁门传** [美]戴维·麦卡洛著，王秋海等译。世界知识出版社 1997 年 6 月版。94 万字。48.00 元。分上、下册。全面介绍美国第 33 任总统杜鲁门的身世及从政经历。杜鲁门在二战结束末期出任总统，此期间美国一系列影响世界格局形成的大事件均与他有关：对日使用原子弹，迫日投降出于他的手令；战后对社会主义国家实行"遏制"的冷战政策起始于他的任内；美利用欧亚国家战后恢复之机，推行其对外扩张政策，登上世界霸主地位正是从这时开始。他的所作所为人称"杜鲁门主义"，一直为后人研究的热点。(李豫生)

K000428 **玻利瓦尔传** 蔡向东著。河北人民出版社 1997 年版。12.9 万字。11.10 元。"世界十大军事家丛书"之一。描述玻利瓦尔受拿破仑影响而立志成为英雄，以争取西班牙美洲自由为己任，艰苦征战、建立第二、第三共和国，执政大哥伦比亚、秘鲁，驱逐西班牙殖民者，取得南美洲独立战争胜利等南美"解放者"的传奇经历。以及其对南美洲政治、军事、外交等方面的重要贡献与影响。(李大星)

文物考古

K000429 **残缺的记忆** [英]奥托·弗里希著。江苏人民出版社 1997 年 8 月版。15 万字。10.00 元。"剑桥文丛"之一。作者为剑桥大学著名教授，曾参与当代物理学方面的一些重大事件，特别是参加了研制世界上第一颗原子弹的工作，目睹了其举世震惊的首次爆炸。这些经历使他接触到诸如爱因斯坦、卢瑟福、尼尔斯·玻尔等在近代作出了伟大发现的科学家们，并记下了许多与之交往的有趣的事。(丁嫣霞)

K000430 **比较考古学随笔** 李学勤著。广西师范大学出版社 1997 年 8 月版。16.8 万字。9.80 元。用比较研究的方法，对一系列最新考古发现进行研讨分析，特别注意各个地区、各种文化的交流融会，以及中外文化之间的影响、传播问题，范围包括五个层次：1.中原地区各文化的比较研究；2.中原文化与边远地区文化的比较研究；3.中国文化与邻近地区文化的比较研究；4.包括中国在内的环太平洋诸文化的比较研究；5.各古代文明之间的比较研究。(宾长初)

K000431 **太平洋岩画** 李洪甫著。上海文化出版社 1997 年 11 月版。32 万字。24.60 元。将环太平洋地区的岩画分为 23 部分，包括亚洲的中国、蒙古、韩国、日本、缅甸、泰国、马来西亚、印尼；并远涉大洋洲、南美洲、美国和加拿大等地许多岩画点。通过介绍博大而又珍奇的太平洋先民的岩画图像艺术，再现了灿烂的史前文明。既揭示了拥有众多数量岩画个体和包容丰富绘画风格的太平洋岩画的群体共性，又对各岩画点作了比较研究。用以分析画面的手段主要依靠原始绘画中典型图像的比勘，并且重视岩画点附近史前遗址出土物的映照，借助民族学、民俗学的相关资料的佐证。书中配有 33 幅珍贵彩色照片和 184 幅随文黑白图片。(顾承甫)

K000432 **古玩字画鉴定实用指南** 邱东联、谈雪慧、王建宇编著。南方出版社 1997 年 10 月版。60 万字。16 幅彩图。32.00 元。分为书画、瓷器、玉器及其他古玩鉴定等 4 个部分。每部分就其发展演变历史、时代风格特点和基本知识作了详尽介绍，而且重点讲述了鉴定方法和手段。与其他同类书籍的主要不同之处在于其指导性、实用性和操作性：在书画、瓷器、玉器鉴定中作者就历代或近代古玩作伪方法、作伪特征进行了分析和解剖，为该类艺术品的鉴定提供了有益的借鉴和参考，具有直接指导的意义；书中所汇集的国内外最新古玩艺术品拍卖价格行情，为收藏、投资者提供了必需的鉴定信息和运作依据，实用性蕴含其中；第四部分对 15 项古玩艺术品详细解说，从来源、分类、鉴定方法到历年行情变化，为同类艺术品的鉴定、运作提供了示范，指导操作性强。(程春华)

K000433 **中国古代工艺珍品** 朱家溍、曹者祉主编。上海文艺出版社 1997 年 11 月版。30.7 万字。40.00 元。书中介绍中国的工艺精、造型美、历史艺术价值高的文物珍品 161 件(组)，有各个时代，不同质地，多种用途的工艺品。玉石器选有 32 件、铜器、金银器26件、瓷器18件、漆器15件、竹木牙雕24件,织绣9件、文房四宝10件,紫砂、珐琅器等24件,是各个博物馆工艺品藏品中的精华。每件工艺珍品写明时代、尺寸、收藏单位、发掘地点,着重对工艺品的工艺价值展开描述,从造型、纹饰、工艺制作、历史价值、时代特点等逐一介绍。每件文物附有精美的照片,由专业摄影人员制作,重要文物附有细部特写。全书收有珍贵的彩照77幅,单色照141幅,生动地再现中国古代工艺珍宝风采。(蔡耕)

K000434 **北京历史地图集(二集)** 侯仁之编。北京出版社1997年2月版。80页。480.00元。在第一集的基础上,进一步集中反映北京近年来对新石器时代的重要发现和研究成果。全集的核心部分,是北京地区新石器时代最重要的遗址和遗存的分布图。(黄倩)

K000435 **避暑山庄瑰宝** 承德避暑山庄博物馆编。地质出版社1997年12月版。照片78幅。80.00元。精选了馆藏各类御用珍品,并以此为脉络,用图录的形式,将此展现。这些珍品在政治、历史、宗教、文化和自身的工艺等方面都具有代表性,都有着其他文物不可替代的历史内涵,通过这些珍品也反映了清代帝后在避暑山庄的各种政治、宗教和文化活动。本书具有以下特点:1.收录的均为馆藏珍品,具有一定的代表性。如瓷器、珐琅、字画、丝织品、挂屏、钟表等,它们大都代表了当时的艺术成就。2.中、英文对照,便于国际交流;图文并茂、有鉴赏价值。3.画面精美,拍摄时注重突出主题,部分画面附有局部特写。(龚法忠)

K000436 **平山文物** 李彦伟、任凤琴著。花山文艺出版社1997年11月版。11.6万字。14.50元。全面介绍了平山县革命文物和历史文物的现状及价值。全书共分7章,从革命文物到古代遗址、到古代墓葬、到古代建筑、到石窟寺与摩崖造像、到金石、到古代钱币、到精品鉴赏,介绍详尽。

K000437 **艾不盖河历史足迹** 孟克德力格尔著。内蒙古人民出版社1997年5月版。14.5万字。20.00元。从内蒙古达茂旗境内收集到的古生物、化石、岩画、古墓、古城、庙宇、敖包、石刻、古币、古遗址等文物古迹。展示了我国古代北方游牧民族的无穷的创造力与数代的生活方式,古老民族的智慧与勇敢以及与大自然做斗争的精神。(孟桂兰)

K000438 **远古足音** 女真著。辽宁少年儿童出版社1997年版。13万字。9.60元。"故土丛书"之一。以大量的考古资料和珍贵的历史文物,具体展现了辽宁远古的历史,是一卷活生生的辽河流域社会历史进化的图册。作者以活泼的文字和流畅的语言,叙述了在山海关之外的黑色土地上,从太古的鸟鸣到几十万年前的人类足音,一直到后来人类的刀光剑影、征战厮杀的历史,叙事、抒情相结合。(贾知松)

K000439 **哈密古代文明** 刘国瑞、祁小山编。新疆美术摄影出版社1997年版。3万字。150幅图。88.00元。汉、英对照画册。画册展现了哈密出土的大量珍贵文物,如各类石器、青铜器制品、彩陶、岩画、汉唐遗物、碑刻、石人、铜镜、伊斯铜器、古币,以及发现于绿洲上的细石器遗址、墓葬、烽燧、古城,麻扎、庙宇、寺院、回王行宫等,表现出了哈密古代的文明,揭示出我国古代各民族共同创造了哈密古代文明的画卷。画册对哈密的自然环境进行了概括介绍,对文物分类得当。图片拍摄精良,设计合理;既有分节综述,也有对文物的详细介绍。(许建英)

K000440 **新疆文物考古新收获(续)1990~1996** 新疆文物考古研究所编。新疆美术摄影出版社1997年8月版。118万字。442幅图。110.00元。汇集了1990~1996年7年间的田野考古报告62篇,是新疆田野考古发掘、调查、研究的重要成果。集中反映了新疆文物考古工作者90年代以来的工作成就,为国内外学术界深入研究新疆地区历史与文化,探析东西方文化交流提供了第一手基础资料。书后附录还包括1990~1996年新疆碳十四测定年代数据一览;1990~1996年新疆考古调查发掘记事;1990~1996年新疆文物考古研究资料题录。(冯中平)

K000441 **海岱地区考古研究** 栾丰实著。山东大学出版社1997年6月版。59万字。68.00元。按时间顺序分为5个部分。第一部分是后李文化。收入本部分的《试论后李文化》,利用现有资料,归纳和概括了后李文化的基本文化内涵和特征,分析和比较了后李文化与周边地区同时期诸文化的异同。第二部分是北辛文化。《北辛文化研究》一篇依据相关遗址的层位关系,并主要通过陶器的类型学研究,对北辛文化进行了分期,将其年代定在了仰韶时代早期。第三部分是大汶口文化。收入论文7篇,篇幅较长。对大汶口文化的发现和研究历程进行了归纳,对大汶口文化的分期,大汶口与其他同时期文化的联系,大汶口文化的彩陶艺术的产生和发展等进行了专门探讨。第四部分是海岱龙山文化。第五部分是岳石文化。对于这两部分的研究,因资料丰富,诸如分期、年代、类型、分布区的扩展、与周边地区不同谱系文化

的关系等，研究得更深入些、更细致些。（王桂琴）

K000442 **临淄商王墓地** 淄博市博物馆齐故城博物馆编。齐鲁书社 1997 年 5 月版。10 万字。87.00元。田野考古报告专集。商王墓地位于山东淄博市临淄区永流乡商王村西侧，北距齐国故城约 5 公里。1992 年—1993 年，淄博市博物馆、齐故城博物馆等单位组成考古发掘队，共发掘战国晚期至两汉墓葬 102 座，出土陶器、铜器、铁器、金银器、玉石器、漆器等文物近千件。其中两座战国晚期中型墓出土随葬品最多，计五百余件，除常见的钟鼎礼器和日常用品外，金银器和玉石器中不乏罕世瑰宝，如镶嵌珍珠和绿松石的金耳坠、运用透雕技巧雕琢的龙凤组玉佩等，铜器中也有蒜头口瓶、鹰首 B 匜、汲酒器等特色器物，另外有铭铜器多达 14 件。报告收录了商王墓地的全部资料，并附有主要遗迹遗物的线图和照片。（贺伟）

K000443 **尹湾汉墓简牍** 连云港市博物馆、中国社会科学院简帛研究中心、东海县博物馆、中国文物研究所编。中华书局 1997 年 9 月版。320.00 元。收录 6 座尹湾汉墓出土的全部 157 枚木牍竹简以及其他重要文物。简牍内容可分 4 类：(1)政府档案，包括《集簿》、《东海郡吏员簿》、《东海郡下辖长吏名籍》、《东海郡下辖长吏不在署、未到官者名籍》、《东海郡属吏设置簿》、《武库永始四年兵车器集簿》等 6 种簿籍。(2)数术、历谱，包括《神龟占》、《六甲占雨》、《博局占》、《刑德行时》、《行道吉凶》等 5 种占卜资料和元延元年、元延三年五月等两份历谱。(3)私人文书，包括赠钱名籍、随葬物品清单、元延二年墓主日记、10 枚名谒等。(4)汉赋佚篇，即写于 20 枚竹简上的《神乌傅(赋)》。书中刊布所有简牍的原大照片和整理组所作的释文，并发表重要文物的照片、拓片、摹本。附有《尹湾汉墓发掘报告》。（李解民）

K000444 **20 世纪河南考古发现与研究** 杨育彬、袁广阔主编。中州古籍出版社 1997 年 12 月版。96 万字。210.00 元。分 10 章，按时代顺序对此进行了系统而翔实的世纪性回顾和总结，且有大量的插图和图版，文图并茂，具有学科总结性、世纪性和地方性等明显特点。同时，在导论、概述以及有关章节中还对河南考古进行了理论分析，对河南考古学的跨世纪发展战略进行了前瞻性论说。（郭孟良）

K000445 **长江三峡工程坝区出土文物图集** 王晓田等编。科学出版社 1997 年 11 月版。40.30 万字。398.00 元。汇集了三峡工程坝区考古发掘所获得的主要文物精品，内容基本上反映了三峡工程坝区古文化的面貌。全书选用了大量精美的出土文物图片，并辅之比较详细的文字说明。（总编室）

K000446 **中国文物地图集湖南分册** 湖南地图出版社编绘。湖南地图出版社 1997 年 9 月版。100 万字。248.00 元。运用地图语言反映湖南省历次文物普查工作的重大成果，全面翔实地记录了湖南省境内已知现存的不可移动文物的状况。主要内容包括：1. 专题文物图，即根据各种文物学专题而绘制的有关文物地图，计 10 幅，另有专题图文章 10 篇；2. 市县文物图，即按市、县行政区域划分绘制的文物分布地图、计 69 幅；3. 重点文物图片，即湖南省境内文物遗址，文物的图片资料，配有文字说明；4. 文物单位简介，即关于湖南省境内的各个文物单位的文字简介，备有索引以方便查询。附录部分包括湖南 1988—1996 年新发现的文物点，湖南省级文物保护单位名单，湖南省全国重点文物保护单位名单。（张燕宇）

K000447 **中国古代铜镜** 赵力光、李文英编著。陕西人民出版社 1997 年 1 月版。10 万字。35.00 元。选编了自战国时期至明代的铜镜照片 300 余幅，基本上展现了我国铜镜发展的全貌。至清代，铜镜已逐渐开始被淘汰，书中就不收清代铜镜了。其中概论部分对铜镜的起源和历代铜镜的特点以及工艺，进行了详细的介绍。（周鹏飞）

K000448 **辽代铜镜研究** 刘淑娟著。沈阳出版社 1997 年 12 月版。23 万字。128.00 元。将已发表或未发表的辽墓、辽塔出土的辽镜及辽宁省博物馆和各市县博物馆收藏的辽镜资料汇集在一起，采用田野考古结合类型学的方法进行研究，分 5 部分论述了辽代铜镜在中国镜史上举足轻重的地位，记录、介绍和研究了辽代铜镜所具有的继往开来的里程碑式的意义。第一章主要论述了辽代铜镜的继代分期，提出了辽代铜镜断代分期的考古依据，对纪年镜等的分析和其规律性的认识。第二章对辽代铜镜进行了分类研究，主要有龙纹镜、连球龟背纹镜、汉式镜、佛道教纹镜等 12 类。第三章分述了辽代铜镜的地域分布，确认了墓葬遗址出土的辽镜遍布辽宁、内蒙、河北、吉林、黑龙江、湖南等地，其中黑龙江地区出土的辽镜时代较早，湖南地区出土的辽镜可能是文化交流的产物。第四章对辽代铜镜做了专题分论，包括辽镜的功用、制造、源流及艺术等等。书的最后一部分附有辽代铜镜分期一览表及索引。（任冬菊）

K000449 **中国古代服饰研究** 沈从文著。上海书店出版社 1997 年 6 月版。616 幅图。200.00 元。从实物和理论两个方面,对我国古代服饰作了全面的阐述。内容包括旧石器时代出现的缝纫和装饰品,新石器时代的绘塑人形和服饰资料、纺织,商代墓葬中的玉石陶铜人形,周代雕玉人形、陶范人形,战国楚墓漆瑟上彩绘猎户、乐部、贵族、妇女、彩绘木俑、雕玉舞女、雕玉小孩、青铜弄雀女孩、铜鉴上水陆攻战纹、青铜壶上的各式纹样、鹖尾冠被练甲骑士、佩玉彩琉璃珠和带钩、江陵马山楚墓发现的衣服和衾被,西汉墓壁画二桃杀三士、汉空心砖持戟门卒、贮贝器上滇人奴隶和奴隶主等。每章之后,都有专文论述各个朝代的丝绸,并附有图版 250 幅,有很高的学术价值。(罗伟国)

K000450 **中国当代大铜章** 上海造币厂钱币研究会编。上海科学技术出版社 1997 年 4 月版。180 万字。85.00 元。收录了上海造币厂和沈阳造币厂这两家我国最权威造币厂设计铸造的大铜章 180 枚(套),这些大铜章于 1979～1995 年间发行,是当代大铜章精华的荟萃。图册包含了不少大铜章收藏的珍品,是铜章收藏和币章研究的必备资料,而且除了精美细腻的彩色照片外,每枚大铜章都附有必要的文字数据,诸如材质、规格、发行数量、发行时间,乃至设计者,雕刻者的姓名,有的还提供了设计题目的背景材料。此外,10 篇关于中国大铜章起源、发展、鉴赏、设计体会等文章为此书增色不少。它是从弘扬中华钱币文化的角度,对中国大铜章的一个图文并茂的总结。(任晓东)

K000451 **中国刀币汇考** 张弛著。河北人民出版社 1997 年 12 月版。55.8 万字。60.00 元。"钱币文化丛书"之三。分 3 部分:一为刀币研究综述,概括叙述了自魏晋南北朝以来历代钱币学者研究刀币的情况和主要学术观点;二为文论,从刀币溯源,若干刀币铭文考释,刀币的形制种类,刀币的演变发展序列,各类刀币的流通区域、铸行年代,刀布币并行流通现象与刀币的衰亡等方面论述了刀币的起源、演变与发展;三为图释,按尖首刀币、易刀币、齐大型刀币、圆首刀币及小尖刀等分类列图,并对背文进行考释,在刀币研究的许多方面都有突破。本书全面考证和论述了我国春秋战国时期北方、东方各诸侯国(族)刀币的起源、演变、发展的过程。(梁桂芬)

K000452 **中国珍稀古钱鉴定要领** 董大勇编著。西北大学出版社 1997 年 2 月版。23 万字。14.80 元。书中详列珍稀古钱的各种数据,如直径、高度、内径、厚度、穿口宽度、重量等,使读者通过数据掌握实物的大小、厚薄和重量,通过照片观察古钱币的气韵和锈色。对所列举的每一枚珍稀古钱,都按照"概况、珍稀程度、价格、数据、鉴定要领"的顺序逐一介绍该古钱的出土流散情况、珍稀程度及价格、鉴定要领等。特别是"鉴定要领"部分,详细论述了每枚珍稀古钱锈色程度、宝文特点、铸造特征,以及有无伪品出现、伪品的特点,伪品与真品的区别等集币者最为关注的问题。(王红岩)

K000453 **贝币研究** 杨寿川编著。云南大学出版社 1997 年 12 月版。17.8 万字。13.80 元。研究云南古代贝币的学术论文集,收有 7 位作者的 12 篇论文。这些论文涉及了贝币问题的主要方面,并各具特点:有的长于汇集史料或文物考古发现,有的对贝币的来源及流通进行分析,有的着重研究贝币废止的内因与外因,有的讨论了云南长期使用贝币的历史、文化原因,有的则提出了石寨山与李家山古墓中的海贝"并不用作货币"的不同观点等等。(李兴和)

K000454 **世界硬币图鉴** 张弛主编。河北人民出版社 1997 年 1 月版。270 万字。198.00 元。"钱币文化丛书"之一。收录了自第二次世界大战以来至 1989 年世界各国各地区发行的各类硬币图片 8900 余种,包括流通硬币、纪念币、普通金银币和收藏币。全书共分 3 部分:绪论部分,概述了世界硬币的沿革、鉴赏、收藏方面的基本知识;简介图录部分,内容以洲际和国别划分,用简要文字介绍各国所处地理位置、货币发行机构、货币名称、主辅币单位、进位、汇率及货币简史。各国货币图片按流通硬币、纪念币、普通金银币等分类。各类硬币以版别面值分套编排,每枚硬币均注有该币的名称、币材、年代、铸造量、品级和国际标价;附录部分,汇集了与世界硬币有关的参考资料,如"各国货币一览表"、"国际标准硬币面值数字表"、"国际硬币快速鉴别标志"、"国际硬币首字母图案标志"等。(梁桂芬)

K000455 **河北货币图志** 张弛著。河北人民出版社 1997 年 11 月版。98.5 万字。78.00 元。"钱币文化丛书"之二。采用新志体的某些体例,较全面地叙述了河北货币的起源、演变与发展的概貌。并依据不同的货币形态,分为:贝币·布币·刀币,方孔圆钱、金银币、铜元、镍铜铝质辅币和纸币五部分。每部分都采用"横排纵写"的手法,论述了历代在河北境内铸造、印制、发行或流通的各类货币的渊源及沿革。全书以文为主,图表为辅。并且"采用上中下三级九品制"分级法,标注各种货币的珍稀程度和相应的市场价格。(梁桂芬)

K000456 **江西陶瓷史** 余家栋著。河南大学出版社 1997 年 10 月版。43 万字。40.00 元。分 8 章，第一章新石器时代江西陶器；第二章夏商周春秋时期的江西陶瓷；第三章战国至秦汉时期的江西陶瓷；第四章三国两晋南北朝时期的江西陶瓷；第五章隋唐五代时期的江西陶瓷；第六章宋元时期的江西陶瓷；第七章明代时期的江西陶瓷；第八章清代时期的江西陶瓷。全书以时代为顺序，上自新石器时代早期，下迄清代晚期，写了近万年的江西陶瓷发展史。由绳纹粗红陶，几何印纹陶，而釉陶，而原始瓷器，而青瓷，以及自宋以后高度发展的各类瓷器。都作了深入研究和介绍。脉络贯通，条理有序，对陶瓷断代划分之细，可谓空前。特别是对明清瓷器的研究，更是资料翔实，言必有据，特色鲜明。书中配以大量的珍贵图片，使江西历代不同水平、不同类型的陶瓷，形象而直观地展现在读者面前。书中还从横的方面研究和揭示了江西省境内历代大小窑址及各类窑址的构造形制，并廓清了考古学界和陶瓷史研究中的一些迷雾，对江西陶瓷考古和江西陶瓷史的研究都具有重要的价值。（朱绍溪）

K000457 **中国古陶瓷与多元统计分析** 罗宏杰著。中国轻工业出版社 1997 年 10 月版。35.3 万字。25.00 元。从介绍多元统计分析的数学方法入手，给出了 FORTRAN 多元统计分析程序及按种类、地区、窑口以及烧造时期等多个指标排序的中国古陶瓷胎釉化学成分数据，并用多元统计分析方法分别进行了中国古陶瓷物理化学基础、发展史以及辅助断代与断源的分析研究。（李春娅）

K000458 **中国紫砂** 徐秀棠著。上海古籍出版社 1997 年 12 月版。13 万字。16 开，万字。140 幅图。108.00 元(精)。介绍紫砂陶的起源发展、取材制作、传授师承、印记装饰、鉴赏识别、乃至陶艺的文化、艺术背景。书首有彩色图片三十余帧，书中伴文图版百余幅。

K000459 **甲骨文字丛考** 李实著。甘肃人民出版社 1997 年 10 月版。47 万字。150.00 元。考释 900 余字，其中除十几个字是补充其义训外，其他均为旧新不识或误识，有八九十年来甚或从清末迄今经几代学者的考释而无法破识的字。书中，新释字数大量增加，有助于揭示甲骨文字构形之通例及其演变规律。作者认为，殷代之书契者为了字体平衡对称之美，将许多字的偏旁单作变为双作甚或斜作倒作，字作为偏旁或合文而省者习见，一些形声字有意作得与象形字、会意字相似。在李实先生新释的 900 余字中，他认为形声字几乎达到 70%，已远非旧说中认为的“甲骨文的形声字还不发达”，“约占 20%左右”。书中对某些字的确释，纠正了新旧字书之误，了结了有些字在识形上几千年聚讼之公案。（李德奇）

K000460 **甲骨文字诂林** 于省吾主编，姚孝遂按语编撰。中华书局 1997 年 5 月版。470 万字。680.00 元。收字以《殷墟甲骨刻辞摹释总集》为准(但对某些字的释读有所更正)，依据日本岛邦男甲骨文 164 部首进行编辑。每个字头下出列其各种形体，然后精选本世纪初至 1989 年底九十年间，有价值的考释成果，按时间先后汇集于下，反映了古文字学界对该字研究的历史。集释后有姚孝遂撰写的按语，或辨别各家得失，或提出新解，很有参考价值，并使该书在集释的基础上有所提高。书后附有部首、笔画、拼音 3 种索引。在内容上对 1965 年李孝定《甲骨文字集释》作了大量的订正和增补。（刘当悉）

K000461 **北京图书馆藏中国历代石刻拓本汇编** 北京图书馆金石组编。中州古籍出版社 1997 年 8 月版。约 20 000 幅图。50 000.00 元。共 101 册。大型金石资料汇编。收入战国至中华民国历代石刻拓本近 2 万种，根据时代先后分为 9 个部分。其种类繁多，有摩崖、碑碣、画像、造像、墓志、经幢、刻经、题名等；内容丰富，涵盖历史、地理、政治、经济、军事、民族、宗教、文学、书法、艺术、科技、建筑、民俗等各个方面，具有重要的文化学术、文物和史料价值，被称为“一部刻在石头上的史书”。其主要价值还在书法方面。收有价值连城的海内外孤本《皇帝巡幸左神策军纪圣德碑》，系崔铉撰文，柳公权楷书，唐末五代或北宋时所拓；又如《伊阙龛碑》，岑文本撰文，褚遂良楷书，是国内现存最旧拓本。在拓本形式方面，各种形式兼备，不仅有为数不少的善拓裱本，还有大批整幅拓本。每幅拓片附有简要说明，介绍其长宽高广，真伪存佚，镌刻收藏等基本情况。（孙宝瑞）

K000462 **秦汉金文汇编** 孙慰祖、徐谷甫编著。上海书店出版社 1997 年 4 月版。816 幅图。120.00元。分上下两编。上编为铭文拓本，共收图版 680 件；下编为金文字汇编，计收单字 782 字重文 5 851 字。全书除辑录历代流传的秦汉铜器铭文外，并增入建国以来发掘新出土的全新资料，且原拓全貌影印，为目前最为齐备的汇编秦汉金文的工具书。（陈其瑞）

K000463 **积微居金文说(增订本)** 副名：考古学专刊甲种第 1 号。杨树达著。中华书局 1997 年 12 月版。28.1 万字。20.00 元。初版本 7 卷，收录作者杨树达1941年1月至1951年11月所撰考释商至汉代青铜器铭文的跋语287篇。前附卷首,叙述作者考释铭文中古文字所用的方法。后附作者学生周铁铮整理作者批注而成的《积微居金文说校语》和《彝器分类索引》及主要参考书目。出版后,作者于1951年12月至1955年3月又撰成考释跋语94篇,再版时以《积微居金文余说》名义附于原跋语之后,是为增订本。本书原由科学出版社出版,后依据出版业务分工原则转给中华书局,重新排印印刷,并对书中的古文字字形和文献作了必要的核定,改正了原排版中的错误。1951年著名古文字学家于省吾曾为《积微居金文说》撰有序言,科学出版社版因故未能采用,中华书局版亦据原稿补入。其中关于《格伯毁》、《毛公鼎》等不少铭文的疏解,已为学术界所普遍接受。其卷首所阐释的考释金文的方法和金文文字构成的一些规律,对古文字研究,也颇具启发意义。(刘宗汉)

K000464 **汉碑集释** 高文著。河南大学出版社1997年11月第2版。41万字。49.00元。收入汉代碑文60通。主要为原石或无原石而有原拓本的碑刻,摩崖及个别墓记。其排列先后以立碑年代早晚为序。每通碑文前有关于此碑的立碑时间、碑体形状、历代对此碑的研究情况及出土地点等介绍,碑文后附有作者对碑文的注释和考证,有很高的学术价值。(刘小敏)

K000465 **新出吐鲁番文书及其研究** 柳洪亮著。新疆人民出版社1997年4月版。40万字。40.00元。由录文、出土简报、专题研究及图版等4大部分组成,合考古学、校勘学与历史学研究为一体。全书分三编。第一编录文包括墓葬文书、故城文书、石窟文书,收有4世纪至9世纪吐鲁番出土的最新宝贵文书77件。第二编为出土简报,内收吐鲁番文物部门近年发表的6篇出土简报,展示了吐鲁番地区近年重大考古发现成果。第三编收有作者个人历史、考古专题论文9篇。论文就高昌郡的地方行政机构的运行机制,高昌郡政权与北凉、北魏的关系,高昌历法,曾治于西州的安西都护府的几任都护等问题,进行深入研究,创见诸多。其中,《吐鲁番出土文书所见高昌郡官僚机构的运行机制——高昌郡府公文研究》是一篇幅较大,分量很重的论文。(王淑梅)

K000466 **北京历代城坊·宫殿·苑囿** 于德源著。首都师范大学出版社1997年4月版。18万字。12.60元。根据大量史籍和考古资料,详细论述了北京历代城坊、宫殿、苑囿的发展、变迁。认为董家林周初燕都遗址的发现把今北京城的历史上溯至距今3000余年以前的商末周初时期的观点是正确的。董家林周初燕都遗址是北京城最早的本源之一,也有可能是周初的蓟城。东周至两汉时蓟城遗址大约在今北京宣武门至和平门一线以南一带,东汉以后至金代的蓟城(辽南京、金中都)遗址在今广安门外一带,元大都和明清北京城即在今址。书中还特别指出,北京古代城址的变化和河流水系的变迁有密切关系,位于今北京房山区琉璃河董家林村的西周燕都之所以被放弃,主要原因是其距圣水(今大石河)出山口不远,城南端常遭水患的缘故。元朝之所以放弃金中都城(位于北京广安门一带)而于其东北别筑大都城,因有中都城过于残破等原因,但是更为重要的是原金中都城所依赖的莲花池水系水量严重匮乏,不能满足作为全国统一政治中心的元朝京师的城市、宫苑用水,更不能满足每年供应三四百万石粮食的漕运需要。(刘兵)

K000467 **北宋皇陵** 河南省文物考古研究所编。中州古籍出版社1997年版。86万字。190.00元。对北宋皇陵陵园进行全面的勘察和发掘的总结考古报告,全面反映了北宋皇陵的考古成果。全书设有地理环境与陵墓分布、北宋皇陵的勘察、永定陵上宫的试掘、元德李皇后陵地宫的清理、北宋皇陵碑志与生肖石像、北宋皇陵寺院,北宋皇陵陵邑与相关遗迹等七个章节及大量的图片,拓片线图。(张燕萍)

K000468 **中国古今书画真伪图典** 杨仁恺主编。辽宁画报出版社1997年4月版。2万字。680.00元。全面介绍书法绘画作品收藏过程中的真赝鉴别常识,并针对古代书法绘画作品由于年代久远,流传多为孤本,而近现代名家的作品数量庞大,赝品层出不穷,且作伪手段远高于前人这一现实问题,把收藏界急欲获致的近现代名作辨伪知识作为介绍重点,详细分析真赝作品的特征和区别,同时放大版面,增加特写,辅以文字说明,进行深入的对照。(谭谈)

K000469 **安岳石窟艺术(大型画册)** 刘长久著。四川人民出版社1997年4月版。2万字。图版215幅。480.00元。精选安岳唐、五代、两宋、明、清佛教、道教石窟造像彩色图版215幅,绝大多数图版系首次面世,并附有简要图版说明及由刘长久先生撰写的《安岳石窟艺术概论》和《安岳石窟及石刻造像一览表》。全书图版及装帧设计精美,资料翔实,印制上乘。(蒋咏宁)

K000470 **麦积山石窟艺术丛书 第一辑** 张学荣、何静珍主编。甘肃人民美术出版社1997年4月版。3 万字。33 幅图。19.80 元(精)。中英文对照。中国四大佛教石窟之一的麦积山石窟,位于甘肃天水市。是国务院批准的全国重点文物保护单位和国家重点风景名胜区。它创建于东晋十六国后秦时期(公元 381～417 年),距今 1600 余年,历代均有雕凿和修葺。保存至今的 194 个洞窟,其中后秦和西秦时期的洞窟 10 个,北魏的洞窟 74 个,西魏的洞窟 16 个,北周的洞窟 39 个,隋代洞窟 8 个,唐代洞窟 2 个,宋代的洞窟 14 个,元代的洞窟 2 个,明代洞窟 6 个,清代洞窟 3 个。在这 194 个洞窟中,共保存了从公元四世纪末到十九世纪的历代泥塑、石刻造像 7 200余身,壁画 1 000 多平方米;仿宫殿建筑开凿的崖阁 8 座。本书全面介绍了麦积山石窟的概貌和艺术特色。特别对其雕塑艺术更详细地进行了探讨。全书收编了 33 幅彩色图版,每幅作品均有详细地文字介绍。(刘云石)

K000471 **永乐宫壁画全集** 天津人民美术出版社编。天津人民美术出版社 1997 年版。大 8 开,35 印张。275 幅图。450.00 元(精)。收入永乐宫壁画精品 300 多幅,全部彩色精印。在版式设计上适当增加人物头像特写的画面,并刊印了各词简释。同时,金维诺教授和李松先生撰写的论文,对永乐宫壁画的历史源流、艺术特色与发展,进行了深入浅出的论述。

K000472 **甘肃石窟艺术 壁画编** 张宝玺编著。甘肃人民美术出版社 1997 年 4 月版。275 幅图。216.00 元。《甘肃石窟艺术 雕塑编》的姊妹编。中英文对照。书中收编的石窟有位于甘肃境内的榆村窟、下洞子石窟、昌马石窟、五个庙石窟、东千佛洞石窟、旱峡石窟、天梯山石窟、金塔寺石窟、下观音洞、千佛洞石窟、马蹄寺石窟、童子寺石窟、上天乐石窟、文殊山石窟,炳灵寺石窟、麦积山石窟、拉梢寺石窟等共计 18 个石窟的 275 幅壁画精品。这些壁画因时代之不同,其内容选定及艺术风格也不相同,同时还受到当时当地经济文化水平的制约。在绘画的风格方面更是有着多种艺术效果,有的用笔奔放,有的拘谨细腻,有的用色浓烈,有的雅淡清新,纷繁多姿。书中除收编了 275 幅壁画原作外,还有 3 万字的研究成果。(刘云石)

K000473 **贵州岩画** 副名:描述与解读。王良范、罗晓明著。贵州人民出版社 1997 年 10 月版。13.2万字。8.00 元。"贵州民间文化研究丛书"之一。比较全面地描述了迄今为止在贵州镜内发现的岩画。除了对岩画本身作了细致的描述之外,还对这些岩画分布的自然环境和人文环境作了描述。并运用历史学、人类学、考古学的方法,对贵州岩画中的图像以及一些符号进行了识别、考证和阐释。书中还将贵州岩画同邻省的岩画进行了多方面的比较,同时对贵州岩画的年代断定和族属断定也作了一些推测。(谢丹华)

风俗习惯

K000474 **社会科学十万个为什么(民俗文化)** 钱国强等著。少年儿童出版社 1997 年 3 月版。15 万字。10.50 元。收有 121 个题目,采用一问一答的文体,每篇一千字左右。介绍中外民间传统风俗文化方面的种种知识,如"为什么"中国人爱以龙凤相配作吉祥图案?""为什么过春节时要在门上挂桃符、贴门神?""为什么重阳节要登高、赏菊、饮酒?""为什么说'那达慕'大会是蒙古人民的盛大节日?""藏族人民是怎样献哈达、唱酒歌和进行射箭赛的?""为什么美国人过感恩节要吃火鸡?""为什么日本和韩国人忌讳'四'?""为什么圣诞节前孩子们要在门口挂长袜子?"等等。(洪祖年)

K000475 **现代社交礼仪教程** 宋全成、杨善民、赵慧珠编著。山东大学出版社 1997 年 5 月版。28.7 万字。11.80 元。共 10 章,较为详细地介绍了社会交际礼仪;舞会、晚会、沙龙礼仪;迎送接待礼仪;日常生活礼仪;商务交际礼仪;服饰穿戴礼仪;宴会餐饮礼仪;家庭应酬礼仪;宗教礼仪与节日;世界主要国家和地区礼仪,等等。涉及到的具体礼仪、礼节达七八十种之多。在介绍有关的具体的礼仪、礼节时,对其历史文化背景也行了较为深入的介绍。(曲厚芳)

K000476 **中华节令风俗文化丛书** 马清福、舒虹、孙民、刘刚、宋文坤、张静、黄敏等著。沈阳出版社 1997 年 12 月版。104 万字。78.00 元。包括《春》《夏》《秋》《冬》4 个分册,以季节为顺序较为系统地阐述了中华民族节令的形成和发展,重点介绍了元旦、元宵、寒食、清明、浴佛、端午、天眖、七夕、仲秋、重阳、冬至、腊八、祭灶、除夕等节日的风俗活动及其流变,说明了这些节日的遗风在今天的表现。在阐述四季节令形成的过程中,着重分析了节令形成的历史原因、政治原因、经济原因、文化继承的背景以及自然地理等因素;在介绍四季节令的风俗活动时,着重分析了风俗活动中反映出来的中华民族的爱国主义、民族气节、弃恶向善以及追求美好生活的理想愿望,着重分析了这些风俗活动与社会生产与社会生活的联系,以及其在社会生产和生活中的意义。对于风俗活动中的封建迷信因素,均以历史唯物主义和辩证唯物的观点加以辨析和批判,为除旧俗立新风、创造社会主义的风俗文化提供了理论上的依据,为批判地继承古代文化遗产做一点具体的贡献。在介绍四季节令风俗的同时,还辑录并评介了历史上各个时代有关节令风俗的诗、词、文、赋。(滕建民)

K000477 **中国社会民俗史丛书(第二辑)** 刘巨才等著。上海文艺出版社 1997 年 11 月版。110 万字。111.80 元(精)。共 8 种,包括《选美史》刘巨才著,《医俗史》陈乐平著,《年画史》王树村著,《钱庄史》陈明光著,《商贾史》田兆元、田亮著,《流民史》陆德阳著,《游戏史》蔡丰明著,《盗墓史》殷啸虎等著。《选美史》告诉人们的不止是选美方式和有关的轶闻趣事,更重要的是突出了审美观念的历史演变和选美过程中的诸多理念。《医俗史》论述从史前传说期到明清各代中医的发生发展史,包括中医与灵物崇拜、祈神术、祝由、相医术、巫医术的内在联系和区别,中医与长生术、房中术、炼丹术、气功术等民间方技的关系,与民俗的关系。《年画史》介绍年画产生与发展过程,叙述其题材和分类、人物形象、艺术造诣和民俗特色。《钱庄史》介绍钱庄的经营特色、资金运作、钱商的职业习惯、道德准则和管理习俗等,对这种民间金融机构的历史演变及社会作用有系统而深刻的剖析。《商贾史》再现了封建时代商贾始终遭受压制贬抑,同时又艰难地寻求发展生存的真实历程,从不同侧面折射出商贾文化的盛衰流变和世俗百态。《流民史》介绍流民与社会政治、经济、文化的关系,再现其颠沛流离的谋生景况。《游戏史》对我国古代游戏的来历进行梳理,揭示其民俗文化内涵及对社会生活与风俗的深刻影响。《盗墓史》叙述中国古代丧葬礼俗、形形色色的盗墓者、历代被盗名墓、历代陵墓修缮与保护等。丛书原已出版《典当史》《风水史》《缠足史》《赌博史》《乞丐史》《奴婢史》《小妾史》《妓女史》《优伶史》《流氓史》10 种,是以民俗事象、社会群体及特定人物民俗性格为叙述对象的系列作品。(顾承甫)

K000478 **民俗随笔丛书** 顾颉刚等著。上海文艺出版社 1997 年 11 月版。75 万字。55.80 元。共 5 种。收入现代作家、民间文艺学家、考古学家、文化人类学家、历史学家、民俗学家撰写的民俗学术随笔,包括我国早期民俗学家和现今卓有成就的民俗学家的作品,是他们长期从事田野作业,研究传统生活方式及文化创造的理论结晶。《史迹俗辨》(顾颉刚著)由顾颉刚几十年来考察古史古俗时的札记、笔记构成。通过涉及的许多古史料,理出哲学、政治、历史、文学、民俗中的若干问题,无论是解经、作序或是议论古代社会的政治制度、宗教信仰、风俗习惯,无不带有强烈的时代精神,指引人们认清历史本来面目。《古俗今说》(江绍原著)是从江绍原二三十年代发表的五百篇民俗小品中筛选成书的。这些作品在当时社会上曾产生过轰动效应。它是作者从各种文献、地方搜辑来的资料,关于我国古今的迷信、礼俗、宗教都在其视野之中,有时略加剖析,它为进一步的民俗研究提供了资料。《黄叶谭风》(邓运乡著)分民俗秋窗答问、红楼风俗谈趣、京华风俗谈古、索居生活琐话、王府井古今五组文字,围绕北京民俗嬗变,辐射出整个中华民族风俗的历史面貌。《日月之恋》(宋兆麟著)用几十年积聚的田野作业材料,运用考古学、民族学、民俗学交叉研究,展示了走访婚、冬猎、呼鹿、产翁等古老民俗文化内涵。《女人话题》(程蔷著)从民俗学角度讨论女人的种种话题:从女神到女人、月亮和女人、"弄璋"与"弄瓦"、哭嫁、七夕—女子们祈求什么等等。著者试图从这些话题中描述中国女性思想史。文字活泼,行云流水。若能在材料的发掘和哲学的思考更上一层楼,其学术价值会提高一步。(涂石)

K000479 **节海导游** 吴昌华著。山东友谊出版社 1997 年 8 月版。46 万字。32.00 元。搜集了 1986～1997 年 10 年间我国各省、市、自治区和港、澳地区先后举办的各种新潮节日 374 个,并对节日的沿革、内容、历史背景资料及办节地的名胜古迹、交通、土特产、风味名吃作了简要介绍。内容包括名山大川、文化艺术活动、民俗风情、工艺特产、花鸟鱼虫、风味佳肴、服装服饰等等,林林总总,洋洋大观,把中国的自然、人文旅游资源荟萃书中,对 20 世纪 80～90 年代举办的节日文化较为系统地作了介绍。(吴昌华)

K000480 **四季飘香** 副名:清代节令与佳肴。杨英杰、赵玉宝著。辽海出版社 1997 年 8 月版。10.2 万字。13.50 元。"清代社会文化丛书"之一。对清代中华民族的 34 个节日,即元日大庆宴、人日太平宴、灯节元宵宴,天仓节添仓宴、立春咬春宴、中和节阳糕宴、春龙节享龙宴、清明节寒食宴、浴佛节结缘宴、立夏三新宴、端午节粽子宴、立秋抢秋宴、七夕乞巧宴、中秋节赏月宴、重阳节菊花宴、冬至馄饨宴、腊八糜粥宴、小年送灶宴、除夕团年宴、洛萨尔古突宴、雪顿节酸奶宴、望果节欢庆宴、查干萨日合家欢宴、那达慕手把肉宴、努鲁斯节那吾鲁孜宴、圣纪节圣会宴、肉孜节开斋宴、古尔邦节献牲宴、插花节邀客宴、杀鱼节百鱼宴、歌墟节五彩宴、杜因拜专扎坤节庆功宴、土家年喜庆宴、扎勒特节街心宴进行了介绍，叙述了这些节日的成因、演变过程及其特色。(杨海枢)

K000481 **走出封闭** 秦燕、岳珑著。陕西人民出版社 1997 年 12 月版。16.9 万字。11.00 元。从婚姻、生育这两方面与妇女直接相关的内容切入，研究了陕北近代至边区时期婚姻形态和婚姻礼俗的具体内容及其演变；家庭婚姻中的男女两性关系；妇女在婚姻和家庭生活中的活动和地位；妇女的生育活动和生育观念；边区政权建立以后妇女在婚姻，生育方面发生的变化等等。力图在一个较为广阔的背景下描述妇女的活动，把妇女的婚姻和生育视为一种社会文化现象的动态发展过程，并在陕北地区近代至边区时期一直延续着的社会文化关系中探索其变化脉络与变化原因，以求更深刻地说明妇女现实处境的社会根源和文化心理根源。突破了长期以来单纯以革命史为框架，在研究近现代妇女活动时形成的“革命战争中的革命女人”这一唯一的、固定化的形象和评价模式，展示出妇女史更加生动丰富的内涵。(雷波)

K000482 **贵州民间文化研究丛书** 吴家萃主编。贵州人民出版社 1997 年 10 月版。211.5 万字。128.30 元。以社区个案为对象，结合当前经济发展背景，考察分析民族地区社会变迁的具体现状和演变趋势，为民间文化研究的学科建设和社会发展模式的比较分析提供特定的地域成果。共 11 册：《贵州岩画——描述与解读》、《居都——一个仡佬族文化社区的叙述》、《九寨民俗——一个侗族社区的文化变迁》、《西江苗族妇女口述史研究》、《舞蹈与族群——赫章民族舞蹈考察》、《苗族服饰——符号与象征》、《梵净山神——黔东北民间信仰与梵净山区生态》、《罗吏实录——黔中一个布依族社区的考察》、《冲傩还愿——贵州傩仪的结构类型意义》、《文化特例——黔南瑶麓社区的人类学研究》、《百年高坡——黔中苗族的真实生活》。(谢丹华)

K000483 **我们是礼仪之邦书系** 宋刚峰主编。中国妇女出版社 1997 年版。35 万字。31.80 元。从幼儿入手，根据不同的年龄段分别对青少年进行礼仪教育，并请雷洁琼同志题词“学好礼仪做品德高尚的公民”，以对孩子们进行勉励。礼仪既有社会规范和道德规范的深层含义，又有表示敬意和隆重的外在形式，本书系将它们有机地结合起来，融思想性、指导性、规范性于一体。《幼儿礼仪》全部为彩图，并配上琅琅上口的儿歌，如“面对国旗站立好”、“同伴之间问声好”等，形象生动直观。《小学生礼仪》全部为双色图，配有简洁易记的礼仪规范。《中学生礼仪》以文为主，配有较多的插图。内容分学校礼仪、家庭礼仪和社会礼仪三大部分，将我国中学生应该遵从的社会道德规范阐述得全面细致。还把“我国古代礼仪”附录在后，对古代称谓中的人名、姓氏、字、号、谦称、敬称、避讳等进行了深入浅出的讲解。从这个角度使广大青少年对我国传统文化有进一步的了解。《大学生礼仪》在中学生读本的基础上更扩大了社会礼仪的范围和内容。(杨南莺)

K000484 **市井商情录——中国商业民俗概说** 王锐著。河北人民出版社 1997 年版。12.8 万字。9.00 元。“商业民俗与文化丛书”之一。由商业文化的“活化石”——商业民俗传习及其社会作用；“阛阓”盛衰话市俗——贸易市场的民俗传承；买卖，买卖，有买有卖——交易方式的民俗传承；行商、坐贾、牙人——商业方式的民俗传承；“人无笑脸莫开店”——服务与待客方式的民俗传承；团行，行帮、会馆——行业组织方式的民俗传承；叫卖、招晃、字号——商业标志的民俗传承；“恭喜发财”与入门“盘道”——商业语言的民俗传承；深浅皆成趣，雅俗共欣赏——传统的商业广告楹联；“三百六十行，无祖不立”——商业神祖崇拜的民俗传承；“入行先问禁”——商业禁忌的民俗传承；“生意经”的学问——民间口传生意经与经商谚语；移风易俗话商俗——商业民俗学研究的任务等部分组成。(周建图)

K000485 **商业民俗与文化丛书** 王锐、李惠文、尹茂生著。河北人民出版社 1997 年版。53.6 万字。38.50 元。计 4 本，有《市井商情录——中国商业民俗概说》、《中国商业楹联集锦》、《商业礼仪》和《古今经商谚语、中外广告隽语集锦》。《市井商情录》研究商人信仰的民俗传承(如商业行业神崇拜、商业禁忌等)；商业行为方式的民俗传承(如贸易市场习俗、交易方式民俗、商业方式民俗、待客服务方式民俗、行业组织方式民俗等)；商业传播方式的民俗传承(如商业标志与广告方式的民俗；商业交际用语、行业秘密语及副语言传播的民俗；经商谚语、生意经等口承文学传俗等)等诸多方面。《中国商业楹联集锦》一书从 1 万多条商业楹联中精心选择，按百货、纺织品、工艺首饰、文化用品、日用杂货、粮油、副食品、茶叶、茶馆、酒店、饮食、服务、医药、金融、剧场、海外等分类收集1500余幅。《商业礼仪》介绍柜台待客、业务洽谈、产品介绍,商业仪式、商务纠纷、特殊行业待客和个体经商者的待客礼仪。《古今经商谚语、中外广告隽语》分类收集古今经商谚语和中外广告隽语各1000余条。丛书比较系统地整理了商业民俗史料,准确生动地描述了中国商业民俗诸观念,展示了民间商业风貌,探索其类型和基本精神,对于我们了解国情,继承优秀的商业民族文化传统,建立有中国特色的商业新风和现代商业文化的建立有重大意义。(周建图)

K000486 **蒙古族民俗百科全书·经济卷** 布林特古斯主编。内蒙古科学技术出版社1997年6月蒙文版。152万字。168.00元。《蒙古族民俗百科全书》系统介绍蒙古族生产、生活、风俗习惯等传统文化科学之各知识门类。全书由经济卷、精神卷、物质卷、姓氏卷等4大卷组成。其中《蒙古族民俗百科全书·经济卷》由马、牛、骆驼、绵羊、山羊、驴、骡、狗等家畜的起源、演变、品种、分布、特征、躯体、毛色、名称、走法、习性、饲养、放牧、培育、繁殖、驯服、使役、剪毛、宰杀、畜病民间疗法(传统民间疗法)及与此相关的习气、禁忌、牧场、游牧、狩猎、农业、女红、工匠、交易、拉脚等生产活动及经济习俗共16大章5 000余条组成。(香梅)

K000487 **苗族服饰** 副名:符号与象征。杨鹍国著。贵州人民出版社1997年10月版。22.2万字。13.50元。"贵州民间文化研究丛书"之一。在注意到许多民族文化中服饰退化到纯粹装饰的格局下,从文化人类学的开放框架中恢复苗族服饰作为一种文化符号与象征的原貌,探寻苗族亚文化聚落中的服饰形态、功能结构、符号象征意义及其文化精神,展示了一种新的服饰艺术观和文化观。(谢丹华)

K000488 **罗吏实录** 副名:关于黔中一个布依族社区的考察。徐新建著。贵州人民出版社1997年10月版。16万字。10.50元。"贵州民间文化研究丛书"之一。以罗吏目的大、中、小三个层次为背景考察,结合黔中地区的社会历史宏观演变脉络,实录,透视并分析研究了黔中地区山地民族在经济、文化等方面发展变迁的一个侧面。体现了黔中地区一个受到现代都市主流文化不断影响的城郊边缘山寨,在"土著"文化自我保持与变异交融间的互动历程。(谢丹华)

K000489 **居都** 副名:一个仡佬族文化社区的叙述。吴秋林、靖晓莉著。贵州人民出版社1997年10月版。20.6万字。12.40元。"贵州民间文化研究丛书"之一。从居都这个仡佬族文化社区的人口构成、祭祀、婚丧习俗、婚姻状况、语言、观念,居都人与仡佬族族的相互关联,以及居都人文化边缘性质等方面入手;描述探讨了居都仡佬族文化。在这些描述和探讨中,涉及了仡佬族的族源、山地文化类型特征和表现,古老的信仰形态与南方古国夜郎的关联,以及文化的边缘性探讨等问题。(谢丹华)

K000490 **九寨民俗** 副名:一个侗族社区的文化变迁。傅安辉、余达忠著。贵州人民出版社1997年10月版。19万字。11.50元。"贵州民间文化研究丛书"之一。运用文化人类学、民俗学、民族学、历史学和社会学等学科的理论观点,对九寨民俗文化进行了深入细致的探索和研究,力求为民俗文化学科的建设,提供了翔实的资料和独到的见解。(谢丹华)

K000491 **梵净山神** 副名:黔东北民间信仰与梵净山区生态。章海荣著。贵州人民出版社1997年5月版。21.2万字。12.80元。"贵州民间文化研究丛书"之一。涉及科学考察、史籍钩沉、民族源流、文化习俗、宗教神话及生态环境与保护区事业等。作者试图揭示出梵净山保存完好的原始植被和动植物资源与当地世代居民宗教信仰间的关系;探索当前山区人民脱贫致富的道路,并进一步展现出梵净山自然资源、人文历史与宗教文化等综合价值在今天和未来世纪中的启示性意义。(谢丹华)

地　理

K000492 **社会·文化·环境** 和强著。云南科技出版社1997年版。20万字。8.00元。在社会、文化、环境结合的层面上系统地论述了人类社会、文化与地理环境的交互作用及辩证关系。全书分为3编:上编从理论上论述了地理环境对社会、文化的重大影响,对地理环境作用问题阐发了一些新见解;中编以人类社会发展历史为线索,系统地探讨了人类社会发展主要阶段与地理环境的交互作用以及人地关系、人地观的历史演变;下编比较全面地论述了地理环境对社会、文化诸多方面的影响。(王超超)

K000493 **西方七国知识辞典** 鄂人总主编。湖北人民出版社1997年8月版。441万字。126.00元。按国别(依次为美国、英国、德国、法国、意大利、日本、加拿大)分为七卷,每卷相对独立,各卷篇目大体设有:地理、历史、政治·外交、经济、科技、教育、军事、文学·艺术、新闻·出版、宗教·民俗、旅游·景观、体育·娱乐等编。收有条目约12 600条。(易

学会）

K000494 **各国概况** 孟淑贤主编。世界知识出版社 1997 年 1 月版。200.8 万字。144.00 元。共 24 册。收入世界 200 余个国家和地区的基本情况。分为东亚、东南亚、西亚(1)、西亚(2)、南亚、中亚、东非、北非、西非(1)、西非(2)、南部非洲、中部非洲、东欧、北欧、西欧、南欧(1)、南欧(2)、中欧、北美、中美、加勒比、南美(1)、南美(2)、大洋洲共 24 册。各国(地区)的栏目包括：国名(名称)、面积、首都(首府)、国家元首、国庆日、国旗、国徽、简况、政治(宪法、议会、政府、行政区划、司法机构、政党、重要人物)、经济(资源、工业、农业、服务业、旅游业、交通运输、财政金融、对外贸易、对外投资、对外援助、外国资本)、人民生活、军事、文化教育(教育、新闻出版)、对外关系(同我国的关系、同其他国家的关系)等。（陈平）

K000495 **亚洲腹地探险八年** [瑞典]斯文·赫定著。新疆人民出版社 1997 年 3 月第三版。60 万字。30.00 元。瑞典著名探险家、地理学家斯文·赫定的考察记述性著作。1927～1935 年，由中国、瑞典等国学者共同组成的中瑞联合中国西北科学考察团对中国西北进行了为时 8 年的大规模、多学科的综合考察。考察队的经历惊险曲折，取得的成果极为丰硕，出版了一套 55 卷(集)的大型丛书。本书作为这套大型丛书的一卷，详细记述了这次考察的全部过程，介绍了考察成果，记述了当时的重大历史事件和沿途的山川景物、风土人情。可视为这套 55 卷(集)大型丛书的总序和导言。（石晓奇）

K000496 **稿本航海述奇汇编** 清·张德彝著。北京图书馆出版社 1997 年 7 月版。246 万字。3600.00 元。按日记体裁，记载自 1866 年至 1900 年出使欧亚等国时的亲身经历，资料极为丰富，如有关巴黎公社起义壮举的记述，成为中文图书中世所罕见的珍贵史料。原书为北京图书馆藏稿本，共计 78 卷，影印出版。（卢玉荣）

K000497 **京九旅游便览** 湖南地图出版社。湖南地图出版社 1997 年 5 月版。2.5 万字。8.80 元。包括中国铁路分布略图，京九铁路走向图，系统直接地介绍了京九铁路在全国的位置、走向、宏伟建设及京九沿线主要城市，如北京市、天津市、霸州市、衡水市、清河县、临清市、邯郸市、荷泽市、商丘市、亳州市、阜阳市、麻城市、浠水市、武汉市、九江市、庐山、南昌市、吉安市、井冈山市、赣州市、惠州市、广州市、河源市、深圳市、香港等 25 个城市地图，50 幅精美图片，直观通俗地介绍了京九沿线城市的概况、旅游资源、交通食宿等。（韩锡珍）

K000498 **世界屋脊——青海游** 张忠孝著。青海人民出版社 1997 年 5 月版。20 万字。18.00 元。以旅游为主线介绍了青海的山川风光和历史、人文。（孙明媚）

K000499 **上海市地图集** 《上海市地图集》编纂委员会编。上海科学技术出版社 1997 年 12 月版。380.00 元。有彩色地图 266 幅，统计图表 200 个，彩照 170 多帧；由序图，人口与自然资源、城市建设、国民经济、社会事业、环境和区县图及地名索引等 8 部分组成，反映了上海在全国乃至全世界的地位、全市行政区划、中心城区现状；人口分布及人口结构特点、上海的自然资源及利用、城市的扩展及城市交通和市政设施，国民经济及各产业发展状况，科技、教育、文化、体育、卫生事业、社区建设，环境质量及环境保护，20 个区县的地形、区划和有关人文要素。内容涉及 80 多个专业，由本市有关政府机构和 100 多个有关单位提供资料和审核，充分利用地图语言，展示上海人民在建设有中国特色的社会主义、推进城市综合发展的历程中，尤其是在“八五”期间发生的巨大变化。（邓荣辉）

K000500 **中国之最在泉州** 李东升著。福建省地图出版社 1997 年 5 月版。5.50 元。全面介绍了泉州从唐代到宋元时期形成的中外文化交汇和多种宗教并存的泉州“海交文化”留下的众多历史遗迹。具体详实地反映泉州的 13 处“中国之最”，体现了古城泉州丰富的文化积淀和大中华悠久的历史底蕴。（刘福明）

K000501 **河南与黄河文化** 黄保信主编。河南人民出版社 1997 年版。65 万字。48.00 元。立足于河南，弘扬黄河文化中具有代表性的中州文化，并兼及论述其他地区的黄河文化；同时，探讨河南与黄河文化的关系，力求说明河南在黄河文化中的地位，以及它在黄河文化的形成与发展过程中所起的作用。共分起源篇，思想篇、文学篇、史学篇、科技篇、农业篇、教育篇、军事篇、古都篇、艺术篇、习俗篇和黄河篇。（张志林）

K000502 **三峡史话** 杨铭等编著。中华书局 1997 年 5 月版。12.8 万字。9.00 元。“文史知识文库”之一。用详实的资料，对三峡地区的历史沿革及人文地理等作了详略得当的介绍。（黄松）

K000503 **中国神农架** 郑重等主编。湖北科学技术出版社 1997 年 4 月版。48.6 万字。60.00 元。全面反映了神农架林区的风貌，包括水土、植物、动物、中草药及旅游景观。书中不仅充分反映了神农架原始森林区山体辽阔、山势雄伟;重峦叠嶂、峡谷纵横;山高谷深、地势险峻;地形复杂、气候多变;茫茫林海、郁郁的特点。还充分反映了神农架林区良好的生态环境和生物的多样性,汇集、保存的大量古老动、植物种类。(刘虹)

K000504　**海南地理**　海南省教育厅教研室等合编。海南出版社 1997 年 8 月版。5 万字。4.60 元。主要包括:中国最年轻的省份,面积最大的经济特区;海洋面积最大的省份;海南岛的地形、气候与河流;丰富的自然资源;日新月异的经济特区;外向型的热带商品农业,蓬勃发展的新兴工业;方兴未艾的旅游业;欣欣向荣的其他产业;主要城市简介;保护好家园。(张光葆)

K000505　**近代昆明城市史**　谢本书、李江主编。云南大学出版社 1997 年 7 月版。35 万字。25.00 元。除“绪论”、“结语”外,共分 6 章。“绪论”从宏观的角度重点分析、阐述了城市的起源与发展、中国城市发展的近代化历程、近代昆明城市化发展及其特点等问题。第一章追溯了远古及昆明城市的出现至明末清初昆明城市发展的线索;第二章介绍了近代昆明城市初期的状况;第三章叙述了辛亥革命以后至 1937 年昆明城市近代化的发展;第四章介绍抗日战争时期昆明城市近代化获得的重大发展;第五章介绍了抗战后至中华人民共和国建立前城市化发展缓慢、衰落的状况;第六章分三个时期介绍了建国以后尤其是中共十一届三中全会以来昆明城市化建设取得的巨大成就和迅速发展的情况。“结语”中重点讨论了昆明城市化发展与工业化发展的进程及其关系。书末“附录”中收有“昆明城市发展大事记”及“昆明人口统计”等资料。书中涉及的内容十分广泛,全面介绍了昆明城市发展各阶段的城市规模、人口、金融、工业、商业、交通、通讯、电力、建筑业、市政建设、公用事业、医疗卫生、文化教育、科学研究以及广播、电视等的发展状况。(李兴和)

K000506　**雪域情**　《雪域情》编辑组编。四川民族出版社 1997 年 12 月版。200 幅图。228.00 元。中心思想大体可概括为:宣传了党和政府对藏区的关怀,宣传了党和政府的民族宗教政策,宣传了“两个离不开”原则,以大量的史实证明“西藏自古以来就是中国不可分割的一个组成部分”,有力驳斥了少数分裂主义分子的言论。这一中心思想,通过由 4 个部分、200 余幅照片的组合而体现出来,其中有共和国三代领导人对藏区的关怀,有解放军与藏族同胞的血肉之情,有反映藏文化这个中华民族文化宝库中明珠的内容。部分照片为首次披露,十分珍贵。(张京)

K000507　**二十世纪的中国边疆研究**　副名:一门发展中的边缘学科的演进历程。马大正、刘逖著。黑龙江教育出版社 1997 年 11 月版。22 万字。11.80 元。包含了对中国边疆史和中国边疆学概要这两个方面的论述。20 世纪的边疆研究史作为基本内容:书中展示了 20 世纪中国边疆研究发展历程的基本线索;划分了发展阶段以及若干学术体系和派别;分析了研究发展的背景、动力和特点;分类评述了中国边疆研究六个重要组成部分的各家观点和成果;最终作出了作者对近百年中国边疆研究发展历程的评估。而中国边疆学概要则是全书的又一重要组成部分:除了分散在书中综论和分论部分的相关内容外,还集中地对中国边疆研究学科发展的若干重大问题进行了理性的思考与诠释,包括中国边疆研究的对象、方法、研究者、历史遗产、学科价值,前途、历史使命等。(李彤)

K000508　**中华人民共和国行政区划简册**　中华人民共和国民政部编。中国地图出版社 1997 年 5 月版。7.6 万字,36 幅图。8.50 元。分 6 部分:一、中华人民共和国行政区划统计表。二、中华人民共和国县级以上行政区划一览表。三、各直辖市、省、自治区、特别行政区地图。在图中附有各县市的邮政编码。四、中华人民共和国市和市辖区一览表。五、中华人民共和国各级民族自治地方一览表。六、中华人民共和国行政区划地名索引。为适应社会主义建设的需要,我国的行政区划每年都有不同程度的变动(包括增设、合并、撤销、改建、恢复、更名、改隶以至治所迁移等等)。(何红艳)

K000509　**明代政区沿革综表**　牛平汉编。中国地图出版社 1997 年 10 月版。65 万字。68.00 元。历史政治地理专著。反映明代地方政区沿革情况。起于 1368 年,止于 1644 年,其间省、府(直隶州)、县(州)三级政权机构的建置、裁并、徙治、异名、归属均予收录。范围包括京师(北直隶)、南京(南直隶)、山西、浙江、福建、江西、山东、河南、湖广、广东、广西、四川、贵州、云南、陕西、安南布政使司所辖府(直隶州)、县(州)、长官司、二直隶在外卫所及山西、浙江、福建、江西、山东、河南、湖广、广东、广西、四川、贵州、云南、陕西、辽东、奴儿干、乌思藏、朵甘都指挥使司所辖卫、所、镇、万户府、长官司、招讨使司、行都司等。是明代政区沿革较系统的整理。收入“中国边疆

史地研究资料丛书”。(吴秦杰)

K000510 **中华名山游览** 双阳、林青编著。广东省地图出版社 1997 年 8 月版。11.5 万字。10.80 元。“锦绣中华丛书”之一,收录了中华十大名山。五岳独尊的泰山、奇险天下的华山、中州胜景的嵩山、五岳独秀的衡山、北国雄岳恒山、天然画卷黄山、文化庐岳庐山、天下之秀的峨眉山、九曲洞天的武夷山、太岳仙山武当山,一一展现在读者眼前。每座山皆独立成章加以介绍,历史地理、风土人情均有描述。正文前配有彩照,每篇文章后配有该山的游览图,方便实用。(梁映晖)

K000511 **中国佛教名山** 何裕德编著。广东省地图出版社 1997 年 8 月版。7.6 万字。8.00 元。重点介绍了佛教名山五台山、峨眉山、普陀山、九华山、鸡足山和敦煌莫高窟、麦积山石窟、洛阳龙门石窟、大同云冈石窟的位置、景致和佛教文化特色。(梁映晖)

K000512 **泰山美韵** 杨树茂著。山东友谊出版社 1997 年 8 月版。23 万字。20.00元。从全新的视野——山水美学的角度,对泰山的雄奇进行了美的挖掘。全书共 5 部分:一是山川壮丽——泰山景观的自然美;二是古岳沧桑——泰山景观的人文美;三是美轮美奂——泰山景观的辩证形态,包括物候辩、形态辩、神韵辩;四是涵蕴丰富——泰山景观的文化意蕴;五是美在当今——泰山景观的现代意义。通过对泰山美韵的探索,把泰山之“四美具”,即“良辰、美景、赏心、乐事”表现得淋漓尽致。(陶卫东)

K000513 **中国历史文化名城词典(续编)** 国家文物局主编。上海辞书出版社 1997 年 12 月版。131 万字。40.00 元(精)。《中国历史文化名城词典》的续编。初编于 1984 年出版,主要收列国务院公布的我国第一批历史文化名城 24 个;续编收列我国第二批历史文化名城 38 个,主要有天津、保定、沈阳、上海、福州、南昌、济南、武汉、重庆等我国历史上有重要地位的城市。收词 3260 条,内容包括史地概况、古迹园林、风物特产、城市建设四个部分,全面反映了各历史文化名城的全概。史地概况主要介绍该名城的地理位置,自然条件、历史沿革、文化和经济发展等,古迹园林主要介绍风景名胜,历史遗迹、古建筑等,风物特产主要介绍文化教育、戏曲艺术、名土特产、名店名菜等,城市建设主要介绍城市新的建设成就。收有地图和照片 300 余幅,每个城市都有一幅城区示意图,标有主要名胜古迹,可供查阅。(薛国屏)

K000514 **华夏美・千年古都旅游文化书系** 姚伟钧、雷学华主编。中国地质大学出版社 1997 年 11 月版。100 万字。49.90 元。介绍北京、杭州、开封、洛阳、南京和西安“六大古都”的历史和文化,以及潜在的巨大旅游价值,每一古都一册,凡 6 册。每册内容由上、下篇构成。上篇以 5 万余言的篇幅对每个古都的历史沿革进行了简略地勾陈,展示了中国历史更替变迁的绚丽画卷,其中不乏流传千古,颇具地域与时代特性的趣话;下篇则以现存历史文化背景为依托,着重介绍发生在每个古都的历史事件和涉及到的历史人物,其中既有真实的历史记载,也有民间广为流播的各种轶闻、佳趣,共 10 余万言。全书写作紧紧围绕历史文化这一主题,以历史名胜为主体,处处体现了中华文化的博大精深与多姿多彩。(陈业新)

K000515 **中华山水掌故辞典** 徐成志编著。广东人民出版社 1997 年 6 月版。100 万字。55.00 元。所收掌故,包括历史事件、名人逸事、神话故事、民间传说,释道故事等多方面的内容,形成多侧面、立体性的知识结构。全书在微观上设计了掌故、名胜、诗词“三位一体”的条目结构,在宏观方面设计了以自然山水为主线,以名胜古迹为网络,以掌故条目为主要内容的“山水掌故单元”。全书 267 个山水掌故单元,各省市自治区以山水名称顺序排列。(吕良铁)

K000516 **中国旅游分类词典** 周沙尘主编,杨牧之副主编。重庆出版社 1997 年 12 月版。153 万字。80.00 元。将全国不同地区的同类景物集中作系统的介绍。分为:“名城类”、“名胜类”、“名园类”、“自然风光类”、“文物古迹类”、“革命纪念地 名人故居及纪念馆(地)类”、“博物馆 展览馆类”、“现代著名建筑类”、“民俗类”、“饮食购物类”、“旅游知识类”共 11 个部分 41 目。“文物古迹类”中又分“寺庙目”、“古典建筑及历史建筑目”、“古文化遗址目”、“古代墓葬目”等。(余国柩)

K000517 **中国旅游风景名胜大全** 桂熙编。南方出版社 1997 年版。77.3 万字。38.00 元。介绍全国著名景观现状以及新的旅游资源和信息。包含历史、考古、建筑、宗教等方面的知识,内容有名胜古迹记载,景点景观描绘,人物介绍和评价、古典神话和传说探幽,林林总总以散文形式表现,诗词、歌赋、楹联信手拈来,从而构成内容丰富多彩、形式自然流畅的篇章。(肖昶)

K000518 **中国风景名胜区** 副名:世界文化

和自然遗产。曹南燕主编,陈素伟等副主编。上海科学技术出版社 1997 年 12 月版。12 印张。128.00 元。收入中国的世界文化和自然遗产 16 项。第一部分:中国风景名胜区与世界文化和自然遗产。介绍《保护世界文化和自然遗产公约》、列入《世界遗产名录》的条件、我国开展世界遗产工作所取得的成绩。第二部分:列入《世界遗产名录》的国家风景区和国家重点文物保护单位,介绍了至 1996 年底,我国列入《世界遗产名录》的 16 项世界遗产以及它们所各具的独特之处和丰富内涵,并配以反映其特色的彩色插图,16 个项目中自然和文化双重遗产 3 项,即泰山、黄山、峨眉山——乐山大佛;自然遗产 3 项,即武陵源、九寨沟、黄龙;文化景观遗产 1 项:庐山;文化遗产 9 项,即万里长城,承德避暑山庄及周围寺庙、武当山古建筑群、秦始皇陵及兵马俑坑、莫高窟、北京故宫、周口店"北京人"遗址、孔庙孔林孔府、布达拉宫。(陆健)

K000519 **鼎城区旅游风景线** 杨长庚编。湖南地图出版社 1997 年 6 月版。6 万字。12.00 元。介绍了常德市鼎城区旅游概况,旅游交通,导游线路、物产商贸、名胜古迹、景区景点等,重点介绍了花岩溪、武陵镇、白鹤山三大景区 30 处景点的位置、特点、由来和传说等,编入了龙门洞、金霞夕照等 9 处待开发的景点,精选了 6 篇描绘各景点的游记、介绍了鼎城区的邮电业务、金融保险、医疗单位和机构以及风味小吃等服务指南。书中附有大量印制精美的彩照。(韩锡珍)

K000520 **武夷揽胜** 海潮摄影艺术出版社 1997 年 1 月版。10 万字。6.00 元。全面介绍武夷山的全貌,把各景点以区域划分为九曲溪游区;山南游区;山北游区、并把一些较具特点的岩、峰、洞、庵、寨等归为一类加之详述。(柳闽南)

K000521 **福建山水** 鹭江出版社 1997 年 12 月版。320.00 元。大型系列画册"福建大观"之一。通过六百余幅精美彩照,借助摄影艺术,生动、全面地展现了福建山水的独特魅力。(刘奇俊)

K000522 **至尊岳阳楼** 方伟华编著。海南出版社 1997 年 7 月版。17.4 万字。12.80 元。分为岳阳楼今昔、岳阳楼题记、岳阳楼诗词、岳阳楼楹联、岳阳楼故事、岳阳楼建筑、岳阳楼景点、岳阳楼人物、岳阳楼书画等部分。附有彩图、书法照片等资料。(古华)

K000523 **滕王阁史话** 宗九奇著。江西人民出版社 1997 年 11 月版。15 万字。12.00 元。记录了滕王阁千余年间 28 次兴废及丰富的文化活动。还附录了古城南昌的文物典故。附图共 120 余幅。(刘凯军)

K000524 **澜沧江—湄公河** 民族画报社编。中国民族摄影艺术出版社 1997 年 3 月英汉对照版。3 万字。300 幅图。160.00 元。英汉文对照。介绍了澜沧江发源于中国青海省玉树藏族自治州杂多县境内的唐古拉山北麓。从青海省流至西藏东部重镇昌都,然后南下,流经云南省迪庆、怒江、大理、保山、临沧、思茅、西双版纳等 8 个地州后出境,改称湄公河,又流经缅甸、老挝、泰国、柬埔寨、越南 5 国,最后在越南胡志明市附近入海,全长 4 880 公里,是世界十大江河之一。在澜沧江畔,居住着民族文化各异、民族风情各具特色的 20 多个民族,在湄公河两岸,大致穿越五种各具特色的民族文化区,无论逆流而上,还是顺流而下,都使人觉得穿行于各呈风采各有千秋的民族文化长廊之中。早在两千多年前,澜沧江一带就是中国与东南亚、南亚进行贸易交往的主要通道,有"东方多瑙河"的美誉。湄公河流域,是世界著名的稻米、咖啡、香料、橡胶基地,木材蓄积量达 300 多亿立方米,有色金属、黑色金属、贵金属、稀有金属和非金属翡翠、宝石、玉石储量可观,举世闻名。(金持元)

K000525 **当代东南亚系列** 陈吕范主编。四川人民出版社 1997 年 5 月版。300 万字。150.00 元。包括《当代越南》、《当代老挝》、《当代缅甸》、《当代泰国》、《当代新加坡》、《当代菲律宾》、《当代印度尼西亚》、《当代文莱》、《当代柬埔寨》、《当代马来西亚》、《当代东盟》共 11 本书。对东南亚各国的历史、文化、地理、资源等进行概述的基础上,重点介绍了东南亚各国的政治、经济、军事、外交等现状、收集了各国近年来的国民经济各项统计数据、经商旅游的办事指南。(李远杰)

K000526 **印度尼西亚经济与社会** 温北炎编。暨南大学出版社 1997 年 9 月版。22 万字。20.00 元。收集了印尼经济与社会发展变化的大量第一手的材料,特别突出地介绍了印尼的经济与教育发展情况,涉及了印尼的自然地理概况、物产与资源、民族与宗教、政治体制、社会改革、计划生育以及各主要产业的基本情况。其中不少经验对我们进行经济与文化建设确有启发和可资借鉴之处,比如苏哈托政府对农业生产的高度重视,在不长的时间内从根本上解决了粮食自给的问题;再如作为东南亚——实际上也是世界人口大国,印尼政府对人口增

长的控制措施和办法，是行之有效的，得到了世界的公认，等等。（胡跃生）

K000527 **英汉对照美国风情丛书** 俞耀生、郁明亮主编。东方出版中心 1997 年 3 月版。107 万字。64.00 元。分《美国揽胜》、《美国历史纵横》、《美国社会百态》、《美国风俗大观》、《美国生活万象》5 册。介绍了美国的自然风光，如新英格兰变幻莫测的天气，犹他州的袖珍“撒哈拉”及尼亚加拉瀑布，落基山，大峡谷、奥林匹克雨林等游览胜地。还介绍了美国诞生的过程、首届政府的产生，解放奴隶的艰辛、珍珠港事件的原委、越南战争的前前后后以及水门事件的内幕等，并可重睹美国一些著名人物的风采。还反映了当代美国社会积极向上的一面和消极黑暗的一面，以及美国人为人处世的态度与技巧，美国的风俗习惯如礼仪、社交、婚丧、聚会、餐饮等。（徐芷琳）

K000528 **中国公路全图（全开）** 哈尔滨地图出版社编。哈尔滨地图出版社 1997 年版。6.00 元。采用计算机成图，在中国地图的基础上，用不同符号，设色突出表示出全国各等级公路的交通现状，用插图表示全国各省主要干线及里程。（杨晓丽）

K000529 **中国司机行车地图册** 指北针地图工作室编。中国地图出版社 1997 年 8 月版。7 印张。17.00 元。含有 2 幅全国图，6 幅大区图，34 幅省、自治区、直辖市及特别行政区交通详图和 107 幅城市平面图。全国图表示了中国的交通路网和旅游景点分布；交通详图详细表示了高等级公路、国道，省道及里程，县道、主要城镇、旅游景点，以及区域内的交通和旅游景点文字说明，同时附有本省区干线公路里程示意图；城市图详细表示了城市的街道分布及外埠车辆过境线路和出入口，单行线、禁行线、汽车修理厂、停车场、急救中心等内容。为便利司机驾车行驶，图册还特意表示了各种公路标志、高速路行车须知、交通事故处理及应急措施等文字说明，同时附有全国部分地区长途区号。（祁彩梅）

K000530 **中国城乡交通旅游图集** 《中国城乡交通旅游图集》编辑组编。哈尔滨地图出版社 1997 年版。40.00 元。图集由中国政区图，各省（市）自治区图及各省主要城市图组成。政区图详细地表示了中国的疆域，各省（市）自治区的区域及省会以上城市的分布。省（市）自治区图表示了各级行政中心，各级界线，铁路及车站，各等级公路，航海线及里程、港口、名胜古迹及风景游览点，自然保护区等内容。城市图表示了街区、街道、地铁及车站，宾馆、饭店、商店、医院、学校及各旅游服务网点及设施等内容。图集以地图为主，重点表示了交通、旅游要素，后面附有各省（市）自治区的地理、气候、文化、经济、名胜古迹及土特产等介绍。（杨晓丽）

K000531 **闽南金三角地图** 福建省地图出版社编。福建省地图出版社 1997 年 8 月版。20.00 元（平），55.00 元（精）。以雄浑壮观的图面表示了以厦门经济特区为中心的金三角地带的政区、交通、水系、地形等面貌。图面三个层次分明，国道在第一平面，以鲜明表示了城区、高速公路、地县级行政中心。第二平面表示了水系、一般道路和居民地。第三平面则以柔和淡雅的地貌晕渲表示金三角地带的地貌起伏。挂图采用最新地理资料表示金门岛情况，对机场、航海线布局也作了重点表示。（施玉如）

K000532 **最新实用交通地图册** 尹嘉珉编。中国地图出版社 1997 年 8 月版。105 幅。16.00 元。主要由 4 部分构成：总图，中国分省交通、中国铁路沿线站名详图和中国主要城市。总图用 5 幅中国全图分别反映了我国政区、铁路、公路、水运、航空的概况。中国分省交通以省级行政区域为分幅单元一省一幅，主要表示各区域内的路网结构，主次公路及车站，第三部分图组中，除详细表示了铁路沿线站名外，还对铁路沿途风景名胜，历史文化名城作了介绍，在最后的图组中，选编了约百个中国主要城市，图中选取了与城市生活相关的内容。（尹嘉珉）

K000533 **黑龙江省地图册** 哈尔滨地图出版社编。哈尔滨地图出版社 1997 年版。13.80 元。由 8 幅总图；77 幅市、县、区图；13 幅城市街区图组成。总图表示了黑龙江省政区、地势、气候、陆路交通、水运与航空、人口与民族、农场与林区、旅游景点与土特产等内容。市、县区图表示了各市县的概况、自然环境、经济发展、交通、重要城镇等内容。城市图表示了省内重要城市的街区、街道、政府机关及各企事业单位的分布及公园绿地等城市概况。（杨晓丽）

K000534 **河南省地图集** 河南省地图集编辑委员会编。1997 年 10 月版。300 幅图。160.00 元。分为序图组、市县图组、城市图组。序图从总体上表达了河南省的政区、地势、交通及旅游现状；市县图组以市（地）总图及其所属各县县图的形式，详细地反映了各市、县的地理环境、铁路及公路交通、各级居民点的分布、旅游资源、乡镇级及其以上界线的划分等方面的内容；城市图组选取省内主要中心城市为对象，描述了城市社会经济生活的诸多方面，如道路交通、邮电、文教卫生、工商企业及行政机关等的分布。各市县间穿插着文字说明,从概况、自然环境、农业、工业、科教文卫、基础设施、历史文化及名胜古迹等角度描述各市县的现状及历史。(邱军)

K000535 **广东省地图册** 广东省地图出版社编。广东省地图出版社1997年7月版。106幅。25.00元。由序图、县市图、城市图及附录4部分组成。序图包括广东政区、广东交通、广东地势、广东气候和广东人口等图。县市图以地级市为单元,各市区为首幅,随后是其他县市图,全省县市图共99幅,各幅县市图比较详细地表示该疆域范围内的水系、居民地及地势,比较详细反映交通的最新状况。此外,各县市还表示了有旅游价值的旅游点。城市图共有21幅,着重反映各城市的发展最新状况,并注明主要街道的名称及主要企事业单位的位置。各幅地图附有400—500字的简要文字说明,概述该图疆域内的面积、人口及政府驻地,所管辖的行政单位的数量,气候概况、经济状况和文化古迹等。附录主要内容有广东的主要山峰、主要河流和国道名称以及广州至省内各地的公路里程。(练常霖)

K000536 **广东省城市地图册** 广东省地图出版社1997年11月版。126幅图。15.00元。对广东的县级及县以上100个城市的规模、地理环境和现状作了描绘,比例尺在1:1.5万~1:4万不等。图中明显表示了商业街区和地级市的市内汽车线路。每个地级市有一幅全市政区图。资料详细、正确,部分地图由市县国土局提供,部分到实地收集和调绘,现势性较强。(胡安宇)

K000537 **中华人民共和国香港特别行政区行政区域图** 国家测绘局编。中国地图出版社1997年7月版。一全张万字。5.00元。1:10万的香港特别行政区行政区域界线及地名的标准样图。根据规定,今后各级使用单位和出版单位在编制和出版香港特别行政区地图时,必须以此图为准。在图中对香港境内的地埋要素以及交通状况,居民地的分布都做了比较详细的表示。还对香港近年来的建设成就也做了介绍,表示了位于赤鱲角的香港新机场以及连接新机场和香港岛的新机场铁路、北大屿山快速公路、走马大桥,西区海底隧道等。(张伟群)

K000538 **香港特别行政区地图册** 姚绪荣编。中国地图出版社1997年7月版。62幅图。20.00元。由总图、区域图、城区图3部分组成,附中英文双语地名索引。总图部分着重介绍香港的地理位置、自然环境、交通、外贸、城市沿革、土地利用现状、人口密度、气候、主要旅游景区等;区域图主要反映香港地区的自然及社会结构;城区图则详细地标注了新界、九龙、香港岛较稠密居住区的交通、旅游和生活等信息。还编排了香港地铁运营时间、票价、各站查询电话及广九铁路票价,表示了香港新国际机场及配套的快速铁路、公路。(刘毅)

K000539 **重庆市全图** 中国地图出版社编。中国地图出版社1997年6月版。一全张。5.00元。1:68万全开政区图。在图中着重介绍了重庆市的地理位置,新的区划范围以及所辖的市、区、县的分布情况,并且分别设色,以便更好的突出各市、区、县所在地理位置,同时也便于读者在用图时的查找。在居民点的选取上,不但县级以上居民地全选补,镇级点也做到了基本取全。针对重庆市人口密度较大,且在部分地区分布又比较集中这一特点,在选点时还尽量考虑其疏密对比,使读者在用图时有一个比较直观的认识。另外在图上还比较详细地表示了重庆市的交通现状以及一些旅游点的分布。在地图的左上角配置了一幅重庆市区图。同时对重庆市的周边地区也做了相应介绍。(张伟群)

K000540 **贵州省地图册** 贵州省第三测绘院编。湖南地图出版社1997年5月版。120幅图。9.50元。以县为单位分幅,详细反映了贵州省最新的行政区划建制及乡、民族乡、镇的分布现状;详细表示了全省的铁路、公路(国道及高等级公路、省道、县道、乡道),内河航运的分布状况,以及贵阳到全国各地的民用航空通航情况;详细反映了省内旅游景点、名胜古迹、民族风情的分布状况,详细介绍了省内各地的工矿及农、林、牧、副、渔业的分布和“名、特、优”产品。还详细介绍了各县城区的建成区域现状、邮电通信网络现状、党政机关团体和公益设施的分布情况。(韩锡珍)

K000541 **上海市企事业单位交通图集** 李合营编。中国地图出版社1997年5月版。23 $\frac{2}{3}$ 印张。120.00元。反映上海市的地理位置,上海市行政区的划分,以及上海市各企事业单位分布状况的实用性强的地图集。在设计上由地图、索引、广告3个部分组成。地图在形式上采用了政区分色的表示方法图中突出标明上海市政府机关的位置,以及人民团体、事业单位和工商企业的具体位置。在城市图部分还配置了公共交通路线和地铁路线,公交汽车的起迄点。在每一幅地图的四周还编排了索引代号以便查找索引中的名录。图集在后半部还设计了与地图内容相对应的各录索引。分别列出图中所有单位的名称、详细地址、邮政编码、电话号码。可根据索引中的代号迅速查出所需单位在图中的具体方位。在设计中还编排了部分企业及工业产品广告。(陈华)

K000542 **长春生活地图册** 马金祥编。中国地图出版社 1997 年 4 月版。7.2 万字。30 幅图。10.00元。内容编排为:1. 总图。由长春市全图、长春市区图、长春市区公共电、汽车路线图、长春市区邮政编码图、生活向导图、检索图等组成。2. 分地区图。将长春市区自然分割成 22 幅,各级机关、团体、企事业单位、商业服务业、文化公共事业和旅游业于一体。3. 索引。以单位名录按单位性质分类,查找方便。地图册为长 24 开本,六色双面印刷。(马金祥)

K000543 **舆地图籍** 副名:《异域录》与《大清一统志》。杜瑜著。辽海出版社 1997 年 8 月版。11.5 万字。13.20 元。"清代社会文化丛书"史地卷之一。以《异域录》和《大清一统志》为重点,全面系统介绍了清代的《异域录》、《海国闻见录》、《瀛寰志略》、《海国图志》、《秦边纪略》、《蒙古游牧记》、《朔方备乘》、《辛卯侍行记》、《水道提纲》、《西域水道记》、《皇舆全览图》、《乾隆内府舆图》、《大清会典舆图》、《水经注疏》、《禹贡锥指》、《读史方舆纪要》和《大清一统志》等重要的地理图籍做了全面系统的介绍,对魏源、曹廷杰、杨守敬、顾炎武等人在地理学方面的贡献做了积极的评价。并由此分析了中国近代地理学的萌芽、清代在整理地理古籍旧志方面的突出成就和历史贡献。(张树)

K000544 **海南旅游地图册** 张国维主编。测绘出版社 1997 年 8 月版。4 印张。15.00 元。图幅安排的顺序主要考虑到旅游线路以及相应景点的分布,首先介绍海南省的概况和行政区划、交通、旅游、地势特征和土特矿产分布,每一项内容均有相应图幅呈现给读者。接下来则是以行政区划为单位,具体呈现每个市、县的旅游资源与景观,同时配有详细的文字介绍和图片介绍。图中内容涉及行政区划、自然地理实体、海陆交通线路、主要行政企事业单位、街区等,以及古迹、自然保护区、海滨风景区、休闲度假地、民族(俗)风情村寨、热带作物土特产等。(刘洪涛)

N 自然科学总论

N000001 **宇宙子理论** 刘启文、刘启武著。国防工业出版社 1997 年 4 月版。24.7 万字。16.00 元。分 11 章,分别论述了自然科学和哲学之间的难以解释的问题,进而引导出物质世界的统一模型;提出宇宙子模型所决定的空间结构;阐述宇宙子模型的物质结构和运动规律;论述宇宙子模型的时间和空间体系;运用宇宙子理论重新审定了自然科学中关于时间、空间、坐标系、运动和物质转化等问题;对物理参量,特别是对质量重新进行审定,得出新的结论;对质能关系、"质量亏损"进行重新审定,得出广义的物质转化新模式;从宇宙子理论出发,论述了场的物质结构和传递模型,揭示了广义场的统一性和特异性,从而为场的大统一课题提出了新的解决方法;论述了引力场,揭示出引力场的物质结构,引申出新的引力场模型,提出广义场的概念和宇宙力的大统一的图景。(李端)

N000002 **哲学与科学** 副名:《自然哲学》续篇。杨向奎著。山东大学出版社 1997 年 8 月版。20 万字。12.80 元。是《自然哲学》(济南出版社 1995 年版)的续篇,阐述哲学上的本体论应当与自然发展规律谐和一致,亦即马克思主义哲学所强调的人与自然的统一观点。本书运用理论物理学的基本知识来探讨人类社会发展的基本规律,并综合历史学、哲学、天文学、逻辑学、数学、生物学等学科的最新研究成果,论述了宇宙时间与历史时间、熵是引力作用、墨家的时空理论与科学成就、中国古代哲学家对于宇宙形成的构想、自然空间与理性空间等问题,从而对人类社会和宇宙自然的发展规律作出了解析。(周广璜)

N000003 **理解宇宙** 副名:宇宙哲学与科学。(美)米尔顿·穆尼茨著。中国对外翻译出版公司 1997 年版。21 万字。11.00 元。主要探讨了(1)宇宙知识的范围与局限;(2)物质宇宙与"无限存在"之间的关系;(3)人在宇宙中的地位,宇宙论、"无限存在"对把握人生的贡献。已收入"科学与人译丛"第二辑。(李长山)

N000004 **量子复合场论的哲学思考** 何祚庥著。北京师范大学出版社 1997 年 2 月版。33.6 万字。16.20 元。集中反映了作者多年来学习和运用马克思主义哲学理论,将其应用于自然科学研究工作中,并取得了重要科研成果。在深入研究复合粒子量子场论的理论问题的同时,不断涉及新的哲学问题。在层子模型的研究,强子结构和相互作用的研究,中微子质量和宇宙的研究,微观因果律的研究,量子学测量问题的研究,我国古代元气学说的研究等等。作者始终将自然科学同哲学的问题紧密联系,以马克思主义有关自然观的论述为指导,全面认识科学发展规律,并对科学方法论问题作了论述。(傅占武)

N000005 **自然辩证法新编** 李思孟等主编。华中理工大学出版社 1997 年 9 月版。28 万字。15.00元。"研究生用书"之一。是作者多年来探索自然辩证法课程改革的总结。在内容的取舍上,一是加强理论深度,对一些重要理论问题,如自然科学前沿的哲学问题、科学道德问题、科学发现问题、归纳问题等,都从思想渊源和内在根据上进行了说明;二是根据科技与社会发展提出的问题增加了新的内容,如威胁人类生存的全球性问题和科学技术的是非功过、科学技术的社会体制、科学技术发展的社会条件等。(钱坤)

N000006 **世界科学演义** 刘以林、丁晓禾编著。吉林文史出版社 1997 年 2 月版。80 万字。48.00 元。作者采用文学纪实手法,向读者一点点打开科学宫殿的大门,展示科学领域里的博大世界,同时又选择大众喜闻乐见的章回演义体,把最高深难解的东西浅易化、通俗化,使读者在极有趣味的阅读中洞观全人类从古到今的科学发展脉络、科技成果、科学发展方向和科学家们发奋开拓的生活实景,以及人类的现实生活和心灵在科学冲击下波澜起伏的种种景观。(王曦昌)

N000007 **科学技术源流** 宋子良等编。中国地质大学出版社 1997 年 7 月版。25 万字。25.00 元。按时间发生的先后顺序,将某一发现、发明事件的全过程以及哪些人做出了贡献进行了详细的阐述。(贾晓青)

N000008 **科技小史系列(第二辑)** 郭治等编著。辽宁少年儿童出版社 1997 年版。100 万字。46.00元。共 8 册,包括房屋史、陶瓷史、镜史、机械史、食品史、桥史、罗盘史和能源开发史。(刘铁柱)

N000009 **天人古义** 副名:中国科学史论纲。李志超著。大象出版社 1997 年 12 月版。28 万字。对中国科学思想史的基本概念做了解说,在传统的中国科学史研究上,有许多突破。如作者对候风地动仪工作合理的分析及复原方案的设想,对张衡水运浑象的研究,对古代日食理论的探秘,等等,都有独到的见解。(会平)

N000010 **中华科技五千年** 华觉明主编。山东教育出版社 1997 年 10 月版。73 万字。350.00 元。以时间为经,划分为原始社会、青铜时代(夏、商、西周)、春秋战国、秦汉、三国两晋南北朝、隋唐、宋辽金元、明清、近代(清末至 1949 年)、现代(1949 年至 90 年代)10 个时期,介绍了自远古迄至 20 世纪 90 年代中国科学技术发生、成长、定型、兴盛、衰滞、重建、再创的全过程。以重要科技事件、成就、人物、典籍为纬,结合所处社会历史和中外文化交流背景,概述各个时期天文、数学、物理、化学、地学、生物学、农学、医学和食品、纺织、建筑、水利、陶瓷、矿冶、机械、造纸、印刷、兵工等技术门类的发展演变,配有图片 400 余幅,既有各类传世文物,又有具代表性的近现代科技场景,为读者提供了全景式的中国科技进程图解。本书注重汲取有关中国科技史的国内外最新的研究成果,特别是对中国近代和现代科学技术发展的基本线索和特点辟专章加以梳理和阐述。(赵猛)

N000011 **中国历史中的技术与科学** 副名:从远古到今天。王鸿生著。中国人民大学出版社 1997 年 12 月版。31.2 万字。15.00 元。从科学技术发展的角度考察了中国历史,叙述了中国社会从远古到今天的科学技术成果,分析了这些成果产生的历史条件及其在社会生活中的作用,探讨了科学技术发展同社会经济、政治、教育、军事、文化、哲学、中外关系等因素之间的复杂关系。

N000012 **中国近现代科学技术史** 黄光璧主编。湖南教育出版社 1997 年 4 月版。264 万字。110.00元。分 3 卷 18 篇,每卷 6 篇,大 16 开精装本。上卷:从 1582 年利玛窦来华起至 1928 年中央研究院成立止。这一时期为中国近代科技的启蒙期,它完成了中国从传统科学到近代科学的心态转变。该卷论述了传教士的科学输入、洋务运动的科技引进、科技教育的产生、科技学会的兴起以及新文化运动的科学启蒙。中卷:从 1928 年中央研究院的成立起到 1956 年我国科学技术 12 年远景规划的制定止。该时期为中国近现代科技的形成期,它完成了我国科技从欧美模式到苏联模式的转变。其中论述了科研的体制化,基础科学建立,工业布局与技术体系的形成，近代农业科技的奠基，近代医疗和医疗卫生系统的形成。下卷：从1956年12年远景规划的制定开始至今。这一阶段为中国科技的现代发展期，完成了从国防动力到经济动力的转变。该卷着墨于国家对科技的领导，基础科研的进程，高新技术的发展及成就，产业技术现代化历程，国土开发与环境保护等史事，还辟专篇介绍了台湾科技发展的概貌。本书主要特点表现在：(一)全书在纵向上以时间为经，跨度长达400余年；横向上以重要科技事件、成就、人物、典籍、思潮为纬，概述多个时期技术门类的发展演变，系统研究了近现代科技在中国的引进、吸收和消化的历史进程，阐明其在中国发展的环境和动力，评估历史发展水平和效益，总结政策和管理、决策和预策方面的经验和教训，为中国科技现代化事业提供历史的借鉴。(二)全书3卷18篇，上卷为近代科技启蒙之部，中卷为近代科技体系形成之部，下卷为科技的现代发展之部。全书以导言和各卷引论分别勾勒整个历史和各阶段的背景。(三)在陈述中国近现代科技史中除广泛引用前人的成果外，还收录了近十几年来有关中国科技史的国内最新成果(不少为作者多年潜心研究之所获)，特别是对有关历史观、科学观、技术观以及中国社会、中国科学和技术史中的许多有争论的问题，作了正面地、理性地回答与思考。(孟可文)

N000013　**内蒙古自治区志·科学技术志**　《内蒙古自治区科学技术志》编纂委员会编。内蒙古人民出版社1997年4月版。140万字。180.00元。分为11篇、77章、311节，横陈门类，纵述始末，述而不论，不加褒贬，上溯不限，下断至1987年年底。全书既反映了中华民族共同创造、共同发展的历史足迹，也充分体现了内蒙古自治区的民族文化、民族精神和地方特色。(刘继尧)

N000014　**在科学与社会之间**　副名：对1915～1949年中国思想潮流的一种考察。任定成著。武汉出版社1997年11月版。12万字。12.00元。通过历史的考察，揭示在近代历史的不同阶段上，科学思想在中国社会思潮、文化论战、政治运动中发生作用和影响的情况和轨迹。考察目光放在“新文化运动中的科学与民主”、“科学与人生观论战”、“中国科学化运动”、“中国文化出路论战”、“延安的自然科学研究会”、“重庆中国科学工作者协会”这6个环节上。前两个环节，前人研究较多，但本书有新的视角和新的梳理；中间两个环节，过去研究较少，本书在材料上有新的发掘，并对其历史上的意义有新的客观的评价。后面两个环节，以两个自然科学组织为核心，前后左右贯穿起来，将延安与大后方两个区域科学界对政治的参与和政治界对科学的态度，作了总结和分析。(周雁翎)

N000015　**唐孝威科学实验四十年**　周发勤著。中国科学技术大学出版社1997年9月版。16.7万字。10.00元。记载了唐孝威的许多经历，并列举了他有代表性的10项科研工作。这些工作是：一、原子弹的中子点火；二、突破氢弹原理实验；三、卫星空间辐射测量；四、量子力学实验检验；五、超高分辨探测原理；六、马克·杰组发现胶子；七、三代中微子的证明；八、细胞内部运动定律；九、活细胞内分子涨落；十、人的短时记忆实验。(孔宪惠)

N000016　**少儿科学宝库——世界100项科学梦幻**　王悦编著。河北科学技术出版社1997年3月版。9.5万字。5.00元。海底和外星可以供人类居住吗？人类可以像鸟儿一样“插翅”飞翔吗？……这些看似天方夜谭的事情，将来也可能变为事实。本书所展示的100项梦幻，既充满了幻想，又给人以美好的憧憬，同时，为广大少年儿童描绘出一个神奇的世界。(王晓明)

N000017　**少儿科学宝库——世界100种新兴科技**　贾秀花编著。河北科学技术出版社1997年3月版。11万字。5.00元。介绍当今世界最具影响的100种新兴科技，这些技术有的尚在进一步完善，有的已投入实用。(王晓明)

N000018　**文明之约定——科技与社会的理性协奏**　陈林、何曼青著。云南人民出版社1997年12月版。21万字。系“中国社会发展丛书”之一，对科技与社会关系方方面面均有论及，对中国科技界现阶段在世界背景、格局中的处境、举措、方向和不足作了剖析。(朱原)

N000019　**“863计划”成果推广指南**　辽宁省科学技术委员会编。辽宁科学技术出版社1997年版。21万字。15.00元。介绍整个“863计划”的历史、现状和未来；收录300多项有产业化前景或可对接研究的项目，其中包括较成熟成果、进入中试成果、研究中项目及待研究项目。(栾世禄)

N000020　**短平快致富技术300例③**　胡振铎编著。四川科学技术出版社1997年版。29.5万字。14.00元。主要内容包括生物化工、日用化工、建筑材料、电子、食品饮料、农副产品加工、种植、养殖、食用菌、家庭工业10个部分200余项技术资料。(牛小红)

N000021 **中国实验室注册评审员培训教程** 中国实验室国家认可委员会编著。中国计量出版社1997年版。41万字。40.00元。分5篇，主要内容包括我国实验室认可的历史、现状和国内外发展概况；实验室常用的专业术语，法定计量单位，统计、抽样技术和测量不确定度等基础知识；实验室的认可准则及评审要点，实验室评审员的基本条件和要求，实施我国实验室认可计划的全过程；实验室建立和运作质量体系的要点和程序，以及制订质量手册的一般知识和实际经验。(孙维民)

N000022 **实验室质量体系文件编制指南** 昃向君等编著。青岛海洋大学出版社1997年9月版。40万字。29.00元。编著者凭借丰富的实验室工作实践和ISO9000工作方面的经验，对ISO/IEC导则25：1990《校准和检验实验室能力的通用要求》的理解要点和质量体系文件的正确编制作了论述。书中所阐述的论点和所提出的要求以及按其所编制的质量手册，同时覆盖和满足了修订变动中的ISO/IEC导则25新草案的要求。编著者还对ISO/IEC导则25的90版和新版第五草案进行了对照分析，在本书的第三部分加附了第五草案的中文译文和英文原文。另外，编著者就实验室运作中的某些疑难问题进行了剖析，如量值溯源性和不确定度等。为了协助和指导读者编制质量体系文件，还给出了一个较大型实验室和一个中小型实验室(通过CCIBLAC认可)的质量手册、程序文件实例。(冯广明)

N000023 **儿童科学教育丛书** 希望出版社1997年2月版。8.1万字。19.80元。包括《科学小知识》《科学小游戏》《科学小实验》《科学小制作》4册，是面向学前幼儿和小学低年级编写的科学教育启蒙丛书。整套书从幼儿认知特点出发，结合幼儿生活，把科学知识融于实验、制作、游戏之中，旨在培养幼儿从小爱科学、学科学、用科学的意识和兴趣，提高他们的注意力、观察力、想像力和思维能力，以激发他们探索自然和生活奥秘的欲望。(谢琛香)

N000024 **人类征服的故事** [美]房龙著。江苏人民出版社1997年8月版。27万字。13.80元。“野骆驼译丛”之一。由两部分组成：第一部分《万能的人类》，讲述了人类自身进化和征服自然的故事。第二部分《上古的人》叙述了上古时代两河流域灿烂的文明。(丁嫣霞)

N000025 **儿童身边科学1000个为什么(第二集)** 辽宁少年儿童出版社1997年版。40万字。26.00元。分为上、下两册。汇集了人体·生理·医疗保健、疾病防治、体育、天文·气象、农林·园田、海洋动物、材料·建筑、饮食、飞禽、兽类、兵器、宇宙·航空·航天、交通·邮电·集邮、地质·矿物·地貌、环保·生态·能源等综合性科普知识。(李玲)

N000026 **大自然奥秘故事** 余迎文，虚实、真惠图。北方妇女儿童出版社1996年5月至1997年1月版。64万字。664幅图。160.00元。分8册精装本：地球上的生命之谜、人类神秘失踪案、凡人创造的奇迹、奇遇只有一次、天外是否有来客、大自然迷宫、形形色色历险记、动物国里的稀奇事。每册收集了以同类题材为内容的83个充满神秘感的小故事。(刘鹏翔)

N000027 **大科学家讲的小故事丛书(第一辑)** 苏步青、王淦昌、贾兰坡著。湖南少年儿童出版社1997年12月版。44.9万字。39.10元。第一辑共5种，分别是：《神奇的符号》苏步青著，9.8万字，8.60元。《无尽的追问》王淦昌著，8.3万字，7.20元。《与鸟儿一起飞翔》郑作新著，8.2万字，7.20元。《悠长的岁月》贾兰坡著，11.2万字，9.40元。《冰川的召唤》施雅风著，7.4万字，6.70元。丛书作者讲述了自己一生中求学，从事科学研究和做人的故事。每一种书都是以作者一生的经历为线索，以作者的科学研究工作和相关知识的介绍为要素，以科学精神和人生理想的传扬为灵魂的。(冯小竹)

N000028 **小学生百事问** 刘喜怀等编著。河北少年儿童出版社1997年1月版。54万字。19.20元。分地理、植物、动物、数学、天文、物理、生理、医药保健、军事、环保、交通、自然之谜、破除迷信、自我救护、生活常识、未来科技等16个部分。另外，每一部分的后面，还缀以“你知道吗?”各包括百余条小知识。全书配有约300幅插图。(杨旭刚)

N000029 **小脚丫科学画丛** 李名慈、裘树平等编。接力出版社1997年8月版。19.50元/册。共5个分册：《五颜六色的服装》、《美味可口的食品》、《千姿百态的建筑》、《快速便捷的交通》、《琳琅精美的用品》，分别围绕衣、食、住、行、用5个主题，以生动有趣的文字配合直观形象、风趣幽默的图画，对人类生活中幼儿接触最频繁、最感兴趣的事物和现象进行介绍和解释。(郭玉婷)

N000030 **千奇百怪丛书** 刘道远、毕树校等编著。中国少年儿童出版社1997年7月版。28印张。65.80元。分为鸟、兽、虫、鱼、石、水、树7个分册。书中每篇都配有插图，图文并茂地介绍了许多千奇百怪的事物，如鱼会飞翔，兽会下蛋，鸟会潜水，虫

会变色，石比水轻，草能吃虫……。书中对这些奇闻怪事发生的原因过程都作了解释。（韩彬）

N000031　**100个动手动脑科技活动丛书**　风格、昊天等编著。中国少年儿童出版社1997年1月版。24.125印张。29.30元。分为5个分册，介绍了100个智力小游戏，100个科学小实验，100个科学小发明，100个科技小制作，100个科学小魔术。本套书不仅介绍了一些小发明的方法和思路，还指导学生怎样进行小制作、小实验，怎样在游戏中开发智力，内容涉及到生物、化学、光学、热学等方面的知识。（韩彬）

N000032　**"少年科技百年图说丛书"**　陈芳烈、乐嘉龙主编。河南科学技术出版社1997年12月版。分6册。每册均以大量的图片配以适量的文字说明，介绍了20世纪100年来人类在通讯、船舶、兵器、汽车、火车、航空航天、科学探险等领域所进行的一系列科学研究和探索，展示了上述领域在百年来所取得的重大成就及其对这些领域的应用及发展所产生的影响，介绍了在这些领域中出现的知名人物，著名事件，以及对人类社会的发展所产生的巨大推动作用和深远意义等。（赵志刚）

N000033　**火星生命、疯牛病和互联网络**　副名：1996年全球科技报告。华裕达主编。上海科学技术出版社1997年12月版。29万字。20.00元。集聚了《文汇报》"科技文摘"专版和上海科学技术出版社编辑出版的《科学》、《科学画报》和《大众医学》3本大型科普期刊中的文章，以新闻性、记实性为主的手法，用"年度科普报告"的形式，通过"96科坛新闻热点"、"全球热点中的科学"和"科坛人物"三大板块，介绍了1996年度内曾引起人们普遍关注的重大科技新闻事件，以及与此相关的科技知识和背景资料。其中有"'火星生命'热"、"Internet，一个新的世界"、"与'世纪绝症'的跨世纪较量"、"战胜疾病的新途径"、"新的绿色革命"、"地球上最后的疆域"、"强国出自实验室"、"'疯牛病'的警示"、"现代'文明病'增剧"、"五环旗下的特殊使命"、"高悬的达摩克利斯剑"、"人居问题"等13个方面的内容。本书系"科技文汇系列"丛书之二(1996)。（周兆钧）

N000034　**外星人漫游地球**　副名：儿童。叶至善、章道义编著。湖北少年儿童出版社1997年版。37印张。70.00元。由近40万字和1 300多幅彩色插图构成的科普丛书，分为《人》《地球》《生物圈》《科技大观》和《世界的未来》5册。丛书以虚构的一个外星小孩造访地球为契机，并借助其观览，用生动的语言和卡通彩插，描绘了关于我们人类自身、人类生存环境、人类物质文明的发展史和人类未来社会的前景。（薛大桥）

N000035　**幼儿一万个早知道**　詹以勤主编。明天出版社1997年1月版。8万字。40.00元。共4册。选取了哺乳动物、鸟、气象和植物4个方面的浅显科普常识，以童话故事、谜语、小实验、散文等多种形式加以表达，并且配以彩色插图多幅。（孟凡明）

N000036　**走向大自然丛书**　万美容、周进、丁书茂主编。武汉出版社1997年10月版。77.2万字。50.00元。分7册。有描述大自然地理景观的《奇异的风景》；有再现海洋资源的《富饶的海洋》；有展示微生物世界神奇的《迷你的微生物》；有介绍生物多样性的《纷繁的生物界》；有追寻生命起源和进化历程的《生命的轨迹》，有阐述环境污染对人类影响的《致病的环境》、《疲惫的地球》。（万忠）

N000037　**我的第一套科学书**　江苏科学技术出版社1997年5月版。分精装、平装两种版本。平装分为9册（基础分册和科学实验游戏1～8册），精装为3册，定价相同。基础部分介绍身体、动物、环境、风、水、交通工具等基本知识；1～8册通过丰富多彩、生动活泼的科学实验游戏，由儿童亲自动手，通过亲身的参与而激发其思考力及推理能力。全书介绍了100多个科学小实验，每个小实验分为4个部分：一、想一想、猜一猜；二、我也会做；三、你知道吗？四、我能看到的。实验所需材料均为日常物品，易取易做。（王达政）

N000038　**现代科学技术基础知识（图画本）**　惠永正主编。上海教育出版社1997年7月版。25.5印张。40.00元。根据江泽民总书记题写书名的《现代科学技术基础知识》（干部读本）改编而成，分《科学技术是第一生产力》、《当代自然科学的重大基本问题》、《当代技术发展的重要前沿》、《科学技术推进传统产业现代化》和《人与自然的协调发展》5本。内容涉及自然科学的基础研究、应用研究和产业技术等众多领域。（薛培华）

N000039　**科学知识（49）**　本社编。新疆科技卫生出版社(K)1997年11月蒙古文版。10万字。3.70元。是"科学知识丛书"之一。分有"科学知识"、"农牧业"、"祝您健康"、"生活常识"、"妇幼保健"、"富饶美丽的新疆"、"营养科学"、"你知道吗？"等栏目；在各个栏内分别介绍新兴科学技术、应用科技、天文地理知识；养殖种植方面的新技术，农牧民增收奔小康的好经验；防病治病用药保健知识；优生优育、计划生育妇幼保健知识；新疆地理资源风土人情等。其中，在"农牧业"栏内介绍杏、梨、葡萄、桃、枣、核桃、无花果、草莓、山楂等果树的栽培技术、田间管理、安全过冬、病虫害防治的知识；生活常识栏内介绍谨防家用化学用品的潜在危害等；祝您健康栏内介绍病毒性心肌炎的防治、脑溢血的防治等；在妇幼保健栏内介绍有妇科常见病——闭经、子宫功能性出血、白带增多、宫颈癌、慢性宫颈炎、卵巢囊肿、盆腔炎、子宫下垂、妊娠中毒、急性乳腺炎的症状、病因、防治等。(王孜曼)

N000040　**科海漫游丛书**　梁绍荣主编。北京师范大学出版社 1997 年 11 月版。100 万字。94.30 元(9 册共计)。共 9 册，分为：生命不息——生殖的奥秘；漫游南北极；寻找地球以外的智慧生命；探求上帝的秘密——从哥白尼到爱因斯坦；工业化学漫谈；让射线造福人类；飞上蓝天飞上宇宙；电脑与电脑时代；让地球永葆青春等。书中通过科学家的故事、文化典故、自然现象等展开叙述，并配有插图、照片。(傅占武)

N000041　**哥德尔、艾舍尔、巴赫**　[美]侯世达著，郭维德等译。商务印书馆 1997 年 5 月版。82.4 万字。50.20 元。作者以精妙的构思，将数理逻辑、计算机科学、人工智能、大脑科学等领域中的许多艰深理论深入浅出地介绍给读者。将看似风马牛不相及的数理逻辑学家哥德尔、现代派画家艾舍尔和古典音乐家巴赫放在一起，从信息科学和生命科学的高层次上探讨他们之间的共性，从艺术的启迪中领悟人工智能和数理逻辑中的前沿课题，诸如悖论、怪圈等。本书在每章数理色彩很浓的正文之前，均有一篇文学色彩很重的、与正文暗中契合的对话。(郭继贤)

N000042　**爱科学学科学跨世纪科普丛书**　张景中、任宏硕著。中国少年儿童出版社 1997 年 6 月版。194.9 万字。98.00 元。共 10 册。从多方面介绍科学知识，如恒星的性质，宇宙的起源及未来；地球的构造、地球表面的基本形态及主要地理特点；科学家的成长经历及科技史知识；高科技知识，包括基因、合金、电脑、机器人、电子战等；生态学和生态平衡的基础知识；从电磁波的发现到激光的发展过程；化学入门的基础知识和基本原理；动物和植物的生长繁殖与人类的关系；数学的起源及应用；揭穿迷信的谜底。(韩彬)

N000043　**高士其科普作品精选**　高志其编。天津教育出版社 1997 年 12 月版。50 万字。59.00 元。从《高士其全集》中挑选出来的一百多篇科学小品和科学诗，书前附有高士其先生手迹和生平介绍。本书介绍了从微观世界到宏观世界中的微生物学、动物学、植物学、化学、物理学等科普知识。(陈世伟)

N000044　**彩图儿童自然百科**　张锦弼著。晨光出版社 1997 年 12 月版。480 万字。104.00 元。共 3 卷。介绍了激光通信、能源、材料、电脑、生物工程、宇宙、现代交通、武器等知识。(季目华)

N000045　**新世纪小学生十万个为什么·自然科学版**　亦夫等编。河北少年儿童出版社 1997 年 11 月版。40 万字。24.50 元。分天文、地理、气象、物理、化学、动物、植物、医学、军事部分，其中或选取一些在生活中应用的新科技为知识点，或选取一些科普常识进行新角度的创作，共集合 313 篇文章。(贾雅清)

N000046　**漫游新科技世界**　王国忠、盛如梅主编。新蕾出版社 1997 年 11 月版。50 印张。145.00 元。通过 3 个符合中国少年儿童审美情趣的漫画人物，上天入地、离奇曲折的漫游经历。介绍了信息、环保、海洋、生物工程等世界最新科学技术知识和发展状况。共 10 册，包括：《多彩的城市》、《新奇的材料》、《神秘的医学》、《万能的信息》、《遨游太空城》、《未来的武器》、《机器人王国》、《创造新生命》、《蓝色的海洋》、《绿色的世界》。(韩凤岐)

N000047　**金苹果文库第 1 辑**　卞毓麟、赵所生主编。江苏教育出版社 1997 年 10 月版。135 万字。56.00 元。为中国著名科普作家自选集，共 10 种，分别为：《科学对话》，王直华著，采用与我国著名科学家对话的形式，对 20 世纪 90 年代国际上一系列重大科学事件进行跟踪报道；《科海求真》，郭正谊著，旗帜鲜明地反对伪科学、反对封建迷信，深刻揭露了"水变油"等一系列伪科学事件；《环球漫笔》，金涛著，作者带着地理学家的眼光漫游国内外，揭示了大自然之美，也对人类破坏自身生存环境敲响警钟；《宇宙风采》，卞毓麟著，介绍天文学知识；《魂飞北极》、《梦系南极》，位梦华著，一位中国极地科学探险家的见闻与思考；《气象与公众》，林之光著，只有了解气象服务，才能利用气象资源，规避气象灾害；《学会用药》，汪宗俊著，公费医疗制度改革，"非处方用药"推行，学会选药和科学用药成为每个人的保健必修课；《生命科学的奇葩》，王一川著，化学家从各个渠道探索生命的奥秘；《猿猴王国》，华惠伦著，猿猴是人类的近亲，在动物学家的带领下进入"猿猴王国"。(喻纬)

N000048　**挑战未来——新科技知识丛书**　李

安东主编。沈阳出版社 1997 年 4 月版。100 万字。75.00 元。共 10 册。其中《让你有双顺风耳—通信》肖越著，介绍了当代先进的通信技术与发展前景；《打不碎的玻璃——新材料面面观》介绍了当前材料应用学科中的最新材料及应用前景；《挑起地球的力量——物理》主要介绍了物理学在当代及以后在人们生活中的应用；《活到 150 岁——新医学技术》介绍了当前及今后医学技术发展的前景；《破译生命的密码——生命科学杂谈》主要介绍了当前生命科学研究的最新成果；《热水结冰快——能量与能源》介绍了能量与能源在生活中的应用；《生金属的母鸡——数学》介绍了数学在各个领域中的应用；《太空下的地球——环境与生命》介绍了环境与生命的关系及我们目前生存的现状；《点铁成金的魔棒——化学》介绍了化学的最基本原理和在生活中的应用；《海洋的明天——人类第二故乡》介绍了海洋的明天及与人类的关系。（潘晓翊）

N000049　**新科学十万个为什么**　王立科等主编。浙江科学技术出版社 1997 年 8 月版。165.7 万字。96.00 元。分 6 卷《地球·环境卷》、《宇宙·航天卷》、《工程·技术卷》、《军事·武器卷》、《生物·仿生卷》、《人体·医学卷》。

N000050　**科学与人译丛**　中国对外翻译出版公司 1994 年至 1997 年版。已出版 8 种，分别是：《科学也疯狂》（美）埃德·里吉斯著，张明德、刘青青译，展现当今世界上最新的科学动态及研究方向。《信息崇拜》（美）西奥多·罗斯扎克著，苗华健、陈体仁译，在讲述计算机发展史的同时对“信息”、“思维艺术”等也有论述。《阿基米德的报复》（美）保罗·霍夫曼著，尘土等译，介绍了现代数学的复杂、有趣和局限。《天才引导的历程》（美）威廉·邓纳姆著，苗锋译，贾辉军校，介绍数学家与数学史。《超弦》（英）P·C·W·戴维斯等编，廖力、章人杰译，介绍“超弦”这种标志着物理学第三次革命的理论。《技术与风险》（美）H·W·刘易斯著，杨健、缪建兴译，介绍技术丰富了我们的生活，同时也带来了风险。《生命起源的七条线索》（英）A·G·凯恩斯·史密斯著、段吉勇译，从生物学、地质学的领域寻找生命起源的线索。《理解宇宙》（美）米尔顿·穆尼茨著，徐式谷、黄又林、段志诚译。综述现代人对宇宙的科学探索。

N000051　**吴有训的科学贡献**　副名：吴有训科学论著、讲演、文稿、谈话集。郭奕玲、沈慧君编。鹭江出版社 1997 年 7 月版。34.9 万字。53.00 元。介绍我国著名的科学家、教育家和社会活动家吴有训对世界和中国科学事业所作的重大贡献。内容分上下两编。上编收录了吴有训曾经以英文发表的科学论文。在本书中，编者已将其译成中文，并加上脚注和附录，以便读者阅读和了解有关的历史背景。下编主要是吴有训针对科学人才的培养、科学研究的指导、科学研究工作的规划和管理等方面所写的文章、报告以及谈话。编者同样加上脚注和附录予以说明。（刘奇俊）

N000052　**现代科技知识词典**　赵德水主编。河海大学出版社 1997 年 4 月版。102 万字。48.00 元。收词目 2 000 余条，着重介绍基础科学、应用科学、交叉科学、新兴科学（包括少量社会科学）方面的内容。（吴毅文）

N000053　**英汉技术科学词典（精编·注释）**　张鎏主编。化学工业出版社 1997 年 10 月版。481 万字。170.00 元。收词约 18 万余条。其中科技词约占 2/3 以上，以工程技术和基础科学名词、术语为主。在一些条目后附有注释。本词典还对所有主词目均用国际音标注音，特别是对有些在一般词典中查找不到注音的专业词加注音标，并引入两种新符号：斜线“/”和省字紧排符“≃”，斜线将主词目分成前后两部分，“≃”代表斜线前字母组或前缀。（郭燕）

N000054　**俄英汉科技词典**　《俄英汉科技词典》编辑部编。石油工业出版社 1997 年 9 月版。1 000 万字。356.00 元。参考了“Русско-английский политехнический словарь”（Москва，1980），“The oxford Russian－English dictionary”（oxford，1984），“Russian－English dictionary of scientific and technical usage”（Moscow，oxford，1986）“Большой англо-русский политехнический словарь”（Москва，1991）及国内外其他各专业性的俄英，英俄类词典，收集了天文学、地球科学、生命科学、数学、物理学、化学和信息科学等学科的基础词汇，技术基础词汇，专业技术词汇及财经、外贸等专业的专业词汇和术语，共 15 万余条。（邓传彩）

N000055　**汉俄科技词典**　顾柏林、张草纫、B.Ф. 苏哈诺夫等编著。商务印书馆 1997 年版。110 万字。35.40 元。共选收汉语科技术语 75 000 条，涵盖四十多门学科，以数学、物理、化学、机械、冶金、电子、生物、医学等学科为主，力求反映基础学科中最常用的词语及科技最新成就。全书以汉语词条立目，按汉语拼音字母顺序编排。为方便俄罗斯读者学习汉语，每个汉语条目之后特附上汉语拼音，书末并提供汉俄对照计量单位名称表和化学元素名称表。（吕

军)

N000056　**综合英汉科技大词典**　顾仁敖主编。商务印书馆1997年4月版。669万字。171.00元。以收录自然科学和工程技术词条为主,兼收一定数量的社会科学词条和语文词条。共收词约16万条,其中有关基础科学和应用科学主要学科的专业词汇约13万条,包括数学、物理、化学、生物、农业、天文、地理、工程技术、冶金、电子、仪表、计算机、自动化、建筑、水利、统计等专业学科,以及空间技术、信息技术、生命科学、材料科学、系统工程、环境工程等新兴学科,还根据改革开放、发展经济的需要收录了一定数量的财经、法律和日常生活等方面的词汇,近年来出现的科技新词也尽可能收录。本词典以求解为主,兼顾用法,酌收成语、习语和搭配用法,并配以含有科技内容的例证,提供简要用法说明。(卢艳丽)

N000057　**漫画大自然探险**　王亚非编写,王凌波等漫画。北京少年儿童出版社1997年2月版。9.00元/册。在丛书里,小读者随故事的主人公到美丽神奇、变幻莫测的大自然去畅游、探险,与千奇百怪的动物、昆虫、植物相识,在经历许多有趣的奇遇同时,还将面对各种困难与险境的考验,还会有各式各样的问题等待你思考解答。(黄倩)

N000058　**少儿科学宝库——世界100次考察探险**　李明亮著。河北科学技术出版社1997年3月版。10.5万字。5.00元。介绍世界上最有影响的100次考察探险,反映了人类在科学道路上的献身精神。(王晓明)

N000059　**探险百年**　吴胜明撰稿。河南科学技术出版社1997年12月版。12万字。12.00元。"少年科技百年图说丛书"之一。从本世纪初,美国人率先抵达地球北极,挪威和英国科学家也先后到达南极;50年代,英国探险队首次登上世界最高峰珠穆朗玛峰;60年代初,前苏联率先由人类驾驶宇宙飞船进入太空,随后美国又成功地将人类送上月球;1960年人们发现了海洋的最深点——马里亚纳海沟;到80年代末,在法国境内又发现了世界最深洞穴——让·伯纳德洞,洞深1 535米等等,本书都一一进行了进述。

N000060　**论系统科学与管理**　刘永振著。大连理工大学出版社1997年12月版。29万字。17.00元。汇集了作者十余年来在系统科学及其应用方面的主要研究成果,内容涉及系统存在的理论及应用领域与社会功能;系统演化的理论及其自然观问题、系统科学的研究原则与哲学探讨;系统科学在科技管理与企业管理中的应用;系统科学的思想方法与工作方法。全书分上、中、下3篇:上篇为知识篇,主要内容有关于系统存在的理论及其在管理中的应用;关于系统演化的理论及其自然观问题;以及关于系统科学及其产生与发展的历史背景等。中篇为系统理论篇,主要内容有关于对系统科学的研究原则与整理加工;关于系统科学的哲学探讨等。下篇为系统应用篇,主要内容有关于系统科学在科学管理中的应用;关于系统科学在企业管理中的应用。以及关于系统科学的思想方法与工作方法及其在管理实践中的应用等。(王君仁)

N000061　**物元动态系统分析**　副名:思维·决策·设计的形式化。杨国为著。青岛出版社1997年1月版。27万字。14.80元。分11章:第一章介绍了可拓学的基础知识。第二章对系统进行了形式化的分析。第三章研究了物元系统的可拓性。第四章讨论了物元系统变换。第五章引入并研究了广义物元系统可拓集。第六章把系统问题形式化。第七、八章建立物元系统的广义动态系统模型和物元的动力系统模型。第九、十章引入"广义可拓系统"概念和可拓语言、可拓文法和可拓自动机概念。第十一章把问题决策形式化为各种物元系统模型,并给出形式化的决策方法。(戚道泼)

O 数理科学和化学

数 学

O000001 **向量分析与场论** 杨永发等著。南开大学出版社 1997 年 11 月版。8.3 万字。5.50 元。是根据国家教育部 1987 年印发的《高等工业学校数学课程教学基本要求》编写的向量分析与场论课程教材。全书共 7 章，内容包括向量值函数、场、数量场的方向导数和梯度，向量场的环量和旋度，3 种特殊形式的向量场，正交曲线坐标系等，并在附录中介绍了哈密尔顿算子。各章还配有习题，书后附有习题参考答案。(裴志明)

O000002 **数学的艺术** 欧阳绛著。农村读物出版社 1997 年 1 月版。18 万字。12.50 元。分 4 个部分：一、波利亚的解题窍门：1、要向学生讲述自己的思维过程，而不仅仅限于讲某道题怎样做；2、要学会对典型例题进行反思，从而掌握解这一类题的方法；3、要把为学生选好题当作首要事来抓，这是铺设学生思维的阶梯。二、讲述伊夫斯的数学史。历史是最好的启发式。希望通过做历史上著名的数学题，能够深刻地领会到人类的数学思维是怎样一步步发展而来的。三、讲述数学是怎样成为可应用的学科，并从本质上介绍数学建模的思想。四、讲述数学游戏对数学教育的作用。(朱雷)

O000003 **数学诗歌题解** 徐品方编著。中国青年出版社 1997 年 4 月版。21 万字。11.00 元。古今中外不少数学家以诗歌抒怀，把一些他们钟爱的、像珍珠般的数学名题，以及博大精深的数学思想方法，编成耐人寻味、广为流传的诗词、口诀和歌谣。本书选出其中的 150 首进行诠释，给出答案，探究来由，纵横联想，巧妙引申，并以富有诗意的细腻描写，充满情趣的生动阐述，以及蕴含哲理的精辟议论，使一些深奥的数学名题变得通俗易懂，生动有趣，给人以丰富的数学知识和启迪。(姚海天)

O000004 **数学：新的黄金时代** 李文林、袁向东等译。上海教育出版社 1997 年 12 月版。23 万字。12.50 元。通俗数学名著译丛之一。基斯·德夫林原著。论述素数，因子分解和密码，集合，无限和不可判定性，数系和类数问题，混沌之美，单群，希尔伯特第十问题，四色问题，费马最后定理，复数领域的难题，纽结与其他拓扑问题，算法有效性等内容。(薛培华)

O000005 **未确知数学** 刘开第等著。华中理工大学出版社 1997 年 1 月版。21 万字。9.50 元。内容包括：连续型未确知数；离散型未确知数；未确知顺序；未确知集合；未确知函数和未确知极限、导数及应用等。(陈晓娟)

O000006 **数学方法论** 副名：问题解决的研究。王子兴著。中南工业大学出版社 1997 年版。20 万字。论述了下述 8 个典型的专题：数学方法论与数学教育、MM 方法、化归方法、公理化方法、合情推理、数学研究中的心理学方法、悖论、现代数学研究中 3 个主要学派。分别阐述了 3 个方面的内容：一、如何综合地应用已有的数学知识、思想和方法解决实际问题；二、数学思想的方法，包括数学中逻辑思维、数学启发法和心理学方法；三、数学发现与创造的方法。

O000007 **数学百科全书 第三卷** 《数学百科全书》编译委员会编译。科学出版社 1997 年 5 月版。157.1 万字。138.00 元。由 3 类条目组成。首先是介绍数学的各个主要方向的综述性条目(采用了一种很好的分科办法)，对这类条目的基本要求是尽可能通俗全面地说明有关领域发展的现状；其次，是一些中等篇幅的条目，专门介绍某些具体的数学问题和方法。最后，还有一类简短的条目，可供查阅定义时参考。本书附有主题索引，其中不仅包括所有条目的标题，还包括在前两类条目中给出定义的许多概念，以及在条目中提到的一些最重要的结果。多数条目附有参考文献。(总编室)

O000008 **中国珠算心算大全** 徐思众编。杭州大学出版社 1997 年 1 月版。105 万字。130.00 元。分两篇，上篇为中国珠算；下篇为中国心算。首先，叙述了从珠算心算起源到历代珠算心算的演变和当今珠算心算发展的概况，并对珠算与经济、珠算与心算、珠算与电脑等，进行系统阐述，展示了珠算心算科学的巨大影响力。其次，举凡在珠算心算领域中的先进成就，尽收其中，详细地介绍了当今世界最快捷的一种心算技术——珠算式心算法，并对钱学森先生倡导的灵感思维在珠算式心算中的作用等理论问题，作了阐述和论证。再次，注重珠算心算基本知识、基本技能、速算技巧的论述，揭示了珠算心算的基本规律。(杨晓鸣)

O000009 **快速珠算** 李铁良编著。河北科学技术出版社 1997 年 3 月版。18.8 万字。9.00 元。讲述如何采用简捷算法并加以合理心算，提高珠算运算速度及运算水平。其中讲述珠算快速加减算法"先十法"等 9 种，珠算快速乘法算法"定身乘法"等 7 种，珠算快速除法算法"商除—除得众商法"等 6 种；还有传票速算及账表速算。书中每节之后，都有习题，书后附有"全国珠算技术等级鉴定和比赛资料及鉴定模拟题、全国比赛题"。(李向海)

O000010 **平面三角解题新思路** 张景中著。中国少年儿童出版社 1997 年 4 月版。8 万字。5.50 元。奥林匹克数学系列讲座之一。作者从一个全新的角度研究三角函数，他以面积公式为基础，引入少量公式，揭示了三角函数之间相当简单的逻辑关系。先由正弦的性质说起，引出怎样用正弦的性质解题；由正弦定理的演变过程，讲到正弦和余弦的关系，以及余弦的定理和应用。(韩彬)

O000011 **数学家的策略** 赵小云著。中国少年儿童出版社 1997 年 3 月版。8.6 万字。7.20 元。奥林匹克数学系列讲座之一。把揭示奥林匹克数学的智与巧作为方向，通过国内外典型竞赛题，介绍了这种数学的思维方法和解题技巧，展示了数学家的眼光和策略。(韩彬)

O000012 **万哲先数学科普文选** 万哲先著。河北科学技术出版社 1997 年 12 月版。19.5 万字。12.00 元。收录作者从 50 年代到 90 年代所写的 12 篇数学科普文章，内容涉及 4 个数学分支：代数学、数论、组合学和应用数学，既有中学数学理论的深化(如因式分解、二项式系数)，又有重大数学问题的概述(如费尔玛大定理、公开密钥体制)；既有我国古代数学成就的回顾(如孙子定理、大衍求一术)，又有我国当代数学贡献的介绍(如线性规划中的图上、表上作业法及移位寄存器序列等)。作者 1978 年起任中国科学院研究员，1991 年当选为中国科学院数理学部学部委员，1993 年学部委员改称院士，是国内外颇具盛名的数学家，主要从事代数学和组合学理论的研究，在典型群、矩阵几何、有限几何、密码学及编码理论方面取得了一系列国际领先的成果，曾先后获"全国科学大会重大成果奖"、"全国自然科学奖"、"华罗庚数学奖"等。(刘永亭)

O000013 **群类论** 郭文彬著。科学出版社 1997 年 8 月版。22.8 万字。19.00 元。当代数学园地 5。用 5 章篇幅介绍群类理论。第一章给出了全书所需要的全部群论知识。第二章阐述与有限群的各种典型子群(如 Z-投射子、Z-覆盖子群、Z-内射子、Z-正规化学等)有关的现代群类论的经典部分，介绍群系、Schunck 类和 Fitting 类理论。第三章论述局部群系的性质、构造及有关应用。第四章讨论群系代数。第五章介绍该书所需要的一般代数学知识。(总编室)

O000014 **群论基础教程** 侯云智编著。山东大学出版社 1997 年 6 月版。25.3 万字。16.00 元。分 7 章，第一章抽象群论，介绍了集合与映射、群和实例、群的基本性质等。第二章群表示论基础，介绍了群表示与表示空间，群表示的概念、群表示的特征标、不可约表示及特征标第二正交关系、群表示基函数。第三章分子和晶体对称群，论述了点群的对称操作、极射赤面投影、晶体 32 点群、晶系和点群的国际符号等。第四章线性群和张量表示，论述了线性群及其维数、群代数、标准杨盘和杨氏算子等。第五章李群和李代数，介绍了拓扑群和同伦群，李群和李代数等内容。第六章半李代数的正则形式及其根图，论述了半李代数的正则形式，根图和李代数分类，素根和邓金图等。第七章李代数的表示及其应用，论述了李群和李代数的表示，半单李代数的表示和权图，直积表示及其约化，夸克模型和强子波函数，盖尔曼——欧立巴质量关系，Su(b)夸克模型和重子磁矩等。(孙秀英)

O000015 **分圆函数域** 冯克勤著。上海科学技术出版社 1997 年 7 月版。18.2 万字。30.00 元。是"现代数学丛书"中的一种。全书共 5 章和 1 篇附录。第一章介绍分圆函数域的基本知识；第二章讲述分圆单位；第三章讲述分圆函数域的欧拉系，用来研究类群和分圆单位的联系；第四章论述类数整除性，探讨函数域情形出现的新现象；第五章论述在函数域上发展分析学的工具，包括 Mahler 定理的模拟、T 函数、高炘和与积分理论。上述这些内容都是作者与国内外著名数学家的研究成果的总结和整理。(赵序明)

O000016 **组合数学及其算法** 杨振生编著。中国科学技术大学出版社 1997 年 10 月版。34 万字。16.80元。阐述组合数学的基本原理、组合算法与分析，强调建立数学模型和设计组合算法以及解题的技巧。主要内容包括排列组合、容斥原理与鸽巢原理、母函数及其构造方法、递归关系、Polya定理、图论、拉丁方与区组设计、线性规划、组合优化算法和NPC理论等。（黄德）

O000017 **图论** 王朝瑞编著。北京理工大学出版社1997年第二版。30.4万字。15.00元。前6章集中介绍图论的基本知识，在此基础上，介绍图论中的几个专题，它们都是图论中很活跃的研究领域。然后，以最短路和最小树为例，介绍图论的应用。最后3章介绍有向图和以运输网络为例介绍有向图的应用。根据读者的需要，此次再版增加了有关图论的应用：流图和信号流图；开关网络和电网络。为了不使内容分散和庞杂，这三部分内容均放在附录中加以介绍。由于讨论开关网络的需要，增加了割集矩阵的可实现性。（总编办）

O000018 **离散数学** 朱一清编著。电子工业出版社1997年4月版。53.12万字。22.00元。各篇分别介绍了数理逻辑基础、矩阵、集合、函数、代数系统、图论、组合论、离散概率及解题技巧。书中附有大量例题及练习题。（张凤鹏）

O000019 **离散数学初步** 严士健主编。科学出版社1997年9月版。38.6万字。19.30元。主要讨论离散量的某些结构及其相互关系，涉及离散数学的基本内容，包括：集合论、数理逻辑、初等数论、概率和图论等。书中配有适当的例题和练习题，书末附有部分答案。每章后有小结。（总编室）

O000020 **经济应用数学基础丛书——微积分** 王双罗主编。河北科学技术出版社1997年8月版。19万字。10.00元。按照国家教委审定的高等学校财经类专业核心课程教学大纲编写，主要内容包括函数、极限与连续、导数与微分、中值定理与导数的应用、不定积分、定积分、多元函数的微分学、无穷级数和微分方程等。（刘子华）

O000021 **子波变换与子波分析** 赵松年、熊小芸著。电子工业出版社1997年3月版。25.6万字。18.00元。详细论述了子波变换与子波分析的主要内容，着重介绍了本学科中创新的概念和科学思想的发轫。全书按照基础理论、算法实现和应用3方面组织内容，包括：时间—频率分析；一维子波实例；离散子波变换；二维子波；周期子波；子波变换的应用共8章。对函数空间、信号分析和图像处理等有关内容也作了充分介绍。（刘娜）

O000022 **复解析动力系统** 任福尧主编。复旦大学出版社1997年12月版。34.2万字。15.00元。以经典的Fatou－Julia理论为基础，重点介绍了80年代以来复解析动力系统这一学科的卓越成就，其中包括有理函数动力系统、整函数和亚纯函数动力系统、函数族的随机迭代动力系统、代数函数和代数体函数的动力系统，以及多复变全纯映射的动力系统等研究成果。全书分11章。第一章是Riemann曲面上的解析动力系统；第二章是C上的动力系统——Fatou－Julia理论；第三章是Fatou集的动力系性质；第四章介绍Julia集的动力学性质；第五章介绍有理函数的解析族和结构稳定性；第六章介绍多项式的动力学；第七章是类多项式与拟共形手术；第八章是整函数和亚纯函数的动力学；第九章是函数族的随机迭代动力系统；第十章是代数函数与体代数函数的迭代；第十一章是多复变量全纯映射的动力学。（范仁梅）

O000023 **典型流形与典型域新篇** 陆启铿著。上海科学技术出版社1997年5月版。31.2万字。44.00元。是“现代数学丛书”中的一种。是作者近十多年来研究工作成果的系统总结。全书共6章：第一、二章论述流形于数学物理中的旗流形与旗域的几何性质，即其对偶空间的构造、不变微分度量、运动群和测地线等；第三、四章论述Green函数与Cauchy公式、$\bar{\partial}$问题解与Cauchy－Fantaphié公式、Cauchy－Syegö核与级数展开之间的关系；在典型域上得出$\bar{\partial}$方程解的一致估计及其对于典型域上函数论的重要意义；第五、六章论述用超球的内切超圆坐标来构造非例外的、不可约的、大范围黎曼对称空间的热核。最后，在附录中的Kä hler流形上的外微分运算可以引导有志于研究Kä hler流形的学者进入这领域。（赵序明）

O000024 **滞后广义系统解的基本理论与应用** 副名：大型动力系统的理论与应用(卷7)。刘永清等著。华南理工大学出版社1997年6月版。26.4万字。35.00元(精)。是《大型动力系统的理论与应用》卷1至卷6的续篇。全书分8章，主要介绍线性和非线性广义系统边值问题解的基本理论，线性定常、时变滞后广义系统解的存在唯一性理论，广义微分差分方程在L^2空间中解的理论，广义泛函微分方程的理论，以及滞后广义系统的稳定性与变结构控制。（潘宜玲）

O000025 **泛函分析基础及应用** 卢同善编。青岛海洋大学出版社1997年11月版。21万字。

12.50元。阐述度量空间与连续映照的概念和性质;阐述作为度量空间理论应用的压缩映照原理及其在各种方程理论中的应用,介绍了其他重要的不动点定理;阐述了有界线性算子的概念和性质、有界线性算子的谱和全连续算子的概念、性质;阐述了内积空间的几何理论和自共轭算子及其特例——投影算子的概念和基本性质;作为泛函分析理论的应用列举了数值泛函分析中的三个有意义的应用问题。本书为适应教育部新专业设置下的“数学与应用数学”专业的需要,增加了泛函分析应用方面的内容,并且“数值泛函分析中的应用问题举例”部分介绍了新的数学分支“数值泛函分析”方面的内容。(冯广明)

O000026 **空间解析几何** 杨文茂、李全英编著。武汉大学出版社 1997 年 1 月版。24.7 万字。9.60元。共 7 章,介绍矢量的概念及其代数运算、空间直角坐标系中用一、二次方程表示的图形(直线与平面、二次曲面)、正交变换与仿射变换,以及射影几何等。(顾素萍)

O000027 **无穷维随机分析引论** 副名:纯粹数学与应用数学专著 第 37 号。黄志远等著。科学出版社 1997 年 7 月版。31.9 万字。28.00 元。介绍 Malliavin 分析和白噪声分析这两个无穷维随机分析重要领域。全书分 5 章。第一章介绍无穷维分析的基础知识,包括 Hibert 空间中的线性算子、Fock 空间、核空间及其对偶、拓扑线性空间上的 Borel 测等。本书将一般局部凸拓扑线性空间的基本要领和结果作为附录放在书的末尾。第二章介绍 Malliavin 随机变分的基本理论,包括 Gauss 概率空间上泛函的混沌分解和微分运算,Ornstein－Uhlenbeck 半群,Meyer 不等式和 Soboler 空间理论以及泛函分布密度的存在性和光滑性等。第三章介绍随机变分的若干重要应用,着重讨论了 Ito 随机微分方程的解的分布密度,即相应的二阶抛物型方程基本解的正则性,用概率方法证明了 Hormander 关于微分算子亚椭圆性的著名定理,讨论了抽象 Wiener 空间上的位势理论和拟必然分析以及非适应随机分析。第四章是白噪声分析的一般理论,内容包括建立白噪声分析的一般框架,泛函空间的刻画,泛函的乘积和 Wick 积以及广义泛函的矩刻画,并简要介绍其在 Feynman 积分、P(Φ)2－场及 Brown 运动自交局部时等方面的应用。第五章介绍广义泛函的分析运算及广义泛函空间中的算子理论,并简要介绍了它们在量子物理中的应用。(毕颖)

O000028 **逾渗理论应用导论** 刘柏谦等编著。科学出版社 1997 年 8 月版。14.1 万字。12.80 元。以逾渗理论在反应工程(如燃烧、气化、催化、输运等)中的应用为主,介绍相关知识、基本概念、理论体系和实际应用。(总编室)

O000029 **非标准分析与随机分析** 金治明著。国防科技大学出版社 1997 年 9 月版。36 万字。20.00元。数学专业研究生教材。介绍新的数学分支——非标准分析及其在概率论与随机分析中的应用。(何晋)

O000030 **概率与数理统计(大专)** 金炳陶主编。电子工业出版社 1997 年 5 月版。42.88 万字。18.00 元。是依据国家教委组织制订,供高等工程专科使用的“概率与数理统计课程教学基本要求”,并结合作者长期从事本课程教学、科研体会编写的。书中的概率部分以随机变量及其分布为主体。在编排上将随机变量及其概率分布、随机变量函数的分布、数字特征等内容,打破一维、多维分别成章的常规模式而予以相对集中。鉴于工科教学特点有关性质的讨论,侧重应用而不过于追求理论上的完备,对于某些必不可少的结论不予以证明而加以直接引用。数理统计部分重点是引入数据处理、参数估计、假设检验等基本内容。每章末除备有基本练习外,还有概括该章重点、难点、学习指导等方面内容。(张凤鹏)

O000031 **混合相依变量的极限理论** 副名:纯粹数学与应用数学专著第 36 号。陆传荣等著。科学出版社 1997 年 5 月版。32.3 万字。27.00 元。论述混合随机变量序列的极限理论,包括 4 个部分。第一部分,介绍各种混合序列的定义和不等式;第二部分,讨论弱收敛、Berry－Esseen 不等式和弱收敛速度;第三部分,研究几乎处处收敛性与强逼近;第四部分,讨论某些相依样本下统计量的弱收敛和强逼近及其他类型的相依变量的极限性质。(总编室)

O000032 **随机分析选讲** 严加安等著。科学出版社 1997 年 6 月版。28.2 万字。25.00 元。由 4 篇相对独立的有关随机分析的专题讲座组成。第一篇系统介绍鞅论、随机过程的一般理论及半鞅的随机积分等随机分析基础;第二篇介绍倒向随机微分方程的基本理论及其在随机优化问题和 Hamilton－Jacobi－Bellman 方程粘性解中的应用;第三篇简要介绍流形上的随机分析、Malliavin 变分及轨道空间上的随机分析;第四篇围绕一些具体的数学物理和统计问题,详细介绍大偏差理论的基本概念、思想和技巧。本书后 3 篇的内容反映了目前国际上随机分析的几个重要研究领域及其新的研究成果。(总编

室）

O000033 **试验设计基础** 胡运权著。哈尔滨工业大学出版社 1997 年版。19.6 万字。9.80 元。介绍一般试验设计的基本原理、方法，重点介绍了一种被称之为要因试验设计(factorial design of experiment)的方法及原理。书中从最简单的 Z^K 要因试验设计的原理步骤开始，详细论述了在多个因素以及试验条件变化情形下，进行分块或进行部分试验时，如何提高分辨力及如何进行补充试验的系统设计方法。书中还讲述了应用试验数据拟合统计模型的方法，介绍了中心组合设计、可旋转设计的具体过程和原理，以及如何根据拟合的统计模型来进行脊分析及选择最佳工艺参数。书的最后对要因试验设计同正交试验设计进行了功能上的比较，论证了正交试验设计实际上是部分要因试验设计，并通过例子说明，根据要因试验设计中关于因素效果之间混淆的分析，依据生成器的合理选择，可以避免使用正交表时容易出现的设计上的缺陷。(严继荣)

O000034 **统计方法应用标准化丛书** 成平等编。中国标准出版社 1997 年 3 月版。145.5 万字。112.00 元。为配合贯彻 GB/T19000 质量管理和质量保证系列国家标准，全国统计方法应用标准化技术委员会组织编写了本丛书。丛书阐明了在质量管理中如何使用统计方法标准，介绍了通过使用统计方法标准，提高产品质量、降低产品成本的有效途径。包括 4 册，其中《数据的统计处理和解释》介绍统计技术的基本概念和原理。《产品质量抽样检验》详细介绍了 16 个抽样检验国家标准，包括验收和监督抽样检验、离散个体和散料的抽样检验、孤立批和连续批的抽样检验、计数和计量抽样检验。《可信性工程(可靠性、维修性、维修保障性)》介绍了可信性的规范化管理、设计及试验技术。本书还介绍了两个美国军用标准 MIL－STD－105E《计数抽样检验程序及表》和 MIL－STD－414《计量值检验抽样程序及表》，给出了其全部抽样方案和特性曲线数值表。《生产过程质量控制》介绍了质量控制重要手段——控制图技术，包括常规控制图、带警戒限的控制图和累积和控制图。全书重点介绍方法，并附以大量工业生产实例。(赵慧玲)

O000035 **数学规划** 郑汉鼎、刁在筠著。山东教育出版社 1997 年 12 月版。36 万字。18.10 元。分为 6 章，前 5 章分别讲述整数规划、非线性规划、目标规划、动态规划、随机规划 5 个数学规划分支中的基本概念和基本理论，给出了各种数学规划问题的数学模型和解法。第六章结合实际案例，阐明了数学模型化方法的内在涵义和从实际问题出发建立数学规划模型的途径。

O000036 **最优化应用技术** 卢名高、刘庆吉著。石油工业出版社 1997 年 6 月版。42 万字。20.00 元。分 3 篇：线性规划、非线性规划、动态规划和多目标规划简介。(蒋子贞)

O000037 **最优化理论与算法** 唐恒永等编著。辽宁大学出版社 1997 年 12 月版。22 万字。19.00元。介绍线性规划、非线性规划和组合最优化的基本内容，共 13 章。第二章至第六章介绍的是无约束最优化的最优性条件，一维搜索、最速下降法、Newton 法、共轭梯度法、拟 Newton 法和 Powell 方法；第七至第十章是线性规划和约束非线性规划的最优性条件、可行方向法和惩罚函数法；第十一至十三章是组合最优化的整数线性规划、图与网络最优化和算法与复杂性理论。(陈晓东)

O000038 **广义系统的变结构控制** 副名：大型动力系统的理论与应用(卷 6)。刘永清、温香彩著。华南理工大学出版社 1997 年 2 月版。26.1 万字。30.00 元。广义系统是将传统的动态与静态结合起来的由非传统数学模型描述的大系统，并具有多级、多层、多目标、大规模等特点，极为复杂，因而它的控制问题也极为复杂。迄今为止，国内外对广义系统的控制问题的研究绝大多数都集中在广义线性定常控制系统，并且假定系统的参数及其结构是已知的。事实上，实际系统不可避免地存在着各种随机因素的干扰，因而使现有的控制方法精度不够或造成系统失稳。在此情况下，寻求一种抗干扰性能好，又容易实现的新型控制策略与综合分析方法来解决非线性广义系统的控制问题十分必要。因此，本书作者自 1992 年开始就用具有抗干扰性和参数扰动不变性、能分解和降低系统维数等优点的变结构控制方法，对广义变结构系统展开了研究，本书即是研究成果的总结。(赖淑华)

O000039 **机电工程控制基础** 杨克冲、司徒忠主编。华中理工大学出版社 1997 年 4 月版。30.8 万字。11.50 元。着重阐述经典控制理论，特别是其中的频域法，即在系统传递函数的基础上，着重阐述了系统的频率特性及应用。为了适应分析和设计数字系统及计算机控制系统的需要，编入了有关线性离散系统的内容。各章后附有习题，并另有习题题解。(叶翠华)

O000040 **分布参数系统 H_∞ 控制理论** 王兴

成著。大连海事大学出版社1997年7月版。32.4万字。18.80元。论述近几年发展起来的分布参数系统H_∞控制的基本理论、方法、计算和实现。主要内容包括：H_∞控制理论的数学基础，频域设计方法，Pick－Nevanlinna插值算法，H_∞鲁棒自适应控制算法，时滞系统H_∞控制，有限维H_∞控制算法及直接状态空间理论与方法。这些内容反映了作者及国内外有关学者在这一领域的主要研究成果与方法。(史洪源)

O000041　**张钟俊教授论文集(第四卷)**　张钟俊等著。上海交通大学出版社1997年5月版。34.8万字。17.60元。收录作者指导研究生和博士后以及和他的学生们合作完成的研究成果和论文共35篇。内容涉及非线性控制系统理论、非线性系统动力学及浑沌运动、预测控制、鲁棒控制系统、分散系统补偿器设计和镇定理论、智能控制与神经网络、学习控制和启发优化控制、智能机器人系统、机器人控制系统、离散事件系统的监控理论、过程控制系统和控制中的并行算法等12个研究领域。(成敬祥)

O000042　**数值计算方法**　褚衍东、常迎香著。甘肃教育出版社1997年12月版。26万字。15.00元。阐述算法构造的思路、计算过程与算法的误差分析；注重算法描述，常用算法都给出了计算机程序设计中常用的N－S流程图；注重数值实验，各章都设计了综合性的数值实验题；每章都选讲了两个应用举例，从实际问题的背景简介、建立数学模型、选用数值方法求解、分析计算结果等进行综合性论述。(杨翠玲)

O000043　**刚性微分方程算法理论**　李寿佛著。湖南科学技术出版社1997年1月版。39万字。32.00元。详细论述刚性微分方程数值方法研究领域的各种理论及其应用，其中包括作者近年主要进行的B－稳定性、B－收敛性和代数稳定性等方面的研究工作。(胡海清)

O000044　**多变量样条有限元法**　沈鹏程著。科学出版社1997年6月版。19.7万字。16.00元。阐述基于广义变分原理、状态空间理论和样条函数理论的多变量样条有限元法及其应用。全书分5章，内容包括：一、二、三类变量的变分原理，广义变分法及其简单应用，样条插值函数；二、三类变量的样条有限元法。书中还介绍了基于状态空间理论的多变量数值方法，其中包括直角坐标系平面条形体、极坐标系平面体、矩形板弯曲和圆柱形壳体弯曲等多变量场问题的状态空间理论与算法。书中给出了梁、板、壳的弯曲以及振动与稳定问题的大量数值结果。此外，还安排了结构动力响应分析的状态空间法。(总编室)

力　学

O000045　**约束力学系统的运动稳定性**　梅凤翔等著。北京理工大学出版社1997年版。23.9万字。16.00元。论述约束力学系统的稳定性理论，包括基本概念与基本定理，完整约束力学系统的平衡稳定性，完整约束力学系统的运动稳定性，非完整约束力学系统的运动稳定性，Birkhoff系统的运动稳定性等6章。每章均有典型例题，并附有习题和主要参考文献。(总编办)

O000046　**现代力学与工程**　杜善义、何钟怡著。哈尔滨工业大学出版社1997年版。41.3万字。20.00元。收集论文50余篇。第一部分是特约与综合方面的文章，介绍了现代力学的形成与发展，从整个现代力学发展道路来看，它与当代工程技术的发展始终是相互促进和相互推动的。对每一个领域中的现代的前沿课题，指出了其研究的内容与方向；第二部分是一般力学、固体力学、流体力学、计算力学和实验力学方面的文章；第三部分是力学教学方面的文章，都是针对在力学教学的实践中提出的一些问题，如关于力学概念、教学方法或者是如何启发学生主动思考问题等的改革方面的文章；第四部分是科普方面的文章，叙述某些力学现象。(李艳文)

O000047　**现代固体力学理论及应用**　许金泉、丁浩江著。浙江大学出版社1997年5月版。39.7万字。15.50元。以参数分析和性能评价为主线，详细介绍固体力学的基本理论，以及固体力学在新材料领域的应用与发展，着重介绍了一些新的力学现象的分析与评价的基本思路。全书分7章：第一章绪论，介绍固体力学的基本方法及发展趋势；第二章及第三章介绍弹性和塑性理论及对应的强度评价方法；第四章介绍断裂力学理论及其在工程中的应用；第五章、第六章分别介绍新兴的界面力学及复合材料力学的理论，并介绍一些关于新材料强度评价的最新成果；第七章简单介绍粘弹性的应力分析方法。(陈子饶)

O000048　**非协调数值分析与杂交元方法**　吴长春等著。科学出版社1997年3月版。33.3万字。28.00元。介绍非协调元、杂交元的理论基础及应用。全书分10章。前6章是基础部分，论述非协调元的理论基础及其对弹性力学各种典型问题的应用，并论述了发展杂交、混合元的新思想、新概念，建立杂交应力元的优化设计理论和方法并且深入研究了杂交、混合元的数值稳定性问题。后4章叙述了非协调元、杂交元在结构塑性分析、弹塑性断裂以及复合材料等复杂结构计算中的应用。（总编室）

O000049 **弹性波的散射理论** 钟伟芳、聂国华著。华中理工大学出版社 1997年5月版。33.8万字。13.00元。是关于异质体(夹杂物与孔洞)散射问题的专著。阐述处理弹性波散射问题的重要理论和主要方法，并总结了作者近10余年来在此领域的主要研究成果，以及国内外的一些研究现状。全书共9章。阐述弹性动力学各发展阶段概况；弹性动力学和波动问题的基本理论和方法；弹性波散射问题的国内外研究概况；度量散射横截面的数学表达式；分析各向同性和各向异性介质中内含单个或多个异质体时的散射问题；对一维、二维和三维弹性波反问题给予了分析。（佟文珍）

物 理 学

O000050 **计算流体力学** 副名：第七届国际计算流体力学会议论文集。庄逢甘编。万国学术出版社 1997年9月英文版。127.5万字。145.00元。介绍国际计算流体力学研究的最新进展。内容包括：数学方法、先加工与后加工、流量模拟与结构、各种应用等。本书为1997年在北京召开的国际计算流体力学会议论文集，重要文章有：复合流的湍流模型——必要的折衷和应避免的折衷、关于栅极结构的一些算法、计算流体力学数字动力学基础、气候模拟和预报、有效的密实非线性图、使用非结构自适有限容积法的计算流体力学、三速换算的湍流模型、关于湍流的非线性二次方程式等。（周幼葵）

O000051 **大学物理新编** 汤毓骏编。中国纺织大学出版社 1997年8月版。61.3万字。35.00元。根据《高等工科院校大学物理教学基本要求》，将大学物理课程体系重新调整。在多种物理运动形式中，突出了振动与波动，在多种物理量中，突出了能量与动量。并注意加强教材的科学性、近代性与应用性。全书分4篇，第一篇为力学，落实在机械波的应用上；第二篇为电学，落实在波动光学的应用上；第三篇为热学，第四篇为近代物理，落实在物质波与近代物理的应用上。对物理学发展史，我国的物理成就以及物理在近代科技中的应用，都作了介绍。（俞丽琼）

O000052 **小太阳科学画丛** 张则年、王公惠编。新蕾出版社 1997年3月版。16印张。60.80元。包括：《力的妙用》、《声音的脚步》、《光的游戏》、《热和电的奥秘》4册，根据4～8岁儿童的认知水平，借助他们身边的、可感可见的物理现象讲知识，逐一对物理力、声、热、电、光五大分支做了介绍。书中介绍了许多"第一个"，如第一个把声音"保存"下来的美国大科学家爱迪生发明留声机的发明思路，培养孩子发现问题的能力及创新能力；还介绍了许多高新科技知识，如"声约"、"高速信息公路"等，帮助小读者树立不断攀登、勇于超过前人的观念。书中的"小实验"、"动手做"、"拆拆装装"对于爱动手的小读者极有吸引力。（王幺惠）

O000053 **世界科普画廊·微小世界** 霍用灵等著。浙江教育出版社 1997年11月版。18万字。45.00元。"微小世界"就是显微镜下面的世界，也是本书展示的细胞、分子、原子、电子、质子、中子、轻子及多种微型物所构成的微小世界。书中介绍从人类探索微观世界的历史开始，以揭开原子世界神秘面纱，进入到亚原子的世界这样一个历程，描绘出科学家对微小世界的探索过程。

O000054 **北京大学物理学丛书** 北京大学物理学丛书编委会编。北京大学出版社 1997年2月版。分两个层次。第一个层次是物理系本科生的基础课教材，这一教材系列，吸收以往经典的物理教材的精华，讲解有关的物理学基本知识、基本概念、基本规律、基本方法；同时又注入科技发展的新观点和方法，介绍物理学的现代发展。第二个层次是研究生教材、研究生教学参考书和专题学术著作。这一系列将集中于一些发展迅速、已有开拓性进展、国际上活跃的学科方向和专题，介绍该学科方向的基本内容，力求充分反映该学科方面国内外前沿最新进展和研究成果。学术专著首先着眼于物理学的各分支学科，然后再扩展到与物理学紧密相关的交叉学科。（周月梅）

O000055 **物理学方法论** 杨观镇著。广东高等教育出版社 1997年5月版。21.1万字。12.00元。从物理学发展过程中的史实出发，以辩证唯物主义的认识论为指导，概括、归纳物理学研究过程中常用的方法，其中包括观察方法、实验方法、逻辑方法、假说方法、数学方法、系统方法、唯物辩证方法以及其他非逻辑方法。（李敏康）

O000056 **时空本性** （英）史蒂芬·霍金、罗杰·彭罗斯著。湖南科学技术出版社 1997年7月版。10.9万字。9.00元。爱因斯坦说过关于宇宙最不可理解的事是它是可理解的。他是正确的吗?量子场论和爱因斯坦的广义相对论,这两种在整个物理学中最精确和成功的理论能被统一在单独的量子引力中吗?关于这个问题,当今世界上两位最著名的物理学家——史蒂芬·霍金和罗杰·彭罗斯持不同意见。在本书中,他们阐述了各自的立场。(李遂平)

O000057 **广义相对论引论** 俞允强著。北京大学出版社 1997 年 2 月版。16 万字。11.50 元。是"北京大学物理学丛书"之一。第二版时,作者考虑到大爆炸宇宙学的当代进展,重新改写了原书第八章宇宙学,内容包括:宇宙学的基本事实,宇宙动力学,宇宙空间的曲率,宇宙的年龄,辐射为主的早期宇宙,背景辐射问题,原初核合成问题,正反物质的不对称问题,视界与平坦性疑难,甚早期宇宙的暴胀理论,宇宙常数问题,暗物质问题,宇宙结构的形成问题。(周月梅)

O000058 **广义相对论导论** 唐肇华等编著。广西师范大学出版社 1997 年 7 月版。18.5 万字。16.00 元。除引言外共 7 章。在引言中简要介绍从伽利略—牛顿时代以来人们对时空概念的几次重大变革。第一章讲述本书用到的几个黎曼几何的基本概念,着重阐明它们的几何的和物理的含义。第二章讨论引力时空的内禀性质,导出广义相对论引力场方程。第三、四两章介绍球对称引力场方程的解及其实验验证。第五至七章分别介绍引力辐射、黑洞和宇宙学的基本理论及近期观测成果。基于广义相对论的一些预言和推论都是从数学演绎导出的,其所展示的现象有些必须应用数学语言描述,所以学生学习都感到困难。本书对此就尽量先从现象出发,再引申用数学形式表述,便于读者理解和接受。(于诗藻)

O000059 **建构在三维时空坐标系的相对论** 副名:脉络性原理。陈汉涛(美国)著。哈尔滨工业大学出版社 1997 年版。8 万字。18.00 元。作者用脉络性原理看时空,看宇宙,建构了三维时空坐标系及宇宙观,认为时间、长度(空间)不具有绝对的性质,时空是由运动这个事件所表征的,是不可分的、三维时空坐标系是由三维空间坐标与球面时间坐标共用一个原点相交而成,具有强烈的时空不可分性和显著的时间单向性。作者讨论了有引力场的三维时空坐标系和有引力场的四维时空坐标系之间的不同点,建构了三维时空坐标系周期性大爆炸的宇宙壳层模型。(孙雅杰)

O000060 **综合物理场数值计算理论及应用** 陈贤珍著。华中理工大学出版社 1997 年 5 月版。15.5 万字。8.00 元。从机电动力学观点出发,利用相似理论、对偶和类比方法,按照物理场间内在的规律,推导了物理场的 N 维方程,将电磁场、温度场、力场(电磁力、应力等)归纳为统一的表达式,然后从综合和统一的角度研究了各式各样的场的边值问题、能量泛函和条件变化,研究了统一的有限元离散格式和数值解法。全书分 9 章,第一、二章介绍相关的数学、力学基础知识;第三、四章阐述了 N 维综合物理场方程及条件变分的推导过程,并以典型的物理场为示例对方程进行了证明,此外,还对各类场进行了类比,总结归纳出了一系列的类比表格;第五章重点介绍了定常情况下二维及三维有限元数值计算的具体过程、统一格式和计算技术;第六章介绍了瞬态解的方法;第七章以电机中的电磁场、温度场、电磁力和应力等的综合计算为实例,介绍了综合物理场方程数值解的应用;第八章介绍了综合物理场的数值计算软件;第九章介绍了各类物理场综合有限元数值计算的类比及基本算式。(姜新祺)

O000061 **量子力学表象与变换论** 副名:狄拉克符号法进展。范洪义著。上海科学技术出版社 1997 年 12 月版。43.6 万字。30.00 元。对狄拉克创立的表述量子论的符号法推陈出新,系统地建立了"有序算符内的积分(IWOP)技术"理论,在更深的层次上揭示符号法的优美和简洁,使狄拉克表达得到更多的直接应用。共 19 章,第一章是问题的提出;第二章介绍预备知识;第三章提出有序算符内的积分技术;第四到第十九章,介绍 IWOP 技术的各种应用和推广。(戴雪文)

O000062 **气动热力学** 卞荫贵、徐立功编著。中国科学技术大学出版社 1997 年 10 月版。34.7 万字。19.80 元。以气动热为主线,系统地阐述了气体在高速高温条件下的流动特点、多组元反应气体的输运特性和热物化特性及其计算方法、无粘和粘性高超声速流体的运动规律及其求解方法、高温气体的辐射热、高温气流与固体的相互作用和湍流反应流。系统地总结了该学科直至 20 世纪 90 年代的研究成果。(江建名)

O000063 **关联统计动力学** 陆全康、蔡诗东著。复旦大学出版社 1997 年 10 月版。54.9 万字。28.00 元。以近几年发展起来的核聚复研究和超短脉冲激光产生的强场物理中的高温高密度等离子体物理为背景,对关联统计力学作了研究。本书分 5 篇。第一篇叙述非相对论关联统计力学基本概念,除了等离子体外,还讨论了一般的分子流体。第二篇将动力学理论推广到相对论范畴。内容包括相对论刘维尔算子、相对论 BBGKY 方程链、涨落理论、动力方程、辐射和散射理论。第三篇相对论和非相对论伏拉索夫方程，这是长程关联的初级理论。第四篇讨论稠密等离子体的磁流体理论，包括作者首创的适用于部分电离气体的广义欧姆方程。第五篇讨论强关联(耦合)理论。作者对这一领域作了评述，并阐述了自己对强关联动力学的一些创见性工作。(丁荣源)

O000064 **物理学的几个重大理论问题** 李映华著。华南理工大学出版社 1997 年 11 月版。9 万字。72.50 元。收集李映华同志自 1954 年以来所写的关于理论物理学的 4 篇研究和评述论文。在《牛顿力学述评》一文中，作者指出了牛顿力学碰到困难的症结，提出了关于牛顿力学的 3 个修正公式。在《真空物质的存在形式问题》一文中，作者以逻辑分析指出了爱因斯坦的相对论是谬误体系，它在物理上和数学上都是站不住脚的，相对论的时空观是没有根据的。在《有核场中多体椭圆运动的最小相干轨道》一文中，作者从天体运动的运动学要求出发，把多体椭圆运动和有核场的概念引进物理学，推出多体椭圆运动最小相干的规律。在《关于光谱规律和原子结构问题》一文中，作者根据其提出的台阶三角方格数值规律，进一步发现了原子由这一规律所表达的新的光谱规律，指出原子所发射光谱中存在基频和拍频。(傅穗文)

O000065 **衍射的本性与新光束激光** 王绍民、林强等著。杭州大学出版社 1997 年版。7.2 万字。12.00 元。分 3 章。第一章是衍射的本性。首先简要回顾了衍射理论的发展历史，然后提出 π 位相跃变的假说，并从波阵面图、边界衍射积分公式等方面加以论证。第二章是对无衍射光束的初步预测。从理论上预测了零阶贝塞耳光束和 COS 光束等的无衍射特性，给出它们的变相性质，并分别用实验加以验证。第三章是对系列新光束的预测。给出高亮度超衍射极限新光束的产生原理、模式分析和变换性质；提出了把位相片插入腔内的新思想，并首先实现了等效光束质量因子小于 1 的新光束 CO_2 激光器。新光束激光器的实现，拓宽了激光的应用范围，如用于激光准直、激光加工、激光打孔、激光切割等，提高了加工精度。(蒋保纬)

O000066 **近代光学测试技术** 杨国光主编。浙江大学出版社 1997 年 9 月版。97.9 万字。39.00 元。内容包括：光干涉技术，光全息技术，散斑技术，莫尔条纹技术，光衍射技术，光扫描技术，光纤传感技术，激光多普勒技术，激光光谱技术，光信息与图像检测技术，光学纳米测量技术。(涂红)

O000067 **几何光学和光学设计** 李晓彤编著。浙江大学出版社 1997 年 6 月版。41.6 万字。17.00元。分 3 部分：第一部分是“几何光学”，共 7 章，包括高斯光学的基本内容以及光束限制、光能计算、光线光路计算等；第二部分是“像差理论”，共 6 章，讲述了像差、初级像差和波像差的基本理论，并给出了基于初级像差理论和光学系统初始结构设计方法，还在附录中给出了有关程序；第三部分是“光学设计”，共 5 章，包括典型光学系统、典型光学镜头的设计、近现代常见的激光光学系统原理与设计特点、像质评价和光学系统自动设计等内容。(陈子饶)

O000068 **电磁学** 张玉民、戚伯云编。中国科学技术大学出版社 1997 年 9 月版。45.5 万字。16.80元。在着重对电磁学基本概念、基本规律与基本方法进行阐述的基础上，重视内容取材的更新，增添了一些与电磁学相关的现代科技知识介绍，力求将当今前沿科学和技术问题中的物理内核在基础层次上反映到教学内容中，使学生对电磁学的内容和方法，历史、现状和前沿状况有一个整体的理解和掌握，着重于学生物理素质的培养。书中精选了不少富有启发性的例题，各章均附有习题。书末附有“物理常数表”、“矢量分析中的常用公式”及习题答案。收入“基础物理教程丛书”。(李攀峰)

O000069 **层状媒质中的电磁场与电磁波** 徐建华编著。石油工业出版社 1997 年 9 月版。40 万字。28.00 元。在归纳宏观电磁学基本规律的基础上，严格导出了任意多层水平层状各向同性媒质、多层同轴柱面分层各向同性轴媒质、多层同心球面各向同性分层媒质中直流点电流源、偶极子源、环电流源和线电流源等几种典型场源所激励的电磁场响应的解析解，并讨论了部分分层各向异性媒质中电磁场的求解方法。(徐秀澎)

O000070 **一维和二维核磁共振原理** 毛希安译。科学出版社 1997 年 10 月版。60.8 万字。56.00 元。主要内容包括核自旋动力学、核自旋哈密顿量的处理方法、一维和二维傅里叶核磁共振波谱学、多量子跃迁及核磁成像等。重点是二维傅里叶谱学。(总编室)

O000071 **分子结构与分子势能函数** 朱正和等著。科学出版社 1997 年 6 月版。18.5 万字。13.50 元。现代物理学丛书之一。以原子和分子群理论和量子力学方法为基础，讨论分子结构与分子势能函数，其中包括分子离解极限原理,指导电子状态的群论方法,电子相关效应,对称匹配和自旋匹配的反对称化组态状态函数(CSF)的构造,组态相关(CI),双原子和多原子分子势能函数的解析表示式以及原子分子碰撞的准经典轨迹法。(总编室)

O000072 **原子核物理进展** 丁大钊等著。上海科学技术出版社 1997 年 5 月版。49.3 万字。38.60元。“物理学前沿丛书”之一。对近十余年来核物理研究的主要进展及今后十余年将成为核物理研究前沿的 3 个重要领域作了系统的论述。全书分 8 章,第一章概述 80 年代以来核物理研究的主要成就,并展望今后可能取得重大进展的前沿方向。该章中还简述核物理研究对相关学科的影响及某些重要的应用领域。第二、第三章着重论述核结构研究的最新成就。第四章论述库仑位垒以下能区重离子熔合反应机制的最新成果。第五章论述核裂变理论的发展历史及一些新的探索成果。第六、七、八章分别论述下世纪初期核物理研究的 3 个前沿领域:中高能核一核碰撞现象、原子核沿同位旋自由度发展的研究及亚核子自由度的研究。(戴雪文)

O000073 **孤立子理论及其应用** 副名:光孤子理论及光孤子通信。陈陆君、梁昌洪著。西安电子科技大学出版社 1997 年 10 月版。51 万字。32.80 元。作者将有关孤子的概念及其理论介绍给读者,其中包括逆散射方法。然后,作者系统地总结了近 20 年来有关光孤子理论及光纤孤子通信的重要成果,系统地阐明了光纤孤子通信、光孤子开关的概念、理论及方法,列举了大量数值结果及实验例证。与此同时,作者还汇集了他们自己在孤子理论、光纤孤子通信及流体孤子等方面的研究成果。最后,作者还介绍了这一领域的最新进展。(李惠萍)

O000074 **原子宝宝的奥秘** 引进台湾版权。浙江科学技术出版社 1997 年 3 月版。10 印张。46.00元。分 10 册:《构成物质的原子世界》、《原子宝宝的身世之谜》、《人体健康的好帮手》、《绿色革命的功臣》、《神奇的魔术师》、《极小世界中的巨大力量》、《核能发电的奥秘(上)》、《核能发电的奥秘(下)》、《紧急行动 A 计划》、《人造的太阳——核聚变》。分别介绍物质世界如何构成,原子能发现的经过,原子在医学、农业、工业、发电方面的作用,核能量的产生、转换以及外漏时应采取的紧急行动等常识。

化学、晶体学

O000075 **化学计量学** 陆晓华主编。华中理工大学出版社 1997 年 2 月版。33.7 万字。16.00 元。从化学计量基础出发,介绍常用化学计量方法的原理和应用。内容包括分析采样理论,化学试验设计与优化,化学信号检测,复杂化学信号的分辨,化学量测的校正方法,化学模式识别,化学研究中的数字模拟——Monto Carlo 法,人工神经网络在化学中的应用等。本书还提供了部分化学计量学方法的 BASIC 程序和练习。(龙纯曼)

O000076 **无机化学** 古国榜、谷云骊编。化学工业出版社 1997 年 11 月版。27.4 万字。20.00 元。内容包括化学基本知识、原理和元素化学两大部分。在内容取舍上注意理论与实际结合;反映工程专科的特色,加大新知识的信息量;反映近代无机化学在材料、能源、环保、生命、化工、冶金等方面的渗透和应用。全书贯彻法定计量单位制,采用 IUPAC 建议的元素周期表的新版本。(郭燕)

O000077 **有机化学** 高鸿宾、王庆文合编。化学工业出版社 1997 年 11 月版。38.2 万字。20.00 元。按官能团体系,采用脂肪族和芳香族混合系统编写而成。全书共 17 章,包括各种烃类——烷烃、烯烃、炔烃、二烯烃、环烷烃和芳烃,卤代烃,对映异构,含氧化合物——醇、酚、醚、醛、羧酸及其衍生物等,含氮化合物——硝基化合物、胺、重氮和偶氮化合物,杂环化合物,碳水化合物,氨基酸,蛋白质和核酸。本书在确保基本概念、基本知识和基本理论的前提下,重点讨论了典型官能团化合物的命名、结构、性质及主要用途。书中除了安排有启发性的问题和适当习题外,还安排有例题,作为解答各种类型习题的参考。(郭燕)

O000078 **金属有机化学与催化** 钱延龙、陈新滋主编。化学工业出版社 1997 年 1 月版。81.7 万字。53.50 元。由 36 篇综述性文章组成,重点介绍该领域内 90 年代以来国际上的最新进展和我国学者的长期研究成果。主要内容包括:当代金属有机化学与催化的发展现状与趋势,金属有机催化精细有机合成,均相、多相及酶催化中的金属有机化学,不对称催化,过渡金属和稀土催化聚合,金属有机电催化,纳米级金属胶体与金属氢化物的制备与催化,原子簇化学,金属卡宾化学,金属卟啉化学,各种取代茂配体的合成、金属茂络合物的配位化学以及其在有机合成与聚合中的应用,胺基膦、水溶性膦和桥磷配体的合成以及其过渡金属络合物与催化,金属有机抗癌药物,金属有机化学气相沉积,金属有机光电功能材料、液晶材料和磁性材料等方面。(郭燕)

O000079 **高分子化学** 潘祖仁主编。化学工业出版社 1997 年 6 月第二版。42.5 万字。16.00元。在第一版的基础上做了一些修改,特别是第六章,在内容的选取上增加了一些新内容,删除了一些过于陈旧的理论,现出版的教材内容共 8 章。包括:自由基聚合、聚合方法、离子聚合、配位聚合、逐步聚合、聚合物的化学反应、着重阐述聚合基本原理、重要聚合物品种的简要介绍,适当提及新成就和发展方向。(郭燕)

O000080 **中学化学实验研究导论** 吴俊明著。江苏教育出版社 1997 年 12 月版。25 万字。13.60元。介绍中学化学实验的研究方法、研究内容以及今后的发展方向。全书分 9 章:第一章,中学化学实验系统研究;第二章,中学化学实验研究的一般方法;第三章,中学化学实验的认知性研究;第四章,中学化学实验的技术性研究;第五章,试验设计方法;第六章,控制和测量;第七章,实验研究中数据的统计处理;第八章,中学化学实验教学研究;第九章,中学化学实验发展研究。(王瑞书)

O000081 **物理化学** 王正烈编。化学工业出版社 1997 年 11 月版。35.8 万字。19.00 元。内容共 9 章:气体的 P—V—T 关系;热力学第一定律;热力学第二定律;混合物和溶液;化学平衡;相图;电化学;界面现象和胶体;化学动力学。每章末附有习题,书末有附录及习题答案。(郭燕)

O000082 **白灰黑复杂多组份分析体系及其化学计量学算法** 梁逸曾著。湖南科学技术出版社 1997 年 10 月版。23.1 万字。19.00 元。从现代分析化学的角度出发,根据分析化学中复杂多组份体系的不同特性,将其划分为白、灰、黑 3 类不同的分析体系,并在此基础上,首次对分析化学计量学中最具特色和创造性的多元校正和多元分析的解析方法分门别类地进行了详细的讨论和介绍。特别地介绍了作者近十年来的主要研究成果。(胡海清)

O000083 **结霜的理论控制及应用** 孙玉清等著。大连海事大学出版社 1997 年 3 月版。14.4 万字。8.50 元。为国家自然科学基金资助项目研究专著,该项研究将换热器水蒸气侧的水蒸气在壁面上冷凝为水或凝华为霜的过程,作为亚稳态的过冷水蒸气在壁面上生长和沉积为稳态的水(冰)的气-液(固)相变系统,综合应用热力学、传热传质学、经典成核理论和气象学中有关云物理学理论,建立物理与数学模型,提出了改变水蒸气在壁面上相变形态的理论。从工程热力学角度提出了改变水蒸气在冷壁面结霜状况的主要途径是限制相变驱动力、提高相变能障及对气相中悬浮微粒进行处理;从晶体成核理论角度提出了成核率与壁面性能之间的相互关系,提出对金属表面进行不同处理的有效方案。为抑制结霜找到了新的途径。第一章从霜层形成和霜层结构研究出发,提出环境参数对结霜的影响及自然对流条件下和强迫对流条件下冷壁面状况对结霜过程的影响;第二章由相平衡和相变的热力学理论及成核的经典理论提出抑制结霜的主要途径;第三章、第四章分别论述热空气冷壁面抑制结霜、冷空气热壁面抑制结霜的机理和实验研究结果。(程策群)

O000084 **分析化学** 于世林、苗凤琴编。化学工业出版社 1997 年 11 月版。39.3 万字。18.00 元。从实用观点出发介绍分析化学理论,依据专科层次对分析化学理论的需求,全书分 10 章,由定量分析误差和数据处理、副反应系数法处理化学平衡、定量化学分析方法、仪器分析方法及化学分离方法与一般分析步骤 5 部分组成。(郭燕)

O000085 **分析化学新进展** 汪尔康主编。山西科学技术出版社 1997 年 7 月版。207.6 万字。100.00 元。内容集中在分析化学的新发展上,综论约占全部论文的 12%,分析化学主要分支光谱分析、电化学分析约占全部论文的 60%,而分子光谱分析又占其中的 36%.其次是较新的传感器、毛细管电泳和计算机应用等,可以从中看到我国分析化学的成就和发展。(温洁茹)

O000086 **水分析化学** 黄君礼编著。中国建筑工业出版社 1997 年 12 月第二版。63.1 万字。21.20元。根据 1995 年 7 月全国高等学校给水排水工程学科专业指导委员会制订的《水分析化学》课程基本要求编写。全书共 9 章,介绍了水质分析的各类基本知识和基本操作方法;注重基本理论、基本概念和基本技能的培养和训练;对各种水质指标的含义和测定方法作了介绍;对各类化学滴定法、光谱法、电化学分析法以及气相色谱法和原子吸收光谱法等最常用的水质分析方法的原理及其应用作了详尽的叙述和介绍;增加了 1990 年后发展起来的新技术、新方法和新设备的内容。书中列有思考题、计算习题和课堂实验。(俞辉群)

O000087 **常用化学手册** 符斌等编。地质出版社 1997 年 9 月版。68 万字。48.00 元。分 16 章，包括普通化学知识、理论化学和应用化学基础，与人体相关的化学知识。(王永奉)

O000088 **结晶学** 周志朝等编著。浙江大学出版社 1997 年 6 月版。32.9 万字。14.00 元。是为高等院校材料科学与工程学系各专业本科教育编写的“结晶学”统一试用教材。全书分 4 篇 11 章。第一篇 3 章分别简单介绍结晶学的内容、晶体与非晶体的概念及与其他学科间的关系。第二篇分 4 章讨论在结晶多面体外形上存在的各种几何规律和理论以及实际晶体外形与理想晶体之间的差异。第三篇设两章分别讨论晶体构造中等同点及等质点在三维空间分布的几何理论和实际晶体构造中可能存在的各类构造缺陷。第四篇首先简单介绍结晶化学的基本原理、化学键及晶格类型，最后有选择地简单介绍无机材料中常见或典型的部分矿物的晶格类型、结晶学特征和在材料科学中的应用。本教材在保持以晶体几何学和晶体构造学为主的特点基础上，结合材料学科不同专业的特点和需要，增加了部分与材料科学有关的晶体生长学及晶体化学的部分内容。(涂红)

P 天文学、地球科学

P000001 **世界科普画廊·人类家园** 林千等著。浙江教育出版社 1997 年 11 月版。21 万字。48.00元。分“大地的面貌”、“早期的地图”、“著述与地理大发现”、“海洋”、“冰天雪地”、“人类的生态危机”、“我们共同的努力”6 篇，分别介绍地球的自然生态，描述了人们面临的种种问题，列举了人类为拯救地球而作的种种努力。

P000002 **探索宇宙的奥秘** 谭徽松主编。云南晨光出版社 1997 年 12 月版。30 万字。21.00 元(套)。分 6 册:《跳圆圈舞的地球》、《披面纱的行星》、《驾金马车的太阳》、《穿花裙子的恒星》、《长翅膀的望远镜》、《穿魔鞋的宇宙》。分别介绍地球、行星、太阳、恒星、望远镜和宇宙等天文学系统的几大分支。书中对奥妙无穷的宇宙、千姿百态的天体、日月星辰的运行、昼夜的交替、春夏秋冬的变化、历法的编算等作了阐述。另外，书中介绍了大量国际最新的天文信息;二百多幅珍贵的图片资料，增加了书稿的翔实性与可读性;还设置了一些简单易作的天文观测小实验。(潘燕)

P000003 **千亿个太阳——恒星的诞生、演变和衰亡** [德]鲁道夫·基彭哈恩著。湖南科学技术出版社 1997 年 10 月版。21.9 万字。14.00 元。“第一推动丛书”第二辑之一。介绍了恒星能源、恒星的结构和演化、射电脉冲星、密近双星质量转移、致密 X 射线星、恒星晚期演化、恒星的诞生、以及地外生命与地外文明的知识。书中讲到:太阳的能源;恒星就像天上的核电站;脉冲星并不脉动;恒星偷窃恒星的物质;一颗白矮星的诞生;乌呼鲁的故事、武仙座中的 X 射线星;恒星的结局;黑洞。旋臂是什么?恒星是如何形成的?银河系中有一百万个载有生命的行星吗?(李遂平)

P000004 **大地博物馆** 吴胜明、黎勇奇主编。天津教育出版社 1997 年 12 月版。78.3 万字。99.00 元。为“大自然博物馆丛书”中的一本，选取人们普遍感兴趣、有代表性、能体现地球家园全貌的材料，用叙述、简介及事例相结合的方法和图文并茂的形式，介绍广博深奥的地球知识。由 11 章组成，分别为“地球馆”、“地质馆”、“火山馆”、“地形馆”、“气候馆”、“河湖馆”、“植物馆”、“国家馆”、“名城馆”、“建筑馆”、“环保馆”。(张纪欣)

P000005 **小月亮科学画丛** 肖泓、眉子编著。新蕾出版社 1997 年 4 月版。8 印张。44.00 元。是以春、夏、秋、冬四季为界划分为 4 册的幼儿科学启蒙图画书。书中贯穿了大自然中伴随季节变化所蕴含的科学知识，并以一个男孩和小熊在四季中的生活经历，描绘发生在他们身边熟视无睹的现象，揭示了大自然的科学奥秘。(赵千红)

P000006 **藏族历算基础知识** 夏吾才让、卢亚军著。甘肃民族出版社 1997 年 7 月版。45 万字。20.00 元。分 7 部分，第一部分讲述藏族历算的形成过程。第二部分主要讲述藏族历算中的五要素。第三部分主要讲述罗睺的形成及其运行等情况。第四部分讲述日食、月食的形成及运行规律等。第五部分讲述五曜，即金、木、水、火、土的形成、作用等。第六部分讲述3种日，即宫日，太阳日和太阴日。第六部分讲述教历，即推算宗教上重要人物的年代文学。（周加克）

P000007 **西周（共和）至西汉历谱** 徐锡祺编著。北京科学技术出版社1997年12月版。280万字。460.00元。自古至今已出了不少历书、历表，但先秦、西汉的历日始终未能作出满意的解决。有的不含先秦；有的虽有先秦但只记干支、朔闰，不能推算出公历；有的虽给出了公历，但又完全按后人的想法排列，未按古历法排列。总之，因条件所限未能将中西历干支逐日读出，这对中国历史上自西周（共和）起至西汉平帝元始元年间的历史研究带来不便，也不利于这一时期中外历史对比研究。为此本书对历史上各历学家推算的古历作了研究并予以逐日将干支与公历列出。（王藏）

P000008 **计算方法及其在测绘中的应用** 朱长青著。测绘出版社1997年10月版。29万字。20.00元。介绍计算方法的基本思想和基本方法。全书分7章，主要有代数插值，样条函数插值与逼近、函数最佳逼近、二元函数插值与逼近、数值积分和数值微分、常微分方程初值问题的数值解法、微分方程边值问题的数值解法等。同时，根据测绘专业的需要，选取了一些专业上需要而一般教材上没有的内容，如加权平均抛物线拟合法，张力样条函数，移动曲面拟合法、二元函数逼近等以及作者推证的一些方法和公式等。另外，还穿插了一些计算方法在测绘上的应用实例。在每章最后，还配备了相应的习题。（李建明）

P000009 **空间分析** 郭仁忠著。武汉测绘科技大学出版社1997年1月版。28.1万字。24.00元。分7章，着重叙述空间分布、空间位置、空间形态、空间距离，以及空间方位、拓扑、相似和相关等分析的基本理论和基本算法。书中讨论了空间分布的类型、空间分布的描述，空间繁类、趋势面等问题；论述了空间球面与平面之间的转换原理与方法；讨论了空间物体的形态分析方法，并着重于形态的描述与表示，同时对矢量数据和栅格数据下的形态分析方法给予了介绍；介绍了欧氏空间中不同维数空间物体之间距离的定义与计算，在航空航海中具有直接应用的大圆航线问题，网格分析中最短路径问题，以及基于距离的几种常用分析模型；在最后一章介绍了除了空间距离之外的，诸如空间方位、拓扑、相似及相关等空间关系，完成了对空间分析的理论架构。（董巍）

P000010 **地球物理反演的理论与方法** 杨文采著。地质出版社1997年2月版。41万字。28.00元。介绍地球物理反演的基本理论和主要方法。全书分两篇。第一篇分5章，第一章概述地球物理反演对象、简史、研究内容及计算机实现；第二章介绍算法基础；第三章介绍广义反演方法；第四章介绍Backus－Gilbert反演理论；第五章介绍层析成像。第二篇分4章，介绍反演中重要问题，第一章介绍正问题；第二章介绍地球物理数据处理；第三章介绍利用编微分方程反演；第四章介绍非线性反演的一些概念及进展。（陈军中）

P000011 **地球深部物质科学导论** 谢鸿森等著。科学出版社1997年6月版。46.2万字。48.00元。介绍地球深部物质科学的学科内容和理论、研究方法和有关的实验技术，特别是对静态超高压实验技术做了系统的介绍。作者从地球物质的整体性和相互依存性，以及“从原子到全球”的学术观点出发，运用地球物理学理论和探测结果，地球化学和地质学证据，高温超高压下物质的相变、存在状态，以及物理和化学性质的实验结果，对地球内部各层圈结构、物质组成与演化、层圈界面性质与物质运动方式等做了比较系统的阐述，并综述了这一研究领域中近年来的最新研究成果。（总编室）

P000012 **Shear－Wave VSP Data Processing for Anisotropy（各向异性介质中横波VSP数据处理）** 曾新吾等著。国防科技大学出版社1997年12月版。25万字。20.00元。是作者在英国各向异性专题组和国家留学人员基金资助下多年研究成果的总结。首先综述了地震波在各向异性介质中的传播特性，提出了各向异性中横波传播的矢量褶积模型。基于此模型推导出4个用于不同地质结构和数据类型的计算横波分裂参数的算法。通过合成地震数据检验了算法的正确性、对噪音的敏感程度性以及对数据采集和处理过程中的误差的容忍程度。为解决由于复杂的近地层散射和非理想的震源特性使得多分量数据质量严重下降的问题，书中还建立了一个针对近偏距VSP数据的四分量近地层修正算法。最后，作者给出了一个完整的实例研究。（文慧）

P000013 **新疆古地震** 冯先岳著。新疆科技卫生出版社（K）1997年9月版。40万字。51.00元（精）。总结了新疆现阶段古地震研究成果。全书分10章，主要内容包括新疆强震活动特点、古地震发生的地震地质构造环境、全新世地层划分与对比、活动构造、强震构造带特征、古地震鉴别标志、古地震强度及年代学、古地震空间展布及其大震重复间隔以及古地震研究成果的应用等。(樊文丽)

P000014 **长江防洪系统实时调度研究** 《长江防洪系统实时调度研究》编辑委员会编。中国水利水电出版社 1997 年 11 月版。58.4 万字。85.00 元。分 3 篇 24 章。第一篇长江防洪系统水情监测和预报技术研究,主要介绍大量程水位自动采集装置的研究,流量监测技术的研究,水情数据传输系统、水文气象信息接收处理与服务系统的研制,致洪暴雨短中期预报方法的研究,洪水预报模型、专家交互式洪水预报系统的研究等;第二篇介绍了长江防洪系统联合调度运行模型的研究,包括长江大洪水的遭遇与组成规律的研究,长江防洪系统模型和优化调度的研究,荆江和洞庭湖区水沙变化趋势及其对防洪影响的研究等;第三篇介绍了长江防洪决策支持系统的研究,包括防洪决策支持系统的总体设计,总控管理系统与人机交互界面,模型库、数据库、知识库,防洪决策风险的分析,长江防洪减灾措施和政策的研究等。(周燕华)

P000015 **中国水文志** 水利部水文司编。中国水利水电出版社 1997 年 12 月版。102.9 万字。150.00 元。记述了中国历代有关水文事业和水文科学的历史演变过程,特别是中华人民共和国成立以来水文事业的重要发展经过和水文科学的巨大成就。主要内容有:概述,水文环境,水文特征,水文站网,水文测验,水文情报与预报,水文水资源分析计算,水文科学研究,水文教育与宣传,水文国际合作与交流,水文管理,水文人物,大事记等。(陆桂林)

P000016 **全国水文预报与减灾学术讨论会论文选集** 中国水利学会编。河海大学出版社 1997 年 10 月版。45 万字。50.00 元。中国水利学会委托水文专业委员会于 1995 年 11 月召开了“全国水文预报与减灾学术讨论会”。会议收到了来自中国科学院、电力工业部、高等院校、科研院所和各大流域水利系统的专家、学者提交的论文 125 篇。经过有关专家审议,从中选择了各方面有代表性的 54 篇论文,分 5 个专题,即水文预报理论、技术和方法;水文信息采集、传输处理和水文预报自动化系统;水文预报的减灾作用效益分析;径流、冰凌、水文中长期预报和风暴潮预报;卫星、雷达和地理信息系统等新技术在水文预报中的应用和中长期水文预报等编纂成书。(王其超)

P000017 **洪涝灾害对策及其效益评估** 许自达、关业祥著。河海大学出版社 1997 年 6 月版。28 万字。25.00 元。分洪涝灾害对策和防洪治涝效益评估方法两大部分。第一部分主要阐述国外和中国古代、现代洪涝灾害的对策及长江、黄河洪涝灾害对策的设想。第二部分主要论述防洪治涝效益估算及防洪治涝建设项目国民经济评价,并根据中国实情列举了许多算例。(王其超)

P000018 **大气声学** 杨训仁著。科学出版社 1997 年 5 月版。30.9 万字。25.00 元。“现代物理学丛书”之一。阐述该领域内最基本的概念、现象、理论和方法。从基本方程的指导开始,分别以波动声学和几何声学的观点讨论了大气中各种“经典”声现象(反射、折射、散射、衍射、吸收等),以及重力和地球自转对包括声波在内的各种大气波行为的影响。本书还介绍了几种数值计算方法在大气声学领域内的最新发展;最后“大气声遥感”一章则从“逆问题”的角度出发叙述了大气声学的应用。(总编室)

P000019 **谢义炳文集** 谢义炳著。北京大学出版社 1997 年 10 月版。49 万字。62.00 元。“北京大学院士文库”之一。选收作者有代表性的重要论文 38 篇。(王艳)

P000020 **春去春又回——地球上的周期性现象探秘** 代敏编著。武汉测绘科技大学出版社 1997 年 9 月版。12.5 万字。7.60 元。世界变幻莫测,但并非毫无规律可循,周期性就是物质运动的普遍现象,尤其是我们生活的地球就充满了各种时间尺度的循环往复,有些我们熟视无睹,如昼夜交替,四季轮换,月亮盈亏等;有些我们却茫然无知,如气候的长周期性变化,太阳系在银河系中的运动等;还有一些现象看似杂乱无章,其实隐含着难以觉察的周期性,如有些地方的洪水、干旱和地震等。那么,在那些熟视无睹的周期性变化后面有没有更深刻、更微妙、更隐秘的运动呢?气候的长周期变化对地球上生物演化、人类进化甚至人类历史发展有过并继续有着怎样的影响? 那些看似难以把握的天灾背后隐藏着怎样的周期? 能否根据这些周期准确地预测重大自然灾害来临的时间? 本书就这些问题作了回答。(陈君良)

P000021 **人工降水** 曾光平、吴章云著。福建科学技术出版社 1997 年 11 月版。43.2 万字。41.70 元。阐述云、降水和人工影响降水的基本概念、基本理论,人工降水的方案设计,人工降水效果的评价,人工降水指挥系统和外场作业的技术方案。其中,尤以采用数理统计办法对人工降水的效果进行科学的

评价最具特色。(林万泉)

P000022 **灰色系统理论在地学中的应用研究** 赵云胜等著。华中理工大学出版社 1997 年 9 月版。19.8 万字。10.00 元。主要论述"灰色系统理论在探矿巷道通风和安全工程中的应用"和"内生金属隐伏矿预测的灰色系统方法"两个方面的内容。前者包括系统安全的灰关联分析、探矿巷道通风空间参数的灰色建模与预测和系统设计的灰色决策、事故伤亡率的灰色预测和系统安全的灰色控制;后者包括褶皱构造异常特征及断层内部结构与矿床空间关系研究、控矿构造及岩体分类研究中的灰色系统方法、矿田围岩蚀变与矿化特征的 GM 模型分析、预测标志优化与靶区筛选研究。此外,本书还探讨了灰色系统理论在物化探方面的应用及理论方法。(沈旭日)

P000023 **黄河三角洲沉积地质学** 成国栋、薛春汀著。地质出版社 1997 年 3 月版。22.4 万字。19.00 元。"中国三角洲沉积地质学丛书"之一。以大量实际调查资料为基础,分析了黄河三角洲高含沙量水流体的沉积动力学、沉积环境、沉积物结构构造、垂向序列及三维格架特点;结合黄河流域的地质地貌条件,研究了黄河三角洲叶瓣、现代三角洲、古三角洲及三角洲复合体的演化规律;对黄河三角洲独特的高密度流、三角洲侧缘环境、细颗粒泥沙的再搬运以及极浅型三角洲叶瓣和超级叶瓣的叠覆关系,均作了详细介绍。(李上男)

P000024 **中国扬子区兰多维列统特列奇阶及其与英国的对比** 陈旭等主编。科学出版社 1997 年 1 月版。26.7 万字。35.00 元。是中英早志留世生物地层学、生物地理学及环境模式国际使用项目的最终研究成果。论述华南扬子区志留系兰多维列统特列奇阶及其与英国同期地层的对比。阐述了该地质历史时期的古地理面貌和基本特征;根据各类底栖和漂浮生物的种类和性质,论述华南扬子区特列奇期的生物地理区系,并建立颇具特色的华南区。还阐述了扬子区特列奇期的地质事件、生物事件与古气候标志。全书附有 48 幅插图、19 帧图版,大量的参考文献。(总编室)

P000025 **第四纪环境** 刘东生等编译。科学出版社 1997 年 12 月版。45.15 万字。38.00 元。"中国科学院研究生教学丛书"之一。本书是同名英文专著的中文版。中文版根据其中国读者对象的需要新增了第十二章,专门介绍中国第四纪环境。书中系统介绍了在内外应力作用下,生物界以及冰川、沙漠、海洋、河流和湖泊等地质体中各种环境变化的记录;探讨了人类活动对环境的影响;以古大气环流为纽带,深入讨论了导致环境变化的各种驱动因子、每种地质体对各种驱动因子的响应、各种驱动因子对环境变化的各种反馈机制以及各类地质体中记录的环境变化的相位差等环境变化的基本问题。全书分 12 章,第四纪环境,第四纪的前奏,第四纪冰川作用,第四纪海平面变化,海洋证据,河流、湖泊及地下水,来自沙漠的证据,陆生动植物群的证据,人类起源、革新和迁移,第四纪时期的大气环流,介绍了环境变迁的过去、现在和将来,中国第四纪环境概要。书末附录第四纪定年方法。(总编室)

P000026 **地球与类地行星构造地质学** 刘德良、沈修志等编著。中国科学技术大学出版社 1997 年 3 月版。58.7 万字。22.00 元。介绍地球及类地行星不同尺度和不同层次构造的空间格局和时间标志及其形成条件,全书融汇了显微构造、中小构造、区域构造、大地构造、比较行星构造等多门教材的核心内容,以几何构造学、年代构造学和成因构造学之间的内在联系组成了构造地质学新的体系。本书新增了构造组合、构造时限、构造成因和板块构造及类地行星构造等内容,介绍了地球与类地行星构造地质学的主要内容。(戴晓平)

P000027 **运动的地球——现代地壳运动和地球动力学研究及应用** 叶叔华著。湖南科学技术出版社 1997 年 6 月版。21.3 万字。18.50 元。围绕国家攀登计划"现代地壳运动和地球动力学研究及应用"项目,介绍我国科学家的主要研究内容、重点及其科学意义,国内外的发展动态和趋势,并介绍了有关的基础知识。全书分 6 章,第一章绪论,综述全书总貌,简要介绍该项目研究的科学背景和意义、基本内容,以及作为其技术支柱的 VLBI、SLR 和 GPS 等三大空间新技术。第二章至第六章分别对项目的 5 个重点课题作专门介绍。第二章介绍中国地壳的全球背景,包括全球板块构造运动、地球动力的参考系、地球自转与地球各圈层内大尺度物质运动的相互关系;第三章介绍中国大陆主要活动构造带现今地壳运动及其动力学机制;第四章介绍青藏高原岩石圈现今变动和动力学;第五章介绍中国沿海地区陆地与海平面的垂直运动;第六章介绍地球重力场和大地水准面。本书为"攀登计划普及丛书"之一。(陈一心)

P000028 **旋转地球动力学** 吴珍汉著。地质出版社 1997 年 7 月版。27.8 万字。26.00 元。作者在综合国内外系统观测研究资料的基础上,结合十余年来研究的成果与新认识,论述了与地球旋转有关的各种重要地质构造与地球物理过程。内容涉及地球重力场、潮汐与磁场特征及其与地球自转的成因联系,大气圈、水圈、岩石圈、软流圈、下地幔、核幔边界与外核磁流体及内核各圈层水平运动的最新探测成果及圈层运动与地球自转的相关性,全球构造格局、中新生代岩石圈稳态水平速度矢量场及其与地球自转的动力学成因联系;剖析了全球构造运动的各种驱动力,并科学地评价了其地球动力学意义,提出了新的构造运动驱动模式,探讨了全球若干不同类型重要构造带的动力学成因机制。书中还提出了地球圈层不等速西向运动、西向引潮力、变交应力等新概念。(周继荣)

P000029 **中国东部及邻区中、新生代盆地演化及地球动力学背景** 李思田等著。中国地质大学出版社 1997 年 5 月版。400 万字。50.00 元。分 6 章:第一章概述了中国东部及邻区中、新生代盆地演化及地球动力学分析;第二章论述了地球物理场及成盆区岩石圈特征;第三章阐述了中生代盆地演化及其动力学背景;第四章阐述了新生代盆地演化及其动力学背景;第五章研究了盆地深部过程的探针——岩浆岩;第六章作了定量动力学模拟。本书作者在多年从事沉积盆地与能源研究的基础上,以当代地球动力学理论为基本思路,阐述了中国东部中、新生代盆地形成、演化及分布的规律性。(赵颖弘)

P000030 **中国主要大陆山链韧性剪切带及动力学** 许志琴等著。地质出版社 1997 年 5 月版。50 万字。40.00 元。通过对青藏高原及周缘主要造山带(喜马拉雅、东昆仑、巴颜喀拉—松潘甘、祁连、秦岭)以及东部陆内山链的典型韧性剪切带的研究和解剖,阐明了韧性带的类型,性质、成因机制及流变学特征;探讨了韧性剪切带的流体作用、部分熔融作用与构造花岗岩的形成及与成矿作用的关系;强调了韧性剪切带在造山过程中的作用及与造山机制和大陆动力学的关系。(白铁)

P000031 **可可西里—巴颜喀拉三叠纪沉积盆地的形成和演化** 张以茀等著。青海人民出版社 1997 年 6 月版。20 万字。18.00 元。对横跨欧、亚、非和北美洲巨型特提斯构造域内位于青藏高原北部的巨型三叠纪活动型沉积盆地形成机理和演化特征作了论述和科学总结。该盆地为欧亚大陆与冈瓦纳大陆所夹持,由于地质构造位置的特殊性,历来受到国内外学者瞩目,被称为“北特提斯的核心部位”和最重要组成部分;是我国最重要的中新生代沉积盆地,其独特的“三角形”构造格局,1～2 万米的沉降幅度和单调的非火山岩型复理石沉积序列,使它在中国地壳演化中占据着极其重要的位置,是揭示地壳演化奥秘的关键地段之一;它是世界上规模最大的印支造山带的核心部分,受到国内外学术界的特别关注。本书以古生物及沉积证据,清理了区内地层划分与命名长期以来的混乱和多元状态,建立了盆地三叠纪分区地层系统,属于重要的区域地层研究新进展;对该区地层划分、对比,重新厘定并推荐了这里可通用的三叠纪地层系统。提出了可可西里—巴颜喀拉三叠纪沉积盆地是在陆壳基础上张裂而成并属于内陆海盆性质的概念,丰富了特提斯(也是当前地学界热点)地质研究内容,并对板块学说在解释本区,甚至青藏高原形成演化中的种种推论和模式提出了质疑;提出了古特提斯为一“内陆海”,而古特提斯造山带为“陆内碰撞机制”而成的新观点;得出可可西里—巴颜喀拉三叠纪沉积盆地成生于古北特提斯裂谷(裂陷槽)与台地交织,未曾出现真正洋盆与大洋,……是冈瓦纳与欧亚古陆接合部位的内陆海,……特提斯内陆海阶段,不存在俯冲机制和缝合带,而是陆内碰撞的接合带这一重要的结论;该书推崇的“多旋回”与“开合”之规律,符合中国许多造山带的情况,在某种意义上讲,这一理论具有中国之特色,也许就是冈瓦纳北部及欧亚大陆南部整个特提斯域演化过程的主要特征。(姜丽)

P000032 **新疆北部地质演化及成岩成矿规律** 胡蔼琴等著。科学出版社 1997 年 7 月版。36.5 万字。33.00 元。“新疆北部固体地球科学系列书”之一。以同位素地质年代学、元素地球化学、岩石学、矿床学及稳定同位素地球化学研究为基础,研究新疆北部地区地质演化历史及成岩、成矿作用,提出了新的认识:以大量同位素年龄数据为依据,初步确立了新疆北部主要地质事件的同位素示踪研究,提出了不同时代基底的分区,并揭示其各自的地质演化历史;应用丰富的测试数据,结合该区构造环境特点,对花岗岩分类提出新的方案;发现了八条镁铁岩-超镁铁岩与富碱侵入岩密切共生的构造带;研究了该区独具一格的蛇绿岩套的特征;提出新的火山岩建造分类方案;研究了本地区各花岗岩类、各类火山岩建造以及镁铁岩-超镁铁岩类的含矿特征及成因问题;初步确定了区内金、铜、铜-镍、钨-锡、多金属等矿产的成矿期,并讨论了其成矿物质来源。(总编室)

P000033 **东亚—西太平洋壳体大地构造** 陈国达、魏洲龄著。中南工业大学出版社 1997 年版。27.1 万字。20.00 元。探讨了东亚—西太平洋地区的有关大地构造问题与成矿理论。它对所研究地区的构造分区,岩石圈地幔结构与演化,地壳结构与深部地质、壳体演化—运动特点及力源机制,过渡际成矿,中国东部及陆缘扩张带油气大地构造等方面的问题进行研究和阐述。(秦瑞卿)

P000034 **台湾海峡西部地质、地球物理和地球化学综合调查研究** 黄慈流等主编。厦门大学出版社 1997 年 10 月版。24.4 万字。15.00 元。1989~1991 年,中科院南海海洋研究所、福建海洋研究所和中国海洋石油总公司东海石油公司共同进行台湾海峡西部地质、地球物理和地球化学综合调查研究,本书为调查成果。共 3 篇,第一篇调查地球物理场特征,包括台湾海峡的重力场测量、闽江口外重力场特征及解释、海峡中西部低频和中频重力场分析、台湾海峡磁异常特征及其地质意义研究、海峡西沿地震地层与构造;第二篇调查地球化学场特征,包括海峡西部及邻区油气化探概查,台西盆地厦澎拗陷油气地球化学调查研究;第三篇调查地质构造与油气资源,调查发现,根据台西盆地的地质构造,该地区具有良好的油气远景。(施高翔)

P000035 **世界屋脊之谜——青藏高原形成演化环境变迁与生态系统的研究** 孙鸿烈著。湖南科学技术出版社 1997 年 6 月版。12.7 万字。14.50 元。围绕国家攀登计划"青藏高原形成演化环境变迁与生态系统的研究"项目,介绍我国科学家主要的研究进展,以及和本项目有关的基础知识及研究关键。全书分 5 大部分:第一大部分论述青藏高原形成的机制,介绍青藏高原岩石圈结构、演化和地球动力学研究成果;第二大部分论述高原隆起的时间、隆升的幅度及晚新生代以来的环境变化;第三部分论述高原的气候变化,对高原过去的气候、气候变化敏感区及高原未来的气候作了分析介绍;第四大部分论述高原的自然界,介绍了关于青藏高原生态系统结构功能和演化分异的研究成果;第五大部分论述青藏高原隆起对资源、环境和人类活动的影响,探讨了高原资源的开发利用。本书为"攀登计划普及丛书"之一。(陈一心)

P000036 **三峡工程地质研究** 长江水利委员会编。湖北科学技术出版社 1997 年 10 月版。47 万字。63.00 元。是三峡工程前期地质勘察研究成果的全面总结。将那些已被三峡工程论证及各阶段设计工作所采用,并被证明是有效或有价值的学术观点、技术方法和实践经验作了论述。(梁琼)

P000037 **锑矿石分析** 刘建国等编著。地质出版社 1997 年 7 月版。20 万字。16.00 元。是"矿石分析丛书"之一。论述了锑矿石系统分析方法和锑矿石物相分析方法,详细介绍了锑矿石的主元素(锑)和伴生元素(砷、金、钨、银、锡、镍等)各种分析方法,简要介绍了锑的地球化学特征及锑矿物、锑矿石的成分、类型及赋存状态。(王永奉)

P000038 **中国东北地区新生代火山资源与灾害** 刘祥、白天元著。吉林大学出版社 1997 年 5 月版。26 万字。25.80 元。是系统研究中国东北地区新生代火山、火山喷发碎屑堆积物(火山喷发空中降落堆积物、火山碎屑流状堆积物、火山泥流堆积物和火山基浪堆积物)及其资源和灾害的专著。研究地区涉及长白山地区,龙岗火山群,五大连池,二克山火山群,沿敦化—密山断裂带和伊通—依兰断裂带的火山群等。(崔晓光)

P000039 **中国东南大陆火山地质及矿产** 陆志刚、陶奎元等著。地质出版社 1997 年 2 月版。69.5 万字。50.00 元。以当代火山地质学理论为指导,结合板块地体构造分析,采用火山旋回—岩相—构造一体化思路,对中国东南沿海火山岩带的火山岩系基底构造格局与火山—侵入活动的关系,火山活动旋回、火山岩相和火山构造特征,火山—侵入杂岩的时空演化及其对区域成矿的制约性,金、银、铅、锌、锡等金属矿床和高岭石、叶蜡石、珍珠石、萤石等非金属矿床的形成条件与富集规律等进行了阐述,指出中国东南沿海火山岩带是具陆缘与板内过渡性的陆上断陷—剪切柱拉张型火山岩带,在环太平洋火山岩带中具有独特的构造—岩浆—成矿模式。(谭惠静)

P000040 **中国东部地壳与岩石的化学组成** 鄢明才等著。科学出版社 1997 年 7 月版。46.2 万字。45.00 元。以中国东部各区域地层、火成岩和变质岩全面系统的地球化学实测资料为基础,提出了东北地台地壳化学元素丰度、中国东部地壳化学组成估计值、出露地壳平均化学组成、各时代地层平均化学组成以及中国各类火成岩、中国东部各类沉积岩和变质岩的平均化学组成。书中提供丰度值的元素达 78 种,阐述了中国东部各构造单元地层和岩石的区域地球化学特征,研讨了 60 余种微量元素在岩石中的地球化学分布。其中一些元素如铂族元素的丰度是鲜为人知的,反映了区域地壳和岩石化学组

成研究的新水平。(总编室)

P000041　**元素生态地球化学及其应用**　商翎等编著。辽宁大学出版社1997年4月版。52万字。23.00元。是在辽宁省和地矿部重大科研项目“辽宁省农业化学区划及应用研究”课题的研究成果上编著而成。运用当代环境地球化学、生物地球化学和生物无机化学等学科的基本原理和最新的研究手段,依据大量的数据和翔实的资料,阐述了地球表生带中,39种元素在陆地生态系统中的迁移、转化、分散、富集和分异规律,并逐一进行生态效应评价。全书共3章,即生物圈地球化学、元素生态地球化学和它的应用。包括198张表、59张图、2张照片。(陈晓东)

P000042　**稀土配位化学**　黄春辉著。科学出版社1997年5月版。83万字。58.00元。搜集了从1935年至1995年共60年间国内外公开发表的有晶体结构的1391个稀土配合物和稀土金属有机化合物,以化学键的类型为线索,按不同配体分类,对稀土配合物进行了系统的归纳和总结。全书分9章:第一章介绍稀土配位化学的一般规律和特点;第二章介绍稀土无机物的配位化学;第三至六章分别介绍含氧、碳、氮、硫及磷等杂原子的稀土配合物;第七章讨论多核配合物;第八章介绍稀土金属簇合物;第九章介绍稀土配合物的应用。本书的特点是:(1)采用配位数的新定义在附录中按配位数从3到12进行分类,与书中分章的体系经纬交织,查阅非常方便;(2)搜集的有晶体结构数据的稀土配合物、金属有机化合物和簇合物更为齐全。(总编室)

P000043　**微量元素地球化学原理**　赵振华著。科学出版社1997年7月版。35.3万字。32.00元。从地球化学过程中的物理化学基本原理出发,论述了微量元素的概念、分类、分配定律;阐述了微量元素作为各种地球化学指示剂的基本原理,重点介绍了各种微量元素在沉积岩中的元素地层学、变质岩恢复、岩浆岩成岩及成矿微量元素地球化学定量模型、地球形成与演化中的应用,并介绍了微量元素的选择原则及研究方法。(总编室)

P000044　**矿床地球化学**　中国科学院矿床地球化学开放研究实验室著。地质出版社1997年5月版。82.7万字。60.00元。由3个部分组成:第一部分阐述矿床地球化学的研究内容及研究动向;第二部分论述矿床地球化学各个领域的基本理论及其在矿床研究中的应用,包括岩浆成矿作用、与花岗岩有关的成矿作用、改造成矿作用、热水沉积成矿作用、缺氧环境与成矿作用、风化成矿作用、生物与有机成矿作用、剪切带与成矿作用;第三部分介绍矿床地球化学的研究方法,包括包裹体研究、实验地球化学研究、热力学研究、微量元素研究、同位素研究、生物与有机质成矿研究与模拟。(江晓庆)

P000045　**大型构造与超大型矿床**　翟裕生等著。地质出版社1997年3月版。30万字。30.00元。将构造作为控制成矿的一个基本因素,深入探讨了大型构造与超大型矿床的关系;以对我国若干个超大型矿床的实际研究为基础,阐明了裂谷、同生断层、剪切带、变质核杂岩及剥离断层等对超大型矿床的控制作用。书中对国内外174个超大型、大型矿床地质构造进行了综合分析,论述了大型构造对超大型矿床形成和分布的控制;总结了超大型矿床的控矿构造类型,提出了含矿大型构造的识别标志。书中还介绍了全球主要金属矿床的成矿时代和成矿构造环境,对有关超大型矿床的成因和形成条件也作了分析。(白铁)

P000046　**’96中国矿产资源报告**　宋瑞祥主编。地质出版社1997年3月版。39.3万字。共6篇。综合篇主要阐述中国矿产资源及其开发利用的基本问题;矿产分类篇介绍了主要矿产的资源状况,分析了供需形势和对策;区域矿产篇在矿产区域分布特征分析的基础上,提出了矿产资源开发的战略选择并对矿产资源经济区的划分进行了尝试,对矿产资源开发的区域布局提出了建议;专题篇对当前国内外普遍关注或尚在探索的一些热点问题进行了介绍和探讨;政策规划篇介绍了中国现行的矿产资源政策和法律制度及对今后发展趋势的展望;资料数据篇包括社会经济,矿产资源勘查,开发利用和环境保护等多方面的数据(资料一般截止到1994年,部分至1995年)。(谭惠静)

P000047　**中国矿床发现史(共28卷)**　《中国矿床发现史》编委会编。地质出版社1996年～1997年版。以省为单位,系统地介绍了全国3 000多个重要矿产地古代矿业开发、近代地质调查及新中国成立后矿床发现和勘查的全过程,展现了我国地质矿产工作者在普查勘探矿产资源中艰苦卓绝的奋斗精神和杰出贡献。同时各省总结了矿床资源的特点、分布规律、开发利用的前景,以及在找矿过程中的经验教训。全套书约1 000万字,按省立卷,共28卷(天津、上海、重庆、台湾等未单独立卷),附各省矿产分布图50余幅。(张义勋)

P000048　**华北地台晚古生代煤地质学研究**

尚冠雄主编。山西科学技术出版社 1997 年 4 月版。65.5 万字。68.00 元。是在煤炭工业部Ⅰ类科研项目《华北晚古生代聚煤规律》的基础上编写的。内容包括含煤岩系的地层学、古生物学、沉积学、岩相古地理学、煤相学、煤变质学及煤田构造学以及含煤盆地大地构造学等。论述和煤地质学相关的各类争议问题,并提出了新见解和新认识。在石炭二叠系地层多重划分、层序地层学研究、成煤沼泽垂直发育与水平扩展、煤的二次深成变质、煤田构造样式及板内盆地演化以及转换期成煤等方面都有独到的见解。(温洁茹)

P000049 **中国西北地区油气地质特征及资源评价** 康玉柱等著。新疆科技卫生出版社(K)1997 年 10 月版。48 万字。35.00 元。是以康玉柱为代表的长期在我国西北地区从事油气勘查实际工作的专家们共同撰写的。以大量的实际资料为基础,遵循理论与实践相结合的原则,论述了西北地区的油气地质特征、油气分布规律及勘探方向。(蔡丽漫)

P000050 **成油体系分析与模拟** 费琪等著。中国地质大学出版社 1997 年 10 月版。50.9 万字。28.00 元。作者根据多年的积累的经验,在原来的成油体系之上,增加了构造分析、盆地压力仓、地表地球化学显示以及盆地模拟等方面的内容,突出了动态过程研究。本书将石油地质的 4 个基本要素与圈闭形成及油气运移两个作用过程紧密地联系在一起,寻找出其间在时空配置上的内在联系。在研究中引进了板块构造环境、古气候、古洋流、构造应力场、高分辨率层序地层学、速度－岩性分析、成岩过程动力学、流体动力学、压力封闭仓、盆地模拟以及油气检测等新理论、新思路、新技术与新手段。(张晓红)

P000051 **油藏地球化学** 副名:塔里木盆地库车含油气系统研究。张敏等编著。重庆大学出版社 1997 年 12 月版。21.8 万字。25.00 元。以塔里木盆地库车含油气系统为研究对象,通过大量调查研究,采用国际上 90 年代油藏地球化学的高新技术得出了众多科学数据,如薄层色谱—氢火焰检测技术(TCL－FID)、储集岩热解技术(OSA)、油砂色谱技术(GC)等,进行了 8 个项目累计 1 819 个样品的分析。在此基础上,通过油藏流体(油、气 、火)化学组成性质及其地球化学特征的剖析,系统划分了原油的成因类型,指明了油藏流体化学组成在空间上的变化规律。首次在陆相油气藏中发现沥青垫,并对地球化学特征、成因、地质意义进行了探讨。在综合考察储层成岩史、油气生成史和运移史研究成果基础上,确定了油气注入油藏的方向和时间。(李长惠)

P000052 **二连地洼盆地沉积构造的历史—动力演化与油气成藏** 孙小华等著。中南工业大学出版社 1997 年版。15.1 万字。20.00 元。根据历史—因果论大地构造学的观点和地洼油气成矿学理论,采用地层学、层序地层学、沉积学、沉积地球化学、地热学、构造地质学、岩组分析、重力反演等方法,系统研究了二连盆地的构造基底——地槽构造层和二连地洼盆地沉积、构造的历史——动力学演化与油气成藏过程,拓展了油气大地构造研究领域。(秦瑞卿)

P000053 **中国陆相大油田** 张文昭主编。石油工业出版社 1997 年 9 月版。166.1 万字。118.00 元。是我国 40 多年来广大石油勘探工作者集体辛勤劳动成果的概括。全书分上下两篇,上篇综述,论述陆相大油田形成的地质基础、地质条件与分布规律;下篇大油田各论,对 38 个陆相油气田的发现史、油田地质特征和油田形成的地质背景等进行阐述。(曹庆红)

P000054 **油气地质学进展** 刘树根、陆正元主编。四川科学技术出版社 1997 年 5 月版。55 万字。51.00 元。收集 1995 年"油气藏地质及开发工程"国际学术研讨会(成都)部分学术论文。其内容涉及常规和非常规储层地质、储层模型、储层地球化学、储层流体、油气藏模拟、复杂油气藏勘探开发、盆地分析和石油应用地球物理等领域的研究现状和发展趋势,反映了目前油气藏地质学研究方面达到的水平和取得的新进展。(宋齐)

P000055 **南海北部大陆边缘盆地分析与油气聚集** 龚再升等著。科学出版社 1997 年 3 月版。80 万字。70.00 元。系国家自然科学基金重点项目(1992～1996 年)研究成果,是关于南海北部大陆边缘盆地分析与油气聚集规律的总结。全书应用、展示了丰富的源于油气勘探和基础研究的第一手资料,并在多学科密切结合的基础上,就沉积盆地演化、层序地层、烃源岩和油气储层、热流体和油气成藏系统、区域及深部地球动力学背景等方面进行了概括和总结。(总编室)

P000056 **碳酸盐岩缝洞气藏地质学** 陆正元著。四川科学技术出版社 1997 年 3 月版。15 万字。15.00 元。作者以前人研究为基础,提出了排除非均一层干扰,正确识别缝洞储层的测井地质综合方法。通过开发动态与静态地质相结合的综合研究,明确指出下二叠统中的缝洞系统是在东吴期古溶洞系统基础上,经埋藏后充填和溶解,最后由喜山期构造裂

缝改造而成，建立了产水缝洞藏天然气储量计算方法。首次提出了断层带油气保存条件的定量评价标准及其预测方法。(宋齐)

P000057　**地应力与油气勘探开发**　李志明、张金珠著。石油工业出版社1997年9月版。64.4万字。50.00元(精)。1993年以来中国石油天然气总公司组织了《地应力测量技术及其在油气勘探开发中的应用》项目的全国性攻关，并取得了新的成果。本书就是作者在这个基础上编写的。本书介绍了国内外地应力测量、计算、模拟、解释技术和方法，探讨了地应力与油气勘探开发各主要环节的关系，并结合油气勘探开发中的实际问题，提出了地应力研究的一些新思路、新立论，总结了我国近年来地应力研究及其在勘探开发中应用的新成果。(孙培国)

P000058　**扬子地台周边锰矿**　侯宗林、薛友智等编著。冶金工业出版社1997年5月版。57万字。70.00元。讨论了我国南方约200万Km^2面积的锰资源潜力，以优质(富)锰矿为主要研究对象，以沉积构造环境、成锰盆地性质、成矿物质来源及成矿机理为主要研究内容，查明锰矿成矿规律，建立成矿模式，探索有效的勘查方法，为优质锰矿的勘查评价提出可靠的优选靶区和适用手段。(王之光)

P000059　**粤北超大型铅锌矿床地质地球化学**　李兆麟、郭洪中著。中山大学出版社1997年3月版。26.8万字。16.00元。对曲仁盆地铅锌矿的成矿物化条件、成矿物质来源、岩矿地化特点以及成矿机制的方方面面进行了典型解剖，以及有关的模拟试验，并以此为基础论证了矿床的形成与就位的相互关系，系统地分析了成矿盆地的演化与成岩成矿的因果关系，对比了地层及矿石中有机质的类型、分布及演化程度，从而提出了以区域盆地地质演化背景为依托的“有机卤水与海底喷流同生沉积成矿的新模式”。(李海东)

P000060　**南秦岭微细粒浸染型金矿床地质与找矿**　张复新、魏宽文等著。西北大学出版社1997年5月版。30万字。20.00元。是对秦岭东部丁—马地区80年代后期发现的金龙山、丘岭等金矿床所处大地构造背景及盆地沉积发展演化，成矿地质条件、挖矿地质因素，矿床地质地球化学，矿床成因和成矿模式。成矿规律与成矿预测等的最新系统研究。提出并建立了“南秦岭式”微细粒浸染型金矿床成矿模式。作者还运用多微束分析手段对矿床中金的赋存状态进行探讨，剖析了成矿物质来源、搬运与迁移、成矿模式及矿床成因等。(雷援朝)

P000061　**黄金趣闻与实用**　孙启祯编著。地质出版社1997年1月版。10.9万字。7.80元。介绍黄金饰品的种类、成色及如何选择、鉴别、佩戴、使用与保养等，同时还介绍了黄金的性质、分类、用途、黄金的价格、供需、交易及各种黄金的储量、产量、冶炼、加工、分析、鉴定等。对黄金的发现、利用和发展历史以及它在过去、现在和未来的地位都做了全面阐述。其间还贯穿着许多与黄金有关的趣闻和轶事。(杨军)

P000062　**地洼构造与金成矿**　陈国达等著。地质出版社1997年3月版。36万字。25.00元。论述了金矿的成矿大地构造类型、含金地质建造大地构造类型、地洼体制下(构造作用、岩浆作用、变质作用和外生作用)金成矿的特点，以及中国壳体构造和莫霍面形态与岩金矿分布的关系；阐明了金的构造成矿作用，构造成矿机理及构造成矿意义；并从大地构造成矿角度，划分出了中国岩金大地构造成矿区，指出了中国金矿的找矿方向。(白铁)

P000063　**矿产勘查学**　侯德义、刘鹏鄂等编。地质出版社1997年11月版。35.9万字。11.80元。是在《找矿勘探地质学》的基础上修编而成的。此次修编将原两篇(找矿、勘探)11章统分为9章。在内容上，侧重了矿产勘查学理论的阐述，加强了新技术新方法内容的介绍、矿产经济评价的论述、矿产勘查基本作业知识的介绍。(陈磊)

P000064　**$^{40}Ar-^{39}Ar$年代学与流体包裹体定年**　邱华宁、彭良编著。中国科学技术大学出版社1997年3月版。20.3万字。11.80元。介绍$^{40}Ar-^{39}Ar$定年的基本原理、实验技术方法、数据处理方法、特征年龄谱解译及其地质应用等。还详细介绍了扩散理论和热年代学，并着重介绍了作者近年来致力于流体包裹体$^{40}Ar-^{39}Ar$定年研究取得的最新成果和矿床定年技术方法。按照年龄谱特征论述了单位置扩散模型、缓慢冷却模型、混合相年龄谱和过剩氩年龄谱特征，讨论了$^{40}Ar-^{39}Ar$法各种测定对象(单矿物和全岩)的行为特征和适应性，同时还探讨了过剩氩赋存状态等问题。(伍传平)

P000065　**硬质合金复合片齿钎具**　张国桦、张汉斌著。中国地质大学出版社1997年3月版。13万字。25.00元。作者根据大量生产和科学实验资料，对第二次世界大战以来世界采掘工业普遍使用的片状和球齿系列硬质合金钎具的发展历程、适用范围、使用效果及其利弊得失，进行了详细的分析评述。以此为基础，作者综合了他们在钎具几何结构参数、材质、创造工艺、使用技术方面的长期研究成果和实践经验，介绍了自己新近发明的复合片齿系列钎头和复合片齿系列整钎。书中列举了大量钎具的实验与试用第一手资料。以及其他钎具的使用情况。（吴琍华）

P000066 **地下水动力学** 薛禹群主编。地质出版社 1997 年 9 月第二版。34.5 万字。13.50 元。论述了地下水运动的基本原理、计算方法和实验方法。全书共 8 章，内容包括渗流理论，地下水运动的数学模型及其解法，地下水向河渠的运动，地下水向井的运动和计算含水层参数的方法，地下水动力学中几个主要新领域的若干问题及研究地下水运动的实验室方法等。书末附有水力学基础。（戴鸿麟）

P000067 **三峡工程水文研究** 季学武主编。湖北科学技术出版社 1997 年 10 月版。50 万字。65.00元。“长江三峡工程技术丛书”之一。集中反映三峡水文研究的精华，概括工程水文研究的经验，着重阐述三峡工程初步设计和技术设计阶段的水文设计及研究成果。全书分 11 章，第一章绪论，介绍三峡工程研究的任务、过程及成果 ；第二至五章是三峡水文基本情况、资料条件和暴雨洪水成因分析，这是水文研究的基础；第六章是设计径流量，供径流量调节和动能经济分析用；第七章、第八章是设计洪水和校核洪水，这是工程水文研究的重点；第九章是工程泥沙观测和泥沙特性，是三峡工程的重要课题之一——泥沙问题研究的基础；最后一章是水情监测和预报，是为三峡工程施工和运行服务的。（武又文）

P000068 **亚洲水文地质图（1∶800 万）** 张宗祜主编。地质出版社 1997 年版。对开 6 幅。200.00 元。依据亚洲区域水文地质主要特征表示了孔隙水、裂隙水、岩溶水 3 种地下水类型，用不同花纹符号展示了 5 种地下水水质，图上还圈出了孔隙水和孔隙一裂隙水汇水盆地、大气降水补给充沛或匮乏区域、海陆交替地带、连续多年或岛状断续多年冻结层分布区域、受水丘调节的地下水径流地带、裸露消融区、大型岩溶地下暗河、岩溶大泉、温泉、咸水湖、冰川、雪被、火山口等。还根据亚洲地下水形成和运移的影响因素，划分出 15 个水文地质区。（汤汉章）

P000069 **全球环境变化与工程地质（英文版）** 晏同珍、唐辉明著。中国地质大学出版社 1997 年 1 月版。25 万字。35.00 元。重点研究了地质环境变化与工程地质的关系，主要包括：世界人口增长控制规律和地质环境变化；滑坡学基础与滑坡的时、空预测；河流演变和地质条件变迁；喀斯特（Karst）发展及其工程问题；地下裂隙（缝）、地面沉降、水库诱发性地震及其他地质灾害的形成机理与预测；岩体断裂力学理论和工程应用等。（吴巧生）

P000070 **黄土地区典型滑坡预测预报及减灾对策研究** 文宝萍等著。地质出版社 1997 年 1 月版。15 万字。12.00 元。在分析研究黄土地区滑坡发育规律、国内外滑坡预测预报研究现状与发展趋势的基础上，引入了黄土地区典型滑坡预测预报研究的思路与技术路线，以黄土地区滑坡发育典型、危害严重的天水市区为研究区，通过滑坡地质结构及变形特征分析、模型实验、数值模拟，对滑坡的形成机理进行了深入研究。通过滑坡变形监测、模型实验和基于岩土体蠕变理论的数值模拟，从滑坡滑动时间、活动强度、滑坡危害 3 方面，将预测与反演相结合，系统地开展了滑坡预测预报研究；并以研究结果为依据，从工程和非工程措施两方面，提出了研究区及整个黄土地区滑坡灾害的减灾、防灾对策。（郑长胜）

P000071 **辽南泥石流** 张健文、尹怀宁主编。大连出版社 1997 年 4 月版。25 万字。15.80 元。对辽南地区区域环境的地质、构造、地貌、水文、植被与土壤、气候、降水、暴雨和地震、地形、树木年轮等因素的大量数据进行分析、判断，对辽南泥石流的形成因素及其分布和爆发规律进行研究，提出了对其抗御的对策。（任雪芹）

P000072 **中国岩溶环境地质图（1∶500 万）附说明书** 卢东华主编。地质出版社 1997 年 3 月版。全开一幅。80.00 元。根据碳酸盐岩地层沉积组合特征、岩性、地形地貌、岩溶发育程度，将我国岩溶地质环境划分为 21 种类型，并用不同色彩表示。根据气候、大地构造、区域性地貌、岩溶地质环境类型的分布及人类活动对岩溶地质环境的影响程度进行一级和二级区划。图上充分反映了岩溶地区典型的岩溶地面塌陷、突水突泥、滑坡、泥石流、地面开裂等地质灾害和岩溶渗漏、岩溶旱涝、人畜饮用水、水土流失等岩溶环境地质问题及岩溶盆地、谷地、洼地、漏斗、落水洞、峡谷、峰林、峰丛、峰林平原、岩溶干谷等岩溶现象和主要岩溶矿产资源、岩溶地下水资源。（汤汉章）

P000073 **中国路南石林喀斯特研究** 石林研究组编著。云南科学技术出版社 1997 年 5 月版。25 万字。28.80 元。以石林喀斯特范围、类型、品质、发育演化规律为主要内容、兼顾石林地区人文、自然地理的研究。（袁莎）

P000074 **海洋工程** 徐永康编著。少年儿童出版社 1997 年 10 月版。8 万字。5.20 元。通过潮汐发电、海浪发电、海水温差发电、海洋牧场、海底石油、深海锰结核、深海热液矿、海底砂矿、海底磷钙石、海洋生物毒素制药、珊瑚药品、海上工厂、海底隧道、水上铁路和水下铁路、海上机场、海上城市与海底城市、海底军事基地、潜水技术与潜水器、水声技术、海洋卫星等方面,介绍先进的海洋工程技术的基本知识。本书系"少年现代科学技术丛书"第三辑之一。(洪祖年)

P000075 **迈向21世纪的中国海洋地质事业** 陈毓川主编。地质出版社 1997 年 12 月版。8 万字。10.00 元。由 13 篇论文组成,介绍了我国在海区地质构造和海洋沉积作用研究、海洋矿产资源、海洋环境地质、地质灾害等的调查以及南极、南大洋和北极科学考察等方面所取得的成果。阐述了当代海洋地质科技在基础理论研究方面所取得的突破性进展,海洋矿产资源勘查开发的巨大潜力,海洋高新技术的发展与应用状况。(谭惠静)

P000076 **海洋地质学** 李学伦主编。青岛海洋大学出版社 1997 年 11 月版。46.2 万字。28.00 元。是全国高校海洋科学教学指导委员会确定的重点建设教材之一,将原来开设的《海底构造学》、《海洋沉积学》和《古海洋学》三门课程的内容有机地融合为一体,在保持教学内容系统性和科学性的基础上,重新调整了课程结构、更新了教学内容。吸取了国内外近二三十年来海洋地质学及相关领域的新发现、新资料和新成果,运用动力学机制、系统论、模式分析和定量研究等方法,阐述了板块构造原理、大陆边缘和洋底构造、滨海－浅海－远洋沉积、古海洋学和全球变化等问题,侧重基础知识的阐释和基本理论的讨论,对有争议的问题也做了客观性评述,反映了世纪之交国际海洋地质学研究的现状、研究前沿和发展趋势。本书还介绍了高新技术在海洋地质学中的应用。(李学伦、冯广明)

P000077 **东太平洋海盆多金属结核分布规律研究丛书** 黄永祥等编。中国地质大学出版社 1997 年 1 月版。92.8 万字。125.60 元。是中国大洋矿产资源开发协会"八五"期间大洋深海研究项目一级研究课题(DY85－02－01)"东太平洋海盆多金属结核分布规律研究"专题研究成果。本丛书研究了东太平洋海盆多金属结核的分布规律,即:阐述了东太平洋海盆晚新生代以来的地层沉积史、海底沉积物类型与地球化学特征、古海洋地球化学环境及其对多金属结核形成与分布的控制作用;探讨了多金属结核类型及其分布、结构构造及矿物组成、不同构造层组中锰矿物分布及化学成分,并详细地划分了结核构造的成因类型;论述了东太平洋海盆新生代以来的岩性地层、生物地层、地球化学地层和磁性地层,多金属结核分层的生物地层学与地球化学的对比特征,地史时期古海洋环境对多金属结核形成的控制作用;介绍了东太平洋海盆洋底火山沉积物、洋底火山岩及多金属结核中火山物质的基本特征,火山活动与多金属结核生成、分布关系;综合分析了海底地形地貌与多金属结核分布的关系,研究区内宏观地貌和微观地貌与多金属结核的丰度、覆盖率、主要金属元素含量、形状大小等分布特征和变化规律的关系,海洋底层流的分布概况及其与多金属结核分布的规律。(张华瑛)

P000078 **中国珊瑚礁地貌研究** 曾昭璇等著。广东人民出版社 1997 年 12 月版。350 万字。50.00元。分 4 个部分,第一部分我国珊瑚礁探测史,第二部分我国珊瑚礁的种属及生态研究,第三部分南海环礁地貌研究,第四部分岸礁、离岸礁、隆起礁、礁丘、塔礁等地貌研究。作者在对自汉代以来我国人民对珊瑚礁岛的探测、开发、管理和研究的史实作出了科学的、客观的结论的基础上,说明了南海诸岛是我国神圣领土的一部分,各种企图侵占我国珊瑚礁岛的言行都是徒劳的。(王秀燕)

P000079 **龙,将从海上腾飞** 副名:21 世纪海洋战略构想。王诗成著。青岛海洋大学出版社 1997 年 12 月版。23.5 万字。31.00 元。结合世纪之交的国际大背景,在认真总结历史经验和剖析中国国情的基础上,探讨了具有中国特色的海洋发展道路,勾画出 21 世纪中国海洋发展的蓝图。全书分"反思"、"战略"、"对策"3 篇,从政治、经济、军事、科技、管理等方面,深刻阐述了发展海洋事业的紧迫性与必要性,提出了 21 世纪中国建设海洋强国的目标以及实现这一目标的思路与对策。(李建筑)

P000080 **辽宁海岛资源开发与海洋产业布局** 张耀光、胡宜鸣著。辽宁师范大学出版社 1997 年 12 月版。28 万字。16.00 元。分 5 篇 20 章,第一篇分析了辽宁海岛的特征与自然环境、自然资源;第二篇分析论述了辽宁海岛经济与社会条件;第三篇研究了辽宁海岛资源开发与海洋产业布局;第四篇侧重分析了辽宁岛陆水土资源与开发利用;第五篇对辽宁主要海岛区域开发进行了具体研究。(穆杰)

P000081 **海岸工程环境** 常瑞芳编著。青岛海洋大学出版社 1997 年 12 月版。36.7 万字。21.00

元。以波浪为重点，着重阐明近岸动力学的基本理论及其与海滩过程的相互关系。内容涉及波浪运动的基本性质、规则波的变形与破碎、不规则波、潮汐与海面变化、海岸附近的流、泥沙运动特性、泥沙的输运、岸滩地形及其演变过程、淤泥质海滩的泥沙运动、海岸与港口的防护等。内容论述着眼于现象机理的阐明和结论公式的应用，并引入了 90 年代以来海洋学、浅海动力学、海岸地貌学、海岸沉积学、河流动力学以及泥沙运动力学等相关学科的新理论和新方法，充实了海岸工程环境的内容。（魏建功）

P000082 **地理信息基本原理及其应用** 朱光等编著。测绘出版社 1997 年 6 月版。24 万字。18.00 元。介绍集地学、计算机科学、信息科学和管理科学等多学科的有关理论、技术方法为一体的新兴学科——地理信息系统的基本原理、方法及其应用。全书分 6 章，内容包括：地理信息系统的基本概念，系统的构成、功能及运行环境，系统所具有的空间特征，数据的采集、组织与管理，数据结构和数据模型，系统的设计方法、原则、模式以及步骤，国内目前常用的地理信息系统基础工具软件及其应用等。（文湘北）

P000083 **罗布泊探秘** ［瑞典］斯文·赫定著，王安洪、崔延虎译。新疆人民出版社 1997 年 9 月版。66 万字。59.00 元。是“西域探险考察大系”丛书的一种。中文本据英文原本译出。是瑞典探险家斯文赫定代表作《1899－1902 年中亚科学考察报告》中的第二卷。全书分 9 部、45 章，附珍贵地图、图片 300 余幅，详尽地记录了罗布泊地区水文、地质、人口的状况，以及扑朔迷离的罗布人，神秘莫测的楼兰古城。（李春华）

P000084 **鄱阳湖** 副名：水文·生物·沉积·湿地·开发整治。朱海虹、张本等著。中国科学技术大学出版社 1997 年 7 月版。56 万字。27.00 元。讨论鄱阳湖湖区地质与地貌、气候背景与气候资源、水文特征与水资源、水质环境与评价、水生生物及渔业、沉积作用与沉积环境、全新世盛温期以来古环境变迁、湖泊的形成与演变、典型湿地生态观测和候鸟栖地保护以及湖区的开发整治等。收入“中国湖泊系列研究”丛书。（高哲峰）

P000085 **神奇的雅鲁藏布江大峡谷** 杨逸畴主编。海燕出版社 1997 年 12 月版。62.6 万字。186.00元。作者均为亲历考察探险的科考队员，本书是这些科学家历时二十余年的考察活动的结晶。描绘了大峡谷的自然风光、地质构造、冰川雪山、气候特征、动植物和菌物群体，介绍了当地特殊的峡谷文化和人文景观，纪录了科学家考察大峡谷的惊险的探险经历和亲身感受。（李冰晨）

P000086 **面向 21 世纪的中国地理科学** 中国地理学会主编。上海教育出版社 1997 年 10 月版。26.8 万字。13.80 元。地理文集。综述近 10 年来中国地理科学的主要进展，内容包括自然地理学和人文地理学的各个主要方面，以及地理科学的一些新研究方法如遥感应用、地理信息系统等。其中主要论文有：谈地理科学的内容及研究方法，面向 21 世纪的中国现代地理学，国土整治与区域开发，中国工业地理学的近年发展，中国农业地理和土地利用的近期研究，中国城市地理学近期进展，近 10 年来历史地理的新进展，我国的人口密集区和稀疏区及其地理背景，中国冰川学和冻土学研究近 10 年进展和展望，中国荒漠化的研究与展望，山地研究的进展与方向，中国的海岸科学与海洋地理学的新进展，地理水文学的研究进展与 21 世纪展望，实验地理学与地理工程学，地球系统科学与地球信息科学，现代地图学发展趋势及今后的展望，遥感科学技术进展，地理信息系统的发展，中国的环境问题与环境地理研究，医学地理基本问题和中国医学地理，《中国 21 世纪议程》与地理学，中国中学地理教育的发展变化，等等。（薛培华）

Q 生物科学

Q000001 **理论物理与生命科学** 郝柏林、刘寄星著。上海科学技术出版社 1997 年 12 月版。28.1 万字。30.00 元。收入“生命科学丛书”。主要内容包括生物大分子、基因序列、生物膜和生物数学模型 4 个专题，绝大多数章节均为撰稿人近年来所取得的创造性成果。作者运用理论物理的思想和方法，讨论了蛋白质分子运动、折叠、结构预测和计算机模拟，基因序列、生物膜蛋白及其模型，以及肿瘤生长、心脑可激媒质和分子马达3个生物数学模型等内容。(叶剑)

Q000002 **生物进化与人类进化的比较** 张诗忠著。上海社会科学院出版社1997年2月版。16.3万字。9.80元。作者从回顾“进化”一词的历史沿革入手，指出：“包括人类在内的生命有机体的演变和发展就是‘进化’”，然后通过“进化”历程的介绍和关于人类“进化”的思考，详尽阐述生物进化与人类进化的比较，从而提出“文化进化是人类发展的主旋律，推动文化进化的重要方面是人类社会的协调”的观点。(范舰萍)

Q000003 **生物种群动态模型** 孙洪志编著。东北林业大学出版社1997年12月版。15.3万字。10.00元。探讨在森林生态学、昆虫生态学及野生动物生态学中的种群动态分析的模型，并结合实际例子加以应用。全书的主要内容有单种种群动态模型，多种种群相互作用动态系统模型，种群遗传模型，种群的分布格局和种群的动态调查及分析技术等。(卜彩虹)

Q000004 **世界科普画廊·生命工程** 霍用灵等著。浙江教育出版社1997年11月版。18万字。16开本。45.00元(精装)。精选一些大自然中有趣的生命现象和奇异的生物习性；科学地论述了生命的起源和进化的历史；展示了20世纪人类发现遗传奥秘的重要历程；介绍了创造新生命的生物工程及它们的应用等。

Q000005 **保护生物学** 蒋志刚等主编。浙江科学技术出版社1997年12月版。43万字。38.00元。“生物多样性研究丛书”之一。全书以生物多样性及其保护为主线，介绍了生物的基因、物种和生态系统等不同层次的多样性，探讨了保护生物学的起源及其与生物多样性危机的关系、物种形成和灭绝的机理、生物多样性的演化历程、物种濒危等级和保护原理以及物种迁地保护方法和措施，并选辑了一些保护生物学热点研究实例。

Q000006 **亚洲中部湖泊水生态学概论** 加帕尔·买合皮尔、A·A·图尔苏夫著。新疆科技卫生出版社(K)1997年8月版。33万字。25.00元。是中国科学院和哈萨克斯坦国家科学院的科学家首次把亚洲中部干旱区作为统一的自然地理单元，通过联合考察和研究，用系统分析方法，总结了中、哈两国多年来对中亚部分和亚洲中部干旱区湖泊水生态的基本原理、研究方法，而且对典型湖泊进行了个例分析。(白霞)

Q000007 **数量分类学与微机信息处理研究进展** 中国植物学会数量分类学专业委员会编。云南科学技术出版社1997年6月版。15万字。12.00元(平)。汇集了近年有关植物数量分析的24篇代表性的论文。具体内容有中国槲蕨类植物、葡萄属植物、沿阶草属和山麦冬属植物、芸苔类等等的数量分析，以及有关信息处理研究项目。(陆勇)

Q000008 **中国动植物的遗传多样性** 胡志昂等主编。浙江科学技术出版社1997年12月版。52万字。35.00元。“生物多样性研究丛书”之一。论及世界著名的大熊猫等珍稀濒危物种、野生大豆等举世瞩目的基因资源以及家畜等在形态、细胞、生理、生物化学和DNA水平上的遗传变异和遗传分化。应用遗传标记探讨了分子系统学和分子生态学的若干问题，讨论了物种就地、迁地保护的取样策略和繁殖方案，并提出了具体建设。

Q000009 **遗传模型分析方法** 朱军著。中国农业出版社1997年10月版。24万字。18.50元。为“中国博士专著·农业领域”之一。介绍混合线性模型分析方法和广义遗传模型建模原理。本书作者80年代末留学美国，专门从事混合线性模型统计分析方法的理论研究工作，提出了无偏估算成对性状协方差分量以及无偏预测随机因素效应值的统计公式，并发展了一些适用于分析动植物数量性状的遗传模型；1990年学成回国，结合我国的育种实践，又提出了一些新的遗传模型和新的统计分析方法。因此，本书既是70～80年代以来数量遗传学领域的新发展的总结，又是作者在这一学科领域潜心研究的新成果。(杨天桥)

Q000010 **《科学家谈生物》丛书** 孙儒泳主编。湖南教育出版社1997年7月版。86.2万字。68.35元。第一辑共6本。其中《动物世界漫话》以动物生活中常用的几种主要信号——视觉信号、听觉信号、嗅觉信号为线索，介绍和剖析了有关动物行为的问题。《植物世界拾奇》从植物的奇闻趣事切入，介绍植物界一些有趣的种类。《奇异的仿生学》以当代最引人注目的尖端科学之一——仿生学为话题，介绍军事仿生、交通仿生、建筑仿生、农业仿生、医学仿生及智能机器仿生。《脊椎动物话古今》择以脊椎动物进化史中一些重要的、有意思的事物，古今结合，以故事形式分节叙说，一节一事，一节一叙，写照出脊椎动物进化史的缩影，介绍脊椎动物是如何从简单到进步，从低等到高等，逐步由鱼类进化出两栖动物，由两栖动物进化出爬行动物，由爬行动物进化出鸟类和哺乳动物，再由哺乳动物进化出我们人类。《生命的过去、现在和未来》以“困扰着人类的神秘人形动物”(雪人、野人)入笔，告知读者：地球上到处都充溢着生命。我们要热爱地球家园，细心地保护好地球的生态环境。《生物进化的新探索》阐释了“地球上绚丽多彩的生命是怎么来的”，从生命起源的问题开始，讲述了基因和基因组的起源与进化、细胞的起源和进化、生物物种的起源和进化的有关研究及其新进展，谈及了生物进化与人类的未来。(孟可文)

Q000011 **糖复合物的结构和功能** 陈惠黎著。上海医科大学出版社 1997 年 6 月版。53.5 万字。45.90 元。绪论介绍糖复合物研究的最新进展及其与医学的关系。第一章介绍组成糖复合物的单糖及其衍生物的化学，作为全书的基础知识。第二章至第五章介绍糖蛋白中聚糖结构的测定(也适用于其他糖复合物)、代谢、功能及其与疾病的关系。第六章为蛋白聚糖，是多糖和蛋白质的复合物。第七章至第十章阐述糖脂的分类和结构、代谢、功能以及与疾病的关系。第十一章介绍一种新的糖复合物——糖基磷脂酰肌醇化蛋白及有关的糖复合物。第十二章为糖基转移酶，从酶类的性质和基因克隆角度介绍糖复合物合成中一些重要的酶类。第十三章介绍细胞外基质和细胞表面粘附分子，因这类分子大多是糖蛋白，其粘附功能和分子中的糖链有密切关系。第十四章为凝集素，重点叙述动物和微生物凝集素及其有凝集素活性的一些重要蛋白质。第十五章是多糖类药物。(沈彬源)

Q000012 **聚合酶链式反应** 陈受宜等译。科学出版社 1997 年 9 月版。63.7 万字。68.00 元。是有关聚合酶链式反应(PCR)的广谱实用手册。著者之一 K. B. Mullis 是 PCR 的发明人，1993 年度诺贝尔化学奖得主。本书提供了目前世界先进实验室有关 PCR 的最新研究报告、各种新技术及其最新的应用方法。全书共 35 章。介绍如何将 PCR 用于临床诊断、肿瘤研究、遗传学、法医学、植物分子生物学、DNA 测序、基因治疗等方面。有些专门的章节还涉及定量 PCR、非同位素检测、遗传分析和 PCR 的国际贸易等方面的新进展。(总编室)

Q000013 **分子生物学** 阎隆飞、张玉麟主编。中国农业大学出版社 1997 年 8 月第二版。79.8 万字。42.00 元。介绍和论述分子生物学各方面内容：DNA 结构、复制、重组、突变和修复，RNA 合成，蛋白质的生物合成，遗传密码，原核生物基因表达的调控，病毒，真核染色体和基因组的结构，真核基因表达的调控。分子生物学技术等。书中基因家族、断裂基因、核酶及 DNA 聚合酶链式反应技术(PCR)是近几年获诺贝尔奖的内容。还有线粒体密码，反义 RNA 对基因表达的调控，限制性片段长度多态性(RFLP)和随机扩增多态性 DNA(RAPD)及应用也是增加的新内容。在初版的基础上内容约有 1/2 改动。主要是增加了真核染色体和基因组的结构，真核基因表达的调控，尤其是增加了发育的基因调节等新内容。(赵玉琴)

Q000014 **分子遗传学与基因工程** 伍新尧等编。河南医科大学出版社 1997 年 12 月版。58.7 万字。52.00 元。是在中山医科大学硕士研究生教材的基础上，经过修改、充实、完善而成。主要介绍分子遗传学和基因工程的基本概念、基本理论和基本技术，同时也介绍了分子生物学和基因工程中一些关键领域里的最新进展。(张巨波)

Q000015 **野兽之美** 副名：生命本质的重新审视。[美]纳塔莉·安吉尔，李斯译。时事出版社 1997 年版。20 万字。18.80 元。作者旨在通过对其他生灵的生活、性爱、繁殖乃至死亡的描述，揭示一切生命是怎样受制于 DNA 的隐秘。(祝勇)

Q000016 **基因工程抗体** 黄建生、郭明秋主编。华南理工大学出版社 1997 年 12 月版。19.8 万字。18.00 元。阐述各类基因工程抗体的原理、构建、表达、应用等；详细分析了噬菌体抗体库技术及定点突变对抗体亲和力的影响；介绍了 3 种行之有效的基因工程表达系统及抗体的亲和层析纯化法；综述了我国基因工程抗体的研究现状并展望基因工程抗体的研究前景。(潘宜玲)

Q000017 **生物化工原理** 顾其丰著。上海科学技术出版社 1997 年 7 月版。36 万字。21.60 元。分 10 章：酶反应动力学和固定化酶；固定化酶系统中的传质及酶反应器；灭菌技术；细胞培养技术及动力学；细胞生物反应器；生物物质分离；细胞的分离及破碎；产品的提取；产品的提纯和最后加工。各章叙述了本学科的基本内容，又介绍了该学科的最新发展。(朱仁英)

Q000018 **中国恐龙足迹研究** 甄朔南等著。四川科学技术出版社 1997 年 12 月版。17 万字。25.00元。详细叙述中国恐龙足迹研究的历史以及迄今为止已经发表的在中国发现的恐龙足迹。详细介绍了国外研究恐龙足迹的历史与现状。讲述了恐龙足迹的测量、野外采集、室内研究的方法与装备,还总结了恐龙足迹的几种类型,即某一类恐龙的基本形态。考虑到恐龙足迹化石的特殊性,本书在科级及科级以下的分类阶元中,使用足迹科、足迹属、足迹种,这使足迹化石研究,有了自己的一套专门术语和研究方法。(崔泽海)

Q000019 **中国恐龙** 甄朔南著。上海科技教育出版社 1997 年 12 月版。23 万字。21.00 元。是"中国自然文化遗产丛书"中的一本。本书几乎涵盖了从古到今国内外恐龙研究的所有主要内容,对恐龙骨架以及恐龙蛋化石、胃石、粪化石、足迹化石、皮肤化石等,都作了论述。书中对学术界颇有争议的问题作了回答,澄清了有关恐龙的模糊观念,在恐龙名称的统一上下了很大功夫。书中还穿插了对恐龙学家献身精神和科学思想、科学方法的介绍。(王义炯)

Q000020 **植物原生质体培养和遗传操作** 许智宏、卫志明主编。上海科学技术出版社 1997 年 11 月版。40.9 万字。38.00 元。分两篇 20 章专题阐述。第一篇"概论"以国际上的研究热点为纲,从理论上和方法上分 9 章阐明,着重于原生质体的分离、培养、融合、细胞杂交、植株再生及其遗传特性,利用原生质体导入外源基因及其在基因工程中的应用,原生质体瞬间表达系统在基因表达中的应用,原生质体在植物生理学和病毒分子生物学研究中的应用等。第二篇为"作物各论",以研究对象为纲,按植物科目或作物类型分 11 章专述各种植物的原生质体技术,涉及研究植物近百种。通过对材料来源选择、操作技术方法的细微描述并与实验成果的呼应,充分反映了该领域的研究趋势和特点:遗传操作技术更趋于精密化、微量化、高效化和多样化。(朱仁英)

Q000021 **植物营养遗传学** 严小龙、张福锁著。中国农业出版社 1997 年 3 月版。29 万字。22.00 元。为"中国博士专著·农业领域"之一。介绍植物营养学与植物遗传学相互交叉融合的新学科的新观点、新方法。讨论了植物营养性状的概念、特点、遗传方式、形态和生理生化基础以及遗传改良途径,论述了植物营养遗传学的研究范畴、研究方法及其应用前景,提出并论证了植物营养遗传资源和植物营养性状特异性指标等新概念,并对现代生物技术在该领域中的应用等作了详尽介绍;还以自己及有关实验室近十年来的主要研究成果为依据,对一些已在国内外有较大反响的观点作了系统阐明。(杨玉桥)

Q000022 **甘肃植被** 黄大桑主编。甘肃科学技术出版社 1997 年 7 月版。37.8 万字。32.00 元。从生境条件、植被组成特征、主要植被类型、分布规律、植被区划、植物资源及生态系统等方面,进行分析与阐述,基本上反映了甘肃省植被的现状。本书还对甘肃省地史时期植被的演变情况,作了系统叙述。(王辉)

Q000023 **山东植物志(上、下)** 陈汉斌等著。青岛出版社 1997 年 5 月版。300 万字。228.00 元。记载了山东野生及习见栽培植物。上卷介绍了山东植物概况,蕨类植物门、裸子植物门、被子植物门的单子叶植物纲和双子叶植物纲三白草—石竹科共 83 科、357 属、835 种、6 变种、13 变型、15 栽培变种;下卷介绍了双子叶植物纲睡莲科——菊科 100 科、568 属、1 284 种、8 亚种、179 变种、36 变型、12 栽培变种。全书插图 2 014 幅。各门有分科检索表、各种有分属、分种检索表。科属种有形态描述;种,除形态描述外,还简要叙述了在山东省内的产地、生境以及国内分布和主要用途。(李茗茗)

Q000024 **云南资源植物学** 云南教育出版社 1997 年 8 月版。11 万字。9.00 元。在保护生态平衡、合理利用植物资源的思想指导下,收集植物资源的有关现代科学研究的大量成果及民间经验已证明具有开发价值的植物 700 余种(在云南均有分布),系统介绍与合理开发利用植物资源有关的概念、原则、研究方法、技术路线、具体措施。同时强调指出了种质资源的有效保护和持续利用的重要性和紧迫感。(高建勤)

Q000025 **河北小五台山菌物** 小五台山菌物科学考察队著。中国农业出版社 1997 年 8 月版。47 万字。35.00 元。为中国科学院真菌地衣系统学开放研究实验室科学考察丛书的第一册。由以中国科学院微生物研究所为主的,赴河北小五台山地区科学考察队员郭村、郭英兰、孔华忠、李滨、李惠中、李玉、刘晓娟、孙述霄、孙曾美、魏淑霞、文华安等 11 人的科学考察成果为基础,撰写而成。全书附菌物形态黑白线条图 13 幅,菌物显微照片图 8 幅。对 135 属,468 种真菌和粘菌作了学名、异名、形态特征、寄主及产地、国内及世界分布等作了论述。尤其是其中的 7 个新种,36 个国内新记录种和 1 个新组合的论述,对于有关专业人员具有重要的参考价值。书末附有参考文献、寄主汉名索引、菌物汉名索引、寄主学名索引、菌物学名索引。(张洪光)

Q000026 **中国真菌志 第五卷 曲霉属及其相关有性型** 中国科学院中国孢子植物志编辑委员会编辑,齐祖同编著。科学出版社 1997 年 10 月版。32

万字。40.50元。介绍曲霉的经济重要性、形态特征、分类系统和研究进展以及有关命名问题等;记述了我国曲霉及其相关有性型89个种和变种,包括检索表、形态描述、分布、讨论和经济意义。全部分类群都有显微描绘图,绝大部分还有彩色菌落图和显微摄影图。书末附有术语简释、参考文献和索引。(总编室)

Q000027 **云南植物志 第七卷** 中国科学院昆明植物研究所编著。科学出版社1997年3月版。132.8万字。140.00元。系记载云南地区野生及习见栽培的高等植物的专著。分苔藓植物、蕨类植物和种子植物3大类。本卷为种子植物的第七卷,共记载种子植物8科130属808种。对科、属、种的名称(含正名及别名)、形态、产地、分布等均作了扼要的记述。对现在已知有经济价值的种类及其用途,也作了简要的记述。大部分种类附有形态特征比较图或植株全貌图,共259幅。(总编室)

Q000028 **中国禾草属志** 徐柱主编。内蒙古人民出版社1997年1月版。60万字。55.00元(精),45.00元(平)。是在已经作为国际标准格式的DELTA系统基础上,经本书作者合作发展出的中英文分类描述系统(CDELTA)自动形成的中文版本。它既反映了现代技术和方法的新特点,又弥补了经典分类学在这方面的不足。(王月林)

Q000029 **海南伞菌初志** 毕志树等编著。广东高等教育出版社1997年12月版。60万字。55.00元。是作者多年来对海南岛野生蘑菇资源进行全面调查研究的总结。记述了海南伞菌305种,分别隶属于担子菌6目、19科、60属。每个种均有详细的形态描述,并配以精致的宏观及显微结构线条图,还对已知的食、药用菌和毒菌作了记录。本书采用国际上公认的Ainsworth等的分类系统,有分类纲要和科、属、种检索表,书末附有参考文献及学名索引和部分种的彩照。(张翠君)

Q000030 **中国饲用植物志 第六卷** 中国饲用植物志编辑委员会编。中国农业出版社1997年2月版。47万字。58.00元。共收编341科154个种,其中禾本科44种,豆科31种,莎草科3种,菊科12种,藜科6种,松科1种,木麻黄科1种,杨柳科1种,壳斗科3种,荨麻科1种,蓼科6种,苋科1种,落葵科1种,睡莲科1种,毛茛科3种,小檗科1种,十字花科5种,金缕科1种。后附中拉文索引。它是在对植物正确分类与鉴定的前提下,以研究其生物学和生态学特性为基础,重点探讨其饲用特性和经济价值,并对植物的地理区系、生境条件、形成的植物群落中地位也有叙述。其经济价值包括饲用价值和生产价值。饲用价值主要体现在化学成分、消化率、热能和适口性等方面;生产价值则表现在草地植物中的丰富度、生产量、利用频度、再生产性和栽培工艺性状等。(李锦明)

Q000031 **动物微生物学** 郭万柱等著。四川科学技术出版社1997年6月版。66万字。30.00元。高等农业院校教材。由西南地区6所高等农业院校联合编写。全书分7篇、20章和18个实验指导,全面系统地介绍了动物微生物学的理论和技术。主要内容包括基础微生物学,动物免疫学及其应用,分子生物学技术,侵害畜、禽、鱼、虾、蜂等多种动物的病原性细菌、病毒、真菌和其他微生物,以及食品微生物、饲料微生物等。(郭俊铨)

Q000032 **实验动物与动物实验** 沈培清著。云南科学技术出版社1997年3月版。40万字。46.00元(平)。介绍实验动物的分类、设施、环境控制、微生物控制、寄生虫控制、营养与饲料、遗传育种和动物管理,以及动物实验的环境条件、选择和应用、基本技术方法、实验外科、模型、药理实验及其在制剂安全性控制中的应用,附实验动物有关法规。(刘康)

Q000033 **幼儿智慧摇篮** 王明明等编著。河北少年儿童出版社1997年6月版。17.6万字。12.00元。围绕幼儿喜闻乐见的动物,以故事、儿歌、谜语、小知识、手工制作以及智力训练等形式,对各种动物做了介绍,并附有彩色插图。在某些内容的后面还附有"妈妈提示"。(郭荼敏)

Q000034 **动物从军之谜** 言直编。河北少年儿童出版社1997年3月版。28万字。14.50元。共4册,分别为《军犬》、《军马》、《军鸽》和《神奇的特种兵》。主要介绍普通的犬、马、鸽子等动物是如何成为军犬、军马和军鸽的,它们的习性、训练它们的手段和它们在军事用途中都有哪些特殊的作用。同时,讲述在古今中外的战争史上,军犬、军马、军鸽以及各种各样的动物曾有过的许多传奇故事和特殊贡献。(冯铁军)

Q000035 **动物奇观** 吕卫真、严振国编著。海燕出版社1997年12月版。80万字。160.00元。分为动物的外形、动物的特长、动物的生活习性、动物的特殊行为4个系列,每个系列10个分册。介绍了有趣的动物的外部特征,最聪明与最笨、最长寿与最短命、最有毒的和最敏捷的动物,以及动物的分身术,动物的"救死扶伤",动物的"信息传递",动物的"化学武器"等,生动描绘了动物的特异功能,动物的"欺骗行为",动物的节能奥秘,动物的奇妙伪装,动物的救人之谜等。(郭玉洁)

Q000036 **人类的朋友丛书** 北京动物园编。中国民族摄影艺术出版社 1997 年 6 月版。12 万字。480 幅图。8.60 元(每本)。分 6 册:《鱼》、《鸟》、《两栖爬行动物》、《食肉动物》、《食草动物》、《猿猴》。《猿猴》中介绍了指猴、狐猴、猩猩等;《食草动物》介绍了长颈鹿、印度犀、羊驼、北美河狸等;《食肉动物》介绍了大熊猫、棕熊、东北虎、穿山甲、小灵猫等;《两栖爬行动物》介绍了眼镜蛇、花龟、鳖、扬子鳄等;《鱼》中介绍了海水鱼、热带鱼、金鱼;《鸟》中介绍了非洲鸵鸟、食火鸡、鹦鹉、绿孔雀等。丛书以大量图片展现了几百种动物的神态憨姿,介绍了各种动物的产地、生活习惯、形体特征及有关的喂养知识,并专门列有动物分类表。(刘树枫、周祺)

Q000037 **动物生物技术** 副名:国际动物生物技术会议论文集。李宁、陈永福编。万国学术出版社 1997 年 6 月英文版。60 万字。90.00 元。详细介绍国际动物生物技术研究的最新进展。内容包括:动物染色体组遗传图、抗遗传性与免疫学、分子遗传学与新技术、动物遗传资源与保存、遗传标记与生殖特征、遗传标记辅助淘汰与基因渗入、胚胎工程与繁殖技术等。本书为 1997 年在北京召开的国际动物生物技术会议论文集,主要文章有:主要遗传标记连锁遗传图的结构、猪肉工商业生物技术的实际意义、家畜养殖的科学问题和实际利益、日照时间对绵羊超排卵的影响、精子基因输送等。(周幼葵)

Q000038 **中国珍稀兽类(Ⅱ)的历史变迁** 何业恒著。湖南师范大学出版社 1997 年 10 月版。35 万字。18.00 元。主要论述我国 29 种珍稀兽类猩猩、猕猴、倭狨、穿山甲、水獭、小熊猫、大灵猫、小灵猫、金猫、猞猁、豺、貉、江豚、麝、河麂、小麂、黑麂、毛冠鹿、黄獐、马鹿、水鹿、驼鹿、狍、苏门羚、黄羊、青羊、岩羊、盘羊、竹鼠等(其中大部分是国家二级保护动物)的历史变迁,而对于麝、猩猩、猕猴、穿山甲、竹鼠、小麂等的论述尤为详尽。对于每种动物,不仅论述了它的形态和生态的特点,而且详细阐述其地理分布的变迁及变迁的原因和保护措施。此前作者已出版主要研究国家一级保护兽类历史变迁的《中国珍稀兽类的历史变迁》和《中国虎与中国熊的历史变迁》两书,这样,作者就对中国历史时期最主要的兽类在几千年来,特别是近 250 年来的变化,作了全面的研究,反映了历史时期生态环境的演变过程。本书以翔实的材料说明了珍稀兽类在历史时期的变化,反映了人地关系的一些基本规律。(李映辉)

Q000039 **中国海双壳类软体动物** 徐凤山著。科学出版社 1997 年 3 月版。28 万字。32.00 元。报道了产于中国各海域的双壳类软体动物,共 1 048 种,隶属 77 科 370 属,其中 47 种在中国海是首次记录。书中列出了每一个种的原始文献、同物异名、世界分布、国内产地和主要生态环境,以及报道产于中国海的双壳类软体动物。生活在中国海的不同温度带、不同深度和不同沉积环境的这些双壳类,全面地反映了中国各海区双壳类软体动物区系成分的复杂性和组成特点。书中对属(包括亚属)以上各分类阶元的鉴别特征作了描述。(总编室)

Q000040 **中国动物志 蛛形纲 蜘蛛目 园蛛科** 中国科学院中国动物志编辑委员会主编,尹长民等编著。科学出版社 1997 年 10 月版。67.3 万字。76.00 元。对我国园蛛科的研究简史、形态特征、生物学特点和生活史、经济意义、地理分布及分类系统作了全面介绍。在分类体系方面,结合实际将我国园蛛科分为 3 亚科、33 属。其中几个大属种类较多者,在属内分组。在地理分布方面,探讨了种的分布,特别是我国东洋界园蛛科地理分布的特点,推测了园蛛科的演化起源中心是东洋界的西南区(包括云、贵、川和湘西、鄂西)。本书联系蜘蛛的栖息地作了介绍。(总编室)

Q000041 **中国狼蛛** 湖南师范大学出版社 1997 年 12 月版。25.8 万字。22.00 元。为已出版的《中国蜘蛛》、《中国跳蛛》的姊妹篇。全书分 3 篇。第一篇绪论,主要论述狼蛛科的性状、分类依据和体系。第二篇狼蛛科的分类研究,共记述该科 13 属 135 种。第三篇中国狼蛛科的地理分布初探。(李琪)

Q000042 **山东鱼类志** 成庆泰、周才武主编。山东科学技术出版社 1997 年 2 月版。79.1 万字。65.00 元。介绍山东内陆及近海鱼类资源。共编入山东海、淡水鱼类 371 种,分属 121 科、34 目,其中山东新记录 18 种。对各种鱼类的形态、分类和分布进行了详细描述;对重要经济鱼类的生物学特征和经济价值做了简明介绍。每种鱼类均配有插图。本书分类系统,根据中国动物志鱼类志编委会议定的体例,采用拉斯和林德伯格(Rass T. S. & G. U. Lindberg)的分类系统,有的地方结合我国学者近年的研究意见,做了适当调整。(尹兆长)

Q000043 **中国的鸟** 张词祖摄影,庞秉璋撰文。中国林业出版社1997年1月版。20万字。500幅图。240.00元。汇集中国的常见鸟、珍稀特产鸟及观赏鸟的自然生态环境中活体摄影彩片500余幅。文字内容有每种鸟的分布地、栖息环境、生物学特性、保护价值、鸣声谱及鸟文化。(李惟)

Q000044 **河南李官桥和山西垣曲盆地始新世中期小哺乳动物** 副名:中国古生物志 总号第186册新丙种第26号。童永生著。科学出版社1997年5月版。37.9万字。48.00元。主要记述了67种始新世中期小哺乳动物(食虫目、翼手目、灵长目、兔形目、啮齿目和原真兽目),其中有20个新属和35个新种,标本产自秦岭南麓的李官桥盆地和中条山脉的垣曲盆地。书中详细描述了曙猿(类人猿类)的颊齿形态,探讨了早期鼠齿类和原始梳趾鼠类起源、演化和扩散,论述了伊尔丁曼哈期、沙拉木仑期和那读期小哺乳动物群的组成及其更替,讨论了这3个哺乳动物期的时代问题,并提出在沙拉木仑期和那读期之间可能出现的生物事件。书中附有插图74幅,附表38张,书末附图版12帧。(总编室)

Q000045 **中国哺乳动物分布** 张荣祖著。中国林业出版社1997年1月版。80万字。300幅图。380.00元。自1953年起,在郑作新教授的指导下,中国科学院地理研究所研究员张荣祖先生就开始将中国哺乳动物分布记录表示在地图上的动物地理分布记载工作。1954年,在竺可桢教授的主持和积极倡导下,中国开始了大规模的自然区划工作。这项工作的实施,大大推动了中国动物地理分布的研究工作。在此期间张荣祖先生等通过对原有资料的核对和甄别,于1962年就比较系统地完成了兽类自然地理分布的资料收集和记录工作。80年代后期,由张先生负责,聘请专家和学者对原有材料进行全面整理和补充,终于于1995年完成《中国哺乳动物分布》的编撰工作。本书将中国已查明的500多种哺乳动物的分布情况,全部以地图和文字形式表达出来。每一种动物都有其分布图和对应的中文、英文叙述,对学名、亚种名、分布范围、栖息环境等,都作了阐述。(李惟)

Q000046 **昆虫生态及预测预报** 张孝羲著。中国农业出版社1997年5月版。47万字。19.50元。分为上、下两篇:上篇为昆虫生态学,下篇为害虫预测预报方法。第二版加强了基础理论和方法的内容。在上篇中取消了原第一章中的部分生物学特性,对种群动态学作了精简。个体生态学部分着重论述昆虫与环境条件间的关系、调节机制。增加了种群遗传学理论、概念,生物进化与适应、种下类群的分化、群落生态学、生态系统与系统分析、种型分化和生物地理学等内容。在下篇中,取消了生物统计方法及抽样技术等内容,增加了害虫的中、长期预报方法。(杨国栋)

Q000047 **拉英中天敌昆虫名汇及其应用实例** 夏松云编著,吴福桢审校。华中理工大学出版社1997年11月版。113万字。78.00元。编者集近10年生物防治研究心得和实践经验编纂而成。本书集国内外天敌昆虫重要种类之大成,收辑拉丁文、英文、中文对照天敌昆虫名称(含少量常见的同物异名)及其应用实例共22 900条词目,含22目、103总科、405科、413亚科、7 500属、14 400种。其中在全球作为生物防治作用物使用的天敌昆虫约2 200种,用以防治395种目标害物。涉及的天敌昆虫取材于中国国产种类以及各国重要的、特别是在生产上应用的种类。所选天敌昆虫有效名称多经有关分类学者审校过。天敌应用实例扼要叙述应用全过程,如应用国家、年代、防治目标害物及结果。正文后附有天敌昆虫目、总科、科与亚科分类系统顺序表,拉中天敌昆虫习见属名一览表,及应用天敌昆虫防治之目标害物及其索引。(杨志锋)

Q000048 **拉汉英昆虫蜱螨蜘蛛线虫名称** 萧刚柔主编。中国林业出版社1997年9月版。210万字。160.00元。共收集词条50 000余条,包括1996年底前发表的有关类群和种类。由各方面的专家对各类群名称进行了订正,解决了长期以来名称混乱问题。(温晋)

Q000049 **新疆蜱类志** 于心等编著。新疆科技卫生出版社(K)1997年4月版。28.5万字。25.00元。分总论和各论两部分。总论中有蜱类研究的历史和进展,蜱类区系及地理分布,蜱类的生物学和生态学,蜱与疾病的关系,蜱类采集、保存、饲养、电子显微镜等新技术的应用及蜱类的防治等。各论中包括新疆迄今已发现的蜱类2科9属42种,除列出科、属、种的检索表外,还描述了每个种的特征、采集时间、地点、宿主及有关蜱种的医学意义等,并附有重要形态图和地理分布图等。(于心)

Q000050 **长江三峡库区昆虫(上、下)** 杨星科主编。重庆出版社1997年1月版。297万字。220.00元。是长江三峡库区陆生昆虫物种多样性调查的系统科学总结,是该地区有关昆虫包括无脊椎动物的综合性专著,对三峡库区昆虫区系特征、起源与演化,昆虫资源及物种多样性,农林害虫的发展历史及防治策略作了深入探讨。全书按分类系统记述了库区昆虫纲19目、242科、1 940属、3 418种,其中新属16个、新种289个、新记录属16个、新记录种94个;同时还记述了蛛形纲2目、23科、44属、67种,其中新记录种2个。(余国枢)

Q000051 **海南岛蝴蝶** 顾茂彬、陈佩珍著。中国林业出版社1997年9月版。65万字。360.00元。阐述海南岛蝴蝶的发生规律及其特点,记载了海南岛蝴蝶的特有种、优势种,并进行了区系研究,分析了海南岛蝴蝶在动物地理上的组成,编排了海南岛蝴蝶的分类系统。本书收集海南岛蝴蝶609种,其中作者采集到种类为566种,文献记载43种。在所采集的566种中,有新种18种,新亚种30种,中国分布新记录45种。(温晋)

Q000052 **PARASITIODS AND PRED ATORS (INSECTA) OF AGRICULTURAL AND FORESTRY ARTHROPOD PESTS(《害虫卵寄生蜂研究论文集》)(英文版)** 李丽英主编。广东高等教育出版社1997年11月版。69万字。100.00元。汇集广东省昆虫研究所害虫天敌增殖研究所25年来有关研究赤眼蜂、平腹小蜂分类学、生物学、生态学、行为学、大量繁殖应用的研究报告,并将其全部译成英文。(张翠君)

Q000053 **中国经济昆虫志 第53册 蜱螨亚纲 植绥螨科** 中国科学院中国动物志编辑委员会主编,吴伟南等编著。科学出版社1997年5月版。35.9万字。38.00元。记述植绥螨科159种,隶属于3亚科10属,其中有4种从国外引进,是正在利用于防治害螨的重要种类。本册内容包括概述、形态结构、分类等3部分。概述中叙述本科研究的分类系统,经济意义以及与利用密切相关种类的生物学特性、人工繁殖方法等。形态结构部分叙述成螨和未成熟期的外部形态,以及成螨的消化、排泄和生殖系统等内部结构。分类部分编制了分属及各属分种检索表,每种记述其形态、分布、栖息植物、捕食习性,对有重要利用价值的种类还简介其生物学、利用情况。书后附有参考文献、中名和学名索引。(总编室)

Q000054 **中国恙螨** 副名:恙虫病媒介和病原体研究。黎家灿主编。广东科技出版社1997年12月版。70万字。100.00元。按国际动物命名法规,详细描述了恙螨科和列恙螨科的3个亚科、4个族、48个属的400余种,每种均有附图,每属均有检索表,加上约100幅照片,大多数为高清晰度的电镜照片、病理实物或显微镜照片以及免疫荧光照片。尤其对恙螨的区系、生活史、生态、培养与传代、流行病学、传病、放灭等方面的成果作了重点介绍,也介绍了最新的科技方法,如恙螨生理、生化及分子生物学技术在流行病学和临床诊断等方面的应用。(郭飞)

Q000055 **水螨分类理论和中国区系初志** 金道超著。贵州科学技术出版社1997年2月版。55万字。48.00元。论述水生螨类(科学名称为水螨群Hydrachnellae或Hydrachnidia,英文普通名称为water mitecs),中文简称水螨,属于蜱螨亚纲、螨目、辐螨亚目)形态学、系统发育与进化、分类系统沿革等与分类学相关的理论,记述了世界水螨的7总科46科,对中国现知水螨区系的6总科、27科(亚科)、45属(亚属)、112种作了详细记述。作者在本书中汇集了本人重要研究成果,其中,关于水螨腺毛分布模式、螨类体态进化学说、水螨高级分类阶元排序等的论述,充分反映了该领域理论研究的国际先进水平,本书建立描述的51个新种,3个中国新纪录科及亚科、4个中国新纪录属、5个新纪录种,丰富了中国和世界动物区系。(苏北建)

Q000056 **元谋古猿** 和志强主编。云南科学技术出版社1997年5月版。30万字。38.00元(精装)。反映了1986—1990年5年中元谋古猿化石发掘与研究成果。内容包括:概况;古猿动物群的发现和发掘;发掘剖面及地层;古猿化石;非猿古动物化石;环境和地貌;年代确定;图版及说明等。(夏映虹)

Q000057 **世界科普画廊·认识自己** 霍用灵等著。浙江教育出版社1997年11月版。21万字。48.00元。叙述人类对自身的认识过程,介绍人类的历史就是一部不断认识自己的历史的有关科普知识,包括人类的起源、人类认识自己的历程、人的孕育和出生,并详细介绍了组成人体的器官、系统及其主要功能等。

Q000058 **21世纪小小百科·人卷** 张慧和主编,蔡厚德副主编。浙江教育出版社1997年3月版。9印张。40.00元。展现了从古猿演变到人类这一漫长的画卷,介绍了人的孕育诞生和发展的过程,揭示了人的生命活动的有趣现象和人的心灵奥秘,以及人的指挥部——大脑的功能。

R 医药、卫生

医药、卫生

R000001 **多因素分析与SAS应用** 田俊著。福建科学技术出版社 1997 年 8 月版。42.6 万字。20.00 元。介绍多因素分析及应用统计系统软件 SAS 对医学科研工作实践中获取的数据资料进行多因素分析处理的方法与技巧。除了介绍如何应用 SAS 进行多元回归分析、判别分析、聚类分析、主成分分析及因子分析等常用统计方法外,还介绍了新近发展起来的多元协方差分析、趋势面分析、典型相关分析、对数线型模型、生存分析及成组资料的 LOGISTIC 回归分析、曲线拟合等多因素分析方法的 SAS 应用。各部分均介绍了统计方法原理、基本 SAS 语句、编程方法和输出结果,并配以丰富的实例。(刘深)

R000002 **医学生健康教育** 权正良主编。陕西师范大学出版社 1997 年 8 月版。22.5 万字。11.00元。分 12 章,以医学生健康教育概述、健康教育研究的对象和任务、性生理卫生、医学生常见疾病、医学生心理卫生、心身疾病、心理咨询、口腔健康教育为中心内容,其中常见疾病一章中的考试前综合症,是作者多年调查研究的结果。(郭永新)

R000003 **吴咸中论文选** 鲁焕章、王鹏志等编。天津科技翻译出版公司 1997 年 11 月版。85 万字。99.00 元。收载吴咸中从医 50 年来发表的主要论文和重要著作摘录。书中介绍了吴咸中生平业绩、学术成就、哲学思想、创业道路、国际交流及弟子情况。收载的主要论文包括:一、吴咸中在早年医疗实践中发表的论文 8 篇;二、吴咸中在中西医结合初期发表的论文 17 篇;三、吴咸中在中西医结合中期发表的论文 11 篇;四、吴咸中指导下的高层次中西医结合论文 69 篇;五、医学哲学与其他 18 篇。本书摘录的重要论著包括:一、吴咸中主编的论著 8 部;二、吴咸中参编的论著 4 部。(崔乃敏)

R000004 **实验动物的疾病模型** 朱愉、多秀瀛主编。天津科技翻译出版公司 1997 年 3 月版。64 万字。44.50 元。收载各类疾病,病理模型 350 多个,涉及呼吸、消化、血液循环、泌尿、免疫代谢、神经、普外、骨科、妇科、儿科、眼科、耳鼻喉、口腔科以及中医病证等西医各科和中医病证。(康清)

R000005 **家庭实用医学大典** 栾文民主编。中国青年出版社 1997 年 1 月版。180 万字。108.00 元。分 11 编,共 48 章,有 2 200 个条目。有 14 面彩色人体解剖图。以常见病、多发病为主,介绍了诊断、预防、保健方面的知识。(栾文民等)

R000006 **最年轻的科学** 副名:观察、医学的札记。[美]刘易斯·托马斯著,周惠民等译。青岛出版社 1997 年 9 月版。19 万字。14.80 元。刘易斯·托马斯是美国著名的医学家、科学家、教育家、作家和诗人,他曾担任美国耶鲁大学医学院院长。他的医学小品文对医学界影响巨大。本书是他一生最后的一本著作。共收入 22 篇小品文。在书中他以一个儿子的眼光去观察父辈的医生职业,以一个医学家的眼光去观察社会,以一个社会学家的眼光去解剖人生。作者深刻地批判了现代医学把人和病割裂开来的思潮。(高继民)

R000007 **医学伦理学概论** 冯忠堂著。云南科学技术出版社 1997 年 2 月版。15 万字。10.00 元。论述伦理学概述、中国传统道德、社会公德、职业道德、家庭美德、医学道德,医德的历史传统及其现代发展、医学人际关系,医德的原则、规范、范畴、评价,临床诊疗、护理、预防医学、环境保护的道德,医学科研、生命控制、死亡控制中的道德问题。(陆秀华)

R000008 **简明医学伦理学** 曹万鹏等主编。内蒙古科学技术出版社 1997 年 9 月版。21 万字。16.80 元。以生命论、人道论、美德论、义务论构建了现代医学伦理学的理论框架,对现代医学道德涉及的医际关系道德,临床诊疗道德,死亡道德,预防医学及环境保护道德,人口计划生育道德,医德评价等主要内容作了讲述。(那顺)

R000009 **云南中等医学教育史** 云南中等医学教育史编委会编。云南科学技术出版社 1997 年 1 月版。22 万字。13.50 元。讲述云南中等医学发展的沿革及历史变化。全书包括7章，分为溯源；接管、创办时期；发展、调整时期；“文化大革命”时期；改革开放时期；少数民族中等医学教育、云南中等医学教育研究等。(李红)

R000010　**中国古代医学**　赵璞珊著。中华书局1997年9月版。22.7万字。15.00元。分9章，第一章至第六章介绍我国从远古到明清时期的医学。着重对历朝的著名医家和主要医书做了翔实的分析论述。如汉代张仲景的《伤寒卒病论》，华佗的医学成就。南北朝时期王叔和的《脉经》，唐代孙思邈的《千金》方。宋辽金元时期的《伤寒论》、《太平圣惠方》、《五脏图》。明清时期李时珍的《本草纲目》等等，既肯定了他们的医学贡献，又指出其缺陷和局限。另外，对妇科、儿科、外科、伤科及甲骨文、出土文献中有关疾病的记载也做了介绍。书中等七章至第九章对西洋医学的传入中国、中外医学的交流、少数民族医学做了专章专节论述。(凌金兰)

R000011　**言天验人——中医学概念史要论**　图娅著。内蒙古人民出版社1997年版。22万字。15.20元。选取中医学理论体系中最基本的几个概念，采用历史溯源的方法去探寻它们发端形成的古老源头；追溯它们与中华民族文化哲学传统思维方式的相互关联；比较它们与外域文明的某些类同及差异。(巴德昳)

预防医学、卫生学

R000012　**预防医生**　胡金泉主编。河北科学技术出版社1997年7月版。38万字。23.80元。是按照卫生部1994年颁布的中等卫生学校教学计划及教学大纲的要求编写的，供社区医学、助产、妇幼卫生、护理和口腔医学等专业使用的教材。系统阐述了预防医学的概念和内涵，总结了健康和疾病在人群中发生与发展的一般规律，提出了促进健康防治疾病的基本措施，论述了居住环境、生产环境、社会环境以及饮用水和食品对人类健康的影响。详细讲解了社区卫生保健的实施方法、步骤和具体的研究方法。篇末实习指导中，提供了大量的实例和调查分析方法。(季淑华)

R000013　**饮水思源**　副名：改水防病纪实。新疆美术摄影出版社编。新疆美术摄影出版社1997年8月版。3万字。200幅图。128.00元。是反映解决新疆农牧民饮用水问题的摄影画册。画册以图为主，汉、维文对照，从党和国家的关怀、本届政府的决心、造福人类的工程、美丽的家园等方面表现了1995年至1997年新疆农牧区改水防病工程的全过程。(刘振)

R000014　**现代职业医学**　王莹等著。人民卫生出版社1997年7月版。118万字。89.00元。总结了我国老一辈职业医学专家在教学、科研、临床和现场调查等实践中的丰富经验，阐明职业有害因素所致健康损害的特征、临床表现，诊断、治疗、发病机制和预防措施，探讨工作方法和研究方法。全书分7篇35章。第一篇职业医学总论，介绍职业医学与基础学科的关系及职业病概论；第二篇介绍职业有害因素所致7个系统的损害、眼病和皮肤病；第三篇介绍国内常见的260余种职业中毒及尘肺、职业肿瘤、化学灼伤；第四篇为物理因素、生物因素所致职业病；第五篇介绍9类特定职业和人群的职业医学问题；第六篇职业病预防和诊断新技术，介绍健康监护、健康教育和健康促进及有关新技术；第七篇属方法学介绍，包括职业环境的评价和职业医学的研究方法。(孙伟)

R000015　**吃与健康**　刘宏振等编。人民卫生出版社1997年1月版。34万字。20.30元。从热点问题入手，通过对“食品的鉴别与选购”、“食物的贮存与保鲜”、“营养基础知识”、“食物的搭配”、“食物与疾病”以及食补等方面，详细介绍了营养常识。(李向东)

R000016　**微量元素与相关疾病**　河南医科大学出版社1997年12月版。以微量元素为主线，分28章，阐述微量元素的生物活性、生理作用等，探讨了微量元素与疾病的关系及其机制，提出微量元素对疾病的诊断及防治的建议；探讨了中草药中的微量元素对疾病的治疗和预防效果，微量元素与保健美容的关系；从生物细胞、电子传递阐述微量元素在人体中的代谢平衡调控、信息传递作用及其各元素之间的协调、拮抗作用；研究体内微量元素稳定平衡的规律，提出防治疾病新思路；对稀土元素、金属硫蛋白在工农业中的应用，有害元素与职业病，微量元素与眼科、儿科，中医药、矿泉浴和微量元素测试等均进行了叙述。(苗萱)

R000017　**孕产妇饮食营养宝典**　窦国祥、窦勇著。江苏科学技术出版社1997年6月版。22.1万字。11.00元。介绍孕产妇、乳母在家庭中合理摄取饮食营养，利用饮食进行保健的知识；针对孕妇早、中、晚期不同阶段及产妇的特殊情况，为她们准备了适宜的膳食营养和保健食谱；介绍了孕产妇常见并发症的饮食调治方法和治疗药膳。全书分 14 章，系统介绍妇女的生理特点，孕妇的生理功能，孕妇的营养与优生，孕妇营养的供给，孕妇的膳食，孕妇膳食的食谱编制，妊娠早、中、晚期膳食营养及食谱，孕妇常见营养缺乏病的防治，孕妇常见并发症的饮食调治，产妇的生理功能，产妇的营养和膳食，乳母的营养和膳食、产妇、乳母常见病症的饮食调治等内容。（葛庆文）

R000018 **食品卫生微生物学检验** 吴润主编。甘肃科学技术出版社 1997 年 2 月版。48.5 万字。27.00 元。内容包括食品卫生微生物学检验总论、各论和其他方面 3 大部分，系统地论述了食品卫生微生物学检验的基本概念、基本理论和与食品卫生有关的微生物及其有毒产物的检验方法。主要内容包括：绪论；食品的微生物污染与控制；微生物所致食品的变质，微生物的亚致死性损伤及其恢复；食品卫生微生物学检验总则；食品卫生指标菌及其测定；微生物性食物中毒；食品卫生微生物学标准；食物中毒性细菌及其检验；食物感染性致病菌及其检验；食物感染性病毒及其检验；食物中毒性真菌及其检验；常用染色法、培养基和试剂以及细菌的生化试验等。（钱茹）

R000019 **食品卫生国家标准汇编** 中国预防医学科学院标准处编。中国标准出版社 1997 年版。共 430 万字。222.90 元/套。共 4 册。第一册收集截止 1986 年底前发布的食品卫生标准 227 项，内容涉及乳和乳制品、蛋品卫生标准，食品容器过氧乙烯内壁涂料卫生标准，国家内部食品卫生标准等。第二册收集自 1987 年 1 月至 1991 年 12 月底发布的食品卫生标准，内容涉及食品企业卫生规范，鱼制品卫生标准，食品包装材料卫生标准及检验方法，食物中维生素、矿物质等的测定方法，以及各类食品卫生管理办法等；第三册收集自 1992 年 1 月至 1994 年 6 月底发布的食品卫生标准 142 个，内容涉及辐照食品卫生标准，海产品、糖类卫生标准，食品卫生微生物检验标准方法，食品中放射性物质检验标准方法等。第四册收集自 1994 年 7 月至 1996 年 6 月底发布的食品卫生标准 143 个，内容涉及肉制品、饮料卫生标准，食品安全性毒理学评价程序，各类食品卫生理化检验标准方法等。（白德美）

R000020 **现代家庭营养保健大全** 陈字存等编。陕西人民出版社 1997 年 9 月版。34.9 万字。21.00元。根据中国营养学会 1997 年向公众推荐的《中国居民膳食指南》编写。计有《营养知识》、《妇女食经》、《儿童饮食》、《茁壮成长》、《珍惜盛年》、《健康长寿》、《助您健康——常见病的饮食治疗》、《购物指南》、《走出营养误区》和《附录》10 部分。介绍了各个年龄段人群所应具备的营养知识和不同疾病的营养需求。由中国营养学会组织编写。附有《推荐的每日膳食中营养素供给量》等 11 种图表资料和适用食谱，配有多幅卡通漫画，力求生动活泼、通俗易懂地介绍各种营养保健知识。（何大凡）

R000021 **新一代家庭健康大全** 史蒂芬·卡罗尔编著。接力出版社 1997 年 5 月版。198.00 元。分 8 章。第一章以问卷形式提出问题，使读者在回答问题后能对自己的健康状况有清楚了解。“饮食保健”一章详细介绍食物中 6 大营养成分的作用，分析日常食物的营养含量。对于困扰现代人的体重、压力等问题，专辟章节，从生理、心理等方面做了解答。对于一些常见疾病，通过图解方式阐述其成因，并列出诊断、治疗方法。书中有 1 200 多幅照片和图表。（周梅洁）

R000022 **百岁梦圆** 副名：江苏寿星谱。吴藕主编。河海大学出版社 1997 年 9 月版。20 万字。25.00元。通过对分布在江苏省各地的 54 位百岁世纪老人的采访，展示了他们的养生之道、长寿奥秘。（吴劭文）

R000023 **中国老年保健全书** 耿德章编。人民卫生出版社 1997 年 9 月版。88 万字。内容分 6 篇 40 章，包括老年保健基本知识、养生与老年保健、老年人常见疾病的防治、康复与老年保健、老年保健护理指导等，介绍了有关老年医学和老年保健学的知识，对中老年人日常碰到的医疗和保健问题，给予了论述和介绍。（刘友良）

R000024 **健康之路丛书** 马德水等著。中国青年出版社 1997 年 12 月版。160 万字。82.70 元。共 7 册：《百病早知道》、《食物疗法防治百病》、《家庭妙方治疗百病》、《小功法防治百病》、《运动疗法防治百病》、《新编手法治疗百病》、《新编百病简易疗法》。（马德水等）

R000025 **烟酒与健康** 胡斯玛依编著。民族出版社 1997 年 12 月哈萨克文版。5 万字。3.60 元。对烟酒成分，它的危害和带来的不可估量的严重恶果以及戒烟、戒酒的科学方法进行详细介绍。（蔡锐坚）

R000026 **从性自由到性规范——与大学生谈性** 秦云峰著。内蒙古人民出版社 1997 年 8 月版。28 万字。18.00 元。作者站在大文化的角度来切入性科学的话题。既介绍人类社会从性自由到性规范的多次摆动发展史和性文化的内容,又遵循吴阶平教授有关性知识和性道德并重的原则,介绍婚恋行为中的道德原则。其中用相当的篇幅回答了大学生最想了解的有关性的医学问题。(黄爱民)

R000027 **性心理学** [英]霭现士著,潘光旦译。商务印务馆 1997 年 4 月版。51.4 万字。36.00 元。共 8 章:第一章绪论;第二章性的生物学;第三章青年期的性冲动;第四章性的歧变与性爱的象征;第五章同性恋;第六章婚姻;第七章恋爱的艺术;第八章结论;除绪论不分节外,每章分两节至 10 节不等。全书约三分之一是注和附录。注有 3 种,一是霭氏原注,二是霭氏所引用的书目,三是中国的文献与习惯中的流传的关于性的见解与事例。(程秋珍)

R000028 **中华性医学辞典** 樊友平等主编。北京科学技术出版社 1997 年 6 月版。153.6 万字。79.00 元。蒐集有关中医、西医性解剖学、生理学、心理学、病理学、遗传学、内分泌学、治疗学、药物学及气功养生学等内容,以及与男科、内科、外科、妇科、儿科、神经精神病科、性病科、骨伤科、计划生育等与性问题有关的辞目 1 万余条。(戴皓宁)

R000029 **中国少数民族生殖健康** 高尔生、袁伟主编。中国人口出版社 1997 年 9 月版。25 万字。30.00 元。分 5 章:第一章:中国少数民族生殖健康概况;第二章:中国少数民族生育率,包括平均初婚年龄分析、平均生育数分析、生育模式的研究、人工流产率分析、生育率中间变量分析;第三章:中国少数民族节育水平及效果,包括避孕现用率、节育状况、节育原因、节育效果分析等;第四章:中国少数民族生育力,包括月经初潮年龄分析、已婚妇女自然流产率分析、初婚妇女不孕率分析;第五章:中国少数民族婴儿健康,包括母乳喂养分析、婴儿死亡率分析、出生性别比分析。(樊艳华)

R000030 **生殖健康导论** 郑晓瑛著。中国人口出版社 1997 年 10 月版。21.6 万字。18.00 元。系"人口学博士论丛"之一,分 9 章。作者阐述了对生殖健康的见解,包括生殖健康概念的沿革,有关的国际学术派别,概念的内涵,与中国计划生育结合的方式,加强妇幼保健,青少年教育和以妇女为中心的生殖健康,生殖健康的定性、定量评估思路和设想,最后附录 35 个有关项目报告,其中有受世界卫生组织资助的"高等院校研究生生殖健康知识、态度和实践情况的调查",南—南合作项目"人工流产手术对妇女心理状态及其节育措施选择"。(彭瑛)

R000031 **优生优育优教丛书** 张传林、班开庆主编。山东友谊出版社 1997 年 3 月版。30 万字。20.00 元。以现代科学知识和技术为指导,围绕孕前、孕期、产后 3 个生儿育女的关键时期,向育龄夫妇讲述其本应了解而尚不了解、内心欲知而不便启齿的知识,使他们懂得人类性爱文明的真谛。全套书分《孕前必读》、《孕期必做》、《产后必行》,书中采用课程表式的体例形式,对所要介绍的知识常识进行逐月列题,逐周介绍。(姚文瑞)

R000032 **妈妈宝宝健康丛书** 杨紫霜编。海天出版社 1997 年 5 月版。54 万字。39.00 元。从女孩讲到成长为姑娘;再从姑娘讲到做母亲;然后再讲述做母亲后的一系列育婴知识等。分 10 册:《妇女和母亲的保健知识》、《优生·胎教·取名》、《新生儿的家庭护理》、《婴幼儿断奶后的饮食指导》、《婴幼儿疾病的家庭防治》、《婴幼儿皮肤健美与保健》、《微量元素与婴幼儿健康》等。(曹玉华)

R000033 **妇女百科丛书** 詹益宏等编。江苏科学技术出版社 1997 年 9 月版。50 万字。28.70 元。从不同的角度、不同的层面介绍了女性从结婚怀孕开始的系统保健知识,包括《从怀孕的第一天》、《产前产后》、《初为人母》、《妇女常见疾病》、《现代妇女保健》等 5 册。书中提及的女性保健、防治疾病问题均是现实生活中,读者最为关心、最常碰到的难点、热点、疑点问题,如:怀胎十月母体的变化,孕妇与营养,流产问题,产后休养与育婴,白带异常,经前症候群,宫颈癌的预防,乳癌的治疗,妇女的避孕等等。(姚革)

R000034 **儿科专家谈育儿** 中国青年出版社 1997 年 1 月版。27.3 万字。16.60 元。作者结合自己多年专家门诊中看到的家长们的种种困惑和儿童保健中的热点问题,从纵(胎儿期保健,新生儿保健,婴儿期保健,幼儿期保健,学龄前期幼童保健)横(小儿营养与营养性疾病,婴幼儿常见疾病的防治,婴幼儿智力发展与早期教育,家庭智力测查和弱智儿童的智力开发,儿童保健中经常遇到的一些问题)两方面介绍了自胎儿期至学龄前儿童的系列保健知识。(赵惠宗)

R000035 **育儿早知道 300 题** 严仁英等编著。北京出版社 1997 年 2 月版。168 页。42.00 元。集科学育儿的生理知识、心理知识于一书。广大育龄夫妇无论在孕前,还是在刚刚怀孕时遇到各种问题,从怀孕的每一个阶段,直至小宝宝出生之后,凡遇到各种生理问题,心理问题以及养育婴儿中的种种难

题，都能从本书中找到满意答案。（黄倩）

R000036 **计划免疫学** 连文远主编。上海科学技术文献出版社 1997 年 5 月版。81.1 万字。68.50元。阐述我国免疫预防的理论和实践，对计划免疫学的定义和内容进行了描述。全书分为上下两篇。上篇为总论，介绍免疫预防的发展简史，计划免疫的概念，计划免疫使用的疫苗的分类、检定、运输、保存，计划免疫的程序、实施，计划免疫工作人员的培训及其培训过程、内容、方法，计划免疫工作的管理，健康和健康教育，计划免疫工作的监测、效益分析、综合评价，疫苗流行病学的实验设计和统计分析。下篇为各论，分别介绍脊髓灰质炎、麻疹、百日咳、白喉、破伤风、结核病、流行性脑脊髓膜炎、流行性乙型脑炎、乙型肝炎、甲型肝炎、风疹、流行性腮腺炎、狂犬病、流行性出血热等传染病的免疫预防，内容包括病原学、流行病学、诊断和鉴别诊断、免疫预防等。（劳贵祥）

R000037 **医疗服务价格的改革取向** 宋文舸、阎淑芬著。沈阳出版社 1997 年 3 月版。17.4 万字。15.80 元。分 11 部分论述价格机制与服务价格改革、现行医疗服务价格的运行分析、医疗服务价格改革的思路评价、医疗服务价格形成机制的转换、医疗服务价格管理体制的改革、医疗服务价格改革的目标取向、医疗服务价格的计划管理、医疗服务价格的宏观调控、医疗服务价格改革的配套措施、医疗服务价格改革的约束条件与时机选择、医疗服务价格改革的进程与操作等研究论点和基本思路，提出了作者的设想模式，对医疗服务价格改革以及收费标准这一不容忽视的经济问题、社会问题，从宏观调控，有利于引导医疗资源的合理配置与有效利用，人民群众的医疗服务需求和社会各方面的承受能力等方面，反映了中国卫生经济学会招标课题“市场经济体制下医疗服务价格的改革取向”及医疗服务价格改革问题的一系列论述和建议，并附录有“医疗服务价格改革文献综述、医疗服务价格状况的定量分析”等 6 篇相关资料及参考文献。（任冬菊）

中国医学

R000038 **中华医药全典** 董世伤主编。重庆大学出版社 1997 年 12 月版。135 万字。49.80 元。针对自身的食疗保健和生活、工作上最普遍、常见的病症，提供了有用的健康咨询。上卷营养素篇介绍食物中营养素对健康长寿的作用和缺乏营养素的治疗方法，其他各篇介绍 292 种食物的营养成分、药用价值、食疗功能、治疗宜忌以及各种相关的食疗配方。下卷介绍中草药的基本知识，收载了常用中草药 14 大类 500 余种并附有 400 多幅动植物插图，对每味药都介绍了成分、药理、采集加工方法、性味归经、功能主治、用法用量、使用注意事项和古今民间用药经验及配方。（肖顺杰）

R000039 **中医百药名源考** 张纲著。人民卫生出版社 1997 年 10 月版。40.6 万字。31.50 元。从疾病之始因、形征、转归 3 方面以求疾病名义，以正病名源流的科学的训释中医病名的方法。书中所释疾病近百，核诸古医籍中概念不清，歧义纷出者。于疾病一名一实、源流无歧者，但释其名，而于同名异指、源流互异者，则兼析其流，并对正名以外之异名，亦兼释之。虑及读者对象不同，所取不一，故各篇采取了文摘、正文与附注 3 种形式。文摘，使读者一目了然，便捷领会作者的观点。正文，遵循就古代字音、字形以求古义之训诂原则，引用丰富的书证，探讨了病名的本原意义，进而通过对“一声之转”训诂方法的神会与运用，分析了病名的流变，阐明其缘由，界断其年代，正本清源，匡谬纠讹。附注，多对一些证据或训诂术语和常识加以说明和介绍。（张虹）

R000040 **《中国医学百科全书·中医学》综合本（上、中、下）** 《中医学》编辑委员会编。上海科学技术出版社 1997 年 12 月版。546 万字。280.00 元。上册：综论、中医学史、基础、治则治法。中册：针灸、推拿、气功、中药、方剂。下册：临床、附录、索引。对于条目设置和释文内容，在分卷本的基础上，采取了移植、增删、合并、归纳、改修或重写等办法。将在学科之间的相同的基础内容，均予按类集中；临床病证各学科相类同的条目，加以合并或归纳；并将针灸、推拿、气功等有关临床治法，与其他治疗方法，均归纳在相应所属病证条目之中。（郭美琳）

R000041 **汉英双解中医大辞典** 原一祥等主编。人民卫生出版社 1997 年 7 月版。295.1 万字。141.00 元。收入中医药名词术语 9000 余条，以中医高等院校各种教材为基础，选取《内经》《伤寒》《金匮》《温病》及中医基础（诊法、治法、舌象、脉象）等科目中常见的名词术语，中药、方剂中常用的方药，针灸、气功、推拿、按摩、养生中常用的穴位、功法、手法、药膳，以及内外妇儿、五官临床各科中常见的病证等为本书词目设立的重点。其中文词条的释文特点是：病症名的词条贴近临床，有方有药；中药的词条有功能、主治；药膳的词条有配方与适应证等等。

本书为中英文双解,为突出工具书的检索性,除书前按笔划编排中文目录外,书后附有英文字母索引及汉语拼音索引。(呼素华)

R000042 **医学入门(点校本)** [明]李梴编著,高登瀛、张晟星点校。上海科学技术文献出版社1997年12月版。78.00元。记载了“医出于儒”、“医之道,运气而已”、“脉乃医之首务”、“本草为医之祖”、“伤寒为‘万病之祖’”等见解。点校本保持了原著的全貌,翻印了原著全部插图。并结合历代文献作了注释。(方余善)

R000043 **最新汉英中医词典** 黄嘉陵等编著。四川辞书出版社1997年版。38万字。24.00元。选收中医常用词汇12 000余条,涉及中医基本理论、临床各科、针灸、推拿、气功等方面。词目主要选自全国高等医药院校中医教材,并参考中医典籍;中药词目参考《中华人民共和国药典》。英译以意译、直译、音译兼用为基本方法。词目按汉语拼音音序排列,并附汉语词目首字笔画索引。

R000044 **新编中医学** 靳士英主编。人民军医出版社1997年11月第二版。125.7万字。98.00元。在1980年第一版的基础上进行了全面增订修改,分中医基础理论、中药方剂、常见病证治疗、针灸备要等4篇52章。其特点是:共载17类治法,药512种,方247条,采取法、方、药相结合的方式阐述,突出三者的内在联系;常见病证增多了病种,并在辨证论治与验方中增入了近15年的新经验;针灸部分经穴齐全,共载14个全部经穴与57个经外穴,穴位名称与部位悉遵国家标准,并详细介绍了各种针灸疗法;反映了中医学的进步,在有关章节之下增述研究进展。(杨磊石)

R000045 **中华自然养生保健** 王米渠主编。青海人民出版社1997年8月版。45万字。28.80元。依祖国医学有关经典理论为依据,结合历代医家养生保健的经验和现代科学的研究成果,进行探讨,按照现代人的生活特点,突出了实际应用。其中概说篇讲述自然养生保健的涵义、系列和目的,人的病因新论、新血液论和自然疗能,自然环境与自然因子、生活与自然运动治疗;娱乐养生篇讲述了疾病中郁证与生活事件的关系,娱乐养生的心理、生理作用及其系统分类,并详细介绍音乐、文艺、书画摄影、旅游、房中、舞蹈、集藏、天伦之乐、体育及日常生活养生的具体操作及机理;气功心理保健篇讲述了心理保健、心理保健的本质及作用,益智保健功、精神实修、灵力功、磁力功的具体功法和保健机理;睡眠保健篇讲述睡眠的本质与健康关系,睡眠的卫生要求,失眠的心理疗法,运动和气功导眠以及按摩、磁疗、音乐、环境、饮食、药物导眠的原理和操作;饮食保健篇讲述饮食与保健关系,素食、生食、节食、禁食的保健方法,蔬菜果酒及粥疗保健的分类、特点和制作,历代精选的数十个实用、简单、有效的粥疗方剂。(张文选)

R000046 **修真心语** 王安平著。百花洲文艺出版社1997年12月版。37万字。26.00元(平)29.00元(精)。从意拳桩功中的浑圆桩谈起,论述气功修炼的本质是运用意念促使气血的体内运行,进述意拳气功的三层功夫、四个阶段和训练的大致量化标准,净化意识和入静的重要性。阐述了武功内功培育的功理、运用的原则与方法。其内容分浑圆桩、技击桩、试力、发力、力的运用几大部分。对于武功中的身法、拳法、步法书中亦有介绍。本书阐明了高级气功与武功内功的关系,祛病、保持真正健康与出武功的关系,修性与修命互为促进的道理。(李晁生)

R000047 **内经病候类诠** 蔡友敬主编,林禾禧副主编。福建科学技术出版社1997年10月版。86.7万字。56.00元。系将《内经》(《素问》和《灵枢》,不包括《素问·遗篇》)中有关疾病的名称和症候的条文摘录出来,进行分类、注释和总结而成的。全书分导论及上、下两篇。上篇总论,分脏腑、经络、气血津液精髓等病类;下篇各论,分内、妇、五官、口腔及外疡等病类。全书共8章、76节,以每种病类为纲,再根据各类内容分出病候为目,每条病候则按原文、校注、释义、按语、小结等项排列叙述。(郑爱今)

R000048 **黄帝内经研究大成(上、中、下)** 王洪图主编。北京出版社1997年8月版。400万字。500.00元。对《黄帝内经》的成书年代、语言文字特点、学术发展史、理论体系、所论及的病证等进行了研究,对有关《黄帝内经》理论的临床研究、实验研究和多学科研究的文献资料进行了全面整理和系统的分析、评述,并收录了一些今人罕见的古籍文献,收录了古今研究《黄帝内经》的书目400多种及1950—1990年中国、日本、韩国、朝鲜等国家公开发行刊载研究《黄帝内经》的论文索引3 000余条。既囊括了《黄帝内经》成书以来古今中外历代医家丰硕的研究成果,更有作者数十年研究《黄帝内经》的见解,反映了当代研究《黄帝内经》的前沿水平,反映了研究《黄帝内经》的全貌及成就。(龙杰)

R000049 **人体信息控制系统生理学** 副名:现代中医生理学和药理学。高亮、高德著。内蒙古人民出版社 1997 年版。160 万字。118.00 元。阐述信息控制理论的概念、模型、原理和方法，通过综述国内外生理学实验资料，以揭示人体中客观存在的体表交感信息控制系统、体内交感信息控制系统和体内副交感信息控制系统，及其相互关系与双向控制原理，说明人体双向信息控制系统疾病和它的病理学、生理学变化与临床症状，指出中医学的表证、热证、阴证、亡阴、亡阳和解表、清热、祛寒、补阴、补阳的实质内容，以及人体表气、里气、阴气和阳气的本质，从而证明了中医学所谓“八纲”辨证的诸证正是人体双向控制系统失调的诸种疾病。（荣竹林）

R000050 **中医藏象学** 王琦主编。人民卫生出版社 1997 年 12 月版。150 万字。80.00 元。分 4 篇 25 章。第一篇“总论”，概述了藏象学的概念、研究范围、藏象学的形成和发展，藏象学的相关理论、基本特点和现代研究进展。还系统论述了历代医家对脏腑生理、病理特点，脏腑病变规律，以及用药规律的认识。第二篇“脏”，分 5 章详细阐述心、肝、脾、肺、肾五脏的阴阳五行属性，生理功能，五脏与自然、与经络、与其他脏腑的关系，各脏的病因、病机、发病特点、主要病证、辨证、治疗，以及各脏热点、疑点、难点的专题讨论和现代研究进展。第三篇“腑”，分 6 章详细阐述六腑胆、胃、小肠、大肠、膀胱、三焦的阴阳五行属性，各腑的特性、功能、六腑与经络、与五脏及六腑之间的生理关系和病理影响，六腑的病因、病机、发病特点、主要病证、辨证治疗及专题讨论。第四篇“奇恒之腑及心包、命门、精室”，分 8 章系统阐述脑、髓、骨、脉、女子胞、心包、命门、精室的生理功能，与经络、脏、腑的关系，病因、病机、发病、主要病症、辨证、治疗。（王淑珍）

R000051 **中医气象与地理病理学** 匡调元主编，冯玉明、程根群著。上海科学普及出版社 1997 年 6 月版。22.8 万字。25.00 元。以“内经”运气学说为基础，结合现代天文、气象、气候、物候、地理及生物医学等多学科研究成果，阐述各种气象、地理因素与人体生理病理之间的关系，并着重述明这些因素对人体的具体影响和作用机理。（丁有如）

R000052 **中医遗传学** 王米渠著。青海人民出版社 1997 年 12 月版。39 万字。26.00 元。将现代生物学、分子遗传学、行为遗传学、心理遗传学、药理遗传学、优生学、统计学等现代学科的先进理论、研究方法、检测手段、最新成果与中医学的性命学说、脏象学说、阴阳学说、五行学说、八卦学说、易理学说、精气神学说、中药药理学说及性医学、胎教胎养、先天补益、先天疾病的防治紧密结合起来，进行科学论证，诸如中医基础理论中，用先天真气说研究人体原始物质的形成、用阴阳学说研究 DNA 的属性、用易理术数研究遗传密码、用脏象学说研究行为遗传的宏观表征及微观本质，在研究肾本质、天癸、命门、肾主生殖、肾为脑本、肾的作强、恐伤肾的应激与先后天情绪时，极力融合现代医学的各种学说。用现代遗传学的实验方法和测试手段，从定型论述深入到统计规律的定量研究，突出了中医学的个体行为遗传研究之长，弥补了遗传微观表征目前实验之短。书中对生理遗传、行为遗传、心理遗传、性状遗传、疾病遗传等作了深入研究。对中医先天遗传疾病，诸如胎怯、胎胆、胎瘤、畸胎、胎疾、五软、五硬等作了探讨。（张文选）

R000053 **中医诊治病理学** 匡调元主编，孙孝洪著。上海科学普及出版社 1997 年 3 月版。40.8 万字。40.00 元。是“中医病理研究丛书”中的一个重要分册。本分册首先统述了中医诊治病理学的特色，分析了传统中医诊治过程的思维方式；中医诊治病理学的研究思路与方法；阐明了中医四诊——望、闻、问、切的病理学基础，反映了中医进展的实际水平。最后在药性病理学和方剂病理学基础的阐述中就方药—证候的质理相互关系作了分析。（丁有如）

R000054 **毒证论** 陆拯著。人民卫生出版社 1997 年 3 月版。21.9 万字。14.00 元。共 3 卷，11 章，论述以毒邪为基础，以毒证为中心的毒理学说。在病因病机上详细阐述了毒邪的危害性、毒邪的种类、毒邪的特征等；在辨证上提出浮层证、动层证、沉层证、伏层证四层辨证法，并详论毒邪的主证、治则、治法、用药，以及临床各科适于解毒方法的病证，每一病证并附有作者治验的医案。（张永泰）

R000055 **中医量化诊断** 徐迪华、徐剑秋著。江苏科学技术出版社 1997 年 6 月版。24 万字。24.00元。内容分 3 部分：一是理论研究的成果，包括“量(级)值概念在四诊从舍中的应用”、“论中医证的临界状态”、“中医临床的思维过程与哲学思辨”、“阴阳脉法的科学内涵”等论文。二是省课题运用量(级)值概念、临界理论来测试和提高中青年医师辨证水平在常州、苏州、无锡、金坛等市中医院临床验证的概况。三是提供一套应用三重标准的定量方法和 396 个常用四诊信息的量级标准，并有 75 幅方图和 120 幅脉图样本。（郑大坤）

R000056 **新编中医诊断学** 靳士英、陈素云主编。人民军医出版社 1997 年10 月版。76.3 万字。

56.00元。论述中医病、证与诊断理论、方法的专著，由多位中医学专家集体编写。内容包括概论、诊法、症状鉴别与辨病、诊断与病案、中医诊断学发展史略等，共6篇22章。作者除参阅有关中医古典文献外，还借鉴了当今的诊断学专著与教科书，并载有自己的实践经验和研究成果。书中所插舌脉诊、甲诊彩图，均为自验病例；脉诊中28脉较难理解，均绘有示意图与实际描记的脉搏图。对诊法、辨证、辨病、诊断程序与思维方法论述具体，图文并茂。(杨磊石)

R000057　**中华独特疗法大成**　王吉匀等著。河北科学技术出版社1997年8月版。159万字。98.00元。介绍每一种疾病各种常用的中医治疗方法。分方法和治疗两篇。方法篇依据用药与否，分为药物疗法和非药物疗法两章，药物疗法按照给药途径分为内服法和外用法两节；非药物疗法根据术手段分为针灸、推拿、气功及其他4节。介绍了273种治疗方法的基本内容，适用范围和注意事项。治疗篇分为内科、儿科、妇科、外科、眼科、耳鼻咽喉科、骨伤科7章，讨论了337种疾病的综合治疗。对于每一种疾病，在简要介绍该病的定义、临床特点、发病原因和基本证型之后，按药物疗法和非药物疗法的顺序，综合介绍该病常用的治疗方法。(王辛卯)

R000058　**中医急诊学**　陈镜合著。广东高等教育出版社1997年5月版。109万字。45.00元。分总论和各论两部分。总论主要介绍中医急诊概述与中医急症诊疗规范，各论主要介绍临床各科急诊及有关诊疗技术。本教材强调实用性，中西结合，以中为主，并根据实际情况力求坚持先中后西、能中不西、中西结合的原则。主要供中医药大学7年制硕士班专业用。(黄一龙)

R000059　**中国民间医术绝招**　副名：疑难杂病部分。王文安著。内蒙古人民出版社1997年版。38万字。20.00元。收藏了医治疑难杂症百病的多种传统疗法，详尽介绍了每种疾病的中、西病名、发病原因、临床症状和1580首经过验证、疗效理想的处方、用法和治法。(崔泽仁)

R000060　**中国当代中医特效疗法临证精萃**　中国医药百家精华丛书编委会编。四川科学技术出版社1997年3月版。83.3万字。70.00元。共搜编整理临床应用文章计215篇，按中医学科分法为：内科含呼吸系9篇、消化系35篇、泌尿系12篇、心脑血管系13篇、神经精神系16篇、痹痿类20篇、内科杂症7篇、其余妇科11篇、儿科12篇、骨外科32篇、肿瘤类42篇、其他杂症16篇。其中自拟有特效药方由医师命名者达150余方，如：林氏哮喘病停、李氏截咳方、柔肝退痹饮、抗痴灵、颈舒灵、孕胎安、生发饮、固本抑癌汤、乳腺癌经验方、结核消、舒心散、保寿康、癞蛤蟆酒、太极药、天河药、阿勒丸、枯滑散等。所成药型内服有汤剂、膏剂、丸药、散药、丹药、胶囊、药酒、冲剂等；外用则有膏药、灌肠药、药锭、药饼等。其治疗方式有挂线疗、擦药疗、敷贴疗、磁疗、脐疗、敷熨、刮痧、药佩、药栓、薰蒸、薰洗、穴位敷贴、挑治、湿敷、理疗、药物穴位埋藏、灸法、针法、推拿、气功、食疗、心理疗、时辰疗、手术及少数民族所独有的疗法(放风、吸风、藏烧)、若干方家自创难以归类的疗法(板门奇术、综合全息疗法等)。在所汇集的文章中，作者不予理论阐述与探讨，重在应用，讲求疗效，偏重实用。书末附有英文目录索引与载文简介。(李世勋)

R000061　**中国外治疗法**　王小平著。江苏科学技术出版社1997年6月版。53万字。34.00元。分为基础理论和临床应用两篇，共列外治法近70种，外治方1 000余首，治疗各科常见病症近150种。全书以中医辨证论治为主体，结合现代医学理论，把古人与今人的外治基础理论和临床经验进行系统的总结。(傅永红)

R000062　**中国传统医学百病非药物疗法大全**　刘智壶等主编。山西科学技术出版社1997年9月版。100万字。48.00元。收集疗法中一些使用针、刀治疗和药物贴敷、熏洗治疗的传统方法，其特点是此类方法皆以经穴为施治部位，通过对腧穴的刺激而作用于机体，贴敷与熏洗疗法虽然使用药物，但这些药物主要是以热疗的形式作用于腧穴及患部，因此，与内用药及手术治疗有所区别。收集各科病症计449种，各种疗法100余种，具体适用的技法达162种。(温洁茹)

R000063　**任督流注点穴疗法**　罗振宇著。山西科学技术出版社1997年2月版。15.3万字。8.60元。内容按照《华佗跌打秘旨》的精要，结合数代人行医的临床经验，依据现代时间治疗学、生物钟学说、微循环学说、古典子午流注疗法、点穴疗法的理论与观点，全面考证了汨罗江文化流域所流传的华佗伤科十二时辰血头行走穴道歌，流注图和24配穴图，对它们的正确性、科学性和应用价值作了客观的研究，根据于致顺先生的观点推导出了一种通于国际的换算时辰、时间的系列公式，从而又推导出了一种国际通用型的任督流注推算取穴法。本疗法不但对民间流传的十二时辰血头行走穴道歌，十二时辰气血走注歌作了注译和论证，而且对 12 主穴、24 配穴作了解剖位置的基本定位，还根据众多杏林前辈所留下的医案，以及本人历年来为国内外各界人士义务治疗的临床经验，设计出了治疗各种疾病的穴位配伍方法。（温洁茹）

R000064 **中医针灸经穴集成** 刘冠军主编。江西科学技术出版社 1997 年 6 月版。55 万字。40.00元。参阅《内经》、《难经》、《甲乙经》、《千金》、《外台》，以及宋、元、明、清诸贤之针灸医籍，摄其精要，删其繁芜，纠正误谬，补其欠略，将穴位出处、穴名、定位、取法、解剖、功能、主治、刺灸等分别排列，对取穴、刺灸之注意事项、临床应用，及其机理等均加以叙述。在每穴后还附有英、日文穴名。

R000065 **新编快速针灸疗法** 葛书翰等编著。辽宁科学技术出版社 1997 年版。22 万字。20.00 元。分上、下两篇，上篇介绍刺灸法与经络腧穴，在 361 个正经穴位中，选取了临床常用的 110 个穴位，在 48 个经外奇穴中，选取了 17 个常用穴位，做了重点介绍。下篇介绍了内科、神经科、外科、皮肤科、妇科、儿科、耳鼻咽喉科等 77 种病症的诊断要点、中医辨证与针灸治疗。此外，还介绍了火罐、头针、耳针、芒针、三棱针和腕踝针等治疗方法，并附以 137 幅插图。书中对每个穴位均标注了国际统一代号。（李桂艳）

R000066 **中国熨法** 唐学正著。内蒙古人民出版社 1997 年 8 月版。6 万字。14.00 元。针对不同疾病、脏腑分型、虚实寒热，辨证论治，以不同的症候、病源，采用不同药物，循经络输穴导入热效与药物的性味，促进气血运行，达到治疗的目的。（崔泽仁）

R000067 **针灸学简明教程** 吴学章、熊云编著。中央广播电视大学出版社 1997 年 10 月版。45.1 万字。25.70 元。介绍包括中医阴阳五行学说、脏腑学说、气血津液学说、病因病机、诊法与辨证等基础理论，阐明了经络学、腧穴学、针灸法等针灸学的基本知识，并重点介绍了内、外、妇、儿、五官科等科的常见病、多发病的针灸治法。（张静）

R000068 **针法灸法图解** 蔺云桂著。福建科学技术出版社 1997 年 4 月版。57.3 万字。39.00 元。作者将 45 年的临床、科研与教学经验和心得，结合古今诸家文献精萃，对各种针法灸法的起源、发展、操作、功效、应用等作了详尽的考证与阐释，并采用图解的形式写成本书。全书分上篇、下篇和附篇 3 个部分。上篇针刺治疗手法图解，详述毫针手法的基本要求、基本原理、手法基础、古代补泻手法和现代各家针刺手法以及毫针以外的其他 15 种针刺治疗手法。下篇灸治法图解，就皮肤的结构与功能、损伤性灸、无损伤灸（温灸）和各种灸治方法进行阐释。附篇为 56 穴位的针法、手法、针感、灸法应用图解，根据穴位的部位归类编排，并按经络分布、定位、针法、应有针感灸法、注意事项及应用等 7 个项目的顺序进行分述。（俞鼎芬）

R000069 **刺灸手法图解** 吴富东、路玉滨编著。山东科学技术出版社 1997 年 3 月版。11 万字。8.00 元。作者集 20 余年针灸临床医疗及教学工作中的经验与体会，并吸取针灸名老专家之经验，加以系统整理，删繁就简，将各种针法、灸法等技术操作分部分层以图解的形式绘制、撰写成书。全书共 4 章，第一章介绍针法，包括毫针、水针、火针、三棱针、电针、激光针、梅花针、埋针、巨针、小针刀、芒针、头针、足针等；第二章介绍灸法，包括艾条、艾炷、温针灸、药物灸、长蛇灸、苇管灸、艾熏灸等；第三章介绍拔罐疗法；第四章介绍其他疗法，如穴位贴敷法、穴位埋线法、穴位割治法、穴位磁疗法、指针法、锟针疗法等。每种疗法一般介绍用具、操作方法、应用、注意事项几个方面，用具和操作方法均附有相应的插图。（夏魁周）

R000070 **针灸临床研究进展（1991～1995）** 陈汉平主编。上海科学技术文献出版社 1997 年 12 月版。38 万字。30.00 元。是近 5 年针灸文献荟萃。全书选入了近百种疾病，包括常见病、多发病、疑难杂症，按综述、针灸穴位选择、治疗方法、操作步骤、疗效分析以及参考文献等方面对 1991～1995 年针灸临床研究进行了综述。（总编办）

R000071 **中医蜂疗学** 王金庸等主编。沈阳出版社 1997 年 8 月版。76 万字。70.00 元。分上、中、下 3 篇。上篇共 3 章，主要概述中医蜂疗学的产生、特点、蜂疗史话及蜜蜂王国简介；中篇共 10 章，论述了蜜蜂及其产品在医疗中的神奇作用和功效；下篇共 14 章，论述了蜂疗与食疗、蜂疗与美容、蜂疗与恶性肿瘤、蜂疗与类风湿性关节炎、蜂疗与乙型肝炎、蜂疗与冠心病、蜂疗与神经系统疾患等辨证施治的关系。（冯传玺）

R000072 **抗癌药膳** 常敏毅编著。湖南科学技术出版社 1997 年 4 月版。28.4 万字。17.00 元。介绍 100 种食药两用品和 330 个药膳的抗癌作用和效果。每一品种，每一药膳，都反映了国内外抗癌药理学或临床应用的成果。（李遂平）

R000073 **食用菌的妙用与忌口** 凌家宏等编。江西科学技术出版社1997年6月版。27万字。15.00元。为"妙用与忌口"丛书之一种，介绍了香菇、草菇、平菇、蘑菇及冬虫夏草等14种常用食用菌的营养成分，对人体健康的作用及防病治病的"妙用"，同时也指出了服食这些食用菌时应该注意的事项。

R000074 **气功治病全书** 安邦著。内蒙古科学技术出版社1997年10月版。47万字。22.00元。介绍气功治病机理、气功治病功法、气功的点穴、按摩、推拿以及气功治疗各种疾病、气功保健、气功健美等内容。对冠心病、慢性肝炎、胃及十二指肠溃疡、高血压、糖尿病等140多种疾病进行分析，辨证施功治疗。并详述了每种功法的练功要领，练功反应，临床病例等。(许占武)

R000075 **藏密气功日月和合** 南卡诺布著、万果译。民族出版社1997年10月汉文版。12万字。12.80元。由意大利著名藏学家阿章竹钦仁波切·南卡诺布先生，根据公元8世纪毗卢遮那大圣所著的《瑜伽功法日月合壁纲要》，结合自己上师所传授的传世秘诀及长期练功的体会编著的一部系统介绍藏密气功的书籍。主要介绍了气功日月和合法的：调解人体呼吸系统和疏导中枢神经脉络的气息修炼法；壮肌体骨骼的四肢修炼法的6组主要功法和附属功法82种。每组功法之后附有修习该功法的功效、气息时间表以及图示。(当增扎西)

R000076 **中医临床大系——中医内科治疗大成** 潘敏求、黎月恒主编。河北科学技术出版社1997年4月版。124万字。86.00元。介绍中医基础知识，并收集了中医内科病证121个，每个病证为一节，每节均从概述、病因病机，诊断及疗效标准、类证鉴别、治疗、预防和调护、古籍选录、现代研究等8个方面进行阐述，重点介绍各病证的中医临床治疗。书中除中医内科常用的辨证论治外，还收集了当前临床常用的中成药，单方、验方、药物外治、针灸、推拿、气功、食疗等方面的内容。本书收集病证较广，对一些临床不常见病证也予收录，以便读者临证偶遇时，有法可依；治疗方法多样，可供临床时选择，如内服法、外治法、药物治疗、非药物治疗等；内容编撰上以国家中医药管理局颁布的标准为依据。(王辛卯)

R000077 **中医虚证全书** 田维君、魏桂芝编著。江西科学技术出版社1997年12月版。78万字。48.00元。分上、中、下3编，共29章。上编为虚证理论，溯秦汉虚证学说，以探其源，旁及隋唐宋代、金元明清不同时期对虚证学说的研究和经验，以竟其流。并对虚证的病因病机，治疗原则及其治法作了简要介绍。中编为虚证证治，以五脏为主体，按系统归类，重点讨论外感、内科、血证及外、妇、儿、眼、耳鼻咽喉、口齿各科的辨证论治。对每一种病证(型)，从病因病机、临床表现、治则方药等内容进行讨论。下编介绍虚证预防保健，以及延年益寿方面相关知识。

R000078 **中医临床肾脏病学** 沈庆法主编。上海科学技术文献出版社1997年2月版。68.00元。以中医及中西医结合理论为主导，各地医家的临床和实验研究总结及科研成果为基础，临床疾病治疗为重点，反映了我国中医、中西医结合治疗肾脏病的国内或国际上的领先水平。通过对肾虚、湿热、瘀血病理方面的阐述将传统理论的分析与现代临床检验、实验观察、治疗用药结合起来，为寻找有效的治疗方法确立了重要依据。在疾病篇中列出原发性肾脏疾病、继发性肾脏病、感染性肾脏病、遗传性肾脏病、肾功能衰竭、肾脏肿瘤和肾脏结石等疾病进行中医药的辨证论治。在系统介绍肾脏病的临床治疗基础上，概括了实验研究方面的进展。

R000079 **中医临床大系——中医外科治疗大成** 王沛等著。河北科学技术出版社1997年11月版。114万字。80.00元。主要包括中医外科治疗学源流概述、中医外科辨证纲要、中医外科治法述要、中医外科治理现代研究、疮疡、瘿病、瘤病、岩病、乳房疾病、脉管疾病、泌尿男性生殖系统疾病、肛门直肠疾病、急腹症、皮肤病与性传播疾病、耳鼻咽喉病、口腔病、外眼病。书末附有方剂索引。本书密切结合临床，挖掘前人经验，反映最新发展，重点突出治疗。在基础部分对中医外科源流、辨证纲要、治法、现代研究等进行概述，临床部分介绍了190余种疾病，所列病种以"凡生于体表，有征可凭之疾病，均属外科学范围"为准则。每病例有概述、病因病机、辨病、辨证、鉴别诊断、治疗、预防调护，古籍选录、研究进展等项。部分病种列有国家中医药管理局颁布的中医病证诊断疗效标准。(白世维)

R000080 **中医临床大系——中医妇科治疗大成** 郭志强、张宗芳主编。河北科学技术出版社1997年8月版。62.9万字。48.00元。主要内容包括女性生理、妇科疾病病因病机、治法概要、妇女保健、月经病、带下病、生殖器官炎症、癥瘕、滋养细胞疾患、女性性功能失调、前阴疾病、不孕症、盆腔瘀血症、绝经后骨质疏松症、阴挺、妊娠病、产后病、性传播疾病等。本书系统整理了古今中医妇科治疗学的学术成就、临床经验、现代研究进展等，突出中医特色和专长；概括了中药内服、外用、针灸、推拿、食疗、药膳等多种治疗方法，同时也吸收了现代中医药治疗的新成果，如中药离子导入，中药保留灌肠等新疗法。本书以中医病名为主，对少数无中医病名而中医中药治疗具有独特疗效，并能够运用中医理论阐述其发病机理及辨证论治的疾病，为突出实用性，暂用西医病名。每病内容有病因病机、检查、辨证要点、治疗、预防调护、古籍选录、现代科研等。（白世维）

R000081 **肿瘤治验集要** 周岱翰著。广东高等教育出版社 1997 年 7 月版。17.5 万字。15.50 元。分医论集要临床经验、养生食疗、方药举偶 4 部分。介绍作者中医治疗肿瘤的学术见解、临床经验以及部分临床验方。所载医论大多数为国内外专业期刊刊登过，方药均经数十年临床验证，有一定疗效。（黄一龙）

R000082 **现代中医皮肤病学** 刘忠恕等著。天津科技翻译出版公司 1997 年 8 月版。63.6 万字。34.00 元。分上、下两篇。上篇为总论：中医皮肤病的发展简史、命名方法、病因病机、诊断治疗、预防护理及皮肤的组织结构和免疫基本知识等。下篇为各论，分别介绍临床常见的皮肤病 130 余种，采用现代医学病名及分类方法，对每种病分：概述、病因病机、临床表现、组织病理、实验室检查、诊断及鉴别诊断、治疗、预防及护理等。（王秀兰）

R000083 **中国民间医术绝招** 副名：五官科部分。王文安著。内蒙古人民出版社 1997 年版。43 万字。19.00 元。收载了医治口腔、眼、耳、鼻、咽、喉科疾病的传统疗法，介绍了每种疾病的中、西医病名、发病成因、临床症状和 1 990 余首经过验证、疗效理想的处方、用法和治法。（崔泽仁）

R000084 **中医耳鼻喉科常见病诊疗与自我保健** 王仁忠主编。山东科学技术出版社 1997 年 9 月版。16 万字。12.00 元。以中医理论为依据，结合现代医学对耳鼻咽喉口齿常见病与脏腑经络的关系、病因病理、辨证要点、治疗概要及预防保健知识，作了详细的介绍，并对预防保健、药物调理、单方验方、自我按摩、艾灸、食疗、茶疗等传统的中医防病治病方法作了重点介绍。（李道生）

R000085 **新安喉科荟萃** 洪芳度、余德利编。江苏科学技术出版社 1997 年 1 月版。12.5 万字。6.80元。作者搜集新安喉科专著 11 种（其中未出版的 5 种），旁参有关文献 6 种，对新安历代喉科学说进行发掘整理。全书设概论、传染病、咽喉病、口腔病、牙体病、其他杂症、喉科常用药物、喉科方剂等 8 章，分类汇编。书中对喉科各症作了详细的论述。凡前辈述症简略者，旁参他种文献予以补充之；各症中同名异病或一症多名者，予以订正之；对医籍中的理论精粹处，予以彰明之。（沈志）

R000086 **眼病辨证论治经验集** 黄叔仁著。中国科学技术大学出版社 1997 年 8 月版。18.8 万字。9.80 元。依据传统中医辨证理论，以眼睛的解剖单位为序，对眼睑病、结膜病、角膜病、巩膜病、葡萄膜病、视网膜病、视神经病、晶体及玻璃体病及原发性青光眼、末梢性神经麻痹性斜视、闪辉暗点症、眼眶假瘤、Adie 氏瞳孔等各种眼科疾患的病因、发病机理进行了深入的分析，给出了上述各种眼病的诊断方法及辨证论治原则，结合临床医案给出各种处置方法及其加减的原则。同时，每一病例都有方解。对某些眼科疑难病症的临床治疗过程还作了特别的说明。书中所列处方，均为作者的临床经验。对于某些眼科常见病，如泪器病、眼肿瘤等，尽管古今中医学文献中载有治方，但作者无直接治疗经验或曾经尝试但未能取得确切效果者，未列入。（张善金）

R000087 **中医百家药论荟萃** 王辉武编著。重庆出版社 1997 年 1 月版。126.1 万字。50.00 元。搜集历代名医临证典籍、本草专著、经史百家、文学札记等 600 余种，总结近代临床和药理研究的主要成果，经精选撰编，条分缕析而为上、下两篇。上篇为单味中药药论，收载常用中药 400 余味，以及能体现单味中医独特疗效的验方、单方、秘方 5 000 余个；下篇为专题中药药论，收载“遣用法则”、“主病”、“主治”、“用量”、“炮制”、“宜忌”等内容。节末附有“历代剂量对照表”和“引用书目一览表”。（余国枢）

R000088 **妙用中药丛书** 蒋培华主编。江苏科学技术出版社 1997 年 7 月版。140 万字。介绍常见病、多发病的简易方药。分 10 册，包括《养生妙用中药》、《呼吸病妙用中药》、《胃肠病妙用中药》、《肝胆病妙用中药》、《心血管病妙用中药》、《血液病妙用中药》、《肾脏病妙用中药》、《糖尿病妙用中药》、《皮肤病妙用中药》和《妇科妙用中药》。每册书均以剂型分类，一般分为汤饮类、煎膏类、药酒类、茶散类、药粥类、菜肴类、羹汤类、熏洗类、敷贴类和袋兜类等。每首方剂按原料、制法、功效、应用、服法（或用法）、备注等项论述。书末附有病症方药索引、方名笔画索引，以备查考。本套丛书介绍的方药具有验、简、便、廉的特点。“验”，书中方药均符合中医药基本原理，是理论指导实践的经验总结，组方合理，用药剂量准确,疗效可靠;"简",选药平和,药味少而精当,制作方法简便而叙述详尽,适合于家庭条件下操作制用;"便"药食兼备,苦药成膳肴,便于服用,患者乐于接受;"廉",择药易得,价格较廉,消费者可以接受。此外,本书在备注中记述有关中药古典传说、诗词趣闻。(郑大坤)

R000089　**神奇的药用植物芦荟**　白苇等编。广东经济出版社1997年8月版。12万字。16.80元。结合各种病症,详细介绍芦荟的保健、美容功效以及如何制作芦荟健康食谱和芦荟的栽培方法。(李惠玉)

R000090　**常用藏药志**　田淑琴等著。四川科学技术出版社1997年9月版。26万字。20.00元。选择100多味常用藏药,详细介绍常用藏药的原植物形态(每种药植物皆配有黑白插图),药材的鉴别、采制及其性味功能。载入编著者近几年来赴藏区考察以及藏药研究的成果,并以附注的形式收载国内近10年来有关藏药研究的报道。书后附录4种,即藏医病名简释、藏文名索引、拉丁名索引、拉丁学名索引。(谢增桓)

R000091　**新疆药用牧草**　新疆科技卫生出版社(K)1997年9月哈文版。8万字。5.80元。论述新疆主要药用牧草的植物特征,来源,采集加工,化学成份,主治疾病,有效成份,用量,使用方法及其禁忌等。书中共收载107种主要药用牧草,书后附有全书所列名词术语哈、汉文对照表。(图日别克)

R000092　**青草药彩色图谱**　赵秀贞等著。福建科学技术出版社1997年4月版。56万字。88.00元。是面向农村、面向基层、纯粹介绍草药的彩色图谱,由福建省中医药研究院草药研究室集体编写,中国科学院华南植物研究所绘图室专家绘制彩图,福建师范大学植物学教授林来官审阅(植物形态部分)。该书收载民间广泛应用、经过验证确有疗效的常用青草药370多种,介绍别名、形态、采集、成分、药理、功用、方选等几方面内容,有图有文,有药有方,普及草药识别、采集和应用知识。(何捷)

R000093　**实用中草药原色图谱(三)(动物药)(精)**　高士贤等主编。广西科学技术出版社1997年3月版。19.7万字。85.00元。收载常用易得的药用动物250种,以药物来源的动物分类地位为序编目。每味药记载的内容均有图文对照,还列举疗效较好的简便验方和抗衰老的保健药膳方共1 083多条。(王晓红)

R000094　**中药药剂学**　范碧亭主编。上海科学技术出版社1997年12月版。112万字。28.10元。共24章,除绪论外,分成5大部分。即第一部分为中药调剂基础知识(2章),第二部分为药剂制备基础知识及浸出制剂(3～8章),第三部分为中药剂型(9～19章),第四部分为药剂与疗效及新药的研制与开发(20～23章),第五部分为实验指导(24章)。与1985年版《中药药剂学》相比,本书在内容上,突出了中医药特色,更符合当前药剂生产的实际情况。首先删去了原教材中前后重复及不切合生产实际的内容,适当增加了现代药剂科学研究的新成果(新工艺、新技术、新设备、新辅料)的介绍,例如液体制剂、长效制剂、靶向给药系统、新药的报批与技术转让等。书中强调了国家有关中药管理法规的教育。书后还新附录了药剂常用辅料的理化特性与用途。(虞厚安)

R000095　**现代中药药理学**　王本祥著。天津科学技术出版社1997年1月版。250.3万字。收集常用中药约600种,按药物的功用分21大类,并按药物的名称、植物、种属、性味、功能、主治、化学成分、药理作用和临床应用等进行系统综合撰写而成,但本书的重点是放在总结近20年来药理学研究的最新进展和成果。它不仅包括药理学而且也涉及到相关学科,如生理学、临床药理学、毒理学、病理学、生物化学、生物物理学、分子生物学和免疫学等方面的研究成果。通过这些研究成果及进展的综合可对每一味中药的作用机制和原理尽可能作详尽阐述。(张洪善)

R000096　**临床比较中药学**　杨国祥著。云南科学技术出版社1997年8月版。60万字。38.00元。应用系统类比的科学方法研究中药的性能、功效特点及临床应用规律。本书对临床常用中药,进行横向、纵向比较,既论述了药物在性能、功效方面的共性,又重点论述每种药物的个性特点。(李红)

R000097　**常用毒性中药临床应用指南**　邵祖燕等著。南开大学出版社1997年4月版。21.3万字。9.50元。作者从继承祖国医学宝贵文化遗产的角度出发,参阅了大量中医药文献,拜访了许多名老中医,结合自己的临床经验,收集整理了临床比较常用的27种毒性中药:马钱子、巴豆、砒石、川乌、草乌、雷公藤、班蝥、蟾蜍、雄黄、轻粉、甘遂、芫花、商陆、露蜂房、附子、天南星、蜈蚣、半夏、细辛、硫磺、苍耳子、洋金花、苦杏仁、泽漆、全蝎、罂粟壳、牵牛子。分别按照别名、概述、成分、药理作用、功能主治、炮制方法、用量用法、成方选用、名医经验、单验效方、

临床报道、毒副作用、解救方法等详细介绍了每一种药物的情况。(王家骅)

R000098 **抗癌中药** 常敏毅编著。湖南科学技术出版社 1997 年 10 月修订版。44.4 万字。25.00 元。修订本共收录 334 个品种,涉及天然药物的基源 657 种,共收载抗癌处方 1 215 首。修订本比初版增加了 13 万余字,增加了动物、植物拉丁文索引,正文中还增加了化学成分的英文名内容。本书有 3 个特点:一是中西医结合,洋为中用;二是以药引方,分症而录,先论药理,据理收方,着眼于临床;三是防治并重,并注意收录了一些海外广泛应用的抗癌药膳。辟"编者按语"一栏,重点介绍国内外在肿瘤药物、方剂方面的研究动态、经验、成果,兼抒作者已见和介绍作者的临床实践。(李遂平)

R000099 **中国中成药(CHINESE PATENT MEDICINES)** 陈可冀编著。湖南科学技术出版社 1997 年英文版。为全英文本中成药手册,共收入中成药 6 类 356 种。其中,内科类中成药 259 种;妇科类 23 种;儿科类 16 种;外科类 30 种;五官科类 19 种;保健类 9 种。内科类中成药又细分为 13 小类计为:解表类 24 种;清热剂 24 种;祛风剂 27 种;祛湿剂 13 种;消导剂 16 种;泻下剂 5 种;止泻剂 5 种;祛痰—止咳—平喘剂 25 种;温里剂 7 种;理气剂 17 种;理血剂 15 种;补益剂 57 种;开窍剂 8 种。对每一种中成药,均给出其(药物成分)组成、功用、适应症、用法、注意事项等说明文字。书末附有书中全部中成药的汉语拼音索引。(陈一心)

R000100 **实用基本中药制剂手册** 俞长芳、沈平嬢主编。金盾出版社 1997 年 6 月版。76.2 万字。44.00 元(精)。由北京同仁堂集团总公司的 30 多位专家编写,按解表剂、泻下剂、和解剂、清热剂、祛暑剂、温里剂、表里双解剂、补益剂、安神剂、开窍剂、固涩剂、理气剂、理血剂、治风剂、治燥剂、祛痰剂、止咳平喘剂、消导化积剂、杀虫剂、治疡剂等 21 大剂种介绍了卫生部国家基本药物领导小组 1994 年颁布的《国家基本药物:中药制剂品种目录》所列的 1 699 种中药品种。并分别介绍了每一种药物的主要成份、功能主治、用法用量等。书后附有按笔划排列的药物索引。(吴树荣)

R000101 **中医方剂大辞典** 南京中医学院彭怀仁等编著。人民卫生出版社 1997 年 11 月版。2032 万字。收方 96 592 首,将历代中医药著作中的方剂汇集于一书,多出《普济方》34 853 首。目录以方名笔画、笔顺为序,书末设病证索引,对每一方都明确列出方出某书某卷,或见某书某卷。对历代医药著作中,不少方剂在组成、用法、主治等内容中存在着脱、倒、衍、讹等谬误均予纠正。汇集了历代方剂学研究成果,扩大了方剂应用范围。(成德水)

R000102 **清太医院配方** 河北省中医研究院著。河北科学技术出版社 1997 年 4 月版。22 万字。11.00 元。分风痰门、痰嗽门、伤寒门、暑湿门、燥火门、脾胃门、眼目门、疮科门、妇科门、小儿门、补益门、泻痢门、咽喉口齿门、气滞门、痰症门、杂治门,收录清宫太医配方 389 个。此修订稿将原稿繁体、异体文字改为现行规范字,将原稿配方的用药剂量由旧市制改为通用标准计量单位,原稿配方中犀角、虎骨等 1993 年国务院明确规定的禁用之品,本次修订为保留原作面貌虽未做更改,但均已注明属禁用之品,应根据中医辨证施治原则用其他相近药物替代。(段建军)

R000103 **现代中医奇效良方宝典(下)** 李彬之等编著。上海科学普及出版社 1997 年 9 月版。406.9 万字。175.00 元(精)。分上、下两册,共 25 章。上册 1—16 章,集中介绍与内科疾病有关的中医治疗和药方宝典。下册 17—25 章,汇集筛选了我国 40 多年来中医及中西医结合治疗中疗效较为确切的各种方法。内容按西医疾病科别分章,列有妇科、儿科、外科、骨科、皮肤科、眼科、耳鼻喉科、口腔科等,计有 760 多个病种,每一病种以中医辨证分型。治法多样,计有 18 600 多个,包括复方加减、单方验方、综合治疗,法、方、药具详,且每一方药后附有疗效分析。(丁有如)

中国少数民族医学

R000104 **罗布桑沙达日布医案** 金花编。内蒙古科学技术出版社 1997 年 6 月蒙文版。14.5 万字。9.80 元。分 5 章,其中第一章介绍五脏六腑疾病的治疗方法,同时讲述人体、脏腑及其相关组织器官的形态结构、生理机能和病理特点以及它们之间的相互关系。第二章介绍神经系统疾病的预防和治疗方法,阐述蒙医治疗神经系统疾病时防重于治,防治结合的医学思想。第三章介绍五官科疾病的病因、种类、发病原因以及诊断治疗。第四章介绍黄水症的范围,临床表现以及如何针对病因,结合发病部位进行辨证施治、进行温泉治疗法。第五章介绍蒙医传统疗法,即针灸疗法、放血疗法、浸浴疗法等。(斯勤达来)

R000105 **四部医典教诲详释** 东贡才让著。

甘肃民族出版社 1997 年 1 月版。10 万字。8.50 元。是作者针对藏医专科学校作为教材而注释的。书里主要详释了藏医药理论经典《四部医典教诲》部分。包括 4 部专论：其一，“根本论”(杂据)，简明论述了藏医发展史。其二，“详述论”(协据)详细论述了有关事物，即生理学、疾病分类，治疗疾病的一般原则，药物的作用，药理学等 29 个小章节。其三，“后绪论”(其据)，是为了便以掌握对前面 3 部分而提出的解释和说明，即脉诊及脉管的检查，尿诊等章节。作者用教诲论述的临床经验结合现代医学的临床经验加以补充完善详释。(看召加)

R000106　**新编藏医学**　桑旦著。西藏人民出版社 1997 年 11 月藏文版。38 万字。26.00 元。以《四部医典》为依据，以临床实践和医学理论相结合的方式，对人体的病理病因，饮食起居及药物治疗等进行了详细的叙说。(总编室)

R000107　**藏医知识**　土登彭措编著。四川民族出版社 1997 年 6 月版。16 万字。8.50 元。分 8 章：第一章藏医史概述；第二章种说或四大种的基本内涵与分类；第三章人体结构基本理论；第四章脉学与主要神经系统；第五章人体中的气与精血功能及主要形成；第六章病理病因知识；第七章食物与药物的作用；第八章治疗方法。本书论述了藏医的基本理论、病因病理、治疗方法等。(央娜)

R000108　**藏医秘诀宝源**　降贝却吉丹增赤列著。青海民族出版社 1997 年 12 月版。48 万字。29.50元(平)、33.50 元(精)。共 9 章，98 节。对青藏高原 300 多种常见病和多发病的病因、病机、病类、病源及其诊断治疗、预防、用药原则等进行了论述。共收载 600 余个方剂和单方、秘方、偏方 300 余个。对前人研究的方剂成份、药效、剂量及炮制方法均作了取舍和增补。在临床方面它注重研究五官科、妇科、儿科、骨科等的治疗；诊断方面注重藏医望诊、问诊和触诊；治疗方面注重饮食起居及药物治疗和外治手术等。作者所论述的医学理论涉及藏医胚胎学、生理学、生物学、药理学、临床学、诊断学、治疗学及矿物学、动物学、植物学等藏医学领域。同时还介绍了经文书籍、木质器皿、绫罗绸缎及布料、毛料等的防腐技术和消灭蚊蝇和老鼠等的科普常识。(索南才让)

R000109　**藏药性能明释**　达莫·门让巴·洛桑却札著。甘肃民族出版社 1997 年 7 月版。15 万字。8.50 元。是根据现存的 17 世纪著名藏医药学家达莫·门让巴·洛桑却札所著的藏药学手抄古籍，进行挖掘，整理而成的珍贵藏药学专著。主要叙述了作者经过多年考察、研究，对千余种藏药的生长环境、生长特点，药性的优劣、性味、功效，加工炮制等方面所得体会。(旦知草)

R000110　**维吾尔医制剂技术**　阿不都赛买提，阿不都卡迪尔著。新疆科技卫生出版社(W)1997 年 10 月维文版。20 万字。9.00 元。分 20 章，包括药材加工方法和 19 种维吾尔常用制剂类型，分为粉剂、丸剂、片剂、冲剂、汤剂、糖浆剂、栓剂、注射剂等，详细介绍了药物剂型和注射制剂用水的操作方法，以及植物类药品制剂生物检测方法和疗效评价等。(阿米娜)

R000111　**新疆民族医常用复方制剂汇编**　热合曼·卡德尔等著。新疆科技卫生出版社(W)1997 年 11 月维文版。20 万字。19.50 元。以维吾尔医处方为基础，结合蒙古医、哈萨克医的常用处方，并列出维、汉两种药物对照词汇。维吾尔医实用的药材达 1 000 余种，其中常用药物 400 多种，药物来源包括植物类药物，矿物类药物，动物类药物。药物剂型包括片剂、丸剂、针剂、粉剂、蒸馏剂、栓剂、嗅剂、舔剂、喷剂、搽剂等类型。(关秀梅)

R000112　**哈医药精华(哈)**　马钠提别克编。伊犁人民出版社 1997 年 6 月版。16 万字。12.00 元。收集传统哈医历史特写和医药学方面的科学论文。讲述了哈医的特点、用途，各类疾病的发病机制、临床表现，阐述了有关基本概念、基本理论、哈医的治疗作用等，全面反映了哈医医学医术界所取得的成就。(阿合买提江)

基础医学

R000113　**一氧化氮的生物医学**　钟慈声、孙安阳主编。上海医科大学出版社 1997 年 2 月版。65 万字。49.90 元。第一篇系统地介绍一氧化氮的生物学和基础医学领域的研究成果，包括一氧化氮有关的化学，一氧化氮含酶的细胞与分子生物学、生理学、病理学、药理学和实验治疗学，特别是一氧化氮研究常用工具药优缺点、特异性和可能存在的问题。第二篇为临床医学篇，重点阐述多种临床常见疾病与一氧化氮的联系，以及由此带来的对疾病的新认识和治疗的新思路，并详细地介绍了吸入一氧化氮气体的临床应用和安全性。第三篇结合作者的研究经验介绍了不同水平的一氧化氮检测技术。(何剑秋)

R000114 **医学新武器** 白智鹏编著。少年儿童出版社 1997 年 11 月版。6 万字。4.10 元。通过介绍 C-T 扫描机、给血管拍照的数学减影(DSA)、核磁共振成像、电治疗疾病、光治疗疾病、前列腺治疗仪、微波高温癌疗仪、体外冲击波碎石、毫米波治疗仪、人工肾、人工心肺机、高频电刀、激光手术刀、伽玛刀、新式急救仪器——除颤器,等等,叙述生物医学与数学、物理电子计算机、现代工程技术相结合下,产生的一门新的边缘学科——生物医学工程学的种种内容。本书系"少年现代科学技术丛书"第三辑之一。(洪祖年)

R000115 **组织胚胎学彩色图谱** 韩秋生、徐国成编著。辽宁科学技术出版社 1997 年版。405 幅图。65.00 元。是依据高等院校"组织、胚胎学教学大纲"和高等医学院校"医学专业业务统考大纲"的规定内容进行编绘的,包括细胞、上皮组织、结缔组织、肌组织、神经组织、神经系统、循环系统、免疫系统、皮肤、消化系统、呼吸系统、泌尿系统、内分泌系统、感觉器官、男性生殖系统、女性生殖系统、颜面、咽、口腔和鼻腔的发生、骨骼、肌肉和四肢的发生,呼吸系统与消化系统的发生,泌尿系统与生殖系统的发生,循环系统的发生,神经系统的发生,眼与耳的发生。图谱的光镜图像均为彩色,电镜图像均为原版照片。(倪晨涵)

R000116 **基础组织学与胚胎学** 盛昆岚等主编。上海科学技术出版社 1997 年 12 月第三版。49.9 万字。29.80 元。分为绪论和细胞、基本组织、器官与系统、胚胎学 4 篇,系统描述基本组织、器官、系统的形态、结构和功能、胚胎的形成、变化及胚胎期各系统的发生过程,强调形态与功能相结合的原则。(李珺)

R000117 **人体表面解剖学及图谱** 河南科学技术出版社 1997 年 10 月版。31.2 万字。160.00 元。分 10 篇,分别讲述人体概论、头部、颈部、上肢、胸部、腹部、脊柱区、会阴区、下肢和活体测量,全面系统地阐述了人体表面解剖的内容。全书提供了 180 余幅彩色照片,绘制了 70 余幅透视图和线条图。

R000118 **人体断面解剖学彩色图谱与 CT、MRI 应用** 姜均本主编。科学出版社 1997 年 12 月版。37.2 万字。350.00 元。作者多年来从事断面解剖学和临床应用解剖学的研究,特别重视断面解剖与放射影像学的结合,论述了断面解剖学的基础知识,详细介绍了临床应用,特点是图像与文字并茂、基础与临床并重、二维与三维结合。全书分为:头部;躯干;妊娠腹盆横切 3 大部分。选彩色连续断面照片 188 幅,CT、MR 图像 117 幅,依据临床影像方位作详细的文字注释;内容涉及层面定位、脏器配布、重点结构的定位、定量资料及其临床影像表现。(总编室)

R000119 **细胞凋亡** 赵卫红主编。河南医科大学出版社 1997 年 12 月版。24 万字。22.00 元。收集国内外最新文献资料,参考文献约 500 余篇,融入了不少重要科研成果,介绍了细胞凋亡的新理论、新观点、新方法、新进展。全书共 4 篇,分别为基础理论篇、临床应用篇、实验方法篇、白血病细胞凋亡的实验研究篇。第一篇主要阐述细胞凋亡的基本概念、基本理论;第二篇论述细胞凋亡与临床各系统疾病的关系,以及由此带来的对疾病的新认识和治疗的新思路;第三篇详细介绍细胞凋亡的实验方法;第四篇作为一个实例,论述了白血病细胞凋亡的实验研究。(杨秦予)

R000120 **临床细胞流变学** 何作云、王瑞兴主编。重庆大学出版社 1997 年 8 月版。69.9 万字。39.00 元。1951 年 Copley AL. 教授首次提出"血液流变学"的概念,1981 年他又提出了"血管—血液器官"的概念。按其研究水平,血液流变学可分为宏观血液流变学和微观血液流变学两大类。后者再分为细胞血液流变学和分子血液流变学。本专著以作者们科研成果和临床实践为基础,瞄准临床专业和细胞流变学的学科前沿,并引入分子生物学技术和细胞力学的分子机制,出版目的在于提高现阶段血液流变学,尤其是临床血液流变学的理论水平,使其对生理、病理和疾病的防治及诊断做出应有的贡献。书中着重阐述细胞(包括血细胞、内皮细胞和平滑肌细胞等)活化过程中发生的粘附、聚集、变形以及细胞间相互作用的生物学效应,特别强调细胞流变学在生理、病理和疾病的发病机理、辅助诊断和防治中的重要作用和现代检测技术方法。(曾令维)

R000121 **血液动力学原理和方法** 柳兆荣、李惜惜著。复旦大学出版社 1997 年 12 月版。44.5 万字。20.00 元。共 9 章。第一章介绍血管的力学性质,以了解动脉所处的力学环境及相应的性状;第二章和第三章介绍动脉中血液流动的定量分析模型及血液脉动流的压力－流量关系,为定量描述动脉中血液流的特性打下基础。第四章和第五章讨论动脉中脉搏波的传播规律和反射特性,以便深入了解动脉中血液脉动流的基本特征。第六章介绍血管的阻抗,详细讨论了血管输入阻抗的性质及其在诊断心血管疾病和评价某些药物疗效方面的应用。第七章介绍心脏力学,重点介绍心脏的泵功能以及心脏的输出功率。第八章介绍心房与血管的耦合,重点介绍心室与动脉系统的优化耦合和相互影响。第九章从生物相似原理出发介绍了比较血液动力学和血液动力学参数的归一化方法。(范仁梅)

R000122 **临床心电生理学和心脏起搏** 陈新等著。人民卫生出版社 1997 年 3 月版。150 万字。139.00 元。共 27 章,第一～十二章介绍各种电生理现象和理论,第十三章介绍射频消融技术,第十四～二十七章集中介绍起搏器安装的技术,以及安装起搏器后的注意事项和故障排除。(雷亨朗)

R000123 **微循环研究前沿** 修瑞娟、(日)新见英幸编。万国学术出版社 1997 年 10 月英文版。75 万字。110.00 元。详细介绍微循环研究的最新进展。内容包括:亚洲传统医学与微循环、微循环与疾病、脑微循环失调、有机微循环最新进展、局部缺血与复灌注、内皮细胞功能与微循环、小淋巴循环、肿瘤与微循环、血流变学与疾病、血球流变学与疾病、新技术与方法等。本书为 1995 年 8 月在北京召开的第二届亚洲微循环大会的会议论文集。重点文章有:传统医学知识和公共政策、微循环——生命的源泉、灌注和新陈代谢局部缺血——微循环调查方法、微循环——从基础医学到临床医学等。(周幼葵)

R000124 **脑内革命** [日]春山茂雄著,郑民钦译。中国对外翻译出版公司 1997 年版。19.4 万字。20.00 元。介绍促使脑中分泌脑内吗啡的 3 要素:冥想、运动和饮食,他认为:只要能按照他倡导的方法去做,便能将身心的正向表现发挥到极致。在下卷中,作者提出了左右脑分工的新观点:左脑是包括感情在内的"自身脑",记录着自出生以来的人生体验;而右脑是储存人类 500 万年遗传因子的"祖先脑",右脑储存的信息是左脑的 10 万倍。(张坤)

R000125 **初级传入中枢联系的形态学基础** 李继硕著。上海科技教育出版社 1997 年 12 月版。13.4 万字。20.00 元。以作者研究室 20 年来综合运用 HPR 追踪等新技术发现的三叉神经领域本体感觉中枢通路,几处内脏痛传入与躯体初级传入在中枢内的汇聚点,外周痛传入与中枢内下行抑制系统的汇聚点等研究成果为基础,综合了 20 世纪 80 年代以来关于内脏初级传入神经元研究的新进展,对初级传入问题进行了综述,反映了当前对初级传入认识的最新水平。(王福康)

R000126 **学习和记忆的神经生物学** 梅镇彤著。上海科技教育出版社 1997 年 12 月版。11.4 万字。14.70 元。从神经生物学的角度阐述学习和记忆的神经基础,介绍学习和记忆的研究方法,以及学习和记忆神经生物学方面的最新成果,包括中枢神经系统的突触可塑性、学习和记忆的细胞和分子机制、脑内的多丁记忆系统,同时还对学习和记忆的调控、功能障碍等问题进行了讨论。(王福康)

R000127 **视觉信息处理的脑机制** 寿天德著。上海科技教育出版社 1997 年 12 月版。22.8 万字。21.00 元。介绍视觉系统基本功能和形态学、视网膜信息处理机制、外膝体,在视觉信息流的调控等视觉 信息处理机制方面的基本理论以及在形成平行处理过程中的作用,当前视皮层细胞的感受野性质及其功能构筑、既平行又分级串行的视觉信息处理机制等视觉信息处理研究方面的一些重要进展。(王福康)

R000128 **幽门螺杆菌感染——基础与临床** 范学工、夏华向著。湖南科学技术出版社 1997 年 12 月版。48.2 万字。42.00 元。分为基础部分、临床部分、附录部分。基础部分系统给出了关于幽门螺杆菌感染的微生物学、流行病学、毒力因子、尿毒酶、免疫——炎性反应等的新理论和新知识。临床部分则对幽门螺杆菌在胃及十二指肠疾病、其他相关性疾病(如冠心病、儿童生长迟缓、HIV 感染等)中的致病能力、致病机制,临床、病理变化、诊断、治疗,预防和疫苗等问题的研究成果、思索与展望作了详尽的介绍。附录部分列出了部分国外作者的英文章节原文。本书为"临床医学高级研修书系"之一。(陈一心)

R000129 **细胞与分子免疫学** 何球藻等著。上海科学技术文献出版社 1997 年 9 月版。39.9 万字。30.00 元。分 15 章。主要围绕参与免疫应答反应全过程的各类细胞、分子以及它们相互作用和调节机理来展开论述的。(陶梁钢)

R000130 **医学新进展——医学心理学与现代心理护理** 李荐中等著。内蒙古科学技术出版社 1997 年 12 月版。13 万字。7.00 元。介绍心理社会因素与疾病、变态心理、心理防御机制与心理矫治、心理卫生、病人心理、医患关系与沟通原则,护理心理学概述、护理过程中的角色及其心理和行为、护患关系与心理沟通、自我护理与心理、家庭与社区护理等内容。(许占武)

R000131 **儿童心理卫生与保健丛书** 郑日昌、李茜主编。海燕出版社 1997 年 8 月版。25 万字。共 5 册,名为:《酸葡萄和甜柠檬》、《快乐大哥与忧伤小弟》、《驼铃心理咨询队》、《谁聪明？谁笨？》、《智慧金钥匙》。文图结合，用生动活泼的童话故事、生活故事以及科学小实验，形象、传神地诠释儿童心理现象。（王慧）

R000132 **心理保健手册** 李强、吕勇等编著。南开大学出版社 1997 年 12 月版。63 万字。27.00 元。共设 5 篇、200 余个条目。第一编“心理保健知识入门”介绍了有关心理卫生保健方面的最基本的知识，特别是详细介绍了心理诊断和心理治疗的各种手段和方法等。第二编“人生各时期心理保健”依次介绍了婴幼儿期、少年期、青年期、中年期和老年期的心理保健问题。第三编“特殊人群心理保健”介绍了知识分子、企业家、军人、飞行员、运动员、海员及文艺、医务工作者等特殊群体的心理保健问题。第四编“病态心理”介绍了常见心理症状、常见轻性与重性功能性心理疾病、人格障碍、性功能与性心理障碍、性变态、常见心理疾病的预防和护理等内容。第五编“心身疾病”就临床上比较常见的 13 种心身疾病的致病因素、临床症状和常用治疗方法等做了专门介绍。（莫建来）

临床医学

R000133 **中西医结合临床诊疗概要** 云南省卫生厅编著。云南科学技术出版社 1997 年 2 月版。30 万字。17.35 元。是“农村医生必读中医药系列教材”中的一部，分急症与急救、临床各科常见疾病两篇。介绍常见急症、内、外、儿、妇、皮肤、骨伤、眼、耳鼻、咽喉等农村常见多发病 130 余种。（李红）

R000134 **百病防治问答丛书** 李康增等编。河南科学技术出版社 1997 年 8 月版。每册 10 万字。共 67.30 元。以问答形式重点介绍部分常见病、多发病的病理病因、常见症状、传播方式、抢救与治疗、预防措施等基本知识。包括：《脑血管病》、《肩周炎·腰腿痛·颈椎病》、《胃肠病》、《常见皮肤病》、《高血压与低血压》、《口腔疾病》、《肾脏病》、《糖尿病》、《性病与艾滋病》、《肝胆疾病》。

R000135 **医学新进展——临床物理学与康复** 王凭著。内蒙古科学技术出版社 1997 年 12 月版。14 万字。7.00 元。编者结合自己多年临床实践经验，参考国内外一些较新的医学文献资料，着重介绍较新的、有效的治疗手段，并突出了疾病的诊断依据和疗效评定标准。全书主要介绍了内科、外科、妇科、儿科、皮肤科、五官科等疾病的理疗与康复，及高压氧的临床应用，临床电诊断等内容。（许占武）

R000136 **现代医护实习手册** 唐海庚、廖际生编著。湖南科学技术出版社 1997 年 2 月版。183.2 万字。60.00 元。分上篇、下篇和附录。上篇为“现代医护诊疗常规”，收载常见病、多发病共 586 种，按传染科、内科、外科、妇产科、儿科、眼耳鼻咽喉口腔科分为 6 章。每一疾病在概述之后设“诊断要点”、“治疗要点”、“护理要点”3 个项目。诊断要点给出该病发病的一般情况、主要症状特点、必要的客观检查依据。治疗要点分一般治疗、中医治疗、西医治疗 3 部分。一般治疗主要记述该病的基本治疗方法和注意事项；中医治疗强调辨证论治，重点记述各证候的主证、治法、方药及用药剂量。西医治疗着重在药物的选择与应用，对于一些必要的其他疗法，如手术疗法、放射疗法、物理疗法等，也一一予以介绍。护理要点重点总结每一疾病在病情观察、药物副反应的观察以及症状护理方面的要求。下篇为“现代诊疗护理技术”，收载常用技术 522 项，按“诊断技术”、“治疗技术”、“护理技术”分为 3 章。诊断技术分检查目的、检查前准备、操作方法、结果判断、注意事项 5 部分；治疗技术主要分适应症、施术前准备、操作方法、注意事项 4 部分；护理技术则一般分条论述。附录收载“诊疗护理指标”、“常用药物”、“病历书写技术”和“医学常用计量单位、处方用语及有关外文缩写”等 4 部分内容。（陈一心）

R000137 **英汉临床医学缩略语** 胡月明等编。新疆科技卫生出版社(W)1997 年 8 月英、汉文版。30.5 万字。22.00 元。根据临床实际，将缩写词分为 6 个部分，分别按英文字母排列顺序编写。第一部分为与临床检验相关的各类常见的和不常见的缩写词。其中包括血液的一般检查、生化及免疫检查，骨髓细胞、尿液、肾功能、粪便、胃液、十二指肠引流液、脑脊液、精液、前列腺液等的检验。第二部分收录了与临床检查相关的大量缩写词，如头部检查、盆腔血管造影术、目视分光镜检查、脑电图检查等。第三部分为临床疾病诊断应用的缩写词，如急性脑损伤(ACI)、慢性溶贫血(CHA)、高血压动脉硬化性心脏病(HASCVD)等。第四部分为各种药物名称的缩写词，如脱氧类皮质激素、肼苯哒嗪、卡那霉素、胰岛素等。第五部分为疾病治疗的缩写词，如化疗、放疗、小肠内营养等。第六部分将各种肿瘤化疗组合用药的化疗方案缩写词收录，药物组合所列药物极为详细。（胡赛音）

R000138 **临床技能考核标准和评分办法** 何

德兰、王殿存主编。河北科学技术出版社1997年8月版。21万字。9.80元。以卫生部1994年颁布的教学计划和教学大纲中的社区医学专业对临床各科的技能要求为依据,结合各中等卫生学校实施目标教学的需要和进行技能训练与考核的经验编撰的。总计125项,其中诊断学基础27项,内科13项、外科25项、妇产科19项、儿科10项、眼科5项、耳鼻喉科5项、口腔科3项和预防医学18项。该书主要供社区医学专业使用。(曾亚平)

R000139 **病人健康教育指导** 蒋冬梅主编。湖南科学技术出版社1997年12月版。26.8万字。16.00元。分病人入院宣教、诊断知识宣教、疾病知识宣教及健康教育的实施4个部分共11章。内容包括指导病人正确认识疾病、心理健康指导、营养与饮食、休息与活动原则、特殊用药和特殊检查的指导、手术前后的宣教、并发症的预防、自我护理的方法、出院康复指导等。(李遂平)

R000140 **现代临床疾病诊断学** 周殿元、周正端主编。人民军医出版社1997年7月版。210万字。145.00元。总论包括基本的诊断方法和国内外最新的诊断技术,各论为各科疾病的诊断,包括内科各分科、外科各分科、传染科、儿科、妇产科、眼科、耳鼻咽喉科、皮肤科等。(姚磊)

R000141 **医学影像学诊断全书** 孔庆德、汪志杰译。上海科学技术出版社1997年9月版。82.6万字。38.30元。系根据Reeder and Felson's Gamuts in Radiology翻译而成,并加入了国内资料。全书分11章:颅骨和脑部;头部和颈部;脊柱及其内容物;骨、关节和软组织;心血管;胸部;胃肠道和腹部;生殖泌尿道和后腹膜;乳房X线照相;乳房疾病;多系统:其他;磁共振成像。每一章再细分成若干局部,然后介绍在局部若出现某种X线征象应考虑到的哪些可能的疾病,这些可能的疾病又分为常见的、少见的,所列疾病病种少则十余种,多则三四十种。在各相关部分又增加了不少条目,如关于"尘肺的中华人民共和国国家标准"、"世界卫生组织关于原发骨肿瘤和肿瘤样病灶的组织学分类"、第五章的附录:关于"肺癌的国际TNM分类和分期"。等等。(滕淑安)

R000142 **影像诊断学基本功** 廉宗澂、贺能树著。天津科学技术出版社1997年3月版。204.2万字。系"临床医学基本功丛书"之一。全书分上下两卷。上卷为X线诊断学基本功,包括7篇65章,介绍呼吸系统、循环系统、骨与关节系统、消化系统、泌尿生殖系统、中枢神经系统、五官的正常及异常表现。下卷包括4篇47章,其中超声波诊断学16章,CT诊断学15章,磁共振成像诊断学13章,介入性放射学3章,分别介绍各系统、器官、组织的正常及患病后的异常表现。(郝俊利)

R000143 **今日临床检验学** 丛玉隆、王淑娟等著。中国科学技术出版社1997年10月版。63万字。40.00元。分31章,书中从血细胞分析仪及血细胞形态学方面介绍了血液学检验进展;从凝血与纤溶等不同侧面介绍了止血与血栓性疾病方面的新技术、新进展及应用体会;详细论述了最新尿沉渣自动分析、干化学分析、男性学诊断及精典的尿沉渣显微镜检查;强调了科主任管理、计算机在实验室管理中的应用,以及医学统计学的实验设计对于实验室现代化、科学化管理的重要性。(胡永洁)

R000144 **全国临床检验操作规程** 叶应妩、王毓三主编。东南大学出版社1997年5月修订版。104.64万字。50.00元。主要介绍临床血液原检验、体液检验、临床化学检验、临床免疫学检验、微生物检验等各种检验原理、器材、操作、参考价和临床意义。(常凤阁)

R000145 **免疫球蛋白异常的基础和临床** 孔宪涛编著。上海科学技术文献出版社1997年10月版。27万字。28.00元。分3部分:第一部分论述免疫球蛋白的基础,包括结构、功能、合成代谢、基因结构及多样性等。第二部分则具体研究免疫球蛋白"异常"的方法学,详细介绍了从免疫球蛋白的分离、纯化,到单克隆、多克隆抗体的制备。与一般理论或技术书不同的是:作者特别强调了免疫球蛋白的"异常",并用大量文字分8章详细阐述了鉴定"正常"和"异常"的方法。第三部分侧重于临床,对多发性骨髓瘤、巨球蛋白血症、重链病、轻链病、半分子病以及各种罕见的浆细胞病等30余种疾患的临床特点、免疫学异常的要点和诊断作了具体介绍。(蔡平)

R000146 **默克诊疗手册** [美]Robert Berkow著,薛纯良等译。人民卫生出版社1997年12月版。390万字。152.00元。囊括普通内科医生预期碰到的各种疾病,与妊娠和分娩有关的问题,新生儿及婴幼儿常见病和重急症以及其他诸多特殊病症。疾病分类主要按其原发受罹器官系统、病因学或学科编排。此外,还涉及某些特殊病症的信息,如放射反应和损伤、深海潜水时所遇到的问题和齿科急症。一些新的内容如遗传学检查和咨询、儿童HIV感染、运动医学、济贫医学、医学中的跨文化问题以及促蛋白质合成类固醇的滥用等也包含在内。许多章节专门论述疾病的症状与体征，介绍如何取得诊断所需的病史和体检资料。在叙述用于诊疗的各种临床操作和化验时，重点介绍其适应证、禁忌证和可能的并发症。（樊京娜）

R000147　**袖珍检验手册**　王林贵等编。河北科学技术出版社 1997 年 4 月版。26.8 万字。10.00 元。对血液一般检验、血液流变学检验、骨髓细胞学检验、体液和排泄物检验、血液生物化学检验、免疫和细菌学检验等检验项目的参考区间、临床意义进行了叙述。血液一般检验包括血液常规检查、血型配血及输血、血液常见寄生虫、溶血性疾病检验、出血性疾病检验，血液流变学检验包括全血黏度、血浆黏度、细胞变形性测定、红细胞电泳、体外血栓形成，骨髓细胞学检验包括骨髓检查的临床意义、骨髓活体组织检查、细胞化学染色、染色体，体液和排泄物检验包括尿液、粪便、脑脊液、浆膜腔积液、胃液及十二指肠引流液、精液前列腺液和阴道分泌物、唾液、痰液，血液生物化学检验包括血液蛋白质、血液糖类及代谢产物，血液脂类及代谢产物，血液酶类，血液同工酶、血液非蛋白氮类化合物、血液电解质、血液微量元素、血气分析、维生素、激素及代谢产物、中毒检验，免疫和细菌学检验包括抗原抗体、细胞免疫、细菌等。（白世维）

R000148　**实用应急应变手册**　何裕民主编。上海科技教育出版社 1997 年 7 月版。32 万字。30.00元。分 11 节 233 条，存图 450 多幅。包括生死瞬间；中毒抢救；水火灾变；交通安全；遇险求生；自然灾害；家庭危急；自我保护；心理危机；老幼照料；自疗方法。其中第一节生死瞬间，是急中之急，专门叙述那些危及生命的症状的处理方法。（刘正兴）

R000149　**临床重症监护与治疗**　吴文溪主编。江苏科学技术出版社 1997 年 1 月版。43 万字。20.60 元。分 40 章，详细介绍呼吸、循环、泌尿、消化、神经、内分泌等系统中重要脏器功能衰竭的监护与治疗。（顾志伟）

R000150　**袖珍农村急救手册**　安瑞华、张运华主编。河北科学技术出版社 1997 年 4 月版。20 万字。8.00 元。结合农村实际状况，针对发生在日常生活中的急重病症，分内、外、儿、妇科中 100 余种常见病，如何实施抢救治疗，做了详尽介绍；简要介绍了常见急救技术操作的方法要领及农村中较常见的化学制剂、饮食中毒症的抢救办法。本书的编写注重农村状况和就诊习惯，内容表达以中西医结合为主，方法以治疗、护理及临床常用药物为主。（辛宝奎）

R000151　**系统化整体护理临床应用**　潘蕴倩、袁剑云主编。山东科学技术出版社 1997 年 6 月版。78 万字。39.00 元。论述系统化整体护理的科学理论及临床实践。分 3 篇，第一篇论述系统化整体护理的概念、特点及模式病房建设的项目，护理程序的定义、产生过程、理论基础、特征及作用，详细介绍评估、诊断、计划、执行、评价、护理记录等的最新进展。第二篇按功能性健康型态分类法详细介绍 1994 年北美护理诊断协会通过的 128 个护理诊断的名称、定义、诊断依据和相关因素。第三篇运用了护理程序的理论，结合临床施行系统化整体护理的体会，编著了内、外、妇、儿、五官科 79 种疾病标准的护理计划和教育计划。（颜承隆）

R000152　**临床护理观察学**　邹立志等著。华南理工大学出版社 1997 年 6 月版。30.7 万字。22.90元。在总结广大护士临床护理观察实践经验的基础上，通过理论思维，深化对临床护理观察重要性的再认识，总结、概括出护理观察的规律性结论、基本特点、观察内容和范围、观察方法和途径等 6 篇、35 章、121 节。在书中穿插典型个案 119 例，并对个案加以评议。（袁泽）

R000153　**临床监测学**　佘守章主编。广东科学技术出版社 1997 年 11 月版。96 万字。98.00 元。介绍现代临床监测的技术和理论，内容包括心血管功能监测、心电监测、呼吸功能监测、呼吸力学监测、脑功能监测、肝功能监测、肾功能监测、内分泌功能监测、免疫功能监测、体温监测、酸碱平衡和血气监测、一氧化氮监测、治疗药物监测、麻醉深度监测、神经肌肉传递功能监测、血液流变学监测、胃食管动态 pH 监测以及血管外肺水监测等。重点介绍各种监测的原理、方法、临床意义、合并症、应用前景等。（雷日开）

R000154　**新编护理学**　镰田三少子、陈淑英主编。上海医科大学出版社 1997 年 4 月版。96.1 万字。64.00 元。分为护理教育篇和临床护理篇，共 23 章。护理教育篇着重阐述中国、日本、美国及欧洲 10 国、亚太地区部分国家的高等、中等护理教育的先进经验，既介绍这些国家一般的护理教育概况，又详细地介绍了各国的护理教育的教学目的、教学计划、教学方式方法，以及教学改革面临的各种情况。临床护理篇除阐述各科常规护理外，着重介绍了各科护理学的新进展。此外，作者还阐述了老年护理、社区护理、康复护理等新内容。（王洪生）

R000155 **家庭护理600问** 施水泉编著。浙江科学技术出版社1997年3月版。30.7万字。16.95元。“21世纪家庭健康顾问”丛书之一。围绕家庭成员特点，介绍了老人、幼儿、孕产妇及一般人群易患的各科常见病的家庭护理方法，分为护理家庭病人的基本技术、常见病病人的家庭护理、小儿及儿科疾病的家庭护理、老人及老年病的家庭护理、妇女及妇科病的家庭护理、一般人群的家庭护理和常见急症的家庭护理等7大部分进行叙述。

内 科 学

R000156 **中西医结合内科研究** 江扬清主编。北京出版社1997年9月版。100万字。108.00元。“北京医学文库”之一。分为西医疾病治疗研究和中医证候治疗研究两大篇。书中针对94种西医病种和30种中医证候，详尽地阐述了中西医结合的丰富经验和研究成果，重点突出了特色经验探要、中西医优化选择、现代研究成果等内容。(龙杰)

R000157 **中国内科年鉴(1996)** 李石等编。上海科学技术文献出版社1997年4月版。113.1万字。60.00元。为1983年出版至今的第十四卷。包括上一年度的传染病，寄生虫病，呼吸系病，心血管病、消化系病、血液病，肾脏病，内分泌腺病，神经系病，结缔组织病，代谢病，中毒，物理因子所致疾病等内科各专业，并按内科各系统编撰。每个系统分“一年回顾”(附参考文献)和“文选”两大部分。本卷年鉴取材于1994年11月至1995年10月期间国内公开发行的179种有关医学杂志，共收集文献23 096篇。再在其中选出35%有代表性的论文撰写成一年回顾，其参考文献序号附有星号(*)者，系选入文选。各专业的一年回顾按需要分为若干章节，反映上述期间我国内科各专业的基础与临床研究进展，同时收录有关新技术、新理论及罕见病例。文选摘录文题，每位作者单位及姓名、材料与方法，研究结果及作者的主要见解或结论。部分文选有述评，仅表达个人对该文的看法并酌情介绍其他同类研究的概况。书末还刊有上述同期有关学科的全国性学术会议概况、有关杂志载有的各专业会议拟订的新的诊断标准(或建议)以及本卷所选杂志的全称及缩写、索引等附录。(蔡平)

R000158 **内科疾病诊治歌诀** 栗广林、常荣仙编。河北科学技术出版社1997年3月版。27万字。13.00元。内科疾病病种多，范围广，病因复杂，临床表现各异，诊治过程较复杂。本书针对这一特点，将每一种内科疾病的临床表现，诊断方法，治疗要点加以归纳，整理，以诗歌的形式加以概括，并给予具体论述。介绍了内科疾病的常见病、多发病，涉及传染性疾病、呼吸系统疾病、心血管病、消化系统疾病、肾脏疾病、血液系统疾病、风湿性疾病、内分泌系统疾病等。(王辛卯)

R000159 **实用内科学** 陈灏珠主编。人民卫生出版社1997年7月第十版。489万字。265.00元。第十版增编了与现代医学发展密切相关的分子生物学概论及免疫学概论，并对遗传学基础作了修改。增加了移植免疫、与灾害相关的挤压伤、大出血后的肾功能衰竭、“支原体感染”、“毒瘾”等章节，循环系统疾病篇增加了心血管病的介入性治疗，造血系统疾病中增加了新疗法如干细胞移植、成份输血、治疗性血液成份单采等内容。(姚冰)

R000160 **新编内科诊疗手册** 张学庸、张宁仔主编。金盾出版社1997年3月第三版。119.2万字。49.00元。共15章。书中对内科疾病发病机制、诊断治疗方法，以及当今的新概念、新分型、新标准、新技术、新药品、新疗法等作了简明扼要的叙述。书中收集了内科各系统疾病700余种。(李占春)

R000161 **临床医学多选题·内科学分册** 湖南医科大学临床学院编。湖南科学技术出版社1997年6月版。51.2万字。23.50元。“临床医学多选题丛书”之一。本书除根据全国联考大纲及教学大纲要求编撰外，还增加不少新的内容，并配有影像资料，共选测试题2 500个，内容涉及内科学诊断学基础、呼吸系统疾病、血液系统疾病、循环系统疾病、消化系统疾病、泌尿系统疾病、内分泌系统疾病、风湿性疾病、免疫性疾病、神经系统疾病，考试采用A_1、A_2、A_3、A_4、B 5种题型，既可考察受试者的基础理论知识，又可考察受试者的临床理论知识与技能状态，即考生的记忆力、综合分析能力和在临床时解决问题的能力。每章后均有标准答案，并对部分难题进行注解。(车平)

R000162 **中西医结合内科治疗学** 陈利国、尤可主编。人民军医出版社1997年7月版。116.9万字。78.00元。分11章，系统介绍呼吸系统、心血管系统、消化系统、泌尿系统、神经系统疾病，内分泌、代谢、血液、精神、周围血管疾病，风湿和老年病等内科常见疾病的病因、发病机制、病理、中医理论、临床表现、实验室及其他检查、诊断、鉴别诊断，特别详细介绍了中医中药辨证施治的症状分析、治疗原

则、方剂及具体药方，以及西医治疗方法，融汇了作者长期从事中西医结合内科的科研成果及实践经验。（张建平）

R000163 **肝炎及其后果** 副名：急性与慢性肝病的诊断、治疗和预后。［法］Klaus－Peter Maier著，郝连杰等译。人民卫生出版社 1997 年 9 月第四版。33 万字。将肝炎的种类及其分型在定义、流行病学和致病机理、传播途径、临床表现、实验室检查、抗原与抗体、诊断与鉴别诊断、病程经过、治疗及预防等多方面进行了全面总结和概括，将与肝炎有关的疾病及与肝炎并发的身体其他情况也进行了描述，并将现代有关方面的国际化新研究、新进展、新理论等融会贯通其中，还附有大量的参考文献。（姬敏）

R000164 **内蒙古鼠疫** 刘纪有、张万荣主编。内蒙古人民出版社 1997 年 8 月版。72 万字。80.00 元（平）、95.00 元（精）。论述内蒙古鼠疫自然疫源地的特点、人间鼠疫和动物鼠疫流行的历史和规律；总结了内蒙古自治区成立 50 年来，在鼠疫监测、疫区处理、边境鼠疫检疫、动物鼠疫控制及其调查研究等方面的经验和所取得的科研成就；概括了宿主动物、媒介蚤类的实验生态学、流行病的防治、鼠疫病原学和血清学等方面的研究及其应用。特别是该书在分析鼠疫疫源地现况的基础上，还提出了今后长远的防疫、防治鼠疫的策略和措施。（常青）

R000165 **医学新进展——结核病新特点及新对策** 张志学著。内蒙古科学技术出版社 1997 年 12 月版。13 万字。7.00 元。编者在收集和参考国内外大量资料的基础上，重点介绍关于结核病流行、变化的新趋势及新特点；同时对大咯血及结核性脑膜炎的综合治疗，现代结核病的化疗及细菌耐药的对策，几种新型的抗分支杆菌药物及基因（RCR）诊疗技术，重症结脑、胸膜炎、脓胸、气胸、支气管内膜结核及纤维空洞型结核等几种难治性结核病及并发症的局部疗法作了介绍。（许占武）

R000166 **心脑血管病的自我预防与康复** 张振刚等编著。金盾出版社 1997 年 12 月版。13.1 万字。5.80 元。主要阐述动脉粥样硬化、冠心病、心肌梗死和脑卒中疾患的病因、发病机制、并发症、预后、预防和康复的理论及其自我预防和自我康复的原则和方法。并使读者从中了解有关疾病的心理卫生、生活饮食的调整、康复锻炼以及疾病诊治的常识。（吴树荣）

R000167 **现代介入心脏病学实用技术** 赵学主编。重庆出版社 1997 年 4 月版。30.6 万字。19.00 元。以阐述近年临床介入性心脏病学的最新诊疗技术为宗旨，分 17 章，全面介绍心血管介入基本技术、冠心病介入诊疗技术、心内电生理检查及心律失常射频消融术、球囊瓣膜成形术、人工心脏起搏、埋藏式心脏自动复律除颤器、血流动力学监测、先天性心脏病介入诊疗术及心内膜心肌活检等。其中冠心病介入诊疗和心律失常射频消融构成本书的主体。（余国枢）

R000168 **实用介入性心脏病学** 沈卫峰主编。上海科技教育出版社 1997 年 9 月版。68 万字。56.00 元。介绍有关心脏与血管疾病的介入性诊治技术。内容包括：心导管塞配备、血液动力监测、心导管检查、冠状动脉造影、冠心病介入性治疗、周围血管狭窄或阻塞性病变的扩张或支架治疗、经皮球囊导管二尖瓣扩张术、先天性心脏病介入性治疗、起搏与电生理技术、以及射频消融治疗快速心律失常等。并配有 400 余幅造影照片与线条图。（方婷嫄）

R000169 **心导管术** 副名：先天性心脏病诊断与治疗。周爱卿主编。山东科学技术出版社 1997 年 8 月版。99 万字。150.00 元。作者通过6 600例心导管检查结合手术所见，对先天性心脏病的诊断、介入治疗，尤其对婴幼儿童症复杂型先天性心脏病作了总结。全书共 27 章，400 余幅照片，第一～十七章论述诊断性心导管术；十八～二十七章阐述介入性心导管术。（颜承隆）

R000170 **心导管学** 张维君、姜腾勇著。人民卫生出版社 1997 年 4 月版。89 万字。介绍心导管检查、心导管造影及心血管疾病介入治疗等内容，论述了心房、室间隔缺损、法乐四联症、心瓣膜病、血管畸形及冠心病等先天性和后天性心血管疾病的检查、诊断和治疗，介绍了主动脉气囊反搏、瓣膜气囊扩张、射频消融、人工心脏起搏等特殊心导管技术，并引进了 PTCA、PTRA、PTCLA 等最新资料。全书配有典型病例的超声心动图、X 线造影片等插图 459 幅。（杜贤）

R000171 **汇导联心电图同步诊断学** 卢喜烈编著。人民军医出版社 1997 年 9 月版。97.7 万字。76.00 元。系统介绍汇导联心电图同步诊断技术。包括心电图的理论基础和汇导联心电图的记录、分析技术，各种心脏病、心律失常、药物影响与电解质紊乱，以及各波段间期异常的心电图特征、产生机制、诊断与鉴别诊断，并随文配有汇导联同步记录的心电图 350 余幅，反映了心电图诊断技术的最新进展。（杨磊石）

R000172　**现代心电图学**　杨钧国等主编。科学出版社1997年5月版。156万字。168.00元。“现代临床医学丛书”之一。分4篇:基础篇介绍心电理论和导联理论的形成和进展;临床心电图篇和心律失常篇重点介绍了房室扩大、心肌缺血和心肌梗死、预激、室性和室上性心律失常、变异性平行节奏点、房室和室内传导阻滞等方面的最新概念、原理、诊断和鉴别诊断标准,系统介绍了心律失常的各种特殊心电现象,各章后附有疑难复杂心电图例分析约100幅;特殊心电图篇全面介绍了心电图各领域的最新进展,重点介绍计算机心电图等新领域、新方法和原理、临床及诊断标准,篇末介绍了心电图学在流行病学研究中的应用及最新的明尼苏达编码技术。(张樱)

R000173　**经食管超声心动图学**　李治安著。人民卫生出版社1997年5月版。73万字。298.00元。共42章,前一～七章为总论,概述检查方法,心功能监测,常用切面和解剖基础。第八～四十二章论述心脏瓣膜病、先天性心脏病、大血管病变、心脏占位病变,以及经食管超声心动图在外科手术及介入治疗中的应用,最后对经食管超声的发展前景作了预测。(雷亨朗)

R000174　**临床心电图学及图谱**　魏太星、魏经汉编著。河南科学技术出版社1997年1月第三版。90万字。60.00元。分两编。第一编阐述心电生理学的基本原理和有关技术知识,详尽介绍常见心血管疾病的心电图表现及其发生机理,并专章介绍药物、电物质、内分泌疾病、手术及麻醉等导致的心电改变。第二编为图谱,共有207组各类典型心电图,每组均附有简要的临床资源及详细的心电图分析,多数病例均有用药前后数次描记的心电图互为印证,既可供读者分析各类心电图时参照,又可供治疗类似病人时借鉴。

R000175　**临床心电图指南**　林为等主编。甘肃民族出版社1997年8月版。41万字。35.00元。共30章。全面系统叙述心电图基本理论和知识,详细介绍各类心电图的概念、发生机理、诊断、鉴别诊断及临床意义。其中对心电向量图、动态心电图、心率变异性、信号平均心电图、希氏束电图、心脏起搏与起搏心电图、食道心脏调搏和电生理检查等专章阐叙。挑选插图近400幅,包括常见典型的、少见复杂的图例。书中对复杂心律失常均有详细说明和梯形图解及临床情况简介等。内容涉及:心电图导联、平均心电轴、心脏顺长轴转位、正常心电图、心房心室肥大、冠状动脉供血不足、心肌梗塞、常见心脏疾病的心电图改变。药物电解质紊乱及生理因素对心电图的影响、心律失常概论、窦性心律失常、逸搏与逸搏心律、过早搏动、并行心律、阵发性室上性心动过速、阵发性室性心动过速、多重性心动过速、非阵发性心动过速、扑动与颤动、传导阻滞、心律失常中的心电现象、希氏束电图、心脏起搏与起搏心电图等。(张兰萍)

R000176　**袖珍心电图手册**　叶玉泉、刘美霞编著。河北科学技术出版社1997年4月版。14万字。5.50元。详细介绍正常心电图、房室肥大、冠状动脉供血不足、心电图负荷试验及其心电图其他试验、心肌梗塞的心电图诊断、常见心肺疾病的心电图表现、先天性心脏病的心电图表现、药物影响和电解质紊乱引起的心电图改变、心律失常总论、窦性心律失常、异位心律、干扰与脱节、并行心律与反复心律、传导阻滞中的一切特殊现象、心脏传导阻滞、预激综合证、人工心脏起博器心律、希氏束电图等内容。书末附有P-R间期正常最高值,标准肢体导联查心电轴表、据P-P或R-R间隔推算心率表、据R-R间期推算心率表,根据心率换算Q-T间期的正常范围及心电图示例等。(白世维)

R000177　**心房颤动**　郭国栋、汪庚辛主编。河南医科大学出版社1997年9月版。10.7万字。8.60元。分9章,阐述心房颤动的电生理、心房颤动的临床特征、心房颤动的心电图诊断及鉴别诊断、心房颤动的内科治疗、预激综合征与心房颤动、心房颤动的外科治疗,中医对心房颤动的认识与治疗,心房颤动的目前研究现状与展望。(李龙传)

R000178　**门静脉高压症的外科治疗研究**　孙衍庆主编。北京出版社1997年9月版。40万字。56.00元。“北京医学文库”之一。论述门静脉高压症的病因、病理生理、检查方法及多种治疗方法,不仅对过去的研究和经验作了客观的总结,同时也在比较的基础上给临床指出了积极的指导意见。(龙杰)

R000179　**现代血液病治疗学**　张家华、黄平主编。人民军医出版社1997年10月版。83.1万字。59.80元。分总论和各论,共38章。总论部分除介绍血液学基础理论外,重点介绍血液病治疗原则与方法,包括药物治疗、输血治疗、生物治疗、脾切除治疗、放射治疗、光照治疗、抗凝与溶栓治疗、骨髓移植及基因治疗等。各论部分介绍了近100种血液病的诊断要点及具体的治疗方案。对治疗上的新技术、新方法、新药物作了详细的介绍。(杨磊石)

～十四篇简要介绍耳鼻咽喉科、眼科、口腔科及皮肤科常见急症的诊治。(余满松)

R000197 **药源性疾病基础与临床** 陈季强、唐法娣主编。人民卫生出版社 1997 年 10 月版。70 万字。39.00 元。在总论部分，介绍药源性疾病的概念和简史、药源性疾病的流行病学、基本类型、发病机制和治疗原则。在各论部分分别以精神、神经、心血管、呼吸、消化、泌尿、内分泌、新陈代谢、血液、眼、口腔、耳鼻喉、皮肤、肌肉、骨、关节和结缔组织等系统介绍了 300 余种药源性疾病，以及药物引起的变态反应、营养不良、性功能障碍和不育症等；此外，书中还设专门章节分析药物依赖性和药物的致突变、致癌作用，以及生殖毒性。涉及的中西药物达 1400 余种。本书既从基础理论角度阐述药源性疾病的发病机制，也从临床角度阐述药源性疾病的表现和治疗原则。(张月如)

R000198 **中国人类染色体异常核型数据库** 夏家辉著。湖南科学技术出版社 1997 年 2 月版。67.2万字。48.00 元。共收入中国人类世界首报核型 1 210种，这些核型由全国 257 个实验室 658 位细胞遗传学工作者发现，而由作者自 1985 年至 1996 年 6 月底收集、鉴定。书中将这 1 210 种核型按染色体 1,染色体 2,……,染色体 22,染色体 X,染色体 Y 分类，对每一种核型，给出了它们的染色体有关数据，携带者的临床资料、该核型发现者的姓名、通讯地址。书末另附有发现者的姓名索引(按姓名的汉语拼音排序)。本书内容均用英文给出，并已转入美国 D. S. Borgaonkar 主编的《Repository of Human Chromosomal Variants and Anomalies—— An International Registry of Abnormal Karyotypes》。(陈一心)

R000199 **地方性砷中毒与乌脚病** 王连方著。新疆科技卫生出版社(W)1997 年 10 月版。30 万字。20.00 元。内容突出流行规律、临床表现、诊断方法及指标等重点，同时也编入了部分砷中毒高发区的研究资料及成果。全书分 16 章，涉及地方性砷中毒的主要方面为：砷中毒历史、环境地球化学中砷特性、砷代谢及其生物学效应、砷中毒发病机理、病理表现、临床症状与体征、两型地方性砷中毒流行病学特征、砷中毒与乌脚病的治疗、流行病学调查方法、预防方法、改水改灶工程管理、砷分析方法和工作标准等。另外附录了地方性砷中毒防治工作标准、砷中毒综合比较、个例诊查表、常见词汇英汉对照和躯干棕色色素沉着、手掌Ⅱ度角化、砷中毒者异形红细胞、台湾乌脚病等与诊断治疗密切相关的彩色照片。(胡赛音)

外 科 学

R000200 **新编外科诊疗手册** 王正国主编。金盾出版社 1997 年 3 月版。126.9 万字。49.50 元。分为上下两篇，共 32 章。上篇为外科临床诊断治疗的基本原则、技术操作和创伤的有关问题；下篇为外科常见疾病的病因、病理、临床表现、诊断和治疗。对新技术，如选择性血管造影、数字式减影血管造影、内窥镜诊断、放射核素诊断，以及 CT 和磁共振成像等检查手段在外科的应用，均作了介绍。(李占春)

R000201 **实用外科病理学** 陈忠年等著。上海医科大学出版社 1997 年 7 月版。121 万字。146.60元。分 15 章，简明扼要地描述了人体各系统、器官各种疾病，尤其是瘤样病变和肿瘤的病理形态特征、组织病理学分类、鉴别诊断和治疗原则，并附有线条图 125 幅和照片 625 幅。(何剑秋)

R000202 **实用外科手术学** 朱维继、吴汝舟主编。人民卫生出版社 1997 年 5 月版。102 万字。191.00 元。内容涉及到神经系统、唇、舌、腮腺、颈、乳房、胸部、腹部、泌尿及男性生殖系统、骨科、血管及表浅软组织等，共 7 篇 62 章 554 种常见手术，并配有 3 600 余幅插图。除每个手术的手术步骤均有图、文说明外，对有关手术的应用解剖、手术指征、禁忌证、术前准备、麻醉选择，术中注意事项及术后处理等也作了详细介绍或附图说明。(石智辉)

R000203 **现代麻醉学** 人民卫生出版社 1997 年 4 月版。329.9 万字。128.50 元。共 4 篇 131 章。总论中介绍了麻醉学的范畴，发展史，麻醉工作范围，发展趋势和展望、以及麻醉科的组织与药理。第一篇基础理论，介绍麻醉与脑、呼吸循环、血液、肝、肾、内分泌、代谢、体液免疫、遗传等的关系，全麻原理，临床药理学概念，及各类临床麻醉药的具体应用等。第二篇介绍临床麻醉工作。第三篇监测和危重症处理。第四篇麻醉的科研与教学，概述了麻醉的科学研究，电子计算机在麻醉领域的应用，麻醉研究用统计方法，实验外科麻醉，麻醉学教学和专业人员培训。(陈懿)

R000204 **心肺外科麻醉手册** 王凤学主编，郑斯聚审阅。辽宁科学技术出版社 1997 年版。45 万字。30.00 元。分 42 章，从心、肺解剖生理学基础入手，介绍心胸手术麻醉的有关问题，诸如麻醉前检查与准备、常用麻醉药与心血管用药、心胸手术的麻醉方法、术中输血与输液、麻醉机与呼吸机的应用、体外循环与心肌保护、术中监测技术等。尤其对常见心胸手术的麻醉处理,小儿、老年与并存疾病的特点及术后处理等都作为重点加以介绍。(张希兰)

R000205 **显微外科手术图解** 顾玉东、洪光祥主编。上海医科大学出版社1997年8月版。77.2万字。64.00元。对显微外科各项基本操作、各种皮瓣和肌皮瓣、骨与关节、周围神经、大网膜、肠段等显微组织移植和断肢(指)再植以及手部功能重建等100余种显微外科手术,采用图解的方式对其详细步骤加以描述。全书有线图980余幅。顾玉东,我国显微外科领域第一位工程院院士,1966年参与世界第一例足趾游离移植术,后发现足趾移植术中血管变异的规律,设计了"第二套供血系统"的新方法,提出了组织移植后血循环危象按时期分类的新观点和对不同时期、不同发病机制的血循环危象用不同方法处理的新理论,并用于指导临床工作。(高敬泉)

R000206 **头面部美容外科** 王建华、滕伯刚等著。山东科学技术出版社1997年7月版。36万字。157幅图。25.00元。在综合多学科知识的基础上介绍了头面部美容外科包括美学的基本理论,头面部有关器官和组织的应用解剖、各种先、后天畸形和缺陷等的检查、诊断及治疗技术。在内容选择上,以介绍美容及整形的治疗方法为主。(张明华)

R000207 **美容外科手术技巧** 丁芷林、汪良明主编。北京出版社1997年2月版。30万字。29.00元(精)。分基本技巧、手术技巧、经验教训3大部分,内容都是目前临床美容外科医生遇到和希望解决的问题。(龙杰)

R000208 **美容医学(颌面部)** 刘侃等主编。上海科技教育出版社1997年12月版。47万字。39.00元。分4篇15章:第一篇是对容貌美的理论概述,另3篇为本书临床重点篇,分别介绍颌面整形美容术(眼睑外科整形、耳、鼻、唇外科整形与颌面部整形)、颌骨与牙齿美容术以及颌面部皮肤美容与保健。(方婷嫄)

R000209 **医学新进展——创伤诊疗新技术** 李建伟等著。内蒙古科学技术出版社1997年12月版。13.9万字。7.00元。将常规诊断、治疗方法与现代高新科学技术有机的相结合,对颅脑损伤、胸部创伤、腹部外伤等创伤性疾病进行诊疗。(许占武)

R000210 **实验烧伤外科学** 黎鳌等著。重庆大学出版社1997年9月版。71万字。80.00元(精)。以动物选择、动物模型制作、特殊伤、皮肤保存和导体皮移植,以及烧伤基础理论等方面为构架,系统、详尽地提供了烧伤实验设计、技术途径、研究操作方法;书中绝大多数实验设计、研究方法都经作者反复实践;书中论述问题有些是国内外关注的亟待解决的热点问题和前沿问题,为烧伤基础理论日后的发展奠定了较高的基点;书中的内容不仅包括外科学各方面重要理论知识,而且还涉及到基础医学的许多学科,其中不少研究方法、手段及理论,丰富、深化了人们对外科学及基础医学的认识。(崔祝)

R000211 **现代立体定向神经外科学** 田增民主编。中国科学技术出版社1997年5月版。33万字。36.00元。作者结合丰富的临床经验和国外的新进展,分别介绍了立体定向手术发展史、立体定向仪的构造及原理、立体定向手术附属设备、CT和MRI引导立体定位方法、各种脑疾患的立体定向手术和立体定向放射神经外科治疗,并展现了计算机辅助立体定向神经外科的前景。全书共配图200幅。(胡永洁)

R000212 **气管外科学** 阎星、陈景寒等著。山东科学技术出版社1997年5月版。28.5万字。30.00元。介绍气管、支气管解剖生理,气管、支气管疾病及其诊断方法,各种气管、支气管麻醉,外科手术,围术期处理和并发症的防治。并附有大量的线条图和图片加以说明。尤其是不少典型病例介绍,如实地总结了许多实践经验和体会。

R000213 **现代甲状腺外科学** 王庆兆、魏韬哲主编。河南医科大学出版社1997年10月版。36.3万字。32.00元。介绍甲状腺的解剖学、生理学,甲状腺疾病的病理学。甲状腺功能检查及临床应用。本书总结了80年代以来国内外在甲状腺疾病研究方面的新进展,重点阐述了甲状腺功能亢进症、甲状腺肿瘤的外科治疗,同时描写了其他治疗方法。该书的最后部分是甲状腺疾病的手术学,介绍了各种常用的甲状腺手术方式,其中有作者创用的"带状肌帘状开窗术"及改良的颈清扫切口。(李喜婷)

R000214 **血管外科手术图谱** 石美鑫等主编。山东科学技术出版社1997年4月版。120万字。128.00元。共20章,第一~八章主要介绍血管外科解剖学、现代诊断方法、基本技术、腔内血管外科技术、血管移植材料等;第九~二十章依次论述颈部血管、胸内血管、内脏血管、下肢血管、血管损伤、动静脉瘘、腹主动脉瘤、四肢动脉瘤、门静脉高压症、肾性高血压等手术。(颜承隆)

R000215 **现代胸外科学** 黄孝迈等主编。人民军医出版社 1997 年 5 月第二版。129 万字。92.00 元。在第一版基础上由军内 20 多位专家结合近年来的最新进展重新编写的胸外科专著。共 11 篇 69 章，包括胸外科诊断技术、胸外科病理、围手术期处理、各种胸外科疾病(气管、肺及胸膜、食管及贲门、纵隔及膈肌、胸壁疾病)的病因、病理、临床表现、诊断及手术治疗，胸部创伤，胸部恶性肿瘤的综合治疗。此外，对肺移植、胸腔镜手术、激光及记忆合金在胸外科的应用等新技术也作了详细的介绍。(姚磊)

R000216 **现代胸腔镜外科学** 陈鸿义、王俊著。人民卫生出版社 1997 年 3 月版。26 万字。27.00 元。分两篇 15 章，系统展示了现代胸腔镜外科的全貌。在总论篇中，介绍了现代胸腔镜手术适应证、术前准备和术后处理，以及手术的必要条件和基本操作技术；并简要回顾了胸腔镜外科的发展历程。在应用篇中，详细介绍了现代胸腔镜在胸膜、肺、纵隔、食管、心脏等外科领域及小儿外科、胸外伤等方面的应用。重点描述胸腔镜手术方法、操作步骤和注意事项。(杜贤)

R000217 **现代肛肠外科学** 喻德洪主编。人民军医出版社 1997 年 2 月版。91 万字。68.00 元。分 4 篇，第一篇为基础理论，除解剖、生理、病理等内容外，还介绍了有关诊断与治疗技术、术后处理、麻醉、药物等；第二篇为肛管直肠疾病，着重介绍痔等基层常见病，以及这些病的复杂病例的治疗技术；第三篇为结肠直肠疾病，着重介绍肿瘤、肠造口等问题，还介绍了慢性顽固性便秘的外科治疗；第四篇为肛肠外科的特殊问题，如腹腔镜在肛肠外科中的应用，小儿肛肠外科问题，妊娠与肛肠疾病，以及肛肠的一些少见病。书中配有彩色插图，列有丰富的参考文献，附录中列有国际肛肠外科大事记。(姚磊)

R000218 **腹腔镜手术的并发症与对策** 陈训如著。云南科学技术出版社 1997 年 6 月版。共 3 篇、25 章，主要论述如何正确对待腹腔镜术的并发症，常用腹腔镜术切割、止血工具的优缺点比较，与气腹相关并发症的病理、生理学基础，腹腔镜术的共有并发症，腹腔镜胆囊切除术和胆总管探查术的并发症发生的原因与预防，其他各种腹腔镜术常见的并发症及对策。(陆秀华)

R000219 **手指再植与再造** 程国良、潘达德著。人民卫生出版社 1997 年 1 月版。655 万字。242.00元。作者早在 70 年代就以做断指再植的突出成就而闻名于国内外，近 20 年来积累了千余病例的第一手宝贵的临床经验。本书详尽地陈述了手的功能解剖、显微外科基本技术操作要领与作者的手术技巧，断指再植适应证、断指再植步骤、术后血管危象的观察和防治，并且对具有我国断指再植的特色——各种特殊类型的断指再植做了细致的介绍。(陈懿)

R000220 **手部创伤的修复** 王澍寰主编。北京出版社 1997 年 8 月版。“北京医学文库”之一。重点介绍手部创伤的修复和整形技术，着重讲解了各种手部外科手术操作技术，手部创伤修复的经验，包括近年来的科研成果、新技术等。书中 1 000 幅精细插图和照片充分展示了各种手术的细节。(龙杰)

R000221 **现代骨科手术学** 朱盛修主编。科学出版社 1997 年 5 月版。270.30 万字。196.00 元。“现代临床医学丛书”之一。共 29 章，约 4000 幅插图，由国内骨科著名专家、骨科各专业的带头人分章撰写。首先介绍骨科手术学的基础理论和共同技术，包括骨折固定、组织修复、人工关节、关节镜等，然后介绍上肢和下肢创伤、感染、畸形，以及脊柱外科、手外科、足外科、神经血管外科等手术技术，特别介绍了断肢再植、显微外科、替代外科的新进展。对各种手术的原则、适应证、操作步骤、术后处理、注意事项等均有详细的阐述。(总编室)

R000222 **新编骨科诊疗手册** 孟宪莛等编。江西科学技术出版社 1997 年 1 月版。91 万字。58.00元。包括诊断技术、骨折概论、上肢骨折、下肢骨折、躯干骨骨折与脊髓损伤、胸壁损伤、关节脱位、几种严重损伤并发症、脊柱软组织损伤及脊柱畸形、上肢软组织损伤、手部损伤与疾患、下肢软组织损伤、周围神经损伤、显微外科、骨与关节化脓性感染、非化脓性关节炎、骨与关节结核、骨关节畸形及变形、骨发育不良症、骨软骨病、营养障碍性及内分泌障碍性骨疾病、滑囊及腱鞘疾病、小儿软瘫及痉瘫、骨肿瘤与骨肿瘤样疾病、临床类症鉴别诊断、骨科常用手术。

R000223 **当代颈椎外科学** 李家顺、贾连顺主编。上海科学技术文献出版社 1997 年 5 月版。56 万字。42.00 元。对颈椎的创伤、退变、肿瘤、炎症、畸形和代谢性疾病等方面的经典理论及最新进展作了介绍，并针对临床常见的颈椎退行性疾病，作者从生物力学、应用解剖、生理学的基础上，详细阐述了颈椎退变的病理机制与临床联系。(蔡平)

R000224 **脊柱外科手术并发症及防治** 张佐伦著。山东科学技术出版社 1997 年 9 月版。16.8 万字。20.00元。总结编者近十余年有关脊柱外科的临床、科研和教学经验，结合脊柱外科基础理论和国内外最新文献，对脊柱外科手术并发症进行了深入分析并提出相应的处理原则和方法。作者从综合大量临床资料入手，系统地总结了颈椎病、颈椎后纵韧带骨化症、颈椎椎管狭窄症和颈椎损伤的外科治疗经验，深入分析了手术并发症的发生原因并提出防治方法。对于胸、腰椎的椎管狭窄和间盘突出症，胸腰椎骨折，各部位的脊柱肿瘤、结核、畸形，外科感染等疾患的治疗及其并发症的处理的论述亦颇有新意。(张佐伦)

R000225　**常见骨科伤病300问**　陈允震等主编。山东科学技术出版社1997年11月版。13万字。9.00元。将骨科常见的伤病，包括骨折与脱位、神经损伤、手外伤及断肢再植、手部疾患、颈肩腰疾患、骨坏死及代谢营养性疾病、骨与关节感染、骨肿瘤、非化脓性关节炎、肌腱及软组织损伤、截肢术与假肢、关节移植和人工关节、脊髓前灰质炎后遗症、常见骨科疾病的康复、骨科基本问题等，归纳出300个问题，以问答的形式加以说明。(李道生)

R000226　**软组织伤病学**　李含文主编。人民体育出版社1997年版。50万字。38.00元。分两大篇：软组织伤病总论和软组织伤病各论。总论包括3章，分别阐述软组织伤病的定义、临床意义、病因、病理、疼痛机理、分类、检查法、中西医治疗原则和方法手段。各论包括9章，分别阐述头颈部、躯干部、肩、上臂部、肘及前臂部、腕、手部、髋和大腿部、膝关节周围、小腿、足、踝部等200余种软组织损伤和软组织疾病的解剖生理特点、病因和发病机制、病理解剖特点、临床表现、治疗等内容。配有200余幅插图。(骆勤方)

R000227　**髓内钉内固定**　罗先正、邱贵兴等著。人民卫生出版社1997年10月版。29万字。48.00元。总论中对髓内钉的发展史、生物力学特点及其设计依据、髓内钉固定的骨折愈合特点及一些重要原则进行了论述。各论中详细介绍了胫骨、股骨和上肢骨髓内钉的技术要点、适应证选择、注意事项，还介绍了带锁髓内钉的特殊应用、股骨和胫骨髓内钉在欧洲的应用、带锁髓内钉的综合应用。书中附有大量典型X线摄像照片及线条示意图。(张学高)

R000228　**泌尿外科手术图谱**　Frank Hinman.Jr著，李龙承等译。人民卫生出版社1997年1月版。117.9万字。1200幅图。114.00元。图谱包括所有成人及小儿泌尿外科手术。这些手术及术式均是由Hinman教授35年来积累、研究的成果。他还请了专业绘图师跟随其进入手术室实地对每种手术进行速写，长达4年之久。其后，Hinman教授约请了全球200余位泌尿外科界、矫形外科界、血管外科界、小儿外科界和妇产科界专家对其收录的手术术式进行大胆的评述与修改，并将他们的意见，无论褒贬，均列于每种手术之后。另外，作者描述了手术的每一个细节，并不厌其烦地反复强调可能出现的每一个失误。(刘水)

R000229　**男性生殖毒理学**　丁训诚等主编。中国人口出版社1997年7月版。42.5万字。30.00元。收集国内外80～90年代重要文献和90年代国外经典著作，按男性生殖系统的基本概念、环境因素及其他因素引起的男性生殖功能障碍、男性生殖危害评价、常用研究方法4部分论述。书后附男性生殖毒理研究方法和调查表。以往关于男性生殖的书籍很少，参考书多以动物实验为重点。本书从人群流行病学调查，个体生殖功能检查，评价及引起男性生殖障碍的环境因素等作系统阐述，择要介绍细胞和分子水平的研究新技术、新方法。(刘建民)

妇产科学

R000230　**现代中西医结合·实用妇产科手册**　尤昭玲、李克湘主编。湖南科学技术出版社1997年5月版。69.3万字。19.25元。反映了90年代中西医结合临床妇科的新进展、新成果。共收入妇产科疾病170余种，包括月经病、妊娠病、常见妊娠合并症、产时病、常见产时并发症、新生儿异常及处理、产后病、女性生殖系统炎症、外阴皮肤病、性传播疾病、生殖系统肿瘤、子宫内膜异位症及腺肌症、女性生殖器官损伤性疾病、生殖器官发育异常、性功能失调、不孕症、遗传性疾病及小儿妇科疾病。共21章，采用中西医结合的方法进行编排。书末附录了妇产科法律问题、计划生育、妇产科特殊诊断与检查、文书书写示例及疗效标准。(车平)

R000231　**临床医学多选题·妇产科分册**　湖南医科大学临床学院编。湖南科学技术出版社1997年2月版。17.8万字。8.50元。“临床医学多选题丛书”之一。除根据全国联考大纲及教学大纲的要求编撰外，还增加了不少新内容，并配有影像资料，共选测试题1 300个，内容涉及妇产科基础知识、生理产科、病理产科、妇科疾病，共4章23节。考试采用A_1、A_2、A_3、A_4、B 5种题型，既可考察受试者的基础理论知识，又可考察受试者的临床理论知识与技能状态，即考生的记忆力、综合分析能力和在临床时解决问题的能力。每章后均有标准答案，并对部分难题进行注解。（车平）

R000232 **实用妇产科超声彩色图谱** 吴钟瑜编著。天津科技翻译出版公司 1997 年 9 月版。62.4 万字。981 幅彩图。240.00 元。分妇科篇和产科篇两大部分共 4 章。第一章妇科肿瘤包括卵巢非赘生性囊肿及赘生性肿瘤、子宫肌瘤、子宫体癌、子宫颈癌、输卵管癌及阴道肿瘤的超声图像；第二章妇科疾病包括盆腔脏器、子宫位置异常、子宫内膜异位症、先天性生殖道发育异常、功能性子宫出血、盆腔生殖器官炎症、子宫颈疾患、子宫疾患及子宫内节育器的超声图像；第三章生理产科包括胎儿发育、多胎妊娠、正常胎盘结构及正常脐带结构的超声图像；第四章病理产科包括早期流产、异位妊娠、胎盘病患和脐带疾患及异常、滋养细胞疾患、先天性胎儿畸形、生殖器官创伤、盆腔肿物合并妊娠的超声图像及胎儿超声心动图。本图谱共收集 981 幅经过精选的彩超、彩色标本照片及二维图像。其中卵巢肿瘤占有较大篇幅，因其种类繁多，影像反映亦多种多样。作者从影像角度将其分为 5 类，每类又以实际肿瘤彩色标本作为对照，使超声医师能加深对超声图像的理解。此外，在滋养细胞疾患一节中，彩色多普勒图像突出展示了该疾病所特有的低阻抗血流及频谱特征，证明彩色多普勒是诊断滋养细胞疾患的最有利的手段之一。在先天性胎儿畸形一节中几乎展示了所有系统的先天畸形并均有彩色标本对照。（赵丽琴）

R000233 **实用妇科内分泌学** 李诵絃、于传鑫著。上海医科大学出版社 1997 年 6 月版。58.4 万字。54.00 元。共 20 章，5 个附录，其中线图 100 余幅，照片 39 幅。分为 4 个部分：即基础理论，阐述生殖系统的分化和发育，月经的神经内分泌调节和遗传学基础；常见妇科内分泌疾病，着重于理论上的进展、临床经验和著者的见解，并提出存在的问题；比较全面地介绍了诊断技术，强调应用指征和临床意义；对常用激素类药物作了比较详细的介绍。（王晓萍）

R000234 **中西医结合诊治女性不孕与男性不育** 王建华、李香珍主编。河南医科大学出版社 1997 年 9 月版。24.1 万字。14.80 元。作者收集了国内外诊治不孕与不育方面的最新成就及中西医结合诊治不孕与不育的临床经验，编写而成。全书分上下两篇，中西医诊治女性不孕篇，主要论述了女性生殖系统的生理、解剖，不孕症的概念分类、病因病理、诊断治疗，特别是对阴道疾病、宫颈疾病、子宫疾病、输卵管疾病、卵巢病变、下丘脑—垂体—卵巢轴功能失调所致不孕设专章讨论，对身心因素、性生活与不孕、免疫与不孕、人工授精及其他辅助生育技术也作了论述。中西医诊治男性不育篇，详细论述了男性生殖器官的解剖、生理，男性不育症的病因病机、诊断、治疗。（杨泰予）

R000235 **受孕 怀孕 分娩** ［英］Miriam Stoppard 著，赵小文、王和译。人民卫生出版社 1997 年 12 月版。55 万字。145.00 元。以图文并茂的形式描述了一个新的生命从诞生、孕育到出生的全过程，以及母体在这一过程中发生的生理、心理和情感方面的变化。（樊字娜）

R000236 **现代产科治疗学** 李大慈主编。广东科学技术出版社 1997 年 11 月版。70 万字。38.00 元。论述从妊娠至分娩以及产后的各种异常情况及其处理的产科治疗学专著。内容包括病理妊娠、妊娠并发症、胎儿窘迫及胎儿监护、分娩异常、产后出血、产褥感染等。（雷日升）

R000237 **孕产妇生活 600 问** 林树侯编著。浙江科学技术出版社 1997 年 6 月版。29 万字。16.50元。“21 世纪家庭健康顾问丛书”之一。包括优生优育、疾病与妊娠、孕期保健、孕妇生活起居、孕妇营养饮食、孕妇穿着及美容、孕期保护、高危妊娠的防治、孕期监护和监测、迎接分娩、分娩及难产防治、产褥期保健、母乳喂养、新生儿护理等 14 个部分的内容，依次从孕前开始至产后及新生儿喂养和护理，进行了叙述。

儿 科 学

R000238 **儿科学新理论与新技术** 陈树宝著。上海科技教育出版社 1997 年 2 月版。69.3 万字。48.20 元。为“医学新理论与新技术”丛书之一。内容包括生长发育与营养、新生儿疾病、呼吸、心血管、神经、血液、泌尿、内分泌、代谢、遗传、免疫、消化道与感染等疾病，以及心肺复苏、静脉营养在儿科中的应用等。（方婷媛）

R000239 **实用儿科手册** 王永午主编。人民军医出版社 1997 年 5 月版。113 万字。85.00 元。分 5 篇，第一篇介绍儿科急症的诊断与救治，危重症的判断与监护治疗，第二篇介绍儿科疾病常见的 24 种症状以及临床诊断时的分析思路；第三篇介绍了

700多种疾病,论述了每种疾病的诊断与治疗方法,重点介绍了新的诊疗技术;第四篇介绍了小儿的生长发育与各年龄期的保健,小儿疾病的预防;第五篇介绍了儿科的有关诊断技术操作和治疗技术操作、儿科的药物及其剂量等。书末附有索引。(姚磊)

R000240　**实用新生儿学**　金汉珍、黄德珉、官希吉主编。人民卫生出版社1997年3月第二版。131万字。109.00元。在修订再版时,主要增加了必要的章节,如新生儿遗传代谢病的筛查,分子生物学技术在诊断新生儿感染性疾病中的应用等;增加了新进展,如呼吸窘迫综合征的预防,窒息的新法复苏及合并症的防治等,各章节都增加了国内外有关新进展;减少了已在一般儿科学中书写的内容,如删减了新生儿咽后壁脓肿等;修订了药物剂量表和索引。(赵永昌)

R000241　**儿童咳喘病的治疗与防护**　胡成群著。武汉出版社1997年9月版。13万字。12.00元。从中医学的角度,介绍儿童呼吸系统疾病——哮喘、咳嗽、肺炎喘嗽的预防和治疗。主要包括:基本概念、医学渊源、诊断与鉴别类证、病因病机、辨证论治、其他疗法、饮食宜忌、预防护理、名医名方及现代研究新进展。(郭庭军)

R000242　**现代中西医结合·实用儿科手册**　欧正武、张宝林主编。湖南科学技术出版社1997年6月版。71.2万字。28.00元。展示了90年代中西医结合临床儿科的新进展、新成果。共收入160余种疾病,包括新生儿疾病、传染病、寄生虫病、结核病、营养缺乏性疾病、消化、呼吸、心血管、泌尿、血液、内分泌等系统疾病,以及神经、肌肉疾病、免疫异常和胶原性疾病,恶性肿瘤和其他常见病,共16章。每种疾病介绍了它的病因、中西医命名、诊断要点及鉴别诊断、中医治疗、西医治疗,有的症还介绍了预防和医嘱示例。附录中收入了中西两种病历书写格式和示例;儿科常用化验检查正常值,常用中药、中成药、中药注射剂及常用西药的功效、主治、剂量、用法,常用针灸、推拿穴位及手法;西医儿科常见病疗效标准。(车平)

肿　瘤　学

R000243　**小儿肿瘤学**　佘亚雄、应大明著。上海科学技术出版社1997年2月版。59.2万字。40.00元。分两大部分,42章。第一部分为总论,共11章,主要介绍小儿肿瘤的总体情况、小儿肿瘤的流行病学、肿瘤的分子生物学和小儿肿瘤的诊断和治疗的原则等内容。第二部分为各论,共31章,每一章为一种肿瘤,分别介绍了小儿的白血病、淋巴瘤和各种儿童常见的实体肿瘤以及瘤样病损。(张蓉)

R000244　**食管癌肺癌临床防治**　王增林等著。河北科学技术出版社1997年12月版。11.8万字。6.00元。采用问答形式,多为临床中常遇到的问题及病人、家属常提出的问题,对其做了解答。主要内容有肿瘤概念、食管癌的临床特点、肺癌的临床特点、食管癌肺癌的手术治疗、食管癌肺癌的放疗化疗、食管癌肺癌病人的康复、食管癌肺癌的预防。(白世维)

R000245　**实用肿瘤病理方法学**　许良中著。上海医科大学出版社1997年9月版。111.6万字。108.00元。分4篇37章,分别介绍组织病理学、组织化学、免疫组织化学、癌基因、抗癌基因、染色体、AgNOR、ICM、FCM、PCR、FISH、原位杂交、免疫电镜、扫描电镜、DNA测序等新技术新方法,反映了近年来肿瘤病理学研究的新进展和新成就。主编许良中教授,从事肿瘤病理学研究工作已40余年。曾先后留学英、美、德、加拿大等国。现任上海医科大学肿瘤病理学教授,上海医科大学肿瘤医院分子病理研究室主任,博士生导师。为欧洲癌症研究学会会员、欧洲血液病理学会及国际抗癌联盟研究员协会会员。在国内外共发表论文170余篇,主编《细胞营养与组织培养》、《乳腺病理学》等专著。(何剑秋)

R000246　**福建省恶性肿瘤地图集**　《福建省恶性肿瘤地图集》编委会编。福建科学技术出版社1997年6月版。36.4万字。198.00元。分序图,福建省恶性肿瘤死亡等级分布及70、80年代恶性肿瘤死亡比较,福建省恶性肿瘤死亡等级分布与地球化学元素相关分析3个部分。对鼻咽癌、食管癌、胃癌、肝癌、肺癌、肠癌、白血病、乳腺癌、宫颈癌等9种主要恶性肿瘤在全省以县为基本单位的死亡分布情况进行聚类分析(分为5个等级水平),对40种地球化学元素与上述9种主要恶性肿瘤死亡等级之间的关系进行相关、逐步回归、主因子等分析,据以绘制出全省恶性肿瘤死亡分布图和地球化学元素含量与各种恶性肿瘤死亡相关等级分布图。资料取自从1976年开始的历时20年的全省肿瘤防治情况调查。通过分析表明上述9种主要恶性肿瘤具有明显的地区分布,年龄分布曲线亦具有鲜明的特征;40种地球化学元素中有14种元素与恶性肿瘤死亡率呈正相关,19种元素呈负相关。(林为建)

R000247 **常见肿瘤病理组织学与免疫组织化学彩色图谱(全)** 杨发端、郑天荣等主编。福建科学技术出版社 1997 年 2 月版。34.2 万字。90.00 元。汇集全身各系统常见肿瘤，即皮肤肿瘤、软组织肿瘤、骨肿瘤、呼吸系统肿瘤、消化系统肿瘤、肾与膀胱肿瘤、女性生殖系统肿瘤、乳腺肿瘤、前列腺和睾丸肿瘤及瘤样病变、神经系统肿瘤、恶性淋巴瘤、甲状腺瘤、唾腺肿瘤，以 HE 染色切片为基础，结合免疫组织化学和组织化学反映结果，制成彩图 582 幅，配以简炼的文字说明。(郑爱今)

R000248 **恶性淋巴瘤现代诊断与治疗** 黄一容等编。河南医科大学出版社 1997 年 11 月版。31.5 万字。86.00 元。对我国淋巴瘤的发病情况、应有的诊治原则和方法都有论述，详细阐述了病因、病理、诊断、治疗、预后等领域的现状及进展。共引用中外文献 310 余条。(蔡婷)

R000249 **颅底肿瘤手术学** 周定标、张纪主编。人民军医出版社 1997 年 8 月版。58 万字。56.00 元。内容包括颅底肿瘤分类、颅底应用解剖、颅底肿瘤手术基础、麻醉、监测和脑保护，颅面部骨切开基础，前颅底、中颅底和后颅底肿瘤手术中的重建，以及颅底肿瘤的其他治疗方法等，重点介绍了颅底各部位的手术入路，其中有传统的入路和近年来各国学者推出的一些新入路。(冯江东)

神经病学和精神病学

R000250 **神经精神病学** 史庭慧编译。上海科学技术出版社 1997 年 11 月版。34.6 万字。20.60 元。系英汉对照的医学读物。共有异常体征和综合征——根据和解释、腰椎穿刺、癫痫、脑膜炎、头痛和偏头痛、脑梗死、腔隙梗死、高血压脑病、脑内出血、阿茨海默病、精神病诊断所用的术语等 10 篇。内容包括神经系统检查、实验室检查和神经放射影像学的描述，神经系统常见疾病和随老龄化社会而日益增多的老年神经系统疾病的说明。(李珺)

R000251 **颅内钙化及其疾病** 葛力等著。甘肃科学技术出版社 1997 年 8 月版。21 万字。14.00 元。分 12 章，着重对伴有颅内钙化的疾病，在病因、临床表现、影像学表现、治疗及预后上，作了讨论。(王辉)

R000252 **放射性核素脑显像** 孙达著。杭州大学出版社 1997 年 8 月版。58.8 万字。29.00 元。是作者 1995 年在美留学时的研究课题的成果。在美期间，作者收集和阅读了大量的文献和该领域的最新科研成果，回国后又结合国内的文献编著而成。内容涵盖了脑的功能性测定、脑血管疾病的方方面面；并附有大量的病例剖析。(徐素君)

R000253 **脑先天性、遗传性疾病 CT.MRI 诊断学** 施增儒等著。上海科学技术文献出版社 1997 年 5 月版。27.7 万字。30.00 元。总结有关脑先天性、遗传性疾病近 10 年来国内外最新的研究成果，阐述各种脑先天性、遗传性疾病的影像学表现、病因病理、临床及遗传学方面的内容；阐述了智能低下、遗传共济失调、脑血管畸形、癫痫、脑瘫、脑先天发育不良和临床常见的影像学表现。并根据临床工作实践，重点介绍了儿童精神障碍疾病的影像学表现。对目前国际上重点研究的神经性厌食症、儿童孤独症等也作了系统的介绍。书后附有 100 余条参考文献和近百幅代表各种典型病例的图例。(储文瑞)

R000254 **脑性瘫痪** 陈崇文著。沈阳出版社 1997 年 12 月版。20 万字。12.00 元。共 28 章，首先介绍脑性瘫痪的病因，一般性的检查，X 线及 CT 检查；特殊检查及鉴别诊断；脑性瘫痪的石膏技术；脑性瘫痪手术基本技术、护理及脑性瘫痪的麻醉；髋部畸形的矫形手术治疗；膝部畸形的矫形手术治疗；足部畸形的矫形手术治疗；肩部、肘关节的畸形矫形手术治疗；腕关节、手部的畸形矫形手术治疗；脊柱的临床基础；脑性瘫痪的运动疗法及物理疗法；脑性瘫痪的针灸及按摩疗法。(潘晓翊)

R000255 **临床脊髓病学** 高绪文、郑明新主编。人民卫生出版社 1997 年 8 月版。90 万字。54.00 元。是在医学科技事业和脊髓疾病研究的基础上，将一些有关脊髓疾病的研究成果、新观点、新技术以及新的治疗方法，结合作者多年的临床实践进行总结，包括了脊髓的解剖、生理、病理生理、各类病因所致的脊髓疾病、常见脊髓疾病的症状和体征，以及脊髓疾病的诊断、治疗、预防、康复、护理和一些特殊治疗方法等。主要介绍的疾病有脊髓炎症性疾病、脊髓灰质炎、脊髓变性疾病、脊髓脱髓鞘疾病、脊髓压迫性疾病、脊柱病变性脊髓病、脊髓血管病、放射性脊髓病、中毒性脊髓病、脊髓损伤、遗传性脊髓病、先天性脊柱脊髓疾病、植物神经系统疾病、全身疾病引起的脊髓病等。(赵永昌)

R000256 **脑诱发电位学** 张明岛、陈兴时等著。上海科技教育出版社 1997 年 12 月版。77.3 万字。52.00 元。分基础篇、临床篇和附录 3 部分。基础篇着重介绍脑诱发电位的神经解剖生理基础、基本理论、技术体系的结构;临床篇着重阐述听觉、视觉和体感诱发电位、嗅觉和味觉诱发电位、三维诱发电位、脑电地形图以及它们在临床上的使用;附录介绍了仪器的技术系统及操作规程、正常人参考均值、常用医学数据统计方法以及常用名词简释。(汤抗美)

R000257　**实用康复精神医学**　王善澄主编。湖南科学技术出版社 1997 年 7 月版。31.2 万字。14.00 元。"新精神医学丛书"中的一本。阐述康复精神医学的概念和原则,康复服务特别是社区康复的组织形式和设施、心理社会干预、家庭和有关精神药物在精神康复中的作用,以及精神康复的评估方法和量表使用等。(李遂平)

R000258　**医学新进展——心身疾病**　张洪明等编著。内蒙古科学技术出版社 1997 年 12 月版。13.3 万字。7.00 元。引用大量的国内外心身疾病治疗实例,着重介绍了应激、心身疾病的诊断标准及分类、心身疾病的病因及发病机制、人体各大系统的心身疾病、躯体疾病中的心理变态、心身疾病的诊断及心理治疗、药物治疗等内容。(许占武)

皮肤病学与性病学

R000259　**实用皮肤科学**　刘辅仁主编。人民卫生出版社 1997 年 12 月版。115 万字。112.70 元。分 4 篇。首篇为总论,分 12 章阐述皮肤的解剖和组织学、生理学、病理学,以及一些常用的皮肤病诊断、防治的基本知识,并另章介绍了皮肤的卫生护理及美容。第二篇为各论,列 30 章,重点叙述了病毒性、球菌性、杆菌性、真菌性皮肤病,螺旋体病,动物所致的皮肤病,变应性、物理性、光源性、职业性、神经机能障碍性皮肤病,水疱性、角化性、色素障碍性皮肤病,扁平苔藓及苔藓样疹,红斑类病,结缔组织病,皮肤血管及淋巴管病,营养代谢障碍性皮肤病,真皮及皮下组织病,指(趾)甲病,网状细胞增生症,皮肤肿瘤、皮肤病综合征及性病等 500 余种皮肤病的诊治经验。第三篇详细介绍了皮肤科常用的各种实验室诊断方法。第四篇附录包括了常见皮肤病护理常规,常用中西药物、方剂及常用的菌素、菌苗、抗原、培养基的制法。(陈懿)

耳鼻咽喉科学、眼科学、口腔科学

R000260　**耳鼻喉科学新理论与新技术**　王正敏主编。上海科技教育出版社 1997 年 12 月版。55 万字。42.00 元。是"医学新理论与新技术"丛书之一。突出了国内外新技术与新理论,如从分子细胞学水平研究内耳毛细胞再生机理、生物材料和组织工程在头颈再造外科应用中的高新技术、显微激光灯骨外科,以及耳鼻喉与面部等各科诊疗新进展。(方婷嫄)

R000261　**实用耳鼻咽喉科学**　樊忠、王天铎主编。山东科学技术出版社 1997 年 2 月版。160 万字。168.00 元。共 87 章,分为耳科学、鼻科学、咽科学、喉科学、气管与食管、颈部疾病、中医耳鼻咽喉科学、耳鼻咽喉治疗学 8 篇,列题讲述了 470 余种耳鼻咽喉科疾病的发病原因、临床表现、检查方法、诊断与鉴别诊断、治疗与预防,临床各篇还分别列章介绍了有关学科的胚胎发育、实用解剖与生理等基础理论知识。本书以临床实用为原则,重点讲述了耳鼻咽喉科常见病与多发病的防治知识;结合学科发展需要,减缩了过去流行而现在基本绝迹或很少发生的白喉、天花等疾病,增写了现时新病种如晕动病及艾滋病等在耳鼻咽喉科的表现与治疗;引入介绍了听力检查、耳科纤维导光镜检查技术、助听器的选配与使用、鼻窦内窥镜手术的新进展、喉癌手术后发音重建、激光与冷冻疗法在耳鼻咽喉科的应用等有关新方法与新技术;开辟了耳神经外科学、鼻神经外科学等新的边缘学科;编入了颈部疾病和嗓音病的防治等。每篇末附有主要参考文献;全书末附有耳鼻咽喉科常见解剖名词、疾病名称、诊断技术及方法名词索引。(初世均)

R000262　**临床副鼻窦影像诊断学**　张挽时等著。中国科学技术出版社 1997 年 5 月版。18.8 万字。50.00 元。共 11 章,250 余幅照片,详细介绍了最新影像诊断技术,MRI、CT 及 X 线的原理和在副鼻窦疾病诊断中的应用。描述了副鼻窦的断层解剖、各种良恶性肿瘤、炎性病变及常见病、少见病和正常变异的副鼻窦影像变化。(胡永洁)

R000263　**眼科病理学**　孙为荣主编。人民卫生出版社 1997 年 1 月版。106 万字。114.10 元。采用酶组织化学、免疫组织化学、分子生物学、电镜技术等研究方法,重点阐述结膜病、角膜病、巩膜病、葡萄膜病、视网膜病、青光眼、晶状体病、眼与全身病等常见眼病的病理变化。本书反映了当代病理研究的新内容、新技术、新成果、新观点及新进展。书中所汇集的 900 余幅典型病例的病理切片图片(其中 100 余幅彩色图片),其绝大部分为国人资料。另外,为了

纪念我国著名眼科病理学专家潘作新教授，将他所捐献给眼库的眼球，制成标本切片，收于书中。（郝巨为）

R000264 **眼科影像诊断学** 史大鹏等主编。河南医科大学出版社 1997 年 11 月版。40.3 万字。88.00 元。共 14 章，四百余幅图，分别介绍 x 线眼科影像、B 型超声、MRI 等在眼球、眼眶各部疾病中的异常表现，诊断要点，鉴别要点，并辅以典型病例图片予以说明。对神经眼科学、眶周及全身病的眼部影像表现、眼科介入影像诊断及治疗也有所介绍。（杨秦予）

R000265 **眼外伤学** 张效房、杨进献主编。河南医科大学出版社 1997 年 11 月版。109 万字。116.00元。共 7 篇 45 章，7 篇分别为眼外伤的基础理论、病史与检查、机械性眼外伤、非机械性眼外伤、儿童眼外伤的防治、中毒与职业性眼病、眼外伤的预防与护理。基础部分概要介绍了眼外伤的生理、病理、感染、免疫等理论，以及电生理检查、影像诊断、造影检查等技术。临床部分详细论述了各类眼外伤的临床表现、诊断、手术治疗及药物治疗，更突出了眼内异物的各种定位方法及各种手术特点、技巧。论述了中毒与职业性眼病。（李喜婷）

R000266 **眼科手术学** 李绍珍主编。人民卫生出版社 1997 年 7 月版。143 万字。113.00 元。详细论述现代眼科手术的手术原理、适应证、手术方法及手术步骤、术后处理、并发症及其处理、手术要点及难点等内容；除了文字介绍外，配合手术过程附有大量的线条图示意。全书共 19 章，第一至三章为眼科手术总论、麻醉和基本操作法，从第四章开始依次介绍了眼睑、泪器、结膜、角膜、巩膜、晶状体、虹膜、青光眼、斜视、视网膜、玻璃体、眼肿瘤、眼球摘出、眼外伤及激光等手术，并对发展迅速的手术如晶状体、玻璃体、视网膜、角膜、青光眼的手术做了重点阐述。（郝巨为）

R000267 **根管治疗学** 葛久禹主编。江苏科学技术出版社 1997 年 9 月版。16 万字。8.90 元。分 12 章，详细阐述根管的解剖、根管预备、根管消毒、根管充填等知识。（顾志伟）

R000268 **实用口腔疾病诊治图谱** 邱蔚六等编著。山东科学技术出版社 1997 年 10 月版。55 万字。278.00 元。分 25 章，以疾病的诊断和处理为纲进行编写。其内容包括口腔内科、口腔颌面外科、口腔修复科、口腔正畸科、儿童口腔科等有关口腔医学领域内的常见病。为了加强基本操作和介绍有关技术，还专列了有关临床检查、常用诊断技术等内容。除常规诊断、治疗方法外，还介绍了最新的诊断方法和治疗技术。

特种医学

R000269 **临床介入核医学** 秦明秀、刁国平著。天津科学技术出版社 1997 年 5 月版。84.1 万字。76.00 元。对基本成形并在实际工作中应用的介入核医学基础理论、基本方法、具体操作步骤、在各环节中可能出现的问题以及应对措施均做了详细的阐述。并且抓住了核医学的主要发展方向，对核医学在临床应用中有可能产生重大突破的基本理论、方法等尽可能多地进行了探讨。全书分 20 章，附插图及彩图约 200 幅。首先介绍了放射性核素内辐射剂量计算，随后介绍了放射性药物，放射性核素介入诊断和治疗的防护原则、病人管理、基本技术、动脉插管技术，以后依次按照中枢神经、内分泌、循环、消化、泌尿生殖等系统分别编写介入诊断和介入治疗。对肿瘤的放射免疫显像诊断，组织间质介入治疗，腔内介入治疗，动脉内介入治疗，经门脉介入治疗肝癌等均重点介绍原理、方法、适应症、禁忌症、临床应用和评价。对介入导向核素治疗也做了介绍。（袁向远）

R000270 **军队医院管理学** 张立平主编。人民军医出版社 1997 年 7 月第三版。139 万字。110.00元。在前二版的基础上，全面总结了军队医院管理的理论研究和实践经验，共10 篇 80 章。总论部分包括医院和医院管理的创立与发展，医院工作特点、职能、性质和方针，医院现代化建设、改革与发展，医院管理学学科体系、管理模式和基本经验。应用管理部分包括医院组织结构、领导体制、人员编设、干部人事、业务管理、质量管理、中医药管理、信息管理、经济管理、医疗和后勤物资设备管理、战时与特殊条件下的医院管理、医院管理方法与技术，以及相关学科在医院管理中的应用。（冯江东）

R000271 **现代野战内科学** 张学庸、张宁仔主编。人民军医出版社 1997 年 2 月版。80 万字。98.00元。作者在总结我国历次战争和军事演习的经验以及科学研究的成果，广泛收集国际上近阶段历次战争的资料的基础上编著。首先介绍内科疾病的防治在保障战时部队战斗力方面的重要性，战争环境对部队人群健康的影响和各种致病因素特点与对策等，然后分别介绍了战时循环系统、消化系统、呼吸系统、泌尿系统、内分泌系统、神经系统疾病以及皮肤病的发病特点、预防、诊断和治疗的方法。同时还介绍了特殊作战地区如高原地区、热带与亚热带丛林地区、寒区,以及海上作战条件下防治疾病的关键性技术措施。(姚磊)

R000272 **军事医学辞典** 陆增祺主编。上海辞书出版社 1997 年 7 月版。170.2 万字。98.00 元。收录词目 4 500 余条,分军事医学史、卫生勤务学、军队卫生统计学、军队卫生学、军队流行病学、军事医学心理学、野战外科学、野战内科学、核武器医学防护学、化学武器医学防护学、生物武器医学防护学、军事航空医学、航天医学、军事航海医学、潜水医务学、军队药材管理学、军队卫生装备学、军事兽医学等 18 个大类,包括了从天(航天、航空)到地、从地到海(航海、潜水),从平原到高原、从常规武器到特种武器(核、化、生武器)等各个领域的最新发展的军事医学内容,全面系统地反映了我军军事医学发展的经验和最新研究成果。释文中的立论和数据,大多引证国内外的文献,并注意切合国情和实际应用。正文按学科分类编排,书末附有《中国军事医学大事记》、《外国军事医学大事记》、《中华人民共和国法定计量单位简表》、《非国际单位制单位与法定计量单位的对照换算表》等附录及"词目英汉对照索引"、"词目笔画索引"。(乐嘉民)

药　学

R000273 **实用治疗药物学** 耿洪业、王少华主编。人民卫生出版社 1997 年 7 月版。174 万字。95.00 元。阐述各类治疗药物的临床应用。作者通过对药物的体内过程、药理作用、临床适应证及具体用法,不良反应及其防治、药物相互作用给患者带来的影响等的论述,介绍各种(类)药物的临床治疗作用和使用方法。本书收载的药物均为治疗药物,以临床医师、临床药师为主要读者对象,诊断用药、预防用药、计划生育用药等未予收录。(李显玠)

R000274 **新编药物学** 陈新谦、金有豫主编。人民卫生出版社 1997 年 7 月版。146.8 万字。62.50 元。初版于 1951 年 6 月,迄今 40 余年,现已出版至第十四版(1997 年出版)。在此 40 余年间医药科学有了长足进步,药学面貌大有改观,本书内容亦随之不断修改补充。至第十四版,其总论部分增加至 12 节,内容涉及药物代谢动力学、老年人用药、药物对胎儿的影响、药物相互作用、滥用药物造成的危害、控制释放的制剂、药品的管理(含国家基本药物、非处方药物)等等;各论部分增至 24 章,分述 24 大类 103 小类药物,共收药 1 400 余种,各药下除分列药物名称、性状、药理及应用、用法、注意、制剂等外,有的还列出化学结构式、药物来历、药物相互作用、贮法等项。(吕佩斌)

R000275 **以核酸为作用靶的药物研究** 张礼和等编著。科学出版社 1997 年 8 月版。25.9 万字。23.00 元。分 9 章:第一章概述作用于核酸的药物设计的特点;第二章介绍核酸结构的基础知识;第三至五章以阿霉素等抗肿瘤药物中 DNA 相互作用研究为例,依次介绍基于三维结构的药物分子设计的方法,包括测定三维空间结构的 X 射线结晶学、溶液构象的 NMR 波谱学以及计算机分子模拟;第六章属于分子药理学内容,介绍研究药物与 DNA 相互作用的序列特异性的实验技术;第七章介绍干扰核酸代谢的抗肿瘤、抗病毒药物;第八章和第九章则分别介绍最近反义核酸和酶性核酸的研究进展。(总编室)

R000276 **实用药理要述** 于信民著。内蒙古科学技术出版社 1997 年 3 月版。22 万字。13.50 元。以卫生部规划教材《药理学》(第三版)为主要蓝本,参照国家教委高教司《药理学课程基本要求》编写的。全书分 50 章,每章按:章节要点、学法指南、新特药简介、老药新用、自测题、部分参考答案 6 部分撰写。其中章节要点:提示该章的基本概念、代表药物、重点难点;学法指南:指导学生如何快速准确地掌握本学科知识特点;新特药简介和老药新用;前者弥补了教材难以跟上临床的不足,后者丰富了基础药理学的内容,增加了读书的可读性和实用价值;自测题以 1996 年全国医学专科学校试题库建设会议确定的《标准化题解》,围绕药物的构效关系、体内过程、药理作用、适应症、禁忌症、不良反应、急性中毒、使用方法及注意事项等 10 个方面撰题。(许占武)

R000277 **中国进口药品实用手册(1996～1997)** 潘学田主编。北京科学技术出版社 1997 年 12 月版。72 万字。100.00 元。收集 1995 年卫生部审评核发的 643 个进口药品注册证计 331 个品种的药品资料,以及 1996 年卫生部审评核发的 665 个进口药品注册证资料,内容包括药品名称、一般性状、药理毒理、临床应用、不良反应、注意事项、用法用量、制剂规格、注册证及销售价格等。

R000278 **中国药品通用名称** 中华人民共和国卫生部药典委员会编。化学工业出版社 1997 年 7

月版。61 万字。160.00 元。由 1991 年出版的《药名词汇》修订而成,收载中国法定的药品通用名称,其中绝大部分是根据世界卫生组织(WHO)编订的国际非专利药名(INN)制订的中文药品通用名称。书中主要包括以下部分:中国药品通用名称命名原则、英汉对照药名和英汉药名药效分类。(郭燕)

R000279 **实用临床药物手册** 王桂珍、刘江波编著。北京出版社 1997 年 6 月版。3.3 万字。12.00元。收载医院常用药品制剂及经临床使用确有疗效的一些国内外新药,特别是发展较快的β—内酰胺类抗生素、钙离子拮抗剂及循环系统药物共1 200多种,并根据临床药理作用分类,介绍了每种药品的中、英文名称、剂型、规格、主要用途、用法用量及注意事项。(龙杰)

R000280 **实用新药特药手册** 戴德银主编。人民军医出版社 1997 年 3 月第二版。102.2 万字。75.00 元。第一版于 1994 年 10 月出版,为适应新药特药品种与新剂型不断涌现的发展形势,第二版删除了不太新的药品 72 种,增补了 1993 至 1996 年国内外文献报道和临床验证疗效较好的新药特药 171 种,使本书收载的新药特药共计 968 种,品种更新率达到 20%以上。同时在编排和文字上亦作了重要修订。(杨磊石)

R000281 **临床新药特药手册** 郭明兴、董国民主编。山东科学技术出版社 1997 年 5 月版。22 万字。15.00 元。汇集近年来大量的新药、特药资料,精选新药、特药 300 余种,对每种药物按作用特点、适应症、毒副作用、禁忌症、用法与用量、注意事项作了详尽的介绍。(宋增艺)

S 农业科学

农业科学

S000001 **山西省农业地图集** 山西省地图集编纂委员会编。中国地图出版社 1997 年 1 月版。10.8万字。1 225 幅图。480.00 元。是重点反映山西农业生产条件和各部门生产水平及其发展状况的综合性专题地图集。作者系统地分析了建国 40 余年来,山西省在农业资源、条件、分区及开发利用等方面所进行的大量调查、统计、研究成果,着重选择了1949—1990 年各时期的统计资料,采用了通过计算机处理的近 24 万个数据,凭借地图的特殊功能,翔实显示出山西省各县级行政单位的农业发展面貌。除序图外,农业生产条件包括了自然环境、社会环境、物质技术方面的气候、水文、土地、生物、农业人口、农业机械、农村能源、农用化工、农业科教等内容;农业部门按广义农业划分为种植业、林业、畜牧业、工副业类型;农村经济、农业区划为结尾图组,共 16 个图组,地图 1 225 幅,含 400 个选题,涉及 520 个项目。每展开页地图上几乎均附有不同形式的统计图表。不少专题还附加文字说明。并附彩色照片 94 帧。地图集总结概括了山西农业科学研究的最新成果,展示了山西省社会主义农业建设的伟大成就。(杨守一)

S000002 **中国农村书库** 中国农业出版社 1997 年 12 月版。147 万字。668.30 元。是一套大型的科技兴农,振兴农村经济的普及性丛书。内容主要以农业科学技术为主,但也涉及到与农民有关的方方面面,如农业政策、农村法律法规等方面的农村经济类,大田作物、果蔬、花卉等种植业类,畜禽、水产养殖业类,土肥、植保、农药类、农产品储藏加工类,农业机械、工程类,以及与农村日常生活,如农村的妇幼保健、劳动保护、优生优育等的综合类。在叙述农业生产技术方面,着重介绍生产中的主要环节、关键技术、重要方法和经验,其中不少是国内外科研成果和高产、优质、高效的生产技术。(卫星)

S000003 **化肥农药合理使用技术** 宁夏农业建设委员会编。宁夏人民出版社 1997 年 4 月版。13.9万字。6.90 元。作者根据我国农村的实际情况,在上编中介绍了化肥的合理使用技术。首先叙述了作物营养与施肥的生物学基础,然后就氮肥、磷肥、钾肥、复合肥和微量元素肥料的种类进行了说明,最后作者结合主要农作物的化肥合理使用和配方施肥技术进行了论述。下篇介绍了主要农作物、主要经济

作物、蔬菜和果树的常见病虫害及防治方法，所涉及的农药也做了详尽的说明。(孙立明)

S000004　**汉维简明农业科学词典**　吐尔逊·热依木、黄敦朴著。民族出版社 1997 年 12 月(维吾尔文)版。31.5 万字。23.00 元。收入植物基础、遗传育种、耕作栽培、植病、天敌昆虫、农药、土壤、肥料、化肥、农田规划与测量、蔬菜、果树、蚕桑、农业环境保护、农业气象、农业机具、及其主要零部件等方面的 2100 余词条。书后附有节气表、十二支及其顺序、语音对照表、农药中英文字母的解释表、20 种氨基酸及其标点法(密码)表、汉英俄维化学元素表、国际制词冠表、化学词语中常用的连接词以及计量单位表等。(吐尔逊)

S000005　**农业专家话高产丛书**　胡廷积等编著。中原农民出版社 1997 年 12 月版。180.7 万字。85.80 元。主要介绍作物高产的基本规律，作物高产良种，实现高产或更高产的途径，并深入介绍由良种、良田及良法组装的高产栽培技术及与高产相配套的科学施肥、节水灌溉、集约农业、化学除草等单项技术。除了包括小麦、玉米、水稻、大豆、甘薯、杂粮、棉花、芝麻、油菜、花生、烤烟、茶叶 12 种大田作物高产优质栽培技术外，还对集约农业、化学除草、科学施肥、节水灌溉等 4 个专项技术进行了讲解。(汪大凯)

S000006　**农村党员、基层干部实用技术培训丛书**　中共上海市委组织部、上海市科学技术协会、中共上海市农村工作委员会编。上海科学普及出版社 1997 年 3 月版。180 万字。115.00 元。由 16 种书组成，管理类：《奔向 21 世纪的上海新农村》、《农业现代化》、《农村第三产业》、《乡镇企业》、《农村外向型经济》、《农村城市化》、《农村合作经济》、《企业创新的原理与技法》；实用技术类：《名特优水产品养殖技术》、《蔬菜管棚设施栽培》、《果树栽培》、《食用菌生产技术》、《肉鸭饲养新技术》、《对虾病毒性疾病及其防治》、《稻麦油轻型栽培技术》和《瘦肉型猪饲养新技术》。(张建德)

S000007　**国际农业技术培训教材(英文版)**　国际农业培训中心编。广东科技出版社 1996 年 2 月至 1997 年 2 月版。是受联合国粮农组织(FAO)、联合国开发计划署(UNDP)和世界粮食理事会(WFC)的委托，由我国外经贸部和农业部支持，专门为以稻作为农业生产主项的发展中国家农业官员组织编写的一套农业专业技术培训教材。全套教材包括 5 个分册。《水稻生产——栽培·育种·生态》主要介绍水稻的品种、特性、田间管理技术、水稻的选种与繁育以及以水稻生产为基础的农业生态系统的建立、维护和发展。《水稻生产——土壤·肥料·统计》主要介绍农业土壤的功能、特性与改良，稻作的养分需要与肥水管理以及农业的试验设计与统计分析。《水稻病虫害及农药应用》主要介绍水稻常见病虫害的为害特点与防治技术，常用农药的作用原理与应用方法。《水稻作业机械》主要介绍适于发展中国家应用的水稻作业机械的结构、工作原理、技术数据、应用技能与维修技术。《农业推广与管理》主要介绍农业经济的基本概念，农业推广的原理、组织形式、原则与方法、推广计划及质量要求，同时还介绍了现代农业生产的领导与决策科学方面的理论和实践。本教材是以我国华南稻作区的生产条件为基础撰写而成。(崔坚志)

S000008　**实用农业新技术**　江苏省农业科学院著。江苏科学技术出版社 1997 年 10 月版。6.2 万字。2.40 元。作者依据多年的科学研究、社会调查和生产实践所掌握的大量资料，根据农业发展的动向及农民的实际需要，编写了本书。主要内容包括稻、麦、棉良种及栽培技术，粮、棉病虫草害防除与施肥技术，畜、禽饲养管理技术，蔬菜品种及栽培技术，稻田蟹、虾养殖技术。(钱路生)

S000009　**热门高效饲养技术丛书**　经荣斌等编著。江苏科学技术出版社 1997 年版。分畜禽饲养和水产养殖两个部分。已经出版的为《肉猪高效饲养 180 天》、《蛋鸡高效饲养 500 天》、《肉鸡高效饲养 49 天》、《肉鸭高效饲养 56 天》、《肉鹅高效饲养 88 天》、《稻田养殖鱼虾鳖蟹》、《鳖高效养殖技术》、《蟹虾鳖龟疾病防治技术》8 本。(钱路生)

S000010　**高新技术改造传统农业论**　蒋和平著。中国农业出版社 1997 年 7 月版。24.9 万字。17.10元。内容包括：新技术革命与国内外农业发展的现状及趋势；高新技术改造传统农业的基础理论与技术体系；高新技术改造传统农业的运行机制；农业高新技术创新、传递与选择；农业高新技术园与农业现代化；我国发展高科技农业的思路与对策。(姚红)

S000011　**中国农业科学技术政策**　国家科学技术委员会著。中国农业出版社 1997 年 12 月版。20 万字。83.00 元。第一篇概述我国农业科技的总体政策，提出“依靠农业科技革命，促进农业产业革命”的总体发展原则和方向；第二篇阐述农业机械化、化肥生产与使用、农药生产与使用、农村水利水电、农用塑料、气象为农业服务等产前领域的科技政策；第三篇规定了我国种植业、林业、畜牧业、水产业、种子产业化、植物保护、饲料及添加剂等产中领域的科技政策；第四篇对食品加工制造、农产品储藏运输、农产品营销、农产品进出口等产后领域农业科技政策进行了描述；第五篇地区科技政策，指出了我国东北、华北、华东、华中、华南、西南、西北、青藏等8大区域农业科技发展政策；第六篇乡镇企业篇对我国乡镇企业科技政策作了规定；全书最后为读者展示了我国农业科技政策出台的历史背景，肯定了新中国成立以来我国农业科技发展的成就，找出了问题与差距，指出："农业的根本出路在于科技进步"；第七篇还提出了我国科技体制改革的任务目标、方针原则、战略措施及条件保障。本书是原国家科委联合农业部、林业部、水利部、化学工业部、国内贸易部、中国科学院、全国供销合作总社、全国轻工总会、中国气象局等9个部委、31个省、自治区、直辖市及部分计划单列市科委，组织200多名农业专家及有关领导共同完成的。（舒薇）

S000012　**中国农业科学技术政策背景资料**　国家科学技术委员会编。中国农业出版社1997年12月版。98.4万字。118.00元。收集农业产前，包括农业机械化及农业装备、化肥、农药、种子、农村水利水电、农用塑料薄膜、饲料、农业气象等领域；农业产中，包括种植业、畜牧业、林业水产业等领域；农业产后，包括农产品加工、农产品贮藏与运输、农产品进出口等；资源与环境、企镇企业、热带农业、特产业、农业软科学等，共20余个学科、领域或行业100余位专家的论文。汇集了全国30个省、自治区、直辖市1996－2010年农村科技的计划与规划。书中收录了有关农村科技的重要文件、条例与办法。全面论述了不同学科的现状与问题，现状与国际先进水平的差距、与农业发展对生产技术需求的差距，以及不同学科发展的方向与原则、重点领域与关键技术、条件与措施。集中反映了各省、自治区、直辖市农村科技工作的现状与任务、目标与方向、重点领域与关键技术、条件与措施。（舒薇）

S000013　**科技兴农精选丛书**　王丕承等编著。浙江科学技术出版社1997年9月、11月版。27.8万字。16.00元。《科技兴农精选丛书》是从全国各地方科技出版社已出版的数千种农业科技图书中精选出来的，内容涵盖当前农业生产技术的粮食作物栽培、经济作物栽培、蔬菜栽培、果树栽培、植物保护、畜牧兽医、水产养殖、农副产品加工等诸方面。其中浙科版《蚕桑高产技术》、《茶叶生产新技术》、《青蟹养殖技术》列入本套丛书。

S000014　**甲骨文农业资料考辨与研究**　彭邦炯著。吉林文史出版社1977年12月版。53万字。32.00元。分《图版》、《释文考辨、研究》、《总附录》3部分。《图版》从出土的十多万片甲骨中精选了600余片，卜辞数千条，由简而繁编排为7大组。《释文、考辨、研究》除对每片甲骨注明分处，每条卜辞逐一释读外，凡与农业相关或众说不一的文辞均予详加考辨。《研究》部分根据甲骨卜辞，结合文献、考古、民俗等资料对商代农业基本情况进行了科学分析和全面的论述。（杨延梅）

农业基础科学

S000015　**核农学导论**　徐冠仁主编。原子能出版社1997年3月版。60万字。60.00元。分8章，第一章介绍核物理、核化学基础知识。第二章介绍同位素及其标记化合物的制取和应用。第三章辐射诱发植物遗传物质发生突变、促进基因重组，是创造植物新种质（品种）的理论和高效调控技术，这是我国核农学发展中最具有成效的研究领域。第四章辐射防治害虫。第五章核辐射刺激生物生长。第六章辐射保藏农副产品。第七章核辐射与环境生态。介绍了核试验和核电站事故放射性对农业环境的影响与治理。第八章同位素示踪技术及其农业应用。本书作者由农科院原子能利用研究所和原子能科学院同位素所的专家组成。（王裕新）

S000016　**中国实用肥料学**　张道勇、王鹤平主编。上海科学技术出版社1997年1月版。56.6万字。27.30元。第一章植物营养原理；第二章氮肥；第三章磷肥；第四章钾肥；第五章钙肥、镁肥、硫肥；第六章微量元素肥料；第七章新型化肥和复合高效化肥；第八章有机肥料（即农家肥）；第九章合理施肥原理；第十章作物施肥，介绍主要农作物小麦、水稻、棉花、玉米以及果树、蔬菜等实用施肥技术；第十一章肥料试验与配方施肥；第十二章作物营养诊断技术；第十三章肥料分析，介绍主要化肥品种和有机肥营养成分分析测定技术。（张道勇）

S000017　**化肥科学使用指南**　褚天铎等编著。金盾出版社1997年4月版。24.4万字。10.50元。介绍氮肥、磷肥、钾肥、复合肥以及新兴的钙肥、镁肥、硫肥、锌肥、硼肥、锰肥、钼肥、铜肥、铁肥等40种主要肥料的成分、性质、在农作物生长中的作用、增产效果和施用技术。强调施肥应掌握作物的营养平衡,因地施肥、因作物施肥的原则,严防肥害;注重肥料的综合使用,专列一章介绍水稻、水麦、玉米、棉花、油菜、花生、大豆、大白菜、西瓜、桃树、荔枝等的化肥使用技术。(钟焕廷)

S000018 **土壤地质学** 陆景冈著。地质出版社 1997 年 12 月版。40.4 万字。25.00 元。论述古土壤的形成与分布、古红土的分类与性质、新构造运动对土壤的影响等。(蔡卫东)

S000019 **根际研究法** 刘芷宇等主编。江苏科学技术出版社 1997 年 10 月版。27.5 万字。26.00 元(精)。共 16 章。内容包括:根一土界面超微结构、根际养分的电子探针研究法;根系特定分泌物的分离和检测,有根系分泌物的类型、组成和性质,溶液相中和根际土壤中麦根酸类物质的收集和检测;根际土壤酶、根际脲酶、根际磷酸酶的测定法;根际微生物生态研究法;根际土壤氧化还原状况研究法;根际 pH 值和氧化还原状况原位显色法;根系吸附特性测定法,有根系阳离子交换量、阴离子吸附量和根表观自由空间中养分的测定;放射自显影、微 pH 和微钾电极法及其在根际研究中的应用;微电导电极法、微氧电极及其在根际研究中的应用;根际土壤水分运动与根系吸水模型;根际养分状况的数学模拟;根际微环境的模拟培养和切片分层法;根系生长观察及其参数的测定法。每种研究和测定方法都附有应用实例。(陆宝珠)

S000020 **稀土农用与电分析化学** 高小霞著。北京大学出版社 1997 年 5 月版。48 万字。38.00 元。共 7 章。针对稀土农用的物理研究,首先提出微量稀土元素的极谱络合吸附波分析法及其在植物试样中的分析应用;用电化学分析法研究稀土与羧酸、氨基酸、肽、蛋白质等的络合作用;在水溶液中研究自然界存在的 8 种金属卟啉及稀土卟啉的合成和电化学行为;非水合质中稀土与王冠或卟啉络合物的形成和电化学行为;由此引申到叶绿素在水溶液中的测定方法以及叶绿素 a,b 的电还原机理。在此基础上制备了 BLM 模拟膜,进行金属叶绿素和稀土络合物的光一电效应研究,稀土离子对根系氮同化过程中几种酶催化反应的影响研究。本书收入"北京大学院士文库"。作者 45 年来,从事分析化学的教学和科研工作。1960 年后,集中于极谱催化波的理论和应用研究。近十多年来,她致力于稀土农用的机理研究。研究工作的开展得到了国家教委博士点基金的资助和两次国家自然科学基金重大项目的资助。(朱新邨)

S000021 **长江三峡花岗岩坡面土壤流失特性及其系统动力学仿真** 张洪江、王礼先著。中国林业出版社 1997 年 7 月版。22 万字。12.00 元。以选定的长江三峡地区花岗岩小流域坡面为研究对象,剖析研究流域土壤侵蚀形式、分布及其影响因素,旨在深入探讨长江三峡地区花岗岩坡面土壤流失及其影响因子,以及它们的影响程度。以水土保持原理和系统工程原理为基础,将典型流域坡面土壤流失及其环境因子作为一个独立的系统,运用系统动力学理论和方法,分析研究了该系统结构、功能和行为。建立了长江三峡地区花岗岩坡面土壤流失系统动力学仿真模型,为长江三峡地区花岗岩坡面土壤流失防治、防护林体系工程建设、环境条件改善和环境质量评价提供科学依据。(牛玉莲)

S000022 **黄土高原水土流失与治理模式** 蒋定生等编著。中国水利水电出版社 1997 年 9 月版。69.2 万字。99.00 元。是国家"八五"科技攻关课题"黄土高原区域治理"的研究成果之一。内容分 3 篇,系统论述了:黄土高原水土流失环境因素(地貌、植被、降雨及土壤入渗、抗冲、崩解等特征);综合治理模式(长城沿线风沙丘陵地带、黄土丘陵沟壑区和黄土高原沟壑区的综合治理模式,以及小流域综合开发治理等);水土保持优化设计(隔坡梯田、水平梯田、淤地坝等规划设计,以及耕作、生物措施及其效益评价等)。(薛勤)

S000023 **甘肃省水土保护治沟骨干工程技术手册** 杨光琦等编。甘肃科学技术出版社 1997 年 4 月版。116 万字。50.00 元。作者总结了甘肃水保治沟 10 年的宝贵经验,结合甘肃省的有关规范编写了本书。内容包括:概论、坝系工程规划、勘测、水文计算、工程设计、钢筋混凝土梁板的强度计算、重力式挡土墙的计算、工程施工、工程质量检查与验收、工程管理,附录部分的计算表格介绍了不同形状的卧管、竖井、消力池、陡坡、挑流鼻坎、明渠、盖板等的计算。(王郁明)

S000024 **青海土壤** 青海省农业资源区划办公室编著。中国农业出版社 1997 年 11 月版。63 万字。85.00 元。介绍青海省第二次土壤普查的成果,包括全省土壤类型、数量、质量和分布;土壤理化性质、养分状况和土壤障碍因素、中低产田、农业生产障碍因素及土地利用现状等,对农、林、牧土壤资源作了科学评价。(毛志强)

S000025 **日光温室实用技术大全** 马占元主

编。河北科学技术出版社1997年9月版。140万字。98.00元。分7篇:设施篇介绍日光温室的主要结构类型、设计原理与建造技术、环境特点与调控技术;综合篇介绍蔬菜育苗技术、无土栽培、无公害蔬菜栽培、温室病害防治、农药复配技术等;蔬菜篇介绍瓜类、茄果类、葱蒜类、绿叶菜类、甘蓝类、豆类、珍稀菜、芽菜等蔬菜栽培技术;瓜果篇介绍西瓜、蜜瓜、草莓、人参果,葡萄、桃树、中国樱桃的温室专用栽培品种和栽培技术等;花卉篇介绍日光温室花卉栽培特点及关键技术、鲜切花品种及栽培技术、盆花栽培技术,观叶植物种类及栽培技术等;蕈菌篇介绍食用菌专用温室设计与建造、菌种制作及15种食用菌的具体栽培技术;养殖篇介绍水产、家禽、畜禽,珍奇动物、昆虫等的日光温室繁殖、饲养技术。(杨久信)

S000026 **数学模型与农业气象预报** 南都国等编著。黑龙江科学技术出版社1997年3月版。27.3万字。25.00元。共6章,介绍回归分析预测法及其应用;判别分析方法及其应用;聚类分析方法及其应用;随机过程分析预测方法及其应用;模糊数学预测方法及其应用;灰色系统预测法及其应用。书中对各种预测方法的基本思想、数学模型、计算方法、应用实例进行了详细阐述;对预测精度高、应用广泛的灰色系统和计算复杂的预测方法,附有程序设计。书中例举的实例多是农业气象的资料,但书中介绍的预测理论、数学模型和计算程序却是多功能、通用的科学预测方法。(阴志清)

农业工程

S000027 **机械工程手册·专用机械卷(一)** 机械工程手册、电机工程手册编辑委员会编。机械工业出版社1997年8月版。165.4万字。132.00元。为专用机械产品部分中的一卷,全卷分拖拉机、农业机械、农产品加工机械、林业机械、畜牧机械、渔业机械6篇。主要包括产品的分类、用途、工作原理、基本参数及典型结构,关键技术,选型原则等内容。(刘文伯)

S000028 **现代种植机械工程** 张波屏著。机械工业出版社1997年9月版。30.9万字。24.00元。阐述种植机械学科组成部分的基础原理和主要技术成就,包括播种机械、秧苗栽植机械、根茎种植机械、施肥机械,重点阐述了作者在纹盘式条播集中排种器、锥盘式精播集中排种器、小麦精密播种机、甘薯秧苗栽植机、马铃薯种植机、潮湿化肥排肥器和精密播种机试验方法等方面的科研成果,以及该领域的最新成就。本书详细阐述了排种器和散粒体流动的基本理论,评述了我国近30年来种植机械发展的技术道路、成就与得失,介绍了世界种植机械领域20世纪的技术。(蔡耀辉)

S000029 **农业机械使用维修丛书** 张际先主编。东南大学出版社1997年7月版。130万字。39.60元。共6分册,主要介绍我国农村中常见农业机械的基本工作原理、使用保养、故障分析和维修方法。其中《拖拉机的使用维修》、《农用车的使用维修》,以农村中常见的拖拉机和农用车为例,介绍了其发动机、底盘和电气设备的构造原理与调整、使用方法,以及故障分析与维修技术。《耕作机械的使用维修》、《收获机械的使用维修》,介绍了常见耕地机械、整地机械、种植机械、中耕施肥机械、收割机、脱粒机的主要技术参数,选型、配套、调整、操作、维护保养和故障排除方法等。《植物保护机械的使用维修》介绍了常见的防治病、虫、草、鼠等危害的各种机具使用与保养法,以及对各种病虫害的防治方法。《农用水泵的使用维修》则以农村中广泛使用的中小型离心泵、轴流泵、混流泵、潜水电泵的结构原理、合理使用、运行维护、故障排除与维修的基本知识。(张新建)

S000030 **节水灌溉实用技术** 宁夏农业建设委员会著。宁夏人民出版社1997年4月版。19.7万字。9.00元。介绍窑窖蓄水工程、土圆井工程、小高抽工程、节水灌溉工程、节水灌溉系统的规划设计等。全书有插图82幅。(孙立明)

S000031 **集水高效农业** 马天恩、高世铭编著。甘肃科学技术出版社1997年6月版。23.5万字。15.00元。主要内容有:“干旱、旱地农业与主动抗旱”,提出了干旱的基本特征;“现代旱地农业主要进展”,介绍国内外旱地农业的研究和成就;“与集水高效农业有关的理论、技术研究进展”,介绍了与集水高效农业有关的农业生态学研究、农业工程学研究、生理生态学研究和有限补偿灌溉及相关农艺措施的理论和技术等。(黄培武)

农 学

S000032 **农作制度研究问题的识别与诊断** 张保起著。河北科学技术出版社1997年9月版。5万字。作者将崭新的农作制度与中国实际相结合,系统地阐明了农作制度研究的基本知识和研究方法;

介绍了农作制度研究概况,农作制度研究的基本概念、基本观点及研究步骤,农作制度研究的共性问题,问题的识别与诊断;最后介绍了推荐技术及优先研究问题的确立。(杜小莉)

S000033　**作物激素生理及化学控制**　何钟佩主编。中国农业大学出版社 1997 年 7 月版。41.5 万字。25.00 元。汇集中国农业大学作物化控室 90 年代以来在作物激素生理及化学控制技术等方面的重要论著。书中大部分论文是执行国家科委、农业部、国家攀登计划和自然科学基金资助的科研课题的研究成果。内容主要为:棉花、小麦、玉米、水稻、花生等作物激素生理及化学调控新技术;植物激素间接酶联免疫吸附测定法及玉米素和生长素的免疫组织化学定位;突变体在植物激素研究中的应用等。(赵玉琴)

S000034　**种子包衣技术与应用**　王补在著。内蒙古人民出版社 1997 年 3 月版。10 万字。7.80 元。以内蒙古自治区推行种子包衣技术的实践经验为基础,吸收和借鉴了国内一些先进经验,介绍种子包衣新技术,着重介绍种子包衣对种子的要求、种衣剂剂型、种子包衣机械、种子包衣技术的发展及包衣种子检验与应用等内容。(王世喜)

S000035　**生态遗传雄性不育理论与两系杂交作物**　何觉民等编著。湖南科学技术出版社 1997 年 5 月版。25.5 万字。20.00 元。"绿色革命丛书"之一。分两大部分。第一部分讨论温度、光长、化学物质等生态因素对植物雄性育性的影响,并介绍雄性育性的遗传控制,进而在此基础上提出生态遗传雄性不育理论。第二部分介绍了两系杂交作物,从不育系选育方法到两系杂交水稻、两系杂交小麦及其他两系杂交作物——两系杂交大麦、两系杂交高粱、两系杂交大豆和两系杂交油菜等。(常绳生)

S000036　**(动物病)数值诊断丛书**　张信主编。天津大学出版社 1997 年 2 月至 1997 年 8 月版。145.2 万字。63.00 元。包括猪、鸡、牛、马、羊、兔 6 个分册,分别介绍了 127 种猪病、52 种鸡病、250 种牛病、180 种马病、144 种羊病、71 种兔病的数值诊断与防治。作者将畜禽的各种疾病和症状分别进行排序,并对症状按诊病意义的大小进行量化变为数值(阿拉伯数字),然后编排成一个个数值诊断卡。卡设计成表格形式,最上一行为病名及其序号,最左一列为症状及其他信息,表内全是数字。读者根据患畜(禽)的症状,利用诊断卡即可看病。其方法为:先对患畜(禽)表现出的症状作好标记。然后将各种病对应的量化分值分别相加求和,和值最大的病名即为诊断结论。读者根据诊断结论,很容易在书中查到防治方案。(魏秉哲)

植物保护

S000037　**植物保护手册**　李庆孝主编。黑龙江科学技术出版社 1997 年 12 月版。72.8 万字。60.00元。共 20 章。以东北地区的主要作物为对象,包括粮、薯、油、麻、烟、糖、瓜、果、药和贮粮等主要病、虫、草 380 余种和农业害鼠 11 种,并在每种病、虫、草之前分别用 1～3 个"*"号,标示其发生危害程度。为了贯彻"预防为主,综合防治"植物保护方针,对每种病、虫的防治方法,按预防和田间防治两个部分撰写,并对大多数作物单列一节介绍综合防治技术要点。鉴于化学除草的迅速发展,对各类作物尽可能地介绍了化学除草技术;而对涉及到北方地区的全国植物检疫对象,则分别列各作物之中,最后列出了 10 个附录。(常瀛建)

S000038　**植物保护通论**　赤峰民族师范高等专科学校编。内蒙古科学技术出版社 1997 年 7 月版。83 万字。38.00 元。分 3 篇:第一篇为植物病理基础及农作物病害防治。首先阐述了植物病理基础知识;其次说明了病害的分布,症状,病原,病害的发生、发展、流行测报及防治等方面的内容。第二篇为农业害虫识别及防治。主要阐述了害虫种类的正确识别,分布规律,为害规律,发生消长规律,预报预测和综合防治措施等。第三篇为植物保护通论。主要阐述利用化学农药来防治害虫、病菌、杂草及其他有害物和一些杀虫剂、除草剂、杀螨剂、杀鼠剂的药理、药效、毒力、剂型和使用方法等内容。(许占武)

S000039　**植物病害诊断**　陆家云主编。中国农业出版社 1997 年 9 月第二版。72.5 万字。40.00 元。分两篇,第一篇着重介绍各类病原生物的一般性状、形态特征、分类地位及所致病害的症状。第二篇以作物为主,列举了各种作物的常见病害。本书修改,主要针对第一篇的内容。病原真菌鉴定内容按目前国际上采用的 Ainsworth 分类系统(1983)进行了全面修改,由原来描述的 146 个属增至 227 个属,对炭疽菌属、尾孢属及长蠕孢属等变动较大的属作了重新调整。植物病原细菌按伯杰细菌手册第九版(1994)进行编写,由原来的 6 个属增至 10 个属。对类菌体(MLO)的分类地位也作了调整,并增加了一章新的内容——植物菌原体病害。植物病毒按 1992

年国际病毒命名委员会的分类系统，介绍了32个植物病毒组。植物线虫和寄生植物的内容也有较大幅度的增加，分别由原来的18个属、3个属增至25个属和9个属。(胡志江)

S000040 **中国立枯丝核菌研究** 张天晓、张志光著。湖南师范大学出版社1997年4月版。35.2万字。24.00元。分4章，分别从立枯丝核菌的生物学、病原学、流行学和防治学等4个方面作了分析和归纳，特别对近十多年来我国充分利用生物学、病理学、流行学、数学、计算机学和系统科学学科之间的相互渗透，运用新的手段研究立枯丝核菌的现状和取得的成果进行了介绍。(李文邦)

S000041 **贵州植物白粉病** 吴明藻、吴明清著。贵州科学技术出版社1997年4月版。350万字。118.00元。对70个科204属371种植物的白粉病，按寄主植物、发生危害情况、症状、病原菌、防治等条目进行了相应的介绍。每种均附有病原菌的孢子模式图，危害植物产生症状的彩色照片。模式图是在显微镜下描绘或显微摄影而得，彩色照片是在调查过程中实地拍摄。书末对贵州植物白粉病的病原菌按其有性型进行分类，查出贵州有植物白粉菌66种，分属于白粉菌科的12属，另有无性型的4属。

S000042 **中国北方农业害虫原色图鉴** 何振昌主编。辽宁科学技术出版社1997年版。37万字。180.00元。共包括农业害虫252种，彩色照片总计1 420张，组成236幅图版。文字部分记载和描述了害虫中文名、英文名、拉丁学名以及分类地位、形态特征、生活习性、为害植物、分布等，并有英文摘要。卷末附有害虫中文名、拉丁学名、英文名索引和参考文献。书中关于害虫分区的记载，采用我国以往用过的大区。"北方"主要包括东北(辽宁、吉林、黑龙江3省)、华北(北京、天津两市，河北、山西两省，内蒙古自治区)、西北(宁夏回族自治区，新疆维吾尔自治区，青海、陕西、甘肃3省)。(栾世禄)

S000043 **主要农作物营养失调症诊断图谱** 韩晓日主编。辽宁科学技术出版社1997年版。10万字。15.00元。介绍粮食作物、油料作物、经济作物、蔬菜作物和果树类40余种主要农作物常见营养失调症的诊断方法，配有230幅彩色症状照片，还介绍了营养失调症发生的原因和防治方法。《图谱》中所列营养失调症及其诊断仅为单元素失调，不包括复合元素缺乏或过剩，诊断为形态诊断。在生产实践中，往往出现复合元素失调现象，进行这类营养失调症诊断时，必须借助土壤诊断和植物化学诊断。(栾世禄)

S000044 **新疆棉花主要病虫害防治技术** 新疆科技卫生出版社(k)1997年9月维文版。6万字。5.50元。以新疆各地技术人员、基层干部、农民为主要对象，概述新疆常见而主要的棉花病虫害的种类；发生，发展规律及其综合防治技术；棉田化学除草技术；科学安全使用农药等内容。(米娜瓦尔)

S000045 **实用蔬菜病虫防治手册** 朱国仁主编。中国林业出版社1997年10月版。25万字。16.00元。介绍蔬菜苗床和苗期、葫芦科、茄科、十字花科、豆科、百合科和其他蔬菜病害132种、害虫96种的识别、发生规律、农药的合理使用和综合防治技术措施等。书后还附有简表说明农药的配制和科学施用技术措施。(杜懿玲)

S000046 **特菜病害防治图册** 房德纯主编。辽宁科学技术出版社1997年版。14万字。16.00元。包括苦瓜、丝瓜、蛇瓜、瓠瓜、绿菜花、芥蓝、西芹、辣根等44种特菜，介绍的特菜病害140种，配有病害症状的彩色照片162幅。对每种病害，分别介绍了症状识别、病原、发病规律、防治措施。(栾世禄)

S000047 **花卉病虫害防治手册** 金波主编。中国林业出版社1997年2月版。25万字。18.00元。阐述包括落叶木本、常绿木本、一二年生草本、宿根和球根等100余种花卉的400多种病虫害的防治方法。对每种病虫害重点阐述其症状(形态特征)、发生规律(生活习性与危害状)及防治方法，并配以黑白或彩色插图。书后设有附录，列出常用农药的配方、观赏植物受药害的浓度及主要症状。(杜懿玲)

S000048 **中国草地重要有毒植物** 史志诚等编著。中国农业出版社1997年10月版。63.6万字。78.00元。介绍近10年来国内外草地有毒植物的最新研究进展和科研成就，叙述有毒植物的植物毒素的提取、分离、鉴定技术和方法。从生物学、生态学、毒素学、防除技术与利用途径等方面阐述了危害我国草地的重要有毒植物。(刘)

S000049 **农药问答** 化学工业出版社1997年1月第三版。57万字。39.00元。在第二版的基础上，作了较大修改。全书包括两部分：一、基本知识部分，如农药分类、加工剂型、施药方法、药效、毒性、残留等，充实了新技术、新成果方面的内容，增加了有关抗药性、混剂以及农药、环境与人们健康关系等新问题；二、回答了当前我国常用的、新近研制开发的和从国外进口的农药，如杀虫剂、杀螨剂、杀鼠剂、杀线虫剂、除草剂和植物生长调节剂的特性、用途、应用范围、用法、用量和施药方法以及施药适期、注意事项。全书共900问,均一一作了较详细地回答。书后并附有:1.农药的所有中文名称;2.农药混剂的有效成分名称;3.防治农作物病虫草选用什么农药等。(郭燕)

S000050　**新编农药使用手册**　何传椐主编。黑龙江朝鲜民族出版社1997年4月版。24万字。18.00元。共介绍农药品种262种。着重介绍了农药的正确使用技术、农药的毒性、农药的药害、产生抗药性的预防技术、农药的混合使用技术、安全使用农药的操作技术、农药稀释计算方法、使药器械的故障与维修、主要农作物病虫害的防治技术要点及农药的参考资料,共16部分。(崔昌俊)

农　作　物

S000051　**中国食用豆类学**　郑卓述主编。中国农业出版社1997年3月版。54.1万字。40.00元。对中国和世界主要栽培的21种豆类作物(包括:蚕豆、豌豆、绿豆、黑吉豆、小豆、豇豆、饭豆、普通菜豆、多花菜豆、利马豆、小扁豆、鹰嘴豆、藊豆、草香豌豆、木豆、黎豆、四棱豆、瓜尔豆、刀豆、直立刀豆、羽扇豆)做了详细的论述和介绍。对每一种豆类分别论述其:起源与分类,植物学特征,生长发育及其对生态条件的要求,生产与分布,栽培技术管理技术,病虫害及其防治,种质资源的研究,遗传研究,育种以及营养品质和加工利用等。(张兴瓒)

S000052　**棉花新品种与良种繁育技术**　郭香墨主编,刘金生等编著。金盾出版社1997年5月版。11.8万字。5.00元。收集我国主要产棉区1991年以来育成的春播(套)棉、短季棉和杂交棉新品种以及1991年以前育成的而目前仍在大面积种植的品种共106个,逐个介绍了各品种的特征特性、产量水平、纤维品质和栽培要点,提出了未来棉花品种的发展方向,对棉花良种繁育的原理及主要技术也作了扼要的论述。(钟焕廷)

S000053　**现代苎麻高产栽培**　李宗道著。上海科学技术出版社1997年10月版。8.5万字。8.70元。作者围绕现代苎麻高产栽培所需要的一系列相关技术,如苎麻纤维发育与原麻质量,苎麻对外界环境条件的要求,苎麻良种区域化和商品基地建设,苎麻快速繁殖技术,新麻栽植与当年丰收,常年麻园培育管理,老龄麻园更新复壮、返老还童措施,苎麻的剥制加工技术以及包装、运输和保管等方面进行了论述,并提出了苎麻生产、纺织加工、销售一条龙的生产经营体制。(周是娣)

S000054　**灵芝及其他野生真菌彩色图志**　吴兴亮等著。贵州科学技术出版社1997年6月版。80万字。148.00元。分为简论、各论、论文及图片4部分。简论介绍真菌的研究简史,真菌的区系特点,真菌的地理分布及生态类型以及真菌的营养方式和资源评价。各论按汉名正名、拉丁学名及基本异名、原始文献、俗名、形态特征、生态习性、分布等排列阐述。每种附彩照及绘图。论文部分收录了主要论述灵芝及其他真菌的生态方面研究的文章(中文或英文)20篇。书中共收录了具有代表性及有一定经济价值的野生真菌309种,分隶111属。其中有灵芝41种,其他野生真菌268种。书中特别突出了灵芝的有关研究资料,以供当前对灵芝的开发和利用者参考;并估计了一些其他真菌的经济价值。为了便于国际交流,还将灵芝部分译成了英文。彩图部分按科属、种或亚种、变种收录了相应的彩色照片400余幅,图下注以拉丁种名。(夏同珩)

S000055　**烟草育种学**　佟道儒主编。中国农业出版社1997年12月版。43.7万字。52.00元。中国农业科学院烟草研究所的专家们对烟草种质资源的搜集、性状鉴定和利用、烟草性状遗传、育种方法、亲本组配、性状选择、抗病育种、抗虫育种以及生物技术应用等进行了深入的研究,育成了许多优良品种,总结以往的经验和研究成果,编著了《烟草育种学》一书。全书分16章,主要论述烟草起源与分类、种质资源、育种目标、性状遗传、育种途径和方法、雄性不育及杂优利用、细胞工程育种、基因工程育种、抗病育种和抗虫育种等,反映了国内外烟草育种的最新成就。(范林)

园　　艺

S000056　**中小型苗圃林果苗木繁育实用技术手册**　高光民、Guido Kuchelmeister等编著。中国林业出版社1997年6月版。36万字。20.00元。分13章。以图文并茂的形式,介绍育苗计划、种子准备、建立苗圃,苗圃施肥与植物生长调节剂、苗木生产与育苗技术要点,及播种裸根苗的培育、容器苗的培育、扦插繁殖育苗,嫁接繁殖育苗,无性系苗木繁殖,以及苗木病虫害防治,苗木出圃,主要苗木育苗历等内容。书后附有苗圃常见植物的中文名、拉丁学名及英文名对照。(刘先银)

S000057 **山东蔬菜** 山东省农业科学院、何启伟等主编。上海科学技术出版社1997年11月版。141万字。96.00元。前7章着重撰写了蔬菜品种资源、蔬菜育种、主要蔬菜生长发育规律与产品器官形成,以及蔬菜育苗、蔬菜栽培技术原理、蔬菜栽培制度等章节。后6章则突出了保护地蔬菜栽培、名特新稀蔬菜栽培、食用菌栽培等内容。(刘宗达)

S000058 **大棚蔬菜反季高产栽培技术** 刘志敏等主编。湖南科学技术出版社1997年9月版。8.8万字。5.00元。"科技兴农丛书"之一,蔬菜栽培类。介绍塑料大棚的种类、塑料大棚安装与维护、大棚环境的调控、大棚蔬菜栽培的茬口安排、蔬菜大棚育苗技术、塑料大棚的综合利用。并具体介绍了番茄、茄子、辣椒、早春瓜类、黄瓜 、芹菜、莴笋、大白菜、速生叶菜类、菜豆、香椿等21项蔬菜大棚提前延后栽培技术,其中包括适栽品种、栽培季节、栽培技术及病虫防治等主要技术措施。(常绳生)

S000059 **大棚蔬菜栽培新技术一点通丛书** 王洪久主编。山东科学技术出版社1996年11月至1997年2月版。47.5万字。30.90元。共10种,分别为菜豆和豇豆、西葫芦和冬瓜、黄瓜、西瓜、洋香瓜、番茄、辣椒、茄子、芹菜、莴苣。介绍了上述蔬菜的类型与品种、生物学特性、栽培季节及主要保护栽培方式、保护地栽培技术、常见病虫害及防治技术。(王玉龙)

S000060 **时新蔬菜实用种植技术丛书** 张学平编。河海大学出版社1997年7月版。33.8万字。20.00元。分4册,分别为:《稀有蔬菜实用种植技术》、《创汇蔬菜实用种植技术》、《宾馆蔬菜实用种植技术》、《反季节蔬菜实用种植技术》。《稀有蔬菜实用种植技术》介绍了香芋、浅水藕、溧阳水芹、芦蒿、香椿、生菜、白扁豆、苦瓜、空心菜、豆瓣菜、抢子甘蓝、荔浦芋、生姜、佛手瓜、网纹甜瓜、辣根、马兰、菊花脑的植物学特征,对环境条件的要求、栽培要点、采收贮藏方法。《创汇蔬菜实用种植技术》介绍了牛蒡、山药、萝卜、胡萝卜、芦笋、大蒜、洋葱、青花菜、食荚豌豆的生物学特性、主要品种和栽培类型,主要栽培技术,采收贮藏方法。《宾馆蔬菜实用种植技术》介绍了樱桃番茄、番杏、莼菜、金花菜、莳萝、蕨菜、紫背天葵、菊苣、香芹菜、菜心、红菜头、落葵的生物学特性、品种类型、主要栽培技术、采收及标准贮藏和食用方法,留种技术。《反季节蔬菜实用种植技术》介绍了马铃薯、西洋芹、越冬甘蓝、夏大白菜、早辣椒、番茄、黄瓜、冬草莓的植物学性状,主要类型和品种,栽培季节,栽培技术,病虫害防治,采收贮藏技术。(魏连、代江滨)

S000061 **特种脱水蔬菜加工贮藏和复水学专论** 张敏著。科学出版社1997年3月版。18.3万字。19.00元。共5章。第一章绪论,简要论述了发展特种脱水蔬菜的意义、国内外研究特种脱水蔬菜的概况及特种脱水蔬菜研究的学科基础;第二章特种脱水蔬菜预处理,论述预处理理论及其作用、预处理重点及预处理的专题研究;第三章特种脱水蔬菜脱水;第四章蔬菜和特种脱水蔬菜贮藏;第五章特种脱水蔬菜食用前复水,论述了复水概念、有关理论以及专题研究。(总编室)

S000062 **蔬菜实用加工技术** 单扬主编。湖南科学技术出版社1997年5月版。17.4万字。9.00元。"科技兴农丛书"之一,农产品加工类。内容由蔬菜加工基本原理和蔬菜加工技术两大部分组成。第一部分介绍食品败坏的原因并针对原因介绍了蔬菜罐藏、糖制、腌制、制汁、干制、速冻保藏、蔬菜脆片等贮藏方法及加工原理;第二部分逐项介绍了叶菜类、根菜类、块茎类、瓜果类、葱蒜类、豆类、竹笋、香椿等54种蔬菜产品的加工工艺。其中既有新技术、新方法,也有大量民间简便易行的传统技术方法。(常绳生)

S000063 **菜园丰产新技术丛书** 葛晓光等编著。中国农业出版社1997年9月版。100万字。81.40元。通过总结与推广现有成功经验的同时,抓住蔬菜生产的关键环节和生产形式,介绍成熟、实用的新技术与新方法。有6个分册。其中《蔬菜优良品种与使用》讲述蔬菜品种的基本知识和选择原则。《蔬菜嫁接栽培》介绍了番茄、茄子、黄瓜、西瓜、甜瓜的嫁接栽培技术。《蔬菜合理施肥》着重介绍20余种蔬菜的科学施肥技术和各种养分障碍防除技术。《蔬菜病虫草害综合防治》介绍诊断病害、鉴别害虫和识别杂草等方面的知识。《绿色蔬菜生产》介绍了无公害蔬菜的生产要求、质量标准和生产技术等内容。《日光温室和大棚蔬菜栽培》阐述了多种蔬菜在日光温室和大棚中的高产高效栽培技术。(杨金妹)

S000064 **食用菌生产技术** 沈光伟等著。江苏科学技术出版社1997年8月版。18.3万字。10.50元。为全国地方科技出版社联合编辑出版的"科技兴农精选丛书"之一种。书中主要介绍:一、食用菌制种技术,包括制种设备,培养基的制作、灭菌,菌种分离、接种和培养,菌种质量鉴定,菌种保存等等;二、蘑菇、香菇、草菇、平菇、金针菇、灵芝、猴头菇、鸡腿菇等食用菌的特征特性、营养成分、药用价值、生长发育对环境条件的要求、栽培技术及成品粗加工等;三、食用菌病虫害防治,包括食用菌病害、食用菌虫害、食用菌病虫害的综合防治。(张湘君)

S000065　**中国森林蘑菇**　邵力平、项存悌编著。东北林业大学出版社 1997 年 12 月版。130 万字。300.00 元。是作者通过 20 多年的实地调查,在对大小兴安岭和长白山等几大林区的蘑菇资源进行深入研究的基础上编撰而成。全书共收集蘑菇品种 221 属 1 936 种与变种,其中子囊菌类 211 种,担子菌类 1 725 种。书中未收录草原上的种类和林中硬质大型真菌。全书附有蘑菇彩色图版 130 余面,并对森林蘑菇的经济价值、科学分类及具体形态特征做了科学介绍,对每种蘑菇的产地、性质、特点均做了具体描述。全书最后附有所收蘑菇品种的中文索引和拉丁学名索引。(卜彩虹)

S000066　**竹荪栽培与加工技术**　吴勇等编著。贵州科学技术出版社 1997 年 9 月版。"科技兴农精选丛书"之一。本书是在贵州省毕节地区星火科技项目——"人工栽培竹荪技术的研究与推广"实施中,为适应广大种植户需要而编写的辅导资料。因而在编写中注重了通俗性和实用性,使种植户易于通过阅读本书掌握竹荪种植与加工的主要技术。本书以介绍经济价值较高的清香型竹荪种植和加工技术为主,也介绍其他种类竹荪的有关种植加工技术。(苏北建)

S000067　**菇农手册**　胡昭庚编。浙江科学技术出版社 1997 年 8 月版。40 万字。16.00 元。以图解、表解的形式,介绍食用菌生产的基础知识和基本技能,包括 12 种常见食用菌的栽培技术、10 种待开发的食用菌新品种、食用菌常见病虫害及防治、食用菌生产中的新技术和新经验、食用菌常用的机具设备以及重要备查资料、常用计算方法和例题等。

S000068　**荔枝品种与栽培图说**　广东省农业科学院水果研究所编。广东经济出版社 1997 年 10 月版。24.7 万字。160.00 元。总结荔枝科研和生产实践的经验和成果,以图文并茂的形式介绍了荔枝的品种与分布、荔枝的生长结果特性、苗木繁殖、荔枝园的建立、荔枝高产栽培、病虫害防治、荔枝的采收及保鲜等技术,并附有荔枝栽培年工作历和常用农药简表。(李远谋)

S000069　**花卉无土栽培**　王华芳主编,王玉华等编著。金盾出版社 1997 年 8 月版。20.8 万字。11.50元。介绍新兴的花卉栽培技术——无土栽培法。内容分 3 部分,分别介绍无土栽培的基本原理,无土栽培的基质选择、营养液配制及一般的花卉无土栽培方法,着重讲述了切花、盆花、盆景的无土栽培方法。切花无土栽培介绍了现代月季、菊花、香石竹、唐菖蒲、兰花、郁金香等 11 种花卉的栽培技术;盆花无土栽培介绍了梅花、杜鹃花、山茶花、荷花、桂花、仙客来、酒瓶花、巴西木、君子兰等 21 种花木的栽培技术;盆景无土栽培介绍了九里香、盆景菊栽培技术,以及榕树促根造景、五针松盆景养护、雀梅桩头速成栽培等。(钟焕廷)

S000070　**家庭养花与花文化**　龙雅宜、董保华编著。中国水利水电出版社 1997 年 1 月版。26.2 万字。18.80 元。详细介绍 60 多种家庭常见花卉的科学养植技术,介绍礼仪插花和美食保健用花的方法以及花文化的内容。如国花的由来与发展,中国国花评选,中国花文化,世界各国国花,含蓄的花语寓意,有趣的民俗用花,花与成语典故,咏花古诗一百首等。(薛勤)

S000071　**中国荷花**　邹秀文等编著。金盾出版社 1997 年 5 月版。22.8 万字。56.00 元。采用中英文对照的方式介绍荷花简史、荷花的地理分布、荷花的形态特征、荷花的繁殖方法、荷花的栽培技术、荷花的杂交育种技术、荷花的品种分类等。重点讲述了 7 个品种群的 138 个品种荷花的来源及培育地和花、叶、果实的特征,并附有彩色照片 138 幅。(钟焕廷)

S000072　**中国牡丹品种图志**　王莲英主编。中国林业出版社 1997 年 4 月版。20 万字。400 余幅图。240.00 元。分为总论和各论两大部分。总论包括牡丹的野生资源及生境与分布,品种群及其栽培分布,栽培简史,品种分类系统,生态习性与生物学特性,繁殖与栽培,牡丹的应用,牡丹名园,品种形态记载标准,中国牡丹向国外的传播及其发展。各论部分是该书的重点。将牡丹的 400 多个园艺品种分为 10 种花型分别登录,它们是单瓣型、荷花型、菊花型、蔷薇型、千层台阁型、托桂型、金环型、皇冠型、绣球型、楼子台阁型。每个品种均描述了该花的花型,花蕾的形状,花色,花的大小,花瓣、花蕊的生长状况及颜色,花期等;株型大小,枝条、叶片生长特征,成花率,生长势,品种的来源等。每种均有彩色图片与文字介绍配合。书后附有品种的汉语拼音索引、中文笔画索引。本书还同时出版了英文版本。(陈英君)

林　业

S000073　**中国森林·第1卷·总论**　《中国森林》编辑委员会编著。中国林业出版社 1997 年 6 月版。84.8 万字。110 幅彩图。118.00 元。《中国森林》由国家林业局主持编写，吴中伦院士任编委会主编，分 4 卷出版。全书系统地总结了新中国成立以来对中国森林调查研究的成果，以森林志和森林学结合为特点，阐述我国由北向南覆盖的 460 多个森林类型，探讨每个森林类型的地理分布、生态环境、组成结构、生长发育、更新演替、经营措施等内容。第一卷总论是全书的总纲。概述中国自然地理环境，五千年森林变迁史，中国森林的地理分布规律，中国的森林资源、动物、昆虫、病害等，而以中国森林植物区系，森林分区和森林分类为第 1 卷的重要内容。（李德林）

S000074　**中国森林的变迁**　中国林学会主编，马忠良等编著。中国林业出版社 1997 年 1 月版。8.6 万字。18.00 元。分 8 章，重点介绍中国森林在各历史阶段、各地区原始森林发生、发展和演替的过程，以及在人类历史时期森林逐渐缩小、甚至在某局部区域消亡的诸多原因，同时也阐述了森林破坏后对自然环境产生的不良后果。在编写过程中，编者参阅了大量的历史文献和许多林业史学家们的论文及其相关学科的著作，对森林在某一历史时期的演变情况，力求做到量化。（丁宇真）

S000075　**西藏高原森林生态景观**　徐凤翔、赵彬著。中国林业出版社 1997 年 9 月版。198 幅图。160.00 元。是展示西藏高原森林资源及其生态景观的画册。通过作者十多年在西藏林区所获得的大量珍贵的图片资料，直观地反映了西藏高原亚高山寒温带暗针叶林、山地温带针叶林和硬叶与落叶阔叶林、山地暖温带针阔混交林和松林、山地亚热带常绿阔叶林与常绿落叶阔叶混交林和松林、低山热带雨林与季雨林等主要森林类型。（周军见）

S000076　**生态林业理论与实践**［德］　沈熙仁等译。中国林业出版社 1997 年 11 月版。18 万字。18.00 元。由德国 18 位适应自然林业协会成员撰写，结合中欧适应自然经营森林的实例，阐明其基础与方法，介绍了近自然林业的目的、手段与经验。（徐小英）

S000077　**中国森林立地**　张万儒主编。科学出版社 1997 年 1 月版。85.4 万字。90.00 元。主要以中国东部季风区各主要林区，包括东北山地林区、华北华中平原农用林区和南方丘陵山地林区和主要用材树种，包括落叶松、樟子松、红松杨、泡桐、刺槐、杉木、马尾松等为研究对象，选取典型区域，对其森林立地进行调查和分析，组建了功能齐全、运用方便的用材林基地森林立地数据库及其管理系统。在此基础上，建立了以影响林木自然属性为依据的完整的多层次综合多因子生态分类系统即中国森林立地分类系统，以及适合中国林业特点的用材林基地评价体系，提供了适用的森林立地实用技术，为我国林业建设和宏观决策、速生丰产林基地大面积选地等提供重要的理论和技术支持。（总编室）

S000078　**树木育种原理与方法**　梁一池编著。厦门大学出版社 1997 年 12 月版。60 万字。48.00 元。内容涉及树木繁殖方式与育种、树木育种资源、树木的引种驯化、选择育种、杂交育种、抗性育种、无性系育种、数量遗传分析、遗传交配设计及配合力分析、多世代育种以及树木育种田间试验分析等。（陈进才）

S000079　**黄土高原造林学**　邹年根、罗伟祥等著。中国林业出版社 1997 年 9 月版。89.1 万字。65.00元。研究和探讨黄土高原脆弱生态系统中水土流失和干旱灾害发生的一般规律及其防治途径。全书内容分 3 篇 14 章，第一篇系统地论述黄土的分布与特性，黄土高原的形成、演变与自然特征，黄土高原的水土流失规律，以土地合理利用为中心的综合治理途径和方法；第二篇论述黄土高原造林的理论依据与基本技术，重点论述森林立地学的基本内容，适地适树的原则和造林基本技术，以及在黄土高原造林中应用这些原理取得的最新研究成果和建设成就；第三篇论述黄土高原 64 种主要造林树种的经济价值、分布、形态特征、生物学生态学特性，造林意义及栽培技术，其中有些树种是经过试验成功后首次向生产推荐。（张宏潮）

S000080　**木材材质预测学**　王金满著。东北林业大学出版社 1997 年 12 月版。14 万字。10.00 元。阐述木材材质预测的研究对象和内容，提出了木材材质预测的研究模式，以木材生产轮材质变异规律为基础，采用有序聚类最优划分模型，界定木材的幼龄材与成熟材。通过幼龄材的材性变异预测成熟材材性，实现了木材材质的早期预测；给出了木材材性指标的测量、分析、建立数学模型和预测的理论与方法，以现有人工林木材为例进行木材材质的早期预测，并对其预测结果进行了检验；根据木材的品质与用途相关联的观点，对木材的品质进行评价。本书弥补了木材材质早期预测研究方面的缺憾。建立了木材材质早期预测的研究体系，为工业用材林的培育、经营技术和木材的加工利用提供了科学依据。(卜彩虹)

S000081 **甘肃白水江国家级自然保护区综合科学考察报告** 甘肃白水江国家级自然保护区管理局编著。甘肃科学技术出版社1997年10月版。125万字。98.00元。白水江保护区地处甘肃省南部、长江上游，是国家级重点自然保护区之一，占地面积2 000多平方千米。气候温暖湿润，属亚热带和暖温带过渡类型；海拔从500米到4 000米，地形复杂，不同的山地垂直自然带构成了适合多种生物生存的特殊环境。区内有高等植物2 000余种，脊椎动物400余种。为摸清区内自然条件和资源状况，给今后开展科研和保护、开发、利用生物资源提供科学依据，保护区管理局于1992年组织有关专家和科研工作者对本区进行了为期4年的综合考察，取得了丰硕的成果。内容包括：综合考察报告、地质环境与地貌特征、气候和水文、植被研究、山地土壤形成特点及垂直分布、种子植物区系特征分析、植物新种和新记录、资源植物调查、珍稀濒危植物考察、竹类分布特征及利用、昆虫区系及森林昆虫垂直分布、蜘蛛、鱼类、两栖爬行动物、鸟类资源、兽类区系、大熊猫、灵长类、羚牛、有蹄类生境选择、豹猫、啮齿类、人文历史、社会发展、人口与环境、农业发展问题、乡镇企业与环境、公众自然保护意识、旅游资源、保护区发展规划等，附有大型真菌、高等植物、野生观赏植物、药用植物、昆虫、蜘蛛名录。(王郁明)

S000082 **东北鼢鼠研究** 刘仁华著。黑龙江科学技术出版社1997年8月版。12.5万字。大32开、简精装13.00元。共6章，阐述鼢鼠的形态学、染色体、脏器组织结构、血清蛋白组成、生态学及种群动态，提出了科学的预测、预报模型和以生态防治为主的综合防治措施；论述了东北鼢鼠的形态、洞系结构、活动规律、食性、食量、繁殖强度、种群结构、空间分布型等。书中建立的数量统计回归模型和有效基数测报方法具有较强的应用价值。从经济学观点出发，根据1984～1994年间的科研成果系统介绍了以翻耕抚林为主的生态控制措施及林粮间作、林药复合、间种有毒植物等生物防治措施。(阴志清)

S000083 **《中国树木志》第三卷** 中国树木志编辑委员会编。中国林业出版社1997年12月版。259万字。180.00元。《中国树木志》分4卷，共800余万字，包括国产树种和引进树种179科8 000余种。一、二卷分别于1983年和1985年出版发行。第三卷是由80多位学者编写的，其内容是依据哈钦松(J. Hutchinson)分类系统被子植物的续篇，包括62个科的乔灌木树种，主要的科有榆科、桑科、椴树科、梧桐科、大戟科、山茶科、杜鹃科、桃金娘科、卫矛科、鼠李科等，每个科、属、种的特征都按顺序逐级做了比较详细的记述，每个树种都描述其形态特征、生物学特性、生态学特性、林学特性、繁殖方法和经济利用价值，重要树种还介绍了栽培管理技术，绝大部分树种都配有形态插图，书后附有中文名称索引和拉丁学名索引。(张宏潮)

S000084 **世界主要用材树种概论** 周正等主编。中国林业出版社1997年3月版。78万字。88.00元。收录东亚地区、南亚地区、东南亚地区、欧洲、北美洲、中美地区、南美洲、大洋洲及太平洋岛屿和非洲共88属714种主要用材树种的地理分布、树木形态和生态特征及其木材的材性、干燥特点、强度、耐久性、工艺特性和用途。每个树种都有拉丁名，绝大部分列出了英文名和俄文名。书末附有中文索引和植物名索引。全书树种按洲或地区分列，同一洲或地区的树种依其隶属的科、属的拉丁字母排序。(陈欣省)

S000085 **红松混交林生态与经营** 李景文等著。东北林业大学出版社1997年12月版。25万字。17.00元。分4篇，第一篇为引论，描述林区的生态背景，包括地貌、气候、土壤和植被，并对森林研究、利用及状况作了评述和展望分析；第二篇为原始林分布与类型，包括红松林演化、分布、类型划分和立地质量；第三篇为原始林结构与动态，主要是群落结构、更新、生长及其动态工程；第四篇为人工林成林与成材，包括人工林分布、类型、营造、生长与成材诸问题；第五篇为森林恢复与经营，探索了近自然或生态系统经营理论与实践，即以生态系统学理论为依据，提出森林破坏后各类型的经营要点和措施，并强调原始林保护和母树林基地建设是实施生态林业的重要基础。本书在研究原始红松混交林自然规律的基础上，对破坏后的现有天然林系统和人工红松林进行近自然林的经营，并依据生态系统的原则在理论和实践上加以探索。(卜彩虹)

S000086 **杉木栽培学** 俞新妥主编。福建科学技术出版社1997年11月版。83万字。52.00元。第一章绪论介绍杉木生产和科研的发展概况；第二章阐述杉木的地理分布；第三章介绍杉木形态构造与生殖过程;第四章叙述杉木的生理生态与群落特征;第五章阐述杉木个体和材分的生长发育;第六章介绍杉木良种选育的原理与途径;第七章阐述杉木产区区划与立地评价,以及杉木生长预测;第八章介绍杉木苗木培育;第九、十章阐述了杉木林的营造与经营;第十一、十二章分别介绍了杉木病虫害的防治,叙述了综合防治与植物检疫的内容。附篇介绍了杉木材性变异、材质改良、材质遗传改进与营林措施的关系,以及杉木技术经济的内容。本书加强了生理、生态、遗传等基础研究的分量,有关杉木营养生理、养分循环、天然杉木林群落结构、种源生理生态等为新近报道的成果,同时阐述了全国种源试验与有关遗传改良的成就。在人工林方面,按系统学观点,强调了定向培育的重要性,根据造林目的和具体条件,拟定相配套的系列技术措施,以形成科学的栽培制度。(张晨曦)

S000087 **中国樟属植物资源及其芳香成分** 程必强等编著。云南科学技术出版社 1997 年 4 月版。30 万字。28.00 元。分总论、各论和附录等部分。是樟属植物资源考察、引种栽培及精油化学分析的总结。(李红)

畜牧、动物医学、狩猎、蚕、蜂

S000088 **饲料配制与畜禽饲养新技术** 刘纹芳等编著。黑龙江科学技术出版社 1997 年 11 月版。26.8 万字。17.50 元。共 13 章。介绍饲料工业的通用术语与饲料标签;动物营养需要,包括能量与蛋白质、脂肪、碳水化合物、维生素及矿物质营养;饲料原料,包括谷实类、糠麸类、植物性油粕类、动物性及矿物质饲料与其他饲料原料;饲料添加剂,含营养性饲料添加剂和生长促进剂等;饲料配制新技术,包括配制参考标准、饲料配方设计,家禽与猪的饲料配方;配合饲料加工厂设计、加工工艺流程、饲料品质的管理、质量管理与技术管理等;饲料粉碎机、混合机、制粒设备及小型饲料加工机组;蛋鸡的主要品种、鸡场建设与主要设备,种蛋的选择与孵化技术,蛋、雏鸡的饲养管理,产蛋期的饲养管理及提高蛋鸡生产性能的技术措施;肉用仔鸡饲养管理技术,包括肉用鸡的品种、主要生理特点,肉用仔鸡的饲养制度、饲养方式与管理,鸡的生产性能指标与计算方法;猪的快速育肥,包括猪的类型、品种,北方猪舍建筑方式,提高母猪产仔率、仔猪成活率的综合技术措施,以及哺乳期母猪与商品育肥猪的饲养管理方法;禽的、猪的卫生保健;大型养殖场与养殖专业户常备药品及使用方法等。书后附录中收录了国家饲料卫生标准,鸡的饲养标准及饲料营养成分表。(常瀛莲)

S000089 **河北草地建设** 河北省畜牧局编著。河北科学技术出版社 1997 年 12 月版。26 万字。14.00元。在总结国家草地资源调整成果和草地工作成就的基础上,把基础理论和应用技术有机地结合在一起,系统地阐述了河北草地资源的现状和特点,揭示了草地合理利用、草地改良、人工种草、飞播牧草、草原保护的基本规律和技术措施。(杜小莉)

S000090 **甘肃草地蝗虫** 甘肃省草原总站著。甘肃科学技术出版社 1997 年 8 月版。26.9 万字。29.00 元。论述了甘肃草地蝗虫的发生、蝗虫灾害史,描述了蝗虫躯体构造和生活史、生物学特性、种类及其分布,各类草场的优势种群、发生区域,重点介绍了蝗虫的侦察和预测预报、综合治理,并且对每个新种也都进行了形态描述。(王辉)

S000091 **草原手册** 王梦龙、吉尔格拉编。内蒙古人民出版社 1997 年 10 月版。25 万字。15.00 元。内容包括内蒙古草地概况、天然草地的合理利用与管理、草地资源的调查与规划、草地的建设、人工草地与饲料地的建设、改良退化草地的途径、饲料草地的加工与贮藏、牧草种子生产、草地植物保护等。另外还介绍了建立人工草地的技术及管理措施,阐述了在草原地区建立羊草人工草地的可行性及实验成果。书中收集编排了 80 年代以来在中国北方草地建设中已推广应用的适用技术的介绍及具体操作方法。(莎木戌)

S000092 **畜禽规模饲养配套技术** 张凤祥等编著。山东科学技术出版社 1997 年 10 月版。69 万字。49.60 元。包括 6 个分册:蛋鸡、瘦肉猪、肉鸡、肉兔、肉羊、肉牛。蛋鸡分册介绍适度规模的确立、鸡场建设、良种、饲养管理、饲料配合、环境控制、废弃物处理、疫病防治、经营管理等,注重诸项技术的组装配套。瘦肉猪分册介绍适度规模、猪场建设、环境控制、生产流程、良种、繁殖技术、饲料供应、日粮配合、饲养管理、肥育技术、疫病控制、经营管理等。肉鸡分册介绍饲养设计、日粮配合、饲养管理、疾病防治、经营管理等。肉兔分册介绍适度规模的确立、环境调控、兔病综合防治措施、经营管理等。肉羊分册介绍规模饲养类型、饲养场建设、良种体系、繁殖技术、日粮配合、饲养管理、育肥技术、疫病防治技术、经营管理等。肉牛分册介绍适度规模、品种及改良、繁殖配种、饲料及加工调制、日粮配合、饲养管理、育肥、疾

病防治、经营管理等。(邵迅)

S000093 **肉牛育肥综合实用技术** 常泽军著。河北科学技术出版社1997年6月版。15万字。7.50元。介绍肉牛的繁育与改良,肉牛的育肥与饲料,牛场的设计与经营管理等方面的综合实用技术。(杜小莉)

S000094 **蒙古牛** 扎鲁达等著。内蒙古科学技术出版社1997年8月版。12.8万字。12.00元。介绍蒙古牛的起源、地理位置,分布情况及其品种研究概况,蒙古国草场的基本情况与分类,蒙古牛的放牧办法与饲养技术;在蒙古国内饲养的蒙古牛的地方品种与它的外貌特征、毛色、体长、体重、肥育性能、役用性能、适应性能、繁殖性能、产乳情况等生产性能和生物学特征;在中国饲养的蒙古牛的外貌特征及毛色、体长、体重、肥育性能、役用性能、适应性能、繁殖性能、产乳情况等分别作了论述。并阐述了蒙古牛的地方品种及改良品种,怎样发展蒙古牛的产乳和产肉量等问题。(戛拉增)

S000095 **肉牛饲养实用新技术** 王克振编著。湖南科学技术出版社1997年8月版。16.7万字。8.50元。"科技兴农丛书"之一,畜禽养殖类。分6章,分别介绍肉牛体质外貌与品种、肉牛的营养需要、肉牛的饲养与管理、肉牛的育种、肉牛的繁殖及疫病防治等内容。(常绳生)

S000096 **养牛手册** 李建国等编著。河北科学技术出版社1997年8月版。38.8万字。21.50元。"养殖新技术丛书"之一。系统地论述国内外养牛生产的现状及发展趋势,牛的品种及生物学特性,牛的体型外貌与生产力,繁殖技术与育种,营养、饲料加工与饲料配合,幼牛的培育及快速育肥,泌乳牛的饲养管理,肉牛育肥技术,种公牛的饲养管理,牛的保健与常见病,多发病防治,牛场的设计与建筑,乳、肉及牛副产品的贮藏与加工,养牛生产企业的经营管理等。本书介绍了国内外养牛业的最新科研成果,以及养牛生产各环节的许多新技术、新经验,提供了科学、有效的饲料配方及饲养管理技术和大量的技术参数和资料。(杨久信)

S000097 **养羊全书** 陈圣偶等编著。四川科学技术出版社1997年1月版。25万字。10.75元。是"中国现代养殖技术丛书"之一。对我国养羊业的概况及发展养羊业的意义、羊的品种、羊的繁殖技术、羊的遗传与育种、羊的饲养管理、羊的常见疾病等方面作了阐述,对养羊业的产品生产、羊产品的初加工和开发,以及对专业化规模养羊生产也作了介绍。(杨旭)

S000098 **养羊手册** 胡万川主编。河北科学技术出版社1997年11月版。46.4万字。22.50元。"养殖新技术丛书"之一。详细介绍羊的生理特点、羊的生物学特性、羊的遗传育种,纯种繁育、杂交改良、配种方法,人工授精技术、羔羊的产前产后管理、羊的饲料营养、羔羊及育成羊的培育、成年羊的放牧与草地合理利用,羊的驾驭、断尾、去势、药浴、剪毛、抓绒、挤奶、刷拭、去角、修蹄等生产管理技术,羊场选址,建筑及羊舍类型与建造方法,羊病防治,羊肉、羊奶、绵羊毛,山羊毛,山羊绒,板皮,羔皮和裘皮、肠衣加工技术等。此外,还提供了羊体温、脉搏、呼吸及瘤胃蠕动次数、羊血沉速度正常值、羊血液学正常值、羊常用疫(菌)苗、羊用常备药品、青绿饲料营养成分含量、树叶类饲料营养成分含量、青贮饲料营养成分含量、块根、块茎、瓜果类营养成分含量、干草类营养成分含量、农副产品营养成分含量、谷实类、糠麸类、饼粕类、糟渣类及豆科植物、动物性饲料的营养含量等技术参数。(杨久信)

S000099 **山羊育种原理与实践** 罗玉柱编著。甘肃科学技术出版社1997年6月版。34.3万字。16.00元。主要内容分为育种理论和育种实践。育种理论有选择基础理论;质量性状选择;数量性状选择;表型选择;基因型选择;育种值BLUP原理;交配体系;繁育体系。育种实践有确立育种方案,山羊育种性能记录体系及育种技术;山羊引种及品种鉴定;毛用山羊育种;绒山羊选育;奶山羊育种;肉用山羊育种;皮用山羊选育和综合型山羊选育。(黄培武)

S000100 **实用养猪新技术** 魏国生、王希彪主编。黑龙江科学技术出版社1997年2月版。17万字。10.50元。共10章,以提高母猪年生产力、肉猪瘦肉率和养猪生产经济效益为核心,以"种"、"养"、"管"、"病"、"营"等5个决定养猪生产力水平和经济效益的要素为主线,介绍了适合黑龙江省及北方地区的先进、实用的养猪新技术。"种",介绍了现有优良猪种资源的特点和利用方法;"养",介绍了一些基本的营养知识和各类猪只的饲养技术;"管",介绍了养猪环境管理的重要性和环境管理技术;"病",介绍正确掌握猪场的综合防疫措施和常见猪病的防治技术;"营",阐述了养猪生产要瞄准市场,以提高经济效益为核心,组织生产,进行技术经济分析的技术方法。(阴志清)

S000101 **高效益养猪新技术** 何叔铎编著。北京出版社1997年9月版。15万字。8.80元。"科技兴农精选丛书”之一。针对如何提高母猪的产仔率和仔猪的成活率，如何缩短肥育猪的育肥期，如何营建猪场、猪舍等问题进行阐述。（龙杰）

S000102 **小猪科学饲养技术** 苏振环等编著。金盾出版社 1997 年 1 月版。11 万字。4.80 元。分 6 章，分别介绍我国饲养猪的主要品种，母猪的分娩与小猪的接产，提高母猪泌乳力的方法，新生、哺乳小猪的饲养管理，断乳小猪的饲养管理，小猪常见疾病防治等。重点讲述养好小猪的 4 项关键技术措施：①做好母猪分娩与接产的准备工作，列出预产期推算表，母猪产前有专人值班管理。②供给优质饲料及足量饮水、加强哺乳母猪的饲养管理及防治无乳综合征等措施，提高母猪泌乳量，保证有充足乳汁哺育小猪。③抓好“三食”（乳食、开食、旺食）和过好“三关”（出生关、补料关、断乳关），做好新生、哺乳和断乳小猪的饲养管理工作。④按计划做好小猪的预防接种，保持圈舍清洁，供应充足的营养，防止小猪副伤寒、小猪白痢、小猪佝偻病等疫病发生。（钟焕廷）

S000103 **养殖新技术丛书——养猪手册** 吕志强主编。河北科学技术出版社 1997 年 12 月版。38.4 万字。18.50 元。从猪的生物学特性入手，详细介绍猪的品种、猪的营养与饲料、种猪的繁殖与饲养管理、仔猪的培育，肉猪的生产、工厂化养猪、猪场建设、猪病防治以及猪产品的简易加工等内容。特别是对猪的优良新品种、提高配合饲料和添加剂的质量、改善养猪环境、提高母猪繁殖率和仔猪成活率、降低饲料消耗、充分发挥猪的生产潜力、提高育肥猪生长速度的出栏率以及猪的新发病的防治措施及新药物的应用等进行了重点阐述。（和英布）

S000104 **养兔全书** 宋育等编著。四川科学技术出版社 1997 年 3 月第二版。31 万字。13.30 元。“中国现代养殖技术丛书”之一。初版出版于 1989 年，由程济栋主编。全书分 12 章，其内容为：家兔的起源、进化和生物学特性；家兔主要品种的特征、特性；家兔的生殖生理和繁殖技术；家兔的外形特征和疾病的遗传；家兔的选种选配和杂交改良；家兔的消化生理、营养需要和饲养标准；家兔常用饲料的营养价值和日粮配合技术；家兔不同生长发育阶段和不同生产性能的饲养管理；家兔对环境条件的要求和兔舍建筑；兔产品及其加工利用；养兔业的经济特点及经营管理策略；家兔常见病诊断与防治。书前印有优良兔种彩色图谱 16 幅。（郭俊铨）

S000105 **养殖新技术丛书——养兔手册** 张宝庆、谷子林主编。河北科学技术出版社 1997 年 11 月版。40 万字。19.50 元。详细介绍我国养兔业的现状、存在问题及发展趋势，家兔的优良品种及生物学特性，家兔的营养需要及各种高效饲料配方，家兔的日粮配合及加工方法，家兔遗传育种及繁殖技术，家兔饲养管理的一般原则和应用技术，幼兔、成年公兔、成年母兔及孕兔的饲养管理技术，养兔必需的设备、兔场建筑、免舍、兔笼的建造方法，兔的传染病、寄生虫病、内科病、外科病、产科病、营养代谢病、中毒病的诊断、预防和治疗，兔肉、兔皮、兔毛及其他兔产品的加工技术等。反映了国内外在家兔品种繁育、品种改良、人工授精、仔兔饲养管理、兔病防治等方面的新成果、新技术。（杨久信）

S000106 **食用珍禽养殖大全** 谌澄光等编。江西科学技术出版社 1997 年 6 月版。30 万字。12.80元。包括总论和各论两部分。总论涉及珍禽场舍的建筑和设备、珍禽的营养需要和饲料、珍禽的遗传和繁殖。各论介绍 16 种珍禽的经济价值、品种、形态特征和生活习性、饲养管理技术以及常见疾病的防治，还附有全国珍禽场家的介绍。

S000107 **养鸡全书** 邱祥聘等编著。四川科学技术出版社 1997 年 1 月版。26 万字。11.20 元。“中国现代养殖技术丛书”之一。全书共 10 章，内容为：现代鸡种的概念、生产过程及繁育体系；鸡的解剖生理特点、产蛋过程与配种；鸡的胚胎发育、孵化条件及孵化管理；鸡体与环境的关系及现代养鸡业的管理技术；鸡的营养需要、饲料配合及饲养方法；育雏的条件、饲喂技术及育成期的饲养管理；商品蛋鸡产蛋期及种鸡产蛋期的饲养管理；肉用仔鸡及烤用仔鸡的饲养管理；鸡场的环境卫生与鸡群的健康保护；鸡场的经营管理及影响鸡场经营成败的因素。书前印有鸡的标准品种彩图 16 幅。（郭俊铨）

S000108 **养鸡技术大全** 韩俊彦编著。辽宁科学技术出版社 1997 年版。41.6 万字。22.00 元。收集国内、外养鸡的先进经验和科学研究成果，介绍了鸡的品种、鸡的繁育与孵化、鸡的营养与饲料、鸡的饲养管理、鸡场建筑与经营管理、鸡病防治等内容。重点介绍了蛋用雏鸡、育成鸡、产蛋鸡和肉鸡的饲养管理。在鸡病防治部分，简述了健康鸡与患病鸡的表征，对鸡的保健与疾病预防措施和鸡病诊断技术做了详细介绍，同时，对 14 种鸡病毒性传染病、13 种鸡细菌性传染病、8 种鸡的主要寄生虫病、7 种鸡的普通病与杂病作了论述，对这些病的病原、流行病学、症状和病理变化、诊断和防治措施进行了详细的介绍。（寿亚荷）

S000109 **养鸭全书** 曾凡同等编著。四川科学技术出版社1997年1月版。28万字。11.80元。是"中国现代养殖技术丛书"之一。从中国养鸭的历史、现状及发展特点和前景，以及鸭的优良品种、鸭的繁育技术、鸭蛋的孵化、肉用仔鸭的生产、填肥鸭的生产、大型肉用种鸭的饲养管理、蛋鸭的生产、鸭的疫病防治等方面作了阐述，对鸭活体拔羽绒生产技术，鸭的产品加工及产品开发、商品鸭场的经营管理等也作了介绍。(杨旭)

S000110 **肉鸽速养技术** 陈瑞光编写。江西科学技术出版社1997年3月版。21万字。10.50元。介绍了肉用鸽的品种、生物学特性、繁育、营养与饲料，以及肉鸽的饲养管理技术和病害防治技术。

S000111 **中国现代养殖技术丛书** 邱祥聘等编。四川科学技术出版社1997年1月版。400万字。169.05元。已出版14种：《养猪全书》、《养牛全书》、《养羊全书》、《养兔全书》、《养鸡全书》、《养鸭全书》、《养鹅全书》、《养鱼全书》、《特种经济动物养殖》、《特种水产养殖》、《畜禽配合饲料手册》、《饲料添加剂手册》、《畜病防治手册》、《禽病防治手册》等。养殖技术类图书内容包括：良种性能及繁育技术；饲养管理；疾病防治；产品加工及开发；经营管理及提高经济效益的措施。饲料及添加剂类图书内容包括：畜、禽、鱼的营养需要；饲料及添加剂的营养价值；饲料配方技术；生产管理及营销策略；配合饲料及添加剂的利用。疾病防治类图书内容包括：疾病一般诊断技术；疾病综合防治措施；畜禽常见病的诊疗。(郭俊铨)

S000112 **中国进出境动物检疫规范** 于大海、崔砚林编。中国农业出版社1997年5月版。127.5万字。198.00元。分总论和各论两大部分。总论分4章。首章主要介绍动检概论、检疫法规、进出境及过境动物检疫要求和具体操作过程、方法和步骤。第二章着重介绍了最新检疫技术。不仅介绍了对细菌、病毒、其他病原微生物的分离和鉴定方法，同时也介绍了寄生虫的检查方法和常规血清学技术。采样是动检工作的主要内容。对采样有严格的规定，采样的种类包括动物样品、媒介昆虫、动物产品及种法材料。这些都是第三章的内容。检疫工作多在实验室内进行。因此，对检疫实验室的要求更高、更特殊。同时对实验仪器的管理要加强，这些正是第四章的主要内容。各论部分共两章。对1992年公布的我国进境动物一、二类传染病、寄生虫病名录中的97种疾病的地理分布、危害、病原、流行病学、临诊症状、发病机理及病理变化、诊断、处理及研究进展作了论述。为了增加读者对世界动检情况的了解及便于检疫操作，还增加了附录9个。(刘博浩)

S000113 **动物病毒学** 殷震、刘景华主编。科学出版社1997年11月第二版。181.70万字。148.00元。第二版在初版基础上，根据1984－1996年间的资料，全面更新了内容：增添了动物病毒结构与功能的分子生物学内容；补充了有关动物病毒生态学、诊断和免疫预防方面的新技术和新资料；介绍了新发现的动物病毒病和人兽共患病毒病，特别是那些具有重要病原学意义的新病毒；专门增加了"病毒病的分子生物学诊断"一章，等等。第二版仍由病毒学总论、病毒学技术和病毒学各论3篇组成，共40章和1个附录。病毒学总论篇介绍动物病毒学简史、病毒的特性、病毒的分类与命名、病毒的增殖、物理化学因子对病毒的作用、病毒的遗传和变异、病毒感染、抗病毒免疫、病毒感染的治疗，以及病毒病的控制和消灭；病毒学技术篇介绍病毒的培养、电子显微镜技术、病毒和病毒成分的提纯在病毒研究中的应用，以及病毒病的常规实验室诊断技术、病毒病的分子生物学诊断技术等；病毒学各论篇介绍RNA病毒、DNA病毒和亚病毒等24科180多种病毒的形态结构、物理化学和生物学特性、生态学、抗原性、培养技术、免疫和诊断等。(张国全)

S000114 **中兽医辨证论治新编** 卢宪斋、张创编。四川科学技术出版社1997年6月版。11.3万字。8.00元。分6章，内容为：基本概念；证候要素；主证纲要；辨证法；临床辨证论治；常见疾病辨证论治。书后附常用方剂，以便检索。(郭俊铨)

S000115 **兽医手册** 倪有煌、张德群主编。中国农业出版社1997年2月版。106.5万字。75.00元。以畜禽的常见多发病、群发病及危害严重的流行病为重点，对近年来在我国新发现的畜禽疾病、经济动物、伴侣动物和毛皮动物疾病也予以充分重视。对兽医基础知识，兽医常用诊疗方法和技术，畜禽的内科病、传染病、寄生虫病、外科病、产科病，以及畜禽屠宰、加工和兽医卫生检验，乃至动物进出境检疫技术等，都分别进行了阐明或简述。(张志)

S000116 **图解畜禽阉割技术** 廖培志编写。江西科学技术出版社1997年9月版。12万字。6.80元。以图解的形式介绍了猪、牛、马、羊、骡、骆驼、狗、猫、兔、鸡、鸭的手术阉割技术，对每一种动物的阉割术均介绍了手术前准备、阉割部位生理结构解剖、手术时间、手术步骤和操作技术，以及术后并发症的处理方法。书末还附录了畜禽化学阉割术。

S000117 **畜病防治手册** 王天益等编著。四川科学技术出版社1997年1月版。31.2万字。13.10元。“中国现代养殖技术丛书”之一。全书共9章，其内容为：临诊兽医的基本技能，包括一般诊疗技术和防疫法规知识的掌握；用药知识和常用抗生素、合成抗菌药、消毒防腐药、抗寄生虫药的性能和用法；家畜常见内科病的诊治；实用外科手术及常见外科病；家畜常见产科病的诊治；家畜常见传染病的诊治；家畜常见寄生虫病的诊治；犬、猫常见病的诊治；中兽医学的特点、诊疗技术及经验。（郭俊铨）

S000118 **猪病诊治彩色图说** 甘孟侯等编著。中国农业出版社1997年9月版。3万字。133幅图。16.80元。着重介绍养猪生产上经常发生及应重点预防的34种疾病的诊断与防治技术，共收入133幅彩色图片，真实表现各种猪病的临诊症状和解剖特点；并辅以简要的文字说明，介绍每种疾病的病因、诊断及防治方法。（黄向阳）

S000119 **实用禽病诊断与防治** 崔尚金等主编。黑龙江科学技术出版社1997年11月版。18.5万字。12.30元。主要介绍严重危害鸡、鸭、鹅等常见病、多发病的流行病学、临床症状、病理剖检、诊断、治疗、免疫和防制措施。着重介绍一些危害严重的禽病的新特点、系统疾病的鉴别诊断与防治，以及诊断禽病的快速、简便、特异、敏感的实用技术和防治技术。还介绍了药物应用理论和常见疾病的防治药物等。书后附有鸡病病理学检索表、鸡病治疗常用药物表等。（刘秉谦）

S000120 **鸡病诊治彩色图说** 范国雄编著。中国农业出版社1997年5月版。3万字。100幅图。14.00元。着重介绍养鸡生产中常发生的25种疾病及其诊断与防治技术。共收入100幅彩色图片，真实表现各种疾病的临床症状及剖检特点；并辅以简要的文字，介绍每种疾病的诊治方法。（黄向阳）

S000121 **家禽营养代谢疾病病理学** 崔恒敏、朱贵水著。四川科学技术出版社1997年10月版。12.8万字。18.00元。分4章，主要内容为：家禽营养代谢疾病的发生特点、原因、诊断、防治；维生素A、D、E、B缺乏与过量的病理；钙、磷、钠、氯、硒、锌、锰、铜、钼、碘缺乏与过量的病理；痛风、肉鸡腹水综合症、肉鸡猝死综合症、肉鸡脂肪肝肾综合症、蛋鸡脂肪肝综合症、笼养蛋鸡疲劳症等营养代谢障碍性疾病病理。（郭俊铨）

S000122 **禽病防治手册** 郭万柱等编。四川科学技术出版社1997年4月版。20万字。8.60元。“中国现代养殖技术丛书”之一。全书共8章，其内容为：禽病发生的规律、防制及常用化学药物、疫苗的性能和用法；禽病常用实验室诊断技术；家禽共患传染病的防治；鸡传染病的防治；鸭、鹅传染病的防治；家禽寄生虫病的防治；家禽营养代谢性疾病的防治；家禽中毒性疾病的防治。书前印有家禽病理性彩色图谱8幅。（郭俊铨）

S000123 **中国兽药知识大全** 于船等编。四川科学技术出版社1997年5月版。222万字。120.00元。共10章，其内容为：兽药生产、经营、进出口、商标、广告的管理；兽用原料药、生物制品、中药、制剂的生产；兽药生产厂房及常用设备；兽药生产的质量控制、检验和管理规范；兽药的质量标准及检验方法；新兽药的药理及毒理试验，临床药效试验；中药、抗菌药、消毒防腐药、抗寄生虫药以及其他药物的合理使用；兽医常用化药、抗生素、生化药品及中草药的作用和应用；常用鱼药、蜂药、蚕药的作用和应用；饲料药物添加剂的品种、产品设计与生产、动物饲养试验及屠宰测定。书末附录了《兽药管理法规选编》。（郭俊铨）

S000124 **蚕业研究论文集** 辽宁省蚕业科学研究所编。辽宁科学技术出版社1997年8月版。135.7万字。158.00元。集中展示了1947～1997年辽宁省蚕业科学研究所几代科研人员的科学历程和研究成果。内容按研究学科分为9个部分，即一、蚕的生物学基础理论研究，二、蚕场柞树栽培及代用饲料研究，二、柞蚕新品种选育，四、柞蚕天蚕饲养新技术研究，五、柞蚕与柞树保护研究，六、桑蚕品种、饲养及桑树栽培研究，七、柞蚕与柞树综合利用开发，八、蚕业科技管理，九、其他。全书收入研究论文全文171篇、论文摘要97篇，还有243篇题录。（王广运）

水产、渔业

S000125 **渤海生态环境和生物资源分布图集** 唐启升、孟田湘著。青岛出版社1997年12月版。926幅图。360.00元。为了保护好渤海生态环境，管好、用好黄、渤海区渔业资源，给生物资源和渔业管理提供科学依据，国家科委在“八五”国家科技攻关项目中设立了“渤海增殖生态基础调查研究”专题，该专题研究的内容包括水文、水化学环境、初级生产力、浮游生物、渔业生物资源、叶绿素a、鱼卵、仔鱼、种间关系等渤海生态系统主要环节的基本特性和动态变化。本书就是该项研究的主要成果。图集还收入

了国家“六五”科技攻关项目“渤海水域渔业资源、生态环境及增殖潜力研究”的研究成果。(张化新)

S000126 **鱼虾病防治实用新技术** 姜礼燔著。江苏科学技术出版社1997年8月版。16万字。9.50元。是全国地方科技出版社联合编辑出版的“科技兴农精选丛书”中的一种。分10个部分。内容有:一、对15种常用的鱼虾病药物,如硫酸铜、硫酸亚铁合剂,应氏灭害灵、灭虫灵、强力消毒剂等以及磺胺类药物、呋喃类药物、抗生素类药物、喹诺酮类药物、染料类等药物的应用及评价作了评述。二、鱼虾病用药发生抗药性的原因及预防对策。三、草鱼、鲢鱼、鲤鱼等常见的28种疾病的发生原因、症状及防治方法。四、常见的14种鳗病的防治。五、常见的23种虾病的防治。六、由有机物、重金属、农药、石油、热污染等污染引起的疾病及其防治。七、其他病害如饥饿、营养失调和营养不良病等及敌害的防治。八、药物选用的基础知识,如药物来源及剂型,药物的剂量,影响药物作用的因素等。九、鱼虾用药物毒性的生物学检测方法,有急性毒性试验、胚胎毒性试验、行为反应测定、亚急性毒性试验、慢性毒性试验。十、药物安全浓度评价,有应用经验公式,应用Reineya方法,应用Turubell公式测定安全浓度,应用Pickering等方法测算鱼类、虾类的安全用药浓度,以及有毒、有害化学品施用后对水产品(鱼、虾)及人体致毒、致癌评价公式。(陆宝珠)

S000127 **渔用药物及鱼病防治手册** 聂永佳编著。湖南科学技术出版社1997年9月版。14.2万字。8.50元。“科技兴农丛书”之一,实用手册类。共9章,分别介绍渔用药物的基础知识和抗微生物药、消毒防腐药、抗寄生虫药、抗非寄生性病药、影响鱼类新陈代谢及生长的药物、作用于中枢神经系统的药物、鱼用中草药、鱼用生物药品8大类共240多种渔用药物的性状、作用与用途、用法与用量及应用注意事项。本书在目录编排上,将渔用药物与其主要防治的疾病或主要用途对应列出,既可知病查药,又可依药查病。其附录部分分列了:常见鱼病症状参考表、常见特种水产动物病症状参考表、防治药物用量对照表、渔用药物配伍禁忌表、水产动物常见致病菌的革兰氏染色分类表及全国鱼药厂及产品简介。(常绳生)

S000128 **鱼病防治技术** 陈锦富等编著。金盾出版社1997年7月版。10.9万字。4.90元。主要讲述鱼病防治的基础知识,鱼类常用中西药物的用途及使用方法,常见的鱼、虾、鳗、蟹、蛙、牛蛙疾病防治技术。重点介绍了病毒性鱼病、细菌性鱼病、真菌性鱼病、菌藻性鱼病、寄生性鱼病、水质不良引起的鱼病、生物因素引起的鱼病等,各种病的病原、流行情况、症状、预防方法、治疗方法均有具体介绍。并附有插图56幅。(钟焕廷)

S000129 **中国龟鳖类原色图谱** 杨渡远等编著。广东经济出版社1997年4月版。7万字。92幅图。48.00元。按照我国龟鳖目动物的种类,所隶属的科、属,以活体龟鳖拍片,介绍各种龟鳖的产地、特征和习性等知识。(李惠玉)

S000130 **中国鸟类名称手册** 杭馥兰、常家传主编。中国林业出版社1997年9月版。45万字。58.00元。按分类系统汇集了中国鸟类1 260种的中(附汉语拼音)、拉、英、俄、日、朝文名称,附以亚种的体尺量度和鸟种的区系从属关系。本书特点有一、理顺了鸟类名称关系,解决了分类归属,可避免地方名、俗名等多年的混乱及“张冠李戴”现象,可用其准确辨认物种名称。二、为鸟类名称规范了读音。解决了历史遗留下来的,因古字、偏僻字及读音不准而造成的诸多误解和不便。三、书中提供了使用的方便性和适用性。如普通读者要查知某鸟属于哪一类,体型大小,主要分布区域等,在过去的出版物中,虽可查出名称,却难于解决上述问题,甚至想象不出是哪一类动物。本书提供了有关物种的分类地位、标本量度和分布区系类型的简要特征,能为读者解决上述难题。(严丽)

S000131 **水产名特优养殖新技术** 解承林等著。山东科学技术出版社1997年7月版。44万字。26.20元。包括4个分册:《对虾养殖与病害防治》、《中华鳖养殖与病害防治》、《鲈鱼养殖与病害防治》、《河蟹养殖与病害防治》。虾病是困扰对虾养殖业的主要问题,除介绍对虾习性、虾池建设、越冬技术、苗种生产、养成生产外,对寄生性虾病、营养性虾病、环境性虾病均作了详细介绍,从养殖结构调整、科学管理、及时发现、正确用药等各个角度论述虾病防治问题,突出了“以防为主,综合防治”的方针。中华鳖分册主要介绍鳖场建设、营养需求与饲料、人工繁殖、饲养方法、捕捞运输以及病害防治等。鲈鱼分册对苗种培育、池塘养殖、网箱养殖、工厂化养殖、淡水养殖、混养、越冬、营养需求和常用饵料以及病害防治等作了详尽介绍。河蟹分册介绍苗种生产、池塘养殖、稻田与网围养殖、饲料与病害防治等,对严重影响河蟹养殖的性早熟、懒蟹、不蜕壳症等予以重点阐述,并介绍了很有发展前途的由蟹苗当年养成商品

蟹技术——大棚养蟹技术。(胡明)

S000132 **名特优水产品养殖实用技术** 戈贤平主编,蔡仁逵、张洁月副主编。上海科学技术出版社 1997 年 9 月版。30.8 万字。21.30 元。列入目前国内养殖较普遍、技术较完善、经济效益较高的名特优水产品养殖品种,如河蟹、罗非鱼、红螯螯虾、鳗鲡、黄鳝、长吻鮠、大口鲶、乌鳢、鲫鱼、建鲤、罗非鱼、加州鲈鱼、革胡子鲶、虹鳟、淡水白鲳、鳖、乌龟、河蚌育珠、牛蛙等 20 多种介绍其人工繁殖、苗种培育、成鱼养殖、捕捞运输、病害防治技术以及一些名特优水产品养殖的苗种场及饲料和鱼药厂的名录。(张雪娟)

S000133 **淡水名、优、特、新品种养殖丛书** 马鹤海主编。武汉出版社 1994 年 11 月至 1997 年 10 月版。100.5 万字。55.8 元。包括《中华鳖养殖技术》、《中华绒螯蟹养殖技术》、《罗氏沼虾养殖技术》、《高体型异育银鲫养殖技术》、《食用蛙养殖技术》、《淡水青虾养殖技术》、《鳜鱼养殖技术》以及《斑点叉尾鮰养殖技术》8 种。介绍了这些水产品的生物学特征,生态习性,增养殖各环节的技术要求,操作规范、疾病防治,综合利用及养殖实例等。(杨帆)

S000134 **池塘养鱼新技术** 雷慧僧等编著。金盾出版社 1997 年 10 月版。32.4 万字。14.00 元。讲述主要养殖鱼类的生物学特性、池塘的建造及池塘环境因素对鱼类的影响、池塘施肥、鱼的人工饵料及鲜活饵料的人工繁殖、鱼种的培育、成鱼的饲养、特种鱼类的养殖及鱼病防治等。涵盖了从池塘建造到成鱼上市的完整鱼类养殖过程;介绍了草鱼、鲢鱼等主要养殖鱼类和虹鳟、鲻鱼、鳜鱼、淡水白鲳、加州鲈鱼等特种鱼类;介绍了传统的饵料和饲料添加剂以及新型的鱼类配合饲料。(钟焕廷)

S000135 **养鱼全书** 郑曙明等编著。四川科学技术出版社 1997 年 2 月版。34.4 万字。14.30 元。"中国现代养殖技术丛书"之一。全书共 13 章,其主要内容为:淡水养殖鱼类的主要品种及对水环境的要求;鱼饲料的营养价值,肥料的种类和使用方法;鱼类的常规育种技术及新技术的应用;鱼类繁殖的生物学基础及人工繁殖技术;鱼苗的生物学特征及鱼苗、鱼种的培育技术;池塘养鱼鱼种的放养和饲养管理;湖泊、水库、河道养鱼技术和大水面捕捞技术;网箱养鱼的布局和管理;稻田养鱼的设施、放养和管理技术;综合养鱼的特点及类型;常见鱼病的诊断和防治;淡水鱼类的加工技术。(郭俊铨)

T 工业技术

一般工业技术

T000001 **工程事理学发展** 张锡纯著。北京航空航天大学出版社 1997 年 9 月版。10.4 万字。9.00元。内容分两部分:第一部分遵循钱学森的科学技术体系框架,严格区分工程和技术的不同性质,指出事理学应与运筹学分家,论述建立工程事理学的必要性,并指出它与其他类似学科的区别;第二部分探讨工程事理学的研究对象和范围,并就工程事理中的工程组织事理("三个系统论")、工程优化事理和事理分析 3 个重要方面进行了理论探讨和剖析。(许传安)

T000002 **工业过程高级控制** 邵惠鹤编著。上海交通大学出版社 1997 年 11 月版。51.9 万字。32.00 元。共 14 章。从数学和物理的基本概念出发,阐述高级过程控制的本质和特点以及掌握高级过程控制系统设计和分析的基本方法,并反映近年来的新发展。(李阳)

T000003 **结构系统可靠性和基于可靠性的优化设计** 安伟光编著。国防工业出版社 1997 年 5 月版。24 万字。18.00 元。介绍结构系统可靠性和基于可靠性的优化设计的基本理论及研究方法。全书包括引论;结构可靠性的基本理论;结构系统的模拟;串并联系统的可靠性;安全余量的形成;β—unzipping 法;分枝限界法;计算临界元件的优化准则法;基于可靠性的优化设计;结构可靠性的专题介绍等。(史国成)

T000004 **人机工程学** 赖维铁编著。华中理工大学出版社 1997 年 2 月第二版。30 万字。11.50

元。从实用出发,系统地介绍了人机工程学的基本理论和设计方法,并选入许多可贵的资料供设计时参考。(叶见欣)

T000005 **可编程控制器应用技术与实例** 袁任光编著。华南理工大学出版社1997年6月版。42万字。28.00元。作者收集了当前在我国使用较广泛的可编程序控制器产品资料及其在各种工程技术中应用设计的实例,以实例为主,介绍可编程序控制器的应用技术。其主要内容包括可编程序控制器的程序指令和编程器的使用方法、梯形图、可编程序控制器的选型依据、编程方法、应用的技术与技巧等,并按各工程技术领域汇编了实际应用的50个设计实例。这些实例中一般均包括工艺过程及其对控制系统的要求、控制系统的组成、工作原理等,有控制程序图和梯形图。附录中汇集了常用可编程序控制器O/I器件和可编程序控制器产品型号及其主要技术参数。(江厚祥)

T000006 **现代设计方法** 陈继平著。华中理工大学出版社1997年8月版。28.7万字。11.00元。重点介绍机电产品的现代设计方法中主要的两种方法,即优化设计方法及可靠性设计方法。优化设计是将工程设计问题转化为最优化问题,利用数学规划方法将各种不同性质、甚至相互矛盾的设计要求迅速而准确地得到最满意的结果。本书主要介绍优化设计的基本概念、方法及其应用。重点内容为一维搜索法、无约束优化方法、线性规划方法等。可靠性设计是指工程或产品在规定的工作条件下、在规定的工作时间内完成人们要求的能力。它与传统设计不同之处在于将设计参数视为随机变量,将可靠性指标作为设计目标之一。本书重点介绍了产品的可靠性指标体系,可靠性评价及可靠性设计等内容。(陈继平)

T000007 **工程曲面** 李绍珍等编著。山东大学出版社1997年12月版。28万字。20.50元。是作者在多年科研及教学实践的基础上,通过与厂方合作,对生产现状进行了调查、分析,并综合了所取得的科研成果,经筛选而成。本书论述了一般曲面形成的理论基础、分类和图示方法,复杂曲面的投影原理及方法,并在此基础上建立了各种常用曲面的数学方程式。对螺旋面零件、螺旋桨桨叶、增压器叶轮、水泵叶片等曲面的图示方法及特点作了分析和介绍,对啮合传动和机械加工中共轭面的有关图解问题作了分析和讨论,并提出了多种较为简便的作图方法,同时还例举了叶轮、叶片计算机辅助设计的全过程。(刘旭东)

T000008 **技术制图国家标准宣贯教材** 汪恺主编。中国计量出版社1997年版。121.6万字。69.00元。由绪论和22章内容组成,主要介绍近年来新发布的技术制图、机械制图、图形符号和建筑制图等80多个标准的条文内涵、基本特点、应用原则、与原标准的对比,以及与国际和国外标准的异同等。其中对"简化表示法"、"形状和位置公差"等最新国家标准的应用作了重点介绍。(洪伟)

T000009 **材料科学与工程基础** 莫之民等主编。上海交通大学出版社1997年4月版。15.1万字。8.10元。介绍材料科学和材料工程的基础知识。内容包括物质结构与组成、材料凝固、相图、材料性能、金属材料、高聚物材料、陶瓷材料、复合材料、功能材料、材料表面改性、失效与防止。(成敬祥)

T000010 **加速寿命试验** 茆诗松等著。科学出版社1997年3月版。20.2万字。15.00元。"现代应用数学方法丛书"之一。主要介绍3大常用寿命分布(指数分布、威布尔分布、对数正态分布)下的加速寿命试验的统计分析方法,加速寿命试验的基础是寿命试验,所以在每章中先简单叙述寿命试验的统计分析方法,然后再讲加速寿命试验的统计分析方法。本书收集了很多实例,并详细地作了介绍。(总编室)

T000011 **材料物理现代研究方法** 马如璋、徐祖雄主编。冶金工业出版社1997年8月版。85万字。69.00元。是关于材料物理实验方法的专著。书中有关分析电子显微镜等的论述反映了显微学的最新进展;扩展X射线吸收细结构和中子衍射的内容表述了衍射学和X射线学的新技术;在表面和界面分析方面深入地阐述了俄歇电子谱等内容;最新核物理方法着重撰写了穆斯堡尔谱学等的原理、实验、仪器和应用。(王雪涛)

T000012 **材料微结构X射线分析** 滕凤恩、王煜明著。吉林大学出版社1997年12月版。29万字。14.00元。共6章,包括X射线光电子能谱分析、多晶体材料的相分析与相结构解析,X射线在晶体中的漫散射分析,晶体缺陷与不完整性的X射线衍射线形分析,非晶态材料的X射线分析,X射线衍射的计算机辅助分析与界面结构的计算机模拟等内容。(唐万新)

T000013 **X射线结构分析与材料性能表征** 滕凤恩等主编。科学出版社1997年12月版。37.3万字。35.00元。按照材料结构有序性的不同,将其分成单晶材料、含织构材料、多晶材料、含缺陷材料、半晶材料、非晶体材料、薄膜复合界面材料等，最后是计算机在X射线结构分析与材料、设计中的应用，共8章。(总编室)

T000014 **ZrO_2复合耐火材料** 王诚训等编著。冶金工业出版社1997年10月版。18.8万字。12.00元。内容包括ZrO_2复合耐火材料的相平衡；ZrO_2复合耐火材料的几个重要问题；$Al_2O_3-ZrO_2-SiO_2$耐火材料；ZrO_2复合$MgO-CaO$系耐火材料；ZrO_2复合$MgO-MgO\cdot Al_2O_3$系耐火材料；ZrO_2复合$MgO-Cr_2O_3$系耐火材料；$MgO-C-ZrO_2$质复合耐火材料；$O'-ZrO_2-C$质复合耐火材料。(章秀珍)

T000015 **中国冶金百科全书・耐火材料** 中国冶金百科全书总编辑委员会、《耐火材料》卷编辑委员会、冶金工业出版社《中国冶金百科全书》编辑部编。冶金工业出版社1997年10月版。98.4万字。130.00元。囊括了耐火材料专业领域的基本知识、基本概念、简史、现状和发展趋势。全书有400多个条目，墨线图235幅，彩图94幅。主要内容包括：耐火材料及其应用、耐火材料专业理论基础、耐火材料性能及测试、耐火原料及选矿、耐火制品、不定形耐火材料、隔热耐火材料、特殊耐火材料、耐火材料制造工艺、耐火材料生产设备。(郭历平)

T000016 **智能材料结构** 陶宝祺主编。国防工业出版社1997年4月版。36.6万字。25.00元。编入作者及其研究生的研究成果和方法，也编入了国外最新的研究动态和成果。其内容包括：智能材料结构的定义和应用前景，埋入式传感元件、埋入式驱动元件、信息处理方法，强度自诊断自适应和形状自适应智能材料结构、减振降噪智能材料结构、自适应控制理论和方法，最后介绍了智能天线、智能建筑结构和新型智能材料结构。书中涉及材料学、力学、电学、测控技术等多个学科。(吴芝萍)

T000017 **现代工业设计技术与艺术** 王继成编著。中国纺织大学出版社1997年7月版。23万字。16.00元。着重介绍与产品设计密切相关的人机工程学知识及其实用技术，分析并提出了克服产品设计中不利心理因素的方法和途径；介绍了形态设计、色彩设计、宜人性设计的基本知识及其在产品设计中的具体运用。并从美学角度介绍了提高产品美学感染力的多种表面处理工艺，还介绍了包括模型制作和计算机手段在内的多种辅助设计方法。(俞丽琼)

T000018 **实用包装装潢技术** 王达行、洪涛主编。东南大学出版社1997年5月版。14万字。14.80元。分包装装潢的基础知识和包装装潢的设计操作两个章节，还附有大量的实用资料和彩色插页。(吴国林)

T000019 **工厂实用化学分析手册** 鄢国强编。机械工业出版社1997年10月版。38万字。26.00元。分8章，一、化验室的建设与管理，包括化验室的筹建、化验室用纯水的制备、常用仪器的选用和管理等；二、化学试剂及溶液的配制，包括化学试剂及溶液的一般知识、配制及计算、浓度表示方法、标准溶液和缓冲溶液的配制及应用等；三、分析数据的处理，包括误差的基本知识、分析允许误差的应用和有效数字及运算法则的应用等；四、化验室的安全知识，包括化验室的安全操作常识和贵重器皿的安全操作技术规程等；五、化学分析法的基本原理，包括重量分析法、滴定分析法和吸光光度法的方法特点及操作规程等；六、钢铁及铁合金的化学分析，包括上述材料中的碳、硫、磷、硅、锰、铬等近30个元素成分分析；七、非铁金属及其合金的化学分析，包括铜、铝、锌、锡、铅及其合金中近30个元素成分分析；八、表面处理溶液的化学分析，包括预处理(前处理)溶液、电镀和化学镀溶液、钢铁氧化和磷化溶液中各种酸、碱、盐、金属和非金属离子、非金属化合物、酸根、酸度和金属元素成分分析等。(崔世荣)

T000020 **环境声学与噪声控制** 潘仲麟、张邦俊著。杭州大学出版社1997年10月版。28万字。13.50元。是以作者在杭州大学讲授环境声学、噪声控制技术课程的讲义为基础修订而成的，着重介绍环境声学与噪声控制的基础理论，阐述声波传播的物理规律和噪声控制技术的基本原理和方法。全书共有10部分：声波的物理基础、声波在传播中的特性、环境噪声的评价、噪声测量技术、环境噪声的预测、环境噪声源及其控制、吸声降噪、隔声技术、消声器、环境振动及其控制。(石国华)

T000021 **振动主动控制** 顾仲权等著。国防工业出版社1997年6月版。22.3万字。18.30元。内容涉及动力响应与动稳定性主动控制问题的理论、方法与应用。全书共7章：第一章引论：介绍振动控制的任务与实现途径；分类；振动主动控制及其发展。第二章数学模型：这是问题分析与综合的基础。第三章控制律设计方法：这是振动主动控制研究的核心环节，论述目前常用的时域法。第四章控制律设计中的若干重要问题：这是提高控制器设计质量必然遇到的共性问题。第五、六章介绍主动控制技术在动力响应与动稳定性控制中的具体应用。第七章介绍这项高新技术的近期进展。书中围绕“控制律”重点，注意理论与应用并重，顾及系统性，并充分融入作者研究成果及国内外新成果。(王坡麟)

T000022　**新编实用空调制冷设计、造型、调试、维修手册**　冯玉琪等编。电子工业出版社 1997 年 11 月版。201 万字。66.00 元。重点介绍新型设备的设计造型方法及产品的性能，并详细地介绍了风冷式机组、模块化机组、吸收式制冷机、蓄冷式空调设备、净化设备、活动式冷藏库及新型制冷型、微型电脑的应用等。全书分 3 部分：设计篇、设备篇和调试维修篇。在第一篇中，对空调制冷的设计提供简明而可靠的方法。第二篇详细介绍空气处理机、冷水机组、整体及分体式空调机、净化空调、恒温恒湿及计算机房空调机、蓄冷空调设备、冷藏速冻设备的选型、产品性能等。第三篇具体介绍一般制冷设备及离心式制冷机、溴化锂吸收式制冷机、中央空调系统的调试、运行、维修分类。(高平)

T000023　**傻瓜相机与使用技巧**　林路编著。吉林摄影出版社 1997 年 1 月版。7 万字。12.00 元。从傻瓜照相机的类型入手，从繁多的照相机市场中，选择了具有代表性的机种加以分类介绍。着重介绍傻瓜照相机的各种功能，如，怎样识别傻瓜照相机的图形、符号，怎样保养，怎么样挑选质量的优劣，基本操作方法等，各种最新高级傻瓜照相机的使用功能和使用技巧。特别是一些很有使用价值，却被人们忽视的功能特点。同时，又专门设立了篇章，介绍了使用傻瓜照相机拍摄风光、人物、运动、夜景、抓拍等的实践技巧。(秦真元)

T000024　**计量单位实用指南**　李慎安、李寿星著。中国计量出版社 1997 年版。45.5 万字。25.00 元。针对国内在贯彻这套标准过程中所存在的一些重点、难点问题，援用国际上一些相关的最新资料，阐释了有关术语的基本定义、国际单位制与其他单位制的联系及特点，我国法定计量单位及其使用原则，数值的修改及单位的换算，基本物理常量，工程单位制与 SI，化学计算与单位，农业和生物学中的量和单位。同时，给出了较完整的物理量、SI 单位的符号简表，以及物理科学和技术中使用的数学符号简表，并有针对性地做了廓清性例注。(王秉义)

T000025　**作者编辑记者常用量和单位简明手册**　李慎安等编著。中国计量出版社 1997 年版。19.9万字。12.00 元。针对新闻、广告、书刊、技术合同以及各种印刷品的制作和编辑的需要，简明阐释国家对量和单位规范化的要求及规定，量和单位的基本规则，法定计量单位与国际单位制的构成原则、基本内容及使用方法，常用量的名称、符号及其 SI 单位与符号，明确了暂时使用和不应使用的计量单位，指出了常见的使用错误，对某些专门领域中的问题作了分析探讨。(王秉义)

矿业工程

T000026　**中国铀矿开采**　王鉴等著。原子能出版社 1997 年 9 月版。41.2 万字。30.00 元。主要叙述我国铀矿开采中的矿山地质、基本建设、开采技术、科学研究以及辐射防护工作，并结合 30 多年生产建设和经营管理中取得的经验教训，对今后我国铀矿开采的发展方向提出了某些见解和建议。作者从技术与经济结合和生产与经营的结合上，侧重于介绍我国铀矿开采的特点，以及与生产密切相关的科技成果。为“核科学技术丛书”之一。(刘焕朝)

T000027　**黄土高原露天煤矿生态恢复技术研究**　张树礼著。内蒙古人民出版社 1997 年 10 月版。10 万字。8.00 元。共 7 部分，15 项研究内容，系统地研究了恢复生态的物种筛选、生态模式设计和优化、土地复垦技术、水土流失防治对策、恢复生态效益分析及生态工程规划等。(黄爱民)

T000028　**单矿物分选学**　周正等著。广东科技出版社 1997 年 9 月版。65 万字。100.00 元。共 17 章，讲述单矿物分选原理、技术、仪器设备和方法。(周正)

T000029　**钼矿选矿与深加工**　林春元、程秀俭编著。冶金工业出版社 1997 年 3 月版。35.9 万字。25.00 元。分 4 章：第一章总论介绍了钼的性质和用途，钼矿床类型及钼选进展；第二章钼的选矿技术介绍了钼的工艺矿物学特性、各类钼矿石的可选性及钼的综合回收；第三章钼的选矿实践介绍了我国及其他国家不同类型的钼矿选矿实例约 40 个；第四章钼矿精矿深加工介绍了钼焙砂生产工艺、钼铁冶炼工艺、钼酸铵生产工艺、高纯二硫化钼和三硫化钼生产工艺及实践等。(黄淦祥)

石油、天然气工业

T000030　**中国石油天然气总公司 院士文集**　翟光明等编著。中国大百科全书出版社 1997 年 9 月版。193.8 万字。1 503.00 元。共 13 册。是由中国石油天然气总公司系统的中国科学院、中国工程院 13 位院士撰写的文集,集中了我国石油科技理论,反映了我国石油科学技术的发展。(马汝军)

T000031 **现代水平井采油技术** 周全兴主编。天津大学出版社 1997 年 4 月版。66.1 万字。28.00元。包括 13 章内容:概述、水平井完井方法、水平井完井装置、水平井完井工艺、水平井测井和射孔技术、水平井固井质量评价技术、水平井常规采油技术、水平井注汽热采技术、坑道水平井采油技术、水平井基质酸化及压裂理论、水平井水力压裂工艺、水平井液流及压力特性、水平井试井分析等。(刘铁)

T000032 **现代润滑油生产工艺** 水天德主编。中国石化出版社 1997 年 6 月版。80 万字。60.00 元。论述了国内外以天然石油为原料加工制造润滑油的生产技术;阐述了二次大战以来世界润滑油生产工艺的技术进步和科技成就。本书按照润滑油生产全过程,分 5 篇 13 章。第一篇概论;第二篇矿务润滑油原料的制备工艺;第三篇基础油的传统生产工艺;第四篇基础油的临氢转化法生产工艺;第五篇商品润滑油及其调合工艺。(张田艳)

T000033 **石油化工厂设备检查指南** 胡安定主编。中国石化出版社 1997 年 9 月版。89.4 万字。54.00 元。共 17 章,64 节。主要针对石油化工厂具有高温、高压、易燃、易爆、易腐蚀、易中毒的特点,结合我国石油化工厂的生产实际,汇集了企业多年来开展设备检查活动的经验,并参考了美国、英国等国家的最新设备检查方面的资料和文献,从技术管理的角度,介绍了石油化工厂设备检查的几大类型和组成,其中还给出了石油化工厂设备检查中实际操作的 6 大细则及标准和 4 大实例;总体给出了腐蚀、冲蚀、高温影响等设备的劣化和失效的原因和条件,设备停机和运行状态下的设备检查的安全防护和准备工作,检查的仪器、工具和技术,设备检查的安全注意事项等。上述各项内容,主要针对以下几大设备。①压力容器(塔、罐、反应器)以及压力容器的安全管理与监察,压力容器检查缺陷的评定;②换热设备(热交换器、冷凝器、冷却器、加热器、废热锅炉);③管式工业炉(加热炉、转化炉、制氢炉、裂解炉);④工业锅炉及辅助设备以及锅炉的监察要求、检查的安全措施;⑤机泵设备(泵、压缩机、风机及驱动机);⑥常压及低压贮罐,贮罐的安全使用寿命评估;⑦管线、阀门及管件,管线检查的缺陷评定;⑧基础、结构件及建筑物;⑨停运及闲置设备的防护与检查;最后一章还给出了设备检查记录和报告的实例和格式,另附有美国石油学会(API)推荐的格式供参考。(滕云)

冶金工业

T000034 **传递过程原理及应用** 查金荣、陈家镛著。冶金工业出版社 1997 年 6 月版。36.8 万字。38.00 元。"冶金反应工程学丛书"之一。阐述动量传递、能量传递、质量传递 3 种传递过程的基本规律,介绍了进行定量研究的基本方法。以场论为主线叙述传递原理,从物理概念出发引进张量和场论,建立通用微分方程组。在阐述原理体系的同时,作者详举实例剖析针对实际问题进行简化和求解的方法。作者还在书中紧跟现代三传理论的发展前沿,阐述了平衡法、数值计算法、量纲分析法等现代理论分析方法,介绍了传递过程研究的一些前沿课题。(张维真)

T000035 **冶金反应工程学基础** 肖兴国、谢蕴国编著。冶金工业出版社 1997 年 5 月版。35.5 万字。32.00 元。为"冶金反应工程学丛书"中的一种,主要内容分为冶金宏观动力学、反应器理论和典型冶金反应器操作特性及解析方法 3 篇。在选材上,书中内容既包括了冶金反应工程学的基本理论和研究方法,又选入了各类冶金反应器操作解析的典型实例,同时还分类综合评述了有关研究的发展概况。(杨传福)

T000036 **冶金传输现象的基本原理与方法** 楼志诚著。上海科学技术出版社 1997 年 3 月版。17.8万字。9.80 元。以传输现象的基本理论及其解析方法作为阐述对象,内容包括传输现象的基本定律与微分方程、无粘流动、粘性流动、传导传热、对流给热、传导传质、对流传质等 7 章及 5 个附录,附录部分提供了场论、复变函数、数理方程、特殊函数、积分变换等工程数学方法在传输现象中的应用。(陈国钤)

T000037 **冶金机械安装工程手册** 古士强主编。冶金工业出版社 1997 年 11 月版。145 万字。108.00 元。分 3 篇,第一篇为常用资料。包括机械安装常用的数据和计算公式,基础标准和示图;机械设备制造所用材料等。第二篇为机械安装工艺。这是机械安装的基本知识和基本技能篇,对安装工艺的每个工序都做了详尽的叙述,并配备必要的图表以供查检。本篇介绍了许多新工艺、新技术。第三篇为冶金机械设备的安装。冶金机械设备种类繁多，本书按冶金生产工艺从焦化、烧结、炼铁、炼钢、金属塑性加工及主要辅助生产设备中各挑选了部分有代表性，有安装特点，且技术难度大或是国内首次安装的工程进行了详细介绍。(葛志祺)

T000038 **粉末冶金学** 王盘鑫主编。冶金工业出版社 1997 年 5 月版。30.1 万字。18.00 元。内容包括：粉末制取，性能及测定，成形，烧结，粉末冶金材料和制品，安全知识等。(宋良)

T000039 **中国铁矿石烧结研究——周取定教授论文集** 徐瑞图、吴胜利主编。冶金工业出版社 1997 年 10 月版。52.8 万字。50.00 元。分 5 部分，分别为：综合报告、中国铁矿石烧结质量改进的研究、烧结矿和球团矿冶金性能及炉料结构、烧结过程数学模型及专家系统、烧结新工艺和新技术等。本书从周取定教授论文中选择出 36 篇代表作编辑而成，包含了周取定教授从事铁矿石烧结科研和教学工作 40 余年的科研成果和教学心得，其中有许多重点科技攻关项目和获奖项目的立项背景、研究方法、分析方法、突破重点，以及由此而获得的重要结论。本书系统地阐述了我国铁矿石烧结的发展状况、烧结矿质量改进的研究方法、烧结机理及数学模拟，并对烧结新工艺、新技术进行了分析。(刘小峰)

T000040 **稀土冶金原理与工艺** 张长鑫等编。冶金工业出版社 1997 年 6 月版。61.3 万字。31.60元。内容包括：稀土金属性质，稀土精矿分解，稀土纯化合物制取，稀土铁合金的制取，稀土金属及高纯金属的制取，致密金属的制取等。(宋良)

T000041 **钢铁企业原料准备设计手册** 中国冶金建设协会编。冶金工业出版社 1997 年 6 月版。120 万字。106.00 元。分 4 篇 30 章。除介绍原料的受卸、贮料场、混匀、机械取制样、输送、散状料的防冻和解冻、原料准备系统的控制和管理等当代新工艺外，还介绍了一些新设备。内容包括工艺设计技术经济指标、向有关专业委托设计要求、系统生产能力、各种原料准备生产的工艺设计等。引用的资料和数据大多为 20 世纪 80 年代后期和 90 年代的。(杨传福)

T000042 **钢铁冶金前沿技术** 李正邦著。冶金工业出版社 1997 年 9 月版。22.7 万字。15.00 元。介绍钢铁生产的先进技术发展状况，及钢铁工业发展的技术关键，着重分析了钢铁冶金前沿技术，提出了通过提高生产效率、产品质量获得高效益的途径。本书包括直接还原和熔融还原、直流电弧炉、炉外精炼、近终形连铸、等离子冶金、真空冶金、电渣冶金、毛坯生产新技术——近终成形、计算机集成系统和人工智能控制等 9 章。(刘小峰)

T000043 **钢冶金学** [德]F·奥斯特著，倪瑞明等译。冶金工业出版社 1997 年 6 月版。50.5 万字。45.00 元。为“冶金反应工程学丛书”中的一种。是作者长期在德国柏林工业大学钢铁研究所讲学及科研成果的总结。书中除了论述经典的炼钢热力学外，还运用反应工程学基本原理论述了钢冶金过程的宏观动力学，讨论了钢包精炼、喷射冶金、转炉复合吹炼等冶炼技术中的反应动力学及传输现象。(杨传福)

T000044 **钢的计算机设计** 余柏海著。冶金工业出版社 1997 年 10 月版。8 万字。8.00 元。主要介绍著者长期研究创建的计算端淬曲线、力学性能和组织分类的非线性公式，以及依据这些公式编制成的设计化学成分、预测组织性能和控制淬透性的成分微调的计算机软件。著者从艰难的研究中体会到，数学模型的研究特别重要，故在介绍计算公式时，着重探讨建立通用数学模型的方法及各种参数的物理意义。(王成蓓)

T000045 **电工钢** 何忠治编。冶金工业出版社 1997 年 3 月版。95 万字。95.00 元。是中国金属学会特殊钢专业学会组织编写的“特殊钢丛书”之一。介绍了电工钢发展史，基本特性，有关铁磁学和金属学的基本理论知识，各类电工钢的化学成分、制造工艺、性能和用途，国外新品种、新工艺发展状况和最新研制成果以及生产过程和产品检测技术。书后列有国内外电工钢牌号、性能对照表。(王成蓓)

T000046 **有色金属导论** 毛照东著。中南工业大学出版社 1997 年 5 月版。20.9 万字。11.00 元。共 9 章，主要包括：有色金属工业的组成与发展，有色金属与社会经济发展、高新技术与有色金属工业，有色金属品牌标准与品种质量，有色金属生产消费与贸易，有色金属矿物原料生产，有色重金属生产，有色轻金属生产，有色金属材料生产等内容。作者以经济学的观点，运用技术、经济、贸易、管理等多学科知识，系统地阐述了有色金属系统高校管理类、经济类专业学生必备的有色金属产品生产知识，商贸基础知识等。(秦瑞卿)

T000047 **铝土矿的拜耳法溶出** 毕诗文等编著。冶金工业出版社 1997 年 3 月版。26 万字。20.00 元。首先概述了铝土矿、铝酸钠溶液及拜耳法基本原理和工艺流程，详细阐述了氧化铝、含硅矿物、含铁矿物、含钛矿物、氧化钙、氧化镁和其他杂质在溶出过程中的行为以及它们对生产工艺、设备、技术参数的影响,生产实践中采取的措施与对策等。书中对铝土矿溶出工艺、溶出过程中的结疤与防治也作了介绍,最后探讨了我国氧化铝工业发展中的问题与出路。(谭学余)

T000048 **难选冶金矿石浸金** 聂树人、索有瑞编著。地质出版社 1997 年 8 月版。39 万字。42.00 元。在论述难选冶金矿石成因及其难选冶金机理的基础上,介绍氰化浸金、无氰浸金的新进展及焙烧预氧化、化学预氧化、生物预氧化的原理和技术方法;对高碳、高砷、高硫、微细粒嵌布(包裹)金矿石,含金多金属矿石,铜—金矿石,含金渣、石等的难浸性及提金工艺作了探讨。书中列举了国内外各类典型难浸金矿石的提金技术和生产情况,反映了国内外近年来的新进展。(舒志清)

T000049 **稀土冶金学** 吴炳乾著。中南工业大学出版社 1997 年版。26.1 万字。15.00 元。是根据 1991～1995 年冶金、有色高等学校本科教材出版选题规划和稀土冶金课程教学大纲编写而成的。介绍稀土冶金过程的原理及工艺。主要内容包括稀土元素及其主要化合物的性质和特征,稀土矿物原料及其处理,稀土元素的分离,稀土纯化合物的制备,稀土金属及其合金的制取、精炼提纯等。(秦瑞卿)

T000050 **中国有色金属学会第三届学术会议论文集** 中国有色金属学会编。中南工业大学出版社 1997 年版。150 万字。100.00 元。分为两册,即科学技术论文部分和战略研究综述部分。主要内容包括:有色金属学科的各个领域,在近年所取得的科研、生产新成果——新工艺、新技术、新设备,以及对今后(21 世纪)该学科领域的发展方向、趋势作出预测和分析。(秦瑞卿)

金属学与金属工艺

T000051 **金属工艺学** 王东升主编。浙江大学出版社 1997 年 7 月第二版。46 万字。18.00 元。内容包括金属材料、铸造、压力加工、焊接、材料和毛坯选择及金属切削加工等几部分。重点阐述金属加工的基础知识、基本工艺及基本原理。本书在再版时增加了“材料和毛坯选择”一章。(徐宝澍)

T000052 **热加工技术简明手册** 霍文灿等编著。哈尔滨工业大学出版社 1997 年 10 月版。110 万字。64.00 元。包括热处理分册、铸造分册、焊接分册、锻压分册,对热加工技术的共性内容,如概述、原材料准备、基本工艺和新工艺、设备及其自动化、安全和环保技术等都作了介绍,并对量大面广的常规工艺技术,以及专用高效工艺技术都给予了表述。(徐欣颖)

T000053 **金属超塑性变形理论** 吴诗惇著。国防工业出版社 1997 年 4 月版。24.8 万字。17.80 元。在充分反映国内外其他学者最新研究成果的同时,以大量篇幅介绍了本书作者近几年来在这方面的研究成果。书中,作者提出了将超塑性板料作为含空洞材料的屈服准则,根据变分原理计算空洞长大的数学模型,根据损伤力学的概念与原理导出的材料损伤演变方程、超塑性板料在破坏以前的 4 个变形发展阶段、超塑性板料受拉失稳的成形极限计算方法和成形极限图的预测、分析超塑性自由胀形过程的一种新的解析—数值计算方法以及作者在强电场中进行超塑性变形的研究进展等。(蒋怡)

T000054 **金属新秀** 朱志尧、李玉兴编著。少年儿童出版社 1997 年 12 月版。9.5 万字。5.90 元。通过“金属——材料王国的传统盟主”、“强中还有强中手——超高强度钢”、“金属中的‘硬度之王’——硬质合金”、“被驯服的金属——超塑性合金”、“超高温下创奇迹——高温合金”、“战胜低温的强者——超低温合金”、“金属材料中的‘钢筋混凝土’——纤维增强金属”、“电阻等于零——超导金属”、“金属与玻璃‘搭界’——非晶态合金”、“有记忆力的金属——形状记忆合金”、“储存氢气的‘仓库’——储氢合金”、“泡沫塑料的兄弟——发泡金属”、“减振合金”、“生物金属”、“崭露头角的超微粒子——超细金属粉末”,等等章节,介绍新金属材料的种种知识。本书系“少年现代科学技术丛书”第三辑之一。(洪祖年)

T000055 **稀土固体材料学** 刘光华编著。机械工业出版社 1997 年 11 月版。23.7 万字。20.00 元。对稀土的各类材料进行了论述,介绍了各种稀土固体材料的组成、微观结构与相结构、理化性质与材料学特性、制备技术以及它们的实际应用。书中分章论述了稀土金属和合金材料、稀土陶瓷玻璃及耐高温材料、稀土永磁材料、稀土荧光与激光材料、稀土贮氢材料、稀土催化材料、稀土气敏材料、稀土核工业材料和稀土超导材料等。同时对稀土资源的开发、材料用稀土化合物以及稀土固体材料领域内涌现出的新理论、新方法、新技术、新工艺、新性能和新应用也作了介绍。(徐彤)

T000056 **应用热处理** 秦启泰编著。金盾出版社 1997 年 2 月版。21 万字。9.50 元。内容包括合金元素对热处理的影响、冷作模具钢的热处理、热作模具钢的热处理、刀具钢的热处理、结构钢的热处理、特殊钢的热处理、简易化学热处理、新型淬火介质、热处理的节能问题、金属防锈的表面处理、热处理与机械加工和淬火槽的设计等。根据作者的工作实践，本书突出介绍了一些热处理方面的新技术和新工艺。(黄焕庆)

T000057 **金属与合金中的固态相变** 陈景榕等编。冶金工业出版社 1997 年 5 月版。24.7 万字。13.30 元。内容包括：固态相变的热力学基础，脱溶，共析转变，贝氏体转变，马氏体型相变。(宋良)

T000058 **高能束热处理** 刘江龙等编著。机械工业出版社 1997 年 8 月版。29.6 万字。22.00 元。主要介绍高能束热处理技术的特征，高能束作用下的固态相变、传热及传质，高能束与金属材料的交互作用基础及物理过程；激光热处理、电子束热处理、离子束表面改性的基本原理及其工艺技术。同时介绍了热处理中涉及的激光束、电子束、离子束的束流处理技术和安全与防护知识。(韩会民)

T000059 **金属热处理缺陷分析及案例** 王广生等编著。机械工业出版社 1997 年 12 月版。38.6 万字。28.00 元。对热处理缺陷进行了全面论述，着重阐述了热处理裂纹、变形超指标、残余应力过大、组织不合格、脆性等常见热处理缺陷，采用理论分析与实际经验相结合的方法，讨论了各种热处理缺陷的特征、产生原因、危害性及预防挽救措施，专门介绍了真空热处理、保护热处理及有色金属热处理可能出现的缺陷；从预防的角度介绍了热处理质量全面控制；最后一章还列举了各种类型热处理缺陷分析的案例，从缺陷形貌特征、试验分析、验证实验及预防挽救措施等方面详实的介绍了常见热处理缺陷分析结果。(韩会民)

T000060 **表面处理技术手册** 胡传炘著。北京工业大学出版社 1997 年 5 月版。186.5 万字。99.00元。在介绍表面工程基本理论、基体前处理的基础上，重点叙述了电镀、电铸、氧化、化学镀、化学转换膜处理、热浸镀、热喷涂、热烫印、化学热处理、堆焊、物理气相沉积、离子注入、化学气相沉积、涂装、电泳、静电喷涂、冲击镀、超硬膜、激光表面处理等 18 种工程领域中的最新技术。(刘学宽)

T000061 **实用金属防锈技术问答** 肖开学编著。机械工业出版社 1997 年 8 月版。20.4 万字。14.00元。以问答的形式，讲解金属防锈技术工作中的一些实用性技术问题。主要内容有：一、金属防锈的基本知识，包括金属锈蚀的现象、起因、锈蚀原理和防锈方法；二、防锈材料与包装材料，包括缓蚀剂、气相缓蚀剂、防锈油脂、防锈水与防锈切削液、清洗剂、涂料与可剥性塑料、防锈包装材料；三、各种表面处理方法、防锈包装工艺及环境封存方法，包括除锈、酸洗、酸印、氧化和磷化、各类金属制品和机械设备的防锈工艺及环境封存方法；四、防锈材料与包装材料的检验方法和分析方法，全书共有 80 个问答题。书末附有封存包装方法及试验方法；国内外技术标准及技术条件；常用防锈材料名称及生产单位。(崔世荣)

T000062 **化铁工操作技能与考核(中级工适用)** 机械工业部统编。机械工业出版社 1997 年 1 月版。20.9 万字。12.00 元。为“机械工人操作技能培训教材”之一。内容分为操作技能训练课题和考核实例两大部分，包括：冲天炉的结构及维护；冲天炉辅助设备的维护及故障排除；炉料的鉴别和选用；配料计算；冲天炉熔炼过程的控制；炉前处理操作；熔炼故障及其排除；常见铸件缺陷的分析等。并有 5 个具有代表性的化铁工考核实例和评分表。(马明)

T000063 **高速线材轧机装备技术** 房世兴主编，肖治维等副主编。冶金工业出版社 1997 年 1 月版。194 万字。98.00 元。介绍高速线材轧机装备的发展状况与趋势，反映了我国高速线材生产技术的情况和水平，总结和阐述了相关技术、备件及装备国产化的经验。全书包括 4 个部分：第一部分为高速线材轧机装备技术及最新发展；第二部分为中国高速线材轧机主要参数及工厂工艺平面布置图；第三部分为中国高速线材工厂概况，汇集了全国 25 家高速线材轧机拥有厂的简介、工艺流程及主要装备技术性能参数；第四部分为相关与配套技术及其发展，从技术、制造、产品等方面总结了相关与配套技术的情况，总结了高速线材轧机备件与设备国产化的经验。(李培禄)

T000064 **带钢热连轧计算机控制** 刘玠、孙一康主编。机械工业出版社 1997 年 4 月版。19.3 万字。15.00 元。为“电气自动化新技术丛书”之一，是根据作者多年来从事带钢热连轧计算机控制系统的配置、软件开发及现场调试的经验编写的，重点介绍了带钢热连轧计算机控制系统的配置和控制功能。全书共 8 章，分别介绍了热连轧计算机控制的历史发展及当今新技术的应用；用于热连轧的各类计算机控制系统；与模型有关的各种理论公式和实用方程；主速度级联系统、活套控制及微张力控制；厚度设定模型、模型自学习、宽度设定模型、自动厚度控制系统和自动宽度控制系统；板形设定模型及自动板形控制系统；终轧温度和卷取温度控制及热连轧过程数字仿真。（孙流芳）

T000065 **焊接工程综合试验技术** 王宗杰主编。机械工业出版社 1997 年 7 月版。37.5 万字。26.00元。介绍在焊接工程中经常遇到的各种焊接综合试验，例如金属焊接性试验、焊接工艺评定试验、焊接材料质量评定试验、弧焊电源性能试验、焊工操作技能评定试验、焊接产品质量检验、焊接产品失效分析试验等。叙述了这些试验的目的、内容、要求和方法步骤等，并列举了一些比较典型的工程实用实例。（俞逢英）

T000066 **焊接热效应** 副名：温度场、残余应力、变形。［德］D. 拉达伊著。机械工业出版社 1997 年 7 月版。31.5 万字。32.00 元。本书建立在最新发展起来的借助热力学、连续介质力学和显微组织动力学以及数值分析方法进行焊接性分析（包括与焊接性有关的设计、材料及焊接工艺的优化）的系统研究基础上。它从焊接温度场出发，研究残余应力和变形，提出了减少焊接残余应力和变形的有效措施，并概述了焊接对结构强度影响的问题。（武江）

T000067 **简明焊接材料选用手册** 张子荣等编著。机械工业出版社 1997 年 11 月版。48.7 万字。29.80 元。按焊接材料的现行国家标准和统一牌号为主线，分章叙述焊条、焊丝与焊剂、焊接用气体、钎料和钎剂、焊粉等各类焊接材料的型号、牌号、成分、性能、用途，以及典型焊接材料的选用。（俞逢英）

T000068 **晶闸管整流弧焊机的设计与调试** 机械工业出版社 1997 年 3 月版。26.4 万字。18.00 元。共 5 章。第一章阐述各种弧焊方法对焊接设备的技术要求；第二、三章分别针对晶闸管整流弧焊机主电路和控制电路的工作原理、特点、设计与调试方法等进行了详细阐述与分析；第四章以几种常见的典型晶闸管整流弧焊机为例，对其工作原理进行了详细剖析；第五章系统地介绍了晶闸管整流弧焊机主变压器和电抗器等的设计原则和实用的计算方法，并附有设计实例。书末附录中列出了常用的有关晶闸管、硅钢片、线圈及绝缘结构等的技术资料。（何月秋）

T000069 **焊接工艺 500 问** 徐初雄编著。机械工业出版社 1997 年 3 月版。33.8 万字。20.00 元。汇集与焊接工艺有关的内容共 500 题，以问答形式编写。重点介绍焊接工艺、各种焊接方法与设备，以及常用金属材料的焊接；对焊接变形、应力与强度、焊接缺陷及检测方法也作了深入的分析；书中还介绍了金属材料基本知识、熔焊原理、焊接电弧及弧焊电源、焊接材料、焊接安全生产与劳动保护等内容。（俞逢英）

T000070 **焊接设计简明手册** 陈祝年主编。机械工业出版社 1997 年 4 月版。59.9 万字。32.00 元。共 9 章，分别论述焊接材料配方设计、焊接电源设计、焊接结构设计、焊接工艺设计、焊接工装设计及焊接检验设计等。书中除了提供设计与计算中必须使用的公式、数据和资料外，每种设计都介绍一般的设计方法和步骤，个别设计还举出范例。（董连仁）

T000071 **异种金属焊接技术指南** 刘中青、刘凯编著。机械工业出版社 1997 年 12 月版。38.8 万字。26.00 元。共 10 章。主要内容有：异种金属的焊接原理；异种钢的焊接；异种有色金属的焊接；钢与有色金属的焊接；铁与其他金属的焊接；计算机在异种金属焊接中的应用；异种金属焊接采用的工业机器人；异种金属焊接质量检验及异种金属的焊接安全生产技术。通过对异种金属焊接性的分析，阐明了异种金属焊接的焊接方法、焊接参数及焊接操作技术，并列出了大量典型产品的焊接实例。（何月秋）

T000072 **粘接与表面粘涂技术** 翟海潮等编著。化学工业出版社 1997 年 8 月版。46.6 万字。28.00元。重点介绍粘接及表面粘涂技术在设备维修方面的应用。除概述胶粘剂与粘接技术基本知识外，着重介绍了结构粘接、表面粘涂技术、带压堵漏技术、密封锁固技术、运输带、轮胎修补和橡胶防护涂层，列举了设备维修中遇到的裂纹、划伤、尺寸超差、磨损、腐蚀、泄漏及铸造缺陷的修复工艺和方法，给出了一百多个修复实例，书后还附有国产和进口胶粘剂的牌号、应用范围、生产厂家。（郭燕）

T000073 **新编车工计算手册** 程益良等编。机械工业出版社 1997 年 6 月版。19.8 万字。10.00 元。是按车工所必须掌握的计算技术的要求编写的。全书分 13 部分，内容包括应用数学，常用计量单位及其换算，公差与配合的计算，金属切削过程的计算，车削轴套类工件工时的计算，车削圆锥面工件、特形面、偏心工件时的计算，齿轮、螺纹各部分尺寸的计算，尺寸链的计算，传动计算和定位误差的计算等。（荆宏智）

T000074 **实用钻孔技术** 任兆应、张维纪编著。金盾出版社 1997 年 2 月版。23.9 万字。10.50 元。内容包括金属切削基础理论、麻花钻、实用钻型集锦 3 章。在以金属切削理论为基础，分析了标准麻花钻钻削过程的基本规律及其改善对策之后，重点介绍了近年来从生产实践中涌现出来的 100 余种先进钻型的结构、特点、参数、用量和实用效果。这些钻型主要汇集了作者在钻削实践中，为适应不同钻孔技术要求而修磨并且在生产中取得了较好效益的各种钻型，也有一些是在行业技术交流、技术协作中有关工厂切削加工出现的其他先进钻型。(谭家训)

T000075　**简明铣工手册**　贾凤桐主编。机械工业出版社 1997 年 2 月版。45 万字。25.00 元。是根据机械工业部及劳动部颁发的《工人技术等级标准》中铣工技术等级要求编写的。全书共 7 章。一、基础资料，包括常用资料、常用数学计算、公差与配合、表面形状和位置公差、表面粗糙度、常用金属材料和润滑油及切削液；二、铣床，包括机床型号编制方法、铣床技术参数、常用的 XA6132 和 XA5032 型铣床简介、操作规程、维护保养及其电气控制常见故障和排除方法等；三、铣削原理与铣刀，包括铣削原理和铣刀角度、铣削力的分析与计算、铣削功率的计算、各种铣刀的规格和尺寸、铣削用量推荐值等；四、铣削常用量具，包括常用量具的分类、规格和选用；五、铣床夹具、附件及使用，包括常用附件、夹具的种类和选用以及典型专用夹具介绍等；六、典型工件铣削方法，包括平面、台阶、沟槽、键槽、外花键、离合器、凸轮、齿轮、蜗轮和刀具齿槽的铣削等；七、数控铣床及其铣削简介，包括数控铣床的基本知识、程序编制与应用以及典型数控铣床性能简介等。书中采用的技术标准均取自最新国家标准。(崔世荣)

T000076　**现代机械制造工艺装备标准应用手册**　《现代机械制造工艺装备标准应用手册》编委会编。机械工业出版社 1997 年 12 月版。214.1 万字。100.00 元。介绍传统刀具、一些现代化涂层刀具、新的陶瓷刀具、立方氮化硼刀具、硬质合金可转位刀具、螺旋渐开线花键拉刀、自动线刀具和数控机床刀具的设计方法和参数；机床夹具零部件标准的应用和各种机床夹具的特点，并提供了经验数据；重点介绍了直线尺寸量规、位置量规和光滑极限量规标准的应用。(朱华)

T000077　**简明量具检定修理工手册**　罗南星主编。机械工业出版社 1997 年 12 月版。51.7 万字。30.00 元。共 13 章。按内容分为两大部分，前 7 章主要介绍几何量测量中所使用量具的检定基本知识，有量块、平晶、游标卡尺、深度游标卡尺、高度游标卡尺、齿厚游标卡尺、角度规、千分尺、深度千分尺、杠杆千分尺、公法线千分尺、内径千分尺、内测千分尺、螺纹千分尺、百分表、千分表、杠杆表、内径表、扭簧比较仪、机械式比较仪、三针、刀口形直尺、圆锥量规、水平仪、正弦规、直角尺检查仪等的检定方法。后 6 章介绍了这些量具失准原因，故障排除，调整和修理方法等内容。(朱华)

T000078　**机修钳工技师手册**　黄祥成等主编。机械工业出版社 1997 年 4 月版。76.5 万字。35.00元。是参照劳动部、机械部共同颁发的《工人技术等级标准・机械工业(通用部分)》中有关工种高级工“知识要求”、“技能要求”，参考国家技术监督局制定的《技术监督行业技师技术考核标准》，紧密结合企业生产和技师工作实际编写的。主要内容有：机械设计一般知识、常用机构工作原理与常用量仪；机床典型部件的装配与调整，包括高精度轴组的装配与调整、机床导轨的刮研与装配、机床操纵机构的装配与调整、滚珠丝杠机构的装配与调整、旋转件的平衡、传动误差及补偿、装配尺寸链解法；机械设备修理，包括设备修理知识、设备修理中的机械设计、设备诊断技术、常用零件的修复技术、零部件检修方法、液压系统的检修、设备修理的质量管理；设备的润滑，包括润滑材料的选用、代用和掺配、润滑方法及装置、润滑油添加剂、设备润滑状态的检查、治漏防漏与废油回收；设备修理的组织管理，包括设备修理的组织模式与规范、修理效果评定、计算机在设备管理中的应用；设备修理的新工艺、新技术及机床电气设备的修理。(朱华)

机械、仪表工业

T000079　**机电传动与控制**　程宪平主编。华中理工大学出版社 1997 年 3 月版。47 万字。18.50 元。根据机械电子工程专业的需要独自建立了内容比较全面的体系。内容有作者从事科研工作的一些经验，也有多年从事教学工作的体会总结。在内容处理上，既注重基础理论知识，又注意与实际应用相结合；既描述了器件的外特性，又着重器件在控制系统中的应用；既结合当前的国情，介绍当今广泛应用的机电传动与控制技术，又充分反映本领域的最新技术和发展趋势。(叶见欣)

T000080　**机电液设计手册**　蔡春源主编。东北大学出版社、机械工业出版社 1997 年版。700 万字。360.00 元。分上、中、下册，共 10 篇 50 章。第一篇：常用资料，工程材料，机械制图，极限与配合、形状与位置公差和表面粗糙度；第二篇：螺纹和螺纹联接，轴毂联接，铆接、焊接和胶接；第三篇：带传动、链传动，渐开线圆柱齿轮传动，圆弧齿轮传动，锥齿轮传动，蜗杆传动，行星齿轮传动，螺旋传动，轴，滑动轴承，滚动轴承，联轴器、离合器、液力偶合器，减速器，摩擦轮传动和无级变速器；第四篇：润滑及润滑装置，密封，弹簧；第五篇：起重件，搬运件，操作件；第六篇：机架结构设计概论，机架结构设计与计算，现代设计方法及其在机架设计计算中的应用，导轨；第七篇：液压传动与控制系统，气压传动与控制系统；第八篇：管件，压力，容器；第九篇：机构的基本概念及分析方法，常用机构的设计方法，机械系统动力学分析与设计，机构图例；第十篇：电力传动控制系统基础资料，电力传动系统古典控制理论基础，继电接触控制系统设计，电力传动控制系统设计，单片机应用系统，总线工业控制机应用系统，可编程序控制器应用设计，控制系统常用器件，常用检测方法及传感器，电动机，调节器。（何永连）

T000081　**机械工程手册**　机械工程手册、电机工程手册编辑委员会编。机械工业出版社 1996～1997 年第二版。全套 4 279.5 万字。3 184.00 元。第二版总结了我国改革开放以来机械行业的科技成就和经验，吸取了国外的先进科学技术，充实和更新了内容，重点反映了新技术、新材料、新工艺和新产品，全面采用了最新国家标准和行业标准，并设有检索系统和参见系统。全书共有 18 卷 152 篇，分为基础、工程材料、机械设计、机械制造工艺及设备、电工电子和仪器仪表、通用机械产品、专用机械产品等 7 部分。基础部分包括基础理论卷和综合技术与管理卷，共 11 篇。材料部分只有一卷，即工程材料卷。机械设计部分共 3 卷 26 篇，包括机械设计基础卷、机械零部件设计卷、传动设计卷。机械制造工艺及设备部分大体按热加工、冷加工的概念分为 2 卷共 15 篇。电工电子和仪器仪表部分包括检测、控制与仪器仪表卷和电工、电子与自动控制卷两卷共 19 篇。通用机械产品部分包括动力设备卷、通用设备卷、物料搬运设备卷，共 23 篇。专用机械部分共 5 卷 35 篇，包括农业机械、重工业机械、交通运输机械、轻工业机械、纺织机械。（吴曾评）

T000082　**机械工程手册·综合技术与管理卷**　机械工程手册、电机工程手册编辑委员会编。机械工业出版社 1997 年 5 月第二版。223 万字。160.00 元。共 15 篇，主要内容包括可靠性、维修、环境、节能、环保、安全、包装、标准化和信息检索等综合性技术以及企业管理、市场营销、技术经济分析、质量管理、工厂设计和有关技术经济法规等管理方面的基本知识。（张树济）

T000083　**机械史**　刘兴良等编著。辽宁少年儿童出版社 1997 年版。12 万字。5.60 元。“科技小史系列”之一。分中国古代机械概览、世界古代机械的源流、近代机械的革命历程、现代机械的发展等 5 部分。（刘铁柱）

T000084　**机电一体化机械系统设计**　赵松年、张奇鹏主编。机械工业出版社 1997 年 6 月版。83.9 万字。35.00 元。以机为主，以机电结合为方向，分析了机电一体化机械系统的传动部件、支承部件、动力与执行部件、检测部件、控制部件，讨论了精度设计的基本问题，举例说明了机电伺服系统的设计计算方法，介绍了典型机电一体化产品——数控机床和工业机器人。（徐彤）

T000085　**计算机辅助机械设计**　许超等主编。东南大学出版社 1997 年 12 月版。18.8 万字。9.80元。内容主要包括：计算机辅助设计的交互技术、CAD 的基本图形理论与算法、计算机图形标准、图形变换及其真实图形的处理技术、几何造型技术及其在机械 CAD 发展领域中的最新技术。（汤铭权）

T000086　**电液比例控制与数字控制系统**　黎启柏编著。机械工业出版社 1997 年 6 月版。38.7 万字。28.00 元。对电液比例技术和电液数字控制技术的基础理论和基本元件，包括电－机械转换装置、各类比例元件、数字元件和比例放大器的结构原理、性能特点和应用进行了介绍，对元件的静态和动态特性也进行了分析。对电液比例控制系统和电液数字控制系统的理论、设计准则、计算方法也作了相应的综合与分析。书中提供了大量的基本数据和实用回路。（盛君豪）

T000087　**机械设计图册**　副名：机械设计的错例与禁忌。成大先主编。化学工业出版社 1997 年 1 月版。162.5 万字。85.00 元。《机械设计图册》介绍各种构思巧妙的机械结构，或其发展演变的结构对比，分 3 卷出版。本卷主要介绍机械设计的错例与禁忌，选择和归纳了设计中一些实例，包括设计与原始条件不符，设计原理不当，结构设计与计算不合理，传动与控制、润滑与密封、制度与安全、防振与减振、联接与紧固、材料选择与利用、加工与制造、维护与检修、装卸与运输、液压回路与气压回路和零部件设计、选择与使用等方面的错例,以及零部件设计、系统设计和结构工艺性设计的禁忌,塑料件设计等的禁忌。(郭燕)

T000088 **机械设计基础** 机械部中专基础课教学指导委员会、机械设计学科组编。机械工业出版社 1997 年 5 月版。38.4 万字。16.00 元。根据机械部中专机械设计学科组提出的教学基本要求,参照机械部中专第三轮教学计划和教学大纲编写的,是机械部中专基础课教学指导委员会"九五"规划教材。全书分 4 篇 17 章,主要内容包括常用机构、机械传动、联接和轴系零部件等必备知识以及弹簧、刚性回转体平衡、CAD 简介等内容。(赵爱宁)

T000089 **抗疲劳设计方法与数据** 赵少汴、王忠保编著。机械工业出版社 1997 年 3 月版。87.7 万字。64.00 元。分正文和附录两大部分,正文对各种抗疲劳设计方法及其设计参数的确定方法进行了系统的论述,附录提供了大量的国内外材料和典型零构件及接头的疲劳性能数据和抗疲劳设计图表。特别是书中的国产材料的抗疲劳设计数据和典型构件及接头的抗疲劳设计方法均是我国独立完成的,其中相当多代表世界先进水平的研究成果。(蓝伙金)

T000090 **机械制图手册** 梁德本、叶玉驹主编。机械工业出版社 1997 年 8 月第二版。96 万字。60.00 元。主要包括机械制图的各项标准;零件的标准要素、常用标准件和标准部件及其标准数据;作图方法和步骤以及图样管理等内容。在图的类型上,涉及到机械图和厂房建筑图;零件图和装配图;正投影图和轴测图以及各种简图。在作图方法上,包括理论画法、规定画法和简化画法。其中,17 种弧线连接的几何作图法;曲线曲面中一系列图解作图问题,表面交线的多种理论作图法及其一系列简化作图法;倾斜零件及零件上倾斜结构的作图;建立非标准轴测系的方法等等的介绍,使本手册具有更广泛的适应性。在这次对 1990 年第一版的修订工作中,涉及标准的更新而进行修订的内容包括:图纸幅面及格式,比例,字体,形位公差,轴测投影图,焊缝的表示法及标注,液压及气动图形符号,房屋建筑图,表面粗糙度,螺纹紧固件,弹簧,各种传动轮,滚动轴承,轴承座,材料,产品图样的基本要求,产品图样及设计文件的术语、格式、编号原则及更改办法等。对国外标准有变动的也作了修订。(刘小慧)

T000091 **非圆齿轮及非匀速比传动** 吴序堂、王贵海编著。机械工业出版社 1997 年 10 月版。28.9 万字。20.00 元。介绍非圆齿轮及非匀速比传动的啮合原理及其应用,非圆齿轮的节曲线,非圆齿轮的设计、制造,非圆齿轮轮系,非圆链轮及非圆带轮,介绍了这个领域的新成果,并列举了实际算例。(蒋有彩)

T000092 **中国齿轮产品目录** 机械工业部科学技术委员会、中国齿轮专业协会编。机械工业出版社 1997 年 8 月版。121 万字。78.00 元。分 4 篇 26 章和 5 个附录。第一篇车辆齿轮共 5 章,介绍汽车、摩托车、农用运输车、农机和工程机械齿轮等产品;第二篇工业通用齿轮共 7 章,介绍渐开线圆柱、圆锥、圆柱—圆锥、圆弧、蜗杆、行星、摆线和谐波齿轮减速器等产品;第三篇介绍高参数优性能齿轮和专用齿轮,包括高速、船用、机车齿轮和石化、冶金、煤矿、建材及磨机、轻工纺织、机床等机械的齿轮产品;第四篇共 5 章,介绍机械式无级变速器和齿轮润滑油、齿式联轴器、特种齿轮泵、电动滚筒等相关产品。附录提供了生产厂简介,齿轮箱安装、润滑及使用维护的基本知识,我国主要齿轮国家标准量等。(徐彤)

T000093 **新编滚动轴承应用技术手册** 吴又南、刘双发编著。上海科学技术出版社 1997 年 3 月版。91.7 万字。44.00 元。收入在高速、重载、低噪声、低振动、高精度、长寿命等特定要求的情况下,滚动轴承的有关应用技术知识。介绍了某些国内、外轴承行业新开发的新轴承结构和轴承材料,以及适用于高温、低温或腐蚀性环境中工作的各种轴承材料。还介绍了轴承运转状态的监控技术,叙述了滚动轴承的库存保管方法和某些已损坏轴承的修复方法。(汪麟)

T000094 **阀门产品样本** 机械工业部编。机械工业出版社 1997 年 2 月版。318.4 万字。188.00 元。汇集我国 199 家阀门主要生产厂的产品,共计 3 000多个型号、近 4 万个规格。大类有:闸阀、截止阀、节流阀、蝶阀、止回阀、球阀、隔膜阀、旋塞阀、柱塞阀、安全阀、减压阀、疏水阀、排污阀、调节阀、其他阀门及阀门驱动装置和附录。每种产品有外观结构及其主要性能规范、主要尺寸、重量及主要零件材料。(徐彤)

T000095 **机械工程手册·传动设计卷** 机械工程手册、电机工程手册编辑委员会编。机械工业出版社 1997 年 7 月第二版。230 万字。175.00 元。内容包括传动总论,齿轮传动,带链、摩擦与螺旋传动,液压传动,液力传动,气压传动。提供了先进的技术、

设计方法和详细计算数据。(李书全)

T000096 **机械设计图册** 副名:零部件的结构与组合(上、下册)。成大先主编。化学工业出版社1997年12月版。291.5万字。220.00元。介绍零部件的结构与组合,包括紧固与联接、轴、联轴器、离合器、轴承、传动零部件、弹簧、波纹管与弹性元件、连杆、凸轮、槽轮、飞轮等机构元件、液压(力)、气压传动元件,以及小五金、管理附件等常用和新产品结构及其应用举例。(郭燕)

T000097 **液压气动系统设计手册** 张利平主编。机械工业出版社1997年9月版。106.5万字。70.00元。分为"液压系统设计"和"气动系统设计"两大部分。重点介绍液压气动系统的设计方法;电液控制系统和气动逻辑控制回路的设计;以及液压气动系统的可编程序控制器(PC)控制;气动系统的气源设计等。还介绍了与液压气动设计有关的液压气动元(辅)件的设计与选用;液压气动系统的节能技术;噪声、泄漏和污染控制等以及液压气动系统的安装、调试与故障诊断等液压、气动设备设计和使用、维修人员经常关心的问题。(盛君豪)

T000098 **简明机械零件设计手册** 朱龙根主编。机械工业出版社1997年11月版。171.9万字。82.00元。分23章,主要内容有:常用资料(包括标准代号、常用数据);基础标准(包括计量单位、数系和标准尺寸、机械制图、公差配合、形状和位置公差、表面粗糙度、中心孔及T形槽等一般标准、铸锻焊等结构要素);机械工程材料(包括金属和非金属);螺纹联接;键、花键、销及过盈联接;螺旋传动;带传动;链传动;齿轮及蜗杆传动;滑动轴承及滚动轴承;轴及轴上零件;弹簧;搬运机械零件和操作件;润滑和密封;常用液压元件;减速器及其电动机等。(余茂祚)

T000099 **液压实验设备与测试技术** 谭尹耕编著。北京理工大学出版社1997年修订版。25.1万字。14.00元。内容包括:液压实验技术的概念、液压实验设备与实验油路、参数的测量原理和方法、实验中所需的重要测试仪器的介绍、测量误差分析与实验数据处理的基本知识等。每章后均附有复习题。(总编办)

T000100 **电液集成块液路设计** 陈城书著。国防工业出版社1997年1月版。13.9万字。12.30元。介绍电液集成块的液路设计,包括电液集成块的液管、电液管、电液转换液路和液管的控制、液动机的各种驱动液路、电液集成块液压系统的过压保护、液路总成、液源和应用实例。(徐崇信)

T000101 **机械加工工艺与窍门精选** 梁炳文主编。机械工业出版社1997年8月版。73.8万字。38.00元。是从20余种(约3 000册)国内外有关机械加工工艺及窍门的技术书刊和专利中筛选而成,以原理图为主,简要的文字说明为辅,按工种、检测和辅助工夹具等,分门别类,依次介绍。主要内容为车、钳、铣、刨、磨、镗、钻、锯、拉、铰、插削、攻螺纹、抛研等先进实用的工艺窍门,以及各种夹具、工具、检测、控制、计算、安全保护、一机多用等技术。(刘利英)

T000102 **机械制造基础** 张福润等编。华中理工大学出版社1997年8月版。45万字。16.50元。将原机制专业的4门主要专业课程(即机械制造工艺学、金属切削原理与刀具、金属切削机床及机床夹具设计)的教材内容,按照重基础、少学时、新知识、宽面向的原则整合而成。教材在内容的组织上,以工艺为基础,机床、刀具、夹具及金属切削原理等内容为工艺服务;贯穿以质量、生产率、经济性为主线,以质量为重点的指导思想;精选传统内容,注意反映现代机械制造技术的新进展;注意把体现当代科学技术发展特征的、多学科间的知识交叉与渗透反映到教材的内容中,注重教给学生科学的思维方法,提高学生综合运用知识解决实际问题的能力。(张福润)

T000103 **机械工人操作技能培训教材** 机械工业部统编。机械工业出版社1996年1月～1997年1月版。是根据机械工业部审定的《机械工人中级操作技能培训大纲》编写的,教材的基本内容及所包含的基本技能知识、技能水平同《工人技术等级标准》和《职业技能鉴定规范》相关工种的中级工的要求一致。全套教材共35种,包括34个技术工种。教材内容分为操作技能训练,课题和考核实例两大部分。操作技能训练课题的内容包括:加工工艺和具体的、规范的操作方法,加工步骤,工艺分析和加工过程中的质量检验,重在解决"会做和做好"的问题。若干个技能训练课题之后,插入一个工艺分析能力训练课题,以集中培养、提高工人这方面的能力。考核实例部分紧密结合课题,结合生产实际,具有典型性、通用性和可行性。(荆宏智)

T000104 **CIMS中的系统集成和信息集成** 白庆华、何玉林著。电子工业出版社1997年10月版。35万字。17.00元。共9章,系统集成框架;总体设计;开放系统及标准;人及组织机构的集成;集成的计算机模式——C/S;计算机网络;多数据库系

统;MRPⅡ中的集成;CAD/CAPP/CAM中的集成。(吕迈)

T000105 **德英法汉 机械制造术语辞典(合订本)** 彭晋龄主编。中国标准出版社1997年版。124.7万字。98.00元。是在国际生产工程学会(C.I.R.P)所编写的《机械制造术语词典(Dictionary Production Engineering)》(德、英、法)的基础上,增补了相应的中文词条编写而成,所增补的中文词条并非单从某一外文直译,而是参考了原书3种文字,并依据我国现行的机械制造方面的术语标准和常用术语而确定的。本书原版为9个分册。第一分册为锻造和模锻;第二分册为磨削、表面粗糙度;第三分册为金属板材成形;第四分册为金属切削的基本术语;第五分册为冷挤和冷镦;第六分册为刨削、插削、拉削、车削;第七分册为钻削、锪削、铰削、螺纹制造;第八分册为铣削、锯削、齿轮制造;第九分册为电解加工、电腐蚀加工、电子束加工、激光加工、化学加工。(易彤)

T000106 **机械工程手册·机械制造工艺及设备卷(二)** 机械工程手册、电机工程手册编辑委员会编。机械工业出版社1997年7月第二版。350.9万字。254.00元。包括机械加工工艺基础、切削加工、机床、刀具、加工过程自动化、特种加工和机械装配等7篇。第一篇综合叙述有关切削加工原理及工艺设计的理论基础。第二、三、四篇介绍各种加工方法及工艺参数选择,指出提高精度和效率以及扩大工艺范围的途径。从合理选用的角度列述各类机床、刀具的基本结构、特点和适用范围。重点加强高效、高精加工特别是数控加工工艺及设备的内容。第五篇对加工自动线的方案设计、工艺特点、物流系统、主要设备及自动检测、监控等作了系统介绍。第六篇以电火花和电解加工为重点,并列述了激光加工、三束加工等11种新型加工方法。第七篇介绍装配工艺方案选择、装配基本作业及其自动化、典型部件装配和先进装配线。(张斌如)

T000107 **机械加工实用手册** 机械加工实用手册编写组编。机械工业出版社1997年10月版。181万字。80.00元。汇集作者十几年来积累的行之有效的宝贵经验,其中许多实践经验曾多次在全国机械加工研讨会上推广。本手册以加工方法为主线,加工数据与加工方法、经验紧密结合。内容包括机械加工质量,刀具角度、加工余量、刀具材料、切削液,通用工、夹、刀具装卡技术,实用数学知识和力学知识,车、铣、刨、镗、磨、钻等机械加工工艺,钳工,装配,检测,金属材料和热处理,提高加工效率和质量实用技术等共18章。(蓝伙金)

T000108 **机械制造工艺及设备设计指导手册** 李云主编。机械工业出版社1997年8月版。80.8万字。30.00元。分6篇:第一篇光滑工件尺寸测量与量规设计;第二篇刀具设计;第三篇液压传动设计;第四篇机床设计与改装;第五篇机械制造工艺规程设计;第六篇机床夹具设计。本书侧重解决机械制造过程中的工艺和工艺装备设计问题。叙述了设计内容、原则、方法和步骤,并列举了设计实例。(王世刚)

T000109 **旋转机械故障机理及诊断技术** 韩捷、张瑞林等编著。机械工业出版社1997年8月版。37.8万字。26.50元。作者在总结旋转机械故障机理及诊断技术科学研究成果与教学经验的基础上,参考国内外有关资料编写的。全书共10章,书中简要介绍了动态机械信号的描述、模拟信号的离散、数据处理以及工程实际中常用的信号分析方法;在此基础上,重点介绍了旋转机械转子系统、齿轮装置及滚动轴承的故障机理与诊断技术,其中包括振动的产生原因、故障的识别特征、故障的治理措施等。书中还对机械故障的灰色、模糊、神经网络等诊断技术与专家系统作了介绍。作为一种实用的推广技术,最后介绍了国内外大型旋转机械在线监测与故障诊断系统及其主要性能。(荆宏智)

T000110 **起重机使用指南** 陈敢泽著。上海科学技术文献出版社1997年4月版。55万字。47.00元。以追求起重机正确使用和充分发挥设计效能为目的,以有关标准为依据,以新型和常用机型为实例,介绍起重机的使用技术。全书分7章,包括流动式起重机(汽车式、轮胎式、履带式)、桥式起重机、龙门起重机、装卸桥、塔式起重机、门座起重机等机型的类型、结构、性能、特点、先进技术、选型方法、安装调试、使用维护、安全技术和发展趋势等内容。书中每章内容重点都有所侧重:流动式起重机侧重于调试、试验和安全技术;桥式起重机侧重于选型、使用规则、检测和调整;龙门起重机侧重于安装技术与专用取物装置;装卸桥侧重于操纵程序和控制技术;塔式起重机侧重于液压顶升接高塔身的作业技术和附着工艺;门座起重机侧重于新型结构与机构的先进技术和重大结构件的吊装技术。(葛康)

T000111 **实用起重工手册** 陈兆铭等主编。上海交通大学出版社1997年7月版。42.7万字。20.00元。介绍起重工所必备的基础理论知识、实用操作技能和具体施工方法。内容:起重用具,简单起

重机械，自行式起重机，桩基施工，结构起重，设备安装起重，起重作业安全技术，起重吊装常用资料。(戴柏诚)

T000112　**机械化运输设计手册**　机械化运输设计手册编写组编。机械工业出版社 1997 年 5 月版。176.5 万字。98.00 元。共 6 篇 28 章。介绍带式输送机、斗式提升机、螺旋输送机、振动输送机、气力输送机、埋刮板输送机、普通链式悬挂输送机、积放式悬挂输送机、板式输送机、铸型输送机、辊子输送机、电轨小车、单轨起重机、梁式悬挂起重机、旋臂起重机和平衡吊以及与输送过程中配套的各种闸门、三通、给料设备、定量设备、磁分离设备、手动与电动转运车、转辙器、翻斗加料机、推杆、机械化钢结构(包括平台、斗子、梁、柱子等)的设计计算、设备结构特点、设备选型、整机布置、安装与使用要点等。书中介绍了许多新产品如：ZJT1－96 带式输送机及大倾角带式输送机，TD 型、TH 型、THD 型和 THH 型斗式提升机，振动给料漏斗，高生产率，适用于柔性生产的积放式悬挂输送机，465 型数字式电子皮带秤以及 1996 年原机械工业部新颁布的机械化运输设备和钢结构安装技术要求等。(余茂祚)

T000113　**机械工程手册·专用机械卷(三)**　机械工程手册、电机工程手册编辑委员会编。机械工业出版社 1997 年 10 月第二版。130.5 万字。108.00 元。分汽车、船舶、飞机、管道运输设备 4 篇，涉及地面、水上、空中、地下以运输为主要功能的典型机械设备。内容包括所含各类产品的基本原理、性能指标、结构特征、系统构成，设计、制造、试验、管理等方面的关键技术，以及运行中的安全、节能、环保等重要问题。(李正民)

T000114　**机械工程手册·物料搬运设备卷**　机械工程手册、电机工程手册编辑委员会编。机械工业出版社 1997 年 6 月第二版。153 万字。118.00 元。分 4 篇。第一篇物料搬运系统，介绍物料搬运系统规划设计的步骤、分析方法、系统信息与控制技术等问题，并介绍各种有代表性的物料搬运系统。第二、三、四篇分别介绍各种起重机械、运输机械和工业搬运车辆的基本类型、结构性能特点、设计选用原则和方法。(齐福江)

T000115　**泵产品样本**　机械工业部编。机械工业出版社 1997 年 11 月版。538.2 万字。320.00 元。内容包括：离心清水泵、化工泵、耐腐蚀泵、油泵流程泵、杂质泵、井泵及潜水电泵、混流泵及轴流泵、旋涡泵、转子泵、水环式真空泵和压缩机共 9 大类。按各类产品的具体型号分别列出了其用途、性能范围、型号意义、结构、性能曲线及性能数据、外形及安装尺寸图表、生产厂家等内容。(徐彤)

T000116　**压力容器相关标准汇编**　全国压力容器标准化技术委员会编。中国标准出版社 1997 年版。将现行及正在制、修订的压力容器标准中直接引用的相关标准 148 项汇集起来，书中所收入的标准均为现行有效的标准，内容涉及材料、焊接、性能检验、安全检测等方面。(易彤)

T000117　**机械工程手册·专用机械卷(二)**　机械工程手册、电机工程手册编辑委员会编。机械工业出版社 1997 年 11 月第二版。205 万字。160.00 元。共 5 篇，包括工程建筑机械、矿山机械、冶金机械、石油钻采与炼制机械、化工机械。主要介绍产品的分类、用途、工作原理、典型结构、关键技术、主要技术参数及选型原则等内容。(齐福江)

T000118　**机械工程手册·通用设备卷**　机械工程手册、电机工程手册编辑委员会编。机械工业出版社 1997 年 8 月第二版。268.6 万字。206.00 元。分通风机、鼓风机、压缩机，泵，阀门与管件，换热器，制冷、空调与暖通设备，气体分离与液化设备，真空设备，粉碎机械，分离机械，混合机械，压力容器，干燥器、蒸发器，共 12 篇，涉及国民经济各部门常备的各种主要单元设备和独立系统。各篇内容包括所含各类产品的基本原理、典型结构、关键技术，反映产品性能、材料、设计、制造、检验、选用、调试、运行等情况的各种数据、表格、曲线、公式等。(李正民)

T000119　**分析仪器手册**　朱良漪主编。化学工业出版社 1997 年 5 月版。218.6 万字。140.00 元。分 18 章。第一章～第五章是总论性部分，介绍分析仪器的作用、发展、它的科学与技术基础和类系；电子学、计算机和化学统计学在分析仪器的应用；采样原理和样品预处理，标准物质及其有关概念，分析信号和数据处理。第六章～第十八章介绍各种分析仪器，包括紫外、可见、红外、拉曼、X 射线等光学分析仪；各种电化学分析仪；色谱与电泳等分离分析仪；核磁与顺磁共振波谱仪；质谱仪及有关联用分析仪；热分析仪；核分析仪；表面和微区分析仪，以及生物化学，临床医学，环境保护；工业流程在线分析方面的专用性分析测试仪器。第十八章后专列展望——概述分析仪器的未来。(郭燕)

T000120　**近代光学制造技术**　辛企明等编著。国防工业出版社 1997 年 9 月版。21.8 万字。17.00元。介绍非球面光学零件的数控加工技术，光学零件精密模压成型技术,超光滑表面加工技术,全息工艺技术,梯度折射率光学元件和光波导器件的制作技术。上述加工技术涉及的光学零件或光电元件,其材料由玻璃或晶体发展到塑料、金属、陶瓷及半导体等;其外形不仅仅是分离的球面透镜或棱镜,而且是非球面透镜、微透镜阵列,小型化、阵列化和集成化的光波导器件等;相关制造技术也已大大超出了古典的研究抛光方法,而采用数控加工、精密模压技术及微细加工等近代高新技术。(沈崇渊)

T000121 **国内外医疗器械维修大全(下册)** 马旭升主编。上海交通大学出版社 1997 年 12 月版。87.3 万字。44.00 元。医用检验、分析仪器故障检修 900 例。分 8 章:国内外生化分析仪故障实例;国内外尿液分析仪、尿流率测定仪故障实例;国内外血球计数仪、血小板计数仪、血氧饱和度仪、血红蛋白仪故障实例;国外血气分析仪、电解质分析仪故障实例;国内外光度计故障实例;国内外色谱仪故障实例;国内外显微镜、电镜、能谱仪故障实例;国内外光谱仪、质谱仪、极谱仪、旋光仪、酸度计故障实例;国内外离心机、光电比色机、电泳仪故障实例。其内容都来自于各种医疗器械的使用和维修实践。(戴柏诚)

T000122 **国内外医疗器械维修大全(上册)** 马旭升主编。上海交通大学出版社 1997 年 5 月版。101.6 万字。50.00 元。医用放射设备故障检修 1 200 例。分 9 章:国内医用 X 线机故障实例;国外医用 X 线机故障实例;国外 X－CT 机故障实例;国内外直线加速器、深部 X 线治疗机、钴 60 治疗机、后装治疗机、模拟定位机故障实例;国内外核磁共振成像装置故障实例;国内外伽马照相机、伽马心功能仪、放免仪、伽马免疫计数器、SPECT 机、同位素扫描机故障实例;国内外医用 X 线电视故障实例;国外多幅照相机故障实例;国内外洗片机、换片机、高压注射器故障实例。其内容都来自于各种医疗器械的使用和维修实践。(戴柏诚)

T000123 **国内外医疗器械维修大全(中册)** 马旭升主编。上海交通大学出版社 1997 年 9 月版。80.6 万字。41.00 元。医用心电、监护、超声仪器故障检修 900 例。分 8 章:国内外心电图机故障实例;国内外监护仪故障实例;国内外体外反搏机、心向量图机、心脏功能诊断仪故障实例;国内外脑电图机、脑电地形图仪、脑血流量脑图成像系统故障实例;国内外呼吸机、肺功能仪、人工心肺机故障实例;国内外血流图仪、肌电图机、肾图仪故障实例;国内外血液透析机故障实例;国内外 B 型、A 型超声仪故障实例。其内容都来自于各种医疗器械的使用和维修实践。(戴柏诚)

T000124 **医用诊断 X 线机检定与修理技术** 马长征著。中国计量出版社 1997 年版。48 万字。30.00元。以国内常用的几种主要类型的 X 线机为实例,介绍检测方法,并逐项分析不合格项的故障原因,详细叙述调整方法,对各主要部件的修理技术作了说明。(孙维民)

T000125 **数字式温度仪表原理、使用与调修** 刘常满、韩启纲编著。中国计量出版社 1997 年版。29.5 万字。16.00 元。从实用角度阐述数字式温度仪表的原理设计、调修与检定技术和使用方法,介绍了这类仪表的设计方法和各种控制线路,并提供了常用元器件参数、集成电路管脚排列、有关测试数据及真值表等。除绪论外,全书共 7 章。内容包括:数字式温度仪表常用元器件及基本电路,数字式温度显示仪表,数字式温度显示调节仪,数字式温度仪表的检修技术及故障修理,数字式温度仪表的检定与调整,数字式温度调节仪表的实际应用及其控制线路。(谢英)

T000126 **控制仪表及装置** 吴勤勤主编。化学工业出版社 1997 年 3 月版。54.1 万字。18.00 元。详细介绍模拟式控制仪表及装置(模拟调节器、变送器、运算器、执行器等)和数字式控制仪表及装置(可编程调节器、可编程控制器、智能变送器、集散控制系统等)的构成、原理、结构、功能和使用方法。此外,书后还附有思考题和习题。(郭燕)

武器工业

T000127 **巴黎炮和高空探测计划** G.V.布尔、C.H.墨菲著,陈运生等译。兵器工业出版社 1997 年 4 月版。45.552 万字。100.00 元。介绍了研制巴黎炮项目的来源,巴黎炮的几何尺寸、内弹道特性、身管磨损对内弹道性能的影响以及巴黎炮弹丸的外弹道特性,用巴黎炮轰击巴黎取得的效果。作为“高空探测计划”发起人的两位作者在本书中介绍了该项计划的弹道历程,透露了运用炮射弹道飞行的大气探测器的原理及典型大气科学测量和超级性能高空探测系统的研究成果,获取了从地面到卫星轨道高空,从高纬度到低纬度的大气特性;再现了火炮发射技术发展史上曾达到的两次高峰。(蒋昌群)

T000128 **自动武器设计与研究** 副名:于道

文教授 80 寿辰纪念文集。周亚明等主编。兵器工业出版社 1997 年 10 月版。25 万字。28.00 元。首先论述了自动武器技术的现状及其发展方向，然后重点阐述了自动武器设计的新理论和新技术，最后总结了自动武器研制方面的宝贵经验。本书既包括了理论方法的研究成果又介绍了产品设计的成功范例。（宁培毅）

T000129 **高新技术弹药** 王颂康、朱鹤松等编著。兵器工业出版社 1997 年 12 月版。40.3 万字。50.00 元。就高新技术在榴弹、火箭弹、穿甲弹、破甲弹和反坦克导弹、航弹、防空反导弹药、非致命和新型特种弹以及各种地雷的应用情况编写而成。全书共 9 章。第一章，概论；第二章，现代远程榴弹；第三章，无控和简易控制火箭弹；第四章，新型穿甲弹；第五章，聚能弹药的新进展；第六章，新型航空弹药；第七章，航空反导弹药；第八章，非致命弹药与新型特种弹药；第九章，变革中的地雷。（聂笃克）

T000130 **坦克火力控制系统** 周启煌、单东升著。国防工业出版社 1997 年 5 月版。34.2 万字。19.40 元。对坦克火力控制系统的基本理论体系和火力控制系统的几个主要发展方向进行了分析与论述。在基本系统理论方面，书中包括坦克火力控制系统概论、现代火力控制系统的解命中问题及理论分析、火炮外弹道方程的解算和坦克火力控制系统的基本数学模型等。在火力控制系统发展方向的理论方面，书中主要论述了目标模型的辨识、对机动目标的自适应跟踪与解命中问题、目标图像的生成与处理、目标图像跟踪技术、数字式火炮控制系统设计和坦克电子综合化系统等。（唐允昌）

能源与动力工程

T000131 **能源开发史** 崔金泰编著。辽宁少年儿童出版社 1997 年版。13 万字。6.30 元。“科技小史系列”之一。介绍人类开发和利用能源的历史。（刘铁柱）

T000132 **能源百科全书** 本书编委会编。中国大百科全书出版社 1997 年 4 月版。184 万字。170.00 元。包括正文、附录、中英文索引 3 大部分，正文包括条目及相应的插图和表格，条目共 1 049 个。附录为《能源大事年表》，概括了人类自发祥以来，各时期、各地区，在能源领域发生的重大事件。内容涵盖能源的生产、储运、管理、预测与规划、能源资源、能源与经济、能源与环境、新能源和可再生能源、节能、著名能源企业和机构、能源开发史及著名人物等，介绍了有关能源方面的知识、我国能源状况及其能源工业发展的全貌。索引有以汉字笔画为序和以英文字母音序排列的条目索引和以拼音字母为序的内容索引。（马汝军）

T000133 **机械工程手册・动力设备卷** 机械工程手册、电机工程手册编辑委员会编。机械工业出版社 1997 年 7 月第二版。212.8 万字。164.00 元。共 7 篇。第一篇动力设备总论，介绍动力设备的作用、地位、基本内容、关键技术问题、发展趋势等内容，并从动力系统成套角度介绍优化、可靠性、可操作性、经济性和环境保护等。第二～六篇为锅炉、汽轮机、内燃机、燃气轮机、水轮机篇，分别介绍这几类主要动力设备的基本原理、结构、性能和特点，以及设计使用中的关键技术问题。第七篇工厂动力，以能源的有效利用为主线，介绍各工厂动力系统的共性技术问题。（吴曾评）

T000134 **动态传热学** 郭方中主编。华中理工大学出版社 1997 年 4 月版。36 万字。15.00 元。共 8 章。前 3 章介绍控制论模型化方法以及如何用它们解决动态传热学课题。在第四章中以动态观点讨论沸腾两相流动的研究现状及其主要成果，作为前三章内容的应用，并且引出了波动问题。第五章进一步讨论以波动理论解决动态传热问题的一般方法，并以沸腾两相流动为例，讨论其波动模型的建立。第六章概要地讨论了混沌动力学方法。第七、八章讨论了冻结过程，包括在多孔介质中的传热传质问题。（钱坤）

T000135 **大型锅炉装置及其原理** 田子平编。上海交通大学出版社 1997 年 12 月版。49 万字。25.50 元。分 9 章。内容：大型锅炉的布置和型式、锅炉本体各主要部件的结构和计算、对流受热面的传热计算、锅炉热化学、自然循环锅炉的水循环、强制流动蒸发受热面的水动力学与传热、电厂中与锅炉有关的运行系统和运行中易出现的问题；最后介绍国内外锅炉技术的现状和前沿发展。（李阳）

T000136 **DL612-1996 电力工业锅炉压力容器监察规程** 中华人民共和国电力工业部编。中国电力出版社 1997 年 5 月版。7.2 万字。7.50 元。是为保证电力工业发电锅炉、火电厂热力系统压力容器和主要汽水管道的安全运行，延长使用寿命，保护人身安全而制订的，是强制性行业标准。本规程适用于额定蒸汽压力等于或大于 3.8MPa 的电厂的蒸汽锅炉、热力系统压力容器及主要汽水管道，额定蒸汽

压力低于3.8MPa的电厂的发电锅炉。(高体基)

T000137 **电站锅炉原理** 华中理工大学容銮恩等合编。中国电力出版社1997年11月版。55.5万字。23.30元。为普通高等学校热能动力类专业教学指导委员会推荐使用教材。本书密切结合专业的具体要求,以大型电站煤粉锅炉为主干,阐述了电站锅炉的主要系统及工作原理。内容主要包括:锅炉的构成及工作过程,锅炉用燃料,煤粉制备,燃烧基本理论及燃烧设备,各对流受热面的主要运行问题,蒸汽净化,锅炉机组的布置及热力计算方法等。本书由华中理工大学、浙江大学、华北电力大学、上海交通大学4所高校合作完成。(潘宏娟)

T000138 **大功率汽轮机检修** 周礼泉著。中国电力出版社1997年2月版。57.5万字。27.20元。总结了90年代国内火力发电厂中亚临界参数大功率汽轮机在检修方面的宝贵经验;介绍了大机组检修管理、网络技术、计算机处理,以及如何通过机组检修逐一解决大机组在设计、制造及运行过程中存在的重大技术问题;详细叙述了在检修中所遇到的重大疑难问题是如何妥善解决的;同时阐明了汽轮机本体、调速系统等主要部件的基本构造、检修工艺和要领,以及在检修中容易被忽视的问题;并以N300-16.18/550/550、N300-16.18/535/535型和TC2F-33.5型机组为典型,剖析检修中的实例。(马家斌)

T000139 **热工自动控制系统** 华北电力大学李遵基主编。中国电力出版社1997年10月版。38万字。15.50元。为高等学校热能动力类生产过程自动化专业的教材。介绍了单回路及复杂回路控制系统的组成、特点、工作原理及调节器参数整定方法,同时还介绍了大机组的多变量解耦控制、全程控制及协调控制。主要内容包括:自动控制系统的基本概念,对象动态特性,调节器调节规律,调节器参数整定方法,串级控制系统,导前微分控制系统,复合控制系统及比值控制系统的组成、特点、工作原理、整定方法、实例分析,以及大机组的多变量控制、全程控制和协调控制。(高体基)

T000140 **车用内燃机** 孙业保主编。北京理工大学出版社1997年版。31.8万字。15.60元。以汽车发动机为主,详细介绍现代内燃机结构特点。全书共13章,对车用内燃机的结构及工作原理、使用特性、平衡和扭振特性都作了系统的介绍,特别对当前车用内燃机日益广泛采用的汽油喷射、电控点火、废气排放控制、增压技术也作了详细介绍。(总编办)

T000141 **康明斯柴油机结构与维修** 姚国忱主编。辽宁科学技术出版社1997年8月版。73万字。46.00元。采取图文并茂的形式,介绍了NH/NT/NTA858、K38和K50系列柴油机的结构特点、工作原理、维修技术及故障排除等知识。(白京久)

T000142 **车辆内燃机原理** 秦有方等编著。北京理工大学出版社1997年版。34.5万字。17.00元。讲述车辆(摩托车、汽车、拖拉机及装甲坦克等)用活塞式内燃机的工作过程原理,全书由13章组成。书中特别对近年发展的新技术领域,如有害排放物形成及控制、汽油机电控喷射、柴油机电控、内燃机工作循环仿真计算等内容做了重点介绍。(总编办)

电工技术

T000143 **三峡工程机电研究** 袁达夫主编。湖北科学技术出版社1997年10月版。48.5万字。62.00元。“长江三峡工程技术丛书”中的一本,全书共8章,介绍三峡工程设计研究的重要组成部分——机电设计研究。设计研究的主要内容有:水轮发电机组的选择与布置;水力机械辅助设备的选择与布置;电站厂内外起重设备选择及坝区内大件设备运输要求;水轮发电机组和主要电气设备安装;电站接入电力系统设计;电气主接线及主要电气设备选择与布置;交直流超高压输变电技术和交直流升压站;枢纽综合自动化及继电保护;枢纽内外通信系统;厂内及坝区的供电及照明;电站的防雷和过电压保护及枢纽接地系统;枢纽泄水建筑物、垂直升船机、双线连续五级船闸等建筑物的电力拖动及自动控制;厂房及机电设备消防监控系统等。(蔡荣春)

T000144 **DL/T600—1996电力标准编写的基本规定** 中华人民共和国电力部编。中国电力出版社1997年2月版。4.5万字。5.10元。是在GB/T1《标准化工作导则》及建设部《工程建设标准编写规定》基础上,针对电力行业技术标准、规程的特点而编写的。在对电力行业标准的编写作出规定的同时,还对报批标准时所必需的各种材料及其书写格式与方法作出了规定。(杨万涛)

T000145 **电工技师手册** 电工技师手册编辑委员会编。机械工业出版社1997年9月版。127万字。68.00元。主要介绍常用电气设备的安装、调试、维修等知识,包括一般机械工业企业中用的变压器、电动机、低压电器、变配电装置、电子器件、电工仪表等以及机床、起重机、电梯等电路系统。为适应新技术的应用推广，还介绍了数控机床、数显、可编程序控制器，还包括一些日常生活接触较多的电气照明、节约用电、安全用电，以及彩色电视机和电冰箱等。(周娟)

T000146 **发供电企业班值组长工作手册** 本书编委会编。中国水利水电出版社 1997 年 2 月版。191.7 万字。94.00 元。针对班值组长工作中的需要，编集了必须具备的发供电企业管理基础知识和专业基础知识，以及有关常用数据资料，内容涉及到发供电企业的各种专业。(王春学)

T000147 **机电一体化技术在支柱产业中的应用** 徐志毅主编。上海科学技术文献出版社 1997 年 10 月版。76.1 万字。80.00 元。阐述机电一体化与支柱产业的关系并介绍了机电一体化技术在仪表、机械、汽车、通信、电站、冶金、化工及轨道车辆等行业中的应用。既有机电一体化技术在工业领域应用的原理、特点、状况和发展趋势，又有最新机电一体化产品以及实用的机电一体化控制系统；集中反映了上海 1990～1997 年工业系统机电一体化技术应用的成绩以及机电一体化对工业系统的促进作用，同时还展望了机电一体化技术在各行业中的应用前景。(高学贤)

T000148 **机械工程手册·电工、电子与自动控制卷** 机械工程手册、电机工程手册编辑委员会编。机械工业出版社 1997 年 5 月第二版。225.7 万字。170.00 元。共 9 篇，分别为：电工基础篇；电工设备篇；工业电子技术篇；电子计算机基础篇；自动控制理论篇；数控技术篇；电气传动控制系统篇；机械制造自动化系统篇；工业机器人篇。分别介绍机械工程技术人员所需的有关电工、电子与自动控制方面的基础理论、基础元器件、常用电工设备、电路系统、电子计算机与控制技术的知识和资料。(秦起佑)

T000149 **实用电工手册(修订本)(上、中、下)** 陈晓华主编。江西科学技术出版社 1997 年 11 月版。上册 194 万字，中册 180 万字，下册 173 万字。228.00 元/套。分上、中、下 3 册。全书计 10 篇 36 章。上册内容包括：电工基础知识(电工名词、常用电工计算公式)；电工材料(电线与电缆、电刷、绝缘材料、磁性材料、电阻合金和电热材料及其他材料等)；变压器、交、直流电机、特殊用途电机、控制与驱动微电机等。中册内容包括：低压电器；变配电和照明；常用生产机械的电气控制、晶体管电路和集成电路等。下册内容包括：可控硅变流及其应用；机床数字及顺序控制技术、微型计算技术及其应用简介；小型发电设备及电力排灌站；电工仪表与电子仪器；常用电工元器件(电子电路用电阻器、电位器、电容器、显示器件等)；安全用电与电气试验、节约用电；常用电工数据和计量单位、常用电气图用图形符号及文字符号等。

T000150 **实用农村电工操作技术** 张万奎著。湖南科学技术出版社 1997 年 9 月版。25.2 万字。12.50 元。介绍农村电工必需的电工基础理论、电气符号、半导体电路基础理论、常见电工材料、电子仪表及电工工具，专章给出农村常用机电设备的技术数据、电气线路、安装、使用及维修知识。这些机电设备包括：变压器与电动机，水轮机与水轮发电机，农用水泵与水泵电动机，车床、钻床、铣床、起重机的电气控制装置，柴油发电机组，电焊机，农用运输车的电气设备，家用电冰箱，洗衣机，电风扇，电视机，录音机。同时，对农村小型水电站、小型电力排灌站的运行维护；农村配电与照明设备的安装维护；农村有线广播线路的设置、匹配计算、维修；农村安全用电，书中也分章作了讲述。书中电工技术资料全部采用新的国家标准，注重推介节能新产品和新方法，大量内容以图表方式列出，有具体的操作步骤和方法。(陈一心)

T000151 **家庭常备电工手册** 陈应斌、李国斌编。南方出版社 1997 年版。32.7万字。18.00 元。针对现代城市和农村家庭电气技术的需要采用最新标准的资料编写而成。全书包括：基础知识、低压供电线路、照明、家庭常用电工材料、工具以及仪表、家用电器、安全用电及防雷保护等。(肖昶)

T000152 **家庭常备电工手册(简、精装)** 陈应斌、李国斌主编。南方出版社 1997 年 10 月版。32.7万字。18.00 元。共 6 章，即基础知识(常用名词术语、图形符号、电子元器件的识别及简易检测等)，低压供电线路(线路安装、布线、选购导线等)，照明(照明灯、照明设施的安装及检修等)，家用电器(重点选择 29 种家庭常用电器的选购、使用、维护及常见故障分析)，家庭常用电工材料、工具及仪表，安全用电及防雷保护。(程春华)

T000153 **最新电工常用数据手册** 顾仲圻等主编。江苏科学技术出版社 1997 年 3 月版。45.6 万字。24.00 元。根据用户电工在实际工作中的需要，精选实用、必须的综合技术资料编纂而成。主要内容包括：电工基础、变压器和电动机，用户电工线路，导线和电缆截面的选择，变电所高、低压电气设备，继电保护与信号装置，电工计量，用户自发电设备和其他电源,照明灯具和电气装置件,常用控制和保护用电气设备,电气安全等用户电工常用的参考资料。手册中介绍的技术标准、选用与计算方法、施工方法与要求等内容均按照国家现行的有关技术规程、技术规范及相应的全国通用电气装置标准图集介绍;电气设备参照新产品予以介绍,对虽然不是新产品但并非淘汰又实际应用很广的设备也予以收录;技术资料编选的范围则结合实际应用的广度和实际工作中的使用频率,综合决定取舍。(程增础)

T000154 **新编实用电工手册** 华北电力大学邢郁甫等主编。地质出版社 1997 年 4 月版。147.5 万字。78.00 元。共 23 章,包括:电工基础资料和数据、电工基础知识、安全节约用电、磁性材料、导体材料、绝缘材料、变压器、异步电动机、直流电动机、控制电机、电焊机、互感器、高压电器设备、开关和熔断器及低压断路器、电力电容器、控制屏及二次回路、继电保护装置、照明、蓄电池、电工测量仪表、电子元器件和常用电子仪器仪表。并附有安装尺寸图表以及电器设备的调试、配套和安装说明。(王章俊)

T000155 **电工安全读本** 杨有启等著。中国劳动出版社 1997 年 11 月版。33.2 万字。21.10 元。扼要阐述电工安全的基础知识,着重论述电工安全的共同问题和通用电工安全技术、各种电气装置的安全问题、防爆、防雷、防静电等。(蒋运茂)

T000156 **电力安全手册** 雷铭主编,陈祖嘉副主编。中国电力出版社 1997 年 2 月版。205.3 万字。95.00 元。分两篇,第一篇是法规篇,涵盖了与电力安全生产有关的国家、行业、劳动保护、工业卫生等所有相关法律、法规、规定及政府主管部门的文件。第二篇为数技篇。分热力、电气、起重和交通运输、防火防爆、工业卫生、劳动保护用品、环境保护、安全工器具等 8 章,将与电力安全生产有关的常用技术数据一一列出。(丁雁)

T000157 **电力电子技术** 上海铁道大学邵丙衡主编。中国铁道出版社 1997 年 8 月版。37.3 万字。12.50 元。阐述传统的晶闸管(SCR),着重介绍近代电力电子器件,如何关断晶闸管(GTO)、电力晶体管、电力场效应晶体管(P-MOSFET)、绝缘栅双极晶体管(IGBT)、MOS 控制晶闸管(MCT)和智能电力模块(TPM)等新型器件的基本性能。在此基础上论述了相控整流、有源逆变、直流斩波、交流调压、脉冲变(整)流、变频以及周波变流等电力电子变流电路及其控制系统的原理、电路、参数计算和特性,并力求反映近代电力电子技术的新成就。无源逆变(变频器)是本书的重点。(吴桂萍)

T000158 **电力电子技术** 周明宝、瞿文龙编著。机械工业出版社 1997 年 8 月版。30.9 万字。20.00元。主要介绍电力电子器件和电路,在器件方面介绍了第一代到第三代器件(包括硅整流二极管、普通晶闸管、门极关断晶闸管、功率晶体管、功率场效应晶体管、静电感应晶闸管和静电感应晶体管、绝缘栅双极晶体管、MOS 控制晶闸管和功率集成电路)的基本机理、特点和性能参数等;在电力电子电路方面介绍了整流、斩波、交直交变频、交交变频、高频谐振变频电路(重点在变频电路)的工作原理、波形分析和参数计算等,还介绍了电力电子器件的驱动与缓冲吸收电路、多重化技术和电力有源滤波技术等。(孙流芳)

T000159 **电机工程手册** 机械工程手册、电机工程手册编辑委员会编。机械工业出版社 1996 年 9 月～1997 年 7 月第二版。全套 1 400 万字。1 075.00元。内容主要包括:基础、电工设备、电力系统、电能应用和自动化与通信 5 部分,共 58 篇,全书共 8 卷,其中基础两卷,除电工理论基础、技术基础外还有基础元器件和材料以及企业管理基础。新增了计算机技术、可靠性技术、通电工工艺等。电力系统由发、送、配、变、供电等 9 篇组成,合为 1 卷。电工设备部分由电机卷和输变电配电设备卷组成。应用部分由工业、交通、科研、医疗及生活常用的用电设备组成共 11 篇分为两卷,其中新增的内容有激光、电子束、离子束装置与加速器,电力牵引,电在水运、公路、民航中的应用和静电技术等。自动化与通信部分由多种自动控制系统和计算机应用及通信组成,11 篇合成 1 卷,其中新增内容有数控与加工自动化、集成制造系统、计算机应用和电气通信等。书中的各卷印有全书的卷目和篇目,各卷目录有 4 个层次与书后目录组成检索系统。此外书中的参见系统分内、外两部分供读者对照参考。(刘思源)

T000160 **电机工程手册·自动化与通信卷** 机械工程手册、电机工程手册编辑委员会编。机械工业出版社 1997 年 7 月第二版。197.4 万字。143.00 元。内容包括电气传动控制系统、数控技术与加工自动化、计算机集成制造系统、工业自动化仪表和装置、连续性生产过程控制系统、计算机应用和电气通信等 7 篇。在电气传动控制系统篇中,反映了由于电力电子技术、计算机技术的发展而引起的直流调速、交流调速及数字化控制的发展内容。在生产过程自动化方面,介绍了两类,即以数控技术、机械加工自动化直至以计算机集成制造为代表的离散型控制系统和以工业自动化仪表和装置及其对象组成的连续性生产过程自动控制系统,以及与这些现代化自动控制系统紧密相关的计算机技术及通信技术。(周娟)

T000161 **电机工程手册·应用卷(一)** 机械工程手册、电机工程手册编辑委员会编。机械工业出版社 1997 年 9 月第二版。127.6 万字。105.00 元。内容包括工业电热设备篇、电焊机篇、电化学与电池篇、电气照明篇、日用电器篇、电动工具篇。本篇的内容是基本建设、工业生产以及日常生活中经常用到的设备和器具。各篇介绍了各种设备的原理结构、设计要点、试验安装、运行维护等内容,而且很注意新技术、新产品的介绍。(刘思源)

T000162 **电机工程手册·应用卷(二)** 机械工程手册、电机工程手册编辑委员会编。机械工业出版社 1997 年 10 月第二版。147.2 万字。118.00 元。分 5 篇。第一篇医用仪器及装备,系统地介绍医疗方面实际应用的各种仪器设备的原理、性能、选用原则、使用维护方法等;第二篇激光、电子束、离子束装置与加速器,除论述上述设备的工作原理、类型、特征、性能参数外,还着重介绍了其结构组成和应用范围;第二篇电力牵引和第四篇电在水运、公路及民航中的应用,介绍了电在交通运输业的应用技术;第五篇静电技术和电的其他应用除介绍了静电技术的应用外,还介绍了特种加工、电钟表技术、电子显微镜、电法勘探与磁法勘探等内容。(牛新国)

T000163 **电机工程手册·输变电、配电设备卷** 机械工程手册、电机工程手册编辑委员会编。机械工业出版社 1997 年 6 月第二版。153.9 万字。130.00元。内容包括电线电缆篇、变压器、互感器、调压器、电抗器篇,高压开关设备篇,低压电器篇,绝缘子、避雷器篇,电力电容器篇,保护继电器与继电保护装置篇。本卷所设的 7 篇都是输变电、配电设备中的关键设备,各篇除了介绍工作原理、主要结构、设计要点外,对试验、安装、运行、维护都有介绍,而且特别注意新技术新产品的介绍。(刘思源)

T000164 **电机学** 蒋豪贤编。华南理工大学出版社 1997 年 9 月版。61.5 万字。35.00 元。分 4 篇:变压器、同步电机、感应电机、直流电机。变压器部分的内容包括变压器的工作原理和主要结构、变压器的运行分析、三相变压器不对称运行等。同步电机内容包括工作原理及结构、交流绕组的电动势和磁动势、同步发电机的运行分析、短路和振荡分析,并介绍了特殊同步电机。感应电机内容包括原理及结构分析,功率、转短和工作特性分析,以及三相感应电机的起动、调速和制动等。直流电机的内容包括直流电机的原理和结构,磁场、电枢绕组和电枢反应,直流电机的基本方程式和运行特性等。(赖淑华)

T000165 **电机控制专用集成电路** 谭建成主编。机械工业出版社 1997 年 8 月版。47.9 万字。32.00元。为"电气自动化新技术丛书"之一。介绍国内外著名集成电路制造厂商生产的约 150 余种各类直流电动机、无刷直流电动机、步进电动机、异步电动机、单相交流换向器电动机、伺服电动机、开关磁阻电动机、自整角机数字转换、锁相环控制集成电路,霍尔集成电路,智能功率集成电路,功率半导体器件的驱动集成电路,运动控制和电动机控制专用微处理器的电路特点、工作原理、应用技术和应用示例等。附录还给出数百种集成电路的索引。(孙流芳)

T000166 **电机 CAD 技术** 卢刚等编著。国防工业出版社 1997 年 7 月版。46.5 万字。27.00 元。分 6 章。主要内容包括 3 部分:一、针对以等效磁路法基础上的电机计算机辅助设计,着重介绍面向用户的电机 CAD 软件之设计思想及方法,并就其核心部分如用户界面、菜单及菜单项驱动、数据库、多功能辅助等进行详细介绍;二、电机电磁场有限元分析,着重从自动化角度对有限元的前处理、有限元求解及后处理进行分析论述,并以常用的二维非线性稳态场为例,详细讨论了整个过程;三、在常用的优化理论及方法基础上,根据电机优化问题的特点,侧重讲述了优化方法及过程。(孙中明)

T000167 **电机修理技术问答** 潘成林等编。机械工业出版社 1997 年 10 月版。37.7 万字。22.00 元。以问答的形式,回答了三相异步电动机、单相异步电动机、同步电机、直流电机、控制微电机、特种用途电机、电机轴承、变压器和控制电器的修理技术问题,还列出了多种电机技术数据和工艺参数,并辅有大量的插图。(朱华)

T000168 **步进电动机及其驱动控制系统** 程树康等著。哈尔滨工业大学出版社 1997 年 11 月版。47 万字。25.00 元。前 4 章介绍步进电动机的结构类型、特点,以及不同机型的工作原理和线性解析,实用的研究设计计算方法,相关程序和计算实例;第五章至第九章叙述步进电动机驱动控制器的原理,工程设计中的相关技术和方法,并给出实用性范例;第十章至第十二章分别介绍步进电动机的测试技术、

选择原则，以及具体应用实例。(杨桦)

T000169 **高磁场永磁式电动机及其驱动系统** 符曦编著。机械工业出版社1997年8月版。18.5万字。15.00元。主要内容包括两个方面：一是介绍普通同步电动机的基本结构、工作原理和运行特性，以及高磁场永磁式同步电动机和直流电动机的高磁场永磁材料、转子结构和等效电路分析；二是侧重介绍了不同类型的高磁场永磁式同步电动机和直流电动机驱动系统，包括开环调速驱动系统、闭环调速驱动系统、交流伺服驱动系统、无刷直流电动机驱动系统和最优控制驱动系统等。(孙流芳)

T000170 **常用电动机使用与维修400问** 张盖楚、徐元浩主编。金盾出版社1997年2月版。47万字。18.00元。以问答形式阐述了常用三相异步电动机使用与维修方面的主要问题。内容包括：三相异步电动机的选择、安装、试车、调整和日常维护保养，运行中的检查和故障预防与处理，修理过程中的技术改进措施，以及电动机修复后的试验等。(金家麟)

T000171 **交流电机的非正弦供电** 王凤翔编著。机械工业出版社1997年8月版。52万字。38.00元。作者与T. A. Lipo教授合作提出最佳变流器供电交流电机的设计理论。作者一直在从事这方面的研究，本书是集多年成果和教学经验并参考了有关文献编纂而成。内容包含了电机理论、电力电子、微电子和计算机仿真技术。(刘思源)

T000172 **三相异步电动机绕组改接与计算** 姜孝定编著。机械工业出版社1997年12月版。14.9万字。11.00元。为"电工实用技术丛书"之一。分5章。第一章为三相异步电动机的基本知识，介绍三相异步电动机的结构、旋转磁场的形成、工作原理和铭牌数据及额定值；第二章介绍三相绕组的基本概念，分别介绍了单层绕组、双层绕组、单双层混合绕组和分数槽绕组；第三章介绍正弦绕组的构成、排列和联结；第四章介绍三相绕组改接成正弦绕组的简易计算方法，介绍了串联导体截面的确定、每相匝数、每槽导体数的确定和单双层混合排列绕组的计算；第五章介绍有铭牌、无铭牌和改极电动机三相绕组改制成正弦绕组的实例。经过上述改造的三相异步电动机，可显著提高功效、节约能源和降低原材料消耗。(崔世荣)

T000173 **异步化同步电机(俄)** Ю.Г.夏卡梁著，徐绳均等译。中国电力出版社1997年3月版。16.4万字。13.30元。是前苏联在异步化同步电机理论研究、设计制造和运行经验等方面的总结。全书共7章，阐述了异步化同步电机的特性、电机方程、相量图、各种参数的计算、控制函数及控制系统结构、稳态和暂态工况分析、工业性试验及运行经验等各方面问题。(肖兰)

T000174 **现代交流传动及其控制系统** 西南交通大学沈本荫著。中国铁道出版社1997年8月版。43.2万字。13.70元。着重分析带方向性的几种交流传动系统，其主干内容为异步电动机变频调速。主要讨论交流传动系统的能量转换、变频调速异步电机的控制方式及数学模型、异步电动机变频调速控制系统、矢量控制及直接力矩控制系统、系统动态稳定性、自控同步电动机调速系统、串级调速系统等。(方军)

T000175 **中小微型交流电动机绕组布线和接线图册** 王明阳编著。中国电力出版社1997年1月版。30.2万字。28.50元。介绍了工、农业生产和家用电器中普遍使用的中、小、微型交流电动机的绕组布线和接线图。书中设计了用3种不同线条表示电动机绕组的三相布线图，以及用线圈组指示内部接线的接线图。全书分5章，主要内容包括三相绕线式绕子电动机定子、转子绕组布线和接线图，三相单绕组多速电动机定子绕组的重绕，三相交流电动机的有关技术数据，以及吊扇、台扇、电冰箱、洗衣机、空调器等常用的单相交流电动机绕组布线和接线图。附录列出了汽车交流电动机的重绕、接线和有关数据。(张涛)

T000176 **现代永磁电机理论与设计** 唐任远等著。机械工业出版社1997年12月版。39.7万字。36.00元。共11章。阐述近年来形成的适用于运用计算机的永磁电机的研究分析方法。书中分析了多种基本类型的现代永磁电机的运行原理、结构、计算方法和设计特点，以稀土永磁电机为重点，但其基本内容同样适用于铝镍钴永磁、铁氧体永磁等其他永磁电机。全书力求贯彻理论联系实际的原则，既阐明基本原理和基本概念，又提供了在设计制造和运行中需要的基本公式、参考数据和曲线，同时反映所述永磁电机的新技术、新成就和实际应用动态，其中4种基本类型的永磁电机附有可供实用的电磁计算程序和算例，还提供了两种永磁电机电磁计算的计算机源程序。书中名词术语和计量单位均采用最新国家标准。(李振标)

T000177 **执行电动机** 王季秩、曲家骐编著。机械工业出版社1997年8月版。21.6万字。16.50元。为"电气自动化新技术丛书"之一。介绍电气传动自动化技术中应用的各种执行电动机(包括直流电动机、同步电动机、永磁交流同步伺服电动机、步进电动机、开关磁阻电动机、异步电动机和直线电动机、摆动式电动机及超声波电动机等特种电动机)的工作原理、结构特点、特性和参数、运行和应用等。(孙流芳)

T000178 **电器与可编程序控制器应用技术** 邓则名、邝穗芳编。机械工业出版社 1997 年 3 月版。39 万字。22.00 元。共两篇。第一篇共 4 章,主要介绍常用低压电器的结构、原理、用途及选用原则、电器控制基本环节与线路设计的一般原则方法、典型生产机械的电气控制线路,简介电机扩大机。第二篇共 9 章,主要讲述可编程序控制器的组成结构、工作过程、F 和 F1 系列可编程序控制器的指令系统(包括 F1 系统的功能指令)、编程方法与技巧、编程举例、PC 控制系统的设计与维护、应用实例(所有实例均给出在 F1 系列 PC 机上运行通过指令程序)、F1—20P 编程器的结构功能和使用方法、利用F1—20P 简易编程器对 EPROM 写入和读出及比较程序的方法等。每篇的末尾都附有习题。(黄克勤)

T000179 **8XC251SA、SB、SP、SQ 嵌入式微控制器用户指南** 美国 Intel 公司编著。电子工业出版社 1997 年 6 月版。64 万字。35.00 元。系美国 Intel 公司的 8XC251SA、SB、SP、SQ 嵌入式微控制器用户指南。全书共 14 章,包括导读、结构综述、地址空间、器件配置、编程、中断系统、输入/输出端口、定时器/计数器和监视定时器、可编程计数器阵列、串行 I/O 端口、最小硬件建立、特殊工作方式、外部存储器接口,编程和验证非挥发性存储器以及指令集等内容。(吴金生)

T000180 **DL/T606—1996 火力发电厂能量平衡导则** 中华人民共和国电力工业部编。中国电力出版社 1997 年 8 月版。18.8 万字。18.00 元。是根据有关国家标准,并吸收火力发电厂在能量平衡工作中的经验和节能的科研成果而制定的。根据火力发电厂生产的特点、生产过程和主要能耗,将火力发电厂能量平衡导则分为 5 个部分,即《火力发电厂能量平衡导则总则》、《火力发电厂燃料平衡导则》、《火力发电厂热平衡导则》、《火力发电厂电能平衡导则》、《火力发电厂水平衡导则》。(马家斌)

T000181 **600MW 等级火电机组仪表与控制系统技术** 河北省电力试验研究所著。河北科学技术出版社 1997 年 6 月版。18 万字。12.00 元。是河北省电力试验研究所科研项目的总结,讲述我国 600MW 等级火电机组 I&W 系统的构成;对其技术水平、选用设备的原则及其所选用的分散控制系统(DCS)、可编程控制器控制系统、现场仪表、仪表与控制实验室、I&W 用电源和气源的技术规范进行了详细的论述;对 600MW 等级火电机组 I&W 系统的各功能子系统,如模拟量控制系统 MCS、数据采集和处理系统(DAS)、程序控制系统(SOS)、锅炉炉膛安全监控系统(FSSS)、输煤控制系统、除灰除渣控制系统、汽水取样分析系统等子系统的组成、工作方式、技术规范进行了详细的论述。(李向海)

T000182 **热工过程控制系统分析、设计和调试** 张法文等著。中国电力出版社 1997 年 7 月版。51.7 万字。32.60 元。是作者根据长期研究的成果和总结控制系统设计、现场调试、试验研究的经验,并吸取了国内外控制技术在电厂中的应用成果而撰写成的。本书内容分 3 部分。第一部分阐述连续控制系统设计和调试的内容,提供了多种响应曲线拟合传递函数的方法;阐述了单变量和多变量控制系统的设计方法;推导了控制品质指标 ISE、ITSE 的计算公式,列举了它们在整定计算和系统设计中的应用。第二部分论述了计算机控制的基本理论;推导了数字控制系统的控制品质指标 ISE 和 ITSE 的计算公式,阐述了它们在 DDC 整定计算和系统设计中的应用;概述了分散控制系统,列举了高级控制算法的应用实例。第三部分提供了用 BASIC 语言编写的常用子程序和应用程序,以及面向方框图的仿真程序。(胡名显)

T000183 **火电厂给水加热器的运行、维护和检修** 董卫国、徐则民编著。中国电力出版社 1997 年 6 月版。18.1 万字。9.10 元。从简要说明给水加热器的重要性、回热系统、加热器的分类和结构等入手,阐述了大机组高压加热器的故障原因和对策,提出了运行操作、水位调节、放空气、维护检修等方面的具体措施,并摘要介绍了加热器解体分析的情况。(马家斌)

T000184 **变电所常用规程及电气技术规范新编** 孙方法主编。辽宁科学技术出版社 1997 年版。88 万字。70.00 元。主要包括 3 大部分:电气安全标准、工作票和操作票、技术规范和运行规程。书中收录了 30 多部技术规程和相关法规。并附有说明和应用举例。(马凤兰)

T000185 **电力工程** 华北电力大学陈志业主编。中国电力出版社 1997 年 10 月版。25.3 万字。10.50 元。是根据中国电力企业联合会教育培训部下达的《普通高等学校第四轮前两年(1996～1997年)电力工程、热能动力、水电工程类专业本科教材编审出版计划》的要求,为工科高等院校非电力类专业编写的教材。全书共7章,内容包括电力网等值电路和参数计算,电力系统稳态分析与计算,短路电流的分析与计算,发电厂、变电所一次系统,发电厂、变电所二次系统,电力系统运行的稳定性。每章后附有复习思考题和习题。(杨元峰)

T000186 **电网无功补偿实用技术** 丁毓山、靳龙章主编。中国水利水电出版社1997年8月版。18.5万字。14.00元。内容包括:无功补偿的一般问题分析,确定无功补偿容量的一般方法,电容器的控制与保护,电容器的维护与使用,静止补偿装置和功率因数自动补偿,补偿容量和位置的经典优化法,各种优化法在网络补偿中的应用,电容器运行中的故障现象分析,无功补偿的等面积法则的程序设计等。(李丽艳)

T000187 **工业与民用配电设计手册** 中国航空工业规划设计研究院等编。中国电力出版社1997年10月第二版。118.7万字。67.50元。在总结《工厂配电设计手册》使用经验的基础上,增加了35KV和民用建筑配电设计有关内容后重新编写的。主要内容包括:负荷计算与无功补偿,供配电系统,变配电所的设计,短路电流计算,高压电器的选择,电能质量的提高,继电保护和自动装置,二次接线,电线电缆选择,线路敷设,低压配电线路保护和低压电器选择,常用用电设备配电,防雷和接地,低压电气装置的防电击保护和特殊环境内(如医院内使用作心脏内手术的医疗电气设备场所)的电气安全等。(施月华)

T000188 **农村低压电力技术问答** 闫璋编。中国电力出版社1997年10月版。52万字。30.00元。针对在农村低压电力网的设计、安装、大修中产生的实际问题,依据DL499－92《农村低压电力技术规程》,以提问的形式对这些问题作了简明扼要的问答。全书包括低压电力网、配电装置、漏电保护、架空电力线路、地埋电力线路、接户线与进户线、室内外配线、照明与生活用电、电动机及附属装置、无功补偿、接地与防雷、临时用电共12个部分,计592个问题。(高军)

T000189 **电力系统通信网信号系统和接口技术** 卢武彬、刘文叶编著。中国电力出版社1997年10月版。22.3万字。17.00元。分8章。主要内容包括通信网的基本概念、模拟用户接口、4W＋E/M中继接口原理及应用、数字接口、卫星地面站接口、移动通信系统及接口、数据通信接口。在介绍各种通信接口的同时,还介绍了有关信号系统。(施月华)

T000190 **电网调度运行技术** 王世祯主编。东北大学出版社1997年7月版。73.6万字。58.00元。共19章,包括:现代电网的运行和管理,大型热力发电厂动力设备及运行,水力发电设备与运行,核电站及其运行,同步发电机及变压器的运行,电网结构分析,电力系统的潮流计算,电力系统故障分析和计算,电力系统继电保护,电力系统稳定,直流输电,频率及其调整,电压及其调整,电力系统内部过电压,电力系统运行操作,电力系统异常与事故处理,电力系统经济调度,电网调度自动化系统,电力系统通信等。(刘淑芳)

T000191 **交联聚乙烯电力电缆线路** 江日洪著。中国电力出版社1997年11月版。19万字。9.50元。结合我国城网改造和建设工作,着重介绍交联聚乙烯电力电缆的特点、选用原则、电气试验方法和标准以及电缆线路敷设与附件安装,并介绍了电缆线路交接试验和投运后绝缘在线监测、电缆线路行波保护、高压单芯电缆护层过电压及保护、电缆线路防火措施和导引电缆等问题。(陈涛)

T000192 **电力系统和电厂控制** 副名:国际电力系统和电厂控制会议论文集。中国电力科学研究院编。万国学术出版社1997年8月英文版。105万字。135.00元。详细介绍国际电力系统和电厂控制研究的最新进展。内容包括:防止电力系统断电的对策和经验、大型水力发电厂控制、电力系统紧急情况控制、系统振动问题与控制、最佳调度、电压稳定性、网络分析、系统模拟装置、电力系统稳定器、电厂模型、故障判断、电力系统中的智能系统应用、电磁流化控制、电厂控制、水力发电厂控制、性能判断、预防措施和应急控制、操作计划、动力安全分析的经验与前景、按照电力系统需求进行的先进电厂控制、电力系统应急控制等。本书为1997年8月在北京召开的国际电力系统和电厂控制会议论文集。(周幼葵)

T000193 **高压电网继电保护原理与技术** 朱声石著。中国电力出版社1997年1月第二版。53万字。33.30元。初版于1981年,再版时根据继电保护技术的发展做了较大改动。全书分为19章。一、二章介绍电力系统故障分析和短路暂态过程。第三章介绍电流、电压及输入变换器。第四～六章分别介绍继电保护的3种基本实现方法:集成电路、微机保护和模拟式。第七章介绍电压相量图法。第八章介绍各种选相元件。第九～十三章介绍距离保护、振荡闭锁及故障分量继电器。第十四章为线路保护一般性问题。第十五、十六章介绍线路纵联保护。第十七、十八章为线路保护的几个专门性问题。第十九章介绍母线保护。(陈涛)

T000194 **电力系统继电保护实用技术问答** 国家电力调度通信中心编。中国电力出版社 1997 年 5 月版。52.5 万字。30.00 元。根据电力部颁布的继电保护标准、规定，并结合全国继电保护实际情况，以问答形式讲解了电力系统继电保护基础知识，继电保护规程，电流、电压互感器和相序过滤器，线路保护，母线保护和断路器失灵保护，电力变压器保护，发电机保护及自动装置，电力系统安全自动装置，电气二次回路，继电保护反事故措施及抗干扰等方面的知识，全书共 10 章 721 题。(杨元峰)

T000195 **高压电工学** 肖如泉、何金良编著。中国水利水电出版社 1997 年 5 月版。31.7 万字。22.00 元。绪论部分介绍我国高电压的一些情况；第一篇叙述电力系统过电压的产生、传播规律和防范；第二篇讲述高电压绝缘，内容包括气体、液体、固体和组合绝缘；第三篇对高电压试验技术作了较全面的介绍，并对一些新技术作了一些说明；第四篇介绍高电压的安全问题。(武丽丽)

T000196 **实用节电技术与方法** 张贵元等编。中国电力出版社 1997 年 10 月版。45.8 万字。23.00 元。主要内容包括：能源形势及节电的方针政策，节电的基本对策，电网的节电，用电设备的节电，行业节电(含电力、煤炭、冶金、机械、纺织、化肥、水泥、农村及乡镇企业)。(姜丽敏)

T000197 **无速度传感器矢量控制原理与实践** 冯垛生、曾岳南编著。机械工业出版社 1997 年 4 月版。12.1 万字。10.00 元。为“电气自动化新技术丛书”之一，是作者在日本从事矢量控制技术合作研究多年，并收集了大量技术资料的基础上编写的。书中介绍了矢量控制基础知识(包括异步电动机数学模型和坐标变换)，无速度传感器矢量控制系统的具体电路、工作原理、参数设计和调整方法。此外，还介绍几种典型的无速度传感器的速度观察方案。书末列出英、法、日等国最新型无速度传感器矢量控制变频器的技术数据和规格。(孙流芳)

T000198 **SPWM 变频调速应用技术** 张燕宾编著。机械工业出版社 1997 年 12 月版。21.8 万字。17.00 元。为“电气自动化新技术丛书”之一，详细讲解了变频器中各种功能的含义、决定设定值的依据和方法，以及进行预置设定的具体步骤等。作为预备知识，本书讲解了电力拖动系统的工作要点、异步电动机的主要理论和交-直-交变频器的基本原理，在具体应用方面，讲解了变频调速拖动系统的设计要点、变频器的安装与使用，并介绍了几种具体应用的实例。(孙流芳)

T000199 **家用电器 2800 种 IC 内阻及主要零部件代换大全** 郑春迎主编。山东科学技术出版社 1997 年 1 月版。149.4 万字。96.00 元。提供了 2 800 余种音响、电视、摄录放像机、影碟机等家电设备中常用 IC 的功能、非在路电阻值——内部电阻值及其直接代换型号。除此之外，还提供了家电维修工作中，经常遇到的主要零部件的代换及其他资料，如晶体管的主要参数及代换、显像管的代换、上磁鼓的代换、电源变压器绕制数据等。书中 IC 的内部电阻值数据，几乎都是使用 500 型万用表测得的。书中还提供了绝大多数家电集成电路的常见直接代换型号。考虑到实际维修工作的需要，本书将家电设备中经常遇到的数字电路、运算放大器、三端稳压器及音乐电路、语音电路也收集在内。

T000200 **新编家用电器元器件手册** 杨崇志、杨民福主编。辽宁科学技术出版社 1997 年版。210 万字。104.00 元。所汇集的数据资料来源于近几年新研制生产的家用电器元器件，其中包括彩色电视机、家用录像机、家庭影院装置、音响设备、家用电话机、BP 机、无绳电话机、电子计算器、家用电脑等家用电器上使用的新型元器件。选取的数据资料包括各类各种元器件的名称、型号、性能、用途、各引脚正常工作电压值、正反向对地电阻值及可直接代换的国内外型号等，有的还给出外形图、内部电路方框图等。(刘绍山)

T000201 **现代家用电器维修手册(上、下)** 现代家用电器维修手册编辑委员会编。机械工业出版社 1997 年 9 月版。245 万字。上：68.00 元，下：58.00元。介绍各种家用电器的类型、结构原理、技术参数、使用方法，并着重介绍了各种家用电器的常见故障、检修程序以及排除故障的方法。(牛新国)

T000202 **房间空调器的原理和安装维修** 周子成编著。机械工业出版社 1997 年 8 月版。47.9 万字。26.00 元。介绍房间空调器的种类、工作原理、选用原则、安装、使用、维护保养、故障诊断和修理方法，以及有关空调器性能检测和安全知识。提供了国产和进口房间空调器的选型、使用、维修中的实验数据和图表。(蒋有彩)

T000203　**电子防盗报警电器大全**　陈国华编。电子工业出版社 1997 年 8 月版。63.4 万字。29.00元。介绍了防盗报警器的基本概念、种类、特点及适用范围,并给出了大量的实用电路,每个电路都详细地分析了工作原理并给出了评析。全书分 17 章。主要有防盗报警器应用技术、机电触发式防盗报警器、微波防盗报警器、光电触发式报警器、冲击振动触发式报警器、超声波触发式防盗报警器、其他防盗报警器、防盗报警器常用音响发生器、防盗报警器常用音频功率放大器、防盗报警器附属装置、防盗报警器的电源电路、防盗报警器的系统抗干扰技术等。(高平)

T000204　**新编家用电热器具大全(精)**　王文超、虞国平编著。中国计量出版社 1997 年版。74.9 万字。55.00 元。作者在大量收集资料的基础上,根据我国的国情、资源状况和经济实力,实事求是地提出我国家用电热器具的发展方向、政策和措施;作为对比,总结了 1968～1995 年(尤其是 1973～1989 年)美国、日本及我国各种家用电热器具的产量和普及率等数据。从理论基础、工作原理、新产品设计、制造、标准和检测到各种家用电热器具电路、结构、用途以及使用、维修注意事项都有简明扼要的介绍。(王朋植)

T000205　**三电工作实用手册**　李如虎主编。中国水利水电出版社 1997 年 8 月版。186.7 万字。86.00 元。分 4 篇,第一篇计划用电,第二篇节约用电,第三篇安全用电,第四篇家用电器的节约用电和安全用电。书中还收录了关于"三电"的法规条例等共 35 则附录。全书详尽地介绍了计划用电、节约用电和安全用电的技术措施以及我国当前关于"三电"方面的方针政策。(陈旲)

T000206　**电气测量**　陶时澍著。哈尔滨工业大学出版社 1997 年 8 月版。31.7 万字。16.00 元。以国产仪器、仪表为实例,介绍正确选择和应用仪器仪表的方法及注意事项。每章后面编入习题及答案。(潘桂英)

无线电电子学、电信技术

T000207　**现代实用电子手册**　翁瑞琪等编。天津科学技术出版社 1997 年 4 月版。201 万字。分为 15 篇。前 10 篇为应用部分,包括:微波技术及应用,激光技术及应用,医疗电子技术,日用电子技术,音响设备与激光视盘,摄像机与录像机的使用与维护,广播电视、卫星电视、有线电视与应用电视,电子测量,微型计算机使用,常用程序设计语言及应用软件。后 5 篇为基础部分,包括:数字集成电路,模拟集成电路,常用半导体器件,阻容元件、电感线圈与继电器,工艺结构与可靠性。(王定一)

T000208　**光纤激光器和放大器技术**　聂秋华著。电子工业出版社 1997 年 3 月版。30.5 万字。20.00元。第一章光纤激光器和放大器的综述。第二章光波导的基础理论,侧重介绍弱导近似和线性偏振模的概念。第三章以速率方程理论为主讨论了有关激光理论的基本概念、定义和激光器的工作原理。第四章重点讨论了铒离子在不同基质中的光谱特性。第五章讨论了几种光纤形式的谐振腔。第六章为本书重点,介绍了光纤激光器的填充因子分析方法和高斯近似分析方法。第七章激光器的调 Q 和锁模。第八章讨论掺铱光纤激光器进行波长调谐输出的几种方案和实验。第九章为超荧光激光光源的简单介绍。第十章则简要介绍几种应用前景的掺稀土元素氟化锆光纤激光器和放大器的特性以及实验研究结果。(高平)

T000209　**X 射线激光**　彭惠民、王世绩等编著。国防工业出版社 1997 年 11 月版。46.7 万字。38.00 元。内容包括:X 射线激光的发展历史;国内外 X 射线激光的研究动态;X 射线激光研究所需的原子物理基础;激光等离子体相互作用;X 射线激光的基本原理;X 射线激光实验和诊断技术;与 X 射线激光有关的强场物理和非线性光学;以及 X 射线激光的应用前景。(史国成)

T000210　**新编中外晶体管互换全集**　冯莉莉、谌卿杉等编。湖南科学技术出版社 1997 年 5 月版。136 万字。58.00 元。分 3 个部分。第一部分与第三部分为辅助部分;第二部分为正文。辅助部分给出了本书中各类晶体管的基本概念、晶体管参数的详细说明、半导体分立器件型号的命名法、晶体管代换的原则和方法、各类晶体管的外形尺寸和引脚排列图。正文部分为晶体管型号用途参数及其互换表。其中又分类为欧美型号参数及互换表、美国标准型号参数及互换表、日本型号参数及互换表、特殊数字型号参数及互换表、进口彩电用型号参数及互换表、贴面型号与标准型号互换表,这些互换表均以表格形式列出,每张表格都设型号、材料极性(外形图)、图号(引脚排列)、主要用途及主要参数(V_{CBO}、V_{CEO}、I_C、P_{cm}、P C、f_T、h_{FE})、中外代换型号等栏目。正文部分共列出 4 万多种国外晶体管的型号用途参数及其

互换对象。(陈一心)

T000211 **最新世界场效应管特性代换手册** 林吉申主编。福建科学技术出版社 1997 年 4 月版。85 万字。35.00 元。由“场效应管对照表”和“外形与管脚排列图”两个部分组成。在“场效应管对照表”中,收编了中、日、美及欧洲各国近百家半导体企业生产的各种场效应晶体管系列的单管、对管及组件等,型号多达万余个。每个型号都示出其主要厂家、材料、极性、用途、主要特性参数,同时还列出可供代换使用的型号。各个型号均可在“外形与管脚排列图”中找到该型号场效应管的外型示意和管脚排列情况。(林大灶)

T000212 **中国集成电路大全(九至十六分册)** 《中国集成电路大全》编委会编。国防工业出版社 1996 年 1 月至 1997 年 11 月版。900 万字。共433.50 元。分别为:《集成电路封装》、《微波集成电路》、《高速 CMOS 集成电路》、《存储器集成电路》、《超级微型计算机集成电路》、《可编程序控制器》、《电力电子技术与运动控制系统》、《专用集成电路与集成系统自动化设计方法》等。系统地介绍各类集成电路的系列品种、型号命名和特性,分门别类地阐述电路的功能特点、作用原理、典型应用和标准测试方法。为适应当前形势发展的需要,在后续分册中增加了国际集成电路通用系列及其应用实例,以及有关微电子应用技术(如专用电路设计)的内容。(王晓光)

T000213 **标准集成电路数据手册—非线性电路** 高信令编著。电子工业出版社 1997 年 3 月版。68.6 万字。56.00 元。因其工作方式非线性电路分为 7 类:采样/保持放大器、模拟开关和模拟多路转换器、模拟乘/除法器、时基电路、锁相环电路、有效值-直流转换器、对数/反对数放大器。本书即收集了该七类列入国家标准的非线性电路 120 余种,有些选自国外主要公司的代表产品,它们虽属早期开发,但至今仍得到广泛的应用;更多的产品是近年来随着工艺技术发展而陆续推出的、具有高技术水平的品种,在整机应用领域有相当的覆盖面。对每种产品着重介绍了其特点、功能、主要电参数的规范及定义和测试方法。为便于读者使用,本书给出了典型应用实例和典型特性曲线。(陈晓莉)

T000214 **数字集成电子技术基础** 胡乾斌等著。华中理工大学出版社 1997 年 4 月版。45 万字。16.50 元。以小、中规模数字集成电路为主,适当介绍大规模数字集成电路。在内容编排上,从小规模数字集成电路入手,系统地介绍数字电子技术的基本原理、基本分析方法和设计方法,并着重介绍中规模数字集成电路的功能和应用。在编写中力求概念清楚,突出现代数字集成电路的工程应用,并注意与后续课程(微机原理、机电传动控制、数字控制机床等)的配合。(叶翠华)

T000215 **纵横布局论——兼谈 VLSI 的布局** 刘彦佩著。中国铁道出版社 1997 年 3 月版。10.5 万字。10.00 元。从纵横布局的角度在理论上和方法上剖析 VLSI 中目前人们比较关心的一些问题。其中,包括纵图与横图、基本方程、布局的优化、极大极小化及渐近估计等。全书着重于数学一般形式的提取与解决的方法,也考虑到利于在计算机上用好的算法实现。书中主要部分系作者近年来的研究成果,同时也介绍了国际上最新发展情况,提出了一系列有待进一步研究的问题。(李小军)

T000216 **噪声电子学** 戴逸松著。山东科学技术出版社 1997 年 3 月版。36.5 万字。40.00 元。阐述电子系统中噪声源特点、电路噪声计算及分析理论和方法、放大器的噪声性能指标及低噪声设计方法、电噪声测量及谱成分分析技术和装置。在噪声电路分析及计算理论中,提出了噪声二端口网络理论及复杂噪声电路理论,并进一步发展及完善了噪声电路理论,解决了像低噪声集成运放一类复杂电路的噪声准确计算。在低噪声电路设计中,他提出了噪声匹配网络理论,运用噪声系数图及最佳源阻抗解决了与各种信号源配合的低噪声放大器的最优设计。本书阐述了用低频噪声及其谱成分来分析器件内部深能级杂质及评估器件的使用可靠性。书中讨论的低频噪声对器件的内在缺陷及寿命预测方法具有快速、经济、非破坏性等优点。(宋涛)

T000217 **线性电工、电子及机械网络计算新法** 王贤惠、纪致纹著。大连海事大学出版社 1997 年 1 月版。21.8 万字。12.80 元。叙述各种类型网络计算法的基本原理、网孔电流运算式的计算、运算放大器网络运算电压的求取、多个电源输入下网络计算及其矩阵式的求取,论述了有源、无源网络的分割、接缝及计算流程,最后还介绍了网络计算法在晶体管电路及机械网络中的应用,并对网络计算法进行了讨论。(张宏声)

T000218 **可测性设计技术** 陈光福、潘中良著。电子工业出版社 1997 年 2 月版。28 万字。20.00 元。在介绍数字电路可测性设计原理的基础上,重点叙述边缘扫描测试技术的基本概念、工作原理以及硬件结构和描述语言。同时还给出了若干实例和测

试策略、以及管理方面应采取的措施。在附录中给出了IEEE1149·1标准的一些主要规范。(魏永昌)

T000219 **数字逻辑与数字系统** 王永军、丛玉珍著。电子工业出版社1997年5月版。51.84万字。22.00元。内容包括:数字逻辑基础、逻辑门电路、触发器、时序逻辑电路、运算电路、半导体存储器、脉冲波形的产生与整形、可编程逻辑器件、数/模和模/数转换、数字系统分析与设计、单片机基本结构及应用等。本书在讲清基本概念、基本原理的基础上,突出了分析方法和工程设计应用。根据数字电子技术的发展,加强了中大规模集成电路的内容,并对可编程逻辑器件(PAL、GAL和FPGA)作了全面的介绍。通过对"简易计算机"的分析与设计,不仅介绍了用寄存器传送语言来进行数字系统硬件设计的方法,而且使数字逻辑的针对性(尤其是对计算机专业)和实用性得到了加强。最后针对课程实践性强的特点,除编排了一些实验性习题外,在附录部分还专门编写了实验内容以及选用芯片应注意的问题。(赵家鹏)

T000220 **业余无线电通信技术** 陈夏生、陈景峰著。福建科学技术出版社1997年12月版。54.7万字。27.20元。介绍业余无线电通信技术的基本原理、电路设计、设备配置、元件选择、器件装配、整机调试、故障维修、通信联络等方面的知识、方法和技术。全书共13章,即:模拟电子电路,真空电子管工作原理,数字电路,调制与解调,无线电频振荡器和合成器,无线电发射原理,无线电接收原理、无线电高频收发两用机,高频功率放大器,传输线,天线,故障维修及业余无线电通信。(王大达)

T000221 **现代通信概论** 上海铁道大学阮永良主编。中国铁道出版社1997年6月版。32.6万字。11.70元。阐述通信的主要技术,各种新业务及国内外通信诸领域的概貌,并展望未来通信发展远景。全书共10章,内容包括:绪论、用户终端、数字通信、程控交换、光纤通信、数据通信、无线通信、图像通信、通信网和未来通信展望。重点放在数字通信各项技术及新的通信业务。(武亚雯)

T000222 **小波分析与信号处理** 副名:理论、应用及软件实现。李建平主编。重庆出版社1997年12月版。58.5万字。48.00元。分为3篇:第一篇是小波理论;第二篇是小波应用;第三篇是小波软件。重点介绍小波分析的应用成果,特别是作者毫无保留地献出大量具有商业价值的C语言实现程序,这些程序全部在微机上调试通过,读者可直接应用。(余国枢)

T000223 **信号处理中的线性代数** 张贤达著。科学出版社1997年7月版。65.8万字。40.00元。从工程科学和技术角度出发,以信号处理应用为例,阐述线性代数的理论、方法与应用。全书以矩阵方程组Ax=b的求解作为主线,分11章,内容包括以下4部分:一、矩阵代数基础,特殊矩阵和矩阵分解;二、向量空间,特征子空间分析方法,子空间跟踪与更新;三、奇异值分解及其各种推广;四、总体最小二乘及其推广,各种推广的最小二乘和辅助变量方法。书中给出了参考和引用过的近300篇重要文献,书后列出了700余条索引。(总编室)

T000224 **数字信号处理** 王世一著。北京理工大学出版社1997年修订版。76.8万字。30.00元。讨论数字信号处理的基本原理、方法和实现。从数字信号处理概述开始,接着介绍了离散时间信号和系统,Z变换,离散傅里叶变换,加权技术与窗函数,快速傅里叶变换的各种算法,数字滤波器的结构、理论与包含CAD在内的各种设计方法。在讨论了传统功率谱后较全面地讨论了现代谱估计。数字信号处理有限字长的影响,最后讨论了数字信号处理的软硬件实现。(总编办)

T000225 **近代成像技术与图像处理** 吴世法编著。国防工业出版社1997年3月版。41.6万字。23.20元。"中国工程物理研究院科技丛书"之一。介绍近代发展的各种射线成像、各种显微成像及其图像处理技术,介绍纳米科技的进展。射线成像中主要介绍X射线透视成像、计算机层析成像、核磁共振成像和核磁共振波谱成像;显微成像中主要介绍扫描共聚显微成像、相位差分干涉显微成像、扫描近场光学显微成像及光子扫描隧道显微镜,带电粒子显微成像近代进展和扫描隧道显微镜,软X射线显微成像和晶体衍射间接成像进展。(蒋怡)

T000226 **现代图像处理技术与应用** 夏德深、傅德胜编著。东南大学出版社1997年12月版。34.5万字。18.00元。由4部分组成。第一部分为"基础篇",阐述图像采样、量化变换、图像增强、编码压缩、图像恢复重建、图像特征与分析。第二部分为"工具篇",介绍各种图像文件格式及其相互转换。第三部分为"应用篇",详细介绍图像处理在遥感、生物医学、金属结构、地质、森林、海洋、气象等方面的应用,并举出实例。第四部分为"发展篇",讨论图像处理从90年代以来的新发展,用小波变换进行图像分析,应用马尔科夫随机场剖析图像处理的理论与方

法。(陈天授)

T000227 **激光电唱机激光影碟机原理与维修** 杨崇志、柳潇主编。辽宁科学技术出版社 1997 年版。24 万字。13.80 元。是"家用电器维修自学丛书"中的一种。首先介绍了激光电唱机和激光影碟机的结构、工作原理,然后结合具体电路的分析,介绍各个单元电路的构成、信号流程、各元器件的作用、性能等,接着介绍真假故障的识别方法并结合具体机型详细介绍各种故障的排除方法,其中包括通用的方法和特殊情况下的特殊方法;用专门仪器进行检修的方法和仅用万用表进行检修的方法,并且通过维修实例讲清分析故障原因的思路,确定故障部位的步骤和排除故障的经验、技巧等。(刘绍山)

T000228 **激光唱机激光影碟机使用与维修** 黄签名、李艳编著。金盾出版社 1997 年 6 月版。23.1 万字。12.60 元。分上下两篇,分别介绍激光唱机(CD)和激光影碟机(LD 和 VCD)的特点、种类、结构、工作原理、选购要领、使用方法及日常维护、一般故障排除等知识。并列出了激光唱机和激光影碟机的检修实例和故障检修流程。除国产的主要机型外,还对国内市场上日本、南韩等国的机型常见故障现象和检修方法作了介绍。(金家麟)

T000229 **中外集成电路数据手册——音响电路(上、下)** 路民峰等著。电子工业出版社 1997 年 4 月版。199.6 万字。150.00 元。汇集近年来常用的近千个型号的中外音响集成电路的数据参数和应用资料,分上、下两册。内容包括简要说明、外形图(尺寸)、电路框图、主要电参数、特性曲线、典型应用实例和使用说明等,还给出了器件的序号索引、功能索引和电路系列品种总目录。上册收入电路型号中的序号 101~5204,下册收入电路型号中的序号 5206~41219。(连潮东)

T000230 **组合音响修理大全** 王大能等编著。浙江科学技术出版社 1997 年 10 月版。129 万字。63.00 元。分 11 章,除概述组合音响的组成、特点、正确使用、检修工具和仪器设备外,主要对组合音响的各组成部分:电唱盘、调谐器、录音座、音箱、遥控器等的工作原理、故障现象、检修思路及检修技术作了详尽的介绍。

T000231 **通信百年** 沈以淡等撰稿。河南科学技术出版社 1997 年 12 月版。12 万字。12.00 元。"少年科技百年图说丛书"之一。讲述百年来在通信领域中取得的巨大成就:从 1887 年赫兹通过实验证实了麦克斯韦关于电磁波的预言,从而导致了无线电报的发明,为现代通信技术的发展奠定了基础。本书从最初的真空二极管、电子管的发明、电报、无线电广播、电视传播到今天微波通信、雷达监控、通信卫星、计算机网络和"信息高速公路"的开通等都进行了详细介绍。

T000232 **计算机通信网络** 孙亚民主编。上海交通大学出版社 1997 年 7 月版。33.8 万字。22.00元。共 8 章,介绍计算机网络的基本概念、物理层传输介质、数据链路层功能和协议、各种局域网络访问技术、TCP/IP 技术、路由协议、Internet 应用和服务、计算机网络通信新技术,最后本着实用原则,介绍当前最流行的 Novell Netware 网络和 Windows NT 网络的基本概念、体系结构和工作原理。每章后都附有练习题。(戴柏诚)

T000233 **信息高速公路** 韩王荣编著。少年儿童出版社 1997 年 10 月版。10 万字。5.90 元。以"人类进入了网络时代"、"在战争中大显身手的 Internet"、"Internet 是怎样工作的"、"网络是个大世界"、"网络上故事多多"、"充满商机的 Internet"、"'上海热线'与'瀛海威时空'"、"Internet 上的第一次"、"信息高速公路展望"等篇章,介绍信息高速公路与人类生活、通讯、科研等的关系,以及信息高速公路的今日和未来方面的知识。本书系"少年现代科学技术丛书"第三辑之一。(洪祖年)

T000234 **信息高速公路(续集)** 张煦著。上海交通大学出版社 1997 年 3 月版。30.2 万字。16.20元。撰写有关信息高速公路的现代通信技术,包括光纤通信、卫星通信和通信网技术的最新发展动态,连同国际著名通信专家事迹记述共 34 篇,编成续集。书的附录,还登载作者的教育工作短论和老教师生活随笔等共 20 篇。(成敬祥)

T000235 **Lotus Notes 4.5 网络规划和配置技术** 北京义驰美迪技术开发有限责任公司编。中国水利水电出版社 1997 年 5 月版。23.4 万字。22.00 元。是"万水 Notes 从入门到精通系列丛书"中的一种。详细介绍如何在 Notes 中设置各种通信协议,其中包括 TCP/IP、IPX/SPX、NETBIOS、Apple Talk、VINES 等主流协议。另外,该书还讨论了在 Notes 系统实施过程中如何进行合理的规划和组织,以使系统随着公司规模的扩大而不丧失其可伸缩性和可管理性。(周金辉)

T000236 **跨世纪的电信网络管理** [加]Salah Aidarous 著。电子工业出版社 1997 年 8 月版。44.8 万字。28.00 元。分 11 章。以电信管理网(TNN)的原理为基础展开,结合美国网络的具体情况作了阐述,从原理上分别对TMN的基本原理、开放系统互连标准、面向对象的分析和设计、建模与模拟和基于知识的网管作了详细的论述,在网管内容上分别对配置管理、故障管理、性能管理和传送网的分布式恢复作了展开。(文宏武)

T000237　**数字程控交换原理与应用**　姚棨著。中国铁道出版社1997年10月版。54.3万字。34.00元。在对国内外主要数字程控交换系统进行全面分析、提炼和概括总结的基础上,介绍了数字程控交换系统的基本概念、工作原理、软硬件结构和实现技术。全书共9章。第一章简要介绍交换的技术基础;第二章介绍数字交换的基本原理和数字程控交换系统的组成;第三章介绍各种数字交换网络的组成、工作原理与特点;第四章介绍信令系统;第五章介绍接口设备,ISDN和数字用户接口;第六章讨论系统结构、控制方式、处理机和处理机间通信;第七章讨论存储程序控制的具体实现问题,介绍程序控制原理;第八章讲数字程控交换软件的特点,软件用语言和软件结构等;第九章讲网同步,介绍了主从同步方法。(安颖芬)

T000238　**程控交换原理**　天津铁路工程学校及德增主编。中国铁道出版社1997年8月版。37.2万字。12.30元。是根据铁路中等专业学校综合电信专业该课程教学大纲编写的。重点介绍了程控交换机的基本原理。全书共11章,主要内容包括:程控交换机的基本概念、数字交换网络、接口电路、控制系统、呼叫处理原理、软件概况、信号系统、实例介绍、程控交换机的入网方式、管理维护及安装设计基本知识等。(武亚雯)

T000239　**非线性滤波器与数字图像处理**　陈贺新著。国防工业出版社1997年9月版。21.1万字。17.00元。论述非线性滤波器理论及其在数字图像处理中的应用。书中以稳健统计和形态学等为基础,结合数字图像恢复与增弹等二维数字信号处理的需要,将信息论、统计估计理论、自适应理论、随机噪声理论及计算机技术等学科的知识融为一体,内容包括:次序统计滤波器、中值滤波器、改进型中值滤波器、同态滤波器与多项式滤波器、形态滤波器、自适应非线性滤波器和彩色图像的非线性滤波器等,以及相应的数字图像处理技术。(林松德)

T000240　**业余无线电通信技术**　李锡琛编著。山西科学技术出版社1997年1月版。49.6万字。25.00元。介绍业余无线电通信各方面的基础知识,如业余电台的设备与组成、业余电台通信方式与运用技巧、短波与超短波业余频段电波传播特性、天线设计、单边带及调频通信等。书中对无线电传(RTTY)、业余电视(ATV)、传真通信(FAX)、地球-月亮-地球反射通信(EME)与卫星通信等方面内容亦做了介绍。除介绍原理知识、新技术应用、实用计算方法外,还举例说明了设备的制作、实验以及有实用价值的数据资料。(温洁茹)

T000241　**无线局域网**　郭峰等著。电子工业出版社1997年5月版。40万字。20.00元。"数字移动通信技术丛书"之一。主要阐述无线局域网的理论与实践,除了必要的原理性分析之外,兼顾实现技术与应用技术的介绍。全书共11章,分别讲述无线局域网的基础知识、协议体系、媒体访问控制协议、调制及信道编码技术、扩频技术、信道特性尤其室内信道特性分析、天线技术、Internet与移动计算网络、无线局域网在计算机网络中的应用等内容。(史明生)

T000242　**卫星移动通信系统**　张乃通等著。电子工业出版社1997年5月版。24万字。15.00元。"数字移动通信技术丛书"之一。全书分7章。介绍卫星移动通信系统的基本概念,卫星移动通信电波传播、空间参数,组网技术,系统组成、开发现状,静止、中、低轨道典型系统和关键技术。(文宏武)

T000243　**VSAT网络**　[法]G. MARAL著。电子工业出版社1997年7月版。36万字。24.00元。卫星通信系统中卫星地球站天线为1.2～1.8米的小型地球站简称VSAT。书中第一章介绍了VSAT网络配置、业务、运行和管理等内容。第二章论述影响VSAT网络运行和性能的卫星轨道和技术方面的问题;另三章详细阐述VSAT网络管理和运行操作问题,许可证申请、安装以及用户所关心的问题。第四章论及组网技术,介绍了业务特性并讨论了用于VSAT网络中的OSI参考模型的网络和链路层协议,依据阻塞概率和响应时间,从业务需求和用户技术要求来计算VSAT网络范围;第五章给出了基本的射频链路分析,描述了确定链路质量和有效度的各种参数,以及由小尺寸的VSAT天线和相对较大的波束宽度引起的干扰问题。(操龙兵)

T000244　**光纤通信**　杨同友、杨邦湘编著。少年儿童出版社1997年12月版。8万字。4.90元。通过什么是光纤通信、光纤通信是怎样产生和发展的、光纤通信的基本原理是什么、光纤通信的如今应用状况、光纤通信的将来发展前景等方面,介绍光纤通

信技术的基本知识。本书系“少年现代科学技术丛书”第三辑之一。(洪祖年)

T000245 **移动电话与寻呼系统的工程设计** 孔俊宝、徐正钧编。国防工业出版社 1997 年 4 月版。58.4 万字。30.70 元。对调制技术、频谱管理、电波传播及其测试、信令及交换、噪声与干扰等进行详尽阐述。还介绍各种工程图表及工程设计实例,有供读者查阅的各种表格和参数、有解决问题的有效措施及具体方法、有例题还有解答、有具体电路和一些设备的性能指示。还有以实际移动电话与寻呼系统的设备及系统设计的方法实例。(李端)

T000246 **数字无线本地环路系统** 丁瑾等著。电子工业出版社 1997 年 5 月版。33 万字。17.00 元。是“数字移动通信技术丛书”中的一本,着重介绍现代数字移动通信领域中的数字无线本地环路系统。书中对该系统的工作原理、网络结构、接口标准和设计应用等作了叙述与讨论,其中有些部分是作者对多年科学研究和教学实践的总结。(文宏武)

T000247 **无线寻呼系统** 陆冰霞、李小白著。电子工业出版社 1997 年 5 月版。41 万字。22.00 元。“数字移动通信技术丛书”之一。全书共 7 章。第一章至第三章侧重于基础知识,第四章至第七章侧重于工程实践。介绍了与无线寻呼系统的工程建设和系统开发有关的问题以及无线寻呼系统中的实用技术。(张毅)

T000248 **数字集群移动通信系统** 王青等著。电子工业出版社 1997 年 5 月版。50 万字。16.00 元。“数字移动通信技术丛书”之一。作者结合工作中的体会和实践,综览全球数字集群通信技术的发展,结合国内的具体实践,阐述了集群通信系统、数字集群通信系统的基本技术、系统组成及其工作原理、系统的工程组网设计中的具体问题等。讨论了数字集群向蜂窝化迈进和专业化发展的趋势,共享专用网、公共安全网、公共服务部门等发展方向。本书附录给出了常用到的巴尔姆表、误差函数表及基于爱尔兰公式的中继线负载能力表。(操龙兵)

T000249 **数字蜂房移动通信系统** 赵荣黎著。电子工业出版社 1997 年 6 月版。65.6 万字。24.00元。是“数字移动通信技术丛书”之一,围绕数字蜂房移动通信的基本原理、关键技术和系统构成进行论述。共 9 章。第一章介绍蜂房移动通信的基本概念、数字化系统及移动通信发展趋势;给人以整体概念及对发展方向的了解。第二章、第三章分别讨论数字移动信道和数字信号在移动环境中的传输问题;第四章和第五章分别介绍语音编码和数字调制技术;第二章至第五章是针对第一章的数字化内容而开展的,着眼于数字移动信道和模拟信道的区别、数字信号与模拟信号在传输中的差异。第六章至第九章分别介绍蜂房系统的多址(接入)技术和信令系统及移动通信网,基于 TDMA、CDMA 的数字蜂房移动通信系统和系统设计;以期明晰接入方式的系统概念。(徐德霆)

T000250 **彩色电视机家用录像机集成电路功能及工作数据手册** 杨崇志等主编。辽宁科学技术出版社 1997 年版。170 万字。68.00 元。是针对十几年来在我国市场上常见的彩色电视机和家用录像机并根据专业的和业余的家用电器维修人员的需要编写的。考虑到维修人员对于彩色电视机和录像机的基本构造和工作原理已有一定了解,所以手册中没有对各机型的电路加以分析,而是着重提供每种机器中所用集成电路的型号、作用、各引脚功能及正常工作电压、在线及非在线电阻等数据,同时给出集成电路内部方框图,这些都是维修人员迫切需要的。手册中涉及的机型大都是 80 年代末,90 年代初流行于中国市场的机型。(刘绍山)

T000251 **闭路电视系统工程技术** 殷德军等著。电子工业出版社 1997 年 2 月版。46 万字。23.00 元。概括闭路电视系统的组成原理、信号的传输方式及不同传输方式下所用的主要设备与部件;详细论述了闭路电视系统的工程设计与计算、工程实施及其相关技术;阐述了闭路电视系统有关的工程规范、标准和要求,并将国家有关这方面的标准作为了本书的附录。在系统的应用上,包括了卫星接收、邻频传输、有线电视网、电视监控与安全技术防范系统等方面的内容;对多媒体技术在闭路电视系统中的应用及其他相关的新技术也进行了探讨。全书分 15 章,既注重了工程技术的理论,又着眼于实际工程的设计与实施。还给出了某些工程实例。(高平)

T000252 **新型录像机维修实例 999(1997 新编)** 李玉全主编。电子工业出版社 1997 年 3 月版。66 万字。32.00 元。是“新编家电维修实例 999 丛书”之一。共收入 685 个维修实例。全书分 10 个部分,分别是:视频磁头、视频信号处理、音频信号处理、系统控制、伺服控制、显示、射频变换与解调、电源、遥控以及机械等。(张新华)

T000253 **国产名优彩电遥控系统加装详解** 副名:家用电器升级加装技术。电子工业出版社 1997 年 7 月版。28.2 万字。14.00 元。针对国内产量较大,有影响的国产优秀品牌彩电遥控系统,将其按所采用微控制器芯片不同合成3类,对每一类都以一种名牌遥控器为例,详细介绍微控制器的功能、特性,以该微控制器为核心的遥控系统的工作原理与加装方法,还对加装要点、难点及故障排除方法作了详细的介绍。第一章电视机控制原理简介,主要介绍非遥控电视机的控制方法、微型计算机常识和彩电遥控系统简介。第二章以PCA84C641/444为核心的遥控系统,主要介绍这种芯片的基本性能结构、控制原理以及主要机型的加装方法。第三章以PCA84C640/440为核心的遥控系统,主要介绍芯片的功能、主控板接口功能、控制原理以及主要机型的加装方法。第四章以M5043-5601SP为核心的遥控系统,主要介绍遥控系统,芯片功能、结构参数、控制原理以及主要机型加装方法。最后一章重点介绍了加装要点和故障检查维修。还列举了一些典型故障的维修实例。(高平)

T000254　**国产、进口彩色电视机疑难故障检修12888例——54～87厘米系列遥控机**　李勇帆著。湖南科学技术出版社1997年10月版。56.9万字。27.00元。以机型为经,故障现象为纬,完全避开繁琐的原理叙述,用简明扼要的表解形式,归集了282种国产、进口的54～87厘米遥控彩色电视机的12 888条疑难故障的检修经验。每一条经验都给出了具体机型、故障现象、故障部位及检修步骤、判断故障的关键数据、故障具体元件。另外,书中还给出了54～87厘米遥控彩色电视机中贵重易损件的实用检测数据和国内外代换件的型号。(陈一心)

T000255　**彩色电视机检测技术**　安永成等著。电子工业出版社1997年10月版。82.7万字。36.00元。说明技术标准的制订原则、检测原理,反映了彩色电视机检测技术的最新成果与经验。(王晟)

T000256　**彩色电视机维修实例999(1997新编)**　李玉全主编。电子工业出版社1997年11月版。86万字。40.00元。是"新编家电维修实例999丛书"之一。共收入999个维修实例。全书分8个部分,分别是:整机不工作、不遥控、无光无声、图像不正常、声音不正常、彩色不正常、行场不正常、接收不正常等。(张新华)

T000257　**彩色(遥控)电视机电路分析及故障检修888例**　李金刚编著。北京出版社1997年4月版。50万字。51.00元。集彩色电视机原理、电路分析、维修实践于一体,详尽介绍彩色电视机的收、发原理,对常见的几种采用引进技术的国产化彩色电视机进行了电路分析。书后附有各种实用性很强的遥控微处理器集成电路、晶体管技术参数及国内外彩电型号一览表等。(龙杰)

T000258　**中外彩电线路图全集**　本书编写组编。广东世界图书出版公司1997年4月版。98.00元。介绍360多种进口型号和近200种国产型号的彩电电路板图及零件替换表,并介绍了许多机芯的检修方法。对相同机芯的不同品牌名和型号的,只介绍一两种有代表性的电路图。(陈洁)

T000259　**长虹牌大屏幕彩色电视机原理·使用与维修**　张小林主编。辽宁科学技术出版社1997年版。60万字。39.50元。以长虹公司生产的C2591AV、C2588PV、C2919PV大屏幕彩色电视机为例,详细介绍其整机电路故障检修要点,包括:辅助电源电路,遥控发射和接收电路,手动和自动搜台电路,字符显示和记忆电路,频段切换电路,开关稳压电源电路,公共通道电路,色度解调电路,行、场扫描电路,末级视放电路等,还给出了科学合理的检修流程图,提供了主要集成块的工作数据和波形,汇集了大量的检修数据和电子线路图。(韩延本)

T000260　**相控阵雷达数据处理及其仿真技术**　蔡庆宇等著。国防工业出版社1997年1月版。25.4万字。18.00元。在扼要讨论了相控阵雷达数据处理系统的特点和线性系统、非线性系统的滤波理论之后,详细介绍了机动目标跟踪的理论及实用方法;讨论了用模糊集合理论处理多目标的方法;群目标数据处理的逻辑功能;动载体环境下目标跟踪的方法;相控阵雷达工作方式的调度策略及系统仿真建模方法。(马征宇)

T000261　**罗盘史**　余俊雄编著。辽宁少年儿童出版社1997年版。10万字。5.00元。"科技小史系列"之一。包括辨别方向的"火眼金睛"、磁针——方向的指南、陀螺——旋转指向器、电波——看不见的向导、星星——航线上的"灯塔"及回顾与展望等主要章节,对国内外主要定向仪器作了介绍,对所涉及的重要科学原理也进行了阐述。(刘铁柱)

自动化技术、计算机技术

T000262　**自动化理论、技术与应用**　俞立、苏宏业主编。浙江大学出版社1997年7月版。167万字。100.00元。系中国自动化学会第十二届青年学术年会论文集。共收录236篇论文,是从应征的350

余篇论文中由专家最终审定。内容涉及16个领域：线性、非线性系统，鲁棒控制，自适应、预测控制，系统辨识、建模，模糊控制、智能控制、专家系统，故障诊断，神经网络及应用，PID控制，图像处理与模式识别，过程自动化，管理决策系统，机器人，电机运动及控制、电力系统、伺服系统，计算机技术及应用(一)，计算机技术及应用(二)和其他部分。(王大根)

T000263 **计算机模拟及应用** 王可定主编。东南大学出版社1997年12月版。33万字。18.00元。分9章，除第一章的概论外，分3个部分。前面是有关计算机模拟的基础理论，包括计算机模拟的基本数学知识——随机数和随机变量的产生、连续系统和离散系统模拟、统计试验法、计算机模拟语言(ACSL、GPSS……)等；第七、八章是属于应用方面的；第九章介绍计算机模拟和模拟语言的新动态。(王小然)

T000264 **先进仿真技术与仿真环境** 熊光楞、彭毅等编著。国防工业出版社1997年5月版。20万字。12.40元。阐述了先进仿真技术的内涵及一体化仿真环境的体系结构。从仿真技术应用需要出发，论述了先进的建模原理和仿真方法学原理。介绍了先进仿真技术的几个主要方面(仿真的数据驱动与数据库、面向对象的建模与仿真、图形建模与动画情景仿真、人工智能与仿真的结合等)及一体化仿真环境。介绍的应用实例(一体化连续系统仿真软件和一体化制造系统仿真软件)均对仿真技术的应用有指导意义。书中内容除取材于国外仿真专著与论文外，主要是作者多年来从事仿真技术研究与应用的科技成果。(陈子玉)

T000265 **归纳学习算法 理论 应用** 洪家荣著。科学出版社1997年9月版。14.1万字。18.00元。概述了归纳学习的主要内容，包括主要学习算法、学习的计算理论，以及学习的各种应用。(总编室)

T000266 **神经智能——认知科学若干重大问题的研究** 何振亚主编。湖南科学技术出版社1997年6月版。25.4万字。25.50元。"攀登计划普及丛书"中的一本。从认知科学和信息科学角度介绍了计算智能的基本内容。(李遂平)

T000267 **智能控制导论** 罗公亮等编著。浙江科学技术出版社1997年12月版。42万字。36.00元。"智能自动化丛书"之一。全书在回顾控制理论发展历史的基础上，介绍了人工智能的基本思想和方法，以及模拟进化方法、人工神经网络、模糊系统等计算智能方面的基本知识。对人工智能所取得的成就与当前所遇到的困难以及大规模复杂系统的优化控制等问题进行了深入的分析和讨论。最后还探讨了智能技术在实际工程应用中的一些共性问题以及少量应用实例。

T000268 **人工神经网络理论及应用** 张铃等编著。浙江科学技术出版社1997年5月版。25.6万字。22.00元。"智能自动化丛书"之一。全书选择了近年来几种典型的神经网络模型，包括权一阈值模型、概率逻辑神经元以及CMAC网等，运用不同的数学工具，对其学习收敛性、复杂性，网络记忆容量、容错能力等作了深入的定量分析，得出一些很有意义的结果，在此基础上，作者提出了若干有效的改进措施。

T000269 **神经网络技术及其应用** 吴简彤、王建华编著。哈尔滨工程大学出版社1997年12月版。27万字。14.80元。共12章。介绍神经网络技术的研究发展史，神经网络的基本工作原理，典型的神经网络模型，神经计算机和神经网络化应用。重点放在介绍模糊神经网络、细胞神经网络和柔性信息处理新技术。特别是对神经计算机作了阐述，并介绍了美国、日本等国的新型神经计算机。(周廷生)

T000270 **电控及自动化设备可靠性工程技术** 徐平、李全灿等编著。机械工业出版社1997年8月版。31.1万字。23.00元。为"电气自动化新技术丛书"之一，主要以电控及自动化设备为对象，从工程应用角度出发，介绍可靠性工程的基本概念和方法。内容包括可靠性的基本概念，可靠性工程的发展及重要性；在概率统计知识的基础上，从工程的角度结合实例，讲述可靠性特征量的概念、估算方法及电控产品可靠性指标体系的设想；结合现代电控设备的特点，全面介绍了整机可靠性设计的内容、程序和方法；常用的可靠性试验原理及方法，并结合电控设备讲述了现场可靠性试验；产品可靠性管理的内容和方法，及电控行业可靠性管理的特点和现状。(孙流芳)

T000271 **光纤传感器** [英]B. Culshaw、J. Dakin著，李少慧、宁雅农等译。华中理工大学出版社1997年7月版。57万字。30.00元。前半部分叙述光纤传感的基本原理和基本技术；后半部分介绍各种系统及其应用。包括有光纤传感器的基本概念，基础光学，光探测器和接收器，光源，光纤传感器中材料的相互作用，光纤器件，传感器用光纤，集成光学传感器，干涉仪，光纤陀螺仪，强度、波长调制型传感器和光动作器,光纤传感器中的硅材料,点传感器的多路复用原理,分布式光纤传感器系统,化学、生物化学和医用传感器,过程控制用的物理和化学传感器,光纤传感器在航空和航海业中的应用,光纤传感器的其他应用,光纤传感器的市场状况。书中各类传感器有大量原理图、结构图、实验数据及图形、实物照片,理论发展的沿革和总结,应用的市场前景等。(李德)

T000272 **压电化学与生物传感** 姚守拙著。湖南师范大学出版社 1997 年 12 月版。39.2 万字。48.00 元。共 13 章,阐述压电气相及液相传感的原理、方法及其在无机分析、有机分析、物理化学、生物学、医学、药学、仿生学和环境科学中的应用,介绍了压电光谱电化学、压电检测离子色谱等新技术。(李琪)

T000273 **日汉传感技术辞典** 张福学编著。电子工业出版社 1997 年 5 月版。111 万字。60.00 元。是根据我国国家标准局《传感器通用语》和《敏感元件名词术语》、日本出版的《传感器用语辞典》和我国出版的《电子工业技术词典》、《航空工业科技词典》以及编著者研究取得的传感技术成果编纂而成的。本辞典共收词语 4 156 条。(李继东)

T000274 **国内外传感器手册** 赵负图主编。辽宁科学技术出版社 1997 年版。250 万字。146.00 元。介绍了各种传感器的选型依据,传感器的名称、型号、性能数据、特点、用途、使用条件、必要的外形图、封装尺寸图、管脚图、技术特性图和实用电路图等,同时给出了生产厂家。(马凤兰)

T000275 **机器人控制技术** 孙迪生、王炎编著。机械工业出版社 1997 年 4 月版。25.2 万字。19.00元。为"电气自动化新技术丛书"之一,全书共 11 章,讲述 3 部分内容:第一～五章从控制工程角度,论述机器人学基础知识,包括绪论、位姿描述与空间变换、机器人运动学、机器人动力学及机器人传感器;第六～九章介绍机器人控制基础技术,包括驱动方法、位置控制、力控制及基于视觉的机器人位置控制原理;第十、十一章介绍机器人控制系统实现技术,包括硬件组成方法及近代控制技术的应用。(孙流芳)

T000276 **并联机器人机构学理论及控制** 黄真等著。机械工业出版社 1997 年 12 月版。34.4 万字。25.00 元。重点介绍有普遍意义的 6 自由度并联机器人机构学理论,包括机构的结构分析、位置分析、运动动力分析、机构的运动性能等;接着介绍了各种 3 自由度并联机构和其特殊的性能分析和有关理论,多指手足步行机和多机器人协调的并联结构学问题,并联机器人控制的基础研究和进展,以及国内外研究的新成果。(沈红)

T000277 **工业机器人 TP24/工业机器人** 吴振彪主编。华中理工大学出版社 1997 年 3 月版。23 万字。9.00 元。介绍工业机器人的基础理论和设计与编程方法。全书内容分为 3 大部分,共 6 章。第一章至第三章介绍工业机器人的基本原理,主要包括工业机器人的基本组成和应用特点、齐次变换和工业机器人运动学、工业机器人速度雅可比和力雅可比、静力计算、动力学分析。第四章介绍工业机器人机械系统的总体设计和各关键部件的设计,还讨论了模块化结构设计、材料选择和平衡系统设计等重要问题。第五章和第六章从实用角度介绍了工业机器人的控制及规划与编程方法。(吴振彪)

T000278 **世界科普画廊·机器与人** 程栋等撰稿。浙江教育出版社 1997 年 11 月版。19 万字。45.00 元(精装)。汇集 200 幅彩色图片。讲述人类工具的发展历史,机器人是其中的主角。

T000279 **多变量控制系统分析与设计** 蒋慰孙、叶银忠编著。中国石化出版社 1997 年 4 月版。44 万字。27.00 元。"过程计算机控制丛书"之一。阐述多变量线性系统分析与设计的理论和方法。全书共 10 章。其中基础内容和分析约占一半,设计方法占一半。首先介绍了多变量系统的数学基础——矩阵和代数函数;讨论了多变量系统的 4 种描述形式——状态空间描述、传递函数阵描述、Rosenbrock 系统矩阵描述、矩阵分式描述;给出了系统可控性和可观性的定义和判据,并对系统的稳定性做了分析。在此基础上,深入探讨了系统的鲁棒性与鲁棒控制器的设计;极点配置与观测器的设计;LQR(线性二次型调节器)系统设计;多变量系统的频域设计等问题。最后介绍了多变量控制系统设计的数值方法。(丁纵宇)

T000280 **企业电气调整手册** 余道松主编。武汉测绘科技大学出版社 1997 年 5 月版。160 万字。198.00 元。共 10 章,内容涉及工业企业电气自动化控制等多个系统的调整、试验。第一章介绍电气设备调整试验的一般规定、原则与要求。第二至四章介绍供电、配电系统的保护元件及高压设备的试验方法。第五至十章介绍现代工业控制系统各种交流传动、支流传动、变频调速、可编程序控制器等的调试。附录列举大量调试常用资料。(任翔)

T000281 **MATLAB 语言与自动控制系统设计** 魏克新等编著。机械工业出版社 1997 年 8 月版。36 万字。25.00 元。为“电气自动化新技术丛书”之一。分 10 章,第一～三章介绍与控制系统设计有关的 MATLAB 命令和 SIMULINK 仿真软件;第四～九章结合自动控制系统设计问题,介绍了应用 MATLAB 软件程序对自动控制系统进行分析和设计的方法,如状态空间设计方法、数字控制和线性二次型最优控制设计方法等;第十章介绍了 MATLAB 的其他软件工具箱,包括控制系统工具箱和系统辨识工具箱。书中用大量的例题说明该软件在设计工作中的用法,并在每一章后给出了习题。(孙流芳)

T000282 **光电检测技术** 雷玉堂等著。中国计量出版社 1997 年版。43.8 万字。25.00 元。主要内容包括:一、光电检测技术的理论基础:辐射度量与光度量的基本概念,半导体物理基础,光电效应的原理;二、各类光电与电光器件如光电检测器件、热电检测器件、发光与耦合器件、光电成像器件的原理、结构、性能参数、特点、使用等;三、光电信号检测电路的设计、计算,光电信号的数据采集与微机接口的原理和方法;四、光电交换检测技术与方法;五、光电检测技术的典型应用如光电测绘、微弱光信号检测、光学传递函数检测等。(陈小林)

T000283 **智能故障诊断与专家系统** 吴今培等著。科学出版社 1997 年 9 月版。30 万字。20.00 元。主要从知识处理的角度论述现代机器设备智能故障诊断的原理和方法,模糊逻辑、人工神经网络和专家系统在复杂设备状态监测及故障诊断中的应用。全书分 6 章,内容包括:诊断知识处理,诊断征兆获取和诊断问题求解,传统故障诊断专家系统,神经网络故障诊断专家系统,模糊神经网络故障诊断专家系统,智能故障诊断技术的发展和展望。书中附有各种智能故障诊断系统的应用程序。(总编室)

T000284 **计算机文化基础教程** 孙一平等编著。上海交通大学出版社 1997 年 7 月版。47.8 万字。28.50 元。根据计算机等级、水平考试大纲一、二级的要求;介绍计算机的基础知识和微机的操作使用。内容:计算机文化的含义、计算机的发展史及其对人类社会的影响;计算机的有关概念、组成及工作原理;DOS 系统及其操作命令;汉字信息处理和文字编辑;数据库基础知识与 FOXBASE 的操作使用;计算机数据的安全以及 Windows、网络的简介。每章后均附有习题和测试题,并编制与教材相应的 CAI 教学软件。(戴柏诚)

T000285 **计算机词海** 刘鹏、张真主编。学苑出版社 1997 年 8 月版。128 万字。80.00 元。共收录词条 5 万余条,既有专业性极强的词汇(如有关神经网络方面的),也有在使用电脑时经常见到的各种基本词汇(如 file、control 等),还有各种软件常用提示信息(如 Windows 95&3. X. DOS 及各种编程语言等)。所收词汇截止 1997 年,经计算机进行命中率测试,无论新词还是难词,无一漏网。本书词句的译文在遵照业界标准译法的同时,并加注了类型。本书还提供了一个计算机英语分级背诵词汇表,由浅入深地列出了 1 000 多个常用词条。(井淑兰)

T000286 **计算机软硬件技术基础及应用** 李延年著。天津科学技术出版社 1997 年 5 月版。44.8 万字。作者根据多年来从事非计算机专业的计算机基础课的教学经验,并按照国家教委考试中心和天津市普通高校非计算机专业学生计算机等级考试一、二级考试大纲的要求,编写而成。其主要内容是介绍计算机硬件、软件的基本原理和目前最为流行的实用软件的操作方法。(吉静)

T000287 **计算机知识与技能** 陈星火等著。中国大百科全书出版社 1997 年 3 月版。118 万字。118.00 元。分 5 本,分别是《计算机知识与技能(幼儿连环画读本)》、《计算机知识与技能(小学生初级读本)》、《计算机知识与技能(中学生初级读本)》、《计算机知识与技能(成人初级读本)》和《计算机知识与技能(教师培训读本)》。这套书以浅显易懂的语言、图文并茂的形式,向不同年龄段的计算机知识的初学者,提供了符合读者年龄特点的计算机基础知识、软硬件知识、键盘及指法训练、DOS 初步、Windows 初步、汉字处理软件的使用等计算机的基本知识和基本操作法。(马汝军)

T000288 **世界科普画廊·电脑时代** 霍用灵等撰稿。浙江教育出版社 1997 年 11 月版。20 万字。48.00 元(精装)。介绍有关电脑的知识,包括电脑硬件和软件、电脑使用语言、电脑病毒的危害以及电脑的功能;讲述了在电脑发明之前漫长的知识和技术的积累过程,描画了电脑的发明及其惊人的发展速度。

T000289 **电脑十万个为什么(6—10)** 寇国华等编著。电子工业出版社 1997 年 5 月版。44 万字。30.00 元。丛书之六——《电脑知识篇》,介绍有关电脑硬件、软件、网络、多媒体以及电脑病毒等方面的知识。丛书之七——《DOS 提高篇》,介绍有关目录操作、文件操作、磁盘操作、系统设置、系统配置等DOS操作系统的问题。丛书之八——《Windows提高篇》,介绍有关文件管理器、程序管理器、辅助程序、打印管理器及游戏程序的使用及技巧。丛书之九——《字处理提高篇》,介绍有关WPS文件操作、编辑操作、打印与制表操作等及UCDOS 3.1版本的辅助程序。丛书之十——《工具软件篇》,介绍ARJ、DOSSHELL、MSBACKUP、PCTOOLS及MSAV等工具软件的使用。(周琰)

T000290　**电脑快捷通丛书**　胡学龙等主编。江苏科学技术出版社1997年8月版。128万字。80.00元。包括《基础知识及DOS》、《汉字输入法》、《文字处理系统WPS》、《中文版Windows 3.2/3.1》、《中文版Word 6.0》、《Fox Pro 2.5 For Windows》、《PC Tools及病毒防治》、《Internet入门》等8本。(王永发)

T000291　**全国计算机等级考试(一级)解题指导**　于洪编著。科学出版社1997年11月版。28.2万字。19.80元。是根据全国计算机等级考试(一级)大纲编写的解题指导。全书共5章,第一章计算机基础知识、第二章操作系统及DOS、第三章字表处理软件(WPS、CCED)和第四章数据库管理系统FoxBASE+。每章各有一套样题和两套自测题:每道样题都给出答案及分析,在分析中指出有关的概念、命令及相关的操作,自测题供读者了解自己对本章掌握的情况,自测题后附有参考答案。第五章综合模拟试题,包括三套模拟试题,题目内容参照历次等级考试命题的范围及难度,可以作为考生考前的综合练习,每套题后附有参考答案。全书共有题目1 200道。(总编室)

T000292　**英汉计算机技术大辞典**　白英彩主编。上海交通大学出版社1997年5月版。477.8万字。118.00元。内容包括计算机基础理论、计算机硬件与设备、计算机系统结构、系统软件与操作系统、各种领域的应用软件、微型计算机技术、数据库原理、程序设计原理、计算技术、人工智能与专家系统、模式识别与图像处理、计算机控制、计算机图形学、计算机辅助设计与制造、信息管理、办公自动化、多媒体技术、计算机网络与通信、电子金融、计算机安全等几乎所有涉及计算机的领域,共收编4.7万余词条。(成敬祥)

T000293　**英汉计算机综合词典(修订本)**　朱三元主编。上海科学技术文献出版社1997年1月版。160万字。39.50元。对原版本所收计算机、软件、数据处理、系统工程和办公自动化等方面的词条进行了精选,合并了重复冗余的汉语译名,增补了有关多媒体、网络通讯、数据库、金融商业电子化、系统结构、外部设备、人工智能、神经网络、标准化、开放系统和各种计算机辅助系统等方面的词条。(袁仲江)

T000294　**英汉/汉英计算机专业基本词汇**　冯著明编。电子工业出版社1997年6月版。60.5万字。20.00元。选收计算机单词3 000条,分类词5 500条,基本词组9 000条。术语选择的原则和过程是从计算机专业的技术基础和重要学科分支的英文教材和文献中,筛选出基本的专业术语,并收进适量的科技英语公用词汇和个别非直译的专业词组。并将这些术语按基本单词、基本词组、分类词、同义近义单词、同义近义词组、反义单词、反义词组等类别加以组织。其中基本单词是从大量的计算机专业英语术语中,按重要性、使用频度、派生能力等原则筛选出来的。每个单词以国际音标注明发音。分类词以两个层次分类。第一层次是学科分支,第二层次是该分支内紧密关联的一组词。基本词组按字母顺序排列。(应月燕)

T000295　**神通广大的计算机(挂图)**　北京市科学技术协会编绘。电子工业出版社1997年4月版。150万字。45.00元。以彩色挂图(对开版)的形式,采用形象生动的实物漫画图和拟人化的手法,以计算机为核心,结合人类社会的发展历程,宣传计算机知识及其在现代社会中的应用。挂图共15个部分,150幅漫画。首先展示了计算工具的发展史:从数手指头、结绳计事、算盘至计算机的诞生和发展。接着描述了计算机的硬件的基本组成,各部分的特点和功用,软、硬件的关系。之后则从不同角度讲述计算机在各行各业中的应用。(郭晓)

T000296　**高等学校计算机专科系列教材**　刘甫迎等主编。重庆大学出版社1997年8月版。1 000万字。480.00元。包括:高等数学、线性代数、概率论与数理统计、离散数学、电路分析基础、逻辑电路与设计、模拟电子技术基础、C语言程序设计、PASCAL语言程序设计、汇编语言程序设计、计算机图形技术基础、自动控制原理、计算机组成原理、微机接口技术、数据结构、数据库原理及应用、操作系统、计算机网络技术、计算机系统结构、微机故障诊断与处理、单片机原理及应用、计算机专业英语、软件工程、计算机操作技术、多媒体计算机技术、Visual FoxPro中文版教程等。(曾令维)

T000297　**最新英汉计算机大词典**　李振格主

编。北京航空航天大学出版社 1997 年 1 月版。317 万字。64.00 元。共收 116 867 条词汇及编写词。收词范围包括计算机硬件和软件、计算机理论、软件工程、知识工程、人工智能和专家系统及模式识别、操作系统、程序设计语言、计算机网络和数据通信、计算机图形学、办公自动化、信息管理系统、数据库管理、图形/图像处理、计算机辅助设计/制造和测试、计算机维护与修理，囊括了 IBM，Microsoft，Intel，Lotus，Nowell，Sun，Bordand，AutoDesk，Adobe，Oracle，AT&T 和 Powersoft 等绝大多数大公司的软件和硬件的词汇。(许传安)

T000298　**新编英汉计算机缩略语大词典(续编)**　许孔时、王懋江等编。国防工业出版社 1997 年 4 月版。34 万字。14.00 元。不再收入 1991 年版《新编英汉计算机缩略语大词典》已有的词条，重点是收集 1991 年以后出现的新的计算机技术缩略词，包括：计算机硬件、软件、数据通信、网络技术(包括 Internet 网)、数据库、大规模并行计算(语言和工具)、计算机图像处理及计算可视化、计算机安全、多媒体技术、人工智能、金融电子化等领域的新缩略词近 12 000 条。(马征宇)

T000299　**计算机硬件与操作系统入门**　[美]Joseph Williams 著。机械工业出版社 1997 年 12 月版。35 万字。27.00 元。分 20 章。第一章介绍为什么要研究计算机硬件与操作系统；第二章简要介绍二进制和十六进制；第三章～第六章详细介绍了计算机的主板和 CPU 的类型；第七章～第九章介绍了各种输入输出设备；第十章～第十三章介绍了辅助存储器，包括硬盘、磁带设备和 CD-ROM 等；第十四章介绍了计算机的视频设备；第十五章着重讨论了多媒体计算机的基本技术和相关标准；第十六章～第十七章讨论了移动计算机和计算机网络；第十八章～第二十章讨论了计算机使用的操作系统。(李云静)

T000300　**计算中的基本理论与方法**　周培德编著。北京理工大学出版社 1997 年版。44.3 万字。21.00 元。阐述计算机科学中的基本理论和方法。内容包括有穷自动机，图灵机，递归函数，计算复杂性，程序正确性证明，定理的机器证明，非标准逻辑，推理方法，按自然法则计算等。(总编办)

T000301　**计算机集成制造技术**　孙志挥主编。东南大学出版社 1997 年 1 月版。33.9 万字。18.00元。以 CIMS 综合集成技术为重点，阐述 CIMS 的基本概念和系统结构，详细介绍了制造企业 CIMS 所必须具有的管理信息系统、工程设计集成系统、制造自动化系统和质量保证系统等 4 个功能分系统以及计算机网络与数据库支撑系统。此外，还系统介绍了有关 CIMS 的分析设计方法和应用工程开发技术。(陈天授)

T000302　**中国计算语言学**　姚亚平著。江西科学技术出版社 1997 年 5 月版。26 万字。16.00 元。首先介绍了我国运用计算机处理汉语与汉字信息的实践过程与各项成就，阐述了计算语言学的性质、原理、任务、方法与影响，反映了计算机领域和语言学领域的最近成果。接着，介绍了计算语言学兴起的社会、时代与学科背景及这门学科的特点、内容与学科框架，并从计算语言学的角度重新分析了汉语汉字的特点，对计算语言学与其他相关学科的关系也进行了探讨，还介绍了汉语汉字信息处理的一些基本知识和技能。

T000303　**计算机文化基础**　史济民、徐安东等编著。电子工业出版社 1997 年 8 月版。44.8 万字。20.00 元。共 9 章，主要内容包括：计算机基础知识、PC 机操作平台以及 Word、Excel 等应用程序组成。与以往导论性教材相比，本书具有 3 大特点：同时介绍 DOS 和 Windows 两种平台，并以 Windows 应用程序代替传统的 DOS 程序；增加了对多媒体和网络应用知识的入门性介绍；首次把计算机基础知识提升到计算机文化的高度，用两章篇幅阐述了计算机文化的发展与特征。本书每章配有习题，并另配有《计算机文化基础实验教程》一书。(应月燕)

T000304　**如何防止计算机犯罪**　副名：管理者指南。李玲、韦明芳编译。重庆大学出版社 1997 年 10 月版。21 万字。16.00 元。从怎样防止计算机窃贼、怎样管理与检查你的 EDP 安全系统、怎样调查和起诉计算机犯罪、怎样加强预防措施和与执法机构的协调、未来的无现金社会等方面进行了全面而系统的介绍。(曾令维)

T000305　**并行分布式程序设计**　刘键著。华中理工大学出版社 1997 年 7 月版。29 万字。14.80 元。系统地分析研究国内外近 10 年在并行分布式程序设计方面所发表的大量文献，同时着重总结作者研制的 Fortran 并行化系统 HZPAR-Ⅰ 和 HZPARA-Ⅱ 的经验。在此基础上，进一步明确阐述并行分布式程序设计特别是并行化编译的数学模型、基本理论、基本方法以及该学科的基本结构。本书主要面向高性能大型科学与工程计算，重点是论述并行划分、可执行条件生成、算法映射以及调度算法。

并全面系统地论述并行化编译系统实现中主要步骤及其设计方法以及并行程序设计环境的若干问题。(陈少华)

T000306 **Lotus Notes 函数和命令编程参考** 北京义驰美迪技术开发有限责任公司编。中国水利水电出版社 1997 年 5 月版。48.8 万字。42.00 元。是 Lotus 公司通过对 Notes 4.5 本地化,并在加以整理的基础上,针对国内用户情况编写的。它列举了 Notes 中的所有函数和命令,并详细介绍了每个函数和命令的语法、用法、参数说明、应用范围等。书中提供了大量的实例,这些实例都可以直接粘贴到实际的应用中执行。(杨庆川)

T000307 **Visual J++ 精通指南** [美]Daniel Jashi、Ramesh Chandank 著,郑晓惠等译。中国水利水电出版社 1997 年 5 月版。65.5 万字。49.50 元。详细介绍 Java 程序语言和 Visual J++ 环境、Java 程序设计技巧及其功能、ActiveX 技术,以及如何把 ActiveX 技术和 Java 语言用于 Visual J++ 中。书中运用大量编程实例来详解 Visual J++ 的用法。(乔晨怡)

T000308 **Windows 95 多媒体应用程序设计技术** 陈坚、陈涛著。西安电子科技大学出版社 1997 年 3 月版。46 万字。27.00 元。介绍 Windows 95 多媒体应用系统软件的有关设计方法与技巧。具体内容有:图形图像编程技术、WinG 图形库、Win95 的通用控制、媒体控制接口、MCI OLE 控制、音频处理、媒体定时器、JPEG 标准、多媒体屏幕保护技术和多媒体软件安装技术及各种位图的显示、“画中画”的显示、波形文件、MIDI 文件、CD 唱盘、AVI 文件、FLC 文件、MMM 文件、MPEG 文件及小影碟的播放。(李惠萍)

T000309 **Super VGA 图形编程秘诀** [美]Steve Rimmer 著,施寅、张松芝译。电子工业出版社 1997 年 4 月版。80.6 万字。49.00 元。介绍对 VGA 进行图形编程的方法,提供了一系列编程工具。(张欣)

T000310 **MQSeries 使用指南** 张世宇著。电子工业出版社 1997 年 8 月版。33.9 万字。20.00 元。第一章阐述“中间件”、“消息排队”等新概念;第二章介绍一种计算模型——IBM 的开放蓝图;第三章阐述了在常用的程序设计方法中引入消息传递机制时会遇到的一些问题。最后,从整体的而不只是局限于某个操作平台的角度,详细介绍了 MQSeries 产品,包括其中的概念以及 MQSeries 为程序提供可靠的通信服务的机制。对于 MQSeries 提供的 MQI,本书对其功能作了描述。(高平)

T000311 **C++ IOS TREAMS 面向对象 I/O 程序设计** 尤晓东等译。电子工业出版社 1997 年 5 月版。45 万字。35.00 元。介绍使用 C++ IOSTREAM 进行面向对象的输入输出程序设计的方法与实例。书中介绍了 C 和 C++ 输入输出流的发展历史、面向对象的流处理和 IOSTREAM 类层次体系、用户定义对象的析取和插入、操作符、IOSTREAM 类的扩展、对多媒体设备和通信端口的访问等内容。(胡毓坚)

T000312 **Web 程序设计教程** KRIS JAMSA 等著,王玉琳、凌涛等译。电子工业出版社 1997 年 4 月版。71.6 万字。42.00 元。原书名为“Web Programming”,是由美国 Jamsa Press 出版的。本书简述了网络层次结构和 TCP/IP 原理,介绍了 HTTP 协议、HTML 语言(包括最新的 HTML3.2)、VRML 语言和 Perl 语言,并利用 C、C++ 和 Perl 创建 CGI Scripts,同时描述了用 Java 设计 Applet 的具体步骤。(周瑛)

T000313 **FoxPro 入门** 倪国熙著。江西科学技术出版社 1997 年 12 月版。15 万字。7.80 元。“电脑初学者丛书”之一。介绍数据库基础知识,FoxPro 语言、语法和用法,数据表的建立和数据的加工利用,编写数据管理应用程序,FoxPro 系统的配置和设置命令,书后编有附录:ASCII 码表、FoxPro 命令、FoxPro 函数、系统变量表等。

T000314 **Web 网和 Intranet 上的信息出版技术** [美]Curt Lang、Jeff Chow 著。电子工业出版社 1997 年 9 月版。55 万字。36.00 元。集中讨论 Web 网与数据库技术的结合。讲述怎样建立信息出版系统中的通用服务器和 Web 体系结构,怎样将 HTML 页集成到 Web 数据库系统等技术问题。介绍了 Cold Fusion、dbWeb、JAGG、Data Ramp、Live Wire 和 Power Builder 5.0 等 6 个 Web 数据库开发工具,介绍各产品及其特性列表,最后还概要性地介绍了 80 多种最新的其他数据库产品。(邓露林)

T000315 **DB2 初学者指南** 施伯乐、周傲英编著。电子工业出版社 1997 年 8 月版。27.5 万字。16.50 元。“IBM/Lotus 软件技术系列丛书”之一。DB2 是 IBM 公司新一代数据库产品。IBM 公司与国家教委合作,在 20 多所大学建立 IBM 技术中心。本书是由该中心的数据课程指导小组的负责人施伯乐教授,我国资深的数据库专家编写的。全书分 7 章,分别介绍 DB2 产品,SQL 语言、安装、命令处理器、

编程、管理维护及网络管理等。(和德林)

T000316 **Lotus Notes 使用与开发指南** 曙光信息公司编。电子工业出版社 1997 年 8 月版。70 万字。38.00 元。“IBM/Lotus 软件技术系列丛书”之一。从 Lotus Notes 的特点、运行机制、操作使用、开发等方面作了详细的阐述。全书共 9 章,第一章概述了 Lotus Notes 的基本特性,如群件概念、安全性、Notes 标识符、验证、加密、邮件处理与通信服务机制、应用开发环境与开发功能等;第二章 Lotus Notes 安装,介绍服务与工作站的安装;第三章介绍 Lotus Notes 的基础知识,包括 Notes 设置、工作台、数据库、视窗、文件夹、文档、邮件、打印等;第四章介绍 Lotus Notes 的基本操作,如设置 Notes、使用数据库、视窗、窗格及文件夹,阅读、创建和编辑文档,搜索信息等;第五章介绍 Lotus Notes 的应用程序开发;第六章介绍公式与 Script 编程;第七章是 Domino 的 Web 特性;第八章介绍 Lotus Notes 的应用程序开发策略;第九章重点介绍开发实例包括公式转型应用、事务管理应用等。(龚彭)

T000317 **数据库基础与应用** 王利主编。中央广播电视大学出版社 1997 年 8 月版。49.2 万字。23.30 元。在介绍数据库基本原理的基础上,又介绍了数据库应用系统的设计方法。书中以目前流行的 Fox Pro For Windows 为实例,讲解数据库的基本概念、数据库系统设计应考虑的主要问题。本书共 11 章,前 5 章介绍计算机数据库管理的发展、关系模型和关系运算、结构化查询语言——SQL、关系数据库设计理论、规范化问题、数据库设计方法;后 6 章介绍微机数据库管理系统 FOX PRO FOR WINDOWS。每章后安排了相应的练习题。(何永军)

T000318 **关系数据库 Sybase SQL Server 应用指南** 郭玉东主编。西安电子科技大学出版社 1997 年 6 月版。53.3 万字。29.00 元。从实用目标出发,介绍 Sybase 数据库的核心 SQL Server 的功能、使用方法及注意事项。全书以一个简单的实例贯穿始终,按照开发过程中的顺序组织各章节的内容。考虑到新老 Sybase 用户的需要,本书综合了 Sybase 4.2 和 System 10 两个版本,并在书后的附录中给出了两个版本的命令。(杨兵)

T000319 **分布式系统原理与设计** 朱海滨等著。国防科技大学出版社 1997 年 9 月版。49 万字。24.00 元。计算机专业研究生教材。主要介绍设计和建立分布式系统的基本原则和基本概念,重点讨论分布式系统的设计,包括分布式系统的关键特征、网络与通信基础、分布式系统内核技术、分布式文件系统、分布式共享存储器、实时与容错、安全与保护等,辅助讨论新型分布式应用 CSCW 系统的设计。(何芳)

T000320 **Power Builder 5.0 入门图解** 晶辰工作室张长富、宋建云著。电子工业出版社 1997 年 6 月版。34.5 万字。19.00 元。围绕一系列精选的实际工作步骤,展示了 Power Builder 5.0 数据库操作、数据库可视化编程、数据窗口的灵活运用等方面的杰出特性。内容涉及数据库操作、应用系统开发、面向对象技术与控制、各种可视化编程工具等方面。(吴文奎)

T000321 **Lotus Notes 4.5 系统管理** 北京义驰美迪技术开发有限责任公司编。中国水利水电出版社 1997 年 5 月版。80.8 万字。68.00 元。内容包括系统的组织和配置、系统安全性、系统管理工具的使用、设置和管理数据库的复制,以及对电子邮件系统、日历系统、服务器系统的维护和管理等。(孙春亮)

T000322 **Lotus Notes 4.5 的开发和应用** 北京义驰美迪技术开发有限责任公司编。中国水利水电出版社 1997 年 5 月版。46.8 万字。38.00 元。是“万水 Notes 从入门到精通系列丛书”中的一种。详细介绍 Notes 数据库的开发技术,包括创建数据库、设计表单、域的设计、设计视图和文件夹、设计导航器、设计共享信息的应用、设计更改、规划定制的应用、Notes 模板、使用 MAPI 开发应用等。书中还介绍了很多数据库设计的高级技巧。(周金辉)

T000323 **Microsoft Visual C^{++} 5.0 入门图解** 晶辰工作室童晓民、宋建云著。电子工业出版社 1997 年 10 月版。34.5 万字。19.00 元。围绕一系列精选的实际工作步骤,展示了 Visual C^{++} 5.0 集成开发环境的新特征和卓越的编程能力。每个步骤均配有屏幕图形。内容涉及 Visual C^{++} 5.0 集成开发环境的功能、编程辅助工具的使用和通过集成开发环境快速开发应用程序的过程。(吴文奎)

T000324 **软件开发自动化技术——软件工程与 CASE** 赵晓华编著。国防工业出版社 1997 年 1 月版。32.5 万字。18.40 元。以日立公司的一个 CASE——SEWB3 为实例,全面介绍了实现软件工程全过程自动化的理论、概念、标准和方法,指出了当前发展状况、问题和方向,以及与软件重用、人工智能、软件工程方法学结合发展所带来的软件生产突破性变革的前景。对多种流行的软件生存期模型

和软件工程方法学进行了归纳、分析和比较，指出CASE的发展必须与软件工程方法学的发展相辅相成。(王祖珮)

T000325　**PowerBuilder 5.0原理与应用开发指南**　何军、刘红岩著。电子工业出版社1997年5月版。132万字。138.00元。分3篇，计33章。第一篇为基础与实例篇，简述应用开发技术的发展，介绍PowerBuilder 5.0的特点及Powersoft的全系列产品。第二篇为应用开发篇，介绍PowerBuilder 5.0的开发环境、各种画板和工具的功能和使用方法。第三篇以专题的形式介绍PowerBuilder 5.0中深层次的高级应用开发技术，包括构造MDI应用、动态数据窗口、操纵OLE的高级方法、事务处理、增加扩展处理和开发多平台应用程序的方法等。(郭立)

T000326　**软件可靠性工程手册(Handbook of Software Reliability Engineering)**　[美]Michael R. Lyu编著。电子工业出版社1997年3月版。90.6万字。68.00元。包括3部分17章，分别叙述软件可靠性工程基础、实践和技术；软件工程数据的收集、系统操作分析、防错、排错、容错、失效预测、相关理论、建立模型、测试、度量标准、维护、可靠性分析和估计等多方面的知识。(和德林)

T000327　**Java开发指南**　[美]Jamie Jaworski著，曹康、袁勤勇译。中国水利水电出版社1997年1月版。84.3万字。68.00元。介绍面向对象的程序设计概念，Java的起源、语言特征及其应用。通过大量实例阐述Java语言的语法和应用。全书分为Java简介、用Java编程、使用Java API、窗口编程、网络编程、用Applet和脚本编制Web程序、扩展Java以及附录8部分。(周金辉)

T000328　**Visual Basic 5从入门到精通**　[美]Evangelos Petroutsos著。电子工业出版社1997年9月版。105万字。62.00元。详细介绍Visual Basic的基础知识、编程方法及相关技巧。内容包括：开发传统应用程序，利用链接与嵌入技术，数据库系统编程，语音与图像的引用及处理，利用ActiveX和VB-Script开发Web应用程序等等。全书附有大量实例程序，其中有不少实例可直接应用于用户程序之中。(吕军)

T000329　**环球网HTML语言**　王知衍主编。哈尔滨工业大学出版社1997年8月版。39.3万字。18.50元。主要介绍HTML语言，并兼顾了Internet和Java的内容。第一章至第五章是有关HTML的基础知识，第六章至第九章讨论HTML文件的基本编制方法，第十章介绍HTML有关标准，第十一章介绍Java和Javascript以及VRML，第十二章是HTML文件编辑工具的介绍，最后是HTML标准和特殊字符附录。(张秀华)

T000330　**Visual Basic 5.0 CCE版编程指南**　于华等编著。哈尔滨工业大学出版社1997年12月版。19.3万字。18.00元。分9章，阐述利用VB 5.0版进行Active X控制的方法和步骤。(李艳文)

T000331　**Visual BASIC 4.0学习手册(中文版)**　明寰资讯编。湖南科学技术出版社1997年12月版。62.2万字。36.00元。为台湾碁峰资讯股份有限公司“学习手册系列”丛书之一。主要内容包括：Visual BASIC简介，使用帮助工具，表单设计，图形文字控制项、命令选择控制项和文件系统控制项，绘图，软件功能的提高，工程管理，变量、常量与数据类型，数值、字符与字符串，语句、条件式、多重选择，输入与输出，循环，子程序与函数，全局变量与主程序Sub Main，文件与数据库等。同时介绍了Visual BASIC 4.0中文普及版的安装。本书采用图文并茂的方式，每一课中均设置学习目标和学习评测。值得一提的是，本书的“第零课”是针对Windows 95的初学者而特别制作的，让读者在操作Visual BASIC 4.0时不会因初次接触Windows 95而感到恐惧。(张珍)

T000332　**Visual FoxPro 3.0学习手册(中文版)**　明寰资讯编。湖南科学技术出版社1997年6月版。52.7万字。33.00元。主要内容包括：Visual FoxPro简介，设定工作环境，使用辅助工具，使用项目管理器，数据库的简介与基本操作，数据表格的高级操作，视图与查询，表单格式设计与高级使用，报表的设定等。同时介绍了下拉式菜单的制作和Visual FoxPro 3.0中文版的安装。本书采用图文并茂的方式，每一课中均设置学习目标和学习测试。值得一提的是，本书的“第零课”是针对Windows 95的初学者而特别制作的，让读者在操作Visual FoxPro 3.0时，不会因初次接触Windows 95而感到恐惧。(张珍)

T000333　**Java实用教程**　董慧等编著。电子工业出版社1997年10月版。50万字。27.00元。“Java语言系列丛书”之一。探讨了Java语言的使用和编程方法。重点介绍了Java语言的多媒体技术、异常处理、网络程序设计，与HTML语言和C语言的接口等等。(张毅)

T000334　**实用Java教程**　王能主编。上海交通大学出版社 1997 年 6 月版。33.5 万字。22.00 元。介绍 Java 语言的基本概况、特点、数据类型及基本语句，系统地讲解 Java 语言在 Internet 上的应用、多媒体编程及交互界面的设计，还介绍了面向对象的程序设计方法以及 Java 语言的高级编程技术。(李阳)

T000335 **Netscape Java Script 指南** [美]Peter Kent、John Kent 著，冯志强等译。中国水利水电出版社 1997 年 4 月版。44.6 万字。36.00 元。介绍 WWW 上的最新编程语言 Java Script。全书共 19 章，可分为 5 个部分：Java Script 简介和一些应用实例；变量、表达式与运算符、数组、条件与循环，以及函数；对象、属性、方法，以及事件处理程序；用 Java Script 控制窗口、文档、框架和窗体，以及与用户通信；最后部分为全书综合示例的一个地区代码应用程序。另外，书后附录部分为读者更有效地利用本书及深入学习 Java Script 提供了不可多得的帮助和指导。(杨庆川)

T000336 **ω-语言理论** 陈力行、马世骅著。山东大学出版社 1997 年 8 月版。16.8 万字。9.80 元。以形式语言理论为基础，综合论述了 ω-语言和 ω-自动机的基本思想，讨论了 ω-FSA、ω-PDA、ω-DPDA 及与它们相关联的各型接收和有关概念；ω-正规语言及 ω-上下文无关语言的特征、运算性质、代数结构及层次关系；最后，介绍了 ω-语言理论方面有较好发展前景的 3 种新的思考方向。(张秉尧)

T000337 **QBASIC 语言教程** 谭浩强编著。电子工业出版社 1997 年 1 月版。57.2 万字。25.00 元。计算机教育丛书——非计算机专业教材系列之一。共 13 章。前 3 章介绍计算机的初步知识、算法及 BASIC 语言的基本知识。第四～十二章讲述 QBASIC 语言的程序设计语句、全局变量与局部变量、函数、数组及制图功能等内容。第十三章列出了 QBASIC 语言的保留字、语句和函数等内容。(应月燕)

T000338 **JAVA 语言程序设计** 周航等编。电子工业出版社 1997 年 10 月版。59 万字。30.00 元。分基础、语法、应用、网络、附录 5 个部分，并结合有关内容提供了独立开发的程序实例。本书对 Java 语言的基本语法与编程规则作了系统介绍。(杨逢仪)

T000339 **C 语言简明教程** 蒋国瑞主编。河北科学技术出版社 1997 年 6 月版。34.6 万字。16.00元。讲述 C 语言的基本概念、语法规则、程序结构、程序设计方法和技巧，并列举了大量的实例加以说明。(李向海)

T000340 **JAVA 高级编程** 金尊和、于毅民著。电子工业出版社 1997 年 8 月版。42.8 万字。20.00元。JAVA 语言系列丛书之一。简写了 Java 语言的来历、层次结构和特点及它与国际互联网的关系，然后直接切入 Java 语言的编程要点及开发工具，讨论了用 Java 独立开发应用程序的技巧，如菜单、界面的设计等，给出了如何在 Java 中嵌入 Java 小程序的方法，介绍了多个嵌入小程序之间的通讯、高级动画和声音播放的编程技巧，同时指出了 Java 嵌入小程序在系统安全性方面的局限性。重点介绍了多线程设计(这是 Java 语言的重要特征之一，亦是 Java 语言的难点之一)、Java 网络编程、Java 与 C 语言接口，最后给出了 Java 在 Internet 多媒体交互程序设计方面的程序实例，实例中综合应用了 Java 图形化用户界面、套接字编程和多线程等技术。(李新礼)

T000341 **MATLAB 程序设计语言** 楼顺天著。西安电子科技大学出版社 1997 年 8 月版。29.4 万字。16.80 元。第一章介绍 MATLAB 系统要求、安装过程及一些基本知识；第二章详细介绍 MATLAB 提供的基本命令，对 MATLAB 的基本元素：矩阵进行运算；第三章详细分析了代数中的各种基本算法，如曲线拟合、正交分解、滤波算法、FFT 算法、数值积分、微分方程求解等；第四章给出了绘制曲线、曲面、三维立体图的各种函数，并叙述了生成复杂图形的各种编程技巧；第五章介绍了编写高级程序所需的循环和条件分支语句；第六章介绍了重要的 M 文件，它是构成 MATLAB 工具箱函数和用户自定义扩展函数的基础；第七章介绍了 MATLAB 语言的各种调试命令，它是程序设计的重要环节；第八章介绍了稀疏矩阵的存储、生成及其运算。附录 A 分类列出了 MATLAB 的基本命令及函数；附录 B 给出了部分重要工具箱函数的函数及其功能。(毛红兵)

T000342 **Java for Internet 编程技术** [美] Michael D. Thomas Pratik R. Patel Alan D. Hudson Donald A. Ball JR 著。电子工业出版社 1997 年 11 月版。72.3 万字。46.00 元。从 Java 语言的基本概念入手，详细介绍 Java 编程的基本知识和基本技术，如 Java 语言的语法、语义、对象、类、API 和线程等内容，并以此为基础，讲述了 Java 语言的高级编程技术和创建交互式 Web 页面的技巧，最后还详细地剖析了 4 个 Java 实用程序。(邓露林)

T000343 **精通 Lotus Notes 编程技术** 北京

义驰美迪技术开发有限责任公司编。中国水利水电出版社 1997 年 5 月版。28 万字。24.00 元。是"万水 Notes 从入门到精通系列丛书"中的一种。介绍 Notes 中的两个非常重要的开发工具:Lotus Script 编程语言以及 Notes 编程公式。Lotus Script 是一种与 Basic 兼容的面向对象的编程语言,它通过事件驱动的机制将 Notes 中的各种设计元素协调起来共同完成一个复杂的任务。Notes 编程虽然不像 Lotus Script 语言那样功能强大,但它短小精悍,并且能够实现许多常用的功能,因此是开发数据的常用工具。(周金辉)

T000344　**QBASIC 语言程序设计教程**　刘瑞新、丁爱萍著。电子工业出版社 1997 年 5 月版。56.9 万字。28.00 元。详细叙述 GW-BASIC 的最佳继承者,在 MS-DOS 5.0、MS-DOS 6.0 以上版本环境下提供的结构化 QBasic 语言的语句、函数、操作和编程方法。主要包括:QBasic 语言的组成;QBasic 软件的操作;数据类型、常量和变量;基本输入、输出;条件选择控制结构;循环控制结构;数组;过程及变量作用域;字符操作;声音、图形和动画;记录;顺序文件、随机文件和二进制文件。(胡毓坚)

T000345　**编译原理和技术**　陈意云编著。中国科学技术大学出版社 1997 年 12 月版。51.8 万字。20.00 元。介绍编译器构造的一般原理和基本实现方法,反映了直至 90 年代的一些重要成果,内容包括引论、词法分析、语法分析、语法制导的翻译、类型检查、运行环境、中间代码生成、目标代码生成和代码优化等。除了介绍传统程序设计语言的编译技术外,还介绍了面向对象语言和函数式程序设计语言的编译实现技术。每章均附有习题。(李攀峰)

T000346　**计算机应用教程(初级 WINDOWS 版)**　上海市计算机应用能力考核办公室编著。上海教育出版社 1997 年 2 月版。34 万字。18.00 元。介绍微机上 3 个实用软件:Windows(中文 3.2)、Word(中文 6.0)和 Fox Pro。同时,适当介绍计算机的一般基础知识。基础知识部分多为比较直观浅显的说明,尽可能避免专业化的严格定义,Windows 只介绍最基本的部分操作:文字处理部分舍弃了图形功能;数据库部分只涉及最基本的实际操作。(薛培华)

T000347　**Lotus Notes 4.5 用户指南**　北京义驰美迪技术开发有限责任公司编。中国水利水电出版社 1997 年 5 月版。53.4 万字。44.00 元。介绍 Notes 工作站的用户环境,从 Notes 工作站的安装和设置,使用数据库组织和管理各种类型的数据,使用电子邮件系统和日历系统,直到 Notes 的安全性和移动计算功能等。(孙春亮)

T000348　**Lingo! 高级指南**　[美]Tab Julius 著,周予滨等译。中国水利水电出版社 1997 年 4 月版。34.6 万字。29.50 元。着重讲解了 Director 5.0 环境下的动画制作开发语言 Lingo 的高级方法。第一部分概述了在 Director 5.0 中开发 Lingo 的重要性和总的策略;第二部分讲解了 Lingo 语言的基础,包括数据结构和程序调试方法;第三部分详细介绍了 Lingo 中各种资源的使用方法;第四部分分析了运用 Lingo 语言进行开发的实用技术及测试方法;第五部分展示了用第三方工具扩展 Lingo 的途径。(孙春亮)

T000349　**微型计算机磁盘操作系统**　王路敬著。中国劳动出版社 1997 年 5 月版。31.5 万字。11.50元。全国技工学校计算机专业通用教材。包括基本原理、基本操作和专用命令 3 部分共 10 章。书后附有"常用错误信息的分析与处理"。(万象)

T000350　**中文 Windows 及其应用**　王路敬著。中国劳动出版社 1997 年 5 月版。43.1 万字。19.00元。全国技工学校计算机专业通用教材。详细介绍了中文 Windows 3.x、中文 Word 6.0和中文 Excel 5.0 3 个常用软件,并简要说明了 Windows 95 的概况,共 3 篇 13 章。(万象)

T000351　**Windows 95 学习手册(中文版)**　明寰资讯编。湖南科学技术出版社 1997 年 5 月版。50 万字。30.00 元。"学习手册系列"之一。主要内容包括:Windows 95 简介,窗口界面简介,窗口基本操作,使用辅助工具,使用 Windows 95,使用资源管理器,使用控制面版,使用系统工具,使用其他重要工具,附件的使用,多媒体的介绍等。本书采用图文并茂的方式,每一课中均设置学习目标和学习评测。(张珍)

T000352　**OS/2 Warp Server 核心技术揭秘(上)**　若一、孟金锁著。电子工业出版社 1997 年 8 月版。52.2 万字。30.00 元。"IBM/Lotus 软件技术系列丛书"之一。本书是在 IBM 国际技术支持中心集 OS/2 Warp Server 开发与研制专家组的经验编写而成的红皮书的基础上改编而成的。揭示了OS/2 Warp Server 4 中文件和打印共享服务、文件和打印客户机、适配器和协议服务、TCP/IP 服务、TCP-BEUI、远程访问服务等核心部件的技术内幕。(操龙兵)

T000353　**Windows NT 4 Server**　[美]Peter

D. Hipson 著。电子工业出版社 1997 年 10 月版。66 万字。42.00 元。在简要介绍 Windows NT 4 Server 的基础知识后，重点介绍与微软 BackOffice 软件包（如 Exchange Server）和 SQL 服务器等的综合应用。（赵丽松）

T000354 **手把手教您使用中文 Windows 95** 张克友等编。电子工业出版社 1997 年 8 月版。28.2 万字。15.00 元。介绍中文 Windows 95 的主要操作方法。全书共 11 章。第一章是 Windows 操作系统简介，第二章介绍如何安装中文 Windows 95，第三章——第五章分别介绍中文 Windows 95 的窗口操作、文件操作和桌面操作，第六章介绍系统配置，第七章介绍中文 Windows 95 提供的工具，如写字板、画笔等，第八章介绍数据共享知识，第九章简要介绍在中文 Windows 95 环境下如何使用 DOS 程序，第十章和第十一章分别介绍中文 Windows 95 的多媒体和网络通讯功能。（吴金生）

T000355 **手把手教您使用 Windows NT 组网** 虞焰智编。电子工业出版社 1997 年 8 月版。37.2 万字。21.00 元。作者在总结规划、安装、使用、管理 Windows NT Server 和培训用户所积累的经验的基础上，以解决网络安装人员、管理人员和普通用户使用 Windows NT Server 组网问题，以实际运行的实例加以说明，注重入门与提高相结合。内容包括：网络和通信的基础技术；组网方法及方案；Windows NT Server 服务器及客户机的安装；网络使用和管理入门引导；TCP/IP 的基本概念及安装应用；远程访问服务的安装及应用；最后给出了 3 个组网实例，Windows NT 网与 UNIX 网及与 Novell 网的互连；应用 Windows NT 组建 Internet 以及访问 Internet。（吴金生）

T000356 **Windows NT Server 4 从入门到精通** ［美］Mark Minasi，Christa Anderson，Elizabeth Creegan 著。电子工业出版社 1997 年 8 月第四版。110 万字。68.00 元。介绍 NT 的基本概念、联网要求、网络安全管理、域控制器管理、系统容错及故障排除等方面的知识。（杨福平）

T000357 **Excel for Windows 95 百科全书** ［美］Paul MeFedries 著。电子工业出版社 1997 年 8 月版。138.8 万字。98.00 元。介绍 Excel 的日常操作（公式、函数、电子表格和数据交换），图表和图形功能及怎样定制 Excel for Windows 95 去满足自己的特殊需要。此外还介绍了有关数据库和数据清单、数据分析向导、使用 VBA 编写电子表格应用、使用 OLE 和 DDE 进行应用开发，以及建立联机帮助系统等高级应用技术。（焦桐顺）

T000358 **Windows NT 百科全书** ［美］Robert Cowart 编著。电子工业出版社 1997 年 4 月版。105.6 万字。68.00 元。内容涉及 Windows NT 入门（基本概念、体系结构、操作设计、使用、打印管理器及网络用户的应用程序）；Windows NT 系统管理（NT 的安装、配置、管理、优化及联网概述）；Windows NT 联网（网络设计和安装、对等联网、NT 服务器、网间连网、优化网络及网络排错）；Windows NT 及其未来（Windows NT 如多媒体、Windows 95 及 Windows NT 的未来）；NT 命令提示符下的命令清单、使用消息数据库如 Windows NT 术语等。（焦桐顺）

T000359 **Windows NT Server 4.0 中文版入门图解** 晶辰工作室宫士友、张宏义著。电子工业出版社 1997 年 10 月版。34.5 万字。19.00 元。围绕一系列精选的实际工作步骤，展示了 Windows NT Server 4.0 中文版在用户界面、系统管理、网络共享等方面的杰出特性，每个步骤均配有屏幕图形。内容涉及系统安装、参数设定、网络配置、工具运用、资源共享，与 Netware 网络连接以及用户、组、域管理等方面。（吴文奎）

T000360 **少儿电脑操作图解** 邵自然编。湖南少年儿童出版社 1997 年 12 月版。14.5 万字。10.50元。介绍电脑的组成和电脑各组成部分的作用；DOS 操作系统下常用的 11 条命令以及几种常用的汉字输入方法，如全拼、双拼、五笔字型等。介绍了 WPS 的使用方法以及 Windows 3.1 下的一些常规操作，如认识桌面，鼠标的使用，有关窗口和菜单的操作等。并以一首诗为例告诉小读者如何使用 WINDOWS 3.1 下的书写器来录入文字，如何对文字进行编辑处理。如何用 WINDOWS 3.1 下的画笔来画画。如何保存文件（即你写好的文章、画好的画）、保存在什么地方、如何将文件拷到磁盘上、如何在另外一台电脑上打开磁盘上的文件、如何打印以及如何玩 WINDOWS 3.1 自带的用于熟练鼠标操作而又趣味无穷的“挖地雷”和“扑克牌”游戏等。（黄柳沙）

T000361 **计算机操作与应用入门图解** 晶辰工作室单国栋等著。电子工业出版社 1997 年 10 月版。34.5 万字。19.00 元。以突出“入门”和“图解”为特色，介绍计算机的操作与应用。内容涉及计算机的硬件、软件、DOS、Windows、Windows 95 操作系统

及 Word 字处理软件等方面。(吴文奎)

T000362　**Visual Basic 5.0 中文版入门图解**　副名:'97 软件精品入门图解。晶辰工作室张长富、李匀著。电子工业出版社 1997 年 6 月版。34.5 万字。19.00 元。围绕一系列精选的实际工作步骤,展示了 Visual Basic 5.0 以可视化方式开发多媒体、数据库等各种类型 Windows 95 应用程序的杰出特性,每个步骤均配有屏幕图形。内容涉及开发带有窗体菜单、工具条、对话框、图形图像、音频视频、数据库访问等控件的应用程序。(吴文奎)

T000363　**OutLook 97 中文版入门图解**　副名:'97 软件精品中文版入门图解。晶辰工作室马艳丽、王潜著。电子工业出版社 1997 年 6 月版。33.5 万字。19.00 元。内容涉及邮件管理、日程安排、任务调度、人事档案、文件操作和窗体与模板利用等方面。(吴文奎)

T000364　**Office 97 中文版快递**　车箭工作室编。电子工业出版社 1997 年 10 月版。58.2 万字。27.00 元。第一章介绍 Office 97 的新功能,以及使用 Office 97 所带来的方便。第二章讲述 Office 公用的功能,以及常用的 Windows 和 Office 操作方法。从第三章起,逐个介绍 Office 的各组件的功能。第三、四、五章介绍 Word 的使用方法,主要包括文字的输入和格式化,以及样式和模板方面的内容。第六、七、八章讲述 Excel 的主要功能,主要包括在工作表中输入和组织数据,以及如何使用公式和函数进行计算等方面的内容。第九、十、十一章阐述 Power Point 的使用技能,主要包括创作和美化幻灯片,以及绘制图形对象等方面的内容。第十二、十三章则讲述 Office 97 的新成员:桌面信息管理器 Outlook 的功能和使用方法。第十四、十五章介绍了 Access 的使用方法和常用的数据表操纵技术。最后一章提供了定制和优化 Office 97 的方法。(秦梅)

T000365　**优化方法程序库 OPB-2——原理及应用**　余俊等主编。华中理工大学出版社 1997 年 10 月版。67.8 万字。39.80 元。内容包括 6 个求解混合离散变量优化设计问题的程序,7 个求解连续变量优化设计问题的程序,一个多目标优化程序,一个结构优化程序,一个考核程序包,一个数学模型诊断程序包和常用机械设计的数学模型、求解方法和结果分析。还引入了人工神经网络、基因遗传、人工智能等新的算法。所有的算法和程序都介绍了原理、结构和求解步骤。在总结科研成果的基础上,提出了进一步发展我国研究优化设计的方向——开展"广义工程优化设计"的研究。其内容包括自动建立优化设计模型,自动评价优化设计结果,能对优化结果进行图形显示的后处理,完成从设计数据到设计图纸输出的全过程。(余俊)

T000366　**掌握和精通 MATLAB**　张志涌等编著。北京航空航天大学出版社 1997 年 8 月版。52 万字。28.00 元。介绍 MATLAB 的五大通用功能:数值计算功能、符号计算功能、数据可视化功能、数据文字统一处理功能和建模仿真可视化功能。(赵延永)

T000367　**Office 95 学习手册(中文版)**　明寰资讯编。湖南科学技术出版社 1997 年 7 月版。56.7 万字。35.00 元。"学习手册系列"之一。主要内容包括:Office 95 简介,综合运用 Office 95,使用辅助工具,简易文件的制作,文件样式的技巧,表格文件的使用,计算表的编辑与打印,计算表的文件输入与格式化,计算表的数据链接与图表绘制,简报的组织结构与格式设置,简报对象的内嵌、绘制与处理,简报的施行与后处理等,同时介绍了 Office 95 中文版的安装。本书采用图文并茂的方式,每一课中均设置学习目标和学习评测。值得一提的是,本书的"第零课"是针对 Windows 95 的初学者而特别制作的,让读者在学习 Office 95 时,不会因初次接触 Windows 95 而感到恐惧。(张珍)

T000368　**Office 系列丛书**　浙科社与美国西蒙·舒斯特公司合作出版。浙江科学技术出版社 1997 年版。152 万字。183.50 元。共 5 种:《中文 Word 7.0 使用指南》、《Office 97 升级指南》、《Excel 97 超级指南》、《Powerpoint 97 超级指南》、《Word 97 超级指南》。丛书全面介绍了文字处理软件 Word、Office 软件、Excel 97 等软件的基本概念、使用方法和应用技巧。

T000369　**Office 97 中文版入门图解**　晶辰工作室宋建云、郑莉萍著。电子工业出版社 1997 年 10 月版。34.5 万字。19.00 元。以突出"入门"和"图解"为特点。本书围绕一系列精选的实际工作步骤,展示了 Office 97 中文版在文字处理、电子表格计算、幻灯片演示和信息管理等方面的杰出特点。内容涉及操作基础、快捷工具栏的使用、用 Word 处理文章书稿、用 Excel 分析理财、管理数据、用 Power Point 制作动态演示,用 Outlook 建立桌面信息中心,用活页夹管理相关文件等。(吴文奎)

T000370　**手把手教您活用电子表格 Excel**　俞冬梅著。电子工业出版社 1997 年 8 月版。20.4 万字。12.00元。以 Excel 5.0 中文版为基础，详细阐述 Excel 的各项实用功能，并附有大量实例。（吴金生）

T000371 **Excel 7.0 学习手册（中文版）** 明寰资讯编。湖南科学技术出版社 1997 年 10 月版。56.9 万字。35.00 元。“学习手册系列”之一。主要内容包括：Excel 7.0 简介，工作环境的设置，使用辅助工具，基本文件操作，工作表的编辑、打印、数据输入、格式化，动态数据链接、绘制统计图表，加入绘图对象，对象的链接与内嵌，工作表的组织与审核，数据的分析与管理，交叉分析的使用等。本书采用图文并茂的方式，每一课中均设置学习目标和学习评测。值得一提的是，本书的“第零课”是针对 Windows 95 的初学者而特别制作的，让读者在操作 Excel 7.0 时，不会因初次接触 Windows 95 而感到恐惧。（张珍）

T000372 **手把手教您用 Photoshop 处理图像** 程文娟、刘宏伟编著。电子工业出版社 1997 年 8 月版。30.7 万字。17.00 元。介绍 Photoshop 的图像编辑软件的功能和用法。包括 Photoshop 概述、制作选择块、图像处理、图像的采集、照片的修版加工、封面设计、广告制作及图像的打印输出。（吴金生）

T000373 **图形库程序设计应用指南** 刘晓东等著。中国标准出版社 1997 年 4 月版。73.8 万字。60.00 元。图形库程序包括图形生成、图形仿真模拟的真实感塑造、图形管理及有关系统管理的子程序命令等 300 多个，本书介绍了这些子程序的编程原理、方法及功能，调用格式、参数及环境，并附有子程序的功能编程举例、图形演示及综合应用实例。（张琳瑄）

T000374 **闪速存储器用户指南（上、下册）** [美]Intel 公司著，徐秉春等 22 人译校。电子工业出版社 1997 年 6 月版。400 万字。280.00 元。分 3 卷上、下两册。上册包含第一卷共 5 章，即 Intel 存储器技术、闪速存储器概述及其支持工具、同步 DRM 接口、引导块元件、大容量擦除元件；下册含第二、第三卷。其中第二卷 6 章，即 PCMCIA 闪速存储器插件、PCMCIA－ATA 闪速存储器驱动器、汽车用闪速组件、工艺技术报告、闪速存储器智能管芯片产品及论文转载。第三卷为新增内容。（龚兰方）

T000375 **分布式计算机控制系统** 侯朝桢编著。北京理工大学出版社 1997 年版。21.8 万字。12.00元。从应用的角度对分布式计算机控制系统的原理、结构、硬件与软件技术以及典型应用进行了系统全面的分析和阐述。全书共 10 章，包括概述、分布式控制系统结构、局域网、数据通信、应用方向、分布式操作系统、分布式数据库、分布式语言、系统设计和系统典型实例分析等内容。每章附有思考题及习题。（总编办）

T000376 **计算机操作与故障诊断** [美] Roger M. Kersey 著。机械工业出版社 1997 年 12 月版。93 万字。67.00 元。讲述计算机的基本配置、基本操作、故障诊断、日常维护等，对 IBM PC/XT 及 AT 兼容机系统和 I/O 系统作了剖析。全书共 12 章，第一章介绍微型计算机的基本特征和选件；第二章介绍 DOS 操作系统的基础知识；第三章介绍 PC XT 系统板；第四章利用在第三章中介绍的知识帮助读者理解关于第二代微处理器（80286）的操作和故障诊断方面的知识；第五章从硬件的角度对 80386DX/SX 微处理器中的故障诊断和操作进行讨论；第六章介绍 80486 和 Pentium 微处理器等方面的知识；第七章介绍键盘与电源的相关知识；第八章介绍视频系统；第九章介绍大容量存储系统；第十章介绍串行和并行通信接口的基本和详细操作；第十一章介绍使用调制解调器进行标准数据通信的知识，同时还介绍了为操作在局域网中使用的软件而采用的硬件；第十二章系统讨论了在微机系统中的测试设备的基本概念和使用方法等。（李云静）

T000377 **3N 电脑自修·培训丛书** 翁瑞琪等主编。天津科学技术出版社 1997 年 3 月版。240 万字。以新视野、新技术、新方法——即 3N（英文 New 之意）介绍最新的电脑知识。丛书包括《文字录入与处理》、《微机操作与使用》、《多媒体速成与应用》、《微机故障诊断与维修》、《C 语言与程序设计》、《Windows 应用与编程》、《FoxPro 原理与应用》、《微机绘图与动画技术》等 8 册。（王定一）

T000378 **微型计算机原理** 张荣祥主编。中国电力出版社 1997 年 11 月第二版。46.9 万字。20.10元。全国高等院校电力工程类专业的统编教材，是 1992 年第一版的修订版。本书以 Intel 公司的 8086 微处理器为例，对微型计算机的硬件、软件、系统设计等方面作了阐述和分析，并扼要说明了 80×86 微处理器系列的性能特点。全书共 8 章，包括：概论、微处理器及存储器结构、8086 的寻址方式和指令系统、中断技术、8086 汇编语言及程序设计方法、输入/输出接口技术、系统的组成和设计、从 8086 到 80×86。全书各章都附有习题，书后的附录中列出了微处理器 8086 和 80486 指令系统表。（刁晶华）

T000379 **接口与通信** 高新祥、齐志儒主编。

东北大学出版社 1997 年版。40 万字。16.50 元。以 IBM PC 系列机为背景机全面阐述了微型计算机的接口技术。全书由 13 章组成,分别介绍了 80386/80486CPU 与存储器的接口、计算机总线、串行接口、并行接口、中断与 DMA 接口、键盘与显示器接口、磁盘与光盘接口以及 A/D 与 D/A 接口等。每种接口都有相应的应用举例。(李毓兴)

T000380　**单片机的 C 语言应用程序设计**　马忠梅等编著。北京航空航天大学出版社 1997 年 3 月版。44.8 万字。23.50 元。针对目前最适用的 8051 和当前最流行的程序设计语言 C,以 Franklin/Keil 的 C51 编译器为工具,讲解单片机的 C 语言程序设计。其内容既有单片机基础知识部分;又有 C51 的应用部分;并对软件工程的模块化编程技术作了阐述;尤其为实时控制的精确定时讲述了与汇编语言的混合编程技术。(郭维烈)

T000381　**单片机程序设计基础**　周航慈、饶运涛编著。北京航空航天大学出版社 1997 年 5 月版。37 万字。23.50 元。内容主要有:单片机中常用的线性数据结构和相关算法、排序和查找算法、树和图在单片中的实现、常用的数据处理算法、常用编码等。(赵延永)

T000382　**合理选配电脑**　倪海涛编。江西科学技术出版社 1997 年 12 月版。9.4 万字。5.00 元。"电脑初学者丛书"之一。介绍了让电脑成为你的好朋友、好助手,电脑的基本构成及性能指标,电脑的选购和配置,电脑的装配和启动,电脑软件的选购与安装,及使用电脑的注意事项。(卢继芳)

T000383　**家用电脑实用技术系列丛书**　浙科社与美国西蒙·舒斯特公司合作出版。浙江科学技术出版社 1997 年版。90.2 万字。100.00 元。共 3 种,主要有:《PC 升级傻瓜书》、《PC 游戏傻瓜书》(附光盘)、《多媒体技术及其应用》。《PC 升级傻瓜书》从软件和硬件两个角度阐明升级成功的关键因素,帮您决定升级与否并告诉您在升级时的注意事项。《PC 游戏傻瓜书》配置了 1 张拥有 58 部经典游戏的光盘。《多媒体技术及其应用》以理论和实际产品相结合具体说明了多媒体技术的各个方面。

T000384　**多媒体开发工具 Toolbook 实用教程**　康宏著。电子工业出版社 1997 年 2 月版。27.6 万字。15.00 元。主要讲述如何在 Windows 环境下,使用 Toolbook 开发多媒体应用程序。以 Toolbook 4.0 为基础,通过 3 部分(理论、应用和实践),介绍了 Toolbook 程序设计的基本结构和思想,并穿插大量实例,讲述了运用 Toolbook 开发多媒体应用程序的技术和技巧。(刘文玲)

T000385　**微机多媒体技术及应用**　李瞬酩著。西安电子科技大学出版社 1997 年 1 月版。27.7 万字。18.80 元。重点放在阐述多媒体的基本概念、使用及创作方法上,分 8 章内容对微机多媒体技术及应用进行了阐述,即多媒体概述、多媒体技术基础、Windows 多媒体系统、微机多媒体组成与配置、微机多媒体的使用与创作、多媒体开发工具 Visual BASIC 程序设计与实例、微机多媒体应用综述。本书结合目前最流行的 Windows 系统与光盘技术,重视讲述基本操作与使用。(夏大平)

T000386　**王选文集**　王选著。北京大学出版社 1997 年 2 月版。42 万字。42.00 元。共收录作者王选院士的 25 篇文章。作者首先介绍了参加国家"七四八"工程(汉字信息处理系统工程)汉字精密照排子项目研究的过程和成果,所提出的压缩倍数高达 500∶1 的高分辨汉字字形信息压缩编码方案和 700 字/秒的高速还原方案,使中国印刷常用铅字全部存储在计算机中由不可能变为可能,而且很好地保持了汉字字形的质量,从而使中国出版印刷业完成了告别铅与火的革命,跨进光和电的新时期。随后,本书介绍了作者在组织研制大屏幕中文报纸编排系统、彩色激光照排系统、Post Script Level 2 光栅图像处理器、彩色图像调频挂网加速芯片、新闻采编流程管理系统等方面的研究成果。本书还介绍了作者关于创新是科研开发的灵魂、为年轻人脱颖而出创造良好环境、提倡团队精神、科学家与企业家结合、技术与市场结合等论述及实践成果。(沈承凤)

T000387　**多媒体·网络·办公自动化实用技术**　范建新主编。东南大学出版社 1997 年 12 月版。58 万字。32.50 元。分 4 篇共 11 章,第一篇中文 Windows 基础为后续篇章的学习铺垫了必要的基础,先以快速入门的形式介绍了 Windows 基础及其常用的操作,然后有选择地讨论了 Windows 中具有代表性的应用程序及相关的概念;第二篇为办公自动化专题讨论,较全面地介绍了 OFFICE 套装软件的三个最重要内容,即 WORD、EXCEL、PowerPoint 的实际应用;第三篇为多媒体应用专题讨论,除展示了目前多媒体软、硬件的构成及其概念外,还着重讨论了用 Visual BASIC 进行开发应用的较完整过程与核心内容;第四篇为网络专题讨论,简要介绍了网络的基本概念、基本构成和发展状况,重点以网络管理员和用户为对象,系统地讨论了 DOS 和 Windows

用户进行网络管理和运用的主要内容。第一篇各章之中都包含有翔实的例子,或穿插其中,或归纳在后,或两者并举。(陈天授)

T000388 **Home Page 实用手册** 鼎立电脑工作室编。上海交通大学出版社 1997 年 8 月版。37.8 万字。31.50 元。HTML 文档的建立,使用驻留与连接,列表、预定义格式文本和表格的建立,在文档加入图像及多媒体,高级 HTML 文档的建立,Java 语言基础,如何编写 Java 应用程序,各种 HTML 编辑器的使用方法,Web 页面的设计方法及实例等。(丁善溶)

T000389 **计算机图表制作方法与技巧** 沈美莉著。电子工业出版社 1997 年 8 月版。43.8 万字。20.00 元。介绍图表制作基础、UCTAB 自由表格制作、北大方正表格制作、北大方正图形制作、Windows 图像制作、中文 Word 6.0 表格制作、中文 Word 6.0 图形制作、中文电子表格 Excel 5.0 制作等。书中采用了丰富的图片,详细介绍了其制作方法。(郭晓)

T000390 **计算机信息处理平台基础教程** 张基温著。电子工业出版社 1997 年 10 月版。33 万字。16.00 元。分 5 章,内容包括:基本系统平台、字处理、电子数据表格、个人计算机平台的维护、国际互联网。(卢福娅)

T000391 **Word 7.0 学习手册(中文版)** 明寰资讯编。湖南科学技术出版社 1997 年 6 月版。56.1万字。35.00 元。为台湾碁峰资讯股份有限公司"学习手册系列"丛书之一。主要内容包括:Word 7.0 简介,设置工作环境,使用辅助工具,基本文件操作与编辑,高级格式设置,多栏式文件的制作,表格、图表与绘图,长文件的操作,内嵌对象的应用,使用合并打印等。本书采用图文并茂的方式,每一课中均设置学习目标和学习评测。值得一提的是,本书的"第零课"是针对 Windows 95 的初学者而特别制作的,让读者在操作 Word 7.0 时,不会因初次接触 Windows 95 而感到恐惧。(张珍)

T000392 **虚拟现实技术** 曾芬芳主编。上海交通大学出版社 1997 年 6 月版。40.7 万字。34.20 元。介绍虚拟现实的概念、特点、短暂发展史、三维交互工具和基于人的自然技能的交互技术,提供视、听、摸等感知的三维建模、实时显示、虚拟声音显示、触摸和力量反馈等概念和技术,介绍虚拟现实系统的组成、开发环境、系统集成的协调与评估,并就虚拟现实技术在虚拟原型、仿真和医学等方面的应用作了介绍。(李阳)

T000393 **图像压缩的分形理论和方法** 陈衍仪编著。国防工业出版社 1997 年 10 月版。10.2 万字。11.00 元。介绍分形理论在图像压缩方面的应用,给出其数学基础;90 年代国际上开始采用的迭代函数系统(IFS)方法;黑白图像分形变换方法;灰阶图像的迭代函数系统方法;基于迭代变换理论(ITT)的分形编码方法;分块式分形图像压缩编码的程序;并介绍与其他图像压缩新方法的关系及其进度。(杨其眉)

T000394 **手把手教您用 3DS 制作三维动画** 余键编。电子工业出版社 1997 年 8 月版。40.8 万字。22.00 元。阐述 3D Studio 的使用方法,从三维动画基础知识、系统的安装与配置到基本操作方法、从二维造型、三维放样到三维编辑,从材料的选配、光与影的交错、摄像机的处理直至最后制作出三维动画作品。本书围绕实际操作范例循序渐进地对各项功能进行了详细的讲解。(吴金生)

T000395 **AutoCAD 3D 从入门到精通** [美] George Omura 著。电子工业出版社 1997 年 10 月版。80 万字。51.00 元。以一个虚拟作品的设计为主线,通过实际的建模、显示和绘图,介绍利用 AutoCAD 13 版来构筑 3D 世界;通过实体编辑、材料分配、光源控制和动画制作,展示了 3D Studio 给现实世界所带来的生机与活力;并介绍了动画的转换以及视频、音频的获取过程;探讨了利用多媒体和 Internet 进行设计交流的可能性。全书包括 3 大部分共 16 章,以及 3 个附录,重点介绍基本的三维建模工具——AutoCAD for Windows(R13C4 版),基本的渲染绘制工具——Auto Vision 2.0 和 3D Studio 4.0,以及 Adobe Photoshop 3.0 和 Adobe Premiere 4.0 等软件工具。(王少军)

T000396 **计算机三维图形学与三维视觉** 李伟生等著。武汉测绘科技大学出版社 1997 年 7 月版。28.2 万字。18.00 元。完整地介绍计算机图形学中的几何学基础。书中介绍的计算机图形学的三维几何学包括物体表示、场景表示、坐标平移变换、旋转变换、缩放变换、投影变换、单视点视系统、双视点视系统及匹配表示等内容。全面展示了单图像立体图制作的实际应用。本书中的应用程序为作者亲自编写,并在计算机上调试成功,读者可通过对程序的分析来加深对书中所述理论的理解。另外,在构造实际应用的同时,介绍了一些与图形学有关的技巧:VESA 图形卡使用;Bitmap 图像读、写、显示、写屏;

扩展内存与扩充内存使用。(郭毅)

T000397 **计算机图形学教程** 焦永和主编。北京理工大学出版社 1997 年版。36.3 万字。17.50 元。主要内容包括:计算机图形学的软硬件系统、二维和三维图形处理技术、图形交互技术、数据结构、平面立体消隐、曲线曲面的生成及 AutoCAD 的使用等。各章均附有习题。书中提供了大量的应用程序,这些应用程序均用 Turboc 编写,并调试通过。(总编办)

T000398 **计算机图形学基础** 华中理工大学出版社 1997 年 3 月版。23.5 万字。9.00 元。是作者结合自己十多年从事计算机图形学领域的科研与教学工作的有关成果编写而成,主要介绍与二维图形系统相关的图形生成与处理的原理、算法以及用 C 语言编程实现这些算法的方法。主要内容包括:C 语言图形程序设计、图形系统的界面及菜单设计、基本图形生成算法、图形变换的矩阵方法、图形剪取算法等。每一章节的算法都提供了用 BC++语言实现算法的源程序,便于学生自学和理解。(常明)

T000399 **photo shop 图像处理软件实用技术** 张红文、郭美义著。西安电子科技大学出版社 1997 年 3 月版。28.7 万字。16.00 元。介绍 photoshop 的命令及相关的对话框,并提供了指导性的实例。在这些实例中叙述了为获得所需的视觉效果而采用的处理方案、关键参数的选择及相关的操作步骤。本书在内容安排上采用了循序渐进的方法。首先介绍了 photoshop 和有关图像处理的基础知识,为后续章节的叙述奠定了基础,继而介绍各种具体技术。(马乐惠)

T000400 **3D STUDIO MAX 速成** 陈明编著。河南科学技术出版社 1997 年 5 月版。27.3 万字。20.00 元。以界面的汉化为主要内容,配以简明图例并加入切合实际的制作范例。

T000401 **AutoCAD 教程(10.0～12.0)** 董国耀、窦忠强等编著。北京理工大学出版社 1997 年版。53.8 万字。25.00 元。包含 R10、R11、R12 版本的内容。第一章介绍基本概念和有关操作。第二至十五章介绍绘图、图形编辑、显示、绘图设置、实用、查询、层、块、形、属性、尺寸标注、命令组文件、菜单文件、三维绘图、图形输入输出等基础内容。第十六至十八章介绍 Auto LISP 程序设计,图形文件交换以及高级造型扩展功能。第十九章是绘图指导实例。(总编办)

T000402 **微机显示技术及应用** 傅德胜、夏德深编著。东南大学出版社 1997 年 12 月版。39.4 万字。19.50 元。分两个部分。第一部分详细介绍各类微机图形插件卡的内在结构、显示技术和功能调用。第二部分以程序设计的方式,阐述微机显示技术在数字图像处理、图形生成与变换等领域的广泛应用,内容涉及数字图像的灰度处理、图像滤波、边缘锐化、特征提取、面积变换、纹理分析、统计图表,以及图形生成、几何变换(平移、比例、旋转、错切、反射等)和投影变换(三视图、轴测投影、透视投影)等。对每一种应用,均给出相应的源程序,并附有丰富的应用图例。(陈天授)

T000403 **微型计算机实用图形程序设计** 邓顺华等著。中南工业大学出版社 1997 年版。20.00 元。以图形 CAD 的系统化程序设计为主线,对图表及 CAD 系统程序设计的各个方面进行了全面的论述。主要包括计算机图形算法、显示系统程序设计、嵌入式汉字系统程序设计、扩展内存驱动程序设计、菜单程序设计、鼠标与键盘驱动程序设计、或编辑器程序设计、CAD 系统软件设计等内容。它是作者科研成果(MCAD 软件系统)的总结,并给出了完整的源代码。(秦瑞卿)

T000404 **条码知识与应用** 吴炜、鲁伟译。福建教育出版社 1997 年 3 月版。17.6 万字。16.00 元。主要介绍各种一维条码、二维条码、PD 标签、各种磁卡、智能 IC 卡的研究和应用。并对先进的条码识别、检测、印制设备的原理、特征、应用进行专门介绍,还选择了引入条码的关键注意点,进行说明,如 POS、CIM、POP、POT、ITF 的利用等。(叶在贵)

T000405 **计算机辅助设计与制造(CAD/CAM)** 郑坚著。电子工业出版社 1997 年 6 月版。85.8 万字。38.00 元。分 4 篇,第一篇介绍 CAD/CAM 的历史和发展,CAD 系统环境以及 CAD 的基本原理和基本方法;第二篇和第三篇介绍国内较为流行的 CAD 软件、美国 Autodesk 公司的 AutoCAD 和美国 CV 公司的 DD。第四篇介绍了国内外各种 CAD/CAM 软件的主要特点、运用范围、环境要求等。(高平)

T000406 **AutoCAD 13(Windows 版)使用大全** [美]Sham Tickoo 著。电子工业出版社 1997 年 8 月版。132 万字。78.00 元。介绍 AutoCAD 13 的命令、用法和绘图,在机械、建筑、土木工程中的使用技巧和实例。讲解了建立文本、插入符号、标注尺寸、编辑、画影线和定义线型及图案;建立二维、三维对象和实体造型以及动态视图和渲染技术;编写脚本文件、型模文件、文本文件和各种各样的菜单及对话框;定义新的命令和用 SQL 语句、AutoLSP 程序语言编写程序。每章末有自评测试题、复习题、练习和答案。附录归纳了 AutoCAD 13 使用的全部资料:相关的 DOS 和 Windows 命令,AutoCAD 系统配置,线型、影线和字体类型,对话框、菜单、工具条、命令和系统变量。(陆孝如)

T000407 **AutoCAD B 教程** 刘志虹编著。电子工业出版社 1997 年 1 月版。50.6 万字。24.00 元。介绍 AutoCAD B for Windows 的特点、功能及使用方法。全书共 18 章,分别介绍了 AutoCAD B 的界面、2D 及 3D 对象绘制、块及外部引用、图形显示及编辑、文本注释、尺寸标注、图形输入与输出等。每章后面都给出了思考题,书后还附有 AutoCAD 的菜单及工具条的各种选项。(文宏武)

T000408 **RichWin for Internet 4.3 入门与提高** 华宏编著。电子工业出版社 1997 年 6 月版。25.7万字。14.00 元。从认识四通方多元系统支撑环境开始,介绍了其安装、启动和使用的入门知识,剖析了软件功能,讲述了软件的应用程序和应用实例,最后详细讲解了 RichWin 的功能设置和扩展方法。(张欣)

T000409 **计算机网络** 朱家铿等主编。东北大学出版社 1997 年版。47.7 万字。21.90 元。由 3 部分组成。前 6 章是计算机网络的基础理论。第七章至第十一章介绍了计算机网络的新技术和新应用领域。第十二章是网络实验举例。在基础理论部分讲解了计算机网络体系结构,7 个协议层次的功能和部分层次的协议标准,介绍了局域网的体系结构,它的通信特点以及 CSMA/CD,Token Bus,Token Ring 和 MAN 等 4 种局域网标准的工作原理。第七章介绍了网络互连技术和互连设备,以及目前广泛应用的ICP/IP 协议标准。第八章介绍了客户机—服务器模型的操作系统及网络管理的技术和要求。第九章介绍了网络实例及应用。第十章介绍了网络通信技术的发展。第十一章介绍了计算机网络的各种性能指标及对其进行研究的理论和方法。(李毓兴)

T000410 **计算机网络大全** 刘锦德等编著。电子工业出版社 1997 年 1 月版。160.3 万字。78.00 元。讲解有关计算机网络设计中的各种问题,并在讲解网络基础知识的基础上,重点对各种实用技术,尤其是 90 年以来发展起来的新技术进行了剖析,还对一些新产品进行了介绍。全书分 4 篇。第一篇为计算机网络基本知识,共 9 章,分别讲述计算机网络的基本概念,各种数字交换技术,网络体系结构以及 ATM 技术等;还讲解了排队论及其在计算机网络中的应用。第二篇讲解网络标准以及有关帧中继的问题,本篇共 9 章。第三篇为网络系统,共 11 章,详细介绍当前国内外典型的各种网络系统以及网络互连技术。第四篇为网络设计与应用,共 8 章,讲解各种主流系统的应用范例,特别是广泛应用的 Internet 和 Intranet。(王昌铭)

T000411 **Lotus Notes 4.5 在 Internet/Intranet 中的应用** 北京义驰美迪技术开发有限责任公司编。中国水利水电出版社 1997 年 5 月版。30.6 万字。26.00 元。主要内容为:Notes 与 Internet 的连接方法,Domino Web 服务器的使用和管理,Inter Notes Web 服务器的使用和管理等。(孙春亮)

T000412 **数据网络手册** [美]Kenneth Reed 著,尹相东、张信成译。中国水利水电出版社 1997 年 5 月版。42.1 万字。34.00 元。分 4 个主要部分:第一部分详尽讲述理解常见的连网方面的概念和书中后叙各主题所必备的基础知识;第二部分讲述局部网络体系结构,从局域网体系结构开始,讲到网络操作系统体系为止;第三部分讲述系统体系结构,包括 IBM 的 SNA,DECNet 和 TCP/IP;第四部分讲述网络体系结构的集成,其中包括连接同构和异构网络的组件,如中继器、集线器、转发器、网桥、路由器和网关等。(张懿心)

T000413 **TCP/IP 网络管理** [美]Graig Hunt 著。电子工业出版社 1997 年 8 月版。50 万字。35.00 元。共 13 章。前 3 章讨论 TCP/IP·协议的基础;第四章到第七章讨论如何配置使网络运行所必需的基本软件;第八章到第十章论述如何设置各种重要的网络服务,大多数是自动实现;第十一章到十三章介绍一些事务性工作,如故障、安全性、提供最新网络信息等。(陆伯雄)

T000414 **Netscape Navigator 金版 3.0** [美]Alan Simpson 著。电子工业出版社 1997 年 9 月版。92 万字。56.00 元。介绍 Netscape Navigator 金版 3.0的使用方法,并且重点讲述如何利用网上资源建立个人 Web 站点、如何在网上做生意、如何创建展示个人兴趣与特长的作品等。(赵丽松)

T000415 **新版交换式以太网和快速型以太网** [美]Robert Breyer 和 Sean Riley 著。电子工业出版社 1997 年 9 月版。40 万字。30.00 元。介绍以太网的发展史和未来通信技术的发展趋势,选择适配器、集线器、路由器、网络开关等网络构件,以及确定

拓扑结构和布线技术及如何实施交换式和快速型以太网、如何进行网络管理和故障检修等。新版增加了ATM的内容。(陆伯雄)

T000416 **INTERNET入网指南与实用技术** 冯月进、阎丽娟编著。中国铁道出版社1997年12月版。30.1万字。30.00元。针对如何上网、如何使用网上的各种工具进行了详尽的阐述,突出Internet基本概念和使用,针对我国网络的具体情况和实例进行讲述。(殷小燕)

T000417 **Internet for Windows 95 大全** [美]Ed Krol和Paula Ferguson编著。电子工业出版社1997年10月版。83.9万字。50.00元。由美国Internet专家编著而成,介绍了Internet基础及使用Windows 95浏览Internet的使用技术及技巧。全书分15章,5个附录。其中包括Internet资源目录。书中结合Windows 95介绍了Internet最基本工具:如E-mail、FTP和Telnet;信息搜索工具:WWW、Gopher和WALS;网络新闻及其他应用。(张月萍)

T000418 **进入和使用INTERNET** 石永革、姚燕编。江西科学技术出版社1997年12月版。20.8万字。11.00元。"电脑初学者丛书"之一。介绍什么是Internet,如何进入Internet,电子邮件及其使用(E-mail),电子公告牌与网络新闻(BBS和USENET),使用全球资源(FTP和TELNET),到Internet中浏览信息(Gopher,WWW),Internet定向工具(Archie,Veronica,WAIS),Internet的发展与未来等,书后附有:世界各国和地区的域名,匿名FTP服务器举例,可以远程登录的Gopher服务器,部分网络新闻组名称及其主要话题,部分WWW信息服务站点等。

T000419 **Intranet宝典** Lynn M. Bremner等著,王玉琳、凌涛译。电子工业出版社1997年9月版。63.6万字。25.50元。原书名为"INTRANET BIBLE",是由美国Jamsa Press出版的。在介绍Internet与Intranet的关系,分析Intranet产生高效率和高投资回报率及其成为企业网主流组网方式原因的基础上,以Internet技术为基础,论述设计、实施和管理Intranet的方法(并把这些方法融进具体实例之中),重点介绍了利用HTML、CGI、Script和Java等新工具创建功能更为强大的Web站点,并探讨了Intranet的安全策略。(周瑛)

T000420 **怎样建立和应用Intranet组件** [美]Mellanie Hills著,祁峰译。电子工业出版社1997年9月版。33万字。22.00元。英文原名为《Intranet as Groupware》侧重于如何合理选择Intranet组并使之在企业中得到应用的介绍,从什么是Intranet入手,介绍了企业建立Intranet的原因及利弊,对Intranet组件的功能及应用进行了探讨,讨论了组建Intranet的不同途径,提出了组件对企业的影响及Intranet组件发展方向。(李新社)

T000421 **最新Internet资源精选** [美]Mitzi Waltz和Steve Schultz著。电子工业出版社1997年8月版。70万字。36.00元。介绍Internet的基本知识,收入2 000余个Internet网点。这些网点覆盖范围广,工、农、商、学、衣、食、住、行和文娱体育面面俱到,医疗、科技、金融、运动等方面尤为突出;语种多,英语、汉语、西班牙语、葡萄牙语、德语和俄语等。(陆伯雄)

T000422 **VB Script精通指南** [美]Richard Mansfield著,马宏刚等译。中国水利水电出版社1997年6月版。86万字。68.00元。为Internet程序设计和如何创建Web站点提供了详尽的参考,深入讲解了Visual Basic Script、HTML和ActiveX Controls的本质特征和使用方法。内容分为两大部分:第一部分讲解创建和维护Web站点的基础知识,逐步引导读者学习如何集成各种控件去建立丰富多彩的Web页面;第二部分给出了各种控件的深入解释,以方便读者快速查阅体系结构。(杨庆川)

T000423 **Internet系列丛书** 浙科社与美国西蒙·舒斯特公司合作出版。浙江科学技术出版社1997年版。247.4万字。254.00元。有5种:《World Wide Web资源大全》(附光盘)、《INTERNET学生指南》、《INTERNET图形指南》(附光盘)、《INTERNET查寻指南》、《INTERNET商务指南》。提供了文化、历史、经济、旅游等方面的WWW网址近9 000个;介绍国际互联网知识;各种方便、快捷的Internet信息查找策略;展示Internet在商业中的作用及发展状况等。

T000424 **INTERNET用户词典** 李堂秋等编。暨南大学出版社1997年12月版。56万字。60.00元。收集Internet环境的常用词汇5 000条,包括:Internet各种功能与应用的技术术语;计算机网络用语,其中有的用在Internet上涵义已有变化,该词典着重解释其在Internet上的涵义,并说明其区别;缩略词、符号;行话、俚语;联网、上网漫游操作说明;Internet资源要目;提供网上服务的公司地址;Internet国际机构简介;精选FAQ(常见问题解答)。除了对每个词条提供译名(尽量采用国家科技名词

审定委员会的推荐译名)和简明释义，特别注重网上漫游的实际操作、相关资源及路径简介。(周继武)

T000425 **Internet 浏览器入门图解** 晶辰工作室闵永明、王潜著。电子工业出版社 1997 年 10 月版。34.5 万字。19.00 元。以突出“入门”和“图解”为特点，介绍最新 Internet 浏览器软件 Netscape Commicator 4.0 和 Internet Explorer 4.0。内容涉及 Internet 浏览、阅读和写作电子邮件、制作精美主页，通过 Internet 拨打国际国内长途电话、文字换谈、文件交换、共享白板和协同浏览等方面。(吴文奎)

T000426 **遥感原理、方法和应用** 孙家柄等编著。测绘出版社 1997 年 6 月版。69.8 万字。28.50 元。根据作者十几年来的科研成果和教学经验，并参考了国内外遥感技术的最新发展编著而成。全书分 3 篇 17 章。第一篇内容主要包括遥感物理基础和信息获取；第二篇以遥感数据处理和制图内容为主；第三篇介绍遥感技术在各个领域中的应用。(朱伟)

T000427 **DSP 原理与应用** 黄凤英主编。东南大学出版社 1997 年 12 月版。29.2 万字。18.00 元。介绍目前广为应用的 TMS320 系列处理器和新近推出的高性能 ADSP 系列处理器，包括其工作原理、内部结构、编程以及系统设计方法。书中提供较多的设计实例，并给出各种型号的最新器件的性能介绍。全书分 8 章介绍 DSP 的特点及典型应用；TMS320 系列处理器的内部结构、工作原理、中断处理、片内外接口、指令系统及程序设计；ADSP 系列处理器的性能指标、核心结构、系统组成、指令特点、编程方法及程序范例等。(陈天授)

化学工业

T000428 **实用小化工生产大全 第二卷** 副名：林化制品·农化制品·生化制品·天然色素·有机中间体·涂料。《实用小化工生产大全》编委会组织编写，潘长华主编。化学工业出版社 1997 年 12 月版。95.4 万字。55.00 元。《实用小化工生产大全》拟分为四～五卷出版，一～四卷以介绍化工产品为主，第五卷则主要介绍化工生产中的重要综合性技术课题和管理方法。本书是《实用小化工生产大全》的第二卷，书中阐述了林化制品、农化制品、生化制品、天然色素、有机中间体、涂料等有关技术知识，分别按品种介绍其性质、用途、生产方法、原材料及动力消耗指标、产品质量标准以及安全与环保要求、生产厂家等。(郭燕)

T000429 **精细化工产品及工艺学** 曾繁深主编。化学工业出版社 1997 年 10 月版。93.3 万字。50.00 元。除介绍精细化工产品的定义、分类方法及特点外，主要对精细化工的染料、颜料、涂料、胶粘剂、表面活性剂、日用化学品、功能高分子、油田化学品、建筑用化学品、食品及饲料添加剂等重要领域的 16 个行业进行全面论述。既介绍了发展历史沿革和有关重要理论知识；又分门别类地对重要产品品种的名称、化学结构、功能作用、生产配方、生产工艺以及应用技术作了详细的阐述。(郭燕)

T000430 **计算机在化工中的应用** 刘道德等编著。中南工业大学出版社 1997 年版。17.5 万字。10.00 元。阐述计算机在化工学科、化工设计、化工制图和化工生产过程中的应用成果和经验。主要内容包括：计算机作图、求解理论级数，化工实验数据的处理程序，化学工程的有气体输送、蒸发、精缁和喷雾塔的设计计算，化工设备的设计计算和作图，化工生产过程的计算机控制等。本书采用了一种以实例典型引导，结合理论与实践进行解析的方法。(秦瑞卿)

T000431 **精细化工实验** 强亮生、王慎民著。哈尔滨工业大学出版社 1997 年 2 月版。446 万字。18.80 元。分 10 编，共 76 个实验：第一编精细化工实验基本知识及实验技术；第二编中间体(6 个)；第三编表面活性剂(18 个)；第四编日用化学品(12 个)；第五编香料(6 个)；第六编胶粘剂(5 个)；第七编涂料(5 个)；第八编新型功能材料(5 个)；第九编染料与颜料(5 个)；第十编催化剂和助剂(14 个)。还有 4 个附录。书中突出了新型功能材料制备及表征等实验内容。考虑到各校实验条件的不同，在保证精细化工实验基本操作和一般合成、复配等基本实验的同时，增加了分离、提取、测定等相对复杂和相对先进的实验。注重提高仪器设备的利用率和降低药品材料的消耗量，力求用通用仪器代替专用仪器，用工业品代替化学试剂。并介绍了精细化工实验的基本知识和实验技术，给出许多精化小产品配方。附有部分精细化学品的国家标准、仪器设备使用方法和实验必要的数据。(黄菊英)

T000432 **固液分离** 罗茜主编。冶金工业出版社 1997 年 3 月版。42.6 万字。32.00 元。包括导论、悬浮液的基本性质、凝聚与絮凝、筛分脱水、重力浓缩、过滤原理、真空过滤、压滤、滤饼脱水、滤饼洗涤、深层过滤和离心过滤、助滤剂、膜滤、动态过滤和过滤介质等主要内容。(黄淦祥)

T000433　**英汉化工机械词典**　顾永泉编著。中国石化出版社1997年5月版。89.6万字。45.00元。收词范围主要包括化工机械、工艺设备和仪表三大部分，内容涉及化工机械的设计、制造、工艺、材料、检验、运输、安装、维修、管理和基础理论等，还收集了反映最新科技成果和有关边缘学科的词条。收词中以名词术语为主，兼收有关的形容词、动词、副词和相关的词组。(侯玉良)

T000434　**预应力技术及自紧技术**　张政寿编著，高幼良审校。兵器工业出版社1997年1月版。107.3万字。68.00元。从应力，弹性应变，失效理论，塑性状态下的基本理论，厚壁圆筒加载时屈服前的应力、应变及位移，理想弹塑性材料厚壁圆筒的屈服及弹塑性状态，强化弹塑性材料厚壁圆筒的弹塑性状态等原理的分析、计算、实验入手，介绍国内外预应力技术的各种实际应用。作者着重对自紧技术(也是一种预应力技术，但它在制造工艺方面比外加构件获得预应力简单，它在60年代初以来在火炮、核反应堆、化工高压容器、高压管道等方面得到了广泛应用)所必须了解的疲劳寿命、断裂力学以及应力集中、应力腐蚀等问题进行了系统的分析、公式计算和实验叙述。目前国内外应用最广泛的机械自紧、液压自紧以及爆炸自紧在火炮生产中的应用在书中也有介绍。(蒋昌群)

T000435　**冷却塔**　赵振国著。中国水利水电出版社1997年6月版。26.3万字。20.00元。介绍作者及国内外其他有关专家的最新研究成果。主要内容包括：冷却塔的作用和分类；水的冷却原理；冷却塔的组成部分及其特性；冷却塔的配水系统、通风量的计算和热力计算；冷却塔和环境；冷却塔的室内试验及原体测试等。(黄会明)

T000436　**化工仪表及自动化**　厉玉鸣主编。化学工业出版社1997年10月第二版。46.8万字。22.00元。是在化工出版社1987年2月出版的《化工仪表及自动化》的基础上，经过内容的增删及修改而成的。书中内容分为两大部分(篇)。第一篇是化工测量仪表，在讲述测量仪表基本知识的基础上，重点介绍了化工生产过程中的压力、流量、物位、温度的测量原理及相应仪表的结构、特点、选型及使用方法。第二篇是化工自动化基础，除定性介绍自动控制系统的基础知识外，重点介绍了化工过程(对象)的特性、控制仪表及装置，并介绍了各种简单、复杂和新型(高级)的控制系统及在化工生产过程中的应用。(郭燕)

T000437　**化工生产流程图(上、下册)**　化学工业出版社组织编写。化学工业出版社1997年12月版。337.2万字。180.00元。介绍各类化工产品生产流程，每种产品配以形象流程图，简洁明确，同时辅以简要文字，文字栏目包括主要原料及其规格、消耗定额、制法、流程说明、产品规格、产品性质及产品用途。全书分上、下两册。上册包括氮肥、磷肥、钾肥、硫酸、氯碱、纯碱、无机盐、医药、染料和有机颜料中间体、染料和有机颜料、涂料和无机颜料、农药、感光材料和磁性记录材料、胶粘剂、表面活性剂；下册包括基本有机原料、合成树脂与塑料、天然橡胶与合成橡胶、合成纤维、橡胶加工、塑料橡胶加工助剂以及化工三废处理。(郭燕)

T000438　**精细化工工艺学**　李和平等主编。科学出版社1997年8月版。106.9万字。58.00元。分20章，主要内容包括：精细化工工艺基础，表面活性剂，香料与香精，化妆品，工业与民用洗涤剂，有机染料与颜料，胶粘剂，涂料，医药，食品添加剂，饲料添加剂，功能高分子材料与智能材料，电子信息化学品，合成材料助剂，油田化学品与石油助剂，皮革化学品，农用精细化工产品，水处理剂，生物精细化工产品等。书中详细列出了主要参考文献资料，每章后还附有参考题和习题。(总编室)

T000439　**实用化学品配方手册**　宋小平、韩长日等编著。四川科学技术出版社1997年5月版。38.6万字。15.60元。“乡镇企业技术丛书”之一。是从1993年～1995年美、日、欧洲及国内公布的专利、技术资料、科研成果中，挑选出500余种约700例小化工产品配方，以有机染料、印染助剂、香精香料为主要内容。列出了这些化工产品的原料配方、生产原理、生产工艺、工艺流程及主要生产设备。其次，也搜集了化妆品、清洁洗涤剂、油漆涂料、电镀用化学品、油墨等类新的品种或新的配方。(洪荣泽)

T000440　**精细化学品化学**　舒万艮、黄可龙著。中南工业大学出版社1997年版。21.1万字。20.00元。主要介绍精细化学品——各类表面活性剂、化学清洗剂、水处理剂、高分子材料助剂、胶结剂、涂料和颜料等的合成原理与方法、工艺特点和方法。每类产品均有典型的生产工艺方法。反映了这一领域里的最新研究成果、产品和发展趋势。(秦瑞卿)

T000441　**四川化工产品手册**　四川省化学工业厅编著。四川科学技术出版社1997年9月版。85万字。40.00元(平)，50.00元(精)。内容包括化学矿、无机化工原料及产品、有机化工原料及产品、化学肥料、化学农药、高分子合成材料、涂料及无机颜料、染料及有机颜料、日用化学品、胶粘剂、橡胶制品、催化剂及化学助剂、民用爆破器材、化工机械及设备、化学试剂及其他化工产品共16类，介绍了四川的2 000余种主要化工产品。每种化工产品有产品名称、别名、英文名称、分子式、性状、用途、生产方法、产品标准、生产厂家等。(喻瑞卿)

T000442 **160KA 中心下料预焙电解槽生产工艺与管理** 殷恩生著。中南工业大学出版社1997年版。23.2万字。13.00元。是作者在消化我国第一次引进160KA电解槽系列的设计思想和操作标准的基础上，在总结了该系列经过近10年的生产实践的基础上，结合由该电解槽系列派生(或改造)出的4个160KA电解槽系列的生产实践的体会撰写而成的。主要内容包括：160KA 预焙槽的构造特点、操作特点，生产过程的管理、电子计算机控制等内容。(秦瑞卿)

T000443 **电镀手册(上、下册)** 张允诚等主编。国防工业出版社1997年7月第二版。159.6万字。97.00元。上册主要内容包括：基本概念，电镀工艺，其他方法获得镀层的工艺，金属着色、染色和彩色电泳涂层，金属转化膜工艺，镀层与镀液性能测试，常用电镀溶液分析方法等7篇及附录；下册主要内容包括：电镀车间设备，电镀车间设计等两篇。本书详细介绍了各种电镀的基本原理、工艺规范、操作方法以及镀液的配方。(刘仁)

T000444 **玻璃制造工艺基础** 吴柏诚编著。中国轻工业出版社1997年8月版。30.4万字。20.00元。从普及玻璃化学基础知识入手，用分析物质的分子结构理论，阐述了氧化还原反应对玻璃的物理化学性质的影响及其内容分子排列的结果，扼要介绍了与玻璃所呈现的各种物理化学性质相关的基础化学知识。全书紧密结合生产实践，着重介绍玻璃生产制造的基础工艺方法和主要的工艺设备，列举制造工艺过程中经常遇到的实际问题，并运用基础理论知识，分析了玻璃各种缺陷产生的主要因素及可采取的对策。(朱骏)

T000445 **陶瓷史** 关宝琮、路菁编著。辽宁少年儿童出版社1997年版。10万字。5.20元。“科技小史系列”之一。介绍国内外陶瓷，特别是中国传统陶瓷的发展历史。(贾知松)

T000446 **乙烯工学** 陈滨主编。化学工业出版社1997年1月版。65.3万字。60.00元。分册介绍生产乙烯的方法、烃类裂解反应的化学平衡和反应动力学、管式炉裂解工艺过程、选择性加氢精制、裂解气的预分馏、净化、压缩和精馏分离过程、乙烯装置的物料和能量平衡、水、电、汽平衡、乙烯贮存与运输和乙烯工厂的安全问题等。(郭燕)

T000447 **高聚物合成工艺学** 赵德仁、张慰盛主编。化学工业出版社1997年6月版。81.5万字。30.00元。除绪论外分3篇。第一篇聚合方法与工艺过程，讲述高聚物合成方法与有关生产工艺理论基础。第二篇合成树脂与塑料。首先在概论一章中讲述合成树脂与塑料的基本用途及有关特性的基本知识。然后分章讲述通用塑料、工程塑料、耐热及高性能聚合物、合成纤维及水溶性聚合物。第三篇合成橡胶。讲述合成橡胶的基本知识与合成生产工艺特点。通用橡胶、特种橡胶与粉末橡胶等。(郭燕)

T000448 **塑料配制与成型** 林师沛编著。化学工业出版社1997年10月版。35.8万字。25.00元。介绍合成树脂的特性、塑料配制技术和成型基本方法，分3篇。第一篇介绍聚乙烯、聚丙烯、聚氯乙烯、聚苯乙烯和工程塑料的结构与性能的关系。第二篇在介绍各种添加剂及混配设备之后，着重介绍聚合物合金与共混物、聚烯烃塑料、聚氯乙烯塑料和短切玻纤增强热塑性塑料等的配制技术，列举配方200余例。第三篇介绍塑料的单螺杆、双螺杆挤出，注塑和吹塑等成型基本方法、原理和成型实例。(郭燕)

T000449 **合成树脂服务指南** 中国石化总公司生产部组织编写。中国石化出版社1997年6月版。50万字。25.00元。介绍国内外合成树脂的生产和发展概况，特别着重介绍了国内生产企业及重点装置。全书以表格的形式汇总了中国石化总公司系统的聚乙烯、聚丙烯、聚氯乙烯以及聚苯乙烯系列树脂的全部牌号、性能及用途。同时论述了树脂物理性能对塑料加工性能的影响，并对常用计量单位和检测方法进行了说明。另外，为了便于树脂用户的应用，还介绍了塑料加工成型方法及加工助剂。书后附有中国石化总公司合成树脂技术服务机构简介。

T000450 **现代橡胶工艺学** 杨清芝主编。中国石化出版社1997年6月版。113.4万字。56.00元。论述了橡胶及其配合体系，以及共混的原理与方法，概述了橡胶配方设计的原理与方法，阐述了塑炼、混炼、压炼、压出和硫化5个基本工艺过程的原理及实施方法。还编入了1987～1996年橡胶科学与技术发展中出现的主要新理论、新技术、新工艺和新方法。全书共15章。在编写中突出了基本原理部分，

并兼容配方设计和工艺过程两部分。(孙培玉)

T000451　**橡塑模具优化设计技术**　模具计算机辅助工程技术国家工程研究中心申长雨主编。化学工业出版社1997年7月版。72.4万字。55.00元。以模具计算机辅助工程技术国家工程研究中心近年来的多项科技成果及其在工程实践中的应用为基础,介绍塑料成型和橡胶成型工艺过程的计算机模拟技术及模具的计算机辅助优化设计。塑料成型部分以注射模成型为主,介绍注塑成型模具浇注系统、冷却系统的优化设计,注塑模成型过程中的三维冷却,三维流动和翘曲变型的计算机模拟技术,以及自行开发的Z-MOLD计算机模拟和优化设计集成系统软件。此外,对塑料挤出成型、热成型、吹塑成型模具和成型过程计算机模拟技术,以及气体辅助注射成型、传递成型、反应注射成型、微电子塑封成型等新工艺也作了介绍。橡胶成型部分包括模具设计、硫化工艺过程控制、橡胶模具集成系统Z-RMOLD和典型结构与标准化设计。(郭燕)

T000452　**表面活性剂产品手册**　罗希权等编。中国轻工业出版社1997年3月版。73万字。65.00元。选编国外著名公司Hoechst、Henkel、Basf Hiils、ISP、Rhone-Poulenc、Dr. W. Kolb、A. W.、Ethyl、Manhoko、Seppic的1 000个产品,每个产品按其结构式、商品名、应用、性质(含外观、色泽、气味、组成、溶解性、密度、相对密度、粘度、折光指数、沸点、凝固点、闪点、酸值、碘值、皂化值、pH值、HLB值、生物降解性、表面张力和毒性等数据)和贮存要求顺序排列。书后附录了商品名表和部分公司的通讯地址。(劳国强)

T000453　**表面活性剂应用大全**　刘程编著。北京工业大学出版社1997年1月修订版。109.8万字。36.00元。介绍表面活性剂的性质、理论和应用。理论部分阐述了表面活性剂的性质及其润湿、增溶、乳化、发泡、洗涤等作用的基本原理。应用部分介绍了表面活性剂在洗涤、化妆品、医药卫生、造纸、化纤、纺织、制革、塑料、橡料、涂料、金属加工、机械、建材、采矿、选矿、煤炭、石油、食品、化学等各种技术和生产部门中的应用。(刘学宽)

T000454　**工业催化剂的研制与开发**　副名:我的实践与探索。闵恩泽著。中国石化出版社1997年2月版。23.2万字。17.00元(平),22.00元(精)。根据作者40年从事工业催化剂研制与开发的经历,从实践的角度,论述了工业催化剂研制开发的理论和方法,总结了从基础研究到应用研究,从中间试验到工业化,从设计、建设到生产全过程的经验。特别介绍了如何进行导向性基础研究、开拓性探索与创新,并最终形成技术商品,实现技术转让。(何重金)

T000455　**最新工业助剂大全(上、下卷)**　《最新工业助剂大全》编写组编。化学工业出版社1997年8月版。559.2万字。300.00元。共收入国内外各种助剂90大类,近40 000个品种。对每个大类先叙述国内品种,后叙述国外品种。每个品种均按商品名、成分、性能及用途、安全注意事项、包装贮运方式和生产单位等栏目进行介绍。书后附有国内外商品名索引,国内外助剂生产单位索引。(郭燕)

T000456　**实用胶粘剂配方手册**　副名:研制·生产·应用。翟海潮、李印柏等编著。化学工业出版社1997年1月版。66.5万字。43.00元。以介绍实用胶粘剂配方为主,同时介绍了胶粘剂的研制、生产、性能测试方法及胶粘剂配方应用。共收集国内外最新实用胶粘剂配方1 000余种。全书包括胶粘剂配方探秘、胶粘剂配方研制、胶粘剂配方集、胶粘剂生产与检验、胶粘剂配方应用指南。书中详细介绍了各类胶粘剂配方的组成、生产研制方法及原材料生产厂家、胶粘剂生产设备、胶粘剂生产安全防护、胶粘剂性能检验方法、胶粘剂配方应用等。书后附有国内外胶粘剂研制生产单位及常用塑料、树脂及橡胶缩写代号等。(郭燕)

T000457　**尿素**　袁一主编。化学工业出版社1997年1月版。77.4万字。55.00元。是"化肥工学丛书"之一。介绍现代尿素生产的基本理论,工艺流程,工艺条件的选择与控制,主要设备的结构,仪表自控,环保安全等方面的内容。书中对当代各种生产工艺,如水溶液全循环法、三井东压、东洋工程改良C法、改良D法和ACES法、二氧化碳汽提、氨汽提、等压双循环、热循环法及国内外各种联尿工艺均做了介绍;介绍了尿素合成、分离及造粒的基本理论,其中相图在尿素生产进程中的应用占了相当的篇幅;书中对尿素生产的能量平衡,作了分析。(郭燕)

T000458　**医药原料产供销大全**　副名:原料药、医药中间体、医药辅料。《医药原料产供销大全》编委会编。化学工业出版社1997年3月第二版。59.2万字。59.00元。第一版正文部分提供了566种原料药、365种医药中间体、452种医药辅料及其他原料的产供销信息,包括产品的名称、异名、英文名称、质量标准、参考价格和生产企业。正文部分的产品按汉字名称的汉语拼音序排列。第二版在此基础上增加了各厂家最新开发并由卫生部批准生产的148种原料药、68种医药中间体的产品信息并新增60余个生产厂家的通讯信息。(郭燕)

T000459 **煤浆燃烧、流动、传热和气化的理论与应用技术** 岑可法等著。浙江大学出版社1997年10月版。175万字。90.00元。阐述煤浆燃料在管内流动、传热及在锅炉内燃烧、气化的原理,计算方法及工程应用技术。全书共17章。第一、二章讨论了煤浆的物理、化学特性及流变特性,第三、四章研究煤浆在管内的流动特性、计算方法及沉降特性,第五章讨论了煤浆在炉前的贮存系统,第六章研究煤浆在管内流动时的传热理论,第七章研究单滴煤浆的燃烧机理,第八、九章研究煤浆喷嘴和燃烧器的设计、计算方法,第十、十一章研究煤浆火炬在炉内的燃烧过程及数学模型,第十二、十三、十四章分别研究了改烧煤浆的改炉技术及低污染燃烧技术,第十五章讨论了水煤浆的气化理论与技术,第十五章讨论了煤浆燃烧的试验方法和测量技术,第十七章讨论了煤浆在工业各领域的应用及发展前景。(李桂云)

T000460 **炸药实验室制备方法** 张熙和、丁来欣、朱广军编著。兵器工业出版社1997年11月版。26.9万字。16.00元。是炸药专业系列教材之一。是《炸药化学工艺学》和《炸药合成化学》的后续课程。本书是根据兵器工业总公司教材编审室专家审定的教学大纲并结合炸药的最新进展而编写的。介绍了各类单质炸药、混合炸药以及新近合成出来的炸药,共选取了有代表性的、各具特色的74个实验,分别介绍各炸药的制备原理和实验室制备方法。(赵成森)

T000461 **涂料工艺(上、下册)** 涂料工艺编委会编。化学工业出版社1997年12月第三版。323.4万字。198.00元。按成膜物、特种涂料和特种用途漆、涂料性能检测、施工、工厂设备、工厂设计的顺序编排。上册为绪言、颜料、助剂、溶剂、生漆、油基树脂漆、沥青漆、醇酸树脂漆、氨基树脂漆、聚酯树脂漆、聚氨树脂漆、丙烯酸树脂漆、有机硅树脂漆、橡胶漆、纤维素漆、乙烯树脂漆。下册为色漆、乳胶漆、粉末涂料、水性漆、防锈与防腐蚀漆、船舶涂料、家用电器及自行车涂料、电工绝缘涂料、塑料涂料、预涂卷材涂料、涂料性能检测、涂料施工、工厂设备、工厂设计。全书分别介绍各类涂料的基础理论、原料、配方、生产工艺、涂膜性能和应用。书中有详尽的品种牌号及其性能数据,具体的工艺操作和条件,众多实用性配方,以及有关生产厂家和公司等内容。(郭燕)

T000462 **涂料化学** 冯新德主编。科学出版社1997年8月版。43万字。35.50元。"高分子科学丛书"之一。是参考美国北达科他州大学数门有关涂料课程的内容,结合当前涂料发展的方向及我国的实际情况而编写的。书中以化学为中心系统地介绍涂料科学的基础理论,涂料的制备与应用的原理,并将理论与实际相结合,内容包括成膜过程,与涂料有关的流变学,表面化学,颜色学以及溶剂、颜料和成膜物的作用、性质与制备方法等等。除了介绍涂料中重要的品种外,还介绍了涂料的前沿课题及各种新型涂料,如高固体份涂料、粉末涂料、光敏涂料及各种特种涂料。(刘俊来)

T000463 **粉末涂料涂装工艺学** 陈振发等著。上海科学技术文献出版社1997年9月版。71.68万字。48.00元。分原料、粉末涂料、粉末涂装工艺和检测与安全4篇共18个章节,还列了12个附录。(陆中伟)

T000464 **化妆品化学与工艺技术大全(上、下册)** 裘炳毅编著。中国轻工业出版社1997年5月版。245.1万字。240.00元。从化妆品生产所涉及的科学理论和工艺技术两方面阐述了国内外最新的进展。全书上下册共7篇。第一篇对国内外化妆品用主要原料的成分、性质、功能及其应用进行了详细介绍,特别是以大量表格化数据介绍国外最新原料的质量规格;第二篇论述表面化学和胶体化学有关理论,并结合化妆品生产工艺实践加以具体分析,使理论深化;第三至六篇为化妆品产品各论,全面、系统地介绍了各类化妆品的配方原理、典型配方实例和产品质量的评估方法;第七篇是介绍现代化妆品工业生产设备、生产用水、生产过程卫生管理和全面质量管理模式。各章后均列有大量参考文献与正文对应。(章爱娣)

轻工业、手工业

T000465 **机械工程手册·专用机械卷(四)** 机械工程手册、电机工程手册编辑委员会编。机械工业出版社1997年11月第二版。187万字。145.00元。包括制浆造纸机械,啤酒和碳酸饮料机械,乳品生产设备,橡胶、塑料加工机械,印刷机械,包装机械和环境保护机械共7篇。主要介绍产品的分类、用途、工作原理、典型结构、关键技术、主要技术参数及选型原则等内容。(齐福江)

T000466 **轻工业技术装备手册(第3卷)** 中

国轻工总会编。机械工业出版社 1997 年 8 月版。358.6 万字。200.00 元。内容分 6 篇:制糖设备、制盐设备、罐头生产设备、乳品生产设备、碳酸饮料生产设备、酒类生产设备。制糖设备包括甘蔗制糖设备、甜菜制糖设备。制盐设备包括海盐、湖盐机械设备,原盐加工设备,原盐储运设备,矿盐生产设备。罐头食品生产设备包括罐头容器制造设备,实罐加工设备,罐头食品灌装、封口、杀菌设备。乳品生产设备包括原料乳品收贮设备,分离过滤设备,脱气、除臭设备,热交换杀菌设备,蒸发、干燥设备,乳品工业自动化控制及检测仪器。碳酸饮料生产设备包括糖浆配制、碳酸饮料混合、瓶装碳酸饮料包装设备。酒类生产设备包括啤酒生产设备,如麦芽生产、麦汁制备、啤酒发酵和澄清、酒花加工、瓶装包装、桶装包装设备;酒精生产设备,如原料处理、液体曲生产、酒母培养和发酵、酒精蒸馏设备。主要介绍相应行业的主要工艺流程、生产线分类及选择、设备组成、设备功能用途、分类型谱、结构原理、技术参数、设计计算、选型原则、控制系统与配套设备、安装调试、使用维护及发展趋势等内容。(沈红)

T000467 **机械工程手册·专用机械卷(五)** 机械工程手册、电机工程手册编辑委员会编。机械工业出版社 1997 年 9 月第二版。204.1 万字。156.00 元。共 9 篇,包括棉纺机械、毛麻丝纺机械、织造机械、染整机械、化学纤维机械、针织机械、服装机械、非织造布机械、纺织器材等篇。重点介绍纺织工业各大类方面的工艺流程,专用机械的应用和结构特点,使用中维护保养和发展趋势等方面的技术内容。(康振章)

T000468 **棉纺基础(上、下册)** 本书编委会编。中国纺织出版社 1997 年 9 月第二版。61.2 万字。上、下两册。41.00 元。介绍原棉和化学纤维的性能和选配原则,纺纱各工序的工艺过程,纺纱设备的机构、作用、工艺配置和工艺计算、产品品质检验,提高产品质量措施,并简要介绍了几种新型纺纱方法。本次修订量达 70%,主要是增加了概述、FA 系列新型棉纺设备、工艺和技术、管理等方面的内容,删去了陈旧、淘汰设备的内容,并增加介绍了主要的辅机设备方面的内容,如滤尘设备、清棉吸铁、除杂、报警设备、梳棉工序的磨针、包针设备等。(魏大韬)

T000469 **苎麻纱线生产工艺与质量控制** 郁崇文等编著。中国纺织大学出版社 1997 年 8 月版。35 万字。20.00 元。是高等纺织院校纺织工程专业教材之一。全书共 4 篇,分别阐述苎麻纤维性状,苎麻脱胶工艺与质量控制,苎麻长纤维纺纱工艺与质量控制,苎麻短纤维与棉、化纤等混纺工艺以及花式纱线和新型纺纱等。(俞丽琼)

T000470 **第四届陈维稷优秀论文奖论文汇编** 中国纺织工程学会编。中国纺织出版社 1997 年 12 月版。37 万字。33.00 元。本届论文以第九个五年计划和 21 世纪初我国纺织工业科技发展战略研讨为主题,还包括纺纱、织造、针织、印染、化纤、丝绸、纺机、测试等方面。共收录获第四届陈维稷优秀论文奖二等奖的论文 4 篇,三等奖论文压缩稿 43 篇,并附获表扬奖论文的目录。(鲍靖)

T000471 **新合纤染整** 宋心远主编。中国纺织出版社 1997 年 10 月版。25.8 万字。18.00 元。内容共 5 章,包括新合纤的结构和性能、新合纤的染色性能和理论、新合纤染整用染料和助剂、新合纤织物染色加工设备及其加工原理、新合纤织物的染整工艺。本书收集了国内外有关新合纤染整的资料,以及我国当前一些最新的科研成果,书中各章由对本领域有研究的专家和教授编写而成。例如第二章新合纤的染色性能和理论的部分内容来自编者所承担的“国家自然科学基金委员会资助项目”的研究成果。又如第五章新合纤织物的染整工艺部分内容来自一些工厂的生产实践,其他各章的部分内容也是来自各位作者的研究成果或实践经验。本书首先介绍新合纤的生产方法和结构性能;分析新合纤的染色性能和理论;阐述新合纤选用的染料、助剂和染色设备;最后介绍几类常见的新合纤织物的染整加工工艺,并列举实例。(黄崇芬)

T000472 **现代食品工程高新技术** 高福成主编。中国轻工业出版社 1997 年 5 月版。107 万字。80.00 元。从食品工程角度出发,系统介绍现代食品工程的各种高新技术,扼要论述了它们的基本原理、涉及的主要装置及其在食品工业中的应用。全书分为 8 篇 26 章。内容包括:食品粉碎、造粒新技术;食品工业能源新法应用技术;食品包装、杀菌新技术;食品分离新技术;食品保鲜新技术;冷冻关联食品加工技术;食品质构调整技术;生物技术在食品工业中的应用。(李亦兵)

T000473 **功能性食品甜味剂** 郑建仙编著。中国轻工业出版社 1997 年 11 月版。45 万字。35.00 元。分 9 章,在介绍甜味与甜味剂理论的最新进展的基础上,分别介绍了功能性单糖、功能性低聚糖、多元糖醇、糖苷甜味剂、二肽甜味剂、蛋白质甜味剂、蔗糖衍生物、人工合成甜味剂八大类共 30 余种功能性

甜味剂的物化性质、甜味特性、代谢特性、生理功能、安全毒理分析、生产技术、应用技术和发展前景等。（熊慧珊）

T000474 **食品添加剂手册** 凌关庭主编。化学工业出版社 1997 年 2 月第二版。283.3 万字。126.00 元。选收各国政府(包括中国、联合国、美国、欧共体和日本 1992～1995 年)批准使用的食品添加剂共 1 712 种。其中包括营养强化剂、乳化增稠剂、酶制剂、香料、加工助剂等 20 大类、55 小类。手册系 1989 年版本的全面修订、增补版。对每一种食品添加剂除初版时所介绍的名称(包括中、英文的通用名、俗名和学名)、结构式、分子式、分子量(或主要成分)、性状、制法、法定质量指标、用途、毒性及鉴别方法、含量分析和各项质量指标分析法之外，增加了法定编号和各国法定限量两个栏目。在每一类食品添加剂之前加一概述，包括最新进展和经济情况。书后附有中国颁布的食品添加剂使用卫生标准及管理办法等法规文件，以及参考文献和中、英文索引。（郭燕）

T000475 **食品保鲜新技术——科技兴农精选丛书** 陈家华编著。上海科学技术文献出版社 1997 年 8 月版。15.7 万字。7.50 元。介绍近年来国内外食品保鲜新技术。全书分 3 部分，一、介绍食品基本营养成分和品质劣变，食品加工、贮藏、保鲜工作者必备的基础知识；二、介绍食品保鲜防腐技术；三、食品保鲜剂和新鲜度的测定分析。(上海科技文献出版社总编办)

T000476 **食品史** 杨文翻、杨靖编著。辽宁少年儿童出版社 1997 年版。13 万字。6.10 元。“科技小史系列”之一。由食品发展史的十个里程碑、风靡世界的十种食品、中国十大传统节日的代表食品及风俗、中国十大菜系的著名食品、世界最著名的十种现代食品等 5 大部分组成，介绍近百种较有代表性的常见食品的发展历史和有关食品领域的一些知识。（刘铁柱）

T000477 **中国大豆制品** 王雪丽等编著。中国轻工业出版社 1997 年 9 月版。51.3 万字。58.00 元。阐述源远流长的中国豆腐文化发展史，详细地分析了我国大豆制品行业的目前生产现状与发展趋势，并且对祖国宝岛台湾豆腐业的历史沿革、现状与发展以及豆腐饮食文化的民俗特色等作了介绍。书中着重介绍了中国传统大豆制品及其加工技术，大豆的产区、分类及结构组成，还阐述了中国传统的非发酵与发酵大豆制品的加工技术，新兴大豆制品及其应用，大豆油脂与制品的利用与工艺过程，展示了丰富多彩的中国大豆制品莱肴及其药用价值。（方敏）

T000478 **功能食品与保健食品** 李八方主编。青岛海洋大学出版社 1997 年 11 月版。54.9 万字。32.00 元。介绍功能食品与保健食品发展的历史和现状，探讨了在我国该领域中所存在的主要问题及发展趋势。根据其功能性质，分别对营养食品、抗衰老食品、抗肿瘤食品、免疫增强食品、降脂食品、降糖食品、运动食品及增智食品的作用原理、应用等作了详细的论述，并介绍了功能食品与保健食品的功能因子、食品资源的研究及评价方法。（魏建功）

T000479 **保健食品原理** 余群力主编。甘肃科学技术出版社 1997 年 9 月版。43.1 万字。26.00 元。作者以传统中医食疗食养为基础，吸取国内外保健食品的新成果，运用现代生理学、生物化学、特殊营养学和食品工艺学等基本理论，结合我国食品工业的现状编写了本书。书中系统阐述了人体智能、疲劳、肥胖、衰老、解毒等机制，阐明了评价保健食品益智、抗疲劳、减肥、延缓衰老、抗有害化学物质污染等功能的基本原理、评价指标和测定方法，全面介绍了研制开发各种保健食品的功能性因子的新工艺和新应用。内容包括：保健食品；益智原理；疲劳的产生与抗疲劳；肥胖症与减肥；延缓衰老；有害化学物质污染与解毒；乳酸菌及其发酵乳制品；保健性微量元素；超氧化物歧化酶；保健性油脂替代品；磷脂和胆碱；保健性糖类；真菌多糖；维生素 A；维生素 E 以及维生素 C 等。（钱茹）

T000480 **淀粉糖品生产与应用手册** 尤新主编。中国轻工业出版社 1997 年 6 月版。42.2 万字。40.00 元。介绍淀粉糖品的发展现状、淀粉糖品的性质、生产技术和用途。内容包括淀粉原料及生产，淀粉糖品生产用酶制剂，双酶法液化糖化技术，麦芽糊精、酸水解淀粉糖浆、麦芽糖浆、高麦芽糖浆、麦芽糖、果葡糖浆、结晶葡萄糖、全糖、低聚糖、海藻糖、糖醇的生产技术和应用。书后还附有国内外淀粉糖化及其产品统计资料和常用数据表。（唐是雯）

T000481 **酒经·酒艺·酒药方** 王缵叔、王冰莹编著。西北大学出版社 1997 年 12 月版。32.6 万字。18.80 元。为“饮食文化丛书”第二部。以宣传、介绍中华酒文化为宗旨。计 4 卷。第一卷“古酒经七部注释”，选择了周·《仪礼·乡饮酒礼》，唐·皇甫崧《醉乡岁月》，宋·朱肱《北山酒经》等 7 部古代论酒专著。第二卷“历代名人饮酒逸闻选辑”，从正史、野史、笔记、杂说中选辑出黄帝论酒、灌夫骂座、刘伶纵酒、醉中八仙等古人与酒的逸闻趣事近百条。第三卷“历代饮酒诗词精选”,从现存数以万计的古代饮酒诗中精选出曹操、陶潜、王维、岑参、李白、杜甫、苏轼、唐寅、秋瑾的咏酒诗100首,予以注释题解。第四卷“古药酒二百方”,从《千金要方》、《景岳全书》、《圣济总录》、《太平圣惠方》、《普济方》等古代医书中选录有效、简便、实用的药酒剂,加以分类。(徐怀东)

T000482 **简明啤酒工艺学** 张云瑞主编。山东大学出版社1997年8月版。35万字。16.80元。讲述啤酒酿造原理及酿造工艺,内容分9章:第一章介绍啤酒的发展简史,国内外啤酒工业发展状况,啤酒的营养价值及分类。第二章介绍啤酒酿造原料,如大麦、酒花以及酿造啤酒所需的水。第三章介绍麦芽制造,包括大麦的处理、大麦的浸渍、大麦的发芽、绿麦芽的干燥、麦芽的质量标准等内容。第四章介绍麦汁制备,包括原料的粉碎、糖化、麦汁过滤、麦汁煮沸与酒花添加、麦汁冷却与澄清等内容。第五章介绍发酵,包括啤酒酵母、发酵机理、发酵工艺等内容。第六章介绍啤酒过滤、啤酒包装以及氧在啤酒过滤、灌装期间的侵入渠道及防治措施。第七章介绍成品啤酒的质量标准等问题。第八章介绍啤酒生产过程中的清洁灭菌等工作。第九章介绍啤酒厂的污水处理等问题。(刘旭东)

T000483 **茶博览** 杨力编著。山西古籍出版社1997年5月版。15.5万字。9.80元。内容包括茶史揽要、茶叶分类及名茶选介、茶叶感官审评、茶之冲泡与品饮、茶礼、茶道、茶事习俗(茶与婚礼、祭祀、佛教等)、茶书选辑、古今茶器具、名人与茶、茶典故、茶传说、茶诗词、茶楹联、茶与保健、茶叶购销常识等方面。本书除汲取了我国从唐代陆羽的《茶经》至现代的300多种茶书中的有益成份,更重要的是结合当前市场经济介绍茶叶的标准、审评、拼配、包装以及有关的国家管理规定等。(赵梅生)

T000484 **一年生植物纤维复合板的生产与应用** 邹惟前著。山东科学技术出版社1997年9月版。60.3万字。52.60元。介绍常用的一年生植物、工农业下脚料和再生材料的品种、分类和纤维(碎料)的特点,并以其为增强材料,分别与聚合物、水泥、石膏、橡胶、矿渣、沥青、菱镁水泥等十数种基体材料复合,采用相应的工艺方法,制成具有广泛用途的板材和制品,如植纤板、水泥板、中密度板、模压板、阻燃板、抗菌板、抗震板和隔声板。(费沂虹)

T000485 **建筑五金手册** 饶勃主编。上海科学技术文献出版社1997年2月版。209万字。180.00元。依照现行有效标准和新产品,对现今采用的各种建筑五金材料和产品的性能、规格、用途及有关生产单位作了详尽的介绍,不仅有国内的传统产品,而且还介绍了国内外新产品。涉及的产品总计有59个大类,630余种,其中,黑色金属材料有4个大类,29个品种;有色金属材料有3个大类,16个品种;非金属材料有5个大类,23个品种;工具有5个大类,20余个品种;起重与焊接器材有5个大类,11个品种;建筑门窗有3个大类,29个品种;门窗五金及器材有5个大类,134个品种;管件及支吊架有4个大类,12个品种;卫生洁具及水暖配件有3个大类,19个品种;装饰灯具有7个大类,300余个品种;厨房设备及消防器具有2个大类,26个品种;紧固件有3个大类,8个品种;轻金属结构构件有3个大类,8个品种。全书插图达2 500幅,表格1 530个。(池文俊)

T000486 **宝石学导论** 宋焕斌著。云南教育出版社1997年8月版。20万字。13.00元。在介绍宝石学实用知识的基础上,分析宝石学发展过程中的某些问题。(李昕蔚)

T000487 **奇石选影** 韦怀琨主编。广西民族出版社1997年5月版。300幅图。52.00元。共收进神奇的石玩照片约300幅。以“中华奇石”、“石王”的字画石照,配以捧回的“中华名人藏石精品展”大奖证书,构成影集之主题内容。收进的还有百年难觅的“鸡血石”照及其说明文,字画奇石的如“工人”、“江山春”奇石照;各种人物造型的有“阿凡提”;真实形象奇石照的如“奥运圣火图”;动物形状奇石状的有“大鹏展翅图”、“金龟送宝图”、“龙”、“熊猫”等;山河风光奇石照如“日月蚀”、“星月相伴”、“漓江风光”、“中国宝岛台湾”等,尤以“祖国版图”(中华地图形状),更为一绝。(韦方红)

T000488 **系统宝石学** 张蓓莉主编。地质出版社1997年8月版。93万字。180.00元。分4篇16章。第一篇为宝石学基础知识,概述结晶学、矿物学、光学等相关基础理论。第二篇为宝石鉴定仪器篇,介绍常规鉴定仪器的设计原理、结构和使用方法,以及大型仪器在宝石学中的应用。第三篇为宝石各论,系统论述各个种类宝玉石的基本性质、鉴定特征及其与合成、优化、仿制品的鉴别方法。第四篇为宝石的合成、优化和加工篇,介绍了各种宝石的合成、优化及加工技术。(叶丹)

T000489 **钻石** 王雅玫、何斌等著。中国地质大学出版社 1997 年 8 月版。31 万字。68.00 元。论述钻石文化和市场、钻石基本特征、钻石的成因；重点介绍钻石的鉴定方法、加工方法和国内外钻石的颜色、净度、加工、重量 4 个方面的分级体系；吸收了 90 年代以来最新关于优化处理钻石、合成钻石技术及鉴别方法；扼要地叙述了钻石的贸易和销售。（张华瑛）

T000490 **特种刺绣与盘花** 李洁等编著。金盾出版社 1997 年 5 月版。282 万字。19.00 元。介绍“特种刺绣与盘花”的新的刺绣方法。详细地讲解了特种刺绣与盘花的技术要点，装置的基本构成，装置与缝纫机的联结方法，辅料的选用，图案描印及进料方法。汇集了使用特种刺绣与盘花装饰的毛衣与时装、艺术壁挂、工艺包袋，及不同质料、不同工艺加工制作的片样彩照 150 多幅。还有图案花稿 160 多幅。（张德巩）

T000491 **时装设计艺术** 副名：纺大服饰金版书系。刘晓刚编著。中国纺织大学出版社 1997 年 11 月版。17.9 万字。38.00 元。共 6 册，即《时装设计艺术》、《时装鉴赏艺术》、《服饰配套艺术》、《时装摄影艺术》、《服装制作艺术》和《时装表演艺术》。其中《时装设计艺术》介绍时装设计形式和方法，时装造型手段与灵感，时装的流行与命名等内容；《服饰配套艺术》介绍各种服饰的搭配方法，如单衣服装的配套、时装色彩的搭配、不同体型的穿着等；《时装鉴赏艺术》讲述如何提高人们的服装鉴赏水平，着力培养人们的服装审美能力；《时装摄影艺术》阐述时装摄影的技巧和流派，探讨了摄影与时装、心理学诸方面的关系；《服装制作艺术》重点对艺术服装的制作工艺进行了详细的讲解，同时介绍了立体裁剪技巧及立体构成艺术；《时装表演艺术》讲述如何培训时装模特，时装表演的要点，以及观众如何欣赏时装表演等。（张益储）

T000492 **服装原型制图** 张月霞著。湖南科学技术出版社 1997 年 3 月版。33.6 万字。18.00 元。参照日本的文化式原型着重讲述了原型制图的基本方法，省、领、袖的变化及服装整体变化的制图技巧。全书共 6 章，分别介绍服装制图基础、女装原型、省、领、袖的原型变化、女装原型应用制图、男装原型应用制图、童装原型应用制图等。其中，女装原型制图给出了裙装、春秋装等实例 40 种；男装原型制图给出了西装、马甲等实例 12 种；童装原型制图给出了实例 8 种。对每一例服装，均给出款式图、裁剪图、成品规格、原型绘制尺寸、制图要点等。（陈一心）

T000493 **金剪刀流行书系** 上海文化出版社 1997 年 11 月版。80 面（彩页）。（各）15.00 元。共 4 种。《时装局部精做·领》，张明德、吴经熊编著；《时装局部精做·袖》，张志明编著；《时装局部精做·袋》，刘咏梅编著；《时装局部精做·腰钗钮拉链》，刘咏梅、张奕翎编著。《时装局部精做·领》主要介绍各种领的裁剪和缝制。领是服装上的视觉中心，其制作注重领面和领圈的吻合，以及领与人体的协调。该册汇集了各种领式 19 种。《时装局部精做·袖》重点讲述袖的制作方法。袖的装缝工艺复杂，难度高，特别是装袖和插袖，要讲究袖窿弧线的顺直圆滑。本册讲究内容的系统化和正规化，其缝制手法既吸收了传统工艺的精华，又融入了现代科学的技术。该书介绍 26 种常用袖。《时装局部精做·袋》集中分解了贴袋、开袋、插袋等 3 大类，约 18 种袋型。《时装局部精做·腰钗钮拉链》广泛吸纳了各种先进的工艺做法。（何智明）

T000494 **新编成衣染整** 王益民、黄茂福编著。中国纺织出版社 1997 年 8 月版。24.5 万字。18.00元。是“染整新技术丛书”中的一册。主要介绍兔毛衫、精纺毛衫、仿羊绒衫、棉纱编织衫、丝线编织衫、涤纶弹力衫、锦纶弹力衫、牛仔服装等染色和印花的工艺、设备、操作，以及真丝绸成衣砂洗、涤丝绸成衣碱减量、牛仔服装系列石磨、生物酶洗等工艺、操作和设备。（侯爱芹）

T000495 **新型西装裁制缝制诀窍** 张志明著。中国纺织大学出版社 1997 年 12 月版。11.9 万字。12.00 元。从剖析名牌三件套西装入手，介绍港式西装裁制缝制诀窍。重点阐述三件套制作的全过程。书中采用最新意大利西装款式裁剪图，并配有三件套西装裁剪结构图、规格表、样板推挡方法及推挡图、工艺流程图、流水程序表、西装质量要求等等。（俞丽琼）

T000496 **新款童装裁剪** 李平、张文方编。河北科学技术出版社 1997 年 3 月版。24 万字。19.00 元。编绘新款童装 100 余种，内容以实用裁剪技术为主，所列各种款式新颖大方，裁剪方法简便易学，裁片尺寸详尽准确；图幅中绘有款式图，裁剪图，领、袖、褶、袋等详细尺寸部位图。各种款式童装按儿童身高和年龄分为 11 类，选用时只要知道儿童的身高和年龄，便可大致找到自己所喜爱的童装款式和裁剪尺寸。（杜同彦）

T000497 **第二届“蒙妮莎杯”全国职业女装设计邀请赛获奖作品集** 李欣主编。河北美术出版社

1997年1月版。134幅图。39.00元。分6个部分，即：获奖作品图录、效果图佳作选、剪裁参考图选、服装设计漫谈、服装艺术史话、设计文案选登。设计作品全部新图，选编了主要的有特点的设计剪裁图，全部登载了作品的主题创意文字，并且选编了几篇专家服装理论文章，选登了几篇作者的设计文案，反映了此次大赛的整体形象和设计水准。（贡小秋）

T000498　**宁波服装史话**　吕国荣著。宁波出版社1997年9月版。10.6万字。10.00元。以长达7000年的历史跨度，记述兴衰起伏的时代脉搏，追溯宁波服装发展的历史轨迹，从不同角度反映宁波服装的现状和发展前景，特别是介绍了声名远扬的宁波"红帮裁缝"以及出自"红帮裁缝"之手的中国第一套西装、中国第一套中山装、中国第一家西服店和中国第一部服装理论著作《西装裁剪指南》。（王伯城）

T000499　**女套衫最新编结100款**　伊群等编。中国纺织大学出版社1997年7月版。24.8万字。22.80元。按材料和工艺特点分为马海毛间色图案、素色实芯编结图案、素色镂空编结图案、多彩色线间隔图案、色线间隔与编结图案、多种变形线间色图案、色线间隔与刺绣图案衫7大类。全书介绍的100款女套衫，全部配有精美的彩照、详尽的编结图和简明的文字说明。（俞丽琼）

T000500　**时装入门丛书**　上海文化出版社1997年9月至12月版。共4种。《时装设计入门》，刘晓刚、黄元庆主编，彩页4面，正文101面，定价：11.00元；《时装裁剪入门》，吴经熊、吴经龙编著，正文241面，定价：17.40元；《时装缝制入门》，管晞春、吴经熊编著，正文272面，定价：18.80元；《时装穿着入门》，杨晓鸿编著，插页4面，正文79面，定价10.00元。《时装设计入门》通过造型原理篇、造型方法篇、饰品配套篇、色彩运用篇、设计效果篇、设计心理篇等6个章节，全面而详尽地介绍了时装设计的各个过程和各种方法。《时装裁剪入门》注重实用功能，所采用的优选比例裁剪法是目前较为先进的一种剪裁法。其特点是结构合理，裁剪简便，能有效地解决时装的合体穿着和保证时装的正确吻合。对不易表现的有关体型、款型的内容作了回答。《时装缝制入门》从材料的选择与整理着手，介绍了外套、内衣等时装缝制的全套基础技艺。《时装穿着入门》将时装搭配归纳成造型、四季、个性、场合、配饰等5方面，详细介绍各种服装的穿着方法。（何智明）

T000501　**皮鞋帮样结构设计原理**　高士刚编著。中国轻工业出版社1997年4月版。39万字。38.00元。共4章，分别介绍皮鞋设计基本知识，帮样结构设计原理，复样设计法，复样设计技巧练习。重点讲述了皮鞋设计中的选楦、取点、制取设计模板和十字取跷的原理，并通过对成品结构图的分析和帮结构设计图的绘制，介绍了复样设计法。（安娜）

T000502　**霓虹灯制造技术与应用**　陈大华等编著。中国轻工业出版社1997年9月版。51.6万字。52.00元。阐述霓虹灯发光机理、光电特性、设计理论、工艺技术和生产设备的同时，对与霓虹灯制造密切关联的灯用材料、真空技术、电器设备以及工程安装也作了系统介绍。对理论知识的论述和介绍采取集中和分散相结合的方式，如对霓虹灯的发光机理、工作过程原理等一般性问题集中设章介绍，而针对性较强的问题，如真空技术、制作技术、故障判断等方面的理论，则分别渗透到介绍实用技术的各章中去。讲述实际应用的内容，都具体地提出数据、方法和规程、规范等。如对霓红灯工程设计，书中介绍了设计的程序、内容、方案，从根据电光源理论设计灯光到根据视觉心理设计色彩效果。还对组成霓虹灯整体的电器、配件、材料的作用作了说明。例举了实用霓虹灯工程的例子，配有相应的插图和表格。在综合述评内容中还介绍了霓虹灯电子技术新进展和可变色霓虹灯机理等。附录有各种霓虹灯地方标准、专利。（龙志丹）

T000503　**镜史**　郭治编著。辽宁少年儿童出版社1997年版。11万字。5.80元。"科技小史系列"之一。介绍国内外平面镜、凸透镜、凹透镜及放大镜、眼镜、夜视仪、望远镜、显微镜等镜类制品的发展历史，对所涉及到的光学、化学、电子等科学原理与技术也作了扼要阐述。（刘铁柱）

T000504　**瑞丽服饰美容**　本书编译组编译。中国轻工业出版社1997年2月至1997年11月版。18万字/辑。18.80元/辑。以介绍时装、饰品、发型、化妆4方面的谐调组合为宗旨，内容主要包括四季流行服饰资讯、各类服饰个性搭配、各种新发式和新发型等。1997年出版"瑞丽"丛书第6辑、第7辑、第8辑和第9辑。春季辑发布的流行春装信息中将具有领潮地位的4种国际知名品牌荟萃统览，展示了流行指导的权威内容。有关的最新流行配色直指银灰色系和咖啡色系，足见"瑞丽"的品位。夏季辑提出了所谓"女性时代"新式连衣裙的内容，把女性的美丽、聪慧、坚韧这些美好的东西在新派设计中充分传达给读者。秋、冬两辑集中展现已为越来越多普通女孩认同的"酷"装。通过漆皮、鹿皮时装及各种兽纹服饰及彩发、亮妆等等，把健康、明朗而前卫的"扮酷"方法介绍给读者。（罗佳）

T000505 **中华饮食文库** 王子辉等编。青岛出版社1995年5月至1997年10月陆续出版。1 800万字。2 030.00元。丛书。现已出版的著作包括《中国菜肴大典》(6卷)、《中国米面食品大典》、《中国筵席宴会大典》、《中国饮食诗文大典》、《中国面点史》、《中国史前饮食史》、《淮扬饮食文化史》、《中国名厨大典》、《中国餐饮名店大典》，共14卷。其他著作还在陆续出版之中。（郭东明）

T000506 **哈萨克烹调技术** 朱马编著。新疆科技卫生出版社(K)1997年2月哈文版。11万字。10.00元。详细介绍新疆哈萨克民族日常生活中常用和新疆的其他各民族同用的，有地方特色的210种传统饭菜的做法和烹调技术。讲解的各种饭菜按其制作特点，类型及制作材料的不同分为肉食类、麦食类、面食类、烤包类、汤类、炒菜类、凉菜类等18章内容，每章都有各种饭菜所需要的配料用量，制作顺序和方法等技术问题。（巴塔宜）

T000507 **中国饺子500种** 马凤琴、徐广泽编著。大连出版社1997年1月版。33万字。18.00元。共收全国各地具有代表性、地方特点、民族特征和传统风味的饺子品种500余种。其中包括名家、名店的传统品种，也有流行于民间的风味地方小吃和家常品种。制做工艺包括了煮、蒸、煎、炸等诸般方法。各款品种的主配料、制做方法均予以详细的介绍，某些传统名品的渊源、发展也适当加以介绍。（张绪蒲）

T000508 **魔芋菜肴** 张正雄编著。四川科学技术出版社1997年版。16万字。8.00元。"家庭烹饪丛书"之一。扼要介绍魔芋的历史、栽培、加工及种类、食用功效；重点介绍了冷菜、热菜共75种菜肴的烹制方法。（牛小红）

T000509 **现代家庭烹饪经典** 副名：微波炉使用大全。本书编写组编。内蒙古人民出版社1997年12月版。28.3万字。21.80元。分两部分。第一部分主要介绍与微波炉及微波炉烹饪的有关常识。第二部分为菜谱篇。菜谱篇按照烹饪主要原料分为"肉食类"、"禽蛋类"、"水产类"、"蔬菜类"，按照饮食习惯编有"主食、点心、粥"和"汤类"。每一类，按照功用分为"家常类"和"药膳"。家常类按照口味又分为"中式"和"西式"两种。所选菜谱偏重于大众化，便于操作。（刘智聪）

T000510 **中国素斋集萃** 上海龙华迎宾馆编。金盾出版社1997年2月版。3万字。20.00元。介绍我国素食的一支——寺院素食。书中分析了素食主要原料：大豆制品、食用菌类、新鲜蔬菜以及魔芋等新型食品所具有的营养价值。指出中国素食不仅以其原料易得而符合我国国情、适应我国居民的饮食习惯，而且还以其营养丰富、工艺讲究而顺应着世界饮食的潮流。书中分冷盘类、炒菜类、煲汤类、点心水果类收录的120款素食菜点，是以上海龙华古寺的素斋为基础，广采各家素食之长，运用现代烹调技艺和手法制作出来的。作者对这些菜点的用料配比、制作方法、成品特点进行了介绍，并配有精美的彩图。（周叔仲）

T000511 **中华创新菜精粹** 刘国栋编著。辽宁科学技术出版社1997年版。20万字。36.00元。从全国烹饪大赛的获奖菜肴中选出200多款创新菜，配以精美的彩照。（刘兴伟）

T000512 **中国大菜系（鲁菜、粤菜、川菜、苏菜）** 刘广伟等编。山东科学技术出版社1997年1月版。125万字。632.00元。有：《鲁菜》、《粤菜》、《川菜》、《苏菜》4本，每本定价158元，31印张。每本画册都详细地介绍了本菜系最具特色的传统菜和创新菜400种，以彩色菜品照片为主，配以中英文对照的菜谱，一菜一谱，并配有四季宴席菜单和烹饪术语解释。在选择菜品时，既收入有经久不衰的传统名馔，又收入有立意新颖的创新菜点。

T000513 **湘菜精萃** 许菊云编。湖南科学技术出版社1997年9月版。94万字。50.00元。共选湘菜100余种，一部分是传统的正宗湘菜，一部分是依据市场变化而推出的创新系列品种，两者都体现了湘菜"色、香、味、形俱佳，以味为主"的原则。其中柴把桂鱼、鸡汁透味参鲍、双味太极里脊丝、金鱼戏莲、龙舟载宝、发丝牛百页、鸡汁鲍脯鸭舌、一品鲍脯、猴头素烩、双味素翅、腊味三合蒸、洞庭金龟、清汤虫草柴把鸭、双味八宝饭、酱汁肘子、雀巢虾仁、荷花鱼肚、桃源鸡三味、海底世界等菜肴在全国、全省烹饪大赛中获奖。它们所用的原料也很普通，多以猪肉、牛肉、鱼肉、鸡肉、鸭肉、素菜为主。本书给出的100余种菜肴，均配以彩色照片显示其形貌，并辅以文字说明其原料、制法和特点。（陈一心）

T000514 **创新川菜（第三集）** 四川科学技术出版社1997年5月版。17万字。彩图159幅。36.00元。"厨师烹饪丛书"之一。介绍159种具有创新特色的川菜菜品，每种菜肴均有成菜彩图，介绍了各道菜

的来源、原料、制作过程及成菜特点。(何光)

T000515 **柯尔克孜族食谱食疗** 副名:柯尔克孜族风味小吃。朱努司编。克孜勒苏柯尔克孜文出版社 1997 年 10 月版。18 万字。8.00 元。主要介绍柯尔克孜族独特的饮食文化,对几百种别具风味的传统食物的含量及疗效进行了研究。(阿曼比尔)

T000516 **最新美容顾问** 王臻等编。化学工业出版社 1997 年 10 月第二版。62.1 万字。38.00 元。分医学美学标准、谈谈皮肤、护肤美容、有碍美容的常见皮肤病的防治、手术美容、口腔美容、形象设计浅谈、化妆美容、饮食美容、减肥美容、健身美容、美发护发、美容材料及制品等 13 部分,共计 897 个题目,全面系统地介绍了有关美容的知识和方法。(郭燕)

T000517 **世界发型(春夏季)** 本书编委会编。北京出版社 1997 年 3 月版。荟萃西班牙《美发精萃》杂志 1996 年 10、11、12 期的精髓部分。其中"美发造型"推出多位著名发型师创作的 45 款新颖发型;"世界最新美发动态"通览国际大都会新近美发潮流与时尚;"基本操作技术"图文并茂,精选清新亮丽的女子长发、短发、盘发和潇洒的男短发型,可资借鉴;"美发造型操作技巧"则以简洁的图文,解说 45 款新发型的操作诀窍。(龙杰)

T000518 **现代家政要典** 青岛市妇联、青岛市民政局编著。山东友谊出版社 1997 年 2 月版。34 万字。18.00 元。着重研究家庭管理规律、内容和方法。介绍人们怎样管家、理家、治家;怎样建立文明、和睦、稳定的家庭;怎样对待爱情、婚姻;怎样处理好家庭关系;怎样提高家庭生活乐趣……。(单虹)

T000519 **形象设计艺术** 副名:授人以玫瑰。杨青青著。中国纺织大学出版社 1997 年 12 月版。124 幅图。48.00 元。采用化妆前后对比实例图片剖析化妆过程;结合最新的人体工程科学研究成果,向读者传授内衣选购,穿着技巧;以大量照片展示帽子、鞋子以及丝巾等服饰配件不同的穿戴技法;涉及男性形象、分析男性着衣特点等。向普通人传授创造百态形象的方式和技巧。(张益储)

T000520 **服装款式与色彩搭配(女装专集)** 王可君编。湖南科学技术出版社 1997 年 1 月版。28.00元。以图为主。介绍了色彩的基本知识,其中略举数例说明休闲服、校园服、市街服、办公服、社交服的款式和色彩搭配。主要篇幅为成套服装(包括上、下装和围巾、帽子)新图,对应每一幅图均有文字说明。按红色、黄色、绿色、蓝色、紫色及灰色、无彩色等 6 大系列,介绍 250 套款色搭配、700 套色彩组合,并说明了不同色彩组合所产生的不同效果。(李遂平)

T000521 **穿出国际水平——教您装扮靓丽的技巧** 张玉荣编。河北科学技术出版社 1997 年 11 月版。14 万字。25.00 元。作者总结了欧美服装界各种成功经验,从气质与装扮类型,到服装的选择、配色、穿衣场合以及首饰和化妆等,一步一步地引导读者掌握装扮的基本要领。内容主要有:怎样确定自己的基本装扮类型;怎样选择日常基本服装;怎样识别服装用料和质量;怎样选择适合自己的颜色;怎样配色;怎样用服装来突出自己的优点,掩饰不足;怎样搭配服装;怎样搭配其他饰品,怎样化妆及怎样选购服装、首饰、化妆品和其他装饰品等。书中还配有几十幅大型照片。(刘子华)

T000522 **金闹钟流行书系** 上海文化出版社 1997 年 1 月版。(各)10 万字。(各)15.00 元。由 5 本组成:《一周服饰搭配》,孙欢编,由服饰色彩、服饰款式、服饰材料 3 个部分组成,从不同角度讲述了服饰搭配的方式方法、审美情趣和时尚概念。《一周美发护发》,马杂编,主要介绍美发原理和护发的种种科学方法。《一周居室布置》,李应圻编,通过居室布置中软件和硬件的有机结合,集中地表现居室主体特定的物质和精神需要。《一周新婚创意》,林凡编,主要从新式婚礼的个性创意入手,配制一系列婚礼进行过程中的"菜单",用新思维、新观念来迎接新生活。《一周形象设计》,裴旦编,通过个性、表情、仪态、语言等心灵美的培养设计再加上外部形象来达到整体形象的完美。(孙欢)

建筑科学

T000523 **八闽建筑大观** 福建省建设委员会编纂,杨纶钊主编。福建人民出版社 1997 年 7 月版。50 万字。1 150 幅图。275.00 元。收录福建省辖区范围内有特色的古今建筑 1 128 座(项)。收入的建筑是大建筑的概念,不仅是民居之类的建筑,还包括园林、桥梁、港口、车站、厂房、公路、电站、水库等。所收的建筑都是在某一时期、某一方面,如造型设计、建筑规模、施工技术、社会影响、工艺革新等方面有特色者,或居全省建筑之前茅,或为某一地区建筑之最。以建筑物名称为条立目,每个条目既有建筑物的彩色照片,又有较翔实的文字说明,释文内容包括:建筑物性质、方位、建造(开工、竣工)时间、设计者、施工者以及建筑规模、形制、质式、设计特色等。条目编排以时间为主线，先分古代建筑与近现代建筑两大类，而后以建筑物的功能性质为标准，分为民用建筑、工业建筑等若干中类，中类下又分若干小类，各小类下，按地区排列，同一小类下同一地区的条目，按竣工时间先后排列。为了让读者对福建建筑文化有概括了解，在具体条目前面，设立八闽建筑概观，简要介绍福建建筑发展情况及特点，并收录各地市有代表性的城市建筑全景照。（陈力凡）

T000524 **少儿科学宝库——世界100座著名建筑** 李国仪编著。河北科学技术出版社 1997 年 3 月版。8.5 万字。5.00 元。介绍 100 座最具代表性的建筑是怎样修筑的？为什么要修筑？等等。（王晓明）

T000525 **日本当代百名建筑师作品选** [日]布野修司＋京都大学亚洲都市研究会主编。中国建筑工业出版社 1997 年 1 月版。45.4 万字。185.00 元。介绍日本当代百位著名建筑师的代表作。这些建筑师既有在国际建筑界享有盛誉的大师，如丹下健三、槙文彦、矶崎新、黑川纪章等，又有近年来崭露头角的新秀，如妹岛和世等。所选建筑以 90 年代的新建筑为主。本书以两位日本建筑评论家的论文为纵轴与横轴，描绘出日本建筑界的新景观。（王明贤）

T000526 **世界科普画廊·建筑博览** 刘树勇等撰稿。浙江教育出版社 1997 年 11 月版。26 万字。50.00 元（精装）。介绍古今中外的各种房子及为建造这些房子而发展起来的建筑技术。其中通过大量的图片，展示了人类社会各个时期风格各异、富有情趣的建筑，介绍了建筑技术、建筑流派及建筑物中的服务设施等。

T000527 **东南大学建筑系理论与创作丛书（1927－1997）** 潘谷西等编。中国建筑工业出版社 1997 年 10 月版。428 万字。1 000.00 元。选录东大建筑系师生们 70 年来有代表性的设计规划作品、学术著作和美术作品，按学科范围汇编成册。丛书共 10 册，包括《东南大学建筑系成立七十周年纪念专集》、《杨廷宝建筑论述与作品选集》、《刘敦桢建筑史论著选集》、《东南园墅》（童寯英文原著，英中文对照本）、《建筑创作的纪程——齐康作品集》、《建筑历史与理论研究文集》、《教师设计作品集》、《美术教师作品集》、《学生作业集》、《青年建筑师作品选集》。它既是东大建筑系 70 年教学的全面总结，也是东大建筑系在建筑设计、城市规划、建筑历史与理论、园林设计与研究、建筑美术等学科整体学术水平的全面反映。（王伯扬）

T000528 **空间的艺术** 副名：中外建筑精品欣赏。龚华等编著。少年儿童出版社 1997 年 7 月版。20 万字。14.00 元。“艺术长廊丛书”之一。以图文并茂的形式，介绍古今中外 108 座建筑精品的概貌及其艺术特色，分中国篇、外国篇。介绍中国的有：“地球上最伟大的人工建筑——中国万里长城”、“世界屋脊上的宏伟建筑——布达拉宫”、“大雁、小雁比翼双飞——西安大雁塔、小雁塔”、“圣人故乡的纪念殿堂——曲阜孔庙”、“与天对话的神圣空间——北京天坛”、“中华人民共和国的议会大厦——人民大会堂”、“芙蓉出水、鹤立鸡群——香港中国银行大厦”等等；介绍外国的有：“人类世界的第一奇迹——古萨金字塔群”、“古罗马建筑的杰出代表——罗马大角斗场”、“哥特式教堂的经典之作——巴黎圣母院”、“高雅朴素的日本茶室——京都桂离宫松琴亭”、“雄踞世界第一高度四十年——纽约帝国大厦”、“本世纪最美丽的建筑——悉尼歌剧院”、“人类胜利的凯旋门——巴黎德方斯巨门”等等。附有彩色插页 8 面，串文图 108 幅。（洪祖年）

T000529 **建筑工程常用国际规范标准** 宋国富主编。河北科学技术出版社 1997 年 1 月版。266 万字。186.00 元。书中结合我国标准规范和多年来涉外工程项目建设经验，分析研究有关国际规范标准和手册的特点，对比与我国同类规范标准的异同点，在保持国际规范标准原意的前提下，对其中相似或重复的内容做了适当归纳、合并、取舍，文字上也做了改正。本书收集、编译、消化、整理的有 ISD、IEC、INSI、ACI、AISC、ASMC、ASTM、ASHRAE、ISA、NFPA、VBC、VPC 等有关工程建设方面常用的国际规范标准和手册，以及美国哈利代平板公司出版的《实用管道设计准则》。由于历史的原因，第三世界国家一般尚缺乏自己完善系统的规范标准，而美国的规范标准置信度较高，故各专业多侧重取材于美国的规范标准。专业范围包括土建、给水排水、暖通空调、热力机械、电气与通信各专业、以及公用的制图、建筑材料、合同条款等方面，共 8 个篇目。（杜同彦）

T000530 **建筑创作的纪程** 副名：齐康作品集。齐康著。中国建筑工业出版社 1997 年 10 月版。27 万字。80.00 元。系统地总结了作者及其领导的东南大学建筑设计研究所自 1982 年至 1997 年，15 年来的建筑创作历程与成果。从风景建筑到城市公共建筑，从地方特色建筑创作到现代建筑艺术的探索，共收录了建筑及规划设计作品 28 个。作者对这 15

年来的作品，从理论上作了阐述，并按时间进程一一加以剖析。建筑研究所对纪念性建筑进行了重点探索，创作了为数众多的优秀的纪念建筑。如南京雨花台烈士纪念馆、碑；侵华日军南京大屠杀遇难同胞纪念馆；南京中国共产党代表团梅园新村纪念馆以及江苏海安苏中七战七捷纪念碑等。同时，在公共建筑探求地区特点和风格化方面作了深入的研究，创作了南京丁山宾馆、华侨大厦、武夷山庄、安徽黄山市黄山国际大酒店以及福建长乐渡假村旅馆等作品。本书是为庆祝东南大学建筑系成立70周年出版的东南大学建筑系理论与创作丛书之一。(张建)

T000531　**建筑画新作精选**　唐光、廉公著。天津科学技术出版社1997年4月版。4.75印张。收入第四届全国建筑画评选优秀作品及一些专家教授的作品共110幅，均为作者近期的新作。本画册有两个特点：其一是各种技法、画种的作品都尽量包罗在内，有水粉、水彩、钢笔、彩色铅笔、水粉喷绘、油画棒、塑料彩笔、水彩喷绘以及中国画、电脑画等；其二是老中青的作品都有，且青年建筑师作品的比例大约占了一半。(丁文红)

T000532　**建筑美学原理及应用**　许相华编著。广西科学技术出版社1997年10月版。21.13万字。13.20元。介绍建筑物那沉默的形体，缤纷的色彩和多样的质地，建筑美的本质、功能、特征及艺术规律，以及建筑在人类精神活动中的地位。(王晓红)

T000533　**怎样做一名美国建筑师**　杨德昭著。天津大学出版社1997年9月版。30万字。20.00元。介绍美国建筑设计实践的各个方面，包括建筑业的标准化、建筑师制度、建筑师的服务、建筑设计合同、建筑法规、建筑师的工作组织、建筑设计方法、建筑设计实例等。(杨秀雯)

T000534　**普陀山古建筑**　赵振武、丁承朴著。中国建筑工业出版社1997年2月版。44万字。300.00元。分论文、彩照和图版3大部分。论文近15万字，系统论述了普陀山的自然环境、佛教的传入与佛寺的兴衰、普陀山总体布局、平面组合与建筑造型、建筑细部与艺术特征、佛寺禅院庵堂佛塔。彩照200幅，系统而形象地反映了普陀山古建筑的全貌。图版204幅，为普陀山古建筑的普测图，系浙江大学建筑系师生近百人5年测绘劳动的结晶。(王伯扬)

T000535　**房屋史**　乐嘉龙编著。辽宁少年儿童出版社1997年版。11万字。5.60元。“科技小史系列”之一。讲述有代表性的房屋的发展历史、建筑技术和建筑艺术。(刘铁柱)

T000536　**论现代西方建筑**　吴焕加著。中国建筑工业出版社1997年6月版。33万字。18.00元。是清华大学建筑学院教授、博士生导师吴焕加先生在教学之余所作的13篇教学札记，内容是有关对现代西方建筑发展演变的论述，文章大部分是1980年以后写成的。本书不称“西方现代建筑”，而称“现代西方建筑”，是由于“现代建筑”常常会与“现代主义建筑”相混。而现代建筑中除了现代主义建筑之外，还有许多其他名目的建筑，因此，本书书名中的“现代”只有时间的意义。全书内容包括图版、正文和后记3大部分。图版部分是有关第二次世界大战前后的欧洲建筑、美国建筑，以及第二次世界大战以来美国以外的各国各地区的建筑，共有插图99幅。正文部分共有13篇文章，从“百年回眸——20世纪西方建筑纵览”、“论建筑中的现代主义与后现代主义”、“建筑与解构”、“当代西方建筑审美意识的变异”到“建筑风尚与社会文化心理”，作者论述了现代西方建筑发展的演变。后记部分是作者对写作本书的缘由所作的概况与心得体会。(吴宇江)

T000537　**上海弄堂**　罗小未、伍江著。上海人民美术出版社1997年2月版。200幅图。135.00元。从上海近代社会文化特征入手，详尽介绍弄堂建筑的历史沿革，并辅以弄堂建筑各发展阶段的平面图，比较清晰地展现了弄堂建筑的演变过程。然后分别从弄堂空间、弄堂艺术和弄堂生活等几个方面入手，分析了弄堂建筑所特有的空间艺术和装饰艺术特色，勾勒出弄堂建筑在中国传统江南民居与近代西方城市住宅双重影响下所形成的中西合璧风格。特别是对弄堂建筑中的石库门门头门框装饰、窗楣窗框装饰等作了更为详细的介绍与分析，并对弄堂中极富地方风俗特点的生活环境与气氛进行了全面的描述与记录。全文辅以200余幅照片。(伍江)

T000538　**云南民族住屋文化**　蒋高宸著。云南大学出版社1997年11月版。101.2万字。160.00元。选择中原文化、青藏文化和东南亚文化交汇点云南的少数民族住屋为研究对象，借助其他学科领域的研究成果，透过各民族住屋这一空间物质实体，探求云南民族的深层文化，从中找寻出民族住屋的发展及演变轨迹。对住屋文化的概念从理论与实践的结合上作了界定，提出了关于住屋文化的4个基本观点。结合云南的考古资料及各民族中的口头文学，将云南近4000年的建筑历程归纳为4个时期，3次跨越。结合大量从田野调查中获取的第一手素材，书中充分展示了云南多元的住屋形式及其发展的历程,对云南住屋从住屋文化圈的角度进行了划分,用近 750 幅线条图及照片,以及近 40 万的文字,详细介绍了木楞房、土掌房、竹楼和合院建筑这几类住屋在云南民居中的代表性建筑。

T000539 **蒙古包文化(蒙文)** 中国政协东乌珠穆沁旗委员会编。内蒙古科学技术出版社 1997 年 8 月版。24.3 万字。14.50 元。由 5 章 22 节,近百幅插图组成。其中第一章主要介绍蒙古族房屋建筑的起源、形成和发展变化过程。第二章着重介绍蒙古汗国和元代蒙古包文化的历史概况。第三章阐述清代及民国时期蒙古包文化的发展过程和蒙古包的结构材料、器具用品、饮食种类、蒙古包的生产生活及与此有关的文化艺术、家庭教育、婚葬嫁娶等内容。第四章主要介绍现代蒙古包文化的发展概况、协调原理、传统工艺等内容。第五章着重论述继承和发展蒙古包文化的理论问题和实践问题。(斯勤达来)

T000540 **深圳地王大厦** 胡建雄主编。中国建筑工业出版社 1997 年 9 月第一版。15 万字。118.00元。深圳地王大厦从地面向上共 68 层,全高 382.95米。参加此项建设工作的有美国建筑设计有限公司、新日本制铁株式会社及我国的建筑设计、施工单位,本书是根据参加“地王”建设的设计、施工单位及总承包商和发展商的工作总结编写而成。内容包括设计特点、结构体系、电气设计、给排水设计、消防、施工组织与管理、半逆法施工、钢结构施工、液压爬模施工、玻璃幕墙施工、物业管理等。(李金龙)

T000541 **建筑艺术照明设计百例** 李恭慰编著。辽宁科学技术出版社 1997 年版。23 万字。68.00 元。收集现代国内外艺术照明优秀实例 124 个。包括商业照明、体育场照明、建筑立面照明、室内外环境照明。书中商业照明的实例是选取 1997 年全国商业照明研讨会中的北京上海“十佳”商场的优秀照明实例;还有获得省级优秀设计项目,如上海的“东方明珠”,“上海市府大楼泛光照明”,“亚运会体育场馆”的照明实例。(周振林)

T000542 **建筑图解辞典(下)** [日]建筑资料研究社编,刘茂榆等译。中国建筑工业出版社 1997 年 3 月版。68 万字。56.00 元。原为日本建筑资料研究社组织出版的一部多卷集建筑图解辞典,中译本分为 3 卷,其内容涵盖了从土方工程到建筑设备等建筑设计、建筑施工中所涉及的方方面面。各分册均附有中、日文对照的索引。下卷包括装饰装修工程、门墙工程、家具、楼梯、给排水卫生设备工程、燃气设备工程、电气设备工程和空调、通风、供冷供暖工程等。(白玉美)

T000543 **建筑图解辞典(上)** [日]建筑资料研究社编,朱首明等译。中国建筑工业出版社 1997 年 3 月版。73 万字。66.00 元。原为日本建筑资料研究社组织出版的一部多卷集建筑图解辞典,中译本分为 3 卷,其内容涵盖了从土方工程到建筑设备等建筑设计、建筑施工中所涉及的方方面面。各分册均附有中、日文对照的索引。上卷包括测量、地质勘察、基础工程、钢结构工程、钢筋混凝土工程、砌体工程、蒸压轻质混凝土和预应力混凝土工程、防水防潮工程、瓷砖贴面工程等。(白玉美)

T000544 **建筑图解辞典(中)** [日]建筑资料研究社编,高履泰、白玉美译。中国建筑工业出版社 1997 年 3 月版。103 万字。78.00 元。原为日本建筑资料研究社组织出版的一部多卷集建筑图解辞典,中译本分为 3 卷,其内容涵盖了从土方工程到建筑设备等建筑设计、建筑施工中所涉及的方方面面。各分册均附有中、日英对照的索引。中卷包括木工工程、屋面工程、板金工程、金属加工工程、抹灰工程、门窗工程和玻璃工程等。(白玉美)

T000545 **计算机辅助建筑设计 AutoCAD** 卫兆骥主编。东南大学出版社 1997 年 5 月版。51.2 万字。23.00 元。是介绍如何利用 AutoCAD 应用软件进行建筑设计绘图的专业性和实用性很强的 CAD 普及读物。应用篇着重介绍在 AutoCAD 基础环境下进行总体建筑和单体建筑设计绘图的方法和技巧。开发篇介绍的 AutoCAD10.0 为基础的用户化和专业化的开发技巧。每个部分内容均结合具体实例进行阐述和剖析。(洪文逵)

T000546 **建筑制图与室内设计** 刘林等著。华南理工大学出版社 1997 年 9 月版。42 万字。25.50元。是根据国家教委 1991 年批准试行的“高等学校工程专科土木建筑制图课程教学基本要求”,并参照国家教委(原教育部)于 1983 年 11 月审定的全国职工高等工业专科学校土建类专业《画法几何及工程制图》教学大纲草案编写。主要内容包括:正投影的基本知识、平面体的图示、回转体的图示、常用工程曲面、轴测投影、建筑形体的表达方式、建筑施工图、建筑结构施工图、建筑装修施工图、投影图中的阴影、透视投影、透视图中的阴影与虚像。并对计算机绘图的常用图形软件也作了简单介绍。(王魁葵)

T000547 **Auto CAD 建筑绘图与造型技法** 刘瑶等编著。华南理工大学出版社 1997 年 4 月版。

42万字。25.00元。AutoCAD是我国目前应用最为广泛的计算机辅助设计、辅助绘图的通用软件包。不求全面介绍此绘图软件的功能,针对建筑绘图与造型设计,引导读者运用AutoCAD软件包建立绘图环境、掌握基本绘图命令和编辑命令,主要以实例操作练习的形式,从点的拾取和画线开始,逐步画出平面图形、建筑施工图、建筑装饰图案,直至构造三维建筑形体、曲面造型和绘制透视图。(江厚祥)

T000548　**装饰识图**　于习法主编。东南大学出版社1997年9月版。16.7万字。10.50元。以装饰工程常用图样开篇,接着从投影的基本知识基本体、轴测图、组合体及图样画法到建筑施工图,介绍各种常用工程图的形成原理及其绘制和识读方法,为最后结篇的装饰工程图作了很好的铺垫。(徐步政)

T000549　**世界典型建筑细部设计**　[美]欧内斯特·伯登著,张国忠等译。中国建筑工业出版社1997年4月版。67万字。55.00元。是经美国VNR出版社正式授权,根据其1995年出版的《Elements of Architectural Design》一书翻译的。本书围绕如何掌握设计要素进行建筑创作这一主题,分析了各个历史时期不同风格和流派的有代表性的建筑细部设计近3 000例。全书分5个部分:风格、构图、材料、部件和形式。其中"风格"是按年代叙述世界建筑的发展和演变;"构图"是以丰富的设计语汇表述古典与现代建筑构图的基本原则;"材料"强调选材方法得当会创造出独特的建筑形式和艺术效果;"部件"则讲究细腻而严谨的细部设计手法和精湛的造型纹样;"形式"偏于结构技术造型和几何形态分析。(张惠珍、董苏华)

T000550　**房屋建筑学**　同济大学等著。中国建筑工业出版社1997年6月第三版。93.5万字。31.20元。分2篇,上篇为民用建筑设计;下篇为工业建筑设计。着重阐述了民用和工业建筑设计与构造的基本原理和应用知识。内容包括:民用建筑设计概论,建筑平面、剖面、立面设计,民用建筑构造概论,墙和基础构造,楼地层构造,楼梯构造,屋顶构造,门窗与遮阳构造,变形缝构造,民用建筑工业化,单层厂房平面、剖面、立面及室内设计,单层厂房扩建及其他形式厂房,单层厂房生活间设计,单层厂房外墙、门窗、屋面、天窗、地面及其他构造,多层厂房建筑设计,工业建筑生产环境设计的几个其他问题等。(朱首明)

T000551　**装饰构造**　李胜才、吴龙声主编。东南大学出版社1997年12月版。37.8万字。22.50元。主要介绍:装饰构造的设计原理和构造方式选择原则;楼地面、墙面、顶棚三大部分的构造原理与方法;隔断、幕墙、金属包柱、采光屋顶等特种装饰工程的构造原理与方法;装饰工程中一些构造实例。书中列举了大量构造详图,可帮助读者直观地理解构造原理与方法。(徐步政)

T000552　**住宅·厨房·卫生间设计与装饰**　温秀、马韵玉著。辽宁科学技术出版社1997年6月版。14万字。80.00元。内容涉及设计标准、国内外实例介绍和厨房、卫生间有关产品知识等,有5个方面的内容:1.住宅的心脏;2.厨房、卫生间的规划与设计;3.自己动手设计改造、装修厨房、卫生间;4.国内外实例介绍与分析;5.厨房、卫生间设备与家具的现状及发展趋势。(李夏)

T000553　**建筑装饰计算机辅助设计**　刘殿华、汪晓茜主编。东南大学出版社1997年10月版。29.6万字。27.00元。从介绍电脑制作室内装饰表现图的硬件配置和常用软件入手,以Step by Step的方式,详细地把室内装饰表现图的建模、渲染到影像的后期处理全过程展示给读者。本书以图为主,文字说明为辅,特别收录大量全彩影像。(徐步政)

T000554　**室内设计表现技法**　张福昌主编,杨茂川编著。中国轻工业出版社1997年9月版。16.2万字。30.00元。为中国室内装饰协会推荐的"室内装饰丛书"之一。它通过最新室内设计图片,深入浅出而又系统地介绍了室内设计素描、色彩、钢笔速写等与室内设计表现技法有关的基础知识;同时还介绍了透视基本原理;一点透视和二点透视的不同制图方法;鸟瞰图、轴测图等室内设计表现的实用透视画法、步骤;工具与材料;基本训练及各类实用技法等。书末,还汇集了目前最流行的各种表现技法的129幅彩色优秀作品实例,介绍了室内设计的马克笔表现,钢笔淡彩表现,水粉表现,喷绘表现等各种绘制技法,以及今后的发展趋势——电脑设计。其中绝大多数为室内设计表现作品,另外还有少量的室外建筑及其环境的表现作品值得在室内设计表现中借鉴。在这部分彩色优秀作品实例中,作者还对每幅作品的表现过程、方式以及独到之处进行了分析和评说。(李宗良)

T000555　**室内设计原理(下册)**　陆震纬、来增祥著。中国建筑工业出版社1997年7月版。37.6万字。47.00元。是按建筑的基本类型讲述室内设计原理的。主要内容有:室内交通联系空间的室内设

计，居住建筑室内设计，旅游建筑室内设计，商业建筑室内设计，办公建筑室内设计，观演建筑室内设计等共6章。（朱首明）

T000556 **装饰设计** 吴龙声、谢凤飞主编。东南大学出版社 1997 年 10 月版。20.3 万字。13.50 元。主要内容有装饰设计程序，装饰设计与室内环境空间，室内界面，色彩、照明、家具与陈设、绿化与小品，装饰设计实例分析。（徐步政）

T000557 **装饰结构** 刘殿华主编。东南大学出版社 1997 年 8 月版。26.8 万字。16.50 元。主要向读者提供基本的装饰结构知识，以便正确地选择装饰结构形式和材料，在设计和施工中作出符合结构安全性要求的决定。（徐步政）

T000558 **室内装饰设计施工图集·1·2·** 《室内装饰设计施工图集》编委会编。中国建筑工业出版社 1997 年 5 月版。65 万字。90.00 元。是从几千张工程图纸中精选出来的，每项工程列出了平面、立面、剖面图，个别部位还有详图。本图集分 10 集出版，这里介绍的是第 1、2 两集。主要汇集了商业类、居住类建筑各种室内装饰设计施工图，包括箱包、烟酒糖、钟表、小百货、电器、服装、玩具、文具、化妆品等多种类型的货架、柜台、展台等的装饰设计。居住类包括各种户型的客厅、餐厅、卧室、厕浴间的室内装饰设计。（朱象清）

T000559 **中国建筑画** 副名：清华大学专辑。纪怀禄、贾东东编。中国建筑工业出版社 1997 年 7 月版。16.4 万字。58.00 元。是全面反映我国建筑表现成就的系列图书，以全国十余家著名建筑设计院、大学专辑的形式出版。本书是清华大学专辑，体现了清华大学在建筑画教学和实践中所取得的成果。全书所表现的建筑类型包括规划、住宅小区、宾馆、写字楼、公寓、城市住宅、图书馆、古建筑、民居、娱乐设施、商场、餐厅等。从技法上分有：钢笔淡彩、速写、水彩、水粉、喷笔、色纸渲染、钢笔、马克笔等。（于志公）

T000560 **世界新建筑（1～5）** ［西］弗朗西斯科·阿森西奥·塞韦尔著，王贵祥等译。中国建筑工业出版社 1997 年 5 月版。105 万字。1 500.00 元。选取收录了建筑设计水平在世界上处于先进地位的 20 余个国家和地区的 112 个设计实例，依功能和类型不同分为高层建筑卷、体育建筑卷、交通建筑卷、娱乐建筑卷和商业建筑卷，每卷每一类型中又有细微的不同相关类型组合在一起。这些设计实例均为世界各国知名的建筑师或建筑事务所设计的，其中一些是为我国建筑界所熟知的，如理查德·迈耶、槙文彦、让·努韦尔、西萨·佩利等。这些实例几乎都建成于 80 年代至 90 年代初的 10 年中，其中既有新建项目，也有改建、扩建项目；既有单个建筑，也有群体的组合。这些建筑都程度不同地采用了先进的结构、节能、照明、材料技术以及先进的工艺流程，体现了高科技的特色。每个实例均以简要的文字介绍了设计人、设计背景、设计意图、设计思想和理论、设计手法及设计特点等，并配有精美的室内外照片及平、立、剖面图。（董苏华）

T000561 **上海住宅设计国际竞赛获奖作品集** ’96 上海住宅设计国际竞赛交流活动组委会编。中国建筑工业出版社 1997 年 3 月版。64 万字。200.00元。是’96 上海住宅设计国际竞赛和’96 上海住宅设计国际研讨会的全面反映和记录。全书包括上中下 3 篇。上篇为获奖方案，共收入获奖方案 20 个。这些方案均认真地考虑了可持续发展的要求，从建筑类型与生活方式的关系、居住区的生态环境与人文环境等方面进行了综合研究，创造了丰富的开放空间和居住园区环境，并设置了为整个居住区服务的主体公共空间。中篇为学术报告，共收入印度、加拿大、中国、美国、荷兰等国著名专家所作的有关居住园区及住宅设计的学术报告 8 篇。下篇为优秀论文，收入中国、英国、荷兰、澳大利亚等国住宅设计专业人员应征的有关居住环境和住宅设计的优秀论文 8 篇。（王伯扬）

T000562 **中国小康住宅示范工程集萃·2·** 建设部科学技术司编。中国建筑工业出版社 1997 年 2 月版。44.8 万字。48.00 元。从全国近百个小康住宅示范小区百余个住宅单体（包括低层、多层、中高层、高层）设计中，经国家科委、建设部等部门数十位知名专家评审，精选出 40 余个优良方案汇编而成。书中收录的均是应用了高科技成果适度超前的住宅设计，对我国今后的小区住宅设计和建设具有示范性和指导作用，也是对小康住宅示范小区住宅设计的总结。全书以线图和照片为主，配以简练的文字说明，并有专家的点评意见；书中还收入了经建设部批准颁发的《2000 年小康型城乡住宅科技产业工程城市示范小区规划设计导则》及其修改说明。（董苏华）

T000563 **世界小住宅（1～5）** ［西］F·阿森西奥著，于立等译。中国建筑工业出版社 1997 年 5 月版。140 万字。500.00 元。经西班牙 Axis 图书公司授权出版。共收入欧美近 20 个发达国家各类最有特色、最新的小住宅和别墅近百例，大多是世界著名建筑师精心创作的成果。全套共5卷,分别为市区小住宅、海滨小住宅、郊野别墅、山麓别墅、高地别墅,包括适合于不同地区及地形的不同型式、不同结构的私人别墅、花园式别墅、古典式别墅、单户住宅、双户住宅、农家住宅、小住宅区、小别墅区等。每例作品既有外观、局部、室内布局等精美的彩色照片,又附有平、立、剖面图及简要的文字说明。相互搭配的图文对建筑大师的创作思想、设计手法、作品的艺术风格和特点作了分析与论述。(张惠珍、董苏华)

T000564 **齐康建筑设计作品系列——南京雨花台烈士纪念馆、碑轴线建筑群** 齐康著。辽宁科学技术出版社1997年版。5万字。110幅图。68.00元。针对南京雨花台烈士纪念馆、纪念碑轴线建筑群的创作设计过程,以精当的论述,珍贵的图片和典型的设计草图全方位地反映了作者的设计思想、设计方案、设计手法、设计技巧和设计风格,从整体到细部,从实体到寓意,从构思到确认,既有理论阐述,又有实践过程,既有直接叙述,又有深刻分析,既有鲜明的创新,又有对古代建筑和外国建筑的借鉴。(刘绍山)

T000565 **一级注册结构工程师考试必读** 湖南省土木建筑学会编。中国建筑工业出版社1997年2月版。178.3万字。90.00元。根据全国一级注册结构工程师考试大纲编写。全书分3篇。第一篇为基础知识,包括数学、物理、化学、建筑材料、理论力学、材料力学、结构力学、流体力学、电工学以及工程经济等内容。第二篇为专业知识,包括结构设计的一般知识、混凝土结构、钢结构、砌体结构与木结构、桥梁结构、高层建筑结构、基础与挡土墙以及设计管理等内容。第三篇为习题与答案,对第一、二两篇中每一部分的基本内容列出了一些习题,并且给出了答案。(朱首明)

T000566 **实用建筑结构工程师手册** 李国胜等编著。中国建筑工业出版社1997年12月版。194.6万字。100.00元。是根据现行新的《建筑结构荷载规范》(GBJ9-87)、《混凝土结构设计规范》(GBJ10-89)和1993年、1996年局部修订、《建筑抗震设计规范》(GBJ11-89)和1993年局部修订、《建筑地基基础设计规范》(GBJ7-89)、《建筑桩基技术规范》(JGJ94-94)、《钢筋混凝土高层建筑结构设计与施工规程》(JGJ3-91)、《玻璃幕墙工程技术规范》(JGJ102-96)等,并参照许多技术文献编写而成的。全书共13章。内容包括:荷载、结构力学计算图表、建筑抗震、钢筋混凝土结构、砌体结构、钢结构、地基基础、升板结构、高层建筑中一些特殊结构设计、结构裂缝及加固补强、房屋增层改造设计、结构施工、楼梯等。(戚大庆)

T000567 **工程构件疲劳寿命预测理论与方法** 刘义伦著。湖南科学技术出版社1997年6月版。21.7万字。19.00元。从构件疲劳寿命预测的角度介绍有关疲劳理论及其应用方法,其重点在传统的累积频次分布和S-N曲线的应用上。全书共13章,前两章介绍了有关疲劳的基础知识和基本概念。第三章至第十二章分章论述了应力-时间历程分析、计数法与累积频次分布、载荷累积频次分布的实用外推方法、损伤累积理论及常规疲劳理论应用、Ho对计算疲劳寿命的影响及其确定方法、工程构件疲劳寿命预测线图法、计数法对计算疲劳寿命影响问题、局部应力-应变法预测构件疲劳寿命、裂纹尖端应力-应变场弹塑性有限元分析、疲劳裂纹扩展问题,第十三章给出了工程构件疲劳寿命的预测实例。(陈一心)

T000568 **工程结构裂缝控制** 王铁梦著。中国建筑工业出版社1997年8月版。98.9万字。72.00元。在大量工程实践基础上,对结构物由于变形等作用引起的裂缝作了系统的论述。其中包括许多新的观点、分析和处理方法,特别对近十年来的实践经验和研究成果作了详细的分析。作者指出的有关伸缩缝计算公式已成功地处理了我国许多重点建设工程的裂缝问题。书中还重点介绍了作者最近提出的有关"后浇带"的经验及许多城市结构裂缝控制实例,并首次发表了作者有关现场结构温度收缩应力的实测研究成果。作者自1955年以来一直从事工程结构裂缝方面的研究,在我国许多重大工程现场开展科学实验和理论研究,是我国著名工程结构裂缝控制专家。(王跃)

T000569 **悬臂构件稳定性理论及其应用** 郭耀杰著。华中理工大学出版社1997年2月版。12.4万字。7.50元。共11章,内容包括对悬臂构件稳定性研究的历史和现状的评述,薄壁构件弯扭总势能及弯扭失稳计算总势能的详细求解,采用新的假想荷载法对薄壁构件几何非线性方程的推导,悬臂梁及悬臂压弯构件稳定性的分析与设计,顶端带约束支撑的悬臂构件稳定性的分析与设计,冷弯薄臂构件非弹性阶段稳定性的影响因素分析及其计算。(陈晓娟)

T000570 **90年代网架工程精选** 上海市建设委员会、上海空间结构技术发展中心编。上海科学技术文献出版社 1997 年 12 月版。48 万字。按照不同类型的建筑分 10 个部分，分别介绍 90 年代初、中期及 70、80 年代个别有代表性的各类网架结构，综合了国内主要网架结构厂的设计安装经验，反映了国内网架结构工程的设计制造水平。（总编办）

T000571 **砌体结构学** 丁大钧著。中国建筑工业出版社 1997 年 6 月版。62 万字。33.00 元。阐述砌体结构有关内容，特别对砌体结构机理、理论研究和发展方向、砌块材料和砌体结构应用等国内外的历史和现状作深入的探讨。在设计与计算体系方面仍考虑实用的需要，以我国现行国家规范的规定和应用条件为依据扩展讨论，并从理论上结合作者的科研成果进行探讨，提出一些设计建议。（黎钟）

T000572 **混凝土结构实用构造手册** 严正庭、严捷编著。中国建筑工业出版社 1997 年 7 月版。113.9 万字。63.00 元。是根据《混凝土结构设计规范》（GBJ10－89）及其 1993 年、1996 年两次局部修订和有关设计标准编写而成。共有 19 章和 9 个附录。主要介绍工业与民用建筑的板、梁、柱、框架、基础、支撑、预制构件、设备基础、工业炉基础、地沟、楼梯、预埋件、YG 型胀锚螺栓、射钉等钢筋混凝土结构的构造、连接和抗震构造要求。（戚大庆）

T000573 **轻钢结构** 王燕等编著。冶金工业出版社 1997 年 10 月版。32.3 万字。17.20 元。阐述轻钢结构设计的基本理论、计算方法以及结构构件的设计和构造处理：包括薄板的屈曲，压型钢板，扭转屈曲和弯扭屈曲，檩条设计，墙梁设计，压弯构件，框架的稳定计算与设计，轻钢结构的防腐蚀等。（宋良）

T000574 **基坑工程手册** 《基坑工程手册》编辑委员会刘建航、侯学渊主编。中国建筑工业出版社 1997 年 4 月版。137 万字。80.00 元。系统总结了国内外基坑工程的经验，全面提出了基坑工程的设计理论与施工规律，充分反映了我国基坑工程设计与施工的当前水平和发展趋势。书中附有大量的工程实例。分 22 章，内容包括总论，基坑工程总体方案设计、土的工程性质、土压力、基坑稳定性分析、挡土结构内力分析、基坑变形估算、工程降水设计与施工、钢板桩与板桩式结构设计与施工、钢筋混凝土板桩设计与施工、地下连续墙设计与施工、钢筋混凝土柱列式挡土墙设计与施工、搅拌桩挡土墙设计与施工、喷射注浆法设计与施工、支撑结构设计与施工、土锚设计与施工、沉井工程设计与施工、现场监测与信息反馈、周围地层与注浆技术、邻近建筑及设施的保护技术等。书中各章章末均附有参考文献，书末编有索引。（石振华）

T000575 **土体原位测试机理、方法及其工程应用** 孟高头编著。地质出版社 1997 年 3 月版。40.1万字。20.00 元。系作者在国内外多年来从事土体原位测试技术研究和实践经验的总结，同时搜集了大量实用的公式和图表。内容包括：目前国内外所有常用的土体原位测试技术，如静力触探、动力触探、载荷试验、旁压试验、十字板剪切试验、压入板状膨胀仪试验及联合原位测试技术等。书中详细介绍了各种原位测试技术的原理、仪器设备、试验方法，资料整理、测试精度的影响因素及保证测试精度的方法等，并着重论述了各种测试成果在工程上的应用。（屠涌泉）

T000576 **土的动力强度和液化特性** 汪闻韶著。中国电力出版社 1997 年 3 月版。15.3 万字。14.10元。主要内容有：土的动强度、土的液化、土体液化与极限平衡和破坏的关系 3 大部分。作者在土强度的物理和工程概念基础上，阐述了粘土和砂土在冲击和循环作用下的强度特性、表达方法；在回顾了国内外关于土液化概念的历史演进后，详细论述了土液化的正名和形成机理，包括砂沸、流滑、循环活动性 3 个典型的液化形成机理；最后一部分主要阐明作者对土体液化与极限平衡和破坏的区别及关系的看法，并提出了防止土体液化破坏的对策。（丁莉）

T000577 **非饱和土土力学 Soil Mechanics for Unsaturated Soils** ［加拿大］D·G·弗雷特隆德、［印度尼西亚］H·拉哈尔佐合著，陈仲颐等合译。中国建筑工业出版社 1997 年 8 月版。97.8 万字。58.00元。论述非饱和土土力学的主要内容，包括土的相的性质与关系、应力状态变量、土的吸力量测、流动定律、渗透性量测、稳定流、孔隙压力参数、抗剪强度理论与参数量测、塑性与极限平衡、体积变化理论与指数量测、一维固结与膨胀、二维与三维非稳定流及非等温分析等。（石振华）

T000578 **建筑地基基础** 吴湘兴主编。华南理工大学出版社 1997 年 2 月版。69 万字。37.50 元。是根据工业与民用建筑专业的《土力学及地基基础》课程教学基本要求，结合现行国家标准《建筑地基基础设计规范（GBJ7－89）》和行业标准《建筑桩基技术规范》（JGJ94－94）编写的。内容包括地基土（岩）的物理性质及分类，地基的应力与变形，土的抗剪强度，土坡稳定与土压力理论，工程地质勘察，浅基础

的地基承载力，桩基础、地下连续墙与基坑支挡结构，软弱地基处理等。(赖淑华)

T000579 **岩石细观力学实验与分析** 谢强等著。西南交通大学出版社1997年4月版。11万字。6.00元。介绍从专用设备(扫描电子显微镜)、微岩样加工工艺到观测记录的一整套完整实验技术；着重介绍了几种主要组构岩石连续破坏过程的直接观测成果，并从损伤的角度对岩石的破坏机理作出了科学的解释；本书将实验研究与理论分析较好地结合起来，进而建立了岩石细观损伤和细观时效损伤分析理论及其应用方法。(杨怡)

T000580 **软土地基测试指标的实际应用** 何金辉等编著。地质出版社1997年9月版。25.1万字。30.00元。共19章。主要内容有岩土工程的现状和发展方向，工程场区布孔原则和实例分析，土的物理性质指标的应用，土的水理性质指标的应用，土的压缩性指标的应用，土的强度指标的应用，动力触探试验指标的应用，静力触探试验指标的应用，十字板剪切实验指标的应用，土的矿物成分指标的应用，固结原理及其指标在软土中的应用，软土地基承载力的计算，软土地基的沉降计算，上海高层建筑桩基常用参数，软土地基的深基坑开挖，软土地基的安全监测设计，上海及周边地区高耸建筑物的地震地质和卓越周期的评价，国际单位制在岩土工程中的应用以及6篇有关上海地区的地质灾害的特点与对策等的实用论文选编。(赵俊磊)

T000581 **岩土工程设计计算与施工丛书** 彭振斌主编。中国地质大学出版社1997年7月版。110万字。62.00元。包括:《灌注桩工程设计计算与施工》、《托换工程设计计算与施工》、《锚固工程设计计算与施工》、《深基坑开挖与支护工程设计计算与施工》、《注浆工程设计计算与施工》、《地基处理工程设计计算与施工》，共6册。从工程实践出发，以从事岩土工程勘察、设计、施工、监理和监测的工程技术人员的需要为着眼点，依据现行的新规范，在总结国内外最新技术的基础上，系统介绍了岩土工程诸方面的内容。(吴巧生)

T000582 **建筑工程材料手册** 龚洛书主编。中国建筑工业出版社1997年6月版。作者在编写上按无机非金属材料、金属材料、有机高分子材料和某些复合材料进行分类，并以工程中常用的材料和制品分章、节进行编写。例如无机非金属材料中的建筑石材为章，天然花岗岩、人造大理石等为节；混凝土为章，集料、外加剂等为节，这样写既有助于读者认识材料属性，又便于材料的应用。每个材料品种的撰写内容包括:材料定义、分类、规格型号、技术性能、质量标准和应用技术。凡以材料、制品命名的各章、节名词之后都冠以英文名称，便于国内外读者阅读对照。(袁孝敏)

T000583 **建筑材料** 湖南大学等著。中国建筑工业出版社1997年6月第四版。45.2万字。15.40元。主要介绍建筑工程中常用材料的基本组成、技术性能、质量检验及应用方法和其他基本知识。所涉及的基本材料有气硬性胶凝材料、水泥、混凝土、砂浆、墙体材料、钢材、木材、建筑塑料、防水材料、绝热及吸声材料、装饰材料等。(朱首明)

T000584 **建筑材料** 王世芳主编。中央广播电视大学出版社1997年1月版。39.6万字。19.30元。分12章，书末附有建筑材料实验。各章是按材料组成(或工艺特征、性能特征)划分的。各种功能材料如:防水、绝热、装饰、吸声、隔声等材料不单独设章，而是按材料的组成编入相应的章节。为使各种材料与工程实际联系起来，便于选择、使用材料，专门设置了一章，即建筑材料的功能分类与常用品种。书中以建筑材料基本性质、水泥、混凝土、建筑金属材料、合成高分子材料及沥青材料为重点，在系统阐述各种材料性质与应用的基础上，着重阐明材料的基本知识与理论，指明本学科的新成就及其发展方向，并注意反映新型材料的特点。(旷天鉴)

T000585 **建筑材料与工程质量** 华南理工大学出版社1997年4月版。38.4万字。25.50元。在阐述建筑材料的组成、结构与性能的关联中，对有代表性的材料还介绍其现行的新标准，尤其突出其技术要求，以及技术要求与工程质量的关联和影响。分析了数十个工程质量与建筑材料关联的实例，对作者直接参与的如广东某斜拉桥拉索事故分析等作了介绍和讨论。通过工程实例分析，对正确、合理使用材料有更深刻的认识。(李彩英)

T000586 **室内外装饰材料** 何平主编。东南大学出版社1997年10月版。30.6万字。21.00元。介绍各类室内外装饰材料的性能特点、规格尺寸、质量标准、适用范围和生产厂家。(徐步政)

T000587 **秦砖汉瓦的变迁——上海墙体材料革新(1991～1996)** 《秦砖汉瓦的变迁》编委会编。上海科学技术文献出版社1997年12月版。43万字。88.00元。收录国务院副总理朱镕基、邹家华及有关领导关于墙体材料革新工作的信件、讲话和文章。全书共5篇，附彩页54页。法规篇收录了国务院及下属部局、上海市人民政府及下属委局的通知、命令共 17 个。实践篇选登了上海地区的生产企业、设计院、施工企业、大学等推进墙体材料改革工作的文章 9 篇。成果篇介绍了上海在发展新型墙体材料方面取得的科研成果，制订的设计规范、施工规程，实施的技改和新建项目，建造的住宅试点小区；历年来生产基本情况，新型墙体材料的品种与产量统计，以及发展新型墙体材料带来的社会效益。资料篇登录了上海发展新型墙体材料的管理机构，历年来的表彰名单，新型墙体材料生产企业名录，上海市墙体材料行业“八五”发展规划，上海市墙体材料革新工作大事记。展望篇展示了上海市墙体材料行业发展的“九五”计划和 2010 年规划。最后以“秦砖汉瓦变迁的第一乐章”报告文学形式报道了上海发展新型墙体材料的历程。书中的彩页反映了中央和上海市各级领导对发展新型墙体材料的关心，展示了上海在新型墙体材料革新方面执法、科研、生产、使用等情况以及所取得的效果，列示了 19 种新型墙体材料产品及其性能。（池文俊）

T000588 **新型建材跨世纪发展与应用 1996～2010** 中国新型建筑材料（集团）公司、中国建材工业经济研究会新型建筑材料专业委员会编。中国计划出版社 1997 年版。90.5 万字。70.00 元。主要内容包括：新型建材第二次飞跃的发展战略、墙体层面材料、保温隔热材料、建筑装饰装修材料、建筑防水密封材料、原材及辅助材料、地区新型建材的发展、企业管理与科技产业、建材市场营销、轻型建筑与建筑节能、国外新型建材与住宅的发展等。（陈楠）

T000589 **化学建筑材料手册** 陈长明主编。江西科学技术出版社 1997 年 1 月版。145 万字。88.00元。简要介绍化学建材的基本理论知识，重点介绍实用技术，内容包括建筑塑料、塑料挤出成型、塑料门窗、塑料管材及管件、塑料异型材、塑料装饰材料、人造大理石类装饰材料、建筑嵌缝密封材料、建筑防水材料、建筑涂料、建筑胶粘剂以及外加剂等。附录列出有关数据资料和国家标准。

T000590 **中国防火建材产品技术手册（1997）** 钱建民等编著。四川科学技术出版社 1997 年 5 月版。37.7 万字。26.00 元。针对目前国内每一类防火建材产品的研究、生产状况、技术要求及存在的问题等进行阐述，并对国内经检验合格的产品的技术参数、安装及使用说明等作了详细介绍。（安小望）

T000591 **建筑安装工人技术图解系列丛书——中小型建筑机械操作工** 肖阳主编。山西科学技术出版社 1997 年 12 月版。25.4 万字。14.00 元。重点介绍常见中小型建筑机械的基本构造、工作原理、安全操作或使用要点以及日常维护保养知识。选择的机型有混凝土机械、钢筋机械、压实机械、装饰机械、卷扬机及钢丝绳、机动车、水泵等。（温洁茹）

T000592 **工程建设监理概论** 全国监理工程师培训教材编写委员会编。中国建筑工业出版社 1997 年 5 月版。27.5 万字。16.00 元。分 6 章，主要讲述工程建设监理的基本概念、实施条件和必要性，工程建设监理的规章制度，监理工程师的素质、职业道德、资格考试、注册管理，工程建设监理单位的设立、资质与管理以及经营准则、经营内容、与工程建设各方的关系，工程建设监理目标控制，工程建设监理组织，工程建设监理规划等。（朱首明）

T000593 **工程项目管理** 成虎编著。中国建筑工业出版社 1997 年 7 月版。39.5 万字。21.00 元。以工程项目为对象，以工程项目整个实施过程为主线，通过全面论述项目的前期策划、系统分析、各种计划和控制方法、合同管理方法、组织和信息管理方法，力求使读者通过对本书的阅读，能对工程项目形成一种系统的、协调的、整体优化的管理观念，能对工程项目管理的特殊性有一定的认识，掌握常用的项目管理方法和技术。（向建国）

T000594 **国际工程承包总论** 汤礼智主编。中国建筑工业出版社 1997 年版。41.9 万字。23.00 元。为“九五”国家重点图书“国际工程管理教学丛书”之一。全书分 12 章，其中第一章概述了国际工程承包的基本概念、主要特点、市场分析和展望，以及我国公司参加国际工程承包的回顾与思考；第二章至第六章讲述了国际工程的招标和投标及签订合同问题；从第七章至第十二章阐述了国际工程的各项管理问题，包括工程实施的管理、物资采购及其管理、资金筹集和运用、风险和保险、索赔和争议的解决等问题。（朱首明）

T000595 **建筑安装工程施工技术措施** 潘全祥主编。中国建筑工业出版社 1997 年 11 月版。62.8 万字。40.00 元。分 11 部分，包括建筑施工测量、地基与基础工程、主体工程、屋面防水工程、楼地面工程、门窗工程、装饰工程、暖卫工程、电气工程、通风空调工程、电梯安装工程施工技术措施。内容遵循了国家颁布的最新施工及验收规范、质量检验评定标准及有关规程、规定的要求。（胡永旭）

T000596 **材料引起的建筑工程质量问题分析与防治** 姚佳良等编著。湖南大学出版社 1997 年 7

月版。24.8万字。13.50元。在引入大量的较新的工程事故实例的基础上，对事故的原因作了详尽的分析并就其防治措施提出了见解。涉及的内容有：土引起的地基及基础质量问题、混凝土结构工程、砌体结构工程、钢木结构工程、装饰工程、防水工程等。(卢宇)

T000597　**住宅工程质量通病防治手册**　中国建筑工业出版社1997年6月版。74.5万字。39.00元。根据国家现行建筑施工规范、标准及其他有关规定，结合作者数十年积累的施工和质量监督经验，将多发性住宅工程质量通病归纳成15类250余种，按通用分类分项工程划分，分类介绍各种质量通病出现的部位、酿成原因、控制方法等。(程佛根)

T000598　**注册造价工程师资格考试必读**　沈蒲生等主编。中国建筑工业出版社1997年12月版。85万字。44.00元。根据建设部制定的"全国造价工程师执业资格考试大纲"编写而成。全书分3篇16章和附录。第一篇介绍工程造价管理与相关知识，包括工程造价管理概论、投资经济基本知识、经济法规与工程合同管理、建设项目管理与建筑业管理、工程财务等。第二篇介绍工程造价的确定与控制，包括工程造价计价依据、项目决策阶段工程造价的预测与控制、项目设计阶段工程造价的预测与控制、承发包阶段工程造价的确定、施工阶段工程造价的确定与控制、建设项目竣工决算与后评估、工程造价管理信息系统等。第三篇介绍工程技术基础知识，包括材料基本知识、设计基本知识、施工技术和施工组织等。(向建国)

T000599　**建筑安装工程概算与预算**　王相学、蔡洪祥等主编。辽宁大学出版社1997年3月版。100万字。70.00元。阐述建筑安装工程识图、建筑安装工程概预算、建筑安装工程定额、单位估价表及各项费用、基本建设程序、建筑安装施工程序、招标投标和经济合同等7个方面。(陈晓东)

T000600　**造价工程师执业资格考试培训教材**　建设部标准定额司、中国建设工程造价管理协会主编。中国计划出版社1997年6月版。342万字。180.00元。共6册，即《工程造价管理相关知识》、《工程造价的确定与控制》、《建设工程技术与计量》(土建、安装各一册)、《工程造价案例分析》和《工程建设定额基础理论与实务》。系统地介绍了工程造价管理的基本理论、经济法规与合同管理、建设项目管理与建筑业管理；工程造价的设计依据和工程建设各阶段相应的工程造价的确定，控制与管理的理论、内容和方法；工程技术的基本知识与工程计量的原则和方法；工程造价的确定与控制和管理的实务等。(陈楠)

T000601　**新编建筑工程预算员必读**　余辉主编。中国计划出版社1997年7月版。33.2万字。20.00元。系"新编工程预算员丛书"之一。共9章，主要内容包括：建筑工程施工图识图、建筑工程预算定额、建筑工程间接费用定额、建筑工程工程量计算规则、初步设计概算的编制、建筑工程施工图预算的编制、预算校审、工程竣工结算等。(陈楠)

T000602　**新编工程预算员丛书**　余辉主编。中国计划出版社1997年7月版。共3个分册。依据建设部、中国建行《关于调整建筑安装工程费用项目组成的若干规定》、《全国统一建筑工程基础定额》(GJD－101－95)和《全国统一建筑工程预算工程量计算规则》(GJD_{GZ}－101－95)，对工程预算在社会主义市场经济条件下的性质、特点、形成原理作了详细的论述。并以较多的示例对工程概预算的编制程序、内容、方法和技巧作了系统的重点介绍。(陈楠)

T000603　**中国大陆与香港地区建设项目招标投标实践与管理**　申立银、徐崇禄编著。天津大学出版社1997年6月版。27万字。60.00元。是中国大陆与香港地区建设项目招标、投标实践与管理会议的论文集，书中包括中国大陆、香港与新加坡建筑界专家、学者撰写的论文26篇。论文的内容有中国大陆地区工程招标投标体系研究、中国大陆建设工程招投标发展与现状的调查研究报告、招标投标代理机构及发展前景、建设工程招投标管理的职能、投标的定性策略、中国建设工程招投标的行为特征、工程招投标标价的管理与改革、土地使用权投标技术经济分析、大中型建设工程招标方的管理与实务、香港政府项目招标和投标的合约形式、香港评标标准、香港新机场的招投标程序与管理、香港工料师测量师简介等。(张金锷)

T000604　**江苏深基坑支护地基基础施工范例**　刁爱国主编。河海大学出版社1997年12月版。45万字。35.00元。收入各类范例58例，包括地基基础施工技术、深基坑支护技术、大体积混凝土浇筑技术以及地基测试、基坑抢险等技术。地基基础施工技术着重推广深层水泥搅拌法加固软土地基、静压力桩法、组合型复合地基、粉煤灰双层地基等先进技术；深基坑支护技术重点介绍护坡桩支护、地下连续墙支护、排桩式地下连续墙支护、静压桩、拉锚、内支撑、悬臂式灌注桩等；大体积混凝土浇筑技术主要介

绍在大、中城市的应用。(龚俊)

T000605 **地基与基础施工手册** 江正荣编著。中国建筑工业出版社 1997 年 7 月版。121.2 万字。65.00 元。分 16 章,包括地基土的工程性质、场地和基坑开挖施工、施工排降水方法、地基处理方法、地基加固方法、桩基施工方法、浅基础施工方法、深基础施工方法、锚固技术、地基特殊施工方法、基础托换技术、建筑物纠偏技术、地基基础质量通病及防治措施、质量事故实例原因分析及处理、质量要求及检验方法以及安全技术等,基本覆盖了建筑工程地基与基础施工的主要应用领域,并附实用图表、计算公式、例题及典型工程实例。(戚大庆)

T000606 **建筑安装工人技术图解系列丛书——砖瓦抹灰工** 陈兴沛主编。山西科学技术出版社 1997 年 1 月版。39.5 万字。17.00 元。用图解形式介绍砖瓦抹灰工应了解和掌握的操作技术知识,着重讲述墙体砌筑、屋面防排水、特殊结构砌筑、一般抹灰、装饰抹灰、地面抹灰与镶贴、常用饰面的铺贴以及常用材料、常用机具、建筑施工图的识读、安全生产等内容。(温洁茹)

T000607 **建筑安装工人技术图解系列丛书——钢筋工** 于淑英主编。山西科学技术出版社 1997 年 10 月版。30 万字。15.00 元。主要内容有安全生产、钢筋混凝土结构基本知识、钢筋原材料、钢筋工识图、钢筋配料与钢筋代换、钢筋加工、钢筋冷处理、钢筋的绑扎与安装,并对预应力混凝土施工作了介绍。(温洁茹)

T000608 **建筑安装工人技术图解系列丛书——混凝土工** 赵永安主编。山西科学技术出版社 1997 年 10 月版。28 万字。15.00 元。内容包括:安全生产及环境保护、建筑施工图的识读与房屋构造、混凝土基本构件及受力分析、混凝土常用材料、混凝土工程常用机具及保养、混凝土施工工艺。(温洁茹)

T000609 **英汉建筑装饰工程词典** 李育才、卜纯英主编。中国建筑工业出版社 1997 年 8 月版。118.3 万字。40.00 元。共收录词目 5 万余条,按英文字母依序排列。主要内容包括:建筑装饰艺术史、现代装饰技术、室内设计、现代装饰材料、装饰装修机具、装饰美术、艺术造型、室内外雕塑、环境艺术、环境心理学及其他相关学科词目。(杨军)

T000610 **建筑施工手册 4** 《建筑施工手册》编写组编。中国建筑工业出版社 1997 年 4 月第三版。220 万字。165.00 元。为《建筑施工手册》之四,主要内容包括:"模板工程",其中有:木模板、组合式模板、工具式模板、永久性模板等;"钢筋工程",其中有:材料、配筋构造、钢筋配料与代换、钢筋冷拉与冷拔、钢筋加工、钢筋焊接等;"混凝土工程",其中有:混凝土分类和性能、混凝土的组成材料、普通混凝土配合比设计和应用、混凝土的拌制、混凝土运输和浇筑、混凝土养护等;"预应力混凝土工程",其中有:预应力钢材、锚具夹具与连接器、张拉设备、预应力施工计算等;"混凝土结构吊装工程",其中有:索具设备、起重运输机械、构件运输堆放和拼装、普通单层混凝土结构吊装、特殊结构吊装等;"装配式大板与升板法施工",其中有:民用建筑的构件类型和节点构造、墙板制作方法、板的制作和提升、升板与其他工艺结合、升板施工工艺发展等;"滑动模板施工",其中有:滑动模板施工工程的设计、滑模装置的组成、各种结构的滑模施工等;"大模板施工",其中有:大模板工程类型、大模板的设计制作和质量要求、大模板工程施工等。(周世明)

T000611 **建筑施工手册 2** 《建筑施工手册》编写组编。中国建筑工业出版社 1997 年 4 月第三版。129.9 万字。99.00 元。分 5 个分册,本书为第二分册,计有 4 章内容。主要内容包括:施工组织设计和项目管理,其中包括建设项目施工组织总设计、单位工程施工组织设计、施工设施设置、水电源、供热等设施设置计算、编制施工组织设计的参考资料并附有施工组织设计实例、施工项目管理等;建筑工程造价,其中包括建筑安装工程费用项目、建筑面积计算规则、建筑安装工程投资估算、设计概算、施工图预算、工程竣工结算与决算、经济参考指标、国际承包工程参考资料等;工程施工的招标与投标,其中包括工程承包、工程施工招标、投标、工程施工承包合同、工程施工投标的风险监测与防范等;建设监理,其中包括工程施工阶段的监理、项目委托、项目监理组织、项目监理工作程序、施工招标与合同管理、项目进度、投资、质量控制、监理信息与监理档案管理等。(余永祯)

T000612 **建筑施工手册 3** 《建筑施工手册》编写组编。中国建筑工业出版社 1997 年 4 月第三版。195.8 万字。145.00 元。由土方与爆破工程、地基与基础工程、地下防水工程、砌体工程、木结构工程、钢结构工程等 6 章组成。第三版中,着重补充自 1988 年的近 10 年期间,在建筑工程中采用的新结构、新技术、新材料、新设备;并对建设部颁发的建筑业"九五"期间重点推广的新技术,予以了特别的重视与补充。如土方与爆破工程中,重点补充了深基坑支护结构、土方特殊问题的处理等;地基与基础工程中,补充了地基处理的各种方法、地下连续墙、土层锚杆、桩基等;地下防水工程中介绍了许多新的防水材料、防水构造做法,如聚合物水泥砂浆防水层的施工等;砌体工程则完全按新颁规范进行修订;木结构工程对原有内容作了精简,着重补充了木装修的构造做法;钢结构工程则按最新规范全面修订,特别补充了高空球形钢结构吊装、钢管混凝土施工等内容。(林婉华)

T000613 **建筑施工手册 5** 《建筑施工手册》编写组编。中国建筑工业出版社 1997 年 4 月第三版。202.2 万字。149.00 元。为《建筑施工手册》第三版第五分册,主要介绍屋面工程、建筑地面工程、门窗工程、装饰工程、防腐蚀工程、工程构筑物、冬季施工、隔热保温工程与建筑节能等分部、分项工程的施工技术。内容包括材料选用、机具设备、有关构造、施工工艺和方法、质量要求及检验等。修订过程中,着重补充近十年采用的新结构、新技术、新材料、新设备、新工艺,对建设部颁发的建筑业"九五"期间重点推广的 10 项新技术,在有关各章中均作了重点介绍。(胡永旭)

T000614 **建筑施工手册 1** 《建筑施工手册》编写组编。中国建筑工业出版社 1997 年 4 月第三版。168.3 万字。128.00 元。分 5 个分册,本书为第一分册,共计有 6 章内容。主要内容包括:常用数据;施工常用结构计算,其中包括荷载与结构静力计算表、砌体结构计算、混凝土结构计算、木结构计算、钢结构计算;材料试验与结构检验,其中包括建筑施工中常用各种材料的试验方法及结构检验等;施工测量,其中包括施工测量的基本工作、施工测量控制网的建立、工业建筑施工测量、民用建筑施工测量、建筑物沉降与变形观测、竣工总平面图的编绘、高层建筑施工测量、测量仪器的检验与校正等;脚手架工程和垂直运输设施,其中包括脚手架构架设置和使用要求一般规定、脚手架设计计算方法、扣件式钢管脚手架、碗扣式钢管脚手架、木、竹脚手架和其他多立杆式脚手架、门式钢管脚手架、附着升降脚手架、桥式脚手架、塔式脚手架、吊篮、挑挂脚手架、工具式里脚手架、移动式脚手架等及各种类型垂直运输设施;建筑施工安全技术和管理。(余永祯)

T000615 **简明施工手册** 江正荣、朱国梁编著。中国建筑工业出版社 1997 年 5 月第三版。114.2 万字。70.00 元。主要介绍建筑施工工艺方法、操作要点、保证质量的措施及防治质量通病的方法;常用建筑材料的规格、性能、配制方法;常用机具的型号、规格性能等。书中详细叙述了深井降水、回灌技术;堆载预压地基、喷粉桩地基、土工织物加固地基;土层锚杆、地下连续墙、逆作法施工工艺;特殊地基的处理;钢筋冷轧扭、钢筋气压焊;大体积混凝土裂缝控制技术;聚合物混凝土、补偿收缩混凝土、特种工艺混凝土;无粘结预应力法;合成高分子防水涂料加补玻璃布防水;铝合金和玻璃幕墙外饰面等实用的新技术,并全部采用表格化,一目了然。(林婉华)

T000616 **建筑装饰工程参考定额与报价** 朱志杰主编。中国计划出版社 1997 年 3 月版。100 万字。90.00 元。由装饰工程参考定额单价、材料价格、取费标准和装饰工程报价实例 4 部分组成。共 18 章,主要内容有:天棚装饰、墙、地面装饰、扶手栏、门窗装饰、木装饰及线条、裱贴装饰、油漆涂料装饰面、柜台架、配套装饰、灯箱装饰、装饰工程材料参考价格和取费费率等。(陈楠)

T000617 **建筑装饰技术丛书** 东南大学出版社 1997 年 8 月至 1997 年 12 月版。针对我国建筑装饰业对工程技术人员技术水平和业务素质之迫切需要,以实用、易学为宗旨,着重工程业务知识的应用,融现代装饰工程新技术、新材料、新工艺于一体,并结合大量的工程实例,分析、阐述装饰工程从设计、招标、报价、选材、施工到结算的全过程的实用知识与技术以及国家最新标准与规范。(徐步政)

T000618 **装饰施工** 何平、卜龙章主编。东南大学出版社 1997 年 12 月版。25 万字。13.50 元。内容分建筑装饰施工技术和装饰施工管理两部分。在装饰施工技术部分中介绍了抹灰、门窗、隔断、吊顶、饰面板(砖)、涂料、裱糊、花饰、店面等工程的施工技术和质量验收标准,以及常用装饰施工机具的操作方法等。在装饰施工管理中介绍了施工组织设计、质量控制、进度控制和成本控制的方法。(徐步政)

T000619 **装饰工程施工手册** 雍本主编。中国建筑工业出版社 1997 年 4 月第二版。266.7 万字。133.00 元。介绍各种装饰抹灰、刷浆、门窗、吊顶、隔断、饰面、地面、涂料、玻璃、裱糊、花饰及与之有关的电气、配置、配套工程的施工程序、施工方法、施工要求及注意事项等。在介绍各种装饰工程时,均结合《建筑装饰工程施工及验收规范》编写。所介绍的装饰施工方法,都是国内外成熟的、先进的工艺,对一些传统的做法仅作简单介绍,或没有涉及。详细介绍新材料的使用和装饰效果。(唐炳文)

T000620 **建筑安装工人技术图解系列丛书**

——**建筑装饰工** 唐光普主编。山西科学技术出版社 1997 年 10 月版。41.3 万字。17.00 元。用图解形式介绍建筑装饰工应了解和掌握的操作技术知识，按房屋的装饰部位分别讲述墙面装饰工程、地面和顶棚装饰工程以及配套装饰工等内容。（温洁茹）

T000621 **装饰设备** 凌代俭、马荣生主编。东南大学出版社 1997 年 12 月版。25.9 万字。15.50 元。介绍与装饰工程相关的室内给排水系统、供暖通风与空气调节系统、建筑电气系统、建筑消防系统及室内声学等的基本原理、方法及其最新发展。（徐步政）

T000622 **新编水暖工程预算员必读** 余辉主编。中国计划出版社 1997 年 7 月版。26 万字。16.00 元。系“新编工程预算员丛书”之一。共 9 章，主要内容包括：水暖工程施工图识图、水暖工程预算定额、水暖安装工程间接费用定额、常用材料与设备、水暖工程量的计算、水暖工程设计概算的编制、水暖工程施工图预算书的编制、水暖工程概预算的审查与管理等。（陈楠）

T000623 **建筑安装工人技术图解系列丛书——管道工** 傅光强主编。山西科学技术出版社 1997 年 3 月版。36 万字。17.00 元。用图解形式介绍各类管道安装的操作程序及方法，识读管道施工图，管道安装常用工具、量具、设备的使用和维护保养，管材管件的通用标准、规格及适用范围，常用管件的放样，管网调试，各种管道的试压操作，卫生设备的安装，配管的操作方法，制冷，燃气，氧气，燃油管等工艺管道的特殊要求和安装注意事项。（温洁茹）

T000624 **民用建筑给水排水设计技术措施** 建设部建筑设计院著。中国建筑工业出版社 1997 年 9 月版。38.3 万字。25.00 元。在 1989 年建设部建筑设计院院内《统一技术措施——给水排水部分》的基础上修订编制而成。全书按新规范、新标准的规定，补充了近年来国内外的新技术、新设备、新的设计计算方法，反映了本专业的技术发展水平。为民用建筑的给水排水设计提供了具体的设计原则、计算方法、实用计算图表以及设计中应注意的问题。（刘爱灵）

T000625 **给水排水工程施工技术探新** 祁钦发著。中国建筑工业出版社 1997 年 9 月版。13.1 万字。10.00 元。探讨近年来给水排水工程施工的一些新技术，采用理论与实践相结合的方法，既有施工中成功的经验和出现的问题等实践依据，又运用了与给水排水工程有关的基础理论和专业理论进行论证。这些新技术包括基坑边坡、井点降水、抗渗混凝土施工、混凝土抗渗试验、水池冷缩-干缩裂缝、水池满水试验等 10 个方面。（何喜）

T000626 **排水工程 下册** 张自杰主编，顾夏声主审。中国建筑工业出版社 1997 年 11 月第三版。92.2 万字。30.80 元。主要内容是城市污水处理与工业废水处理。全书分 3 篇。第一篇总论，主要阐述污水和污染物质的形成、分类、污染特征及污染指标；地面各类水体（河流、湖泊、海洋）污染造成的危害及其自净规律和数学模型；有关的水质标准和水污染防治方面的法规。第二篇城市污水处理，主要对城市污水系统、各种处理方法和处理技术单元，从基础理论到构筑物的设计、计算以及设备的构造特点等方面作了全面、系统的阐述，并编进了污水深度处理及回用的内容，对 90 年代初涌现出来的污水生物处理新工艺、新技术作了比较深入的介绍。第三篇工业废水处理技术在本书内单独列篇，自成体系。按物理处理法、化学处理法、物理化学处理法以及生物处理法分类并分别阐述。本书大量引入了 1986～1996 年我国“七五”、“八五”期间的科技成果、新技术、新工艺，如在污水生物处理中的 AB 法工艺，间歇式（序列式）活性污泥法，脱氮、除磷的 A-O 系统，同步脱氮除磷的 A-A-O 系统等。又如在氧化沟系统和高效低耗的污水自然处理技术，引入各种类型的稳定塘、土地处理系统、湿地系统等。还介绍了厌氧生物处理技术，如厌氧生物滤池、升流式厌氧污泥床、厌氧流化床等。（俞辉群）

T000627 **排水工程 上册** 孙慧修主编，顾夏声主审。中国建筑工业出版社 1997 年 11 月第三版。29.2 万字。10.00 元。根据高等学校给水排水工程专业本科 4 年制课程教学基本要求及各有关高等院校和设计研究院等 15 个单位参加的“教材编写大纲”会议制定的大纲编写而成，自 1987 年以来经不断修改、增补，使教材日趋完善，1996 年 6 月正式出版第三版。主要内容有排水系统概论、排水管道系统、污水、雨水与合流排水管渠系统的规划、设计及养护管理、中水系统及其设计特点、排水工程投资估算、居住小区排水系统及其设计特点、计算机在排水管道（污水、雨水）设计中的应用等。主要体现以城市污水为主干的特点。（俞辉群）

T000628 **高层公共建筑空调设计实例** 华东建筑设计研究院著。中国建筑工业出版社 1997 年 4 月版。70.5 万字。120.00 元。挑选作者单位近几年最新设计的工程项目45例和境外合作设计的工程项目10例。每个项目列出外观彩图、工程概况、空调设计简介、空调水系统平面图(少数项目还有空调系统图和空调平面图)、主要空调设备表和技术经济指标表。(朱象清)

T000629 **建筑安装工人技术图解系列丛书——通风工** 傅朝元主编。山西科学技术出版社1997年3月版。41.3万字。17.00元。内容包括:安全生产、识图知识、常用材料及附件、风管配件展开、常用加工机具及操作、通风除尘空调、空调器除尘设备安装、通风空调管道部件制作、通风空调工程安装。(温洁茹)

T000630 **实用建筑电气技术** 李海、黎文安编著。中国水利水电出版社1997年7月版。61.5万字。42.00元。详细介绍从事建筑电气设计与施工所需要的基本内容和基本设计方法。内容包括:照明技术、供电和配电设计与施工、防雷接地与设备保护、电梯选择与控制、消防设备选择及系统的设计、防盗报警系统的设计、声响及广播系统、共用天线与闭路电视系统的设计与安装、电气工程图的绘制、配线工程、架空线路和电缆线路的施工,最后还介绍了建筑电气工程概预算的编制与审核的基本概念。(陆桂林)

T000631 **建筑电气技术** 唐定曾、唐海主编。机械工业出版社1997年8月版。54万字。32.00元。重点介绍工程中常用的照明设备、控制设备、工程供电技术、施工管理技术、安全用电技术知识及工程质量管理知识,并且介绍了一些新材料、新技术和新工艺。内容包括:建筑电气基础知识,低压电气设备,电气识图,照明设备与安装技术,建筑工程供电系统,建筑施工现场临时供电设计,变配电所工程,弱电工程技术,建筑电气线路施工技术,施工组织设计与管理,安全用电技术。(边萌)

T000632 **新编电气工程预算员必读** 余辉主编。中国计划出版社1997年7月版。25.2万字。14.00元。系"新编工程预算员丛书"之一。共8章,主要内容包括:电气工程施工图识图、电气工程预算定额、电气安装工程间接费用定额、常用材料与设备、电气工程量的计算、电气工程设计概算的编制、电气工程施工图预算的编制、电气工程概预算的审查与管理等。(陈楠)

T000633 **综合布线系统工程设计** 刘国林著。电子工业出版社1997年6月版。58.6万字。29.00元。以国际布线标准ISO/IEC11801:1995(E)为依据,讲述了综合布线的设计原理、传输通道施工和测试方法,详细地介绍了综合布线的常用材料及典型工程实例。全书分8章。第一章讨论综合布线与智能建筑的关系,综合布线子系统间的关系及其设计指标和设计等级。第二章阐述水平、干线子系统的拓扑结构和布线方法,设备间、配线间设置原则,建筑群布线方案、管理区线缆及配线架标记方法。设备间、配线间的供电和电气保护措施。第三章介绍综合布线常用线缆及相关连接插件的种类、传输特性及性能指标。第四和第五章分别讨论敷设线缆的方法和安装连接硬件的工艺。第六章介绍铜缆测试仪、光缆测试仪的性能及其测试综合布线的方法。第七章简述快速以太网、FDDI及ATM的基本原理及其应用。第八章论述怎样结合建筑物结构和用户需求,确定工程设计方案、施工步骤。在附录中列出了综合布线的应用范围、常用名词解释、建筑图形符号和常用安装工具。(王昌铭)

T000634 **建筑安装工人技术图解系列丛书——安装电工** 杨其富主编。山西科学技术出版社1997年6月版。27万字。15.00元。采用图解形式,介绍安装电工应了解的电器设备、电气线路的安装方法,施工程序及要求,对安装电工常用的机具与仪表的使用和共用天线系统的安装也作了简明的介绍。本书内容包括:安全用电、电工常用机具与仪表的使用、电工常用图形符号、建筑照明识图、室内配电线路、架空线路、电缆线路。附录中还编入了电工常用安装材料的使用参数。(温洁茹)

T000635 **高层建筑设计** 刘顺校、周湘津著。天津科学技术出版社1997年4月版。折合40万字。论述国内外高层建筑设计的成功实例,其中包括高层办公楼、公寓、旅馆、综合体等多种类型,共78例,并有部分群体设计,全面反映了当代高层建筑设计的创作理念和造型技巧。书中不仅包括平面图、立面图、透视图等详尽的图形资料,还以简明的文字阐述了设计的主旨和手法。(宗洁)

T000636 **高层建筑设计** [美]美国高层建筑与城市环境协会编,罗福午等译。中国建筑工业出版社1997年7月版。113.9万字。80.00元。共12章,内容包括3大部分:①建筑设计:问题与准则,建筑的规划与设计协作,城市设计与发展,高层建筑中的结构表现,美学和形式,心理学方面;②立面设计:原理与实例,建筑系统自动化与集成化,环境系统;③材料与结构:钢材、混凝土、砌体等。书末附有近300个著名高层建筑实录,均列有建筑年代和主要

设计者。(董苏华)

T000637 **任震英城市规划与建设论集** 任震英著。甘肃人民出版社 1997 年 5 月版。49.8 万字。35.00 元。作者是我国著名的城市规划专家、建筑学专家、工程设计大师。近 60 年来,他不仅主持并指导过兰州、白银、敦煌、天祝等城市规划工作,而且多次为深圳、上海、天津、哈尔滨、西安、海口、三亚等 30 多个城市的规划工作出谋划策,提出许多宝贵意见,丰富和发展了城市规划理论和实践。由他创建的我国窑洞及生土建筑研究,通过多次国际学术会议的召开,已引起国际学术界的瞩目。尤其对我国北方地区传统民居的考察研究,已在北方多省区展开革新试点工作,并深受农民欢迎。本书凝集了他从事城市规划建设事业的心血,是理论与实践的总结。(杜绮德)

T000638 **迈向新世纪的中国城市** 本书编辑委员会编。中国建筑工业出版社 1997 年 6 月版。107 万字。395.00 元。汇集 100 余个有代表性的设市城市和县城(暂不包括港、澳、台地区)的图片资料,从整体上突出了自然和人文环境特色,反映了城市建设的辉煌成就。(朱象清)

T000639 **中国优秀园林设计集(二)(三)** 刘少宗编著。天津大学出版社 1997 年 7 月版。30 万字(二),32.5 万字(三)万字。54.00 元(二),56.00 元(三)。主要介绍 1985 年至 1995 年由建设部城建司组织专家评选出的我国获奖园林共 44 项。书中对每个项目均详细介绍了工程的性质、特点、设计构思手法、整体布局、平面结构、地形处理、植物配置及建筑设计等。(徐桂英)

T000640 **实用园林制图** 彭敏、林晓新主编。华南理工大学出版社 1997 年 8 月版。23.4 万字。20.00 元。介绍园林制图的工具及使用方法,制图的标准与规格,园林设计图的类型及特点,园林各组成要素的画法,以及一些园林设计制图的实例。(张巧巧)

T000641 **中国园林艺术大辞典** 张家骥著。山西教育出版社 1997 年 1 月版。75 万字。49.00 元。收录设立词条 2 000 余条,除造园艺术的一般词汇外,编撰者根据其数十年研究形成的思想理论体系,分别以 12 个门类选入:一、园林美学与艺术,二、宗教、隐士与造园;三、园居生活方式;四、园名的历史沿革;五、古今造园家与匠师;六、园林著作与文字史料;七、历史名园(皇家园林与私家园林);八、风景名胜与建筑;九、园林建筑的结构与空间;十、园林池沼与桥梁;十一、园林观赏动植物;十二、园林艺术小品。本书不同于一般性词典,它融会了作者多年的研究成果,每有标新立异、独辟蹊径的见解与观点。词条释义,多引用历史文献。有关园林概念的界定和诸景点的描述,颇多创意。辞典有作者手绘钢笔画 400 余帧,体现出中国传统艺术的神韵与意境。(李梦燕)

T000642 **水处理微生物学基础** 顾夏声等编。中国建筑工业出版社 1997 年 4 月第二版。29.2 万字。10.00 元。根据 1995 年 7 月全国高等学校给水排水工程学科专业指导委员会制订的《水处理微生物学》课程基本要求编写。全书共 8 章,系统介绍了水处理过程中微生物的作用和微生物学的基本知识、基本概念、基本理论和微生物研究的基本方法等。主要内容有细菌的形态和结构;细菌的生理特性;细菌的生长和遗传变异;放线菌、丝状菌、真菌、藻类、原生动物、后生动物、病毒、噬菌体等其他微生物的特性;水的卫生细菌学;废水生物处理中的微生物及水体污染的指示生物;微生物的研究方法,微生物的观察、培养、纯种分离、保藏与复壮、灭菌和无菌操作;微生物学实验技术等。(俞辉群)

T000643 **动力设备水处理手册** 宋珊卿主编。中国电力出版社 1997 年 3 月第二版。58.5 万字。37.00 元。介绍水的预处理、软化和脱碱技术,凝结水和冷却水处理技术,离子交换纯水制备,膜技术,锅炉化学清洗,锅炉、汽轮机、凝汽器管的腐蚀和防腐等。围绕动力设备对防垢、防腐的要求,介绍了各种成效较为显著或是带有方向性的水处理技术及相应的材料、装置、措施和工艺,以及在实际使用中可能出现的问题和应采取的对策。第二版增写了电厂水务管理和废水处理一章,围绕运行工作和技术改造工作,介绍了电厂废水收集,工业废水、灰水、生活用水处理等内容。发展较快的膜技术及锅水氧化运行方式等新技术也是第二版中着重更新的内容。由于采用这些新技术而在一些国家作了更改的水、汽质量标准也在附录中予以介绍。对于我国法定计量单位未作明确规定的硬度和碱度单位,初版中采用的基本单元与能源部标准 DL434－91《电厂化学水专业实施法定计量单位的有关规定》中的有所不同。为了执行 DL434－91 的规定,在第二版中已将有关的数值增加 1 倍。(胡名显)

T000644 **燃气工程** 上海市建设委员会科学技术委员会编。上海科学技术出版社 1997 年 12 月版。58.5 万字。120.00 元。主要介绍浦东煤气厂工程、吴淞煤气厂扩建工程、上海焦化总厂三联供煤气化工程、石洞口煤气厂工程、大型储气柜工程、浦西及闵行液化气储罐站工程和金山－闵行液化气输液管理工程。本书根据燃气工程建设的要求，详细叙述厂址选择及总平面布置，制气方案选择等重大问题。介绍了许多实用的先进技术：如筒仓储煤解决煤粉飞扬，引进前苏联的干熄焦技术减少污染和能量损失，提高焦碳质量；重油制气工艺中使用了机械化沉清槽沉清焦油，加强水的复用率等；储存设备大型化，如建造 1 000m^3 和 2 000m^3 的球罐，建造 30 万 m^3 干式储气柜和 20 万 m^3 湿式储气柜等。(周仁才)

水利工程

T000645　**中国城市水利问题**　本论文集编委会编。河海大学出版社 1997 年 12 月版。28 万字。28.00 元(平)，35.00元(精)。是由中国水利学会水利史研究会、四川联合大学、水力学国家重点实验室共同发起的，首次以城市水利为主题进行国际学术交流的“’95 中国城市水利问题历史与现状国际学术讨论会”的论文选集。从历史的背景和现实的经验教训中，运用宏观性地综合研究和比较研究的方法，从国内外城市发展的对比研究中，对城市水利问题进行深入地总结反思，对城市水利——城市防洪、城市供水、城市水环境、城市水运交通——与城市发展的关系，城市水利在城市发展中的功能地位，城市水问题的综合治理、开发、保护和管理等问题，进行探讨，对城市防洪和城市水利问题进行了探索，并提出了建立城市水利学这一边缘新学科的总体构想。(朱宪卿)

T000646　**朱伯芳院士文选**　朱伯芳著。中国电力出版社 1997 年 10 月版。57 万字。37.00 元。选录朱伯芳院士 57 篇论文，分 6 个专题，即(一)混凝土温度应力；(二)粘弹性与混凝土徐变；(三)结构与拱坝优化；(四)仿真、反分析与反馈设计；(五)水工结构、有限元；(六)科技工作经验。本书是作者 40 余年科研工作的结晶。(丁莉)

T000647　**工程水力学反问题**　金忠青、周志芳著。河海大学出版社 1997 年 6 月版。26 万字。35.00元。阐述工程水力学反问题的理论、解法和工程应用实例。作者拓宽了反问题的内涵，把工程水力学反问题分为参数控制反问题、源项控制反问题、边界条件控制反问题、初始条件控制反问题和形状控制反问题 5 大类，分章予以说明。研究对象包括 Laplace 方程、Poisson 方程、热传导方程、对流-扩散方程、经验方程作为控制方程的系统。求解方法包括形式解、解析解、脉冲谱法、离散-优化法、脉冲谱-优化法、摄动法等，最终统一于现代控制论的分布参数系统最优控制方法。内容涉及水工建筑物特别是泄水建筑物的设计、地下水渗流控制、污染物排放控制等领域。书中结合工程实践，给出大量工程应用实例。(王其超)

T000648　**新疆准噶尔盆地典型流域水资源系统优化配置研究**　董新光等编著。新疆科技卫生出版社(K)1997 年 12 月版。45 万字。32.80 元。新疆农业大学与水利厅的专家合作，历时 4 年，在阜康市三工河流域、玛纳斯河流域和博尔塔拉河、精河流域，采用系统工程理论与方法，利用计算机技术，对水资源的形成机理、运移规律、地表水与地下水的转换关系及其与生态环境的联系等，进行了研究，建立了水资源数据信息系统，研究了水资源系统科学配置软件，定量分析研究了山溪性小河——三工河流域的西水转化规律。又在玛纳斯河大型流域灌区，对水资源系统进行了模拟计算、层次分析，编制了水资源系统总体设计，选用了多目标非线性规划模型，制定了目标函数和约束条件。本书即是以上成果的总结。(顾雅莉)

T000649　**大型水电工程对植被的影响及对策研究**　杨启修著。四川科学技术出版社 1997 年 4 月版。17.6 万字。14.00 元。从植被学角度，论述雅砻江二滩水电站和长江三峡水利枢纽工程建设对该区域陆生植物及植被的影响，以及影响后的生态、环境的恢复和重建对策，库区人工植物群落建设与布局等问题。(杨旭)

T000650　**山东黄河水资源状况与开发利用效益**　程进豪等著。山东科学技术出版社 1997 年 10 月版。10 万字。9.80 元。系黄河水利委员会治黄技术开发基金项目，1993 至 1995 年完成，历时 3 年。依据山东黄河几十年来的实测、调查资料，论述了山东黄河水资源开发利用现状，水环境污染状况，黄河断流情况等；重点研究分析了山东黄河水资源在山东沿黄地区农业、工业、石油开发、城乡人民生活、引黄放淤及林、牧、渔综合开发利用方面取得的实际经济效益；对近、远期发展进行了预测；对提高黄河水资源开发利用和水环境保护提出了意见。

T000651　**水工混凝土缺陷检测和处理**　乔生祥主编。中国水利水电出版社 1997 年 7 月版。21.6 万字。18.00 元。系统阐述造成水工混凝土缺陷的主要原因；常见的缺陷种类及成因，如裂缝、局部不密实和架空等;缺陷的性质和缺陷的处理,以及水工混凝土的预防等;此外,还介绍了特种修补技术,如聚合物浸渍混凝土,预应力补强措施,以及水下检修技术设备和材料。(黄会朋)

T000652 **DL/T5057-1996 水工混凝土结构设计规范** 中华人民共和国电力工业部编。中国电力出版社 1997 年 3 月版。25.2 万字。27.80 元。系根据 GB50199-94《水利水电工程结构可靠度设计统一标准》的规定,对 SDJ20-78《水工钢筋混凝土结构设计规范》的设计基本原则进行了修改,并依据科学研究和工程实践增补有关内容后编制而成。其适用范围扩大到预应力混凝土结构和地震区的结构,其他与原规范相同,但不适用于混凝土坝的设计,也不适用于碾压混凝土结构。(杨万涛)

T000653 **三峡工程大坝及电站厂房研究** 陆德源主编。湖北科学技术出版社 1997 年 10 月版。42.4 万字。62.00 元。"长江三峡工程技术丛书"中的一本,全书分 7 章。就三峡工程大坝坝址、主要建筑物型式、枢纽布置等重大技术问题作了叙述。主要内容包括坝址、建筑物型式、大坝设计研究、枢纽布置研究、电站厂房设计研究、大坝与电站金属结构及机械设备研究、安全监测设计研究等。

T000654 **三峡工程永久通航建筑物研究** 宋维邦主编。湖北科学技术出版社 1997 年 10 月版。39 万字。62.00 元。"长江三峡工程技术丛书"中的一本,全书分两篇 8 章。从大量的设计研究成果中,择要地对在复杂地形和水、沙条件下通航建筑物的总布置及保持长期运用的措施,高水头船闸的水级划分、输水系统布置及防止空蚀措施,船闸高陡岩石边坡的稳定与变形及加固措施,与岩体联合工作的船闸闸室、闸首薄衬砌式钢筋混凝土结构,大淹没水深的船闸高大人字闸门和大尺寸高水头输水阀门结构、启闭机械及控制设备,复杂地质和受力条件下的升船机闸首结构,高度大、顶部承受船厢及平衡重荷载和设有大尺寸提升机房的升船机塔柱结构以及升船机的机械和控制设备等进行介绍。

T000655 **三峡工程科学试验和研究** 长江水利委员会编。湖北科学技术出版社 1997 年 10 月版。40.8 万字。60.00 元。为"长江三峡工程技术丛书"中的一本。汇集长江水利委员会长江科学院 40 多年来为三峡工程规划、设计、论证、施工各阶段所进行的大量科学试验成果。内容涉及岩石力学试验研究、枢纽建筑物水力学试验研究、建筑物结构试验研究、工程材料试验研究、枢纽建筑物和库岸滑坡的安全监测、施工围堰试验研究、爆破及灌浆技术研究等。编写从三峡工程枢纽建筑物有关各专业试验研究的特点、难点、试验研究技术路线和方法着手,除介绍三峡工程建筑物设计和施工所必需的试验研究外,还对工程运行中可能出现的不同工况和优化设计做的大量试验研究成果进行归纳、总结。这些成果的主要部分已在三峡工程设计、施工中采用。本书由原长江科学院院长包承纲担任主编,各专业内容均由长科院各专业的学科带头人撰写。(周景云)

T000656 **三峡工程施工研究** 杨光煦主编。湖北科学技术出版社 1997 年 10 月版。53.4 万字。67.00 元。"长江三峡工程技术丛书"中的一本,重点介绍三峡工程项目中施工的重要技术问题及施工设计方案的研究成果。全书共 8 章,第一章绪论,介绍三峡工程施工概况、自然条件、交通条件和就地建材。第二章施工期通航,介绍施工期通航任务和要求,以及施工期各种通航方案研究。第三章施工导流,介绍导流规划与布置,一、二、三期围堰的施工问题。第四章施工工期与进度。第五章对外交通运输,介绍三峡工程施工运输任务与特点,对外交通运输方案,审定的专用公路及工程前的交通。第六章土石方施工,介绍施工的特性,土石方施工研究,船闸高边坡开挖与加固,围堰爆破拆除与水下开挖,主要开挖机械选型和生产效率拟定。第七章混凝土工程施工,介绍混凝土施工程序及进度,施工方案,大坝混凝土设计,混凝土温度控制及防裂缝,泄洪坝段通仓长块可行性研究及金属结构安装。第八章施工企业及附属工程,包括砂石料开采加工,混凝土生产和预冷系统,施工供水、供电、通信以及杨家湾港集装箱件杂货码头。(蔡荣春)

T000657 **三峡工程综合利用与水库调度研究** 谭培伦主编。湖北科学技术出版社 1997 年 10 月版。29.4 万字。50.00 元。"长江三峡工程技术丛书"中的一本,全书共 7 章,内容包括:三峡工程在长江治理开发中的地位和作用;工程综合利用规划的演变;工程综合利用各项任务(包括防洪、发电、船运、水产、旅游等)规划研究;特征水位选择;水库调度研究等。

T000658 **大坝安全监测** 李珍照主编。中国电力出版社 1997 年 11 月版。17.5 万字。8.20 元。首先阐述大坝安全监测的目的、意义、内容、要求,介绍了大坝监测的发展情况,在分章论述中主要介绍了大坝监测技术、监测资料分析环节、监测教学模型、性态分析监控等监测基本问题,并分别介绍了重力坝、拱坝、土石坝的监测实例。书中在阐明理论、方法的同时,紧密结合工程实际,归纳分析了变形、渗流、应力应变、温度等主要监测效应量的变化规律、影响因素、分布情况,还对大坝第一次蓄水期的监测、运行期定期检查鉴定、安全监控指标等问题作了介绍。(丁莉)

T000659　**江苏省水利地图集**　江苏省水利厅、江苏省全方地图应用开发中心编。福建省地图出版社 1997 年 1 月版。48.00 元(精)。从本地区自然特点出发,着重表示了各地市、县的防洪和挡潮工程体系、除涝工程体系、灌溉工程体系、沿渍工程体系以及跨流域调水工程体系。直观地反映了各地市、县的水利分布状况和人民生活的直接联系。(刘福明)

T000660　**黄河水利科学技术丛书**　陈效国等主编。黄河水利出版社 1997 年 12 月版。274 万字。全套:320.00 元。包括《黄河防洪》、《黄河水资源》、《黄河水文》、《黄河泥沙》、《黄土高原水土保持》、《黄河枢纽工程技术》6 个分册,总结了 1946 年～1996 年半个世纪以来人民治黄的伟大成就,展示了治黄科技的发展水平。其中,《黄河防洪》论述了黄河防洪工作的策略与技术、研究与实践方面的主要经验和成果。包括黄河下游河道历史地理、黄河下游洪水与防洪抢险五部分 24 个专题。《黄河水资源》反映了黄河水资源开发利用与保护方面的发展状况及研究成果。包括黄河水资源分析与评价黄河水资源开发利用、水环境与水资源保护 3 大部分 21 个专题。《黄河水文》介绍了黄河水文工作的基本特征与测验技术,以及研究与实践方面的主要经验和成果。内容包括黄河水文特征、水文实验研究及水文分析计算与调查等 4 部分,同时指出了黄河水文工作今后的任务与发展方向。《黄河泥沙》论述了黄河泥沙的研究成果,内容包括黄河泥沙特性、河道泥沙、水库泥沙、河口泥沙、引黄渠系泥沙、高含沙水流以及黄河泥沙模型等引篇专论。《黄土高原水土保持》介绍了黄土高原水土保持研究与实践、策略与技术方面的科研成果和经验。分环境与水土流失、治理开发与效益两大部分 18 个专题。《黄河枢纽工程技术》论述了黄河干流梯级开发规划和已建、在建主要枢纽工程设计、施工技术,着重论述了在多沙河流上兴建水利枢纽工程的技术特点。内容涉及龙羊峡、李家峡、青铜峡、三盛公、万家寨、三门峡、小浪底等 8 个水利枢纽工程,共 24 个专题。(兰云霞)

T000661　**辽河卷**　松辽水利委员会编。中国水利水电出版社 1997 年 11 月版。41.4 万字。38.00 元。"中国江河防洪丛书"之一。分 11 章,分别从流域概况、河流水系、洪水与洪灾、防洪规划、防洪工程建设、防洪工程的运用、超设计标准洪水时的措施、防洪工程效益、防洪工程管理、防汛与抢险、防洪前景等方面,全面系统地记述了辽河流域自新中国成立 40 多年来在防洪工作和抗洪抢险中的成就、经验与教训,提出了一些防洪方面带有规律性的认识。(阴森)

U　交通运输

U000001　**交通运输设备**　北方交通大学佟立本主编。中国铁道出版社 1997 年 9 月版。38.3 万字。20.80 元。共 2 篇 11 章,介绍了交通运输设备的基本知识。内容包括:铁路线路、车辆、机车、信号及通信设备、高速铁路与重载运输等。书中对公路、水路、航空、管道运输设备也作了概要介绍。(程东海)

U000002　**车辆—轨道耦合动力学**　翟婉明著。中国铁道出版社 1997 年 6 月版。19.5万字。18.90元。作者运用系统工程思想,将车辆系统和轨道系统统一为总体大系统,而将车轮和轨道的关系(轮轨相互作用)作为连接这两个子系统的"纽带",提出并建立了车辆—轨道耦合动力学理论。作者在书中论述了车辆—轨道耦合动力学的学术思想、理论模型、数值分析方法、仿真系统以及实验验证。(薛淳)

U000003　**铁路轨道基本理论**　兰州铁道学院许实儒、童本浩编著。中国铁道出版社 1997 年 4 月版。19.5 万字。9.80 元。主要介绍轨道几何形位、轨道结构及轨道力学等方面的基本理论,并介绍了近年来国内外在轨道力学方面的最新成果。为配合我国高速、重载铁路的发展,还介绍了钢轨弯扭复合应力、轨道冲击荷载、无缝线路稳定、无缝道岔、桥上无缝线路钢轨挠曲附加力、锁定轨温测定、小半径曲线外轨磨耗和转向架稳态曲线通过等专题的科研成果。详细讲述了轨道结构静力计算和动力计算、钢轨截面几何特性的计算。在曲线钢轨磨耗与轨道几何形位的关系中，具体讲述了摩擦中心法、蠕滑中心法、单自由度法等。（刘桂华）

U000004 **国产铁路货车** 葛立美等著。中国铁道出版社 1997 年 8 月修订版。69.7 万字，89.1 万字。上、下册。44.40 元，56.00 元。介绍各型铁路货车的发展过程，产品的用途、结构特点、作用原理、使用和维修要求，以及根据产品在使用过程中出现的问题，对结构不断更改、不断完善的概况。修订版在初版的基础上又增加了 1980～1995 年间生产的各型货车共 80 余种，以及与这些车型配套的 13 种转向架。另外，还增加了货车设计综述部分。（庄大炘）

U000005 **当代中国铁路信号（1991—1995）** 《当代中国铁路信号》(1991—1995)编委会编。中国铁道出版社 1997 年 12 月版。76.5 万字。85.00 元。记述了“八五”期间中国铁路信号事业的发展进程。全书共 11 篇，分别记述了区间闭塞设备、车站联锁设备、编组站控制系统、行车调度控制系统、列车运行控制系统等新技术开发与应用情况；基础理论及基础设备的研究进展情况；信号技术及设备的引进和应用情况；信号工业的发展和新产品开发情况，科学管理与技术措施，以及地下铁道信号的发展情况。重点记述了有代表性的各类信号新技术、设备的开发研制过程、技术特征、工作原理和运用经验，剖析了在工作中的成功经验与失败教训，并提出了“九五”的发展方向与奋斗目标。（魏京燕）

U000006 **铁路信号容错技术** 上海铁道大学员春欣主编。中国铁道出版社 1997 年 10 月版。32.6 万字。21.80 元。围绕铁路信号用的微型计算机系统的高可靠性、高安全性的要求，以容错技术的基本概念、基本知识和基本技术理论为基础，以故障安全技术为主线，详细阐述了故障测试、硬件冗余技术、软件冗余技术、故障安全组合逻辑电路、故障安全时序逻辑电路、自校验逻辑电路、故障安全计算机、软件系统的故障安全等内容。（倪嘉寒）

U000007 **铁路车站及枢纽** 北方交通大学刘其斌、马桂贞主编。中国铁道出版社 1997 年 8 月版。56.5 万字。18.90 元。是“九五”普通高等教育国家级重点教材之一。是根据铁道部高等院校交通运输专业 1995 年教学计划和教学大纲的要求，在 1987 年出版的《铁路站场及枢纽》的基础上重新编写的。教材增补了 1986 年至 1996 年国内外有关本学科的新技术和新成就，修改了部分旧的规程、规范和与现国标不符的内容。主要内容包括：车站线路连接，平纵断面设计，各类车站的布置图分析，设备数量及通过能力计算，调车驼峰设计原理，铁路枢纽总布置图及规划，计算机辅助站场设计等。（李丽娟）

U000008 **编组站货车实时信息系统** 张全寿等著。中国铁道出版社 1997 年 4 月版。23 万字。16.00元。总结了编组站货车管理信息系统的最新科研成果，并结合实例对编组站信息处理系统从硬件到软件，从理论到实践进行全面阐述。（黄燕）

U000009 **道路工程** 上海市建设委员会科学技术委员会编。上海科学技术出版社 1997 年 7 月版。53 万字。100.00 元。是“上海市大型市政工程设计与施工丛书”之一。介绍和总结了改革开放以来上海道路建设所取得的成就和技术经验。选择了杨高路改建及龙阳路立交、罗山路立交，外滩防汛墙外移市政综合改造，沪嘉高速公路及东端延伸段，莘松高速公路，吴淞路闸桥，沪青平公路改建等 6 项极具典型意义的工程，反映了新时期上海面貌的巨大变化。记载了工程技术人员在建设过程中创造出来的新设计、新技术、新工艺、新材料、新设备与新经验。附有 243 幅图纸和 49 帧彩色照片。（雷炳坚）

U000010 **公路工程概预算编制与应用** 刘义生主编。河海大学出版社 1997 年 10 月版。40 万字。28.00 元。以 1996 年版的《公路基本建设工程概算、预算编制方法》为依据，从公路工程建设基本知识和公路工程有关定额的应用两个方面，阐述公路基本建设工程概(预)算的程序、方法。内容包括：公路工程建设的基本知识、公路工程概(预)算定额、公路工程概(预)算编制、公路工程概(预)算审查、竣工决(结)算、公路工程招标与投标以及公路工程概(预)算电算等。（周勤）

U000011 **沥青路面典型结构设计指南** 李贵顺等主编。山西科学技术出版社 1997 年 1 月版。12.2万字。18.00 元。包括 7 章。第一章在分析山西地貌、地质、水文、气候和土质的基础上，确定了山西公路三级自然区划图的特征与指标。第二章介绍了野外土基回弹模量与压实度、稠度的关系，提出了土基回弹模量的推荐值。第三章根据交通的调查，载重量确定了不同区域各种车型的超载系数。第四章介绍了半刚性基层材料的强度增长规律，用快速养生法代替标准养生法的方法。第五章通过典型结构的调查分析，提出了沥青面层及半刚性层的合理厚度和路面结构组合图式。第六章介绍了推荐典型结构的原则和方法,最后用理论方法验证了推荐的典型结构。第七章介绍了典型结构设计的方法和步骤。(温洁茹)

U000012 **桥史** 王德风、尹淑华编著。辽宁少年儿童出版社1997年版。14万字。6.40元。“科技小史系列”之一。本书主要按照建桥材料的发展历史,从工程技术的角度下笔,从半坡村围沟上的独木桥,到长江天堑的铁路、公路桥;从天下第一赵州石拱桥,到现代立交桥;从写下红军壮歌的铁索桥,到美国旧金山的金门斜拉桥;从先人的堤梁桥,到洲际跨海大桥,把桥梁发展分为古代、近代和现代3个大的历史时期给以展示。(刘铁柱)

U000013 **桥梁漫笔** 万明坤等主编。中国铁道出版社1997年9月版。43万字。48.00元。从桥梁的历史、文化、类型、结构、勘测、设计、制造、安装、施工、检验,以及它们所涉及的水文、地质、气象、地震、材料、物理、力学、美学等方面,结合国内外桥梁建设的实践,介绍桥梁科技知识。(王俊法)

U000014 **汽车电气系统故障检修图表解** 张克明主编。辽宁科学技术出版社1997年7月版。54.7万字。36.00元。以实用技术为主,重点介绍国内拥有量较大的几种轿车和微型车(如桑塔纳、夏利、捷达、富康、奥拓及长安、昌河、松花江等汽车)电气系统的主要参数、常见故障及检修方法。(白崤)

U000015 **汽车系统工程** 庄继德著。机械工业出版社1997年12月版。48.9万字。34.00元。主要内容包括5部分:第一部分为总论,介绍了系统思想、系统科学和系统工程方法;第二部分论述汽车技术法规、预测方法和评价指标体系;第三部分研讨汽车系统工程分析方法、系统设计基础和系统管理技术;第四部分全面研究发展汽车工业的系统工程和优化汽车运输系统的方法,并且对轿车进入家庭也作了系统分析;第五部分对人—汽车—环境系统工程进行了探讨。(孙慧波)

U000016 **现代汽车电子控制系统构造原理与故障诊断(下)** 邹长庚等编。北京理工大学出版社1997年版。29.2万字。15.00元。着重介绍现代汽车电子控制技术,全书分为上下两册,上册为发动机部分,下册为车身与底盘部分。下册主要内容有ABS防抱死制动系统、电控自动变速器、空调系统、安全气囊的结构、原理、故障诊断与检修技术等。(总编办)

U000017 **汽车系统动力学及仿真** 雷雨成编著。国防工业出版社1997年8月版。47.1万字。28.00元。主要内容有:汽车空气动力学、汽车行驶方程式及全工况动力性仿真;电动汽车动力性、经济性、结构参数优化;汽车制动力学、汽车制动过程仿真、汽车制动系统动态模型辨识方法,汽车防抱理论;汽车操纵动力学、轮胎模型、4自由度操纵动力学仿真,汽车17自由度操纵动力学仿真;侧偏柔度及工程评价方法;随机振动基础、汽车振动模型、汽车地面谱、7自由度振动模型及仿真;汽车地面力学、汽车地面力学模型的相似理论建模方法等。最后介绍了包括汽车6大性能、结构优化设计和含有限元模态分析等的结构动力学软件的汽车系统动力学仿真软件系统(ASDSS95)。(孙忠玉)

U000018 **新型汽车自动变速器结构·原理·检修** 林平编著。福建科学技术出版社1997年5月版。48.8万字。24.60元。以90年代生产的高级进口轿车为例,阐述了新型液力控制自动变速器和电子控制自动变速器的整体及部件的结构和工作原理。在此基础上,介绍了目前较先进自动变速器的结构特点,包括通用轿车Turbo Hydra－matic 400自动变速器、丰田HIACE小客车A45DL自动变速器、凌志LS400轿车A341E和A342E自动变速器、马自达轿车F3A自动变速器、尼桑轿车L4N71B自动变速器、克莱斯勒轿车AW－4自动变速器、奥迪轿车OIF和OIK自动变速器等。介绍了自动变速器的拆装以及液力变扭器、油泵、控制系统等主要零部件的检修方法。最后阐明了自动变速器常见故障诊断与排除方法,这些故障包含汽车不能行驶、自动变速器打滑、换档冲击大、升档过迟、不能升档、无超速速档、挂档后发动机怠速易熄火、不能强制降档、液压油易变质、无锁止等。书中还介绍了新型汽车自动变速器的结构、原理、检修。列出了通用、福特、丰田等公司生产的汽车维修过程必需的技术参数。(刘宜学)

U000019 **汽车防抱死刹车系统(ABS)原理·结构·检修** 赵志勇、杨成宗编。福建科学技术出版社1997年6月版。33.9万字。19.20元。分原理篇和实用篇。原理篇介绍汽车刹车系统基本理论,一般液压刹车系统提高刹车效率的设计方法,汽车防抱死刹车系统(ABS)的设计原理、类别、基本构造、电路图及测试方法等;实用篇分章介绍福特SCORPIO ABS系统、通用GM车系ABS系统、保时捷(PORSCHE)ABS系统、BMW车系ABS系统、奔驰(BENZ)车系ABS系统、沃尔沃(VOLVO)车系

ABS 系统、标致(PEUGEOT)车系 ABS 系统、克莱斯勒(CHRYSLER)车系 ABS 系统、奥迪(AUDI)车系 ABS 系统的特点、主要构件与作用、系统结构、系统功能检查、系统检测与诊断、维修注意事项及维修实例等。(刘深)

U000020 **汽车电子点火系统原理・结构・检修** 林永宪著。福建科学技术出版社 1997 年 9 月版。19.5 万字。11.30 元。首先介绍发动机原理构造及点火系统的基本原理,然后介绍白金点火系统的原理、构造、调谐、维护以及故障排除方法和检修技术。在此基础上,介绍电子点火系统和微电脑控制电子点火系统,包括 BID 无白金感应放电点火系统、SSI 固态点火系统、CEI 克莱斯勒电子点火系统、FTI 福特晶体管电子点火系统、FSS 与 FDI 福特电子点火系统、HEI 通电电子点火系统、EEC 福特电子点火系统、EDS 通用电子点火系统、CCC 通用电子点火系统、DIS 日产电子点火系统等,各部分介绍了基本原理结构、调谐、保养、零部件更换及故障排除等。(刘深)

U000021 **汽车电工技术手册** 李明才、潘江静编。江苏科学技术出版社 1997 年 7 月版。48.2 万字。30.00 元。在概述电学原理的基础上,介绍了我国目前在用的国产、进口汽车新型电器的构造、原理、规格、型号及其检修、试验方法。(孙广能)

U000022 **汽车电气设备维修手册** 边焕鹤、张美娟主编。机械工业出版社 1997 年 10 月版。146.9万字。75.00 元。以国内目前常用上海桑塔纳、奥迪、标致、雪铁龙、北京 BJ2020、切诺基、大发、夏利、丰田、凌志、皇冠、蓝鸟、三菱、日野、五十铃、奔驰、伏尔加、拉达、波罗乃兹、菲亚特、解放 CA1091、东风 EQ1090 等车型为主,介绍了现代汽车电气设备的结构、工作原理、检查、修理、故障诊断与排除等方面的知识、方法和技能。(高金生)

U000023 **新编汽车电工手册** 马淑芝等编著。机械工业出版社 1997 年 9 月版。64 万字。45.00 元。介绍电工基础知识、电子技术,汽车常用电工仪表及常用电工材料,现代汽车电气设备的结构、工作原理、使用及维修等。还详细介绍了现代汽车常用电气设备型号、规格及常用技术数据。为适应现代汽车电子技术发展需要,本书介绍了电子控制点火装置;电控汽油喷射系统;电子控制防抱死装置;汽车空调;中央门锁系统等先进的电子装置的构造、原理、使用与维修等。(高金生)

U000024 **大客车空调机使用与维修** 赵国军等编。湖南科学技术出版社 1997 年 11 月版。10.2 万字。9.00 元。以独立顶置式大客车空调机(岳阳恒立冷气设备股份有限公司产)为例,阐述了大客车空调机的使用与维修知识。全书分 8 章:前 3 章介绍了制冷基础知识、大客车空调机的结构与组成、KQFD24 Ⅱ 型大客车空调机主要技术参数、压缩机总成、480 柴油机与 483 柴油机动力机组、KQFD24 Ⅱ 型空调机顶置装置;第四章专章介绍汽车空调机电器控制系统的结构与使用;第五章给出了大客车空调的安装调试与维护保养;第六章列出了大客车空调机常见故障及排除方法;第七、八章介绍了大客车空调机柴油机的维护保养、故障及排除方法。(陈一心)

U000025 **汽车空调——原理结构安装维修** 陈孟湘编著。上海交通大学出版社 1997 年 12 月版。50.5 万字。21.00 元。论述汽车空调的原理、结构等基本理论,并详尽介绍汽车空调的安装、性能测试、维修等实用知识。共 12 章:汽车空调的发展与特点,CFCs 禁用问题及汽车空调的对策,制冷剂与润滑油,制冷与空调基础,汽车空调的热湿负荷计算,汽车空调装置及其分类,汽车空调压缩机,制冷系统部件,汽车空调的自动控制与调节,汽车的采暖与通风,汽车空调的维护、安装与检修,汽车空调性能测试。(戴柏诚)

U000026 **最新进口轿车空调维修手册** 郭勇、王锦俞编著。江西科学技术出版社 1997 年 12 月版。37 万字。25.00 元。详细介绍了 90 年代进口轿车空调系统的结构、原理及故障诊断和排除等。全书分 7 章,内容有空调系统及组件的工作原理、空调系统的一般检修方法、丰田轿车空调系统的检修、本田阿科德空调系统的检修、大宇轿车空调系统的检修、福特轿车空调系统的检修、通用鲁米娜空调系统的检修。

U000027 **轿车汽油喷射系统维修技术手册** 秦川主编。机械工业出版社 1997 年 9 月版。69.1 万字。42.00 元。介绍了日、韩及欧美等汽车大国 90 年代生产的 100 余种轿车上所装备的近 50 种汽油喷射装置的维修资料,包括各种燃油喷射系统的分类、结构特点与工作原理,在此基础上,详细介绍了燃油喷射装置的基本操作技术及其检查、调整工艺,同时给出了有关自诊代码和相关技术数据。(杨民强)

U000028 **桑塔纳轿车构造、使用与维修(增订本)** 丁鸣朝等编著。北京理工大学出版社 1997 年版。22.3 万字。12.80 元。介绍桑塔纳轿车构造、使用与修理技术和调整数据等。以问答形式逐一解答了驾驶员和修理人员在实际工作中遇到的各种疑难问题。本书增加了桑塔纳2000型轿车电控燃油喷油系统有关内容,桑塔纳轿车常用的零部件和零件号、桑塔纳轿车常用技术数据及全车电路图。(总编办)

U000029　**上海桑塔纳轿车结构图册**　刘雅琴主编。上海科学技术出版社1997年9月版。58幅图。56.00元。详细介绍了上海桑塔纳轿车的结构和性能参数,文字说明为中英文对照。内容包括:桑塔纳整车外形图、整车透视图、发动机、曲轴连杆机构、配气机构、供给系统、化油器分解图与工作原理图、连排气装置、油箱与油泵、冷却系统、润滑系统、传动系统、离合器、变速器、万向节与传动轴、前桥与前悬架、后桥与后悬架、转向系统、制动系统、真空助力器、车轮总成、车身总成、车门及附件、内饰件、电器布置图、点火系统、发电机与起动机、空调系统、车灯、组合开关、中央接线盒、电气线路图等。每幅图中均注有零件名称、外形、规格等。书后附有整车及主要配件单位的厂址和联系电话。(魏晓峰)

U000030　**电源车辆技术质疑**　陈应芳编著。甘肃科学技术出版社1997年7月版。27万字。50.00元。作者从实际问题出发,采用直接回答问题的方式,对电源车辆技术的概况、电压特性与频率特性、动力性能与机械性能、安全与保护、环境技术、可靠性与维修性以及其他一些现实中存在的问题作了回答。(钱茹)

U000031　**国产、进口汽车行驶、保养、维修问答**　林家和主编。中国农业出版社1997年9月版。79.9万字。29.80元。以中轻型载货汽车[解放CA1090(CA141)、东风EQ140-1)、郑州东风1060F、跃进NJ1061]、轿车[上海桑塔纳、天津夏利、丰田、三菱、伏尔加]及越野车[北京切诺基(BJ2021或BJ213)、北京BJ212]为主,以问答的形式,分8章(共1 188个题),阐明了国产、进口汽车的基本组成、使用性能、新车型、新结构,汽车选购、驾驶、安全行驶、客货运输、节油节胎、现场抢救,发动机、底盘及电气设备的使用、保养、故障诊断及修理方面的基本知识、基本技能,并介绍了一些简易的和应急处理的方法和经验。(何致莹)

U000032　**汽车安全驾驶**　车主丛书编委会编。机械工业出版社1997年12月版。24.4万字。14.00元。为“车主丛书”之一。主要介绍了交通法规、汽车基础驾驶技术、汽车驾驶凭证与车辆凭证、汽车用油、汽车实用驾驶技术、汽车防盗、汽车节油、轮胎节约、汽车保险及附录等。(蓝伙金)

U000033　**高速公路安全行车指南**　车主丛书编委会编。机械工业出版社1997年12月版。19.3万字。11.00元。为“车主丛书”之一。根据最新颁布的《高速公路交通管理办法》编写,内容包括高速公路概况(含平面图),高速公路构造简介,驾驶员与高速公路安全行车,汽车性能及技术状况与高速公路安全行车,高速公路交通事故分析,高速公路安全行车技巧,如何提高驾驶员的素质,防止车辆原因引发事故及附录等。(蓝伙金)

U000034　**新编小客车驾驶员自学读本**　田沛然主编。金盾出版社1997年1月版。44.6万字。20.00元。以桑塔纳、夏利轿车和华利(大发)微型汽车为主要车型,详细地介绍了小客车驾驶员应具备的知识和技能。共4个部分:小客车构造;小客车的驾驶训练;道路交通安全知识;小客车的正确使用、保养与故障排除。(金家麟)

U000035　**新编机动车驾驶员考证指南**　车主丛书编委会编。机械工业出版社1997年12月版。23.5万字。14.00元。为“车主丛书”之一。本书根据公安部最新颁布(1996年9月1日开始施行)的《中华人民共和国机动车驾驶证管理办法》和《中华人民共和国机动车驾驶员考试办法》编写而成。内容包括如何报考机动车驾驶员、交通法规、汽车安全驾驶、摩托车安全驾驶、伤员急救知识、汽车机械常识、摩托车机械常识及附录等。(蓝伙金)

U000036　**汽车维护与故障排除**　车主丛书编委会编。机械工业出版社1997年12月版。16.5万字。12.00元。为“车主丛书”之一。内容包括汽车的日常维护、汽车的技术调整、汽油机常见故障的判断与排除、柴油机供给系常见故障的判断与排除、底盘常见故障的判断与排除、电气设备常见故障的判断与排除、汽车异响故障的判断与排除、汽车途中常见故障的应急处理等。(蓝伙金)

U000037　**中外汽车实用维修精选**　曹笔耕主编。湖南科学技术出版社1997年8月版。54.8万字。32.00元。分3篇:汽车故障诊断和修理精选篇、中外合资汽车新型结构及维修精选篇及附录篇。分别详介汽车故障产生的原因、诊断方法、曲柄连杆机械故障诊断、配气机构故障诊断、汽油机燃油系统故障诊断、润滑系统故障诊断、柴油机燃油系统故障诊断、点火系统故障诊断、发动机冷却系统故障诊断、汽油发动机综合故障诊断、离合器故障诊断、变速器故障诊断、万向节传动装置故障诊断、行驶系故障诊断、转向系统故障诊断、汽车制动系故障诊断、电气故障诊断、起动系统故障诊断、讯号仪表空调等故障诊断等内容，同时对中外合资汽车发动机、底盘、电气等部分的新型结构进行了介绍，还附有桑塔纳、标致、切诺基、夏利、奥迪等各类车故障排除实例若干。（张珍）

U000038 **高级汽车修理工自学读本** 宋森编著。金盾出版社 1997 年 8 月版。77 万字。39.00 元。按照原国家机械工业部 1985 年 11 月发布的《汽车修理工技术等级标准》中的高级工要求，从应知、应会和工作实例 3 个方面，分 29 节进行详细阐述，并在每节内容后面列出复习思考题。（谭家训）

U000039 **最新汽车涂装技术** 王锡春主编。机械工业出版社 1997 年 12 月版。83.5 万字。50.00 元。共 12 章，从汽车用涂装材料、汽车涂装工艺和涂装管理 3 方面介绍了涂装技术的理论基础知识和实践经验，以及涂装工艺、技术和设备；并重点介绍工业涂装车间的设计、最新自动化涂装设备和涂装车间用机械化运输设备。（俞逢英）

U000040 **新型进口汽车故障码手册** 郭伟、王锦俞编。福建科学技术出版社 1997 年 12 月版。22.2 万字。15.00 元。介绍了 90 年代日本、韩国、美国及欧洲国家各大汽车公司生产的丰田车系、本田车系、三菱车系、马自达车系、日产车系、五十铃车系、大发车系、铃木车系、现代车系、福特车系、通用车系、克莱斯勒车系、奔驰车系、沃尔沃车系、奥迪车系、大众车系、宝马车系、绅宝车系、标致车系、菲亚特车系、欧宝车系等标准设备故障诊断连接器的位置、使用，故障码的读取、消除，故障码的内容，以及故障码使用注意事项。涉及的标准设备包括电控燃油喷射发动机、自动变速器、防抱死制动系统、加速滑动调整系统、安全气囊、自动空调系统、牵引力控制系统、巡行控制系统、电子悬挂系统及仪表板等。（黄宗鋆）

U000041 **国产、进口汽车维修、改装手册** 董光昶主编。北京出版社 1997 年 8 月版。60 万字。73.00元。汇集了国产与进口汽车的技术性能、结构特点、配件品种规格、主要零部件尺寸、常用调整与修理数据、喷油泵调试规范。辑录了国外汽车厂牌译名、进口车型代号含义、我国与世界主要国家汽车产量、保有量等资料。（龙杰）

U000042 **新编摩托车的结构与使用维修** 艾兆虎等编。机械工业出版社 1997 年 12 月版。48.5 万字。28.00 元。以最常见、最典型的车型为例，着重介绍了摩托车的结构、工作原理、驾驶操作、故障分析排除，以及拆装与检查修理等方面的最新技术知识。而且还提供了 20 余种国产及进口摩托车型的结构性能、使用与保养、调整和维修数据。（钱既佳）

U000043 **摩托车购车指南** 车主丛书编委会编。机械工业出版社 1997 年 10 月版。14.3 万字。9.00元。为“车主丛书”之一。主要内容包括国内外摩托车发展概况，摩托车的基础知识，摩托车的主要技术性能及质量评价，主要摩托车企业和产品介绍，摩托车牌证的办理，摩托车运动简介等。（蓝伙金）

U000044 **摩托车零部件结构图册** 《摩托车零部件结构图册》编写组编。国防工业出版社 1997 年 7 月版。122.3 万字。69.00 元。以图解形式，编入国内常见的 20 种国产及进口摩托车各个零部件的结构形式、拆卸安装顺序、代号及其数量。其中包括：国产摩托车木兰 QM50QW－B，速飞乐 SFERA80，天虹 TH90，奔腾 BK100 和 BT125，五羊—本田 WY125A，佛斯弟 FT125，富先达 FXD125；进口摩托车本田 H100S、CG125、CB125S、CB125T，雅马哈 YA90、XC125、XV125(S)、TZR125、SR125Z，铃木 AX100、GS125，川崎 KH100 等型号。（翟谦）

U000045 **摩托车故障诊断与排除** 张怀军等编著。金盾出版社 1997 年 12 月版。15.6 万字。7.00 元。以国内常见摩托车为主，针对用户在使用中出现的各种故障现象，采用故障树的形式，提出了可操作性的故障诊断程序和排除方法，并对国内 15 种常见车型的典型故障进行了分析。全书共 4 个部分：基础知识，常见故障诊断与排除，故障诊断与排除实例，电气线路图。（董焕庆）

U000046 **摩托车故障应急处理技术手册** 肖剑华、刘中立编著。四川科学技术出版社 1997 年 10 月版。21 万字。13.00 元。内容包括：一、摩托车基本常识与安全驾驶。主要介绍了我国摩托车型号、主要技术性能指标、说明书中常用技术术语的涵义、如何正确使用制动器、交通指挥信号和交通标记的分类、选购配件的方法等。二、摩托车常见故障与处理。对发动机系统常见故障（如行驶时突然熄火、无法起动、火花塞积炭、发动机发生异响等）、传动系统常见故障（如起动杆打滑、变速器自动脱档等）、行车与操纵系统常见故障（如前叉减震器渗油、漏油、后制动器如何调整等）、电气仪表系统常见故障（如闪烁器闪光频率不正常）等原因进行了详细分析和解答。三、摩托车保养与日常维护。对各系统的日常保养提出了具体的方法和要求。本书附有摩托车安全基准、

日本进口摩托车技术参数、常见车型的灯泡规格、日本火花塞与国产火花塞代换型号表等。(冯建平)

U000047 **火车汽车百年** 刘兴良等撰稿。河南科学技术出版社1997年12月版。12万字。12.00元。“少年科技百年图说丛书”之一。着重讲述了我国汽车工业的发展、历史沿革和公路建设,以及未来火车和汽车发展趋势的展望。

U000048 **世界科普画廊·海陆交通** 刘树勇等著。浙江教育出版社1997年11月版。24万字。16开本。48.00元(精装)。描绘了马车、汽车、火车和轮船的历史与发展画卷,述说了人类为改善自己的行走方式而表现出来的智慧和梦想。从人类制造第一只可以省力地滚动前进的轮子讲起,谈到了优雅从容的马车时代,早期人们面对蒸汽火车时的无限恐惧;汽车出现后给人类带来的极大方便,因车辆过多而带来的烦恼;以及人类早期充满诗意的航海历程,等等。

U000049 **航标学** 王英志主编。大连海事大学出版社1997年9月版。59.9万字。34.80元。内容包括:绪论,视觉航标基础理论,视觉航标,航标灯器,闪光器与自动换泡器,几种大型灯器,音响航标,无线电航标,航标能源,航标自动化。(史洪源)

U000050 **船舶水动力学** [德]施内克鲁特著,咸培林译。上海交通大学出版社1997年1月版。42.2万字。30.00元。共5章。第一章船舶的浮性与稳性;第二章船舶振动;第三章船舶阻力及其他有关问题;第四章船舶推进;第五章船舶的转向机构与转向操作。(成敬祥)

U000051 **微型计算机在船舶中的应用** 喻方平等著。电子工业出版社1997年4月版。51万字。28.50元。论述船舶中微机应用系统的组成及其技术特点,并以大量典型产品和实际电路为例,分析、介绍微机在船舶自动化系统中的应用技术和研究成果。全书共7章,前3章介绍微机应用系统的组成原理和基本技术,后4章分别介绍传感器接口、实用控制电路、典型产品及整体系统。(史明生)

U000052 **船舰百年** 凌翔撰稿。河南科学技术出版社1997年12月版。12万字。12.00元。“少年科技百年图说丛书”之一。着重介绍了近百年来船舶的发展历史,以及各种民用、商用、科研,特别是军用船舰的发展和研制。如各种客船、客轮、货船、破冰船、航空母舰、巡洋舰、护卫舰、潜水艇等等。

U000053 **电子海图应用系统设计** 朱世立著。国防工业出版社1997年7月版。26.5万字。18.70元。介绍了电子海图的生成及显示原理,电子海图应用系统的地位、作用、功能、基本原理、各种最新配置、硬件的基本结构、软件模块的组成与设计方法和编程必需的数学模型,以及国内外可供借鉴的先进技术,重点介绍了设计一个具有结构合理、技术先进、系统可靠的电子海图应用系统时可采用的手段和方法。书中综合了国内外许多学者的最新研究成果和作者本人的实践经验,还展望了电子海图应用系统的发展前景。(何曼庆)

U000054 **水运系统分析和船型研究** 秦士元等编著。上海交通大学出版社1997年11月版。24.3万字。25.00元。对内河、沿海、远洋和江海运输中的散货、集装箱、散装水泥、磷酸、客运等水路运输和船型研究作了分析。(丁善溶)

V 航空、航天

V000001 **世界科普画廊·走向太空** 林千等撰稿。浙江教育出版社1997年11月版。17万字。45.00元(精装)。介绍当今世界火箭技术的发展现状,一些著名火箭的性能;卫星的分类知识,通信卫星、侦察卫星、资源卫星及导航卫星在国民经济和国防上的应用;太空中的勇士们是如何在航天飞机和空间站上生活及工作的;还用较多的篇幅介绍了太阳、月球、八大行星(除地球外)、彗星、陨石等知识,对它们的表面特征、温度组成等都有描述。

V000002 **航空航天百年** 李龙臣等撰稿。河南科学技术出版社1997年12月版。12万字。12.00元。“少年科技百年图说丛书”之一。本书从飞机的发明到今天的军用、民用、科研、交通运输等飞机类型的发展;从美国的莱特兄弟、中国的冯如到法国的加罗斯、前苏联的著名宇航员加加林;从前苏联的月球探测器发射成功到美国的人类登月梦想的实现,以及中国在航空航天事业的飞速发展和人类探测宇宙所进行的科学实验等方面进行了介绍和展望。

V000003 **航空航天概论** 何庆芝主编。北京航空航天大学出版社 1997 年 10 月版。42.2 万字。16.50 元。以航空器和航天器为中心，介绍其飞行原理、动力系统、机载设备、构造以及地面设备等，在基本知识、原理和技术基础之上，尽量反映学科的最新成就和发展动态。(陶金福)

V000004 **外星人问答 101** 张庆麟著。少年儿童出版社 1997 年 10 月版。15 万字。10.20 元。分 7 章：在“千古的话题——外星人”中，有“是谁最早提出有外星人”、“我国古代有没有提出外星人问题”、“生命的种子能遨游太空吗”、“宇宙种子论是什么意思”等问题；在“亦幻亦真的‘外星文明’中，有“金字塔是外星人造的吗”、“《易经》是外星人‘写’的吗”、“巴颜喀拉山有外星人的石盘吗”、“亿万年前的脚印是谁留下的”等问题；在“‘飞碟’带来的疑惑”中，有“是谁最早发现‘飞碟’的”、“古代也有‘飞碟’现象吗”、“近年我国有哪些‘飞碟’事件”、“为什么‘飞碟’不等于宇宙访客”等问题；在“太阳系的外星生命之谜”中，有“有火星人开凿的运河吗”、“为什么说金星上没有生命”、“为什么说木卫二星上很可能有生命”、“月球人的传说是怎么回事”等问题；在“外星人，你在哪里”中，有“为什么大气对生命非常重要”、“为什么体积太小的天体不能容纳生命”、“邻近的‘地球’上必定会有生命吗”等问题；在“人类想象中的外星人”中，有“为什么有人把外星人想象成美人鱼”、“外星人有哪些类型”等问题；在“寻找外星生命的途径”中，有“外星人知道我们地球吗”、“我们怎样寻找外星人”、“你知道‘宇宙语’吗”、“遇上外星人怎么办”等问题。(洪祖年)

V000005 **现代飞行模拟技术** 周自全、刘兴堂等编著。国防工业出版社 1997 年 1 月版。26.4 万字。15.50 元。介绍现代飞行模拟的状况和基本知识，讲述现代飞行模拟技术的理论基础，论述了地面飞行模拟的原理、方法与技术，并根据作者及其同事们多年从事现代飞机飞行模拟所取得的经验和成果，讨论了空中飞行模拟的主要技术问题及其工程实现，着重研究了自适应技术在空中飞行模拟中的应用。除此之外，还扼要地介绍了几种典型的空中飞行模拟器(包括空—地综合飞行模拟系统)和它们的应用。(崔士义)

V000006 **飞行器对雷达隐身性能计算与分析** 张考等著。国防工业出版社 1997 年 2 月版。18.4 万字。11.60 元。内容包括：飞行器在受雷达仰视、俯视及平视照射的对抗模式中，各项隐身性能的计算方法；为提高隐身性能，飞行器某些低散射截面外形参数及几何参数的确定；快速计算飞行器隐身性能所需的系列化曲线。(林松德)

V000007 **航空机载电子系统与设备** 以光衢等编著。北京航空航天大学出版社 1997 年 8 月版。59.5 万字。22.00 元。是有关航空机载电子系统与设备的综合性教材，对飞机主要的机载电子系统与设备的组成、工作原理及特点作了系统的介绍，同时介绍了各专门技术领域中新的技术和发展。(刘宝俊)

V000008 **世界科普画廊·航空史话** 林千等撰稿。浙江教育出版社 1997 年 11 月版。16 万字。45.00 元(精装)。以词目的形式，展示我们人类在天空飞行的历史，人类如何将一个最伟大的梦想变成最伟大的现实的艰辛历程。从“齐伯林”飞艇到“飞行者”1 号，从发明喷气发动机到突破音障，从“彗星”号客机到“空中客车”，从战斗机到直升机直至神奇的新飞机。本书介绍了人类长期以来为此所作的种种努力，展示了现代航空技术取得的辉煌成就。

V000009 **世界航空安全与事故分析(第二集)** 杨春生、孟昭蓉编译。中国民航出版社 1997 年 9 月版。16 万字。16.00 元。共 6 组文章，第一组 3 篇分别介绍了截止 1996 年底的世界最严重的 21 起空难和 1995、1996 两年的世界航空安全形势；第二组“驾驶员应提高判断故障能力”等 8 篇，分别介绍了与驾驶员失误相关的多起事故；第三组“自动驾驭仪逻辑异常造成飞行事故”等 5 篇文章，介绍了几起与机械故障及空管导航方面因素有关的飞行事故；第四组 2 篇文章介绍分析了航空管理方面给航空安全造成的不利影响；第五组“冬季飞行必须防冰”等 8 篇文章介绍分析了身体疲劳、恶劣或特殊气象等自然性因素对航空安全的危害；最后一组 4 篇文章介绍了国际航空界一些新的技术、措施等。《世界航空安全与事故分析》丛书是中国民航出版社于 1995 年创办并开始出版的，它陆续搜集、逐集出版世界各国航空安全的理论、知识和事故分析报告与资料，以期逐步积累形成一套较为系统、全面的航空安全信息文库。(张灵)

V000010 **卫星设计学** 王希季、李大耀著。上海科学技术出版社 1997 年 12 月版。28.5 万字。22.00元。主要研究卫星设计及其相关方面的共性问题，探讨卫星设计工作的程序和方法，寻求以高效率完成高质量卫星设计的途径。重点论述卫星设计的基本原理和方法,研究卫星最本质的特征,对卫星设计的主要规则和方法及设计方案进行了评估,并阐述了卫星的可靠性和经济性问题。全书内容包括:卫星设计学内涵、卫星设计特点、设计程序、总体方案设计、轨道和星座设计、构形设计、可靠性设计、成本估算和设计方案的评价。(吴诗华)

V000011 **载人航天知识丛书** 王金华等编著。国防工业出版社 1997 年 3 月～1998 年 3 月版。共 8 册。包括《载人航天史话》、《人类为什么要航天》、《载人航天需要中医药吗?》、《从超重到失重》、《你想当航天员吗?》、《航天食品》、《动物航天》、《生活在太空》(尚未出版)。从不同角度介绍了载人航天及其有关方面的一些基本情况。(蒋怡)

X 环境科学、安全科学

X000001 **绿色全球年鉴 1996** 挪威弗里德约夫·南森研究所编。中国环境科学出版社 1997 年 5 月版。65.1 万字。98.00 元。由互相独立的两部分内容组成。第一部分为分析评论性的论文,第二部分是信息资料。(张维平)

X000002 **环境化学导论** 俞誉福、叶明吕、郑志坚编著。复旦大学出版社 1997 年 9 月版。65 万字。30.00 元。对人类环境中重要的化学污染物质的来源、迁移、转化和归宿等主要化学过程,分析监测方法,环境污染的防治,环境污染与人体健康的关系等方面作了系统的论述。在第一章绪论中,简要介绍了环境化学的特点及研究内容;第二章至第八章讨论了天然水在自然环境中的化学反应,包括氧化还原反应、微生物催化作用、配位化学、界面反应以及水的污染和处理的化学问题;第九章至第十章阐述环境化学分析和土壤化学;第十一章至第十六章论述大气污染及其对策;第十七章至第十九章讨论环境生物化学与化学毒理学、有害废物的环境化学等专题,每章后附有相应习题。(秦金妹)

X000003 **小天体撞击与古环境灾变** 欧阳自远等著。湖北科学技术出版社 1997 年 12 月版。27.2 万字。23.00 元。在地质地球化学证据和理论模拟的基础上,详细地论述了分别发生在距今 65,34,15,2.4,1.0 和 0.7 百万年以前的重大地外物体撞击地球事件及其诱发的古环境灾变,其中 34,15,1.0 和 0.7MaB.P. 撞击事件以著名的 4 次玻璃陨石撒布区事件为代表,并提出了撞击产生气候突变的理论模型。(江敏)

X000004 **环境地球物理方法及其应用** 副名:环境污染、灾害及地球物理场环境效应的监测与治理。崔霖沛、吴其斌编著。地质出版社 1997 年 12 月版。21 万字。25.00 元。较全面系统地介绍地球物理方法在环境工作中所起的作用。全书分 5 章,第一章简介环境科学及环境地球物理;第二章简介电法、地震、声波、放射性、重磁、测井及层析成像技术;第三章介绍地球物理场对环境的影响(放射性、电磁场、人工弹性波场);第四章介绍放射性、地下水与地表水污染、地下固体废料污染、大气污染监视;第五章介绍滑坡、山崩、地裂缝、土地盐碱化的调查,泥石流、沙漠化的治理办法。(陈军中)

X000005 **生态系统建设与区域持续发展研究** 副名:生态系统建设与持续发展学术研讨会论文集。中国地理学会编。测绘出版社 1997 年 1 月版。25.4 万字。25.00 元。收论文 50 多篇,内容涉及典型生态系统类型和不同地区的生态环境问题。在生态系统类型上涉及森林、草原、沼泽、湖泊、山地、河谷和露天矿区等多方面,在地区上涉及我国东北地区的三江平原、松嫩平原,西北干旱地区,南方红壤地区和湖泊等。多数论文对理论性、综合性和学科性的有关问题进行了论述。(刘洪涛)

X000006 **污染环境微生物学** 张灼编著。云南大学出版社 1997 年 1 月版。19.5 万字。15.00 元。内容包括引起环境污染的有害微生物、有害微生物污染环境及评价、污染环境的有害物质与微生物、污染水体与微生物、生物法治理污水及污染环境微生物学实验技术等,书末附有实验用 25 种培养基的配制。(王登全)

X000007 **不可持续的生活方式一百例** 诸大建等编。上海科学普及出版社 1997 年 11 月版。12.7 万字。8.00 元。将传播可持续发展思想与改变生活方式结合起来，通过人们身边日常发生的具体事例，阐释可持续发展的思想观点。其特点有三个：1.选取日常生活中经常可以看到的100个事例，通过一事一议的形式，说明可持续发展的某一方面道理；2.按经济生活、社会生活、生态生活归类，例举不可持续的生活方式进行分析，形象地说明当今生活方式须全方位革命的迫切性；3.书中注重就事论理、深入浅出，对不可持续的生活方式既有文字描述又有配图示意，既指出现象又分析原因，既强调危害又提示可持续发展的正确做法。（李乔）

X000008 **区域环境与可持续发展** 陈宗兴等主编。西北大学出版社1997年5月版。25万字。13.00元。选编全国各地不同专业背景的知名专家和青年学者所撰写的学术论文37篇。这些论文就如何把可持续发展的战略目标分解成可操作的、有实效的和有限目标的具体实施方案，充分体现以人口、资源、环境与发展的协调为主，以优化“人与自然”的关系为主，以地域的均衡发展为主，实现集约化代替粗放式的生产方式转变等问题进行探讨。并就中国及其区域发展战略、发展模式和发展前景进行前瞻性研究。其中牛文元以“中国的生态环境与可持续发展”为题，从地理结构、历史过程、发展战略等方面进行综合分析后认为：中国的生态环境既具有天生的脆弱性，也与发展过程中的巨大压力与战略选择有极大的关系；并从可持续发展的科学理念出发，对中国生态环境进行了预警，得出了极具警示作用的结论。（李进）

X000009 **21世纪中国人口与资源环境农业可持续发展** 周毅著。山西经济出版社1997年12月版。48万字。36.00元。共3篇15章。第一篇，超越困境：可持续发展。概括地阐述了可持续发展提出的背景，探讨了可持续发展的概念及属性、原理与原则，并概括地提出了我国人口、资源、环境、农业可持续发展的思路。第二篇，21世纪中国人口与资源、环境可持续发展。具体分析了中国环境、资源的现状，以及环境资源可持续发展应解决的问题。第三篇，21世纪中国人口与农业可持续发展。从农民、城乡、农村等多例示分析了如何实现21世纪中国农业的可持续发展。（郝建军）

X000010 **走可持续发展之路** 诸大建等著。上海科学普及出版社1997年11月版。28万字。20.00元。分导论、经济、社会、自然、能力建设和走向可持续发展的明天等篇章比较完整地阐述了这两方面的问题，并附有《里约环境与发展宣言》和《中国环境与发展十大政策》等有关的国际国内重要文献。全书论述可持续发展战略的四个特点：一是以《里约环境与发展宣言》和《全球21世纪议程》确定的思想原则为基础，结合《中国21世纪议程——中国21世纪人口、环境与发展白皮书》的精神阐发中国可持续发展战略、注重科学性和权威性；二是抓住可持续发展是追求经济繁荣、社会公平、生态和谐三位一体的发展，从经济可持续发展、社会可持续发展、生态可持续发展三大方面论述中国可持续发展面临的问题和政策思路，较好地考虑了完整性和系统性；三是强调中国的未来不仅要努力提高经济、社会、生态协调发展的水平，还要加强体制、科技、观念等方面的可持续发展能力。有重点地论述了法制建设、绿色科技和公众参与等内容，体现了中国的可持续发展要走发展水平与能力建设相结合的道路；四是以上海为例，用可持续发展思想对中国如何走可持续发展之路作了探讨。（李乔）

X000011 **社会发展与资源环境** 李康著。云南人民出版社1997年12月版。20万字。13.90元。“中国社会发展丛书”之一。立足于人与自然和谐、发展与资源环境相协调机制的建立这一实现人类可持续发展的核心问题，从可持续发展的理论与宏观调控模式的高层面，对建立社会协调机制的实质及其战略框架进行了探索研究。深刻揭示了以国民生产总值为中心的现行国民经济核算体系的重大弊端，主张建立自然资源核算理论、定价方法和统计指标，并纳入国民经济核算体系，以作为可持续发展的重要调控手段，极具开拓性；另外，引入全息理论，以丰富翔实的资料对我国社会发展与资源环境的现实矛盾进行深度剖析，对如何实现可持续发展目标提出了极具针对性和颇具操作性的建设意见。（周祥）

X000012 **经济社会环境协调发展的研究** 李新家著。广东人民出版社1997年12月版。26万字。21.00元。运用现代科学中的系统论、协同论、信息论以及物理科学的耗散结构论来研究和论述经济—社会—环境系统的内在属性和内部联系，阐述了整个社会、不同的群体和个人在作出各种各样的决策时必须坚持的系统论观点，说明了社会协调发展的特征、目标和机制，较具体地论述了经济、社会、环境相互协调的各方面任务。（杨小虹）

X000013 **持续发展途径的经济学分析** 潘家华著。中国人民大学出版社1997年6月版。31.3万字。39.00元。从环境伦理和资源价值论基础入手，系统分析了古典与新古典经济学体系中资源与环境经济观点的理论内核及其缺陷，深入剖析了极限增长与能力建设等发展观念的经济理性及其局限，根据环境保护与经济增长的需要建立了可持续发展的理论模型，论证了环境可持续的市场保障与实现途径。针对我国在经济转型过程中经济增长与环境资源约束的矛盾现实中的一些重大问题，拓展了科斯定理、资源经营总值、外部成本内部化等理论命题的政策含义及应用前景。列入“经济科学文库”。

X000014　**共享未来——走可持续发展之路**　周舜培主编。少年儿童出版社 1997 年 7 月版。15 万字。7.00 元。收有同济大学教授诸大建的“一个新的发展观”、“重新思考国家的财富”，科学院院士杨樵的“确立清洁生产的观念”，华东师范大学教授罗祖德的“我们的必然选择”，科学院院士沈允钢的“农业的未来”，复旦大学教授朱国宏的“正视‘人口钟’”，科学院院士嵇汝运的“筑坝，是时候了”，上海中医药大学教授周秀佳的“保护我们的家园”，华东理工大学教授陆柱的“清水须长流”、交通大学教授温煜华的“矿产资源是有限的”，科学院院士谢希德的“明智的选择”，中科院声学研究所研究员向大威的“共享宁静与和谐”，科学院院士苗永瑞的“重视空气的质量”，上海师范大学教授丁正民的“接受新观念”，等等。每个篇章中插有“科学家的话”、“你知道吗”、“数据库”、“小论文”等小栏目。(洪祖年)

X000015　**可持续发展词语释义**　北京市科学技术委员会编。学苑出版社 1997 年 1 月版。34.9 万字。15.80 元。分 10 个部分：总论；人口；资源；环境；经济；社会；教育；科技进步；城市、人类住区；国家社会发展综合实验区。共收入词语 800 余条。(孟白)

X000016　**中国的环境管理**　曲格平著，努尔加克提译。新疆科技卫生出版社(K)1997 年 6 月维文版。40 万字。28.00 元。总结了国内外有关环境保护方面的经验和措施，把我国的经济建设和环境管理联系在一起，提出了发展环境管理，防止和控制环境污染等方面的观点，结合我国实际情况指出了有中国特色的环境管理体系。(牙森)

X000017　**城市环境规划设计与方法**　东南大学建筑系、建筑研究所编著，齐康主编。中国建筑工业出版社 1997 年 6 月版。60 万字。60.00 元。针对当前我国城镇发展系统课题，分别从城市形态、城市中心区规划设计、城市土地使用控制、人居环境、城市景观设计、城市物理环境等方面，从微观到宏观，在不同的层次上，用比较全面的观点，理论与实际相结合的方法，进行国内外对比，既做深入剖析，又有综合融贯，深化了对城镇建筑环境的认识。其内容则集中了从建筑学——规划学——环境科学这一“学科群”的相当部分，对形成和完善这一大学科，使大规模的城镇建设提高到一个新水平，具有深远意义，对城镇规划设计工作具有实际指导作用。(王伯扬)

X000018　**广西水旱灾害及减灾对策**　俞日新等著。广西人民出版社 1997 年 10 月版。53.6 万字。85.00 元。在收集了广西大量的历史灾害资料的基础上，经过系统的资料分析、整理，应用数理统计方法进行研究，从自然地理、气候特点、水资源时空分布上分析统计洪水发生的频次，主要河流形成大洪水灾害的要素指标及其关系，稀遇洪水的一般规律，应用现代数学模型对广西干旱的物理成因、特征及时空分布规律等进行综合分析、研究，总结了水利建设、防汛抗旱方面的经验教训，提出了一系列防灾、减灾的对策。本书具有以下几个特点：(1)时间上从有史料记载以来进行统计分析；(2)区域上从全自治区范围进行统计，其中有定量分析，也有定性分析；(3)项目上全面考虑洪、涝、渍、风暴潮、泥石流、旱、供水等方面；(4)减灾对策上，在总结历史经验的基础上，借鉴古今中外的经验，从政策、技术、措施、管理等诸方面提出减灾办法。书中主要技术指标完全符合国家防汛总指挥部和水利部提出的有关技术指标要求。(张平)

X000019　**中国火灾大典**　李采芹、李春镐、任侃主编。上海科学技术出版社 1997 年 4 月版。1 335 万字。上中下 3 册。600.00 元。所收火灾、消防史料，起于新世纪晚期(公元前 4800～前 4300 年)，止于 1994 年。火灾发生的地区除 31 个省、自治区、直辖市外，还包括台湾省和香港、澳门地区。全书内容编排分为火灾史料、火灾统计、历代消防纪事、索引和附录 4 个部分。火灾史料按朝代顺序按年编写，为本书重点，占全书篇幅的 83%。每条史料力求时间、空间、内容三全，并保持史料的本来面目及准确性。每一次火灾，均以最早的史料列于条首，即第一手资料；其次则为史源典籍比较权威的史料，记述比较详实的史料，有新内容、新信息的史料，可相互补充印证的史料，火灾时间、内容互异的史料等，均作为该条之并列史料。(李采芹)

X000020　**拯救地球**　银剑钊著。中国地质大学出版社 1997 年 9 月版。34 万字。18.00 元。由水的焦渴、消失的生命、被盗的家园、天怒与呼唤绿色等 5 部分组成。以丰富、翔实的资料为依据，以报告文学的形式，分别从不同的角度对地球上的水资源

紧张、物种灭绝、环境污染、地区灾害以及人类可持续发展等方方面面的问题予以了客观、真实地再现与探讨。(陈业新)

X000021 **中国水旱灾害** 国家防汛抗旱总指挥部办公室、水利部南京水文水资源研究所编。中国水利水电出版社 1997 年 12 月版。85 万字。118.00 元。“中国水旱灾害系列”之一。分为 5 篇,共 17 章。第一篇包括绪论,水旱灾害的自然环境和气候背景,历史上的水旱灾害及其防治等三章。第二篇为洪水灾害篇,由洪水灾害,洪灾成因,洪水灾害对经济、社会和环境的影响,防洪减灾对策等 4 篇组成。第三篇为涝渍灾害篇,由涝渍灾害,涝渍治理两篇组成。第四篇为干旱灾害篇,由农业干旱灾害,牧区干旱灾害,农村人畜饮水困难,城市缺水及其危害,干旱形成的条件,干旱及其灾害对社会经济和环境的影响,防灾减灾对策等 7 章组成。第五篇是基本对策与展望篇。(穆励生)

X000022 **广东水旱风灾害** 张昌昭主编。暨南大学出版社 1997 年 6 月版。70 万字。105.00 元。通过搜集大量的历史资料、文献记录、志书档案及现代的各种观测数据、统计成果、科学文献等进行分析研究,并从中归纳出广东水旱风灾害的规律和特点、孕灾的环境和条件:包括形成洪涝灾害的大气环境条件和特征、暴雨的成因和规律及其时空分布的特点、洪水的类型及特点、江河洪水的遭遇和组成规律、涝渍的成因和分布特征等;形成干旱灾害的天气成因及大气环流背景,水资源的分布及其影响,人类活动的影响等;台风形成的条件,台风源地、移动路径的分布规律,登陆台风的次数、等级和地点的变化规律,台风暴潮在广东沿海的地区分布、规律与特点等。还对历史上出现过的多场典型水、旱、风灾害进行深入分析研究,探讨其自然和社会经济的影响因素,总结出防御水旱风灾害的经验和教训,并提出可操作性较强的防灾减灾对策,包括防灾减灾的指导思想、减灾意识、防灾减灾的立法、组织、体制、防灾的工程措施和非工程措施以及科技减灾、防灾保险等并最终归结为人与自然和谐相处,协调发展,走可持续发展的道路。(张仲玲)

X000023 **四川救灾年鉴(1997)** 四川省人民政府救灾办编。四川科学技术出版社 1997 年 10 月版。56 万字。52.00 元。全面、系统地反映当年发生在四川的各类自然灾害及其危害和防灾、抗灾、救灾工作,为各级、各部门开展减灾工作当参谋,为各界人士了解和研究四川提供资料、起资治、存史、教化之作用。全书分为:大事记、自然灾害发生发展概况,重大自然灾害事件,防抗救灾工作,抗灾救灾组织体系建设,重要文献,工作研究和附录 8 篇。(宋齐)

X000024 **环球绿色行** 副名:中国卷外国卷。唐锡阳编。内蒙古人民出版社 1997 年 12 月版。80 万字。85.00 元。收入 98 篇作品。反映了我国目前的环境保护现况,热情歌颂了保护自然的好人好事,无情揭露和批判了破坏自然的愚昧行为。书中配有 252 幅黑白、彩色图。(斯琴)

X000025 **水质及其控制** 王敦春等译。中国水利水电出版社 1997 年 7 月版。30 万字。20.00 元。系统概述了环境水力学和水质控制理论,并提供了一些算例。书中还对世界各国,特别是对发达国家水质控制方面的成功经验作了介绍。主要内容有以经典水力学为基础的水质分析、控制方法,包括:温度分层、湖泊水库富营养化、湖泊水库水质控制、挟沙水流、河流水质净化、河流水质控制、海洋废水处理和鱼类保护等内容,并建立了相应的数学分析模型。(陈建华)

X000026 **工业水处理技术** 周本省主编。化学工业出版社 1997 年 2 月版。81.3 万字。50.00 元。分 4 篇。第一篇水质特性和工业用水预处理(混凝、沉淀与澄清、过滤、除铁、软化与除氯等)及其设备;第二篇循环冷却水系统和循环冷却水处理(沉积物、金属腐蚀、微生物及其控制,清洗和预膜,日常运行及现场监测);第三篇锅炉用水及其处理技术;第四篇水质分析、沉积物分析和常用水处理药剂分析。介绍了最新国家标准《工业循环冷却水处理设计规范》对循环冷却水要求的标准和控制指标,以及冷却水处理咨询用计算机专家系统等新技术、新进展。还介绍了不少现场应用实例。(郭燕)

X000027 **粉煤灰利用手册** 王福元、吴正严主编。中国电力出版社 1997 年 7 月版。73.6 万字。44.00 元。内容包括:粉煤灰资源化技术,粉煤灰基本性能,粉煤灰在水泥混凝土、工程填筑、非烧结制品、陶质制品、农业和精细应用等方面的利用。附有大量粉煤灰及其制品的性能、配合比、生产工艺、设备选型等资料。(刘广峰)

X000028 **三峡工程生态环境影响研究** 长江水利委员会编。湖北科学技术出版社 1997 年 10 月版。46.4 万字。62.00 元。“长江三峡工程技术丛书”之一。主要内容为:三峡工程涉及的水文、气候、水质水温、环境地质、陆生动植物、水生生物、泥沙淤积与冲刷、对长江中下游湖区及河口环境影响、水库淹没与移民、人群健康、自然景观与文物古迹、施工对环境影响、公众关心的环境问题、环境监测与管理以及环境影响综合评价等方面的研究内容。(李悦平)

X000029 **中国水资源质量评价图集** 中华人民共和国水利部水文司编,王敦春等主编。黄河水利出版社1997年8月版。1万字。32幅图。105.00元。分4部分:第一部分为全国水资源质量评价图,第二部分为各流域片的评价图,第三部分是全国江河水资源质量趋势分析图,第四部分为北方五省区地下水水资源质量评价图。通过图集可掌握全国水资源质量情势和主要供水水源地与主要城市的水资源质量状况及变化趋势,了解江、河、湖、库及地下水受污染的程度,以及水资源污染对水利基础产业、基础设施的损害情况,以便制订对策措施,促进水资源的可持续利用,实现人口、经济、社会和生态的协调发展。(胡灵泉)

X000030 **大气污染监测方法** 崔九思、王钦源、王汉平主编。化学工业出版社1997年2月第二版。115.8万字。68.00元。分为两大部分,前5章和后3章是总论,第六章至第十四章则分别介绍了各种大气污染物的具体监测方法。总论部分中介绍了大气污染物的来源、形成、分类、监测内容和方式,大气污染物采样原理和监测技术、自动监测、标准气体的配制、监测质量保证和方法特性、监测数据的分析和评价等。第六至十三章中对30多种含碳化合物,30多种金属及无机(含卤、硫、氮、砷)化合物以及悬浮颗粒物和降水成分,共68项177个方法作了详细的介绍。第十四章介绍各种有关气象参数的测定方法。书末附有各种大气监测常用数据表。(郭燕)

X000031 **水环境监测** 徐健、陆桂华等著。河海大学出版社1997年11月版。37万字。19.00元。主要介绍江、河、湖泊、库等水体的量与质变化的野外监测内容及方法。全书分8章,主要有监测站网的规划与建设、水文测验、水质样品的采集、监测成果的质量保证体系、污染源调查及资料整编等内容。有关水环境监测的一些基本概念、概率统计与误差,作为基础知识或准备知识,分别在第一、二章作了简单的介绍。(龚俊)

X000032 **环境遥感应用基础** 赵军主编。甘肃教育出版社1997年4月版。20万字。12.50元。结合国内外环境遥感的实践,以环境遥感应用为主要内容,全面、系统地介绍了环境遥感的基本理论、基础知识和基本方法。力求文字简练、图文并茂,强调科学性、先进性、实用性、可读性,并充分考虑西北地区的区域特点,在实例选择上予以表现。(杨翠玲)

X000033 **中国劳动防护用品实用全书** 周国泰、佘启元编。中国劳动出版社1997年8月版。33.7万字。42.00元。回顾了我国劳动防护用品工业的发展历程,全面总结了劳动防护用品工作的管理经验,详细介绍了我国各类劳动防护用品的基本构造、性能、防护原理、质量检验和使用注意事项。(蒋运茂)

X000034 **林业人类工程学** 联合国粮农组织编。甘肃民族出版社1997年9月版。18万字。12.00元。内容涉及人类学、人体学、医学等多个学科和劳动技巧、合理布局、周围环境等多方面的知识。书中给出一个模型,即林业工作中人类工程学问题模式。在模式中,对影响林业工人工作的诸多因子设计了一个关系框架,并且划分为两种影响因子。一种是人为因子,即人体的生理特性、工作姿势、营养状况、疲劳程度、作息安排、心理负荷和紧张感、社会文化等;另一种是自然因子,即气候、地形、有害植物、工具与仪器、噪音、振动、有害物品、通风状况、照明状况等。书中对这两大类因子对林业工人的影响,作了详尽而科学的评述。(张兰萍)

Z 综合性图书

Z000001 **四库全书存目丛书** 《四库全书存目丛书》编纂委员会编。齐鲁书社1997年10月版。35 000万字。360 000.00元。分1 200册。清乾隆年间纂修的《四库全书》是中国历史上最大的一部丛书,共收录历代典籍3 761种,79 309卷。但由于历史的局限,大量不符合清王朝统治需要和价值标准的历代典籍,或遭禁毁,或列为存目。仅列为存目之书即达6 793种,93 551卷,约占当时传世典籍的半数以上。《四库全书存目丛书》网罗散藏于世界各地二百余家图书馆、博物馆及私人藏书家手中的四库存目书 4 508 种、6 万余卷，汇成巨帙，与《四库全书》相配，则乾隆以前的存世典籍多备于此。全书分经、史、子、集四部，经部 734 种，史部 1 086 种，子部 1 253种，集部 1 435 种。其中宋刻本 15 种，宋写本 1 种，元刻本 21 种，明刻本 2 152 种，明抄本 127 种，清刻本 1 634 种，清抄本 330 种。所收典籍八成善本，二成孤本，具有极高的学术价值、史料价值和版本价值。（贺伟）

Z000002 **亘古盛举** 副名：《古今图书集成》与《四库全书》。齐秀梅、韩锡铎著。辽海出版社 1997 年 8 月版。11.9 万字。13.70 元。“清代社会文化丛书”史地卷之一。对清代《古今图书集成》与《四库全书》这两部里程碑式的巨著的编纂、内容及价值做了全面系统的介绍，对这两部书的历史地位作了客观中肯的评价，并由此分析研究了清代的知识分子政策的内容及功过得失，展现了清代社会文化的一个重要方面。（张树）

Z000003 **全上古三代秦汉三国六朝文** 陈延嘉主编。河北教育出版社 1997 年 10 月版。1 131.7 万字。920.00 元。共 10 册。原编纂者是嘉庆五年举人严可均(1762～1843)。他精通金石小学，长于辑佚考据，著有《铁桥漫稿》、《说文校议》等 73 种。他从嘉庆十三年起编辑，前后 27 年编定，但由于家道贫寒，无力刻印，直到他死后 44 年，此书才由王毓藻出资刻印出齐。此书最大的长处是“全”。它使人们在一部书中可以看到唐代以前所有现存的单篇文章，以及一些史论、子书等辑佚材料。第二是此书的版本价值。严氏辑校此书，所有版本多为善本，所以此书有较高的版本价值。此书代表了严可均的最高学术成果，也是清代古籍整理最好成绩之一，对于研究我国古代历史和古代文化有着重要的参考价值。此次出版的横排简体校点本，是由东北十几所高校几十位老专家和中年学术骨干组成强大的校点队伍，前后历时 5 年，除博采前贤如章太炎、余嘉锡、黄侃、陈垣、钱锺书等人的研究成果外，给该书加上新式标点符号，并把长篇文章分段，尤其在校勘方面做了大量艰苦细致的工作：如删除重出之文、注明伪托之作、指出文章顺序编次不当之处、纠正张冠李戴与误合之处、补出部分篇章漏注的出处、核校文字讹脱衍舛等十几方面的工作。

Z000004 **中国历史文化知识丛书** 北京大学中国传统文化研究中心编。大象出版社 1997 年 4 月版。600 万字。450.00 元。共 50 册。分为文学、语言、历史、哲学、考古、法律、科技、中外文化交流等若干系列。每一系列都由北大传统文化研究中心聘请有关专家担任主编，负责策划。从普及学术、“把大学课堂推向社会”的角度出发，在写作时“眼界向上，眼光向下”，用大手笔来写通俗性著作。所以这套丛书中每一本都是学术性、知识性和可读性并重，写作的切入点角度新颖专一，有深度又生动活泼。（宋士杰）

Z000005 **当代中学生丛书精品集** “当代中学生丛书”编委会编。福建教育出版社 1997 年 5 月版。500 万字。共 40 册。从丛书中精选时代感、知识性、教育性强的具有隽永价值的 40 本，加以修订结集出版。分 8 篇，包括励志篇、知心篇、成才篇、科技篇、文史篇、艺术篇、博览篇、环球篇。每篇 5 本，书名及其内容都较切合青少年的阅读心理。如知心篇选的是：《跨入青春的门槛》、《少女的困惑与寻觅》、《当代维特之烦恼》、《中学生 50 个怎么办》、《学生社交礼仪》。（李南元）

Z000006 **金钥匙丛书** 曹利群等著。时事出版社 1997 年版。共 70 万字。53.40 元。共 5 种：《难灭的硝烟——世界战争史话》、《智慧的闪电——世界发明史话》、《缪斯的琴弦——世界音乐史话》、《梦幻的乐园——世界电影史话》和《不败的破冰船——世界探险史话》，以丰富翔实的资料，深入浅出的笔触，生动活泼的语言，引领广大青少年，走入各学科的神奇领地。（祝勇）

Z000007 **齐文化丛书** 《齐文化丛书》编辑委员会编。齐鲁书社 1997 年 6 月版。1 060 万字。960.00元。计 4 编 22 册。第一编为“文献集成”，计 8 册。凡代表齐文化的文献资料，如管子、荀子、晏子、孙子的著作，阴阳五行学说、黄老学说、方术之学等各家学说，都一一收录。对收入各书，均精选版本，并加以校点注释。第二编为“资料汇编”，计 4 册。既收录了从西周初年到东汉末年各种典籍如《国语》、《战国策》、《史记》、《汉书》中有关齐文化的资料，又收录了近代以来国内外有关齐文化的考古报告、研究论文。第三编为“研究专辑”，计 8 册。收入一批学术著作，对齐国的政治、经济、军事、科技、学术思想、文学艺术、社会生活等进行了较广泛深入的论述。第四编为“人物评传”，计 2 册。所收皆是齐国的著名历史人物，史论结合，夹叙夹议，使历史名人，形貌毕现。（侯仰军）

Z000008 **头脑奥林匹克竞赛丛书** 陈伟新等编译。上海科学技术出版社 1997 年 3 月版。98.7 万字。55.50元。共6本,包括《问题！问题！问题！》、《开发创造力》、《啊哈！OM》、《创造力的挑战》、《幽默与创造力》、《愉快学习》,全都是从美国头脑奥林匹克竞赛协会的出版物翻译而成。书中收录的是历年来头脑奥林匹克竞赛的训练题及竞赛题,题目涉及的知识面广、解题思路及方法不限,可由青少年自己设想方法并完成题目。无论哪种题型,要解好题目,学生需掌握科学、天文、历史、地理及文学等多方面知识,还要发挥各自的特长,运用扩散思维的方式来解题,所有题目都没有固定或统一的答案。本套丛书向读者介绍了美国的一种教育方式,对我国现在正在进行的教育重点由应试教育转向素质教育的探索有一定的参考价值,因为她注重的是对学生各方面能力的培养,如语言、动手、表演等能力,而并非语数外的学习成绩。当然,由于书中的题目是由美国人出的,因此有些题目并不完全适合我国的语言文字特点,但老师也可由此得到启发,结合我国的语言习惯,将题目变通一下,供学生练习用,从而开拓学生的思路,培养他们扩散思维的能力。(陈慧敏)

Z000009　**创造者**　副名:富于想象力的巨人们的历史。丹尼尔·J·布尔斯廷著,汤永宽等译。上海译文出版社1997年1月版。80万字。52.60元。《发现者》的姐妹篇。全书重现了人类三千多年的文化艺术成就,栩栩如生地描述了创造我们璀璨的文化遗产的杰出人物,丰富了人类世界的哲学、戏剧、文学、建筑、绘画、雕塑、音乐等等。从金字塔的建造到佛罗伦萨大教堂优雅圆顶的设计,从但丁的《神曲》到巴尔扎克的《人间喜剧》,从酒神节的古朴仪式到现代芭蕾的优美舞姿,以及从人类向外部世界的挑战到创造自我和对内心荒野的探索,作者以其特有的典雅而富有魅力的笔触,深入而全面地探讨了人类的创造这一博大精深的主题。(子胜)

Z000010　**面对死亡**　[俄]А.Л.拉夫林著。内蒙古人民出版社1997年9月版。55万字。33.80元。分16章,全面详实地介绍了:"骇人听闻"的死数字,20世纪死亡大观;什么是死亡,各种观点对死亡的看法;人能否永生;死刑面面观,等待死亡的感觉;宗教与祭祀;世界典型的刑事杀人例举;人为什么会变成杀人凶手;死亡趣闻;死亡能预测吗;自杀狂;死亡的权利;世界各地的葬礼趣事;墓地趣闻,民间传说中的死亡;古今名人之死集萃等内容。书中还有许多关于死亡的照片和鲜为人知的真实资料。(刘智聪)

Z000011　**文渊阁四库全书补遗——据文津阁本补**　杨纳、李小明编。北京图书馆出版社1997年7月版。影印。7 500.00元。分15册。文津阁《四库全书》现藏北京图书馆,从成书时间讲,是七部《四库全书》的第四部。北京图书馆善本部组织人员,花费数年时间,将台湾影印的文渊阁本《四库全书》与文津阁本相对照,发现渊本缺漏之处甚多,仅以集部为例,渊本比津本即差了四千七百余篇之多,涉及四百四十余种,文集的附录、序、跋、渊本遗漏之处尤为突出。本书将津本有而渊本无的内容辑为一编,并附详目,影印出版。(卢玉荣)

Z000012　**化学·生活·健康丛书**　柴枝楠、赵金勇等编。化学工业出版社1997年3月版。187.6万字。121.50元。共11个分册,包括纤维、纺织品、服装与饰品;家庭用药须知;常见疾病的食疗与食补;微量元素与人体健康;调味品、食品添加剂与人体健康;家庭急救指南;家庭防虫灭鼠;胶粘剂的妙用;居室美化与人体健康;生活皮革品的选购与保养;家庭安全用电。(郭燕)

Z000013　**火凤凰青少年文库(第一批)**　陈思和等编著。海南出版社1997年8月版。610万字。370.00元。分8辑,48册。古典名著漫游;传统文化浅说;唐宋诗词赏析;现代文学读本;少年小说译丛;开拓心灵世界;知识就是力量;做你的好朋友。选取了西游记、水浒传等大量的优秀故事并辅之以导读,引导读者如何去欣赏这些中华民族悠久文明历史的精粹。通过对孔子、孟子、庄子等古代圣贤的作品剖析,介绍他们的哲学思想和辩证思维。通过对中国古典美学、中国语言、成语等方面的阐释,揭示中国语言博大精深的内涵和修养。丛书列举了唐宋时期如李白、苏东坡、李清照等人的作品,还收录了现代的国内外的作家如鲁迅、巴金、肯尼斯·格雷厄姆等的大量佳作,这些作品或流露时代气息,反映当时社会;或感悟人生,阐明道理,启迪民智;或积累文化,传承文明,达到传播知识的目的等等。这些作品包括了古今中外的小说、散文、歌赋、戏曲、诗词等且单辑成册。在内容上涵盖了历史、地理、生物、哲学、环境、经济、美学、书法、科技等方面的相关知识。本丛书的第二批7辑42种于1999年6月由海南出版社出版。(朱作霖)

Z000014　**书香文丛**　阮忠主编。武汉测绘科技大学出版社1997年7月版。289万字。159.00元。共8种。所收多系中国文化史、文学史上影响久远的经典文本或别具情趣的诗文读物,一般收录完整的文本,并作精要的注释和讲评。其中《并蒂三莲》收《论语》、《孟子》、《老子》、《庄子》、《金刚经》、《心经》

等6部著作，旨在以一书而尽览儒、道、佛三家的基本经典。《一花五叶》收《坛经》、《神会语录》选粹、《禅宗永嘉集》选粹、《永嘉证道歌》、《古尊宿语录》选粹、《五灯会元》选粹，旨在以一书而概观禅宗(主要是南宗)一祖五宗的思想风貌和基本经典及精彩语录。《好戏连台》收《西厢记》、《牡丹亭》、《长生殿》、《桃花扇》，旨在以一书而包容古典爱情剧的4部最优秀作品。《清言四品》收屠隆《娑罗馆清言》、《续娑罗馆清言》、洪应明《菜根谭》、胡居仁《居业录》、张潮《幽梦影》4种明清时代的清言小品杰作。《情歌五唱》收《山歌》、《挂枝儿》、《夹竹桃》、《白雪遗音》、《霓裳续谱》。《书画同源》选收在书画美学史上有较大影响又清新可读的书论画论小品多种，主要有书论小品：蔡邕《九势》、《笔论》，孙过庭《书谱》，姜白石《续书谱》，包世臣《艺舟双楫》，刘熙载《艺概》；画论小品：王维《山水论》，郭熙《林泉高致》，笪重光《画筌》，石涛《苦瓜和尚画语录》，黄钺《二十四画品》等。《天地玄黄》选收晋代以前的中国上古神话内容比较集中的一些典籍，追根寻源，探求宇宙、人类的奥秘。其中有《山海经》、《穆天子传》、《淮南子》、《列子》等。《媛诗九美》收录中国诗史上九位著名女诗人的诗词曲作品的完整文本，她们是蔡文姬、李治、鱼玄机、薛涛、李清照、朱淑真、张玉娘、黄夫人、秋瑾，向读者展示中国女诗人的特异风采。(陈君良)

Z000015 **21世纪环球大探索** 赵济等编译。上海科学普及出版社 1997年11月版。308页。168.00元。由3 000多幅彩图以及解说文字组成，16开精装。分世界篇和中国篇两部分，前者译自日本版《21世纪儿童地图馆》。主要内容有地球的诞生；恐龙的灭亡；五大洲、四大洋的发现过程；北极、南极、深海、太空的探险活动；世界上的人类及其衣食住行；地球的奇怪现象和科学之谜；21世纪全球性规模的巨大工程等。后者由专家编写。主要内容包括中国的地形、工农业、交通、能源、动物、植物、园林、古塔、寺庙、石窟、桥梁、民居、民俗、历史文化名城、古人类遗迹、长城、大运河、古代大型水利工程、21世纪国土整治大型工程以及中国各省市的人口、面积、名称来源、经济特色、土特产、重要景色等。(毕淑敏)

Z000016 **我是中国人** 张国林、耿树新主编。白山出版社 1997年6月版。64.6万字。47.60元。分为4卷：《智慧与功绩卷》、《品德与情怀卷》、《悲愤与抗争卷》、《改革与向往卷》。从既有区别又有紧密联系的4个层面，以全新的角度展现了中国人的贡献和风采，揭示了每一个炎黄子孙都以自己是一个中国人而感到骄傲和自豪的历史与现实的原因。其中：《智慧与功绩卷》介绍了中国人的智慧与功绩是开启人类文明和幸福，推动人类历史进步的钥匙，展示了中华民族以智慧超群、功绩卓著而闻名于世。《品德与情怀卷》介绍了中国人所具有的优秀素质——崇高的道德品质和博大的情怀，这是我们民族精神的精华。《悲愤与抗争卷》介绍了中国人为争取民族独立、祖国富强和统一而进行的不屈不挠的斗争。它告诉人们，只有共产党才能救中国，才能发展中国。《改革与向往卷》介绍了当代中国人改革开放的伟大实践和对中国未来前景的向往，使人们认清，走有中国特色社会主义的道路，是当代中国人再创辉煌、实现民族伟大振兴的必由之路。(周凤鸣)

Z000017 **特价版少年精品书库** 中国少年儿童出版社编。中国少年儿童出版社 1997年7月版。1 100万字。380.00元。综合性普及读物。分为爱国英雄、文学欣赏、历史故事、科学求知四个系列，共100册。爱国英雄篇介绍了古今的帝王、贤臣、名将、学者、文人、各民族杰出代表的爱国事迹。他们当中有古代雄杰，有革命先烈，还有来自各个领域有突出贡献的人，他们共同的特点就是热爱祖国。文学欣赏篇精选了古今中外有影响的文学名著，包括小说、诗词、故事、寓言、童话等，范围广、跨度大。历史故事篇收录了从春秋战国至今的重要历史事件，横贯几千年中国历史。科学求知篇从中国古代四大发明讲起到教你怎样学好知识。内容涉及科学游戏、解题思路、听说读写训练等。(韩彬)

Z000018 **紫色光标丛书** 陈华文等著。上海文化出版社 1997年9月版。共50万字。41.50元。共4种。《文身：裸体的雕刻》，陈华文著，从民俗学角度考察文身的综合文化现象，即文身往往兼具婚姻关系标志、氏族标志、图腾崇拜，以及巫术、表功、身分、记事、美饰等多种功能。《妆饰：审美的流动》，陈丽菲著，考察古今中外的面妆、修饰及有关化妆品，叙述以女性为主体、以化妆为主线的人类妆饰发展史。《发饰与风俗》，李云著，内容包括发的民俗与禁忌、文明古国的发饰观念、东方和西方的饰发形式的演变等，展现了一部发饰文化史。《死亡与超越》，李向平著，内容有面临死亡的精神依托、事死如事生的价值系统、生死境界的彼此贯通、死亡观的传统转换等，通过对各种死亡心态的揭示，对人类死亡问题的反思，积极探寻人类本质之一的死亡倾向的人类学意义。(顾承甫)

Z000019 **智慧与功绩卷** 副名：我是中国人。

张立本等著。白山出版社1997年6月版。14.7万字。11.30元。"我是中国人丛书"之一。运用历史的与现实的、横向的与纵向的相比较的方法,从16个方面介绍了中国人的智慧与功绩,即:推动世界进步的中国古代大发明,全人类的瑰宝——中国医学,把发明发现的桂冠归还中国人,西方曾出现"了解和介绍中国热"、深受西方青睐的中国丝绸、瓷器和园林,巧构奇筑的中国古桥,庄严辉煌的中国古建筑群,绚丽多姿的莫高窟和兵马俑,中国古代思想文化被世人奉为圣典,中国近代杰出的智慧成果,白手起家的伟大创举,举世瞩目的新中国核能事业,突飞猛进的新中国航天事业,堪称世界第一流的新技术,以现代中国人命名的重要发现,海外智慧的华夏之光。(周凤鸣)

Z000020　**跨世纪少年成才丛书**　林再峰、熊少严、赵小敏、袁丽娟等著。四川少年儿童出版社1997年6月版。42万字。29.20元。共6本:《走出封闭的自我》谈人的交往与合作能力,包括对社会变迁的适应,对人际交往的调谐能力以及对自身适应环境的调整能力。《面对未来的较量》,谈如何把握自我。在超越现实之前,人首先得自我超越,能够自理自律,才能自立自强,得到真正的自尊。《通往21世纪的精神绿卡》,从自我意识、意志力、挫折承受力、竞争精神、协作精神、责任感、敬业精神等心理素质方面的话题谈起,帮助读者走出心理误区。《进入"地球村"的门票》谈电脑、外语和汽车。《你拥有创造力吗》谈创造力的培养和形成。《向往美丽》谈人格力量,包括良好的品德、高尚的情操、坚强的意志、耐苦的精神、宽阔的胸怀、善良的品行等等。《跨世纪少年成才丛书》着眼未来,从跨世纪的人才观和未来社会的需要出发,以培养当今中学生健康向上的人格和生存发展技能为目的,告诉读者跨世纪人才的基本素质是什么,从现在起,作为一个立志成为下世纪人才的人,应该做些什么以及怎样去做。丛书没有空洞的理论说教,出发点和落脚点都在于它的实践性,着眼于对当今少男少女的思想和生活实际的描述与思考。(胡本常)

Z000021　**儿童生活趣味百科**　日本株式会社小学馆编,廖瑞平等译。浙江教育出版社1997年11月版。100.00元(精)。通过大量的彩色图片和照片,形象生动地引导儿童了解衣、食、住等生活常识,帮助儿童更好地适应现代生活。同时,通过许多有趣的制作活动,让儿童掌握一些生活的基本技能,培养他们的生活自立能力和创造性,从中激发他们的生活情趣。在色彩鲜艳的图鉴页中,有世界各地的衣和食等方面使人眼花缭乱众多的品种,有各种不同形状和不同功能的生活中常用的工具,还有衣帽和房屋等分解的结构图,使看来很平常的生活常识,变得既生动又具体,可使儿童大开眼界,在充满新奇和惊异中,愉快地接受一些生活知识。在有趣的制作页中,有能让儿童自己动手制作一些美味食品的详细过程和要经过儿童自己设计后制作一些生活用品的基本过程等,强化了儿童在生活中的参与意识,培养了他们的独创精神,养成勤动手和勤动脑的好习惯,并从中学会一些生活所需的基本技能。同时,家长们也可通过这些制作活动,增加与孩子们的交流与沟通,营造快乐、和谐的家庭气氛。

Z000022　**儿童立体读物丛书**　王伟、苏芊编绘。海天出版社1997年版。109.00元。分13册。由"成语故事""唐诗宋词""动物小百科""海洋世界"4个系列组成。"成语故事"由人们耳熟能详的4个成语组成,即《守株待兔》《朝三暮四》《画龙点睛》《半途而废》;"唐诗宋词"则选择十余首适于儿童阅读的名诗名词,并配以译文;"动物小百科"则立足于介绍动物世界的生存规则和一般常识,由《它是谁》《谁怕谁》《谁最厉害》《谁吃谁》四个分册组成,并配以拼音注音;"海洋世界"则以优美生动的画面,介绍了生活在海洋中的各种鱼类。(张曼)

Z000023　**儿童百科知识图典(绿封编)**　盖壤编。辽宁少年儿童出版社1997年版。40万字。38.00元。由"世界发明卷""世界建筑卷""世界钱币卷""国名典故卷""环保知识卷""中华国宝卷""京剧脸谱卷""化学知识卷""珍稀动物卷"等组成,以图文并茂的形式为少年儿童解答了方方面面的知识。已出版4辑,即蓝封编、红封编、黄封编、绿封编。

Z000024　**三毛大世界**　李名慈主编。少年儿童出版社1997年7月版。2 400幅图。104.00元(平),152.00元(精)。共4册。以张乐平的漫画形象三毛为主角,同俏皮狗、红鹦鹉两个朋友一起,漫游世界。故事形式的知识小百科,分《走进生物王国》、《探索兵器世界》、《漫游锦绣中华》、《打开世界之窗》4册。全彩色,分平装、精装两个版本。在《走进生物王国》中,设有"走进生物王国"、"遥远的生命"、"走进侏罗纪"、"生活在冰雪王国"、"神奇的大洋洲生物"、"进入亚洲生物天地"、"在神州的蓝天下"、"在美洲大地上"、"北极的耐寒生物"、"非洲的生物乐园"、"生物大检阅"11个篇章;在《探索兵器世界》中,设有"到兵器世界去"、"遥远的冷兵器时代"、"火药兵器与枪炮"、"钢铁堡垒逞威战场"、"'水上堡垒'战舰"、"'天之骄子'军用飞机"、"'现代战争之神'导弹"等 7 个篇章;在《漫游锦绣中华》中,设有"中北部地区"、"东部地区"、"中南部地区"、"西南部地区"、"西部地区"、"北部地区"、"南部地区"等 7 个篇章;在《打开世界之窗》中,设有"打开'世界之窗'"、"亚洲"、"欧洲"、"非洲"、"美洲"、"大洋洲"6 个篇章。版面以彩色照片为主组成,配以适量插图;每一小节设有"你知道吗"、"小资料"、"考考你"等小栏目。(洪祖年)

Z000025 **小学生科学百科全书** 李青元等编著。海南出版社 1997 年 6 月版。68 万字。38.00 元。分为 8 分册:(1)数学王国的奥秘;(2)中华现代科技之最;(3)人和自然的故事;(4)科学发明的故事;(5)探险世界的故事;(6)有趣的植物王国;(7)动物世界的故事;(8)国旗国花国鸟的故事。全书以故事的形式介绍科学知识,每篇辅以精美插图。(贺晓兴)

Z000026 **少儿科学宝库——世界 100 项重大发明** 杜新民等著。河北科学技术出版社 1997 年 3 月版。11 万字。5.00 元。将有史以来世界上最具代表性的 100 个重大发明汇于一处,并对每项发明的时代背景、大致经过及其影响等均做了简述。(王晓明)

Z000027 **少儿科学宝库——世界 100 项待解之谜** 梁荣累等编著。河北科学技术出版社 1997 年 3 月版。10 万字。5.00 元。陈述了世界上至今仍困绕我们的 100 个谜团,如野人,怪兽,飞碟,巨鱼等。(王晓明)

Z000028 **少儿科学宝库——世界 100 种自然奇观** 王跃明著。河北科学技术出版社 1997 年 3 月版。9 万字。5.00 元。向少年儿童介绍了自然界 100 种不为人常见或令人称奇的现象。(王晓明)

Z000029 **30 分钟趣味知识童话** 王丽、米立红等编。河北美术出版社 1997 年 4 月版。13 万字。18.00 元。分为《红钥匙篇》、《黄钥匙篇》、《绿钥匙篇》和《蓝钥匙篇》4 册,共有 132 个童话故事,每个故事大约有1 000字。采用拟人化的形式,通过一篇篇童话向儿童介绍更多的社会科学知识、自然科学知识和文化生活知识。使儿童通过读书开拓视野,扩大知识面,提高学习兴趣。(戴建慧)

Z000030 **21 世纪少年百科大图解** 日本株式会社小学馆编。接力出版社 1997 年 5 月版。8 万字。118.00 元。通过少年儿童喜爱的图解方式,讲解生活中各种现象、物体的科学原理,贯穿古今中外,涉及天文、地理及新兴科学产物。图解对象包括生活中常见的机械、动植物,使小朋友对周围事物产生新奇感,乐于探讨生活中的科学现象。插图形式生动活泼,使严谨的科学道理在轻松的气氛中灌输给小读者。编排采用英文字母顺序排列,可让小读者同时学习英文名称,每页切口均按字母类别设字母块。根据字母块颜色可很快找到所查内容,同时提高少儿的颜色辨别能力。(周梅洁)

Z000031 **21 世纪婴幼儿百科事典** 蔡翔等著。沈阳出版社 1997 年 7 月版。128.5 万字。98.80 元。分妊娠前后、婴儿护理、婴儿喂养、营养饮食、常见疾病、合理用药、眼睛保护、口腔保健、耳鼻保健、生长发育、体格锻炼、小儿服饰、玩具游艺、智力开发、艺术启蒙、行为品德、安全常识、托幼生活、儿童保健、残疾儿童等 20 部分,从婚前体检开始,详细论述了遗传性疾病、生理疾病、孕期及围产期保健基础知识;对于婴儿喂养、护理、常见疾病及合理用药提出了具体的指导方法;对儿童期的生长、发育、启蒙、教育包括残疾儿童的智力开发和积极治疗都提出了系统化的科学指导。附录了婴幼儿各个年龄段的儿歌,幼儿故事以及古诗选读、幼儿英语、英语单词、英语儿歌、英语对话、英语故事等辅助读物。(任冬莉)

Z000032 **知识大王(二)** 常贵恒等著,王永泰译。河北少年儿童出版社 1997 年 1 月版。40 万字。22.00 元。分 9 个栏目,即宇宙奥秘、万千气象、地质知识、环球趣话、神州大地、动物世界、植物奇观、兵器世界、未解之谜,向少年读者介绍了动植物、天文地理、兵器、气象等方面的知识。配有大量的阐释性的知识插图。(董素少)

Z000033 **亲情礼品书(7~9 岁适用)** 余俊雄等编写,宋虎立等绘画。希望出版社 1997 年 7 月版。152 万字。368 幅图。7 册。35.00 元。共有《精选美德故事》《英雄的少年》《彩图古诗词》《精彩神话传说》《精彩成语故事》《精彩童话故事》《精选科普知识》等 7 册,其内容涉及了 7~9 岁少年儿童课堂内外的许多方面,与读者的年龄段识读水平相吻合,文字浅显易懂,简洁明快。(赵莲娣)

Z000034 **课外活动丛书** 马光复、荣景甡等著。明天出版社 1997 年 12 月版。113 万字。96.00 元。共 15 册:《学绘画》、《小乐队》、《航模小组》、《学摄影》、《饲养栽培》、《小歌咏队》、《学制作》、《小记者》、《学演戏》、《标本采集》、《学朗诵》、《学书法》、《小厨师》、《气象观测》、《电器制作》。丛书有以下 6 个特点:1.起点低。各项兴趣活动都是从"零"起步。

各册书就像一个个亲切的老师，把你引入一个个奇妙的天地，给你讲一些有趣的事情，详细告诉你怎样做好各种准备。2.可操作性强。各项趣味活动，都是："教师"指点，学生自己动手操作。所有难点都在"教师"的预料之内，到时候会给你出主意，手把手地教你。例如在操作模型飞机时，他会及时告诉你克服"偏沉"、"头重"、"尾重"等简单而有效的方法。3.活动的物质条件容易办到。例如《学制作》中所用材料，多是布头、纸片、易拉罐等。照相机用最普通的，航模材料也不贵。一般家庭的孩子都具备条件。4.趣味性强。5.立意新，内容新。6.注重孩子在操作中安全。(王兰福)

Z000035　**新世纪中学生百科全书**　《新世纪中学生百科全书》编委会编。中国大百科全书出版社1997年12月版。213万字。198.00元。以初中生为主要读者对象，兼顾小学高年级学生和高中学生的需要。全书包括2 300个条目，1万个知识主题，1 000幅图片。由图文共同构成完整的知识传播体系。其特点极为鲜明，第一，它采用全新电脑设计，全彩色印刷。图文结合紧密，两者融为一体。文字是图片的先导，图片是文字的补充。最大限度地发挥了图片形象直观、简单、明确表达知识的作用。第二，条目释文编撰设计完全为中学生着想。为突出条目释文的趣味性、科学性和知识性，条目释文由巧妙而又引人入胜的切入点，严谨的科学定义和基本知识组成。第三，既可供读者翻阅浏览，又可供检索使用。正文按照中学教学学科内容编排，并且设置含有内容分析索引的分类目录，以及问题式索引和汉语拼音音序索引。(马汝军)

Z000036　**中国老龄人系列丛书**　王鸿宾主编。沈阳出版社1997年12月版。70万字。79.00元。《中国老龄人系列丛书》是由已经离退休的老年作者撰写的。共4册。对老年人饮食、老年人用药、老年人起居、老年人活动及老年人服饰皆有重大启示。年过60，进入老年，老年人都希望健康长寿，在晚年活得健康、快乐、年轻。实现健康老龄化成了老年学的一个重大课题，《中国老龄人系列丛书》正是为适应这一需要而写的，它选择了老年人日常生活中经常碰到，又不甚了了的问题，予以深入浅出的解答，共5册：《老年饮食》、《老年用药》、《老年起居》、《老年活动》、《老年服饰》。《老年饮食》根据老年人的生理功能特点，介绍了主副食的科学搭配和科学的烹调知识；《老年用药》告诉老年人在患病时如何准确合理地用药，并对老年常见病常用的中、西药的作用，用途，用法用量等作了详细介绍；《老年起居》论述了如何保持宁静达观的心态、养成良好的生活习惯、如何营造和谐的家庭氛围和培养高雅的生活情趣；《老年活动》阐述了通过有益的活动祛病养生和生命在于运动的道理；《老年服饰》以文为主，以图为辅，阐述了老年人如何根据体型特点穿衣打扮、娱人娱己的道理。(沈晓辉)

Z000037　**妇女生活大全**　张希玉主编。河南科学技术出版社1986年3月至1997年2月第三版。52.2万字。19.90元。从多方位全角度介绍了有关妇女生活的方方面面，其中包括女性生理、心理、恋爱、婚姻、家庭、性知识、夫妻、育子、教子、家政、家务、成才、妇女常见病、女工和农妇的保健、健身娱乐、饮食、家庭美化、当好主妇、穿着打扮、美容化妆、妇女礼仪、妇女史话、妇女权益保护等近40个栏目。以严谨的科学性和广博的知识性，通俗、简明、生动的文字表述，帮助妇女了解丰富多彩的生活各方面。(张希玉)

Z000038　**先秦要籍词典(列子、商君书、春秋公羊传)**　王世舜主编。学苑出版社1997年7月版。140万字。68.00元。以专书为单位，将专书中的全部词汇，按词立目，根据当时的使用情况区分义项，按照本义(或较早的意义)、引申义、假借义、比喻义等次序加以排列，每一义项下以其在专书中出现的先后为序开列全部用例。从义项的排列中力求理清词义的源流演变；从全部用例中力求反映出每个词在专书中使用情况的全貌，并以此为据，准确地划定每个词所有义项的义界。(朱迎)

Z000039　**学生辞海**　巢峰主编。上海辞书出版社1997年12月版。345.8万字。16开精装。88.00元。《辞海》系列之一，适合中学生使用的兼有语文词典和百科辞典性质的综合性大型工具书。与《儿童辞海》为姐妹篇。收词4万条，其中单字约7 000个，普通词语、成语等1.3万条，百科词语2万条。词目的选收以中学课程中涉及的和课外阅读以及日常生活中碰到的疑难词语为主，并针对中学生应掌握的知识面和所具备的理解能力进行释义。一般词语与古代汉语兼收，选收了不少学生常用的现代汉语词汇，并收入当代政治、经济、军事、科技和文化教育各个领域内的重要在世人物，以及中学生需要查检的中外影视、体育明星以及艺术作品。配有线描图1 000余幅。书前有《笔画查字表》和《汉语拼音查字表》，书后有《中国历史纪年简表》、《中国少数民族人口分表简表》等15个附录。(杨宝林)

Z000040 **科教兴国词语释义** 北京市科学技术委员会编。学苑出版社 1997 年 12 月版。34.5 万字。19.80 元。分 7 个部分:总论;政策与战略;行动与计划;管理与决策;科技;教育;经济与社会发展,共收入词条 600 余条,书后附有国家高新技术产业开发区简介、科技进步的主要测算方法,以及科教指标等资料。全面介绍了与实施科教兴国战略有关的知识,包括概念、政策、谋略、计划与行动、事件等。(朱迎)

Z000041 **诸葛亮文集全译** 清·张澍辑,方家常译注。贵州人民出版社 1997 年 10 月版。51.6 万字。21.00 元。“中国历代名著全译丛书”(第二批)之一。诸葛亮是一个杰出的历史人物。诸葛亮文集反映了他的政治、经济、军事、外交、民族等思想及其品德和业绩。现以《诸葛忠武侯文集》为底本进行全注全译。《附录》2 卷和《故事》5 卷,只作校注。《本传》和《进诸葛亮集表》作了“译文”。(谢丹华)

Z000042 **李鸿章全集** 吴汝纶编。海南出版社 1997 年 9 月版。600 万字。395.00 元。共 9 册。原名《李文忠公全集》。全书计有:卷首,奏稿 80 卷,朋僚函稿 20 卷,迁移蚕池口教堂函稿 1 卷,海军函稿 4 卷,译署函稿 20 卷,电稿 40 卷。本书据光绪乙巳金陵原刻本全本影印。原刻本不包括创作诗文,现又将李氏后人刻的诗文 8 卷加入。(王朴一)

Z000043 **在改革开放中重塑人格** 黎元江著。广东人民出版社 1997 年 8 月版。30 万字。22.00 元。广东省中青年社会科学家文库中的一种。分“探索有中国特色的宣传科学”、“建设社会主义现代化报业集团”、“对社会主义若干问题的理论思考”、“改革开放前沿的经济文化建设”、“新闻作品”、“文学随笔”等 6 大部分。(杨小虹)

Z000044 **国内外科技经济发展动态与趋势研究** 叶铁树主编。福建科学技术出版社 1997 年 3 月版。20.7 万字。11.00 元。收入 7 篇研究报告,即:国内外科技经济发展动态与趋势分析;国内外农业科技发展动态及趋势分析;国内外科技政策、科技体制特点及其比较;若干主要工业行业国内外发展概况探析;国内外高新技术发展态势;世界粮食现状和食物构成发展趋势;美、日、德、法、英、意、加经济发展现状、战略、政策及预测。(王大达)

Z000045 **才子四书** 王雅红等著。湖北辞书出版社 1997 年 5 月版。36 万字。15.00 元。这是四位当时有才子之称的古人知人论事的杂著的注释本。包括苏轼的《东坡志林》、袁枚的《牍外馀言》、张潮的《幽梦影》和李渔的《笠翁别集》。此四人均为饱学多识之士,加之不凡的际遇和独特的个性,其论史论事,虽然仍然是从传统史观出发,时有陈腐之论,但不乏清新可爱之处,趣味深长之论,对今日的人们也有可资借鉴之处。(蔡夏初)

Z000046 **怡情四书** 薛友编。湖北辞书出版社 1997 年 5 月版。33 万字。15.00 元。是 4 部古人谈花论酒、品茶赏美、怡情养性的著作的注译本,包括袁中郎的《瓶史》、《觞政》,陆羽的《茶经》和选自李渔著《闲情偶记》的《声容》。其中充满了古代名士对真善美的渴望与追求,是后世所谓名士风流本色的具体而微的绝佳展现。书中于每部分后另附《瓶花谱》、《胜饮篇》、《美人谱》、《虎丘茶经补注》以广见闻。(蔡夏初)

Z000047 **语录四种** 童雪编。湖北辞书出版社 1997 年 3 月版。37 万字。15.00 元。收录了 4 部语录体著作,即王国维的《人间词话》、叶玉屏的《六事箴言》、朱熹的《朱子读书法》和蔡锷的《曾胡治兵语录》。内容涉及立身、心性、持家、教子、行事、交友、居官、治国、治兵,及至读书、治学、习艺、创作等人生的各个层面。这些语录言简意赅,至约至精,凝结着丰富的人生经验、精辟的哲理和深邃的思想,是前人立身处世的经验总结。(蔡夏初)

Z000048 **笔精** 明·徐𤊹撰,沈文倬校注。福建人民出版社 1997 年 5 月版。28.8 万字。29.80 元。杂考性质的笔记,共 8 卷 38 类。侧重考订古代的经、史、诗、文,鉴赏古籍、书画和碑帖。校勘以崇祯刊本为底本,校以四库文渊阁本和四库文澜阁丁氏补抄本。收入“八闽文献丛刊”。(林斌)

Z000049 **世相百态丛书** 副名:信则灵——救世出世各有信仰。门岿主编。国际文化出版公司 1997 年 6 月版。58 万字。37.50 元。由《批而不倒的儒》、《佛在心中坐》、《神在何方》、《隐士的真谛》和《名医起死回生录》5 个分册组成。勾画出大千世界里情趣相异、信仰有别的芸芸众生的社会百态。

Z000050 **余嘉锡文史论集** 余嘉锡著。岳麓书社 1997 年 5 月版。53 万字。32.00 元。原名《余嘉锡论学杂著》,曾于 1963 年由中华书局出版,内容涉及文学、历史、古籍、医药等各个方面,材料翔实,考证严密,立论精当,乃不刊之论,在文史学界反响很大。本书增加《读已见书斋随笔》,《庚戌都门客感诗》,《亡室陈恭人墓表》等内容。(饶毅)

Z000051 **中国大众实用年鉴** 《中国大众实用年鉴》编辑部编。辽宁人民出版社 1997 年 11 月版。97万字。120.00元。采用分类编辑，以部类为单位，下设分目，分目下设条目和专文。全书共32个部类：走进1997、大事要闻、重大成就、灾害事故、国情概览、主要城市、人物春秋、改革开放、精神文明、反腐倡廉、盛世平安、农村天地、企业巡礼、商厦市场、科技之光、生财聚财、就业解困、旅游漫步、社会广角、民众安居、饮食大全、说酒论茶、穿着打扮、育才成才、便民服务、人间真情、老年之友、女性世界、家庭文化、体育健身、医疗保健、奇闻趣事。共171个分目，1 641个(篇)条目和专文。(邵连凯)

Z000052　**攀枝花年鉴(1997)**　攀枝花市人民政府编。四川科学技术出版社1997年8月版。89万字。88.00元。以条目形式介绍特载、大事记、概况、政治、军事法制、经济综合管理、工业、农·林、交通、邮电、城建、环保、贸易、金融、保险、财政、税务、科学、文化、教育、卫生·体育、社会等20个部类。附录有文件、法规、规章选载、先进人物、先进单位、文明单位名录等。较实事求是、全面准确地反映1996年攀枝花各条战线、各行各业在两个文明建设中取得的新成就、新进展和出现的新问题。(尧汝英)

Z000053　**东西洋考每月统记传**　爱汉者等编，黄时鉴整理。中华书局1997年6月版。98.00元。《东西洋考每月统记传》是中国境内出版的最早中文期刊。本书收录原刊39期，包括道光癸巳(1833)六月创刊号——十二月号、道光甲午(1834)正月号——五月号、道光乙未(1835)正月号——六月号、道光丁酉(1837)正月号——十二月号、道光戊戌(1838)正月号——九月号。采用美国哈佛大学哈佛——燕京学社图书馆善本室藏本影印。各期所设栏目计有《序》、《论》、《东西史记和合》、《史记》、《地理》、《天文》、《煞语》、《杂文》、《新闻》、《贸易》、《市价》等，内容涉及中西思想、宗教、历史、地理、天文、生物、科技、政治、经济、贸易、文学、艺术、诗文、名人、风俗、时事等各个方面。原刊各期按出版时间先后编排，新编《总目》置于刊首。全书之首有整理者的研究性专文——《〈东西洋考每月统记传〉影印本导言》，详述该刊的出版情况、编纂者及其编纂宗旨、编纂方法及其内容、社会影响及其资料价值。书末附《索引》，供检索人名、族名、地名、国名、朝代名、庙号名、书刊名、名物、新术语等。(李解民)

Z000054　**《论语》选萃**　上海书店出版社编。上海书店出版社1997年1月版。280.7万字。10册。160.50元。系本世纪三四十年代中国著名文学期刊《论语》(上海时代图书公司1932年9月创刊，1949年5月终刊)的文章选编，按题材与文体相结合的方式，区分为《世象随谭》(小说卷)、《闲情偶寄》(散文卷)、《吾乡风情》(随笔卷)、《时调俚语》(韵文卷)、《百味人生》(杂文卷)、《饮食男女》(小品卷)、《奇谈怪记》(谐文卷)、《大千世界》(特写卷)、《民国世说》(札记卷)、《西洋幽默》(译文卷)共10个专集。除极少数作品略作技术性处理外，一般保持始刊时的原貌。以求存真；同时对已有专集行世的名家作品尽量少选或径不选，以符尽多开掘时下已经稀见的作品的原意，从而使这本独具风貌、争论颇多的新文艺期刊得以存精去芜、兼顾体类的方式重新展现在世人面前。(完颜绍元)

Z000055　**嘉业堂藏书志**　缪荃孙等撰，吴格整理点校。复旦大学出版社1997年12月版。124.5万字。80.00元。计著录嘉业堂鼎盛期所藏善本古籍1 700余种，其中宋、元刻本91种，明刻本941种，明活字本6种，明稿本56种，明、清钞本741种。入录各书，均记其书名、卷数、著者、版本及藏印等，或备录原书序跋题识，或附以简要解题。此《志》是稽考古籍、辨章学术的重要工具书，也是研究嘉业堂庋藏原貌的第一手资料。《嘉业堂藏书志》原稿本，今独存于复旦大学图书馆。此次整理，除文字点校以外，还对底本作了处理，主要是按类编排目次，统一编订原稿(各稿下仍注明“缪稿”、“吴稿”和“董稿”，俾便比较研究)，增辑《藏书志补》(上海图书馆藏)，编录书名、著者索引等几项。清末至民初，嘉业堂曾刊刻楼藏丛书200余种，所刻之书均有序跋，提要钩玄，穷委竟源。故本书将《嘉业堂群书序跋》重新汇辑，作为附录；又附印书楼主人《藏书楼记》及《嘉业老人八十自叙》。以供研究利用。(吴仁杰)

Z000056　**清人书目题跋丛刊**　中华书局编辑部编。中华书局1990年～1997年版。影印7 000页，16开本精装。731.50元。选收的原则为，只收清人的重要书目题跋著作，仅有书目，而无提要及题跋者不在选收之列。书后附有书名索引。现已出版10辑。第一辑《皕宋楼藏书志·皕宋楼藏书续志》；第二辑《仪顾堂题跋、续跋·善本书藏书志》；第三辑《铁琴铜剑楼藏书目录·楹书隅录·滂喜斋藏书记》；第四辑《钱遵王读书敏求记校证·爱日精庐藏书志》；第五辑《抱经楼藏书志》；第六辑《黄丕烈书目题跋·顾广圻书目题跋》；第七辑《开有益斋读书志、续志·艺风堂藏书记、续记、再续记》；第八辑《郑堂读书记》；第九辑《万卷精华楼藏书记》；第十辑《天禄琳琅书目、后编·绛云楼题跋·绣谷亭薰习录·拜经楼藏书题

跋记》。全套丛刊计划出版 12 辑。(赵东)

Z000057 **中华人民共和国强制性国家标准目录 1997** 国家技术监督局标准化司编。中国标准出版社 1997 年版。40.2 万字。28.00 元。汇集了截止 1996 年底以前我国公开发布的 2 285 项强制性国家标准及有关信息。目录共设 8 个栏目。按专业分类顺序编排,一、二级类目按《中国标准文献分类法》的规定,书后附有强制性国家标准顺序号索引。(袁晓玲)

Z000058 **天一阁藏明代方志选刊人物资料人名索引** 华东师范大学图书馆古籍部辑。上海书店出版社 1997 年 3 月版。279.66 万字。320.00 元。共 2 册。辑录了方志中自秦汉至明代各类人物的姓名、时代、籍贯,经过反复考订,编制而成。凡志书中人物、职官、科举、志余、补遗等类所载人物有姓氏年里可稽者,均予著录,共 11 万条。其中宋元以前约 3 万条,明代约 8 万条,明方志是宋元方志的延续和发展,其中有关宋元人物传记的资料可补史传之不足。(朱鼎玲)

Z000059 **中国地方志宋代人物资料索引** 沈治宏、王蓉贵编。四川辞书出版社 1997 年 8 月版。220 万字。348.00 元。共 4 册。收录《宋元方志丛刊》、《天一阁藏明代方志选刊》、《天一阁藏明代方志选刊续编》、《日本藏中国罕见地方志丛刊》4 套地方志丛书 302 种地方志中的宋代人物资料信息 10 万 4 千条,其中收录了大量不见于宋史的宋代人物,有大量详于宋史的人物资料。编者对收入资料进行了考订,纠正了原书不少错误。全书按人物姓名四角号码编排,附有笔画检字、汉语拼音检字。(张传德)

Z000060 **永乐大典索引** 栾贵明编。作家出版社 1997 年 10 月版。300 万字。1 180.00 元。由作者序、凡例、子目综合索引,编余(一);编余(二);附录(《永乐大典》影印本卷目一览表;拼音检字表;笔划检字表)构成。杨绛女士为本书题写书名。(王炘)

Z000061 **明清传奇综录** 郭英德编著。河北教育出版社 1997 年 10 月版。100.4 万字。64.40 元。目录提要式著作。收录了现有完整存本的明清两代传奇剧目,上限起自明成化初(1645),下限断至清宣统三年(1911),约 450 年。以时代为序,分为传奇生长期、传奇勃兴期、传奇发展期、传奇余势期、传奇蜕变期。全书以作家为纲,作品为目,共著录作家约 450 人,作品约 1 100 部,几乎囊括了全国各公、私藏书家现存的全部传奇作品。对 324 位传奇作家,尽可能准确扼要地介绍其生卒年月、籍贯、经历、著述及传奇创作特色,并附录其生平资料索引以备考。对近 750 部传奇作品的剧目存录、现存版本、情节梗概、本事流变、创作年代及主要思想艺术特色,作了细致精确的记录。该书在清阙名《曲海总目提要》的基础上,广泛地参考、采纳 20 世纪以来诸多中国古典戏曲研究者的成果,实为明清传奇研究的集大成之作。

Z000062 **经典释文索引** 黄焯、郑仁甲编。中华书局 1997 年 12 月版。57.8 万字。30.00 元。采辑《周易》、《尚书》、《诗经》、《周礼》、《仪礼》、《礼记》、《左传》、《公羊传》、《谷梁传》、《孝经》、《论语》、《老子》、《庄子》、《尔雅》等典籍的六朝 200 多家的注释。是后世研究古籍不可缺少的工具书。根据通志堂本编制,将《经典释文》所注之字全数收入,标明这些字在《经典释文》的卷、页、行数。单字按四角号码顺序排列,后附笔画检字,使用起来极为方便。(郑仁甲)

获奖书目

第三届国家图书奖获奖书目

国家图书奖荣誉奖(8种)

〔书　名〕	〔编著者〕	〔责任编辑〕	〔出版者〕
韬奋全集	中国韬奋基金会韬奋著作编辑部	吴慈生等	上海人民出版社
张岱年全集	张岱年	牛素琴等	河北人民出版社
中国农业百科全书	本书编委会	宛秀兰等	中国农业出版社
中国近代文学大系	徐中玉等主编	范　泉等	上海书店
曹禺全集	田本相等主编	贾启森	花山文艺出版社
世纪伟人邓小平(画册)	徐佑珠	蔡雨龙等	中央党校出版社
中国大百科全书(简明版)	中国大百科全书出版社编辑部	刘伯根等	中国大百科全书出版社
中华大藏经	任继愈主编	毛双民	中华书局

国家图书奖(30种)

〔书　名〕	〔编著者〕	〔责任编辑〕	〔出版者〕
·社科类图书(7种)			
毛泽东传	中央文献研究室编	镡德山等	中央文献出版社
红军长征史	中央党史研究室第一研究部	李英健等	辽宁人民出版社
岭南文库	于幼军主编	曾宪志等	广东人民出版社
楚学文库	张正明主编	冯芳华等	湖北教育出版社
中国道教史	卿希泰	汪　瀰	四川人民出版社
中国政治制度通史	白　钢主编	张秀平	人民出版社
西方经济发展思想史(修订本)	谭崇台	陈　晓等	武汉大学出版社
·科技类图书(7种)			
世纪之交:与高科技专家对话	朱丽兰主编	俞晓群等	辽宁教育出版社
转移核糖核酸——结构、功能与合成	王德宝等	吕粹芳	浙江科技出版社
中国针灸四大通鉴	邓良月等主编	李茗茗等	青岛出版社
肾脏病学	王海燕等	姚　冰	人民卫生出版社
中国农业现代化建设理论道路与模式	卢良恕等	王为珍等	山东科技出版社

中国地球物理图集	袁学诚等	王文孝等	地质出版社
复杂系统中的电磁波	金亚秋	林溪波	复旦大学出版社
·文学类图书(3 种)			
旷代逸才——杨度	唐浩明	朱树诚	湖南文艺出版社
中国文学批评通史	王运熙等	邓韶玉等	上海古籍出版社
塞万提斯全集	董燕生等译	胡真才	人民文学出版社
·艺术类图书(3 种)			
敦煌石窟艺术	段文杰等	郭廉夫等	江苏美术出版社
齐白石全集	郭天民等编	李小山等	湖南美术出版社
潘天寿书画集	潘公凯编	王肇达等	浙江人民美术出版社
·少儿类图书(2 种)			
神脑聪仔卡通系列丛书	聪仔工作室	黄　俭等	接力出版社
小鳄鱼丛书	孙幼军等	姜　华等	海燕出版社
·少数民族类图书(2 种)			
丹珠尔(藏文)	崔成仁钦等	《大藏经》对勘局	中国藏学出版社
医药志(哈萨克文)	乌太波依达克	哈　比	新疆科技卫生出版社
·教育类图书(2 种)			
中国著名特级教师教学思想录	柳　斌主编	徐　棐等	江苏教育出版社
教育投入与产出研究	王善迈	张　江等	河北教育出版社
·辞书类图书(2 种)			
普通话基础方言基本词汇集	陈章太等	李守业	语文出版社
中国戏曲剧种大辞典	中国戏曲剧种大辞典编委会	张成濂等	上海辞书出版社
·古籍类图书(2 种)			
船山全书	本书编委会	杨　坚等	岳麓书社
李白全集校注汇释集评	詹　锳	曾永辰	百花文艺出版社

国家图书奖提名奖(71 种)

〔书　名〕	〔编著者〕	〔责任编辑〕	〔出版者〕
·社科类图书(14 种)			
马克思主义史	庄福龄主编	郇中建等	人民出版社
特区经济丛书	戴园晨等	甘于黎等	鹭江出版社
当代中国的村庄经济与村落文化丛书	陈吉元等	陈宇华等	山西经济出版社
鸦片战争史	萧致治	祝闽影	福建人民出版社
法哲学经纬	倪正茂	张广勇等	上海社会科学院出版社

科学认识论	舒炜光等	王景海	吉林人民出版社
国学大师丛书	章　清等	钱　宏等	百花洲文艺出版社
人类服饰文化学	华　梅	成其圣等	天津人民出版社
汉字研究新视野丛书	臧克和等	李人凡等	广西教育出版社
中国回族史	岳树森等	汤晓芳等	宁夏人民出版社
新桂系史	莫济杰	欧薇薇等	广西人民出版社
西安历史地图集	史念海	康　锋等	西安地图出版社
美国行政法	王名扬	祝立明	中国法制出版社
跨世纪农村书库	张小刚等	吴星飞等	江苏省出版总社直属8家出版社

·科技类图书(14种)

半导体超晶格物理	夏建白等	黄　华等	上海科学技术出版社
惯性约束核聚变	王淦昌等	王宏金	安徽教育出版社
变结构控制的理论及设计方法	高为炳	李淑兰	科学出版社
中国煤岩学图鉴	中国煤田地质总局	翁立平等	中国矿业大学出版社
清华大学建筑学术丛书	本书编委会	王明贤等	中国建筑工业出版社
化学工程手册(第二版)	时　钧等	陈　丽等	化学工业出版社
现代机械设备设计手册	辛一行主编	冯　铁	机械工业出版社
风湿病学	蒋　明等	王惠君等	科学出版社
手的修复与再造	顾玉东	高敬泉	上海医科大学出版社
全国中草药名鉴	谢宗万等	李　显	人民卫生出版社
蓝天绿地丛书	刘泽纯等主编	孙连民等	江苏科学技术出版社
20世纪科学大师与科学大事	周光召主编	李元君等	接力出版社
现代科学技术博览丛书	朱光亚等	朱惠霖等	上海科技教育出版社
中国少数民族科学技术史丛书	李　迪	黄　健等	广西科学技术出版社

·文学类图书(10种)

鲁迅研究书系	袁良骏主编	傅美琳等	陕西人民教育出版社
中国文学简史	林　庚	张凤珠	北京大学出版社
人间正道	周梅森	赵水金等	人民文学出版社
中国抗日战争纪实丛书	王颖等主编	程步涛等	解放军文艺出版社
东方文学史	季羡林主编	张岩峰	吉林教育出版社
东北现代文学大系	张毓茂主编	李树权等	沈阳出版社
河南新文学大系	于友先总主编	袁喜生等	河南大学出版社
中国现代经典作家诗文全编书系	钱理群等编	张德强等	浙江文艺出版社
唐弢文集	唐　弢	常君实	社会科学文献出版社
世界短篇小说精品文库	柳鸣九主编	林正让等	海峡文艺出版社

·艺术类图书(9种)

中国油画百年图史(1840～1949)	刘　新	苏　旅	广西美术出版社
楚秦汉漆器艺术·湖北	陈振裕	贺飞白	湖北美术出版社

石涛书画全集	天津人民美术出版社编	王之海	天津人民美术出版社
鲁迅之世界全集	裘　沙等	姜玉敏等	广东教育出版社 河北教育出版社
中国电影图志	中国电影艺术研究中心	成　平等	珠海出版社
中国少数民族美术史	王伯敏等	刘昌华	福建美术出版社
中国巫傩面具艺术	薛若邻等	李一意等	江西美术出版社
中国设计年鉴	陈汉民等	原守俭	黑龙江美术出版社
汉西岳华山庙碑	故宫博物院	苏士澍等	文物出版社

·少儿类图书(8 种)

刘先平大自然探险长篇系列	刘先平	刘　佳	中国青年出版社
花季·雨季	郁　秀	旷　昕	海天出版社
少年绝境自救故事	班　马等	汪晓军等	甘肃少年儿童出版社
中国儿童生存、保护和发展书系	晏开利等	杜定纪等	四川少年儿童出版社
露珠丛书	郭　风等	张杏坦	河北少年儿童出版社
精神之火——中华民族精神与当代青少年使命	沈其新等	刘杰英	湖南少年儿童出版社
神奇的北极	位梦华等	王舒妹等	海燕出版社
共和国儿童文学名著金奖文库	海　飞主编	温　航等	中国少年儿童出版社

·少数民族类图书(4 种)

彝文典籍目录(彝、汉文)	贵州省毕节地区彝文翻译组	朱德齐等	四川民族出版社
甘珠尔(蒙古文)	舍·额尔敦朝鲁	朝　鲁等	辽宁民族出版社
维吾尔多郎木卡姆(维吾尔文)	多郎木卡姆研究会	努尔比亚	新疆美术摄影出版社
语言史(《中国朝鲜族文化史大系》第一卷)(朝鲜文)	北京大学朝鲜文化研究所	元　燮	民族出版社

·教育类图书(4 种)

德育美学观	檀传宝	王宇鸿等	山西教育出版社
学科现代教育理论书系	马忠林等	赵汝明等	广西教育出版社
中国教育近代化研究丛书	田正平	彭玉粦等	广东教育出版社
数学教育研究丛书	曹才翰等	冯　贤等	上海教育出版社

·辞书类图书(4 种)

材料科学技术百科全书	师昌绪等	程力华等	中国大百科全书出版社
世界地名词典(修订版)	毛汉英等	谢佩珍等	上海辞书出版社
金文大字典	戴家祥	陈达凯等	学林出版社
中国民间文学大辞典	钟敬文等	吕观仁	黑龙江人民出版社

·古籍类图书(4 种)

中国古籍善本书目	丛书编委会	郭群一等	上海古籍出版社
吐鲁番出土文书	中国文物研究所等	张庆玲等	文物出版社

中国科学技术典籍通汇	任继愈主编	周常林等	河南教育出版社
韩诗外传笺疏	屈守元	陈大利	巴蜀书社

第六届“五个一工程”奖获奖书目

〔书　名〕	〔编著者〕	〔出版者〕
马克思主义哲学史	黄楠森等主编	北京出版社
城市街道党的建设	陈浙闽、张景虎著	天津人民出版社
人间正道	周梅森著	人民文学出版社
车间主任	张宏森著	山东文艺出版社
我要做好孩子	黄蓓佳著	江苏少年儿童出版社
精神之火——中华民族精神与当代青少年使命	沈其新等著	湖南少年儿童出版社
红军长征史	中央党史研究室第一研究部编	辽宁人民出版社
绿洲经济论(修订版)	刘甲金等主编	新疆人民出版社
邓小平新时期党的建设理论研究	蔡长水等著	安徽人民出版社
真理,您告诉我——青年理论学习百题	施　达著	广西师范大学出版社
中国院士	张建伟、邓琮琮著	浙江文艺出版社
花季·雨季	郁　秀著	广东海天出版社
鸦片战争史	萧致治主编	福建人民出版社
延安精神和社会主义精神文明建设	陈登才、郑志飚主编	陕西人民出版社
光辉的旗帜	汪玉奇等撰文,丘　玮等绘画	江西21世纪出版社
中国科学院院士自述	中国科学院学部联合办公室编	上海教育出版社
写给年轻妈妈	卢　勤著	中国妇女出版社
东部热土	高胜历著	青岛出版社
刘先平大自然探险长篇系列	刘先平著	中国青年出版社
中华正气歌(修订版)	公　木主编	江西美术出版社
马克思主义史	庄福龄主编	人民出版社
维护祖国统一简明读本	何富麟主编	新疆人民出版社
绿色风采丛书	解放军总政治部组织部主编	解放军文艺出版社
人生幸福论	陈　瑛主编	中国青年出版社
走出贫困——西海固反贫困农业建设研究	西海固反贫困农业建设研究课题组编	宁夏人民出版社
西藏布达拉宫	西藏布达拉宫维修工程施工办公室、中国文物研究所、姜怀英、甲　央、噶苏·彭措朗杰编	文物出版社
地球家园——青少年环保科普读本	《自然之友》编	山西教育出版社
人与自然	冯晓哲等主编	东北林业大学出版社
世界科技发展史画库	王建邦、朱正伦主编	江苏科学技术出版社
地球保卫战	杨　鹏撰文、宋金东等绘画	天津新蕾出版社

龙蝙蝠	庄　岩撰文、郑凯军绘画	浙江少年儿童出版社
漫画科学史探险	星　河撰文，任　军等绘画	北京少年儿童出版社
宝贝当家	秦文君著	上海少年儿童出版社
禁毒教育通俗读本	刘咸岳主编	广西教育出版社
现代企业制度论	赵国良主编	西南财经大学出版社
现代大中型企业的经营与发展	陈佳贵著	经济管理出版社
九亿农民健康教育读本	全国及湖南省九亿农民健康教育办公室编	湖南科学技术出版社
生命甘泉的追寻者	李　钧著	解放军出版社
小鳄鱼丛书(10册)	金　波等著	河南海燕出版社
中华三德歌	何永炎主编	安徽教育出版社
你是一座桥	田　天著	长江文艺出版社
民族大家庭	国家民委文化宣传司编	南海出版公司
生命的追问	张海迪著	作家出版社
棒槌鸟儿童文学丛书(6册)	赵郁秀、韩永言主编	沈阳出版社
天地无情("少年绝境自救故事丛书"之一)	薛屹峰著	甘肃少年儿童出版社
汉藏小伙伴手拉手相约在二十一世纪	张晓峰主编	西藏人民出版社
道德读本(《跨世纪公民读本》之一)	李德顺等著	吉林文史出版社
情与理("人生价值丛书"之一)	龙　斌著	河北人民出版社
大众高技术	陈幼松著	中央党校出版社

第二届国家辞书奖获奖书目

〔书　名〕	〔编著者〕	〔出版者〕

一等奖 5 种

中国大百科全书(简明版)	中国大百科全书出版社编辑部	中国大百科全书出版社
汉英词典(修订版)	北京外国语大学英语系词典组	外语教学与研究出版社
现代汉语词典(修订本)	中国社科院语言所词典室	商务印书馆
普通话基础方言基本词汇集	陈章太、李行健(主编)	语文出版社
中国戏曲剧种大辞典	《中国戏曲剧种大辞典》编委会	上海辞书出版社

二等奖 10 种

全宋词典故词典	范之麟(主编)	湖北辞书出版社
国际贸易法大辞典	黎学玲(主编)	广东人民出版社
材料科学技术百科全书	《材料科学技术百科全书》编委会 中国大百科全书出版社编辑部	中国大百科全书出版社
红楼梦语言词典	周定一、钟兆华、白维国(主编)	商务印书馆
中国古籍善本书目	《中国古籍善本书目》丛书编委会	上海古籍出版社
汉俄翻译词典	张宝梁(主编)	商务印书馆

英中医学辞海	王贤才(主编)	青岛出版社
古汉语虚词词典	王海棻、赵长才、黄　珊、吴可颖	北京大学出版社
汉书辞典	仓修良(主编)	山东教育出版社
世界地名词典	毛汉英、刘　伉等	上海辞书出版社

三等奖 11 种

中国民间秘密宗教辞典	濮文起(主编)	四川辞书出版社
新编中国法律日用全书	李昌道(主编)	上海人民出版社
世界珠算通典	李培业、[日]铃木久男(主编)	陕西人民出版社
中国砖铭文字徵	殷　荪	上海书画出版社
楚国历史文化辞典	石　泉(主编)	武汉大学出版社
汉语大字典(简编本)	李格非(主编)	四川辞书出版社 湖北辞书出版社
中国书院辞典	季啸风(主编)	浙江教育出版社
现代英汉服装词汇	王传铭(主编)	中国纺织出版社
精编汉语字典	张一舟(主编)	四川辞书出版社
中国电影大辞典	张骏祥、程季华(主编)	上海辞书出版社
学生英汉词典	刘正琰	上海科技教育出版社

统计资料

1997年图书出版情况

表一

	总数（种）	总印数（亿册）	总印张（亿印张）	折合用纸量（万吨）	总定价（亿元）	与上年相比种数	与上年相比总印数	与上年相比总印张	与上年相比总定价
图书	120106（其中初版66585，重版53521）	73.05	364	85.82	372.56	+6.5%（初版+4.6%，重版+8.9%）	+2.1%	+1%	+7.6%
书籍	96980（其中初版58784，重版38196）	34.11	184.29（其中包括附录用纸1.13）	43.31（其中包括附录折合用纸量0.27）	208.81	+5.74%（初版+5.3%，重版+6.42%）	−2.9%	−2.29%	+5.43%
课本	20710（其中初版5998，重版14712）	38.55	177.78	41.78	157.9	+11.58%（初版+7.34%，重版+13.4%）	+7.17%	+5.03%	+11.62%
图片	2416（其中初版1803，重版613）	0.39	1.93	0.73	5.85	−4.73%（初版−19.29%，重版+102.98%）	−22%	−24.9%	−11.5%

*“+”表示增长，“−”表示下降。

1997年使用《中国标准书号》22类图书出版情况

表二

类别	种数（种）	总印数（万册）	总印张（千印张）	总定价（万元）	占种数的百分数	占总印数的百分数	占总印张的百分数	占总定价的百分数	与上年相比种数	与上年相比总印数	与上年相比总印张	与上年相比总定价
马克思主义、列宁主义、毛泽东思想	138（初版78）	120	17418	2141	0.12%（初版占0.12%）	0.02%	0.05%	0.06%	+4.5%（初版+13%）	−13.7%	−28.8%	−31.6%
哲学	1298（初版811）	1019	129984	15952	1.1%（初版占1.25%）	0.14%	0.36%	0.44%	+9.6%（初版+9.2%）	−4.9%	−2.1%	+1.2%
社会科学总论	1211（初版1018）	923	116480	17608	1.03%（初版占1.57%）	0.13%	0.32%	0.48%	+11.7%（初版+13.2%）	−15.1%	+5.7%	+25.7%

类别	种数(种)	总印数(万册)	总印张(千印张)	总定价(万元)	占种数的百分数	占总印数的百分数	占总印张的百分数	占总定价的百分数	与上年相比种数	与上年相比总印数	与上年相比总印张	与上年相比总定价
政治、法律	4221(初版3183)	10121	791350	98312	3.59%(初版占4.91%)	1.38%	2.19%	2.7%	+17.7%(初版+15%)	+59%	+26.7%	+34.5%
军事	379(初版306)	366	39924	6323	0.32%(初版占0.47%)	0.05%	0.11%	0.17%	+36.3%(初版+37.8%)	+36.1%	+35.7%	+69.1%
经济	7386(初版5314)	7778	964997	135985	6.28%(初版占8.2%)	1.07%	2.67%	3.73%	+5.1%(初版+1.2%)	+8%	+2.9%	+7.7%
文化、科学、教育、体育	49209(初版19469)	642990	27097300	2412603	41.82%(初版占30.06%)	88.48%	75.08%	66.27%	+2.2%(初版-2.3%)	+2.5%	+2.8%	+8.8%
语言、文字	4272(初版2297)	8321	1149370	117798	3.63%(初版占3.55%)	1.15%	3.18%	3.24%	+13.5%(初版+21.9%)	-3.7%	-3.6%	+8.8%
文学	12539(初版9370)	15674	1684506	209743	10.65%(初版占14.47%)	2.16%	4.67%	5.76%	+26.8%(初版+31.6%)	+15.7%	-1.3%	+9.8%
艺术	6722(初版4091)	8850	484913	130880	5.71%(初版占6.32%)	1.22%	1.34%	3.59%	+12.9%(初版+18.3%)	-11.1%	-8.2%	+11.3%
历史、地理	4105(初版3106)	6691	506854	86366	3.49%(初版占4.79%)	0.92%	1.4%	2.37%	+1.3%(初版-1.7%)	-21.3%	-11%	-5.2%
自然科学总论	193(初版152)	264	22107	2842	0.16%(初版占0.23%)	0.04%	0.06%	0.08%	-58%(初版-37.7%)	-90.4%	-77.6%	-74.6%
数理科学、化学	1778(初版914)	2341	280536	25554	1.51%(初版占1.41%)	0.32%	0.78%	0.7%	+5.5%(初版-3%)	-16.7%	-9.2%	+0.6%
天文学、地球科学	610(初版572)	281	19218	2991	0.52%(初版占0.88%)	0.04%	0.05%	0.08%	-17.8%(初版-16.9%)	+42.6%	+14.1%	+11.6%
生物科学	392(初版248)	203	28257	3712	0.33%(初版占0.38%)	0.03%	0.08%	0.1%	-0.8%(初版-9.5%)	+25.3%	+28.6%	+49.4%
医药、卫生	4734(初版2801)	4279	614075	79428	4.02%(初版占4.32%)	0.59%	1.7%	2.18%	+10.7%(初版+8%)	-4.2%	-3.1%	+4.4%
农业科学	2791(初版1461)	3048	227065	25876	2.37%(初版占2.26%)	0.42%	0.63%	0.71%	+19.8%(初版+2.1%)	+49%	+48%	+49.7%
工业技术	12219(初版6950)	10095	1574017	208147	10.38%(初版占10.74%)	1.38%	4.37%	5.72%	+9.2%(初版+4.7%)	+1.2%	+6.6%	+15.4%
交通运输	879(初版571)	1067	104176	14558	0.75%(初版占0.88%)	0.15%	0.29%	0.4%	+7.6%(初版+17.5%)	+8.8%	-4.9%	+12.5%
航空、航天	82(初版80)	62	3843	1151	0.07%(初版占0.12%)	0.01%	0.01%	0.03%	-31.3%(初版-27.9%)	+19.2%	-26.7%	+8.3%

类别	种数（种）	总印数（万册）	总印张（千印张）	总定价（万元）	占种数的百分数	占总印数的百分数	占总印张的百分数	占总定价的百分数	与上年相比种数	与上年相比总印数	与上年相比总印张	与上年相比总定价
环境科学	315（初版275）	142	15335	2433	0.27%（初版占0.42%）	0.02%	0.04%	0.07%	+44.5%（初版+39.6%）	+61.4%	31.3%	+40.4%
综合	2217（初版1715）	2003	222616	40835	1.88%（初版占2.65%）	0.28%	0.62%	1.12%	−24.4%（初版−25.2%）	−41%	−55%	−40.6%

*"+"表示增长，"−"表示下降。

1997 年各类课本及少年儿童读物出版情况

表三

类别	总数（种）	总印数（万册）	总印张（千印张）	总定价（万元）	与上年相比种数	与上年相比总印数	与上年相比总印张	与上年相比总定价
大专课本	7708（初版2993）	9583	1353330	130463	+17.23%（初版+10.28%）	+15.82%	+12.58%	+21.08%
中专课本	2769（初版666）	7464	826716	71336	+0.54%（初版−6.72%）	−14.83%	−17.3%	−9.93%
中学课本	2867（初版474）	133779	8315162	579328	−4.34%（初版−22.8%）	+0.25%	+1.86%	+4.15%
小学课本	3842（初版852）	227949	6714446	752825	+13.13%（初版+2.77%）	+12.29%	+10.71%	+18.45%
业余教育课本	706（初版382）	1195	138652	14804	+113.29%（初版+141.77%）	+80.79%	+55.9%	57.96%
扫盲课本	6（初版3）	58	3752	216	+200%	+11倍	+16倍	+14倍
教学用书	2812（初版628）	5424	426033	30055	+12.21%（初版+12.34%）	−2.38%	+4.34%	+13.65%
少年儿童读物	5772（初版2999）	24341	700185	114158	+89.06%（初版+88.85%）	+69.19%	+38.84%	+56.7%

*"+"表示增长，"−"表示下降。

章玮根据新闻出版署计划财务司公布的新闻出版统计资料整理。

图书出版纪事

1997年图书出版纪事

1　月

1～6日　由上海香港三联书店主办的迎九七香港回归图书展在上海举行。2 000多种图书参展。

2日　国务院总理李鹏签署第210号令，发布《出版管理条例》。该《条例》自1997年2月1日起施行。

5～7日　第11届沪版图书看样订货会在上海举行。订货总码洋达2.76亿元。

8～9日　'97浙版暨第三届名社好书展示会在杭州举行。本届展示会订货码洋达3 375万元。

10日　新闻出版署印发《杨牧之同志在全国新闻出版局发行、市场处长会议上的讲话》。

16日　国家"八五"、"九五"期间重点出版工程《中国大百科全书》(简明版)出版座谈会在北京举行。李铁映、雷洁琼、王光英等中央领导及出版界知名人士100余人出席座谈会。

18～22日　全国新闻出版局长会议在北京举行。来自各省、自治区、直辖市新闻出版局及新闻出版署直属单位的负责人120余人出席会议。

△　第29届开罗国际书展在开罗举行。来自79个国家的2 400家出版社360万册各类书刊参展。我国27家出版社的1 100多册图书参展。

20日　由卫生部主办的首届卫生部杰出科技著作奖颁奖大会在北京举行。111部医药卫生科技专著、科技教材、科普图书获奖。

22日　北京市第四届哲学社会科学优秀成果奖在北京颁奖。《东方文学史》、《中国民族史》、《西藏历史地位辨》、《中华人民共和国刑事诉讼法修改建议稿和论证》等四项获特别奖。51项获一等奖，155项获二等奖。

22～27日　由中国出版工作者协会、中国发行业协会联合主办的北京图书订货会在北京举行。来自全国400多家出版社的8.3万种图书参展，订货总码洋12.6亿元。

23日　《李四光全集》出版座谈会在北京举行。李瑞环等领导人出席座谈会。

23日～2月2日　由北京市新华书店主办的寒假优秀读物展销在北京十几个新华书店同时举行。同时推荐了10种假期优秀读物。

24日　新闻出版署发出《关于重申对出版反映党和国家主要领导人工作和生活情况图书加强管理的紧急通知》。

24日～2月2日　北京图书音像城举办首届迎春大型书市，百余家出版社、新华书店的8万余种各类图书及音像制品参展。

25日　中国10部民族民间文艺集成志书出版百卷嘉奖会在北京举行。李铁映致信祝贺，费孝通、程思远等领导人出席。

28日　新闻出版署、中国版协联合召开全国出版系统电视电话会议，号召全国出版界认真贯彻十四届六中全会精神，加强职业道德建设，多出好书，不出坏书，树立行业新风，规范行业行为，造就一支"政治强、业务精、纪律严、作风正"的高素质的出版队伍。

2　月

2日　中宣部、新闻出版署联合向各省、自治区、直辖市党委宣传部、新闻出版局，中央宣传文化系统各单位，各直属单位发出《关于转发〈第三次全国少儿读物出版工作会议纪要〉的通知》。

4日　丹麦王国驻华大使白慕申代表丹麦女王玛格丽特二世陛下，在北京向中国《安徒生童话故事全集》的译者林桦教授颁发丹麦国旗骑士勋章。

17日　新闻出版署向各省、自治区、直辖市新闻出版局，中央及国家有关部委，解放军总政宣传部，各有关出版社发出《关于实施“九五”国家重点图书出版规划的通知》。

△ 全国“扫黄”办公室向各省、自治区、直辖市“扫黄”工作小组办公室发出《关于立即查缴非法出版物〈短暂的春秋——华国锋下台内幕〉一书的通知》。

18日 新闻出版署向各省、自治区、直辖市、计划单列市及新疆生产建设兵团新闻出版局发出《关于贯彻实施〈出版管理条例〉的通知》。

△ “万村书库”二期工程启动仪式在广东梅州市举行。香港亚洲农业发展研究基金会郭兆明、印尼华侨汤锡林向“万村书库”工程捐资50万元。

19日 新闻出版署向各省、自治区、直辖市、计划单列市新闻出版局，新疆建设兵团新闻出版局，各直属单位发出《发于印发于友先同志〈全面贯彻落实六中全会精神，努力完成新闻出版工作历史性任务〉讲话的通知》。

20日 邓小平同志逝世后，人民美术出版社即印制邓小平同志画像，发行突破260万张。

28日～3月8日 由上海市精神文明建设委员会办公室、上海市新闻出版局联合举办的“加强社会主义精神文明建设图书展”在上海举行。

3　月

3日 新闻出版署发出《关于印发〈图书质量管理规定〉的通知》。

5日 由国家版权局、新闻出版署联合举办的科技出版对外贸易座谈会在北京举行。

8～13日 由中国大百科全书出版社组织召开的百科版、知识版’97中小学图书馆图书装配工作研讨会暨订货会在云南举行。来自部分省、区和教委图书装配部门的负责人20余人出席会议。订货码洋830万元。

11日 国家科委、财政部、新闻出版署联合发出《关于印发〈国家科学技术学术著作出版基金管理办法〉的通知》

△ 新闻出版署发出《关于举办第三届国家图书奖评奖活动的通知》。

13～22日 由中国出版对外贸易总公司与马来西亚南岗科技与图书公司联合举办的柔佛中国图书展在马来西亚新山市举行。我国1.2万册图书参展。

14日 加强社会主义精神文明建设图书展在上海举行。1 300余种精神文明论著、党建理论等图书参展。

17日 全国“扫黄”工作小组办公室发出《关于印发〈1996年冬季“扫黄”“打非”集中行动成果统计表〉的通知》。

18～27日 由江苏省图书进出口公司与澳大利亚澳洲中国书店联合举办的’97华文书展在澳大利亚举行。

20日 新闻出版署发出《关于对工具类图书进行质量检查的通知》。

21日 《伟大的军事家周恩来》出版发行座谈会在北京举行。江泽民题写书名并作序，刘华清出席座谈会并发表讲话。

24～28日 全国版权局长会议在广西北海举行。60余人出席会议。

25日 新闻出版署发出《关于图书出版业治理工作的通知》。

△ 新闻出版署发出《关于全国各出版社书号核发办法的通知》。

26日 新闻出版署举行第八届全国书市新闻发布会。第八届全国书市定于8月30日至9月8日长春市举行。

28日～4月6日 由重庆市委宣传部、重庆市新闻出版局、重庆书刊发行协会、新华书店等联合主办的第三届重庆农村书市在重庆举行。2万余种图书、音像制品参展。

4　月

2日 由新闻出版署、国家教委、全国妇联、中国儿童少年基金会、共青团中央、文化部、全国少工委、广电部联合主办的第三届全国优秀少儿读物评选在北京举行。《中华英杰》等10种图书获一等奖，《当代少年跨世纪方案》丛书等31种图书获二等奖，《中华少年精英画传全书》等64种图书获三等奖。

△ 新闻出版署直属出版社第三届优秀图书颁奖大会在北京举行。《布达拉宫》等15种图书获选题奖，《居延新简——甲渠候官》等14种图书获编辑奖，《金庸作品集》等14种图书获设计奖，《陈云文选》等8种图书获校对奖。

7日　国家测绘局发出《关于进一步加强地图审核管理工作的通知》

8日　“党纪杯”第三届壮族文学奖颁奖大会在南宁举行。《跪下》、《太阳神的火伞》、《陈玉成》等37部作品获奖，李仕强等9人获编辑奖。

10日　国家版权局发出《关于印发于友先同志〈认真领会六中全会精神，进一步加强版权行政管理〉讲话的通知》。

△新闻出版署发出《关于撤销海南摄影美术出版社的决定》。

15日　共青团中央、新闻出版署联合发出《关于开展“'97全国农村青年最喜爱的科普读物”征集活动的通知》。

18日　新闻出版署发出《关于第二批国家常备图书定点销售单位命名的通知》。

18～21日　由中国图书进出口总公司与澳门基金会联合举办的'97中文图书音像展在澳门举行。我国5 000多种图书及音像制品参展。

18～24日　由北京市图书进出口公司举办的首届'97至'98世界服装流行趋势书刊展在北京举行。

18～28日　人民邮电出版社第四届图书联展在上海、天津、广州、武汉、西安等中心城市的近百家重点书店同时举行。700多种电信类、集邮类、计算机类、电子技术类图书参展。

19日～5月3日　北京市新华书店与100家出版社联合举办的大型图书联展同时在各大新华书店举行。6万余种各类图书及音像制品、电子出版物参展。

20日　由中国书店举办的'97春季书刊资料拍卖会在北京琉璃厂举行。此次拍卖品共188种，分古籍善本、近代期刊及综合资料三大类。

22日　新闻出版署发出《关于转发〈第八届全国书市方案〉的通知》。

29日　全国首届优秀良好出版社社长、总编辑岗位培训班在北京结业。来自全国75家出版社和1家杂志社的社长、总编辑参加培训。

30日～5月12日　第15届北京特价书市在北京举行。400余家出版发行单位的各类图书及音像制品10万余种参展。

5　月

8日　商务印书馆建馆暨中国现代出版100周年座谈会在北京举行。首都学术界、文化界、新闻出版界及知名专家学者400多人参加大会。朱镕基接见与会代表。江泽民题词：“承先启后，继往开来。”李鹏题词：“辞源开新宇，名著集大成。”乔石题词：“继承发扬我国出版事业优良传统，为社会主义建设再立新功。”李瑞环题词：“传播知识，推进文明，造福大众。”

8～9日　由教材著作权研究课题组召开的第二次教材著作权研讨会在北京举行。50多人出席研讨会。

9～19日　第十二届文汇书展在上海举行。3万余种各类图书参展。科技著作翻译出版现状、前景及对策、《新世纪万有文库》等研讨会同时举行。

12日　由中国出版工作者协会主办的“出版之家”在北京落成。“出版之家指导委员会”同时建立，雷洁琼、叶至善、于友先任名誉主任，宋木文任主任。

12～16日　'97西安名社精品图书订货会在西安、延安两地举行。来自全国70家出版社、300多家新华书店的2万余种图书参展。订货码洋2 600万元。

15日　新闻出版署、全国“扫黄”工作小组办公室联合发出《关于对〈女皇梦——江青外传〉等盗版图书的查缴通知》。

15～19日　'97汉城国际图书博览会在汉城举行。我国20余家出版社的1 000多种图书参展。

19日　新闻出版署发出《关于表彰〈邓小平同志像〉、〈敬爱的邓小平同志永远活在我们心中〉出版、印刷、发行先进集体和先进个人的决定》。人民出版社第一图书编辑室等12个先进集体、刘继文等49名先进个人受到表彰。颁奖大会于22日举行。

20～22日　由中国出版协会主办的全国出版社经营管理研讨会在北京举行。来自全国近50家出版社社长、总编辑出席研讨会。

21日　新闻出版署、全国“扫黄”工作小组办公室联合发出《关于查禁反动非法出版物〈预言者之歌〉的紧急通知》。

21～28日　'97国际华文书展在马来西亚吉隆坡举行。我国40余家出版社的4 000多种图书参展。

23～28 日　全国教育出版发行工作研讨会在太原举行。来自全国 25 家教育出版社及 120 多家新华书店代表参加研讨会。

27 日　第二届“巨人”中长篇儿童文学奖、第十六届陈伯吹儿童文学奖颁奖大会在北京举行。《宝贝当家》、《过客》等分获中长篇、陈伯吹儿童文学奖。

27 日～6 月 2 日　’97 贵阳书市在贵阳举行。来自全国 500 多家出版社的上万种各类图书参展。

6　月

10 日　国家科委、新闻出版署联合发出《关于国家科学技术学术著作出版基金委员会人员组成的通知》。宋健任名誉主任、惠永正任主任委员。

10～12 日　’97 全国第二届古籍图书发行研讨订货会在南京召开。来自全国 500 余家新华书店及国际书店、出版外贸各省市分公司、部分港台和东南亚华文书店的万余种图书参展。订货码洋 2 320 万元。

11 日　中国版协美术出版研究会、中国书刊发行业协会美术发行专业委员会在南京举行首批“全国美术图书百家专销店”授牌仪式。深圳市博雅艺术书店等 20 家书店成为首批美术图书专销店。

12 日　全国“万村书库”工程表彰会在成都召开。北京市房山区东营乡曹章村等 104 家单位和王淑荣等 106 人受表彰。

△　由复旦大学出版社承办的华东地区大学出版社第三届优秀教材、学术专著评奖在上海揭晓。共评出一等奖 53 种、二等奖 238 种。

12～13 日　由中国版协幼儿读物研究会，宋庆龄基金会动画世界杂志社与德国歌德学院北京分院联合举办的中德儿童书籍插图研讨会在北京召开。30 余人出席研讨会。

15～17 日　国际书商联盟 1997 年大会在维也纳召开。中国代表刘杲当选为下届大会理事。

16 日　第三届国家图书奖评选委员会组成。于友先任主任，王朝闻、刘杲等 13 人任副主任。评委会下设社科评委会、科技评委会、文学评委会、艺术评委会、少儿评委会、民族评委会、教育评委会、辞书评委会、古籍评委会等。

20 日　新闻出版署发出《关于专项报送长篇小说出版情况和样书的通知》。

22～27 日　’97 新加坡世界书展在新加坡举办。我国有 2 000 多种图书参展。

23 日　国家版权局发出《关于加强涉外著作权贸易代理机构管理的通知》。

23～27 日　联合国教科文组织政府间版权委员会在巴黎召开第 11 届会议。我国派员参加。

25 日　第七届孙冶方经济学奖在北京颁奖。《中国贫困山区发展的道路》等 5 部著作、《论我国经济的三元结构》等 11 篇论文获奖。

27 日　第三届中国民族图书奖在北京颁奖。50 种图书分获一、二、三等奖。

7　月

10 日　第三届中国科学院科学出版基金委员会在北京成立。中国科学院党组副书记兼院出版委员会主任余志华任主任委员。

13 日　全国 30 多家少儿出版单位向“西藏希望工程书库”捐款，共捐款 43.5 万元。

13～14 日　由新闻出版署与加拿大禾林图书出版公司联合举办的图书发行研讨班在昆明举行。来自部分省、自治区、直辖市新闻出版局、新华书店及出版社的负责同志 50 余人参加了研讨会。

14 日　新闻出版署发出《关于检查“九五”国家重点图书出版规划执行情况的通知》。

16～18 日　全国图书出版治理工作会议在长沙召开。来自全国各省、自治区、直辖市新闻出版局的负责同志，中央有关部门及有关出版社主管单位的负责同志出席会议。

17 日　新闻出版署发出《关于印发于友先同志〈发扬成绩，改进工作，为党的十五大的召开创造更加良好的文化舆论环境〉讲话的通知》。

18 日　全国科学技术名词审定委员会召开新闻发布会，向首都新闻出版单位公布第一批推荐使用的 17 个信息科技新名词。

19～27 日　’97 中国湖南图书展在美国旧金山市举行。1 500 余册各类图书参展。

22～24 日　’97 京版图书订货会在江西举行。来自全国 100 多家出版单位的代表参加了订货会。订货码洋达 6 000 万元。

23 日　军事题材图书出版座谈会在北京举行。

江泽民为《中国人民解放军七十年图集》题词:“弘扬光荣传统,为建设革命化、现代化、正规化的军队而努力。”刘华清为《军史辉煌》作序。

23～28日 第八届香港书展在香港举行。来自澳洲、德国、美国、马来西亚、新加坡等国家和台湾、澳门地区的400多家出版商参展。大陆100多家出版社的7 000多种图书参展。此次展览增设了“儿童天地”专馆。“图书版权交易会及印刷服务展览会”同时举行。

31日 新闻出版署发出《关于进一步明确计划单列市、经济特区出版社出书范围的通知》。

8 月

1～10日 由江苏省图书进出口公司与马来西亚友谊企业有限公司联合主办的'97马来西亚华文书展在吉隆坡举行。

7～10日 由中国红楼梦学会、中国艺术研究院、辽阳市人民政府联合主办的国际红楼梦研讨会在北京举行。来自美国、法国、日本、澳大利亚、挪威等国家和地区的专家学者120余人出席研讨会。

8日 国家技术监督局、新闻出版署联合发出《关于印发〈标准出版管理办法〉的通知》。

△ 首届上海北美书展在加拿大多伦多举办。8 000多种各类图书参展。

12日 新闻出版署发出《关于印发全国科学技术名词委员会审定发布的首批科技新词的通知》。

18日 新闻出版署发布《出版物印刷管理规定》第9号令。自发布之日起施行。

△ 由中华文化交流与合作促进会、世界华人协会诚成企业集团联合召开中华瑰宝《传世藏书》在美国正式发行新闻发布会。

20日 由中国藏学研究中心和西藏自治区社会科学院联合主办的'97北京藏学讨论会在北京举行。来自中国、英国、印度、俄罗斯等十几个国家和港、台地区的专家学者130多人出席讨论会。藏学书展同时举行。展出了近年来出版的藏、汉和英、德、法等文种的图书。

21日 经国务院批准,全国自然科学名词审定委员会正式更名为“全国科学技术名词审定委员会”。

△全国地方志奖颁奖大会在宁波举行。共有178部志书获奖。其中51部获一等奖。127部获二等奖。来自各省、自治区、直辖市的地方志工作者及部分获奖志书的著者200余人出席会议。

22日 《邓小平新时期军队建设思想研究丛书》出版发行座谈会在北京举行。江泽民为丛书题写总书名并题词:“努力学习邓小平新时期军队建设思想,积极探索新形势下军队建设的特点和规律。”

23～31日 由中国出版工作者协会、中国出版对外贸易总公司与台湾两岸图书出版合作委员会联合主办的'97祖国大陆图书展览会暨版权贸易洽谈会在台北举行。来自大陆80多家出版社的2万余册图书参展。

24日 《毛泽东诗词集》、《毛泽东诗词手迹》线装本出版发行。

25日 《彭雪枫军事文选》暨《彭雪枫将军》画册出版座谈会在北京举行。江泽民题词:“文武兼备一代英才,功垂祖国泽被长淮。”

△ 第三届国家图书奖评选在北京揭晓,共评选出荣誉奖8种、正式奖30种、提名奖71种。

30日～9月8日 第八届全国书市在长春举办。全国500多家出版社、近100家期刊社、2 500家书刊发行单位、12万种各类图书参展。全国图书订货会、音像制品及电子出版物展销订货会、期刊展销订货会和国际版权贸易洽谈会同时举行。李铁映为该届书市题词:“繁荣出版,展示文明,多出精品,服务大局。”

9 月

1日 由新闻出版署举办的第七期全国出版社社长、总编辑岗位培训班和第二期中央部门在京出版社编辑室主任岗位培训班在北京举行开班典礼。来自全国21个省、自治区、直辖市和59个部委的114家出版社130余名学员参加培训。

2日 第六届“五个一工程”颁奖大会在北京举行。来自全国各省、自治区、直辖市党委宣传部、中央有关参评单位的负责同志和本届入选作品作者代表共150多人参加会议。本届奖共评出227件作品。其中《马克思主义哲学史》等49种图书获奖。

3～4日 全国出版行业人才培养专项资金管委会成立暨第一次全体会议在北京举行。新闻出版署副署长桂晓风任管委会主任。

3～9 日　莫斯科国际书展在莫斯科举行。来自美国、加拿大、法国、英国、德国、日本、韩国等 30 个国家和地区的出版商参展。我国 500 多种图书参展。

6 日　第六届北京国际艺术图书博览会在北京举行。来自德国、法国、美国、英国、西班牙、荷兰、日本、韩国、新加坡、意大利等国家和地区逾万种图书参展。版权贸易与合作出版洽谈会同时举行。

11 日　新闻出版署发出《关于重申不得随意印发"十五大"报告和新党章的紧急通知》。

11～21 日　第四届北京图书节在北京举行。来自北京地区近 400 家出版发行单位的 10 万余种图书、音像制品及电子出版物参展。北京图书版权贸易洽谈会，北京市社科联学术活动成果展览，跨世纪必读书目推荐，"家庭书架"和"少年儿童书架"常备书目图书展示，向京郊山区和云南少数民族地区赠书等活动同时举行。

11～21 日　第 20 届古旧书市在北京举行。5 万余种中外古旧书刊及近万种新印古籍、1000 余部珍贵线装古书参展。

13～21 日　第八届菲律宾书展、"丁丑"年中国书展同期在马尼拉举行。来自美国、英国、澳大利亚、法国、西班牙、俄罗斯、葡萄牙等国家和地区的书商参展。我国 2 000 多种图书、音像制品参展。

16 日　新闻出版署发出《关于对引进版图书加强管理的通知》。

△　第十届华东地区优秀科技图书评选在上海揭晓。《建筑装饰工程系列丛书》、《脊柱外科学》等 17 种获一等奖，52 种获二等奖。

26 日～10 月 5 日　第二届四川书市在全省 19 个市、地、州同时举行。5 万余种图书、7 000 多种音像制品、电子出版物、文化用品等参展。

28 日　第八届"冰心奖"在北京颁奖。42 种图书获儿童图书奖，13 部作品获新作奖，81 人获艺术奖。

30 日～10 月 4 日　首届广西出版成就展暨桂版图书订货会在南宁举行。这是全国第一个全面、立体展示出版成就的省级展览会。

10　月

5 日　新闻出版署发出《关于印发〈出版行业跨世纪专业技术人才选拔培养实施办法〉的通知》。

8～11 日　首都百家出版社送书下乡活动暨图书展销会分别在新疆乌鲁木齐市、石河子市举行。

9～12 日　全国人民出版社工作会议在济南举行。来自全国各省、自治区、直辖市市委宣传部、新闻出版局负责同志以及中央和各地人民出版社社长出席会议。

10 日　新闻出版署发出《关于印发〈图书、期刊、音像制品、电子出版物重大选题备案办法〉的通知》。

10～25 日　'97 金秋京郊农村书市在北京 10 个区县同时举行。2 000 多种各类图书参展。

14 日　新闻出版署发出《关于制订和报送 1998 年出版计划的通知》。

14～17 日　由文化部主办的海湾 6 国文化周艺术展在北京举行。阿拉伯联合酋长国、阿曼苏丹国、巴林国、卡塔尔国、科威特国、沙特阿拉伯王国等 6 国的民间工艺品、绘画、图片、音像制品、图书、乐器等近千余种作品参展。

△　全国古籍出版社联席会在北京举行。20 多家古籍出版社以及文化部、新闻出版署及国家古籍整理出版规划小组领导出席会议。全国古籍精品图书展在北京图书馆同时举行。

15～20 日　第 49 届法兰克福图书博览会在德国法兰克福举行。我国近 90 家出版社 3 000 多种各类图书及音像制品参展。

15 日　由中国出版对外贸易总公司与澳洲太阳集团公司联合举办的'97 墨尔本中国图书展示会在墨尔本举行。我国 1 000 种各类图书参展。

18～28 日　第 16 届特价书市在北京举行。400 余家出版社、新华书店、集体书店的 15 万余种各类图书、电子出版物及音像制品参展。

20 日　第 2 次少年儿童出版社财务工作研讨会在北京举行。来自全国 20 余家出版社的财务负责人出席会议。会议就"自办发行财务管理办法"、"新体制下的出版财务管理机制"、"会计电算化"等课题进行了交流和深入研讨。

20～30 日　由中国对外文化交流协会、中国出版工作者协会、三联书店联合主办的以"中国学术文化图书"精选为主题的"三联书店金秋书展"在北京三联韬奋图书中心举行。近 5 000 种学术文化类图书参展。

22～26 日　第 8 届国际出版学研讨会在日本东京举行。来自美国、日本、韩国、菲律宾、马来西亚以及中国香港特别行政区近 80 人出席研讨会。我国大陆派员出席会议。

28日 “美国图书在中国”研讨会在北京举行。这是正值国家主席江泽民访问美国之际而由中国社会科学院美国研究所、北京席殊书屋有限公司、《中华读书报》和《美国研究》杂志联合举办的。50多位在京的美国领域研究专家学者出席会议。百种美国新书展销在北京、上海、广州、武汉、南昌等地同时举行。

11 月

1日 第2届国家辞书奖颁奖大会在无锡举行。《中国大百科全书》(简明版)、《汉英词典》(修订版)、《全宋词典故词典》、《国际贸易法大辞典》等26种辞书获奖。

△ 第8届国家科技图书奖颁奖大会在北京举行。77种图书获奖。

1～6日 中国辞书学会第3届年会在无锡举行。100余人出席会议。

3～7日 由中国图书进出口公司上海分公司主办的国外科技图书及光盘展览在上海举行。共展出国外最新科技图书2 700余种、科技光盘150余种。

6～8日 全国新闻出版局长研讨会在贵阳举行。这是继10月下旬长沙研讨会之后的又一次会议。

7～17日 ’97三峡书市在湖北宜昌举行。50多家新华书店和出版社的1.5万余种图书参展。

10日 新闻出版署发出《关于认真做好1997年新闻出版统计年报工作的通知》。

11日 第9期全国出版社社长、总编辑和第3期中央部委出版社编辑室主任岗位培训班在北京开学。80余人参加培训。

12日 由全国少儿读物工作委员会主办的’97上海儿童文学创作、出版研讨会在上海举行。会议就当前儿童文学创作、出版的特点和存在的问题、儿童文学的发展趋势及如何走向世界等问题展开了深入的讨论。来自全国少儿出版社负责同志、各地著名儿童文学作家、评论家近200人出席开幕式。

12～13日 由新闻出版署组织召开的图书发行体制改革研讨会在成都举行。研讨会围绕如何建立图书大市场,改变图书市场贸易壁垒状况,实行跨地区、跨行业兼并和联合,发展连锁经营,以及省级新华书店进行公司制、股份制改造的形式与途径等课题展开讨论。

12～25日 由中国对外贸易总公司与美国长青文化公司联合举办的第4次中国图书文化展在美国洛杉矶举行。3 000多种图书参展。

13～15日 由国家版权局主办的全国版权行政执法研讨会在苏州举行。来自全国各省、自治区、直辖市以及较大城市版权行政管理机关及有关部门的负责同志70余人出席研讨会。

13～26日 第3届羊城书市在广州举行。来自全国500多家出版社各类图书、音像制品10万余种参展。

15日 国家科学技术进步奖(科普图书类)颁奖会在北京举行。《高技术知识丛书》、《简明中国科学技术史话》获1996年国家科学技术进步三等奖。

17日 由中国作协和国家民委联合主办的第5届全国少数民族文学创作奖颁奖大会在北京举行。共评出小说、诗歌、散文、报告文学、评论、儿童文学及翻译奖共63个。

20日 由文化部主办的全国文艺集成志书工作会暨成果表彰会在北京举行。250名多年从事丛书终审、编纂、出版、管理、组织工作的主要人员受到表彰。

20～25日 ’97加拿大蒙特利尔图书沙龙在蒙特利尔市举行。来自40多个国家和地区的1 000多家出版社参展。我国组团参展。

△ 全国出版理论研讨会在厦门市举行。来自28个省、自治区、直辖市的80余人就出版改革与发展的深层次理论进行了探讨。

27～29日 第2届孔子文化书市在济宁市举行。2万多种各类图书参展。全国20多家省级新华书店批销中心经理研讨会同时举行。

12 月

1日 由中国出版工作者协会、光明日报社联合举办的毛泽东与二十四史学术研讨会在北京举行。李瑞环出席会议并讲话。

5日 中国韬奋基金会成立10周年在京理事座谈会在北京举行。在京的基金会理事近40人出席了座谈会。基金会理事长孙起孟发来贺信,副理事长吴冷西主持座谈会。

5～8日 由中国大学出版协会主办的全国大学出版社第10届图书订货会暨发行工作研讨会在西安举行。来自全国105家大学出版社的2万多种图书参展。订货码洋1.3亿元。

9日 新闻出版署发出《关于认真做好1997年统计年报工作的通知》。

9～12日 第五届中国韬奋出版奖颁奖大会暨中国版协三届三次常务理事(扩大)会议在广东珠海市举行。巢峰、朱谱萱、梅益等13位获奖。

15～21日 应日本政府的邀请,中共中央政治局委员、中央书记处书记丁关根率团出访日本,对日本新闻出版、广播影视的情况进行了考察。新闻出版署署长于友先陪同出访。

18日 新闻出版署署长于友先在《人民日报》发表题为"加强管理、优化结构、提高质量"的文章。

△ 新闻出版署发出《关于对上海辞书出版社等23家出版社出版的26种工具类图书进行质量检查情况的通报》。

26日 中央宣传部、中央政法委、全国"扫黄"工作小组、公安部、文化部、广播电影电视部、新闻出版署、国家版权局联合召开第10次全国"扫黄"工作电视电话会议,部署1997年冬季"扫黄""打非"集中行动。

27日 新闻出版署、全国"扫黄"办联合发出《关于印发第10次全国"扫黄"工作电视电话会议上领导同志讲话和〈1997年冬季"扫黄""打非"集中行动方案〉(送审稿)的通知》。

28日 中国图书奖10年纪念大会在北京举行。丁关根出席大会并向获奖责任编辑代表颁发了荣誉奖牌。

30日 新闻出版署发布第10、11、12号令。《内部资料性出版物管理办法》第10号令、《电子出版物管理规定》第11号令、《出版管理行政处罚实施办法》第12号令。自1998年1月1日起施行。

(何秀珍 整理)

索引

说 明：

1. 索引的参检辞目，为本年鉴中“新书简介”的辞目。

2. 各辞目前均有6位数码，为该辞目的检索号，检索号前的英文字母为分类号代码，检索号按数序顺列，以便查找。本索引均直接指向辞目检索号，页码不参与检索。

3. “辞目分类索引”以《中国图书馆分类法》(第四版)为框架，其编排方式与“新书简介”的正文一致。

4. “辞目笔画索引”按辞目的中文笔画数顺序排列，笔画少的在前，笔画多的在后。先按首字分列，再按次字、第三字、第四字……余类推。同笔画字，按一、丨、丿、丶、乛起笔笔型顺列。阿拉伯数字、外文字母和标点符号均不计笔画，如《Windows 95 精选问题集》的首检字为“精”字。全是阿拉伯数字或外文字母的辞目，编排在中文笔画辞目之前。

辞目分类索引

A 马克思主义、列宁主义、毛泽东思想、邓小平理论

马克思主义、列宁主义、毛泽东思想

邓小平理论

B 哲学、宗教

哲学理论

世界哲学

中国哲学

西方哲学

思维科学、逻辑学

伦理学

美学、心理学

宗　　教

C　社会科学总论

D 政治、法律

政治理论

中国共产党

工人、农民、青年运动与组织

世界政治

中国政治

各国政治

外交、国际关系

法　律

E 军 事

F 经 济

经 济 学

世界各国经济概况、经济史、经济地理

中国经济

各国经济

经济计划与管理

农业经济

工业经济

交通运输经济

旅游经济

贸易经济

财政、金融

G　文化、科学、教育、体育

文化理论

世界各国文化与文化事业

信息与知识传播

科学、科学研究

教 育

各级教育

各类教育

体　育

H 语言文字

语 言 学

汉 语

中国少数民族语言

外 国 语

I 文学

文学理论

世界文学

中国文学

文学评论和研究

各体文学评论和研究

文学史、文学思想史

作品集

诗歌、韵文

戏剧文学

小　说

报告文学

散文、杂著

民间文学

儿童文学

少数民族文学

外国文学

J 艺 术

艺术理论

世界各国艺术概况

绘 画

书法、篆刻

雕　塑

摄影、艺术

工艺美术

音　乐

舞　蹈

戏剧艺术、电影艺术

K　历史、地理

史学理论

世　界　史

中　国　史

通　史

中国各代史

民族史志

地方史志

外国历史

传　记

中国人物传记

外国人物传记

文物考古

风俗习惯

地理

N 自然科学总论

O 数理科学和化学

数 学

力　学

物　理　学

化学、晶体学

P 天文学、地球科学

Q 生物科学

R 医药、卫生

医药、卫生

预防医学、卫生学

中国医学

中国少数民族医学

基础医学

临床医学

内 科 学

外 科 学

妇产科学

现代中西医结合·实用妇产科手册 …… R000230
临床医学多选题·妇产科分册 ………… R000231
实用妇产科超声彩色图谱 ………… R000232
实用妇科内分泌学 ………… R000233
中西医结合诊治女性不孕与男性不育 … R000234
受孕 怀孕 分娩 ………… R000235
现代产科治疗学 ………… R000236
孕产妇生活600问 ………… R000237

儿科学

儿科学新理论与新技术 ………… R000238
实用儿科手册 ………… R000239
实用新生儿学 ………… R000240
儿童咳喘病的治疗与防护 ………… R000241
现代中西医结合·实用儿科手册 ……… R000242

肿瘤学

小儿肿瘤学 ………… R000243
食管癌肺癌临床防治 ………… R000244
实用肿瘤病理方法学 ………… R000245
福建省恶性肿瘤地图集 ………… R000246
常见肿瘤病理组织学与免疫组织化学
　彩色图谱(全) ………… R000247
恶性淋巴瘤现代诊断与治疗 ………… R000248
颅底肿瘤手术学 ………… R000249

神经病学和精神病学

神经精神病学 ………… R000250
颅内钙化及其疾病 ………… R000251
放射性核素脑显像 ………… R000252
脑先天性、遗传性疾病CT.MRI诊断学… R000253
脑性瘫痪 ………… R000254
临床脊髓病学 ………… R000255
脑诱发电位学 ………… R000256
实用康复精神医学 ………… R000257
医学新进展——心身疾病 ………… R000258

皮肤病学与性病学

实用皮肤科学 ………… R000259

耳鼻咽喉科学、眼科学、口腔科学

耳鼻喉科学新理论与新技术 ………… R000260
实用耳鼻咽喉科学 ………… R000261
临床副鼻窦影像诊断学 ………… R000262
眼科病理学 ………… R000263
眼科影像诊断学 ………… R000264
眼外伤学 ………… R000265
眼科手术学 ………… R000266
根管治疗学 ………… R000267
实用口腔疾病诊治图谱 ………… R000268

特种医学

临床介入核医学 ………… R000269
军队医院管理学 ………… R000270
现代野战内科学 ………… R000271
军事医学辞典 ………… R000272

药学

实用治疗药物学 ………… R000273
新编药物学 ………… R000274
以核酸为作用靶的药物研究 ………… R000275
实用药理要述 ………… R000276
中国进口药品实用手册(1996～1997) … R000277
中国药品通用名称 ………… R000278
实用临床药物手册 ………… R000279
实用新药特药手册 ………… R000280
临床新药特药手册 ………… R000281

S 农业科学

农业科学

山西省农业地图集 ………… S000001
中国农村书库 ………… S000002
化肥农药合理使用技术 ………… S000003

农业基础科学

农业工程

农　学

植物保护

农　作　物

园　艺

林　业

畜牧、动物医学、狩猎、蚕、蜂

水产、渔业

T　工业技术

一般工业技术

矿业工程

石油、天然气工业

冶金工业

金属学与金属工艺

机械、仪表工业

武器工业

能源与动力工程

电工技术

无线电电子学、电信技术

自动化技术、计算机技术

化学工业

轻工业、手工业

建筑科学

水利工程

U 交通运输

V　航空、航天

X　环境科学、安全科学

Z　综合性图书

辞目笔画索引

三 画

〔一〕

〔丨〕

〔丿〕

〔丶〕

五 画

〔一〕

六　画

〔一〕

〔丶〕

〔乛〕

七　画

〔一〕

〔丨〕

〔㇕〕

八 画

〔一〕

〔丨〕

九　画

〔一〕

〔、〕

十　画

十 一 画

〔一〕

〔丶〕

〔乛〕

十 二 画

〔一〕

〔丨〕

〔乛〕

十 三 画

〔一〕

〔丨〕

〔乛〕

十 五 画

〔一〕

〔丨〕

〔丿〕

〔丶〕

十六画以上